MÁRCIO ANDRÉ LOPES CAVALCANTE

Juiz Federal (TRF da 1ª Região) e professor do Vorne Cursos.

Foi Defensor Público, Promotor de Justiça e Procurador do Estado.

Dedica-se ao estudo da jurisprudência por acreditar que se trata, atualmente, de uma das fontes do Direito, sendo, aliás, a mais dinâmica delas.

Atua como "professor virtual" de milhares de alunos das mais diversas partes do país por meio do site "Dizer o Direito" (www.dizerodireito.com.br), do qual é editor.

Facebook: /dizerodireito

Instagram: @dizerodireito

Twitter: @dizerodireito

MÁRCIO ANDRÉ
LOPES CAVALCANTE

PRINCIPAIS JULGADOS do STF e do STJ COMENTADOS

JULGADOS DE 2018

- Abrange os Informativos 888-927 STF e 616-638 STJ
- Atualizações disponíveis no *Dizer o Direito* até 31.12.2019

INCLUI CADERNO DE QUESTÕES

2019

EDITORA JusPODIVM
www.editorajuspodivm.com.br

Dizer o Direito
www.dizerodireito.com.br

Capa:
Marcelo S. Brandão
santibrando@gmail.com

Diagramação:
Richard Veiga Editoração
www.richardveiga.com

Dados Internacionais de Catalogação na Publicação (CIP)

C376 Cavalcante, Márcio André Lopes.

Principais julgados do STF e do STJ comentados / Márcio André Lopes Cavalcante – Salvador: JusPodivm, 2019.

1.520 p.

ISBN: 978-85-442-2501-1

1. Direito. 2. Julgados. 3. Supremo Tribunal Federal. 4. Superior Tribunal de Justiça. I. Cavalcante, Márcio André Lopes. II. Título.

CDD 341.4191

EDITORA JusPODIVM
www.editorajuspodivm.com.br

Dizer o Direito
www.dizerodireito.com.br

Dedico esta obra e a minha vida:

A Deus, por tudo!

Aos meus pais Wilson e Eva.

À minha linda esposa Fernanda.

Aos meus amados filhos Ana Liz e Theo.

Apresentação

Esta obra é fruto do *blog* "Dizer o Direito", que edito desde dezembro de 2011 na *internet*.

Toda semana são publicados os informativos do STJ e do STF explicando os principais julgados, ressalvando as mudanças de entendimento e os posicionamentos que se revelam inéditos.

O presente livro é a compilação e organização dos informativos comentados.

Para cada julgado, é destacada, em cinza, a conclusão principal do acórdão, em poucas frases, de forma que você possa compreender, de maneira direta, o que foi efetivamente decidido.

Além da conclusão do julgado, são transcritos os principais trechos da decisão e comentados os aspectos mais relevantes da fundamentação dos votos, além de explicações sobre os institutos jurídicos mencionados no aresto.

Vale ressaltar que os argumentos expostos na presente obra foram construídos nos votos e debates decorrentes dos julgados. Portanto, a autoria das teses e das razões de convencimento é dos Ministros do STJ e do STF, bem como de sua competente equipe de assessores. Meu trabalho aqui foi apenas o de pesquisar, sistematizar e facilitar o conhecimento dos precedentes. O texto do livro representa, portanto, citação indireta dos votos dos Ministros. Todo o mérito é dos julgadores dos nossos Tribunais.

A linguagem empregada no livro é a mais clara e direta possível, considerando que o objetivo principal é transmitir a mensagem, seja para o doutorando, seja para o aluno da graduação.

O propósito desta iniciativa e do *blog* é facilitar os estudos e colaborar na difusão dos entendimentos jurídicos, fomentando o debate e tornando mais acessível aos operadores do direito as principais decisões dos Tribunais Superiores do país.

Vivemos uma fase singular do direito brasileiro (e do próprio *civil law*), onde o estudo da jurisprudência nunca foi tão importante como atualmente. Em tempos de "força normativa dos princípios", de "cláusulas gerais", de "ativismo judicial" e de uma hermenêutica jurídica que distingue "a norma do texto legal", a jurisprudência consolida-se como uma espécie de norma jurídica e ocupa lugar de destaque como indiscutível fonte do direito.

Desse modo, seja com vistas à preparação para os concursos públicos, seja apenas para o bom desempenho de suas atribuições como operador do direito, é fundamental estar atualizado com o que pensam o STJ e o STF.

Espero sinceramente que possa, de alguma forma, colaborar com isso.

O autor

Sumário

DIREITO EMPRESARIAL 679

DIREITO PENAL E PROCESSUAL PENAL MILITAR 1343

DIREITO TRIBUTÁRIO 1349

Direito Constitucional

1. DIREITOS E GARANTIAS FUNDAMENTAIS

1.1. LIBERDADE DE EXPRESSÃO

VIOLAM A CF/88 OS ATOS DE BUSCA E APREENSÃO DE MATERIAIS DE CUNHO ELEITORAL E A SUSPENSÃO DE ATIVIDADES DE DIVULGAÇÃO DE IDEIAS EM UNIVERSIDADES PÚBLICAS E PRIVADAS

Buscas e apreensões realizadas em universidades

Durante o segundo turno das eleições presidenciais de 2018 houve "denúncias" de que, em algumas universidades públicas, professores e alunos estariam fazendo campanha eleitoral contra o então candidato Jair Bolsonaro.

Diante disso, alguns juízes e Tribunais Regionais Eleitorais proferiram decisões determinando busca e apreensão de supostos panfletos e materiais que estariam sendo distribuídos em tais instituições e que representariam campanha eleitoral, o que seria vedado por se tratar de uma entidade pública. Tais panfletos conteriam a frase "Ele Não" e outras mensagens contra o referido candidato.

Em algumas outras universidades, os materiais foram retirados por iniciativa da própria Polícia, sem que houvesse ordem judicial.

Três exemplos:

- na Universidade Federal de Uberlândia – UFU, policiais militares retiraram uma faixa com propaganda eleitoral colocada do lado externo de uma das portarias do campus.
- na Universidade Estadual do Rio de Janeiro – UERJ, policiais retiraram faixas em homenagem à vereadora Marielle Franco e com as inscrições "Direito Uerj Antifascismo".
- na Universidade do Estado da Bahia – UNEB, foram retirados cartazes supostamente de apoio ao candidato Fernando Haddad.

Segundo restou apurado, atos de manifestação de pensamento e mesmo aulas teriam sido interrompidos ou proibidos.

Art. 37 da Lei nº 9504/97

Os juízes e TREs deferiram essas ordens de busca e apreensão alegando que o art. 37 da Lei nº 9.504/97 proíbe propaganda eleitoral em universidades públicas:

§ Art. 37. Nos bens cujo uso dependa de cessão ou permissão do poder público, ou que a ele pertençam, e nos bens de uso comum, inclusive postes de iluminação pública, sinalização de tráfego, viadutos, passarelas, pontes, paradas de ônibus e outros equipamentos urbanos, é vedada a veiculação de propaganda de qualquer natureza, inclusive pichação, inscrição a tinta e exposição de placas, estandartes, faixas, cavaletes, bonecos e assemelhados.

§ 1º A veiculação de propaganda em desacordo com o disposto no caput deste artigo sujeita o responsável, após a notificação e comprovação, à restauração do bem e, caso não cumprida no prazo, a multa no valor de R$ 2.000,00 (dois mil reais) a R$ 8.000,00 (oito mil reais).

§ 2º Não é permitida a veiculação de material de propaganda eleitoral em bens públicos ou particulares, exceto de:

I – bandeiras ao longo de vias públicas, desde que móveis e que não dificultem o bom andamento do trânsito de pessoas e veículos;

II – adesivo plástico em automóveis, caminhões, bicicletas, motocicletas e janelas residenciais, desde que não exceda a 0,5 m² (meio metro quadrado).

(...)

ADPF

A Procuradora-Geral da República ajuizou ADPF contra esse conjunto de atos do Poder Público (decisões judiciais e ações policiais).

Alegou que tais apreensões ultrapassaram os limites de fiscalização do processo eleitoral e afrontaram o preceito fundamental da liberdade de expressão, na qual se incluem a livre manifestação do pensamento e de cátedra e a autonomia universitária.

A liberdade de cátedra (também chamada de liberdade acadêmica) é um princípio segundo o qual o professor deve ter a liberdade de pesquisar e ensinar, ou seja, divulgar seu pensamento, arte e saber. Por outro lado, o aluno tem também a liberdade de aprender e pesquisar, sem a imposição de censuras.

A liberdade de cátedra está prevista nos incisos II e III do art. 206 da CF/88:

§ Art. 206. O ensino será ministrado com base nos seguintes princípios:

(...)

II – liberdade de aprender, ensinar, pesquisar e divulgar o pensamento, a arte e o saber;

III – pluralismo de idéias e de concepções pedagógicas, e coexistência de instituições públicas e privadas de ensino;

A autonomia universitária, por sua vez, está consagrada no *caput* do art. 207 do texto constitucional:

§ Art. 207. As universidades gozam de autonomia didático-científica, administrativa e de gestão financeira e patrimonial, e obedecerão ao princípio de indissociabilidade entre ensino, pesquisa e extensão.

Pediu, portanto, a declaração de nulidade desses atos e que fosse garantido o direito à liberdade de expressão no ambiente universitário.

Primeira pergunta: cabe ADPF neste caso?

SIM.

A arguição de descumprimento de preceito fundamental (ADPF) é uma ação prevista no art. 102, § 1º, da CF/88. Confira:

> §
> CF/Art. 102 (...)
>
> § 1º A arguição de descumprimento de preceito fundamental, decorrente desta Constituição, será apreciada pelo Supremo Tribunal Federal, na forma da lei.

Foi editada a Lei nº 9.882/99 para regulamentar a ADPF.

Trata-se de um instrumento de controle concentrado de constitucionalidade.

A competência para julgar a ADPF de que trata o art. 102, § 1º da CF/88 é do STF.

As hipóteses de cabimento da ADPF estão previstas no art. 1º da Lei nº 9.882/99:

> §
> Art. 1º A arguição prevista no § 1º do art. 102 da Constituição Federal será proposta perante o Supremo Tribunal Federal, e terá por objeto evitar ou reparar lesão a preceito fundamental, resultante de ato do Poder Público.
>
> Parágrafo único. Caberá também arguição de descumprimento de preceito fundamental:
>
> I – quando for relevante o fundamento da controvérsia constitucional sobre lei ou ato normativo federal, estadual ou municipal, incluídos os anteriores à Constituição;

O STF entende que:

> **O conjunto de reiteradas decisões sobre determinada matéria é considerado ato do poder público passível de controle pela ADPF e esta é a via correta para questionar interpretação judicial de normas constitucionais e legais.**
>
> STF. Plenário. ADPF 548 MC-Ref/DF, Rel. Min. Cármen Lúcia, julgado em 31/10/2018 (Info 922).

E quanto ao mérito, o STF concordou com o pedido da PGR?

SIM. Os atos questionados violam:

- os princípios constitucionais que asseguram a liberdade de manifestação do pensamento e
- as garantias inerentes à autonomia universitária.

Subjetivismo e erro de interpretação

Para o STF, as decisões proferidas apresentam-se com alto grau de "subjetivismo", incompatível com a objetividade e neutralidade que devem permear a função judicante.

Além disso, tais atos demonstram erro de interpretação de lei, conduzindo a uma interpretação contrária ao Estado democrático de direito.

Liberdades públicas e processo eleitoral democrático

O processo eleitoral, no Estado democrático, fundamenta-se nos princípios:

- da liberdade de manifestação do pensamento;
- da liberdade de informação;
- da liberdade de ensino e aprendizagem;
- da liberdade de escolhas políticas; e
- da autonomia universitária.

As decisões impugnadas interromperam atos pelos quais professores e alunos expressavam suas ideias e ideologias, preferências, propostas e percepções do que se quer no processo político.

Sem liberdade de manifestação, a escolha é inexistente. O processo eleitoral transforma-se em enquadramento eleitoral, próprio das ditaduras.

Por isso, toda interpretação de norma jurídica que colida com qualquer daqueles princípios ou que restrinja ou impeça a manifestação da liberdade é inconstitucional e, portanto, inválida.

Essa nulidade é ainda mais grave porque a restrição à liberdade de manifestação ocorreu dentro do ambiente universitário, onde vigora, por força constitucional, a liberdade de informação, ensino e aprendizagem, além da autonomia universitária.

Finalidade do art. 37 da Lei nº 9.504/97

A finalidade desta norma é impedir o abuso do poder econômico e político e preservar a igualdade entre os candidatos no processo.

A norma visa, portanto, resguardar a liberdade do cidadão, o amplo acesso às informações, para que ele decida conforme sua livre convicção, sem cerceamento direto ou indireto a seu direito de escolha.

Assim, esse artigo não proíbe o exercício das liberdades individuais e públicas, ou seja, não veda que os cidadãos divulguem suas ideias, opiniões, ideologias.

Da mesma forma, não proíbe as atividades de docência, que devem ser exercidas com liberdade.

Autonomia universitária

A CF/88 assegurou às universidade autonomia para que elas, de forma discricionária, possam fazer suas escolhas para o melhor desempenho de suas funções.

O pluralismo de ideias está na base da autonomia universitária como extensão do princípio fundante da democracia brasileira, previsto no art. 1º, V, da CF/88.

As universidades são, portanto, "espaços de liberdade e de libertação pessoal e política".

Em suma:

São inconstitucionais os atos judiciais ou administrativos que determinem ou promovam:

- **o ingresso de agentes públicos em universidades públicas e privadas;**
- **o recolhimento de documentos (ex: panfletos);**
- **a interrupção de aulas, debates ou manifestações de docentes e discentes universitários;**
- **a realização de atividade disciplinar docente e discente e a coleta irregular de depoimentos desses cidadãos pela prática de manifestação livre de ideias e divulgação do pensamento nos ambientes universitários ou em equipamentos sob a administração de universidades públicas e privadas.**

STF. Plenário. ADPF 548 MC-Ref/DF, Rel. Min. Cármen Lúcia, julgado em 31/10/2018 (Info 922).

CABE RECLAMAÇÃO CONTRA DECISÃO JUDICIAL QUE DETERMINA RETIRADA DE MATÉRIA JORNALÍSTICA DE SITE

A situação concreta, com adaptações, foi a seguinte:

A revista "VEJA RIO" publicou uma reportagem na sua edição impressa e também no site.

João, mencionado na matéria, sentiu-se ofendido e ajuizou ação pedindo a retirada da reportagem do site, além de indenização por danos morais.

O juiz da vara cível, com base no art. 20 do Código Civil, concedeu a tutela provisória de urgência determinando que a empresa jornalística retirasse, de seu sítio eletrônico, a matéria referente ao autor. Vale ressaltar que, na decisão, o juiz afirma expressamente que não está decidindo com base na Lei de Imprensa.

Inconformada, a revista apresentou reclamação no STF, alegando que a decisão do juiz teria afrontado o entendimento do Supremo Tribunal Federal firmado na ADPF 130/DF (DJE de 6.11.2009), que declarou a não recepção da chamada "Lei de Imprensa" (Lei nº 5.250/1967) pela Constituição Federal de 1988.

Argumenta que a decisão reclamada configura censura à atividade de imprensa, restringe a liberdade de expressão e afronta o direito de acesso à informação.

Afirma, por fim, que a imposição de censura é desarrazoada, considerando que eventuais danos sofridos poderão ser compensados por meio de indenização.

A reclamação foi acolhida pelo STF (foi julgada procedente)?

SIM. A 1ª Turma do STF julgou procedente reclamação.

Cabimento de reclamação quando há afronta à liberdade de imprensa

Em regra, o STF é muito restritivo em aceitar reclamações propostas contra decisões que teriam desrespeitado acórdãos da Corte.

Essa posição do STF está dentro daquilo que se chama de "jurisprudência defensiva", ou seja, uma postura interpretativa dos Tribunais Superiores de restringir o cabimento de recursos e de ações autônomas (como é o caso da reclamação), com o objetivo de reduzir a quantidade de processos que chegam aos Tribunais. Assim, os Ministros do STF e do STJ adotam um "rigor" maior na análise dos aspectos formais a fim de limitar os casos que chegam para análise dos Tribunais.

Um exemplo de "jurisprudência defensiva" é a interpretação consolidada no STF no sentido de que não se deve adotar a teoria da transcendência dos motivos determinantes. Pela teoria da transcendência dos motivos determinantes (efeitos irradiantes dos motivos determinantes), a *ratio decidendi*, ou seja, os fundamentos determinantes da decisão do STF também teriam efeito vinculante.

Ocorre que, como já dito, o Supremo não acolhe esta posição e entende que, em regra, as decisões proferidas pelo STF em controle abstrato de constitucionalidade devem ter eficácia vinculante apenas quanto à parte dispositiva do julgado. Assim, em regra, não se admite reclamação sob a alegação de que houve violação dos fundamentos da decisão do STF. Nesse sentido:

> (...) a exegese jurisprudencial conferida ao art. 102, I, "l", da Magna Carta rechaça o cabimento de reclamação fundada na tese da transcendência dos motivos determinantes. (...)
>
> STF. 1ª Turma. Rcl 22470 AgR, Rel. Min. Rosa Weber, julgado em 24/11/2017.

Como explica o Min. Roberto Barroso, essa recusa em se admitir a transcendência dos motivos determinantes representa "uma jurisprudência defensiva, destinada a conter a multiplicação de reclamações, em número que ultrapassaria a capacidade física de julgamento dos ministros".

Essa linha restritiva, no entanto, tem sido excepcionada em processos relacionados com a liberdade de expressão ou liberdade de imprensa. Nesses casos, o STF tem proferido inúmeras decisões admitido reclamações mesmo que a decisão reclamada não esteja baseada no mesmo ato declarado inconstitucional em sede concentrada.

A justificativa para essa postura mais ampla está no fato de que "a liberdade de expressão ainda não se tornou uma ideia suficientemente enraizada na cultura do Poder Judiciário de uma maneira geral. Não sem sobressalto, assiste-se à rotineira providência de juízes e tribunais no sentido de proibirem ou suspenderem a divulgação de notícias e opiniões, num "ativismo antiliberal" que precisa ser contido." (Min. Roberto Barroso).

Em suma, o STF possui uma posição menos rigorosa ao analisar reclamações envolvendo decisões que violem a liberdade de expressão. Por essa razão, é cabível reclamação contra decisão judicial que determina a retirada de matéria jornalística da página eletrônica do meio de comunicação mesmo que esta decisão esteja supostamente baseada no art. 20 do Código Civil, e não na Lei de Imprensa.

A solução de conflitos entre liberdade de imprensa e direitos da personalidade

A censura consiste na possibilidade de o Estado interferir no conteúdo da manifestação do pensamento.

A censura é proibida pela CF/88 em diversos dispositivos (art. 5º, IV, IX e XIV, bem como art. 220, §§ 1º e 2º).

Diante da existência de diversos dispositivos assegurando a liberdade de expressão, podemos dizer que a Carta de 88 conferiu uma espécie de "prioridade" para essa garantia.

Assim, embora não haja hierarquia entre direitos fundamentais, a liberdade de expressão (aqui entendida em sentindo amplo) possui uma posição preferencial (*preferred position*) em relação aos demais direitos. Isso significa que o afastamento da liberdade de expressão é excepcional, e o ônus argumentativo é de quem sustenta o direito oposto.

Como consequência disso, deve-se fazer uma análise muito rigorosa, criteriosa e excepcional de toda e qualquer medida que tenha por objetivo restringir a liberdade de expressão.

Razões pelas quais a liberdade de expressão ocupa lugar privilegiado

O Min. Roberto Barroso cita 5 motivos principais pelos quais a liberdade de expressão ocupa um lugar privilegiado tanto no ordenamento jurídico interno como nos documentos internacionais. São eles:

a. a liberdade de expressão desempenha uma função essencial para a democracia, ao assegurar um livre fluxo de informações e a formação de um debate público robusto e irrestrito, condições essenciais para a tomada de decisões da coletividade e para o autogoverno democrático;

b. a proteção da liberdade de expressão está relacionada com a própria dignidade humana, ao permitir que indivíduos possam exprimir de forma desinibida suas ideias, preferências e visões de mundo, bem como terem acesso às dos demais indivíduos, fatores essenciais ao desenvolvimento da personalidade, à autonomia e à realização existencial;

c. este direito está diretamente ligado à busca da verdade. Isso porque as ideias só possam ser consideradas ruins ou incorretas após o confronto com outras ideias;

d. a liberdade de expressão possui uma função instrumental indispensável ao gozo de outros direitos fundamentais, como o de participar do debate público, o de reunir-se, de associar-se, e o de exercer direitos políticos, dentre outros; e

e. a liberdade de expressão é garantia essencial para a preservação da cultura e da história da sociedade, por se tratar de condição para a criação e o avanço do conhecimento e para a formação e preservação do patrimônio cultural de uma nação.

Liberdade de expressão não é absoluta

Vale ressaltar, contudo, que nenhum direito constitucional é absoluto e, portanto, a liberdade de expressão também não é.

A própria Constituição impõe alguns limites ou qualificações à liberdade de expressão, como por exemplo:

a. vedação do anonimato (art. 5º, IV);

b. direito de resposta (art. 5º, V);

c. restrições à propaganda comercial de tabaco, bebidas alcoólicas, agrotóxicos e terapias (art. 220, § 4º);
d. classificação indicativa (art. 21, XVI); e
e. dever de respeitar a intimidade, a vida privada, a honra e a imagem das pessoas (art. 5º, X).

Isso significa que é indispensável que haja uma ponderação entre a liberdade de expressão e os direitos da personalidade.

Direitos da personalidade

Direitos da personalidade é uma expressão de uso relativamente recente no direito brasileiro, tendo sido desenvolvida pela doutrina contemporânea até ingressar no Código Civil, que abriu para o tema um capítulo específico, logo no Título I.

O Min. Barroso afirma que "é possível conceituar os direitos da personalidade, inerentes a toda pessoa humana, como a versão privada dos direitos fundamentais, e sua aplicação às relações com outros indivíduos como regra geral".

Os direitos da personalidade costumam ser divididos pela doutrina civilista em dois grandes grupos:

a. direitos à integridade física, que englobam o direito à vida, o direito ao próprio corpo e o direito ao cadáver; e
b. direitos à integridade moral, rubrica sob a qual se abrigam, entre outros, os já mencionados direitos à honra, à imagem, à privacidade e o direito moral do autor.

Ponderação entre liberdade de expressão e os direitos da personalidade

Tanto a liberdade de expressão como os direitos de privacidade, honra e imagem têm estatura constitucional. Vale dizer: entre eles não há hierarquia. De modo que não é possível estabelecer, em abstrato, qual deve prevalecer.

Em caso de conflito entre normas dessa natureza, impõe-se a necessidade de ponderação, que, como se sabe, é uma técnica de decisão que se desenvolve em três etapas:

1. na primeira, verificam-se as normas que postulam incidência ao caso;
2. na segunda, selecionam-se os fatos relevantes;
3. e, por fim, testam-se as soluções possíveis para verificar, em concreto, qual delas melhor realiza av vontade constitucional.

Em um cenário ideal, a ponderação deve procurar fazer concessões recíprocas, preservando o máximo possível dos direitos em disputa. No limite, porém, fazem-se escolhas. Todo esse processo intelectual tem como fio condutor o princípio instrumental da proporcionalidade ou razoabilidade.

Critérios para a ponderação entre a liberdade de expressão e os direitos da personalidade

O Min. Roberto Barroso defende a aplicação de 8 critérios ou elementos a serem considerados na ponderação entre a liberdade de expressão e os direitos da personalidade. São eles:

a. veracidade do fato: a notícia divulgada dever ser verdadeira. Isso porque a informação que goza de proteção constitucional é a verdadeira. A divulgação deliberada de uma notícia falsa, em detrimento de outrem, não constitui direito fundamental do emissor. Os veículos de comunicação têm o dever de apurar, com boa-fé e dentro de critérios de razoabilidade, a correção do fato ao qual darão publicidade. É bem de ver, no entanto, que não se trata de uma verdade objetiva, mas subjetiva, subordinada a um juízo de plausibilidade e ao ponto de observação de quem a divulga. Para haver responsabilidade, é necessário haver clara negligência na apuração do fato ou dolo na difusão da falsidade.

b. licitude do meio empregado na obtenção da informação: o conhecimento acerca do fato que se pretende divulgar tem de ter sido obtido por meios admitidos pelo direito. A Constituição, da mesma forma que veda a utilização, em juízo, de provas obtidas por meios ilícitos, também proíbe a divulgação de notícias às quais se teve acesso mediante cometimento de um crime. Se o jornalista ou alguém empreitado pelo veículo de comunicação realizou, por exemplo, uma interceptação telefônica clandestina, invadiu domicílio, violou o segredo de justiça em um processo de família ou obteve uma informação mediante tortura ou grave ameaça, sua divulgação, em princípio, não será legítima. Note-se ainda que a circunstância de a informação estar disponível em arquivos públicos ou poder ser obtida por meios regulares e lícitos torna-a pública e, portanto, presume-se que a divulgação desse tipo de informação não afeta a intimidade, a vida privada, a honra ou a imagem dos envolvidos.

c. personalidade pública ou privada da pessoa objeto da notícia: a depender se a pessoa for uma personalidade pública ou privada, o grau de exposição é maior ou menor.

d. local do fato: deve-se analisar também se os locais dos fatos narrados são reservados ou protegidos pelo direito à intimidade.

e. natureza do fato: deve-se analisar se os fatos divulgados possuem caráter sigiloso ou se estão relacionados com a intimidade da pessoa.

f. existência de interesse público na divulgação em tese: presume-se, como regra geral, o interesse público na divulgação de qualquer fato verdadeiro.

g. existência de interesse público na divulgação de fatos relacionados com a atuação de órgãos públicos.

h. preferência por sanções a posteriori, que não envolvam a proibição prévia da divulgação: o uso abusivo da liberdade de expressão pode ser reparado por mecanismos diversos, que incluem a retificação, a retratação, o direito de resposta, a responsabilização civil ou penal e a proibição da divulgação. Somente em hipóteses extremas se deverá utilizar a última possibilidade. Nas questões envolvendo honra e imagem, por exemplo, como regra geral será possível obter reparação satisfatória após a divulgação, pelo desmentido – por retificação, retratação ou direito de resposta – e por eventual reparação do dano, quando seja o caso.

Resumindo:

O STF tem sido mais flexível na admissão de reclamação em matéria de liberdade de expressão, em razão da persistente vulneração desse direito na cultura brasileira, inclusive por via judicial.

No julgamento da ADPF 130, o STF proibiu enfaticamente a censura de publicações jornalísticas, bem como tornou excepcional qualquer tipo de intervenção estatal na divulgação de notícias e de opiniões.

A retirada de matéria de circulação configura censura em qualquer hipótese, o que se admite apenas em situações extremas.

Assim, em regra, a colisão da liberdade de expressão com os direitos da personalidade deve ser resolvida pela retificação, pelo direito de resposta ou pela reparação civil.

Diante disso, se uma decisão judicial determina que se retire do site de uma revista determinada matéria jornalística, esta decisão viola a orientação do STF, cabendo reclamação.

STF. 1ª Turma. Rcl 22328/RJ, Rel. Min. Roberto Barroso, julgado em 6/3/2018 (Info 893).

No mesmo sentido:

Cabe reclamação contra decisão judicial que determina retirada de matéria jornalística de blog

Uma decisão judicial determinou a retirada de matéria de "blog" jornalístico, bem como a proibição de novas publicações, por haver considerado a notícia ofensiva à honra de delegado da polícia federal.

Essa decisão afronta o que o STF decidiu na ADPF 130/DF, que julgou não recepcionada a Lei de Imprensa.

A ADPF 130/DF pode ser utilizada como parâmetro para ajuizamento de reclamação que verse sobre conflito entre a liberdade de expressão e de informação e a tutela das garantias individuais relativas aos direitos de personalidade.

A determinação de retirada de matéria jornalística afronta a liberdade de expressão e de informação, além de constituir censura prévia. Essas liberdades ostentam preferência em relação ao direito à intimidade, ainda que a matéria tenha sido redigida em tom crítico.

O Supremo assumiu, mediante reclamação, papel relevante em favor da liberdade de expressão, para derrotar uma cultura censória e autoritária que começava a se projetar no Judiciário.

STF. 1ª Turma. Rcl 28747/PR, Rel. Min. Alexandre de Moraes, red. p/ ac. Min. Luiz Fux, julgado em 5/6/2018 (Info 905).

É INCONSTITUCIONAL NORMA QUE PROÍBE PROSELITISMO EM RÁDIOS COMUNITÁRIAS

Lei nº 9.612/98

A Lei nº 9.612/98 trata sobre o Serviço de Radiodifusão Comunitária, mais conhecida como "rádio comunitária".

A rádio comunitária consiste na concessão outorgada pelo Governo para que fundações e associações comunitárias desenvolvam serviços de rádio, em baixa potência e com cobertura restrita, sem fins lucrativos, com sede na localidade de prestação do serviço.

Trata-se, portanto, da autorização para que uma fundação ou associação comunitária possa funcionar como se fosse uma "emissora de rádio". Isso ocorre normalmente nas cidades do interior.

Esse serviço tem os seguintes objetivos:

I – dar oportunidade à difusão de ideias, elementos de cultura, tradições e hábitos sociais da comunidade;

II – oferecer mecanismos à formação e integração da comunidade, estimulando o lazer, a cultura e o convívio social;

III – prestar serviços de utilidade pública, integrando-se aos serviços de defesa civil, sempre que necessário;

IV – contribuir para o aperfeiçoamento profissional nas áreas de atuação dos jornalistas e radialistas, de conformidade com a legislação profissional vigente;

V – permitir a capacitação dos cidadãos no exercício do direito de expressão da forma mais acessível possível.

Proibição de proselitismo

O art. 4º, § 1º da Lei nº 9.612/98 proíbe, no âmbito da programação das emissoras de radiodifusão comunitária, a prática de proselitismo, ou seja, a transmissão de conteúdo tendente a converter pessoas a uma doutrina, sistema, religião, seita ou ideologia. Veja a redação do dispositivo:

> §
>
> Art. 4º (...)
>
> § 1º É vedado o proselitismo de qualquer natureza na programação das emissoras de radiodifusão comunitária.

ADI

Determinado partido político ingressou com ADI contra o art. 4º, § 1º da Lei nº 9.612/98.

Para o autor da ADI, esse dispositivo violaria os princípios constitucionais que permitem a liberdade de manifestação de pensamento, consciência, crença e religião.

O veto ao proselitismo é uma forma de "censura odiosa", alegou o partido.

A tese do partido político foi acolhida pelo STF? Esse dispositivo é inconstitucional?

SIM. O STF, por maioria, julgou procedente a ADI e declarou a inconstitucionalidade do § 1º do art. 4º da Lei nº 9.612/98.

A norma impugnada viola os art. 5º, IV, VI e IX e o art. 220, da Constituição Federal:

> §
>
> Art. 5º Todos são iguais perante a lei, sem distinção de qualquer natureza, garantindo-se aos brasileiros e aos estrangeiros residentes no País a inviolabilidade do direito à vida, à liberdade, à igualdade, à segurança e à propriedade, nos termos seguintes:
>
> (...)
>
> IV – é livre a manifestação do pensamento, sendo vedado o anonimato;
>
> (...)
>
> VI – é inviolável a liberdade de consciência e de crença, sendo assegurado o livre exercício dos cultos religiosos e garantida, na forma da lei, a proteção aos locais de culto e a suas liturgias;
>
> (...)
>
> IX – é livre a expressão da atividade intelectual, artística, científica e de comunicação, independentemente de censura ou licença;
>
> (...)

> §
>
> Art. 220. A manifestação do pensamento, a criação, a expressão e a informação, sob qualquer forma, processo ou veículo não sofrerão qualquer restrição, observado o disposto nesta Constituição.

Além disso, o dispositivo impugnado ofende o artigo 134 do Pacto de San Jose da Costa Rica (Convenção Americana sobre Direitos Humanos), segundo o qual o exercício do direito à liberdade de pensamento e de expressão não pode estar sujeito a censura prévia, mas a responsabilidades ulteriores.

A restrição imposta pelo § 1º do art. 4º da Lei nº 9.612/98 ao proselitismo não é compatível com as liberdades de expressão e de religião.

A liberdade de pensamento inclui o discurso persuasivo, o uso de argumentos críticos, o consenso e o debate público informado e pressupõe a livre troca de ideias e não apenas a divulgação de informações.

Além disso, o art. 220 da CF/88 prevê, expressamente, a liberdade de expressão sob qualquer forma, processo ou veículo. A rádio ou serviço de radiodifusão comunitária se insere nessa hipótese.

Resumindo:

É inconstitucional o § 1º do art. 4º da Lei nº 9.612/98. Esse dispositivo proíbe, no âmbito da programação das emissoras de radiodifusão comunitária, a prática de proselitismo, ou seja, a transmissão de conteúdo tendente a converter pessoas a uma doutrina, sistema, religião, seita ou ideologia.

O STF entendeu que essa proibição afronta os arts. 5º, IV, VI e IX, e 220, da Constituição Federal.

STF. Plenário. ADI 2566/DF, rel. orig. Min. Alexandre de Moraes, red. p/ o ac. Min. Edson Fachin, julgado em 16/5/2018 (Info 902).

A INCITAÇÃO DE ÓDIO PÚBLICO FEITA POR LÍDER RELIGIOSO CONTRA OUTRAS RELIGIÕES PODE CONFIGURAR O CRIME DE RACISMO

A incitação ao ódio público contra quaisquer denominações religiosas e seus seguidores não está protegida pela cláusula constitucional que assegura a liberdade de expressão.

STF. 2ª Turma. RHC 146303/RJ, rel. Min. Edson Fachin, red. p/ o ac. Min. Dias Toffoli, julgado em 6/3/2018 (Info 893).

Veja comentários em Direito Penal.

1.2. DIREITOS SOCIAIS

É GARANTIDA A ESTABILIDADE À EMPREGADA GESTANTE MESMO QUE NO MOMENTO EM QUE ELA TENHA SIDO DEMITIDA PELO EMPREGADOR ELE NÃO SOUBESSE DE SUA GRAVIDEZ

Estabilidade

A estabilidade é...

- uma garantia conferida
- pela Constituição Federal ou por leis infraconstitucionais
- a determinados empregados
- de forma que o empregador fica proibido de dispensar esses trabalhadores
- salvo se houver algum "justo motivo" ou "falta grave", nos termos definidos pela lei.

Espécies

A estabilidade pode ser:

a. TEMPORÁRIA: quando a garantia existe durante determinado período de tempo.

Ex1: estabilidade do empregado sindicalizado a partir do registro da candidatura a cargo de direção ou representação sindical e, se eleito, ainda que suplente, até um ano após o final do mandato, salvo se cometer falta grave nos termos da lei (art. 8º, VIII, da CF/88).

Ex2: é proibida a dispensa arbitrária do empregado eleito para cargo de direção de comissões internas de prevenção de acidentes (CIPA), desde o registro de sua candidatura até um ano após o final de seu mandato (art. 10, II, "a", do ADCT da CF/88).

b. DEFINITIVA: quando esta garantia perdura indefinidamente, ou seja, sem um prazo pré-fixado. Ex: a estabilidade prevista no art. 19 do ADCT para os servidores públicos.

Estabilidade da empregada gestante

O art. 10, II, "b", do ADCT confere estabilidade provisória para a empregada gestante:

§ Art. 10. Até que seja promulgada a lei complementar a que se refere o art. 7º, I, da Constituição:

(...)

II – fica vedada a dispensa arbitrária ou sem justa causa:

(...)

b) da empregada gestante, desde a confirmação da gravidez até cinco meses após o parto.

Vamos aprender um pouco mais sobre a estabilidade da gestante.

Termos inicial e final

- Início: o termo inicial da estabilidade é a confirmação da gravidez, ou seja, a demonstração inequívoca e objetiva da sua existência, por meio de atestado ou laudo médico.
- Término: 5 meses após o parto.

Extensão da garantia

A empregada gestante não pode sofrer dispensa arbitrária ou sem justa causa. Isso significa que ela pode ser demitida se houver justa causa devidamente comprovada.

A estabilidade se inicia mesmo que o empregado não saiba ainda que a empregada está grávida

Imagine a seguinte situação hipotética:

Maria ficou grávida. Ocorre que ela não sabe ainda disso. Aliás, ninguém sabe porque a gestação está muito no início.

Ela chega para trabalhar e o seu empregador avisa que, infelizmente, ela está demitida para redução de custos da empresa (obs: isso não é considerado justa causa pela legislação trabalhista). O patrão avisa que ele irá indenizar o aviso prévio a fim de que ela possa ir embora imediatamente.

Na semana seguinte ao fato, Maria começa a ter enjoos, procura um médico e descobre que está grávida há 3 semanas.

Maria terá direito de permanecer no emprego? Ela tem estabilidade mesmo que todos só tenham descoberto a gravidez após ela ter sido demitida?

SIM. Veja o que diz a doutrina:

"Para configuração da estabilidade da gestante, doutrina e jurisprudência adotaram como regra a chamada teoria objetiva, sendo relevante apenas a confirmação da gravidez pela própria gestante, pouco importando se o empregador tinha ou não conhecimento do estado gravídico da obreira.

O simples fato de estar grávida já confere à empregada gestante o direito à estabilidade, ainda que a concepção ou a guarda provisória para fins de adoção tenha ocorrido no período do aviso prévio trabalhado ou indexado (...)" (SARAIVA, Renato; SOUTO, Rafael Tonassi. *Direito do Trabalho para concursos públicos.* 20ª dd., Salvador: Juspodivm, 2018, p. 278-279).

Essa teoria da responsabilidade objetiva foi expressamente adotada pelo legislador na CLT:

§ Art. 391-A. A confirmação do estado de gravidez advindo no curso do contrato de trabalho, ainda que durante o prazo do aviso prévio trabalhado ou indenizado, garante à empregada gestante a estabilidade provisória prevista na alínea b do inciso II do art. 10 do Ato das Disposições Constitucionais Transitórias. (Incluído pela Lei nº 12.812/2013)

Parágrafo único. O disposto no caput deste artigo aplica-se ao empregado adotante ao qual tenha sido concedida guarda provisória para fins de adoção. (Incluído pela Lei nº 13.509/2017)

Como ainda havia resistência quanto a isso, o TST editou uma súmula explicitando a mesma conclusão. Confira o item I:

Súmula 244-TST:

GESTANTE. ESTABILIDADE PROVISÓRIA

(redação do item III alterada na sessão do Tribunal Pleno realizada em 14.09.2012)

I – O desconhecimento do estado gravídico pelo empregador não afasta o direito ao pagamento da indenização decorrente da estabilidade (art. 10, II, "b" do ADCT).

II – A garantia de emprego à gestante só autoriza a reintegração se esta se der durante o período de estabilidade. Do contrário, a garantia restringe-se aos salários e demais direitos correspondentes ao período de estabilidade.

III – A empregada gestante tem direito à estabilidade provisória prevista no art. 10, inciso II, alínea "b", do Ato das Disposições Constitucionais Transitórias, mesmo na hipótese de admissão mediante contrato por tempo determinado.

Isso existe porque não interessa a intenção do empregador. O que importa aqui é proteger, de modo objetivo, a gestante e o feto, garantindo a eles a manutenção do sustento.

Esse direito tem, portanto, uma dupla titularidade: da gestante e da criança. A proteção à maternidade leva em conta tanto a mãe quanto o filho.

Durante esse período, garante-se estabilidade econômica e psicológica à gestante para que ela tenha maior proximidade com o filho durante a gravidez e nos cinco meses seguintes.

O STF concorda com o entendimento do TST? É possível assegurar a estabilidade à gestante mesmo que no momento em que ela tenha sido demitida pelo empregador ele não soubesse de sua gravidez?

SIM. O fato de o empregador saber ou não da gravidez, pouco importa.

O desconhecimento da gravidez por parte do empregador no momento da demissão não exclui o direito à estabilidade da gestante.

A estabilidade deve ser respeitada mesmo quando, no ato da despedida imotivada, o empregador não tenha ciência da situação. Isso porque se aplica aqui a teoria da responsabilidade objetiva, voltada à proteção da maternidade e do nascituro.

Assim, se a empregada foi demitida, imotivadamente, estando grávida, ela tem direito de:

- ser reintegrada ao emprego; ou
- de ser indenizada com o pagamento dos salários e demais direitos trabalhistas referentes ao período da estabilidade.

Confirmação da gravidez: o requisito é de natureza biológica

Para que a estabilidade tenha início, não é necessário um aviso formal da existência da gravidez.

O que o texto constitucional coloca como termo inicial é a gravidez.

Uma vez constatada que a gravidez se iniciou antes da dispensa arbitrária, incide a garantia, mesmo que o exame tenha sido feito somente depois.

Ex: a empregada foi demitida dia 03/03; em 10/03, a mulher fez o exame e descobriu que estava grávida; ocorre que o exame demonstra que a gravidez já existia desde 28/02; logo, ela já tinha direito à estabilidade e deverá ser reintegrada ou indenizada.

O único requisito exigido, portanto, é de natureza biológica. Exige-se apenas a comprovação de que a gravidez ocorreu antes da dispensa arbitrária, não sendo necessários quaisquer outros requisitos, como o prévio conhecimento do empregador ou da própria gestante. Já havia, inclusive, um precedente do próprio STF neste sentido:

> (...) O acesso da servidora pública e da trabalhadora gestantes à estabilidade provisória, que se qualifica como inderrogável garantia social de índole constitucional, supõe a mera confirmação objetiva do estado fisiológico de gravidez, independentemente, quanto a este, de sua prévia comunicação ao órgão estatal competente ou, quando for o caso, ao empregador. (...)
>
> STF. 2ª Turma. RE 634093 AgR, Rel. Min. Celso de Mello, julgado em 22/11/2011.

O tema foi agora apreciado sob a sistemática da repercussão geral, tendo sido fixada a seguinte tese:

> **A incidência da estabilidade prevista no art. 10, II, do Ato das Disposições Constitucionais Transitórias (ADCT) somente exige a anterioridade da gravidez à dispensa sem justa causa.**
>
> STF. Plenário. RE 629053/SP, Rel. Min. Marco Aurélio, red. p/ ac. Min. Alexandre de Moraes, julgado em 10/10/2018 (repercussão geral) (Info 919).

LC 146/2014

Vale relembrar que a estabilidade vai até 5 meses após o parto.

Se a criança nascer e a mãe falecer enquanto ainda estava no período de estabilidade (ex: a mãe faleceu logo depois do parto), a pessoa que ficar na guarda do seu filho terá direito ao restante do período de estabilidade. É o que prevê o art. 1º da LC 146/2014.

Ex: Maria faleceu logo após o parto. João, seu marido, ficou com a guarda da criança. Ele terá 5 meses de estabilidade em seu emprego.

1.3. EDUCAÇÃO

COLÉGIOS MILITARES DO EXÉRCITO PODEM COBRAR MENSALIDADE DOS SEUS ALUNOS

Colégios Militares

Como é do conhecimento de todos, existem, em diversas partes do país, colégios mantidos e gerenciados pelo Exército Brasileiro. Tais escolas são chamadas de "Colégios Militares".

Vale ressaltar que os Colégios Militares atendem não apenas os filhos ou parentes de militares, mas também civis.

Regulamentação dos Colégios Militares

Os Colégios Militares são regidos por duas normas principais:

- Lei nº 9.786/99, que dispõe sobre o Ensino no Exército Brasileiro;
- Portaria 42, de 6/2/2008, do Comandante do Exército, que aprova o Regulamento dos Colégios Militares.

O aluno do Colégio Militar paga alguma coisa para estudar lá?

SIM. Há o pagamento de mensalidades e de alguns outros valores extras. Vale ressaltar que os "alunos carentes" que comprovarem essa condição ficam dispensados de fazer essa retribuição financeira.

Esses pagamentos são chamados de "contribuições", sendo disciplinados pelos arts. 82 e 83 da Portaria 42/2008 do Comandante do Exército:

§ Art. 82. As contribuições a que estão sujeitos os alunos são as seguintes:

I – doze quotas mensais escolares (QME) destinadas a prover despesas gerais do ensino;

II – uma quota de implantação, no valor de cinquenta por cento da QME, destinada a prover as diversas despesas para inserir o novo aluno, mesmo em caso de transferência dentro do SCMB;

III – indenização de despesas extraordinárias, realizadas pelos alunos.

(...)

§ 2º O valor da quota mensal escolar de que trata o presente artigo é estabelecido pelo Chefe do DEP.

(...)

§ Art. 83. É assegurada a dispensa de contribuição da QME, exclusivamente, aos alunos carentes, assim considerados mediante comprovação em sindicância instaurada pelo próprio CM, observadas as seguintes prescrições relativas a essa isenção:

I – deve ser requerida, anualmente, pelo responsável; e

II – pode ser concedida, em valor integral ou parcial, durante todo o ano letivo ou parte dele.

(...)

Existe algum fundamento legal que autorize o Comandante do Exército a editar esta portaria prevendo a cobrança desses valores?

SIM. O Comandante do Exército utiliza como fundamento os arts. 1º, 17 e 20 da Lei nº 9.786/99:

§ Art. 1º É instituído o Sistema de Ensino do Exército, de características próprias, com a finalidade de qualificar recursos humanos para a ocupação de cargos e para o desempenho de funções previstas, na paz e na guerra, em sua organização.

(...)

§ Art. 17. Ao Ministro de Estado do Exército compete:

(...)

III – especificar e implementar a estrutura do Sistema de Ensino do Exército;

(...)

VI – regular a matrícula nos cursos e nos estabelecimentos de ensino;

(...)

§ Art. 20. Os recursos financeiros para as atividades de ensino no Exército Brasileiro são orçamentários e extra-orçamentários, sendo estes obtidos mediante contribuições, subvenções, empréstimos, indenizações e outros meios.

O Exército Brasileiro entende que os Colégios Militares do Exército são instituições militares com características próprias (conforme prevê o art. 1º da Lei nº 9.786/99) e, por isso, diferentes do sistema educacional brasileiro comum. Em razão disso, com amparo nos arts. 1º e 20 da Lei nº 9.786/99, seria possível a cobrança de mensalidade dos alunos.

ADI

O Procurador-Geral da República não concordou com essa cobrança de valores dos alunos dos colégios militares e ajuizou uma ADI contra os arts. 1º e 20 da Lei nº 9.786/99 e contra os arts. 82 e 83 da Portaria 42/2008 do Comandante do Exército.

O autor alegou que essa cobrança violaria, dentre outros dispositivos, o art. 206, IV e o art. 208, § 1º, ambos da CF/88, que determinam que o ensino público no Brasil seja gratuito (princípio da gratuidade do ensino em estabelecimentos oficiais):

§ Art. 206. O ensino será ministrado com base nos seguintes princípios:

IV – gratuidade do ensino público em estabelecimentos oficiais;

§ Art. 208 (...)

§ 1º O acesso ao ensino obrigatório e gratuito é direito público subjetivo.

Além disso, o PGR afirmou que esse valor exigido dos alunos seria uma espécie de tributo e que não poderia ter sido criado por meio de Portaria, tendo, assim, havido ofensa ao princípio da legalidade tributária previsto no art. 150, I, da CF/88:

§ Art. 150. Sem prejuízo de outras garantias asseguradas ao contribuinte, é vedado à União, aos Estados, ao Distrito Federal e aos Municípios:

I – exigir ou aumentar tributo sem lei que o estabeleça;

Diante disso, o PGR pediu para o STF:

a. dar interpretação conforme a Constituição ao art. 1º da Lei nº 9.786/99, para o fim de entender que a expressão "de características próprias", contida no art. 1º, não significa que os Colégios Militares estejam dispensados de cumprir as regras aplicáveis a todo o sistema público de ensino brasileiro, incluída a gratuidade do ensino em estabelecimentos oficiais. Em outras palavras, mesmo tendo características próprias, deve-se interpretar que os Colégios Militares devem ser gratuitos;

b. dar interpretação conforme a Constituição ao art. 20 da Lei nº 9.786/99, para o fim de considerar que é proibida a cobrança de contribuição compulsória dos alunos matriculados nos Colégios Militares;

c. declarar a inconstitucionalidade, por arrastamento, dos arts. 82 e 83 da Portaria 42/2008.

O STF concordou com os argumentos do PGR? A ação foi julgada procedente?

NÃO. O Plenário do STF julgou improcedente a ADI proposta.

Instituições educacionais sui generis

Os Colégios Militares apresentam peculiaridades que fazem com que eles sejam instituições diferentes dos estabelecimentos oficiais de ensino, por razões éticas, fiscais, legais e institucionais.

Podem, assim, ser qualificados como instituições educacionais *sui generis* (peculiares).

Diferenças pedagógicas

O ensino militar tem como pressuposto a capacitação de pessoas para o exercício das funções institucionais das Forças Armadas da República. O objetivo final é preparar quadros que possam servir às Forças Armadas. Isso "representa importante discrímen pedagógico, o qual reverbera em toda estrutura educacional".

Diferenças fiscais e orçamentárias

Quanto às particularidades fiscais, deve-se esclarecer que o custeio da atividade educacional militar provém do orçamento do Ministério da Defesa e de contribuições dos usuários do serviço público, e não das ações orçamentárias do Ministério da Educação. Trata-se, assim, de um programa de ensino do Ministério da Defesa, e não do Ministério da Educação, que continua com seus projetos de ensino geral e gratuito.

"Essas escolas militares não se sujeitam à gratuidade, uma vez que não se encontram os colégios militares inseridos no sistema da rede pública de ensino e não participam daquela distribuição de recursos públicos destinados à educação." (Min. Ricardo Lewandowski).

Diferenças quanto ao regime jurídico

Quanto à legalidade, o sistema de ensino militar apresenta regime jurídico diverso dos estabelecimentos públicos pertencentes ao sistema regular de ensino, sendo, inclusive, regido por lei própria (Lei nº 9.786/99).

Diferenças do ponto de vista institucional

Do ponto de vista institucional, os Colégios Militares apresentam-se como organizações militares que funcionam como estabelecimentos de ensino de educação básica, subordinada hierarquicamente ao Exército brasileiro, por isso chefiadas por Coronéis do Exército e com corpo docente formado prioritariamente por oficiais do Exército.

Não há ofensa ao princípio da gratuidade

A quota mensal escolar exigida nos Colégios Militares não representa ofensa à regra constitucional de gratuidade do ensino público, uma vez que não há violação concreta ou potencial ao núcleo de intangibilidade do direito fundamental à educação.

Em outras palavras, tais colégios são uma fração pequena e peculiar das instituições de ensino existentes no país e a existência de cobrança por parte deles não traz nenhum risco à garantia do direito fundamental à educação que continua sendo prestada pelas instituições em geral.

"O ensino básico obrigatório e gratuito remanesce disponível a toda a população brasileira de forma gratuita para o estudante" (Min. Fachin).

Portaria 42/2008 é válida

A Portaria 42/2008, que aprova o regulamento dos Colégios Militares, foi editada à luz da própria Constituição Federal e da Lei nº 9.394/96 (Lei de Diretrizes e Bases da Educação Nacional), sendo, portanto, válida.

Valor cobrado não é tributo; logo, não há violação ao princípio da legalidade tributária

A quota mensal escolar cobrada dos alunos para o custeio das atividades do Sistema Colégio Militar do Brasil não possui natureza tributária. Não se trata de tributo porque o ingresso no Sistema de Ensino do Exército é facultativo e baseado em critérios meritocráticos.

Assim, o vínculo jurídico do aluno com a instituição possui natureza contratual, de forma que o valor pago por ele não é tributo.

Vale a pena relembrar que o conceito de tributo, previsto no art. 3º do CTN, exige compulsoriedade e, portanto, exclui de sua abrangência os valores pagos a título de contrato (ajuste de vontades):

§ Art. 3º Tributo é toda prestação pecuniária compulsória, em moeda ou cujo valor nela se possa exprimir, que não constitua sanção de ato ilícito, instituída em lei e cobrada mediante atividade administrativa plenamente vinculada.

Em suma:

Não viola a Constituição Federal a cobrança de contribuição obrigatória dos alunos matriculados nos Colégios Militares do Exército Brasileiro.

Os Colégios Militares apresentam peculiaridades que fazem com que eles sejam instituições diferentes dos estabelecimentos oficiais de ensino, por razões éticas, fiscais, legais e institucionais.

Podem, assim, ser qualificados como instituições educacionais *sui generis*.

A quota mensal escolar exigida nos Colégios Militares não representa ofensa à regra constitucional de gratuidade do ensino público, uma vez que não há violação ao núcleo de intangibilidade do direito fundamental à educação.

Por fim, deve-se esclarecer que esse valor cobrado dos alunos para o custeio das atividades do Sistema Colégio Militar do Brasil não possui natureza tributária (não é tributo). Logo, é válida a sua instituição por meio de atos infralegais.

Portanto, são válidos os arts. 82 e 83 da Portaria 42/2008 do Comandante do Exército, que disciplinam essa cobrança.

STF. Plenário. ADI 5082/DF, Rel. Min. Edson Fachin, julgado em 24/10/2018 (Info 921).

Uma última pergunta: existem alguns colégios militares da Polícia Militar, ou seja, colégios estaduais mantidos e organizados pela Polícia Militar. É válida a cobrança de mensalidade ou de outros valores por parte desses colégios?

O STF não enfrentou este tema nesta ADI 5082/DF. Os Ministérios Públicos, em âmbito estadual, questionam essa cobrança alegando que ela violaria o princípio da gratuidade. Veremos como os Tribunais irão interpretar o tema agora com essa decisão do STF. Será necessário analisar o caso concreto para saber se esses colégios da Polícia Militar gozam das mesmas características dos Colégios Militares do Exército, inclusive quanto à questão orçamentária.

CONSTITUCIONALIDADE DAS IDADES MÍNIMAS PARA INGRESSO NA EDUCAÇÃO INFANTIL E NO ENSINO FUNDAMENTAL

Conselho Nacional de Educação

O Conselho Nacional de Educação (CNE) é um órgão ligado ao Ministério da Educação e que tem atribuições normativas, deliberativas e de assessoramento ao Ministro da Educação.

Este Conselho é composto por duas Câmaras:

- Câmara de Educação Básica; e
- Câmara de Educação Superior.

O Conselho Nacional de Educação, a fim de exercer suas atribuições normativas, edita Resoluções por meio de suas Câmaras.

Idade mínima para ingresso na educação infantil e no ensino fundamental

A Câmara de Educação Básica do Conselho Nacional de Educação editou duas importantes Resoluções:

- Resolução 06/2010: que estabelece a exigência de 4 anos completos até 31 de março para ingresso no primeiro ano da educação infantil;
- Resolução 01/2010: que exige 6 anos completos até 31 de março para ingresso no primeiro ano do ensino fundamental.

Ex: estamos em janeiro e João procura uma escola para matricular seu filho Lucas no primeiro ano da educação infantil. Lucas somente poderá ser matriculado se já tiver 4 anos de idade ou se fizer aniversário e completar 4 anos até o dia 31 de março daquele ano.

ADPF E ADC

O Procurador-Geral da República ajuizou uma ADPF 292 contra essas duas Resoluções da Câmara de Educação Básica do Conselho Nacional de Educação (CNE) pedindo que elas fossem declaradas inconstitucionais.

Segundo o autor, essas Resoluções burlam o comando constitucional que determina a oferta da educação básica obrigatória e gratuita dos 4 aos 17 anos de idade, prevista no art. 208, I, da Constituição Federal:

> § Art. 208. O dever do Estado com a educação será efetivado mediante a garantia de:
>
> I – educação básica obrigatória e gratuita dos 4 (quatro) aos 17 (dezessete) anos de idade, assegurada inclusive sua oferta gratuita para todos os que a ela não tiveram acesso na idade própria; (Redação dada pela EC 59/2009)

O PGR alegou também que as crianças nascidas depois de 31 de março têm tratamento discriminatório, pois só poderão ingressar no ensino infantil com 5 anos, retardando também a entrada no ensino fundamental.

ADC

Por outro lado, o Governador do Estado do Mato Grosso do Sul ajuizou ADC em favor do art. 32, da Lei nº 9.394/96 (Lei de Diretrizes e Bases da Educação), pedindo que o STF desse interpretação de que o ingresso no ensino fundamental está limitado a crianças com 6 anos de idade completos no início do ano letivo:

> § Art. 32. O ensino fundamental obrigatório, com duração de 9 (nove) anos, gratuito na escola pública, iniciando-se aos 6 (seis) anos de idade, terá por objetivo a formação básica do cidadão, mediante: (...)

A ADPF da PGR foi julgada procedente? As Resoluções da Câmara de Educação Básica do Conselho Nacional de Educação violam a CF/88?

NÃO.

> **São constitucionais a exigência de idade mínima de quatro e seis anos para ingresso, respectivamente, na educação infantil e no ensino fundamental, bem como a fixação da data limite de 31 de março para que referidas idades estejam completas.**
>
> STF. Plenário. ADPF 292/DF, Rel. Min. Luiz Fux, julgado em 1º/8/2018 (Info 909).

> **É constitucional a exigência de 6 (seis) anos de idade para o ingresso no ensino fundamental, cabendo ao Ministério da Educação a definição do momento em que o aluno deverá preencher o critério etário.**
>
> STF. Plenário. ADC 17/DF, Rel. Min. Edson Fachin, red. p/ o ac. Min. Roberto Barroso, jugado em 1º/8/2018 (Info 909).

Com base nesse entendimento, o Plenário do STF, em julgamento conjunto, julgou procedente a ADC proposta pelo Governador e improcedente a ADPF ajuizada pelo PGR.

O STF entendeu que os arts. 24, II, 31 e 32, caput, da Lei nº 9.394/96, que tratam sobre a idade mínima de 6 anos para ingressar no ensino fundamental são constitucionais.

O STF afirmou também que, como a Lei não foi expressa sobre o momento em que deveria ser provada essa idade mínima, cabe ao Ministério da Educação definir esse instante exato. Por essa razão, é constitucional a Resolução que estabelece que essa idade mínima de 6 anos deverá ser completada até 31 de março.

No que se refere a ADPF, o STF considerou que a Resolução 1/2010 e a Resolução 6/2010, ambas da Câmara de Educação Básica do Conselho Nacional de Educação (CNE), não violam os princípios da isonomia, da proporcionalidade e do acesso à educação, ao estabelecerem um critério único e objetivo para o ingresso nas séries iniciais da educação infantil e do ensino fundamental da criança que tenha, respectivamente, 4 e 6 anos de idade completos até o dia 31 de março do ano em que ocorrer a matrícula.

O importante é que seja assegurado ao aluno entre 4 e 17 anos o acesso à educação, de acordo com a sua capacidade. A faixa etária não é estabelecida entre as etapas do sistema de ensino.

Desse modo, a regulamentação questionada, relativa à transição entre as etapas de ensino, está em conformidade com o art. 208, I e IV, da Constituição Federal.

Cabe ao Poder Público desenhar as políticas educacionais, respeitadas as balizas constitucionais. O critério etário, apesar de não ser a única solução constitucionalmente possível, insere-se no espaço de conformação do administrador, sobretudo em razão da "expertise" do CNE e da ampla participação técnica e social no processo de edição das resoluções, em respeito à gestão democrática do ensino público (art. 206, VI, da CF/88).

Por fim, considerou que as regras objetivas relativas a datas e números asseguram mais segurança jurídica. O acesso aos níveis mais elevados de ensino (art. 208, V, da CF/88), segundo a capacidade de cada um, pode justificar, eventualmente, o afastamento de regras em casos bastante excepcionais, a critério exclusivo da equipe pedagógica diretamente responsável pelo aluno, o que se mostra consentâneo com a valorização dos profissionais da educação escolar e o apreço à pluralidade de níveis cognitivos e comportamentais em sala de aula.

Posição do STJ

Vale ressaltar que o STJ também possui o entendimento de que tais Resoluções são válidas. Veja:

As Resoluções nº 01/2010 e nº 06/2010, ambas emanadas da Câmara de Educação Básica do Conselho Nacional de Educação (CNE/CEB), ao estabelecerem corte etário para ingresso de crianças na primeira série do ensino fundamental (6 anos completos até 31 de março do correspondente ano letivo), não incorreram em contexto de ilegalidade (não violaram a lei). Ao contrário, tais Resoluções encontram respaldo na interpretação conjunta dos arts. 29 e 32 da Lei nº 9.394/96 (LDB).

O Poder Judiciário não pode substituir-se às autoridades públicas de educação para fixar ou suprimir requisitos para o ingresso de crianças no ensino fundamental, quando os atos normativos de regência não revelem traços de ilegalidade, abusividade ou ilegitimidade.

STJ. 1ª Turma. REsp 1412704/PE, Rel. Min. Sérgio Kukina, julgado em 16/12/2014.

Não é possível, atualmente, o homeschooling no Brasil

O que é "homeschooling"?

O *homeschooling* consiste na prática por meio da qual os pais ou responsáveis pela criança ou adolescente assumem a obrigação pela sua escolarização formal e deixam de delegá-la às instituições oficiais de ensino.

Assim, em vez de a criança ou do adolescente estudar em uma escola, estudará em sua própria casa, sendo os ensinamentos ministrados pelos pais ou por pessoas por eles escolhidas.

Sinônimos

O *homeschooling* é uma palavra de origem inglesa e a sua tradução seria algo como "educação em casa", "ensino doméstico" ou "ensino domiciliar".

No entanto, se aprofundarmos mais o estudo sobre o tema, veremos que o *homeschooling* é uma das espécies de ensino domiciliar.

"Homeschooling" no mundo

O *homeschooling* é permitido em vários países do mundo, como, por exemplo, nos Estados Unidos, Canadá, Portugal, França, Itália, Bélgica, Áustria, Noruega, Austrália, Nova Zelândia, Rússia.

Em geral, tais países exigem que o aluno que está em *homeschooling* faça uma prova anual para avaliação de seu nível escolar.

Por outro lado, o ensino domiciliar é expressamente proibido em países como a Alemanha e a Suécia.

Por que alguns pais preferem o "homeschooling"?

Existem vários motivos pelos quais os pais ou responsáveis optam pelo ensino domiciliar. Podemos listar alguns mais comuns:

- medo de que os filhos se envolvam com alguns "riscos" do ambiente escolar, tais como violência, exposição a drogas, bullying etc;
- os pais possuem rígidos valores religiosos, morais ou ideológicos e entendem que não há escolas disponíveis que possam transmitir esses mesmos valores para seus filhos;
- os pais entendem que os métodos de ensino formais são ultrapassados ou inadequados;
- os pais desejam que seus filhos aprendam em um ritmo mais rápido do que aquele oferecido com a grade escolar tradicional;
- os pais se mudam constantemente e desejam ter uma maior flexibilidade, evitando mudanças constantes de colégios.

Polêmica

O *homeschooling* gera intensos debates.

Seus defensores sustentam que o Estado não deve se imiscuir na decisão de como os pais irão educar seus filhos. Em outras palavras, a forma como os filhos serão educados deve ser uma decisão dos pais, não havendo motivo para ingerência estatal.

Os partidários do homeschooling invocam dois importantes documentos internacionais como fundamento normativo para esta prática:

§ Declaração Universal dos Direitos Humanos

Artigo 26º

(...)

3. Aos pais pertence a prioridade do direito de escolher o gênero de educação a dar aos filhos

§ Convenção Americana sobre Direitos Humanos ("Pacto de São José da Costa Rica")

Artigo 12. Liberdade de consciência e de religião

(...)

4. Os pais, e quando for o caso os tutores, têm direito a que seus filhos ou pupilos recebam a educação religiosa e moral que esteja acorde com suas próprias convicções.

Por outro lado, aqueles que criticam o modelo afirmam que o *homeschooling* pode trazer danos psicológicos às crianças e adolescentes, especialmente em virtude da falta de socialização com outras pessoas da mesma idade.

Espécies de ensino domiciliar

Frequentemente, a palavra homeschooling é utilizada como sendo sinônima de ensino domiciliar. No entanto, o Min. Alexandre de Moraes, no julgamento do RE 888815/RS, afirma que existem quatro espécies principais de ensino domiciliar:

a. a desescolarização radical;

b. a desescolarização moderada;

c. o ensino domiciliar puro;

d. o homeschooling (ensino domiciliar utilitarista ou por conveniência circunstancial).

Assim, o *homeschooling* não se confunde com a desescolarização (chamada de *unschooling*).

No *homeschooling* a criança ou adolescente aprende na sua casa as matérias que os demais estudam na escola. Isso é feito por causa de um dos objetivos acima explicados ou por uma conveniência circunstancial dos pais ou do aluno.

Por outro lado, o *unschooling*, também chamado de "desescolarização", é a escolha feita pelos pais no sentido de que o filho não deve receber qualquer tipo de escolarização a fim de permitir que ele decida, no futuro, o próprio destino.

Conforme explica Manoel Morais de O. Neto Alexandre:

> "Não devemos confundir o objeto do presente estudo com o fenômeno do *unschooling*, que nega a instituição escolar e coloca a própria criança como agente diretivo do aprendizado, escolhendo o que estudar, quando estudar e até mesmo se quer estudar. O *homeschooling*, por sua vez, não nega os currículos escolares e, na sua vertente majoritária, deseja que as crianças e adolescentes possam receber educação em casa, mas em parceria com as instituições do Estado, tanto na autorização do processo, quanto na avaliação do aprendizado." (Disponível em http://www2.camara.leg.br/atividade-legislativa/estudos-e-notas-tecnicas/publicacoes-da-consultoria-legislativa/areas-da-conle/tema11/2016-14308_quem-tem-medo-de-homeschooling_manoel-morais)

O ensino domiciliar é permitido no Brasil?

Atualmente, não.

Mas a CF/88 proíbe o ensino domiciliar?

O Ministro Alexandre de Moraes explicou que a CF/88 veda três das quatro espécies mais conhecidas do ensino domiciliar: a desescolarização radical, a moderada e o ensino domiciliar puro. Isso porque elas afastam completamente o Estado do seu dever de participar da educação.

De outra banda, a CF/88 não proíbe o *homeschooling*, ou seja, o ensino domiciliar utilitarista ou por conveniência circunstancial. Essa modalidade pode ser estabelecida pelo Congresso Nacional.

CF/88 não proíbe, de forma absoluta, o "homeschooling"

Não existe, na CF/88, uma vedação absoluta ao ensino domiciliar.

A CF/88, apesar de não prever expressamente, não proíbe o ensino domiciliar.

Ao se analisar os dispositivos da Constituição Federal que tratam sobre a família, criança, adolescente e jovem (arts. 226, 227 e 229) em conjunto com os que cuidam da educação (arts. 205, 206 e 208) não se encontra uma proibição dessa forma de educação.

Mas, então, por que o "homeschooling" atualmente não é permitido?

Porque falta a edição de uma lei que o regulamente.

O STF decidiu que o ensino domiciliar somente pode ser implementado no Brasil após uma regulamentação por meio de lei na qual sejam previstos mecanismos de avaliação e fiscalização, devendo essa lei respeitar os mandamentos constitucionais, especialmente o art. 208, § 3º, da CF/88:

§

> Art. 208 (...)
>
> § 3º Compete ao Poder Público recensear os educandos no ensino fundamental, fazer-lhes a chamada e zelar, junto aos pais ou responsáveis, pela frequência à escola.

Nesse sentido, é necessário que a lei que venha a regulamentar o ensino domiciliar prescreva, dentre outros pontos, o que será essa "frequência".

Desse modo, para o STF, o *homeschooling* (o ensino domiciliar utilitarista ou por conveniência circunstancial), atualmente, não é permitido por falta de regulamentação legal. No entanto, como a CF/88 não o proíbe, é possível que o Congresso Nacional edite uma lei disciplinando o tema, respeitados os dispositivos constitucionais relacionados com a educação.

Requisitos exigidos pela CF/88 para o ensino

A Constituição estabelece princípios, preceitos e regras aplicáveis ao ensino. Isso vale para o Estado e para a família.

Assim, independentemente do ensino a ser trilhado, a CF/88 exige alguns requisitos inafastáveis:

a. a necessidade de ensino básico obrigatório entre quatro e dezessete anos (art. 208, I);

b. a existência de núcleo mínimo curricular (art. 210);

c. a observância de convivência familiar e comunitária (art. 227);

Em suma, o STF decidiu que:

Não é possível, atualmente, o ensino domiciliar (*homeschooling*) como meio lícito de cumprimento, pela família, do dever de prover educação.

Não há, na CF/88, uma vedação absoluta ao ensino domiciliar. A CF/88, apesar de não o prever expressamente, não proíbe o ensino domiciliar.

No entanto, o ensino domiciliar não pode ser atualmente exercido porque não há legislação que regulamente os preceitos e as regras aplicáveis a essa modalidade de ensino.

Assim, o ensino domiciliar somente pode ser implementado no Brasil após uma regulamentação por meio de lei na qual sejam previstos mecanismos de avaliação e fiscalização, devendo essa lei respeitar os mandamentos constitucionais que tratam sobre educação.

STF. Plenário. RE 888815/RS, rel. orig. Min. Roberto Barroso, red. p/ o acórdão Min. Alexandre de Moraes, julgado em 12/9/2018 (repercussão geral) (Info 915).

E se, atualmente, os pais adotarem o "homeschooling", o que pode acontecer?

Tais pais ou responsáveis poderão ser responsabilizados civil e até mesmo criminalmente. Isso porque o ordenamento jurídico, atualmente, obriga que os pais matriculem seus filhos menores nas escolas de educação formal. Veja:

§ Código Civil

Art. 1.634. Compete a ambos os pais, qualquer que seja a sua situação conjugal, o pleno exercício do poder familiar, que consiste em, quanto aos filhos:

I – dirigir-lhes a criação e a educação;

§ Lei nº 8.096/90 (ECA)

Art. 22. Aos pais incumbe o dever de sustento, guarda e educação dos filhos menores, cabendo-lhes ainda, no interesse destes, a obrigação de cumprir e fazer cumprir as determinações judiciais.

(...)

§ Art. 55. Os pais ou responsável têm a obrigação de matricular seus filhos ou pupilos na rede regular de ensino.

(...)

§ Art. 56. Os dirigentes de estabelecimentos de ensino fundamental comunicarão ao Conselho Tutelar os casos de:

II – reiteração de faltas injustificadas e de evasão escolar, esgotados os recursos escolares;

(...)

§ Art. 129. São medidas aplicáveis aos pais ou responsável:

V – obrigação de matricular o filho ou pupilo e acompanhar sua freqüência e aproveitamento escolar;

(...)

§ Art. 249. Descumprir, dolosa ou culposamente, os deveres inerentes ao poder familiar ou decorrente de tutela ou guarda, bem assim determinação da autoridade judiciária ou Conselho Tutelar:

Pena – multa de três a vinte salários de referência, aplicando-se o dobro em caso de reincidência.

§ Lei nº 9.394/96 (Lei de Diretrizes e Bases da Educação)

Art. 6º É dever dos pais ou responsáveis efetuar a matrícula das crianças na educação básica a partir dos 4 (quatro) anos de idade.

Como o *homeschooling* atualmente não é permitido, há quem defenda que os pais que o praticam cometem o crime de abandono intelectual, tipificado no art. 246 do Código Penal:

> § Abandono intelectual
>
> Art. 246 – Deixar, sem justa causa, de prover à instrução primária de filho em idade escolar:
>
> Pena – detenção, de quinze dias a um mês, ou multa.

Para Damásio de Jesus, não há crime: Educação domiciliar constitui crime? *Jornal Carta Forense*, 1º abr. 2010. Por outro lado, Cleber Masson entende que o *homeschooling*, enquanto não houver disciplina legal sobre o assunto, configura o delito do art. 246 do CP (*Direito Penal*. São Paulo: Método, 2018, p. 215).

LEI ESTADUAL TRATANDO SOBRE LIVRE ORGANIZAÇÃO DE ENTIDADES ESTUDANTIS

Lei estadual tratando sobre livre organização de entidades estudantis

O Estado do Paraná editou a Lei nº 14.808/2005, com o objetivo de assegurar, "nos estabelecimentos de ensino superior, públicos e privados, a livre organização dos Centros Acadêmicos, Diretórios Acadêmicos e Diretórios Centrais dos Estudantes".

Confira o que diz a Lei:

> § Art. 1º É assegurada, nos estabelecimentos de ensino superior, públicos e privados, a livre organização dos Centros Acadêmicos, Diretórios Acadêmicos e Diretórios Centrais dos Estudantes, para representar os interesses e expressar os pleitos dos alunos.

> § Art. 2º É de competência exclusiva dos estudantes a definição das formas, dos critérios, dos estatutos e demais questões referentes à organização dos Centros Acadêmicos, Diretórios Acadêmicos e Diretórios Centrais dos Estudantes.

> § Art. 3º Os estabelecimentos de ensino a que se refere o artigo 1º da presente lei deverão garantir espaços, em suas dependências, para a divulgação e instalações para os Centros Acadêmicos, Diretórios Acadêmicos e Diretórios Centrais Estudantis, além de garantir:
>
> I – a livre divulgação dos jornais e outras publicações dos Centros Acadêmicos, Diretórios Acadêmicos e do Diretório Central dos Estudantes, bem como de suas Entidades Estudantis Estaduais e Nacionais;
>
> II – a participação dos Centros Acadêmicos, Diretórios Acadêmicos e do Diretório Central dos Estudantes nos Conselhos Fiscais e Consultivos das instituições de ensino;
>
> III – aos Centros Acadêmicos, Diretórios Acadêmicos e do Diretório Central dos Estudantes o acesso à metodologia da elaboração das planilhas de custos das instituições de ensino;
>
> IV – o acesso dos representantes das entidades estudantis às salas de aula e demais espaços de circulação dos estudantes, respeitando-se o bom senso.

> § Art. 4º Os espaços aos quais se refere o artigo anterior, deverão ser cedidos, preferencialmente, no prédio correspondente ao curso que o órgão estudantil representa, um para cada curso, em local que permita fácil acesso do aluno ao Centro Acadêmico de seu curso.

> § Art. 5º No caso de descumprimento das disposições desta lei, os estabelecimentos particulares de ensino superior estarão sujeitos à aplicação de multa, a ser fixada entre R$ 5.000,00 e R$ 50.000,00, corrigidos anualmente a partir da publicação desta lei.
>
> Parágrafo único. A multa prevista no caput será cobrada mensalmente, até o total cumprimento dos dispositivos previstos neste diploma legal.

ADI

A Confederação Nacional dos Estabelecimentos de Ensino (Confenen) ajuizou uma ADI contra esta Lei no STF.

Segundo a autora, esta lei seria inconstitucional por tratar sobre "diretrizes e bases da educação nacional", matéria que é de competência privativa da União, nos termos do art. 22, XXIV, da CF/88.

Além disso, a Lei violaria a autonomia universitária e a livre iniciativa privada.

O que decidiu o STF? A ação foi julgada procedente?

O STF julgou parcialmente procedente a ADI para:

- declarar a inconstitucionalidade do art. 5º; e
- conferir interpretação conforme à Constituição aos arts. 1º a 4º, excluindo do seu âmbito de incidência as instituições federais e particulares de ensino superior.

Arts. 1º a 4º

O STF deu interpretação conforme à Constituição aos arts. 1º a 4º para excluir do seu âmbito de incidência as instituições federais e particulares de ensino superior. Isso porque tais instituições integram o "sistema federal", conforme preevem os arts. 209 e 211 da CF/88 combinados com os arts. 16 e 17 da Lei nº 9.394/96 (Lei de Diretrizes e Bases da Educação Nacional):

§ Art. 16. O sistema federal de ensino compreende:

I – as instituições de ensino mantidas pela União;

II – as instituições de educação superior criadas e mantidas pela iniciativa privada;

III – os órgãos federais de educação.

§ Art. 17. Os sistemas de ensino dos Estados e do Distrito Federal compreendem:

I – as instituições de ensino mantidas, respectivamente, pelo Poder Público estadual e pelo Distrito Federal;

II – as instituições de educação superior mantidas pelo Poder Público municipal;

III – as instituições de ensino fundamental e médio criadas e mantidas pela iniciativa privada;

IV – os órgãos de educação estaduais e do Distrito Federal, respectivamente.

Parágrafo único. No Distrito Federal, as instituições de educação infantil, criadas e mantidas pela iniciativa privada, integram seu sistema de ensino.

Logo, a competência para reger e disciplinar as instituições federais e as instituições particulares de ensino superior é da União, não sendo permitido que uma lei estadual trate sobre o tema.

Para as demais instituições, os arts. 1º a 4º não apresentam qualquer inconstitucionalidade.

O art. 1º assegura a livre organização dos centros e diretórios acadêmicos nos estabelecimentos de ensino superior.

No art. 2º, dispõe ser de competência exclusiva dos estudantes a definição das formas, dos critérios, dos estatutos e demais questões referentes a sua organização.

Esses dois artigos não dispõem sobre matéria atinente a direito civil e versam apenas sobre liberdade de associação. Dessa maneira, ausente violação à competência da União (art. 22, I, da CF/88).

O art. 3º preceitua que os estabelecimentos de ensino devem ceder espaço para instalações dos centros e diretórios acadêmicos e garantir: livre divulgação dos jornais e outras publicações;

participação nos conselhos universitários; acesso à metodologia da elaboração das planilhas de custos; e acesso dos representantes das entidades estudantis às salas de aula.

O art. 4º preconiza que os espaços cedidos devem ser preferencialmente nos prédios correspondentes aos cursos.

O STF considerou que os arts. 3º e 4º não invadem a autonomia universitária (art. 207 da CF/88). Ao contrário, eles estimulam e protegem os valores constitucionais de liberdade de expressão, associação e reunião, asseguram a gestão democrática das universidades públicas e, por conseguinte, permitem a construção de tais universidades como um espaço de reflexão, de exercício da cidadania e de fortalecimento democrático.

Art. 5º

O art. 5º foi declarado inconstitucional. Isso porque ele prevê a aplicação de multa às instituições particulares que não observem as regras contidas nos artigos anteriores da Lei. Com isso, a norma viola a competência legislativa da União para dispor sobre o sistema federal, bem como a isonomia, uma vez que estabelece multa exclusivamente em desfavor das universidades privadas.

Em suma:

É constitucional lei estadual que:

- **assegure, nos estabelecimentos de ensino superior estadual e municipal, a livre organização dos Centros Acadêmicos, Diretórios Acadêmicos e Diretórios Centrais dos Estudantes.**
- **estabeleça que é de competência exclusiva dos estudantes a definição das formas, dos critérios, dos estatutos e demais questões referentes à organização dos Centros Acadêmicos, Diretórios Acadêmicos e Diretórios Centrais dos Estudantes.**
- **determine que os estabelecimentos de ensino deverão garantir espaços, em suas dependências, para a divulgação e instalações para os Centros Acadêmicos, Diretórios Acadêmicos e Diretórios Centrais Estudantis.**

Vale ressaltar, no entanto, que esta lei não se aplica para as instituições federais e particulares de ensino superior considerando que elas integram o "sistema federal", de competência da União.

Deve-se acrescentar, por fim, que é inconstitucional que essa lei estadual preveja multa para as entidades particulares de ensino em caso de descumprimento das medidas acima listadas.

STF. Plenário. ADI 3757/PR, Rel. Min. Dias Toffoli, julgado em 17/10/2018 (Info 920).

1.4. REQUISITOS PARA A CONCESSÃO JUDICIAL DE MEDICAMENTOS NÃO PREVISTOS PELO SUS

Decisão proferida em 25/04/2018 (Info 625)

Imagine a seguinte situação hipotética:

João foi diagnosticado com glaucoma e o oftalmologista prescreveu determinado colírio indicado para essa enfermidade. O problema é que esse remédio não está especificado na lista de medicamentos que o SUS é obrigado a fornecer gratuitamente para a população (Portaria 2.982/2009 do Ministério da Saúde).

O juiz pode obrigar que o Estado forneça esse medicamento? O Poder Judiciário pode determinar que o Poder Público forneça remédios que não estão previstos na lista do SUS?

Em 25/04/2018, o STJ decidiu que SIM, mas desde que cumpridos três requisitos. Foi fixada, então, a seguinte tese:

> A concessão dos medicamentos não incorporados em atos normativos do SUS exige a presença cumulativa dos seguintes requisitos:
>
> 1) Comprovação, por meio de laudo médico fundamentado e circunstanciado expedido por médico que assiste o paciente, da imprescindibilidade ou necessidade do medicamento, assim como da ineficácia, para o tratamento da moléstia, dos fármacos fornecidos pelo SUS;
>
> 2) Incapacidade financeira do paciente de arcar com o custo do medicamento prescrito; e
>
> 3) Existência de registro do medicamento na Agência Nacional de Vigilância Sanitária (Anvisa).
>
> STJ. 1ª Seção. REsp 1657156-RJ, Rel. Min. Benedito Gonçalves, julgado em 25/04/2018 (recurso repetitivo) (Info 625).

Veja abaixo os principais argumentos jurídicos debatidos pelo STJ:

Inexistência de violação ao princípio da separação dos Poderes

O entendimento acima não viola o princípio da separação dos Poderes. Isso porque uma das tarefas primordiais do Poder Judiciário é atuar para a efetivação dos direitos fundamentais, especialmente aqueles que se encontram previstos na Constituição Federal.

Assim, não há que se falar em violação ao princípio da separação dos Poderes quando o Poder Judiciário intervém no intuito de garantir a implementação de políticas públicas, notadamente, como no caso em análise, em que se busca a tutela do direito à saúde.

> "Seria distorção pensar que o princípio da separação dos poderes, originalmente concebido com o escopo de garantia dos direitos fundamentais, pudesse ser utilizado justamente como óbice à realização dos direitos sociais, igualmente relevantes." (STJ. 2ª Turma. REsp 1.488.639/SE, Rel. Min. Herman Benjamin, DJe 16/12/2014).

É a posição também do STF:

> (...) É firme o entendimento deste Tribunal de que o Poder Judiciário pode, sem que fique configurada violação ao princípio da separação dos Poderes, determinar a implementação de políticas públicas nas questões relativas ao direito constitucional à saúde. (...)
>
> STF. 1ª Turma. ARE 947.823 AgR, Rel. Min. Edson Fachin, julgado em 28/6/2016.

Fundamento constitucional

O direito à saúde foi consagrado pela Constituição Federal de 1988 como direito fundamental do cidadão, corolário do direito à vida, bem maior do ser humano.

O art. 196 do Texto Constitucional estabelece que "a saúde é direito de todos e dever do Estado, garantido mediante políticas sociais e econômicas que visem à redução do risco de doença e de outros agravos e ao acesso universal e igualitário às ações e serviços para sua promoção, proteção e recuperação".

A propósito do tema, o STF, ao interpretar os arts. 5º, caput, e 196 da CF/88, consagrou o direito à saúde como consequência indissociável do direito à vida, assegurado a todas as pessoas (STF. 2ª Turma. ARE 685.230 AgR/MS, Rel. Min. Celso de Mello, DJe de 25/03/2013).

Para alcançar esse objetivo, a Carta Constitucional determinou a criação de um sistema único de saúde (SUS), que tenha como uma de suas diretrizes o "atendimento integral" da população (art. 198, II, da CF/88).

Fundamento infraconstitucional

A fim de dar concretude ao SUS, foi editada a Lei nº 8.080/90, que prevê que o Poder Público deverá fornecer assistência integral, inclusive farmacêutica:

§ Art. 2º A saúde é um direito fundamental do ser humano, devendo o Estado prover as condições indispensáveis ao seu pleno exercício.

§ 1º O dever do Estado de garantir a saúde consiste na formulação e execução de políticas econômicas e sociais que visem à redução de riscos de doenças e de outros agravos e no estabelecimento de condições que assegurem acesso universal e igualitário às ações e aos serviços para a sua promoção, proteção e recuperação.

(...)

§ Art. 4º O conjunto de ações e serviços de saúde, prestados por órgãos e instituições públicas federais, estaduais e municipais, da Administração direta e indireta e das fundações mantidas pelo Poder Público, constitui o Sistema Único de Saúde (SUS).

(...)

§ Art. 6º Estão incluídas ainda no campo de atuação do Sistema Único de Saúde (SUS):

I – a execução de ações:

(...)

d) de assistência terapêutica integral, inclusive farmacêutica;

Em 2011, foi editada a Lei nº 12.401/2011, que incluiu diversos dispositivos na Lei nº 8.080/90 tratando sobre a assistência terapêutica e prevendo o fornecimento de medicamentos. Veja o que diz o art. 19-M, um dos dispositivos acrescentados:

§ Art. 19-M. A assistência terapêutica integral a que se refere a alínea d do inciso I do art. 6º consiste em:

I – dispensação de medicamentos e produtos de interesse para a saúde, cuja prescrição esteja em conformidade com as diretrizes terapêuticas definidas em protocolo clínico para a doença ou o agravo à saúde a ser tratado ou, na falta do protocolo, em conformidade com o disposto no art. 19-P;

(...)

O art. 19-P afirma que a dispensação (fornecimento) de medicamentos será feita com base no protocolo clínico ou de diretriz terapêutica e, na falta disso, com base nas relações de medicamentos do SUS:

§ Art. 19-P. Na falta de protocolo clínico ou de diretriz terapêutica, a dispensação será realizada:

I – com base nas relações de medicamentos instituídas pelo gestor federal do SUS, observadas as competências estabelecidas nesta Lei, e a responsabilidade pelo fornecimento será pactuada na Comissão Intergestores Tripartite;

II – no âmbito de cada Estado e do Distrito Federal, de forma suplementar, com base nas relações de medicamentos instituídas pelos gestores estaduais do SUS, e a responsabilidade pelo fornecimento será pactuada na Comissão Intergestores Bipartite;

III – no âmbito de cada Município, de forma suplementar, com base nas relações de medicamentos instituídas pelos gestores municipais do SUS, e a responsabilidade pelo fornecimento será pactuada no Conselho Municipal de Saúde.

O art. 19-Q trata sobre o procedimento para incorporação, exclusão ou alteração, pelo SUS, de novos medicamentos:

§ Art. 19-Q. A incorporação, a exclusão ou a alteração pelo SUS de novos medicamentos, produtos e procedimentos, bem como a constituição ou a alteração de protocolo clínico ou de diretriz terapêutica, são atribuições do Ministério da Saúde, assessorado pela Comissão Nacional de Incorporação de Tecnologias no SUS.

(...)

O STJ entende que o fato de o medicamento não integrar a lista básica do SUS não tem o condão de eximir os entes federados do dever imposto pela ordem constitucional, porquanto não se pode admitir que regras burocráticas, previstas em portarias ou normas de inferior hierarquia, prevaleçam sobre direitos fundamentais (STJ. 1ª Turma. AgInt no AREsp 405.126/DF, Rel. Min. Gurgel de Faria, DJe 26/10/2016).

Vamos agora fazer algumas observações sobre os três requisitos impostos pelo STJ:

PRIMEIRO requisito

O primeiro requisito exigido pelo STJ foi o seguinte:

"Comprovação, por meio de laudo médico fundamentado e circunstanciado expedido por médico que assiste o paciente, da imprescindibilidade ou necessidade do medicamento, assim como da ineficácia, para o tratamento da moléstia, dos fármacos fornecidos pelo SUS;"

Sobre esse primeiro requisito, é importante que sejam feitas três observações:

Primeira observação. Na I Jornada de Direito da Saúde, organizada pelo CNJ, foi aprovado o enunciado 15 dizendo como deve ser este laudo médico. O STJ acolhe esse enunciado. Veja a sua redação:

Enunciado 15: As prescrições médicas devem consignar o tratamento necessário ou o medicamento indicado, contendo a sua Denominação Comum Brasileira (DCB) ou, na sua falta, a Denominação Comum Internacional (DCI), o seu princípio ativo, seguido, quando pertinente, do nome de referência da substância, posologia, modo de administração e período de tempo do tratamento e, em caso de prescrição diversa daquela expressamente informada por seu fabricante, a justificativa técnica.

Desse modo, a parte, quando for fazer o pedido do medicamento junto ao Poder Judiciário, deverá ficar atenta a isso.

Sobre o tema, o STJ esclareceu, em embargos de declaração, que:

O laudo médico apresentado pela parte não vincula o julgador, isto é, cabe ao juiz avaliar o laudo e verificar se as informações constantes nele são suficientes para a formação de seu convencimento quanto à imprescindibilidade do medicamento.

STJ. 1ª Seção. EDcl no REsp 1.657.156-RJ, Rel. Min. Benedito Gonçalves, julgado em 12/09/2018 (recurso repetitivo) (Info 633).

Segunda observação. Este laudo médico não precisa ser assinado por médico vinculado ao SUS:

"(...) Ressalte-se, ainda, que não há no ordenamento, jurídico brasileiro qualquer exigência que condicione o fornecimento de medicamento à prescrição exclusivamente por médico da rede pública. (...)"

STJ. AgInt no REsp 1.309.793/RJ, Rel. Min. Napoleão Nunes Maia Filho, DJe de 07/04/2017.

Assim, o laudo deve ser emitido pelo médico que assiste o paciente, seja ele público ou privado.

Terceira observação. O laudo médico deverá comprovar duas circunstâncias:

1ª) Imprescindibilidade ou necessidade do medicamento pleiteado para o tratamento da doença; e

2ª) Ineficácia, para o tratamento da moléstia, dos fármacos fornecidos pelo SUS.

Em outras palavras, o remédio pedido judicialmente deve ser imprescindível ou necessário e aqueles que existem no SUS não podem substitui-lo.

(...) O Supremo Tribunal Federal tem se orientado no sentido de ser possível ao Judiciário a determinação de fornecimento de medicamento não incluído na lista padronizada fornecida pelo SUS, desde que reste comprovação de que não haja nela opção de tratamento eficaz para a enfermidade. (...)

STF. 1ª Turma. RE 831.385 AgR/RS, Rel. Min. Roberto Barroso, DJe de 06/04/2015.

(...) A alegada circunstância de que o medicamento Lantus não consta da lista de medicamentos do SUS deve ceder lugar às afirmações do médico que a acompanha, quando afiança que todos os tratamentos disponibilizados pela rede pública e já ministrados à menor mostraram-se ineficazes no combate aos vários episódios de hipoglicemias graves, com perda de consciência e crises convulsivas por ela sofridas. (...)

STJ. 1ª Turma. AgRg no REsp 1.068.105/RS, Rel. Min. Sérgio Kukina, DJe de 30/06/2016.

No mesmo sentido é o enunciado 14 da I Jornada de Direito da Saúde do CNJ: Não comprovada a inefetividade ou impropriedade dos medicamentos e tratamentos fornecidos pela rede pública de saúde, deve ser indeferido o pedido não constante das políticas públicas do Sistema Único de Saúde.

Cabe ao juiz avaliar, a partir dos elementos de prova juntados pelas partes, a alegada ineficácia do medicamento fornecido pelo SUS decidindo se, com a utilização do medicamento pedido, poderá haver ou não um relevante acréscimo na resposta terapêutica.

STJ. 1ª Seção. EDcl no REsp 1.657.156-RJ, Rel. Min. Benedito Gonçalves, julgado em 12/09/2018 (recurso repetitivo) (Info 633).

SEGUNDO requisito

Vamos relembrar o segundo requisito exigido pelo STJ: "incapacidade financeira de arcar com o custo do medicamento prescrito".

Desse modo, o segundo requisito consiste na devida comprovação da hipossuficiência daquele que requer o medicamento, ou seja, que a sua aquisição implique o comprometimento da sua própria subsistência e/ou de seu grupo familiar.

Atenção! Não se exige comprovação de pobreza ou miserabilidade, mas, tão somente, a demonstração da incapacidade de arcar com os custos referentes à aquisição do medicamento prescrito.

Ex: a pessoa pode ser servidora pública, concursada, recebendo R$ 5 mil por mês; neste caso, não se trata de pessoa pobre; o remédio, contudo, custa R$ 100 mil cada dose. Ela não terá condições de adquiri-lo, preenchendo, portanto, o presente requisito.

TERCEIRO requisito

O terceiro requisito exigido pelo STJ diz respeito à "existência de registro na ANVISA do medicamento".

Assim, exige-se que o medicamento pretendido já tenha sido aprovado pela ANVISA.

Esta exigência decorre de imposição legal, tendo em vista o disposto no artigo 19-T, II, da Lei nº 8.080/90:

> § Art. 19-T. São vedados, em todas as esferas de gestão do SUS:
>
> I – o pagamento, o ressarcimento ou o reembolso de medicamento, produto e procedimento clínico ou cirúrgico experimental, ou de uso não autorizado pela Agência Nacional de Vigilância Sanitária – ANVISA;
>
> II – a dispensação, o pagamento, o ressarcimento ou o reembolso de medicamento e produto, nacional ou importado, sem registro na Anvisa.

Fazendo uma interpretação teleológica do art. 19-T, verifica-se que a intenção do legislador foi a de proteger o cidadão dos medicamentos experimentais, sem comprovação científica sobre a eficácia, a efetividade e a segurança do medicamento, a fim de assegurar o direito à saúde e à vida das pessoas.

Modulação dos efeitos

O STJ decidiu modular os efeitos dessa decisão e afirmou que "os critérios e requisitos estipulados somente serão exigidos para os processos que forem distribuídos a partir da conclusão do presente julgamento" (25/04/2018).

A modulação tem por base o art. 927, § 3º, do CPC:

> § § 3º Na hipótese de alteração de jurisprudência dominante do Supremo Tribunal Federal e dos tribunais superiores ou daquela oriunda de julgamento de casos repetitivos, pode haver modulação dos efeitos da alteração no interesse social e no da segurança jurídica.

E a oferta de procedimentos terapêuticos não previstos na lista do SUS (inciso II do art. 19-M da Lei nº 8.080/90)?

O julgado acima comentado não abarca essa hipótese. O STJ e o STF ainda terão que se debruçar sobre essa discussão. A "tendência", contudo, na minha opinião, será adotar os mesmos critérios acima explicados.

JULGAMENTO DOS EMBARGOS DE DECLARAÇÃO EM 12/09/2018

Embargos de declaração

Quando o acórdão acima foi publicado, o Estado do Rio de Janeiro, que era parte no recurso especial, opôs embargos de declaração pedindo que o STJ acrescente, no terceiro requisito da tese acima fixada, que não é possível o fornecimento de remédios para uso *off-label*, ou seja, para tratamento de enfermidade diversa daquelas indicadas na bula e autorizadas pela ANVISA.

Em outras palavras, o embargante disse o seguinte: STJ, explique, no terceiro requisito, que o Poder Público não é obrigado a fornecer remédios para uso *off-label*.

O que é uso off-label de medicamento?

Off-label é uma expressão em inglês que, em tradução literal, significaria "fora de indicação".

Off = fora / *label* = indicação.

Para que um medicamento seja fabricado ou comercializado no Brasil, ele precisa de registro (autorização) na Anvisa.

Ao pedir o registro de um medicamento, o fabricante ou responsável apresenta à autarquia as indicações daquele remédio, ou seja, para que enfermidades a droga foi testada e aprovada. Essas indicações (e sua respectiva eficácia) são baseadas em pesquisas e testes que levam anos para serem concluídos.

Assim, por exemplo, quando o fabricante do remédio Dorflex foi registrá-lo na Anvisa, ele informou que este medicamento foi idealizado e testado para ser utilizado como "relaxante muscular". Essa é a indicação deste remédio.

Ocorre que, muitas vezes, um medicamento que foi planejado para determinada finalidade, quando entra no organismo humano, acaba trazendo outros benefícios que não haviam sido previstos. Esse efeito inicialmente não previsto é percebido pelos médicos, que passam a receitar aquele medicamento não apenas para aquela indicação inicialmente pensada e sim para outra finalidade que não havia sido prevista.

Quando isso ocorre, dizemos que há a prescrição e o uso do medicamento *off-label*, ou seja, fora da sua indicação.

Assim, o medicamento *off-label* é aquele cujo médico prescreve para uma determinada finalidade que não consta expressamente na sua bula.

O exemplo mais famoso de medicamento *off-label* é o AAS (ácido acetilsalicílico). Este remédio foi desenvolvido para ser um mero analgésico. Posteriormente, contudo, percebeu-se que ele servia para outras finalidades, como, por exemplo, para a prevenção de infartos. Assim, atualmente, muitos médicos prescrevem o AAS para prevenir infartos, mesmo isso não sendo uma indicação oficial do remédio.

O STJ acolheu este pedido dos embargos de declaração?

SIM.

A Lei nº 8.080/90 regula as ações e serviços de saúde executados, pelo Governo ou pela iniciativa privada, em nosso país.

O art. 19-T desta Lei prevê o seguinte:

> § Art. 19-T. São vedados, em todas as esferas de gestão do SUS:
>
> I – o pagamento, o ressarcimento ou o reembolso de medicamento, produto e procedimento clínico ou cirúrgico experimental, ou de uso não autorizado pela Agência Nacional de Vigilância Sanitária – ANVISA;
>
> II – a dispensação, o pagamento, o ressarcimento ou o reembolso de medicamento e produto, nacional ou importado, sem registro na Anvisa.

Este artigo apresenta duas vedações distintas:

1. proíbe o pagamento, o ressarcimento ou o reembolso pelo SUS de medicamento que foi empregado ou prescrito fora do uso autorizado pela ANVISA, ou seja, quando o medicamento foi prescrito para tratamento não indicado na bula e aprovado no registro em referido órgão regulatório (inciso I).
2. impede a dispensação (fornecimento), o pagamento, o ressarcimento ou o reembolso pelo SUS de medicamento que não tenha ainda sido registrado na ANVISA (inciso II).

Assim, nos termos da legislação vigente, no âmbito do SUS, somente podem ser utilizados medicamentos que tenham sido previamente registrados ou com uso autorizado pela ANVISA. Em outras palavras, a legislação proibiu, no âmbito do SUS, uso de medicamentos *off-label*.

A exigência de registro na ANVISA e do uso dentro das especificações aprovadas pela agência reguladora é medida que visa proteger o usuário do sistema de saúde, pois estes medicamentos foram submetidos a estudos clínicos que comprovaram a sua qualidade, a sua efetividade e a sua segurança.

Vale ressaltar, contudo, que a ANVISA, com fundamento no art. 21 do Decreto nº 8.077/2013 autoriza, em caráter excepcional, a utilização de medicamentos fora das prescrições aprovadas no registro. Em outros termos, a própria ANVISA autoriza, excepcionalmente, o uso de medicamentos *off-label*.

Um exemplo é o Avastin, que é indicado, segundo a sua bula, para o tratamento de vários tipos de câncer. Apesar disso, a ANVISA autoriza que ele seja utilizado no SUS para tratamento de distúrbio oftalmológico (Degeneração Macular Relacionada à Idade) por meio da Resolução de Diretoria Colegiada – RDC nº 111.

Trata-se, portanto, de autorização da ANVISA para a utilização *off-label* deste medicamento.

Assim, podemos estabelecer a seguinte regra e exceção:

- Em regra, não é possível que o paciente exija do poder público o fornecimento de medicamento para uso off-label;
- Excepcionalmente, será possível que o paciente exija este medicamento caso esse determinado uso fora da bula (off-label) tenha sido autorizado pela ANVISA. Ex: um paciente do SUS com Degeneração Macular Relacionada à Idade poderia, em tese, desde que cumpridos os demais requisitos, exigir que o poder público fornecesse a ele o "Avastin" para tratar esta enfermidade ocular, mesmo não sendo esta a finalidade do medicamento prevista na sua bula.

Explicando o tema em uma frase: o requisito do registro na ANVISA afasta a possibilidade de fornecimento de medicamento para uso *off-label*, salvo se autorizado pela ANVISA.

Diante disso, o STJ decidiu retificar o terceiro requisito da tese anteriormente fixada:

Redação original	Redação após os embargos
A concessão dos medicamentos não incorporados em atos normativos do SUS exige a presença cumulativa dos seguintes requisitos: (...) existência de registro na ANVISA do medicamento.	A concessão dos medicamentos não incorporados em atos normativos do SUS exige a presença cumulativa dos seguintes requisitos: (...) existência de registro do medicamento na ANVISA, observados os usos autorizados pela agência.

A concessão dos medicamentos não incorporados em atos normativos do SUS exige a presença cumulativa dos seguintes requisitos:

a) Comprovação, por meio de laudo médico fundamentado e circunstanciado expedido por médico que assiste o paciente, da imprescindibilidade ou necessidade do medicamento, assim como da ineficácia, para o tratamento da moléstia, dos fármacos fornecidos pelo SUS;

b) incapacidade financeira de arcar com o custo do medicamento prescrito;

c) existência de registro do medicamento na ANVISA, observados os usos autorizados pela agência.

STJ. 1ª Seção. EDcl no REsp 1.657.156-RJ, Rel. Min. Benedito Gonçalves, julgado em 12/09/2018 (recurso repetitivo) (Info 633).

Modulação dos efeitos

No julgamento do dia 25/04/2018, o STJ havia decidido modular os efeitos da decisão, estabelecendo que aquele acórdão somente produziria efeitos a partir da conclusão daquele julgamento (25/04/2018).

Em 12/09/2018, o STJ decidiu alterar a redação do terceiro requisito da tese (conforme explicado acima). Diante disso, como houve essa alteração, o STJ entendeu que não poderia surpreender os jurisdicionados, razão pela qual, de ofício, resolveu modificar também o início da produção dos efeitos do acórdão.

Assim, o STJ afirmou o seguinte: os requisitos acima elencados somente podem ser exigidos quanto aos processos distribuídos a partir da data da publicação do acórdão embargado (a publicação ocorreu em 4/5/2018):

> **Modula-se os efeitos do presente repetitivo de forma que os requisitos acima elencados sejam exigidos de forma cumulativa somente quanto aos processos distribuídos a partir da data da publicação do acórdão embargado, ou seja, 4/5/2018.**
>
> STJ. 1ª Seção. EDcl no REsp 1.657.156-RJ, Rel. Min. Benedito Gonçalves, julgado em 12/09/2018 (recurso repetitivo) (Info 633).

Esclarecendo melhor:

a. Os três requisitos cumulativos estabelecidos no acórdão (EDcl no REsp 1.657.156-RJ) são aplicáveis a todos os processos distribuídos na primeira instância a partir de 4/5/2018;

b. Quanto aos processos pendentes, com distribuição anterior a 4/5/2018, é exigível apenas um requisito que se encontrava sedimentado na jurisprudência do STJ: a demonstração da imprescindibilidade do medicamento.

1.5. CONSTITUCIONALIDADE DO RESSARCIMENTO AO SUS PREVISTO NO ART. 32 DA LEI 9.656/98

Ressarcimento ao SUS

O art. 32 da Lei nº 9.656/98 prevê que, se um cliente do plano de saúde utilizar-se dos serviços do SUS, o Poder Público poderá cobrar do referido plano o ressarcimento que ele teve com essas despesas. Veja:

> § Art. 32. Serão ressarcidos pelas operadoras dos produtos de que tratam o inciso I e o § 1º do art. 1º desta Lei, de acordo com normas a serem definidas pela ANS, os serviços de atendimento à saúde previstos nos respectivos contratos, prestados a seus consumidores e respectivos dependentes, em instituições públicas ou privadas, conveniadas ou contratadas, integrantes do Sistema Único de Saúde – SUS. (Redação dada pela Medida Provisória nº 2.177-44/2001)

Assim, o chamado "ressarcimento ao SUS", criado pelo art. 32 da Lei nº 9.656/98, é uma obrigação legal das operadoras de planos privados de assistência à saúde de restituir as despesas que o SUS teve ao atender uma pessoa que seja cliente e que esteja coberta por esses planos.

Passo-a-passo

Apenas a título de curiosidade, na prática funciona assim:

1. O paciente é atendido em uma instituição pública ou privada, conveniada ou contratada, integrante do SUS;

2. A Agência Nacional de Saúde Suplementar (ANS) cruza os dados dos sistemas de informações do SUS com o Sistema de Informações de Beneficiários (SIB) da própria Agência para identificar as pessoas que foram atendidas na rede pública e que possuem plano de saúde;
3. A ANS notifica a operadora informando os atendimentos que realizou relacionados com seus clientes;
4. A operadora pode contestar isso nas instâncias administrativas, dizendo, por exemplo, que aquele serviço utilizado pelo seu cliente no SUS não era coberto pelo plano, que o paciente já havia deixado de ser usuário do plano etc.
5. Não havendo impugnação administrativa ou não sendo esta acolhida, a ANS cobra os valores devidos.
6. Caso não haja pagamento, a operadora será incluída no CADIN e os débitos inscritos em dívida ativa da ANS para, em seguida, serem executados.
7. Os valores recolhidos a título de ressarcimento ao SUS são repassados pela ANS para o Fundo Nacional de Saúde.

Sobre o tema:

> As operadoras de plano de saúde que estejam em débito quanto ao ressarcimento de valores devidos ao SUS podem, em razão da inadimplência, ser inscritas no Cadin.
>
> STJ. 1ª Turma. AgRg no AREsp 307.233-RJ, Rel. Min. Benedito Gonçalves, julgado em 6/6/2013 (Info 524).

Tese dos planos de saúde

As operadoras privadas de plano de saúde comumente ingressam com ações judiciais questionando a validade do art. 32 da Lei nº 9.656/98 sob o argumento de que a sua participação na saúde tem caráter suplementar, uma vez que o dever primário de assegurar o acesso à saúde é atribuído pela Constituição Federal aos entes políticos.

Logo, defendem que o Poder Público possui sim obrigação de prestar saúde a quem procurar, não devendo os planos de saúde ser obrigados a ressarcir tais despesas.

Além disso, tais operadoras aduziram que esse art. 32 representa a instituição de uma nova fonte de custeio para a seguridade social, o que somente poderia ocorrer por meio de lei complementar, nos termos do art. 195, § 4º, da CF/88:

> Art. 195 (...)
>
> § 4º A lei poderá instituir outras fontes destinadas a garantir a manutenção ou expansão da seguridade social, obedecido o disposto no art. 154, I.

> Art. 154. A União poderá instituir:
>
> I – mediante lei complementar, impostos não previstos no artigo anterior, desde que sejam não-cumulativos e não tenham fato gerador ou base de cálculo próprios dos discriminados nesta Constituição;

A tese dos planos de saúde foi aceita pelo STF? O art. 32 da Lei nº 9.656/98 é inconstitucional?

NÃO. O STF entendeu que o art. 32 da Lei nº 9.656/98 é válido.

O art. 32 não representa a criação de uma nova fonte de receitas para seguridade social, nos termos do art. 195, § 4º, da CF/88. Trata-se apenas de um desdobramento do contrato firmado entre as operadoras de saúde e seus clientes. As operadoras de saúde atuam em um serviço regulado pelo Poder Público, devendo cumprir as condições impostas.

O tratamento em hospital público não pode ser negado a nenhuma pessoa, considerando que o acesso aos serviços de saúde no Brasil é universal (art. 196 da CF/88). Porém, se o Poder Público atende um usuário do plano de saúde, o SUS deve ser ressarcido, assim como ocorreria caso esse usuário do plano de saúde tivesse sido atendido em um hospital particular (não conveniado ao SUS).

Esse art. 32 impede o enriquecimento ilícito das empresas de plano de saúde.

O STF fez, contudo, uma ressalva: a regra do art. 32 somente é aplicável aos procedimentos ocorridos após 04/06/1998, data em que foi publicada a Lei nº 9.656/98.

Resumindo:

É constitucional o ressarcimento previsto no art. 32 da Lei nº 9.656/98, o qual é aplicável aos procedimentos médicos, hospitalares ou ambulatoriais custeados pelo SUS e posteriores a 4.6.1998, assegurados o contraditório e a ampla defesa, no âmbito administrativo, em todos os marcos jurídicos.

STF. Plenário. RE 597064/RJ, Rel. Min. Gilmar Mendes, julgado em 7/2/2018 (repercussão geral) (Info 890).

1.6. DADOS OBTIDOS COM A QUEBRA DE SIGILO BANCÁRIO NÃO PODEM SER DIVULGADOS ABERTAMENTE EM SITE OFICIAL

A situação concreta foi a seguinte:

O Congresso Nacional instalou uma CPI para apurar irregularidades nos Correios ("CPI dos Correios").

A CPI determinou a quebra dos sigilos bancário, telefônico e fiscal da empresa Skymaster.

Esses dados bancário, telefônico e fiscal constaram no relatório final da CPI.

Até aí, tudo bem.

O "problema" foi que esse relatório final, com os dados, foi divulgado no sítio do Senado Federal.

Diante disso, a empresa impetrou mandado de segurança alegando que essa divulgação é indevida.

O STF concordou com o MS impetrado?

SIM.

Os dados obtidos por meio da quebra dos sigilos bancário, telefônico e fiscal devem ser mantidos sob reserva.

Assim, a página do Senado Federal na internet não pode divulgar os dados obtidos por meio da quebra de sigilo determinada por comissão parlamentar de inquérito (CPI).

STF. Plenário. MS 25940, Rel. Min. Marco Aurélio, julgado em 26/4/2018 (Info 899).

1.7. DIREITOS POLÍTICOS

A VEDAÇÃO AO EXERCÍCIO DE TRÊS MANDATOS CONSECUTIVOS PELO MESMO NÚCLEO FAMILIAR APLICA-SE TAMBÉM NA HIPÓTESE EM QUE UM DOS MANDATOS TENHA SIDO TAMPÃO

Imagine a seguinte situação concreta (com algumas adaptações):

- De 2010 a 2012: o Prefeito de Guamaré (RN) era Auricélio. Duas observações: 1) era o primeiro mandato de Auricélio; 2) seis meses antes das eleições, Auricélio renunciou ao cargo a fim de permitir que seu cunhado (Hélio) concorresse à Prefeitura. Auricélio estava doente e, então, preferiu abrir mão para que seu cunhado disputasse o pleito.
- Em 2012: Hélio (o cunhado do ex-Prefeito) vence a eleição para Prefeito de Guamaré.
- De 2013 a 2016: Hélio cumpre o mandato de Prefeito.
- Em 2016: Hélio se candidata à reeleição ao cargo de Prefeito e vence as eleições.
- Assim, Hélio foi o Prefeito eleito para cumprir o mandato de 2017 a 2020.

Decisão do TSE

Ocorre que o TSE, examinando a questão por meio de recurso especial eleitoral, não permitiu que Hélio fosse diplomado porque considerou que ele não poderia ter disputado às eleições de 2016, ou seja, estava inelegível para aquele pleito.

O motivo da inelegibilidade seria a aplicação combinada dos §§ 5º e 7º do art. 14 da CF/88:

> §
>
> Art. 14 (...)
>
> § 5º O Presidente da República, os Governadores de Estado e do Distrito Federal, os Prefeitos e quem os houver sucedido, ou substituído no curso dos mandatos poderão ser reeleitos para um único período subsequente.
>
> (...)
>
> § 7º São inelegíveis, no território de jurisdição do titular, o cônjuge e os parentes consanguíneos ou afins, até o segundo grau ou por adoção, do Presidente da República, de Governador de Estado ou Território, do Distrito Federal, de Prefeito ou de quem os haja substituído dentro dos seis meses anteriores ao pleito, salvo se já titular de mandato eletivo e candidato à reeleição.

A jurisprudência, ao interpretar esses dois parágrafos, afirma que o cônjuge ou parente do chefe do Poder Executivo (ex: cônjuge ou parente do Prefeito) só poderá concorrer para o mesmo cargo de chefe do Executivo (ex: só poderá concorrer ao cargo de Prefeito) se forem cumpridos dois requisitos:

1. o cônjuge ou parente só pode se candidatar a sucessão do titular quando este for reelegível.

Ex: o parente do Prefeito quer concorrer à Prefeitura; esse parente só poderá concorrer se não houver nenhum impedimento para que o próprio Prefeito concorra; em outras palavras, o Prefeito poderá se candidatar à reeleição, mas escolheu não fazer isso; neste caso, seu parente poderá concorrer. Assim, se já era o segundo mandato consecutivo do Prefeito, por exemplo, seu parente não poderá concorrer; isso porque o próprio Prefeito não poderia participar novamente da eleição.

2. o titular deverá se afastar do mandato seis meses antes das eleições.

Ex: Auricélio era Prefeito e renunciou ao cargo seis meses antes das eleições a fim de permitir que seu cunhado Hélio (que é parente por afinidade em segundo grau) fosse candidato ao mesmo cargo.

Terceiro mandato no mesmo núcleo familiar

O TSE considerou que, se fosse permitido que Hélio continuasse no cargo de Prefeito e exercesse o mandato de 2017 a 2020, isso significaria o terceiro mandato consecutivo do mesmo núcleo familiar para o mesmo cargo.

Para o TSE, ao se fazer uma interpretação conjugada dos §§ 5º e 7º do art. 14 da CF/88 chega-se à conclusão sobre qual foi a intenção do legislador constituinte: proibir que pessoas do mesmo núcleo familiar ocupem três mandatos consecutivos para o mesmo cargo no Poder Executivo.

Em outros termos, a CF/88 quis proibir que o mesmo núcleo familiar ocupasse três mandatos consecutivos de Prefeito, de Governador ou de Presidente.

Quando Hélio foi eleito em 2012 e passou a exercer o mandato em 2013, este foi o segundo mandato consecutivo de Prefeito daquele grupo familiar. Mesmo sendo uma outra pessoa, é como se fosse a reeleição de Auricélio. O mandato de 2013-2016 desempenhado por Hélio é como se fosse o segundo mandato de Auricélio. Logo, já chega. Não pode um terceiro consecutivo.

Obs1: quando falamos em "núcleo familiar" aqui estamos nos referindo ao cônjuge e aos parentes consanguíneos ou afins, até o segundo grau ou por adoção (art. 14, § 7º).

Obs2: a causa de inelegibilidade prevista no art. 14, § 7º da CF/88 abrange o cunhado/cunhada do chefe do Poder Executivo (STF. Plenário. RE 171061, Rel. Min. Francisco Rezek, julgado em 02/03/1994).

Situação de Hélio foi parecida com o caso Garotinho e Rosinha

A situação acima exposta foi semelhante ao que aconteceu no Governo do Rio de Janeiro envolvendo Anthony Garotinho e sua esposa Rosinha.

Vamos relembrar: em 1998, Garotinho foi eleito Governador do RJ.

No final do seu 1º mandato (em 2002), ele renunciou ao cargo para se desincompatibilizar e concorrer à Presidência da República.

Sua esposa, Rosinha, candidatou-se ao cargo de Governador na eleição de 2002, tendo sido eleita.

O TSE considerou que Rosinha poderia concorrer e assumir o cargo porque seu marido havia renunciado e ainda estava no 1º mandato.

A lógica utilizada pelo TSE foi a seguinte: ora, se o próprio Garotinho poderia concorrer novamente ao cargo de Governador, não haveria sentido em se negar à sua esposa o direito de disputar a eleição.

Vale ressaltar, no entanto, que ao ganhar a eleição, é como se Rosinha estivesse exercendo o 2º mandato consecutivo. Logo, em 2006, ele não pode concorrer novamente ao Governo.

Em suma, este núcleo familiar foi eleito Governador em 1998 e reeleito em 2002, não podendo figurar em um terceiro mandato consecutivo.

Recurso extraordinário e mandato-tampão

A defesa de Hélio não se conformou com a decisão do TSE e recorreu ao STF.

No recurso, Hélio argumentou o seguinte: eu sei que a jurisprudência não permite três mandatos consecutivos para o mesmo cargo do Poder Executivo. No entanto, no caso concreto existe uma peculiaridade: o meu cunhado Auricélio, nas eleições municipais de 2008, foi o 2º colocado no pleito. Quem ganhou e assumiu a Prefeitura de Guamaré (RN) foi outro político, o Mozaniel. Ocorre que o mandato de Mozaniel foi cassado e a Justiça Eleitoral determinou que o 2º colocado (meu cunhado Auricélio) assumisse para um mandato-tampão (de 2010 a 2012). Isso significa que o meu cunhado não exerceu um mandato completo. Sendo apenas um mandato-tampão, não se pode querer aplicar esse entendimento jurisprudencial que veda três mandatos consecutivos.

O STF concordou com o argumento de Hélio? A proibição de que um mesmo núcleo familiar exerça três mandatos consecutivos deve ser afastada se um desses mandatos é apenas um mandato-tampão?

NÃO. O STF concordou com a decisão do TSE e afirmou que a proibição de que um mesmo núcleo familiar exerça três mandatos consecutivos existe ainda que um desses mandatos seja apenas mandato-tampão:

A vedação ao exercício de três mandatos consecutivos de prefeito pelo mesmo núcleo familiar aplica-se também na hipótese em que tenha havido a convocação do segundo colocado nas eleições para o exercício de mandato-tampão.

STF. 2ª Turma. RE 1128439/RN, Rel. Min. Celso de Mello, julgado em 23/10/2018 (Info 921).

Veja as palavras do Min. Celso de Mello:

O Poder Constituinte se revelou hostil a práticas ilegítimas que denotem o abuso de poder econômico ou que caracterizem o exercício distorcido do poder político-administrativo.

Com o objetivo de proteger a normalidade e a legitimidade das eleições contra a influência do poder econômico ou o abuso do exercício de função pública, foram definidas situações de inelegibilidade destinadas a obstar, entre outras hipóteses, a formação de grupos hegemônicos que, ao monopolizarem o acesso aos mandatos eletivos, virtualmente patrimonializam o poder governamental, convertendo-o em verdadeira *res* (coisa) doméstica.

As formações oligárquicas constituem grave deformação do processo democrático. Nessa medida, a busca do poder não pode limitar-se à esfera reservada de grupos privados, sob pena de frustrar-se o princípio do acesso universal às instâncias governamentais. Legitimar o controle monopolístico do poder por núcleos de pessoas unidas por vínculos de ordem familiar equivale a ensejar, em última análise, o domínio do próprio Estado por grupos privados.

A patrimonialização do poder revela inquestionável anomalia a que o STF não pode permanecer indiferente, pois a consagração de práticas hegemônicas na esfera institucional do poder político conduzirá o processo de governo a verdadeiro retrocesso histórico, o que constituirá situação inaceitável.

Inconstitucionalidade do voto híbrido previsto no art. 59-A da Lei 9.504/97

É inconstitucional a lei que determina que, na votação eletrônica, o registro de cada voto deverá ser impresso e depositado, de forma automática e sem contato manual do eleitor, em local previamente lacrado (art. 59-A da Lei 9.504/97, incluído pela Lei 13.165/2015).

Essa previsão acaba permitindo a identificação de quem votou, ou seja, permite a quebra do sigilo, e, consequentemente, a diminuição da liberdade do voto, violando o art. 14 e o § 4º do art. 60 da Constituição Federal.

Cabe ao legislador fazer a opção pelo voto impresso, eletrônico ou híbrido, visto que a CF/88 nada dispõe a esse respeito, observadas, entretanto, as características do voto nela previstas.

O modelo híbrido trazido pelo art. 59-A constitui efetivo retrocesso aos avanços democráticos conquistados pelo Brasil para garantir eleições realmente livres, em que as pessoas possam escolher os candidatos que preferirem.

STF. Plenário. ADI 5889/DF, rel. orig. Min. Gilmar Mendes, red. p/ o ac. Min. Alexandre de Moraes, julgado em 6/6/2018 (Info 905).

Veja comentários em Direito Eleitoral.

2. CONTROLE DE CONSTITUCIONALIDADE

2.1. NÃO CABE ADI CONTRA DECRETO REGULAMENTAR DE LEI

Qual é o objeto da ADI?

Quando se fala em objeto da ADI, o que se está querendo dizer é o seguinte: a ADI é proposta contra o que, contra qual norma...

Assim, o objeto da ADI significa a norma que é impugnada por esta ação.

O objeto da ADI está previsto no art. 102, I, "a", da CF/88:

> § Art. 102. Compete ao Supremo Tribunal Federal, precipuamente, a guarda da Constituição, cabendo-lhe:
>
> I – processar e julgar, originariamente:
>
> a) a ação direta de inconstitucionalidade de lei ou ato normativo federal ou estadual (...)

Desse modo, a ADI pode ser proposta contra lei ou ato normativo federal ou estadual. Esse é o objeto da ADI.

Objeto da ADI

Podem ser objeto de ADI:

- Lei ou ato normativo
- federal ou estadual
- editados posteriormente à promulgação da CF/88 e
- que ainda estejam em vigor (se a lei perde vigência depois de proposta a ADI, esta, em regra, perde o objeto)

E se uma lei estadual ou municipal for contrária à Constituição estadual?

Nesse caso, quem julga a ADI é o Tribunal de Justiça local (art. 125, § 2º). No entanto, se a lei também contraria a CF/88, cabe recurso extraordinário para o STF.

A lei municipal também pode ser objeto de ADPF julgada diretamente pelo STF (mas aí é assunto para uma outra oportunidade).

Uma lei distrital (lei do DF) pode ser objeto de ADI?

Depende. Como o Distrito Federal não é dividido em Municípios, ele goza cumulativamente das competências legislativas reservadas aos Estados e aos Municípios (art. 32, § 1º, da CF/88).

Em outras palavras, o Distrito Federal pode editar leis como se fosse um Estado-membro e também leis como se fosse um Município. Assim, existem leis do DF que tratam de assuntos estaduais e outras de assuntos locais (municipais).

As leis que o DF editou no exercício de competência de Estado-membro (leis de assuntos estaduais) podem ser objeto de ADI.

As leis que o DF editou no exercício de competência de Município (leis que ele editou como se fosse um Município) NÃO podem ser objeto de ADI no STF (cabe ADI no TJDFT).

O que é lei ou ato normativo para fins de ADI?

- todas as espécies normativas do art. 59 da CF/88;

- qualquer outro ato que tenha conteúdo normativo (ex.: resolução ou deliberação administrativa de Tribunal).

Um Decreto pode ser considerado ato normativo para os fins do art. 102, I, da CF/88? Um decreto pode ser objeto de ADI?

Depende.

- Decreto que apenas regulamenta uma lei: NÃO.

Não cabe ADI contra decreto meramente regulamentar de lei. Isso porque, neste caso, esse decreto terá natureza de ato secundário. Nesse sentido:

> (...) Vocacionada ao controle da constitucionalidade das leis e atos normativos, a ação direta de inconstitucionalidade não constitui meio idôneo para impugnar a validade de ato regulamentar e secundário em face de legislação infraconstitucional. (...)
>
> STF. Plenário. ADI 4127 AgR, Rel. Min. Rosa Weber, julgado em 16/10/2014.

- Decreto autônomo: SIM.

Cabe ADI contra decreto autônomo.

O decreto autônomo possui "coeficiente mínimo de normatividade, generalidade e abstração", ou seja, ele retira seu fundamento de validade diretamente da Constituição Federal, não regulamentando nenhuma lei. Ele possui caráter essencialmente abstrato e primário.

> **A Ação Direta de Inconstitucionalidade (ADI) é meio processual inadequado para o controle de decreto regulamentar de lei estadual.**
>
> **Seria possível a propositura de ADI se fosse um decreto autônomo. Mas sendo um decreto que apenas regulamenta a lei, não é hipótese de cabimento de ADI.**
>
> STF. Plenário. ADI 4409/SP, Rel. Min. Alexandre de Moraes, julgado em 6/6/2018 (Info 905).

2.2. ADI CONTRA RESOLUÇÃO

Cabe ADI contra Resolução do CNMP

> **A Resolução do CNMP consiste em ato normativo de caráter geral e abstrato, editado pelo Conselho no exercício de sua competência constitucional, razão pela qual constitui ato normativo primário, sujeito a controle de constitucionalidade, por ação direta, no Supremo Tribunal Federal.**
>
> STF. Plenário. ADI 4263/DF, Rel. Min. Roberto Barroso, julgado em 25/4/2018 (Info 899).

Obs: este entendimento vale também para Resoluções do CNJ.

Cabe ADI contra Resolução do TSE

> **É cabível ADI contra Resolução do TSE que tenha, em seu conteúdo material, "norma de decisão" de caráter abstrato, geral e autônomo, apta a ser apreciada pelo STF em sede de controle abstrato de constitucionalidade.**
>
> STF. Plenário. ADI 5122, Rel. Min. Edson Fachin, julgado em 3/5/2018 (Info 900).

Outro precedente no mesmo sentido:

A Resolução do TSE pode ser impugnada no STF por meio de ADI se, a pretexto de regulamentar dispositivos legais, assumir caráter autônomo e inovador.

STF. Plenário. ADI 5104 MC/DF, Rel. Min. Roberto Barroso, julgado em 21/5/2014 (Info 747).

2.3. ADI CONTRA RECOMENDAÇÃO QUE FIXA COMPETÊNCIA

Imagine a seguinte situação:

A Corregedoria do TJ/SP e as Corregedorias dos TRTs com jurisdição em São Paulo (TRT02 e TRT15), em conjunto com o MP/SP e com os MPTs que atuam em São Paulo (MPT02 / MPT15) editaram uma recomendação para seus membros dizendo que a competência para autorizar a participação de crianças e adolescentes em espetáculos artísticos seria da Justiça do Trabalho. Veja:

Recomendação Conjunta 1/2014 das Corregedorias dos Tribunais de Justiça e do Trabalho, e dos Ministérios Públicos estadual e do Trabalho, todos do Estado de São Paulo:

RECOMENDAR aos Juízes de Direito da Infância e da Juventude, aos Juízes do Trabalho da Segunda e da Décima Quinta Região e aos Membros do Ministério Público Estadual e do Ministério Público do Trabalho da Segunda e da Décima Quinta Região, que tomem como diretriz, para efeito de competência:

I – As causas que tenham como fulcro os direitos fundamentais da criança e do adolescente e sua proteção integral, nos termos da Lei 8.069, de 13 de julho de 1990, inserem-se no âmbito da competência dos Juízes de Direito da Infância e da Juventude;

II – As causas que tenham como fulcro a autorização para trabalho de crianças e adolescentes, inclusive artístico e desportivo, e outras questões conexas derivadas dessas relações de trabalho, debatidas em ações individuais e coletivas, inserem-se no âmbito da competência dos Juízes do Trabalho, nos termos do art. 114, incisos I e IX, da Constituição da República.

A Associação Brasileira de Emissoras de Rádio e Televisão (ABERT) ajuizou ADI contra esse ato normativo.

Indaga-se: essa ação foi conhecida? Cabe ADI neste caso?

SIM.

Por meio da dita "Recomendação", fixou-se a competência da Justiça do Trabalho para analisar os pedidos de autorização para crianças e adolescentes participarem em eventos de natureza artística.

Apesar de ter sido nominado como "recomendação", o que se observa é que se trata de um verdadeiro ato de caráter geral e abstrato definindo competência para os juízes trabalhistas.

Como é um ato emanado pelas Corregedorias dos referidos Tribunais, é de se supor que os juízes a eles vinculados se sentirão propensos a cumpri-las.

Diante disso, o STF entendeu que essa recomendação conjunta representava um ato normativo de caráter cogente e vinculativo que alterou o entendimento até então prevalecente no sentido de que a competência seria da Justiça Estadual.

Assim, considerou-se que esse ato inovou no ordenamento jurídico, fixando competência jurisdicional com suposto fundamento direto nos incisos I e IX do art. 114 da CF/88.

Esta recomendação conjunta fez, portanto, o papel que seria próprio de lei ordinária.

Logo, a ação direta foi conhecida porque se considerou que tal recomendação possuía caráter primário e autônomo.

Em suma:

Cabe ADI contra recomendação conjunta de Tribunal de Justiça e de Tribunal Regional do Trabalho recomendando aos juízes que considerem como sendo da Justiça do Trabalho a competência para autorizar o trabalho de crianças e adolescentes em eventos de natureza artística.

Esta recomendação deve ser considerada como ato de caráter primário, autônomo e cogente, inovando no ordenamento jurídico, razão pela qual pode ser impugnada por meio de ADI.

STF. Plenário. ADI 5326/DF, Rel. Min. Marco Aurélio, julgado em 27/9/2018 (Info 917).

2.4. ALTERAÇÃO DA LEI IMPUGNADA ANTES DO JULGAMENTO DA ADI

O que acontece se a lei impugnada por meio de ADI é alterada antes do julgamento da ação? Ex: em 1999, foi proposta uma ADI contra o art. 10 da Lei nº 9.656/98; em 2013, foi editada a Lei nº 12.880 alterando esse art. 10 da Lei nº 9.656/98; ocorre que a ADI ainda não foi julgada pelo STF; o que fazer?

Neste caso, o autor da ADI deverá aditar a petição inicial demonstrando que a nova redação do dispositivo impugnado apresenta o mesmo vício de inconstitucionalidade que existia na redação original. Em outras palavras, ele informa ao STF que houve a alteração legislativa, mas que, apesar disso, a nova redação continua contrariando a Constituição Federal.

E se o autor da ADI não fizer isso?

Neste caso, o STF não irá conhecer da ADI, julgando prejudicado o pedido em razão da perda superveniente do objeto (perda superveniente do interesse de agir), nos termos do art. 485, VI, do CPC:

§ Art. 485. O juiz não resolverá o mérito quando:

(...)

VI – verificar ausência de legitimidade ou de interesse processual;

Nesse sentido:

A revogação, ou substancial alteração, do complexo normativo impõe ao autor o ônus de apresentar eventual pedido de aditamento, caso considere subsistir a inconstitucionalidade na norma que promoveu a alteração ou revogação.

STF. Plenário. ADI 2595 AgR, Rel. Min. Alexandre de Moraes, julgado em 18/12/2017.

O que acontece se a lei impugnada por meio de ADI é alterada antes do julgamento da ação?

Neste caso, o autor da ADI deverá aditar a petição inicial demonstrando que a nova redação do dispositivo impugnado apresenta o mesmo vício de inconstitucionalidade que existia na redação original.

A revogação, ou substancial alteração, do complexo normativo impõe ao autor o ônus de apresentar eventual pedido de aditamento, caso considere subsistir a inconstitucionalidade na norma que promoveu a alteração ou revogação.

Se o autor não fizer isso, o STF não irá conhecer da ADI, julgando prejudicado o pedido em razão da perda superveniente do objeto.

STF. Plenário. ADI 1931/DF, Rel. Min. Marco Aurélio, julgado em 7/2/2018 (Info 890).

O que acontece caso o ato normativo que estava sendo impugnado na ADI seja revogado antes do julgamento da ação?

Regra: haverá perda superveniente do objeto e a ADI não deverá ser conhecida (STF ADI 1203).

Exceção 1: não haverá perda do objeto e a ADI deverá ser conhecida e julgada caso fique demonstrado que houve "fraude processual", ou seja, que a norma foi revogada de forma proposital a fim de evitar que o STF a declarasse inconstitucional e anulasse os efeitos por ela produzidos (STF ADI 3306).

Exceção 2: não haverá perda do objeto se ficar demonstrado que o conteúdo do ato impugnado foi repetido, em sua essência, em outro diploma normativo. Neste caso, como não houve desatualização significativa no conteúdo do instituto, não há obstáculo para o conhecimento da ação (STF ADI 2418/DF, Rel. Min. Teori Zavascki, julgado em 4/5/2016. Info 824).

Exceção 3: caso o STF tenha julgado o mérito da ação sem ter sido comunicado previamente que houve a revogação da norma atacada. Nesta hipótese, não será possível reconhecer, após o julgamento, a prejudicialidade da ADI já apreciada (STF. Plenário. ADI 951 ED/SC, Rel. Min. Roberto Barroso, julgado em 27/10/2016. Info 845).

2.5. ALTERAÇÃO DO PARÂMETRO CONSTITUCIONAL NÃO PREJUDICA O CONHECIMENTO DA ADI

Parâmetro (ou norma de referência)

Em controle de constitucionalidade, quando falamos em "parâmetro", queremos dizer quais serão as normas da Constituição que serão analisadas para sabermos se a lei ou o ato normativo atacado realmente as violou. Em outras palavras, parâmetro são as normas que servirão como referência para que o Tribunal analise se determinada lei é ou não inconstitucional. Se a lei está em confronto com o parâmetro, ela é inconstitucional.

Quando é proposta uma ADI no STF contra lei federal ou estadual, qual é o parâmetro que será analisado pelo Tribunal?

A Constituição Federal. Isso inclui: normas originárias, emendas constitucionais, normas do ADCT e tratados internacionais de direitos humanos aprovados por 3/5 dos membros de cada Casa do Congresso Nacional, em dois turnos de votação.

Assim, quando o autor propõe uma ADI no STF contra determinada lei, ele está dizendo que esta lei viola a CF/88 (parâmetro).

O que acontece se, durante a tramitação de uma ADI, ocorre a alteração do parâmetro que havia sido invocado? Ex: em 1998, determinado Estado aprovou uma lei prevendo que os servidores aposentados deveriam pagar contribuição previdenciária; foi ajuizada uma ADI contra esta lei alegando que ela violou o art. 40 da CF/88; em 2003, antes que a ação fosse julgada, foi editada a EC 41 que alterou o art. 40 e passou a prever expressamente que os servidores inativos poderiam pagar contribuição previdenciária. Em outras palavras, o parâmetro invocado foi modificado. Diante disso, o julgamento da ADI ficará prejudicado?

NÃO. O conhecimento da ADI não fica prejudicado. Mesmo tendo havido a alteração do parâmetro, o STF terá que examinar o mérito da ADI e verificar se a lei impugnada violava ou não a redação do parâmetro antes da mudança efetuada. Em outras palavras, o STF terá que examinar se aquilo que o autor afirmou na ação estava correto, ou seja, se aquela lei violava a redação do parâmetro constitucional naquela época.

Por quê?

Porque a mudança da Constituição Federal não tem o condão (a força) de convalidar o vício da lei que era inconstitucional. Se a lei era inconstitucional na época em que foi editada, a alteração superveniente não poderá corrigi-la. Isso significa que o direito brasileiro não admite a figura da constitucionalidade superveniente. Nesse sentido:

> (...) 1. Em nosso ordenamento jurídico, não se admite a figura da constitucionalidade superveniente. Mais relevante do que a atualidade do parâmetro de controle é a constatação de que a inconstitucionalidade persiste e é atual, ainda que se refira a dispositivos da Constituição Federal que não se encontram mais em vigor. Caso contrário, ficaria sensivelmente enfraquecida a própria regra que proíbe a convalidação.
>
> 2. A jurisdição constitucional brasileira não deve deixar às instâncias ordinárias a solução de problemas que podem, de maneira mais eficiente, eficaz e segura, ser resolvidos em sede de controle concentrado de normas.
>
> 3. A Lei estadual nº 12.398/98, que criou a contribuição dos inativos no Estado do Paraná, por ser inconstitucional ao tempo de sua edição, não poderia ser convalidada pela Emenda Constitucional nº 41/03. E, se a norma não foi convalidada, isso significa que a sua inconstitucionalidade persiste e é atual, ainda que se refira a dispositivos da Constituição Federal que não se encontram mais em vigor, alterados que foram pela Emenda Constitucional nº 41/03. (...)
>
> STF. Plenário. ADI 2158, Rel. Min. Dias Toffoli, julgado em 15/09/2010.

Constitucionalidade superveniente seria, portanto, a possibilidade de uma lei ou ato normativo inconstitucional ao tempo de sua edição se tornar constitucional a partir da promulgação de novo texto constitucional. Como já dito, a constitucionalidade superveniente não é aceita pelo STF. Isso porque a norma inconstitucional é nula desde o seu nascedouro, não podendo ser convalidada com a alteração do parâmetro constitucional. Adota-se o princípio da contemporaneidade para se analisar a constitucionalidade da norma.

(AGU CESPE 2012) Considere a seguinte situação hipotética. Foi ajuizada ADI no STF contra lei estadual por contrariedade a dispositivo expresso na CF. Porém, antes do julgamento da ação, o parâmetro de controle foi alterado, de modo a tornar a norma impugnada consentânea com o dispositivo constitucional. Nessa situação hipotética, admite-se, de acordo com recente jurisprudência do STF, a denominada constitucionalidade superveniente, devendo, portanto, ser afastada a aplicação do princípio da contemporaneidade e julgada improcedente a ação. (ERRADO)

(Promotor MPE GO 2016 banca própria) O sistema jurídico brasileiro não contempla a figura da constitucionalidade superveniente, exceto se houver taxativa previsão constitucional. (CERTO)

(Juiz TJ/MS 2012) Se uma lei fere o processo legislativo previsto na Constituição sob a qual foi editada e, até o advento da nova Constituição, não fora objeto de controle de constitucionalidade, ela não pode ser recebida pela nova Constituição, uma vez que o Supremo Tribunal Federal já se manifestou contra a adoção da teoria da constitucionalidade superveniente. (CERTO)

Esse entendimento foi reafirmado agora:

A alteração do parâmetro constitucional, quando o processo ainda está em curso, não prejudica o conhecimento da ADI. Isso para evitar situações em que uma lei que nasceu claramente inconstitucional volte a produzir, em tese, seus efeitos.

STF. Plenário. ADI 145/CE, Rel. Min. Dias Toffoli, julgado em 20/6/2018 (Info 907).

Vale ressaltar que nos casos de alteração do parâmetro o STF deverá realizar dois juízos:

1. um juízo de constitucionalidade com relação ao parâmetro original, ou seja, verificar se a lei ou ato normativo impugnado era constitucional (compatível com o parâmetro impugnado);

2. um juízo de recepção ou não com o novo parâmetro, isto é, analisar se a lei ou ato normativo impugnado está de acordo com a redação atual da CF/88. Fala-se em recepção ou não nesta segunda hipótese porque o texto constitucional que se estará comparando é posterior à lei ou ato normativo impugnado.

Foi o que ensinou o Min. Gilmar Mendes na ADI 94/RO: "nesses casos, impõe-se a verificação da constitucionalidade do dispositivo em relação aos dois parâmetros constitucionais" (DJ de 16/12/11).

2.6. ABERT TEM LEGITIMIDADE PARA PROPOR ADI

Imagine a seguinte situação:

A Associação Brasileira de Emissoras de Rádio e Televisão (ABERT) ajuizou ADI contra determinado ato normativo que previa que a competência para autorizar o trabalho de crianças e adolescentes em espetáculos artísticos seria da Justiça do Trabalho.

Indaga-se: a ABERT tem legitimidade para a presente ação?

SIM.

A ABERT é uma associação de âmbito nacional que reúne as empresas de radiodifusão, abrangendo as emissoras de rádio (radiodifusão de sons) e as emissoras de televisão (radiodifusão de sons e imagens).

Trata-se, portanto, de entidade de classe de âmbito nacional, nos termos do art. 103, IX, da CF/88:

§ Art. 103. Podem propor a ação direta de inconstitucionalidade e a ação declaratória de constitucionalidade:

(...)

IX – confederação sindical ou entidade de classe de âmbito nacional.

Legitimados universais e não-universais (especiais)

A jurisprudência do STF construiu a tese de que alguns dos legitimados do art. 103 da CF/88 poderiam ajuizar ações diretas de inconstitucionalidade questionando leis ou atos normativos que tratassem sobre todo e qualquer assunto. Tais legitimados seriam, portanto, legitimados ativos universais.

Por outro lado, o STF afirmou que os demais legitimados, ao proporem a ADI, deveriam comprovar que possuem legítimo interesse na ação. São, por isso, chamados de legitimados ativos especiais. Este legítimo interesse que precisa ser demonstrado é chamado de pertinência temática.

Legitimados ativos da ADI e ADC	
UNIVERSAIS (NEUTROS)	ESPECIAIS (NÃO UNIVERSAIS)
São aqueles que podem propor ADI e ADC contra leis ou atos normativos que versem sobre qualquer matéria, sem a necessidade de comprovar interesse específico no julgamento da ação.	São aqueles que somente podem propor ADI e ADC contra leis ou atos normativos que tratem sobre matérias que digam respeito às funções ou objetivos do órgão ou entidade. O autor especial terá que provar o seu interesse específico no julgamento daquela ação. Terá que ser provada a pertinência temática entre a norma impugnada e os objetivos do autor da ação.
Quem são os legitimados universais: • Presidente da República; • Mesa do Senado e Mesa da Câmara; • Procurador-Geral da República; • Conselho Federal da OAB • Partido político com representação no CN.	Quem são os legitimados especiais: • Mesa de Assembleia Legislativa ou da Câmara Legislativa do DF; • Governador de Estado/DF; • Confederação sindical; • Entidade de classe de âmbito nacional.

A entidade de classe de âmbito nacional, por ser um legitimado especial, deverá provar que a legislação questionada guarda relação de pertinência temática com as finalidades institucionais dessa entidade (STF. Plenário. ADI 2903, Rel. Min. Celso de Mello, julgado em 01/12/2005).

Pertinência temática

No caso, restou demonstrada a pertinência temática entre o objeto da ADI e o campo de atuação da ABERT. Isso porque diversas associadas da requerente (emissoras de TV) contam com a participação de crianças e adolescentes em suas novelas e programas. Por isso, é fundamental que elas saibam, com segurança, qual o juízo competente, de acordo com a Constituição, para apreciar tais pedidos.

Essa segurança jurídica é indispensável para que as associadas da ABERT possam desempenhar adequadamente suas atividades.

STF. Plenário. ADI 5326/DF, Rel. Min. Marco Aurélio, julgado em 27/9/2018 (Info 917).

2.7. PROCURAÇÃO COM PODERES ESPECÍFICOS PARA O AJUIZAMENTO DE ADI

O advogado que assina a petição inicial da ação direta de inconstitucionalidade precisa de procuração com poderes específicos. A procuração deve mencionar a lei ou ato normativo que será impugnado na ação. Repetindo: não basta que a procuração autorize o ajuizamento de ADI, devendo indicar, de forma específica, o ato contra o qual se insurge.

Caso esse requisito não seja cumprido, a ADI não será conhecida.

Vale ressaltar, contudo, que essa exigência constitui vício sanável e que é possível a sua regularização antes que seja reconhecida a carência da ação.

STF. Plenário. ADI 4409/SP, Rel. Min. Alexandre de Moraes, julgado em 6/6/2018 (Info 905).

Ex: uma entidade de classe de âmbito nacional contrata um escritório de advocacia para ajuizar uma ADI; na procuração outorgada pelo presidente dessa entidade deverá constar expressamente algo como: outorga poderes para ajuizar ação direta de inconstitucionalidade no Supremo Tribunal Federal contra os artigos X, Y e Z, da Lei nº XXX/XXXX.

Veja outro precedente no mesmo sentido:

> (...) A jurisprudência desta Corte é firme no sentido da necessidade de subscrição da exordial por procurador devidamente amparado por poderes especiais para o questionamento do ato normativo. Nesse sentido, o ato de mandato deve conter descrição mínima do objeto digno de hostilização.
>
> 2. Admite-se a regularização processual do feito, contudo é próprio da economia processual deixar de intimar o Requerente para fazê-lo, quando se nota a carência da ação, que torna desnecessária a providência. (...)
>
> STF. Plenário. ADPF 480 AgR, Rel. Min. Edson Fachin, julgado em 13/04/2018.

2.8. É POSSÍVEL CELEBRAR ACORDO EM ADPF

É possível que seja celebrado um acordo no bojo de uma arguição de descumprimento de preceito fundamental (ADPF)?

SIM.

> **É possível a celebração de acordo num processo de índole objetiva, como a ADPF, desde que fique demonstrado que há no feito um conflito intersubjetivo subjacente (implícito), que comporta solução por meio de autocomposição.**
>
> **Vale ressaltar que, na homologação deste acordo, o STF não irá chancelar ou legitimar nenhuma das teses jurídicas defendidas pelas partes no processo.**
>
> **O STF irá apenas homologar as disposições patrimoniais que forem combinadas e que estiverem dentro do âmbito da disponibilidade das partes.**
>
> **A homologação estará apenas resolvendo um incidente processual, com vistas a conferir maior efetividade à prestação jurisdicional.**
>
> STF. Plenário. ADPF 165/DF, Rel. Min. Ricardo Lewandowski, julgado em 1º/3/2018 (Info 892).

Exemplo:

As pessoas que tinham dinheiro em conta poupança nos anos de 1986 a 1991 foram prejudicadas pelos planos econômicos editados neste período (Planos Cruzado, Bresser, Verão e Collor II). Isso porque esses planos fizeram a conversão dos valores depositados de forma errada (os chamados "expurgos inflacionários").

Em razão disso, tais poupadores ingressaram com ações judiciais pedindo a correção disso e o pagamento das diferenças. Além das ações individuais, também foram propostas ações coletivas ajuizadas por associações de defesa do consumidor e por associações de poupadores.

Os juízes e Tribunais estavam todos decidindo em favor dos poupadores.

A fim de tentar reverter a situação, Confederação Nacional do Sistema Financeiro (CONSIF) ajuizou, no Supremo Tribunal Federal (STF), a Arguição de Descumprimento de Preceito Fundamental (ADPF) 165, pedindo, com eficácia *erga omnes* (para todos) e efeito vinculante, a suspensão de qualquer decisão judicial que tivesse por objeto a reposição das perdas decorrentes dos planos econômicos.

Na ação, a CONSIF alegava a plena constitucionalidade dos referidos planos, de forma que os poupadores não teriam nada a receber.

Ao longo da tramitação da ADPF, as várias associações de defesa do consumidor e dos poupadores, que haviam ajuizado ações coletivas tratando do tema, pediram para intervir no processo na qualidade de *amicus curiae* (ex: Instituto Brasileiro de Defesa do Consumidor, Associação Brasileira do Consumidor, entre outras), o que foi aceito pelo STF.

Depois de quase 9 anos tramitando no STF, houve um acordo entre a CONSIF (autora da ADPF) e as associações de defesa do consumidor/poupadores.

Vale ressaltar que a AGU atuou como mediadora desse ajuste (art. 4º da Lei nº 13.140/2015), por meio da Câmara de Conciliação e Arbitragem da Administração Federal.

Por meio desse acordo, os bancos aceitam pagar os poupadores segundo cronograma e condições que estão no ajuste e, em troca, os correntistas desistem das ações individuais que possuíam contra as instituições financeiras. Além disso, as associações de defesa do consumidor comprometeram-se a peticionar nas ações civis públicas que ingressaram requerendo a extinção do processo pela transação (art. 487, III, "b", do CPC).

Os termos do acordo preveem o pagamento de mais de 12 bilhões de reais aos poupadores, que serão inscritos em plataforma digital preparada pelo CNJ. Os bancos irão analisar os requerimentos dos interessados. Os pagamentos serão feitos nas contas correntes dos beneficiários, que receberão os respectivos valores à vista ou parceladamente, a depender do montante.

Terão direito à reparação todos que haviam ingressado com ações coletivas e individuais para cobrar das instituições financeiras os valores referentes às correções. No caso das ações individuais, poupadores ou herdeiros que ingressaram judicialmente dentro do prazo prescricional de 20 anos da edição de cada plano também poderão receber os valores. Igualmente poderão aderir os poupadores que, com base em ações civis públicas, requereram execução de sentença coletiva até 31/12/2016.

E o que a aconteceu com a ADPF?

Foi extinta, nos termos do art. 487, III, "b", do CPC:

> § Art. 487. Haverá resolução de mérito quando o juiz:
>
> (...)
>
> III – homologar:
>
> (...)
>
> b) a transação;

Apesar de a resolução da ADPF ter sido com resolução do mérito, ressalte-se, mais uma vez, que o STF, ao homologar o acordo, não concordou com nenhuma das teses jurídicas defendidas pelas partes no processo, ou seja, não disse que os poupadores ou que os bancos tinham razão. Isso não foi analisado na homologação do acordo.

Existe previsão legal de que as associações autoras de ações civis públicas possam fazer transação nessas ações?

NÃO. A Lei nº 7.347/85 (Lei da Ação Civil Pública) prevê que os órgãos públicos podem fazer acordos nas ações civis públicas em curso, não mencionando as associações privadas. Confira:

> § Art. 5º (...)
>
> § 6º Os órgãos públicos legitimados poderão tomar dos interessados compromisso de ajustamento de sua conduta às exigências legais, mediante cominações, que terá eficácia de título executivo extrajudicial.

Mesmo sem previsão legal as associações privadas podem transacionar em ações civis públicas

O STF afirmou que, mesmo sem previsão normativa expressa, as associações privadas também podem fazer acordos nas ações coletivas.

Assim, a ausência de disposição normativa expressa no que concerne a associações privadas não afasta a viabilidade do acordo. Isso porque a existência de previsão explícita unicamente quanto aos entes públicos diz respeito ao fato de que somente podem fazer o que a lei determina, ao passo que aos entes privados é dado fazer tudo que a lei não proíbe.

Para o Min. Ricardo Lewandoswki, "não faria sentido prever um modelo que autoriza a justiciabilidade privada de direitos e, simultaneamente, deixar de conferir aos entes privados as mais comezinhas faculdades processuais, tais como a de firmar acordos."

2.9. ESTADO-MEMBRO NÃO POSSUI LEGITIMIDADE PARA RECORRER CONTRA DECISÕES PROFERIDAS EM CONTROLE CONCENTRADO DE CONSTITUCIONALIDADE

Imagine a seguinte situação hipotética:

O Governador do Estado de São Paulo ajuíza uma ADI no STF.

O Supremo julga improcedente a ação.

O acórdão é publicado e o Estado de São Paulo opõe embargos de declaração alegando que há contradição no julgado.

Esse recurso terá êxito?

NÃO. Os embargos de declaração não serão conhecidos.

Legitimidade não é do Estado, mas sim do Governador

A legitimidade para recorrer, neste caso, é do Governador do Estado de São Paulo. O Estado de São Paulo não tem legitimidade para opor embargos de declaração porque o Estado de São Paulo não é parte neste processo.

Vale ressaltar que, na petição inicial da ADI, quando proposta pelo Governador, quem figura como autor da ação é o Governador do Estado (e não o Estado).

A petição inicial da ADI fica assim:

"O GOVERNADOR DO ESTADO DE SÃO PAULO, no exercício da atribuição que lhe confere o art. 103, V, da CF/88, vem propor a presente AÇÃO DIRETA DE INCONSTITUCIONALIDADE".

Desse modo, repita-se, o Estado-membro não tem legitimidade para propor ADI. A legitimidade pertence ao Governador do Estado. Logo, se a ação é julgada improcedente, quem tem legitimidade para recorrer é o próprio Governador (e não o Estado).

Os embargos de declaração deveriam ser assim redigidos:

"O GOVERNADOR DO ESTADO DE SÃO PAULO vem opor os presentes EMBARGOS DE DECLARAÇÃO".

No entanto, o recurso foi interposto desta forma (apenas um exemplo):

"O ESTADO DE SÃO PAULO vem opor os presentes EMBARGOS DE DECLARAÇÃO".

Diante disso, o que acontecerá?

Os embargos de declaração não serão conhecidos (seu mérito não será apreciado) em virtude da ilegitimidade da parte recorrente. O Estado de São Paulo não é parte legítima para recorrer.

Em suma:

O Estado-membro não possui legitimidade para recorrer contra decisões proferidas em sede de controle concentrado de constitucionalidade, ainda que a ADI tenha sido ajuizada pelo respectivo Governador.

A legitimidade para recorrer, nestes casos, é do próprio Governador (previsto como legitimado pelo art. 103 da CF/88) e não do Estado-membro.

STF. Plenário. ADI 4420 ED-AgR, Rel. Min. Roberto Barroso, julgado em 05/04/2018.

2.10. POSSIBILIDADE DE DECRETAÇÃO, DE OFÍCIO, DA MODULAÇÃO DOS EFEITOS DA DECISÃO PROFERIDA EM ADI

Modulação dos efeitos do julgado no caso de processos objetivos de constitucionalidade

No julgamento de ADI, ADC ou ADPF, as Lei nº 9.868/99 e 9.882/99 preveem expressamente que o STF poderá modular os efeitos da decisão que julga determinado ato contrário à CF/88.

Em outras palavras, a Lei permite que o STF determine que os efeitos da declaração de inconstitucionalidade somente valham a partir da decisão proferida (*ex nunc*) ou ainda a partir de determinada data futura (efeitos prospectivos).

Veja o que diz a Lei nº 9.868/99:

§ Art. 27. Ao declarar a inconstitucionalidade de lei ou ato normativo, e tendo em vista razões de segurança jurídica ou de excepcional interesse social, poderá o Supremo Tribunal Federal, por maioria de dois terços de seus membros, restringir os efeitos daquela declaração ou decidir que ela só tenha eficácia a partir de seu trânsito em julgado ou de outro momento que venha a ser fixado.

Mesma regra pode ser encontrada no art. 11, da Lei nº 9.882/99.

Podemos assim sintetizar a modulação dos efeitos:

REGRA: se o STF declara uma lei ou ato normativo inconstitucional em ADI, ADC ou ADPF, essa decisão, em regra, produz efeitos *EX TUNC* (retroativos)

Excepcionalmente, o STF pode, pelo voto de, no mínimo, 8 Ministros (2/3):	
*** restringir os efeitos da declaração; ou** *** decidir que ela só tenha eficácia a partir de seu trânsito em julgado; ou** *** de outro momento que venha a ser fixado.**	Desde que haja razões de: * segurança jurídica ou; * excepcional interesse social

Imagine agora a seguinte situação:

No julgamento de uma ADI, o STF decidiu que o art. XX da Lei YY é inconstitucional.

Um dos legitimados do art. 103 da CF/88 apresentou embargos de declaração pedindo a modulação dos efeitos.

Ocorre que o STF considerou que esses embargos eram intempestivos.

Indaga-se: mesmo assim será possível a modulação dos efeitos?

SIM.

Caso o STF, ao julgar uma ADI, ADC ou ADPF, declare a lei ou ato normativo inconstitucional, ele poderá, de ofício, fazer a modulação dos efeitos dessa decisão.

STF. Plenário. ADI 5617 ED/DF, Rel. Min. Edson Fachin, julgado em 2/10/2018 (Info 918).

Uma última informação adicional:

É possível a modulação dos efeitos da decisão proferida em sede de controle incidental de constitucionalidade. Assim, não é apenas no controle abstrato que se admite a modulação.

STF. Plenário. RE 522897/RN, Rel. Min. Gilmar Mendes, julgado em 16/3/2017 (Info 857).

2.11. COEXISTÊNCIA DE ADI NO TJ E ADI NO STF, SENDO A ADI ESTADUAL JULGADA PRIMEIRO

A situação concreta foi a seguinte:

O Estado do Amazonas editou a Lei 2.778/2002, que criou, no âmbito da Administração Pública estadual, o cargo de "administrador público".

Até aí, tudo bem. O problema foi que a lei estadual previu como requisito para esse cargo "Graduação em Curso de Administração Pública mantida por Instituição Pública de Ensino Superior, credenciada no Estado do Amazonas".

Veja o texto da Lei:

§ Art. 1º Fica instituída, no Quadro de Pessoal do Poder Executivo, a carreira de Administrador Público, com os cargos de provimento efetivo e vencimentos fixados no Anexo Único desta Lei.

(...)

§ Art. 3º O provimento dos cargos na classe inicial da carreira dar-se-á por aprovação em concurso público de provas e títulos, e Graduação em Curso de Administração Pública mantido por Instituição Pública de Ensino Superior, credenciada no Estado do Amazonas.

§ 1º A classificação final dos candidatos será feita pela média ponderada da nota global do concurso, as provas e títulos com peso 1 e coeficiente final de rendimento em Curso de Administração Pública, mantido por Instituição Pública de Ensino Superior, credenciada no Estado do Amazonas, com peso 2.

(...)

Duas ações diretas de inconstitucionalidade

Foram propostas duas ações diretas de inconstitucionalidade contra essa previsão:

- ADI ajuizada pelo Procurador-Geral de Justiça do Amazonas, no Tribunal de Justiça, alegando que a lei violaria a Constituição Estadual.
- ADI ajuizada pelo Procurador-Geral da República, no STF, argumentando que a previsão ofenderia a CF/88.

Julgamento da ADI estadual

A primeira ação julgada foi a ADI estadual.

O TJ/AM julgou a ADI procedente e declarou esta previsão inconstitucional por violar o princípio da igualdade previsto no art. 3º da Constituição do Estado do Amazonas e reproduzido no art. 5º, caput, da Constituição Federal.

Vale ressaltar que, como o acórdão do TJ/AM analisou um dispositivo que é reproduzido também na CF/88, contra esta decisão caberia recurso extraordinário para o STF.

Ocorre que, como não foi manejado nenhum recurso, houve o trânsito em julgado.

Julgamento da ADI no STF

Chegou, então, o dia de se julgar a ADI proposta no STF.

Surgiu, no entanto, uma dúvida: com a decisão do TJ/AM declarando a inconstitucionalidade da lei, houve a perda do objeto da ADI proposta no STF?

Como a Lei 2.778/2002 já foi declarada inconstitucional, pode-se dizer que ficou prejudicado o conhecimento da ADI no STF?

NÃO. A ADI no STF não ficou prejudicada. Vamos entender o motivo.

Coexistência de duas ADIs

Coexistindo duas ações diretas de inconstitucionalidade, uma ajuizada perante o tribunal de justiça local e outra perante o STF, o julgamento da primeira – estadual – somente prejudica o da segunda – do STF – se preenchidas duas condições cumulativas:

1) se a decisão do Tribunal de Justiça for pela procedência da ação e

2) se a inconstitucionalidade for por incompatibilidade com preceito da Constituição do Estado sem correspondência na Constituição Federal. Caso o parâmetro do controle de constitucionalidade tenha correspondência na Constituição Federal, subsiste a jurisdição do STF para o controle abstrato de constitucionalidade.

STF. Plenário. ADI 3659/AM, Rel. Min. Alexandre de Moraes, julgado em 13/12/2018 (Info 927).

No caso concreto, foi preenchido o requisito 1, mas não se verificou a condição 2.

O fundamento para o TJ/AM decidir que a lei é inconstitucional foi o princípio da igualdade. Este princípio da igualdade está previsto na Constituição do Estado e possui correspondência na Constituição Federal. Em outras palavras, essa previsão pode ser encontrada tanto na Constituição Estadual como na Federal.

Se a decisão do TJ prejudicasse o conhecimento da ADI no STF, significaria dizer que o STF ficou vinculado à interpretação que o TJ deu para o princípio da igualdade previsto na CF/88. Ocorre que a última palavra sobre interpretação da CF/88 pertence ao STF. Logo, seria inadmissível negar ao STF a possibilidade de examinar o tema.

Na verdade, o que o TJ/AM deveria ter feito era suspender a ADI lá proposta a fim de aguardar o pronunciamento do STF. Nesse sentido:

(...) A ocorrência de coexistência de jurisdições constitucionais estadual e nacional configura a hipótese de suspensão prejudicial do processo de controle normativo abstrato instaurado perante o Tribunal de Justiça local. (...)

STF. Plenário. ADPF 190, Rel. Min. Edson Fachin, julgado em 29/09/2016.

(...) Coexistência de jurisdições constitucionais estaduais e federal. Propositura simultânea de ADI contra lei estadual perante o Supremo Tribunal Federal e o Tribunal de Justiça. Suspensão do processo no âmbito da justiça estadual, até a deliberação definitiva desta Corte. (...)

STF. Plenário. Pet 2701 AgR, Rel. Min. Marco Aurélio, Relator p/ Acórdão Min. Gilmar Mendes, julgado em 08/10/2003.

No entanto, como isso não ocorreu, não pode o STF ficar limitado ao que decidiu a Corte local.

Caso contrário, seria possível que um tribunal de justiça, por não suspender o trâmite de representação de inconstitucionalidade, desse interpretação à norma de repetição obrigatória que valeria apenas para o respectivo estado-membro. Isso porque o STF poderia conferir interpretação diversa à norma de repetição obrigatória para os demais entes da Federação.

Com esse entendimento, o STF rejeitou a alegação de prejudicialidade da ADI e julgou o mérito da ação lá proposta.

E quanto ao mérito, o que decidiu o STF? Esta previsão da Lei estadual é realmente inconstitucional, como decidiu o TJ/AM?

SIM. O STF julgou procedente a ADI e também considerou inconstitucional a expressão "Graduação em Curso de Administração Pública mantido por Instituição Pública de Ensino Superior, credenciada no Estado do Amazonas".

Realmente, essa previsão da lei estadual ofende o princípio constitucional da igualdade no acesso a cargos públicos.

Além disso, essa regra também viola o art. 19, III, da Constituição Federal, que proíbe a criação de distinções ilegítimas entre brasileiros.

Em suma:

É inconstitucional lei estadual que, ao criar o cargo de administrador público, exige que ele seja ocupado por profissional graduado em Curso de Administração Pública mantido por Instituição Pública de Ensino Superior, credenciada no respectivo Estado.

STF. Plenário. ADI 3659/AM, Rel. Min. Alexandre de Moraes, julgado em 13/12/2018 (Info 927).

2.12. DECISÃO QUE DEIXA DE APLICAR DISPOSITIVO DE LEI E CLÁUSULA DE RESERVA DE PLENÁRIO

CASO CONCRETO ENVOLVENDO O ART. 25, § 1º, DA LEI 8.987/95 NO QUAL O STF RECONHECEU A VIOLAÇÃO À CLAUSULA DE RESERVA DE PLENÁRIO

Imagine a seguinte situação hipotética:

A Encel – Engenharia de Construções Elétricas Ltda é uma concessionária de energia elétrica.

A Encel contratou outra empresa para exercer parte de sua atividade-fim. Em outras palavras, houve terceirização da atividade-fim dessa concessionária.

A concessionária invocou, como fundamento legal, para a contratação, o art. 25, § 1º da Lei nº 8.987/95:

> §
>
> Art. 25 (...)
>
> § 1º Sem prejuízo da responsabilidade a que se refere este artigo, a concessionária poderá contratar com terceiros o desenvolvimento de atividades inerentes, acessórias ou complementares ao serviço concedido, bem como a implementação de projetos associados.

Uma das Turmas do TRT da 3ª Região não concordou e afirmou que este § 1º do art. 25 não autoriza a possibilidade de terceirização da atividade-fim das empresas concessionárias do serviço público. Afirmou o TRT, citando julgados do TST:

"A Lei nº 8.987, de 13 de fevereiro de 1995, que dispõe sobre o regime de concessão e permissão de prestação de serviços públicos, ostenta natureza administrativa e, como tal, ao tratar, em seu art. 25, da contratação com terceiros de atividades inerentes, acessórias ou complementares ao serviço concedido, não autorizou a terceirização da atividade-fim das empresas do setor elétrico. Isso porque, esse diploma administrativo não aborda matéria trabalhista, nem seus princípios, conceitos e institutos, cujo plano de eficácia é outro. A legislação trabalhista protege, substancialmente, um valor: o trabalho humano, prestado em benefício de outrem, de forma não eventual, oneroso e sob subordinação jurídica, apartes à já insuficiente conceituação individualista. E o protege sob o influxo de outro princípio maior, o da dignidade da pessoa humana. Não se poderia, assim, dizer que a norma administrativista, preocupada com princípios e valores do Direito Administrativo, viesse derrogar o eixo fundamental da legislação trabalhista, que é o conceito de empregado e empregador, jungido que está ao conceito de contrato de trabalho, previsto na CLT."

Reclamação

A concessionária não se conformou com a decisão do órgão fracionário do TRT e ingressou com reclamação no STF alegando que a turma, ao afastar a aplicação do § 1º do art. 25 da Lei nº 8.987/95 sem que isso tenha sido submetido ao Plenário, violou a Súmula Vinculante 10:

Súmula vinculante 10-STF: Viola a cláusula de reserva de plenário (CF, art. 97) a decisão de órgão fracionário de tribunal que, embora não declare expressamente a inconstitucionalidade de lei ou ato normativo do Poder Público, afasta a sua incidência no todo ou em parte.

Veja o que diz o art. 97 da CF/88, no qual está prevista a cláusula de reserva de plenário:

§ Art. 97. Somente pelo voto da maioria absoluta de seus membros ou dos membros do respectivo órgão especial poderão os tribunais declarar a inconstitucionalidade de lei ou ato normativo do Poder Público.

O STF concordou com a reclamação proposta?

SIM. O STF, por maioria, julgou procedente reclamação.

A 1ª Turma do STF entendeu que o art. 25, § 1º da Lei nº 8.987/95 permite a terceirização e o TRT, ao não aplicá-lo para a situação concreta, negou vigência ao dispositivo sem que isso tenha sido submetido ao Plenário ou órgão especial do Tribunal. Logo, houve violação à cláusula da reserva de plenário prevista no art. 97 da CF/88.

STF. 1ª Turma. Rcl 27.068/MG, rel. orig. Min. Rosa Weber, red. p/ o ac. Min. Luís Roberto, julgado em 5/3/2018 (Info 896).

Resumindo:

Se o órgão fracionário de um Tribunal (ex: uma das Turmas do TRT) julga ilegal a terceirização contratada por uma concessionária do serviço público, afastando a aplicação do art. 25, § 1º, da Lei nº 8.987/95, esta decisão viola a súmula vinculante 10?

SIM. O art. 25, § 1º, da Lei nº 8.987/95 permite a terceirização da atividade-fim das empresas concessionárias do serviço público. Logo, se um órgão fracionário do TRT afasta a aplicação deste dispositivo, haverá afronta à súmula vinculante 10 por violação à cláusula da reserva de plenário.

STF. 1ª Turma. Rcl 27.068/MG, rel. orig. Min. Rosa Weber, red. p/ o ac. Min. Luís Roberto, julgado em 5/3/2018 (Info 896).

NÃO VIOLA A SV 10 A DECISÃO DE TURMA DO TRT QUE DETERMINA NOMEAÇÃO DOS APROVADOS NO CONCURSO EM RAZÃO DE PRETERIÇÃO E DIZ QUE NÃO SE APLICA, AO CASO, O ART. 25, § 1º, DA LEI 8.987/95

Imagine a seguinte situação hipotética:

A Companhia Paraibana de Gás (PBGÁS) é uma sociedade de economia mista concessionária de serviço público.

A PBGÁS realizou concurso público para advogado desta empresa estatal.

O concurso não ofereceu vagas de provimento imediato, mas apenas para formação de cadastro de reserva.

A PBGÁS não chamou nenhum dos aprovados. Pior: durante o prazo de vigência do certame contratou um escritório de advocacia para desempenhar os serviços jurídicos da empresa.

Diante disso, os aprovados no concurso ingressaram com ação contra a PBGÁS, na Justiça do Trabalho, afirmando que houve preterição e que, portanto, eles teriam direito subjetivo de serem chamados.

A concessionária se defendeu, alegando que há autorização legal para isso, prevista no art. 25, § 1º da Lei nº 8.987/95:

> § Art. 25 (...)
>
> § 1º Sem prejuízo da responsabilidade a que se refere este artigo, a concessionária poderá contratar com terceiros o desenvolvimento de atividades inerentes, acessórias ou complementares ao serviço concedido, bem como a implementação de projetos associados.

O juiz trabalhista julgou o pedido procedente.

Houve recurso por parte da empresa invocando, mais uma vez, o art. 25, § 1º, da Lei nº 8.987/95.

Uma das Turmas do TRT desproveu o recurso, afastando a aplicação do art. 25, § 1º, da Lei nº 8.987/95.

Reclamação

A concessionária não se conformou com a decisão do órgão fracionário do TRT e ingressou com reclamação no STF alegando que a turma, ao afastar a aplicação do § 1º do art. 25 da Lei nº 8.987/95 sem que isso tenha sido submetido ao Plenário, violou a Súmula Vinculante 10:

> Súmula vinculante 10-STF: Viola a cláusula de reserva de plenário (CF, art. 97) a decisão de órgão fracionário de tribunal que, embora não declare expressamente a inconstitucionalidade de lei ou ato normativo do Poder Público, afasta a sua incidência no todo ou em parte.

Veja o que diz o art. 97 da CF/88, no qual está prevista a cláusula de reserva de plenário:

> § Art. 97. Somente pelo voto da maioria absoluta de seus membros ou dos membros do respectivo órgão especial poderão os tribunais declarar a inconstitucionalidade de lei ou ato normativo do Poder Público.

O STF concordou com a reclamação proposta?

NÃO. O STF, por maioria, julgou improcedente a reclamação.

Os Ministros entenderam que o acórdão do TRT não tratou sobre terceirização dos serviços (que é prevista neste art. 25, § 1º da Lei nº 8.987/95) nem declarou esse dispositivo inconstitucional.

O que o TRT fez foi dizer que, no caso concreto, houve preterição arbitrária dos candidatos aprovados pela empresa estatal.

A contratação do escritório de advocacia ocorreu em detrimento dos advogados aprovados no concurso público para idêntica função jurídica e, sobretudo, quando ainda vigente o período de validade do certame. Assim, a conduta administrativa da empresa ofendeu o disposto no art. 37, II, da CF/88.

Em razão disso, os candidatos aprovados no concurso têm direito subjetivo à nomeação ao cargo efetivo do quadro da sociedade de economia mista.

Repare que, ao contrário de outros casos julgados pela Justiça do Trabalho, nesta situação, o TRT não disse que a terceirização seria uma prática vedada. Isso porque a questão não envolvia discussão sobre legalidade ou não de terceirização.

Assim, o TRT, para decidir em favor dos candidatos, não analisou a validade ou não do art. 25, § 1º, da Lei nº 8.987/95, considerando que este dispositivo trata sobre terceirização e a questão julgada pela Justiça do Trabalho envolvia direito subjetivo de aprovados em concurso público.

Vale ressaltar, por fim, que o STF não admite reclamação como sucedâneo recursal, ou seja, como substituto do recurso cabível.

Resumindo:

Sociedade de economia mista realizou concurso público para advogado da empresa.

Mesmo havendo aprovados no certame, que ainda estava dentro do prazo de vigência, a empresa decidiu contratar um escritório de advocacia para realizar os serviços jurídicos.

Diante disso, uma das Turmas do TRT reconheceu que houve preterição dos aprovados e determinou a nomeação.

Ao assim decidir, a Turma do TRT disse que não se aplicava, ao caso, o art. 25, § 1º, da Lei nº 8.987/95.

Essa decisão da Turma do TRT (órgão fracionário do Tribunal) não viola a SV 10. Isso porque o enfoque do acórdão do TRT não era a terceirização dos serviços, mas sim a preterição arbitrária praticada pela Administração Pública.

STF. 1ª Turma. Rcl 29307 AgR/PB, Rel. Min. Alexandre de Moraes, red. p/ o ac. Min. Rosa Weber, julgado em 4/12/2018 (Info 926).

CASO CONCRETO ENVOLVENDO O ART. 94, II, DA LEI 9.472/97

Imagine a seguinte situação hipotética:

A "Oi" é uma conhecida empresa concessionária de serviços de telecomunicações.

A "Oi" contratou outra empresa (Contax) para fazer o atendimento dos consumidores que ligassem para o serviço de atendimento ao cliente da concessionária.

Em outras palavras, a "Oi" contratou uma empresa de *call center* para atender seus clientes.

A "Oi" invocou, como fundamento legal para a contratação o art. 94, II, da Lei nº 9.472/97 (Lei das Telecomunicações):

§ Art. 94. No cumprimento de seus deveres, a concessionária poderá, observadas as condições e limites estabelecidos pela Agência:

(...)

II – contratar com terceiros o desenvolvimento de atividades inerentes, acessórias ou complementares ao serviço, bem como a implementação de projetos associados.

Reclamação trabalhista

Uma ex-funcionária da empresa de *call center* ajuizou reclamação trabalhista contra a Contax e contra a "Oi".

Alegou que, embora tenha sido formalmente contratada pela empresa fornecedora de mão--de-obra, na realidade prestou serviços apenas no interesse e sob a fiscalização da empresa de telefonia.

Logo, pediu o reconhecimento de vínculo trabalhista com a "Oi".

Após a 1ª e 2ª instâncias, uma das Turmas do TST julgou o caso e entendeu que o contrato de trabalho celebrado entre a funcionária e a Contax foi ilícito e que houve vínculo empregatício direto com a concessionária. Isso porque houve terceirização de atividade-fim, o que não é admitido pela jurisprudência do TST (Enunciado 331):

Súmula 331-TST: CONTRATO DE PRESTAÇÃO DE SERVIÇOS. LEGALIDADE

I – A contratação de trabalhadores por empresa interposta é ilegal, formando-se o vínculo diretamente com o tomador dos serviços, salvo no caso de trabalho temporário (Lei nº 6.019, de 03.01.1974).

(...)

III – Não forma vínculo de emprego com o tomador a contratação de serviços de vigilância (Lei nº 7.102, de 20.06.1983) e de conservação e limpeza, bem como a de serviços especializados ligados à atividade-meio do tomador, desde que inexistente a pessoalidade e a subordinação direta.

(...)

Recurso extraordinário

A empresa interpôs recurso contra esta decisão ao STF alegando que a turma do TST (órgão fracionário daquele Tribunal), ao afastar a aplicação do art. 94, II, da Lei nº 9.472/97 (Lei das Telecomunicações) sem que isso tenha sido submetido ao Plenário, violou a Súmula Vinculante 10:

Súmula vinculante 10-STF: Viola a cláusula de reserva de plenário (CF, art. 97) a decisão de órgão fracionário de tribunal que, embora não declare expressamente a inconstitucionalidade de lei ou ato normativo do Poder Público, afasta a sua incidência no todo ou em parte.

Veja o que diz o art. 97 da CF/88, no qual está prevista a cláusula de reserva de plenário:

§ Art. 97. Somente pelo voto da maioria absoluta de seus membros ou dos membros do respectivo órgão especial poderão os tribunais declarar a inconstitucionalidade de lei ou ato normativo do Poder Público.

Foi correta a decisão da Justiça do Trabalho?

NÃO.

A decisão do órgão fracionário do TST desrespeitou a cláusula de reserva do plenário (art. 97 da CF/88).

Ao entender ilícita a terceirização da atividade-fim, com suporte na Súmula 331, o TST, na prática, afastou, em parte, a vigência e a eficácia do inciso II do art. 94 da Lei nº 9.472/97, sem deliberar expressamente sobre a sua inconstitucionalidade.

Assim, o TST fez justamente aquilo que a SV 10 busca coibir.

Diante disso, o STF fixou a seguinte tese:

É nula a decisão de órgão fracionário que se recusa a aplicar o art. 94, II, da Lei nº 9.472/97, sem observar a cláusula de reserva de plenário (art. 97, da CF/88), observado o art. 949 do CPC/2015.

STF. Plenário. ARE 791932/DF, Rel. Min. Alexandre de Moraes, julgado em 10 e 11/10/2018 (Info 919).

O STF declarou nula a decisão do TST por violação à cláusula de reserva de plenário. Em outras palavras, o STF disse o seguinte: a turma do TST não poderia ter declarado a lei inconstitucional. Isso teria que ter sido feito pelo Plenário. Diante disso, com a declaração de nulidade da decisão, o STF, obrigatoriamente, terá que determinar o retorno dos autos ao TST para que aquele Tribunal, por meio de seu Plenário, decida sobre a constitucionalidade ou não da lei? O retorno dos autos é a medida a ser adotada?

NÃO. O STF entendeu que a devolução ao TST não seria uma medida lógica e somente atrasaria a resolução final do processo. Isso porque o STF já tem posição consolidada sobre o assunto, tendo decidido que o Enunciado 331 do TST é inconstitucional e que é lícita a terceirização de toda e qualquer atividade, meio ou fim, de forma que não se configura relação de emprego entre a contratante e o empregado da contratada.

Assim, é possível que uma empresa de telefonia terceirize os serviços de *call center* mesmo que consideremos isso como atividade-fim. O art. 94, II, da Lei nº 9.472/97 é constitucional.

O STF considera que é lícita a terceirização de toda e qualquer atividade da empresa, seja ela atividade-meio ou fim:

É lícita a terceirização ou qualquer outra forma de divisão do trabalho entre pessoas jurídicas distintas, independentemente do objeto social das empresas envolvidas, mantida a responsabilidade subsidiária da empresa contratante.

Os itens I e III da Súmula 331 do TST são inconstitucionais.

STF. Plenário. ADPF 324/DF, Rel. Min. Roberto Barroso, julgado em 29 e 30/8/2018 (Info 913).

STF. Plenário. RE 958252/MG, Rel. Min. Luiz Fux, julgado em 29 e 30/8/2018 (repercussão geral) (Info 913).

Parágrafo único do art. 949 do CPC

O parágrafo único do art. 949 do CPC reforça a desnecessidade do retorno do feito ao TST, pois o STF se pronunciou sobre a constitucionalidade da contratação de terceiros para o desenvolvimento de atividades inerentes ou atividade-fim, e o art. 94 autoriza a contratação da atividade-fim. Ademais, a devolução não atende o direito fundamental da duração razoável do processo. Veja o que diz o CPC:

§ Art. 949. Se a arguição for:

I – rejeitada, prosseguirá o julgamento;

II – acolhida, a questão será submetida ao plenário do tribunal ou ao seu órgão especial, onde houver.

Parágrafo único. Os órgãos fracionários dos tribunais não submeterão ao plenário ou ao órgão especial a arguição de inconstitucionalidade quando já houver pronunciamento destes ou do plenário do Supremo Tribunal Federal sobre a questão.

2.13. A DECISÃO DO RELATOR QUE ADMITE OU INADMITE O INGRESSO DO AMICUS CURIAE É IRRECORRÍVEL

Conceito e finalidade

Amicus curiae é alguém que, mesmo sem ser parte, em razão de sua representatividade, é chamado ou se oferece para intervir em processo relevante com o objetivo de apresentar ao Tribunal a sua opinião sobre o debate que está sendo travado nos autos, fazendo com que a discussão seja amplificada e o órgão julgador possa ter mais elementos para decidir de forma legítima.

Nomenclatura

Amicus curiae, em uma tradução literal do latim, significa "amigo da corte" ou "amigo do tribunal". Obs.: *amici curiae* é o plural de *amicus curiae*.

Origem

Alguns autores afirmam que esta figura surgiu no direito processual penal inglês, enquanto outros identificam uma origem mais remota, lembrando que havia figura assemelhada no direito romano (Marcelo Novelino).

Natureza jurídica

A maioria da doutrina defende que o *amicus curiae* seria uma forma de intervenção anômala de terceiros.

Para o Min. Luiz Fux, no entanto, o amigo da Corte não é parte nem terceiro, mas apenas agente colaborador.

Previsão legal

O CPC 2015 passou a disciplinar expressamente a figura do *amicus curiae*.

Quem pode ser amicus curiae?

Pessoa natural ou jurídica, órgão ou entidade especializada, com representatividade adequada.

(PGM Belo Horizonte 2017 – adaptada) O ingresso como amicus curiae em ADI depende da demonstração da pertinência temática entre os objetivos estatutários da entidade requerente e o conteúdo material da norma questionada. (CERTO)

(DPE/PR 2017 FCC) A intervenção de *amicus curiae* é admitida em qualquer processo, desde que se trate de causa relevante, de tema específico ou que tenha repercussão social, e exige representação adequada, a qual não pressupõe concordância unânime daqueles a quem representa. (CERTO)

Cabe recurso contra a decisão do Relator que ADMITE o ingresso do amicus curiae?

NÃO. O art. 138 do CPC/2015 expressamente prevê que se trata de decisão irrecorrível:

> § Art. 138. O juiz ou o relator, considerando a relevância da matéria, a especificidade do tema objeto da demanda ou a repercussão social da controvérsia, poderá, por decisão irrecorrível, de ofício ou a requerimento das partes ou de quem pretenda manifestar-se, solicitar ou admitir a participação de pessoa natural ou jurídica, órgão ou entidade especializada, com representatividade adequada, no prazo de 15 (quinze) dias de sua intimação.

E da decisão que inadmite? Cabe recurso contra a decisão do Relator que INADMITE o ingresso do amicus curiae?

Também NÃO.

É irrecorrível a decisão denegatória de ingresso no feito como *amicus curiae*.

Assim, tanto a decisão do Relator que ADMITE como a que INADMITE o ingresso do *amicus curiae* é irrecorrível.

STF. Plenário. RE 602584 AgR/DF, rel. orig. Min. Marco Aurélio, red. p/ o ac. Min. Luiz Fux, julgado em 17/10/2018 (repercussão geral) (Info 920).

Argumentos:

- O art. 138 do CPC é explícito no sentido de conferir ao juiz competência discricionária para admitir ou não a participação, no processo, de pessoa natural ou jurídica, órgão ou entidade especializada, e de não admitir recurso contra essa decisão.
- O art. 7º da Lei nº 9.868/99, de igual modo, é no mesmo sentido.
- O amicus curiae não é parte, mas agente colaborador. Portanto, sua intervenção é concedida como privilégio, e não como uma questão de direito. O privilégio acaba quando a sugestão é feita.
- Assim, o amigo da Corte, como mero agente colaborador, não possui direito subjetivo de ser admitido pelo Tribunal.
- Haveria inúmeros prejuízos ao andamento dos trabalhos do STF se fosse admitida a possibilidade de recurso, sobretudo em processos em que há um grande número de requerimentos de participação como amicus curiae.

3. COMPETÊNCIAS LEGISLATIVAS

3.1. É INCONSTITUCIONAL LEI ESTADUAL QUE, AO TRATAR SOBRE MATÉRIA DE COMPETÊNCIA CONCORRENTE, SIMPLESMENTE DETERMINA A OBSERVÂNCIA DA LEI FEDERAL

OGM

Organismo geneticamente modificado (OGM):

- é um organismo vivo (ou seja, uma entidade biológica)
- cujo material genético (DNA) tenha sido modificado
- por uma técnica de engenharia genética
- com o objetivo de fazer com que ele desenvolva mais uma determinada característica desejada (cor, tamanho, textura etc.).

Transgênicos

Transgênicos são organismos geneticamente modificados (OGM) que receberam, em seu DNA, o gene proveniente de uma espécie não sexualmente compatível.

OGM é o gênero e os transgênicos são uma de suas espécies.

Assim, podemos dizer que todo transgênico é OGM, mas nem todo OGM é transgênico. Isso porque existem outras espécies de OGM, como, por exemplo, os cisgênicos.

Produção de OGMs

Atualmente, uma grande parte dos alimentos que consumimos são OGMs, em especial transgênicos.

Os OGMs estão presentes na agricultura (ex: soja geneticamente modificada para crescer de forma mais rápida e resistente), na aquicultura (ex: peixes transgênicos que engordam e crescem mais rápido), na indústria de alimentos (ex: uso de microrganismos transgênicos para produzir queijos, vinhos, cervejas) etc.

Lei nº 11.105/2005

Em nível nacional, a matéria é regulada pela Lei nº 11.105/2005, que:

- estabelece normas de segurança e
- mecanismos de fiscalização
- para quaisquer atividades que envolvam organismos geneticamente modificados (OGM) e seus derivados.

Assim, essa Lei traz regras sobre a construção, o cultivo, a produção, a manipulação, o transporte, a transferência, a importação, a exportação, o armazenamento, a pesquisa, a comercialização, o consumo, a liberação no meio ambiente e o descarte de organismos geneticamente modificados.

O Estado-membro tem competência para editar lei regulamentando as atividades realizadas com organismos geneticamente modificados (OGMs) no âmbito estadual?

SIM. A regulamentação das atividades com organismos geneticamente modificados (OGMs) é matéria considerada como sendo de competência legislativa concorrente porque envolve "produção e consumo", "meio ambiente", "direito do consumidor" e "defesa da saúde", nos termos do art. 24, V, VIII e XII, da CF/88:

> § Art. 24. Compete à União, aos Estados e ao Distrito Federal legislar concorrentemente sobre:
>
> (...)
>
> V – produção e consumo;
>
> (...)
>
> VIII – responsabilidade por dano ao meio ambiente, ao consumidor, a bens e direitos de valor artístico, estético, histórico, turístico e paisagístico;
>
> (...)
>
> XII – previdência social, proteção e defesa da saúde; (...).
>
> (...)
>
> § 1º No âmbito da legislação concorrente, a competência da União limitar-se-á a estabelecer normas gerais.
>
> § 2º A competência da União para legislar sobre normas gerais não exclui a competência suplementar dos Estados.
>
> § 3º Inexistindo lei federal sobre normas gerais, os Estados exercerão a competência legislativa plena, para atender as suas peculiaridades.
>
> § 4º A superveniência de lei federal sobre normas gerais suspende a eficácia da lei estadual, no que lhe for contrário.

A competência da União será para estabelecer normas gerais sobre os assuntos do art. 24. Ex: o Congresso Nacional editou o Código Florestal com normas gerais sobre a proteção das florestas.

A competência da União para legislar sobre normas gerais não exclui a competência suplementar dos Estados. Isso significa que os Estados-membros podem complementar a legislação federal editada pela União. Obviamente, as normas estaduais não podem contrariar as normas gerais elaboradas pela União.

Se a União ainda não tiver editado as normas gerais sobre esse assunto, os Estados exercerão a competência legislativa plena, para atender a suas peculiaridades. Em outras palavras, não havendo normas gerais da União, o Estado-membro fica livre para legislar a respeito daquele tema. Vale ressaltar, no entanto, que se a União vier a editar posteriormente as normas gerais, a lei estadual terá sua eficácia suspensa naquilo que for contrário à legislação da União.

Importante também esclarecer que a competência da União restringe-se a estabelecer "normas gerais". Logo, se a União fizer uma lei geral que estabeleça muitos detalhes, esta lei também será inconstitucional por invadir a competência dos Estados-membros.

Lei do Rio Grande do Sul

Em 2000, o Estado do Rio Grande do Sul editou a Lei estadual nº 11.463 tratando sobre o tema da seguinte forma:

> § Art. 1º O cultivo comercial e as atividades com organismos geneticamente modificados (OGMs), inclusive as de pesquisa, testes, experiências, em regime de contenção ou ensino, bem como os aspectos ambientais e fiscalização obedecerão estritamente à legislação federal específica.

O art. 2º diz que a Lei entra em vigor no dia de sua publicação e o art. 3º fala que ela revoga as leis em sentido contrário. Em outras palavras, a lei estadual é só isso mesmo. Ela diz apenas que, no RS, toda e qualquer atividade relacionada com os OGMs "obedecerão estritamente à legislação federal específica".

Essa Lei estadual possui algum vício?

SIM. O STF considerou que essa lei é INCONSTITUCIONAL.

Por quê?

Em primeiro lugar, deve-se reiterar que o Estado-membro poderia legislar sobre esse tema. O "problema" está no conteúdo.

O STF entendeu que essa lei do Estado do Rio Grande do Sul significou uma verdadeira "renúncia" ao exercício da competência legislativa concorrente prevista no art. 24, V, VIII e XII, da CF/88.

Em outras palavras, o Estado abriu mão de sua competência suplementar prevista no art. 24, § 2º da CF/88.

O ente federado não pode se recusar a implementar as providências impostas a ele pelo legislador constituinte.

Segundo o Min. Marco Aurélio,

> "O descompasso da lei impugnada é ainda maior quando se considera o federalismo cooperativo. A lógica mostra-se intransponível e direciona ao estabelecimento de normas gerais pela União e à atuação dos Estados no atendimento das peculiaridades regionais.
>
> O Estado se exime de cumprir o dever constitucional de providenciar a implementação, harmoniosa e atenta aos interesses regionais, de valores consagrados na Lei Fundamental."

O Brasil possui uma extensa dimensão territorial e, por essa razão, é indispensável que exista um tratamento particularizado para essa matéria, tendo em vista a diversidade biológica verificada no país.

Assim, é necessário que sejam elaboradas políticas públicas específicas à realidade local.

O respeito às necessidades regionais é uma condição de viabilidade da Federação. Em outras palavras, só há Federação com a autonomia dos Estados-membros sendo exercida.

Essa Lei do RS foi uma lei remissiva, ou seja, ela falou o seguinte: a competência para tratar sobre esse assunto é minha também, mas façam aí tudo o que a legislação federal determinar.

Para o STF, "a banalização de normas estaduais remissivas fragiliza a estrutura federativa descentralizada, e consagra o monopólio da União, sem atentar para nuances locais."

STF. Plenário. ADI 2303/RS, Rel. Min. Marco Aurélio, julgado em 5/9/2018 (Info 914).

3.2. É CONSTITUCIONAL LEI ESTADUAL QUE OBRIGUE PLANO DE SAÚDE A JUSTIFICAR RECUSA DE TRATAMENTO

A situação concreta foi a seguinte:

O Mato Grosso do Sul editou uma lei estadual (Lei 3.885/2010) prevendo que, se o plano de saúde recusar algum procedimento, tratamento ou internação, ele deverá fornecer, por escrito, ao usuário, um comprovante fundamentado expondo as razões da negativa. Veja o art. 1º da referida Lei:

> § Art. 1º As operadoras de planos e seguros privados de assistência à saúde obrigam-se a fornecer ao consumidor informações e documentos, nos termos desta Lei, em caso de negativa de cobertura parcial ou total de procedimento médico, cirúrgico ou de diagnóstico, bem como de tratamento e internação.
>
> Parágrafo único. Para os efeitos desta Lei, entende-se por negativa de cobertura a recusa em custear a assistência à saúde, de qualquer natureza, ainda que fundamentada em lei ou cláusula contratual.

Em caso de descumprimento da norma, o fornecedor estará sujeito às sanções administrativas previstas no art. 56 do CDC.

ADI

Foi proposta uma ADI contra essa Lei sob o argumento de que ela tratou sobre direito civil, comercial e política de seguros, matérias que são de competência privativa da União, nos termos do art. 22, I e VII, da CF/88:

> § Art. 22. Compete privativamente à União legislar sobre:
>
> I – direito civil, comercial, penal, processual, eleitoral, agrário, marítimo, aeronáutico, espacial e do trabalho;
>
> (...)
>
> VII – política de crédito, câmbio, seguros e transferência de valores;

Além disso, a autora afirmou que a lei estadual interfere nos contratos em vigor e viola a livre iniciativa (art. 170 da CF/88).

O que o STF decidiu? A referida lei é inconstitucional? Viola competência privativa da União?

NÃO.

É constitucional lei estadual que obrigue os planos de saúde a fornecerem aos consumidores informações e documentos justificando as razões pelas quais houve recusa de algum procedimento, tratamento ou internação.

STF. Plenário. ADI 4512/MS, Rel. Min. Cármen Lúcia, julgado em 7/2/2018 (Info 890).

Proteção do consumidor e acesso à informação

Essa lei estadual tratou sobre proteção do consumidor, matéria que está dentro da competência legislativa concorrente, nos termos do art. 24, V, da CF/88:

§ Art. 24. Compete à União, aos Estados e ao Distrito Federal legislar concorrentemente sobre:

(...)

V – produção e consumo;

(...)

§ 1º No âmbito da legislação concorrente, a competência da União limitar-se-á a estabelecer normas gerais.

§ 2º A competência da União para legislar sobre normas gerais não exclui a competência suplementar dos Estados.

§ 3º Inexistindo lei federal sobre normas gerais, os Estados exercerão a competência legislativa plena, para atender a suas peculiaridades.

§ 4º A superveniência de lei federal sobre normas gerais suspende a eficácia da lei estadual, no que lhe for contrário.

Assim, a lei impugnada não disciplinou assuntos de direito civil, comercial ou política securitária.

O CDC é a norma geral editada pela União na defesa do consumidor e tal diploma reconhece como direito básico do consumidor a informação adequada e clara sobre os diferentes produtos e serviços, com especificação correta de quantidade, características, composição, qualidade, tributos incidentes e preço, bem como sobre os riscos que apresentem (art. 6º, III).

A lei estadual está, portanto, em harmonia com o CDC, respeitando assim as regras do art. 24 da CF/88.

Além disso, essa lei atende ao comando do inciso XXXII do art. 5º da Constituição:

§ Art. 5º (...)

XXXII – o Estado promoverá, na forma da lei, a defesa do consumidor;

Sem interferência nos contratos

A lei atacada cumpre a função estatal de proteção ao consumo, não havendo interferência nos contratos firmados entre as operadoras e os usuários nem representando equilíbrio atuarial das operadoras de planos e seguros privados de assistência à saúde. Conforme explicou a Min. Cármen Lúcia:

"A entrega do documento informativo expondo as razões pelo qual um determinado tratamento ou procedimento foi negado não amplia o rol de obrigações contratuais entre a operadora e o usuário. Pelo contrário, o que se tem é apenas uma transparência maior para cumprimento dos termos legislados" (Min. Cármen Lúcia).

Em outras palavras, as operadoras já tinham esse dever por força do próprio CDC e a lei estadual apenas explicitou o comando.

Sem violação à livre iniciativa

A lei estadual impugnada não limita a livre iniciativa. Ao contrário, fomenta o desenvolvimento de um mercado mais sustentável.

Além disso, conforme preconiza o inciso V do art. 170, a livre iniciativa deverá ser exercida observando-se como um dos seus princípios a defesa do consumidor.

3.3. LEI ESTADUAL QUE FIXA PISO SALARIAL PROFISSIONAL VIOLANDO OS REQUISITOS DA LC FEDERAL 103/2000

Piso salarial

A Constituição Federal, em seu art. 7º, prevê o seguinte direito social:

§ Art. 7º São direitos dos trabalhadores urbanos e rurais, além de outros que visem à melhoria de sua condição social:

(...)

V – piso salarial proporcional à extensão e à complexidade do trabalho;

Piso salarial é o valor mínimo que os membros de determinada categoria profissional devem ganhar. Ex: piso salarial dos jornalistas, dos engenheiros, dos psicólogos etc.

Quem fixa esse piso salarial?

O piso salarial pode ser fixado:

- por lei;
- por sentença normativa
- por acordo ou convenção coletiva de trabalho.

Se for fixado por lei, de quem é a competência para editá-la?

A fixação de um piso salarial para empregados é um assunto relacionado com Direito do Trabalho. Logo, compete à União, privativamente, editar lei tratando sobre o piso salarial dos empregados da iniciativa privada, conforme determina o art. 22, I, da CF/88:

§ Art. 22. Compete privativamente à União legislar sobre:

I – direito civil, comercial, penal, processual, eleitoral, agrário, marítimo, aeronáutico, espacial e do trabalho;

As competências do art. 22 podem ser delegadas pela União para os entes federativos?

SIM. É o que determina o parágrafo único do art. 22:

§ Art. 22 (...)

Parágrafo único. Lei complementar poderá autorizar os Estados a legislar sobre questões específicas das matérias relacionadas neste artigo.

LC 103/2000

O que fez a União? Editou uma lei complementar delegando para os Estados-membros e DF a competência para editarem leis fixando o piso salarial dos profissionais. Em outras palavras, a União falou o seguinte: como a realidade de cada Estado é diferente, eu abro mão de fixar o piso salarial nacional para os profissionais e autorizo que cada Estado/DF edite sua própria lei prevendo o valor mínimo que os profissionais deverão receber. Isso foi feito por meio da LC 103/2000, que tem a seguinte redação:

§ Art. 1º Os Estados e o Distrito Federal ficam autorizados a instituir, mediante lei de iniciativa do Poder Executivo, o piso salarial de que trata o inciso V do art. 7º da Constituição Federal para os empregados que não tenham piso salarial definido em lei federal, convenção ou acordo coletivo de trabalho.

§ 1º A autorização de que trata este artigo não poderá ser exercida:

I – no segundo semestre do ano em que se verificar eleição para os cargos de Governador dos Estados e do Distrito Federal e de Deputados Estaduais e Distritais;

II – em relação à remuneração de servidores públicos municipais.

§ 2º O piso salarial a que se refere o caput poderá ser estendido aos empregados domésticos.

§ Art. 2º Esta Lei Complementar entra em vigor na data de sua publicação.

Requisitos para a edição de lei estadual/distrital fixando o piso salarial:

1. a lei deve ser de iniciativa do Governador do Estado;
2. a categoria profissional abrangida pela lei não pode ter piso salarial definido em lei federal, convenção ou acordo coletivo de trabalho;
3. a lei não pode ser editada no segundo semestre do ano em que se verificar eleição para os cargos de Governador e de Deputados;
4. não pode ser editada para tratar sobre a remuneração de servidores públicos municipais.

Pisos salariais fixados em valor mais alto em acordos ou convenções coletivas deverão prevalecer

Vale ressaltar que, se determinada categoria profissional conseguiu, por meio de acordo ou convenção coletiva, estipular um piso salarial, irá prevalecer aquilo que foi definido na negociação coletiva.

Assim, o piso salarial fixado pela legislação estadual não incidirá sobre as profissões que tenham convenção ou acordo coletivo de trabalho, preservando-se os pisos salariais assim definidos.

Por outro lado, em relação aos trabalhadores não abrangidos por nenhuma forma anterior de negociação coletiva, o piso salarial estadual incidirá, passando a ser esse, portanto, o patamar mínimo legalmente assegurado à categoria, e não mais o "salário mínimo nacional".

A instituição do piso salarial regional visa reduzir as desigualdades sociais, conferindo proteção aos trabalhadores e assegurando a eles melhores condições salariais.

A LC federal 103/2000 teve por objetivo maior assegurar àquelas classes de trabalhadores menos mobilizadas e, portanto, com menor capacidade de organização sindical, um patamar mínimo de salário. A fim de manter-se o incentivo à negociação coletiva (art. 7º, XXVI, CF/1988), os pisos salariais regionais somente serão estabelecidos por lei naqueles casos em que não haja convenção ou acordo coletivo de trabalho. Assim, as entidades sindicais continuarão podendo atuar nas negociações coletivas, desde que respeitado o patamar mínimo legalmente assegurado.

STF. Plenário. ADI 4.364 ED, Rel. Min. Dias Toffoli, julgado em 29/5/2013.

Lei do Estado do Piauí tratando sobre o piso salarial de fisioterapeutas

O Estado do Piauí, conforme autoriza a LC federal 103/2000, editou a Lei nº 6.633/2015 fixando o piso salarial do Fisioterapeuta e do Terapeuta Ocupacional. Veja:

§ Art. 1º O piso salarial do Fisioterapeuta e Terapeuta Ocupacional no âmbito do Estado do Piauí é de:

I – R$ 2.000,00 (dois mil reais) mensais, para jornada de até quatro horas diárias ou vinte horas semanais;

II – R$ 2 500,00 (dois mil e quinhentos reais) mensais, para jornada de até seis horas diárias ou trinta horas semanais.

§ Art. 2º – O reajuste do piso salarial de que trata esta Lei é anual, sempre no dia primeiro de janeiro do ano subsequente, pela variação acumulada do Índice Nacional de Preços ao Consumidor.

Qual foi, no entanto, o "problema" desta Lei? Ela foi fruto de projeto de lei de iniciativa de um Deputado Estadual. Em outras palavras, foi um Deputado Estadual quem propôs o projeto que deu origem a essa lei.

Há um vício neste caso?

SIM. Isso porque o art. 1º da LC federal 103/2000 afirma que "os Estados e o Distrito Federal ficam autorizados a instituir, mediante lei de iniciativa do Poder Executivo, o piso salarial de que trata o inciso V do art. 7º da Constituição Federal (...)".

Essa Lei do Estado do Piauí violou, portanto, o art. 1º da LC federal 103/2000. Isso está muito claro... A dúvida que resta é a seguinte: podemos dizer que a Lei do Piauí é inconstitucional ou ela é meramente ilegal? Caberia ADI contra esta Lei?

SIM. A Lei do Piauí é inconstitucional.

O STF possui entendimento de que a lei estadual que extrapola, ou seja, que ultrapassa a autorização conferida pela LC federal é considerada INCONSTITUCIONAL.

Por que se considera que o vício é de inconstitucionalidade?

Porque se a lei estadual/distrital ultrapassou os limites impostos pela LC federal 103/2000, ela, na verdade, está, em última análise, usurpando, ou seja, apoderando-se indevidamente da competência legislativa privativa da União prevista no art. 22, I e parágrafo único.

Assim, a extrapolação dos limites da competência legislativa delegada pela União aos Estados e ao Distrito Federal representa a usurpação de competência legislativa da União para legislar sobre direito do trabalho (art. 22, I e parágrafo único) e, consequentemente, a inconstitucionalidade formal da lei delegada.

A lei estadual que ultrapassa os limites da lei delegadora de competência privativa da União é inconstitucional, por ofensa direta às regras constitucionais de repartição da competência legislativa. Existindo lei complementar federal autorizando os Estados-membros a legislar sobre determinada questão específica, não pode a lei estadual ultrapassar os limites da competência delegada, pois, se tal ocorrer, o diploma legislativo estadual incidirá diretamente no vício da inconstitucionalidade.

Atuar fora dos limites da delegação é legislar sem competência, e a usurpação da competência legislativa qualifica-se como ato de transgressão constitucional.

Em suma:

A competência para editar lei fixando o piso salarial das categorias profissionais (art. 7º, V, da CF/88) é privativa da União por se tratar de direito do trabalho (art. 22, I).

A União editou a LC federal 103/2000 autorizando que os Estados-membros e o DF editem leis fixando o piso salarial dos profissionais de acordo com suas realidades regionais.

Ocorre que a União exigiu, dentre outros requisitos, que essa lei seja de iniciativa do chefe do Poder Executivo estadual (Governador).

Se uma lei estadual/distrital de iniciativa parlamentar fixa o piso salarial, essa lei ultrapassa os limites impostos pela LC federal 103/2000 e, em última análise, viola diretamente art. 22, I e parágrafo único, da CF/88, sendo considerada inconstitucional.

Assim, a extrapolação dos limites da competência legislativa delegada pela União aos Estados e ao Distrito Federal representa a usurpação de competência legislativa da União para legislar sobre direito do trabalho (art. 22, I e parágrafo único) e, consequentemente, a inconstitucionalidade formal da lei delegada.

STF. Plenário. ADI 5344 MC/PI, Rel. Min. Edson Fachin, julgado em 11/10/2018 (Info 919).

3.4. LEI ESTADUAL QUE REGULE A FORMA DE COBRANÇA DO ITCMD PELA PGE NÃO VIOLA O CPC

Lei do Estado de São Paulo

A Lei nº 10.705/2000, do Estado de São Paulo, dispõe sobre a instituição do Imposto sobre Transmissão "Causa Mortis" e Doação de Quaisquer Bens ou Direitos – ITCMD.

A Lei prevê, em seu art. 10, §§ 1º e 3º e em seu art. 28, as seguintes disposições:

> § Art. 10. O valor do bem ou direito na transmissão "causa mortis" é o atribuído na avaliação judicial e homologado pelo Juiz.
>
> § 1º – Se não couber ou for prescindível a avaliação, o valor será o declarado pelo inventariante, desde que haja expressa anuência da Fazenda, observadas as disposições do artigo 9º, ou o proposto por esta e aceito pelos herdeiros, seguido, em ambos os casos, da homologação judicial.
>
> (...)
>
> § 3º – As disposições deste artigo aplicam-se, no que couber, ás demais partilhas ou divisões de bens sujeitas a processo judicial das quais resultem atos tributáveis.

> § Art. 28. Compete à Procuradoria Geral do Estado intervir e ser ouvida nos inventários, arrolamentos e outros feitos processados neste Estado, no interesse da arrecadação do imposto de que trata esta lei.

ADI

O Conselho Federal da OAB ajuizou ADI contra este dispositivo.

A entidade alegou que os §§ 1º e 3º do art. 10 e o art. 28 da Lei nº 10.705/2000 apresentam vício de inconstitucionalidade formal porque teriam invadido a competência da União para legislar sobre processo (art. 22, I, da CF/88).

O STF concordou com a tese? Tais dispositivos são inconstitucionais?

NÃO. Neste caso, o Estado-membro não está legislando sobre Processo Civil, que é de competência privativa da União (art. 22, I, da CF/88).

Os dispositivos impugnados tratam sobre PROCEDIMENTOS, sendo isso de competência concorrente, nos termos do art. 24, XI, da CF/88:

> § Art. 24. Compete à União, aos Estados e ao Distrito Federal legislar concorrentemente sobre:
>
> (...)
>
> XI – procedimentos em matéria processual;

- PROCESSO: competência privativa da União.
- PROCEDIMENTOS em matéria processual: competência concorrente da União, Estados e DF.

Dessa feita, em matéria de procedimento, cabe à União estabelecer as normas gerais (art. 24, § 1º) e os Estados têm competência para suplementar, ou seja, complementar (detalhar) essas normas gerais.

O CPC (Lei federal nº 13.105/2015) traz regras de processo e também algumas normas gerais sobre procedimento.

Desse modo, os Estados-membros podem legislar sobre procedimentos naquilo que não contrariar as normas gerais da União.

Se não houver normas gerais da União tratando sobre procedimento, os Estados possuem competência legislativa plena.

É isso que preveem os parágrafos do art. 24:

§

> Art. 24 (...)
>
> § 1º No âmbito da legislação concorrente, a competência da União limitar-se-á a estabelecer normas gerais.
>
> § 2º A competência da União para legislar sobre normas gerais não exclui a competência suplementar dos Estados.
>
> § 3º Inexistindo lei federal sobre normas gerais, os Estados exercerão a competência legislativa plena, para atender a suas peculiaridades.
>
> § 4º A superveniência de lei federal sobre normas gerais suspende a eficácia da lei estadual, no que lhe for contrário.

Assim, o STF entendeu que os preceitos da Lei nº 10.705/2000 são normas eminentemente procedimentais, autorizadas pelo art. 24 da CF/88.

A possibilidade de a Procuradoria-Geral do Estado intervir e ser ouvida nos inventários, arrolamentos e outros feitos em nada atrapalha o processo.

Pela legislação federal, a Fazenda Pública não fica adstrita ao valor declarado no processo dos bens do espólio. Será sempre notificada e irá instaurar procedimento administrativo para verificar se aqueles valores estão corretos ou não.

A lei estadual dispõe que será instaurado o respectivo procedimento administrativo – como estabelece o CPC – se a Fazenda não concordar com o montante declarado ou atribuído a bem ou direito do espólio.

Por outro lado, se a Fazenda concordar com o valor nem será necessário instaurar qualquer procedimento administrativo.

Os §§ 1º e 3º do art. 10 não afrontam a divisão de competência e têm a finalidade de facilitar a situação do contribuinte, com vistas à celeridade da prestação jurisdicional. Tais dispositivos estão inseridos também na competência concorrente em matéria tributária (art. 24, I, da CF/88).

O art. 28 da Lei também pode ser considerado como norma de organização administrativa. Isso porque seu objetivo é definir qual órgão irá atuar naquele caso (PGE).

Em suma:

As disposições legais sobre a forma de cobrança do Imposto sobre Transmissão "Causa Mortis" e Doação de quaisquer Bens ou Direitos (ITCMD) pela Procuradoria Geral do Estado e de sua intervenção em processos de inventário, arrolamento e outros de interesse da Fazenda Pública são regras de procedimento que não violam o Código de Processo Civil.

Neste caso, são normas eminentemente procedimentais, autorizadas pelo art. 24 da CF/88, que prevê a competência concorrente da União e dos Estados. A possibilidade de a

Procuradoria-Geral do Estado intervir e ser ouvida nos inventários, arrolamentos e outros feitos em nada atrapalha o processo.

STF. Plenário. ADI 4409/SP, Rel. Min. Alexandre de Moraes, julgado em 6/6/2018 (Info 905).

3.5. SÃO INCONSTITUCIONAIS LEIS ESTADUAIS OU MUNICIPAIS QUE OBRIGUEM O SUPERMERCADO A MANTER EMPACOTADOR PARA AS COMPRAS

Leis estaduais exigindo acondicionamento ou embalagem das compras nos supermercados

O Rio de Janeiro editou lei estadual (Lei nº 2.130/93) prevendo que todos os supermercados existentes no Estado deveriam prestar serviço de empacotamento dos produtos comercializados.

Com teor parecido, Pelotas (RS) editou lei municipal (Lei nº 5.690/2010) que obriga os supermercados e hipermercados localizados na cidade a prestar serviços de empacotamento de mercadorias e exige a contratação de, pelo menos, um empacotador para cada máquina registradora.

Essas leis são válidas?

NÃO.

São inconstitucionais as leis que obrigam supermercados ou similares à prestação de serviços de acondicionamento ou embalagem das compras, por violação ao princípio da livre iniciativa (art. 1º, IV e art. 170 da CF/88).

STF. Plenário. RE 839950/RS, Rel. Min. Luiz Fux, julgado em 24/10/2018 (repercussão geral) (Info 921).

Lei estadual que torna obrigatória a prestação de serviços de empacotamento nos supermercados é inconstitucional por afrontar o princípio constitucional da livre inciativa.

STF. Plenário. ADI 907/RJ, Rel. Min. Alexandre de Moraes, red. p/ o ac. Min. Roberto Barroso, julgado em 1º/8/2017 (Info 871).

Livre iniciativa

O princípio da livre iniciativa, previsto no art. 1º, IV, da CF/88, como fundamento da República e reiterado no art. 170, proíbe que sejam adotadas medidas que se destinem direta ou indiretamente à manutenção artificial de postos de trabalho, em detrimento das reconfigurações de mercado necessárias à inovação e ao desenvolvimento. Isso porque essa providência não é capaz de gerar riqueza para trabalhadores ou consumidores.

Estado só deve interferir na economia se houver fundamento constitucional que justifique

O modelo econômico previsto na Constituição de 1988 é o da livre iniciativa. Nesse modelo, não cabe ao Estado decidir se vai ter ou não empacotador nos supermercados.

O Estado somente deve interferir na economia se houver fundamentos constitucionais que legitimem essa intervenção. Isso não se verifica no caso de exigir empacotadores nos supermercados.

Venda casada e aumento dos preços

Se uma lei obriga os supermercados a fornecerem serviço de empacotamento aos clientes que forem comprar os produtos, essa lei, na verdade, está indo de encontro (indo em sentido contrário) aos interesses dos consumidores (art. 5º, XXXII, da CF/88). Isso porque esse serviço de empacotamento será apenas aparentemente gratuito. No entanto, os estabelecimentos irão repassar esse custo para o consumidor, embutindo essa despesa no preço do produto vendido.

Assim, essa medida ocasionará aumento de preços para todos os consumidores, tanto para aqueles que querem utilizar esse serviço como também para os que não sentiam falta de alguém para embalar os produtos comprados e que preferirem pagar menos pelo produto em vez de ter esse serviço.

Sem perceber, o que a lei faz é constituir uma verdadeira "venda casada", considerando que o consumidor compra o produto e, obrigatoriamente, acaba custeando o serviço de empacotamento. A venda casada é prática vedada pelo art. 39, I, do CDC.

3.6. É CONSTITUCIONAL LEI MUNICIPAL QUE PROÍBA O SUPERMERCADO DE FISCALIZAR O CONSUMIDOR NA SAÍDA DA LOJA, APÓS JÁ TER PASSADO PELO CAIXA

Prática de vistoriar as mercadorias adquiridas pelos consumidores na saída do estabelecimento

Existem alguns supermercados, normalmente atacadistas, que colocam um funcionário na porta de saída da loja e que fica responsável por conferir as mercadorias que a pessoa está levando em comparação com a nota fiscal. O Makro, por exemplo, faz isso. Nos EUA, a rede Costco também adota esse procedimento.

Assim, após o cliente pagar as suas compras no caixa, ele ainda tem que apresentar a nota fiscal na saída do estabelecimento e o funcionário confere se os itens que estão no carrinho de compra constam na nota.

Posição de alguns Ministérios Públicos

Normalmente, o procedimento acima descrito é rápido e não gera nenhum constrangimento ao consumidor, sendo uma mera conferência.

Apesar disso, existem algumas ações civis públicas propostas pelo Ministério Público questionando a conduta. Alegam que se trata de ação intimidatória e desproporcional porque o comerciante detém meios menos gravosos para exercer vigilância, como é o caso da instalação de alarmes e câmeras, além da presença de fiscais no interior das lojas.

Esse entendimento é acolhido pelo STJ?

Em regra, NÃO. A realização de vistoria em mercadorias adquiridas pelo consumidor na saída do estabelecimento comercial, por si só, realizada de forma indistinta e desprovida de caráter acusatório, não configura conduta abusiva. Nesse sentido:

> A prática da conferência indistinta de mercadorias pelos estabelecimentos comerciais, após a consumação da venda, é em princípio lícito e tem como base o exercício do direito de vigilância e proteção ao patrimônio, razão pela qual não constitui, por si só, prática abusiva.
>
> Se a revista dos bens adquiridos é realizada em observância aos limites da urbanidade e civilidade, constitui mero desconforto, a que atualmente a grande maioria dos consumidores se submete, em nome da segurança.
>
> STJ. 3ª Turma. REsp 1120113/SP, Rel. Min. Nancy Andrighi, julgado em 15/02/2011.

Mais recentemente: STJ. 4ª Turma. AgInt no REsp 1660314/GO, Rel. Min. Antonio Carlos Ferreira, julgado em 07/11/2017.

Lei municipal

Alguns Municípios decidiram, no entanto, proibir essa prática.

Foi o caso, por exemplo, da cidade de Campina Grande (PB), que editou uma lei municipal (Lei 4.845/2009) proibindo a conferência de mercadorias realizada na saída de estabelecimentos comerciais localizados na cidade.

A Lei prevê que, após o cliente efetuar o pagamento nas caixas registradoras da empresa instaladas, não é possível nova conferência na saída. O estabelecimento poderá receber sanções administrativas em caso de descumprimento da medida.

A constitucionalidade dessa lei foi questionada sob o argumento de que teria havido invasão de competência da União. O que decidiu o STF? Essa lei é inconstitucional?

NÃO. O STF decidiu que essa lei é constitucional.

Competência dos Municípios para legislar sobre assuntos de interesse local

Compete ao município legislar sobre assuntos de interesse local, nos termos do art. 30, I, da CF/88:

§ Art. 30. Compete aos Municípios:

I – legislar sobre assuntos de interesse local;

Assim, os Municípios podem legislar sobre proteção ao consumidor, desde que fiquem restritos ao interesse local. Nesse sentido:

Lei do Município de Campos do Jordão fixou tempo máximo de espera para atendimento em caixas de supermercado.

A jurisprudência do Supremo Tribunal Federal vem reiteradamente afirmando a competência dos municípios para legislar sobre matéria consumerista quando sobreleva o interesse local, como ocorre no caso dos autos, em que a necessidade de um melhor atendimento aos consumidores nos supermercados e hipermercados é aferível em cada localidade, a partir da observação da realidade local.

STF. 2ª Turma. RE 818550 AgR, Rel. Min. Dias Toffoli, julgado em 06/10/2017.

Compete ao município legislar sobre medidas que propiciem segurança, conforto e rapidez aos usuários de serviços bancários, uma vez que tratam de assuntos de interesse local.

STF. 2ª Turma. ARE 747757 AgR, Rel. Min. Ricardo Lewandowski, julgado em 24/06/2014.

Os Municípios detêm competência para legislar determinando a instalação de sanitários nas agências bancárias, uma vez que essa questão é de interesse local e diz respeito às normas de proteção das relações de consumo, posto que visa o maior conforto dos usuários daquele serviço, não se confundindo com a atividade-fim das instituições bancárias.

STF. 1ª Turma. RE 266536 AgR, Rel. Min. Dias Toffoli, julgado em 17/04/2012.

Súmula Vinculante 38-STF: É competente o município para fixar o horário de funcionamento de estabelecimento comercial.

Súmula 19-STJ: A fixação do horário bancário, para atendimento ao público, é da competência da União.

Proteção das relações de consumo

A lei atacada está dentro da competência legislativa municipal, porque diz respeito à proteção das relações de consumo dos seus munícipes. Ela tem por objetivo evitar o constrangimento dos particulares e de lhes proporcionar maior conforto, haja vista que impede a dupla conferência das mercadorias e evita o enfrentamento de várias filas.

Municípios podem legislar sobre direito do consumidor, desde que em assuntos de interesse local

Os Municípios detêm competência para legislar sobre assuntos de interesse local, ainda que, de modo reflexo, tratem de direito comercial ou do consumidor.

Ao se analisar leis municipais que tratem sobre assuntos de interesse local, o STF tem procurado conferir uma interpretação constitucional que seja mais favorável à autonomia legislativa dos municípios, haja vista ter sido essa a intenção do constituinte ao elevá-los ao status de entes federativos na CF/88.

Essa autonomia revela-se primordialmente quando o município exerce, de forma plena, sua competência legislativa em matéria de interesse da municipalidade, como previsto no art. 30, I, da CF/88.

Em outras palavras, uma das expressões da autonomia municipal é justamente a sua competência para legislar sobre assuntos de interesse local.

Por isso, toda interpretação que limite ou mesmo vede a atuação legislativa do Município deve considerar a primazia do interesse da matéria regulada, de modo a preservar a essencial autonomia desse ente político no sistema federativo pátrio.

Não houve violação ao art. 22, I, da CF/88

O STF ressaltou que a referida lei tratou sobre o bem-estar dos consumidores e, portanto, não houve qualquer relação com a atividade-fim das empresas, razão pela qual não se pode dizer que a lei disponha sobre direito civil ou direito comercial. Logo, não houve violação do art. 22, I, da CF/88.

Interesse local

Não existe um critério objetivo para definir, de maneira absolutamente segura, em que consiste interesse local e quando a legislação ultrapassa isso. Assim, deve-se prestigiar a vereança local, que bem conhece a realidade e as necessidades da comunidade.

> STF. 2ª Turma. RE 1052719 AgR/PB, Rel. Min. Ricardo Lewandowski, julgado em 25/9/2018 (Info 917).

3.7. LEI ESTADUAL PODE IMPOR QUE AS AGÊNCIAS BANCÁRIAS INSTALEM DIVISÓRIAS INDIVIDUAIS NOS CAIXAS DE ATENDIMENTO

Lei estadual e divisórias individuais nos caixas de atendimento

O Estado de São Paulo editou a Lei nº 14.364/2011, obrigando que as agências bancárias instalem divisórias individuais nos caixas de atendimento:

§ Artigo 1º – Ficam as agências e os postos de serviços bancários obrigados a instalar divisórias individuais entre os caixas e o espaço reservado para clientes que aguardam atendimento, proporcionando privacidade às operações financeiras.

Parágrafo único – As divisórias a que se refere o "caput" deste artigo deverão ter a altura mínima de 1,80m (um metro e oitenta centímetros) e ser confeccionadas em material opaco que impeça a visibilidade.

§ Artigo 2º – O não cumprimento das disposições desta lei sujeitará o infrator a multa diária de 500 (quinhentas) Unidades Fiscais do Estado de São Paulo (UFESP).

(...)

Essa lei é constitucional?

SIM.

> **É constitucional lei estadual ou municipal que imponha sanções às agências bancárias que não instalarem divisórias individuais nos caixas de atendimento.**
>
> STF. Plenário. ADI 4633/SP, Rel. Min. Luiz Fux, julgado em 06/12/2018 (não divulgado em Info).

Trata-se de matéria relativa a relação de consumo, o que garante ao Estado competência concorrente para legislar sobre o tema, nos termos do art. 24, V, da CF/88.

O STF já possuía um precedente em sentido semelhante, no entanto, relacionado com uma lei municipal: STF. 1ª Turma. ARE 756593 AgR, Rel. Min. Dias Toffoli, julgado em 16/12/2014.

3.8. É INCONSTITUCIONAL LEI ESTADUAL QUE OBRIGA EMPRESAS DE TELEFONIA E DE TV POR ASSINATURA A MANTEREM ESCRITÓRIOS

Imagine a seguinte situação:

O Estado do Paraná editou lei estadual obrigando as operadoras de telefonia fixa e móvel e as operadoras de TV por assinatura a manterem estabelecimentos físicos nas cidades com população superior a 100 mil habitantes, visando ao atendimento presencial ao consumidor na localidade de prestação de serviços.

Além disso, as empresas seriam obrigadas a divulgar os endereços desses estabelecimentos no site, no contrato e nas faturas enviadas aos clientes.

Essa lei é constitucional?

NÃO.

A União detém competência privativa para legislar sobre "telecomunicações" (art. 22, IV).

Além disso, compete à União explorar, diretamente ou mediante autorização, concessão ou permissão, os serviços de telecomunicações (art. 21, XI).

Portanto, os Estados-membros não detêm competência para legislar sobre normas aplicáveis aos prestadores de serviços de telecomunicações, ainda que a pretexto de proteger o consumidor ou a saúde dos usuários, pois tal atribuição é privativa da União.

Mas não se poderia interpretar essa lei como sendo de "direito do consumidor" (o que seria de competência concorrente)?

NÃO. Para o STF, se fosse adotada essa interpretação, isso acabaria tolhendo (impedindo) a União de exercer a sua competência de regulamentar este setor (telecomunicações), frustrando a teleologia dos arts. 21, XI, e 22, IV, da CF/88.

Existem outros precedentes do STF no mesmo sentido:

É inconstitucional lei estadual que obriga as operadoras de telefonia celular e os fabricantes de aparelhos celulares a incluírem em sua propaganda advertência de que o uso excessivo de aparelhos de telefonia celular pode gerar câncer.

Essa lei viola a competência privativa da União para legislar sobre telecomunicações e sobre propaganda comercial (art. 22, IV e XXIX, CF/88).

STF. Plenário. ADI 4761, Rel. Min. Roberto Barroso, julgado em 18/08/2016.

É inconstitucional lei estadual que possibilita que o cliente da empresa de telefonia utilize, no mês subsequente, os minutos da franquia não utilizados no mês anterior.

Essa lei viola a competência privativa da União para legislar sobre telecomunicações e sobre propaganda comercial (art. 22, IV, CF/88).

STF. Plenário. ADI 4649, Rel. Min. Dias Toffoli, julgado em 01/07/2016.

Em suma:

É inconstitucional lei estadual que obriga as empresas concessionárias de serviços de telecomunicações a manterem escritórios regionais e representantes legais para atendimento presencial de consumidores em cidades com população superior a 100 mil habitantes, bem como a divulgarem os correspondentes endereços físicos no site, no contrato de prestação de serviços e nas faturas enviadas aos usuários.

Trata-se de matéria relativa a "serviços públicos de telecomunicações", cuja competência é privativa da União (art. 21, XI e art. 22, IV, da CF/88).

STF. Plenário. ADI 4633/PR, Rel. Min. Luiz Fux, julgado em 10/04/2018.

3.9. É INCONSTITUCIONAL LEI ESTADUAL QUE OBRIGUE A CONCESSIONÁRIA A FORNECER UM CARRO RESERVA AO CLIENTE QUE ESTÁ AGUARDANDO O CONSERTO DO SEU VEÍCULO

Lei estadual determina o fornecimento de carro reserva para o cliente

O Estado de Pernambuco editou a Lei nº 15.304/2014 obrigando montadoras, concessionárias e importadoras de veículos, durante o período de garantia contratual, a fornecer veículo-reserva a clientes cujo automóvel fique sem condições de uso por mais de 15 dias por falta de peças originais ou por impossibilidade de realização de serviços. Veja a íntegra da Lei:

§ Art. 1º Ficam as montadoras de veículos, por intermédio de suas concessionárias ou importadoras, obrigadas a fornecerem carro reserva similar ao do cliente, no caso do automóvel ficar parado por mais de 15 (cinco) dias por falta de peças originais ou qualquer outra impossibilidade de realização do serviço.

Parágrafo único. A obrigação disposta no caput somente é válida durante o prazo de garantia contratada para o veículo.

§ Art. 2º O descumprimento do disposto nesta lei sujeita o infrator às penalidades dispostas no art. 56 da Lei Federal nº 8.078, de 11 de setembro de 1990, sem prejuízo de outras sanções aplicáveis de acordo com a legislação em vigor.

Parágrafo único. São solidariamente responsáveis pelo descumprimento afirmado no caput deste artigo as montadoras, concessionárias e importadoras de veículos.

Essa Lei é constitucional?

NÃO.

É inconstitucional lei estadual que impõe às montadoras, concessionárias e importadoras de veículos a obrigação de fornecer veículo reserva a clientes cujo automóvel fique inabilitado por mais de quinze dias por falta de peças originais ou por impossibilidade de realização do serviço, durante o período de garantia contratual.

STF. Plenário. ADI 5158/PE, Rel. Min. Roberto Barroso, julgado em 6/12/2018 (Info 926).

O STF entendeu que há uma inconstitucionalidade orgânica na lei.

Vamos entender o que isso significa:

Quanto à NATUREZA do vício, existem duas espécies de inconstitucionalidade	
1. MATERIAL (NOMOESTÁTICA)	Ocorre quando o conteúdo da lei ou ato normativo está em desacordo com o conteúdo de uma regra ou princípio constitucional. Ex: é inconstitucional lei que estabeleça diferença de tratamento para filhos havidos fora do casamento. O conteúdo desta lei viola o conteúdo do art. 227, § 6º da CF/88.
2. FORMAL (NOMODINÂMICA) Dica para guardar o nome: dinâmica = relacionada com o processo (movimento) legislativo	Ocorre quando é desrespeitada alguma regra do processo legislativo. Há uma violação no processo de produção da norma. Descumprimento dos requisitos formais. A inconstitucionalidade formal pode ser subdividida em três espécies:
	2.1) Inconstitucionalidade orgânica: Ocorre quando há inobservância das regras de competência para a edição do ato. Ex: uma lei estadual que trate sobre direito penal ou sobre direito civil.
	2.2) Inconstitucionalidade formal propriamente dita: Ocorre quando é descumprido o devido processo legislativo previsto na CF/88. Esse descumprimento pode ser: **a.** Subjetivo: se houve um vício de iniciativa (vício no "sujeito" que iniciou o processo legislativo). Ex: lei de iniciativa parlamentar sobre um assunto do art. 61, § 1º (que são de iniciativa privativa do chefe do Poder Executivo). **b.** Objetiva: quando são violados outros aspectos do procedimento legislativo. Ex: uma lei complementar que é aprovada por maioria simples e não maioria absoluta (art. 69).
	2.3) Inconstitucionalidade por violação aos pressupostos objetivos do ato: A CF/88 prevê pressupostos objetivos para a edição de determinados atos. Ex: o art. 62 exige que a medida provisória somente seja editada em caso de "relevância e urgência".

Inconstitucionalidade orgânica

Desse modo, repetindo, houve, no presente caso, uma inconstitucionalidade formal orgânica, considerando que foi violada a regra de competência para a edição desta lei.

Por quê?

O Min. Roberto Barroso explicou que esta Lei do Estado de Pernambuco trata sobre direito do consumidor.

Em princípio, os Estados-membros podem legislar sobre "direito do consumidor", considerando que se trata matéria de competência concorrente, prevista no art. 24, V, da CF/88:

§ Art. 24. Compete à União, aos Estados e ao Distrito Federal legislar concorrentemente sobre:

(...)

V – produção e consumo;

A competência da União será para estabelecer normas gerais sobre os assuntos do art. 24. Ex: o Congresso Nacional editou o Código de Defesa do Consumidor, sendo estas as normas gerais.

A competência da União para legislar sobre normas gerais não exclui a competência suplementar dos Estados. Isso significa que os Estados-membros podem complementar a legislação federal editada pela União. Obviamente, as normas estaduais não podem contrariar as normas gerais elaboradas pela União.

O Ministro Relator entendeu que, neste caso, o Estado de Pernambuco extrapolou a competência concorrente e não apenas complementou a legislação federal.

Para o STF, foram ultrapassadas as balizas impostas ao legislador estadual para a elaboração de normas consumeristas.

O Min. Ricardo Lewandowski acompanhou o entendimento pela inconstitucionalidade formal e salientou que o Estado-membro estaria também, neste caso, legislando sobre "contratos", ou seja, sobre Direito Civil, de modo que invadiu a esfera privativa da União.

Assim, o STF julgou procedente o pedido formulado na ação direta para declarar, por vício formal, a inconstitucionalidade da Lei nº 15.304/2014, do Estado de Pernambuco, em sua integralidade.

3.10. VIOLA A CF/88 LEI MUNICIPAL QUE PROÍBE O TRANSPORTE DE ANIMAIS VIVOS NO MUNICÍPIO

Viola a Constituição Federal lei municipal que proíbe o trânsito de veículos, sejam eles motorizados ou não, transportando cargas vivas nas áreas urbanas e de expansão urbana do Município.

Essa lei municipal invade a competência da União.

O Município, ao inviabilizar o transporte de gado vivo na área urbana e de expansão urbana de seu território, transgrediu a competência da União, que já estabeleceu, à exaustão, diretrizes para a política agropecuária, o que inclui o transporte de animais vivos e sua fiscalização.

Além disso, sob a justificativa de criar mecanismo legislativo de proteção aos animais, o legislador municipal impôs restrição desproporcional.

Esta desproporcionalidade fica evidente quando se verifica que a legislação federal já prevê uma série de instrumentos para garantir, de um lado, a qualidade dos produtos destinados ao consumo pela população e, de outro, a existência digna e a ausência de sofrimento dos animais, tanto no transporte quanto no seu abate.

STF. Plenário. ADPF 514 e ADPF 516 MC-REF/SP, Rel. Min. Edson Fachin, julgados em 11/10/2018 (Info 919).

Veja comentários em Direito Ambiental.

3.11. É INCONSTITUCIONAL LEI MUNICIPAL QUE INSTITUA LOTERIA LOCAL

Lei municipal tratando sobre loteria

O Município de Caxias (MA) editou a Lei nº 1.566/2005 criando, como um serviço público municipal, o "concurso de prognósticos de múltiplas chances".

Em outras palavras, o Município instituiu uma loteria em âmbito local com o objetivo de arrecadar verbas para financiar a assistência social na cidade.

O que são "concursos de prognósticos"?

Prognóstico é uma previsão de algo que ainda irá ocorrer.

Concurso de prognóstico consiste em premiar aquela pessoa que consegue prever algo que irá acontecer.

Ex: a Mega-Sena é um concurso de prognóstico que premia aquele que consegue prever os seis números que serão sorteados.

Essa Lei municipal é constitucional? O Município poderia ter editado essa lei?

NÃO.

Competência privativa da União

A competência para tratar sobre esse assunto (sistemas de sorteios) é privativa da União, conforme determina o art. 22, XX, da CF/88:

> § Art. 22 (...)
>
> XX – sistemas de consórcios e sorteios;

A expressão "sistema de sorteios", constante do art. 22, XX, da CF/88, abrange os jogos de azar, as loterias e similares (STF. Plenário. ADI 3895, Rel. Min. Menezes Direito, julgado em 04/06/2008).

O STF editou uma súmula vinculante sobre o tema:

> Súmula vinculante 2: É inconstitucional a lei ou ato normativo estadual ou distrital que disponha sobre sistemas de consórcios e sorteios, inclusive bingos e loterias.

> É inconstitucional norma estadual ou distrital que regulamente o funcionamento de loterias, por ser matéria de competência privativa da União.
>
> STF. Plenário. ADI 3630, Rel. Min. Edson Fachin, julgado em 30/06/2017.

Veja como o tema já foi cobrado em prova:

(DPE/MA 2015 FCC) A competência legislativa assegurada constitucionalmente à União para dispor sobre sistema de consórcios e sorteios impede legislação dos Estados que disponha sobre a matéria, mesmo que apresente caráter suplementar à legislação federal e seja voltada a atender às suas peculiaridades. (CERTO)

A SV fala em Estado e Distrito Federal. Isso significa que os Municípios poderiam legislar sobre o assunto?

NÃO. Os Municípios também não podem.

A instituição (criação) de sistemas de consórcios e sorteios, como no caso das loterias, é matéria de competência legislativa privativa da União.

Extrapola as competências dos Municípios para legislar sobre interesse local a instituição de loteria municipal, tendo em vista que a legislação federal não permite isso.

STF. Plenário. ADPF 337/MA, Rel. Min. Marco Aurélio, julgado em 17/10/2018 (Info 920).

3.12. É INCONSTITUCIONAL LEI DISTRITAL QUE TRATE SOBRE A ESTRUTURA E O REGIME JURÍDICO DA POLÍCIA CIVIL DO DISTRITO FEDERAL

Imagine a seguinte situação:

O Distrito Federal editou três leis que promoveram a reestruturação da Polícia Civil do DF.

Tais leis instituíram, extinguiram e transformaram órgãos internos da Polícia, bem como criaram novos cargos comissionados, dentre outras alterações substanciais.

Versaram, assim, sobre a estrutura administrativa do Polícia Civil/DF e o regime jurídico dos respectivos servidores.

Tais leis são constitucionais?

NÃO.

É inconstitucional lei do Distrito Federal que institua, extinga e transforme órgãos internos da Polícia Civil do Distrito Federal.

Essa lei viola o art. 21, XIV, da CF/88, que fixa a competência da União para manter e organizar a Polícia Civil do Distrito Federal.

STF. Plenário. ADI 3666, Rel. Min. Roberto Barroso, julgado em 06/12/2018.

Veja o que diz o art. 21, XIV, da CF/88:

§ Art. 21. Compete à União:

(...)

XIV – organizar e manter a polícia civil, a polícia militar e o corpo de bombeiros militar do Distrito Federal, bem como prestar assistência financeira ao Distrito Federal para a execução de serviços públicos, por meio de fundo próprio;

Deve-se reconhecer que o art. 21, XIV, da CF/88, trata tanto de competência administrativa quanto legislativa, sendo a matéria, portanto, atribuída, prioritariamente, à União.

As três leis distritais impugnadas, ao criarem cargos em comissão e novos órgãos, também instituíram novas obrigações pecuniárias a serem suportadas pela União.

Ocorre que é vedado ao Distrito Federal valer-se de leis distritais para instituir encargos financeiros a serem arcados pela União. Isso reforça a ideia de que a competência para legislar sobre a Polícia Civil do Distrito Federal não se enquadra na competência concorrente do art. 24, XVI, da CF/88, sendo, na verdade, competência privativa da União, com base no art. 21, XIV.

Sobre o tema:

Súmula vinculante 39-STF: Compete privativamente à União legislar sobre vencimentos dos membros das polícias civil e militar e do corpo de bombeiros militar do Distrito Federal.

Vale ressaltar que a União não tem competência absoluta para legislar sobre todas as questões relacionadas com a Polícia Civil do Distrito Federal. Em outras palavras, não há dúvidas de que existe a possibilidade de o Distrito Federal legislar pontualmente sobre sua própria Polícia Civil. No entanto, o DF não pode legislar sobre a "estrutura e o regime jurídico" da PC/DF. Se isso fosse permitido, o DF acabaria invadindo a competência da União prevista no art. 21, XIV, da CF/88.

Modulação dos efeitos

As leis do DF declaradas inconstitucionais eram de 2001, 2002 e 2005, ou seja, vigoravam há mais de uma década.

Diante disso, o STF entendeu que não se poderia declarar a inconstitucionalidade de tais diplomas com efeitos *ex tunc* (retroativos).

Assim, o STF, em nome da segurança jurídica, do excepcional interesse social e da boa-fé, decidiu modular os efeitos da decisão, fixando as seguintes regras:

1. os atos já praticados ficam preservados;
2. a decisão deverá produzir efeitos somente a partir de 24 meses, contados da data da sessão de julgamento; e
3. o presente acórdão não incide, exclusivamente para efeitos de aposentadoria, para os servidores que já estejam aposentados e aqueles que implementaram os requisitos para aposentação até a data da publicação da ata de julgamento.

4. PODER LEGISLATIVO

4.1. PARLAMENTAR, MESMO SEM A APROVAÇÃO DA MESA DIRETORA, PODE TER ACESSO A INFORMAÇÕES DE INTERESSE PESSOAL OU COLETIVO DOS ÓRGÃOS PÚBLICOS

A situação concreta, com adaptações, foi a seguinte:

João, Vereador do Município de Guiricema (MG), formulou requerimento à Mesa Diretora da Câmara Municipal pedindo que o Poder Legislativo municipal requisitasse do Prefeito da cidade informações e documentos relacionados com determinados contratos assinados pelo Poder Executivo com fornecedores.

Como João era Vereador da oposição e a situação era maioria, a Câmara Municipal não aprovou o pedido.

Diante disso, João requereu os dados diretamente ao chefe do Executivo, que se negou a prestar as informações desejadas.

João impetrou, então, um mandado de segurança, mas o TJ/MG negou o pedido argumentando que a fiscalização dos atos do Poder Executivo deveria ser feita pelo Poder Legislativo como um todo (e não isoladamente por parte de um só Vereador).

O impetrante recorreu, até que a questão chegou ao STF.

O Supremo Tribunal Federal concordou com o pedido de João? O Vereador, enquanto parlamentar e cidadão, tem direito de requerer diretamente do chefe do Poder Executivo informações e documentos sobre a gestão municipal?

SIM.

Art. 5º, XXXIII, da CF/88

A Constituição Federal de 1988 assegura, em seu art. 5º, XXXIII, que TODOS têm direito a receber dos órgãos públicos informações de seu interesse particular, ou de interesse coletivo ou geral, que serão prestadas no prazo da lei, sob pena de responsabilidade, ressalvadas aquelas cujo sigilo seja imprescindível à segurança da sociedade e do Estado.

A regra geral num Estado Republicano é a da total transparência no acesso a documentos públicos, sendo o sigilo a exceção.

Lei nº 12.527/2011

O tema foi regulamentado, em nível infraconstitucional, pela Lei nº 12.527/2011, que ficou conhecida como "Lei de Acesso à Informação".

Princípio da colegialidade

A Constituição Federal, em matéria de fiscalização, inclusive financeira, operacional e orçamentária, instituiu o princípio da colegialidade para impessoalizar seu discurso e respeitar a separação de poderes. Para isso, estabeleceu um protocolo mínimo de diálogo entre as instituições.

O que significa isso? Quer dizer que, em regra, os atos de fiscalização do Poder Legislativo são realizados mediante atuação do colegiado (Mesa Diretora, Plenário, Comissões) e não pela atuação individual dos parlamentares. Como exemplo, podemos citar o art. 50, caput e § 2º, da CF/88:

§

> Art. 50. A Câmara dos Deputados e o Senado Federal, ou qualquer de suas Comissões, poderão convocar Ministro de Estado ou quaisquer titulares de órgãos diretamente subordinados à Presidência da República para prestarem, pessoalmente, informações sobre assunto previamente determinado, importando crime de responsabilidade a ausência sem justificação adequada.
>
> (...)
>
> § 2º As Mesas da Câmara dos Deputados e do Senado Federal poderão encaminhar pedidos escritos de informações a Ministros de Estado ou a qualquer das pessoas referidas no caput deste artigo, importando em crime de responsabilidade a recusa, ou o não – atendimento, no prazo de trinta dias, bem como a prestação de informações falsas.

Nesse sentido:

> (...) O poder de fiscalização legislativa da ação administrativa do Poder Executivo é outorgado aos órgãos coletivos de cada câmara do Congresso Nacional, no plano federal, e da Assembleia Legislativa, no dos Estados; nunca, aos seus membros individualmente, salvo, é claro, quando atuem em representação (ou presentação) de sua Casa ou comissão. (...)
>
> STF. Plenário. ADI 3046, Rel. Min. Sepúlveda Pertence, julgado em 15/04/2004.

Apesar do princípio da colegialidade, aquilo que o cidadão pode, o parlamentar também pode

Ocorre, no entanto, que o fato de as casas legislativas, em determinadas situações, agirem de forma colegiada, por intermédio de seus órgãos, não afasta, tampouco restringe, os direitos inerentes ao parlamentar como indivíduo, membro do povo, da nação.

A Constituição da República não restringe (não proíbe) o direito do parlamentar de buscar as informações de interesse individual, público ou coletivo, nas hipóteses em que o cidadão comum pode, solitariamente, exercer o direito fundamental. Em outras palavras, se o "cidadão comum" pode requisitar as informações e documentos, não faz sentido proibir o parlamentar de, sozinho, também requerer estes dados.

Caso o parlamentar não pudesse requerer tais informações, ele seria transformado em um cidadão de segunda categoria.

O fato de ser parlamentar não o despe de seus direitos de cidadão.

Art. 7º da Lei nº 12.527/2011

No caso concreto, as informações requeridas pelo parlamentar poderiam ser solicitadas por qualquer cidadão, com fundamento no art. 7º, VI c/c art. 10, da Lei nº 12.527/2011:

§

> Art. 7º O acesso à informação de que trata esta Lei compreende, entre outros, os direitos de obter:
>
> (...)
>
> VI – informação pertinente à administração do patrimônio público, utilização de recursos públicos, licitação, contratos administrativos; e

§ Art. 10. Qualquer interessado poderá apresentar pedido de acesso a informações aos órgãos e entidades referidos no art. 1º desta Lei, por qualquer meio legítimo, devendo o pedido conter a identificação do requerente e a especificação da informação requerida.

Outros dispositivos infralegais que asseguram a publicidade:

- arts. 4º e 21, § 1º, da Lei nº 8.666/93;
- art. 8º, § 2º, da Lei nº 7.347/85;
- arts. 32, § 4º, e 48, §§ 1º e 2º, da Lei de Responsabilidade Fiscal;
- art. 48-A da Lei Complementar nº 101/2000.

Em suma:

O parlamentar, na condição de cidadão, pode exercer plenamente seu direito fundamental de acesso a informações de interesse pessoal ou coletivo, nos termos do art. 5º, inciso XXXIII, da Constituição Federal e das normas de regência desse direito.

STF. Plenário. RE 865401/MG, Rel. Min. Dias Toffoli, julgado em 25/4/2018 (repercussão geral) (Info 899).

4.2. CONDENAÇÃO CRIMINAL E PERDA DO MANDATO ELETIVO DE DEPUTADO FEDERAL OU SENADOR

O Código Penal prevê que a pessoa condenada criminalmente perderá o cargo, função pública ou mandato eletivo que ocupe nos seguintes casos:

§ Art. 92. São também efeitos da condenação:

I – a perda de cargo, função pública ou mandato eletivo:

a) quando aplicada pena privativa de liberdade por tempo igual ou superior a um ano, nos crimes praticados com abuso de poder ou violação de dever para com a Administração Pública;

b) quando for aplicada pena privativa de liberdade por tempo superior a 4 (quatro) anos nos demais casos.

Ex: se um Prefeito é condenado criminalmente a 2 anos de detenção pela prática de um crime contra a Administração Pública, no próprio acórdão já deverá constar a determinação, fundamentada, de que ele perderá o mandato eletivo.

Vale ressaltar que, para Prefeito, por exemplo, não é necessária nenhuma outra providência adicional além da determinação na decisão condenatória.

Assim, em caso de condenação criminal transitada em julgado, haverá a perda imediata do mandato eletivo no caso de Vereadores, Prefeitos, Governadores e Presidente da República.

Além da previsão expressa no Código Penal, a perda do mandato eletivo encontra justificativa na CF/88. Isso porque, para a pessoa exercer um mandato eletivo, ela precisa estar no pleno gozo de seus direitos políticos, e o indivíduo condenado criminalmente fica com seus direitos políticos suspensos enquanto durarem os efeitos da condenação. Tal conclusão está prevista expressamente no art. 15, III c/c art. 14, § 3º, II da CF/88:

§ Art. 15. É vedada a cassação de direitos políticos, cuja perda ou suspensão só se dará nos casos de:

III – condenação criminal transitada em julgado, enquanto durarem seus efeitos;

§ Art. 14 (...)
§ 3º São condições de elegibilidade, na forma da lei:
II – o pleno exercício dos direitos políticos;

A grande controvérsia reside no caso de condenação criminal de Deputados Federais e Senadores. A discussão jurídica é a seguinte:

Se o STF condenar criminalmente um Deputado Federal ou Senador, haverá a perda automática do mandato ou isso ainda dependerá de uma deliberação (decisão) da Câmara ou do Senado, respectivamente?

A condenação criminal transitada em julgado é suficiente, por si só, para acarretar a perda automática do mandato eletivo de Deputado Federal ou de Senador?

Existem três correntes principais a respeito do tema:

1ª corrente: NÃO

Mesmo com a condenação criminal, quem decide se haverá a perda do mandato é a Câmara dos Deputados ou o Senado Federal

Para a primeira corrente, a regra do art. 15, III, da CF/88 não se aplica a Deputados Federais e Senadores. Isto porque no caso desses parlamentares há uma norma específica que excepciona a regra geral. Trata-se do art. 55, VI e § 2º da CF/88, que afirma expressamente que a perda do cargo é decidida pela respectiva Casa legislativa. Confira:

§ Art. 55. Perderá o mandato o Deputado ou Senador:
VI – que sofrer condenação criminal em sentença transitada em julgado.
(...)
§ 2º Nos casos dos incisos I, II e VI, a perda do mandato será DECIDIDA pela Câmara dos Deputados ou pelo Senado Federal, por maioria absoluta, mediante provocação da respectiva Mesa ou de partido político representado no Congresso Nacional, assegurada ampla defesa

Logo, para esta primeira corrente, mesmo o Deputado Federal ou o Senador tendo sido condenado criminalmente, com sentença judicial transitada em julgado, ele somente perderá o mandato se assim DECIDIR a maioria absoluta da Câmara dos Deputados ou do Senado Federal.

É a posição adotada pela 2ª Turma do STF: AP 996, Rel. Min. Edson Fachin, julgado em 29/05/2018 (obs: o Relator Edson Fachin ficou vencido neste ponto).

2ª corrente: SIM

Se o STF condenar o parlamentar e determinar a perda do mandato, a Câmara ou o Senado não mais irá decidir nada e deverá apenas formalizar (cumprir) a perda que já foi decretada.

Para a segunda corrente, o § 2º do art. 55 da CF/88 não precisa ser aplicado em todos os casos nos quais o Deputado ou Senador tenha sido condenado criminalmente, mas apenas nas hipóteses em que a decisão condenatória não tenha decretado a perda do mandato parlamentar por não estarem presentes os requisitos legais do art. 92, I, do CP ou se foi proferida anteriormente à expedição do diploma, com o trânsito em julgado em momento posterior.

Em outras palavras:

- Se na decisão condenatória o STF não determinou a perda do mandato eletivo, nos termos do art. 92, I, do CP: a perda do mandato somente poderá ocorrer se a maioria absoluta da Câmara ou do Senado assim votar (aplica-se o art. 55, § 2º da CF/88);
- Se na decisão condenatória o STF determinou a perda do mandato eletivo, nos termos do art. 92, I, do CP: a perda do mandato ocorrerá sem necessidade de votação pela Câmara ou Senado (não se aplica o art. 55, § 2º).

O procedimento estabelecido no art. 55 da CF disciplina circunstâncias em que a perda de mandato eletivo parlamentar pode ser decretada com base em juízo político. No entanto, esse procedimento não é aplicável quando a aludida perda foi determinada em decisão do Poder Judiciário como efeito irreversível da sentença condenatória.

Em outras palavras, se o STF determinou a perda do cargo, a Casa Legislativa deverá simplesmente cumprir a decisão. Se o STF não determinou a perda do cargo, mesmo assim a Casa Legislativa pode entender que não é correto manter um Deputado ou Senador com mandato quando ele tiver sido condenado e decidir pela perda do cargo, com base no art. 55, § 2º, da CF/88.

Logo, para esta segunda corrente, se o Deputado Federal ou o Senador foi condenado criminalmente, com sentença judicial transitada em julgado, o STF poderá determinar a perda do mandato eletivo, nos termos do art. 92, I, do CP. Nessa hipótese, não será necessária votação pela respectiva Casa (não se aplica o art. 55, § 2º da CF/88). A condenação já tem o condão de acarretar a perda do mandato.

O STF já adotou esta corrente no julgamento do "Mensalão" (AP 470/MG, Rel. Min. Joaquim Barbosa, julgado em 10 e 13/12/2012) (Info 692). No entanto, não representa mais o entendimento da Corte. A composição dos Ministros da época já foi bastante modificada.

3ª corrente: DEPENDE DA PENA FIXADA

- Se o Deputado ou Senador for condenado a mais de 120 dias em regime fechado: a perda do cargo será uma consequência lógica da condenação. Neste caso, caberá à Mesa da Câmara ou do Senado apenas declarar que houve a perda (sem poder discordar da decisão do STF), nos termos do art. 55, III e § 3º da CF/88.
- Se o Deputado ou Senador for condenado a uma pena em regime aberto ou semiaberto: mesmo condenado o parlamentar poderá manter o mandato, caso seja autorizado o seu trabalho externo. O Plenário da Câmara ou do Senado irá deliberar, nos termos do art. 55, § 2º, se o condenado deverá ou não perder o mandato.

É a posição adotada pela 1ª Turma. Nesse sentido:

STF. 1ª Turma. AP 694/MT, Rel. Min. Rosa Weber, julgado em 2/5/2017 (Info 863).

STF. 1ª Turma. AP 863/SP, Rel. Min. Edson Fachin, julgado em 23/5/2017 (Info 866).

Se o Deputado ou Senador for condenado a mais de 120 dias em regime fechado, ele deverá cumprir a pena em penitenciária e não poderá sair para trabalho externo. Logo, não poderá frequentar o Congresso Nacional, devendo, por consequência, perder o mandato, com base no art. 55, III, da CF/88:

> §
>
> Art. 55. Perderá o mandato o Deputado ou Senador:
>
> (...)
>
> III – que deixar de comparecer, em cada sessão legislativa, à terça parte das sessões ordinárias da Casa a que pertencer, salvo licença ou missão por esta autorizada;

Esse inciso III prevê a perda do mandato ao parlamentar que, em cada sessão legislativa, faltar a 1/3 das sessões ordinárias. Como a sessão legislativa é anual (equivalente a 1 ano), 1/3 significa 4 meses (120 dias). Logo, se o parlamentar irá ficar preso durante mais de 120 dias, ele não poderá comparecer às sessões neste período e, portanto, deverá ser declarada a perda de seu mandato.

No caso deste inciso III, a perda do mandato é DECLARADA pela Mesa Diretora da Câmara ou do Senado:

> §
>
> Art. 55 (...)
>
> § 3º – Nos casos previstos nos incisos III a V, a perda será declarada pela Mesa da Casa respectiva, de ofício ou mediante provocação de qualquer de seus membros, ou de partido político representado no Congresso Nacional, assegurada ampla defesa.

Declaração não é o mesmo que deliberação (decisão). Assim, ocorrendo a situação descrita no inciso III do art. 55, a Mesa da Casa respectiva não tem o poder de decidir se o Parlamentar irá perder ou não o mandato. A Mesa é obrigada a simplesmente declarar (reconhecer, formalizar) que o Parlamentar perdeu o mandato.

Assim, no caso do inciso III, não há necessidade de deliberação do Plenário e a perda do mandato deve ser automaticamente declarada pela Mesa Diretora da Câmara dos Deputado ou do Senado Federal.

Por que se o parlamentar for condenado ao regime semiaberto ou aberto ele não perderá automaticamente o cargo?

Porque nos casos de condenação em regime inicial aberto ou semiaberto, há a possibilidade de autorização de trabalho externo. Logo, em tese, ele poderia ser um presidiário que sai para trabalhar como parlamentar durante o dia e volta para o presídio à noite.

Foi o caso do Senador Acir Gurgacz (PDT-RO) condenado a 4 anos e 6 meses no regime semiaberto (AP 935). Ele pode deixar a cadeia em dias úteis às 8h e deve retornar às 19h30min. Nos dias em que as sessões se estenderem para o período noturno, poderá permanecer no Senado, mas deverá comprovar isso ao presídio por meio de uma certidão emitida pela Casa. A condição é de que ele volte até uma hora após o fim da sessão.

Qual é a posição que devo adotar em concursos?

Em uma prova de concurso, você deve expor que existe divergência entre a 1ª e a 2ª Turmas do STF. O cenário atual é o seguinte:

Se o STF condenar criminalmente um Deputado Federal ou Senador, haverá a perda automática do mandato ou isso ainda precisará de uma deliberação (decisão) da Câmara ou do Senado, respectivamente?

A condenação criminal transitada em julgado é suficiente, por si só, para acarretar a perda automática do mandato eletivo de Deputado Federal ou de Senador?

1ª Turma do STF: DEPENDE DA PENA FIXADA	2ª Turma do STF: NÃO. A perda não é automática. A Casa é que irá deliberar
• Se o Deputado ou Senador for condenado a mais de 120 dias em regime fechado: a perda do cargo será uma consequência lógica da condenação. Neste caso, caberá à Mesa da Câmara ou do Senado apenas declarar que houve a perda (sem poder discordar da decisão do STF), nos termos do art. 55, III e § 3º da CF/88. • Se o Deputado ou Senador for condenado a uma pena em regime aberto ou semiaberto: o parlamentar, mesmo condenado, poderá manter o mandato, caso seja autorizado o seu trabalho externo e o Plenário da Câmara ou do Senado delibere que ele não deverá perder o cargo (art. 55, § 2º). Ex: Senador Acir Gurgacz (AP 935). STF. 1ª Turma. AP 694/MT, Rel. Min. Rosa Weber, julgado em 2/5/2017 (Info 863). STF. 1ª Turma. AP 968/SP, Rel. Min. Luiz Fux, julgado em 22/5/2018 (Info 903).	O STF apenas comunica, por meio de ofício, à Mesa da Câmara dos Deputados ou do Senado Federal informando sobre a condenação do parlamentar. A Mesa da Câmara ou do Senado irá, então, deliberar (decidir) como entender de direito (como quiser) se o parlamentar irá perder ou não o mandato eletivo, conforme prevê o art. 55, VI, § 2º, da CF/88. Assim, mesmo com a condenação criminal, quem decide se haverá a perda do mandato é a Câmara dos Deputados ou o Senado Federal. STF. 2ª Turma. AP 996, Rel. Min. Edson Fachin, julgado em 29/05/2018 (obs: o Relator Edson Fachin ficou vencido neste ponto).

4.3. VEREADORES

POSSIBILIDADE DE JUIZ AFASTAR VEREADOR DA FUNÇÃO QUE OCUPA

Os vereadores possuem foro por prerrogativa de função?

Em regra, não. Os vereadores, em regra, são julgados criminalmente por juízes de 1ª instância.

Exceção: a Constituição Estadual pode prever que o Tribunal de Justiça será competente para julgar vereadores. Essa previsão da CE é válida:

> (...) Não afronta a Constituição da República, a norma de Constituição estadual que, disciplinando competência originária do Tribunal de Justiça, lha atribui para processar e julgar vereador.
>
> STF. 2ª Turma. RE 464935, Rel. Min. Cezar Peluso, julgado em 03/06/2008.

Imagine que determinado vereador está respondendo a processo em 1ª instância por crimes contra a Administração Pública. O juiz poderá aplicar medidas cautelares contra esse vereador, dentre elas a medida de afastamento de suas funções (art. 319, VI, do CPP)?

SIM. Vale ressaltar que as normas de imunidade formal previstas no art. 53, § 2º da CF/88 para Deputados Federais e Senadores NÃO se aplicam para os vereadores. Nesse sentido:

> (...) Os edis, ao contrário do que ocorre com os membros do Congresso Nacional e os deputados estaduais não gozam da denominada incoercibilidade pessoal relativa (*freedom from arrest*), ainda que algumas Constituições estaduais lhes assegurem prerrogativa de foro. (...)
>
> STF. 1ª Turma. HC 94059, Rel. Min. Ricardo Lewandowski, julgado em 06/05/2008.

Assim, é plenamente possível que o juiz determine a aplicação de medida cautelar de afastamento das funções de vereador (e de Presidente da Câmara Municipal), desde que o magistrado o faça fundamentadamente.

Para que haja esse afastamento das funções, é necessário autorização da Câmara dos Vereadores?

NÃO. Não existe na legislação tal exigência.

Resumindo:

> **É possível que o Juiz de primeiro grau, fundamentadamente, imponha a parlamentares municipais as medidas cautelares de afastamento de suas funções legislativas sem necessidade de remessa à Casa respectiva para deliberação.**
>
> STJ. 5ª Turma. RHC 88.804-RN, Rel. Min. Reynaldo Soares da Fonseca, julgado em 07/11/2017 (Info 617).

4.4. É POSSÍVEL QUE A CONSTITUIÇÃO DO ESTADO PREVEJA INICIATIVA POPULAR PARA A PROPOSITURA DE EMENDA À CONSTITUIÇÃO ESTADUAL

Quem pode propor emendas à Constituição Federal?

O art. 60 da CF/88 estabelece que a Constituição Federal poderá ser emendada mediante proposta:

I – de um terço, no mínimo, dos membros da Câmara dos Deputados ou do Senado Federal;

II – do Presidente da República;

III – de mais da metade das Assembleias Legislativas das unidades da Federação, manifestando-se, cada uma delas, pela maioria relativa de seus membros.

O art. 61, § 2º, da CF/88 admite a apresentação de projeto de lei por meio de iniciativa popular. Isso vale também para emendas à Constituição Federal? É possível a apresentação de proposta de emenda à Constituição Federal por meio de iniciativa popular?

NÃO. Isso porque o art. 60, da CF/88 trouxe o rol de legitimados e nele não previu a iniciativa popular. Além disso, o art. 61, § 2º é expresso ao mencionar "projeto de lei":

§

Art. 61 (...)

§ 2º A iniciativa popular pode ser exercida pela apresentação à Câmara dos Deputados de projeto de lei subscrito por, no mínimo, um por cento do eleitorado nacional, distribuído pelo menos por cinco Estados, com não menos de três décimos por cento dos eleitores de cada um deles.

Obs: José Afonso da Silva, talvez um dos maiores constitucionalistas do Brasil, defende que a Constituição Federal poderia ser emendada por proposta de iniciativa popular. Isso com base em uma interpretação sistemática e com fulcro na soberania popular (SILVA, José Afonso da. *Curso de Direito Constitucional positivo*. 33ª ed. São Paulo. Malheiros, 2010, p. 64). Trata-se, contudo, de posição francamente minoritária.

CE/AP e iniciativa popular para emendas constitucionais

A Constituição do Amapá previu expressamente a possibilidade de apresentação de proposta de emenda à Constituição Estadual por meio de iniciativa popular:

§

Art. 103. A Constituição poderá ser emendada mediante proposta:

I – de um terço, no mínimo, dos Deputados Estaduais;

II – do Governador do Estado;

III – de mais da metade das Câmaras Municipais do Estado, manifestando-se, cada uma delas, pela maioria relativa de seus membros;

IV – de cidadãos, mediante iniciativa popular assinada, no mínimo, por um por cento dos eleitores do Estado;

§

Art. 110. A iniciativa popular pode ser exercida pela apresentação à Assembleia Legislativa de projeto de lei, subscrito por, no mínimo, um por cento do eleitorado estadual, distribuído pelo menos por cinco Municípios, com um mínimo de dois por cento dos eleitores de cada um deles, e de proposta de emenda à Constituição na forma do inciso IV do art. 103.

Essa previsão foi questionada no STF. O que decidiu o Supremo? É possível que Constituição do Estado preveja a possibilidade de apresentação de proposta de emenda à Constituição Estadual por meio de iniciativa popular?

SIM.

A iniciativa popular de emenda à Constituição Estadual é compatível com a Constituição Federal, encontrando fundamento no art. 1º, parágrafo único, no art. 14, II e III e no art. 49, XV, da CF/88.

Embora a Constituição Federal não autorize proposta de iniciativa popular para emendas ao próprio texto, mas apenas para normas infraconstitucionais, não há impedimento para

que as Constituições Estaduais prevejam a possibilidade, ampliando a competência constante da Carta Federal.

STF. Plenário. ADI 825/AP, Rel. Min. Alexandre de Moraes, julgado em 25/10/2018 (Info 921).

§ Art. 1º (...)

Parágrafo único. Todo o poder emana do povo, que o exerce por meio de representantes eleitos ou diretamente, nos termos desta Constituição.

§ Art. 14. A soberania popular será exercida pelo sufrágio universal e pelo voto direto e secreto, com valor igual para todos, e, nos termos da lei, mediante:

(...)

II – referendo;

III – iniciativa popular.

§ Art. 49. É da competência exclusiva do Congresso Nacional:

XV – autorizar referendo e convocar plebiscito;

Na democracia representativa, além dos mecanismos tradicionais de seu exercício, por meio dos representantes eleitos pelo povo, também há instrumentos de participação direta, como é o caso do projeto de iniciativa popular.

A Constituição do Amapá democratizou ainda mais o processo de reforma das regras constitucionais estaduais.

O fato de não haver regra expressa semelhante na CF/88 não faz com que a norma da CE/AP seja inconstitucional por violação à simetria. Isso porque se, por um lado, não existe previsão expressa, por outro, não há uma proibição na CF/88, devendo, então, ser considerada válida a norma estadual, tendo em vista que ela aumenta os mecanismos de participação direta do povo.

Além disso, a CF/88 prevê a possibilidade de a população ser chamada a participar por meio de plebiscitos e referendos, de forma que não há qualquer problema em o Poder Legislativo estadual acolher a propositura de um tema trazido ao parlamento pelos cidadãos.

A Min. Rosa Weber destacou a importância da iniciativa popular de emenda para a implantação da democracia participativa no Brasil.

O Min. Luiz Fux frisou que o princípio democrático conspira em prol da possibilidade de a iniciativa popular promover emendas constitucionais.

O Min. Ricardo Lewandowski, por sua vez, afirmou que, em matéria de direitos fundamentais, os Estados podem ampliá-los com relação àquilo que é previsto na CF/88.

A soberania e a cidadania são valores máximos abrigados na CF, estando relacionados com o Estado Democrático de Direito.

5. MEDIDAS PROVISÓRIAS

5.1. É POSSÍVEL EDITAR MEDIDAS PROVISÓRIAS SOBRE MEIO AMBIENTE?

O que é medida provisória?

Medida provisória é um ato normativo editado pelo Presidente da República, em situações de relevância e urgência, e que tem força de lei, ou seja, é como se fosse uma lei ordinária, com a diferença de que ainda será votada pelo Congresso Nacional, podendo ser aprovada (quando, então, é convertida em lei) ou rejeitada (situação em que deixará de existir).

As regras sobre as medidas provisórias estão previstas no art. 62 da CF/88.

Matérias que não podem ser tratadas por MP

Segundo o § 1º do art. 62 da CF/88, é vedada a edição de medidas provisórias sobre:

a. nacionalidade, cidadania, direitos políticos, partidos políticos e direito eleitoral;

b. direito penal, processual penal e processual civil;

c. organização do Poder Judiciário e do Ministério Público, a carreira e a garantia de seus membros;

d. planos plurianuais, diretrizes orçamentárias, orçamento e créditos adicionais e suplementares, ressalvado o previsto no art. 167, § 3º;

e. que vise a detenção ou sequestro de bens, de poupança popular ou qualquer outro ativo financeiro;

f. matéria reservada a lei complementar;

g. matéria já disciplinada em projeto de lei aprovado pelo Congresso Nacional e pendente de sanção ou veto do Presidente da República.

É possível editar medidas provisórias sobre meio ambiente?

É possível a edição de medidas provisórias tratando sobre matéria ambiental, mas sempre veiculando normas favoráveis ao meio ambiente.

Normas que importem diminuição da proteção ao meio ambiente equilibrado só podem ser editadas por meio de lei formal, com amplo debate parlamentar e participação da sociedade civil e dos órgão e instituições de proteção ambiental, como forma de assegurar o direito de todos ao meio ambiente ecologicamente equilibrado.

Dessa forma, é inconstitucional a edição de MP que importe em diminuição da proteção ao meio ambiente equilibrado, especialmente em se tratando de diminuição ou supressão de unidades de conservação, com consequências potencialmente danosas e graves ao ecossistema protegido.

A proteção ao meio ambiente é um limite material implícito à edição de medida provisória, ainda que não conste expressamente do elenco das limitações previstas no art. 62, § 1º, da CF/88.

STF. Plenário. ADI 4717/DF, Rel. Min. Cármen Lúcia, julgado em 5/4/2018 (Info 896).

5.2. INTERPRETAÇÃO DO § 11 DO ART. 62 DA CF/88

MP 320/2006

Em 24 de agosto de 2006, foi editada a MP 320/2006, que tratou sobre a movimentação e armazenagem de mercadorias importadas ou despachadas para exportação.

A MP estabeleceu o seguinte:

- Em regra, a movimentação e a armazenagem de mercadorias importadas ou despachadas para exportação serão feitas sob controle aduaneiro, em locais e recintos alfandegados (art. 1º). Dito de outro modo, essas atividades deverão acontecer em um local sob a supervisão da Receita Federal.

- É possível, no entanto, que isso seja também feito em um estabelecimento empresarial administrado por uma empresa, desde que seja licenciado pela Receita Federal. Este local é chamado de Centro Logístico e Industrial Aduaneiro (CLIA).

Nos arts. 6º a 12, a MP estabeleceu os requisitos para que a empresa interessada pudesse requerer licença da Receita Federal para explorar uma CLIA. A grande vantagem da CLIA é que, para a sua exploração, não era necessária licitação. Bastava preencher os requisitos previstos na lei.

Durante a vigência da MP, 43 empresas fizeram requerimento à Receita Federal para instalar CLIA. O Fisco examinou e acolheu 5 desses pedidos.

Ocorre que, em 13 de dezembro de 2006, antes que a Receita tivesse terminado de examinar todos os requerimentos, o Senado rejeitou a MP 320/2006. Desse modo, de todos os requerimentos feitos na vigência da MP 320/2006, apenas 5 deles foram apreciados e os 38 restantes não tiveram resposta antes de a MP ser rejeitada.

O que acontece se uma MP não é convertida em lei?

Se uma medida provisória não for convertida em lei, ela perde eficácia desde a sua edição.

Ocorrendo essa situação, o Congresso Nacional deverá editar um decreto legislativo disciplinando como ficarão as relações jurídicas que foram afetadas pela MP no período em que ela vigorou (art. 62, § 3º). Em outras palavras, este decreto legislativo irá dizer se os efeitos produzidos pela MP no período em que ela vigorou continuam ou não, mesmo ela não tendo sido aprovada:

> §
>
> Art. 62 (...)
>
> § 3º As medidas provisórias, ressalvado o disposto nos §§ 11 e 12 perderão eficácia, desde a edição, se não forem convertidas em lei no prazo de sessenta dias, prorrogável, nos termos do § 7º, uma vez por igual período, devendo o Congresso Nacional disciplinar, por decreto legislativo, as relações jurídicas delas decorrentes.

E se o Congresso Nacional não editar este decreto legislativo?

Se não for editado o decreto legislativo até 60 dias após a rejeição ou perda de eficácia de medida provisória, neste caso, a fim de evitar lacuna e insegurança jurídica, o art. 62, § 11 da CF/88 determina que a falecida MP continuará regendo as relações jurídicas constituídas e decorrentes de atos praticados durante a vigência da MP. Veja:

> §
>
> § 11. Não editado o decreto legislativo a que se refere o § 3º até sessenta dias após a rejeição ou perda de eficácia de medida provisória, as relações jurídicas constituídas e decorrentes de atos praticados durante sua vigência conservar-se-ão por ela regidas. (Incluído pela EC 32/2001)

Voltando ao caso concreto:

O Congresso Nacional rejeitou a MP 320/2006, mas não editou o decreto legislativo a que se refere o § 3º disciplinando as relações jurídicas que decorreram da MP.

Diante disso, o que fez a Receita Federal: declarou que os 38 requerimentos que haviam sido feitos estão prejudicados, ou seja, não podem ser sequer examinados.

As empresas que fizeram esses 38 requerimentos (vamos chama-las de "grupo B") não se conformaram e começaram a ingressar com ações judiciais para que a Receita Federal apreciasse os pedidos conforme as regras da MP 320/2006.

O fundamento para essas ações foi o § 11 do art. 62 da CF/88. Elas disseram o seguinte: como o Congresso Nacional não editou o decreto legislativo, as situações ocorridas durante a vigência da MP (requerimentos feitos) continuam regidos pela referida MP mesmo ela tendo sido rejeitada.

Por outro lado, as outras empresas que conseguiram a autorização da Receita antes da rejeição da MP 320/2006 (vamos chamá-las de "grupo A") tinham interesse que os pedidos não fossem apreciados porque assim teriam menos concorrência.

Diante dessa situação, uma associação de empresas que trabalham com movimentação, armazenagem e despacho aduaneiro de mercadorias, em atenção aos interesses do "grupo A", ajuizou ADPF no Supremo para evitar que os pedidos de registro para exploração de CLIA feitos sob a vigência da MP 320/2006, fossem analisados pela Receita Federal. A entidade afirmou que as ações judiciais propostas pelo "grupo B" estavam tentando dar uma interpretação ilegítima aos §§ 3º e 11 do art. 62 da CF/88.

Primeira pergunta: cabe ADPF neste caso?

SIM.

É cabível ADPF para questionar interpretação judicial de norma constitucional.

Em outras palavras, cabe ADPF para dizer que a interpretação que está sendo dada pelos juízes e Tribunais a respeito de determinado dispositivo constitucional está incorreta e, com isso, viola preceito fundamental.

STF. Plenário. ADPF 216/DF, Rel. Min. Cámen Lúcia, julgado em 14/3/2018 (Info 894).

Vale ressaltar que, em outra oportunidade, o STF já havia decidido que:

> Cabe ADPF para discutir a adequada interpretação do § 11 do art. 62 da CF/88, ou seja, se ela regularia apenas as relações no período de sua vigência ou também situações nas relações prospectivas.
>
> STF. ADPF 84 AgR/DF, Rel. Min. Sepúlveda Pertence, julgado em 31/5/2006.

Segunda pergunta: os pedidos feitos durante a vigência da MP 320/2006 devem ser examinados pela Receita?

NÃO. O § 11 do art. 62 da CF/88 deve ser interpretado com cautela, não se podendo protrair indefinidamente a vigência de medidas provisórias rejeitadas ou não apreciadas.

O mencionado § 11 tem por objetivo garantir segurança jurídica àqueles que praticaram atos embasados em medida provisória rejeitada ou não apreciada. Isso, contudo, não pode fazer com que haja uma sobreposição da vontade do Presidente da República sobre a vontade do Poder Legislativo. Se a interpretação do § 11 conduzir à ideia de que todos os efeitos da MP rejeitada ou não apreciada irão prevalecer, o que acontecerá, na prática, é que a vontade do Chefe do Executivo, manifestada na MP, irá prevalecer ao final mesmo tendo havido rejeição do ato normativo.

No caso concreto, os pedidos formulados pelos interessados durante a vigência da MP 320/2006 não foram sequer examinados. Logo, não se pode dizer que havia ato jurídico perfeito. Dessa forma, o simples fato de ter sido feito o requerimento não significa "relação jurídica constituída", de sorte que não se pode invocar o § 11 para justificar a aplicação da medida provisória rejeitada.

Interpretação contrária postergaria indevidamente a eficácia de medida provisória já rejeitada pelo Congresso Nacional, e ofenderia não apenas o § 11 do art. 62 da Constituição, mas também o princípio da separação dos Poderes e o princípio da segurança jurídica.

Em suma:

Determinada medida provisória foi editada criando a possibilidade de que empresas instalassem Centros Logísticos e Industriais Aduaneiros (CLIA), desde que autorizados pela Receita Federal.

Diversas empresas fizeram o requerimento pedindo a instalação desses Centros. Ocorre que, antes que a Receita examinasse todos os pedidos, a MP foi rejeitada pelo Senado.

O Congresso Nacional não editou decreto legislativo disciplinando as situações ocorridas durante o período em que a MP vigorou (§ 3º do art. 62 da CF/88).

Diante disso, as empresas defendiam a tese de que os requerimentos formulados deveriam ser apreciados pela Receita Federal com base no § 11 do art. 62.

O STF não concordou e afirmou que os pedidos formulados pelos interessados durante a vigência da MP 320/2006 não foram sequer examinados. Logo, não se pode dizer que havia ato jurídico perfeito.

O simples fato de ter sido feito o requerimento não significa "relação jurídica constituída", de sorte que não se pode invocar o § 11 para justificar a aplicação da medida provisória rejeitada.

O mero protocolo do pedido não constitui uma "relação jurídica constituída" de que trata o § 11.

STF. Plenário. ADPF 216/DF, Rel. Min. Cámen Lúcia, julgado em 14/3/2018 (Info 894).

6. TRIBUNAL DE CONTAS

6.1. COMPETÊNCIA DO TCU PARA FISCALIZAR A FUNDAÇÃO BANCO DO BRASIL SOMENTE QUANTO AOS RECURSOS ORIUNDOS DO BANCO DO BRASIL

Fundação Banco do Brasil

O Banco do Brasil (BB) é uma sociedade de economia mista federal.

Em 1986, o Banco do Brasil instituiu uma fundação privada, denominada "Fundação Banco do Brasil" (FBB).

A FBB persegue finalidades privadas. Ela não desempenha função exclusiva da Administração. Não exerce atribuição pública. Seus objetivos estão listados no art. 2º do seu Estatuto Social, destacando-se: "a promoção, apoio, incentivo e patrocínio de ações no domínio educacional, cultural, social, filantrópico, recreativo/esportivo, de fomento a atividades de pesquisa científico-tecnológica e assistência a comunidades urbano-rurais."

A FBB apoia, com dinheiro, projetos sociais voltados ao desenvolvimento sustentável, à inclusão socioprodutiva e à reaplicação de tecnologia social. São transferidos recursos para instituições sem fins lucrativos por meio da celebração de convênios ou contratos.

O TCU tem competência para fiscalizar o Banco do Brasil?

SIM. O Banco do Brasil integra a Administração Pública federal indireta e, portanto, está sujeito à fiscalização do TCU, nos termos do art. 71, II, da CF/88:

§ Art. 71. O controle externo, a cargo do Congresso Nacional, será exercido com o auxílio do Tribunal de Contas da União, ao qual compete:

(...)

II – julgar as contas dos administradores e demais responsáveis por dinheiros, bens e valores públicos da administração direta e indireta, incluídas as fundações e sociedades instituídas e mantidas pelo Poder Público federal, e as contas daqueles que derem causa a perda, extravio ou outra irregularidade de que resulte prejuízo ao erário público;

O TCU tem competência para fiscalizar a Fundação Banco do Brasil?

Em regra, não deveria ter. Isso porque como se trata de uma fundação de caráter privado, em regra, ela não está sujeita à fiscalização do TCU nem se submete aos princípios e à legislação aplicáveis à Administração Pública.

Como fundação de direito privado, a FBB está, em regra, submetida apenas à fiscalização do Ministério Público estadual, nos termos do art. 66 do Código Civil:

§ Art. 66. Velará pelas fundações o Ministério Público do Estado onde situadas.

Quando a FBB for transferir dinheiro para alguma entidade social, de pesquisa etc., precisará observar os princípios que regem a Administração Pública (ex: a Lei nº 8.666/93)? Essa transferência está sujeita à fiscalização do TCU?

Depende. É necessário analisar a natureza jurídica do recurso transferido pela FBB (se são recursos públicos ou eminentemente privados) para que se possa aferir, com exatidão, a necessidade de submissão aos princípios norteadores da gestão pública e, consequentemente, ao crivo do controle externo.

A situação é, portanto, a seguinte:

- se os recursos que a FBB estiver transferindo para terceiros forem provenientes do Banco do Brasil ou de alguma outra entidade do poder público (o BB transferiu esses recursos para a FBB e agora a FBB está repassando para terceiros): haverá fiscalização do TCU. Isso porque, neste caso, tais recursos, como são provenientes do BB, têm caráter público.
- se os valores que a FBB estiver transferindo forem "recursos próprios" (excluídas as dotações que recebe do Banco do Brasil): não haverá fiscalização do TCU porque a FBB não é uma entidade da Administração Pública. Logo, se são recursos eminentemente seus (recursos próprios), a verba é privada.

A FBB não poderia ser considerada como uma fundação instituída e mantida "pelo Poder Público federal", atraindo sempre a fiscalização do TCU com base no art. 71, II, da CF/88?

NÃO. Isso porque o STF entende que o Banco do Brasil, apesar de integrar a Administração Pública federal, não pode ser considerado como "poder público":

> O Banco do Brasil, entidade da Administração Indireta dotada de personalidade jurídica de direito privado, voltada à exploração de atividade econômica em sentido estrito, não pode ser concebida como poder público.
>
> STF. Plenário. MS 24427, Rel. Min. Eros Grau, DJ 24/11/06.

Logo, a FBB consiste em entidade privada não instituída pelo poder público.

Em suma:

Não compete ao TCU adotar procedimento de fiscalização que alcance a Fundação Banco do Brasil quanto aos recursos próprios, de natureza eminentemente privada, repassados por aquela entidade a terceiros, eis que a FBB não integra o rol de entidades obrigadas a prestar contas àquela Corte de Contas, nos termos do art. 71, II, da CF.

A FBB é uma pessoa jurídica de direito privado não integrante da Administração Pública. Assim, a FBB não necessita se submeter aos ditames da gestão pública quando repassar recursos próprios a terceiros por meio de convênios.

Por outro lado, quando a FBB recebe recursos provenientes do Banco do Brasil – sociedade de economia mista que sofre a incidência dos princípios da Administração Pública previstos

no art. 37, caput, da Constituição Federal, – ficará sujeita à fiscalização do TCU. Isso porque, neste caso, tais recursos, como são provenientes do BB, têm caráter público.

STF. 2ª Turma. MS 32703/DF, Rel. Min. Dias Tóffoli, julgado em 10/4/2018 (Info 897).

6.2. É INCONSTITUCIONAL NORMA DE CONSTITUIÇÃO ESTADUAL QUE CONFIRA COMPETÊNCIA AO TCE PARA HOMOLOGAR OS CÁLCULOS DAS COTAS DO ICMS

Repartição do ICMS

O ICMS é um imposto de competência estadual.

A CF/88 determina que o Estado deverá repassar 25% da receita do ICMS aos Municípios. Veja:

> §
>
> Art. 158. Pertencem aos Municípios:
>
> (...)
>
> IV – vinte e cinco por cento do produto da arrecadação do imposto do Estado sobre operações relativas à circulação de mercadorias e sobre prestações de serviços de transporte interestadual e intermunicipal e de comunicação.

A CF/88 determina ainda que seja feito um cálculo para que os Municípios onde ocorreram os fatos geradores do ICMS (ex: venda da mercadoria) recebam mais que os outros. Assim, os Municípios nos quais mais se vendeu mercadorias (p. ex.) que geraram o recolhimento de ICMS receberão, em tese, cotas maiores de repasse. Confira o texto constitucional:

> §
>
> Art. 158 (...)
>
> Parágrafo único. As parcelas de receita pertencentes aos Municípios, mencionadas no inciso IV, serão creditadas conforme os seguintes critérios:
>
> I – três quartos, no mínimo, na proporção do valor adicionado nas operações relativas à circulação de mercadorias e nas prestações de serviços, realizadas em seus territórios;
>
> II – até um quarto, de acordo com o que dispuser lei estadual ou, no caso dos Territórios, lei federal.

Vale ressaltar que, no mínimo, 3/4 dos 25% a que os Municípios têm direito deverão obedecer a esse critério. No entanto, é possível que no 1/4 restante o Estado adote outros critérios para repartir o valor do ICMS.

Resumindo:

Municípios têm direito a 25% do ICMS.

Desses 25%:

- 3/4 (no mínimo) deverão ser repartidos proporcionalmente ao volume de operações de circulação de mercadorias e de prestação de serviços ocorridos nos Municípios. Municípios maiores, ou seja, com mais vendas e serviços, receberão mais.
- 1/4 (no máximo) deverão ser repartidos conforme critérios que o Estado definir em lei estadual. Ex: receberão mais os Municípios com maior preservação do meio ambiente, com menor IDH, com maior população etc.

Assim, a cota-parte que será repassada a cada Município depende desses cálculos.

Vale ressaltar que esses cálculos nem sempre são simples e algumas vezes geram disputas judiciais.

Competência do TCE para homologar os cálculos

A Constituição do Estado do Amapá previu a seguinte competência para o TCE:

> § Art. 112. O controle externo, a cargo da Assembleia Legislativa, será exercido com o auxílio do Tribunal de Contas do Estado, ao qual compete:
>
> (...)
>
> XVII – homologar os cálculos das cotas do ICMS devidas aos Municípios;

Desse modo, a CE/AP estabeleceu que, após serem feitos os cálculos de quanto cada Município deverá receber a título de ICMS (normalmente este cálculo é feito pela Secretaria de Fazenda), o TCE deverá homologar ou não esse resultado.

A Assembleia Legislativa do Amapá argumentou que essa competência poderia ser concedida ao TCE considerando que a CF/88 conferiu ao TCU a competência para realizar os cálculos das quotas relacionadas com os Fundos de Participação dos Estados (FPE) e dos Municípios (FPM), nos termos do art. 161, parágrafo único:

> § Art. 161. Cabe à lei complementar:
>
> (...)
>
> II – estabelecer normas sobre a entrega dos recursos de que trata o art. 159, especialmente sobre os critérios de rateio dos fundos previstos em seu inciso I, objetivando promover o equilíbrio sócio-econômico entre Estados e entre Municípios;
>
> (...)
>
> Parágrafo único. O Tribunal de Contas da União efetuará o cálculo das quotas referentes aos fundos de participação a que alude o inciso II.

A ALE/AP alegou, portanto, que o art. 112, XVII, foi inspirado no parágrafo único do art. 161 da CF/88 e que, portanto, poderia ser reputado, constitucional em homenagem ao princípio da simetria.

Essa previsão do art. 112, XVII, da CE/AP é constitucional?

NÃO.

Sujeitar o ato de repasse de recursos públicos à homologação do Tribunal de Contas do Estado representa ofensa ao princípio da separação e da independência dos Poderes.

Como o TCE é um órgão auxiliar da Assembleia Legislativa, o STF entendeu que, condicionar o repasse das cotas-partes dos Municípios à homologação do TCE significaria, ao fim e ao cabo, condicionar este pagamento à ingerência da Assembleia Legislativa.

Para os Ministros, não há semelhança entre a atividade de gerenciamento dos Fundos de Participação dos Estados (FPE) e dos Municípios (FPM), exercida pelo TCU com base no art. 161, parágrafo único da CF/88, com a homologação dos cálculos de quotas do ICMS pelo TCE.

Não há que se falar em simetria neste caso porque inexiste simetria entre os Fundos de Participação e quotas de repasse de ICMS. São situações distintas.

No caso do FPE e do FPM, o próprio TCU efetua os cálculos das quotas-partes cabíveis aos entes federados à luz de estimativas demográficas fornecidas pelo IBGE. Os fundos de participação são de natureza contábil, desprovidos de personalidade jurídica e de gerenciamento do TCU por força da CF/88.

Situação diversa diz respeito ao repasse obrigatório às municipalidades das verbas arrecadadas pelo estado-membro referente ao ICMS, uma vez que não é fundo financeiro e possui relativa liberdade de conformação.

Dessa forma, o TCE é completamente alheio ao processo de definição dos critérios das quotas, da mesma forma que o TCU não participa dos repasses na arrecadação de tributos federais, como o Imposto sobre Produtos Industrializados (IPI).

Em suma:

> **É inconstitucional norma de Constituição Estadual que confira competência ao Tribunal de Contas do Estado para "homologar os cálculos das cotas do ICMS devidas aos Municípios".**
>
> STF. Plenário. ADI 825/AP, Rel. Min. Alexandre de Moraes, julgado em 25/10/2018 (Info 921).

7. PODER EXECUTIVO

Imunidade do art. 51, I, e art. 86 da CF/88 não se estende para codenunciados que não sejam Presidente da República, Vice ou Ministro de Estado

O que acontece quando o Presidente da República comete um crime?

Deverá ser analisado se o fato praticado está relacionado com as suas funções de Presidente:

1) Se o crime praticado não estiver relacionado com as suas funções de Presidente ou tiver sido praticado antes do início do mandato:

Neste caso, enquanto durar o mandato, o Presidente não poderá ser denunciado. Após terminar o mandato, ele irá ser denunciado e responderá o processo criminal em 1ª instância. Ex: o Presidente da República agride a sua esposa. Ele somente irá responder por este fato quando terminar o mandato. Isso está previsto no art. 86, § 4º, da CF/88:

> § Art. 86 (...)
>
> § 4º O Presidente da República, na vigência de seu mandato, não pode ser responsabilizado por atos estranhos ao exercício de suas funções.

Trata-se de uma espécie de imunidade especial e temporária porque irá durar apenas pelo período do mandato.

Apesar de não haver previsão expressa, a doutrina majoritária entende que, nesta situação, a prescrição ficará suspensa enquanto perdurar o mandato.

2) Se o crime praticado estiver relacionado com o exercício das suas funções:

O Procurador-Geral da República irá apresentar ao STF denúncia contra o Presidente (se o PGR se convencer que existe crime; em caso contrário, ele pedirá o arquivamento ao STF).

Se o delito praticado for de ação penal privada, é o ofendido quem deverá apresentar queixa-crime no STF.

Depois que a denúncia ou queixa-crime chega ao STF, qual é a providência a ser adotada?

O STF deverá encaminhar a denúncia ou queixa-crime à Câmara dos Deputados para que esta Casa decida se o Supremo poderá dar ou não continuidade à análise da peça acusatória. Na prática, funciona assim: o Ministro que foi sorteado como relator do caso irá encaminhar à Presidência do STF a denúncia/queixa pedindo que ela seja remetida oficialmente ao Presidente da Câmara dos Deputados.

Vale ressaltar que o STF somente poderá decidir se aceita ou não a denúncia (ou queixa) se a Câmara dos Deputados autorizar.

Para que a Câmara autorize, exige-se o voto de, no mínimo, 2/3 dos Deputados. Confira:

§ Art. 51. Compete privativamente à Câmara dos Deputados:

I – autorizar, por dois terços de seus membros, a instauração de processo contra o Presidente e o Vice-Presidente da República e os Ministros de Estado;

§ Art. 86. Admitida a acusação contra o Presidente da República, por dois terços da Câmara dos Deputados, será ele submetido a julgamento perante o Supremo Tribunal Federal, nas infrações penais comuns, ou perante o Senado Federal, nos crimes de responsabilidade.

O art. 51, I, e o art. 86 da CF/88 conferem ao Presidente da República (ao Vice-Presidente e aos Ministros de Estado), portanto, uma imunidade formal em relação ao processo.

Imagine agora a seguinte situação:

O Procurador-Geral da República ofereceu denúncia contra o Presidente Michel Temer pela prática de crimes comuns.

O STF encaminhou a denúncia à Câmara dos Deputados para a realização do juízo de admissibilidade previsto no art. 51, I, e art. 86 da CF/88.

Ocorre que a Câmara dos Deputados não autorizou a instauração do processo contra o Presidente da República.

O STF foi comunicado da decisão da Câmara por meio de ofício.

Diante disso, o Min. Edson Fachin, relator do inquérito no STF, proferiu decisão determinando que o processo criminal contra Michel Temer fique suspenso até quando perdurar o seu mandato presidencial. Isso significa que a denúncia será analisada pelo Poder Judiciário quando terminar o mandato de Temer (obs: como ele, provavelmente, não terá nenhum outro mandato, esse processo criminal será julgado pela Justiça Federal de 1ª instância).

Até aí, sem nenhuma polêmica jurídica. O ponto interessante vem agora: o Ministro Fachin determinou que investigados sem foro por prerrogativa de função e que praticaram, em tese, crimes conexos aos do Presidente da República deveriam ser processados imediatamente em 1ª instância.

Em outras palavras, o STF determinou o desmembramento dos feitos e o processo de todos aqueles que não possuem foro por prerrogativa de função deverá ser julgado em 1ª instância mesmo antes de terminar o mandato de Temer.

Esses investigados não concordaram com isso e recorreram contra a decisão do Ministro Fachin alegando, entre outros argumentos, que, como os fatos são conexos, somente poderiam ser processados quando terminasse o mandato de Temer.

A tese dos investigados foi acolhida pelo Plenário do STF?

NÃO.

A imunidade formal prevista no art. 51, I, e no art. 86, caput, da CF/88 não se estende para os codenunciados que não se encontrem investidos nos cargos de Presidente da República, Vice-Presidente da República e Ministro de Estado.

A finalidade dessa imunidade é proteger o exercício regular dos cargos de Presidente (e Vice) da República e de Ministro de Estado, razão pela qual não é extensível a codenunciados que não se encontrem investidos em tais funções.

STF. Plenário. Inq 4483 AgR-segundo/DF e Inq 4327 AgR-segundo/DF, rel. Min. Edson Fachin, julgados em 14 e 19/12/2017 (Info 888).

Regras de imunidade devem ser interpretadas restritivamente

O regime de imunidades previsto na Constituição Federal, por se tratar de exceção à norma de responsabilização por atos que afrontem regras dispostas no ordenamento jurídico positivo, não admite interpretação extensiva, sendo legítima a incidência apenas nas restritas hipóteses elencadas pelo Poder Constituinte.

Assim, se a Câmara dos Deputados impede o processamento da denúncia, isso vale, exclusivamente, com relação ao Presidente da República, ao Vice-Presidente e aos Ministros de Estado denunciados, sendo inviável a extensão dos efeitos de tal decisão, de natureza eminentemente política, a outras pessoas que não se encontrem investidas nos referidos cargos.

A regra é o desmembramento

Além disso, a jurisprudência do STF é no sentido de que, como regra, deverá haver o desmembramento dos processos quando houver corréus sem prerrogativa. Em outras palavras, permanece no STF apenas a apuração dos investigados com foro por prerrogativa de função e os demais são julgados em 1ª instância.

Apenas excepcionalmente será admitido que o STF julgue pessoas sem foro privativo, quando ficar demonstrado que o julgamento em separado possa causar prejuízo relevante à prestação jurisdicional.

No caso concreto, não se verificou qualquer prejuízo no desmembramento dos autos em relação aos não detentores de foro por prerrogativa de função no STF.

Responsabilidade subjetiva

Vale ressaltar que o fato de os corréus serem desde logo julgados não significa que se esteja indiretamente julgando o Presidente da República, em contrariedade ao que decidiu a Câmara dos Deputados. Isso porque vigora em nosso ordenamento jurídico o princípio da responsabilidade subjetiva, como corolário do Direito Penal do fato, segundo o qual a análise da responsabilidade é de acordo com a conduta de cada indivíduo. Assim, eventual condenação ou absolvição dos corréus não irá, necessariamente, influenciar no futuro julgamento de Temer.

CONSTITUIÇÃO ESTADUAL SÓ PODE EXIGIR QUE O PREFEITO (OU O VICE) PEÇA AUTORIZAÇÃO DA CÂMARA MUNICIPAL PARA VIAJAR SE A VIAGEM FOR SUPERIOR A 15 DIAS

Constituição do Amapá

A Constituição do Estado do Amapá trouxe a seguinte previsão sobre os afastamentos dos Prefeitos:

> § Art. 32. O Prefeito e o Vice-Prefeito residirão no Município e dele não poderão se ausentar durante o exercício do mandato, salvo se a ausência não ultrapassar quinze dias, exigindo-se licença prévia da Câmara Municipal para viagem ao exterior por qualquer tempo.

Essa previsão é compatível com a CF/88?

NÃO.

O STF julgou inconstitucional a expressão "por qualquer tempo" descrita na parte final do art. 32 acima transcrito.

Tal previsão viola o princípio da separação dos poderes.

O legislador constituinte estadual excedeu-se ao prever que a ausência do Prefeito ou do Vice para o exterior, por qualquer tempo, deve ter prévia autorização da Câmara Municipal.

Essa regra de "por qualquer tempo" está em desacordo com o princípio da simetria. Isso porque a CF/88 somente exige autorização do Congresso Nacional se a ausência do Presidente da República for superior a 15 dias (art. 49, III).

De igual modo, a Constituição do Estado do Amapá também só exige autorização da Assembleia Legislativa se a ausência do Governador (ou do Vice) for superior a 15 dias (art. 118, § 1º).

Logo, a exigência de autorização da Câmara Municipal para que o Prefeito possa se ausentar por períodos menores que 15 dias quebra a simetria existente em relação ao Governador.

STF. Plenário. ADI 825/AP, Rel. Min. Alexandre de Moraes, julgado em 25/10/2018 (Info 921).

CE pode prever que o Estado e os Municípios deverão reservar vagas para pessoas com deficiência

É constitucional norma de Constituição Estadual que preveja que "o Estado e os Municípios reservarão vagas em seus respectivos quadros de pessoal para serem preenchidas por pessoas portadoras de deficiência."

Apesar de, em tese, a Constituição Estadual não poder dispor sobre servidores municipais, sob pena de afronta à autonomia municipal, neste caso não há inconstitucionalidade, considerando que se trata de mera repetição de norma da CF/88:

Art. 37 (...) VIII – a lei reservará percentual dos cargos e empregos públicos para as pessoas portadoras de deficiência e definirá os critérios de sua admissão.

STF. Plenário. ADI 825/AP, Rel. Min. Alexandre de Moraes, julgado em 25/10/2018 (Info 921).

É inconstitucional lei estadual que exige prévia autorização da ALE para que os órgãos do SISNAMA possam celebrar instrumentos de cooperação no Estado

É inconstitucional, por violar o princípio da separação dos poderes, lei estadual que exige autorização prévia do Poder Legislativo estadual (Assembleia Legislativa) para que sejam firmados instrumentos de cooperação pelos órgãos componentes do Sistema Nacional do Meio Ambiente – SISNAMA.

Também é inconstitucional lei estadual que afirme que Fundação estadual de proteção do meio ambiente só poderá transferir responsabilidades ou atribuições para outros órgãos componentes do SISNAMA se houver aprovação prévia da Assembleia Legislativa.

STF. Plenário. ADI 4348/RR, Rel. Min. Ricardo Lewandowski, julgado em 10/10/2018 (Info 919).

Veja comentários em Direito Ambiental.

8. PODER JUDICIÁRIO

8.1. AUXÍLIO-VOTO PAGO AOS JUÍZES CONVOCADOS PARA ATUAR NOS PROCESSOS DE 2ª INSTÂNCIA DO TRIBUNAL

Imagine a seguinte situação:

Foi instituído, no Tribunal de Justiça de São Paulo, o pagamento de uma verba pela atuação em 2ª instância de magistrados de 1ª instância. Em outras palavras, o juiz era convocado para atuar nos processos do Tribunal e, em razão disso, recebia uma verba que ficou conhecida como "auxílio-voto".

O CNJ, em procedimento de controle administrativo (PCA), considerou a verba irregular, por suposta ofensa ao teto constitucional, e determinou a devolução dos valores recebidos pelos juízes.

Diante disso, a Associação Paulista de Magistrados (Apamagis) impetrou mandado de segurança no STF contra a decisão do CNJ alegando que a decisão possuiria vícios formais e materiais.

O que decidiu o STF?

O STF concedeu a ordem no MS e cassou a decisão do CNJ.

STF. 2ª Turma. MS 29002/DF, Rel. Min. Dias Toffoli, julgado em 7/8/2018 (Info 910).

Os argumentos foram, em resumo, os seguintes:

Violação ao devido processo legal

A decisão do CNJ violou o devido processo legal administrativo e os princípios do contraditório e da ampla defesa. Isso porque os magistrados não foram notificados para apresentação de defesa escrita, além de não terem participado da instrução processual. A decisão proferida pelo Conselho surpreendeu a todos os envolvidos.

Além disso, o PCA no qual o CNJ decidiu pela irregularidade da verba foi instaurado para tratar sobre assunto completamente diverso (reclassificação de entrâncias no TJSP). Em outras palavras, no procedimento administrativo estavam sendo discutidas as entrâncias do Judiciário paulista e nele o CNJ decidiu a respeito da verba que era paga aos juízes por exercerem suas funções em 2ª instância.

O novo tema surgiu, de forma incidental, já em sede de recurso, momento a partir do qual, por determinação do então relator, procedeu-se à viciada investigação, seguida de pronto julgamento. O correto seria a instauração de novo procedimento administrativo, dado que os assuntos tratados eram absolutamente diversos.

Legalidade da verba que era paga

A verba paga aos magistrados de 1ª instância que atuaram nos processos do Tribunal de Justiça foi regular, considerando que baseada no art. 124 da LC 35/79 (LOMAN):

§ Art. 124. O Magistrado que for convocado para substituir, em primeira ou segunda instância, perceberá a diferença de vencimentos correspondentes ao cargo que passa a exercer, inclusive diárias e transporte, se for o caso.

O STF já decidiu, em algumas oportunidades, que essa convocação de juízes para atuar no Tribunal é válida e não viola a CF/88. Nesse sentido:

§ (...) Não viola o postulado constitucional do juiz natural o julgamento de apelação por órgão composto por juízes convocados. (...)

STF. 1ª Turma. AI 652414 AgR, Rel. Min. Ricardo Lewandowski, julgado em 28/06/2011.

Como essa convocação de juízes é válida (compatível com a CF/88), é natural que seja devido o pagamento de um valor como forma de "recomposição patrimonial dos magistrados, dado o exercício extraordinário de atribuições transitórias desempenhadas acumuladamente com a jurisdição ordinária". De igual modo, como se trata de uma verba prevista em lei, fica afastada qualquer alegação de má-fé.

Vale ressaltar que a convocação dos magistrados não foi realizada como substituição. Em verdade, isso consistiu em um trabalho excepcional e temporário, com remuneração justificada somente enquanto perdurasse a convocação e diretamente vinculada à produtividade do magistrado nesse dado período. Era como se fosse um "mutirão" para tentar reduzir o enorme volume de processos que estavam sem julgamento.

Como a verba em questão servia para pagar os magistrados por um serviço extraordinário, elas não estavam abrangidas pelo subsídio.

8.2. INCONSTITUCIONALIDADE DE NORMA DA CONSTITUIÇÃO ESTADUAL QUE VINCULA VENCIMENTOS DE ESCRIVÃES AOS DOS JUÍZES

Situação concreta:

A Constituição do Estado do Ceará previa que os escrivães de entrância especial teriam seus vencimentos fixados de modo a não exceder a 80% do que fosse atribuído aos juízes da entrância inferior, aplicando-se o mesmo limite percentual para os escrivães das demais entrâncias.

O STF decidiu que essa regra é inconstitucional por violar o art. 37, XIII, da CF/88, que proíbe a vinculação ou equiparação de quaisquer espécies remuneratórias de pessoal do serviço público e também por violar a iniciativa legislativa do Poder Judiciário (art. 96, II, "b", da CF/88).

STF. Plenário. ADI 145/CE, Rel. Min. Dias Toffoli, julgado em 20/6/2018 (Info 907).

O art. 37, XIII, da Constituição veda, expressamente, a vinculação ou equiparação de quaisquer espécies remuneratórias para efeito de remuneração de pessoal do serviço público:

§

> Art. 37 (...)
>
> XIII – é vedada a vinculação ou equiparação de quaisquer espécies remuneratórias para o efeito de remuneração de pessoal do serviço público; (Redação dada pela EC 19/98)

O art. 96, II, "b", por sua vez, prevê a competência do Tribunal de Justiça para iniciar a discussão legislativa sobre a remuneração de seus membros (magistrados) e também dos serviços auxiliares:

§

> Art. 96. Compete privativamente:
>
> (...)
>
> II – ao Supremo Tribunal Federal, aos Tribunais Superiores e aos Tribunais de Justiça propor ao Poder Legislativo respectivo, observado o disposto no art. 169:
>
> (...)
>
> b) a criação e a extinção de cargos e a remuneração dos seus serviços auxiliares e dos juízos que lhes forem vinculados, bem como a fixação do subsídio de seus membros e dos juízes, inclusive dos tribunais inferiores, onde houver;

8.3. CNJ

O FATO DE O PCA INSTAURADO NO CNJ CONTAR COM UM NÚMERO ELEVADO DE PARTES INTERESSADAS NÃO SIGNIFICA, NECESSARIAMENTE, VIOLAÇÃO AO DEVIDO PROCESSO LEGAL

Serventias judiciais

A Justiça só consegue funcionar se, além do juiz, houver um grupo de pessoas trabalhando nas questões administrativas e operacionais necessárias à prática dos atos processuais e ao cumprimento das decisões judiciais.

Em outras palavras, o juiz decide e despacha e, a partir daí, será indispensável o trabalho de servidores que irão juntar aos autos a decisão, intimar as partes, permitir a carga do processo etc.

Estas atividades são realizadas em um setor chamado comumente de "cartório" da Vara. Obs: na Justiça Federal não se utiliza a expressão "cartório", mas sim secretaria da Vara.

Este "cartório" da Vara é classificado juridicamente como serventia judicial.

Os cartórios ou serventias judiciais praticam, portanto, serviços auxiliares à função jurisdicional, praticando atos cartorários relacionados com processos judiciais (protoloco, autuação e tramitação).

Titular da serventia judicial

A serventia judicial possui um dirigente, um "chefe", que coordena e supervisiona o trabalho dos demais.

Na Justiça Federal este papel é desempenhado por um servidor público, titular de cargo, chamado diretor de secretaria.

Na Justiça Estadual, o dirigente do cartório judicial é, em geral, denominado de escrivão. Pode-se dizer que o escrivão é o titular da serventia judicial.

Os titulares de serventias judiciais são servidores públicos? Ocupam cargos públicos?

Depende. Atualmente, existem três espécies de titulares de serventias judiciais:

a. os titulares de serventias oficializadas, que ocupam cargo ou função pública e são remunerados exclusivamente pelos cofres públicos;

b. os titulares de serventias não estatizadas, remunerados exclusivamente por custas e emolumentos; e

c. os titulares de serventias não estatizadas, mas que são remunerados em parte pelos cofres públicos e em parte por custas e emolumentos.

O cenário acima existe porque antigamente todas as serventias judiciais eram "não estatizadas" ("particulares"). Isso significa que o titular da serventia judicial era um particular (que não era servidor nem ocupante de cargo) e que mantinha os custos do cartório com recursos próprios. Em contrapartida, ele era remunerado com uma parte das custas e dos emolumentos que o Estado arrecadava. Apenas para você entender melhor, era como se fossem os atuais titulares de cartórios extrajudiciais, porém atuando no âmbito de cartórios judiciais.

Em 1977 foi editada uma emenda à Constituição Federal de 1967 obrigando que todas as serventias judiciais passassem a ser estatizadas, respeitado o direito dos titulares de serventias "privadas". Em outras palavras, a EC 7/1977 determinou que os titulares de serventias não estatizadas poderiam continuar, mas que, ocorrendo a vacância, tais serventias deveriam ser estatizadas, com a presença de servidores públicos, remunerados pelos cofres públicos.

A Constituição Federal de 1988 também seguiu o mesmo caminho e previu no art. 31 do ADCT:

> § Art. 31. Serão estatizadas as serventias do foro judicial, assim definidas em lei, respeitados os direitos dos atuais titulares.

Desse modo, a grande maioria das atuais serventias judiciais são oficializadas. No entanto, existem ainda alguns titulares de serventias não estatizadas que permanecem trabalhando.

Os titulares dessas serventias não estatizadas podem ser remunerados de duas formas:

1. exclusivamente por custas e emolumentos;

2. em parte pelos cofres públicos e em parte por custas e emolumentos.

Vale ressaltar que a vontade do constituinte (desde a EC 7/1977) é a de que as serventias judiciais sejam estatizadas. Somente se admitiu a permanência das serventias nas mãos da iniciativa privada por uma questão transitória, a fim de não prejudicar os direitos dos então titulares. No entanto, trata-se de situação anômala e que deverá acabar.

Feita esta contextualização sobre o tema de fundo, imagine a seguinte situação adaptada:

O CNJ instaurou um procedimento administrativo para apurar a regularidade das serventias judiciais existentes no Paraná.

O objetivo do CNJ era verificar quais serventias judiciais no Paraná ainda eram privadas, a fim de que todas elas se adequassem ao que determina o art. 31 do ADCT da CF/88.

No Estado, existem mais de 300 serventias extrajudiciais e todas elas eram objeto de apuração pelo CNJ.

Assim, como eram muitos interessados em um mesmo processo, a Associação dos Serventuários da Justiça pediu ao CNJ que desmembrasse este único processo em centenas de outros procedimentos individuais, ou seja, que fosse formado um processo para cada serventia.

O CNJ indeferiu o pedido argumentando que a questão enfrentada possui natureza eminentemente jurídica e prescinde de dilação probatória. Logo, não haveria qualquer prejuízo à ampla defesa ou ao contraditório na reunião de todos em um só procedimento.

O CNJ determinou a notificação de todos os titulares para que se manifestassem.

Após analisar os argumentos suscitados nas defesas, o CNJ fixou prazo de 60 dias para que o TJPR apresentasse um cronograma de estatização de todas as serventias judiciais que ainda eram exercidas em caráter privado "cuja titularidade tenha sido concedida após 05.10.1988".

A Associação dos Serventuários da Justiça impetrou, no STF, mandado de segurança contra a decisão do CNJ e o principal argumento da impetrante foi a de que teria havido violação ao devido processo legal pela reunião de todos os casos no mesmo procedimento.

O STF concordou com o pedido da Associação?

NÃO.

O fato de o procedimento de controle administrativo (PCA) instaurado no CNJ contar com um número elevado de partes interessadas não significa, necessariamente, violação ao devido processo legal, ao contraditório e à ampla defesa.

O prejuízo à defesa deve ser analisado concretamente, à luz das especificidades do caso.

No caso concreto, tendo em vista que todos os interessados foram intimados para se manifestarem no processo e o que CNJ enfrentou de maneira detida as teses jurídicas por eles apresentadas, não há que se falar em anulação do ato impugnado.

STF. 1ª Turma. MS 28.495/PR, Rel. Min. Marco Aurélio, red. p/ o ac. Min. Roberto Barroso, julgado em 13/11/2018 (Info 923).

Além disso, é razoável a justificativa do relator do PCA que, ao negar o pedido de desmembramento, afirmou que a autuação e distribuição de trezentos processos de matéria idêntica poderia prejudicar a análise sistemática da questão, além de inviabilizar, sem qualquer motivação de ordem técnica, a distribuição de novos processos a ele próprio.

Como regra geral, o controle dos atos do CNJ pelo STF somente se justifica nas hipóteses de:

a. inobservância do devido processo legal;

b. exorbitância das competências do Conselho; e

c. injuridicidade ou manifesta irrazoabilidade do ato impugnado.

No caso concreto, não se identifica nenhuma dessas três situações. Logo, não há motivo para a anulação da decisão do CNJ.

CNJ pode determinar que Tribunais de Justiça reduzam o adicional de férias dos magistrados para 1/3

Adicional de férias

Quando um Juiz tira férias, ele recebe, naquele mês, seu subsídio normal, acrescido de 1/3. Ex: imaginemos que o subsídio normal do Juiz é R$ 30 mil; no mês de suas férias ele receberá R$ 40 mil = 30 + 1/3 (10).

Trata-se do "adicional de férias" (também chamado de "terço de férias" ou "abono de férias"), previsto na própria CF/88 não apenas para os Juízes como também para todos os demais servidores e trabalhadores em geral:

> § Art. 7º São direitos dos trabalhadores urbanos e rurais, além de outros que visem à melhoria de sua condição social:
>
> (...)
>
> XVII – gozo de férias anuais remuneradas com, pelo menos, um terço a mais do que o salário normal;

> § Art. 39 (...)
>
> § 3º Aplica-se aos servidores ocupantes de cargo público o disposto no art. 7º, IV, VII, VIII, IX, XII, XIII, XV, XVI, XVII, XVIII, XIX, XX, XXII e XXX, podendo a lei estabelecer requisitos diferenciados de admissão quando a natureza do cargo o exigir.

Leis estaduais prevendo adicional de 2/3

Algumas leis estaduais passaram a prever que os Juízes de Direito e Desembargadores dos Tribunais de Justiça teriam direito ao abono de férias no percentual de 2/3. Assim, a cada período de férias, os magistrados estaduais receberiam o subsídio acrescido de 2/3.

Um exemplo dessa situação ocorria no Estado do Amapá.

A LC estadual 74/2012 determinou o seguinte:

"Nos períodos de férias, os Magistrados farão jus ao adicional de dois terços de subsídio do mês concessivo, pago antecipadamente."

Procedimento administrativo do CNJ

Ao tomar conhecimento deste fato, o CNJ instaurou, de ofício, procedimento administrativo e determinou a intimação dos Tribunais de Justiça dos Estados e do Distrito Federal solicitando informações sobre o quanto era pago a título de adicional de férias aos magistrados.

De posse desses dados, o CNJ identificou os Tribunais de Justiça nos quais se pagava mais que 1/3 por férias e expediu uma determinação a eles mandando que enviassem projetos de lei para as Assembleias Legislativas fixando o adicional de férias em apenas 1/3.

Assim, tomando o exemplo do Estado do AP, o CNJ determinou que o TJ/AP enviasse um projeto de lei à ALE/AP prevendo o retorno do adicional de férias dos magistrados para 1/3 (e não mais 2/3, como estipulava a LC 74/2012).

Mandado de segurança

A Associação de Magistrados Brasileiros (AMB) impetrou, no STF, mandado de segurança contra a determinação do CNJ.

Segundo a AMB, o CNJ teria realizado um controle de constitucionalidade das leis estaduais, o que não é de competência do Conselho.

Além disso, o CNJ estaria invadindo a competência dos Tribunais de Justiça insculpida no art. 96, II, "b", além do princípio do autogoverno da Justiça estadual, previsto no art. 125, ambos da CF/88:

> § Art. 96. Compete privativamente:
>
> II – ao Supremo Tribunal Federal, aos Tribunais Superiores e aos Tribunais de Justiça propor ao Poder Legislativo respectivo, observado o disposto no art. 169:
>
> (...)
>
> a) a alteração do número de membros dos tribunais inferiores;
>
> b) a criação e a extinção de cargos e a remuneração dos seus serviços auxiliares e dos juízos que lhes forem vinculados, bem como a fixação do subsídio de seus membros e dos juízes, inclusive dos tribunais inferiores, onde houver;

> § Art. 125. Os Estados organizarão sua Justiça, observados os princípios estabelecidos nesta Constituição.

Segundo a autora, o máximo que o CNJ poderia fazer seria "recomendar" aos Tribunais a edição da lei que entendesse necessária, desde que preservada a autonomia própria de cada Corte para deflagrar, a seu próprio juízo e conveniência, o processo legislativo de sua iniciativa privada.

O STF concordou com o MS impetrado? A segurança foi concedida? O ato do CNJ é ilegal?

NÃO. A decisão do CNJ foi mantida pelo STF. Vamos entender.

CNJ não pode fazer controle de constitucionalidade

Em primeiro lugar, deve-se esclarecer que o CNJ não pode, realmente, fazer controle de constitucionalidade de lei ou ato normativo:

> O Conselho Nacional de Justiça, embora seja órgão do Poder Judiciário, nos termos do art. 103-B, § 4º, II, da Constituição Federal, possui, tão somente, atribuições de natureza administrativa e, nesse sentido, não lhe é permitido apreciar a constitucionalidade dos atos administrativos, mas somente sua legalidade.
>
> STF. Plenário. MS 28872 AgR, Rel. Min. Ricardo Lewandowski, julgado em 24/02/2011.

CNJ pode, contudo, corrigir ato de Tribunal que não esteja de acordo com o entendimento do STF

O CNJ não pode fazer controle de constitucionalidade, mas pode determinar a correção de ato do Tribunal local que, embora respaldado por legislação estadual, se distancie do entendimento do STF.

Em outras palavras, o CNJ pode determinar que o TJ corrija algum ato seu mesmo que ele tenha agido com base em lei estadual, caso esta norma esteja em confronto com a jurisprudência do STF.

Assim, o CNJ pode afirmar que determinada lei ou ato normativo é inconstitucional se esse entendimento já estiver pacificado no STF. Isso porque, neste caso, o CNJ estará apenas aplicando uma jurisprudência, um entendimento já pacífico. Nesse sentido:

> (...) 5. Não é vedado ao CNJ controlar a atuação administrativa de Tribunal de Justiça local que, respaldado em lei estadual, se distancie da interpretação dada pelo Supremo Tribunal Federal aos preceitos constitucionais e legais que regem a matéria. (...)
>
> 6. A deliberação do CNJ que deixa de aplicar lei estadual anterior à Constituição que conflite com o regime remuneratório da magistratura regulado pelo art. 39, § 4º, da Constituição e com a LOMAN decorre do exercício direto da competência que lhe foi constitucionalmente atribuída, de zelar pela legalidade da atuação administrativa de

membros e órgãos do Poder Judiciário, nos termos da jurisprudência consolidada desta Corte. (...)

STF. 2ª Turma. MS 27935 AgR, Rel. Min. Edson Fachin, julgado em 21/08/2017.

"O CNJ não exorbita de sua competência constitucional ao simplesmente cumprir reiterada jurisprudência desta Corte." (STF. 2ª Turma. ACO 2143 ED, Rel. Min. Gilmar Mendes, julgado em 25/08/2017).

Ok, isso eu entendi. Mas, essas leis estaduais que estabelecem adicionais superiores a 1/3 aos magistrados são inconstitucionais? Por quê?

As vantagens conferidas aos magistrados são apenas aquelas previstas na Constituição Federal e no art. 65 da LOMAN (LC 35/79).

O § 2º do art. 65 reforça, inclusive, essa conclusão:

§

Art. 65 (...)

§ 2º É vedada a concessão de adicionais ou vantagens pecuniárias não previstas na presente Lei, bem como em bases e limites superiores aos nela fixados.

O STF possui julgados nesse sentido:

(...) O Supremo Tribunal Federal, presente esse contexto normativo, tem proclamado que o rol inscrito no art. 65 da LOMAN reveste-se de taxatividade, encerrando, por isso mesmo, no que se refere às vantagens pecuniárias titularizáveis por quaisquer magistrados, verdadeiro "numerus clausus", a significar, desse modo, que não se legitima a percepção, pelos juízes, de qualquer outra vantagem pecuniária que não se ache expressamente relacionada na norma legal em questão. Precedentes.

STF. 2ª Turma. AO 820 AgR, Rel. Min. Celso de Mello, julgado em 07/10/2003.

(...) O rol taxativo do art. 65 da LOMAN não prevê a concessão de auxílio-transporte aos magistrados nacionais, tendo vedado, em seu parágrafo 2º, a concessão de adicionais ou vantagens pecuniárias nele não previstos. (...)

STF. 2ª Turma. MS 27935 AgR, Rel. Min. Edson Fachin, julgado em 21/08/2017.

Assim, o STF entende que a lei estadual (aliás, nem mesmo a Constituição Estadual) pode se contrapor às previsões da LOMAN.

Dessa forma, a majoração do percentual de férias sem previsão na LOMAN contraria a jurisprudência consolidada do STF.

Em suma:

O CNJ, ao determinar aos Tribunais de Justiça que enviem projetos de lei para adequar as normas estaduais que tratam acerca do adicional de férias pago aos magistrados ao previsto na Constituição Federal e na LOMAN, não extrapolou das suas atribuições. Isso porque simplesmente aplicou o entendimento do STF a respeito da matéria.

STF. 2ª Turma. MS 31667 AgR/DF, Rel. Min. Dias Toffoli, julgado em 11/9/2018 (Info 915).

CNJ PODE AVOCAR PAD QUE TRAMITA NO TRIBUNAL SE NÃO HÁ QUÓRUM SUFICIENTE PARA SE ATINGIR MAIORIA ABSOLUTA

Imagine a seguinte situação hipotética:

Determinado Juiz Federal praticou ilícito que configurou grave infração disciplinar.

O TRF, em processo administrativo disciplinar, condenou este Juiz à pena de aposentadoria compulsória. Ocorre que, em virtude de alguns Desembargadores terem se averbado suspeitos, este magistrado foi condenado com um quórum de maioria simples.

Detalhando mais: 9 dos 27 integrantes do TRF2 se declararam suspeitos. Com isso, apenas 18 votaram. 10 Desembargadores votaram a favor da aposentadoria e 8 contra.

Desse modo, foi atingida a maioria simples (maioria dos votantes), mas não a maioria absoluta do Tribunal.

O magistrado condenado ingressou, então, com uma reclamação no CNJ.

O que fez o CNJ?

O Conselho reconheceu que a condenação proferida pelo TRF foi indevida. Isso porque o art. 93, VIII e X, da CF/88 exige quórum de maioria absoluta do tribunal e, no caso concreto, foi atingida apenas a maioria simples:

> § Art. 93. Lei complementar, de iniciativa do Supremo Tribunal Federal, disporá sobre o Estatuto da Magistratura, observados os seguintes princípios:
>
> (...)
>
> VIII – o ato de remoção, disponibilidade e aposentadoria do magistrado, por interesse público, fundar-se-á em decisão por voto da maioria absoluta do respectivo tribunal ou do Conselho Nacional de Justiça, assegurada ampla defesa;
>
> (...)
>
> X – as decisões administrativas dos tribunais serão motivadas e em sessão pública, sendo as disciplinares tomadas pelo voto da maioria absoluta de seus membros;

Aconteceu algo, no entanto, que o Juiz não esperava: o CNJ, após anular o julgamento de mérito realizado pelo TRF, decidiu AVOCAR o processo administrativo para que o magistrado fosse julgado diretamente pelo Conselho.

O juiz impetrou MS no STF contra essa decisão do Conselho. No MS impetrado, o magistrado alega que, diante da ausência de maioria absoluta pela condenação, deveria ser declarada a sua absolvição.

O que decidiu o STF?

O STF afirmou que o CNJ agiu corretamente:

A Constituição, expressamente, confere ao CNJ competência para, a qualquer tempo, avocar processos de natureza disciplinar em curso contra membros do Poder Judiciário. Assim, não há óbice para que o CNJ anule o julgamento do Tribunal e inicie lá um outro procedimento.

Uma das causas legítimas de avocação de procedimentos administrativos pelo CNJ é justamente a falta do quórum para proferir decisão administrativa por maioria absoluta em razão de suspeição, impedimento ou falta de magistrados.

O CNJ poderia ter devolvido o processo ao TRF2, mas optou por exercer sua competência concorrente, dentro da discricionariedade conferida pela Constituição, para julgar o processo e evitar novas questões de suspeição e impedimento.

STF. 1ª Turma. MS 35.100/DF, rel. orig. Min. Luiz Fux, red. p/ o acórdão Min. Roberto Barroso, julgado em 8/5/2018 (Info 901).

Constitucionalidade do art. 6º, I, da Resolução 146/2012-CNJ

Redistribuição de cargos

Redistribuição é o ato por meio do qual o cargo de provimento efetivo (ocupado ou vago) é deslocado para outro órgão ou entidade do mesmo Poder.

Não confundir a redistribuição com a remoção. Na remoção, ocorre o deslocamento do servidor enquanto que na redistribuição há o deslocamento do próprio cargo (esteja ele ocupado ou vago).

Resolução 146/2012-CNJ

A Resolução 146/2012 do CNJ dispõe sobre o instituto da redistribuição de cargos efetivos dos quadros de pessoal dos órgãos do Poder Judiciário da União.

Uma Associação de servidores do Poder Judiciário da União ingressou no STF com ADI contra o inciso I do art. 6º da Resolução 146/2012, do CNJ, que impede a redistribuição, em reciprocidade, de cargos ocupados por servidores com menos de 36 meses de exercício no cargo. Veja o dispositivo impugnado:

§ Art. 6º O cargo ocupado somente poderá ser redistribuído se o servidor preencher cumulativamente os seguintes requisitos:

I – tempo mínimo de 36 meses de exercício no cargo a ser redistribuído;

Segundo a ação, o ato do CNJ está em desconformidade com a Constituição Federal, pois usurpa a competência legislativa exclusiva do presidente da República, prevista em seu art. 61, para inovar na ordem jurídica no que diz respeito ao regime jurídico dos servidores públicos.

De acordo com a autora, a resolução também violaria o inciso I do art. 37 da Lei nº 8.112/90, que estabelece os requisitos para a concessão da redistribuição. Destaca que, dentre tais requisitos, não há referência a prazo mínimo de permanência no cargo a ser redistribuído.

O STF concordou com o pedido?

NÃO. O STF julgou improcedente o pedido formulado e afirmou que:

O art. 6º, I, da Resolução 146/2012 do CNJ é constitucional.

STF. Plenário. ADI 4938/DF, Rel. Min. Cármen Lúcia, julgado em 26/4/2018 (Info 899).

O instituto da redistribuição de cargos efetivos tem função de resguardar o interesse da Administração Pública e não visa a atender às necessidades do servidor.

O prazo de 36 meses previsto no dispositivo impugnado coincide com o prazo estabelecido no art. 41 da Constituição Federal relativo à estabilidade do servidor público, de modo a evidenciar a razoabilidade e a proporcionalidade da resolução.

O normativo em questão foi elaborado com ampla participação da comunidade jurídica interessada, para ser discutido, votado e aprovado pelo Plenário do CNJ. Por conseguinte, o texto final passou pelo crivo da legitimidade em razão do debate democrático que o procedeu. Logo, não houve extrapolação de competência por parte do Conselho.

CNJ pode anular decisão do TJ que, em concurso de cartório, conferiu, na fase de títulos, pontuação com base em interpretação contrária à Resolução do Conselho

O CNJ não pode substituir a banca examinadora do concurso na escolha das questões, na correção de provas e nas atribuições de notas. Assim, ao Conselho é defeso (proibido) substituir o critério valorativo para escolha e correção das questões pela Banca Examinadora nos concursos públicos.

O CNJ pode, no entanto, substituir, anular ou reformar decisões da banca do concurso que firam os princípios da razoabilidade, da igualdade, da legalidade, da impessoalidade, da moralidade e da publicidade. Isso porque a discricionariedade da banca de concurso não se confunde com arbitrariedade. Se houver desrespeito aos princípios constitucionais da administração pública, será possível a plena revisão da decisão pelo Conselho.

Ex: o CNJ pode anular decisão do Tribunal de Justiça que, em concurso de cartório, deu interpretação equivocada a determinado item do edital, e conferiu pontuação indevida a certos candidatos na fase de títulos. A pontuação conferida pela Comissão no

TJ violava à Resolução do CNJ que regulamenta os concursos de cartório. Neste caso, o CNJ atuou dentro dos limites constitucionais do controle administrativo.

STF. 1ª Turma. MS 33527/RJ, rel. orig. Min. Marco Aurélio, red. p/ o acórdão Min. Alexandre de Moraes, julgado em 20/3/2018 (Info 895).

9. MINISTÉRIO PÚBLICO

9.1. O ART. 127 DA CF/88 ASSEGURA AO MP AUTONOMIA FINANCEIRA

A situação concreta foi a seguinte:

A Constituição do Estado do Ceará estabeleceu que o Ministério Público goza de autonomia funcional, administrativa e **financeira**. Previu também que o Procurador-Geral de Justiça tem competência para propor ao Poder Legislativo a criação e a extinção dos cargos e serviços auxiliares e a fixação dos vencimentos dos membros e dos servidores de seus órgãos auxiliares.

Tais dispositivos foram questionados pelo Governador do Estado, que alegou que o art. 127 da CF/88 não prevê autonomia financeira para o MP.

O STF concordou com o autor da ADI?

NÃO.

É constitucional dispositivo da Constituição Estadual que assegura ao Ministério Público autonomia financeira e a iniciativa ao Procurador-Geral de Justiça para propor ao Poder Legislativo a criação e a extinção dos cargos e serviços auxiliares e a fixação dos vencimentos dos membros e dos servidores de seus órgãos auxiliares.

Também é constitucional a previsão de que o Ministério Público elaborará a sua proposta orçamentária dentro dos limites estabelecidos pela LDO.

STF. Plenário. ADI 145/CE, Rel. Min. Dias Toffoli, julgado em 20/6/2018 (Info 907).

O STF entende que, mesmo que o art. 127, § 2º, da CF/88 não fale em autonomia financeira, ela é sim assegurada ao Ministério Público.

§ Art. 127. (...)

§ 2º Ao Ministério Público é assegurada autonomia funcional e administrativa, podendo, observado o disposto no art. 169, propor ao Poder Legislativo a criação e extinção de seus cargos e serviços auxiliares, provendo-os por concurso público de provas ou de provas e títulos, a política remuneratória e os planos de carreira; a lei disporá sobre sua organização e funcionamento.

O § 3º do art. 127 reforça essa conclusão porque prevê que "o Ministério Público elaborará sua proposta orçamentária dentro dos limites estabelecidos na lei de diretrizes orçamentárias."

Sobre o tema, veja:

(...) A dimensão financeira dessa autonomia constitucional – considerada a instrumentalidade de que se reveste – responde à necessidade de assegurar-se, ao Ministério Público, a plena realização dos fins eminentes para os quais foi ele concebido, instituído e organizado. Precedentes. Doutrina.

- Sem que disponha de capacidade para livremente gerir e aplicar os recursos orçamentários vinculados ao custeio e à execução de suas atividades, o Ministério Público nada poderá realizar, frustrando-se, desse modo, de maneira indevida, os elevados objetivos que refletem a destinação constitucional dessa importantíssima Instituição da República, incumbida de defender a ordem jurídica, de proteger o regime democrático e de velar pelos interesses sociais e individuais indisponíveis. (...)

STF. Plenário. ADI 2513 MC, Rel. Min. Celso de Mello, julgado em 03/04/2002.

9.2. O MINISTÉRIO PÚBLICO PODE AJUIZAR ACP PARA ANULAR APOSENTADORIA QUE LESE O ERÁRIO

O Ministério Público tem legitimidade para ajuizar ação civil pública que vise anular ato administrativo de aposentadoria que importe em lesão ao patrimônio público.

STF. Plenário. RE 409356/RO, Rel. Min. Luiz Fux, julgado em 25/10/2018 (repercussão geral) (Info 921).

Veja comentários em Processo Civil.

10. DEFENSORIA PÚBLICA

10.1. DEFENSOR PÚBLICO NÃO PRECISA DE INSCRIÇÃO NA OAB PARA EXERCER SUAS FUNÇÕES

O candidato ao cargo de Defensor Público precisa de inscrição na OAB? O candidato precisa ser advogado?

Em regra, sim. Essa é uma exigência prevista na LC 80/94 (Lei Orgânica da Defensoria Pública) para os cargos de Defensor Público Federal e de Defensor Público do Distrito Federal. Veja:

§ Art. 26. O candidato, no momento da inscrição, deve possuir registro na Ordem dos Advogados do Brasil, ressalvada a situação dos proibidos de obtê-la *(ex: o candidato é Delegado)*, e comprovar, no mínimo, dois anos de prática forense, devendo indicar sua opção por uma das unidades da federação onde houver vaga.

(...)

§ 2º Os candidatos proibidos de inscrição na Ordem dos Advogados do Brasil comprovarão o registro até a posse no cargo de Defensor Público.

Obs: o art. 26 trata sobre a DPU.

Essa mesma disposição é encontrada no art. 71, caput e § 2º, que versa sobre a Defensoria Pública do Distrito Federal:

§ Art. 71. O candidato, no momento da inscrição, deve possuir registro na Ordem dos Advogados do Brasil, ressalvada a situação dos proibidos de obtê-la, e comprovar, no mínimo, dois anos de prática forense.

(...)

§ 2º Os candidatos proibidos de inscrição na Ordem dos Advogados do Brasil comprovarão o registro até a posse no cargo de Defensor Público.

No caso das Defensorias Públicas estaduais, a LC 80/94 não traz uma exigência semelhante porque, na época da sua edição, entendeu-se que exigir ou não OAB do candidato (requisito para a posse) seria uma decisão relacionada com a autonomia de cada Defensoria Pública estadual, a ser definida em lei estadual. Logo, uma lei federal não poderia impor essa determinação.

Assim, se você observar as leis estaduais das Defensorias Públicas, algumas exigem do candidato a inscrição na OAB e outras, não.

- Exemplo que exige: DPE/AC, DPE/AL, DPE/SP, DPE/AM e a imensa maioria.
- Exemplo que não exige: DPE/RJ.

Editais dos concursos

Diante disso, vários editais de concursos para o cargo de Defensor Público exigem a inscrição na OAB como sendo um dos requisitos da posse. Exemplos:

§ DPU 2017

3 DOS REQUISITOS BÁSICOS PARA A INVESTIDURA NO CARGO

(...)

3.7 Estar inscrito na OAB, ressalvada a situação dos candidatos que exerçam atividade incompatível com a advocacia

§ DPE MA

2.1 O candidato deverá declarar, na solicitação de Inscrição Preliminar:

(...)

d) estar inscrito na OAB, na data da posse, dispensado deste requisito os incompatibilizados com o exercício da advocacia;

§ DPE AC 2017

3 DOS REQUISITOS BÁSICOS PARA A INVESTIDURA NO CARGO

(...)

3.11 Possuir registro na Ordem dos Advogados do Brasil – OAB, ressalvada a situação dos proibidos de obtê-la, comprovado mediante cópia autenticada da carteira de advogado ou certidão emitida pelo órgão, nos termos do art. 15 da Lei Complementar Estadual nº 158/2006.

O Defensor Público precisa ter inscrição na OAB para exercer as suas funções? O Defensor Público, para exercer suas atribuições, precisa ser advogado?

1ª corrente: SIM	2ª corrente: NÃO
Se a LC 80/94 exige a inscrição na OAB como um requisito para a posse, isso significa que se trata de um requisito para o exercício do cargo. Além disso, essa primeira corrente sustenta que o Defensor Público exerce advocacia, razão pela qual deve ser inscrito na OAB, conforme prevê o art. 3º, § 1º da Lei nº 8.906/94 (Estatuto da OAB).	A capacidade postulatória do Defensor Público decorre diretamente da Constituição Federal. Assim, não é necessária a inscrição na OAB para o exercício das funções. O Defensor Público não é um advogado. Desse modo, o Defensor Público está obrigado a se inscrever na OAB apenas para tomar posse, mas não para o exercício de suas funções.
Principal dispositivo invocado: Art. 3º O exercício da atividade de advocacia no território brasileiro e a denominação de advogado são privativos dos inscritos na Ordem dos Advogados do Brasil (OAB). § 1º Exercem atividade de advocacia, sujeitando-se ao regime desta lei, além do regime próprio a que se subordinem, os integrantes da Advocacia-Geral da União, da Procuradoria da Fazenda Nacional, da Defensoria Pública e das Procuradorias e Consultorias Jurídicas dos Estados, do Distrito Federal, dos Municípios e das respectivas entidades de administração indireta e fundacional.	Principal dispositivo invocado: Art. 4º São funções institucionais da Defensoria Pública, dentre outras: (...) § 6º A capacidade postulatória do Defensor Público decorre exclusivamente de sua nomeação e posse no cargo público. (Incluído pela LC 132/2009)
É a corrente defendida pela OAB.	É a tese institucional defendida pelas associações de Defensores Públicos.

Qual foi a posição adotada pelo STJ?

A 2ª corrente. Os Defensores Públicos NÃO precisam de inscrição na OAB para exerceram suas atribuições.

Defensor Público não é advogado

A Defensoria Pública é disciplinada pela Constituição Federal dentro das "Funções Essenciais à Justiça", ao lado do Ministério Público, da Advocacia e da Advocacia Pública.

A Defensoria Pública não deve ser considerada como Advocacia Pública, dada a nítida separação entre as funções realizada pela Carta de 1988.

Os Defensores Públicos exercem atividades de representação judicial e extrajudicial, de advocacia contenciosa e consultiva, o que se assemelha bastante à Advocacia, tratada em Seção à parte no texto constitucional. Apesar disso, não se pode dizer que os Defensores Públicos sejam advogados. Há inúmeras peculiaridades que fazem com que a Defensoria Pública seja distinta da advocacia privada e, portanto, mereça tratamento diverso.

Alguns pontos que diferenciam a carreira da Defensoria Pública:

- está sujeita a regime próprio e a estatutos específicos;
- submete-se à fiscalização disciplinar por órgãos próprios (e não pela OAB);
- necessita de aprovação prévia em concurso público, sem a qual, ainda que possua inscrição na Ordem, não é possível exercer as funções do cargo;
- não precisa apresentar procuração para atuar.

CF/88 não exigiu inscrição na OAB

A Constituição Federal não previu a inscrição na OAB como exigência para o exercício do cargo de Defensor Público. Ao contrário, o § 1º do art. 134 proibiu o exercício da advocacia privada:

> §
>
> Art. 134 (...)
>
> § 1º Lei complementar organizará a Defensoria Pública da União e do Distrito Federal e dos Territórios e prescreverá normas gerais para sua organização nos Estados, em cargos de carreira, providos, na classe inicial, mediante concurso público de provas e títulos, assegurada a seus integrantes a garantia da inamovibilidade e vedado o exercício da advocacia fora das atribuições institucionais.

Art. 3º, § 1º da Lei nº 8.906/94 x o art. 4º, § 6º da LC 80/94

Existe uma antinomia entre o art. 3º, § 1º da Lei nº 8.906/94 e o art. 4º, § 6º da LC 80/94.

A antinomia entre normas da mesma hierarquia deve ser resolvida pelo critério da especialidade (*lex specialis derrogat generalis*) e da cronologia (*lex posterior derrogat priore*).

No caso, o art. 4º, § 6º da LC 80/94 foi incluído no ordenamento jurídico pela LC 132/2009, sendo, portanto, posterior ao art. 3º, § 1º, da Lei nº 8.906/94. Além disso, trata-se de dispositivo mais específico, considerando que rege a carreira de Defensor Público e a sua atuação.

Logo, deve prevalecer o art. 4º, § 6º da LC 80/94, que diz que a "capacidade postulatória" do Defensor Público decorre exclusivamente de sua nomeação e posse no cargo público. Em outras palavras, a sua capacidade de pedir e de responder em juízo (capacidade postulatória) surge e depende unicamente de sua nomeação e posse. Não depende de mais nada (nem de inscrição na OAB).

Isso significa que a Lei nº 8.906/94 (Estatuto da OAB) não se aplica para nada relacionado com a Defensoria Pública?

Não foi isso que se quis dizer.

É necessário fazer um diálogo das fontes e alguns dispositivos do Estatuto da Advocacia são sim aplicáveis aos Defensores Públicos, dada a semelhança de suas atividades com aquelas que são exercidas pela advocacia privada.

Um exemplo é o art. 2º, § 3º, da Lei nº 8.906/94, que assegura a inviolabilidade por atos e manifestações. Outro é o sigilo da comunicação (art. 7º, III). Tais dispositivos são perfeitamente aplicáveis aos Defensores Públicos.

Em suma:

Os Defensores Públicos NÃO precisam de inscrição na OAB para exerceram suas atribuições.

O art. 3º, § 1º, da Lei 8.906/94 deve receber interpretação conforme à Constituição de modo a se concluir que não se pode exigir inscrição na OAB dos membros das carreiras da Defensoria Pública.

O art. 4º, § 6º, da LC 80/94 afirma que a capacidade postulatória dos Defensores Públicos decorre exclusivamente de sua nomeação e posse no cargo público, devendo esse dispositivo prevalecer em relação ao Estatuto da OAB por se tratar de previsão posterior e específica.

Vale ressaltar que é válida a exigência de inscrição na OAB para os candidatos ao concurso da Defensoria Pública porque tal previsão ainda permanece na Lei.

STJ. 2ª Turma. REsp 1.710.155-CE, Rel. Min. Herman Benjamin, julgado em 01/03/2018 (Info 630).

10.2. EQUIPARAÇÃO ENTRE DEFENSORIA PÚBLICA E MP

Situação concreta:

A Constituição do Estado do Ceará previu a seguinte regra:

> § Art. 147. (...)
>
> (...)
>
> § 1º São aplicáveis aos Defensores Públicos o regime de garantias, vencimentos, vantagens e impedimentos do Ministério Público e da Procuradoria-Geral do Estado.

O STF considerou essa previsão inconstitucional:

É inconstitucional dispositivo da Constituição Estadual que concede aos Defensores Públicos a aplicação do regime de garantias, vencimentos, vantagens e impedimentos do Ministério Público e da Procuradoria-Geral do Estado.

Os estatutos jurídicos das carreiras do Ministério Público e da Defensoria Pública foram tratados de forma diversa pelo texto constitucional originário.

Ademais, a equivalência remuneratória entre as carreiras encontra óbice no art. 37, XIII, da CF/88, que veda a equiparação ou vinculação remuneratória.

STF. Plenário. ADI 145/CE, Rel. Min. Dias Toffoli, julgado em 20/6/2018 (Info 907).

Obs: o tema foi analisado tendo como parâmetro a redação originária da Constituição Federal de 1988, ou seja, antes das Emendas Constitucionais 45/2004 e 80/2014.

10.3. INCONSTITUCIONALIDADE DA NORMA DE CE QUE EQUIPARA REMUNERAÇÃO DE DELEGADOS A DOS PROMOTORES

Situação concreta:

A Constituição do Estado do Ceará previu o seguinte:

> § Art. 184. (...)
>
> § 1º Os delegados de polícia de classe inicial percebem idêntica remuneração aos promotores de primeira entrância, prosseguindo na equivalência entre as demais classes pelo escalonamento das entrâncias judiciárias.

O STF decidiu que essa regra é inconstitucional por violar o art. 37, XIII, da CF/88, que proíbe a vinculação ou equiparação de quaisquer espécies remuneratórias de pessoal do serviço público.

STF. Plenário. ADI 145/CE, Rel. Min. Dias Toffoli, julgado em 20/6/2018 (Info 907).

O art. 37, XIII, da Constituição veda, expressamente, a vinculação ou equiparação de quaisquer espécies remuneratórias para efeito de remuneração de pessoal do serviço público:

> § Art. 37 (...)
>
> XIII – é vedada a vinculação ou equiparação de quaisquer espécies remuneratórias para o efeito de remuneração de pessoal do serviço público; (Redação dada pela EC 19/98)

10.4. DEFENSORIA PODE TER ACESSO A PROCEDIMENTO INSTAURADO PELA JUSTIÇA PARA APURAR IRREGULARIDADES EM UNIDADE DE INTERNAÇÃO

A Defensoria Pública pode ter acesso aos autos de procedimento verificatório instaurado para inspeção judicial e atividade correicional de unidade de execução de medidas socioeducativas.

STJ. 6ª Turma. RMS 52.271-SP, Rel. Min. Nefi Cordeiro, julgado em 19/06/2018 (Info 629).

Veja mais comentários em ECA.

11. ADVOCACIA PÚBLICA

11.1. PROCURADORIA DA ASSEMBLEIA LEGISLATIVA

Princípio da unicidade da representação judicial dos Estados e do Distrito Federal

Segundo este "princípio", os Procuradores dos Estados e do Distrito Federal serão os únicos responsáveis pela representação judicial e pela consultoria jurídica das respectivas unidades federadas.

Em outras palavras, só um órgão pode desempenhar as funções de representação judicial e de consultoria jurídica nos Estados e DF e este órgão é a Procuradoria-Geral do Estado (ou PGDF).

Este "princípio" está previsto no art. 132 da CF/88:

> § Art. 132. Os Procuradores dos Estados e do Distrito Federal, organizados em carreira, na qual o ingresso dependerá de concurso público de provas e títulos, com a participação da Ordem dos Advogados do Brasil em todas as suas fases, exercerão a representação judicial e a consultoria jurídica das respectivas unidades federadas.

É possível que o Estado-membro (ou DF) crie Procuradorias autárquicas como órgãos distintos da PGE?

NÃO.

A Constituição do Estado do Ceará previa que o Governador deveria encaminhar à ALE projetos de lei, dispondo sobre a organização e o funcionamento da Procuradoria-Geral do Estado e das procuradorias autárquicas.

O STF decidiu que essa regra é inconstitucional. Isso porque a CF/88 determina que a representação judicial e a consultoria jurídica do Estado, incluídas suas autarquias e fundações, deve ser feita pela PGE, nos termos do art. 132 da CF/88.

O art. 132 da CF/88 consagra o chamado princípio da unicidade da representação judicial e da consultoria jurídica dos Estados e do Distrito Federal e, dessa forma, estabelece competência funcional exclusiva da Procuradoria-Geral do Estado.

A exceção prevista no art. 69 do ADCT da CF deixou evidente que, a partir da Constituição de 1988, não se permite mais a criação de órgãos jurídicos distintos da Procuradoria-Geral do Estado, admite-se apenas a manutenção daquelas consultorias jurídicas já existentes quando da promulgação da Carta. Trata-se de exceção direcionada a situações concretas e do passado e, por essa razão, deve ser interpretada restritivamente, inclusive com atenção à diferenciação entre os termos "consultoria jurídica" e "procuradoria jurídica", uma vez que esta última pode englobar as atividades de consultoria e representação judicial.

STF. Plenário. ADI 145/CE, Rel. Min. Dias Toffoli, julgado em 20/6/2018 (Info 907).

Segundo a jurisprudência do STF, é possível que lei estadual crie cargos em comissão para o desempenho das atribuições de assessoramento jurídico no âmbito do Poder Executivo?

NÃO.

A atividade de assessoramento jurídico do Poder Executivo dos Estados deve ser exercida por Procuradores do Estado, organizados em carreira, cujo ingresso depende de concurso público de provas e títulos, nos termos do art. 132 da CF/88.

Esse preceito tem como objetivo garantir a necessária qualificação técnica e independência funcional desses especiais agentes públicos.

Assim, é inconstitucional a norma que outorgue a ocupante de cargo em comissão ou de função de confiança o exercício, no âmbito do Poder Executivo local, de atribuições inerentes à representação judicial e ao desempenho da atividade de consultoria e de assessoramento jurídicos, pois tais encargos traduzem prerrogativa institucional outorgada, em caráter de exclusividade, aos Procuradores do Estado.

STF. Plenário. ADI 4261, Rel. Min. Ayres Britto, julgado em 02/08/2010.

STF. Plenário. ADI 4843/MC-ED-Ref, Rel. Min. Celso de Mello, julgado em 11/12/2014.

Afirmou o Min. Celso de Mello:

"A extrema relevância das funções constitucionalmente reservadas ao Procurador do Estado (e do Distrito Federal, também), notadamente no plano das atividades de consultoria jurídica e de exame e fiscalização da legalidade interna dos atos da Administração Estadual, impõe que tais atribuições sejam exercidas por agente público investido, em caráter efetivo, na forma estabelecida pelo art. 132 da Lei Fundamental da República, em ordem a que possa agir com independência e sem temor de ser exonerado "ad libitum" pelo Chefe do Poder Executivo local pelo fato de haver exercido, legitimamente e com inteira correção, os encargos irrenunciáveis inerentes às suas altas funções institucionais."

Assim, o modelo constitucional da atividade de representação judicial e consultoria jurídica dos Estados exige a unicidade orgânica da advocacia pública estadual, incompatível com a criação de órgãos jurídicos paralelos para o desempenho das mesmas atribuições no âmbito da Administração Pública Direta ou Indireta.

Por essas razões, o STF declarou, recentemente, a INCONSTITUCIONALIDADE de uma lei estadual que transferia essas funções a ANALISTA do Poder Executivo estadual:

É vedada a atribuição de atividades de representação judicial e de consultoria ou assessoramento jurídicos a analista administrativo da área jurídica.

STF. Plenário. ADI 5107, Rel. Min. Alexandre de Moraes, julgado em 20/06/2018.

Este princípio possui exceções?

SIM. Podemos mencionar a existência de duas exceções:

EXCEÇÃO 1: é possível a criação de procuradorias vinculadas ao Poder Legislativo e ao Tribunal de Contas, para a defesa de sua autonomia e independência perante os demais Poderes, hipótese em que se admite a consultoria e assessoramento jurídico dos órgãos por parte de seus próprios procuradores.

Nesse sentido já decidiu o Supremo: é constitucional a criação de órgãos jurídicos na estrutura de Tribunais de Contas estaduais, vedada a atribuição de cobrança judicial de multas aplicadas pelo próprio tribunal (STF. Plenário. ADI 4070/RO, Rel. Min. Cármen Lúcia, julgado em 19/12/2016).

EXCEÇÃO 2:

ADCT/Art. 69. Será permitido aos Estados manter consultorias jurídicas separadas de suas Procuradorias-Gerais ou Advocacias-Gerais, desde que, na data da promulgação da Constituição, tenham órgãos distintos para as respectivas funções.

O art. 69 do ADCT foi uma exceção transitória ao princípio da unicidade orgânica da Procuradoria estadual.

Esta exceção foi prevista com o objetivo de garantir a continuidade dos serviços de representação e consultoria jurídicas que existiam na Administração Pública no período logo em seguida à promulgação da CF/88, quando algumas Procuradorias estaduais ainda não estavam totalmente estruturadas. Em outras palavras, foi pensada como uma forma de evitar lacunas e uma desorganização da Administração Pública.

Vale ressaltar que só foram mantidas as consultorias jurídicas que já existiam antes da CF/88.

E quanto aos Municípios? Os Municípios são obrigados a possuir Procuradorias Municipais, organizadas em carreira, mediante concurso público, para o desempenho das funções de representação judicial e consultoria jurídica?

NÃO.

Não há na Constituição Federal previsão para que os Municípios instituam Procuradorias Municipais, organizadas em carreira, mediante concurso público.

Não existe, na Constituição Federal, a figura da advocacia pública municipal. Os Municípios não têm essa obrigação constitucional.

STF. Plenário. RE 225777, Rel. Min. Eros Grau, Rel. p/ Acórdão Min. Dias Toffoli, julgado em 24/02/2011.

STF. 2ª Turma. RE 893694 AgR, Rel. Min. Celso de Mello, julgado em 21/10/2016.

Tramita no Congresso Nacional uma PEC com o objetivo de "alterar a redação do art. 132 da Constituição Federal para estender aos Municípios a obrigatoriedade de organizar carreira de procurador (para fins de representação judicial e assessoria jurídica), com ingresso por concurso público, com a participação da OAB em todas as suas fases, garantida a estabilidade dos procuradores após 3 anos de efetivo exercício, mediante avaliação de desempenho." (PEC 17/2012).

Feita esta breve revisão, veja o caso concreto julgado pelo STF:

A Constituição do Estado do Amapá trouxe a seguinte previsão:

§ Art. 115. À Procuradoria da Assembleia compete exercer a representação judicial do Poder Legislativo nas ações em que este for parte, ativa ou passiva, sem prejuízo das atribuições da Procuradoria-Geral do Estado.

Parágrafo único. Lei, de iniciativa da Assembleia Legislativa, disciplinará sua competência e o ingresso na classe inicial da carreira, que para todos os fins integra a Advocacia Pública do Estado do Amapá, mediante concurso de provas ou de provas e títulos.

Foi proposta uma ADI contra esse dispositivo sob a alegação de que ele violaria o princípio da unicidade da representação judicial e da consultoria jurídica dos Estados e do Distrito Federal, previsto no art. 132 da CF/88. O que decidiu o STF?

O STF deu interpretação conforme à Constituição para que dizer que:

A atuação da Procuradoria da Assembleia Legislativa deve ficar limitada à defesa das prerrogativas inerentes ao Poder Legislativo.

Em outras palavras, é possível a existência de Procuradoria da Assembleia Legislativa, mas este órgão ficará responsável apenas pela defesa das prerrogativas do Poder Legislativo.

A representação estadual como um todo, independentemente do Poder, compete à Procuradoria-Geral do Estado (PGE), tendo em conta o princípio da unicidade institucional da representação judicial e da consultoria jurídica para Estados e Distrito Federal. No entanto, às vezes, há conflito entre os Poderes. Ex: o Poder Legislativo cobra do Poder Executivo o repasse de um valor que ele entende devido e que não foi feito. Nestes casos, é possível, em tese, a propositura de ação judicial pela Assembleia Legislativa e quem irá representar judicialmente o órgão será a Procuradoria da ALE.

STF. Plenário. ADI 825/AP, Rel. Min. Alexandre de Moraes, julgado em 25/10/2018 (Info 921).

11.2. INCONSTITUCIONALIDADE DA PREVISÃO DE PROCURADORIAS AUTÁRQUICAS PARA OS ESTADOS-MEMBROS

Situação concreta:

A Constituição do Estado do Ceará previu a seguinte regra:

§ Art. 152. (...)

Parágrafo único. O Governador do Estado, no prazo de cento e vinte dias, contado a partir da promulgação desta Constituição, encaminhará à Assembleia Legislativa projetos de lei, dispondo sobre a organização e o funcionamento da Procuradoria-Geral do Estado e das procuradorias autárquicas.

Essa parte em cinza é válida? É possível a existência de procuradorias autárquicas no âmbito dos Estados-membros?

NÃO.

A Constituição Federal determinou em seu art. 132 que os Procuradores dos Estados e do Distrito Federal é que serão os responsáveis pela representação judicial e pela consultoria jurídica das respectivas unidades federadas.

Essa previsão do art. 132 da CF/88 é chamada de princípio da unicidade da representação judicial e da consultoria jurídica dos Estados e do Distrito Federal. Em outras palavras, só um órgão pode desempenhar esta função e se trata da Procuradoria-Geral do Estado, que detém essa competência funcional exclusiva.

Assim, compete à Procuradoria Geral do Estado a representação judicial e a consultoria jurídica de todo o ente federativo.

O modelo constitucional da atividade de representação judicial e consultoria jurídica dos Estados exige a unicidade orgânica da advocacia pública estadual, incompatível com a criação de órgãos jurídicos paralelos para o desempenho das mesmas atribuições no âmbito da Administração Pública Direta ou Indireta.

Exceções

As exceções à regra da unicidade orgânica da Procuradoria Geral do Estado são reconhecidas pelo STF de forma bastante restritiva.

- Exceção 1: é o caso da possibilidade de criação de procuradorias vinculadas ao Poder Legislativo e ao Tribunal de Contas, para a defesa de sua autonomia e independência perante os demais Poderes, hipótese em que se admite a consultoria e assessoramento jurídico dos órgãos por parte de seus próprios procuradores. Nesse sentido: é constitucional a criação de órgãos jurídicos na estrutura de Tribunais de Contas estaduais, vedada a atribuição de cobrança judicial de multas aplicadas pelo próprio tribunal (STF. Plenário. ADI 4070/RO, Rel. Min. Cármen Lúcia, julgado em 19/12/2016).
- Exceção 2: cargos efetivos de advogados no quadro administrativo do Poder Judiciário com finalidade de assessoramento jurídico e também postulatória, quando o objetivo for zelar pela independência funcional e as prerrogativas inerentes ao Poder (STF. Plenário. ADI 5024, Rel. Min. Roberto Barroso, julgado em 20/09/2018).
- Exceção 3: art. 69 do ADCT.

§ Art. 69. Será permitido aos Estados manter consultorias jurídicas separadas de suas Procuradorias-Gerais ou Advocacias-Gerais, desde que, na data da promulgação da Constituição, tenham órgãos distintos para as respectivas funções.

O art. 69 do ADCT é, portanto, uma exceção momentânea ao princípio da unicidade orgânica da Procuradoria estadual. Exceção esta destinada apenas a garantir a continuidade do serviço de auxílio jurídico da Administração Pública no momento logo em seguida à promulgação da CF/88 quando algumas

Procuradorias estaduais ainda não estavam totalmente estruturadas (ADI 484/PR).

Em suma:

A Constituição do Estado do Ceará previa que o Governador deveria encaminhar à ALE projetos de lei dispondo sobre a organização e o funcionamento da Procuradoria-Geral do Estado e das procuradorias autárquicas.

O STF decidiu que essa regra é inconstitucional. Isso porque a CF/88 determina que a representação judicial e a consultoria jurídica do Estado, incluídas suas autarquias e fundações, deve ser feita pela PGE, nos termos do art. 132 da CF/88.

O art. 132 da CF/88 consagra o chamado "princípio" da unicidade da representação judicial e da consultoria jurídica dos Estados e do Distrito Federal e, dessa forma, estabelece competência funcional exclusiva da Procuradoria-Geral do Estado.

A exceção prevista no art. 69 do ADCT da CF deixou evidente que, a partir da Constituição de 1988, não se permite mais a criação de órgãos jurídicos distintos da Procuradoria-Geral do Estado, admite-se apenas a manutenção daquelas consultorias jurídicas já existentes quando da promulgação da Carta. Trata-se de exceção direcionada a situações concretas e do passado e, por essa razão, deve ser interpretada restritivamente, inclusive com atenção à diferenciação entre os termos "consultoria jurídica" e "procuradoria jurídica", uma vez que esta última pode englobar as atividades de consultoria e representação judicial.

STF. Plenário. ADI 145/CE, Rel. Min. Dias Toffoli, julgado em 20/6/2018 (Info 907).

11.3. É INCONSTITUCIONAL NORMA DE CONSTITUIÇÃO ESTADUAL QUE PREVEJA A FIGURA DO "PROCURADOR DA FAZENDA ESTADUAL"

É inconstitucional norma de Constituição Estadual que preveja que compete ao Governador nomear e exonerar o "Procurador da Fazenda Estadual".

Isso porque o art. 132 da CF/88 determina que a representação judicial e a consultoria jurídica do Estado, incluídas suas autarquias e fundações, deve ser feita pelos "Procuradores dos Estados e do Distrito Federal".

Essa previsão do art. 132 da CF/88 é chamada de princípio da unicidade da representação judicial e da consultoria jurídica dos Estados e do Distrito Federal. Em outras palavras, só um órgão pode desempenhar esta função e se trata da Procuradoria-Geral do Estado, que detém essa competência funcional exclusiva.

O modelo constitucional da atividade de representação judicial e consultoria jurídica dos Estados exige a unicidade orgânica da advocacia pública estadual, incompatível com a criação de órgãos jurídicos paralelos para o desempenho das mesmas atribuições no âmbito da Administração Pública Direta ou Indireta.

STF. Plenário. ADI 825/AP, Rel. Min. Alexandre de Moraes, julgado em 25/10/2018 (Info 921).

Sem necessidade de comentários adicionais.

11.4. TÉCNICO SUPERIOR EM DIREITO DE AUTARQUIA ESTADUAL NÃO PODE EXERCER ATRIBUIÇÕES DE REPRESENTAÇÃO JURÍDICA DA ENTIDADE

O caso concreto julgado pelo STF foi o seguinte:

O Estado do Espírito Santo editou lei criando o cargo de Técnico Superior do DETRAN (autarquia estadual).

Até aí, tudo bem.

O problema foi que a Lei previu que os ocupantes deste cargo seriam responsáveis por representar o DETRAN/ES "em juízo ou fora dele nas ações em que haja interesse da autarquia".

Além disso, determinou que tais servidores teriam a incumbência de praticar "todos os demais atos de natureza judicial ou contenciosa, devendo, para tanto, exercer as suas funções profissionais e de responsabilidade técnica regidas pela Ordem dos Advogados do Brasil OAB".

Tais previsões são constitucionais?

NÃO. Tais previsões violam o "princípio da unicidade da representação judicial dos Estados e do Distrito Federal", insculpido no art. 132 da CF/88.

A legislação impugnada, apesar de não ter criado uma procuradoria paralela, atribuiu ao cargo de Técnico Superior do Detran/ES, com formação em Direito, diversas funções privativas de advogado.

Ao assim agir, conferiu algumas atribuições de representação jurídica do DETRAN a pessoas estranhas aos quadros da Procuradoria-Geral do Estado, com violação do art. 132, caput, da CF/88.

Outras atribuições

A legislação prevê também outras atuações técnico-jurídicas deste servidor no âmbito interno da autarquia, tais como:

- Interagir com as demais unidades administrativas da autarquia na elaboração de normas, instruções, resoluções e demais atos a serem expedidos;

- Interpretar textos e instrumentos legais;
- Elaborar estudos sobre questões jurídicas que envolvam as atividades do DETRAN/ES;
- Elaborar editais, contratos, convênios, acordos e ajustes celebrados pela Autarquia, com a emissão de parecer.

A previsão dessas outras atribuições também é inconstitucional?

NÃO. Essas outras atribuições podem sim ser exercidas pelos Técnicos Superiores do DETRAN, sem que isso ofenda o princípio da unicidade da representação judicial.

O STF entendeu que não se pode deslocar qualquer atuação técnico-jurídica da autarquia para a PGE, porque esta não conseguirá fazer frente a essa gama de trabalho, sob pena de ter suas atividades inviabilizadas.

Nesse contexto, é válida a atuação jurídica dos servidores técnicos no âmbito interno, sobretudo em atividades de compliance, tais como conceber e formular medidas e soluções de otimização, fiscalização e auditoria.

Modulação dos efeitos

Em nome do princípio da confiança e do postulado da segurança jurídica, o STF fez a modulação dos efeitos da declaração de inconstitucionalidade.

Assim, o STF decidiu:

- manter os cargos em questão, excluídas as atribuições judiciais inerentes às procuradorias;
- declarar a validade dos atos praticados (ex: contestações, recursos etc.) até a data do julgamento, com base na teoria do funcionário de fato.

Em suma:

É inconstitucional lei estadual que preveja que servidor de autarquia (no caso, era Técnico Superior do DETRAN) será responsável por:

- **representar a entidade "em juízo ou fora dele nas ações em que haja interesse da autarquia".**
- **praticar "todos os demais atos de natureza judicial ou contenciosa, devendo, para tanto, exercer as suas funções profissionais e de responsabilidade técnica regidas pela Ordem dos Advogados do Brasil OAB".**

Tais previsões violam o "princípio da unicidade da representação judicial dos Estados e do Distrito Federal", insculpido no art. 132 da CF/88.

Por outro lado, é válido que esses servidores façam a atuação jurídica no âmbito interno da autarquia, sobretudo em atividades de compliance, tais como conceber e formular medidas e soluções de otimização, fiscalização e auditoria (exs: interpretar textos e instrumentos legais, elaborar pareceres sobre questões jurídicas que envolvam as atividades da entidade, elaborar editais, contratos, convênios etc.). Essas atribuições podem sim ser exercidas pelos Técnicos Superiores do DETRAN, sem que isso ofenda o princípio da unicidade da representação judicial.

STF. Plenário. ADI 5109/ES, Rel. Min. Luiz Fux, julgado em 13/12/2018 (Info 927).

12. TEMAS DIVERSOS

12.1. É CONSTITUCIONAL A LEI QUE EXTINGUIU A CONTRIBUIÇÃO SINDICAL OBRIGATÓRIA

Custeio das entidades sindicais

Com o objetivo de garantir o seu custeio, a CF/88 assegurou às entidades sindicais duas contribuições diferentes. Veja:

> § Art. 8º (...)
>
> IV – a assembleia geral fixará a contribuição que, em se tratando de categoria profissional, será descontada em folha, para custeio do sistema confederativo da representação sindical respectiva, independentemente da contribuição prevista em lei;

Desse modo, apesar de a redação do inciso ser um pouco truncada, é possível perceber que ele fala em duas espécies de contribuição:

1. Contribuição fixada pela assembleia geral (destacada na primeira parte);
2. Contribuição prevista em lei (destacada na segunda parte).

Confira as diferenças que EXISTIAM entre elas:

Contribuição CONFEDERATIVA	Contribuição SINDICAL
Prevista na 1ª parte do art. 8º, IV, da CF/88.	Prevista na 2ª parte do art. 8º, IV, da CF/88.
Também chamada de "contribuição de assembleia".	Também chamada de "imposto sindical", expressão incorreta porque não é imposto.
NÃO é tributo.	ERA considerada um TRIBUTO. ERA uma contribuição parafiscal (ou especial).
Fixada pela assembleia geral do sindicato (obrigação *ex voluntate*).	Era instituída por meio de lei (obrigação *ex lege*).
É VOLUNTÁRIA. A contribuição confederativa é considerada como voluntária porque somente é paga pelas pessoas que resolveram (optaram) se filiar ao sindicato. A contribuição confederativa de que trata o art. 8º, IV, da Constituição, só é exigível dos filiados ao sindicato respectivo (SV 40): Súmula vinculante 40: A contribuição confederativa de que trata o artigo 8º, IV, da Constituição Federal, só é exigível dos filiados ao sindicato respectivo.	ERA COMPULSÓRIA. ERA paga por todos aqueles que faziam parte de uma determinada categoria econômica ou profissional, ou de uma profissão liberal, em favor do sindicato representativo da mesma categoria ou profissão ou, inexistindo este, à Federação correspondente à mesma categoria econômica ou profissional. Não havia jeito: se o indivíduo fosse metalúrgico, p. ex., ele tinha que pagar a contribuição sindical, mesmo que não fosse filiado ao sindicato. ERA um tributo.

O que fez a Lei nº 13.467/2017?

A Lei nº 13.467/2017, conhecida como "Reforma Trabalhista", alterou os dispositivos da CLT que tratavam sobre a contribuição sindical com o objetivo de fazer com que ela deixasse de ser compulsória e passasse a ser FACULTATIVA. Vamos comparar os principais dispositivos sobre o tema que foram alterados:

CLT	
Antes da Lei 13.467/2017	**Depois da Lei 13.467/2017**
Art. 578. As contribuições devidas aos Sindicatos pelos que participem das categorias econômicas ou profissionais ou das profissões liberais representadas pelas referidas entidades serão, sob a denominação do "imposto sindical", pagas, recolhidas e aplicadas na forma estabelecida neste Capítulo.	Art. 578. As contribuições devidas aos sindicatos pelos participantes das categorias econômicas ou profissionais ou das profissões liberais representadas pelas referidas entidades serão, sob a denominação de contribuição sindical, pagas, recolhidas e aplicadas na forma estabelecida neste Capítulo, desde que prévia e expressamente autorizadas.
Art. 579. A contribuição sindical é devida por todos aqueles que participarem de uma determinada categoria econômica ou profissional, ou de uma profissão liberal, em favor do sindicato representativo da mesma categoria ou profissão ou, inexistindo este, na conformidade do disposto no art. 591.	Art. 579. O desconto da contribuição sindical está condicionado à autorização prévia e expressa dos que participarem de uma determinada categoria econômica ou profissional, ou de uma profissão liberal, em favor do sindicato representativo da mesma categoria ou profissão ou, inexistindo este, na conformidade do disposto no art. 591 desta Consolidação.
Art. 582. Os empregadores são obrigados a descontar da folha de pagamento de seus empregados, relativa ao mês de março de cada ano, o imposto sindical por estes devido aos respectivos sindicatos. (...)	Art. 582. Os empregadores são obrigados a descontar da folha de pagamento de seus empregados relativa ao mês de março de cada ano a contribuição sindical dos empregados que autorizaram prévia e expressamente o seu recolhimento aos respectivos sindicatos. (...)
Art. 587. O recolhimento da contribuição sindical dos empregadores efetuar-se-á no mês de janeiro de cada ano, ou, para os que venham a estabelecer-se após aquele mês, na ocasião em que requeiram às repartições o registro ou a licença para o exercício da respectiva atividade.	Art. 587. Os empregadores que optarem pelo recolhimento da contribuição sindical deverão fazê-lo no mês de janeiro de cada ano, ou, para os que venham a se estabelecer após o referido mês, na ocasião em que requererem às repartições o registro ou a licença para o exercício da respectiva atividade.

Veja, portanto, que o legislador alterou todos os dispositivos que dispunham sobre a contribuição sindical como sendo algo obrigatório, passando a ser tratada como um pagamento facultativo.

ADI

Algumas entidades sindicais ingressam com ADIs contra essas alterações.

Nas ações, as entidades alegaram, dentre outros argumentos, que:

- a contribuição sindical foi recepcionada pela Constituição de 1988 como sendo uma contribuição parafiscal (art. 149 da CF/88), ou seja, um tributo;
- o art. 146, III, "a", da CF/88 prevê que a instituição de tributos parafiscais e suas definições, espécies, bases de cálculo, fatos geradores e contribuintes devem ser feitas por meio de lei

complementar. Ocorre que a Lei nº 13.467/2017 é uma lei ordinária, de modo que teria havido uma inconstitucionalidade formal;

- além disso, o fim da obrigatoriedade da contribuição sindical foi promovida pela Lei nº 13.467/2017 que tratou sobre vários outros assuntos. Para as entidades, isso não seria possível porque o art. 150, § 6º, da Constituição exige explicitamente que a matéria seja regulada por meio de lei tributária específica:

> §
>
> Art. 150 (...)
>
> § 6º Qualquer subsídio ou isenção, redução de base de cálculo, concessão de crédito presumido, anistia ou remissão, relativos a impostos, taxas ou contribuições, só poderá ser concedido mediante lei específica, federal, estadual ou municipal, que regule exclusivamente as matérias acima enumeradas ou o correspondente tributo ou contribuição, sem prejuízo do disposto no art. 155, § 2º, XII, g.

- a alteração legislativa teria violado direitos fundamentais previstos no art. 5º da Constituição, especialmente quando ela fala em acesso à Justiça, em direito ao contraditório e à ampla defesa e à assistência jurídica integral e gratuita aos que comprovarem insuficiência de recursos. Além disso, teria afrontado também os direitos à educação, à saúde, à alimentação, ao trabalho, à moradia, ao transporte, ao lazer, à segurança. Isso porque os sindicatos oferecem assistência judiciária integral e gratuita para os trabalhadores carentes e esses serviços eram custeados com a contribuição sindical obrigatória. Sem essa verba, os sindicatos não poderão mais oferecer essa assistência, o que representa um enorme retrocesso social.

O que o STF decidiu? A ADI foi julgada procedente? O fim da obrigatoriedade da contribuição sindical viola a Constituição Federal?

NÃO. A ADI foi julgada improcedente e o STF decidiu que:

> **São compatíveis com a Constituição Federal os dispositivos da Lei nº 13.467/2017 (Reforma Trabalhista) que extinguiram a obrigatoriedade da contribuição sindical e condicionaram o seu pagamento à prévia e expressa autorização dos filiados.**
>
> STF. Plenário. ADI 5794/DF, Rel. Min. Edson Fachin, red. p/ o ac. Min. Luiz Fux, julgado em 29/6/2018 (Info 908).

Dispor sobre o fim da obrigatoriedade sindical não significa tratar sobre normas gerais de tributário

No âmbito formal, o STF entendeu que o assunto tratado pela Lei nº 13.467/2017 (fim da obrigatoriedade da contribuição sindical) não pode ser considerado como norma geral de direito tributário. Logo, o fim da obrigatoriedade sindical não precisava ter sido veiculado por meio de lei complementar por não se enquadrar na exigência do art. 146, III, "a", da CF/88, como argumentavam as entidades sindicais:

> §
>
> Art. 146. Cabe à lei complementar:
>
> (...)
>
> III – estabelecer normas gerais em matéria de legislação tributária, especialmente sobre:
>
> a) definição de tributos e de suas espécies, bem como, em relação aos impostos discriminados nesta Constituição, a dos respectivos fatos geradores, bases de cálculo e contribuintes;

Acabar com a obrigatoriedade da contribuição sindical não exige lei específica

O § 6º do art. 150 da CF/88 exige lei específica para conceder subsídio, isenção, reduzir base de cálculo e conceder outros "benefícios fiscais".

A Lei nº 13.467/2017 não disciplinou nenhum desses benefícios fiscais. Logo, não se exigia a edição de uma lei específica.

Livre associação profissional ou sindical

Sob o ângulo material, o STF lembrou que a Constituição assegura a livre associação profissional ou sindical, de modo que ninguém é obrigado a filiar-se ou a manter-se filiado a sindicato (art. 8º, V).

O princípio constitucional da liberdade sindical garante tanto ao trabalhador quanto ao empregador a liberdade de se associar a uma organização sindical, passando a contribuir voluntariamente com essa representação.

Não se pode admitir que o texto constitucional, de um lado, consagre a liberdade de associação, sindicalização e expressão e, de outro, imponha uma contribuição compulsória a todos os integrantes das categorias econômicas e profissionais.

CF/88 não impõe que a contribuição sindical seja obrigatória

"A contribuição sindical não foi constitucionalizada no texto magno". O que o STF quis dizer com essa frase: não há qualquer comando na Constituição dizendo que deverá ser instituída uma contribuição sindical compulsória, com natureza de tributo, em favor dos sindicatos.

O inciso IV do art. 8º da CF/88 prevê que a lei poderá instituir uma contribuição sindical, mas sem mencionar que deva ser obrigatória.

Contribuição confederativa é a principal fonte de custeio dos sindicatos

Analisando o inciso IV do art. 8º, o STF afirma que fica claro que a contribuição sindical, na forma da lei, é uma fonte de custeio (fonte de receita) subsidiária das entidades sindicais. A principal fonte de custeio é a contribuição confederativa, instituída em assembleia geral.

Modelo de gestão sindical é uma decisão política

A discussão a respeito do modelo de gestão sindical a ser adotado no Brasil é eminentemente política, cujo protagonista é o Congresso Nacional. O STF deve ser autocontido, de forma a respeitar as escolhas políticas do Legislativo.

Sistema sindical moderno

Ademais, a reforma trabalhista buscou a evolução de um sistema sindical centralizador, arcaico e paternalista para um modelo mais moderno, baseado na liberdade.

O modelo de contribuição compulsória não estimulava a competitividade e a representatividade, levando a um verdadeiro negócio privado, bom apenas para sindicalistas.

A sistemática anterior criou um associativismo com enorme distorção representativa. No Brasil, são quase 17 mil sindicatos, enquanto em outros países apenas algumas centenas. A contribuição compulsória vinha gerando oferta excessiva e artificial de associações sindicais, o que configura perda social em detrimento dos trabalhadores. Esse número estratosférico de sindicatos não se revertia em aumento do bem-estar de nenhuma categoria.

Nesse contexto, as entidades sindicais frequentemente se engajam em atividades políticas, lançando e apoiando candidatos, conclamando protestos e mantendo estreitos laços com partidos políticos. Ocorre que o discurso político é o núcleo por excelência da liberdade de expressão. Ao exigir que indivíduos financiem atividades políticas com as quais não concordam, por meio de contribuições compulsórias a sindicatos, o regime anterior certamente vulnerava a garantia fundamental da liberdade de expressão, protegida pelo art. 5º, IV, da Constituição.

Por sua vez, a nova sistemática leva a um novo pensar da sociedade sobre como lidar com as categorias econômicas e trabalhistas e com as formas de atuação na sociedade, sem depender necessariamente do Estado. Os sindicatos passarão a ser sustentados por contribuições voluntárias, do mesmo modo que as demais associações.

Votos vencidos

Ficaram vencidos os Ministros Edson Fachin, Rosa Weber e Dias Toffoli, para quem as alterações legislativas são inconstitucionais formal e materialmente.

12.2. LEI ESTADUAL PODE CONCEDER MEIA-ENTRADA EM EVENTOS CULTURAIS E DESPORTIVOS PARA MENORES DE 21 ANOS

A situação concreta foi a seguinte:

A Lei nº 3364/2000, do Estado do Rio de Janeiro, assegura o desconto de 50% no valor dos ingressos em casas de diversões, praças desportivas e similares aos jovens de até 21 anos de idade (Lei da Meia Entrada).

Em 2006, a Confederação Nacional do Comércio (CNC) ajuizou ADI contra essa Lei afirmando que ela seria formal e materialmente inconstitucional.

O STF concordou com os argumentos do autor? Essa Lei é inconstitucional?

NÃO.

Formalmente constitucional

Sob o prisma formal, o STF considerou constitucional a lei impugnada, uma vez que tanto a União quanto os Estados-membros e o Distrito Federal podem atuar sobre o domínio econômico, por possuírem competência concorrente para legislar sobre direito econômico, nos termos do art. 24, I, da CF/88:

> § Art. 24. Compete à União, aos Estados e ao Distrito Federal legislar concorrentemente sobre:
>
> I – direito tributário, financeiro, penitenciário, econômico e urbanístico;

Ademais, diante da inexistência de lei federal sobre a matéria, o ente exerceu a competência legislativa plena para atender às suas peculiaridades:

> § Art. 24 (...)
>
> § 3º Inexistindo lei federal sobre normas gerais, os Estados exercerão a competência legislativa plena, para atender a suas peculiaridades.

Materialmente constitucional

A constitucionalidade material também foi reconhecida.

A Constituição elenca os fundamentos e objetivos da República Federativa do Brasil em seus arts. 1º e 3º. No entanto, para a realização desses fundamentos e objetivos, é necessária a atuação do Estado sobre o domínio econômico.

Se de um lado a CF/88 assegura a livre iniciativa, de outro determina ao Estado que adote providências para garantir o efetivo exercício do direito à educação, à cultura e ao desporto (arts. 23, V; 205; 208; 215 e 217, § 3º, da CF/88). Na composição entre esses princípios e regras, há de ser preservado o interesse da coletividade.

Esse critério etário, ou seja, conceder meia-entrada para todo mundo que for menor que 21 anos, é válido?

SIM. A lei é constitucional porque facilita o acesso dos jovens à cultura, à educação e a atividades desportivas.

"Entendo que essa é uma lei evidente e eminentemente inclusiva. Tem como alvo o jovem que tradicionalmente não flui dessas regalias. O jovem excluído do sistema educacional", disse o então Ministro Joaquim Barbosa, que participou do julgamento.

O Ministro Ricardo Lewandowski defendeu que, nesse caso, é legítima a intervenção do Estado no domínio econômico. "Aqui me parece que o legislador estadual foi generoso porque ele quer também dar acesso ao lazer e à cultura aos jovens em geral, mesmo aqueles que não tiveram o privilégio de ter ido à escola ou que possam ir à escola. São aqueles jovens que trabalham, que não têm lazer, não têm cultura".

Em suma:

É constitucional lei estadual que concede o desconto de 50% no valor dos ingressos em casas de diversões, praças desportivas e similares aos jovens de até 21 anos de idade.

STF. Plenário. ADI 2163/RJ, rel. orig. Min. Eros Grau, red. p/ o ac. Min. Ricardo Lewandowski, julgado em 12/4/2018 (Info 897).

Outro precedente no mesmo sentido envolvendo uma Lei do Estado de São Paulo:

(...) 1. É certo que a ordem econômica na Constituição de 1.988 define opção por um sistema no qual joga um papel primordial a livre iniciativa. Essa circunstância não legitima, no entanto, a assertiva de que o Estado só intervirá na economia em situações excepcionais.

2. Mais do que simples instrumento de governo, a nossa Constituição enuncia diretrizes, programas e fins a serem realizados pelo Estado e pela sociedade. Postula um plano de ação global normativo para o Estado e para a sociedade, informado pelos preceitos veiculados pelos seus artigos 1º, 3º e 170.

3. A livre iniciativa é expressão de liberdade titulada não apenas pela empresa, mas também pelo trabalho. Por isso a Constituição, ao contemplá-la, cogita também da "iniciativa do Estado"; não a privilegia, portanto, como bem pertinente apenas à empresa.

4. Se de um lado a Constituição assegura a livre iniciativa, de outro determina ao Estado a adoção de todas as providências tendentes a garantir o efetivo exercício do direito à educação, à cultura e ao desporto [artigos 23, inciso V, 205, 208, 215 e 217 § 3º, da Constituição]. Na composição entre esses princípios e regras há de ser preservado o interesse da coletividade, interesse público primário.

5. O direito ao acesso à cultura, ao esporte e ao lazer, são meios de complementar a formação dos estudantes.

6. Ação direta de inconstitucionalidade julgada improcedente.

STF. Plenário. ADI 1950, Rel. Min. Eros Grau, julgado em 03/11/2005.

Leis federais posteriores

Depois que esta Lei do Estado do Rio de Janeiro foi publicada (2000), o Congresso Nacional editou duas leis que tratam sobre meia-entrada em eventos culturais e desportivos.

Lei nº 12.933/2013

Concede meia-entrada em espetáculos artístico-culturais e esportivos a:

a. Estudantes (educação infantil, ensino fundamental, médio e superior, inclusive especialização, mestrado e doutorado);

b. Pessoas com deficiência, inclusive seu acompanhante quando necessário (ex: um cego que vai ao cinema acompanhado de uma pessoa para ler as legendas para ele; nesse caso, ambos terão direito à meia-entrada);

c. Jovens de 15 a 29 anos de idade de baixa renda, inscritos no Cadastro Único para Programas Sociais do Governo Federal (CadÚnico) e cuja renda familiar mensal seja de até 2 (dois) salários mínimos;

d. Idosos, ou seja, pessoas com idade igual ou superior a 60 anos (art. 23 da Lei 10.741/2003).

Lei nº 12.852/2013 (Estatuto da Juventude)

Assegura o direito à meia-entrada em eventos educativos, esportivos, de lazer e entretenimento:

- aos estudantes; e
- aos jovens de famílias de baixa renda (a família deve estar inscrita no Cadastro Único para Programas Sociais do Governo Federal – CadÚnico e ter renda mensal de até 2 salários mínimos).

12.3. CONSTITUCIONALIDADE DO DECRETO 4.887/2003 (REMANESCENTES DAS COMUNIDADES DOS QUILOMBOS)

Quilombolas

O art. 68 do ADCT da CF/88 confere proteção especial aos territórios ocupados pelos remanescentes quilombolas. Confira:

> § Art. 68. Aos remanescentes das comunidades dos quilombos que estejam ocupando suas terras é reconhecida a propriedade definitiva, devendo o Estado emitir-lhes os títulos respectivos.

Esse artigo possui duas partes:

1ª) estabelece um direito aos quilombolas: propriedade das terras ocupadas ("aos remanescentes das comunidades dos quilombos que estejam ocupando suas terras é reconhecida a propriedade definitiva");

2ª) determina uma ordem ao Estado para que pratique o ato necessário a fim de assegurar esse direito: expedição dos títulos de propriedade ("devendo o Estado emitir-lhes os títulos respectivos").

O que são as terras dos quilombolas?

São as áreas ocupadas pelos remanescentes das comunidades dos quilombos e utilizadas por este grupo social para a sua reprodução física, social, econômica e cultural.

O que são remanescentes das comunidades dos quilombos?

Existe uma grande discussão antropológica sobre isso, mas, de maneira bem simples, os grupos que hoje são considerados remanescentes de comunidades de quilombos são agrupamentos humanos de afrodescendentes que se formaram durante o sistema escravocrata ou logo após a sua extinção.

O Decreto 4.887/2003 assim os define:

> § Art. 2º Consideram-se remanescentes das comunidades dos quilombos, para os fins deste Decreto, os grupos étnico-raciais, segundo critérios de auto-atribuição, com trajetória

histórica própria, dotados de relações territoriais específicas, com presunção de ancestralidade negra relacionada com a resistência à opressão histórica sofrida.

A previsão do art. 68 do ADCT foi uma forma que o constituinte encontrou de homenagear "o papel protagonizado pelos quilombolas na resistência ao injusto regime escravista" (Min. Rosa Weber).

Fundação Cultural Palmares (FCP)

Por meio da Lei nº 7.668/88, a União foi autorizada a constituir a Fundação Cultural Palmares, uma fundação pública federal que possui, dentre outras atribuições, a de realizar a identificação dos remanescentes das comunidades dos quilombos, proceder ao reconhecimento, à delimitação e à demarcação das terras por eles ocupadas e conferir-lhes a correspondente titulação (art. 2º, III).

Decreto nº 4.887/2003

O Decreto nº 4.887/2003 regulamenta o procedimento para identificação, reconhecimento, delimitação, demarcação e titulação das terras ocupadas por remanescentes das comunidades dos quilombos.

ADI

Em 2004, o Partido da Frente Liberal (PFL), atual Democratas (DEM), ajuizou ADI contra o Decreto nº 4.887/2003.

Na ação, o autor alegou que o referido Decreto possuiria vícios de inconstitucionalidade formal e material.

Quanto ao aspecto formal, alegou que houve invasão da "esfera reservada à lei", considerando que disciplina direitos e deveres entre particulares e a administração pública, define os titulares da propriedade de terras onde se localizavam os quilombos, disciplina procedimentos de desapropriação e, consequentemente, importa aumento de despesa. Em outras palavras, afirmou que foi editado um decreto autônomo, ou seja, que foi muito além de apenas regulamentar a lei.

Apontou também supostas inconstitucionalidades materiais:

- no art. 2º, § 1º: o Decreto seria inconstitucional pelo fato de ter escolhido o critério da autoatribuição para a identificação dos remanescentes quilombolas;
- nos §§ 2º e 3º do art. 2º: pelo fato de o Decreto ter, supostamente, ampliado demais aquilo que deve ser considerado como terras pertencentes aos quilombolas;
- no art. 13: o Decreto prevê que o INCRA deverá determinar a desapropriação de áreas que estejam em domínio particular, para transferi-las às comunidades. O partido alegou que, por força do art. 68 do ADCT, as terras já pertencem aos remanescentes das comunidades quilombolas que lá fixam residência desde 5 de outubro de 1988. Logo, não haveria necessidade de desapropriar considerando que os particulares não seriam donos dessas terras.

O que o STF decidiu? O Decreto nº 4.887/2003 é inconstitucional?

NÃO. Vejamos abaixo os principais pontos discutidos.

Cabe ADI contra Decreto? O STF conheceu a ação proposta contra o Decreto nº 4.887/2003?

O STF afirmou que a ADI deveria ser conhecida, ou seja, que o seu mérito deveria ser apreciado. Isso porque cabe ADI contra decreto desde que este tenha "coeficiente mínimo de normatividade, generalidade e abstração", ou seja, desde que esse decreto possa ser considerado um ato normativo autônomo, que retire seu fundamento de validade diretamente da Constituição Federal.

Alegação de que houve invasão de esfera reservada a lei

O autor da ADI alegou que o Decreto nº 4.887/2003 não regulamentou nenhuma lei, tendo regulamentado diretamente o art. 68 do ADCT. Desse modo, para o autor, o Presidente da República invadiu esfera reservada ao Poder Legislativo considerando que o tema deveria ter sido tratado por meio de lei.

O STF não acolheu este argumento.

O art. 68 do ADCT é uma norma de eficácia plena e aplicabilidade direta, imediata e integral. Isso significa que o art. 68 do ADCT já era apto a produzir todos os seus efeitos desde o momento em que entrou em vigor a CF/88, independentemente de qualquer norma integrativa infraconstitucional. Em outras palavras, ele nunca precisou de lei ou decreto para produzir seus efeitos.

Diante disso, o Decreto nº 4.887/2003 teve por objetivo tão somente regular o comportamento do Estado na implementação do comando constitucional previsto no art. 68 do ADCT, razão pela qual não houve invasão de esfera reservada à lei. Houve o mero exercício do poder regulamentar da Administração, nos limites estabelecidos pelo art. 84, VI, da Constituição.

O art. 68 do ADCT é autoaplicável, mas o Decreto confere efetividade máxima à norma constitucional.

Veja que interessante: para a maioria dos Ministros, é possível que um decreto regulamente, de forma direta, ou seja, sem necessidade de intermediação de lei, um dispositivo da Constituição Federal (especialmente em caso de normas que veiculem direitos fundamentais).

Análise do art. 2º, caput e § 1º do Decreto (critério de identificação)

O art. 2º, caput e § 1º do Decreto nº 4.887/2003 prevê como deve ser o critério utilizado pelo Poder Público para a identificação dos quilombolas. O critério escolhido pelo Decreto foi o da autoatribuição, ou seja, as próprias pessoas se autodefinem como sendo quilombolas. Veja:

> § Art. 2º Consideram-se remanescentes das comunidades dos quilombos, para os fins deste Decreto, os grupos étnico-raciais, segundo critérios de auto-atribuição, com trajetória histórica própria, dotados de relações territoriais específicas, com presunção de ancestralidade negra relacionada com a resistência à opressão histórica sofrida.
>
> § 1º Para os fins deste Decreto, a caracterização dos remanescentes das comunidades dos quilombos será atestada mediante autodefinição da própria comunidade.

O autor questionava esse critério da autoatribuição afirmando que, com isso, haveria o reconhecimento do direito para pessoas que não mereceriam por não se enquadrarem no art. 68 do ADCT.

O STF entendeu que a escolha do critério da autoatribuição não foi arbitrária, não sendo contrária à Constituição.

A autoatribuição é um método autorizado e prestigiado pela antropologia contemporânea e tem por objetivo interromper um "processo de negação sistemática da própria identidade aos grupos marginalizados". Em outras palavras, ao se adotar este critério, estimula-se que as pessoas integrantes de tais grupos, antes marginalizados, tenham orgulho de assumirem-se.

Trata-se de uma forma de revalorização das identidades antes desrespeitadas.

Vale ressaltar que o Estado brasileiro incorporou, ao seu direito interno, a Convenção 169 da Organização Internacional do Trabalho – OIT sobre Povos Indígenas e Tribais, de 27.6.1989, aprovada pelo Decreto Legislativo 143/2002 e ratificada pelo Decreto 5.051/2004. Esta Convenção consagrou a "consciência da própria identidade" como critério para determinar os grupos tradicionais (indígenas ou tribais). Esta Convenção determinou que nenhum Estado tem o direito de negar a identidade de um povo indígena ou tribal que se reconheça como tal.

Para os efeitos do Decreto nº 4.887/2003, a autodefinição da comunidade como quilombola é atestada por certidão emitida pela Fundação Cultural Palmares, nos termos do art. 2º, III, da Lei nº 7.668/88.

Importante esclarecer que, para os fins do art. 68 do ADCT, não basta que uma comunidade se qualifique como remanescente de quilombo (elemento subjetivo da autoidentificação). É necessário também o preenchimento de um elemento objetivo: "que a reprodução da unidade social, que se afirma originada de um quilombo, estivesse atrelada a uma ocupação continuada do espaço."

Análise do art. 2º, §§ 2º e 3º, do Decreto (terras ocupadas por remanescentes das comunidades quilombolas)

Confira o que dizem os §§ 2º e 3º do art. 2º do Decreto:

> §
>
> Art. 2º (...)
>
> § 2º São terras ocupadas por remanescentes das comunidades dos quilombos as utilizadas para a garantia de sua reprodução física, social, econômica e cultural.
>
> § 3º Para a medição e demarcação das terras, serão levados em consideração critérios de territorialidade indicados pelos remanescentes das comunidades dos quilombos, sendo facultado à comunidade interessada apresentar as peças técnicas para a instrução procedimental.

O autor da ADI afirmava que esses dispositivos seriam inconstitucionais considerando que na identificação, medição e demarcação das terras dos quilombolas deveriam ser utilizados critérios histórico-antropológicos (e não critérios indicados pelos próprios interessados).

O STF explicou que o Decreto nº 4.887/2003 não prevê a apropriação individual das terras pelos integrantes da comunidade, mas sim a formalização de uma "propriedade coletiva das terras", atribuída à unidade sociocultural. Em outras palavras, os títulos não são emitidos em favor das pessoas físicas individualmente consideradas. São emitidos em favor da comunidade quilombola, sendo este pró-indiviso e em nome das associações que legalmente representam as comunidades quilombolas.

Assim, quando o Decreto afirma que deverão ser levados em consideração, na medição e na marcação da terra, os critérios de territorialidade indicados pelos remanescentes das comunidades quilombolas, isso não significa que o procedimento demarcatório ficará ao arbítrio exclusivo dos próprios interessados. Não é isso. O que o Decreto está garantindo é que as comunidades envolvidas tenham voz e sejam ouvidas.

Análise do art. 13 do Decreto (desapropriação)

O art. 13 do Decreto prevê o seguinte:

> §
>
> Art. 13. Incidindo nos territórios ocupados por remanescentes das comunidades dos quilombos título de domínio particular não invalidado por nulidade, prescrição ou comisso, e nem tornado ineficaz por outros fundamentos, será realizada vistoria e avaliação do imóvel, objetivando a adoção dos atos necessários à sua desapropriação, quando couber.
>
> (...)
>
> § 2º O INCRA regulamentará as hipóteses suscetíveis de desapropriação, com obrigatória disposição de prévio estudo sobre a autenticidade e legitimidade do título de propriedade, mediante levantamento da cadeia dominial do imóvel até a sua origem.

A insurgência do autor quanto a este dispositivo foi a seguinte: o art. 68 do ADCT já prevê que as terras ocupadas pelas comunidades quilombolas pertencem a estes grupos. Logo, se uma pessoa que não é quilombola possui um título de propriedade referente a esta área, esse título não é válido. Assim, não haveria necessidade de desapropriar o imóvel considerando que o particular não seria o real dono dessas terras.

O STF, mais uma vez, não concordou com o autor.

De fato, o próprio art. 68 do ADCT confere o título de propriedade. Assim, constatada a situação de fato – ocupação tradicional das terras por remanescentes dos quilombos –, a própria Constituição confere-lhes o título de propriedade.

Ocorre que em nenhum momento a Constituição afirma que são nulos ou extintos os títulos eventualmente incidentes sobre as terras ocupadas por remanescentes das comunidades dos quilombos, diferentemente do que acontece no caso das terras tradicionalmente ocupadas pelos índios, cujo art. 231, § 6º preconiza:

> Art. 231 (...)
>
> § 6º São nulos e extintos, não produzindo efeitos jurídicos, os atos que tenham por objeto a ocupação, o domínio e a posse das terras a que se refere este artigo, ou a exploração das riquezas naturais do solo, dos rios e dos lagos nelas existentes, ressalvado relevante interesse público da União, segundo o que dispuser lei complementar, não gerando a nulidade e a extinção direito a indenização ou a ações contra a União, salvo, na forma da lei, quanto às benfeitorias derivadas da ocupação de boa fé.

Assim, o art. 68 do ADCT, apesar de reconhecer um direito aos quilombolas, não invalida os títulos de propriedade eventualmente existentes, de modo que, para que haja a regularização do registro em favor das comunidades quilombolas, exige-se a realização do procedimento de desapropriação.

Terras tradicionalmente ocupadas pelos índios x terras dos quilombolas

A Constituição Federal prevê que as terras tradicionalmente ocupadas por índios pertencem à União (art. 20, XI), mas os índios possuem o direito à posse permanente, cabendo-lhes o usufruto exclusivo das riquezas do solo, dos rios e dos lagos nelas existentes (art. 231, § 2º).

Segundo o § 1º do art. 231 da CF/88 são terras tradicionalmente ocupadas pelos índios:

- as que eles habitam em caráter permanente;
- as utilizadas para suas atividades produtivas;
- as imprescindíveis à preservação dos recursos ambientais necessários a seu bem-estar;
- e as necessárias a sua reprodução física e cultural (segundo seus usos, costumes e tradições).

Vale ressaltar que se a terra já foi habitada pelos índios, porém quando foi editada a CF/88 o aldeamento já estava extinto, ela não será considerada terra indígena. Confira:

> Súmula 650-STF: Os incisos I e XI do art. 20 da Constituição Federal não alcançam terras de aldeamentos extintos, ainda que ocupadas por indígenas em passado remoto.

Apesar da divergência de alguns Ministros, segundo o critério que prevalece até hoje no STF, somente são consideradas "terras tradicionalmente ocupadas pelos índios" aquelas que eles habitavam na data da promulgação da CF/88 (marco temporal) e, complementarmente, se houver a efetiva relação dos índios com a terra (marco da tradicionalidade da ocupação).

Assim, em regra, se em 05/10/1988 a área em questão não era ocupada por índios, isso significa que ela não se revestirá da natureza indígena de que trata o art. 231 da CF/88. Exceção: renitente esbulho.

Esse mesmo critério temporal é adotado no caso das terras dos quilombolas?

NÃO. Durante os debates da ADI 3239/DF, os Ministros Dias Toffoli e Gilmar Mendes tentaram fazer com que o STF desse interpretação conforme à Constituição ao § 2º do art. 2º do Decreto nº 4.887/2003 para definir que "somente deveriam ser titularizadas as áreas que estavam ocupadas por remanescentes das comunidades dos quilombos – inclusive as utilizadas para a garantia de sua reprodução física, social, econômica e cultural –, na data da promulgação da Constituição (5.10.1988), salvo comprovação, por todos os meios de prova juridicamente admitidos, da suspensão ou perda da posse nesta data em decorrência de atos ilícitos praticados por terceiros".

A maioria dos Ministros, contudo, não concordou com essa tese.

O Min. Edson Fachin registrou, no que foi acompanhado pelo Min. Celso de Mello, que, dentro de uma hermenêutica constitucionalmente adequada à interpretação e à aplicação de um direito fundamental que surge pela primeira vez na CF/1988, não se poderia depreender, da redação do art. 68 do ADCT, a restrição do direito à titulação de propriedade apenas àqueles remanescentes de comunidades quilombolas que estivessem na posse da área na data da promulgação do texto constitucional. Assim, não haveria fundamento constitucional para a incidência da teoria do marco temporal na hipótese.

Nessa mesma linha de entendimento, o Min. Roberto Barroso assentou que o art. 68 do ADCT deveria ser aplicado às comunidades que ocupavam suas áreas quando da promulgação da Constituição, bem como àquelas que foram delas desapossadas à força e cujo comportamento, à luz da sua cultura, indica intenção de retomar a permanência do vínculo cultural e tradicional com o território, dispensada a comprovação de conflito possessório atual de fato.

Diante disso, a Ministra Relatora Rosa Weber decidiu suprimir de seu voto qualquer referência à ideia de marco temporal.

Muita atenção porque esse ponto será explorado nas provas!

Resumindo:

O art. 68 do ADCT estabelece que "aos remanescentes das comunidades dos quilombos que estejam ocupando suas terras é reconhecida a propriedade definitiva, devendo o Estado emitir-lhes os títulos respectivos."

Em 2003, foi editado o Decreto nº 4.887, com o objetivo de regulamentar o procedimento para identificação, reconhecimento, delimitação, demarcação e titulação das terras ocupadas por remanescentes das comunidades dos quilombos.

O STF entendeu que este Decreto não invadiu esfera reservada à lei. O objetivo do Decreto foi tão somente o de regular o comportamento do Estado na implementação do comando constitucional previsto no art. 68 do ADCT. Houve o mero exercício do poder regulamentar da Administração, nos limites estabelecidos pelo art. 84, VI, da Constituição.

O art. 2º, caput e § 1º do Decreto nº 4.887/2003 prevê como deve ser o critério utilizado pelo Poder Público para a identificação dos quilombolas. O critério escolhido foi o da autoatribuição (autodefinição). O STF entendeu que a escolha desse critério não foi arbitrária, não sendo contrária à Constituição.

O art. 2º, §§ 2º e 3º, do Decreto preconiza que, na identificação, medição e demarcação das terras dos quilombolas devem ser levados em consideração critérios de territorialidade indicados pelos remanescentes das comunidades dos quilombos. O STF afirmou que essa previsão é constitucional. Isso porque o que o Decreto está garantindo é apenas que as comunidades envolvidas sejam ouvidas, não significando que a demarcação será feita exclusivamente com base nos critérios indicados pelos quilombolas.

O art. 13 do Decreto, por sua vez, estabelece que o INCRA poderá realizar a desapropriação de determinadas áreas caso os territórios ocupados por remanescentes das comunidades dos quilombos estejam situados em locais pertencentes a particulares. O STF reputou válida essa previsão, tendo em vista que em nenhum momento a Constituição afirma que são nulos ou extintos os títulos eventualmente incidentes sobre as terras ocupadas por remanescentes das comunidades dos quilombos. Assim, o art. 68 do ADCT, apesar de reconhecer um direito aos quilombolas, não invalida os títulos de propriedade eventualmente existentes, de modo que, para que haja a regularização do registro em favor das comunidades quilombolas, exige-se a realização do procedimento de desapropriação.

Por fim, o STF não acolheu a tese de que somente poderiam ser consideradas terras de quilombolas aquelas que estivessem sendo ocupadas por essas comunidades na data da promulgação da CF/88 (05/10/1988). Em outras palavras, mesmo que na data da promulgação da CF/88 a terra não mais estivesse sendo ocupada pelas comunidades quilombolas, é possível, em tese, que seja garantido o direito previsto no art. 68 do ADCT.

STF. Plenário. ADI 3239/DF, rel. orig. Min. Cezar Peluso, red.p/ o ac. Min. Rosa Weber, julgado em 8/2/2018 (Info 890).

DECRETO Nº 9.522, DE 8 DE OUTUBRO DE 2018 (TRATADO DE MARRAQUECHE)

O Decreto nº 9.522/2018 promulgou o Tratado de Marraqueche.

O grande destaque deste Tratado é que ele foi aprovado pelo Congresso Nacional conforme os requisitos do art. 5º, § 3º da CF/88, de forma que ele é incorporado ao Direito brasileiro com status de norma constitucional.

Assim, atualmente, existem os seguintes tratados internacionais equivalentes à EC:

TRATADOS INTERNACIONAIS EQUIVALENTES A EMENDA CONSTITUCIONAL

CONVENÇÃO DE NOVA YORK (E SEU PROTOCOLO FACULTATIVO)	TRATADO DE MARRAQUECHE
Convenção Internacional sobre os **Direitos das Pessoas com Deficiência** e seu Protocolo Facultativo.	Tratado firmado com o objetivo de **facilitar o acesso a obras publicadas às pessoas cegas**, com deficiência visual ou com outras dificuldades para ter acesso ao texto impresso.
Assinados em Nova York, em 30 de março de 2007.	Assinado em Marraqueche, em 27 de junho de 2013.
Aprovado pelo Congresso Nacional por meio do Decreto legislativo nº 186/2008	Aprovado pelo Congresso Nacional por meio do Decreto Legislativo nº 261/2015.
Promulgado pelo Presidente da República por meio do Decreto nº 6.949/2009.	Promulgado pelo Presidente da República por meio do Decreto nº 9.522/2018.

Direito Administrativo

1. PRINCÍPIOS

1.1. NEPOTISMO

A NOMEAÇÃO DA ESPOSA DO PREFEITO COMO SECRETÁRIA MUNICIPAL NÃO CONFIGURA, POR SI SÓ, NEPOTISMO E ATO DE IMPROBIDADE ADMINISTRATIVA

Nepotismo

O STF possui uma súmula vinculante proibindo a prática de nepotismo. Relembre:

> SV 13-STF: A nomeação de cônjuge, companheiro ou parente em linha reta, colateral ou por afinidade, até o terceiro grau, inclusive, da autoridade nomeante ou de servidor da mesma pessoa jurídica, investido em cargo de direção, chefia ou assessoramento, para o exercício de cargo em comissão ou de confiança, ou, ainda, de função gratificada na Administração Pública direta e indireta, em qualquer dos Poderes da União, dos Estados, do Distrito Federal e dos municípios, compreendido o ajuste mediante designações recíprocas, viola a Constituição Federal.

Etimologia

A palavra nepotismo "vem da raiz indo-europeia *nepot*, que significa neto e, também, sobrinho, uma ambiguidade que se transmitiu ao latim, língua na qual *nepos*, *nepotis* também denotava tanto neto como sobrinho. (...) A palavra nepotismo surgiu nos primeiros séculos do cristianismo, quando os papas, que não tinham filhos ou não admitiam tê-los, concediam os melhores empregos e os favores de Estado a seus sobrinhos, que com frequência eram, na realidade, seus filhos ilegítimos." (https://patrialais.blogspot.com/2010/11/ etimologia-das-palavras-nepotismo.html)

Significado atual

Nepotismo significa "proteção", "apadrinhamento", que é dado pelo superior para um cônjuge, companheiro ou parente seu, contratado para o cargo ou designado para a função em virtude desse vínculo. Isso ofende a moralidade.

Não precisa de lei formal

O nepotismo é vedado em qualquer dos Poderes da República por força dos princípios constitucionais da impessoalidade, eficiência, igualdade e moralidade, independentemente de previsão expressa em diploma legislativo.

Assim, o nepotismo não exige a edição de uma lei formal proibindo a sua prática, uma vez que tal vedação decorre diretamente dos princípios contidos no art. 37, caput, da CF/88 (STF Rcl 6.702/PR-MC-Ag).

Veja como o tema já foi cobrado em prova:

(Cespe – Delegado de Polícia – PE/2016) Segundo o STF, a vedação ao nepotismo decorre diretamente de princípios constitucionais explícitos, como os princípios da impessoalidade, da moralidade administrativa e da igualdade, não se exigindo a edição de lei formal para coibir a sua prática. (CERTO)

Elementos objetivos

O Min. Dias Toffoli definiu quatro critérios objetivos nos quais haverá nepotismo. Veja:

a. ajuste mediante designações recíprocas, quando inexistente a relação de parentesco entre a autoridade nomeante e o ocupante do cargo de provimento em comissão ou função comissionada;

b. relação de parentesco entre a pessoa nomeada e a autoridade nomeante;

c. relação de parentesco entre a pessoa nomeada e o ocupante de cargo de direção, chefia ou assessoramento a quem estiver subordinada e

d. relação de parentesco entre a pessoa nomeada e a autoridade que exerce ascendência hierárquica ou funcional sobre a autoridade nomeante.

STF. 2ª Turma. Rcl 18564, Relator p/ Acórdão Min. Dias Toffoli, julgado em 23/02/2016.

A questão dos CARGOS POLÍTICOS. Imagine a seguinte situação hipotética:

João, Prefeito do Município de Araci (BA), nomeou seu cônjuge Maria para o cargo de Secretária Municipal de Assistência Social.

O Ministério Público ajuizou ação de improbidade alegando que esta nomeação afronta a SV 13.

Alegou que a nomeação para Secretária Municipal não foi realizada por motivos de aptidão técnica ou profissional, uma vez que a nomeada não teria formação adequada para a assunção do cargo.

Segundo o Promotor de Justiça, Maria possui formação em "Enfermagem", área diversa da pasta em que atua.

A defesa do Prefeito, por sua vez, argumentou que Secretário Municipal de Assistência Social é um cargo político e que, portanto, neste caso, não há que se falar em nepotismo.

Essa ação deverá ser julgada procedente? O MP tem razão? Existe nepotismo e ato de improbidade administrativa neste caso?

NÃO.

A nomeação do cônjuge de prefeito para o cargo de Secretário Municipal, por se tratar de cargo público de natureza política, por si só, não caracteriza ato de improbidade administrativa.

STF. 2ª Turma. Rcl 22339 AgR/SP, Rel. Min. Edson Fachin, red. p/ o ac. Min. Gilmar Mendes, julgado em 4/9/2018 (Info 914).

Em regra, a proibição da SV 13 não se aplica para cargos públicos de natureza política, como, por exemplo, Secretário Municipal.

Assim, a jurisprudência do STF, em regra, tem excepcionado a regra sumulada e garantido a permanência de parentes de autoridades públicas em cargos políticos, sob o fundamento de que tal prática não configura nepotismo.

Exceção: poderá ficar caracterizado o nepotismo mesmo em se tratando de cargo político caso fique demonstrada a inequívoca falta de razoabilidade na nomeação por manifesta ausência de qualificação técnica ou inidoneidade moral do nomeado.

STF. 1ª Turma. Rcl 28024 AgR, Rel. Min. Roberto Barroso, julgado em 29/05/2018.

Vale ressaltar que a simples dissonância entre a área de formação e a área fim do cargo não é suficiente, por si só, para se afirmar a inequívoca ausência de razoabilidade da nomeação. Em outras palavras, o simples fato de a pessoa nomeada não ser daquela área não é motivo, por si só, para se considerar que tenha havido nepotismo. Foi o caso do exemplo dado em que Maria (da área de enfermagem) foi nomeada para Secretária de Assistência Social. O STF entendeu que não houve nepotismo.

1.2. PRINCÍPIO DA INTRANSCENDÊNCIA SUBJETIVA DAS SANÇÕES

Súmula 615-STJ: Não pode ocorrer ou permanecer a inscrição do município em cadastros restritivos fundada em irregularidades na gestão anterior quando, na gestão sucessora, são tomadas as providências cabíveis à reparação dos danos eventualmente cometidos.

STJ. 1ª Seção. Aprovada em 09/05/2018, DJe 14/05/2018.

Imagine a seguinte situação adaptada:

O Estado do Amapá celebrou convênio com a União (Ministério das Cidades).

Por meio desse convênio, o Estado receberia determinadas verbas para realizar projetos de interesse social, assumindo o compromisso de prestar contas junto ao Ministério e ao TCU da utilização de tais valores.

A União detectou supostas irregularidades no convênio e, em razão disso, o Estado foi inserido no SIAF, que é uma espécie de cadastro federal de inadimplência.

Com a referida inscrição, o Estado-membro ficou impedido de contratar operações de crédito, celebrar convênios com órgãos e entidades federais e receber transferências de recursos.

O Estado-membro não concordou com a inclusão no cadastro e ajuizou ação ordinária contra a União alegando que houve violação ao princípio da intranscendência subjetiva das sanções, uma vez que o inadimplemento ocorreu em gestão anterior (era outro Governador).

O que é o princípio da intranscendência subjetiva das sanções?

O princípio da intranscendência subjetiva significa que não podem ser impostas sanções e restrições que superem a dimensão estritamente pessoal do infrator e atinjam pessoas que não tenham sido as causadoras do ato ilícito.

Na jurisprudência do STF encontramos dois exemplos de aplicação desse princípio em casos envolvendo inscrição de Estados e Municípios nos cadastros de inadimplentes da União:

1ª acepção: quando a irregularidade foi praticada pela gestão anterior

Existem julgados do STF afirmando que se a irregularidade no convênio foi praticada pelo gestor anterior e a gestão atual, depois que assumiu, tomou todas as medidas para ressarcir o erário e corrigir as falhas (exs: apresentou todos os documentos ao órgão fiscalizador, ajuizou ações de ressarcimento contra o antigo gestor etc.), neste caso, o ente (Estado ou Município) não poderá ser incluído nos cadastros de inadimplentes da União.

Assim, segundo esta acepção, o princípio da intranscendência subjetiva das sanções proíbe a aplicação de sanções às administrações atuais por atos de gestão praticados por administrações anteriores.

Segundo o Min. Luiz Fux, "não se pode inviabilizar a administração de quem foi eleito democraticamente e não foi responsável diretamente pelas dificuldades financeiras que acarretaram a inscrição combatida".

Logo, deve-se aplicar o princípio da intranscendência subjetiva das sanções, impedindo que a Administração atual seja punida com a restrição na celebração de novos convênios ou recebimento de repasses federais.

Nesse sentido: STF. 1ª Turma. AC 2614/PE, AC 781/PI e AC 2946/PI, Rel. Min. Luiz Fux, julgados em 23/6/2015 (Info 791).

Assim, "o princípio da intranscendência subjetiva das sanções inibe a aplicação de severas sanções às administrações por ato de gestão anterior à assunção dos deveres públicos." (STF. 1ª Turma. ACO 3014 AgR, Rel. Min. Luiz Fux, julgado em 25/05/2018).

A própria AGU admite esta tese:

> Súmula 46-AGU: Será liberada da restrição decorrente da inscrição do município no SIAFI ou CADIN a prefeitura administrada pelo prefeito que sucedeu o administrador faltoso, quando tomadas todas as providências objetivando o ressarcimento ao erário.

O STJ comunga também desse entendimento exigindo sempre que a gestão sucessora tenha tomado as providências cabíveis à reparação dos danos eventualmente cometidos. Por isso, editou a súmula 615:

> Súmula 615-STJ: Não pode ocorrer ou permanecer a inscrição do município em cadastros restritivos fundada em irregularidades na gestão anterior quando, na gestão sucessora, são tomadas as providências cabíveis à reparação dos danos eventualmente cometidos.

2ª acepção: quando a irregularidade foi praticada por uma entidade do Estado/Município ou pelos outros Poderes que não o Executivo

Além do caso acima explicado, o princípio da intranscendência subjetiva das sanções pode ser aplicado também nas situações em que uma entidade estadual/municipal (ex: uma autarquia) descumpriu as regras do convênio e a União inscreve não apenas essa entidade, como também o próprio ente (Estado/Município) nos cadastros restritivos. Nesse sentido:

> (...) O postulado da intranscendência impede que sanções e restrições de ordem jurídica superem a dimensão estritamente pessoal do infrator. Em virtude desse princípio, as limitações jurídicas que derivam da inscrição, em cadastros públicos de inadimplentes, das autarquias, das empresas governamentais ou das entidades paraestatais não podem atingir os Estados-membros, projetando, sobre estes, consequências jurídicas desfavoráveis e gravosas, pois o inadimplemento obrigacional – por revelar-se unicamente imputável aos entes menores integrantes da administração descentralizada – só a estes pode afetar.
>
> Os Estados-membros e o Distrito Federal, em consequência, não podem sofrer limitações em sua esfera jurídica, motivadas pelo só fato de se acharem administrativamente vinculadas a eles as autarquias, as entidades paraestatais, as sociedades sujeitas a seu

poder de controle e as empresas governamentais alegadamente inadimplentes e que, por tal motivo, hajam sido incluídas em cadastros federais (CAUC, SIAFI, CADIN, v.g.). (...)

STF. Plenário. ACO 1848 AgR, Rel. Min. Celso de Mello, julgado em 06/11/2014.

Também viola o princípio da intranscendência quando o Estado-membro é incluído nos cadastros de inadimplentes da União por irregularidades praticadas pelos outros Poderes que não o Executivo:

A imposição de sanções ao Executivo estadual em virtude de pendências dos Poderes Legislativo e Judiciário locais constitui violação do princípio da intranscendência, na medida em que o Governo do Estado não tem competência para intervir na esfera orgânica daquelas instituições, que dispõem de plena autonomia institucional a elas outorgadas por efeito de expressa determinação constitucional.

STF. Plenário. ACO 2995 AgR, Rel. Min. Ricardo Lewandowski, julgado em 23/02/2018.

1.3. SIGILO DAS INFORMAÇÕES COLETADAS PELO IBGE

Imagine a seguinte situação hipotética:

O Município de Rio dos Cedros/RS ajuizou ação cautelar de exibição de documentos contra a Fundação Instituto Brasileiro de Geografia e Estatística (IBGE) pedindo que esta entidade fornecesse os documentos contendo a relação de nomes, RG e CPF dos habitantes do Município catalogados no censo realizado no ano de 2012.

O IBGE deverá fornecer esses documentos?

NÃO.

O IBGE é uma Fundação Pública Federal criada pela Lei nº 5.878/73, cujo objetivo básico é assegurar informações e estudos de natureza estatística, geográfica, cartográfica e demográfica necessários ao conhecimento da realidade física, econômica e social do país, visando especificamente ao planejamento econômico e social e à segurança nacional (art. 2º).

É por intermédio do IBGE que a União exerce a competência material a ela conferida pela própria Constituição Federal em seu art. 21, XV:

§ Art. 21. Compete à União:

XV – organizar e manter os serviços oficiais de estatística, geografia, geologia e cartografia de âmbito nacional;

Para que o IBGE possa cumprir a sua missão institucional, a legislação determina (obriga) que as pessoas físicas e jurídicas forneçam as informações solicitadas pelo IBGE.

Veja o que diz a Lei nº 5.534/68:

§ Art. 1º Toda pessoa natural ou jurídica de direito público ou de direito privado que esteja sob a jurisdição da lei brasileira é obrigada a prestar as informações solicitadas pela Fundação IBGE para a execução do Plano Nacional de Estatística (Decreto-lei nº 161, de 13 de fevereiro de 1967, art. 2º, § 2º).

(...)

§ Art. 2º Constitui infração à presente Lei:

a) a não prestação de informações nos prazos fixados;

b) a prestação de informações falsas.

§ 1º O infrator ficará sujeito à multa de até 10 (dez) vêzes o maior salário-mínimo vigente no País, quando primeiro; e de até o dôbro dêsse limite quando reincidente.

§ 2º O pagamento da multa não exonerará o infrator da obrigação de prestar as informações dentro do prazo fixado no auto de infração que fôr lavrado.

No mesmo sentido, confira o que determina a Lei nº 5.878/73:

§ Art. 6º As informações necessárias ao Plano Geral de Informações Estatísticas e Geográficas serão prestadas obrigatoriamente pelas pessoas naturais e pelas pessoas jurídicas de direito público e privado e utilizadas exclusivamente para os fins que se destinam, não podendo servir de instrumento para qualquer procedimento fiscal ou legal contra os informantes, salvo para efeito do cumprimento da presente Lei.

Pelas normas acima transcritas, verifica-se que todo aquele que se encontre sujeito à legislação brasileira está obrigado a prestar as informações solicitadas pelo IBGE no desempenho de suas funções institucionais, não sendo lícito a quem quer que seja – ainda que se trate de pessoa jurídica de direito público – furtar-se a tal dever, sob pena de incorrer nas sanções impostas pelos arts. 2º a 5º da Lei nº 5.534/68.

Ao mesmo tempo em que exige que as pessoas forneçam as informações ao IBGE, o legislador também se preocupou em proteger esses dados, prevendo que a Fundação deverá manter sigilo sobre eles e impedindo que sejam utilizados para outros fins que não os puramente estatísticos. Nesse sentido é o comando contido no art. 1º, parágrafo único, da Lei nº 5.534/68:

§ Art. 1º (...)

Parágrafo único. As informações prestadas terão caráter sigiloso, serão usadas exclusivamente para fins estatísticos, e não poderão ser objeto de certidão, nem, em hipótese alguma, servirão de prova em processo administrativo, fiscal ou judicial, excetuado, apenas, no que resultar de infração a dispositivos desta lei.

É o que também estabelece o § 2º do art. 2º do Decreto-Lei 161/67 e o art. 6º da Lei nº 5.878/73 acima transcrito.

Resta claro, portanto, que o sigilo dos dados coletados pelo IBGE, além de assegurado por Lei, presta-se justamente a gerar a necessária confiança daqueles que prestam as informações, bem como a garantia da fidedignidade dos dados coletados.

Desse modo, o IBGE está legalmente impedido de fornecer a quem quer que seja as informações individualizadas que coleta, no desempenho de suas atribuições, para que sirvam de prova em quaisquer

outros procedimentos administrativos. E a utilização de tais informações, que não seja com finalidades estatísticas, estará revestida de flagrante ilegalidade.

Em suma:

O IBGE está legalmente impedido de fornecer a quem quer que seja as informações individualizadas que coleta, no desempenho de suas atribuições, para que sirvam de prova em quaisquer outros procedimentos administrativos.

STJ. 1ª Turma. REsp 1.353.602-RS, Rel. Min. Napoleão Nunes Maia Filho, julgado em 30/11/2017 (Info 617).

2. RESPONSABILIDADE CIVIL

2.1. RESPONSABILIDADE CIVIL DA CONCESSIONÁRIA QUE ADMINISTRA A RODOVIA POR FURTO OCORRIDO EM SEU PÁTIO

A situação concreta foi a seguinte:

A DERSA (Desenvolvimento Rodoviário S/A.) é uma sociedade de economia mista, controlada pelo Governo do Estado de São Paulo, cujo objetivo é construir, operar, manter e administrar rodovias, algumas delas através de remuneração por meio de pedágio.

Trata-se, portanto, de uma concessionária de serviço público (obs: existe uma polêmica doutrinária se uma entidade da administração pública pode ser considerada concessionária de serviço público; neste julgado, o STF expressamente considerou a DERSA como uma concessionária de serviço público).

Em 1997, o caminhão de uma transportadora foi parado na balança de pesagem na Rodovia Anhanguera (SP), quando se constatou excesso de peso. Vale ressaltar que esta rodovia era administrada pela DERSA. Os agentes da concessionária determinaram que o condutor estacionasse o veículo no pátio da DERSA e, em seguida, o conduziram até o escritório para ser autuado.

Aproximadamente 10 minutos depois, ao retornar da autuação para o caminhão, o condutor observou que o veículo havia sido furtado.

A DERSA tem o dever de indenizar a empresa proprietária do veículo em decorrência desse furto?

SIM.

A pessoa jurídica de direito privado prestadora de serviço público possui responsabilidade civil em razão de dano decorrente de crime de furto praticado em suas dependências, nos termos do art. 37, § 6º, da CF/88.

O STF condenou a Dersa – Desenvolvimento Rodoviário S/A, empresa concessionária responsável pela rodovia, a indenizar a transportadora.

O Supremo reconheceu a responsabilidade civil da prestadora de serviço público, ao considerar que houve omissão no dever de vigilância e falha na prestação e organização do serviço.

STF. 1ª Turma. RE 598356/SP, Rel. Min. Marco Aurélio, julgado em 8/5/2018 (Info 901).

Com base no art. 37, § 6º, da CF/88, o Min. Marco Aurélio entendeu que há responsabilidade civil objetiva do Estado, ou da empresa prestadora do serviço público, em razão de dano decorrente de crime de furto praticado em posto de pesagem, considerada a omissão no dever de vigilância e falha na prestação e organização do serviço.

Vamos relembrar o que diz o art. 37, § 6º da CF/88:

§

> Art. 37 (...)
>
> § 6º As pessoas jurídicas de direito público e as de direito privado prestadoras de serviços públicos responderão pelos danos que seus agentes, nessa qualidade, causarem a terceiros, assegurado o direito de regresso contra o responsável nos casos de dolo ou culpa.

Repare que o STF reconheceu a responsabilidade objetiva da concessionária pela omissão no dever de vigilância e falha na prestação e organização do serviço.

O Min. Marco Aurélio considerou que o Estado, por ter maior quantidade de poderes e prerrogativas, deve suportar o ônus das atividades desenvolvidas. "Não há espaço para afastar responsabilidade independentemente de culpa, mesmo sob a ótica da omissão, ante o princípio da legalidade, presente a teoria do risco administrativo".

Ainda segundo o Ministro Relator, o STF, no RE 841526, consolidou o entendimento de que o art. 37, § 6º da CF/88 aplica-se também para as omissões administrativas.

2.2. UNIÃO NÃO TEM O DEVER DE INDENIZAR INDÚSTRIAS NACIONAIS PREJUDICADAS COM A REDUÇÃO DAS ALÍQUOTAS DO IMPOSTO DE IMPORTAÇÃO

Imagine a seguinte situação:

Em 1994, o Ministério da Fazenda editou a Portaria nº 492/1994, reduzindo de 30% para 20% a alíquota do imposto de importação de uma série de produtos, entre os quais os brinquedos em geral.

Vale recordar que o imposto de importação é uma exceção ao princípio da legalidade. Isso porque as suas alíquotas podem ser aumentadas ou diminuídas por meio de atos infralegais editados pelo Poder Executivo (Decreto do Presidente da República ou Portarias do Ministério da Fazenda). A única exigência é que tais atos respeitem os parâmetros legais que preveem alíquotas máximas (teto) e mínimas (piso). É o que prevê o art. 153, § 1º, da CF/88:

> § Art. 153. Compete à União instituir impostos sobre:
>
> I – importação de produtos estrangeiros;
>
> (...)
>
> § 1º É facultado ao Poder Executivo, atendidas as condições e os limites estabelecidos em lei, alterar as alíquotas dos impostos enumerados nos incisos I, II, IV e V.

Voltando ao nosso caso concreto:

Com a redução da alíquota do imposto, houve a entrada de um enorme volume de brinquedos importados no Brasil, oriundos especialmente da China, sendo estes bem mais baratos que os nacionais.

Como resultado, várias indústrias de brinquedos no Brasil foram à falência e, mesmo as que permaneceram, sofreram grandes prejuízos.

Esta situação só foi corrigida em dezembro de 1996, quando foi editada uma nova Portaria impondo algumas salvaguardas para proteger a indústria nacional.

A resposta do Governo brasileiro, contudo, foi tarde e a indústria nacional de brinquedos já havia sofrido perdas irreparáveis.

Diante desse cenário, a indústria de brinquedos "Estrela", que já foi uma das maiores do país, ingressou com ação de indenização contra a União.

Alegou que a Portaria nº 492/1994, apesar de lícita, causou enormes prejuízos à autora.

O STJ concordou com o pedido da autora? Há o dever de indenizar?

NÃO.

Alteração de política econômico-tributária não gera dever de indenizar

O Estado tem o dever de indenizar na hipótese de seus atos ocasionarem prejuízos (art. 37, § 6º da CF/88 e art. 43 do Código Civil). É a responsabilidade objetiva decorrente do risco administrativo.

Todavia, não existe dever do Estado de indenizar o setor privado por eventuais prejuízos financeiros decorrentes da alteração de política econômico-tributária, salvo se o Poder Público tivesse se comprometido com este setor econômico, formal e previamente, por meio de planejamento específico, ou seja, se o Estado tivesse combinado uma determinada ação econômica que não foi cumprida.

ADMINISTRATIVO

Alteração de alíquotas de tributos

A alteração de alíquotas de tributos é uma decisão política condicionada aos requisitos constitucionais e a finalidade desse ato estatal é variável, conforme o interesse perseguido pelo Estado em determinado momento histórico.

A Portaria MF nº 492/1994 tinha nitidamente uma finalidade extrafiscal.

A extrafiscalidade "consiste no emprego de instrumentos tributários para o atingimento de finalidades não arrecadatórias, mas, sim, incentivadoras ou inibitórias de comportamentos, com vista à realização de outros valores, constitucionalmente contemplados." (COSTA, Regina Helena. *Curso de Direito Tributário: Constituição e Código de Direito Tributário Nacional*. 2ª ed., São Paulo: Saraiva, 2012).

Não houve quebra da confiança

A autora (indústria de brinquedos) não pode alegar que a referida Portaria significou quebra do princípio da confiança por dois motivos:

1. o ordenamento jurídico prevê expressamente a possibilidade de redução ou de aumento das alíquotas de imposto de importação para incentivar ou conter determinados setores da economia;
2. o Estado não havia se comprometido com essa indústria de manter as alíquotas em determinado patamar.

Em tese, somente nos casos em que o Estado se compromete, por ato formal, a incentivar, no campo fiscal, determinado ramo do setor privado por certo período, é que se poderia invocar a quebra da confiança na modificação de política fiscal.

A fabricante de brinquedos não tinha direito subjetivo de que o Governo brasileiro mantivesse o mesmo tratamento tributário para o setor. A alteração das alíquotas, além de uma previsão normativa, representa opção política decorrente da soberania do Estado.

Mesma política foi adotada com outros setores da economia

Na época da alteração da alíquota, ou seja, em 1994, o Brasil utilizou-se de diversos mecanismos para a abertura do mercado ao comércio exterior. Assim, não foi apenas a indústria de brinquedos que sofreu e teve que se adaptar à concorrência estrangeira.

Outros setores empresariais também sofreram com a concorrência dos produtos importados.

Vale ressaltar, no entanto, que a falta de investimentos ou de competitividade do setor privado não é culpa do Estado: ainda que este tenha mecanismos para incentivá-los, a implementação não é obrigatória, cabendo ao empresário a decisão.

Risco do negócio

O impacto econômico-financeiro sobre a produção e a comercialização de mercadorias pelas sociedades empresárias causado pela alteração da alíquota de tributos decorre do risco da atividade próprio da álea econômica de cada ramo produtivo.

Salvaguardas de 1996

A aplicação de medidas de salvaguardas em favor da indústria nacional em 1996 não revela confissão do Estado de que sua política fiscal, por si, foi equivocada e trouxe prejuízos ao mercado.

Trata-se tão somente de ato de regulação e defesa do mercado que pode ser feito a qualquer momento, quando preenchidos os requisitos para tanto, não revelando, por isso, ilicitude ou abuso de direito na alteração das alíquotas do imposto de importação.

Em suma:

Não se verifica o dever do Estado de indenizar eventuais prejuízos financeiros do setor privado decorrentes da alteração de política econômico-tributária no caso de o ente público não ter se comprometido, formal e previamente, por meio de determinado planejamento específico.

STJ. 1ª Turma. REsp 1.492.832-DF, Rel. Min. Gurgel de Faria, julgado em 04/09/2018 (Info 634).

3. CONCURSOS PÚBLICOS

3.1. A CANDIDATA QUE ESTEJA GESTANTE NO DIA DO TESTE FÍSICO POSSUI O DIREITO DE FAZER A PROVA EM UMA NOVA DATA NO FUTURO

Imagine a seguinte situação hipotética:

Maria inscreveu-se no concurso Agente de Polícia Federal.

Foi aprovada nas fases anteriores do certame e convocada para o teste físico.

Ocorre que Maria encontrava-se temporariamente incapacitada para realizar atividades físicas em virtude de doença (epicondilite gotosa no cotovelo esquerdo), comprovada por atestado médico.

Maria formulou requerimento administrativo solicitando que fosse designada nova data para a realização do teste físico, o que foi indeferido pela Administração Pública com base em uma previsão no edital que negava esta possibilidade.

Diante disso, Maria impetrou mandado de segurança.

Segundo a jurisprudência do STF, Maria terá direito de fazer a prova de segunda chamada? O(a) candidato(a) doente no dia do teste físico? tem direito de fazer prova de segunda chamada?

NÃO.

Os candidatos em concurso público NÃO têm direito à prova de segunda chamada nos testes de aptidão física em razão de circunstâncias pessoais, ainda que de caráter fisiológico ou de força maior, salvo se houver previsão no edital permitindo essa possibilidade.

STF. Plenário. RE 630733/DF, Rel. Min. Gilmar Mendes, julgado em 15/5/2013 (repercussão geral) (Info 706).

Principais argumentos do STF para decidir assim:

- o princípio da isonomia estaria violado se a Administração Pública beneficiasse determinado indivíduo em detrimento de outro nas mesmas condições;
- o princípio da isonomia não possibilita que o candidato tenha direito de realizar prova de segunda chamada em concurso público por conta de situações individuais e pessoais, especialmente porque o edital estabelece tratamento isonômico a todos os outros candidatos;
- além disso, a análise da presente questão não se limita ao exame do princípio da isonomia, devendo ser considerados outros princípios envolvidos;
- o concurso público é um processo de seleção que deve ser realizado com transparência, impessoalidade, igualdade e com o menor custo para os cofres públicos. Dessa maneira, não é razoável a movimentação de toda a máquina estatal para privilegiar determinados candidatos

que se encontrem impossibilitados de realizar alguma das etapas do certame por motivos exclusivamente individuais;

- ao se permitir a remarcação do teste de aptidão física nessas circunstâncias, está se possibilitando que o término do concurso seja adiado inúmeras vezes, sem limites, considerando que, naquele determinado dia marcado, algum candidato poderia ter problemas de ordem individual, o que causaria tumulto e dispêndio desnecessário para a Administração;
- assim, não é razoável que a Administração fique à mercê de situações adversas para colocar fim ao certame, de modo a deixar os concursos em aberto por prazo indeterminado.

E no caso da GESTANTE? E se Maria estivesse GRÁVIDA no momento do teste físico e, por conta disso, não pudesse fazer a prova? Neste caso ela teria direito à prova de segunda chamada? A candidata gestante tem direito à remarcação do teste de aptidão física?

SIM. O STF afirmou que a candidata que esteja gestante no dia do teste físico possui o direito de fazer a prova em uma nova data no futuro.

Mesmo que o edital proíba expressamente isso? Mesmo que o edital diga que não haverá remarcação do teste físico em nenhuma hipótese?

SIM. Mesmo que o edital proíba expressamente a gestante terá direito à remarcação do teste.

Foi o que decidiu o STF, fixando a seguinte tese:

É constitucional a remarcação do teste de aptidão física de candidata que esteja grávida à época de sua realização, independentemente da previsão expressa em edital do concurso público.

STF. Plenário. RE 1058333/PR, Rel. Min. Luiz Fux, julgado em 21/11/2018 (repercussão geral).

Caso concreto:

Determinada candidata participou do concurso para o cargo de Policial Militar do Estado do Paraná. Ela foi aprovada em todas as etapas teóricas e chegou o dia do teste físico.

Ocorre que, por estar com 24 semanas de gravidez, esta candidata pediu para fazer o teste em outra data, depois que o bebê nascesse.

A Administração Pública negou o pedido afirmando que o edital proibia a remarcação do teste físico em qualquer hipótese.

Inconformada, a candidata impetrou mandado de segurança e a questão chegou até o STF, que garantiu a ela o direito de fazer o teste em outra data.

Principais argumentos:

- A CF/88 protege a maternidade, a família e o planejamento familiar, de forma que a condição de gestante goza de proteção constitucional reforçada.
- Em razão deste amparo constitucional específico, a gravidez não pode causar prejuízo às candidatas, sob pena de malferir os princípios da isonomia e da razoabilidade.
- O interesse de que a grávida tenha uma boa gestação e que o bebê nasça com saúde ultrapassa os limites individuais da genitora, interessando a outros indivíduos e à própria coletividade.
- Não seria proporcional nem razoável exigir que a candidata colocasse a vida de seu bebê em risco, de forma irresponsável, ao se submeter a teste físico mediante a prática de esforço incompatível com a fase gestacional.
- O direito ao planejamento familiar é livre decisão do casal. A liberdade decisória tutelada pelo planejamento familiar vincula-se estreitamente à privacidade e à intimidade do projeto de vida

individual e parental dos envolvidos. Tendo em vista a prolongada duração dos concursos públicos e sua tendente escassez, muitas vezes inexiste planejamento familiar capaz de conciliar os interesses em jogo. Por tais razões, as escolhas tomadas muitas vezes impõem às mulheres o sacrifício de sua carreira, traduzindo-se em direta perpetuação da desigualdade de gênero.

- As mulheres têm dificuldade em se inserir no mercado de trabalho e enfrente obstáculos para alcançar postos profissionais de maior prestígio e remuneração. Por consequência, acirra-se a desigualdade econômica, que por si só é motivo de exclusão social.
- O direito de concorrer em condições de igualdade ao ingresso no serviço público, além de previsto em todas as Constituições brasileiras, foi reconhecido pelo Pacto de São José da Costa Rica e pela Declaração Universal dos Direitos Humanos.
- O não reconhecimento desse direito da mulher compromete a autoestima social e a estigmatiza.
- O STF entendeu que a situação da candidata grávida merece tratamento diferente do caso de candidatos doentes ou que não compareceram ao teste por motivo de força maior. Assim, justifica-se fazer um distinguishing em relação ao que foi decidido no RE 630733/DF.
- Enquanto a saúde pessoal do candidato em concurso público configura motivo exclusivamente individual e particular, a maternidade e a família constituem direitos fundamentais do homem social e do homem solidário. Por ter o Poder Constituinte estabelecido expressamente a proteção à maternidade, à família e ao planejamento familiar, a condição de gestante goza de proteção constitucional reforçada.

Atraso no concurso

O STF afirmou que permitir à candidata gestante fazer prova em outra data não gera atraso na conclusão do concurso público. Isso porque a Administração Pública pode continuar o certame normalmente, fazendo apenas a reserva do número de vagas para essa situação excepcional.

Se após a realização do teste de aptidão física remarcado, a candidata conseguir a aprovação e classificação, será empossada. Caso contrário, será empossado o candidato ou candidata remanescente na lista de classificação, em posição imediatamente subsequente.

Os princípios em jogo devem ser analisados à luz da moderna concepção de administração pública gestora. Ao realizar o certame seletivo, o administrador público deve organizar suas ações e decisões de modo a otimizar a gestão pública, entendida esta como o exercício responsável do arbítrio administrativo na forma de decisões, ações e resultado esperado. O gestor, assim, precisa saber avaliar por qual razão o concurso é necessário e quais são os resultados esperados, impondo-se a necessidade de planejamento do processo de contratação.

Em suma, não confunda:

Os candidatos possuem direito à segunda chamada nos testes físicos em concursos públicos?

REGRA: NÃO.

> **Os candidatos em concurso público NÃO têm direito à prova de segunda chamada nos testes de aptidão física em razão de circunstâncias pessoais, ainda que de caráter fisiológico ou de força maior, salvo se houver previsão no edital permitindo essa possibilidade.**
>
> STF. Plenário. RE 630733/DF, Rel. Min. Gilmar Mendes, julgado em 15/5/2013 (repercussão geral) (Info 706).

EXCEÇÃO: as candidatas gestantes possuem.

É constitucional a remarcação do teste de aptidão física de candidata que esteja grávida à época de sua realização, independentemente da previsão expressa em edital do concurso público.

STF. Plenário. RE 1058333/PR, Rel. Min. Luiz Fux, julgado em 21/11/2018 (repercussão geral).

3.2. SURGIMENTO DE NOVAS VAGAS + NECESSIDADE DO PROVIMENTO + INEXISTÊNCIA DE RESTRIÇÃO ORÇAMENTÁRIA = DIREITO SUBJETIVO À NOMEAÇÃO

O candidato aprovado dentro do número de vagas tem direito subjetivo à nomeação?

SIM. O candidato aprovado dentro do número de vagas previstas no edital do concurso público possui direito subjetivo de ser nomeado e empossado dentro do período de validade do certame.

O candidato aprovado fora do número de vagas tem direito subjetivo à nomeação?

Em regra, não.

Se o candidato foi aprovado fora do número de vagas, mas durante o prazo de validade do concurso foram criados novos cargos, ele terá direito subjetivo à nomeação?

Em regra, não.

Imagine que a Administração fez um concurso para 10 vagas, tendo nomeado e dado posse aos 10 primeiros. Alguns meses depois são criadas 5 novas vagas. O prazo de validade do concurso ainda não expirou. Apesar disso, o Poder Público decide fazer um segundo concurso. Os candidatos aprovados no primeiro certame fora do número de vagas inicialmente previsto poderão exigir sua nomeação?

Em regra, não.

A situação pode ser assim definida:

REGRA: o surgimento de novas vagas ou a abertura de novo concurso para o mesmo cargo durante o prazo de validade do certame anterior não gera automaticamente o direito à nomeação dos candidatos aprovados fora das vagas previstas no edital.

EXCEÇÃO:

Haverá direito à nomeação se o candidato conseguir demonstrar, de forma cabal:

- que existe inequívoca necessidade de nomeação de aprovado durante o período de validade do certame; e
- que está havendo preterição arbitrária e imotivada por parte da administração ao não nomear os aprovados.

Hipóteses nas quais existirá direito subjetivo à nomeação

O STF listou as três hipóteses nas quais existe direito subjetivo à nomeação do candidato aprovado em concurso público:

1. Quando a aprovação do candidato ocorrer dentro do número de vagas dentro do edital;
2. Quando houver preterição na nomeação por não observância da ordem de classificação;
3. Quando surgirem novas vagas, ou for aberto novo concurso durante a validade do certame anterior, e ocorrer a preterição de candidatos de forma arbitrária e imotivada por parte da administração.

Tese fixada pelo STF em repercussão geral

O surgimento de novas vagas ou a abertura de novo concurso para o mesmo cargo, durante o prazo de validade do certame anterior, não gera automaticamente o direito à nomeação dos candidatos aprovados fora das vagas previstas no edital, ressalvadas as hipóteses de preterição arbitrária e imotivada por parte da administração, caracterizada por comportamento tácito ou expresso do Poder Público capaz de revelar a inequívoca necessidade de nomeação do aprovado durante o período de validade do certame, a ser demonstrada de forma cabal pelo candidato.

Assim, o direito subjetivo à nomeação do candidato aprovado em concurso público exsurge nas seguintes hipóteses:

a) quando a aprovação ocorrer dentro do número de vagas dentro do edital;

b) quando houver preterição na nomeação por não observância da ordem de classificação; e

c) quando surgirem novas vagas, ou for aberto novo concurso durante a validade do certame anterior, e ocorrer a preterição de candidatos de forma arbitrária e imotivada por parte da administração nos termos acima.

STF. Plenário. RE 837311/PI, Rel. Min. Luiz Fux, julgado em 09/12/2015 (repercussão geral) (Info 811).

Imagine agora a seguinte situação hipotética:

João foi aprovado no cargo de Procurador na 20ª posição.

O edital do concurso oferecia apenas 15 cargos.

Assim, João foi aprovado fora do número de vagas.

Os 15 primeiros colocados tomaram posse e começaram a exercer a função.

Durante o prazo de validade do concurso, 5 Procuradores se aposentaram, ou seja, surgiram 5 novas vagas.

Apesar disso, a Administração Pública não fez mais nenhuma nomeação.

Quase no fim do prazo de validade do certame, o Procurador-Geral encaminhou um expediente ao Chefe do Poder Executivo relatando a existência das 5 vagas e afirmando que precisava de autorização para a realização de novo concurso porque a quantidade de Procuradores estava muito abaixo do necessário para o órgão. No expediente, o Procurador-Geral afirmou que havia dotação orçamentária para a nomeação desses novos Procuradores.

João e os outros 4 aprovados conseguiram cópia deste expediente e impetraram mandado de segurança alegando que tinham direito de ser nomeados.

O STJ concordou com o pedido dos candidatos?

SIM.

O candidato aprovado em concurso público fora do número de vagas tem direito subjetivo à nomeação caso surjam novas vagas durante o prazo de validade do certame, haja manifestação inequívoca da administração sobre a necessidade de seu provimento e não tenha restrição orçamentária.

STJ. 1ª Seção. MS 22.813-DF, Rel. Min. Og Fernandes, julgado em 13/06/2018 (Info 630).

O STJ entendeu que essa hipótese (surgimento de novas vagas + necessidade do provimento + inexistência de restrição orçamentária) foi prevista pelo STF como uma hipótese na qual surge o direito subjetivo à nomeação. Trata-se de situação descrita no final da ementa do julgado do STF no RE 837311. Confira:

(...) reconhece-se, excepcionalmente, o direito subjetivo à nomeação aos candidatos devidamente aprovados no concurso público, pois houve, dentro da validade do processo seletivo e, também, logo após expirado o referido prazo, manifestações inequívocas da Administração piauiense acerca da existência de vagas e, sobretudo, da necessidade de chamamento de novos Defensores Públicos para o Estado. (...)

STF. Plenário. RE 837311, Rel. Min. Luiz Fux, julgado em 09/12/2015.

3.3. NOMEAÇÃO TARDIA DE CANDIDATO E ERRO RECONHECIDO PELA PRÓPRIA ADMINISTRAÇÃO PÚBLICA

Imagine a seguinte situação hipotética:

João foi aprovado em todas as fases do concurso.

Ocorre que a Administração Pública errou no cálculo da média final da nota de João. Por força desse erro, ele, que deveria ter figurado na 5ª posição, acabou caindo para o 10º lugar.

O edital previa 5 vagas e a Administração Pública nomeou e empossou os 5 primeiros colocados.

João teve que ingressar com mandado de segurança questionando os critérios utilizados para o cálculo da média final.

Durante a tramitação do mandado de segurança, o Poder Público, administrativamente, reconheceu o erro e, diante disso, João foi nomeado, fazendo com que a ação perdesse o objeto (perda superveniente do interesse de agir).

O problema é que, em razão desse erro da Administração, a nomeação de João demorou 6 meses a mais do que deveria.

Inconformado com a situação, João propôs ação de indenização contra o Poder Público alegando que teria direito de receber, a título de reparação, o valor da remuneração do cargo referente a esses 6 meses.

O candidato que teve postergada a assunção em cargo por conta de ato ilegal da Administração tem direito a receber a remuneração retroativa?

- Regra: NÃO. Não cabe indenização a servidor empossado por decisão judicial sob o argumento de que houve demora na nomeação. Dito de outro modo, a nomeação tardia a cargo público em decorrência de decisão judicial não gera direito à indenização.
- Exceção: será devida indenização se ficar demonstrado, no caso concreto, que o servidor não foi nomeado logo por conta de uma situação de arbitrariedade flagrante.

O tema foi decidido pelo STF em sede de recurso extraordinário sob a sistemática da repercussão geral.

Na hipótese de posse em cargo público determinada por decisão judicial, o servidor não faz jus à indenização, sob fundamento de que deveria ter sido investido em momento anterior, salvo situação de arbitrariedade flagrante.

STF. Plenário. RE 724347/DF, rel. orig. Min. Marco Aurélio, red. p/ o acórdão Min. Roberto Barroso, julgado em 26/2/2015 (repercussão geral) (Info 775).

No caso de João, há uma peculiaridade: o reconhecimento de que a posse do autor deveria ter se dado em momento anterior se deu pela própria Administração Pública (e não por força de

decisão judicial). Isso muda alguma coisa? O candidato que teve postergada a assunção em cargo por conta de ato ilegal reconhecido pela própria Administração tem direito de ser indenizado?

NÃO.

> **A nomeação tardia de candidatos aprovados em concurso público não gera direito à indenização, ainda que a demora tenha origem em erro reconhecido pela própria Administração Pública.**
>
> STJ. 1ª Turma. REsp 1.238.344-MG, Rel. Min. Sérgio Kukina, julgado em 30/11/2017 (Info 617).

O fato de a Administração Pública ter reconhecido o erro administrativamente não muda a situação. Assim, deve-se aplicar o entendimento do STF firmado no RE 724347/DF. Isso porque a *ratio decidendi* constante do precedente do STF consagra a compreensão de que o pagamento de remuneração e a percepção de demais vantagens por servidor público pressupõe o efetivo exercício no cargo, sob pena de enriquecimento sem causa.

Ora, se mesmo quando a ilegalidade da nomeação tardia é declarada por provimento jurisdicional o direito à indenização é afastado pela jurisprudência (salvo situação de arbitrariedade flagrante), não há razão para, reconhecido o erro pela própria Administração, determinar-se o pagamento de valores retroativos.

Se fosse admitida essa "exceção" (pagar indenização em caso de erro reconhecido administrativamente), isso acabaria desestimulando que a Administração Pública exercesse o seu poder-dever de autotutela, ou seja, desencorajaria que a Administração corrigisse seus próprios equívocos. Haveria, então, um estímulo à judicialização, o que não atende ao interesse público.

Por fim, cumpre ressaltar que no caso de João havia uma dúvida razoável sobre os critérios de cálculo da nota final, razão pela qual não se pode dizer que ocorreu uma situação de arbitrariedade flagrante, a ponto de se permitir a indenização.

3.4. FATO CONSUMADO E CANDIDATO QUE SE APOSENTA NO CURSO DO PROCESSO

Imagine a seguinte situação hipotética:

João prestou concurso para o cargo de agente de polícia e foi aprovado nas provas teóricas, tendo sido, contudo, reprovado no exame físico.

O candidato propôs mandado de segurança questionando o teste físico.

O juiz concedeu a liminar determinando a nomeação e posse de João, o que ocorreu em 2002.

Em sentença, o magistrado confirmou a liminar e julgou procedente o pedido do autor.

Em 2017, o Tribunal, ao julgar a apelação, entendeu que o teste físico realizado não continha nenhum vício. Em virtude disso, reformou a sentença. Houve trânsito em julgado.

Neste caso, João poderá permanecer no cargo com base na teoria do fato consumado, considerando que ele já exercia a função há muitos anos?

NÃO. Segundo a Teoria do Fato Consumado, as situações jurídicas consolidadas pelo decurso do tempo, amparadas por decisão judicial, não devem ser desconstituídas, em razão do princípio da segurança jurídica e da estabilidade das relações sociais (STJ. REsp 709.934/RJ).

Assim, de acordo com essa posição, se uma decisão judicial autorizou determinada situação jurídica e, após muitos anos, constatou-se que tal solução não era acertada, ainda assim não deve ser desconstituída, para que não haja insegurança jurídica.

Em suma, seria uma espécie de convalidação da situação pelo decurso de longo prazo.

A Teoria do Fato Consumado não é admitida pela jurisprudência no caso de posse em cargo público por força de decisão judicial provisória.

O STF já até afirmou isso em sede de recurso extraordinário com repercussão geral:

> Não é compatível com o regime constitucional de acesso aos cargos públicos a manutenção no cargo, sob fundamento de fato consumado, de candidato não aprovado que nele tomou posse em decorrência de execução provisória de medida liminar ou outro provimento judicial de natureza precária, supervenientemente revogado ou modificado. Igualmente incabível, em casos tais, invocar o princípio da segurança jurídica ou o da proteção da confiança legítima.
>
> A posse ou o exercício em cargo público por força de decisão judicial de caráter provisório não implica a manutenção, em definitivo, do candidato que não atende a exigência de prévia aprovação em concurso público (art. 37, II, da CF/88), valor constitucional que prepondera sobre o interesse individual do candidato, que não pode invocar, na hipótese, o princípio da proteção da confiança legítima, pois conhece a precariedade da medida judicial.
>
> Em suma, não se aplica a teoria do fato consumado para candidatos que assumiram o cargo público por força de decisão judicial provisória posteriormente revista.
>
> STF. Plenário. RE 608482/RN, Rel. Min. Teori Zavascki, julgado em 7/8/2014 (repercussão geral) (Info 753).

O STJ possui o mesmo entendimento:

> (...) Esta Corte já pacificou o entendimento de que candidatos que acabam por participar das demais etapas do certame por força de decisões judiciais passíveis de reforma, não têm direito adquirido à nomeação definitiva, uma vez que não se pode perpetuar uma situação precária. Como cediço, o candidato continua na disputa por uma vaga, consciente de que sua situação ainda encontra-se pendente de julgamento, ou seja, com o iminente risco de reversão. (...)
>
> STJ. 1ª Turma. AgRg no AREsp 474.423/RS, Rel. Min. Napoleão Nunes Maia Filho, julgado em 04/04/2017.

Veja como o tema já foi cobrado em provas:

- (Promotor MPDFT 2015) A teoria do fato consumado é amplamente adotada no Direito Administrativo, sobretudo em matéria de concursos públicos, a par de proteger a confiança legítima e a segurança jurídica, ambas, garantias fundamentais dos candidatos. (ERRADO)
- (Juiz de Direito TJ-CE 2018 CESPE) O princípio da proteção da confiança legítima não autoriza a manutenção em cargo público de servidor público empossado por força de decisão judicial de caráter provisório posteriormente revista, ainda que decorridos mais de cinco anos da investidura no cargo. (CERTO)

E se o servidor já tivesse se aposentado? Vamos imaginar o seguinte exemplo hipotético:

Pedro prestou concurso para o cargo de agente de polícia e foi aprovado nas provas teóricas, tendo sido, contudo, reprovado no exame físico.

O candidato propôs mandado de segurança questionando o teste físico.

O juiz concedeu a liminar determinando a nomeação e posse de Pedro.

Em sentença, o magistrado confirmou a liminar e julgou procedente o pedido do autor.

Houve recurso da Fazenda Pública.

Em 2016, antes que o recurso fosse julgado, Pedro se aposentou, por tempo de contribuição, no cargo de agente de polícia.

Em 2017, 21 anos depois de a ação ter sido proposta, o Tribunal, ao julgar a apelação, entendeu que o teste físico realizado não continha nenhum vício. Em virtude disso, reformou a sentença. Houve trânsito em julgado.

Neste caso, Pedro, que já está aposentado, perderá a sua aposentadoria?

NÃO. Esse é o entendimento tanto do STJ como do STF:

Quando o exercício do cargo foi amparado por decisões judiciais precárias e o servidor se aposentou, antes do julgamento final do mandado de segurança, por tempo de contribuição durante esse exercício e após legítima contribuição ao sistema, a denegação posterior da segurança que inicialmente permitira ao servidor prosseguir no certame não pode ocasionar a cassação da aposentadoria.

STJ. 1ª Seção. MS 20.558-DF, Rel. Min. Herman Benjamin, julgado em 22/2/2017 (Info 600).

Em regra, não produzem fato consumado a posse e o exercício em cargo público decorrentes de decisão judicial tomada à base de cognição não-exauriente.

Em outras palavras, não se aplica a teoria do fato consumado para candidatos que assumiram o cargo público por força de decisão judicial provisória posteriormente revista. Trata-se do entendimento firmado no RE 608482/RN (Tema 476).

A situação é diferente, contudo, se a pessoa, após permanecer vários anos no cargo (21 anos), conseguiu a concessão de aposentadoria. Neste caso, em razão do elevado grau de estabilidade da situação jurídica, o princípio da proteção da confiança legítima incide com maior intensidade. Trata-se de uma excepcionalidade que autoriza a distinção (*distinguish*) quanto ao leading case do RE 608482/RN (Tema 476).

STF. 1ª Turma. RE 740029 AgR/DF, Rel. Min. Alexandre de Moraes, julgado em 14/8/2018 (Info 911).

Situação não contemplada no leading case

No julgamento do RE 608482/RN, o STF não tratou sobre as hipóteses em que o servidor, em razão do decurso do tempo no exercício do cargo, tem a aposentadoria concedida pela Administração Pública. Logo, este entendimento não afronta o que decidiu o STF na repercussão geral.

Princípio da segurança jurídica

O princípio da segurança jurídica, em sua perspectiva subjetiva, protege a confiança legítima, procurando preservar fatos pretéritos de eventuais modificações na interpretação jurídica, bem como resguardando efeitos jurídicos de atos considerados inválidos por qualquer razão.

Em última análise, o princípio da confiança legítima destina-se precipuamente a proteger expectativas legitimamente criadas em indivíduos por atos estatais.

A aplicação do princípio da proteção da confiança, portanto, pressupõe a adoção de atos contraditórios pelo Estado que frustrem legítimas expectativas nutridas por indivíduos de boa-fé.

Naturalmente, tais expectativas podem ser frustradas não apenas por decisões administrativas contraditórias, mas também por decisões judiciais dessa natureza.

Vínculo previdenciário consolidou-se

O impetrante já estava aposentado quando veio a decisão desfavorável. Assim, embora o vínculo de trabalho fosse precário, o autor da ação pagou mensalmente as contribuições previdenciárias e completou todos os requisitos necessários para a aposentadoria, de forma que o vínculo previdenciário foi consolidado.

Legislação não prevê cassação de aposentadoria por esse motivo

A Lei dos Servidores Públicos federais (Lei nº 8.112/90), assim como as demais leis de servidores públicos dos demais entes, preveem a cassação da aposentadoria apenas em duas hipóteses:

a. demissão do servidor público (art. 134); e

b. acumulação ilegal de cargos (art. 133, § 6º).

Dessa forma, não há fundamento na lei para se cassar a aposentadoria nesta hipótese.

4. SERVIDORES PÚBLICOS

4.1. ACUMULAÇÃO DE CARGOS

POSSIBILIDADE DE ACUMULAÇÃO DE CARGOS MESMO QUE A JORNADA SEMANAL ULTRAPASSE 60H

É possível que a pessoa acumule mais de um cargo ou emprego público?

REGRA: NÃO. A CF/88 proíbe a acumulação remunerada de cargos ou empregos públicos.

EXCEÇÕES: a própria CF/88 prevê exceções a essa regra. Veja o que dispõe o art. 37, XVI:

> § XVI – é vedada a acumulação remunerada de cargos públicos, exceto, quando houver compatibilidade de horários, observado em qualquer caso o disposto no inciso XI:
>
> a) a de dois cargos de professor;
>
> b) a de um cargo de professor com outro técnico ou científico;
>
> c) a de dois cargos ou empregos privativos de profissionais de saúde, com profissões regulamentadas;

No caso dos servidores públicos federais, importante mencionar que o tema foi regulamentado pela Lei nº 8.112/90:

> § Art. 118. Ressalvados os casos previstos na Constituição, é vedada a acumulação remunerada de cargos públicos.
>
> (...)
>
> § 2º A acumulação de cargos, ainda que lícita, fica condicionada à comprovação da compatibilidade de horários.

Parecer-AGU nº GQ-145/98

Com o objetivo de disciplinar a matéria, a Advocacia Geral da União (AGU) emitiu o parecer nº GQ-145, vinculante, afirmando que o servidor somente poderá acumular cargos se houver compatibilidade de horário e desde que a jornada máxima não ultrapasse 60 horas semanais.

Assim, para a AGU, mesmo que exista compatibilidade de horários, se a jornada semanal ficar acima de 60 horas, a acumulação não será permitida, considerando que o servidor estaria muito cansado e isso atrapalharia seu desempenho funcional, em prejuízo ao princípio constitucional da eficiência.

TCU Acórdão 2.133/05

A jurisprudência do TCU também tem se manifestado no mesmo sentido da AGU, admitindo como limite máximo em casos de acumulação de cargos ou empregos públicos a jornada de trabalho de 60 horas semanais. É o caso, por exemplo, do Acórdão 2.133/05.

Os servidores não concordaram com este entendimento e recorreram à Justiça para que pudessem manter a acumulação de cargos mesmo se a jornada semanal for superior a 60 horas. A jurisprudência acolhe o pedido dos servidores? É possível que o servidor acumule dois cargos públicos mesmo que a soma das jornadas ultrapasse 60 horas semanais?

SIM. O tema é polêmico. No entanto, a posição mais atual e majoritária é no sentido de que é possível a acumulação de cargos mesmo que a jornada semanal ultrapasse 60h:

A acumulação de cargos públicos de profissionais da área de saúde, prevista no art. 37, XVI, da CF/88, não se sujeita ao limite de 60 horas semanais previsto em norma infraconstitucional, pois inexiste tal requisito na Constituição Federal.

O único requisito estabelecido para a acumulação é a compatibilidade de horários no exercício das funções, cujo cumprimento deverá ser aferido pela administração pública.

STF. 1ª Turma. RE 1.094.802 AgR, Rel. Min. Alexandre de Moraes, julgado em 11/5/2018.

STF. 2ª Turma. RMS 34257 AgR, Rel. Min. Ricardo Lewandowski, julgado em 29/06/2018.

STJ. 2ª Turma. REsp 1.746.784-PE, Rel. Min. Og Fernandes, julgado em 23/08/2018 (Info 632).

STJ. 2ª Turma. REsp 1761827/RJ, Rel. Min. Francisco Falcão, julgado em 04/12/2018.

O fundamento é constitucional.

Ora, a Constituição Federal em nenhum momento exigiu que a jornada semanal dos dois cargos fosse de até 60 horas. O texto constitucional exigiu apenas que haja compatibilidade de horários.

Logo, essa exigência feita de que a jornada seja de até 60 horas está além daquilo que a Constituição impôs, sendo, portanto, ilegítima.

Tema polêmico

Ressalto, mais uma vez, que o tema é polêmico e ainda podem ser encontradas decisões recentes da 1ª Turma STJ em sentido contrário ao que foi explicado acima. No entanto, penso que a posição exposta é, por enquanto, a majoritária.

Continuarei monitorando o assunto e, qualquer novidade, você será alertada(o).

AUDITOR FISCAL DO TRABALHO NÃO PODE ACUMULAR SEU CARGO COM OUTRO DA ÁREA DE SAÚDE

Imagine a seguinte situação hipotética:

João é Auditor Fiscal do Trabalho, com especialidade em medicina do trabalho.

Vale ressaltar que a Lei nº 10.593/2002 prevê que o cargo de Auditor Fiscal do Trabalho com especialidade em medicina do trabalho deve ser ocupado por alguém com pós-graduação em medicina do trabalho. Veja a redação do dispositivo:

§ Art. 1º Esta Lei dispõe sobre a reestruturação da Carreira Auditoria do Tesouro Nacional, de que trata o Decreto-Lei no 2.225, de 10 de janeiro de 1985, que passa a denominar-se Carreira Auditoria da Receita Federal – ARF, e sobre a organização da Carreira Auditoria-Fiscal da Previdência Social e da Carreira Auditoria-Fiscal do Trabalho.

(...)

§ Art. 3º O ingresso nos cargos das Carreiras disciplinadas nesta Lei far-se-á no primeiro padrão da classe inicial da respectiva tabela de vencimentos, mediante concurso público de provas ou de provas e títulos, exigindo-se curso superior em nível de graduação concluído ou habilitação legal equivalente.

§ 1º O concurso referido no caput poderá ser realizado por áreas de especialização.

§ 2º Para investidura no cargo de Auditor-Fiscal do Trabalho, nas áreas de especialização em segurança e medicina do trabalho, será exigida a comprovação da respectiva capacitação profissional, em nível de pós-graduação, oficialmente reconhecida.

João foi aprovado no concurso para exercer o cargo de Médico de um hospital federal.

Surgiu, no entanto, a dúvida se seria possível ele acumular os dois cargos com base no art. 37, XVI, "c", da CF/88. Vale ressaltar que há compatibilidade de horários.

O que decidiu o STJ? É possível acumular os dois cargos neste caso?

NÃO.

O Auditor Fiscal do Trabalho, com especialidade em medicina do trabalho, não pode cumular o exercício do seu cargo com outro da área de saúde.

STJ. 1ª Turma. REsp 1.460.331-CE, Rel. Min. Napoleão Nunes Maia Filho, Rel. Acd. Min. Gurgel de Faria, julgado em 10/04/2018 (Info 625).

As funções do Auditor Fiscal do Trabalho, com especialidade em medicina do trabalho não se relacionam diretamente à prestação de serviços médicos à população.

Os Auditores Fiscais do Trabalho são agentes do Estado que analisam as condições de trabalho, as situações das empresas, liberando estas ou fazendo-lhes exigências de ajustes, funções que não são específicas do cargo de Médico (art. 11 da Lei nº 10.593/2002).

Assim, o fato de haver cargo de Auditor Fiscal, com exigência de pós-graduação na área de medicina do trabalho não significa que seus ocupantes – obrigatoriamente médicos – estejam exercendo a medicina propriamente dita. O simples fato de se exigir essa especialização não faz com que se possa considerar a carreira de Auditor como sendo igual à de Médico.

4.2. CONCURSO PÚBLICO

STF DECIDE MODULAR OS EFEITOS DE DECISÃO QUE MANDOU AFASTAR DELEGADOS DE POLÍCIA DO CARGO POR OFENSA À REGRA DO CONCURSO PÚBLICO

Imagine a seguinte situação:

Em 2001, foi editada uma lei estadual criando cargos e organizando a Polícia Civil do Estado do Amazonas.

Nesta Lei foi previsto que, na estrutura da Polícia Civil, haveria cargos de Delegado de Polícia e de Comissário de Polícia.

Ainda em 2001, foi realizado um concurso público, com provas específicas para cada um desses cargos, e os aprovados nomeados e empossados.

Contudo, em 2004, houve duas leis modificando o cargo de Comissário de Polícia.

- a primeira delas afirmou que Comissário de Polícia seria autoridade policial, juntamente com o Delegado de Polícia, equiparando a remuneração dos dois cargos.
- a segunda lei, transformando o cargo de "Comissário de Polícia" em "Delegado de Polícia".

Essas duas leis foram impugnadas por meio de ADI.

Em 2015, o STF decidiu que elas são INCONSTITUCIONAIS porque representaram burla à exigência do concurso público.

As referidas leis fizeram uma espécie de ASCENSÃO FUNCIONAL dos Comissários de Polícia porque transformaram os ocupantes desses cargos em Delegados de Polícia sem que eles tivessem feito concurso público para tanto.

No caso concreto, os Ministros entenderam que, quando o cargo de Comissário de Polícia foi criado, ele possuía diferenças substanciais em relação ao de Delegado de Polícia, o que impediria a transformação, mesmo sob o argumento de ser medida de racionalização administrativa.

STF. Plenário. ADI 3415/AM, Rel. Min. Teori Zavascki, julgado em 24/9/2015 (Info 800).

Modulação dos efeitos

O Estado do Amazonas ingressou com embargos de declaração contra essa decisão.

No recurso, pediu a modulação dos efeitos da decisão mantendo os servidores como Delegados até que realize novo concurso para o cargo.

Afirmou que não pode realizar o concurso imediatamente em razão de já ter atingido o limite prudencial de gastos com pessoal determinado pela Lei de Responsabilidade Fiscal (LRF).

Sustentou, assim, a necessidade de mais tempo para a realização do certame, tendo em vista que o Estado atravessa grave crise na segurança pública.

O STF concordou com os argumentos?

SIM. O STF acolheu os embargos e aceitou modular os efeitos da decisão proferida na ADI 3415. Além disso, o Tribunal determinou ao Estado do Amazonas que promova, no prazo máximo de 18 meses, a contar da publicação da ata de julgamento (07/08/2018), a abertura de concurso público para o cargo de Delegado de Polícia.

O Ministro Relator Alexandre de Moraes afirmou que mais de 70 delegacias de polícia ficariam sem delegados e que a população amazonense é que sofreria as consequências.

Além disso, na decisão dos embargos, os Ministros esclareceram que são plenamente válidos os atos praticados nos cargos de Delegado de Polícia que serão afastados.

STF. Plenário. ADI 3415 ED-segundos/AM, Rel. Min. Alexandre de Moraes, julgado em 1º/8/2018 (Info 909).

4.3. REMOÇÃO

Remoção

Remoção é o deslocamento do servidor, a pedido ou de ofício, no âmbito do mesmo quadro, com ou sem mudança de sede (art. 36 da Lei nº 8.112/90).

Modalidades de remoção previstas na Lei nº 8.112/90:

- Remoção ex officio: é aquela que ocorre por imposição da Administração Pública (art. 36, parágrafo único, I);
- Remoção a pedido do próprio servidor: como o próprio nome indica, é aquela na qual o servidor requer sua mudança (art. 36, parágrafo único, II e III).

O art. 36 da Lei nº 8.112/90 trata de três hipóteses de remoção:

1. de ofício, "no interesse da Administração" e mesmo que contra a vontade do servidor (inciso I);
2. a pedido do servidor e "a critério da Administração" (inciso II) e

3. a pedido do servidor, "independentemente do interesse da Administração" (inciso III), nas estritas hipóteses das alíneas "a", "b" e "c".

Veja a redação dos dispositivos legais:

§ Art. 36 (...)

Parágrafo único. Para fins do disposto neste artigo, entende-se por modalidades de remoção:

I – de ofício, no interesse da Administração;

II – a pedido, a critério da Administração;

III – a pedido, para outra localidade, independentemente do interesse da Administração:

a) para acompanhar cônjuge ou companheiro, também servidor público civil ou militar, de qualquer dos Poderes da União, dos Estados, do Distrito Federal e dos Municípios, que foi deslocado no interesse da Administração;

b) por motivo de saúde do servidor, cônjuge, companheiro ou dependente que viva às suas expensas e conste do seu assentamento funcional, condicionada à comprovação por junta médica oficial;

c) em virtude de processo seletivo promovido, na hipótese em que o número de interessados for superior ao número de vagas, de acordo com normas preestabelecidas pelo órgão ou entidade em que aqueles estejam lotados.

Remoção para acompanhar cônjuge (art. 36, parágrafo único, III, "a")

A Lei nº 8.112/90 prevê que o servidor público federal tem direito subjetivo de ser removido para acompanhar seu cônjuge/companheiro que tiver sido removido no interesse da Administração.

Ex: João e Maria, casados entre si, são servidores públicos federais lotados em Recife.

João é removido de ofício, no interesse da Administração, para Porto Velho (art. 36, parágrafo único, I da Lei nº 8.112/90). Logo, Maria tem direito de também ser removida para Porto Velho, acompanhando seu cônjuge.

Essa regra está prevista no art. 36, parágrafo único, III, "a" da Lei nº 8.112/90:

§ Parágrafo único. Para fins do disposto neste artigo, entende-se por modalidades de remoção:

(...)

III – a pedido, para outra localidade, independentemente do interesse da Administração:

a) para acompanhar cônjuge ou companheiro, também servidor público civil ou militar, de qualquer dos Poderes da União, dos Estados, do Distrito Federal e dos Municípios, que foi deslocado no interesse da Administração;

Cônjuge que passou em concurso público. Se o cônjuge do servidor público for aprovado em um concurso público e tiver que se mudar para tomar posse, este servidor terá direito à remoção prevista no art. 36, parágrafo único, III, "a", da Lei nº 8.112/90? Ex.: Eduardo e Mônica são casados e moram em Boa Vista. Eduardo é servidor público federal e Mônica estuda para concurso. Mônica é, então, aprovada para um cargo público federal e sua lotação inicial é Fortaleza. Eduardo terá direito de se remover para Fortaleza para acompanhar sua esposa?

NÃO. De acordo com o art. 36, III, "a" da Lei nº 8.112/90, a remoção para acompanhamento de cônjuge exige prévio deslocamento de qualquer deles no interesse da Administração, inadmitindo-se qualquer outra forma de alteração de domicílio.

O STJ considera que se a pessoa tem que alterar seu domicílio em virtude da aprovação em concurso público, isso ocorre no interesse próprio da pessoa (e não no interesse da Administração). Assim, não há direito subjetivo à remoção do art. 36, III, "a", da Lei nº 8.112/90, considerando que a pessoa estava ciente de que iria assumir o cargo em local diverso da residência do cônjuge.

Veja precedente neste sentido:

> (...) 2. Dispõe a Lei 8.112/80, em seu artigo 36, inciso III, alínea "a" que a remoção a pedido do servidor para acompanhamento de cônjuge ou companheiro, independentemente da existência de vaga, exige obrigatoriamente o cumprimento de requisito específico, qual seja, que o cônjuge seja servidor público, removido no interesse da Administração, não se admitindo qualquer outra forma de alteração de domicílio.
>
> 3. Da leitura dos autos, extrai-se que o pedido de remoção foi motivado pela aprovação de um dos recorrentes em concurso público para o cargo efetivo de Escrivão da Polícia Federal, tendo sido lotado em município diverso do domicílio do casal.
>
> 4. No caso, não se configurou aquele requisito – deslocamento no interesse da Administração, pois o cônjuge assumiu cargo em outra localidade de forma voluntária, objetivando satisfazer interesse próprio. Ou seja, o caso dos autos versa sobre assunção de forma originária em cargo público federal, após aprovação em concurso público, e não de remoção por obra da Administração.
>
> 5. Inevitável perceber, portanto, que os recorrentes não se enquadram entre as hipóteses taxativas do art. 36 da Lei 8.112/90. (...)
>
> STJ. 2ª Turma. REsp 1310531/CE, Rel. Min. Mauro Campbell Marques, julgado em 06/11/2012.

Cônjuge que foi removido a pedido. Pedro e Soraia, casados entre si, são servidores públicos federais lotados em Recife. É aberta uma vaga em Salvador para o cargo de Pedro. Este concorre no concurso de remoção e consegue ser removido para a capital baiana.

Soraia terá direito de ser removida junto com Pedro, com fulcro no art. 36, parágrafo único, III, "a"? O servidor que é transferido de localidade a pedido, após concorrer em concurso de remoção, gera para seu cônjuge o direito subjetivo de também ser transferido para acompanhá-lo, independentemente do interesse da Administração?

NÃO.

> **O servidor público federal somente tem direito à remoção prevista no art. 36, parágrafo único, III, "a", da Lei nº 8.112/90, na hipótese em que o cônjuge/companheiro, também servidor, tenha sido deslocado de ofício, para atender ao interesse da Administração (nos moldes do inciso I do mesmo dispositivo legal).**
>
> STJ. 1ª Seção. EREsp 1.247.360-RJ, Rel. Min. Benedito Gonçalves, julgado em 22/11/2017 (Info 617).

O deslocamento "no interesse da Administração", para os fins do art. 36, inciso III, "a", da Lei nº 8.112/90, é apenas aquele em que o servidor público é removido de ofício pela Administração Pública, não quando tenha voluntariamente se candidatado a concorrer à vaga aberta para remoção.

Se a remoção anterior foi a pedido, a pessoa não terá direito de ser também removida para acompanhar seu cônjuge/companheiro.

A transferência por conta de concurso de remoção consiste em uma modalidade da remoção "a pedido". Logo, ela não dá direito à remoção para acompanhar cônjuge.

4.4. TRANSFERÊNCIA EX OFFICIO PARA OUTRA INSTITUIÇÃO DE ENSINO EM CASO DE REMOÇÃO DE OFÍCIO DO SERVIDOR

Imagine a seguinte situação hipotética:

Paulo é servidor público federal, lotado em Recife (PE), onde faz faculdade de Medicina em uma universidade particular. Ele é transferido, de ofício, para Rio Branco (AC).

Em virtude dessa transferência, Paulo terá direito a uma vaga no curso de Medicina em uma universidade em Rio Branco (AC)?

SIM. Isso é chamado de transferência *ex officio*, sendo um direito assegurado pela Lei nº 9.536/97, que regulamentou o parágrafo único do art. 49, parágrafo único, da Lei nº 9.394/96 (Lei de Diretrizes e Bases da Educação):

§ Lei nº 9.394/96

Art. 49. As instituições de educação superior aceitarão a transferência de alunos regulares, para cursos afins, na hipótese de existência de vagas, e mediante processo seletivo.

Parágrafo único. As transferências ex officio dar-se-ão na forma da lei.

§ Lei nº 9.536/97

Art. 1º A transferência *ex officio* a que se refere o parágrafo único do art. 49 da Lei nº 9.394, de 20 de dezembro de 1996, será efetivada, entre instituições vinculadas a qualquer sistema de ensino, em qualquer época do ano e independente da existência de vaga, quando se tratar de servidor público federal civil ou militar estudante, ou seu dependente estudante, se requerida em razão de comprovada remoção ou transferência de ofício, que acarrete mudança de domicílio para o município onde se situe a instituição recebedora, ou para localidade mais próxima desta.

Parágrafo único. A regra do caput não se aplica quando o interessado na transferência se deslocar para assumir cargo efetivo em razão de concurso público, cargo comissionado ou função de confiança.

Em qualquer época do ano e independente da existência de vaga

Não é preciso que o servidor aguarde o início do semestre e, mesmo que não haja vaga na turma, ele ficará como sobressalente.

Dependentes

Têm direito à matrícula, em estabelecimentos de ensino congêneres, não apenas os servidores públicos como também seus dependentes.

Essa prerrogativa abrange servidores da Administração indireta?

SIM. A lei amplia o conceito de "servidor público" a fim de alcançar não apenas os vinculados à Administração direta, como também os que exercem suas atividades em entidades da Administração Pública indireta, uma vez que a finalidade da norma é o interesse público.

Assim, os empregados das entidades da Administração Indireta, dentre elas as empresas públicas e sociedades de economia mista, são considerados servidores públicos em sentido amplo e, portanto, têm direito ao benefício previsto na Lei nº 9.536/97.

STJ. 2ª Turma. AgRg no REsp 1218810/RS, Rel. Min. Humberto Martins, julgado em 15/02/2011.

STF. 2ª Turma. RE 495325 AgR, Rel. Min. Ellen Gracie, julgado em 12/04/2011.

Esse direito abrange também servidores estaduais e municipais?

O art. 1º da Lei nº 9.536/97 fala apenas em "servidores federais". No entanto, a jurisprudência do STJ firmou entendimento de que a prerrogativa legal de transferência de aluno ou dependente concedida a servidor público federal estende-se também a servidores estaduais, municipais e do Distrito Federal, nos casos de transferência de ofício, e entre estabelecimentos de ensino congêneres.

STJ. 2ª Turma. AgRg no REsp 1267223/RS, Rel. Min. Humberto Martins, julgado em 13/09/2011.

Mas é possível que um servidor estadual ou municipal seja transferido ex officio?

SIM. Isso é possível tanto dentro do mesmo Estado como também (mais raramente) para outro Estado da Federação.

Ex: um servidor estadual que é transferido *ex officio* de um Município do interior para a capital, ou vice-versa.

Ex2: um servidor do Município de São Paulo (SP) é transferido *ex officio* da capital paulista para Brasília (DF), onde a Administração Pública mantém um escritório de representação para cuidar dos assuntos municipais na capital federal.

Não abrange transferências "a pedido"

A prerrogativa conferida pela Lei nº 9.536/97 deve ser interpretada de forma restritiva e, portanto, não contempla as transferências "a pedido" do próprio servidor.

STJ. 1ª Turma. AgInt no REsp 1626826/PE, Rel. Min. Regina Helena Costa, julgado em 21/03/2017.

Assunção em cargo público, nomeação para cargo em comissão e designação para função de confiança

A prerrogativa da transferência *ex officio* não se aplica quando o interessado na transferência se deslocar para outra localidade com o objetivo de assumir:

- cargo efetivo em razão de concurso público. Ex: o pai do estudante de Medicina passou em um concurso para morar em outro Estado.
- cargo comissionado; ou
- função de confiança.

Posse de membro do MP como Desembargador e transferência universitária de dependente

O filho do membro do MPT nomeado para o cargo de Desembargador Federal na vaga do quinto constitucional tem direito de ser transferido para a Universidade do local para onde se mudou?

SIM. O filho de membro do Ministério Público do Trabalho tem, em razão da mudança de domicílio de seu pai para tomar posse no cargo de Desembargador Federal do Trabalho, direito a ser transferido para instituição de ensino superior congênere, nos termos do art. 49 da Lei nº 9.394/96, c/c art. 1º da Lei nº 9.536/97.

STJ. 2ª Turma. REsp 1.536.723-RS, Rel. Min. Humberto Martins, julgado em 13/10/2015 (Info 571).

Requisito da congeneridade

Em 2005, o STF, ao julgar uma ADI proposta contra a Lei nº 9.536/97, deu interpretação conforme ao art. 1º desta Lei e afirmou o seguinte:

Essa previsão de transferência obrigatória para outra faculdade somente pode ser considerada constitucional se a instituição de destino for congênere à de origem.

Congênere = algo que é do mesmo gênero (tipo), ou seja, algo similar.

Isso significa que, se o servidor (ou seu dependente) estudava em uma universidade pública, ele terá direito de se transferir para uma universidade também pública na cidade de destino.

Por outro lado, se o servidor (ou seu dependente) estudava em uma universidade privada, ele será transferido para uma universidade também privada.

Em suma, se o servidor público (civil ou militar) que cursa faculdade for transferido, de ofício, para outra localidade, ele tem direito de ser matriculado em instituição de ensino superior do local de destino, observado, todavia, o requisito da congeneridade em relação à instituição de origem.

Veja a ementa do julgado:

> A constitucionalidade do artigo 1º da Lei nº 9.536/97, viabilizador da transferência de alunos, pressupõe a observância da natureza jurídica do estabelecimento educacional de origem, a congeneridade das instituições envolvidas – de privada para privada, de pública para pública –, mostrando-se inconstitucional interpretação que resulte na mesclagem – de privada para pública.
>
> STF. Plenário. ADI 3324, Rel. Min. Marco Aurélio, julgado em 16/12/2004.

Voltando ao nosso exemplo:

Seguindo esse requisito da congeneridade, a vaga de Paulo não será em uma universidade pública.

Isso porque Paulo estudava em Recife em uma universidade particular. Logo, ao ser transferido para Rio Branco, deverá fazer o curso superior em uma faculdade também particular.

A regra da congeneridade fala:

- Se o servidor estudava em uma instituição pública, será matriculado em uma instituição pública na localidade de destino.
- Se fazia o curso em uma instituição privada, sua matrícula será efetividade em uma instituição privada.

Até aí, tudo bem. Mas... e se a instituição congênere da localidade de destino não oferecer o curso que era feito pelo servidor em seu antigo domicílio? Suponhamos, hipoteticamente, que, em Rio Branco, as universidades privadas lá existentes não possuem o curso de medicina. O que fazer neste caso?

Diante desses casos concretos, a jurisprudência dos TRFs e do STJ criou uma exceção ao requisito da congeneridade.

Passou-se a dizer o seguinte: se não houver curso correspondente em estabelecimento congênere no local da nova residência ou em suas imediações, deverá ser assegurada a matrícula em instituição não congênere.

Assim, em nosso exemplo hipotético, como em Rio Branco não havia uma faculdade particular de Medicina, Paulo teria direito a uma vaga no curso de Medicina da universidade pública.

Universidades públicas questionaram essa "exceção"

Essa "exceção" ao requisito da congeneridade começou a ser questionada pelas Universidades públicas sob a alegação de que isso violaria o princípio da isonomia (art. 5º) e o direito à igualdade de condições para o acesso à escola e à educação (art. 206, I, da CF/88):

> § Art. 5º Todos são iguais perante a lei, sem distinção de qualquer natureza, garantindo-se aos brasileiros e aos estrangeiros residentes no País a inviolabilidade do direito à vida, à liberdade, à igualdade, à segurança e à propriedade, nos termos seguintes:

> § Art. 206. O ensino será ministrado com base nos seguintes princípios:
>
> I – igualdade de condições para o acesso e permanência na escola;

Logo, essa exceção seria inconstitucional.

O STF concordou com o argumento das Universidades públicas? Há inconstitucionalidade?

NÃO.

> **É constitucional a previsão legal que assegure, na hipótese de transferência *ex officio* de servidor, a matrícula em instituição pública, se inexistir instituição congênere à de origem.**
>
> STF. Plenário. RE 601580/RS, Rel. Min. Edson Fachin, julgado em 19/9/2018 (repercussão geral) (Info 916).

O STF, inicialmente, esclareceu que, ao julgar a ADI 3324, ele não examinou os casos de transferência para cidades em que não havia instituição de ensino congênere.

Em outras palavras, o STF afirmou que, ao julgar a ADI 3324, teria apenas analisado e fixado a regra geral, mas sem fixar posição para os casos em que a cidade de destino não tivesse o mesmo curso na faculdade privada. Logo, agora seria o momento de analisar esta situação.

Se a cidade de destino do servidor não tem um curso congênere na rede privada, deve-se admitir a matrícula em universidade pública, sob pena de haver uma restrição desproporcional.

Exigir que a transferência se dê entre instituições de ensino congêneres praticamente inviabiliza o direito à educação não apenas dos servidores, mas de seus dependentes, solução que viola o disposto na Lei nº 9.536/97, e exclui, por completo, a fruição de um direito fundamental. Impedir a matrícula do servidor ou de seus dependentes, em caso de transferência compulsória, quando inexistir instituição congênere no município, possivelmente levaria ao trancamento do curso ou sua desistência. Assim, permitir a matrícula, ante a inviabilidade de um dos direitos em confronto, não se afigura desproporcional.

Conclusões pessoais:

Para fins de concurso, é muito importante conhecer a literalidade da tese acima exposta porque é muito provável que seja cobrado exatamente assim na prova.

No entanto, podemos explicar como funciona na prática, criando uma "regra" e uma "exceção":

- REGRA: em caso de transferência ex officio de servidor público (civil ou militar), o servidor (ou seu dependente) terá direito de se matricular em instituição congênere àquela que estava estudando na origem. Ex: se fazia o curso em uma universidade pública, terá direito de se matricular em uma instituição pública na cidade para a qual foi transferido. É o chamado requisito da congeneridade.
- EXCEÇÃO: se no local da nova residência ou em suas imediações não houver o curso em uma instituição congênere, deverá ser assegurada a matrícula em instituição não congênere. Ex: o servidor fazia o curso de Medicina em uma universidade privada e no local de destino não existe faculdade particular que ofereça o curso de Medicina. Neste caso, como inexiste instituição congênere à de origem, a lei assegura a matrícula em instituição pública. O STF afirma que essa interpretação da lei é compatível com a CF/88.

Requisitos

Diante de tudo que foi exposto, podemos assim resumir os requisitos para que se proceda à transferência entre instituições de ensino superior, na hipótese de remoção de servidor público no interesse da Administração, o cumprimento de três requisitos cumulativos:

a. remoção ou transferência do servidor, ex officio, com mudança de domicílio;

b. qualidade de estudante do servidor (civil ou militar) ou de dependente seu; e

c. congeneridade entre as duas instituições envolvidas, salvo se não houver curso correspondente em estabelecimento congênere no local da nova residência ou em suas imediações, hipótese na qual deverá ser assegurada a matrícula em instituição não congênere.

4.5. REMUNERAÇÃO

Inconstitucionalidade de norma que equipara remuneração de servidores públicos

Situação concreta:

A Constituição do Estado do Ceará previa que deveria ser assegurado "aos servidores da administração pública direta, das autarquias e das fundações, isonomia de vencimentos para cargos de atribuições iguais ou assemelhadas do mesmo Poder ou entre servidores dos Poderes Executivo, Legislativo e Judiciário, ressalvadas as vantagens de caráter individual e as relativas à natureza ou ao local de trabalho."

O STF decidiu que é inconstitucional a expressão "das autarquias e das fundações". Isso porque a equiparação remuneratória entre servidores, a teor da redação originária do art. 39, § 1º, da CF/88, restringiu-se aos servidores da administração direta, não mencionando os entes da administração indireta, como o faz a norma impugnada.

Além disso, o dispositivo estadual não foi recepcionado, em sua integralidade, pela redação atual do art. 39 da Constituição Federal, na forma EC 19/1998.

STF. Plenário. ADI 145/CE, Rel. Min. Dias Toffoli, julgado em 20/6/2018 (Info 907).

Essa previsão era incompatível com a redação originária do art. 39, § 1º da CF/88. Isso porque este dispositivo constitucional afirmava que se deveria assegurar isonomia de vencimentos apenas para os servidores da administração direta, não se mencionando os entes da administração indireta. Veja:

§

Art. 39. (...)

§ 1º – A lei assegurará, aos servidores da administração direta, isonomia de vencimentos para cargos de atribuições iguais ou assemelhados do mesmo Poder ou entre servidores dos Poderes Executivo, Legislativo e Judiciário, ressalvadas as vantagens de caráter individual e as relativas à natureza ou ao local de trabalho. (Redação originária).

Após a EC 19/98, não há mais qualquer dúvida de que é proibida a equiparação de vencimentos entre servidores de cargos diferentes. Veja o que diz o art. 37, XIII, da CF/88:

§

Art. 37 (...)

XIII – é vedada a vinculação ou equiparação de quaisquer espécies remuneratórias para o efeito de remuneração de pessoal do serviço público; (Redação dada pela EC 19/98)

O art. 39, § 1º da CF/88, também alterado pela EC 19/98, não fala mais nada sobre isonomia de vencimentos:

§

Art. 39 (...)

§ 1º A fixação dos padrões de vencimento e dos demais componentes do sistema remuneratório observará: (Redação dada pela EC/98)

I – a natureza, o grau de responsabilidade e a complexidade dos cargos componentes de cada carreira; (Incluído pela EC 19/98)

II – os requisitos para a investidura; (Incluído pela EC 19/98)

III – as peculiaridades dos cargos. (Incluído pela EC 19/98)

Constitucionalidade de norma da CE que assegura equiparação salarial para professores com igual titulação, respeitando-se o grau de ensino em que estiverem atuando

Situação concreta:

A Constituição do Estado do Ceará previu o seguinte:

> § Art. 215. (...)
>
> (...)
>
> IV – valorização dos profissionais do ensino com planos de carreira, na forma da lei, para o magistério público, com piso salarial profissional e ingresso exclusivamente por concurso público de provas e títulos, assegurada a isonomia salarial para docentes em exercício, com titulação idêntica, respeitando-se o grau de ensino em que estiver atuando.

O STF decidiu que essa regra é constitucional e que não ofende o art. 37, XIII, da CF/88. Isso porque não há, no caso, equiparação salarial de carreiras distintas, considerando que se trata especificamente da carreira de magistério público e de docentes com titulação idêntica.

STF. Plenário. ADI 145/CE, Rel. Min. Dias Toffoli, julgado em 20/6/2018 (Info 907).

Sendo assim, não se verifica inconstitucionalidade na mencionada previsão, devendo, no entanto, ser respeitados os respectivos regime e carga horária.

Inconstitucionalidade de normas da Constituição Estadual que tratam sobre remuneração e direitos dos servidores públicos sem que existam previsões semelhantes na CF/88

Situação concreta:

Os arts. 154, § 2º; 167, XII e XIII, §§ 1º e 2º; e 174, da Constituição do Estado do Ceará, e os arts. 27 e 28 do seu ADCT previram uma série de regras sobre a remuneração e os direitos dos servidores públicos estaduais. Exemplos:

> § Art. 154 (...)
>
> (...)
>
> § 2º Os valores dos cargos comissionados serão fixados, obedecendo-se a uma diferença nunca excedente a dez por cento de um para o outro em seu escalonamento hierárquico, não podendo exceder ao valor da remuneração correspondente ao do Símbolo DNS-1.

> § Art. 167. São direitos do servidor público, entre outros:
>
> (...)
>
> XII – licença especial de três meses, após a implementação de cada cinco anos de efetivo exercício;
>
> XIII – servidor que contar tempo igual ou superior ao fixado para aposentadoria voluntária terá provento calculado no nível de carreira ou cargo de acesso, imediatamente superior, dentro do quadro a que pertencer;
>
> (...)

O STF entende que a Constituição Estadual não pode prever vantagens para os servidores públicos, como é o caso da licença especial e de eventuais acréscimos quando da aposentadoria, salvo se isso estiver expressamente previsto também na Constituição Federal. Se a Constituição Estadual prevê direitos para os servidores públicos sem respaldo na CF/88, isso significa uma violação à iniciativa privativa do Governador do Estado para legislar sobre servidores públicos. Trata-se de uma manobra para "engessar" o chefe do Poder Executivo, havendo, portanto, violação à separação dos poderes.

Os dispositivos questionados tratam de remuneração e direitos de servidores públicos, os quais, não encontrando similares na Constituição Federal, somente poderiam ser veiculados por lei de iniciativa do chefe do Poder Executivo.

São previsões específicas que não tratam da organização ou da estruturação do estado-membro ou de seus órgãos, mas que versam sobre o regime jurídico dos servidores públicos.

Há, portanto, uma ofensa ao art. 61, § 1º, II, "a" e "c", da CF/88.

STF. Plenário. ADI 145/CE, Rel. Min. Dias Toffoli, julgado em 20/6/2018 (Info 907).

NÃO É COMPATÍVEL COM A CF/88 A NORMA DE CE QUE ESTABELECE QUE O SERVIDOR PÚBLICO INATIVO DEVERÁ RECEBER OBRIGATORIAMENTE A MAIS DO QUE PERCEBIA NA ATIVA

A Constituição do Estado do Ceará previa que o servidor, ao se aposentar, deveria receber, como proventos, o valor pecuniário correspondente ao padrão de vencimento imediatamente superior ao da sua classe funcional, e, se já ocupasse o ultimo escalão, faria jus a uma gratificação adicional de 20% sobre a sua remuneração.

O STF decidiu que essa previsão não era considerada materialmente inconstitucional à época da edição da Carta, uma vez que a superação da remuneração em atividade era tolerada na redação original da CF. Porém, essa regra não foi recepcionada pela EC 20/98 que proibiu a superação do patamar remuneratório da atividade e a impossibilidade de incorporação da remuneração do cargo em comissão para fins de aposentadoria (art. 40, §§ 2º e 3º, da CF/88).

STF. Plenário. ADI 145/CE, Rel. Min. Dias Toffoli, julgado em 20/6/2018 (Info 907).

TERMO INICIAL DO ADICIONAL DE INSALUBRIDADE

Imagine a seguinte situação hipotética:

João é Professor Engenheiro Agrônomo da Universidade Federal do Rio Grande do Sul.

Em abril de 2011, por meio de Laudo Técnico Pericial, foi constatado que suas atividades são desempenhadas sob condições insalubres.

Assim, foi reconhecido administrativamente o direito ao pagamento de adicional de insalubridade em grau médio.

Ocorre que João está nessa função desde 2009, razão pela qual requereu o pagamento retroativo dessa gratificação.

Ele terá direito?

NÃO.

O termo inicial do adicional de insalubridade a que faz jus o servidor público é a data do laudo pericial.

STJ. 1ª Seção. PUIL 413-RS, Rel. Min. Benedito Gonçalves, julgado em 11/04/2018 (Info 624).

O adicional de insalubridade é vantagem pecuniária decorrente do exercício de funções especiais, devendo haver o efetivo trabalho, de forma habitual, em locais insalubres ou o contato contínuo com substâncias toxicas para ter direito ao referido adicional.

Essa verba encontra fundamento, antes de mais nada, na própria Constituição Federal que, em seu art. 7º, XXIII, prevê o pagamento de "adicional de remuneração para as atividades penosas, insalubres ou perigosas, na forma da lei".

Para os servidores públicos federais, esse adicional veio a ser regulamentado pela Lei nº 8.112/90 que, em seus arts. 68 e 70 preconizam:

§ Art. 68. Os servidores que trabalhem com habitualidade em locais insalubres ou em contato permanente com substâncias tóxicas, radioativas ou com risco de vida, fazem jus a um adicional sobre o vencimento do cargo efetivo.

§ Art. 70. Na concessão dos adicionais de atividades penosas, de insalubridade e de periculosidade, serão observadas as situações estabelecidas em legislação específica.

Por sua vez, o art. 6º do Decreto nº 97.458/89, que regulamenta a concessão dos adicionais de insalubridade e periculosidade, estabelece textualmente que a "execução do pagamento somente será processada à vista de portaria de localização ou de exercício do servidor e de portaria de concessão do adicional, bem assim de laudo pericial, cabendo à autoridade pagadora conferir a exatidão desses documentos antes de autorizar o pagamento".

Como se denota, o pagamento do adicional de insalubridade é feito conforme laudo pericial expedido por autoridade competente, estando os servidores que fazem jus ao referido acréscimo sujeitos à atualização permanente do respectivo laudo.

Dessa forma, o STJ tem reiteradamente decidido no sentido de que "o pagamento do adicional de insalubridade está condicionado ao laudo que prova efetivamente as condições insalubres a que estão submetidos os Servidores. Assim, não cabe seu pagamento pelo período que antecedeu a perícia e a formalização do laudo comprobatório, devendo ser afastada a possibilidade de presumir insalubridade em épocas passadas, emprestando-se efeitos retroativos a laudo pericial atual" (STJ. 2ª Turma. REsp 1.400.637/RS, Rel. Min. Humberto Martins, DJe 24/11/2015).

OS SUBSTITUTOS INTERINOS DOS CARTÓRIOS EXTRAJUDICIAIS DEVEM RECEBER LIMITADO AO TETO DO FUNCIONALISMO PÚBLICO (ART. 37, XI, DA CF/88)

Serventias extrajudiciais

Os cartórios ou serventias extrajudiciais praticam atividades extrajudiciais (fora do processo judicial) e que são necessárias para garantir a publicidade, autenticidade, segurança e eficácia dos atos jurídicos.

Ex: a propriedade do bem imóvel somente é transmitida, por ato entre vivos, com o registro no cartório extrajudicial de Registro de Imóveis (art. 1.227 do Código Civil).

As serventias extrajudiciais são os cartórios de Tabelionato de Notas, de Protesto, de Registro de Imóveis, de Registro de Pessoas Naturais etc.

Os titulares das serventias extrajudiciais são chamados de notários (tabeliães) e registradores.

Apesar de serem aprovados em concurso, eles não são servidores públicos nem ocupam cargos públicos. São considerados particulares em colaboração com o Poder Público.

Os notários e registradores não são remunerados por recursos públicos. São remunerados unicamente pelos emolumentos cobrados dos usuários dos serviços. A Constituição Federal determinou que esses serviços extrajudiciais seriam exercidos em caráter privado:

Art. 236. Os serviços notariais e de registro são exercidos em caráter privado, por delegação do Poder Público.

Os rendimentos dos titulares de serventias extrajudiciais estão limitados ao teto do funcionalismo público (art. 37, XI, da CF/88)?

NÃO. Como vimos acima, os titulares de serventias extrajudiciais não são servidores públicos, não ocupam cargos nem recebem remuneração paga pela Administração Pública. Eles são remunerados pelo próprio particular que se utiliza dos serviços do cartório. Por essas razões, os notários e registradores não estão limitados ao teto previsto no art. 37, XI, da CF/88, que somente se aplica aos servidores públicos (em sentido amplo). Os titulares de serventias extrajudiciais podem receber acima do teto.

CNJ e fiscalização dos cartórios

As serventias extrajudiciais são fiscalizadas pelo Poder Judiciário estadual, estando vinculadas aos Tribunais de Justiça. Nesse sentido, veja o que determina o § 1º do art. 236 da CF/88:

§ Art. 236 (...)

§ 1º Lei regulará as atividades, disciplinará a responsabilidade civil e criminal dos notários, dos oficiais de registro e de seus prepostos, e definirá a fiscalização de seus atos pelo Poder Judiciário.

O CNJ é o órgão correicional máximo do Poder Judiciário e, por essa razão, fiscaliza também as serventias extrajudiciais. Existe, inclusive, previsão expressa no art. 103-B da CF/88:

§ Art. 103-B (...)

§ 4º Compete ao Conselho o controle da atuação administrativa e financeira do Poder Judiciário e do cumprimento dos deveres funcionais dos juízes, cabendo-lhe, além de outras atribuições que lhe forem conferidas pelo Estatuto da Magistratura:

(...)

III – receber e conhecer das reclamações contra membros ou órgãos do Poder Judiciário, inclusive contra seus serviços auxiliares, serventias e órgãos prestadores de serviços notariais e de registro que atuem por delegação do poder público ou oficializados, sem prejuízo da competência disciplinar e correicional dos tribunais, podendo avocar processos disciplinares em curso e determinar a remoção, a disponibilidade ou a aposentadoria com subsídios ou proventos proporcionais ao tempo de serviço e aplicar outras sanções administrativas, assegurada ampla defesa;

Fiscalização do CNJ em relação aos concursos públicos e a figura dos interinos

Desde 2009, o CNJ tem intensificado a fiscalização sobre as serventias extrajudiciais a fim de verificar se os seus titulares estão na função ou não por força de concurso público, conforme determina o art. 236 da CF/88.

Em diversos casos, o Conselho identificou titulares que assumiram a função após a CF/88, sem concurso público. Por conta disso, o CNJ afastou diversos notários e registradores dos cartórios e determinou que os Tribunais de Justiça fizessem concurso público.

Ocorre que, enquanto tais concursos não são realizados, alguém precisa, interinamente, exercer as funções notariais e registrais no lugar do titular que foi afastado.

Assim, o titular (que estava sem concurso) é afastado e o Tribunal de Justiça deve designar um "interino" para exercer as funções na respectiva serventia.

O que fez, contudo, o Corregedor Nacional de Justiça: determinou que substitutos que respondem interinamente pelas atividades da serventia estão sujeitos ao teto remuneratório previsto no art. 37, XI, da CF/88.

A Associação dos Notários e Registradores do Brasil (ANOREG) impetrou mandado de segurança contra essa determinação do Corregedor Nacional alegando, entre outros argumentos, que os substitutos/interinos também são particulares em colaboração com o Poder Público e, por isso, não lhes é aplicável o teto disposto no art. 37, IX, da CF/88.

O que o STF decidiu? Os substitutos interinos dos cartórios extrajudiciais devem receber limitado ao teto? O teto se aplica a eles?

SIM.

Incide o teto remuneratório constitucional aos substitutos interinos de serventias extrajudiciais.

STF. 2ª Turma. MS 29.039/DF, Rel. Min. Gilmar Mendes, julgado em 13/11/2018 (Info 923).

O titular interino não pode ser equiparado ao titular da serventia, considerando que ele não preenche os requisitos para tanto. Assim, ele está atuando como um preposto do Poder Público e, nessa condição, deve submeter-se aos limites remuneratórios previstos para os agentes públicos.

Esse é a posição pacífica de ambas as Turmas do STF:

O titular interino não atua como delegado do serviço notarial e de registro porque não preenche os requisitos para tanto; age, em verdade, como preposto do Poder Público e, nessa condição, deve-se submeter aos limites remuneratórios previstos para os agentes estatais, não se lhe aplicando o regime remuneratório previsto para os delegados do serviço público extrajudicial (art. 28 da Lei nº 8.935/1994). STF. 1ª Turma. MS 30180 AgR, Rel. Min. Dias Toffoli, julgado em 21/10/2014.

Aplica-se a quem detém interinamente a serventia extrajudicial a limitação do teto prevista no art. 37, XI, da Constituição.

STF. 2ª Turma. MS 29083 ED-ED-AgR, Rel. Min. Teori Zavascki, Rel. p/ Acórdão Min. Dias Toffoli, julgado em 16/05/2017.

REAJUSTE GERAL DE 28,86% E POLICIAIS RODOVIÁRIOS FEDERAIS

Revisão geral da remuneração antes da EC 19/98

O art. 37, X, da CF/88, antes da EC 19/98, estabelecia que a revisão geral da remuneração dos servidores públicos civis deveria ser feita nos mesmos índices que a revisão geral da remuneração dos militares e vice-versa. Havia uma vinculação entre eles. Confira:

§ Art. 37 (...)

X – a revisão geral da remuneração dos servidores públicos, sem distinção de índices entre servidores públicos civis e militares, far-se-á sempre na mesma data;

Leis 8.622/93 e 8.627/93

Ocorre que, em 1993, o Governo Federal, descumprindo a determinação constitucional, editou duas leis concedendo revisão geral da remuneração para os militares sem estendê-la aos servidores públicos civis federais. Tais reajustes foram veiculados por meio das Leis nº 8.622/93 e nº 8.627/93.

Ações pedindo a extensão do aumento

Os servidores públicos civis passaram, então, a ingressar com ações pedindo a extensão para si da revisão geral dada aos militares. A questão chegou até o STF, que acatou a tese dos servidores e, para pacificar a questão, editou a Súmula 672-STF: O reajuste de 28,86%, concedido aos servidores militares pelas Leis 8.622/1993 e 8.627/1993, estende-se aos servidores civis do Poder Executivo, observadas as eventuais compensações decorrentes dos reajustes diferenciados concedidos pelos mesmos diplomas legais. Esta Súmula 672 do STF foi transformada posteriormente na SV 51:

> Súmula vinculante 51-STF: O reajuste de 28,86%, concedido aos servidores militares pelas Leis 8.622/1993 e 8.627/1993, estende-se aos servidores civis do Poder Executivo, observadas as eventuais compensações decorrentes dos reajustes diferenciados concedidos pelos mesmos diplomas legais.

Compensação dos 28,86%

A jurisprudência entendeu que esses 28,86% deveriam ser pagos aos servidores públicos indefinidamente e deveriam ser considerados em caso de uma nova revisão geral anual.

Ex: a classe inicial da carreira "X" recebia R$ 1.000,00; por força do entendimento do STF, a classe inicial dessa carreira passou a receber R$ 1.000,00 mais 28,86% (= R$ 1.288,60).

Imaginemos que veio uma lei estipulando revisão geral anual para todos os servidores públicos no percentual de 10%, ou seja, veio uma lei dizendo que todos os servidores públicos federais teriam reajuste de 10%. No caso da carreira "X", esse reajuste seria calculado com base em R$ 1.288,60 (e não com base nos R$ 1.000,00). Assim, o novo índice estabelecido pela revisão geral teria que se aplicar a todo o funcionalismo. No caso de simples revisão (ou seja, simples reajuste, simples recomposição do valor corroído por novas perdas inflacionárias) não haveria que se falar em compensação daquele reajuste de 28,86%.

Diversa, porém, seria a situação se, no futuro, nova lei viesse a reestruturar determinada carreira. Se, no futuro, uma nova lei viesse a reestruturar a carreira daquele grupo de servidores prevendo uma nova política remuneratória, então seria possível absorver (compensar) esses 28,86% com essa nova remuneração.

Ex: a classe inicial da carreira "X" recebia R$ 1.000,00; por força do entendimento do STF, a classe inicial dessa carreira passou a receber R$ 1.000,00 mais 28,86% (= R$ 1.288,60); veio uma lei reestruturando essa carreira "X" e essa lei previu que a classe inicial teria um reajuste de 50%. Esses 50% incidiriam sobre R$ 1.000,00 (e não sobre R$ 1.288,60).

Recapitulando:

- aumento decorrente de mera revisão anual: o percentual de aumento aplica-se sobre os 28,86%.
- aumento decorrente de reestruturação da carreira: a nova remuneração será exatamente aquela fixada na nova lei. Diz-se que essa nova remuneração absorve (compensa) os 28,86%.

Lei 9.654/98

Em 1998, foi editada a Lei nº 9.654, tratando sobre a carreira de Policial Rodoviário Federal.

Antes dessa lei, o cargo de Policial Rodoviário Federal era chamado de Patrulheiro Rodoviário Federal.

Os Patrulheiros Rodoviários Federais, por força do entendimento do STF acima explicado (Súmula 672 e SV 51) recebiam, em sua remuneração, esse valor a mais de 28,86%.

A Lei nº 9.654/98 criou a carreira de Policial Rodoviário Federal, transformando os antigos Patrulheiros Rodoviários Federais em Policiais Rodoviários Federais.

Além disso, a Lei nº 9.654/98 criou três novas gratificações destinadas aos Policiais Rodoviários Federais. Veja a redação original da Lei, naquilo que nos interessa:

> § Art. 1º Fica criada, no âmbito do Poder Executivo, a carreira de Policial Rodoviário Federal, com as atribuições previstas na Constituição Federal, no Código de Trânsito Brasileiro e na legislação específica.
>
> Parágrafo único. A implantação da carreira far-se-á mediante transformação dos atuais dez mil e noventa e oito cargos efetivos de Patrulheiro Rodoviário Federal, do quadro geral do Ministério da Justiça, em cargos de Policial Rodoviário Federal.
>
> (...)
>
> Art. 4º Os vencimentos do cargo de Policial Rodoviário Federal constituem-se do vencimento básico e das seguintes gratificações:
>
> I – Gratificação de Atividade Policial Rodoviário Federal, para atender as peculiaridades decorrentes da integral e exclusiva dedicação às atividades do cargo, no percentual de cento e oitenta por cento;
>
> II – Gratificação de Desgaste Físico e Mental, decorrente da atividade inerente ao cargo, no percentual de cento e oitenta por cento;
>
> III – Gratificação de Atividade de Risco, decorrente dos riscos a que estão sujeitos os ocupantes do cargo, no percentual de cento e oitenta por cento.

Diante desse cenário, a União passou a defender que, como houve esse aumento da remuneração por força das novas gratificações, os Policiais Rodoviários Federais passaram a não mais ter direito aos 28,86%. Esses 28,86% teriam sido absorvidos (compensados) pelas novas gratificações. Assim, esses percentuais de gratificação seriam calculadas com base na remuneração SEM os 28,86%.

Os Policiais Rodoviários Federais não concordaram e disseram que os percentuais de aumento teriam que levar em consideração os 28,86%. Ex: Gratificação de Atividade Policial Rodoviário Federal = 50% da remuneração mais 28,86%.

O que decidiu o STJ? Quem tem razão: a União ou os Policiais Rodoviários Federais?

Os Policiais Rodoviários Federais.

Lei 9.654/98 não reorganizou a carreira

O STJ entendeu que, apesar de a Lei nº 9.654/98 ter alterado o nome do cargo de Patrulheiro Rodoviário Federal para Policial Rodoviário Federal, não houve uma verdadeira reestruturação ou reorganização da carreira. Veja trecho da Exposição de Motivos da referida Lei:

"(...) 4. Com vistas a dar cumprimento ao dispositivo constitucional, o projeto que ora se encaminha cria a Carreira de policial Rodoviário Federal, cujos integrantes serão lotados no quadro geral de pessoal do Departamento de Polícia Rodoviária Federal do Ministério da Justiça, mantendo-se a atual estrutura dos cargos e o mesmo vencimento básico."

Logo, como houve a manutenção do mesmo vencimento básico, o STJ entendeu que não se poderia, automaticamente, suprimir o reajuste de 28,86% que, anteriormente à Lei nº 9.654/98, já vinham recebendo os Patrulheiros/Policiais Rodoviários Federais.

A Lei 9.654/98 criou a carreira de Policial Rodoviário Federal, mas não provocou modificação na estrutura de classes e padrões e na tabela de vencimentos do cargo de Policial Rodoviário Federal.

A lei que cria nova gratificação sem promover reestruturação ou reorganização da carreira não tem aptidão para absorver índice de reajuste geral.

A reestruturação ou reorganização da carreira pressupõe a criação de uma nova situação jurídica, na qual os 28,86% já se encontrariam incluídos, inexistindo prejuízo patrimonial para os servidores, o que não foi o caso da Lei nº 9.654/98.

A mera concessão de gratificação não tem o condão de reestruturar a carreira dos servidores. Se foi mantida a mesma estrutura de classes e padrões e tabela de vencimentos, não há falar na instituição de nova tabela de vencimentos apta a limitar o pagamento do reajuste geral de 28,86%.

Em suma:

O reajuste geral de 28,86%, concedido pelas Leis nº 8.622/93 e 8.627/93, não pode ser compensado pelas novas gratificações criadas pela Lei nº 9.654/98.

STJ. 1ª Seção. EREsp 1.577.881-DF, Rel. Min. Benedito Gonçalves, julgado em 27/06/2018 (Info 631).

O AUMENTO DE 45% CONCEDIDO AOS MILITARES PELA LEI Nº 8.237/91 NÃO FOI UMA REVISÃO GERAL DA REMUNERAÇÃO, NÃO PODENDO SER ESTENDIDA PARA OS SERVIDORES PÚBLICOS CIVIS

Imagine a seguinte situação hipotética:

João, servidor público federal, ajuizou ação contra a União alegando que a Lei nº 8.237/91 concedeu reajuste de 45% para os militares e que ele, como servidor público civil, não foi incluído.

Afirma que essa Lei nº 8.237/91 foi uma forma encontrada pela União de fazer, de modo dissimulado, a revisão geral anual prevista no art. 37, X, da CF/88, mas sem incluir os servidores públicos civis federais. Logo, teria havido violação ao art. 37, X, por ter sido concedida uma revisão geral anual com índices diferenciados. Veja o que dizia a redação originária da CF/88:

§ Art. 37 (...)

X – a revisão geral da remuneração dos servidores públicos, sem distinção de índices entre servidores públicos civis e militares, far-se-á sempre na mesma data; (redação antes da EC 20/98)

Assim, o art. 37, X, da CF/88, antes da EC 19/98, estabelecia que a revisão geral da remuneração dos servidores públicos civis deveria ser feita nos mesmos índices que a revisão geral da remuneração dos militares e vice-versa. Havia uma vinculação entre eles.

O STF concordou com o pedido do autor?

NÃO.

Não é possível a extensão a servidores públicos civis da majoração de vencimentos, no percentual de 45%, concedida a servidores militares, a título de reestruturação de cargos, com base na Lei nº 8.237/91 e no princípio da isonomia dos índices revisionais disciplinados na redação original do art. 37, X, da Constituição Federal.

STF. 2ª Turma. RE 229637/ SP, rel. Min. Marco Aurélio, red. p/ ac. Min. Gilmar Mendes, julgado em 6/11/2018 (Info 922).

Por quê?

Porque a Lei nº 8.237/91 não foi uma revisão geral da remuneração para os militares. Esta Lei foi uma restruturação das Forças Armadas, sendo, portanto, específica para os militares.

Assim, tendo em vista tratar-se de reestruturação remuneratória da carreira militar, redefinindo remuneração, soldo, gratificações, adicionais, auxílios, indenizações e proventos, não há que se falar em extensão aos servidores públicos civis.

Mas não houve aí um tratamento desigual com os servidores civis? Não seria possível conceder o aumento para os servidores civis com base no princípio da isonomia?

NÃO.

Súmula vinculante 37-STF: Não cabe ao poder judiciário, que não tem função legislativa, aumentar vencimentos de servidores públicos sob o fundamento de isonomia.

Atualmente, a regra constitucional de equiparação entre servidores civis e militares continua a mesma?

NÃO. A EC 19/98 alterou o texto constitucional e impôs duas mudanças que interessam diretamente ao tema:

1. Antes da EC 19/98, os militares eram chamados de "servidores públicos militares", em contraposição aos "servidores públicos civis". Após a mudança, os militares deixaram de ser qualificados como servidores públicos e passaram a ser denominados apenas de "militares". Os antigos "servidores públicos civis" agora são chamados apenas de "servidores públicos";
2. A redação do inciso X do art. 37 foi modificada e não mais existe essa equiparação entre os servidores públicos e os militares. Veja:

§ Art. 37 (...)

X – a remuneração dos servidores públicos e o subsídio de que trata o § 4º do art. 39 somente poderão ser fixados ou alterados por lei específica, observada a iniciativa privativa em cada caso, assegurada revisão geral anual, sempre na mesma data e sem distinção de índices; (Redação dada pela EC 19/98)

Assim, se atualmente for dado um reajuste anual para os militares maior do que para os servidores públicos do Poder Executivo federal, estes não terão direito de pedir equiparação. O contrário também é verdadeiro.

4.6. DISCUSSÃO SOBRE A DEVOLUÇÃO DOS VALORES RECEBIDOS DE BOA-FÉ POR SERVIDOR PÚBLICO POR FORÇA DE DECISÃO LIMINAR REVOGADA

Imagine a seguinte situação hipotética:

João, servidor público federal aposentado, impetrou mandado de segurança pedindo que não fosse descontada de seus proventos uma gratificação que é paga aos servidores da ativa.

Na época, a jurisprudência entendia que essa gratificação era realmente devida aos aposentados.

Em razão disso, foi concedida a medida liminar e, por força dessa decisão provisória, João passou a receber R$ 2 mil a mais todos os meses na sua aposentadoria.

Essa situação durou 2 anos. Isso porque, quando o Tribunal foi julgar o mérito do mandado de segurança, a jurisprudência já havia se alterado, passando a entender que a gratificação pedida era, de fato, exclusiva dos servidores da ativa.

Diante disso, o Tribunal reconheceu que João não tinha direito líquido e certo ao recebimento da gratificação, negou a segurança e revogou a liminar outrora concedida.

A União pediu, então, que João fosse condenado a devolver os valores que recebeu ao longo dos 2 anos por força da decisão liminar que foi revogada. Segundo a Fazenda Pública, a devolução é imposta pelo art. 46, § 3º da Lei nº 8.112/90:

§ Art. 46 (...)

§ 3º Na hipótese de valores recebidos em decorrência de cumprimento a decisão liminar, a tutela antecipada ou a sentença que venha a ser revogada ou rescindida, serão eles atualizados até a data da reposição.

O pedido da União deverá ser acolhido? João terá que devolver os valores relativos aos 2 anos que recebeu por força da medida liminar posteriormente revogada?

NÃO.

É desnecessária a devolução dos valores recebidos por liminar revogada, em razão de mudança de jurisprudência. Também é descabida a restituição de valores recebidos indevidamente, circunstâncias em que o servidor público atuou de boa-fé.

Essa orientação ampara-se na confiança legítima que o beneficiário da decisão tem no sentido de que a sua pretensão será acolhida.

Assim, os princípios da boa-fé e da segurança jurídica afastam o dever de restituição de parcelas recebidas por ordem liminar revogada.

STF. 1ª Turma. MS 32.185/DF ED, Redator do acórdão Min. Roberto Barroso, julgado em 13/11/2018 (Info 923).

Veja outros precedentes no mesmo sentido:

(...) 1. Quando da publicação da decisão que deferiu o pedido de medida liminar, a jurisprudência hegemônica do Supremo Tribunal Federal era no sentido de que a glosa, pelo TCU, de percentuais pagos em virtude de decisões judiciais transitadas em julgado importava em afronta à garantia prevista no art. 5º, XXXVI, da Magna Carta. Esse contexto, sem dúvida, alimentou no impetrante justificada expectativa por provimento final favorável, ou seja, pela concessão da ordem, com a confirmação da liminar deferida.

2. Houve, contudo, alteração da jurisprudência desta Suprema Corte, que passou a rechaçar a tese de afronta à coisa julgada, ao fundamento de que o Tribunal de Contas da União, em casos como o presente, apenas identifica o exaurimento da eficácia de comandos judiciais transitados em julgado, ante a superveniência de alterações legislativas que promovem reestruturações remuneratórias e absorvem parcelas judicialmente reconhecidas.

3. A mudança jurisprudencial solapou projeção razoavelmente nutrida pelo impetrante e descortinou cenário suscetível de afastar, de modo pontual e excepcional, considerados os princípios da boa-fé, da segurança jurídica e da proteção da confiança, a regra do art. 46, § 3º, da Lei nº 8.112/1990. (...)

STF. 1ª Turma. MS 30556 AgR, Rel. Min. Rosa Weber, julgado em 26/05/2017.

(...) 3. Desnecessidade de restituição das parcelas recebidas por força de medida liminar deferida com fundamento em jurisprudência consolidada do Supremo Tribunal Federal, cassada em virtude da recente mudança de entendimento. Projeção do postulado da confiança assentada pelo plenário deste Supremo Tribunal no julgamento do mandado de segurança nº 25.430 (...)

STF. 2ª Turma. MS 26132 AgR, Rel. Min. Dias Toffoli, julgado em 18/11/2016.

(...) Quando do julgamento do MS 25.430, o Supremo Tribunal Federal assentou, por 10 votos a 1, que as verbas recebidas em virtude de liminar deferida por este Tribunal não terão que ser devolvidas por ocasião do julgamento final do mandado de segurança, em função dos princípios da boa-fé e da segurança jurídica e tendo em conta expressiva mudança de jurisprudência relativamente à eventual ofensa à coisa julgada de parcela vencimental incorporada à remuneração por força de decisão judicial. (...)

STF. 1ª Turma. MS 31543 AgR, Rel. Min. Edson Fachin, julgado em 14/10/2016.

O STJ possui o mesmo entendimento acima exposto?

NÃO. O STJ, sem enfrentar expressamente o tema referente à mudança na jurisprudência, em regra, afirma que é devida a devolução. Confira:

Se o servidor público recebe valores por força de decisão judicial posteriormente revogada, tal quantia poderá ser exigida pela Administração Pública?

SIM. É devida a restituição ao erário dos valores de natureza alimentar pagos pela Administração Pública a servidores públicos em cumprimento a decisão judicial precária posteriormente revogada.

O STJ entende que, neste caso, não se pode falar em boa-fé do servidor, considerando que ele sabia que poderia haver alteração da decisão que tinha caráter precário (provisório).

STJ. 1ª Seção. EAREsp 58.820-AL, Rel. Min. Benedito Gonçalves, julgado em 8/10/2014.

O servidor público recebe valores por sentença judicial transitada em julgado. Posteriormente, esta sentença é desconstituída em ação rescisória. O servidor deverá devolver as quantias percebidas?

NÃO. A jurisprudência do STJ firmou o entendimento no sentido de que não é devida a restituição dos valores que, por força de decisão transitada em julgado, foram recebidos de boa-fé, ainda que posteriormente tal decisão tenha sido desconstituída em ação rescisória (STJ. 1ª Turma. AgRg no AREsp 2.447/RJ, Rel. Min. Arnaldo Esteves Lima, julgado em 17/04/2012).

O entendimento consolidado segundo o qual é legítimo o desconto de valores pagos em razão do cumprimento de decisão judicial precária, posteriormente revogada, não tem aplicação neste caso porque aqui o pagamento decorreu de sentença judicial definitiva, que só depois foi desconstituída em ação rescisória.

STJ. 1ª Turma. AgRg no AREsp 463.279/RJ, Rel. Min. Sérgio Kukina, julgado em 02/09/2014.

OUTROS ENTENDIMENTOS JURISPRUDENCIAIS QUE SÃO IMPORTANTES SOBRE O TEMA:

Servidor público que recebe, administrativamente, valores que, posteriormente, se mostram indevidos, é obrigado a restituir a quantia?

As quantias percebidas pelos servidores em razão de decisão administrativa dispensam a restituição quando:

a) auferidas de boa-fé;

b) há ocorrência de errônea interpretação da Lei pela Administração;

c) ínsito o caráter alimentício das parcelas percebidas, e

d) constatar-se o pagamento por iniciativa da Administração Pública, sem participação dos servidores.

STF. 1ª Turma. MS 33976 AgR, Rel. Min. Luiz Fux, julgado em 24/11/2017.

Servidor que recebe indevidamente valores por meio de decisão administrativa (posição do STJ não exige esses mesmos requisitos do STF)

Se o servidor público recebe valores por força de decisão administrativa posteriormente revogada, tal quantia poderá ser exigida de volta pela Administração Pública?

NÃO. É incabível a restituição ao erário dos valores recebidos de boa-fé pelo servidor público em decorrência de errônea ou inadequada interpretação da lei por parte da Administração Pública.

Em virtude do princípio da legítima confiança, o servidor público, em regra, tem a justa expectativa de que são legais os valores pagos pela Administração Pública, porque jungida à legalidade estrita.

Assim, diante da ausência da comprovação da má-fé no recebimento dos valores pagos indevidamente por erro de direito da Administração, não se pode efetuar qualquer desconto na remuneração do servidor público, a título de reposição ao erário.

STJ. 1ª Seção. REsp 1.244.182-PB, Rel. Min. Benedito Gonçalves, julgado em 10/10/2012 (recurso repetitivo).

Súmula 249 do TCU: É dispensada a reposição de importâncias indevidamente percebidas, de boa-fé, por servidores ativos e inativos, e pensionistas, em virtude de erro escusável de interpretação de lei por parte do órgão/entidade, ou por parte de autoridade legalmente investida em função de orientação e supervisão, à vista da presunção de legalidade do ato administrativo e do caráter alimentar das parcelas salariais.

Súmula 34-AGU: Não estão sujeitos à repetição os valores recebidos de boa-fé pelo servidor público, em decorrência de errônea ou inadequada interpretação da lei por parte da Administração Pública.

Servidor que recebe indevidamente valores em decorrência de erro operacional da Administração

A 1ª Seção do STJ, no julgamento do Recurso Especial Representativo da Controvérsia 1.244.182/PB, firmou o entendimento de que não é devida a restituição de valores pagos a servidor público de boa-fé, por força de interpretação errônea ou má aplicação da lei por parte da Administração.

O mesmo entendimento tem sido aplicado pelo STJ nos casos de mero equívoco operacional da Administração Pública.

Assim, não é devida a devolução de verba paga indevidamente a servidor em decorrência de erro operacional da Administração Pública, quando se constata que o recebimento pelo beneficiado se deu de boa-fé.

STJ. 1ª Turma. AgRg no REsp 1447354/PE, Rel. Min. Napoleão Nunes Maia Filho, julgado em 16/09/2014.

STJ. 2ª Turma. AgRg no REsp 1560973/RN, Rel. Min. Humberto Martins, julgado em 05/04/2016.

Restituição à Administração Pública de proventos depositados a servidor público falecido

Os herdeiros devem restituir os proventos que, por erro operacional da Administração Pública, continuaram sendo depositados em conta de servidor público após o seu falecimento.

STJ. 2ª Turma. AgRg no REsp 1.387.971-DF, Rel. Min. Mauro Campbell Marques, julgado em 15/3/2016 (Info 579).

Quadro-resumo

SITUAÇÃO	TERÁ QUE DEVOLVER?
1. Servidor recebe por decisão ADMINISTRATIVA depois revogada	NÃO
2. Servidor que recebe indevidamente valores em decorrência de erro operacional da Administração	NÃO
3. Servidor recebe por decisão JUDICIAL não definitiva depois reformada	SIM (posição do STJ)
4. Servidor recebe por decisão JUDICIAL não definitiva depois reformada (obs: a reforma da liminar foi decorrência de mudança na jurisprudência).	NÃO (posição do STF)
5. Servidor recebe por sentença TRANSITADA EM JULGADO e que posteriormente é rescindida	NÃO
6. Herdeiro que recebe indevidamente proventos do servidor aposentado depois que ele morreu	SIM

4.7. GREVE

CONSTITUCIONALIDADE DE DECRETO ESTADUAL QUE REGULAMENTA AS PROVIDÊNCIAS A SEREM ADOTADAS EM CASO DE GREVE

Os servidores públicos também possuem direito à greve?

SIM. Isso encontra-se previsto no art. 37, VII, da CF/88:

> § Art. 37. A administração pública direta e indireta de qualquer dos Poderes da União, dos Estados, do Distrito Federal e dos Municípios obedecerá aos princípios de legalidade, impessoalidade, moralidade, publicidade e eficiência e, também, ao seguinte:
>
> VII – o direito de greve será exercido nos termos e nos limites definidos em lei específica;

Este inciso VII afirma que o direito de greve dos servidores públicos será exercido nos termos e nos limites definidos em lei específica. Esta lei, até o presente momento, não foi editada. Mesmo sem haver lei, os servidores públicos podem fazer greve?

SIM. O STF decidiu que, mesmo sem ter sido ainda editada a lei de que trata o art. 37, VII, da CF/88, os servidores públicos podem fazer greve, devendo ser aplicadas as leis que regulamentam a greve para os trabalhadores da iniciativa privada (Lei nº 7.701/88 e Lei nº 7.783/89). Nesse sentido: STF. Plenário. MI 708, Rel. Min. Gilmar Mendes, julgado em 25/10/2007.

Quais são os requisitos para que os servidores públicos possam fazer greve?

São requisitos para a deflagração de uma greve no serviço público:

a. tentativa de negociação prévia, direta e pacífica;

b. frustração ou impossibilidade de negociação ou de se estabelecer uma agenda comum;

c. deflagração após decisão assemblear;

d. comunicação aos interessados, no caso, ao ente da Administração Pública a que a categoria se encontre vinculada e à população, com antecedência mínima de 72 horas (uma vez que todo serviço público é atividade essencial);

e. adesão ao movimento por meios pacíficos; e

f. a garantia de que continuarão sendo prestados os serviços indispensáveis ao atendimento das necessidades dos administrados (usuários ou destinatários dos serviços) e à sociedade.

Caso os servidores públicos realizem greve, a Administração Pública deverá descontar da remuneração os dias em que eles ficaram sem trabalhar?

Regra: SIM. Em regra, a Administração Pública deve fazer o desconto dos dias de paralisação decorrentes do exercício do direito de greve pelos servidores públicos.

Exceção: não poderá ser feito o desconto se ficar demonstrado que a greve foi provocada por conduta ilícita do Poder Público.

A administração pública deve proceder ao desconto dos dias de paralisação decorrentes do exercício do direito de greve pelos servidores públicos, em virtude da suspensão do vínculo funcional que dela decorre. É permitida a compensação em caso de acordo. O desconto será, contudo, incabível se ficar demonstrado que a greve foi provocada por conduta ilícita do Poder Público.

STF. Plenário. RE 693456/RJ, Rel. Min. Dias Toffoli, julgado em 27/10/2016 (repercussão geral) (Info 845).

Para que seja realizado o desconto dos dias não trabalhados, exige-se a instauração de processo administrativo?

NÃO. Não há necessidade de processo administrativo prévio para realizar descontos na remuneração do servidor, em razão de dias parados decorrentes de greve (STJ. 2ª Turma. AgInt no AREsp 780.209/SC, Rel. Min. Assusete Magalhães, julgado em 24/5/2016).

Feita esta breve revisão, imagine a seguinte situação:

O Governador da Bahia editou um decreto prevendo que, em caso de greve, deverão ser adotas as seguintes providências:

a. convocação dos grevistas a reassumirem seus cargos;

b. instauração de processo administrativo disciplinar;

c. desconto em folha de pagamento dos dias de greve;

d. contratação temporária de servidores;

e. exoneração dos ocupantes de cargo de provimento temporário e de função gratificada que participarem da greve.

Foi ajuizada uma ADI contra este decreto afirmando que ele violaria o direito de greve. O que decidiu o STF? Esse decreto é inconstitucional?

NÃO. O STF decidiu que este Decreto é válido (constitucional).

Trata-se de decreto autônomo que disciplina as consequências – estritamente administrativas – do ato de greve dos servidores públicos e as providências a serem adotadas pelos agentes públicos no sentido de dar continuidade aos serviços públicos.

A norma impugnada apenas prevê a instauração de processo administrativo para se apurar a participação do servidor na greve e as condições em que ela se deu, bem como o não pagamento dos dias de paralisação, o que está em consonância com a orientação fixada pelo STF no julgamento do MI 708.

É possível a contratação temporária excepcional (art. 37, IX, da CF/88) prevista no decreto porque o Poder Público tem o dever constitucional de prestar serviços essenciais que não podem ser interrompidos, e que a contratação, no caso, é limitada ao período de duração da greve e apenas para garantir a continuidade dos serviços.

STF. Plenário. ADI 1306/BA, Rel. Min. Cármen Lúcia, julgado em 13/6/2017 (Info 906).

4.8. OS CORREIOS TÊM O DEVER JURÍDICO DE MOTIVAR, EM ATO FORMAL, A DEMISSÃO DE SEUS EMPREGADOS

Em que consiste a estabilidade do art. 41 da CF/88?

- É a garantia constitucional
- conferida ao servidor público estatutário,
- nomeado em virtude de concurso público
- para cargo de provimento efetivo,
- de permanecer no serviço público,
- desde que tenha completado mais de três anos de efetivo exercício e
- tenha sido aprovado em avaliação especial de desempenho realizada por comissão instituída para essa finalidade.

Veja o texto constitucional:

§ Art. 41. São estáveis após três anos de efetivo exercício os servidores nomeados para cargo de provimento efetivo em virtude de concurso público.

(...)

§ 4º Como condição para a aquisição da estabilidade, é obrigatória a avaliação especial de desempenho por comissão instituída para essa finalidade.

Os servidores de empresas públicas e sociedades de economia mista, admitidos por concurso público, gozam da estabilidade do art. 41 da CF/88?

NÃO. A estabilidade do art. 41 da CF/88 é conferida apenas aos servidores estatutários. Os agentes públicos que atuam nas empresas públicas e sociedades de economia mista são servidores celetistas (empregados públicos). Logo, não gozam de estabilidade.

Os empregados das empresas públicas e sociedades de economia mista podem ser demitidos sem motivação?

Em 2013, o STF, ao analisar um caso envolvendo um empregado dos Correios que havia sido demitido sem motivação, decidiu que NÃO.

Em outras palavras, o STF afirmou que a conduta da empresa pública foi errada e que a ECT (Correios) tem o dever de motivar formalmente o ato de dispensa de seus empregados.

STF. Plenário. RE 589998, Rel. Min. Ricardo Lewandowski, julgado em 20/03/2013 (Info 699).

Principais argumentos para essa conclusão:

- Os servidores dos Correios, mesmo admitidos por concurso público, não gozam da estabilidade preconizada no art. 41 da CF/88. No entanto, apesar de não possuírem estabilidade, somente podem ser demitidos por meio de um procedimento formal, assegurado ao empregado o direito ao contraditório e à ampla defesa, e ao final, esta demissão deverá ser sempre motivada.

- Os Correios possuem natureza jurídica de direito privado, mas se submetem a um regime híbrido, ou seja, sujeitam-se a um conjunto de limitações que tem por objetivo a realização do interesse público.
- Explicando de outra forma, esta entidade submete-se a regras de direito privado, mas tais normas sofrem uma derrogação parcial (mitigação) em favor de certas regras de direito público.

Logo, o regime aplicável à ECT não é inteiramente privado.

- Exemplos de derrogações das normas de direito privado em favor de normas de direito público: teto remuneratório, proibição de acumulação de cargos, empregos e funções, exigência de concurso etc.
- Assim, o regime dos empregados públicos não está sujeito integralmente às regras da CLT, havendo uma derrogação (mitigação) em favor de regras de normas de direito público, dentre elas os princípios administrativos contemplados no art. 37 da CF/88.
- No caso, a motivação da demissão é justificada com base nos princípios da isonomia e impessoalidade, evitando favorecimento ou perseguição de empregados públicos.
- Além disso, como os empregados são admitidos por concurso público, não é razoável que sejam dispensados de forma imotivada, ou seja, sem que se observe um paralelismo entre a admissão e a dispensa.

Sobre o tema, vale mencionar os seguintes entendimentos do TST:

Súmula nº 390

I – O servidor público celetista da administração direta, autárquica ou fundacional é beneficiário da estabilidade prevista no art. 41 da CF/1988.

II – Ao empregado de empresa pública ou de sociedade de economia mista, ainda que admitido mediante aprovação em concurso público, não é garantida a estabilidade prevista no art. 41 da CF/1988.

OJ nº 247 SDI-I

I – A despedida de empregados de empresa pública e de sociedade de economia mista, mesmo admitidos por concurso público, independe de ato motivado para sua validade;

II – A validade do ato de despedida do empregado da Empresa Brasileira de Correios e Telégrafos (ECT) está condicionada à motivação, por gozar a empresa do mesmo tratamento destinado à Fazenda Pública em relação à imunidade tributária e à execução por precatório, além das prerrogativas de foro, prazos e custas processuais.

Redação ampla da ementa

Conforme já dito, o caso concreto no qual o STF decidiu esse tema envolvia um empregado dos Correios.

Ocorre que a ementa do julgado ficou extremamente genérica, especialmente o item II. Confira:

EMPRESA BRASILEIRA DE CORREIOS E TELÉGRAFOS – ECT. DEMISSÃO IMOTIVADA DE SEUS EMPREGADOS. IMPOSSIBILIDADE. NECESSIDADE DE MOTIVAÇÃO DA DISPENSA. RE PARCIALEMENTE PROVIDO.

I – Os empregados públicos não fazem jus à estabilidade prevista no art. 41 da CF, salvo aqueles admitidos em período anterior ao advento da EC nº 19/1998. Precedentes.

II – Em atenção, no entanto, aos princípios da impessoalidade e isonomia, que regem a admissão por concurso público, a dispensa do empregado de empresas públicas e sociedades de economia mista que prestam serviços públicos deve ser motivada, assegurando-se, assim, que tais princípios, observados no momento daquela admissão, sejam também respeitados por ocasião da dispensa.

III – A motivação do ato de dispensa, assim, visa a resguardar o empregado de uma possível quebra do postulado da impessoalidade por parte do agente estatal investido do poder de demitir.

IV – Recurso extraordinário parcialmente provido para afastar a aplicação, ao caso, do art. 41 da CF, exigindo-se, entretanto, a motivação para legitimar a rescisão unilateral do contrato de trabalho.

STF. Plenário. RE 589998, Rel. Min. Ricardo Lewandowski, julgado em 20/03/2013.

Além disso, se você ler o voto do Min. Ricardo Lewandoski, vai perceber que ele fala de forma também genérica, incluindo indistintamente todas as empresas públicas e sociedades de economia mista.

Diante disso, os livros e os professores passaram a dizer que a decisão do STF no RE 589998 valeria para todas as empresas públicas e sociedades de economia mista.

Inconformismo de outras empresas públicas e sociedades de economia mista

Ocorre que outras empresas públicas e sociedades de economia mista que exploram atividade econômica não se conformaram com isso dizendo que elas são diferentes dos Correios e que a ECT recebe tratamento muito parecido com o de Fazenda Pública, tanto que goza de imunidade tributária (STF RE 601392, Rel. p/ Acórdão Min. Gilmar Mendes, julgado em 28/02/2013).

Assim, o Banco do Brasil (sociedade de economia mista federal que explora atividade econômica) ingressou com embargos de declaração dizendo o seguinte: olha, há uma obscuridade no acórdão. Isso porque só se discutiu a questão dos Correios e a tese ficou muito genérica. Seria bom o STF esclarecer essa questão.

Decisão dos embargos

Em 2018, o STF, ao julgar os embargos de declaração, afirmou que a referida decisão (RE 589998/PI) só se aplica realmente para os Correios, considerando que o caso concreto envolvia um empregado da ECT.

Quanto às demais empresas públicas e sociedades de economia mista, o STF afirmou que ainda não decidiu o tema, ou seja, terá que ser analisado caso a caso.

Assim, por enquanto, essa decisão, ao menos formalmente, só se aplica para os Correios.

O STF retificou a tese genérica que havia fixado anteriormente e agora afirmou que:

A Empresa Brasileira de Correios e Telégrafos (ECT) tem o dever jurídico de motivar, em ato formal, a demissão de seus empregados.

STF. Plenário. RE 589998 ED/PI, Rel. Min. Roberto Barroso, julgado em 10/10/2018 (Info 919).

4.9. GUARDAS MUNICIPAIS NÃO TÊM DIREITO À APOSENTADORIA ESPECIAL

O que é aposentadoria especial?

Aposentadoria especial é aquela cujos requisitos e critérios exigidos do beneficiário são mais favoráveis que os estabelecidos normalmente para as demais pessoas.

Quem tem direito à aposentadoria especial no serviço público?

Quais servidores têm direito?	Onde estão previstos os requisitos e condições mais favoráveis?
Servidores que sejam portadores de deficiência (art. 40, § 4º, I).	A CF exige que seja editada uma lei complementar.
Servidores que exerçam atividades de risco (art. 40, § 4º, II).	
Servidores que exerçam atividades sob condições especiais que prejudiquem a saúde ou a integridade física (art. 40, § 4º, III).	

Logo, a CF/88 exige a edição de uma LEI COMPLEMENTAR definindo os critérios para a concessão da aposentadoria especial aos servidores públicos. A Lei deverá, inclusive, elencar as carreiras que se encontram em situação de risco ou cujas atividades prejudiquem a saúde ou integridade física.

Regulamentação dessas espécies de aposentadoria:

Inciso I: as regras estão previstas na LC 142/2013, que trata sobre a aposentadoria especial das pessoas com deficiência.

Inciso III: quanto à aposentadoria especial prevista no inciso III, a omissão legislativa subsiste. Contudo, o STF editou a súmula vinculante 33 que determina a aplicação do Regime Geral da Previdência Social para esta aposentadoria especial:

> SV 33: Aplicam-se ao servidor público, no que couber, as regras do regime geral da previdência social sobre aposentadoria especial de que trata o artigo 40, § 4º, inciso III da Constituição Federal, até a edição de lei complementar específica.

Desse modo, apenas em relação à hipótese do inciso II (atividades de risco) persiste uma omissão.

Mandados de injunção

Diversas categorias de servidores públicos entendem que desempenham atividades de risco e que, mesmo assim, nunca foi editada uma lei assegurando esse direito a elas.

Diante disso, tais servidores, individualmente ou por meio dos seus sindicatos, ingressam com mandados de injunção alegando que está havendo uma omissão inconstitucional.

Exemplo:

Pedro é agente penitenciário no Estado do Amazonas. Não existe lei no Estado do Amazonas que preveja aposentadoria especial para os agentes penitenciários.

Desse modo, Pedro impetra mandado de injunção alegando o seguinte: eu, como agente penitenciário, exerço atividade de risco. A CF/88 determinou que os servidores que desempenhem atividades de risco devem ter direito à aposentadoria especial (art. 40, § 4º, II). Logo, está havendo uma omissão inconstitucional porque já temos mais de 30 anos da edição da CF/88 e até hoje não foi editada a lei complementar assegurando aposentadoria especial para os agentes penitenciários.

Esse tipo de pedido é feito por inúmeras classes de servidores públicos.

Contra quem deverá ser proposto esse mandado de injunção? De quem é a competência para julgá-lo?

O mandado de injunção deve ser impetrado em face do Presidente da República, do Presidente do Senado Federal e do Presidente da Câmara dos Deputados.

Logo, este mandado de injunção deverá ser impetrado no STF (art. 102, I, q, da CF/88).

Por que?

Porque o STF entende que a lei complementar de que trata o § 4° do art. 40 é uma lei complementar nacional, ou seja, uma lei complementar editada pelo Congresso Nacional e que regule o tema de modo uniforme, de caráter geral, a fim de evitar criação de regras distintas pelos Estados-Membros para servidores em situações semelhantes.

Logo, não é correto dizer que o Estado-membro é que esta sendo omisso. Isso porque a responsabilidade pela edição da lei é do Presidente da República (iniciativa) e do Congresso Nacional (aprovação).

O que são consideradas "atividades de risco"?

O STF entende que a expressão "atividades de risco", veiculada no art. 40, § 4°, II, da Constituição possui natureza aberta. Isso significa que o legislador possui uma significativa liberdade de conformação, ou seja, ele tem certa liberdade para dizer o que é ou não atividade de risco.

Diante disso, em princípio, não há qualquer vício no fato de o legislador não editar uma lei conferindo aposentadoria especial para determinada carreira. Essa "omissão" do legislador representa, em princípio, uma liberdade que ele possui. No entanto, haverá omissão inconstitucional, suscetível de ser colmatada (preenchida/resolvida) por meio de mandado de injunção no caso de periculosidade inequivocamente inerente ao ofício.

Assim, só haverá omissão inconstitucional se o legislador não editou uma lei referente a determinada carreira apesar de ser indiscutível que essa carreira desempenha uma atividade de risco.

Nesse sentido:

> DIREITO PREVIDENCIÁRIO. MANDADO DE INJUNÇÃO COLETIVO. OFICIAIS DE JUSTIÇA. ALEGADA ATIVIDADE DE RISCO. APOSENTADORIA ESPECIAL. ORDEM DENEGADA.
>
> 1. Diante do caráter aberto da expressão atividades de risco (art. 40, § 4°, II, da Constituição) e da relativa liberdade de conformação do legislador, somente há omissão inconstitucional quando a periculosidade seja inequivocamente inerente ao ofício.
>
> 2. A eventual exposição a situações de risco – a que podem estar sujeitos os Oficiais de Justiça e, de resto, diversas categorias de servidores públicos – não garante direito subjetivo constitucional à aposentadoria especial.
>
> 3. A percepção de gratificações ou adicionais de periculosidade, assim como o porte de arma de fogo, não são, por si sós, suficientes para reconhecer o direito à aposentadoria especial, em razão da autonomia entre o vínculo funcional e o previdenciário.
>
> 4. Voto pela denegação da ordem, sem prejuízo da possibilidade, em tese, de futura lei contemplar a pretensão da categoria.
>
> STF. Plenário. MI 833, Rel. Min. Cármen Lúcia, Rel. p/ Acórdão Min. Roberto Barroso, julgado em 11/06/2015.

Diante disso, o STF faz a seguinte distinção:

- categorias que desempenham atividade com RISCO EVENTUAL: o risco nem sempre existe e, por isso, não há omissão inconstitucional caso o legislador não preveja aposentadoria especial para essa classe de servidores. A exposição eventual a situações de risco não garante direito subjetivo constitucional à aposentadoria especial. Ex: guardas municipais, oficiais de justiça, agentes de segurança de tribunais etc.

- categorias com RISCO IMANENTE (INERENTE): o risco sempre existe considerando que faz parte da essência da atividade desempenhada. São atividades perigosas por sua própria natureza. Ex: policiais e agentes penitenciários.

É proibido que a lei complementar preveja aposentadoria especial, com base no art. 40, § 4°, II, da CF/88, para atividades que são apenas eventualmente perigosas? Vamos admitir que a atividade dos Oficiais de Justiça é apenas eventualmente perigosa. O legislador está impedido de prever aposentadoria especial para essa categoria?

NÃO. Não existe uma impossibilidade jurídica de que a lei preveja critérios para aferição de situações concretas de risco no serviço público, para fins de concessão de aposentadoria especial. Em outras palavras, o legislador não está proibido de prever aposentadoria especial, com base no art. 4°, II, da CF/88 para carreiras que desempenhem atividades apenas eventualmente perigosas. Assim, o legislador até pode prever aposentadoria especial para Oficiais de Justiça com base na periculosidade.

O que o STF diz é que não existe um dever constitucional do legislador de prever aposentadoria especial para atividades apenas eventualmente perigosas. Isso é uma discricionariedade do legislador (escolha política). O dever que existe é o de criar a aposentadoria especial para aquelas atividades perigosas por sua própria natureza (ex: policiais).

Assim, embora o legislador possa, em tese, prever aposentadoria especial por periculosidade para os Oficiais de Justiça, a decisão de editar ou não essa lei complementar éuma escolha política, a ser exercida dentro pelo Parlamento.

Explicando melhor:

- Se uma atividade é eventualmente perigosa, o legislador pode prever que os servidores que a desempenham tenham direito à aposentadoria especial com base no art. 40, § 4°, II, da CF/88. Se o legislador não fizer isso, não haverá omissão de sua parte porque o texto constitucional não exige. Ex: Oficiais de Justiça. Aqui o direito à aposentadoria especial é uma escolha da discricionariedade legislativa.
- Se uma atividade é perigosa por sua própria natureza, o legislador tem o dever de prever que os servidores que a desempenham terão direito à aposentadoria especial com base no art. 40, § 4°, II, da CF/88. Se o legislador não fizer isso, haverá omissão inconstitucional de sua parte porque o texto da CF/88 exige. Aqui não existe discricionariedade, mas sim um dever do legislador. Ex: carreira policial.

O Congresso Nacional, ao cumprir o dever de legislar previsto no art. 40, § 4°, II, da CF/88, pode prever critérios mais ou menos elásticos para a identificação das "atividades de risco", mas não poderia deixar de contemplar as atividades inerentemente perigosas, sob pena de violação ao núcleo essencial do dispositivo.

Obs: no caso dos policiais, o legislador não está em omissão porque já existe lei regulando sua aposentadoria especial. Trata-se da LC 51/85.

O fato de os membros daquela classe de servidores receberem adicional de periculosidade e terem direito ao porte de arma significa necessariamente que eles exercem atividade de risco para fins de aposentadoria especial?

NÃO. Tais circunstâncias não podem, por si só, ou seja, de forma automática, produzir efeitos sobre o vínculo previdenciário. Existe uma autonomia entre o vínculo funcional e o previdenciário, ou seja, os requisitos para se obter gratificações, adicionais etc. são uns e os requisitos para se obter aposentadoria especial são outros.

Os agentes penitenciários possuem direito à aposentadoria especial? Se não há lei prevendo aposentadoria especial para os agentes penitenciários, estes servidores podem ingressar com mandado de injunção pedindo a concessão do benefício sob o argumento de que está havendo uma omissão inconstitucional?

SIM. Existem decisões monocráticas de praticamente todos os Ministros concedendo o benefício. Nesse sentido: STF. Decisão Monocrática. MI 6943, Rel. Min. Luiz Fux, julgado em 11/09/2018.

Guardas municipais

João, guarda municipal, ingressou, no STF, com mandado de injunção contra os Presidentes da República, do Senado Federal e da Câmara dos Deputados alegando que exerce atividades de risco, nos termos do art. 40, § 4°, II, da CF/88 e que, apesar disso, até agora, não foi editada uma lei complementar nacional prevendo aposentadoria especial para os guardas municipais.

O autor argumentou, então, que estaria havendo omissão legislativa do Presidente da República e dos Presidentes da Câmara e do Senado na regulamentação do art. 40, § 4°, II, da CF/88, para a aposentadoria especial dos ocupantes do cargo de guarda municipal.

Requereu que o pedido seja julgado procedente no sentido de que seja concedida aposentadoria especial até que seja regulamentada lei que regerá o assunto.

O STF concordou com os pedidos formulados?

NÃO. O STF entendeu que o referido benefício não pode ser estendido aos guardas civis, uma vez que suas atividades precípuas não são inequivocamente perigosas e, ainda, pelo fato de não integrarem o conjunto de órgãos de segurança pública relacionados no art. 144, I a V, da CF/88.

A proximidade da atividade das guardas municipais com a segurança pública é inegável, porém, à luz do § 8° do art. 144, sua atuação é limitada, voltada à proteção do patrimônio municipal:

> §
>
> Art. 144 (...)
>
> § 8° Os Municípios poderão constituir guardas municipais destinadas à proteção de seus bens, serviços e instalações, conforme dispuser a lei.

Conceder esse benefício por via judicial não seria prudente, pois abriria margem reivindicatória a diversas outras classes profissionais que, assim como os guardas municipais, lidam com o risco diariamente. Ademais, cabe ao legislador, e não ao Judiciário, classificar as atividades profissionais como sendo ou não de risco para fins de aposentadoria especial.

Em suma:

A aposentadoria especial não pode ser estendida aos guardas civis, uma vez que suas atividades precípuas não são inequivocamente perigosas e, ainda, pelo fato de não integrarem o conjunto de órgãos de segurança pública relacionados no art. 144, I a V, da CF/88.

STF. Plenário. MI 6515/DF, MI 6770/DF, MI 6773/DF, MI 6780/DF, MI 6874/DF, Rel. Min. Roberto Barroso, julgados em 20/6/2018 (Info 907).

Agentes de segurança

Os servidores do Ministério Público da União que exercem atribuições de segurança não possuem direito à aposentadoria especial.

Tais servidores exercem funções que podem ser eventualmente perigosas, mas o perigo não é inerente à função, isto é, não são atividades perigosas por sua própria natureza.

STF. Plenário. MI 844/DF, rel. Min. Cármen Lúcia, red. p/ o acórdão Min. Roberto Barroso, julgado em 11/6/2015 (Info 789).

4.10. A CONTRIBUIÇÃO PREVIDENCIÁRIA PAGA PELO SERVIDOR NÃO DEVE INCIDIR SOBRE PARCELAS QUE NÃO SÃO INCORPORADAS À SUA APOSENTADORIA

Imagine a seguinte situação hipotética:

João é servidor público federal.

Ele ajuizou ação contra a União pedindo para que fosse declarado que ele não deve pagar contribuição previdenciária sobre os valores que recebe a título de:

- terço de férias;
- serviços extraordinários (horas extras);
- adicional noturno;
- adicional de insalubridade.

O argumento de João foi o de que tais valores que ele recebe não irão "somar" no montante que ele irá receber quando se aposentar. Em outras palavras, tais valores não influenciam nos proventos de aposentadoria. Logo, não teria sentido ele pagar contribuição previdenciária sobre valores que não serão incorporados aos seus proventos.

Vale ressaltar que, no caso concreto, a discussão envolvia verbas anteriores à atual redação da Lei nº 10.887/2004, dada pela Lei nº 12.688/2012.

Contestação da União

A União contestou a demanda alegando que, a partir da EC 41/2003, o regime previdenciário dos servidores públicos tornou-se expressamente solidário. Isso significa que o servidor paga as contribuições previdenciárias não apenas para si, mas também para custear o sistema, inclusive os proventos de outros servidores.

Diante deste caráter de solidariedade, o legislador estaria livre para definir, na lei, as parcelas da remuneração que estariam sujeitas à contribuição previdenciária, podendo determinar a sua incidência inclusive sobre verbas eventuais.

A União explicou ainda que o terço de férias, os serviços extraordinários, o adicional noturno e o adicional de insalubridade somente foram excluídas pelo legislador da incidência de contribuição previdenciária com a MP 556/2011 (convertida na Lei nº 12.688/2011).

Em outras palavras, antes da MP 556/2001, era permitida a incidência de contribuição previdenciária sobre terço de férias, serviços extraordinários, adicional noturno e adicional de insalubridade. Esta MP alterou a Lei nº 10.887/2004 e passou a dizer que sobre tais verbas não incide contribuição previdenciária.

Outro argumento da União foi no sentido de que o § 11 do art. 201 da CF/88 determina que os ganhos habituais do empregador, a qualquer título, sofrerão a incidência de contribuição previdenciária. Logo, quando o constituinte utilizou a expressão "a qualquer título", incluiu também os ganhos habituais com terço de férias, serviços extraordinários, adicional noturno e adicional de insalubridade.

A tese de João foi acolhida pelo STF?

SIM. O STF fixou a seguinte tese a respeito do tema:

> **Não incide contribuição previdenciária sobre verba não incorporável aos proventos de aposentadoria do servidor público, tais como terço de férias, serviços extraordinários, adicional noturno e adicional de insalubridade.**
>
> STF. Plenário. RE 593068/SC, Rel. Min. Roberto Barroso, julgado em 11/10/2018 (repercussão geral) (Info 919).

O § 3º do art. 40 determina a incidência de contribuição previdenciária apenas sobre parcelas de remuneração que influenciarão no cálculo dos proventos

O STF entendeu que, analisando o § 3º do art. 40 da CF/88, conclui-se que, de fato, somente podem figurar como base de cálculo da contribuição previdenciária os ganhos habituais com repercussão nos benefícios previdenciários, excluindo, assim, as verbas que não se incorporam à aposentadoria:

§

> Art. 40 (...)
>
> § 3º Para o cálculo dos proventos de aposentadoria, por ocasião da sua concessão, serão consideradas as remunerações utilizadas como base para as contribuições do servidor aos regimes de previdência de que tratam este artigo e o art. 201, na forma da lei. (Redação dada pela EC 41/2003)

Este § 3º do art. 40 previu a vinculação expressa entre os proventos de aposentadoria e a remuneração recebida pelo servidor, de modo que as parcelas sem reflexo nos proventos estão livres da incidência da contribuição previdenciária.

Não se aplica o § 11 do art. 201 ao regime próprio

Como vimos acima, a União argumentou que o § 11 do art. 201 da CF/88 determina que os ganhos habituais do empregado, a qualquer título, sofrerão a incidência de contribuição previdenciária. Logo, não houve uma limitação apenas para as verbas recebidas pelo servidor e que irão ter impacto em sua aposentadoria. Veja a redação do dispositivo:

§

> Art. 201 (...)
>
> § 11. Os ganhos habituais do empregado, a qualquer título, serão incorporados ao salário para efeito de contribuição previdenciária e consequente repercussão em benefícios, nos casos e na forma da lei. (Incluído dada pela EC 20/98)

O STF refutou, contudo, essa alegação e disse o seguinte: as regras do art. 201 da CF/88 aplicam-se para o regime geral de previdência social. Aqui nós estamos tratando sobre o regime próprio (servidores públicos).

O regime próprio é disciplinado pelas regras do art. 40 e, somente de forma subsidiária é que podemos aplicar o art. 201 para o regime previdenciário dos servidores públicos. Nesse sentido é o comando do § 12 do art. 40:

§

> Art. 40 (...)
>
> § 12 – Além do disposto neste artigo, o regime de previdência dos servidores públicos titulares de cargo efetivo observará, no que couber, os requisitos e critérios fixados para o regime geral de previdência social. (Redação dada pela EC 41/2003)

Não se pode aplicar o § 11 do art. 201 ao regime próprio porque existe uma regra no § 3º do art. 40 em sentido contrário, ou seja, determinando a não incidência da contribuição previdenciária sobre as parcelas não incorporáveis à aposentadoria do servidor público.

Logo, o § 11 do art. 201 não pode ser aplicado subsidiariamente aos servidores públicos em razão da previsão especial do § 3º do art. 40:

> Art. 201 (...)
>
> § 11. Os ganhos habituais do empregado, a qualquer título, serão incorporados ao salário para efeito de contribuição previdenciária e consequente repercussão em benefícios, nos casos e na forma da lei. (Incluído dada pela EC 20/98)

Regime contributivo

O regime previdenciário é contributivo e essa dimensão contributiva do sistema mostra-se incompatível com a cobrança de qualquer verba previdenciária que não garanta ao segurado algum benefício efetivo ou potencial ao servidor.

O princípio da solidariedade não é suficiente para afastar esse aspecto, impondo ao contribuinte uma contribuição que não lhe trará qualquer retorno.

De um lado, o princípio da solidariedade afasta a relação simétrica entre contribuição e benefício. De outro, o princípio contributivo impede a cobrança de contribuição previdenciária sem que se confira ao segurado alguma contraprestação, efetiva ou potencial, em termos de serviços ou benefícios.

Nesse contexto, ainda que o princípio da solidariedade seja pedra angular do sistema próprio dos servidores, não pode esvaziar seu caráter contributivo, informado pelo princípio do custo-benefício, tendo em conta a necessidade de um sinalagma mínimo, ainda que não importe em perfeita simetria entre o que se paga e o que se recebe.

Desse modo, deve ser estabelecida a aplicação simétrica do binômio formado entre os princípios da contributividade e da solidariedade, de forma a prestigiá-los e conjugá-los em um produto final equilibrado.

Logo, caso o Estado tenha intenção de promover um fortalecimento atuarial, poderá agravar a alíquota incidente sobre os participantes ou até mesmo aumentar sua participação no custeio, mas não tributar sobre base não imponível.

Legislador não pode subverter o comando constitucional nem o caráter contributivo

A Constituição conferiu ao legislador ordinário a tarefa de estabelecer quais parcelas seriam consideradas remuneração do servidor e sobre quais delas incidiria contribuição previdenciária. No entanto, essa delegação não permite que o legislador subverta o comando constitucional de modo a incluir, na base de cálculo da contribuição previdenciária, parcelas sem repercussão nos proventos de aposentadoria, sob pena de desrespeito ao § 3º do art. 40 da CF/88.

Assim, o rol das parcelas isentas de contribuição previdenciária previsto inicialmente pela Lei nº 9.783/99, e atualmente pela Lei nº 10.887/2004, não é um rol taxativo, mas meramente exemplificativo. Isso porque mesmo que uma verba não esteja ali listada como isenta, se ela não for "incorporável aos proventos de aposentadoria do servidor público" sobre ela não deverá haver a incidência de contribuição previdenciária.

MP 556/2011 (convertida na Lei nº 12.688/2011)

A MP 556/2011, posteriormente convertida na Lei nº 12.688/2012, alterou a Lei nº 10.887/2004 e expressamente excluiu da incidência da contribuição previdenciária as verbas a título de terço de férias, serviços extraordinários (horas extras) e adicional noturno. Veja:

§ Art. 4º (...)

§ 1º Entende-se como base de contribuição o vencimento do cargo efetivo, acrescido das vantagens pecuniárias permanentes estabelecidas em lei, os adicionais de caráter individual ou quaisquer outras vantagens, excluídas:

(...)

X – o adicional de férias;

XI – o adicional noturno;

XII – o adicional por serviço extraordinário;

O adicional de insalubridade já era excluído desde a redação originária da Lei nº 10.887/2004:

§ Art. 4º (...)

§ 1º Entende-se como base de contribuição o vencimento do cargo efetivo, acrescido das vantagens pecuniárias permanentes estabelecidas em lei, os adicionais de caráter individual ou quaisquer outras vantagens, excluídas:

VII – as parcelas remuneratórias pagas em decorrência de local de trabalho; *(obs: é o caso do adicional de insalubridade).*

O caso julgado pelo STF era, portanto, anterior à vigência da Lei nº 12.688/2012. Isso porque depois dela não há mais discussão considerando que tais verbas foram expressamente excluídas da cobrança.

Regime próprio x regime geral

Vale ressaltar que o julgamento acima abrangeu apenas o regime próprio dos servidores públicos.

Assim, cuidado para não confundir. No caso do REGIME GERAL de previdência social, o panorama atual é o seguinte:

CONTRIBUIÇÕES PREVIDENCIÁRIAS	
INCIDEM sobre	**NÃO INCIDEM sobre**
1. Horas extras e seu respectivo adicional 2. Adicional noturno 3. Adicional de periculosidade 4. Salário maternidade 5. Salário paternidade 6. Participação nos lucros ANTES da MP794/94 7. Licença para casamento ("gala") 8. Licença para prestação de serviço eleitoral 9. Férias gozadas 10. Auxílio quebra de caixa. 11. Décimo terceiro salário.	1. Terço de férias gozadas 2. Férias indenizadas 3. Terço de férias indenizadas 4. Aviso prévio indenizado 5. Valor pago pela empresa ao empregado nos quinze dias que antecedem o auxílio-doença 6. Participação nos lucros DEPOIS da MP 794/94 7. Auxílio-transporte (mesmo que pago em pecúnia). 8. Salário-família.

4.11. FUNPRESP E DATA LIMITE PARA ADESÃO AO REGIME DE PREVIDÊNCIA COMPLEMENTAR

EC 20/98

A EC 20/98 acrescentou o § 14 ao art. 40 da CF/88 prevendo a possibilidade de a União, os Estados, o DF e os Municípios instituírem regime de previdência complementar para seus servidores. Se for instituído esse regime complementar, os servidores passam a receber, no regime próprio, aposentadoria e pensão com valor máximo igual ao que é pago pelo INSS (regime geral de previdência social). O "complemento" a esse valor é pago em um plano administrado por uma entidade privada de previdência complementar:

> § Art. 40 (...)
>
> § 14 – A União, os Estados, o Distrito Federal e os Municípios, desde que instituam regime de previdência complementar para os seus respectivos servidores titulares de cargo efetivo, poderão fixar, para o valor das aposentadorias e pensões a serem concedidas pelo regime de que trata este artigo, o limite máximo estabelecido para os benefícios do regime geral de previdência social de que trata o art. 201. (Incluído pela EC 20/98)

EC 41/2003

A EC 41/2003 alterou o § 15 do art. 40 da CF/88, que também trata sobre esse tema:

> § Art. 40 (...)
>
> § 15. O regime de previdência complementar de que trata o § 14 será instituído por lei de iniciativa do respectivo Poder Executivo, observado o disposto no art. 202 e seus parágrafos, no que couber, por intermédio de entidades fechadas de previdência complementar, de natureza pública, que oferecerão aos respectivos participantes planos de benefícios somente na modalidade de contribuição definida. (Redação dada pela EC 41/2003)

Lei nº 12.618/2012

A fim de regulamentar, no âmbito federal, o art. 40, §§ 14 e 15 da CF/88, foi editada a Lei nº 12.618/2012:

> § Art. 1º É instituído, nos termos desta Lei, o regime de previdência complementar a que se referem os §§ 14, 15 e 16 do art. 40 da Constituição Federal para os servidores públicos titulares de cargo efetivo da União, suas autarquias e fundações, inclusive para os membros do Poder Judiciário, do Ministério Público da União e do Tribunal de Contas da União.

Assim, a Lei nº 12.618/2012 instituiu o regime de previdência complementar para os servidores públicos federais titulares de cargo efetivo, inclusive para magistrados, membros do MPU e do TCU.

Além disso, a Lei autorizou a criação de três entidades fechadas de previdência complementar (EFPC) para administrar os planos de previdência complementar dos servidores:

I – a Fundação de Previdência Complementar do Servidor Público Federal do Poder Executivo (Funpresp-Exe): para os servidores públicos titulares de cargo efetivo do Poder Executivo;

II – a Fundação de Previdência Complementar do Servidor Público Federal do Poder Legislativo (Funpresp-Leg): para os servidores públicos titulares de cargo efetivo do Poder Legislativo e do Tribunal de Contas da União e para os membros deste Tribunal; e

III – a Fundação de Previdência Complementar do Servidor Público Federal do Poder Judiciário (Funpresp-Jud): para os servidores públicos titulares de cargo efetivo e para os membros do Poder Judiciário.

Como funciona?

Com a instituição desse regime de previdência complementar, a União passou a garantir o pagamento da aposentadoria do servidor até o teto do RGPS (INSS), da mesma forma que ocorre com o trabalhador da iniciativa privada.

Aquele servidor que quiser receber um valor maior que o teto do INSS quando se aposentar, deverá filiar-se, facultativamente, ao plano de previdência complementar e fazer suas contribuições com direito à contrapartida paritária do Governo.

Exemplo: João nunca havia ocupado cargo público e tomou posse, em 2018, como Juiz Federal. Ele tem duas opções:

1. pode decidir não aderir ao Funpresp-Jud: neste caso, ele pagará sua contribuição previdenciária com base no teto do INSS (atualmente R$ 5.645,80). Assim, todos os meses pagaria 11% de R$ 5.645,80 (valor que vai sendo reajustado todo ano) e, quando completar os requisitos, irá se aposentar recebendo o teto do INSS;
2. pode decidir aderir ao Funpresp-Jud: neste caso, ele continuará pagando contribuição previdenciária com base no teto do INSS, mas, além disso, também pagará uma contribuição adicional destinada ao Funpresp-Jud. A União também verterá uma quantia em favor do servidor. Assim, imaginemos que o servidor pague R$ 300,00 para o Funpresp-Jud; a União também verterá esse mesmo valor. A Funpresp-Jud investirá o valor arrecado no mercado financeiro e, quando o servidor completar os requisitos, irá receber duas "aposentadorias": uma igual ao teto do INSS e outra com base no resultado dos investimentos feitos pelo Funpresp-Jud.

Como era antes?

Antes, o servidor contribuía sobre o valor que recebia (ex: 11% de R$ 30.000,00) e, quando completava os requisitos recebia o valor da aposentadoria "cheio", ou seja, sem essa limitação do teto do INSS.

Desse modo, temos dois regimes de aposentadoria para os servidores:

1. Aqueles que ingressaram ANTES da instituição do regime de previdência complementar: podem manter essa forma tradicional de recebimento da aposentadoria (sem limitação ao teto do INSS). Apenas para fins didáticos, vamos chamá-los aqui de "servidores mais antigos";
2. Aqueles que ingressaram DEPOIS da instituição do regime de previdência complementar: são obrigados a adotar o novo regime de previdência. A única opção que eles vão ter é a de aderir ou não ao Funpresp-Jud. Caso decidam não aderir, irão receber apenas o teto do INSS. Se decidirem aderir, terão direito ao teto do INSS mais a aposentadoria complementar do Fundo. Apenas para fins didáticos, vamos chamá-los de "servidores mais novos";

Os servidores que ingressaram antes da Lei nº 12.618/2012 podem decidir optar pelo novo regime?

SIM. Veja o que diz o art. 3º da Lei:

§ Art. 3º Aplica-se o limite máximo estabelecido para os benefícios do regime geral de previdência social às aposentadorias e pensões a serem concedidas pelo regime de previdência da União de que trata o art. 40 da Constituição Federal, observado o disposto na Lei nº 10.887, de 18 de junho de 2004, aos servidores e membros referidos no caput do art. 1º desta Lei que tiverem ingressado no serviço público:

I – a partir do início da vigência do regime de previdência complementar de que trata o art. 1º desta Lei, independentemente de sua adesão ao plano de benefícios; e

II – até a data anterior ao início da vigência do regime de previdência complementar de que trata o art. 1º desta Lei, e nele tenham permanecido sem perda do vínculo efetivo, e que exerçam a opção prevista no § 16 do art. 40 da Constituição Federal.

Inciso I: trata dos "servidores mais novos".

Inciso II: trata dos "servidores mais antigos".

Veja que o inciso II fala que os "servidores mais antigos" poderão escolher abandonar o regime de previdência tradicional e aderir ao regime de previdência complementar porque isso é autorizado pelo § 16 do art. 40 da CF/88:

> §
>
> Art. 40 (...)
>
> § 16 – Somente mediante sua prévia e expressa opção, o disposto nos §§ 14 e 15 poderá ser aplicado ao servidor que tiver ingressado no serviço público até a data da publicação do ato de instituição do correspondente regime de previdência complementar. (Incluído pela EC 20/98)

A Lei nº 12.618/2012 estabeleceu, contudo, um prazo para que os "servidores mais antigos" fizessem essa opção. Veja:

> §
>
> Art. 40 (...)
>
> § 7º O prazo para a opção de que trata o inciso II do caput deste artigo será de 24 (vinte e quatro) meses, contados a partir do início da vigência do regime de previdência complementar instituído no caput do art. 1º desta Lei.

Desse modo, a Lei falou o seguinte: servidores mais antigos, vocês podem também passar a adotar esse novo regime de previdência complementar, mas precisam fazer isso em até 24 meses.

Lei nº 13.328/2016

O objetivo do Governo era o de que mais "servidores antigos" fizessem essa opção. No entanto, como isso não aconteceu, decidiu-se reabrir o prazo por mais 24 meses. Foi o que fez o caput do art. 92 da Lei nº 13.328/2016:

> §
>
> Art. 92. É reaberto o prazo para opção pelo regime de previdência complementar de que trata o § 7º do art. 3º da Lei nº 12.618, de 30 de abril de 2012, por 24 (vinte e quatro) meses, contados a partir da data de entrada em vigor desta Lei.

Como a Lei nº 13.328/2016 foi publicada em 29/07/2016, o prazo de opção de que trata o art. 92 terminaria em 29/07/2018.

Ações para prorrogar esse prazo

Muitos servidores, em especial os magistrados mais antigos, ficaram na dúvida se valeria a pena ou não fazer a opção e passar a adotar o regime de previdência complementar. Isso porque se fala muito na crise da Previdência e existe um receio de que, no futuro, o regime próprio de previdência social não consiga pagar o valor "cheio" das aposentadorias.

Assim, alguns defendiam que, mesmo sendo um servidor mais antigo, seria melhor fazer essa migração porque se passaria a pagar menos contribuição previdenciária todos os meses, considerando que o servidor seria obrigado a contribuir apenas 11% sobre o teto do INSS (e não mais 11% sobre o valor total da remuneração recebida) e, com esse dinheiro que "sobraria" no fim do mês, o próprio servidor poderia fazer seus investimentos privados ou, então, aderir ao Funpresp-Jud.

Como havia essa dúvida, a Associação dos Magistrados Brasileiros (AMB) e a Associação Nacional dos Magistrados da Justiça do Trabalho (Anamatra) ingressaram com uma ADI impugnando a validade do art. 1º da EC 41/2003 no ponto em que alterou a redação do § 15 do art. 40 da CF/88 e também questionando a Lei nº 12.618/2012.

Na ação, as associações pediram, como medida cautelar, a prorrogação do prazo final de migração para o regime de previdência complementar até que houvesse o julgamento do mérito da ADI.

Em outras palavras, as associações disseram o seguinte: nós consideramos que esse regime de previdência complementar é inconstitucional; no entanto, enquanto não se julga o mérito desse pedido, deve-se prorrogar o prazo para que os magistrados que quiserem, possam fazer a opção por este novo regime.

O STF acolheu o pedido?

NÃO.

> **O deferimento do pleito representaria indevida manipulação de opção político-normativa do Parlamento.**
>
> **Ao STF, à semelhança do que ocorre com as demais Cortes Constitucionais, cabe exercer o papel de legislador negativo. É sua a relevante função de extirpar do ordenamento jurídico normas incompatíveis com a Lei Maior, devendo, exatamente por esse motivo, atuar com parcimônia.**
>
> **Não há, sob o ângulo material ou formal, qualquer traço de incompatibilidade direta com a Constituição Federal.**
>
> STF. Plenário. ADI 4885 MC/DF, Rel. Min. Marco Aurélio, julgado em 27/6/2018 (Info 908).

Além da ausência de plausibilidade jurídica da pretensão, não se vislumbrou prejuízo decorrente do retardamento da decisão para os servidores que, tempestivamente, fizerem opção pelo ingresso em regime de previdência complementar, caso o Tribunal, no julgamento do mérito da ação direta, declare a inconstitucionalidade dos preceitos nela impugnados.

Na hipótese de vir a ser assentada a inconstitucionalidade da instituição de entidade fechada de previdência complementar de natureza pública, o cenário anterior deverá ser restaurado, com a devida reparação dos danos causados aos servidores públicos atingidos pelas normas eventualmente glosadas pelo STF.

4.12. PENSÃO POR MORTE

ACORDO DE DIVISÃO DA PENSÃO POR MORTE NÃO ALTERA A ORDEM LEGAL DE BENEFICIÁRIOS, MAS AUTORIZA DESCONTO PELA ENTIDADE DE PREVIDÊNCIA

Imagine a seguinte situação adaptada:

João, servidor público municipal de São Gonçalo (RJ), vive em união estável com Maria.

Determinado dia, João faleceu sem deixar filhos.

Segundo o Estatuto dos Servidores Públicos do Município de São Gonçalo, em caso de falecimento sem filhos, a pensão por morte deverá ser paga, em sua integralidade, para a companheira/esposa.

Ocorre que Maria e Francisca (mãe de João) fizeram, entre si, um acordo homologado judicialmente no qual Maria aceitou dividir igualmente o valor da pensão por morte com a sogra.

De posse desse acordo, Francisca foi até o Instituto de Previdência dos Servidores Municipais de São Gonçalo (autarquia responsável por gerir os benefícios previdenciários) e requereu que a pensão por morte fosse paga de forma dividida entre ela e Maria.

A autarquia previdenciária não aceitou, afirmando que se ela fizesse isso estaria descumprindo a ordem de pagamento prevista na lei municipal. Alegou que este acordo, apesar de homologado judicialmente, não pode alterar a ordem legal dos beneficiários da pensão. Diante disso, afirmou que não tinha obrigação nenhuma de depositar metade do valor para Francisca, considerando que ela não é beneficiária. Logo, iria depositar integralmente o valor para Maria.

A questão chegou até o STJ. O que decidiu o Tribunal? A autarquia previdenciária tem razão?

Em parte.

O acordo, mesmo homologado judicialmente, não pode alterar a ordem prevista na lei

O acordo de partilha de pensão por morte, mesmo homologado judicialmente, não tem a força de alterar a ordem legal de pagamento da pensão.

Apesar de ter havido acordo de vontades entre a companheira supérstite e a mãe do instituidor da pensão, este ajuste não tem a força de alterar a previsão legal. Segundo a lei do Município, se existir esposa ou companheira do servidor falecido, os ascendentes não herdam.

Caso fosse admitido que o acordo alterasse a ordem legal, poderia acontecer a seguinte burla às regras do sistema previdenciário: se Maria falecesse antes de Francisca, esta, mesmo sem ser beneficiária segundo a lei, passaria a receber a integralidade da pensão. Desse modo, alguém que não era originalmente beneficiária teria se tornado pelo simples fato de ter havido um acordo entre particulares.

Veja bem: não se está dizendo que o acordo não é possível. Ele é válido. No entanto, fica limitado estritamente à esfera privada, sem o condão de gerar vínculo previdenciário, ou seja, não altera as regras previstas na lei.

Em suma, este acordo não teve a força de transformar a mãe do falecido em beneficiária da pensão por morte porque a lei prevê que, havendo cônjuge/companheira, esta será a única beneficiária.

O acordo pode obrigar a autarquia previdenciária a separar os pagamentos

O acordo não altera quem a lei prevê como sendo beneficiário. No entanto, o acordo de partilha de pensão por morte tem a força de impor ao órgão de previdência a obrigação de depositar parcela do benefício em favor da acordante mesmo que ela não figure como beneficiária perante a lei.

Em outras palavras, é possível que a beneficiária da pensão faça um acordo e diga para a autarquia previdenciária: pague metade do valor para mim e a outra metade para essa outra pessoa.

O desconto foi autorizado por ajuste entre as partes, sendo perfeitamente possível porque está relacionado com um direito obrigacional/patrimonial disponível da parte, podendo ser homologado pelo juízo e produzir efeitos em face do ente pagador.

Vale ressaltar, no entanto, que nos assentamentos da autarquia previdenciária deverá constar como pensionista apenas, e tão somente, a beneficiária legal (Maria). O desconto que será feito pela entidade será igual àqueles que se faz para outros débitos, como de alimentos, por exemplo.

Caso a acordante que não é beneficiária legal da pensão morra (se Francisca morrer), o pagamento voltará a ser feito em sua integralidade para a beneficiária legal (Maria).

Por outro lado, se a beneficiária legal (Maria) falecer antes de Francisca, cessa o pagamento da pensão e Francisca não receberá mais nada. Isso porque, como já explicado, o acordo não tornou Francisca beneficiária da pensão considerando que a lei não autoriza essa hipótese.

Em suma

O acordo de partilha de pensão por morte, homologado judicialmente, não altera a ordem legal do pensionamento, podendo, todavia, impor ao órgão de previdência a obrigação de depositar parcela do benefício em favor do acordante que não figura como beneficiário perante a autarquia previdenciária.

Caso concreto: companheira do servidor falecido era a única beneficiária da pensão por morte; ela fez um acordo com a mãe do *de cujus* dividindo a pensão com ela; esse acordo não transforma a mãe do falecido em beneficiária da pensão (não altera a ordem legal); no

entanto, com esse ajuste, é possível exigir que a entidade previdenciária pague metade da pensão para a beneficiária e metade para a mãe do falecido que, mesmo sem ser beneficiária legal, poderá receber o valor porque houve um desconto autorizado pela titular do benefício.

STJ. 2ª Turma. RMS 45.817-RJ, Rel. Min. Humberto Martins, Rel. Acd. Min. Og Fernandes, julgado em 26/09/2017 (Info 618).

4.13. SÃO IMPRESCRITÍVEIS AS AÇÕES DE REINTEGRAÇÃO EM CARGO PÚBLICO QUANDO O AFASTAMENTO SE DEU EM RAZÃO DE PERSEGUIÇÃO DA DITADURA MILITAR

Imagine a seguinte situação hipotética:

João era servidor da Assembleia Legislativa do Paraná.

Em 1963, João foi "desligado" de seu cargo (demitido) em razão de perseguição política perpetrada na época da ditadura militar.

Em 2011, João requereu o reconhecimento de anistiado político à "Comissão de Anistia", órgão do Ministério da Justiça que tem a finalidade de examinar os requerimentos formulados e assessorar o Ministro de Estado em suas decisões.

Também em 2011, João ajuizou ação ordinária contra o Estado do Paraná pedindo a sua reintegração ao cargo.

O pedido de João foi baseado no art. 8º do ADCT da CF/88 e na Lei nº 10.599/2002, que regulamentou este dispositivo constitucional:

§ ADCT

Art. 8º. É concedida anistia aos que, no período de 18 de setembro de 1946 até a data da promulgação da Constituição, foram atingidos, em decorrência de motivação exclusivamente política, por atos de exceção, institucionais ou complementares, aos que foram abrangidos pelo Decreto Legislativo nº 18, de 15 de dezembro de 1961, e aos atingidos pelo Decreto-Lei nº 864, de 12 de setembro de 1969, asseguradas as promoções, na inatividade, ao cargo, emprego, posto ou graduação a que teriam direito se estivessem em serviço ativo, obedecidos os prazos de permanência em atividade previstos nas leis e regulamentos vigentes, respeitadas as características e peculiaridades das carreiras dos servidores públicos civis e militares e observados os respectivos regimes jurídicos.

§ Lei nº 10.599/2002

Art. 1º O Regime do Anistiado Político compreende os seguintes direitos:

(...)

V – reintegração dos servidores públicos civis e dos empregados públicos punidos, por interrupção de atividade profissional em decorrência de decisão dos trabalhadores, por adesão à greve em serviço público e em atividades essenciais de interesse da segurança nacional por motivo político.

Parágrafo único. Aqueles que foram afastados em processos administrativos, instalados com base na legislação de exceção, sem direito ao contraditório e à própria defesa, e impedidos de conhecer os motivos e fundamentos da decisão, serão reintegrados em seus cargos.

Vale ressaltar que João foi formalmente reconhecido como anistiado político por Portaria do Ministro da Justiça.

A Procuradoria Geral do Estado, entre outras matérias defensivas, suscitou a ocorrência de prescrição. Segundo este órgão, a Lei nº 10.599/2002 promoveu uma renúncia tácita ao prazo prescricional. Isso significa que todas as pessoas prejudicadas poderiam ingressar com ações pedindo a reintegração, mas desde que o fizessem no prazo de até 5 anos (art. 1º do Decreto nº 20.910/1932) contados da publicação da Lei nº 10.599/2002.

O STJ concordou com a tese da PGE? A pretensão veiculada por João encontra-se realmente prescrita?

NÃO. Não houve prescrição porque essa pretensão é imprescritível. Veja o que decidiu o STJ:

> **São imprescritíveis as ações de reintegração em cargo público quando o afastamento se deu em razão de atos de exceção praticados durante o regime militar.**
>
> STJ. 1ª Turma. REsp 1.565.166-PR, Rel. Min. Regina Helena Costa, julgado em 26/06/2018 (Info 630).

A Constituição Federal não prevê prazo prescricional para o exercício do direito de agir quando se trata de defender o direito inalienável à dignidade humana, sobretudo quando violados durante o período do regime de exceção.

É certo que a prescrição é a regra no ordenamento jurídico. Assim, em regra, para uma pretensão ser considerada imprescritível deverá haver um comando expresso no texto constitucional, como é o caso do art. 37, § 5º da CF/88.

O STJ, no entanto, excepcionalmente, afirma que, mesmo sem uma previsão expressa, é possível considerar que as pretensões que buscam reparações decorrentes do regime militar de exceção são imprescritíveis considerando que envolvem a concretização da dignidade da pessoa humana. Nesse sentido:

> (...) 1. A dignidade da pessoa humana, valor erigido como um dos fundamentos da República Federativa do Brasil, experimenta os mais expressivos atentados quando engendradas a tortura e a morte, máxime por delito de opinião.
>
> (...)
>
> 4. À luz das cláusulas pétreas constitucionais, é juridicamente sustentável assentar que a proteção da dignidade da pessoa humana perdura enquanto subsiste a República Federativa, posto seu fundamento.
>
> 5. Consectariamente, não há falar em prescrição da ação que visa implementar um dos pilares da República, máxime porque a Constituição não estipulou lapso prescricional ao direito de agir, correspondente ao direito inalienável à dignidade.
>
> (...)
>
> 12. A exigibilidade a qualquer tempo dos consectários às violações dos direitos humanos decorre do princípio de que o reconhecimento da dignidade humana é o fundamento da liberdade, da justiça e da paz, razão por que a Declaração Universal inaugura seu regramento superior estabelecendo no art. 1º que "todos os homens nascem livres e iguais em dignidade e direitos".
>
> 13. A Constituição federal funda-se na premissa de que a dignidade da pessoa humana é inarredável de qualquer sistema de direito que afirme a existência, no seu corpo de normas, dos denominados direitos fundamentais e os efetive em nome da promessa da inafastabilidade da jurisdição, marcando a relação umbilical entre os direitos humanos e o direito processual.
>
> (...)
>
> STJ. 1ª Turma. REsp 1165986/SP, Rel. Min. Luiz Fux, julgado em 16/11/2010.

Assim, é pacífico o entendimento no STJ no sentido de que:

As ações de indenização por danos morais decorrentes de atos de tortura ocorridos durante o Regime Militar de exceção são imprescritíveis.

Não se aplica o prazo prescricional de 5 anos previsto no art. 1º do Decreto 20.910/1932.

STJ. 2ª Turma. REsp 1.374.376-CE, Rel. Min. Herman Benjamin, julgado em 25/6/2013 (Info 523).

Mas, no caso de João, ele não está pedindo indenização por danos morais e sim a reintegração no cargo...

Mesmo assim. O STJ afirmou que a ação buscando a reintegração ao cargo público deve seguir o mesmo regramento das ações de indenização. Isso porque a causa de pedir também decorre da violação de direitos fundamentais perpetrada durante o regime militar.

Ora, o retorno ao serviço público representa uma forma de reparação, estando intimamente ligada ao princípio da dignidade humana, tendo em vista que o trabalho representa uma das expressões mais relevantes do ser humano.

Entendi... isso significa que João, além de voltar ao cargo público que ocupava, terá direito a toda remuneração retroativa, desde 1963, data em que ele foi demitido?

NÃO. Não se deve confundir imprescritibilidade da ação de reintegração com imprescritibilidade dos efeitos patrimoniais e funcionais dela decorrentes, sob pena de prestigiar a inércia do autor, que poderia ter buscado seu direito desde a publicação da Constituição da República.

Isso significa dizer que:

- João terá direito de ser reintegrado;
- ele terá direito à remuneração retroativa, mas limitada aos últimos 5 anos, contados para trás, tendo marco o ajuizamento. Como o pedido foi formulado em 2011, ele terá direito à remuneração retroativa desde 2006.

Essa compreensão, inclusive, restou estampada no art. 6º, § 6º, da Lei nº 10.559/2002:

§

Art. 6º O valor da prestação mensal, permanente e continuada, será igual ao da remuneração que o anistiado político receberia se na ativa estivesse, considerada a graduação a que teria direito, obedecidos os prazos para promoção previstos nas leis e regulamentos vigentes, e asseguradas as promoções ao oficialato, independentemente de requisitos e condições, respeitadas as características e peculiaridades dos regimes jurídicos dos servidores públicos civis e dos militares, e, se necessário, considerando-se os seus paradigmas.

(...)

§ 6º Os valores apurados nos termos deste artigo poderão gerar efeitos financeiros a partir de 5 de outubro de 1988, considerando-se para início da retroatividade e da prescrição quinquenal a data do protocolo da petição ou requerimento inicial de anistia, de acordo com os arts. 1º e 4º do Decreto nº 20.910, de 6 de janeiro de 1932.

Assim, são imprescritíveis as ações de reintegração a cargo público decorrentes de perseguição, tortura e prisão, praticadas durante o regime militar, por motivos políticos, ficando, contudo, eventuais efeitos retroativos, sujeitos à prescrição quinquenal.

4.14. VPNI: INCORPORAÇÃO PELO SUBSÍDIO E INCIDÊNCIA DO TETO

TETO REMUNERATÓRIO

A CF/88 prevê, em seu art. 37, XI, o chamado "teto remuneratório", ou seja, o valor máximo que os agentes públicos podem receber no país. O objetivo do constituinte foi o de evitar que alguns agentes públicos recebessem os chamados "supersalários", que são incompatíveis com o serviço público.

Além de um teto geral (nacional), o dispositivo constitucional prevê limites específicos para o âmbito dos Estados e Municípios (chamados de subtetos).

O teto geral do serviço público no Brasil é o subsídio dos Ministros do STF que, atualmente, está em R$ 33.763,00 (bruto).

A quem se aplica o teto?

O teto é aplicado aos agentes públicos independentemente do tipo de vínculo: estatutário, celetista, temporário, comissionado, político.

O teto vale também para a Administração direta e indireta?

Agentes públicos da administração direta: SEMPRE

Agentes públicos das autarquias e fundações: SEMPRE

Empregados públicos das empresas públicas e sociedades de economia mista: o teto somente se aplica se a empresa pública ou a sociedade de economia mista receber recursos da União, dos Estados, do DF ou dos Municípios para pagamento de despesas de pessoal ou de custeio em geral (art. 37, § 9º).

Quais as parcelas incluídas nesse limite?

Regra: o teto abrange todas as espécies remuneratórias e todas as parcelas integrantes do valor total percebido, incluídas as vantagens pessoais ou quaisquer outras.

Exeções:

Estão fora do teto as seguintes verbas:

a. parcelas de caráter indenizatório previstas em lei (§ 11 do art. 37);

b. verbas que correspondam aos direitos sociais previstos no art. 7º c/c o art. 39, § 3º da CF/88, tais como 13º salário, 1/3 constitucional de férias etc. (Fernanda Marinela);

c. quantias recebidas pelo servidor a título de abono de permanência em serviço (§ 19 do art. 40);

d. remuneração em caso de acumulação legítima de cargos públicos. O STJ entende que se o servidor acumular dois cargos públicos nas hipóteses previstas na CF/88, a remuneração de cada cargo não poderá ser superior ao teto constitucional, sendo possível, no entanto, que a soma dos dois ultrapasse esse limite (STJ. 2ª T. AgRg no AgRg no RMS 33.100/DF, Min. Eliana Calmon, Segunda Turma, julgado em 07/05/2013). Ex.: se determinado Ministro do STF for também professor da UnB, ele irá receber seu subsídio integral como Ministro e mais a remuneração decorrente do magistério. Nesse caso, o teto seria considerado especificamente para cada cargo, sendo permitido que ele recebesse acima do limite previsto no art. 37, XI da CF, se considerarmos seus ganhos globais.

Obs.: esse quadro de exceções é a posição atualmente majoritária.

Os proventos recebidos pelo agente público aposentado também estão submetidos ao teto?

Sim. A redação do art. 37, XI, menciona expressamente os proventos.

O teto remuneratório existe desde quando?

A redação originária da CF/88 já previa a existência de um teto remuneratório, mas o dispositivo constitucional não era autoaplicável. Assim, na prática, o teto só foi implementado com a EC nº 41/2003. Confira a evolução histórica do tema:

- Redação original da CF/88: previa, no inciso XI do art. 37, que cada ente da Federação deveria editar sua própria lei fixando o teto remuneratório dos servidores públicos. Na prática, o teto não era exigido porque, segundo a jurisprudência, o inciso XI não era autoaplicável, já que dependia de lei para produzir todos seus efeitos.
- EC 19/98: alterou esse inciso estabelecendo que o teto remuneratório seria um só para todos os servidores públicos do país, sendo este limite o subsídio mensal dos Ministros do STF. Na prática, o teto continuava não sendo exigido porque ainda não havia lei.
- EC 41/2003: alterou novamente o inciso XI trazendo duas novidades importantes: 1) passou a admitir que os Estados e Municípios instituíssem subtetos estaduais e municipais; 2) previu que, mesmo sem lei regulamentando, o teto remuneratório deveria ser imediatamente aplicado, utilizando-se como limite o valor da remuneração recebida, na época, pelo Ministro do STF (art. 8º da EC 41/2003).
- EC 47/2005: acrescentou o § 11 ao art. 37 estabelecendo que estão fora do limite do teto as parcelas de caráter indenizatório previstas em lei.

Dessa forma, na prática, o teto passou a vigorar no Brasil a partir da EC nº 41/2003, que foi publicada em 31/12/2003. Isso porque, como vimos acima, essa Emenda afirmou expressamente que, enquanto não houvesse lei regulamentando o inciso XI, o valor do teto seria a remuneração do Ministro do STF na época.

O primeiro valor do teto remuneratório foi de R$ 19.115,19, remuneração do Ministro do STF naquele momento.

REMUNERAÇÃO DAS PESSOAS QUE RECEBIAM ACIMA DO TETO

Quando o teto foi finalmente implementado na prática (EC 41/2003), o que aconteceu com a remuneração das pessoas que recebiam acima do teto que foi instituído? Essas pessoas tiveram direito adquirido de continuar recebendo acima do teto?

NÃO. O art. 9º da EC nº 41/2003 determinou que quaisquer remunerações ou proventos que estivessem sendo recebidos acima do teto deveriam ser imediatamente reduzidos ao limite fixado, não podendo a pessoa invocar direito adquirido.

Assim, em 01/01/2004, se o servidor público tinha uma remuneração de R$ 25.000,00, por exemplo, passou a receber apenas R$ 19.115,19.

Obviamente, tal situação gerou reação das pessoas prejudicadas, que recorreram ao Poder Judiciário questionando a constitucionalidade dessa previsão. O que decidiu o STF? Era possível aplicar imediatamente o teto previsto na EC nº 41/2003, reduzindo a remuneração de quem ganhava acima desse valor?

SIM. O STF decidiu, em sede de repercussão geral, que o teto fixado pela EC nº 41/2003 é de eficácia imediata e todas as verbas de natureza remuneratória recebidas pelos servidores públicos da União, dos Estados, do Distrito Federal e dos Municípios devem se submeter a ele, ainda que adquiridas de acordo com regime legal anterior.

A aplicação imediata da EC nº 41/2003 e a redução das remunerações acima do teto não afrontou o princípio da irredutibilidade nem violou a garantia do direito adquirido.

Em outras palavras, com a EC nº 41/2003, quem recebia acima do teto fixado teve a sua remuneração reduzida para respeitar o teto. Essa redução foi legítima.

STF. Plenário. RE 609381/GO, Rel. Min. Teori Zavascki, julgado em 2/10/2014 (Info 761).

Mas isso não viola o princípio da irredutibilidade da remuneração/proventos?

NÃO. Segundo o STF, a garantia da irredutibilidade de remuneração/proventos não impede a aplicação imediata do teto. Isso porque o próprio texto constitucional, ao tratar sobre o princípio da irredutibilidade, ressalva expressamente o inciso XI do art. 37, deixando claro que é possível a redução da remuneração/proventos para aplicação do teto. Nesse sentido, confira o art. 37, XV, art. 95, III e art. 128, § 5º, I, "c".

Nas palavras do Min. Teori Zavascki, ao condicionar a fruição da garantia de irredutibilidade de vencimentos à observância do teto (art. 37, XI, da CF/88), a literalidade dos citados dispositivos constitucionais deixa fora de dúvida que o respeito ao teto representa verdadeira condição de legitimidade para o pagamento das remunerações no serviço público.

Não há violação ao direito adquirido e ao ato jurídico perfeito?

NÃO. O art. 5º, XXXVI ("a lei não prejudicará o direito adquirido, o ato jurídico perfeito e a coisa julgada"), também não pode ser invocado para excepcionar a imposição do teto.

Segundo o STF, a cláusula da irredutibilidade somente pode ser invocada se a remuneração que estava sendo recebida pelo servidor estava em conformidade com a CF/88. Desse modo, os vencimentos acima do teto constitucional, ainda que com o beneplácito de disciplinas normativas anteriores, não estão amparados pela regra da irredutibilidade.

O pagamento de remunerações superiores ao teto, além de se contrapor aos princípios da moralidade, da transparência e da austeridade na administração dos gastos com custeio, representa gravíssima quebra da coerência hierárquica essencial à organização do serviço público.

O Min. Zavascki lembrou, por fim, que o fato de o art. 9º da EC 41/2003 ser objeto de ação direta de inconstitucionalidade ainda pendente de apreciação, não impediria, contudo, que o STF fizesse impor a força normativa do próprio art. 37, XI, da CF, cujo enunciado seria suficiente para coibir situações inconstitucionais de remuneração excessiva.

VANTAGENS PESSOAIS TIVERAM QUE FICAR DENTRO DO TETO?

Mesmo após a decisão do STF no RE 609381/GO, alguns servidores continuavam tentando excluir do teto as vantagens pessoais que haviam adquirido antes da EC 41/2003 (que implementou, na prática, o teto no funcionalismo). Argumentavam que a garantia da irredutibilidade de vencimentos, modalidade qualificada de direito adquirido, impediria que as vantagens percebidas antes da vigência da EC 41/2003 fossem por ela alcançadas. O STF acolheu esse argumento? As vantagens pessoais anteriores à EC 41/2003 estão fora do teto?

NÃO. Computam-se, para efeito de observância do teto remuneratório do art. 37, XI, da CF/88, também os valores percebidos pelo servidor público anteriormente à vigência da EC 41/2003 a título de vantagens pessoais.

O art. 37, XI, da CF/88, na redação da EC 41/2003, é expresso ao incluir as vantagens pessoais ou de qualquer outra natureza para fins de limitação dos ganhos ao teto remuneratório do serviço público.

A EC 41/2013 não violou a cláusula do direito adquirido, porque o postulado da irredutibilidade de vencimentos, desde sua redação original, já indicava que deveria ser respeitado o teto remuneratório (art. 37, XI, da CF/88).

Em outras palavras, a Constituição assegurou a irredutibilidade, mas no mesmo dispositivo já mencionou que deveria ser respeitado o teto remuneratório.

Assim, a Constituição não só autoriza, como exige, o cômputo, para efeito de incidência do teto, de adicionais por tempo de serviço, sexta parte, prêmio de produtividade e gratificações, ainda que qualificados como vantagens de natureza pessoal percebidas antes do advento da EC 41/2003.

STF. Plenário. RE 606358/SP, Rel. Min. Rosa Weber, julgado em 18/11/2015 (repercussão geral) (Info 808).

E os servidores que receberam vantagens pessoais acima do teto antes dessa decisão do STF deverão devolver os valores? A Administração Pública poderá ingressar com ações cobrando o ressarcimento dessas quantias recebidas acima do teto a título de vantagens pessoais?

NÃO. O STF afirmou que os servidores não estão obrigados a restituir os valores eventualmente recebidos em excesso e de boa-fé até o dia 18/11/2015 (data da decisão do STF).

Em todos os julgamentos de recursos extraordinários com repercussão geral reconhecida o STF elabora uma frase que resume a tese adotada pelo Tribunal. A tese fixada pela Corte neste caso foi a seguinte:

Computam-se para efeito de observância do teto remuneratório do artigo 37, XI, da Constituição da República, também os valores percebidos anteriormente à vigência da EC 41/2003 a título de vantagens pessoais pelo servidor público, dispensada a restituição de valores eventualmente recebidos em excesso e de boa-fé até o dia 18/11/2015.

STF. Plenário. RE 606358/SP, Rel. Min. Rosa Weber, julgado em 18/11/2015 (repercussão geral) (Info 808).

VPNI

A Vantagem Pessoal Nominalmente Identificável (VPNI) era uma vantagem de caráter pessoal que era paga a determinados servidores que tinham direito aos antigos quintos/décimos. Ela foi extinta.

Ocorre que as pessoas que recebiam a VPNI pretendiam continuar recebendo a quantia indefinidamente e, inclusive, acima do teto, sob o argumento de que foram adquiridas antes de o teto ser instituído e, portanto, constituiriam direito adquirido.

Essa tese não foi acolhida pela jurisprudência, que entende que a verba que antes era paga a título de VPNI:

- deve ser absorvida pelo subsídio (o servidor que recebe subsídio não tem direito a outras parcelas remuneratórias mensais);
- deve estar sujeita ao teto, considerando que as vantagens de caráter pessoal não devem ultrapassar o teto).

O direito à percepção de VPNI não impede a sua eventual absorção pelo subsídio e, do mesmo modo, não inviabiliza a aplicação do teto constitucional, que inclui a vantagem de caráter pessoal no cômputo da remuneração do servidor para observância do teto.

STJ. 1ª Turma. RMS 33.744-DF, Rel. Min. Benedito Gonçalves, julgado em 05/04/2018 (Info 624).

5. DESAPROPRIAÇÃO

5.1. ANÁLISE DA CONSTITUCIONALIDADE DA MP 2.183-56/2001, QUE ALTEROU O DL 3.365/41

NOÇÕES GERAIS SOBRE DESAPROPRIAÇÃO

Em que consiste?

Desapropriação é:

- o procedimento administrativo
- pelo qual o Poder Público transfere para si,
- compulsoriamente,
- a propriedade de bem pertencente a terceiro,
- por razões de utilidade pública,
- de necessidade pública, ou
- de interesse social,
- pagando, por isso, indenização prévia, justa e, como regra, em dinheiro.

Trata-se de forma originária de aquisição de propriedade, porque não provém de nenhum título anterior.

Ação de desapropriação

Trata-se de ação proposta pelo Poder Público contra o expropriado que não concordou com o valor oferecido como indenização pela desapropriação de seu bem.

Na petição inicial deve constar o valor da indenização oferecida ao expropriado.

Perícia

O juiz, quando recebe a Inicial, já determina a realização da prova pericial sobre o bem.

Contestação

A contestação somente poderá versar sobre:

- vício do processo judicial (questões processuais);
- impugnação do preço (valor da indenização).

Imissão provisória na posse

Em regra, a posse do Poder Público sobre o bem somente ocorre quando tiver terminado o processo de desapropriação e paga a indenização.

No entanto, o juiz pode determinar a imissão provisória na posse, ou seja, que o Poder Público fique com a posse do bem mesmo antes do processo chegar ao fim.

Requisitos para a imissão provisória

Para a imissão provisória na posse são necessários dois requisitos:

- urgência da medida;
- depósito do valor do bem, segundo critérios definidos na lei.

Cumpridos os requisitos acima, é direito subjetivo do expropriante a imissão provisória.

Decisão concessiva de imissão provisória na posse e aquisição da propriedade pelo expropriante

Veja recente mudança operada no DL 3.365/41 pela Lei nº 13.465/2017:

> § Art. 34-A. Se houver concordância, reduzida a termo, do expropriado, a decisão concessiva da imissão provisória na posse implicará a aquisição da propriedade pelo expropriante com o consequente registro da propriedade na matrícula do imóvel.
>
> § 1º A concordância escrita do expropriado não implica renúncia ao seu direito de questionar o preço ofertado em juízo.
>
> § 2º Na hipótese deste artigo, o expropriado poderá levantar 100% (cem por cento) do depósito de que trata o art. 33 deste Decreto-Lei.
>
> § 3º Do valor a ser levantado pelo expropriado devem ser deduzidos os valores dispostos nos §§ 1º e 2º do art. 32 deste Decreto-Lei, bem como, a critério do juiz, aqueles tidos como necessários para o custeio das despesas processuais.

Sentença

O juiz, com base no laudo pericial, fixará na sentença o valor da justa indenização.

A sentença que julga a desapropriação gera os seguintes efeitos:

- autoriza a imissão definitiva na posse;
- constitui título hábil para o registro da propriedade do bem no Registro de Imóveis. Vale ressaltar que o momento da aquisição da propriedade é a data em que se efetiva o pagamento do preço.

Valor da indenização

O Decreto-Lei nº 3.365/41 determina que o valor da indenização será calculado com base no preço do imóvel no momento da perícia (avaliação). Veja:

> § Art. 26. No valor da indenização, que será contemporâneo da avaliação, não se incluirão os direitos de terceiros contra o expropriado.

Decreto-Lei nº 3.365/41 e MP 2.183-56/2001

O DL 3.365/41 trata sobre desapropriação por utilidade pública.

A MP 2.183-56/2001 promoveu diversas alterações no DL 3.365/41.

Destaco aqui duas mudanças feitas pela MP 2.183-56/2001 no DL 3.365/41:

- acrescentou o art. 15-A;
- modificou a redação do § 1º do art. 27.

O Conselho Federal da OAB ajuizou ADI contra essas duas modificações acima mencionadas (ADI 2332).

Vamos analisar aqui o que o STF decidiu.

PERCENTUAL DE JUROS COMPENSATÓRIOS

Juros compensatórios na desapropriação

Vimos acima que o juiz pode autorizar que, antes de a ação de desapropriação chegar ao fim, o Poder Público já assuma a posse do bem desapropriado. A isso se chama de imissão provisória na posse.

Ocorre que, se o valor da indenização fixada na sentença for maior do que a quantia oferecida pelo Poder Público, isso significa que o proprietário do bem estava certo ao questionar esse valor e que ele foi "injustamente" retirado prematuramente da posse de seu bem. Digo "injustamente" porque o valor oferecido era menor realmente do que o preço devido.

Assim, a legislação, como forma de *compensar* essa perda antecipada do bem, prevê que o expropriante deverá pagar juros *compensatórios* ao expropriado.

Desse modo, os juros compensatórios na desapropriação são aqueles fixados com o objetivo de compensar o proprietário em razão da ocorrência de imissão provisória na posse.

Qual é o termo inicial dos juros compensatórios?

Na desapropriação direta, os juros compensatórios são contados desde a data de imissão na posse.

Na desapropriação indireta, os juros compensatórios incidem a partir da ocupação, calculados sobre o valor da indenização, corrigido monetariamente (súmula 114-STJ).

Qual é a taxa dos juros compensatórios?

É importante, no entanto, fazermos um breve histórico sobre o tema:

- 1941: na redação original do DL 3.365/41 não havia previsão do pagamento de juros compensatórios nos casos de imissão provisória na posse do bem expropriado;

- 1963: o STF, por criação jurisprudencial, entende que devem ser pagos juros compensatórios e edita a Súmula 164 com a seguinte redação: "No processo de desapropriação, são devidos juros compensatórios desde a antecipada imissão de posse, ordenada pelo juiz, por motivo de urgência.". Como não havia um percentual previsto no DL 3.365/41, a jurisprudência entendeu àquela época que o percentual dos juros compensatórios deveria ser fixado em 6% ao ano, com base no Código Civil de 1916.

- 1984: o Brasil vivia um cenário de inflação crônica com a perda do poder aquisitivo da moeda sem que existissem mecanismos de correção monetária. Tudo isso, aliado à excessiva demora dos processos de desapropriação, bem como a disposição da Lei da Usura que limita a taxa de juros ao dobro da legalmente prevista, levaram o STF a modificar a jurisprudência e passar a entender que os juros deveriam ser fixados em 12% ao ano, correspondente ao dobro dos juros legais do Código Civil de 1916. Foi, então, editada a Súmula 618, com a seguinte redação: "Na desapropriação, direta ou indireta, a taxa dos juros compensatórios é de 12% (doze por cento) ao ano."

- 1997 (11/06/1997): o Governo editou a MP 1.577/1997 reduzindo os juros compensatórios para 6% ao ano. Nas sucessivas edições da Medida Provisória até chegar à MP 2.183-56, a redação foi alterada para estabelecer a taxa em "até 6%", além do ônus do proprietário de provar a perda da renda sobre o imóvel como condição para o deferimento do pagamento dos juros compensatórios e afastar o pagamento quando o grau de utilização e eficiência na exploração da propriedade forem iguais a zero.

- 2001: o STF concedeu medida liminar nesta ADI 2332/DF declarando inconstitucional a redução dos juros para 6% e determinando a volta da taxa fixa para 12%. A decisão do STF foi publicada em 13/09/2001. Vale ressaltar, no entanto, que essa decisão do STF foi ex nunc (para frente). Assim, a MP 1.577/97 produziu efeitos no período de 11/06/1997 a 13/09/2001. Neste período, a taxa de juros foi de 6%, voltando a 12% após a decisão liminar do STF na ADI 2332/DF. Na mesma decisão foi suspensa a eficácia dos §§ 1º e 2º do art. 15-A, que tratam das condicionantes para incidência de juros compensatórios (comprovação de perda de renda e grau de utilização).

Qual foi o novo "capítulo" desse enredo?

O STF julgou o mérito da ADI 2332/DF e resolveu alterar a decisão liminar que havia tomado em 2001.

Agora, em 2018, o STF, ao julgar em definitivo a ADI 2332/DF, decidiu que é constitucional o percentual **fixo** de 6% previsto no art. 15-A do DL 3.365/41. Veja a redação do dispositivo:

> § Art. 15-A No caso de imissão prévia na posse, na desapropriação por necessidade ou utilidade pública e interesse social, inclusive para fins de reforma agrária, havendo divergência entre o preço ofertado em juízo e o valor do bem, fixado na sentença, expressos em termos reais, incidirão juros compensatórios de até seis por cento ao ano sobre o valor da diferença eventualmente apurada, a contar da imissão na posse, vedado o cálculo de juros compostos. (Incluído pela MP 2.183-56, de 2001)

Assim, o Plenário do STF reconheceu a constitucionalidade do percentual de juros compensatórios de 6% ao ano para remuneração do proprietário pela imissão provisória do ente público na posse de seu bem.

Com essa decisão estão superadas as Súmulas 618 do STF e 408 do STJ:

> Súmula 618-STF: ~~Na desapropriação, direta ou indireta, a taxa dos juros compensatórios é de 12% (doze por cento) ao ano~~.

> Súmula 408-STJ: ~~Nas ações de desapropriação, os juros compensatórios incidentes após a Medida Provisória 1.577 de 11/06/1997 devem ser fixados em 6% ao ano até 13/09/2001 e a partir de então, em 12% ao ano, na forma da Súmula 618 do Supremo Tribunal Federal~~.

Resumindo:

Período aproximado	Taxa de juros compensatórios	Fundamento
De 1941 até 1963	Não havia	Ausência de previsão no DL
De 1963 até 1984	6% ao ano (0,5% ao mês)	Súmula 164-STF e CC-1916
De 1984 até 10/06/97	12% (1% ao mês)	Súmula 618-STF
De 11/06/1997 a 13/09/2001	6% (0,5% ao mês)	MP 1.577/97 reeditada sucessivas vezes até a MP 2.183-56.
De 14/09/2001 a 28/05/2018	12% (1% ao mês)	Decisão liminar na ADI 2332 e Súmula 408-STJ
A partir de 28/05/2018*	6% (0,5% ao mês)	Decisão final na ADI 2332 e art. 15-A do DL 3.365/41

* considerando que haja modulação dos efeitos e que a decisão final na ADI 2332 não tenha efeitos *ex tunc*.

PERCENTUAL DE JUROS COMPENSATÓRIOS

O STF declarou inconstitucional o vocábulo "até" utilizado no art. 15-A do DL 3.365/41:

> § Art. 15-A No caso de imissão prévia na posse, na desapropriação por necessidade ou utilidade pública e interesse social, inclusive para fins de reforma agrária, havendo divergên-

cia entre o preço ofertado em juízo e o valor do bem, fixado na sentença, expressos em termos reais, incidirão juros compensatórios de ATÉ seis por cento ao ano sobre o valor da diferença eventualmente apurada, a contar da imissão na posse, vedado o cálculo de juros compostos. (Incluído pela MP 2.183-56, de 2001)

A utilização do termo "até" para a fixação da taxa de juros a ser aplicada nos casos de imissão provisória na posse cria insegurança jurídica e institui regime de discricionariedade injustificado. Isso porque não faz sentido a taxa de juros ser variável sem qualquer justificativa lógica. Isso viola a determinação do texto constitucional de que o expropriado deverá receber justa indenização.

JUROS INCIDEM SOBRE A DIFERENÇA ENTRE 80% DO PREÇO OFERTADO EM JUÍZO E O VALOR DO BEM FIXADO NA SENTENÇA

O STF decidiu interpretar conforme a Constituição o caput do art. 15-A do DL 3.365/41 de modo a entender que a base de cálculo dos juros compensatórios será a diferença eventualmente apurada entre 80% do preço ofertado em juízo e o valor do bem fixado na sentença. Isso para que não se reste vulnerado o princípio constitucional do prévio e justo preço.

Veja um exemplo para entender melhor o tema:

O Estado ajuizou ação de desapropriação contra João oferecendo R$ 100 mil pelo imóvel.

O art. 33, § 2º do DL autoriza que o proprietário, mesmo que discorde do valor, levante (saque) 80% da quantia oferecida, o que foi feito por João.

O juiz deferiu a imissão provisória na posse.

Ao final, após a perícia, o juiz fixou em R$ 300 mil o valor da indenização a ser paga ao proprietário (valor real do imóvel).

Pela interpretação literal do art. 15-A, os 6% de juros compensatórios deveriam incidir sobre a diferença entre o valor fixado na sentença (300) e o preço ofertado em juízo (100). Assim, os juros compensatórios seriam 6% de 200 (6% de 300-100). Veja a redação do dispositivo:

> Art. 15-A No caso de imissão prévia na posse, na desapropriação por necessidade ou utilidade pública e interesse social, inclusive para fins de reforma agrária, havendo divergência entre o preço ofertado em juízo e o valor do bem, fixado na sentença, expressos em termos reais, incidirão juros compensatórios de até seis por cento ao ano sobre o valor da diferença eventualmente apurada, a contar da imissão na posse, vedado o cálculo de juros compostos. (Incluído pela MP 2.183-56, de 2001)

O STF afirmou que deve ser dada uma interpretação conforme a esse dispositivo. Assim, a taxa de juros (6%) deve incidir sobre a diferença entre o valor fixado na sentença (300) e 80% do preço oferecido pelo Poder Público (em nosso exemplo, 80% de 100 = 80). Assim, segundo o STF, os juros compensatórios seriam 6% de 220 (6% de 300-80).

Repare que a determinação do STF protege o proprietário do bem desapropriado e tem por base o seguinte raciocínio: ora, o proprietário só poderá levantar 80% do preço oferecido. É esse valor que ele ficará consigo antes de o processo terminar. Logo, se a sentença afirma que o bem vale mais que isso, significa que ele (proprietário) ficou durante todo o processo injustamente privado dessa quantia. Dessa forma, os juros compensatórios devem incidir sobre essa diferença.

CONSTITUCIONALIDADE DOS §§ 1º E 2º DO ART. 15-A DO DL 3.365/41

Os §§ 1º e 2º do art. 15-A do DL 3.365/41 preveem o seguinte:

> § Art. 15-A (...)

> § 1º Os juros compensatórios destinam-se, apenas, a compensar a perda de renda comprovadamente sofrida pelo proprietário. (Incluído pela MP 2.183-56, de 2001)
>
> § 2º Não serão devidos juros compensatórios quando o imóvel possuir graus de utilização da terra e de eficiência na exploração iguais a zero. (Incluído pela MP 2.183-56, de 2001)

Ao apreciar a medida liminar, em 2001, o STF havia considerado que esses dispositivos seriam inconstitucionais. O argumento utilizado, na época, foi o de que os juros compensatórios seriam devidos mesmo que o imóvel não gerasse renda. Isso porque o proprietário estaria sendo indenizado por ter ficado sem seu bem.

Agora, em 2018, ao apreciar o mérito da ação, o STF mudou de entendimento e decidiu que os §§ 1º e 2º do art. 15-A do DL 3.365/41 são CONSTITUCIONAIS.

Prevaleceu o voto do Min. Alexandre de Moraes, que afirmou que tais dispositivos não violam o direito de propriedade nem vulneram o caráter justo da indenização. Isso porque é correto dizer que os juros compensatórios destinam-se a compensar tão somente a perda de renda comprovadamente sofrida pelo proprietário.

A perda da propriedade é compensada pelo valor principal, pela correção monetária e pelos juros moratórios. Em suma, os juros compensatórios não têm a função de indenizar o valor da propriedade em si, senão o de compensar a perda da renda decorrente da privação da posse e da exploração econômica do bem entre a data da imissão na posse pelo poder público e transferência compulsória ao patrimônio público, que ocorre com o pagamento do preço fixado na sentença.

Em suma, os dispositivos impugnados são constitucionais e condicionam a condenação do Poder Público ao pagamento aos juros compensatórios aos seguintes requisitos:

a. ter ocorrido imissão provisória na posse do imóvel;

b. a comprovação pelo proprietário da perda da renda sofrida pela privação da posse;

c. o imóvel possuir graus de utilização da terra e de eficiência na exploração superiores a zero.

INCONSTITUCIONALIDADE DO § 4º DO ART. 15-A DO DL 3.365/41

O § 4º do art. 15-A do DL 3.365/41 possui a seguinte redação:

> §
>
> Art. 15-A (...)
>
> § 3º O disposto no caput deste artigo aplica-se também às ações ordinárias de indenização por apossamento administrativo ou desapropriação indireta, bem assim às ações que visem a indenização por restrições decorrentes de atos do Poder Público, em especial aqueles destinados à proteção ambiental, incidindo os juros sobre o valor fixado na sentença. (Incluído pela MP 2.183-56, de 2001)
>
> § 4º Nas ações referidas no § 3º, não será o Poder Público onerado por juros compensatórios relativos a período anterior à aquisição da propriedade ou posse titulada pelo autor da ação. (Incluído pela MP 2.183-56, de 2001)

O § 3º trata das seguintes ações:

- Ações ordinárias de indenização por apossamento administrativo ou desapropriação indireta;
- Ações que visem a indenização por restrições decorrentes de atos do Poder Público, em especial aqueles destinados à proteção ambiental.

Esse § 3º é constitucional porque tais ações devem receber o mesmo tratamento da desapropriação no que tange aos juros. Assim, se o Poder Público realizar o apossamento administrativo, sem acordo administrativo ou processo judicial, os juros compensatórios são devidos, com as mesmas condicionantes dos §§ 1º e 2º, a contar da data do esbulho (imissão na posse).

Por outro lado, o STF entendeu que o § 4º é INCONSTITUCIONAL. Isso porque ele exclui indevidamente o direito aos juros compensatórios, violando a exigência constitucional de justa indenização (art. 5º, XXIV) e o direito fundamental de propriedade (art. 5º, XXII). Como já dito, tais ações devem receber o mesmo tratamento da desapropriação no que tange aos juros.

REGRAS SOBRE HONORÁRIOS FIXADAS NO § 1º DO ART. 27 DO DL 3.365/41

O § 1º do art. 27 do DL 3.365/41 previu a seguinte regra envolvendo honorários advocatícios na desapropriação:

§

Art. 27 (...)

§ 1º A sentença que fixar o valor da indenização quando este for superior ao preço oferecido condenará o desapropriante a pagar honorários do advogado, que serão fixados entre meio e cinco por cento do valor da diferença, observado o disposto no § 4º do art. 20 do Código de Processo Civil, não podendo os honorários ultrapassar R$ 151.000,00 (cento e cinquenta e um mil reais). (Redação dada MP 2.183-56, de 2001) *Obs: a referência é ainda ao CPC/1973.*

Dessa forma, o § 1º do art. 27 prevê a condenação do ente desapropriante em um percentual de honorários que varia de 0,5% a 5%, sobre a diferença do valor oferecido pelo Poder Público e aquele estabelecido na sentença da ação de desapropriação.

O STF afirmou que é constitucional essa previsão de parâmetros mínimo (0,5%) e máximo (5%) para a concessão de honorários advocatícios. Nas ações de desapropriação direta ou indireta, embora a Fazenda Pública seja parte no processo, não terá aplicação o escalonamento previsto art. 85, § 6º, do CPC no que tange aos honorários advocatícios. Vale a regra da especialidade, cabendo ao juiz fixar nessas ações honorários no percentual entre 0,5% e 5%.

Por outro lado, o STF considerou que é inconstitucional a expressão "não podendo os honorários ultrapassar R$ 151.000,00 (cento e cinquenta e um mil reais)". Isso porque limitar os honorários em um determinado valor fixo (que não seja um percentual) viola o princípio da proporcionalidade e acaba refletindo no justo preço da indenização que o expropriado deve receber (art. 5º, XXIV, da CF/88). Influencia no preço da indenização porque se o advogado do expropriado não for remunerado corretamente pelo ente expropriante, ele acabará exigindo essa diferença do seu cliente, reduzindo o valor que o expropriado teria para receber.

Desse modo, com base na decisão do STF, o art. 27, § 1º deve ser lido agora assim:

"A sentença que fixar o valor da indenização quando este for superior ao preço oferecido condenará o desapropriante a pagar honorários do advogado, que serão fixados entre meio e cinco por cento do valor da diferença."

Resumo das conclusões do STF:

1) em relação ao "caput" do art. 15-A do DL 3.365/41:

1.a) reconheceu a constitucionalidade do percentual de juros compensatórios no patamar fixo de 6% ao ano para remuneração do proprietário pela imissão provisória do ente público na posse de seu bem;

1.b) declarou a inconstitucionalidade do vocábulo "até";

1.c) deu interpretação conforme a Constituição ao "caput" do art. 15-A, de maneira a incidir juros compensatórios sobre a diferença entre 80% do preço ofertado em juízo pelo ente público e o valor do bem fixado na sentença;

2) declarou a constitucionalidade do § 1º do art. 15-A, que condiciona o pagamento dos juros compensatórios à comprovação da "perda da renda comprovadamente sofrida pelo proprietário";

3) declarou a constitucionalidade do § 2º do art. 15-A, afastando o pagamento de juros compensatórios quando o imóvel possuir graus de utilização da terra e de eficiência iguais a zero;

3) declarou a constitucionalidade do § 3º do art. 15-A, estendendo as regras e restrições de pagamento dos juros compensatórios à desapropriação indireta.

4) declarou a inconstitucionalidade do § 4º do art. 15-A;

5) declarou a constitucionalidade da estipulação de parâmetros mínimo (0,5%) e máximo (5%) para a concessão de honorários advocatícios e a inconstitucionalidade da expressão "não podendo os honorários ultrapassar R$ 151.000,00 (cento e cinquenta e um mil reais)" prevista no § 1º do art. 27.

STF. Plenário. ADI 2332/DF, Rel. Min. Roberto Barroso, julgado em 17/5/2018 (Info 902).

Se quiser anotar as conclusões em seu Vademecum, faça as seguintes observações. As partes riscadas foram declaradas inconstitucionais e as sombreadas são dispositivos constitucionais:

§ Art. 15-A No caso de imissão prévia na posse, na desapropriação por necessidade ou utilidade pública e interesse social, inclusive para fins de reforma agrária, havendo divergência entre o preço ofertado em juízo e o valor do bem, fixado na sentença, expressos em termos reais, incidirão juros compensatórios de ~~até~~ seis por cento ao ano sobre o valor da diferença* eventualmente apurada, a contar da imissão na posse, vedado o cálculo de juros compostos. **Obs: diferença entre 80% do preço ofertado em juízo pelo ente público e o valor do bem fixado na sentença.*

§ 1º Os juros compensatórios destinam-se, apenas, a compensar a perda de renda comprovadamente sofrida pelo proprietário.

§ 2º Não serão devidos juros compensatórios quando o imóvel possuir graus de utilização da terra e de eficiência na exploração iguais a zero.

§ 3º O disposto no caput deste artigo aplica-se também às ações ordinárias de indenização por apossamento administrativo ou desapropriação indireta, bem assim às ações que visem a indenização por restrições decorrentes de atos do Poder Público, em especial aqueles destinados à proteção ambiental, incidindo os juros sobre o valor fixado na sentença.

~~§ 4º Nas ações referidas no § 3º, não será o Poder Público onerado por juros compensatórios relativos a período anterior à aquisição da propriedade ou posse titulada pelo autor da ação~~.

§ Art. 27 (...)

§ 1º A sentença que fixar o valor da indenização quando este for superior ao preço oferecido condenará o desapropriante a pagar honorários do advogado, que serão fixados entre meio e cinco por cento do valor da diferença, observado o disposto no § 4º do art. 20 do Código de Processo Civil, ~~não podendo os honorários ultrapassar R$ 151.000,00 (cento e cinquenta e um mil reais)~~. (Redação dada MP 2.183-56, de 2001) *Obs: a referência é ainda ao CPC/1973.*

Modulação dos efeitos

O advogado da OAB, ao fim do julgamento, suscitou a modulação dos efeitos dessa decisão. Isso porque houve uma mudança de entendimento do STF. A Presidente do STF, contudo, afirmou que esse tema deveria ser requerido em embargos de declaração e que seria oportunamente apreciado.

Desse modo, é possível (e até provável) que haja uma modulação dos efeitos e que alguns marcos temporais acima explicados ainda sejam modificados.

5.2. NÃO CABIMENTO DE RESTITUIÇÃO PELO EXPROPRIADO DOS HONORÁRIOS PERICIAIS

Imagine a seguinte situação hipotética:

Antônio possuía um imóvel rural.

A União entendeu que o referido imóvel rural não estava cumprindo a sua função social e que deveria ser desapropriado por interesse social, para fins de reforma agrária, nos termos do art. 184 da CF/88.

Procedimento da LC 76/93

O procedimento judicial da desapropriação de imóvel rural, por interesse social, para fins de reforma agrária, deverá obedecer ao contraditório especial, de rito sumário, previsto na LC 76/93.

Decreto declarando o imóvel de interesse social

A desapropriação por interesse social para fins de reforma agrária é de competência privativa da União e será precedida de decreto declarando o imóvel de interesse social, para fins de reforma agrária (art. 2º da LC 76/93).

Ação de desapropriação

Em seguida, o órgão federal executor da reforma agrária (atualmente, o INCRA) deverá propor ação de desapropriação, que será processada e julgada na Justiça Federal.

Contestação

A contestação apresentada pelo proprietário deve ser oferecida no prazo de 15 dias e versar matéria de interesse da defesa, excluída a apreciação quanto ao interesse social declarado.

Perícia

Recebida a contestação, o juiz, se for o caso, determinará a realização de prova pericial.

As partes (INCRA e expropriado), assim como também o MPF, podem indicar assistentes técnicos para acompanharam o trabalho do perito.

Sentença

O juiz proferirá sentença na audiência de instrução e julgamento ou nos 30 dias subsequentes, indicando os fatos que motivaram o seu convencimento.

Ao fixar o valor da indenização, o juiz considerará, além dos laudos periciais, outros meios objetivos de convencimento, inclusive a pesquisa de mercado.

O valor da indenização corresponderá ao valor apurado na data da perícia, ou ao consignado pelo juiz, corrigido monetariamente até a data de seu efetivo pagamento.

Na sentença, o juiz individualizará o valor do imóvel, de suas benfeitorias e dos demais componentes do valor da indenização.

Despesas judiciais, honorários do advogado e do perito

Veja o que diz o art. 19 da LC 76/93 sobre a responsabilidade pelas despesas judiciais, honorários do advogado e do perito:

> § Art. 19. As despesas judiciais e os honorários do advogado e do perito constituem encargos do sucumbente, assim entendido o expropriado, se o valor da indenização for igual ou inferior ao preço oferecido, ou o expropriante, na hipótese de valor superior ao preço oferecido.
>
> § 1º Os honorários do advogado do expropriado serão fixados em até vinte por cento sobre a diferença entre o preço oferecido e o valor da indenização.
>
> § 2º Os honorários periciais serão pagos em valor fixo, estabelecido pelo juiz, atendida à complexidade do trabalho desenvolvido.

Suponhamos que o expropriado foi sucumbente, ou seja, a indenização foi fixada pelo juiz em valor inferior ao oferecido pelo INCRA. Neste caso, ele terá que pagar honorários periciais aos assistentes técnicos do INCRA e do MPF?

NÃO.

> **Nas ações de desapropriação por interesse social para fins de reforma agrária descabe a restituição, pelo expropriado sucumbente de honorários periciais aos assistentes técnicos do INCRA e do MPF.**
>
> STJ. 1ª Turma. REsp 1.306.051-MA, Rel. Min. Napoleão Nunes Maia Filho, julgado em 08/05/2018 (Info 626).

Os assistentes técnicos do INCRA e do MPF são servidores de carreira das instituições. Não foram, portanto, contratados de maneira particular para a realização do acompanhamento deste trabalho pericial. Logo, o expropriado não deverá pagar qualquer valor a este título.

Assim, sendo os assistentes técnicos servidores de carreira da Administração Pública ou do MP, não é devido o pagamento de honorários periciais pelo expropriado sucumbente, considerando que tais profissionais recebem remuneração por esse serviço em razão do cargo que ocupam.

6. PROCESSO ADMINISTRATIVO DISCIPLINAR

6.1. DENÚNCIA ANÔNIMA

> **Súmula 611-STJ: Desde que devidamente motivada e com amparo em investigação ou sindicância, é permitida a instauração de processo administrativo disciplinar com base em denúncia anônima, em face do poder-dever de autotutela imposto à Administração.**
>
> STJ. 1ª Seção. Aprovada em 09/05/2018, DJe 14/05/2018.

O que é a chamada "denúncia anônima"?

Denúncia anônima ocorre quando alguém, sem se identificar, relata para as autoridades que determinada pessoa praticou uma infração, um ilícito.

Essa "denúncia anônima" pode relatar a ocorrência de crimes e/ou de infrações administrativas.

Ex1: uma pessoa liga para a polícia e avisa que em determinado local está ocorrendo o comércio ilegal de drogas (denúncia anônima de um crime).

Ex2: uma pessoa envia mensagem para a ouvidoria do órgão público, sem se identificar, relatando que o servidor João não trata os usuários do serviço com urbanidade e gentileza (trata-se de uma denúncia anônima envolvendo a prática de uma infração administrativa).

Ex3: um indivíduo envia mensagem para a corregedoria do Fisco, sem se identificar, narrando um episódio no qual o Fiscal exigiu vantagem ilícita para não fazer o lançamento tributário (neste caso, teremos uma denúncia anônima revelando uma infração administrativa que também configura crime).

É possível instaurar processo administrativo disciplinar com base em "denúncia anônima"?

SIM, mas a jurisprudência afirma que, antes, a autoridade deverá realizar uma investigação preliminar ou sindicância para averiguar o conteúdo e confirmar se a "denúncia anônima" possui um mínimo de plausibilidade.

Anonimato x Princípios da administração pública

A Constituição Federal assegura a livre manifestação do pensamento, mas proíbe o anonimato (art. 5º, IV). Por essa razão, algumas pessoas defendiam a ideia de que a denúncia anônima seria proibida.

Os Tribunais Superiores, contudo, não concordaram com essa tese. Isso porque existem outros valores constitucionais que devem ser ponderados, ou seja, devem também ser levados em consideração, não se podendo ter essa regra do art. 5º, IV, como absoluta.

O art. 37, caput, da CF/88 determina que a Administração Pública deverá obedecer aos princípios da legalidade, da impessoalidade e da moralidade. Dessa forma, tais princípios exigem que o administrador público, ao ser informado de uma possível infração administrativa, tome providências.

Essas providências devem ser adotadas porque a Administração Pública está submetida ao poder-dever da autotutela.

A autotutela obriga que o administrador público corrija, mesmo de ofício, atos ilegais que estejam sendo praticados no âmbito da administração pública.

Logo, mesmo a informação tendo chegado sem identificação do remetente, o administrador público não pode ser omisso e ignorá-la, sob pena de ele (administrador) ser responsabilizado nas esferas civil (art. 37, § 6º, da CF/88), penal (prevaricação – art. 319 do CP; condescendência criminosa – art. 320 do CP), administrativa (art. 117, XV, Lei nº 8.112/90 – proceder de forma desidiosa) e também por ato de improbidade (art. 11, II, Lei nº 8.429/92 – retardar ou deixar de praticar, indevidamente, ato de ofício).

Lei nº 8.112/90

Isso que foi explicado acima vale para todas as esferas da administração pública (União, Estados/DF e Municípios). No caso da União, contudo, é importante ressaltar que existe previsão expressa na Lei nº 8.112/90:

> § Art. 143. A autoridade que tiver ciência de irregularidade no serviço público é obrigada a promover a sua apuração imediata, mediante sindicância ou processo administrativo disciplinar, assegurada ao acusado ampla defesa.

Desse modo, a Lei nº 8.112/90 prevê dois instrumentos para a apuração das infrações administrativas praticadas pelos servidores públicos federais:

a. a sindicância e

b. o processo administrativo disciplinar.

Quando se instaura um ou o outro?

- Sindicância: quando o administrador percebe que há a necessidade de que alguns fatos sejam esclarecidos antes, ou seja, quando ainda não há muitos elementos para se instaurar diretamente o processo. É uma espécie de investigação prévia.
- PAD: deve ser instaurado quando a existência do fato está plenamente caracterizada e a autoria é conhecida.

Como explica Ivan Barbosa Rigolin, existem situações que são tão graves e evidentes "que nem mesmo é preciso a sindicância para apontar a necessidade de processo disciplinar. Nessa hipótese, deve ser logo de início instaurado aquele processo, convocando-se todas as pessoas, bem como invocando-se todos os meios de provas necessários à boa condução do trabalho e à elucidação do fato apontado." (*Comentários ao Regime Único dos Servidores Públicos Civis*. 7. ed. São Paulo: Saraiva, 2012, p. 350).

Denúncia anônima exige prévia sindicância ou investigação prévia

O STJ afirmou que, no caso de denúncia anônima, não se deve instaurar imediatamente (diretamente) o processo administrativo disciplinar. Antes disso, por precaução e prudência, o administrador deverá realizar uma sindicância, ou seja, uma investigação prévia para examinar se essa denúncia anônima não é completamente infundada.

Ex: chega à Administração Pública a denúncia anônima de que Pedro, fiscal do Município, teria recebido vantagem indevida para a emissão de alvará de funcionamento da empresa X. A informação que chegou foi apenas esta. O administrador público deverá instaurar para confirmar minimamente a procedência dos fatos. Durante essa investigação prévia, constata-se que Pedro nunca atuou neste processo. Logo, a sindicância será arquivada e não será instaurado processo administrativo disciplinar.

Instauração do PAD, devidamente motivada e com amparo em investigação ou sindicância

Por outro lado, suponhamos que, na sindicância que foi aberta para apurar a denúncia anônima, constata-se que Pedro atuou realmente como fiscal no pedido de alvará da empresa X e que ele não exigiu alguns documentos que seriam obrigatórios.

Neste caso, constatando-se a existência de indícios de que houve a prática de uma infração administrativa grave, deverá a autoridade administrativa, de forma devidamente motivada, ou seja, expondo essas razões, instaurar processo administrativo disciplinar.

Cuidado com a redação do art. 144 da Lei nº 8.112/90

O art. 144 da Lei nº 8.112/90 prevê o seguinte:

§

> Art. 144. As denúncias sobre irregularidades serão objeto de apuração, desde que contenham a identificação e o endereço do denunciante e sejam formuladas por escrito, confirmada a autenticidade.
>
> Parágrafo único. Quando o fato narrado não configurar evidente infração disciplinar ou ilícito penal, a denúncia será arquivada, por falta de objeto.

Esse art. 144 era muito utilizado como tese de defesa para tentar invalidar os processos administrativos iniciados com base em denúncia anônima. O STJ, contudo, afasta esse argumento e afirma que:

> (...) 3. Conquanto a Lei nº 8.112/1990, no art. 144, preveja a formulação por escrito, com identificação e endereço do denunciante, não há expressa determinação legal para que denúncias anônimas sejam ignoradas e simplesmente arquivadas, uma vez que a Administração dispõe do poder-dever de autotutela. (...)
>
> STJ. 6ª Turma. AgRg no REsp 1126789/RS, Rel. Min. Og Fernandes, julgado em 06/08/2013.

Em suma, mesmo com o art. 144 da Lei nº 8.112/90, admite-se a denúncia anônima.

Procedimento em caso de denúncia anônima:

Assim, o procedimento em caso de denúncia anônima na Administração Pública deverá ser o seguinte:

1. Iniciar uma sindicância ou uma investigação preliminar (obs: a investigação preliminar na Administração Pública federal é chamada de sindicância, mas em outros entes pode não ter esse nome);
2. Arquivamento: quando na sindicância ou investigação ficar demonstrado que a denúncia anônima é completamente infundada e que não há qualquer indício da prática de infração administrativa;
3. Instauração de processo disciplinar: quando for constatada a existência de indícios de que houve a prática de uma infração administrativa. Para a instauração do PAD exige-se ato devidamente motivado.

CGU

Vale ressaltar que a CGU possui um enunciado administrativo semelhante ao entendimento do STJ:

> Enunciado nº 3-CGU: A delação anônima é apta a deflagrar apuração preliminar no âmbito da Administração Pública, devendo ser colhidos outros elementos que a comprovem.

6.2. CGU TEM COMPETÊNCIA PARA APLICAR PENA DE DEMISSÃO A SERVIDOR DO PODER EXECUTIVO FEDERAL MESMO QUE ELE ESTIVESSE CEDIDO PARA A CÂMARA DOS DEPUTADOS

Imagine a seguinte situação hipotética:

João era servidor efetivo do Ministério do Planejamento desde 2005.

Em 2012, ele foi cedido para exercer o cargo em comissão de Secretário Parlamentar na Câmara dos Deputados. Isso significa dizer que ele continuou sendo servidor efetivo do Ministério do Planejamento (Poder Executivo federal), mas foi designado para exercer, temporariamente, uma função no Poder Legislativo.

Em 2015, quando ainda estava prestando serviços na Câmara, João praticou, no exercício da função, em conjunto com outros servidores e autoridades, diversos crimes contra a administração pública. Essa sua conduta, além de crime, configura também infração disciplinar.

A Controladoria-Geral da União (órgão ligado à estrutura do Poder Executivo) instaurou processo administrativo disciplinar contra este servidor.

Ao final, o Ministro de Estado Chefe da Controladoria-Geral da União aplicou contra o servidor a penalidade de demissão.

João impetrou mandado de segurança contra o ato do Ministro de Estado alegando, entre outros argumentos, que a Controladoria-Geral da União (CGU) não tinha competência para instaurar e julgar o processo disciplinar, eis que à época dos fatos o impetrante encontrava-se cedido para a Câmara dos Deputados.

Primeira pergunta: de quem é a competência para julgar mandado de segurança impetrado contra ato de Ministro de Estado?

Do STJ, nos termos do art. 105, I, "b", da CF/88:

§ Art. 105. Compete ao Superior Tribunal de Justiça:

I – processar e julgar, originariamente:

(...)

b) os mandados de segurança e os habeas data contra ato de Ministro de Estado, dos Comandantes da Marinha, do Exército e da Aeronáutica ou do próprio Tribunal;

Segunda pergunta: o mandado de segurança foi acolhido pelo STJ?

NÃO.

> **Compete ao Ministro de Estado Chefe da Controladoria-Geral da União a aplicação da penalidade de demissão a servidor do Poder Executivo Federal, independentemente de se encontrar cedido à época dos fatos para o Poder Legislativo Federal.**
>
> STJ. 1ª Seção. MS 19.994-DF, Rel. Min. Benedito Gonçalves, julgado em 23/05/2018 (Info 598).

O tema é disciplinado pelo Decreto nº 5.480/2005, que dispõe sobre o "Sistema de Correição do Poder Executivo Federal".

O Sistema de Correição do Poder Executivo Federal compreende as atividades relacionadas à prevenção e apuração de irregularidades, no âmbito do Poder Executivo Federal, por meio da instauração e condução de procedimentos correcionais (art. 1º, § 1º do Decreto).

Em outras palavras, esse decreto regulamenta os procedimentos de correição no âmbito do Poder Executivo Federal.

A Controladoria-Geral da União (CGU) é o Órgão Central do Sistema de Correição do Poder Executivo Federal.

Segundo o art. 4º, VIII, do Decreto, o próprio Órgão Central (CGU) irá instaurar a sindicância ou o PAD se:

a. não houver condições objetivas para a sua realização no órgão ou entidade de origem;

b. a matéria for complexa e relevante;

c. houver autoridade envolvida; ou

d. houver o envolvimento de servidores de mais de um órgão ou entidade.

Desse modo, quando se fala em correição, a Controladoria-Geral da União ficou autorizada a assegurar a aplicação da lei em qualquer órgão ou entidade da Administração Pública Federal, de modo a garantir a correta apuração das eventuais faltas funcionais cometidas por agente público federal e a aplicação, quando for o caso, da penalidade devida.

Essa competência da CGU só é prevista em Decreto...?

NÃO. Ela também é disciplinada pelo art. 66 da Lei nº 13.502/2017.

Tudo bem... entendi que a CGU possui toda essa competência. Mas o servidor estava cedido para o Legislativo, mesmo assim a CGU tinha competência para julgá-lo?

SIM. O fato de o servidor encontrar-se cedido à época dos fatos para a Câmara dos Deputados não afasta o poder disciplinar do órgão de origem do servidor, até mesmo porque o impetrante não perdeu seu vínculo com o Poder Executivo Federal.

Outro informativo

Sobre o tema, vale recordar o que já decidiu o STJ em outra oportunidade:

A instauração de processo disciplinar contra servidor efetivo cedido deve ocorrer, preferencialmente, no órgão em que tenha sido praticada a suposta irregularidade.

Por outro lado, o julgamento e a eventual aplicação de sanção só podem ocorrer no órgão ao qual o servidor efetivo estiver vinculado.

Ex: João é servidor efetivo (técnico judiciário) do TJDFT e foi cedido para um cargo em comissão no STJ. Quando ainda estava prestando serviços no STJ, João praticou uma infração disciplinar. A Instauração do PAD deverá ser feita preferencialmente pelo STJ. Por outro lado, o julgamento do servidor e aplicação da sanção deverão ser realizados obrigatoriamente pelo TJDFT.

STJ. Corte Especial. MS 21.991-DF, Rel. Min. Humberto Martins, Rel. para acórdão Min. João Otávio de Noronha, julgado em 16/11/2016 (Info 598).

7. LICITAÇÕES

7.1. EMPRESA EM RECUPERAÇÃO JUDICIAL PODE PARTICIPAR DE LICITAÇÃO, DESDE QUE DEMONSTRE A SUA VIABILIDADE ECONÔMICA

Recuperação judicial

A recuperação judicial consiste em um processo judicial, no qual será construído e executado um plano com o objetivo de recuperar a empresa que está em vias de efetivamente ir à falência. Logo, em vez de a empresa ir à falência (o que é nocivo para a economia, para os donos da empresa, para os funcionários etc.), tenta-se dar um novo fôlego para a sociedade empresária, renegociando as dívidas com os credores.

Na antiga Lei de Falências, esse processo era chamado de "concordata" (DL 7.661/45).

A Lei nº 11.101/2005 acabou com a "concordata" e criou um novo instituto, com finalidade semelhante chamado de recuperação judicial.

Assim, a recuperação judicial surgiu para substituir a antiga "concordata" e tem por objetivo viabilizar a superação da situação de crise do devedor, a fim de permitir que a atividade empresária se mantenha e, com isso, sejam preservados os empregos dos trabalhadores e os interesses dos credores.

Imagine agora a seguinte situação hipotética:

Grama Baixa Terraplanagem Ltda é uma sociedade empresária que está passando por um processo de recuperação judicial.

O plano de recuperação já foi aprovado em assembleia geral de credores e homologado pelo juiz. Além disso, a empresa vem cumprindo rigorosamente as obrigações estipuladas.

Ocorre que um dos principais "clientes" desta empresa sempre foi o poder público, ou seja, antes da recuperação judicial, ela já prestou, diversas vezes, serviço para a Administração Pública.

O Estado do Espírito Santo abriu uma licitação destinada a contratar uma empresa para realizar serviços de terraplanagem em um imóvel público.

A Grama Baixa tentou participar da licitação, mas foi desclassificada do procedimento. Isso porque um dos documentos exigidos pelo art. 31 da Lei nº 8.666/93 é a certidão negativa de falência ou recuperação judicial. Veja:

§ Art. 31. A documentação relativa à qualificação econômico-financeira limitar-se-á a:

(...)

II – certidão negativa de falência ou concordata expedida pelo distribuidor da sede da pessoa jurídica, ou de execução patrimonial, expedida no domicílio da pessoa física;

A empresa impetrou mandado de segurança contra a inabilitação. Diante disso, indaga-se: é possível que uma empresa que se encontra em recuperação judicial participe de procedimento licitatório?

SIM.

Se você observar novamente a redação do art. 31, II, da Lei nº 8.666/93, verá que ela ainda fala em "concordata". Assim, o art. 31 da Lei nº 8.666/93 não teve o texto alterado para se amoldar à nova sistemática, tampouco foi derrogado (expressamente).

Diante dessa situação, surgiu a seguinte polêmica na doutrina:

As restrições impostas à antiga concordata aplicam-se agora para a recuperação judicial? **Quando o art. 31, II, da Lei 8.666/93 fala em "concordata", deve-se ler agora "recuperação judicial"? A empresa que participar de licitação deverá apresentar certidão negativa de recuperação judicial?**	
1ª corrente: SIM	2ª corrente: NÃO
Os efeitos da concordata sobre a contratação administrativa devem ser aplicados à recuperação judicial. Isso porque há a presunção de insolvência da empresa em crise. Desse modo, empresas que estão em recuperação judicial não poderiam participar de licitações.	Como o art. 31, II, da Lei de Licitações não foi alterado para substituir certidão negativa de concordata por certidão negativa de recuperação judicial, a Administração não pode exigir tal documento como condição de habilitação, haja vista a ausência de autorização legislativa. Assim, as empresas submetidas à recuperação judicial estão dispensadas da apresentação da referida certidão.
É a posição, por exemplo, de Marçal Justen Filho (Comentários à Lei de Licitações e Contratos Administrativos. 16ª ed., São Paulo: RT, 2014, p. 638).	É a posição defendida por Joel de Menezes Niebuhr (*Licitação Pública e Contrato Administrativo*. 4ª ed., Belo Horizonte: Fórum, 2015, p. 447). Foi a corrente adotada pelo STJ.

O art. 31, I,I da Lei nº 8.666/93 é uma norma restritiva e, por isso, não admite interpretação que amplie o seu sentido. Por força do princípio da legalidade, é vedado à Administração conferir interpretação extensiva ou restritiva de direitos, quando a lei assim não o dispuser de forma expressa.

Logo, é incabível a automática inabilitação de empresas em recuperação judicial unicamente pela não apresentação de certidão negativa.

Vale ressaltar que o art. 52, I, da Lei nº 11.101/2005, que é posterior à Lei de Licitações, prevê a possibilidade de as empresas em recuperação judicial contratarem com o Poder Público (devendo apresentar ao Poder Público as certidões positivas de débitos). Ora, se tais empresas podem contratar com o poder público, devemos interpretar que o legislador permitiu que elas participassem de licitações, considerando que, em regra, só se pode contratar com a Administração Pública após prévio procedimento licitatório. Veja:

> § Art. 52. Estando em termos a documentação exigida no art. 51 desta Lei, o juiz deferirá o processamento da recuperação judicial e, no mesmo ato:
>
> (...)
>
> II – determinará a dispensa da apresentação de certidões negativas para que o devedor exerça suas atividades, exceto para contratação com o Poder Público ou para recebimento de benefícios ou incentivos fiscais ou creditícios, observando o disposto no art. 69 desta Lei;

O escopo (objetivo) primordial da Lei nº 11.101/2005 é viabilizar a superação da situação de crise econômico-financeira do devedor, a fim de permitir a manutenção da fonte produtora, do emprego dos trabalhadores e dos interesses dos credores, promovendo, assim, a preservação da empresa, a sua função social e o estímulo à atividade econômica.

Diferentemente da concordata, cujo objetivo precípuo era o de assegurar a proteção dos credores e a recuperação de seus créditos, a nova Lei busca a proteção da empresa que se encontre em dificuldades econômicas.

A interpretação sistemática dos dispositivos da Lei nº 8.666/93 e da Lei nº 11.101/2005 nos leva à conclusão de que é possível uma ponderação equilibrada entre os princípios nelas imbuídos, pois a preservação da empresa, a sua função social e o estímulo à atividade econômica atendem também, em última análise, ao interesse da coletividade, uma vez que se busca a manutenção da fonte produtora, dos postos de trabalho e dos interesses dos credores.

Negar à pessoa jurídica em crise econômico-financeira o direito de participar de licitações públicas, única e exclusivamente pela ausência de entrega da certidão negativa de recuperação judicial, vai de encontro ao sentido atribuído pelo legislador ao instituto recuperacional.

Cautelas podem ser exigidas para se demonstrar a capacidade econômica da empresa

É necessário que se adotem providências a fim de avaliar se a empresa recuperanda participante do certame, caso seja vencedora, tem condições de suportar os custos da execução do contrato. Significa dizer, é preciso aferir se a empresa sujeita ao regime da Lei nº 11.101/2005 possui aptidão econômica e financeira, conforme exige o art. 27, III, da Lei nº 8.666/93:

> § Art. 27. Para a habilitação nas licitações exigir-se-á dos interessados, exclusivamente, documentação relativa a:
>
> (...)
>
> III – qualificação econômico-financeira;

Daí se infere que a dispensa de apresentação de certidão negativa não exime a empresa em recuperação judicial de comprovar a sua capacidade econômica para poder participar da licitação.

Se a empresa estiver em recuperação judicial, caberá à Administração Pública (pregoeiro ou comissão de licitação) diligenciar a fim de avaliar a real situação de capacidade econômico-financeira da empresa licitante.

Dessa forma, a exigência de apresentação de certidão negativa de recuperação judicial deve ser relativizada a fim de possibilitar à empresa em recuperação judicial participar do certame, desde que demonstre, na fase de habilitação, a sua capacidade econômica.

Em suma:

Sociedade empresária em recuperação judicial pode participar de licitação, desde que demonstre, na fase de habilitação, a sua viabilidade econômica.

STJ. 1ª Turma. AREsp 309.867-ES, Rel. Min. Gurgel de Faria, julgado em 26/06/2018 (Info 631).

7.2. FLEXIBILIZAÇÃO DA LEI 8.666/93 NO "MINHA CASA, MINHA VIDA"

Lei nº 10.188/2001

A Lei nº 10.188/2001 criou o Programa de Arrendamento Residencial.

O objetivo desse Programa foi o de garantir moradia à população de baixa renda, sob a forma de arrendamento residencial com opção de compra.

A gestão do Programa cabe ao Ministério das Cidades e sua operacionalização à Caixa Econômica Federal (CEF).

Tendo em vista o caráter social do programa, o legislador decidiu que as regras de licitação poderiam ser flexibilizadas. Confira:

§ Art. 4º (...)

Parágrafo único. As operações de aquisição, construção, recuperação, arrendamento e venda de imóveis obedecerão aos critérios estabelecidos pela CEF, respeitados os princípios da legalidade, finalidade, razoabilidade, moralidade administrativa, interesse público e eficiência, ficando dispensada da observância das disposições específicas da lei geral de licitação.

Pergunta: esse art. 4º, parágrafo único, da Lei nº 10.188/2001, que flexibiliza as regras de licitação, pode ser aplicado também para o programa "Minha Casa, Minha Vida"?

SIM.

As regras gerais previstas na Lei nº 8.666/93 podem ser flexibilizadas no Programa Minha Casa Minha Vida, por força do art. 4º, parágrafo único, da Lei nº 10.188/2001, desde que se observem os princípios gerais da administração pública.

STJ. 2ª Turma. REsp 1.687.381-DF, Rel. Min. Francisco Falcão, julgado em 17/04/2018 (Info 624).

Programa Minha Casa, Minha Vida

"Minha Casa, Minha Vida" é um programa habitacional que tem por objetivo criar mecanismos de incentivo à produção e aquisição de novas unidades habitacionais ou requalificação de imóveis urbanos e produção ou reforma de habitações rurais, para famílias com renda mensal de até R$ 4.650,00 (art. 1º da Lei nº 11.977/2009).

Trata-se hoje da principal política habitacional do país que objetiva o desenvolvimento urbano e o acesso à moradia para famílias de baixa renda, a fim de reduzir o enorme déficit habitacional brasileiro e também os impactos ambientais e sociais decorrentes das ocupações irregulares e das habitações precárias.

O interesse social desse Programa é inegável, principalmente na perspectiva da efetivação do direito fundamental à moradia digna, da inserção desse direito entre as necessidades básicas dos brasileiros e da competência da União, dos Estados, do Distrito Federal e dos Municípios para promover programas de construção de moradias e melhorias das condições habitacionais, nos termos dos arts. 1º, III, 7º, IV, e 23, IX, da Constituição Federal.

Em face da peculiaridade de sua natureza e do flagrante interesse social envolvido no "Programa Minha Casa, Minha Vida", por força do art. 4º, parágrafo único, da Lei nº 10.188/2001, eventualmente, as regras gerais previstas na Lei nº 8.666/93 podem ser flexibilizadas, desde que se observem os princípios gerais da administração pública, isto é, aqueles previstos no art. 37 da Constituição Federal e que se consubstanciam em legalidade, impessoalidade, moralidade, publicidade e eficiência.

7.3. DECRETO Nº 9.412, DE 18 DE JUNHO DE 2018 (ATUALIZOU OS VALORES PREVISTOS NO ART. 23 DA LEI DE LICITAÇÕES)

MODALIDADES DE LICITAÇÃO

A Lei nº 8.666/93 prevê "modalidades" de licitação. Isso significa que, a depender do objeto ou serviço que se irá contratar e também a depender do valor dessa contratação, a lei obriga que o administrador público adote determinada modalidade de licitação.

A Lei nº 8.666/93, em seu art. 23, prevê cinco modalidades de licitação:

I – concorrência;

II – tomada de preços;

III – convite;

IV – concurso;

V – leilão.

Obs: fora da Lei nº 8.666/93 existem ainda o pregão e a consulta.

Características de cada uma das modalidades:

Concorrência: é a modalidade de licitação mais complexa e rigorosa da Lei nº 8.666/93, sendo utilizada para contratações que envolvem grandes quantias. Envolve quaisquer interessados e exige uma publicidade maior. Nesta espécie, os interessados deverão, já na fase inicial da habilitação preliminar, comprovar que possuem os requisitos mínimos de qualificação exigidos no edital para execução de seu objeto.

Tomada de preços: é considerada a modalidade intermediária. Nesta espécie, a competição ocorre entre interessados devidamente cadastrados ou que atenderem a todas as condições exigidas para cadastramento até o terceiro dia anterior à data do recebimento das propostas, observada a necessária qualificação.

Convite: é a modalidade de licitação destinada para contratações de menor valor. Nesta espécie, é a administração que envia cartas-convite para, pelo menos, 3 empresas do ramo, a fim de que apresentem suas propostas.

Concurso: é a modalidade de licitação para escolher trabalho técnico, científico ou artístico, mediante a instituição de prêmios ou remuneração aos vencedores.

Leilão: é a modalidade de licitação utilizada quando a Administração Pública quer vender:

a. bens móveis inservíveis para a administração (até R$ 650 mil);

b. produtos legalmente apreendidos ou penhorados;

c. bens imóveis, cuja aquisição haja derivado de procedimentos judiciais ou de dação em pagamento.

Perceba que as três modalidades utilizadas para a contratação de compras e serviços são a concorrência, a tomada de preços e o convite. A pergunta que surge é a seguinte: qual é o critério que define a modalidade de licitação que deverá ser utilizada?

O art. 23 da Lei nº 8.666/93 prevê que esse critério é baseado no valor da contratação:

§ Art. 23. As modalidades de licitação a que se referem os incisos I a III do artigo anterior serão determinadas em função dos seguintes limites, tendo em vista o valor estimado da contratação:

I – para obras e serviços de engenharia:

a) convite – até R$ 150.000,00 (cento e cinquenta mil reais);

b) tomada de preços – até R$ 1.500.000,00 (um milhão e quinhentos mil reais);

c) concorrência: acima de R$ 1.500.000,00 (um milhão e quinhentos mil reais);

II – para compras e serviços não referidos no inciso anterior:

a) convite – até R$ 80.000,00 (oitenta mil reais);

b) tomada de preços – até R$ 650.000,00 (seiscentos e cinquenta mil reais);

c) concorrência – acima de R$ 650.000,00 (seiscentos e cinquenta mil reais).

Esse art. 23 pode ser assim resumido:

Modalidade	Obras e serviços de engenharia	Compras e serviços que não sejam de engenharia
CONVITE	Até R$ 150 mil	Até R$ 80 mil
TOMADA DE PREÇOS	Até R$ 1 milhão e 500 mil	Até R$ 650 mil
CONCORRÊNCIA	Acima de R$ 1 milhão e 500 mil	Acima de R$ 650 mil

Qual era o "problema"?

Esses limites foram estipulados em 1998 pela Lei nº 9.648/98.

Já havia se passado 20 anos e os valores encontravam-se desatualizados.

O poder de compra de R$ 8 mil em 1998 não é o mesmo de 2018 em virtude da inflação.

Assim, esses valores tornaram-se muito abaixo da realidade do mercado e "engessaram" o administrador público.

Diante desse cenário, o que fez o Governo Federal?

O Presidente da República editou um decreto atualizando os valores do art. 23 da Lei nº 8.666/93.

Trata-se do Decreto nº 9.412/2018. Veja o que diz o art. 1º do Decreto:

§ Art. 1º Os valores estabelecidos nos incisos I e II do caput do art. 23 da Lei nº 8.666, de 21 de junho de 1993, ficam atualizados nos seguintes termos:

I – para obras e serviços de engenharia:

a) na modalidade convite – até R$ 330.000,00 (trezentos e trinta mil reais);

b) na modalidade tomada de preços – até R$ 3.300.000,00 (três milhões e trezentos mil reais); e

c) na modalidade concorrência – acima de R$ 3.300.000,00 (três milhões e trezentos mil reais); e

II – para compras e serviços não incluídos no inciso I:

a) na modalidade convite – até R$ 176.000,00 (cento e setenta e seis mil reais);

b) na modalidade tomada de preços – até R$ 1.430.000,00 (um milhão, quatrocentos e trinta mil reais); e

c) na modalidade concorrência – acima de R$ 1.430.000,00 (um milhão, quatrocentos e trinta mil reais).

ATUALIZAÇÃO DO DECRETO 9.412/2018		
Modalidade	Obras e serviços de engenharia	Compras e serviços que não sejam de engenharia
CONVITE	Antes: até 150 mil Agora: até 330 mil	Antes: até 80 mil Agora: até 176 mil
TOMADA DE PREÇOS	Antes: até 1 milhão e 500 mil Agora: até 3 milhões e 300 mil	Antes: até 650 mil Agora: até 1 milhão e 430 mil
CONCORRÊNCIA	Antes: acima de 1 milhão e 500 mil Agora: acima de 3 milhões e 300 mil	Antes: acima de 650 mil Agora: acima de 1 milhão e 430 mil

Quais são as duas principais consequências?

1. Aumentam as situações nas quais o administrador público estará autorizado a utilizar a modalidades de CONVITE e TOMADA DE PREÇOS.

Assim, com a atualização do valor, houve uma ampliação dos casos nos quais a administração pública poderá realizar modalidades menos complexas de licitação.

Ex: em maio de 2018, se a Administração Pública fosse construir a sede de um órgão público e esta obra de engenharia fosse orçada em R$ 3 milhões, ela deveria fazer a licitação sob a modalidade concorrência (com critérios mais rígidos). Se essa mesma construção for feita em agosto de 2018, a Administração Pública poderá realizar uma tomada de preços.

2. Aumenta o limite de valor ("teto") que o administrador público tem para contratar diretamente, sem licitação.

Vamos entender com calma essa segunda consequência nos tópicos abaixo.

OBRIGATORIEDADE DE LICITAÇÃO

Regra: obrigatoriedade de licitação

Como regra, a CF/88 impõe que a Administração Pública somente pode contratar obras, serviços, compras e alienações se realizar uma licitação prévia para escolher o contratante (art. 37, XXI).

Exceção: contratação direta nos casos especificados na legislação

O inciso XXI do art. 37 da CF/88 afirma que a lei poderá especificar casos em que os contratos administrativos poderão ser celebrados sem esta prévia licitação. A isso, a doutrina denomina "contratação direta".

Resumindo:

A regra na Administração Pública é a contratação precedida de licitação. Contudo, a legislação poderá prever casos excepcionais em que será possível a contratação direta, sem licitação.

CONTRATAÇÃO DIRETA

A Lei de Licitações (Lei nº 8.666/93) prevê três grupos de situações em que a contratação ocorrerá sem licitação prévia. Trata-se das chamadas licitações dispensadas, dispensáveis e inexigíveis. Vejamos o quadro comparativo abaixo:

Dispensada	Dispensável	Inexigível
Art. 17	Art. 24	Art. 25
Rol taxativo	Rol taxativo	Rol exemplificativo
A lei *determina* a não realização da licitação, obrigando a contratação direta.	A lei *autoriza* a não realização da licitação. Mesmo sendo dispensável, a Administração pode decidir realizar a licitação (discricionariedade).	Como a licitação é uma disputa, é indispensável que haja pluralidade de objetos e pluralidade de ofertantes para que ela possa ocorrer. Assim, a lei prevê alguns casos em que a inexigibilidade se verifica porque há impossibilidade jurídica de competição.
Ex.: quando a Administração Pública possui uma dívida com o particular e, em vez de pagá-la em espécie, transfere a ele um bem público desafetado, como forma de quitação do débito. A isso chamamos de dação em pagamento (art. 17, I, "a").	Ex.: compras de pequeno valor (inciso II).	Ex.: contratação de artista consagrado pela crítica especializada ou pela opinião pública para fazer o *show* do aniversário da cidade.

LICITAÇÃO DISPENSÁVEL

O art. 24 da Lei nº 8.666/93 prevê um rol de situações nas quais seria possível realizar uma licitação, mas a lei desobriga (dispensa) o administrador de fazer o procedimento licitatório.

Licitação dispensável pelo pequeno valor

Duas hipóteses bem conhecidas de licitação dispensável estão nos incisos I e II do art. 24 da Lei nº 8.666/93. Veja:

§ Art. 24. É dispensável a licitação:

I – para obras e serviços de engenharia de valor até 10% (dez por cento) do limite previsto na alínea "a", do inciso I do artigo anterior, desde que não se refiram a parcelas de uma mesma obra ou serviço ou ainda para obras e serviços da mesma natureza e no mesmo local que possam ser realizadas conjunta e concomitantemente;

II – para outros serviços e compras de valor até 10% (dez por cento) do limite previsto na alínea "a", do inciso II do artigo anterior e para alienações, nos casos previstos nesta

Lei, desde que não se refiram a parcelas de um mesmo serviço, compra ou alienação de maior vulto que possa ser realizada de uma só vez;

A redação dos incisos é um pouco confusa, mas o que ele quer dizer é o seguinte:

- Inciso I: o administrador público pode optar por realizar a contratação direta (ou seja, sem licitação), no caso de obras ou serviços de engenharia se o valor não for maior do que 10% do limite previsto no art. 23, I, "a".
- Inciso II: o administrador público pode optar por realizar a contratação direta (ou seja, sem licitação), no caso de compras e serviços (que não sejam de engenharia) cujo valor não seja maior do que 10% do limite previsto no art. 23, II, "a".

E quais são os limites previstos no art. 23, I, "a" e II, "a"?

Inciso I

O inciso I, alínea "a" do art. 23 prevê R$ 150 mil:

> § Art. 23. As modalidades de licitação a que se referem os incisos I a III do artigo anterior serão determinadas em função dos seguintes limites, tendo em vista o valor estimado da contratação:
>
> I – para obras e serviços de engenharia:
>
> a) convite – até R$ 150.000,00 (cento e cinquenta mil reais);

Logo, 10% desse valor representava R$ 15 mil.

Inciso II

O inciso II, alínea "a" do art. 23 (obras e serviços que não sejam de engenharia) prevê R$ 80 mil:

> § Art. 23. As modalidades de licitação a que se referem os incisos I a III do artigo anterior serão determinadas em função dos seguintes limites, tendo em vista o valor estimado da contratação:
>
> II – para compras e serviços não referidos no inciso anterior:
>
> a) convite – até R$ 80.000,00 (oitenta mil reais);

Logo, 10% desse valor representava R$ 8 mil.

Conjugando o art. 24, I e II com o art. 23, I, "a" e II, "a", o cenário que se TINHA era o seguinte:

CONTRATAÇÃO DIRETA PELO PEQUENO VALOR **Não era necessário fazer licitação no caso de...**	
Obras ou serviços de engenharia: se o valor não fosse maior do que R$ 15 mil.	Compras e serviços diferentes de engenharia: se o valor não fosse maior que R$ 8 mil.
Fundamento: art. 24, I c/c art. 23, I, "a"	Fundamento: art. 24, II c/c art. 23, II, "a"

O que aconteceu?

Como vimos, os valores previstos no art. 23 foram ampliados pelo Decreto nº 9.412/2018.

Como o art. 24, I e II faz remissão (referência) ao art. 23, os limites do art. 24, I e II foram também, por via de consequência, ampliados.

Vamos relembrar:

ATUALIZAÇÃO DO DECRETO 9.412/2018		
Modalidade	Obras e serviços de engenharia	Compras e serviços que não sejam de engenharia
CONVITE	Antes: até 150 mil Agora: até 330 mil	Antes: até 80 mil Agora: até 176 mil
TOMADA DE PREÇOS	Antes: até 1 milhão e 500 mil Agora: até 3 milhões e 300 mil	Antes: até 650 mil Agora: até 1 milhão e 430 mil
CONCORRÊNCIA	Antes: acima de 1 milhão e 500 mil Agora: acima de 3 milhões e 300 mil	Antes: acima de 650 mil Agora: acima de 1 milhão e 430 mil

Diante disso, com essa mudança nos valores do art. 23, veja como ficou o reflexo na contratação direta dos incisos I e II do art. 24:

CONTRATAÇÃO DIRETA PELO PEQUENO VALOR (ART. 24, I e II) (Com a atualização do Decreto 9.412/2018)	
Pode haver contratação direta (sem licitação) nos seguintes casos:	
Obras ou serviços de engenharia: Antes: para haver a contratação direta, o valor deveria ser até R$ 15 mil. Agora: o valor da obra ou do serviço deve ser de até R$ 33 mil.	Compras e serviços diferentes de engenharia: Antes: o valor da compra ou do serviço deveria ser de até R$ 8 mil. Agora: para contratar sem licitação, o valor da compra ou do serviço deve ser de até R$ 17.600,00 (17 mil e 600 reais).

Alguns de vocês devem estar se perguntando: mas como é possível que um Decreto "altere" os valores que estão previstos em uma lei? Como o Decreto nº 9.412/2018 pode ter atualizado os valores trazidos pelo art. 23 da Lei nº 8.666/93?

Por mais estranho que pareça, a autorização para isso está no art. 120 da Lei nº 8.666/93:

> § Art. 120. Os valores fixados por esta Lei poderão ser anualmente revistos pelo Poder Executivo Federal, que os fará publicar no Diário Oficial da União, observando como limite superior a variação geral dos preços do mercado, no período.

Como a produção de uma lei é bem mais demorada que a de um decreto, a intenção do legislador foi a de dinamizar esse processo, permitindo uma atualização rápida. Vale ressaltar, no entanto, a ressalva feita ao final no sentido de que essa atualização deve respeitar "a variação geral dos preços do mercado, no período". Em outras palavras, não se trata de um aumento real, mas sim de uma mera recomposição da variação dos preços no período.

Esse Decreto nº 9.412/2018 produz também efeitos no âmbito das Administrações Públicas estadual, distrital e municipal? Em outras palavras, ele vale também para Estados, DF e Municípios?

SIM. As normas gerais da Lei nº 8.666/93 são aplicáveis no âmbito dos Poderes da União, dos Estados, do Distrito Federal e dos Municípios. O Decreto nº 9.412/2018 foi editado com base na autorização conferida pelo art. 120 da Lei nº 8.666/93, que outorga ao "Poder Executivo Federal" a atribuição de atualizar os valores fixados na Lei de Licitações. Logo, o Decreto editado produz efeitos para todos os entes.

Vacatio legis

O Decreto nº 9.412/2018 possui vacatio legis de 30 dias e entrou em vigor em 19/07/2018.

8. IMPROBIDADE ADMINISTRATIVA

8.1. AGENTES POLÍTICOS E FORO POR PRERROGATIVA DE FUNÇÃO

Dois temas geravam muita polêmica no Direito Administrativo:

1. A Lei de improbidade administrativa aplica-se ou não aos agentes políticos?
2. Existe ou não foro por prerrogativa de função ("foro privilegiado") nas ações de improbidade administrativa?

Vamos entender com calma.

Crimes de responsabilidade

Os agentes políticos estão sujeitos à prática de crimes de responsabilidade.

Os crimes de responsabilidade são infrações político-administrativas praticadas por pessoas que ocupam determinados cargos públicos. Caso o agente seja condenado por crime de responsabilidade, ele não receberá sanções penais (prisão ou multa), mas sim sanções político-administrativas (perda do cargo e inabilitação para o exercício de função pública).

Crimes de responsabilidade x improbidade administrativa

Como nos crimes de responsabilidade as infrações são muito próximas (parecidas) com os atos de improbidade administrativa, surgiu a tese de que se o agente político fosse condenado por crime de responsabilidade e também improbidade administrativa, haveria *bis in idem*.

Assim, defendeu-se o argumento de que os agentes políticos deveriam estar sujeitos apenas e tão somente aos crimes de responsabilidade (não sendo a eles aplicados os atos de improbidade administrativa).

Essa tese prevalece atualmente?

NÃO. O entendimento atual é o de que, em regra, os agentes políticos podem sim responder por ato de improbidade administrativa.

Vigora aquilo que a jurisprudência chamou de "duplo regime sancionatório", ou seja, o fato de o agente estar sujeito a:

- crime de responsabilidade e
- improbidade administrativa.

Constituição prevê crime de responsabilidade e improbidade como institutos autônomos

Fazendo uma interpretação sistemática do texto constitucional, conclui-se que há nítida distinção entre os conceitos de improbidade administrativa e de crime de responsabilidade.

A Lei de Improbidade Administrativa (Lei nº 8.429/92) foi editada com fundamento no art. 37, § 4º, da CF:

> § § 4º Os atos de improbidade administrativa importarão a suspensão dos direitos políticos, a perda da função pública, a indisponibilidade dos bens e o ressarcimento ao erário, na forma e gradação previstas em lei, sem prejuízo da ação penal cabível.

Por outro lado, a CF/88 trata sobre os crimes de responsabilidade em outros dispositivos:

§ Art. 52. Compete privativamente ao Senado Federal:

I – processar e julgar o Presidente e o Vice-Presidente da República nos crimes de responsabilidade, bem como os Ministros de Estado e os Comandantes da Marinha, do Exército e da Aeronáutica nos crimes da mesma natureza conexos com aqueles; (Redação dada pela EC 23/99)

[...]

§ Art. 85. São crimes de responsabilidade os atos do Presidente da República que atentem contra a Constituição Federal e, especialmente, contra:

[...]

V – a probidade na administração;

[...]

§ Art. 102. Compete ao Supremo Tribunal Federal, precipuamente, a guarda da Constituição, cabendo-lhe:

I – processar e julgar, originariamente:

[...]

c) nas infrações penais comuns e nos crimes de responsabilidade, os Ministros de Estado e os Comandantes da Marinha, do Exército e da Aeronáutica, ressalvado o disposto no art. 52, I, os membros dos Tribunais Superiores, os do Tribunal de Contas da União e os chefes de missão diplomática de caráter permanente; (Redação dada pela EC 23/99)

Assim, a tentativa de imunizar os agentes políticos das sanções da ação de improbidade administrativa a pretexto de que essas seriam absorvidas pelo crime de responsabilidade não tem fundamento constitucional. É plenamente possível a concorrência de esferas de responsabilização distintas.

Eu entendo que há, no Brasil, uma dupla normatividade em matéria de improbidade, com objetivos distintos: em primeiro lugar, existe aquela específica da Lei 8.429/1992, de tipificação cerrada mas de incidência sobre um vasto rol de possíveis acusados, incluindo até mesmo pessoas que não tenham qualquer vínculo funcional com a Administração Pública (Lei 8.429/1992, art. 3º); e uma outra normatividade relacionada à exigência de probidade que a Constituição faz em relação aos agentes políticos, especialmente ao chefe do Poder Executivo e aos ministros de Estado, ao estabelecer no art. 85, inciso V, que constituem crime de responsabilidade os atos do Presidente da República que atentem contra a probidade da administração. No plano infraconstitucional essa segunda normatividade se completa com o art. 9º da Lei 1.079/1950.

Trata-se de disciplinas normativas diversas, as quais, embora visando, ambas, à preservação do mesmo valor ou princípio constitucional, – isto é, a moralidade na Administração Pública – têm, porém, objetivos constitucionais diversos.

(...)

Não há impedimento à coexistência entre esses dois sistemas de responsabilização dos agentes do Estado.

STF. Plenário. Pet 3923 QO, Rel. Min. Joaquim Barbosa, julgado em 13/06/2007.

Desse modo, o que prevalece atualmente é que os agentes políticos, em regra, submetem-se às punições por ato de improbidade administrativa (Lei nº 8.429/92), sem prejuízo de também poderem ser punidos por crimes de responsabilidade. Nesse sentido:

> (...) O Superior Tribunal de Justiça firmou o entendimento de que os agentes políticos se submetem aos ditames da Lei de Improbidade Administrativa, sem prejuízo da responsabilização política e criminal. (...)
>
> STJ. 2ª Turma. AgInt no REsp 1607976/RJ, Rel. Min. Francisco Falcão, julgado em 17/10/2017.

Por que se falou "em regra"? Existe algum caso em que o agente político não responderá por improbidade administrativa (devendo ser punido apenas por crime de responsabilidade)?

SIM. O Presidente da República.

Os agentes políticos, com exceção do presidente da República, encontram-se sujeitos a um duplo regime sancionatório, e se submetem tanto à responsabilização civil pelos atos de improbidade administrativa quanto à responsabilização político-administrativa por crimes de responsabilidade.

> ADMINISTRATIVO. IMPROBIDADE ADMINISTRATIVA. PREFEITO MUNICIPAL. DUPLO REGIME SANCIONATÓRIO DOS AGENTES POLÍTICOS: LEGITIMIDADE. PRECEDENTES.
>
> 1. A jurisprudência assentada no STJ, inclusive por sua Corte Especial, é no sentido de que, "excetuada a hipótese de atos de improbidade praticados pelo Presidente da República (art. 85, V), cujo julgamento se dá em regime especial pelo Senado Federal (art. 86), não há norma constitucional alguma que imunize os agentes políticos, sujeitos a crime de responsabilidade, de qualquer das sanções por ato de improbidade previstas no art. 37, § 4º. Seria incompatível com a Constituição eventual preceito normativo infraconstitucional que impusesse imunidade dessa natureza" (Rcl 2.790/SC, DJe de 04/03/2010). (...)
>
> STJ. 1ª Turma. AgRg no REsp 1099900/MG, Rel. Min. Teori Albino Zavascki, julgado em 16/11/2010.

E quanto ao foro competente? Existe foro por prerrogativa de função nas ações de improbidade administrativa?

NÃO. A ação de improbidade administrativa possui natureza cível. Em outras palavras, é uma ação civil e não uma ação penal.

Em regra, somente existe foro por prerrogativa de função no caso de ações penais (e não em demandas cíveis).

Ex1: se for proposta uma ação penal contra um Deputado Federal por crime que ele tenha cometido durante o seu mandato e que esteja relacionado com as suas funções, esta deverá ser ajuizada no STF.

Ex2: se for ajuizada uma ação de cobrança de dívida contra esse mesmo Deputado, a demanda será julgada por um juízo de 1ª instância.

Por que existe essa diferença?

Porque a Constituição assim idealizou o sistema. Com efeito, as competências do STF e do STJ foram previstas pela CF/88 de forma expressa e taxativa.

Nos arts. 102 e 105 da CF/88, que estabelecem as competências do STF e do STJ, existe a previsão de que as ações penais contra determinadas autoridades serão julgadas por esses Tribunais. Não há, contudo, nenhuma regra que disponha que as ações de improbidade serão julgadas pelo STF e STJ.

Lei nº 10.628/2012 previu foro por prerrogativa de função para a ação de improbidade:

Em 24/12/2002, foi editada a Lei nº 10.628, que acrescentou o § 2º ao art. 84 do CPP, prevendo foro por prerrogativa de função para as ações de improbidade. Veja:

> Art. 84. A competência pela prerrogativa de função é do Supremo Tribunal Federal, do Superior Tribunal de Justiça, dos Tribunais Regionais Federais e Tribunais de Justiça dos Estados e do Distrito Federal, relativamente às pessoas que devam responder perante eles por crimes comuns e de responsabilidade.
>
> (...)
>
> § 2º A ação de improbidade, de que trata a Lei nº 8.429, de 2 de junho de 1992, será proposta perante o tribunal competente para processar e julgar criminalmente o funcionário ou autoridade na hipótese de prerrogativa de foro em razão do exercício de função pública, observado o disposto no § 1º.

Diante dessa alteração legislativa, foi proposta a ADI 2797 contra a Lei nº 10.628/2002 e o STF julgou inconstitucional o referido § 2º do art. 84 do CPP, decisão proferida em 15/09/2005.

O Supremo decidiu que:

> "no plano federal, as hipóteses de competência cível ou criminal dos tribunais da União são as previstas na Constituição da República ou dela implicitamente decorrentes. (...) Quanto aos Tribunais locais, a Constituição Federal – salvo as hipóteses dos seus arts. 29, X e 96, III –, reservou explicitamente às Constituições dos Estados-membros a definição da competência dos seus tribunais, o que afasta a possibilidade de ser ela alterada por lei federal ordinária."
>
> STF. Plenário. ADI 2797, Rel. Min. Sepúlveda Pertence, julgado em 15/09/2005.

Em suma, o STF afirmou que, como a Constituição não estabeleceu foro por prerrogativa de função para as ações de improbidade administrativa, a lei ordinária assim não poderia prever.

Desse modo, com a decisão da ADI 2797, ficou prevalecendo o entendimento de que as ações de improbidade administrativa deveriam ser julgadas em 1ª instância.

Em suma:

Não existe foro por prerrogativa de função em ação de improbidade administrativa proposta contra agente político.

O foro por prerrogativa de função é previsto pela Constituição Federal apenas para as infrações penais comuns, não podendo ser estendido para ações de improbidade administrativa, que têm natureza civil.

STF. Plenário. Pet 3240/DF, Rel. para acórdão Min. Roberto Barroso, julgado em 10/05/2018.

Obs: em 2008, o STF havia decidido que a competência para julgar ação de improbidade administrativa proposta contra Ministro do STF seria do próprio STF (Pet 3211/DF QO). Entendeu-se que haveria um desvirtuamento do sistema se um juiz de grau inferior pudesse decretar a perda do cargo de um magistrado de Tribunal Superior. Assim, em regra, não há foro por prerrogativa de função em ação de improbidade administrativa, salvo no caso de Ministro do STF.

Durante os debates da Pet 3240/DF, o STF não se manifestou expressamente sobre as ações de improbidade propostas contra Ministros do STF. Assim, para a maioria, essa exceção construída na Pet 3211/DF QO ainda persiste.

Logo, para fins de concurso público, as duas assertivas devem ser assinaladas como corretas caso cobradas em provas objetivas:

- Não existe foro por prerrogativa de função em ação de improbidade administrativa proposta contra agente político. O foro por prerrogativa de função é previsto pela Constituição Federal apenas para as infrações penais comuns, não podendo ser estendido para ações de improbidade administrativa, que têm natureza civil. (CERTO)
- Não existe foro por prerrogativa de função em ação de improbidade administrativa proposta contra agente político, salvo no caso de ação proposta contra Ministro do STF, hipótese na qual deverá ser julgada pelo próprio STF. (CERTO)

Em provas discursivas ou oral, deve-se explicar o cenário acima.

8.2. IMPRESCRITIBILIDADE DO RESSARCIMENTO NAS AÇÕES DE IMPROBIDADE ADMINISTRATIVA

Prescrição

Se um direito é violado, o titular deste direito passa a ter a pretensão de buscar judicialmente a reparação do dano (de forma específica ou pelo equivalente em dinheiro).

Essa pretensão, contudo, deve ser exercida dentro de um prazo previsto na lei. Esgotado esse prazo, extingue-se a pretensão. A extinção dessa pretensão pelo decurso do prazo é chamada de prescrição.

Isso está previsto no art. 189 do Código Civil, valendo, como regra geral:

> § Art. 189. Violado o direito, nasce para o titular a pretensão, a qual se extingue, pela prescrição, nos prazos a que aludem os arts. 205 e 206.

A prescrição tem como fundamentos a pacificação social e a segurança jurídica. Se não existisse prazo para o titular do direito exercer a sua pretensão, todas as relações jurídicas seriam sempre marcadas pela incerteza e instabilidade, considerando que um fato ocorrido há anos ou mesmo décadas poderia ser questionado.

A prescrição está presente nos diversos ramos do Direito, inclusive no Direito Administrativo.

Prescrição e atos de improbidade administrativa

Os atos de improbidade administrativa, assim como ocorre com as infrações penais, também estão sujeitos a prazos prescricionais.

Logo, caso os legitimados ativos demorem muito tempo para ajuizar a ação de improbidade administrativa contra o responsável pelo ato ímprobo, haverá a prescrição e a consequente perda da pretensão punitiva.

Qual é o prazo prescricional para a propositura de ações de improbidade administrativa?

Como regra, 5 anos. Isso está previsto no art. 23 da Lei nº 8.429/92. Confira o texto legal:

> § Art. 23. As ações destinadas a levar a efeitos as sanções previstas nesta lei podem ser propostas:
>
> I – até cinco anos após o término do exercício de mandato, de cargo em comissão ou de função de confiança;
>
> II – dentro do prazo prescricional previsto em lei específica para faltas disciplinares puníveis com demissão a bem do serviço público, nos casos de exercício de cargo efetivo ou emprego.

III – até cinco anos da data da apresentação à administração pública da prestação de contas final pelas entidades referidas no parágrafo único do art. 1º desta Lei.

Exceção: ressarcimento ao erário em casos de atos de improbidade praticados dolosamente

A Lei nº 8.429/92 prevê, em seu art. 12, uma lista de sanções que podem ser aplicadas às pessoas condenadas por ato de improbidade administrativa. São elas:

- perda dos bens ou valores acrescidos ilicitamente;
- perda da função pública;
- suspensão dos direitos políticos;
- multa civil; e
- proibição de contratar com o poder público ou receber benefícios ou incentivos fiscais ou creditícios;
- ressarcimento integral do dano.

Uma das sanções acima é imprescritível: o ressarcimento integral do dano. O fundamento para isso está na parte final do § 5º do art. 37 da CF/88:

> §
>
> Art. 37 (...)
>
> § 4º – Os atos de improbidade administrativa importarão a suspensão dos direitos políticos, a perda da função pública, a indisponibilidade dos bens e o ressarcimento ao erário, na forma e gradação previstas em lei, sem prejuízo da ação penal cabível.
>
> § 5º A lei estabelecerá os prazos de prescrição para ilícitos praticados por qualquer agente, servidor ou não, que causem prejuízos ao erário, ressalvadas as respectivas ações de ressarcimento.

Tese contrária à imprescritibilidade

Apesar da redação do § 5º do art. 37, muitas vozes se levantavam contra a tese da imprescritibilidade. Argumentavam que a intenção do Poder Constituinte não foi a de fixar a imprescritibilidade das ações de ressarcimento ao erário.

Segundo essa tese, a correta interpretação dos §§ 4º e 5º do art. 37 deveria ser a seguinte:

- o constituinte deu um comando ao legislador infraconstitucional: faça uma lei prevendo atos de improbidade administrativa (§ 4º).
- as sanções para os atos de improbidade são a suspensão dos direitos políticos, a perda da função pública, a indisponibilidade dos bens e o ressarcimento ao erário (§ 4º);
- a lei deverá prever prazos prescricionais para a imposição dessas sanções (§ 5º);
- enquanto não houver lei prevendo quais são os atos de improbidade administrativa, não poderão ser ajuizadas ações de improbidade administrativa pedindo a aplicação das sanções previstas no § 4º;
- ficam ressalvadas dessa proibição as ações de ressarcimento (parte final do § 5º), ou seja, mesmo sem lei expressa, as ações de ressarcimento já poderiam ser propostas.

Desse modo, para essa tese, o que a parte final do § 5º quis dizer foi unicamente que, mesmo sem Lei de Improbidade Administrativa, poderiam ser ajuizadas ações pedindo o ressarcimento ao erário. Isso porque o § 5º deve ser interpretado em conjunto com o § 4º. Como reforço a esse argumento, alegaram que a Lei de Improbidade somente foi editada em 1992 (Lei nº 8.429/92). Logo, o objetivo do constituinte foi o de evitar que se alegasse que o ressarcimento ao erário somente poderia ser exigido com a edição de lei.

Por fim, argumentavam que a Constituição Federal, quando quis, determinou a imprescritibilidade de forma expressa. Ex: art. 5º, XLII (racismo) e XLIV (ação de grupos armados, civis ou militares, contra a ordem constitucional e o Estado Democrático).

Veja as palavras do Min. Alexandre de Moraes, um dos adeptos dessa tese:

> "A preocupação do legislador constituinte foi legítima, pois, em virtude da exigência do § 4º de edição de lei específica para a definição dos "atos de improbidade administrativa", bem como da forma e gradação da aplicação das sanções de suspensão dos direitos políticos, a perda da função pública, a indisponibilidade dos bens e o ressarcimento ao erário, poderiam surgir dúvidas sobre a recepção do ordenamento jurídico que, desde a década de 1940, permitia ações de ressarcimento no caso de improbidade administrativa, apesar da inexistência de conceituação e de tipificação específica dos denominados "atos de improbidade administrativa".
>
> Em outras palavras, com a promulgação da Constituição Federal de 1988, que ampliou a possibilidade de sanções por atos de improbidade administrativa, e em respeito aos princípios da reserva legal e da anterioridade, passou-se a exigir a edição de lei específica para tipificar as condutas correspondentes a atos de improbidade administrativa. Nesse momento, houve o justo receio do legislador constituinte quanto à ocorrência de interpretações que passassem a impossibilitar ações de ressarcimento ao erário pela prática de atos ilícitos tradicionalmente entendidos como improbidade administrativa, desde a década de 1940, mas ainda não tipificados pela nova legislação, que somente foi editada em 1992.
>
> A ressalva prevista no § 5º do art. 37 da CF não pretendeu estabelecer uma exceção implícita de imprescritibilidade, mas obrigar constitucionalmente a recepção das normas legais definidoras dos instrumentos processuais e dos prazos prescricionais para as ações de ressarcimento do erário, inclusive referentes a condutas ímprobas, mesmo antes da tipificação legal de elementares do denominado "ato de improbidade" (Decreto 20.910/1932, Lei 3.164/1957, Lei 3.502/1958, Lei 4.717/1965, Lei 7.347/1985, Decreto-Lei 2.300/1986); mantendo, dessa maneira, até a edição da futura lei e para todos os atos pretéritos, a ampla possibilidade de ajuizamentos de ações de ressarcimento.
>
> (...)
>
> Portanto, a ressalva do § 5º do art. 37 permitiu a recepção dos prazos prescricionais existentes para as ações de ressarcimento decorrentes de graves condutas de enriquecimento ilícito, por influência ou com abuso de cargo ou função pública pela legislação então em vigor, até que fosse editada a lei específica exigida pelo § 4º do mesmo artigo; não tendo, portanto, estabelecido qualquer hipótese implícita de imprescritibilidade."

O STF concordou com essa tese? O ressarcimento ao erário em caso de atos de improbidade administrativa também prescreve da mesma forma que as demais sanções?

NÃO. O STF entendeu que a ação de ressarcimento decorrente de ato doloso de improbidade é realmente imprescritível.

A regra no ordenamento jurídico é, de fato, a prescritibilidade

A prescrição é um instituto pensado para garantir a estabilização das relações sociais, sendo, portanto, uma expressão do princípio da segurança jurídica, que faz parte da estrutura do Estado de Direito.

Prescrição → estabilização das relações sociais → segurança jurídica → Estado de Direito

Justamente por isso, a regra geral no ordenamento jurídico é a de que as pretensões devem ser exercidas dentro de um marco temporal limitado. Em outras palavras, a regra geral é que exista prescrição.

Há, no entanto, algumas exceções explícitas no texto constitucional, nas quais se reconhece a imprescritibilidade em determinadas situações. É o caso, por exemplo, dos crimes de racismo (art. 5º, XLII, CF/88) e da ação de grupos armados, civis ou militares, contra a ordem constitucional e o Estado Democrático (art. 5º, XLIV).

O art. 37, § 5º da CF/88 é uma dessas exceções

Vamos relembrar a redação do art. 37, § 5º:

> Art. 37 (...)
>
> § 5º A lei estabelecerá os prazos de prescrição para ilícitos praticados por qualquer agente, servidor ou não, que causem prejuízos ao erário, ressalvadas as respectivas ações de ressarcimento.

Em sua primeira parte, o dispositivo prevê que:

- a lei deverá estabelecer os prazos de prescrição para ilícitos
- praticados por qualquer pessoa (servidor ou não)
- que gerem prejuízo ao erário.

Na segunda parte, o constituinte disse o seguinte: não se aplica o que eu falei antes para as ações de ressarcimento. O que isso quer dizer? Que a lei não poderá estabelecer prazos de prescrição para tais ações, sendo elas, portanto, imprescritíveis.

Assim, o texto constitucional é expresso ao prever a ressalva da imprescritibilidade da ação de ressarcimento ao erário.

Imprescritibilidade não vale para ressarcimento decorrente de outros ilícitos civis

O § 5º do art. 37 da CF/88 deve ser lido em conjunto com o § 4º, de forma que ele se refere apenas aos casos de improbidade administrativa.

Se fosse realizada uma interpretação ampla da ressalva final contida no § 5º, isso faria com que toda e qualquer ação de ressarcimento movida pela Fazenda Pública fosse imprescritível, o que seria desproporcional.

A prescrição é um instituto importante para se garantir a segurança e estabilidade das relações jurídicas e da convivência social. É uma forma de se assegurar a ordem e a paz na sociedade.

Desse modo, a ressalva contida na parte final do § 5º do art. 37 da CF/88 deve ser interpretada de forma estrita e não se aplica para danos causados ao Poder Público por força de ilícitos civis.

Foi como decidiu o STF ainda em 2016:

> É prescritível a ação de reparação de danos à Fazenda Pública decorrente de ilícito civil. Dito de outro modo, se o Poder Público sofreu um dano ao erário decorrente de um ilícito civil e deseja ser ressarcido, ele deverá ajuizar a ação no prazo prescricional previsto em lei.
>
> STF. Plenário. RE 669069/MG, Rel. Min. Teori Zavascki, julgado em 03/02/2016 (repercussão geral).

Ex: João dirigia seu carro quando, por imprudência, acabou batendo no carro de um órgão público estadual em serviço. Ficou provado, por meio da perícia, que o particular foi o culpado pelo acidente. O órgão público consertou o veículo, tendo isso custado R$ 10 mil. Sete anos depois do acidente, o Estado ajuizou ação de indenização contra João cobrando os R$ 10 mil gastos com o conserto do automóvel. A defesa de João alegou que houve prescrição. A alegação da defesa está correta. Isso porque o prejuízo ao erário não decorreu de um ato de improbidade administrativa, mas foi decorrente de um ilícito civil. Logo, incide prazo prescricional neste caso.

Desse modo, podemos fazer a seguinte distinção:

Ação de reparação de danos à Fazenda Pública decorrentes de ilícito civil	é PRESCRITÍVEL (STF RE 669069/MG).
Ação de ressarcimento decorrente de ato de improbidade administrativa praticado com CULPA	é PRESCRITÍVEL (devem ser propostas no prazo do art. 23 da LIA).
Ação de ressarcimento decorrente de ato de improbidade administrativa praticado com DOLO	é IMPRESCRITÍVEL (§ 5º do art. 37 da CF/88).

Imprescritibilidade somente vale para atos de improbidade praticados com DOLO

O STF entendeu, portanto, que as ações de ressarcimento ao erário envolvendo atos de improbidade administrativa são imprescritíveis. No entanto, o Tribunal fez uma "exigência" a mais que não está explícita no art. 37, § 5º da CF/88.

O Supremo afirmou que somente são imprescritíveis as ações de ressarcimento envolvendo atos de improbidade administrativa praticados DOLOSAMENTE.

Assim, se o ato de improbidade administrativa causou prejuízo ao erário, mas foi praticado com CULPA, então, neste caso, a ação de ressarcimento será prescritível e deverá ser proposta no prazo do art. 23 da LIA.

E existem atos de improbidade administrativa CULPOSOS que causam prejuízo ao erário?

SIM. Isso é possível, nos termos do art. 10 da Lei nº 8.429/92:

> § Art. 10. Constitui ato de improbidade administrativa que causa lesão ao erário qualquer ação ou omissão, dolosa ou culposa, que enseje perda patrimonial, desvio, apropriação, malbaratamento ou dilapidação dos bens ou haveres das entidades referidas no art. 1º desta lei, e notadamente:
>
> (...)

Vale ressaltar que apenas o art. 10 da Lei nº 8.429/92 admite a prática de ato CULPOSO de improbidade administrativa. Relembre:

Critério objetivo	Critério subjetivo
Art. 9º – Atos de improbidade que importam enriquecimento ilícito do agente público	Exige DOLO
Art. 10 – Atos de improbidade que causam prejuízo ao erário	Pode ser DOLO ou, no mínimo, CULPA
Art. 10-A – Atos de improbidade administrativa decorrentes de concessão ou aplicação indevida de benefício financeiro ou tributário	Exige DOLO
Art. 11 – Atos de improbidade que atentam contra princípios da administração pública	Exige DOLO

Tese fixada pelo STF

O STF fixou a seguinte tese para fins de repercussão geral:

> **São imprescritíveis as ações de ressarcimento ao erário fundadas na prática de ato doloso tipificado na Lei de Improbidade Administrativa.**
>
> STF. Plenário. RE 852475/SP, Rel. orig. Min. Alexandre de Moraes, Rel. para acórdão Min. Edson Fachin, julgado em 08/08/2018 (Info 910).

Placar

Vale ressaltar que o placar de votação foi bem apertado, com resultado de 6 x 5 em favor da tese vencedora.

Votaram pela prescritibilidade:

- Alexandre de Moraes
- Dias Toffoli
- Ricardo Lewandowski
- Gilmar Mendes
- Marco Aurélio.

Votaram pela imprescritibilidade:

- Edson Fachin
- Rosa Weber
- Cármen Lúcia
- Celso de Mello
- Luiz Fux
- Roberto Barroso

Uma peculiaridade está no fato de que os Ministros Luiz Fux e Roberto Barroso inicialmente votaram em favor da prescritibilidade. Ocorre que, uma semana depois, revisaram o posicionamento e alteraram o entendimento, votando em favor da tese da imprescritibilidade.

8.3. NOVO INCISO AO ART. 11

A Lei nº 13.650/2018 acrescentou um inciso ao art. 11 da Lei nº 8.429/92, prevendo nova hipótese de ato de improbidade que atenta contra os princípios da administração pública.

Antes de verificarmos a redação do novo inciso, importante fazermos algumas considerações preliminares.

SUS

O art. 196 da CF/88 prevê que a saúde é um direito de todos e um dever do Estado.

Para efetivar esse direito, foi criado o Sistema Único de Saúde (SUS).

Segundo o art. 4º da Lei nº 8.080/90, o SUS consiste no "conjunto de ações e serviços de saúde, prestados por órgãos e instituições públicas federais, estaduais e municipais, da Administração direta e indireta e das fundações mantidas pelo Poder Público".

A iniciativa privada poderá participar do SUS, em caráter complementar (art. 4º, § 2º).

Princípios do SUS

O SUS é baseado nos seguintes princípios:

a. universalidade: o sistema garante prestação dos serviços de saúde a toda e qualquer pessoa;

b. equidade: os serviços de saúde são prestados em todos os níveis que sejam necessários, de acordo com a complexidade que o caso venha a exigir, de forma isonômica, nas situações similares;

c. integralidade: deve ser reconhecido que cada indivíduo é considerado como um todo indivisível e integrante de uma comunidade, o que exige do Poder Público que as ações de promoção, proteção e recuperação da saúde formem também um todo indivisível, atendendo os casos e observando os diversos graus de complexidade de forma integral pelas unidades prestadoras de serviços de saúde.

Obs: existem inúmeros outros princípios do SUS listados no art. 7º da Lei nº 8.080/90.

Quem executa os serviços do SUS? Quem presta os serviços gratuitos de saúde?

É o Poder Público, ou seja, os órgãos e instituições públicas federais, estaduais e municipais, da Administração direta e indireta e das fundações mantidas pelo Poder Público.

Os hospitais particulares e demais instituições privadas de saúde também podem prestar serviços do SUS?

SIM, mas apenas em caráter complementar. Neste caso. Isso está previsto no art. 199, § 1º da CF/88:

> § Art. 199 (...)
>
> § 1º As instituições privadas poderão participar de forma complementar do sistema único de saúde, segundo diretrizes deste, mediante contrato de direito público ou convênio, tendo preferência as entidades filantrópicas e as sem fins lucrativos.

Por que existe essa participação complementar das instituições privadas no SUS?

Porque o Estado brasileiro não possui condições de cumprir a determinação da universalidade da saúde, ou seja, não têm estrutura de hospitais, clínicas, laboratórios etc. para atender toda a população.

Desse modo, o legislador constituinte, já sabendo disso, permitiu que o Estado fizesse parcerias com instituições privadas de saúde para atender os casos em que a rede pública não conseguisse.

Nesses casos, o Poder Público transfere recursos ("paga") para que os hospitais particulares atendam gratuitamente pacientes do SUS.

Disponibilidades da rede pública devem ser insuficientes

Vale ressaltar, mais uma vez, que a participação da iniciativa privada no SUS é complementar e somente ocorrerá quando a disponibilidade da rede pública não for suficiente para atender a demanda. Nesse sentido, veja o que diz a Lei nº 8.080/90:

> § Art. 24. Quando as suas disponibilidades forem insuficientes para garantir a cobertura assistencial à população de uma determinada área, o Sistema Único de Saúde (SUS) poderá recorrer aos serviços ofertados pela iniciativa privada.

Instrumentalização por meio de contrato ou convênio

Outro ponto importante a ser ressaltado é que essa participação da iniciativa privada, até porque envolve transferência de recursos ("pagamentos"), somente ocorrerá após a celebração de contrato ou convênio entre o Poder Público e a instituição privada. É o que preconiza o parágrafo único do art. 24:

> § Art. 24 (...)
>
> Parágrafo único. A participação complementar dos serviços privados será formalizada mediante contrato ou convênio, observadas, a respeito, as normas de direito público.

A participação complementar das instituições privadas de assistência à saúde no SUS deverá observar as regras da Lei nº 8.666/93 e da Lei nº 8.080/90.

Quando se celebra contrato e quando ocorre o convênio?

De acordo com a Portaria de consolidação nº 1, de 28 de setembro de 2017, do Ministério da Saúde:

- convênio: é assinado entre o ente público e uma instituição privada sem fins lucrativos, quando houver interesse comum em firmar uma parceria em prol da prestação de serviços assistenciais à saúde;
- contrato: é assinado entre o ente público e uma instituição privada, com ou sem fins lucrativos, quando o objeto do contrato for a compra de serviços de saúde.

Descumprimento do art. 24, parágrafo único

Infelizmente, contudo, mesmo com essa expressa previsão legal, o que se observava na prática era uma grande quantidade de situações nas quais o Poder Público autorizava que hospitais privados fizessem tratamentos em pacientes do SUS e, após isso, mesmo sem prévio contrato ou convênio, fossem efetuados os pagamentos.

Visando a coibir de forma mais dura essa prática, foi editada a Lei nº 13.650/2018.

Nova hipótese de improbidade administrativa

A Lei nº 13.650/2018 inseriu um inciso no art. 11 da Lei nº 8.429/92 afirmando que a prática de transferir recursos para instituições privadas de saúde sem prévio contrato ou convênio é ato de improbidade administrativa. Confira:

> § Art. 11. Constitui ato de improbidade administrativa que atenta contra os princípios da administração pública qualquer ação ou omissão que viole os deveres de honestidade, imparcialidade, legalidade, e lealdade às instituições, e notadamente:
>
> (...)
>
> X – transferir recurso a entidade privada, em razão da prestação de serviços na área de saúde sem a prévia celebração de contrato, convênio ou instrumento congênere, nos termos do parágrafo único do art. 24 da Lei nº 8.080, de 19 de setembro de 1990. (inciso X inserido pela Lei nº 13.650/2018)

Previsão reforça a tipicidade

A conduta acima tipificada, mesmo antes da Lei nº 13.650/2018, já poderia ser considerada ato de improbidade administrativa. Isso porque os incisos dos arts. 9º, 10 e 11 trazem rol exemplificativo. Assim, mesmo sem previsão expressa, essa transferência em desacordo com a lei representava violação ao princípio da legalidade (caput do art. 11).

Salvo se a conduta configurar hipótese do art. 10, XI, desta Lei

Essa conduta de "transferir recurso a entidade privada, em razão da prestação de serviços na área de saúde sem a prévia celebração de contrato, convênio ou instrumento congênere" pode, muitas vezes, ser considerada como um ato de improbidade mais grave. Isso porque essa transferência de recurso sem contrato ou convênio em alguns casos não se limita a uma falha formal. Essa prática pode gerar um real prejuízo ao erário, hipótese na qual pode se enquadrar no art. 10, XI, que tem a seguinte redação:

§ Art. 10. Constitui ato de improbidade administrativa que causa lesão ao erário qualquer ação ou omissão, dolosa ou culposa, que enseje perda patrimonial, desvio, apropriação, malbaratamento ou dilapidação dos bens ou haveres das entidades referidas no art. 1º desta lei, e notadamente:

XI – liberar verba pública sem a estrita observância das normas pertinentes ou influir de qualquer forma para a sua aplicação irregular;

9. TEMAS DIVERSOS

9.1. ORGANIZAÇÃO ADMINISTRATIVA

LEGITIMIDADE DO MUNICÍPIO PARA DEFESA DOS CONSUMIDORES

Município tem legitimidade ad causam para ajuizar ação civil pública em defesa de direitos consumeristas questionando a cobrança de tarifas bancárias.

Em relação ao Ministério Público e aos entes políticos, que têm como finalidades institucionais a proteção de valores fundamentais, como a defesa coletiva dos consumidores, não se exige pertinência temática e representatividade adequada.

STJ. 3ª Turma. REsp 1.509.586-SC, Rel. Min. Nancy Andrighi, julgado em 15/05/2018 (Info 626).

Veja comentários em Direito Processual Civil.

É POSSÍVEL APLICAR O REGIME DE PRECATÓRIOS ÀS EMPRESAS PÚBLICAS E SOCIEDADES DE ECONOMIA MISTA?

Regime de precatórios

O art. 100 da CF/88 prevê que se a Fazenda Pública Federal, Estadual, Distrital ou Municipal for condenada por sentença judicial transitada em julgado a pagar determinada quantia a alguém, este pagamento será feito sob um regime especial chamado de "precatório":

§ Art. 100. Os pagamentos devidos pelas Fazendas Públicas Federal, Estaduais, Distrital e Municipais, em virtude de sentença judiciária, far-se-ão exclusivamente na ordem cronológica de apresentação dos precatórios e à conta dos créditos respectivos, proibida a designação de casos ou de pessoas nas dotações orçamentárias e nos créditos adicionais abertos para este fim.

O regime de precatórios é um privilégio instituído em favor da Fazenda Pública, considerando que ela não terá que pagar imediatamente o valor para o qual foi condenada, ganhando, assim, um "prazo" maior.

Quem tem o privilégio de pagar por meio de precatório? A quem se aplica o regime dos precatórios?

As Fazendas Públicas Federal, Estaduais, Distrital e Municipais.

Essa expressão abrange:

- União, Estados, DF e Municípios (administração direta);
- autarquias;

- fundações;
- empresas públicas prestadoras de serviço público (ex: Correios);
- sociedades de economia mista prestadoras de serviço público de atuação própria do Estado e de natureza não concorrencial.

Empresas públicas

Empresa pública é...

- a entidade dotada de personalidade jurídica de direito privado,
- com criação autorizada por lei e
- com patrimônio próprio,
- cujo capital social é integralmente detido pela União, pelos Estados, pelo DF ou pelos Municípios.

Observação importante:

É permitido que uma empresa pública seja formada por mais de um ente (ex: União e Estado-membro) ou entidade (ex: Estado-membro e empresa pública federal). Veja o que diz a Lei nº 13.303/2016:

§ Art. 3º (...)

Parágrafo único. Desde que a maioria do capital votante permaneça em propriedade da União, do Estado, do Distrito Federal ou do Município, será admitida, no capital da empresa pública, a participação de outras pessoas jurídicas de direito público interno, bem como de entidades da administração indireta da União, dos Estados, do Distrito Federal e dos Municípios.

Finalidade das empresas públicas e sociedades de economia mista

As empresas públicas e as sociedades de economia mista podem:

a. Explorar atividades de natureza econômica;

b. Executar serviços públicos.

O objetivo precípuo do Poder Público não é a realização de atividades econômicas, mas sim a prestação de serviços públicos. Por essa razão, a Constituição Federal (art. 173) prevê que o Estado somente deverá fazer a exploração direta da atividade econômica quando isso for necessário por razões de:

segurança nacional ou

relevante interesse coletivo.

A Lei nº 13.303/2016 determina que:

§ Art. 2º A exploração de atividade econômica pelo Estado será exercida por meio de empresa pública, de sociedade de economia mista e de suas subsidiárias.

Desse modo, se o Poder Público decide desenvolver determinada atividade econômica, ele precisará fazer isso por meio de uma empresa pública ou sociedade de economia mista.

Bens

Como são pessoas jurídicas de direito privado, os bens das empresas públicas e das sociedades de economia mista são classificados como bens privados (art. 98 do Código Civil).

Assim, em regra, as normas que regem esses bens são de direito privado, ou seja, recebem o mesmo tratamento de bens privados.

No entanto, apesar disso, existem algumas mitigações a essa regra, isto é, situações nas quais se aplicam normas de direito público para esses bens quando tais entidades forem prestadoras de serviços públicos. Ex: proibição da penhora dos bens que sejam necessários à continuidade dos serviços.

O regime de precatórios é aplicável para as empresas públicas?

Depende:

1) Se for uma empresa pública prestadora de serviços públicos: SIM.

Embora, em regra, as sociedades de economia mista e as empresas públicas estejam submetidas ao regime próprio das pessoas jurídicas de direito privado, o STF tem estendido algumas prerrogativas da Fazenda Pública a determinadas empresas estatais prestadoras de relevantes serviços públicos.

Exemplos: Correios (ECT), Casa da Moeda, Infraero e companhias estaduais de saneamento básico (nas hipóteses em que o capital social seja majoritariamente público e o serviço seja prestado em regime de exclusividade e sem intuito de lucro). Nesse sentido:

A Casa da Moeda do Brasil executa e presta serviço público mediante outorga da União. A CF/88 conferiu a ela, em regime de monopólio, o encargo de emitir moeda (art. 21, VII).

Em razão disso, o STF atribuiu à Casa da Moeda as prerrogativas de Fazenda Pública, como imunidade tributária e execução pelo regime de precatórios.

STF. 1ª Turma. RE 1009828 AgR, Rel. Min. Roberto Barroso, julgado em 24/08/2018.

2) Se for uma empresa pública que desenvolva atividade econômica sem monopólio e com finalidade de lucro: NÃO.

Não se submetem ao regime de precatório as empresas públicas dotadas de personalidade jurídica de direito privado com patrimônio próprio e autonomia administrativa que exerçam atividade econômica sem monopólio e com finalidade de lucro.

STF. 1ª Turma. RE 892727/DF, rel. orig. Min. Alexandre de Morais, red. p/ o ac. Min. Rosa Weber, julgado em 7/8/2018 (Info 910).

O entendimento foi cobrado recentemente no concurso de Juiz Federal do TRF2 (2017):

"Nos termos de posicionamento do STF, empresas públicas não podem gozar da possibilidade de pagar débitos judiciais por meio de precatórios, em razão de serem pessoas de direito privado." (ERRADO)

Aplicação do regime dos precatórios às SOCIEDADES DE ECONOMIA MISTA

As sociedades de economia mista são pessoas jurídicas de direito privado formadas majoritariamente com capital público, mas possuindo também capital privado.

Em virtude dessas características, havia divergência se o regime dos precatórios poderia ser aplicado para as sociedades de economia mista.

O STF pacificou o tema no sentido de que é possível, desde que essa sociedade de economia mista seja prestadora de serviço público de atuação própria do Estado e de natureza não concorrencial.

Veja como vem decidindo o Plenário da Corte:

É aplicável o regime dos precatórios às sociedades de economia mista prestadoras de serviço público próprio do Estado e de natureza não concorrencial.

STF. Plenário. ADPF 387/PI, Rel. Min. Gilmar Mendes, julgado em 23/3/2017 (Info 858).

É inconstitucional determinação judicial que decreta a constrição de bens de sociedade de economia mista prestadora de serviços públicos em regime não concorrencial, para fins de pagamento de débitos trabalhistas.

Sociedade de economia mista prestadora de serviço público não concorrencial está sujeita ao regime de precatórios (art. 100 da CF/88) e, por isso, impossibilitada de sofrer constrição judicial de seus bens, rendas e serviços, em respeito ao princípio da legalidade orçamentária (art. 167, VI, da CF/88) e da separação funcional dos poderes (art. 2º c/c art. 60, § 4º, III).

STF. Plenário. ADPF 275/PB, Rel. Min. Alexandre de Moraes, julgado em 17/10/2018 (Info 920).

Não atuar em regime de concorrência e não objetivar lucro

Segundo o STF, para que a sociedade de economia mista goze dos privilégios da Fazenda Pública, é necessário que ela não atue em regime de concorrência com outras empresas e que não tenha objetivo de lucro. Confira:

(...) Os privilégios da Fazenda Pública são inextensíveis às sociedades de economia mista que executam atividades em regime de concorrência ou que tenham como objetivo distribuir lucros aos seus acionistas. Portanto, a empresa Centrais Elétricas do Norte do Brasil S.A. – Eletronorte não pode se beneficiar do sistema de pagamento por precatório de dívidas decorrentes de decisões judiciais (art. 100 da Constituição). (...)

STF. Plenário. RE 599628, Relator p/ Acórdão Min. Joaquim Barbosa, julgado em 25/05/2011.

Assim, se a sociedade de economia mista atuar em mercado sujeito à concorrência ou permitir a acumulação ou a distribuição de lucros, neste caso ela se submeterá ao regime de execução comum aplicável às demais empresas do setor privado.

Exemplos

Você pode estar com alguma dificuldade de visualizar o que seria uma sociedade de economia mista prestadora de serviço público próprio do Estado e de natureza não concorrencial.

Por isso, vejamos três exemplos já enfrentados pelo STF:

1) Companhia de Saneamento de Alagoas (CASAL)

Trata-se de uma sociedade de economia mista prestadora de serviços de abastecimento de água e saneamento que presta serviço público primário e em regime de exclusividade.

O STF entendeu que a atuação desta sociedade de economia mista corresponde à própria atuação do Estado, já que ela não tem objetivo de lucro e o capital social é majoritariamente estatal.

Logo, diante disso, o Supremo reconheceu que ela tem direito ao processamento da execução por meio de precatório.

STF. 2ª Turma. RE 852302 AgR/AL, Rel. Min. Dias Toffoli, julgado em 15/12/2015 (Info 812).

2) Empresa de Gestão de Recursos do Estado do Piauí S/A (EMGERPI)

A EMGERPI é uma sociedade de economia mista voltada à capacitação e redistribuição de servidores para órgãos e entidades da Administração Pública estadual. Tem como finalidade prioritária gerenciar recursos humanos da Administração Pública estadual, na medida em que seu objeto social é capacitar, aperfeiçoar, absorver, redistribuir e ceder pessoal para órgãos e entidades da Administração Pública do Piauí.

Neste caso, o STF entendeu que a EMGERPI não exerce atividade econômica em regime de concorrência, devendo, portanto, ser submetida ao regime de precatório.

STF. Plenário. ADPF 387/PI, Rel. Min. Gilmar Mendes, julgado em 23/3/2017 (Info 858).

No caso concreto envolvendo a EMGERPI, a Justiça do Trabalho condenou a empresa a pagar determinadas dívidas trabalhistas e, como estas não foram quitadas, o magistrado determinou a penhora de valores contidos na conta única do Estado do Piauí (sócio majoritário da EMGERPI).

O STF cassou a decisão afirmando que a execução deveria seguir o rito dos precatórios e que a penhora efetuada poderia comprometer as finanças do Estado, além de acarretar dificuldades na execução de políticas públicas.

O Min. Gilmar Mendes destacou que a decisão do magistrado afrontava diretamente o regime de precatórios estabelecido no art. 100 da CF/88 e também os princípios constitucionais da atividade financeira estatal, em especial o da legalidade orçamentária (art. 167, VI, da CF/88). Além disso, a referida ordem de bloqueio constituía interferência indevida, em ofensa aos princípios da independência e da harmonia entre os Poderes (art. 2º, da CF/88).

3) Companhia de Desenvolvimento de Recursos Minerais da Paraíba (CDRM/PB)

Trata-se de sociedade de economia mista que tem por finalidade executar programas e projetos de desenvolvimento de recursos minerais e hídricos no Estado da Paraíba.

STF. Plenário. ADPF 275/PB, Rel. Min. Alexandre de Moraes, julgado em 17/10/2018 (Info 920).

CONCESSIONÁRIA DE ENERGIA ELÉTRICA NÃO PODE COBRAR A MULTA DO ART. 4º, PARÁGRAFO ÚNICO DO DL 2.432/88 DOS ÓRGÃOS PÚBLICOS USUÁRIOS DO SERVIÇO

Imagine a seguinte situação hipotética:

Amazonas Energia S.A. é uma sociedade de economia mista, sob controle acionário da União.

Ela é a concessionária de fornecimento de energia elétrica para o Amazonas, ou seja, é a empresa responsável pela prestação do serviço público de distribuição de energia elétrica no Estado.

A Amazonas Energia celebrou um contrato com o Ministério do Exército (União) para fornecimento de energia elétrica aos quartéis e demais instalações militares do Exército localizados no Amazonas.

Ocorre que o Exército atrasou o pagamento das faturas.

Diante disso, a concessionária cobrou as faturas e, somado a isso, exigiu também o pagamento da multa prevista no art. 4º, parágrafo único do Decreto-Lei nº 2.432/88.

Obs1: os decretos-leis existiam antes da CF/88 e foram recepcionados pela atual Constituição com força de lei, ou seja, são atos normativos equiparados à lei.

Obs2: o DL 2.432/88 prevê normas para garantir o equilíbrio econômico-financeiro das concessionárias de serviços públicos de energia elétrica.

Vejamos o que diz o art. 4º, parágrafo único do DL 2.432/88 invocado pela Amazonas Energia como fundamento para a cobrança da multa:

§ Art. 4º (...)

Parágrafo único. O atraso no pagamento de faturas de fornecimento de energia elétrica implicará, sem prejuízo de outras penalidades previstas na legislação vigente, em multa (...)

Agiu corretamente a concessionária? É possível exigir o pagamento desta multa?

NÃO.

A concessionária de fornecimento de energia elétrica não pode exigir de órgão público, usuário do serviço, multa por inadimplemento no pagamento de fatura, fundamentada no parágrafo único do art. 4º do Decreto-Lei nº 2.432/88.

STJ. 1ª Turma. REsp 1.396.808-AM, Rel. Min. Gurgel de Faria, julgado em 14/08/2018 (Info 632).

A interpretação de um parágrafo de artigo deve sempre levar em consideração o caput. Isso porque os parágrafos de um artigo são dependentes e possuem total relação com o caput.

Assim, para se entender de que multa o parágrafo único está tratando, é indispensável examinar o caput do dispositivo, que diz o seguinte:

> § Art. 4º O atraso no recolhimento mensal de quotas anuais de reversão e compensação, das quotas mensais de rateio de ônus e vantagens decorrentes de consumo de combustíveis fósseis a que se refere o § 9º do art. 1º deste decreto-lei e pagamento de conta relativa à compra-e-venda de energia elétrica entre concessionárias de serviços públicos de energia elétrica implicará, além da atualização monetária do montante a pagar, com base na variação das Obrigações do Tesouro Nacional – OTN, na incidência de juros de mora de um por cento ao mês sobre o valor corrigido do débito, calculado pro rata tempore e multa de dez por cento sobre o montante final, que terão a mesma destinação do principal.
>
> Parágrafo único. O atraso no pagamento de faturas de fornecimento de energia elétrica implicará, sem prejuízo de outras penalidades previstas na legislação vigente, em multa (...)

A redação do caput é meio confusa e repleta de termos técnicos. No entanto, em resumo, ele está tratando sobre "compra e venda de energia elétrica entre concessionárias de serviço público de energia elétrica". Ex: imagine que a Amazonas Energia vendeu energia elétrica para a Companhia Energética de Roraima (concessionária responsável por distribuir energia naquele Estado). Neste caso, seria possível a cobrança da referida multa.

Assim, a multa prevista no parágrafo único do art. 4º do DL 2.432/88 não se refere a relações entre a concessionária e os usuários do seu serviço, ou seja, não é uma multa cobrada dos clientes (usuários finais).

Logo, conclui-se que não havia supedâneo (suporte) legal para a concessionária ter exigido do Comando do Exército (União) o pagamento desta multa.

DISCUSSÃO SOBRE A CONSTITUCIONALIDADE DE RESOLUÇÃO DA ANVISA QUE PROÍBE CIGARROS COM SABOR E AROMA

ANVISA

A ANVISA, Agência Nacional de Vigilância Sanitária, é uma autarquia sob regime especial (agência reguladora), vinculada ao Ministério da Saúde, criada pela Lei nº 9.782/99.

O art. 7º da Lei traz as competências da ANVISA. Destaco as que estão previstas nos incisos III e XV:

> § Art. 7º Compete à Agência proceder à implementação e à execução do disposto nos incisos II a VII do art. 2º desta Lei, devendo:
>
> (...)

III – estabelecer normas, propor, acompanhar e executar as políticas, as diretrizes e as ações de vigilância sanitária;

(...)

XV – proibir a fabricação, a importação, o armazenamento, a distribuição e a comercialização de produtos e insumos, em caso de violação da legislação pertinente ou de risco iminente à saúde;

Resolução RDC 14/2002-ANVISA

Em 2002, a ANVISA editou uma Resolução (RDC 14/2002) proibindo a comercialização no Brasil de cigarros com sabor e aroma.

Essa Resolução foi editada com base no art. 7º, XV, da Lei nº 9.782/99 que vimos acima.

ADI 4874

A Confederação Nacional da Indústria (CNI) ajuizou ação direta de inconstitucionalidade (ADI) pedindo:

a. a declaração de inconstitucionalidade dos incisos III e XV do art. 7º da Lei nº 9.782/99; e

b. por arrastamento, da Resolução 14/2002, que proíbe a comercialização de cigarros que contêm aroma e sabor.

Para a autora, a parte final do inciso XV do art. 7º está permitindo que a ANVISA utilize seu poder regulamentador para proibir, em caráter genérico e abstrato, a fabricação e a comercialização de produtos e insumos submetidos à fiscalização sanitária. A CNI afirma que a ANVISA não pode atuar como se tivesse "delegação legislativa em branco, isto é, desacompanhada de diretrizes ou parâmetros claros e obrigatórios".

Exemplo dessa distorção seria a RDC 14/2012 da ANVISA.

A CNI argumentou que, embora a própria ANVISA tenha admitido que "a proibição de comercialização de cigarros com aroma e sabor teve o objetivo de diminuir a atratividade do produto para o público jovem", a RDC 14/2012 proibiu aditivos de forma genérica, entendidos como qualquer substância ou composto que não seja tabaco ou água, e, com isso, implicou o banimento da produção e comercialização da quase totalidade dos cigarros vendidos licitamente no mercado brasileiro. A CNI argumenta que a atuação da ANVISA está violando os princípios da legalidade, da separação dos Poderes e da livre iniciativa.

Isso porque, segundo a confederação, mais de 98% dos cigarros vendidos no Brasil são do tipo *american blend*, produto de uma mistura de aditivos e diferentes tipos de fumo (combinação de folhas de tabaco tipo Burley, Oriental e Virgínia). "A rigor, proibir o uso de aditivos significa banir a comercialização do cigarro fabricado e consumido há muitas décadas no País. Não se trata apenas dos ditos cigarros com sabor: estes representam menos de 2% do mercado brasileiro de cigarros. O banimento de aditivos atinge, na verdade, mais de 98% da produção nacional que apresenta sabor de tabaco, com efeitos sistêmicos sobre toda a cadeia produtiva – a qual abarca desde produtores rurais, fornecedores de insumos, fabricantes, distribuidores, até os comerciantes que atuam em pontos de vendas".

O que o STF decidiu? A ADI foi julgada procedente? Os dispositivos impugnados foram declarados inconstitucionais?

NÃO. O resultado do julgamento foi o seguinte:

• Quanto ao art. 7º, III e XV, a Lei nº 9.782/99:

O STF julgou improcedente a ADI e declarou que esses incisos são constitucionais. 9 Ministros votaram nesse sentido. Isso significa que foi cumprido o requisito do art. 97 da CF/88:

§ Art. 97. Somente pelo voto da maioria absoluta de seus membros ou dos membros do respectivo órgão especial poderão os tribunais declarar a inconstitucionalidade de lei ou ato normativo do Poder Público.

Logo, essa parte do dispositivo (que jugou o art. 7º, III e XV) possui eficácia *erga omnes* e efeito vinculante.

Significa dizer que nenhum juiz ou Tribunal "pode" declarar que o art. 7º, III e XV, a Lei nº 9.782/99 é inconstitucional. Se o fizer, cabe reclamação ao STF.

- Quanto à RDC 14/2012: o STF também julgou improcedente a ADI. Ocorre que aqui aconteceu algo inusitado: 5 Ministros votaram pela constitucionalidade da Resolução e outros 5 Ministros entenderam que ela seria inconstitucional. 1 Ministro se julgou suspeito para votar. Houve, portanto, um empate.

O art. 97 da CF/88 exige um quórum mínimo de 6 Ministros do STF para que uma lei ou ato normativo seja declarado inconstitucional. Como houve apenas 5 votos, a Resolução impugnada não foi declarada inconstitucional.

Em outras palavras, a Resolução permanece válida.

Se houve empate na votação, por que a Resolução RDC 14/2002-ANVISA foi mantida no ordenamento jurídico?

Porque as leis e atos normativos possuem presunção de legitimidade. Assim, se não houve declaração expressa de que a Resolução da ANVISA é inconstitucional ou ilegal, ela continua sendo presumidamente válida.

Para que um ato normativo seja declarado inconstitucional é necessário que se atinja maioria dos votos. Havendo empate, permanece a validade da norma.

Efeito não-vinculante na decisão do STF sobre a RDC 14/2002-ANVISA

Como houve um empate na decisão do STF quanto à RDC 14/2012, esta parte do dispositivo NÃO possui eficácia erga omnes e efeito vinculante.

Significa dizer que, provavelmente, as empresas continuarão ingressando com ações judiciais, em 1ª instância, alegando que a Resolução é inconstitucional e pedindo a liberação da comercialização dos cigarros com aroma. Os juízes e Tribunais estarão livres para, se assim entenderem, declararem inconstitucional a Resolução e autorizar a venda. Isso porque, como já explicado, a decisão do STF que não declarou inconstitucional a Resolução não tem eficácia vinculante.

Nesse sentido, a CNI (autora da ADI) informou que as indústrias de tabaco estão amparadas por decisões judiciais que declararam a invalidade da RDC 14/2012 e que, portanto, vão continuar produzindo os cigarros aromatizados.

Vamos agora entender as razões invocadas pelo STF para julgar improcedente a ADI.

Agências reguladoras

A criação das agências reguladoras setoriais representou um aperfeiçoamento da arquitetura institucional do Estado de Direito contemporâneo. Isso porque tais agência oferecem uma resposta da Administração Pública para as complexas relações sociais verificadas na modernidade.

Exige-se uma agilidade e flexibilidade cada vez maiores do Estado diante das novas demandas econômicas e sociais. Esses desafios fizeram com que fosse necessária a criação das agências reguladoras, previstas como entidades que gozam de relativa autonomia e dotadas de mecanismos eficazes para a regulação de setores específicos. Dentre os mecanismos que as agências necessitam está a competência para editar atos normativos (função normativa).

As agências reguladoras possuem o objetivo de não apenas regular a concorrência, corrigindo as "falhas de mercado", possuindo também uma finalidade de promover regulação social.

ANVISA e poder de polícia

No caso da ANVISA, ela possui funções de regulação concorrencial e de regulação dos serviços públicos. No entanto, além disso, esta agência tem por vocação o exercício de poder de polícia, no caso, o controle sanitário.

Esse poder de polícia é exercido por meio da prática de atos específicos, de efeitos concretos, e também pela edição de atos normativos abstratos, de alcance generalizado.

Desse modo, a competência das agências reguladoras para editar atos normativos visando à organização e à fiscalização das atividades por elas reguladas está inserida dentro do poder geral de polícia da Administração.

Função normativa está subordinada à lei

Vale ressaltar, no entanto, que a função normativa das agências reguladoras, especialmente quando atinge direitos e deveres dos administrados, subordina-se obrigatoriamente à lei.

Assim, embora dotadas de considerável autonomia, as agências reguladoras somente podem exercer sua competência normativa segundo os limites impostos pelas leis que as criaram. No caso da ANVISA, a Lei nº 9.782/99.

A regulação setorial feita pelas agências reguladoras, apesar de estar subordinada à lei, não significa simplesmente reproduzir mecanicamente a lei ou simplesmente preencher lacunas.

A função regulatória das agências reguladoras, como envolve um viés técnico, é qualitativamente diferente da mera edição de uma portaria ou de qualquer outro ato regulamentar tradicional, possuindo um espaço maior para as agências atuarem.

Assim, a função regulatória das agências não é inferior ou superior à legislação, mas diferente, pelo seu viés técnico. O poder normativo atribuído às agências reguladoras consiste em instrumento para a implementação das diretrizes, finalidades, objetivos e princípios expresso na Constituição e na legislação setorial.

Art. 7º, III e XV, da Lei nº 9.782/99

Diante disso, o STF entendeu que o art. 7º, III e XV não viola a CF/88.

RDC 14/2012

Em relação ao pedido sucessivo veiculado pelo autor da ADI, declaração de inconstitucionalidade da Resolução da Diretoria Colegiada 14/2012 da ANVISA, em caráter autônomo, "por violação direta à Constituição da República", verificou-se empate na votação.

Aqui, a discussão resumia-se no seguinte debate: a ANVISA por, por meio de Resolução, ou seja, sem uma lei aprovada pelo Congresso Nacional, restringir a comercialização de produtos? Essa Resolução RDC 14/2012 é válida?

A Ministra Relatora Rosa Weber julgou improcedente o pedido, declarando a constitucionalidade da resolução, no que foi acompanhada pelos Ministros Edson Fachin, Ricardo Lewandowski, Celso de Mello e Cármen Lúcia.

A relatora afirmou que, ao editar a RDC 14/2012, definindo normas e padrões técnicos sobre limites máximos de alcatrão, nicotina e monóxido de carbono no cigarro e restringindo o uso dos denominados aditivos nos produtos fumígenos derivados do tabaco, a ANVISA teria atuado em conformidade com os lindes constitucionais e legais das suas prerrogativas, expressos na observância do marco legal vigente, em estrita atenção à competência normativa prevista nos arts. 7º, III e 8º, § 1º, X, da Lei nº 9.782/99, agindo de modo a incrementar a proteção da saúde e o acesso ao direito à informação.

A despeito do direito fundamental à liberdade de iniciativa, o Estado pode impor condições e limites para exploração de atividades privadas, tendo em vista a necessidade de sua compatibilização com os demais princípios, garantias e direitos fundamentais. No caso do controle do tabaco, a saúde e o direito à informação devem ser protegidos. Assim, é possível à ANVISA tomar medidas repressivas concretas para suspender ou evitar risco iminente à saúde.

Em divergência, o Ministro Alexandre de Moraes julgou parcialmente procedente o pedido para declarar a inconstitucionalidade parcial, com redução de texto, dos arts. 1º, 3º, 6º, 7º, 9º e 10 da Resolução 14/2012 da ANVISA, no que foi acompanhado pelos Ministros Luiz Fux, Dias Toffoli, Gilmar Mendes e Marco Aurélio.

O Min. Alexandre de Moraes, acompanhado por outros cinco Ministros, entendeu que a ANVISA extrapolou suas atribuições legais ao proibir a venda dos cigarros aromatizados.

"A agência tem como função controlar, fiscalizar, dentro dos parâmetros legais. Em momento algum a legislação de criação da agência permitiu que ela proibisse qualquer espécie de produto derivado do tabaco", argumentou o Ministro.

Em suma:

É constitucional o art. 7º, III e XV, da Lei nº 9.782/99.

Entendeu-se que tais normas consagram o poder normativo da ANVISA (agência reguladora), sendo importante instrumento para a implementação das diretrizes, finalidades, objetivos e princípios expressos na Constituição e na legislação setorial.

Além disso, o STF, após empate na votação, manteve a validade da Resolução RDC 14/2002-ANVISA, que proíbe a comercialização no Brasil de cigarros com sabor e aroma. Esta parte do dispositivo não possui eficácia *erga omnes* e efeito vinculante. Significa dizer que, provavelmente, as empresas continuarão ingressando com ações judiciais, em 1ª instância, alegando que a Resolução é inconstitucional e pedindo a liberação da comercialização dos cigarros com aroma. Os juízes e Tribunais estarão livres para, se assim entenderem, declararem inconstitucional a Resolução e autorizar a venda.

STF. Plenário. ADI 4874/DF, Rel. Min. Rosa Weber, julgado em 1º/2/2018 (Info 889).

9.2. CONTRATOS ADMINISTRATIVOS

CONTRATOS DE FRANQUIA DOS CORREIOS CELEBRADOS SEM LICITAÇÃO

Franquia dos Correios

Os serviços dos Correios podem ser prestados em duas formas nas agências:

a. Agência própria dos Correios: quando o serviço é explorado diretamente pela empresa pública, na forma de agência própria;

b. Agência franqueada: quando a exploração do serviço é feita por meio de particulares que assinam um contrato de franquia com os Correios.

Dessa forma, a chamada "Franquia Postal" ocorre quando é outorgada a uma pessoa jurídica de direito privado a execução de atividades auxiliares ao serviço postal.

Para que a pessoa seja um franqueado dos Correios, é necessário vencer uma licitação?

Em regra, sim.

Lei nº 11.668/2008

O exercício da atividade de franquia postal é atualmente disciplinado pela Lei nº 11.668/2008, fruto da MP 403, publicada em 27 de novembro de 2007.

Antes de 27/11/2007, data da MP que foi convertida na Lei nº 11.668/2007, diversos contratos de franquia foram celebrados sem prévia licitação, ou seja, particulares receberam outorgas de franquia postal mesmo sem terem participado de licitação.

A Lei nº 11.668/2008 determinou que essa situação deveria ser regularizada com a assinatura de novos contratos após a realização de licitação. A Lei previu, no entanto, que, enquanto não for feita a referida regularização, os contratos anteriores à MP continuam produzindo efeitos. Veja a redação do art. 7º da Lei nº 11.668/2008:

§ Art. 7º Até que entrem em vigor os contratos de franquia postal celebrados de acordo com o estabelecido nesta Lei, continuarão com eficácia aqueles firmados com as Agências de Correios Franqueadas que estiverem em vigor em 27 de novembro de 2007.

Parágrafo único. A ECT deverá concluir as contratações a que se refere este artigo até 30 de setembro de 2012. (Redação dada pela Lei nº 12.400, de 2011).

Como se vê o prazo do parágrafo único do art. 7º já se esgotou. Apesar disso, continuam existindo contratos que não foram regularizados. Qual é a situação desses contratos?

Eles continuam produzindo efeitos. O STJ decidiu que, mesmo ultrapassado esse prazo do art. 7º, parágrafo único, da Lei nº 11.668/2008, enquanto não houver a regularização, tais contratos continuam produzindo efeitos:

Os contratos das Agências de Correios Franqueadas em vigor em 27 de novembro de 2007 que não sejam precedidos de licitação possuem eficácia até que as novas avenças sejam firmadas, ainda que descumprido o prazo estabelecido pelo art. 7º, parágrafo único, da Lei nº 11.668/2008.

STJ. 1ª Turma. AREsp 613.239-RS, Rel. Min. Benedito Gonçalves, julgado em 07/11/2017 (Info 616).

Em homenagem ao princípio da continuidade dos serviços públicos, enquanto não houver a assinatura de novos contratos de franquia, os antigos deverão continuar produzindo efeitos mesmo que tenham sido firmados sem licitação.

Não se trata de perpetuar os contratos sem licitação, mas sim de respeitar a continuidade dos serviços públicos até que novos ajustes sejam firmados.

O Decreto nº 6.639/2008 determinou a extinção automática de todos os contratos de franquia firmados sem prévia licitação após o prazo do art. 7º, parágrafo único, da Lei nº 11.668/2008, mesmo que ainda não tenham sido celebrados novos pactos. Essa previsão é válida?

NÃO. O STJ entendeu que essa previsão do Decreto é ilegal porque a Lei nº 11.668/2008 conferiu um prazo para a realização de novos contratos, mas não determinou a extinção automática dos anteriores, exigindo que eles permaneçam eficazes até que novos ajustes sejam firmados. Logo, o Decreto disse mais do que a Lei e violou o princípio da continuidade dos serviços públicos.

9.3. PODER DE POLÍCIA

Competência do DNIT para fiscalizar trânsito nas rodovias e estradas federais

Imagine a seguinte situação hipotética:

João estava dirigindo seu veículo a 150km/h em uma rodovia federal quando, então, foi multado por excesso de velocidade.

Ocorre que esta multa foi aplicada por um servidor do DNIT (Departamento Nacional de Infraestrutura de Transporte).

Inconformado, João ingressou com ação na Justiça Federal pedindo a anulação da sanção sob o argumento de que a competência para aplicar multas de trânsito nas rodovias federais é exclusiva da Polícia Rodoviária Federal. Teria havido, assim, violação da competência para praticar o ato administrativo.

A tese de João pode ser aceita? A competência para aplicar multas de trânsito nas rodovias federais é exclusiva da PRF? O DNIT está impedido de aplicá-las?

NÃO.

O Departamento Nacional de Infraestrutura de Transportes – DNIT detém competência para a fiscalização do trânsito nas rodovias e estradas federais, podendo aplicar, em caráter não exclusivo, penalidade por infração ao Código de Trânsito Brasileiro, consoante se extrai da conjugada exegese dos arts. 82, § 3º, da Lei nº 10.233/2001 e 21 da Lei nº 9.503/1997 (Código de Trânsito Brasileiro).

STJ. 1ª Seção. REsp 1.588.969-RS, Rel. Min. Assusete Magalhães, julgado em 28/02/2018 (recurso repetitivo) (Info 623).

As atribuições do DNIT estão previstas no art. 82 da Lei nº 10.233/2001 (Art. 82. São atribuições do DNIT, em sua esfera de atuação...).

Se você ler os incisos do art. 82, não irá realmente encontrar a atribuição de aplicar multas. No entanto, veja o que diz o § 3º do art. 82:

> § § 3º É, ainda, atribuição do DNIT, em sua esfera de atuação, exercer, diretamente ou mediante convênio, as competências expressas no art. 21 da Lei nº 9.503, de 1997, observado o disposto no inciso XVII do art. 24 desta Lei.

A Lei nº 9.503/97 é o Código de Trânsito brasileiro e o art. 24 elenca as competências dos órgãos e entidades executivos rodoviários da União, dos Estados, do Distrito Federal e dos Municípios.

Dentre as competências previstas aos órgãos e entidades executivos rodoviários pelo art. 21 da Lei nº 9.503/97, seu inciso VI determina, de forma clara:

> § Art. 21. Compete aos órgãos e entidades executivos rodoviários da União, dos Estados, do Distrito Federal e dos Municípios, no âmbito de sua circunscrição:
>
> (...)
>
> VI – executar a fiscalização de trânsito, autuar, aplicar as penalidades de advertência, por escrito, e ainda as multas e medidas administrativas cabíveis, notificando os infratores e arrecadando as multas que aplicar;

Portanto, se analisarmos o art. 82, § 3º da Lei nº 10.233/2001 combinado com o art. 21, VI, da Lei nº 9.503/97, veremos que o DNIT detém competência para fiscalização do trânsito nas rodovias e estradas federais.

Fiscalização prévia do camarão in natura

Imagine a seguinte situação:

O Delegado Federal da Agricultura do Piauí exigiu dos criadores de camarão que, todas as vezes em que eles fossem transportar camarão *in natura*, como matéria-prima, para serem beneficiados em outros Estados, antes de fazer esse transporte, tais camarões fossem fiscalizados e recebessem o Certificado Sanitário.

A Associação dos Criadores de Camarão do Piauí impetrou mandado de segurança alegando que esta exigência seria ilegal e que isso contraria a livre iniciativa e a livre concorrência.

O pedido da Associação foi acolhido? A exigência feita é realmente ilegal?

NÃO.

É obrigatória a prévia fiscalização do camarão in natura, ainda que na condição de matéria--prima, antes do beneficiamento em outros Estados da Federação, podendo tal atividade ser realizada no próprio estabelecimento rural onde se desenvolve a carcinicultura.

STJ. 1ª Turma. REsp 1.536.399-PI, Rel. Min. Sérgio Kukina, julgado em 08/02/2018 (Info 620).

O fundamento para esta exigência encontra-se previsto nos arts. 1º, 2º e 3º da Lei nº 1.283/50:

§ Art. 1º É estabelecida a obrigatoriedade da prévia fiscalização, sob o ponto de vista industrial e sanitário, de todos dos produtos de origem animal, comestíveis e não comestíveis, sejam ou não adicionados de produtos vegetais, preparados, transformados, manipulados, recebidos, acondicionados, depositados e em trânsito.

§ Art. 2º São sujeitos à fiscalização prevista nesta lei:

a) os animais destinados à matança, seus produtos e subprodutos e matérias primas;

b) o pescado e seus derivados;

(...)

§ Art. 3º A fiscalização, de que trata esta lei, far-se-á:

a) nos estabelecimentos industriais especializados e nas propriedades rurais com instalações adequadas para a matança de animais e o seu preparo ou industrialização, sob qualquer forma, para o consumo;

b) nos entrepostos de recebimento e distribuição do pescado e nas fábricas que industrializarem;

c) nas usinas de beneficiamento do leite, nas fábricas de laticínios, nos postos de recebimento, refrigeração e desnatagem do leite ou de recebimento, refrigeração e manipulação dos seus derivados e nos respectivos entrepostos;

d) nos entrepostos de ovos e nas fábricas de produtos derivados;

e) nos entrepostos que, de modo geral, recebam, manipulem, armazenem, conservem ou acondicionem produtos de origem animal;

f) nas propriedades rurais;

g) nas casas atacadistas e nos estabelecimentos varegistas.

O camarão *in natura* qualifica-se como produto animal comestível (art. 1º), sendo sujeito à fiscalização sanitária por se enquadrar na categoria "pescado" (art. 2º, "b"), devendo a correspondente fiscalização ser feita nos entrepostos de recebimento e distribuição do pescado (art. 3º, "b"), a que se equiparam as fazendas em que os camarões são criados e, *in natura*, comercializados e transportados para unidades de beneficiamento/industrialização situadas em outros Estados.

Ao estabelecer que a fiscalização também poderá ser feita na propriedade rural (art. 3º, "f"), o referido diploma legal indica, expressamente, a possibilidade de a atuação do poder de polícia da Administração recair no ambiente de origem do produto a ser inspecionado.

Por outro lado, observa-se que a impetrante (associação criadora) busca, indevidamente, conferir primazia aos princípios de livre iniciativa e da livre concorrência, em detrimento do direito fundamental da população consumidora à saúde, cujo raciocínio, por certo, não pode ser aceito.

O objetivo primordial da Lei nº 1.283/50 é o de assegurar e certificar a qualidade dos alimentos destinados ao consumo humano, estando isso baseado no art. 200, VI, da CF/88.

9.4. ACORDO DE LENIÊNCIA E COMPARTILHAMENTO DE PROVAS

Acordo de leniência

A Lei 12.846/2013 prevê a possibilidade de a pessoa jurídica que praticar ato lesivo à administração pública celebrar um "acordo de leniência" para abrandar a sua punição.

O acordo de leniência é uma espécie de "colaboração premiada".

Quais são os requisitos para que o acordo seja celebrado?

Para que o acordo de leniência seja celebrado deverão ser preenchidos, cumulativamente, os seguintes requisitos:

I – a pessoa jurídica seja a primeira a se manifestar sobre seu interesse em cooperar para a apuração do ato ilícito;

II – a pessoa jurídica cesse completamente seu envolvimento na infração investigada a partir da data de propositura do acordo;

III – a pessoa jurídica admita sua participação no ilícito e coopere plena e permanentemente com as investigações e o processo administrativo, comparecendo, sob suas expensas, sempre que solicitada, a todos os atos processuais, até seu encerramento.

A colaboração da pessoa jurídica precisa ser eficaz?

SIM. É necessário que a pessoa jurídica colabore efetivamente com as investigações e com o processo e dessa colaboração deve resultar:

I – a identificação dos demais envolvidos na infração, quando couber; e

II – a obtenção célere de informações e documentos que comprovem o ilícito sob apuração.

No acordo de leniência serão estipuladas as condições necessárias para que seja assegurada a efetividade da colaboração e o resultado útil do processo.

O Ministério Público pode celebrar acordo de leniência?

Existe uma polêmica sobre isso. O art. 16, § 10 da Lei nº 12.846/2013 afirma que "a Controladoria-Geral da União – CGU é o órgão competente para celebrar os acordos de leniência no âmbito do Poder Executivo federal, bem como no caso de atos lesivos praticados contra a administração pública estrangeira."

A posição que prevalece, contudo, é a de que, mesmo no silêncio da Lei, o Ministério Público pode sim fazer o acordo de leniência porque isso decorre do art. 129 da CF/88.

Cuidado para não confundir

Existe um acordo de leniência que é previsto na Lei nº 12.529/2011. Ele é diferente do que estamos estudando aqui.

O acordo de leniência da Lei nº 12.529/2011 "é um instrumento de defesa da concorrência por meio do qual um ou mais agentes que praticaram infração à ordem econômica cooperam voluntariamente com as investigações em troca de redução da pena ou até mesmo do perdão total. Trata-se de instituto equivalente à delação premiada do direito penal." (RAMOS, André Luiz Santa Cruz; GUTERRES, Thiago Martins. Lei Antitruste. Salvador: Juspodivm, 2015, p. 163).

Feitos os devidos esclarecimentos, imagine a seguinte situação concreta:

Tramitava no Supremo Tribunal Federal um inquérito para apurar suposta propina que teria sido paga pela construtora ODEBRECHT ao Deputado Federal Rodrigo Garcia, na época em que ele era Secretário Municipal na cidade de São Paulo (SP).

Vale ressaltar que os elementos informativos ("provas") que constam neste inquérito foram fornecidos pela própria ODEBRECHT, que firmou um acordo de leniência com o Ministério Público Federal.

A Promotoria de Justiça do Patrimônio Público e Social de São Paulo soube da existência desse inquérito e requereu ao STF o compartilhamento das "provas" a fim de instruir um inquérito civil instaurado para investigar a possível prática de ato de improbidade por parte de Rodrigo Garcia.

Na prática, isso significa o que? O Promotor de Justiça encaminhou um ofício ao STF dizendo o seguinte: eu instaurei aqui um inquérito civil contra esse Deputado para apurar a eventual prática de ato de improbidade administrativa e gostaria de ter acesso integral aos autos deste inquérito que tramita aí no Supremo para poder utilizar estes elementos na ação de improbidade que irei propor.

A ODEBRECHT manifestou-se contrariamente ao compartilhamento afirmando o seguinte: a nossa empresa celebrou um acordo de leniência com o MPF. Se o MP/SP quer ter acesso ao inteiro teor do inquérito, deverá aderir ao acordo de leniência e, ainda assim, não poderá utilizar estas provas para ingressar com ação de improbidade em desfavor da ODEBRECHT. Isso porque as provas fornecidas pela ODEBRECHT no acordo não podem ser utilizadas contra ela própria.

O STF deferiu o pedido do MP/SP? Houve o compartilhamento das provas?

SIM. Vamos entender com calma.

Provas realmente não podem ser utilizadas contra o colaborador

As provas obtidas com o acordo de leniência ou com o acordo de colaboração premiada podem ser compartilhadas com outros órgãos e autoridades públicas nacionais e até estrangeiras. Tais provas podem ser utilizadas por tais autoridades para fins cíveis, fiscais, administrativos e até mesmo criminais.

No entanto, tais provas NÃO podem ser utilizadas contra os próprios colaboradores para produzir punições além daquelas pactuadas no acordo.

Em outras palavras, no acordo de leniência, a ODEBRECHT confessou a prática de ilícitos e apresentou provas contra outras pessoas que também participaram dos fatos. No próprio acordo já ficaram acertadas as sanções a que ela irá se submeter.

Se uma outra autoridade (ex: MP/SP) pede para utilizar tais provas, isso pode ser autorizado, mas tais elementos fornecidos não poderão ser utilizados contra a empresa colaboradora (ODEBRECHT).

Esta ressalva deve ser expressamente comunicada ao destinatário da prova, com a informação de que se trata de uma limitação intrínseca e subjetiva de validade do uso da prova, nos termos da Nota Técnica nº 01/2017, da 5ª Câmara de Coordenação e Revisão do MPF.

Por que funciona assim?

O colaborador aceitou produzir provas contra si mesmo porque isso ficou combinado segundo os termos do acordo de leniência celebrado com o Estado. Em outras palavras, o colaborador concordou em confessar porque foi feito um acordo de que ele somente seria punido de acordo com aquilo que foi combinado.

Assim, a utilização de tais elementos probatórios, produzidos pelo próprio colaborador, em seu prejuízo, de modo distinto do firmado com a acusação e homologado pelo Judiciário, é prática abusiva, que viola o direito à não autoincriminação.

Deve-se ressaltar que isso não impede que outras autoridades não aderentes ao acordo realizem investigações e persecuções distintas (por exemplo, sobre fatos novos ou não incluídos no acordo), mas veda somente a utilização para esses casos de elementos probatórios produzidos pelos próprios colaboradores em razão do negócio firmado.

Acordo de leniência previa a não propositura de ações de improbidade contra a ODEBRECHT

No acordo de leniência em questão, o MPF se comprometeu a não propor, contra os aderentes (ODEBRECHT e suas demais empresas), qualquer ação de natureza cível ou penal em relação aos fatos e condutas nele revelados.

Uma das cláusulas previa expressamente que não se poderia utilizar as provas fornecidas pela construtora para se ajuizar ação de improbidade administrativa contra ela. Veja:

"d) a não propor qualquer ação de natureza cível ou sancionatória, inclusive ações de improbidade administrativa, pelos fatos ou condutas revelados em decorrência deste Acordo de Leniência, contra a COLABORADORA, empresas de seu grupo econômico, Aderentes, enquanto cumpridas integralmente as cláusula estabelecidas neste Acordo (...)"

Tudo bem. Até agora entendi... Mas por que o STF autorizou então o compartilhamento das provas com o MP/SP para a possível ação de improbidade?

Porque o inquérito civil não investiga apenas o Deputado (que, na época, era Secretário), ou seja, o alvo é um indivíduo que não é abrangido pelo acordo de leniência.

Assim, o STF afirmou o seguinte: eu autorizo o compartilhamento, no entanto, o MP/SP deverá respeitar os termos do acordo de leniência em relação à empresa colaboradora (ODEBRECHT).

É interessante fazer a leitura da ementa do julgado:

Penal e Processual Penal. 2. Compartilhamento de provas e acordo de leniência. 3. A possibilidade de compartilhamento de provas produzidas consensualmente para outras investigações não incluídas na abrangência do negócio jurídico pode colocar em risco a sua efetividade e a esfera de direitos dos imputados que consentirem em colaborar com a persecução estatal. 4. No caso em concreto, o inquérito civil investiga possível prática de ato que envolve imputado que não é abrangido pelo acordo de leniência em questão. 5. Contudo, deverão ser respeitados os termos do acordo em relação à agravante e aos demais aderentes, em caso de eventual prejuízo a tais pessoas. 6. Nego provimento ao agravo, mantendo a decisão impugnada e o compartilhamento de provas, observados os limites estabelecidos no acordo de leniência em relação à agravante e aos demais aderentes.

STF. 2ª Turma. Inq 4420 AgR, Rel. Min. Gilmar Mendes, julgado em 28/08/2018.

Resumindo:

É possível o compartilhamento, para outros órgãos e autoridades públicas, das provas obtidas no acordo de leniência, desde que sejam respeitados os limites estabelecidos no acordo em relação aos aderentes.

Assim, por exemplo, se uma empresa celebra acordo de leniência com o MPF aceitando fornecer provas contra si, estas provas somente poderão ser utilizadas para as sanções que foram ajustadas no acordo.

No entanto, nada impede que tais provas sejam fornecidas (compartilhadas) para os órgãos de apuração para que sejam propostas medidas contra as outras pessoas envolvidas nos ilícitos e que não fizeram parte do acordo.

STF. 2ª Turma. Inq 4420 AgR, Rel. Min. Gilmar Mendes, julgado em 28/08/2018.

9.5. PLANO DIRETOR

MPF NÃO POSSUI LEGITIMIDADE PARA AJUIZAR ACP CONTRA MUNICÍPIO PEDINDO QUE SEJAM REALIZADAS AUDIÊNCIAS PÚBLICAS ANTES DO ENVIO DO PROJETO DE LEI DO PLANO DIRETOR

Imagine a seguinte situação hipotética:

O Procurador da República (Ministério Público Federal) ajuizou ação civil pública contra o Município de Florianópolis e a União, sob o argumento de que o Poder Executivo Municipal teria encaminhado à Câmara de Vereadores o projeto de Lei do Plano Diretor da cidade sem a realização de audiências públicas, o que violaria a garantia da efetiva participação popular no procedimento, conforme exige a Lei nº 10.257/2001 (Estatuto da Cidade):

§

> Art. 40 (...)
>
> § 4º No processo de elaboração do plano diretor e na fiscalização de sua implementação, os Poderes Legislativo e Executivo municipais garantirão:
>
> I – a promoção de audiências públicas e debates com a participação da população e de associações representativas dos vários segmentos da comunidade;

Na ação, o MPF alega que a União possui o dever legal de zelar pela obediência ao Estatuto da Cidade e que, apesar disso, simplesmente negligenciou de suas funções, sendo, portanto, omissa. Em virtude disso, o Parquet federal formulou os seguintes pedidos:

a. o trancamento da tramitação do projeto de lei e a sua devolução ao Poder Executivo municipal;

b. a determinação para que o Município realize as referidas audiências públicas antes de encaminhar novamente o projeto;

c. a condenação da União a orientar e fiscalizar o estrito cumprimento do Estatuto da Cidade durante o processo de elaboração do Plano Diretor.

Contestação do Município

O Município alegou, dentre outros argumentos, que o Ministério Público Federal é parte ilegítima para ajuizar a presente demanda, porque a pretensão veiculada diz respeito a assunto de interesse local, não havendo afronta a bem, direito ou interesse da União.

O STJ concordou com a tese do Município?

SIM.

O que o MPF pretende, na verdade, é impor uma conduta aos Poderes Executivo e Legislativo do Município. Dessa forma, tal atividade está relacionada com as atribuições do Ministério Público estadual, conforme se observa pelo art. 27 da Lei nº 8.625/93 (Lei Orgânica Nacional dos Ministérios Públicos dos Estados):

> § Art. 27. Cabe ao Ministério Público exercer a defesa dos direitos assegurados nas Constituições Federal e Estadual, sempre que se cuidar de garantir-lhe o respeito:
>
> I – pelos poderes estaduais ou municipais;
>
> II – pelos órgãos da Administração Pública Estadual ou Municipal, direta ou indireta;
>
> III – pelos concessionários e permissionários de serviço público estadual ou municipal;
>
> IV – por entidades que exerçam outra função delegada do Estado ou do Município ou executem serviço de relevância pública.

Algumas questões relacionadas com o Plano Diretor, como é o caso da disciplina do uso do solo urbano, podem ter impacto no meio ambiente, o que poderia legitimar o Ministério Público Federal para a demanda. Ocorre que não é essa a pretensão específica do MPF. A causa de pedir da ação proposta pelo MPF diz respeito, exclusivamente, à suposta inobservância das audiências públicas, não havendo, portanto, um pedido voltado especificamente para a tutela direta do meio ambiente.

A presença da União no polo passivo não tem o condão de conferir legitimidade ao MPF porque essa inclusão foi indevida, devendo o ente federal ser excluído da lide, já que não cabe à União definir o conteúdo de Planos Diretores, uma vez que, por determinação legal e constitucional, a matéria é de exclusiva competência municipal.

Se a União atuasse na forma como pretende o MPF haveria, na verdade, uma violação aos princípios da legalidade e da autonomia dos entes federados.

Em suma:

> **O Ministério Público Federal é parte ILEGÍTIMA para ajuizar ação civil pública que visa à anulação da tramitação de Projeto de Lei do Plano Diretor de município, ao argumento da falta de participação popular nos respectivos trabalhos legislativos.**
>
> STJ. 1ª Turma. REsp 1.687.821-SC, Rel. Min. Sérgio Kukina, julgado em 07/11/2017 (Info 616).

9.6. EMPRÉSTIMO CONSIGNADO E PERCENTUAL DE DESCONTO NO CASO DE MILITARES

Empréstimo consignado e limite de desconto da remuneração

Uma prática muito comum entre os servidores públicos são os chamados "empréstimos consignados".

O servidor público vai até o banco e consegue um empréstimo de forma mais fácil, rápida e com taxas de juros menores porque aceita que as parcelas de pagamento deste mútuo sejam descontadas diretamente da sua remuneração.

Assim, no empréstimo consignado (também chamado de consignação em folha de pagamento), antes mesmo de a pessoa receber sua remuneração/proventos, já há o desconto da quantia, o que é efetuado pelo próprio órgão ou entidade pagadora. Em outras palavras, há um desconto direto no salário, remuneração ou aposentadoria.

O legislador foi obrigado a prever na lei um limite máximo de desconto desses valores. Se isso não fosse previsto, alguns servidores iriam acabar contraindo vários empréstimos e comprometendo a totalidade de sua remuneração.

Desse modo, a legislação estabeleceu que os descontos para pagamento de empréstimos consignados não podem ultrapassar 30% (trinta por cento) da remuneração percebida pelo devedor. Ex: João, servidor público, recebe R$ 10 mil; ele faz um empréstimo consignado e aceita que seja descontado de sua remuneração R$ 3 mil todos os meses para pagamento do mútuo; ele não poderá fazer um novo empréstimo consignado porque já atingiu o limite máximo de desconto permitido pela legislação.

Confira o que dizem o art. 45 da Lei nº 8.112/90 e o art. 1º da Lei nº 10.820/2003:

§ Art. 45. Salvo por imposição legal, ou mandado judicial, nenhum desconto incidirá sobre a remuneração ou provento.

§ 1º Mediante autorização do servidor, poderá haver consignação em folha de pagamento em favor de terceiros, a critério da administração e com reposição de custos, na forma definida em regulamento.

§ 2º O total de consignações facultativas de que trata o § 1º não excederá a 35% (trinta e cinco por cento) da remuneração mensal, sendo 5% (cinco por cento) reservados exclusivamente para:

I – a amortização de despesas contraídas por meio de cartão de crédito; ou

II – a utilização com a finalidade de saque por meio do cartão de crédito.

§ Art. 1º Os empregados regidos pela Consolidação das Leis do Trabalho – CLT, aprovada pelo Decreto-Lei nº 5.452, de 1º de maio de 1943, poderão autorizar, de forma irrevogável e irretratável, o desconto em folha de pagamento ou na sua remuneração disponível dos valores referentes ao pagamento de empréstimos, financiamentos, cartões de crédito e operações de arrendamento mercantil concedidos por instituições financeiras e sociedades de arrendamento mercantil, quando previsto nos respectivos contratos.

§ 1º O desconto mencionado neste artigo também poderá incidir sobre verbas rescisórias devidas pelo empregador, se assim previsto no respectivo contrato de empréstimo, financiamento, cartão de crédito ou arrendamento mercantil, até o limite de 35% (trinta e cinco por cento), sendo 5% (cinco por cento) destinados exclusivamente para:

I – a amortização de despesas contraídas por meio de cartão de crédito; ou

II – a utilização com a finalidade de saque por meio do cartão de crédito.

§ 2º O regulamento disporá sobre os limites de valor do empréstimo, da prestação consignável para os fins do caput e do comprometimento das verbas rescisórias para os fins do § 1º deste artigo.

§ 3º Os empregados de que trata o caput poderão solicitar o bloqueio, a qualquer tempo, de novos descontos.

§ 4º O disposto no § 3º não se aplica aos descontos autorizados em data anterior à da solicitação do bloqueio.

§ 5º Nas operações de crédito consignado de que trata este artigo, o empregado poderá oferecer em garantia, de forma irrevogável e irretratável, até 10% (dez por cento) do saldo de sua conta vinculada no Fundo de Garantia do Tempo de Serviço – FGTS e até 100% (cem por cento) do valor da multa paga pelo empregador, em caso de despedida sem justa causa ou de despedida por culpa recíproca ou força maior, nos termos dos §§ 1º e 2º do art. 18 da Lei nº 8.036, de 11 de maio de 1990.

§ 6º A garantia de que trata o § 5º só poderá ser acionada na ocorrência de despedida sem justa causa, inclusive a indireta, ou de despedida por culpa recíproca ou força maior, não se aplicando, em relação à referida garantia, o disposto no § 2º do art. 2º da Lei nº 8.036, de 1990.

Desse modo, a legislação afirma que o máximo de comprometimento da remuneração do servidor é de 30% (em regra), sendo mais 5% (35% no total) para uso exclusivo com despesas de cartão de crédito.

Esse limite de 30% imposto pelo art. 45 da Lei nº 8.112/90 e pelo art. 1º da Lei nº 10.820/2003 aplica-se também para os servidores públicos militares?

NÃO. Os servidores públicos militares não estão sujeitos ao limite previsto no art. 45 da Lei nº 8.112/90 e na Lei nº 10.820/2003.

Por quê?

Porque existe uma previsão específica para servidores públicos militares na Medida Provisória nº 2.215-10/2001. Esta MP trata sobre a reestruturação da remuneração dos militares das Forças Armadas. Veja o que diz o seu art. 14, § 3º:

> §
>
> Art. 14. Descontos são os abatimentos que podem sofrer a remuneração ou os proventos do militar para cumprimento de obrigações assumidas ou impostas em virtude de disposição de lei ou de regulamento.
>
> § 1º Os descontos podem ser obrigatórios ou autorizados.
>
> § 2º Os descontos obrigatórios têm prioridade sobre os autorizados.
>
> § 3º Na aplicação dos descontos, o militar não pode receber quantia inferior a trinta por cento da sua remuneração ou proventos.

Cuidado para não confundir. O § 3º acima está dizendo que, mesmo com os descontos, o militar não pode receber menos que 30% de sua remuneração. Em outras palavras, esse § 3º permite que seja descontado até 70% da remuneração dos militares. Ou seja, enquanto os descontos em folha dos servidores públicos civis não podem ultrapassar o valor de 30% da remuneração ou do provento, os descontos em folha dos servidores militares devem respeitar o limite máximo de 70% da remuneração ou dos proventos.

Mas este valor de desconto (70%) é muito alto, desproporcional... O Poder Judiciário não pode corrigir isso?

NÃO. Foi uma opção do legislador. Logo, não compete ao Poder Judiciário alterar esse quantum com base nos princípios da proporcionalidade ou razoabilidade, sob pena de incorrer em flagrante interpretação *contra legem*, a violar o princípio constitucional da legalidade e a invadir a esfera de competência do Poder Legislativo.

Com efeito, os descontos em folha de pagamento de servidores públicos militares não estão sujeitos à limitação de 30% prevista nos arts. 2º, § 2º e 6º, § 5º, ambos da Lei nº 10.820/2003 c/c art. 45 da Lei nº 8.112/1990. Isso porque os militares estão submetidos a um regramento específico capaz de afastar a limitação contida nas Leis nº 8.112/1990 e 10.820/2003 a partir do art. 2º, § 2º, da Lei de Introdução às Normas do Direito Brasileiro, que assim dispõe: "a lei nova, que estabeleça disposições gerais ou especiais a par das já existentes, não revoga nem modifica a lei anterior". Essa norma específica está no art. 14, § 3º, da Medida Provisória nº 2.215-10/2001, pois assevera que os militares não podem receber quantia inferior a 30% da remuneração ou proventos.

Em suma:

As Leis nº 8.112/90 e 10.820/2003 preveem que, se o servidor público civil fizer um empréstimo consignado, o limite máximo de descontos que ele poderá autorizar que sejam feitos em sua remuneração é de 30% (mais 5% se forem despesas com cartão de crédito).

Esse limite não se aplica para os militares. Isso porque os militares estão submetidos a um regramento específico previsto na MP 2.215-10/2001, que permite que seja descontado até 70% da remuneração dos militares para pagamento de empréstimos consignados.

Desse modo, os descontos em folha, juntamente com os descontos obrigatórios, podem alcançar o percentual de 70% das remunerações ou dos proventos brutos dos servidores militares.

STJ. 1ª Seção. EAREsp 272.665-PE, Rel. Min. Mauro Campbell Marques, julgado em 13/12/2017 (Info 618).

9.7. CARROS DOS CONSELHOS PROFISSIONAIS NÃO PODEM SER REGISTRADOS COMO VEÍCULOS OFICIAIS

Imagine a seguinte situação hipotética:

O Conselho Regional de Engenharia de São Paulo (CREA/SP) requereu ao DETRAN que os carros de sua propriedade fossem registrados no órgão como veículos oficiais.

Os veículos oficiais estão disciplinados pela Lei nº 1.081/1950.

O DETRAN negou o pedido, o que fez com que o CREA impetrasse mandado de segurança contra o ato.

A pergunta que surge, portanto, é a seguinte: os conselhos profissionais podem registrar seus veículos como carros oficiais?

NÃO.

Os conselhos de fiscalização profissional não possuem autorização para registrar os veículos de sua propriedade como oficiais.

STJ. 1ª Turma. AREsp 1.029.385-SP, Rel. Min. Gurgel de Faria, julgado em 05/12/2017 (Info 619).

A Resolução Contran nº 529/78 assegurava o emplacamento de veículos pertencentes a autarquias e a Resolução nº 756/91 dispunha sobre as cores das placas de identificação de veículos pertencentes a entidades públicas. Tais atos, no entanto, foram revogados pela Resolução Contran nº 298/2008.

Por outro lado, o § 1º do art. 120 do Código de Trânsito Brasileiro prevê que somente serão registrados como oficiais os veículos de propriedade da Administração Direta, seja da União, dos Estados Membros, do Distrito Federal ou aos Municípios, de qualquer um dos Poderes da República.

Assim, mostra-se inviável que o Conselho de Fiscalização Profissional, que possui natureza de autarquia, componente da administração indireta, registre seus veículos como oficiais.

9.8. APLICA-SE A TR PARA CONTAS VINCULADAS AO FGTS

FGTS

FGTS é a sigla para Fundo de Garantia por Tempo de Serviço.

O FGTS foi criado pela Lei nº 5.107/66 com o objetivo de proteger o trabalhador demitido sem justa causa.

Atualmente, o FGTS é regido pela Lei nº 8.036/90.

O FGTS nada mais é do que uma conta bancária aberta em nome do trabalhador e vinculada a ele no momento em que celebra seu primeiro contrato de trabalho.

Nessa conta bancária, o empregador deposita todos os meses o valor equivalente a 8% do salário pago ao empregado, acrescido de juros e atualização monetária (conhecidos pela sigla "JAM").

Assim, vai sendo formado um fundo de reserva financeira para o trabalhador, ou seja, uma espécie de "poupança", que é utilizada pelo obreiro quando fica desempregado sem justa causa ou quando precisa para alguma finalidade relevante, assim considerada pela lei.

Se o empregado for demitido sem justa causa, o empregador é obrigado a depositar, na conta vinculada do trabalhador, uma indenização compensatória de 40% do montante de todos os depósitos realizados na conta vinculada durante a vigência do contrato de trabalho, atualizados monetariamente e acrescidos dos respectivos juros (art. 18, § 1º da Lei nº 8.036/90).

O trabalhador que possui conta do FGTS vinculada a seu nome é chamado de trabalhador participante do Fundo de Garantia do Tempo de Serviço.

Qual é o papel da Caixa Econômica Federal no FGTS?

A Caixa Econômica Federal exerce o papel de agente operador do FGTS (art. 4º da Lei nº 8.036/90).

Dentre outras funções, cabe à CEF:

centralizar os recursos do FGTS;

manter e controlar as contas vinculadas;

emitir extratos individuais correspondentes às contas vinculadas (art. 7º, I).

Índice de correção monetária nas contas do FGTS

O dinheiro dos trabalhadores que está depositado nas contas do FGTS precisa ser corrigido mensalmente, ou seja, deve incidir a correção monetária.

O índice utilizado para a correção monetária dos valores depositados a título de FGTS é a TR (Taxa Referencial), que é o mesmo índice aplicado para a correção da poupança. Esse índice foi previsto pelo art. 13 da Lei nº 8.036/90 e pelo art. 17 da Lei nº 8.177/91:

§ Art. 13. Os depósitos efetuados nas contas vinculadas serão corrigidos monetariamente com base nos parâmetros fixados para atualização dos saldos dos depósitos de poupança e capitalização juros de (três) por cento ao ano.

§ Art. 17. A partir de fevereiro de 1991, os saldos das contas do Fundo de Garantia por Tempo de Serviço (FGTS) passam a ser remunerados pela taxa aplicável à remuneração básica dos depósitos de poupança com data de aniversário no dia 1º, observada a periodicidade mensal para remuneração.

Declaração de inconstitucionalidade da TR para correção de condenações envolvendo a Fazenda Pública

O art. 1ºF da Lei nº 9.494/97, com redação dada pela Lei nº 11.960/2009, previa que, nas condenações impostas à Fazenda Pública, deveria incidir, como correção monetária, os índices oficiais de remuneração básica da caderneta de poupança.

Desse modo, o legislador determinou que, se o Poder Público fosse condenado a pagar uma quantia, ela deveria ser acrescida de correção monetária e que o índice aplicado, neste caso, seria a TR – Taxa Referencial.

Ocorre que o STF declarou que essa previsão é inconstitucional. Isso porque a TR é um índice fixado *ex ante*, ou seja, previamente, a partir de critérios técnicos não relacionados com a inflação considerada no período. Em outras palavras, a TR é calculada antes de a inflação ocorrer. Assim, a remuneração da caderneta de poupança – diferentemente de qualquer outro índice oficial de inflação – é sempre prefixada. Essa circunstância deixa claro que existe uma desvinculação entre a remuneração da poupança e a evolução dos preços da economia, isto é, a TR não capta a variação da inflação.

Por essa razão, diz-se que todo índice definido ex ante é incapaz de refletir a real flutuação de preços apurada no período em referência. É o caso da TR (poupança).

Dessa maneira, como este índice não consegue manter o valor real da condenação, ele afronta à própria decisão judicial, tendo em vista que o valor real do crédito previsto na condenação judicial não será o valor que o credor irá receber efetivamente. Este valor terá sido corroído pela inflação.

Nesse sentido:

STF. Plenário. ADI 4357/DF, ADI 4425/DF, ADI 4372/DF, ADI 4400/DF, ADI 4357/DF, rel. orig. Min. Ayres Britto, red. p/ o acórdão Min. Luiz Fux, 13 e 14/3/2013.

STF. Plenário. RE 870947/SE, Rel. Min. Luiz Fux, julgado em 20/9/2017 (repercussão geral) (Info 878).

Ações questionando o índice de correção do FGTS

Como vimos, a correção monetária envolvendo o FGTS também adota a TR.

Logo, diante dessas decisões do STF, inúmeros trabalhadores e sindicatos começaram a ajuizar ações questionando a TR como índice de correção do FGTS.

A alegação foi a seguinte: ora, se o índice TR foi considerado indevido nos demais casos deve também ser considerado inadequado no caso das contas do FGTS.

Assim, pediram a declaração judicial de que a TR não constitui índice de correção monetária considerando que não reflete corretamente a variação do custo da moeda.

Diante disso, pediram a sua substituição pelo INPC (outro índice de correção monetária bem mais favorável).

Essa tese foi acolhida pelo STJ? É devida a substituição da TR como índice de correção monetária dos saldos das contas vinculadas ao FGTS?

NÃO. Vamos entender com calma.

Evolução das leis que trataram sobre a correção monetária do FGTS

- Lei nº 5.107/66: dizia que a correção monetária das contas do FGTS respeitaria a "legislação especifica" (art. 3º).
- Decreto-Lei nº 20/66: alterou o art. 3º da Lei nº 5.107/66 e passou a prever que os depósitos do FGTS estariam sujeitos à correção monetária na forma e pelos critérios adotados pelo Sistema Financeiros da Habitação.
- Lei nº 7.839/89: passou a disciplinar o FGTS e previu, em seu art. 11, que a correção monetária observaria os parâmetros fixados para atualização dos saldos de depósitos de poupança.
- Lei nº 8.036/90 (ainda em vigor): prevê que a correção monetária dos depósitos vinculados ao FGTS deverá adotar os índices de atualização da caderneta de poupança.
- Lei nº 8.177/91: estipulou que os saldos das contas do FGTS deveriam ser remunerados, e não mais corrigidos, pela taxa aplicável à remuneração básica da poupança.

- Lei nº 8.660/93: prevê que os depósitos de poupança têm como remuneração básica a Taxa Referencial – TR relativa à respectiva data de aniversário.

Papel do Legislativo

A substituição da TR como fator de correção dos depósitos a título de FGTS é matéria que está sendo discutida no Congresso Nacional.

Desse modo, segundo entendeu o STJ, esse tema está inserido no âmbito da competência do Poder Legislativo, e a atuação do Poder Judiciário só estaria legitimada se houvesse vácuo legislativo ou inércia do Parlamento, hipóteses essas não verificadas no caso concreto.

Impossibilidade de se calcular o índice inflacionário com precisão

A economia brasileira conta com diversos índices que buscam calcular o aumento dos preços nos mais diversos segmentos, como, v. g., o Índice Nacional de Preços ao Consumidor (INPC), do Instituto Brasileiro de Geografia e Estatística (IBGE), que calcula a inflação no mercado varejista e demonstra o aumento de custo de vida da população com renda mensal de até seis salários mínimos. Sua fórmula, no entanto, atribui peso maior à variação de preços de alimentos, gás de cozinha e passagens de ônibus do que o Índice de Preços ao Consumidor Amplo (IPCA), o qual leva em conta o impacto do preço de quatrocentos e sessenta e cinco itens no custo de vida de famílias com renda mensal de 1 (um) a 40 (quarenta) salários mínimos, residentes em onze regiões metropolitanas. Por isso, a inflação dos bens mais consumidos pela classe média, como, por exemplo, automóveis e combustíveis, acaba gerando maior impacto no IPCA do que no INPC.

Todos esses índices possuem fórmulas distintas e se utilizam dos mais diversos dados e segmentos para o cálculo da inflação.

Diante disso, para o STJ, não existe um índice oficial ou que seja mais correto.

Caráter múltiplo do FGTS

O montante depositado pelo empregador a título de FGTS, enquanto não sacado pelo empregado, é utilizado pelo Governo para diversas finalidades sociais, tais como: execução dos programas de habitação popular, saneamento básico e infraestrutura urbana.

Desse modo, o FGTS é considerado um fundo de natureza financeira e que ostenta característica de multiplicidade pois, além de servir de indenização aos trabalhadores, possui a finalidade de fomentar políticas públicas, conforme dispõe o art. 6º da Lei nº 8.036/90.

A aplicação desses recursos que ficam depositados gera rendimentos que favorecem a execução da política habitacional no país. Em outras palavras, o dinheiro depositado serve para promover moradia, principalmente para famílias de baixa renda, com a oferta de crédito com custo baixo de financiamento.

Em suma:

Tendo o legislador estipulado a TR como o índice legal de remuneração das contas vinculadas ao FGTS, não pode tal índice ser substituído por outro, pelo Poder Judiciário, simplesmente sob a alegação da existência de outros índices que melhor repõem as perdas decorrentes do processo inflacionário, porque tal providência está claramente inserida no âmbito de atuação do Poder Legislativo, sob pena de vulnerar o princípio da Separação dos Poderes.

Tese fixada pelo STJ

O tema acima foi apreciado pelo STJ sob a sistemática dos recursos repetitivos, tendo sido fixada a seguinte tese:

A remuneração das contas vinculadas ao FGTS tem disciplina própria, ditada por lei, que estabelece a TR como forma de atualização monetária, sendo vedado, portanto, ao Poder Judiciário substituir o mencionado índice.

STJ. 1ª Seção. REsp 1.614.874-SC, Rel. Min. Benedito Gonçalves, julgado em 11/04/2018 (recurso repetitivo) (Info 625).

STF

Vale ressaltar que o tema acima ainda poderá sofrer mudança. Isso porque existe uma ADI no STF na qual se alega a inconstitucionalidade de trecho do art. 13, caput, da Lei nº 8.036/90 e do art. 17, caput, da Lei nº 8.177/91, ao argumento de que viola o direito de propriedade, o direito dos trabalhadores ao FGTS e o princípio da moralidade administrativa a utilização da Taxa Referencial (TR) como índice de correção monetária dos depósitos vinculados ao FGTS.

Assim, o Supremo é quem dará a palavra final sobre o assunto.

Por enquanto, porém, permanece válida a TR como índice de correção monetária das contas do FGTS.

Sobre o tema, é importante recordar o enunciado 459 do STJ:

Súmula 459-STJ: A Taxa Referencial (TR) é o índice aplicável, a título de correção monetária, aos débitos com o FGTS recolhidos pelo empregador, mas não repassados ao fundo.

9.9. ANISTIADO POLÍTICO

Imagine a seguinte situação hipotética:

João foi vítima de perseguição política praticada pelo governo federal durante a época da ditadura militar instalada no Brasil em 1964. Ele era cabo da Aeronáutica e, por ser considerado "subversivo" pelo regime militar, foi expulso das Forças Armadas.

Anistia política e reparação de natureza econômica

A fim de reparar política e economicamente situações como a que foi relatada acima e que atingiram milhares de indivíduos na época da ditadura militar, a CF/88 previu, no art. 8º do ADCT, que a União poderá conceder anistia política a pessoas que foram prejudicadas por perseguições decorrentes de motivação política no período de 18/09/1946 até a data de promulgação da Constituição.

Há previsão também de que o anistiado receba uma reparação de natureza econômica, a ser paga pela União, em alguns casos nos quais fique demonstrado que ele sofreu prejuízos em sua atividade laboral.

A Lei nº 10.559/2002 regulamentou o art. 8º do ADCT e a concessão dessa reparação econômica para os anistiados. Veja:

§

Art. 1º O Regime do Anistiado Político compreende os seguintes direitos:

I – declaração da condição de anistiado político;

II – reparação econômica, de caráter indenizatório, em prestação única ou em prestação mensal, permanente e continuada, asseguradas a readmissão ou a promoção na inatividade, nas condições estabelecidas no caput e nos §§ 1º e 5º do art. 8º do Ato das Disposições Constitucionais Transitórias;

(...)

§ Art. 3º A reparação econômica de que trata o inciso II do art. 1º desta Lei, nas condições estabelecidas no caput do art. 8º do Ato das Disposições Constitucionais Transitórias, correrá à conta do Tesouro Nacional.

(...)

§ Art. 4º A reparação econômica em prestação única consistirá no pagamento de trinta salários mínimos por ano de punição e será devida aos anistiados políticos que não puderem comprovar vínculos com a atividade laboral.

(...)

§ Art. 5º A reparação econômica em prestação mensal, permanente e continuada, nos termos do art. 8º do Ato das Disposições Constitucionais Transitórias, será assegurada aos anistiados políticos que comprovarem vínculos com a atividade laboral, à exceção dos que optarem por receber em prestação única.

(...)

§ Art. 6º O valor da prestação mensal, permanente e continuada, será igual ao da remuneração que o anistiado político receberia se na ativa estivesse, (...)

Breve explicação sobre o procedimento administrativo

Os pedidos de anistia política são analisados pela "Comissão de Anistia".

Até 2018, a "Comissão de Anistia" era um órgão do Ministério da Justiça.

A MP 870/2019 transferiu este órgão para o Ministério da Mulher, da Família e dos Direitos Humanos.

A "Comissão de Anistia" tem a finalidade de examinar os requerimentos formulados e assessorar o Ministro de Estado em suas decisões.

A Comissão de Anistia poderá realizar diligências, requerer informações e documentos, ouvir testemunhas e emitir pareceres técnicos com o objetivo de instruir os processos e requerimentos, bem como arbitrar, com base nas provas obtidas, o valor das indenizações nos casos que não for possível identificar o tempo exato de punição do interessado (art. 12, § 3º da Lei nº 10.559/2002).

Após a Comissão de Anistia elaborar o parecer sobre o pedido, este é encaminhado ao Ministro para decidir sobre a anistia (art. 10).

Se for concedida, a anistia é conferida por meio de Portaria assinada pelo Ministro.

O Ministro deverá, então, comunicar que deferiu a anistia e solicitar que seja feito o pagamento das reparações econômicas. Esta comunicação/solicitação é feita ao:

- Ministério do Planejamento, Orçamento e Gestão, se a anistia foi concedida a um civil.
- Ministério da Defesa, em caso de anistia concedida aos militares.

A decisão do Ministro concedendo a anistia deverá ser obrigatoriamente cumprida no prazo de 60 dias, por todos os órgãos da Administração Pública e quaisquer outras entidades a que estejam dirigidas, ressalvada a disponibilidade orçamentária. Assim, o Ministério do Planejamento ou o Ministério da Defesa possuem 60 dias para pagar a reparação econômica ao anistiado.

Voltando ao exemplo dado no início:

Em 1998, João requereu a anistia política e seus efeitos.

Em 2004, a anistia foi concedida pela Portaria 84/2004, assinada pelo Ministro.

Desde então, o anistiado recebe reparação econômica mensal, permanente e continuada, de R$ 3.000,00.

Ocorre que o Governo ainda não lhe pagou os valores atrasados relativos ao período que vai de 1998 a 2004, o que totaliza cerca de R$ 200.000,00.

Três meses depois, João impetrou mandado de segurança contra o Ministro da Defesa afirmando que já se passou o prazo de 60 dias previsto na Lei sem que ele tenha recebido a quantia atrasada. Diante disso, pugnou o cumprimento integral da portaria e, consequentemente, o pagamento dos valores pretéritos.

Cabe mandado de segurança neste caso?

SIM. A falta de cumprimento integral da portaria de anistia por parte da União no prazo de 60 dias previsto no art. 12, § 4º e no art. 18 da Lei nº 10.559/2002, caracteriza ilegalidade e violação de direito líquido e certo do anistiado.

Configurado o direito líquido e certo do anistiado, ele poderá impetrar mandado de segurança, considerando que o pedido e a causa de pedir desta ação é o cumprimento integral da Portaria, que consiste em uma obrigação de fazer.

É claro que o cumprimento efetivo da Portaria irá provocar efeitos patrimoniais em favor do autor, mas o pedido do MS é que ele seja reconhecido de forma efetiva como anistiado político. O pagamento dos valores é mera consequência disso. Nesse sentido: STF. 1ª Turma. RMS 26.899/DF, Min. Rel. Cármen Lúcia, DJe de 6/8/10.

Diferentemente de uma ação de cobrança que é proposta para o pagamento de valores atrasados, no caso em tela temos um mandado de segurança impetrado para que seja cumprida norma editada pela própria Administração (Portaria do Ministro da Justiça).

Logo, não incide no caso a proibição contida nas súmulas 269 e 271 do STF:

> Súmula 271-STF: Concessão de mandado de segurança não produz efeitos patrimoniais, em relação a período pretérito, os quais devem ser reclamados administrativamente ou pela via judicial própria.

> Súmula 269-STF: O mandado de segurança não é substitutivo de ação de cobrança.

Se houver previsão no orçamento da União para o pagamento das reparações econômicas aos anistiados, o Poder Judiciário poderá determinar na ação judicial o pagamento desses valores ao autor?

SIM. Havendo rubricas no orçamento destinadas ao pagamento das indenizações devidas aos anistiados políticos, e não demonstrada a ausência de disponibilidade de caixa, a União pode ser condenada a promover o pagamento do valor ao anistiado no prazo de 60 dias.

A União teria êxito em sua defesa se alegasse que, em tese, o pagamento dos valores retroativos levaria a uma situação de exaustão orçamentária? Em outras palavras, a União teria sucesso em alegar, de forma genérica, que decisões desse tipo podem levar a União à insolvência?

NÃO. A inexistência de recursos deve ser real, demonstrada de forma concreta. Não basta que a União alegue que as decisões judiciais poderão levar a Administração à exaustão orçamentária. A exaustão já deve estar presente, a indisponibilidade de caixa deve ser situação presente e não mera possibilidade futura, o que deve ser analisado em cada caso.

Essa condenação viola o princípio da legalidade da despesa pública?

NÃO. Segundo este princípio, a despesa pública somente pode ser efetuada mediante prévia autorização da lei. Encontra-se previsto nos arts. 165, § 8º, e 167, I, II, V, VI e VII da CF/88:

> § Art. 167. São vedados:
>
> I – o início de programas ou projetos não incluídos na lei orçamentária anual;

II – a realização de despesas ou a assunção de obrigações diretas que excedam os créditos orçamentários ou adicionais;

(...)

V – a abertura de crédito suplementar ou especial sem prévia autorização legislativa e sem indicação dos recursos correspondentes;

(...)

§ 3º – A abertura de crédito extraordinário somente será admitida para atender a despesas imprevisíveis e urgentes, como as decorrentes de guerra, comoção interna ou calamidade pública, observado o disposto no art. 62.

Trata-se da aplicação do princípio da legalidade (art. 37, caput, da CF/88) no âmbito das despesas públicas.

O administrador de recursos públicos somente pode gastar aquilo que a lei prevê e na forma que a lei autoriza.

Por isso, a Administração Pública deve atuar de acordo com parâmetros e valores determinados pela Lei Orçamentária Anual (LOA), que, por sua vez, deve estar adequada à Lei de Diretrizes Orçamentárias (LDO) e ao Plano Plurianual.

Ficando demonstrado que existe dotação orçamentária, não há afronta ao princípio da legalidade da despesa pública ou às regras constitucionais que impõem limitações às despesas de pessoal e concessões de vantagens e benefícios pessoais.

Quando o Poder Judiciário determina o pagamento desses valores atrasados ao anistiado político, isso deverá ser feito por meio de precatório (art. 100 da CF/88)?

NÃO. O STF entende que o regime de indenização dos anistiados é especialíssimo, inclusive tem previsão

constitucional explícita no ADCT. Assim, o tempo de espera para o ressarcimento para a indenização de vida aos anistiados é particularmente longo, superando, muitas vezes, três décadas.

Logo, submeter os anistiados ao regime comum dos precatórios iria contrariar os objetivos da Constituição de reparar os danos causados aos anistiados. Nesse sentido foi o voto do Min. Ayres Britto, no RMS 27.357/DF.

Além disso, há outro argumento: o art. 100 trata de valores devidos pela Fazenda Pública em virtude de sentença judiciária. Ocorre que, no caso do mandado de segurança, não se está condenando o Poder Público ao pagamento de um determinado valor em razão de uma decisão judicial. Na verdade, a Administração Pública já reconheceu, administrativamente, por meio da Portaria do Ministro, que o autor possui direito àquele valor decorrente da declaração de anistiado.

Desse modo, pode-se dizer que a dívida da Fazenda Pública não foi reconhecida por meio de uma decisão do Poder Judiciário. A discussão tratada no MS diz respeito ao momento do pagamento.

O que se tem no caso é uma obrigação de fazer que cabia à União e que está sendo descumprida.

Assim, sendo a segurança concedida, deverá a União efetuar o pagamento imediato dos valores atrasados ao anistiado, não sendo necessário ingressar no regime dos precatórios.

E se ficar demonstrado, no caso concreto, que não há disponibilidade orçamentária para o pagamento da reparação econômica?

Se não houver disponibilidade orçamentária no exercício em curso ou esta for insuficiente, a União deverá ser condenada a incluir a previsão dos respectivos recursos no projeto de lei orçamentária do ano seguinte.

Princípio da dignidade da pessoa humana

A recusa de incluir em orçamento o crédito previsto na Portaria do Ministério da Justiça afronta o princípio da dignidade da pessoa humana, por se tratar de cidadão cujos direitos preteridos por atos de exceção política foram admitidos com anos de atraso pelo Poder Público.

O tema acima foi julgado em recurso extraordinário sob o rito da repercussão geral, tendo sido firmadas as seguintes teses:

1 – Reconhecido o direito à anistia política, a falta de cumprimento de requisição ou determinação de providências por parte da União, por intermédio do órgão competente, no prazo previsto nos artigos 12, parágrafo 4°, e 18, caput, parágrafo único, da Lei 10.559 de 2002, caracteriza ilegalidade e violação de direito líquido e certo.

2 – Havendo rubricas no orçamento destinadas ao pagamento das indenizações devidas aos anistiados políticos, e não demonstrada a ausência de disponibilidade de caixa, a União há de promover o pagamento do valor ao anistiado no prazo de 60 dias.

3 – Na ausência ou na insuficiência de disponibilidade orçamentária no exercício em curso, cumpre à União promover sua previsão no projeto de lei orçamentária imediatamente seguinte.

STF. Plenário. RE 553710/DF, Rel. Min. Dias Toffoli, julgado em 17/11/2016 (Info 847).

SÚMULA 624-STJ: POSSIBILIDADE DE CUMULAÇÃO DA REPARAÇÃO ECONÔMICA COM INDENIZAÇÃO POR DANOS MORAIS

Imagine a seguinte situação hipotética:

João foi vítima de intensa perseguição política praticada pelo governo federal durante a época da ditadura militar instalada no Brasil em 1964.

João requereu e recebeu, administrativamente, a reparação econômica prevista na Lei n° 10.559/2002 (Lei de Anistia).

Ocorre que, depois disso, já em 2014, ele ajuizou ação de compensação por danos morais contra a União pedindo indenização extrapatrimonial pelos sofrimentos que passou neste período.

A pretensão em tela está prescrita?

NÃO.

As ações de indenização por danos morais decorrentes de perseguição, tortura e prisão, por motivos políticos, durante o regime militar, são imprescritíveis. Para esses casos, não se aplica o prazo prescricional de 5 anos previsto no art. 1° do Decreto 20.910/1932.

STJ. 2ª Turma. REsp 1.374.376-CE, Rel. Min. Herman Benjamin, julgado em 25/6/2013 (Info 523).

O STJ concluiu que tais demandas são imprescritíveis porque se referem a um período (regime militar) em que a ordem jurídica foi desconsiderada, com legislação de exceção, tendo havido, sem dúvida, incontáveis abusos e violações dos direitos fundamentais, mormente do direito à dignidade da pessoa humana (AgRg no Ag 1391062/RS, Rel. Min. Benedito Gonçalves, Primeira Turma, julgado em 09/08/2011).

É possível que o anistiado político pleiteie judicialmente indenização por danos morais mesmo já tendo recebido administrativamente a reparação econômica da Lei nº 10.559/2002?

SIM. É possível cumular a indenização do dano moral com a reparação econômica da Lei nº 10.559/2002 (Lei da Anistia Política).

Assim, o anistiado político que obteve, na via administrativa, a reparação econômica prevista na Lei nº 10.559/2002 não está impedido de pleitear, na esfera judicial, indenização por danos morais pelo mesmo episódio político.

A Lei nº 10.559/2002, em seu art. 16, prevê o seguinte:

> § Art. 16. Os direitos expressos nesta Lei não excluem os conferidos por outras normas legais ou constitucionais, vedada a acumulação de quaisquer pagamentos ou benefícios ou indenização com o mesmo fundamento, facultando-se a opção mais favorável.

Esse dispositivo pode dar a impressão de que seria proibida a acumulação da reparação econômica com a indenização por danos morais. Contudo, não foi esta a interpretação dada pelo STJ.

Segundo entendeu o Tribunal, o art. 16 é um comando dirigido, antes e unicamente, à Administração Pública, e não à jurisdição. Em outras palavras, esse dispositivo proíbe que o Poder Público pague, administrativamente, a reparação econômica cumulada com outros pagamentos, benefícios ou indenização.

Além disso, a reparação econômica prevista na Lei nº 10.559/2002 não tem por objetivo indenizar danos morais.

O art. 8º do ADCT determina que seja paga reparação econômica para aquelas pessoas que sofreram prejuízos na sua esfera profissional e, por consequência, patrimonial. A Lei nº 10.559/2002, ao regulamentar o art. 8º do ADCT, restringiu-se a estipular os direitos profissionais do anistiado político e suas repercussões econômicas. Analisando os arts. 4º e 5º da Lei, fica ainda mais claro que essa reparação econômica tem natureza patrimonial e se destina a compensar o anistiado pelo fato de ele não mais ter podido exercer suas atividades laborais.

Desse modo, o recebimento da reparação econômica de que trata a Lei nº 10.559/2002 não exclui, por si só, o direito de o anistiado buscar na via judicial, em ação autônoma e distinta, a reparação dos danos morais que tenha sofrido em decorrência da mesma perseguição política geradora da anterior reparação administrativa (art. 5º, V e X, da CF/88), pois distintos se revelam os fundamentos que amparam cada uma dessas situações.

9.10. ESCOLA TÉCNICA E NÃO CONCLUSÃO DO ESTÁGIO PROFISSIONALIZANTE

Imagine a seguinte situação hipotética:

João fez os três anos do ensino médio no Instituto Federal de Educação de Pernambuco.

No Instituto Federal de Educação, o aluno estuda:

- toda a grade curricular de formação geral (ensino médio) e, além disso,
- tem que fazer também o estágio profissionalizante.

João concluiu todas as disciplinas teóricas (ensino médio), mas faltava ainda terminar o estágio profissionalizante.

Foi aí que surgiu o Vestibular para a UFPE.

João prestou o exame e foi aprovado para o curso de Engenharia.

Ocorre que João estava impedido de se matricular na UFPE porque o Instituto Federal de Educação negou fornecer a ele o diploma de conclusão do ensino médio, sob o argumento de que ainda restava cursar o estágio profissionalizante.

Diante disso, João impetrou mandado de segurança na Justiça Federal contra o Diretor do Instituto pedindo que ele fosse obrigado a fornecer o diploma de conclusão do ensino médio.

João possui direito líquido e certo? Deverá ser concedido a ele o referido diploma?

SIM. O Instituto de Educação deverá emitir em favor de João o Certificado de Conclusão do Ensino Médio, independentemente da conclusão do estágio profissionalizante.

É possível conceder a emissão de certificado de conclusão do nível médio ao aluno que concluiu os créditos relativos ao ensino médio, permanecendo pendência apenas quanto ao ensino profissionalizante.

A educação profissional técnica de nível médio (geralmente prestado pelas chamadas "escolas técnicas") é uma opção a mais oferecida ao estudante a fim de qualificá-lo para o mercado de trabalho, sendo realizada de forma articulada com o ensino médio ou independente, para aqueles que já tenham concluído o ciclo básico da educação.

Assim, o ensino técnico, que é regulamentado pelos arts. 36-A, 36-B e 36-C da Lei nº 9.394/96, constitui um adicional na educação do estudante, cuja obtenção da habilitação profissional pressupõe a conclusão do estágio profissionalizante, ou seja, a atividade laborativa só poderá ser exercida com a conclusão da grade curricular e da respectiva prática supervisionada.

Por outro lado, não se mostra razoável vincular a emissão de certificado de conclusão do ensino médio ao estudante que, aprovado nas disciplinas regulares e no vestibular, opta por não obter o certificado profissional, ao deixar de cursar o estágio profissionalizante.

Com efeito, o princípio da razoabilidade preconiza que as exigências administrativas devem ser aptas a cumprir os fins a que se destinam.

O estudante cumpriu todas as exigências da grade curricular do ensino médio, mas livremente optou por não fazer o estágio profissionalizante e não obter o certificado técnico-profissional. Desse modo, a única consequência negativa para ele vai ser não ter direito ao certificado técnico-profissional. No entanto, não há nada que o impeça de ter direito ao certificado de conclusão do ensino médio, considerando que efetivamente estudou e foi aprovado nas respectivas matérias.

Dessa forma, o cumprimento da grade disciplinar do curso técnico realizado de forma integrada com o ensino médio autoriza o estudante a obter o certificado de conclusão do curso, embora não o autorize a obter o certificado para exercício profissional.

Em suma:

> **A emissão do certificado de conclusão do ensino médio, realizado de forma integrada com o técnico, ao estudante aprovado nas disciplinas regulares independe do estágio profissionalizante.**
>
> STJ. 1ª Turma. REsp 1.681.607-PE, Rel. Min. Regina Helena Costa, julgado em 20/09/2018 (Info 634).

9.11. PONTOS DE ENTREGA DE GÁS CANALIZADO E PAGAMENTO DE ROYALTIES

Lei nº 9.478/97

A Lei nº 9.478/97 dispõe sobre a política energética nacional e sobre as atividades relativas ao monopólio do petróleo.

Os arts. 48 e 49 tratam sobre a distribuição dos royalties de petróleo, a fim de dar cumprimento ao art. 20, § 1º da CF/88.

Royalties do petróleo e do gás

Royalties do petróleo e do gás são os valores pagos ao Poder Público pelas empresas que exploram petróleo e gás no país. Há previsão na própria CF/88 para o pagamento dessas quantias a título de compensação financeira:

§ Art. 20 (...)

§ 1º – É assegurada, nos termos da lei, aos Estados, ao Distrito Federal e aos Municípios, bem como a órgãos da administração direta da União, participação no resultado da exploração de petróleo ou gás natural, de recursos hídricos para fins de geração de energia elétrica e de outros recursos minerais no respectivo território, plataforma continental, mar territorial ou zona econômica exclusiva, ou compensação financeira por essa exploração.

Existe um conceito legal de royalties trazido pelo art. 2º da Lei nº 12.351/2010. Assim, royalties constituem-se na "compensação financeira devida aos Estados, ao Distrito Federal e aos Municípios, bem como a órgãos da administração direta da União, em função da produção de petróleo, de gás natural e de outros hidrocarbonetos fluidos sob o regime de partilha de produção, nos termos do § 1º do art. 20 da Constituição Federal."

City gates

City gates são postos onde o gás é entregue pelas transportadoras à concessionária estadual distribuidora de gás canalizado.

Lei nº 12.734/2012

A Lei nº 12.734/2012 alterou os arts. 48 e 49 da Lei nº 9.478/97, com o objetivo de determinar novas regras de distribuição entre os entes da Federação dos *royalties* devidos em função da exploração de petróleo, gás natural e outros hidrocarbonetos fluidos.

Qual foi uma das principais alterações da Lei nº 12.734/2012?

Ela determinou que *city gates* (pontos de entrega de gás canalizado) devem ser considerados como "instalações de embarque e desembarque", para fins de pagamento de royalties aos municípios afetados por tais operações. Veja a redação do § 3º do art. 48 e do § 7º do art. 49 da Lei nº 9.478/97, acrescentados pela Lei nº 12.734/2012:

§ Art. 48 (...)

§ 3º Os pontos de entrega às concessionárias de gás natural produzido no País serão considerados instalações de embarque e desembarque, para fins de pagamento de royalties aos Municípios afetados por essas operações, em razão do disposto na alínea "c" dos incisos I e II. (Incluído pela Lei nº 12.734/2012)

§ Art. 49 (...)

§ 7º Os pontos de entrega às concessionárias de gás natural produzido no País serão considerados instalações de embarque e desembarque, para fins de pagamento de royalties aos Municípios afetados por essas operações, em razão do disposto na alínea "c" dos incisos I e II. (Incluído pela Lei nº 12.734/2012)

Em palavras mais simples, esses dois novos dispositivos passaram a prever o pagamento de *royalties* aos Municípios que disponham de pontos de entrega às concessionárias de gás natural.

E antes da Lei nº 12.734/2012, como era?

A posição majoritária, na jurisprudência, era a de que se, no Município ocorria apenas a distribuição do gás já processado, ou seja, se era apenas um *city gate*, ele não teria direito ao pagamento de *royalties*. Nesse sentido:

> (...) 2. Ambas as Turmas da Primeira Seção do STJ têm afirmado que o direito à percepção de royalties está ligado diretamente à atividade de extração do recurso natural, não tendo a lei beneficiado os municípios em que há simples passagem de equipamentos associados ao processo de distribuição (...)
>
> STJ. 2ª Turma. AgRg no REsp 1.362.051/PE, Rel. Min. Herman Benjamin, DJe 15/4/2014.

Dessa forma, a Lei nº 12.734/2012 inovou no ordenamento jurídico e, ao contrário do que os Municípios *city gates* queriam, ela não pode ter eficácia retroativa. Não se trata de uma lei meramente interpretativa, considerando que o entendimento jurisprudencial era diferente daquilo que a lei passou a prever.

Nesse sentido, confira trecho do voto do Min. Benedito Gonçalves:

> "Tudo indica que a Lei nº 12.734/2012 criou direito novo, não podendo ser aplicada retroativamente. Isso porque, sob a égide da Lei nº 9.478/1997, os royalties eram devidos àqueles municípios em que havia algum impacto em razão das operações de embarque e desembarque de petróleo e gás natural, quando a lavra ocorresse em terra, lagos, rios, ilhas ou plataforma continental. Como se sabe, não havia previsão de pagamento àqueles municípios que dispunham de equipamentos e instalações destinados à execução de serviços locais de distribuição de gás canalizado. Portanto, a nova lei criou direito novo, ao passar a contemplar com royalties os municípios que não integram a cadeia produtora/extrativista, mas que apenas servem de ponto de distribuição de gás natural.
>
> Ora, é evidente que a novel lei não foi editada sob o viés de aclarar o diploma antigo. De sua redação, não se depreende tal desiderato. Deveras, o que se tem é a inauguração de direito novo; extensão do pagamento de royalties aos municípios que contam com *city gate*."

STJ. 1ª Turma. REsp 1.452.798-RJ, Rel. Min. Napoleão Nunes Maia Filho, Rel. Acd. Min. Gurgel de Faria, julgado em 19/04/2018 (Info 625).

9.12. LINDB

A Lei nº 13.655/2018 incluiu diversos dispositivo na Lei de Introdução às Normas do Direito Brasileiro (LINDB).

A lei é fruto de um projeto apresentado pelo Senador Antonio Anastasia e que foi elaborado pelos Professores Carlos Ari Sundfeld e Floriano de Azevedo Marques Neto.

Vou fazer aqui uns breves comentários sobre a novidade legislativa.

NOÇÕES GERAIS SOBRE A LINDB

A LINDB (antiga LICC) é o Decreto-lei nº 4.657/42.

Trata-se de uma "norma de sobredireito". Isso quer dizer que ela é uma norma que tem por finalidade regulamentar outras normas. Em razão disso, dizem que ela é uma "lei sobre lei" (*lex legum*).

Outro exemplo de norma de sobredireito: a LC 95/98, que dispõe sobre a elaboração, a redação, a alteração e a consolidação das leis.

Antigamente, o Decreto-lei nº 4.657/42 era chamado de "Lei de Introdução ao Código Civil Brasileiro" (LICC). Em 2010, foi editada a Lei nº 12.376 alterando o "nome" deste DL, que passou a ser chamado de "Lei de Introdução às normas do Direito Brasileiro" (LINDB).

A alteração do nome de LICC para LINDB teve por objetivo deixar claro que ela se aplica para todos os ramos do direito. O seu conteúdo interessa à Teoria Geral do Direito e não apenas ao Direito Civil.

A LINDB está estruturada da seguinte maneira:

a. Arts. 1º e 2º: tratam sobre vigência das normas

b. Art. 3º: obrigatoriedade das leis;

c. Art. 4º: integração das normas;

d. Art. 5º: interpretação das normas;

e. Art. 6º: aplicação da lei no tempo;

f. Arts. 7º a 19: aplicação da lei no espaço.

g. Arts. 20 a 30: normas sobre segurança jurídica e eficiência na criação e na aplicação do direito público (acrescentados pela Lei nº 13.655/2018).

LEI 13.655/2018 E NORMAS SOBRE SEGURANÇA JURÍDICA E EFICIÊNCIA NA CRIAÇÃO E NA APLICAÇÃO DO DIREITO PÚBLICO

A Lei nº 13.655/2018 incluiu na LINDB os arts. 20 a 30 prevendo regras sobre segurança jurídica e eficiência na criação e na aplicação do direito público. Vale ressaltar que o art. 25 foi vetado.

A interpretação dos arts. 20 a 30, portanto, deve ser a de que eles se aplicam para temas de direito público, mais especificamente para matérias de Direito Administrativo, Financeiro, Orçamentário e Tributário.

Tais regras não se aplicam, portanto, para temas de direito privado.

DECISÃO COM BASE EM VALORES JURÍDICOS ABSTRATOS

A Lei nº 13.655/2018 acrescenta à LINDB o art. 20, cujo caput possui a seguinte redação:

§ Art. 20. Nas esferas administrativa, controladora e judicial, não se decidirá com base em valores jurídicos abstratos sem que sejam consideradas as consequências práticas da decisão.

Justificativa dos juristas que auxiliaram na elaboração do anteprojeto

O art. 20 da LINDB tem por finalidade reforçar a ideia de responsabilidade decisória estatal diante da incidência de normas jurídicas indeterminadas, as quais sabidamente admitem diversas hipóteses interpretativas e, portanto, mais de uma solução.

O dispositivo proíbe "motivações decisórias vazias, apenas retóricas ou principiológicas, sem análise prévia de fatos e de impactos. Obriga o julgador a avaliar, na motivação, a partir de elementos idôneos coligidos no processo administrativo, judicial ou de controle, as consequências práticas de sua decisão."

"Quem decide não pode ser voluntarista, usar meras intuições, improvisar ou se limitar a invocar fórmulas gerais como 'interesse público', 'princípio da moralidade' e outras. É preciso, com base em dados trazidos ao processo decisório, analisar problemas, opções e consequências reais. Afinal, as decisões estatais de qualquer seara produzem efeitos práticos no mundo e não apenas no plano das ideias." (https://www.conjur.com.br/dl/parecer-juristas-rebatem-criticas.pdf)

Esfera administrativa

Consiste na instância que se passa dentro da própria Administração Pública, normalmente em um processo administrativo.

Esfera controladora

Aqui a Lei está se referindo precipuamente aos Tribunais de Contas, que são órgãos de controle externo.

Esfera judicial

São os processos que tramitam no Poder Judiciário.

Esse dispositivo proíbe que se decida com base em valores jurídicos abstratos?

NÃO. Continua sendo possível. No entanto, todas as vezes em que se decidir com base em valores jurídicos abstratos, deverá ser feita uma análise prévia de quais serão as consequências práticas dessa decisão.

O art. 20 da LINDB introduz a necessidade de o órgão julgador considerar um argumento metajurídico no momento de decidir, qual seja, as "consequências práticas da decisão".

Em outras palavras, a análise das consequências práticas da decisão passa a fazer parte das razões de decidir.

Resumo:

- Não se decidirá com base em valores jurídicos abstratos sem que sejam consideradas as consequências práticas da decisão.
- Isso vale para decisões proferidas nas esferas administrativas (ex: em um PAD), controladora (ex: julgamento das contas de um administrador público pelo TCE) e judicial (ex: em uma ação civil pública pedindo melhores condições do sistema carcerário).

Tentativa de mitigar a força normativa dos princípios

A Constituição Federal é repleta de "valores jurídicos abstratos". São inúmeros exemplos: "dignidade da pessoa humana" (art. 1º, III), "valores sociais do trabalho e da livre iniciativa" (art. 1º, IV), "moralidade" (art. 37, caput), "bem-estar e a justiça sociais" (art. 193), "meio ambiente ecologicamente equilibrado" (art. 225).

Esses valores jurídicos abstratos são normalmente classificados como princípios. Isso porque os princípios são normas que possuem um grau de abstração maior que as regras.

Em um período histórico chamado de "positivismo", que ficou no passado, os princípios, pelo fato de terem esse alto grau de abstração, não eram nem considerados como normas jurídicas.

Esse período histórico foi superado e, atualmente, vigora o "pós-positivismo". Uma das características do pós-positivismo é o reconhecimento da "normatividade primária dos princípios constitucionais". Em outras palavras, atualmente, "os princípios são considerados normas jurídicas, ao lado das regras, e podem ser invocados para controlar a juridicidade da atuação do Estado." (OLIVEIRA, Rafael Carvalho Rezende. *Curso de Direito Administrativo.* 2ª ed., São Paulo: Método, 2014, p. 23).

Com base na força normativa dos princípios constitucionais, o Poder Judiciário, nos últimos anos, condenou o Poder Público a implementar uma série de medidas destinadas a assegurar direitos que estavam sendo desrespeitados. Vamos relembrar alguns exemplos:

- Município condenado a fornecer vaga em creche a criança de até 5 anos de idade (STF. RE 956475, Rel. Min. Celso de Mello, julgado em 12/05/2016).
- Administração Pública condenada a manter estoque mínimo de determinado medicamento utilizado no combate a certa doença grave, de modo a evitar novas interrupções no tratamento (STF. 1ª Turma. RE 429903/RJ, Rel. Min. Ricardo Lewandowski, julgado em 25/6/2014).
- Estado condenado a garantir o direito a acessibilidade em prédios públicos (STF. 1ª Turma. RE 440028/SP, rel. Min. Marco Aurélio, julgado em 29/10/2013).

- Poder Público condenado a realizar obras emergenciais em estabelecimento prisional (STF. Plenário. RE 592581/RS, Rel. Min. Ricardo Lewandowski, julgado em 13/8/2015).

Todas essas decisões foram proferidas com fundamento em princípios constitucionais, ou seja, com base em "valores jurídicos abstratos". O que o legislador pretendeu, portanto, foi, indiretamente, tentar tolher o ativismo judicial em matérias envolvendo implementação de direitos.

É como se o legislador introduzisse uma condicionante para a força normativa dos princípios: eles somente podem ser utilizados para fundamentar uma decisão se o julgador considerar "as consequências práticas da decisão".

Trata-se, portanto, de uma reação retrógrada à força normativa dos princípios constitucionais.

Consequências práticas da decisão

A expressão "consequências práticas da decisão" é bem ampla. No entanto, me parece que a principal intenção do legislador foi a de impor a exigência de que o julgador considere, principalmente, as consequências econômicas da decisão proferida.

Trata-se da chamada "análise econômica do direito – AED".

> "De acordo com a Análise Econômica do Direito (AED), a economia, especialmente a microeconomia, deve ser utilizada para resolver problemas legais, e, por outro lado, o Direito acaba por influenciar a Economia. Por esta razão, as normas jurídicas serão eficientes na medida em que forem formuladas e aplicadas levando em consideração as respectivas consequências econômicas." (OLIVEIRA, Rafael Carvalho Rezende. *Curso de Direito Administrativo.* 2ª ed., São Paulo: Método, 2014, p. 31).

Ex: em tese, pela aplicação do art. 20 da LINDB, o juiz poderia deixar de condenar o Estado a fornecer a um doente grave determinado tratamento médico de custo muito elevado sob o argumento de que os recursos alocados para fazer frente a essa despesa fariam falta para custear o tratamento de centenas de outras pessoas ("consequências práticas da decisão").

Previsão contraditória

Vale ressaltar que esse art. 20 revela uma enorme contradição. Isso porque ele defende que o julgador não deve decidir com base em "valores jurídicos abstratos" sem que sejam consideradas as consequências práticas da decisão. Ocorre que a própria Lei nº 13.655/2018 introduz na LINDB uma série de expressões jurídicas abstratas, como por exemplo: "segurança jurídica de interesse geral", "interesses gerais da época", regularização "de modo proporcional e equânime", "obstáculos e dificuldades reais do gestor", "orientação nova sobre norma de conteúdo indeterminado" etc.

MOTIVAÇÃO DEVERÁ DEMONSTRAR A NECESSIDADE E ADEQUAÇÃO

Veja o que diz o parágrafo único do art. 20 acrescentado pela Lei nº 13.655/2018:

§

> Art. 20. (...)
>
> Parágrafo único. A motivação demonstrará a necessidade e a adequação da medida imposta ou da invalidação de ato, contrato, ajuste, processo ou norma administrativa, inclusive em face das possíveis alternativas.

Motivação

Todas as decisões, sejam elas proferidas pelos órgãos administrativos, controladores ou judiciais, devem ser motivadas.

Isso significa que o administrador, conselheiro ou magistrado, ao tomar uma decisão, deverá indicar os motivos de fato e de direito que o levaram a agir daquela maneira.

Novo requisito da motivação

O administrador, conselheiro ou magistrado quando for...

- impor alguma medida ou
- invalidar ato, contrato, ajuste, processo ou norma administrativa

... deverá demonstrar que a decisão tomada é necessária e a mais adequada.

... explicando, inclusive, as razões pelas quais não são cabíveis outras possíveis alternativas.

Ex: em uma licitação na qual se descobre que houve fraude, o administrador que decidir pela anulação do ato deverá demonstrar que essa medida é necessária e adequada para resguardar a moralidade administrativa e que não é possível que seja feita a convalidação (possível alternativa), considerando que houve superfaturamento e, portanto, prejuízo ao erário, por exemplo.

Necessidade e adequação

Esses conceitos de "necessidade" e "adequação" foram emprestados do legislador da explicação que a doutrina dá a respeito do princípio da proporcionalidade.

O princípio da proporcionalidade divide-se em três subprincípios:

a. subprincípio da ADEQUAÇÃO: no qual deve ser analisado se a medida adotada é idônea (capaz) para atingir o objetivo almejado;

b. subprincípio da NECESSIDADE: consiste na análise se a medida empregada é ou não excessiva; e

c. subprincípio da PROPORCIONALIDADE EM SENTIDO ESTRITO: representa a análise do custo-benefício da providência pretendida, para se determinar se o que se ganha é mais valioso do que aquilo que se perde.

DECISÃO QUE ACARRETE INVALIDAÇÃO DE ATO, CONTRATO, AJUSTE, PROCESSO OU NORMA ADMINISTRATIVA

A Lei nº 13.655/2018 demonstrou uma preocupação muito grande com decisões que acarretem invalidação de ato, contrato, ajuste, processo ou norma administrativa. Por isso, inseriu na LINDB dois dispositivos para tratar sobre o tema: o parágrafo único do art. 20 e o art. 21.

O art. 20, parágrafo único, vimos acima. Confira agora o caput do art. 21:

§

> Art. 21. A decisão que, nas esferas administrativa, controladora ou judicial, decretar a invalidação de ato, contrato, ajuste, processo ou norma administrativa deverá indicar de modo expresso suas consequências jurídicas e administrativas.
>
> Parágrafo único. A decisão a que se refere o caput deste artigo deverá, quando for o caso, indicar as condições para que a regularização ocorra de modo proporcional e equânime e sem prejuízo aos interesses gerais, não se podendo impor aos sujeitos atingidos ônus ou perdas que, em função das peculiaridades do caso, sejam anormais ou excessivos.

Justificativa dos juristas que auxiliaram na elaboração do anteprojeto

O art. 21 "exige o exercício responsável da função judicante do agente estatal. Invalidar atos, contratos, processos configura atividade altamente relevante, que importa em consequências imediatas a bens e direitos alheios. Decisões irresponsáveis que desconsiderem situações juridicamente constituídas e possíveis consequências aos envolvidos são incompatíveis com o Direito.

É justamente por isso que o projeto busca garantir que o julgador (nas esferas administrativa, controladora e judicial), ao invalidar atos, contratos, processos e demais instrumentos, indique, de modo expresso, as consequências jurídicas e administrativas decorrentes de sua decisão." (https://www.conjur.com.br/dl/parecer-juristas-rebatem-criticas.pdf)

Exigências de motivação

Conjugando os arts. 20 e 21 da LINDB, podemos concluir que a decisão que acarrete a invalidação de ato, contrato, ajuste, processo ou norma administrativa deverá...

- demonstrar a necessidade e adequação da invalidação;
- demonstrar as razões pelas quais não são cabíveis outras possíveis alternativas;
- indicar, de modo expresso, suas consequências jurídicas e administrativas.

Vale ressaltar que tais exigências são aplicáveis para as esferas administrativa, controladora ou judicial.

Regularização

A invalidação de um ato, contrato, ajuste, processo ou norma pode acarretar graves prejuízos para a parte envolvida, para a própria Administração e também para terceiros. Pensando nisso, o parágrafo único do art. 21 trata sobre o tema, assim como sobre a possiblidade de regularização da situação:

> § Art. 21 (...)
>
> Parágrafo único. A decisão a que se refere o caput deste artigo deverá, quando for o caso, indicar as condições para que a regularização ocorra de modo proporcional e equânime e sem prejuízo aos interesses gerais, não se podendo impor aos sujeitos atingidos ônus ou perdas que, em função das peculiaridades do caso, sejam anormais ou excessivos.

Exemplo de aplicação do dispositivo: no caso de invalidação de contrato administrativo, a autoridade pública julgadora que determinar a invalidação deverá definir se serão ou não preservados os efeitos do contrato, como, por exemplo, se os terceiros de boa-fé terão seus direitos garantidos. Deverá, ainda, decidir se é ou não o caso de pagamento de indenização ao particular que já executou as prestações, conforme disciplinado pelo art. 59 da Lei nº 8.666/93. (https://www.conjur.com.br/dl/parecer-juristas-rebatem-criticas.pdf)

INTERPRETAÇÃO DAS NORMAS SOBRE GESTÃO PÚBLICA

Primado da realidade

> § Art. 22. Na interpretação de normas sobre gestão pública, serão considerados os obstáculos e as dificuldades reais do gestor e as exigências das políticas públicas a seu cargo, sem prejuízo dos direitos dos administrados.
>
> § 1º Em decisão sobre regularidade de conduta ou validade de ato, contrato, ajuste, processo ou norma administrativa, serão consideradas as circunstâncias práticas que houverem imposto, limitado ou condicionado a ação do agente.

Uma das principais teses de defesa dos administradores públicos nos processos que tramitam nos Tribunais de Contas ou nas ações de improbidade administrativa é a de que não cumpriram determinada regra por conta das dificuldades práticas vivenciadas, em especial quando se trata de Municípios do interior do Estado. Alega-se, por exemplo, que não se apresentou a prestação de contas porque a internet no interior é ruim. Argumenta-se também que não se apresentou o balanço contábil porque no Município não há contadores e assim por diante.

Em geral, tais argumentos não são acolhidos porque os Tribunais de Contas e o Poder Judiciário entendem que essas dificuldades são previamente conhecidas e que os administradores públicos já deveriam se preparar para elas.

Assim, o objetivo do dispositivo foi o de tentar "abrandar" essa jurisprudência pugnando que o órgão julgador considere não apenas a literalidade das regras que o administrador tenha eventualmente violado, mas também as dificuldades práticas que ele enfrentou e que possam justificar esse descumprimento.

O grupo de juristas que auxiliou na elaboração do anteprojeto assim justificou a nova previsão legal:

> "(...) a norma em questão reconhece que os diversos órgãos de cada ente da Federação possuem realidades próprias que não podem ser ignoradas. A realidade de gestor da União evidentemente é distinta da realidade de gestor em um pequeno e remoto município. A gestão pública envolve especificidades que têm de ser consideradas pelo julgador para a produção de decisões justas, corretas.
>
> As condicionantes envolvem considerar (i) os obstáculos e a realidade fática do gestor, (ii) as políticas públicas acaso existentes e (iii) o direito dos administrados envolvidos. Seria pouco razoável admitir que as normas pudessem ser ignoradas ou lidas em descompasso com o contexto fático em que a gestão pública a ela submetida se insere." (https://www.conjur.com.br/dl/parecer-juristas-rebatem-criticas.pdf)

Interessante também fazer um contraponto e trazer a crítica da Professora Irene Nohara a esse dispositivo:

> "Os elaboradores do texto normativo chamam essa exigência de primado da realidade. Todavia, podem existir vários olhares sobre essa previsão, por exemplo: (a) desnecessária, pois já deveria estar pressuposta na interpretação jurídica feita na área da gestão, que não pode se estabelecer sem que se considere a realidade; (b) ineficaz, porque podem existir interpretações variáveis e que não deixam de ser especulativas, abstratas, portanto, sobre quais seriam os obstáculos e dificuldades; e, por fim, (c) perigosa: se for utilizada como uma brecha capciosa para se alegar que, por exemplo, como a realidade não nos permitiu cumprir adequadamente as exigências legais, então, podemos nos eximir de garantir direitos...
>
> (...)
>
> Aqui é interessante que essa determinação normativa não seja utilizada, portanto, como um pretexto para o argumento no sentido de que a realidade vence o direito... ou seja, que se as circunstâncias de cumprimento da lei forem muito penosas, vamos questionar tal requisito, ou pior, negociar o seu cumprimento por um regime de transição, conforme será visto na sequência...
>
> Uma alegação dos elaboradores do projeto foi no sentido da necessidade de se estreitar o contato dos órgãos fiscalizadores com os órgãos fiscalizados... Mas isso já era uma tendência dos Tribunais de Contas, no sentido de intensificar um monitoramento preventivo e concomitante, baseado na orientação também, ou seja, de uma fiscalização não apenas punitiva, mas também ponderada em função das dificuldades práticas existentes." (Disponível em: < http://direitoadm.com.br/proposta-de-alteracao-da-lindb-projeto-349-2015/).

Critérios para aplicação de sanções

§ 2º Na aplicação de sanções, serão consideradas a natureza e a gravidade da infração cometida, os danos que dela provierem para a administração pública, as circunstâncias agravantes ou atenuantes e os antecedentes do agente.

Critérios a serem considerados na aplicação das sanções:

a. Natureza e gravidade da infração cometida;

b. Danos causados à Administração Pública;

c. Agravantes;

d. Atenuantes;

e. Antecedentes.

Sanções de mesma natureza deverão ser consideradas

§ § 3º As sanções aplicadas ao agente serão levadas em conta na dosimetria das demais sanções de mesma natureza e relativas ao mesmo fato.

MUDANÇA DE INTERPRETAÇÃO OU ORIENTAÇÃO E MODULAÇÃO DOS EFEITOS DA DECISÃO

§ Art. 23. A decisão administrativa, controladora ou judicial que estabelecer interpretação ou orientação nova sobre norma de conteúdo indeterminado, impondo novo dever ou novo condicionamento de direito, deverá prever regime de transição quando indispensável para que o novo dever ou condicionamento de direito seja cumprido de modo proporcional, equânime e eficiente e sem prejuízo aos interesses gerais.

Se houver uma mudança na forma como tradicionalmente a Administração Pública, os Tribunais de Contas ou o Poder Judiciário interpretavam determinada norma, deverá ser previsto um regime de transição.

Este regime de transição representa a concessão de um prazo para que os administradores públicos e demais pessoas afetadas pela nova orientação possam se adaptar à nova interpretação. É como se fosse uma modulação dos efeitos.

Justificativa dos juristas que auxiliaram na elaboração do anteprojeto

"Ninguém nega que as instituições públicas, na administração, no sistema de controle ou no Poder Judiciário, possam alterar suas interpretações sobre o Direito. É normal que, com o devido cuidado, o façam, inclusive em decorrência de novas demandas e visões que surgem com o passar do tempo. Contudo, as relações jurídicas pré-existentes não podem ser ignoradas. Elas seguem existindo e, se for o caso, terão de se adequar às novas interpretações ou orientações. Necessário, então, que seja previsto regime jurídico de transição que lhes dê tempo e meios para que realizem a conformação, segundo parâmetros de razoabilidade e proporcionalidade, tal qual tem se dado em matéria de modulação de efeitos nas declarações de inconstitucionalidade e, mais recentemente, com mera modificação de posição dominante do Supremo Tribunal Federal – STF.

Mudanças de interpretação não podem lançar situações anteriores em regime de incerteza. Orientar a transição é dever básico de quem cria nova regulação a respeito de qualquer assunto." (https://www.conjur.com.br/dl/parecer-juristas-rebatem-criticas.pdf)

Requisitos para a aplicação do regime de transição:

a. A decisão administrativa, controladora ou judicial deve estabelecer uma interpretação ou orientação nova;

b. Essa interpretação nova deve recair sobre uma norma de conteúdo indeterminado;

c. Por conta dessa interpretação, será imposto novo dever ou novo condicionamento de direito;

d. O regime de transição mostra-se, no caso concreto, indispensável para que o novo dever ou condicionamento de direito seja cumprido de modo proporcional, equânime e eficiente;

e. A imposição desse regime de transição não pode acarretar prejuízo aos interesses gerais.

Cabe ao órgão julgador a análise dos preenchimentos dos requisitos acima, sendo passível de recurso caso o interessado entenda que deveria ter direito ao regime de transição.

Dispositivo do CPC

O CPC/2015 possui um dispositivo tratando sobre a possibilidade de modulação dos efeitos de decisão judicial. Ressalte-se, contudo, que a redação do CPC é bem superior à do art. 23 da LINDB, sendo mais clara e objetiva. Confira:

> § Art. 927 (...)
>
> § 3º Na hipótese de alteração de jurisprudência dominante do Supremo Tribunal Federal e dos tribunais superiores ou daquela oriunda de julgamento de casos repetitivos, pode haver modulação dos efeitos da alteração no interesse social e no da segurança jurídica.

REVISÃO DEVERÁ LEVAR EM CONTA A ORIENTAÇÃO VIGENTE NA ÉPOCA DA PRÁTICA DO ATO

> § Art. 24. A revisão, nas esferas administrativa, controladora ou judicial, quanto à validade de ato, contrato, ajuste, processo ou norma administrativa cuja produção já se houver completado levará em conta as orientações gerais da época, sendo vedado que, com base em mudança posterior de orientação geral, se declarem inválidas situações plenamente constituídas.

Algumas vezes demoram anos para que a Administração Pública (controle interno), o Tribunal de Contas ou o Poder Judiciário examine a validade de um ato ou contrato administrativo (em sentido amplo) que já tenha se completado. Nesse período, pode acontecer de o entendimento vigente ter se alterado. Caso isso aconteça, o ato deverá ser analisado conforme as orientações gerais da época e as situações por elas regidas deverão ser declaradas válidas, mesmo que apresentem vícios.

O Prof. Jacintho Arruda Camara, Vice-Presidente da Sociedade Brasileira de Direito Público, defende o dispositivo:

> "A norma fortalece a ideia de irretroatividade do direito em prejuízo de situações jurídicas perfeitas, constituídas de boa-fé, em coerência com o ordenamento à época vigente. Visa dar segurança no longo prazo para situações jurídicas plenamente constituídas à luz de um entendimento geral válido. Para isso, estabelece que eventual revisão da validade de ato administrativo (leia-se: ato, contrato, ajuste, processo ou norma) deverá considerar o entendimento consolidado à época de sua produção. O dispositivo dá amparo legal à racionalidade que deve estar presente em procedimentos de revisão de ato administrativo: a invalidação do ato por mudança de orientação não torna ilegal situação constituída na vigência da orientação anterior." (http://antonioanastasia.com.br/documentos/)

De outro lado, o Ministério Público Federal, em Nota Técnica, afirma que se trata de previsão perigosa porque amplia muito a possibilidade de "convalidação" dos atos viciados, não fazendo qualquer ressalva quanto a ilegalidades graves:

> "O dispositivo, a rigor, traz mais justificativas abertas para eventual convalidação de ato ou de contrato inexistentes ou nulos. De fato, os atos anuláveis, convalidados, seriam até aceitáveis. O dispositivo, no entanto, abre espaço para que, considerando a passagem do tempo, a estabilidade das relações, a "orientação geral" que não foi à época contestada, o ato inexistente ou o ato nulo se tornem válidos. Assim, esses atos não seriam mais considerados inexistentes ou nulos com efeitos ex tunc. Esse tipo de conduta/previsão, no entanto, fere os princípios constitucionais da legalidade, impessoalidade, moralidade,

publicidade e eficiência. Importante relembrar que a validação do ato administrativo depende da verificação contrastada entre ele e a ordem jurídica, sendo que descompasso constatado deve possibilitar a reposição ao estado de legalidade." (https://www.conjur.com.br/dl/nota-tecnica-pgr-lindb.pdf)

§ Parágrafo único. Consideram-se orientações gerais as interpretações e especificações contidas em atos públicos de caráter geral ou em jurisprudência judicial ou administrativa majoritária, e ainda as adotadas por prática administrativa reiterada e de amplo conhecimento público.

O parágrafo único procura conceituar o que seriam "orientações gerais". No entanto, a conceituação é por demais vaga e emprega expressões abstratas e genéricas.

COMPROMISSO PARA ELIMINAR IRREGULARIDADE, INCERTEZA JURÍDICA OU SITUAÇÃO CONTENCIOSA NA APLICAÇÃO DO DIREITO PÚBLICO

Em que consiste esse compromisso

O art. 26 da LINDB prevê a possibilidade de a autoridade administrativa celebrar um acordo (compromisso) com os particulares com o objetivo de eliminar eventual irregularidade, incerteza jurídica ou um litígio (situação contenciosa). Ex: determinado particular estava desenvolvendo clandestinamente atividade econômica que exigiria prévia licença. Esta situação é descoberta e o art. 26 permite que seja realizada uma negociação entre a autoridade administrativa e este particular a fim de sanar essa irregularidade.

Para que esse compromisso seja realizado, é indispensável a prévia manifestação do órgão jurídico (ex: AGU, PGE, PGM). Em alguns casos de maior repercussão, é necessária também a realização de audiência pública.

Confira a redação do caput do art. 26:

§ Art. 26. Para eliminar irregularidade, incerteza jurídica ou situação contenciosa na aplicação do direito público, inclusive no caso de expedição de licença, a autoridade administrativa poderá, após oitiva do órgão jurídico e, quando for o caso, após realização de consulta pública, e presentes razões de relevante interesse geral, celebrar compromisso com os interessados, observada a legislação aplicável, o qual só produzirá efeitos a partir de sua publicação oficial.

Requisitos do termo de compromisso:

§ 1º O compromisso referido no caput deste artigo:

I – buscará solução jurídica proporcional, equânime, eficiente e compatível com os interesses gerais;

II – (VETADO);

III – não poderá conferir desoneração permanente de dever ou condicionamento de direito reconhecidos por orientação geral;

IV – deverá prever com clareza as obrigações das partes, o prazo para seu cumprimento e as sanções aplicáveis em caso de descumprimento.

§ 2º (VETADO).

IMPOSIÇÃO DE COMPENSAÇÃO

§ Art. 27. A decisão do processo, nas esferas administrativa, controladora ou judicial, poderá impor compensação por benefícios indevidos ou prejuízos anormais ou injustos resultantes do processo ou da conduta dos envolvidos.

§ 1º A decisão sobre a compensação será motivada, ouvidas previamente as partes sobre seu cabimento, sua forma e, se for o caso, seu valor.

§ 2º Para prevenir ou regular a compensação, poderá ser celebrado compromisso processual entre os envolvidos.

Veja a opinião da Sociedade Brasileira de Direito Público a respeito desse artigo:

"O dispositivo em questão visa evitar que partes, públicas ou privadas, em processo na esfera administrativa, controladora ou judicial aufiram benefícios indevidos ou sofram prejuízos anormais ou injustos resultantes do próprio processo ou da conduta de qualquer dos envolvidos. O art. 27 tomou o cuidado de exigir que a decisão que impõe compensação seja motivada e precedida da oitiva das partes. Há, também nesse caso, a possibilidade de celebração de compromisso processual entre os envolvidos." (http://antonioanastasia.com.br/documentos/)

RESPONSABILIDADE DO AGENTE PÚBLICO

§ Art. 28. O agente público responderá pessoalmente por suas decisões ou opiniões técnicas em caso de dolo ou erro grosseiro.

Segundo a Sociedade Brasileira de Direito Público, "o art. 28 quer dar a segurança necessária para que o agente público possa desempenhar suas funções. Por isso afirma que ele só responderá pessoalmente por suas decisões ou opiniões em caso de dolo ou erro grosseiro (o que inclui situações de negligência grave, imprudência grave ou imperícia grave) (...)" (http://antonioanastasia.com.br/documentos/).

Apesar disso, parece-me que o art. 28 da LINDB vai de encontro ao art. 37, § 6º da CF/88, senão vejamos.

Se um servidor público, no exercício de suas funções, pratica ato ilícito que causa prejuízo a alguém, ele poderá ser responsabilizado?

SIM. No entanto, essa responsabilidade é:

- subjetiva (terá que ser provado o dolo ou a culpa do servidor); e
- regressiva (primeiro o Estado terá que ser condenado a indenizar a vítima e, em seguida, o Poder Público cobra do servidor a quantia paga).

Esse regime de responsabilidade está previsto na parte final do § 6º do art. 37 da Constituição:

§ Art. 37 (...)

§ 6º As pessoas jurídicas de direito público e as de direito privado prestadoras de serviços públicos responderão pelos danos que seus agentes, nessa qualidade, causarem a terceiros, assegurado o direito de regresso contra o responsável nos casos de dolo ou culpa.

Art. 28 abranda o regime constitucional ao exigir erro grosseiro

O art. 28 da LINDB afirma que o agente público responderá pessoalmente em caso de dolo ou erro grosseiro. Este dispositivo se afasta da regra constitucional em dois pontos:

1º) Para que o agente público responda, o art. 28 exige que ele tenha agido com dolo ou erro grosseiro. Ocorre que a CF/88 se contenta com dolo ou culpa.

A doutrina divide a culpa em três subespécies: culpa grave, leve e levíssima.

O erro grosseiro é sinônimo de culpa grave. Assim, é como se o art. 28 dissesse: o agente público somente responde em caso de dolo ou culpa grave. Há ainda uma outra observação: alguns autores afirmam que a culpa grave é equiparada ao dolo.

2º) O art. 37, § 6º da CF/88 exige que a responsabilidade civil do agente público ocorra de forma regressiva. O art. 28, por seu turno, não é explícito nesse sentido, devendo, no entanto, ser interpretada a responsabilidade como sendo regressiva por força da Constituição e daquilo que a jurisprudência denomina de teoria da dupla garantia:

> A vítima somente poderá ajuizar a ação contra o Estado (Poder Público). Se este for condenado, poderá acionar o servidor que causou o dano em caso de dolo ou culpa. O ofendido não poderá propor a demanda diretamente contra o agente público. Essa posição foi denominada de tese da dupla garantia.
>
> STF. 1ª Turma. RE 327904, Rel. Min. Carlos Britto, julgado em 15/08/2006.
>
> STF. 1ª Turma. RE 593525 AgR-segundo, Rel. Min. Roberto Barroso, julgado em 09/08/2016.

Haverá polêmica quanto à abrangência do conceito de "agente público". Quando se fala em "agente público", estão incluídos os magistrados, por exemplo?

NÃO. Apesar de a expressão "agente público" ser ampla, não me parece que o objetivo do legislador tenha sido o de alcançar os agentes políticos.

A tradição histórica do Brasil é a de que os magistrados respondem por suas decisões, no entanto, apenas nos casos de dolo ou fraude e apenas regressivamente, ou seja, depois de o Estado ter sido condenado. Essa é a redação do art. 143, I, do CPC/2015 e do art. 49, I, da LC 35/79 (Lei Orgânica da Magistratura):

> § Art. 143. O juiz responderá, civil e regressivamente, por perdas e danos quando:
>
> I – no exercício de suas funções, proceder com dolo ou fraude;

> § Art. 49. Responderá por perdas e danos o magistrado, quando:
>
> I – no exercício de suas funções, proceder com dolo ou fraude;

Esse mesmo texto era repetido pelo art. 133, I, do CPC/1973 e pelo art. 121, I, do CPC/1939.

A razão para isso é simples. Uma disposição legal que estipule responsabilidade do juiz por erro grosseiro (culpa) seria inconstitucional por tolher, de forma desproporcional, a independência judicial, afrontando a separação dos Poderes (art. 60, § 4º, III, da CF/88).

A decisão judicial é naturalmente passível de recurso. Aliás, o que não faltam são recursos. Toda decisão judicial que fosse reformada em instância superior poderia, em tese, ser considerada como errada. A classificação desse erro como "grosseiro" é exageradamente subjetiva. Em última análise, todo magistrado que tivesse uma decisão reformada poderia responder a um processo de indenização no qual seria discutido se o seu erro foi ou não grosseiro. O resultado seria uma enorme insegurança para o exercício da função típica dos juízes.

Dessa forma, seja por força da previsão específica, seja por conta do princípio da separação dos poderes, penso que os magistrados, na sua função típica, continuam regidos pelo art. 143, I, do CPC e art. 49, I, da LOMAN. Contudo, caso o magistrado esteja agindo na sua função atípica de administrar, ou seja, enquanto gestor público, aí sim se mostra possível a aplicação do art. 28 da LINDB. É o caso, por exemplo, do Presidente de um Tribunal que conduz uma licitação.

Membros do Ministério Público, da Defensoria Pública e da Advocacia Pública

De igual forma, também penso que os membros do Ministério Público, da Defensoria Pública e da Advocacia Pública não estão regidos pelo art. 28 da LINDB considerando que, para as três carreiras existem disposições específicas que não foram revogadas, considerando que a previsão do art. 28, apesar de ser posterior, é genérica, não revogando lei específica.

O sistema de responsabilidade dos membros do MP, da Advocacia Pública e da Defensoria está previsto nos seguintes dispositivos do CPC:

§ Art. 181. O membro do Ministério Público será civil e regressivamente responsável quando agir com dolo ou fraude no exercício de suas funções.

§ Art. 184. O membro da Advocacia Pública será civil e regressivamente responsável quando agir com dolo ou fraude no exercício de suas funções

§ Art. 187. O membro da Defensoria Pública será civil e regressivamente responsável quando agir com dolo ou fraude no exercício de suas funções.

Responsabilidade do parecerista

Ressalte-se que existe um precedente do STF, anterior ao CPC/2015, reconhecendo a responsabilidade de advogado público pela emissão de parecer de natureza opinativa, desde que configurada a existência de culpa ou erro grosseiro:

(...) 3. Esta Suprema Corte firmou o entendimento de que "salvo demonstração de culpa ou erro grosseiro, submetida às instâncias administrativo-disciplinares ou jurisdicionais próprias, não cabe a responsabilização do advogado público pelo conteúdo de seu parecer de natureza meramente opinativa" (MS 24.631/DF, Rel. Min. Joaquim Barbosa, DJ de 1º/2/08). (...)

STF. 1ª Turma. MS 27867 AgR/DF, rel. Min. Dias Toffoli, 18/9/2012 (Info 680).

Segundo a doutrina e o voto do Min. Joaquim Barbosa no MS 24.631/DF (DJ 01/02/2008), existem três espécies de parecer:

Facultativo	Obrigatório	Vinculante
O administrador NÃO É obrigado a solicitar o parecer do órgão jurídico.	O administrador é obrigado a solicitar o parecer do órgão jurídico.	O administrador É obrigado a solicitar o parecer do órgão jurídico.
O administrador pode discordar da conclusão exposta pelo parecer, desde que o faça fundamentadamente.	O administrador pode discordar da conclusão exposta pelo parecer, desde que o faça fundamentadamente com base em um novo parecer.	O administrador NÃO pode discordar da conclusão exposta pelo parecer. Ou o administrador decide nos termos da conclusão do parecer, ou, então, não decide.

Facultativo	Obrigatório	Vinculante
Em regra, o parecerista não tem responsabilidade pelo ato administrativo. Contudo, o parecerista pode ser responsabilizado se ficar configurada a existência de culpa ou erro grosseiro.	Em regra, o parecerista não tem responsabilidade pelo ato administrativo. Contudo, o parecerista pode ser responsabilizado se ficar configurada a existência de culpa ou erro grosseiro.	Há uma partilha do poder de decisão entre o administrador e o parecerista, já que a decisão do administrador deve ser de acordo com o parecer. Logo, o parecerista responde solidariamente com o administrador pela prática do ato, não sendo necessário demonstrar culpa ou erro grosseiro.

CONSULTA PÚBLICA

§ Art. 29. Em qualquer órgão ou Poder, a edição de atos normativos por autoridade administrativa, salvo os de mera organização interna, poderá ser precedida de consulta pública para manifestação de interessados, preferencialmente por meio eletrônico, a qual será considerada na decisão.

§ 1º A convocação conterá a minuta do ato normativo e fixará o prazo e demais condições da consulta pública, observadas as normas legais e regulamentares específicas, se houver.

§ 2º (VETADO).

"O art. 29, ao prever a consulta pública prévia à edição de atos normativos por autoridade administrativa, procura trazer transparência e previsibilidade à atividade normativa do Executivo. Trata-se de medida consentânea com as melhores práticas." (http://antonioanastasia.com.br/documentos/).

INSTRUMENTOS PARA AUMENTAR A SEGURANÇA JURÍDICA

§ Art. 30. As autoridades públicas devem atuar para aumentar a segurança jurídica na aplicação das normas, inclusive por meio de regulamentos, súmulas administrativas e respostas a consultas.

Parágrafo único. Os instrumentos previstos no caput deste artigo terão caráter vinculante em relação ao órgão ou entidade a que se destinam, até ulterior revisão.

9.13. LEI Nº 13.726, DE 8 DE OUTUBRO DE 2018 (LEI DA DESBUROCRATIZAÇÃO)

A Lei nº 13.726/2018 foi editada com o objetivo de racionalizar (desburocratizar/simplificar) atos e procedimentos administrativos dos Poderes da União, dos Estados, do Distrito Federal e dos Municípios.

Veja abaixo um resumo dos principais pontos da Lei:

Racionalização dos atos e procedimentos administrativos

O objetivo da Lei nº 13.726/2018 foi o de racionalizar atos e procedimentos administrativos dos Poderes da União, dos Estados, do Distrito Federal e dos Municípios.

Para fazer isso, a Lei suprimiu ou simplificou formalidades ou exigências desnecessárias ou superpostas.

Existem determinadas formalidades e exigências que não justificam seu custo/benefício. Em outras palavras, o custo econômico ou social, tanto para o erário como para o cidadão, é maior do que eventual risco de fraude.

Formalidades e exigências que foram dispensadas

Art. 3º Na relação dos órgãos e entidades dos Poderes da União, dos Estados, do Distrito Federal e dos Municípios com o cidadão, é dispensada a exigência de:

Apesar de a lei falar em "cidadão", o art. 3º deve ser interpretado em sentido amplo, abrangendo:

- todas as pessoas físicas (mesmo que não tenham direitos políticos, como, por exemplo, menores de 16 anos, estrangeiros, pessoas condenadas com trânsito em julgado etc.);
- as pessoas jurídicas (ex: uma empresa que formula pedido de alvará);
- os entes despersonalizados (ex: condomínio, massa falida etc.).

Atenção. Essa lista de dispensas vale apenas para as relações do particular com o Poder Público, ou seja, a Administração Pública não poderá exigir tais providências dos administrados. Entre os particulares, é possível que se continue exigindo todas essas formalidades. Ex: em um contrato de compra e venda entre dois particulares, a parte pode continuar exigindo o reconhecimento de firma no cartório.

I – reconhecimento de firma, devendo o agente administrativo, confrontando a assinatura com aquela constante do documento de identidade do signatário, ou estando este presente e assinando o documento diante do agente, lavrar sua autenticidade no próprio documento;

Firma = assinatura.

Reconhecimento de firma é o ato do tabelião de notas por meio do qual ele analisa a assinatura e declara que ela é autêntica, ou seja, que pertence àquela pessoa que assinou. Esse reconhecimento pode ser feito por três métodos:

a. por autenticidade;

b. por semelhança;

c. por abono.

O reconhecimento de firma é uma atividade exclusiva do tabelião de notas, conforme previsto no art. 7º, IV, da Lei nº 8.935/94.

Trata-se de um serviço pago, o que acaba gerando um custo extra para os interessados.

A Lei nº 13.726/2018 afirma que, nas relações entre o cidadão e o Poder Público, não se pode mais exigir reconhecimento de firma. Assim, se você tiver que apresentar um documento assinado para a Administração Pública, não se pode exigir que ele tenha a "firma reconhecida", ou seja, você não precisará mais ir até o cartório para autenticar sua assinatura.

Qual é o procedimento?

- Quando o documento já for levado assinado para a Administração Pública: o agente administrativo deverá comparar a assinatura com aquela constante do documento de identidade do signatário. Se forem semelhantes (aparentemente iguais), ele irá atestar isso no próprio documento (a lei chama de "lavrar a sua autenticidade").

- Outra situação possível é o interessado assinar o documento na frente do agente administrativo. Neste caso, o servidor também irá lavrar a autenticidade da assinatura.

II – autenticação de cópia de documento, cabendo ao agente administrativo, mediante a comparação entre o original e a cópia, atestar a autenticidade;

Autenticação de cópia: é o ato do tabelião de notas por meio do qual ele analisa a cópia de um documento e declara que ela corresponde (é idêntica) ao original do qual foi extraída.

O art. 7º, IV, da Lei nº 8.935/95 afirma que a autenticação de cópia é uma atividade exclusiva do tabelião de notas.

A autenticação de cópia reprográfica feita em tabelionato de notas é reconhecida como prova pelo Código Civil:

§ Art. 223. A cópia fotográfica de documento, conferida por tabelião de notas, valerá como prova de declaração da vontade, mas, impugnada sua autenticidade, deverá ser exibido o original.

Parágrafo único. A prova não supre a ausência do título de crédito, ou do original, nos casos em que a lei ou as circunstâncias condicionarem o exercício do direito à sua exibição.

O art. 3º, II, da Lei nº 13.726/2018 prevê que a "autenticação de cópia de documento" realizada por tabelião de notas é dispensada para a Administração Pública.

Se o documento for destinado à Administração Pública, o próprio agente administrativo é quem irá atestar a autenticidade da cópia, ou seja, o servidor público irá comparar a cópia com o original e carimbar/assinar ou fazer uma certidão dizendo: "confere com o original".

Vale ressaltar que esse atestado de autenticidade firmado pelo agente administrativo tem força probatória apenas no âmbito da Administração Pública, não vinculando, por exemplo, particulares.

III – juntada de documento pessoal do usuário, que poderá ser substituído por cópia autenticada pelo próprio agente administrativo;

O que esse inciso pretende dizer é o seguinte: em requerimentos ou processos administrativos, não é necessário que o interessado junte (entregue) o original dos seus documentos pessoais, bastando uma cópia que será autenticada pelo próprio agente administrativo.

IV – apresentação de certidão de nascimento, que poderá ser substituída por cédula de identidade, título de eleitor, identidade expedida por conselho regional de fiscalização profissional, carteira de trabalho, certificado de prestação ou de isenção do serviço militar, passaporte ou identidade funcional expedida por órgão público;

Em requerimentos ou processos administrativos, o interessado, em vez da certidão de nascimento, poderá apresentar:

- cédula de identidade;
- título de eleitor;
- identidade expedida pelos conselhos profissionais (ex: CREA, CRM, CRC, OAB);
- carteira de trabalho;
- certificado de prestação ou de isenção do serviço militar;

- passaporte
- identidade funcional expedida por órgão público (ex: carteira funcional de Procurador do Estado).

V – apresentação de título de eleitor, exceto para votar ou para registrar candidatura;

Não se pode exigir a apresentação de título de eleitor, exceto para votar ou para registrar candidatura.

O objetivo deste inciso foi o de evitar cadastramento indevido de cidadãos com objetivos eleitoreiros. Ex: determinado posto de saúde faz o atendimento das pessoas e exige a apresentação do título de eleitor para coletar dados referentes à seção eleitoral. Nas proximidades da eleição, o Secretário de Saúde, Vereador ou Prefeito que tem ingerência política sobre aquele posto procura esses usuários e pede votos relembrando a prestação desses serviços como se tivesse sido um favor realizado.

Obs: apesar de o inciso falar apenas nessas duas hipóteses, entendo que também é possível exigir a apresentação de título de eleitor em outros assuntos relacionados com alistamento eleitoral. Ex: não há qualquer abusividade no fato de o TRE exigir a apresentação do título de eleitor para que o cidadão faça seu recadastramento biométrico ou para que mude a sua seção eleitoral.

VI – apresentação de autorização com firma reconhecida para viagem de menor se os pais estiverem presentes no embarque.

O Estatuto da Criança e do Adolescente disciplina, em seus arts. 83 a 85, as regras que envolvem a viagem de crianças e adolescentes. Veja abaixo o resumo das situações:

Viagem NACIONAL	
Situação	**Necessária autorização?**
Criança viajar com o pai e a mãe.	NÃO
Criança viajar só com o pai ou só com a mãe.	NÃO
Criança viajar com algum ascendente (avô, bisavô).	NÃO (nem dos pais nem do juiz)
Criança viajar com algum colateral, maior de idade, até 3º grau (irmão, tio e sobrinho).	NÃO (nem dos pais nem do juiz)
Criança viajar acompanhada de uma pessoa maior de idade, mas que não seja nenhum dos parentes acima listados (ex: amigo da família, chefe de excursão, treinador de time).	SIM Será necessária uma autorização expressa do pai, mãe ou responsável (ex: tutor) pela criança.
Criança viajar sem estar acompanhada por uma pessoa maior de idade.	SIM Será necessária uma autorização do juiz da infância e juventude.
Criança viajar desacompanhada de parentes para comarca vizinha, localizada dentro do mesmo Estado, ou para comarca que pertença à mesma região metropolitana.	NÃO (nem dos pais nem do juiz)

Viagem NACIONAL	
Situação	**Necessária autorização?**
Adolescente viajar desacompanhado de pais, responsável, parente ou qualquer outra pessoa.	NÃO Adolescentes podem viajar pelo Brasil sem autorização.

<table>
<tr><th colspan="2">Viagem ao EXTERIOR</th></tr>
<tr><th>Situação</th><th>Necessária autorização?</th></tr>
<tr><td>Criança ou adolescente viajar acompanhado do pai e da mãe.</td><td>NÃO</td></tr>
<tr><td>Criança ou adolescente viajar com o seu responsável (ex: guardião, tutor ou curador).</td><td>NÃO</td></tr>
<tr><td>Criança ou adolescente viajar só com o pai ou só com a mãe.</td><td>SIM
Nesse caso, será necessária:
1. autorização judicial; OU
2. autorização expressa do pai ou mãe que não for viajar, através de documento com firma reconhecida.
Obs: não será necessária autorização com firma reconhecida se os pais estiverem presentes no embarque (NOVIDADE).</td></tr>
<tr><td>Criança ou adolescente viajar desacompanhado</td><td rowspan="3">SIM
Nesse caso, será necessária:
1. autorização judicial; OU
2. autorização expressa do pai e da mãe, com firma reconhecida.
Obs: não será necessária autorização com firma reconhecida se os pais estiverem presentes no embarque (NOVIDADE).</td></tr>
<tr><td>Criança ou adolescente viajar em companhia de terceiros maiores e capazes, designados pelos genitores.</td></tr>
<tr><td>Em todos os outros casos (ex: avô, tio, irmão, chefe de excursão, treinador de time etc.).</td></tr>
<tr><td>Criança ou adolescente nascido no Brasil viajar em companhia de residente ou domiciliado no exterior.</td><td>SIM
Necessária prévia e expressa autorização judicial.</td></tr>
</table>

A não-observância das regras acima poderá ensejar a prática da infração administrativa prevista no art. 251 do ECA:

§ Art. 251. Transportar criança ou adolescente, por qualquer meio, com inobservância do disposto nos arts. 83, 84 e 85 desta Lei:

Pena – multa de três a vinte salários de referência, aplicando-se o dobro em caso de reincidência.

A previsão do inciso VI do art. 3º da Lei nº 13.726/2018 é salutar. Isso porque já houve casos de viagens ao exterior que tiveram que ser remarcadas por conta do excesso de burocracia. A criança viajaria só com a mãe, o pai estava presente no momento do embarque, mas eles não sabiam que precisavam de uma autorização por escrito com firma reconhecida. Como era noite de sábado, não se tinha como conseguir as formalidades naquele momento, razão pela qual a criança não pode embarcar e a viagem restou frustrada.

O CNJ possui uma normatização sobre o tema, qual seja, a Resolução nº 131/2011. Veja o que diz o art. 1º da Resolução:

> § Art. 1º É dispensável autorização judicial para que crianças ou adolescentes brasileiros residentes no Brasil viajem ao exterior, nas seguintes situações:
>
> I) em companhia de ambos os genitores;
>
> II) em companhia de um dos genitores, desde que haja autorização do outro, com firma reconhecida;
>
> III) desacompanhado ou em companhia de terceiros maiores e capazes, designados pelos genitores, desde que haja autorização de ambos os pais, com firma reconhecida.

A parte final dos incisos II e III da Resolução do CNJ tornou-se ilegal e deverá ser modificada para se adequar à dispensa prevista no art. 3º, VI, da Lei nº 13.726/2018.

QUADRO-RESUMO:

Lei nº 13.726/2018 **Na relação dos órgãos e entidades com o cidadão, é DISPENSADA a exigência de:**	
1. Reconhecimento de firma	O agente administrativo que receber o documento irá lavrar a autenticidade da assinatura no próprio documento. Para isso, ele irá confrontar a assinatura presente no documento com aquela que está na cédula de identidade do signatário. Ou então, o signatário irá assinar o documento na presença do agente administrativo.
2. Autenticação de cópia de documento	O agente administrativo que receber o documento irá comparar o original e a cópia e atestar a autenticidade.
3. Juntada de documento pessoal do usuário	O documento pessoal do usuário poderá ser substituído por cópia autenticada pelo próprio agente administrativo.
4. Apresentação de certidão de nascimento	A certidão de nascimento poderá ser substituída por cédula de identidade, título de eleitor, identidade expedida por conselho regional de fiscalização profissional, carteira de trabalho, certificado de prestação ou de isenção do serviço militar, passaporte ou identidade funcional expedida por órgão público.
5. Apresentação de título de eleitor	O título de eleitor somente poderá ser exigido para votar ou para registrar candidatura.
6. Autorização com firma reconhecida para viagem de menor	Poderá ser dispensada a apresentação de autorização com firma reconhecida para viagem de menor se os pais estiverem presentes no embarque.

§ 1º É vedada a exigência de prova relativa a fato que já houver sido comprovado pela apresentação de outro documento válido.

Ex: se na certidão de casamento já consta a averbação do divórcio, não pode a Administração Pública exigir a sentença de divórcio se o objetivo é unicamente comprovar este fato (dissolução do vínculo conjugal).

§ 2º Quando, por motivo não imputável ao solicitante, não for possível obter diretamente do órgão ou entidade responsável documento comprobatório de regularidade, os fatos poderão ser comprovados mediante declaração escrita e assinada pelo cidadão, que, em caso de declaração falsa, ficará sujeito às sanções administrativas, civis e penais aplicáveis.

Ex: determinado candidato aprovado no concurso público de Juiz de Direito precisa apresentar certidão de antecedentes criminais da Polícia Civil. Ocorre que o sistema informatizado encontra-se instável e sem previsão de retorno. Diante disso, é possível que o interessado faça a declaração por escrito de que nunca foi indiciado em nenhum inquérito policial, apresentando esta documentação ao Tribunal de Justiça a fim de garantir a sua inscrição definitiva ou posse.

Ainda no mesmo exemplo, se este candidato sabe que foi indiciado em um inquérito policial e, mesmo assim, apresentou declaração falsa, ele poderá ficar sujeito às seguintes sanções:

- sanção administrativa: eliminação do concurso, anulação do ato de posse ou demissão.
- sanção cível: ressarcimento pelos prejuízos causados.
- sanção penal: processo penal pela prática de falsidade ideológica (art. 299 do CP).

§ 3º Os órgãos e entidades integrantes de Poder da União, de Estado, do Distrito Federal ou de Município não poderão exigir do cidadão a apresentação de certidão ou documento expedido por outro órgão ou entidade do mesmo Poder, ressalvadas as seguintes hipóteses:

I – certidão de antecedentes criminais;

II – informações sobre pessoa jurídica;

III – outras expressamente previstas em lei.

Ex: a Secretaria Municipal de Urbanismo exige que o requerimento de alvará de funcionamento seja instruído com a certidão negativa de tributos municipais. Esta exigência não mais poderá ser feita porque viola o § 3º do art. 3º da Lei nº 13.726/2018. A certidão negativa de tributos é expedida pela Secretaria de Fazenda do Município, órgão também integrante do Poder Executivo municipal, assim como a Secretaria de Urbanismo.

A lógica desse dispositivo é a seguinte: os órgãos e entidades integrantes do mesmo Poder devem possuir um sistema de comunicação interna e de intercâmbio de informações, não sendo razoável exigir do administrado que busque certidões e documentos que podem ser acessados facilmente pelos servidores daquele órgão ou entidade.

Comunicação entre o Poder Público e o cidadão

REGRA: a comunicação entre o Poder Público e o cidadão poderá ser feita por qualquer meio. Exs: comunicação verbal direta, comunicação verbal telefônica, comunicação por e-mail (correio eletrônico).

Essa circunstância deverá ser registrada quando necessário. Ex: servidor pode fazer uma certidão dizendo que forneceu, verbalmente, determinada informação ao interessado que veio saber sobre determinado processo administrativo, sendo isso juntado aos autos.

EXCEÇÃO: em caso de imposição de deveres, ônus, sanções ou restrições ao exercício de direitos e atividades, a comunicação não pode ser feita de modo informal, devendo observar as formalidades necessárias para registro adequado do ato.

Vigência

O art. 10 previa que a Lei nº 13.726/2018 deveria entrar em vigor na data de sua publicação.

Ocorre que esse dispositivo foi vetado pelo Presidente da República sob o argumento de que a Lei nº 13.726/2018 possui grande repercussão e, por essa razão, deverá ter um prazo maior de *vacatio legis* a fim de que permita que os órgãos e entidades possam se adaptar a ela.

Com o veto do art. 10, a Lei ficou sem previsão expressa sobre o início de sua vigência.

Quando uma lei não traz a previsão do início de sua vigência, em qual data ela entrará em vigor?

45 dias após a sua publicação.

É o que prevê o art. 1º da LINDB:

§ Art. 1º Salvo disposição contrária, a lei começa a vigorar em todo o país quarenta e cinco dias depois de oficialmente publicada.

Logo, como a Lei nº 13.726/2018 não tem disposição expressa acerca de sua vigência, ela entrou em vigor 45 dias após a sua publicação, ou seja, em 23/11/2018.

Direito Eleitoral

1. INELEGIBILIDADES

A VEDAÇÃO AO EXERCÍCIO DE TRÊS MANDATOS CONSECUTIVOS PELO MESMO NÚCLEO FAMILIAR APLICA-SE TAMBÉM NA HIPÓTESE EM QUE UM DOS MANDATOS TENHA SIDO TAMPÃO

Ao se fazer uma interpretação conjugada dos §§ 5° e 7° do art. 14 da CF/88 chega-se à conclusão de que a intenção do poder constituinte foi a de proibir que pessoas do mesmo núcleo familiar ocupem três mandatos consecutivos para o mesmo cargo no Poder Executivo.

Em outras palavras, a CF/88 quis proibir que o mesmo núcleo familiar ocupasse três mandatos consecutivos de Prefeito, de Governador ou de Presidente.

A vedação ao exercício de três mandatos consecutivos de prefeito pelo mesmo núcleo familiar aplica-se também na hipótese em que tenha havido a convocação do segundo colocado nas eleições para o exercício de mandato-tampão.

Ex: de 2010 a 2012, o Prefeito da cidade era Auricélio. Era o primeiro mandato de Auricélio. Seis meses antes das eleições, Auricélio renunciou ao cargo. Em 2012, Hélio (cunhado de Auricélio) vence a eleição para Prefeito da mesma cidade. De 2013 a 2016, Hélio cumpre o mandato de Prefeito. Em 2016, Hélio não poderá se candidatar à reeleição ao cargo de Prefeito porque seria o terceiro mandato consecutivo deste núcleo familiar.

STF. 2ª Turma. RE 1128439/RN, Rel. Min. Celso de Mello, julgado em 23/10/2018 (Info 921).

Veja comentários em Direito Constitucional.

É APLICÁVEL A ALÍNEA "D" DO INCISO I DO ART. 1º DA LC 64/90, COM A REDAÇÃO DADA PELA LC 135/2010, A FATOS ANTERIORES A SUA PUBLICAÇÃO

Causas de inelegibilidade previstas na legislação infraconstitucional

A Constituição Federal, em seu art. 14, § 9°, dispõe que lei complementar deverá estabelecer casos de inelegibilidade a fim de proteger:

- a probidade administrativa
- a moralidade para o exercício do mandato, considerada a vida pregressa do candidato e

- a normalidade e legitimidade das eleições contra a influência do poder econômico ou o abuso do exercício de função, cargo ou emprego na administração direta ou indireta.

A inelegibilidade consiste na ausência de capacidade eleitoral passiva.

Inelegibilidade = impossibilidade jurídica de ser candidato.

A Lei Complementar mencionada pelo § 9° do art. 14 é, atualmente, a LC 64/90.

Lei da Ficha Limpa

Em 2010, foi aprovada a LC 135/2010, que teve como objetivo alterar a LC 64/90, incluindo novas hipóteses de inelegibilidade para proteger a probidade administrativa e a moralidade no exercício do mandato.

A LC 135/2010 foi resultado de uma intensa mobilização da sociedade civil organizada que arrecadou mais de 1,3 milhão de assinaturas de cidadãos para apresentar o projeto de lei ao Congresso Nacional.

A LC 135/2010 ficou conhecida como "Lei da Ficha Limpa".

Ampliação do prazo de inelegibilidade para as condenações por abuso de poder

Uma das alterações promovidas pela Lei da Ficha Limpa foi que ela ampliou, de 3 para 8 anos, o prazo de inelegibilidade para os casos em que o político é condenado por abuso de poder econômico ou político. Veja como foi a mudança:

Antes da LC 135/2010	Depois da LC 135/2010
Art. 1° São inelegíveis: I – para qualquer cargo: (...) os que tenham contra sua pessoa representação julgada procedente pela Justiça Eleitoral, transitada em julgado, em processo de apuração de abuso do poder econômico ou político, para a eleição na qual concorrem ou tenham sido diplomados, bem como para as que se realizarem 3 (três) anos seguintes;	Art. 1° São inelegíveis: I – para qualquer cargo: (...) os que tenham contra sua pessoa representação julgada procedente pela Justiça Eleitoral, em decisão transitada em julgado ou proferida por órgão colegiado, em processo de apuração de abuso do poder econômico ou político, para a eleição na qual concorrem ou tenham sido diplomados, bem como para as que se realizarem nos 8 (oito) anos seguintes; (Redação dada pela LC 135/2010)
Art. 22 (...) XIV – julgada procedente a representação, o Tribunal declarará a inelegibilidade do representado e de quantos hajam contribuído para a prática do ato, cominando-lhes sanção de inelegibilidade para as eleições a se realizarem nos 3 (três) anos subseqüentes à eleição em que se verificou, além da cassação do registro do candidato diretamente beneficiado pela interferência do poder econômico e pelo desvio ou abuso do poder de autoridade, determinando a remessa dos autos ao Ministério Público Eleitoral, para instauração de processo disciplinar, se for o caso, e processo-crime, ordenando quaisquer outras providências que a espécie comportar;	Art. 22 (...) XIV – julgada procedente a representação, ainda que após a proclamação dos eleitos, o Tribunal declarará a inelegibilidade do representado e de quantos hajam contribuído para a prática do ato, cominando-lhes sanção de inelegibilidade para as eleições a se realizarem nos 8 (oito) anos subsequentes à eleição em que se verificou, além da cassação do registro ou diploma do candidato diretamente beneficiado pela interferência do poder econômico ou pelo desvio ou abuso do poder de autoridade ou dos meios de comunicação, determinando a remessa dos autos ao Ministério Público Eleitoral, para instauração de processo disciplinar, se for o caso, e de ação penal, ordenando quaisquer outras providências que a espécie comportar; (Redação dada pela LC 135/2010)

Desse modo, antes da Lei da Ficha Limpa, o político condenado por abuso de poder teria que ficar 3 anos sem disputar novas eleições. Com a mudança, ele passou a ter que ficar 8 anos inelegível.

STF julgou a validade da Lei da Ficha Limpa

O STF decidiu que essa previsão, assim como todos os outros dispositivos da Lei da Ficha Limpa (LC 135/2010), são constitucionais.

STF. Plenário. ADC 29/DF, rel. Min. Luiz Fux, 15 e 16/2/2012, ADC 30/DF, rel. Min. Luiz Fux, 15 e 16/2/2012 e ADI 4578/DF, rel. Min. Luiz Fux, 15 e 16/2/2012.

A Lei da Ficha Limpa somente foi aplicada a partir das eleições de 2010

A Lei da Ficha Limpa foi promulgada em 4 de junho de 2010. Como entrou em vigor menos de 1 ano antes das eleições gerais de 2010, o STF entendeu que ela não poderia ser aplicada naquele pleito por força do que dispõe o art. 16 da CF/88:

§ Art. 16. A lei que alterar o processo eleitoral entrará em vigor na data de sua publicação, não se aplicando à eleição que ocorra até um ano da data de sua vigência.

Essa decisão foi tomada no RE 633703, Rel. Min. Gilmar Mendes, julgado em 23/03/2011.

Imagine agora a seguinte situação adaptada:

João concorreu ao cargo de Vereador e foi condenado, nos autos de representação eleitoral por abuso de poder econômico e compra de votos por fatos ocorridos em 2004.

Naquela época não havia ainda a Lei da Ficha Limpa. Vigorava a redação originária do art. 1º, I, "d", da LC 64/90. Logo, a Justiça Eleitoral determinou que João ficasse inelegível por 3 anos. Relembre o que dizia a Lei:

§ Art. 1º São inelegíveis:

I – para qualquer cargo:

(...)

d) os que tenham contra sua pessoa representação julgada procedente pela Justiça Eleitoral, transitada em julgado, em processo de apuração de abuso do poder econômico ou político, para a eleição na qual concorrem ou tenham sido diplomados, bem como para as que se realizarem 3 (três) anos seguintes;

O processo transitou em julgado em 2004 e João cumpriu os 3 anos de inelegibilidade, conforme havia sido determinado.

Nas eleições de 2008, já livre da inelegibilidade, ele concorreu e foi eleito para o cargo de Vereador. Ele conseguiu concorrer porque já havia passado o prazo de 3 anos (2004 + 3 = 2007).

Nas eleições de 2012, ele tentou concorrer novamente ao mandato de Vereador, mas seu registro foi indeferido sob o argumento de que entrou em vigor a Lei da Ficha Limpa e que aquela sua condenação (que já transitou em julgado e que ele já cumpriu) aumentou de 3 para 8 anos. Assim, segundo a nova redação do art. 1º, I, "d", da LC 64/90, ele teria que ficar inelegível de 2004 até 2012 (2004 + 8 = 2012).

Resumindo:

- em 2004, João praticou abuso de poder econômico e foi condenado a uma inelegibilidade de 3 anos, conforme previa a redação originária do art. 1º, I, "d", da LC 64/90.
- esse processo transitou em julgado e, em 2007, João terminou de cumprir o prazo de inelegibilidade para o qual foi condenado.

- em 2010, a Lei da Ficha Limpa (2010) aumentou a punição prevista no art. 1º, I, "d", da LC 64/90 de 3 para 8 anos.
- a Justiça Eleitoral entendeu que, mesmo a Lei da Ficha Limpa tendo entrado em vigor após o fato praticado por João, este novo diploma deveria ser aplicado ao caso concreto. Logo, a inelegibilidade de João, que era de 3 anos (e que acabou em 2007), subiria para 8 anos (e a proibição permaneceria para as eleições de 2012).

Recurso extraordinário

João não concordou com a decisão da Justiça Eleitoral e recorreu ao STF alegando que a inelegibilidade constitui espécie de sanção, razão pela qual a mudança legislativa não poderia retroagir por se tratar de lei mais grave (art. 5º, XXXVI, CF/88). Além disso, teria havido ofensa à coisa julgada.

Para reforçar a sua tese, João argumentou que a própria LC 64/90 prevê a inelegibilidade como sanção:

§ Art. 22 (...)

XIV – julgada procedente a representação, ainda que após a proclamação dos eleitos, o Tribunal declarará a inelegibilidade do representado e de quantos hajam contribuído para a prática do ato, cominando-lhes sanção de inelegibilidade para as eleições a se realizarem nos 8 (oito) anos subsequentes à eleição em que se verificou, além da cassação do registro ou diploma do candidato diretamente beneficiado pela interferência do poder econômico ou pelo desvio ou abuso do poder de autoridade ou dos meios de comunicação, determinando a remessa dos autos ao Ministério Público Eleitoral, para instauração de processo disciplinar, se for o caso, e de ação penal, ordenando quaisquer outras providências que a espécie comportar; (Redação dada pela LC 135/2010)

A pergunta que se faz é a seguinte: esse aumento trazido pela Lei da Ficha Limpa já se aplica para a situação de João mesmo que o fato tendo ocorrido antes da vigência da nova Lei?

SIM. O STF entendeu que é possível aplicar o prazo de 8 anos de inelegibilidade, introduzido pela LC 135/2010 (Lei da Ficha Limpa), às condenações por abuso de poder, mesmo nos casos em que o processo já tenha transitado em julgado quando a Lei da Ficha Limpa entrou em vigor.

O fato de a condenação nos autos de representação por abuso de poder econômico ou político haver transitado em julgado, ou mesmo haver transcorrido o prazo da sanção de três anos, imposta por força de condenação pela Justiça Eleitoral, não afasta a incidência da inelegibilidade constante da alínea "d" do inciso I do art. 1º da LC 64/90, cujo prazo passou a ser de 8 anos.

Repercussão geral

Sobre esse tema, o STF fixou a seguinte tese de repercussão geral:

A condenação por abuso do poder econômico ou político em ação de investigação judicial eleitoral, transitada em julgado, "ex vi" do artigo 22, inciso XIV, da Lei Complementar 64/90, em sua redação primitiva, é apta a atrair a incidência da inelegibilidade do artigo 1º, inciso I, alínea "d", na redação dada pela Lei Complementar 135/2010, aplicando-se a todos os processos de registros de candidatura em trâmite.

STF. Plenário. RE 929670/DF, rel. orig. Min. Ricardo Lewandowski, red. p/ o ac. Min. Luiz Fux, julgado em 1º/3/2018 (repercussão geral) (Info 892).

Veja abaixo um resumo dos argumentos expostos pelo STF.

Finalidade da Lei da Ficha Limpa

O objetivo da Lei da Ficha Limpa foi o de proteger a probidade administrativa, a moralidade para exercício de mandato, considerada a vida pregressa do candidato, e a normalidade e legitimidade das eleições contra a influência do poder econômico ou do poder político.

Trata-se, portanto, de um verdadeiro "Estatuto da Moralidade do Processo Eleitoral", expressão cunhada pelo ex-Ministro Joaquim Barbosa.

Diante disso, o STF tem o dever de afastar interpretações que enfraqueçam os propósitos republicanos e moralizadores da Lei da Ficha Limpa.

As hipóteses de inelegibilidade possuem caráter de sanção?

NÃO. O Min. Luiz Fux sustentou que as hipóteses de inelegibilidade não apresentam caráter sancionatório. Como exemplo, ele cita o caso do art. 14, § 4º da CF/88, que prevê a inelegibilidade dos analfabetos. Ora, o objetivo do legislador constituinte não foi o de punir os analfabetos, não se podendo, portanto, dizer que se trata de uma sanção.

Então qual é a natureza jurídica da inelegibilidade?

A inelegibilidade ostenta natureza jurídica de "requisito negativo de adequação do indivíduo ao regime jurídico do processo eleitoral".

Logo, as hipóteses de inelegibilidade previstas na LC 64/90 não possuem caráter sancionatório ou punitivo, mesmo no caso descrito no art. 22, XIV.

Não existe no ordenamento jurídico brasileiro a figura da inelegibilidade-sanção.

Mas o art. 22, XIV fala em sanção...

Segundo o Min. Fux, houve uma atecnia do legislador, ou seja, uma falha de técnica legislativa ao se afirmar que a inelegibilidade do art. 22, XIV, seria uma hipótese de sanção.

Além disso, a natureza de um instituto jurídico não deve ser interpretada pelo seu "rótulo legal", mas sim pela a partir da análise dos efeitos jurídicos que efetivamente dele advêm.

Não há retroatividade máxima

As leis (em sentido amplo) podem apresentar três espécies de retroatividade:

a. Retroatividade máxima (ou restitutória)	b. Retroatividade média	c. Retroatividade mínima (temperada ou mitigada)
Ocorre quando a lei nova retroage para atingir fatos passados sem qualquer empecilho, mesmo que eles já estejam consumados. Se a retroatividade é máxima, a lei atinge, inclusive, direito adquirido, ato jurídico perfeito ou coisa julgada. Ex: na época da celebração do contrato, os juros de mora eram de 6% ao ano; veio uma nova lei aumentando para 12%; pela retroatividade máxima, essa mudança produz efeitos inclusive sobre as prestações já pagas.	Ocorre quando a lei nova atinge efeitos pendentes de fatos praticados no passado. Ex: na época da celebração do contrato, os juros de mora eram de 6% ao ano; veio uma nova lei aumentando para 12%; pela retroatividade média, essa mudança produz efeitos sobre as prestações em aberto (vencidas, mas não pagas) e sobre as prestações futuras; as prestações já pagas continuam com os juros anteriores.	Ocorre quando a lei nova atinge efeitos futuros de fatos praticados no passado. Ex: na época da celebração do contrato, os juros de mora eram de 6% ao ano; veio uma nova lei aumentando para 12%; pela retroatividade mínima, essa mudança produz efeitos sobre as prestações futuras; as prestações já pagas e as prestações em aberto continuam com os juros anteriores.

A lei possui, em regra, retroatividade mínima.

O Poder Constituinte originário pode estabelecer a retroatividade máxima, no entanto, isso não é permitido ao legislador infranconstitucional, salvo algumas exceções, como é o caso da lei penal mais favorável ao réu.

Voltando ao caso concreto.

O recorrente alegava que a interpretação da Justiça Eleitoral de aplicar o prazo de 8 anos representaria uma retroatividade máxima, o que seria proibido por violar a coisa julgada.

A maioria do STF, contudo, não concordou com a tese.

Retroatividade inautêntica (ou retrospectividade)

O Min. Luiz Fux sustentou que, como a inelegibilidade do art. 22, XIV, da LC 64/90 não se constitui em sanção, a ampliação do prazo nele previsto (de 3 para 8 anos) pela Lei da Ficha Limpa não representa ofensa à retroatividade máxima.

Para o STF, aplicar a Lei da Ficha Limpa para fatos ocorridos antes da sua vigência não configura uma autêntica (uma verdadeira) retroatividade. Isso é aquilo que se pode chamar de retroatividade inautêntica (ou retrospectividade)

A retroatividade autêntica é vedada pela CF. O texto constitucional não proíbe, contudo, a retrospectividade.

A retrospectividade é parecida, mas não idêntica à retroatividade mínima.

- Retroatividade mínima: a nova lei altera as consequências jurídicas de fatos ocorridos antes da sua edição.
- Retrospectividade: a nova lei atribui novos efeitos jurídicos, a partir de sua edição, a fatos ocorridos anteriormente.

Nas palavras do Min. Fux:

> "A aplicabilidade da Lei Complementar nº 135/10 a processo eleitoral posterior à respectiva data de publicação é, à luz da distinção supra, uma hipótese clara e inequívoca de retroatividade inautêntica, ao estabelecer limitação prospectiva ao *ius honorum* (o direito de concorrer a cargos eletivos) com base em fatos já ocorridos. A situação jurídica do indivíduo – condenação por colegiado ou perda de cargo público, por exemplo – estabeleceu-se em momento anterior, mas seus efeitos perdurarão no tempo. Portanto, ainda que se considere haver atribuição de efeitos, por lei, a fatos pretéritos, cuida-se de hipótese de retrospectividade (...)
>
> Explica-se: trata-se, tão-somente, de imposição de um novo requisito negativo para a que o cidadão possa candidatar-se a cargo eletivo, que não se confunde com agravamento de pena ou com *bis in idem*."

E não haveria violação à coisa julgada?

NÃO. A imposição do prazo de inelegibilidade configura uma relação jurídica continuativa, para a qual a coisa julgada opera sob a cláusula *rebus sic stantibus*.

A decisão que reconhece a inelegibilidade somente produzirá seus efeitos na esfera jurídico-eleitoral do condenado se este vier a formalizar registro de candidatura em eleições vindouras.

Em consequência disso, verificado o exaurimento do prazo de 3 anos, previsto na redação originária do art. 22, XIV, por decisão transitada em julgado, é perfeitamente possível que o legislador infraconstitucional proceda ao aumento dos prazos, o que impõe que o agente da conduta abusiva fique inelegível por mais 5 anos, totalizando os 8 anos, sem que isso implique ofensa à coisa julgada, que se mantém incólume.

2. INCONSTITUCIONALIDADE DO VOTO HÍBRIDO PREVISTO NO ART. 59-A DA LEI 9.504/97

Impressão do voto eletrônico

Em 2015, foi editada a Lei nº 13.165, que incluiu o art. 59-A da Lei nº 9.504/97 prevendo que, no dias das eleições, após o eleitor fazer a votação eletrônica na urna (como acontece hoje em dia), a urna eletrônica deveria imprimir o voto dado pelo eleitor e esse comprovante em papel seria depositado em uma urna tradicional. Isso serviria para o eleitor conferir que a urna eletrônica registrou seu voto corretamente e para eventual recontagem de votos caso houvesse alguma suspeita de fraude.

Seria uma espécie de voto híbrido, sendo parte eletrônica e parte em papel.

Veja a redação do dispositivo:

> § Art. 59-A. No processo de votação eletrônica, a urna imprimirá o registro de cada voto, que será depositado, de forma automática e sem contato manual do eleitor, em local previamente lacrado.
>
> Parágrafo único. O processo de votação não será concluído até que o eleitor confirme a correspondência entre o teor de seu voto e o registro impresso e exibido pela urna eletrônica.
>
> *(Incluído pela Lei nº 13.165/2015)*

ADI

A Procuradoria-Geral da República ajuizou ADI contra essa previsão.

Para a PGR, a reintrodução do voto impresso como forma de controle do processo eletrônico de votação "caminha na contramão da proteção da garantia do anonimato do voto e significa verdadeiro retrocesso".

Ao determinar a impressão do voto no processo de votação eletrônica, a norma legal coloca em risco o direito fundamental do cidadão ao sigilo de seu voto, previsto no art. 14 da Constituição Federal.

Além disso, segundo a procuradora, a adoção do modelo impresso provoca risco à confiabilidade do sistema eleitoral, fragilizando o nível de segurança e eficácia da expressão da soberania nacional por meio do sufrágio universal.

Na petição inicial argumenta-se também a respeito da situação das pessoas com deficiência visual e das analfabetas, que não terão condições de conferir o voto impresso sem o auxílio de terceiros, o que, mais uma vez, importará quebra do sigilo de voto.

O que foi decidido?

O STF deferiu liminar na ADI para suspender o art. 59-A na Lei nº 9.504/97, incluído pela Lei nº 13.165/2015.

Este dispositivo viola a regra constitucional que garante o voto livre e secreto.

Os Ministros entenderam que a sistemática prevista no art. 59-A permite a identificação de quem votou, ou seja, a quebra do sigilo, e, consequentemente, a diminuição da liberdade do voto.

Outros argumentos apresentados pelos Ministros sustentaram a falta de proporcionalidade e razoabilidade da medida, uma vez que impõe altos custos de implantação – estimados em mais de R$ 2 bilhões – e traz riscos para a segurança das votações, sem haver garantia de que aumenta a segurança do sistema. Isso em um contexto em que faltam indícios de fraude generalizada no sistema de voto eletrônico, existente desde 1996. Foi ressaltada a confiança da população no sistema, tido como referência internacional, e no fato de que a alteração poderia, pelo contrário, minar essa confiança.

Retrocesso

Cabe ao legislador fazer a opção pelo voto impresso, eletrônico ou híbrido, visto que a CF nada dispõe a esse respeito, observadas, entretanto, as características do voto nela previstas.

No entanto, o modelo híbrido trazido pelo dispositivo impugnado constitui efetivo retrocesso aos avanços democráticos conquistados pelo Brasil para garantir eleições realmente livres, em que as pessoas possam escolher os candidatos que preferirem.

Em suma:

É inconstitucional a lei que determina que, na votação eletrônica, o registro de cada voto deverá ser impresso e depositado, de forma automática e sem contato manual do eleitor, em local previamente lacrado (art. 59-A da Lei 9.504/97, incluído pela Lei 13.165/2015).

Essa previsão acaba permitindo a identificação de quem votou, ou seja, permite a quebra do sigilo, e, consequentemente, a diminuição da liberdade do voto, violando o art. 14 e o § 4º do art. 60 da Constituição Federal.

Cabe ao legislador fazer a opção pelo voto impresso, eletrônico ou híbrido, visto que a CF/88 nada dispõe a esse respeito, observadas, entretanto, as características do voto nela previstas.

No entanto, o modelo híbrido trazido pelo art. 59-A constitui efetivo retrocesso aos avanços democráticos conquistados pelo Brasil para garantir eleições realmente livres, em que as pessoas possam escolher os candidatos que preferirem.

STF. Plenário. ADI 5889/DF, rel. orig. Min. Gilmar Mendes, red. p/ o ac. Min. Alexandre de Moraes, julgado em 6/6/2018 (Info 905).

Segunda tentativa

Vale ressaltar que esta foi a segunda tentativa do legislador de retornar, pelo menos em parte, com o voto impresso no Brasil.

A primeira ocorreu com a Lei nº 12.034/2009, que previu que, a partir das eleições de 2014, além do voto eletrônico, a urna deveria também imprimir um voto em papel para ser conferido pelo eleitor e depositado em um local previamente lacrado.

Em 2013, o STF também julgou essa previsão inconstitucional sob o argumento de que haveria maiores possibilidades de violação ao sigilo dos votos, além de potencializar falhas e impedir o transcurso regular dos trabalhos nas diversas seções eleitorais.

STF. Plenário. ADI 4543/DF, rel. Min. Cármen Lúcia, julgado em 6/11/2013 (Info 727).

3. CANCELAMENTO DE TÍTULOS PELA AUSÊNCIA DO ELEITOR À REVISÃO ELEITORAL

Lei nº 7.444/85

Em 1985, a Justiça Eleitoral decidiu que os dados dos eleitores precisavam estar registrados em um sistema informatizado (e não mais em arquivos em papel).

Diante disso, foi editada a Lei nº 7.444/85, que teve como objetivo implementar o "processamento eletrônico dos dados no alistamento eleitoral".

Essa lei estabeleceu que deveria ser feita uma revisão dos eleitores inscritos em cada Zona Eleitoral. Depois de conferidos e atualizados os respectivos registros, os cadastros dos eleitores seriam "mantidos em computador".

A lei estabeleceu que deveria ser dado um prazo para os eleitores fazerem o recadastramento (revisão eleitoral) e que, se não o fizessem neste prazo, os seus títulos deveriam ser cancelados (art. 3º, § 4º).

A lei disse que as regras para a realização dessa revisão eleitoral deveriam ser regulamentadas por Resolução do TSE e que o prazo para os eleitores fazerem deveria ser de, no mínimo, 30 dias.

Revisão eleitoral

A revisão eleitoral, além ter cumprido a finalidade de informatizar os cadastros dos eleitores naquele momento histórico, tem por objetivo principal garantir que cada cidadão tenha apenas um título de eleitor e que as pessoas já mortas, por exemplo, tenham seus títulos cancelados, evitando, com isso, fraudes eleitorais.

Assim, constantemente tem ocorridos novas revisões eleitorais, nos anos em que não há eleições (ano não eleitoral), com a finalidade de atualizar os cadastros dos eleitores.

O art. 92 da Lei nº 9.504/97 (Lei das Eleições), por exemplo, determina que o TSE faça a revisões eleitorais de ofício sempre que, na Zona Eleitoral, ocorreu uma das seguintes situações:

I – o total de transferências de eleitores ocorridas no ano em curso seja 10% superior ao do ano anterior;

II – o eleitorado for superior ao dobro da população entre 10 e 15 anos, somada à de idade superior a 70 anos do território daquele Município;

III – o eleitorado for superior a 75% da população projetada para aquele ano pelo IBGE.

Enfim, as revisões eleitorais são constantes e têm por objetivo, em última análise, evitar fraudes, garantindo a lisura das eleições.

Revisão para o cadastramento biométrico obrigatório

Desde 2007, o TSE iniciou uma série de revisões eleitorais com o objetivo de fazer o cadastramento biométrico dos eleitores.

Em outras palavras, os eleitores são convocados a comparecer à Justiça Eleitoral a fim de fazer a revisão eleitoral e, na mesma oportunidade, cadastrar suas digitais com a finalidade de minimizar as fraudes no momento da votação.

Esta revisão foi disciplinada inicialmente pela Resolução nº 22.688/2007, do TSE.

Desde, então, houve uma série de revisões com essa finalidade, que foram disciplinadas pelas Resoluções

23.061/2009, 23.335/2011 e, finalmente, pela Resolução/TSE 23.440/2015.

O prazo estimado para o término da biometria é 2022.

Resolução nº 23.440/2015

Atualmente, está em vigor a Resolução nº 23.440/2015, do TSE, que disciplina os procedimentos para a realização da atualização ordinária do cadastro eleitoral, com a implementação de nova sistemática de identificação do eleitor, mediante incorporação de dados biométricos e por meio de revisões de eleitorado de ofício, em municípios previamente selecionados pelos tribunais regionais eleitorais.

Cancelamento dos títulos

Conforme vimos acima, a Lei nº 7.444/85 determinou que os eleitores que não participassem da revisão eleitoral, teriam seus títulos eleitorais cancelados.

Essa previsão foi repetida pelas diversas Resoluções do TSE que regulamentaram as revisões eleitorais, dentre elas a Resolução nº 23.440/2015. Veja:

> § Art. 3º Em cada circunscrição eleitoral submetida ao procedimento de que cuida o § 3º do art. 1º desta norma, ultrapassado o prazo estabelecido para o comparecimento do eleitorado, serão canceladas, mediante comando do código de ASE 469, as inscrições correspondentes aos títulos que não forem apresentados à revisão.
>
> (...)

Essa regra acima possui algumas exceções e também é permitido que o eleitor que teve o título cancelado possa, posteriormente, fazer um novo alistamento eleitoral. Assim, não se trata de uma "perda" definitiva do direito de votar. É possível regularizar a situação. Vale ressaltar, no entanto, que, em anos eleitorais, essa regularização tem um prazo e, caso não seja feito até determinada data, somente poderá ser realizada após o pleito já ter se encerrado. Ex: para votar nas eleições de 2018, o eleitor teria que ter regularizado a sua situação até 09/05. Se não fez isso, ficou impedido de votar em 2018, mas pode regularizar para votar em 2020.

ADPF contra o cancelamento dos títulos

Em setembro de 2018, o Partido Socialista Brasileiro (PSB) ajuizou, no STF, Arguição de Descumprimento de Preceito Fundamental (ADPF) contra o art. 4º, § 3º da Lei nº 7.444/85 e contra todas as Resoluções do TSE que previram o cancelamento dos títulos dos eleitores que não compareceram para a revisão.

O Partido alegou que tais normas, ao determinarem o cancelamento dos títulos, retiraram os direitos políticos de milhões de eleitores que não compareceram às revisões e, por isso, tiveram seus títulos cancelados.

O autor afirmou que houve cerca de 4 milhões de títulos cancelados.

Assim, o Partido requereu que o STF declarasse que o art. 3º, § 4º, da Lei nº 7.444/85 não foi recepcionado e pediu também a declaração de inconstitucionalidade, por arrastamento, das Resoluções do TSE que previram o cancelamento do título do eleitor que não realizou o cadastramento biométrico nelas previsto.

O STF concordou com o pedido?

NÃO. A ADPF foi julgada improcedente, tendo o STF decidido que o art. 3º, § 4º, da Lei nº 7.444/85 e as Resoluções do TSE que trataram sobre o tema são constitucionais.

Alistamento eleitoral e revisão periódica

O voto é um componente essencial da democracia representativa.

Para o exercício do voto de maneira ordenada e segura, é indispensável que haja o alistamento eleitoral e a revisão periódica dos eleitores.

A Constituição exige, em seu art. 14, § 1º, o prévio alistamento eleitoral a fim de garantir que o voto seja exercido de forma legítima pelo eleitor em idade de voto, adequadamente identificado e sem pluralidade de inscrição.

Assim, o alistamento eleitoral é uma providência que garante o voto seguro e igual para todos.

Se é válido condicionar o exercício do voto ao alistamento, é válido condicioná-lo à apresentação do título à revisão

A revisão eleitoral se destina a manter a integridade e a atualização do alistamento.

O Min. Roberto Barroso construiu o seguinte raciocínio:

A CF/88 autoriza, em seu art. 14, § 1º, que o voto seja condicionado ao alistamento eleitoral.

Tanto o alistamento como a revisão eleitoral possuem o mesmo propósito e, portanto, devem receber o mesmo tratamento constitucional.

Se é válido condicionar o exercício do voto ao alistamento, também é válido condicionar o exercício do voto à apresentação do título para revisão eleitoral.

Procedimento de revisão e de cancelamento é razoável, proporcional e necessário

As normas do TSE regulamentam o tema com precisão e cuidado.

O respectivo TRE define os locais que passarão pela revisão.

Essa definição pode ocorrer em virtude de denúncia fundamentada de fraude ou, de ofício, com fulcro em dados estatísticos, desde que preenchidos os requisitos do art. 92 da Lei nº 9.504/97 (vista acima).

Depois de escolhidas as Zonas Eleitorais onde serão realizadas as revisões, é publicado um edital e feita uma ampla divulgação, inclusive nos meios de comunicação, dando ciência à população da necessidade de comparecimento.

O procedimento de revisão e de cadastramento biométrico obrigatório é acompanhado pelo Ministério Público e pelos partidos políticos.

O funcionamento da revisão e a possibilidade de se cancelar o título baseiam-se em lei.

O fato de alguém não comparecer à biometria não resulta automaticamente na perda do título. Eventuais cancelamentos são objetos de sentença eleitoral, comportam recurso e permitem a regularização do eleitor a tempo de participar da eleição.

Desse modo, a legislação e o tratamento normativo secundário dado à matéria, em abstrato, são regras razoáveis, proporcionais e necessárias, compatíveis com a Constituição.

As dificuldades enfrentadas pelo cidadão para o alistamento são semelhantes aos obstáculos para a apresentação de títulos à revisão. Inexiste qualquer elemento que sugira ter havido direcionamento, quer na revisão eleitoral, quer no cancelamento de inscrições, muito menos que tenha gerado supressão desproporcional de títulos e/ou de eleitores, ou prejuízo à eleição de determinados candidatos ou partidos.

Não há ofensa à soberania popular e à cidadania

Assim, percebe-se que a revisão eleitoral e o eventual cancelamento do título do eleitor que não comparece possuem lastro (fundamento) na Constituição e na lei e não há qualquer vício na concretização. Logo, não se pode dizer que as normas impugnadas ofendem a democracia, a soberania popular, a cidadania ou o direito de voto.

Igualdade

Não há também qualquer violação à igualdade. Tal como o alistamento, a revisão eleitoral é exigida de todos, sem exceção nem discriminação.

ELEITORAL

Proporcionalidade

Também não há ofensa à proporcionalidade.

A medida é adequada e necessária, não havendo meio substitutivo com eficácia equivalente, tampouco fundamento para se afirmar que o benefício de se evitarem fraudes e outros comprometimentos à regularidade do voto é menos importante do que a participação dos que não atenderam ao chamado da Justiça Eleitoral.

O atual cenário existe há muitos anos

A Lei nº 7.444/85 está em vigor há mais de 30 anos. A biometria tem sido implementada há 11 anos. Múltiplas eleições se processaram sob a vigência de tais normas. Milhões de títulos foram cancelados sem que se tivesse demonstrado o comprometimento do devido processo democrático ou da higidez dos pleitos. O ajuizamento tardio da ação, às vésperas da eleição e após tantos anos, compromete a alegação de urgência.

O Ministro Alexandre de Moraes explicou que a Lei nº 7.444/85, apesar de não falar em biometria, dá suporte legal a essa atividade considerando que ela autoriza a revisão para recadastramento. Assim, os recadastramentos sempre foram realizados e estão autorizados pela Lei. A diferença agora é o método, a biometria.

Em suma:

É válido o cancelamento do título do eleitor que, convocado por edital, não comparecer ao processo de revisão eleitoral, em virtude do que dispõe o art. 14, caput, e § 1º da CF/88.

São válidos o art. 3º, § 4º, da Lei nº 7.444/85 e as Resoluções do TSE que preveem o cancelamento do título dos eleitores que não comparecerem à revisão eleitoral.

STF. Plenário. ADPF 541 MC/DF, Rel. Min. Roberto Barroso, julgado em 26/9/2018 (Info 917)

4. VACÂNCIA DE CARGOS POLÍTICOS

CONSTITUCIONALIDADE DOS §§ 3º E 4º DO ART. 224 DO CÓDIGO ELEITORAL

Lei nº 13.165/2015

A Lei nº 13.165/2015 (conhecida como minirreforma eleitoral de 2015) alterou diversos dispositivos da legislação eleitoral.

Dentre as mudanças promovidas, vale destacar que a Lei nº 13.165/2015 acrescentou os §§ 3º e 4º ao art. 224 do Código Eleitoral (Lei nº 4.737/65).

Veja os dispositivos incluídos:

§

Art. 224 (...)

§ 3º A decisão da Justiça Eleitoral que importe o indeferimento do registro, a cassação do diploma ou a perda do mandato de candidato eleito em pleito majoritário acarreta, após o trânsito em julgado, a realização de novas eleições, independentemente do número de votos anulados.

§ 4º A eleição a que se refere o § 3º correrá a expensas da Justiça Eleitoral e será:

I – indireta, se a vacância do cargo ocorrer a menos de seis meses do final do mandato;

II – direta, nos demais casos.

Desse modo, o § 3º prevê que a decisão da Justiça Eleitoral que importe:

- o indeferimento do registro,
- a cassação do diploma ou
- a perda do mandato de candidato eleito em pleito majoritário

... acarreta, após o trânsito em julgado, a realização de novas eleições, independentemente do número de votos anulados.

Vale ressaltar que, para o STF, o legislador federal pode estabelecer causas eleitorais, ou seja, relacionadas a ilícitos associados ao processo eleitoral, que possam levar à vacância do cargo.

Segundo o § 4º, essa eleição será:

1. INDIRETA (feita pelo parlamento): se a vacância do cargo ocorrer a menos de 6 meses do final do mandato (está faltando menos de 6 meses, não "vale a pena" fazer eleição direta);
2. DIRETA (com voto universal de todos os eleitores): se quando ocorreu a vacância ainda havia mais de 6 meses de mandato. Então, se ainda não tiver passado mais que 3 anos e 6 meses, a eleição será direta.

ADI e § 3º do art. 224

A Procuradoria-Geral da República ajuizou ação direta de inconstitucionalidade contra estes dois parágrafos incluídos pela Lei 13.165/2015.

Quanto ao § 3º, a alegação da PGR foi a de que a exigência de trânsito em julgado para a realização de novas eleições seria uma espera "exagerada e desproporcional, em face da gravidade das condutas que autorizam cassação de diploma e de mandato".

O autor da ADI defendia a seguinte tese: se o TSE já tiver julgado todos os recursos sobre o tema e somente se estiver aguardando eventual recurso extraordinário interposto contra a decisão, então, neste caso, deve-se autorizar a realização de novas eleições. Isso porque o recurso extraordinário não tem efeito suspensivo. Logo, não deveria impedir a realização de novas eleições. Em outras palavras, a PGR queria que o STF julgasse inconstitucional a expressão "após o trânsito em julgado" prevista no § 3º do art. 224 do Código Eleitoral e que o Tribunal fixasse a interpretação de que basta o encerramento da tramitação do processo na Justiça Eleitoral.

ADI e § 4º do art. 224

A PGR alegou que a previsão do § 4º do art. 224 do Código Eleitoral viola o art. 81, caput e § 1º da CF/88:

> § Art. 81. Vagando os cargos de Presidente e Vice-Presidente da República, far-se-á eleição noventa dias depois de aberta a última vaga.
>
> § 1º – Ocorrendo a vacância nos últimos dois anos do período presidencial, a eleição para ambos os cargos será feita trinta dias depois da última vaga, pelo Congresso Nacional, na forma da lei.

- art. 224, § 4º do CE: prevê que se a vacância for nos últimos 6 meses, a eleição será indireta;
- art. 81, § 1º da CF/88: estabelece que se a vacância for nos dois últimos anos, a eleição será indireta.

Desse modo, o art. 224, § 4º do CE reduziu de 2 anos para 6 meses o tempo no qual se exige que a vacância ocorra para que a eleição seja indireta.

O que o STF decidiu quanto ao § 3º?

O STF concordou com a PGR e declarou a inconstitucionalidade da locução "após o trânsito em julgado", prevista no § 3º do art. 224 do Código Eleitoral.

O STF entendeu que a exigência do trânsito em julgado para a perda do mandato contraria o princípio democrático e o princípio da soberania popular.

Normalmente o candidato eleito que é condenado pela Justiça Eleitoral interpõe sucessivos recursos. Se as novas eleições somente pudessem ser realizadas após o julgamento de todos esses recursos, é muito provável que o mandato de 4 anos do Prefeito, do Governador ou do Presidente se encerrasse sem que esse novo pleito fosse realizado.

Além disso, mesmo se o condenado é afastado cautelarmente do cargo enquanto se aguarda o trânsito em julgado, se não há novas eleições, quem assume temporariamente é o Presidente do Poder Legislativo. Ex: Prefeito é condenado à perda do mandato; suponhamos que a Justiça Eleitoral o afaste mesmo havendo ainda recurso pendente; pela regra do § 3º, não seria possível a realização de nova eleição para o cargo enquanto não houvesse o trânsito em julgado; isso significa que o Presidente da Câmara Municipal ficaria na função de Prefeito durante meses ou até mesmo anos aguardando o trânsito em julgado sem tenha sido eleito para isso. Tal situação representaria violação ao princípio democrático e ao princípio da soberania popular, porque permitiria que alguém que não foi eleito exercesse o cargo majoritário por largo período.

Dessa forma, o STF declarou a inconstitucionalidade da expressão "após o trânsito em julgado" e decidiu que basta a exigência de decisão final da Justiça Eleitoral. Assim, concluído o processo na Justiça Eleitoral (ex: está pendente apenas recurso extraordinário), a nova eleição já pode ser realizada mesmo sem trânsito em julgado.

O que o STF decidiu quanto ao § 4º?

O STF afirmou que esse dispositivo deveria receber uma interpretação conforme a Constituição, de modo a afastar do seu âmbito de incidência as situações de vacância nos cargos de Presidente e Vice-Presidente da República, bem como no de Senador da República.

Em outras palavras, o § 4º é válido, mas ele não se aplica para os cargos de:

- Presidente e Vice-Presidente da República; e
- Senador.

Não se aplica porque no caso de vacância dos cargos de Presidente, Vice-Presidente e Senador, a própria Constituição Federal já estabelece regras que deverão ser observadas para o seu preenchimento elas são diferentes do que preconiza o § 4º.

Regras da CF/88 para a vacância dos cargos de Presidente e Vice-Presidente

A CF/88 prevê que, se vagarem os cargos de Presidente e Vice-Presidente da República, deverá ser realizada uma nova eleição.

Essa eleição será:

- direta: se a vacância ocorrer nos primeiros dois anos do mandato;
- indireta (pelo Congresso Nacional): se a vacância ocorrer nos últimos dois anos do mandato.

Desse modo, esse critério de 6 meses trazido pelo § 4º do art. 224 do Código Eleitoral não pode ser aplicado para os casos de Presidente ou Vice-Presidente da República porque há previsão expressa diferente no art. 81, caput e § 1º da CF/88.

Regras da CF/88 para a vacância do cargo de Senador

No caso de Senador, também há uma previsão expressa no art. 56, § 2º da CF/88:

§ Art. 56 (...)

§ 2º Ocorrendo vaga e não havendo suplente, far-se-á eleição para preenchê-la se faltarem mais de quinze meses para o término do mandato.

Logo, o § 4º do art. 224 também não pode ser aplicado para a vacância dos cargos de Senador.

E para os cargos de Prefeito e Governador, pode ser aplicado o § 4º do art. 224 do Código Eleitoral?

SIM. É compatível com a Constituição Federal a aplicação do § 4º do art. 224 do CE em relação aos cargos de Governador e de Prefeito. Isso porque, diferentemente do que faz com o Presidente da República e com o Senador, o texto constitucional não prevê modo específico de eleição no caso de vacância de Governador e Prefeito. Logo, no que tange aos Governadores e Prefeitos, não há incompatibilidade do § 4º com nenhum dispositivo da CF/88.

ELEITORAL

Previsões das Constituições estaduais e leis orgânicas

Algumas Constituições estaduais e leis orgânicas de Municípios repetem, para os Governadores e Prefeitos a mesma regra do art. 81, caput e § 1º da CF/88. Veja o exemplo da Constituição do Estado de Minas Gerais:

§

> Art. 87. No caso de impedimento do Governador e do Vice-Governador do Estado ou no de vacância dos respectivos cargos, serão sucessivamente chamados ao exercício do Governo o Presidente da Assembleia Legislativa e o do Tribunal de Justiça.
>
> § 1º – Vagando os cargos de Governador e Vice-Governador do Estado, far-se-á eleição noventa dias depois de aberta a última vaga.
>
> § 2º – Ocorrendo a vacância nos últimos dois anos do mandato governamental, a eleição para ambos os cargos será feita trinta dias depois da última vaga, pela Assembleia Legislativa, na forma de lei complementar.
>
> (...)

A pergunta que surge é a seguinte: nestes casos, deverá prevalecer a previsão das Constituições estaduais e leis orgânicas ou o § 4º do art. 224 do Código Eleitoral?

Depende:

- se a vacância tiver razões eleitorais (ex: Governador e Vice perderam o mandato por compra de votos): aplica-se o art. 224, § 4º do Código Eleitoral.
- se a vacância estiver fundada em razão de causas não eleitorais (ex: Governador e Vice morreram durante o mandato): aplica-se a regra prevista nas Constituições estaduais (para os Governadores) ou nas leis orgânicas (para os Prefeitos). Isso porque como se trata de matéria político-administrativa, tais entes possuem autonomia federativa para legislar.

Resumindo:

A Lei nº 13.165/2015 (minirreforma eleitoral de 2015) inseriu os §§ 3º e 4º ao art. 224 do Código Eleitoral.

O § 3º prevê que "a decisão da Justiça Eleitoral que importe o indeferimento do registro, a cassação do diploma ou a perda do mandato de candidato eleito em pleito majoritário acarreta, após o trânsito em julgado, a realização de novas eleições, independentemente do número de votos anulados."

O STF declarou a inconstitucionalidade da expressão "após o trânsito em julgado" e decidiu que basta a exigência de decisão final da Justiça Eleitoral. Assim, concluído o processo na Justiça Eleitoral (ex: está pendente apenas recurso extraordinário), a nova eleição já pode ser realizada mesmo sem trânsito em julgado.

O § 4º, por sua vez, determina que:

§ 4º A eleição a que se refere o § 3º correrá a expensas da Justiça Eleitoral e será:

I – indireta, se a vacância do cargo ocorrer a menos de seis meses do final do mandato;

II – direta, nos demais casos.

O STF afirmou que esse § 4° deveria receber uma interpretação conforme a Constituição, de modo a afastar do seu âmbito de incidência as situações de vacância nos cargos de Presidente e Vice-Presidente da República, bem como no de Senador da República.

Vale ressaltar que a regra do § 4° aplica-se aos cargos de Governador e Prefeito.

STF. Plenário. ADI 5525/DF, Rel. Min. Roberto Barroso, julgado em 7 e 8/3/2018 (Info 893).

O § 3º do art. 224 do Código Eleitoral aplica-se também para eleições de Prefeitos de Municípios com menos de 200 mil eleitores e para eleições de Senadores

Lei nº 13.165/2015

Como vimos acima, a Lei nº 13.165/2015 (minirreforma eleitoral de 2015) acrescentou o § 3° ao art. 224 do Código Eleitoral (Lei nº 4.737/65), com a seguinte redação:

> §
>
> Art. 224 (...)
>
> § 3° A decisão da Justiça Eleitoral que importe o indeferimento do registro, a cassação do diploma ou a perda do mandato de candidato eleito em pleito majoritário acarreta, após o trânsito em julgado, a realização de novas eleições, independentemente do número de votos anulados.

Desse modo, o § 3° prevê que a decisão da Justiça Eleitoral que importe:

- o indeferimento do registro,
- a cassação do diploma ou
- a perda do mandato de candidato eleito em pleito majoritário

... acarreta, após o trânsito em julgado, a realização de novas eleições, independentemente do número de votos anulados.

ADI proposta contra o § 3° do art. 224

O Partido Social Democrático (PSD) ajuizou ação direta de inconstitucionalidade contra este § 3° do art. 224.

O autor alegou que a anulação de pleitos majoritários em decorrência de indeferimento de registro, cassação de diploma ou perda de mandato de candidato eleito, independentemente do número de votos anulados, apenas deveria incidir em eleições para as quais a Constituição Federal exija maioria absoluta dos votos válidos.

Assim, seria inconstitucional aplicar este § 3° a eleições para cargos de Senador e de Prefeito de município com menos de 200 mil eleitores. Isso porque nesses dois casos (Senador e Prefeito de cidade com menos de 200 mil eleitores) não há segundo turno de votação e a investidura depende apenas de obtenção de maioria simples (art. 29, II e art. 46).

O partido alegava que o indeferimento de registro, cassação de diploma ou perda de mandato de candidato eleito em tais pleitos deveria acarretar atribuição da vaga ao próximo mais votado, não sendo necessário fazer outra eleição. Desse modo, segundo a tese do requerente, se o Prefeito de um Município com menos de 200 mil eleitores perdesse o mandato por compra de votos, por exemplo, a solução correta não seria realizar novas eleições (§ 3° do art. 224), mas sim determinar que o 2° colocado assumisse a vaga.

O STF concordou com a tese do autor da ADI? O § 3º do art. 224 do CE é incompatível com eleições majoritárias simples (ou seja, eleições majoritárias nas quais não se exige 2º turno)?

NÃO.

> **É constitucional legislação federal que estabeleça novas eleições para os cargos majoritários simples – isto é, Prefeitos de Municípios com menos de duzentos mil eleitores e Senadores da República – em casos de vacância por causas eleitorais.**
>
> STF. Plenário. ADI 5619/DF, Rel. Min. Roberto Barroso, julgado em 7 e 8/3/2018 (Info 893).

Assim, o § 3º do art. 224 do CE deve sim ser aplicado mesmo em casos de eleições para Prefeitos de Municípios com menos de 200 mil eleitores e para Senadores.

O fato de em tais eleições não haver 2º turno não impede que o legislador imponha a realização de novas eleições. Trata-se de uma escolha legítima e que está de acordo com o princípio da soberania popular.

Desse modo, o STF adotou uma postura de deferência ao legislador (respeito à opção legítima do legislador).

Vale ressaltar, ainda, que o argumento de que seria mais célere e menos custoso convocar o 2º colocado não se mostra suficiente para declarar a inconstitucionalidade da previsão. Isso porque a celeridade e a economicidade cedem espaço ao princípio democrático.

Cuidado para não confundir

Conforme decidido na ADI 5525/DF, o § 4º do art. 224 do Código Eleitoral não se aplica para o cargo de Senador. Assim, para Senador, incide o § 3º, mas não o § 4º do art. 224 do Código Eleitoral.

5. INFIDELIDADE PARTIDÁRIA

ANÁLISE DA CONSTITUCIONALIDADE DO ART. 22-A DA LEI 9.096/95

Filiação partidária

No Brasil, a pessoa só pode concorrer a um cargo eletivo se ela estiver filiada a um partido político. Essa exigência está prevista no art. 14, § 3º, V, da CF/88.

Infidelidade partidária

Mesmo não havendo uma norma expressa na lei ou na CF/88 dizendo isso, o TSE e o STF, em 2007, decidiram que a infidelidade partidária era causa de perda do mandato eletivo. Em outras palavras, o TSE e o STF firmaram a tese de que, se o titular do mandato eletivo, sem justa causa, sair do partido político no qual foi eleito, ele perderá o cargo que ocupa.

Resolução 22.610/2007-TSE

Como não havia lei disciplinando o tema, o TSE editou a Resolução nº 22.610/2007 regulamentando as hipóteses e a forma como ocorre a perda do mandato eletivo em caso de infidelidade partidária.

O art. 1º da Resolução reafirma a tese da infidelidade e prevê que o partido político pode pedir, perante a Justiça Eleitoral, a decretação da perda do cargo eletivo caso o ocupante do mandato, sem possuir uma justa causa, desfilie-se do partido pelo qual foi eleito.

Quais são as hipóteses que podem ser consideradas como "justa causa"?

A Resolução trouxe um rol de situações que são consideradas como "justa causa". Assim, segundo a Resolução do TSE, o detentor do cargo eletivo poderia sair do partido sem perder o mandato nos seguintes casos:

a. se o partido em que ele se elegeu passou por um processo de incorporação ou fusão com outro partido;

b. se o detentor do cargo sai do partido pelo qual se elegeu para se filiar a um novo partido que foi recém criado;

c. se ficar provado que houve uma mudança substancial no partido ou desvio reiterado do programa partidário;

d. se ficar provado que o detentor do cargo sofre grave discriminação pessoal no partido.

Vale ressaltar que o STF decidiu que esta Resolução do TSE é constitucional, tanto do ponto de vista formal como material (ADIs 3999 e 5081).

O que fez a Lei nº 13.165/2015?

A Lei nº 13.165/2015 alterou a Lei nº 9.096/95, passando a tratar expressamente sobre o tema "infidelidade partidária". Veja o artigo que foi acrescentado:

§ Art. 22-A. Perderá o mandato o detentor de cargo eletivo que se desfiliar, sem justa causa, do partido pelo qual foi eleito.

Parágrafo único. Consideram-se justa causa para a desfiliação partidária somente as seguintes hipóteses:

I – mudança substancial ou desvio reiterado do programa partidário;

II – grave discriminação política pessoal; e

III – mudança de partido efetuada durante o período de trinta dias que antecede o prazo de filiação exigido em lei para concorrer à eleição, majoritária ou proporcional, ao término do mandato vigente.

INFIDELIDADE PARTIDÁRIA **O detentor de cargo eletivo que, sem justa causa, se desfiliar do partido político, perderá o mandato.** **O que pode ser considerado como "justa causa"?**	
ANTES da Lei 13.165/2015 (Resolução 22.610/2007)	ATUALMENTE (art. 22-A da Lei nº 9.096/95)
Existiam quatro hipóteses de justa causa: **1.** incorporação ou fusão do partido; **2.** criação de novo partido; **3.** mudança substancial ou desvio reiterado do programa partidário; **4.** grave discriminação pessoal.	Existem agora apenas três hipóteses: **1.** mudança substancial ou desvio reiterado do programa partidário; **2.** grave discriminação política pessoal; e **3.** mudança de partido efetuada durante o período de trinta dias que antecede o prazo de filiação exigido em lei para concorrer à eleição, majoritária ou proporcional, ao término do mandato vigente.

A criação de novo partido não foi mais prevista como "justa causa".

De acordo com a Resolução nº 22.610/2007 e a Consulta nº 755-35, a criação de novo partido político era considerada como justa causa para desfiliação, sem perda do mandato, desde que a nova filiação ocorresse em 30 dias da criação da sigla.

O art. 22-A da Lei nº 9.096/95, introduzido pela Lei nº 13.165, de 29 de setembro de 2015 (minirreforma eleitoral de 2015), excluiu essa hipótese de justa causa.

Desse modo, a troca de partido, mesmo decorrente da criação de nova legenda, passou a ser considerada como hipótese de infidelidade partidária, gerando a perda do mandato.

Situação da Rede e de outros partidos recém criados que foram atingidos pela Lei nº 13.165/2015

Em 15/09/2015, foi criado o Partido Novo.

Em 22/09/2018, foi criada a Rede Sustentabilidade.

Em 29/09/2015, foi criado o Partido da Mulher Brasileira.

Pelas regras da Resolução nº 22.610/2007, os políticos que quisessem, poderiam, dentro do prazo de 30 dias, migrar para os novos partidos (Partido Novo, Rede e Partido da Mulher Brasileira) sem perder seus mandatos.

Ex: assim que foi criada a Rede, o Deputado Federal Alessandro Molon, que era do PT, anunciou que tinha a intenção de migrar para o novo partido. Pelas regras do TSE, se o político mudasse para o novo partido no prazo máximo de 30 dias após a sua criação, ele não perderia o mandato.

Qual foi, no entanto, o "problema" que surgiu com a Lei nº 13.165/2015?

Uma semana depois da criação da Rede, foi publicada e entrou em vigor a Lei nº 13.165/2015 (em 29/09/2015).

Como vimos acima, a Lei nº 13.165/2015, ao acrescentar o art. 22-A, acabou com a permissão que a Resolução previa de o político migrar para o novo partido sem perder o mandato.

Em outras palavras, a Lei nº 13.165/2015 disse o seguinte: a partir de 29/09/2015, se o político mudar de partido, mesmo que seja para ingressar em um novo partido recém criado, ele perderá o mandato (salvo se houver alguma justa causa).

Desse modo, o Deputado Federal Alessandro Molon e todos os outros políticos que estavam se preparando para migrar para a Rede (e para os outros dois partidos recém criados) foram surpreendidos com a nova Lei, que proibiu essa possibilidade. Eles tinham 30 dias para mudar para o novo partido sem perder o mandato. No entanto, a Lei nº 13.165/2015, ao entrar em vigor uma semana depois da criação da nova agremiação, acabou com essa permissão.

Diante disso, o que fez a Rede?

Ingressou com uma ADI no STF alegando que o art. 22-A da Lei nº 9.096/95, inserido pela Lei nº 13.165/2015, seria inconstitucional.

A ação proposta apresentou dois argumentos principais:

1. O art. 22-A, ao não considerar a criação de novo partido político como uma justa causa para a desfiliação partidária, viola os princípios democrático, do pluralismo político e da livre criação de partidos. Em outras palavras, o art. 22-A não poderia ter acabado com essa hipótese de justa causa.
2. Ainda que se considere que o art. 22-A poderia ter acabado com essa hipótese de justa causa, ele não poderia ser aplicado para os partidos políticos que foram registrados antes da entrada em vigor da Lei nº 13.165/2015, e cujo prazo de 30 dias para as filiações de detentores de mandato eletivo ainda estava transcorrendo. Em outros termos, o art. 22-A não poderia ter interferido nas filiações que estavam ocorrendo na Rede (partido recém criado) porque essas

ELEITORAL

filiações estavam ocorrendo dentro do prazo de 30 dias previsto na Resolução do TSE para a troca de partido decorrente da criação de nova agremiação. A Lei, ao interromper este prazo no meio violou os princípios da segurança jurídica, do direito adquirido e da irretroatividade das normas sancionadoras.

O que aconteceu em seguida?

No dia 09/11/2015, o Min. Luis Roberto Barroso, monocraticamente, deferiu liminar, *ad referendum* do Plenário*, para determinar a devolução integral do prazo de 30 dias para filiações aos partidos registrados no Tribunal Superior Eleitoral até a data da entrada em vigor da Lei nº 13.165/2015.

* significa que o Ministro falou: em virtude da urgência, eu decido monocraticamente, mas esta minha decisão ainda será apreciada pelo Plenário, que poderá referendá-la (confirmá-la) ou reformá-la.

Explicando melhor a decisão do Min. Barroso

Se o art. 22-A incidisse sobre as situações jurídicas pendentes relacionadas com os partidos políticos recém-criados, isso violaria o direito adquirido dessas legendas.

O Ministro entendeu que a questão envolve direito intertemporal (conflito de leis no tempo). Isso porque na data em que a Lei nº 13.165 foi editada, em 29/09/2015, 3 novos partidos haviam acabado de ser registrados no TSE, de modo que estavam correndo seus prazos de 30 dias para que recebessem parlamentares detentores de mandato eletivo, ao abrigo da justa causa de desfiliação, conforme fixado pelo TSE na Resolução nº 22.610/2007 e na Consulta nº 755-35.

Tome-se o exemplo da Rede. A Rede Sustentabilidade obteve registro no TSE em 22/09/2015. Isso significa que o partido teria 30 dias (ou seja, até 22/10/2015) para receber filiados detentores de mandatos eletivos, sem que estes perdessem o cargo. Todavia, quando alcançou o 7º dia do prazo, a Lei nº 13.165/2015 entrou em vigor, excluindo a possibilidade de imediata migração de parlamentares amparada pela justa causa de "criação de novo partido". Passou, assim, a sujeitar os que mudassem de partido à perda de mandato eletivo por infidelidade partidária. Desse modo, com a Lei nº 13.165/2015, houve um completo desestímulo de novas filiações no novo partido.

Assim, o Min. Barroso entendeu que houve uma ofensa ao direito adquirido dos partidos que haviam acabado de ser criados (Partido Novo, Rede ou Partido da Mulher Brasileira).

Isso porque, quando a Lei entrou em vigor, os partidos já estavam criados, o que fez surgir para eles o direito de receberem em seus quadros detentores de mandato eletivo, ao abrigo da justa causa então vigente. Tal direito não poderia ser desconsiderado por eventual alteração legislativa.

Se o art. 22-A se aplicasse para os 3 partidos acima e impedisse a migração que estava ocorrendo no prazo de 30 dias, isso significaria uma indevida retroatividade da lei.

Para o Min. Barroso, seria necessário proteger as situações estabilizadas pela previsão normativa anterior, assegurando uma transição razoável, em respeito às legítimas expectativas geradas nas novas agremiações e também em parlamentares que estivessem em vias de se filiarem a elas. A proteção das legítimas expectativas criadas em particulares por atos do próprio Poder Público decorre da obrigação estatal de agir com boa-fé.

A boa-fé exige que as autoridades públicas protejam a confiança e as legítimas expectativas, inclusive frente a alterações legislativas posteriores.

Qual foi o outro "capítulo" desse enredo?

Em 09/05/2018, o Plenário do STF referendou (confirmou) a medida cautelar que havia sido concedida monocraticamente pelo Min. Barroso.

O STF entendeu que houve violação à segurança jurídica, na modalidade direito adquirido, tanto das agremiações recém-criadas quanto dos parlamentares que pretendiam se filiar a elas.

Criada a legenda antes da vigência da lei, o partido tem o direito de receber novas filiações. O princípio da segurança jurídica exige uma forma de transição legítima e razoável, vedada a retroação do novo regime às situações já consolidadas.

Ademais, a transferência sem perda de mandato era um direito subjetivo dos congressistas. Não pode uma lei superveniente retirar direito que já havia sido adquirido com base na sistemática anterior.

Vale ressaltar que a decisão monocrática do Min. Barroso já exauriu seus efeitos. Ele determinou, na decisão, que os 3 partidos tivessem de volta os 30 dias para receber filiações de parlamentares sem que estes perdessem o mandato eletivo. Este prazo, contudo, foi contato da data em que a decisão monocrática foi proferida (novembro de 2015) e já expirou.

E o argumento 1 veiculado na ADI? O art. 22-A da Lei nº 9.096/95 é inconstitucional? Tirando o caso desses 3 partidos, que tiveram direito a manter esse prazo de 30 dias, a criação de novo partido é ou não hipótese de justa causa?

Isso ainda não foi decidido. Ainda será apreciado pelo STF. Até agora o Supremo apenas afirmou que a decisão do Ministro foi correta. Esta decisão, contudo, conforme expliquei, já exauriu seus efeitos.

Resumindo:

O art. 1º da Resolução 22.610/2007, do TSE, previa que a criação de novo partido político era considerada como justa causa para desfiliação, sem perda do mandato, desde que a nova filiação ocorresse em 30 dias da criação da sigla.

O art. 22-A da Lei nº 9.096/95, introduzido pela Lei nº 13.165, de 29 de setembro de 2015 (minirreforma eleitoral de 2015), excluiu a criação de nova legenda como hipótese de justa causa para a desfiliação, sem perda de mandato por infidelidade partidária.

Desse modo, a troca de partido, mesmo decorrente da criação de nova legenda, passou a ser considerada como hipótese de infidelidade partidária, sujeita à perda do mandato.

Ocorre que, quando a Lei nº 13.165 foi editada, em 29/09/2015, 3 novos partidos haviam acabado de ser registrados no TSE, de modo que estavam correndo seus prazos de 30 dias para que recebessem parlamentares detentores de mandato eletivo, ao abrigo da justa causa de desfiliação.

Diante disso, o Min. Roberto Barroso, em decisão monocrática, entendeu que o art. 22-A não poderia ser aplicado para esses 3 partidos, sob pena de violação da segurança jurídica, na modalidade direito adquirido, tanto das agremiações recém-criadas quanto dos parlamentares que pretendiam se filiar a elas. Ele, então, determinou que esses 3 partidos tivessem direito de receber de volta os 30 dias para que os detentores de mandatos eletivos pudessem se filiar a novas agremiações que tenham sido registradas no TSE antes da entrada em vigor da lei impugnada.

O Plenário do STF referendou essa medida cautelar.

STF. Plenário. ADI 5398/DF, Rel. Min. Roberto Barroso, julgado em 9/5/2018 (Info 901).

6. INCONSTITUCIONALIDADE DA NORMA QUE PERMITIA DOAÇÕES ANÔNIMAS A CANDIDATOS

Doações ocultas

O art. 28, § 12 da Lei nº 9.504/97 (Lei das Eleições) prevê a possibilidade de "doações ocultas" de pessoas físicas a candidatos, ou seja, sem que os nomes dos doadores fiquem registrados na prestação de contas. Veja:

> § 12. Os valores transferidos pelos partidos políticos oriundos de doações serão registrados na prestação de contas dos candidatos como transferência dos partidos e, na prestação de contas dos partidos, como transferência aos candidatos, sem individualização dos doadores. (Incluído pela Lei nº 13.165/2015)

ADI

O Conselho Federal da OAB ajuizou ADI contra esse dispositivo, que foi incluído pela Lei nº 13.165/2015.

A entidade argumentou que o dispositivo é inconstitucional, pois permite que doações feitas a partidos possam ser repassadas a candidatos sem a demonstração da origem dos recursos, o que violaria o princípio da transparência e o princípio da moralidade, além de favorecer a corrupção, dificultando o rastreamento das doações eleitorais.

Segundo a petição inicial, doações ocultas são aquelas em que não é possível identificar o vínculo entre doadores e candidatos. Nesse modelo, a pessoa física doa dinheiro para o partido, que repassa ao candidato, sem que o processo seja transparente.

A possibilidade de "doações ocultas" de pessoas físicas a candidatos pode sustentar relações pouco republicanas entre os políticos e seus financiadores.

A ausência de transparência impede a identificação dos interesses por trás da atuação do candidato, dificultando eventuais investigações e impedindo que o eleitor decida de modo informado.

É preciso que o eleitor saiba quem financia seus candidatos, compreendendo todo o caminho do dinheiro nas campanhas eleitorais.

O STF concordou com a ADI? O dispositivo impugnado viola a Constituição Federal?

SIM.

> **O STF julgou procedente o pedido formulado na ADI e declarou a inconstitucionalidade da expressão "sem individualização dos doadores", constante da parte final do § 12 do art. 28 da Lei nº 9.504/97, acrescentado pela Lei 13.165/2015.**
>
> **Essa parte final do dispositivo suprime a transparência do processo eleitoral, frustra o exercício da fiscalização pela Justiça Eleitoral e impede que o eleitor exerça, com pleno esclarecimento, seu direito de escolha dos representantes políticos. Isso viola os princípios republicano e democrático (art. 1º, da CF/88), além de representar afronta aos postulados da moralidade e da transparência.**
>
> STF. Plenário. ADI 5394/DF, Rel. Min. Alexandre de Moraes, julgado em 22/03/2018 (Info 895).

Vamos entender.

Princípios republicano e democrático

O princípio republicano proíbe que haja situações ocultas no que se refere ao funcionamento da máquina estatal. Especificamente sob o prisma do processo eleitoral, a divulgação dos nomes dos doadores de campanha e dos respectivos destinatários permite uma fiscalização mais eficaz da lisura das eleições.

O cidadão tem direito à plena informação sobre a origem dos recursos utilizados nas campanhas eleitorais. O anonimato, o sigilo e a confidencialidade são práticas incompatíveis com os princípios democrático e republicano.

Transparência das doações

É necessário que haja um efetivo sistema de controle dos recursos arrecadados por partidos e candidatos. Para isso, é indispensável que haja transparência nas contas eleitorais.

A transparência das doações serve para se verificar a ocorrência de eventual vício que macule a atuação do próprio candidato eleito, pois será possível analisar a existência de relações não republicanas entre os doadores e o agora detentor de cargo público.

O aprimoramento da democracia representativa exige que o financiamento eleitoral tenha como base a transparência de seus métodos e protocolos de atuação, para se garantir a legitimidade do processo político. Daí a essencialidade de se estabelecer um sistema eficaz de controle destinado a conferir visibilidade às doações eleitorais, tornando-as transparentes e acessíveis ao conhecimento geral dos cidadãos.

Sem as informações necessárias, entre elas a identificação dos particulares que contribuíram originariamente para os partidos e candidatos, o processo de prestação de contas perde a sua capacidade de documentar a real movimentação financeira, os dispêndios e os recursos aplicados nas campanhas eleitorais, impedindo a fiscalização por parte da Justiça Eleitoral e o controle pelos eleitores. As informações sobre as doações de particulares a candidatos e a partidos não interessam apenas à Justiça Eleitoral, mas à sociedade como um todo.

Além disso, a identificação dos particulares que fizeram doações eleitorais é informação essencial para que se possa constatar se as doações provêm de fontes lícitas e se respeitam os limites máximos de valor previstos no art. 23 da Lei nº 9.504/97.

Art. 17, III, da CF/88

O caráter oculto das doações eleitorais viola o art. 17, III, da CF/88, que prevê o seguinte:

> § Art. 17. É livre a criação, fusão, incorporação e extinção de partidos políticos, resguardados a soberania nacional, o regime democrático, o pluripartidarismo, os direitos fundamentais da pessoa humana e observados os seguintes preceitos:
>
> (...)
>
> III – prestação de contas à Justiça Eleitoral;

É imprescindível a individualização dos doadores tanto na prestação de contas dos partidos quanto na dos candidatos, como exigência de transparência e efetividade da própria prestação de contas.

Resolução TSE e "reação legislativa"

Vale ressaltar que, antes da inclusão do § 12 ao art. 28 da Lei nº 9.504/97, o TSE já havia editado uma Resolução (TSE 23.406/2014) exigindo a identificação dos doadores de forma individualizada, com fundamento na Lei nº 12.527/2011 (Lei do Acesso à Informação).

Desse modo, a inovação legislativa promovida pela Lei nº 13.165/2015, permitindo a "doação oculta", teve o nítido propósito de contrariar (superar) a Resolução do TSE.

Confirmação da liminar

Importante esclarecer que esse dispositivo já não estava sendo aplicado desde 12/11/2015, quando o STF deferiu medida cautelar na ADI para suspender a eficácia da expressão "sem individualização dos doadores", presente na parte final do § 12 do art. 28.

Assim, a presente decisão confirma essa liminar, julgando, em definitivo, o dispositivo como inconstitucional.

7. PROPAGANDA ELEITORAL

É LEGÍTIMA A RESOLUÇÃO DO TSE QUE PROÍBE PROPAGANDA ELEITORAL POR MEIO DE TELEMARKETING

Resolução 23.404/2014-TSE

Em fevereiro de 2014, o TSE editou a Resolução 23.404, com o objetivo de regulamentar a propaganda eleitoral nas Eleições de 2014.

Em maio de 2014, o PTdoB ajuizou ADI contra o art. 25, § 2º, da Resolução 23.404/2014 do TSE. Este dispositivo proibiu que os candidatos e partidos políticos fizessem propaganda eleitoral por meio dos serviços de "telemarketing", ou seja, aquelas empresas que ligam para os eleitores falando bem do candidato. Veja a redação do dispositivo impugnado:

> Art. 25 (...)
>
> § 2º É vedada a realização de propaganda via telemarketing, em qualquer horário (Constituição Federal, art. 5º, X e XI, e Código Eleitoral, art. 243, VI).

Agora, em 2018, essa ADI foi julgada.

Primeira pergunta: é possível a propositura de ADI contra resolução do TSE?

SIM, caso ela tenha caráter abstrato, geral e autônomo.

> É cabível ADI contra Resolução do TSE que tenha, em seu conteúdo material, "norma de decisão" de caráter abstrato, geral e autônomo, apta a ser apreciada pelo STF em sede de controle abstrato de constitucionalidade.
>
> STF. Plenário. ADI 5122, Rel. Min. Edson Fachin, julgado em 3/5/2018 (Info 900).

Segunda pergunta: essa Resolução disciplinava as eleições de 2014, que já haviam passado no momento em que a ADI foi pautada para julgamento. Mesmo assim, a ação poderia ser julgada ou teria havido perda do objeto?

O STF entendeu que a ação não perdeu seu objeto, apesar do exaurimento de sua eficácia. Isso porque essa Resolução, que tratou das eleições de 2014, possui relevância transcendente e continua produzindo efeitos sobre processos ainda em trâmite na Justiça Eleitoral e que se relacionam com este pleito.

Além disso, o seu conteúdo foi reproduzido nas outras resoluções do TSE que regulamentaram as eleições posteriores.

Terceira pergunta: a ADI foi julgada procedente? Esse dispositivo é inconstitucional?

NÃO.

> **É constitucional o art. 25, § 2º, da Resolução 23.404/2014 do TSE, que proíbe a realização de propaganda eleitoral via "telemarketing", em qualquer horário.**
>
> STF. Plenário. ADI 5122, Rel. Min. Edson Fachin, julgado em 3/5/2018 (Info 900).

Constitucionalidade formal

O TSE possui poder normativo, podendo editar resoluções para disciplinar as eleições. Foi o que fez neste caso, tendo sido respeitados os princípios e diretrizes previstos na legislação eleitoral em vigor.

Diante disso, não se pode dizer que o TSE usurpou a competência privativa da União (Congresso Nacional) para legislar sobre Direito Eleitoral (art. 22, I, da CF/88).

Não existe lei proibindo expressamente o uso do telemarketing nas eleições. No entanto, a ausência de previsão legal não significa seu uso indiscriminado e irrestrito, sendo importante lembrar que as novas tecnologias de comunicação são desenvolvidas em um ritmo mais rápido do que as leis, em sentido estrito, podem acompanhar.

Desse modo, diante desse silêncio normativo ganha muita importância a atuação da Justiça Eleitoral por meio das resoluções.

O STF possui jurisprudência no sentido de que a individualização de restrições referentes à utilização de instrumentos de propaganda eleitoral não depende de edição de lei formal, uma vez que a diversificação de técnicas e procedimentos de propaganda exigem a ação imediata e eficiente da Justiça Eleitoral.

Rol taxativo dos meios de propaganda permitidos

O art. 37, § 2º e o art. 38, da Lei nº 9.504/97 estabelecem um rol TAXATIVO das situações em que a propaganda eleitoral pode ser realizada independentemente de autorização da Justiça especializada. Confira:

> § Art. 37 (...)
>
> § 2º Não é permitida a veiculação de material de propaganda eleitoral em bens públicos ou particulares, exceto de:
>
> I – bandeiras ao longo de vias públicas, desde que móveis e que não dificultem o bom andamento do trânsito de pessoas e veículos;
>
> II – adesivo plástico em automóveis, caminhões, bicicletas, motocicletas e janelas residenciais, desde que não exceda a 0,5 m² (meio metro quadrado).

> § Art. 38. Independe da obtenção de licença municipal e de autorização da Justiça Eleitoral a veiculação de propaganda eleitoral pela distribuição de folhetos, adesivos, volantes e outros impressos, os quais devem ser editados sob a responsabilidade do partido, coligação ou candidato.

Isso significa que, tirando esses casos acima listados, as demais formas de divulgação somente podem ocorrer mediante chancela prévia da Justiça Eleitoral.

Nesse contexto, o TSE pode se antecipar a eventuais pedidos de autorização e vedar, desde logo, o uso do "telemarketing", sem que isso caracterize usurpação de competência do Congresso Nacional para legislar sobre Direito Eleitoral.

Constitucionalidade material

A proibição contida no art. 25, § 2º, da Resolução não viola os princípios constitucionais da livre manifestação do pensamento, da liberdade política, de comunicação e de acesso à informação.

Essa vedação tem como fundamentos:

- o art. 243, VI, do Código Eleitoral, que proíbe propaganda eleitoral que "perturbe o sossego público, com algazarras e abusos de instrumentos sonoros ou sinais acústicos";

- incisos X e XI do art. 5º, da CF, que protegem a intimidade, a vida e a inviolabilidade domiciliar do eleitor.

Vale ressaltar, ainda, que a vedação imposta pela Resolução não configura censura de natureza política. Isso porque o TSE não controla previamente o conteúdo da propaganda a ser veiculada. Ele simplesmente proíbe a propaganda por meio de determinado veículo de comunicação (telemarketing).

Além disso, a vedação à censura (art. 220, § 2º, da CF/88) proíbe o controle prévio, exercido por autoridade administrativa, da veiculação de determinado conteúdo, permitindo-se, no entanto, que a lei lhe estabeleça, excepcionalmente, e nos parâmetros do Estado Democrático de Direito, limites e restrições, que tenham por fundamento a proteção e a promoção de direitos e bem jurídicos constitucionalmente assegurados, desde que observados os critérios da proporcionalidade e da preservação do núcleo essencial dos direitos.

Liberdade de expressão x intimidade

No presente caso, haveria uma tensão entre a liberdade de expressão e a intimidade, sendo que, na ponderação entre esses princípios, o direito à intimidade deve prevalecer.

A liberdade de expressão não é absoluta e pode sofrer limitações, desde que razoáveis e proporcionais, com o objetivo de prestigiar outros direitos e garantias de mesmo status, como a vida privada e a intimidade. Os tratados e convenções internacionais corroboram essa interpretação, no sentido de que a liberdade de expressão, embora ocupe lugar de destaque no rol dos direitos fundamentais, encontra limites quando o seu exercício importe em afronta de direitos alheios.

A Resolução impugnada tem por objetivo resguardar o direito à intimidade dos eleitores que seriam incomodados por chamadas telefônicas indesejáveis, provenientes de centenas de candidatos, no curto espaço de tempo das campanhas eleitorais.

Apesar da proibição do "telemarketing", a propaganda eleitoral pode ser feita por outros meios de publicidade menos invasivos e igualmente eficazes, de modo que os candidatos permanecem com diversas opções publicitárias igualmente hábeis à propaganda e à liberdade política.

Assim, as medidas adotas pelos TSE são razoáveis, visto que o custo da limitação à liberdade de expressão é insignificante se comparado com os benefícios da proteção à intimidade.

SÃO INCONSTITUCIONAIS DISPOSITIVOS DA LEI DAS ELEIÇÕES QUE VEDAVAM SÁTIRA A CANDIDATOS

Art. 45 da Lei nº 9.504/97

A Lei nº 9.504/97 é a lei geral que rege as eleições, dispondo, dentre outros temas, sobre propaganda eleitoral.

O art. 45, II e III da Lei nº 9.504/97 prevê que, depois de o prazo para a realização das convenções no ano das eleições, as emissoras de rádio e televisão, em sua programação normal e em seu noticiário, não podem:

a. usar trucagem, montagem ou outro recurso de áudio ou vídeo que, de qualquer forma, degradem ou ridicularizem candidato, partido ou coligação, ou produzir ou veicular programa com esse efeito (inciso II) e

b. difundir opinião favorável ou contrária a candidato, partido, coligação, a seus órgãos ou representantes (segunda parte do inciso III).

Os §§ 4º e 5º explicam o que se entende por trucagem e por montagem:

§ § 4º Entende-se por trucagem todo e qualquer efeito realizado em áudio ou vídeo que degradar ou ridicularizar candidato, partido político ou coligação, ou que desvirtuar a realidade e beneficiar ou prejudicar qualquer candidato, partido político ou coligação. (Incluído pela Lei nº 12.034/2009)

§ 5º Entende-se por montagem toda e qualquer junção de registros de áudio ou vídeo que degradar ou ridicularizar candidato, partido político ou coligação, ou que desvirtuar a realidade e beneficiar ou prejudicar qualquer candidato, partido político ou coligação. (Incluído pela Lei nº 12.034/2009)

Desse modo, tais dispositivo impedem que as emissoras veiculem programas que venham a degradar ou ridicularizar candidatos nos meses que antecedem as eleições. É o caso, por exemplo, dos programas de humor que satirizam os candidatos.

ADI

Em 2010, a Associação Brasileira de Emissoras de Rádio e TV (Abert) ajuizou ADI pedindo a declaração de inconstitucionalidade desses dispositivos.

Segundo argumentou a Abert, as restrições impostas pela lei "geram um grave efeito silenciador sobre as emissoras de rádio e televisão, obrigadas a evitar a divulgação de temas políticos polêmicos para não serem acusadas de 'difundir opinião favorável ou contrária' a determinado candidato, partido, coligação, a seus órgãos ou representantes".

A associação alegou ainda que "esses dispositivos inviabilizam a veiculação de sátiras, charges e programas humorísticos envolvendo questões ou personagens políticos, durante o período eleitoral", o que violaria "as liberdades de manifestação do pensamento, da atividade intelectual, artística, científica e de comunicação".

Liminar

Ainda em 2010, o STF deferiu a medida liminar e suspendeu o inciso II e a parte final do inciso III do referido art. 45. Por arrastamento, os Ministros decidiram suspender também os §§ 4º e 5º.

Desse modo, desde 2010, tais dispositivos não estavam produzindo efeitos.

Julgamento definitivo

Em 2018, o STF confirmou a liminar que havia sido deferida e julgou procedente a ADI.

O STF decidiu que tais dispositivos são INCONSTITUCIONAIS porque representam censura prévia.

A liberdade de expressão autoriza que os meios de comunicação optem por determinados posicionamentos e exteriorizem seu juízo de valor, bem como autoriza programas humorísticos, "charges" e sátiras realizados a partir de trucagem, montagem ou outro recurso de áudio e vídeo, como costumeiramente se realiza, não havendo nenhuma justificativa constitucional razoável para a interrupção durante o período eleitoral.

Vale ressaltar que, posteriormente, é possível a responsabilização dos meios de comunicação e de seus agentes por eventuais informações mentirosas, injuriosas, difamantes. O que não se pode é fazer uma censura prévia.

São inconstitucionais quaisquer leis ou atos normativos tendentes a constranger ou inibir a liberdade de expressão a partir de mecanismos de censura prévia.

STF. Plenário. ADI 4451/DF, Rel. Min. Alexandre de Moraes, julgado em 20 e 21/6/2018 (Info 907).

Duplo aspecto da liberdade de expressão

A Constituição protege a liberdade de expressão no seu duplo aspecto: positivo e negativo.

O positivo é a livre possibilidade de manifestação de qualquer pessoa e permite a responsabilização nos termos constitucionais. É a liberdade com responsabilidade.

O negativo proíbe a ilegítima intervenção do Estado por meio de censura prévia.

CF/88 não admite censura

A CF/88 não permite que haja limitações preventivas (prévias) a respeito do conteúdo do debate público em razão de conjectura sobre o efeito que alguns conteúdos possam vir a ter junto ao público. O exercício do direito à liberdade de expressão não pode ser cerceado pelo Estado ou por particular.

Os dispositivos impugnados configuram censura

O STF entendeu que os dispositivos impugnados preveem uma censura prévia, com caráter preventivo e abstrato sobre o conteúdo do que poderia ser veiculado.

Desse modo, tais normas são inconstitucionais porque consistem na restrição, subordinação e forçosa adequação programática da liberdade de expressão a mandamentos normativos cerceadores durante o período eleitoral, pretendendo diminuir a liberdade de opinião e de criação artística e a livre multiplicidade de ideias, com a nítida finalidade de controlar ou mesmo aniquilar a força do pensamento crítico, indispensável ao regime democrático.

Assim, tais dispositivos representam uma interferência estatal ilegítima no direito individual de criticar.

Existem riscos advindos da comunicação social no período eleitoral

Não se ignora que existem inúmeros riscos que podem surgir na comunicação de massa durante o período eleitoral. Um exemplo disso são as chamadas "fake news". No entanto, esses riscos não são resolvidos ao se censurar previamente o conteúdo dos meios de comunicação.

Ao contrário, o combate às "fake news" deve feito pelos meios legais e pela boa imprensa, que rapidamente podem levar a correta notícia à população.

Ofensa ao princípio democrático

A censura prévia desrespeita diretamente o princípio democrático, pois a liberdade política termina e o poder público tende a se tornar mais corrupto e arbitrário quando pode usar seus poderes para silenciar e punir seus críticos.

Numa democracia representativa, a liberdade de expressão e a participação política se fortalecem em ambiente de total visibilidade e possibilidade de exposição crítica das diversas opiniões sobre todos os assuntos e governantes, que nem sempre – tratando da liberdade de expressão e da liberdade de imprensa – serão "estadistas iluminados". É necessário o exercício da política de desconfiança na formação do pensamento individual e na autodeterminação democrática para o livre exercício dos direitos de sufrágio e oposição. Além disso, não existe fiscalização sem informação.

Todas as opiniões são possíveis em discussões livres, uma vez que faz parte do princípio democrático "debater assuntos públicos de forma irrestrita, robusta e aberta". O direito fundamental à liberdade de expressão não se direciona somente a proteger as opiniões supostamente verdadeiras, admiráveis ou convencionais, mas também as duvidosas, exageradas, condenáveis, satíricas, humorísticas, bem como aquelas não compartilhadas pelas maiorias.

Não cabe ao Poder Público previamente escolher ou ter ingerência nas fontes de informação, nas ideias ou nos métodos de divulgação de notícias ou no controle do juízo de valor das opiniões dos meios de comunicação e na formatação de programas humorísticos a que tenham acesso os indivíduos.

O funcionamento eficaz da democracia representativa exige absoluto respeito à ampla liberdade de expressão, proporcionando a liberdade de opinião, de criação artística, a proliferação de informações, a circulação de ideias, de modo a garantir os diversos e antagônicos discursos.

Meios de comunicação podem escolher seus posicionamentos

A liberdade de expressão autoriza que os meios de comunicação optem por determinados posicionamentos e exteriorizem seu juízo de valor, bem como autoriza programas humorísticos, "charges" e sátiras realizados a partir de trucagem, montagem ou outro recurso de áudio e vídeo, como costumeiramente se realiza, não havendo nenhuma justificativa constitucional razoável para a interrupção durante o período eleitoral.

É possível a responsabilização posterior

Vale ressaltar que, posteriormente, é possível a responsabilização dos meios de comunicação e de seus agentes por eventuais informações mentirosas, injuriosas, difamantes. O que não se pode é fazer uma censura prévia.

VIOLAM A CF/88 OS ATOS DE BUSCA E APREENSÃO DE MATERIAIS DE CUNHO ELEITORAL E A SUSPENSÃO DE ATIVIDADES DE DIVULGAÇÃO DE IDEIAS EM UNIVERSIDADES PÚBLICAS E PRIVADAS

São inconstitucionais os atos judiciais ou administrativos que determinem ou promovam:

- **o ingresso de agentes públicos em universidades públicas e privadas;**
- **o recolhimento de documentos (ex: panfletos);**
- **a interrupção de aulas, debates ou manifestações de docentes e discentes universitários;**
- **a realização de atividade disciplinar docente e discente e a coleta irregular de depoimentos desses cidadãos pela prática de manifestação livre de ideias e divulgação do pensamento nos ambientes universitários ou em equipamentos sob a administração de universidades públicas e privadas.**

STF. Plenário. ADPF 548 MC-Ref/DF, Rel. Min. Cármen Lúcia, julgado em 31/10/2018 (Info 922).

Veja comentários em Direito Constitucional.

8. FUNDO PARTIDÁRIA E CANDIDATURAS DE MULHERES

ANÁLISE DA CONSTITUCIONALIDADE DO ART. 9º DA LEI 13.165/2015

Lei nº 13.165/2015

A Lei nº 13.165/2015 (conhecida como minirreforma eleitoral de 2015) alterou diversos dispositivos da legislação eleitoral.

O art. 9º da Lei nº 13.165/2015 previu o seguinte:

> § Art. 9º Nas três eleições que se seguirem à publicação desta Lei, os partidos reservarão, em contas bancárias específicas para este fim, no mínimo 5% (cinco por cento) e no máximo 15% (quinze por cento) do montante do Fundo Partidário destinado ao financiamento das campanhas eleitorais para aplicação nas campanhas de suas candidatas, incluídos nesse valor os recursos a que se refere o inciso V do art. 44 da Lei nº 9.096, de 19 de setembro de 1995.

Assim, este art. 9º estabelece percentuais mínimo e máximo de recursos do Fundo Partidário para aplicação em campanhas eleitorais de mulheres.

De acordo com o dispositivo, nas três eleições que se seguissem à publicação da Lei nº 13.165/2015 (Eleições 2016, 2018 e 2020), os partidos deveriam reservar, em contas bancárias específicas para este fim, no mínimo 5% e no máximo 15% do montante do Fundo Partidário destinado ao financiamento das campanhas eleitorais para aplicação nas campanhas de suas candidatas.

ADI

A Procuradoria-Geral da República ajuizou ADI contra este art. 9º.

Segundo a PGR, não basta que a lei reserve percentual de vagas para candidatas, é preciso garantir que elas tenham recursos suficientes para disputar o pleito eleitoral em igualdade de condições com os homens.

Defendeu-se que a norma contraria o princípio fundamental da igualdade, deixa de proteger suficientemente o pluralismo político, a cidadania e o princípio democrático e falha na busca do objetivo fundamental de construir uma sociedade livre, justa e solidária, além de ferir os princípios da eficiência, da finalidade e da autonomia dos partidos políticos.

A legislação eleitoral prevê que cada partido ou coligação deverá reservar, no mínimo, 30% de suas candidaturas nas eleições proporcionais para mulheres.

Segundo a PGR, o limite máximo de 15% previsto na lei produz mais desigualdade e menos pluralismo da definição das posições de gênero. "Se não há limites máximos para financiamento de campanhas de homens, não se podem fixar limites máximos para as mulheres", afirma. Quanto ao limite mínimo, enfatiza que o patamar de 5% dos recursos para as candidatas protege de forma deficiente os direitos políticos das mulheres.

Na ação defende-se que o princípio da proporcionalidade só seria atendido se o percentual de recursos fosse de 30%, pois se equipararia ao patamar mínimo de candidaturas femininas.

O STF concordou com os argumentos da PGR?

SIM. O STF julgou procedente a ADI.

Noções gerais sobre a constitucionalidade do estabelecimento de regras diferenciadas em favor da candidatura de mulheres

Com a edição da Lei nº 9.504/97, os partidos passaram a ser obrigados a preencher, do número de vagas de candidaturas, o mínimo de 30% e o máximo de 70% para cada sexo (art. 10, § 3º).

Na prática, a Lei exigiu que, no mínimo 30% das candidaturas fosse do sexo feminino.

Essa previsão é compatível com a Constituição. Isso porque é possível que sejam feitas determinadas diferenciações entre as pessoas se estas forem utilizadas para corrigir discriminações. Em outras palavras, o direito à igualdade permite que seja feita uma desequiparação, desde que pontual e que tenha por objetivo superar uma desigualdade histórica.

A discriminação contra a mulher significa toda distinção, exclusão ou restrição baseada no sexo e que tenha por objeto ou resultado prejudicar ou anular o reconhecimento, gozo ou exercício pela mulher, independentemente de seu estado civil, com base na igualdade do homem e da mulher, dos direitos humanos e liberdades fundamentais nos campos político, econômico, social, cultural e civil ou em qualquer outro campo.

Especificamente no campo da política, embora as mulheres correspondam a mais da metade da população e do eleitorado brasileiro, elas ocupam menos de 15% das cadeiras do Legislativo federal, sendo que, na Câmara dos Deputados, apenas 9,9% dos parlamentares são mulheres. Além disso, apenas 11% das prefeituras do país são comandadas por mulheres. Não se vislumbra possibilidade de reversão dessa tendência.

Os obstáculos para a efetiva participação política das mulheres são ainda mais graves caso se tenha em conta que é por meio da participação política que as próprias medidas de desequiparação são definidas. Qualquer razão que seja utilizada para impedir que as mulheres participem da elaboração de leis inviabiliza o principal instrumento pelo qual se reduzem as desigualdades.

Em razão dessas barreiras à plena inclusão política das mulheres, são, portanto, constitucionalmente legítimas as cotas fixadas em lei a fim de promover a participação política das mulheres.

Inconstitucionalidade dos limites de 5% a 15%

O estabelecimento de um piso de 5% significa, na prática, que, na distribuição dos recursos públicos que a agremiação partidária deve destinar às candidaturas, os homens poderão receber no máximo 95%.

De outro lado, caso se opte por fixar a distribuição máxima às candidaturas de mulheres, poderão ser destinados do total de recursos do fundo 15%, hipótese em que os recursos destinados às candidaturas masculinas será de 85%.

Não existem justificativas para essa diferenciação.

Os partidos políticos, mesmo gozando de autonomia partidária, devem respeitar os direitos fundamentais a partir da concepção da eficácia horizontal dos direitos fundamentais.

Assim, é preciso que, no âmbito dos partidos políticos, sejam asseguradas medidas de igualdade material entre homens e mulheres.

O fato de os recursos partidários terem um caráter público reforça a obrigação de que sua distribuição não seja discriminatória.

Diante disso, esses limites são inconstitucionais. Os recursos destinados à campanha eleitoral devem ser distribuídos na exata proporção das candidaturas de ambos os sexos. Ex: se houver 40% de mulheres candidatas, 40% dos recursos devem ser destinados a elas.

Vale ressaltar, no entanto, que esse percentual é de, no mínimo, 30%, considerando que o percentual de mulheres candidatas em cada partido é de, no mínimo, 30%.

Assim, o STF decidiu:

Dar interpretação conforme a Constituição ao art. 9º da Lei nº 13.165/2015, de modo a equiparar o patamar legal mínimo de candidaturas femininas (hoje o do art. 10, § 3º, da Lei nº 9.504/97, isto é, ao menos 30% de cidadãs), ao mínimo de recursos do Fundo Partidário a lhes serem destinados, que deve ser interpretado como também de 30% do montante do Fundo alocado a cada partido, para as eleições majoritárias e proporcionais, e fixar que, havendo percentual mais elevado de candidaturas femininas, o mínimo de recursos globais do partido destinados a campanhas lhe seja alocado na mesma proporção.

STF. Plenário. ADI 5617/DF, Rel. Min. Edson Fachin, julgado em 15/3/2018 (Info 894).

Vejamos agora especificamente o que decidiu o STF sobre a ADI.

Inconstitucionalidade da previsão de regra especial apenas para três eleições

A redação do art. 9º previa que a regra de destinação de recursos partidários para as campanhas de mulheres iria durar apenas por três eleições.

O STF decidiu que isso é inconstitucional.

Como o STF afirmou que o percentual mínimo de recursos para as campanhas de mulheres deveria seguir a mesma regra do art. 10, § 3º, da Lei nº 9.504/97 (no mínimo, 30%), o Tribunal entendeu que não deveria haver a fixação de um prazo determinado, já que essa regra de 30% também não tem um período certo.

Assim, essa previsão mínima de 30% dos recursos para as campanhas de mulheres deverá perdurar enquanto existir a regra do art. 10, § 3º.

Desse modo, o STF decidiu:

Declarar a inconstitucionalidade da expressão "três", contida no art. 9º da Lei nº 13.165/2015.

STF. Plenário. ADI 5617/DF, Rel. Min. Edson Fachin, julgado em 15/3/2018 (Info 894).

§ 5º-A e § 7º do art. 44 da Lei nº 9.096/95

A Lei nº 13.165/2015 acrescentou o § 5º-A e o § 7º ao art. 44 da Lei nº 9.096/95:

§

Art. 44. Os recursos oriundos do Fundo Partidário serão aplicados:

V – na criação e manutenção de programas de promoção e difusão da participação política das mulheres, criados e mantidos pela secretaria da mulher do respectivo partido político ou, inexistindo a secretaria, pelo instituto ou fundação de pesquisa e de doutrinação e educação política de que trata o inciso IV, conforme percentual que será fixado pelo órgão nacional de direção partidária, observado o mínimo de 5% (cinco por cento) do total; (Redação dada pela Lei nº 13.165/2015)

(...)

§ 5º-A. A critério das agremiações partidárias, os recursos a que se refere o inciso V poderão ser acumulados em diferentes exercícios financeiros, mantidos em contas bancárias específicas, para utilização futura em campanhas eleitorais de candidatas do partido. (Incluído pela Lei nº 13.165/2015)

(...)

§ 7º A critério da secretaria da mulher ou, inexistindo a secretaria, a critério da fundação de pesquisa e de doutrinação e educação política, os recursos a que se refere o inciso V do caput poderão ser acumulados em diferentes exercícios financeiros, mantidos em contas bancárias específicas, para utilização futura em campanhas eleitorais de candidatas do partido, não se aplicando, neste caso, o disposto no § 5º. (Incluído pela Lei nº 13.165/2015)

Pelas mesmas razões acima expostas, o STF decidiu:

Declarar a inconstitucionalidade, por arrastamento, do § 5º-A e do § 7º do art. 44 da Lei nº 9.096/95.

STF. Plenário. ADI 5617/DF, Rel. Min. Edson Fachin, julgado em 15/3/2018 (Info 894).

Modulação dos efeitos da decisão

O julgado acima ocorreu em março de 2018.

Alguns meses depois, no dia 02/10/2018, o STF se reuniu novamente para tratar sobre os efeitos desta decisão nas eleições de 2018, mais especificamente este descrito na letra "c" acima.

O § 5º-A e o § 7º do art. 44, que foram declarados inconstitucionais pelo STF, possuíam a seguinte redação:

§

Art. 44. Os recursos oriundos do Fundo Partidário serão aplicados:

V – na criação e manutenção de programas de promoção e difusão da participação política das mulheres, criados e mantidos pela secretaria da mulher do respectivo partido político ou, inexistindo a secretaria, pelo instituto ou fundação de pesquisa e de doutrinação e educação política de que trata o inciso IV, conforme percentual que será fixado pelo órgão nacional de direção partidária, observado o mínimo de 5% (cinco por cento) do total; (Redação dada pela Lei nº 13.165/2015)

(...)

§ 5º-A. A critério das agremiações partidárias, os recursos a que se refere o inciso V poderão ser acumulados em diferentes exercícios financeiros, mantidos em contas bancárias específicas, para utilização futura em campanhas eleitorais de candidatas do partido. (Incluído pela Lei nº 13.165/2015)

(...)

§ 7º A critério da secretaria da mulher ou, inexistindo a secretaria, a critério da fundação de pesquisa e de doutrinação e educação política, os recursos a que se refere o inciso V do caput poderão ser acumulados em diferentes exercícios financeiros, mantidos em contas bancárias específicas, para utilização futura em campanhas eleitorais de candidatas do partido, não se aplicando, neste caso, o disposto no § 5º. (Incluído pela Lei nº 13.165/2015)

Ao declarar inconstitucionais tais dispositivos, surgiu um "problema": o que fazer com esses recursos que estavam mantidos em contas bancárias específicas?

Caso mantida na íntegra a decisão do dia 15/03/2018, os partidos não poderiam fazer uso dos recursos do fundo partidário para as campanhas femininas. Isso iria contrariar o escopo do próprio julgamento, pois o objetivo do STF foi o de fortalecer as candidaturas de mulheres.

Diante desse impasse, o STF, na sessão de 02/10/2018, resolveu modular os efeitos da decisão tomada no dia 15/03/2018 e decidiu "aproveitar" tais recursos nas campanhas eleitorais de candidatas mulheres nas eleições de 2018. Veja como o Supremo determinou a modulação:

Os recursos financeiros de anos anteriores acumulados nas contas específicas mencionadas pelos §§ 5º-A e 7º do art. 44 da Lei nº 9.096/95 devem ser adicionalmente transferidos para as contas individuais das candidatas no financiamento de suas campanhas eleitorais no pleito geral de 2018, sem que haja a redução de 30% do montante do fundo alocado a cada partido para as candidaturas femininas.

STF. Plenário. ADI 5617 ED/DF, Rel. Min. Edson Fachin, julgado em 2/10/2018 (Info 918).

9. RECURSO CONTRA A EXPEDIÇÃO DE DIPLOMA

Diplomação

Depois que as eleições são realizadas e que são apurados os votos e os eleitos, ocorre um ato na Justiça Eleitoral chamado de "diplomação".

A diplomação é o ato pelo qual a Justiça Eleitoral atesta quem são os candidatos eleitos e os respectivos suplentes.

A diplomação constitui ato decisório do tribunal, ainda que de natureza administrativa. A expedição do diploma ocorre apenas após a análise dos requisitos para sua concessão ao candidato, bem como ante a verificação da lisura do pleito.

Os eleitos e suplentes recebem, efetivamente, um diploma entregue em um ato solene realizado pela Justiça Eleitoral.

Assim determina o Código Eleitoral:

§ Art. 215. Os candidatos eleitos, assim como os suplentes, receberão diploma assinado pelo Presidente do Tribunal Regional ou da Junta Eleitoral, conforme o caso.

Parágrafo único. Do diploma deverá constar o nome do candidato, a indicação da legenda sob a qual concorreu, o cargo para o qual foi eleito ou a sua classificação como suplente, e, facultativamente, outros dados a critério do juiz ou do Tribunal.

A diplomação é considerada como a última fase do processo eleitoral.

De quem é a competência para realizar o ato de diplomação?

- Prefeito, Vice-Prefeito e Vereadores: são diplomados pela Junta Eleitoral (Juiz Eleitoral).
- Governador, Vice-Governador, Senadores, Deputados Federais e Estaduais: diplomados pelo TRE.
- Presidente da República e Vice-Presidente da República: diplomados pelo TSE.

Os diplomas são assinados pelo Juiz Eleitoral, pelo Presidente do TRE ou pelo Presidente do TSE, a depender do caso concreto.

Recurso contra a diplomação (RCED)

Mesmo depois da diplomação, é possível que esse ato seja impugnado por meio de um instrumento processual chamado "recurso contra a expedição do diploma", estando previsto no art. 262 do Código Eleitoral nos seguintes termos:

§ Art. 262. O recurso contra expedição de diploma caberá somente nos casos de inelegibilidade superveniente ou de natureza constitucional e de falta de condição de elegibilidade.

Por meio do RCED, objetiva-se a cassação ou denegação do diploma em caso de:

a. inelegibilidade de cunho infraconstitucional superveniente ao requerimento de registro da candidatura;

b. inelegibilidade de natureza constitucional ou

c. ausência de condições de elegibilidade.

Natureza jurídica de "ação"

Apesar do nome, o recurso contra a expedição de diploma não tem natureza jurídica de "recurso", sendo uma ação autônoma. Logo, o instrumento previsto no art. 262 do Código Eleitoral consiste em uma ação proposta contra o ato de diplomação da Justiça Eleitoral.

Esse nome existe porque o RCED foi originariamente concebido para ser um "recurso administrativo", mas com o passar do tempo e com a evolução jurisprudencial, entendeu-se que se trata na verdade de uma ação autônoma, dando origem a um processo de cunho jurisdicional.

Legitimidade ativa. Quem pode propor o RCED?

Podem propor RCED:

a. os candidatos;

b. os partidos políticos;

c. as coligações;

d. o Ministério Público eleitoral.

Legitimidade passiva. Contra quem é proposto o RCED?

Contra o candidato eleito diplomado e que possui algum dos vícios previstos no art. 262 do CE.

Além disso, deverão também figurar na lide, como litisconsortes passivos necessários:

- o vice (no caso de eleições para a chefia do Poder Executivo);
- o suplente (no caso de eleições para Senador) e

O partido político não precisa figurar no polo passivo.

Prazo

O RCED deve ser proposto no prazo de 3 dias, contados a partir da data da sessão de diplomação (art. 258 do CE).

Procedimento

1. Legitimado ativo apresenta o RCED por meio de petição subscrita por advogado.
2. Recebida a petição, o Juiz Eleitoral (no caso de RCED proposto na Junta Eleitoral) ou o Relator do TRE sorteado (no caso de RCED proposto no TRE) mandará intimar o "recorrido" para ciência do "recurso", dando vista dos autos a fim de, no prazo de 3 dias, possa oferecer razões, acompanhadas ou não de novos documentos.
3. Se o recorrido juntar novos documentos, terá o recorrente vista dos autos por 48 horas para se manifestar sobre eles.
4. O juiz eleitoral, dentro de 48 horas, fará subir os autos ao Tribunal Regional com a sua resposta e os documentos em que se fundar.

Competência

- Se o RCED for contra a diplomação de Prefeito, Vice-Prefeito ou Vereador (eleições municipais): a competência para julgar será do TRE.
- Se o RCED for contra a diplomação de Governador, Vice-Governador, Senador, Deputado Federal, Deputado Estadual/Distrital (eleições gerais federais e estaduais): a competência para julgar será do TSE.

Vale aqui explicar uma peculiaridade: o RCED é sempre interposto na instância "inferior" a que irá julgá-lo. Ex: um RCED proposto contra a diplomação de um Prefeito é ajuizado na Junta Eleitoral e, depois que o Juiz Eleitoral dá vista dos autos para a parte recorrida, ele remete os autos ao TRE para julgamento. De igual forma, se for proposto um RCED contra diplomação de Governador, isso é ajuizado no TRE, mas depois será remetido para julgamento pelo TSE.

E no caso de RCED proposto contra diplomação de Presidente ou Vice-Presidente da República? De quem será a competência para julgar RCED em eleições presidenciais?

TSE.

O Tribunal Superior Eleitoral (TSE) é o órgão competente para julgar os Recursos Contra Expedição de Diploma (RCED) nas eleições presidenciais e gerais (federais e estaduais).

STF. Plenário. ADPF 167/DF, Rel. Min. Luiz Fux, julgado em 7/3/2018 (Info 893).

O sistema estabelecido pelo Código Eleitoral prevê que o julgamento do RCED será feito pelo órgão jurisdicional hierarquicamente superior àquele que concedeu a diplomação. A exceção fica por conta da diplomação para Presidente e Vice-Presidente da República. Isso porque o Presidente e o Vice são diplomados pelo TSE e é o próprio TSE que julga eventual RCED proposto questionando esse ato.

Direito Civil

1. PARTE GERAL

1.1. POSSIBILIDADE DE VOLTAR O NOME DE SOLTEIRA APÓS A MORTE DO MARIDO

NOÇÕES GERAIS SOBRE O NOME

O nome da pessoa física é um sinal (elemento de identificação) que individualiza a pessoa, fazendo com que ela seja diferenciada dos demais membros da família e da sociedade.

Importância

A pessoa, ao praticar os atos da vida civil, identifica-se por meio do nome que lhe foi atribuído no registro de nascimento. Desse modo, toda pessoa tem que ter, obrigatoriamente, um nome. A pessoa recebe o nome ao nascer e este a acompanha mesmo depois da sua morte, considerando que será sempre identificada por esse sinal (exs.: inventário, direitos autorais). Veremos mais à frente que, em alguns casos, é possível a mudança do nome, mas de forma excepcional.

Natureza jurídica (teorias sobre o nome)

Existem quatro principais teorias que explicam a natureza jurídica do nome:

a. Teoria da propriedade: segundo esta concepção, o nome integra o patrimônio da pessoa. Essa teoria é aplicada no caso dos nomes empresariais. No que tange à pessoa natural, o nome é mais do que o mero aspecto patrimonial, consistindo, na verdade, em direito da personalidade.

b. Teoria negativista: afirma que o nome não é um direito, mas apenas uma forma de designação das pessoas. A doutrina relata que era a posição adotada por Clóvis Beviláqua.

c. Teoria do estado: sustenta que o nome é um elemento do estado da pessoa natural.

d. Teoria do direito da personalidade: o nome é um direito da personalidade. É a teoria adotada pelo CC (art. 16): "toda pessoa tem direito ao nome, nele compreendidos o prenome e o sobrenome".

Proteção do nome

O direito ao nome é protegido, dentre outros, pelos seguintes diplomas:

- Convenção Americana de Direitos Humanos (art. 18).
- Convenção dos Direitos da Criança (art. 7º).

- Código Civil (art. 16).

Princípio da imutabilidade relativa do nome

Em regra, o nome é imutável. É o chamado princípio da imutabilidade relativa do nome civil.

A regra da inalterabilidade relativa do nome civil preconiza que o nome (prenome e sobrenome), estabelecido por ocasião do nascimento, reveste-se de definitividade, admitindo-se sua modificação, excepcionalmente, nas hipóteses expressamente previstas em lei ou reconhecidas como excepcionais por decisão judicial (art. 57, Lei 6.015/75), exigindo-se, para tanto, justo motivo e ausência de prejuízo a terceiros (REsp 1138103/PR, Rel. Min. Luis Felipe Salomão, Quarta Turma, julgado em 06/09/2011).

EXCEÇÕES EM QUE A ALTERAÇÃO DO NOME É PERMITIDA

1) No primeiro ano após atingir a maioridade civil

Prevista no art. 56 da Lei de Registros Públicos (Lei nº 6.015/73):

> § Art. 56. O interessado, no primeiro ano após ter atingido a maioridade civil, poderá, pessoalmente ou por procurador bastante, alterar o nome, desde que não prejudique os apelidos de família, averbando-se a alteração que será publicada pela imprensa.

Observações:

Essa alteração é feita mediante processo administrativo.

Deverá haver um requerimento, de forma pessoal ou por procuração, por parte do interessado.

Não é necessário que tal formulação seja feita por meio de advogado.

Não precisa ser declarado nenhum motivo (trata-se de possibilidade de troca imotivada).

Não pode prejudicar os apelidos de família (patronímicos). É isso que está previsto na lei, mas veja adiante interessante precedente do STJ.

Será averbada a alteração no registro de nascimento e publicada pela imprensa.

2) Retificação em caso de erros

Hipótese prevista no art. 110 da LRP:

> § Art. 110. O oficial retificará o registro, a averbação ou a anotação, de ofício ou a requerimento do interessado, mediante petição assinada pelo interessado, representante legal ou procurador, independentemente de prévia autorização judicial ou manifestação do Ministério Público, nos casos de:
>
> I – erros que não exijam qualquer indagação para a constatação imediata de necessidade de sua correção;
>
> II – erro na transposição dos elementos constantes em ordens e mandados judiciais, termos ou requerimentos, bem como outros títulos a serem registrados, averbados ou anotados, e o documento utilizado para a referida averbação e/ou retificação ficará arquivado no registro no cartório;
>
> III – inexatidão da ordem cronológica e sucessiva referente à numeração do livro, da folha, da página, do termo, bem como da data do registro;
>
> IV – ausência de indicação do Município relativo ao nascimento ou naturalidade do registrado, nas hipóteses em que existir descrição precisa do endereço do local do nascimento;
>
> V – elevação de Distrito a Município ou alteração de suas nomenclaturas por força de lei.
>
> (...)

§ 5º Nos casos em que a retificação decorra de erro imputável ao oficial, por si ou por seus prepostos, não será devido pelos interessados o pagamento de selos e taxas.

(Obs: artigo todo alterado pela Lei nº 13.484/2017)

Observações:

Essa alteração é feita mediante processo administrativo.

Os erros a serem corrigidos são aqueles facilmente perceptíveis, ou seja, que não exigem qualquer indagação para a sua constatação imediata. Tais erros poderão ser corrigidos de ofício pelo Oficial no próprio cartório, mediante petição assinada pelo interessado, representante legal ou procurador.

Ex: na certidão de nascimento da criança, constou o nome do pai como sendo Waldinei, mas na verdade era Waldiney.

O interessado não precisa de advogado.

O interessado não paga selos ou taxas.

Não é necessária a prévia manifestação do MP. Atenção porque isso é muito importante.

Vale a pena guardar esses cinco incisos do art. 110 para as provas.

3) Acréscimo ou substituição por apelidos públicos notórios

Prevista no art. 58 da LRP:

§ Art. 58. O prenome será definitivo, admitindo-se, todavia, a sua substituição por apelidos públicos notórios.

Obs.: neste caso, a alteração deve ser feita por meio de ação judicial.

4) Averbação do nome abreviado, usado como firma comercial ou em atividade profissional

Prevista no § 1º do art. 57 da LRP:

§ Art. 57 (...)

§ 1º Poderá, também, ser averbado, nos mesmos termos, o nome abreviado, usado como firma comercial registrada ou em qualquer atividade profissional.

5) Enteado pode adotar o sobrenome do padrasto

Previsto no § 8º do art. 57 da LRP:

§ Art. 57 (...)

§ 8º O enteado ou a enteada, havendo motivo ponderável e na forma dos §§ 2º e 7º deste artigo, poderá requerer ao juiz competente que, no registro de nascimento, seja averbado o nome de família de seu padrasto ou de sua madrasta, desde que haja expressa concordância destes, sem prejuízo de seus apelidos de família.

Observações:

Deve haver motivo ponderável.

O requerimento é feito ao juiz.

Será averbado o nome de família do padrasto ou madrasta.

É indispensável que haja a concordância expressa do padrasto ou madrasta.

Não pode haver prejuízo aos apelidos de família do(a) enteado(a).

6) Pessoas incluídas no programa de proteção a vítimas e testemunhas

Previsto no § 7º do art. 57 da LRP e no art. 9º da Lei nº 9.807/99:

> §
>
> Art. 57 (...)
>
> § 7º Quando a alteração de nome for concedida em razão de fundada coação ou ameaça decorrente de colaboração com a apuração de crime, o juiz competente determinará que haja a averbação no registro de origem de menção da existência de sentença concessiva da alteração, sem a averbação do nome alterado, que somente poderá ser procedida mediante determinação posterior, que levará em consideração a cessação da coação ou ameaça que deu causa à alteração.

7) Por via judicial, com motivo declarado, por sentença, após oitiva do MP

Previsto no caput do art. 57 da LRP:

> §
>
> Art. 57. A alteração posterior de nome, somente por exceção e motivadamente, após audiência do Ministério Público, será permitida por sentença do juiz a que estiver sujeito o registro, arquivando-se o mandado e publicando-se a alteração pela imprensa, ressalvada a hipótese do art. 110 desta Lei.

Observações:

É hipótese de processo judicial de jurisdição voluntária.

É obrigatória a oitiva do MP.

O pedido é decidido pelo juiz por sentença.

Será competente o juiz a que estiver sujeito o registro.

Arquiva-se o mandado no Registro Civil de Pessoas Naturais.

Exemplos de alteração do nome com base nesse art. 57:

Alterar o prenome caso exponha seu portador ao ridículo.

Retificar o patronímico constante do registro para obter a nacionalidade de outro país (o STJ já reconheceu o direito de suprimir incorreções na grafia do patronímico para que a pessoa pudesse obter a cidadania italiana [REsp 1138103/PR]).

8) Casamento

Segundo o CC-2002, o cônjuge pode acrescentar o sobrenome do outro. Tanto a mulher pode adicionar o do marido, quanto o marido o da mulher.

> §
>
> Art. 1.565 (...)
>
> § 1º Qualquer dos nubentes, querendo, poderá acrescer ao seu o sobrenome do outro.

Em regra, o sobrenome do marido/esposa é acrescido no momento do matrimônio, sendo essa providência requerida já no processo de habilitação para o casamento.

Imagine agora a seguinte situação: marido e mulher se casaram e, no momento da habilitação para o casamento, não requereram a alteração do nome. É possível que, posteriormente, um possa acrescentar o sobrenome do outro?

SIM. Aos cônjuges é permitido incluir ao seu nome o sobrenome do outro, ainda que após a data da celebração do casamento.

Vale ressaltar, no entanto, que esse acréscimo terá que ser feito por intermédio da ação de retificação de registros públicos, nos termos dos arts. 57 e 109 da Lei de Registros Públicos (Lei nº 6.015/1973). Assim, não será possível a alteração pela via administrativa, mas somente em juízo.

STJ. 4ª Turma. REsp 910.094-SC, Rel. Raul Araújo, julgado em 4/9/2012.

Exemplo: Ricardo Oliveira casou-se com Izabel Fontana. No processo de habilitação, não foi solicitada a mudança de nome. Desse modo, após o casamento, os nomes permaneceram iguais aos de solteiro. Ocorre que, após 5 anos de casada, Izabel decide acrescentar o patronímico de seu marido. Para tanto, Izabel procura o Cartório (Registro Civil) onde foi lavrada sua certidão de casamento e pede essa providência ao Registrador Civil. Este poderá proceder à inclusão pleiteada? NÃO. Izabel e Ricardo deverão procurar um advogado e este ajuizará uma ação de retificação de registro público, com base nos art. 57 e 109 da LRP, expondo a situação. O juiz, após ouvir o Ministério Público, poderá determinar que Izabel inclua em seu nome o patronímico de seu marido, passando a se chamar Izabel Fontana Oliveira.

9) União estável

Se duas pessoas vivem em união estável, é possível incluir o patronímico de um deles no nome do outro? Ex.: Carlos Andrade vive em união estável com Juliana Barbosa. É permitido que Juliana acrescente o patronímico de seu companheiro e passe a se chamar "Juliana Barbosa Andrade"?

SIM, também é possível, conforme entendeu o STJ. Foi aplicado, por analogia, o art. 1.565, § 1º do CC, visto acima, que trata sobre o casamento.

Como a união estável e o casamento são institutos semelhantes, é possível aplicar a regra de um para o outro, pois "onde impera a mesma razão, deve prevalecer a mesma decisão" (*ubi eadem legis ratio ibi eadem dispositio*).

STJ. 4ª Turma. REsp 1.206.656–GO, Rel. Min. Nancy Andrighi, julgado em 16/10/2012.

Exigências para o acréscimo do patronímico do companheiro:

Segundo decidiu o STJ, são feitas duas exigências para que a pessoa possa adotar o patronímico de seu companheiro:

a. deverá existir prova documental da relação, feita por instrumento público;

b. deverá haver a anuência do companheiro cujo nome será adotado.

10) Separação/Divórcio

Regra: na separação e no divórcio, o nome é mantido, salvo se a pessoa que acrescentou o sobrenome de seu cônjuge desejar retirá-lo.

Exceção: somente haverá a perda do sobrenome contra a vontade da pessoa que o acrescentou se preenchidos os seguintes requisitos:

1. houver pedido expresso do cônjuge que "forneceu" o sobrenome;
2. a perda não puder causar prejuízo à identificação do cônjuge. Ex.: Marta Suplicy;
3. a perda não puder causar prejuízo à identificação dos filhos;
4. restar provada culpa grave por parte do cônjuge.

Isso está previsto no Código Civil:

§ Art. 1.571 (...)

§ 2º Dissolvido o casamento pelo divórcio direto ou por conversão, o cônjuge poderá manter o nome de casado; salvo, no segundo caso, dispondo em contrário a sentença de separação judicial.

11) Morte do cônjuge

Ex: Maria Pimentel da Costa casou-se com João Ferreira.

Com o casamento, ela incorporou o patronímico do marido e passou a chamar-se Maria da Costa Ferreira.

Alguns anos mais tarde, João faleceu. Maria poderá voltar a usar o nome de solteira (Maria Pimentel da Costa), excluindo o patronímico do falecido marido?

SIM. Vale ressaltar que não há previsão legal para a retomada do nome de solteira em caso de morte do marido. A lei somente prevê a possibilidade de o homem ou a mulher voltarem a usar o nome de solteiro (a) em caso de divórcio.

Apesar disso, o STJ entende que isso deve ser permitido.

A viuvez e o divórcio são hipóteses muito parecidas e envolvem uma mesma razão de ser: a dissolução do vínculo conjugal. Logo, não há justificativa plausível para que se trate de modo diferenciado as referidas situações. Assim, o dispositivo que apenas autoriza a retomada do nome de solteiro na hipótese de divórcio deverá ser estendido também às hipóteses de dissolução do casamento pela morte de um dos cônjuges.

É admissível o restabelecimento do nome de solteiro na hipótese de dissolução do vínculo conjugal pelo falecimento do cônjuge.

STJ. 3ª Turma. REsp 1.724.718-MG, Rel. Min. Nancy Andrighi, julgado em 22/05/2018 (Info 627).

Impedir a retomada do nome de solteiro na hipótese de falecimento do cônjuge implicaria em grave violação aos direitos da personalidade e à dignidade da pessoa humana após a viuvez, especialmente no momento em que a substituição do patronímico é cada vez menos relevante no âmbito social, quando a questão está, cada dia mais, no âmbito da autonomia da vontade e da liberdade e, ainda, quando a manutenção do nome pode, em tese, acarretar ao cônjuge sobrevivente abalo de natureza emocional, psicológica ou profissional, em descompasso, inclusive, com o que preveem as mais contemporâneas legislações civis.

Vale a pena transcrever esta observação da Min. Nancy Andrighi sobre o tema:

> "É da nossa tradição aceitar que uma pessoa, geralmente a mulher, abdique de parte significativa dos seus direitos da personalidade para incorporar o patronímico do cônjuge após o casamento, adquirindo um determinado sobrenome que não lhe pertencia inicialmente e, assim, transmudando-se a sua própria genética familiar.
>
> Os motivos pelos quais essa modificação foi – e ainda é – socialmente aceita com tamanha naturalidade, aliás, são diversos: vão desde a histórica submissão patriarcal, passam pela tentativa de agradar ao outro com quem se pretende conviver e chegam, ainda, em uma deliberada intenção de adquirir um status social diferenciado a partir da adoção do patronímico do cônjuge.
>
> Todavia, é indiscutível que a transformação e a evolução da sociedade em que vivemos coloca essa questão, a cada dia, em um patamar de muito menor relevância e, mais do que isso, a coloca na esfera da liberdade e da autonomia da vontade das partes, justamente porque se trata de uma alteração substancial em um direito da personalidade, indissociável da própria pessoa humana."

1.2. TRANSGÊNERO E MUDANÇA DE NOME

TRANSGÊNERO PODE ALTERAR SEU PRENOME E GÊNERO NO REGISTRO CIVIL MESMO SEM FAZER CIRURGIA DE TRANSGENITALIZAÇÃO E MESMO SEM AUTORIZAÇÃO JUDICIAL

Transgênero

Transgênero é o indivíduo que possui características físicas sexuais distintas das características psíquicas.

É uma pessoa que não se identifica com o seu gênero biológico.

A pessoa sente que ela nasceu no corpo errado. Ex: o menino nasceu fisicamente como menino, mas ele se sente como uma menina.

Assim, o transgênero tem um sexo biológico, mas se sente como se fosse do sexo oposto e espera ser reconhecido e aceito como tal.

Transexual

Da mesma forma, o transexual também possui características físicas sexuais distintas das características psíquicas. Ele também não se identifica com o seu gênero biológico.

Não existe ainda uma uniformidade científica, no entanto, segundo a posição majoritária, a diferença entre o transgênero e o transexual é a seguinte:

- transgênero: quer poder se expressar e ser reconhecido como sendo do sexo oposto, mas não tem necessidade de modificar sua anatomia.
- transexual: quer poder se expressar e ser reconhecido como sendo do sexo oposto e deseja modificar sua anatomia (seu corpo) por meio da terapia hormonal e/ou da cirurgia de redesignação sexual (transgenitalização).

Identidade de gênero

Significa a maneira como alguém se sente e a maneira como deseja ser reconhecida pelas demais pessoas, independentemente do seu sexo biológico.

"A identidade de gênero se refere à experiência de uma pessoa com o seu próprio gênero. Pessoas transgênero possuem uma identidade de gênero que é diferente do sexo que lhes foi designado no momento de seu nascimento.

Uma pessoa transgênero ou trans pode identificar-se como homem, mulher, trans-homem, trans-mulher, como pessoa não-binária ou com outros termos, tais como hijra, terceiro gênero, dois-espíritos, travesti,

fa'afafine, gênero queer, transpinoy, muxe, waria e meti. Identidade de gênero é diferente de orientação

sexual. Pessoas trans podem ter qualquer orientação sexual, incluindo heterossexual, homossexual, bissexual e assexual." (Nota Informativa das Nações Unidas. Disponível em https://unfe.org/system/unfe-91-Portugese_TransFact_FINAL.pdf?platform=hootsuite)

Se o transexual faz a cirurgia de transgenitalização, ele poderá alterar o prenome e o sexo/gênero nos assentos do registro civil?

SIM. Essa possibilidade já foi reconhecida há muitos anos pelo STJ:

(...) A interpretação conjugada dos arts. 55 e 58 da Lei nº 6.015/73 confere amparo legal para que transexual operado obtenha autorização judicial para a alteração de seu prenome, substituindo-o por apelido público e notório pelo qual é conhecido no meio em que vive. (...)

STJ. 4ª Turma. REsp 737.993/MG, Rel. Min. João Otávio de Noronha, julgado em 10/11/2009.

Sendo realizada a retificação do registro, os documentos serão alterados e neles não constará nenhuma menção quanto à troca do sexo.

E se não foi feita a cirurgia? Imagine a seguinte situação hipotética:

Mário, pessoa maior de idade que se identifica como transgênero mulher, ajuizou ação de retificação de registro de nascimento para troca do prenome e do sexo masculino para o feminino.

Na inicial, a pessoa narrou que, desde tenra idade, embora nascida com a genitália masculina e nesse gênero registrada, sempre demonstrara atitudes de criança do sexo feminino.

Afirmou que foi diagnosticada como portadora de "transtorno de identidade de gênero".

Mário nunca realizou a cirurgia de transgenitalização.

Alegou que sofre muitos transtornos porque sente-se como mulher, veste-se como mulher, mas os dados que constam em seus documentos são masculinos (nome e sexo).

Na ação, Mário pediu para que seu prenome seja alterado para Mariana e seu sexo para feminino. Contudo, o empecilho que encontrou foi pelo fato de que não fez a cirurgia de transgenitalização nem deseja realizar.

A questão jurídica enfrentada, portanto, pelo STJ foi a seguinte: é possível que o transgênero altere seu nome e o gênero no assento de registro civil mesmo que não faça a cirurgia de transgenitalização?

SIM. Inicialmente o STJ decidiu que:

O direito dos transexuais à retificação do prenome e do sexo/gênero no registro civil não é condicionado à exigência de realização da cirurgia de transgenitalização.

STJ. 4ª Turma. REsp 1.626.739-RS, Rel. Min. Luis Felipe Salomão, julgado em 9/5/2017 (Info 608).

O STF avançou sobre o tema e, de forma mais ampla, utilizou a expressão transgênero, afirmando que:

Os transgêneros, que assim o desejarem, independentemente da cirurgia de transgenitalização, ou da realização de tratamentos hormonais ou patologizantes, possuem o direito à alteração do prenome e do gênero (sexo) diretamente no registro civil.

STF. Plenário. ADI 4275/DF, rel. orig. Min. Marco Aurélio, red. p/ o acórdão Min. Edson Fachin, julgado em 28/2 e 1º/3/2018 (Info 892).

Premissas da decisão do STF:

1. O direito à igualdade sem discriminações abrange a identidade ou a expressão de gênero. O respeito à identidade de gênero é uma decorrência do princípio da igualdade.
2. A identidade de gênero é uma manifestação da própria personalidade da pessoa humana. Logo, cabe ao Estado apenas o papel de reconhecê-la, nunca de constituí-la. Isso significa que o Estado não diz o gênero da pessoa, ele deve apenas reconhecer o gênero que a pessoa se enxerga.
3. A pessoa não deve provar o que é, e o Estado não deve condicionar a expressão da identidade a qualquer tipo de modelo, ainda que meramente procedimental. Assim, se cabe ao Estado apenas o reconhecimento dessa identidade, ele não pode exigir ou condicionar a livre ex-

pressão da personalidade a um procedimento médico ou laudo psicológico. A alteração dos assentos no registro público depende apenas da livre manifestação de vontade da pessoa que visa expressar sua identidade de gênero.

Fundamentos jurídicos:

Constituição Federal

- dignidade da pessoa humana (art. 1º, III, da CF);
- direito à intimidade, à vida privada, à honra e à imagem (art. 5º, X, da CF);
- princípio da personalidade;
- princípio da isonomia;
- direito à saúde;
- direito à felicidade.

Pacto de São José da Costa Rica

- direito ao nome (artigo 18);
- direito ao reconhecimento da personalidade jurídica (artigo 3);
- direito à liberdade pessoal (artigo 7.1 do Pacto);
- o direito à honra e à dignidade (artigo 11.2 do Pacto).

Opinião Consultiva 24/17, da Corte Interamericana de Direitos Humanos, sobre "Identidade de Gênero e Igualdade e Não Discriminação a Casais dos Mesmo Sexo", publicada em 24.11.2017, na qual se definiram as obrigações estatais em relação à mudança de nome, à identidade de gênero e os direitos derivados de um vínculo entre casais do mesmo sexo. Veja trecho da Opinião Consultiva:

> "(...) a Corte Interamericana deixa estabelecido que a orientação sexual e a identidade de gênero, assim como a expressão de gênero, são categorias protegidas pela Convenção.
>
> Por isso está proibida pela Convenção qualquer norma, ato ou prática discriminatória baseada na orientação sexual, identidade de gênero ou expressão de gênero da pessoa. Em consequência, nenhuma norma, decisão ou prática do direito interno, seja por parte das autoridades estatais ou por particulares, podem diminuir ou restringir, de modo algum, os direitos de uma pessoa à sua orientação sexual, sua identidade de gênero e/ou sua expressão de gênero". (par. 78).

> "O reconhecimento da identidade de gênero pelo Estado é de vital importância para garantir o gozo pleno dos direitos humanos das pessoas trans, incluindo a proteção contra a violência, a tortura e maus tratos, o direito à saúde, à educação, ao emprego, à vivência, ao acesso a seguridade social, assim como o direito à liberdade de expressão e de associação."

Interpretação conforme a Constituição e o Pacto de São José da Costa Rica

O art. 58 da Lei nº 6.015/73 (Lei dos Registros Públicos) prevê:

> § Art. 58. O prenome será definitivo, admitindo-se, todavia, a sua substituição por apelidos públicos notórios.

O STF, contudo, afirmou que se deve fazer uma nova interpretação desse art. 58 à luz da Constituição Federal e do Pacto de São José da Costa Rica.

Exigir cirurgia ou outros procedimentos é contrário à dignidade da pessoa humana

O Estado deve abster-se de interferir em condutas que não prejudicam a terceiros e, ao mesmo tempo, buscar viabilizar as concepções e os planos de vida dos indivíduos, preservando a neutralidade estatal.

Mostra-se contrário aos princípios da dignidade da pessoa humana, da integridade física e da autonomia da vontade condicionar o exercício do legítimo direito à identidade à realização de um procedimento cirúrgico ou de qualquer outro meio de se atestar a identidade de uma pessoa.

Inadmitir a alteração do gênero no assento de registro civil é atitude absolutamente violadora de sua dignidade e de sua liberdade de ser, na medida em que não reconhece sua identidade sexual, negando-lhe o pleno exercício de sua afirmação pública.

Muitos indivíduos não querem se submeter à cirurgia por uma série de razões, como o temor a ela ou aos seus resultados, a ausência de condições financeiras para realizá-la na iniciativa privada, ou mesmo a preferência por manter o órgão sexual que possuem.

Vale ressaltar, ainda, que os procedimentos para a readequação sexual têm sido realizados em prazos muito alargados e existem dúvidas quanto à sua eficiência do ponto de vista da satisfação psicológica dos pacientes.

Opinião Consultiva

Conforme consta da Opinião Consultiva 24/17, da Corte Interamericana de Direitos Humanos, os Estados (países) têm a possibilidade de decidir qual é o procedimento que será adotado para a retificação do sexo ou nos registros e documentos. No entanto, segundo a Opinão, o procedimento de alteração adotado pelo Estado (inclusive o Brasil) deve cumprir os seguintes requisitos:

a. o procedimento deve respeitar a identidade de gênero auto-percebida pela pessoa requerente;

b. deve estar baseado unicamente no consentimento livre e informado do solicitante, sem que se exijam requisitos como certificações médicas ou psicológicas ou outros que possam resultar irrazoáveis ou patologizantes;

c. deve ser confidencial e os documentos não podem fazer remissão às eventuais alterações;

d. deve ser expedito (célere), e, na medida do possível, gratuito; e

e. não deve exigir a realização de operações cirúrgicas ou hormonais.

O Colegiado assentou seu entendimento nos princípios da dignidade da pessoa humana, da inviolabilidade da intimidade, da vida privada, da honra e da imagem, bem como no Pacto de São José da Costa Rica.

Vimos acima que o transgênero não precisa fazer cirurgia para requerer a alteração do prenome e do sexo. Ok. Uma última pergunta, apenas para não ficar dúvidas: a pessoa transgênera precisa de autorização judicial para essa alteração?

NÃO. O STF entendeu que exigir do transgênero a via jurisdicional para realizar essa alteração representaria limitante incompatível com a proteção que se deve dar à identidade de gênero.

Assim, o requerimento de alteração do prenome pode ser feito tanto por meio de ação judicial como também pela via administrativa.

O pedido de retificação é baseado unicamente no consentimento livre e informado do solicitante, sem a necessidade de comprovar nada.

Resumindo:

O transgênero tem direito fundamental subjetivo à alteração de seu prenome e de sua classificação de gênero no registro civil, não se exigindo, para tanto, nada além da manifestação

de vontade do indivíduo, o qual poderá exercer tal faculdade tanto pela via judicial como diretamente pela via administrativa.

Essa alteração deve ser averbada à margem do assento de nascimento, vedada a inclusão do termo "transgênero".

Nas certidões do registro não constará nenhuma observação sobre a origem do ato, vedada a expedição de certidão de inteiro teor, salvo a requerimento do próprio interessado ou por determinação judicial.

Efetuando-se o procedimento pela via judicial, caberá ao magistrado determinar de ofício ou a requerimento do interessado a expedição de mandados específicos para a alteração dos demais registros nos órgãos públicos ou privados pertinentes, os quais deverão preservar o sigilo sobre a origem dos atos.

STF. Plenário. RE 670422/RS, Rel. Min. Dias Toffoli, julgado em 15/8/2018 (repercussão geral) (Info 911).

O tema, apesar de novo, já vem sendo cobrado nos concursos públicos:

(Delegado de Polícia PC-GO 2018 UEG) Sobre os direitos fundamentais garantidos na Constituição (CRFB), segundo o Supremo Tribunal Federal (STF), o transgênero, pessoa que não se identifica psiquicamente com seu gênero biológico, se assim o desejar, pode, independentemente da cirurgia de redesignação sexual ou da realização de tratamentos hormonais, solicitar a alteração de seu prenome e de seu gênero (sexo) diretamente no registro civil. (CERTO)

1.3. DIREITO AO ESQUECIMENTO E RESULTADOS DE SITES DE BUSCA

DIREITO AO ESQUECIMENTO

O que é o direito ao esquecimento?

O direito ao esquecimento é o direito que uma pessoa possui de não permitir que um fato, ainda que verídico, ocorrido em determinado momento de sua vida, seja exposto ao público em geral, causando-lhe sofrimento ou transtornos.

Exemplo histórico

O exemplo mais conhecido e mencionado é o chamado "caso Lebach" (Soldatenmord von Lebach), julgado pelo Tribunal Constitucional Alemão.

A situação foi a seguinte: em 1969, quatro soldados alemães foram assassinados em uma cidade na Alemanha chamada Lebach.

Após o processo, três réus foram condenados, sendo dois à prisão perpétua e o terceiro a seis anos de reclusão.

Esse terceiro condenado cumpriu integralmente sua pena e, dias antes de deixar a prisão, ficou sabendo que uma emissora de TV iria exibir um programa especial sobre o crime no qual seriam mostradas, inclusive, fotos dos condenados e a insinuação de que eram homossexuais.

Diante disso, ele ingressou com uma ação inibitória para impedir a exibição do programa.

A questão chegou até o Tribunal Constitucional Alemão, que decidiu que a proteção constitucional da personalidade não admite que a imprensa explore, por tempo ilimitado, a pessoa do criminoso e sua vida privada.

Assim, naquele caso concreto, entendeu-se que o princípio da proteção da personalidade deveria prevalecer em relação à liberdade de informação. Isso porque não haveria mais um interesse atual naquela informação (o crime já estava solucionado e julgado há anos). Em contrapartida, a divulgação da reportagem iria causar grandes prejuízos ao condenado, que já havia cumprido a pena e precisava ter condições de se ressocializar, o que certamente seria bastante dificultado com a nova exposição do caso. Dessa forma, a emissora foi proibida de exibir o documentário.

Obs: alguns pesquisadores afirmam que o caso Lebach não poderia ser utilizado como exemplo de aplicação do direito ao esquecimento uma vez que teria havido outras decisões na Alemanha autorizando a exibição do documentário. Trata-se, contudo, de um debate mais aprofundado, sem tanta relevância para fins de concurso, sendo certo também que, na doutrina brasileira, o referido episódio é sempre lembrado como um caso de direito ao esquecimento.

Nomenclatura

O direito ao esquecimento também é chamado de "direito de ser deixado em paz" ou o "direito de estar só".

Em outros países, é conhecido como *the right to be let alone* ou *derecho al olvido.*

Fundamento

No Brasil, o direito ao esquecimento possui assento constitucional e legal, considerando que é uma consequência do direito à vida privada (privacidade), intimidade e honra, assegurados pela CF/88 (art. 5º, X) e pelo CC/02 (art. 21).

Alguns autores também afirmam que o direito ao esquecimento é uma decorrência da dignidade da pessoa humana (art. 1º, III da CF/88).

Conflito entre interesses constitucionais

A discussão quanto ao direito ao esquecimento envolve um conflito aparente entre a liberdade de expressão/informação e atributos individuais da pessoa humana, como a intimidade, privacidade e honra.

O direito ao esquecimento não é uma criação recente

Há muitos anos discute-se esse direito na Europa e nos EUA.

A título de exemplo, Fraçois Ost menciona interessante decisão de 1983, do Tribunal de última instância de Paris (Mme. Filipachi Cogedipresse), na qual esse direito restou assegurado nos seguintes termos:

> "(...) qualquer pessoa que se tenha envolvido em acontecimentos públicos pode, com o passar do tempo, reivindicar o direito ao esquecimento; a lembrança destes acontecimentos e do papel que ela possa ter desempenhado é ilegítima se não for fundada nas necessidades da história ou se for de natureza a ferir sua sensibilidade; visto que o direito ao esquecimento, que se impõe a todos, inclusive aos jornalistas, deve igualmente beneficiar a todos, inclusive aos condenados que pagaram sua dívida para com a sociedade e tentam reinserir-se nela." (OST, François. O Tempo do direito. Trad. Élcio Fernandes. Bauru: Edusc, 2005, p. 161).

Por que, então, esse tema está sendo novamente tão discutido?

O direito ao esquecimento voltou a ser tema de inegável importância e atualidade em razão da internet. Isso porque a rede mundial de computadores praticamente eterniza as notícias e informações. Com poucos cliques, é possível ler reportagens sobre fatos ocorridos há muitos anos, inclusive com fotos e vídeos. Enfim, é quase impossível ser esquecido com uma ferramenta tão poderosa disponibilizando facilmente um conteúdo praticamente infinito.

No Brasil, o direito ao esquecimento voltou a ser palco de intensos debates em razão da aprovação de um enunciado nesse sentido na VI Jornada de Direito Civil, além de o STJ ter julgado dois casos envolvendo esse direito há pouco tempo.

O direito ao esquecimento aplica-se apenas a fatos ocorridos no campo penal?

Não. A discussão quanto ao direito ao esquecimento surgiu, de fato, para o caso de ex-condenados que, após determinado período, desejavam que esses antecedentes criminais não mais fossem expostos, vez que lhes causavam inúmeros prejuízos. No entanto, esse debate foi se ampliando e, atualmente, envolve outros aspectos da vida da pessoa que ela almeja que sejam esquecidos.

É o caso, por exemplo, da apresentadora Xuxa, que no passado fez um determinado filme do qual se arrepende e que não mais deseja que seja exibido ou rememorado por lhe causar prejuízos profissionais e transtornos pessoais.

Pode-se imaginar ainda que o indivíduo deseje simplesmente ser esquecido, deixado em paz. Nesse sentido, podemos imaginar o exemplo de uma pessoa que era famosa (um artista, esportista, político etc.) que, em determinado momento de sua vida, decide voltar a ser um anônimo e não mais ser incomodado com reportagens, entrevistas ou qualquer outra forma de exposição pública. Em certa medida, isso aconteceu na década de 90 com a ex-atriz Lídia Brondi e, mais recentemente, com Ana Paula Arósio que, mesmo tendo carreiras de muito sucesso na televisão, optaram por voltar ao anonimato. Essa é, portanto, uma das expressões do direito ao esquecimento, que deve ser juridicamente assegurado.

Assim, se um veículo de comunicação tiver a infeliz ideia de fazer um especial mostrando a vida atual dessas ex-atrizes, com câmeras acompanhando seu dia-a-dia, entrevistando pessoas que as conheciam na época, mostrando lugares que atualmente frequentam etc., poderão elas requerer ao Poder Judiciário medidas que impeçam essa violação ao seu direito ao esquecimento.

Críticas ao chamado "direito ao esquecimento"

Vale ressaltar que existem doutrinadores que criticam a existência de um "direito ao esquecimento".

O Min. Luis Felipe Salomão, no julgamento do REsp 1.335.153-RJ, apesar de ser favorável ao direito ao esquecimento, colacionou diversos argumentos contrários à tese. Vejamos os mais relevantes:

o acolhimento do chamado direito ao esquecimento constituiria um atentado à liberdade de expressão e de imprensa;

o direito de fazer desaparecer as informações que retratam uma pessoa significa perda da própria história, o que vale dizer que o direito ao esquecimento afronta o direito à memória de toda a sociedade;

o direito ao esquecimento teria o condão de fazer desaparecer registros sobre crimes e criminosos perversos, que entraram para a história social, policial e judiciária, informações de inegável interesse público;

é absurdo imaginar que uma informação que é lícita se torne ilícita pelo simples fato de que já passou muito tempo desde a sua ocorrência;

quando alguém se insere em um fato de interesse coletivo, mitiga-se a proteção à intimidade e privacidade em benefício do interesse público.

Sem dúvida nenhuma, o principal ponto de conflito quanto à aceitação do direito ao esquecimento reside justamente em como conciliar esse direito com a liberdade de expressão e de imprensa e com o direito à informação.

Enunciado 531 da VI Jornada

Em março de 2013, na VI Jornada de Direito Civil do CJF/STJ, foi aprovado um enunciado defendendo a existência do direito ao esquecimento como uma expressão da dignidade da pessoa humana. Veja:

Enunciado 531: A tutela da dignidade da pessoa humana na sociedade da informação inclui o direito ao esquecimento.

Justificativa: Os danos provocados pelas novas tecnologias de informação vêm-se acumulando nos dias atuais. O direito ao esquecimento tem sua origem histórica no campo das condenações criminais. Surge como parcela importante do direito do ex-detento à ressocialização. Não atribui a ninguém o direito de apagar fatos ou reescrever a própria história, mas apenas assegura a possibilidade de discutir o uso que é dado aos fatos pretéritos, mais especificamente o modo e a finalidade com que são lembrados.

Apesar de tais enunciados não terem força cogente, trata-se de uma importante fonte de pesquisa e argumentação utilizada pelos profissionais do Direito.

O STJ acolhe a tese do direito ao esquecimento?

SIM. Existem julgados do STJ nos quais já se afirmou que o sistema jurídico brasileiro protege o direito ao esquecimento (REsp 1.335.153-RJ e REsp 1.334.097-RJ, Rel. Min. Luis Felipe Salomão, julgados em 28/5/2013). Contudo, o deferimento, ou não, do direito ao esquecimento depende da análise do caso concreto.

Como conciliar, então, o direito ao esquecimento com o direito à informação?

Deve-se analisar se existe um interesse público atual na divulgação daquela informação.

Se ainda persistir, não há que se falar em direito ao esquecimento, sendo lícita a publicidade daquela notícia. É o caso, por exemplo, de "crimes genuinamente históricos, quando a narrativa desvinculada dos envolvidos se fizer impraticável" (Min. Luis Felipe Salomão).

Por outro lado, se não houver interesse público atual, a pessoa poderá exercer seu direito ao esquecimento, devendo ser impedidas notícias sobre o fato que já ficou no passado.

Como assevera o Min. Gilmar Ferreira Mendes:

> "Se a pessoa deixou de atrair notoriedade, desaparecendo o interesse público em torno dela, merece ser deixada de lado, como desejar. Isso é tanto mais verdade com relação, por exemplo, a quem já cumpriu pena criminal e que precisa reajustar-se à sociedade. Ele há de ter o direito a não ver repassados ao público os fatos que o levaram à penitenciária (MENDES, Gilmar Ferreira; COELHO, Inocêncio Mártires; BRANCO, Paulo Gustavo Gonet. *Curso de Direito Constitucional*. São Paulo: Saraiva, 2007, p. 374).

O Min. Luis Felipe Salomão também ressaltou que "ressalvam-se do direito ao esquecimento os fatos genuinamente históricos – historicidade essa que deve ser analisada em concreto – cujo interesse público e social deve sobreviver à passagem do tempo" (REsp 1.334.097).

DIREITO AO ESQUECIMENTO E RESULTADO DAS BUSCAS NOS SITES DE PESQUISA COMO O GOOGLE

Imagine a seguinte situação hipotética:

"Laís da Silva Fialho" participou de um concurso de Juiz de Direito que foi anulado sob suspeita de fraude.

Seu nome constou em algumas reportagens como sendo uma das eventuais beneficiárias do ilícito.

As investigações chegaram ao fim e não foi provado que Laís tenha participado da suposta fraude.

Já se passaram mais de 10 anos desse episódio. Apesar disso, quando se digita o nome completo de Laís no Google aparecem várias menções à fraude, sem que exista qualquer reportagem que afirme que ela foi inocentada.

Ação de obrigação de fazer

Diante disso, Laís ajuizou ação de obrigação de fazer contra a Google Brasil Internet Ltda. pedindo a desindexação, nos resultados das aplicações de busca mantida pela empresa, de notícias relacionadas às suspeitas de fraude no referido concurso.

A autora alegou que a indexação desses conteúdos causa danos à sua dignidade e à sua privacidade e, assim, requereu a filtragem dos resultados de buscas que utilizem seu nome como parâmetro, a fim de desvinculá-la das mencionadas reportagens.

O pedido de Laís foi baseado, dentre outros argumentos, no chamado "direito ao esquecimento".

Os buscadores da internet (exs: Google, Bing, Yahoo etc.) possuem responsabilidade pelos resultados de busca apresentados?

NÃO. O STJ tem entendimento reiterado no sentido de afastar a responsabilidade de buscadores da internet pelos resultados de busca apresentados, reconhecendo a impossibilidade de lhe atribuir a função de censor e impondo ao prejudicado o direcionamento de sua pretensão contra os provedores de conteúdo, responsáveis pela disponibilização do conteúdo indevido na internet. Em outras palavras, em vez de ingressar com a ação contra o Google (provedor de aplicação de busca na Internet), a pessoa prejudicada pela notícia deve propor a demanda contra o site que a divulga (provedor de conteúdo).

Essa é a REGRA GERAL.

Qual é a razão desse entendimento? Por que os buscadores da internet não possuem responsabilidade pelos resultados apresentados?

Os sites de busca (cujo maior exemplo, mas não o único, é o Google) são uma ferramenta para que "o usuário realize pesquisas acerca de qualquer assunto ou conteúdo existente na web, mediante fornecimento de critérios ligados ao resultado desejado, obtendo os respectivos links das páginas onde a informação pode ser localizada" (STJ. 3ª Turma. REsp 1.316.921/RJ, Rel. Min. Nancy Andrighi, DJe 29/6/2012).

O site de busca fornece, portanto, uma espécie de índice do conteúdo disponível na internet, qualquer que seja esse conteúdo, facilitando o acesso às informações disponíveis, livre de qualquer filtragem ou censura prévia.

Os provedores de pesquisa realizam suas buscas dentro de um universo virtual, cujo acesso é público e irrestrito, ou seja, seu papel se restringe à identificação de páginas na web onde determinado dado ou informação, ainda que ilícito, estão sendo livremente veiculados.

Dessa forma, ainda que seus mecanismos de busca facilitem o acesso e a consequente divulgação de páginas cujo conteúdo seja potencialmente ilegal, fato é que essas páginas são públicas e compõem a rede mundial de computadores e, por isso, aparecem no resultado dos sites de pesquisa. Ora, se a página possui conteúdo ilícito, cabe ao ofendido adotar medidas para que haja a supressão da página e, com isso, automaticamente, ele não mais aparecerá nos resultados de busca virtual dos sites de pesquisa.

Foi o que decidiu o STJ no caso da ação proposta pela apresentadora Xuxa, que ingressou com uma ação contra o Google objetivando compelir a empresa a remover do seu site de pesquisas os resultados relativos à busca pela expressão "xuxa pedófila". Veja trecho da ementa:

> (...) 6. Os provedores de pesquisa não podem ser obrigados a eliminar do seu sistema os resultados derivados da busca de determinado termo ou expressão, tampouco os resultados que apontem para uma foto ou texto específico, independentemente da indicação do URL da página onde este estiver inserido.

7. Não se pode, sob o pretexto de dificultar a propagação de conteúdo ilícito ou ofensivo na web, reprimir o direito da coletividade à informação. Sopesados os direitos envolvidos e o risco potencial de violação de cada um deles, o fiel da balança deve pender para a garantia da liberdade de informação assegurada pelo art. 220, § 1º, da CF/88, sobretudo considerando que a Internet representa, hoje, importante veículo de comunicação social de massa. (...)

STJ. 3ª Turma. REsp 1316921/RJ, Rel. Min. Nancy Andrighi, julgado em 26/06/2012.

Circunstâncias excepcionalíssimas

Há, todavia, circunstâncias excepcionalíssimas em que é necessária a intervenção pontual do Poder Judiciário para fazer cessar o vínculo criado, nos bancos de dados dos provedores de busca, entre dados pessoais e resultados da busca, que não guardam relevância para interesse público à informação, seja pelo conteúdo eminentemente privado, seja pelo decurso do tempo.

Nessas situações excepcionais, o direito à intimidade e ao esquecimento, bem como a proteção aos dados pessoais deverá preponderar, a fim de permitir que as pessoas envolvidas sigam suas vidas com razoável anonimato, não sendo o fato desabonador corriqueiramente rememorado e perenizado por sistemas automatizados de busca.

Caso concreto

No exemplo dado no início desta explicação, Laís não pretende a responsabilização civil do Google.

O que ela argumenta é que o resultado mais relevante obtido a partir da busca de seu nome, após mais de anos dos fatos, é a notícia de que apontava que ela supostamente participou de uma fraude em concurso público, como se não houvesse nenhum desdobramento da notícia, nem fatos novos relacionados ao seu nome.

A manutenção desses resultados acaba por retroalimentar o sistema, uma vez que, ao realizar a busca pelo nome de Laís e se deparar com a notícia, o cliente acessará o conteúdo – até movido por curiosidade despertada em razão da exibição do link – reforçando, no sistema automatizado, a confirmação da relevância da página catalogada.

Assim, é imprescindível a atuação pontual do Poder Judiciário para, em casos excepcionalíssimos, quebrar a vinculação eternizada pelos sites de busca, desassociando os dados pessoais do resultado cuja relevância se encontra superada pelo decurso do tempo. Essa é a essência do direito ao esquecimento: não se trata de efetivamente apagar o passado, mas de permitir que a pessoa envolvida siga sua vida com razoável anonimato, não sendo o fato desabonador corriqueiramente rememorado e perenizado por sistemas automatizados de busca.

Por outro lado, aqueles que quiserem ter acesso a informações relativas a fraudes em concurso público, não terão seu direito de acesso impedido. Esses resultados continuarão a aparecer no Google, mas desde que a pessoa procure o nome de Laís em conjunto com fraude no concurso público.

Em outras palavras, o STJ afirmou o seguinte: o Google não precisa retirar de seus resultados as notícias de Laís relacionadas com a suposta fraude no concurso. Mas para que esses resultados apareçam será necessário que o usuário faça uma pesquisa específica com palavras-chaves que remetam à fraude. Por outro lado, se a pessoa digitar unicamente o nome completo de Laís, sem qualquer outra informação, não se deve mais aparecer os resultados relacionados com este fato desabonador que foi noticiado há muitos anos.

Solução conciliadora

Tem-se, assim, uma via conciliadora do livre acesso à informação e do legítimo interesse individual, porque não serão excluídos da busca referências ao nome de Laís no evento da fraude ao concurso público. O que se evitará é, tão somente, que uma busca exclusiva com o seu nome completo dê como resultado mais relevante esse fato desabonador noticiado há uma década, impedindo a superação daquele momento.

Dito de outro modo, o STJ não determinou a retirada do resultado do "índice" do Google; o Tribunal determinou apenas a "reordenação" do índice.

Esse entendimento reforça a compreensão de que o direito ao esquecimento tutela a pretensão de se retornar ao estado de anonimato, do qual se foi retirado pela ocorrência ou notícia do fato desabonador, o que deve ser realizado, especialmente, quando não acarrete prejuízo à liberdade de expressão, à memória histórica e ao direito de informar (BRANCO, Sérgio. Memória e esquecimento na internet. Porto Alegre: Arquipélago editorial, 2017, p. 151).

Em suma:

Determinada pessoa se envolveu em uma suspeita de fraude há muitos anos, tendo sido inocentada das acusações.

Ocorre que todas as vezes que digita seu nome completo no Google e demais provedores de busca, os primeiros resultados que aparecem até hoje são de páginas na internet que trazem reportagens sobre seu suposto envolvimento com a fraude.

Diante disso, ela ingressou com ação de obrigação de fazer contra o Google pedindo a desindexação, nos resultados das aplicações de busca mantida pela empresa, de notícias relacionadas às suspeitas de fraude no referido concurso. Invocou, como fundamento, o direito ao esquecimento.

O STJ afirmou o seguinte: em regra, os provedores de busca da internet (ex: Google) não têm responsabilidade pelos resultados de busca apresentados. Em outras palavras, não se pode atribuir a eles a função de censor, obrigando que eles filtrem os resultados das buscas, considerado que eles apenas espelham o conteúdo que existe na internet. A pessoa prejudicada deverá direcionar sua pretensão contra os provedores de conteúdo (ex: sites de notícia), responsáveis pela disponibilização do conteúdo indevido na internet.

Há, todavia, circunstâncias excepcionalíssimas em que é necessária a intervenção pontual do Poder Judiciário para fazer cessar o vínculo criado, nos bancos de dados dos provedores de busca, entre dados pessoais e resultados da busca, que não guardam relevância para interesse público à informação, seja pelo conteúdo eminentemente privado, seja pelo decurso do tempo.

Nessas situações excepcionais, o direito à intimidade e ao esquecimento, bem como a proteção aos dados pessoais deverá preponderar, a fim de permitir que as pessoas envolvidas sigam suas vidas com razoável anonimato, não sendo o fato desabonador corriqueiramente rememorado e perenizado por sistemas automatizados de busca.

No caso concreto, o STJ determinou que deveria haver a desvinculação da pesquisa com base no nome completo da autora com resultados que levassem às notícias sobre a fraude. Em outras palavras, o STJ afirmou o seguinte: o Google não precisa retirar de seus resultados as notícias da autora relacionadas com a suposta fraude no concurso. Mas para que esses resultados apareçam será necessário que o usuário faça uma pesquisa específica com palavras-chaves que remetam à fraude. Por outro lado, se a pessoa digitar unicamente o nome completo da autora, sem qualquer outro termo de pesquisa que remete à suspeita de fraude, não se deve mais aparecer os resultados relacionados com este fato desabonador.

Assim, podemos dizer que é possível determinar o rompimento do vínculo estabelecido por provedores de aplicação de busca na internet entre o nome de prejudicado, utilizado como critério exclusivo de busca, e a notícia apontada nos resultados.

O rompimento do referido vínculo sem a exclusão da notícia compatibiliza também os interesses individual do titular dos dados pessoais e coletivo de acesso à informação, na medida em que viabiliza a localização das notícias àqueles que direcionem sua pesquisa fornecendo argumentos de pesquisa relacionados ao fato noticiado, mas não àqueles que buscam exclusivamente pelos dados pessoais do indivíduo protegido.

STJ. 3ª Turma. REsp 1.660.168-RJ, Rel. Min. Nancy Andrighi, Rel. Acd. Min. Marco Aurélio Bellizze, julgado em 08/05/2018 (Info 628).

Relativização do entendimento tradicional

Não se pode dizer que houve uma mudança total de entendimento do STJ (caso "Xuxa"), mas o presente julgado representa uma importantíssima relativização da posição tradicional do STJ.

Tribunal de Justiça Europeu

Vale ressaltar que a nova decisão do STJ neste REsp 1.660.168-RJ está em harmonia com o que foi recentemente decidido pelo Tribunal de Justiça Europeu. Isso porque, em 13/05/2014, o Tribunal de Justiça Europeu, com fundamento na Diretiva 95/46/CE do Parlamento Europeu e do Conselho, de 24 de outubro de 1995, relativa à proteção de dados pessoais, decidiu que:

I. Um provedor de aplicação de buscas deve ser considerado responsável pelos dados pessoais, nos termos da legislação europeia;

II. A responsabilidade existe mesmo quando o servidor do provedor de aplicação de buscas se encontra fora do território europeu;

III. Preenchidos os requisitos legais, um provedor de aplicação de buscas é obrigado a suprimir da lista de resultados, exibida na sequência de uma pesquisa efetuada a partir do nome de uma pessoa, as conexões a outras páginas web publicadas por terceiros e que contenham informações sobre essa pessoa, mesmo quando a sua publicação nas referidas páginas seja, em si mesma, lícita;

IV. O indivíduo, ao exercer seu direito ao esquecimento, não pode causar prejuízo a outra pessoa. Em princípio, esse direito prevalece sobre o interesse econômico do buscador e sobre o interesse público em acessar a informação numa pesquisa sobre o nome dessa pessoa. No entanto, não será esse caso se houver razões especiais (por exemplo, se o requerente houver desempenhado relevante papel na vida pública).

1.4. INEXISTÊNCIA DO DIREITO À INDENIZAÇÃO EM RAZÃO DA DIVULGAÇÃO, NO JORNAL, DE IMAGEM DO CADÁVER MORTO EM VIA PÚBLICA

Imagine a seguinte situação hipotética:

João foi morto por projétil de arma de fogo, durante troca de tiros ocorrida na Rodovia Anhanguera.

O jornal "Folha de São Paulo" noticiou o fato em uma reportagem e nela constou a fotografia do cadáver da vítima ensanguentado dentro do veículo que ele guiava.

Diante disso, a viúva e os filhos de João ajuizaram ação de indenização por danos morais contra o jornal.

Sustentaram que houve violação ao direito da imagem do falecido e que o jornal deveria ter editado a imagem, colocando um efeito de sombreamento com o objetivo de preservar, assim, os direitos da família do morto.

O juiz de 1ª instância e o Tribunal de Justiça concordaram com o pedido e concederam indenização aos autores no valor de R$ 60 mil.

O jornal interpôs, então, recurso extraordinário.

O STF manteve a condenação?

NÃO.

O STF entendeu que o juiz assumiu o papel do jornalista e do jornal de escolher o conteúdo da reportagem e ele próprio decidiu o que seria necessário ou não mostrar na matéria jornalística, realizando, assim, restrição censória (censura) ao agir da imprensa.

O fato noticiado existiu (é verídico) e o juiz condenou o jornal unicamente por não ter feito o "sombreamento" da imagem divulgada e que, na sua visão, seria necessária para não expor o cadáver.

Assim, para a Min. Cármen Lúcia, não houve exercício irregular ou abusivo da liberdade de imprensa, que é assegurada pela Constituição Federal.

A decisão das instâncias inferiores condenando o jornal vai contra a jurisprudência do STF que garante a liberdade de informação jornalística e proíbe a censura. Isso foi assentado pelo STF no julgamento que declarou a não-recepção da Lei de Imprensa (ADPF 130).

Em suma:

Jornal divulgou a foto do cadáver de um indivíduo morto em tiroteio ocorrido em via pública.

Os familiares do morto ajuizaram ação de indenização por danos morais contra o jornal alegando que houve violação aos direitos de imagem.

O STF julgou a ação improcedente argumentando que condenar o jornal seria uma forma de censura, o que afronta a liberdade de informação jornalística.

STF. 2ª Turma. ARE 892127 AgR/SP, Rel. Min. Cármen Lúcia, julgado em 23/10/2018 (Info 921).

1.5. HOMOLOGAÇÃO DE ACORDO EXTRAJUDICIAL DE RETIFICAÇÃO DE REGISTRO CIVIL

Imagine a seguinte situação hipotética:

Sandro namorava Letícia. Eles tiveram uma briga e, nesta noite, Letícia teve uma relação sexual com João.

Logo em seguida, Letícia voltou a namorar Sandro.

Três semanas depois, Letícia descobriu que estava grávida.

Sandro, pensando que a criança recém-nascida era sua filha biológica, assim registrou a criança (Marcela).

Alguns anos depois, por meio de um exame de DNA feito em uma clínica particular, descobre-se que o pai biológico da menor é, na verdade, João.

Acordo

Sandro (pai registral), João (pai biológico) e Marcela (representada por sua mãe Letícia) celebraram um acordo extrajudicial de anulação de assento civil.

Por intermédio deste instrumento, as referidas partes acordaram que haveria a retificação do registro civil da menor Marcela para que houvesse a substituição do nome de seu pai registral Sandro pelo pai biológico (João), bem como a retificação do registro no que diz respeito aos respectivos avós paternos.

As partes ingressaram com pedido para que o juiz homologasse esse acordo.

O pedido deverá ser acolhido? O referido acordo deve ser homologado?

NÃO. Esse acordo não pode ser homologado porque foram descumpridos os requisitos e o procedimento previstos na lei para essa finalidade. Vejamos:

1. Neste negócio jurídico, uma criança renunciou ao seu direito à filiação, transferindo essa situação jurídica a um terceiro;
2. O negócio jurídico celebrado pelas partes teve como objeto um direito personalíssimo, sobre o qual não se admite a transação, o que se depreende da interpretação a contrario sensu do art. 841 do CC:

> § Art. 841. Só quanto a direitos patrimoniais de caráter privado se permite a transação.

3. Esse negócio jurídico não preenche os requisitos básicos previstos no art. 104, II e III, do CC, uma vez que se negociou objeto ILÍCITO – direitos da personalidade de uma menor sem que tenha sido observada a forma prescrita em lei quando se trata de retificação de registros civis.
4. Não se fez uma apuração mais aprofundada a respeito da existência de erro ou de falsidade do registro da criança, condições indispensável para que se possa modificar o registro de nascimento, na forma do art. 1.604 do CC.
5. Em um caso desta natureza, não se pode relegar ao Ministério Público o papel de mero opinante no processo de homologação.
6. Não se pode utilizar o exame de DNA realizado em clínica particular como meio de prova válido para homologar o acordo extrajudicial, especialmente porque a prova pericial válida é aquela submetida ao crivo judicial, em que se deve observar o efetivo contraditório e a ampla defesa, com a possibilidade de acompanhamento da produção da prova por todos os atores do processo, com oportuna quesitação, diligências, participação do assistente técnico e produção de laudos técnicos convergentes ou divergentes.
7. Deveria ter sido realizado um estudos psicossocial para se verificar se existia ou não vínculo socioafetivo entre a criança e o pai registral.

STJ. 3ª Turma. REsp 1698717-MS, Rel. Min. Nancy Andrighi, julgado em 05/06/2018 (Info 627).

1.6. SÚMULA 403 DO STJ É INAPLICÁVEL PARA REPRESENTAÇÃO DA IMAGEM DE PESSOA COMO COADJUVANTE EM DOCUMENTÁRIO

Imagine a seguinte situação adaptada:

No documentário "Pelé Eterno", em uma das cenas é retratado o jogo entre os times do Santos e do Botafogo da Paraíba.

Nesta cena, a produção do documentário utilizou um ator (dublê) para representar a imagem, semelhança e referência de Jair, o goleiro do Santos na época.

Diante disso, Jair ajuizou ação de indenização por danos morais contra a produtora do documentário alegando que foi utilizada a sua imagem sem autorização.

O autor invocou, para tanto, a súmula 403 do STJ, que tem a seguinte redação:

> Súmula 403-STJ: Independe de prova do prejuízo a indenização pela publicação não autorizada da imagem de pessoa com fins econômicos ou comerciais.

O debate, portanto, é saber se a utilização da imagem do indivíduo, ainda que realizada por meio de um ator (dublê), sem a devida autorização, em filme, serve de suporte ao pedido de reparação de danos materiais e compensação de danos morais, independentemente da comprovação de prejuízo.

O STJ concordou com o pedido do autor? Há direito à indenização no presente caso?

NÃO.

> **A Súmula 403/STJ é inaplicável às hipóteses de representação da imagem de pessoa como coadjuvante em obra biográfica audiovisual que tem por objeto a história profissional de terceiro.**
>
> STJ. 3ª Turma. REsp 1.454.016-SP, Rel. Min. Nancy Andrighi, Rel. Acd. Min. Ricardo Villas Bôas Cueva, julgado em 12/12/2017 (Info 621).

Não foi utilizada a imagem propriamente dita

A imagem propriamente dita do autor da ação não foi exibida, considerando que foi utilizado ator profissional para representá-lo.

Não houve propósito econômico ou comercial na cena

Além disso, mesmo que se considere que essa representação cênica do mencionado fato importou na utilização, ainda que indireta, da imagem do autor, fato é que não se revela razoável concluir que sua inclusão no filme em discussão teve propósito econômico ou comercial.

Com todo respeito à história pessoal e profissional do autor da demanda, não há nada que indique que a inclusão dessas brevíssimas cenas tenha incrementado de alguma maneira o valor comercial da obra. Tanto é assim que, acaso suprimidas as cenas e contada de outra maneira essa passagem da vida de Pelé, nada perderia a obra em seu conteúdo ou potencial de público.

A própria obra em si consiste em documentário biográfico, sendo marcada, assim, mais por seu caráter histórico e de interesse social do que por eventual finalidade comercial.

STF permitiu a realização de biografias sem autorização do biografado

Por fim, cumpre anotar que o STF, no julgamento da ADI 4.815/DF, deu interpretação conforme à Constituição, sem redução de texto, aos arts. 20 e 21 do Código Civil no tocante à discussão relativa à divulgação de escritos, à transmissão da palavra, à produção, publicação, exposição ou utilização da imagem de pessoa em obras biográficas literárias ou audiovisuais.

A conclusão do STF foi a de reconhecer ser inexigível a autorização de pessoa biografada relativamente a obras biográficas literárias ou audiovisuais, sendo também desnecessária autorização de pessoas retratadas como coadjuvantes (ou de seus familiares, em caso de pessoas falecidas ou ausentes). Confira trecho do acórdão:

> (...) Ação direta julgada procedente para dar interpretação conforme à Constituição aos arts. 20 e 21 do Código Civil, sem redução de texto, para, em consonância com os direitos fundamentais à liberdade de pensamento e de sua expressão, de criação artística, produção científica, declarar inexigível autorização de pessoa biografada relativamente a obras biográficas literárias ou audiovisuais, sendo também desnecessária autorização de pessoas retratadas como coadjuvantes (ou de seus familiares, em caso de pessoas falecidas ou ausentes).
>
> STF. Plenário. ADI 4815, Rel. Min. Cármen Lúcia, julgado em 10/06/2015.

1.7. PRESCRIÇÃO

PRAZO PRESCRICIONAL NA RESPONSABILIDADE CONTRATUAL É DE 10 ANOS E NA RESPONSABILIDADE EXTRACONTRATUAL É DE 3 ANOS

Prazo prescricional para "pretensão de reparação civil"

O art. 206, § 3º, V, do Código Civil estabelece o prazo prescricional de 3 anos para pretensões relacionadas com "reparação civil". Veja:

§ Art. 206. Prescreve:

(...)

§ 3º Em três anos:

(...)

V – a pretensão de reparação civil;

Esse prazo se aplica para responsabilidade contratual e extracontratual? O termo "reparação civil", constante do art. 206, § 3º, V, do CC/2002, deve ser interpretado de maneira ampla?

NÃO.

Este prazo prescricional de 3 anos se aplica apenas para a responsabilidade extracontratual.

No caso de responsabilidade contratual, o prazo prescricional é de 10 anos, nos termos do art. art. 205 CC/2002:

§ Art. 205. A prescrição ocorre em dez anos, quando a lei não lhe haja fixado prazo menor.

Foi como decidiu o STJ:

É decenal o prazo prescricional aplicável às hipóteses de pretensão fundamentadas em inadimplemento contratual.

Nas controvérsias relacionadas à responsabilidade CONTRATUAL, aplica-se a regra geral (art. 205 CC/2002) que prevê 10 anos de prazo prescricional e, quando se tratar de responsabilidade extracontratual, aplica-se o disposto no art. 206, § 3º, V, do CC/2002, com prazo de 3 anos.

Para fins de prazo prescricional, o termo "reparação civil" deve ser interpretado de forma restritiva, abrangendo apenas os casos de indenização decorrente de responsabilidade civil extracontratual.

STJ. 2ª Seção. EREsp 1.280.825-RJ, Rel. Min. Nancy Andrighi, julgado em 27/06/2018 (Info 632).

Prazo prescricional

- Responsabilidade civil extracontratual (reparação civil): 3 anos (art. 206, § 3º, V, do CC).
- Responsabilidade contratual (ilícito contratual): 10 anos (art. 205 do CC).

Nas palavras da Min. Nancy Andrighi:

"Em conclusão, para o efeito da incidência do prazo prescricional, o termo "reparação civil" não abrange a composição da toda e qualquer consequência negativa, patrimonial ou extrapatrimonial, do descumprimento de um dever jurídico, mas apenas as consequências danosas do ato ou conduta ilícitos em sentido estrito e, portanto, apenas para as hipóteses de responsabilidade civil extracontratual."

Intepretação literal

Todas as vezes em que o Código Civil de 2002 falou em "reparação civil", ele tratou de casos relacionados com a responsabilidade civil extracontratual.

Quando o Código tratou sobre inadimplemento contratual (exs: arts. 389 a 405), ele não utilizou, em nenhum momento, a expressão "reparação civil".

Dessa forma, partindo-se de uma interpretação literal do texto normativo, compreende-se que o termo "reparação civil" foi utilizado pelo legislador apenas quando pretendeu se referir à responsabilidade extracontratual.

Logo, o art. 206, § 3º, V, ao falar em "reparação civil", está se referindo tão somente à responsabilidade extracontratual.

Interpretação com base nas diferenças entre os institutos

No direito privado brasileiro, a responsabilidade extracontratual é historicamente tratada de modo distinto da contratual por um motivo muito simples: são fontes de obrigações muito diferentes, com fundamentos jurídicos diversos.

Essa diferença fática e jurídica impõe o tratamento distinto do prazo prescricional, pois a violação a direito absoluto e o inadimplemento de um direito de crédito são situações diferentes.

Uma diferença, por exemplo, está no grau de proximidade das partes envolvidas.

Na responsabilidade extracontratual (ex: um atropelamento de trânsito), os sujeitos encontram-se em um grau maior de distanciamento. Em outras palavras, as partes muitas vezes nem se conheciam antes do ato ilícito.

Por outro lado, na responsabilidade por inadimplemento contratual (descumprimento de contrato), as partes já se conheciam, havia uma relação prévia entre elas, tanto que negociaram e fizeram um ajuste. Assim, normalmente, há um mínimo de confiança entre as partes, e o dever de indenizar da responsabilidade contratual encontra seu fundamento na garantia da confiança legítima entre elas.

Cuidado com o Enunciado 419 da Jornada de Direito Civil

Risque de seus materiais de estudo o enunciado 419 da V Jornada de Direito Civil, considerando que o entendimento ali exposto está em confronto com o STJ:

Enunciado 419-CJF: ~~O prazo prescricional de três anos para a pretensão de reparação civil aplica-se tanto à responsabilidade contratual quanto à responsabilidade extracontratual.~~

PEDIDO DO DEVEDOR DE PRAZO PARA ANALISAR SE EXISTE MESMO O DÉBITO NÃO PODE SER CONSIDERADO COMO ATO QUE INTERROMPE A PRESCRIÇÃO (ART. 202, VI, DO CC)

Imagine a seguinte situação hipotética:

A empresa 1 prestou serviços para a empresa 2.

Por esses serviços, a empresa 1 deveria receber R$ 400 mil, que deveriam ter sido pagos em agosto/2012.

Em julho de 2017, ou seja, 4 anos e 11 meses depois, a empresa 1 enviou notificação à empresa 2 requerendo que esta efetuasse o pagamento da quantia devida, acrescida de juros e correção monetária.

A empresa 2 respondeu a essa notificação solicitando prazo para que o setor técnico da empresa analisasse os documentos enviados e, assim, pudesse confirmar se os serviços que estão sendo cobrados foram realmente prestados.

Como não houve resposta, a empresa 1 ajuizou, em setembro/2012, ação de cobrança contra a empresa 2.

A ré, em contestação, afirmou que a pretensão está prescrita conforme prevê o art. 206, § 5º, I, do Código Civil:

§ Art. 206. Prescreve:

(...)

§ 5º Em cinco anos:

I – a pretensão de cobrança de dívidas líquidas constantes de instrumento público ou particular;

A autora refutou a alegação sustentando que o pedido feito pela empresa ré para analisar os documentos foi uma causa interruptiva da prescrição, nos termos do art. 202, VI, do CC:

§ Art. 202. A interrupção da prescrição, que somente poderá ocorrer uma vez, dar-se-á:

(...)

VI – por qualquer ato inequívoco, ainda que extrajudicial, que importe reconhecimento do direito pelo devedor.

A tese da autora foi acolhida pelo STJ?

NÃO.

O pedido de concessão de prazo para analisar documentos com o fim de verificar a existência de débito não tem o condão de interromper a prescrição.

STJ. 3ª Turma. REsp 1.677.895-SP, Rel. Min. Nancy Andrighi, julgado em 06/02/2018 (Info 619).

Para que se enquadre nesse inciso VI do art. 202, deve ter sido praticado um ato que, de forma inequívoca (sem dúvidas), demonstre que o devedor reconheceu o direito do credor.

Assim, não serve para interromper a prescrição o ato do devedor que "(...) traduz simples possibilidade de que tenha havido o reconhecimento " (CAHALI, Yussef Said. *Prescrição e decadência*. São Paulo: RT, 2ª ed., 2012, p. 129).

No mesmo sentido é a lição de Gustavo Tepedino:

"A lei não especificou que atos, judiciais ou extrajudiciais, poderiam ensejar a interrupção da prescrição, deixando ao magistrado essa tarefa. É certo, contudo, que o reconhecimento deve ser inequívoco, motivo pelo qual a eventual existência de dúvida quanto à sua configuração já afasta o efeito estabelecido na norma." (Código civil interpretado, Vol. 1, *Parte Geral e Obrigações*. Rio de Janeiro: Renovar, 2ª ed., 2007, p. 390).

O pedido de concessão de prazo para analisar os documentos apresentados pela ré só poderia ser considerado como ato inequívoco que importasse em reconhecimento de débito (direito de receber) se este pedido de prazo fosse para o devedor analisar o montante dos valores (quantia exata a ser paga) e não para analisar se o serviço tinha sido ou não prestado (analisar a própria existência do débito).

2. BEM DE FAMÍLIA

2.1. NOÇÕES GERAIS SOBRE BEM DE FAMÍLIA

Espécies de bem de família

No Brasil, atualmente, existem duas espécies de bem de família:

bem de família convencional ou voluntário (arts. 1711 a 1722 do Código Civil);

bem de família legal (Lei nº 8.009/90).

Bem de família legal

O bem de família legal consiste no imóvel residencial próprio do casal, ou da entidade familiar.

Considera-se residência um único imóvel utilizado pelo casal ou pela entidade familiar para moradia permanente.

Na hipótese de o casal, ou entidade familiar, ser possuidor de vários imóveis utilizados como residência, a impenhorabilidade recairá sobre o de menor valor, salvo se outro tiver sido registrado, para esse fim, no Registro de Imóveis e na forma do Código Civil (bem de família convencional).

Proteção conferida ao bem de família legal

O bem de família legal é impenhorável e não responderá por qualquer tipo de dívida civil, comercial, fiscal, previdenciária ou de outra natureza, contraída pelos cônjuges ou pelos pais ou filhos que sejam seus proprietários e nele residam, salvo nas hipóteses previstas na Lei nº 8.009/90.

Se alguém está sendo executado e é penhorado seu bem de família, qual é o momento processual para que alegue a impenhorabilidade?

O devedor deverá arguir a impenhorabilidade do bem de família no primeiro instante em que falar nos autos após a penhora.

Se o devedor não alegar a impenhorabilidade do bem de família no momento oportuno, haverá preclusão?

NÃO. A impenhorabilidade do bem de família é matéria de ordem pública, dela podendo conhecer o juízo a qualquer momento, antes da arrematação do imóvel, desde que haja prova nos autos. Logo, mesmo que o devedor não tenha arguido a impenhorabilidade no momento oportuno, é possível sua alegação desde que antes da arrematação do imóvel (STJ. 4ª Turma. REsp 981.532-RJ, Rel. Min. Luis Felipe Salomão, julgado em 7/8/2012).

2.2. OS DIREITOS DO DEVEDOR FIDUCIANTE SOBRE O IMÓVEL OBJETO DO CONTRATO DE ALIENAÇÃO FIDUCIÁRIA PODEM RECEBER A PROTEÇÃO DO BEM DE FAMÍLIA LEGAL

Em que consiste a alienação fiduciária?

"A alienação fiduciária em garantia é um contrato instrumental em que uma das partes, em confiança, aliena a outra a propriedade de um determinado bem, ficando esta parte (uma instituição financeira, em regra) obrigada a devolver àquela o bem que lhe foi alienado quando verificada a ocorrência de determinado fato." (RAMOS, André Luiz Santa Cruz. *Direito Empresarial Esquematizado*. São Paulo: Método, 2012, p. 565).

Regramento

O Código Civil de 2002 trata de forma genérica sobre a propriedade fiduciária em seus arts. 1.361 a 1.368-B. Existem, no entanto, leis específicas que também regem o tema:

- alienação fiduciária envolvendo bens imóveis: Lei nº 9.514/97;

- alienação fiduciária de bens móveis no âmbito do mercado financeiro e de capitais: Lei nº 4.728/65 e Decreto-Lei nº 911/69. É o caso, por exemplo, de um automóvel comprado por meio de financiamento bancário com garantia de alienação fiduciária.

Nas hipóteses em que houver legislação específica, as regras do CC-2002 aplicam-se apenas de forma subsidiária:

§ Art. 1.368-A. As demais espécies de propriedade fiduciária ou de titularidade fiduciária submetem-se à disciplina específica das respectivas leis especiais, somente se aplicando as disposições deste Código naquilo que não for incompatível com a legislação especial.

Resumindo:

Alienação fiduciária de bens MÓVEIS fungíveis e infungíveis quando o credor fiduciário for instituição financeira	**Alienação fiduciária de** bens MÓVEIS infungíveis quando o credor fiduciário for pessoa natural ou jurídica (sem ser banco)	**Alienação fiduciária de** bens IMÓVEIS
Lei nº 4.728/65 Decreto-Lei nº 911/69	Código Civil de 2002 (arts. 1.361 a 1.368-A)	Lei nº 9.514/97

Alienação fiduciária de bem imóvel

Na alienação fiduciária de bem imóvel, alguém (fiduciante) toma dinheiro emprestado de outrem (fiduciário) e, como garantia de que irá pagar a dívida, transfere a propriedade resolúvel de um bem imóvel para o credor, ficando este obrigado a devolver ao devedor o bem que lhe foi alienado quando houver o adimplemento integral do débito.

Veja agora o conceito dado pela Lei nº 9.514/97:

§ Art. 22. A alienação fiduciária regulada por esta Lei é o negócio jurídico pelo qual o devedor, ou fiduciante, com o escopo de garantia, contrata a transferência ao credor, ou fiduciário, da propriedade resolúvel de coisa imóvel.

Como consequência, ocorre o "desdobramento da posse, tornando-se o fiduciante possuidor direto e o fiduciário possuidor indireto da coisa imóvel" (art. 23, parágrafo único).

Resolve-se o negócio com pagamento integral da dívida garantida.

Imagine a seguinte situação hipotética:

João quer comprar uma casa, mas não possui o dinheiro suficiente. Diante disso, ele procurou o Banco "X", que celebrou com ele contrato de financiamento com garantia de alienação fiduciária.

Assim, o Banco "X" emprestou a João o dinheiro suficiente para comprar o imóvel. Como garantia do pagamento do empréstimo, a propriedade resolúvel da casa ficará com o banco e João terá a posse, podendo usar livremente o bem.

Diz-se que o banco tem a propriedade resolúvel porque, uma vez pago o empréstimo, a propriedade do imóvel pelo banco "resolve-se" (acaba) e ela passa a pertencer a João.

Ficou combinado que a casa seria paga em 120 prestações mensais.

João está pagando normalmente as parcelas e encontra-se na 80ª prestação.

Execução

João emitiu 10 cheques em favor de Pedro, totalizando R$ 100 mil. Ocorre que não havia fundos.

Pedro ingressou, então, com execução de título extrajudicial contra João cobrando os cheques.

O devedor foi citado, mas não pagou o débito.

João não tem nenhum bem em seu nome.

Diante disso, o juiz determinou a penhora, em favor de Pedro, dos direitos que João (devedor) possui sobre o imóvel alienado fiduciariamente.

Assim, a penhora não recaiu sobre a propriedade do imóvel (considerando que João não a tem). A penhora recaiu tão somente sobre os direitos obrigacionais que o devedor fiduciante possui sobre o imóvel.

CIVIL

Isso é permitido?

SIM. Mesmo sem previsão legal expressa, isso já era permitido na vigência do CPC/1973. Agora, contudo, o CPC/2015 consagrou textualmente essa possibilidade. Confira:

§ Art. 835. A penhora observará, preferencialmente, a seguinte ordem:

(...)

XII – direitos aquisitivos derivados de promessa de compra e venda e de alienação fiduciária em garantia;

Vale ressaltar que não se está penhorando o imóvel. O imóvel não pode ser penhorado por dívidas do devedor fiduciante porque o bem não pertence a ele, mas sim à instituição financeira (credor fiduciário). Veja como o STJ separa bem as coisas:

O bem alienado fiduciariamente, por não integrar o patrimônio do devedor, não pode ser objeto de penhora.

Nada impede, contudo, que os direitos do devedor fiduciante oriundos do contrato sejam constritos.

STJ. 2ª Turma. REsp 1.646.249/RO, Rel. Min. Herman Benjamin, julgado em 3/4/2018.

Como a propriedade do bem é do credor fiduciário, não se pode admitir que a penhora em decorrência de crédito de terceiro recaia sobre ele, mas podem ser constritos os direitos decorrentes do contrato de alienação fiduciária.

STJ. 4ª Turma. AgInt no AREsp 644.018/SP, Rel. Min. Maria Isabel Gallotti, julgado em 2/6/2016.

E como isso pode ser útil ao exequente?

"Os direitos decorrentes de promessa de compra e venda de unidade imobiliária, ou de alienação fiduciária de bem imóvel podem ser objeto de alienação – algo comum no mercado, e que é negociado por meio de CRIs (certificado de recebíveis imobiliários), negociados em bolsa." (DELLORE, Luiz. *Execução e recursos. Comentários ao CPC de 2015*. São Paulo: Método, 2018, p. 260).

Impenhorabilidade

João alegou que o imóvel que está alienado fiduciariamente é o local onde ele mora com sua esposa. Logo, deve ser considerado bem de família, nos termos do art. 1º da Lei nº 8.009/90.

Sendo bem de família, ele é impenhorável (art. 3º da mesma Lei).

O juiz negou a liberação da penhora alegando, entre outras razões, que o art. 1º da Lei nº 8.009/90 exige que o imóvel pertença ao devedor, o que não é o caso, considerando que o bem pertence ao banco. Veja a redação da Lei do Bem de Família e o trecho no qual o magistrado se baseou:

§ Art. 1º O imóvel residencial próprio do casal, ou da entidade familiar, é impenhorável e não responderá por qualquer tipo de dívida civil, comercial, fiscal, previdenciária ou de outra natureza, contraída pelos cônjuges ou pelos pais ou filhos que sejam seus proprietários e nele residam, salvo nas hipóteses previstas nesta lei.

João recorreu até que a questão chegou ao STJ. A tese alegada pelo devedor fiduciante foi aceita pelo STJ?

SIM.

> **Os direitos do devedor fiduciante sobre imóvel objeto de contrato de alienação fiduciária em garantia possuem a proteção da impenhorabilidade do bem de família legal.**
>
> STJ. 3ª Turma. REsp 1.677.079-SP, Rel. Min. Ricardo Villas Bôas Cueva, julgado em 25/09/2018 (Info 635).

Interpretação literal do dispositivo justificaria a decisão do juiz

Realmente, para o reconhecimento da impenhorabilidade do bem de família, a lei exige, em regra, que a propriedade pertença ao casal ou à entidade familiar, pois o legislador utilizou a expressão "imóvel residencial próprio".

Por conseguinte, se o imóvel sobre o qual incidiu a constrição pertence a terceiro não integrante do grupo familiar, este não pode, em regra, alegar a referida proteção legal.

Assim, a partir dessa interpretação literal da Lei nº 8.009/90, um dos requisitos para que o imóvel fosse considerado bem de família seria ele pertencer ao casal ou à entidade familiar.

Interpretação baseada nos propósitos sociais da Lei

Ocorre que não é possível basear-se apenas na interpretação literal do dispositivo, devendo ser considerados os propósitos sociais tutelados pela Lei nº 8.009/90.

Assim, levando em consideração esses propósitos sociais, conclui-se que a Lei nº 8.009/90 tem por objetivo proteger a posse da família sobre o imóvel utilizado para a sua moradia, ainda que não tenha o título de propriedade.

Essa é a opinião de parcela da doutrina:

"(...) deve prevalecer a interpretação que melhor atenda ao objetivo da legislação em questão, qual seja, o resguardo da moradia onde reside o conjunto familiar, independentemente da natureza do título da ocupação, se propriedade ou posse, pois o benefício patrimonial daí decorrente é mera consequência, e não sua finalidade precípua." (SANTOS, Marcione Pereira dos. *Bem de família: voluntário e legal*. São Paulo: Saraiva, 2003, p. 191).

"(...) Mas não só a propriedade é protegida pela impenhorabilidade legal; também a posse é abrangida pelo benefício. (...) A expressão 'imóvel residencial próprio', vale dizer, compreende também o imóvel que está sendo adquirido, desde que incontroverso e devidamente registrado o compromisso de compra e venda." (VASCONCELOS, Rita de Cássia Corrêa. *A impenhorabilidade do bem de família e as novas entidades familiares*. São Paulo: Revista dos Tribunais, 2002, p. 48)

Desse modo, a exegese (interpretação) que melhor representa o objetivo da Lei é aquela que entende que a expressão "imóvel residencial próprio" engloba a posse advinda de contrato celebrado com a finalidade de transmissão da propriedade, a exemplo do compromisso de compra e venda ou de financiamento de imóvel para fins de moradia. Isso porque não se pode perder de vista que a proteção abrange o imóvel em fase de aquisição, sob pena de impedir que o devedor adquira o bem necessário à habitação da entidade familiar.

No caso, trata-se de contrato de alienação fiduciária em garantia, no qual, havendo a quitação integral da dívida, o devedor fiduciante consolidará a propriedade para si (art. 25, caput, da Lei nº 9.514/97). Assim, havendo a expectativa da aquisição do domínio, deve prevalecer a regra de impenhorabilidade.

2.3. EXCEÇÃO DO INCISO V DO ART. 3º DA LEI DO BEM DE FAMÍLIA

O art. 3º da Lei nº 8.009/90 traz as hipóteses em que o bem de família legal pode ser penhorado.

Veja o que diz o inciso V:

§ Art. 3º A impenhorabilidade é oponível em qualquer processo de execução civil, fiscal, previdenciária, trabalhista ou de outra natureza, salvo se movido:

(...)

V – para execução de hipoteca sobre o imóvel oferecido como garantia real pelo casal ou pela entidade familiar;

Como vimos acima, em regra, o bem de família não pode ser penhorado (art. 1º da Lei nº 8.009/90).

Esse inciso V diz, contudo, que o bem de família pode ser penhorado se o imóvel foi oferecido em hipoteca como garantia real pelo casal ou pela entidade familiar.

A hipoteca é uma espécie de direito real de garantia, disciplinada nos arts. 1.473 a 1.505 do Código Civil. Se a parte que deu o bem em hipoteca não cumprir a sua obrigação, o credor poderá executar a hipoteca, hipótese na qual o imóvel dado em garantia será alienado e o valor obtido utilizado para pagar o débito.

Assim, em regra, é possível a penhora do imóvel que tiver sido oferecido como garantia real pelo casal ou pela entidade familiar.

O STJ, contudo, ao interpretar esse inciso, faz a seguinte distinção:

1. Se o imóvel foi dado em garantia de uma dívida que beneficiou o casal ou entidade familiar:	2. Se o imóvel foi dado em garantia de uma dívida que beneficiou um terceiro:
Este bem poderá ser penhorado. A situação se enquadra no inciso V do art. 3º.	Este bem NÃO poderá ser penhorado. A situação NÃO se enquadra no inciso V do art. 3º.
Ex: Antônio toma um empréstimo junto ao banco (contrato de mútuo) a fim de pagar a faculdade de sua filha. Ele oferece o seu apartamento em hipoteca como garantia da dívida. Se Antônio deixar de pagar as prestações, o banco poderá executar a hipoteca, ou seja, vender o apartamento e utilizar o dinheiro para quitar o saldo devedor. Trata-se de situação que se enquadra no inciso V do art. 3º (é uma exceção à proteção do bem de família).	Ex: João toma um empréstimo junto ao banco a fim de pagar tratamento médico de seu filho. Ele precisava dar uma garantia real para o caso de não pagar as parcelas do mútuo. Como não tinha nenhum bem para oferecer em garantia, pediu ajuda a seu amigo Pedro. Assim, Pedro ofereceu a sua casa em hipoteca como garantia de uma dívida de terceiro (João). Se João não conseguir pagar as parcelas combinadas, o banco NÃO poderá executar a hipoteca e vender a casa. Isso porque se trata de bem de família e NÃO se enquadra na exceção do inciso V do art. 3º.

Desse modo, para a jurisprudência do STJ, a exceção prevista no art. 3º, V, da Lei nº 8.009/90 não se aplica aos casos em que a hipoteca é dada como garantia de empréstimo contraído em favor de terceiro, somente quando garante empréstimo tomado diretamente em favor do próprio devedor.

Se o bem de família foi dado pelo casal como garantia de dívida contraída por pessoa jurídica, ele poderá ser penhorado em caso de inadimplemento?

Depende:

1. Se apenas um dos cônjuges for sócio da pessoa jurídica: em regra, o bem será impenhorável	**2. Se os cônjuges forem os únicos sócios da pessoa jurídica devedora:**
O bem de família é IMPENHORÁVEL quando for dado em garantia real de dívida por um dos sócios da pessoa jurídica, cabendo ao credor o ônus da prova de que o proveito se reverteu à entidade familiar.	O bem de família é PENHORÁVEL quando os únicos sócios da empresa devedora são os titulares do imóvel hipotecado, sendo ônus dos proprietários a demonstração de que não se beneficiaram dos valores auferidos.
Ex: Lúcio e Carla são casados e moram em um apartamento com os filhos. Lúcio é sócio da empresa LT. O outro sócio é seu amigo Tiago. A empresa LT contraiu um empréstimo para comprar equipamentos e Lúcio deu em garantia o imóvel em que reside. Ainda que dado em garantia de empréstimo concedido a pessoa jurídica, é impenhorável o imóvel (bem de família), já que não se pode presumir que o mútuo tenha sido concedido em benefício da família.	Ex: Sandro e Michele, casados entre si, são os dois únicos sócios da sociedade empresária SM Comércio Ltda. A empresa SM contraiu um empréstimo junto ao banco (contrato de mútuo). O casal deu o apartamento em que mora como garantia da dívida (garantia hipotecária). Se o empréstimo não for pago, o banco poderá executar e penhorar o apartamento.

Em suma:

É possível a penhora de bem de família dado em garantia hipotecária pelo casal quando os cônjuges forem os únicos sócios da pessoa jurídica devedora.

STJ. 2ª Seção. EAREsp 848.498-PR, Rel. Min. Luis Felipe Salomão, julgado em 25/04/2018 (Info 627).

2.4. EXCEÇÃO DO INCISO VII DO ART. 3º DA LEI DO BEM DE FAMÍLIA

O art. 3º da Lei nº 8.009/90 traz as hipóteses em que o bem de família legal pode ser penhorado.

Veja o que diz o inciso VII:

§ Art. 3º A impenhorabilidade é oponível em qualquer processo de execução civil, fiscal, previdenciária, trabalhista ou de outra natureza, salvo se movido:

(...)

VII – por obrigação decorrente de fiança concedida em contrato de locação.

Gostaria de tratar sobre esse inciso VII com duas situações que se distinguem por um pequeno detalhe. Acompanhe.

CASO 1. Imagine a seguinte situação hipotética:

Pedro aluga seu apartamento para Rui (locatário).

João, melhor amigo de Rui, aceita figurar no contrato de locação como fiador.

Após um ano, Rui devolve o apartamento, ficando devendo, contudo, quatro meses de aluguel.

Pedro propõe uma execução contra Rui e João cobrando o valor devido.

O juiz determina a penhora da casa em que mora João e que está em seu nome.

É possível a penhora da casa de João, mesmo sendo bem de família?

SIM. A impenhorabilidade do bem de família não se aplica no caso de dívidas do fiador decorrentes do contrato de locação. É isso o que diz o inciso VII do art. 3º da Lei nº 8.009/90 acima transcrito. Por favor, leia novamente.

Esse inciso VII do art. 3º é constitucional? Ele é aplicado pelo STF e STJ?

SIM. O STF decidiu que o art. 3º, VII, da Lei nº 8.009/90 é constitucional, não violando o direito à moradia (art. 6º da CF/88) nem qualquer outro dispositivo da CF/88. Nesse sentido: STF. 1ª Turma. RE 495105 AgR, Rel. Min. Marco Aurélio, julgado em 05/11/2013.

O STJ, por sua vez, editou um enunciado sobre o tema:

Súmula 549-STJ: É válida a penhora de bem de família pertencente a fiador de contrato de locação.

CASO 2. Imagine agora outra situação hipotética:

Fábio possui uma sala comercial em um edifício empresarial.

Ele aluga essa sala para Pedro ali instalar uma loja.

Ricardo, melhor amigo de Pedro, aceita figurar no contrato de locação como fiador.

Após um ano, Pedro devolve a sala comercial, ficando devendo, contudo, quatro meses de aluguel.

Fábio propõe uma execução contra Pedro e Ricardo cobrando o valor devido.

O juiz determina a penhora da casa em que mora Ricardo e que está em seu nome.

É possível a penhora da casa de Ricardo, mesmo sendo bem de família?

NÃO.

Não é penhorável o bem de família do fiador no caso de contratos de locação comercial.

Em outras palavras, não é possível a penhora de bem de família do fiador em contexto de locação comercial.

STF. 1ª Turma. RE 605709/SP, Rel. Min. Dias Toffoli, red. p/ ac. Min. Rosa Weber, julgado em 12/6/2018 (Info 906).

Segundo o Ministro Marco Aurélio, apesar de a lei não distinguir o tipo de locação, não se pode potencializar a livre iniciativa em detrimento de um direito fundamental que é o direito à moradia.

Cuidado para não confundir:

O bem de família (casa, apartamento etc.) do fiador de um contrato de locação pode ser penhorado caso o locatário não pague os alugueis?	
Se a locação é residencial: SIM	**Se a locação é comercial: NÃO**
Em tese, o fiador irá perder o bem de família. É uma exceção à impenhorabilidade do bem de família.	O fiador não irá perder o bem de família. Não é exceção à impenhorabilidade do bem de família.
Ex: Rui é locatário de um apartamento onde mora. João foi seu fiador. Se Rui não pagar o aluguel, o bem de família de João pode ser penhorado.	Ex: Pedro é locatário de uma sala comercial, onde montou uma loja. Ricardo foi seu fiador. Mesmo que Pedro não pague o aluguel, o bem de família de Ricardo não poderá ser penhorado.

Formas como esse tema pode aparecer em provas objetivas:

- A impenhorabilidade é oponível em qualquer processo de execução civil, fiscal, previdenciária, trabalhista ou de outra natureza, salvo se movido por obrigação decorrente de fiança concedida em contrato de locação. Item CERTO (fundamento: lei)
- É válida a penhora de bem de família pertencente a fiador de contrato de locação. Item CERTO (fundamento: súmula)
- Não é penhorável o bem de família do fiador no caso de contratos de locação comercial. Item CERTO (fundamento: decisão do STF)

3. OBRIGAÇÕES

3.1. JUROS

Imagine a seguinte situação hipotética:

Dr. Marcelo era advogado de Maria em uma ação por ela proposta contra a empresa X.

Maria sagrou-se vencedora. Marcelo, na condição de seu advogado, fez o levantamento do alvará judicial (sacou o valor que o juiz determinou que deveria ser pago a Maria), mas não lhe repassou todo o montante devido, apropriando-se de parte dos valores que ela teria direito. Em outras palavras, o advogado ficou, indevidamente, com parte do dinheiro que era de Maria.

Diante disso, Maria constituiu outro advogado e, em março de 2017, ingressou com ação de cobrança contra Marcelo.

Ação civil pública

Vale ressaltar que Marcelo fez isso com centenas de outros clientes, tendo sido, inclusive, alvo de operação policial deflagrada para apurar o caso.

Em razão dos fatos, o Ministério Público ajuizou ação civil pública contra Marcelo a fim de que ele devolva todos os valores retidos ilegalmente de seus antigos clientes.

Em setembro de 2017, o juiz desta ACP, cautelarmente, determinou o bloqueio de todos os bens de Marcelo.

Voltando ao processo da D. Maria

Em outubro de 2017, o juízo de primeiro grau responsável pela ação proposta por Maria julgou procedente a pretensão e condenou Marcelo a:

a. ressarcir integralmente os valores sacados, acrescidos de juros de mora e correção monetária;

b. pagar indenização de R$ 10 mil a título de danos morais, acrescidos de juros de mora e correção monetária.

Qual foi o termo inicial dos juros de mora neste caso? Os juros de mora deverão ser contados a partir de quando: da data em que Marcelo ficou indevidamente com os valores?

NÃO. O termo inicial dos juros, neste caso, é a data da citação. O termo inicial em caso de abuso de mandato é a data da citação:

> Reconhecido o abuso de mandato por desacerto contratual, em razão de o advogado ter repassado valores a menor para seu mandatário, o marco inicial dos juros moratórios é a data da citação.
>
> O termo inicial dos juros moratórios deve ser determinado a partir da natureza da relação jurídica mantida entre as partes.
>
> No caso, tratando-se de mandato, a relação jurídica tem natureza contratual, sendo o termo inicial dos juros moratórios a data da citação (art. 405 do CC).
>
> STJ. 3ª Turma. REsp 1.403.005-MG, Rel. Min. Paulo de Tarso Sanseverino, julgado em 6/4/2017 (Info 602).

Qual foi o termo final dos juros de mora neste caso? Os juros de mora deverão ser contados a partir da citação. Mas quando eles irão terminar? Até quando são contados os juros de mora nesta situação?

O juiz determinou que os juros de mora deveriam incidir até o efetivo pagamento. Em outras palavras, o juiz da causa determinou que, enquanto Marcelo não pagasse a indenização, os juros de mora deveriam continuar incidindo.

Recurso do réu

Marcelo recorreu contra a sentença e, dentre outros argumentos, alegou o seguinte: está errado o termo final dos juros moratórios. Isso porque todos os meus bens foram bloqueados na ação civil pública. Essa decisão de indisponibilidade na ACP interrompe (põe fim) à incidência dos juros moratórios.

Como na ACP são discutidos os mesmos fatos, deve-se entender que o bloqueio que ocorreu naquele processo representa uma forma de "depósito integral para garantia do juízo". É como se eu tivesse depositado em juízo todo o valor que dizem que eu devo.

Ora, se houve depósito integral para garantia do juízo, não há mais mora de minha parte. Não havendo mais mora, não há que se falar em juros de mora.

Logo, se a sentença for confirmada e eu tiver que pagar realmente a indenização, este valor terá que ser exigido de mim sem juros moratórios.

Em suma, deve-se considerar como termo final dos juros moratórios a data do bloqueio judicial ocorrido na ACP.

Essa tese de Marcelo foi acolhida pelo STJ?

NÃO.

> **A mera notícia de decisão judicial determinando a indisponibilidade forçada dos bens do réu, no cerne de outro processo, com objeto e partes distintas, não possui o condão de interromper a incidência dos juros moratórios.**
>
> STJ. 3ª Turma. REsp 1.740.260-RS, Rel. Min. Ricardo Villas Bôas Cueva, julgado em 26/06/2018 (Info 629).

No caso concreto, não houve o depósito integral para garantia do juízo espontaneamente realizado pelo réu. O que houve foi a mera notícia da indisponibilidade forçada de seus bens, que teria sido determinada em outra ação, com outro objeto e outras partes.

O aludido bloqueio patrimonial configura medida constritiva, de natureza preventiva, que não se confunde com a sistemática do depósito judicial em garantia e não caracteriza a satisfação voluntária da obrigação. A constrição apenas impede que o réu promova atos tendentes a dilapidar seu patrimônio, causando ainda maiores prejuízos aos seus credores.

Além disso, o patrimônio bloqueado não guarda nenhuma relação direta com o crédito da autora, objeto da presente demanda, tampouco está à sua disposição para levantamento. Assim, esse dinheiro, bloqueado em outra ação, não está à disposição da autora.

Desse modo, inexiste fundamento jurídico plausível para a interrupção da mora antes do efetivo pagamento da indenização. A autora não pode ser prejudicada pelo fato de o réu ter praticado a mesma conduta ilícita com centenas de outras pessoas a ponto de gerar um bloqueio judicial de seu patrimônio no âmbito de outra demanda, da qual a vítima nem mesmo é parte. Se essa interrupção da mora fosse admitida, o réu estaria sendo beneficiado pela sua própria torpeza.

Vale ressaltar que não há nem mesmo certeza que o valor bloqueado na ACP será suficiente para indenizar todas as vítimas dos ilícitos praticados pelo réu.

3.2. POSSIBILIDADE DE REDUÇÃO DE OFÍCIO DA CLÁUSULA PENAL MANIFESTAMENTE EXCESSIVA

Conceito

Cláusula penal é...

- uma cláusula do contrato
- ou um contrato acessório ao principal
- em que se estipula, previamente, o valor da indenização que deverá ser paga
- pela parte contratante que não cumprir, culposamente, a obrigação.

A cláusula penal também pode ser chamada de multa convencional, multa contratual ou pena convencional.

Natureza jurídica

Trata-se de uma obrigação acessória, referente a uma obrigação principal.

Pode estar inserida dentro do contrato (como uma cláusula) ou prevista em instrumento separado.

Finalidades

A cláusula penal possui duas finalidades:

- Função ressarcitória: serve de indenização para o credor no caso de inadimplemento culposo do devedor. Ressalte-se que, para o recebimento da cláusula penal, o credor não precisa comprovar qualquer prejuízo. Desse modo, a cláusula penal serve para evitar as dificuldades que o credor teria no momento de provar o valor do prejuízo sofrido com a inadimplência do contrato.
- Função coercitiva ou compulsória (meio de coerção): intimida o devedor a cumprir a obrigação, considerando que este já sabe que, se for inadimplente, terá que pagar a multa convencional.

Espécies

MORATÓRIA (compulsória):	COMPENSATÓRIA (compensar o inadimplemento)
Estipulada para desestimular o devedor a incorrer em mora ou para evitar que deixe de cumprir determinada cláusula especial da obrigação principal. É a cominação contratual de uma multa para o caso de mora.	Estipulada para servir como indenização no caso de total inadimplemento da obrigação principal (inadimplemento absoluto).
Funciona como punição pelo retardamento no cumprimento da obrigação ou pelo inadimplemento de determinada cláusula.	Funciona como uma prefixação das perdas e danos, ou seja, representa um valor previamente estipulado pelas partes a título de indenização pela inexecução contratual.
Ex.1: em uma promessa de compra e venda de um apartamento, é estipulada multa para o caso de atraso na entrega. Ex.2: multa para o caso do produtor de soja fornecer uma safra de qualidade inferior ao tipo "X".	Ex.: em um contrato para que um cantor faça um show no réveillon, é estipulada uma multa de R$ 100 mil caso ele não se apresente.
A cláusula penal moratória é cumulativa, ou seja, o credor poderá exigir o cumprimento da obrigação principal mais o valor da cláusula penal (poderá exigir a substituição da soja inferior e ainda o valor da cláusula penal).	A cláusula penal compensatória não é cumulativa. Assim, haverá uma alternativa para o credor: exigir o cumprimento da obrigação principal ou apenas o valor da cláusula penal.
Art. 411. Quando se estipular a cláusula penal para o caso de mora, ou em segurança especial de outra cláusula determinada, terá o credor o arbítrio de exigir a satisfação da pena cominada, juntamente com o desempenho da obrigação principal.	Art. 410. Quando se estipular a cláusula penal para o caso de total inadimplemento da obrigação, esta converter-se-á em alternativa a benefício do credor.

Multa moratória = obrigação principal + multa

Multa compensatória = obrigação principal ou multa

Feita esta breve revisão, imagine a seguinte situação hipotética:

João celebrou contrato com Pedro por meio do qual este se obrigou a pintar um quadro.

Quando a obra estivesse pronta, Pedro receberia R$ 100 mil.

Pedro não entregou o quadro no prazo estipulado.

Diante disso, João ingressou com ação de obrigação de fazer, pedindo a condenação de Pedro a cumprir o contrato.

Pedro contestou a demanda sob a alegação de que não estava mais encontrando inspiração para pintar.

O juiz julgou improcedente o pedido afirmando que, por se tratar de obrigação personalíssima, não seria possível exigir o cumprimento, devendo a questão ser resolvida mediante a cobrança do pagamento da cláusula penal.

O contrato previa multa de 20% sobre o valor do ajuste, ou seja, R$ 20 mil.

O juiz, contudo, entendeu que a cláusula penal era excessiva e, de ofício, reduziu-a para R$ 10 mil.

Agiu corretamente o magistrado? O juiz deve reduzir, de ofício, a cláusula penal contratada, por considerá-la excessiva?

SIM.

Constatado o caráter manifestamente excessivo da cláusula penal contratada, o magistrado deverá, independentemente de requerimento do devedor, proceder à sua redução.

STJ. 4ª Turma. REsp 1.447.247-SP, Rel. Min. Luis Felipe Salomão, julgado em 19/04/2018 (Info 627).

A cláusula penal é fixada por meio de ajuste de vontade entre as partes. Apesar disso, não se pode dizer que a sua fixação fique ao total e ilimitado alvedrio (arbítrio, livre vontade) dos contratantes.

O Código Civil de 2002 prevê normas de ordem pública, imperativas e cogentes, que possuem o objetivo de preservar o equilíbrio econômico-financeiro do contrato, afastando excessos que gerem enriquecimento sem causa de qualquer uma das partes.

Entre tais normas, destaca-se o art. 413 do CC:

§ Art. 413. A penalidade deve ser reduzida equitativamente pelo juiz se a obrigação principal tiver sido cumprida em parte, ou se o montante da penalidade for manifestamente excessivo, tendo-se em vista a natureza e a finalidade do negócio.

Vale ressaltar que não se trata de uma faculdade do juiz, mas sim de um poder/dever do magistrado de coibir os excessos e os abusos que venham a colocar o devedor em situação de inferioridade desarrazoada. Superou-se, assim, o princípio da imutabilidade absoluta da pena estabelecida livremente entre as partes, que, à luz do código revogado, somente era mitigado em caso de inexecução parcial da obrigação.

Veja o que diz o genial Bruno Miragem:

> (...) A orientação da legislação, em diferentes sistemas jurídicos, é a de impor limites à estipulação da cláusula penal, assim como mecanismos para sua redução, quando se entendê-la como excessiva. Em geral, estes limites resultam em norma com caráter imperativo.
>
> (...)
>
> Os fundamentos para admitir-se o controle da cláusula penal são diversos. O principal será a própria preservação da equivalência material, de modo a impedir que, por convenção, se imponha sanção desproporcional ao devedor inadimplente.
>
> (...)
>
> No direito vigente, a disposição do art. 413 se reconhece como norma de ordem pública, insuscetível de convenção em contrário das partes ao constituírem a obrigação.
>
> A redução equitativa da cláusula penal, neste caso, orienta-se, conforme já se referiu, pela preservação da equivalência material, assim também com a incidência do princípio da boa fé. (...)
>
> (MIRAGEM, Bruno. *Direito civil: direito das obrigações*. São Paulo: Saraiva, 2017, p. 574-578)

O controle judicial da cláusula penal abusiva consiste, portanto, em uma norma de ordem pública, que tem como objetivos concretizar o princípio da equidade (preservação da equivalência material do pacto) e impor o paradigma da eticidade aos negócios jurídicos.

Existem dois enunciados doutrinários sobre o tema:

Enunciado 356 – CJF: Nas hipóteses previstas no art. 413 do Código Civil, o juiz deverá reduzir a cláusula penal de ofício.

Enunciado 355 – CJF: Não podem as partes renunciar à possibilidade de redução da cláusula penal se ocorrer qualquer das hipóteses previstas no art. 413 do Código Civil, por se tratar de preceito de ordem pública.

Ademais, importante destacar o disposto no parágrafo único do art. 2.035 do CC, segundo o qual "nenhuma convenção prevalecerá se contrariar preceitos de ordem pública, tais como os estabelecidos por este Código para assegurar a função social da propriedade e dos contratos".

A sentença não é extra petita

Como a redução da cláusula penal é uma norma de ordem pública, ela pode ser conhecida de ofício pelo magistrado, ante sua relevância social decorrente dos escopos de preservação do equilíbrio material dos contratos e de repressão ao enriquecimento sem causa. Logo, diante disso, não há violação ao princípio da adstrição (o chamado vício de julgamento extra petita).

3.3. LUCRO DA INTERVENÇÃO E CASO GIOVANNA ANTONELLI

Imagine a seguinte situação:

Determinada "farmácia de manipulação" utilizou o nome e a imagem da atriz Giovanna Antonelli (a eterna "Jade", de "O Clone"), indevidamente e sem a sua autorização, em propagandas de um remédio para emagrecer chamado "Detox".

Essas propagandas foram divulgadas em sites na internet e nelas aparece a foto da atriz com uma frase embaixo entre aspas dizendo que ela teria utilizado o remédio para perder peso depois da gravidez.

Ocorre que Giovanna nunca tinha ouvido falar no produto e não autorizou a propaganda.

Diante disso, a atriz ajuizou ação de indenização contra a empresa responsável.

Na ação, a autora pediu:

a. a indenização por danos morais;

b. a indenização por danos materiais; e

c. a restituição de todos os benefícios econômicos que a ré obteve na venda de seus produtos (restituição do "lucro da intervenção").

Os pedidos da autora foram acolhidos?

SIM. Vamos entender com calma porque se trata de um assunto novo e muito interessante.

No caso concreto, houve violação ao direito de imagem da atriz? Ela precisará provar que sofreu um prejuízo para ser indenizada?

Houve violação e ela não precisa provar o prejuízo. Sobre o tema, devemos relembrar o seguinte enunciado do STJ:

Súmula 403-STJ: Independe de prova do prejuízo a indenização pela publicação não autorizada da imagem de pessoa com fins econômicos ou comerciais.

"O dano é a própria utilização indevida da imagem, não sendo necessária a demonstração do prejuízo material ou moral" (STJ. 4ª Turma. REsp 267.529/RJ, Rel. Min. Sálvio de Figueiredo Teixeira, julgado em 3/10/2000).

O direito de imagem é protegido pelo art. 5º, X, da CF/88 e pelo art. 20 do Código Civil:

§ Art. 5º (...)

X – são invioláveis a intimidade, a vida privada, a honra e a imagem das pessoas, assegurado o direito a indenização pelo dano material ou moral decorrente de sua violação;

§ Art. 20. Salvo se autorizadas, ou se necessárias à administração da justiça ou à manutenção da ordem pública, a divulgação de escritos, a transmissão da palavra, ou a publicação, a exposição ou a utilização da imagem de uma pessoa poderão ser proibidas, a seu requerimento e sem prejuízo da indenização que couber, se lhe atingirem a honra, a boa fama ou a respeitabilidade, ou se se destinarem a fins comerciais.

Assim, uma vez constatado o uso não autorizado do nome e da imagem de uma pessoa (seja ela famosa ou não), em campanha publicitária veiculada com fins eminentemente comerciais, é devida a reparação integral dos danos morais e patrimoniais daí decorrentes.

Vale ressaltar, no entanto, que, além de pedir o pagamento da indenização por danos morais e materiais, a vítima poderá também exigir a restituição do lucro da intervenção:

Além do dever de reparação dos danos morais e materiais causados pela utilização não autorizada da imagem de pessoa com fins econômicos ou comerciais, nos termos da Súmula 403-STJ, o titular do bem jurídico violado tem também o direito de exigir do violador a restituição do lucro que este obteve às custas daquele.

STJ. 3ª Turma. REsp 1.698.701-RJ, Rel. Min. Ricardo Villas Bôas Cueva, julgado em 02/10/2018 (Info 634).

O que é o "lucro da intervenção"?

O lucro da intervenção, segundo Sérgio Savi, é o

"lucro obtido por aquele que, sem autorização, interfere nos direitos ou bens jurídicos de outra pessoa e que decorre justamente desta intervenção" (Responsabilidade civil e enriquecimento sem causa: o lucro da intervenção. São Paulo: Atlas, 2012, p. 7).

Trata-se, portanto, de uma vantagem patrimonial obtida indevidamente com base na exploração ou aproveitamento, de forma não autorizada, de um direito alheio (KONDER, Carlos Nelson. Dificuldades de uma abordagem unitária do lucro da intervenção. Revista de Direito Civil Contemporâneo. Vol. 13., ano 4, p. 231-248. São Paulo: RT, out-dez 2017).

Um exemplo didático, citado por Carlos Nelson Konder, é o caso de um jóquei que subtrai um cavalo, contra as ordens do dono, para participar de uma corrida, e acaba saindo vencedor.

O jóquei recebe um valioso prêmio pela conquista, e retorna o cavalo ileso à baia.

O dono do cavalo não experimentou dano, pois o cavalo não estava destinado àquela corrida e, de todo modo, o animal retornou ileso.

O jóquei, por outro lado, lucrou significativamente com a prática do ato ilícito.

Ainda que se considerasse que o dono teria experimentado um dano correspondente ao aluguel do cavalo, mesmo assim o lucro obtido pelo jóquei seria muito mais significativo do que o dano causado. Esse lucro, ou essa diferença entre o lucro e o dano, é o que se denomina lucro da intervenção.

Dever de restituição do lucro da intervenção

A doutrina denomina de "dever de restituição do lucro da intervenção" o dever que o indivíduo possui de pagar aquilo que foi auferido mediante indevida interferência nos direitos ou bens jurídicos de outra pessoa.

Em palavras mais simples, é o dever de restituir (pagar) aquilo que foi indevidamente auferido (lucrado) às custas de outrem.

Lucro da intervenção x princípio da reparação integral

CIVIL

Um dos eixos da responsabilidade civil é o princípio da reparação integral do dano.

O princípio da reparação do dano, contudo, ao contrário do que muita gente pensa, não protege apenas a vítima, mas também o autor do ilícito. Isso porque o princípio da reparação integral significa "reparar todo o dano, mas não mais que o dano", ou seja, nem menos nem além do prejuízo.

"A plena reparação do dano deve corresponder à totalidade dos prejuízos efetivamente sofridos pela vítima do evento danoso (função compensatória), não podendo, entretanto, ultrapassá-los para evitar que a responsabilidade civil seja causa para o enriquecimento injustificado do prejudicado (...)" (SANSEVERINO, Paulo de Tarso. *Princípio da reparação integral: indenização no Código Civil*. São Paulo: Saraiva, 2010, p. 58)

Nesse ponto, surge um aparente conflito entre o lucro da intervenção e o princípio da reparação integral do dano. Isso porque o princípio da reparação integral está previsto no art. 944 do Código Civil, nos seguintes termos:

§ Art. 944. A indenização mede-se pela extensão do dano.

Ao se aplicar o instituto do lucro da intervenção, em determinadas hipóteses, a vantagem patrimonial obtida pela vítima superará o próprio prejuízo sofrido.

Como a doutrina resolve isso?

Alguns doutrinadores superam esse "conflito" com o princípio da reparação integral dizendo o seguinte: o dever de restituição do lucro da intervenção não é um instituto de responsabilidade civil, ou seja, ele não está submetido às regras de responsabilidade civil (dentre elas o princípio da reparação integral).

Esse dever de restituição do lucro da intervenção existe no ordenamento jurídico com fundamento na proibição do enriquecimento sem causa, previsto no art. 884 do Código Civil:

§ Art. 884. Aquele que, sem justa causa, se enriquecer à custa de outrem, será obrigado a restituir o indevidamente auferido, feita a atualização dos valores monetários.

Se o indivíduo que praticou o lucro da intervenção, não indenizar a vítima apenas pelos prejuízos que esta sofreu, é capaz de ele ainda sair no "lucro". Vai ter valido "a pena" violar o direito de outrem.

Por outro lado, se a vítima receber mais do que teve de prejuízo, estará sendo violado o princípio da reparação integral.

Logo, é preferível a vítima receber mais sim e justificar essa solução no princípio que veda o enriquecimento sem causa. Isso porque se o indivíduo não pagar tudo que lucrou, ele terá obtido um ganho imerecido (sem causa).

Veja como Sérgio Savi explica o tema:

"Já quando os lucros obtidos forem superiores aos danos causados, mesmo após indenizar a vítima, o ofensor estará em uma situação melhor do que estava antes da prática do ato não tutelado pelo ordenamento jurídico. Afinal, como a indenização é medida pela extensão do dano (CC, art. 944), nas hipóteses de lucros superiores aos danos causados, o saldo positivo entre lucros obtidos e prejuízo indenizado permanecerá em definitivo no patrimônio do interventor. Tal situação poderia servir de estímulo para a violação a institutos fundamentais para a vida em sociedade, como a propriedade, o contrato e os direitos da personalidade.

Diante da ineficácia das tradicionais regras da responsabilidade civil para lidar com o problema do lucro da intervenção, buscou-se no ordenamento jurídico brasileiro uma solução alternativa. Em razão de suas características e funções, concluiu-se que o lucro da intervenção deve ser dogmaticamente enquadrado no enriquecimento sem causa.

(...)

E isso porque, como visto, ao contrário da responsabilidade civil, o enriquecimento sem causa tem por função específica remover o enriquecimento. A reação do ordenamento jurídico é contra o aumento injustificado do patrimônio do enriquecido e não contra os possíveis prejuízos sofridos pelo titular do direito (o 'empobrecido').

(...)

Assim, quando o interventor lucrar com a ingerência não autorizada nos bens ou direitos alheios, o titular do direito terá uma pretensão de enriquecimento sem causa, fundada na cláusula geral do art. 884 do Código Civil, para obrigar o interventor a entregar-lhe a vantagem patrimonial assim obtida. A restituição daqueles benefícios pelo interventor deverá ocorrer sempre que, de acordo com a repartição dos bens efetuada pela ordem jurídica, os mesmos sejam considerados como pertencentes ao titular do direito." (*ob. cit.*, p. 92-95)

Essa mesma conclusão (e enquadramento) foi manifestada pela doutrina na VIII Jornada de Direito Civil do CJF/STJ:

Enunciado nº 620 – Art. 884: A obrigação de restituir o lucro da intervenção, entendido como a vantagem patrimonial auferida a partir da exploração não autorizada de bem ou direito alheio, fundamenta-se na vedação do enriquecimento sem causa.

É aquilo que a doutrina alemã chama de enriquecimento por intervenção (*Eingriffskondiktion*).

De acordo com a maioria da doutrina, o dever de restituição do denominado lucro da intervenção encontra fundamento no instituto do enriquecimento sem causa, atualmente positivado no art. 884 do Código Civil.

STJ. 3ª Turma. REsp 1.698.701-RJ, Rel. Min. Ricardo Villas Bôas Cueva, julgado em 02/10/2018 (Info 634).

Desse modo, o dever de restituição do lucro da intervenção surge não só como um meio de preservar a livre disposição de direitos, mas também como uma forma de inibir a prática de atos contrários ao ordenamento jurídico naquelas hipóteses em que a reparação dos danos causados, ainda que integral, não se mostra adequada a tal propósito.

Assim, o dever de restituição do lucro da intervenção serve para dois propósitos:

- preserva a livre disposição de direitos (no caso, a atriz não queria que sua imagem fosse vinculada a esse produto sem a sua autorização); e

- atua como meio dissuasório (meio de desestimular) que a pessoa usurpe direitos de outrem e ainda saia no lucro mesmo se condenado a indenizar.

O dever de restituição daquilo que é auferido mediante indevida interferência nos direitos ou bens jurídicos de outra pessoa tem a função de preservar a livre disposição de direitos, nos quais estão inseridos os direitos da personalidade, e de inibir a prática de atos contrários ao ordenamento jurídico.

STJ. 3ª Turma. REsp 1.698.701-RJ, Rel. Min. Ricardo Villas Bôas Cueva, julgado em 02/10/2018 (Info 634).

CIVIL

Cumulação de pedidos: ressarcimento e vedação ao enriquecimento sem causa

A ação de restituição por enriquecimento sem causa tem caráter subsidiário, ou seja, só deve ser manejada se a lei não prever outro meio. É o que diz o CC:

§ Art. 886. Não caberá a restituição por enriquecimento, se a lei conferir ao lesado outros meios para se ressarcir do prejuízo sofrido.

No caso da restituição do lucro da intervenção, como já dito, não existe outro meio, considerando que a mera ação de indenização esbarraria no limite do princípio da reparação integral do dano. Logo, a parte, para obter a restituição do lucro da intervenção obrigatoriamente terá que formular pedido de restituição por enriquecimento sem causa.

Diante disso, o STJ afirmou o seguinte: em tais casos, a vítima deverá fazer a cumulação de ações (cumulação de pedidos). Assim, ela proporá uma ação com dois pedidos distintos:

- pedido de reparação dos danos pela aplicação das regras da responsabilidade civil. Neste caso, a indenização ficará limitada ao efetivo prejuízo suportado pela vítima; e
- pedido de restituição do lucro da intervenção (restituição do ganho indevidamente auferido). Este segundo pedido será baseado na vedação ao enriquecimento sem causa e pode ultrapassar o montante do prejuízo da vítima, já que não estará vinculado ao princípio da reparação integral.

Assim, a conjugação dos dois institutos (reparação dos danos morais e materiais + restituição do que o réu lucrou ao associar a imagem da autora ao produto) é plenamente admitida, não sendo obstada pela subsidiariedade da ação de enriquecimento sem causa. Isso porque a responsabilidade civil não tutela nada além dos prejuízos efetivamente sofridos pela vítima do evento danoso, enquanto que o enriquecimento ilícito se encarrega apenas de devolver o lucro obtido em decorrência da indevida intervenção no direito de imagem de outrem ao seu verdadeiro titular.

A subsidiariedade da ação de enriquecimento sem causa não impede que se promova a cumulação de ações, cada qual disciplinada por um instituto específico do Direito Civil, sendo perfeitamente plausível a formulação de pedido de reparação dos danos mediante a aplicação das regras próprias da responsabilidade civil, limitado ao efetivo prejuízo suportado pela vítima, cumulado com o pleito de restituição do indevidamente auferido, sem justa causa, às custas do demandante.

STJ. 3ª Turma. REsp 1.698.701-RJ, Rel. Min. Ricardo Villas Bôas Cueva, julgado em 02/10/2018 (Info 634).

Para ter direito de receber a quantia por enriquecimento sem causa, é necessário que a vítima prove que sofreu um dano? É necessária a existência de deslocamento patrimonial (dinheiro saiu da vítima e foi para o autor)?

NÃO. Para a configuração do enriquecimento sem causa por intervenção, não se faz imprescindível a existência de deslocamento patrimonial, com o empobrecimento do titular do direito violado.

Em nosso exemplo, a atriz terá direito à restituição do lucro da intervenção mesmo sem prova de que teve algum prejuízo.

Basta a demonstração de que houve enriquecimento indevido do interventor/violador.

Nesse sentido:

Enunciado 35 da I Jornada de Direito Civil: A expressão "se enriquecer à custa de outrem" do art. 886 do novo Código Civil não significa, necessariamente, que deverá haver empobrecimento.

Para a configuração do enriquecimento sem causa por intervenção, não se faz imprescindível a existência de deslocamento patrimonial, com o empobrecimento do titular do direito violado, bastando a demonstração de que houve enriquecimento do interventor.

STJ. 3ª Turma. REsp 1.698.701-RJ, Rel. Min. Ricardo Villas Bôas Cueva, julgado em 02/10/2018 (Info 634).

Como é feita a quantificação do lucro da intervenção? Como definir o quanto deverá ser "devolvido" (pago) ao titular do direito violado?

Existem dois critérios que poderiam ser utilizados:

a. Lucro real (enriquecimento real): é o valor do uso do bem ou do direito que foi violado. Ex: valor que a Giovanna Antonelli cobraria para aparecer em uma campanha publicitária como essa.

b. Lucro patrimonial (enriquecimento patrimonial): compara-se o patrimônio do violador antes e depois. O que aumentou com a violação é o lucro da intervenção.

Para a maioria da doutrina, o critério mais adequado é o do enriquecimento patrimonial, considerando que ele é o que melhor permite acabar, de forma específica, com o enriquecimento obtido pelo violador.

Como se calcular o "lucro patrimonial"?

A quantificação do lucro da intervenção deverá ser feita por meio de perícia realizada na fase de liquidação de sentença, devendo o perito observar os seguintes critérios:

a) apuração do *quantum debeatur* com base no denominado lucro patrimonial;

b) delimitação do cálculo ao período no qual se verificou a indevida intervenção no direito de imagem da autora;

c) aferição do grau de contribuição de cada uma das partes e

d) distribuição do lucro obtido com a intervenção proporcionalmente à contribuição de cada partícipe da relação jurídica.

STJ. 3ª Turma. REsp 1.698.701-RJ, Rel. Min. Ricardo Villas Bôas Cueva, julgado em 02/10/2018 (Info 634).

4. RESPONSABILIDADE CIVIL

4.1. DANOS MORAIS

AS AGRESSÕES PRATICADAS POR JOGADOR CONTRA ÁRBITRO DE FUTEBOL, DURANTE FINAL DE IMPORTANTE CAMPEONATO, TRANSMITIDA PARA TODO O PAÍS, PODEM GERAR INDENIZAÇÃO POR DANOS MORAIS

A situação concreta foi a seguinte:

Na final do Campeonato Paulista de futebol, no ano de 2015, estavam jogando os times do Santos contra o Palmeiras.

Segundo os autos, após ser expulso, o atacante Dudu, do Palmeiras, correu em direção ao árbitro do jogo e o agrediu pelas costas, com seu antebraço, além de ofendê-lo com as seguintes palavras relatadas na súmula da partida: "você é um safado, sem vergonha, veio aqui roubar a gente, seu filho da puta, mau caráter, ladrão".

O árbitro agredido, Guilherme Ceretta de Lima, ingressou com ação de indenização por danos morais contra o jogador.

Contestação

Na contestação apresentada, o jogador afirmou que esse tema não deveria estar sendo discutido pelo Poder Judiciário. Isso porque foi um fato disciplinar, envolvendo uma competição desportiva. Logo, essa questão deveria ser resolvida no âmbito da Justiça Desportiva.

O atleta explicou, ainda, que já foi julgado pelo Superior Tribunal de Justiça Desportiva (STJD), que aplicou a ele uma punição de 6 jogos.

Dessa forma, para o réu, não houve fato que tenha excedido os limites esportivos, de sorte que seria suficiente a resolução do caso pela Justiça Desportiva.

A questão chegou até o Superior Tribunal de Justiça (STJ). O que o STJ decidiu? O árbitro possui direito à indenização por danos morais?

SIM. As agressões físicas e verbais praticadas por jogador profissional contra árbitro de futebol, durante partida final de importante campeonato, transmitida para todo o país, constituem ato ilícito indenizável na Justiça Comum, independentemente de eventual punição aplicada na esfera da Justiça Desportiva.

Justiça Desportiva

A Constituição Federal, no § 1º do art. 217, prevê o seguinte:

> § Art. 217. (...)
>
> § 1º O Poder Judiciário só admitirá ações relativas à disciplina e às competições desportivas após esgotarem-se as instâncias da justiça desportiva, regulada em lei.

A Lei nº 9.615/98 (denominada "Lei Pelé"), que instituiu normas gerais sobre desporto, dispõe sobre o tema:

> § Art. 50. A organização, o funcionamento e as atribuições da Justiça Desportiva, limitadas ao processo e julgamento das infrações disciplinares e às competições desportivas, serão definidos nos Códigos de Justiça Desportiva, facultando-se às ligas constituir seus próprios órgãos judicantes desportivos, com atuação restrita às suas competições.

Conforme se observa pela leitura dos dois dispositivos acima, a competência da Justiça Desportiva limita-se a transgressões de natureza eminentemente esportivas, relativas à disciplina e às competições desportivas.

É importante esclarecer, inclusive, que, apesar do nome Justiça Desportiva, o Superior Tribunal de Justiça Desportiva (STJD) e as demais instâncias da Justiça Desportiva não integram o Poder Judiciário. Trata-se de uma instituição de direito privado, que tem como atribuição resolver as questões de natureza desportiva definidas no Código Brasileiro de Justiça Desportiva.

Infração praticada pelo jogador transbordou os limites desportivos

O STJ entendeu que o caso concreto é "excepcionalíssimo" e o ato praticado pelo jogador ultrapassou os limites de cunho estritamente esportivo, razão pela qual pode ser submetido ao crivo do Poder Judiciário Estatal.

A conduta do jogador, além de transgredir as regras que norteiam as competições de futebol, também ofendeu a honra e a imagem do árbitro.

Nas exatas palavras do Min. Ricardo Villas Bôas Cueva:

> "O evento esportivo no qual as agressões foram perpetradas, final do Campeonato Paulista de Futebol, envolvendo dois dos maiores clubes do Brasil, foi televisionado para todo o país, o que evidencia sua enorme audiência e, em consequência, o número de pessoas que assistiram o episódio.
>
> O recorrente, como árbitro da partida, estava zelando pela correta aplicação das regras esportivas, sendo certo que ser agredido física e verbalmente por um dos jogadores envolvidos no certame é situação que indubitavelmente causou dano à sua imagem e honra. A conduta do réu, mormente a sorrateira agressão física pelas costas, revelou-se completamente despropositada e desproporcional, transbordando em muito o mínimo socialmente aceitável em partidas de futebol.
>
> No tocante à responsabilidade civil aplicada aos esportistas durante a prática de sua atividade, a doutrina preconiza que mesmo naquelas modalidades em que o contato físico é considerado normal, como no futebol, ainda assim os atletas devem sempre zelar pela integridade física do seu adversário. Eventual ato exacerbado, com excesso de violência, que possa ocasionar prejuízo aos demais participantes da competição, pode gerar a obrigação de reparação.
>
> Desse modo, com mais razão ainda exsurge o dever de indenizar o árbitro que, no exercício regular de suas funções no evento esportivo, sofre injusta e desarrazoada agressão de jogador."

Em suma:

Agressões físicas e verbais perpetradas por jogador profissional contra árbitro de futebol, na ocasião de disputa de partida de futebol, constituem ato ilícito indenizável na Justiça Comum, independentemente de eventual punição aplicada na esfera da Justiça Desportiva.

STJ. 3ª Turma. REsp 1.762.786-SP, Rel. Min. Ricardo Villas Bôas Cueva, julgado em 23/10/2018 (Info 637).

Valor da indenização

O jogador foi condenado a pagar ao árbitro R$ 25 mil a título de indenização por danos morais.

Imagine a seguinte situação hipotética:

A empresa 1 levou para protesto, em desfavor da empresa 2, um título de crédito que já havia sido pago.

Diante disso, a empresa 2, protestada indevidamente, ajuizou ação de indenização por danos morais contra a empresa 1.

As pessoas jurídicas podem sofrer dano moral?

SIM. Esse tema está, inclusive, sumulado:

Súmula 227-STJ: A pessoa jurídica pode sofrer dano moral.

No mesmo sentido, o art. 52 do CC prevê:

§ Art. 52. Aplica-se às pessoas jurídicas, no que couber, a proteção dos direitos da personalidade.

Vale ressaltar, no entanto, que "o dano moral de pessoa jurídica não é idêntico àquele sofrido por um indivíduo. Percebe-se que a expressão dano moral é usada como analogia, uma vez que envolvem direitos extrapatrimoniais, mas não são de natureza biopsíquica e tampouco envolve a dignidade da pessoa humana." (Min. Nancy Andrigui).

O que se protege é a honra objetiva da pessoa jurídica. Assim, quando se fala que a pessoa jurídica pode sofrer danos morais, o que se está dizendo é que ela pode sofrer danos contra seu bom nome, fama, reputação etc.

Assim, é possível que a pessoa jurídica sofra dano moral (Súmula 227/STJ), desde que demonstrada ofensa à sua honra objetiva (imagem e boa fama) (STJ. 4ª Turma. AgInt no AREsp 913.343/RS, Rel. Min. Marco Buzzi, julgado em 06/03/2018).

Dano moral in re ipsa

Em algumas situações, a doutrina e a jurisprudência afirmam que a demonstração do dano moral não é necessária, bastando se demonstrar que houve a prática do ato. Nesse caso, fala-se em *damnun in re ipsa*, também conhecido como dano moral *in re ipsa*.

Luiz Rodrigues Wambier e Teresa Arruda Alvim Wambier ensinam que o dano moral deve ser considerado *in re ipsa* quando ele decorrer da existência de uma comunhão de valores éticos e sociais ou, ainda, de uma essência comum universal dos seres humanos. Em outras palavras, existe uma espécie de "consenso" de que aquele fato gera um dano moral não sendo necessário que se prove que houve sofrimento. É o caso, por exemplo, da perda de um ente querido. Não se exige que a pessoa comprove que sofreu nem o quanto sofreu. Basta que se comprove o ilícito que levou à morte de alguém e a autoria deste ilícito. O dano moral é *in re ipsa*. (*Dano moral de pessoa jurídica e sua prova*. In: Anuário de Produção Intelectual. Curitiba: Arruda Alvim Wambier, 2008, p. 151).

Pessoa jurídica pode sofrer dano moral in re ipsa?

A partir do que foi exposto acima, não há como aceitar que o dano moral sofrido pela pessoa jurídica possa ser classificado como *in re ipsa*, ou seja, sem a necessidade de apresentação de qualquer tipo de prova. Não é possível que o julgador dispense qualquer tipo de comprovação para caracterizar os danos morais sofridos pela pessoa jurídica.

É possível, contudo, que o magistrado, ao julgar pedido de indenização formulado por pessoa jurídica, utilize presunções ou regras de experiência.

Veja o que dizem Luiz Rodrigues Wambier e Teresa Arruda Alvim Wambier:

"Regras de experiência norteiam o juiz a entender ter havido dano moral de pessoa jurídica, como por exemplo, no caso de protesto de título já pago. (...) Sabe-se que a empresa que tem título protestado fica impedida de participar de licitações, assiste à desconfiança de seus fornecedores, deixa de ter crédito. Estas consequências não precisam ser diretamente provadas, porque se sabe que elas ocorrem: são as regras comuns da experiências. Mas não se trata de dano *in re ipsa*, pois se está, aqui, diante de situação que admite contra-prova. (...) o dano moral de pessoa física é *in re ipsa* e, pois, não aproveita ao réu a alegação e comprovação de que não houve abalo; o dano moral de pessoa jurídica pode, eventual e circunstancialmente, dispensa prova direta e ser provada pela via das presunções. Entretanto, prova de que o dano efetivamente não ocorreu certamente aproveitará àquele que se apontou como causador da lesão." (*Dano moral de pessoa jurídica e sua prova*. In: Anuário de Produção Intelectual. Curitiba: Arruda Alvim Wambier, 2008, p. 159-160)

Em suma:

Não se admite que o dano moral de pessoa jurídica seja considerado como *in re ipsa*, sendo necessária a comprovação nos autos do prejuízo sofrido.

Apesar disso, é possível a utilização de presunções e regras de experiência para a configuração do dano, mesmo sem prova expressa do prejuízo, o que sempre comportará a possibilidade de contraprova pela parte ou de reavaliação pelo julgador.

STJ. 3ª Turma. REsp 1.564.955-SP, Rel. Min. Nancy Andrighi, julgado em 06/02/2018 (Info 619).

Cuidado porque existem precedentes em sentido contrário:

Há julgados do STJ em sentido contrário ao que foi explicado acima e afirmando que a pessoa jurídica pode sim sofrer dano moral *in re ipsa*:

(...) O dano moral por uso indevido da marca é aferível *in re ipsa*, ou seja, sua configuração decorre da mera comprovação da prática de conduta ilícita, revelando-se despicienda a demonstração de prejuízos concretos ou a comprovação probatória do efetivo abalo moral. (...)

STJ. 4ª Turma. REsp 1327773/MG, Rel. Min. Luis Felipe Salomão, julgado em 28/11/2017 (Info 619).

ACIDENTE DE CARRO SEM VÍTIMAS: DANOS MORAIS DEVEM SER PROVADOS

Imagine a seguinte situação hipotética:

João, dirigindo seu veículo, abalroou (bateu) a traseira do carro de Pedro.

A culpa foi de João, que estava distraído vendo uma mensagem no Whatsapp.

Vale ressaltar que, felizmente, ninguém se machucou. No entanto, o carro de Pedro ficou bem avariado.

João não pagou as despesas de Pedro.

Diante disso, Pedro ajuizou ação de indenização por danos morais e materiais contra João.

O juiz julgou procedente o pedido quanto aos danos materiais.

Negou, contudo, a indenização por danos morais alegando que o autor não comprovou ter sofrido um transtorno ou lesão que extrapolasse o mero dissabor da situação.

Pedro recorreu contra a sentença afirmando que o dano moral neste caso é presumido (dano moral *in re ipsa*), não precisando ser comprovado.

A tese de Pedro é acolhida pela jurisprudência?

NÃO.

> **Os danos decorrentes de acidentes de veículos automotores sem vítimas não caracterizam dano moral *in re ipsa*.**
>
> STJ. 3ª Turma. REsp 1.653.413-RJ, Rel. Min. Marco Aurélio Bellizze, julgado em 05/06/2018 (Info 627).

CIVIL

O reconhecimento do dano moral como categoria de dano indenizável, mesmo antes da edição do novo Código Civil brasileiro, enfrentou uma rápida evolução decorrente de sua conformação aos paradigmas da Constituição Federal de 1988.

Seguindo um movimento de despatrimonialização, pautado na consagração do direito subjetivo constitucional à dignidade, o dano moral passa a ser entendido como aquele decorrente da mera violação de direitos fundamentais e da tutela de bens personalíssimos (CAVALIERI FILHO, Sérgio. *Programa de responsabilidade civil*. 4ª ed. São Paulo: Malheiros, 2003, p. 94).

A jurisprudência do STJ, em casos específicos, entende que é possível a indenização por danos morais independentemente da demonstração de dor. Isso porque, em tais situações, considera-se que o dano é *in re ipsa*, ou seja, intrínseco à própria conduta que injustamente atinja a dignidade do ser humano.

Todavia, a caracterização do dano moral *in re ipsa* não pode ser elastecida a ponto de afastar a necessidade de sua efetiva demonstração em qualquer situação. Isso porque, ao assim proceder, se estaria a percorrer o caminho diametralmente oposto ao sentido da despatrimonialização do Direito Civil, transformando em caráter meramente patrimonial os danos extrapatrimoniais e fomentando a já bastante conhecida "indústria do dano moral".

Em casos de acidente automobolístico sem vítima, não há, a priori, a configuração de dano moral. Ao contrário, em casos tais, o comum é que os danos não extrapolem a esfera patrimonial e ensejem indenização por danos materiais, eventualmente, sob as modalidades de lucros cessantes e ressarcimento de despesas correlacionadas.

Vale ressaltar que poderá haver casos em que o acidente de carro gere também danos morais. Isso é perfeitamente possível quando estiver demonstrado que, no caso concreto, houve circunstâncias que extrapolaram os limites do mero aborrecimento e que, portanto, devem ser compensados por meio de indenização que logre realizar o princípio do ressarcimento integral da vítima. Essas circunstâncias peculiares devem, por excepcionais, ser objeto de alegação e prova pelas partes, submetendo-se ao contraditório.

Assim, o dano moral decorrente de acidente de trânsito não corresponde ao dano *in re ipsa*.

ATRASO DE VOO INTERNACIONAL NÃO GERA DANO MORAL IN RE IPSA

Imagine a seguinte situação hipotética:

João tinha um voo de Belo Horizonte (MG) para Paris (França).

O voo atrasou três horas, fazendo com que João chegasse na capital francesa após o horário inicialmente previsto.

Ele ingressou, então, com ação de indenização por danos morais.

O juiz e o TJ negaram o pedido afirmando que houve um simples aborrecimento e que não foi demonstrado qualquer situação que gerasse a indenização extrapatrimonial.

João interpôs recurso especial ao STJ sustentado que o atraso de voo configura dano moral *in ire ipsa*. Logo, ele precisaria provar apenas o ato ilícito praticado.

O STJ concordou com a tese de João?

NÃO.

> **Na hipótese de atraso de voo, não se admite a configuração do dano moral *in re ipsa*.**
>
> STJ. 3ª Turma. REsp 1.584.465-MG, Rel. Min. Nancy Andrighi, julgado em 13/11/2018 (Info 638).

Dano moral in re ipsa

Em algumas situações, a doutrina e a jurisprudência afirmam que a demonstração do dano moral não é necessária, bastando se demonstrar que houve a prática do ato. Nesse caso, fala-se em *damnun in re ipsa*, também conhecido como dano moral *in re ipsa*.

Assim, dano moral *in re ipsa*, também chamado de dano moral presumido, é aquele que se origina de uma presunção absoluta, dispensando, portanto, prova em contrário.

No dano moral *in re ipsa*, o dano existe no próprio fato violador. Não cabe ao lesado, pois, fazer demonstração de que sofreu, realmente, o dano moral alegado. O exemplo típico é o da mãe que perdeu o filho assassinado. Não se exige que a mãe comprove que sofreu com a morte do filho. É um fato sobre o qual há uma espécie de consenso no sentido de que gera danos de ordem moral.

Interpretação não pode ser elastecida

A caracterização do dano moral *in re ipsa* não pode ser elastecida a ponto de afastar a necessidade de sua efetiva demonstração, em qualquer situação. Isso porque ao proceder assim, se estaria a percorrer o caminho diametralmente oposto ao sentido da despatrimonialização do direito civil, transformando em caráter meramente patrimonial os danos extrapatrimoniais e fomentando a já bastante conhecida "indústria do dano moral".

Mero atraso do voo não gera dano moral in re ipsa

Considerar que o atraso do voo gera dano moral presumido, seria dizer que, obrigatoriamente, o passageiro sofreu um abalo que maculou a sua honra e dignidade pelo fato de a aeronave não ter partido na exata hora constante do bilhete.

Não há, portanto, razoabilidade nesta conclusão.

Atraso do voo pode ou não gerar dano moral a depender das circunstâncias do caso concreto

As circunstâncias que envolvem o caso concreto servirão para que o juiz analise se houve ou não o dano moral.

Exemplos de particularidades que devem ser analisadas:

a. a real duração do atraso;

b. se a companhia aérea ofertou alternativas para melhor atender aos passageiros;

c. se foram prestadas a tempo e modo, informações claras e precisas por parte da companhia aérea a fim de amenizar os desconfortos inerentes à ocasião;

d. se foi oferecido suporte material (alimentação, hospedagem, etc.) quando o atraso for considerável;

e. se o passageiro, devido ao atraso da aeronave, acabou por perder compromisso inadiável no destino.

Cuidado com o seguinte precedente

Atraso de voo e falta de informação e de assistência aos passageiros

No caso em que companhia aérea, além de atrasar desarrazoadamente o voo de passageiro, deixe de atender aos apelos deste, furtando-se a fornecer tanto informações claras acerca do prosseguimento da viagem (em especial, relativamente ao novo horário de embarque e ao motivo do atraso) quanto alimentação e hospedagem (obrigando-o a pernoitar no próprio aeroporto), tem-se por configurado dano moral indenizável, independentemente da causa originária do atraso do voo.

STJ. 3ª Turma. REsp 1.280.372-SP, Rel. Min. Ricardo Villas Bôas Cueva, julgado em 7/10/2014 (Info 550).

É POSSÍVEL A INDENIZAÇÃO POR DANOS MORAIS EM NOVO PROCESSO JUDICIAL EM RAZÃO DE DESCUMPRIMENTO DE ORDEM JUDICIAL EM PROCESSO ANTERIOR, MESMO QUE TENHA SIDO FIXADA MULTA COMINATÓRIA

Imagine a seguinte situação hipotética:

Em 2016, João celebrou contrato de mútuo com o Banco “X”.

Em março de 2017, o mutuário deixou de pagar as prestações e o banco o inscreveu no cadastro de inadimplentes (SERASA).

Em maio de 2017, João ajuizou ação revisional de contrato contra o banco alegando que havia cláusulas abusivas no pacto.

Em junho de 2017, o juiz concedeu a liminar determinando a retirada do nome de João do cadastro de inadimplentes, sob pena de multa diária de R$ 250,00.

Ocorre que, apesar de devidamente intimado, o banco não cumpriu a ordem judicial e não retirou o nome do autor do SERASA.

Propositura de nova ação

Diante disso, João ajuizou uma nova ação contra o banco, desta vez pedindo a indenização por danos morais em virtude do descumprimento da ordem judicial e não retirada de seu nome do cadastro de inadimplentes.

O banco contestou a demanda afirmando que, havendo fixação de multa por descumprimento de ordem judicial em demanda pretérita envolvendo as partes, não há como prosperar a pretensão indenizatória em razão de descumprimento de tal provimento. Isso porque a multa fixada teria caráter compensatório e punitivo.

O que decidiu o STJ? João terá direito à indenização?

SIM.

É cabível o pedido de indenização por danos morais em razão de descumprimento de ordem judicial em demanda pretérita envolvendo as mesmas partes, na qual foi fixada multa cominatória.

STJ. 3ª Turma. REsp 1.689.074-RS, Rel. Min. Moura Ribeiro, julgado em 16/10/2018 (Info 636).

Multa coercitiva

A multa fixada no primeiro processo tinha por objetivo compelir a parte ao cumprimento da obrigação imposta. Encontra justificativa no princípio da efetividade da tutela jurisdicional e na necessidade de se assegurar o pronto cumprimento das decisões judiciais cominatórias.

Não por outra razão, é comum encontrar, em doutrina, paralelos entre essa multa e a *contempt of court* do direito norte-americano.

Confira a sua previsão no CPC:

§ Art. 537. A multa independe de requerimento da parte e poderá ser aplicada na fase de conhecimento, em tutela provisória ou na sentença, ou na fase de execução, desde que seja suficiente e compatível com a obrigação e que se determine prazo razoável para cumprimento do preceito.

Indenização extrapatrimonial

A indenização extrapatrimonial, a seu turno, tem por objetivo reparar o abalo moral sofrido em decorrência da verdadeira agressão ou atentado contra a dignidade da pessoa humana.

É a reparação da infinita tristeza injustamente imposta pela propositada omissão.

Natureza jurídica diferente

Os institutos têm natureza jurídica diversa.

A multa tem finalidade exclusivamente coercitiva.

A indenização por danos morais tem caráter reparatório de cunho eminentemente compensatório.

Logo, são perfeitamente cumuláveis.

Nesse sentido, veja o que diz o CPC sobre o tema:

§ Art. 500. A indenização por perdas e danos dar-se-á sem prejuízo da multa fixada periodicamente para compelir o réu ao cumprimento específico da obrigação.

Dano moral in re ipsa

A manutenção da negativação do nome do autor após a determinação judicial, por si só, traduz-se em prática atentatória aos direitos da sua personalidade, capaz de ensejar danos morais.

Vale ressaltar, inclusive, que, em caso de inscrição indevida no cadastro de inadimplentes, o dano moral é presumido, salvo constatada a existência de outras anotações preexistentes àquela que deu origem à ação reparatória. Nesse sentido:

Súmula 385-STJ: Da anotação irregular em cadastro de proteção ao crédito, não cabe indenização por dano moral, quando preexistente legítima inscrição, ressalvado o direito ao cancelamento.

Nos casos de inclusão indevida do nome do consumidor no cadastro de inadimplente o dano moral é presumido.

STJ. 3ª Turma. AgRg no AgRg no AREsp 727.829/SC, Rel. Min. Marco Aurélio bellizze, julgado em 3/12/2015.

4.2. DPVAT

Associação de defesa do consumidor não tem legitimidade para ajuizar ACP discutindo DPVAT

Uma associação que tenha fins específicos de proteção ao consumidor não possui legitimidade para o ajuizamento de ação civil pública com a finalidade de tutelar interesses

coletivos de beneficiários do seguro DPVAT. Isso porque o seguro DPVAT não tem natureza consumerista, faltando, portanto, pertinência temática.

STJ. 2ª Seção. REsp 1.091.756-MG, Rel. Min. Marco Buzzi, Rel. Acd. Min. Marco Aurélio Bellizze, julgado em 13/12/2017 (Info 618).

Veja comentários em Direito Processual Civil.

5. CONTRATOS

5.1. EVICÇÃO

É DEVER DO ALIENANTE TRANSMITIR AO ADQUIRENTE O DIREITO SEM VÍCIOS, DE FORMA QUE SE CARACTERIZA A EVICÇÃO SE EXISTIR UM GRAVAME QUE IMPEDE A TRANSFERÊNCIA DO BEM

Evicção

A evicção ocorre quando:

a pessoa que adquiriu um bem

perde a posse ou a propriedade desta coisa

em razão de uma decisão judicial ou de um ato administrativo

que reconhece que um terceiro possuía direitos anteriores sobre este bem

de modo que ele não poderia ter sido alienado.

Após perder a posse ou a propriedade do bem, o adquirente (evicto) deverá ser indenizado pelo alienante por conta deste prejuízo. O fundamento desta indenização está no princípio da garantia. Logo, não interessa discutir se o alienante estava ou não de boa-fé quando vendeu o bem. Mesmo de boa-fé, ele terá a obrigação de indenizar o evicto.

Veja como o Min. Luis Felipe Salomão definiu o instituto:

"A evicção consiste na perda parcial ou integral da posse ou da propriedade do bem, via de regra, em virtude de decisão judicial que atribui o uso, a posse ou a propriedade a outrem, em decorrência de motivo jurídico anterior ao contrato de aquisição." (REsp 1.332.112-GO).

Evicção vem do latim *evincere* ou *evictio*, que significa algo como "ser vencido". Na língua portuguesa existe o verbo "evencer", que significa "promover a evicção de alguém".

A evicção representa um sistema especial de responsabilidade negocial.

Exemplo

João comprou um terreno de Bartolomeu. De repente, aparece Gilberto ajuizando uma ação reivindicatória contra João e afirmando que Bartolomeu não poderia ter vendido o terreno porque não lhe pertencia. A ação é julgada procedente e João perde o terreno.

Personagens

Na evicção, temos os seguintes personagens:

- evictor: é o terceiro reivindicante do bem (ex: Gilberto);
- evicto: é o adquirente do bem, que perdeu a ação movida pelo evictor (ex: João);
- alienante: é o que transferiu o bem ao evicto, e por isso, deve responder pela evicção, indenizando-o (ex: Bartolomeu).

Indenização devida em caso de evicção

Após perder a posse ou a propriedade do bem, o adquirente (evicto) deverá ser indenizado pelo alienante por conta deste prejuízo.

O valor da indenização englobará o preço pago pelo evicto na compra do bem e mais as outras despesas que ele comprove ter realizado.

Segundo o art. 450 do CC, o evicto possui o direito de receber as seguintes quantias:

- restituição integral do preço que pagou, com juros e correção monetária;
- indenização pelos frutos que tiver sido obrigado a restituir ao evictor;
- indenização pelas benfeitorias necessárias ou úteis não abonadas (art. 453);
- indenização pelas despesas do contrato;
- reembolso das custas judiciais e honorários advocatícios;
- indenização pelos prejuízos que diretamente resultarem da evicção.

Veja o que diz o CC:

§ Art. 450. Salvo estipulação em contrário, tem direito o evicto, além da restituição integral do preço ou das quantias que pagou:

I – à indenização dos frutos que tiver sido obrigado a restituir;

II – à indenização pelas despesas dos contratos e pelos prejuízos que diretamente resultarem da evicção;

III – às custas judiciais e aos honorários do advogado por ele constituído.

O valor do preço do bem é calculado segundo a data da evicção (e não com base no dia da aquisição):

§ Art. 450 (...)

Parágrafo único. O preço, seja a evicção total ou parcial, será o do valor da coisa, na época em que se evenceu *(no momento da perda e não na data da alienação)*, e proporcional ao desfalque sofrido, no caso de evicção parcial.

Assim, por exemplo, se a pessoa comprou o bem por 200 mil reais, mas na data da evicção (anos mais tarde), a coisa valia 300 mil reais, este último valor é que deverá ser devolvido ao evicto.

Imagine agora a seguinte situação hipotética:

João queria vender seu carro e, para tanto, deixou o automóvel no pátio da empresa AutoSeller, que trabalha com a intermediação de compra e venda de veículos seminovos.

Rafaela foi até a empresa AutoSeller e se interessou pelo carro de João que estava ali exposto, decidindo comprá-lo.

Rafaela entregou o dinheiro, no entanto, antes que conseguisse transferir o carro para o seu nome, houve um bloqueio judicial do veículo em razão de uma dívida de João.

Diante disso, a AutoSeller foi obrigada a ingressar com embargos de terceiro tendo, depois de alguns meses, conseguido a liberação do bem.

Ocorre que Rafaela desistiu do negócio, tendo a AutoSeller reembolsado a antiga adquirente.

Nesse cenário, a AutoSeller ingressou com ação de cobrança contra João pedindo o ressarcimento dos danos sofridos, por intermediar a compra e venda de automóvel que foi bloqueado por ordem judicial, impossibilitando a transferência da propriedade e ensejando a resolução do contrato pela adquirente.

A ação deverá ser julgada procedente? A empresa tem direito de ser ressarcida? Houve evicção neste caso?

SIM.

> **Caracteriza-se evicção a inclusão de gravame capaz de impedir a transferência livre e desembaraçada de veículo objeto de negócio jurídico de compra e venda.**
>
> STJ. 3ª Turma. REsp 1.713.096-SP, Rel. Min. Nancy Andrighi, julgado em 20/02/2018 (Info 621).

CIVIL

O que o juiz deve fazer neste caso?

O magistrado deverá determinar que as partes voltem a seu estado inicial, com a devolução do automóvel a João, a restituição do valor a Rafaela (compradora) e o ressarcimento dos danos que a AutoSeller experimentou.

Há indenização mesmo o automóvel tendo sido, ao final, liberado?

SIM. O fato de haver decisão judicial liberando o bem não elimina o direito da empresa de ser indenizada pelos prejuízos que sofreu. Isso porque ela teve que contratar advogado e fazer outras despesas para recuperar a posse do bem, além de ter tido que restituir os valores que haviam sido pagos pela adquirente.

Neste caso, é possível falar em evicção mesmo não tendo havido "perda da coisa"?

SIM. Tradicionalmente, fala-se que a evicção é a perda da coisa.

No entanto, a Min. Nancy Andrigui explica que a evicção não se configura apenas com a "perda da coisa" em si, mas sim com a privação de um direito que incide sobre a coisa. Esse direito pode ser não apenas sobre a propriedade, mas também sobre a posse.

Assim, ocorre a evicção quando há privação do direito de propriedade ou de posse sobre a coisa. E essa privação pode ser total ou parcial.

A inclusão de um gravame sobre a coisa é um exemplo de privação parcial que incide sobre o bem.

O fato de ter sido constituído um gravame sobre o bem, tornando necessário o ajuizamento de embargos de terceiro para que se pudesse obter a respectiva liberação evidencia que houve o rompimento da sinalagmaticidade das prestações. Isso porque pelo contrato, o alienante deveria ter transmitido o bem livre de qualquer restrição, sob pena de responder pela evicção. Em palavras mais simples, o alienante não cumpriu a sua parte da obrigação.

5.2. MÚTUO FENERATÍCIO E DESCABIMENTO DA REPETIÇÃO DO INDÉBITO COM OS MESMOS ENCARGOS DO CONTRATO

Mútuo

O mútuo é um contrato por meio do qual alguém (mutuante) empresta para uma outra pessoa (mutuário) uma coisa que seja fungível (art. 586 do Código Civil).

Ex: João, no caminho para o local de prova, comprou duas canetas Bic no camelô. Ele empresta uma delas para Pedro fazer a prova do concurso. João e Pedro celebraram um contrato de mútuo.

Gratuito ou oneroso

O mútuo pode ser:

a. gratuito (também chamado de "benéfico"): quando não é combinada nenhuma remuneração pelo empréstimo;

b. oneroso (feneratício): quando é combinado que o mutuário irá pagar ao mutuante uma remuneração pelo empréstimo.

Mútuo feneratício

A palavra "feneratício" vem do latim "feneratitius", que significa algo "relativo à usura".

O mútuo feneratício é o empréstimo que tem fins econômicos, ou seja, no qual haverá o pagamento de uma remuneração ao mutuante. Encontra-se previsto no art. 591 do CC:

> § Art. 591. Destinando-se o mútuo a fins econômicos, presumem-se devidos juros, os quais, sob pena de redução, não poderão exceder a taxa a que se refere o art. 406, permitida a capitalização anual.

> § Art. 406. Quando os juros moratórios não forem convencionados, ou o forem sem taxa estipulada, ou quando provierem de determinação da lei, serão fixados segundo a taxa que estiver em vigor para a mora do pagamento de impostos devidos à Fazenda Nacional.

A remuneração pelo empréstimo de coisa fungível é chamada de juros remuneratórios.

Assim, podemos resumir dizendo que mútuo feneratício consiste no "empréstimo de dinheiro a juro".

Obs: segundo prevalece no STJ, a taxa dos juros moratórios a que se refere o art. 406 do CC é a dispositivo é a taxa referencial do Sistema Especial de Liquidação e Custódia – SELIC (STJ. 3ª Turma. AgRg no REsp 1105904/DF, Rel. Min. Ricardo Villas Bôas Cueva, julgado em 20/09/2012).

Mútuo feneratício envolvendo instituições financeiras

O art. 591 prevê que, no mútuo feneratício, a taxa de juros não pode ser superior à taxa legal prevista no art. 406 do CC. O art. 591 do CC afirma também que a única capitalização possível seria a anual.

Vale ressaltar, contudo, que essas restrições contidas no art. 591 do CC não se aplicam para o mútuo feneratício envolvendo instituições financeiras.

Em outras palavras, se o mutuante for uma instituição financeira:

- a taxa de juros contratada poderá ser superior à taxa legal (art. 406); e
- será permitida capitalização de juros com periodicidade inferior a 1 ano.

Desse modo, se Lucas empresta dinheiro a juros para Henrique, ele deverá se submeter às restrições do art. 591 do CC. Por outro lado, um banco não estará limitado a tais exigências.

Qual será a taxa de juros que o banco poderá cobrar?

O STJ possui o entendimento de que os juros remuneratórios cobrados pelos bancos não estão sujeitos aos limites impostos pela Lei de Usura (Decreto nº 22.626/33), pelo Código Civil ou por qualquer outra lei. Em outras palavras, não existe lei limitando os juros que são cobrados pelos bancos (STJ. 2ª Seção. REsp 1061530/RS, Rel. Min. Nancy Andrighi, julgado em 22/10/2008).

Existe também uma súmula antiga do STF que afirma isso:

> Súmula 596-STF: As disposições do Decreto 22.626 de 1933 não se aplicam às taxas de juros e aos outros encargos cobrados nas operações realizadas por instituições públicas ou privadas, que integram o sistema financeiro nacional.

Diante da ausência de lei que imponha limites aos juros cobrados pelas instituições financeiras, o STJ construiu a seguinte regra: os juros cobrados pelos bancos devem utilizar como índice a taxa média de mercado, que é calculada e divulgada pelo Banco Central (BACEN) em sua página na internet.

Vale ressaltar que essas taxas são divulgadas de acordo com o tipo de encargo que foi ajustado (prefixado, pós-fixado, taxas flutuantes e índices de preços), com a categoria do tomador (pessoas físicas e jurídicas) e com a modalidade de empréstimo realizada (*hot money*, desconto de duplicatas, desconto de notas promissórias, capital de giro, conta garantida, financiamento imobiliário, aquisição de bens, 'vendor', cheque especial, crédito pessoal etc.). Em outras palavras, para cada tipo de contrato existe uma média das taxas que estão sendo cobradas pelos bancos naquele mês.

Desse modo, o correto é que o contrato bancário traga uma cláusula dizendo expressamente a taxa de juros que será aplicada. No entanto, caso o contrato bancário não preveja, o STJ determina que deverá, em regra, ser aplicada a taxa média de mercado, divulgada pelo Bacen, praticada nas operações da mesma espécie.

Adotar essa taxa média é a solução mais adequada porque ela é calculada com base nas informações prestadas por todas as instituições financeiras e, por isso, representa o ponto de equilíbrio nas forças do mercado. Além disso, traz embutida em si o custo médio dos bancos e seu lucro médio, ou seja, um *spread* médio (REsp 1112880/PR, Rel. Min. Nancy Andrighi, julgado em 12/05/2010).

Repetição de indébito em contrato de mútuo feneratício celebrado com instituição financeira

Imagine que João celebrou contrato de mútuo com um banco por meio do qual tomou emprestado R$ 100 mil, com a obrigação de devolver a quantia principal mais juros remuneratórios.

Ele pagou durante 6 meses as prestações do empréstimo.

Ocorre que o advogado de João percebeu que havia uma nulidade no contrato.

Diante disso, ajuizou uma ação declaratória de nulidade do contrato cumulada com repetição de indébito.

Em outras palavras, ele pediu para rescindir o ajuste e para receber de volta os valores que pagou durante os 6 meses.

Vale ressaltar que João pediu ao juiz para condenar o banco a restituir a quantia principal cobrada indevidamente (6 parcelas) acrescida dos mesmos juros que a instituição cobrou dele.

Assim, o banco cobrou uma taxa de 11% ao mês. Logo, João pediu para receber de volta o valor acrescido de 11% ao mês.

O pedido de João foi acolhido? O mutuário terá direito de receber os valores pagos acrescidos de juros remuneratórios no mesmo percentual que era previsto no contrato para ser cobrado pelo banco mutuante?

NÃO.

O mutuário que celebrar contrato de mútuo feneratício com a instituição financeira mutuante, não tem direito de pedir repetição do indébito com os mesmos índices e taxas de encargos previstos no contrato.

STJ. 2ª Seção. REsp 1.552.434-GO, Rel. Min. Paulo de Tarso Sanseverino, julgado em 13/06/2018 (recurso repetitivo) (Info 628)

E o mutuário, além do principal, terá direito de receber alguma taxa de juros remuneratórios?

O STJ resolveu não decidir isso ainda neste recurso especial considerando que ainda não havia uma posição sedimentada do Tribunal a respeito.

Desse modo, a única conclusão que o STJ já firmou é a de que, em caso de repetição de indébito envolvendo mútuo feneratício praticado por instituições financeiras mutuantes, o mutuário não terá direito de receber de volta a quantia acrescida dos mesmos encargos que são cobrados pelos bancos.

Assim, por exemplo, se o banco cobrou uma taxa de 11% ao mês, o mutuário não terá direito de receber o principal mais 11% ao mês. As decisões judiciais que determinarem essa equivalência, serão reformadas com base nesse entendimento do STJ.

Não foi definido, contudo, ainda, o quanto o mutuário terá direito.

Tema correlato: LUCRO DA INTERVENÇÃO

No seu voto, o Min. Paulo de Tarso Sanseverino discorreu sobre um interessante tema de obrigações. Trata-se do "lucro da intervenção". Vejamos o que ele disse:

Lucro da intervenção

O lucro da intervenção, segundo Sérgio Savi, é o "lucro obtido por aquele que, sem autorização, interfere nos direitos ou bens jurídicos de outra pessoa e que decorre justamente desta intervenção" (*Responsabilidade civil e enriquecimento sem causa: o lucro da intervenção*. São Paulo: Atlas, 2012, p. 7).

Exemplo

Um exemplo didático, citado por Carlos Nelson Konder (*Dificuldades de uma abordagem unitária do lucro da intervenção*), é o caso de um jóquei que subtrai um cavalo, contra as ordens do dono, para participar de uma corrida, e acaba saindo vencedor.

O jóquei recebe um valioso prêmio pela conquista, e retorna o cavalo ileso à baia.

O dono do cavalo não experimentou dano, pois o cavalo não estava destinado àquela corrida e, de todo modo, o animal retornou ileso.

O jóquei, por outro lado, lucrou significativamente com a prática do ato ilícito.

Ainda que se considerasse que o dono teria experimentado um dano correspondente ao aluguel do cavalo, mesmo assim o lucro obtido pelo jóquei seria muito mais significativo do que o dano causado. Esse lucro, ou essa diferença entre o lucro e o dano, é o que se denomina lucro da intervenção.

Lucro da intervenção e a situação do mútuo bancário

O lucro da intervenção também pode ser vislumbrado no caso dos bancos que praticam taxas de juros bem mais altas do que a taxa legal. A instituição financeira acaba auferindo vantagem dessa diferença de taxas, mesmo que seja obrigada a restituir ao mutuário o indébito com base na taxa legal. Ex: imaginemos que o banco cobrou juros de 11% ao mês. Decretada a invalidade do contrato, o banco é condenado a restituir o mutuário acrescido dos juros legais. Ocorre que os juros legais são bem inferiores aos juros que foram cobrados pelo banco. Assim, mesmo sendo condenado a restituir, os bancos teriam lucrado com a operação. Poderíamos dizer que se trata do lucro da intervenção.

O STJ possui julgados tratando sobre o lucro da intervenção?

NÃO. O STJ ainda não enfrentou o tema, ou seja, ainda não afirmou como se resolve a questão do lucro da intervenção.

Pagar a vítima toda a quantia referente ao lucro da intervenção seria uma solução correta?

NÃO. Alguns podem estar pensando que a solução seria simplesmente entregar para a vítima a quantia auferida como "lucro da intervenção". Isso não é, contudo, totalmente correto. Não se pode simplesmente determinar que a vítima receba integralmente o lucro da intervenção porque neste caso ela estará recebendo mais do que teria direito, considerando que seu prejuízo foi "x" e ela estaria recebendo "x" + o lucro da intervenção. Isso contraria a função indenitária do princípio da reparação integral.

Em nosso exemplo, se João recebesse a quantia principal mais os juros iguais aos cobrados pelo banco, João não estaria sendo restituído ao status quo ante. Ele estaria lucrando (e bastante) com a restituição porque os juros bancários são altos.

No exemplo do jóquei, se ele fosse condenado a pagar ao dono do cavalo o valor integral do prêmio, essa medida seria excessiva, uma vez que a habilidade do jóquei também contribuiu para o sucesso no torneio.

Previsão na Lei de Propriedade Industrial

A doutrina menciona como hipótese específica de restituição do lucro da intervenção aquela prevista no art. 210, II, da Lei de Propriedade Industrial (Lei nº 9.279/1996):

§ Art. 210. Os lucros cessantes serão determinados pelo critério mais favorável ao prejudicado, dentre os seguintes:

I – os benefícios que o prejudicado teria auferido se a violação não tivesse ocorrido; ou

II – os benefícios que foram auferidos pelo autor da violação do direito; ou

III – a remuneração que o autor da violação teria pago ao titular do direito violado pela concessão de uma licença que lhe permitisse legalmente explorar o bem

Este inciso II, ao afirmar que os lucros cessantes serão equivalentes aos benefícios auferidos pelo autor da violação, determina, em outras palavras, que o autor da violação pague ao prejudicado o "lucro da intervenção". Vale ressaltar, contudo, que o caput do art. 210 chama isso de "lucros cessantes". É a doutrina especializada quem identifica nisso uma hipótese de "lucro da intervenção".

Previsão nos arts. 884 e 886 do CC

Existem também doutrinadores que afirmam que o art. 884 do CC, que trata sobre enriquecimento sem causa, seria uma outra previsão específica de "lucro da intervenção".

Confira-se, a propósito, a redação dos arts. 884 e 886 do Código Civil:

§ Art. 884. Aquele que, sem justa causa, se enriquecer à custa de outrem, será obrigado a restituir o indevidamente auferido, feita a atualização dos valores monetários.

§ Art. 886. Não caberá a restituição por enriquecimento, se a lei conferir ao lesado outros meios para se ressarcir do prejuízo sofrido.

Existe um enunciado doutrinário tratando sobre o tema:

Enunciado 620-VIII Jornada de Direito Civil: Art. 884: A obrigação de restituir o lucro da intervenção, entendido como a vantagem patrimonial auferida a partir da exploração não autorizada de bem ou direito alheio, fundamenta-se na vedação do enriquecimento sem causa.

5.3. MANDATO

ANÁLISE JURÍDICA DA CONDUTA DE ADVOGADO QUE CELEBROU ACORDO PREJUDICIAL AO CLIENTE EM VIRTUDE DE AJUSTE ESPÚRIO REALIZADO COM A PARTE CONTRÁRIA

Imagine a seguinte situação hipotética:

João outorgou procuração (mandato) para Dr. Marcelo (advogado) a fim de que ele ajuizasse ação reivindicatória contra a empresa BCB, pertencente a Pedro, rico empresário.

Marcelo preparou e ajuizou a ação em nome de João.

O pedido foi julgado procedente em primeira instância e a sentença foi confirmada pelo Tribunal de Justiça.

A sentença e o acórdão reconheceram que João tinha em torno de R$ 100 mil para receber da ré.

Em tese, ainda teria a possibilidade de a empresa interpor recursos especial e extraordinário. No entanto, a jurisprudência do STF e do STJ era manifestamente contrária à tese da condenada.

Diante disso, Pedro chamou Marcelo em seu escritório e fez uma proposta: "vamos fazer um acordo para resolver logo esse processo; eu pago R$ 5 mil à vista para o seu cliente e desisto de recorrer; em contrapartida, ele renuncia aos demais valores; além disso, também pago um valor para você, 'por fora', além dos honorários que irá receber normalmente".

Assim, em abril de 2014, Marcelo celebrou o acordo (transação) com a referida empresa, por meio do qual renunciou a valores já consolidados em sentença e que tinham remota possibilidade de reversão. Percebe-se que Marcelo abusou do poder que lhe tinha sido outorgado e causou prejuízo ao seu cliente.

O acordo foi homologado e o processo extinto com resolução do mérito, nos termos do art. 487, III, "b", do CPC/2015:

§ Art. 487. Haverá resolução de mérito quando o juiz:

(...)

III – homologar:

(...)

b) a transação;

Deflagração de operação policial

João recebeu os R$ 5 mil e estava até satisfeito porque não entendia muito bem de assuntos jurídicos e o advogado explicou para ele que seria um bom acordo, já que "o processo ainda poderia demorar uns 30 anos em Brasília".

Em abril de 2018, ou seja, 4 anos depois da homologação do acordo, foi deflagrada uma operação policial na qual se revelou que o advogado Marcelo e a empresa BCB fizeram o mesmo esquema em vários outros processos judiciais.

A empresa BCB é muito grande e Marcelo foi advogado de vários clientes que ajuizaram ações contra ela. Em todos os processos, ele fez esses acordos desvantajosos em troca do pagamento de um dinheiro "por fora".

Ação de indenização

Em maio de 2018, João procurou, então, outro advogado e ajuizou ação de indenização contra Marcelo pedindo:

a. danos materiais equivalentes à diferença entre o valor da condenação (R$ 100 mil) e o que foi efetivamente repassado ao autor (R$ 5 mil);

b. danos morais.

Defesa de Marcelo

Marcelo contestou a demanda alegando, entre outros argumentos, que:

1. a pretensão está prescrita. Isso porque o acordo foi celebrado em abril/2014 e a ação de indenização somente foi ajuizada em maio de 2018, ou seja, depois do prazo de 3 anos previsto como prazo prescricional para as ações de responsabilidade civil, nos termos do art. 206, § 3º, V, do Código Civil:

> §
>
> Art. 206. Prescreve:
>
> (...)
>
> § 3º Em três anos:
>
> (...)
>
> V – a pretensão de reparação civil;

2. a procuração a ele outorgada conferia poderes para transigir;
3. só poderia haver a responsabilização por abuso de poder pelo advogado-mandatário se houvesse a prévia anulação judicial do ato praticado.

Tese 1. Prescrição. A pretensão deduzida está prescrita?

NÃO. Por dois motivos:

Termo inicial da prescrição: teoria da actio nata

O termo inicial da prescrição não foi o momento em que o acordo foi homologado, mas sim a data em que a vítima soube que havia sido prejudicada. Isso com base na chamada teoria da *actio nata*.

No campo da responsabilidade civil, esta teoria sustenta que o prazo prescricional para a ação de indenização se inicia na data em que se tiver o efetivo conhecimento da lesão (e seus efeitos).

> Por aplicação da teoria da *actio nata*, o prazo prescricional, relativo à pretensão de indenização de dano material e compensação de dano moral, somente começa a correr quando o titular do direito subjetivo violado obtém plena ciência da lesão e de toda a sua extensão, bem como do responsável pelo ilícito, inexistindo, ainda, qualquer condição que o impeça de exercer o direito de ação.
>
> STJ. 3ª Turma. AgInt no AREsp 639.598/SP, Rel. Min. Nancy Andrighi, julgado em 13/12/2016.

Assim, o início do prazo prescricional, com base na teoria da *actio nata*, não se dá necessariamente no momento em que ocorre a lesão ao direito, mas sim quando o titular do direito subjetivo violado obtém plena ciência da lesão e de toda a sua extensão.

Tendo em vista a impossibilidade de se precisar o momento em que o autor (João) teve ciência de que a transação judicial realizada pelo advogado em seu nome foi prejudicial aos seus interesses, pode-se considerar a data da deflagração da operação policial, ocorrida em abril de 2018, como termo inicial do prazo prescricional.

No momento da homologação do acordo, o mandante não sabia que estava sendo prejudicado pelo mandatário, que estava atuando de modo contrário aos seus interesses e em conluio com a parte adversa.

A relação entre advogado e cliente é fundamentada na confiança e na legítima expectativa de que o profissional atuará com ética e com a máxima diligência possível no cumprimento do mandato que lhe foi outorgado.

Logo, é razoável presumir que apenas com a instauração da investigação criminal o autor tomou conhecimento de que o acordo celebrado pelo réu em seu nome não tinha por objetivo preservar seus interesses.

Prazo prescricional não é de 3 anos

Existe, contudo, um outro motivo pelo qual a pretensão não está prescrita: o prazo prescricional, no presente caso, não é de 3, mas sim de 10 anos.

> **Nas ações de indenização do mandante contra o mandatário incide o prazo prescricional de 10 anos, previsto no art. 205 do Código Civil, por se tratar de responsabilidade proveniente de relação contratual.**
>
> STJ. 3ª Turma. REsp 1.750.570-RS, Rel. Min. Ricardo Villas Bôas Cueva, julgado em 11/09/2018 (Info 633).

Veja a redação do dispositivo legal:

§ Art. 205. A prescrição ocorre em dez anos, quando a lei não lhe haja fixado prazo menor.

Esse entendimento está de acordo com o que decidiu recentemente o STJ:

Nas controvérsias relacionadas à responsabilidade CONTRATUAL, aplica-se a regra geral (art. 205 CC/2002) que prevê 10 anos de prazo prescricional e, quando se tratar de responsabilidade extracontratual, aplica-se o disposto no art. 206, § 3º, V, do CC/2002, com prazo de 3 anos.

Para fins de prazo prescricional, o termo "reparação civil" deve ser interpretado de forma restritiva, abrangendo apenas os casos de indenização decorrente de responsabilidade civil extracontratual.

STJ. 2ª Seção. EREsp 1.280.825-RJ, Rel. Min. Nancy Andrighi, julgado em 27/06/2018 (Info 632).

Tese 2. A procuração outorgada ao advogado autorizava que ele fizesse transação em nome do autor. Logo, ele não ultrapassou os limites formais da procuração. Mesmo assim terá que indenizar?

SIM. O fato de o advogado dispor de procuração que lhe permitia a realização de transação não lhe autorizava a agir de forma temerária e a seu livre arbítrio, nem lhe autorizava a celebrar acordos manifestamente contrários aos interesses de seu cliente com o objetivo de se locupletar indiretamente às custas do mandante. Isso porque, conforme prevê o art. 667 do Código Civil:

§ Art. 667. O mandatário é obrigado a aplicar toda sua diligência habitual na execução do mandato, e a indenizar qualquer prejuízo causado por culpa sua ou daquele a quem substabelecer, sem autorização, poderes que devia exercer pessoalmente.

O mandatário não apenas faltou com a necessária diligência em favor de seu cliente, como atuou de modo a lhe causar prejuízos, renunciando a crédito já reconhecido judicialmente em sentença com remota possibilidade de reversão, em virtude de ajuste espúrio realizado com a parte contrária.

O que houve, portanto, foi a prática de uma série de infrações disciplinares previstas no art. 34 do Estatuto da OAB (Lei nº 8.906/94):

§ Art. 34. Constitui infração disciplinar:

(...)

VIII – estabelecer entendimento com a parte adversa sem autorização do cliente ou ciência do advogado contrário;

IX – prejudicar, por culpa grave, interesse confiado ao seu patrocínio;

(...)

XIX – receber valores, da parte contrária ou de terceiro, relacionados com o objeto do mandato, sem expressa autorização do constituinte;

XX – locupletar-se, por qualquer forma, à custa do cliente ou da parte adversa, por si ou interposta pessoa;

Além disso, o Estatuto da OAB também determina:

§ Art. 32. O advogado é responsável pelos atos que, no exercício profissional, praticar com dolo ou culpa.

O fato de o advogado-mandatário ostentar procuração com poderes para transigir não afasta a responsabilidade pelos prejuízos causados por culpa sua ou de pessoa para quem substabeleceu, nos termos dos arts. 667 do Código Civil e 32, caput, do Estatuto da Advocacia.

STJ. 3ª Turma. REsp 1.750.570-RS, Rel. Min. Ricardo Villas Bôas Cueva, julgado em 11/09/2018 (Info 633).

Tese 3. Para que haja o dever de indenizar, é necessário que seja previamente anulado o acordo conduzido pelo advogado e que foi homologado judicialmente?

NÃO.

A responsabilidade pelos danos decorrentes do abuso de poder pelo mandatário independe da prévia anulação judicial do ato praticado, pois o prejuízo não decorre de eventual nulidade, mas sim da violação dos deveres subjacentes à relação jurídica entre o advogado e o assistido.

STJ. 3ª Turma. REsp 1.750.570-RS, Rel. Min. Ricardo Villas Bôas Cueva, julgado em 11/09/2018 (Info 633).

O mau cumprimento do mandato advocatício não implica, necessária e automaticamente, a invalidade dos atos praticados pelo mandatário.

Houve, no caso, abuso de poder por parte do mandatário, que se configura quando este, no desempenho de suas atividades, atua de modo contrário ao que lhe foi solicitado, implícita ou explicitamente, pelo outorgante, mas sem exceder os limites expressamente estabelecidos no mandato. Diferencia-se, portanto, do excesso de poder, que ocorreria caso o mandatário extrapolasse a limitação de poderes outorgados pelo mandante, por exemplo, transigindo sem ostentar procuração para tanto.

Na hipótese de abuso de poder, caso dos presentes autos, o mandante permanece, em tese, responsável pelas obrigações assumidas pelo mandatário em seu nome, sobretudo em se tratando de avença que restou homologada judicialmente. Nada impede, contudo, que busque a anulação do acordo por meio da via adequada.

Assim sendo, a ausência de invalidação do acordo judicial não constitui óbice para a responsabilização do recorrente, pois a conduta lesiva imputada ao réu não é a celebração de um acordo nulo, mas sim, a quebra das obrigações ínsitas ao mandato outorgado.

5.4. SEGURO

SEGURO E DOENÇA PREEXISTENTE

Súmula 609-STJ: A recusa de cobertura securitária, sob a alegação de doença preexistente, é ilícita se não houve a exigência de exames médicos prévios à contratação ou a demonstração de má-fé do segurado.

STJ. 2ª Seção. Aprovada em 11/04/2018, DJe 17/04/2018.

Dever de informar doenças preexistentes

No momento em que a pessoa vai contratar um seguro, ela preenche uma ficha na qual será perguntado a ela se possui alguma doença preexistente. Assim, caso o contratante tenha alguma enfermidade, ele é obrigado a informar essa situação à seguradora no momento da assinatura do contrato.

O que é considerado doença preexistente?

No caso de seguro de vida, é a doença que o segurado sabia que possuía no momento da assinatura do contrato e que mesmo assim não declarou na proposta de contratação (art. 62 da Circular SUSEP nº 302 de 19/09/2005).

No caso dos seguros e planos de saúde, doença preexistente é aquela "que o beneficiário ou seu representante legal saiba ser portador ou sofredor, no momento da contratação ou adesão ao plano privado de assistência à saúde" (art. 2º da Resolução Normativa 162/2007 da ANS.

Por que o consumidor tem esse dever de informar?

Porque os contratos de seguro de danos pessoais (morte, invalidez e acidentes pessoais) preveem cláusula que exclui cobertura securitária em caso de dano causado por doença preexistente. Ex: no contrato de seguro de vida, há uma cláusula dizendo que se o segurado falecer em decorrência de doença preexistente, o beneficiário da apólice não terá direito ao recebimento da indenização.

Nos seguros e planos de saúde não há exclusão, mas existem cláusulas que estipulam uma carência de até 24 meses, período durante o qual o contratante não terá direito a procedimentos mais complexos relacionados ao tratamento de tais doenças. Ex: a pessoa possui câncer e contrata um plano de saúde (ou seguro-saúde); o contrato poderá prever que ela estará sujeita a uma carência de 24 meses, de forma que, neste período, não terá direito a cirurgia ou internação decorrente deste câncer.

E se o consumidor sabe que possui essa doença, mas omite tal informação no momento da assinatura do contrato? Em outras palavras, se o contratante omite a doença preexistente?

Neste caso, o consumidor age de má-fé e não terá direito à cobertura securitária, conforme prevê o art. 766 do Código Civil:

> § Art. 766. Se o segurado, por si ou por seu representante, fizer declarações inexatas ou omitir circunstâncias que possam influir na aceitação da proposta ou na taxa do prêmio, perderá o direito à garantia, além de ficar obrigado ao prêmio vencido.

Exames médicos prévios

A demonstração de que o segurado agiu com má-fé e que não declarou a doença preexistente é difícil de ser feita.

Diante disso, como cautela, antes de ser assinado o contrato de seguro, algumas seguradoras exigem que o usuário seja submetido a exames médicos para verificar se ele apresenta ou não alguma enfermidade física ou psíquica.

Não há ilegalidade da operadora na conduta de exigir esses exames médicos prévios. Isso é permitido.

A seguradora pode se recusar a arcar com a cobertura securitária sob a alegação de que o sinistro ocorreu em virtude de doença preexistente?

SIM. Essa recusa será considerada lícita, no entanto, para isso, é necessário que a operadora:

1. Tenha realizado exames médicos no usuário antes da assinatura do contrato, constatando-se que ele possuía essa doença; ou
2. Se a operadora não fez esses exames prévios, ela terá que provar agora (já durante o contrato) que o consumidor agiu de má-fé e ocultou intencionalmente a existência da doença.

Em outras palavras, antes de concluir o contrato, a seguradora pode exigir do segurado a realização de exames médicos para constatação de sua efetiva disposição física e psíquica. Se a operadora não realizou os exames no contratante, ela assumiu os riscos por essa sua postura. Logo, somente poderá recusar o tratamento se provar que o segurado agiu de má-fé.

Má-fé = omissão intencional de doença preexistente.

Vejamos um exemplo para ilustrar melhor:

João contratou seguro de vida.

No momento da assinatura, ele informou que não possuía qualquer enfermidade.

Passados alguns meses, João morre de bronquite crônica.

A viúva requer o pagamento da indenização securitária.

A seguradora nega, afirmando que se tratava de doença preexistente.

Essa recusa pode ser considerada lícita? Depende:

1. Se a seguradora fez exames antes da assinatura e detectou que João estava com bronquite: ela poderá recusar o pagamento da indenização porque a morte foi decorrente dessa doença preexistente. A recusa será lícita.
2. Se a seguradora não fez os exames prévios, haverá duas possibilidades:
   - **2.1.** Seguradora consegue provar que o segurado agiu de má-fé, ou seja, sabia que estava doente e omitiu essa informação para poder conseguir assinar o seguro de vida: neste caso, a seguradora poderá recusar a cobertura. A recusa será lícita.
   - **2.2.** Seguradora não consegue reunir provas de que o segurado agiu de má-fé: neste caso, a seguradora não poderá recusar a cobertura securitária. A recusa será ilícita.

Precedentes que deram origem à súmula

A maioria dos precedentes que deram origem à súmula estão relacionados com contratos de seguro de vida. No entanto, o entendimento vale também para contratos de seguro saúde e até para contratos de planos de saúde, nos quais se pode exigir uma carência de até 24 meses para doenças preexistentes. Confira:

Seguro de vida

A seguradora que não exigiu exames médicos previamente à contratação, não pode descumprir a obrigação indenizatória sob a alegação de que houve omissão de informações pelo segurado quanto à doença preexistente, salvo quando ficar provado que o contratante agiu de má-fé.

STJ. 3ª Turma. AgRg no REsp 1.286.741-SP, Rel. Min. Ricardo Villas Bôas Cueva, julgado em 15/8/2013 (Info 529).

Seguro saúde

A jurisprudência desta Corte firmou entendimento de que é ilícita a recusa da cobertura securitária, sob a alegação de doença preexistente à contratação do seguro-saúde, se a seguradora não submeteu o segurado a prévio exame de saúde e não comprovou má-fé.

STJ. 4ª Turma. EDcl nos EDcl no AREsp 567.144/PR, Rel. Min. Raul Araújo, julgado em 15/03/2016.

Plano de saúde

Não se justifica a recusa à cobertura de tratamento necessária à sobrevida do segurado, ao argumento de se tratar de doença pré-existente, quando a administradora do plano de saúde não se precaveu mediante realização de exames de admissão no plano ou prova inequívoca de má-fé a qual não ocorreu.

STJ. 4ª Turma. AgInt no AREsp 998.163/DF, Rel. Min. Luis Felipe Salomão, julgado em 21/02/2017.

Exceção à má-fé:

Como vimos, em regra, se o segurado omitir, de má-fé, que possuía alguma doença preexistente, a seguradora poderá recusar a cobertura.

Existe, no entanto, uma exceção a essa regra. Há uma situação na qual mesmo que o segurado omita doença preexistente, ainda assim ele terá direito à cobertura securitária. Trata-se da hipótese na qual essa doença somente vem a se manifestar e exigir alguma providência por parte da seguradora muitos anos após a assinatura do contrato. Neste caso, fica demonstrado que o contratante, mesmo apresentando a doença, estava em boas condições de saúde. Veja:

(...) 1. A jurisprudência desta Corte firmou-se no sentido de não ser possível à seguradora eximir-se do dever de pagamento da cobertura securitária sob a alegação de omissão de informações por parte do segurado, se dele não exigiu exames médicos prévios à contratação do seguro. Precedentes.

1.1. Consoante cediço no STJ, a suposta má-fé do segurado (decorrente da omissão intencional de doença preexistente) será, excepcionalmente, relevada quando, sem sofrer de efeitos antecipados, mantém vida regular por vários anos, demonstrando que possuía razoável estado de saúde no momento da contratação/renovação da apólice securitária. (...)

STJ. 4ª Turma. AgRg no REsp 1359184/SP, Rel. Min. Marco Buzzi, julgado em 06/12/2016.

SEGURO DE VIDA E SUICÍDIO

Súmula 610-STJ: O suicídio não é coberto nos dois primeiros anos de vigência do contrato de seguro de vida, ressalvado o direito do beneficiário à devolução do montante da reserva técnica formada.

STJ. 2ª Seção. Aprovada em 25/04/2018, DJe 07/05/2018.

Relembrando: nomenclaturas utilizadas nos contratos de seguro

Risco: é a possibilidade de ocorrer o sinistro. Ex.: risco de morte.

Sinistro: o sinistro é o risco concretizado. Ex.: morte.

Apólice (ou bilhete de seguro): é um documento emitido pela seguradora no qual estão previstos os riscos assumidos, o início e o fim de sua validade, o limite da garantia e o prêmio devido e, quando for o caso, o nome do segurado e o do beneficiário.

Prêmio: é a quantia paga pelo segurado para que o segurador assuma o risco. O prêmio deve ser pago depois de recebida a apólice. O valor do prêmio é fixado a partir de cálculos atuariais e o seu valor leva em consideração os riscos cobertos.

Indenização: é o valor pago pela seguradora caso o risco se concretize (sinistro).

SEGURO E SUICÍDIO

Imagine a seguinte situação:

João fez um seguro de vida por meio do qual paga R$ 50 por mês (prêmio) e, se vier a falecer na vigência do contrato, a seguradora terá que pagar R$ 500 mil reais (indenização) ao seu filho (beneficiário).

O prazo de vigência do contrato é de 5 anos.

Se João se matar, mesmo assim a seguradora terá que pagar a indenização ao beneficiário? No seguro de vida, se o segurado se suicidar, a seguradora continua tendo obrigação de pagar a indenização?

Depende:

Se o suicídio ocorreu ANTES dos dois primeiros anos do contrato:	**Se o suicídio ocorreu DEPOIS dos dois primeiros anos do contrato:**
NÃO O beneficiário não terá direito ao capital estipulado quando o segurado se suicida nos primeiros dois anos de vigência inicial do contrato ou nos dois primeiros anos depois de o contrato ter sido reiniciado (recondução) depois de um tempo suspenso (art. 798 do CC). Obs: o beneficiário não terá direito à indenização, mas receberá o valor da reserva técnica já formada, ou seja, terá direito à quantia que o segurado pagou a título de prêmio para a seguradora. A seguradora será obrigada a devolver ao beneficiário o montante da reserva técnica já formada mesmo que fique provado que o segurado premeditou o suicídio.	SIM Se o suicídio ocorrer depois dos dois primeiros anos do contrato será devida a indenização, ainda que exista cláusula expressa em contrário. Obs: é nula a cláusula contratual que exclua a indenização da seguradora em caso de suicídio ocorrido depois dos dois primeiros anos do contrato (art. 798, parágrafo único). Assim, se o suicídio ocorre depois dos dois primeiros anos, é devida a indenização ainda que exista cláusula expressa dizendo que a seguradora não deve indenizar.

SEGURO E SUICÍDIO NOS DOIS PRIMEIROS ANOS

Se o suicídio acontecer nos dois primeiros anos, o beneficiário poderá receber o seguro provando que o segurado não agiu de forma premeditada? Se o suicídio acontecer nos dois primeiros anos, tem alguma relevância discutir-se a premeditação do segurado?

NÃO. A redação do art. 798 do CC é muito clara e direta: se o suicídio ocorrer dentro dos dois primeiros anos do contrato, a seguradora não está obrigada a indenizar o beneficiário. Em outras palavras, durante os dois primeiros anos de vigência do contrato de seguro de vida, o suicídio é risco não coberto por força de lei.

Perceba que o legislador estabeleceu um critério objetivo para regular a matéria, sendo, portanto, irrelevante a discussão a respeito da premeditação da morte.

O art. 798 adotou critério objetivo temporal para determinar a cobertura relativa ao suicídio do segurado, afastando o critério subjetivo da premeditação.

Acontecendo o suicídio nos dois primeiros anos de contrato, o beneficiário não terá direito à indenização, quer tenha sido o suicídio premeditado, quer tenha ocorrido sem premeditação.

Essa escolha do legislador teve como objetivo conferir maior segurança jurídica evitando discussões sobre o elemento subjetivo, ou seja, a respeito da intenção do segurado.

Esse é o entendimento do STJ. 2ª Seção. AgRg nos EDcl nos EREsp 1076942/PR, Rel. para acórdão Min. João Otávio de Noronha, julgado em 27/5/2015.

Suicídio premeditado x Suicídio não premeditado

Para fins de contrato de seguro, suicídio premeditado é aquele no qual o segurado já faz o seguro de vida pensando na ideia de se suicidar para deixar a indenização para o beneficiário. Em outras palavras, o segurado agiu de má-fé porque, quando fez o seguro, já tinha essa intenção. Suicídio não premeditado, por sua vez, é aquele no qual o segurado, quando assinou o contrato, não tinha a intenção de se matar, tendo a vontade surgido posteriormente. Como se percebe, provar essa intenção do agente é algo extremamente difícil, razão pela qual o CC-2002, de forma acertada, abandonou esse critério.

Enunciado 187

Cuidado com o enunciado 187 da Jornada de Direito Civil, que diz o seguinte:

> § 187 – Art. 798: No contrato de seguro de vida, presume-se, de forma relativa, ser premeditado o suicídio cometido nos dois primeiros anos de vigência da cobertura, ressalvado ao beneficiário o ônus de demonstrar a ocorrência do chamado "suicídio involuntário"

O referido enunciado está em sentido contrário à jurisprudência do STJ e NÃO deve ser adotado em provas de concurso. Risque ele dos seus materiais de estudo para não se confundir.

Reserva técnica

Vimos acima que, se o suicídio ocorrer nos dois primeiros anos, o beneficiário não terá direito à indenização, mas receberá o valor da reserva técnica já formada, ou seja, ele terá direito de receber a quantia que o segurado pagou a título de prêmio para a seguradora. Isso está previsto na parte final do art. 798 c/c art. 797, parágrafo único do CC.

Importante ressaltar que a seguradora será obrigada a devolver ao beneficiário o montante da reserva técnica já formada mesmo que fique provado que o segurado premeditou o suicídio.

Seguro e suicídio depois dos dois primeiros anos

Após o período de carência de dois anos a seguradora será obrigada a indenizar mesmo diante da prova mais cabal de premeditação. Mesmo que a seguradora prove que o segurado, no momento da contratação do seguro já pensava em se suicidar, se esse suicídio aconteceu após os dois primeiros anos de contrato, ela terá sim que indenizar.

Perceba, mais uma vez, que não importa mais essa discussão sobre premeditação.

O critério atual é apenas temporal:

- Suicídio nos dois primeiros anos: SEM direito à indenização.
- Suicídio após os dois primeiros anos: TEM direito à indenização.

Súmulas sobre o tema

Existiam duas súmulas que tratavam sobre o tema:

Súmula 105-STF: Salvo se tiver havido premeditação, o suicídio do segurado no período contratual de carência não exime o segurador do pagamento do seguro.

Súmula 61-STJ: O seguro de vida cobre o suicídio não premeditado.

O STJ, no dia 25/04/2018, ao aprovar a Súmula 610, decidiu cancelar a Súmula 61.

A Súmula 105 do STF, apesar de formalmente não estar cancelada, encontra-se superada.

As Súmulas 105-STF e 61-STJ foram aprovadas ainda sob a égide do CC/1916. Com a redação do art. 798 do CC/2002, tais súmulas passaram a estar em confronto com o ordenamento jurídico. Isso porque, conforme já explicado, o critério adotado pelo Código Civil atual é meramente temporal (menos ou mais de 2 anos). O CC/2002 abandonou o critério da premeditação. A premeditação do suicídio não serve para nada e não deve nem sequer ser trazida para a discussão.

Alguns de vocês podem estar pensando: mas como o entendimento do STJ vai fazer com que uma súmula do STF deixe de ser aplicada (torne-se superada)?

É simples. A Súmula 105 foi editada pelo STF em 13/12/1963. Nesta época, não existia STJ (que só foi criado com a CF/88). Isso significa que a tarefa de interpretar a legislação federal (interpretar o Código Civil, por exemplo) cabia ao STF. Com a CF/88, a competência para interpretar a legislação infraconstitucional passou para o STJ. Logo, a competência para definir esse tema (interpretar se a regra do Código Civil sobre suicídio e contrato de seguro) é atualmente do STJ, considerando que não há questão constitucional envolvida.

Resumindo:

No seguro de vida, se o segurado se suicidar, a seguradora continua tendo obrigação de pagar a indenização?

- Se o suicídio ocorreu ANTES dos dois primeiros anos do contrato: NÃO.

O beneficiário não terá direito ao capital estipulado quando o segurado se suicida nos primeiros dois anos de vigência inicial do contrato ou nos dois primeiros anos depois de o contrato ter sido reiniciado (recondução) depois de um tempo suspenso (art. 798 do CC).

Obs: o beneficiário não terá direito à indenização, mas receberá o valor da reserva técnica já formada, ou seja, terá direito à quantia que o segurado pagou a título de prêmio para a seguradora. A seguradora será obrigada a devolver ao beneficiário o montante da reserva técnica já formada mesmo que fique provado que o segurado premeditou o suicídio.

- Se o suicídio ocorreu DEPOIS dos dois primeiros anos do contrato: SIM.

Se o suicídio ocorrer depois dos dois primeiros anos do contrato será devida a indenização, ainda que exista cláusula expressa em contrário.

Obs: é nula a cláusula contratual que exclua a indenização da seguradora em caso de suicídio ocorrido depois dos dois primeiros anos (art. 798, parágrafo único). Assim, se o suicídio ocorre depois dois primeiros anos, é devida a indenização ainda que exista cláusula expressa dizendo que a seguradora não deve indenizar.

Principal precedente que deu origem à súmula: STJ. 2ª Seção. REsp 1.334.005-GO, Rel. originário Min. Paulo de Tarso Sanseverino, Rel. para acórdão Min. Maria Isabel Gallotti, julgado em 8/4/2015 (Info 564).

Está cancelada a Súmula 61 do STJ e encontram-se superados a Súmula 105 do STF e o Enunciado 187 da Jornada de Direito Civil.

É VEDADA A EXCLUSÃO DE COBERTURA DE SEGURO DE VIDA EM RAZÃO DA EMBRIAGUEZ DO SEGURADO

Súmula 620-STJ: A embriaguez do segurado não exime a seguradora do pagamento da indenização prevista em contrato de seguro de vida.

STJ. 2ª Seção. Aprovada em 12/12/2018, DJe 17/12/2018.

Imagine a seguinte situação hipotética:

João fez um seguro de vida, por meio do qual paga R$ 50 por mês (prêmio) e, se vier a falecer na vigência do contrato, a seguradora terá que pagar R$ 500 mil reais (indenização) ao seu filho (beneficiário).

Determinado dia, João, após sair de uma festa completamente embriagado, perdeu o controle sobre o carro e o colidiu contra um poste, falecendo no local.

A seguradora se negou a pagar o valor da apólice, ao argumento de que houve agravamento intencional do risco (embriaguez ao volante). A seguradora afirmou que existe cláusula contratual prevendo a exclusão de cobertura nestes casos. Confira:

Cláusula 2.3.1 – Há perda do direito à indenização no caso de morte ocorrida em acidente cuja consequência direta ou indireta tenha sido decorrente de ingestão, por parte do segurado, de álcool, de drogas, entorpecentes ou substâncias tóxicas.

O filho de João questionou judicialmente a validade desta cláusula.

Esta cláusula presente no seguro de vida é válida?

NÃO.

É vedada a exclusão de cobertura do seguro de vida na hipótese de sinistro ou acidente decorrente de atos praticados pelo segurado em estado de embriaguez.

Tal cláusula é abusiva, com base nos arts. 3º, § 2º, e 51, IV, do CDC.

STJ. 2ª Seção. EREsp 973.725-SP, Rel. Min. Lázaro Guimarães (Desembargador Convocado Do TRF 5ª Região), julgado em 25/04/2018 (Info 625).

Cláusulas limitativas das avenças securitárias

Em tese, é possível que existam cláusulas no contrato de seguro que limitem ou restrinjam o pagamento da indenização. Ex: é válida a cláusula que exclua o pagamento da indenização caso a morte tenha ocorrido por conta de uma doença preexistente que foi omitida pelo segurado no momento da contratação.

Vale ressaltar, no entanto, que as cláusulas que limitam a cobertura securitária, para serem válidas, não podem contrariar:

- as disposições legais;

- a finalidade do contrato.

A jurisprudência do STJ entende que a cláusula presente no contrato de seguro de vida que exclua a cobertura em caso de morte decorrente de embriaguez é uma cláusula muito restritiva que acaba contrariando a própria finalidade do contrato. Essa é também a posição da Superintendência de Seguros Privados, que editou a Carta Circular SUSEP/DETEC/GAB nº 08/2007 orientando que as seguradoras não incluam cláusulas excluindo a cobertura na hipótese de sinistros ou acidentes decorrentes de atos praticados pelo segurado em estado de insanidade mental, de alcoolismo ou sob efeito de substâncias tóxicas.

Situação diferente no caso de seguro de veículos

No caso de seguro de veículos, o STJ e a SUSEP entendem que é válida a cláusula contratual que preveja a exclusão da indenização caso os danos ao automóvel tenham sido causados pela embriaguez do segurado.

Compare:

No SEGURO DE VIDA (seguro de pessoas) é devida a indenização securitária mesmo que o acidente que vitimou o segurado tenha decorrido de seu estado de embriaguez?	No SEGURO DE AUTOMÓVEL (seguro de bens) celebrado por uma empresa com a seguradora, é devida a indenização securitária se o condutor do veículo estava embriagado?
SIM. É vedada a exclusão de cobertura do seguro de vida na hipótese de sinistro ou acidente decorrente de atos praticados pelo segurado em estado de embriaguez. STJ. 3ª Turma. REsp 1.665.701-RS, Rel. Min. Ricardo Villas Bôas Cueva, julgado em 9/5/2017 (Info 604). STJ. 2ª Seção. EREsp 973.725-SP, Rel. Min. Lázaro Guimarães (Desembargador Convocado Do TRF 5ª Região), julgado em 25/04/2018 (Info 625).	• Em regra: NÃO. • Exceção: será devido o pagamento da indenização se o segurado conseguir provar que o acidente ocorreria mesmo que o condutor não estivesse embriagado. Não é devida a indenização securitária decorrente de contrato de seguro de automóvel quando o causador do sinistro (condutor do veículo segurado) estiver em estado de embriaguez, salvo se o segurado demonstrar que o infortúnio ocorreria independentemente dessa circunstância. STJ. 3ª Turma. REsp 1.485.717-SP, Rel. Min. Ricardo Villas Bôas Cueva, julgado em 22/11/2016 (Info 594).

ATRASO NO PAGAMENTO E NECESSIDADE DE COMUNICAÇÃO PRÉVIA

Súmula 616-STJ: A indenização securitária é devida quando ausente a comunicação prévia do segurado acerca do atraso no pagamento do prêmio, por constituir requisito essencial para a suspensão ou resolução do contrato de seguro.

STJ. 2ª Seção. Aprovada em 23/05/2018, DJe 28/05/2018.

Indenização securitária

É o valor pago pela seguradora caso o risco coberto se concretize (sinistro).

Ex: João faz um seguro de vida em favor de seus filhos; se ele morre, o risco se concretizou, e a seguradora terá que pagar a indenização securitária aos beneficiários da apólice (filhos de João).

Prêmio

É a quantia paga pelo segurado para que a seguradora aceite assumir o risco.

Ex: João faz um seguro de vida em favor de seus filhos. Ele combinou de pagar à seguradora, como prêmio, R$ 1 mil por mês.

Em palavras simples, o prêmio é a contraprestação paga à seguradora e que foi combinada no contrato.

O valor do prêmio é fixado a partir de cálculos atuariais e o seu valor leva em consideração os riscos cobertos. Ex: se João tem 40 anos, o prêmio a ser pago será menor do que se ele tiver 80.

Se o segurado atrasa o pagamento do prêmio, haverá automaticamente a suspensão ou resolução da cobertura securitária?

NÃO. O simples atraso no pagamento da prestação mensal, sem prévia constituição em mora do segurado, não produz o cancelamento automático ou a imediata suspensão do contrato de seguro firmado entre as partes (STJ. 4ª Turma. AgInt no AREsp 805.441/RS, Rel. Min. Marco Buzzi, julgado em 27/02/2018).

Se o segurado atrasa o pagamento do prêmio, o que a seguradora deve fazer?

A seguradora deverá constituir o segurado em mora, mediante interpelação extrajudicial.

Em outras palavras, a seguradora deverá notificar o segurado informando a ele que está em mora (em atraso).

Assim, não basta o atraso no pagamento de parcela do prêmio para o desfazimento automático do contrato de seguro, sendo necessária a prévia constituição em mora, por meio de notificação ou interpelação específica.

Ex: João deixou de pagar as "parcelas do seguro", ou seja, o prêmio mensal que havia sido ajustado. Já estava devendo três meses. Apesar disso, a seguradora não notificou o segurado. João morreu; os beneficiários do contrato terão direito à indenização securitária porque não houve comunicação prévia da seguradora informando o segurado sobre o atraso.

Foi esse o entendimento consolidado pelo STJ nesta Súmula 616: a indenização securitária é devida quando ausente a comunicação prévia do segurado acerca do atraso no pagamento do prêmio. Isso porque essa comunicação prévia (interpelação) é considerada requisito essencial para a suspensão ou resolução do contrato de seguro.

Código Civil

O Código Civil trata sobre o tema no art. 763:

§ Art. 763. Não terá direito a indenização o segurado que estiver em mora no pagamento do prêmio, se ocorrer o sinistro antes de sua purgação.

A interpretação dada pela doutrina e pelo STJ é a de que a constituição em mora de que trata o art. 763 do CC exige prévia interpelação. Nesse sentido:

Enunciado nº 376 Jornada de Direito Civil CJF: Para efeito de aplicação do art. 763 do Código Civil, a resolução do contrato depende de prévia interpelação.

Desse modo, pode-se dizer que a mora, no contrato de seguro, é classificada como *ex persona* (e não *ex re*). Relembre a diferença:

Mora *ex re* (mora automática)	Mora *ex persona* (mora pendente)
Determinadas obrigações possuem mora *ex re*, ou seja, se o devedor não cumprir a obrigação no dia certo do vencimento, considera-se que ele está, automaticamente, em mora. A mora ocorre de pleno direito, independentemente de notificação. Aplica-se a máxima *dies interpellat pro homine*: o dia interpela pelo homem (o termo interpela no lugar do credor).	Outras obrigações possuem mora *ex persona*, ou seja, exigem a interpelação judicial ou extrajudicial do devedor para que este possa ser considerado em mora. Apenas depois dessa notificação é que o credor estará desautorizado a cumprir suas obrigações contratuais.

E se no contrato houver uma cláusula dizendo que a mora é "ex re" e que, havendo o atraso, o segurado perde o direito à indenização independentemente de prévia interpelação?

Tal cláusula é considerada abusiva, nos termos do art. 51, IV, do CDC:

§ Art. 51. São nulas de pleno direito, entre outras, as cláusulas contratuais relativas ao fornecimento de produtos e serviços que:

(...) IV – estabeleçam obrigações consideradas iníquas, abusivas, que coloquem o consumidor em desvantagem exagerada, ou sejam incompatíveis com a boa-fé ou a eqüidade;

Considera-se abusiva a cláusula contratual que prevê o cancelamento ou a extinção do contrato de seguro em razão do inadimplemento do prêmio, sem a prévia constituição em mora do segurado, mediante prévia notificação.

STJ. 4ª Turma. AgRg no AREsp 292.544/SP, Rel. Min. Raul Araújo, julgado em 23/04/2013.

O CONTRATANTE DO SEGURO DE VIDA EM GRUPO NÃO TEM DIREITO À RENOVAÇÃO DA APÓLICE SEM A CONCORDÂNCIA DA SEGURADORA NEM PODE EXIGIR A RESTITUIÇÃO DOS PRÊMIOS PAGOS

O que é o contrato de seguro?

No contrato de seguro, "o segurador se obriga, mediante o pagamento do prêmio, a garantir interesse legítimo do segurado, relativo a pessoa ou a coisa, contra riscos predeterminados" (art. 757 do CC).

Em outras palavras, no contrato de seguro, uma pessoa física ou jurídica (chamada de "segurada") paga uma quantia denominada de "prêmio" para que uma pessoa jurídica ("seguradora") assuma determinado risco. Caso o risco se concretize (o que chamamos de "sinistro"), a seguradora deverá fornecer à segurada uma quantia previamente estipulada (indenização).

Ex.: João celebra um contrato de seguro do seu veículo com a seguradora X e todos os meses paga R$ 100,00 como prêmio; se, por exemplo, o carro for roubado (sinistro), a seguradora deverá pagar R$ 30 mil a título de indenização para o segurado.

Nomenclaturas utilizadas nos contratos de seguro

Risco: é a possibilidade de ocorrer o sinistro. Ex.: risco de morte.

Sinistro: o sinistro é o risco concretizado. Ex.: morte.

Apólice (ou bilhete de seguro): é um documento emitido pela seguradora, no qual estão previstos os riscos assumidos, o início e o fim de sua validade, o limite da garantia e o prêmio devido e, quando for o caso, o nome do segurado e o do beneficiário.

Prêmio: é a quantia paga pelo segurado para que o segurador assuma o risco. O prêmio deve ser pago depois de recebida a apólice. O valor do prêmio é fixado a partir de cálculos atuariais e o seu valor leva em consideração os riscos cobertos.

Indenização: é o valor pago pela seguradora caso o risco se concretize (sinistro).

Feitos estes esclarecimentos, imagine a seguinte situação hipotética:

João da Silva e outros ajuizaram ação contra a Caixa Seguradora S/A, alegando que são funcionários da Caixa Econômica Federal e, nessa condição, firmaram com a seguradora ré contrato de seguro de vida em grupo.

Afirmam que os valores relativos aos prêmios do seguro sempre foram descontados diretamente em folha de pagamento, razão pela qual nunca houve atraso da parte deles no cumprimento do contrato.

Sustentam que o contrato chegou ao fim e que a seguradora enviou carta aos requerentes comunicando que não possuía interesse na renovação do pacto.

Vale ressaltar que havia uma cláusula no contrato prevendo que o pacto tinha prazo determinado, sendo possível a sua renovação automática, salvo se a seguradora ou segurado comunicasse o desinteresse nessa renovação 30 dias antes do término da vigência.

Os autores argumentaram que essa cláusula seria abusiva e que a seguradora deveria ser obrigada a:

- renovar a apólice; ou
- restituir os prêmios pagos pelos segurados.

A tese dos autores foi acolhida pelo STJ?
NÃO.

> **Nos contratos de seguro de vida em grupo não há direito à renovação da apólice sem a concordância da seguradora ou à restituição dos prêmios pagos em contraprestação à cobertura do risco no período delimitado no contrato.**
>
> STJ. 2ª Seção. REsp 1.569.627-RS, Rel. Min. Maria Isabel Gallotti, julgado em 22/02/2018 (Info 622).

Contrato de seguro de vida

Por força do contrato de seguro de vida, a seguradora recebe uma contraprestação (prêmio) e, em troca, garante interesse legítimo do segurado, relativo à sua pessoa, contra riscos predeterminados durante o período de vigência do contrato.

Veja o que diz o Código Civil:

§ Art. 757. Pelo contrato de seguro, o segurador se obriga, mediante o pagamento do prêmio, a garantir interesse legítimo do segurado, relativo a pessoa ou a coisa, contra riscos predeterminados.

(...)

§ Art. 794. No seguro de vida ou de acidentes pessoais para o caso de morte, o capital estipulado não está sujeito às dívidas do segurado, nem se considera herança para todos os efeitos de direito.

Do contrato de seguro de vida é possível extrair duas características principais:

a. mutualismo das obrigações;

b. temporariedade contratual.

Mutualismo das obrigações

Mutualismo (ou mutualidade) no contrato de seguro significa que o custo do risco individual (ex: morrer, ficar inválido etc.) será dissolvido solidariamente entre todos os "clientes" da seguradora.

Todos os contratantes do seguro pagam os prêmios a que se obrigam, mas só uma pequena parte irá receber a indenização. Isso porque o sinistro não acontecerá para todos. Assim, o dinheiro pago por aqueles cujo risco não se concretizou será utilizado também para custear a indenização que será paga aos que sofreram o risco.

Veja como Carlos Roberto Gonçalves explica o tema:

> "O mecanismo do contrato de seguro assenta-se no princípio da mutualidade dos segurados. A empresa seguradora privada nada mais é do que uma intermediária que recolhe os prêmios pagos pelos segurados e os utiliza para pagar as indenizações pelos sinistros ocorridos. Dessa forma, são os próprios milhares de segurados que pagam as indenizações devidas. O prêmio é fixado de antemão com base em cálculos atuariais, que se apoiam na análise das probabilidades. Os dados estatísticos mostram a incidência dos sinistros num determinado risco e possibilitam ao analista estabelecer, com precisão, qual será a referida incidência em futuro próximo. Com base nesses dados fixa o segurador a taxa de seguro, suficiente para pagar todas as indenizações e ainda proporcionar-lhe um lucro razoável." (*Direito Civil brasileiro*. Vol. 3., 9ª ed., São Paulo: Saraiva, 2012, p. 398).

Temporariedade do contrato de seguro de vida

Em regra, o contrato de seguro de vida é por prazo determinado.

A temporariedade dos contratos de seguro de vida existe pelo fato de que a seguradora precisa, periodicamente, avaliar, por meio de cálculos atuarias, a higidez e a idoneidade do fundo formado pelas arrecadações dos segurados a fim de se ter certeza que os recursos disponíveis serão suficientes para cobrir as indenizações. Isso é chamado de adequação atuarial.

Assim, por exemplo, se os níveis de homicídio aumentam significativamente na região, isso deverá ser, obrigatoriamente, levado em consideração no momento de se calcular o valor do prêmio pago pelo segurado no contrato do seguro de vida. Se o contrato fosse, como regra, vitalício, essa análise não poderia ser feita periodicamente.

Mas existe a possibilidade de o contrato de seguro de vida ser vitalício?

SIM. Existe a possibilidade de, excepcionalmente, o contrato de seguro de vida INDIVIDUAL ser vitalício. No entanto, para que isso ocorra as partes deverão ajustar expressamente até porque as bases contratuais serão diferenciadas tendo em vista que os cálculos atuariais deverão observar regime financeiro próprio.

O seguro de vida vitalício, ainda que expressa e excepcionalmente possa ser assim contratado, somente admite a forma individual. Em outras palavras, não existe a possibilidade de contrato de seguro de vida em grupo (coletivo) vitalício.

Se o risco não se concretizar durante o prazo de vigência do contrato, não há razão para devolver o prêmio

Em se tratando de contrato por prazo determinado, a obrigação da seguradora (garantir os riscos combinados previamente) restringe-se ao período contratado.

Se o risco se concretizar durante o período contratado, a seguradora será responsável pelo pagamento da respectiva cobertura.

Em contrapartida, se o risco não ocorrer durante o prazo de vigência do contrato, não significa que tenha havido qualquer inadimplemento contratual por parte da seguradora. Logo, mesmo que o risco não se concretize, o segurado não tem o direito de reaver os valores pagos ou sequer um percentual destes.

Se houvesse essa devolução, isso iria descaracterizar um dos pilares do contrato de seguro, que é justamente o mutualismo.

Da mesma forma, o segurado não terá como exigir da seguradora que mantenha o vínculo contratual.

Cláusula que permite a não-renovação é válida

Assim, a cláusula contratual que autoriza a não renovação do contrato de seguro de vida em grupo, concedida tanto para a seguradora como para o segurado, não configura procedimento abusivo, sendo decorrente da própria natureza do contrato.

Esta cláusula encontra-se em perfeita harmonia com o princípio do mutualismo.

Nos contratos individuais vitalícios é possível a restituição da reserva já formada

Apenas nos contratos individuais, desde que vitalícios ou plurianuais, há a formação de provisão matemática de benefícios a conceder, calculada atuariamente no início do contrato, a qual possibilita a manutenção nivelada do prêmio, que permanece inalterado mesmo com o envelhecimento do segurado e o aumento do risco. Por outro lado, em caso de resolução dessa espécie de contrato no curso de sua vigência, cabe a restituição da reserva já formada aplicando-se a regra estabelecida no art. 796, parágrafo único, do CC/2002, de modo a evitar o enriquecimento sem causa do segurador:

§ Art. 796. O prêmio, no seguro de vida, será conveniado por prazo limitado, ou por toda a vida do segurado.

Parágrafo único. Em qualquer hipótese, no seguro individual, o segurador não terá ação para cobrar o prêmio vencido, cuja falta de pagamento, nos prazos previstos, acarretará, conforme se estipular, a resolução do contrato, com a restituição da reserva já formada, ou a redução do capital garantido proporcionalmente ao prêmio pago.

Nos contratos de seguro coletivos o regime financeiro é o da repartição simples

Nos contratos de seguro coletivos o prazo é determinado e o regime financeiro é o de repartição simples. Os prêmios arrecadados do grupo de segurados ao longo do período de vigência do contrato destinam-se ao pagamento dos sinistros ocorridos naquele período. Não se trata de contrato de capitalização.

Quando o contrato é encerrado, não importa quantas vezes tenha sido renovado, não há reserva matemática vinculada a cada participante e, portanto, não há direito à renovação da apólice sem a concordância da seguradora nem à restituição dos prêmios pagos em contraprestação à cobertura do risco no período delimitado no contrato.

Assim, mesmo que o segurado tenha se mantido vinculado à apólice coletiva por décadas, não se formou uma poupança, pecúlio ou plano de previdência, que lhe garantiria, ou a seus beneficiários, segurança na velhice. Suas contribuições (prêmio), ano a ano, esgotaram-se na cobertura dos sinistros do grupo no período, realizadas, como já enfatizado, pelo sistema de repartição simples.

SEGURADORA NÃO É OBRIGADA A CONCEDER INDENIZAÇÃO POR INVALIDEZ TOTAL PELO SIMPLES FATO DE O SEGURADO ESTAR RECEBENDO APOSENTADORIA POR INVALIDEZ DO INSS

Imagine a seguinte situação hipotética:

João fez um seguro de vida no qual estava previsto que ele teria direito de receber R$ 100 mil em caso de invalidez parcial e R$ 300 mil na hipótese de invalidez total.

Determinado dia, ele sofreu um acidente de carro passeando com a família.

João era gerente de uma loja e, nesta condição, era segurado obrigatório do INSS (regime geral de previdência social).

Em virtude do acidente, a perícia do INSS concluiu que ele ficou inválido de forma total e permanente para o trabalho, razão pela qual lhe foi concedida aposentadoria por invalidez.

Ação contra a seguradora

Após a recusa do pagamento na via extrajudicial, João ajuizou ação de indenização contra a seguradora pedindo o pagamento da indenização por invalidez total.

A ré, na contestação, pediu realização de prova pericial.

O magistrado, contudo, negou o pedido proferindo julgamento antecipado da lide sob o argumento de que o fato de o autor estar recebendo aposentadoria por invalidez já era prova suficiente da procedência do pedido.

Agiu corretamente o magistrado, segundo o STJ? A concessão de aposentadoria por invalidez pelo INSS é prova suficiente para obrigar a seguradora a pagar a indenização securitária?

NÃO.

O reconhecimento por parte do órgão previdenciário oficial (INSS) de que o segurado tem direito de se aposentar por invalidez não desobriga este segurado de ter que provar, perante a seguradora, que está inválido para fins de recebimento do seguro.

O fato de o segurado (autor) ter sido aposentado pelo INSS por invalidez permanente não confere a ele o direito automático de receber indenização de seguro contratado com empresa privada, sendo imprescindível a realização de perícia médica para atestar o grau de incapacidade e o correto enquadramento na cobertura contratada.

A concessão de aposentadoria por invalidez pelo INSS não gera uma presunção absoluta da incapacidade total do segurado, não podendo, dessa forma, vincular ou obrigar as seguradoras privadas.

A autarquia previdenciária afere apenas a incapacidade profissional ou laborativa, de modo que a aposentadoria por invalidez não é apta a demonstrar a ocorrência de riscos securitários diversos, como as incapacidades parcial, temporária ou funcional. Em outras palavras, os critérios utilizados pelo INSS para a concessão do benefício são distintos daqueles utilizados pela seguradora para apurar a incapacidade garantida na apólice contratada, devendo ser permitida a realização de perícia médica específica para não haver o cerceamento de defesa.

Consoante o art. 5º, parágrafo único, da Circular SUSEP nº 302/2005, a aposentadoria por invalidez concedida por instituições oficiais de previdência, ou assemelhadas, não caracteriza, por si só, o estado de invalidez permanente nos seguros de pessoas (Cobertura de Invalidez Permanente por Acidente – IPA, Cobertura de Invalidez Laborativa Permanente Total por Doença – ILPD e Cobertura de Invalidez Funcional Permanente Total por Doença – IFPD), devendo a comprovação se dar por meio de declaração médica.

Em suma:

A aposentadoria por invalidez permanente concedida pelo INSS não confere ao segurado o direito automático de receber indenização de seguro contratado com empresa privada, sendo imprescindível a realização de perícia médica para atestar o grau de incapacidade e o correto enquadramento na cobertura contratada.

STJ. 2ª Seção. EREsp 1.508.190-SC, Rel. Min. Ricardo Villas Bôas Cueva, julgado em 08/11/2017 (Info 616).

5.5. CONTRATO DE LOCAÇÃO

A AVERBAÇÃO DO CONTRATO COM CLÁUSULA DE VIGÊNCIA NO REGISTRO DE IMÓVEIS É IMPRESCINDÍVEL PARA QUE A LOCAÇÃO POSSA SER OPOSTA AO ADQUIRENTE

O que acontece se determinado imóvel, que está alugado, for vendido para outra pessoa que não o locatário? Ex: Carlos é proprietário de um apartamento que está alugado para Sheila. Carlos vende o imóvel para Reginaldo.

Regra: o adquirente poderá denunciar o contrato de locação, tendo o locatário que desocupar o imóvel no prazo máximo de 90 dias.

Obs: denunciar um contrato consiste na conduta de declarar a intenção de encerrar o pacto.

Exceção: o contrato não poderá ser denunciado e a locação continuará em vigor se estiverem presentes os seguintes requisitos cumulativos:

a. o contrato de locação for por tempo determinado;

b. o contrato de locação contiver cláusula de vigência em caso de alienação (conhecida doutrinariamente como "cláusula de vigência" ou "cláusula de respeito");

c. o contrato de locação estiver averbado junto à matrícula do imóvel.

Nesse caso, o adquirente, ao comprar o imóvel, já estava ciente da existência da locação e, portanto, terá que respeitar o contrato, que irá vigorar até que termine o seu prazo.

É isso que está previsto expressamente na Lei nº 8.245/91 (lei que rege as locações dos imóveis urbanos):

§ Art. 8º Se o imóvel for alienado durante a locação, o adquirente poderá denunciar o contrato, com o prazo de noventa dias para a desocupação, salvo se a locação for por tempo determinado e o contrato contiver cláusula de vigência em caso de alienação e estiver averbado junto à matrícula do imóvel.

Exceção ao princípio da relatividade dos contratos

De acordo com o princípio da relatividade dos contratos, o ajuste somente gera efeitos entre as partes (*res inter alios acta*), não obrigando terceiros.

Assim, um contrato de locação, em regra, somente obriga o locador, o locatário e eventual fiador que tenha figurado no pacto.

Os direitos e as obrigações nascidos de um contrato não atingem terceiros, cuja manifestação de vontade não teve participação na formação desse negócio jurídico.

O art. 8º, portanto, é uma hipótese de exceção ao princípio da relatividade dos contratos.

Registro confere eficácia real ao vínculo obrigacional

Conforme explica Silvio Venosa:

> "Quando o legislador resolve proteger certas relações oriundas de contratos da interferência de terceiros, confere à obrigação uma eficácia real que é alcançada pelo registro (sempre o imobiliário e não o de títulos e documentos). Nessa hipótese, assim como naquela do art. 31, registrado o contrato, terceiros que venham a adquirir o imóvel devem respeitar a obrigação, durante o decurso de prazo (...). De qualquer modo, o registro confere uma eficácia limitada erga omnes que só é possível porque a lei delineia um direito real a um vínculo obrigacional. Por esse registro, autorizado pela lei, contraria-se o princípio da relatividade das convenções, segundo o qual só vincula as partes contratantes. O novo titular do domínio deve respeitar o prazo do contrato de locação, do qual não fez parte." (VENOSA, Silvio de Salvo. *Lei do inquilinato comentada: doutrina e prática. Lei nº 8.245, de 18-10-1991*. 14ª ed. São Paulo: Atlas, 2015, págs. 70)

CIVIL

Contrato de locação não foi averbado, mas comprador sabia da sua existência

Imagine agora que o contrato de locação é por tempo determinado e que nele há uma cláusula de vigência em caso de alienação.

Vale ressaltar, no entanto, que este contrato não foi averbado junto à matrícula do imóvel.

Dessa forma, estão presentes os requisitos "a" e "b" (acima listados), mas não o "c".

Ocorre que o locatário conseguiu provar, por outros meios, que o adquirente sabia da existência do contrato quando comprou o imóvel.

Nessa hipótese, o locatário poderá se manter no imóvel mesmo contra a vontade do comprador? A locação continuará?

NÃO.

> **A averbação do contrato com cláusula de vigência no registro de imóveis é imprescindível para que a locação possa ser oposta ao adquirente.**
>
> STJ. 3ª Turma. REsp 1.669.612-RJ, Rel. Min. Ricardo Villas Bôas Cueva, julgado em 07/08/2018 (Info 632).

A cláusula de vigência, ou cláusula de respeito, representa, de algum modo, uma restrição ao direito de propriedade. Isso porque o comprador, mesmo se tornando proprietário, ficará impedido de usar a coisa como bem quiser, considerando que está locada.

Essa restrição ao direito de propriedade somente é permitida, portanto, porque se impõe ao adquirente por força do registro.

Diante, portanto, da severidade da restrição, é indispensável a averbação do contrato de locação no registro de imóveis.

Precedente peculiar do STJ

Vale ressaltar que houve um precedente do STJ em 2013 no qual se "relativizou" essa exigência:

> (...) 3. Na hipótese, trata-se de ação de despejo proposta por comprador de imóvel em face de locatário. Discute-se a possibilidade do comprador de imóvel locado proceder à denúncia do contrato de locação ainda vigente, com fundamento na inexistência de averbação da referida avença na matrícula do respectivo imóvel.
>
> 4. O Tribunal de origem, após analisar a documentação apresentada pelas partes, que retratava toda a negociação de compra e venda do bem, até a lavratura da respectiva

escritura, entendeu que, não obstante ausente a averbação do contrato na matrícula do imóvel, o adquirente tinha a obrigação de respeitar a locação até o seu termo final.

5. Afastada a possibilidade da recorrente denunciar o contrato de locação com base na ausência da sua averbação na matrícula do imóvel porque ela tinha inequívoco conhecimento da locação e concordara em respeitar seus termos em instrumentos firmados com o locador e proprietário anterior. (...)

STJ. 3ª Turma. REsp 1269476/SP, Rel. Min. Nancy Andrighi, julgado em 05/02/2013 (Info 515).

A diferença entre o REsp 1.669.612-RJ (Info 632) e o REsp 1.269.476-SP (Info 515) é a seguinte:

- No REsp 1.269.476-SP (Info 515), o adquirente, por convenção firmada com o vendedor, se obrigou a respeitar o contrato de locação em todos os seus termos. Assim, não se trata propriamente de afastar a necessidade de registro, ou mesmo de ter conhecimento inequívoco da existência da cláusula de respeito, mas sim de o adquirente, por convenção, se obrigar a respeitar o contrato locatício.
- No REsp 1269476/SP (Info 632), o adquirente não assumiu esse compromisso.

Assim, no REsp 1.269.476-SP (Info 515), aplica-se a seguinte lição doutrinária:

"'Ora, se o adquirente toma inequívoca ciência do contrato, que está vigendo por prazo determinado, e, na própria escritura de compra e venda, dela se fazendo ainda constar a obrigação de respeitá-lo, até o termo final, não vemos como poderá ele denunciar a locação, a não ser após expirar-se o prazo. Se, entretanto, não constar da escritura que o adquirente aceita o contrato, prevalecerá a primeira solução". (VENOSA, Silvio de Salvo. *Ob. cit.*, p. 86)

LOCATÁRIO, AO AJUIZAR AÇÃO RENOVATÓRIA, DEVERÁ DEMONSTRAR A QUITAÇÃO TRIBUTÁRIA, SENDO SUFICIENTE, PARA TANTO, A CERTIDÃO DE PARCELAMENTO FISCAL

Ação renovatória

A ação renovatória garante ao locatário o direito de renovar o contrato de locação empresarial, mesmo contra a vontade do locador, desde que presentes certos requisitos.

Desse modo, a ação renovatória tem por finalidade a renovação compulsória, obrigatória, do contrato de locação empresarial, estando prevista na Lei nº 8.245/91 (Lei de Locações).

Ponto comercial

Algo muito importante na atividade empresarial é o "ponto comercial".

Ponto comercial é a localização do estabelecimento empresarial.

Pensando nisso, o direito protege o ponto comercial. Uma das formas de proteção ocorre por meio da ação renovatória.

A principal finalidade da ação renovatória é a proteção do fundo de comércio que foi desenvolvido pelo empresário locatário. Isso porque durante um longo período o locatário desenvolveu sua atividade empresarial naquele local, investindo na formação de uma clientela, na publicidade do ponto comercial e na valorização do imóvel locado.

Por isso, o Estado reconhece ao locatário de imóvel comercial, buscando a proteção do seu fundo de comércio, o direito à renovação compulsória do seu contrato de locação, uma vez atendidos os requisitos elencados no art. 51 da Lei de Locações.

Se a ação renovatória for julgada procedente:

A locação é renovada.

Se a ação renovatória for julgada improcedente:

Sendo julgada improcedente a ação, a locação comercial não será renovada e o juiz determinará a desocupação do imóvel alugado no prazo de 30 dias, desde que haja pedido na contestação:

> § Art. 74. Não sendo renovada a locação, o juiz determinará a expedição de mandado de despejo, que conterá o prazo de 30 (trinta) dias para a desocupação voluntária, se houver pedido na contestação. *(Redação dada pela Lei nº 12.112, de 2009)*

Requisitos da ação renovatória

Segundo o art. 51 da referida Lei, nas locações de imóveis destinados ao comércio, o locatário terá direito a renovação do contrato, por igual prazo, desde que sejam cumpridos os seguintes requisitos cumulativos:

I – o contrato de locação a ser renovado deve ter sido celebrado por escrito;

II – o contrato de locação a ser renovado deve ter sido celebrado por prazo determinado;

III – o prazo mínimo do contrato a renovar ou a soma dos prazos ininterruptos dos contratos escritos deve ser de cinco anos;

IV – o locatário deve estar explorando seu comércio, no mesmo ramo, pelo prazo mínimo e ininterrupto de três anos.

Para garantir este direito, caso o locador não queira renovar a locação, o locatário poderá ajuizar a ação renovatória.

Documentos que deverão instruir a petição inicial da ação renovatória

O art. 71 da Lei afirma que a petição inicial da ação renovatória deverá ser instruída com:

I – prova do preenchimento dos requisitos dos incisos I, II e III do art. 51;

II – prova do exato cumprimento do contrato em curso;

III – prova da quitação dos impostos e taxas que incidiram sobre o imóvel e cujo pagamento lhe incumbia;

IV – indicação clara e precisa das condições oferecidas para a renovação da locação;

V – indicação do fiador quando houver no contrato a renovar e, quando não for o mesmo, com indicação do nome ou denominação completa, número de sua inscrição no Ministério da Fazenda, endereço e, tratando-se de pessoa natural, a nacionalidade, o estado civil, a profissão e o número da carteira de identidade, comprovando, desde logo, mesmo que não haja alteração do fiador, a atual idoneidade financeira;

VI – prova de que o fiador do contrato ou o que o substituir na renovação aceita os encargos da fiança, autorizado por seu cônjuge, se casado for;

VII – prova, quando for o caso, de ser cessionário ou sucessor, em virtude de título oponível ao proprietário.

Como vimos acima, o locatário, ao propor a ação renovatória, deverá apresentar "prova da quitação dos impostos e taxas que incidiram sobre o imóvel e cujo pagamento lhe incumbia" (art. 71, III).

Diante disso, indaga-se: o locatário poderá juntar uma certidão dizendo que está devendo tributos, mas que eles estão sendo pagos parceladamente? A certidão de parcelamento fiscal é suficiente para demonstrar a quitação tributária exigida pelo inciso III do art. 71 da Lei de Locações para efeito do ajuizamento de ação renovatória de locação empresarial?

SIM.

A certidão de parcelamento fiscal é suficiente para suprir a exigência prevista no inciso III do art. 71 da Lei nº 8.245/91 (Lei de Locações) para efeito do ajuizamento de ação renovatória de locação empresarial.

STJ. 3ª Turma. REsp 1.698.814-SP, Rel. Min. Paulo de Tarso Sanseverino, julgado em 26/06/2018 (Info 629).

Partindo-se de uma interpretação sistemática e teleológica desse dispositivo, aceita-se a comprovação do parcelamento fiscal no momento do ajuizamento da demanda, com a demonstração de sua quitação durante o processo.

5.6. PROMESSA DE COMPRA E VENDA

SE HOUVER O DESFAZIMENTO DA PROMESSA DE COMPRA E VENDA, O PROMITENTE VENDEDOR TERÁ QUE PAGAR AO PROPRIETÁRIO A TAXA DE OCUPAÇÃO PELO PERÍODO EM QUE ESTEVE NA POSSE DO BEM

Imagine a seguinte situação hipotética:

João era proprietário de um apartamento e queria vendê-lo.

Pedro, por sua vez, desejava comprá-lo.

João e Pedro celebraram, então, um contrato de promessa de compra e venda por meio do qual Pedro se obrigou a pagar o apartamento em 36 parcelas. João, por outro lado, comprometeu-se a transferir o imóvel para o nome do promitente comprador tão logo ele terminasse de pagar as prestações.

Enquanto paga as prestações, Pedro já tem direito de ficar morando no apartamento (posse direta do bem).

Em 03/03/2013, Pedro pagou a primeira parcela e começou a morar no apartamento.

Durante seis meses, Pedro morou no apartamento e pagou regularmente as prestações.

Ocorre que Pedro descobriu que, mesmo após pagar todas as parcelas, não iria conseguir transferir o imóvel para o seu nome porque havia uma disputa judicial envolvendo o bem.

Diante disso, em 03/09/2013, Pedro ajuizou contra João pedindo o desfazimento do contrato e a devolução dos valores pagos.

João apresentou reconvenção pedindo que Pedro fosse condenado a pagar taxa de ocupação pelo período em que morou no imóvel. Isso porque, com a devolução dos valores pagos, a posse exercida pelo promitente-comprador sobre o imóvel se tornará gratuita, o que configuraria enriquecimento sem causa.

Pedro contra argumentou afirmando que foi o réu quem deu causa ao desfazimento do negócio, de modo que, em virtude disso, ele não teria que pagar nada.

O que decidiu o STJ? É devida a condenação ao pagamento de taxa de ocupação (aluguéis) pelo período em que o autor permaneceu na posse do imóvel no caso de rescisão do contrato de promessa de compra e venda com o retorno das partes ao estado anterior?

SIM.

A utilização do imóvel objeto do contrato de promessa de compra e venda enseja o pagamento de aluguéis pelo tempo de permanência, mesmo que o contrato tenha sido rescindido por inadimplemento do vendedor.

Não importa quem tenha sido o causador do desfazimento do negócio. Isso porque o fundamento jurídico para esse pagamento está na proibição do enriquecimento sem causa, que é previsto nos arts. 884 a 886 do Código Civil:

§ Art. 884. Aquele que, sem justa causa, se enriquecer à custa de outrem, será obrigado a restituir o indevidamente auferido, feita a atualização dos valores monetários.

Parágrafo único. Se o enriquecimento tiver por objeto coisa determinada, quem a recebeu é obrigado a restituí-la, e, se a coisa não mais subsistir, a restituição se fará pelo valor do bem na época em que foi exigido.

§ Art. 885. A restituição é devida, não só quando não tenha havido causa que justifique o enriquecimento, mas também se esta deixou de existir.

§ Art. 886. Não caberá a restituição por enriquecimento, se a lei conferir ao lesado outros meios para se ressarcir do prejuízo sofrido.

As partes devem retornar ao *status quo ante* e morar de graça no imóvel representaria um enriquecimento sem causa do promitente comprador.

O desfazimento do negócio jurídico de compra e venda do imóvel motiva o retorno das partes ao estado anterior com, de um lado, a devolução do preço pago e a indenização pelas benfeitorias e, de outro, a restituição do imóvel e o pagamento de aluguéis pelo período de ocupação do bem objeto do contrato rescindido.

Em outras palavras, o descumprimento contratual por parte do vendedor provoca determinadas consequências que, todavia, não isentam o comprador de remunerar o proprietário pelo período de ocupação do bem.

Esse é o entendimento reiterado do STJ:

(...) Apesar de a rescisão contratual ter ocorrido por culpa da construtora (fornecedor), é devido o pagamento de aluguéis, pelo adquirente (consumidor), em razão do tempo em que este ocupou o imóvel. O pagamento da verba consubstancia simples retribuição pelo usufruto do imóvel durante determinado interregno temporal, rubrica que não se relaciona diretamente com danos decorrentes do rompimento da avença, mas com a utilização de bem alheio. Daí por que se mostra desimportante indagar quem deu causa à rescisão do contrato, se o suporte jurídico da condenação é a vedação do enriquecimento sem causa. (...)

STJ. 4ª Turma. REsp 955.134/SC, Rel. Min. Luis Felipe Salomão, julgado em 16/08/2012.

O promitente vendedor deverá pagar essa taxa de ocupação não porque tenha feito algo de errado. O pagamento de aluguéis não envolve discussão acerca da licitude ou ilicitude da conduta do ocupante. Não é uma sanção, mas simplesmente a retribuição pelo uso de um bem que não era seu:

(...) O pagamento de aluguéis é devido não porque se enquadram estes na categoria de perdas e danos decorrentes do ilícito, mas por imperativo legal segundo o qual a ninguém é dado enriquecer-se sem causa à custa de outrem.

STJ. 4ª Turma. AgRg no AREsp 394.466/PR, Rel. Min. Luis Felipe Salomão, julgado em 03/12/2013.

Por esse motivo, considera-se irrelevante questionar quem teria sido o causador do desfazimento do negócio para fins de estipulação do ressarcimento pela ocupação.

Em suma:

É devida a condenação ao pagamento de taxa de ocupação (aluguéis) pelo período em que o comprador permanece na posse do bem imóvel, no caso de rescisão do contrato de promessa de compra e venda, independentemente de ter sido o vendedor quem deu causa ao desfazimento do negócio.

STJ. 3ª Turma. REsp 1.613.613-RJ, Rel. Min. Ricardo Villas Bôas Cueva, julgado em 12/06/2018 (Info 629).

5.7. ARBITRAGEM

NOÇÕES GERAIS SOBRE A ARBITRAGEM

Em que consiste a arbitragem

Arbitragem representa uma técnica de solução de conflitos por meio da qual os conflitantes aceitam que a solução de seu litígio seja decidida por uma terceira pessoa, de sua confiança.

Vale ressaltar que a arbitragem é uma forma de heterocomposição, isto é, instrumento por meio do qual o conflito é resolvido por um terceiro.

Regulamentação

A arbitragem, no Brasil, é regulada pela Lei nº 9.307/96, havendo também alguns dispositivos no CPC versando sobre o tema.

Convenção de arbitragem

As partes interessadas podem submeter a solução de seus litígios ao juízo arbitral mediante convenção de arbitragem (art. 3º).

Convenção de arbitragem é o gênero, que engloba duas espécies:

- a cláusula compromissória e
- o compromisso arbitral.

Em que consiste a cláusula compromissória:

A cláusula compromissória, também chamada de cláusula arbitral, é...

- uma cláusula prevista no contrato,
- de forma prévia e abstrata,
- por meio da qual as partes estipulam que
- qualquer conflito futuro relacionado àquele contrato
- será resolvido por arbitragem (e não pela via jurisdicional estatal).

Exemplo:

"Cláusula 5.1.2 Eventuais controvérsias que porventura surgirem na interpretação ou execução deste contrato serão resolvidas por meio de arbitragem, segundo a Lei nº 9.307/96 e o Código de Processo Civil brasileiro (este aplicado de forma apenas subsidiária à Lei de Arbitragem e ao Regulamento da Câmara de Arbitragem)."

A cláusula compromissória está prevista no art. 4º da Lei nº 9.307/96:

§ Art. 4º A cláusula compromissória é a convenção através da qual as partes em um contrato comprometem-se a submeter à arbitragem os litígios que possam vir a surgir, relativamente a tal contrato.

Se a parte quiser arguir a nulidade da cláusula arbitral, deverá formular esse pedido, em primeiro lugar, ao próprio árbitro, não sendo possível que proponha diretamente ação judicial

Imagine a seguinte situação hipotética:

A empresa C1 celebrou contrato de empréstimo com o banco.

Neste contrato de financiamento, a empresa D2 constou como garantidora da dívida, ou seja, em caso de não pagamento, ela honraria o débito.

Vale ressaltar que, neste contrato havia a previsão de convenção de arbitragem, ou seja, existia uma cláusula compromissória dizendo que qualquer conflito futuro relacionado com o ajuste deveria ser resolvido por meio de arbitragem.

A empresa C1 deixou de pagar as parcelas do financiamento, razão pela qual o banco notificou extrajudicialmente a empresa D2 afirmando que iria cobrar dela os valores.

Diante dessa situação, a empresa D2 ajuizou ação declaratória de falsidade documental com pedido de exibição de documento argumentando que a assinatura constante no contrato teria sido falsificada e que esse termo de garantia não foi assinado pelos representantes da empresa.

A petição inicial da ação foi instruída com um laudo documentoscópico de um perito particular que atesta a falsificação.

O juiz da vara cível, para onde a ação foi distribuída, julgou extinto o processo, sem resolução do mérito, sob o fundamento de que a controvérsia acerca da autenticidade da assinatura estaria sujeita exclusivamente ao juízo arbitral, por força da cláusula arbitral presente no termo de garantia.

Em outras palavras, o juiz afirmou que caberia ao árbitro decidir sobre a validade do contrato considerando que existe uma cláusula compromissória. Fundamentou sua sentença no art. 8º, parágrafo único, da Lei nº 9.307/96.

Agiu corretamente o juiz?

SIM. Vamos entender com calma.

O Poder Judiciário pode decretar a nulidade de cláusula arbitral (compromissória) sem que essa questão tenha sido apreciada anteriormente pelo próprio árbitro?

REGRA: NÃO.

Segundo a Lei de Arbitragem (Lei nº 9.307/96), antes de judicializar a questão, a parte que deseja arguir a nulidade da cláusula arbitral deve formular esse pedido ao próprio árbitro, nos termos do art. 8º, parágrafo único:

§ Art. 8º (...) Parágrafo único. Caberá ao árbitro decidir de ofício, ou por provocação das partes, as questões acerca da existência, validade e eficácia da convenção de arbitragem e do contrato que contenha a cláusula compromissória.

Assim, por expressa previsão legal, não pode a parte ajuizar ação anulatória para desconstituir acordo com base na nulidade da cláusula compromissória ali presente antes de submeter o assunto ao árbitro.

Luiz Antônio Scavone Júnior explica esse art. 8º, parágrafo único:

> "O significado do dispositivo, portanto, indica que qualquer alegação de nulidade do contrato ou da cláusula arbitral, diante de sua existência e seguindo o espírito da lei, deve ser dirimida pela arbitragem e não pelo Poder Judiciário.
>
> A lei pretendeu, neste sentido, "fechar uma brecha" que permitiria às partes, sempre que alegassem a nulidade da cláusula arbitral ou do contrato, ignorar o pacto de arbitragem e acessar o Poder Judiciário para dirimir o conflito.
>
> Em resumo, ainda que o conflito verse sobre a nulidade do próprio contrato ou da cláusula arbitral, a controvérsia deverá ser decidida inicialmente pela arbitragem e não pelo Poder Judiciário, (...)" (*Manual de Arbitragem*. 4ª ed. São Paulo: RT, 2010, p. 87).

Isso é conhecido como aplicação do princípio da *kompetenz-kompetenz* (competência-competência) considerando que compete ao próprio árbitro dizer se ele é ou não competente para conhecer aquele conflito. Assim, se a parte está alegando que a cláusula compromissória é nula e que a questão não deve ser submetida à arbitragem, quem primeiro deverá examinar a questão é o próprio árbitro.

Confira o que a doutrina explica a respeito do princípio da *kompetenz-kompetenz*:

> "(...) Tem, pois o árbitro competência para estatuir sobre sua própria competência (*Kompetenz-Kompetenz*) e, assim, interpretar o contrato e a convenção de arbitragem. As partes, ao optarem pela arbitragem, estão dispostas a submeter toda e qualquer controvérsia que resulte do contrato ao juízo privado, do que inclui as controvérsias sobre a própria eficácia ou validade daquele instrumento. (...)". (MARTINS, Pedro Batista. Cláusula Compromissória in *Aspectos Fundamentais da Lei de Arbitragem*, Rio de Janeiro: Forense, 1999, p. 219)

Veja as palavras da Ministra Nancy Andrighi sobre o tema:

> "A *kompetenz-kompetenz* (competência-competência) é um dos princípios basilares da arbitragem, que confere ao árbitro o poder de decidir sobre a sua própria competência, sendo condenável qualquer tentativa, das partes ou do juiz estatal, no sentido de alterar essa realidade. Em outras palavras, no embate com as autoridades judiciais, deterá o árbitro preferência na análise da questão, sendo dele o benefício da dúvida.
>
> Dessa forma, a resolução de questões litigiosas fica a cargo do árbitro e, para isso, não exige a lei que o ato jurídico seja válido ou imune a nulidades ou causas supervenientes de ineficácia, como se defende na espécie. Ao contrário, a questão litigiosa pode ser justamente a ineficácia do ato jurídico. Nessas circunstâncias, a jurisdição arbitral não se desloca, pois legalmente é o árbitro quem detém competência para dirimir essas matérias assim como para decidir sobre sua própria competência.
>
> Essa prioridade não apenas se perfila com os princípios que circundam o instituto da arbitragem e com a sistemática introduzida pela Lei nº 9.307/96, que se censuram atos de protelação ou afastamento do rito arbitral, como também assegura a proposta de tornar o procedimento, uma vez eleito pelas partes, uma alternativa segura e incontornável de resolução de conflitos, limitando a atuação do Poder Judiciário à execução da sentença arbitral." (MC 14.295/SP, DJe 13/06/2008).

Vale ressaltar que não haverá prejuízo à parte considerando que, mesmo se o árbitro entender que a cláusula é válida (e julgar a arbitragem), essa questão da nulidade poderá ser apreciada pelo Poder Judiciário em momento posterior. Isso porque, para fazer cumprir a sentença arbitral, o credor terá que ajuizar uma execução judicial. Nesse momento, o devedor poderá se defender por meio de embargos à execução alegando a nulidade da cláusula arbitral e, consequentemente, da sentença arbitral.

Nesse sentido é a jurisprudência do STJ:

Segundo a Lei de Arbitragem (art. 8º, parágrafo único, da Lei nº 9.307/96), se a parte quiser arguir a nulidade da cláusula arbitral, deverá formular esse pedido, em primeiro lugar, ao próprio árbitro, sendo inadmissível que ajuíze diretamente ação anulatória.

STJ. 3ª Turma. REsp 1.302.900-MG, Rel. Min. Sidnei Beneti, julgado em 9/10/2012.

As questões relacionadas à existência de cláusula compromissória válida para fundamentar a instauração do Juízo arbitral devem ser resolvidas, com primazia, por ele, e não pelo Poder Judiciário.

Nos termos do art. 8º, parágrafo único, da Lei de Arbitragem, a alegação de nulidade da cláusula arbitral, bem como do contrato que a contém, deve ser submetida, em primeiro lugar, à decisão do próprio árbitro, sendo prematura a apreciação pelo Poder Judiciário.

STJ. 3ª Turma. REsp 1.602.696-PI, Rel. Min. Moura Ribeiro, julgado em 09/08/2016.

Questões atinentes à existência, validade e eficácia da cláusula compromissória deverão ser apreciadas pelo árbitro, a teor do que dispõem os arts. 8º, parágrafo único, e 20 da Lei nº 9.307/1996. Trata-se da denominada *kompetenz-kompetenz* (competência-competência), que confere ao árbitro o poder de decidir sobre a própria competência, sendo condenável qualquer tentativa das partes ou do juiz estatal de alterar essa realidade.

STJ. Corte Especial. SEC 12.781/EX, Rel. Min. João Otávio de Noronha, julgado em 07/06/2017.

EXCEÇÃO:

O STJ relativizou esta regra e decidiu que se a nulidade da cláusula compromissória for muito evidente, será possível ao Poder Judiciário declarar a sua invalidade mesmo sem que este pedido tenha sido formulado, em primeiro lugar, ao próprio árbitro. Veja trecho da ementa e fique atento para a expressão "compromisso arbitral patológico", que poderá ser cobrada em sua prova:

O Poder Judiciário pode, nos casos em que *prima facie* é identificado um compromisso arbitral "patológico", isto é, claramente ilegal, declarar a nulidade dessa cláusula, independentemente do estado em que se encontre o procedimento arbitral.

STJ. 3ª Turma. REsp 1.602.076-SP, Rel. Min. Nancy Andrighi, julgado em 15/9/2016 (Info 591).

Trata-se de exceção à regra geral de prioridade do Juízo arbitral. Esta exceção é também admitida por alguns doutrinadores:

"(...) A doutrina, de qualquer forma, ainda não tem posicionamento firme no sentido de identificar com exatidão quais os limites dos poderes investigativos do juiz acerca da invalidade da convenção de arbitragem. Emmanuel Gaillard sugere que o juiz só possa declarar a invalidade da convenção arbitral quando o vício for reconhecível prima facie, ou seja, de pronto, sem necessidade de maior exame. Parece que o ilustre professor parisiense tem razão, já que a limitação da cognição do juiz apenas a aspectos que desde logo pode detectar, sem maiores indagações (cognição sumária, portanto), harmoniza-se com o princípio da Kompetenz-Kompetenz adotado pela Lei. Se assim for, poderia o juiz togado reconhecer a invalidade de um compromisso arbitral a que falte qualquer de seus requisitos essenciais, ou a impossibilidade de fazer valer uma convenção arbitral que diga respeito a uma questão de direito indisponível; mas não poderia determinar o prosseguimento da instrução probatória para verificar o alcance da convenção arbitral ou para aferir se algum dos contratantes teria sido forçado ou induzido a celebrar o convênio arbitral". (CARMONA, Carlos Alberto. *Arbitragem e processo*. 3ª ed. São Paulo: Atlas, 2009, p. 177)

Voltando ao caso concreto:

O STJ entendeu que, neste caso concreto, deveria ser aplicada a regra geral, ou seja, a competência do próprio árbitro para decidir sobre a validade do contrato.

No caso dos autos, a empresa D2 busca o reconhecimento da invalidade do contrato de garantia que se encontra revestido de aparente validade. Assim, apenas por meio de exames periciais grafotécnicos mostra-se possível verificar a veracidade dos documentos e das assinaturas nele apostas. Logo, não se pode dizer que se está diante de vício flagrante, reconhecível *prima facie*, sem necessidade de maior exame ou dilação probatória.

Em suma:

> **A previsão contratual de convenção de arbitragem enseja o reconhecimento da competência do Juízo arbitral para decidir com primazia sobre o Poder Judiciário as questões acerca da existência, validade e eficácia da convenção de arbitragem e do contrato que contenha a cláusula compromissória.**
>
> STJ. 3ª Turma. REsp 1.550.260-RS, Rel. Min. Paulo de Tarso Sanseverino, Rel. Acd. Min. Ricardo Villas Bôas Cueva, julgado em 12/12/2017 (Info 622).

RECONHECIDA A COLIGAÇÃO CONTRATUAL, É POSSÍVEL A EXTENSÃO DA CLÁUSULA COMPROMISSÓRIA PREVISTA NO CONTRATO PRINCIPAL DE ABERTURA DE CRÉDITO AOS CONTRATOS DE SWAP

Imagine a seguinte situação hipotética:

A Paranapanema S/A é uma sociedade empresária que trabalha com a produção de cobre primário (exs: vergalhões, fios, laminados, barras, tubos, conexões de cobre etc.).

Vale ressaltar que se trata de uma companhia com capital aberto comercializando suas ações na BMF Bovespa.

A empresa precisa ter acesso rápido a crédito caso necessitasse para fazer suas operações. Por essa razão, celebrou com o Banco Santander S/A um contrato de abertura de crédito no valor de R$ 200 milhões.

No contrato de abertura de crédito o banco se obriga a disponibilizar determinada quantia em dinheiro para o contratante que poderá, ou não, utilizar-se desse valor a título de empréstimo. Se o contratante utilizar, depois terá que devolver, com juros e correção monetária.

Veja como o conceitua o clássico mestre Fran Martins:

> "Entende-se por abertura de crédito o contrato segundo o qual o banco se obriga a pôr à disposição de um cliente uma soma em dinheiro por prazo determinado ou indeterminado, obrigando-se este a devolver a importância, acrescida dos juros, ao se extinguir o contrato." (MARTINS, Fran. *Contratos e obrigações comerciais*. 14ª ed., Rio de Janeiro: Forense, 1999, p. 437).

Parte desse valor emprestado pelo Banco seria pago pela empresa mediante a integralização de ações societárias da devedora (Paranapanema) em favor do banco credor. Em palavras mais simples, o banco, em vez de receber em dinheiro, seria pago com ações da empresa.

Cláusula compromissória

Vale ressaltar que este contrato de abertura de crédito tinha uma cláusula compromissória.

A cláusula compromissória, também chamada de cláusula arbitral, é...

- uma cláusula prevista no contrato,

- de forma prévia e abstrata,
- por meio da qual as partes estipulam que
- qualquer conflito futuro relacionado àquele contrato
- será resolvido por arbitragem (e não pela via jurisdicional estatal).

Exemplo:

"Cláusula 5.1.2 Eventuais controvérsias que porventura surgirem na interpretação ou execução deste contrato serão resolvidas por meio de arbitragem, segundo a Lei nº 9.307/96 e o Código de Processo Civil brasileiro (este aplicado de forma apenas subsidiária à Lei de Arbitragem e ao Regulamento da Câmara de Arbitragem)."

CIVIL

Contrato de swap

Concomitantemente ao contrato de abertura de crédito, a empresa e o Banco celebraram também um contrato de swap.

Swap é uma palavra de origem inglesa que significa "troca", "permuta".

O contrato de swap ocorre quando o contratante "1" assume o risco e a rentabilidade que eram originalmente do contratante "2" e o contratante "2" assume o risco e a rentabilidade que eram originalmente do contratante "1".

Exemplo de contrato de swap

A empresa "1" exporta produtos do Brasil para o exterior. Assim, ela gasta em "Reais" para produzir e ganha em "dólar".

A empresa "2", por sua vez, é uma importadora. Logo, ela gasta (compra) em "dólar" e vende (recebe) no Brasil em "reais".

A empresa "1" gastou dinheiro em "real" para produzir seus bens.

A empresa "2" gastou dinheiro em "dólar" para comprar seus produtos.

Ocorre que, se houver uma variação cambial muito brusca, uma delas vai lucrar muito e a outra vai perder bastante. Em economia, ficar nessa incerteza, não é recomendável.

Desse modo, as duas podem minimizar seus riscos, reduzindo em contrapartida os lucros, ao fazerem entre si um contrato de swap.

Por meio deste contrato de swap, elas preveem que, se o dólar subir mais que "x%", a empresa exportadora "1" (que ganharia mais com a valorização da moeda americana), deverá pagar um determinado valor para a empresa "2".

Por outro lado, se o dólar cair mais que "y%", será a empresa importadora "2" que deverá pagar para a empresa "1".

Assim, ambas se protegem aproveitando a margem de lucro uma da outra em cada cenário.

Voltando à nossa situação hipotética:

Paranapanema e Santander fizeram um contrato de swap prevendo que se o valor das ações da Paranapanema subisse menos que "x%" no período de 6 meses, a companhia deveria pagar um determinado valor complementar em favor do banco.

Por outro lado, se as ações subissem mais que "y%" haveria um abatimento nas prestações seguintes do empréstimo.

Com isso, o banco reduziria seu risco de ficar com um "papel" (ações da companhia) sem tanto valor.

Por outro lado, a companhia também reduziria seu risco de ter pagado com ações que valiam "x" uma dívida que correspondia a "x" e depois essas ações passaram a valer "4x", ou seja, ele teria, na prática, pagado 4 vezes mais.

Vale ressaltar, contudo, que este contrato de swap não tinha cláusula compromissória.

Divergência no contrato de swap

O contrato de abertura de crédito não teve qualquer problema.

Por outro lado, algum tempo depois, surgiram divergências entre as contratantes quanto ao contrato de swap.

Diante disso, a Paranapanema ajuizou ação contra o banco questionando o cumprimento do contrato de swap.

O banco, por sua vez, alegou que existe uma coligação entre os dois contratos, sendo que a abertura de crédito é o contrato principal, e o swap é o contrato dependente.

Logo, a cláusula compromissória do contrato principal (abertura de crédito) deve se estender para o contrato dependente (swap).

A tese do banco foi acolhida pelo STJ?

SIM.

Reconhecida a coligação contratual, é possível a extensão da cláusula compromissória prevista no contrato principal de abertura de crédito aos contratos de swap.

STJ. 3ª Turma. REsp 1.639.035-SP, Rel. Min. Paulo de Tarso Sanseverino, julgado em 18/09/2018 (Info 635).

Contratos coligados

Conforme explica Carlos Roberto Gonçalves, contratos coligados são aqueles que, embora distintos, estão ligados por uma cláusula acessória, implícita ou explícita.

Nos contratos coligados, as partes celebram uma pluralidade de negócios jurídicos tendo por desiderato um conjunto econômico, criando entre eles efetiva dependência.

Conforme explica Daniel Carnacchioni:

> "Nos contratos coligados ou conexos, há a agregação de vários negócios para a viabilização de uma operação econômica.
>
> (...)
>
> Nos contratos coligados estes são desejados como um todo, pois isoladamente cada contrato não viabilizaria o interesse dos contratantes. Os contratos condicionam-se reciprocamente em sua existência e validade e, agregados, formam uma unidade econômica." (*Manual de Direito Civil*. Salvador: JusPodivm, 2017, p. 843).

Interpretação dos contratos coligados

Nesse sistema, o contrato reputado como sendo o principal determina as regras que deverão ser seguidas pelos demais instrumentos negociais que a este se ajustam.

Nessa ordem de ideias, a cláusula compromissória prevista no contrato principal pode ser estendida para o contrato de swap, considerando que estão vinculados a uma única operação econômica.

Princípio da gravitação jurídica

Soma-se a isso a incidência do princípio da gravitação jurídica.

> "Diante do princípio da gravitação jurídica, pelo qual o acessório segue o principal, tudo o que ocorre no contrato principal repercute no acessório. Desse modo, sendo nulo o contrato principal, nulo será o acessório: sendo anulável o principal o mesmo ocorrerá com o acessório; ocorrendo prescrição da dívida do contrato principal, o contrato acessório estará extinto; e assim sucessivamente." (TARTUCE, Flávio. *Teoria Geral dos Contratos e Contratos em espécie*. 9ª ed. São Paulo: Método: 2014, p. 37).

Desse modo, extraindo-se que, num sistema de coligação contratual, o contrato reputado como sendo o principal determina as regras que deverão ser seguidas pelos demais instrumentos que a este se ajustam, não se mostra razoável que uma cláusula compromissória prevista no contrato principal (contrato de abertura de crédito) não tivesse seus efeitos estendidos ao contrato acessório (contrato de swap).

5.8. PARCERIA RURAL

FALECIMENTO DO PARCEIRO OUTORGANTE NÃO EXTINGUE O CONTRATO DE PARCERIA RURAL

Imagine a seguinte situação hipotética:

João celebrou contrato de parceria agrícola com Pedro.

João (parceiro outorgante) é proprietário de um imóvel rural e o cedeu para que Pedro (parceiro outorgado) nele plantasse lavouras de arroz e outras culturas temporárias.

Ao final de cada colheita, deveria haver uma prestação de contas, sendo que 50% da produção ficaria com o parceiro outorgante e 50% com o parceiro outorgado.

O prazo do contrato era de 10 anos.

Vale ressaltar que o contrato de parceria agrícola (parceria rural) é regido pelo Estatuto da Terra (Lei nº 4.504/1964), pela Lei º 4.947/1966 e pelo Decreto nº 59.566/1966 (que os regulamenta).

2 anos depois da assinatura, João (parceiro outorgante) faleceu.

Os três filhos de João (herdeiros) passaram a ser proprietários, em condomínio, do referido imóvel rural.

Como não tinham interesse na manutenção do contrato, os filhos notificaram extrajudicialmente Pedro para que desocupasse o imóvel. Na notificação, os herdeiros afirmaram que, com a morte de João, extinguiu-se a parceria rural, nos termos do art. 23 do Decreto nº 59.566/1966:

> § Art. 23. Se por sucessão causa mortis o imóvel rural for partilhado entre vários herdeiros, qualquer deles poderá exercer o direito de retomada, de sua parte, com obediência aos preceitos deste Decreto; todavia é assegurado ao arrendatário o direito à renovação do contrato, quanto às partes dos herdeiros não interessados na retomada.

O argumento dos herdeiros está correto? A morte do parceiro outorgante acarreta a extinção do contrato de parceria agrícola?

NÃO.

Leia novamente o art. 23 acima transcrito. Conforme se verifica pela redação do art. 23, o direito de retomada dos sucessores deve obedecer aos demais preceitos estabelecidos no Decreto nº 59.566/1966.

Desse modo, devemos analisar o que o Decreto fala sobre o direito de retomada.

O art. 22, § 2°, do Decreto afirma que se o arrendador quiser retomar o imóvel, deverá notificar o arrendatário no prazo de até 6 meses antes do vencimento do contrato.

Se o arrendador tiver requerido a retomada, quando chegar a data do vencimento, o contrato será extinto, não tendo o arrendatário direito à renovação.

O STJ entendeu que esse prazo também deverá ser observado no caso dos sucessores *causa mortis* (herdeiros), já que o art. 23 (que trata sobre a sucessão *causa mortis*) fala em "obediência aos preceitos deste Decreto".

Esse é o entendimento da doutrina:

> "(...) Deve ser observado que a morte do arrendador não é causa de extinção do contrato, apenas conferido o direito de retomada nas hipóteses legais cabíveis, pois se sub-roga nos direitos e deveres contratuais, é o que resulta da interpretação do art. 23 do Regulamento". (COELHO, José Fernando Lutz. *Contratos Agrários. Uma Visão Neo-Agrarista.* Curitiba: Juruá, 2006, p. 135)

Desse modo, o que a morte do parceiro outorgante gera é o direito de seus herdeiros requererem a retomada do imóvel nas mesmas hipóteses que o arrendador teria caso ainda estivesse vivo e respeitado o prazo do contrato.

No caso de alienação do imóvel rural, o Estatuto da Terra, em seu art. 92, § 5°, e o Decreto n° 59.566/1966, no art. 15, estabelecem que não há interrupção do contrato de parceria agrícola, ficando o adquirente sub-rogado nos direitos e obrigações do alienante. Essa orientação também se aplica à hipótese de transmissão do imóvel em virtude do falecimento do outorgante.

A proteção ao trabalhador rural é o vetor interpretativo do Estatuto da Terra. Assim, o direito de retomada somente poderá ser exercido no final do prazo contratual e não no momento da sucessão, ou quando encerrada a partilha.

Em suma:

O falecimento do parceiro outorgante não extingue o contrato de parceria rural.

Os herdeiros somente poderão exercer o direito de retomada ao término do contrato e desde que obedeçam às regras do Decreto n° 59.566/1966 quanto ao prazo para notificação e às causas para retomada.

STJ. 3ª Turma. REsp 1.459.668-MG, Rel. Min. Ricardo Villas Bôas Cueva, julgado em 05/12/2017 (Info 618).

5.9. OUTROS TEMAS

A APOSIÇÃO DA CLÁUSULA DE IMPENHORABILIDADE E/OU INCOMUNICABILIDADE EM ATO DE LIBERALIDADE NÃO IMPORTA, AUTOMATICAMENTE, NA CLÁUSULA DE INALIENABILIDADE

Cláusulas de inalienabilidade, impenhorabilidade e incomunicabilidade

As cláusulas de inalienabilidade, impenhorabilidade e incomunicabilidade são restrições voluntárias ao direito de propriedade. Podem ser estipuladas de duas formas:

a. por ato de liberalidade inter vivos (doação);

b. por ato relacionado com a morte – causa mortis (testamento).

Cláusula de inalienabilidade

É uma restrição imposta ao beneficiário de forma que ele fica impedido de dispor da coisa, não podendo transferi-lo a terceiros, seja a título gratuito ou oneroso.

Essa restrição pode ser imposta por tempo determinado (ex: 5 anos) ou de forma vitalícia.

Cláusula de impenhorabilidade

Consiste na proibição de constrição judicial do bem gravado para pagamento de débitos do herdeiro/beneficiário.

Cláusula de incomunicabilidade

Proíbe que o bem se transferido para a fração ideal do cônjuge (companheiro) em caso de casamento ou união estável.

Em outras palavras, se uma pessoa possui um imóvel com cláusula de incomunicabilidade, mesmo que se case com regime de comunhão de bens, esse imóvel não participará da comunhão dos bens do casal.

Imagine agora a seguinte situação hipotética:

João doou para Raquel um imóvel. Ocorre a doação foi feita com as cláusulas de incomunicabilidade e impenhorabilidade.

Após o falecimento de João, Raquel vendeu o imóvel para Pedro, já tendo inclusive recebido o preço da venda.

Ocorre que não conseguiu transferir o domínio porque o cartório de Registro de Imóveis exige a baixa dos gravames (cláusulas de incomunicabilidade e impenhorabilidade) para efetuar a transmissão da propriedade.

Na interpretação do cartório, a presença dos gravames de impenhorabilidade e incomunicabilidade importa automaticamente também na impossibilidade de alienação, a teor do disposto no art. 1.911 do Código Civil.

Diante disso, Raquel ajuizou procedimento especial de jurisdição voluntária pedindo o cancelamento de gravames instituídos sobre imóvel. Isso porque, como o doador já está morto, tais cláusulas de incomunicabilidade e impenhorabilidade somente ser retiradas com autorização judicial.

No procedimento instaurado, Raquel explicou o seguinte:

- a intenção do doador não foi me impedir de vender o imóvel. Tanto isso é verdade que não existe cláusula de inalienabilidade.
- a cláusula de impenhorabilidade foi inserida para fazer com que o imóvel ficasse livre de dívidas minhas (donatária);
- a cláusula de incomunicabilidade, por sua vez, foi aposta para impedir que, se eu casasse, houvesse a comunhão desse bem com meu eventual cônjuge;
- requereu, então, a procedência do pedido a fim de que fossem cancelados os gravames, com a consequente anotação na matrícula do bem perante o registro imobiliário competente.

A questão, por meio de sucessivos recursos, chegou até o STJ. O STJ concordou com o pedido da requerente?

SIM. O STJ autorizou o cancelamento dos gravames e disse que o imóvel gravado exclusivamente com as cláusulas de impenhorabilidade e incomunicabilidade não é inalienável.

Por que houve toda essa dificuldade para Raquel vender o imóvel se não havia cláusula de inalienabilidade? Por que essa dúvida que obrigou o caso a chegar até o STJ?

Por causa da interpretação do art. 1.911 do Código Civil. Esse dispositivo diz o seguinte:

§ Art. 1.911. A cláusula de inalienabilidade, imposta aos bens por ato de liberalidade, implica impenhorabilidade e incomunicabilidade.

Por força do art. 1.911, se tiver sido imposta cláusula de inalienabilidade ao imóvel, isso significa que ele, obrigatoriamente, será também impenhorável e incomunicável.

Assim, uma vez aposto o gravame da inalienabilidade, pressupõe-se, *ex vi lege* (por força de lei), automaticamente, a impenhorabilidade e a incomunicabilidade.

Essa regra vinha desde o Código Civil de 1916. Existe até uma súmula antiga do STF (de 1963) que explicita esse entendimento:

Súmula 49-STF: A cláusula de inalienabilidade inclui a incomunicabilidade dos bens.

E o inverso é verdadeiro? Se for aposta uma cláusula de impenhorabilidade ou uma cláusula de incomunicabilidade, deve-se presumir que o imóvel é também inalienável?

NÃO. A aposição da cláusula de impenhorabilidade e/ou incomunicabilidade em ato de liberalidade não importa, automaticamente, na cláusula de inalienabilidade.

A inserção da proibição de não penhorar e/ou não comunicar não gera a presunção da inalienabilidade.

É o que explica a doutrina:

"O art. 1.911 do Código Civil estabelece que a cláusula de inalienabilidade gravada sobre bens que compõem a herança implica, automaticamente, nas cláusulas de 'impenhorabilidade e incomunicabilidade'. Ou seja, basta gravar o patrimônio transmitido com a cláusula de inalienabildiade para que as demais decorram de pleno direito. A recíproca, entretanto, não é verdadeira. Por isso, as cláusulas de impenhorabildiade e de incomunicabilidade podem ser impostas isoladamente, produzindo efeitos únicos. A cláusula de inalienabilidade, porém, se apresenta mais larga e profunda, trazendo consigo, a reboque, as demais" (FARIAS, Cristiano Chaves, ROSENVALD, Neslon. *Curso de Direito Civil. Sucessões*. Vol. 7. 3ª ed. Salvador: Juspodivm, p. 464).

O gravame da impenhorabilidade pode ser instituído independentemente da cláusula de inalienabilidade. Isso significa que o donatário não estará impedido de alienar, mas o bem ficará a salvo de penhoras. É isso que o STJ chamou de "instituição autônoma da impenhorabilidade".

Assim, é possível o gravame autônomo (sozinha) da impenhorabilidade, ou seja, o doador/instituidor estabelece que o bem é impenhorável, mas permite a alienação e comunicação.

Da mesma forma, é possível instituição autônoma (sozinha) da incomunicabilidade. O doador/instituidor estabelece que o bem é incomunicável, mas permite a alienação e a penhora.

Em outras palavras, a instituição autônoma da impenhorabilidade, por si só, não pressupõe a incomunicabilidade e vice-versa.

Em suma:

A melhor interpretação do caput do art. 1.911 do Código Civil é aquela que conduz ao entendimento de que:

a) há possibilidade de imposição autônoma das cláusulas de inalienabilidade, impenhorabilidade e incomunicabilidade, a critério do doador/instituidor;

b) uma vez aposto o gravame da inalienabilidade, pressupõe-se, ex vi lege, automaticamente, a impenhorabilidade e a incomunicabilidade;

c) a inserção exclusiva da proibição de não penhorar e/ou não comunicar não gera a presunção da inalienabilidade;

d) a instituição autônoma da impenhorabilidade não pressupõe a incomunicabilidade e vice-versa.

STJ. 4ª Turma. REsp 1.155.547-MG, Rel. Min. Marco Buzzi, julgado em 06/11/2018 (Info 637).

CIVIL

Informações complementares

A jurisprudência entende que estas cláusulas não são absolutas e podem ser afastadas, mediante decisão judicial, em determinadas hipóteses.

Exemplo 1: a restrição pode ser afastada, no interesse do proprietário (dignidade do beneficiário), se estiver causando prejuízo aos seus legítimos interesses. É o caso do proprietário está passando por dificuldades financeiras e precisa do dinheiro decorrente da venda do imóvel. Nesse sentido: STJ. 3ª Turma. REsp 1158679/MG, Rel. Min. Nancy Andrighi, julgado em 07/04/2011.

Exemplo 2: a cláusula de impenhorabilidade pode ser afastada para o pagamento de taxa condominial oriunda do próprio bem, por força do princípio da função social da propriedade. Nesse sentido:

> As despesas condominiais são consideradas dívidas propter rem, de modo que podem ensejar a penhora da unidade autônoma devedora, não prevalecendo contra o condomínio cláusulas de impenhorabilidade e inalienabilidade em contratos celebrados com terceiros.
>
> STJ. 4ª Turma. AgRg no REsp 650.570/SP, Rel. Min. Maria Isabel Gallotti, julgado em 07/08/2012.

É POSSÍVEL A DESCARACTERIZAÇÃO DO LEASING SE O PRAZO DE VIGÊNCIA DO ARRENDAMENTO NÃO RESPEITAR A VIGÊNCIA MÍNIMA ESTABELECIDA DE ACORDO COM A VIDA ÚTIL DO BEM ARRENDADO

É possível a descaracterização do contrato de arrendamento mercantil (leasing) se o prazo de vigência do acordo celebrado não respeitar a vigência mínima estabelecida de acordo com a vida útil do bem arrendado.

Nos termos do art. 8º do anexo da Resolução nº 2.309/96 e art. 23 da Lei nº 6.099/74, o prazo mínimo de vigência do contrato de arrendamento mercantil financeiro é de (i) dois anos, quando se tratar de bem com vida útil igual ou inferior a cinco anos, e (ii) de três anos, se o bem arrendado tiver vida útil superior a cinco anos.

Caso concreto: o bem arrendado (pá-escavadeira) possui vida útil superior a cinco anos. Apesar disso, o ajuste previa o arrendamento pelo prazo de apenas dois anos. Logo, foi desrespeitada a Resolução, ficando descaracterizado o contrato de arrendamento mercantil.

Ficando descaracterizado o leasing, é possível cobrar ICMS sobre esta operação.

STJ. 2ª Turma. REsp 1.569.840-MT, Rel. Min. Francisco Falcão, julgado em 16/08/2018 (Info 632).

Veja comentários em Direito Tributário.

Empréstimo consignado

Uma prática muito comum entre os servidores públicos são os chamados "empréstimos consignados".

O servidor público vai até o banco e consegue um empréstimo de forma mais fácil, rápida e com taxas de juros menores porque aceita que as parcelas de pagamento deste mútuo sejam descontadas diretamente da sua remuneração.

Assim, no empréstimo consignado (também chamado de consignação em folha de pagamento), antes mesmo de a pessoa receber sua remuneração/proventos, já há o desconto da quantia, o que é efetuado pelo próprio órgão ou entidade pagadora. Em outras palavras, há um desconto direto no salário, remuneração ou aposentadoria.

Imagine agora a seguinte situação hipotética:

João era servidor público e contraiu um empréstimo consignado.

O mutuário vinha pagando normalmente as parcelas. Ocorre que ele faleceu.

Diante disso, o espólio de João ingressou com ação contra o banco pedindo que fosse reconhecida a extinção da dívida em razão da morte do consignante.

O espólio argumentou que a Lei nº 1.046/50 regulamenta a consignação em folha de pagamento, sendo que ela prevê, em seu art. 16, que, ocorrido o falecimento do consignante, ficará extinta a dívida. Veja:

§ Art. 16. Ocorrido o falecimento do consignante, ficará extinta a dívida do empréstimo feito mediante simples garantia da consignação em fôlha.

A tese do espólio de João foi acolhida pelo STJ?

NÃO.

O falecimento do consignante não extingue a dívida decorrente de contrato de crédito consignado em folha de pagamento.

STJ. 3ª Turma. REsp 1.498.200-PR, Rel. Min. Nancy Andrighi, julgado em 05/06/2018 (Info 627).

A partir da leitura dos arts. 3º e 4º da Lei nº 1.046/50 chega-se à conclusão de que este diploma sobre a consignação em folha de pagamento é voltado aos servidores públicos civis e militares.

Ocorre que o STJ entende que, com a edição da Lei nº 8.112/90, foi revogada a Lei nº 1.046/50. Isso porque a Lei nº 8.112/90 disciplinou a consignação em pagamento envolvendo servidores públicos federais.

Houve, portanto, a ab-rogação tácita ou indireta da Lei nº 1.046/50, na medida em que a Lei nº 8.112/90 tratou, inteiramente, da matéria contida naquela.

A Lei nº 8.112/90 não trouxe nenhum dispositivo semelhante ao art. 16 da Lei nº 1.046/50. Logo, conclui-se que, com a edição da Lei nº 8.112/90, acabou a regra que autorizava a extinção da dívida em razão da morte do consignante.

A Lei nº 10.820/2003 regula a consignação em folha de pagamento dos empregados regidos pela CLT e dos titulares de benefícios de aposentadoria e pensão do RGPS (INSS). Assim como na Lei nº 8.112/90, não há na Lei nº 10.820/2003 a previsão de que a morte do consignante extinga a dívida por ele contraída.

6. ALIENAÇÃO FIDUCIÁRIA

EQUIPAMENTO DE MONITORAMENTO DO VEÍCULO ACOPLADO NO CAMINHÃO É CONSIDERADO PERTENÇA E, POR ISSO, COMO REGRA, NÃO SEGUE A SORTE DO PRINCIPAL

Conceito de alienação fiduciária

"A alienação fiduciária em garantia é um contrato instrumental em que uma das partes, em confiança, aliena a outra a propriedade de um determinado bem, ficando esta parte (uma instituição financeira, em regra) obrigada a devolver àquela o bem que lhe foi alienado quando verificada a ocorrência de determinado fato." (RAMOS, André Luiz Santa Cruz. *Direito Empresarial Esquematizado*. São Paulo: Método, 2012, p. 565).

Alienação fiduciária de automóveis

A espécie mais comum de alienação fiduciária é a de automóveis, que é regida pelo Decreto-Lei nº 911/69.

Ex: Antônio quer comprar um carro de R$ 30 mil, mas somente possui R$ 10 mil. Antônio procura o Banco "X", que celebra com ele *contrato de financiamento com garantia de alienação fiduciária*.

Assim, o Banco "X" empresta R$ 20 mil a Antônio, que compra o veículo. Como garantia do pagamento do empréstimo, a propriedade resolúvel do carro ficará com o Banco "X" e a posse direta com Antônio.

Em outras palavras, Antônio ficará andando com o carro, mas, no documento, a propriedade do automóvel é do Banco "X" (constará: "alienado fiduciariamente ao Banco X"). Diz-se que o banco tem a propriedade resolúvel porque, uma vez pago o empréstimo, a propriedade do carro pelo banco "resolve-se" (acaba) e o automóvel passa a pertencer a Antônio.

Imagine agora a seguinte situação hipotética:

A empresa "Transpor Ltda." celebrou com o Banco "X" contrato de financiamento com garantia de alienação fiduciária para a compra de um caminhão no valor de R$ 120 mil.

Ocorre que, no curso do contrato, a empresa fiduciante deixou de pagar as parcelas.

O Banco enviou notificação extrajudicial para a "Transpor Ltda." informando que ela se encontrava em débito (Súmula 72-STJ), mas esta não fez a purgação da mora.

Diante disso, a instituição financeira ingressou com ação de busca e apreensão requerendo a entrega do bem, conforme autoriza o art. 3º do DL 911/69:

§ Art. 3º O proprietário fiduciário ou credor poderá, desde que comprovada a mora, na forma estabelecida pelo § 2º do art. 2º, ou o inadimplemento, requerer contra o devedor ou terceiro a busca e apreensão do bem alienado fiduciariamente, a qual será concedida liminarmente, podendo ser apreciada em plantão judiciário.

O juiz concedeu a liminar e o automóvel saiu da posse da "Transpor" e foi entregue ao Banco.

Pedido para retirada dos aparelhos de monitoramento

O DL 911/69 prevê que, após a execução da liminar, ou seja, depois da apreensão do bem, o devedor tem a possibilidade de apresentar uma resposta (uma espécie de contestação).

Em sua resposta, a "Transpor Ltda." informou o seguinte: realmente estou devendo e não tenho condições de continuar a pagar as prestações. Pode ficar com o caminhão. No entanto, depois que celebrei o contrato com o banco e comprei o veículo, eu instalei nele um "equipamento de monitoramento (rastreamento)".

Esse equipamento serve para que a empresa, de forma remota, possa fazer o acompanhamento do local onde está o veículo, informando se ele está parado ou em movimento e a velocidade que está sendo empregada.

Com isso, a empresa pode controlar a segurança e a assiduidade dos seus motoristas.

A empresa informou que esse aparelho de monitoramento não vem com o veículo e que ela desejava retirá-lo para utilizá-lo em outro caminhão que ela pretende comprar no futuro.

O banco contra argumentou afirmando que este aparelho é um bem acessório e que os bens acessórios seguem a sorte do principal (princípio da gravitação jurídica). Assim, como a posse e a propriedade do veículo (bem principal) consolidou-se em nome da instituição financeira, ela também adquiriu os bens acessórios que estão no carro.

A empresa "Transpor Ltda." terá direito de retirar o aparelho do veículo?

SIM.

Mas... o equipamento de monitoramento que está acoplado no caminhão é considerado um bem principal ou um bem acessório?

Bem acessório.

Então, por que ele não segue a sorte do principal?

Porque este equipamento é qualificado (classificado) como sendo uma pertença.

A pertença é uma espécie peculiar de bem acessório que, em regra, não segue a sorte do principal.

Vamos entender.

O que são pertenças?

A definição legal está no art. 93 do Código Civil:

§ Art. 93. São pertenças os bens que, não constituindo partes integrantes, se destinam, de modo duradouro, ao uso, ao serviço ou ao aformoseamento de outro.

Veja o que diz a doutrina:

> "O novo Código Civil incluiu, no rol dos bens acessórios, as pertenças, ou seja, os bens móveis que, não constituindo partes integrantes (como o são os frutos, produtos e benfeitorias), estão afetados por forma duradoura ao serviço ou ornamentação de outro, como os tratores destinados a uma melhor exploração de propriedade agrícola e os objetos de decoração de uma residência, por exemplo." (GONÇALVES, Carlos Roberto. *Direito Civil brasileiro.* Vol. 1, 10ª ed., São Paulo: Saraiva, 2012, p. 289.

> "(...) a pertença (CC, art 93) é bem que se acresce, como acessório, à coisa principal, daí ser *res annexa* (coisa anexada). Portanto, é coisa acessória *sui generis*, destinada, de modo duradouro, a conservar ou facilitar o uso, ou prestar serviço, ou, ainda, servir de adorno do bem principal, sem ser parte integrante" (DINIZ, Maria Helena. *Curso de direito brasileiro.* Teoria geral do direito civil. v.1. 32ª ed. São Paulo: Saraiva, p. 395)

Exemplos de pertenças: aparelho de ar condicionado, telefone do escritório, elevadores, bombas de água, instalações elétricas, estátuas, espelhos, tapetes, máquinas da fábrica, tratores, instrumentos agrícolas etc.

Pertenças são bens acessórios sui generis

As pertenças têm como objetivo dar uma maior qualidade, utilidade ou vantagem a um bem principal. Por isso, as pertenças são classificadas como bens acessórios. No entanto, são bens acessórios *sui generis* porque mantêm sua individualidade e autonomia, não se incorporando no bem principal.

Assim, a pertença, em regra, não é alcançada pelo negócio jurídico que envolver o bem principal, a não ser que haja imposição legal, expressa manifestação das partes ou decorrer das circunstâncias do caso concreto. Trata-se de exceção à regra de que o acessório segue o principal. Isso está previsto expressamente no art. 94 do Código Civil:

§ Art. 94. Os negócios jurídicos que dizem respeito ao bem principal não abrangem as pertenças, salvo se o contrário resultar da lei, da manifestação de vontade, ou das circunstâncias do caso.

Regra: pertença, mesmo sendo bem acessório, não segue a sorte do bem principal. O negócio envolvendo o bem principal não inclui a pertença.

Exceções: irão abranger as pertenças se:

- a lei determinar;
- houver manifestação de vontade expressa nesse sentido;
- as circunstâncias do caso concreto indicarem que a pertença deveria acompanhar o bem principal.

Voltando ao exemplo

No caso concreto, há um bem principal (automóvel) e existe a pertença, que é o aparelho de monitoramento acoplado ao caminhão.

Por se tratar de pertença, não se aplica a este aparelho o princípio da gravitação jurídica, mas sim a regra do art. 94 do CC acima transcrito.

O caminhão tem "vida" absolutamente independente do aparelho de monitoramento. Este equipamento é acoplado tão somente para permitir o acompanhamento do veículo.

Se este aparelho for retirado, o veículo continua sendo veículo, ou seja, não perde a sua função.

Situação diferente ocorreria, por exemplo, com os pneus do caminhão. Os pneus são partes integrantes, cuja separação promoveria sua destruição ou danificação, devendo, portanto, seguir o destino do principal.

Em suma:

O equipamento de monitoramento acoplado em caminhão é qualificado como pertença e pode ser retirado pelo devedor fiduciante que o colocou.

STJ. 3ª Turma. REsp 1.667.227-RS, Rel. Min. Marco Aurélio Bellizze, julgado em 26/06/2018 (Info 629).

Vamos relembrar outro caso semelhante:

Havendo adaptação de veículo, em momento posterior à celebração do pacto fiduciário, com aparelhos para direção por deficiente físico, o devedor fiduciante tem direito a retirá-los quando houver o descumprimento do pacto e a consequente busca e apreensão do bem.

STJ. 4ª Turma. REsp 1.305.183-SP, Rel. Min. Luis Felipe Salomão, julgado em 18/10/2016 (Info 594).

Em que consiste a alienação fiduciária?

"A alienação fiduciária em garantia é um contrato instrumental em que uma das partes, em confiança, aliena a outra a propriedade de um determinado bem, ficando esta parte (uma instituição financeira, em regra) obrigada a devolver àquela o bem que lhe foi alienado quando verificada a ocorrência de determinado fato." (RAMOS, André Luiz Santa Cruz. *Direito Empresarial Esquematizado*. São Paulo: Método, 2012, p. 565).

Regramento

O Código Civil de 2002 trata de forma genérica sobre a propriedade fiduciária em seus arts. 1.361 a 1.368-B. Existem, no entanto, leis específicas que também regem o tema:

- alienação fiduciária envolvendo bens imóveis: Lei nº 9.514/97;
- alienação fiduciária de bens móveis no âmbito do mercado financeiro e de capitais: Lei nº 4.728/65 e Decreto-Lei nº 911/69. É o caso, por exemplo, de um automóvel comprado por meio de financiamento bancário com garantia de alienação fiduciária.

Nas hipóteses em que houver legislação específica, as regras do CC-2002 aplicam-se apenas de forma subsidiária:

§ Art. 1.368-A. As demais espécies de propriedade fiduciária ou de titularidade fiduciária submetem-se à disciplina específica das respectivas leis especiais, somente se aplicando as disposições deste Código naquilo que não for incompatível com a legislação especial.

Resumindo:

Alienação fiduciária de bens MÓVEIS fungíveis e infungíveis quando o credor fiduciário for instituição financeira	**Alienação fiduciária de** bens MÓVEIS infungíveis quando o credor fiduciário for pessoa natural ou jurídica (sem ser banco)	**Alienação fiduciária de** bens IMÓVEIS
Lei nº 4.728/65 Decreto-Lei nº 911/69	Código Civil de 2002 (arts. 1.361 a 1.368-A)	Lei nº 9.514/97

Alienação fiduciária de bem imóvel

Na alienação fiduciária de bem imóvel, alguém (fiduciante) toma dinheiro emprestado de outrem (fiduciário) e, como garantia de que irá pagar a dívida, transfere a propriedade resolúvel de um bem imóvel para o credor, ficando este obrigado a devolver ao devedor o bem que lhe foi alienado quando houver o adimplemento integral do débito.

Veja agora o conceito dado pela Lei nº 9.514/97:

§ Art. 22. A alienação fiduciária regulada por esta Lei é o negócio jurídico pelo qual o devedor, ou fiduciante, com o escopo de garantia, contrata a transferência ao credor, ou fiduciário, da propriedade resolúvel de coisa imóvel.

Desdobramento da posse

O art. 23, parágrafo único, da Lei deixou, ainda, expressamente consignado que, com a constituição da propriedade fiduciária, ocorre o desdobramento da posse. O que significa isso:

- o fiduciante (devedor da dívida) será o possuidor direto e
- o fiduciário (credor) será o possuidor indireto da coisa imóvel.

Essa situação de propriedade resolúvel e de desdobramento da posse resolve-se quando ocorrer:

- o pagamento integral da dívida garantida por parte do devedor/fiduciante. Neste caso, o fiduciante se torna o proprietário pleno; ou
- se houver o inadimplemento contratual do devedor/fiduciante. Nesta hipótese, haverá a consolidação da propriedade plena no patrimônio do credor fiduciário (o "banco" será o único dono do imóvel).

CIVIL

Imagine agora a seguinte situação hipotética:

João celebrou com o banco um contrato de alienação fiduciária para a compra de seu imóvel residencial.

Significa dizer que João tomou dinheiro emprestado do banco (agente financeiro/mutuante) com o objetivo de adquirir a sua moradia, ficando o imóvel em nome da instituição financeira até que ele pague totalmente a dívida. Dessa forma, João permaneceu morando no imóvel adquirido, mas este ficou registrado em nome do banco, como uma forma de garantia de que o devedor irá pagar o débito, sob pena de perder o bem.

A alienação fiduciária de bens imóveis é regida precipuamente pela Lei nº 9.514/97.

Personagens

No exemplo dado acima, podemos assim definir os personagens envolvidos:

<u>João</u>

Chamado de mutuário/fiduciante.

Mutuário é a pessoa beneficiada por um contrato de mútuo, ou seja, quem toma dinheiro emprestado.

Fiduciante é a pessoa que, no contrato de alienação fiduciária, transmite a propriedade do bem ao credor como forma de garantia da dívida. Fiduciante é a parte devedora. Fidúcia é uma palavra de origem latina que significa confiança. Assim, fiduciante é a pessoa que dá o bem em confiança.

<u>Banco</u>

Chamado de mutuante/fiduciário.

Mutuante é a pessoa que empresta dinheiro em um contrato de mútuo.

Fiduciário é a pessoa que, no contrato de alienação fiduciária, recebe a propriedade do bem do devedor como forma de garantia da dívida. É a parte credora.

Inadimplência

João comprometeu-se a pagar a dívida em 180 prestações.

Ocorre que, por dificuldades financeiras, o mutuário/fiduciante tornou-se inadimplente.

Quando o fiduciante não paga a dívida, a lei afirma que ocorre a consolidação da propriedade em nome do fiduciário. Nesse sentido, é o que prevê o art. 26 da Lei nº 9.514/97:

§ Art. 26 Vencida e não paga, no todo ou em parte, a dívida e constituído em mora o fiduciante, consolidar-se-á, nos termos deste artigo, a propriedade do imóvel em nome do fiduciário.

Notificação do devedor para constituição em mora

Vale ressaltar que, em caso de atraso no pagamento, a Lei exige que o credor/fiduciário requeira que o Oficial do Registro de Imóveis faça a notificação extrajudicial do devedor/fiduciante (seu representante ou procurador) para pagar a dívida em 15 dias. Trata-se da notificação com a finalidade de fazer a constituição do devedor em mora. Veja:

> §
>
> Art. 26 (...)
>
> § 1º Para os fins do disposto neste artigo, o fiduciante, ou seu representante legal ou procurador regularmente constituído, será intimado, a requerimento do fiduciário, pelo oficial do competente Registro de Imóveis, a satisfazer, no prazo de quinze dias, a prestação vencida e as que se vencerem até a data do pagamento, os juros convencionais, as penalidades e os demais encargos contratuais, os encargos legais, inclusive tributos, as contribuições condominiais imputáveis ao imóvel, além das despesas de cobrança e de intimação.
>
> (...)
>
> § 3º A intimação far-se-á pessoalmente ao fiduciante, ou ao seu representante legal ou ao procurador regularmente constituído, podendo ser promovida, por solicitação do oficial do Registro de Imóveis, por oficial de Registro de Títulos e Documentos da comarca da situação do imóvel ou do domicílio de quem deva recebê-la, ou pelo correio, com aviso de recebimento.
>
> § 3º-B. Nos condomínios edilícios ou outras espécies de conjuntos imobiliários com controle de acesso, a intimação de que trata o § 3º-A poderá ser feita ao funcionário da portaria responsável pelo recebimento de correspondência.

Paga a dívida: fica tudo bem

Purgada a mora no Registro de Imóveis, convalescerá o contrato de alienação fiduciária (art. 26, § 5º).

E se o devedor não purgar a mora?

Decorrido o prazo de 15 dias sem que o devedor tenha feito a purgação da mora, o oficial do Registro de Imóveis irá fazer uma certidão disso.

A consolidação da propriedade em nome do credor fiduciário será averbada no registro de imóveis 30 dias após a expiração do prazo de 15 dias para purgação da mora.

Vale ressaltar que, antes da averbação, o credor terá que pagar o imposto de transmissão *inter vivos* e, se for o caso, do laudêmio.

Se o imóvel era parte de um condomínio edilício (ex: um apartamento), como o fiduciante estava com dificuldades financeiras, é muito comum que ele também estivesse em atraso com o pagamento das cotas condominiais. Como fica a situação do condomínio neste caso? É possível que o condomínio cobre do fiduciário ("banco") as despesas condominiais que o fiduciante deixou e que se referem a um período anterior à consolidação da propriedade?

NÃO.

- Despesas condominiais referentes a período anterior à imissão na posse: devem ser cobradas do devedor fiduciante. O credor fiduciário ("banco") não pode ser obrigada a pagar.
- Despesas condominiais referente a período posterior à imissão na posse: são de responsabilidade do credor fiduciário.

O tema é disciplinado expressamente pelo § 8º do art. 27 da Lei nº 9.514/97, que diz o seguinte:

§ Art. 27 (...)

§ 8º Responde o fiduciante pelo pagamento dos impostos, taxas, contribuições condominiais e quaisquer outros encargos que recaiam ou venham a recair sobre o imóvel, cuja posse tenha sido transferida para o fiduciário, nos termos deste artigo, até a data em que o fiduciário vier a ser imitido na posse. (Incluído pela Lei nº 10.931/2004)

Cuidado com isso porque, como aprendemos que as contribuições condominiais são obrigações *propter rem*, a tendência é raciocinar de forma diferente do que foi explicado acima. No entanto, houve uma opção expressa da Lei em proteger o credor fiduciário, livrando-os dos débitos anteriores à imissão na posse.

Essa mesma previsão foi inserida no Código Civil em 2014:

§ Art. 1.368-B. A alienação fiduciária em garantia de bem móvel ou imóvel confere direito real de aquisição ao fiduciante, seu cessionário ou sucessor. (Incluído pela Lei nº 13.043/2014)

A doutrina reforça a conclusão legal:

(...) A responsabilidade do agente financeiro sobre os ônus que pendem em coisas submetidas a alienação fiduciária em garantia somente passa a existir no momento em que ocorre a retomada definitiva do bem junto ao devedor fiduciante inadimplente, pois então se consolida a propriedade na esfera jurídica de quem a tinha apenas, até então, em caráter resolúvel." (MATIELLO, Fabrício Zamprogna. *Código civil comentado: Lei nº 10.406, de 10.01.2002*. 7ª ed. São Paulo: LTR, 2017, p. 714)

O STJ aplicou a lei e assim decidiu:

A responsabilidade do credor fiduciário pelo pagamento das despesas condominiais dá-se quando da consolidação de sua propriedade plena quanto ao bem dado em garantia, ou seja, quando de sua imissão na posse do imóvel.

STJ. 3ª Turma. REsp 1.731.735-SP, Rel. Min. Nancy Andrighi, julgado em 13/11/2018 (Info 638).

Considerando que os condomínios não podem cobrar do banco, o que eles podem fazer para garantirem seu direito e receberem essas quantias?

Uma dica para os condomínios é a de executar o devedor fiduciante e requerer ao juízo a penhora dos direitos que este devedor fiduciante tiver sobre o contrato.

Nesse caso, o condomínio exequente irá se sub-rogar nos direitos do devedor fiduciante. Isso significa o que? Quando o banco alienar o imóvel, irá utilizar o produto da venda para satisfazer o seu crédito. O restante teria que devolver ao devedor fiduciante. Ocorre que o condomínio já terá feito a penhora deste eventual crédito e, assim, ele receberá esse valor (que seria do fiduciante) para pagar as dívidas condominiais.

7. DIREITOS REAIS

7.1. POSSE

OCUPAÇÃO INDEVIDA DE BEM PÚBLICO

Súmula 619-STJ: A ocupação indevida de bem público configura mera detenção, de natureza precária, insuscetível de retenção ou indenização por acessões e benfeitorias.

STJ. Corte Especial. Aprovada em 24/10/2018, DJe 30/10/2018.

Imagine a seguinte situação:

No Distrito Federal ainda há alguns terrenos, especialmente em locais mais afastados, que pertencem ao Governo do Distrito Federal e que estão sem edificação ou utilização. Em outras palavras, são áreas de terra sem nada construído ainda.

A maioria desses imóveis está em nome da Companhia Imobiliária de Brasília – TERRACAP.

A TERRACAP é uma empresa pública que pertence ao DF e tem por objetivo executar as atividades imobiliárias de interesse do Distrito Federal.

Imagine que um grupo de pessoas "sem casa" invade um imóvel da TERRACAP.

Neste lugar, que era apenas um terreno plano, sem qualquer edificação, estes invasores constroem 10 casas, onde passam a morar com as suas famílias. Além disso, fazem também galinheiros e outras benfeitorias, além de plantações de milho, mandioca, feijão, cana e frutas.

Esses particulares permanecem no local por mais de 20 anos.

A TERRACAP, então, finalmente, decide ingressar com uma ação reivindicatória contra os "invasores".

A partir dessa situação, podemos fazer algumas perguntas:

Se os ocupantes da área alegarem, em sua defesa, a existência de usucapião (Súmula 237-STF), este argumento poderá ser acolhido pelo juízo?

NÃO. Isso porque o imóvel pertence ao poder público (empresa pública). Trata-se, portanto, de bem público e os bens públicos não estão sujeitos a usucapião, conforme preveem os arts. 183, § 3º e 191, parágrafo único, da CF/88 e o art. 102 do Código Civil.

Segundo o art. 98 do Código Civil:

§ Art. 98. São públicos os bens do domínio nacional pertencentes às pessoas jurídicas de direito público interno; todos os outros são particulares, seja qual for a pessoa a que pertencerem.

Se fôssemos levar em consideração a redação literal do art. 98 do CC, este imóvel não poderia ser considerado como bem público, considerando que a TERRACAP é uma empresa pública (pessoa jurídica de direito privado).

No entanto, a doutrina defende que também deve ser considerado bem público aquele pertencente à pessoa jurídica de direito privado que seja prestadora de serviço público quando este bem estiver vinculado à prestação dessa atividade. Nesse sentido: CUNHA JÚNIOR, Dirley. Curso de Direito Administrativo. 14ª ed. Salvador: JusPodivm, 2015, p. 391.

Esta orientação é acolhida pela jurisprudência, conforme aconteceu quando o STF reconheceu que os bens dos Correios (empresa pública federal) são impenhoráveis:

> Os bens, as rendas e os serviços da Empresa Brasileira de Correios e Telégrafos são impenhoráveis e a execução deve observar o regime de precatórios.
>
> STF. 1ª Turma. RE 393032 AgR, Rel. Min. Cármen Lúcia, julgado em 27/10/2009.

Além disso, no caso da TERRACAP, o STJ, há muito tempo, consolidou o entendimento de que seus bens são públicos, considerando que eram bens do Distrito Federal e que foram transferidos à NOVACAP e depois para a TERRACAP a fim de serem administrados descentralizadamente. Logo, permaneceram com a mesma característica:

Os imóveis administrados pela Companhia Imobiliária de Brasília (TERRACAP) são públicos.

STJ. 4ª Turma. AgRg no AREsp 762.197/DF, Rel. Min. Antonio Carlos Ferreira, julgado em 01/09/2016.

Desse modo, os ocupantes terão que realmente deixar o imóvel. No entanto, indaga-se: eles poderão pedir indenização ao Poder Público pelas acessões e benfeitorias que fizeram no imóvel (exs: as casas, os galinheiros, as plantações etc.)? Eles poderão se valer do direito de retenção, permanecendo no imóvel enquanto o Poder Público não pagar a indenização devida?

CIVIL

NÃO. Vamos entender com calma os argumentos do STJ:

O legislador brasileiro, ao adotar a teoria objetiva de Ihering, definiu a posse como o exercício de algum dos poderes inerentes à propriedade:

§ Art. 1.196 do CC. Considera-se possuidor todo aquele que tem de fato o exercício, pleno ou não, de algum dos poderes inerentes à propriedade.

O art. 1.219 do CC reconheceu, ao possuidor de boa-fé, o direito à indenização pelas benfeitorias úteis e necessárias, além do direito de retenção:

§ Art. 1.219. O possuidor de boa-fé tem direito à indenização das benfeitorias necessárias e úteis, bem como, quanto às voluptuárias, se não lhe forem pagas, a levantá-las, quando o puder sem detrimento da coisa, e poderá exercer o direito de retenção pelo valor das benfeitorias necessárias e úteis.

Apesar de o art. 1.219 do CC mencionar apenas "benfeitorias", a doutrina majoritária e o STJ entendem que o direito de retenção abrange também as acessões (como é o caso de uma casa construída em um terreno). Nesse sentido: STJ. 3ª Turma. Resp 1.316.895/SP, julgado em 11/06/2013.

Foi o entendimento consagrado na I Jornada de Direito Civil do CJF/STF:

Enunciado 81: O direito de retenção previsto no art. 1.219 do CC, decorrente da realização de benfeitorias necessárias e úteis, também se aplica às acessões (construções e plantações) nas mesmas circunstâncias.

Aliás, o Código Civil possui um dispositivo semelhante para os casos de construções. Veja:

§ Art. 1.255. Aquele que semeia, planta ou edifica em terreno alheio perde, em proveito do proprietário, as sementes, plantas e construções; se procedeu de boa-fé, terá direito a indenização.

Parágrafo único. Se a construção ou a plantação exceder consideravelmente o valor do terreno, aquele que, de boa-fé, plantou ou edificou, adquirirá a propriedade do solo, mediante pagamento da indenização fixada judicialmente, se não houver acordo.

Mesmo o possuidor de má-fé tem direito à indenização pelas benfeitorias necessárias, não tendo, contudo, direito de retenção:

§ Art. 1.220. Ao possuidor de má-fé serão ressarcidas somente as benfeitorias necessárias; não lhe assiste o direito de retenção pela importância destas, nem o de levantar as voluptuárias.

E por que os ocupantes do imóvel público não terão direito?

Porque o art. 1.219 e demais dispositivos acima transcritos são inaplicáveis aos imóveis públicos.

Tais dispositivos não se aplicam ao caso porque os imóveis públicos não admitem a posse privada, mas apenas a mera detenção.

O art. 1.196 do CC (veja a redação novamente acima) define o possuidor como aquele que tem, de fato, o exercício de algum dos poderes inerentes à propriedade.

Como se sabe, o particular jamais exerce poderes de propriedade sobre o imóvel público porque o imóvel público não pode ser usucapido.

O particular, portanto, não poderá ser considerado possuidor de área pública. O nome jurídico da sua relação com o bem público é "detenção". Assim, o particular que invade um bem público é considerado mero detentor. A mera detenção é um instituto jurídico de natureza precária e que é mais restrito que a posse. Assim, não se confere ao mero detentor os mesmos direitos do possuidor.

A doutrina e a jurisprudência entendem que a posse privada do bem público não se coaduna (não se harmoniza) com os princípios da indisponibilidade e da supremacia do interesse público.

Veja dois precedentes do STJ que retratam bem este entendimento:

> (...) 2. Posse é o direito reconhecido a quem se comporta como proprietário. Posse e propriedade, portanto, são institutos que caminham juntos, não havendo de se reconhecer a posse a quem, por proibição legal, não possa ser proprietário ou não possa gozar de qualquer dos poderes inerentes à propriedade.
>
> 3. A ocupação de área pública, quando irregular, não pode ser reconhecida como posse, mas como mera detenção.
>
> 4. Se o direito de retenção ou de indenização pelas acessões realizadas depende da configuração da posse, não se pode, ante a consideração da inexistência desta, admitir o surgimento daqueles direitos, do que resulta na inexistência do dever de se indenizar as benfeitorias úteis e necessárias. (...)
>
> STJ. 2ª Turma. REsp 863.939/RJ, Rel. Min. Eliana Calmon, julgado em 04/11/2008.

> Configurada a ocupação indevida de bem público, não há falar em posse, mas em mera detenção, de natureza precária, o que afasta direitos típicos de posseiro.
>
> STJ. 2ª Turma. REsp 1762597/DF, Rel. Min. Herman Benjamin, julgado em 16/10/2018.

Mas os invasores estavam de boa-fé...

Se o imóvel é público, não interessa a discussão sobre a existência ou não de boa-fé. Isso porque a detenção, mesmo que de boa-fé, não gera indenização por acessões e benfeitorias. Não havendo direito à indenização, por consequência, também não existe direito de retenção.

As realizações feitas no imóvel nem geram benefício ao Poder Público

Vale ressaltar que, juridicamente, os argumentos acima expostos já seriam suficientes para afastar o direito à indenização e à retenção por parte dos detentores.

Ressalte-se, no entanto, que alguns julgados do STJ mencionam ainda outro aspecto: as construções feitas pelos invasores (exs: casas, barracos, galinheiros etc.), não geram qualquer utilidade para o poder público, que terá, ainda, que demolir tudo a fim de permitir que o imóvel seja utilizado para a finalidade ao qual estava prevista (ex: construção de uma repartição pública, de uma praça etc).

Assim, seria incoerente impor à Administração a obrigação de indenizar por construções feitas irregularmente no imóvel público, considerando que tais obras não terão qualquer utilidade para o poder público e, ao contrário, gerarão gastos de recursos do erário para a sua demolição.

Alguns Ministros chegam a afirmar nos votos que "a indenização, na hipótese, é devida pelo invasor, não pelo Poder Público." (Min. Herman Benjamin).

Mas o Poder Público foi omisso e permitiu que os invasores ficassem anos no local...

"O imóvel público é indisponível, de modo que eventual omissão dos governos implica responsabilidade de seus agentes, nunca vantagem de indivíduos às custas da coletividade.

Invasores de áreas públicas não podem ser considerados sócios ou beneficiários da omissão, do descaso e da inércia daqueles que deveriam zelar pela integridade do patrimônio coletivo.

(...)

Entender de modo diverso é atribuir à detenção efeitos próprios da posse, o que enfraquece a dominialidade pública, destrói as premissas básicas do Princípio da Boa-Fé Objetiva, estimula invasões e construções ilegais, e legitima, com a garantia de indenização, a apropriação privada do espaço público.

(...)

Saliente-se que o Estado pode – e deve – amparar aqueles que não têm casa própria, seja com a construção de habitações dignas a preços módicos, seja com a doação pura e simples de residência às pessoas que não podem por elas pagar. É para isso que existem as Políticas Públicas de Habitação federais, estaduais e municipais. O que não se mostra razoável é torcer as normas que regram a posse e a propriedade para atingir tais objetivos sociais e, com isso, acabar por dar tratamento idêntico a todos os que se encontram na mesma situação de ocupantes ilegais daquilo que pertence à comunidade e às gerações futuras – ricos e pobres." (Min. Herman Benjamin, no Resp 945.055/DF).

Conclusões

- A ocupação indevida de bem público configura mera detenção, de natureza precária.
- A mera detenção não confere ao detentor os mesmos direitos do possuidor.
- A mera detenção não gera direito de retenção ou de indenização por acessões e benfeitorias realizadas no bem público.

SITUAÇÕES PECULIARES

Existem duas situações peculiares que podem gerar confusão com o tema tratado na Súmula 619, mas que são ligeiramente diferentes. A fim de que você tenha um conhecimento completo sobre o assunto, passo a tratar delas agora.

1) Particular pode ajuizar ação possessória tendo como objeto bem público de uso comum do povo

Imagine a seguinte situação hipotética:

A empresa "XX" começou a construir uma indústria em um terreno localizado na área rural do Município.

Ocorre que a obra avançou sobre uma rua que liga uma comunidade de 12 casas com a avenida principal.

Em outras palavras, parte da indústria em construção está invadindo a via de acesso para as casas dos moradores locais.

Diante disso, os moradores ajuizaram ação de reintegração de posse contra a empresa alegando que a rua que está sendo invadida representa uma servidão de passagem que dá acesso aos loteamentos há mais de 20 anos.

A ré alegou, dentre outros argumentos, que a estrada objeto da controvérsia é bem público municipal de uso comum, não podendo sua proteção possessória ser requerida por particulares. Isso porque os particulares não detêm a posse dos bens públicos, mas sim a mera detenção, que não pode ser tutelada por ações possessórias.

A tese da empresa foi acolhida pelo STJ?

Não. O STJ decidiu que:

> Particulares podem sim ajuizar ação possessória para resguardar o livre exercício do uso de via municipal (bem público de uso comum do povo) instituída como servidão de passagem.
>
> STJ. 3ª Turma. REsp 1.582.176-MG, Rel. Min. Nancy Andrighi, julgado em 20/9/2016 (Info 590).

Realmente, o STJ possui inúmeros julgados afirmando que a ocupação irregular de bem público dominical não caracteriza posse, mas mera detenção, hipótese que afasta o reconhecimento de direitos em favor do particular com base em alegada boa-fé.

Assim, por exemplo, se o particular invade um bem público que não é utilizado para nada (ex: um terreno baldio), a jurisprudência entende que ele não é considerado possuidor, mas mero detentor. Nesse sentido é a Súmula 619-STJ. Logo, o invasor não poderá invocar a proteção possessória contra o Poder Público.

Esse entendimento, porém, não se aplica para o caso de um particular que está defendendo seu direito de usar um bem público de uso comum do povo. Aqui a situação é diferente.

No caso de bens públicos de uso comum do povo, podemos sim falar em posse e o particular poderá defendê-la em juízo.

Desse modo, podemos concluir que:

- o ordenamento jurídico não permite que o particular que ocupa um bem público possa pedir proteção possessória contra o Poder Público, considerando que a sua relação com o bem configura mera detenção;
- é possível, no entanto, que particulares exerçam proteção possessória para garantir seu direito de utilizar bens de uso comum do povo, como é o caso, por exemplo, da tutela possessória para assegurar o direito de uso de uma via pública.

2) Particular que ocupa bem público dominical poderá ajuizar ações possessórias para defender a sua permanência no local?

Imagine a seguinte situação hipotética:

João mora em uma chácara há 20 anos. Ele ajuizou ação de reintegração de posse contra Pedro, alegando que o requerido invadiu metade do terreno em que vive.

O Distrito Federal pediu a sua intervenção no feito alegando que a chácara em que João mora pertence ao Poder Público, em nome de quem está registrada. Trata-se, portanto, de bem público e, sendo assim, não pode ser objeto de proteção possessória por parte do particular. Isso porque o particular que ocupa um bem público não tem a posse deste imóvel, mas sim a mera detenção.

A tese do Distrito Federal foi acolhida pelo STJ?

NÃO. O STJ entendeu que:

É possível o manejo de interditos possessórios em litígio entre particulares sobre bem público dominical.

STJ. 4ª Turma. REsp 1.296.964-DF, Rel. Min. Luis Felipe Salomão, julgado em 18/10/2016 (Info 594).

A jurisprudência sempre entendeu que se o particular ocupa um bem público, não se pode falar, neste caso, em posse, havendo mera detenção. Nesse mesmo sentido é a Súmula 619-STJ.

Em suma, o ocupante de bem público é considerado mero detentor da coisa e, por conseguinte, não há que se falar em proteção possessória, nem em indenização por benfeitorias ou acessões realizadas, por configurar desvio de finalidade (interesse particular em detrimento do interesse público), além de violação aos princípios da indisponibilidade do patrimônio público e da supremacia do interesse público.

Em razão disso, é juridicamente impossível que um particular que esteja ocupando irregularmente um bem público ajuíze ação de reintegração ou de manutenção de posse contra o Poder Público, por exemplo.

Ocorre que o STJ, no REsp 1.296.964-DF, disse que essa posição (invasor como mero detentor) possui uma exceção: se dois particulares estão litigando sobre a ocupação de um bem público, o STJ passou a entender que, neste caso, é possível que, entre eles, sejam propostas ações possessórias (reintegração, manutenção, interdito proibitório).

Assim, é cabível o ajuizamento de ações possessórias por parte de invasor de terra pública, desde que contra outros particulares.

Existem decisões das duas Turmas do STJ nesse sentido:

STJ. 3ª Turma. REsp 1.484.304-DF, Rel. Min. Moura Ribeiro, julgado em 10/3/2016 (Info 579).

STJ. 4ª Turma. REsp 1.296.964-DF, Rel. Min. Luis Felipe Salomão, julgado em 18/10/2016 (Info 594).

Duas situações

Importante destacar mais uma vez que são duas situações que devem ter tratamentos diferentes:

1. particular invade imóvel público e deseja proteção possessória em face do PODER PÚBLICO:	2. particular invade imóvel público e deseja proteção possessória em face de outro PARTICULAR:
Não terá direito à proteção possessória. Não poderá exercer interditos possessórios porque, perante o Poder Público, ele exerce mera detenção.	Terá direito, em tese, à proteção possessória. É possível o manejo de interditos possessórios em litígio entre particulares sobre bem público dominical, pois entre ambos a disputa será relativa à posse.

Voltando ao exemplo dado. O argumento invocado pelo Distrito Federal não poderá ser acolhido e o juiz decidirá qual dos dois particulares tem a posse: João ou Pedro. No entanto, se o DF ajuizar uma ação possessória contra João, este poderá invocar que tinha a posse e pedir indenização ou a retenção das benfeitorias realizadas no local?

Não. Isso porque, conforme vimos acima, se o litígio for contra o Poder Público, a ocupação de área pública pelo particular será considerada mera detenção, que não gera direitos de indenização ou retenção, não havendo proteção possessória ao particular, neste caso.

Assim, o particular tem apenas detenção em relação ao Poder Público, não se cogitando de proteção possessória.

AÇÃO POSSESSÓRIA ENTRE PARTICULARES E POSSIBILIDADE DE OPOSIÇÃO DO ENTE PÚBLICO

Imagine a seguinte situação hipotética:

João ajuizou ação de reintegração de posse alegando que Pedro invadiu o seu sítio.

Foi, então, que o INCRA (autarquia federal) apresentou oposição alegando que nenhum dos dois tinha direito. Isso porque o terreno em discussão pertenceria a ele (INCRA), de forma que os particulares em questão não teriam a posse sobre o bem.

O juiz não admitiu a intervenção do INCRA no processo alegando que, em ação possessória não se admite oposição, mesmo que se trate de bem público, porque nesse tipo de demanda discute-se a posse do imóvel, de forma que o INCRA não poderia intervir discutindo o domínio (propriedade).

O magistrado invocou, como fundamento legal, o art. 557 do CPC/2015:

> § Art. 557. Na pendência de ação possessória é vedado, tanto ao autor quanto ao réu, propor ação de reconhecimento do domínio, exceto se a pretensão for deduzida em face de terceira pessoa.

O argumento utilizado pelo magistrado é aceito pela jurisprudência atual do STJ?

NÃO.

> **Em ação possessória entre particulares é cabível o oferecimento de oposição pelo ente público, alegando-se incidentalmente o domínio de bem imóvel como meio de demonstração da posse.**
>
> STJ. Corte Especial. EREsp 1.134.446-MT, Rel. Min. Benedito Gonçalves, julgado em 21/03/2018 (Info 623).

Acesso à justiça

O STJ afirmou que, neste caso, não se deve aplicar o art. 557 do CPC/2015, sob pena de o Poder Público ficar sem ter como defender sua propriedade, o que violaria a garantia constitucional de acesso à justiça (art. 5º, XXXV, da CF/88).

Não se poderia conceber que o Poder Público, sendo titular do bem público, possa ser impedido de postular em juízo a observância do seu direito simplesmente pelo fato de que particulares se anteciparam e estão discutindo entre eles a posse.

Oposição discute também posse e, apenas incidentalmente, o domínio do bem público

Quando se trata de bens públicos, não se pode exigir do Poder Público que demonstre o poder físico sobre o imóvel, para que se caracterize a posse sobre o bem. Esse procedimento é incompatível com a amplitude das terras públicas, notadamente quando se refere a bens de uso comum e dominicais.

A posse do Estado sobre seus bens deve ser considerada permanente, independendo de atos materiais de ocupação, sob pena de tornar inviável conferir aos bens do Estado a proteção possessória.

Disso decorre que a ocupação dos bens públicos por particulares não significa apenas um ato contrário à propriedade do Estado, mas também um verdadeiro ato de esbulho contra a posse da Administração Pública sobre esses bens.

Desse modo, se dois particulares estão discutindo a posse de um bem público e há a oposição do Poder Público, este também estará discutindo a posse do Estado sobre a área.

Não significa que o proprietário irá vencer

Não se está a afirmar que o proprietário haverá de se sagrar sempre vencedor da demanda possessória. Tanto assim que o parágrafo único do art. 557 do CPC/2015 veio a dispor que "Não obsta à manutenção ou à reintegração de posse a alegação de propriedade ou de outro direito sobre a coisa".

Com efeito, a tutela possessória há de ser concedida àquele que tenha melhor posse, que poderá ser não o proprietário, mas o arrendatário, o cessionário, o locatário, o depositário etc.

CIVIL

7.2. USUCAPIÃO

CONCEITO DE USUCAPIÃO

Usucapião é...

- um instituto jurídico por meio do qual a pessoa que fica na posse de um bem (móvel ou imóvel)
- por determinados anos
- agindo como se fosse dono
- adquire a propriedade deste bem ou outros direitos reais a ele relacionados (exs: usufruto, servidão)
- desde que cumpridos os requisitos legais.

MODALIDADES DE USUCAPIÃO

USUCAPIÃO	PRAZO E CARACTERÍSTICAS
1. EXTRAORDINÁRIA (art. 1.238 do CC)	Prazos: • 15 anos de posse (regra) • 10 anos O prazo da usucapião extraordinária será de 10 anos se: **a.** o possuidor houver estabelecido no imóvel a sua moradia habitual; OU **b.** nele tiver realizado obras ou serviços de caráter produtivo. Não se exige que a pessoa prove que tinha um justo título ou que estava de boa-fé. Não importa o tamanho do imóvel.
2. ORDINÁRIA (art. 1.242 do CC)	Prazos: • 10 anos (caput) • 5 anos (parágrafo único) O prazo da usucapião ordinária será de apenas 5 anos se: **a.** o imóvel tiver sido adquirido onerosamente com base no registro e este registro foi cancelado depois; e **b.** desde que os possuidores nele tiverem estabelecido moradia, ou realizado investimentos de interesse social e econômico. Ex: o indivíduo compra um imóvel sem saber que havia um vício na escritura. Nele constrói uma casa ou uma loja. Essa hipótese do art. 1.242, parágrafo único (prazo de 5 anos) é chamada por alguns autores de usucapião tabular (veja item 8 abaixo). Exige justo título e boa-fé. Não importa o tamanho do imóvel.

USUCAPIÃO	PRAZO E CARACTERÍSTICAS
3. ESPECIAL RURAL (ou PRO LABORE) (ou AGRÁRIA) (art. 1.239 do CC) (art. 191 da CF/88)	**Requisitos:** **a.** 50 hectares: a pessoa deve estar na posse de uma área rural de, no máximo, 50ha; **b.** 5 anos: a pessoa deve ter a posse mansa e pacífica dessa área por, no mínimo, 5 anos ininterruptos, sem oposição de ninguém; **c.** tornar a terra produtiva: o possuidor deve ter tornado a terra produtiva por meio de seu trabalho ou do trabalho de sua família, tendo nela sua moradia. Em outras palavras, o possuidor, além de morar no imóvel rural, deve ali desenvolver alguma atividade produtiva (agricultura, pecuária, extrativismo etc). **d.** Não ter outro imóvel: a pessoa não pode ser proprietária de outro bem imóvel (urbano ou rural). Não se exige que a pessoa prove que tinha um justo título ou que estava de boa-fé.
4. ESPECIAL URBANA (ou PRO MISERO) (art. 1.240 do CC) (art. 9º do Estatuto da Cidade) (art. 183 da CF/88)	Requisitos: a. 250m²: a pessoa deve estar na posse de uma área urbana de, no máximo, 250m²; **b.** 5 anos: a pessoa deve ter a posse mansa e pacífica dessa área por, no mínimo, 5 anos ininterruptos, sem oposição de ninguém; c. Moradia: o imóvel deve estar sendo utilizado para a moradia da pessoa ou de sua família; **d.** Não ter outro imóvel: a pessoa não pode ser proprietária de outro bem imóvel (urbano ou rural). Observações: • Não se exige que a pessoa prove que tinha um justo título ou que estava de boa-fé; • Esse direito não será reconhecido ao mesmo possuidor mais de uma vez; • É possível usucapião especial urbana de apartamentos (nesse caso, quando for calcular se o tamanho do imóvel é menor que 250m², não se incluirá a área comum, como salão de festas etc, mas tão somente a parte privativa); • O título de domínio e a concessão de uso serão conferidos ao homem ou à mulher, ou a ambos, independentemente do estado civil.

USUCAPIÃO	PRAZO E CARACTERÍSTICAS
5. ESPECIAL URBANA COLETIVA (USUCAPIÃO FAVELADA) (art. 10 do Estatuto da Cidade)	Requisitos: **a.** existência de um núcleo urbano informal; **b.** esse núcleo deve viver em um imóvel cuja área total dividida pelo número de possuidores seja inferior a $250m^2$; **c.** esse núcleo deve estar na posse do imóvel há mais de 5 anos, sem oposição; **d.** os possuidores não podem ser proprietários de outro imóvel urbano ou rural. Neste caso, poderá haver uma usucapião coletiva da área. Observações: • O possuidor pode, para o fim de contar o prazo de 5 anos, acrescentar sua posse à de seu antecessor, contanto que ambas sejam contínuas. • A usucapião especial coletiva de imóvel urbano será declarada pelo juiz, mediante sentença, a qual servirá de título para registro no cartório de registro de imóveis. • Na sentença, o juiz atribuirá igual fração ideal de terreno a cada possuidor, independentemente da dimensão do terreno que cada um ocupe, salvo hipótese de acordo escrito entre os condôminos, estabelecendo frações ideais diferenciadas. • O condomínio especial constituído é indivisível, não sendo passível de extinção, salvo deliberação favorável tomada por, no mínimo, dois terços dos condôminos, no caso de execução de urbanização posterior à constituição do condomínio. • As deliberações relativas à administração do condomínio especial serão tomadas por maioria de votos dos condôminos presentes, obrigando também os demais, discordantes ou ausentes.
6. RURAL COLETIVA (art. 1.228, §§ e 4º e 5º do CC)	**O proprietário pode ser privado da coisa se:** • um considerável número de pessoas • estiver por mais de 5 anos • na posse ininterrupta e de boa-fé • de extensa área • e nela houverem realizado, em conjunto ou separadamente, obras e serviços considerados pelo juiz de interesse social e econômico relevante. Neste caso, o juiz fixará a justa indenização devida ao proprietário; pago o preço, valerá a sentença como título para o registro do imóvel em nome dos possuidores. Alguns doutrinadores, especialmente civilistas, afirmam que esse instituto tem natureza jurídica de "usucapião". Outros autores, no entanto, sustentam que se trata de uma hipótese de "desapropriação", considerando a posição topográfica (o § 3º do art. 1.228 está tratando sobre desapropriação) e o fato de se exigir pagamento de indenização.

CIVIL

USUCAPIÃO	PRAZO E CARACTERÍSTICAS
7. ESPECIAL URBANA RESIDENCIAL FAMILIAR (POR ABANDONO DE LAR OU CONJUGAL) (art. 1.240-A do CC)	Requisitos: **a.** posse direta por 2 anos ininterruptamente e sem oposição, com exclusividade; **b.** sobre imóvel urbano de até 250m² **c.** cuja propriedade divida com ex-cônjuge ou ex-companheiro que abandonou o lar; **d.** utilização do imóvel para a sua moradia ou de sua família; **e.** não pode ser proprietário de outro imóvel urbano ou rural. Observações: • esse direito não será reconhecido ao mesmo possuidor mais de uma vez; • o prazo de 2 anos é contado do abandono do lar; • aplica-se ao casamento e à união estável (hetero ou homoafetiva).
8. INDÍGENA (art. 33 do Estatuto do Índio)	Requisitos: **a.** posse da terra por índio (integrado ou não) **b.** por 10 anos consecutivos **c.** devendo ocupar como se fosse próprio trecho de terra inferior a 50 hectares. Não é possível a usucapião indígena de: • terras do domínio da União; • terras ocupadas por grupos tribais; • áreas reservadas segundo o Estatuto do Índio; • terras de propriedade coletiva de grupo tribal.
9. TABULAR (CONVALESCENÇA REGISTRAL) (art. 214, § 5º, da Lei 6.015/73)	**Trata-se da possibilidade de o réu, em uma ação de invalidade de registro público, alegar a usucapião em seu favor.** O juiz, na mesma sentença que reconhece a invalidade do registro, declara a ocorrência de usucapião, concedendo ao réu a propriedade do bem. A usucapião tabular tem relação com a usucapião ordinária do art. 1.242, parágrafo único, porque exige do possuidor justo título e boa-fé.

USUCAPIÃO	PRAZO E CARACTERÍSTICAS
10. DE QUILOMBOLAS (art. 68 do ADCT)	**O art. 68 do ADCT da CF/88 confere proteção especial aos territórios ocupados pelos remanescentes quilombolas. Confira:** Art. 68. Aos remanescentes das comunidades dos quilombos que estejam ocupando suas terras é reconhecida a propriedade definitiva, devendo o Estado emitir-lhes os títulos respectivos. O que são as terras dos quilombolas? São as áreas ocupadas pelos remanescentes das comunidades dos quilombos e utilizadas por este grupo social para a sua reprodução física, social, econômica e cultural. O que são remanescentes das comunidades dos quilombos? Existe uma grande discussão antropológica sobre isso, mas, de maneira bem simples, os grupos que hoje são considerados remanescentes de comunidades de quilombos são agrupamentos humanos de afrodescendentes que se formaram durante o sistema escravocrata ou logo após a sua extinção. Alguns doutrinadores afirmam que esse instituto teria natureza jurídica de "usucapião". Essa, contudo, não é a posição que prevalece, considerando que o fundamento jurídico para esse direito de propriedade não é a posse mansa, pacífica e por determinado prazo. A fonte desse direito é uma decisão do legislador constituinte. A previsão do art. 68 do ADCT foi uma forma que o constituinte encontrou de homenagear "o papel protagonizado pelos quilombolas na resistência ao injusto regime escravista" (Min. Rosa Weber).

É POSSÍVEL O RECONHECIMENTO DA USUCAPIÃO DE BEM IMÓVEL COM A IMPLEMENTAÇÃO DO REQUISITO TEMPORAL NO CURSO DA DEMANDA

Imagine agora a seguinte situação hipotética:

Em março de 2017, João ajuizou ação pedindo o reconhecimento de usucapião especial urbana, nos termos do art. 1.240 do Código Civil:

> § Art. 1.240. Aquele que possuir, como sua, área urbana de até duzentos e cinquenta metros quadrados, por cinco anos ininterruptamente e sem oposição, utilizando-a para sua moradia ou de sua família, adquirir-lhe-á o domínio, desde que não seja proprietário de outro imóvel urbano ou rural.

Afirmou que não tem o título de propriedade dessa área, mas lá mora há 5 anos sem oposição de ninguém. Vale ressaltar também que ele não tem outro imóvel, seja urbano, seja rural.

Em abril de 2017, o proprietário apresentou contestação pedindo a improcedência da demanda.

Foram ouvidas testemunhas.

As testemunhas e as provas documentais atestaram que João reside no imóvel desde setembro de 2012, ou seja, quando o autor deu entrada na ação (março de 2017), ainda não havia mais de 5 anos de posse.

Em novembro de 2017, os autos foram conclusos ao juiz para sentença.

O magistrado deverá julgar o pedido procedente?

SIM.

Mas, quando o autor ajuizou a ação, ele ainda não havia preenchido o prazo de 5 anos de posse...

É verdade. No entanto, como o autor continuou na posse do bem durante a tramitação do processo, esse requisito temporal foi atingido no curso da demanda.

E isso é permitido?

SIM.

> **É possível o reconhecimento da usucapião de bem imóvel com a implementação do requisito temporal no curso da demanda.**
>
> STJ. 3ª Turma. REsp 1.361.226-MG, Rel. Min. Ricardo Villas Bôas Cueva, julgado em 05/06/2018 (Info 630).

É possível complementar o prazo de usucapião no curso do processo, tendo em vista que o CPC autoriza que o magistrado examine e leve em consideração na sentença fatos ocorridos após a instauração da demanda. Veja:

§ Art. 493. Se, depois da propositura da ação, algum fato constitutivo, modificativo ou extintivo do direito influir no julgamento do mérito, caberá ao juiz tomá-lo em consideração, de ofício ou a requerimento da parte, no momento de proferir a decisão.

Parágrafo único. Se constatar de ofício o fato novo, o juiz ouvirá as partes sobre ele antes de decidir.

A decisão deve refletir o estado de fato e de direito existente no momento de julgar a demanda, desde que guarde pertinência com a causa de pedir e com o pedido (STJ. 5ª Turma. REsp 1.147.200/RS, Rel. Min. Laurita Vaz, julgado em 13/11/2012).

Assim, cabe ao magistrado examinar o requisito temporal da usucapião ao proferir a sentença, permitindo que o prazo seja completado no curso do processo judicial.

Evita-se, com isso, que o autor proponha nova ação para obter o direito que já poderia ter sido reconhecido se o Poder Judiciário apreciasse eventual fato constitutivo superveniente, cuja medida se encontra em harmonia com os princípios da economia processual e da razoável duração do processo.

Cristiano Chaves de Farias e Nelson Roselvand têm a mesma opinião:

> "(...) Porém, se o prazo for complementado no curso da lide, entendemos que o juiz deverá sentenciar no estado em que o processo se encontra, recepcionando o fato constitutivo do direito superveniente, prestigiando a efetividade processual, a teor do art. 462 do Código de Processo Civil [de 1973]. É de se compreender que a pretensão jurisdicional deverá ser concedida de acordo com a situação dos fatos no momento da sentença". (FARIAS, Cristiano Chaves; ROSENVALD, Nelson. Direitos reais – 6ª ed., Rio de Janeiro: Lumen Juris, 2009, pág. 287 – grifou-se)

Essa linha de raciocínio também é confirmada pelo Enunciado nº 497 da V Jornada de Direito Civil (STJ/CJF), segundo o qual "o prazo, na ação de usucapião, pode ser completado no curso do processo, ressalvadas as hipóteses de má-fé processual do autor".

Mas o proprietário apresentou contestação antes de o autor completar o prazo necessário para a usucapião. Isso não pode ser considerado como uma "oposição" (art. 1.240 do CC) para fins de impedir a constituição do prazo de usucapião?

NÃO. O STJ entende que a contestação apresentada pelo réu não impede o transcurso do lapso temporal. Essa peça defensiva não tem a capacidade de exprimir a resistência do demandado à posse exercida pelo autor, mas apenas a sua discordância com a aquisição do imóvel pela usucapião:

> (...) A contestação apresentada na ação de usucapião não é apta a interromper o prazo da prescrição aquisitiva e nem consubstancia resistência ao afastamento da mansidão da posse. (...)
>
> STJ. 4ª Turma. AgRg no AREsp 180.559/RS, Rel. Min. Luis Felipe Salomão, julgado em 17/12/2013.

A contagem do tempo para usucapião somente seria interrompida se o proprietário conseguisse reaver a posse.

Desse modo, repetindo: é possível o reconhecimento da usucapião quando o prazo exigido por lei se complete no curso do processo judicial, conforme a previsão do art. 493, do CPC/2015, ainda que o réu tenha apresentado contestação.

AUSÊNCIA DE CITAÇÃO DOS CONFINANTES GERA NULIDADE RELATIVA

Ação de usucapião

O CPC/1973 trazia, em seus arts. 941 a 945, um procedimento especial para a ação de usucapião.

O CPC/2015 não previu procedimento especial para a ação de usucapião, de forma que a usucapião judicial deverá seguir o procedimento comum.

Em uma ação de usucapião, o autor deve pedir a citação de quem? Quem deve ser citado?

- o indivíduo em nome do qual se encontra registrado o imóvel, ou seja, o "proprietário" do imóvel, segundo o cartório de registro de imóveis;
- os proprietários ou possuidores dos imóveis confinantes, ou seja, os vizinhos que fazem fronteira com o imóvel que se almeja na ação. Em se tratando de casa, em geral, são três confinantes: o vizinho da esquerda, o da direita e o vizinho de trás;
- a citação, por edital, de eventuais interessados (art. 259, I, do CPC/2015).

Obs: mesmo que o indivíduo (autor da ação) não esteja mais na posse do imóvel, ainda assim ele poderá ter direito à usucapião desde que tenha preenchidos todos os requisitos para a constituição do direito antes de perder a posse. Neste caso, o autor deverá pedir a citação também do atual possuidor do imóvel. Conforme explica Marcus Vinicius Rios Gonçalves:

> "Não é preciso que o autor da ação tenha posse atual do bem. A ação de usucapião visa a declarar a propriedade em favor de alguém que, por ter permanecido na coisa com posse *animus domini*, contínua, ininterrupta, pacífica e pública, pelo tempo exigido por lei. Pode ocorrer que o possuidor tenha permanecido todo o tempo necessário, e tenha – se tornado proprietário, mas que tenha perdido a posse, logo depois. Isso não o impede de pedir a declaração de propriedade em seu favor. A única ressalva é que ele deve incluir – no polo passivo – o atual possuidor. É o que resulta da Súmula 263 do STF: "O possuidor deve ser citado pessoalmente para a ação de usucapião". O possuidor a que a súmula se refere é o que tem a posse atual da coisa. Ele deve ser citado na ação ajuizada pelo usucapiente, que perdeu posteriormente a posse." (*Direito Processual Civil esquematizado.* 2ª ed., São Paulo: Saraiva, 2012, p. 796).

Além disso, o autor deverá requerer a manifestação dos representantes da Fazenda Pública da União, do Estado/DF e do Município.

Ao propor uma ação de usucapião, o autor deverá requerer a citação dos confinantes, ou seja, dos vizinhos que fazem fronteira com o imóvel que ele almeja?

SIM. Isso foi dito acima. Perguntei de novo apenas para ter certeza que você entendeu. Essa exigência é antiga. Em 1964, o STF aprovou uma súmula falando isso. Confira:

> Súmula 391-STF: O confinante certo deve ser citado pessoalmente para a ação de usucapião.

Em 1973, foi editado o antigo CPC e ele trouxe, em seu art. 942, a previsão de que o autor da ação de usucapião deveria requerer "a citação daquele em cujo nome estiver registrado o imóvel usucapiendo, bem como dos confinantes e, por edital, dos réus em lugar incerto e dos eventuais interessados".

> (...) Em regra, seja qual for o procedimento a ser adotado na ação de usucapião – ordinário, sumário ou especial –, é de extrema relevância a citação do titular do registro, assim como dos confinantes e confrontantes do imóvel usucapiendo. (...)
>
> STJ. 4ª Turma. REsp 1275559/ES, Rel. Min. Luis Felipe Salomão, julgado em 07/06/2016.

No CPC/2015 existe previsão expressa de citação dos confinantes?

SIM. Essa obrigatoriedade encontra-se no art. 246, § 3º do CPC/2015 e pode ser assim resumida:

- Regra: na ação de usucapião de imóvel, os confinantes serão citados pessoalmente.
- Exceção: quando a ação de usucapião tiver por objeto unidade autônoma de prédio em condomínio, tal citação é dispensada.

Por que os confinantes têm que ser citados na ação de usucapião? Qual é a razão de o CPC trazer essa exigência?

Por duas razões:

1. os confinantes podem trazer informações úteis ao deslinde do processo;
2. a depender do caso concreto, o confinante pode ter que defender os limites de sua propriedade. Ex: o autor afirma que a fazenda objeto da usucapião termina depois do córrego; o confinante contesta essa alegação e comprova que a área do córrego já está dentro de sua propriedade.

Como explica Fábio Caldas de Araújo:

> "Os confinantes atuam diretamente na avaliação das confrontações traçadas pelo requerente garantindo a integridade de suas respectivas propriedades. E de forma indireta atuam como testemunha do prescribente, delimitando o espaço geográfico em que o mesmo assenta sua posse *ad usucapionem*. (ARAÚJO, Fábio Caldas de. *Usucapião*. São Paulo: Malheiros, 2013, p. 454).

Dessa forma, o principal objetivo da citação dos confinantes é o de evitar que eles sofram prejuízos, razão pela qual é indispensável a sua citação.

E o que acontece caso não haja a citação dos confinantes? Haverá nulidade absoluta do processo?

NÃO.

Apesar de amplamente recomendável, a falta de citação dos confinantes não acarretará, por si, ou seja, obrigatoriamente, a nulidade da sentença que declara a usucapião. Não há que se falar em nulidade absoluta, no caso.

Como já dito, o principal intento da citação dos confinantes do imóvel usucapiendo é o de delimitar a área usucapienda, evitando, assim, eventual invasão indevida dos terrenos vizinhos.

Assim, apesar da relevância da participação dos confinantes (e respectivos cônjuges) na ação de usucapião, o que se conclui é que a ausência de citação dos referidos confinantes gera apenas nulidade relativa, de forma que somente invalidará a sentença caso fique demonstrado efetivo prejuízo ao confinante não citado.

STJ. 4ª Turma. REsp 1.432.579-MG, Rel. Min. Luis Felipe Salomão, julgado em 24/10/2017 (Info 616).

CIVIL

Veja importante lição doutrinária nesse sentido:

"Caso qualquer dos confrontantes deixe de ser citado pessoalmente, a sentença que ferir interesses seus, que seriam defendidos na ação de usucapião, é, a nosso ver, inexistente, por falta de um pressuposto processual de existência do processo, como também o seria caso não fosse publicado o edital previsto no art. 942, II, do CPC.

Porém, se, apesar da falta de citação de um dos confrontantes, a sentença a ele não disser respeito, ou seja, a área usucapienda em nada afete sua área de domínio, posse ou qualquer outro interesse, não será caso de inexistência ou nulidade ou ineficácia da sentença, pois este não tem, neste caso, no processo, interesse de réu, de parte, fato que só se pode constatar ao final da ação. Daí a necessidade, por precaução, da citação de todos. Trata-se, pois, de necessariedade *secundum eventum litis*." (PINTO, Nelson Luiz. *Ação de usucapião*. São Paulo: RT, 1991, p. 82-83)

E o que acontece caso não haja a citação do proprietário do imóvel (e seu cônjuge)?

Neste caso, o vício é mais grave. A sentença de usucapião proferida sem a citação do proprietário e seu cônjuge será considerada absolutamente ineficaz, *inutiliter data*, tratando-se de nulidade insanável.

PESSOA JURÍDICA BRASILEIRA, MESMO QUE TENHA SEU CAPITAL SOCIAL CONTROLADO POR ESTRANGEIROS, PODE ADQUIRIR IMÓVEL RURAL NO BRASIL, MAS PARA ISSO PRECISARÁ CUMPRIR AS REGRAS DA LEI 5.709/71

Imagine a seguinte situação hipotética:

A "Delonte produce Ltda" é uma empresa nacional (empresa brasileira), mas a maioria do seu capital social é controlada por estrangeiros (os sócios da Delonte são estrangeiros).

A "Delonte" ajuizou ação de usucapião rural de imóvel denominado Fazenda Ouro Verde, cuja área é de 343 hectares, alegando preencher os requisitos legais para a aquisição originária dessa área.

O juiz extinguiu o processo, sem resolução do mérito, alegando a impossibilidade jurídica do pedido.

Isso porque, no entendimento do magistrado, o art. 1º, § 1º e o art. 8º da Lei nº 5.709/71 proíbem que estrangeiros adquiram imóveis rurais. Veja:

Art. 1º O estrangeiro residente no País e a pessoa jurídica estrangeira autorizada a funcionar no Brasil só poderão adquirir imóvel rural na forma prevista nesta Lei.

§ 1º – Fica, todavia, sujeita ao regime estabelecido por esta Lei a pessoa jurídica brasileira da qual participem, a qualquer título, pessoas estrangeiras físicas ou jurídicas que tenham a maioria do seu capital social e residam ou tenham sede no Exterior.

(...)

§ Art. 8º Na aquisição de imóvel rural por pessoa estrangeira, física ou jurídica, é da essência do ato a escritura pública.

Para o juiz, o art. 8º da Lei, ao exigir escritura pública, quis dizer que não se pode adquirir o imóvel por usucapião.

Indaga-se: uma empresa constituída sob as leis brasileiras, mas que tenha a maioria do seu capital controlada por estrangeiros, pode adquirir um imóvel rural por usucapião?

SIM. Isso é possível, no entanto, deverão ser cumpridas as condições previstas na Lei nº 5.709/71.

Aquisição de terras rurais por estrangeiros

A aquisição de imóveis rurais por estrangeiros recebeu uma atenção especial do legislador. Isso porque se entende que haveria um risco à soberania nacional caso estrangeiros adquirissem extensas áreas territoriais em nosso país sem um cuidado das autoridades brasileiras.

Diante disso, foi editada a Lei nº 5.709/71 impondo uma série de condições para a aquisição de terras rurais por estrangeiros, sejam eles pessoas naturais ou jurídicas.

A título de exemplo, as pessoas naturais estrangeiras só poderão adquirir imóvel rural no Brasil se residirem no país e se tal imóvel não exceder 3 módulos de exploração indefinida (MEI).

Se o imóvel possuir entre 3 a 50 MEIs, dependerá de aprovação do INCRA.

Se for superior a 50 MEIs, a aquisição só será possível com autorização do Congresso Nacional.

Para as pessoas jurídicas estrangeiras, é necessária ainda a apresentação de projeto de exploração vinculado aos objetivos estatutários.

As restrições impostas pela Lei nº 5.709/71 aplicam-se também para a aquisição de terras rurais por pessoas jurídicas nacionais, mas controladas por estrangeiros?

SIM. O § 1º do art. 1º da Lei nº 5.709/71 equipara as situações:

§ Art. 1º O estrangeiro residente no País e a pessoa jurídica estrangeira autorizada a funcionar no Brasil só poderão adquirir imóvel rural na forma prevista nesta Lei.

§ 1º – Fica, todavia, sujeita ao regime estabelecido por esta Lei a pessoa jurídica brasileira da qual participem, a qualquer título, pessoas estrangeiras físicas ou jurídicas que tenham a maioria do seu capital social e residam ou tenham sede no Exterior.

Desse modo, a pessoa jurídica brasileira, se tiver seu capital social majoritariamente controlado por estrangeiros, pode adquirir imóvel rural no Brasil (inclusive mediante usucapião), mas para isso precisará cumprir as condicionantes da Lei nº 5.709/71.

Em suma:

É juridicamente possível a usucapião de imóveis rurais por pessoa jurídica brasileira com capital majoritariamente controlado por estrangeiros, desde que observadas as mesmas condicionantes para a aquisição originária de terras rurais por pessoas estrangeiras – sejam naturais, jurídicas ou equiparadas.

STJ. 3ª Turma. REsp 1.641.038-CE, Rel. Min. Nancy Andrighi, julgado em 06/11/2018 (Info 637).

7.3. CONDOMÍNIO

CONDÔMINOS PODEM SER CHAMADOS A RESPONDER PELAS DÍVIDAS DO CONDOMÍNIO, SENDO PERMITIDA, INCLUSIVE, A PENHORA DO APARTAMENTO QUE É BEM DE FAMÍLIA

Imagine a seguinte situação hipotética:

"Prédio Azul" é um edifício residencial de 3 andares, com 6 unidades autônomas, ou seja, 2 apartamentos por andar.

Determinado dia, João estava passando na frente do "Prédio Azul" quando foi atingido por um pedaço de reboco do edifício, que se desprendeu da fachada devido à má conservação do prédio.

João, que ficou gravemente ferido com o acidente, ajuizou ação de indenização por danos morais e materiais contra o "Condomínio Edifício Prédio Azul".

O juiz julgou procedente a demanda e condenou o condomínio a pagar R$ 180 mil em favor da vítima.

João iniciou o cumprimento de sentença.

Como não foram encontrados bens em nome do condomínio, o autor pediu o redirecionamento da execução contra os condôminos e o juiz determinou a penhora dos apartamentos, no limite de cada cota-parte. A dívida era de R$ 180 mil e o magistrado determinou que cada apartamento deveria ficar penhorado na proporção de R$ 30 mil.

Isso é possível? É possível que os condôminos sejam chamados a pagar a indenização que foi reconhecida como sendo uma obrigação do condomínio?

SIM. Cada condômino é obrigado a concorrer para o pagamento das despesas e encargos suportados pelo condomínio, na proporção de sua quota-parte, conforme preveem o art. 1.315 do Código Civil e o art. 12 da Lei nº 4.591/64 (que dispõe sobre o condomínio em edificações e as incorporações imobiliárias):

> § Art. 1.315. O condômino é obrigado, na proporção de sua parte, a concorrer para as despesas de conservação ou divisão da coisa, e a suportar os ônus a que estiver sujeita.
>
> Parágrafo único. Presumem-se iguais as partes ideais dos condôminos.

> § Art. 12. Cada condômino concorrerá nas despesas do condomínio, recolhendo, nos prazos previstos na Convenção, a quota-parte que lhe couber em rateio.

Assim, um dos deveres de todo e qualquer condômino é o de ratear (dividir) as despesas condominiais.

Trata-se daquilo que o Min. Luis Felipe Salomão denominou de "solidariedade condominial", a fim de que seja permitida a continuidade e manutenção do próprio Condomínio, impedindo a ruptura de sua estabilidade econômico-financeira, o que poderia provocar dano considerável aos demais comunheiros (REsp 1247020/DF, DJe 11/11/2015).

Vale ainda mencionar o art. 938 do CC:

> § Art. 938. Aquele que habitar prédio, ou parte dele, responde pelo dano proveniente das coisas que dele caírem ou forem lançadas em lugar indevido.

Veja o que entende a doutrina sobre este dispositivo:

Enunciado 557 da Jornada de Direito Civil do CJF/STJ: Nos termos do art. 938 do CC, se a coisa cair ou for lançada de condomínio edilício, não sendo possível identificar de qual unidade, responderá o condomínio, assegurado o direito de regresso.

O art. 1.315 fala apenas em "despesas de conservação"...

No entanto, a doutrina e a jurisprudência interpretam essa expressão de forma ampla, de modo que ela "abrange não somente as verbas despendidas com a conservação ou manutenção do edifício (v.g., limpeza, funcionamento dos elevadores, empregados, consumo de água e luz, etc), mas também as destinadas a obras ou inovações aprovadas pela assembleia de condôminos (v.g., ampliação da garagem, instalação de portão eletrônico, construção de salão de festas etc). Inclui, ainda, outros títulos, como a responsabilidade por indenizações, tributos, seguros etc". (LOPES, João Batista. *Condomínio*. 10ª ed. São Paulo: RT, 2008, p. 115).

Condôminos são responsáveis pelas condenações do condomínio

Dessa forma, todos os condôminos são responsáveis pelas despesas decorrentes de uma condenação judicial imposta contra o Condomínio.

Imagine que esse acidente aconteceu em 2014. Em 2016, Teobaldo comprou, de Carlos Eduardo, um apartamento no "Prédio Azul" e passou a morar neste local. Em 2017, foi prolatada a sentença condenando o condomínio a indenizar João. Teobaldo poderá se isentar do pagamento alegando que não pode ser responsabilizado por fatos ocorridos antes da compra, ou seja, em uma época na qual a propriedade do imóvel era de outra pessoa (Carlos Eduardo)?

NÃO. As dívidas condominiais são classificadas como obrigações *propter rem*. Por isso, responde pela obrigação de pagar tais dívidas, na proporção de sua fração ideal, aquele que possui a unidade, não importando que os débitos sejam anteriores à aquisição do imóvel. É o que determina o Código Civil:

§ Art. 1.345. O adquirente de unidade responde pelos débitos do alienante, em relação ao condomínio, inclusive multas e juros moratórios.

As despesas condominiais, inclusive as decorrentes de decisões judiciais, são obrigações *propter rem* e, por isso, será responsável pelo seu pagamento, na proporção de sua fração ideal, aquele que detém a qualidade de proprietário da unidade imobiliária ou seja titular de um dos aspectos da propriedade (posse, gozo, fruição), desde que tenha estabelecido relação jurídica direta com o condomínio, ainda que a dívida seja anterior à aquisição do imóvel.

STJ. 4ª Turma. REsp 1473484/RS, Rel. Min. Luis Felipe Salomão, julgado em 21/06/2018 (Info 631).

Os condôminos não figuravam como devedores na sentença (título executivo). Além disso, os condôminos não eram partes na execução (cumprimento de sentença). Mesmo assim, é possível redirecionar contra eles a execução e determinar a penhora dos seus apartamentos?

SIM. Como o condomínio é um ente despersonalizado, a decisão que determina o redirecionamento da execução contra os titulares das unidades não viola a autonomia patrimonial nem significa desconsideração da personalidade jurídica.

Assim, para que os condôminos sejam chamados a responder pela dívida, basta que a execução contra o condomínio tenha sido frustrada.

Esse redirecionamento da execução, contudo, exige cautela, pois o condomínio, embora não tenha sido dotado de personalidade jurídica, possui capacidade processual, devendo figurar no polo passivo da execução, como regra.

A inclusão dos condôminos no polo passivo, portanto, é medida excepcional, que somente deve ser admitida após esgotadas as possibilidades de se satisfazer o crédito contra o condomínio.

Assim, em regra, a execução deve ser direcionada contra o condomínio e a penhora deve recair preferencialmente sobre as reservas financeiras do condomínio. No entanto, se elas se mostrarem insuficientes, deve o patrimônio dos condôminos suportar os ônus da execução.

Uma última pergunta: o condômino poderá invocar a impenhorabilidade do bem de família para desconstituir essa penhora incidente sobre seu imóvel? Essa tese seria acolhida?

NÃO.

Como se sabe, em regra, o bem de família legal é impenhorável e não responderá por qualquer tipo de dívida civil, comercial, fiscal, previdenciária ou de outra natureza, contraída pelos cônjuges ou pelos pais ou filhos que sejam seus proprietários e nele residam.

No entanto, o art. 3º da Lei nº 8.009/90 traz uma lista de exceções a essa regra, ou seja, situações nas quais será permitida a penhora do bem de família.

Uma dessas exceções está no inciso IV, que diz o seguinte:

§ Art. 3º A impenhorabilidade é oponível em qualquer processo de execução civil, fiscal, previdenciária, trabalhista ou de outra natureza, salvo se movido:

(...)

IV – para cobrança de impostos, predial ou territorial, taxas e contribuições devidas em função do imóvel familiar;

Quando a lei fala em "taxas e contribuições devidas em função do imóvel familiar", o STJ interpreta essa expressão de modo amplo e diz que estão incluídas aí todas as "despesas condominiais".

Assim, é plenamente possível a penhora do bem de família quando a dívida é oriunda de cobrança de taxas e despesas condominiais (STJ. 3ª Turma. AgInt no REsp 1642127/SP, Rel. Min. Paulo de Tarso Sanseverino, julgado em 22/10/2018).

> **É possível a penhora de bem de família de condômino, na proporção de sua fração ideal, se inexistente patrimônio próprio do condomínio para responder por dívida oriunda de danos a terceiros.**
>
> STJ. 4ª Turma. REsp 1.473.484-RS, Rel. Min. Luis Felipe Salomão, julgado em 21/06/2018 (Info 631).

AÇÃO DE COBRANÇA DE DÉBITOS CONDOMINIAIS PROPOSTA CONTRA O ARRENDATÁRIO

Imagine a seguinte situação hipotética:

A empresa LM é proprietária de uma unidade comercial em um edifício empresarial. Em outras palavras, a empresa LM é proprietária de uma sala para fins comerciais localizada neste edifício.

A empresa LM arrendou esta unidade comercial para a empresa RC vestuário, que montou uma loja no local.

Vale ressaltar que todas as unidades comerciais desse edifício devem pagar taxa condominial para a administradora que gerencia as áreas comuns.

Faz três meses que a empresa LM não paga essa taxa condominial.

Diante disso, o condomínio ingressou com ação de cobrança contra a empresa LM e contra a empresa RC vestuário, em litisconsórcio passivo.

A empresa RC vestuário contestou a demanda afirmando que não é parte legítima para figurar no polo passivo da ação de cobrança, considerando que a responsabilidade pelas despesas condominiais é do proprietário (no caso, a empresa LM).

A arrendatária de um imóvel pode figurar no polo passivo de ação de cobrança de débitos condominiais?

SIM.

A ação de cobrança de débitos condominiais pode ser proposta contra o arrendatário do imóvel.

STJ. 3ª Turma. REsp 1.704.498-SP, Rel. Min. Nancy Andrighi, julgado em 17/04/2018 (Info 624).

As despesas condominiais constituem-se em obrigações "propter rem" e são de responsabilidade não apenas daquele que detém a qualidade de proprietário da unidade imobiliária.

As cotas condominiais podem ser também de responsabilidade da pessoa que, mesmo sem ser proprietária, é titular de um dos aspectos da propriedade, tais como a posse, o gozo ou a fruição, desde que esta tenha estabelecido relação jurídica direta com o condomínio.

No caso concreto, a empresa RC, embora não seja a proprietária do ponto comercial, é arrendatária, exercendo a posse direta sobre o imóvel. É ela, inclusive, quem usufrui dos serviços prestados pelo condomínio, não sendo razoável que não possa ser demandada para o pagamento das despesas condominiais em atraso.

Assim, a ação de cobrança de débitos condominiais pode ser proposta contra qualquer um daqueles que tenha uma relação jurídica vinculada ao imóvel, o que mais prontamente possa cumprir com a obrigação.

Podemos dizer que existe uma solidariedade entre o proprietário e a arrendatária?

NÃO. Não se está a falar de solidariedade entre proprietário e arrendatário para o pagamento dos débitos condominiais em atraso, até mesmo porque, como se sabe, a solidariedade decorre da lei ou da vontade das partes. O que se está a reconhecer é a possibilidade de a arrendatária do ponto comercial figurar no polo passivo da ação de cobrança, ou seja, só se está reconhecendo que ela também é devedora, mas sem que isso se caracterize como solidariedade passiva.

7.4. LEI Nº 13.777, DE 20 DE DEZEMBRO DE 2018 (LEI DA MULTIPROPRIEDADE)

A Lei nº 13.777/2018 alterou o Código Civil e a Lei de Registros Públicos para dispor sobre o regime jurídico da multipropriedade e seu registro.

Esta Lei possui aspectos muito profundos que ainda serão tratados pela doutrina com calma ao longo de 2019. Por isso, irei aqui, por enquanto, fazer um breve e superficial resumo das principais inovações.

A Lei nº 13.777/2018 cria um novo capítulo no Código Civil chamado de "CONDOMÍNIO EM MULTIPROPRIEDADE". Foram inseridos 19 novos artigos (arts. 1.358-B a 1.358-U).

Além disso, também foram alterados os arts. 176 e 178 da Lei nº 6.015/73.

Vale ressaltar que a Lei nº 13.777/2018 ainda está em *vacatio legis*. No entanto, para fins didáticos, irei comentar utilizando os verbos e locuções como se ela já estivesse em vigor.

CONDOMÍNIMO EM MULTIPROPRIEDADE

1) DISPOSIÇÕES GERAIS

Conceito

A multipropriedade ocorre quando...

um bem é dividido entre vários proprietários

sendo que cada um deles utilizará a coisa,

com exclusividade,

durante certo(s) período(s) de tempo por ano,

em um sistema de rodízio.

O legislador assim conceituou o instituto:

> § Art. 1.358-C. Multipropriedade é o regime de condomínio em que cada um dos proprietários de um mesmo imóvel é titular de uma fração de tempo, à qual corresponde a faculdade de uso e gozo, com exclusividade, da totalidade do imóvel, a ser exercida pelos proprietários de forma alternada.

Gustavo Tepedino, com a sua inegável genialidade, afirmou que se trata de "relação jurídica que traduz o aproveitamento econômico de uma coisa móvel ou imóvel, em unidades fixas de tempo, visando à utilização exclusiva de seu titular, cada qual a seu turno, ao longo das frações temporais que se sucedem" (*Multipropriedade imobiliária*. São Paulo: Saraiva, 1993, p. 1).

Exemplo

A multipropriedade ocorre com frequência em imóveis destinados ao lazer.

É o caso, por exemplo, de uma casa de praia.

Em litorais mais caros do país, como na região dos Lagos (RJ) ou em Santa Catarina, é comum que sejam lançados empreendimentos em sistema de time-sharing. Normalmente, o imóvel é dividido em 52 cotas (número de semanas do ano). Daí, o indivíduo que compra uma cota, torna-se proprietário de 1/52 do imóvel e poderá utilizá-lo durante uma semana por ano.

Nomenclatura

A multipropriedade é também chamada de time-sharing, regime de aproveitamento por turno ou direito real de habitação periódica.

Finalidade

Este modelo é adotado normalmente por indivíduos que querem usufruir de um imóvel apenas durante parte do ano e, por isso, não valeria a pena serem proprietários únicos do bem.

Assim, com o sistema do time-sharing não precisam desembolsar o preço total do imóvel na aquisição e também não terão que arcar sozinhos com os custos da manutenção.

Origem

O fenômeno da multipropriedade surgiu na França, por volta de 1967.

No Brasil, as primeiras operações de multipropriedade começaram na década de 1980.

Vale ressaltar que o maior teórico no Brasil sobre o instituto é o Professor da UERJ Gustavo Tepedino que, já em 1993, lançou a obra que é referência no assunto (Multipropriedade imobiliária. São Paulo: Saraiva, 1993).

A maior parte dos estudos lançados no país tratando sobre multipropriedade, inclusive este singelo resumo, tem como base as pesquisas do Professor Tepedino.

Como o livro "Multipropriedade imobiliária" é difícil de ser encontrado, recomendo, aos que quiserem ter uma noção preliminar sobre o tema, a leitura de um artigo do Professor disponível em sua página na internet: http://www.tepedino.adv.br/wpp/wp-content/uploads/2017/07/Aspectos_Atuais_Multipropriedade_imobiliaria_fls_512-522.pdf

Regulamentação

Não havia uma previsão legal expressa no Brasil sobre a multipropriedade.

Apesar disso, o STJ reconhecia a sua validade, conforme veremos mais a frente.

Agora, contudo, essa lacuna foi preenchida, com razão, pelo legislador.

Desse modo, atualmente, o time-sharing é regido pelos arts. 1.358-B a 1.358-U.

Além disso, aplicam-se ao instituto, de forma supletiva e subsidiária:

- os demais artigos do Código Civil;
- a Lei nº 4.591/64 (Lei dos Condomínios em Edificações e das Incorporações Imobiliárias); e
- o Código de Defesa do Consumidor.

Qual é a natureza jurídica da multipropriedade? Trata-se de direito real ou pessoal (obrigacional)?

Existe grande divergência na doutrina acerca do tema.

1ª corrente: direito pessoal

Uma primeira corrente defende que se trata de direito PESSOAL (obrigacional), pois afirma que os direitos reais são em número limitado (*numerus clausus*) e estão previstos taxativamente no art. 1.225 do CC.

A time-sharing não se enquadra em nenhum deles. O integrante da time-sharing não pode ser considerado proprietário, considerando que este modelo possui inúmeras diferenças em relação ao direito de propriedade, podendo ser apontadas as seguintes:

1. no time-sharing, o direito de uso e gozo ocorre apenas em um período do ano, enquanto no direito de propriedade não existe esta limitação;
2. não há liberdade quanto ao modo de uso, só podendo utilizar o bem para a finalidade com a qual ele foi criado (ex: se é um imóvel para lazer, não pode ser utilizado para fins comerciais);
3. a pessoa integrante do time-sharing não pode efetuar modificações no imóvel, o que não ocorreria se ela fosse proprietária.

2ª corrente: direito real

O STJ, no entanto, seguindo o entendimento majoritário na doutrina, decidiu que se trata de direito real:

> A multipropriedade imobiliária, mesmo não efetivamente codificada, possui natureza jurídica de direito real, harmonizando-se com os institutos constantes do rol previsto no art. 1.225 do Código Civil.
>
> STJ. 3ª Turma. REsp 1.546.165-SP, Rel. Min. Ricardo Villas Bôas Cueva, Rel. para acórdão Min. João Otávio de Noronha, julgado em 26/4/2016 (Info 589).

Segundo o STJ, o time-sharing, também chamada de multipropriedade imobiliária, possui forte liame com o instituto da propriedade, sendo até mesmo considerada por alguns como uma expressão do direito de propriedade.

Ao contrário do que afirma a primeira corrente, é possível que sejam admitidos como direitos reais não apenas aqueles que estão enumerados na lei, mas também outros que possam ser criados a partir da liberdade negocial.

O Código Civil não traz nenhuma proibição de que sejam criados novos direitos reais a partir da convenção de vontades. Além disso, a time-sharing se harmoniza com os atributos dos direitos reais, considerando que o participante detém as faculdades de uso, gozo e disposição sobre fração ideal do bem, ainda que objeto de compartilhamento pelos multiproprietários de espaço e turnos fixos de tempo.

Veja o que Maria Helena Diniz afirmou sobre o instituto:

> "O sistema time-sharing ou multipropriedade imobiliária é uma espécie condominial relativa aos locais de lazer, pela qual há um aproveitamento econômico de bem imóvel

(casa, chalé, apartamento), repartido, como ensina Gustavo Tepedino, em unidades fixas de tempo, assegurando a cada co-titular o seu uso exclusivo e perpétuo durante certo período anual. (...) Trata-se de uma multipropriedade periódica, muito útil para desenvolvimento de turismo em hotéis, clubes e em navios (...) Há um direito real de habitação periódica, como dizem os portugueses, democratizando o imóvel de férias, cujo administrador (trustee) o mantém em nome de um clube, concedendo e organizando o seu uso periódico. Todos os adquirentes são comproprietários de fração ideal, sofrendo limitações temporais e condominiais, sendo que a relação de tempo repartido fica estabelecida em regulamento." (*Curso de Direito Civil Brasileiro*. 22ª ed. São Paulo: Saraiva, 2007, vol. 4, p. 243.)

Características do imóvel objeto da multipropriedade

O imóvel objeto da multipropriedade:

I – é indivisível, não se sujeitando a ação de divisão ou de extinção de condomínio;

II – inclui as instalações, os equipamentos e o mobiliário destinados a seu uso e gozo.

Tempo mínimo de cada "fração de tempo"

Como vimos acima, na multipropriedade, cada proprietário é titular de uma "fração de tempo".

Nessa fração de tempo, ele pode usar e gozar da totalidade do imóvel, com exclusividade.

O § 1º do art. 1.358-E afirma que cada "fração de tempo" será de, no mínimo, 7 dias, seguidos ou intercalados, e poderá ser:

I – fixo e determinado, no mesmo período de cada ano;

II – flutuante, caso em que a determinação do período será realizada de forma periódica, mediante procedimento objetivo que respeite, em relação a todos os multiproprietários, o princípio da isonomia, devendo ser previamente divulgado; ou

III – misto, combinando os sistemas fixo e flutuante.

Obs: cada fração de tempo é indivisível.

Direito à mesma quantidade mínima de dias por ano

Todos os multiproprietários terão direito a uma mesma quantidade mínima de dias seguidos durante o ano. Ex: no imóvel X, ficou estabelecido que a fração de tempo será de 10 dias. Isso significa que todo multiproprietário pode ter direito a 10 dias de uso e gozo por ano.

Vale ressaltar, no entanto, que cada multiproprietário poderá adquirir frações maiores que a mínima, com o correspondente direito ao uso por períodos também maiores.

Obs: a multipropriedade não se extinguirá automaticamente se todas as frações de tempo forem do mesmo multiproprietário.

Poderá ser fixado um limite máximo de fração de tempo por titular

O instrumento de instituição da multipropriedade ou a convenção de condomínio em multipropriedade poderá estabelecer o limite máximo de frações de tempo no mesmo imóvel que poderão ser detidas pela mesma pessoa natural ou jurídica.

Em caso de instituição da multipropriedade para posterior venda das frações de tempo a terceiros, o atendimento a eventual limite de frações de tempo por titular estabelecido no instrumento de instituição será obrigatório somente após a venda das frações.

Espécies de condomínio

Com a criação do condomínio em multipropriedade, temos agora cinco espécies de condomínio:

a. Condomínio tradicional (que pode ser voluntário ou necessário);
b. Condomínio edilício;
c. Condomínio em lotes;
d. Condomínio urbano simples;
e. Condomínio em multipropriedade.

2) INSTITUIÇÃO DA MULTIPROPRIEDADE

Formas de instituição da multipropriedade:

a. por ato entre vivos;
b. testamento

Registro

É necessário que o ato de instituição da multipropriedade seja registrado no competente cartório de Registro de Imóveis.

Duração da fração de tempo

O ato de instituição deverá prever a duração dos períodos correspondentes a cada fração de tempo.

Conteúdo da convenção de condomínio em multipropriedade

Além das cláusulas que os multiproprietários decidirem estipular, a convenção de condomínio em multipropriedade determinará:

I – os poderes e deveres dos multiproprietários.

Exs: as instalações que podem ser feitas; os equipamentos e mobiliários que podem haver no imóvel; a manutenção ordinária e extraordinária; as regras de conservação e limpeza; o valor que deverá ser pago a título de contribuição condominial.

II – o número máximo de pessoas que podem ocupar simultaneamente o imóvel no período correspondente a cada fração de tempo.

III – as regras de acesso do administrador condominial ao imóvel para cumprimento do dever de manutenção, conservação e limpeza;

IV – a criação de fundo de reserva para reposição e manutenção dos equipamentos, instalações e mobiliário;

V – o regime aplicável em caso de perda ou destruição parcial ou total do imóvel, inclusive para efeitos de participação no risco ou no valor do seguro, da indenização ou da parte restante;

VI – as multas aplicáveis ao multiproprietário nas hipóteses de descumprimento de deveres.

3) DIREITOS E OBRIGAÇÕES DO MULTIPROPRIETÁRIO

Direitos

§ São direitos do multiproprietário, além daqueles previstos no instrumento de instituição e na convenção de condomínio em multipropriedade:

I – usar e gozar, durante o período correspondente à sua fração de tempo, do imóvel e de suas instalações, equipamentos e mobiliário;

II – ceder a fração de tempo em locação ou comodato;

III – alienar a fração de tempo, por ato entre vivos ou por causa de morte, a título oneroso ou gratuito, ou onerá-la, devendo a alienação e a qualificação do sucessor, ou a oneração, ser informadas ao administrador;

IV – participar e votar, pessoalmente ou por intermédio de representante ou procurador, desde que esteja quite com as obrigações condominiais, em:

a) assembleia geral do condomínio em multipropriedade, e o voto do multiproprietário corresponderá à quota de sua fração de tempo no imóvel;

b) assembleia geral do condomínio edilício, quando for o caso, e o voto do multiproprietário corresponderá à quota de sua fração de tempo em relação à quota de poder político atribuído à unidade autônoma na respectiva convenção de condomínio edilício.

CIVIL

Obrigações

§ São obrigações do multiproprietário, além daquelas previstas no instrumento de instituição e na convenção de condomínio em multipropriedade:

I – pagar a contribuição condominial do condomínio em multipropriedade e, quando for o caso, do condomínio edilício, ainda que renuncie ao uso e gozo, total ou parcial, do imóvel, das áreas comuns ou das respectivas instalações, equipamentos e mobiliário;

II – responder por danos causados ao imóvel, às instalações, aos equipamentos e ao mobiliário por si, por qualquer de seus acompanhantes, convidados ou prepostos ou por pessoas por ele autorizadas;

III – comunicar imediatamente ao administrador os defeitos, avarias e vícios no imóvel dos quais tiver ciência durante a utilização;

IV – não modificar, alterar ou substituir o mobiliário, os equipamentos e as instalações do imóvel;

V – manter o imóvel em estado de conservação e limpeza condizente com os fins a que se destina e com a natureza da respectiva construção;

VI – usar o imóvel, bem como suas instalações, equipamentos e mobiliário, conforme seu destino e natureza;

VII – usar o imóvel exclusivamente durante o período correspondente à sua fração de tempo;

VIII – desocupar o imóvel, impreterivelmente, até o dia e hora fixados no instrumento de instituição ou na convenção de condomínio em multipropriedade, sob pena de multa diária, conforme convencionado no instrumento pertinente;

IX – permitir a realização de obras ou reparos urgentes.

Sanções

Conforme previsão que deverá constar da respectiva convenção de condomínio em multipropriedade, o multiproprietário estará sujeito a:

I – multa, no caso de descumprimento de qualquer de seus deveres;

II – multa progressiva e perda temporária do direito de utilização do imóvel no período correspondente à sua fração de tempo, no caso de descumprimento reiterado de deveres.

Responsabilidade pelos custos com reparos

A responsabilidade pelas despesas referentes a reparos no imóvel, bem como suas instalações, equipamentos e mobiliário, será:

I – de todos os multiproprietários, quando decorrentes do uso normal e do desgaste natural do imóvel;

II – exclusivamente do multiproprietário responsável pelo uso anormal, sem prejuízo de multa, quando decorrentes de uso anormal do imóvel.

Promitentes compradores e cessionários

Os promitentes compradores e os cessionários de direitos relativos a cada fração de tempo são equiparados aos multiproprietários para fins de direitos e obrigações.

4) TRANSFERÊNCIA DA MULTIPROPRIEDADE

Não é necessária comunicação ou concordância dos demais

A transferência do direito de multipropriedade e a sua produção de efeitos perante terceiros não dependerão da anuência ou cientificação dos demais multiproprietários.

Existe direito de preferência?

Regra: não há direito de preferência na alienação de fração de tempo.

Exceção: é possível que o instrumento de instituição ou a convenção do condomínio estipule o direito de preferência em favor dos demais multiproprietários ou do instituidor do condomínio em multipropriedade.

Responsabilidade solidária pelas obrigações

Quando o indivíduo for adquirir a fração de tempo, ele deverá exigir do alienante uma declaração de que não há débitos.

Caso não obtenha essa declaração, o adquirente será considerado solidariamente responsável com o alienante pelas obrigações do multiproprietário (§ 5º do art. 1.358-J).

5) ADMINISTRAÇÃO DA MULTIPROPRIEDADE

A quem compete a administração do imóvel?

A administração do imóvel e de suas instalações, equipamentos e mobiliário será de responsabilidade da pessoa que for indicada no instrumento de instituição ou na convenção de condomínio em multipropriedade.

Se não houver essa indicação, a responsabilidade será da pessoa escolhida em assembleia geral dos condôminos.

Atribuições do administrador

§ O administrador exercerá, além daquelas previstas no instrumento de instituição e na convenção de condomínio em multipropriedade, as seguintes atribuições:

I – coordenação da utilização do imóvel pelos multiproprietários durante o período correspondente a suas respectivas frações de tempo;

II – determinação, no caso dos sistemas flutuante ou misto, dos períodos concretos de uso e gozo exclusivos de cada multiproprietário em cada ano;

III – manutenção, conservação e limpeza do imóvel;

IV – troca ou substituição de instalações, equipamentos ou mobiliário, inclusive:

a) determinar a necessidade da troca ou substituição;

b) providenciar os orçamentos necessários para a troca ou substituição;

c) submeter os orçamentos à aprovação pela maioria simples dos condôminos em assembleia;

V – elaboração do orçamento anual, com previsão das receitas e despesas;

VI – cobrança das quotas de custeio de responsabilidade dos multiproprietários;

VII – pagamento, por conta do condomínio edilício ou voluntário, com os fundos comuns arrecadados, de todas as despesas comuns.

A convenção de condomínio em multipropriedade poderá regrar de forma diversa a atribuição prevista no inciso IV acima.

CIVIL

Fração de tempo para reparos

O instrumento de instituição poderá prever fração de tempo destinada à realização, no imóvel e em suas instalações, em seus equipamentos e em seu mobiliário, de reparos indispensáveis ao exercício normal do direito de multipropriedade.

Ex: a primeira semana dos meses de abril e outubro será destinada a reparos no imóvel, não podendo ser utilizada pelos multiproprietários.

A fração de tempo para reparaos poderá ser atribuída:

I – ao instituidor da multipropriedade; ou

II – aos multiproprietários, proporcionalmente às respectivas frações.

Reparos emergenciais

Em caso de emergência, os reparos poderão ser feitos durante o período correspondente à fração de tempo de um dos multiproprietários.

6) DISPOSIÇÕES ESPECÍFICAS RELATIVAS ÀS UNIDADES AUTÔNOMAS DE CONDOMÍNIOS EDILÍCIOS

Condomínio edilício

Ocorre o condomínio edilício quando se tem a propriedade exclusiva de uma unidade autônoma combinada com a copropriedade de outras áreas de um imóvel.

Ex1: prédio residencial com seis andares de apartamentos e dois apartamentos por andar. Tem-se um condomínio edilício, considerando que cada dono do apartamento possui a propriedade exclusiva da sua unidade autônoma (apartamento), e as áreas comuns do edifício (piscina, churrasqueira, quadra de esportes etc.) pertencem a todos os condôminos.

Ex2: prédio comercial com várias salas. Se determinado advogado compra uma das salas para servir como seu escritório, ele terá a propriedade individual sobre a sala (unidade autônoma) e a copropriedade sobre as partes comuns (corredores, recepção etc.).

O condomínio edilício é tratado nos arts. 1.331 a 1.358 do Código Civil.

O condomínio edilício poderá adotar o regime de multipropriedade?

SIM. O condomínio edilício poderá adotar o regime de multipropriedade em parte ou na totalidade de suas unidades autônomas, mediante:

I – previsão no instrumento de instituição; ou

II – deliberação da maioria absoluta dos condôminos.

Conteúdo da convenção de condomínio edilício

§ Se o condomínio edilício adotar o regime de multipropriedade, a convenção de condomínio edilício deverá prever, além das matérias elencadas nos arts. 1.332, 1.334 e 1.358-G:

I – a identificação das unidades sujeitas ao regime da multipropriedade, no caso de empreendimentos mistos (ex: indicação dos apartamentos que são multipropriedade, caso não sejam todos);

II – a indicação da duração das frações de tempo de cada unidade autônoma;

III – a forma de rateio das contribuições condominiais;

IV – a especificação das despesas ordinárias;

V – os órgãos de administração da multipropriedade;

VI – a indicação, se for o caso, de que o empreendimento conta com sistema de administração de intercâmbio (§ 2º do art. 23 da Lei nº 11.771/2008), seja do período de fruição da fração de tempo, seja do local de fruição, caso em que a responsabilidade e as obrigações da companhia de intercâmbio limitam-se ao contido na documentação de sua contratação;

VII – a competência para a imposição de sanções e o respectivo procedimento, especialmente nos casos de mora no cumprimento das obrigações de custeio e nos casos de descumprimento da obrigação de desocupar o imóvel até o dia e hora previstos;

VIII – o quórum exigido para a deliberação de adjudicação da fração de tempo na hipótese de inadimplemento do respectivo multiproprietário;

IX – o quórum exigido para a deliberação de alienação, pelo condomínio edilício, da fração de tempo adjudicada em virtude do inadimplemento do respectivo multiproprietário.

Conteúdo do regimento interno

§ Se o condomínio edilício adotar o regime de multipropriedade, o regimento interno do condomínio edilício deve prever:

I – os direitos dos multiproprietários sobre as partes comuns do condomínio edilício;

II – os direitos e obrigações do administrador, inclusive quanto ao acesso ao imóvel para cumprimento do dever de manutenção, conservação e limpeza;

III – as condições e regras para uso das áreas comuns;

IV – os procedimentos a serem observados para uso e gozo dos imóveis e das instalações, equipamentos e mobiliário destinados ao regime da multipropriedade;

V – o número máximo de pessoas que podem ocupar simultaneamente o imóvel no período correspondente a cada fração de tempo;

VI – as regras de convivência entre os multiproprietários e os ocupantes de unidades autônomas não sujeitas ao regime da multipropriedade, quando se tratar de empreendimentos mistos;

VII – a forma de contribuição, destinação e gestão do fundo de reserva específico para cada imóvel, para reposição e manutenção dos equipamentos, instalações e mobiliário, sem prejuízo do fundo de reserva do condomínio edilício;

VIII – a possibilidade de realização de assembleias não presenciais, inclusive por meio eletrônico;

IX – os mecanismos de participação e representação dos titulares;

X – o funcionamento do sistema de reserva, os meios de confirmação e os requisitos a serem cumpridos pelo multiproprietário quando não exercer diretamente sua faculdade de uso;

XI – a descrição dos serviços adicionais, se existentes, e as regras para seu uso e custeio.

Obs: o regimento interno poderá ser instituído por escritura pública ou por instrumento particular.

Administrador profissional

O condomínio edilício em que tenha sido instituído o regime de multipropriedade terá necessariamente um administrador profissional.

Algumas informações sobre esse administrador:

- O prazo de duração do contrato de administração será livremente convencionado.
- O administrador do condomínio será também o administrador de todos os condomínios em multipropriedade de suas unidades autônomas.
- O administrador será mandatário legal de todos os multiproprietários, exclusivamente para a realização dos atos de gestão ordinária da multipropriedade, incluindo manutenção, conservação e limpeza do imóvel e de suas instalações, equipamentos e mobiliário.
- O administrador poderá modificar o regimento interno quanto aos aspectos estritamente operacionais da gestão da multipropriedade no condomínio edilício.
- O administrador pode ser ou não um prestador de serviços de hospedagem.

Inadimplemento e adjudicação da fração de tempo

Na hipótese de inadimplemento, por parte do multiproprietário, da obrigação de custeio das despesas ordinárias ou extraordinárias, é cabível, na forma prevista no CPC, a adjudicação ao condomínio edilício da fração de tempo correspondente.

Outras sanções que podem ser impostas em caso de inadimplemento

Na hipótese de o imóvel objeto da multipropriedade ser parte integrante de empreendimento em que haja sistema de locação das frações de tempo no qual os titulares possam ou sejam obrigados a locar suas frações de tempo exclusivamente por meio de uma administração única, repartindo entre si as receitas das locações independentemente da efetiva ocupação de cada unidade autônoma, poderá a convenção do condomínio edilício regrar que em caso de inadimplência:

I – o inadimplente fique proibido de utilizar o imóvel até a integral quitação da dívida;

II – a fração de tempo do inadimplente passe a integrar o pool da administradora;

III – a administradora do sistema de locação fique automaticamente munida de poderes e obrigada a, por conta e ordem do inadimplente, utilizar a integralidade dos valores líquidos a que o inadimplente tiver direito para amortizar suas dívidas condominiais, seja do condomínio edilício, seja do condomínio em multipropriedade, até sua integral quitação, devendo eventual saldo ser imediatamente repassado ao multiproprietário.

Renúncia ao direito de multipropriedade

O multiproprietário somente poderá renunciar de forma translativa a seu direito de multipropriedade em favor do condomínio edilício.

A renúncia só é admitida se o multiproprietário estiver em dia com as contribuições condominiais, com os tributos imobiliários e, se houver, com o foro ou a taxa de ocupação.

Vedação à instituição da multipropriedade

A instituição da multipropriedade nos imóveis poderá ser proibida ou limitada:

- pelas convenções dos condomínios edilícios;
- pelos memoriais de loteamentos; e
- pelos instrumentos de venda dos lotes em loteamentos urbanos

Essa vedação poderá ser alterada posteriormente. No entanto, para isso, exige-se, no mínimo, o voto da maioria absoluta dos condôminos.

7) ALTERAÇÕES NA LEI DE REGISTROS PÚBLICOS

A Lei nº 13.777/2018 altera a Lei nº 6.015/83.

A primeira mudança foi acrescentar um novo requisito do Livro nº 2:

> §
>
> Art. 176 (...)
>
> § 1º A escrituração do Livro nº 2 obedecerá às seguintes normas:
>
> (...)
>
> II – são requisitos da matrícula:
>
> (...)
>
> 6) tratando-se de imóvel em regime de multipropriedade, a indicação da existência de matrículas, nos termos do § 10 deste artigo;

No mesmo art. 176 foram inseridos três novos parágrafos também tratando sobre a multipropriedade:

> §
>
> Art. 176 (...)
>
> § 10. Quando o imóvel se destinar ao regime da multipropriedade, além da matrícula do imóvel, haverá uma matrícula para cada fração de tempo, na qual se registrarão e averbarão os atos referentes à respectiva fração de tempo, ressalvado o disposto no § 11 deste artigo.
>
> § 11. Na hipótese prevista no § 10 deste artigo, cada fração de tempo poderá, em função de legislação tributária municipal, ser objeto de inscrição imobiliária individualizada.
>
> § 12. Na hipótese prevista no inciso II do § 1º do art. 1.358-N da Lei nº 10.406, de 10 de janeiro de 2002 (Código Civil), a fração de tempo adicional, destinada à realização de reparos, constará da matrícula referente à fração de tempo principal de cada multiproprietário e não será objeto de matrícula específica.

Por fim, o foi modificada a redação do inciso III do art. 178 para dizer que as convenções de condomínio em multipropriedade deverão ser também registradas no Livro nº 3 – Registro Auxiliar:

> §
>
> Art. 178 – Registrar-se-ão no Livro nº 3 – Registro Auxiliar:
>
> (...)
>
> III – as convenções de condomínio edilício, condomínio geral voluntário e condomínio em multipropriedade;

Vigência

O art. 3º previa que a Lei nº 13.777/2018 deveria entrar em vigor na data de sua publicação.

Ocorre que esse dispositivo foi vetado pelo Presidente da República sob o correto argumento de que a Lei nº 13.777/2018 representa "relevante modificação no ordenamento jurídico nacional, notadamente no direito de propriedade", de sorte que seria recomendável um prazo maior de *vacatio legis*"

Com o veto do art. 3º, a Lei ficou sem previsão expressa sobre o início de sua vigência.

Quando uma lei não traz a previsão do início de sua vigência, em qual data ela entrará em vigor?

45 dias após a sua publicação.

É o que prevê o art. 1º da LINDB:

§ Art. 1º Salvo disposição contrária, a lei começa a vigorar em todo o país quarenta e cinco dias depois de oficialmente publicada.

Logo, como a Lei nº 13.777/2018 não tem disposição expressa acerca de sua vigência, ela entrou em vigor 45 dias após a sua publicação, ou seja, em 04/02/2019.

7.5. COMPROMISSO DE COMPRA E VENDA

É JURIDICAMENTE POSSÍVEL O PEDIDO DE ALIENAÇÃO JUDICIAL DE BEM IMÓVEL OBJETO DE COMPROMISSO DE COMPRA E VENDA

Imagine a seguinte situação hipotética:

João e Maria celebraram contrato de promessa de compra e venda com uma incorporadora imobiliária para aquisição de um apartamento.

Eles se comprometeram a pagar 80 parcelas de R$ 3 mil e, em troca, tornariam-se proprietários do imóvel.

O relacionamento não deu mais certo e, na sentença de divórcio, ficou definido que o único bem do casal (o referido apartamento) seria dividido metade para cada um.

Ocorre que se passou um tempo depois do divórcio e Maria continuou morando no apartamento, enquanto João permanecia vivendo de aluguel.

Diante disso, ele ajuizou contra Maria uma ação de alienação judicial do bem e extinção de condomínio.

O que pediu João? Para vender em juízo o apartamento e dividir o dinheiro entre eles.

O juiz, contudo, extinguiu o processo sem resolução do mérito por impossibilidade jurídica do pedido.

Alegou que, nos termos do art. 1.275 do CC, a alienação é causa de perda de propriedade e que João e Maria não têm a propriedade do apartamento em questão. Isso porque o imóvel foi objeto de compromisso de compra e venda e o casal não terminou de pagar as prestações. Logo, seria juridicamente impossível o pedido.

Agiu corretamente o juiz?

NÃO.

Um pedido é juridicamente impossível quando existe uma proibição legal, ou seja, algum dispositivo que veda que a parte faça aquela pretensão em juízo.

Ocorre que não há, no ordenamento jurídico vigente, nenhuma proibição expressa ou implícita para que se formule o pedido de alienação judicial de bem objeto de compromisso de compra e venda.

No caso concreto, por exemplo, a incorporadora (promitente-vendedora) poderia, em tese, autorizar a alienação judicial pretendida por João a fim de que eles pagassem as prestações que faltam e, em seguida, o casal dividisse o dinheiro que sobrou.

No exemplo dado, como ainda havia prestações em aberto e, como não houve concordância expressa da promitente-vendedora, o que deveria o juiz ter feito era julgar o pedido improcedente, extinguindo o processo com resolução do mérito.

O "equívoco" do magistrado foi considerar que existe impossibilidade jurídica do pedido.

Em suma:

> **É juridicamente possível o pedido de alienação judicial de bem imóvel objeto de compromisso de compra e venda.**
>
> STJ. 3ª Turma. REsp 1.501.549-RS, Rel. Min. Nancy Andrighi, julgado em 08/05/2018 (Info 625).

7.6. INCORPORAÇÃO IMOBILIÁRIA

É DE 10 ANOS O PRAZO PRESCRICIONAL PARA AÇÃO DO ADQUIRENTE CONTRA A INCORPORADORA PEDINDO O PAGAMENTO DA MULTA DO ART. 35, § 5º, DA LEI Nº 4.591/64

Imagine a seguinte situação hipotética:

João adquiriu da construtora e incorporadora "Viver Bem" um apartamento no empreendimento denominado Edifício Molise.

O art. 35 da Lei nº 4.591/64 estabelece um prazo máximo para o incorporador promover o arquivamento do "memorial de incorporação" no Registro de Imóveis, sob pena de pagar multa ao adquirente, no percentual de 50% do valor da unidade imobiliária negociada.

O memorial de incorporação é um documento no qual a obra projetada é descrita, com várias especificações exigidas pela ABNT. Antes de começar a negociar as unidades autônomas, o incorporador já deve arquivar o memorial de incorporação no Registro de Imóveis, conforme exige o art. 32 da Lei nº 4.591/64.

Ocorre que a empresa não fez o arquivamento do memorial de incorporação do empreendimento no Registro de Imóveis.

Como a incorporadora não tomou essa providência, o adquirente não está conseguindo lavrar a escritura definitiva do imóvel.

Diante disso, João quer ajuizar ação contra a imobiliária exigindo o cumprimento desta obrigação e também a condenação da construtora a pagar a multa prevista no art. 35, § 5º da Lei nº 4.591/64.

Essa multa é cabível mesmo na presente situação?

SIM. Conforme entende o STJ:

> O incorporador só se acha habilitado a negociar unidades autônomas do empreendimento imobiliário depois que registrar, no Cartório de Registro Imobiliário competente, os documentos previstos no art. 32 da Lei nº 4.591/64.
>
> Descumprida a exigência legal, impõe-se a aplicação da multa do art. 35, § 5º, da mesma lei.
>
> STJ. 4ª Turma. AgRg no REsp 334.838/AM, Rel. Min. João Otávio de Noronha, julgado em 18/5/2010.

A dúvida que surgiu foi a respeito do prazo prescricional. Qual é o prazo prescricional aplicável à ação proposta pelo adquirente contra a incorporadora visando a cobrança da multa prevista no art. 35, § 5º, da Lei nº 4.591/64?

10 anos, com base no art. 205 do Código Civil:

> § Art. 205. A prescrição ocorre em dez anos, quando a lei não lhe haja fixado prazo menor.

Isso se justifica porque não existe uma previsão legal específica na Lei nº 4.596/64, devendo ser aplicado, portanto, o prazo geral.

Como se trata de uma relação de consumo, não seria possível aplicar o prazo previsto no art. 27 do CDC?

NÃO. O art. 27 do CDC é restrito a pretensões decorrentes de fato do produto ou serviço. Relembre o que diz o dispositivo:

> § Art. 27. Prescreve em cinco anos a pretensão à reparação pelos danos causados por fato do produto ou do serviço prevista na Seção II deste Capítulo, iniciando-se a contagem do prazo a partir do conhecimento do dano e de sua autoria.

Assim, o art. 27 do CDC não se aplica a qualquer caso de inadimplemento contratual, restringindo-se às ações que busquem a reparação de danos causados por fato do produto ou do serviço:

> A prescrição quinquenal prevista no art. 27 do CDC somente se aplica às demandas nas quais se discute a reparação de danos causados por fato do produto ou do serviço.
>
> STJ. 3ª Turma. AgRg no REsp 1.518.086/RS, Rel. Min. João Otávio de Noronha, julgado em 6/8/2015.

A ausência de cumprimento desta providência do art. 32 da Lei nº 4.591/64 por parte da incorporadora não se configura como fato do produto ou do serviço.

O fato do produto ou do serviço (também chamado de "acidente de consumo") ocorre quando o defeito no produto ou no serviço ultrapassar a esfera meramente econômica do consumidor, atingindo-lhe a incolumidade física ou moral.

Serviço defeituoso, nos termos da lei, é aquele que não fornece a segurança que o consumidor legitimamente espera, levando em consideração o modo de seu fornecimento, o resultado e os riscos razoavelmente previsíveis e a época em que foi fornecido (art. 14, caput, e § 1º, do CDC).

A falta do registro imobiliário da incorporação não configura um defeito no serviço, mas sim o descumprimento de um dever oriundo tanto do contrato como da própria Lei de Incorporações Imobiliárias, a sujeitar o incorporador à multa prevista na legislação de regência, sem prejuízo de outras sanções eventualmente cabíveis.

Portanto, embora o CDC seja aplicável à presente relação, diante da ausência de previsão legal específica, a pretensão do adquirente se submete ao prazo prescricional geral da legislação civil, ou seja, 10 (dez) anos, nos termos do art. 205 do CC/2002.

Em suma:

> **É decenal o prazo prescricional aplicável à ação do adquirente contra a incorporadora que visa a cobrança da multa prevista no art. 35, § 5º, da Lei nº 4.591/64.**
>
> STJ. 3ª Turma. REsp 1.497.254-ES, Rel. Min. Ricardo Villas Bôas Cueva, julgado em 18/09/2018 (Info 633).

LEI 13.786/2018: DISPÕE SOBRE A RESOLUÇÃO DO CONTRATO POR INADIMPLEMENTO DO ADQUIRENTE DE UNIDADE IMOBILIÁRIA

A Lei nº 13.786/2018 dispõe sobre a resolução do contrato por inadimplemento do adquirente de unidade imobiliária.

Vamos entender um pouco mais sobre a Lei.

NOÇÕES GERAIS

Incorporação imobiliária

Incorporação imobiliária é a atividade desenvolvida por um incorporador (pessoa física ou jurídica) por meio da qual ele planeja a construção de um condomínio com unidades autônomas (ex: um prédio com vários apartamentos) e, antes mesmo de iniciar a edificação, já aliena as unidades para os interessados e, com os recursos obtidos, vai construindo o projeto.

Nas palavras do Min. Luis Felipe Salomão, "a expressão incorporação imobiliária designa a iniciativa do empreendedor que, com a venda antecipada das unidades autônomas, obtém capital necessário para a construção de edifício de apartamentos, sob o regime condominial" (REsp 1.537.012-RJ).

Assim, por meio da incorporação imobiliária, é realizada a venda antecipada de unidades imobiliárias com o objetivo de obter recursos para a construção e entrega, no futuro, das unidades habitacionais.

Lei nº 4.591/64

A Lei nº 4.591/64 trata sobre o condomínio em edificações e as incorporações imobiliárias.

Parte da Lei nº 4.591/64 foi revogada pelo Código Civil de 2002.

O art. 28, que continua em vigor, assim conceitua incorporação imobiliária:

> § Art. 28. As incorporações imobiliárias, em todo o território nacional, reger-se-ão pela presente Lei.
>
> Parágrafo único. Para efeito desta Lei, considera-se incorporação imobiliária a atividade exercida com o intuito de promover e realizar a construção, para alienação total ou parcial, de edificações ou conjunto de edificações compostas de unidades autônomas.

Lei nº 6.766/79

A Lei nº 6.766/79 dispõe sobre o parcelamento do solo urbano e prevê os requisitos necessários para que seja estabelecido um loteamento.

Sobre o que trata a Lei nº 13.786/2018

A Lei nº 13.786/2018 altera a Lei nº 4.591/64 e a Lei nº 6.766/79, para disciplinar a resolução do contrato por inadimplemento do adquirente de unidade imobiliária em incorporação imobiliária e em parcelamento de solo urbano.

ALTERAÇÕES NA LEI 4.591/64

A Lei nº 13.786/2018 acrescentou três novos artigos à Lei nº 4.591/64.

Foram inseridos os arts. 35-A, 43-A e 67-A:

ART. 35-A: QUADRO-RESUMO

Quadro-resumo

O quadro-resumo é uma parte (um anexo) dos contratos imobiliários (promessa de compra e venda, cessão de unidade autônoma etc) na qual haverá uma síntese contendo os dados principais do ajuste.

O quadro-resumo é muito comum na prática imobiliária.

O novo art. 35-A da Lei nº 4.591/64, inserido pela Lei nº 13.786/2018 prevê agora expressamente que os contratos de...

- compra e venda;
- promessa de venda;

- cessão ou promessa de cessão de unidades autônomas integrantes de incorporação imobiliária

.... deverão ser iniciados por quadro-resumo.

Conteúdo do quadro-resumo

Além disso, o art. 35-A determina o conteúdo deste quadro-resumo.

O quadro-resumo deverá conter:

I – o preço total a ser pago pelo imóvel;

II – o valor da parcela do preço a ser tratada como entrada, a sua forma de pagamento, com destaque para o valor pago à vista, e os seus percentuais sobre o valor total do contrato;

III – o valor referente à corretagem, suas condições de pagamento e a identificação precisa de seu beneficiário;

IV – a forma de pagamento do preço, com indicação clara dos valores e vencimentos das parcelas;

V – os índices de correção monetária aplicáveis ao contrato e, quando houver pluralidade de índices, o período de aplicação de cada um;

VI – as consequências do desfazimento do contrato, seja por meio de distrato, seja por meio de resolução contratual motivada por inadimplemento de obrigação do adquirente ou do incorporador, com destaque negritado para as penalidades aplicáveis e para os prazos para devolução de valores ao adquirente;

VII – as taxas de juros eventualmente aplicadas, se mensais ou anuais, se nominais ou efetivas, o seu período de incidência e o sistema de amortização;

VIII – as informações acerca da possibilidade do exercício, por parte do adquirente do imóvel, do direito de arrependimento previsto no art. 49 do CDC, em todos os contratos firmados em estandes de vendas e fora da sede do incorporador ou do estabelecimento comercial;

IX – o prazo para quitação das obrigações pelo adquirente após a obtenção do auto de conclusão da obra pelo incorporador;

X – as informações acerca dos ônus que recaiam sobre o imóvel, em especial quando o vinculem como garantia real do financiamento destinado à construção do investimento;

XI – o número do registro do memorial de incorporação, a matrícula do imóvel e a identificação do cartório de registro de imóveis competente;

XII – o termo final para obtenção do auto de conclusão da obra (habite-se) e os efeitos contratuais da intempestividade prevista no art. 43-A da Lei nº 4.591/64.

O que acontece se estiver faltando alguma das informações obrigatórias acima listadas?

Deverá ser concedido prazo de 30 dias para que a empresa faça o aditamento do contrato com o saneamento da omissão.

Se, mesmo após esse prazo, a omissão não for corrigida, o adquirente poderá rescindir o contrato por justa causa.

Inciso VI do art. 35-A (consequências do desfazimento do contrato)

Vimos acima que umas das informações obrigatórias que deverá constar no quadro-resumo diz respeito às consequências do desfazimento do contrato. Essa exigência está consignada no inciso VI do art. 35-A:

§ Art. 35-A. Os contratos de compra e venda, promessa de venda, cessão ou promessa de cessão de unidades autônomas integrantes de incorporação imobiliária serão iniciados por quadro-resumo, que deverá conter:

(...)

VI – as consequências do desfazimento do contrato, seja por meio de distrato, seja por meio de resolução contratual motivada por inadimplemento de obrigação do adquirente ou do incorporador, com destaque negritado para as penalidades aplicáveis e para os prazos para devolução de valores ao adquirente;

Veja que o legislador se preocupou em exigir que as penalidades aplicáveis e os prazos para devolução dos valores ao adquirente estejam destacados em negrito no quadro-resumo.

Além disso, a Lei fala também que o adquirente deverá fazer uma assinatura especificamente neste trecho do contrato, demonstrando assim que lhe foi chamada a atenção para essa cláusula. Isso está previsto no § 2º do art. 35-A:

§ § 2º A efetivação das consequências do desfazimento do contrato, referidas no inciso VI do caput deste artigo, dependerá de anuência prévia e específica do adquirente a seu respeito, mediante assinatura junto a essas cláusulas, que deverão ser redigidas conforme o disposto no § 4º do art. 54 da Lei nº 8.078, de 11 de setembro de 1990 (Código de Defesa do Consumidor).

ART. 43-A: CLÁUSULA DE TOLERÂNCIA

O que é cláusula de tolerância?

Irei explicar a partir do seguinte exemplo:

João deseja comprar um apartamento e procura uma incorporadora imobiliária. Ele celebra, então, um contrato de promessa de compra e venda com a incorporadora para aquisição de um apartamento que está sendo construído e que seria entregue em 05/05/2017.

O comprador compromete-se a pagar todos os meses uma determinada quantia e a incorporadora obriga-se a entregar o apartamento nesta data futura e certa.

Ocorre que a cláusula 5.1.3 do ajuste previa que a construtora poderia prorrogar esse prazo de entrega em mais 180 dias, ou seja, poderia atrasar a entrega.

O contrato previa que se a construtora não cumprisse a data de 05/05/2017, mas entregasse o imóvel dentro do prazo de 180 dias, ela não teria que pagar multa ou qualquer espécie de indenização ao adquirente.

Essa previsão é chamada de "cláusula de tolerância" ou "prazo de tolerância".

A "cláusula de tolerância" é válida ou abusiva?

SIM. A jurisprudência do STJ considerava que a cláusula de tolerância é válida.

Assim decidiu o STJ recentemente:

Não é abusiva a cláusula de tolerância nos contratos de promessa de compra e venda de imóvel em construção que prevê prorrogação do prazo inicial para a entrega da obra pelo lapso máximo de 180 (cento e oitenta) dias.

STJ. 3ª Turma. REsp 1.582.318-RJ, Rel. Min. Ricardo Villas Bôas Cueva, julgado em 12/9/2017 (Info 612).

Existem, no mercado, diversos fatores de imprevisibilidade que podem afetar negativamente a construção de edificações e onerar excessivamente os incorporadores e construtoras, tais como intempéries, chuvas, escassez de insumos, greves, falta de mão de obra, crise no setor, entre outros contratempos.

Assim, diante da complexidade desse negócio, é justificada a existência de uma cláusula contratual prevendo a possibilidade de eventual prorrogação do prazo de entrega da obra.

Não se verifica também, para fins de mora contratual, nenhuma desvantagem exagerada em desfavor do consumidor, o que comprometeria o princípio da equivalência das prestações estabelecidas.

É que a disposição contratual de prorrogação da entrega do empreendimento adveio das práticas do mercado de construção civil consolidadas há décadas, ou seja, originou-se dos costumes da área, sobretudo para amenizar o risco da atividade, haja vista a dificuldade de se fixar data certa para o término de obra de grande magnitude sujeita a diversos obstáculos e situações imprevisíveis, o que concorre para a diminuição do preço final da unidade habitacional a ser suportada pelo adquirente.

De fato, quanto maior o risco do empreendimento, maior o preço final ao consumidor.

Prazo máximo de tolerância: 180 dias

O STJ afirmava, contudo, que esse prazo de tolerância deveria ser de, no máximo, 180 dias, visto que, por analogia, é o prazo de validade do registro da incorporação e da carência para desistir do empreendimento (arts. 33 e 34, § 2º, da Lei nº 4.591/64 e 12 da Lei nº 4.864/65) e é o prazo máximo para que o fornecedor sane vício do produto (art. 18, § 2º, do CDC).

Assim, a cláusula de tolerância que estipular prazo de prorrogação superior a 180 (cento e oitenta) dias era considerada abusiva, devendo ser desconsiderados os dias excedentes.

Dever de informação

Vale ressaltar, por fim, que o incorporador terá que informar claramente o consumidor, inclusive em ofertas, informes e peças publicitárias, do eventual prazo de prorrogação para a entrega da unidade imobiliária, sob pena de haver publicidade enganosa, cujo descumprimento implicará responsabilidade civil.

Validade da cláusula de tolerância foi inserida expressamente na Lei

A Lei nº 13.786/2018 acrescentou na Lei nº 4.591/64 a previsão expressa da validade da cláusula de tolerância. Confira o dispositivo inserido:

> **Art. 43-A. A entrega do imóvel em até 180 (cento e oitenta) dias corridos da data estipulada contratualmente como data prevista para conclusão do empreendimento, desde que expressamente pactuado, de forma clara e destacada, não dará causa à resolução do contrato por parte do adquirente nem ensejará o pagamento de qualquer penalidade pelo incorporador.**

Se o empreendimento for entregue após os 180 dias de tolerância:

O adquirente poderá pedir cumulativamente:

- a resolução do contrato;

CIVIL

- a devolução de todo o valor que pagou; e
- o pagamento da multa estabelecida.

A incorporadora deverá fazer o pagamento em até 60 dias corridos, contados da resolução, acrescidos de correção monetária.

É isso que prevê o novo § 1º do art. 43-A:

> **§ 1º Se a entrega do imóvel ultrapassar o prazo estabelecido no caput deste artigo, desde que o adquirente não tenha dado causa ao atraso, poderá ser promovida por este a resolução do contrato, sem prejuízo da devolução da integralidade de todos os valores pagos e da multa estabelecida, em até 60 (sessenta) dias corridos contados da resolução, corrigidos nos termos do § 8º do art. 67-A desta Lei.**

Adquirente pode optar por não pedir a resolução do contrato

O adquirente pode decidir que, mesmo tendo sido ultrapassado o prazo de tolerância, ele não quer a resolução do contrato.

Neste caso, este adquirente, quando receber o imóvel, terá direito à indenização de 1% do valor efetivamente pago à incorporadora, para cada mês de atraso, acrescido de correção monetária.

Veja a redação do § 2º do art. 43-A:

> **§ 2º Na hipótese de a entrega do imóvel estender-se por prazo superior àquele previsto no caput deste artigo, e não se tratar de resolução do contrato, será devida ao adquirente adimplente, por ocasião da entrega da unidade, indenização de 1% (um por cento) do valor efetivamente pago à incorporadora, para cada mês de atraso, *pro rata die*, corrigido monetariamente conforme índice estipulado em contrato.**

Não é possível cumular a multa do § 1º com a sanção do § 2º

A multa do § 1º é uma multa pela inexecução total da obrigação (houve a resolução do contrato).

O § 2º, por sua vez, prevê uma indenização para a mora (o contrato não foi desfeito, tendo sido apenas cumprido com atraso).

Assim, as sanções têm natureza jurídica e finalidade diversas, sendo, portanto, inacumuláveis, conforme prevê o § 3º do art. 43-A:

> **§ 3º A multa prevista no § 2º deste artigo, referente a mora no cumprimento da obrigação, em hipótese alguma poderá ser cumulada com a multa estabelecida no § 1º deste artigo, que trata da inexecução total da obrigação.**

ART. 67-A: DESFAZIMENTO DO CONTRATO

Extinção do contrato

Existem algumas espécies (formas) de extinção do contrato.

Para os fins desta Lei, preciso explicar a você duas delas:

a) RESILIÇÃO:

Ocorre quando o contrato é rescindido por vontade das partes.

A resilição pode ser unilateral (quando só uma das partes quis a resolução) ou bilateral (quando ambas as partes optaram por essa solução).

A resilição bilateral é chamada de DISTRATO.

Veja o que diz o Código Civil:

§ Art. 472. O distrato faz-se pela mesma forma exigida para o contrato.

§ Art. 473. A resilição unilateral, nos casos em que a lei expressa ou implicitamente o permita, opera mediante denúncia notificada à outra parte.

Parágrafo único. Se, porém, dada a natureza do contrato, uma das partes houver feito investimentos consideráveis para a sua execução, a denúncia unilateral só produzirá efeito depois de transcorrido prazo compatível com a natureza e o vulto dos investimentos.

Vale ressaltar que os contratos de incorporação imobiliária não admitem resilição unilateral, conforme prevê expressamente a Lei nº 4.591/64:

§ Art. 32 (...)

§ 2º Os contratos de compra e venda, promessa de venda, cessão ou promessa de cessão de unidades autônomas são irretratáveis e, uma vez registrados, conferem direito real oponível a terceiros, atribuindo direito a adjudicação compulsória perante o incorporador ou a quem o suceder, inclusive na hipótese de insolvência posterior ao término da obra.

b) RESOLUÇÃO:

Ocorre quando o contrato é extinto em razão do descumprimento daquilo que havia sido combinado.

Importante esclarecer que esse "descumprimento" pode ter sido:

- voluntário (inexecução voluntária): quando o descumprimento ocorreu por dolo ou culpa do devedor;
- involuntário (inexecução involuntária): quando o descumprimento se deu por uma circunstância alheia à vontade do devedor.

Art. 67-A trata sobre distrato e resolução por inadimplemento do adquirente

A Lei nº 13.786/2018 acrescentou o art. 67-A à Lei nº 4.591/64 tratando, de forma detalhada sobre o desfazimento do contrato, em caso de:

a. distrato; e de

b. resolução por inadimplemento absoluto de obrigação do adquirente.

Distrato

Como vimos, o distrato ocorre quando as duas partes escolhem romper o contrato. Por isso, o distrato é também chamado de resilição bilateral.

Resolução por inadimplemento absoluto de obrigação do adquirente

Aqui o contrato foi extinto porque o adquirente não cumpriu com a sua obrigação.

Se houver distrato ou resolução por inadimplemento do adquirente, ele perderá tudo que pagou à imobiliária?

NÃO. Isso porque o art. 53 do CDC proíbe a chamada "cláusula de decaimento".

Cláusula de decaimento é aquela que estabelece que o adquirente irá perder todas as prestações pagas durante o contrato caso se mostre inadimplente ou requeira o distrato.

Veja o que diz o art. 53 do CDC:

> § Art. 53. Nos contratos de compra e venda de móveis ou imóveis mediante pagamento em prestações, bem como nas alienações fiduciárias em garantia, consideram-se nulas de pleno direito as cláusulas que estabeleçam a perda total das prestações pagas em benefício do credor que, em razão do inadimplemento, pleitear a resolução do contrato e a retomada do produto alienado.

Mas a construtora poderá reter uma parte do valor que já foi pago pelo adquirente caso este desista do negócio?

SIM. Antes da Lei nº 13.786/2018, a jurisprudência do STJ definiu que a resolução do contrato de promessa de compra e venda de imóvel por culpa (ou por pedido imotivado) do consumidor gera o direito de retenção, pelo fornecedor, de parte do valor pago.

O STJ possui vários precedentes dizendo que é justo e razoável que o vendedor retenha parte das prestações pagas pelo consumidor como forma de indenizá-lo pelos prejuízos suportados, especialmente as despesas administrativas realizadas com a divulgação, comercialização e corretagem, além do pagamento de tributos e taxas incidentes sobre o imóvel, e a eventual utilização do bem pelo comprador.

Existem julgados do STJ afirmando que o percentual máximo que o promitente-vendedor poderia reter seria o de 25% dos valores já pagos, devendo o restante ser devolvido ao promitente comprador. Nesse sentido: STJ. 2ª Seção. EAg 1138183/PE, Rel. Min. Sidnei Beneti, julgado em 27/06/2012.

Veja um precedente do STJ de 2012 que espelha esse entendimento:

> É abusiva a cláusula de distrato, fixada no contrato de promessa de compra e venda imobiliária, que estabeleça a possibilidade de a construtora vendedora promover a retenção integral ou a devolução ínfima do valor das parcelas adimplidas pelo consumidor distratante.
>
> Vale ressaltar, no entanto, que a jurisprudência entende que é justo e razoável que o vendedor retenha parte das prestações pagas pelo consumidor como forma de indenizá-lo pelos prejuízos suportados, notadamente as despesas administrativas realizadas com a divulgação, comercialização e corretagem, além do pagamento de tributos e taxas incidentes sobre o imóvel, e a eventual utilização do bem pelo comprador.
>
> STJ. 4ª Turma. REsp 1132943-PE, Rel. Min. Luis Felipe Salomão, julgado em 27/8/2013 (Info 530).

O que fez a Lei nº 13.786/2018?

A Lei nº 13.786/2018 inseriu na Lei nº 4.591/64 boa parte desse entendimento do STJ acima exposto. Podemos assim resumir o novo art. 67-A:

Situação	O que o adquirente terá direito?	O que o incorporador poderá reter?	Se o desfazimento ocorreu depois de entregue a unidade
Desfazimento do contrato em razão de: 1. distrato; ou 2. inadimplemento do adquirente	Restituição das quantias que houver pago diretamente ao incorporador, com correção monetária.	1. a integralidade da comissão de corretagem. 2. pena convencional: • 25% da quantia paga pelo adquirente; • 50% em caso de incorporação submetida ao regime do patrimônio de afetação.	O adquirente responderá também pelos seguintes valores: 1. impostos reais sobre o imóvel; 2. cotas de condomínio e associações de moradores; 3. valor correspondente à fruição do imóvel, equivalente à 0,5% sobre o valor atualizado do contrato, pro rata die; 4. demais encargos incidentes sobre o imóvel e despesas previstas no contrato.

Obs: o para exigir a pena convencional, o incorporador não precisa demonstrar que sofreu prejuízo.

Veja a redação do caput do art. 67-A:

> **Art. 67-A. Em caso de desfazimento do contrato celebrado exclusivamente com o incorporador, mediante distrato ou resolução por inadimplemento absoluto de obrigação do adquirente, este fará jus à restituição das quantias que houver pago diretamente ao incorporador, atualizadas com base no índice contratualmente estabelecido para a correção monetária das parcelas do preço do imóvel, delas deduzidas, cumulativamente:**
>
> **I – a integralidade da comissão de corretagem;**
>
> **II – a pena convencional, que não poderá exceder a 25% (vinte e cinco por cento) da quantia paga.**
>
> **§ 1º Para exigir a pena convencional, não é necessário que o incorporador alegue prejuízo.**

Outras despesas que terão que ser pagas pelo adquirente:

Se o desfazimento do contrato ocorreu depois de a unidade estar pronta e entregue ao adquirente, significa que ele teve disponibilidade sobre o bem (posse direta).

Nesse período incidiram impostos e outros encargos financeiros decorrentes dessa disponibilidade (ex: IPTU, taxa de lixo, cotas condominiais etc.).

Além disso, o adquirente morou neste imóvel (ou pelo menos teve a possibilidade de morar ou alugar). Teve a disponibilidade econômica sobre o bem.

Pensando nisso, o legislador determinou que o adquirente deverá pagar também por essas despesas. Veja:

> **§ 2º Em função do período em que teve disponibilizada a unidade imobiliária, responde ainda o adquirente, em caso de resolução ou de distrato, sem prejuízo do disposto no caput e no § 1º deste artigo, pelos seguintes valores:**

I – quantias correspondentes aos impostos reais incidentes sobre o imóvel;

II – cotas de condomínio e contribuições devidas a associações de moradores;

III – valor correspondente à fruição do imóvel, equivalente à 0,5% (cinco décimos por cento) sobre o valor atualizado do contrato, pro rata die;

IV – demais encargos incidentes sobre o imóvel e despesas previstas no contrato.

§ 3º Os débitos do adquirente correspondentes às deduções de que trata o § 2º deste artigo poderão ser pagos mediante compensação com a quantia a ser restituída.

§ 4º Os descontos e as retenções de que trata este artigo, após o desfazimento do contrato, estão limitados aos valores efetivamente pagos pelo adquirente, salvo em relação às quantias relativas à fruição do imóvel.

Em quanto tempo deverá ocorrer a devolução dos valores ao adquirente?

Vimos acima que o adquirente terá direito à restituição das quantias que houver pago ao incorporador, com correção monetária. Indaga-se: em quanto tempo a incorporadora deverá promover essa devolução?

Posição do STJ: imediatamente	Lei nº 13.786/2018
Súmula 543-STJ: Na hipótese de resolução de contrato de promessa de compra e venda de imóvel submetido ao Código de Defesa do Consumidor, deve ocorrer a imediata restituição das parcelas pagas pelo promitente comprador – integralmente, em caso de culpa exclusiva do promitente vendedor/construtor, ou parcialmente, caso tenha sido o comprador quem deu causa ao desfazimento.	Quando a incorporação estiver submetida ao regime do patrimônio de afetação: o incorporador restituirá os valores pagos pelo adquirente no prazo máximo de 30 dias após o habite-se ou documento equivalente expedido pelo órgão público municipal competente. Caso a incorporação não esteja submetida ao regime do patrimônio de afetação: o pagamento será realizado em parcela única, após o prazo de 180 dias, contado da data do desfazimento do contrato.

É o que preveem os §§ 5º e 6º do art. 67-A:

§ 5º Quando a incorporação estiver submetida ao regime do patrimônio de afetação, de que tratam os arts. 31-A a 31-F desta Lei, o incorporador restituirá os valores pagos pelo adquirente, deduzidos os valores descritos neste artigo e atualizados com base no índice contratualmente estabelecido para a correção monetária das parcelas do preço do imóvel, no prazo máximo de 30 (trinta) dias após o habite-se ou documento equivalente expedido pelo órgão público municipal competente, admitindose, nessa hipótese, que a pena referida no inciso II do caput deste artigo seja estabelecida até o limite de 50% (cinquenta por cento) da quantia paga.

§ 6º Caso a incorporação não esteja submetida ao regime do patrimônio de afetação de que trata a Lei nº 10.931, de 2 de agosto de 2004, e após as deduções a que se referem os parágrafos anteriores, se houver remanescente a ser ressarcido ao adquirente, o pagamento será realizado em parcela única, após o prazo de 180 (cento e oitenta) dias, contado da data do desfazimento do contrato.

Se o incorporador conseguir revender rapidamente a unidade devolvida pelo adquirente, estes prazos deverão ser reduzidos e a restituição será em até 30 dias:

§ 7º Caso ocorra a revenda da unidade antes de transcorrido o prazo a que se referem os §§ 5º ou 6º deste artigo, o valor remanescente devido ao adquirente será pago em até 30 (trinta) dias da revenda.

§ 8º O valor remanescente a ser pago ao adquirente nos termos do § 7º deste artigo deve ser atualizado com base no índice contratualmente estabelecido para a correção monetária das parcelas do preço do imóvel.

CIVIL

Perceba, portanto, que os §§ 5º e 6º do art. 67-A, com redação dada pela Lei nº 13.786/2018, afrontam o teor da Súmula 543 do STJ.

Não existe um dispositivo no CDC que afirme expressamente que a devolução das parcelas deve ser imediata. No entanto, para o STJ, a demora na restituição viola o art. 51, II e IV, do CDC:

> Art. 51. São nulas de pleno direito, entre outras, as cláusulas contratuais relativas ao fornecimento de produtos e serviços que:
>
> (...)
>
> II – subtraiam ao consumidor a opção de reembolso da quantia já paga, nos casos previstos neste Código;
>
> IV – estabeleçam obrigações consideradas iníquas, abusivas, que coloquem o consumidor em desvantagem exagerada, ou sejam incompatíveis com a boa-fé ou a equidade;

O adquirente não terá que pagar a cláusula penal prevista no contrato se conseguir vender a unidade para outra pessoa e esta seja "aprovada" pelo incorporador

§ 9º Não incidirá a cláusula penal contratualmente prevista na hipótese de o adquirente que der causa ao desfazimento do contrato encontrar comprador substituto que o sub-rogue nos direitos e obrigações originalmente assumidos, desde que haja a devida anuência do incorporador e a aprovação dos cadastros e da capacidade financeira e econômica do comprador substituto.

Direito de arrependimento

O CDC prevê o chamado "direito de arrependimento" nos seguintes termos:

> § Art. 49. O consumidor pode desistir do contrato, no prazo de 7 (sete) dias a contar de sua assinatura ou do ato de recebimento do produto ou serviço, sempre que a contratação de fornecimento de produtos e serviços ocorrer fora do estabelecimento comercial, especialmente por telefone ou a domicílio.

A Lei nº 13.786/2018 acrescenta dispositivo à Lei nº 4.591/64 determinando expressamente a aplicação do "direito de arrependimento" aos contratos envolvendo incorporação imobiliária que ocorrem em estandes de vendas e fora da sede do incorporador. Confira o § 10 inserido:

§ 10. Os contratos firmados em estandes de vendas e fora da sede do incorporador permitem ao adquirente o exercício do direito de arrependimento, durante o prazo improrrogável de 7 (sete) dias, com a devolução de todos os valores eventualmente antecipados, inclusive a comissão de corretagem.

A Lei exige que o direito de arrependimento seja demonstrado por meio de carta registrada com AR:

§ 11. Caberá ao adquirente demonstrar o exercício tempestivo do direito de arrependimento por meio de carta registrada, com aviso de recebimento, considerada a data da postagem como data inicial da contagem do prazo a que se refere o § 10 deste artigo.

§ 12. Transcorrido o prazo de 7 (sete) dias a que se refere o § 10 deste artigo sem que tenha sido exercido o direito de arrependimento, será observada a irretratabilidade do contrato de incorporação imobiliária, conforme disposto no § 2º do art. 32 da Lei nº 4.591, de 16 de dezembro de 1964.

§

Art. 32 (...)

§ 2º Os contratos de compra e venda, promessa de venda, cessão ou promessa de cessão de unidades autônomas são irretratáveis e, uma vez registrados, conferem direito real oponível a terceiros, atribuindo direito a adjudicação compulsória perante o incorporador ou a quem o suceder, inclusive na hipótese de insolvência posterior ao término da obra.

Instrumento de distrato pode estabelecer regras diferentes das que foram estipuladas acima

O distrato, conforme vimos, ocorre quando as duas partes concordam em desfazer o contrato.

Como se trata de um novo acordo, é possível que as regras do distrato sejam combinadas entre as partes. Assim, em tese, as partes podem até mesmo estabelecer regras diferentes daquelas previstas na Lei nº 4.591/64.

Foi o que estabeleceu o novo § 13 do art. 67-A:

§ 13. Poderão as partes, em comum acordo, por meio de instrumento específico de distrato, definir condições diferenciadas das previstas nesta Lei.

Importante, no entanto, esclarecer que essa liberdade das partes não é absoluta (ilimitada). Isso porque não é possível que sejam estabelecidas condições extremamente desvantajosas ao adquirente-consumidor, sob pena de afronta ao art. 51, IV, do CDC.

Leilão

§ 14. Nas hipóteses de leilão de imóvel objeto de contrato de compra e venda com pagamento parcelado, com ou sem garantia real, de promessa de compra e venda ou de cessão e de compra e venda com pacto adjeto de alienação fiduciária em garantia, realizado o leilão no contexto de execução judicial ou de procedimento extrajudicial de execução ou de resolução, a restituição far-se-á de acordo com os critérios estabelecidos na respectiva lei especial ou com as normas aplicáveis à execução em geral.

ALTERAÇÕES NA LEI 6.766/79

Vejamos agora as modificações promovidas pela Lei nº 13.786/2018 na Lei nº 6.766/79 (dispõe sobre o parcelamento do solo urbano e prevê os requisitos necessários para que seja estabelecido um loteamento).

ART. 26-A: QUADRO-RESUMO

Assim como fez em relação à Lei nº 4.591/64, a Lei nº 13.786/2018 acrescentou um dispositivo à Lei nº 6.766/79 exigindo o quadro-resumo nos contratos de compra e venda, cessão ou promessa de cessão de loteamento.

Valem os mesmos comentários que fiz acima para o quadro-resumo da Lei nº 4.591/64.

Confira agora o art. 26-A que foi inserido:

Art. 26-A. Os contratos de compra e venda, cessão ou promessa de cessão de loteamento devem ser iniciados por quadro-resumo, que deverá conter, além das indicações constantes do art. 26 desta Lei:

I – o preço total a ser pago pelo imóvel;

II – o valor referente à corretagem, suas condições de pagamento e a identificação precisa de seu beneficiário;

III – a forma de pagamento do preço, com indicação clara dos valores e vencimentos das parcelas;

IV – os índices de correção monetária aplicáveis ao contrato e, quando houver pluralidade de índices, o período de aplicação de cada um;

V – as consequências do desfazimento do contrato, seja mediante distrato, seja por meio de resolução contratual motivada por inadimplemento de obrigação do adquirente ou do loteador, com destaque negritado para as penalidades aplicáveis e para os prazos para devolução de valores ao adquirente;

VI – as taxas de juros eventualmente aplicadas, se mensais ou anuais, se nominais ou efetivas, o seu período de incidência e o sistema de amortização;

VII – as informações acerca da possibilidade do exercício, por parte do adquirente do imóvel, do direito de arrependimento previsto no art. 49 da Lei nº 8.078, de 11 de setembro de 1990 (Código de Defesa do Consumidor), em todos os contratos firmados em estandes de vendas e fora da sede do loteador ou do estabelecimento comercial;

VIII – o prazo para quitação das obrigações pelo adquirente após a obtenção do termo de vistoria de obras;

IX – informações acerca dos ônus que recaiam sobre o imóvel;

X – o número do registro do loteamento ou do desmembramento, a matrícula do imóvel e a identificação do cartório de registro de imóveis competente;

XI – o termo final para a execução do projeto referido no § 1º do art. 12 desta Lei e a data do protocolo do pedido de emissão do termo de vistoria de obras.

§ 1º Identificada a ausência de quaisquer das informações previstas no caput deste artigo, será concedido prazo de 30 (trinta) dias para aditamento do contrato e saneamento da omissão, findo o qual, essa omissão, se não sanada, caracterizará justa causa para rescisão contratual por parte do adquirente.

§ 2º A efetivação das consequências do desfazimento do contrato, mencionadas no inciso V do caput deste artigo, dependerá de anuência prévia e específica do adquirente a seu respeito, mediante assinatura junto a essas cláusulas, que deverão ser redigidas conforme o disposto no § 4º do art. 54 da Lei nº 8.078, de 11 de setembro de 1990 (Código de Defesa do Consumidor).”

ART. 32-A: RESOLUÇÃO POR FATO IMPUTADO AO ADQUIRENTE

A Lei nº 13.786/2018 acrescenta o art. 32-A à Lei nº 6.766/79 disciplinando as consequências da resolução do contrato em caso de fato imputado ao adquirente:

Art. 32-A. Em caso de resolução contratual por fato imputado ao adquirente, respeitado o disposto no § 2º deste artigo, deverão ser restituídos os valores pagos por ele, atualizados

com base no índice contratualmente estabelecido para a correção monetária das parcelas do preço do imóvel, podendo ser descontados dos valores pagos os seguintes itens:

I – os valores correspondentes à eventual fruição do imóvel, até o equivalente a 0,75% (setenta e cinco centésimos por cento) sobre o valor atualizado do contrato, cujo prazo será contado a partir da data da transmissão da posse do imóvel ao adquirente até sua restituição ao loteador;

II – o montante devido por cláusula penal e despesas administrativas, inclusive arras ou sinal, limitado a um desconto de 10% (dez por cento) do valor atualizado do contrato;

III – os encargos moratórios relativos às prestações pagas em atraso pelo adquirente;

IV – os débitos de impostos sobre a propriedade predial e territorial urbana, contribuições condominiais, associativas ou outras de igual natureza que sejam a estas equiparadas e tarifas vinculadas ao lote, bem como tributos, custas e emolumentos incidentes sobre a restituição e/ou rescisão;

V – a comissão de corretagem, desde que integrada ao preço do lote.

Em quanto tempo deverá ocorrer essa devolução? Deverá ser imediata?

NÃO. O pagamento da restituição poderá ocorrer em até 12 parcelas mensais, com início após o seguinte prazo de carência:

I – em loteamentos com obras em andamento: no prazo máximo de 180 dias após o prazo previsto em contrato para conclusão das obras;

II – em loteamentos com obras concluídas: no prazo máximo de 12 meses após a formalização da rescisão contratual.

§ 1º O pagamento da restituição ocorrerá em até 12 (doze) parcelas mensais, com início após o seguinte prazo de carência:

I – em loteamentos com obras em andamento: no prazo máximo de 180 (cento e oitenta) dias após o prazo previsto em contrato para conclusão das obras;

II – em loteamentos com obras concluídas: no prazo máximo de 12 (doze) meses após a formalização da rescisão contratual.

§ 2º Somente será efetuado registro do contrato de nova venda se for comprovado o início da restituição do valor pago pelo vendedor ao titular do registro cancelado na forma e condições pactuadas no distrato, dispensada essa comprovação nos casos em que o adquirente não for localizado ou não tiver se manifestado, nos termos do art. 32 desta Lei.

As regras acima expostas não se aplicam para alienação fiduciária de bens imóveis

§ 3º O procedimento previsto neste artigo não se aplica aos contratos e escrituras de compra e venda de lote sob a modalidade de alienação fiduciária nos termos da Lei nº 9.514, de 20 de novembro de 1997.

Resolução por inadimplemento do adquirente

O caput do art. 34 da Lei nº 6.766/79 estabelece:

§ Art. 34. Em qualquer caso de rescisão por inadimplemento do adquirente, as benfeitorias necessárias ou úteis por ele levadas a efeito no imóvel deverão ser indenizadas, sendo de nenhum efeito qualquer disposição contratual em contrário.

A Lei nº 13.786/2018 acrescenta o § 2º ao art. 34 com a seguinte redação:

> Art. 34 (...)
>
> § 2º No prazo de 60 (sessenta) dias, contado da constituição em mora, fica o loteador, na hipótese do caput deste artigo, obrigado a alienar o imóvel mediante leilão judicial ou extrajudicial, nos termos da Lei nº 9.514, de 20 de novembro de 1997.

A Lei nº 13.786/2018 altera também a redação do art. 35 da Lei nº 6.766/79. Compare:

Redação originária	Redação dada pela Lei nº 13.786/2018
Art. 35. Ocorrendo o cancelamento do registro por inadimplemento do contrato e tendo havido o pagamento de mais de 1/3 (um terço) do preço ajustado, o Oficial do Registro de Imóveis mencionará este fato no ato do cancelamento e a quantia paga; somente será efetuado novo registro relativo ao mesmo lote, se for comprovada a restituição do valor pago pelo vendedor ao titular do registro cancelado, ou mediante depósito em dinheiro à sua disposição junto ao Registro de Imóveis.	Art. 35. Se ocorrer o cancelamento do registro por inadimplemento do contrato, e tiver sido realizado o pagamento de mais de 1/3 (um terço) do preço ajustado, o oficial do registro de imóveis mencionará esse fato e a quantia paga no ato do cancelamento, e somente será efetuado novo registro relativo ao mesmo lote, mediante apresentação do distrato assinado pelas partes e a comprovação do pagamento da parcela única ou da primeira parcela do montante a ser restituído ao adquirente, na forma do art. 32-A desta Lei, ao titular do registro cancelado, ou mediante depósito em dinheiro à sua disposição no registro de imóveis.
Não havia § 3º.	§ 3º A obrigação de comprovação prévia de pagamento da parcela única ou da primeira parcela como condição para efetivação de novo registro, prevista no caput deste artigo, poderá ser dispensada se as partes convencionarem de modo diverso e de forma expressa no documento de distrato por elas assinado.

Vigência

As modificações promovidas pela Lei nº 13.786/2018 entraram em vigor na data de sua publicação (28/12/2018).

7.7. HIPOTECA

INTERESSE DE AGIR DO CREDOR HIPOTECÁRIO DE QUE O IMÓVEL DADO EM GARANTIA SEJA CONSTRUÍDO DE ACORDO COM OS PADRÕES DE QUALIDADE PREVISTOS NO CONTRATO DE COMPRA E VENDA

Imagine a seguinte situação hipotética:

João celebrou contrato de compra e venda de um imóvel (terreno) em um loteamento.

O contrato de compra e venda foi celebrado entre João e a sociedade empresária Constrói Ltda.

Ocorre que neste contrato de compra e venda havia ainda um pacto adjeto (contrato acessório) de mútuo feneratício com garantia hipotecária, que foi firmado entre João e a sociedade empresária Habitac Crédito Imobiliário S.A.

Por força deste pacto adjeto, João recebeu da Habitac um empréstimo (mútuo) para adquirir o imóvel e, como garantia de que iria pagar a dívida, deu o bem em hipoteca.

Desse modo, foram firmados dois pactos: um de mútuo, entre a instituição financeira (Habitac) e aquele que adquire o imóvel (João); e outro de compra e venda, entre o proprietário inicial do imóvel (Constrói) e o comprador (João).

Personagens

Temos então os seguintes personagens:

- João: comprador do imóvel e mutuário (beneficiário do empréstimo);
- Constrói: vendedora do imóvel;
- Habitac: mutuante (emprestou o dinheiro).

Hipoteca

A hipoteca é uma espécie de direito real de garantia, disciplinada nos arts. 1.473 a 1.505 do Código Civil.

O devedor dá o imóvel em hipoteca para o credor, ou seja, esse imóvel fica vinculado à dívida como uma garantia. O devedor permanece, contudo, com o domínio e na posse direta do bem. Ele não entrega fisicamente o bem para o credor.

A função da hipoteca é assegurar e garantir ao credor pagamento da dívida, vinculando o bem dado em garantia à sua satisfação.

Se a parte que deu o bem em hipoteca (devedor) pagar a dívida, a hipoteca se extingue.

Por outro lado, se o devedor não cumprir a sua obrigação, o credor poderá "executar a hipoteca", ou seja, o imóvel dado em garantia será vendido judicialmente e o valor obtido utilizado para pagar o débito.

Padronização

A ideia deste loteamento era a de que todas as casas ali construídas fossem parecidas e mantivessem uma qualidade mínima. Assim, no contrato havia cláusulas dizendo os padrões que deveriam ser respeitados no momento da construção (ex: construção toda em alvenaria, fachada com mármore ou granito etc).

Ação de obrigação de fazer

João construiu a sua casa no loteamento, mas não respeitou os padrões previstos no contrato. O estilo da fachada não estava igual ao que determinava o projeto e os materiais empregados eram de menor qualidade que o exigido.

Diante disso, a empresa Habitac Crédito Imobiliário S.A. ajuizou ação de obrigação de fazer contra João pedindo que ele fosse condenado a reformar a casa a fim de deixá-la dentro dos padrões previstos no contrato.

João suscitou a falta de interesse de agir da autora. Afirmou que o credor hipotecário somente teria interesse de cobrar o cumprimento das cláusulas relacionadas com o empréstimo (mútuo). Em outras palavras, para João, a Habitac Crédito Imobiliário, como foi apenas a credora hipotecária, somente teria interesse de agir para exigir o pagamento da dívida, mas não para tratar sobre os parâmetros construtivos do loteamento. Na visão do réu, só quem teria interesse de agir para discutir isso seria a Constrói.

A alegação de João foi acolhida pelo STJ?

NÃO. O STJ decidiu que:

O credor hipotecário tem sim interesse de agir para propor ação em face do mutuário visando ao cumprimento de cláusula contratual que determina a observância dos padrões construtivos do loteamento.

STJ. 1ª Turma. REsp 1.400.607-RS, Rel. Min. Luis Felipe Salomão, julgado em 17/05/2018 (Info 628).

Por que a empresa Habitac possui interesse de agir?

O credor hipotecário tem interesse jurídico na valorização do bem dado em garantia.

O art. 1.474 do CC estabelece que a hipoteca abrange todas as acessões, melhoramentos ou construções do imóvel.

Por outro lado, o art. 1.425, I, do CC estabelece que a dívida se considera vencida: se, deteriorando-se, ou depreciando-se o bem dado em segurança, desfalcar a garantia, e o devedor, intimado, não a reforçar ou substituir.

Como vimos, se o devedor não pagar a dívida, o bem dado em hipoteca será alienado. Logo, o credor hipotecário tem interesse em que o imóvel seja construído de acordo com os padrões estabelecidos para o loteamento a fim de que ele se mantenha valioso e, em caso de inadimplemento, possa ser vendido por um bom preço, pagando a dívida.

Teoria da asserção

No STJ, prevalece a chamada teoria da asserção ou da *prospettazione* (em contraposição à teoria da apresentação ou da exposição).

Segundo a teoria da asserção, o exame da legitimidade *ad causam* e do interesse processual deve ser realizado *in status assertionis*, ou seja, à luz das afirmações do autor constantes na petição inicial, sem qualquer inferência sobre a veracidade das alegações ou a probabilidade de êxito da pretensão deduzida.

8. CASAMENTO E UNIÃO ESTÁVEL

8.1. A AÇÃO DE DIVÓRCIO NÃO PODE, EM REGRA, SER AJUIZADA POR CURADOR PROVISÓRIO

Imagine a seguinte situação hipotética:

João e Maria eram casados, porém não vivem mais juntos há um bom tempo.

João mora com seu irmão Pedro.

João sofreu um acidente vascular cerebral (AVC) e ficou sem poder exprimir sua vontade.

Diante disso, Pedro ajuizou ação de interdição em favor de seu irmão João (art. 747, II, do CPC).

O juiz entendeu que estava presente a urgência e nomeou Pedro como curador provisório do interditando.

Divórcio

Pedro (curador provisório), representando seu irmão João, ajuizou ação de divórcio contra Maria pedindo a dissolução da sociedade conjugal.

Maria contestou a ação alegando que a ação não poderia ter sido proposta pelo curador provisório.

O que o STJ decidiu:

- a ação em que se pleiteia a dissolução do vínculo conjugal, por possuir natureza personalíssima, deve ser ajuizada, em regra, pelo próprio cônjuge;
- excepcionalmente, admite-se a representação processual do cônjuge por curador (ascendente ou irmão). Em outras palavras, excepcionalmente, admite-se que o divórcio seja ajuizado por curador.
- como se trata de possibilidade excepcional, a regra que autoriza terceiros a ajuizarem a ação de dissolução de vínculo conjugal deverá ser interpretada restritivamente, limitando-se a sua incidência apenas à hipótese de curatela definitiva. Em outras palavras, quando se admitir que curador proponha o divórcio, deve-se tomar a cautela de se exigir que seja curador definitivo (curatela definitiva). Assim, em regra, somente se admite que o curador definitivo ingresso com a ação de divórcio.
- em situações ainda mais excepcionais, poderá o curador provisório ajuizar a ação de dissolução do vínculo conjugal em representação do cônjuge potencialmente incapaz, desde que expressa e previamente autorizado pelo juiz após a oitiva do Ministério Público, como orientam o art. 749, parágrafo único, do CPC/2015 o art. 87 da Lei nº 13.146/2015:

§ Art. 749. (...)

Parágrafo único. Justificada a urgência, o juiz pode nomear curador provisório ao interditando para a prática de determinados atos.

§ Art. 87. Em casos de relevância e urgência e a fim de proteger os interesses da pessoa com deficiência em situação de curatela, será lícito ao juiz, ouvido o Ministério Público, de oficio ou a requerimento do interessado, nomear, desde logo, curador provisório, o qual estará sujeito, no que couber, às disposições do Código de Processo Civil.

Em suma:

A ação de divórcio não pode, em regra, ser ajuizada por curador provisório.

STJ. 3ª Turma. REsp 1.645.612-SP, Rel. Min. Nancy Andrighi, julgado em 16/10/2018 (Info 637).

8.2. O SIMPLES FATO DE A MULHER TER SIDO REVEL NO DIVÓRCIO NÃO SIGNIFICA QUE O PEDIDO DE RETIRADA DO SOBRENOME DO EX-MARIDO TENHA QUE SER DEFERIDO

Imagine a seguinte situação hipotética:

João da Silva Maier casou-se com Gabriela Ferreira.

Segundo prevê o § 1º do art. 1.565, "qualquer dos nubentes, querendo, poderá acrescer ao seu o sobrenome do outro."

Assim, Gabriela optou por acrescentar ao seu nome o patronímico (apelido de família / "sobrenome") de João. Com isso, ela passou a se chamar Gabriela Ferreira Maier.

O relacionamento durou 35 anos, até que Gabriela decidiu que não mais queria viver com João e foi embora de casa.

Chateado, João (cônjuge varão) ajuizou ação de divórcio contra Gabriela (cônjuge virago) pedindo:

a. que fosse decretado o divórcio;

b. que Gabriela fosse condenada a retirar o patronímico "Maier" de seu nome.

Gabriela foi devidamente citada, mas não respondeu a ação.

Diante disso, o juiz decretou a sua revelia e julgou o pedido parcialmente procedente decretando o divórcio, mas mantendo o sobrenome da ré.

Segundo argumentou o magistrado na sentença, o direito ao nome e sobrenome é personalíssimo, intransmissível e irrenunciável, não podendo seu exercício sofrer limitação voluntária, somente podendo ser alterado se assim desejar a parte (arts. 11 e 16 do CC).

Inconformado, João recorreu alegando que houve revelia e que, portanto, todos os seus pedidos deveriam ter sido julgados procedentes. Argumentou também que a decisão do juiz viola o art. 1.578 do Código Civil:

§ Art. 1.578. O cônjuge declarado culpado na ação de separação judicial perde o direito de usar o sobrenome do outro, desde que expressamente requerido pelo cônjuge inocente e se a alteração não acarretar:

I – evidente prejuízo para a sua identificação;

II – manifesta distinção entre o seu nome de família e o dos filhos havidos da união dissolvida;

III – dano grave reconhecido na decisão judicial.

Agiu corretamente o magistrado?

SIM.

Primeiro ponto: o fato de o réu ter sido revel não significa, necessariamente, que o juiz tenha que acolher o pedido do autor

A doutrina e jurisprudência ensinam que, mesmo sendo decretada a revelia, os pedidos do autor não serão obrigatoriamente julgados procedentes. Isso porque os elementos probatórios constantes nos autos podem conduzir à conclusão diversa ou podem não ser suficientes para formar o convencimento do juiz.

Em outras palavras, mesmo tendo havido revelia, isso não significa que, necessariamente, o autor irá vencer a demanda.

A revelia gera uma presunção relativa da veracidade dos fatos narrados pelo autor da ação. Esta presunção, no entanto, pode ser infirmada (enfraquecida) pelas demais provas dos autos ou se as alegações forem inverossímeis (inverossímil = é algo que não aparenta ser verdadeiro).

Por isso, nem sempre que ocorrer a revelia haverá procedência do pedido do autor. O CPC/2015 consagrou expressamente esse entendimento:

§ Art. 344. Se o réu não contestar a ação, será considerado revel e presumir-se-ão verdadeiras as alegações de fato formuladas pelo autor.

§ Art. 345. A revelia não produz o efeito mencionado no art. 344 se:

(...)

IV – as alegações de fato formuladas pelo autor forem inverossímeis ou estiverem em contradição com prova constante dos autos.

Mais recentemente:

Os efeitos da revelia – presunção de veracidade dos fatos alegados pelo autor – são relativos e não conduzem, necessariamente, ao julgamento de procedência dos pedidos, devendo o juiz atentar-se para os elementos probatórios presentes nos autos, para formação de sua convicção.

STJ. 4ª Turma. REsp 1633399/SP, Rel. Min. Luis Felipe Salomão, julgado em 10/11/2016.

Segundo ponto: o direito ao nome é indisponível

O fato de a ré na ação de divórcio ser revel não faz com que o juiz tenha que julgar procedente o pedido de exclusão do patronímico do ex-marido, porque o "nome" é considerado um direito indisponível, tendo em vista que se trata de um direito da personalidade.

"O direito ao nome, assim compreendido como o prenome e o patronímico, é um dos elementos estruturantes dos direitos da personalidade e da dignidade da pessoa humana, uma vez que diz respeito à própria identidade pessoal do indivíduo, não apenas em relação a si mesmo, mas também no ambiente familiar e perante a sociedade em que vive." (Min. Nancy Andrighi).

Dessa forma, sendo direito indisponível, não se aplica a presunção de veracidade dos fatos, conforme determina o art. 345, II, do CPC/2015:

§ Art. 345. A revelia não produz o efeito mencionado no art. 344 se:

(...)

II – o litígio versar sobre direitos indisponíveis;

Terceiro ponto: a revelia gera presunção (relativa) de veracidade dos fatos, mas não das alegações de direito

Conforme prevê o art. 344 do CPC, se o réu for revel, em princípio, o juiz deverá presumir que são verdadeiras as "alegações de fato formuladas pelo autor". Isso não significa, contudo, que o juiz deverá presumir verdadeiras as alegações de direito do requerente.

Se o autor não demonstrou a existência de nenhuma circunstância fática (um fato) que justificaria a exclusão do seu sobrenome do nome da ex-mulher, o pedido deverá ser julgado improcedente mesmo tendo ela sido revel.

Quarto ponto: o fato de a mulher ter sido revel não significa que ela concordou com a exclusão do sobrenome

A ausência de contestação da mulher não pode ser interpretada como uma aquiescência ou concordância tácita com o pedido para exclusão do sobrenome do ex-marido. Para que houvesse a retirada do sobrenome, seria necessária a manifestação expressa da vontade da mulher.

Veja o que diz a doutrina:

"Uma vez alterado o nome, advindo, eventualmente, a dissolução do casamento, por separação ou divórcio, aplica-se a regra do direito à manutenção do nome patronímico, uma vez que se trata de direito da personalidade e, como tal, devidamente incorporado à própria personalidade jurídica do titular, sendo-lhe indisponível relativamente.

Assim sendo, a regra geral é que, tanto na separação, quanto no divórcio, o cônjuge permanecerá com o nome de casado, salvo expressa manifestação em sentido contrário. Aliás, qualquer ato de disposição com relação ao nome tem de ser expresso, não sendo possível a perda tácita ou presumida de um direito da personalidade (e o nome está enquadrado como tal, inclusive contemplado nos arts. 16 a 19 do Código Civil). Por isso, manter, ou não, o nome de casado concerne à própria dignidade da pessoa, sendo-lhe inafastável e dependendo, fundamentalmente, de sua própria manifestação de vontade (FARIAS, Cristiano Chaves de; ROSENVALD, Nelson. *Direito das famílias*. 2ª ed. Rio de Janeiro: Lumen Juris, 2010. p. 339-340)

Quinto ponto: o longo tempo de utilização do sobrenome

O patronímico que o autor pretendia excluir da requerida foi por ela incorporado há 35 anos, de modo que a sua retirada geraria provável prejuízo irreparável à mulher.

O STJ já decidiu assim em outra oportunidade:

A utilização do sobrenome do ex-marido por mais de 30 trinta anos pela ex-mulher demonstra que há tempo ele está incorporado ao nome dela, de modo que não mais se pode distingui-lo, sem que cause evidente prejuízo para a sua identificação.

STJ. 3ª Turma. REsp 1482843/RJ, Rel. Min. Moura Ribeiro, julgado em 02/06/2015.

Em suma:

A revelia em ação de divórcio na qual se pretende, também, a exclusão do patronímico adotado por ocasião do casamento não significa concordância tácita com a modificação do nome civil.

STJ. 3ª Turma. REsp 1.732.807-RJ, Rel. Min. Nancy Andrighi, julgado em 14/08/2018 (Info 631).

CIVIL

Outro precedente no mesmo sentido:

§ O art. 1.578 do Código Civil prevê a perda do direito de uso do nome de casado para o caso de o cônjuge ser declarado culpado na ação de separação judicial. Mesmo nessas hipóteses, porém, a perda desse direito somente terá lugar se não ocorrer uma das situações previstas nos incisos I a III do referido dispositivo legal. Assim, a perda do direito ao uso do nome é exceção, e não regra.

Os efeitos da revelia não abrangem as questões de direito, tampouco implicam renúncia a direito ou a automática procedência do pedido da parte adversa. Acarretam simplesmente a presunção relativa de veracidade dos fatos alegados pelo autor.

A não apresentação de contestação ao pedido de divórcio pelo cônjuge virago não pode ser entendida como manifestação de vontade no sentido de opção pelo uso do nome de solteira (CC, art. 1.578, § 2º).

STJ. 4ª Turma. AgRg no AREsp 204.908/RJ, Rel. Min. Raul Araújo, julgado em 04/11/2014.

Observação final:

A doutrina civilista, em peso, critica o art. 1.578 do Código Civil em virtude de ele admitir, ainda que excepcionalmente, a possibilidade de o "cônjuge declarado culpado" perder o direito de usar o sobrenome do outro.

Para os autores, não há mais sentido algum discutir-se culpa nas relações matrimoniais e de união estável e, segundo a posição doutrinária, o cônjuge (homem ou mulher) deve ter direito de permanecer com o sobrenome do outro em qualquer hipótese, salvo se ele mesmo optar por não querer mais.

Gostaria que você soubesse desse posicionamento doutrinário para fins de provas discursivas e oral, no entanto, o texto do Código está em vigor e deverá ser assinalado como correto em questões objetivas.

8.3. MESMO JÁ HAVENDO UM ACORDO HOMOLOGADO SOBRE A PARTILHA DE BENS, É POSSÍVEL QUE SEJA FEITO UM NOVO AJUSTE POSTERIORMENTE

Imagine a seguinte situação hipotética:

João e Maria eram casados.

Em 2013, Maria ajuizou ação de divórcio e, no bojo deste processo, eles celebraram um acordo no qual ficou estabelecido que os três bens imóveis do casal seriam vendidos e partilhados em 50% para cada parte.

O juiz homologou este acordo e extinguiu o processo.

Em 2014, João e Maria apresentaram petição conjunta ao juízo afirmando que estão tendo dificuldades de vender os bens por um bom preço. Diante disso, requereram a homologação de novo acordo por meio do qual Maria ficaria com a mansão onde moravam e João com os dois apartamentos menores.

O juiz indeferiu o pedido sob o fundamento de que o acordo homologado anteriormente transitou em julgado. Afirmou, ainda, que as partes se arrependeram e que eventual alteração das cláusulas do acordo deveria ser examinada em ação anulatória, em que se precisaria demonstrar a existência de eventual erro ou vício de consentimento.

Agiu corretamente o magistrado?

NÃO.

No caso concreto, a questão envolve pessoas maiores e capazes, que dissolveram o casamento de modo consensual e que fizeram um acordo inicial e que, posteriormente, resolveram se ajustar de outra forma sobre a partilha de bens imóveis privados e disponíveis.

A nova forma de partilhar os bens, aliás, foi expressamente justificada pela dificuldade encontrada pelas partes em cumprir o acordo da forma inicialmente avençada.

Nessas circunstâncias, é possível concluir que as partes podem, livremente e com base no princípio da autonomia da vontade, renunciar ou transigir sobre um direito ou um crédito reconhecido judicialmente em favor de uma delas, mesmo após o trânsito em julgado da decisão judicial que os reconheceu ou fixou, do mesmo modo que podem, por exemplo, dar início à fase de cumprimento da decisão judicial ou à execução do título extrajudicial.

Diante desse cenário, não se afigura correto indeferir o pedido de homologação de acordo que versa sobre o novo modelo de partilha de bens que as partes entenderam ser mais vantajoso e interessante para elas próprias, ao fundamento de que haveria violação à coisa julgada, que se trataria de mero arrependimento ou, ainda, que a modificação da avença estaria condicionada à propositura de ação anulatória, com demonstração de existência de erro ou de vício de consentimento.

Em suma:

A coisa julgada material formada em virtude de acordo celebrado por partes maiores e capazes, versando sobre a partilha de bens imóveis privados e disponíveis e que fora homologado judicialmente por ocasião de divórcio consensual, não impede que haja um novo acordo sobre o destino dos referidos bens.

STJ. 3ª Turma. REsp 1.623.475-PR, Rel. Min. Nancy Andrighi, julgado em 17/04/2018 (Info 624).

8.4. UNIÃO ESTÁVEL

PARTILHA DE PRÊMIO DA LOTERIA MESMO QUE SE TRATE DE RELACIONAMENTO REGULADO PELO REGIME DA SEPARAÇÃO OBRIGATÓRIA (ART. 1.641, II, DO CC)

Imagine a seguinte situação hipotética:

Em 2012, João, 70 anos de idade, passou a viver em união estável com Carla.

Em 2015, João ganhou R$ 2 milhões na MegaSena.

Alguns dias depois, João decidiu terminar o relacionamento.

Em razão disso, Carla ajuizou ação de reconhecimento e dissolução de união estável pedindo o pagamento de pensão alimentícia e a partilha dos bens, dentre os quais o prêmio da loteria.

João alegou que não tinha que dividir o patrimônio considerando que, quando a união estável teve início, ele possuía mais de 70 anos de idade, de forma que o regime patrimonial que regulou a relação dos dois foi o regime legal da separação obrigatória de bens, previsto no art. 1.641, II, do Código Civil:

§ Art. 1.641. É obrigatório o regime da separação de bens no casamento:

II – da pessoa maior de 70 (setenta) anos;

Ao maior de 70 anos é imposto o regime de separação obrigatória de bens. O objetivo do legislador foi o de proteger o idoso e seus herdeiros de casamentos realizados por interesse estritamente econômico.

Trata-se de "prudência legislativa em favor das pessoas e de suas famílias, considerando a idade dos nubentes. É de lembrar que, conforme os anos passam, a idade avançada acarreta maiores carências afetivas e, portanto, maiores riscos corre aquele que tem mais de setenta anos de sujeitar-se a um casamento em que o outro nubente tenha em vista somente vantagens financeiras, ou seja, em que os atrativos matrimoniais sejam pautados em fortuna e não no afeto" (MONTEIRO, Washington de Barros. *Curso de direito civil: direito de família*. São Paulo: Saraiva, 2012, p. 295).

Essa regra do art. 1.641, II, do CC fala em "casamento". É possível estendê-la também para a união estável?

SIM. O STJ possui alguns julgados afirmando que essa regra específica do casamento deve ser estendida à união estável. Nesse sentido: STJ. 4ª Turma. REsp 646.259/RS, Rel. Min. Luis Felipe Salomão, julgado em 22/06/2010.

Havendo dissolução de união estável regida pelo regime da separação obrigatória de bens (art. 1.641, II, do CC), como deve ser feita a partilha dos bens?

Deverão ser partilhados apenas os bens adquiridos onerosamente na constância da união estável, e desde que comprovado o esforço comum na sua aquisição (STJ. 2ª Seção. EREsp 1171820/PR, Rel. Min. Raul Araújo, julgado em 26/08/2015).

Desse modo, em nosso exemplo, Carla terá direito à meação dos bens adquiridos durante a união estável, desde que comprovado o esforço comum.

E quanto ao prêmio da loteria, ela terá direito?

SIM. Segundo o Código Civil, a loteria ingressa na comunhão sob a rubrica de "bens adquiridos por fato eventual, com ou sem o concurso de trabalho ou despesa anterior". Veja:

§ Art. 1.660. Entram na comunhão:

(...)

II – os bens adquiridos por fato eventual, com ou sem o concurso de trabalho ou despesa anterior;

"Os bens adquiridos por fato eventual, ou seja, a título gratuito e não esperado, também integram a massa de bens comuns, mesmo não havendo o consórcio de esforço comum dos nubentes para tal aquisição, sendo, neste caso, responsável o fator sorte." (TEPEDINO, Gustavo. *Código civil interpretado conforme a Constituição da República*. Vol. IV, Rio de Janeiro: Renovar, 2014, p. 306)

"O inciso II trata dos bens adquiridos por fato eventual. Nesse caso, não se leva em consideração se houve concurso de trabalho ou despesa anterior de qualquer cônjuge. São exemplos os bens havidos por aluvião (art. 1.250), por descoberta (art. 1.233), os tesouros (art. 1.264), a aposta e a loteria". (SILVA, Regina Beatriz Tavares da. *Código Civil Comentado.* 6ª ed., São Paulo: Saraiva. p. 1.810).

Mas João era maior de 70 anos... Mesmo assim, o prêmio da loteria irá ser objeto de partilha?

SIM. O STJ apontou quatro razões:

1. Trata-se de bem comum, que ingressa no patrimônio do casal, independentemente da aferição do esforço de cada um, pouco importando se houve ou não despesa do outro consorte. A própria redação do dispositivo afirma, expressamente, que "os bens adquiridos por fato eventual, com ou sem o concurso de trabalho ou despesa anterior", são comuns.
2. Foi o próprio legislador quem estabeleceu a referida comunicabilidade.
3. A comunicabilidade é a regra, que admite exceções, a depender do regime de bens, sendo que aquele de separação legal do septuagenário é diverso do regime de separação convencional, tendo recebido mitigação reconhecida pela jurisprudência do STF e do STJ, sendo, em verdade, uma mescla de regimes.
4. A partilha dos referidos ganhos com a loteria não ofende o objetivo da lei, já que o prêmio foi ganho durante a relação, não havendo falar em matrimônio (união estável) realizado por interesse. A pessoa não sabia que ele iria ganhar o prêmio.

8.5. NA SEPARAÇÃO LEGAL DE BENS, COMUNICAM-SE OS ADQUIRIDOS NA CONSTÂNCIA DO CASAMENTO, DESDE QUE COMPROVADO O ESFORÇO COMUM

Imagine a seguinte situação hipotética:

João, 71 anos de idade, decidiu se casar com Andressa.

Dez anos depois, Andressa pediu o divórcio.

Andressa pediu a partilha dos bens adquiridos onerosamente durante o casamento.

João alegou que não tinha que dividir o patrimônio considerando que, quando o casamento foi contraído, ele possuía mais de 70 anos de idade, de forma que o regime patrimonial que regulou a relação dos dois foi o regime legal da separação obrigatória de bens, previsto no art. 1.641, II, do Código Civil:

§ Art. 1.641. É obrigatório o regime da separação de bens no casamento:

I – das pessoas que o contraírem com inobservância das causas suspensivas da celebração do casamento;

II – da pessoa maior de 70 (setenta) anos;

III – de todos os que dependerem, para casar, de suprimento judicial.

Cuidado com as pegadinhas:

(TJ/SP 2015) É obrigatório o regime da separação de bens aos que contraírem matrimônio com inobservância das cláusulas de impedimento da celebração do casamento. (ERRADO)

Pessoa maior de 70 anos

Ao maior de 70 anos é imposto o regime de separação obrigatória de bens. O objetivo do legislador foi o de proteger o idoso e seus herdeiros de casamentos realizados por interesse estritamente econômico.

Trata-se de "prudência legislativa em favor das pessoas e de suas famílias, considerando a idade dos nubentes. É de lembrar que, conforme os anos passam, a idade avançada acarreta maiores carências afetivas e, portanto, maiores riscos corre aquele que tem mais de setenta anos de sujeitar-se a um casamento em que o outro nubente tenha em vista somente vantagens financeiras, ou seja, em que os atrativos matrimoniais sejam pautados em fortuna e não no afeto" (MONTEIRO, Washington de Barros. *Curso de direito civil: direito de família*. São Paulo: Saraiva, 2012, p. 295).

CIVIL

Nomenclatura

O art. 1.641 trata sobre a separação obrigatória de bens (também chamada de separação legal de bens).

Havendo dissolução de casamento que era regulado pelo regime da separação obrigatória de bens (art. 1.641, II, do CC), como deve ser feita a partilha dos bens?

Deverão ser partilhados apenas os bens adquiridos onerosamente na constância da união estável, e desde que comprovado o esforço comum na sua aquisição.

Desse modo, em nosso exemplo, Andressa terá direito à meação dos bens adquiridos durante o casamento, desde que comprovado o esforço comum. Esse é o entendimento pacificado do STJ:

> **No regime de separação legal de bens, comunicam-se os adquiridos na constância do casamento, desde que comprovado o esforço comum para sua aquisição.**
>
> STJ. 2ª Seção. EREsp 1.623.858-MG, Rel. Min. Lázaro Guimarães (Desembargador Convocado do TRF 5ª Região), julgado em 23/05/2018 (Info 628).

Esse "esforço comum" pode ser presumido?

NÃO. O esforço comum deve ser comprovado.

Quando o STJ fala "desde que comprovado o esforço comum", ele está dizendo que não se pode presumir. Deve ser provado pelo cônjuge supostamente prejudicado.

Se houvesse presunção do esforço comum o regime da separação obrigatória não existiria na prática

Se fosse adotada a ideia de que o esforço comum deve ser presumido isso levaria à ineficácia do regime da separação obrigatória (ou legal) de bens, pois, para afastar a presunção, o interessado teria que fazer prova negativa, comprovar que o ex-cônjuge ou ex-companheiro em nada contribuiu para a aquisição onerosa de determinado bem. Isso faria com que fosse praticamente impossível a separação dos aquestos.

A exigência de comprovação do esforço comum é mais consentânea com os fins da separação legal

O entendimento de que a comunhão dos bens adquiridos pode ocorrer, desde que comprovado o esforço comum, parece mais consentânea com o sistema legal de regime de bens do casamento, recentemente adotado no Código Civil de 2002, pois prestigia a eficácia do regime de separação legal de bens.

Caberá ao interessado comprovar que teve efetiva e relevante (ainda que não financeira) participação no esforço para aquisição onerosa de determinado bem a ser partilhado com a dissolução da união (prova positiva).

Súmula 377 do STF

O STF possui uma súmula antiga sobre o tema (editada em 1964). Veja a redação do enunciado:

Súmula 377-STF: No regime de separação legal de bens, comunicam-se os adquiridos na constância do casamento.

Essa súmula 377 do STF permanece válida?

SIM. No entanto, ela deve ser interpretada da seguinte forma:

"No regime de separação legal de bens, comunicam-se os adquiridos na constância do casamento", desde que comprovado o esforço comum para sua aquisição.

Nesse sentido: STJ. 4ª Turma. REsp 1.689.152/SC, Rel. Min. Luis Felipe Salomão, julgado em 24/10/2017.

O que foi explicado acima vale também para a união estável?

SIM. O STJ possui alguns julgados afirmando que essas regras sobre separação legal devem ser aplicadas também no caso de união estável. Nesse sentido: STJ. 4ª Turma. REsp 1689152/SC, Rel. Min. Luis Felipe Salomão, julgado em 24/10/2017.

Separação LEGAL (obrigatória) ≠ Separação ABSOLUTA

Separação LEGAL (OBRIGATÓRIA)	Separação ABSOLUTA
Separação LEGAL (obrigatória) é aquela prevista nas hipóteses do art. 1.641 do Código Civil.	Separação ABSOLUTA é a separação convencional, ou seja, estipulada voluntariamente pelas partes (art. 1.687 do CC).
No regime de separação legal de bens, comunicam-se os adquiridos na constância do casamento, desde que comprovado o esforço comum para sua aquisição.	Na separação absoluta (convencional), não há comunicação dos bens adquiridos na constância do casamento. Assim, somente haverá separação absoluta (incomunicável) na separação convencional.
Aplica-se a Súmula 377 do STF.	Não se aplica a Súmula 377 do STF.

(...) 3. Inaplicabilidade, in casu, da Súmula 377 do STF, pois esta se refere à comunicabilidade dos bens no regime de separação legal de bens (prevista no art. 1.641, CC), que não é caso dos autos.

3.1. O aludido verbete sumular não tem aplicação quando as partes livremente convencionam a separação absoluta dos bens, por meio de contrato antenupcial. (...)

STJ. 4ª Turma. REsp 1481888/SP, Rel. Min. Marco Buzzi, julgado em 10/04/2018.

Veja como o tema foi cobrado em prova:

- (Juiz TJDFT 2015 CESPE) No regime de separação obrigatória de bens, é vedada a comunicação de bens adquiridos na constância do casamento. (ERRADO)
- (Defensor DPE-RN 2015 CESPE) O pacto antenupcial é indispensável na celebração do casamento pelo regime da separação obrigatória de bens. (ERRADO). Obs: a separação obrigatória ocorre por força de lei (e não por causa de pacto antenupcial).

8.6. AO FIM DE UM CASAMENTO OU UNIÃO ESTÁVEL, É POSSÍVEL QUE O JUIZ RECONHEÇA O DIREITO DE VISITA A ANIMAL DE ESTIMAÇÃO ADQUIRIDO DURANTE O RELACIONAMENTO

Imagine a seguinte situação hipotética:

Após namorarem um tempo, em 2010, Vinícius e Letícia decidiram morar juntos e passaram a viver em união estável.

Em 2015, ou seja, quando já tinham cinco anos de relacionamento, decidiram adquirir uma cadela da raça yorkshire e a ela deram o nome de Frida.

Em 2018, o casal percebeu que o amor entre eles havia acabado. Decidiram, então, por um fim à relação. Vinícius foi morar em um outro apartamento e Letícia continuou no antigo lar do, agora, ex-casal.

Frida ficou morando com Letícia.

Por meio de uma escritura pública de reconhecimento e dissolução de união estável, Vinícius e Letícia dividiram os bens adquiridos onerosamente durante a constância do relacionamento. Vale ressaltar que não mencionaram nada a respeito da cadela nesta escritura.

Depois de um mês separado, Vinícius percebeu que havia feito uma besteira e que não conseguiria ficar longe de... Frida.

Ele procurou, então, Letícia e pediu para ficar visitando a cadela toda semana.

Letícia rejeitou a proposta e afirmou que o fato de Vinícius ficar frequentando constantemente a sua casa não seria emocionalmente saudável para eles e que precisavam seguir caminhos separados, até para poderem encontrar novos parceiros.

Vinícius não se conformou e ajuizou ação contra Letícia pedindo a regulamentação de visitas ao animal de estimação (Frida).

Na ação, o autor alegou que, com o passar do tempo, houve intenso apego ao animal, surgindo "verdadeiro laço afetivo entre eles".

Na contestação, Letícia apresentou comprovante de que ela foi a compradora da cadela, conforme registro do canil onde nasceu Frida, que possui "pedigree" emitido por clube especializado.

A questão chegou até o STJ. É possível que, ao fim de um casamento ou união estável, seja reconhecido o direito de visita a animal de estimação adquirido durante a constância do relacionamento? É possível haver regulamentação de visitas a animal de estimação após o fim de relacionamento conjugal ou de união estável?

SIM. Vamos entender com calma todas as nuances do tema.

Natureza jurídica dos animais segundo o Código Civil

Segundo o Código Civil, os animais possuem natureza jurídica de "coisas".

Os animais, via de regra, enquadram-se na categoria de semoventes, conforme o art. 82 do CC:

> § Art. 82. São móveis os bens suscetíveis de movimento próprio, ou de remoção por força alheia, sem alteração da substância ou da destinação econômico-social.

Assim, a Lei não atribuiu aos animais a qualidade de pessoas, não sendo eles dotados de personalidade jurídica, não podendo ser considerados, segundo a ótica do Código Civil, como sujeitos de direitos.

Ao contrário, os animais, para o Código Civil, são objeto de relações jurídicas. Nesse sentido, podemos citar alguns exemplos de dispositivos que conferem a eles esse tratamento jurídico: arts. 82, 445, § 2º, 936, 1.444, 1.445 e 1.446.

Necessidade de se rediscutir essa categorização

Apesar dessa categorização legal, cresce a cada dia a ideia de que os animais de companhia ("animais de estimação") não devem ser considerados como simples coisas (inanimadas).

Ao contrário, eles merecem tratamento peculiar diante da atual conjectura do conceito de família e sua função social.

É notório o crescimento, em todo o mundo, do número de animais de estimação no âmbito das famílias e, cada vez mais, são tratados como verdadeiros membros destas.

Diante dessa realidade social, os Tribunais do país têm-se deparado com situações de divórcio e dissolução de uniões estáveis em que a única divergência está justamente na definição da custódia do animal.

Projeto de lei

Vale destacar que existe projeto de lei que tramita no Congresso Nacional que tem como objetivo justamente dispor sobre a guarda dos animais de estimação nos casos de dissolução litigiosa da sociedade e do vínculo conjugal.

Direito comparado

Importante também registrar que a legislação de alguns países europeus já avançou na proteção dos animais de companhia retirando a natureza jurídica de "coisas".

Nesse sentido:

- Áustria, Alemanha e Suíça indicam expressamente que os animais não são coisas.
- França, Nova Zelândia e Portugal vão além e preveem que os animais são seres sencientes (seres dotados de sensibilidade).

Correntes na doutrina brasileira

É possível encontrar na doutrina brasileira três correntes principais sobre o tema:

1ª) Animais possuem status de pessoa.

Biologicamente, o ser humano é animal, ser vivo com capacidade de locomação e de resposta a estímulos, inclusive em relação aos grandes símios que, com base no DNA, seriam parentes muito próximos dos humanos.

Em razão disso, ao animal deveria ser atribuído direitos da personalidade, o próprio titular do direito vindicado, sob pena de a diferença de tratamento caracterizar odiosa discriminação.

2ª) Animais não são pessoas, mas são sujeitos de direitos.

Para essa corrente, o melhor é separar o conceito de "pessoa" e o de "sujeito de direito", possibilitando a proteção dos animais na qualidade de sujeito de direito sem personalidade.

Assim, os animais estariam protegidos não como objeto de direito (patrimônio do seu proprietário), mas sim pelo fato de ser animal (sujeito de direito).

3ª) Animais devem continuar como semoventes (objeto de direito).

Segundo essa terceira corrente, os animais de companhia devem permancer dentro de sua natureza jurídica tradicional, ou seja, como semoventes (coisa) e, portanto, mero objeto de direito das relações jurídicas titularizadas pelas pessoas.

Não é possível aplicar o instituto da guarda para animais de estimação

A guarda, instituto de direito de família, não pode ser simples e diretamente aplicado para animais de estimação. Isso porque a guarda envolve não apenas direitos, mas também deveres do guardião para a pessoa sob guarda.

Logo, considerar que é possível falar em guarda de animais, seria o mesmo que reconhecer que eles são sujeitos de direito.

Assim, não é possível equiparar a posse de animais com a guarda de filhos. Os animais, mesmo com todo afeto merecido, continuarão sendo "não humanos" e, por conseguinte, portadores de demandas diferentes das nossas.

> **A guarda propriamente dita – inerente ao poder familiar – instituto, por essência, de direito de família, não pode ser simples e fielmente subvertida para definir o direito dos consortes, por meio do enquadramento de seus animais de estimação, notadamente porque é um munus exercido no interesse tanto dos pais quanto do filho.**
>
> STJ. 4ª Turma. REsp 1.713.167-SP, Rel. Min. Luis Felipe Salomão, julgado em 19/06/2018 (Info 634).

Necessidade de se encontrar uma solução para as disputas envolvendo os animais ao fim das relações conjugais

Estudos vêm demonstrando uma série de ocorrências que indicam que os animais de companhia ganharam o status de verdadeiros membros da família.

Vale ressaltar, no entanto, que o simples fato de o animal ser tido como de estimação, recebendo o afeto da entidade familiar, não tem a força de alterar a sua substância, a ponto de converter a sua natureza jurídica de coisa para sujeito de direitos.

Por outro lado, está mais do que claro que o regramento jurídico dos "bens" não é suficiente para resolver, satisfatoriamente, as disputas familiares envolvendo animais de estimação nos dias atuais.

> **Os animais de companhia possuem valor subjetivo único e peculiar, aflorando sentimentos bastante íntimos em seus donos, totalmente diversos de qualquer outro tipo de propriedade privada. Por conta disso, o regramento jurídico dos bens não se vem mostrando suficiente para resolver, de forma satisfatória, a disputa familiar envolvendo os pets, visto que não se trata de simples discussão atinente à posse e à propriedade.**
>
> STJ. 4ª Turma. REsp 1.713.167-SP, Rel. Min. Luis Felipe Salomão, julgado em 19/06/2018 (Info 634).

Em outras palavras, resolver os conflitos envolvendo animais de estimação segundo as regras tradicionais de posse e propriedade não é a solução mais adequada.

Desprezar a relação do homem com seu animal é violar a dignidade da pessoa humana

A ordem jurídica não pode, simplesmente, desprezar o relevo, a importância, da relação do homem com seu animal de estimação, sobretudo nos tempos atuais.

Assim, o Direito deve ter como norte o fato, cultural e da pós-modernidade, de que há uma disputa dentro da entidade familiar em que prepondera o afeto de ambos os cônjuges pelo animal.

Portanto, a solução deve buscar a preservação e a garantia dos direitos da pessoa humana, mais precisamente o âmago de sua dignidade.

Desse modo, negar o contato do indivíduo com o animal de estimação em razão do fim do relacionamento viola a dignidade da pessoa humana.

Além disso,

Os animais de companhia são seres que, inevitavelmente, possuem natureza especial e, como ser senciente – dotados de sensibilidade, sentindo as mesmas dores e necessidades biopsicológicas dos animais racionais –, também devem ter o seu bem-estar considerado.

STJ. 4ª Turma. REsp 1.713.167-SP, Rel. Min. Luis Felipe Salomão, julgado em 19/06/2018 (Info 634).

Em conclusão:

Na dissolução de entidade familiar, é possível o reconhecimento do direito de visita a animal de estimação adquirido na constância da união, demonstrada a relação de afeto com o animal.

Na dissolução da entidade familiar em que haja algum conflito em relação ao animal de estimação, independentemente da qualificação jurídica a ser adotada, a resolução deverá buscar atender, sempre a depender do caso em concreto, aos fins sociais, atentando para a própria evolução da sociedade, com a proteção do ser humano e do seu vínculo afetivo com o animal.

STJ. 4ª Turma. REsp 1.713.167-SP, Rel. Min. Luis Felipe Salomão, julgado em 19/06/2018 (Info 634).

Polêmica

Vale ressaltar que o julgado foi por maioria, com dois votos contrários vencidos. Além disso, o Min. Marco Buzzi acompanhou o Relator, mas o fez por fundamentação diversa, afirmando que os dois ex-consortes teriam direitos sobre a cadela com base no instituto da copropriedade, não havendo que se falar em "direito de visitas".

Dessa forma, pode ser que, em um futuro próximo, o tema ainda venha a ser rediscutido.

8.7. SITUAÇÕES NAS QUAIS O MAGISTRADO DEVERÁ DECRETAR A PRESTAÇÃO DE CONTAS PELO CÔNJUGE CURADOR

Curatela

Em regra, se a pessoa for maior de 18 anos, ela é plenamente capaz e está habilitada à prática de todos os atos da vida civil (art. 5º do CC).

No entanto, existem determinadas pessoas que, mesmo sendo maiores, não podem exercer alguns atos patrimoniais da vida civil sozinhos, necessitando da assistência de terceiros.

Para resguardar os direitos de tais pessoas, o Direito Civil previu uma proteção jurídica chamada de "curatela".

Mas o que vem a ser a curatela?

A curatela é um encargo (múnus) imposto a um indivíduo (chamado de "curador"), por meio do qual ele assume o compromisso judicial de cuidar de uma pessoa ("curatelado") que, apesar de ser maior de idade, necessita de auxílio para a prática de determinados atos.

Nas palavras do Min. Luis Felipe Salomão, "a curatela é o encargo imposto a alguém para reger e proteger a pessoa que, por causa transitória ou permanente, não possa exprimir a sua vontade, administrando os seus bens."

Por conta disso, o curatelado só poderá praticar certos atos patrimoniais se for assistido pelo curador.

Tutela x Curatela

Tutela	Curatela
Instrumento jurídico para proteger a criança ou adolescente que não goza da proteção do poder familiar em virtude da morte, ausência ou destituição de seus pais. A tutela é uma espécie de colocação da criança ou adolescente em família substituta.	Instrumento jurídico voltado para a proteção de uma pessoa que, apesar de ser maior de 18 anos, necessita da assistência de outra para a prática de determinados atos de cunho patrimonial como uma forma de lhe proteger.

Hipóteses em que ocorre a curatela

O art. 1.767 do CC traz o rol de pessoas que estão sujeitas à curatela. Esse dispositivo foi recentemente alterado pela Lei nº 13.146/2015 (Estatuto da Pessoa com Deficiência). Veja a alteração promovida:

Antes	Depois
Art. 1.767. Estão sujeitos a curatela: I – aqueles que, por enfermidade ou deficiência mental, não tiverem o necessário discernimento para os atos da vida civil; II – aqueles que, por outra causa duradoura, não puderem exprimir a sua vontade; III – os deficientes mentais, os ébrios habituais e os viciados em tóxicos; IV – os excepcionais sem completo desenvolvimento mental; V – os pródigos.	Art. 1.767. Estão sujeitos a curatela: I – aqueles que, por causa transitória ou permanente, não puderem exprimir sua vontade; II – (Revogado); III – os ébrios habituais e os viciados em tóxico; IV – (Revogado); V – os pródigos.

Repare que a Lei nº 13.146/2015 retirou do art. 1.767 do CC as menções que eram feitas à deficiência mental e outras expressões congêneres. Diante disso, indaga-se: pode-se dizer que acabou a possibilidade de a pessoa com deficiência ser submetida à curatela? Isso deixou de existir?

NÃO. Mesmo depois da Lei nº 13.146/2015, ainda existe a possibilidade de a pessoa com deficiência ser submetida à curatela quando essa medida protetiva extraordinária se mostrar necessária.

O Estatuto da Pessoa com Deficiência expressamente prevê isso. Confira:

§ Art. 84. (...)

§ 1º Quando necessário, a pessoa com deficiência será submetida à curatela, conforme a lei.

(...)

§ 3º A definição de curatela de pessoa com deficiência constitui medida protetiva extraordinária, proporcional às necessidades e às circunstâncias de cada caso, e durará o menor tempo possível.

(...)

§ Art. 85. A curatela afetará tão somente os atos relacionados aos direitos de natureza patrimonial e negocial.

§ 1º A definição da curatela não alcança o direito ao próprio corpo, à sexualidade, ao matrimônio, à privacidade, à educação, à saúde, ao trabalho e ao voto.

§ 2º A curatela constitui medida extraordinária, devendo constar da sentença as razões e motivações de sua definição, preservados os interesses do curatelado.

(...)

O objetivo da Lei nº 13.146/2015, ao alterar o art. 1.767 do CC, foi o de deixar claro que não é pelo simples fato de a pessoa apresentar deficiência que ela terá que ser interditada. Ao contrário. Com a nova Lei, a regra passa a ser a não interdição da pessoa com deficiência. A pessoa com deficiência só será submetida à curatela quando isso se mostrar necessário e tal situação durará o menor tempo possível.

A intenção do Estatuto e também do CPC/2015 foi a de dar um perfil mais humano e funcional ao instituto da curatela, deixando o viés quase exclusivamente patrimonial, para se preocupar com a situação existencial, com a proteção da pessoa humana submetida à curatela.

Vale ressaltar, inclusive, que o objetivo do curador deve ser o de "buscar tratamento e apoio apropriados" para que o interdito possa (re)conquistar a sua autonomia (art. 758 do CPC/2015).

Como é instituída a curatela?

Para que a curatela seja instituída, é necessária a instauração de um processo judicial, de jurisdição voluntária, regulado pelos arts. 1.177 a 1.186 do CPC 1973 (arts. 747 a 758 do CPC 2015).

Esse processo é iniciado por meio de uma ação de interdição (ou ação de curatela).

Obs: alguns autores afirmam que, depois do Estatuto da Pessoa com Deficiência, não se deve mais utilizar a expressão "ação de interdição" porque esta terminologia "interdição" possui uma carga de preconceito e dá a ideia de que a pessoa fica inteiramente sem autonomia para tomar suas decisões, o que não é verdade já que a curatela afeta tão somente os atos relacionados aos direitos de natureza patrimonial e negocial (art. 85 do Estatuto). No entanto, é possível que você ainda encontre a expressão ação de interdição em julgados e nas provas porque esta expressão continua sendo empregada pelo CPC.

Legitimados

O rol dos legitimados para propor ação de interdição está descrito no CPC. Confira:

CPC 1973	CPC 2015
Art. 1.177. A interdição pode ser promovida: I – pelo pai, mãe ou tutor; II – pelo cônjuge ou algum parente próximo; III – pelo órgão do Ministério Público.	Art. 747. A interdição pode ser promovida: I – pelo cônjuge ou companheiro; II – pelos parentes ou tutores; III – pelo representante da entidade em que se encontra abrigado o interditando; IV – pelo Ministério Público. Parágrafo único. A legitimidade deverá ser comprovada por documentação que acompanhe a petição inicial.

Obs.: o rol de legitimados para a ação de interdição é TAXATIVO.

Quem poderá/deverá ser nomeado como curador?

O art. 1.775 do Código Civil define uma ordem preferencial e subsidiária de nomeação do curador:

1º) o cônjuge ou companheiro, não separado judicialmente ou de fato, é, de direito, curador do outro, quando interdito;

2º) na falta do cônjuge ou companheiro, é curador legítimo o pai ou a mãe;

3º) na falta destes, o descendente que se demonstrar mais apto, sendo que os mais próximos precedem aos mais remotos;

4º) na falta das pessoas mencionadas neste artigo, compete ao juiz a escolha do curador dativo.

Perceba que o cônjuge, o companheiro ou o parceiro homoafetivo tem predileção para exercer o encargo de curador, sendo chamado de "curador obrigatório".

Essa nomenclatura (curador obrigatório), apesar de ser encontrado em alguns livros e provas, é atualmente bastante criticado. Isso porque essa ordem do art. 1.775 não é absoluta e, havendo conflito de interesses entre o interditando e aquele que a lei estabelece como possível curador, não deve ser obedecida a ordem legal. Assim, por exemplo, se a mulher está litigando com o marido em ação de divórcio, ela não deve ser nomeada curadora.

Em verdade, diante da atual perspectiva, a escolha do curador deve sempre ter como norte o melhor interesse do curatelado, haja vista que se está diante de instituto assistencial e protetivo. Logo, "o magistrado, em razão da nova ordem de humanização da curatela, poderá flexibilizar a escolha em detrimento desse interesse prevalente" (Min. Luis Felipe Salomão).

Essa ideia é realçada pelo CPC/2015:

§

Art. 755 (...)

§ 1º A curatela deve ser atribuída a quem melhor possa atender aos interesses do curatelado.

Obs: na nomeação de curador para a pessoa com deficiência, o juiz poderá estabelecer curatela compartilhada a mais de uma pessoa (art. 1.775-A do CC).

Feitos estes esclarecimentos, imagine a seguinte situação hipotética:

João era casado com Luiza desde 1973, sob o regime da comunhão total de bens.

Em julho de 2012, João sofreu um acidente vascular cerebral (AVC) e ficou sem poder exprimir sua vontade.

Diante disso, foi instaurado processo judicial de interdição, tendo João sido interditado.

O juiz nomeou Luiza (cônjuge de João) como curadora.

Esta interdição durou de 2012 até 2015, quando João conseguiu ter uma ótima recuperação, voltando a falar e exprimir livremente a sua vontade.

Ocorre que o relacionamento do casal não foi mais o mesmo, tendo surgido diversas brigas e acusações mútuas.

Em 2016, divorciaram-se.

Em 2017, João ajuizou ação de prestação de contas (ação de exigir contas) em face de Luiza alegando que a ré, no período em que exerceu a curatela (de 2012 a 2015) teria dilapidado seu patrimônio, consumindo o valor por ele recebido de verbas rescisórias em ação trabalhista, indenização dos seguros por invalidez, benefícios do INSS e de sua previdência complementar.

Contestação

Luiza contestou a demanda alegando que não é obrigada a prestar contas. Isso porque no período em que exerceu a curatela, ainda era casada com o autor pelo regime da comunhão universal de bens, de forma que não há motivos para a prestação de contas considerando que ela também era proprietária dos bens.

Quem tem razão neste caso: João ou Luiza? O juiz deverá determinar a prestação de contas?

Sim. João tem razão.

Prestação de contas pelo curador

Aquele que for nomeado "curador" tem o dever legal de prestação de contas de sua administração, haja vista que está na posse de bens do interdito (arts. 1.755, 1.774 e 1.781 do CC).

Nos termos do art. 1.757 c/c o art. 1.774, em regra, o curador deverá prestar contas:

- a cada biênio (a cada dois anos);
- quando, por qualquer motivo, deixar o exercício da curadoria; ou
- a qualquer tempo, se assim o juiz determinar.

Logo, a prestação de contas deverá ser periódica.

Existe, contudo, uma exceção a essa prestação de contas periódica: o curador que for cônjuge casado no regime da comunhão universal (art. 1.783 do CC).

Exceção do art. 1.783 do CC

O art. 1.783 do CC prevê o seguinte:

> § Art. 1.783. Quando o curador for o cônjuge e o regime de bens do casamento for de comunhão universal, não será obrigado à prestação de contas, salvo determinação judicial.

De qualquer modo, o próprio Código Civil estabelece que, havendo determinação judicial, estará o cônjuge curador obrigado a prestar contas.

O STJ identificou duas situações nas quais o juiz deverá determinar a prestação de contas:

1) no caso dos bens comuns, se houver indício ou dúvida de malversação por parte do curador

Assim, ainda que se trate de casamento sob o regime da comunhão de bens, diante do interesse prevalente do curatelado, havendo qualquer indício ou dúvida de malversação dos bens o magistrado poderá e, na verdade, deverá decretar a prestação de contas pelo cônjuge curador, resguardando o interesse do curatelado.

2) no caso de bens excluídos da comunhão (bens incomunicáveis)

No casamento, mesmo aquele sob o regime da comunhão universal, existem determinados bens que estão excluídos da comunhão (são bens incomunicáveis). É o caso, por exemplo, dos bens doados ou herdados com a cláusula de incomunicabilidade (art. 1.668, I, do CC).

No que diz respeito a esses bens, previstos no art. 1.668, o curador deverá sempre prestar contas, salvo situações excepcionais.

Isso porque o cônjuge, mesmo casado sob o regime da comunhão universal, não tem direito, em princípio, sobre tais bens, não havendo razão, portanto, para se aplicar a regra de exclusão da primeira parte do art. 1.783 do CC.

A doutrina se posiciona desta forma:

> "As pensões e outras rendas semelhantes não se comunicam e estão excluídas da comunhão tanto no regime da comunhão parcial (art. 1.659, VII) e no regime da comunhão universal (art. 1.688, VII), indicando que o juiz não deve, salvo situações de rendas ínfimas, deixar de exigir a prestação de contas do cônjuge ou do companheiro." (SLAIBI FILHO, Nagib. *Comentários ao Código Civil brasileiro*. v. XV. Rio de Janeiro: Forense, 2005, p. 582)

Em suma:

O magistrado poderá decretar a prestação de contas pelo cônjuge curador, resguardando o interesse prevalente do curatelado e a proteção especial do interdito quando:

a) houver qualquer indício ou dúvida de malversação dos bens do incapaz, com a periclitação de prejuízo ou desvio de seu patrimônio, no caso de bens comuns; e

b) se tratar de bens incomunicáveis, excluídos da comunhão, ressalvadas situações excepcionais.

STJ. 4ª Turma. REsp 1.515.701-RS, Rel. Min. Luis Felipe Salomão, julgado em 02/10/2018 (Info 637).

Voltando ao caso concreto:

João tem direito de receber a prestação de contas por duas razões:

1. porque haveria indícios de malversação dos bens (letra "a" da tese do STJ acima exposta);
2. porque ele pede a prestação de contas referentes a bens incomunicáveis que teriam sido geridos pela curadora, nos termos do art. 1.668, V e art. 1.659, VI e VII do CC:

§ Art. 1.668. São excluídos da comunhão:

(...)

V – Os bens referidos nos incisos V a VII do art. 1.659.

§ Art. 1.659. Excluem-se da comunhão:

(...)

VI – os proventos do trabalho pessoal de cada cônjuge;

VII – as pensões, meios-soldos, montepios e outras rendas semelhantes.

9. PARENTESCO E PROTEÇÃO DOS FILHOS

9.1. NECESSIDADE DE CONSENTIMENTO DO INDIVÍDUO MAIOR DE 18 ANOS PARA QUE POSSA SER RECONHECIDO COMO FILHO

Imagine a seguinte situação hipotética:

Lucas é filho biológico de Francisca e Pedro.

Ocorre que Lucas, desde que tinha 2 anos, foi criado por Maria em razão do precoce falecimento de Francisca e Pedro.

Perante a sociedade, o trabalho, os amigos, a escola etc., Lucas sempre foi conhecido como sendo filho de Maria.

Lucas, que era oficial do Exército, faleceu aos 30 anos, sem deixar filhos ou esposa.

Maria foi orientada no sentido de que ela poderia receber pensão por morte decorrente do falecimento de seu filho socioafetivo Lucas. Isso porque o direito, atualmente, reconhece efeitos jurídicos para a filiação socioafetiva. No entanto, para isso, Maria deveria ingressar com uma ação de reconhecimento de filiação *post mortem*.

Diante disso, Maria ingressou com ação de reconhecimento judicial de maternidade socioafetiva pedindo para ser declarada como mãe de Lucas.

Essa ação teve êxito?

NÃO. Isso porque o STJ entendeu que seria indispensável a manifestação de vontade de Lucas (suposto filho) e, como ele está morto, o pedido deveria ser julgado improcedente.

Maternidade socioafetiva possui proteção do ordenamento jurídico

A socioafetividade é contemplada pelo art. 1.593 do Código Civil, que prevê:

> § Art. 1.593. O parentesco é natural ou civil, conforme resulte de consanguinidade ou outra origem.

Ao falar em "outra origem", o legislador permite que a paternidade/maternidade seja reconhecida com base em outras fontes que não apenas a relação de sangue. Logo, permite a paternidade/maternidade com fundamento no afeto. Assim, a paternidade/maternidade socioafetiva é uma forma de parentesco civil. Nesse sentido, confira o Enunciado nº 256 da III Jornada de Direito Civil do Conselho da Justiça Federal:

> Enunciado 256-CJF: A posse do estado de filho (parentalidade socioafetiva) constitui modalidade de parentesco civil.

Quais são os requisitos para que se reconheça a filiação socioafetiva?

Para que seja reconhecida a filiação socioafetiva, é necessário que fiquem demonstradas duas circunstâncias bem definidas:

a. vontade clara e inequívoca do apontado pai ou mãe socioafetivo de ser reconhecido(a), voluntária e juridicamente, como tal (demonstração de carinho, afeto, amor); e

b. configuração da denominada "posse de estado de filho", compreendida pela doutrina como a presença (não concomitante) de tractatus (tratamento, de parte à parte, como pai/mãe e filho); nomen (a pessoa traz consigo o nome do apontado pai/mãe); e fama (reconhecimento pela família e pela comunidade de relação de filiação), que naturalmente deve apresentar-se de forma sólida e duradoura.

STJ. 3ª Turma. REsp 1.328.380-MS, Rel. Min. Marco Aurélio Bellizze, julgado em 21/10/2014 (Info 552).

É possível o reconhecimento da paternidade/maternidade socioafetiva mesmo após a morte do genitor (post mortem)?

SIM. É possível o reconhecimento da paternidade socioafetiva *post mortem*, ou seja, mesmo após a morte do suposto pai/mãe socioafetivo. Em outras palavras, é possível que o suposto filho ingresse com ação pedindo para ser reconhecido como filho socioafetivo do pai ou mãe que já faleceu.

STJ. 3ª Turma. REsp 1.500.999-RJ, Rel. Min. Ricardo Villas Bôas Cueva, julgado em 12/4/2016 (Info 581).

Por que, no caso analisado, a ação de Maria foi julgada improcedente?

Porque o filho (Lucas) não deu seu consentimento antes de morrer.

Consentimento do(a) filho(a) é indispensável

Para que haja o reconhecimento da paternidade ou maternidade, é necessário o consentimento do suposto filho?

- Se este filho for menor de 18 anos: NÃO. Pode reconhecer sem o consentimento do filho, mas depois que este completar 18 anos, terá até 4 anos para questionar esse reconhecimento.
- Se este filho for maior de 18 anos: SIM. Será indispensável o consentimento do filho.

É o que determina o Código Civil:

> § Art. 1.614. O filho maior não pode ser reconhecido sem o seu consentimento, e o menor pode impugnar o reconhecimento, nos quatro anos que se seguirem à maioridade, ou à emancipação.

Não havia dúvidas de que o relacionamento entre Maria e Lucas desenvolveu-se como mãe e filho, na base do puro e fraterno afeto, ternura e amor.

Apesar disso, não se pode, sem o consentimento do pretenso filho – que é impossível no caso concreto –, reconhecer a existência da maternidade socioafetiva pleiteada por Maria, sob pena de se promover um injustificado ataque à memória e à imagem póstuma de Lucas e também de sua genitora biológica Francisca.

STJ. 3ª Turma. REsp 1688470-RJ, Rel. Min. Nancy Andrighi, julgado em 10/04/2018 (Info 623).

CIVIL

9.2. DISCUSSÃO SOBRE A POSSIBILIDADE DE O FILHO AJUIZAR AÇÃO DE EXIGIR CONTAS EM RELAÇÃO AOS VALORES RECEBIDOS PELOS PAIS EM NOME DO MENOR

Imagine a seguinte situação hipotética:

Lucas é filho de João e Maria.

Quando Lucas tinha 12 anos, seu pai faleceu.

João deixou uma pensão por morte, que foi dividida igualmente entre Lucas (filho) e Maria (viúva).

Ficou ajustado que a parte de Lucas deveria ser depositada todos os meses em conta bancária aberta em seu nome e que este dinheiro deveria ser movimento por Maria para pagamento de despesas relacionadas com o menor.

Ao completar 18 anos, Lucas buscou ter acesso à quantia que deveria estar depositada em seu nome, quando descobriu que Maria sacou e movimentou os valores, utilizando a conta como se fosse sua, emitindo cheques e pagando contas próprias, ou seja, fazendo gastos que não eram em benefício de Lucas. Este argumentou, ainda, que, apesar de ter direito a essa verba, sempre viveu com dificuldades, tendo sofrido abandono material por parte da mãe.

Diante disso, Lucas ajuizou ação de exigir contas de todo o período em que sua mãe administrou os depósitos, isto é, entre a data do falecimento de seu pai e a data em que atingiu a maioridade.

O juízo de primeiro grau, ainda na vigência do CPC/1973, julgou extinto o processo, sem resolução de mérito, sob o fundamento de impossibilidade jurídica do pedido (art. 267, VI), considerando que não se pode pedir a prestação de contas a quem não tem o dever de prestá-las.

O magistrado alegou que os pais, detentores do poder familiar, são usufrutuários dos bens dos filhos impúberes e responsáveis pela sua administração, nos termos do art. 1.689 do Código Civil:

> § Art. 1.689. O pai e a mãe, enquanto no exercício do poder familiar:
>
> I – são usufrutuários dos bens dos filhos;
>
> II – têm a administração dos bens dos filhos menores sob sua autoridade.

Assim, como mãe e detentora do exercício do poder familiar, Maria estaria livre, por disposição legal, para administrar os bens de seu filho, revelando-se, assim, ausente o dever de prestar contas.

A discussão foi, portanto, a seguinte: esse pedido é juridicamente possível?

SIM.

A ação de prestação de contas ajuizada pelo filho em desfavor dos pais é possível quando a causa de pedir estiver relacionada com suposto abuso do direito ao usufruto legal e à administração dos bens dos filhos.

STJ. 3ª Turma. REsp 1.623.098-MG, Rel. Min. Marco Aurélio Bellizze, julgado em 13/03/2018 (Info 622).

A possibilidade jurídica do pedido era uma condição da ação no CPC/1973.

O CPC/2015 não mais prevê a possibilidade jurídica como uma das condições da ação, passando esse requisito a integrar questão de mérito.

CPC/1973	CPC/2015
Art. 267. Extingue-se o processo, sem resolução de mérito: VI – quando não concorrer qualquer das condições da ação, como a possibilidade jurídica, a legitimidade das partes e o interesse processual;	Art. 485. O juiz não resolverá o mérito quando: VI – verificar ausência de legitimidade ou de interesse processual;

Nos termos do art. 1.689 do Código Civil, extrai-se que o pai e a mãe, enquanto no exercício do poder familiar, são usufrutuários dos bens dos filhos (usufruto legal), bem como têm a administração dos bens dos filhos menores sob sua autoridade.

Por esse motivo, em regra, não existe o dever de prestar contas acerca dos valores recebidos pelos pais em nome do menor durante o exercício do poder familiar. Isso porque há presunção de que as verbas recebidas tenham sido utilizadas para a manutenção da comunidade familiar, abrangendo o custeio de alimentação, saúde, vestuário, educação, lazer, entre outros.

Ocorre que esse *munus* deve ser exercido sempre visando atender ao princípio do melhor interesse do menor, introduzido em nosso sistema jurídico como corolário da doutrina da proteção integral, consagrada pelo art. 227 da Constituição Federal, o qual deve orientar a atuação tanto do legislador quanto do aplicador da norma jurídica, vinculando-se o ordenamento infraconstitucional aos seus contornos.

Em outras palavras, o fato de os pais serem usufrutuários e administradores dos bens dos filhos menores, em razão do poder familiar, não lhes confere liberdade total para utilizar, como quiserem, o patrimônio de seus filhos, o qual, a rigor, não lhes pertence.

Não por outra razão que o art. 1.691 do Código Civil determina que "não podem os pais alienar, ou gravar de ônus real, os imóveis dos filhos, nem contrair, em nome deles, obrigações que ultrapassem os limites da simples administração, salvo por necessidade ou evidente interesse da prole, mediante prévia autorização do juiz".

Assim, partindo-se da premissa de que o poder dos pais, em relação ao usufruto e administração dos bens de filhos menores, não é absoluto, deve-se permitir, em caráter excepcional, o ajuizamento da ação de prestação de contas pelo filho, sempre que a causa de pedir estiver fundada na suspeita de abuso de direito no exercício desse poder, como ocorrido na espécie.

Ora, inviabilizar, de plano, o ajuizamento da ação de prestação de contas nesse tipo de situação, sob o fundamento de impossibilidade jurídica do pedido para toda e qualquer hipótese, acabaria por cercear o direito do filho de questionar judicialmente eventual abuso de direito de seus pais no exercício dos encargos previstos no art. 1.689 do Código Civil, contrariando a própria finalidade da norma em comento, isto é, de preservação dos interesses do menor.

Flexibilização do procedimento

Vale ressaltar que deverá ser flexibilizada a forma de prestação das contas, pois não seria razoável admitir, sobretudo em razão da excepcionalidade do caso, que a mãe do autor tenha um "livro-caixa" especificando todas as receitas e despesas tidas com seu filho.

Assim, neste caso concreto, basta que a ré demonstre, com elementos mínimos, que garantiu os direitos básicos de seu filho, não tendo o abandonado materialmente.

9.3. ADOÇÃO À BRASILEIRA E REALIZAÇÃO DE PERÍCIA PARA CONSTATAR SITUAÇÃO DE RISCO

Para que haja a decretação da perda do poder familiar da mãe biológica em razão da suposta entrega da filha para adoção irregular ("adoção à brasileira"), é indispensável a realização do estudo social e avaliação psicológica das partes litigantes.

Por envolver interesse de criança, a questão deve ser solucionada com observância dos princípios da proteção integral e do melhor interesse dela e do adolescente, previstos na CF e no ECA.

Para constatação da "adoção à brasileira", em princípio, o estudo psicossocial da criança, do pai registral e da mãe biológica não se mostra necessário. Contudo, como o reconhecimento de sua ocorrência ("adoção à brasileira") foi fator preponderante para a destituição do poder familiar, a realização da perícia se mostra imprescindível para aferição da presença de causa para a excepcional medida de destituição e para constatação de existência de uma situação de risco para a infante, caracterizando cerceamento de defesa o seu indeferimento.

STJ. 3ª Turma. REsp 1.674.207-PR, Rel. Min. Moura Ribeiro, julgado em 17/04/2018 (Info 624).

Veja comentários em Estatuto da Criança e do Adolescente.

10. ALIMENTOS

10.1. PARTICIPAÇÃO NOS LUCROS INFLUENCIA NO VALOR DA PENSÃO ALIMENTÍCIA PAGA?

Imagine a seguinte situação hipotética:

Arthur, 5 anos de idade, representado por sua mãe, Carla, ajuizou ação de alimentos contra seu pai, Augusto, funcionário regularmente contratado de uma empresa.

O juiz, por meio de decisão interlocutória, de ofício, deferiu a tutela de urgência, concedendo alimentos provisórios ao menor à razão de 30% sobre os valores líquidos percebidos por Augusto, incidentes, inclusive, sobre a participação nos lucros e resultados, que devem ser descontados diretamente da folha de pagamento do genitor.

Augusto não concordou com a decisão. Qual é o recurso que ele pode interpor neste caso?

Agravo de instrumento.

O juiz pode conceder alimentos provisórios de ofício?

SIM. Trata-se de uma das hipóteses em que é possível concessão de tutela antecipada de ofício. Esta previsão está implícita no art. 4º da Lei nº 5.478/68:

§ Art. 4º As despachar o pedido, o juiz fixará desde logo alimentos provisórios a serem pagos pelo devedor, salvo se o credor expressamente declarar que deles não necessita.

Em seu recurso, o alimentante alegou que os alimentos não podem incidir sobre verbas esporádicas, eventuais e incertas, que visam premiar o esforço pessoal do trabalhador, tendo natureza indenizatória e que não integram os rendimentos do alimentante, como é o caso da participação nos lucros e gratificações.

O que o STJ entende sobre o tema? Os valores recebidos a título de participação nos lucros e resultados são incluídos no percentual que é devido a título de pensão alimentícia? Em suma, toda vez que o devedor receber participação nos lucros e resultados, o valor da pensão deverá ser, automaticamente, pago a mais?

1ª corrente: NÃO	2ª corrente: SIM
A participação nos lucros e resultados deve ser desvinculado do salário ou da remuneração habitualmente recebida. Trata-se de uma bonificação de natureza indenizatória, eventual e que depende do desenvolvimento e do sucesso profissional no cumprimento das metas estabelecidas. O recebimento, pelo alimentante (devedor), de valores adicionais e eventuais não impacta, em regra, na redefinição do valor dos alimentos a serem prestados, ressalvadas as situações em que as necessidades do alimentado não foram inicialmente satisfeitas ou sofreram alterações supervenientes que justificam a readequação do valor. STJ. 3ª Turma. REsp 1465679/SP, Rel. Min. Nancy Andrighi, julgado em 09/11/2017.	As parcelas percebidas a título de participação nos lucros configuram rendimento, devendo integrar a base de cálculo da pensão fixada em percentual, uma vez que o conceito de rendimentos é amplo, especialmente para fins de cálculo de alimentos. STJ. 4ª Turma. AgInt no AREsp 1070204/SE, Rel. Min. Luis Felipe Salomão, julgado em 19/09/2017. STJ. 4ª Turma. REsp 1.561.097-RJ, Rel. Rel. Acd. Min. Marco Buzzi, julgado em 06/02/2018 (Info 620).

10.2. É POSSÍVEL A FIXAÇÃO DE ALIMENTOS EM VALORES OU EM PERCENTUAIS DIFERENTES ENTRE OS FILHOS?

Imagine a seguinte situação hipotética:

João possui dois filhos, com mulheres diferentes.

Para Lucas (filho 1), paga 20% de seu salário e para Bernardo (filho 2), 15%.

Isso é permitido? É possível a fixação de alimentos em valores ou em percentuais diferentes entre os filhos?

Em regra, não. Isso por força do princípio da igualdade entre os filhos, previsto no art. 227, § 6º da CF/88, no art. 1.596 do Código Civil e no art. 20 do ECA:

> § Art. 227 (...)
>
> § 6º Os filhos, havidos ou não da relação do casamento, ou por adoção, terão os mesmos direitos e qualificações, proibidas quaisquer designações discriminatórias relativas à filiação.

> § Art. 1.596. Os filhos, havidos ou não da relação de casamento, ou por adoção, terão os mesmos direitos e qualificações, proibidas quaisquer designações discriminatórias relativas à filiação.

§ Art. 20. Os filhos, havidos ou não da relação do casamento, ou por adoção, terão os mesmos direitos e qualificações, proibidas quaisquer designações discriminatórias relativas à filiação.

O art. 227, § 6º é princípio constitucional da mais alta grandeza e relevância, sendo merecedor de especial atenção porque por meio dele se pretende corrigir uma histórica discriminação entre os filhos a depender das circunstâncias de suas concepções.

Assim, em regra, não deverá haver diferença no valor ou no percentual dos alimentos destinados a prole, pois se presume que, em tese, os filhos – indistintamente – possuem as mesmas demandas vitais e devem ter as mesmas condições dignas de sobrevivência e igual acesso às necessidades mais elementares da pessoa humana.

Exceções

A igualdade entre os filhos, todavia, não tem natureza absoluta e inflexível, de modo que é admissível a fixação de alimentos em valor ou percentual distinto entre os filhos se demonstrada a existência de necessidades diferenciadas entre eles ou, ainda, de capacidades contributivas diferenciadas dos genitores.

Por essa razão, é possível vislumbrar situações em que a fixação de alimentos em valor ou percentual distinto entre a prole é admissível, razoável e até mesmo indispensável. Isso pode acontecer por razões ligadas à necessidade do alimentado ou à capacidade contributiva dos alimentantes.

Diferença por razões ligadas à necessidade do alimentado

Ex1: um filho portador de uma doença congênita pode receber um valor ou percentual diferenciado em relação ao filho nascido saudável, pois possui uma necessidade específica que objetivamente justifica a distinção, não havendo ofensa ao princípio constitucional da igualdade.

Ex2: o filho recém-nascido e incapaz de desenvolver quaisquer atividades sem acompanhamento poderá necessitar de mais recursos que o filho em idade mais avançada, com aptidão para o desenvolvimento de atividade laborativa.

Ex3: um filho com déficit na capacidade cognitiva e que, por conta disso, apresenta mais dificuldades na fase escolar, poderá necessitar de mais recursos do que o filho que não apresenta essa restrição.

Diferença por razões ligadas à capacidade de contribuição do alimentante

Poderá ser justificável a fixação de alimentos diferenciados entre a prole se, por exemplo, sendo os filhos oriundos de distintos relacionamentos, houver melhor capacidade de contribuição de um genitor ou genitora em relação ao outro.

Voltando ao nosso exemplo: João possui dois filhos, com mulheres diferentes. Para o filho 1, paga 20% de seu salário e para o filho 2, 15%.

Ocorre que a mãe do filho 2 é uma advogada e professora universitária que possui capacidade financeira muito maior que a mãe do filho 1, que não tem fonte de renda. Logo, neste caso concreto, seria possível o pagamento de pensão em valores diferentes.

Isso se justifica porque o art. 1.703 do CC estipula que é dever de ambos os cônjuges contribuir para a manutenção dos filhos na proporção de seus recursos.

Em suma:

Em regra, não deverá haver diferença no valor ou no percentual dos alimentos destinados a prole, pois se presume que, em tese, os filhos – indistintamente – possuem as mesmas demandas vitais, tenham as mesmas condições dignas de sobrevivência e igual acesso às necessidades mais elementares da pessoa humana.

A igualdade entre os filhos, todavia, não tem natureza absoluta e inflexível, de modo que é admissível a fixação de alimentos em valor ou percentual distinto entre os filhos se demonstrada a existência de necessidades diferenciadas entre eles ou, ainda, de capacidades contributivas diferenciadas dos genitores.

Exemplo: João possui dois filhos, com mulheres diferentes. Para o filho 1, paga 20% de seu salário e para o filho 2, 15%. O STJ admitiu que essas pensões sejam em valores diferentes porque a capacidade financeira da mãe do filho 2 é muito maior do que a genitora do filho 1.

STJ. 3ª Turma. REsp 1.624.050/MG, Rel. Min. Nancy Andrighi, julgado em 19/06/2018 (Info 628).

10.3. DEDUÇÃO DAS DESPESAS PAGAS IN NATURA

Imagine a seguinte situação hipotética:

O juiz condenou João a pagar, todos os meses, R$ 2.000,00 de pensão em favor de seu filho Lucas.

Alguns meses depois, João começou a pagar também o aluguel, o condomínio e o IPTU do apartamento onde Lucas mora com a sua mãe. Tais despesas chegam a R$ 1.200,00.

Em outras palavras, João estava pagando R$ 3.200,00, sendo R$ 2.000,00 em espécie e R$ 1.200,00 *in natura*.

Vale ressaltar que esses R$ 1.200,00 não estavam previstos na sentença que o condenou a pagar os alimentos.

João começou a ter dificuldades para arcar com todas essas despesas.

Ele continuou pagando o aluguel, condomínio e IPTU, mas passou a atrasar o pagamento dos R$ 2.000,00 que estava obrigado.

Depois de 4 meses sem pagar os R$ 2.000,00, Lucas, representado por sua mãe, ajuizou execução cobrando os R$ 8.000,00 (4 x 2.000) acrescidos de juros e correção monetária.

Em sua defesa, o executado alegou que arcou, durante todo o período do débito exigido, com o pagamento do aluguel, taxa de condomínio e IPTU do imóvel onde o exequente reside com a mãe.

Diante disso, pediu para compensar (deduzir) esse valor que ele pagou *in natura* da quantia que ele deveria pagar em espécie.

O exequente refutou o pedido afirmando que o executado pagou o aluguel porque quis e que essa mera liberalidade não pode influenciar na dívida. O exequente invocou, ainda, o art. 1.707 do Código Civil:

§ Art. 1.707. Pode o credor não exercer, porém lhe é vedado renunciar o direito a alimentos, sendo o respectivo crédito insuscetível de cessão, compensação ou penhora.

Qual das duas teses foi acolhida: a do exequente ou do executado?

Do executado.

É possível, em sede de execução de alimentos, a dedução na pensão alimentícia fixada exclusivamente em pecúnia das despesas pagas "in natura", com o consentimento do credor, referentes a aluguel, condomínio e IPTU do imóvel onde residia o exequente.

STJ. 3ª Turma. REsp 1.501.992-RJ, Rel. Min. Paulo de Tarso Sanseverino, julgado em 20/03/2018 (Info 624).

Mas e o art. 1.707 do Código Civil?

Segundo o STJ, o objetivo desse art. 1.707 é o de evitar que o credor, ao ser obrigado a compensar, fique sem recursos para poder suprir suas necessidades básicas (STJ. 3ª Turma. HC 109416/RS, Rel. Min. Massami Uyeda, DJe 18/02/2009).

Por essa razão, em regra, não se admite a compensação de alimentos fixados em pecúnia com aqueles pagos *in natura*. Em regra, se o devedor pagou de forma diferente da estipulada pelo juízo, isso deve ser entendido como mera liberalidade (STJ. 4ª Turma. AgRg no REsp. 1257779/MG, Rel. Min. Antônio Carlos Ferreira, DJe 12/11/2014).

Art. 1.707 do CC não é absoluto

Por outro lado, deve-se ponderar que o princípio da não compensação do crédito alimentar não é absoluto.

O art. 1.707 do CC "deve ser aplicado ponderadamente, para que dele não resulte enriquecimento sem causa da parte do beneficiário" (CAHALI, Yussef Said. *Dos Alimentos*. São Paulo: RT, 2009, p. 89).

Nesse sentido, já decidiu o STJ:

> (...) Esta Corte tem manifestado que a obrigação de o devedor de alimentos cumpri-la em conformidade com o fixado em sentença, sem possibilidade de compensar alimentos arbitrado em espécie com parcelas pagas in natura, pode ser flexibilizada para afastar o enriquecimento indevido de uma das partes. (...)
>
> STJ. 4ª Turma. AgInt no REsp 1560205/RJ, Rel. Min. Luis Felipe Salomão, julgado em 16/05/2017.

Custeio direto de despesas alimentares

Se o devedor custeou despesas de natureza alimentar (exs: educação, habitação e saúde), mesmo sem que isso estivesse no título judicial, neste caso não se pode considerar que houve uma mera liberalidade do alimentante. Houve sim o cumprimento efetivo, ainda que parcial, da obrigação alimentar, com o atendimento de necessidades essenciais do alimentado que, certamente, teriam de ser suportadas pela pensão mensal fixada em pecúnia.

Ora, se o pai paga o colégio do filho, por exemplo, isso deve sim ser abatido porque é intuitivo que o dinheiro da pensão serviria necessariamente para custear essa despesa.

Vale ressaltar, ainda, que, no âmbito das relações de família, é comum a realização de acordos informais entre os pais do alimentado, alterando-se a forma de pagamento da pensão fixada em juízo e passando o alimentante a realizar o pagamento direto de algumas obrigações alimentares.

Voltando ao caso concreto:

Em nosso exemplo, o pai, embora não estivesse obrigado a custear diretamente as despesas de moradia do alimentado, devendo tão somente pagar uma quantia em pecúnia, arcou com o valor do aluguel, taxa de condomínio e IPTU do imóvel onde residiam o exequente e sua genitora, com o consentimento desta.

Neste cenário, deve ser relativizada a regra da incompensabilidade da verba alimentar para reconhecer a quitação parcial do débito exequendo.

Ainda que não adimplida integralmente a parcela mensal fixada em pecúnia, o pagamento *in natura* efetivamente foi destinado à subsistência do filho, mostrando-se razoável o seu abatimento no cálculo da dívida, sob pena de obrigar o executado ao duplo pagamento da pensão, gerando enriquecimento ilícito do credor.

Possibilidade de compensação deve ser analisada de acordo com as peculiaridades do caso concreto

O STJ enfatizou que eventual compensação deve ser analisada caso a caso, pois a regra continua sendo a incompensabilidade da dívida alimentar.

Deve-se examinar se houve o consentimento, ainda que tácito, do credor, e se o pagamento *in natura* realizado foi destinado, efetivamente, ao atendimento de necessidade essencial do alimentado e não se configurou como mera liberalidade do alimentante.

10.4. NÃO CABE EMBARGOS DE TERCEIRO PARA REDISCUTIR SENTENÇA DE EXONERAÇÃO DE ALIMENTOS QUE NÃO GARANTE À EX-ESPOSA O DIREITO DE ACRESCER

Imagine a seguinte situação hipotética:

João e Maria, casados, tiveram um filho (Vitor).

Após anos, o relacionamento chegou ao fim.

No divórcio, foi feito um acordo a respeito dos alimentos.

Ficou combinado que João pagaria, a título de alimentos à Maria e ao Vitor (16 anos), a quantia correspondente a 30% de seus vencimentos líquidos.

Ação de exoneração

Quando Vitor concluiu a faculdade, João ajuizou ação de exoneração contra ele pedindo para deixar de pagar a pensão alimentícia ao filho.

O juiz proferiu sentença deferindo o pedido. O magistrado entendeu que metade do que João pagava (15%) pertencia a Vitor e a outra metade (15%) era de Maria. Assim, o juiz determinou que a empresa onde João trabalha passe a descontar agora apenas 15% dos vencimentos (referentes à pensão de Maria).

Embargos de terceiro

Maria apresentou embargos de terceiro contra essa decisão.

Alegou que deveria ter sido citada para essa ação de exoneração proposta por João. Isso porque, segundo argumentou, o acordo celebrado no passado teria fixado uma verba alimentícia única para a entidade familiar, tendo em vista que não houve a indicação precisa dos respectivos quinhões.

Em outras palavras, ela disse que no acordo não havia a indicação de que 15% era de Vitor e os outros 15% de Maria. Isso foi uma criação do juiz, sem respaldo no acordo.

Logo, Maria defendeu, nos embargos de terceiro, que ela teria direito de acrescer, ou seja, teria direito de passar a receber a parte de Vitor. Assim, pediu para que esse direito fosse reconhecido.

Esses embargos de terceiro tiveram êxito? Cabem embargos de terceiro nesta hipótese?

NÃO.

> **Os embargos de terceiro não são cabíveis para o fim de declarar, em sede de ação de exoneração de alimentos, a natureza familiar da prestação alimentícia, de forma a alterar a relação jurídica posta e discutida na demanda principal.**
>
> STJ. 4ª Turma. REsp 1.560.093-SP, Rel. Min. Marco Buzzi, julgado em 18/09/2018 (Info 634).

Embargos de terceiro

Os embargos de terceiro são...

- uma ação de conhecimento
- com rito especial,
- por meio da qual uma pessoa objetiva livrar um bem do qual tenha posse (como senhor/ proprietário ou possuidor),
- bem este que está sofrendo ou na iminência de sofrer
- uma constrição judicial (exs: penhora, arresto, sequestro etc.)

CIVIL

Previsão legal

Atualmente, os embargos de terceiro estão previstos no art. 674 do CPC:

> § Art. 674. Quem, não sendo parte no processo, sofrer constrição ou ameaça de constrição sobre bens que possua ou sobre os quais tenha direito incompatível com o ato constritivo, poderá requerer seu desfazimento ou sua inibição por meio de embargos de terceiro.

Não cabe para rediscutir a lide do processo principal

Nos embargos de terceiro não se permite discutir a lide do processo principal.

O escopo dos embargos de terceiro é tão somente o de liberar bens de terceiros que estão sendo ilegitimamente objeto de ações alheias.

No caso concreto, a embargante procurou rediscutir a sentença de exoneração de alimentos como se os embargos de terceiro fossem um recurso, pedindo para que se declarasse a natureza familiar e indivisível dos alimentos.

Vale ressaltar que a sentença proferida não afeta o direito da autora (ex-esposa) de continuar a perceber alimentos. Assim, fica evidente que, na verdade, o que ela pretendia com os embargos era rediscutir algo que não foi declarado à época da lide principal: a natureza familiar da obrigação alimentar.

10.5. EM AÇÃO DE ALIMENTOS, QUANDO SE TRATA DE CREDOR COM PLENA CAPACIDADE PROCESSUAL, CABE EXCLUSIVAMENTE A ELE PROVOCAR A INTEGRAÇÃO DO POLO PASSIVO

Imagine a seguinte situação hipotética:

Lucas, 17 anos, é emancipado e mora sozinho em Porto Alegre (RS), onde faz faculdade.

Seus pais são divorciados e cada um mora em uma cidade diferente no interior do Estado.

Lucas ajuizou ação de alimentos contra o pai.

Ao contestar a demanda, o genitor, dentre outras alegações, pediu o chamamento ao processo da mãe de Lucas, argumentando que ela também pode pagar alimentos considerando que é jovem, economicamente ativa e apta a complementar o valor necessário para a subsistência do filho.

O pedido do genitor foi fundamentado no art. 1.698 do Código Civil, que assim determina:

> § Art. 1.698. Se o parente, que deve alimentos em primeiro lugar, não estiver em condições de suportar totalmente o encargo, serão chamados a concorrer os de grau imediato; sendo várias as pessoas obrigadas a prestar alimentos, todas devem concorrer na proporção dos respectivos recursos, e, intentada ação contra uma delas, poderão as demais ser chamadas a integrar a lide.

O pedido do pai de Lucas deverá ser acolhido? O juiz deverá determinar, a requerimento do réu, o chamamento ao processo da mãe do autor?

NÃO.

Natureza da obrigação do art. 1.698

A doutrina majoritária, ao interpretar o art. 1.698 do CC/2002, tem se posicionado no sentido de que a obrigação alimentar não é solidaria, mas sim divisível, ao fundamento de que não há disposição legal que autorize a cobrança integral do valor de apenas um dos codevedores, que arcam apenas com a cota que puder prestar, no limite de suas possibilidades.

Se todos os devedores previstos no art. 1.698 não estiverem na lide, como é possível "chama-los" para participar do processo?

Existem quatro correntes sobre esse dispositivo:

1ª) trata-se de intervenção de terceiro anômala ou atípica, suscetível de instauração por provocação de quaisquer das partes. É a posição defendida por Daniel Amorim Assumpção Neves e por Cristiano Chaves de Farias e Nelson Rosenvald.

2ª) consiste em litisconsórcio facultativo ulterior simples e, como tal, de iniciativa privativa do autor da ação e credor dos alimentos. Nesse sentido, está por exemplo a doutrina de Yussef Said Cahali, de Flávio

Tartuce e de Fredie Didier Jr.

3ª) representa hipótese de litisconsórcio necessário. Defendida por Rolf Madaleno.

4ª) cuida-se de uma hipótese adicional de chamamento ao processo. É a tese defendida por Cássio Scarpinella Bueno.

Qual foi a corrente adotada pelo STJ?

O STJ, neste julgado, manifestou-se no sentido da 2ª corrente e entendeu que se trata de litisconsórcio facultativo ulterior simples.

Trata-se, contudo, de litisconsórcio com uma particularidade: a formação dessa singular espécie de litisconsórcio não ocorre somente por iniciativa exclusiva do autor, mas também por provocação do réu ou do Ministério Público, quando o credor dos alimentos for incapaz.

Desse modo, o art. 1.698 do CC é um litisconsórcio facultativo ulterior simples que pode ser formado:

- por iniciativa do autor;
- por provocação do réu;
- por provocação do MP (quando envolver incapaz).

Mas por que não foi admitido, no caso concreto, a provocação do réu (pai de Lucas) para que a genitora também participasse da lide?

Porque o se tratava de credor de alimentos com plena capacidade processual.

O STJ entendeu que:

> **Em ação de alimentos, quando se trata de credor com plena capacidade processual, cabe exclusivamente a ele provocar a integração posterior no polo passivo.**
>
> STJ. 3ª Turma. REsp 1.715.438-RS, Rel. Min. Nancy Andrighi, julgado em 13/11/2018 (Info 638).

Se o autor (credor) não quis fazer isso, essa sua inércia deve ser interpretada como concordância tácita com os alimentos que puderem ser prestados pelo réu por ele indicado na petição inicial, sem prejuízo de eventual e futuro ajuizamento de ação autônoma de alimentos em face dos demais coobrigados.

O credor dos alimentos é menor emancipado, possui capacidade processual plena e optou livremente por ajuizar a ação somente em face do genitor, cabendo a ele, com exclusividade, provocar a integração posterior do polo passivo, devendo a sua inércia em fazê-lo ser interpretada como a abdicação, ao menos neste momento, da quota-parte que lhe seria devida pela genitora coobrigada, sem prejuízo de eventualmente ajuizar, no futuro, ação de alimentos autônoma em face da genitora.

Em síntese, em relação aos legitimados para provocar a integração do polo passivo, é possível concluir que:

a. Nas hipóteses em que o credor de alimentos reúna plena capacidade processual, cabe a ele, exclusivamente, provocar a integração posterior do polo passivo, devendo a sua inércia ser interpretada como concordância tácita com os alimentos que puderem ser prestados pelo demandado;

b. Se o autor ajuizou a ação por meio de representante processual, ou seja, o credor de alimentos é incapaz, a integração posterior do polo passivo pode ser promovida pelo réu (devedor) ou pelo MP.

Qual é o momento processual adequado para a integração do polo passivo?

- Autor: deverá requerer em sua réplica à contestação;
- Réu: deverá requerer na contestação;
- MP: após a prática dos referidos atos processuais pelas partes.

Não é possível a ampliação objetiva ou subjetiva da lide após o saneamento e organização do processo, em homenagem ao contraditório, à ampla defesa e à razoável duração do processo.

10.6. EFEITOS DA SENTENÇA DE REDUÇÃO, MAJORAÇÃO OU EXONERAÇÃO DOS ALIMENTOS

Súmula 621-STJ: Os efeitos da sentença que reduz, majora ou exonera o alimentante do pagamento retroagem à data da citação, vedadas a compensação e a repetibilidade.

STJ. 2ª Seção. Aprovada em 12/12/2018, DJe 17/12/2018.

Imagine o seguinte exemplo hipotético:

Gabriel ingressou com ação de alimentos contra Rui, seu pai.

O juiz, na sentença, fixou os alimentos em R$ 4 mil.

Após pagar alguns meses, Rui mostrou-se inadimplente, razão pela qual Gabriel iniciou a execução dos alimentos.

Rui, por sua vez, propôs ação de redução de alimentos.

Gabriel foi citado na ação de revisão no dia 01/07 e, no dia 31/12, o juiz prolatou a sentença, reduzindo a obrigação alimentícia para R$ 1 mil mensais.

Rui estava atrasado em 4 meses (setembro a dezembro), ou seja, deixou de pagar 4 meses de pensão (equivalente a um total de R$ 16 mil).

Recapitulando:

- Antes da execução, Rui estava pagando 4 mil por mês.

- 01/09 a 31/12: Rui não pagou nada (ficou devendo 4 meses = 16 mil).
- Gabriel ajuizou execução de alimentos.
- Rui ajuizou ação de revisão de alimentos.
- 01/07: Gabriel foi citado para a ação de redução de alimentos.
- 31/12: transitou em julgado a sentença do juiz reduzindo os alimentos para 1 mil mensais.

Tese do alimentante

Enquanto era julgada a revisional, a execução proposta por Gabriel continuava tramitando.

O valor cobrado na execução era de R$ 16 mil (4 meses de 4 mil cada).

Depois do trânsito em julgado da revisional, o advogado de Rui apresentou uma petição no processo executivo afirmando que seu cliente não precisa mais pagar os R$ 16 mil que estavam sendo cobrados porque foi proferida uma sentença de redução de alimentos.

Alegou que a sentença na ação de revisão retroage à data da citação, conforme prevê o § 2º do art. 13 da Lei nº 5.478/68 (Lei de Alimentos):

§ Art. 13 (...) § 2º Em qualquer caso, os alimentos fixados retroagem à data da citação.

Logo, o valor que estava sendo cobrado (16 mil) foi reduzido para 4 mil. Isso porque o valor da prestação mensal deixou de ser 4 mil e passou a ser 1 mil.

A tese alegada pelo advogado de Rui está correta? A decisão que revisa a obrigação alimentícia possui efeito retroativo?

SIM. Os efeitos da sentença proferida em ação de revisão de alimentos (seja em caso de REDUÇÃO, MAJORAÇÃO ou EXONERAÇÃO) retroagem à data da citação, conforme prevê o art. 13, § 2º, da Lei nº 5.478/68.

Essa solução tem por objetivo evitar o enriquecimento sem causa do credor dos alimentos, porque o entendimento contrário – sentença de redução ou exoneração dos alimentos produzindo efeitos somente após o seu trânsito em julgado – ensejaria a inusitada consequência de submeter o alimentante à execução das parcelas pretéritas não adimplidas (por qualquer razão), mesmo estando ele amparado por decisão judicial transitada em julgado que diminuiu ou até mesmo eliminou o encargo.

Em julho e agosto, Rui pagou R$ 4 mil em cada mês e, posteriormente, esse valor foi reduzido para R$ 1 mil mensais. Ele poderá pedir de volta esses R$ 6 mil que pagou a mais para Gabriel (seu filho) (3 mil a mais em cada mês)?

NÃO. A decisão na revisão de alimentos é RETROATIVA, no entanto, os valores adimplidos são irrepetíveis, ou seja, as parcelas que já foram pagas não podem ser pedidas de volta. É vedada (proibida) a repetibilidade. Isso porque o direito presume, de forma absoluta (presunção *jure et jure*), que as quantias recebidas a título de alimentos foram utilizadas para o sustento da pessoa, isto é, foram efetivamente consumidas, não sendo, portanto, legítimo que o beneficiário seja obrigado a devolver por conta de uma decisão posterior.

Rui poderá utilizar esse valor pago a mais (R$ 6 mil) como crédito e compensá-lo (abatê-lo) das prestações futuras?

NÃO. A decisão na revisão de alimentos é RETROATIVA, no entanto, mesmo que isso gere um "crédito" em favor do alimentante, ele não poderá utilizar esse saldo positivo para abater (fazer a compensação) dos valores que ele ainda tem que pagar. Em outras palavras, ele não pode compensar o excesso do que foi pago com prestações vincendas.

É vedada a compensação.

OUTRAS PERGUNTAS RELACIONADAS COM O TEMA:

Se existe uma decisão determinando que o pai/devedor pague pensão alimentícia para o seu filho e este pai ajuíza uma ação de exoneração ou redução dos alimentos, o simples fato de ter sido proposta a demanda já faz com que fique suspensa a sua obrigação?

NÃO. O ajuizamento de ação pleiteando exoneração/revisão de alimentos não exime o devedor de continuar a prestá-los até o trânsito em julgado da decisão que modifica o valor da prestação alimentar ou exonerá-lo do encargo alimentar (art. 13, § 3°, da Lei b, 5.478/68).

Se o juiz profere sentença exonerando o pai/devedor de pagar alimentos ou reduzindo o valor fixado, mas o alimentando (filho) apresenta apelação, a obrigação alimentícia é suspensa?

NÃO. Da sentença revisional/exoneratória caberá apelação com efeito suspensivo e, ainda que a referida decisão seja confirmada em segundo grau (pelo Tribunal), não haverá liberação da prestação alimentar se for interposto recurso especial ou recurso extraordinário. Em suma, somente com o trânsito em julgado é que haverá a retroação da decisão que reduz ou exonera.

Durante todo o período de tramitação da ação revisional/exoneratória, salvo se concedida antecipação de tutela suspendendo o pagamento, o devedor deverá adimplir a obrigação, sob pena de prisão (art. 733 do CPC).

Desse modo, pretendeu a lei conferir ao alimentado (credor) o benefício da dúvida, dando-lhe a segurança de que, enquanto não assentada, definitivamente, a impossibilidade do cumprimento da obrigação alimentar nos termos anteriormente firmados, as alegadas necessidades do credor não deixarão de ser providas.

Agora, transitada em julgado a sentença revisional/exoneratória, se, por qualquer motivo, não tiverem sido pagos os alimentos, a exoneração ou a redução terá efeito retroativo à citação (art. 13, § 2°, da Lei n° 5.478/68), não sendo cabível a execução de verba já afirmada indevida por decisão transitada em julgado.

10.7. PRISÃO CIVIL

POSSIBILIDADE DE CONVERTER A EXECUÇÃO SOB O RITO DA PRISÃO CIVIL PROMOVIDA EM DESFAVOR DOS AVÓS EM EXECUÇÃO PARA PENHORA E EXPROPRIAÇÃO DE BENS

Imagine a seguinte situação hipotética:

João e Maria são avós paternos de Lucas, criança com 7 anos.

Eles fizeram um acordo homologado judicialmente no qual se obrigaram a pagar R$ 2 mil por mês, a título de pensão alimentícia, em favor do neto.

Ocorre que João e Maria deixaram de pagar a pensão e, em razão disso, Lucas, representado por sua mãe, ingressou com execução de alimentos sob o rito do art. 528 do CPC/2015 pedindo a prisão civil dos devedores (seus avós).

O juiz mandou intimar os executados pessoalmente para, em 3 dias:

a. pagarem o débito;

b. provarem que já o fizeram (provarem que já pagaram a dívida); ou

c. justificarem a impossibilidade de efetuá-lo (provarem que não têm condições de pagar).

Os avós afirmaram que não possuem condições de pagar em dinheiro o débito e ofereceram um terreno como forma de quitar a dívida.

O exequente, contudo, negou a proposta.

Será possível acolher o pedido dos avós, evitando-se a prisão?

SIM.

A responsabilidade dos avós na prestação de alimentos (obrigação alimentar avoenga) possui as características da complementaridade e da subsidiariedade. Assim, para estender a obrigação alimentar aos avós e bisavós, deve-se demonstrar fortemente que os genitores estão absolutamente impossibilitados de prestar os alimentos de forma suficiente.

O fato de os avós terem assumido uma obrigação de natureza complementar de forma espontânea não significa dizer que, em caso de inadimplemento, a execução deverá obrigatoriamente seguir o rito estabelecido para o cumprimento das obrigações alimentares devidas pelos genitores, que são, em última análise, os responsáveis originários pela prestação dos alimentos necessários aos menores.

Não há dúvida de que o inadimplemento causou transtornos ao menor; todavia, sopesando-se os prejuízos que seriam causados na hipótese de manutenção do decreto prisional dos idosos, conclui-se que a solução mais adequada à espécie é autorizar a conversão da execução para o rito da penhora e da expropriação, o que, a um só tempo, homenageia o princípio da menor onerosidade da execução (art. 805 do CPC/2015) e também o princípio da máxima utilidade da execução.

Em suma:

> **Havendo meios executivos mais adequados e igualmente eficazes para a satisfação da dívida alimentar dos avós, é admissível a conversão da execução para o rito da penhora e da expropriação, a fim de afastar o decreto prisional em desfavor dos executados.**
>
> STJ. 3ª Turma. HC 416.886-SP, Rel. Min. Nancy Andrighi, julgado em 12/12/2017 (Info 617).

O JUIZ NÃO PODE LIBERAR O DEVEDOR DE ALIMENTOS DA PRISÃO ALEGANDO QUE ELE PAGOU QUASE TODA A DÍVIDA E QUE, PORTANTO, DEVE SER APLICADA A TEORIA DO ADIMPLEMENTO SUBSTANCIAL

Imagine a seguinte situação hipotética:

João estava devendo R$ 4 mil de pensão alimentícia a seu filho Lucas.

Diante disso, Lucas ajuizou execução de alimentos sob o rito do art. 528 do CPC/2015.

O juiz decretou, então, a prisão civil do devedor.

O advogado de João conseguiu reunir R$ 3.800,00 com familiares de seu cliente e depositou a quantia em juízo.

O causídico requereu a liberdade do devedor pedindo a aplicação da teoria do adimplemento substancial. O advogado argumentou que o executado cumpriu 95% da obrigação e que, portanto, esses 5% restantes poderiam ser exigidos por meio de outras medidas executivas, não sendo razoável manter-se a prisão.

Antes de verificar o que decidiu o STJ, vamos relembrar o que é a teoria do adimplemento substancial

Por meio da teoria do adimplemento substancial, defende-se que, se o adimplemento da obrigação foi muito próximo ao resultado final, a parte credora não terá direito de pedir a resolução do contrato porque isso violaria a boa-fé objetiva, já que seria exagerado, desproporcional, iníquo.

No caso do adimplemento substancial, a parte devedora não cumpriu tudo, mas quase tudo, de modo que o credor terá que se contentar em pedir o cumprimento da parte que ficou inadimplida ou então pleitear indenização pelos prejuízos que sofreu (art. 475, CC).

Veja o clássico conceito de Clóvis do Couto e Silva:

> Adimplemento substancial "constitui um adimplemento tão próximo ao resultado final, que, tendo-se em vista a conduta das partes, exclui-se o direito de resolução, permitindo-se tão somente o pedido de indenização e/ou adimplemento, de vez que a primeira pretensão viria a ferir o princípio da boa-fé (objetiva)" (O Princípio da Boa-Fé no Direito Brasileiro e Português in Estudos de Direito Civil Brasileiro e Português. São Paulo: RT, 1980, p. 56).

Sua origem está no Direito Inglês, por volta do séc. XVIII, tendo lá recebido o nome de *substancial performance*.

CIVIL

Esta teoria é prevista expressamente no ordenamento jurídico brasileiro?

NÃO. Não existe uma previsão expressa dessa teoria. Apesar disso, ela encontra fundamento em diversos princípios, dentre eles:

- a função social do contrato (art. 421 do CC);
- a boa-fé objetiva (art. 422);
- a equivalência das obrigações
- a vedação ao abuso de direito (art. 187);
- a eticidade
- a razoabilidade e
- a vedação ao enriquecimento sem causa (art. 884).

Segundo o Min. Paulo de Tarso Sanseverino, atualmente, o fundamento para a aplicação da teoria do adimplemento substancial no Direito brasileiro é a cláusula geral do art. 187 do Código Civil, que permite a limitação do exercício de um direito subjetivo pelo seu titular quando se colocar em confronto com o princípio da boa-fé objetiva. Desse modo, esta teoria está baseada no princípio da boa-fé objetiva. Aponta-se também como outro fundamento o princípio da função social dos contratos.

A teoria do adimplemento substancial já foi acolhida pelo STJ?

SIM. Existem julgados adotando expressamente a teoria.

Vale ressaltar, no entanto, que seu uso não pode ser banalizado a ponto de inverter a lógica jurídica de extinção das obrigações. O "normal" que as partes esperam legitimamente é que os contratos sejam cumpridos de forma integral e regular.

Diante disso, a fim de que haja critérios, o STJ afirma que são necessários três requisitos para a aplicação da teoria:

a. a existência de expectativas legítimas geradas pelo comportamento das partes;

b. o pagamento faltante há de ser ínfimo em se considerando o total do negócio;

c. deve ser possível a conservação da eficácia do negócio sem prejuízo ao direito do credor de pleitear a quantia devida pelos meios ordinários.

STJ. 4ª Turma. REsp 1581505/SC, Rel. Min. Antonio Carlos Ferreira, julgado em 18/08/2016.

Na Inglaterra, onde surgiu a teoria, "os autores ingleses formularam três requisitos para admitir a *substantial performance*: (a) insignificância do inadimplemento; (b) satisfação do interesse creditório; (c) diligência por parte do devedor no desempenho de sua prestação, ainda que a mesma se tenha operado imperfeitamente" (RODRIGUES JR., Otavio Luiz. *Revisão judicial dos contratos: autonomia da vontade e teoria da imprevisão*. 2. ed. São Paulo: Atlas, 2006).

Importante destacar que o STJ considera que essa teoria não deve ser aplicada nos casos envolvendo alienação fiduciária em garantia:

Não se aplica a teoria do adimplemento substancial aos contratos de alienação fiduciária em garantia regidos pelo Decreto-Lei 911/69.

STJ. 2ª Seção. REsp 1622555-MG, Rel. Min. Marco Buzzi, Rel. para acórdão Min. Marco Aurélio Bellizze, julgado em 22/2/2017 (Info 599).

Feita esta breve revisão, voltemos ao nosso exemplo. O pedido formulado pelo advogado de João deverá ser acolhido? É possível aplicar a teoria do adimplemento substancial para débitos de natureza alimentar (dívidas de alimentos) a fim de livrar o devedor da prisão?

NÃO.

A teoria do adimplemento substancial não tem incidência nos vínculos jurídicos familiares, revelando-se inadequada para solver controvérsias relacionadas a obrigações de natureza alimentar.

STJ. 4ª Turma. HC 439.973-MG, Rel. Min. Luis Felipe Salomão, Rel. Acd. Min. Antonio Carlos Ferreira, julgado em 16/08/2018 (Info 632).

A teoria do adimplemento substancial tem aplicação restrita ao âmbito do direito contratual, não tendo incidência, portanto, nos vínculos jurídicos familiares.

A obrigação alimentar diz respeito a bem jurídico indisponível, intimamente ligado à subsistência do alimentando. A relevância desses alimentos é tão grande que o legislador constituinte previu como hipótese na qual cabe prisão civil, o que demonstra que se trata de uma dívida diferente das demais.

É antiga e pacífica a jurisprudência do STJ no sentido de que:

O pagamento parcial do débito não afasta a possibilidade de prisão civil do alimentante executado.

STJ. 3ª Turma. RHC 80.591/GO, Rel. Min. Nancy Andrighi, julgado em 25/04/2017.

Esse entendimento se justifica porque os alimentos impostos por decisão judicial guardam consigo a presunção de que o valor econômico neles contido traduz o mínimo existencial do alimentando, de modo que a subtração de qualquer parcela dessa quantia pode ensejar severos prejuízos a sua própria manutenção.

Além disso, o julgamento sobre a cogitada irrelevância do inadimplemento da obrigação não se prende ao exame exclusivo do critério quantitativo, sendo também necessário avaliar sua importância para satisfazer as necessidades do credor alimentar. Ora, a subtração de um pequeno percentual pode mesmo ser insignificante para um determinado alimentando, mas possivelmente não para outro, mais necessitado. Tem-se que o critério quantitativo não é suficiente nem exclusivo para a caracterização do adimplemento substancial.

Vale ressaltar, por fim, que o sistema jurídico já prevê mecanismos por meio dos quais o devedor pode justificar o motivo pelo qual não cumpriu a obrigação alimentar:

§ CPC/Art. Art. 528. No cumprimento de sentença que condene ao pagamento de prestação alimentícia ou de decisão interlocutória que fixe alimentos, o juiz, a requerimento do exequente, mandará intimar o executado pessoalmente para, em 3 (três) dias, pagar o débito, provar que o fez ou justificar a impossibilidade de efetuá-lo.

É POSSÍVEL A APLICAÇÃO DO ART. 528, § 7º DO CPC/2015 PARA EXECUÇÕES INICIADAS NA VIGÊNCIA DO ANTIGO CPC

Imagine a seguinte situação hipotética:

Em 2015, Lucas ajuizou execução de alimentos sob o rito do art. 733 do CPC/1973 pedindo a prisão civil do seu pai, devedor.

Em 2016, já sob a vigência do novo CPC, o juiz determinou a prisão civil do executado, fundamentando sua decisão no art. 528, § 7º do CPC/2015, que preconiza:

Art. 528 (...)

> § 7º O débito alimentar que autoriza a prisão civil do alimentante é o que compreende até as 3 (três) prestações anteriores ao ajuizamento da execução e as que se vencerem no curso do processo.

O devedor impetrou habeas corpus alegando, dentre outros argumentos, que a decisão não poderia ter aplicado o art. 528, § 7º do CPC/2015 considerando que a execução teve início com o CPC anterior.

O argumento do executado foi acolhido pelo STJ?

NÃO.

> **É possível a aplicação imediata do art. 528, § 7º, do CPC/2015 em execução de alimentos iniciada e processada, em parte, na vigência do CPC/1973.**
>
> STJ. 3ª Turma. RHC 92.211-SP, Rel. Min. Nancy Andrighi, julgado em 27/02/2018 (Info 621).

O art. 528, § 7º, do CPC/2015 apenas positivou o entendimento contido na Súmula 309 do STJ, publicada em 19/04/2006, de modo que a regra vigente à época do início da execução de alimentos já era a mesma. Veja o que diz o enunciado do STJ e confira que possui redação semelhante ao art. 528, § 7º do CPC/2015:

> Súmula 309-STJ: O débito alimentar que autoriza a prisão civil do alimentante é o que compreende as três prestações anteriores ao ajuizamento da execução e as que se vencerem no curso do processo.

Desse modo, o art. 528, § 7º do CPC/2015 é uma pseudonovidade normativa (DIDIER JR., Fredie. Eficácia do novo CPC antes do término do período de vacância da lei *in* Coleção grandes temas do novo CPC: direito intertemporal. Vol. 7. Coord.: Flávio Luiz Yarshell e Fábio Guidi Tabosa Pessoa. Salvador: Juspodivm, 2016. p. 317/323).

Ainda que assim não fosse, a teoria do isolamento dos atos processuais, expressamente adotada nos arts. 14 e 1.046 do CPC/2015, determina que a nova legislação processual deverá ser aplicada imediatamente, respeitados os atos processuais praticados e as situações jurídicas consolidadas, não havendo, na hipótese, retroação da lei nova sob qualquer ótica e, assim, inexistente a violação de qualquer regra de direito intertemporal.

11. SUCESSÕES

11.1. SUCESSÃO DE COMPANHEIRO

SE O FALECIDO DEIXOU APENAS COMPANHEIRA (SEM ASCENDENTES OU DESCENDENTES), ELA HERDARÁ A TOTALIDADE DA HERANÇA

Imagine a seguinte situação hipotética:

João e Maria viviam em união estável há mais de 20 anos.

João faleceu.

Vale ressaltar que os pais e avós de João já eram falecidos e que ele não teve filhos.

Em outras palavras, João morreu sem deixar descendentes e ascendentes.

João era muito rico e deixou um grande patrimônio.

Pedro, irmão de João, ingressou com um pedido no juízo do inventário requerendo 2/3 da herança deixada pelo seu colateral, com base no que prevê o art. 1.790, III, do Código Civil:

§ Art. 1.790. A companheira ou o companheiro participará da sucessão do outro, quanto aos bens adquiridos onerosamente na vigência da união estável, nas condições seguintes:

I – se concorrer com filhos comuns, terá direito a uma quota equivalente à que por lei for atribuída ao filho;

II – se concorrer com descendentes só do autor da herança, tocar-lhe-á a metade do que couber a cada um daqueles;

III – se concorrer com outros parentes sucessíveis, terá direito a um terço da herança;

IV – não havendo parentes sucessíveis, terá direito à totalidade da herança.

O pedido de João deverá ser aceito?

NÃO. Pedro não tem direito à herança.

Mas como não tem direito? E o art. 1.790, III, do CC?

O art. 1.790 do Código Civil não é válido. O STF entendeu que este artigo é inconstitucional e que, portanto, não deve ser aplicado. Veja:

No sistema constitucional vigente, é inconstitucional a diferenciação de regimes sucessórios entre cônjuges e companheiros, devendo ser aplicado, em ambos os casos, o regime estabelecido no art. 1.829 do Código Civil.

STF. Plenário. RE 646721/RS, Rel. Min. Marco Aurélio, red. p/ o ac. Min. Roberto Barroso e RE 878694/MG, Rel. Min. Roberto Barroso, julgados em 10/5/2017 (repercussão geral) (Info 864).

É inconstitucional a distinção de regimes sucessórios entre cônjuges e companheiros, devendo ser aplicado, em ambos os casos, o regime estabelecido no art. 1.829 do CC/2002.

STJ. 3ª Turma. REsp 1.332.773-MS, Rel. Min. Ricardo Villas Bôas Cueva, julgado em 27/6/2017 (Info 609).

O art. 1.790 do CC é inconstitucional porque viola:

- o princípio da igualdade que deve existir entre casamento e união estável;
- a dignidade da pessoa humana;

- o princípio da proporcionalidade (na modalidade de proibição à proteção deficiente) e
- o princípio da vedação ao retrocesso.

Já que o art. 1.790 é inconstitucional, o que se deve fazer no caso de sucessão de companheiro? Quais as regras que deverão ser aplicadas para a partilha dos bens de João?

A união estável deve receber o mesmo tratamento conferido ao casamento. Logo, em caso de sucessão *causa mortis* do companheiro (como foi o caso de João), deverão ser aplicadas as mesmas regras da sucessão *causa mortis* do cônjuge, regras essas que estão previstas no art. 1.829 do CC. Em outras palavras, mesmo João e Maria sendo companheiros (união estável), devem ser aplicadas as regras de sucessão como se eles fossem casados. Tais regras estão no art. 1.829 do CC:

CIVIL

§ Art. 1.829. A sucessão legítima defere-se na ordem seguinte:

I – aos descendentes, em concorrência com o cônjuge* sobrevivente, salvo se casado este com o falecido no regime da comunhão universal, ou no da separação obrigatória de bens (art. 1.640, parágrafo único); ou se, no regime da comunhão parcial, o autor da herança não houver deixado bens particulares;

II – aos ascendentes, em concorrência com o cônjuge*;

III – ao cônjuge* sobrevivente;

IV – aos colaterais.

* Pela decisão do STF, onde se lê: "cônjuge", deve-se agora ler: "cônjuge ou companheiro(a)".

Pelas regras do art. 1.829, se o falecido morreu sem deixar descendentes (filhos, netos etc.) ou ascendentes (pais, avós etc.), o cônjuge/companheiro terá direito à totalidade da herança, sem ter que repartir nada com os demais parentes colaterais (como irmãos, tios, sobrinhos etc.).

Isso significa dizer que, como João deixou companheira, a situação se amolda ao inciso III do art. 1.829 do CC acima transcrito.

Diante disso, Pedro (irmão do falecido, portanto, colateral) não terá direito a nada, salvo se não houvesse companheira, considerando que, neste caso, o fato se enquadraria no inciso IV do art. 1.829.

Resumindo:

Na falta de descendentes e ascendentes, será deferida a sucessão por inteiro ao cônjuge ou companheiro sobrevivente, não concorrendo com parentes colaterais do *de cujus*.

STJ. 3ª Turma. REsp 1.357.117-MG, Rel. Min. Ricardo Villas Bôas Cueva, julgado em 13/03/2018 (Info 622).

No art. 1.845 do CC há o rol dos herdeiros necessários e nele não consta o companheiro sobrevivente. O STF chegou a analisar este dispositivo? Pode-se afirmar que, pela decisão do STF, o companheiro sobrevivente é agora herdeiro necessário?

NÃO. Veja o que diz o art. 1.845 do CC:

§ Art. 1.845. São herdeiros necessários os descendentes, os ascendentes e o cônjuge.

O STF, em embargos de declaração, afirmou que "não houve discussão a respeito da integração do companheiro ao rol de herdeiros necessários" (STF. Plenário. RE 878694 ED, Rel. Min. Roberto Barroso, julgado em 26/10/2018). Em outras palavras, o STF não analisou o art. 1.845 do CC. Não houve uma declaração expressa se o companheiro sobrevivente é ou não herdeiro necessário.

Particularmente, entendo que o companheiro deve ser considerado herdeiro necessário. Essa é a posição majoritária da doutrina. No entanto, o que estou afirmando é que não houve ainda decisão expressa do STF nesse sentido.

11.2. DIREITO REAL DE HABITAÇÃO

Direito real de habitação

O Código Civil prevê o direito real de habitação em seu art. 1.831:

> § Art. 1.831. Ao cônjuge sobrevivente, qualquer que seja o regime de bens, será assegurado, sem prejuízo da participação que lhe caiba na herança, o direito real de habitação relativamente ao imóvel destinado à residência da família, desde que seja o único daquela natureza a inventariar.

Exemplo

João era casado com Maria. Faleceu, deixando quatro filhos e, como herança, um único apartamento, que estava em seu nome e onde morava com a esposa. Nesse caso, Maria terá direito real de habitação sobre esse imóvel.

O que significa isso?

A pessoa que tem direito real de habitação poderá residir no imóvel. Logo, mesmo havendo quatro filhos como herdeiros, Maria é quem terá direito de ficar residindo no apartamento.

O direito real de habitação tem por objetivo garantir o direito fundamental à moradia (art. 6º, *caput*, da CF/88) e o postulado da dignidade da pessoa humana (art. art. 1º, III).

Recai sobre o imóvel destinado à residência da família

O cônjuge sobrevivente tem direito real de habitação sobre o imóvel em que residia o casal, desde que integre o patrimônio comum ou particular do cônjuge falecido no momento da abertura da sucessão (STJ. 3ª Turma. REsp 1273222/SP, Rel. Min. Paulo de Tarso Sanseverino, julgado em 18/06/2013).

O que significa "(...) desde que seja o único daquela natureza a inventariar"?

O art. 1.831 fala que o cônjuge sobrevivente terá direito real de habitação com relação ao imóvel que era destinado à residência da família, "desde que seja o único daquela natureza a inventariar".

Se o cônjuge/companheiro sobrevivente tiver outros imóveis, ele ficará impedido de ter direito real de habitação? É essa a interpretação a ser dada ao dispositivo?

NÃO. Essa a interpretação não é correta.

O que prevalece é o seguinte:

O cônjuge ou companheiro sobrevivente possui direito real de habitação mesmo que seja proprietário de outros bens.

O reconhecimento do direito real de habitação, a que se refere o art. 1.831 do Código Civil, não pressupõe a inexistência de outros bens no patrimônio do cônjuge/companheiro sobrevivente.

STJ. 3ª Turma. REsp 1.582.178-RJ, Rel. Min. Ricardo Villas Bôas Cueva, julgado em 11/09/2018 (Info 633).

Mas, então, o que significa esse trecho do artigo: "desde que seja o único daquela natureza a inventariar"?

O que esse trecho quer dizer é que, dentro do acervo hereditário deixado pelo falecido, não pode haver mais de um imóvel destinado a fins residenciais.

Relativização dessa exigência: "(...) desde que seja o único daquela natureza a inventariar"

No tópico anterior, eu expliquei qual é o sentido que o STJ dá para essa locução ("desde que seja o único daquela natureza a inventariar"). No entanto, até mesmo essa exigência legal – inexistência de outros bens imóveis residenciais no acervo hereditário – é amplamente questionada em sede doutrinária.

Daí porque o STJ já afastou a literalidade de tal regra:

> (...) O direito real de habitação, assegurado, devido à união estável, ao cônjuge sobrevivente, pelo art. 7º da Lei 9287/96, incide, relativamente ao imóvel em que residia o casal, ainda que haja mais de um imóvel residencial a inventariar. (...)
>
> STJ. 3ª Turma. REsp 1.220.838/PR, Rel. Min. Sidnei Beneti, julgado em 19/06/2012.

Essa relativização é feita para permitir que o cônjuge/companheiro sobrevivente permaneça no mesmo imóvel familiar que residia com o(a) falecido(a). Isso se justifica não apenas como uma forma de concretizar o direito constitucional à moradia, mas também por razões de ordem humanitária e social, já que não se pode negar a existência de vínculo afetivo e psicológico estabelecido pelos cônjuges com o imóvel em que, no transcurso de sua convivência, constituíram não somente residência, mas um lar.

Enfim, existe a saudade e o apego emocional àquele imóvel onde o casal vivia junto antes do falecimento.

Essa norma do art. 1.831 do CC é corolário (decorrência) dos princípios da dignidade da pessoa humana e da solidariedade familiar que tutela o interesse da pessoa que, em regra, já se encontra em idade avançada e vive momento de luto, ou seja, de abalo pela perda do cônjuge/companheiro.

Assim, o cônjuge ou companheiro sobrevivente possui direito real de habitação mesmo que seja proprietário de outros bens. Por duas razões:

1. a correta interpretação é a de que a parte final do art. 1.831 está se referindo apenas aos bens deixados pelo morto. Assim, dentro do acervo hereditário deixado pelo falecido, não poderia haver mais de um imóvel destinado a fins residenciais;
2. mesmo essa intepretação exposta no item 1 é relativizada e há julgados do STJ e autores que defendem que ela deve ser ignorada em prol de razões de ordem humanitária e social, tendo em vista o apego emocional do cônjuge/companheiro sobrevivente em relação a este lar.

O regime de bens do casamento interfere no reconhecimento do direito real de habitação?

NÃO. Poderá ser assegurado o direito real de habitação qualquer que seja o regime de bens.

O fato de o cônjuge falecido ter tido filhos com outra mulher interfere no direito real de habitação da esposa sobrevivente?

NÃO. O direito real de habitação sobre o imóvel que servia de residência do casal deve ser conferido ao cônjuge/companheiro sobrevivente não apenas quando houver descendentes comuns, mas também quando concorrerem filhos exclusivos do *de cujos* (STJ. 3ª Turma. REsp 1134387/SP, julgado em 16/04/2013).

Até quando dura o direito real de habitação?

O titular do direito real de habitação poderá, se quiser, morar no imóvel até a sua morte. Trata-se, portanto, de um direito vitalício.

Se o cônjuge sobrevivente casar novamente, ele continuará tendo direito real de habitação?

SIM (posição majoritária). Isso porque o Código Civil de 1916 previa que o direito real de habitação seria extinto caso o cônjuge sobrevivente deixasse de ser viúvo, ou seja, caso se casasse ou iniciasse uma união estável (art. 1.611, § 2º). Como o CC-2002 não repetiu essa regra, entende-se que houve um silêncio eloquente e que não mais existe causa de extinção do direito real de habitação em caso de novo casamento ou união estável. Veja o que diz a doutrina:

> "Comparando-se o art. 1831 do Código Civil de 2002 com o seu antecessor (art. 1.611, CC 1916), houve substancial acréscimo qualitativo do direito real de habitação em favor do cônjuge sobrevivente. Primeiro, o cônjuge passa a desfrutar do direito real de habitação, independente do regime de bens adotado no matrimônio – no CC de 1916, só caberia em prol do meeiro no regime da comunhão universal. Segundo, no CC de 1916 o direito de habitação era vidual, posto condicionada a sua permanência à manutenção da viuvez. Doravante, mesmo que o cônjuge sobrevivente case novamente ou inaugure união estável, não poderá ser excluído da habitação, pois tal direito se torna vitalício." (FARIAS, Cristiano Chaves de; ROSENVALD, Nelson. Direitos Reais. 8. ed., Salvador: Juspodivm, 2012, p. 856-857).

O direito real de habitação precisa ser inscrito no registro imobiliário?

NÃO. O direito real de habitação em favor do cônjuge sobrevivente se dá *ex vi legis*, ou seja, por força de lei, dispensando registro no cartório imobiliário, já que guarda estreita relação com o direito de família (STJ. 3ª Turma. REsp 565.820/PR, julgado em 16/09/2004).

Existe direito real de habitação no caso da morte de companheiro (união estável)? João vivia em união estável com Maria e faleceu deixando quatro filhos e, como herança, um único apartamento que estava em seu nome e onde ele morava com a companheira. Nesse caso, Maria terá direito real de habitação sobre esse imóvel?

SIM. A companheira sobrevivente faz jus ao direito real de habitação sobre o imóvel no qual convivia com o companheiro falecido.

O art. 1.831 do CC-2002 fala apenas em cônjuge. Qual é o fundamento para estender o direito real de habitação também aos companheiros?

De fato, o art. 1.831 do CC-2002, ao tratar sobre o direito real de habitação, menciona apenas o cônjuge sobrevivente, silenciando quanto à extensão desse direito ao companheiro sobrevivente. No entanto, esse dispositivo do CC deverá ser interpretado conforme a regra contida no art. 226, § 3º, da CF/88, que reconhece a união estável como entidade familiar.

Assim, deve-se buscar uma interpretação que garanta à pessoa que viva em união estável os mesmos direitos que ela teria caso fosse casada.

O art. 226, § 3º da CF/88 é uma norma de inclusão, sendo contrária ao seu espírito a tentativa de lhe extrair efeitos discriminatórios entre cônjuge e companheiro.

Desse modo, o direto real de habitação contido no art. 1.831 do CC deve ser aplicado também ao companheiro sobrevivente.

Lei nº 9.278/96

Em minha opinião, o argumento acima (equiparação constitucional dos cônjuges e companheiros) é o mais correto e pertinente. Vale ressaltar, no entanto, que você pode encontrar alguns doutrinadores mencionando, ainda, mais um fundamento pelo qual o direito real de habitação poderia ser concedido aos companheiros: o fato de a Lei nº 9.278/96 conceder esse direito à união estável.

De qualquer modo, seja por uma razão, seja por outra, o certo é que o direito real de habitação é extensível ao companheiro supérstite (sobrevivente).

Mas a Lei nº 9.278/96 ainda persiste? Ainda está em vigor mesmo com o Código Civil de 2002?

SIM. O Código Civil de 2002 não revogou as disposições constantes da Lei nº 9.278/96, subsistindo a norma que confere o direito real de habitação ao companheiro sobrevivente diante da omissão do Código Civil em disciplinar tal matéria em relação aos conviventes em união estável, consoante o princípio da especialidade.

STJ. 3ª Turma. AgRg no REsp 1436350/RS, Rel. Min. Paulo de Tarso Sanseverino, julgado em 12/04/2016.

Enunciado 117 da I Jornada de Direito Civil:

O direito real de habitação deve ser estendido ao companheiro, seja por não ter sido revogada a previsão da Lei 9.278, seja em razão da interpretação analógica do artigo 1.831, informado pelo artigo 6º, caput, da Constituição de 88.

A companheira sobrevivente faz jus ao direito real de habitação (art. 1.831 do CC) sobre o imóvel no qual convivia com o companheiro falecido, ainda que tenha adquirido outro imóvel residencial com o dinheiro recebido do seguro de vida do de cujus

Ex: João vivia em união estável com Maria. Faleceu, deixando quatro filhos e, como herança, um apartamento, que estava em seu nome e onde ele morava com a companheira.

Além disso, João deixou um seguro de vida em que sua companheira figurava como beneficiária da apólice, tendo ela, portanto, recebido R$ 300 mil de indenização da seguradora.

Com o dinheiro, Maria comprou uma casa, que aluga para terceiros.

Maria continuará tendo direito real de habitação sobre o apartamento.

O fato de a companheira ter adquirido outro imóvel residencial com o dinheiro recebido pelo seguro de vida do *de cujus* não tem o condão de excluí-la do direito real de habitação referente ao imóvel em que residia com seu companheiro ao tempo da abertura da sucessão, uma vez que, segundo o art. 794 do CC, no seguro de vida, para o caso de morte, o capital estipulado não está sujeito às dívidas do segurado, nem se considera herança para todos os efeitos de direito.

Dessa forma, se o dinheiro do seguro não se insere no patrimônio do *de cujus*, não há falar em restrição ao direito real de habitação, porquanto o imóvel adquirido pela companheira sobrevivente não faz parte dos bens a inventariar.

A companheira sobrevivente faz jus ao direito real de habitação (art. 1.831 do CC) sobre o imóvel no qual convivia com o companheiro falecido, ainda que tenha adquirido outro imóvel residencial com o dinheiro recebido do seguro de vida do de cujus.

STJ. 4ª Turma. REsp 1.249.227-SC, Rel. Min. Luis Felipe Salomão, julgado em 17/12/2013 (Info 533).

11.3. INVENTÁRIO

CITAÇÃO DOS HERDEIROS POR CORREIO COM AVISO DE RECEBIMENTO

Imagine a seguinte situação hipotética:

João faleceu e deixou 17 herdeiros.

A viúva ingressou com ação de inventário na vara de sucessões de Belo Horizonte (MG).

Na petição inicial foram indicados todos os herdeiros, com os respectivos endereços.

Ocorre que alguns herdeiros moram em Municípios do interior do Estado.

O juiz determinou a citação por edital dos herdeiros que não residem em Belo Horizonte.

Agiu corretamente o juiz? Essa citação foi válida?

NÃO.

Todos os herdeiros foram detalhadamente identificados na petição inicial tendo a inventariante informado, de modo preciso, seus respectivos endereços.

Desse modo, não há motivo para fazer a citação por edital. Tais herdeiros deveriam ter sido citados por carta com aviso de recebimento.

Vale ressaltar que também seria indevida a citação desses herdeiros por meio de oficial de justiça, considerando que esta providência acarretaria prejuízo à celeridade do processo.

A citação válida é pressuposto de existência da relação jurídico-processual, sendo verdadeiramente imprescindível, à luz da garantia constitucional do contraditório, que as partes potencialmente atingidas por uma futura decisão judicial tenham a oportunidade de ser adequadamente cientificadas da lide (direito de informação), de apresentarem tempestivamente suas alegações e provas (direito de reação) e de efetivamente contribuir no processo de formação do convencimento judicial (direito de influência), motivo pelo qual a citação editalícia deve sempre ser vista como excepcionalíssima no sistema e, assim, autorizada apenas nas hipóteses em que haja evidente e irreparável prejuízo à garantia da razoável duração do processo.

Em suma:

> **Tendo sido declinados na petição inicial todos os dados pessoais indispensáveis à correta identificação dos herdeiros, inclusive os seus respectivos endereços, devem ser eles citados pessoalmente por carta com aviso de recebimento, vedada a citação por oficial de justiça (porque comprometeria a duração razoável do processo).**
>
> STJ. 3ª Turma. REsp 1.584.088-MG, Rel. Min. Nancy Andrighi, julgado em 15/05/2018 (Info 626).

CPC/2015

Vale ressaltar que o presente julgado foi proferido com base no CPC/1973. No entanto, penso que a solução seria a mesma com o CPC/2015.

O art. 626, § 1º do CPC/2015 prevê expressamente a citação dos herdeiros por correio, com aviso de recebimento. Além disso, o legislador determinou também a publicação de edital para avisar outros eventuais interessados (credores, cessionários etc.). Desse modo, o sistema atual é o seguinte:

Citação pelo correio do cônjuge/companheiro, herdeiros e legatários mais a publicação de edital.

Veja a redação do dispositivo:

§ Art. 626. Feitas as primeiras declarações, o juiz mandará citar, para os termos do inventário e da partilha, o cônjuge, o companheiro, os herdeiros e os legatários e intimar a Fazenda Pública, o Ministério Público, se houver herdeiro incapaz ou ausente, e o testamenteiro, se houver testamento.

§ 1º O cônjuge ou o companheiro, os herdeiros e os legatários serão citados pelo correio, observado o disposto no art. 247, sendo, ainda, publicado edital, nos termos do inciso III do art. 259.

CIVIL

AVERBAÇÃO DAS MODIFICAÇÕES REALIZADAS EM IMÓVEIS COMO CONDIÇÃO PARA O INVENTÁRIO

Inventário

Inventário é o processo instaurado com o objetivo de se apurar quais foram os bens deixados pelo falecido e, após isso, realizar a partilha entre os herdeiros.

Consiste, portanto, na descrição pormenorizada dos bens da herança, tendente a possibilitar o recolhimento de tributos, o pagamento de credores e, por fim, a partilha.

Imagine agora a seguinte situação hipotética:

João faleceu e deixou três herdeiros: Maria, a esposa supérstite (sobrevivente), e dois filhos.

Maria ajuizou ação de inventário pedindo a arrecadação e partilha dos bens.

O juiz nomeou Maria como inventariante (art. 617, I, do CPC/2015).

A inventariante apresentou em juízo a relação dos bens deixados pelo falecido (art. 620, IV, do CPC/2015).

O magistrado percebeu que, dentre esses bens deixados como herança, havia um terreno no qual João, antes de morrer, construiu pequenos apartamentos e boxes de garagem para alugar.

O problema é que João fez essas acessões no imóvel, mas não realizou a averbação perante o respectivo Registro de Imóveis.

Essa providência era obrigatória. Isso porque a Lei de Registros Públicos (Lei nº 6.015/73) determina a averbação das alterações realizadas em bens imóveis, na forma do art. 167, II, "4", e do art. 169, que assim dispõem:

§ Art. 167. No Registro de Imóveis, além da matrícula, serão feitos.

(...)

II – a averbação:

(...)

4) da mudança de denominação e de numeração dos prédios, da edificação, da reconstrução, da demolição, do desmembramento e do loteamento de imóveis;

§ Art. 169. Todos os atos enumerados no art. 167 são obrigatórios e efetuar-se-ão no Cartório da situação do imóvel, salvo: (...)

Percebendo essa situação, o juiz proferiu decisão interlocutória determinando que o inventário somente poderia prosseguir depois de a inventariante providenciar a referida averbação. "Enquanto a inventariante não providenciar isso, o inventário ficará suspenso", afirmou o magistrado.

A inventariante recorreu contra a decisão afirmando que ela violava o livre acesso à Justiça.

Agiu corretamente o magistrado? É possível determinar a suspensão do processamento de uma ação de inventário até que a inventariante providencie a averbação das edificações perante o Registro de Imóveis?

SIM.

> **É legítima a decisão judicial que determina a averbação, no respectivo registro, das modificações realizadas em bens imóveis submetidos à partilha como condição de procedibilidade da ação de inventário.**
>
> STJ. 3ª Turma. REsp 1.637.359-RS, Rel. Min. Nancy Andrighi, julgado em 08/05/2018 (Info 625).

Conforme explica a doutrina:

> "A princípio não se tem como violadoras ao acesso à justiça as disposições que estatuem requisitos ou condicionantes à realização da tutela, tais como pressupostos processuais e condições da ação, pois mesmo quando não examinado o mérito terá existo prestação da tutela jurisdicional, posto que negativa. Numa frase, o acesso à justiça não pode ser obstaculizado, mas aceita condicionantes razoáveis. (GAJARDONI, Fernando da Fonseca; DELLORE, Luiz; ROQUE, André Vasconcelos; OLIVEIRA JR., Zulmar. *Teoria geral do processo: comentários ao CPC de 2015*. São Paulo: Forense, 2015. p. 15).

A imposição de determinadas restrições ao exercício do direito fundamental de acesso à justiça pelo jurisdicionado é admissível desde que o elemento condicionante seja razoável.

A imposição judicial para que sejam regularizados os bens imóveis que pertenciam ao falecido para que, apenas a partir deste ato, seja dado adequado desfecho à ação de inventário, é uma "condicionante razoável".

Vale ressaltar que a exigência imposta pelo juiz possui, inclusive, uma importância de ordem prática. Isso porque senão seria difícil (ou até impossível) a avaliação, precificação, divisão ou até mesmo a alienação do imóvel em questão antes de ele ser regularizado.

POSSIBILIDADE DE A PARTE JÁ INGRESSAR DIRETO NA VIA ORDINÁRIA POR ENTENDER QUE O JUÍZO DO INVENTÁRIO NÃO É COMPETENTE PARA A DEMANDA

Inventário

Inventário é o processo instaurado com o objetivo de se apurar quais foram os bens deixados pelo falecido e, após isso, realizar a partilha entre os herdeiros.

Consiste, portanto, na descrição pormenorizada dos bens da herança, tendente a possibilitar o recolhimento de tributos, o pagamento de credores e, por fim, a partilha.

Judicial ou extrajudicial

O inventário pode ser:

a. judicial: realizado por processo judicial decidido por sentença.

b. extrajudicial: realizado por meio de escritura pública lavrada pelo tabelião de notas.

O inventário extrajudicial somente pode ser realizado se:

a. os herdeiros forem capazes;

b. não existir testamento;

c. os herdeiros estiverem de acordo com a divisão dos bens.

§ CC/2002. Art. 2.015. Se os herdeiros forem capazes, poderão fazer partilha amigável, por escritura pública, termo nos autos do inventário, ou escrito particular, homologado pelo juiz.

§ CPC/2015. Art. 610 (...)

§ 1º Se todos forem capazes e concordes, o inventário e a partilha poderão ser feitos por escritura pública, a qual constituirá documento hábil para qualquer ato de registro, bem como para levantamento de importância depositada em instituições financeiras.

Vale ressaltar que o inventário extrajudicial é facultativo, de forma que os herdeiros, mesmo preenchendo todos os requisitos, podem escolher realizar o inventário judicial.

O julgado comentado trata sobre inventário judicial.

Questões que podem ser solucionadas no processo do inventário judicial

O juízo que conduz o processo do inventário poderá ter que decidir questões jurídicas relacionadas com a definição de quais bens integram a herança e sobre quem são os herdeiros.

O juízo do inventário poderá decidir toda e qualquer questão jurídica relacionada com a herança ou com os herdeiros?

NÃO.

- O juízo do inventário decide todas as questões que dependerem apenas de prova documental.
- Se os fatos precisarem ser comprovados por outros meios de prova (exs: testemunha, perícia etc.), então, neste caso, deverão ser decididas pelas vias ordinárias (ex: vara cível, vara de família etc, a depender da lei de organização judiciária). É o que prevê o art. 612 do CPC/2015:

§ Art. 612. O juiz decidirá todas as questões de direito desde que os fatos relevantes estejam provados por documento, só remetendo para as vias ordinárias as questões que dependerem de outras provas.

Essa regra existe porque o procedimento especial de inventário não foi feito para nele haver dilação probatória. As provas produzidas e analisadas são apenas documentais.

Vale ressaltar que se a questão envolver tema jurídico de alta complexidade, mas que possa ser decidido apenas com base em prova documental, neste caso deverá ser decidida no juízo do inventário.

Qual é o recurso cabível contra a decisão do juiz que se nega a decidir uma questão no juízo do inventário e remete o julgamento para as vias ordinárias?

Agravo de instrumento, nos termos do art. 1.015, parágrafo único, do CPC/2015:

§ Art. 1.015 (...)

Parágrafo único. Também caberá agravo de instrumento contra decisões interlocutórias proferidas na fase de liquidação de sentença ou de cumprimento de sentença, no processo de execução e no processo de inventário.

Feitos estes esclarecimentos, imagine a seguinte situação hipotética:

João faleceu e deixou dois filhos como herdeiros (Guilherme e Sarah).

Foi aberto inventário judicial na vara de sucessões.

Guilherme entendeu que sua irmã (Sarah) havia dilapidado o dinheiro do pai no período em que estava cuidando dele, nos últimos momentos de vida do patriarca.

Diante disso, Guilherme ajuizou, na vara cível, uma ação de exigir contas contra Sarah.

Ao ser citada na ação de exigir contas, Sarah arguiu a incompetência da vara cível afirmando que há um processo de inventário tramitando na vara de sucessões e que este juízo é que seria competente para decidir o tema.

Sarah argumentou que o art. 612 do CPC/2015 é um comando destinado ao magistrado e que somente ele é que pode decidir se remete ou não o tema para as vias ordinárias, não podendo a parte, desde logo, propor diretamente ação autônoma. Assim, para Sarah, Guilherme deveria ter feito o pedido de prestação de contas no juízo do inventário e, se este entendesse que o tema exigiria mais provas, remeteria as partes para as vias ordinárias.

A tese de Sarah foi acolhida pelo STJ? Havendo questão de alta indagação no inventário, a remessa das partes às vias ordinárias para apuração dos fatos de maior complexidade é uma tarefa exclusiva do magistrado ou a parte, antevendo a questão de alta indagação, pode ajuizar desde logo uma ação autônoma em outro juízo que não o do inventário?

A tese de Sarah não foi acolhida.

> **É cabível o ajuizamento de ação autônoma perante o juízo cível quando se constatar, desde logo, a necessidade de dilação probatória incompatível com o rito especial do inventário.**
>
> STJ. 3ª Turma. REsp 1.480.810-ES, Rel. Min. Nancy Andrighi, julgado em 20/03/2018 (Info 622).

O fato de a parte, vislumbrando desde logo a necessidade de uma atividade instrutória diferenciada e ampla, propor ação autônoma em juízo distinto do inventário não acarreta nulidade de nenhuma espécie. Trata-se, ao contrário, de medida que atende aos princípios da celeridade e da economia processual.

O art. 984 do CPC/1973 (atual art. 612 do CPC/2015) não proíbe a parte de buscar, pelas vias ordinárias, o acolhimento de pretensão incompatível com o rito do inventário.

O que esse artigo diz é apenas que, se a parte fizer um pedido que envolva uma questão de alta indagação no juízo do inventário, deverá o magistrado remetê-la às vias ordinárias. Não está dito, todavia, que está excluída a possibilidade de a parte deduzir a sua pretensão de modo autônomo, inclusive porque o juízo cível também deve examinar a sua própria competência, sendo-lhe lícito, por exemplo, reconhecer que a questão a ele submetida não era de alta indagação e que, em razão disso, a competência era do juízo universal do inventário.

Admitir a tese defendida pela requerida (Sarah) significa dizer que a parte, mesmo ciente da complexidade da controvérsia e da necessidade de ampla instrução, estaria obrigada a deduzir a sua pretensão perante o juízo incompetente apenas para ter uma resposta negativa e, somente então, ingressar com a ação no juízo correto. Trata-se de raciocínio que fere os princípios da razoável duração do processo, da celeridade, e da economia processual.

11.4. COLAÇÃO

O CÁLCULO DO VALOR DE COLAÇÃO DOS BENS DOADOS DEVERÁ SER FEITO TENDO COMO CRITÉRIO O TEMPO DA LIBERALIDADE OU DA ABERTURA DA SUCESSÃO?

Noção geral sobre colação

Quando uma pessoa morre, o Código Civil prevê diversas regras para que o patrimônio do falecido seja partilhado entre os seus herdeiros.

Ex.: se o falecido tiver deixado filhos: o cônjuge supérstite poderá ou não concorrer com eles na divisão da herança (teremos que analisar o regime de bens). Entre os filhos, por sua vez, não existe distinção, devendo cada um deles receber o mesmo quinhão.

Ocorre que pode acontecer de o falecido, quando ainda era vivo, ter "doado" alguns de seus bens para os descendentes ou para seu cônjuge/companheiro. Ex.: João possuía dois apartamentos e três filhos; quando ainda estava vivo, João doou um apartamento para o filho 1 e outro para o filho 2, não doando nada para o filho 3.

Na situação narrada no exemplo, repare que houve uma distribuição desigual do patrimônio. Assim, quando João morresse, sua esposa e o filho 3 ficariam, em tese, sem herança, porque João, ainda em vida, teria doado os bens para os outros filhos.

O legislador entendeu que esse cenário não seria "justo" e, por isso, criou uma regra para proteger os herdeiros necessários contra doações que forem feitas durante a vida do falecido e que não invadirem a legítima sem respeitar a igualdade que deve existir entre os herdeiros necessários que concorrem entre si.

Assim, em nosso exemplo, depois que João falecer, o CC impõe que os filhos 1 e 2 deverão "devolver" os apartamentos doados e estes imóveis, juntamente com o restante da herança deixada pelo morto, serão divididos entre os herdeiros, na forma prevista pela lei.

Conceito de colação

Colação é...

- o dever imposto pelo Código Civil
- aos herdeiros necessários do falecido
- no sentido de que, se eles receberam alguma doação do falecido quando este ainda era vivo,
- serão obrigados a trazer de volta para o monte esses bens
- a fim de que, reunido todo o patrimônio que pertencia ao morto,
- ele seja partilhado entre os herdeiros na forma prevista na lei.

Previsão no Código Civil

A colação está disciplinada nos arts. 2.002 a 2.012 do CC.

Imagine agora a seguinte situação hipotética:

Pedro, viúvo, possuía três filhos.

Em 2010, o patrimônio total de Pedro era de R$ 1 milhão.

Neste ano, Pedro doou um apartamento para Lucas, seu filho caçula.

Vale ressaltar que, segundo o mercado imobiliário da época, o apartamento doado custava R$ 700 mil.

Em 2014, Pedro morreu.

Será aberto um inventário para tratar sobre a partilha dos bens de Pedro e Lucas deverá "trazer à colação" o apartamento que lhe foi doado. O que significa isso, na prática? Ele deverá informar no inventário que recebeu essa doação. Essa providência é necessária para se analisar se a doação feita pelo indivíduo extrapolou ou não a parte disponível da herança, ou seja, a parte que ele poderia doar (metade de seus bens).

Lucas trouxe o bem à colação, ou seja, informou ao juiz do inventário que seu pai, em vida, havia lhe doado um apartamento de R$ 700 mil.

Vale ressaltar, no entanto, que houve uma melhoria no bairro e o apartamento doado atualmente vale, no mercado imobiliário, R$ 1 milhão.

Diante disso, surgiu um impasse quanto ao valor do bem que deveria ser considerado no inventário: Lucas queria que se considerasse como sendo R$ 700 mil. Para tanto, ele fundamentou seu pedido no art. 2.004 do Código Civil:

> § Art. 2.004. O valor de colação dos bens doados será aquele, certo ou estimativo, que lhes atribuir o ato de liberalidade.

Os demais herdeiros, por outro lado, afirmavam que se deve considerar o valor do apartamento no momento da morte do pai, ou seja, R$ 1 milhão. Utilizaram como base legal o art. 1.014, parágrafo único, do CPC/1973:

> § Art. 1.014. No prazo estabelecido no art. 1.000, o herdeiro obrigado à colação conferirá por termo nos autos os bens que recebeu ou, se já os não possuir, trar-lhes-á o valor.
>
> Parágrafo único. Os bens que devem ser conferidos na partilha, assim como as acessões e benfeitorias que o donatário fez, calcular-se-ão pelo valor que tiverem ao tempo da abertura da sucessão.

Em uma hipótese semelhante a essa, o que decidiu o STJ? Em caso de colação, o valor do bem a ser considerado é aquele que vigorava no momento da doação (Código Civil) ou o valor no momento da morte do autor da herança (CPC)?

O STJ decidiu que deveria ser utilizado o valor calculado no momento da doação (acrescido de correção monetária):

> **O valor de colação dos bens doados deverá ser aquele atribuído ao tempo da liberalidade, corrigido monetariamente até a data da abertura da sucessão.**
>
> STJ. 4ª Turma. REsp 1.166.568-SP, Rel. Min. Lázaro Guimarães (Desembargador convocado do TRF da 5ª Região), julgado em 12/12/2017 (Info 617).

Critério utilizado para resolver a antinomia entre o CC e o CPC/1973

Havia uma antinomia entre o art. 2.004 do CC e o art. 1.014, parágrafo único, do CPC/1973.

Diante disso, o STJ decidiu que deveria ser adotada a regra do CC, considerando que este diploma civil foi editado em 2002 e, portanto, teria revogado o CPC/1973.

O STJ citou a lição do Prof. Humberto Theodoro Júnior:

> "O valor básico para a colação é aquele pelo qual o bem figurou no ato de liberalidade (Código Civil de 2002, art. 2004). A regra do parágrafo único do art. 1.014 do Código de Processo Civil, que previa a colação pelo valor do bem ao tempo da abertura da sucessão foi implicitamente revogada pelo novo Código Civil. Continua, no entanto, vigorando para as sucessões abertas antes do advento da atual regra de direito material, em face do princípio de que toda sucessão se rege pela lei do tempo de sua abertura." (*Curso de Direito Processual Civil*. Vol. III, 46ª ed., Rio de Janeiro: Forense, 2014, p. 250).

Dessa forma, o STJ, com base no art. 2.004 do CC/2002, afirmou que o valor de colação dos bens deverá ser aquele atribuído ao tempo da doação. Atenção: apesar de não haver previsão expressa no art. 2.004, o STJ afirmou que o valor dos bens deverá ser corrigido monetariamente até a data da abertura da sucessão. Assim, o valor de colação dos bens doados deverá ser aquele atribuído ao tempo da liberalidade (tempo da doação) + correção monetária até a data da abertura da sucessão.

Enunciado 119 da I Jornada de Direito Civil

Na I Jornada de Direito Civil do CJF/STJ, o tema acima foi discutido e aprovou-se um controverso enunciado que criou uma mistura de regras envolvendo o CC/2002 e o CPC/1973. Confira:

> Enunciado 119-CJF/STJ: Para evitar o enriquecimento sem causa, a colação será efetuada com base no valor da época da doação, nos termos do caput do art. 2004, exclusivamente na hipótese em que o bem doado não mais pertença ao patrimônio do donatário. Se, ao contrário, o bem ainda integrar seu patrimônio, a colação se fará com base no valor do bem na época da abertura da sucessão, nos termos do art. 1.014 do CPC, de modo a preservar a quantia que efetivamente integrar a legítima quando esta se constituiu, ou seja, na data do óbito (resultado da interpretação sistemática do art. 2004 e seus parágrafos, juntamente com os arts. 1.832 e 884 do Código Civil).

O STJ, neste julgado acima explicado (REsp 1.166.568-SP), rechaçou esse enunciado. Segundo o Ministro Relator, este enunciado "não se coaduna com as regras estabelecidas no Código Civil de 2002 sobre a matéria, bem como afronta o princípio de direito intertemporal *tempus regit actum*."

> "Essa dicotomia de critérios, é, com todas as vênias, inadequada à hipótese presente, não se coadunando nem com a vontade do falecido, nem com a mens legislatoris".
>
> (...)
>
> "enunciado não é lei, não sendo, portanto, dotado de força obrigatória; assim sendo, não pode contrariar a lei e o sistema adotado pelo legislador (a representar a vontade do jurisdicionado no contexto em que a regra se apresenta) ao regulamentar a matéria."
>
> (...)
>
> "não se mostra possível a utilização de critérios diversos para a obtenção do valor de conferência, consoante estampado no referido Enunciado nº 119, que leva em conta, a uma, os bens que ainda estão situados no patrimônio dos donatários; e, a duas, aqueles que já não o estão, mesmo porque também cabível aqui a aplicação do vetusto brocardo (ainda, porém, com hodierna e plena aplicabilidade): o que a lei não restringe, não cabe ao intérprete restringir." (CARVALHO, Luiz Paulo Vieira de. *Direito das Sucessões*. 3ª ed., São Paulo: Atlas, 2017, p. 976-981).

Dessa forma, como já dito, a conclusão deste enunciado foi expressamente rejeitada pelo STJ.

Nova polêmica: CPC/2015

Conforme visto acima, o principal fundamento do STJ para afastar a regra do CPC/1973 (cálculo ao tempo da morte) e aplicar o CC/2002 (cálculo ao tempo da liberalidade) foi o de que o CC/2002, mais recente, teria revogado o CPC/1973 nesta parte.

Ocorre que o CPC/2015 repetiu, em linhas gerais, a mesma regra do CPC/1973. Veja a redação do art. 639, parágrafo único, do novo Código:

> § Art. 639. No prazo estabelecido no art. 627, o herdeiro obrigado à colação conferirá por termo nos autos ou por petição à qual o termo se reportará os bens que recebeu ou, se já não os possuir, trar-lhes-á o valor.

CIVIL

Parágrafo único. Os bens a serem conferidos na partilha, assim como as acessões e as benfeitorias que o donatário fez, calcular-se-ão pelo valor que tiverem ao tempo da abertura da sucessão.

Diante disso, não se pode afirmar que a conclusão do STJ no REsp 1.166.568-SP seria a mesma caso a morte tivesse ocorrido agora, ou seja, sob a vigência do CPC/2015. Isso porque este diploma é posterior ao CC/2002 e, pelo menos sob o critério cronológico, teria prevalência em relação ao Código Civil.

Direito do Consumidor

1. CONCEITO DE CONSUMIDOR

1.1. APLICAÇÃO DO CDC AOS EMPREENDIMENTOS HABITACIONAIS PROMOVIDOS PELAS SOCIEDADES COOPERATIVAS

Súmula 602-STJ: O Código de Defesa do Consumidor é aplicável aos empreendimentos habitacionais promovidos pelas sociedades cooperativas.

STJ. 2ª Seção. Aprovada em 22/2/2018, DJe 26/2/2018.

Cooperativas habitacionais

Existem determinados empreendimentos habitacionais que são planejados, construídos e comercializados por sociedades cooperativas.

Um exemplo famoso é o da Cooperativa Habitacional dos Bancários de São Paulo (Bancoop).

A Bancoop foi criada com o objetivo de construir e vender imóveis (em geral, apartamentos) para os trabalhadores bancários.

A ideia das cooperativas habitacionais é nobre, considerando que o objetivo, em tese, é o de facilitar que um grupo de pessoas consiga adquirir sua casa própria de forma facilitada, com preços menores, juros mais baixos e prazo mais extenso para pagamento. Isso porque, na teoria, a cooperativa não possui finalidade de lucro. Sua finalidade seria apenas a de facilitar para que aquele grupo de pessoas consiga atingir seu objetivo, que, no caso, seria construir um empreendimento imobiliário para moradia.

Algumas vezes, contudo, na prática, os fins originais das cooperativas habitacionais foram desvirtuados, sendo comum notícias de irregularidades e até mesmo de crimes cometidos por determinados dirigentes de sociedades cooperativas.

Assim, infelizmente, aconteceram vários casos de sociedades cooperativas que atrasaram a entrega ou mesmo não entregaram os empreendimentos habitacionais que lançaram e pelos quais as pessoas pagaram com o objetivo de ali morarem.

Essas questões foram levadas até o Judiciário e surgiu a seguinte dúvida: os adquirentes desses imóveis podem ser considerados consumidores? As cooperativas habitacionais podem ser classificadas como fornecedoras? Essa relação jurídica é regida pelo Código de Defesa do Consumidor?

SIM. O STJ, há muito tempo, firmou a posição de que a cooperativa que promove um empreendimento habitacional assume posição jurídica equiparada a uma incorporadora imobiliária, estando sujeita, portanto, às disposições do Código de Defesa do Consumidor.

Quando lança um plano habitacional, a cooperativa age como prestadora de serviços, e os seus cooperados (adquirentes) se equiparam a consumidores.

Os cooperados adquirem o imóvel como destinatários finais e são considerados vulneráveis, razão pela qual se enquadram no conceito de consumidores.

1.2. LIMITAÇÃO DO DIREITO À INDENIZAÇÃO EM VIAGENS INTERNACIONAIS

Imagine a seguinte situação hipotética:

Letícia passou sua lua de mel em Paris.

Ela voltou da França em um voo direto que pousou em Natal (RN).

A viagem dos sonhos acabou se transformando em um pesadelo ao final. Isso porque a mala de Letícia foi extraviada pela companhia aérea, que simplesmente perdeu a bagagem.

Além do transtorno, Letícia sofreu um enorme prejuízo econômico. Na mala, havia duas bolsas de grife francesa e cinco vestidos da última coleção.

Diante disso, Letícia ajuizou ação de indenização contra a "Air Paris" pedindo o pagamento de R$ 100 mil a título de danos materiais.

Contestação: tese da indenização tarifada (Convenção de Varsóvia)

O valor de todos os produtos que estavam na mala de Letícia foi de R$ 100 mil, sendo esta a quantia cobrada por ela da "Air Paris".

Na contestação, contudo, a companhia aérea alegou que, no transporte internacional, deve vigorar os limites de indenização impostos pela "Convenção de Varsóvia".

A Convenção de Varsóvia é um tratado internacional, assinado pelo Brasil em 1929 e promulgado por meio do Decreto nº 20.704/31. Posteriormente, ela foi alterada pelo Protocolo Adicional 4, assinado na cidade canadense de Montreal em 1975 (ratificado e promulgado pelo Decreto 2.861/1998). Daí falarmos em Convenções de Varsóvia e de Montreal.

Essas Convenções estipulam valores máximos que o transportador poderá ser obrigado a pagar em caso de responsabilidade civil decorrente de transporte aéreo internacional. Dessa forma, tais Convenções adotam o princípio da indenizabilidade restrita ou tarifada.

Em caso de extravio de bagagens, por exemplo, a Convenção determina que o transportador somente poderá ser obrigado a pagar uma quantia máxima de cerca de R$ 4.500,00.

Assim, em vez de receber R$ 100 mil, Letícia teria que se contentar com o limite máximo de indenização (por volta de R$ 4.500,00).

Conflito entre dois diplomas

No presente caso, temos um conflito entre dois diplomas legais:

- O CDC, que garante ao consumidor o princípio da reparação integral do dano;
- As Convenções de Varsóvia e de Montreal, que determinam a indenização tarifada em caso de transporte internacional.

Assim, a antinomia ocorre entre o art. 14 do CDC, que impõe ao fornecedor do serviço o dever de reparar os danos causados, e o art. 22 da Convenção de Varsóvia, que fixa limite máximo para o valor devido pelo transportador, a título de reparação.

Qual dos dois diplomas irá prevalecer? Em caso de extravio de bagagem ocorrido em transporte internacional envolvendo consumidor, aplica-se o CDC ou a indenização tarifada prevista nas Convenções de Varsóvia e de Montreal?

As Convenções internacionais.

Nos termos do art. 178 da Constituição da República, as normas e os tratados internacionais limitadores da responsabilidade das transportadoras aéreas de passageiros, especialmente as Convenções de Varsóvia e Montreal, têm prevalência em relação ao Código de Defesa do Consumidor.

STF. Plenário. RE 636331/RJ, Rel. Min. Gilmar Mendes e ARE 766618/SP, Rel. Min. Roberto Barroso, julgados em 25/05/2017 (repercussão geral) (Info 866).

O STJ passou a acompanhar o mesmo entendimento do STF:

É possível a limitação, por legislação internacional especial, do direito do passageiro à indenização por danos materiais decorrentes de extravio de bagagem.

STJ. 3ª Turma. REsp 673.048-RS, Rel. Min. Marco Aurélio Bellizze, julgado em 08/05/2018 (Info 626).

Por que prevalecem as Convenções?

Porque a Constituição Federal de 1988 determinou que, em matéria de transporte internacional, deveriam ser aplicadas as normas previstas em tratados internacionais. Veja:

§ Art. 178. A lei disporá sobre a ordenação dos transportes aéreo, aquático e terrestre, devendo, quanto à ordenação do transporte internacional, observar os acordos firmados pela União, atendido o princípio da reciprocidade.

Assim, em virtude dessa previsão expressa quanto ao transporte internacional, deve-se afastar o Código de Defesa do Consumidor e aplicar o regramento do tratado internacional.

Critérios para resolver esta antinomia

A Convenção de Varsóvia, enquanto tratado internacional comum, possui natureza de lei ordinária e, portanto, está no mesmo nível hierárquico que o CDC. Logo, não há diferença de hierarquia entre os diplomas normativos. Diante disso, a solução do conflito envolve a análise dos critérios cronológico e da especialidade.

Em relação ao critério cronológico, os acordos internacionais referidos são mais recentes que o CDC. Isso porque, apesar de o Decreto 20.704 ter sido publicado em 1931, ele sofreu sucessivas modificações posteriores ao CDC.

Além disso, a Convenção de Varsóvia – e os regramentos internacionais que a modificaram – são normas especiais em relação ao CDC, pois disciplinam modalidade especial de contrato, qual seja, o contrato de transporte aéreo internacional de passageiros.

Três importantes observações:

1. as Convenções de Varsóvia e de Montreal regulam apenas o transporte internacional (art. 178 da CF/88). Em caso de transporte nacional, aplica-se o CDC;

2. a limitação indenizatória prevista nas Convenções de Varsóvia e de Montreal abrange apenas a reparação por danos materiais, não se aplicando para indenizações por danos morais. As Convenções nada falam a respeito de limites para condenação por danos morais, tendo a discussão no STF ficado centrada no limite estabelecido para ressarcimento de danos materiais;
3. as Convenções de Varsóvia e de Montreal devem ser aplicadas não apenas na hipótese de extravio de bagagem, mas também em outras questões envolvendo o transporte aéreo internacional.

1.3. CONTRATO DE CONTA-CORRENTE MANTIDA ENTRE CORRETORA DE BITCOIN E INSTITUIÇÃO FINANCEIRA: NÃO SE APLICA O CDC

Contrato de conta-corrente mantida entre corretora de Bitcoin e instituição financeira: não se aplica o CDC

A empresa corretora de Bitcoin que celebra contrato de conta-corrente com o banco para o exercício de suas atividades não pode ser considerada consumidora. Não se trata de uma relação de consumo.

A empresa desenvolve a atividade econômica de intermediação de compra e venda de Bitcoins. Para realizar essa atividade econômica, utiliza o serviço de conta-bancária oferecido pela instituição financeira.

Desse modo, a utilização desse serviço bancário (abertura de conta-corrente) tem o propósito de incrementar sua atividade produtiva de intermediação, não se caracterizando, portanto, como relação jurídica de consumo, mas sim de insumo.

Em outras palavras, o serviço bancário de conta-corrente é utilizado como implemento de sua atividade empresarial, não se destinando, pois, ao seu consumo final.

Logo, não se aplicam as normas protetivas do Código de Defesa do Consumidor.

STJ. 3ª Turma. REsp 1.696.214-SP, Rel. Min. Marco Aurélio Bellizze, julgado em 09/10/2018 (Info 636).

Veja comentários em Direito Empresarial.

2. RESPONSABILIDADE PELO FATO DO PRODUTO OU DO SERVIÇO

2.1. CORPO ESTRANHO EM ALIMENTO INDUSTRIALIZADO

Imagine a seguinte situação hipotética:

João comprou um pacote de biscoito recheado, sabor morango.

Por volta do terceiro biscoito, ao mastigar o produto, João encontrou uma aliança no recheio, cuspindo-a antes de engolir.

Diante disso, ajuizou ação de indenização por danos morais contra a fabricante do produto.

A fabricante alegou, dentre outros argumentos, que não houve dano moral, considerando que João não engoliu o corpo estranho. Logo, do evento não advieram consequências significativas.

Para ocorrer a indenização por danos morais em função do encontro de corpo estranho em alimento industrializado, é necessária a sua ingestão? Para configurar dano moral é necessário que o consumidor ENGULA o objeto estranho presente no alimento?

A jurisprudência é dividida sobre o tema:

SIM	NÃO
Ausente a ingestão do produto considerado impróprio para o consumo em virtude da presença de corpo estranho, não se configura o dano moral indenizável. Não há dano moral na hipótese de aquisição de gênero alimentício com corpo estranho no interior da embalagem se não ocorre a ingestão do produto considerado impróprio para consumo, visto que referida situação não configura desrespeito à dignidade da pessoa humana, desprezo à saúde pública ou mesmo descaso para com a segurança alimentar. A ausência de ingestão de produto impróprio para o consumo configura, em regra, hipótese de mero dissabor vivenciado pelo consumidor, o que afasta eventual pretensão indenizatória decorrente de alegado dano moral. STJ. 3ª Turma. AgInt no REsp 1597890/SP, Rel. Min. Moura Ribeiro, julgado em 27/09/2016. STJ. 4ª Turma. AgRg no AREsp 489.030/SP, Rel. Min. Luis Felipe Salomão, julgado em 16/04/2015.	A aquisição de produto de gênero alimentício contendo em seu interior corpo estranho, expondo o consumidor a risco concreto de lesão à sua saúde e segurança, ainda que não ocorra a ingestão de seu conteúdo, dá direito à compensação por dano moral, dada a ofensa ao direito fundamental à alimentação adequada, corolário do princípio da dignidade da pessoa humana. O simples ato de "levar à boca" o alimento industrializado com corpo estranho gera dano moral *in re ipsa*, independentemente de sua ingestão. A disponibilização de produto considerado impróprio para consumo em virtude da presença de objeto estranho no seu interior afeta a segurança que rege as relações consumeristas na medida que expõe o consumidor a risco de lesão à sua saúde e segurança e, portanto, dá direito à compensação por dano moral. STJ. 3ª Turma. REsp 1644405/RS, Rel. Min. Nancy Andrighi, julgado em 09/11/2017. STJ. 3ª Turma. AgRg no REsp 1380274/SC, Rel. Min. João Otávio de Noronha, julgado em 10/05/2016.

Observação:

Ao observar o inteiro teor dos julgados e os casos examinados, percebe-se a seguinte distinção:

- Se o consumidor encontra o corpo estranho sem ter comido nada do produto: não cabem danos morais.
- Se o consumidor encontra o corpo estranho após ter comido parte do produto: cabem danos morais, mesmo que ele não tenha ingerido o corpo estranho. Por isso, no caso do biscoito, caberiam danos morais.

Vale ressaltar, contudo, que essa diferenciação não consta de forma expressa nos julgados. Trata-se, contudo, de uma constatação pessoal, razão pela qual deve-se ter cautela em afirmar isso nos concursos públicos. Para fins de prova, é importante ficar com a redação literal das ementas, conforme exposta no quadro acima.

2.2. BANCORBRÁS RESPONDE POR ACIDENTE DE CONSUMO OCORRIDO EM HOTEL CONVENIADO

Bancorbrás

Bancorbrás é uma empresa privada que presta um serviço chamado de "Clube de Turismo Banrcorbrás".

Por meio dele, o cliente paga um valor mensal (ex: R$ 200) e, depois de um ano, pode utilizar 7 diárias em um dos milhares de hotéis que a Bancorbrás tem convênio, no Brasil e no exterior. É a chamada "rede conveniada".

Imagine agora a seguinte situação hipotética:

João e a família são clientes do Clube de Turismo Bancorbrás.

Eles ligaram para o serviço de atendimento do clube e reservaram um resort em Canoa Quebrada (CE) para ali passarem as férias.

Chegando ao hotel, tiveram desagradável surpresa.

No quarto havia um forte odor. João imaginava que seria cheiro característico de ambientes fechados e sem uso.

Depois de uma hora sentindo aquele cheiro e começando a ter náuseas, ele decidiu questionar uma funcionária sobre o fato. A atendente respondeu que aquele cheiro devia ser da dedetização que ocorreu no dia anterior.

Além disso, vale ressaltar que as condições do hotel eram insalubres, com um quarto antigo e repleto de problemas.

Diante desse fato, João ingressou com ação de indenização por danos morais unicamente contra a Bancorbrás alegando a responsabilidade objetiva da ré pelo defeito de serviço do hotel conveniado.

A Bancorbrás alegou ser parte ilegítima para a demanda e que não teria qualquer responsabilidade sobre o episódio. Argumentou que o seu serviço foi prestado corretamente considerando que a reserva foi feita no hotel escolhido pelo consumidor e que ela (operadora) não tem ingerência pelos serviços prestados pelo resort.

A tese do autor foi acolhida? A Bancorbrás é parte legítima para figurar nesta demanda?

SIM.

> **A Bancorbrás é parte legítima para figurar no polo passivo de ação indenizatória de dano moral decorrente de defeito do serviço prestado por hotel integrante de sua rede conveniada.**
>
> STJ. 4ª Turma. REsp 1.378.284-PB, Rel. Min. Luis Felipe Salomão, julgado em 08/02/2018 (Info 620).

Fato do serviço

O fato do produto ou do serviço (acidente de consumo) configura-se quando o defeito no produto ou no serviço ultrapassar a esfera meramente econômica do consumidor, atingindo-lhe a incolumidade física ou moral.

Trata-se do caso concreto em que consumidor, no período de lazer programado, fora – juntamente com seus familiares – submetido a desconforto e aborrecimentos desarrazoados, em virtude de alojamento, em quarto insalubre, em resort integrante da rede conveniada da Bancorbrás.

Responsabilidade objetiva

O art. 14 do CDC prevê que a responsabilidade é objetiva no caso de fato do produto ou do serviço:

§ Art. 14. O fornecedor de serviços responde, independentemente da existência de culpa, pela reparação dos danos causados aos consumidores por defeitos relativos à prestação dos serviços, bem como por informações insuficientes ou inadequadas sobre sua fruição e riscos.

Solidariedade entre todos os integrantes da cadeia de fornecimento

O CDC estabelece a solidariedade entre todos os integrantes da cadeia de fornecimento de serviços, cabendo direito de regresso (na medida da participação na causação do evento lesivo) àquele que reparar os danos suportados pelo consumidor. Veja:

§ Art. 7º (...)

Parágrafo único. Tendo mais de um autor a ofensa, todos responderão solidariamente pela reparação dos danos previstos nas normas de consumo.

§ Art. 25. (...)

§ 1º Havendo mais de um responsável pela causação do dano, todos responderão solidariamente pela reparação prevista nesta e nas seções anteriores.

Bancorbrás não é mera intermediadora

A Bancorbrás não funciona como mera intermediadora entre os hotéis e os adquirentes do título do clube de turismo. A intermediação configurar-se-ia se o contrato fosse fundado na livre escolha do consumidor, sem qualquer condução ou direcionamento da Bancorbrás. Ao revés, a escolha do adquirente do título fica limitada aos estabelecimentos previamente credenciados e contratados pela Bancorbrás, que, em seu próprio regimento interno, prevê a necessidade de um padrão de atendimento e de qualidade dos serviços prestados.

O caso, portanto, não pode ser tratado como culpa exclusiva de terceiro, pois o hotel conveniado integra a cadeia de consumo referente ao serviço introduzido no mercado pela Bancorbrás.

Os prestadores de serviço de hospedagem credenciados funcionam como verdadeiros prepostos ou representantes autônomos da Bancorbrás, o que atrai a incidência do art. 34 do CDC:

§ Art. 34. O fornecedor do produto ou serviço é solidariamente responsável pelos atos de seus prepostos ou representantes autônomos.

Deste modo, é de se reconhecer a legitimidade passiva *ad causam* da Bancorbrás para responder por defeito do serviço de hotel conveniado.

2.3. ALTERAÇÃO DO TRANSPORTE AÉREO PARA TERRESTRE E OCORRÊNCIA DE ROUBO: DEVER DE INDENIZAR

Caso 1. Imagine a seguinte situação hipotética:

João comprou uma passagem de ônibus de Campinas (SP) para São Paulo (SP).

Durante o trajeto, o coletivo foi parado por ladrões, que roubaram e agrediram os passageiros.

João terá direito de receber indenização da empresa de transporte coletivo?

NÃO. A jurisprudência do STJ entende que o roubo dentro de ônibus configura hipótese de fortuito externo, por se tratar de fato de terceiro inteiramente independente ao transporte em si, afastando-se, com isso, a responsabilidade da empresa transportadora por danos causados aos passageiros.

Fortuito INTERNO	Fortuito EXTERNO
Está relacionado com a organização da empresa. É um fato ligado aos riscos da atividade desenvolvida pelo fornecedor.	Não está relacionado com a organização da empresa. É um fato que não guarda nenhuma relação de causalidade com a atividade desenvolvida pelo fornecedor. É uma situação absolutamente estranha ao produto ou ao serviço fornecido.
Ex1: o estouro de um pneu do ônibus da empresa de transporte coletivo; Ex2: cracker invade o sistema do banco e consegue transferir dinheiro da conta de um cliente. Ex3: durante o transporte da matriz para uma das agências, ocorre um roubo e são subtraídos diversos talões de cheque (trata-se de um fato que se liga à organização da empresa e aos riscos da própria atividade desenvolvida).	Ex1: assalto à mão armada no interior de ônibus coletivo (não é parte da organização da empresa de ônibus garantir a segurança dos passageiros contra assaltos); Ex2: um terremoto faz com que o telhado do banco caia, causando danos aos clientes que lá estavam.
O fortuito interno NÃO exclui a obrigação do fornecedor de indenizar o consumidor.	O fortuito externo é uma causa excludente de responsabilidade.

Caso 2. Imagine agora outra situação um pouco diferente:

Pedro comprou uma passagem aérea de Brasília (DF) para São José do Rio Preto (SP).

Ocorre que a companhia cancelou o voo e, em vez de disponibilizar outro avião para transportar os passageiros, ofereceu o transporte para o mesmo trecho mediante ônibus.

Pedro tinha um compromisso urgente em São José do Rio Preto (SP) e, por essa razão, preferiu aceitar realizar o transporte terrestre.

Ocorre que, no percurso, o ônibus foi parado por ladrões, que roubaram e agrediram os passageiros, dentre eles Pedro.

Diante disso, Pedro ajuizou ação de indenização por danos morais e materiais contra a companhia aérea.

A ré contestou a demanda afirmando que é pacífico o entendimento jurisprudencial no sentido de que o roubo ocorrido em ônibus constitui-se como fortuito externo, sendo, portanto, causa excludente do dever de indenizar.

Pedro terá direito à indenização?

SIM.

Como vimos acima (caso 1), em regra, a ocorrência de roubo de passageiros em transporte coletivo afasta a responsabilidade do transportador, por caracterizar fortuito externo.

O caso 2, contudo, possui uma peculiaridade que faz com que a companhia tenha responsabilidade civil.

Pedro firmou com a empresa um contrato de transporte AÉREO, modalidade que, além de implicar uma maior comodidade e celeridade em relação à via terrestre, revela-se também muito mais segura, fatores que justificam, inclusive, o valor mais elevado da passagem.

A possibilidade de ocorrer um roubo cometido com arma de fogo dentro de um avião é praticamente nula. Por outro lado, tem sido cada dia mais comum a ocorrência de assaltos em ônibus.

Dessa forma, a partir do momento em que a empresa altera, de forma unilateral, a modalidade de transporte aéreo contratada pelo rodoviário, ela passou a assumir todos os riscos daí advindos.

Em outras palavras, a conduta da companhia, ao não facultar outro voo para a realização da viagem e somente oferecer aos passageiros que o trajeto fosse feito pela via terrestre, também concorreu para o resultado, fato que caracteriza a culpa da empresa pelo evento danoso.

Assim, pode-se dizer que a alteração substancial e unilateral do contrato firmado – de transporte aéreo para terrestre –, sem dúvida alguma, acabou criando uma situação favorável à ação de terceiros, não podendo a transportadora agora, após a criação efetiva do risco de ocorrência de roubo contra os passageiros, valer-se da excludente do fortuito externo para se eximir da responsabilidade.

Por esse motivo, também NÃO é possível invocar o art. 14, § 3º, II, do CDC, pois não se verificou culpa exclusiva de terceiro, em virtude da concorrência da transportadora para o resultado lesivo:

§

Art. 14 (...)

§ 3º O fornecedor de serviços só não será responsabilizado quando provar:

(...)

II – a culpa exclusiva do consumidor ou de terceiro.

Em suma:

A alteração substancial e unilateral do contrato firmado de transporte aéreo para terrestre impede a utilização da excludente de fortuito externo para eximir a empresa de transporte aéreo da responsabilidade civil por danos causados por roubo ao ônibus.

STJ. 3ª Turma. REsp 1.728.068-SP, Rel. Min. Marco Aurélio Bellizze, julgado em 05/06/2018 (Info 627).

Uma última pergunta: em nosso exemplo, a companhia aérea pagou para uma empresa de transporte rodoviário levar os passageiros. Se Pedro tivesse ajuizado a ação contra esta empresa de transporte rodoviário, ele teria tido êxito? Essa empresa de transporte rodoviário que levou Pedro também é responsável civilmente?

NÃO. Se a demanda tivesse sido manejada contra a empresa responsável pelo ônibus fretado, que realizou o trajeto entre Brasília e São José do Rio Preto, o pedido de Pedro deveria ser julgado improcedente. Isso porque, neste caso, seria reconhecido o fortuito externo, considerando que a empresa de ônibus não contribuiu em nada para a produção do evento lesivo.

2.4. CONCESSIONÁRIA DE TRANSPORTE FERROVIÁRIO DEVE PAGAR INDENIZAÇÃO À PASSAGEIRA QUE SOFREU ASSÉDIO SEXUAL NO INTERIOR DO TREM?

Imagine a seguinte situação adaptada:

Maria estava voltando para casa, por volta das 18h, em um trem da CPTM (Companhia Paulista de Trens Metropolitanos), na cidade de São Paulo/SP.

Ela estava em pé dentro do vagão e, de repente, "foi importunada por um homem que se postou atrás da mesma, esfregando-se na região de suas nádegas", sendo que, ao se queixar com o agressor, verificou que ele "estava com o órgão genital ereto".

Vale ressaltar que, na parada seguinte, Maria informou o fato à equipe da CPTM, que localizou e conduziu o agressor à delegacia.

A vítima ficou muito abalada emocionalmente com o episódio e ingressou com ação de indenização por danos morais contra a CPTM, empresa concessionária do transporte ferroviário, alegando que não foi oferecida a devida segurança a ela enquanto passageira.

A questão chegou até o STJ. A empresa concessionária tem o dever de indenizar neste caso?

O STJ está dividido sobre o tema:

- 3ª Turma do STJ: SIM.
- 4ª Turma do STJ: NÃO.

Decisão da 3ª Turma

A concessionária de transporte ferroviário pode responder por dano moral sofrido por passageira, vítima de assédio sexual, praticado por outro usuário no interior do trem.

STJ. 3ª Turma. REsp 1.662.551-SP, Rel. Min. Nancy Andrighi, julgado em 15/05/2018 (Info 628).

Contrato de transporte de pessoas

O transporte de pessoas consiste em contrato pelo qual o transportador se obriga a transportar, com segurança e presteza, pessoas e suas bagagens, de um ponto a outro, mediante o pagamento da passagem.

Cláusula de incolumidade

Existe uma cláusula que está implícita nos contratos de transporte. Trata-se da chamada "cláusula de incolumidade", segundo a qual se impõe ao transportador, mesmo que implicitamente, o dever de zelar pela incolumidade do passageiro, levando-o, a salvo e em segurança, até o local de destino.

Conforme explica Sérgio Cavalieri Filho, "a característica mais importante do contrato de transporte é a cláusula de incolumidade que nele está implícita. A obrigação do transportador não é apenas de meio, e não só de resultado, mas também de segurança. Não se obriga ele a tomar as providências e cautelas necessárias para o bom sucesso do transporte; obriga-se pelo fim, isto é, garante o bom êxito" (Programa de Responsabilidade Civil. São Paulo: Atlas, 12ª ed., 2015, p. 398).

Responsabilidade objetiva do transportador

O art. 734 do Código Civil estabelece, inclusive, a responsabilidade objetiva do transportador pelos danos causados às pessoas transportadas e suas bagagens, salvo motivo de força maior:

> § Art. 734. O transportador responde pelos danos causados às pessoas transportadas e suas bagagens, salvo motivo de força maior, sendo nula qualquer cláusula excludente da responsabilidade.
>
> Parágrafo único. É lícito ao transportador exigir a declaração do valor da bagagem a fim de fixar o limite da indenização.

> § Art. 735. A responsabilidade contratual do transportador por acidente com o passageiro não é elidida por culpa de terceiro, contra o qual tem ação regressiva.

Responsabilidade objetiva enquanto fornecedor de serviços

A empresa concessionária é fornecedora de serviços e possui responsabilidade civil decorrente do Código de Defesa do Consumidor:

§ Art. 14. O fornecedor de serviços responde, independentemente da existência de culpa, pela reparação dos danos causados aos consumidores por defeitos relativos à prestação dos serviços, bem como por informações insuficientes ou inadequadas sobre sua fruição e riscos.

§ 1º O serviço é defeituoso quando não fornece a segurança que o consumidor dele pode esperar, levando-se em consideração as circunstâncias relevantes, entre as quais:

I – o modo de seu fornecimento;

II – o resultado e os riscos que razoavelmente dele se esperam;

III – a época em que foi fornecido.

§ 2º O serviço não é considerado defeituoso pela adoção de novas técnicas.

§ 3º O fornecedor de serviços só não será responsabilizado quando provar:

I – que, tendo prestado o serviço, o defeito inexiste;

II – a culpa exclusiva do consumidor ou de terceiro.

§ Art. 22. Os órgãos públicos, por si ou suas empresas, concessionárias, permissionárias ou sob qualquer outra forma de empreendimento, são obrigados a fornecer serviços adequados, eficientes, seguros e, quanto aos essenciais, contínuos.

Concessionária de serviço público

Além do Código Civil e do CDC, vale ressaltar que as concessionárias de serviço público também possuem responsabilidade objetiva por força do art. 37, § 6º da CF/88.

Segundo entende o STF, as pessoas jurídicas de direito privado, prestadoras de serviço público, respondem objetivamente pelos prejuízos que causarem a terceiros, sejam eles usuários ou não usuários do serviço.

Ex: um ônibus de uma empresa de transporte coletivo se envolve em um acidente de trânsito, essa empresa concessionária de serviço público terá responsabilidade objetiva tanto em relação aos passageiros (usuários do serviço) como também em relação aos eventuais pedestres que o ônibus atingiu (não usuários do serviço).

Essa foi a tese fixada pelo STF:

A responsabilidade civil das pessoas jurídicas de direito privado prestadoras de serviço público é objetiva relativamente a terceiros usuários e não-usuários do serviço, segundo decorre do art. 37, § 6º, da Constituição Federal.

STF. Plenário. RE 591874, Rel. Min. Ricardo Lewandowski, julgado em 26/08/2009 (repercussão geral).

Fato de terceiro como excludente do nexo de causalidade

Apesar de a responsabilidade ser objetiva, é possível que o fato de terceiro seja uma causa excludente de responsabilidade quando houver rompimento do nexo causal.

Vale ressaltar, no entanto, que o fato de terceiro somente será caracterizado como excludente de responsabilidade quando ele for inteiramente independente ao transporte em si, afastando-se, com isso, a responsabilidade da empresa transportadora por danos causados aos passageiros.

Assim, no que concerne à culpa de terceiro, a doutrina e a jurisprudência são unânimes no sentido de somente reconhecer o rompimento do nexo causal quando a conduta praticada pelo terceiro não apresentar qualquer relação com a organização do negócio e os riscos da atividade desenvolvida pelo transportador. Diz-se, nessa hipótese, que o fato de terceiro se equipara ao fortuito externo, apto a elidir a responsabilidade do transportador. Veja:

Fortuito INTERNO	Fortuito EXTERNO
Está relacionado com a organização da empresa. É um fato ligado aos riscos da atividade desenvolvida pelo fornecedor.	Não está relacionado com a organização da empresa. É um fato que não guarda nenhuma relação de causalidade com a atividade desenvolvida pelo fornecedor. É uma situação absolutamente estranha ao produto ou ao serviço fornecido.
Ex1: o estouro de um pneu do ônibus da empresa de transporte coletivo; Ex2: cracker invade o sistema do banco e consegue transferir dinheiro da conta de um cliente. Ex3: durante o transporte da matriz para uma das agências, ocorre um roubo e são subtraídos diversos talões de cheque (trata-se de um fato que se liga à organização da empresa e aos riscos da própria atividade desenvolvida).	Ex1: assalto à mão armada no interior de ônibus coletivo (não é parte da organização da empresa de ônibus garantir a segurança dos passageiros contra assaltos); Ex2: um terremoto faz com que o telhado do banco caia, causando danos aos clientes que lá estavam.
O fortuito interno NÃO exclui a obrigação do fornecedor de indenizar o consumidor.	O fortuito externo é uma causa excludente de responsabilidade.

Desse modo, o fato de terceiro pode ser:

- fortuito externo: apto à exclusão do dever de indenizar do transportador;
- fortuito interno: quando se insere dentre os riscos inerentes à prestação do serviço, atraindo a responsabilidade da empresa de transportes.

A análise é casuística, sendo necessário avaliar, na hipótese trazida a julgamento, se o dano sofrido pelo passageiro extrapola ou não os limites da cláusula de incolumidade do contrato.

Exemplos nos quais o STJ reconheceu que o fato de terceiro era causa excludente da responsabilidade (fortuito EXTERNO):

- dano sofrido pelo passageiro em virtude de uma pedra que foi arremessada contra o ônibus ou trem (AgInt nos EREsp 1.325.225/SP, DJe de 19/09/2016);
- assalto a mão armada no interior do veículo de transporte coletivo (AgRg no REsp 620.259/MG, DJe de 26/10/2009);
- assalto a mão armada nas dependências da estação metroviária (REsp 974.138/SP, DJe de 09/12/2016);
- morte de usuário do transporte coletivo, vítima de "bala perdida" (AgRg no REsp 1.049.090/SP, DJe de 19/08/2014);
- danos decorrentes de explosão de bomba em composição de trem (AgRg nos EDcl nos EREsp 1.200.369/SP, DJe de 16/12/2013).

Assédio sexual em transportes públicos: fortuito INTERNO (necessidade de proteção da incolumidade físico-psíquica das mulheres)

Ser exposta a assédio sexual viola a cláusula de incolumidade física e psíquica daquele que é passageiro de um serviço de transporte de pessoas.

Este evento configura fortuito interno porque a ocorrência desse assédio sexual tem relação com a prestação do serviço de transporte de passageiros.

Os casos de assédio sexual têm sido comuns no transporte ferroviário de São Paulo, em especial, nesta linha.

Embora a CPTM tenha localizado e conduzido o agressor à delegacia, nada mais fez para evitar que esses fatos ocorram.

Há uma série de soluções que podem talvez não evitar, mas ao menos reduzir a ocorrência deste evento ultrajante, tais como a disponibilização de mais vagões, uma maior fiscalização por parte da empresa etc.

Por envolver, necessariamente, uma grande aglomeração de pessoas em um mesmo espaço físico, aliados à baixa qualidade do serviço prestado, incluído a pouca quantidade de vagões ou ônibus postos à disposição do público, a prestação do serviço de transporte de passageiros vem propiciando a ocorrência de eventos de assédio sexual. Em outros termos, mais que um simples cenário ou ocasião, o transporte público tem concorrido para a causa dos eventos de assédio sexual.

Nesse sentido, percebe-se que esse tipo de situação está diretamente ligada à prestação do serviço de transporte público, tornando-se assim mais um risco da atividade, ao qual todos os passageiros, em especial as mulheres, tornam-se vítimas.

Valor da indenização

No caso concreto, o STJ condenou a CPTM a pagar R$ 20 mil a título de indenização por danos morais.

Decisão da 4ª Turma

As empresas de transporte coletivo (ex: CPTM) não têm responsabilidade diante de ato libidinoso cometido por terceiro contra passageira no interior do veículo.

Assim, a 4ª Turma do STJ negou indenização em favor de mulher que foi molestada sexualmente dentro de um vagão da CPTM.

STJ. 4ª Turma. REsp 1.748.295-SP, Rel. para acórdão Min. Marco Buzzi, julgado em 13/12/2018.

No caso concreto, ao perceber um homem se esfregar em seu corpo, a mulher buscou socorro, e funcionários da CPTM a conduziram à delegacia para que fosse feito o registro da ocorrência. Posteriormente, ela ajuizou uma ação de indenização por danos morais contra a empresa, alegando que, mesmo pedindo ajuda, não foi prontamente socorrida após o atentado.

O juízo de primeiro grau condenou a CPTM a pagar R$ 10 mil por danos morais. Entretanto, o Tribunal de Justiça de São Paulo deu provimento à apelação da companhia para afastar a responsabilização por atos de terceiros estranhos à prestação do serviço.

O Min. Marco Buzzi explicou que, conforme o entendimento predominante no STJ, "não há responsabilidade da empresa de transporte coletivo em caso de ilícito alheio e estranho à atividade de transporte, pois o evento é considerado caso fortuito ou força maior, excluindo-se, portanto, a responsabilidade da empresa transportadora".

Segundo o ministro, a jurisprudência do STJ "estabelece a responsabilidade civil objetiva do transportador, o qual deverá responder pelos danos causados às pessoas transportadas e suas bagagens, salvo a existência de alguma excludente de responsabilidade, como motivo de força maior, caso fortuito, culpa exclusiva da vítima ou de terceiro".

De acordo com ele, a 2ª Seção do STJ – responsável pelos casos de direito privado – tem entendimento pacífico no sentido de que "o ato de terceiro que seja doloso ou alheio aos riscos próprios da atividade explorada é fato estranho à atividade do transportador, caracterizando-se como fortuito externo, equiparável à força maior, rompendo o nexo causal e excluindo a responsabilidade civil do fornecedor".

Nesse sentido, a prática de crime, seja ele roubo, furto, lesão corporal ou ato libidinoso cometido por terceiro em veículo de transporte público afasta a responsabilidade da empresa transportadora por danos causados aos passageiros.

Para o Min. Marco Buzzi, apesar de o ato libidinoso contra a passageira ser grave e reprovável, "não pode haver diferenciação quanto ao tratamento da questão apenas à luz da natureza dos delitos", não sendo possível imputar à transportadora eventual negligência, pois, conforme consta do acórdão, o agressor foi preso em flagrante após ter sido identificado pelos agentes de segurança. Em consequência, acrescentou o ministro, deve o agressor "responder penal e, inclusive, civilmente pelo seu ato reprovável, pois é ele o único autor do fato".

2.5. A LANCHONETE TEM O DEVER DE INDENIZAR O CONSUMIDOR QUE SOFREU ROUBO ARMADO NA FILA DO DRIVE-TRHU

Imagine a seguinte situação hipotética:

João estava em seu carro na fila do drive-thru da McDonald´s aguardando sua vez para comprar o lanche.

Foi, então, assaltado por um homem armado que roubou sua carteira e o celular.

João ajuizou ação de indenização por danos morais e materiais contra a lanchonete.

A McDonald´s contestou a demanda afirmando que esse evento se caracteriza como fortuito externo, ocorrendo apenas em razão de ato cometido por terceiro, não tendo a lanchonete qualquer participação no fato. Em virtude disso, pediu a exclusão de sua responsabilidade civil.

O pedido de João foi acolhido pelo STJ? A lanchonete tem o dever de indenizar?

SIM.

> **A lanchonete responde pela reparação de danos sofridos pelo consumidor que foi vítima de crime ocorrido no drive-thru do estabelecimento comercial.**
>
> STJ. 4ª Turma. REsp 1.450.434-SP, Rel. Min. Luis Felipe Salomão, julgado em 18/09/2018 (Info 637).

Relação de consumo e responsabilidade objetiva

O CDC previu a responsabilidade objetiva do fornecedor pelo fato do serviço, fundada na teoria do risco da atividade. Veja o que diz o art. 14:

> § Art. 14. O fornecedor de serviços responde, independentemente da existência de culpa, pela reparação dos danos causados aos consumidores por defeitos relativos à prestação dos serviços, bem como por informações insuficientes ou inadequadas sobre sua fruição e riscos.
>
> § 1º O serviço é defeituoso quando não fornece a segurança que o consumidor dele pode esperar, levando-se em consideração as circunstâncias relevantes, entre as quais: (...)

Fortuito interno x fortuito externo

A força maior e o caso fortuito vêm sendo entendidos, atualmente, como espécies do gênero fortuito externo.

Tanto o fortuito interno como o externo são fatos inevitáveis e imprevisíveis. No entanto, existem diferenças entre eles:

Fortuito interno	Fortuito externo
Está relacionado com a organização da empresa. É um fato ligado aos riscos da atividade desenvolvida pelo fornecedor.	Não está relacionado com a organização da empresa. É um fato que não guarda nenhuma relação de causalidade com a atividade desenvolvida pelo fornecedor. É uma situação absolutamente estranha ao produto ou ao serviço fornecido.
Ex1: o estouro de um pneu do ônibus da empresa de transporte coletivo; Ex2: *cracker* invade o sistema do banco e consegue transferir dinheiro da conta de um cliente. Ex3: durante o transporte da matriz para uma das agências, ocorre um roubo e são subtraídos diversos talões de cheque (trata-se de um fato que se liga à organização da empresa e aos riscos da própria atividade desenvolvida).	Ex1: assalto à mão armada no interior de ônibus coletivo (não é parte da organização da empresa de ônibus garantir a segurança dos passageiros contra assaltos); Ex2: um terremoto faz com que o telhado do banco caia, causando danos aos clientes que lá estavam.
O fortuito interno NÃO exclui a obrigação do fornecedor de indenizar o consumidor.	O fortuito externo é uma causa excludente de responsabilidade.

Dever de indenizar e roubo mediante uso de arma de fogo

Existe dever de indenizar em caso de roubo mediante uso de arma de fogo? Regra: NÃO Em caso de roubo mediante uso de arma de fogo, em regra, não há dever de indenizar, ainda que no âmbito da responsabilidade civil objetiva. Isso porque se trata de fato inevitável e irresistível, acarretando uma impossibilidade quase absoluta de não ocorrência do dano.		
Exceções:	**a.** serviços que, em sua natureza, envolvem risco à segurança. Aqui o risco é um evento previsível.	Ex: atividades bancárias.
	b. quando há exploração econômica direta da atividade.	Ex: estacionamentos pagos.
	c. quando, em troca dos benefícios financeiros indiretos, o fornecedor assume, ainda que implicitamente, o dever de lealdade e segurança.	Ex: estacionamentos gratuitos de shoppings e hipermercados.
	d. quando o empreendedor acaba atraindo para si tal responsabilidade.	Ex: se o fornecedor divulga essa segurança em oferta ou publicidade.

Súmula 130 e sua interpretação pelo STJ

Súmula 130-STJ: A empresa responde, perante o cliente, pela reparação de dano ou furto de veículo ocorridos em seu estacionamento.

A Súmula fala em dano ou furto. Assim, em regra, não se aplica para roubo. Em regra, roubo é fortuito externo e, portanto, excludente de indenizar. Ex: não se aplica a Súmula 130 do STJ em caso de roubo de cliente de lanchonete fast-food, se o fato ocorreu no estacionamento externo e gratuito por ela oferecido (STJ. 3ª Turma. REsp 1.431.606-SP, julgado em 15/08/2017).

Situações nas quais o STJ afirmou que Súmula 130 deve ser aplicada em roubo, ou seja, mesmo sendo roubo, a empresa deverá indenizar:

- em se tratando de shopping centers, é devida a indenização mesmo em caso de tentativa de roubo armado (STJ. 4ª Turma. REsp 1.269.691-PB, julado em 21/11/2013).
- em caso de roubo ocorrido em estacionamento pago (empresas de estacionamento pago);
- quando o estacionamento era de um grande shopping center ou de uma rede de hipermercado.

Nesse sentido:

> Em casos de roubo, a jurisprudência desta Corte tem admitido a interpretação extensiva da Súmula nº 130/STJ para entender configurado o dever de indenizar de estabelecimentos comerciais quando o crime for praticado no estacionamento de empresas destinadas à exploração econômica direta da referida atividade (hipótese em que configurado fortuito interno) ou quando esta for explorada de forma indireta por grandes shopping centers ou redes de hipermercados (hipótese em que o dever de reparar resulta da frustração de legítima expectativa de segurança do consumidor).
>
> STJ. 3ª Turma. REsp 1642397/DF, Rel. Min. Ricardo Villas Bôas Cueva, julgado em 20/03/2018.

O roubo ocorrido em drive-thru pode ser considerado fortuito interno ou externo?

Fortuito externo.

O *drive-thru* é uma forma de atendimento ou de serviço diferenciado de fornecimento de mercadorias em que o estabelecimento comercial disponibiliza a seus clientes a opção de aquisição de produtos sem que tenham de sair do automóvel. O consumidor é atendido e servido ao "passar" com o veículo pelo restaurante, mais precisamente em área contígua à loja.

A rede de restaurantes, ao disponibilizar o serviço de drive-thru aos seus clientes, atrai para si a obrigação de indenizá-los por eventuais danos causados, não havendo falar em rompimento do nexo causal.

Em troca dos benefícios financeiros indiretos decorrentes desse acréscimo de conforto aos consumidores, a lanchonete assumiu o dever implícito de lealdade e segurança incidindo aí o princípio da confiança.

Trata-se, portanto, da exceção prevista na letra "c" explicada no quadro acima.

Importante assinalar que o sistema drive thru não é apenas uma comodidade adicional ou um fator a mais de atração de clientela. É também um elemento essencial de viabilidade da atividade empresarial exercida, sendo o *modus operandi* do serviço.

Publicidade da empresa promete segurança aos clientes

Vale ressaltar que, no caso específico da McDonald´s, a publicidade da empresa promete segurança aos clientes.

Conforme juntado aos autos, há uma peça publicitária da McDonald's na qual ela diz que sua maior preocupação é preservar a segurança física de seus clientes e funcionários e que, por isso, mantém um quadro de seguranças treinados que circulam pelo restaurante.

Em suma:

A lanchonete tem o dever de indenizar o consumidor que sofreu roubo armado na fila do drive-trhu.

Neste caso, deve-se reconhecer que o serviço disponibilizado foi inadequado e ineficiente. Logo, não se pode falar em caso fortuito ou força maior, mas sim em fortuito interno. Isso porque se trata de evento relacionado com a organização da empresa. Está ligado aos riscos esperados da atividade empresarial desenvolvida.

Desse modo, este evento frustra a legítima expectativa de segurança do consumidor-médio, caracterizando violação ao princípio da confiança.

Quadro-comparativo:

Estacionamento e responsabilidade civil		
Situação	**Há dever de indenizar?**	**STJ**
Dano ou furto em estacionamento	SIM	Súmula 130-STJ
Roubo no estacionamento externo e gratuito de lanchonete	NÃO	REsp 1.431.606-SP
Roubo ocorrido no drive-thru da lanchonete	SIM	REsp 1.450.434-SP
Roubo em estacionamento pago	SIM	EREsp 1.118.454-RS
Roubo ocorrido no estacionamento de shopping center	SIM	REsp 1.269.691-PB
Roubo em estacionamento de hipermercado	SIM	REsp 1.642.397-DF
Roubo em estacionamento gratuito localizado em área pública em frete ao supermercado	NÃO	REsp 1.642.397-DF
Roubo em estacionamento de banco	SIM	REsp 1.045.775-ES
Furto em veículo sob a guarda de vallet parking que fica localizado em via pública	SIM	REsp 1.321.739-SP
Roubo em veículo sob a guarda de vallet parking que fica localizado em via pública	NÃO	REsp 1.321.739-SP
Furto ou roubo ocorrido em veículo sob a guarda de vallet parking localizado dentro do shopping center	SIM	REsp 1.321.739-SP

2.6. PRAZO PRESCRICIONAL PARA AÇÃO DE INDENIZAÇÃO EM CASO DE FURTO DE JOIA EMPENHADA

Penhor

Penhor é o direito real pelo qual o devedor ou terceiro transfere ao credor, em garantia do débito, a posse de uma coisa móvel. Em outras palavras, a pessoa toma um empréstimo e, como garantia de que irá pagar a dívida, transfere para o credor um objeto de valor.

A coisa dada em penhor é "empenhada" ou "apenhada".

Não se pode confundir penhor (garantia real) com penhora (ato do processo de execução).

Penhor de joias

A Caixa Econômica Federal oferece uma forma de conferir empréstimo de modo mais ágil e sem burocracia. Trata-se do empréstimo com penhor.

A pessoa interessada em obter um empréstimo procura a CEF e obtém o valor, oferecendo, como garantia, um bem de valor de seu patrimônio, normalmente uma joia, uma pedra preciosa, um relógio etc.

Quando a pessoa paga o empréstimo, recebe de volta o bem empenhado.

Se o mutuário não quitar o empréstimo, a coisa apenhada é leiloada para pagar a dívida.

Imagine agora a seguinte situação hipotética:

Pedro, precisando de dinheiro, resolve tomar um empréstimo na CEF e, como garantia, entrega o seu anel de formatura.

No contrato assinado, havia uma cláusula que estabelecia que, em caso de roubo, furto ou extravio da joia empenhada, a CEF deveria pagar ao mutuário, a título de danos materiais e morais, o valor máximo de 1,5 vezes da quantia pela qual foi avaliado o bem. Ex: se o bem tivesse sido avaliado em R$ 10 mil, a CEF pagaria no máximo 15 mil reais de indenização.

Uma semana após Pedro dar o bem em garantia, houve um furto na agência da CEF e levaram o anel, que estava guardado em um cofre.

A CEF deverá indenizar Pedro por esse furto?

SIM. O furto ocorrido deve ser entendido como fortuito interno, inerente à atividade explorada pelo banco. Assim, a instituição financeira é responsável por furtos ou mesmo roubos em seus cofres (REsp 1.250.997/SP, Rel. Min. Marco Buzzi, Quarta Turma, julgado em 5/2/2013).

Essa cláusula que limita o valor da indenização é válida?

NÃO. O STJ entende que essa cláusula é nula:

> Em contrato de penhor firmado por consumidor com instituição financeira, é nula a cláusula que limite o valor da indenização na hipótese de eventual furto, roubo ou extravio do bem empenhado.
>
> STJ. 4ª Turma. REsp 1.155.395-PR, Rel. Min. Raul Araújo, julgado em 1º/10/2013 (Info 529).

O que fazer, então, no caso concreto?

A parte prejudicada deverá ingressar com ação de indenização contra a CEF cobrando o valor que entende como justo a título de indenização.

Deve-se salientar que, além dos danos materiais, a CEF deverá ser condenada a pagar também danos morais, uma vez que o consumidor que decide pelo penhor assim o faz pretendendo receber o bem de volta, e, para tanto, confia que o mutuante o guardará pelo prazo ajustado. Se a coisa empenhada fosse para o proprietário um bem qualquer, sem nenhum valor sentimental, provavelmente o consumidor optaria pela venda da joia, e, certamente, obteria um valor maior.

Dessa forma, em geral, a coisa empenhada tem um grande valor sentimental para o devedor.

Qual é o prazo prescricional para o ajuizamento dessa ação de indenização?

5 anos, nos termos do art. 27 do CDC:

> § Art. 27. Prescreve em cinco anos a pretensão à reparação pelos danos causados por fato do produto ou do serviço prevista na Seção II deste Capítulo, iniciando-se a contagem do prazo a partir do conhecimento do dano e de sua autoria.

Em suma:

A parte celebrou contrato de mútuo com a instituição financeira e deu uma joia em penhor como garantia do débito.

Ocorre que a joia foi furtada de dentro do banco.

Diante disso, o devedor (mutuário) terá que pleitear indenização pelos prejuízos sofridos com o furto, sendo de 5 anos o prazo prescricional para essa ação de ressarcimento.

O furto das joias, objeto do penhor, constitui falha do serviço prestado pela instituição financeira, devendo incidir o prazo prescricional de 5 anos para a ação de indenização, conforme previsto no art. 27 do CDC.

STJ. 4ª Turma. REsp 1.369.579-PR, Rel. Min. Luis Felipe Salomão, julgado em 24/10/2017 (Info 616).

3. RESPONSABILIDADE PELO VÍCIO DO PRODUTO OU DO SERVIÇO

3.1. DEVER DO COMERCIANTE DE RECEBER E ENVIAR OS APARELHOS VICIADOS PARA A ASSISTÊNCIA TÉCNICA OU PARA O FABRICANTE

Imagine a seguinte situação hipotética:

João comprou um aparelho celular Samsung na loja "Ponto Frio" no shopping.

Dois meses depois, o som do aparelho não funcionava mais.

Neste caso, João tem o direito de exigir que consertem o produto adquirido no prazo de 30 dias.

Se o produto não for consertado nesse prazo, o consumidor pode exigir a substituição da mercadoria, a devolução do dinheiro ou o abatimento proporcional do preço.

Isso encontra-se previsto no art. 18, § 1º do CDC:

§ Art. 18. Os fornecedores de produtos de consumo duráveis ou não duráveis respondem solidariamente pelos vícios de qualidade ou quantidade que os tornem impróprios ou inadequados ao consumo a que se destinam ou lhes diminuam o valor, assim como por aqueles decorrentes da disparidade, com a indicações constantes do recipiente, da embalagem, rotulagem ou mensagem publicitária, respeitadas as variações decorrentes de sua natureza, podendo o consumidor exigir a substituição das partes viciadas.

§ 1º Não sendo o vício sanado no prazo máximo de trinta dias, pode o consumidor exigir, alternativamente e à sua escolha:

I – a substituição do produto por outro da mesma espécie, em perfeitas condições de uso;

II – a restituição imediata da quantia paga, monetariamente atualizada, sem prejuízo de eventuais perdas e danos;

III – o abatimento proporcional do preço.

Voltando ao caso concreto:

João viu na internet que a assistência técnica da Samsung era no centro, o que era longe da sua casa.

Diante disso, João voltou ao Ponto Frio e exigiu que ela recebesse o aparelho e o consertasse.

A loja afirmou que João deveria levar o celular diretamente para a assistência técnica da Samsung.

A loja está correta ao agir assim?

NÃO.

Se o produto que o consumidor comprou apresenta um vício, ele tem o direito de ter esse vício sanado no prazo de 30 dias. Para tanto, o consumidor pode escolher para quem levará o produto a fim de ser consertado:

a. para o comerciante;

b. para a assistência técnica ou

c. para o fabricante.

O consumidor já teve a frustração de ter adquirido um produto que apresentou vício. Não é razoável que, além disso, ele tenha que ter o desgaste de procurar onde é a assistência técnica, agendar uma visita e ir até o local levar o produto. Deve-se facilitar a situação do consumidor e, por isso, o mais correto é que ele tenha a opção de escolher para quem irá encaminhar o produto com vício.

A responsabilidade da loja (comerciante) decorre da solidariedade passiva imposta pelo microssistema do CDC a todos os fornecedores integrantes da cadeia de consumo para a reparação dos vícios que os produtos alienados ao consumidor final venham apresentar.

Impedir que o consumidor retorne ao comerciante para que ele encaminhe o produto para que o fabricante repare o vício representa lhe impor dificuldades ao exercício de seu direito de possuir um bem que sirva aos seus propósitos.

O comerciante tem muito mais acesso ao fabricante do bem danificado por ele comercializado do que o consumidor.

Resumindo:

Cabe ao consumidor a escolha para exercer seu direito de ter sanado o vício do produto em 30 dias – levar o produto ao comerciante, à assistência técnica ou diretamente ao fabricante.

STJ. 3ª Turma. REsp 1.634.851-RJ, Rel. Min. Nancy Andrighi, julgado em 12/09/2017 (Info 619).

3.2. PRAZO PRESCRICIONAL EM CASO DE VÍCIO DE QUALIDADE E DE QUANTIDADE EM IMÓVEL ADQUIRIDO POR CONSUMIDOR

Imagine a seguinte situação hipotética:

João adquiriu um imóvel de 100m², na planta, da construtora "HT".

O apartamento foi entregue em maio/2012.

Ocorre que o tamanho final do imóvel ficou sendo 88m² (vício de quantidade).

Além disso, o piso do apartamento foi feito com cerâmica, sendo que o contrato previa porcelanato (vício de qualidade).

Diante desse cenário, em 2013, João ajuizou ação de indenização por danos materiais contra a construtora.

Na contestação, a construtora alegou que a situação narrada configuraria "vício do produto" e que teria havido a decadência do direito de o consumidor reclamar, já que o prazo máximo seria de 90 dias, com base no art. 26, II, do CDC:

§ Art. 26. O direito de reclamar pelos vícios aparentes ou de fácil constatação caduca em:

I – 30 (trinta dias), tratando-se de fornecimento de serviço e de produto não duráveis;

II – 90 (noventa dias), tratando-se de fornecimento de serviço e de produto duráveis.

A tese da defesa foi acolhida pelo STJ?

NÃO. O art. 26 do CDC não trata sobre o prazo que o consumidor tem para ajuizar ação de indenização.

O prazo decadencial do art. 26 é o prazo que o consumidor possui para exigir uma das alternativas previstas no art. 20 do CDC:

a. reexecução dos serviços;

b. restituição da quantia paga;

c. abatimento proporcional do preço.

CONSUMIDOR

Confira a redação do art. 20:

§ Art. 20. O fornecedor de serviços responde pelos vícios de qualidade que os tornem impróprios ao consumo ou lhes diminuam o valor, assim como por aqueles decorrentes da disparidade com as indicações constantes da oferta ou mensagem publicitária, podendo o consumidor exigir, alternativamente e à sua escolha:

I – a reexecução dos serviços, sem custo adicional e quando cabível;

II – a restituição imediata da quantia paga, monetariamente atualizada, sem prejuízo de eventuais perdas e danos;

III – o abatimento proporcional do preço.

Cuida-se de verdadeiro direito potestativo do consumidor, cuja tutela se dá mediante as denominadas ações constitutivas, positivas ou negativas.

O art. 26 não se aplica para pretensões de natureza indenizatória

Quando, porém, a pretensão do consumidor é de natureza indenizatória (isto é, de ser ressarcido pelo prejuízo decorrente dos vícios do imóvel), não há incidência de prazo decadencial.

A ação, tipicamente condenatória, sujeita-se a prazo de prescrição.

E qual é este prazo de prescrição?

O CDC não tem um dispositivo que trata especificamente sobre o prazo prescricional para indenização decorrente de inadimplemento contratual.

Diante dessa lacuna, deve incidir o prazo geral decenal previsto no art. 205 do CC/2002:

§ Art. 205. A prescrição ocorre em dez anos, quando a lei não lhe haja fixado prazo menor.

Por que não se aplica o prazo de 5 anos do art. 27 do CDC?

Porque o art. 27 do CDC trata apenas sobre fato do produto ou serviço (não se aplica para vício):

§ Art. 27. Prescreve em cinco anos a pretensão à reparação pelos danos causados por fato do produto ou do serviço prevista na Seção II deste Capítulo, iniciando-se a contagem do prazo a partir do conhecimento do dano e de sua autoria.

Em suma:

A ação de indenização por danos materiais proposta por consumidor contra construtora em virtude de vícios de qualidade e de quantidade do imóvel adquirido tem prazo prescricional de 10 anos, com fundamento no art. 205 do CC/2002.

Não se aplica o prazo decadencial do art. 26 do CDC. O art. 26 trata do prazo que o consumidor possui para exigir uma das alternativas previstas no art. 20 do CDC.

STJ. 3ª Turma. REsp 1.534.831-DF, Rel. Min. Ricardo Villas Bôas Cueva, Rel. Acd. Min. Nancy Andrighi, julgado em 20/02/2018 (Info 620).

4. PLANO DE SAÚDE

4.1. NÃO SE APLICA O CDC AO CONTRATO DE PLANO DE SAÚDE ADMINISTRADO POR ENTIDADE DE AUTOGESTÃO

Súmula 608-STJ: Aplica-se o Código de Defesa do Consumidor aos contratos de plano de saúde, salvo os administrados por entidades de autogestão.

STJ. 2ª Seção. Aprovada em 11/04/2018, DJe 17/04/2018.

Plano de saúde de autogestão

Planos de saúde de autogestão (também chamados de planos fechados de saúde) são criados por órgãos, entidades ou empresas para beneficiar um grupo restrito de filiados com a prestação de serviços de saúde.

Tais planos são mantidos por instituições sem fins lucrativos e administrados paritariamente, de forma que no seu conselho deliberativo ou de administração, há representantes do órgão ou empresa instituidora e também dos associados ou usuários.

O objetivo desses planos fechados é baratear para os usuários o custo dos serviços de saúde, tendo em vista que não visam ao lucro.

Exemplo: CASSI (Caixa de Assistência dos Funcionários do Banco do Brasil).

Segundo a Resolução Normativa 137, da ANS, de 14/11/2006, a operadora de autogestão é...

(...) a pessoa jurídica de direito público ou privado que, diretamente ou por intermédio de entidade pública ou privada patrocinadora, instituidora ou mantenedora, administra plano coletivo de assistência à saúde destinado exclusivamente a pessoas (e seus dependentes) a ela ligadas por vínculo jurídico ou estatutário, ou aos participantes (e seus dependentes) de associações, fundações, sindicatos e entidades de classes, nos termos dos incisos I, II e III e § 2º, do art. 2º.

A relação entre a empresa de plano de saúde constituída sob a modalidade de autogestão e os seus filiados é regida pelo Código de Defesa do Consumidor?

NÃO.

Não se aplica o CDC às relações existentes entre operadoras de planos de saúde constituídas sob a modalidade de autogestão e seus filiados.

STJ. 2ª Seção. REsp 1.285.483-PB, Rel. Min. Luis Felipe Salomão, julgado em 22/6/2016 (Info 588).

As operadoras de planos de saúde constituídas sob a modalidade de autogestão possuem inúmeras diferenças em relação às operadoras comerciais de plano de saúde. Confira as principais distinções:

Planos de saúde comerciais (inclui-se aqui as cooperativas)	Planos de saúde de autogestão
Operam em regime de mercado.	Não operam em regime de mercado.
Buscam auferir lucro com as contribuições vertidas pelos participantes (proveito econômico).	Não têm objetivo de lucro.
Os assistidos não participam da gestão do plano.	Os assistidos participam da gestão do plano.
São comercializados para o público em geral.	São disponibilizados para um grupo restrito de pessoas que possuem alguma relação com o plano.
Exs: Bradesco Saúde, Sulamérica, Unimed.	Exs: CASSI, GEAP, ASSEFAZ.

Por conta dessas diferenças, os atos regulamentares da ANS conferem tratamento diferenciado para os planos de saúde de autogestão, com a finalidade de atender às características próprias dessa modalidade de operadora, possibilitando a redução dos custos de sua manutenção, cujos serviços são prestados, não mediante contraprestação pecuniária com a finalidade de obtenção de lucro, mas a partir de contribuições dos participantes calculadas, em regra, com base nos seus salários/aposentadorias etc., observando-se, com isso, os princípios do mutualismo e da solidariedade.

Por essas razões, as regras do CDC não se aplicam às relações envolvendo entidades de planos de saúde constituídas sob a modalidade de autogestão. Isso porque tais entidades não oferecem serviços no mercado e não exercem empresa com o intuito de lucro, razão pela qual não se lhes aplica o conceito de fornecedor estabelecido no art. 3º, § 2º do CDC.

O tratamento legal a ser dado na relação jurídica entre os associados e os planos de saúde de autogestão, os chamados planos fechados, não pode ser o mesmo dos planos comuns, sob pena de se criar prejuízos e desequilíbrios que, se não inviabilizarem a instituição, acabarão elevando o ônus dos demais associados, desrespeitando normas e regulamentos que eles próprios criaram para que o plano se viabilize (STJ. 3ª Turma. REsp 1121067/PR, Rel. Min. Massami Uyeda, julgado em 21/06/2011).

Cancelamento da súmula 469 do STJ

O enunciado 469 do STJ dizia o seguinte:

Súmula 469-STJ: Aplica-se o Código de Defesa do Consumidor aos contratos de plano de saúde.

Na mesma sessão que aprovou a Súmula 608, o STJ decidiu cancelar o enunciado 469, considerando que ele não excepcionava os planos de saúde de autogestão. Assim, a Súmula 608, por ser mais completa, veio substituir o enunciado 469, que está cancelado.

4.2. PLANO DE SAÚDE NÃO PODE NEGAR TRATAMENTO PRESCRITO POR MÉDICO SOB O FUNDAMENTO DE QUE SUA UTILIZAÇÃO ESTÁ FORA DAS INDICAÇÕES DA BULA (OFF-LABEL)

Imagine a seguinte situação hipotética:

João, cliente do plano de saúde ACEM, encontra-se com neoplasia maligna do encéfalo (câncer no cérebro).

O médico que está atendendo João prescreveu que ele fizesse tratamento quimioterápico (quimioterapia) com um medicamento chamado "Temodal".

Ocorre que a ACEM não autorizou o tratamento, ou seja, disse que não iria pagá-lo.

A justificativa dada pelo plano foi a de que, segundo a bula do "Temodal", registrada na ANVISA, este medicamento é destinado para outros tipos de câncer, não havendo indicação expressa de que ele sirva também para neoplasia maligna do encéfalo.

Assim, de acordo com o plano, o médico receitou o medicamento para uma finalidade que não é a prevista para ele. Em outras palavras, o médico determinou a realização de tratamento com base em uso *off-label* de medicamento.

Off-label

Off-label é uma expressão em inglês que, em tradução literal, significaria "fora de indicação".

Off = fora / *label* = indicação.

Para que um medicamento seja fabricado ou comercializado no Brasil, ele precisa de registro (autorização) na Anvisa.

Ao pedir o registro de um medicamento, o fabricante ou responsável apresenta à autarquia as indicações daquele remédio, ou seja, para quais enfermidades a droga foi testada e aprovada. Essas indicações (e sua respectiva eficácia) são baseadas em pesquisas e testes que levam anos para serem concluídos.

Assim, por exemplo, quando o fabricante do remédio Dorflex foi registrá-lo na Anvisa, ele informou que este medicamento foi idealizado e testado para ser utilizado como "relaxante muscular". Essa é a indicação deste remédio.

Ocorre que, muitas vezes, um medicamento que foi planejado para determinada finalidade, quando entra no organismo humano, acaba trazendo outros benefícios que não haviam sido previstos. Esse efeito inicialmente não previsto é percebido pelos médicos, que passam a receitar aquele medicamento não apenas para aquela indicação inicialmente pensada e sim para outra finalidade que não havia sido prevista.

Quando isso ocorre, dizemos que há a prescrição e o uso do medicamento *off-label*, ou seja, fora da sua indicação.

Assim, o medicamento *off-label* é aquele cujo médico prescreve para uma determinada finalidade que não consta expressamente na sua bula.

O exemplo mais famoso de medicamento *off-label* é o AAS (ácido acetilsalicílico). Este remédio foi desenvolvido para ser um mero analgésico. Posteriormente, contudo, percebeu-se que ele servia para outras finalidades, como, por exemplo, para a prevenção de infartos. Assim, atualmente, muitos médicos prescrevem o AAS para prevenir infartos, mesmo isso não sendo uma indicação oficial do remédio.

Tratamento experimental

O plano de saúde alegou que o médico que receita medicamento *off-label* está indicando um tratamento experimental. Ocorre que a Lei nº 9.656/98 e a Resolução nº 428/2017 desobrigam os planos de saúde a custearem tratamentos experimentais:

§ Lei nº 9.656/98

Art. 10. É instituído o plano-referência de assistência à saúde, com cobertura assistencial médico-ambulatorial e hospitalar, compreendendo partos e tratamentos, realizados exclusivamente no Brasil, com padrão de enfermaria, centro de terapia intensiva, ou similar, quando necessária a internação hospitalar, das doenças listadas na Classificação Estatística Internacional de Doenças e Problemas Relacionados com a Saúde, da Organização Mundial de Saúde, respeitadas as exigências mínimas estabelecidas no art. 12 desta Lei, exceto:
I – tratamento clínico ou cirúrgico experimental;

§ Resolução nº 428/2017

Art. 20. A cobertura assistencial de que trata o plano-referência compreende todos os procedimentos clínicos, cirúrgicos, obstétricos e os atendimentos de urgência e emergência, na forma estabelecida no art. 10 da Lei nº 9.656, de 1998.

§ 1º São permitidas as seguintes exclusões assistenciais:

I – tratamento clínico ou cirúrgico experimental, isto é, aquele que:

a) emprega medicamentos, produtos para a saúde ou técnicas não registrados/não regularizados no país;

b) é considerado experimental pelo Conselho Federal de Medicina – CFM ou pelo Conselho Federal de Odontologia – CFO; ou

c) não possui as indicações descritas na bula/manual registrado na ANVISA (uso off-label), ressalvado o disposto no art. 26;

(...)

Art. 26. As operadoras deverão garantir a cobertura de medicamentos e de produtos registrados pela ANVISA, nos casos em que a indicação de uso pretendida seja distinta daquela aprovada no registro daquela Agência, desde que:

I – a Comissão Nacional de Incorporação de Tecnologias no SUS – CONITEC tenha demonstrado as evidências científicas sobre a eficácia, a acurácia, a efetividade e a segurança do medicamento ou do produto para o uso pretendido; e

II – a ANVISA tenha emitido, mediante solicitação da CONITEC, autorização de uso para fornecimento, pelo SUS, dos referidos medicamentos e produtos, nos termos do art. 21 do Decreto nº 8.077, de 14 de agosto de 2013.

Assim, para o plano de saúde, o medicamento Temodal, prescrito pelo oncologista para tratamento da neoplasia maligna do encéfalo, tem natureza meramente experimental porque não é voltado para a patologia que acomete a consumidora (uso *off-label*). Logo, o plano estaria desobrigado de custeá-lo.

O argumento do plano de saúde foi aceito pelo STJ? O plano de saúde pode recusar o pagamento de um tratamento prescrito pelo médico argumentando que se trata de uso off-label?

NÃO. O plano de saúde não pode recusar o tratamento indicado pelo médico, mesmo que se trate de uso off-label.

Vamos entender os argumentos do STJ.

Médico é o responsável pela decisão terapêutica

Deve-se deixar claro que é o médico (e não a operadora do plano de saúde) que é o responsável pela orientação terapêutica adequada ao paciente.

Assim, é o médico que decide se aquele remédio ou tratamento é indicado ou não para a doença do paciente.

Quando o plano de saúde diz que a indicação descrita na bula/manual do remédio registrado na ANVISA não serve para aquela doença, ele está substituindo a decisão do médico. Isso porque ele está interpretando a bula e dizendo que a escola do médico não foi adequada.

Autorizar que a operadora negue a cobertura de tratamento sob a justificativa de que a doença do paciente não está contida nas indicações da bula representa inegável ingerência na ciência médica, em odioso e inaceitável prejuízo do paciente enfermo.

As enfermidades devem ser tratadas de acordo com o entendimento médico-científico que prevalece no atual estado da ciência. Ocorre que a entidade responsável pela definição do que constitui um tratamento experimental ou de recomendável eficácia clínica é o Conselho Federal de Medicina (e não o plano de saúde). Nesse sentido, veja o que diz o art. 7º da Lei nº 12.842/2013:

§ Art. 7º Compreende-se entre as competências do Conselho Federal de Medicina editar normas para definir o caráter experimental de procedimentos em Medicina, autorizando ou vedando a sua prática pelos médicos.

Tanto é assim que há Resoluções específicas dessa comunidade para disciplinar os critérios de protocolo e avaliação de reconhecimento de novos procedimentos e terapias médicas, bem como para proibir aos médicos a utilização de práticas terapêuticas não reconhecidas pela comunidade científica.

Correta interpretação do art. 10, I, da Lei nº 9.656/98

Quando o art. 10, I, da Lei nº 9.656/98 fala em tratamento de caráter experimental, o que ele está querendo dizer é aquele tratamento clínico ou cirúrgico incompatível com as normas de controle sanitário ou, ainda, aquele não reconhecido como eficaz pela comunidade científica.

Desvantagem exagerada

A ingerência da operadora, além de não ter fundamento na Lei nº 9.656/98, consiste em ação iníqua (injusta) e abusiva na relação contratual, e coloca o consumidor em desvantagem exagerada (art. 51, IV, do CDC).

Dano moral

Vale ressaltar que essa recusa do plano de saúde gera abalo psicológico ao paciente, além de causar prejuízos à saúde já debilitada. Diante disso, é uma situação que acarreta indenização por danos morais.

Em suma:

A operadora de plano de saúde não pode negar o fornecimento de tratamento prescrito pelo médico sob o pretexto de que a sua utilização em favor do paciente está fora das indicações descritas na bula/manual registrado na ANVISA (uso *off-label*).

STJ. 3ª Turma. REsp 1.721.705-SP, Rel. Min. Nancy Andrighi, julgado em 28/08/2018 (Info 632).

Não confundir

O julgamento acima exposto no REsp 1.721.705-SP não se confunde nem conflita com os seguintes entendimentos abaixo:

É legítima a recusa da operadora de plano de saúde em custear medicamento importado, não nacionalizado, sem o devido registro pela ANVISA, em atenção ao disposto no art. 10, V, da Lei nº 9.656/98, sob pena de afronta aos arts. 66 da Lei nº 6.360/76 e 10, V, da Lei nº 6.437/76.

Porém, após o registro pela ANVISA, a operadora de plano de saúde não pode recusar o custeio do tratamento com o fármaco indicado pelo médico responsável pelo beneficiário.

STJ. 2ª Seção. REsp 1726563/SP, Rel. Min. Moura Ribeiro, julgado em 08/11/2018 (recurso repetitivo).

Enunciado 6 da I Jornada de Direito da Saúde:

A determinação judicial de fornecimento de fármacos deve evitar o fornecimento de medicamentos ainda não registrados na ANVISA, ou em fase experimental, ressalvadas as exceções expressamente previstas em lei.

Enunciado 26 da I Jornada de Direito da Saúde:

É lícita a exclusão de cobertura de produto, tecnologia e medicamento importado não nacionalizado, bem como tratamento clínico ou cirúrgico experimental.

4.3. É LEGÍTIMA A RECUSA DO PLANO DE SAÚDE EM CUSTEAR MEDICAÇÃO IMPORTADA NÃO NACIONALIZADA, OU SEJA, SEM REGISTRO VIGENTE NA ANVISA

Imagine a seguinte situação hipotética:

João, cliente do plano de saúde ACEM, sofre de cirrose hepática causada pelo vírus da hepatite C.

O médico de João prescreveu a ele tratamento com o medicamento importado Harvoni (Sofosbuvir 400 mg e Ledispavir 90 mg).

Ocorre que o plano de saúde se recusou a autorizar o custeio argumentando que se trata de medicamento não registrado pela ANVISA.

Diante disso, João ajuizou ação contra o plano de saúde pedindo que fosse condenado a custear todas as despesas que se fizessem necessárias para a importação do referido fármaco.

A questão jurídica é, portanto, a seguinte: as operadoras de plano de saúde estão obrigadas a fornecer medicamento não registrado pela ANVISA?

A resposta é NÃO.

Não são obrigados a fornecer medicamentos não nacionalizados

A Lei nº 9.656/98 (lei que rege os planos de saúde) prevê, em seu art. 10, V, que os planos de saúde estão dispensados de fornecer "medicamentos importados não nacionalizados".

Segundo a Agência Nacional de Saúde Suplementar – ANS, "medicamento importado não nacionalizado" é aquele produzido fora do território nacional e sem registro vigente na ANVISA (RN nº 428/2017 da ANS).

Papel da ANVISA

A ANVISA é uma autarquia sob regime especial, vinculada ao Ministério da Saúde, tendo sido criada pela Lei nº 9.782/99 com o objetivo de promover a proteção da saúde da população, por intermédio do controle sanitário da produção e da comercialização de produtos e serviços submetidos à vigilância sanitária (art. 6º).

O processo de aprovação e registro de medicamentos pela ANVISA é de fundamental importância para a garantia do direito à saúde e para o próprio sistema de saúde.

Assim, não faz sentido obrigar os planos de saúde a fornecerem medicamentos que ainda não foram aprovados pela ANVISA.

Lei nº 6.360/76 (vigilância sanitária)

A Lei nº 6.360/76 dispõe sobre a Vigilância Sanitária a que ficam sujeitos os medicamentos, as drogas, os insumos farmacêuticos e outros correlatos.

O art. 12 desta Lei estabelece que nenhum desses produtos (ou seja, inclusive os medicamentos) podem ser industrializados, expostos à venda ou entregues ao consumo antes de registrado no Ministério da Saúde.

O art. 16 da mesma Lei prevê os requisitos específicos que devem ser efetivamente atendidos para o registro de drogas, medicamentos, insumos farmacêuticos e correlatos, dentre eles, que o produto, através de comprovação científica e de análise, seja reconhecido como seguro e eficaz para o uso a que se propõe.

Sem o registro do medicamento pela ANVISA, não se sabe se o medicamento é seguro e realmente eficaz.

Recomendação CNJ

Foram realizadas diversas audiências públicas sobre o tema no STF e o CNJ expediu a Recomendação nº 31/2010, na qual resolve:

§ I. Recomendar aos Tribunais de Justiça dos Estados e aos Tribunais Regionais Federais que:

(...)

b.2) evitem autorizar o fornecimento de medicamentos ainda não registrados pela ANVISA, ou em fase experimental, ressalvadas as exceções expressamente previstas em lei.

Jornada de Direito à Saúde

Alguns anos depois, o CNJ promoveu a I Jornada do Direito à Saúde, em que foram aprovados os seguintes enunciados relacionados com o tema:

Enunciado nº 6: A determinação judicial de fornecimento de fármacos deve evitar os medicamentos ainda não registrados na Anvisa, ou em fase experimental, ressalvadas as exceções expressamente previstas em lei.

Enunciado nº 26: É lícita a exclusão de cobertura de produto, tecnologia e medicamento importado não nacionalizado, bem como tratamento clínico ou cirúrgico experimental.

Precedente do STF

Nessa mesma linha, o STF possui um julgado no qual se manifestou pela indispensabilidade do registro pela ANVISA: STA 175/CE AgR, Rel. Min. Gilmar Mendes (Presidente), Tribunal Pleno, julgado em 17/3/2010.

Infração sanitária e, até, crime

Além do mais, a importação de medicamentos, sem prévio registro, constitui infração de natureza sanitária, nos termos dos arts. 10, IV, da Lei nº 6.437/77, e 12 e 66, ambos da Lei nº 6.360/76.

Logo, não é possível o Judiciário impor às operadoras de plano de saúde que realizem ato tipificado como infração de natureza sanitária, pois isso implicaria manifesta vulneração do princípio da legalidade.

Vale ressaltar, ainda, que a importação de medicamento sem registro na ANVISA configura, inclusive, crime previsto no art. 273 do Código Penal:

> (...) Consoante o disposto nos arts. 1º e 12, ambos da Lei nº 6.360/1976, só é admissível a venda de medicamento no território nacional, inclusive importado, após registro no órgão público competente.
>
> 2. Se o registro figura como condição para a difusão de medicamento, nos termos da lei, afigura-se desnecessário que o laudo pericial ateste a sua exigibilidade, sendo suficiente – para fins de caracterização do crime tipificado no art. 273, § 1º-B, I, do Código Penal –, evidência de que o medicamento, objeto de difusão, não tem registro na Agência Nacional de Vigilância Sanitária – ANVISA. (...)
>
> STJ. 6ª Turma. REsp 1.755.862/RJ, Rel. Min. Sebastião Reis Júnior, julgado em 18/09/2018.

Tese fixada pelo STJ:

As operadoras de plano de saúde não estão obrigadas a fornecer medicamento não registrado pela ANVISA.

STJ. 2ª Seção. REsp 1.712.163-SP, Rel. Min. Moura Ribeiro, julgado em 08/11/2018 (recurso repetitivo) (Info 638).

Obs: durante a tramitação do processo, o medicamento "Harvoni" obteve registro na ANVISA.

4.4. NÃO É ABUSIVA A CLÁUSULA DE COPARTICIPAÇÃO PARA INTERNAÇÃO SUPERIOR A 30 DIAS DECORRENTES DE TRANSTORNOS PSIQUIÁTRICOS

Imagine a seguinte situação hipotética:

João é cliente do plano de saúde ACEM.

No contrato assinado existe uma cláusula dizendo que, se o usuário ficar internado por mais de 30 dias para tratamento de transtornos psiquiátricos, 50% do valor das despesas hospitalares e honorários médicos de internação para tratamento psiquiátrico deverão ser custeados pelo paciente e, os outros 50%, pelo plano.

Na linguagem dos planos, isso é chamado de coparticipação do usuário.

João ajuizou ação contra o plano alegando que esta cláusula seria abusiva, considerando que acarreta desvantagem exagerada do consumidor frente à operadora de plano de saúde, devendo ser considerada nula de pleno direito, com base no art. 51, IV do CDC:

> § Art. 51. São nulas de pleno direito, entre outras, as cláusulas contratuais relativas ao fornecimento de produtos e serviços que:
>
> (...)
>
> IV – estabeleçam obrigações consideradas iníquas, abusivas, que coloquem o consumidor em desvantagem exagerada, ou sejam incompatíveis com a boa-fé ou a eqüidade;

A tese de João foi aceita pelo STJ? Esta previsão é abusiva?

NÃO. O STJ decidiu que:

Não é abusiva a cláusula de coparticipação expressamente contratada e informada ao consumidor para a hipótese de internação superior a 30 (trinta) dias decorrentes de transtornos psiquiátricos.

STJ. 2ª Seção. EAREsp 793.323-RJ, Rel. Min. Nancy Andrighi, julgado em 10/10/2018 (Info 635).

Espécies de planos de saúde

Os planos de saúde podem ser:

a. integrais (completos): quando é apenas exigida uma mensalidade fixa do contratante, mas quando este necessita de algum atendimento médico ou hospitalar, não terá que pagar mais nada;

b. coparticipativos: são aqueles em que o plano de saúde cobra uma mensalidade reduzida. No entanto, para o contratante utilizar algum serviço médico ou hospitalar, ele terá que pagar um percentual dos custos do procedimento e o plano arca com o restante.

Lei nº 9.656/98 permite planos coparticipativos

O art. 12, II, "a" da Lei nº 9.656/98 (Lei dos Planos de Saúde), proíbe que as operadoras de plano de saúde limitem o prazo, o valor máximo e a quantidade de cobertura de internações hospitalares.

Contudo, o art. 16, VIII da mesma Lei, afirma que o contrato poderá exigir do consumidor ou beneficiário um percentual a título de coparticipação para as despesas médica, hospitalar e odontológica. A cautela que a lei impõe é no sentido de que essa exigência deve ser feita com clareza.

Percebe-se, assim, que a Lei nº 9.656/98 autoriza, expressamente, a possibilidade de coparticipação do contratante em despesas médicas específicas, desde que figure de forma clara e expressa a obrigação para o consumidor no contrato.

Logo, não há ilegalidade na contratação de plano de saúde em regime de coparticipação. Ao contrário, existe até mesmo previsão expressa na Lei (art. 16, VIII, da Lei nº 9.656/98).

Sistema de coparticipação reduz valor das mensalidades e estimula a prudência

A adoção da coparticipação no plano de saúde implica diminuição do risco assumido pela operadora, o que provoca redução do valor da mensalidade a ser paga pelo usuário que, por sua vez, caso utilize determinada cobertura, arcará com valor adicional apenas quanto a tal evento.

O sistema de coparticipação, além de proporcionar mensalidades mais módicas, é uma medida que inibe condutas descuidadas e pródigas do usuário, visto que o uso indiscriminado de procedimentos, consultas e exames afetará negativamente o seu patrimônio.

Por essa razão, a coparticipação é conhecida como um "fator de moderação", servindo como um estímulo para o usuário não use os serviços médicos e hospitais de forma desenfreada, ou seja, serve para que ele os utilize com "moderação".

Limites aos planos coparticipativos

É proibida a cláusula de coparticipação em dois casos:

1. quando preveja o financiamento integral do procedimento por parte do usuário;
2. quando representar fator restritor severo ao acesso aos serviços.

Tais limitações estão previstas no art. 2º, VII da Resolução nº 8/1998 do CONSU:

§ Art. 2º Para adoção de práticas referentes à regulação de demanda da utilização dos serviços de saúde, estão vedados:

(...)

VII – estabelecer co-participação ou franquia que caracterize financiamento integral do procedimento por parte do usuário, ou fator restritor severo ao acesso aos serviços;

Não é possível atribuir ao usuário de plano de saúde, sob o disfarce da coparticipação, o custeio da maior parte das despesas médicas, impedindo-o de usufruir dos serviços de assistência à saúde contratados. Ex: seria abusiva a cláusula que previsse que o plano de saúde pagaria 20% do tratamento e o usuário os 80% restantes.

Plano coparticipativo e internação

No caso de internação, a Resolução do CONSU determina que:

- é possível a cláusula de coparticipação;
- essa cláusula de coparticipação não poderá, em regra, ser fixada em percentuais (o contrato deverá prever valores prefixados a fim de não surpreender o contratante).
- no caso de tratamentos específicos em saúde mental, é possível que a cláusula de coparticipação seja fixada em percentuais.

Veja:

§ Art. 2º Para adoção de práticas referentes à regulação de demanda da utilização dos serviços de saúde, estão vedados:

(...)

VIII – estabelecer em casos de internação, fator moderador em forma de percentual por evento, com exceção das definições específicas em saúde mental.

Assim, o STJ entende que não é abusiva a cláusula de coparticipação expressamente contratada e informada ao consumidor, para a hipótese de internação superior a 30 dias decorrentes de transtornos psiquiátricos. Não há abusividade porque o objetivo é justamente manter o equilíbrio entre as prestações e contraprestações que envolvem a gestão dos custos dos contratos de planos de saúde.

4.5. A SUMULA 302 DO STJ SE APLICA À SEGMENTAÇÃO HOSPITALAR (E NÃO À AMBULATORIAL)

Imagine a seguinte situação hipotética:

João é cliente de determinado plano de saúde.

Verifique agora essas três cláusulas abaixo transcritas:

DO ATENDIMENTO AMBULATORIAL:

Cláusula 6ª Em caso de atendimento ambulatorial, o BENEFICIÁRIO terá cobertura de urgência e emergência, desde que não ultrapasse o período de 12 horas.

DO ATENDIMENTO HOSPITALAR.

Cláusula 7ª Durante a internação clínica, psiquiátrica ou cirúrgica, a CONTRATADA garante ao BENEFICIÁRIO, através de recursos próprios ou credenciados, os seguintes serviços hospitalares:

(...)

Cláusula 8ª Os prazos de internação hospitalar serão estritamente determinados pelo médico que está assistindo o beneficiário quando da solicitação ou prorrogação da internação.

Desse modo, segundo a cláusula 6ª do contrato celebrado, em caso de atendimento ambulatorial, o limite máximo de tempo de internação do cliente (consumidor) será de 12 horas.

Essa cláusula 6ª é válida?

SIM.

Mas essa cláusula não viola o teor da Súmula 302 do STJ: "É abusiva a cláusula contratual de plano de saúde que limita no tempo a internação hospitalar do segurado"?

NÃO. Vamos entender o porquê.

Internação hospitalar

O art. 12, II, "a", da Lei nº 9.656/98 proíbe que os planos de saúde limitem o tempo para a internação hospitalar.

No mesmo sentido, foi editada a súmula do STJ:

> Súmula 302-STJ: É abusiva a cláusula contratual de plano de saúde que limita no tempo a internação hospitalar do segurado.

Vale ressaltar um detalhe que pode ter passado despercebido: o que a Lei e a súmula vedam é a limitação de tempo na internação hospitalar.

Ocorre que a cláusula 6ª acima analisada fala em atendimento ambulatorial, o que é diferente.

Assim, se a cláusula 6ª for interpretada em conjunto com as cláusulas 7ª e 8ª chega-se à seguinte conclusão:

- a depender da moléstia apresentada, o atendimento inicial do paciente pode ser ambulatorial.
- esse atendimento ambulatorial não pode ultrapassar mais que 12 horas.
- superado esse limite de tempo, caso seja constatada a necessidade, o paciente será encaminhado a tratamento hospitalar.
- o prazo de internação hospitalar será estritamente determinado pelo médico e não sofrerá limitações do plano de saúde.

O disposto no art. 12, II, "a", da Lei nº 9.656/98, que veda a limitação de tempo para a internação hospitalar, e a Súmula 302 do STJ, que dispõe ser abusiva a cláusula contratual de plano de saúde que limita no tempo a internação hospitalar do segurado, referem-se, expressamente, à segmentação hospitalar, e não à ambulatorial.

4.6. DIREITO DE O EX-EMPREGADO CONTINUAR BENEFICIÁRIO EM PLANO DE SAÚDE COLETIVO EMPRESARIAL

Situação 1:

Antônio era empregado de um banco e possuía plano de saúde oferecido aos funcionários da instituição.

O custeio do plano era mantido da seguinte forma: o empregador arcava todos os meses com R$ 100,00 e o empregado pagava outros R$ 100,00.

Antônio foi demitido sem justa causa e deseja continuar no plano de saúde com as mesmas condições de cobertura assistencial que gozava. Para tanto, ele se compromete a pagar mensalmente R$ 200,00 (sua parte e a do antigo empregador). Ele possui esse direito?

SIM. Tal possibilidade encontra-se prevista na Lei nº 9.656/98 (que trata sobre os planos de saúde):

> § Art. 30. Ao consumidor que contribuir para produtos de que tratam o inciso I e o § 1º do art. 1º desta Lei, em decorrência de vínculo empregatício, no caso de rescisão ou exoneração do contrato de trabalho sem justa causa, é assegurado o direito de manter sua condição

de beneficiário, nas mesmas condições de cobertura assistencial de que gozava quando da vigência do contrato de trabalho, desde que assuma o seu pagamento integral.

Repare que, para o trabalhador continuar tendo direito, deverão ser atendidas três exigências:

durante o vínculo empregatício, ele contribuía para o pagamento do plano;

ele foi demitido sem justa causa;

ele se compromete a assumir o pagamento integral das parcelas.

O trabalhador terá direito de continuar com o plano de saúde por um tempo máximo de 24 meses, conforme prevê o § 1º do art. 30 da Lei nº 9.656/98.

Se antes de completar os 24 meses, o consumidor for admitido em um novo emprego, também perderá o direito de continuar com as mesmas condições no plano de saúde (§ 5º do art. 30).

CONSUMIDOR

Situação 2:

João era empregado de um banco e possuía plano de saúde oferecido aos funcionários da instituição.

O custeio do plano era mantido integralmente pelo empregador, ou seja, todos os meses o banco pagava R$ 200,00 para manutenção do plano de saúde e João não precisava arcar com nada.

Vale ressaltar, contudo, que o plano de saúde era regido pelo sistema de coparticipação, ou seja, sempre que João iria se submeter a uma consulta ou tratamento, o plano pagava 70% e ele deveria arcar com os 30% restantes.

João foi demitido sem justa causa e deseja continuar no plano de saúde com as mesmas condições de cobertura assistencial que gozava. Para tanto, ele se compromete a pagar mensalmente R$ 200,00 que eram pagos pelo antigo empregador. Ele possui esse direito?

NÃO. Isso porque o art. 30 acima transcrito afirma que o ex-empregado só tem direito de manter o plano de saúde se, durante o contrato de trabalho, ele contribuía para o pagamento do plano. Veja novamente trecho da redação:

§ Art. 30. Ao consumidor que contribuir para produtos de que tratam o inciso I e o § 1º do art. 1º desta Lei (...)

João alegou que contribuía para o plano de saúde, considerando que o plano era do tipo coparticipação, de forma que todas as vezes que usava, ele tinha que pagar uma parte do tratamento. Essa tese foi aceita? A coparticipação pode ser considerada como contribuição do ex-empregado para os fins do art. 30 da Lei nº 9.656/98?

NÃO. O § 6º do art. 30 é expresso ao negar essa possibilidade:

§ Art. 30 (...)

§ 6º Nos planos coletivos custeados integralmente pela empresa, não é considerada contribuição a co-participação do consumidor, única e exclusivamente, em procedimentos, como fator de moderação, na utilização dos serviços de assistência médica ou hospitalar.

Para os fins do caput do art. 30 da Lei nº 9.656/98, contribuir para o plano de saúde significa pagar uma mensalidade, independentemente de se estar usufruindo dos serviços de assistência médica.

A coparticipação tem a finalidade não de contribuir para o custeio do plano, mas sim servir como um estímulo para o usuário não use os serviços médicos e hospitais de forma desenfreada, ou seja, serve para que ele os utilize com moderação (é um "fator de moderação").

Essas mesmas regras acima expostas valem também para o empregado que tinha o plano de saúde da empresa, mas teve seu contrato extinto porque se aposentou?

SIM, porém, existem algumas peculiaridades relacionadas com o tempo mínimo em que ele deve ter contribuído. Veja:

§ Art. 31. Ao aposentado que contribuir para produtos de que tratam o inciso I e o § 1º do art. 1º desta Lei, em decorrência de vínculo empregatício, pelo prazo mínimo de dez anos, é assegurado o direito de manutenção como beneficiário, nas mesmas condições de cobertura assistencial de que gozava quando da vigência do contrato de trabalho, desde que assuma o seu pagamento integral.

§ 1º Ao aposentado que contribuir para planos coletivos de assistência à saúde por período inferior ao estabelecido no caput é assegurado o direito de manutenção como beneficiário, à razão de um ano para cada ano de contribuição, desde que assuma o pagamento integral do mesmo.

§ 2º Para gozo do direito assegurado neste artigo, observar-se-ão as mesmas condições estabelecidas nos §§ 2º, 3º, 4º, 5º e 6º do art. 30.

§ 3º Para gozo do direito assegurado neste artigo, observar-se-ão as mesmas condições estabelecidas nos §§ 2º e 4º do art. 30.

Uma última pergunta: o plano de saúde oferecido pelo empregador possui natureza salarial? O valor que a empresa paga para manter um plano de saúde para os seus empregados pode ser considerado uma espécie de "salário indireto"?

NÃO.

O art. 458, § 2º, IV, da CLT é expresso em dizer que o plano de assistência médica, hospitalar e odontológica não possui índole salarial, sejam os serviços prestados diretamente pela empresa ou por determinada operadora:

§ Art. 458 (...)

§ 2º Para os efeitos previstos neste artigo, não serão consideradas como salário as seguintes utilidades concedidas pelo empregador:

(...)

IV – assistência médica, hospitalar e odontológica, prestada diretamente ou mediante seguro-saúde;

Assim, o plano de saúde fornecido pela empresa empregadora, mesmo a título gratuito, não possui natureza retributiva, não constituindo salário-utilidade (salário *in natura*), sobretudo por não ser contraprestação ao trabalho. Ao contrário, referida vantagem apenas possui natureza preventiva e assistencial, sendo uma alternativa às graves deficiências do Sistema Único de Saúde (SUS), obrigação do Estado.

O STJ julgou este tema sob a sistemática dos recursos repetitivos e fixou a seguinte tese:

Nos planos de saúde coletivos custeados exclusivamente pelo empregador não há direito de permanência do ex-empregado aposentado ou demitido sem justa causa como beneficiário, salvo disposição contrária expressa prevista em contrato ou em acordo/convenção coletiva

de trabalho, não caracterizando contribuição o pagamento apenas de coparticipação, tampouco se enquadrando como salário indireto.

STJ. 3ª Turma. REsp 1.594.346-SP, Rel. Min. Ricardo Villas Bôas Cueva, julgado em 9/8/2016 (Info 588).

STJ. 2ª Seção. REsp 1.680.318-SP, Rel. Min. Ricardo Villas Bôas Cueva, julgado em 22/08/2018 (recurso repetitivo) (Info 632).

4.7. O art. 31 da Lei 9.656/98 assegura que os aposentados paguem os mesmos preços praticados aos funcionários em atividade, acrescido dos reajustes legais

Imagine a seguinte situação hipotética:

Antônio era empregado de um banco há mais de 30 anos e possuía plano de saúde oferecido aos funcionários da instituição.

O custeio do plano era mantido da seguinte forma: o empregador arcava todos os meses com R$ 100,00 e o empregado pagava outros R$ 100,00.

Antônio se aposentou e deseja continuar no plano de saúde com as mesmas condições de cobertura assistencial que gozava. Para tanto, ele se compromete a pagar mensalmente R$ 200,00 (sua parte e a do antigo empregador). Em tese, ele possui esse direito?

SIM. Em tese, isso é possível, conforme prevê o art. 31 da Lei nº 9.656/98 (que trata sobre os planos de saúde):

> § Art. 31. Ao aposentado que contribuir para produtos de que tratam o inciso I e o § 1º do art. 1º desta Lei, em decorrência de vínculo empregatício, pelo prazo mínimo de dez anos, é assegurado o direito de manutenção como beneficiário, nas mesmas condições de cobertura assistencial de que gozava quando da vigência do contrato de trabalho, desde que assuma o seu pagamento integral.
>
> (...)

O que significa a expressão "pagamento integral" prevista no art. 31 acima transcrito?

O "pagamento integral" engloba:

- o valor que era pago pelo aposentado ao plano de saúde na época em que ele ainda estava trabalhando, ou seja, enquanto ainda estava vigente seu contrato de trabalho; mais
- o valor que era subsidiado (pago) pela ex-empregadora.

Vale ressaltar que o mesmo preço que os funcionários da ativa estiverem pagando é aquele que o trabalhador aposentado também deverá pagar. Assim, se na ativa, os funcionários estão pagando R$ 200,00 mensais e a empresa está subsidiando R$ 200,00, isso significa que não se poderá exigir do trabalhador aposentado que pague R$ 500,00.

Impor ao aposentado preços diferenciados dos funcionários ativos, esvaziaria, por completo, o sentido protetivo do usuário do plano de saúde coletivo que extingue seu contrato de trabalho.

Importante destacar, por fim, que, se houver um reajuste legal dos preços cobrados dos funcionários da ativa, o trabalhador aposentado também terá que arcar com esse aumento.

Em suma:

O "pagamento integral" previsto no art. 31 da Lei nº 9.656/98 deve corresponder ao valor da contribuição do ex-empregado, enquanto vigente seu contrato de trabalho, e da parte

antes subsidiada por sua ex-empregadora, pelos preços praticados aos funcionários em atividade, acrescido dos reajustes legais.

STJ. 3ª Turma. REsp 1.713.619-SP, Rel. Min. Nancy Andrighi, julgado em 16/10/2018 (Info 637).

Em outras palavras, não é possível que haja dois planos de saúde com condições diferenciadas: um para os empregados ativos e outro destinado aos empregados inativos. Isso violaria o art. 31 da Lei nº 9.656/98.

4.8. PLANO DE SAÚDE COLETIVO QUE MAIS SE ASSEMELHA A UM CONTRATO INDIVIDUAL E IMPOSSIBILIDADE DE RESCISÃO UNILATERAL IMOTIVADA

Imagine a seguinte situação hipotética:

SILVA ANDRADE ME, microempresa individual, possuía, há 20 anos, um contrato de plano de saúde coletivo com a INTERSAÚDE S.A.

Determinado dia, a INTERSAÚDE notificou a microempresa dizendo que não tinha mais interesse em manter o contrato, fazendo a rescisão unilateral do pacto.

Vale ressaltar que o contrato de plano de saúde coletivo beneficiava apenas duas pessoas, quais sejam, o titular da empresa e a sua esposa.

Em razão da rescisão unilateral e imotivada, a beneficiária teve que interromper um tratamento de doença que fazia na época.

A conduta da operadora de plano de saúde foi lícita?

NÃO.

Não é válida a rescisão unilateral imotivada de plano de saúde coletivo empresarial por parte da operadora em face de microempresa com apenas dois beneficiários.

STJ. 3ª Turma. REsp 1.701.600-SP, Rel. Min. Nancy Andrighi, julgado em 06/03/2018 (Info 621).

Modalidades de planos de saúde

O art. 16, VII, da Lei nº 9.656/98 prevê que existem três modalidades de planos de saúde:

a. individual ou familiar;

b. coletivo empresarial e

c. coletivo por adesão.

Plano de saúde individual

O plano de saúde individual é aquele em que a pessoa física contrata diretamente com a operadora ou por intermédio de um corretor autorizado. A vinculação de beneficiários é livre, não havendo restrições relacionadas ao emprego ou à profissão do usuário em potencial (art. 3º da RN nº 195/2009 da ANS).

Planos de saúde coletivo

O plano de saúde coletivo é aquele contratado por uma empresa, conselho, sindicato ou associação junto à operadora de planos de saúde para oferecer assistência médica e/ou odontológica às pessoas vinculadas às mencionadas entidades, bem como a seus dependentes.

São dois os regimes de contratação de planos de saúde coletivos:

a. o coletivo empresarial, o qual garante a assistência à saúde dos funcionários da empresa contratante em razão do vínculo empregatício ou estatutário (art. 5º da RN nº 195/2009 da ANS); e

b. o coletivo por adesão, contratado por pessoas jurídicas de caráter profissional, classista ou setorial, como conselhos, sindicatos, cooperativas e associações profissionais (art. 9º da RN nº 195/2009 da ANS).

Nos contratos de plano de saúde coletivo, portanto, a relação jurídica de direito material envolve uma operadora e uma pessoa jurídica que atua em favor de uma classe (coletivo por adesão) ou em favor de seus respectivos empregados (coletivo empresarial).

Estipulação em favor de terceiro

O contrato de plano de saúde coletivo caracteriza-se como uma estipulação em favor de terceiro, em que a pessoa jurídica figura como intermediária da relação estabelecida substancialmente entre o indivíduo integrante da classe/empresa e a operadora (art. 436, parágrafo único, do Código Civil). Isso porque a estipulação do contrato de plano de saúde coletivo ocorre, naturalmente, em favor dos indivíduos que compõem a classe/empresa, verdadeiros beneficiários finais do serviço de atenção à saúde.

CONSUMIDOR

Regulamentação da rescisão dos planos de saúde

O art. 17-A, § 6º da Lei nº 9.656/98 autorizou que a Agência Nacional de Saúde Suplementar (ANS) editasse normas regulamentando as hipóteses de rescisão dos contratos de plano de saúde.

Rescisão em caso de plano de saúde coletivo

A ANS, cumprindo essa determinação do legislador, editou Resolução Normativa autorizando que a operadora do plano de saúde faça a rescisão unilateral e imotivada do contrato coletivo, desde que:

a. o contrato contenha cláusula expressa prevendo a possibilidade de rescisão unilateral;

b. o contrato esteja em vigência por período de pelo menos 12 meses;

c. haja a prévia notificação da rescisão com antecedência mínima de 60 dias.

Rescisão em caso de plano de saúde individual

No caso de plano de saúde individual, a própria Lei nº 9.656/98 reservou um tratamento mais restritivo para eventual rescisão.

O art. 13, parágrafo único, II, da Lei previu o seguinte:

§ Art. 13. Os contratos de produtos de que tratam o inciso I e o § 1º do art. 1º desta Lei têm renovação automática a partir do vencimento do prazo inicial de vigência, não cabendo a cobrança de taxas ou qualquer outro valor no ato da renovação.

Parágrafo único. Os produtos de que trata o caput, contratados individualmente, terão vigência mínima de um ano, sendo vedadas:

(...)

II – a suspensão ou a rescisão unilateral do contrato, salvo por fraude ou não-pagamento da mensalidade por período superior a sessenta dias, consecutivos ou não, nos últimos doze meses de vigência do contrato, desde que o consumidor seja comprovadamente notificado até o quinquagésimo dia de inadimplência; e

Voltando ao caso concreto:

Como o plano de saúde da SILVA E ANDRADE ME era um plano de saúde coletivo, em tese, seria possível a rescisão unilateral mediante a simples notificação prévia.

No entanto, o STJ entendeu que, no caso concreto, havia um contrato coletivo atípico e que, portanto, merecia receber tratamento como se fosse contrato individual. Isso porque a pessoa jurídica contratante é uma microempresa e são apenas dois os beneficiários do contrato e hipossuficientes frente à operadora do plano de saúde.

A Lei dos Planos de Saúde pensou nos planos coletivos como sendo aquele ajuste no qual há uma população (grupo de pessoas) vinculada a uma pessoa jurídica, seja por vínculo empregatício/estatutário, seja por vínculo profissional, classista ou setorial. Ora, a contratação por uma microempresa de plano de saúde em favor de dois únicos beneficiários não atinge o escopo da norma que regula os contratos coletivos, justamente por faltar o elemento essencial de uma população de beneficiários.

Desse modo, o STJ entendeu que a rescisão unilateral e imotivada feita pelo plano de saúde coletivo representou abuso de direito, devendo, portanto, ser aplicadas as regras do plano individual a fim de corrigir essa situação abusiva.

5. PROTEÇÃO CONTRATUAL

5.1. PARA QUE HAJA COMPARTILHAMENTO DE DADOS DO CONSUMIDOR, É NECESSÁRIA A SUA AUTORIZAÇÃO EXPRESSA

Imagine a seguinte situação hipotética:

Nos contratos de cartão de crédito que o banco "HSTT" celebra com seus clientes, há uma cláusula autorizando que a instituição financeira repasse os dados dos consumidores para outros bancos e para instituições mantenedoras de cadastros de créditos (SERASA, SPC etc).

Veja a redação da referida cláusula:

"O Titular desde já autoriza que as instituições do HSTT, no país ou no exterior, tenham acesso a todos os seus dados cadastrais e obtenham informações pessoais pertinentes a transações realizadas em qualquer delas, com a finalidade de agilizar e facilitar operações ativas, passivos e de prestação de serviços, nos mercados financeiros, de capitais, de câmbio, de seguros e de consumo e bem assim efetuem troca de informações a seu respeito com sistemas positivos e negativos de crédito externos, junto a entidades que procedam registros de informações e restrições de crédito."

ACP

Determinada associação de defesa do consumidor ingressou com ação civil pública contra o banco alegando que não existe, no contrato, possibilidade de o consumidor recusar esse compartilhamento.

Em outras palavras, a associação afirmou que essa cláusula poderia até existir, mas o consumidor deveria ter um campo no qual pudesse escolher SIM ou NÃO, ou seja, ele deveria ter a opção de autorizar ou não o compartilhamento das informações.

A tese da associação foi acolhida pelo STJ?

SIM.

> **É abusiva e ilegal cláusula prevista em contrato de prestação de serviços de cartão de crédito que autoriza o banco contratante a compartilhar dados dos consumidores com outras entidades financeiras ou mantenedoras de cadastros positivos e negativos de consumidores, sem que seja dada opção de discordar daquele compartilhamento.**
>
> STJ. 4ª Turma. REsp 1.348.532-SP, Rel. Min. Luis Felipe Salomão, julgado em 10/10/2017 (Info 616).

A cláusula prevista em contrato de serviço de cartão de crédito que impõe a anuência com o compartilhamento de dados pessoais do consumidor é abusiva por deixar de atender a dois princípios importantes da relação de consumo: transparência e confiança.

Essa cláusula expõe indevidamente o consumidor, tornando-o ainda mais vulnerável, sem que haja a opção de ele negar essa exposição.

Com efeito, a partir da exposição de seus dados financeiros, abre-se possibilidade para intromissões diversas na vida do consumidor. Conhecem-se seus hábitos, monitoram-se a maneira de viver e a forma de efetuar despesas. Por isso, tal compartilhamento somente é possível se houver uma autorização real e espontânea por parte do cliente.

Considera-se essa cláusula abusiva também porque ela se mostra prescindível (dispensável) à execução do serviço contratado, qual seja obtenção de crédito por meio de cartão. Em outras palavras, o compartilhamento dos dados do cliente não tem relação com o serviço oferecido pelo banco. O banco não precisa fazer esse compartilhamento para poder oferecer o serviço de cartão de crédito.

Assim, deve-se assegurar ao tomador de crédito a prerrogativa de permitir ou não o compartilhamento de seus dados. Dessa forma, sem a autorização do cliente, nenhuma instituição financeira pode acessar seus dados no sistema.

Por fim, a Lei nº 12.414/2011 dispõe que o compartilhamento de informação de adimplemento só é permitido se autorizado expressamente pelo cadastrado, por meio de assinatura em instrumento específico ou em cláusula apartada.

5.2. TV POR ASSINATURA E COBRANÇA PELO PONTO ADICIONAL

Imagine a seguinte situação hipotética:

João ajuizou ação contra a NET Serviços de Comunicação S/A pedindo que seja reconhecida a abusividade da cobrança de valores adicionais pelo fato de ele ter pedido pontos extras de TV por assinatura.

O autor narra que celebrou contrato de prestação de serviço de TV a cabo, possuindo 4 pontos instalados, pagando mensalmente quantia extra relativa a 3 deles.

Segundo alegou João, o contrato celebrado já dá direito a ele de ter, em sua casa, o sinal da TV a cabo. Logo, não haveria motivo para a empresa cobrar quantias a mais por cada ponto existente.

O tema jurídico reside, portanto, no seguinte: é possível cobrar por ponto extra de televisão por assinatura?

Antes da Resolução 528/2009-ANATEL:

Era considerada LÍCITA a conduta da prestadora de serviço que cobrava pelo aluguel de equipamento adicional e pelo ponto extra de TV por assinatura.

Depois da Resolução 528/2009-ANATEL:

Passou a ser proibida a cobrança por ponto extra.

Em 2009, a ANATEL publicou a Resolução nº 528, que alterou a Resolução nº 488/2007, determinando que as prestadoras de TV por assinatura deveriam disponibilizar o ponto extra sem cobrança adicional. Veja a redação dada ao art. 29 pela Resolução nº 528:

§ Art. 29. A programação do Ponto-Principal, inclusive programas pagos individualmente pelo Assinante, qualquer que seja o meio ou forma de contratação, deve ser disponibilizada, sem cobrança adicional, para Pontos-Extras e para Pontos-de-Extensão, instalados no mesmo endereço residencial, independentemente do Plano de Serviço contratado.

Vale ressaltar, no entanto, que, mesmo após a Resolução 528/2009, é permitido que a empresa cobre pelo aluguel do equipamento (conversor ou decodificador) necessário ao uso do ponto extra.

Assim, por exemplo, se o cliente possui 1 ponto principal e 3 pontos adicionais, a empresa de TV por assinatura não poderá mais cobrar uma taxa por cada ponto adicional. No entanto, continua sendo possível que ela cobre aluguel pelos três decodificadores que ficam nos pontos adicionais.

Cada ponto extra contratado pelo consumidor exige que a empresa disponibilize um novo aparelho decodificador, representando custos mensais a serem cobertos pelo cliente na forma de aluguel.

Não se pode exigir do fornecedor que disponibilize gratuitamente equipamentos de sua propriedade, em número de unidades correspondente aos pontos extras desejados pelo consumidor, deixando de empregar aqueles decodificadores em negócios com outros consumidores.

Desse modo, o que antes se denominava de "cobrança por ponto adicional" continua sendo cobrado, mas agora sendo chamado de "cobrança pelo aluguel do equipamento", isto é, disponibilização do decodificador adicional.

Caso o consumidor não pretenda pagar o aluguel pelos aparelhos disponibilizados pela própria fornecedora do serviço de TV por assinatura em razão direta dos pontos adicionais requeridos, pode optar por comprar, alugar ou obter em comodato de terceiros os equipamentos necessários para a decodificação do sinal. Contudo, optando o cliente por adquirir o pacote de serviços da própria fornecedora do sinal da TV por assinatura contratada, ou seja, com a inclusão do conversor/decodificador, será plenamente justificável a cobrança de valor adicional na mensalidade, não havendo falar em abuso.

Resumindo:

É lícita a conduta da prestadora de serviço que em período anterior à Resolução da ANATEL nº 528, de 17 de abril de 2009, efetuava cobranças pelo aluguel de equipamento adicional e ponto extra de TV por assinatura.

STJ. 4ª Turma. REsp 1.449.289-RS, Rel. Min. Luis Felipe Salomão, Rel. Acd. Min. Marco Buzzi, por maioria, julgado em 14/11/2017 (Info 617).

5.3. NÃO APLICAÇÃO DA MULTA PELO ATRASO NO PAGAMENTO DAS PARCELAS DO CARTÃO DE CRÉDITO PARA A LOJA VENDEDORA DO PRODUTO

Imagine a seguinte situação hipotética:

Kalunga é uma empresa que vende produtos pela internet.

Quando o consumidor compra algum produto desta loja virtual, se a compra foi parcelada com cartão de crédito, em caso de atraso no pagamento das parcelas, há previsão de cobrança de uma multa moratória do cliente inadimplente.

O Ministério Público estadual ajuizou ação civil pública contra a Kalunga alegando o seguinte: não há problema que se cobre multa pelo atraso no pagamento. O que está errado é porque não existe, neste contrato de compra e venda, previsão de multa para as situações em que a Kalunga atrasar (estiver em mora).

Existindo a previsão de aplicação de multa moratória para o consumidor, deve ser cabível aplicar também essa mesma penalidade para a fornecedora, sob pena de desigualdade e rompimento do equilíbrio contratual.

Assim, o MP pediu que, na ACP, que, com base no imperativo da reciprocidade, fosse imposta à fornecedora a mesma multa cobrada do consumidor caso ela:

- atrase a entrega das mercadorias adquiridas pelo cliente;
- demore a restituir o valor pago pelo consumidor quando ele exercer seu direito de arrependimento (desistir da compra em até 7 dias).

Contestação

A empresa contestou a demanda explicando que não é ela que cobra, diretamente, a multa moratória de seus clientes. Trata-se de uma cobrança da operadora do cartão de crédito utilizado pelo consumidor.

Desse modo, são dois contratos:

- um contrato de compra e venda celebrado entre o consumidor e a Kalunga;
- um contrato de cartão de crédito firmado entre o consumidor e a operadora do cartão.

O contrato de cartão de crédito não é um pacto acessório ao contrato de compra e venda. Na verdade, são pactos autônomos, com fornecedores de serviços diversos e cláusulas diferentes e incomunicáveis.

Logo, a Kalunga não tem relação direta com a cláusula de mora nas compras com cartão de crédito tendo em vista que esta é decorrente de uma relação do consumidor com a instituição financeira.

A questão chegou até o STJ. Quem venceu a demanda: o MP ou a Kalunga?

A Kalunga.

O contrato de cartão de crédito não pode ser considerado "umbilicalmente" ligado ao contrato de compra e venda. O consumidor dispõe de diversos outros meios de pagamento e, portanto, não depende apenas de determinado cartão para efetuar compras no site da empresa, sendo, ademais, diversas as bandeiras de cartão aceitas como meio de pagamento.

No pacto entre o consumidor e a operadora de cartão não se pode cogitar de desequilíbrio contratual, uma vez que a cobrança de encargos moratórios é contrapartida contratual e legalmente prevista diante da mora do consumidor, que obteve o crédito de forma fácil e desembaraçada, sem prestar garantia adicional alguma além da promessa de pagar no prazo acertado.

A operadora do cartão de crédito não pertence à vendedora nem está caracterizado grupo econômico que abranja as duas pessoas jurídicas, sendo os respectivos contratos autônomos entre si, celebrados em épocas distintas e sem interferências recíprocas.

Como justificar a imposição, pelo Judiciário, de uma cláusula penal à empresa, com base no princípio do equilíbrio contratual, se a multa moratória não é por ela cobrada, nem reverterá em seu proveito?

A circunstância de que o consumidor se utiliza do cartão de crédito como facilitador para adquirir produtos em lojas virtuais, o que é de seu interesse e também da empresa vendedora, por aumentar a possibilidade de meios de pagamento e, portanto, de negócios, não implica a quebra da autonomia entre os contratos de cartão de crédito e o contrato de compra e venda. Assim, não se vislumbra que a imposição da multa contratual para empresa seja um corolário do princípio do equilíbrio contratual entre comprador e vendedor erigido no Código de Defesa do Consumidor.

Hipótese diversa seria aquela em que a própria vendedora financiasse, com capital próprio, os contratos de compra e venda e estabelecesse cláusulas penais para os casos de inadimplemento por parte do adquirente das mercadorias, ou se o consumidor fosse obrigado a celebrar, no mesmo momento, os contratos de compra e venda e de cartão de crédito, ambos apresentados pelo vendedor do produto, caracterizando inclusive venda casada. Tais circunstâncias, no entanto, não se verificam neste caso, não se podendo considerar cláusulas do anterior contrato de cartão de crédito para efeito de reconhecer desequilíbrio na negociação comercial realizada com a vendedora.

Em suma:

Em compras realizadas na internet, o fato de o consumidor ser penalizado com a obrigação de arcar com multa moratória, prevista no contrato com a financeira, quando atrasa o pagamento de suas faturas de cartão de crédito não autoriza a imposição, por sentença coletiva, de cláusula penal ao fornecedor de bens móveis, nos casos de atraso na entrega da mercadoria e na demora de restituição do valor pago quando do exercício do direito do arrependimento.

STJ. 4ª Turma. REsp 1.412.993-SP, Rel. Min. Luis Felipe Salomão, Rel. Acd. Min. Maria Isabel Gallotti, julgado em 08/05/2018 (Info 628).

5.4. DESCONTO EM CONTA-CORRENTE PARA PAGAMENTO DAS PRESTAÇÕES DE EMPRÉSTIMO, AINDA QUE SE TRATE DE CONTA UTILIZADA PARA RECEBIMENTO DE SALÁRIO

Imagine a seguinte situação hipotética:

João é correntista do Banco Santander.

Ele fez contrato de mútuo feneratício com o banco, tendo tomado emprestado R$ 40 mil.

Segundo restou combinado no contrato, as prestações do empréstimo seriam descontadas diretamente de sua conta bancária.

Vale ressaltar que a conta bancária que João mantém na instituição financeira é uma conta-corrente "comum", na qual ele realiza movimentações diversas e, além disso, recebe sua remuneração. Não se trata, portanto, de "conta-salário" constituída exclusivamente para receber vencimentos.

A conta de João estava sem dinheiro e, por isso, o banco, durante dois meses, não conseguiu fazer o desconto das parcelas.

Foi então que João recebeu uma quantia que estava aguardando de seu pai e, quando o numerário "caiu" na conta, o banco descontou os dois meses em atraso do empréstimo.

João ajuizou ação questionando essa medida e afirmando que o desconto foi indevido e que afrontou a Súmula 603 do STJ, cuja redação era a seguinte:

Súmula 603-STJ: É vedado ao banco mutuante reter, em qualquer extensão, os salários, vencimentos e/ou proventos de correntista para adimplir o mútuo (comum) contraído, ainda que haja cláusula contratual autorizativa, excluído o empréstimo garantido por margem salarial consignável, com desconto em folha de pagamento, que possui regramento legal específico e admite a retenção de percentual.

O banco poderia ter feito isso? Esse desconto é válido? É válida a cláusula que autoriza o desconto em conta-corrente para pagamento de prestações do contrato de empréstimo, ainda que se trate de conta-corrente comum, mas utilizada para recebimento de salário?

SIM. É possível que haja pactuação para que, em conta-corrente comum (sem se tratar de conta-salário) haja a celebração de mútuo em condições especiais para permitir o débito direto na conta das parcelas contratadas. Nesse sentido:

É válida a cláusula que autoriza o desconto em conta-corrente para pagamento das prestações do contrato de empréstimo, ainda que se trate de conta utilizada para recebimento de salário.

STJ. 3ª Turma. AgInt no AgInt no REsp 1.627.176/RS, Rel. Min. Marco Aurélio Bellizze, DJe de 18/12/2017.

Revogação da autorização

Vale ressaltar que o correntista pode, a qualquer momento, revogar a autorização para o débito em conta, desde que não decorram de obrigações referentes a operações de crédito contratadas com a própria instituição financeira, conforme preveem o art. 3º, § 2º e o art. 4º, da Resolução CMN 3.695/2009:

§ Art. 3º É vedada às instituições financeiras a realização de débitos em contas de depósitos e em contas de pagamento sem prévia autorização do cliente.

§ 1º A autorização referida no caput deve ser fornecida por escrito ou por meio eletrônico, com estipulação de prazo de validade, que poderá ser indeterminado, admitida a sua previsão no próprio instrumento contratual de abertura da conta de depósitos.

§ 2º O cancelamento da autorização referida no caput deve surtir efeito a partir da data definida pelo cliente ou, na sua falta, a partir da data do recebimento pela instituição financeira do pedido pertinente.

§ Art. 4º Ficam as instituições financeiras obrigadas a acatar as solicitações de cancelamento da autorização de débitos automáticos em conta de depósitos à vista, apresentadas pelos clientes desde que não decorram de obrigações referentes a operações de crédito contratadas com a própria instituição financeira.

Situação acima é diferente de desconto irretratável e irrevogável em folha

Vale ressaltar que o contrato feito por João não se trata de consignação em folha de pagamento.

Na consignação em folha de pagamento, antes mesmo de a pessoa receber sua remuneração/proventos, já há o desconto da quantia, o que é efetuado pelo próprio órgão ou entidade pagadora. Em outras palavras, há um desconto direto no salário, remuneração ou aposentadoria, com a participação do empregador/órgão público.

Aqui a situação é diferente. A remuneração é integralmente depositada na conta-corrente e, em seguida, são efetuados os descontos das parcelas da prestação por força de previsão contratual.

Vale ressaltar que no empréstimo consignado em folha de pagamento, se é depositada na conta do devedor uma quantia referente a outra fonte de renda (ex: um "bico" feito pelo mutuário) ou a doação de amigo, tal quantia não entrará no desconto. Por outro lado, se foi um mútuo com autorização para desconto na conta-corrente, tais valores poderão ser utilizados para abater o empréstimo.

Veja, por fim, uma terceira distinção: ao contrário do que sucede com o crédito consignado, no caso do débito em conta-corrente autorizado pelo cliente, o empregado/aposentado poderia, em tese, solicitar do empregador o pagamento do salário/aposentadoria em outro banco, arcando com as consequências do inadimplemento. Em outras palavras, em tese, João poderia pedir ao órgão pagador que depositasse sua aposentadoria no banco Itaú. Neste caso, o valor seria depositado integralmente e o banco Santander teria que ingressar com uma execução, por exemplo, contra o devedor. No caso do empréstimo consignado, todavia, essa possibilidade não está ao alcance do mutuário.

Cancelamento da Súmula 603 do STJ

Neste julgado, o STJ decidiu cancelar a Súmula 603/STJ.

O STJ entendeu que a redação dada à súmula não foi a mais adequada e que ela estava gerando interpretações equivocadas por partes dos juízes e Tribunais.

O que a Súmula 603 desejou proibir foi que, existindo o débito, ainda que o correntista tivesse autorizado, o Banco pudesse fazer o cálculo do que é devido e, sem autorização judicial, invadisse o patrimônio bancário do consumidor e satisfizesse o seu crédito.

Apesar disso, os Juízes e Tribunais de Justiça estavam entendendo que a súmula proibia todo e qualquer desconto relacionado com um contrato de mútuo bancário.

Em suma:

É lícito o desconto em conta-corrente bancária comum, ainda que usada para recebimento de salário, das prestações de contrato de empréstimo bancário livremente pactuado, sem que o correntista, posteriormente, tenha revogado a ordem.

STJ. 2ª Seção. REsp 1.555.722-SP, Rel. Min. Lázaro Guimarães (Desembargador Convocado do TRF 5ª Região), julgado em 22/08/2018 (Info 634).

5.5. A LEI 9.656/98 É CONSTITUCIONAL, MAS NÃO PODE SER APLICADA PARA CONTRATOS CELEBRADOS ANTES DA SUA VIGÊNCIA

Lei nº 9.656/98

A Lei nº 9.656/98 dispõe sobre os planos e seguros privados de assistência à saúde. É conhecida como a "Lei dos Planos de Saúde".

A Confederação Nacional de Saúde ajuizou ADI contra diversos dispositivos dessa Lei e também contra a MP 2.177/44/2001, que alterou esse diploma.

Em 2003, o STF concedeu, em parte, a liminar, para declarar inconstitucionais alguns poucos dispositivos da Lei e da MP e para afirmar que os contratos celebrados antes da edição da Lei nº 9.656/98 não podem ser por ela atingidos.

Agora, em 2018, o STF julgou definitivamente a ação e confirmou a medida liminar que já havia sido deferida em 2003.

Quais dispositivos foram declarados inconstitucionais?

- o art. 10, § 2º e o art. 35-E da Lei nº 9.656/98;
- o artigo 2º da MP 2.177-44/2001.

Esses dispositivos previam que a Lei nº 9.656/98 deveria incidir mesmo se o contrato tivesse sido celebrado antes da sua vigência. Vejamos a sua redação:

§ Art. 10 (...)

§ 2º As pessoas jurídicas que comercializam produtos de que tratam o inciso I e o § 1º do art. 1º desta Lei oferecerão, obrigatoriamente, a partir de 3 de dezembro de 1999, o plano-referência de que trata este artigo a todos os seus atuais e futuros consumidores. (Redação dada pela MP 2.177-44/2001)

§ Art. 35-E. A partir de 5 de junho de 1998, fica estabelecido para os contratos celebrados anteriormente à data de vigência desta Lei que: (Incluído pela Medida Provisória nº 2.177-44/2001)

I – qualquer variação na contraprestação pecuniária para consumidores com mais de sessenta anos de idade estará sujeita à autorização prévia da ANS;

II – a alegação de doença ou lesão preexistente estará sujeita à prévia regulamentação da matéria pela ANS;

III – é vedada a suspensão ou a rescisão unilateral do contrato individual ou familiar de produtos de que tratam o inciso I e o § 1º do art. 1º desta Lei por parte da operadora, salvo o disposto no inciso II do parágrafo único do art. 13 desta Lei;

IV – é vedada a interrupção de internação hospitalar em leito clínico, cirúrgico ou em centro de terapia intensiva ou similar, salvo a critério do médico assistente.

§ Art. 2º Os arts. 3º, 5º, 25, 27, 35-A, 35-B, 35-D e 35-E da Lei nº 9.656, de 3 de junho de 1998, entram em vigor em 5 de junho de 1998, resguardada às pessoas jurídicas de que trata o art. 1º a data limite de 31 de dezembro de 1998 para adaptação ao que dispõem os arts. 14, 17, 30 e 31.

Por que esses dispositivos foram declarados inconstitucionais?

Porque previram a incidência das novas regras dos planos de saúde fixadas pela Lei nº 9.656/98 aos contratos celebrados anteriormente à vigência deste diploma normativo. Isso representa afronta ao art. 5º, XXXVI, da CF/88:

§ Art. 5º (...)

XXXVI – a lei não prejudicará o direito adquirido, o ato jurídico perfeito e a coisa julgada;

Nas palavras do Ministro Marco Aurélio, a vida democrática pressupõe segurança jurídica e não há segurança jurídica se uma lei nova desrespeita o ato jurídico perfeito e acabado, como é o caso de um contrato já assinado.

Não se pode aplicar uma lei nova para relações contratuais já consolidadas, considerando que essas regras não existiam no momento da manifestação da vontade das partes.

E os demais dispositivos da Lei nº 9.656/98?

O STF entende que são todos constitucionais.

Assim, o que você deve guardar é o seguinte:

A Lei nº 9.656/98, que disciplina os planos e seguros privados de assistência à saúde, é constitucional.

Este diploma, contudo, não pode ser aplicado para contratos celebrados antes de sua vigência.

Os contratos celebrados antes da edição da Lei nº 9.656/98 não podem ser por ela atingidos.

STF. Plenário. ADI 1931/DF, Rel. Min. Marco Aurélio, julgado em 7/2/2018 (Info 890).

5.6. É ABUSIVA A PRÁTICA DA COMPANHIA AÉREA QUE CANCELA AUTOMATICAMENTE O VOO DE VOLTA EM RAZÃO DE "NO SHOW" NA IDA

Imagine a seguinte situação hipotética:

João mora em Rio Branco (AC) e tinha um compromisso de trabalho em Porto Velho (RO).

Diante disso, ele comprou duas passagens áreas: uma de ida (Rio Branco – Porto Velho) e outra de volta (Porto Velho – Rio Branco).

A passagem de ida estava marcada para o dia 01/03 e a de volta para o dia 15/03.

No dia 01/03, João teve um problema pessoal e não conseguiu embarcar no voo.

Como precisava estar na capital rondoniense no dia seguinte, ele foi de ônibus para Porto Velho, chegando lá dia 02/03.

João participou de seus compromissos normalmente, mas quando tentou embarcar de volta para Rio Branco, no dia 15/03, teve um problema: a companhia aérea cancelou a sua reserva e colocou outra pessoa no lugar.

A explicação da empresa, quanto ao cancelamento, foi no sentido de que, não havendo embarque em um dos trechos adquiridos, o segundo, posterior, é automaticamente cancelado. Trata-se do que as companhias chamam, na prática, de cancelamento pelo *no show*. "É assim que funciona, senhor", disse a funcionária da empresa.

João, contudo, não se conformou e ajuizou ação de indenização por danos morais e materiais contra a empresa.

Afirmou que a conduta da ré de cancelar a passagem do trecho da volta foi indevida e abusiva. A conduta de proceder ao cancelamento dos bilhetes da volta, em razão do não embarque da ida, é cláusula nula, sem eficácia jurídica, por se tratarem de bilhetes distintos, considerando que o consumidor paga um determinado preço pela passagem de ida e um outro preço distinto pela volta.

A empresa área contestou a demanda afirmando que a prática do *no show* é aceita pela ANAC, além de estar prevista no contrato que é firmado com o consumidor.

O STJ concordou com a tese do consumidor? Houve prática abusiva da companhia aérea?

SIM.

Atende a interesse meramente comercial da empresa

A adoção do cancelamento unilateral de um dos trechos da passagem adquirida por consumidor quando do não comparecimento no voo de ida (*no show*) é prática tarifária comumente utilizada pelas empresas do ramo de transporte aéreo de passageiros.

Essa prática tem por finalidade exclusiva, ou ao menos primordial, possibilitar que a companhia possa fazer nova comercialização do assento da aeronave, atendendo, portanto, a interesses essencialmente comerciais da empresa, promovendo a obtenção de maior de lucro, a partir da dupla venda.

Muitas vezes a totalidade dos bilhetes foi vendida, mas nem todos os passageiros embarcam. Isso ocorre devido ao cancelamento de reservas com pouca antecedência em relação ao horário do voo ou à existência de *no show* (passageiros que não comparecem ao embarque), que inviabilizam que o avião viaje com todos os seus assentos preenchidos. Assim, com o intuito de se antecipar às perdas consequentes deste tipo de comportamento e, como estratégia de gerenciamento de receitas, as empresas que operam o ramo de transporte aéreo optam por cancelar automaticamente o voo de volta, podendo, desse modo, revender o assento para outra pessoa.

Tal conduta, embora justificável do ponto de vista econômico e empresarial, configura prática abusiva, considerando que afronta direitos básicos do consumidor, tais como a vedação ao enriquecimento ilícito, a falta de razoabilidade nas sanções impostas e, ainda, a deficiência na informação sobre os produtos e serviços prestados.

Enriquecimento ilícito

Quando o consumidor adquire uma viagem de ida e volta, na verdade, ele compra dois bilhetes aéreos de passagem. Tanto é assim que o preço pago por apenas um bilhete é, naturalmente, inferior ao valor do contrato de transporte envolvendo o trajeto de ida e retorno, o que demonstra que a majoração do preço se deve, justamente, à autonomia dos trechos contratados.

O cancelamento da passagem de volta pela empresa aérea significa a frustração da utilização de um serviço pelo qual o consumidor pagou. Trata-se, portanto, de inadimplemento desmotivado por parte da companhia aérea.

Não bastasse isso, o cancelamento unilateral arbitrário faz surgir para o consumidor novo dispêndio financeiro, dada a necessidade de retornar a seu local de origem, seja por qual meio de transporte for.

Falta de razoabilidade nas sanções previstas

Normalmente, os contratos das companhias áreas preveem que em caso de não comparecimento para o embarque (*no show*), será cobrada uma taxa administrativa referente à quebra de contrato e os demais trechos subsequentes serão cancelados. Descontada essa taxa administrativa ("espécie de multa"), o valor que sobrar ficará como "crédito" em favor do consumidor até que ele solicite reembolso ou remarcação dentro do prazo de 1 ano a contar da data do voo original não utilizado.

O STJ entendeu que não há razoabilidade na aplicação de todas essas sanções contra o consumidor que não embarcou no voo de ida.

Esta previsão não é razoável. Isso porque há uma sucessão de penalidades impostas para uma mesma falta cometida pelo consumidor.

Com efeito, é cobrado do consumidor uma primeira "taxa", deduzida do valor da tarifa do voo de ida, porque não compareceu para embarque, uma segunda "taxa" sobre a tarifa paga pelo trecho de volta, que foi cancelado e, por fim, ele será impedido de voar.

Violação ao princípio da transparência

Vale ressaltar, ainda, que essa cláusula é prevista sem qualquer destaque ou visibilidade, o que viola o dever de informação, especialmente porque se trata de cláusula restritiva em um contrato de adesão.

Há, portanto, afronta ao princípio da transparência (art. 4º, caput, CDC), o que resulta a nulidade da respectiva cláusula contratual, com fundamento no art. 51, XV, do CDC.

Conclui-se, portanto, que:

É abusiva a prática comercial consistente no cancelamento unilateral e automático de um dos trechos da passagem aérea, sob a justificativa de não ter o passageiro se apresentado para embarque no voo antecedente.

STJ. 3ª Turma. REsp 1699780/SP, Rel. Min. Marco Aurélio Bellizze, julgado em 11/09/2018.

STJ. 4ª Turma. REsp 1.595.731-RO, Rel. Min. Luis Felipe Salomão, julgado em 14/11/2017 (Info 618).

Mas a ANAC permite essa prática...

Não importa. Como se sabe, a normatização realizada pela Agência Nacional de Aviação Civil (ANAC) possui natureza administrativa, capaz de vincular aqueles que exercem a atividade sujeita à regulação técnica. No entanto, essa regulamentação não está isenta de controle por parte do Poder Judiciário, em razão do disposto no art. 5º, XXXV, da Constituição Federal, que dispõe que a lei não excluirá da apreciação do Poder Judiciário lesão ou ameaça a direito.

Assim, as agências reguladoras não podem editar atos arbitrários ou desarrazoados, já que estão sujeitas ao controle jurisdicional. Há, então, uma "discricionariedade vigiada" (MELO FILHO, João Aurino. Controle jurisdicional na atividade das agências reguladoras. Delimitação da discricionariedade administrativa. Revista de Direito Administrativo. Teresina, ano 14, nº 2163, 3 juNº 2009).

5.7. COMPRA E VENDA DE IMÓVEIS

ATRASO NA ENTREGA DO IMÓVEL E LUCROS CESSANTES

Cabem danos morais se a construtora/incorporadora descumprir o prazo de entrega do imóvel?

Em regra, não.

O simples fato de o promitente vendedor ter descumprido o prazo previsto no contrato para a entrega do imóvel não acarreta, por si só, danos morais. Nesse sentido:

O mero descumprimento contratual, caso em que a promitente vendedora deixa de entregar o imóvel no prazo contratual injustificadamente, não acarreta, por si só, danos morais.

STJ. 3ª Turma. AgInt no REsp 1684398/SP, Rel. Min. Ricardo Villas Bôas Cueva, julgado em 20/03/2018.

Isso porque o dano moral, na hipótese de atraso na entrega de unidade imobiliária, não se presume pelo simples descumprimento do prazo contratual.

Em situações excepcionais é possível haver a condenação em danos morais, desde que devidamente comprovada a ocorrência de uma significativa e anormal violação a direito da personalidade do adquirente (STJ. 3ª Turma. AgInt no REsp 1693221/SP, Rel. Min. Nancy Andrighi, julgado em 20/03/2018).

Assim, pode ser cabível a condenação em danos morais, de acordo com as peculiaridades do caso concreto. Em outras palavras, deve ter o atraso e uma consequência fática que gere dor, angústia, revolta.

Embora o atraso na entrega do imóvel possa gerar dano moral compensável, estes devem estar demonstrados e configurados, não podendo ser fundamentado somente no mero inadimplemento contratual.

STJ. 3ª Turma. AgInt no AREsp 1126144/MA, Rel. Min. Paulo de Tarso Sanseverino, julgado em 13/03/2018.

O simples inadimplemento contratual, consubstanciado no atraso na entrega do imóvel, não é capaz por si só de gerar dano moral indenizável, devendo haver, no caso concreto, consequências fáticas que repercutam na esfera de dignidade da vítima.

STJ. 3ª Turma. REsp 1654843/SP, Rel. Min. Ricardo Villas Bôas Cueva, julgado em 27/02/2018.

O simples descumprimento contratual, por si, não é capaz de gerar danos morais, sendo necessária a existência de uma consequência fática capaz de acarretar dor e sofrimento indenizável pela sua gravidade.

STJ. 4ª Turma. AgRg no REsp 1408540/MA, Rel. Min. Antonio Carlos Ferreira, julgado em 12/02/2015.

Exemplos de situações nas quais foi reconhecido o dano moral:

1. Atraso muito grande na entrega do imóvel (no caso concreto, foram 2 anos de atraso). Nesta hipótese foi reconhecido o direito à indenização: STJ. 3ª Turma. AgRg no AREsp 693.206/RJ, Rel. Min. Ricardo Villas Bôas Cueva, julgado em 13/03/2018.

2. Atraso na entrega que gerou o adiamento do casamento dos adquirentes, que já estavam com data marcada: STJ. 3ª Turma. REsp 1662322/RJ, Rel. Min. Nancy Andrighi, julgado em 10/10/2017.

E os danos materiais, são devidos em caso de atraso?

SIM.

O atraso na entrega do imóvel objeto de contrato de promessa de compra e venda acarreta a condenação da construtora/imobiliária ao pagamento de:

- dano emergente (que precisa ser provado); e
- lucros cessantes (valor dos alugueis do imóvel; são danos materiais presumidos).

A jurisprudência considera que, havendo atraso, os lucros cessantes devem ser calculados como sendo o valor do aluguel do imóvel atrasado. Isso porque:

- o adquirente está morando em um imóvel alugado, enquanto aguarda o seu. Neste caso, ele está perdendo "dinheiro" pagando aluguel em virtude do atraso; ou
- o adquirente não está morando de aluguel e comprou o novo imóvel apenas como investimento. Neste caso, ele também está perdendo "dinheiro" porque, se o imóvel tivesse sido entregue no prazo, ele estaria alugando para alguém e aferindo renda com isso.

Em suma, em um ou no outro caso, o adquirente deixa de ganhar dinheiro ("deixa ter um lucro") porque houve atraso na entrega do imóvel. Para o STJ, essa "perda de dinheiro" (lucros cessantes) é óbvia e, portanto, deve ser presumida, salvo se a construtora/incorporadora provar algo em sentido contrário (o que é muito difícil de acontecer).

Nesse sentido:

O atraso na entrega do imóvel enseja pagamento de indenização por lucros cessantes durante o período de mora do promitente vendedor, sendo presumido o prejuízo do promitente comprador.

Os lucros cessantes serão devidos ainda que não fique demonstrado que o promitente comprador tinha finalidade negocial na transação.

STJ. 2ª Seção. EREsp 1.341.138-SP, Rel. Min. Maria Isabel Gallotti, julgado em 09/05/2018 (Info 626).

A ausência de entrega do imóvel na data acordada em contrato gera a presunção relativa da existência de danos materiais na modalidade lucros cessantes.

STJ. 3ª Turma. REsp 1662322/RJ, Rel. Min. Nancy Andrighi, julgado em 10/10/2017.

Descumprido o prazo para entrega do imóvel objeto do compromisso de compra e venda, é cabível a condenação por lucros cessantes. Nesse caso, há presunção de prejuízo do promitente-comprador, cabendo ao vendedor, para se eximir do dever de indenizar, fazer prova de que a mora contratual não lhe é imputável.

STJ. 3ª Turma. AgRg no AREsp 229.165/RJ, Rel. Min. Ricardo Villas Bôas Cueva, julgado em 20/10/2015.

Resumindo:

O ATRASO NA ENTREGA DO IMÓVEL GERA DIREITO À INDENIZAÇÃO?	
DANOS MORAIS	DANOS MATERIAIS
Em regra, não são devidos. O mero descumprimento do prazo de entrega previsto no contrato não acarreta, por si só, danos morais. Em situações excepcionais é possível haver a condenação em danos morais, desde que devidamente comprovada a ocorrência de uma significativa e anormal situação que repercuta na esfera de dignidade do comprador. Ex1: atraso muito grande (2 anos); Ex2: teve que adiar o casamento por conta do atraso. STJ. 3ª Turma. REsp 1654843/SP, Rel. Min. Ricardo Villas Bôas Cueva, julgado em 27/02/2018.	O atraso pode acarretar a condenação da construtora/imobiliária ao pagamento de: **a.** dano emergente (precisa ser provado pelo adquirente); **b.** lucros cessantes (são presumidos; o adquirente não precisa provar). Os lucros cessantes devem ser calculados como sendo o valor do aluguel do imóvel atrasado. Isso porque: • o adquirente está morando em um imóvel alugado, enquanto aguarda o seu; ou • o adquirente não está morando de aluguel, mas comprou o novo imóvel para investir. Está perdendo "dinheiro" porque poderia estar alugando para alguém. STJ. 3ª Turma. REsp 1662322/RJ, Rel. Min. Nancy Andrighi, julgado em 10/10/2017.

Vale ressaltar que somente se considera o atraso quando a construtora não entrega o apartamento no prazo previsto no contrato, sendo válida a previsão que estipula a chamada cláusula de tolerância:

No contrato de promessa de compra e venda de imóvel em construção ("imóvel na planta"), além do período previsto para o término do empreendimento, há, comumente, uma cláusula prevendo a possibilidade de prorrogação excepcional do prazo de entrega da unidade ou de conclusão da obra por um prazo que varia entre 90 e 180 dias. Isso é chamado de "cláusula de tolerância".

Não é abusiva a cláusula de tolerância nos contratos de promessa de compra e venda de imóvel em construção, desde que o prazo máximo de prorrogação seja de até 180 dias.

STJ. 3ª Turma. REsp 1.582.318-RJ, Rel. Min. Ricardo Villas Bôas Cueva, julgado em 12/9/2017 (Info 612).

TERMO INICIAL DO PRAZO PRESCRICIONAL DA PRETENSÃO DE RESTITUIÇÃO DE COMISSÃO DE CORRETAGEM

O que é um contrato de corretagem?

Pelo contrato de corretagem, o corretor obriga-se a obter para uma pessoa que o contrata (denominada "cliente" ou "comitente") um ou mais negócios, conforme as instruções recebidas.

O contrato de corretagem está previsto, de forma genérica, nos arts. 722 a 729 do CC.

Quando se fala neste contrato, normalmente as pessoas só se lembram da corretagem de imóveis. No entanto, existem outras espécies de corretagem, como é o caso do corretor de ações na Bolsa de Valores ou o corretor de mercadorias (bens móveis).

No caso do corretor de imóveis, a profissão está regulamentada pela Lei nº 6.530/78 e pelo Decreto nº 81.871/78. Para exercer a profissão de corretor de imóveis, exige-se a aprovação em curso técnico de Transações Imobiliárias ou curso superior em Gestão Imobiliária, com registro no Conselho Regional de Corretores de Imóveis (CRECI).

Comissão de corretagem

Como remuneração pelo serviço prestado, o corretor receberá o pagamento de uma quantia, que é chamada de "comissão de corretagem".

A remuneração é devida ao corretor uma vez que tenha conseguido o resultado previsto no contrato de mediação, ou ainda que este não se efetive em virtude de arrependimento das partes (art. 725).

Qual é o valor da comissão de corretagem?

O valor da comissão de corretagem deverá estar previsto na lei ou no contrato firmado entre as partes.

E se não estiver previsto na lei nem no contrato?

Neste caso, este valor será arbitrado segundo a natureza do negócio e os usos locais (art. 724 do CC).

Não há lei estipulando o valor da comissão de corretagem na venda de imóveis. Aplica-se, portanto, os usos e costumes. No dia-a-dia imobiliário, quando não há previsão contratual, deverá ser pago ao corretor 6% sobre o valor do imóvel urbano vendido, conforme prevê a tabela do CRECI.

Incorporação imobiliária

É a atividade desenvolvida por um incorporador (pessoa física ou jurídica) por meio da qual ele planeja a construção de um condomínio com unidades autônomas (ex: um prédio com vários apartamentos) e, antes mesmo de iniciar a edificação, já aliena as unidades para os interessados e, com os recursos obtidos, vai construindo o projeto.

Nas palavras do Min. Luis Felipe Salomão, "a expressão incorporação imobiliária designa a iniciativa do empreendedor que, com a venda antecipada das unidades autônomas, obtém capital necessário para construção de edifício de apartamentos, sob o regime condominial" (REsp 1.399.024-RJ).

Normalmente, a pessoa que adquire unidade autônoma em regime de incorporação imobiliária, o faz de forma parcelada, por meio de um contrato de promessa de compra e venda.

O que é uma promessa de compra e venda?

A promessa de compra e venda (ou compromisso de compra e venda) é...

uma espécie de contrato preliminar

por meio do qual uma pessoa (promitente vendedor) se compromete a vender o seu bem ao promissário comprador, após este pagar integralmente o preço que foi ajustado.

Pagamento da comissão de corretagem na incorporação imobiliária

Na prática, é extremamente comum que os contratos de promessa de compra e venda de incorporação imobiliária contenham uma cláusula prevendo que o promitente-comprador ("consumidor") será o responsável pelo pagamento da comissão do corretor.

Exemplo

João, ao parar seu carro no semáforo, recebeu um panfleto de um novo edifício de apartamentos que estava sendo lançado "na planta". Foi até o estande de vendas, sendo atendido por Luciana, corretora de imóveis.

Decidiu na hora que iria comprar uma unidade.

Foi, então, apresentado a ele um contrato de promessa de compra e venda com a imobiliária.

Por meio do contrato, a imobiliária (promitente vendedora) comprometeu-se a vender a João a unidade 1502, da Torre B, do Edifício "Morar Bem".

Em contrapartida, João obrigou-se a pagar o valor de R$ 1 milhão, parcelado em 60 meses.

Além disso, havia uma cláusula (8.1) no contrato prevendo que João teria que pagar 6% do valor do imóvel para Luciana, a título de comissão de corretagem.

Algum tempo depois, João ingressou com ação judicial pedindo que esta cláusula 8.1 fosse declarada nula de pleno direito porque seria abusiva, já que ele, como consumidor, não poderia ser obrigado a pagar a corretora, a qual presta serviços no interesse da incorporadora, razão pela qual a empresa deveria arcar com este custo.

A tese de João é aceita pelo STJ? É abusiva a cláusula prevista em promessa de compra e venda que transfira para o promitente-comprador a responsabilidade pelo pagamento da comissão de corretagem?

NÃO. Esta cláusula, em regra, não é abusiva. No entanto, é necessário que o promitente-vendedor, na fase pré-negocial, explique ao consumidor, de forma clara e precisa, que ele (adquirente) irá pagar a quantia, informando o valor exato.

Esse tema foi definido pelo STJ em recurso repetitivo, sendo fixada a seguinte tese:

> É válida a cláusula contratual que transfere ao promitente-comprador a obrigação de pagar a comissão de corretagem nos contratos de promessa de compra e venda de unidade autônoma em regime de incorporação imobiliária, desde que previamente informado o preço total da aquisição da unidade autônoma, com o destaque do valor da comissão de corretagem.
>
> STJ. 2ª Seção. REsp 1.599.511-SP, Rel. Min. Paulo de Tarso Sanseverino, julgado em 24/8/2016 (recurso repetitivo) (Info 589).

Se a incorporadora não informar previamente

Uma reclamação constante dos consumidores é a de que as incorporadoras não informam previamente os clientes de que eles são responsáveis pelo pagamento da comissão de corretagem.

Os consumidores alegam que, somente após celebrado o contrato, com o pagamento do sinal, é que são informados sobre este custo adicional.

Essa prática de não explicar previamente viola os deveres de informação e de transparência que devem pautar as relações de consumo.

Se isso acontecer, o consumidor poderá recusar-se a pagar a comissão de corretagem, exigindo o cumprimento da proposta pelo preço ofertado.

Toda informação ou publicidade suficientemente precisa vincula o fornecedor, conforme expresso no CDC:

> § Art. 30. Toda informação ou publicidade, suficientemente precisa, veiculada por qualquer forma ou meio de comunicação com relação a produtos e serviços oferecidos ou apresentados, obriga o fornecedor que a fizer veicular ou dela se utilizar e integra o contrato que vier a ser celebrado.

Desse modo, a cláusula que transfere a obrigação de pagar a comissão para o consumidor é, a princípio, lícita, mas o promitente-vendedor, na fase pré-negocial, deverá informar, de forma clara e precisa, que haverá esta transferência.

Discussão judicial sobre a abusividade da comissão de corretagem

Vimos acima que, na prática, muitas incorporadoras exigem que o promitente-comprador pague a comissão de corretagem.

Inúmeros consumidores não se conformam com essa cobrança e a questionam no Poder Judiciário.

Os consumidores ajuízam ações pedindo que seja declarada a abusividade de tais cláusulas e que, como consequência, a eles sejam restituídos (recebam de volta) os valores pagos a título de comissão de corretagem.

Indago: contra quem essa ação deverá ser proposta? Contra o corretor (pessoa física que recebeu efetivamente os valores) ou contra a incorporadora (que vendeu o imóvel)?

Contra a incorporadora.

> A incorporadora, na condição de promitente-vendedora, tem legitimidade passiva "ad causam" para responder a demanda em que é pleiteada pelo promitente-comprador a restituição dos valores pagos a título de comissão de corretagem e de taxa de assessoria técnico-imobiliária, alegando-se prática abusiva na transferência desses encargos ao consumidor.
>
> STJ. 2ª Seção. REsp 1.551.968-SP, Rel. Min. Paulo de Tarso Sanseverino, julgado em 24/8/2016 (recurso repetitivo) (Info 589).

Qual é o prazo prescricional para essa ação?

3 anos.

> Prescreve em 3 anos a pretensão de restituição dos valores pagos a título de comissão de corretagem.
>
> STJ. 2ª Seção. REsp 1.551.956-SP, Rel. Min. Paulo de Tarso Sanseverino, julgado em 24/8/2016 (recurso repetitivo) (Info 589).

Para o STJ, trata-se de uma ação de ressarcimento com fundamento na vedação ao enriquecimento sem causa, devendo, portanto, ser aplicado o art. 206, § 3º, IV, do Código Civil:

> §
>
> Art. 206. Prescreve:
>
> (...)
>
> § 3º Em três anos:
>
> IV – a pretensão de ressarcimento de enriquecimento sem causa;

O tema foi recentemente cobrado em prova:

(Juiz Federal TRF3 2018 banca própria) É de cinco anos o prazo prescricional para a pretensão de restituição de valores pagos a título de comissão de corretagem ou de serviço de assistência técnico imobiliário. (errado)

Qual é o termo inicial deste prazo prescricional? A partir de quando ele é contado? A data do contrato interessa neste caso?

NÃO. A data da assinatura do contrato não interessa. O termo inicial do prazo prescricional é a data do efetivo pagamento.

Nos termos do art. 189 do CC, a pretensão nasce com a violação do direito, consagrando o princípio da *actio nata*. O direito subjetivo da reparação nasce com a lesão.

A lesão ao direito subjetivo só se deu com o pagamento integral.

E se o pagamento foi parcelado?

Imagine a seguinte situação hipotética:

Pedro (adquirente) pagou o valor da comissão de corretagem parceladamente em 6 prestações de R$ 5 mil cada, nas seguintes datas: 01/07/2011, 01/08/2011, 01/09/2011, 01/10/2011, 01/11/2011 e 01/12/2011.

Em 14/11/2014, Pedro ajuizou ação contra a incorporadora pedindo a restituição dos valores pagos sob a alegação de que não foi previamente comunicado que teria essa obrigação nem qual seria a quantia exata da comissão de corretagem. Logo, houve falha no dever de comunicação, sendo, portanto, abusiva a cobrança.

A incorporadora contestou a demanda e afirmou que somente teria obrigação de devolver a prestação do dia 01/12/2011 considerando que as demais já estariam prescritas. Isso porque a ação foi proposta mais de 3 anos depois do pagamento das parcelas dos dias 01/07/2011, 01/08/2011, 01/09/2011, 01/10/2011, 01/11/2011.

A tese da incorporadora foi acolhida pelo STJ? Qual será o termo inicial do prazo prescricional em caso de pagamento da comissão de corretagem feito de forma parcelada?

NÃO. O argumento da incorporadora não foi aceito.

Para o STJ, se o pagamento da comissão de corretagem foi parcelado, o prazo prescricional é contado da última parcela paga, ou seja, da data em que o adquirente terminou de pagar (data do desembolso total).

Dessa forma, na demanda em que se pretende a restituição dos valores pagos parceladamente a título de comissão de corretagem, o termo inicial do prazo prescricional deve ser a data da contraprestação total (global), já que não se pode pleitear a devolução daquilo que ainda não foi pago no seu todo. Em outras palavras, só começa a contar o prazo prescricional depois que o adquirente terminou de pagar a comissão de corretagem:

> **O termo inicial da prescrição da pretensão de restituição dos valores pagos parceladamente a título de comissão de corretagem é a data do efetivo pagamento (desembolso total).**
> STJ. 3ª Turma. REsp 1.724.544-SP, Rel. Min. Moura Ribeiro, julgado em 02/10/2018 (Info 634).

Validade do repasse da comissão de corretagem ao consumidor pela incorporadora imobiliária mesmo no programa Minha Casa, Minha Vida

Programa Minha Casa, Minha Vida (PMCMV)

O "Minha Casa, Minha Vida" é um programa habitacional que tem por objetivo criar mecanismos de incentivo à produção e aquisição de novas unidades habitacionais ou requalificação de imóveis urbanos e produção ou reforma de habitações rurais, para famílias com renda mensal de até R$ 4.650,00 (art. 1º da Lei nº 11.977/2009).

A Lei nº 11.977/2009, ao instituir o programa, estabeleceu as suas regras gerais, deixando aos regulamentos, principalmente aos editados pelo Ministério das Cidades, dispor acerca das normas específicas de operacionalização, inclusive as faixas de renda, faixas de valor dos imóveis, padrões construtivos e os critérios de seleção dos beneficiários.

Campos de atuação do PMCMV

O Programa Minha Casa, Minha Vida – PMCMV subdivide-se em 4 diferentes faixas de renda familiar mensal:

Faixa 1 – até R$ 1.800,00 (ou R$ 3.600,00, excepcionalmente);

Faixa 1,5 – até R$ 2.600,00;

Faixa 2 – até R$ 4.000,00;

Faixa 3 – até R$ 9.000,00.

Faixa 1:

- Beneficia famílias com renda mensal bruta de até R$ 1.800,00 (valores da época do julgado) ou famílias com renda mensal bruta de até R$ 3.600,00 (desde que, neste segundo caso, estejam em situações específicas de vulnerabilidade social, como emergência ou calamidade pública).
- Nessa faixa do programa, a operação mais se assemelha a um benefício social do que propriamente a um contrato de compra e venda de imóvel.
- Não se estabelece relação de consumo entre o beneficiário e a construtora/incorporadora, como ocorre nas outras faixas do programa.
- O imóvel é incorporado ao patrimônio de um fundo público (Fundo de Arrendamento Residencial – FAR ou Fundo de Desenvolvimento Social – FDS), e esse fundo assume a condição de "alienante" do imóvel.
- A seleção dos beneficiários é realizada pelo Poder Público ou por "entidades organizadoras" previamente habilitadas pelo Ministério das Cidades.
- A subvenção econômica nessa faixa alcança até 90% do valor do imóvel, sendo o restante diluído em até 120 parcelas mensais (limitadas a 5% da renda bruta), sem juros e sem formação de saldo devedor, diversamente do que ocorre num típico financiamento imobiliário.
- Na Faixa 1 não há venda direta das construtoras aos beneficiários do programa. A seleção, como já dito, é feita por meio de critérios sociais, conjugada com sorteio. Logo, não há campo para a intermediação imobiliária.

Demais faixas

As atividades do PMCMV nessas outras três faixas de renda são muito parecidas com as demais modalidades de financiamento imobiliário existentes. Em outras palavras, são praticamente iguais a um financiamento imobiliário "comum".

O que é um contrato de corretagem?

Pelo contrato de corretagem, o corretor obriga-se a obter para uma pessoa que o contrata (denominada "cliente" ou "comitente") um ou mais negócios, conforme as instruções recebidas.

O contrato de corretagem está previsto, de forma genérica, nos arts. 722 a 729 do CC.

Quando se fala neste contrato, normalmente as pessoas só se lembram da corretagem de imóveis. No entanto, existem outras espécies de corretagem, como é o caso do corretor de ações na Bolsa de Valores ou o corretor de mercadorias (bens móveis).

No caso do corretor de imóveis, a profissão está regulamentada pela Lei nº 6.530/78 e pelo Decreto nº 81.871/78. Para exercer a profissão de corretor de imóveis, exige-se a aprovação em curso técnico de Transações Imobiliárias ou curso superior em Gestão Imobiliária, com registro no Conselho Regional de Corretores de Imóveis (CRECI).

Comissão de corretagem

Como remuneração pelo serviço prestado, o corretor receberá o pagamento de uma quantia, que é chamada de "comissão de corretagem".

A remuneração é devida ao corretor uma vez que tenha conseguido o resultado previsto no contrato de mediação, ou ainda que este não se efetive em virtude de arrependimento das partes (art. 725).

Qual é o valor da comissão de corretagem?

O valor da comissão de corretagem deverá estar previsto na lei ou no contrato firmado entre as partes.

E se não estiver previsto na lei nem no contrato?

Neste caso, este valor será arbitrado segundo a natureza do negócio e os usos locais (art. 724 do CC).

Não há lei estipulando o valor da comissão de corretagem na venda de imóveis. Aplica-se, portanto, os usos e costumes. No dia-a-dia imobiliário, quando não há previsão contratual, deverá ser pago ao corretor 6% sobre o valor do imóvel urbano vendido, conforme prevê a tabela do CRECI.

É possível que o contrato preveja que a obrigação de pagar a comissão de corretagem será do promitente-comprador?

SIM. O STJ definiu a seguinte tese:

> É válida a cláusula contratual que transfere ao promitente-comprador a obrigação de pagar a comissão de corretagem nos contratos de promessa de compra e venda de unidade autônoma em regime de incorporação imobiliária, desde que previamente informado o preço total da aquisição da unidade autônoma, com o destaque do valor da comissão de corretagem.
>
> STJ. 2ª Seção. REsp 1.599.511-SP, Rel. Min. Paulo de Tarso Sanseverino, julgado em 24/8/2016 (recurso repetitivo) (Info 589).

Isso vale também para os imóveis vinculados ao programa "Minha Casa, Minha Vida"? O contrato de promessa de compra e venda de imóvel do programa "Minha Casa, Minha Vida" poderá ter cláusula prevendo que a obrigação pelo pagamento da comissão de corretagem será do promitente comprador? É válido transferir para o consumidor a obrigação de pagar a comissão de corretagem nas promessas de compra e venda celebradas no âmbito do programa "Minha Casa, Minha Vida"?

O STJ fez a seguinte distinção:

- Se o contrato estiver na Faixa 1: NÃO. Não há que se falar em pagamento da comissão de corretagem.
- Se o contrato estiver nas demais faixas: SIM. É possível transferir ao promitente-comprador a obrigação de pagar a comissão de corretagem.

A tese fixada pelo STJ foi a seguinte:

> **Ressalvada a denominada Faixa 1, em que não há intermediação imobiliária, é válida a cláusula contratual que transfere ao promitente-comprador a obrigação de pagar a comissão de corretagem nos contratos de promessa de compra e venda do Programa Minha Casa, Minha Vida, desde que previamente informado o preço total da aquisição da unidade autônoma, com o destaque do valor da comissão de corretagem.**
>
> STJ. 2ª Seção. REsp 1.601.149-RS, Rel. Min. Paulo de Tarso Sanseverino, Rel. Acd. Min. Ricardo Villas Bôas Cueva, julgado em 13/06/2018 (recurso repetitivo) (Info 630).

Faixa 1

Como vimos acima, na Faixa 1 não há comercialização dos imóveis no mercado.

A distribuição dos imóveis é realizada por meio das Prefeituras, mediante prévio cadastro das famílias de baixa renda e é o próprio Fundo (FAR / FDS) que figura como vendedor do imóvel.

Desse modo, não há envolvimento de imobiliárias, construtoras, incorporadores e corretores na sua venda.

Logo, é óbvio que não há razão para a cobrança da comissão de corretagem, até porque nem existe corretor atuando.

Repetindo: na Faixa 1, como não há venda direta das construtoras aos beneficiários do programa, mas seleção por meio de critérios sociais, conjugada com sorteio, não há campo para a intermediação imobiliária, sendo descabida eventual cobrança da comissão de corretagem.

Demais faixas

Nas demais faixas, a venda dos imóveis se assemelha a um financiamento tradicional pelas regras do Sistema Financeiro da Habitação (SFH) e do próprio Fundo, mas com taxas de juros reduzidas e com a possibilidade de amortização de parte do saldo devedor com subvenção da União e/ou a concessão de desconto/subsídio do FGTS, dependendo da renda.

Assim, é igual a uma operação de mercado, sendo que, dependendo da Faixa de Renda, pode haver a concessão de um desconto sobre o valor da dívida, bem como redução na taxa de juros e na Taxa de Administração. Também há redução de valor no pagamento de emolumentos cartorários.

Tirando a Faixa 1, nas demais Faixas do programa, as construtoras/incorporadoras é que são as proprietárias dos imóveis produzidos e elas vendem, geralmente por meio e corretores, os imóveis para os interessados.

Como nessas Faixas o contrato não difere substancialmente das demais modalidades de financiamento imobiliário existentes, deve-se aplicar o mesmo entendimento do STJ firmado no REsp 1.599.511-SP e autorizar a cobrança da comissão de corretagem, desde que o adquirente seja previamente informado sobre o preço total da aquisição da unidade autônoma, com o destaque do valor da comissão de corretagem.

Assim, não há nenhuma razão que impeça a cobrança da comissão de corretagem nestes casos.

Vale ressaltar que se fosse proibida a cobrança da comissão de corretagem, o custo dela continuaria sendo suportado pelo adquirente, considerando que estaria embutido no preço. Essa é a lógica do mercado imobiliário, pois a venda só produz lucro à incorporadora se o preço final do imóvel superar os seus custos.

Significa dizer que, na impossibilidade de transferência da obrigação de pagar a comissão de corretagem ao consumidor, esse custo seria embutido no preço dos imóveis.

Não há violação na Lei

Vale ressaltar, por fim, que não há, nas normas que regulamentam o PMCMV, expressa vedação quanto à transferência do custo da corretagem ao consumidor, de modo que não cabe ao Poder Judiciário criar uma norma que não existe.

Caso concreto:

Lucas adquiriu da construtora, por intermédio de uma imobiliária, um apartamento dentro do programa "Minha Casa, Minha Vida".

O contrato previa que o promitente-comprador (Lucas) deveria pagar R$ 4.500,00 de comissão de corretagem.

O STJ entendeu que a cobrança era legítima, considerando que:

- Lucas não se encontrava na chamada Faixa 1;
- o contrato previa essa obrigação do promitente-comprador;

CONSUMIDOR

- a cláusula contratual foi previamente informada ao consumidor, inclusive com o preço total da aquisição da unidade autônoma e com o destaque do valor da comissão de corretagem.

5.8. É POSSÍVEL O CORTE DA ENERGIA ELÉTRICA POR FRAUDE NO MEDIDOR, DESDE QUE CUMPRIDOS ALGUNS REQUISITOS

A relação entre a concessionária de energia elétrica e o consumidor final é uma relação de consumo? Aplica-se o Código de Defesa do Consumidor para esse contrato?

SIM. A relação entre concessionária de serviço público e o usuário final dos serviços públicos essenciais, tais como energia elétrica, é consumerista, sendo cabível a aplicação do Código de Defesa do Consumidor.

STJ. 2ª Turma. AgInt no AREsp 1061219/RS, Rel. Min. Og Fernandes, julgado em 22/08/2017.

Serviços públicos essenciais devem ser contínuos

O fornecimento de energia elétrica é considerado um serviço público essencial.

Os serviços essenciais são contínuos e, em regra, não podem ser interrompidos.

A continuidade é uma das características do serviço público adequado (art. 6º, § 1º da Lei nº 8.987/95 e art. 4º da Lei nº 13.460/2017).

É possível o "corte" no serviço de energia elétrica em virtude de inadimplemento do consumidor?

SIM. Mesmo sendo um serviço essencial, em caso de inadimplemento do consumidor, é possível o corte do serviço de energia elétrica. Isso, no entanto, será feito com base em determinados critérios.

Tais critérios irão depender de acordo com a natureza da dívida.

A jurisprudência classifica esses débitos em três grupos:

1. débitos decorrentes do consumo regular (atraso normal de pagamento);
2. débitos relacionados com recuperação de consumo por responsabilidade da concessionária e;
3. débitos relacionados com recuperação de consumo por responsabilidade atribuível ao consumidor (fraude do medidor).

Vamos entender cada um deles.

1) Consumo regular

Aqui, o que a jurisprudência está dizendo é o seguinte: é possível a suspensão do serviço de energia elétrica pelo não pagamento de conta regular?

A resposta é sim.

É permitido o corte da energia elétrica do consumidor quando se tratar de inadimplemento de conta regular, relativa ao mês do consumo. Para isso, no entanto, antes de fazer o corte, a concessionária é obrigada a comunicar o consumidor, ou seja, exige-se aviso prévio.

Essa possibilidade está prevista no art. 6º, § 3º, II, da Lei nº 8.987/95 (Lei das Concessões de Serviços Públicos):

§ Art. 6º (...)

§ 3º Não se caracteriza como descontinuidade do serviço a sua interrupção (...) após prévio aviso (...):

(...)

II – por inadimplemento do usuário, considerado o interesse da coletividade.

Vale ressaltar que essa suspensão no fornecimento é permitida mesmo que o corte no serviço atinja um órgão ou entidade que preste serviços públicos à população. É o que diz a Lei nº 9.427/96 (Lei das Concessionários de Energia Elétrica):

§ Art. 17. A suspensão, por falta de pagamento, do fornecimento de energia elétrica a consumidor que preste serviço público ou essencial à população e cuja atividade sofra prejuízo será comunicada com antecedência de quinze dias ao Poder Público local ou ao Poder Executivo Estadual.

Duas observações finais quanto a este primeiro aspecto:

1.a) Não se admite o corte para débitos antigos (consolidados)

Importante deixar claro que não é permitido que a concessionária suspenda o fornecimento do serviço se os débitos forem antigos (consolidados no tempo). Repito: o corte de serviços essenciais, como água e energia elétrica, pressupõe o inadimplemento de conta regular, relativa ao mês do consumo:

O corte de serviços essenciais, tais como água e energia elétrica, pressupõe o inadimplemento de conta regular, sendo inviável, portanto, a suspensão do abastecimento em razão de débitos antigos.

STJ. 1ª Turma. AgRg no Ag 1320867/RJ, Rel. Min. Regina Helena Costa, julgado em 08/06/2017.

Se o débito é antigo (ex: estamos em dezembro/2018) e a dívida é de janeiro/2018, a concessionária deverá buscar a satisfação de seu crédito pelas chamadas "vias ordinárias de cobrança" (exs: protestar o débito, inscrever nos cadastros restritivos, propor ação de cobrança etc.).

O corte do serviço por dívidas antigas ofende o art. 42 do CDC:

§ Art. 42. Na cobrança de débitos, o consumidor inadimplente não será exposto a ridículo, nem será submetido a qualquer tipo de constrangimento ou ameaça.

1.b) A obrigação de pagar a conta de energia elétrica é de natureza pessoal (não é *propter rem*)

Ex: Carlos compra a casa de João. Ocorre que João vendeu a casa, mas deixou um débito de três meses da conta de energia. A concessionária ingressou com uma ação de cobrança contra Carlos alegando que, como comprou a casa, passou a ser o devedor, considerando tratar-se de obrigação *propter rem*. Para piorar o cenário, a concessionária suspendeu o fornecimento de "luz".

A concessionária não agiu corretamente neste caso. Isso porque o débito de energia elétrica (assim como o de água) é de natureza pessoal, não se vinculando ao imóvel. Não se trata, portanto, de obrigação *propter rem*. Desse modo, o consumidor não pode ser responsabilizado pelo pagamento de serviço de fornecimento de energia elétrica utilizado por outra pessoa (em nosso exemplo, João).

A obrigação de pagar por serviço de natureza essencial, tal como água e energia, não é *propter rem*, mas pessoal, isto é, do usuário que efetivamente se utiliza do serviço.

STJ. 1ª Turma. AgRg no AREsp 45.073/MG, Rel. Min. Napoleão Nunes Maia Filho, julgado em 02/02/2017.

2) Recuperação de consumo por responsabilidade da concessionária

Antes de mais nada, é importante saber o que significa "reparação de consumo".

Reparação de consumo não faturado é uma expressão utilizada pela concessionária para representar uma determinada quantidade de energia elétrica que foi fornecida e utilizada

CONSUMIDOR

pelo consumidor, mas que, apesar disso, não foi registrada corretamente. Ex: imaginemos que, em maio/2018, o consumidor utilizou 150 kWh/mês, mas o medidor, por uma falha técnica, só registrou 50kWh/mês.

Isso significa que existe um débito deste consumidor para com a concessionária.

Esse fato pode ter ocorrido por dois motivos principais:

a. falha da concessionária (ex: medidor instalado estava com "defeito"); ou

b. por fraude no medidor (vulgo "gato").

Assim, é possível que a concessionária de energia elétrica realize a recuperação de consumo em duas hipóteses:

a. quando exista um faturamento lançado a menor, em decorrência de deficiência nos equipamentos de medição (recuperação de consumo por responsabilidade da concessionária);

b. quando ocorra procedimento irregular na medição, por ato fraudulento de responsabilidade do consumidor/usuário (recuperação de consumo por responsabilidade atribuível ao consumidor).

Na primeira situação (letra "a"), existe o consumo de energia sem o devido registro pelo medidor, que pode derivar, ou de algum defeito presente no aparelho, ou da impossibilidade de realização de correta aferição, devendo a distribuidora detectar a causa, apurar o consumo efetivo do período e providenciar o faturamento do correspondente valor.

No caso de recuperação de consumo por responsabilidade da concessionária, essa situação somente é descoberta depois de um tempo, ou seja, depois que a conta do mês "fechou". Logo, são débitos pretéritos. E, nestes casos, o STJ entende que não é possível o corte do serviço. A concessionária deverá exigir os seus créditos pelas "vias ordinárias de cobrança":

> É ilegítima a suspensão de fornecimento de energia elétrica por dívida pretérita, a título de recuperação de consumo, devendo o valor ser cobrado pelas vias ordinárias.
>
> STJ. 1ª Turma. EDcl no REsp 1339514/MG, Rel. Min. Sérgio Kukina, DJe 05/03/2013.

3) Recuperação de consumo por responsabilidade atribuível ao consumidor (corte administrativo por fraude no medidor)

É possível o corte da energia elétrica nos casos de dívidas decorrentes de fraude no medidor? Sim, mas desde que cumpridos os seguintes requisitos:

3.1) a responsabilidade do consumidor pela fraude deverá ser devidamente apurada, conforme procedimento estipulado pela ANEEL (agência reguladora), assegurando-se ampla defesa e contraditório. Em outras palavras, a suposta fraude no medidor de consumo de energia não poderá ser apurada unilateralmente pela concessionária.

O tema é atualmente disciplinado pelos arts. 129 e 130 da Resolução normativa 414/2010-ANEEL.

3.2) deverá ser concedido um aviso prévio ao consumidor;

3.3) a suspensão administrativa do fornecimento do serviço deve ser possibilitada quando não forem pagos débitos relativos aos últimos 90 dias da apuração da fraude, sem prejuízo do uso das vias judiciais ordinárias de cobrança. Isso porque o reconhecimento da possibilidade de corte do serviço de energia elétrica pelas concessionárias deve ter limite temporal de apuração retroativa.

Ex: ficou comprovado que João fraudou o medidor de energia elétrica há 1 ano e que, portanto, durante os últimos 12 meses pagou a menos do que deveria. A concessionária poderá determinar o corte do serviço e só religará a energia se o consumidor pagar a dívida. No entanto, para religar não se exige o pagamento dos 12 meses, mas apenas dos últimos 90 dias.

Assim, se João pagar os últimos 90 dias, a concessionária deverá religar a energia. Os outros 9 meses que faltaram deverão ser cobrados pela concessionária pelas vias ordinárias.

3.4) deve ser fixado prazo razoável de, no máximo, 90 dias após o vencimento da fatura de recuperação de consumo, para que a concessionária possa suspender o serviço.

Esse quarto requisito tem como fundamento o § 2º do art. 172 da Resolução normativa 414/2010-ANEEL:

§ Art. 172 (...)

§ 2º É vedada a suspensão do fornecimento após o decurso do prazo de 90 (noventa) dias, contado da data da fatura vencida e não paga, salvo comprovado impedimento da sua execução por determinação judicial ou outro motivo justificável, ficando suspensa a contagem pelo período do impedimento.

Tese fixada:

Na hipótese de débito estrito de recuperação de consumo efetivo por fraude no aparelho medidor atribuída ao consumidor, desde que apurado em observância aos princípios do contraditório e da ampla defesa, é possível o corte administrativo do fornecimento do serviço de energia elétrica, mediante prévio aviso ao consumidor, pelo inadimplemento do consumo recuperado correspondente ao período de 90 (noventa) dias anterior à constatação da fraude, contanto que executado o corte em até 90 (noventa) dias após o vencimento do débito, sem prejuízo do direito de a concessionária utilizar os meios judiciais ordinários de cobrança da dívida, inclusive antecedente aos mencionados 90 (noventa) dias de retroação.

STJ. 1ª Seção. REsp 1.412.433-RS, Rel. Min. Herman Benjamin, julgado em 25/04/2018 (recurso repetitivo) (Info 634).

OUTROS ENTENDIMENTOS JURISPRUDENCIAIS QUE SÃO IMPORTANTES SOBRE O TEMA:

É legítimo o corte no fornecimento de serviços públicos essenciais por razões de ordem técnica ou de segurança das instalações, desde que precedido de notificação

É legítima a interrupção do fornecimento de energia elétrica por razões de ordem técnica, de segurança das instalações, ou ainda, em virtude do inadimplemento do usuário, quando houver o devido aviso prévio pela concessionária sobre o possível corte no fornecimento do serviço.

STJ. 1ª Turma. REsp 1270339/SC, Rel. Min. Gurgel de Faria, julgado em 15/12/2016.

É ilegítimo o corte no fornecimento de energia elétrica quando puder afetar o direito à saúde e à integridade física do usuário

A suspensão do serviço de energia elétrica, por empresa concessionária, em razão de inadimplemento de unidades públicas essenciais – hospitais; pronto-socorros; escolas; creches; fontes de abastecimento d'água e iluminação pública; e serviços de segurança pública –, como forma de compelir o usuário ao pagamento de tarifa ou multa, despreza o interesse da coletividade.

STJ. 2ª Turma. AgRg no AREsp 543.404/RJ, Rel. Min. Og Fernandes, julgado em 12/02/2015.

CONSUMIDOR

É legítimo o corte no fornecimento de serviços públicos essenciais quando inadimplente pessoa jurídica de direito público, desde que precedido de notificação e a interrupção não atinja as unidades prestadoras de serviços indispensáveis à população

A legitimidade do corte no fornecimento do serviço de telefonia quando inadimplentes entes públicos, desde que a interrupção não atinja serviços públicos essenciais para a coletividade, tais como escolas, creches, delegacias e hospitais.

STJ. 1ª Turma. EDcl no REsp 1244385/BA, Rel. Min. Gurgel de Faria, julgado em 13/12/2016.

É ilegítimo o corte no fornecimento de serviços públicos essenciais quando inadimplente unidade de saúde, uma vez que prevalecem os interesses de proteção à vida e à saúde

Quando o devedor for ente público, não poderá ser realizado o corte de energia indiscriminadamente em nome da preservação do próprio interesse coletivo, sob pena de atingir a prestação de serviços públicos essenciais, tais como hospitais, centros de saúde, creches, escolas e iluminação pública.

STJ. 2ª Turma. AgRg no Ag 1329795/CE, Rel. Min. Herman Benjamin, julgado em 19/10/2010.

É ilegítimo o corte no fornecimento de serviços públicos essenciais por débitos de usuário anterior, em razão da natureza pessoal da dívida

O débito de energia elétrica/água é de natureza pessoal, não se vinculando ao imóvel. Não se trata, portanto, de obrigação *propter rem*.

Desse modo, o consumidor não pode ser responsabilizado pelo pagamento de serviço de fornecimento de energia elétrica utilizado por outra pessoa.

A obrigação de pagar por serviço de natureza essencial, tal como água e energia, não é propter rem, mas pessoal, isto é, do usuário que efetivamente se utiliza do serviço.

STJ. 1ª Turma. AgRg no AREsp 45.073/MG, Rel. Min. Napoleão Nunes Maia Filho, julgado em 02/02/2017.

É ilegítimo o corte no fornecimento de energia elétrica em razão de débito irrisório, por configurar abuso de direito e ofensa aos princípios da proporcionalidade e razoabilidade, sendo cabível a indenização ao consumidor por danos morais

Comete ato ilícito o titular de um direito que, ao exercê-lo, excede manifestamente os limites impostos pelo seu fim econômico ou social, pela boa-fé ou pelos costumes (art. 187 do Código Civil).

A concessionária, ao suspender o fornecimento de energia elétrica em razão de um débito de R$ 0,85, não agiu no exercício regular de direito, e sim com flagrante abuso de direito. Aplicação dos princípios da razoabilidade e proporcionalidade.

STJ. 1ª Turma. REsp 811.690/RR, Rel. Min. Denise Arruda, julgado em 18/05/2006.

O corte no fornecimento de energia elétrica somente pode recair sobre o imóvel que originou o débito, e não sobre outra unidade de consumo do usuário inadimplente (ilegalidade do chamado "corte cruzado")

Por ser a interrupção no fornecimento de energia elétrica medida excepcional, o art. 6º, § 3º, II, da Lei nº 8.987/95 deve ser interpretado restritivamente, de forma a permitir que o corte recaia apenas sobre o imóvel que originou o débito, e não sobre outros imóveis de propriedade do inadimplente.

STJ. 1ª Turma. REsp 662.214/RS, Rel. Min. Teori Albino Zavascki, julgado em 06/02/2007.

6. BANCOS DE DADOS E CADASTROS DE CONSUMIDORES

Se o consumidor está inadimplente, o fornecedor poderá incluí-lo em cadastros de proteção ao crédito (exs.: SPC e SERASA)?

SIM.

Qual o cuidado prévio que deve ser tomado?

A abertura de qualquer cadastro, ficha, registro e dados pessoais ou de consumo referentes ao consumidor deverá ser comunicada por escrito a ele (§ 2º do art. 43 do CDC).

Logo, o órgão mantenedor do Cadastro de Proteção ao Crédito deverá notificar o devedor antes de proceder à inscrição (Súmula 359-STJ).

Assim, é ilegal e sempre deve ser cancelada a inscrição do nome do devedor em cadastros de proteção ao crédito realizada sem a prévia notificação exigida pelo art. 43, § 2º do CDC.

Em outras palavras, antes de "negativar" o nome do consumidor, o SPC ou a SERASA deverão notificá-lo por escrito, informando acerca dessa possibilidade, a fim de que o consumidor, se quiser, possa pagar o débito ou questioná-lo judicialmente.

O que acontece se não houver essa notificação prévia?

A ausência de prévia comunicação ao consumidor da inscrição do seu nome em órgão de proteção ao crédito enseja indenização por danos morais, a ser paga pelos órgãos mantenedores de cadastros restritivos (exs.: SERASA, SPC).

O credor (fornecedor) deverá também pagar indenização por danos morais pelo fato de o consumidor ter sido negativado sem notificação prévia?

NÃO. O credor não é parte legítima para figurar no polo passivo de ação de indenização por danos morais decorrentes da inscrição em cadastros de inadimplentes sem prévia comunicação.

A responsabilidade pela inclusão do nome do devedor no cadastro incumbe à entidade que o mantém, e não ao credor, que apenas informa a existência da dívida (STJ AgRg nos EDcl no REsp 907.608/RS).

A situação será diferente se o consumidor for negativado por conta de uma dívida que não existia realmente (dívida irregular). Nesse caso, o fornecedor é quem será responsabilizado.

Se não houve comunicação prévia, a indenização é devida mesmo que depois fique provado que o débito realmente existe?

SIM. Para que se caracterize o dever da SERASA/SPC de indenizar, é suficiente a ausência de prévia comunicação, mesmo quando existente a dívida que gerou a inscrição.

Para que haja a condenação em dano moral, é necessário que seja provado o prejuízo sofrido pelo consumidor?

NÃO. A indenização por danos morais decorre da simples ausência de prévia notificação, circunstância que se mostra suficiente à caracterização do dano moral. Não há necessidade da prova do prejuízo sofrido. Trata-se de dano moral *in re ipsa*, no qual o prejuízo é presumido.

E no caso de dano material?

Para que haja condenação por danos materiais, é indispensável a prova dos prejuízos sofridos.

CONSUMIDOR

Como é comprovada essa notificação prévia? Exige-se prova de que o consumidor tenha efetivamente recebido a notificação?

NÃO. Basta que seja provado que foi enviada uma correspondência ao endereço do consumidor notificando-o quanto à inscrição de seu nome no respectivo cadastro, sendo desnecessário aviso de recebimento (AR):

> Súmula 404-STJ: É dispensável o Aviso de Recebimento (AR) na carta de comunicação ao consumidor sobre a negativação de seu nome em bancos de dados e cadastros.

Se o consumidor possui uma negativação anterior legítima e sofre uma nova anotação, porém desta vez ele não é notificado previamente, este consumidor terá direito de ser indenizado por causa desta segunda?

NÃO, ele terá direito apenas de pedir o cancelamento da segunda anotação feita sem notificá-lo.

> Súmula 385-STJ: Da anotação irregular em cadastro de proteção ao crédito, não cabe indenização por dano moral quando preexistente legítima inscrição, ressalvado o direito ao cancelamento.

Desse modo, conclui-se que a ausência de prévia comunicação ao consumidor da inscrição do seu nome em cadastros de proteção ao crédito, prevista no art. 43, § 2º do CDC, enseja o direito à compensação por danos morais, salvo quando preexista inscrição desabonadora regularmente realizada. Veja outra exceção mais abaixo.

Se o consumidor, após ser regularmente comunicado sobre a futura inscrição no cadastro, ajuíza uma ação para impedir ou retirar seu nome do cadastro negativo alegando que o débito não existe, o juiz poderá conceder tutela provisória deferindo esse pedido? Quais os requisitos para tanto?

Segundo o STJ, a abstenção da inscrição/manutenção em cadastro de inadimplentes, requerida em antecipação de tutela e/ou medida cautelar, somente será deferida se, cumulativamente:

- a ação for fundada em questionamento integral ou parcial do débito;
- houver demonstração de que a cobrança indevida se funda na aparência do bom direito e em jurisprudência consolidada do STF ou STJ;
- houver depósito da parcela incontroversa ou for prestada a caução fixada conforme o prudente arbítrio do juiz.

A simples discussão judicial da dívida não é suficiente para obstar a negativação do nome do devedor nos cadastros de inadimplentes.

Sobre o tema, vale lembrar o seguinte enunciado do STJ:

> Súmula 380-STJ A simples propositura da ação de revisão de contrato não inibe a caracterização da mora do autor.

Existe um prazo máximo no qual o nome do devedor pode ficar negativado?

SIM. Os cadastros e bancos de dados não poderão conter informações negativas do consumidor referentes a período superior a 5 anos (art. 43, § 1º do CDC):

Passado esse prazo, o próprio órgão de cadastro deve retirar a anotação negativa, independentemente de como esteja a situação da dívida (não importa se ainda está sendo cobrada em juízo ou se ainda não foi prescrita).

> Súmula 323-STJ: A inscrição do nome do devedor pode ser mantida nos serviços de proteção ao crédito até o prazo máximo de cinco anos, independentemente da prescrição da execução.

Qual é o termo inicial deste prazo de 5 anos? A partir de quando ele começa a ser contado: do dia em que venceu a dívida ou da data em que o nome do consumidor foi inserido no cadastro? Ex: João não pagou a TV por assinatura que venceu no dia 02/02/2012; em 04/04/2013, a empresa enviou o nome de João para o SERASA; o prazo de 5 anos será contado a partir de 03/02/2012 ou 05/04/2013?

A partir de 03/02/2012. O que interessa é a data do vencimento da dívida, começando a contar o prazo de 5 anos no primeiro dia seguinte à data de vencimento:

O termo inicial do prazo máximo de cinco anos que o nome de devedor pode ficar inscrito em órgão de proteção ao crédito é o dia seguinte à data de vencimento da dívida.

STJ. 3ª Turma. REsp 1.630.889-DF, Rel. Min. Nancy Andrighi, julgado em 11/09/2018 (Info 633).

CONSUMIDOR

Trata-se da interpretação que mais se coaduna (harmoniza) ao espírito do CDC e com a função dos bancos de dados de inadimplentes de refletir com fidelidade a situação financeira dos devedores.

A contagem desse prazo deve tomar por base a data do fato gerador da informação depreciadora.

A inscrição de dado negativo de consumo do devedor nos bancos de dados de proteção ao crédito não é imprescindível para a cobrança da dívida, consistindo, portanto, em direito potestativo do credor.

Além disso, conforme já decidiu o STJ, "qualquer dívida resultante de documento público ou particular, tenha ou não força executiva, submete-se à prescrição quinquenal, contando-se do respectivo vencimento" (STJ. 2ª Seção. REsp 1.101.412-SP, DJe 3/2/2014).

Se o devedor paga a dívida, a quem caberá informar o SPC ou a SERASA dessa situação para que seja retirado o nome do devedor?

Cumpre ao CREDOR (e não ao devedor) providenciar o cancelamento da anotação negativa do nome do devedor em cadastro de proteção ao crédito, quando paga a dívida.

Vale ressaltar que é inclusive crime, previsto no CDC, quando o fornecedor deixa de comunicar o pagamento ao cadastro de proteção ao crédito:

§ Art. 73. Deixar de corrigir imediatamente informação sobre consumidor constante de cadastro, banco de dados, fichas ou registros que sabe ou deveria saber ser inexata:

Pena – Detenção de 1 (um) a 6 (seis) meses ou multa.

Assim, uma vez regularizada a situação de inadimplência do consumidor, deverão ser imediatamente corrigidos os dados constantes nos órgãos de proteção ao crédito (REsp 255.269/PR).

Qual é o prazo que tem o credor para retirar (dar baixa) do nome do devedor no cadastro negativo?

O prazo é de 5 (cinco) dias úteis.

Assim, mesmo havendo regular inscrição do nome do devedor em cadastro de órgão de proteção ao crédito, após o integral pagamento da dívida, incumbe ao CREDOR requerer a exclusão do registro desabonador, no prazo de 5 dias úteis, a contar do primeiro dia útil subsequente à completa disponibilização do numerário necessário à quitação do débito vencido.

STJ. 2ª Seção. REsp 1.424.792-BA, Rel. Min. Luis Felipe Salomão, julgado em 10/9/2014 (recurso repetitivo) (Info 548).

Súmula 548-STJ: Incumbe ao credor a exclusão do registro da dívida em nome do devedor no cadastro de inadimplentes no prazo de cinco dias úteis, a partir do integral e efetivo pagamento do débito.

Qual foi o fundamento para se encontrar esse prazo?

O STJ construiu este prazo por meio de aplicação analógica do art. 43, § 3º do CDC:

> § Art. 43 (...) § 3º – O consumidor, sempre que encontrar inexatidão nos seus dados e cadastros, poderá exigir sua imediata correção, devendo o arquivista, no prazo de cinco dias úteis, comunicar a alteração aos eventuais destinatários das informações incorretas.

Vale ressaltar que é possível que seja estipulado entre as partes um outro prazo diferente desses 5 dias, desde que não seja abusivo.

Qual é o termo inicial para a contagem?

Este prazo começa a ser contado da data em que houve o pagamento efetivo.

No caso de quitações realizadas mediante cheque, boleto bancário, transferência interbancária ou outro meio sujeito à confirmação, o prazo começa a ser contado do efetivo ingresso do numerário na esfera de disponibilidade do credor.

O que acontece se o credor não retirar o nome do devedor do cadastro no prazo de 5 dias?

A manutenção do registro do nome do devedor em cadastro de inadimplentes após esse prazo impõe ao credor o pagamento de indenização por dano moral, independentemente de comprovação do abalo sofrido.

Resumo quanto aos danos causados aos consumidores

Quem é o responsável pelos danos causados ao consumidor?

- Se o consumidor não foi notificado previamente acerca da inscrição: a responsabilidade é somente do órgão de restrição do crédito (exs.: SERASA, SPC).
- Se o consumidor pagou a dívida e o fornecedor não providenciou a retirada do seu nome do cadastro: a responsabilidade é somente do fornecedor (ex.: comerciante).
- Se o consumidor foi negativado por dívida irregular (ex.: dívida que já havia sido paga): a responsabilidade é somente do fornecedor.

Informações no SPC/SERASA sobre protestos

Além das comunicações feitas pelos comerciantes, o SERASA e o SPC também alimentam seus bancos de dados com informações que eles buscam dos cartórios de protesto.

Assim, imagine que João emitiu uma nota promissória se comprometendo a pagar R$ 10 mil em favor de Pedro no dia 02/02/2012, mas nunca pagou. Em 2013, Pedro levou este título a protesto no tabelionato de protesto.

Assim, o SPC e o SERASA irão incluir essa informação em seus bancos de dados, ou seja, lá constará o registro de que João de tal, CPF xxx, teve uma nota promissória protestada no cartório yyy por Pedro de tal.

Qual foi a cautela que o STJ impôs a essas entidades (SPC, SERASA etc.)?

O STJ disse: ok, vocês podem inserir essas dívidas que estão nos cartórios de protesto em seus bancos de dados. No entanto, vocês devem, obrigatoriamente:

1. inserir também na anotação negativa a informação sobre o prazo de vencimento da dívida;
2. controlar esse prazo do vencimento para que nenhum protesto fique ali registrado:

- além do prazo prescricional específico para a cobrança daquele crédito (§ 5º do art. 43 do CDC); ou
- por mais de 5 anos contados do vencimento (§ 1º do art. 43).

Ex: imagine que tenha sido protestada uma letra de câmbio; o prazo prescricional contra o aceitante é de 3 anos; logo, esse título não pode ficar no SPC/SERASA mais do que 3 anos (§ 5º do art. 43 do CDC).

Por outro lado, ainda que o prazo prescricional seja maior que 5 anos, esse será o prazo máximo que a anotação poderá ficar no banco de dados (§ 1º do art. 43).

Assim, o art. 43 do CDC, como reflexo do princípio da veracidade, estabeleceu dois limites temporais objetivos para que a informação negativa a respeito do consumidor permaneça nos bancos de dados:

a. o prazo genérico de 5 anos, do § 1º; e

b. o prazo específico da ação de cobrança, do § 5º.

Isso era chamado por Ada Pelegrini Grinover de "temporalidade dual", de modo que, violado qualquer deles, a informação arquivada é contaminada por inexatidão temporal.

O prazo genérico de 5 anos é o máximo permitido para que uma informação fique arquivada no cadastro de proteção ao crédito, e não o mínimo, já que o prazo específico prescricional da dívida pode ser ainda menor, como no exemplo da letra de câmbio acima.

As entidades mantenedoras de cadastros de proteção ao crédito não devem incluir em sua base de dados informações coletadas dos cartórios de protestos sem a informação do prazo de vencimento da dívida, sendo responsáveis pelo controle de ambos os limites temporais estabelecidos no art. 43 da Lei nº 8.078/90.

STJ. 3ª Turma. REsp 1.630.889-DF, Rel. Min. Nancy Andrighi, julgado em 11/09/2018 (Info 633).

Dispensa de prévia notificação no caso de inserção no SPC/SERASA de informação sobre protesto de título

É dispensada a prévia comunicação do devedor se o órgão de restrição ao crédito (exs.: SPC, SERASA) estiver apenas reproduzindo informação negativa que conste de registro público (exs.: anotações de protestos que constem do Tabelionato de Protesto, anotações de execução fiscal que sejam divulgadas no Diário Oficial):

(...) É firme a jurisprudência desta Corte no sentido de que a ausência de prévia comunicação ao consumidor da inscrição de seu nome em cadastros de proteção ao crédito, prevista no art. 43, § 2º, do CDC, não dá ensejo à reparação de danos morais quando oriunda de informações contidas em assentamentos provenientes de serviços notariais e de registros, bem como de distribuição de processos judiciais, por serem de domínio público. (...)

STJ. 2ª Seção, Rcl 6.173/SP, Rel. Min. Raul Araújo, julgado em 29/02/2012.

Diante da presunção legal de veracidade e publicidade inerente aos registros do CARTÓRIO DE PROTESTO ou do CARTÓRIO DE DISTRIBUIÇÃO JUDICIAL, a reprodução objetiva, fiel, atualizada e clara desses dados na base de órgão de proteção ao crédito – ainda que sem a ciência do consumidor – não tem o condão de ensejar obrigação de reparação de danos.

STJ. 2ª Seção. REsp 1.444.469-DF e REsp 1.344.352-SP, Rel. Min. Luis Felipe Salomão, julgados em 12/11/2014. Info 554.

REGRA: para que o órgão de proteção de crédito inclua o nome de um consumidor no cadastro de inadimplentes, é necessário que, antes, ele seja notificado (Súmula 359-STJ).

A ausência de prévia comunicação enseja indenização por danos morais.

EXCEÇÕES:

Existem duas exceções em que não haverá indenização por danos morais mesmo não tendo havido a prévia comunicação do devedor:

1. Se o devedor já possuía inscrição negativa no banco de dados e foi realizada uma nova inscrição sem a sua notificação. Súmula 385-STJ: Da anotação irregular em cadastro de proteção ao crédito, não cabe indenização por dano moral quando preexistente legítima inscrição, ressalvado o direito ao cancelamento.
2. Se o órgão de restrição ao crédito estiver apenas reproduzindo informação negativa que conste de registro público. Diante da presunção legal de veracidade e publicidade inerente aos registros do CARTÓRIO DE PROTESTO ou do CARTÓRIO DE DISTRIBUIÇÃO JUDICIAL, a reprodução objetiva, fiel, atualizada e clara desses dados na base de órgão de proteção ao crédito – ainda que sem a ciência do consumidor – não tem o condão de ensejar obrigação de reparação de danos. (STJ. 2ª Seção. REsp 1.444.469-DF e REsp 1.344.352-SP, Rel. Min. Luis Felipe Salomão, julgados em 12/11/2014. Info 554).

7. OUTROS TEMAS

7.1. A INOBSERVÂNCIA DO DEVER DE INFORMAR O PACIENTE VIOLA O DIREITO À AUTODETERMINAÇÃO E CARACTERIZA RESPONSABILIDADE EXTRACONTRATUAL

Imagine a seguinte situação hipotética:

João foi vítima de um acidente de carro no qual sofreu traumatismo craniano, ficando com algumas sequelas neurológicas (tremores no braço direito).

Cerca de um ano depois do acidente, ele procurou o setor de neurologia de um dos melhores hospitais do país.

O neurocirurgião que o atendeu recomendou a realização de uma cirurgia na cabeça, chamada de talamotomia, a fim de melhorar a função cerebral do paciente.

João foi submetido à cirurgia. No entanto, em vez de melhorar, ele piorou bastante, perdendo a capacidade de andar.

Diante disso, foi ajuizada ação de indenização por danos morais contra o hospital e o médico.

O principal fundamento da ação não foi eventual erro médico, mas sim ausência de informação.

O autor comprovou que o médico não explicou que a cirurgia que seria realizada era extremamente arriscada e que havia uma alta probabilidade de apresentar sequelas, como de fato ocorreu.

Ao contrário, o médico teria dito que era uma intervenção simples, com anestesia local e duração máxima de 2 horas.

Diante desse cenário, há responsabilidade civil no presente caso?

SIM. Vamos com calma.

Relação jurídica médico-paciente

A natureza jurídica da relação instaurada entre médico e paciente pode ser considerada como uma "locação de serviços *sui generis*".

O profissional, além da obrigação de prestar os serviços médicos, tem também diversos deveres extrapatrimoniais considerados essenciais para a natureza deste contrato.

É o que explica Gustavo Tepedino: A responsabilidade médica na experiência brasileira contemporânea. In: *Revista jurídica*. São Paulo, v. 51, nº 311, set. 2003; p. 18-43, p. 19.

Dever de informação

Um desses deveres do médico é justamente o dever de informação.

Assim, o profissional deve explicar ao paciente (ou seu representante legal), de forma muito clara, quais são os riscos do tratamento, as vantagens e desvantagens, as técnicas que serão empregadas, os prognósticos ("previsões") e todas as demais informações que sejam necessárias e úteis.

Esse dever de informação existe, dentre outras razões, para permitir que o paciente (ou seu representante legal) possa decidir livremente se deseja ou não executar aquele procedimento.

Segundo o Código de Ética Médica (Resolução do CFM nº 1.931, de 17.9.2009), é dever do médico respeitar essa decisão do paciente:

§ É vedado ao médico

Art. 31. Desrespeitar o direito do paciente ou de seu representante legal de decidir livremente sobre a execução de práticas diagnósticas ou terapêuticas, salvo em caso de iminente risco de morte.

Dispensa do dever de informação se puder causar danos ao paciente

Excepcionalmente, o médico pode deixar de dar algumas informações ao paciente nos casos em que o fornecimento dessa informação possa gerar algum dano, normalmente em seu estado psíquico. Veja o que diz o Código de Ética Médica:

§ É vedado ao médico

Art. 34. Deixar de informar ao paciente o diagnóstico, o prognóstico, os riscos e os objetivos do tratamento, salvo quando a comunicação direta possa lhe provocar dano, devendo, nesse caso, fazer a comunicação a seu representante legal.

Vale ressaltar, no entanto, que, nestes casos, o médico continua sendo obrigado a fornecer tais informações ao representante legal do paciente.

Assim, podemos dizer que:

O dever de informação é a obrigação que possui o médico de esclarecer o paciente sobre os riscos do tratamento, suas vantagens e desvantagens, as possíveis técnicas a serem empregadas, bem como a revelação quanto aos prognósticos e aos quadros clínico e cirúrgico, salvo quando tal informação possa afetá-lo psicologicamente, ocasião em que a comunicação será feita a seu representante legal.

STJ. 4ª Turma. REsp 1.540.580-DF, Rel. Min. Lázaro Guimarães (Desembargador Convocado do TRF 5ª Região), Rel. Acd. Min. Luis Felipe Salomão, julgado em 02/08/2018 (Info 632).

Livre consentimento informado

O direito à informação do paciente existe, como já dito, para que ele possa ter todos os subsídios necessários para decidir se irá ou não se submeter àquele tratamento.

A isso se dá o nome de livre consentimento informado.

O direito à informação confere ao consumidor uma escolha consciente, permitindo que suas expectativas em relação ao produto ou serviço sejam de fato atingidas. Trata-se do chamado "consentimento informado ou vontade qualificada".

O consentimento informado é uma decorrência da:

- dignidade da pessoa humana; e
- do princípio da autonomia privada.

Assim, pode-se dizer que o consentimento informado é uma manifestação do direito fundamental de autodeterminação do paciente.

O princípio da autonomia da vontade, ou autodeterminação, com base constitucional e previsão em diversos documentos internacionais, é fonte do dever de informação e do correlato direito ao consentimento livre e informado do paciente e preconiza a valorização do sujeito de direito por trás do paciente, enfatizando a sua capacidade de se autogovernar, de fazer opções e de agir segundo suas próprias deliberações.

STJ. 4ª Turma. REsp 1.540.580-DF, Rel. Min. Lázaro Guimarães (Desembargador Convocado do TRF 5ª Região), Rel. Acd. Min. Luis Felipe Salomão, julgado em 02/08/2018 (Info 632).

Fontes do direito à informação e do consentimento informado

O direito do paciente à informação e a necessidade de seu livre consentimento informado decorrem:

- da Constituição Federal (em especial da dignidade da pessoa humana);
- de documentos internacionais, como é o caso da Declaração Universal sobre Bioética e Direitos Humanos, de 2005, da UNESCO, cujo artigo 6º preconiza:

> § Artigo 6º Consentimento
>
> 1. Qualquer intervenção médica de carácter preventivo, diagnóstico ou terapêutico só deve ser realizada com o consentimento prévio, livre e esclarecido da pessoa em causa, com base em informação adequada.
>
> Quando apropriado, o consentimento deve ser expresso e a pessoa em causa pode retirá-lo a qualquer momento e por qualquer razão, sem que daí resulte para ela qualquer desvantagem ou prejuízo.

- do Código de Defesa do Consumidor, que impõe ao fornecedor de bens e serviços o dever de informar com clareza, lealdade e exatidão, nos termos do art. 6º, III:

> § Art. 6º São direitos básicos do consumidor:
>
> III – a informação adequada e clara sobre os diferentes produtos e serviços, com especificação correta de quantidade, características, composição, qualidade, tributos incidentes e preço, bem como sobre os riscos que apresentem; (Redação dada pela Lei nº 12.741, de 2012)

- do Código de Ética Médica.

De quem é o ônus de provar o consentimento informado?

Do médico ou do hospital. Para a doutrina, é do médico ou do hospital o ônus da prova quanto ao cumprimento do dever de esclarecer e obter o consentimento informado do paciente.

Assim, havendo dúvida, deve-se entender que o médico não deu as informações necessárias ao paciente.

Vale ressaltar que isso não significa que a responsabilidade dos médicos seja objetiva. Não o é. Em regra, a responsabilidade dos médicos é subjetiva, nos termos do art. 14, § 4º do CDC:

§ Art. 14 (...)

§ 4º A responsabilidade pessoal dos profissionais liberais será apurada mediante a verificação de culpa.

O ônus da prova quanto ao cumprimento do dever de informar e obter o consentimento informado do paciente é do médico ou do hospital, orientado pelo princípio da colaboração processual, em que cada parte deve contribuir com os elementos probatórios que mais facilmente lhe possam ser exigidos.

A responsabilidade subjetiva do médico (art. 14, § 4º, do CDC) não exclui a possibilidade de inversão do ônus da prova, se presentes os requisitos do art. 6º, VIII, do CDC, devendo o profissional demonstrar ter agido com respeito às orientações técnicas aplicáveis.

STJ. 4ª Turma. REsp 1.540.580-DF, Rel. Min. Lázaro Guimarães (Desembargador Convocado do TRF 5ª Região), Rel. Acd. Min. Luis Felipe Salomão, julgado em 02/08/2018 (Info 632).

O consentimento informado deve ser feito por escrito?

Não existe, no ordenamento jurídico brasileiro, nenhuma norma que exija que o médico ou hospital recolha o consentimento escrito do paciente, expresso em um documento assinado.

Apesar disso, a doutrina recomenda, de modo muito enfático, que o médico tome essa providência. Isso porque, como visto acima, é do médico o ônus de provar o consentimento informado.

Consentimento específico

Além de escrito, é importante que o consentimento do paciente seja específico.

Um consentimento genérico (chamado de *blanket consent*) não é suficiente, devendo ser feito de forma específica para aquele tratamento claramente individualizado.

Haverá efetivo cumprimento do dever de informação quando os esclarecimentos se relacionarem especificamente ao caso do paciente, não se mostrando suficiente a informação genérica. Da mesma forma, para validar a informação prestada, não pode o consentimento do paciente ser genérico (*blanket consent*), necessitando ser claramente individualizado.

STJ. 4ª Turma. REsp 1.540.580-DF, Rel. Min. Lázaro Guimarães (Desembargador Convocado do TRF 5ª Região), Rel. Acd. Min. Luis Felipe Salomão, julgado em 02/08/2018 (Info 632).

No exemplo dado, ficou demonstrado que não houve erro médico. Mesmo assim, será devida a indenização? A indenização será devida pelo simples fato de não ter sido respeitado o dever de informação?

SIM.

O dever de informar é dever de conduta decorrente da boa-fé objetiva e sua simples inobservância caracteriza inadimplemento contratual, fonte de responsabilidade civil *per se*.

A indenização, nesses casos, é devida pela privação sofrida pelo paciente em sua autodeterminação, por lhe ter sido retirada a oportunidade de ponderar os riscos e vantagens de determinado tratamento que, ao final, lhe causou danos que poderiam não ter sido causados caso não fosse realizado o procedimento, por opção do paciente.

STJ. 4ª Turma. REsp 1.540.580-DF, Rel. Min. Lázaro Guimarães (Desembargador Convocado do TRF 5ª Região), Rel. Acd. Min. Luis Felipe Salomão, julgado em 02/08/2018 (Info 632).

7.2. SOLIDARIEDADE ENTRE EMPRESAS INTEGRANTES DO CONSÓRCIO PELAS OBRIGAÇÕES CONSUMERISTAS RELACIONADAS COM A ATIVIDADE DO CONSÓRCIO

Imagine a seguinte situação hipotética:

Viviane foi atropelada por um ônibus da empresa VIAÇÃO NOVACAP S/A, que faz o serviço de transporte público urbano municipal.

A vítima ajuizou ação de indenização por danos morais e materiais contra a VIAÇÃO NOVACAP S/A (causadora do dano) e também contra a VIAÇÃO NOSSA SENHORA S/A e a VIAÇÃO ESTRELA AZUL S/A.

Por que foi ajuizada ação contra a VIAÇÃO NOSSA SENHORA S/A e a VIAÇÃO ESTRELA AZUL S/A?

A autora alegou que as três empresas formam um consórcio constituído para a prestação do serviço de transporte coletivo urbano. Logo, mesmo sendo a VIAÇÃO NOVACAP S/A a causadora do dano, as duas outras empresas também seriam solidariamente responsáveis.

A tese da autora foi acolhida pelo STJ?

SIM.

O que é um consórcio de empresas?

O consórcio de empresas é...

- um contrato
- por meio do qual duas ou mais "empresas" (sociedades empresárias)
- se ajustam e definem obrigações entre si
- a fim de executar determinado empreendimento
- sem que essa união implique na criação de uma nova pessoa jurídica.

O consórcio é, portanto, uma forma contratual de organização das sociedades empresárias a fim de que, juntas, elas tenham condições de realizar um objetivo empresarial comum e que, muito provavelmente, não seria possível de ser concretizado caso elas não estivessem juntas. Isso porque haveria dificuldades de ordem técnica ou limitações econômico-financeiras.

Existe previsão legal para os consórcios?

SIM. A disciplina geral desse instituto está contida nos arts. 278 e 279 da Lei das Sociedades Anônimas (Lei nº 6.404/76). Veja o que diz o caput do art. 278:

§ Art. 278. As companhias e quaisquer outras sociedades, sob o mesmo controle ou não, podem constituir consórcio para executar determinado empreendimento, observado o disposto neste Capítulo.

Existe solidariedade entre as consorciadas?

REGRA: não. Em regra, as obrigações assumidas pelos integrantes do consórcio são independentes e não existe solidariedade entre elas. É o que prevê o § 1º do art. 278 da LSA:

> § Art. 278 (...)
>
> § 1º O consórcio não tem personalidade jurídica e as consorciadas somente se obrigam nas condições previstas no respectivo contrato, respondendo cada uma por suas obrigações, sem presunção de solidariedade.

EXCEÇÕES:

A regra acima não é absoluta. O ordenamento jurídico prevê as seguintes situações em que haverá solidariedade entre essas empresas:

1) Licitações e contratos administrativos

Existe solidariedade em caso de empresas que formam consórcio para a participação em licitações e para a execução de contratos com a Administração Pública.

O art. 33, V, da Lei nº 8.666/93 prevê que há responsabilidade solidária:

> § Art. 33. Quando permitida na licitação a participação de empresas em consórcio, observar-se-ão as seguintes normas:
>
> (...)
>
> V – responsabilidade solidária dos integrantes pelos atos praticados em consórcio, tanto na fase de licitação quanto na de execução do contrato.

O art. 19, § 2º, da Lei nº 8.987/95 (Lei das concessões) também prevê solidariedade:

> § Art. 19 (...)
>
> § 2º A empresa líder do consórcio é a responsável perante o poder concedente pelo cumprimento do contrato de concessão, sem prejuízo da responsabilidade solidária das demais consorciadas.

Nessas hipóteses, resguarda-se o interesse público no fiel cumprimento das obrigações legais e contratuais assumidas com a Administração.

2) Relações trabalhistas

O art. 2º, § 2º da CLT estabelece que:

> § Art. 2º (...)
>
> § 2º Sempre que uma ou mais empresas, tendo, embora, cada uma delas, personalidade jurídica própria, estiverem sob a direção, controle ou administração de outra, ou ainda quando, mesmo guardando cada uma sua autonomia, integrem grupo econômico, serão responsáveis solidariamente pelas obrigações decorrentes da relação de emprego.

3) Relações de consumo

Existe solidariedade entre as empresas integrantes de um consórcio em caso de responsabilidade derivada de relação de consumo, conforme preconiza o CDC:

> § Art. 28 (...)
>
> § 3º As sociedades consorciadas são solidariamente responsáveis pelas obrigações decorrentes deste código.

CONSUMIDOR

Em matéria consumerista, a previsão de solidariedade entre as empresas consorciadas justifica-se pela necessidade de se atribuir máxima proteção ao consumidor, mediante o alargamento da base patrimonial hábil a suportar a indenização ("mais empresas para pagarem a indenização").

Trata-se, portanto, de um mecanismo de garantia do consumidor quanto ao ressarcimento dos danos sofridos.

Vale ressaltar que, a despeito de o § 3º do art. 28 estar em uma seção que trata sobre desconsideração da personalidade jurídica, a solidariedade entre os integrantes do consórcio não é classificada juridicamente como desconsideração da personalidade jurídica. Sua natureza jurídica é de atribuição de responsabilidade a terceiros em razão do vínculo jurídico mantido com o fornecedor causador do dano.

Importante esclarecer que, por se tratar de exceção à regra, a previsão de solidariedade contida no art. 28, § 3º, do CDC deve ser interpretada restritivamente, de maneira a abarcar apenas as obrigações resultantes do objeto do consórcio, e não quaisquer obrigações assumidas pelas consorciadas em suas atividades empresariais gerais.

Em suma:

Há solidariedade entre as sociedades consorciadas em relação às obrigações derivadas de relação de consumo desde que essas obrigações guardem correlação com a esfera de atividade do consórcio.

STJ. 3ª Turma. REsp 1.635.637-RJ, Rel. Min. Nancy Andrighi, julgado em 18/09/2018 (Info 633).

Voltando ao nosso exemplo:

A relação de consumo estabelecida entre Viviane e a consorciada VIAÇÃO NOVACAP S/A, bem como o evento danoso sofrido – o atropelamento –, guardam relação direta com o objeto do consórcio – qual seja, a exploração do transporte coletivo urbano. Logo, há plena incidência do art. 28, § 3º, do CDC.

Ação regressiva

Depois de pagar o consumidor, a consorciada que quitou a dívida – se não foi a causadora direta do dano – poderá ajuizar ação regressiva contra a empresa que, de fato, provocou o prejuízo.

Ex: se a VIAÇÃO ESTRELA AZUL pagar a indenização para Viviane, poderá, posteriormente, cobrar a dívida da VIAÇÃO NOVACAP, em ação regressiva.

7.3. É VÁLIDA LEI MUNICIPAL QUE PROÍBE A CONFERÊNCIA DAS MERCADORIAS REALIZADA NA SAÍDA DO SUPERMERCADO APÓS O CLIENTE EFETUAR O PAGAMENTO NO CAIXA

É constitucional lei municipal que proíbe a conferência de mercadorias realizada na saída de estabelecimentos comerciais localizados na cidade. A Lei prevê que, após o cliente efetuar o pagamento nas caixas registradoras da empresa instaladas, não é possível nova conferência na saída.

Os Municípios detêm competência para legislar sobre assuntos de interesse local (art. 30, I, da CF/88), ainda que, de modo reflexo, tratem de direito comercial ou do consumidor.

STF. 2ª Turma. RE 1.052.719 AgR/PB, Rel. Min. Ricardo Lewandowski, julgado em 25/9/2018 (Info 917).

Veja comentários em Direito Constitucional.

7.4. LEGITIMIDADE DO MINISTÉRIO PÚBLICO PARA DEFESA COLETIVA DOS CONSUMIDORES

Legitimidade do Ministério Público para a ACP

O Ministério Público está legitimado a promover ação civil pública para a defesa de direitos difusos, coletivos e individuais homogêneos. No entanto, o MP somente terá representatividade adequada para propor a ACP se os direitos/interesses discutidos na ação estiverem relacionados com as suas atribuições constitucionais, que são previstas no art. 127 da CF:

§ Art. 127. O Ministério Público é instituição permanente, essencial à função jurisdicional do Estado, incumbindo-lhe a defesa da ordem jurídica, do regime democrático e dos interesses sociais e individuais indisponíveis.

Desse modo, indaga-se: o MP possui legitimidade para ajuizar ACP na defesa de qualquer direito difuso, coletivo ou individual homogêneo?

O entendimento *majoritário* está exposto a seguir:

Direitos DIFUSOS	Direitos COLETIVOS (*stricto sensu*)	Direitos INDIVIDUAIS HOMOGÊNEOS
SIM O MP está sempre legitimado a defender qualquer direito difuso. (o MP sempre possui representatividade adequada).	SIM O MP está sempre legitimado a defender qualquer direito coletivo. (o MP sempre possui representatividade adequada).	1. Se esses direitos forem indisponíveis: SIM (ex: saúde de um menor) 2. Se esses direitos forem disponíveis: DEPENDE O MP só terá legitimidade para ACP envolvendo direitos individuais homogêneos disponíveis se estes forem de interesse social (se houver relevância social).

Quatro conclusões importantes:

1) Se o direito for difuso ou coletivo (stricto sensu), o MP sempre terá legitimidade para propor ACP (há posições em sentido contrário, mas é o que prevalece).

2) Se o direito individual homogêneo for <u>indisponível</u> (ex: saúde de um menor carente), o MP sempre terá legitimidade para propor ACP.

3) Se o direito individual homogêneo for <u>disponível</u>, o MP pode agir desde que haja relevância social.

Ex1: defesa dos interesses de mutuários do Sistema Financeiro de Habitação.
Ex2: defesa de trabalhadores rurais na busca de seus direitos previdenciários.

4) O Ministério Público possui legitimidade para a defesa de direito individual indisponível mesmo quando a ação vise à tutela de pessoa individualmente considerada (tutela do direito indisponível relativo a uma única pessoa).

Ex: MP ajuíza ACP para que o Estado forneça uma prótese auditiva a um menor carente portador de deficiência.

Assim, o MP sempre terá legitimidade quando os direitos envolvidos:

- revestirem-se de interesse social; ou
- caracterizarem-se como individuais indisponíveis.

Exemplos de direitos individuais homogêneos dotados de relevância social (Ministério Público pode propor ACP nesses casos):

1. MP pode questionar edital de concurso público para diversas categorias profissionais de determinada Prefeitura, em que se previa que a pontuação adotada privilegiaria candidatos que já integrariam o quadro da Administração Pública municipal (STF RE 216443);
2. na defesa de mutuários do Sistema Financeiro de Habitação (STF AI 637853 AgR);
3. em caso de loteamentos irregulares ou clandestinos, inclusive para que haja pagamento de indenização aos adquirentes (REsp 743678);
4. o Ministério Público tem legitimidade para figurar no polo ativo de ACP destinada à defesa de direitos de natureza previdenciária (STF AgRg no AI 516.419/PR);
5. o Ministério Público tem legitimidade para propor ACP com o objetivo de anular Termo de Acordo de Regime Especial – TARE firmado entre o Distrito Federal e empresas beneficiárias de redução fiscal. O referido acordo, ao beneficiar uma empresa privada e garantir-lhe o regime especial de apuração do ICMS, poderia, em tese, implicar lesão ao patrimônio público, fato que legitima a atuação do parquet na defesa do erário e da higidez da arrecadação tributária (STF RE 576155/DF);
6. o MP tem legitimação para, por meio de ACP, pretender que o Poder Público forneça medicação de uso contínuo, de alto custo, não disponibilizada pelo SUS, mas indispensável e comprovadamente necessária e eficiente para a sobrevivência de um único cidadão desprovido de recursos financeiros;
7. defesa do direito dos consumidores de não serem incluídos indevidamente nos cadastros de inadimplentes (REsp 1.148.179-MG).

Exemplos de direitos individuais homogêneos destituídos de relevância social (Ministério Público NÃO pode propor ACP nesses casos):

1. o MP não pode ajuizar ACP para veicular pretensões que envolvam tributos (impostos, taxas etc.), contribuições previdenciárias, o Fundo de Garantia do Tempo de Serviço – FGTS ou outros fundos de natureza institucional cujos beneficiários podem ser individualmente determinados (art. 1º, parágrafo único, da LACP). Ex: o MP não pode propor ACP questionando a cobrança excessiva de uma determinada taxa, ainda que envolva um expressivo número de contribuintes;
2. "O Ministério Público não tem legitimidade ativa para propor ação civil pública na qual busca a suposta defesa de um pequeno grupo de pessoas – no caso, dos associados de um clube, numa óptica predominantemente individual." (STJ REsp 1109335/SE);
3. o MP não pode buscar a defesa de condôminos de edifício de apartamentos contra o síndico, objetivando o ressarcimento de parcelas de financiamento pagas para reformas afinal não efetivadas.

E no caso de direitos dos consumidores? O Ministério Público poderá defender em juízo direitos individuais homogêneos dos consumidores?

SIM. O Ministério Público possui legitimidade para promover ação civil pública para tutelar não apenas direitos difusos ou coletivos de consumidores, mas também direitos individuais homogêneos.

Trata-se de legitimação que decorre, de forma genérica, dos arts. 127 e 129, III da CF/88 e, de modo específico, do art. 82, I do CDC:

§ Art. 82. Para os fins do art. 81, parágrafo único, são legitimados concorrentemente:

I – o Ministério Público;

(...)

§ Art. 81. (...)

Parágrafo único. A defesa coletiva será exercida quando se tratar de:

(...)

III – interesses ou direitos individuais homogêneos, assim entendidos os decorrentes de origem comum.

Vimos acima que o Ministério Público somente tem legitimidade para defender direitos individuais homogêneos caso estes sejam indisponíveis ou tenham relevância social. E no caso dos direitos individuais homogêneos relacionados com direitos dos consumidores?

Prevalece o entendimento de que "a proteção coletiva dos consumidores constitui não apenas interesse individual do próprio lesado, mas interesse da sociedade como um todo. Realmente, é a própria Constituição que estabelece que a defesa dos consumidores é princípio fundamental da atividade econômica (CF, art. 170, V), razão pela qual deve ser promovida, inclusive pelo Estado, em forma obrigatória (CF, art. 5º, XXXII). Não se trata, obviamente, da proteção individual, pessoal, particular, deste ou daquele consumidor lesado, mas da proteção coletiva, considerada em sua dimensão comunitária e impessoal.

Compreendida a cláusula constitucional dos interesses sociais (art. 127) nessa dimensão, não será difícil concluir que nela pode ser inserida a legitimação do Ministério Público para a defesa de 'direitos individuais homogêneos' dos consumidores, o que dá base de legitimidade ao art. 82, I da Lei nº 8.078/90 (...)" (voto do falecido Min. Teori Zavascki no REsp 417.804/PR, DJ 16/05/2005).

"A tutela efetiva de consumidores possui relevância social que emana da própria Constituição Federal (arts. 5º, XXXII, e 170, V)." (STJ. 3ª Turma. REsp 1254428/MG, Rel. Min. João Otávio de Noronha, julgado em 02/06/2016).

Assim, "o Ministério Público ostenta legitimidade ativa para a propositura de Ação Civil Pública objetivando resguardar direitos individuais homogêneos dos consumidores." (STJ. 2ª Turma. AgInt no REsp 1569566/MT, Rel. Min. Herman Benjamin, julgado em 07/03/2017).

Os direitos dos consumidores muitas vezes são disponíveis (ex: direitos patrimoniais). Mesmo assim, o Ministério Público terá legitimidade para a ação civil pública em tais casos? O MP tem legitimidade para a defesa de direitos individuais homogêneos de consumidores mesmo que estes sejam direitos disponíveis?

SIM. O Ministério Público tem legitimidade ativa para a propositura de ação civil pública destinada à defesa de direitos individuais homogêneos de consumidores, ainda que disponíveis, pois se está diante de legitimação voltada à promoção de valores e objetivos definidos pelo próprio Estado (STJ. 3ª Turma. REsp 1254428/MG, Rel. Min. João Otávio de Noronha, julgado em 02/06/2016).

Nesse sentido:

Súmula 601-STJ: O Ministério Público tem legitimidade ativa para atuar na defesa de direitos difusos, coletivos e individuais homogêneos dos consumidores, ainda que decorrentes da prestação de serviço público.

STJ. Corte Especial. Aprovada em 07/02/2018, DJe 14/02/2018.

Exemplo: contrato de compra e venda de bem imóvel

Imagine a seguinte situação hipotética:

A incorporadora "Habitação" lançou, para venda, um edifício de apartamentos.

Vários consumidores já fizeram promessas de compra e venda com a incorporadora a fim de adquirirem as unidades habitacionais.

O Ministério Público analisou o contrato e constatou a existência de algumas cláusulas abusivas neste pacto.

Neste caso, o Ministério Público terá legitimidade para propor ação civil pública pedindo a declaração de nulidade das referidas cláusulas.

Vale ressaltar que, nesta situação, estamos diante de direitos disponíveis. Mesmo assim, o STJ entende que há legitimidade do Ministério Público em razão da relevância social da defesa dos consumidores. Nesse sentido:

O Ministério Público possui legitimidade ativa para postular em juízo a defesa de direitos transindividuais de consumidores que celebram contratos de compra e venda de imóveis com cláusulas pretensamente abusivas.

STJ. Corte Especial. EREsp 1.378.938-SP, Rel. Min. Benedito Gonçalves, julgado em 20/06/2018 (Info 629).

A relação de consumo pode se dar com o Poder Público. Em outras palavras, o Estado presta serviços públicos a uma infinidade de consumidores. Neste caso, o Ministério Público possui legitimidade para a defesa em juízo dos direitos individuais homogêneos desses consumidores?

SIM. Com mais razão ainda. O Ministério Público possui legitimidade para promover ação civil pública para tutelar não apenas direitos difusos ou coletivos de consumidores, mas também direitos individuais homogêneos, inclusive quando decorrentes da prestação de serviços públicos (STJ. 1ª Turma. REsp 929.792/SP, Rel. Min. Napoleão Nunes Maia Filho, julgado em 18/02/2016).

Ex: ação civil pública proposta pelo Ministério Público contra o Município e contra a empresa concessionária do serviço público de transporte de passageiros questionando o reajuste da tarifa de ônibus, que teria sido abusivo, violando os direitos individuais homogêneos dos consumidores.

Vamos agora relembrar o que são direitos difusos, coletivos e individuais homogêneos

Gênero: os direitos ou interesses coletivos (*lato sensu*) são o gênero.

Eles são chamados de direitos ou interesses transindividuais, metaindividuais ou supraindividuais.

Espécies: esses direitos coletivos (em sentido amplo) são divididos em três espécies:

a. difusos;

b. coletivos (em sentido estrito);

c. individuais homogêneos.

DIFUSOS	COLETIVOS (em sentido estrito)	INDIVIDUAIS HOMOGÊNEOS
Ex: direito ao meio ambiente ecologicamente equilibrado.	Ex: reajuste abusivo das mensalidades escolares.	Ex: determinado lote de um remédio causou lesão a alguns consumidores.
São classificados como direitos ESSENCIALMENTE COLETIVOS.	São classificados como direitos ESSENCIALMENTE COLETIVOS.	São classificados como direitos ACIDENTALMENTE COLETIVOS *(isso porque são direitos individuais, mas tratados como se fossem coletivos).*
São transindividuais (há uma transindividualidade real ou material).	São transindividuais (há uma transindividualidade real ou material).	Há uma transindividualidade ARTIFICIAL, formal ou relativa (são direitos individuais que, no entanto, recebem tratamento legal de direitos transindividuais).
Têm natureza INDIVISÍVEL. Tais direitos pertencem a todos de forma simultânea e indistinta. O resultado será o mesmo para todos os titulares.	Têm natureza INDIVISÍVEL. O resultado será o mesmo para aqueles que fizerem parte do grupo, categoria ou classe de pessoas.	Têm natureza DIVISÍVEL. O resultado da demanda pode ser diferente para os diversos titulares (ex: o valor da indenização pode variar).
Os titulares são pessoas: • indeterminadas e • indetermináveis. Não se tem como determinar (dizer de maneira específica) quem são os titulares desses direitos. Isso porque são direitos que não pertencem a apenas uma pessoa, mas sim à coletividade. Caracterizam-se, portanto, pela indeterminabilidade ABSOLUTA.	Os titulares são pessoas: • indeterminadas, • mas determináveis. Os titulares são, a princípio, indeterminados, mas é possível que eles sejam identificados. Os titulares fazem parte de um grupo, categoria ou classe de pessoas. Caracterizam-se, portanto, pela indeterminabilidade RELATIVA.	Os titulares são pessoas: • determinadas; ou • determináveis. Caracterizam-se, portanto, pela DETERMINABILIDADE.
Os titulares desses direitos NÃO possuem relação jurídica entre si. Os titulares são ligados por CIRCUNSTÂNCIAS DE FATO. Os titulares se encontram em uma situação de fato comum.	EXISTE uma relação jurídica base entre os titulares. Os titulares são ligados entre si ou com a parte contrária em virtude de uma RELAÇÃO JURÍDICA BASE.	Os titulares não são ligados entre si, mas seus interesses decorrem de uma ORIGEM COMUM.

DIFUSOS	COLETIVOS (em sentido estrito)	INDIVIDUAIS HOMOGÊNEOS
Outros exemplos: patrimônio histórico; moralidade administrativa; publicidade enganosa divulgada pela TV.	Outros exemplos: interesses ligados aos membros de um mesmo sindicato ou partido; integrantes de um mesmo conselho profissional (ex: OAB). O MP tem legitimidade para ACP cujo fundamento seja a ilegalidade de reajuste de mensalidades escolares (Súmula 643-STF).	Outros exemplos: Ex: pílula de farinha como anticoncepcional: só tem direito a mulher que comprovar que tomou o remédio daquele lote.

Obs.: a definição legal dos direitos e interesses difusos, coletivos e individuais homogêneos é fornecida pelo art. 81, parágrafo único do CDC.

7.5. LEGITIMIDADE DO MUNICÍPIO PARA DEFESA DOS CONSUMIDORES

Município tem legitimidade ad causam para ajuizar ação civil pública em defesa de direitos consumeristas questionando a cobrança de tarifas bancárias.

Em relação ao Ministério Público e aos entes políticos, que têm como finalidades institucionais a proteção de valores fundamentais, como a defesa coletiva dos consumidores, não se exige pertinência temática e representatividade adequada.

STJ. 3ª Turma. REsp 1.509.586-SC, Rel. Min. Nancy Andrighi, julgado em 15/05/2018 (Info 626).

Veja comentários em Direito Processual Civil.

Direito Notarial E Registral

1. REGIME JURÍDICO

Os substitutos interinos dos cartórios extrajudiciais devem receber limitado ao teto do funcionalismo público (art. 37, XI, da CF/88)

Incide o teto remuneratório constitucional aos substitutos interinos de serventias extrajudiciais.

STF. 2ª Turma. MS 29.039/DF, Rel. Min. Gilmar Mendes, julgado em 13/11/2018 (Info 923).

Veja comentários em Direito Administrativo.

2. REGISTRO CIVIL

Homologação de acordo extrajudicial de retificação de registro civil

É inadmissível a homologação de acordo extrajudicial de retificação de registro civil de menor em juízo sem a observância dos requisitos e procedimento legalmente instituído para essa finalidade.

Ex: Sandro namorava Letícia, que ficou grávida. Ao nascer a criança, Sandro a registrou como sua filha. Alguns anos depois, por meio de um exame de DNA feito em uma clínica particular, descobre-se que o pai biológico da menor é, na verdade, João. Diante disso, o pai registral, o pai biológico e a criança, representada por sua mãe, celebraram um acordo extrajudicial de anulação de assento civil. Por intermédio deste instrumento, as referidas partes acordaram que haveria a retificação do registro civil da menor para que houvesse a substituição do nome de seu pai registral pelo pai biológico. As partes ingressam com pedido para que o juiz homologasse esse acordo. O pedido deverá ser negado.

STJ. 3ª Turma. REsp 1.698.717-MS, Rel. Min. Nancy Andrighi, julgado em 05/06/2018 (Info 627).

Veja comentários em Direito Civil.

Modulação dos efeitos em ADI que julgou inconstitucional lei estadual que destinava custas da habilitação do casamento para os juízes de paz

Justiça de paz

A Constituição Federal de 1988 previu a figura da "justiça de paz" no art. 98, II.

O juiz de paz é...

- um cidadão
- eleito (escolhido) pelo voto direto, universal e secreto
- para um mandato de 4 anos
- tendo competência para:

a. celebrar casamentos;

b. verificar a regularidade do processo de habilitação para o casamento;

c. exercer atribuições conciliatórias (fazer conciliação).

Vale ressaltar que o "juiz de paz" é considerado um serviço auxiliar do Poder Judiciário estadual, mas as suas atribuições não têm caráter jurisdicional (são extrajudiciais).

Lei sobre pagamento de custas a juízes de paz

Em 1990, o Estado de Minas Gerais editou uma lei determinando que as custas cobradas nos processos de habilitação de casamento fossem destinadas ao juiz de paz.

Foi proposta uma ADI e, em 2011, esta Lei foi julgada inconstitucional.

A lei possuía vícios formal e material.

Sob o ponto de vista formal, a norma era inconstitucional porque o projeto que deu origem à lei foi iniciado pelo Governador do Estado. Como essa lei trata sobre um serviço auxiliar do Poder Judiciário (celebração de casamentos, habilitação etc), a iniciativa teria que ter sido do Tribunal de Justiça, conforme prevê o art. 96, II, "b", da CF/88:

> § Art. 96. Compete privativamente:
>
> II – ao Supremo Tribunal Federal, aos Tribunais Superiores e aos Tribunais de Justiça propor ao Poder Legislativo respectivo, observado o disposto no art. 169:
>
> (...)
>
> b) a criação e a extinção de cargos e a remuneração dos seus serviços auxiliares e dos juízos que lhes forem vinculados, bem como a fixação do subsídio de seus membros e dos juízes, inclusive dos tribunais inferiores, onde houver;

Além disso, a lei era materialmente inconstitucional. Isso porque o juiz de paz deve ser remunerado pelos cofres públicos e não pelos noivos. "Já se foi o tempo em que o servidor tinha participação no que deveria ser arrecadado pelo Estado. Nós tivemos a situação dos fiscais. Acabou na nossa Administração Pública essa forma de se partilhar algo que deve ser recolhido aos cofres públicos", afirmou o Min. Marco Aurélio.

Interessante ressaltar que o STF entendeu que se aplica aos juízes de paz a vedação prevista no art. 95, parágrafo único, II, da CF/88:

> § Art. 95. (...)
>
> Parágrafo único. Aos juízes é vedado:
>
> (...)

II – receber, a qualquer título ou pretexto, custas ou participação em processo;

(...)

A ementa do julgado foi vazada nos seguintes termos:

(...) Os juízes de paz, na qualidade de agentes públicos, ocupam cargo cuja remuneração deve ocorrer com base em valor fixo e predeterminado, e não por participação no que é recolhido aos cofres público. Além disso, os juízes de paz integram o Poder Judiciário e a eles se impõe a vedação prevista no art. 95, parágrafo único, II, da Constituição, a qual proíbe a percepção, a qualquer título ou pretexto, de custas ou participação em processo pelos membros do Judiciário. Inconstitucionalidade material. (...)

STF. Plenário. ADI 954, Rel. Min. Gilmar Mendes, julgado em 24/02/2011.

Modulação dos efeitos

O Governador do Estado apresentou embargos de declaração contra esta decisão pedindo:

a. a concessão de eficácia "ex nunc" à declaração de inconstitucionalidade; e

b. a fixação de prazo razoável para as providências necessárias à regularização normativa da matéria.

Em 2018, estes embargos foram julgados e parcialmente acolhidos.

O STF decidiu que o referido acórdão embargado só produz efeitos a partir de 26 de maio de 2011, data em que foi publicado no Diário de Justiça.

Assim, a declaração de inconstitucionalidade não afeta as situações em que os juízes de paz tenham exercido suas atribuições até 26/05/2011. Dito de outra forma, os valores que eles receberam até esta data foram considerados legítimos.

STF. Plenário. ADI 954 ED/MG, Rel. Min. Gilmar Mendes, julgado em 20/6/2018 (Info 907).

3. TABELIONATO DE PROTESTO

NÃO CABEM DANOS MORAIS SE HOUVE PROTESTO DE CHEQUE PRESCRITO, MAS CUJA DÍVIDA AINDA PODERIA SER COBRADA POR OUTROS MEIOS

O protesto irregular de cheque prescrito não caracteriza abalo de crédito apto a ensejar danos morais ao devedor, se ainda remanescer ao credor vias alternativas para a cobrança da dívida consubstanciada no título.

STJ. 3ª Turma. REsp 1.677.772-RJ, Rel. Min. Nancy Andrighi, julgado em 14/11/2017 (Info 616).

Veja comentários em Direito Empresarial.

CREDOR QUE HAVIA PROTESTADO O TÍTULO TEM O DEVER DE FORNECER CARTA DE ANUÊNCIA PARA CANCELAMENTO DO PROTESTO, MAS PARA ISSO PRECISA HAVER UM PEDIDO DO DEVEDOR

Não há como impor tacitamente ao credor o dever de enviar, sem provocação, o documento hábil ao cancelamento do legítimo protesto.

O credor tem o inequívoco dever de fornecer o documento hábil ao cancelamento do protesto, mas para isso precisa ser previamente provocado.

Assim, se o devedor paga ao banco um título de crédito que estava protestado, o banco deverá fornecer uma carta de anuência com a qual o devedor poderá cancelar o protesto. No entanto, o credor não tem o dever de fornecer este documento automaticamente. É necessário que haja um requerimento (um pedido) daquele que pagou.

STJ. 4ª Turma. REsp 1.346.584-PR, Rel. Min. Luis Felipe Salomão, julgado em 09/10/2018 (Info 638).

Estatuto da Criança e do Adolescente

1. ATO INFRACIONAL

ATO INFRACIONAL

Quando uma criança ou adolescente pratica um fato previsto em lei como crime ou contravenção penal, esta conduta é chamada de "***ato infracional***".

Assim, juridicamente, não se deve dizer que a criança ou adolescente cometeu um crime ou contravenção penal, mas sim ato infracional.

Criança: é a pessoa que tem até 12 anos de idade incompletos.

Adolescente: é a pessoa que tem entre 12 e 18 anos de idade.

Quando uma criança ou adolescente pratica um ato infracional, não receberá uma pena (sanção penal), considerando que não pratica crime nem contravenção. O que acontece então?

- Criança: receberá uma medida protetiva (art. 101 do ECA).
- Adolescente: receberá uma medida socioeducativa (art. 112 do ECA) e/ou medida protetiva (art. 101 do ECA).

PROCEDIMENTO APLICÁVEL NO CASO DE APURAÇÃO DE ATO INFRACIONAL

A apuração de ato infracional praticado por criança ou adolescente é regulada por alguns dispositivos do ECA. No entanto, como o Estatuto não tratou de forma detalhada sobre o tema, o art. 152 determina que sejam aplicadas subsidiariamente as normas gerais previstas na legislação processual pertinente.

No caso de apuração de ato infracional, aplica-se subsidiariamente o CPP ou o CPC?

Depende. Aplica-se:

- o CPP para o processo de conhecimento (representação, produção de provas, memoriais, sentença);
- o CPC para as regras do sistema recursal (art. 198 do ECA).

Resumindo:

1ª opção: normas do ECA.

Na falta de normas específicas:

- CPP: para regular o processo de conhecimento.
- CPC: para regular o sistema recursal.

PROCEDIMENTO NO CASO DE UMA CRIANÇA PRATICAR ATO INFRACIONAL

1. Deverá ser encaminhada ao Conselho Tutelar (art. 136, I, do ECA).
2. É aconselhável que o Conselho Tutelar registre a ocorrência do ato infracional na Delegacia de Polícia, sem a presença da criança.
3. O Conselho Tutelar poderá aplicar à criança as medidas protetivas previstas no art. 101, I a VII do ECA. Deve-se lembrar que as crianças não estão submetidas às medidas socioeducativas, ainda que tenham praticado ato infracional.
4. Para a aplicação das medidas protetivas previstas no art. 101, I a VII do ECA, o Conselho Tutelar não precisa da intervenção do Poder Judiciário, que somente será necessária nas hipóteses de "inclusão em programa de acolhimento familiar" (inciso VIII) e "colocação em família substituta" (inciso IX).

PROCEDIMENTO NO CASO DE UM ADOLESCENTE PRATICAR ATO INFRACIONAL

1) Se o adolescente foi apreendido em flagrante: deverá ser, desde logo, encaminhado à autoridade policial competente (art. 172 do ECA).

2) Se o ato infracional foi praticado mediante violência ou grave ameaça à pessoa:

A autoridade policial deverá (art. 173):

- lavrar auto de apreensão, ouvidos as testemunhas e o adolescente (à semelhança de um auto de prisão em flagrante);
- apreender o produto e os instrumentos da infração;
- requisitar os exames ou perícias necessários à comprovação da materialidade e autoria da infração.

3) Se o ato infracional foi praticado sem violência ou grave ameaça à pessoa:

Regra: o adolescente será prontamente liberado, devendo no entanto o pai, a mãe ou outro responsável pelo menor assinar um termo de compromisso e responsabilidade no qual fica estabelecido que o adolescente irá se apresentar ao representante do Ministério Público, naquele mesmo dia ou, sendo impossível, no primeiro dia útil imediato (art. 174).

Sendo o adolescente liberado, a autoridade policial encaminhará imediatamente ao representante do Ministério Público cópia do auto de apreensão ou boletim de ocorrência (art. 176).
Exceção: mesmo o ato infracional tendo sido praticado sem violência ou grave ameaça à pessoa, a autoridade policial poderá decidir, com base na gravidade do ato infracional e em sua repercussão social, que o adolescente deve ficar internado a fim de garantir:

- a sua segurança pessoal; ou
- a manutenção da ordem pública.

4) Caso o menor NÃO tenha sido liberado: o Delegado encaminhará, desde logo, o adolescente ao representante do Ministério Público, juntamente com cópia do auto de apreensão ou boletim de ocorrência (art. 175).

Sendo impossível a apresentação imediata, a autoridade policial encaminhará o adolescente à entidade de atendimento, que fará a apresentação ao representante do Ministério Público no prazo de 24 horas.

Nas localidades onde não houver entidade de atendimento, a apresentação far-se-á pela autoridade policial. À falta de repartição policial especializada, o adolescente aguardará a apresentação em dependência separada da destinada a maiores, não podendo, em qualquer hipótese, exceder-se o prazo de 24 horas.

5) Peças de informação:

Na apuração de ato infracional, o procedimento de investigação realizado pela polícia com a colheita dos depoimentos e juntada de outras provas não recebe a denominação de "inquérito policial", sendo chamado de "peças de informação", que deverão ser encaminhadas pelo Delegado ao MP.

6) Oitiva informal do menor pelo MP:

Como visto acima, o adolescente apontado como autor de ato infracional deverá ser ouvido pelo MP.

Assim, apresentado o adolescente, o representante do Ministério Público procederá imediata e informalmente à sua oitiva e, em sendo possível, de seus pais ou responsável, vítima e testemunhas.

Pode parecer estranho, inclusive gerando dúvidas nos candidatos quando aparece nas provas de concurso, mas o art. 179 do ECA afirma que essa oitiva do adolescente, feita pelo MP, é informal. Por isso, alguns autores defendem que não é necessário que esse ato seja reduzido a escrito, podendo o Promotor de Justiça ouvir o menor sem registro formal.

7) Providências adotadas pelo Promotor de Justiça (art. 180):

Após ouvir o menor, o representante do Ministério Público poderá:

- promover o arquivamento dos autos;
- conceder a remissão;
- representar à autoridade judiciária para aplicação de medida socioeducativa.

Obs: além dessas três situações previstas no ECA, a doutrina afirma também que o MP poderá determinar a realização de novas diligências investigatórias.

8) Remissão ministerial:

A remissão ministerial consiste no ato do Promotor de Justiça de perdoar a prática do ato infracional cometido pelo adolescente como forma de excluir o processo, ou seja, de evitar que ele comece.

9) Representação:

O art. 182 do ECA determina que, se o representante do Ministério Público não promover o arquivamento ou conceder a remissão, oferecerá representação ao juiz, propondo a instauração de procedimento para aplicação da medida socioeducativa que se afigurar mais adequada.

A "representação" de que trata o ECA é semelhante à "denúncia" no processo penal.

A representação será oferecida por petição, que conterá o breve resumo dos fatos e a classificação do ato infracional e, quando necessário, o rol de testemunhas, podendo ser deduzida oralmente, em sessão diária instalada pela autoridade judiciária (§ 1º do art. 182).

A representação independe de prova pré-constituída da autoria e materialidade (§ 2º do art. 182).

ECA

10) Juiz designa audiência de apresentação:

Oferecida a representação, se o juiz entender que não é o caso de rejeição da peça, designará audiência de apresentação do adolescente, decidindo, desde logo, sobre a decretação ou manutenção da internação (art. 184 do ECA).

§

§ 1º O adolescente e seus pais ou responsável serão cientificados do teor da representação, e notificados a comparecer à audiência, acompanhados de advogado.

§ 2º Se os pais ou responsável não forem localizados, a autoridade judiciária dará curador especial ao adolescente.

§ 3º Não sendo localizado o adolescente, a autoridade judiciária expedirá mandado de busca e apreensão, determinando o sobrestamento do feito, até a efetiva apresentação.

§ 4º Estando o adolescente internado, será requisitada a sua apresentação, sem prejuízo da notificação dos pais ou responsável.

11) Audiência de apresentação

O art. 186 do ECA determina que, na audiência de apresentação, o juiz irá ouvir o adolescente, seus pais ou responsável, "podendo solicitar opinião de profissional qualificado".

A realização desse estudo ("opinião de profissional qualificado") de que trata o art. 186 do ECA é obrigatória?

NÃO. Segundo decidiu a 1ª Turma do STF, o referido estudo serve para auxiliar o juiz, especialmente para avaliar a medida socioeducativa mais adequada, não sendo, contudo, obrigatório. Assim, não há nulidade do processo por falta desse laudo técnico, uma vez que se trata de faculdade do magistrado, podendo a decisão ser tomada com base em outros elementos constantes dos autos (STF. Primeira Turma. HC 107473/MG, rel. Min. Rosa Weber, 11/12/2012).

12) Possibilidade de ser concedida remissão judicial

Segundo o § 1º do art. 186 do ECA, a autoridade judiciária, após ouvir o representante do Ministério Público, poderá proferir decisão concedendo a remissão. Neste caso, trata-se da remissão judicial que funciona como forma de suspensão ou extinção do processo.

A remissão, como forma de extinção ou suspensão do processo, poderá ser aplicada em qualquer fase do procedimento, antes da sentença (art. 186 do ECA).

1. Instrução e debates

Não sendo o caso de se conceder a remissão, será realizada a instrução.

Depois da instrução haverá os debates entre Ministério Público e defesa.

2. Sentença

Vale lembrar que é possível a aplicação do princípio da insignificância para os atos infracionais (STF. 2ª Turma. HC 112400/RS, Rel. Min. Gilmar Mendes, julgado em 22/5/2012).

2. MEDIDAS SOCIOEDUCATIVAS

2.1. NOÇÕES GERAIS

Quais são as medidas socioeducativas que implicam privação de liberdade?

- Semiliberdade;
- Internação.

Semiliberdade (art. 120 do ECA)

Pelo regime da semiliberdade, o adolescente realiza atividades externas durante o dia, sob supervisão de equipe multidisciplinar, e fica recolhido à noite.

O regime de semiliberdade pode ser determinado como medida inicial imposta pelo juiz ao adolescente infrator, ou como forma de transição para o meio aberto (uma espécie de "progressão").

Internação (arts. 121 e 122 do ECA)

Por esse regime, o adolescente fica recolhido na unidade de internação.

A internação constitui medida privativa da liberdade e se sujeita aos princípios de brevidade, excepcionalidade e respeito à condição peculiar de pessoa em desenvolvimento.

Pode ser permitida a realização de atividades externas, a critério da equipe técnica da entidade, salvo expressa determinação judicial em contrário.

A medida não comporta prazo determinado, devendo sua manutenção ser reavaliada, mediante decisão fundamentada, no máximo a cada seis meses.

Em nenhuma hipótese o período máximo de internação excederá a três anos.

Se o interno completar 21 anos, deverá ser obrigatoriamente liberado, encerrando o regime de internação.

Veja esta questão na qual se exigiu que o candidato soubesse que a internação é sempre por prazo indeterminado:

(Juiz TJDFT 2015 CESPE) A medida socioeducativa de internação comporta prazo determinado não superior a três anos, devendo o juiz considerar, na sentença, o fato de ter havido, ou não, reiteração no cometimento de infrações graves. (errado)

Internação somente nas hipóteses do art. 122 do ECA

O juiz somente pode aplicar a medida de internação ao adolescente infrator nas hipóteses taxativamente previstas no art. 122 do ECA, pois a segregação do adolescente é medida de exceção, devendo ser aplicada e mantida somente quando evidenciada sua necessidade, em observância ao espírito do Estatuto, que visa à reintegração do menor à sociedade (STJ HC 213778).

Veja a redação do dispositivo:

§

> Art. 122. A medida de internação só poderá ser aplicada quando:
>
> I – tratar-se de ato infracional cometido mediante grave ameaça ou violência a pessoa;
>
> II – por reiteração no cometimento de outras infrações graves;
>
> III – por descumprimento reiterado e injustificável da medida anteriormente imposta.

O STF comunga do mesmo entendimento e possui diversos precedentes afirmando que a imposição de medida socioeducativa de internação deve ser aplicada apenas quando não houver outra medida adequada e desde que presentes os requisitos do art. 122 do ECA. Nesse sentido: STF. 1ª Turma. HC 125016/SP, red. orig. Min. Marco Aurélio, red. p/ o acórdão Min. Roberto Barroso, julgado em 15/3/2016 (Info 818).

Assim, quando for aplicada a internação, o magistrado deverá adotar uma fundamentação idônea que apresente justificativas concretas para a escolha dessa medida socioeducativa.

Veja esta interessante questão:

(Promotor MP/SP 2012) A medida socioeducativa de internação só poderá ser aplicada quando se tratar de ato infracional cometido por criança ou adolescente, mediante grave ameaça ou

ECA

violência à pessoa, por reiteração no cometimento de outras infrações graves e por descumprimento reiterado e injustificável da medida anteriormente imposta. (errado)

O erro do enunciado está no fato de que apenas o adolescente poderá receber medida socioeducativa de internação (criança, não).

2.2. IMPOSSIBILIDADE DE PRIVAÇÃO DA LIBERDADE PELA PRÁTICA DO ART. 28 DA LEI DE DROGAS

Imagine a seguinte situação:

Igor, 17 anos de idade, foi apreendido pela polícia com pequena quantidade de maconha, que seria utilizada para o próprio consumo.

O Ministério Público ofereceu representação imputando ao adolescente a prática do ato infracional equiparado ao art. 28 da Lei nº 11.343/2006 e propondo a aplicação da medida socioeducativa (art. 182 do ECA).

A "representação" de que trata o ECA é semelhante à "denúncia" no processo penal.

A representação será oferecida por petição, que conterá o breve resumo dos fatos e a classificação do ato infracional e, quando necessário, o rol de testemunhas, podendo ser deduzida oralmente, em sessão diária instalada pela autoridade judiciária (§ 1º do art. 182).

Sentença

Após toda a instrução, o juiz proferiu sentença aplicando ao adolescente medida socioeducativa de semiliberdade.

Ao fundamentar a decisão, o magistrado afirmou que a medida era necessária porque Igor já havia cometido outras infrações graves antes daquela, além de já ter em seu histórico o relato de descumprimento de outras medidas socioeducativas anteriormente impostas.

A decisão do magistrado foi acertada? É possível aplicar ao adolescente uma medida socioeducativa que o priva da sua liberdade?

NÃO. Não é possível aplicar nenhuma medida socioeducativa que prive a liberdade do adolescente (internação ou semiliberdade) caso ele tenha praticado um ato infracional análogo ao delito do art. 28 da Lei de Drogas. Isso porque o art. 28 da Lei nº 11.343/2006 não prevê a possibilidade de penas privativas de liberdade caso um adulto cometa esse crime. Ora, se nem mesmo a pessoa maior de idade poderá ser presa por conta da prática do art. 28 da LD, com maior razão não se pode impor a restrição da liberdade para o adolescente que incidir nessa conduta.

STF. 1ª Turma. HC 119160/SP, Rel. Min. Roberto Barroso, julgado em 09/04/2014 (Info 742).

STF. 2ª Turma. HC 124682/SP, Rel. Min. Celso de Mello, julgado em 16/12/2014 (Info 772).

Veja as sanções previstas para o art. 28:

§ Art. 28. Quem adquirir, guardar, tiver em depósito, transportar ou trouxer consigo, para consumo pessoal, drogas sem autorização ou em desacordo com determinação legal ou regulamentar será submetido às seguintes penas:

I – advertência sobre os efeitos das drogas;

II – prestação de serviços à comunidade;

III – medida educativa de comparecimento a programa ou curso educativo.

Logo, se o adolescente praticar um ato infracional equiparado ao art. 28 da LD, somente poderá ser submetido a:

- medidas protetivas (arts. 101, I a VI, do ECA);

- advertência (art. 115);
- prestação de serviços à comunidade (art. 117);
- liberdade assistida (art. 118).

2.3. INTERNAÇÃO E GRAVIDADE ABSTRATA DO ATO INFRACIONAL

Observam-se com frequência, na prática, diversas sentenças que aplicam a medida de internação ao adolescente, valendo-se como único argumento o de que tal ato infracional é muito grave e possui natureza hedionda. Esse procedimento, como vimos acima, não é correto e está em desacordo com a jurisprudência do STJ e STF.

Assim, não é admitida a internação com base unicamente na alegação da gravidade abstrata ou na natureza hedionda do ato infracional perpetrado.

No âmbito do STJ, o tema revelou-se tão frequente que a Corte decidiu editar a Súmula 492 expondo esta conclusão:

> Súmula 492-STJ: O ato infracional análogo ao tráfico de drogas, por si só, não conduz obrigatoriamente à imposição de medida socioeducativa de internação do adolescente.

ECA

Logo, o adolescente que pratica roubo, latrocínio, homicídio, tráfico de drogas etc. pode até receber a medida de internação, mas para que isso ocorra o juiz deverá vislumbrar, no caso concreto, a ocorrência de alguma das hipóteses do art. 122 do ECA e nelas fundamentar sua decisão.

2.4. INTERNAÇÃO NO CASO DE REITERAÇÃO DE ATOS INFRACIONAIS GRAVES

O art. 122 do ECA traz as hipóteses em que haverá a internação do adolescente que praticou ato infracional grave:

> § Art. 122. A medida de internação só poderá ser aplicada quando:
>
> I – tratar-se de ato infracional cometido mediante grave ameaça ou violência a pessoa;
>
> II – por reiteração no cometimento de outras infrações graves;
>
> III – por descumprimento reiterado e injustificável da medida anteriormente imposta.

"Reiteração no cometimento de outras infrações graves"

Ao se interpretar essa expressão, foi construída a tese de que, para se enquadrar na hipótese do inciso II do art. 122, o adolescente deveria ter cometido, no mínimo, três infrações graves.

Assim, somente no terceiro ato infracional grave (após ter praticado outros dois anteriores) é que o adolescente receberia a medida de internação.

A jurisprudência acolhe esse critério?

NÃO. Tanto o STF como o STJ entendem que, para se configurar a "reiteração na prática de atos infracionais graves" (art. 122, II) não se exige a prática de, no mínimo, três infrações dessa natureza. Não existe fundamento legal para essa exigência.

A exigência de no mínimo três infrações foi adotada durante muitos anos pela jurisprudência como forma de "abrandar" a aplicação do ECA, mas esse entendimento está atualmente superado.

Em suma, o que vigora atualmente:

O ECA não estipulou um número mínimo de atos infracionais graves para justificar a internação do menor infrator com fulcro no art. 122, II, do ECA (reiteração no cometimento de outras infrações graves).

Logo, cabe ao magistrado analisar as peculiaridades de cada caso e as condições específicas do adolescente a fim de aplicar ou não a internação.

A depender das particularidades e circunstâncias do caso concreto, pode ser aplicada, com fundamento no art. 122, II, do ECA, medida de internação ao adolescente infrator que antes tenha cometido apenas uma outra infração grave.

Está superado o entendimento de que a internação com base nesse dispositivo somente seria permitida com a prática de no mínimo 3 infrações.

STJ. 5ª Turma. HC 332.440/SP, Rel. Min. Reynaldo Soares da Fonseca, julgado em 24/11/2015.

STJ. 6ª Turma. HC 347.434-SP, Rel. Min. Nefi Cordeiro, Rel. para acórdão Min. Antonio Saldanha Palheiro, julgado em 27/9/2016 (Info 591).

2.5. SUPERVENIÊNCIA DA MAIORIDADE PENAL

Súmula 605-STJ: A superveniência da maioridade penal não interfere na apuração de ato infracional nem na aplicabilidade de medida socioeducativa em curso, inclusive na liberdade assistida, enquanto não atingida a idade de 21 anos.

STJ. 3ª Seção. Aprovada em 14/03/2018, DJe 19/03/2018.

A superveniência da maioridade penal não interfere na apuração de ato infracional nem na aplicabilidade de medida socioeducativa em curso, inclusive na liberdade assistida, enquanto não atingida a idade de 21 anos.

STJ. 3ª Seção. REsp 1.705.149-RJ, Rel. Min. Sebastião Reis Júnior, julgado em 13/06/2018 (recurso repetitivo) (Info 630).

Ato infracional

Quando uma criança ou adolescente pratica um fato previsto em lei como crime ou contravenção penal, esta conduta é chamada de "ato infracional".

Assim, juridicamente, não se deve dizer que a criança ou adolescente cometeu um crime ou contravenção penal, mas sim ato infracional.

O que é criança e adolescente, para os fins legais?

- Criança: é a pessoa que tem até 12 anos de idade incompletos.
- Adolescente: é a pessoa que tem entre 12 e 18 anos de idade.

Quando uma criança ou adolescente pratica um ato infracional, não receberá uma pena (sanção penal), considerando que não pratica crime nem contravenção. O que acontece então?

- Criança: receberá uma medida protetiva (art. 101 do ECA).
- Adolescente: receberá uma medida socioeducativa (art. 112 do ECA) e/ou medida protetiva (art. 101).

Adulto	Adolescente
Igual ou maior que 18 anos.	De 12 até 18 anos. Obs: se a pessoa cometer o fato no dia do seu 18º aniversário, já é considerada adulta, não sendo mais adolescente.
Comete crime e contravenção penal.	Pratica ato infracional.
Recebe pena (sanção penal).	Recebe medida socioeducativa.
A execução da pena é regulada pela Lei nº 7.210/84.	A execução da medida socioeducativa é regulada pela Lei nº 12.594/2012.

Quais são as medidas socioeducativas?

O rol de medidas socioeducativas está previsto no art. 112 do ECA.

Assim, quando um adolescente pratica um ato infracional ele poderá receber as seguintes medidas:

I – advertência;

II – obrigação de reparar o dano;

III – prestação de serviços à comunidade;

IV – liberdade assistida;

V – inserção em regime de semiliberdade;

VI – internação em estabelecimento educacional;

VII – qualquer uma das medidas protetivas previstas no art. 101, I a VI do ECA (exs: orientação, matrícula obrigatória em escola, inclusão em programa comunitário, entre outras).

Procedimento aplicável no caso de apuração de ato infracional

A apuração de ato infracional praticado por criança ou adolescente é regulada por alguns dispositivos do ECA. No entanto, como o Estatuto não tratou de forma detalhada sobre o tema, o art. 152 determina que sejam aplicadas subsidiariamente as normas gerais previstas na legislação processual pertinente.

No caso de apuração de ato infracional, aplica-se subsidiariamente o CPP ou o CPC?

Depende. Aplica-se:

- o CPP para o processo de conhecimento (representação, produção de provas, memoriais, sentença);
- o CPC para as regras do sistema recursal (art. 198 do ECA).

Resumindo:

1ª opção: normas do ECA.

Na falta de normas específicas:

- CPP: para regular o processo de conhecimento.
- CPC: para regular o sistema recursal.

Imagine agora a seguinte situação hipotética:

João, com 17 anos e 11 meses de idade, praticou ato infracional equiparado a roubo.

ECA

O Promotor de Justiça ofereceu representação ao Juiz, propondo a instauração de procedimento para aplicação da medida socioeducativa (art. 182 do ECA).

A "representação" de que trata o ECA é como se fosse a "denúncia" do processo penal.

O Juiz entendeu que não era o caso de rejeição da representação e, assim, designou audiência de apresentação do adolescente.

Na audiência de apresentação, o Juiz ouvir o adolescente e seus pais.

Em seguida, o magistrado, por entender que não era o caso de conceder remissão judicial, determinou o prosseguimento do processo com a realização de instrução.

Depois da instrução foi realizado o debate entre Ministério Público e defesa.

Chegou o momento de o Juiz proferir a sentença. Ocorre que o magistrado verificou que, em virtude da demora na tramitação do processo, João já está atualmente com 19 anos.

Diante disso, surgiu a dúvida: é possível que João continue sendo julgado pelo juízo da Vara de Infância e Adolescência mesmo já tendo atingido a maioridade penal (18 anos)? É possível que o magistrado aplique alguma medida socioeducativa em relação a João mesmo ele já sendo adulto (maior de 18 anos)?

SIM. A medida socioeducativa pode ser aplicada ao indivíduo maior de 18 anos, desde que o ato infracional tenha sido praticado antes, ou seja, quando ele ainda era adolescente.

A superveniência da maioridade penal não interfere na apuração de ato infracional nem na aplicabilidade de medida socioeducativa. Em palavras mais simples: o fato de o adolescente ter completado 18 anos durante o curso do processo onde se apura o ato infracional não interfere na sentença. O juiz poderá aplicar normalmente a medida socioeducativa.

Outra situação: Pedro, com 17 anos de idade, recebeu medida socioeducativa de internação pela prática de ato infracional. Ele está cumprindo medida em uma unidade de internação de adolescentes infratores. Ocorre que Pedro completou 18 anos. Ele pode continuar cumprindo a internação?

SIM. A superveniência da maioridade penal não interfere na aplicabilidade de medida socioeducativa. Em palavras mais simples: o fato de o adolescente ter completado 18 anos durante a cumprimento da medida socioeducativa não faz com que essa execução tenha que ser encerrada. Ela continuará normalmente até o Juiz entenda que a medida já cumpriu a sua finalidade ou até que o indivíduo complete 21 anos.

Se o interno completar 21 anos, deverá ser obrigatoriamente liberado, encerrando o regime de internação.

Mas o ECA pode ser aplicado para maiores de 18 anos? Existe possibilidade legal para isso?

SIM. Essa autorização encontra-se prevista no art. 2º, parágrafo único e no art. 121, § 5º do ECA:

§

> Art. 2º Considera-se criança, para os efeitos desta Lei, a pessoa até doze anos de idade incompletos, e adolescente aquela entre doze e dezoito anos de idade.
>
> Parágrafo único. Nos casos expressos em lei, aplica-se excepcionalmente este Estatuto às pessoas entre dezoito e vinte e um anos de idade.

Desse modo, um exemplo desse parágrafo único do art. 2º do ECA é justamente a possibilidade de aplicação e cumprimento de medida socioeducativa para pessoas entre 18 e 21 anos, desde que o fato tenha sido praticado antes de atingida da maioridade penal, ou seja, antes dos 18 anos.

Idade na data do fato

O que interessa para saber se a pessoa deve responder por ato infracional é considerar a sua idade na data do fato, e não na data do julgamento ou do cumprimento da medida (respeitada a idade máxima de 21 anos). Veja o que diz o ECA:

§ Art. 104. São penalmente inimputáveis os menores de dezoito anos, sujeitos às medidas previstas nesta Lei.

Parágrafo único. Para os efeitos desta Lei, deve ser considerada a idade do adolescente à data do fato.

Assim, se data do fato, o adolescente tinha menos de 18 anos, nada impede que permaneça no cumprimento de medida socioeducativa imposta, ainda que implementada a sua maioridade penal.

Internação até 21 anos

Vale ressaltar o art. 121 do ECA, que trata sobre a internação, prevê expressamente a possibilidade de o indivíduo permanecer cumprindo a medida até 21 anos. Confira:

§ Art. 121 (...)

§ 5º A liberação será compulsória aos vinte e um anos de idade.

O art. 121, § 5º dispõe sobre a internação. Essa possibilidade de o indivíduo cumprir medida mesmo até os 21 anos vale para a medida de semiliberdade?

SIM. Existe previsão expressa afirmando que as regras da internação, incluindo o art. 121, § 5º, podem ser aplicadas, no que couber, à medida de semiliberdade:

§ Art. 120. O regime de semi-liberdade pode ser determinado desde o início, ou como forma de transição para o meio aberto, possibilitada a realização de atividades externas, independentemente de autorização judicial.

(...)

§ 2º A medida não comporta prazo determinado aplicando-se, no que couber, as disposições relativas à internação.

O ECA, ao tratar sobre a liberdade assistida, não traz um dispositivo como esse do art. 120, § 2º acima transcrito. Em razão disso, vários doutrinadores sustentaram que, para a liberdade assistida, o cumprimento deveria ficar restrito até os 18 anos por ausência de previsão legal. Essa tese prevaleceu?

NÃO. A jurisprudência entendeu que, mesmo sem regra expressa, deve ser permitido o cumprimento da liberdade assistida até os 21 anos, assim como ocorre com a internação e a semiliberdade. Não há qualquer fundamento jurídico ou lógico que autorize uma diferença de tratamento. Isso porque a internação e a semiliberdade são medidas mais gravosas que a liberdade assistida. Desse modo, seria ilógico considerar que é possível a incidência das medidas mais gravosas e, ao mesmo tempo, proibida a aplicação das mais brandas.

Assim, o STJ possui o entendimento pacífico de que o art. 121, § 5º do ECA admite a possibilidade da extensão do cumprimento da medida socioeducativa até os 21 anos de idade, abarcando qualquer que seja a medida imposta ao adolescente.

Posição do STF

O STF possui o mesmo entendimento manifestado na Súmula 605 do STJ. Confira:

O disposto no § 5º do art. 121 da Lei 8.069/1990, além de não revogado pelo art. 5º do Código Civil, é aplicável à medida socioeducativa de semiliberdade, conforme determinação expressa do art. 120, § 2º, do Estatuto da Criança e do Adolescente. Em consequência, se o paciente, à época do fato, ainda não tinha alcançado a maioridade penal, nada impede que ele seja submetido à semiliberdade, ainda que, atualmente, tenha mais de dezoito anos, uma vez que a liberação compulsória só ocorre aos vinte e um.

STF. 2ª Turma. HC 94939, Rel. Min. Joaquim Barbosa, julgado em 14/10/2008.

Apenas a título de informação complementar:

Medidas socioeducativas em meio aberto:

- Prestação de serviços à comunidade;
- Liberdade assistida.

Prestação de serviços à comunidade (art. 117 do ECA)

A prestação de serviços comunitários consiste na realização de tarefas gratuitas de interesse geral, por período não excedente a seis meses, junto a entidades assistenciais, hospitais, escolas e outros estabelecimentos congêneres, bem como em programas comunitários ou governamentais.

As tarefas serão atribuídas conforme as aptidões do adolescente, devendo ser cumpridas durante jornada máxima de oito horas semanais, aos sábados, domingos e feriados ou em dias úteis, de modo a não prejudicar a frequência à escola ou à jornada normal de trabalho.

Liberdade assistida (art. 118 do ECA)

"Baseada no instituto norte-americano do probation system, consiste em submeter o adolescente, após sua entrega aos pais ou responsável, a uma vigilância e acompanhamentos discretos, a distância, com o fim de impedir a reincidência e obter a ressocialização.

Na prática, consiste na obrigação de o adolescente infrator e seus responsáveis legais comparecerem periodicamente a um posto predeterminado e, ali, entrevistarem-se com os técnicos para informar suas atividades." (Eduardo Roberto Alcântara Del-Campo e Thales Cezar de Oliveira).

Medidas socioeducativas que implicam privação de liberdade:

- Semiliberdade;
- Internação.

Semiliberdade (art. 120 do ECA)

Pelo regime da semiliberdade, o adolescente realiza atividades externas durante o dia, sob supervisão de equipe multidisciplinar, e fica recolhido à noite.

O regime de semiliberdade pode ser determinado como medida inicial imposta pelo juiz ao adolescente infrator, ou como forma de transição para o meio aberto (uma espécie de "progressão").

Internação (art. 121 do ECA)

Por esse regime, o adolescente fica recolhido na unidade de internação.

A internação constitui medida privativa da liberdade e se sujeita aos princípios de brevidade, excepcionalidade e respeito à condição peculiar de pessoa em desenvolvimento.

Pode ser permitida a realização de atividades externas, a critério da equipe técnica da entidade, salvo expressa determinação judicial em contrário.

A medida não comporta prazo determinado, devendo sua manutenção ser reavaliada, mediante decisão fundamentada, no máximo a cada seis meses.

Em nenhuma hipótese o período máximo de internação excederá a três anos.

Se o interno completar 21 anos, deverá ser obrigatoriamente liberado, encerrando o regime de internação.

2.6. (IN)APLICABILIDADE DO ART. 942 DO CPC/2015

Técnica de julgamento do art. 942 do CPC/2015 (técnica de complementação de julgamento não unânime)

O resultado do julgamento da apelação pode ser unânime (quando todos os Desembargadores concordam) ou por maioria (quando no mínimo um Desembargador discorda dos demais).

Se o resultado se der por maioria, o CPC prevê uma nova "chance" de a parte que "perdeu" a apelação reverter o resultado. Como assim?

Se o resultado da apelação for não unânime, o julgamento terá prosseguimento em uma nova sessão, que será marcada e que contará com a presença de novos Desembargadores que serão convocados, em número suficiente para garantir a possibilidade de inversão do resultado inicial.

Ex: o resultado da apelação foi 2x1; 2 Desembargadores votaram pelo provimento da apelação (em favor de João) e um Desembargador votou pela manutenção da sentença (em favor de Pedro); significa dizer que deverá ser designada uma nova sessão e para essa nova sessão serão convocados dois novos Desembargadores que também irão emitir votos; neste nosso exemplo, foram convocados 2 porque a convocação dos novos julgadores deverá ser em número suficiente para garantir a possibilidade de inversão do resultado inicial (se os dois novos Desembargadores votarem com a minoria, o placar se inverte para 3x2).

Veja a previsão legal:

§ Art. 942. Quando o resultado da apelação for não unânime, o julgamento terá prosseguimento em sessão a ser designada com a presença de outros julgadores, que serão convocados nos termos previamente definidos no regimento interno, em número suficiente para garantir a possibilidade de inversão do resultado inicial, assegurado às partes e a eventuais terceiros o direito de sustentar oralmente suas razões perante os novos julgadores.

Prosseguimento na mesma sessão

Sendo possível, o prosseguimento do julgamento pode ocorrer na mesma sessão, colhendo-se os votos de outros julgadores que porventura componham o órgão colegiado (§ 1º do art. 942).

Juízo de retratação

Os julgadores que já tiverem votado poderão rever seus votos por ocasião do prosseguimento do julgamento (§ 2º do art. 942). Mesmo que isso ocorra, ou seja, que alguém mude de opinião, ainda assim deverão ser colhidos os votos dos Desembargadores convocados. Nesse sentido:

Enunciado 599-FFPC: A revisão do voto, após a ampliação do colegiado, não afasta a aplicação da técnica de julgamento do art. 942.

Esse art. 942 é uma espécie de recurso?

NÃO. Trata-se de uma "técnica de complementação de julgamento nas decisões colegiadas não unânimes de segunda instância".

A parte que "perdeu" a apelação precisa pedir a aplicação do art. 942?

NÃO. Essa técnica de julgamento é obrigatória e aplicável de ofício, automaticamente, pelo Tribunal. A parte não precisa requerer a sua aplicação.

Essa técnica vale apenas para a apelação?

NÃO. Além da apelação, a técnica de julgamento prevista no art. 942 aplica-se também para o julgamento não unânime proferido em:

a. ação rescisória, quando o resultado for a rescisão da sentença, devendo, nesse caso, seu prosseguimento ocorrer em órgão de maior composição previsto no regimento interno;

b. agravo de instrumento, quando houver reforma da decisão que julgar parcialmente o mérito.

Embargos infringentes

Os embargos infringentes eram uma espécie de recurso previsto no CPC/1973.

Os embargos infringentes só cabiam para questionar acórdão. Não bastava, contudo, que fosse acórdão. Era necessário que ele fosse NÃO UNÂNIME, ou seja, acórdão em que houve voto vencido.

A finalidade dos embargos infringentes era a de renovar a discussão para fazer prevalecer as razões do voto vencido.

Segundo o art. 530 do CPC/1973, cabiam embargos infringentes em duas hipóteses:

1. contra acórdão não unânime (por maioria) que reformasse, em grau de apelação, a sentença de mérito.

2. contra acórdão não unânime (por maioria) que julgasse procedente a ação rescisória.

O CPC/2015 acabou com a existência dos embargos infringentes, mas criou essa "técnica de julgamento" do art. 942, que possui algumas semelhanças com os embargos infringentes, mas que não se trata de recurso.

"(...) Esse mecanismo, conquanto não tenha natureza recursal, faz lembrar os embargos infringentes. Por não ser recurso, no entanto, não depende de interposição, constituindo apenas uma fase do julgamento da apelação, do agravo de instrumento contra decisão de mérito e da ação rescisória, não unânime."

(GONÇALVES, Marcus Vinicius Rios. Direito Processual Civil Esquematizado. 7. ed. São Paulo: Saraiva, 2016. p. 885).

IMPORTANTE. Situações nas quais não se aplicará a técnica de julgamento do art. 942

Não se aplica a técnica de julgamento do art. 942 do CPC ao julgamento:

I – do incidente de assunção de competência e ao de resolução de demandas repetitivas;

II – da remessa necessária;

III – não unânime proferido, nos tribunais, pelo plenário ou pela corte especial.

A técnica de julgamento do art. 942 é aplicada no caso de rescisão apenas parcial do julgado rescindendo?

SIM. Enunciado 63 – Jornada CJF: A técnica de que trata o art. 942, § 3º, I, do CPC aplica-se à hipótese de rescisão parcial do julgado.

A técnica de julgamento do art. 942 é aplicada no julgamento de apelação em processo de mandado de segurança?

SIM. Enunciado 62 – Jornada CJF: Aplica-se a técnica prevista no art. 942 do CPC no julgamento de recurso de apelação interposto em mandado de segurança.

A técnica de julgamento do art. 942 é aplicada nos Juizados Especiais?

NÃO. É a posição da doutrina majoritária:

Enunciado 552-FPPC: Não se aplica a técnica de ampliação do colegiado em caso de julgamento não unânime no âmbito dos Juizados Especiais.

A técnica de julgamento do art. 942 é aplicada no caso de apelação não unânime em processo no qual se apura a prática de ato infracional por adolescente?

5ª Turma do STJ: SIM

Admite-se a incidência do art. 942 do CPC/2015 para complementar o julgamento da apelação julgada por maioria nos procedimentos relativos ao estatuto do menor.

STJ. 5ª turma. AgRg no REsp 1.673.215-RJ, Rel. Min. Reynaldo Soares da Fonseca, julgado em 17/05/2018 (Info 627).

Por quê?

O art. 198 do ECA diz que, nos procedimentos de competência da Justiça da Infância e da Juventude, inclusive os relativos à execução das medidas socioeducativas, deve-se adotar o sistema recursal previsto no CPC.

Como o sistema recursal do CPC prevê a técnica de complementação do julgamento (art. 942), isso deverá ser também aplicado para os recursos do ECA.

6ª Turma do STJ: DEPENDE

- Se a decisão não unânime foi favorável ao adolescente infrator: não se deve aplicar o art. 942 do CPC/2015.
- Se a decisão não unânime foi contrária ao adolescente infrator: deve-se aplicar o art. 942.

É inaplicável a técnica de julgamento prevista no artigo 942 do CPC/2015 nos procedimentos afetos à Justiça da Infância e da Juventude quando a decisão não unânime for favorável ao adolescente.

STJ. 6ª Turma. 6ª Turma. REsp 1.694.248-RJ, Rel. Min. Maria Thereza de Assis Moura, julgado em 03/05/2018 (Info 626).

Por quê?

Realmente o sistema recursal do CPC deve ser aplicado para os procedimentos da Justiça da Infância e da Juventude. Isso está expressamente previsto no art. 198 do ECA.

Ocorre que ao menor infrator devem ser assegurados os mesmos direitos de que gozam os maiores de 18 anos que forem réus em processo criminal.

Por mais que a medida socioeducativa não seja considerada "pena", ela possui, indiscutivelmente, uma natureza sancionatória.

Se for aplicado o art. 942 do CPC em uma apelação não unânime que tenha sido favorável ao adolescente infrator (ex: o Tribunal rejeitou a medida socioeducativa), isso significa que esse adolescente terá um tratamento mais gravoso do que os réus maiores de 18 anos possuem no processo penal. No processo penal, se a apelação for favorável ao réu, não se aplica o art. 942 do CPC nem caberão os embargos infringentes do art. 609 do CPP. Isso porque os embargos infringentes somente são cabíveis na hipótese de o julgamento por maioria ter sido contrário ao réu. Em outras palavras, os embargos infringentes são um recurso exclusivo da defesa.

Ora, se não cabem embargos infringentes do art. 609 do CPP quando o acórdão não unânime foi favorável ao réu, com maior razão também não se pode admitir a técnica do art. 942 do CPC se o acórdão não unânime foi favorável ao adolescente infrator.

3. OUTROS TEMAS

3.1. COMPETÊNCIA EM CASO DE PEDIDOS RELACIONADOS COM AUTORIZAÇÃO DE VIAGEM NO CONTEXTO DE VIOLÊNCIA DOMÉSTICA CONTRA A MÃE

Imagine a seguinte situação hipotética:

Pedro e Helena vivem em união estável e possuem um filho de 2 anos de idade chamado Lucas.

Determinado dia, João, motivado por ciúmes, agrediu fisicamente Helena.

Diante disso, a vítima procurou a Defensoria Pública e esta requereu à Vara Especializada da Violência Doméstica ou Familiar Contra a Mulher, dentre outras, as seguintes medidas em favor de Fabíola:

a. guarda unilateral de Lucas;

b. autorização para que ela viaje com o filho para Bolívia, considerando que a sua família reside naquela localidade, não tendo amigos ou parentes no Brasil.

A defesa de Pedro contestou o pedido afirmando que a competência para este pedido é do Juízo da Vara da Infância e Juventude (e não da Vara de Violência Doméstica).

A discussão aqui, portanto, é apenas quanto à competência. A Vara Especializada da Violência Doméstica ou Familiar Contra a Mulher possui competência para decidir esses pedidos no presente caso?

SIM.

> **A Vara Especializada da Violência Doméstica ou Familiar Contra a Mulher possui competência para o julgamento de pedido incidental de natureza civil, relacionado à autorização para viagem ao exterior e guarda unilateral do infante, na hipótese em que a causa de pedir de tal pretensão consistir na prática de violência doméstica e familiar contra a genitora.**
>
> STJ. 3ª Turma. REsp 1.550.166-DF, Rel. Min. Marco Aurélio Bellizze, julgado em 21/11/2017 (Info 617).

O art. 14 da Lei nº 11.340/2006 prevê uma competência híbrida (criminal e civil) da Vara Especializada da Violência Doméstica e Familiar contra a Mulher. Confira:

§ Art. 14. Os Juizados de Violência Doméstica e Familiar contra a Mulher, órgãos da Justiça Ordinária com competência cível e criminal, poderão ser criados pela União, no Distrito

Federal e nos Territórios, e pelos Estados, para o processo, o julgamento e a execução das causas decorrentes da prática de violência doméstica e familiar contra a mulher.

Dessa forma, os Juizados de Violência Doméstica possuem competência para as ações de natureza civil que tenham por causa de pedir a prática de violência doméstica e familiar contra a mulher.

O propósito conferido pela Lei nº 11.340/2006 foi o de outorgar ao mesmo magistrado o conhecimento da situação de violência doméstica e familiar contra a mulher, permitindo-lhe avaliar as repercussões jurídicas nas diversas ações civis e criminais advindas direta e indiretamente desse fato. Isso tem por objetivo facilitar o acesso da mulher, vítima de violência doméstica, ao Poder Judiciário, conferindo-lhe uma maior proteção.

Assim, para o estabelecimento da competência da Vara Especializada da Violência Doméstica ou Familiar Contra a Mulher nas ações de natureza civil, é imprescindível que a causa de pedir da ação consista justamente na prática de violência doméstica ou familiar contra a mulher.

Dessa forma, para o estabelecimento da competência da Vara Especializada da Violência Doméstica e Familiar Contra a Mulher nas ações de natureza civil (notadamente, as relacionadas ao Direito de Família), é necessário que a ação decorra (tenha por fundamento) da prática de violência doméstica ou familiar contra a mulher. É necessário ainda que, no momento do ajuizamento da ação de natureza cível, a vítima esteja em situação de violência doméstica e familiar, fazendo com que ela tenha direito, pelo menos em tese, às medidas protetivas expressamente previstas na Lei nº 11.340/2006.

Na hipótese dos autos, a competência para o exame da referida pretensão é da Vara Especializada, na medida em que o pedido relacionado ao interesse da criança deu-se em plena vigência de medida protetiva de urgência destinada a neutralizar a situação de violência doméstica.

3.2. COMPETE À JUSTIÇA ESTADUAL (E NÃO À JUSTIÇA DO TRABALHO) AUTORIZAR TRABALHO ARTÍSTICO DE CRIANÇAS E ADOLESCENTES

Crianças e adolescentes podem trabalhar?

O art. 7º, XXXIII, da CF/88 prevê que:

- criança não pode trabalhar;
- adolescente pode trabalhar a partir de 14 anos, na condição de aprendiz;
- a partir de 16 anos, o adolescente pode trabalhar normalmente (mesmo sem ser aprendiz), salvo se for um trabalho noturno, perigoso ou insalubre;
- trabalho noturno, perigoso ou insalubre só pode ser realizado por maiores de 18 anos.

Alguns de vocês podem estar se perguntando: mas eu já vi criança "trabalhando" em filmes e novelas... Como isso é possível? É permitido que uma criança ou adolescente "trabalhe" em um filme, novela, peça de teatro etc.? É possível a participação de crianças e adolescentes em espetáculos artísticos?

SIM. A doutrina e a jurisprudência entendem que é possível o trabalho de crianças e adolescentes em espetáculos artísticos, mesmo antes da idade mínima prevista no art. 7º, XXXIII, da CF/88.

Um dos fundamentos para isso está no artigo 8º, 1, da Convenção 138 da OIT, que autoriza a participação de crianças e adolescentes em "representações artísticas".

Exige-se alguma autorização especial para isso?

SIM. O ECA (Lei nº 8.069/90) exige um pronunciamento judicial para esses casos. Confira:

§ Art. 149. Compete à autoridade judiciária disciplinar, através de portaria, ou autorizar, mediante alvará:

(...)

II – a participação de criança e adolescente em:

a) espetáculos públicos e seus ensaios;

(...)

§ 1º Para os fins do disposto neste artigo, a autoridade judiciária levará em conta, dentre outros fatores:

a) os princípios desta Lei;

b) as peculiaridades locais;

c) a existência de instalações adequadas;

d) o tipo de frequência habitual ao local;

e) a adequação do ambiente a eventual participação ou freqüência de crianças e adolescentes;

f) a natureza do espetáculo.

Sempre se entendeu que a competência para esse ato era da Vara da Infância e Juventude (Justiça Estadual). Até mesmo porque é essa a redação expressa do art. 146 do ECA:

§ Art. 146. A autoridade a que se refere esta Lei é o Juiz da Infância e da Juventude, ou o juiz que exerce essa função, na forma da lei de organização judiciária local.

Ocorre que, em 2004, com a EC 45, surgiu uma nova tese a respeito do tema. Isso porque esta Emenda ampliou o rol de competências do art. 114 da CF/88 e parcela da doutrina e jurisprudência passou a defender que a competência para autorizar a participação de crianças e adolescentes em "representações artísticas" seria agora da Justiça do Trabalho, com base no art. 114, I e IX, da CF/88:

§ Art. 114. Compete à Justiça do Trabalho processar e julgar:

I – as ações oriundas da relação de trabalho, abrangidos os entes de direito público externo e da administração pública direta e indireta da União, dos Estados, do Distrito Federal e dos Municípios;

(...)

IX – outras controvérsias decorrentes da relação de trabalho, na forma da lei.

O STF concordou com esta tese?

NÃO. O STF, ao julgar medida cautelar na ADI 5326/DF, decidiu que:

Compete à Justiça Comum Estadual (juízo da infância e juventude) apreciar os pedidos de alvará visando a participação de crianças e adolescentes em representações artísticas.

STF. Plenário. ADI 5326/DF, Rel. Min. Marco Aurélio, julgado em 27/9/2018 (Info 917).

Proteção das crianças e adolescentes

A CF/88 dedicou um capítulo para tratar sobre a família, a criança, o adolescente, o jovem e o idoso.

No art. 227 prevê que:

§ Art. 227. É dever da família, da sociedade e do Estado assegurar à criança, ao adolescente e ao jovem, com absoluta prioridade, o direito à vida, à saúde, à alimentação, à educação, ao lazer, à profissionalização, à cultura, à dignidade, ao respeito, à liberdade e à convivência familiar e comunitária, além de colocá-los a salvo de toda forma de negligência, discriminação, exploração, violência, crueldade e opressão.

O legislador ordinário, ao concretizar o comando do art. 227 da CF/88, editou o Estatuto da Criança e do Adolescente (ECA) e previu a chamada "Justiça da Infância e da Juventude".

O ECA determinou, então, que o Juiz da Infância e da Juventude é a autoridade judiciária responsável pelos processos de tutela integral das crianças e adolescentes.

Trata-se de competência fixada em razão da matéria, de caráter absoluto, e em proveito da especial tutela requerida pelo grupo de destinatários: crianças e adolescentes.

Competência para autorizar a participação em eventos artísticos

Uma das atribuições impostas ao Juiz da Infância e da Juventude foi justamente a de autorizar a participação de menores em eventos artísticos (art. 149, II do ECA), autorização a ser implementada mediante a expedição de alvará específico.

Natureza cível da cognição (ausência de discussão quanto à relação de trabalho)

No § 1º do art. 149 estão listados os fatores que o juiz deverá levar em consideração para conferir a referida autorização. Ao se analisar tais fatores, percebe-se que o magistrado faz uma cognição de "natureza cível", não havendo exame de "relação de trabalho". A análise se faz acerca das condições da representação artística. O juiz deve investigar se essas condições atendem à exigência de proteção do melhor interesse do menor, contida no art. 227 da CF/88.

Assim, o referido pedido de autorização possui natureza eminentemente cível, relacionado ao Direito da Criança e do Adolescente. A sua causa de pedir envolve a verificação da preservação integral dos direitos do menor, como, por exemplo, educação, saúde, alimentação, convivência familiar, cultura e dignidade, que não podem ser prejudicados pelo desempenho da atividade artística.

O Juízo da Infância e da Juventude é a autoridade que reúne os predicados e as capacidades institucionais necessárias para a realização de exame de tamanha relevância e responsabilidade.

Dessa forma, o art. 114, I e IX, da CF/88, que estabelece a competência da Justiça do Trabalho, não alcança os casos de pedido de autorização para participação de crianças e adolescentes em eventos artísticos, considerando que não há, no caso, conflito atinente a relação de trabalho.

Vale ressaltar que esse é também o entendimento do STJ:

> O pedido de alvará para autorização de trabalho a menor de idade é de conteúdo nitidamente civil e se enquadra no procedimento de jurisdição voluntária, inexistindo debate sobre qualquer controvérsia decorrente de relação de trabalho, até porque a relação de trabalho somente será instaurada após a autorização judicial pretendida.
>
> STJ. 1ª Seção. CC 98.033/MG, Rel. Min. Castro Meira, julgado em 12/11/2008.

Caso concreto julgado pelo STF:

Alguns Tribunais de Justiça e Tribunais Regionais do Trabalho, em conjunto com Ministérios Públicos Estadual e do Trabalho editaram recomendações dizendo que a competência para autorizar a participação de crianças e adolescentes em espetáculos artísticos seria da Justiça do Trabalho. Foi o caso, por exemplo:

- da Recomendação Conjunta 1/2014 das Corregedorias dos Tribunais de Justiça e do Trabalho, e dos Ministérios Públicos estadual e do Trabalho, todos do Estado de São Paulo; e
- da Recomendação Conjunta 1/2014, dos Ministérios Públicos estadual e do Trabalho, e das Corregedorias do Tribunal de Justiça e do Trabalho, todos do Estado de Mato Grosso.

Além disso, o TRT da 2ª Região também baixou um Provimento (GP/CR 7/2014) no mesmo sentido.

A Associação Brasileira de Emissoras de Rádio e Televisão (ABERT) ajuizou ADI contra esses atos normativos.

Em 2015, Ministro Relator Marco Aurélio, monocraticamente, deferiu liminar para suspender os atos e para determinar que os pedidos de autorização de trabalho artístico para crianças e adolescentes fossem apreciados pela Justiça Comum.

Em 2018, o STF referendou a medida liminar concedida e suspendeu a eficácia das normas impugnadas. Para a maioria dos Ministros, a matéria é de competência da Justiça comum.

Os Ministros entenderam que os atos normativos impugnados possuem vícios de inconstitucionalidade formal e material:

- Inconstitucionalidade formal: os dispositivos tratam da distribuição de competência jurisdicional e da criação de juízo auxiliar da Infância e da Juventude no âmbito da Justiça do Trabalho, porém não foram produzidos mediante lei.
- Inconstitucionalidade material: os referidos atos normativos determinam uma competência da Justiça do Trabalho que não encontra respaldo na Constituição Federal, violando, portanto, os arts. 114 e 227 da CF/88.

3.3. ADOÇÃO À BRASILEIRA E REALIZAÇÃO DE PERÍCIA PARA CONSTATAR SITUAÇÃO DE RISCO

Imagine a seguinte situação hipotética:

Francisca estava grávida quando conheceu Pedro. Eles começaram a namorar.

Nasceu Júlia, filha de Francisca.

Júlia foi registrada como sendo filha de Francisca e de Pedro.

No dia em que a criança nasceu, Pedro foi até o registro civil de pessoas naturais e, de posse da DNV (declaração de nascido vivo) fornecida pela maternidade, declarou que a menor recém-nascida (Júlia) era sua filha e de Francisca, sendo o registro de nascimento lavrado nesses termos.

Vale relembrar que, na verdade, Júlia não era filha biológica de Pedro.
O que aconteceu, no presente caso, foi a chamada "adoção à brasileira".

O que é a chamada "adoção à brasileira"?

"Adoção à brasileira" ou "adoção à moda brasileira" ocorre quando o homem ou a mulher declara, para fins de registro civil, um menor como sendo seu filho biológico, sem que isso seja verdade.

Por que recebe esse nome?

Essa prática é chamada pejorativamente de "adoção à brasileira" porque é uma espécie de "adoção" feita sem observar as exigências legais, ou seja, uma adoção feita segundo o "jeitinho brasileiro". Tecnicamente, contudo, não se trata de adoção, porque não segue o procedimento legal. Consiste, em verdade, em uma perfilhação simulada.

A "adoção à brasileira" é permitida?

NÃO. Formalmente, esta conduta é até mesmo prevista como crime pelo Código Penal:

§ Parto suposto. Supressão ou alteração de direito inerente ao estado civil de recém-nascido

Art. 242. Dar parto alheio como próprio; registrar como seu o filho de outrem; ocultar recém-nascido ou substituí-lo, suprimindo ou alterando direito inerente ao estado civil:

Pena – reclusão, de dois a seis anos.

Parágrafo único – Se o crime é praticado por motivo de reconhecida nobreza:

Pena – detenção, de um a dois anos, podendo o juiz deixar de aplicar a pena.

Vale ressaltar, entretanto, que, na prática, dificilmente alguém é condenado ou recebe pena por conta desse delito. Isso porque, no caso concreto, poderá o juiz reconhecer a existência de erro de proibição ou, então, aplicar o perdão judicial previsto no parágrafo único do art. 242 do CP.

É preciso, no entanto, que seja investigada a conduta porque, embora a "adoção à brasileira", na maioria das vezes, não represente torpeza de quem a pratica, pode ela ter sido utilizada para a consecução de outros ilícitos, como o tráfico internacional de crianças.

Voltando ao nosso exemplo:

Algum tempo depois, o relacionamento não deu mais certo.

Pedro conheceu Letícia e casou-se com ela.

Francisca ficou revoltada com a separação e "entregou" Júlia, que tinha 1 ano, para ser criada por Pedro e Letícia.

Alguns meses depois, Francisca contou toda a história ao Promotor de Justiça da cidade.

O Ministério Público ingressou, então, com ação de destituição de poder familiar da menor Júlia contra Francisca e Pedro. O Parquet sustentou que a conduta de Francisca de entregar a filha para terceiras pessoas com as quais ela não tem vínculo sanguíneo representa infração aos direitos individuais e fundamentais da criança, pois a mãe biológica deixou de cumprir com os deveres inerentes ao poder familiar, de sustento, guarda e educação da filha.

Alegou, ainda, que houve simulação da condição de parentesco entre Júlia e Pedro, tendo constado falsamente no assento de nascimento ser este o pai daquela.

Pediu, ao final, a procedência do pedido para destituir Francisca do poder familiar sobre Júlia, encaminhando a criança para acolhimento institucional ("abrigo") e inscrição dela no cadastro nacional de adoção de crianças em condições jurídicas de serem adotadas.

O pedido foi julgado procedente para declarar que Pedro não era o pai biológico de Júlia e decretar a perda do poder familiar de Francisca, mãe biológica, em relação à criança, determinando a aplicação de medida protetiva de colocação dela em família substituta.

Francisca e Pedro recorreram alegando, em síntese, que, para a destituição do poder familiar, era imprescindível a realização do estudo psicossocial.

O recurso dos requeridos deve ser provido? O estudo psicossocial era necessário neste caso?

SIM.

A destituição do poder familiar da mãe biológica e do pai registral de Júlia se deu em razão da ocorrência da denominada "adoção à brasileira", pois não ficou comprovado que a criança seria fruto da relação de Francisca com Pedro.

Nesse caso, era indispensável a realização de estudo psicossocial e de avaliação psicológica dos envolvidos na lide.

O estudo psicossocial é peça informativa extremamente útil ao juiz para aferir a possível existência de uma situação de risco para o menor e balizar eventual pedido de aplicação de alguma medida protetiva à criança ou ao adolescente.

Não se pode retirar a criança do local da casa da família onde ela convive e levá-la a um abrigo institucional sem que exista prova de que ela estivesse em situação de risco, sendo esta uma medida drástica e excepcional.

ECA

Por se tratar de medida extrema, a perda do poder familiar somente é cabível após esgotadas todas as possibilidades de manutenção da criança no seio da família natural (art. 19 do ECA), pressupondo a existência de um procedimento contraditório, no qual deve ser apurado se a medida efetivamente atende o melhor interesse da criança ou do adolescente.

Por cautela e prudência, antes da análise meritória pelo juiz da causa, deveria ter sido realizado um estudo psicossocial nos requeridos e na criança, de modo a verificar a atual situação em que ela se encontrava, se efetivamente estava em situação de perigo e, principalmente a efetiva possibilidade, apesar dos indícios de prática da "adoção à brasileira", de se preservarem os deveres inerentes ao poder familiar.

Cabe ressaltar que a comprovação da prática de "adoção à brasileira" tem por consequência, em regra, a possibilidade de condenação penal e a nulidade do registro civil do adotado, mas não enseja a destituição do poder familiar por parte da mãe biológica que também figura no registro.

Em suma:

Para que haja a decretação da perda do poder familiar da mãe biológica em razão da suposta entrega da filha para adoção irregular ("adoção à brasileira"), é indispensável a realização do estudo social e avaliação psicológica das partes litigantes.

Por envolver interesse de criança, a questão deve ser solucionada com observância dos princípios da proteção integral e do melhor interesse dela e do adolescente, previstos na CF e no ECA.

Para constatação da "adoção à brasileira", em princípio, o estudo psicossocial da criança, do pai registral e da mãe biológica não se mostra necessário. Contudo, como o reconhecimento de sua ocorrência ("adoção à brasileira") foi fator preponderante para a destituição do poder familiar, a realização da perícia se mostra imprescindível para aferição da presença de causa para a excepcional medida de destituição e para constatação de existência de uma situação de risco para a infante, caracterizando cerceamento de defesa o seu indeferimento.

STJ. 3ª Turma. REsp 1674207/PR, Rel. Min. Moura Ribeiro, julgado em 17/04/2018.

Obs: julgado proferido antes da Lei nº 13.509/2017, que acrescentou o inciso V ao art. 1.638 do Código Civil: "Art. 1.638. Perderá por ato judicial o poder familiar o pai ou a mãe que: V – entregar de forma irregular o filho a terceiros para fins de adoção." Não se sabe como o STJ decidiria caso já houvesse essa hipótese legal.

3.4. A hipossuficiência financeira ou a vulnerabilidade familiar não é suficiente para afastar a multa pecuniária prevista no art. 249 do ECA

Apuração das infrações administrativas

O ECA prevê, em seus arts. 245 a 258-C, infrações administrativas.

Interessante explicar que, apesar de serem infrações administrativas, elas são apuradas por meio de procedimento conduzido pelo Juiz da Vara da Infância e Juventude, na forma do art. 194 do ECA.

Início do procedimento

O procedimento para apuração da infração administrativa pode ser início de três modos:

1. por representação do Ministério Público;
2. por representação do Conselho Tutelar;

3. por auto de infração elaborado por servidor ou voluntário credenciado e assinado por duas testemunhas, se possível.

Intimação

A intimação do requerido será feita:

I – pelo autuante (servidor ou voluntário credenciado), no próprio auto, quando o auto de infração for lavrado na presença do requerido;

II – por oficial de justiça ou funcionário legalmente habilitado, que entregará cópia do auto ou da representação ao requerido, ou a seu representante legal, lavrando certidão;

III – por via postal, com aviso de recebimento, se não for encontrado o requerido ou seu representante legal;

IV – por edital, com prazo de 30 dias, se incerto ou não sabido o paradeiro do requerido ou de seu representante legal.

Defesa

O requerido terá prazo de 10 dias para apresentação de defesa, contado da data da intimação.

Se não for caso de audiência

Se o requerido não apresentar defesa ou mesmo que ele apresente, o juiz poderá entender que não é necessário designar audiência para julgar o caso.

Assim, se o juiz entender que não é preciso realizar audiência, ele dará vista dos autos ao MP para que este se manifeste no prazo de 5 dias.

Em seguida, o magistrado, também no prazo de 5 dias, profere sentença.

Audiência de instrução

O juiz pode decidir que é necessária a realização de audiência de instrução.

Na audiência, será colhida a prova oral (testemunhas, psicólogas, assistentes sociais, requerido etc.).

Após as oitivas, o MP se manifesta por 20 minutos. Em seguida, o procurador do requerido (ou seja, seu advogado ou defensor público) também se manifesta por 20 minutos.

Esse prazo pode ser prorrogado por mais 10 minutos, a critério da autoridade judiciária.

Em seguida, o juiz profere a sentença.

Imagine agora a seguinte situação hipotética:

O Conselho Tutelar encontrou uma criança de 5 anos em estado de absoluta desnutrição e abanono.

A menina estava sozinha em casa porque a mãe havia saído.

Essa situação foi relatada ao Ministério Público.

O Promotor de Justiça ingressou, então, na vara da infância e juventude, com "representação civil por infração administrativa" afirmando que a mãe da criança praticou a conduta descrita no art. 249 do ECA e pedindo a sua condenação:

§ Art. 249. Descumprir, dolosa ou culposamente, os deveres inerentes ao poder familiar ou decorrente de tutela ou guarda, bem assim determinação da autoridade judiciária ou Conselho Tutelar:

Pena – multa de três a vinte salários de referência, aplicando-se o dobro em caso de reincidência.

A Defensoria Pública, que fez a assistência jurídica da mãe, alegou que não se deve aplicar a multa pecuniária, tendo em vista que ficou comprovado que esta família vive em situação de extrema hipossuficiência financeira e vulnerabilidade familiar. Assim, de nada adiantaria a aplicação da sanção.

A tese da defesa foi acolhida pelo STJ?
NÃO.

> **A hipossuficiência financeira ou a vulnerabilidade familiar não é suficiente para afastar a multa pecuniária prevista no art. 249 do ECA.**
> STJ. 3ª Turma. REsp 1.658.508-RJ, Rel. Min. Nancy Andrighi, julgado em 23/10/2018 (Info 636).

A sanção pecuniária prevista no art. 249 do ECA, embora topologicamente distante do art. 129, deve ser interpretada em conjunto com aquele rol.

A infração do art. 249, além de um cunho essencialmente sancionatório, possui também caráter preventivo, coercitivo e disciplinador. Em última análise, o objetivo é que tais condutas não mais se repitam, a bem dos filhos.

Diante disso, em prol do melhor interesse da criança ou do adolescente, a jurisprudência até admite que, por meio de decisão judicial fundamentada, o magistrado deixe de aplicar a sanção pecuniária do art. 249 e, em seu lugar, faça incidir outras medidas mais adequadas e eficazes para a situação específica. Nesse sentido:

> (...) 2. Necessidade, na hipótese ora sob julgamento, do afastamento da multa imposta no art. 249 do ECA, porquanto no caso, conforme reconhecido pelo Tribunal de origem, devido as condições econômicas dos pais, a cominação pecuniária apenas agravaria ainda mais a situação material dos interessados, sendo suficiente as demais medidas concomitantemente aplicadas em primeiro grau, e assim, entende-se ser mais eficaz, para o fim que se espera, a aplicação de medida de advertência e de encaminhamento dos pais para tratamento psicológico e programas de orientação, com uma efetiva supervisão, voltada a conscientização de suas responsabilidades inerentes ao poder familiar, sendo inócua a aplicação de qualquer outra penalidade, mormente a financeira, que prejudicará indiretamente a família como um todo. Destacadamente na hipótese de célula que, segundo os autos, detém parcos recursos materiais.
>
> 2.1. A sanção, no caso concreto, não surtirá o efeito pretendido, tornando-se apenas uma penalidade gravosa, uma vez improvável a família lograr êxito em realizar o pagamento da multa convencionada sem comprometer o próprio sustento e, se cumprida, provavelmente acarretará o agravamento do seu estado de pobreza. (...)
>
> STJ. 4ª Turma. REsp 1584840/RJ, Rel. Min. Marco Buzzi, julgado em 23/08/2016.

Isso não significa, contudo, que a multa deverá ser sempre excluída em caso de hipossuficiência financeira ou vulnerabilidade familiar.

Em outras palavras, a situação econômica não deve ser o parâmetro determinante para eventual exclusão da multa, devendo-se analisar principalmente se a medida aplicada servirá efetivamente para prevenir e inibir a repetição das condutas censuradas.

Daí porque, embora se reconheça que a regra do art. 249 do ECA não possui incidência e aplicabilidade absoluta, podendo ser sopesada com as demais medidas previstas no art. 129 do mesmo Estatuto, é preciso concluir que a simples exclusão da multa, pelo simples fato de haver pobreza, não é a providência mais adequada.

Assim, no caso concreto, o STJ determinou a incidência da multa. No entanto, fixou-a em apenas 1 salário-mínimo, ou seja, abaixo do limite previsto no art. 249 do ECA.

3.5. DEFENSORIA PODE TER ACESSO A PROCEDIMENTO INSTAURADO PELA JUSTIÇA PARA APURAR IRREGULARIDADES EM UNIDADE DE INTERNAÇÃO

Imagine a seguinte situação hipotética:

"São Vicente" é o nome de uma unidade de internação, ou seja, um local onde os adolescentes cumprem a medida socioeducativa de internação. Podemos também chamá-la de unidade de execução de medida socioeducativa.

O Juiz da Vara de Infância e Juventude recebeu notícia de que na unidade de internação "São Vicente" estariam ocorrendo violações aos direitos dos adolescentes.

Em razão disso, o magistrado instaurou procedimento verificatório a fim de fazer uma correição na unidade para apurar tais fatos, inclusive com inspeção judicial.

Vale ressaltar que as entidades de internação devem ser constantemente fiscalizadas pelo Judiciário, conforme prevê o art. 95 do ECA:

§ Art. 95. As entidades governamentais e não-governamentais referidas no art. 90 serão fiscalizadas pelo Judiciário, pelo Ministério Público e pelos Conselhos Tutelares.

O art. 191 do ECA prevê que, havendo alguma irregularidade, deverá ser instaurado procedimento para apuração dos fatos:

§ Art. 191. O procedimento de apuração de irregularidades em entidade governamental e não-governamental terá início mediante portaria da autoridade judiciária ou representação do Ministério Público ou do Conselho Tutelar, onde conste, necessariamente, resumo dos fatos.

Parágrafo único. Havendo motivo grave, poderá a autoridade judiciária, ouvido o Ministério Público, decretar liminarmente o afastamento provisório do dirigente da entidade, mediante decisão fundamentada.

A Defensoria Pública pediu para intervir e ter acesso aos autos do procedimento verificatório a fim de que pudesse velar pelos interesses e direitos fundamentais dos adolescentes ali internados.

O magistrado negou o pedido sob o argumento de que a Defensoria Pública não está elencada nos arts. 95 e 191 do ECA.

Agiu corretamente o juiz?

NÃO.

É verdade que os arts. 95 e 191 do ECA não mencionam a Defensoria Pública. Apesar disso, esta Instituição possui sim a atribuição para fiscalizar as unidades de internação. Essa competência da Defensoria Pública pode ser extraída da Constituição Federal e da LC 80/94.

A Constituição Federal prevê, em seu art. 134, que a Defensoria Pública é instituição permanente, essencial à função jurisdicional do Estado, incumbindo-lhe, como expressão e instrumento do regime democrático, a promoção dos direitos humanos e a defesa, em todos os graus, judicial e extrajudicial, dos direitos individuais e coletivos.

O art. 3º da LC 80/94 prevê que:

§ Art. 3º-A. São objetivos da Defensoria Pública:

I – a primazia da dignidade da pessoa humana e a redução das desigualdades sociais;

(...)

III – a prevalência e efetividade dos direitos humanos;

O art. 4º, por sua vez, estabelece:

§ Art. 4º São funções institucionais da Defensoria Pública, dentre outras:

(...)

XI – exercer a defesa dos interesses individuais e coletivos da criança e do adolescente, do idoso, da pessoa portadora de necessidades especiais, da mulher vítima de violência doméstica e familiar e de outros grupos sociais vulneráveis que mereçam proteção especial do Estado;

(...)

XVII – atuar nos estabelecimentos policiais, penitenciários e de internação de adolescentes, visando a assegurar às pessoas, sob quaisquer circunstâncias, o exercício pleno de seus direitos e garantias fundamentais;

XVIII – atuar na preservação e reparação dos direitos de pessoas vítimas de tortura, abusos sexuais, discriminação ou qualquer outra forma de opressão ou violência, propiciando o acompanhamento e o atendimento interdisciplinar das vítimas;

Veja, então, que a LC 80/94 é expressa ao determinar a atuação da Defensoria Pública nestes casos.

Por fim, vale a pena lembrar que o art. 128 da LC 80/94 elenca, como prerrogativa dos membros da Defensoria Pública dos Estados:

- ter vista pessoal dos processos fora dos cartórios e secretarias, ressalvadas as vedações legais; e
- examinar, em qualquer repartição pública, autos de flagrantes, inquéritos e processos, assegurada a obtenção de cópias e podendo tomar apontamentos.

Assim, não há qualquer razão que impeça o acesso da Defensoria Pública aos autos de procedimento verificatório instaurado para inspeção judicial e atividade correcional em unidade de execução de medidas socioeducativas, após relatos de agressões sofridas pelos adolescentes internados.

Ausência de previsão da Defensoria Pública nos arts. 95 e 191 do ECA tem razões históricas

O Estatuto da Criança e do Adolescente foi editado em 13 de julho de 1990, época em que a Defensoria Pública ainda não era conhecida e estruturada.

A Lei Orgânica da Defensoria Pública (LC 80/94), por exemplo, só foi editada em 1994, ou seja, 4 anos depois.

Desse modo, o ECA, por óbvio, não poderia ter previsto o poder fiscalizatório de uma instituição cuja Lei Orgânica ainda não havia sido editada.

Em suma:

A Defensoria Pública pode ter acesso aos autos de procedimento verificatório instaurado para inspeção judicial e atividade correicional de unidade de execução de medidas socioeducativas.

STJ. 6ª Turma. RMS 52.271-SP, Rel. Min. Nefi Cordeiro, julgado em 19/06/2018 (Info 629).

Confira como o tema análogo foi cobrado em prova:

(DPE/PB 2014 FCC) Para assegurar às pessoas, sob quaisquer circunstâncias, o exercício pleno de seus direitos e garantias fundamentais mesmo quando custodiadas pelo Estado, a Defensoria Pública necessita de autorização judicial para ingressar em estabelecimentos policiais, penitenciários e de internação de adolescentes, para que não haja violação de prerrogativas do Poder Executivo, desequilibrando o sistema de freios e contrapesos. (ERRADO)

3.6. DANO MORAL COLETIVO POR CONTA DE PROGRAMA DE TV QUE DIVULGA TESTES DE DNA TRATANDO O TEMA DE FORMA JOCOSA E DEPRECIATIVA

Imagine a seguinte situação adaptada:

Existia um programa de TV local chamado "Resolvo a Bronca".

Nele, havia um quadro denominado "Investigação de Paternidade", no qual o apresentador abria ao vivo testes de DNA e acabava expondo as crianças e adolescentes ao ridículo, especialmente quando o resultado do exame era negativo.

Vale ressaltar, ainda, que o apresentador do programa utilizava expressões jocosas e depreciativas em relação à concepção das crianças e adolescentes.

Como exemplo, em um dos programas, o apresentador falou:

"Oh, dúvida cruel! É do marido ou é do outro? Será que ele é filho de 'tiquim'? 'Tiquim' de um, 'tiquim' de outro?".

Diante disso, o Ministério Público ajuizou ação civil pública pedindo a condenação da emissora de TV ao pagamento de indenização por dano moral coletivo.

Na contestação, a ré alegou que:

- o dano moral é um dano personalíssimo, ou seja, individual, e que deveria ter sido reclamado pelos participantes do quadro e não pelo Ministério Público;
- os nomes das crianças e dos adolescentes não eram falados no ar;
- o dano moral não restou comprovado.

A questão chegou até o STJ? Houve dano moral coletivo?

SIM.

Legitimidade do MP

O Ministério Público Estadual possui legitimidade para ação de reparação dos danos causados a crianças e adolescentes, nos termos do art. 201, V, do ECA:

§ Art. 201. Compete ao Ministério Público:

(...)

V – promover o inquérito civil e a ação civil pública para a proteção dos interesses individuais, difusos ou coletivos relativos à infância e à adolescência, inclusive os definidos no art. 220, § 3º inciso II, da Constituição Federal;

Vale ressaltar que na ação, o Ministério Público não está pleiteando direitos individuais das crianças e adolescentes expostos pelo programa. O objetivo é o de resguardar os valores constitucionais encartados no princípio da dignidade humana, em especial de crianças e adolescentes, seres humanos em desenvolvimento, cuja incolumidade física, mental, moral, espiritual e social há de ser preservada com absoluta prioridade.

A jurisprudência admite a existência de dano moral coletivo?

SIM. A jurisprudência majoritária admite a possibilidade de haver condenação por dano moral coletivo.

Desnecessidade de comprovação de dor

O dano moral coletivo é uma categoria autônoma de dano.

Para que o dano moral coletivo seja reconhecido, não é necessário que se investigue se houve dor psíquica, sofrimento ou outros atributos próprios do dano individual.

Assim, o dano extrapatrimonial coletivo prescinde da comprovação de dor, de sofrimento e de abalo psicológico. Esses elementos (dor, sofrimento etc.) são suscetíveis de apreciação na esfera do indivíduo, mas não se aplicam para interesses difusos e coletivos (STJ REsp 1.057.274/RS).

O dano moral coletivo é a lesão na esfera moral de uma comunidade, isto é, a violação de direito transindividual de ordem coletiva, valores de uma sociedade atingidos do ponto de vista jurídico, de forma a envolver não apenas a dor psíquica, mas qualquer abalo negativo à moral da coletividade (REsp 1.397.870/MG).

In re ipsa

Assim, conclui-se que o dano moral coletivo é aferível *in re ipsa*, ou seja, sua configuração decorre da mera constatação da prática de conduta ilícita que, de maneira injusta e intolerável, viole direitos de conteúdo extrapatrimonial da coletividade, revelando-se despicienda a demonstração de prejuízos concretos ou de efetivo abalo moral.

Função sancionatória e pedagógica do dano moral coletivo

A reparação adequada do dano moral coletivo deve refletir sua função sancionatória e pedagógica, desestimulando o ofensor a repetir a falta, sem constituir, de outro lado, um ônus financeiro capaz de inviabilizar a continuidade da atividade empresarial exercida pelo fornecedor.

Quantum do valor

A quantificação do dano moral coletivo depende do exame das peculiaridades de cada caso concreto, devendo ser observados alguns critérios:

- a relevância do interesse transindividual lesado;
- a gravidade e a repercussão da lesão;
- a situação econômica do ofensor;
- o proveito obtido com a conduta ilícita;
- o grau da culpa ou do dolo (se presentes);
- a verificação da reincidência;
- o grau de reprovabilidade social.

Para quem é destinado o dinheiro da condenação?

Havendo condenação em dinheiro, a indenização pelo dano causado reverterá a um fundo gerido por um Conselho Federal ou por Conselhos Estaduais de que participarão necessariamente o Ministério Público e representantes da comunidade, sendo seus recursos destinados à reconstituição dos bens lesados (art. 13 da Lei nº 7.347/85).

Exemplos de dano moral coletivo:

- Instituição bancária que constantemente demora de forma excessiva no atendimento ao consumidor (STJ. 2ª Turma. REsp 1.402.475/SE, Rel. Min. Herman Benjamin, julgado em 09/05/2017).

- Instituição financeira que não fornecia opções dos contratos bancários em braille para as pessoas com deficiência visual (STJ. 4ª Turma. REsp 1.349.188/RJ, Rel. Min. Luis Felipe Salomão, julgado em 10/05/2016).
- Instituição financeira que oferece, em sua agência, atendimento inadequado aos consumidores idosos, deficientes físicos e com dificuldade de locomoção (STJ. 3ª Turma. REsp 1.221.756-RJ, Rel. Min. Massami Uyeda, julgado em 2/2/2012).
- Posto de gasolina que pratica "infidelidade de bandeira", ou seja, que ostenta marca comercial de uma distribuidora (ex: Petrobrás), mas vende combustível de outras (STJ. 4ª Turma. REsp 1.487.046/MT, Rel. Min. Luis Felipe Salomão, julgado em 28/03/2017).
- Prática de venda casada por parte de operadora de telefonia celular (STJ. 2ª Turma. REsp 1.397.870-MG, Rel. Min. Mauro Campbell Marques, julgado em 2/12/2014).
- Empreendimento que oferecia, de forma ilegal, videobingos e caça-níqueis (STJ. 2ª Turma. REsp 1464868/SP, Rel. Min. Herman Benjamin, julgado em 22/11/2016).

Danos morais coletivos X danos sociais

Dano social não é sinônimo de dano moral coletivo.

Danos sociais, segundo Antônio Junqueira de Azevedo,

> "são lesões à sociedade, no seu nível de vida, tanto por rebaixamento de seu patrimônio moral – principalmente a respeito da segurança – quanto por diminuição na qualidade de vida. Os danos sociais são causa, pois, de indenização punitiva por dolo ou culpa grave, especialmente, repetimos, se atos que reduzem as condições coletivas de segurança, e de indenização dissuasória, se atos em geral da pessoa jurídica, que trazem uma diminuição do índice de qualidade de vida da população." (p. 376).

O dano social é, portanto, uma nova espécie de dano reparável, que não se confunde com os danos materiais, morais e estéticos, e que decorre de comportamentos socialmente reprováveis, que diminuem o nível social de tranquilidade.

Alguns exemplos dados por Junqueira de Azevedo: o pedestre que joga papel no chão, o passageiro que atende ao celular no avião, o pai que solta balão com seu filho. Tais condutas socialmente reprováveis podem gerar danos como o entupimento de bueiros em dias de chuva, problemas de comunicação do avião causando um acidente aéreo, o incêndio de casas ou de florestas por conta da queda do balão etc.

Diante da prática dessas condutas socialmente reprováveis, o juiz deverá condenar o agente a pagar uma indenização de caráter punitivo, dissuasório ou didático, a título de dano social.

Conforme explica Flávio Tartuce, os danos sociais são difusos e a sua indenização deve ser destinada não para a vítima, mas sim para um fundo de proteção ao consumidor, ao meio ambiente etc., ou mesmo para uma instituição de caridade, a critério do juiz (*Manual de Direito do Consumidor*. São Paulo: Método, 2013, p. 58).

Os danos sociais representam a aplicação da função social da responsabilidade civil (PEREIRA, Ricardo Diego Nunes. *Os novos danos: danos morais coletivos, danos sociais e danos por perda de uma chance*. Disponível em: http://ambito-juridico.com.br/site/?n_link=revista_artigos_leitura&artigo_id=11307).

Ex: decisão do TRT-2ª Região (processo 2007-2288), que condenou o Sindicato dos Metroviários de São Paulo e a Cia do Metrô a pagarem 450 cestas básicas a entidades beneficentes por terem realizado uma greve abusiva que causou prejuízo à coletividade.

Na V Jornada de Direito Civil do CJF/STJ foi aprovado um enunciado reconhecendo a existência dos danos sociais:

Enunciado 455: A expressão "dano" no art. 944 abrange não só os danos individuais, materiais ou imateriais, mas também os danos sociais, difusos, coletivos e individuais homogêneos a serem reclamados pelos legitimados para propor ações coletivas.

Voltando ao caso concreto:

No caso concreto, o quadro "Investigação de Paternidade" do programa televisivo, ao expor a identidade (imagens e nomes) dos "genitores" das crianças e adolescentes, tornou-os vulneráveis a toda sorte de discriminações, ferindo o comando constitucional que impõe a todos (família, sociedade e Estado) o dever de lhes assegurar, com absoluta prioridade, o direito à dignidade e ao respeito e de lhes colocar a salvo de toda forma de discriminação, violência, crueldade ou opressão (art. 227 da CF/88).

Assim, a conduta da emissora de televisão – ao exibir quadro que, potencialmente, poderia criar situações discriminatórias, vexatórias, humilhantes às crianças e aos adolescentes – traduz flagrante dissonância com a proteção universalmente conferida às pessoas em franco desenvolvimento físico, mental, moral, espiritual e social, donde se extrai a evidente intolerabilidade da lesão ao direito transindividual da coletividade, configurando-se, portanto, hipótese de dano moral coletivo indenizável.

Em suma:

A conduta de emissora de televisão que exibe quadro que, potencialmente, poderia criar situações discriminatórias, vexatórias, humilhantes às crianças e aos adolescentes configura lesão ao direito transindividual da coletividade e dá ensejo à indenização por dano moral coletivo.

STJ. 4ª Turma. REsp 1.517.973-PE, Rel. Min. Luis Felipe Salomão, julgado em 16/11/2017 (Info 618).

Direito Empresarial

1. PROPRIEDADE INDUSTRIAL

1.1. DANOS MATERIAIS E MORAIS EM CASO DE USO INDEVIDO DE MARCA

A situação concreta, com adaptações, foi a seguinte:

COTEMIG é a marca de um famoso grupo que possui colégios e faculdades.

Anos depois, surgiu uma outra instituição de ensino que escolheu uma marca parecida (CETEMIG).

A empresa titular da COTEMIG ajuizou, então, uma ação contra a empresa titular da CETEMIG alegando que houve a prática de concorrência desleal consubstanciada na utilização indevida, pela ré, no mesmo ramo de atividade, de marca parecida, que confunde o consumidor.

A autora pediu a suspensão do uso da marca, além de indenização pelos danos patrimoniais e morais sofridos.

O magistrado julgou parcialmente procedente o pedido para determinar que a ré se abstivesse da utilização da marca "CETEMIG" e dos domínios de internet e quaisquer outros signos que se confundam com a marca da autora, sob pena de multa diária de R$ 100 mil, negando, porém, a indenização sob o argumento de que não restou comprovado o dano moral.

A autora recorreu alegando que o dano moral, neste caso, é presumido.

A tese da autora foi acolhida pelo STJ?

SIM. Vamos entender com calma os argumentos do STJ, expostos abaixo com base nas lições do grande Min. Luis Felipe Salomão.

O que é marca?

A marca "é qualquer sinal distintivo (tais como palavra, letra, numeral, figura), ou combinação de sinais, capaz de identificar bens ou serviços de um fornecedor, distinguindo-os de outros idênticos, semelhantes ou afins de origem diversa.

Cuida-se de bem imaterial, cuja proteção consiste em garantir a seu titular o privilégio de uso ou exploração, sendo regido, entre outros, pelos princípios constitucionais de defesa do consumidor e de repressão à concorrência desleal." (Min. Luis Felipe Salomão)

Funções da marca

a. identificar o produto ou serviço, distinguindo-o do congênere existente no mercado;

b. assinalar a origem e a procedência do produto ou serviço;

c. indicar que o produto ou serviço identificado possui o mesmo padrão de qualidade; e

d. funcionar como instrumento de publicidade, configurando importante catalisador de vendas.

Primeiramente, a empresa autora terá direito de ser indenizada por danos materiais?

SIM. A jurisprudência do STJ entende que há presunção da ocorrência de prejuízos materiais quando se constata o uso indevido da marca, uma vez que a própria violação do direito é tida como capaz de gerar lesão à atividade empresarial do titular.

O uso indevido da marca provoca desvio de clientela e confusão entre as empresas, acarretando indiscutivelmente dano material.

A própria Lei de Propriedade Industrial (Lei nº 9.279/96) presume a existência dos danos materiais, sendo decorrência natural da contrafação e da violação da concorrência do mercado. A norma, inclusive, estabelece critérios específicos para se melhor alcançar o *quantum debeatur*.

Veja o que diz a Lei:

§ Art. 208. A indenização será determinada pelos benefícios que o prejudicado teria auferido se a violação não tivesse ocorrido.

§ Art. 209. Fica ressalvado ao prejudicado o direito de haver perdas e danos em ressarcimento de prejuízos causados por atos de violação de direitos de propriedade industrial e atos de concorrência desleal não previstos nesta Lei, tendentes a prejudicar a reputação ou os negócios alheios, a criar confusão entre estabelecimentos comerciais, industriais ou prestadores de serviço, ou entre os produtos e serviços postos no comércio.

§ 1º Poderá o juiz, nos autos da própria ação, para evitar dano irreparável ou de difícil reparação, determinar liminarmente a sustação da violação ou de ato que a enseje, antes da citação do réu, mediante, caso julgue necessário, caução em dinheiro ou garantia fidejussória.

§ 2º Nos casos de reprodução ou de imitação flagrante de marca registrada, o juiz poderá determinar a apreensão de todas as mercadorias, produtos, objetos, embalagens, etiquetas e outros que contenham a marca falsificada ou imitada.

§ Art. 210. Os lucros cessantes serão determinados pelo critério mais favorável ao prejudicado, dentre os seguintes:

I – os benefícios que o prejudicado teria auferido se a violação não tivesse ocorrido; ou

II – os benefícios que foram auferidos pelo autor da violação do direito; ou

III – a remuneração que o autor da violação teria pago ao titular do direito violado pela concessão de uma licença que lhe permitisse legalmente explorar o bem.

A norma, em nenhum momento, condiciona a reparação à efetiva demonstração do dano, até porque, como dito, é inerente ao uso indevido da marca a concorrência desleal, o desvio de clientela, a confusão entre estabelecimentos, independentemente da análise do dolo do agente ou da comprovação de prejuízos.

O dispositivo autoriza a reparação material se houver "ato de violação de direito de propriedade industrial e atos de concorrência desleal", ou seja, a demonstração do dano perpassa pela comprovação da existência do fato – uso indevido de marca.

Ademais, deve-se levar em consideração que a referida prova é de dificílima execução.

Desse modo, se ficar demonstrado o uso indevido de marca, o juiz deverá declarar a existência do dano (*an debeatur*). O *quantum debeatur*, por sua vez, deverá ser apurado no âmbito da liquidação pelo procedimento comum, haja vista a necessidade de comprovação de fatos novos, nos termos do art. 210 da LPI.

Nesse sentido:

O dano patrimonial causado ao titular de direito de marca configura-se com a violação dos interesses tutelados pela Lei de Propriedade Industrial, sendo despicienda a comprovação da intenção do agente em prejudicar a vítima ou do prejuízo causado, devendo o montante ser apurado em liquidação de sentença.

STJ. 3ª Turma. REsp 1635556/SP, Rel. Min. Nancy Andrighi, julgado em 10/11/2016.

E quanto ao dano moral? Vamos pelo início: a pessoa jurídica pode sofrer dano moral?

SIM. A pessoa jurídica pode sofrer dano moral (Súmula 227-STJ).

A pessoa jurídica é possuidora de bens extrapatrimoniais.

Conforme previsto no art. 52 do CC, apesar de despida de direitos ligados à personalidade humana (saúde, integridade física e psíquica), a pessoa jurídica é titular de direitos da personalidade, tais como à tutela ao nome, à marca, à imagem, à reputação, à honra (objetiva), à intimidade (como nos segredos industriais), à liberdade de ação etc.

No caso de uso indevido de marca, o dano moral precisa ser provado?

NÃO. O tema ainda não é pacífico no STJ, mas prevalece que o dano moral decorre automaticamente da constatação do uso indevido da marca.

Os prejuízos causados pelo uso não autorizado de marca alheia prescindem de comprovação, pois se consubstanciam na própria violação do direito do titular, derivando da natureza da conduta perpetrada. A demonstração do dano se confunde com a demonstração da existência do fato, cuja ocorrência é premissa assentada pelo acórdão recorrido.

STJ. 3ª Turma. REsp 1674375/SP, Rel. Min. Nancy Andrighi, julgado em 07/11/2017.

Por sua natureza de bem imaterial, é ínsito que haja prejuízo moral à pessoa jurídica quando se constata o uso indevido da marca. Isso porque, obrigatoriamente, a reputação, a credibilidade e a imagem da empresa acabam sendo atingidas perante todo o mercado (clientes, fornecedores, sócios, acionistas e comunidade em geral), além de haver o comprometimento do prestígio e da qualidade dos produtos ou serviços ofertados, caracterizando evidente violação de seus direitos, bens e interesses extrapatrimoniais.

Assim, o dano moral por uso indevido da marca é aferível *in re ipsa*, ou seja, sua configuração decorre da mera comprovação da prática de conduta ilícita – contrafação –, revelando-se desnecessária a demonstração de prejuízos concretos ou a comprovação probatória do efetivo abalo moral.

Em suma:

O uso indevido da marca acarreta dano material uma vez que a própria violação do direito revela-se capaz de gerar lesão à atividade empresarial do titular. O uso indevido da marca provoca desvio de clientela e confusão entre as empresas, acarretando indiscutivelmente dano material.

Desse modo, se ficar demonstrado o uso indevido de marca, o juiz deverá declarar a existência do dano (*an debeatur*). O *quantum debeatur*, por sua vez, deverá ser apurado no âmbito da liquidação pelo procedimento comum, haja vista a necessidade de comprovação de fatos novos, nos termos do art. 210 da LPI.

Quanto ao prejuízo extrapatrimonial, prevalece que o uso indevido da marca gera dano moral *in re ipsa*, ou seja, sua configuração decorre da mera comprovação da prática de conduta ilícita – contrafação –, revelando-se desnecessária a demonstração de prejuízos concretos ou a comprovação probatória do efetivo abalo moral.

STJ. 4ª Turma. REsp 1.327.773-MG, Rel. Min. Luis Felipe Salomão, julgado em 28/11/2017 (Info 619).

1.2. AÇÕES ENVOLVENDO TRADE DRESS E NULIDADE DE REGISTRO DE MARCA

TRADE DRESS

Proteção ao conjunto-imagem (trade dress)

Trade dress ou conjunto-imagem consiste no conjunto de elementos distintivos que caracterizam um produto, um serviço ou um estabelecimento comercial fazendo com que o mercado consumidor os identifique.

Nas palavras do Min. Marco Aurélio Bellizze:

"O conjunto-imagem (*trade dress*) é a soma de elementos visuais e sensitivos que traduzem uma forma peculiar e suficientemente distintiva, vinculando-se à sua identidade visual, de apresentação do bem no mercado consumidor."

Ao contrário de outros países, no Brasil ainda não existe uma legislação que proteja, de forma específica, as violações ao *trade dress*. Apesar disso, a jurisprudência tem protegido os titulares das marcas copiadas. Nesse sentido:

> (...) A despeito da ausência de expressa previsão no ordenamento jurídico pátrio acerca da proteção ao trade dress, é inegável que o arcabouço legal brasileiro confere amparo ao conjunto-imagem, sobretudo porque sua usurpação encontra óbice na repressão da concorrência desleal. Incidência de normas de direito de propriedade industrial, de direito do consumidor e do Código Civil. (...)
>
> STJ. 3ª Turma. REsp 1677787/SC, Rel. Min. Nancy Andrighi, julgado em 26/09/2017.

Na verdade, é possível dizer que a proteção ao *trade dress* decorre do art. 5º, XXIX, da CF/88, que estabelece que a lei assegurará aos autores de inventos industriais privilégio temporário para sua utilização, bem como proteção às criações industriais, à propriedade das marcas, aos nomes de empresas e a outros signos distintivos.

Trade dress é diferente de marca e desenho industrial

O conjunto-imagem distingue-se dos institutos denominados "marca" e "desenho industrial".

Tanto a marca como o desenho industrial e o conjunto-imagem têm, em comum, a finalidade de designar um produto, mercadoria ou serviço, diferenciando-o dos concorrentes.

Apesar da finalidade ser semelhante, eles possuem características diferentes.

Marca

É um sinal que designa a origem do produto, mercadoria ou serviço.

A marca cria um vínculo duradouro entre o bem e a pessoa que o colocou em circulação

As marcas, para serem registradas, devem atender à distintividade ou novidade relativa, ou seja, dentro do mercado em que se insere o produto, o sinal visivelmente perceptível deve se distanciar do domínio comum, a fim de propiciar a utilização comercial exclusiva por seu titular. Esta fruição exclusiva, que será assegurada por meio do registro, pode se estender indefinidamente no tempo, desde que promovidas as tempestivas prorrogações. Isso porque o direito de exclusividade da marca tem por escopo assegurar ao consumidor a correspondência entre o produto designado e a empresa que o colocou em circulação.

Desenho industrial

Protege a configuração externa de um objeto tridimensional ou um padrão ornamental (bidimensional) que possa ser aplicado a uma superfície ou a um objeto.

O desenho industrial insere no mercado uma inovação estética em objeto comum ou facilmente reproduzível em escala industrial.

O desenho industrial, por se caracterizar em uma inovação estética facilmente reproduzível em escala industrial, a partir de sua publicidade, passa a integrar o estado da técnica. Nota-se, portanto, que o desenvolvimento de desenhos industriais movimenta-se, ao longo do tempo, numa crescente, podendo ser posteriormente incorporada pelos produtos de seus concorrentes de forma lícita e regular. Ao seu desenvolvedor (autor) é assegurado, mediante registro, o direito de exploração exclusiva, porém temporária (até, no máximo, 25 anos), nos termos do art. 108 da Lei nº 9.279/96.

Trade dress

O denominado *trade dress*, não disciplinado na legislação nacional atual, tem por finalidade proteger o conjunto visual global de um produto ou a forma de prestação de um serviço. Materializa-se, portanto, pela associação de variados elementos que, conjugados, traduzem uma forma peculiar e suficientemente distintiva de inserção do bem no mercado consumidor, vinculando-se à identidade visual dos produtos ou serviços.

Como vimos, apesar de não haver legislação específica, a proteção do *trade dress* é assegurada com fundamento no dever geral de garantia de livre mercado, ou seja, no dever estatal de assegurar o funcionamento saudável do mercado, de forma a expurgar condutas desleais tendentes a criar distorções de concorrência.

Violação ao trade dress

O *trade dress* é violado quando uma empresa imita sutilmente diversas características da marca concorrente (normalmente a líder do mercado) com o objetivo de confundir o público e angariar vendas com base na fama da marca copiada.

Exemplo de violação ao trade dress

Em um caso concreto, o TJSP entendeu que uma empresa cuja marca era "Uai in box" teria violado a *trade dress* da "China in box".

Além do nome parecido, a empresa "Uai in box" também oferecia comida em delivery com pacotes iguais aos da "China in box".

COMPETÊNCIA PARA JULGAR AÇÕES ENVOLVENDO TRADE DRESS E REGISTRO DE MARCA

De quem é a competência para julgar ação na qual o autor alega que está sendo desrespeitada a sua trade dress, o que enseja concorrência desleal, pedindo, em razão disso, indenização, além da cessação da prática?

Justiça Estadual.

As questões acerca do *trade dress* (conjunto-imagem) dos produtos, concorrência desleal e outras demandas afins, por não envolver registro no INPI e cuidando de ação judicial entre particulares, é inequivocamente de competência da Justiça estadual, já que não afeta interesse institucional da autarquia federal.

STJ. 2ª Seção. REsp 1.527.232-SP, Rel. Min. Luis Felipe Salomão, julgado em 13/12/2017 (recurso repetitivo) (Info 618).

Conforme explica a doutrina, "(...) no Brasil, a proteção jurídica do 'trade dress' situa-se no âmbito da Repressão à Concorrência Desleal, e insurge-se contra a prática de atos de natureza fraudulenta que venham a desviar clientela de outrem, notadamente pela reprodução e/ou imitação desautorizada de características distintivas de produtos, serviços e estabelecimentos comerciais" (MANARA, Cecília. ADOLFO, Luiz Gonzaga Silva; MORAES, Rodrigo. *Propriedade intelectual em perspectiva*. Rio de Janeiro: Lumen Juris, 2008, p. 10-11).

As disputas relacionadas com concorrência desleal não são dirimidas diretamente pelo INPI, considerando que a sua constatação depende de procedimento a ser realizado no âmbito do Poder Judiciário, com ampla possibilidade de produção de provas, inclusive pericial. Nesse sentido é a lição de Denis Borges Barbosa:

> "Em suma, não há competência para o INPI aplicar diretamente a regra de concorrência desleal. Sempre tal competência recaiu no Poder Judiciário.
>
> (...)
>
> Por isso, a apuração da concorrência desleal se faz num procedimento judicial plenamente sujeito ao devido processo legal, com apuração de fatos, ampla perícia, avaliação dilatada, tudo que inexiste no restrito, inespecífico e (no que toca à concorrência desleal) incompetente procedimento registral do INPI." (BARBOSA, Denis Borges. *Tratado da propriedade intelectual*. Rio de Janeiro: Lumen Juris, 2010, p. 516-518).

Desse modo, entende-se que não há interesse do INPI em figurar na demanda que se discute violação do *trade dress* e concorrência desleal, sendo esta ação de competência da Justiça Estadual.

Por outro lado, de quem é a competência para julgar ação na qual se requer a nulidade de uma marca registrada no INPI, pedindo-se ainda a cessação de seu uso?

Justiça Federal. Isso porque, nesta situação, haverá interesse jurídico do INPI na demanda, considerando que foi a autarquia que concedeu o registro, incidindo, portanto, na hipótese do art. 109, I, da CF/88:

> § Art. 109. Aos juízes federais compete processar e julgar:
>
> I – as causas em que a União, entidade autárquica ou empresa pública federal forem interessadas na condição de autoras, rés, assistentes ou oponentes, exceto as de falência, as de acidentes de trabalho e as sujeitas à Justiça Eleitoral e à Justiça do Trabalho;

No mesmo sentido, prevê a Lei nº 9.279/96:

§ Art. 175. A ação de nulidade do registro será ajuizada no foro da justiça federal e o INPI, quando não for autor, intervirá no feito.

A discussão sobre a validade de um registro de marca, patente ou desenho industrial, nos termos da LPI, tem de ser travada administrativamente ou, caso a parte opte por recorrer ao judiciário, deve ser empreendida em ação proposta perante a Justiça Federal, com a participação do INPI na causa. Sem essa discussão, os registros emitidos por esse órgão devem ser reputados válidos e produtores de todos os efeitos de direito.

STJ. 3ª Turma. REsp 1281448/SP, Rel. Min. Nancy Andrighi, julgado em 5/6/2014.

A alegação de que é inválido o registro, obtido pela titular de marca perante o INPI, deve ser formulada em ação própria, para a qual é competente a Justiça Federal. Ao Juiz estadual não é possível, incidentalmente, considerar inválido um registro vigente perante o INPI.

STJ. 3ª Turma. REsp 1322718/SP, Rel. Min. Nancy Andrighi, julgado em 19/06/2012.

Embora a Lei nº 9.279/96 preveja, em seu art. 56, § 1º, a possibilidade de alegação de nulidade do registro como matéria de defesa, a melhor interpretação desse dispositivo indica que ele deve estar inserido numa ação própria, na qual que discuta, na Justiça Federal, a nulidade do registro.

STJ. 3ª Turma. AgRg no REsp 254.141/SP, Rel. Min. Ricardo Villas Bôas Cueva, julgado em 21/06/2012.

2. SOCIEDADES EMPRESÁRIAS

2.1. QUÓRUM PARA EXCLUSÃO JUDICIAL DO SÓCIO MAJORITÁRIO NÃO INCLUI AS SUAS QUOTAS

Dissolução de uma sociedade:

A dissolução de uma sociedade pode ser:

a. Parcial: quando um ou alguns dos sócios saem da sociedade, mas ela é preservada.

b. Total: quando a sociedade é extinta.

Dissolução parcial de sociedade

Ocorre, portanto, quando um ou alguns sócios se desligam da sociedade, mas ela continua existindo. A isso também se dá o nome de "liquidação parcial da sociedade".

Direito de retirada

Uma das hipóteses de dissolução parcial de sociedade é o direito de retirada (direito de recesso, direito de denúncia), ou seja, é a saída do sócio por iniciativa própria. Ele simplesmente não quer mais fazer parte daquela sociedade.

Nesse caso, o sócio que deixar a sociedade receberá a parte que lhe cabe no patrimônio social, continuando a sociedade em relação aos demais sócios.

Exclusão do sócio minoritário

Outra hipótese de dissolução parcial de sociedade é a exclusão do sócio minoritário. Neste caso, o sócio sai do quadro societário, não por vontade própria, mas sim por deliberação da maioria da sociedade. Ele é expulso.

Com relação às sociedades limitadas, o Código Civil trata sobre o tema no art. 1.085, afirmando que é possível a exclusão extrajudicial do sócio por justa causa, desde que isso esteja previsto no contrato social. Veja:

> § Art. 1.085. Ressalvado o disposto no art. 1.030, quando a maioria dos sócios, representativa de mais da metade do capital social, entender que um ou mais sócios estão pondo em risco a continuidade da empresa, em virtude de atos de inegável gravidade, poderá excluí-los da sociedade, mediante alteração do contrato social, desde que prevista neste a exclusão por justa causa.
>
> Parágrafo único. Ressalvado o caso em que haja apenas dois sócios na sociedade, a exclusão de um sócio somente poderá ser determinada em reunião ou assembleia especialmente convocada para esse fim, ciente o acusado em tempo hábil para permitir seu comparecimento e o exercício do direito de defesa. (Redação dada pela Lei nº 13.792/2019)

Desse modo, para que ocorra a exclusão extrajudicial do sócio, é necessário o preenchimento dos seguintes requisitos:

1. verifica-se que o sócio está colocando a sociedade em risco por meio da prática de atos de inegável gravidade;
2. existe no contrato social previsão expressa da possibilidade de exclusão do sócio por justa causa (obs: se não houver previsão no contrato social, será possível a exclusão do sócio por justa causa, mas isso deverá ocorrer por meio de ação judicial, não sendo cabível a exclusão extrajudicial);
3. deverá ser especialmente convocada reunião ou assembleia para discutir a exclusão do sócio;
4. o sócio acusado deverá ser cientificado dessa reunião ou assembleia, devendo essa notificação ser feita em tempo hábil para permitir seu comparecimento e o exercício do direito de defesa;
5. na reunião ou assembleia, a maioria dos sócios deverá decidir pela exclusão do sócio acusado (obs: quando se fala em maioria dos sócios significa dizer que eles devem representar mais da metade do capital social).

Vale ressaltar, mais uma vez, que é necessária a existência de uma justa causa para excluir o sócio. O simples argumento de que houve a quebra da *affectio societatis* não é motivo suficiente para expulsar um sócio que não queira sair.

Outra observação importante é que o sócio excluído terá direito à apuração dos seus haveres, ou seja, ele terá direito ao recebimento do valor da sua quota, nos termos do art. 1.031 do CC e do art. 599, III, do CPC/2015.

Se a sociedade limitada for formada apenas por dois sócios

Se na sociedade empresária houver apenas dois sócios, a exclusão de um sócio não precisa ser feita em reunião ou assembleia especialmente convocada para esse fim. Foi o que determinou a Lei nº 13.792/2019, ao alterar o parágrafo único do art. 1.085 do CC:

Antes da Lei 12.792/2019	Depois da Lei 12.792/2019 (atualmente)
Art. 1.085 (...) Parágrafo único. A exclusão somente poderá ser determinada em reunião ou assembleia especialmente convocada para esse fim, ciente o acusado em tempo hábil para permitir seu comparecimento e o exercício do direito de defesa.	Art. 1.085 (...) Parágrafo único. Ressalvado o caso em que haja apenas dois sócios na sociedade, a exclusão de um sócio somente poderá ser determinada em reunião ou assembleia especialmente convocada para esse fim, ciente o acusado em tempo hábil para permitir seu comparecimento e o exercício do direito de defesa.

Exclusão do sócio majoritário

Se o sócio que se pretende excluir da sociedade tiver a maioria do capital social, não se conseguirá exclui-lo extrajudicialmente. Isso porque não se terá uma deliberação da maioria dos sócios (maioria do capital social). Logo, o requisito 5 acima explicado não será obtido.

Diante disso, para a exclusão do sócio majoritário, será necessária a propositura de uma ação judicial, conforme prevê o art. 1.030 do Código Civil:

§ Art. 1.030. Ressalvado o disposto no art. 1.004 e seu parágrafo único, pode o sócio ser excluído judicialmente, mediante iniciativa da maioria dos demais sócios, por falta grave no cumprimento de suas obrigações, ou, ainda, por incapacidade superveniente.

Parágrafo único. Será de pleno direito excluído da sociedade o sócio declarado falido, ou aquele cuja quota tenha sido liquidada nos termos do parágrafo único do art. 1.026.

O que significa essa expressão "mediante iniciativa da maioria dos demais sócios" prevista no art. 1.030 do CC? No cálculo dessa maioria deve-se incluir as quotas do sócio "acusado"?

Claro que não. A lei é explícita ao falar em maioria dos demais sócios.

Consideram-se apenas as quotas dos demais sócios, excluídas aquelas pertencentes ao sócio que se pretende excluir. Isso porque o art. 1.030 é a oportunidade que a legislação confere aos sócios minoritários de excluírem o sócio majoritário. Se as quotas do sócio majoritário fossem incluídas no cálculo, ele nunca poderia ser excluído porque sempre deteria a maioria.

Veja o que diz Arnold Wald acerca desse dispositivo:

"O artigo 1.030 traz outra inovação no que diz respeito ao poder da minoria. Isto porque, de acordo com a redação do artigo, 'pode o sócio ser excluído judicialmente, mediante iniciativa da maioria dos demais sócios'. Ou seja, a maioria será computada excluindo-se do cálculo o sócio que se pretende jubilar. Se o sócio a ser excluído detém a maioria do capital social da sociedade, a sua exclusão poderá, em tese, se dar por decisão dos sócios restantes, ou seja, por decisão dos sócios minoritários." (Comentários ao novo código civil. v. XIV: livro II, do direito de empresa, Coordenador: Sálvio de Figueiredo Teixeira, 2ª ed., Rio de Janeiro: Forense, 2010, p. 217)

Exemplo:

Determinada sociedade limitada é formada por quatro sócios: João (possui 60% do capital social), Pedro (detém 20%), Augusto (goza de 10%) e Ricardo (também 10%).

João está descumprindo suas obrigações sociais e colocando em risco a continuidade da sociedade.

Pedro e Augusto querem excluir João da sociedade. Ricardo não concorda e defende a permanência.

Pedro e Augusto possuem menos da metade do capital social. Logo, não conseguirão a exclusão extrajudicial do sócio João, nos termos do art. 1.085 do CC. Contudo, poderão deliberar pelo ajuizamento de ação pedindo a exclusão judicial do sócio majoritário, conforme autoriza o art. 1.030 do CC.

Neste caso, Pedro e Augusto, ao decidirem pleitear a exclusão judicial de João, terão atendido o quórum exigido pelo art. 1.030. Isso porque a maioria será contada a partir da participação dos 40%, isto é, o restante dos demais sócios, uma vez excluída a participação daquele que se quer que seja excluído.

Existe, inclusive, um enunciado doutrinário aprovado na III Jornada de Direito Civil do CJF/STJ espelhando esse entendimento:

> Enunciado nº 216: O quorum de deliberação previsto no art. 1.004, parágrafo único, e no art. 1.030 é de maioria absoluta do capital representado pelas quotas dos demais sócios, consoante a regra geral fixada no art. 999 para as deliberações na sociedade simples.

O STJ reafirmou essa forma de cálculo e decidiu que:

> **O quórum deliberativo para exclusão judicial do sócio majoritário por falta grave no cumprimento de suas obrigações deve levar em conta a maioria do capital social de sociedade limitada, excluindo-se do cálculo o sócio que se pretende jubilar.**
>
> STJ. 3ª Turma. REsp 1.653.421-MG, Rel. Min. Ricardo Villas Bôas Cueva, julgado em 10/10/2017 (Info 616).

2.2. A CBLC, ATUAL BM&F BOVESPA, NÃO RESPONDE PELOS PREJUÍZOS CAUSADOS PELA VENDA INDEVIDA DE AÇÕES MEDIANTE USO DE PROCURAÇÃO FALSA

Imagine a seguinte situação hipotética:

Pedro, em conluio com um funcionário do tabelionato de notas (cartório), falsificou uma procuração pública.

Nesta procuração falsa constava que João (suposto outorgante) conferia autorização para que Pedro negociasse suas ações mobiliárias de determinada sociedade empresária.

Com a referida procuração, Pedro vendeu todas as ações de João.

Diante desse cenário, João propôs ação de indenização contra Pedro, contra o tabelião de notas e contra a Companhia Brasileira de Liquidação e Custódia (CBLC).

João argumentou que a Companhia Brasileira de Liquidação e Custódia (CBLC), enquanto entidade de compensação e liquidação de operações com valores mobiliários, agiu negligentemente ao admitir o uso de procuração por instrumento público contendo falsificação, no processo de abertura de conta de custódia e, por consequência, na operação de liquidação das ações do investidor. Logo, deve responder pelos danos materiais e morais suportados pela vítima do ato lesivo.

Vale ressaltar que, no curso da ação, a CBLC passou a estar associada à BM&F BOVESPA.

A Companhia Brasileira de Liquidação e Custódia (atual BM&F BOVESPA) pode ser responsabilizada neste caso?

NÃO.

A Companhia Brasileira de Liquidação e Custódia, atual BM&F BOVESPA, não responde civilmente pelos prejuízos decorrentes da negociação de ações mobiliárias mediante uso de procuração pública falsa que não lhe foi apresentada.

STJ. 3ª Turma. REsp 1.677.983-MG, Rel. Min. Moura Ribeiro, julgado em 26/06/2018 (Info 632).

Conta de custódia

O argumento do autor para imputar responsabilidade à CBLC foi o de que ela agiu negligentemente ao admitir o uso de procuração falsa no processo de abertura de conta de custódia.

Explicando melhor: ao se cadastrar na Bolsa para realizar operações com ações, o investidor tem que "abrir" uma conta de custódia.

É como se essa conta de custódia guardasse as ações que aquele titular possui.

Todas as vezes que houver o registro das ordens de compra e venda das ações, será utilizado o código desta conta de custódia.

Central de custódia x agentes de custódia

A CBLC é uma central de custódia, ou seja, uma empresa constituída para fins de liquidação e custódia, associada à Bolsa de Valores de São Paulo (BOVESPA). Ela é responsável pelas operações realizadas na Bolsa de Valores.

Agentes de custódia são instituições financeiras responsáveis, perante a CBLC, pela abertura, administração e movimentação das contas de custódia dos investidores, seus clientes.

Os agentes de custódia só podem funcionar se forem autorizados pela Comissão de Valores Mobiliários – CVM, uma autarquia federal responsável por fiscalizar o mercado mobiliário.

Como exemplos de agentes de custódia, podemos citar as corretoras de títulos e valores mobiliários.

Assim, o agente de custódia é uma instituição responsável pela administração da conta de custódia. É o próprio cliente (investidor) que escolhe qual agente de custódia irá contratar.

Um conhecido exemplo de agente de custódia é a XP Investimentos.

A negociação das ações em bolsa é realizada por meio do agente de custódia que atende o investidor.

Responsabilidade pelo exame da regularidade da procuração era do agente de custódia

A abertura da conta de custódia não ocorre perante a CBLC, mas sim junto aos agentes de custódia.

As Resoluções do Conselho Monetário Nacional que disciplinam o funcionamento das sociedades corretoras de valores mobiliários estabelecem que, nas operações realizadas em bolsas de valores, as corretoras são responsáveis pela autenticidade dos endossos em valores mobiliários e pela legitimidade de procuração ou documentos necessários para a transferência de valores mobiliários. É o caso, por exemplo, do art. 39, III, da Resolução nº 2.690/2000.

Logo, não se pode imputar à CBLC, atual BOVESPA, nenhuma conduta negligente por deixar de constatar a falsidade da procuração pública com base na qual a corretora de valores procedeu a negociação em Bolsa das ações de seu cliente João.

Há vários julgados do STJ reconhecendo a responsabilidade do agente de custódia (corretora de valores) em situações semelhantes:

(...) Esta Corte Superior registra precedentes reconhecendo a responsabilidade da corretora, da instituição depositária e da companhia pela venda de ações sem o conhecimento do respectivo titular, mediante procurações falsas (...)

STJ. 3ª Turma. AgRg no Ag 882.474/RJ, Rel. Min. Ricardo Villas Bôas Cueva, julgado em 01/03/2012.

2.3. PRESCRIÇÃO EM CASO DE AÇÃO DE EXIGIR CONTAS PELO PAGAMENTO DE DIVIDENDOS E OUTROS RENDIMENTOS

Imagine a seguinte situação hipotética:

João é titular de ações nominativas da sociedade anônima "BGG S/A".

João entende que a BGG não lhe pagou os dividendos, os juros sobre capital próprio e os demais rendimentos corretamente nos últimos 6 anos.

Em razão disso, João quer ajuizar ação de exigir contas contra a empresa, nos termos do art. 550 do CPC, exigindo a prestação das contas dos últimos 6 anos.

Surgiu, no entanto, a dúvida a respeito do prazo prescricional.

João poderá pedir a prestação de contas dos últimos 6 anos?

NÃO. Somente dos últimos 3 anos.

A pretensão do titular de ações de exigir contas da sociedade anônima referente ao pagamento de dividendos, juros sobre capital próprio e demais rendimentos inerentes às respectivas ações prescreve em três anos.

Fundamento: art. 287, II, "a", da Lei nº 6.404/76.

STJ. 3ª Turma. REsp 1.608.048-SP, Rel. Min. Marco Aurélio Bellizze, julgado em 22/05/2018 (Info 627).

Existe a previsão expressa de um prazo para a ação de exigir contas?

Não. Não há um prazo prescricional específico para o ajuizamento da ação de exigir contas, o que atrai, de modo geral, a aplicação do prazo residual de 10 anos, constante do art. 205 do Código Civil:

§ Art. 205. A prescrição ocorre em dez anos, quando a lei não lhe haja fixado prazo menor.

Desse modo, em princípio, o indivíduo que confiou a administração de seus bens a um terceiro goza do prazo de 10 anos para exigir que o gestor de seus bens preste as respectivas contas.

Depois que o réu apresentar as contas, se ficar constatado que havia saldo em favor do autor, será possível pedir o pagamento desta quantia no bojo da mesma ação.

Veja-se, portanto, que as pretensões de exigir contas e a de obter o ressarcimento, na eventualidade de se apurar a existência de crédito a favor do demandante, embora não se confundam, são umbilicalmente ligadas e instrumentalizadas no bojo da mesma ação. Em razão disso, o prazo para se exigir contas deve ser o mesmo prazo para se pedir o pagamento dos valores residuais que eventualmente existam.

Logo, não havendo na lei um prazo específico para a satisfação ("cobrança") desse crédito, oriundo da administração/gestão de bens alheios, o exercício dessa pretensão observa, naturalmente, o mesmo prazo prescricional da ação de exigir as contas em que veiculada, que é de 10 anos.

Prazo para cobrança de dividendos é de 3 anos e, portanto, interfere no prazo para exigir contas

O titular ações de uma sociedade anônima possui o prazo prescricional de 3 anos para exigir o pagamento dos dividendos. Isso está previsto no art. 287, II, da Lei nº 6.404/76 (Lei das SA):

> § Art. 287. Prescreve:
>
> (...)
>
> II – em 3 (três) anos:
>
> a) a ação para haver dividendos, contado o prazo da data em que tenham sido postos à disposição do acionista;

Esse dispositivo legal dispõe sobre a ação de cobrança de dividendos. Não trata expressamente a respeito da pretensão de exigir contas. Porém, como já explicado, não se pode deixar de reconhecer que a pretensão do acionista de exigir contas da companhia não se exaure na sua simples prestação, pois se destina, em última análise, à apuração do saldo de dividendos e, caso existente, também à sua satisfação.

Em outras palavras, sendo de 3 anos o prazo prescricional de cobrança dos dividendos, também deve ser de 3 anos o prazo prescricional para o ajuizamento da ação de exigir contas. Isso porque o objetivo final do autor é o de receber o saldo que ele entende que pode existir.

Seria inútil que se permitisse que o autor ajuizasse ação pedindo a prestação de contas dos últimos 6 anos, por exemplo, e, constatada a existência de um saldo (porque os pagamentos não foram feitos corretamente), esse mesmo autor só tivesse direito de cobrar os valores dos últimos 3 anos.

A ação de exigir contas deve se revelar útil, a um só tempo, à pretensão de exigir contas e, caso apurado crédito existente em favor do demandante, também à sua satisfação.

A ação de exigir contas não serve apenas para tirar uma "dúvida" pessoal do autor sem que isso tenha reflexos jurídicos.

2.4. LEGITIMIDADE PASSIVA DA TELEBRÁS, BEM COMO DAS COMPANHIAS CINDENDAS (OU SUCESSORAS DESTAS), PARA A AÇÃO DE COMPLEMENTAÇÃO DE AÇÕES

Sistema TELEBRÁS

Antes da privatização, quem explorava os serviços de telefonia no Brasil era a União, por meio de empresas estatais integrantes do chamado sistema TELEBRÁS.

A TELEBRÁS (Telecomunicações Brasileiras S.A.) era uma empresa estatal pertencente à União, sendo responsável por coordenar e controlar outras empresas estatais que atuavam nos Estados prestando os serviços telefônicos. Assim, a TELEBRÁS era uma espécie de holding, que abrangia inúmeras outras empresas estatais, como a TELEBRASÍLIA (que prestava os serviços de telecomunicações no Distrito Federal), a TELECEARÁ (Ceará), a TELEMIG (Minas Gerais), a TELERJ (Rio de Janeiro), a TELESP (São Paulo), a TELAMAZON (Amazonas) etc. Os serviços que atualmente são prestados pelas operadoras TIM, VIVO, CLARO etc. eram desempenhados por essas empresas estatais.

Em 1998, as empresas que compunham o sistema TELEBRÁS foram vendidas em leilão internacional para empresas privadas, no processo conhecido como "privatização".

Serviços de telefonia antes da privatização

Antes da privatização, o serviço de telefonia era muito ruim, caro e a área de abrangência era pequena. Para poder ter direito ao serviço de telefonia, o consumidor tinha que comprar uma linha. Para isso, pagava antecipadamente e entrava em uma lista de espera que poderia durar meses até chegar a sua vez. Além disso, como na época não havia recursos públicos suficientes para a expansão da rede, as empresas de telefonia obrigavam os usuários dos serviços a serem seus financiadores. Assim, o consumidor, para ter o direito de adquirir o uso de um terminal telefônico, tinha que assinar um contrato de adesão por meio do qual era obrigado a comprar ações da empresa de telefonia. Em outras palavras, para ter acesso ao serviço de telefonia, o usuário tinha que adquirir uma participação acionária na companhia. Por isso, você já deve ter ouvido algumas pessoas mais antigas falarem que tinham ações da TELERJ, da TELESP etc.

Contratos de participação financeira

Dessa forma, as pessoas interessadas em ter uma linha de telefone eram obrigadas a assinar um contrato com as empresas de telefonia, por meio do qual pagavam um valor a título de participação financeira, passando a ter acesso a um terminal telefônico e, além disso, o direito de receber determinado número de ações da companhia. Para se ter uma ideia de como isso era caro, algumas pessoas recorriam a um financiamento bancário para obter dinheiro e conseguir comprar uma linha telefônica.

Recebimento das ações

Ocorre que muitas vezes o usuário firmava o contrato com a companhia, recebia o direito de usar a linha telefônica, mas não recebia na hora as ações a que teria direito. Tais ações somente eram entregues algum tempo depois e o cálculo do número de ações a que teria direito o usuário era feito unilateralmente pelas empresas de telefonia, com base em um valor patrimonial da ação (VPA) futuro. A prática revelou que, muitas vezes, o cálculo realizado pelas companhias estava errado e, por isso, muitos contratantes do serviço de telefonia acabaram recebendo uma quantidade menor de ações do que realmente teriam direito.

Ação (demanda) de complementação de ações

Diante do cenário acima narrado, diversas pessoas que adquiriram ações das companhias telefônicas e receberam menos do que seria devido ingressaram com demandas judiciais pedindo a complementação das ações. Dessa forma, quando você ouvir falar em "ação de complementação de ações da empresa de telefonia", nada mais é do que a demanda judicial proposta pela pessoa que pagou para ter direito a um determinado número de ações da companhia telefônica, mas, apesar disso, recebeu menos do que seria devido. Por isso, a pessoa ingressa com o processo judicial pedindo a complementação das ações ou, subsidiariamente, o recebimento de indenização por perdas e danos.

Companhias cindendas e sucessoras da Telebrás

Em 1998, a fim de potencializar a privativatização, a Telebrás foi cindida em 12 empresas: 3 de telefonia fixa, 1 de longa distância, e 8 de telefonia móvel.

Depois da cisão, o Governo fez a desestatização e "vendeu", por meio de leilão, para empresas privadas (exs: OI, Brasil Telecom, TIM etc.), os serviços desempenhados por essas 12 companhias cindendas (Edital de Desestatização MC/BNDES 01/98). Em outras palavras, o controle acionário dessas 12 empresas foi alienado no leilão público realizado em julho de 1998.

Assim, essas empresas privadas (exs: OI, Brasil Telecom, TIM etc.) são consideradas empresas sucessoras.

E a Telebrás?

A Telebrás continuou existindo, com apenas 1,25% de seu patrimônio. Existe até hoje.

Pergunta: essa ação de complementação de ações (que expliquei acima) deverá ser proposta contra quem? Quem tem legitimidade para figurar no polo passivo dessa demanda na qual se

busca efetivar a obrigação de emitir, subscrever e integralizar ações (complementação de ações) em favor do consumidor de serviço de telefonia, titular de contrato de participação financeira?

O STJ definiu a seguinte tese geral:

> **Legitimidade passiva da Telebrás, bem como das companhias cindendas (ou sucessoras destas), para a ação de complementação de ações, na hipótese em que as ações originárias tenham sido emitidas pela Telebrás.**
>
> STJ. 2ª Seção. REsp 1.633.801-SP, Rel. Min. Paulo de Tarso Sanseverino, julgado em 23/05/2018 (recurso repetitivo) (Info 630).

Além disso, detalhou as teses para cada um dos casos concretos.

Assim, a legitimidade passiva para a demanda por complementação de ações será definida de acordo com as seguintes hipóteses:

1. Caso o contrato de participação financeira tenha sido celebrado com companhia independente não controlada pela TELEBRÁS (ex.: CRT S/A): a legitimidade passiva será da companhia independente, ou da sucessora desta (ex.: OI S/A);
2. Caso o contrato de participação financeira tenha sido celebrado com companhia local controlada pela TELEBRÁS (ex.: TELESC S/A), e emissão originária de ações pela controlada: a legitimidade passiva será da da TELEBRÁS, bem como das companhias cindendas (ou sucessoras destas);
3. Caso o contrato de participação financeira tenha sido celebrado com companhia local controlada pela TELEBRÁS, e emissão de ações pela TELEBRÁS: a legitimidade passiva será da TELEBRÁS, bem como das companhias cindendas (ou sucessoras destas).

Este tema é complexo e envolve a análise aprofundada de cada uma das hipóteses listadas. No entanto, para fins de concurso, penso que não é necessário avançar tanto e que, se for cobrado algo sobre o tema (o que já é improvável), será exigido o que foi explicado acima.

2.5. AÇÃO DE REGRESSO PROPOSTA PELA EMPRESA CINDIDA CONTRA A EMPRESA RESULTANTE DA CISÃO

Imagine a seguinte situação hipotética:

A Telebrás foi parcialmente cindida e, dessa cisão, surgiram 12 novas empresas.

Uma das empresas resultantes dessa cisão parcial foi a Tele Sudeste.

A Tele Sudeste surgiu a partir da cisão de 2,42% do patrimônio da Telebrás.

Cerca de 1 ano depois da cisão, o Bank of America ajuizou ação de cobrança contra a Telebrás e a Tele Sudeste, em litisconsórcio passivo, exigindo o pagamento de R$ 5 milhões.

Vale ressaltar que a cobrança feita pelo Bank of America estava relacionada com debêntures que teriam sido adquiridas pelo banco antes da cisão e que não teriam sido pagas corretamente. Em outras palavras, a demanda proposta pela debenturista estava relacionada com obrigações tipicamente societárias (relacionadas com o direito societário) ocorridas antes da cisão.

As duas rés foram solidariamente condenadas a pagar o Bank of America.

A Telebras, então, cumpriu o julgado, pagando R$ 5.269.112,39 ao debenturista.

Alguns meses depois, a Telebrás ajuizou ação de regresso contra a Tele Sudeste pleiteando o ressarcimento proporcional da obrigação paga, correspondente ao patrimônio líquido transferido a essa companhia (2,42%). Em outros termos, a Telebrás falou o seguinte: eu quitei sozinha a condenação, mas você também tem obrigação de pagar parte dela, proporcionalmente ao valor que eu transferi do meu patrimônio para você quando da sua criação.

A Tele Sudeste contestou o pedido afirmando que ficou previsto na assembleia geral que determinou a cisão que caberia à Telebrás todas as obrigações referentes à parcela remanescente do patrimônio, sem solidariedade entre a Telebrás e cada uma das novas sociedades.

O pedido da Telebrás deve ser julgado procedente?

SIM.

> **Cabe ação de regresso para ressarcimento de condenação relativa a obrigações tipicamente societárias suportada exclusivamente por empresa cindida contra empresa resultante da cisão parcial, observando-se a proporção do patrimônio recebido.**
>
> STJ. 3ª Turma. REsp 1.642.118-SP, Rel. Min. Ricardo Villas Bôas Cueva, Rel. Acd. Min. Marco Aurélio Bellizze, julgado em 12/09/2017 (Info 619).

Em outras palavras, a Tele Sudeste deverá também ser condenada a ressarcir 2,42% do valor que a Telebrás pagou a título de condenação judicial. Ex: 2,42% de R$ 5 milhões (mais os juros, correção monetárias, honorários etc.).

Obrigações decorrentes da cisão

A responsabilidade por obrigações decorrentes da cisão envolve duas classes de obrigações:

a. obrigações tipicamente societárias (decorrentes do vínculo societário que agrega os acionistas); e

b. obrigações cíveis lato sensu (advindas da apuração do patrimônio líquido da sociedade cindida).

No tocante à primeira classe, nos termos do art. 229, § 1º, da Lei das Sociedades Anônimas (LSA), verifica-se que haverá indiscutível sucessão de direitos e obrigações relacionados no protocolo de cisão:

§ Art. 229. A cisão é a operação pela qual a companhia transfere parcelas do seu patrimônio para uma ou mais sociedades, constituídas para esse fim ou já existentes, extinguindo-se a companhia cindida, se houver versão de todo o seu patrimônio, ou dividindo-se o seu capital, se parcial a versão.

§ 1º Sem prejuízo do disposto no artigo 233, a sociedade que absorver parcela do patrimônio da companhia cindida sucede a esta nos direitos e obrigações relacionados no ato da cisão; no caso de cisão com extinção, as sociedades que absorverem parcelas do patrimônio da companhia cindida sucederão a esta, na proporção dos patrimônios líquidos transferidos, nos direitos e obrigações não relacionados.

Com efeito, com a cisão ocorrerá o aumento de capital da empresa destinatária, que absorverá a parcela do patrimônio líquido cindido a título de integralização das ações subscritas em benefício dos sócios da empresa cindida. Assim, há um completo entrelaçamento do quadro societário das empresas em negociação.

A atribuição de participação societária na empresa receptora aos sócios da empresa cindida, na medida em que configura elemento essencial do instituto jurídico, não pode ser afastada por mera disposição contratual, sob pena de absoluto desvirtuamento do instituto jurídico.

No caso analisado, tem-se que a natureza da obrigação debatida é inquestionavelmente de direito societário. Por via de consequência, é devida a ação de regresso para ressarcimento pela empresa resultante da cisão, observando-se a proporção do patrimônio cindido recebido.

2.6. NÃO SE APLICA O CRITÉRIO DO BALANCETE MENSAL (SÚMULA 371 DO STJ) PARA OS CONTRATOS DE PARTICIPAÇÃO FINANCEIRA CELEBRADOS NA MODALIDADE PCT

Sistema TELEBRÁS

Antes da privatização, quem explorava os serviços de telefonia no Brasil era a União, por meio de empresas estatais integrantes do chamado sistema TELEBRÁS.

A TELEBRÁS (Telecomunicações Brasileiras S.A.) era uma empresa estatal pertencente à União, sendo responsável por coordenar e controlar outras empresas estatais que atuavam nos Estados prestando os serviços telefônicos. Assim, a TELEBRÁS era uma espécie de holding, que abrangia inúmeras outras empresas estatais, como a TELEBRASÍLIA (que prestava os serviços de telecomunicações no Distrito Federal), a TELECEARÁ (Ceará), a TELEMIG (Minas Gerais), a TELERJ (Rio de Janeiro), a TELESP (São Paulo), a TELAMAZON (Amazonas) etc. Os serviços que atualmente são prestados pelas operadoras TIM, VIVO, CLARO etc. eram desempenhados por essas empresas estatais.

Em 1998, as empresas que compunham o sistema TELEBRÁS foram vendidas em leilão internacional para empresas privadas, no processo conhecido como "privatização".

Serviços de telefonia antes da privatização

Antes da privatização, o serviço de telefonia era muito ruim, caro e a área de abrangência era pequena. Para poder ter direito ao serviço de telefonia, o consumidor tinha que comprar uma linha. Para isso, pagava antecipadamente e entrava em uma lista de espera que poderia durar meses até chegar a sua vez. Além disso, como na época não havia recursos públicos suficientes para a expansão da rede, as empresas de telefonia obrigavam os usuários dos serviços a serem seus financiadores. Assim, o consumidor, para ter o direito de adquirir o uso de um terminal telefônico, tinha que assinar um contrato de adesão por meio do qual era obrigado a comprar ações da empresa de telefonia. Em outras palavras, para ter acesso ao serviço de telefonia, o usuário tinha que adquirir uma participação acionária na companhia. Por isso, você já deve ter ouvido algumas pessoas mais antigas falarem que tinham ações da TELERJ, da TELESP etc.

Contratos de participação financeira

Dessa forma, as pessoas interessadas em ter uma linha de telefone eram obrigadas a assinar um contrato com as empresas de telefonia, por meio do qual pagavam um valor a título de participação financeira, passando a ter acesso a um terminal telefônico e, além disso, o direito de receber determinado número de ações da companhia. Para se ter uma ideia de como isso era caro, algumas pessoas recorriam a um financiamento bancário para obter dinheiro e conseguir comprar uma linha telefônica.

Esse ajuste era chamado de contrato de participação financeira.

Recebimento das ações

Ocorre que muitas vezes o usuário fazia o contrato com a companhia, recebia o direito de usar a linha telefônica, mas não recebia na hora as ações a que teria direito. Tais ações somente eram entregues algum tempo depois e o cálculo do número de ações a que teria direito o usuário era feito unilateralmente pelas empresas de telefonia com base em um valor patrimonial da ação (VPA) futuro.

A prática revelou que muitas vezes o cálculo realizado pelas companhias estava errado e, por isso, muitos contratantes do serviço de telefonia acabaram recebendo uma quantidade menor de ações do que teriam realmente direito.

EMPRESARIAL

Súmula 371 do STJ

O STJ possui um enunciado tratando sobre a forma como deveria ser calculado o valor patrimonial da ação:

Súmula 371-STJ: Nos contratos de participação financeira para aquisição de linha telefônica, o valor patrimonial da ação (VPA) é apurado com base no balancete do mês da integralização.

A data da integralização, mencionada na Súmula, é a data do pagamento do preço estabelecido no contrato, ou a do pagamento da primeira parcela, no caso dessa compra ter sido parcelada.

Assim, o VPA deve ser calculado com base no valor que a ação estava no mês em que ocorreu o pagamento do preço total ou o pagamento da primeira parcela.

Isso é chamado de "critério do balancete mensal".

Demanda por complementação de ações de empresas de telefonia

Diversas pessoas que adquiriram ações das companhias telefônicas nesta época receberam menos do que seria devido. Elas ingressaram com demandas judiciais pedindo a complementação das ações.

Dessa forma, quando você ouvir falar em "demanda por complementação de ações da empresa de telefonia", nada mais é do que a demanda judicial proposta pela pessoa que pagou para ter direito a um determinado número de ações da companhia telefônica, mas, apesar disso, recebeu menos do que seria devido pelo fato de o VPA ter sido calculado com base em critérios incorretos. Por isso, a pessoa ingressa com o processo judicial pedindo a complementação das ações ou, subsidiariamente, o recebimento de indenização por perdas e danos.

Demanda judicial pedindo a complementação de ações envolvendo contrato de participação financeira na modalidade Planta Comunitária de Telefonia – PCT

Imagine a seguinte situação hipotética:

João celebrou contrato de participação financeira na modalidade Planta Comunitária de Telefonia – PCT.

Ele recebeu um determinado número de ações, mas entendeu que o cálculo foi incorreto e, diante disso, propôs demanda judicial pedindo a complementação das ações.

O argumento do autor foi o de que, no cálculo de suas ações, não se utilizou o critério do balancete mensal.

Assim, pediu a procedência da demanda, com o refazimento dos cálculos do valor das ações utilizando-se o critério determinado pela Súmula 371 do STJ.

O argumento de João foi acolhido pelo STJ?

NÃO.

O critério do balancete mensal, previsto na Súmula 371 do STJ, é inaplicável aos contratos de participação financeira em empresa de telefonia celebrados na modalidade Planta Comunitária de Telefonia – PCT.

STJ. 3ª Turma. REsp 1.742.233-SP, Rel. Min. Paulo de Tarso Sanseverino, julgado em 02/10/2018 (Info 634).

Como funcionava o regime de PCT (Planta Comunitária de Telefonia)?

O regime de PCT funcionava assim: as companhias telefônicas não tinham recursos para instalar a infraestrutura técnica das linhas de telefone (poste, cabeamento etc). Elas, então, faziam uma proposta para os interessados: vocês instalam esses bens (essa infraestrutura) e, em troca, eu os retribuo com linhas e ações da companhia telefônica.

O sistema de PCT foi importante para expandir a malha de alcance da telefonia no Brasil, considerando que as companhias não tinham dinheiro para investir nessa infraestrutura.

Por que a Súmula 371 do STJ não se aplica para o regime de PCT?

Porque, conforme explicado, nos contratos de participação financeira celebrados na modalidade "Planta Comunitária de Telefonia" (PCT), o adquirente das ações não pagou por elas com dinheiro, mas sim mediante a entrega de bens.

No caso do regime de PCT, a emissão das ações não ocorre no momento da integralização (como diz a súmula), mas tão-somente após a efetiva implantação da planta comunitária. Isso porque a incorporação desse bem à companhia dependia de prévia avaliação e de aprovação da assembleia geral.

Segundo o art. 8º da Lei nº 6.404/74, se o indivíduo vai integralizar o capital social por meio de contribuição em bens (coisa diferente de dinheiro), exige-se essa avaliação dos bens pelos peritos e a aprovação da assembleia geral.

No sistema de PCT, os usuários não contratavam diretamente os serviços de telefonia, como nos demais contratos de participação financeira. O que os usuários contratavam, incialmente, era a construção da planta comunitária, ou seja, da rede local de telefonia, para atender àquela localidade.

Somente depois que ocorresse a implantação da planta comunitária, a companhia iria avaliar os bens que foram utilizados para construir essa rede local e tais bens eram incorporados ao patrimônio da companhia telefônica, sendo, então, emitidas as ações correspondentes em favor dos usuários com base no valor da avaliação. Ex: para a implementação da planta comunitária foram utilizados 15 postes, 10 km de cabo etc. Tais bens estão avaliados em XX. Logo, os contratantes terão direito a YY ações.

Logo, no sistema PCT, é normal que haja um intervalo de tempo entre a data da integralização (entrega dos bens) e a data da efetiva retribuição acionária.

3. CONTRATOS EMPRESARIAIS

3.1. SHOPPING CENTER

EM SHOPPING CENTER QUE FUNCIONE COMO CONDOMÍNIO É PERMITIDO QUE A CONVENÇÃO DO CONDOMÍNIO PREVEJA QUE A ÁREA COMUM SERÁ EXPLORADA POR APENAS ALGUNS CONDÔMINOS (LOJISTAS)

Modalidades de shopping center

Há três modalidades distintas de shopping center:

a. Shopping center típico: todos os espaços são locados. Não possui condomínio.

b. Shopping center vendido: existem vários proprietários das unidades autônomas, que formam um condomínio comercial. Essas unidades autônomas (espaços) são vendidos ou locados. Trata-se de um condomínio comercial, mas com características típicas de shopping, como mix, publicidade conjunta e normas de funcionamento com horários preestabelecidos. Neste modelo existe, portanto, uma convenção de condomínio que rege o shopping e, normalmente, é escolhido um síndico.

c. Centro comercial: mero aglomerado de lojas, sem um sistema organizado de funcionamento.

Nesse sentido: CÂMARA, Hamilton Quirino. *Condomínio Edilício. Manual Prático com Perguntas e Respostas*. Rio de Janeiro: Lumen Juris. 2004, p. 44.

Imagine a seguinte situação hipotética:

Itaguaré é um *shopping center* constituído na modalidade "vendido".

O Itaguaré é composto por partes autônomas e partes de uso comum, cabendo aos proprietários das partes autônomas frações ideais do terreno onde está edificado o empreendimento, bem como, de modo geral, das partes de uso comum deste.

Na convenção de condomínio do *shopping* ficou previsto que alguns condôminos (lojistas) teriam o direito de explorar, com exclusividade, a quase totalidade das áreas comuns do shopping, inclusive o estacionamento e os quiosques que ficam nos corredores.

Um dos condôminos questionou judicialmente esta cláusula afirmando que ela seria ilegal, considerando que as áreas comuns pertencem, por força de lei, a todos os condôminos, não podendo ser de apenas alguns.

O que decidiu o STJ? A convenção de condomínio pode atribuir direito de uso exclusivo de áreas comuns a um ou mais condôminos? Essa previsão da convenção de condomínio, em princípio, é válida?

SIM.

O condomínio que funciona como um *shopping center* possui peculiaridades que o distingue de um condomínio edilício comum.

No condomínio que funciona como um *shopping*, o condômino (lojista), apesar de proprietário de uma unidade autônoma, sofre algumas restrições, contratualmente acertadas, aos seus direitos de condômino. As limitações atingem, especialmente, a autonomia, já que terá que se utilizar do imóvel exatamente para a finalidade específica para a qual foi adquirido, observando, quanto à utilização, as mesmas regras impostas a todos os demais lojistas.

Outra diferença está justamente nas áreas comuns.

Nada impede que, quando da constituição do empreendimento, em decisão assemblear ou por meio de cláusulas de convenção de condomínio e demais normais gerais complementares, seja limitada à propriedade adquirida pelos lojistas ao espaço interno. Assim, é possível que se estabeleça que as áreas comuns irão pertencer a uma ou algumas empresas (e não a todos os lojistas).

Em suma:

A cláusula prevista em convenção de condomínio de shopping center, permitindo a alguns condôminos (lojistas) o uso, gozo e fruição de áreas comuns, não é, em regra, nula.

STJ. 3ª Turma. REsp 1.677.737-RJ, Rel. Min. Paulo de Tarso Sanseverino, julgado em 19/06/2018 (Info 629).

3.2. BANCO QUE, APÓS NOTIFICAR A CORRETORA DE BITCOIN, DECIDE ENCERRAR CONTRATO DE CONTA-CORRENTE COM A EMPRESA

Criptomoeda

Em palavras muito simples (sem tanto rigor técnico, para facilitar o entendimento), criptomoedas (*cryptocurrencies*) são moedas "digitais" (também chamadas de "moedas virtuais" ou "moedas criptografárias"). É como se fosse um "dinheiro" que não existe fisicamente (só existe virtualmente), mas que, apesar disso, pode ser utilizado para comprar mercadorias ou remunerar serviços.

Em uma frase: é um dinheiro virtual.

Existem atualmente várias espécies de criptomoedas no mundo. Alguns exemplos: Bitcoin, Ether, Cardano, Litecoin, Stellar etc.

Curiosidade: cripto é uma palavra originária do grego *Kryptos* e significa algo que é oculto, escondido. Daí vem a palavra criptografia, ou seja, que consiste na aplicação de técnicas para tornar a escrita codificada. Ex: o Whatsapp, ao transmitir uma mensagem de um usuário para outro, utiliza técnicas de criptografia, ou seja, durante a transmissão pela internet, a mensagem vai de forma codificada, de modo que, mesmo se alguém conseguir interceptá-la, irá ler apenas códigos (e não a mensagem propriamente).

As criptomoedas também se utilizam de técnicas de criptografia.

Bitcoin

Bitcoin é considerada a primeira criptomoeda criada no mundo, sendo a mais famosa delas.

Foi criada em 2008 por uma pessoa que utilizou o pseudônimo de Satoshi Nakamoto e até hoje não se sabe a sua real identidade.

Este é o símbolo do bitcoin:

Sua abreviatura é: BTC ou XBT.

Veja a definição dada por André Luiz Santa Cruz Ramos:

> "O bitcoin é uma criptomoeda que utiliza uma tecnologia ponto a ponto (peer-to-peer) para criar um sistema de pagamentos on-line que não depende de intermediários e não se submete a nenhuma autoridade regulatória centralizadora. O código do bitcoin é aberto, seu design é público, não há proprietários ou controladores centrais e qualquer pessoa pode participar do seu sistema de gerenciamento coletivo. Enfim, o bitcoin é uma inovação revolucionária porque é o primeiro sistema de pagamentos totalmente descentralizado." (Ramos, André Luiz Santa Cruz. *Direito Empresarial*. 8ª ed., São Paulo: Método, 2018, p. 529)

Vale ressaltar que os Bitcoins (e demais moedas virtuais) não são autorizados nem regulamentados pelo Banco Central. Não fazem parte do sistema bancário oficial. De igual forma, as empresas que negociam ou guardam moedas virtuais não são autorizadas nem reguladas pelo BACEN.

Juridicamente, podemos dizer que Bitcoin é uma moeda eletrônica?

NÃO. A legislação utiliza a nomenclatura "moeda eletrônica" para outra situação.

Segundo a Lei nº 12.865/2013, "moeda eletrônica" são os "recursos armazenados em dispositivo ou sistema eletrônico que permitem ao usuário final efetuar transação de pagamento" (art. 6º, VI).

Assim, "moeda eletrônica", para a legislação brasileira, é o dinheiro, em Reais, mantido em meio eletrônico que permita ao usuário realizar pagamentos.

Desse modo, as "moedas virtuais" (como é o caso do Bitcoin) não se confundem com a "moeda eletrônica" prevista na legislação.

Quem controla e registra essas transações em bitcoin? Ex: João transfere 10 BTC para Pedro; onde essa operação fica registrada? Onde o saldo de bitcoins das pessoas fica registrado?

As criptomoedas em geral e, especificamente o bitcoin, são consideradas moedas descentralizadas. Isso porque adotam um controle descentralizado baseado em uma tecnologia chamada de *blockchain* ou "protocolo da confiança".

Em uma definição muito rudimentar e simplificada, o *blockchain* é como se fosse um arquivo virtual (um banco de dados ou livro-registro virtual) onde são registradas todas as transações envolvendo os bitcoins. Existem cópias deste banco de dados em milhares de computadores espalhados pelo mundo, sendo isso distribuído por meio de uma rede virtual ponto-a-ponto (*peer-to-peer*). Assim, todos possuem uma cópia igual de todo o histórico de transações. Com isso, garante-se que as informações ali contidas não sejam perdidas nem adulteradas.

Características principais

A partir do que foi exposto, podemos apontar três importantes características das moedas virtuais:

1. incorporeidade;
2. desnecessidade de um terceiro intermediário para realização de transações e
3. ausência de uma autoridade central emissora e controladora.

1) Incorporeidade

Trata-se de uma moeda "virtual" (incorpórea), ou seja, não existe lastro físico.

2) Desnecessidade de intermediário

Se a pessoa vai comprar um produto pela internet pagando com moeda tradicional (com "Real"), ela precisará de uma instituição financeira intermediária, ou seja, um banco ou operadora de cartão de crédito que irá intermediar essa transação entre o comprador e o vendedor. Funciona assim: o comprador transfere o dinheiro para a instituição financeira e esta repassa ao vendedor. Essa intermediação fica registrada e o intermediário recebe por isso. Como essas operações ocorrem em frações de segundos, nós praticamente não percebemos.

Com o Bitcoin, não existe essa intermediação. O comprador transfere diretamente o dinheiro virtual para o comprador. É como se o comprador tivesse encontrado fisicamente o vendedor e tivesse entregado a ele o dinheiro, porém feito virtualmente. Isso é chamado de "mercado P2P" (ou seja, entre pessoas, sem intermediários).

3) Ausência de autoridade central

O Bitcoin, e as demais criptomoedas, são chamadas de moedas descentralizadas, porque não são controladas por um Banco Central ou por algum órgão governamental, como as moedas tradicionais.

O controle e o registro são feitos, em tese, por toda a comunidade, por intermédio da tecnologia de *blockchain*.

Como comprar e vender moedas virtuais (ex: Bitcoins)?

É possível comprar Bitcoins diretamente de alguém que possua (em um marketplace), no entanto, a forma mais comum é por meio de corretoras de Bitcoins (*exchanges*).

Assim, existem corretoras, ou seja, empresas que fazem a atividade de compra e venda de criptomoedas. A pessoa interessada entra no site, faz uma conta gratuita e informa quantos

Bitcoins deseja comprar. Depois disso, faz a transferência bancária do correspondente valor em reais. Ela, então, irá ter uma carteira digital de Bitcoins, que estará armazenada no *blockchain* e poderá utilizar livremente esse dinheiro virtual.

Desse modo, a corretora é como se fosse uma "casa de câmbio", onde você vai trocar seu dinheiro por uma moeda estrangeira. No caso, o Bitcoin (uma moeda universal).

Atualmente (janeiro de 2019), 1 Bitcoin está valendo, aproximadamente, R$ 14.600,00. Vale ressaltar, no entanto, que é possível comprar menos que 1 Bitcoin.

Obviamente, assim como funciona nas casas de câmbio, o valor do Bitcoin na corretora é, em geral, mais caro do que no livre comércio.

Algumas pessoas ficaram ricas comprando Bitcoins. Isso porque em 2011, por exemplo, 1 Bitcoin valia R$ 15,00. Se a pessoa acreditou e comprou a moeda naquela época guardando até hoje, terá realizado o lucro de uma grande valorização.

Bitcoins e criminalidade

As criptomoedas foram uma invenção espetacular e representarão, sem dúvidas, o futuro das transações monetárias no mundo.

Ocorre que tudo na vida pode ser utilizado para o bem ou para o mal.

Nos pagamentos feitos com Bitcoins, é possível que o comprador permaneça anônimo. Com isso, em tese, a moeda pode ser utilizada para pagamento de crimes e também para lavagem de dinheiro, tendo em vista seu potencial de irrastreabilidade.

Desse modo, em tese, seria possível, por exemplo, comprar armamentos, drogas e outros produtos ilícitos por meio de operações feitas na *deepweb* e com pagamento em Bitcoins.

Também seria possível pagar propinas a agentes públicos por meio de Bitcoins.

Por essas razões, algumas pessoas, de forma injusta, associam as criptomoedas à criminalidade. No entanto, conforme já explicado, o Bitcoin e as demais moedas não têm, em si, nada de ilegal. A utilização irregular desses instrumentos é que pode vir a ser criminosa.

Alguns criminosos utilizam os Bitcoins para praticar delitos assim como utilizam dinheiro real, computadores, celulares, carros etc.

Feita esta breve e rudimentar explicação, imagine a seguinte situação enfrentada pelo STJ (com algumas adaptações):

Mercado Bitcoin Serviços Digitais Ltda. é uma das principais empresas que oferece o serviço de compra e venda de Bitcoins. Podemos dizer que ela é uma corretora de criptomoedas. Isso porque ela é responsável por intermediar a comercialização de Bitcoin.

Conforme já explicado acima, a pessoa interessada em Bitcoins faz um depósito na conta bancária da "Mercado Bitcoin" e esta vende o Bitcoin para o usuário. Ex: Felipe deseja comprar 10 Bitcoins. Para tanto, deposita R$ 146.000,00 na conta da "Mercado Bitcoin". Em compensação, esta empresa irá depositar 10 Bitcoins na conta virtual de Felipe.

Desse modo, a empresa "Mercado Bitcoin" precisa, obrigatoriamente, de um conta bancária tradicional para realizar sua atividade econômica, tendo em vista que recebe dinheiro em moeda tradicional em troca de Bitcoins.

Durante meses, a empresa utilizou para isso uma conta bancária no Itaú.

Ocorre que, determinado dia, o Banco Itaú enviou uma notificação extrajudicial para a "Mercado Bitcoin" informando que sua conta bancária seria encerrada dentro de 30 dias em razão de "desinteresse comercial", ou seja, a instituição financeira comunicou que não mais tinha interesse comercial em ter a empresa como cliente.

Ação de obrigação de fazer

Diante disso, a "Mercado Bitcoins" ingressou contra o Banco Itaú S.A. com ação de obrigação de fazer pedindo para que o banco mantenha a conta-corrente encerrada.

A autora argumentou que o encerramento da conta configurou prática abusiva e ato ilícito por parte do banco, violando o art. 39, IX, do Código de Defesa do Consumidor, além do configurar abuso de direito (art. 187 do Código Civil):

§ CDC

Art. 39. É vedado ao fornecedor de produtos ou serviços, dentre outras práticas abusivas:

(...)

IX – recusar a venda de bens ou a prestação de serviços, diretamente a quem se disponha a adquiri-los mediante pronto pagamento, ressalvados os casos de intermediação regulados em leis especiais;

§ Código Civil

Art. 187. Também comete ato ilícito o titular de um direito que, ao exercê-lo, excede manifestamente os limites impostos pelo seu fim econômico ou social, pela boa-fé ou pelos bons costumes.

Primeira pergunta: pode ser aplicado, no caso, o Código de Defesa do Consumidor para esta relação jurídica?

NÃO.

A empresa corretora de Bitcoin que celebra contrato de conta-corrente com o banco para o exercício de suas atividades não pode ser considerada consumidora. Não se trata de uma relação de consumo.

A empresa desenvolve a atividade econômica de intermediação de compra e venda de Bitcoins. Para realizar essa atividade econômica, utiliza o serviço de conta-bancária oferecido pela instituição financeira.

Desse modo, a utilização desse serviço bancário (abertura de conta-corrente) tem o propósito de incrementar sua atividade produtiva de intermediação, não se caracterizando, portanto, como relação jurídica de consumo, mas sim de insumo.

Em outras palavras, o serviço bancário de conta-corrente é utilizado como implemento de sua atividade empresarial, não se destinando, pois, ao seu consumo final.

Logo, não se aplicam as normas protetivas do Código de Defesa do Consumidor.

STJ. 3ª Turma. REsp 1.696.214-SP, Rel. Min. Marco Aurélio Bellizze, julgado em 09/10/2018 (Info 636).

Existem outros precedentes em situações semelhantes:

(...) 3. Consumidor é toda pessoa física ou jurídica que adquire ou utiliza, como destinatário final, produto ou serviço oriundo de um fornecedor. Por sua vez, destinatário final, segundo a teoria subjetiva ou finalista, adotada pela Segunda Seção desta Corte Superior, é aquele que ultima a atividade econômica, ou seja, que retira de circulação do mercado o bem ou o serviço para consumi-lo, suprindo uma necessidade ou satisfação própria, não havendo, portanto, a reutilização ou o reingresso dele no processo produtivo.

> Logo, a relação de consumo (consumidor final) não pode ser confundida com relação de insumo (consumidor intermediário).
>
> Inaplicabilidade das regras protetivas do Código de Defesa do Consumidor. (...)
>
> STJ. 4ª Turma. REsp 1599042/SP, Rel. Min. Luis Felipe Salomão, julgado em 14/03/2017.

Ok. Não se aplica o CDC. Vamos, então, analisar o tema sob o prisma do Código Civil.

Vários bancos têm se negado a fornecer serviço de conta-corrente para as corretoras de Bitcoins. São acusadas de fazer isso para evitar o crescimento das criptomoedas, o que poderia produzir impacto no faturamento das instituições financeiras. Os bancos, ao negarem esse serviço, praticam ato ilícito? A conduta do Banco Itaú, que encerrou a conta-bancária da "Mercado Bitcoin", foi considerada, pelo STJ, como prática comercial abusiva?

NÃO.

> **O encerramento de conta-corrente usada na comercialização de criptomoedas, observada a prévia e regular notificação, não configura prática comercial abusiva ou exercício abusivo do direito.**
>
> STJ. 3ª Turma. REsp 1.696.214-SP, Rel. Min. Marco Aurélio Bellizze, julgado em 09/10/2018 (Info 636).

Direito subjetivo

O encerramento do contrato de conta-corrente é corolário (uma consequência) da autonomia privada. Trata-se de um direito subjetivo exercitável por qualquer das partes contratantes, desde que observada a prévia e regular notificação.

O Conselho Monetário Nacional, conforme prevê a Lei nº 4.595/64, possui a competência para regulamentar o funcionamento dos serviços bancários.

O art. 12 da Resolução BACEN/CMN 2.025/1993 permite que o banco ou o cliente, livremente, encerrem o contrato de conta-corrente, observada apenas a necessidade de, previamente, fazer a comunicação do outro.

Vale ressaltar que, mesmo em se tratando de relação de consumo, o STJ possui precedentes dizendo que o banco pode encerrar a conta-bancária do cliente sem que isso configure prática abusiva, não se aplicando a regra do art. 39, IX, do CDC aos bancos:

> Os contratos bancários envolvem análise de riscos, entre outras peculiaridades, de modo que não há como se impor aos bancos a obrigação de contratar prevista no inciso IX do art. 39 do CDC.
>
> Conforme a Resolução BACEN/CMN nº 2.025/1993, com a redação dada pela Resolução BACEN/CMN nº 2.747/2000, podem as partes contratantes rescindir unilateralmente os contratos de conta-corrente e de outros serviços bancários.
>
> STJ. 4ª Turma. REsp 1538831/DF, Rel. Min. Raul Araújo, julgado em 04/08/2015.

A recusa é legítima sob o aspecto institucional

Desse modo, é legítima, sob o aspecto institucional, a recusa da instituição financeira em manter o contrato de conta-corrente, utilizado como insumo pela corretora de Bitcoins, no desenvolvimento da atividade empresarial.

A recusa também é legítima sob o aspecto mercadológico

De igual modo, sob o aspecto mercadológico, também se afigura legítima a recusa em manter a contratação.

Como a atividade empresarial da corretora de Bitcoins concorre com as atividades da instituição financeira, não se pode dizer que a recusa do banco em fornecer o serviço a ela seja abusiva. Não há, em princípio, abuso de direito porque se trata de proteção dos interesses comerciais da instituição.

Infração à ordem econômica

Vale ressaltar que, durante os debates, surgiu a discussão sobre a possiblidade de a conduta do banco se enquadrar em infração à ordem econômica, nos termos da Lei nº 12.529/2011.

Ocorre que essa Lei não foi prequestionada, de forma que o STJ não poderia fazer a análise do caso com base nela sem que tivesse tido seu enfrentamento pelas instâncias ordinárias.

4. PROTESTO

4.1. PROTESTO DE CHEQUE PRESCRITO

NÃO CABEM DANOS MORAIS SE HOUVE PROTESTO DE CHEQUE PRESCRITO, MAS CUJA DÍVIDA AINDA PODERIA SER COBRADA POR OUTROS MEIOS

O que é o cheque?

O cheque é...

- uma ordem de pagamento à vista
- que é dada pelo emitente do cheque
- em favor do indivíduo que consta como beneficiário no cheque (ou seu portador)
- ordem essa que deve ser cumprida por um banco
- que tem a obrigação de pagar a quantia escrita na cártula
- em razão de o emitente do cheque ter fundos (dinheiro) depositados naquela instituição financeira.

> "Trata-se de uma ordem de pagamento, na medida em que seu criador não promete efetuar pessoalmente o pagamento, mas promete que terceiro irá efetuar esse pagamento. Esse terceiro deverá ser um banco, no qual o criador do cheque deverá ter fundos disponíveis. À luz desses fundos, o banco efetuará o pagamento das ordens que lhe forem sendo apresentadas, vale dizer, o cheque se tornará exigível sempre no momento em que for apresentado ao sacado (vencimento sempre à vista)." (TOMAZETTE, Marlon. *Curso de Direito Empresarial*. Vol. 2. São Paulo: Atlas, 2011, p. 218).

Personagens

a. emitente (sacador): aquele que dá a ordem de pagamento;

b. sacado: aquele que recebe a ordem de pagamento (o banco);

c. beneficiário (tomador, portador): é o favorecido da ordem de pagamento, ou seja, aquele que tem o direito de receber o valor escrito no cheque.

Título executivo

O cheque é título executivo extrajudicial (art. 784, I, do CPC 2015). Assim, se não for pago, o portador do cheque poderá ajuizar ação de execução contra o emitente e eventuais codevedores (endossantes, avalistas). Essa ação de execução é conhecida como "ação cambial".

O que é o chamado "prazo de apresentação do cheque"?

É o prazo de que dispõe o portador do cheque para apresentá-lo ao banco sacado, a fim de receber o valor determinado na cártula.

Ex: João passa um cheque de 2 mil reais para Eduardo. O prazo de apresentação é o tempo que Eduardo tem para levar o cheque ao banco e receber o valor.

O prazo de apresentação começa a ser contado da data da emissão do cheque.

De quanto é o prazo de apresentação?

30 dias Se o cheque é da mesma praça do pagamento (município onde foi assinado é o município da agência pagadora).	**60 dias** Se o cheque for de praça diferente (município onde foi assinado é diferente do município da agência pagadora).
O prazo será de 30 dias se o local da emissão do cheque (preenchido pelo emitente) for o mesmo lugar do pagamento (local da agência pagadora impressa no cheque). Nesse caso, diz-se que o cheque é da mesma praça (mesmo município). Ex: em um cheque de uma agência de São Paulo (SP), o emitente datou e assinou São Paulo (SP) como local da emissão.	O prazo será de 60 dias se o local da emissão do cheque (preenchido pelo emitente) for diferente do lugar do pagamento (local da agência pagadora impressa no cheque). Nesse caso, diz-se que o cheque é de outra praça. Ex: em um cheque de uma agência de São Paulo (SP), o emitente datou e assinou Manaus (AM) como local da emissão.

Se o beneficiário apresenta o cheque ao banco mesmo após esse prazo, haverá pagamento?

SIM, mesmo após o fim do prazo de apresentação, o cheque pode ser apresentado para pagamento ao sacado, desde que não esteja prescrito.

Então para que serve esse prazo de apresentação?

A doutrina aponta três finalidades:

O fim do prazo de apresentação é o termo inicial do prazo prescricional da execução do cheque.

Só é possível executar o endossante do cheque se ele foi apresentado para pagamento dentro do prazo legal. Se ele foi apresentado após o prazo, o beneficiário perde o direito de executar os codevedores. Poderá continuar executando o emitente do cheque e seus avalistas.

Súmula 600-STF: Cabe ação executiva contra o emitente e seus avalistas, ainda que não apresentado o cheque ao sacado no prazo legal, desde que não prescrita a ação cambiária.

O portador que não apresentar o cheque em tempo hábil ou não comprovar a recusa de pagamento perde o direito de execução contra o emitente, se este tinha fundos disponíveis durante o prazo de apresentação e os deixou de ter, em razão de fato que não lhe seja imputável (art. 47, § 3º, da Lei nº 7.357/85).

Qual é o prazo prescricional para a execução do cheque?

6 meses, contados do fim do prazo de apresentação do cheque. Atente-se que o prazo prescricional somente se inicia quando termina o prazo de apresentação, e não da sua efetiva apresentação ao banco sacado. Logo, os seis meses iniciam-se com o fim do prazo de 30 dias (mesma praça) ou com o término do prazo de 60 dias (se de praças diferentes).

Mesmo estando o cheque prescrito, ainda assim será possível a sua cobrança?

SIM. Com o fim do prazo de prescrição, o beneficiário não poderá mais executar o cheque. Diz-se que o cheque perdeu sua força executiva. No entanto, mesmo assim o beneficiário poderá cobrar o valor desse cheque por outros meios, quais sejam:

1. Ação de enriquecimento sem causa ("ação de locupletamento"): prevista no art. 61 da Lei do Cheque (Lei nº 7.357/85). Essa ação tem o prazo de 2 anos, contados do dia em que se consumar a prescrição da ação executiva.
2. Ação de cobrança (ação causal): prevista no art. 62 da Lei do Cheque. O prazo é de 5 anos, nos termos do art. 206, § 5º, I, CC.
3. Ação monitória.

Desse modo, estando o cheque prescrito (sem força executiva), ele poderá ser cobrado do emitente por meio de ação monitória?

SIM. O beneficiário do cheque poderá ajuizar uma ação monitória para cobrar do emitente o valor consignado na cártula. Existe até uma súmula que menciona isso: Súmula 299-STJ: É admissível a ação monitória fundada em cheque prescrito.

Feitos estes esclarecimentos, imagine a seguinte situação hipotética:

João emitiu um cheque em favor da empresa "ABC".

A empresa tentou efetuar o saque da quantia, mas não havia fundos disponíveis.

1 ano depois, ou seja, quando o cheque já estava prescrito, a empresa "ABC" levou este título para protesto.

João ingressou, então, com ação declaratória de nulidade de protesto de título c/c pedido de indenização por danos morais contra a empresa "ABC" alegando que ela levou a protesto um cheque prescrito.

O que é um protesto de título?

Protesto de títulos é o ato público, formal e solene, realizado pelo tabelião, com a finalidade de provar a inadimplência e o descumprimento de obrigação constante de título de crédito ou de outros documentos de dívida.

É possível o protesto do cheque contra o emitente mesmo após ter se passado o prazo de apresentação?

SIM. É legítimo o protesto de cheque efetuado contra o emitente depois do prazo de apresentação, desde que não escoado o prazo prescricional relativo à ação cambial de execução.

Mas o art. 48 da Lei nº 7.357/85 afirma que o protesto do cheque deve ocorrer durante o prazo de apresentação. Veja: "Art. 48 O protesto ou as declarações do artigo anterior devem fazer-se no lugar de pagamento ou do domicílio do emitente, antes da expiração do prazo de apresentação." E agora?

Calma. O STJ afirma que a exigência imposta no art. 48 de que o protesto ocorra antes de expirado o prazo de apresentação do cheque só vale para o protesto necessário, isto é, aquele feito contra os coobrigados, para o exercício do direito de regresso, e não em relação ao emitente do título.

Em outras palavras, o art. 48 da Lei nº 7.357/85 trata apenas da possibilidade de cobrança dos eventuais devedores indiretos (coobrigados), mas não do devedor principal (emitente).

O protesto pode ser feito contra o emitente mesmo após o prazo de apresentação, desde que o cheque ainda não esteja prescrito.

Relembrando:

- Prazo de apresentação do cheque: 30 dias, se ele for da mesma praça do pagamento ou 60 dias, se for de praça diferente.
- Prazo prescricional para a execução do cheque: 6 meses, contados a partir do momento em que termina o prazo de apresentação do cheque.

O protesto do cheque efetuado contra os coobrigados para o exercício do direito de regresso deve ocorrer antes de expirado o prazo de apresentação (art. 48 da Lei 7.357/85). Trata-se do chamado protesto necessário.

O protesto de cheque efetuado contra o emitente pode ocorrer mesmo depois do prazo de apresentação, desde que não escoado o prazo prescricional. Esse é o protesto facultativo.

STJ. 3ª Turma. REsp 1.297.797-MG, Rel. João Otávio de Noronha, julgado em 24/2/2015 (Info 556).

O STJ fixou a seguinte tese sob a sistemática de recurso repetitivo:

Sempre será possível, no prazo para a execução cambial, o protesto cambiário de cheque com a indicação do emitente como devedor.

STJ. 2ª Seção. REsp 1.423.464-SC, Rel. Min. Luis Felipe Salomão, julgado em 27/4/2016 (recurso repetitivo) (Info 584).

Voltando ao nosso exemplo, o juiz deverá determinar o cancelamento do protesto?

SIM. Em nosso exemplo, o protesto foi indevido considerando que realizado com a indicação do emitente como devedor, mas feito após o prazo prescricional do cheque.

E quanto aos danos morais? João (devedor) deverá ser indenizado por danos morais?

NÃO. Isso porque o cheque, apesar de estar prescrito, ainda poderia ser cobrado por outros meios.

No âmbito do protesto irregular de título de crédito, o reconhecimento do dano moral está diretamente relacionado com a ideia do abalo de crédito causado pela publicidade do ato notarial que, naturalmente, faz associar ao devedor a pecha de "mau pagador" perante a praça.

Se houve um protesto irregular (porque o cheque está prescrito), mas existem ainda outras vias alternativas para a cobrança da dívida, entende-se que esse protesto indevido não gerou um abalo no crédito do devedor, considerando que o emitente do título permanece na condição de devedor, estando, de fato, impontual no pagamento.

Com efeito, aquele que, efetivamente, insere-se na condição de devedor, estando em atraso no pagamento de dívida regularmente por si assumida, passível de cobrança por meios outros que não a execução, não pode se sentir moralmente ofendido pelo protesto, mesmo sendo ele extemporâneo.

No caso concreto, mesmo estando o cheque prescrito, a empresa ainda tinha, à sua disposição, três ações judiciais possíveis. Assim, embora indevido o protesto, João permanecia na condição de devedor inadimplente, razão pela qual não está caracterizado abalo de crédito apto a ensejar a caracterização de dano moral indenizável.

Em suma:

O protesto irregular de cheque prescrito não caracteriza abalo de crédito apto a ensejar danos morais ao devedor, se ainda remanescer ao credor vias alternativas para a cobrança da dívida consubstanciada no título.

STJ. 3ª Turma. REsp 1.677.772-RJ, Rel. Min. Nancy Andrighi, julgado em 14/11/2017 (Info 616).

4.2. CREDOR QUE FOR PAGO TEM O DEVER DE FORNECER CARTA DE ANUÊNCIA PARA CANCELAMENTO DO PROTESTO, MAS PARA ISSO PRECISA HAVER UM PEDIDO DO DEVEDOR

NOÇÕES GERAIS SOBRE O PROTESTO

O que é um protesto de título?

Protesto de títulos é o ato público, formal e solene, realizado pelo tabelião, com a finalidade de provar a inadimplência e o descumprimento de obrigação constante de título de crédito ou de outros documentos de dívida.

Regulamentação

O protesto é regulado pela Lei nº 9.492/97.

Quem é o responsável pelo protesto?

O tabelião de protesto.

"O particular não pratica o protesto, mas solicita ao Tabelião que o pratique. Este pode, depois de analisar os requisitos formais do documento, negar-se a tal lavratura, caso encontre vício que justifique a negativa.

(...)

O protesto é, pois, ato do tabelião de Protesto, que o pratica por provocação do interessado, depois de respeitado o procedimento legal." (BUENO, Sérgio Luiz. *O protesto de títulos e outros documentos de dívida*. Porto Alegre: Sergio Antonio Fabris, 2011, p. 20 e 21)

Quais são as vantagens de o credor realizar o protesto?

Existem inúmeros efeitos que decorrem do protesto; no entanto, as duas principais vantagens para o credor são as seguintes:

a. serve como meio de provar que o devedor está inadimplente;

b. funciona como uma forma de coerção para que o devedor cumpra sua obrigação sem que seja necessária uma ação judicial (como o protesto lavrado gera um abalo no crédito do devedor, que é inscrito nos cadastros de inadimplentes, a doutrina afirma que o receio de ter um título protestado serve como um meio de cobrança extrajudicial do débito; ao ser intimado do protesto, o devedor encontra uma forma de quitar seu débito).

Qual é o objeto do protesto? O que pode ser protestado?

Segundo o art. 1º da Lei nº 9.492/97:

§ Art. 1º Protesto é o ato formal e solene pelo qual se prova a inadimplência e o descumprimento de obrigação originada em títulos e outros documentos de dívida.

Assim, conclui-se que podem ser levados a protesto:

a. títulos de crédito e

b. outros documentos de dívida.

O que é um documento de dívida?

Documento de dívida é todo e qualquer meio de prova escrita que comprove a existência de uma obrigação líquida, certa e exigível.

RESPONSABILIDADE PELA BAIXA DO PROTESTO APÓS O PAGAMENTO

Procedimento até ser registrado o protesto do título:

1. o credor leva o título até o tabelionato de protesto e faz a apresentação, pedindo que se proceda ao protesto e informando os dados e endereço do devedor;
2. o tabelião de protesto examina os caracteres formais do título;
3. se o título não apresentar vícios formais, o tabelião realiza a intimação do suposto devedor no endereço apresentado pelo credor (art. 14);
4. a intimação é realizada para que o apontado devedor, no prazo de 3 dias, pague ou providencie a sustação do protesto antes de ele ser lavrado;

   Após a intimação, poderão ocorrer quatro situações:

   4.1. o devedor pagar (art. 19);

   4.2. o apresentante desistir do protesto e retirar o título (art. 16);

   4.3. o protesto ser sustado judicialmente (art. 17);

   4.4. o devedor ficar inerte ou não conseguir sustar o protesto.
5. se ocorrer as situações 4.1, 4.2 ou 4.3: o título não será protestado;
6. se ocorrer a situação 4.4: o título será protestado (será lavrado e registrado o protesto).

Imaginemos que o devedor foi intimado (etapa 4), mas não pagou nem conseguiu sustar o protesto. O que aconteceu então?

O título foi protestado.

Após um tempo, esse devedor quis comprar um carro financiado, no entanto, não conseguiu porque o banco constatou a existência desse título protestado e, por essa razão, não liberou o crédito. O devedor decidiu, então, pagar o título protestado. Com o pagamento do débito, será possível retirar a anotação desse título protestado?

SIM.

Após o pagamento do título protestado, o credor que foi pago tem a responsabilidade de retirar o protesto lavrado?

NÃO. Após a quitação da dívida, incumbe ao DEVEDOR providenciar o cancelamento do protesto, salvo se foi combinado o contrário entre ele e o credor.

Segundo o STJ, a Lei nº 9.492/97 não impõe ao credor o dever de retirar o protesto. Veja:

§ Art. 26. O cancelamento do registro do protesto será solicitado diretamente no Tabelionato de Protesto de Títulos, por qualquer interessado, mediante apresentação do documento protestado, cuja cópia ficará arquivada.

Desse modo, quando o art. 26 da Lei nº 9.492/1997 fala que o cancelamento do registro de protesto pode ser solicitado por qualquer interessado, a melhor interpretação é a de que o principal interessado é o devedor, de forma que a ele cabe, em regra, o ônus do cancelamento.

O tema foi pacificado em recurso especial repetitivo:

> Após a quitação da dívida, incumbe ao DEVEDOR, providenciar o cancelamento do protesto, salvo se foi combinado o contrário entre ele e o credor.
>
> No regime próprio da Lei nº 9.492/97, legitimamente protestado o título de crédito ou outro documento de dívida, salvo inequívoca pactuação em sentido contrário, incumbe ao devedor, após a quitação da dívida, providenciar o cancelamento do protesto.
>
> STJ. 2ª Seção. REsp 1339436-SP, Rel. Min. Luis Felipe Salomão, julgado em 10/9/2014 (recurso repetitivo) (Info 549).

Esse entendimento vale mesmo que se trate de uma relação de consumo, ou seja, que o devedor seja um consumidor e o credor um fornecedor?

SIM. Cabe ao devedor que paga posteriormente a dívida o ônus de providenciar a baixa do protesto em cartório, sendo irrelevante se a relação era de consumo (STJ. 4ª Turma. REsp 1.195.668/RS, Rel. p/ Acórdão Min. Maria Isabel Gallotti, julgado em 11/9/2012).

A solução jurídica acima aplica-se também no caso de inscrição em cadastros de inadimplentes (exs: SERASA/SPC)?

NÃO. A posição acima explicada vale apenas para os casos de cancelamento de título protestado. Na hipótese de devedor inserido em cadastro de inadimplentes (ex: SERASA, SPC), a solução é diferente. Veja:

CADASTRO DE INADIMPLENTES	REGISTRO DE PROTESTO
Se a dívida é paga, quem tem o dever de retirar o nome do devedor do cadastro (ex: SERASA)?	*Se o título é pago, quem tem o dever de retirar o protesto que foi lavrado?*
O CREDOR (no prazo máximo de 5 dias).	O próprio DEVEDOR.
Fundamento: art. 43, § 3º do CDC (por analogia).	Fundamento: art. 26 da Lei nº 9.492/1997.

CREDOR TEM O DEVER DE ENVIAR AUTOMATICAMENTE O DOCUMENTO NECESSÁRIO PARA QUE CREDOR POSSA DAR BAIXA NO PROTESTO?

Imagine a seguinte situação hipotética:

Cláudia tinha uma dívida com o banco, materializada em uma nota promissória, cujo vencimento era janeiro de 2016.

Como ela não pagou, o banco apresentou o título a protesto, o que foi efetivado em março de 2016.

Em abril de 2016, Cláudia conseguiu receber uma rescisão trabalhista e, aproveitando o dinheiro, imprimiu novo boleto do banco na internet e pagou a dívida principal, com juros e multa (quitação integral).

Em agosto de 2016, Cláudia tentou comprar uma televisão a prazo, mas não conseguiu crédito porque foi informada pela loja, que seu nome constava no SERASA em razão de um protesto do banco.

Chateada, Cláudia procurou um advogado querendo processar o banco por não ter feito o cancelamento do protesto depois de ela ter pagado.

O advogado que atendeu Cláudia sempre acompanhava a jurisprudência e explicou para a cliente que, infelizmente, ela, enquanto devedora, é quem tinha o ônus de providenciar o cancelamento do protesto, conforme decidiu o STJ no REsp 1339436-SP.

Cláudia perguntou do advogado como ela poderia fazer esse cancelamento e o profissional explicou que ela deve levar até o cartório a "carta de anuência" do banco. Carta de anuência é um documento no qual o credor declara que o título de crédito que havia sido protestado já foi pago e que, portanto, ele não se opõe ao cancelamento do protesto.

Cláudia, então, disse: quando eu paguei o débito, o banco deveria ter me enviado por correio essa carta de anuência. Eles falharam comigo. Quero processar.

Diante disso, Cláudia ajuizou ação de indenização por danos morais contra o banco argumentando que houve negligência do banco em não lhe enviar automaticamente o documento que ela necessitava ("carta de anuência") para dar baixa no protesto.

O STJ concordou com o pedido de Cláudia?

NÃO.

> **Não há como impor tacitamente ao credor o dever de enviar, sem provocação, o documento hábil ao cancelamento do legítimo protesto.**
>
> **O credor tem o inequívoco dever de fornecer o documento hábil ao cancelamento do protesto, mas para isso precisa ser previamente provocado.**
>
> STJ. 4ª Turma. REsp 1.346.584-PR, Rel. Min. Luis Felipe Salomão, julgado em 09/10/2018 (Info 638).

Situação diferente seria se o banco, mesmo após o pagamento, recusasse ou dificultasse o fornecimento da declaração. Aí haveria ato ilícito passível de indenização.

EMPRESARIAL

5. FALÊNCIA E RECUPERAÇÃO JUDICIAL

5.1. SE A PARTE JÁ TEM UM TÍTULO EXECUTIVO NÃO PRECISA IR PARA A ARBITRAGEM MESMO QUE O CONTRATO CONTENHA CLÁUSULA COMPROMISSÓRIA

Falência

Falência é o processo coletivo de execução forçada de um empresário ou sociedade empresária cuja recuperação mostra-se inviável.

A falência tem como objetivo reunir os credores e arrecadar os bens, ativos e recursos do falido a fim de que, com os recursos obtidos pela alienação de tais bens, possam os credores ser pagos, obedecendo a uma ordem de prioridade estabelecida na lei.

Quem pode requerer a falência do empresário ou da sociedade empresária?

A pessoa que requer a falência é chamada de "sujeito ativo" da falência (deve-se lembrar que a falência acarreta um processo judicial).

Segundo o art. 97 da Lei nº 11.101/2005, podem requerer a falência do devedor:

I – o próprio devedor;

(Obs.: é a chamada autofalência.)

II – o cônjuge sobrevivente, qualquer herdeiro do devedor ou o inventariante;

(Obs.: ocorre no caso de empresário individual que morre e os seus herdeiros percebem que o falecido estava em situação de insolvência, razão pela qual optam por requerer a falência.)

III – o cotista ou o acionista do devedor;

(Obs.: ocorre quando o sócio da sociedade empresária (seja ele cotista ou acionista) entende que a empresa está insolvente e que o único caminho é a falência.)

IV – qualquer credor.

(Obs.: é a hipótese que ocorre em 99% dos casos.)

Hipóteses nas quais pode ser requerida a falência:

O art. 94 prevê que a falência poderá ser requerida em três hipóteses.

I – Impontualidade injustificada

Quando o devedor, sem relevante razão de direito, não paga no vencimento obrigação líquida materializada em título ou títulos executivos protestados cuja soma ultrapasse o equivalente a 40 salários-mínimos na data do pedido de falência.

Adotou-se neste inciso o critério da impontualidade injustificada.

Obs: para pedir a falência com base neste inciso não é necessário que o requerente tenha tentado executar o título. Não se revela como exigência para a decretação da quebra a execução prévia. Assim, é desnecessário o prévio ajuizamento de execução forçada para se requerer falência com fundamento na impontualidade do devedor (STJ. 3ª Turma. REsp 1.354.776-MG, Min. Rel. Paulo de Tarso Sanseverino, julgado em 26/8/2014. Info 547).

II – Execução frustrada

Quando o devedor é executado por qualquer quantia líquida, mas não paga, não deposita e não nomeia à penhora bens suficientes dentro do prazo legal.

A lei presume que o devedor, ao adotar esse comportamento na execução contra si proposta, demonstra estar insolvente. Para o legislador, o devedor praticou um "ato de falência", ou seja, um ato de quem está em falência. Adotou-se neste inciso o chamado critério da enumeração legal.

III – Atos de falência

Quando o devedor pratica qualquer dos atos listados nas alíneas do inciso III do art. 94 da Lei nº 11.101/2005.

Aqui a lei também presumiu que o devedor está falido pelo fato de ter praticado algum dos comportamentos descritos na lei. Assim, também se adotou neste inciso o chamado critério da enumeração legal.

Imagine agora a seguinte situação hipotética:

A empresa "Metalica Ltda." possui contrato contra a "Volk Indústria de veículos Ltda."

A Metálica fornece peças metálicas para que a Volk produza seus carros.

Este contrato possui uma cláusula compromissória.

Cláusula compromissória

A cláusula compromissória, também chamada de cláusula arbitral, é...

- uma cláusula prevista no contrato,
- de forma prévia e abstrata,
- por meio da qual as partes estipulam que

- qualquer conflito futuro relacionado àquele contrato
- será resolvido por arbitragem (e não pela via jurisdicional estatal).

Exemplo:

"Cláusula 5.1.2 Eventuais controvérsias que porventura surgirem na interpretação ou execução deste contrato serão resolvidas por meio de arbitragem, segundo a Lei nº 9.307/96 e o Código de Processo Civil brasileiro (este aplicado de forma apenas subsidiária à Lei de Arbitragem e ao Regulamento da Câmara de Arbitragem)."

Voltando ao caso concreto:

A Metálica forneceu uma grande quantidade de peças para a Volk, que emitiu uma duplicata no valor de R$ 1 milhão.

Ocorre que a Volk não pagou a duplicata.

A credora fez, então, o protesto deste título de crédito, mas, apesar disso, a devedora permaneceu inadimplente.

Diante disso, a Metálica formulou pedido de falência da sociedade empresária Volk fundamentando o pleito no art. 94, I, da Lei nº 11.101/2005:

§ Art. 94. Será decretada a falência do devedor que:

I – sem relevante razão de direito, não paga, no vencimento, obrigação líquida materializada em título ou títulos executivos protestados cuja soma ultrapasse o equivalente a 40 (quarenta) salários-mínimos na data do pedido de falência;

EMPRESARIAL

Vale ressaltar que o pedido de falência por impontualidade foi fundamentado na duplicata protestada e acompanhada de documentos que comprovaram a entrega das mercadorias.

Citada, a Volk alegou que, no contrato celebrado, há cláusula compromissória, ou seja, houve a eleição de foro arbitral. Logo, antes de pedir a falência, a Metálica deveria ter instaurado o juízo arbitral. Como não o fez, o processo falimentar deve ser extinto, sem resolução do mérito, com base no art. 485, VII, do CPC/2015:

§ Art. 485. O juiz não resolverá o mérito quando:

(...)

VII – acolher a alegação de existência de convenção de arbitragem ou quando o juízo arbitral reconhecer sua competência;

Obs: convenção de arbitragem é o gênero, que engloba duas espécies:

- a cláusula compromissória e
- o compromisso arbitral.

A tese da Volk é acolhida pelo STJ?

NÃO.

Arbitragem

Na arbitragem as partes, com base na autonomia da vontade (autonomia privada), renunciam à jurisdição estatal, de modo consciente e voluntário, e elegem (escolhem) um terceiro (o árbitro), para resolver os conflitos de interesses decorrentes da relação contratual. Para isso, no entanto, é necessário que estejamos falando de direitos patrimoniais disponíveis.

Cláusula compromissória é vinculante

A pactuação válida de cláusula compromissória possui força vinculante, obrigando as partes da relação contratual a respeitar, para a resolução dos conflitos daí decorrentes, a competência atribuída ao juízo arbitral. Com isso, fica afastada a jurisdição estatal. Nesse sentido:

> A pactuação válida de cláusula compromissória possui força vinculante, obrigando as partes da relação contratual a respeitar, para a resolução dos conflitos daí decorrentes, a competência atribuída ao árbitro. Como regra, diz-se, então, que a celebração de cláusula compromissória implica a derrogação da jurisdição estatal, impondo ao árbitro o poder-dever de decidir as questões decorrentes do contrato e, inclusive, decidir acerca da própria existência, validade e eficácia da cláusula compromissória (princípio da Kompetenz-Kompetenz).
>
> (...) Pela cláusula compromissória entabulada, as partes expressamente elegeram Juízo Arbitral para dirimir qualquer pendência decorrente do instrumento contratual, motivo pela qual inviável que o presente processo prossiga sob a jurisdição estatal.
>
> STJ. 3ª Turma. REsp 1.694.826/GO, Rel. Min. Nancy Andrighi, julgado em 07/11/2017.

Título de natureza executiva só pode ser exigido no juízo estatal

No caso concreto, contudo, a questão envolve título executivo inadimplido (duplicata protestada).

Havendo título executivo não pago, só resta ao credor dois caminhos úteis:

- ingressar com uma execução individual;
- formular pedido de falência, com fundamento no art. 94, I, da Lei nº 11.101/2005, que ostenta natureza de execução coletiva.

Assim, na hipótese de pretensão amparada em título de natureza executiva, o direito que assiste ao credor somente pode ser exercido mediante provocação do Judiciário. Isso porque o árbitro não possui poderes de natureza executiva. Não pode penhorar bens, determinar a alienação judicial etc. Logo, todos os atos de natureza expropriatória dependem do juízo estatal para serem efetivados.

Essa é a opinião também da doutrina especializada:

> "É possível a execução de título executivo extrajudicial via arbitragem?
>
> A resposta para a pergunta acima só pode ser negativa, e a justificativa para tanto seria a incompatibilidade e falta de harmonia e de sentido para se tomar tal medida.
>
> Vejam bem. O objetivo do processo de conhecimento é desvendar qual das partes tem o direito, para que seja satisfeito espontaneamente ou por meio do processo de execução (cumprimento de sentença) e, caso a sua efetividade possa ser comprometida, usa-se do processo cautelar. A execução de título executivo extrajudicial é apenas um meio de se encurtar o caminho acima. Isso porque quem tem um título executivo goza de presunção de ser o detentor do direito, logo, não precisa de passar, aprioristicamente, pelo processo de cognição.
>
> A arbitragem foi criada, a nosso ver, para julgar os conflitos de interesses qualificados por uma pretensão resistida que, caso fossem julgados pelo Poder Judiciário, seriam certamente taxados de processo de conhecimento. As medidas cautelares, por sua vez, caso sejam necessárias, devem ser requeridas ao juízo arbitral (caso já esteja constituído e, apenas em caso de necessidade de se efetivar a medida de urgência deferida, é que se precisaria do auxílio da jurisdição estatal.

Com relação ao processo de execução lastreado em título executivo extrajudicial, tem-se que somente poderia tramitar perante o Judiciário.

Essa é a lição que se tira dos arts. 29 e 31 da LA. Ora, o árbitro não possui poderes de natureza executiva, logo, todos os seus atos de natureza expropriatória dependeriam do juiz togado para serem efetivados." (BERALDO, Leonardo de Faria. *Curso de Arbitragem: nos termos da Lei nº 9.307/96*. São Paulo: Atlas, 2014, pp. 141-143)

Se a parte já tem um título executivo não precisa ir para a arbitragem

Desse modo, deve-se admitir que a cláusula compromissória possa conviver com a natureza executiva do título. Não é razoável exigir que o credor seja obrigado a iniciar uma arbitragem para obter juízo de certeza sobre uma dívida que, no seu entender, já consta do título executivo extrajudicial, bastando realmente iniciar a execução forçada.

Vale ressaltar que a própria sentença arbitral tem que ser executada no juízo estatal, conforme determina o CPC/2015:

§ Art. 515. São títulos executivos judiciais, cujo cumprimento dar-se-á de acordo com os artigos previstos neste Título:

(...)

VII – a sentença arbitral;

Em suma:

A existência de cláusula compromissória não afeta a executividade do título de crédito inadimplido e não impede a deflagração do procedimento falimentar, fundamentado no art. 94, I, da Lei nº 11.101/2005.

STJ. 4ª Turma. REsp 1.733.685-SP, Rel. Min. Raul Araújo, julgado em 06/11/2018 (Info 637).

Vale ressaltar que já havia precedente do STJ no mesmo sentido:

(...) A existência de cláusula compromissória, de um lado, não afeta a executividade do título de crédito inadimplido. De outro lado, a falência, instituto que ostenta natureza de execução coletiva, não pode ser decretada por sentença arbitral. Logo, o direito do credor somente pode ser exercitado mediante provocação da jurisdição estatal.

4 – Admite-se a convivência harmônica das duas jurisdições – arbitral e estatal –, desde que respeitadas as competências correspondentes, que ostentam natureza absoluta. (...)

STJ. 3ª Turma. REsp 1.277.725/AM, Rel. Min. Nancy Andrighi, julgado em 12/03/2013.

5.2. CONTRIBUIÇÃO PREVIDENCIÁRIA RECONHECIDA POR JUIZ TRABALHISTA PODE SER HABILITADA NA FALÊNCIA SEM CDA

Imagine a seguinte situação hipotética:

Em uma reclamação trabalhista proposta por João (empregado) contra a empresa "A", o juiz trabalhista condenou a empregadora a pagar as verbas trabalhistas e também as contribuições previdenciárias que incidiam sobre tais valores.

As verbas trabalhistas são devidas ao empregado. Já as contribuições previdenciárias são verbas que deveriam ter sido recolhidas pela empresa e revertidas ao INSS. Desse modo, são créditos que a empresa deverá pagar à autarquia previdenciária.

Falência

Caso a empresa não pague as verbas trabalhistas e as contribuições previdenciárias, a providência normal que deveria ser adotada pelo juiz trabalhista seria a execução de tais quantias (art. 114, VIII, da CF/88; art. 876, parágrafo único, da CLT).

Ocorre que essa sociedade empresária encontra-se em processo de falência. Logo, não poderá haver execução no juízo trabalhista, uma vez que isso terá que ser feito no juízo universal da falência.

Assim, em caso de empresas que estejam em processo de falência, a Justiça do Trabalho será competente para a ação de conhecimento (onde será apurado se existe débito e o seu valor) e o juízo da falência será responsável pela cobrança de tais quantias apuradas. Confira julgado do STJ nesse sentido:

> (...) A jurisprudência do Superior Tribunal de Justiça é firme no sentido de que, ultrapassada a fase de acertamento e liquidação dos créditos trabalhistas, cuja competência é da Justiça do Trabalho, os valores apurados deverão ser habilitados nos autos da falência ou da recuperação judicial para posterior pagamento (...)
>
> STJ. 2ª Seção. AgRg no CC 130.138/GO, Rel. Min. Raul Araújo, julgado em 09/10/2013.

Habilitação dos créditos

Diante disso, o empregado e o INSS deverão levar ao juízo da falência esses créditos que foram reconhecidos no processo trabalhista. Esse procedimento é chamado de "habilitação de créditos" e está previsto no art. 9º da Lei nº 11.101/2005:

§ Art. 9º A habilitação de crédito realizada pelo credor nos termos do art. 7º, § 1º, desta Lei deverá conter:

I – o nome, o endereço do credor e o endereço em que receberá comunicação de qualquer ato do processo;

II – o valor do crédito, atualizado até a data da decretação da falência ou do pedido de recuperação judicial, sua origem e classificação;

III – os documentos comprobatórios do crédito e a indicação das demais provas a serem produzidas;

IV – a indicação da garantia prestada pelo devedor, se houver, e o respectivo instrumento;

V – a especificação do objeto da garantia que estiver na posse do credor.

Parágrafo único. Os títulos e documentos que legitimam os créditos deverão ser exibidos no original ou por cópias autenticadas se estiverem juntados em outro processo.

Caso concreto

O INSS propôs, no juízo falimentar, a habilitação de seu crédito referente às contribuições previdenciárias.

O juízo falimentar indeferiu a habilitação do crédito previdenciário, sob o argumento de que a Fazenda Pública deveria ter inscrito em dívida ativa o valor da condenação imposta pelo juízo trabalhista e ter apresentado a CDA (certidão de dívida ativa).

Em outras palavras, o juiz da falência entendeu que o INSS não poderia habilitar na falência a própria sentença trabalhista, sendo indispensável uma providência anterior, qual seja, a inscrição desse débito em dívida ativa.

Agiu corretamente o juiz da falência?

NÃO.

As contribuições previdenciárias são consideradas como uma espécie de tributo.

Em regra, os tributos que são devidos e não foram pagos pelo sujeito passivo devem ser objeto de "lançamento tributário", procedimento a ser realizado pelo Fisco. Após o lançamento, esse débito tributário será inscrito em dívida ativa, gerando uma CDA, instante em que se torna um crédito tributário que poderá ser exigido judicialmente pela Fazenda Pública.

Assim, em regra, é necessário o lançamento para que haja a constituição do crédito tributário.

Ocorre que, no caso das contribuições previdenciárias que forem reconhecidas pela Justiça do Trabalho, não será necessário que com relação a elas haja um lançamento tributário a ser realizado pelo Fisco.

Dito de outra forma, as contribuições previdenciárias que forem apuradas pelo juiz trabalhista não precisam de novo lançamento tributário para serem executadas. É a própria sentença que é executada pela Justiça Laboral e não o tradicional crédito constituído pela via administrativa do lançamento tributário. Isso ocorre por força de mandamento constitucional:

§ Art. 114. Compete à Justiça do Trabalho processar e julgar:

VIII – a execução, de ofício, das contribuições sociais previstas no art. 195, I, "a", e II, e seus acréscimos legais, decorrentes das sentenças que proferir;

A partir disso, o STJ conclui que o crédito tributário poderá decorrer:

- do lançamento na via administrativa (hipótese tradicional, regulada pelo CTN); ou
- da sentença da Justiça do Trabalho que reconhecer a existência de contribuições previdenciárias devidas (hipótese excepcional, trazida pelo art. 114, VIII, da C/88).

Desse modo, como as contribuições previdenciárias já foram reconhecidas na sentença pelo juiz trabalhista, já houve a constituição do crédito tributário, sendo desnecessário que haja um procedimento administrativo de lançamento tributário. Isso já é suprido pela sentença trabalhista.

Logo, foi indevida a exigência feita pelo juízo falimentar, sendo possível que o INSS habilite o crédito tributário decorrente das contribuições previdenciárias apenas com a sentença trabalhista.

Resumindo:

É desnecessária a apresentação de Certidão de Dívida Ativa (CDA) para habilitação, em processo de falência, de crédito previdenciário resultante de decisão judicial trabalhista.

STJ. 3ª Turma. REsp 1.591.141-SP, Rel. Min. Paulo de Tarso Sanseverino, julgado em 05/12/2017 (Info 618).

STJ. 4ª Turma. REsp 1.170.750-SP, Rel. Min. Luis Felipe Salomão, julgado em 27/08/2013 (Info 530).

5.3. COMPETÊNCIA PARA JULGAR DEMANDAS CÍVEIS COM PEDIDOS ILÍQUIDOS CONTRA MASSA FALIDA

Massa falida

A expressão "massa falida" possui duas acepções:

a) Massa falida SUBJETIVA (massa passiva):

É o conjunto dos credores do falido. Trata-se de um ente despersonalizado (não possui personalidade jurídica). Apesar disso, é sujeito de direito, podendo praticar atos, inclusive processuais, para a defesa dos interesses dos credores.

A massa falida pode atuar a "favor" ou "contra" a sociedade empresária falida.

Ex1: a massa falida pode ajuizar ação de cobrança contra um devedor da sociedade falida exigindo o pagamento da dívida. Nesse caso, é como se a massa falida estivesse agindo "em favor" do falido. Na verdade, a massa falida aqui atua como sucessora da sociedade empresária falida.

Ex2: a massa falida pode ajuizar ação revocatória contra o falido caso este tenha praticado atos com a intenção de prejudicar os credores.

b) Massa falida OBJETIVA (massa ativa): é o conjunto dos bens do falido que foram arrecadados no processo falimentar.

Essa distinção acima é feita pela doutrina, não havendo tal diferenciação na lei.

A massa falida é administrada e representada pelo administrador judicial.

O administrador judicial é o que antigamente chamavam de "síndico da massa falida", tendo esta expressão sido abandonada pela Lei nº 11.101/2005.

A massa falida, embora seja um ente despersonalizado (não é uma pessoa jurídica), tem capacidade de ser parte (pode estar no polo ativo ou passivo da relação processual). Em juízo, a massa falida é representada pelo administrador judicial.

Vale ressaltar que se alguém deseja ingressar com ação contra o falido, deverá propor a demanda contra a massa falida.

Imagine a seguinte situação hipotética:

A "Rodo Ltda" era responsável pelo transporte coletivo (ônibus) no Município de Guarulhos.

João foi atropelado por um ônibus da "Rodo Ltda" e ficou inválido.

Antes que João pudesse ingressar com qualquer medida contra a causadora do acidente, o juízo da 1ª Vara de Falências decretou a falência da sociedade empresária "Rodo Ltda.".

João quer agora ajuizar uma ação de indenização por danos morais contra a massa falida da "Rodo Ltda" em litisconsórcio passivo com o Município de Guarulhos.

Vale ressaltar que a ação na qual se busca indenização por danos morais é considerada como uma demanda cível com pedido ilíquido, pois cabe ao magistrado avaliar a existência do evento danoso, bem como determinar a extensão e o valor da reparação para o caso concreto.

João ajuizou a referida ação na 1ª Vara de Falências afirmando ser este o juízo universal para demandas contra a massa falida.

O Município contestou a demanda afirmando que a ação deveria ter sido proposta na Vara da Fazenda Pública municipal, considerando que a lei de organização judiciária afirma que esta é vara cível competente para julgar as demandas propostas contra o Município.

A tese do Município foi acolhida pelo STJ? De quem é a competência para julgar demanda cível ilíquida contra a massa falida, quando no polo passivo se encontra, como litisconsorte passivo, pessoa jurídica de direito público?

SIM.

Juízo universal da falência

Com a decretação da falência, instaura-se o chamado juízo universal da falência. Isso significa que, em regra, todas as ações que envolvem o devedor falido deverão ser julgadas pelo juízo que decretou a falência.

Isso é chamado de *vis attractiva* ou aptidão atrativa do juízo falimentar, estando prevista no art. 76 da Lei nº 11.101/2005:

§ Art. 76. O juízo da falência é indivisível e competente para conhecer todas as ações sobre bens, interesses e negócios do falido, ressalvadas as causas trabalhistas, fiscais e aquelas não reguladas nesta Lei em que o falido figurar como autor ou litisconsorte ativo.

Exceções

A universalidade do juízo falimentar, contudo, não é absoluta. Há exceções.

Uma dessas exceções diz respeito às ações que demandem quantia ilíquida.

Veja o que diz o art. 6º, § 1º da Lei nº 11.101/2005:

§ Art. 6º (...)

§ 1º Terá prosseguimento no juízo no qual estiver se processando a ação que demandar quantia ilíquida.

(...) Tratando-se de demandas cujos pedidos são ilíquidos, a ação de conhecimento deverá prosseguir, não havendo falar em competência absoluta do Juízo Falimentar para apreciar e julgar a demanda, nos termos do artigo 6º, § 1º, da Lei n.11.101/2005. (...)

STJ. 4ª Turma. AgInt nos EDcl no REsp 1.617.538/PR, Rel. Min. Luis Felipe Salomão, julgado em 1º/12/2016.

Assim, as ações que estiverem cobrando quantia ilíquida não precisam tramitar no juízo universal da falência, podendo continuar ou serem propostas no juízo cível competente segundo as leis de organização judiciária.

O que são ações que demandam quantia ilíquida?

"A expressão usada pela lei não é muito clara e deve ser interpretada como abrangendo as ações de conhecimento, nas quais se discute a existência ou o valor de certos créditos." (TOMAZETTE, Marlon. *Curso de Direito Empresarial*. São Paulo: Atlas, 2017, p. 404).

O art. 6º, § 1º, fala em "prosseguimento", ou seja, dando a entender que a ação já havia sido proposta antes da falência. Se a ação cobrando quantia ilíquida for proposta depois da falência, também será uma exceção ao juízo universal?

SIM. Tanto no caso de ações propostas antes como depois da decretação da falência, se estas estiverem cobrando quantia ilíquida, não se submetem ao juízo universal da falência, seguindo normalmente a competência estipulada na lei de organização judiciária. Veja:

(...) A decretação da falência, a despeito de instaurar o juízo universal falimentar, não acarreta a suspensão nem a atração das ações que demandam quantia ilíquida: se elas já tinham sido ajuizadas antes, continuam tramitando no juízo onde foram propostas; se forem ajuizadas depois, serão distribuídas normalmente segundo as regras gerais de competência. Em ambos os casos, as ações tramitarão no juízo respectivo até a eventual definição de crédito líquido. (...)

STJ. 4ª Turma. AgRg no REsp 1.471.615/SP, Rel. Min. Marco Buzzi, julgado em 16/9/2014.

A ação de indenização por danos morais se enquadra nesse conceito de "ação que demandar quantia ilíquida"?

SIM. Confira precedente nesse sentido:

(...) 3. A ação na qual se busca indenização por danos morais – caso dos autos – é tida por "demanda ilíquida", pois cabe ao magistrado avaliar a existência do evento danoso, bem como determinar a extensão e o valor da reparação para o caso concreto.

EMPRESARIAL

4. Tratando-se, portanto, de demanda cujos pedidos são ilíquidos, a ação de conhecimento deverá prosseguir perante o juízo na qual foi proposta, após o qual, sendo determinado o valor do crédito, deverá

ser habilitado no quadro geral de credores da sociedade em recuperação judicial. Interpretação do § 1º do art. 6º da Lei nº 11.101/2005. (...)

STJ. 4ª Turma. REsp 1.447.918/SP, Rel. Min. Luis Felipe Salomão, julgado em 7/4/2016.

Voltando ao exemplo dado:

A ação proposta por João cobrava quantia ilíquida. Logo, enquadrava-se no art. 6º, § 1º da Lei de Falências. Diante disso, o juízo da falência não é competente para essa demanda, devendo a ação ser proposta na vara da Fazenda Pública municipal, conforme previsão na lei de organização judiciária.

Resumindo:

A competência para processar e julgar demandas cíveis com pedidos ilíquidos contra massa falida, quando em litisconsórcio passivo com pessoa jurídica de direito público, é do juízo cível no qual for proposta a ação de conhecimento, competente para julgar ações contra a Fazenda Pública, de acordo as respectivas normas de organização judiciária.

STJ. 1ª Seção. REsp 1.643.856-SP, Rel. Min. Og Fernandes, julgado em 13/12/2017 (recurso repetitivo) (Info 617).

5.4. VALORES DEPOSITADOS EM BANCO POR CONTA DE CONTRATO DE TRUST PODEM SER ARRECADADOS NO CASO DE FALÊNCIA DA INSTITUIÇÃO FINANCEIRA

O que é um trust?

É um negócio jurídico por meio do qual um indivíduo (chamado de *settlor* ou instituidor) transfere um bem (ex: uma casa) ou um valor (ex: dinheiro) para que seja gerido por um administrador (*trustee* ou fiduciário) em favor de um beneficiário (que pode ser o próprio instituidor ou um terceiro).

A partir do momento em que o bem ou valor é transferido e é instituído o *trust*, formalmente, este bem ou valor não mais pertence ao indivíduo que fez a transferência e passa a ser um patrimônio do *trustee* (administrador).

O administrador, apesar de ter a propriedade formal desses bens, o faz apenas com o objetivo de administrá-los e/ou de conseguir rendimentos em favor de um (uns) beneficiário(s) que é(são) definido(s) pelo instituidor.

Assim, este valor será administrado em favor de uma pessoa (chamada de beneficiário ou *beneficial ownership*), que pode ser o próprio instituidor ou um terceiro (ex: um filho, uma mãe, um amigo etc.).

A forma de administração, o beneficiário e demais aspectos do *trust* são definidos no contrato firmado entre o instituidor e o administrador.

Personagens

- Instituidor (settlor): quem transfere a propriedade dos bens e valores. Ele tinha a titularidade desses bens e valores (era dono) e transfere ao trustee;
- Administrador (trustee ou fiduciário): é quem ficará com a propriedade dos bens e valores com o objetivo de administrá-los em favor de uma outra pessoa. Em geral, o trustee é uma empresa, quase sempre uma instituição financeira;

- Beneficiário (beneficial ownership ou cestui que trus): é a pessoa que será beneficiada com os bens e valores que estão sendo administrados pelo trustee. O tipo de benefício que ela irá receber irá depender das regras fixadas pelo instituidor e podem ser, por exemplo: receber os valores quando atingir certa idade, receber os rendimentos decorrentes da aplicação dessas quantias, utilizar os valores para pagar seus estudos ou despesas médicas etc.

Origem

O *trust* surgiu na Inglaterra e a expressão poderia ser traduzida como "custódia e administração" de bens ou valores.

Atualmente, existe a Convenção Internacional de Haia sobre a lei aplicável ao trust e a seu reconhecimento (1985), no entanto, o Brasil não é signatário.

O artigo 2º da Convenção prevê:

§ Para os propósitos desta Convenção, o termo trust se refere a relações jurídicas criadas – inter vivos ou após a morte – por alguém, o outorgante, quando os bens forem colocados sob controle de um curador para o benefício de um beneficiário ou para alguma finalidade específica.

Natureza jurídica

O *trust* não é uma pessoa jurídica (uma sociedade). Trata-se de um negócio jurídico (contrato).

Bens que compõem o trust

Em tese, os bens que compõem o *trust* são autônomos e não se confundem com os bens que integram o patrimônio do administrador, do instituidor e do beneficiário.

Em outras palavras, apesar de estar no nome do administrador e de estar sendo gerido em favor de uma pessoa (beneficiário), os bens que integram o *trust* não poderiam responder por dívidas de nenhuma dessas pessoas, mas apenas por débitos do próprio *trust*.

Digo que isso ocorre, em tese, porque no país estrangeiro onde o *trust* foi instituído esta realidade é respeitada. No entanto, perante o direito brasileiro, o tema gera polêmica e não existe uma segurança jurídica de que esta autonomia será aceita. A depender do caso concreto, é possível que as instituições brasileiras, Receita Federal, Banco Central, Poder Judiciário considerem que os valores que compõe o *trust* sejam de propriedade do seu beneficiário. A dificuldade, nesta hipótese, será trazer de volta para o Brasil estes valores, considerando que os países onde normalmente são instituídos os *trusts* possuem requisitos muito rígidos para aceitaram a "desconsideração" da relação contratual do *trust*.

O direito brasileiro prevê a figura do trust?

NÃO. Não existe na legislação brasileira a figura do *trust*, tal qual ocorre em outros países.

Brasileiros instituem trust?

Alguns brasileiros que possuem maior patrimônio fazem a instituição de *trust* no exterior, sendo isso realizado em outros países, em geral lugares considerados "paraísos fiscais" (países com tributação favorecida).

Lugares onde comumente são instituídos *trusts*: Bermudas, Bahamas, Ilhas Virgens Britânicas, Ilhas Caymans, Barbados, entre outros.

O instituidor remete os recursos para o país e, nestes locais, existem profissionais ou empresas especializados neste tipo de negócio e eles ficam responsáveis pela administração dos valores.

Quais são os motivos que levam a sua instituição?

O *trust*, ao contrário do que muitas pessoas pensam, não é, necessariamente, um negócio realizado com objetivos ilícitos ou escusos. Trata-se de uma forma de planejamento e de proteção patrimonial.

Algumas razões que levam a pessoa a instituir um *trust*:

- Proteger parte de seu patrimônio para o exterior com medo de incertezas que existam no país de origem (exs: risco de confisco, instabilidade política e econômica, perigo de que ocorra um golpe etc.);
- Realizar, em vida, a partilha dos bens entre os herdeiros (ex: a pessoa transfere 30 milhões de dólares ao exterior para serem divididos em três trusts, tendo cada uma como beneficiário cada um dos seus três filhos);
- Servir como forma de investimento ou planejamento tributário para pessoas que vivam boa parte do tempo no exterior (ex: a tributação em caso de transferência causa mortis de bens nos EUA é muito alta para pessoas físicas estrangeiras. Por causa disso, alguns brasileiros que compram imóvel naquele país, colocam-no em nome de um trust a fim de pagar menos impostos);
- Investir em caridade (ex: um milionário resolve instituir um trust com 20 milhões de dólares determinando que o administrador utilize os recursos para amparar crianças na África).

Obviamente que algumas pessoas também utilizam o *trust* com fins ilícitos. É o caso, por exemplo, do indivíduo que remeteu ou possui recursos não declarados no exterior e que, para esconder que é o real titular desses valores, institui um *trust* e transfere a ele a administração de tais quantias, prevendo que ele ou alguma pessoa interposta ("laranja") será o beneficiário.

O *trust*, como regra, é irrevogável. No entanto, na maioria das vezes em que ele é utilizado para fins ilícitos, é prevista uma cláusula de revogabilidade do *trust*. Trata-se da figura do *trust* revogável, que não é muito bem visto por transmitir a ideia de que o instituto está sendo utilizado apenas para esconder o real proprietário dos bens e não para a real atividade nele declarada.

Feita esta breve revisão, imagine a seguinte situação hipotética:

A empresa "A1" ganhou o leilão para administrar uma importante rodovia em São Paulo.

Como ela precisava fazer investimentos milionários de infraestrutura, decidiu captar dinheiro com outras empresas.

Assim, a empresa "A1" (concessionária da rodovia estadual) celebrou com a empresa "B2" um contrato de financiamento a ser amortizado (pago em prestações) com vinculação de receita das praças de pedágio.

Em outras palavras, a empresa "B2" emprestou alguns milhões de reais para a empresa "A1" e esta se comprometeu a pagar com o dinheiro que receberia do pedágio da rodovia.

Para operacionalizar esse contrato e conferir maiores garantias ao mutuante ("B2"), as partes pactuaram que a receita do pedágio seria depositada em um banco interveniente (no caso, o BANCO SANTOS), que ficaria responsável por administrar essas receitas com o propósito de amortizar o financiamento, como num contrato de "trust".

Identificando os personagens deste trust:

- Instituidor (settlor): A1 (concessionária que confiou a administração das receitas ao Banco Santos).
- Administrador (trustee ou fiduciário): Banco Santos.
- Beneficiário: B2.

Falência do Banco Santos

Estava indo tudo bem. Ocorre que, na vigência do contrato, foi decretada a falência do Banco Santos. Daí o juízo da falência arrecadou o saldo existente nesta conta em favor da massa falida.

Diante desse fato, a concessionária (A1) apresentou requerimento ao juízo da falência pedindo a restituição dos valores.

A empresa "A1" afirmou que essa conta constituiria patrimônio de afetação, de sorte que deveria ser aplicada a regra do art. 119, IX, da Lei nº 11.101/2005:

> § Art. 119. Nas relações contratuais a seguir mencionadas prevalecerão as seguintes regras:
>
> (...)
>
> IX – os patrimônios de afetação, constituídos para cumprimento de destinação específica, obedecerão ao disposto na legislação respectiva, permanecendo seus bens, direitos e obrigações separados dos do falido até o advento do respectivo termo ou até o cumprimento de sua finalidade, ocasião em que o administrador judicial arrecadará o saldo a favor da massa falida ou inscreverá na classe própria o crédito que contra ela remanescer.

Invocou também a incidência do entendimento exposto na Súmula 417 do STF:

> § Súmula 417-STF: Pode ser objeto de restituição, na falência, dinheiro em poder do falido, recebido em nome de outrem, ou do qual, por lei ou contrato, não tivesse ele a disponibilidade.

O pedido deve ser acolhido?

NÃO.

> **Não é cabível a restituição de quantia em dinheiro que se encontra depositada em conta corrente de banco falido, em razão de contrato de *trust*.**
>
> STJ. 3ª Turma. REsp 1.438.142-SP, Rel. Min. Paulo de Tarso Sanseverino, julgado em 15/05/2018 (Info 631).

Valores depositados no banco são arrecadados em caso de falência da instituição financeira

Vale ressaltar que se um banco vai à falência, os valores depositados nas contas bancárias são considerados bens de titularidade da instituição financeira e serão arrecadados para pagamento das dívidas. Nesse sentido:

> (...) A Segunda Seção desta Corte firmou o entendimento de que o contrato de depósito bancário contém elementos tanto do depósito irregular como do mútuo, não se adequando, contudo, especificamente a nenhum deles. Assentou-se, ainda, que nesta espécie de contrato, o depositante transfere à instituição bancária a titularidade do valor depositado, possuindo o banco a sua total disponibilidade. Assim, decretada a falência ou a liqüidação extrajudicial da instituição financeira, o depósito passa a integrar a massa falida gerando direito de crédito, não se aplicando, destarte, o art. 76 do DL 7.661/45 nem a Súmula 417/STF que estipulam a restituição daquilo que o falido tem mera detenção ou custódia. (cf. REsp nº 492.956/MG, DJU de 01/07/2004, entre muitos). (...)
>
> STJ. 4ª Turma. AgRg no REsp 509.329/MG, Rel. Min. Jorge Scartezzini, julgado em 16/11/2004.

***Trust* não pode ser considerado patrimônio de afetação**

Como vimos acima, o art. 119, IX, da Lei nº 11.101/2005 afirma que os "patrimônios de afetação" não serão arrecadados pela massa falida. No entanto, esse mesmo dispositivo diz que tais "patrimônios de afetação" deverão obedecer ao "disposto na legislação respectiva".

Diante disso, a doutrina e a jurisprudência entendem que somente os patrimônios de afetação previstos expressamente na legislação estão sujeitos a essa proteção normativa.

Em outras palavras, os patrimônios de afetação referidos no art. 119, IX, da LFR são apenas os que tenham previsão legal, não se podendo aplicar essa previsão por analogia para o *trust*.

Alguns exemplos de patrimônios de afetação previstos atualmente no ordenamento jurídico pátrio: herança, massa falida, securitização de créditos imobiliários, incorporação imobiliária, fundos e investimento imobiliário.

***Trust* não tem previsão no ordenamento jurídico brasileiro**

Conforme já explicado, o contrato de *trust* não tem regulamentação no ordenamento jurídico brasileiro, e, apesar de estar previsto na Convenção de Haia sobre a Lei Aplicável aos Trusts e sobre o Reconhecimento Deles, assinada em 1985, o Brasil não é signatário dessa convenção.

Assim, não havendo norma jurídica que discipline o contrato de *trust* no Brasil, não há amparo legal para a afetação patrimonial que foi feita no caso concreto.

Depósitos realizados no Banco Santos passaram a pertencer à instituição financeira

Diante da ausência de previsão legal da figura do *trust*, os depósitos realizados no Banco Santos passaram a integrar o patrimônio deste, podendo ser objeto de arrecadação pela administração da massa, como de fato ocorreu.

Não se aplica aqui a Súmula 417 do STF. Relembre a sua redação:

> § Súmula 417-STF: Pode ser objeto de restituição, na falência, dinheiro em poder do falido, recebido em nome de outrem, ou do qual, por lei ou contrato, não tivesse ele a disponibilidade.

O que essa súmula quer dizer é que é possível a restituição de dinheiro que esteja em poder do falido, mas em nome de outrem, sendo indisponível por força de lei ou contrato.

No caso concreto, não há que se falar em indisponibilidade por "força de lei", pois o *trust* não tem previsão legal no nosso ordenamento jurídico.

E, quanto à indisponibilidade por força de contrato, essa Súmula tem aplicabilidade naqueles contratos em que não há transferência de titularidade sobre a quantia em dinheiro, como no mandato, ou em contratos que instituam patrimônio de afetação, nas hipóteses taxativamente autorizadas pela lei.

No caso concreto, tratando-se de contrato de depósito em conta corrente bancária, o banco passou a deter a titularidade do dinheiro, o que é inerente a esse tipo de contrato.

Reforça esse entendimento a norma do art. 6º, alínea "c", da Lei nº 6.024/84 que, ao disciplinar a intervenção e liquidação extrajudicial de instituição financeira, estabelece que a intervenção terá como efeito imediato a "inexigibilidade dos depósitos já existentes à data de sua decretação", o que denota que tais depósitos não se encontravam na titularidade do correntista, mas do banco.

No caso dos autos, a receita das praças de pedágio, por estarem na titularidade do Banco Santos por força de contrato de depósito em conta corrente, passaram a integrar o patrimônio deste, sendo correta, portanto, a arrecadação em favor da massa falida, afastando a aplicação da Súmula 417 do STF.

O que as empresas "A1" e "B2" terão que fazer agora é se habilitarem no quadro geral de credores.

5.5. NA ANTIGA LEI DE FALÊNCIA, OS CRÉDITOS TRIBUTÁRIOS ERAM PAGOS ANTES DOS ENCARGOS DA MASSA

Falência

Falência é o processo coletivo de execução forçada de um empresário ou sociedade empresária cuja recuperação mostra-se inviável.

Finalidade

A falência tem como objetivo reunir os credores e arrecadar os bens, ativos e recursos do falido a fim de que, com os recursos obtidos pela alienação de tais bens, possam os credores ser pagos, obedecendo a uma ordem de prioridade estabelecida na lei.

Legislação aplicável

Atualmente, a falência do empresário e da sociedade empresária é regida pela Lei nº 11.101/2005.

Antes da Lei nº 11.101/2005, a falência era regulada pelo Decreto-Lei nº 7.661/1945.

Procedimento:

I – PROCEDIMENTO PRÉ-FALIMENTAR	II – PROCESSO FALIMENTAR
O procedimento pré-falimentar vai do pedido de falência até a sentença do juiz. Engloba, resumidamente, três atos principais: 1. Pedido de falência; 2. Resposta do devedor; 3. Sentença. Ao final desta fase, a sentença pode ser: • Denegatória: o processo se extingue sem a instauração da falência. • Declaratória: hipótese em que se iniciará o processo falimentar propriamente dito.	O processo falimentar vai da sentença declaratória de falência até a sentença de encerramento. É no processo falimentar propriamente dito que ocorre a verificação e habilitação dos créditos e o pagamento dos credores.

EMPRESARIAL

Classificação dos créditos da falência

Como vimos, o objetivo da falência é arrecadar valores para efetuar o pagamento dos credores, obedecendo a uma ordem de prioridade estabelecida na lei.

O art. 83 da Lei nº 11.101/2005 estabelece a ordem em que os créditos concursais devem ser organizados para que sejam pagos.

Na antiga Lei de Falências (DL nº 7.661/1945), esse rol era previsto no art. 102.

Encargos da massa falida

Encargos da massa eram determinadas despesas contraídas pela massa falida, ou seja, dívidas que surgiram depois de a falência ter sido decretada, e que deveriam ser pagas com prioridade.

O DL nº 7.661/1945 (antiga Lei de Falências) listava quais eram os encargos da massa em seu art. 124, § 1º (atualmente revogado).

Exemplos de encargos da massa:

- as custas judiciais do processo da falência;
- as quantias fornecidas a massa pelo síndico;

- as despesas com a arrecadação, administração, realização de ativo e distribuição do seu produto.

O caput do art. 124 dizia: "os encargos e dívidas da massa são pagos com preferência sobre os créditos admitidos a falência, ressalvado o disposto nos artigos 102 e 125."

O tema polêmico e que foi respondido pelo STJ era o seguinte: na vigência do DL 7.661/1945, o que devia ser pago primeiro: os encargos da massa ou os créditos tributários?

Os créditos tributários.

> **Os encargos da massa não preferem os créditos tributários nas falências processadas sob a égide do Decreto-Lei nº 7.661/1945.**
>
> **Em outras palavras, na antiga Lei de Falência, os créditos tributários eram pagos antes dos encargos da massa.**
>
> STJ. Corte Especial. EREsp 1.162.964-RJ, Rel. Min. Humberto Martins, julgado em 07/03/2018 (Info 637).

Essa preferência dos créditos tributários existia em virtude dos arts. 186 a 188 do CTN que, em sua redação originária, conferia prioridade quase que absoluta para o Fisco. Veja como ERA a redação (não é mais assim atualmente):

§ Art. 186. O crédito tributário prefere a qualquer outro, seja qual for a natureza ou o tempo da constituição deste, ressalvados os créditos decorrentes da legislação do trabalho.

§ Art. 187. A cobrança judicial do crédito tributário não é sujeita a concurso de credores ou habilitação em falência, concordata, inventário ou arrolamento.

§ Art. 188. São encargos da massa falida, pagáveis preferencialmente a quaisquer outros e às dívidas da massa, os créditos tributários vencidos e vincendos, exigíveis no decurso do processo de falência.

O caput do art. 124 do DL 7.661/1945 dizia que os encargos e dívidas da massa são pagos com preferência, ressalvado outros créditos que, por lei especial, gozarem dessa prioridade. O CTN é lei especial e previa essa prioridade para os créditos tributários. Logo, era aplicada essa ressalva da parte final do art. 124 da antiga Lei de Falências.

Mas qual é a utilidade de se definir esse critério se o DL 7.661/1945 já foi revogado?

O processo de falência muitas vezes é demorado e, por essa razão, ainda hoje tramitam alguns feitos falimentares regidos pelo antigo DL 7.661/1945.

É comum que o operador do Direito fique na dúvida se, no caso concreto, deverá aplicar as regras do DL 7.661/1945 (antiga Lei de Falências) ou da Lei nº 11.101/2005. Vou sintetizar aqui a resposta:

Falência ajuizada e decretada ***antes*** da vigência da Lei 11.101/2005	Aplica-se o antigo DL 7.661/45
Falência ajuizada e decretada ***após*** a vigência da Lei 11.101/2005	Aplica-se a Lei 11.101/2005
Falência ***requerida antes, mas decretada após*** a vigência da Lei 11.101/2005	Aplica-se o DL 7.661/45 até a sentença. A partir da sentença, incide a Lei 11.101/0205.

Em outras palavras, não importa a fase pré-falimentar.

O marco para saber se será aplicado o revogado DL 7.661/45 ou a Lei 11.101/05 é a sentença declaratória da falência, que inicia o processo falimentar propriamente dito. Se esta foi prolatada após o dia 9 de junho de 2005, inclusive, a falência será regida pela Lei 11.101/05.

Estas são as conclusões que se extraem do art. 192, caput e § 4º da Lei nº 11.101/05:

> § Art. 192. Esta Lei **não se** aplica aos processos de falência ou de concordata ajuizados anteriormente ao início de sua vigência, que serão concluídos nos termos do Decreto-Lei nº 7.661, de 21 de junho de 1945.
>
> (...)
>
> § 4º Esta Lei aplica-se às falências decretadas em sua vigência resultantes de convolação de concordatas ou de pedidos de falência anteriores, às quais se aplica, até a decretação, o Decreto-Lei nº 7.661, de 21 de junho de 1945, observado, na decisão que decretar a falência, o disposto no art. 99 desta Lei.

Este é o entendimento do STJ:

3ª Turma. REsp 1.096.674-MG, Rel. Min. Paulo de Tarso Sanseverino, julgado em 13/12/2011.

4ª Turma. REsp 1.105.176-MG, Rel. Min. Antonio Carlos Ferreira, julgado em 6/12/2011.

E na lei atual, como funciona?

A Lei nº 11.101/2005 não mais utilizou essa expressão "encargos da massa".

Na atual Lei de Falências, as dívidas assumidas pela massa falida ao longo do processo, ou seja, depois de decretada a quebra, são chamadas de "créditos extraconcursais" e estão listados no art. 84:

> § Art. 84. Serão considerados créditos extraconcursais e serão pagos com precedência sobre os mencionados no art. 83 desta Lei, na ordem a seguir, os relativos a:
>
> I – remunerações devidas ao administrador judicial e seus auxiliares, e créditos derivados da legislação do trabalho ou decorrentes de acidentes de trabalho relativos a serviços prestados após a decretação da falência;
>
> II – quantias fornecidas à massa pelos credores;
>
> III – despesas com arrecadação, administração, realização do ativo e distribuição do seu produto, bem como custas do processo de falência;
>
> IV – custas judiciais relativas às ações e execuções em que a massa falida tenha sido vencida;
>
> V – obrigações resultantes de atos jurídicos válidos praticados durante a recuperação judicial, nos termos do art. 67 desta Lei, ou após a decretação da falência, e tributos relativos a fatos geradores ocorridos após a decretação da falência, respeitada a ordem estabelecida no art. 83 desta Lei.

Assim, na Lei nº 11.101/2005, nós temos:

- Créditos concursais: são as dívidas do falido que devem ser pagas na ordem do art. 83.
- Créditos extraconcursais: são dívidas da massa falida e que devem ser pagas antes dos créditos concursais. Estão previstos no art. 84.

Em outras palavras, primeiro devem ser pagos os créditos extraconcursais e, depois, os concursais.

Os créditos extraconcursais são pagos antes dos concursais porque são dívidas que surgem depois de ter sido decretada a falência e em decorrência dela. Em regra, são débitos que nascem para que o processo de falência possa ser realizado. Caso fossem pagos após os demais créditos, a massa falida teria muita dificuldade de conseguir levar em frente o procedimento da falência.

Assim, os serviços prestados à massa falida após a decretação da falência são créditos extraconcursais, que devem ser satisfeitos antes, inclusive, dos trabalhistas, à exceção do que dispõe o art. 151.

Obs: você encontra alguns julgados chamando as despesas do art. 84, III, da Lei nº 11.101/2005 de "encargos da massa". Não foi a nomenclatura utilizada pela Lei nem é a preferida dos doutrinadores, mas não se assuste se encontrar um ou outro julgado empregando essa expressão.

O ponto importante, contudo, é saber qual é a posição atual dos créditos tributários na falência:

<table>
<tr><th colspan="2">Créditos tributários decorrentes de fatos geradores ocorridos</th></tr>
<tr><th>Antes da decretação da falência</th><th>Depois da decretação da falência</th></tr>
<tr><td>São atualmente pagos em quarto lugar:
1. Créditos extraconcursais (art. 84 da LF)
2. Importâncias passíveis de restituição (art. 85)
3. Créditos com garantia real, no limite do bem gravado.
4. créditos tributários, independentemente da sua natureza e tempo de constituição, excetuadas as multas tributárias.
É o que prevê o art. 186, parágrafo único, do CTN, com redação dada pela LC 118/2005:
Parágrafo único. Na falência:
I – o crédito tributário não prefere aos créditos extraconcursais ou às importâncias passíveis de restituição, nos termos da lei falimentar, nem aos créditos com garantia real, no limite do valor do bem gravado;
(...)
III – a multa tributária prefere apenas aos créditos subordinados.</td><td>Os créditos tributários surgidos no curso do processo falimentar são considerados créditos extraconcursais, ou seja, estão fora do concurso de credores, sendo, pagos, portanto, com prioridade.
Assim determina o art. 188 do CTN, com redação dada pela LC 118/2005:
Art. 188. São extraconcursais os créditos tributários decorrentes de fatos geradores ocorridos no curso do processo de falência.
No mesmo sentido é a redação da Lei nº 11.101/2005:
Art. 84. Serão considerados créditos extraconcursais e serão pagos com precedência sobre os mencionados no art. 83 desta Lei, na ordem a seguir, os relativos a:
(...)
V – (...) tributos relativos a fatos geradores ocorridos após a decretação da falência, respeitada a ordem estabelecida no art. 83 desta Lei.</td></tr>
</table>

5.6. O edital com a relação dos credores do falido (art. 7º, § 2º da Lei nº 11.101/2005) deve ser obrigatoriamente publicado na imprensa oficial

Falência

Falência é o processo coletivo de execução forçada de um empresário ou sociedade empresária cuja recuperação mostra-se inviável.

A falência tem como objetivo reunir os credores e arrecadar os bens, ativos e recursos do falido, a fim de que, com os recursos obtidos pela alienação de tais bens, possam os credores ser pagos, obedecendo a uma ordem de prioridade estabelecida na lei.

Atualmente, a falência do empresário e da sociedade empresária é regida pela Lei nº 11.101/05.

Verificação e habilitação dos créditos

Depois que a falência é decretada, ocorre a habilitação dos créditos que deverão ser pagos pela empresa.

Assim, as pessoas que tiverem créditos para receber da empresa deverão apresentá-los ao administrador judicial, na forma do art. 9º da Lei nº 11.101/2005.

A verificação dos créditos será realizada, então, primeiro pelo administrador judicial, com base nos livros contábeis e nos documentos comerciais e fiscais do devedor e nos documentos que lhe forem apresentados pelos credores. A partir desse trabalho inicial, confecciona-se um edital, cujo teor pode ser alterado por novas habilitações ou divergências quanto aos créditos ali relacionados. Esse edital é previsto no § 2º do art. 7º da Lei nº 11.101/2005, nos seguintes termos:

> § Art. 7º A verificação dos créditos será realizada pelo administrador judicial, com base nos livros contábeis e documentos comerciais e fiscais do devedor e nos documentos que lhe forem apresentados pelos credores, podendo contar com o auxílio de profissionais ou empresas especializadas.
>
> § 1º Publicado o edital previsto no art. 52, § 1º, ou no parágrafo único do art. 99 desta Lei, os credores terão o prazo de 15 (quinze) dias para apresentar ao administrador judicial suas habilitações ou suas divergências quanto aos créditos relacionados.
>
> § 2º O administrador judicial, com base nas informações e documentos colhidos na forma do caput e do § 1º deste artigo, fará publicar edital contendo a relação de credores no prazo de 45 (quarenta e cinco) dias, contado do fim do prazo do § 1º deste artigo, devendo indicar o local, o horário e o prazo comum em que as pessoas indicadas no art. 8º desta Lei terão acesso aos documentos que fundamentaram a elaboração dessa relação.

EMPRESARIAL

Em um caso concreto, o administrador judicial publicou este edital em um jornal da cidade. Um dos credores suscitou a nulidade do ato afirmando que o edital deve ser publicado, obrigatoriamente, no diário oficial. O STJ concordou com esta alegação?

SIM.

> **É imprescindível a publicação na imprensa oficial do edital previsto no art. 7º, § 2º, da Lei nº 11.101/2005.**
>
> STJ. 3ª Turma. REsp 1.758.777-PR, Rel. Min. Nancy Andrighi, julgado em 11/09/2018 (Info 633).

A razão jurídica está na exigência contida no art. 191 da Lei nº 11.101/2005:

> § Art. 191. Ressalvadas as disposições específicas desta Lei, as publicações ordenadas serão feitas preferencialmente na imprensa oficial e, se o devedor ou a massa falida comportar, em jornal ou revista de circulação regional ou nacional, bem como em quaisquer outros periódicos que circulem em todo o país.

Mas... e essa palavra "preferencialmente"? Ao falar em preferencialmente, o dispositivo não está, indiretamente, dizendo que a publicação pode ser feita por outro meio?

NÃO. O que o art. 191 quis dizer foi o seguinte:

- as publicações serão feitas preferencialmente de duas formas: na imprensa oficial e em jornal, revista ou outros periódicos.
- se o devedor ou a massa falida não comportar esse custo, as publicações serão feitas apenas (mas obrigatoriamente) na imprensa oficial.
- assim, a publicação na imprensa oficial é sempre obrigatória.

- a palavra preferencialmente está se referindo à ideia de se fazer, preferencialmente, por outros meios além da imprensa oficial.

No caso concreto, o STJ declarou a nulidade?

NÃO. Isso porque se entendeu que não houve prejuízo ao credor.

> **A jurisprudência do STJ exige, como pressuposto para declaração de nulidade, a demonstração de prejuízo concreto a quem a alega, como corolário dos princípios da instrumentalidade das formas e da celeridade processual.**
>
> **Não tendo sido demonstrado prejuízo concreto, não foi declarada a nulidade.**
>
> STJ. 3ª Turma. REsp 1758777/PR, Rel. Min. Nancy Andrighi, julgado em 11/09/2018 (Info 633).

5.7. É CABÍVEL A INTERPOSIÇÃO DE AGRAVO DE INSTRUMENTO CONTRA TODAS AS DECISÕES INTERLOCUTÓRIAS EM PROCESSO FALIMENTAR E RECUPERACIONAL

Imagine a seguinte situação hipotética:

Nata Indústria S/A ingressou com pedido de recuperação judicial.

O juiz deferiu o processamento.

Durante a tramitação do feito, o juiz proferiu decisão interlocutória determinando que a recuperanda efetuasse o imediato depósito de 40% dos honorários do administrador judicial.

Contra esta decisão, a empresa interpôs agravo de instrumento.

O TJ não conheceu do recurso, afirmando que não cabe agravo de instrumento contra a decisão do juiz que determina o pagamento da remuneração do administrador judicial.

Para o TJ, não cabe agravo de instrumento porque essa situação não se enquadra em nenhuma das hipóteses previstas no art. 1.015 do CPC/2015.

Segundo argumentou o Tribunal, as hipóteses elencadas nos incisos I a XI, do art. 1015, do CPC/2015 são taxativas e não admitem interpretação extensiva.

Agiu corretamente o TJ?

NÃO.

CPC é norma geral e se aplica ao processo falimentar de forma subsidiária e supletiva

O Código de Processo Civil, na qualidade de lei geral, é aplicável, forma subsidiária e supletiva, para os processos envolvendo falência e recuperação judicial.

É o que se conclui pelo art. 1.046, § 2º do CPC/2015:

> § Art. 1.046. (...)
>
> § 2º Permanecem em vigor as disposições especiais dos procedimentos regulados em outras leis, aos quais se aplicará supletivamente este Código.

A Lei nº 11.101/2005, no mesmo sentido, prevê que se aplica o CPC, "no que couber, aos procedimentos" de falência e recuperação judicial.

Sistema recursal da Lei de Falência

A Lei nº 11.101/2005 trouxe um sistema recursal próprio, prevendo, para diversas situações específicas, o recurso adequado a desafiar o correspondente ato judicial.

No entanto, conforme já explicado, o CPC deve incidir também no sistema recursal da Lei de Falência, seja para suprimento, seja para complementação e disciplinamento de lacunas e omissões, desde que, por óbvio, não conflite com a lei especial.

Rol do art. 1.015 do CPC/2015 não afasta a incidência das hipóteses previstas na Lei de Falência

Existem algumas hipóteses em que a própria Lei nº 11.101/2005 fala que cabe agravo. Exemplo:

> § Art. 100. Da decisão que decreta a falência cabe agravo, e da sentença que julga a improcedência do pedido cabe apelação.

Essas situações trazidas pela Lei nº 11.101/2005 continuam existindo e não foram afetadas pelo novo CPC, tendo em vista que são previsões de lei específica.

O próprio inciso XIII do art. 1.015 do CPC/2015 determina esse "respeito" pelas leis específicas:

> § Art. 1.015. Cabe agravo de instrumento contra as decisões interlocutórias que versarem sobre:
>
> XIII – outros casos expressamente referidos em lei.

Assim, havendo disposição expressa da Lei de Recuperação de Empresas e Falência, essa prevalecerá sobre o dispositivo do CPC, de modo que a aplicação desse Código será apenas para suprimento de lacunas e omissões.

Hipóteses do art. 1.015 do CPC/2015 podem ser levadas para o processo falimentar ou de recuperação judicial

Se a decisão proferida no âmbito falimentar/recuperacional se enquadrar em uma das hipóteses do rol do art. 1.015 do CPC/2015, também será possível o manejo do agravo de instrumento.

Parágrafo único do art. 1.015 do CPC/2015 deve ser aplicado às decisões interlocutórias proferidas nos processos de falência e recuperação judicial

O art. 1.015, parágrafo único, do CPC/2015 prevê o seguinte:

> § Art. 1.015 (...)
>
> Parágrafo único. Também caberá agravo de instrumento contra decisões interlocutórias proferidas na fase de liquidação de sentença ou de cumprimento de sentença, no processo de execução e no processo de inventário.

Para o STJ, o mesmo raciocínio que inspirou a permissão do agravo de instrumento para o processo de execução e para o processo de inventário, deve ser aplicado para a aplicação deste recurso ao processo falimentar e recuperacional.

Veja o que disse o Min. Luis Felipe Salomão:

> "Assim como nos procedimentos previstos no parágrafo único em comento, as decisões de maior relevância na recuperação judicial e na falência são tomadas antes da sentença propriamente dita (muitos não aconsideram, inclusive, como de mérito), que, via de regra, se limita a reconhecer fatos e atos processuais firmados anteriormente.
>
> Consequentemente, aguardar a análise pelo Tribunal apenas em sede de apelação equivaleria à irrecorribilidade prática da interlocutória, devendo incidir a interpretação extensiva do art. 1.015, parágrafo único, do CPC à LREF, sendo que, pela sua natureza, as decisões judiciais proferidas durante seu curso devem ser de logo combatidas."

Desse modo, o STJ determinou que o parágrafo único do art. 1.015 do CPC deveria ser interpretado extensivamente para abranger também as decisões interlocutórias proferidas nos processos de falência e recuperação judicial.

Essa já havia sido a conclusão adotada na I Jornada de Direito Processual Civil do CJF:

§ Enunciado nº 69: A hipótese do art. 1.015, parágrafo único, do CPC abrange os processos concursais, de falência e recuperação.

Trata-se da opinião manifestada pela imensa maioria da doutrina especializada:

(...) o entendimento correto é no sentido de continuar sendo possível o agravo de instrumento, em todos os casos de decisão interlocutória na LREF, aplicando-se analogicamente ao processo falimentar e recuperacional, a exceção prevista no parágrafo único do art. 1.015 do CPC." (BEZERRA FILHO, Manoel Justino. *Lei de recuperação de empresas e falência*. São Paulo: RT, 2018, p. 448)

Em suma:

É cabível a interposição de agravo de instrumento contra decisões interlocutórias em processo falimentar e recuperacional, ainda que não haja previsão específica de recurso na Lei nº 11.101/2005 (LREF).

Fundamento: interpretação extensiva do art. 1.015, parágrafo único, do CPC/2015.

STJ. 4ª Turma. REsp 1.722.866-MT, Rel. Min. Luis Felipe Salomão, julgado em 25/09/2018 (Info 635).

5.8. CRÉDITO DERIVADO DE FATO OCORRIDO ANTES DA RECUPERAÇÃO JUDICIAL

Recuperação judicial

A recuperação judicial surgiu para substituir a antiga "concordata" e tem por objetivo viabilizar a superação da situação de crise do devedor, a fim de permitir que a atividade empresária se mantenha e, com isso, sejam preservados os empregos dos trabalhadores e os interesses dos credores.

A recuperação judicial consiste, portanto, em um processo judicial, no qual será construído e executado um plano com o objetivo de recuperar a empresa que está em vias de efetivamente ir à falência.

Fases da recuperação

De forma resumida, a recuperação judicial possui 3 fases:

a. Postulação: inicia-se com o pedido de recuperação e vai até o despacho de processamento;

b. Processamento: vai do despacho de processamento até a decisão concessiva;

c. Execução: da decisão concessiva até o encerramento da recuperação judicial.

Juízo falimentar

A Lei nº 11.101/2005, em seu art. 3º, prevê que é competente para deferir a recuperação judicial o juízo do local do principal estabelecimento do devedor ou da filial de empresa que tenha sede fora do Brasil.

A falência e a recuperação judicial são sempre processadas e julgadas na Justiça estadual.

Plano de recuperação

Em até 60 dias após o despacho de processamento da recuperação judicial, o devedor deverá apresentar em juízo um plano de recuperação da empresa, sob pena de convolação (conversão) do processo de recuperação em falência.

Este plano deverá conter:

- discriminação pormenorizada dos meios de recuperação a serem empregados (art. 50);
- demonstração de sua viabilidade econômica; e
- laudo econômico-financeiro e de avaliação dos bens e ativos do devedor, subscrito por profissional legalmente habilitado ou empresa especializada.

Habilitação dos créditos

Depois que a recuperação judicial é decretada, ocorre a habilitação dos créditos que deverão ser pagos pela empresa recuperanda.

Assim, as pessoas que tiverem créditos para receber da empresa em recuperação deverão apresentá-los ao administrador judicial, na forma do art. 9º da Lei nº 11.101/2005.

A verificação dos créditos será realizada, então, primeiro pelo administrador judicial, com base nos livros contábeis e nos documentos comerciais e fiscais do devedor e nos documentos que lhe forem apresentados pelos credores. A partir desse trabalho inicial, confecciona-se um edital, cujo teor pode ser alterado por novas habilitações ou divergências quanto aos créditos ali relacionados.

Imagine agora a seguinte situação hipotética:

Em janeiro de 2017, Lucas consumiu leite estragado comprado no Supermercado BR.

Em fevereiro de 2017, ele ajuizou ação de indenização por danos morais contra o Supermercado.

Ocorre que a referida empresa vinha enfrentando realmente sérias dificuldades econômicas e, em setembro de 2017, ingressou com pedido de recuperação judicial, que foi aceito.

Em outubro de 2017, o juiz julgou o pedido de Lucas procedente e condenou a empresa a pagar R$ 50 mil ao consumidor. Houve o trânsito em julgado.

Diante disso, Lucas ingressou com pedido de habilitação de seu crédito no processo de recuperação judicial.

No entanto, o juiz da recuperação judicial não aceitou o pedido sob a alegação de que o crédito do consumidor se constituiu com a sentença, o que ocorreu em data posterior ao ajuizamento da recuperação judicial. Assim, para o magistrado, o crédito de Lucas não está sujeito à recuperação judicial, conforme prevê o art. 49 da Lei nº 11.101/2005:

> § Art. 49. Estão sujeitos à recuperação judicial todos os créditos existentes na data do pedido, ainda que não vencidos.

Agiu corretamente o magistrado?

NÃO. Realmente, por força do art. 49 da Lei nº 11.101/2005, os créditos posteriores ao pedido de recuperação judicial não se submetem aos seus efeitos. Nesse sentido: STJ. 4ª Turma. AgRg no AgRg no REsp 1494870/DF, Rel. Min. Marco Buzzi, julgado em 06/09/2016. Assim, o juiz está certo quando afirma isso.

Qual foi, no entanto, o equívoco do magistrado? Considerar que o crédito de Lucas surgiu apenas com a sentença. Isso não é verdade.

O crédito de Lucas decorreu do ato ilícito praticado pelo Supermercado, fato ocorrido antes do pedido de recuperação judicial.

A constituição de um crédito pressupõe a existência de um vínculo jurídico entre as partes e não se encontra condicionada a uma decisão judicial. Em outras palavras, o crédito surge antes da sentença, que apenas declara a existência do crédito.

Assim, tratando-se de vínculo jurídico decorrente de evento que causou dano ao consumidor, a constituição do crédito correspondente não se dá com a prolação da decisão judicial que o reconhece e o quantifica, mas com a própria ocorrência daquele evento.

O sujeito prejudicado (em nosso exemplo, Lucas) assume a posição de credor da reparação civil derivada de ato lesivo contra ele intentado desde sua prática, e não com a declaração judicial de sua ocorrência. Tanto é assim que, nas hipóteses de responsabilidade civil extracontratual, o marco inicial de fluência dos juros decorrentes da mora do devedor são contados da data do evento danoso (Súmula 54/STJ).

Em suma:

O crédito derivado de fato ocorrido em momento anterior àquele em que requerida a recuperação judicial deve sujeitar-se ao plano de soerguimento da sociedade devedora.

STJ. 3ª Turma. REsp 1.727.771-RS, Rel. Min. Nancy Andrighi, julgado em 15/05/2018 (Info 626).

5.9. Conceito de bem de capital para os fins do § 3º do art. 49 da Lei 11.101/2005

Recuperação judicial

A recuperação judicial consiste em um processo judicial, no qual será construído e executado um plano com o objetivo de recuperar a empresa que está em vias de efetivamente ir à falência. Logo, em vez de a empresa ir à falência (o que é nocivo para a economia, para os donos da empresa, para os funcionários etc.), tenta-se dar um novo fôlego para a sociedade empresária, renegociando as dívidas com os credores.

Na antiga Lei de Falências, esse processo era chamado de "concordata" (DL 7.661/45).

A Lei nº 11.101/2005 acabou com a "concordata" e criou um novo instituto, com finalidade semelhante, chamado de recuperação judicial.

Assim, a recuperação judicial surgiu para substituir a antiga "concordata" e tem por objetivo viabilizar a superação da situação de crise do devedor, a fim de permitir que a atividade empresária se mantenha e, com isso, sejam preservados os empregos dos trabalhadores e os interesses dos credores.

Créditos que estão sujeitos à recuperação judicial

Na recuperação judicial, a empresa devedora, que está "sufocada" por dívidas, irá pagar os seus credores de uma forma mais "suave", a fim de que consiga quitar todos os débitos e se manter funcionando.

Assim, os credores da empresa em recuperação judicial são inscritos no "quadro geral de credores", e cada um receberá seu crédito de acordo com o que for definido no plano de recuperação.

Um dos temas importantes sobre esse assunto é saber quais créditos estão sujeitos à recuperação judicial, ou seja, quais credores irão ter que receber seus créditos conforme o plano de recuperação.

Regra

Em regra, estão sujeitos à recuperação judicial todos os créditos existentes na data do pedido de recuperação judicial, ainda que não vencidos (art. 49, *caput*, da Lei nº 11.101/2005).

Ex: a empresa tem que pagar uma dívida com um fornecedor daqui a 9 meses; se o pedido de recuperação foi feito hoje, esse crédito já será incluído nas regras da recuperação judicial, mesmo que ainda não tenha chegado a data do vencimento.

Consequência dessa regra:

Como vimos acima, tendo sido decretada a recuperação judicial, os credores irão receber conforme o plano. Como consequência disso, em regra, as ações e execuções que tramitam contra a empresa em recuperação são suspensas para poder não atrapalhar a execução do plano. Veja:

> § Art. 6º A decretação da falência ou o deferimento do processamento da recuperação judicial suspende o curso da prescrição e de todas as ações e execuções em face do devedor, inclusive aquelas dos credores particulares do sócio solidário.
>
> (...)
>
> § 4º Na recuperação judicial, a suspensão de que trata o caput deste artigo em hipótese nenhuma excederá o prazo improrrogável de 180 (cento e oitenta) dias contado do deferimento do processamento da recuperação, restabelecendo-se, após o decurso do prazo, o direito dos credores de iniciar ou continuar suas ações e execuções, independentemente de pronunciamento judicial.

Esse prazo em que haverá a pausa momentânea das ações e execuções é chamado de *stay period* e tem por objetivo permitir que o devedor em crise consiga negociar, de forma conjunta com todos os credores (plano de recuperação) e, ao mesmo tempo, preservar o patrimônio do empreendimento, que ficará livre, por um determinado período de respiro, de eventuais constrições (ex: penhora) de bens necessários à continuidade da atividade empresarial. Com isso, minimiza-se o risco de haver uma falência.

Exceções à regra:

A regra acima exposta (caput do art. 49) possui exceções que estão elencadas nos §§ 3º e 4º.

Dessa feita, nesses parágrafos estão previstos determinados créditos que NÃO se sujeitam aos efeitos da recuperação judicial.

Veja o § 3º, que interessa para explicar o julgado:

> § § 3º Tratando-se de credor titular da posição de proprietário fiduciário de bens móveis ou imóveis, de arrendador mercantil, de proprietário ou promitente vendedor de imóvel cujos respectivos contratos contenham cláusula de irrevogabilidade ou irretratabilidade, inclusive em incorporações imobiliárias, ou de proprietário em contrato de venda com reserva de domínio, seu crédito não se submeterá aos efeitos da recuperação judicial e prevalecerão os direitos de propriedade sobre a coisa e as condições contratuais, observada a legislação respectiva, não se permitindo, contudo, durante o prazo de suspensão a que se refere o § 4º do art. 6º (chamado de "*stay period*") desta Lei, a venda ou a retirada do estabelecimento do devedor dos bens de capital essenciais a sua atividade empresarial.

Créditos decorrentes de alienação fiduciária enquadram-se no § 3º

Se a empresa em recuperação tinha um contrato de alienação fiduciária com o credor "X" e este credor tinha, como garantia da dívida, a propriedade fiduciária de um bem que está na posse da empresa, esse crédito" enquadra-se no § 3º.

Ex: a empresa tinha feito uma alienação fiduciária para adquirir um caminhão "XYZ"; como não tinha dinheiro para pagar à vista, fez um financiamento e o veículo ficou na propriedade fiduciária do banco "ABC", sendo usado pela empresa (tinha a posse direta do bem). Se a empresa entra com pedido de recuperação judicial, esse crédito do banco não está submetido aos efeitos do plano de credores. Em outras palavras, a empresa terá que continuar pagando as prestações da mesma forma que já estava ajustada no contrato e, se atrasar, o banco poderá propor a ação de busca e apreensão.

Ressalva da parte final do § 3º

O § 3º traz uma ressalva: mesmo que o crédito se enquadre nas situações descritas no § 3º, a empresa não poderá perder o estabelecimento onde está situada, assim como também não poderá ser privada dos bens de capital essenciais a sua atividade empresarial.

Ex: se o caminhão "XYZ" (acima mencionado) é o único utilizado pela empresa, sendo essencial para a sua atividade empresarial, o banco "ABC" não poderá ajuizar a ação de busca e apreensão. Ele terá que se submeter às regras da recuperação judicial.

Essa situação dura, no máximo, 180 dias, conforme prevê o § 4º do art. 6º.

Resumindo:

1. REGRA: estão sujeitos à recuperação judicial todos os créditos existentes na data do pedido de recuperação judicial, ainda que não vencidos (art. 49, caput). Devem obedecer ao plano de recuperação e as ações ficam suspensas.
2. EXCEÇÃO: os créditos de alienação fiduciária não estão sujeitos à recuperação judicial e as ações relacionadas com tais créditos podem continuar a ser propostas (§ 3º do art. 49). Aqui o Banco "comemora" porque seu crédito está fora da recuperação judicial.
3. EXCEÇÃO DA EXCEÇÃO (volta para regra): se a garantia da alienação fiduciária for o imóvel que funciona o estabelecimento do devedor ou forem bens de capital (bens móveis) essenciais à atividade empresarial da sociedade em recuperação judicial, nesse caso, mesmo sendo crédito de alienação fiduciária, deverá ficar sujeita aos efeitos da recuperação judicial. Aqui o Banco "lamenta" porque seu crédito deverá ficar sujeito à recuperação judicial. Prevalece o princípio da preservação da empresa, impondo restrição temporária ao proprietário fiduciário (ex: banco) em relação a bem de capital que se revele indispensável à manutenção do desenvolvimento da atividade econômica exercida pela empresa recuperanda.

Bem de capital essencial à atividade empresarial

Atenção: para se enquadrar na parte final do § 3º (exceção da exceção – situação 3), o bem objeto da alienação fiduciária deve ser bem de capital essencial à atividade empresarial.

Se o contrato de alienação fiduciária for referente a:

1. um bem que não seja bem de capital; ou
2. a um bem de capital não essencial

... esse crédito continua fora da recuperação judicial (situação 2).

Só se analisa se o bem é essencial se ele for bem de capital

Se determinado bem, alienado fiduciariamente, não puder ser classificado como "bem de capital", o Juízo da recuperação nem analisa se ele é essencial ou não para a empresa. Isso porque o § 3º do art. 49 somente "salva" e mantém na empresa os bens de capital essenciais. São, portanto, dois "requisitos": ser bem de capital + ser essencial.

Veja novamente este trecho da Lei:

§ § 3º (...) não se permitindo, contudo, durante o prazo de suspensão a que se refere o § 4º do art. 6º desta Lei, a venda ou a retirada do estabelecimento do devedor dos bens de capital essenciais a sua atividade empresarial.

Em não se tratando de bem de capital, o bem cedido ou alienado fiduciariamente não pode ficar retido na posse da empresa em recuperação judicial, afigurando-se, para esse efeito, absolutamente descabido qualquer juízo de essencialidade.

Desse modo, a caracterização do bem dado em garantia fiduciária como "bem de capital" constitui questão pressuposta ao subsequente juízo de essencialidade, a fim de mantê-lo na posse da empresa recuperanda.

Quem avalia a essencialidade do bem de capital?

O Juízo da recuperação judicial, que detém todas as informações relacionadas à real situação econômico-financeira da recuperanda.

É considerado essencial aquele bem que se mostra indispensável ao soerguimento da empresa.

O que é "bem de capital" mencionado no § 3º do art. 49?

"Bem de capital" é o bem corpóreo (móvel ou imóvel) utilizado no processo produtivo da empresa recuperanda e que não seja perecível nem consumível.

Assim, o bem, para se caracterizar como bem de capital, precisa ser utilizado no processo produtivo da empresa, já que necessário ao exercício da atividade econômica exercida pelo empresário.

Verifica-se, ainda, que o bem, para se enquadrar neste conceito, precisa estar na posse da empresa recuperanda. Isso porque, como já dito, ele tem que estar sendo utilizado em seu processo produtivo.

Logo, se o bem não está na posse da empresa, ele não se enquadra no § 3º do art. 49.

Bem de capital não pode ser perecível ou consumível

Por fim, não se pode considerar como bem de capital aquele que for perecível ou consumível. Isso porque não se pode atribuir tal qualidade a um bem cuja utilização signifique o próprio esvaziamento da garantia fiduciária. Deve-se lembrar que, ao final do *stay period*, o bem deverá ser restituído ao proprietário, ou seja, ao credor fiduciário. Se o bem for perecível ou consumível, não será possível essa devolução.

Em suma:

A Lei nº 11.101/2005, embora tenha excluído expressamente dos efeitos da recuperação judicial o crédito de titular da posição de proprietário fiduciário de bens imóveis ou móveis, acentuou que os "bens de capital", objeto de garantia fiduciária, essenciais ao desenvolvimento da atividade empresarial, permanecem na posse da recuperanda durante o *stay period*.

A conceituação de "bem de capital", referido na parte final do § 3º do art. 49 da LRF há de ser objetiva. Assim, "bem de capital" é o bem corpóreo (móvel ou imóvel) utilizado no processo produtivo da empresa recuperanda e que não seja perecível nem consumível.

STJ. 3ª Turma. REsp 1.758.746-GO, Rel. Min. Marco Aurélio Bellizze, julgado em 25/09/2018 (Info 634).

EMPRESARIAL

5.10. AÇÃO DE INDENIZAÇÃO POR DANOS MORAIS CONTRA EMPRESA EM RECUPERAÇÃO JUDICIAL

Imagine a seguinte situação hipotética:

João foi ofendido e maltratado pelo motorista da empresa de ônibus "Viplan".

Em razão disso, ajuizou ação de indenização por danos morais que foi julgada procedente, condenando a pagar R$ 5 mil.

O credor requereu o cumprimento de sentença, o que estava tramitando na 6ª Vara Cível.

Ocorre que a Viplan ingressou com pedido de recuperação judicial.

O juiz da Vara de Falência deferiu o pedido de recuperação judicial.

Diante disso, o juiz da 6ª Vara Cível decidiu suspender o processo de cumprimento de sentença, nos termos do art. 6º, § 4º da Lei nº 11.101/2005:

> § Art. 6º A decretação da falência ou o deferimento do processamento da recuperação judicial suspende o curso da prescrição e de todas as ações e execuções em face do devedor, inclusive aquelas dos credores particulares do sócio solidário.
>
> (...)
>
> § 4º Na recuperação judicial, a suspensão de que trata o caput deste artigo em hipótese nenhuma excederá o prazo improrrogável de 180 (cento e oitenta) dias contado do deferimento do processamento da recuperação, restabelecendo-se, após o decurso do prazo, o direito dos credores de iniciar ou continuar suas ações e execuções, independentemente de pronunciamento judicial.

Depois de alguns anos de tramitação, o Juiz da Vara de Falência entendeu que estavam cumpridas as obrigações e decretou, por sentença, o encerramento da recuperação judicial (art. 63 da Lei 11.101/2005).

Um dos credores, contudo, não concordou e apelou contra a sentença.

Foi o tempo que o advogado de João lembrou do processo e pediu ao Juiz da 6ª Vara Cível que retomasse o cumprimento de sentença, pedido que foi acolhido pelo magistrado.

A Viplan, porém, recorreu contra a decisão do Juiz da 6ª Vara Cível alegando que não se mostra plausível a retomada das execuções individuais após o mero decurso do prazo de 180 dias, sob pena de violação ao princípio da continuidade da empresa. Argumentou que o cumprimento de sentença deverá permanecer suspenso até a conclusão final da recuperação judicial.

Agiu corretamente o juiz da 6ª Vara Cível?

SIM.

O STJ possui precedentes nos quais já admitiu que os processos permaneçam suspensos mesmo depois do decurso do prazo de 180 dias previsto no art. 6º, § 4º da Lei nº 11.101/2005: Nesse sentido:

> (...) 2. De acordo com o entendimento deste Tribunal Superior, admite-se a prorrogação do prazo suspensivo das ações e execuções ajuizadas em face da sociedade em crise econômico-financeira, previsto no art. 6º, § 4º, da Lei nº 11.101/2005. (...)
>
> STJ. 2ª Seção. CC 111.614/DF, Rel. Min. Nancy Andrighi, julgado em 12/06/2013.

Todavia, não se pode admitir prorrogação genérica e indiscriminada do prazo de suspensão do art. 6º, § 4º para todo e qualquer processo relacionado à empresa recuperanda, sendo sempre necessário analisar as circunstâncias do caso concreto.

No caso concreto, além de se ter esgotado o prazo de 180 dias, percebe-se que o próprio processo de recuperação judicial já havia se encerrado (ainda que pendente recurso). Logo, não havia qualquer motivo para se manter suspenso o cumprimento de sentença.

Não seria razoável que João tivesse que continuar com sua execução suspensa, especialmente porque:

- seu crédito é muito pequeno se comparada ao porte econômico da empresa; e
- passou-se um grande tempo desde o ajuizamento da ação, o que afronta o princípio da efetividade da jurisdição.

Em suma:

A ação de compensação por danos morais movida contra empresa em recuperação judicial não deve permanecer suspensa até o trânsito em julgado da decisão final proferida no processo de soerguimento.

STJ. 3ª Turma. REsp 1.710.750-DF, Rel. Min. Nancy Andrighi, julgado em 15/05/2018 (Info 627).

6. DUPLICATA SOB A FORMA ESCRITURAL (LEI 13.775/2018)

A Lei nº 13.775/2018 regulamenta a duplicata sob a forma escritural.

Vamos entender sobre o que trata a lei. Antes, no entanto, acho importante fazermos uma revisão sobre os principais aspectos da duplicata.

NOÇÕES GERAIS SOBRE DUPLICATA

Conceito de duplicata

Duplicata é...

- um título de crédito
- que consiste em uma ordem de pagamento emitida pelo próprio credor
- por conta de mercadorias que ele vendeu ou de serviços que prestou
- e que estão representados em uma fatura
- devendo ser paga pelo comprador das mercadorias ou pelo tomador dos serviços.

Título de crédito genuinamente brasileiro

A duplicata foi criada pelo direito brasileiro, sendo considerada um título genuinamente brasileiro.

Regulamentação

A duplicata é regida pela Lei nº 5.474/68 e, agora, também pela Lei nº 13.775/2018.

O que é a fatura?

A fatura é um documento emitido pelo vendedor ou prestador de serviços no qual são discriminadas as mercadorias que foram vendidas ou os serviços prestados.

Na fatura constam a descrição e os preços dos produtos vendidos ou do serviço prestado.

Todas as vezes que for celebrado um contrato de compra e venda mercantil entre partes domiciliadas no Brasil, com prazo não inferior a 30 dias, contado da data da entrega ou despacho das mercadorias, o vendedor é obrigado a extrair uma fatura para apresentar ao comprador (art. 1º, da Lei nº 5.474/68).

No caso de prestação de serviços (qualquer prazo) ou de compra e venda inferior a 30 dias, a emissão de fatura é facultativa.

Duplicata e fatura são documentos diferentes

A fatura não é título de crédito. O título é a duplicata, que é emitida a partir de uma fatura. A fatura apenas prova a existência do contrato.

Exemplo de emissão de duplicata

O distribuidor "SILVA & SOUZA Ltda." vendeu para a loja "Bompé" 70 pares de sapatos.

O distribuidor (vendedor) extrai uma fatura dos produtos e emite uma duplicata mercantil dando uma ordem à loja (compradora) para que ela pague ao próprio vendedor o preço dos pares de sapato e eventuais encargos contratuais.

Espécies de duplicata

- Duplicata mercantil: emitida por causa da compra e venda mercantil.
- Duplicata de serviços: emitida por causa da prestação de serviços.

Características da duplicata

a. Título causal: a duplicata só pode ser emitida para documentar o crédito decorrente de dois negócios jurídicos: a compra e venda mercantil ou a prestação de serviços. Essa causa da duplicata é mencionada no próprio título. Por conta dessa característica, alguns autores afirmam que se trata de um título impróprio. Obs: o contrário dos títulos causais são os "não causais" ou "abstratos", como o caso da nota promissória.

b. Ordem de pagamento.

c. Título de modelo vinculado (título formal): os padrões de emissão da duplicata são fixados pelo Conselho Monetário Nacional. A duplicata somente produz efeitos cambiais se observado o padrão exigido para a constituição do título.

Emissão da duplicata

O vendedor ou prestador dos serviços emite a fatura discriminando as mercadorias vendidas ou os serviços prestados. Com base nessa fatura, esse vendedor ou prestador poderá emitir a duplicata.

Toda duplicata sempre terá origem em uma fatura.

Uma duplicata só pode corresponder a uma única fatura (art. 2º, § 2º, da Lei nº 5.474/68).

Remessa da duplicata para aceite

Aceite é o ato por meio do qual o sacado se obriga a pagar o crédito constante do título na data do vencimento.

Assim, emitida a duplicata, nos 30 dias seguintes, o sacador (quem emitiu o título) deve remeter o título ao sacado (comprador ou tomador dos serviços) para que ele assine a duplicata no campo próprio para o aceite, restituindo-a ao sacador no prazo de 10 dias.

O aceite na duplicata é obrigatório

Na duplicata, o título documenta uma obrigação surgida a partir de um contrato de compra e venda mercantil ou de prestação de serviços.

Desse modo, se o vendedor/prestador do serviço, que no caso foi o sacador, cumpriu as suas obrigações contratuais, não há motivo para o devedor recusar o aceite.

Em virtude dessa circunstância, a doutrina afirma que o aceite na duplicata é, em regra, obrigatório, somente podendo ser recusado nas hipóteses previstas nos arts. 8º e 21 da Lei nº 5.474/68.

Recusa do aceite

Como vimos, o aceite é, em regra, obrigatório.

As hipóteses previstas na lei em que o aceite pode ser recusado estão relacionadas com situações em que o sacador (vendedor ou prestador dos serviços) não cumpriu corretamente suas obrigações contratuais ou em que há divergência entre aquilo que foi combinado no contrato e o que consta da duplicata. Vejamos:

Recusa do aceite na duplicata mercantil:

§ Art. 8º O comprador só poderá deixar de aceitar a duplicata por motivo de:

I – avaria ou não recebimento das mercadorias, quando não expedidas ou não entregues por sua conta e risco;

II – vícios, defeitos e diferenças na qualidade ou na quantidade das mercadorias, devidamente comprovados;

III – divergência nos prazos ou nos preços ajustados.

Recusa do aceite na duplicata de serviços:

§ Art. 21. O sacado poderá deixar de aceitar a duplicata de prestação de serviços por motivo de:

I – não correspondência com os serviços efetivamente contratados;

II – vícios ou defeitos na qualidade dos serviços prestados, devidamente comprovados;

III – divergência nos prazos ou nos preços ajustados.

Tipos de aceite

a) *aceite ordinário*: ocorre quando o sacado (comprador ou tomador dos serviços), não encontra nenhum problema em aceitar e, por isso, assina em um campo próprio localizado na frente (anverso) do título, devolvendo-o em seguida.

b) *aceite presumido*: ocorre quando o sacado resolve não assinar ou não devolver a duplicata assinada, no entanto, ao receber as mercadorias compradas ele assinou o comprovante de recebimento, sem fazer qualquer ressalva quanto aos bens adquiridos. Ora, se ele recebeu normalmente as mercadorias é porque se presume que o vendedor cumpriu sua obrigação contratual. Logo, esse comprador deveria ter feito o aceite da duplicata. Nesses casos, o sacador deverá fazer o protesto do sacado por falta de aceite ou por falta de pagamento.

Diante disso, é admitido como aceite presumido da duplicata:

O comprovante de entrega das mercadorias assinado pelo sacado acompanhado do instrumento do protesto do título por falta de aceite ou falta de pagamento.

c) *aceite por comunicação*: ocorre quando o sacado retém o título e expressa o aceite em carta ou comunicado. Essa comunicação, mesmo escrita fora do título, produz os mesmos efeitos do aceite.

Protesto

Protesto de títulos é o ato público, formal e solene, realizado pelo tabelião de protesto, com a finalidade de provar:

a. a inadimplência do devedor

b. o descumprimento de obrigação constante de título de crédito; ou

c. qualquer outro ato importante relacionado com o título (ex: falta de aceite).

No caso da duplicata, para que serve o protesto?

O protesto poderá servir para provar três situações distintas:

a. a falta de pagamento;

b. a falta de aceite da duplicata;

c. a falta de devolução da duplicata;

Protesto por indicações

O procedimento para que haja o protesto de um título de crédito é, resumidamente, o seguinte:

1. O credor leva o título até o tabelionato de protesto e faz a apresentação, pedindo que haja o protesto, e informando os dados e endereço do devedor;
2. O tabelião de protesto examina os caracteres formais do título;
3. Se o título não apresentar vícios formais, o tabelião realiza a intimação do suposto devedor no endereço apresentado pelo credor;
4. A intimação é realizada para que o apontado devedor, no prazo de 3 dias, pague ou providencie a sustação do protesto antes de ele ser lavrado.
5. Se o devedor ficar inerte ou tentar e não conseguir sustar o protesto, será lavrado e registrado o protesto.

O procedimento do protesto da duplicata é exatamente este acima explicado, havendo, no entanto, uma diferença: o chamado *protesto por indicações*.

Como vimos acima, na etapa 1, para que haja o protesto, é necessário que o credor leve o título original. Assim, *em regra*, para o protesto de títulos de crédito, exige-se a apresentação do original em razão do princípio da cartularidade.

Ocorre que, como já vimos também, existe a possibilidade de o sacado (comprador ou tomador dos serviços) receber a duplicata para fazer o aceite e acabar não devolvendo o título para o sacador. Desse modo, além de não apor o aceite, o devedor não devolve o título. Nesse caso, se fosse exigida a apresentação do título, o protesto seria impossível, já que o título ficou em poder do devedor.

Logo, se o sacado não devolveu a duplicata, o sacador (vendedor ou prestador dos serviços) poderá fazer o protesto da duplicata por indicações (dando apenas as informações do título), ou seja, sem apresentar a duplicata no Tabelionato de Protesto.

Se a duplicata foi remetida para aceite e não foi devolvida pelo sacado, poderá haver protesto mediante simples *indicações dos dados do título*, ou seja, são fornecidas ao Tabelionato de Protesto as informações do título retiradas do Livro de emissão de duplicatas, livro que é obrigatório para os empresários que emitem duplicata.

Essas indicações da duplicata poderão ser encaminhadas, inclusive, por meio magnético ou de gravação eletrônica de dados, sendo de inteira responsabilidade do apresentante os dados fornecidos, ficando a cargo dos Tabelionatos a mera instrumentalização das mesmas (art. 8º, parágrafo único, da Lei nº 9.492/97).

O protesto por indicações somente pode ser feito no caso de falta de devolução ou também nas hipóteses de falta de aceite ou de falta de pagamento?

1ª corrente: o protesto por indicações somente pode ser feito no caso de falta de devolução. Posição tradicional defendida por Wille Duarte Costa.

2ª corrente: o protesto por indicações pode ser feito em qualquer hipótese. É defendida pela doutrina mais moderna, como Fábio Ulhoa Coelho e Marlon Tomazette.

DUPLICATA VIRTUAL

Espécies de duplicata

Conforme explica Marcelo Augusto de Barros, na prática, existem hoje em dia, três espécies de duplicatas:

1. as assinadas em papel. São as tradicionais, porém atualmente em desuso;
2. as assinadas por certificado digital, conforme autoriza a MP 2.200-2/2001. Chamadas no mercado de securitização de recebíveis de "duplicata digital";
3. as que sequer são emitidas formalmente, correspondentes às informações presentes nos boletos bancários. Ficaram conhecidas pela denominação "duplicata virtual" a partir do julgamento do EREsp 1024691 pelo STJ em 2012.

Lei nº 13.775/2018

A Lei nº 13.775/2018 "dispõe sobre a emissão de duplicata sob a forma escritural".

"Duplicata sob a forma escritural" nada mais é do que aquilo que a doutrina e a jurisprudência chamaram de "duplicata virtual" (o terceiro grupo acima exposto). Outro sinônimo para o instituto é "duplicata eletrônica".

Assim, o objetivo da Lei nº 13.775/2018 foi o de regulamentar a prática da duplicata virtual, utilizando, contudo, uma nomenclatura mais técnica, qual seja, "duplicata sob a forma escritural".

Como funciona uma "duplicata virtual"

1. O contrato de compra e venda ou de prestação de serviços é celebrado.
2. Em vez de emitir uma fatura e uma duplicata em papel, o vendedor ou fornecedor dos serviços transmite em meio magnético (pela internet) a uma instituição financeira os dados referentes a esse negócio jurídico (partes, relação das mercadorias vendidas, preço etc.).
3. A instituição financeira, também pela internet, encaminha ao comprador ou tomador de serviços um boleto bancário para que o devedor pague a obrigação originada no contrato. Ressalte-se que esse boleto bancário não é o título de crédito. O título é a duplicata que, no entanto, não existe fisicamente. Esse boleto apenas contém as características da duplicata virtual.
4. Se chegar o dia do vencimento e não for pago o valor, o credor ou o banco (encarregado da cobrança) encaminharão as indicações do negócio jurídico ao Tabelionato, também em meio magnético, e o Tabelionato faz o protesto do título por indicações.
5. Após ser feito o protesto, se o devedor continuar inadimplente, o credor ou o banco ajuizarão uma execução contra ele.

Previsão legal

A Lei de Duplicatas (Lei nº 5.474/68) não previu as chamadas duplicatas virtuais, até mesmo porque naquela época os sistemas informatizados ainda não estavam tão desenvolvidos.

A Min. Nancy Andrighi afirmava, contudo, mesmo antes da Lei nº 13.775/2018, que as duplicatas virtuais tinham previsão legal no art. 8º, parágrafo único, da Lei nº 9.492/97 e no art. 889, § 3º do CC-2002.

Agora, a Lei nº 13.775/2018 disciplinou a duplicata sob forma escritural (duplicata virtual).

Antes da Lei nº 13.775/2018, a duplicata virtual já era considerada válida?

SIM. Em 2012, o STJ pacificou o entendimento que é válida a duplicata virtual. Confira a ementa:

EMPRESARIAL

(...) 2. Embora a norma do art. 13, § 1º, da Lei 5.474/68 permita o protesto por indicação nas hipóteses em que houver a retenção da duplicata enviada para aceite, o alcance desse dispositivo deve ser ampliado para harmonizar-se também com o instituto da duplicata virtual, conforme previsão constante dos arts. 8º e 22 da Lei 9.492/97.

3. A indicação a protesto das duplicatas mercantis por meio magnético ou de gravação eletrônica de dados encontra amparo no artigo 8º, parágrafo único, da Lei 9.492/97. O art. 22 do mesmo Diploma Legal, a seu turno, dispensa a transcrição literal do título quando o Tabelião de Protesto mantém em arquivo gravação eletrônica da imagem, cópia reprográfica ou micrográfica do título ou documento da dívida.

4. Quanto à possibilidade de protesto por indicação da duplicata virtual, deve-se considerar que o que o art. 13, § 1º, da Lei 5.474/68 admite, essencialmente, é o protesto da duplicata com dispensa de sua apresentação física, mediante simples indicação de seus elementos ao cartório de protesto. Daí, é possível chegar-se à conclusão de que é admissível não somente o protesto por indicação na hipótese de retenção do título pelo devedor, quando encaminhado para aceite, como expressamente previsto no referido artigo, mas também na de duplicata virtual amparada em documento suficiente.

5. Reforça o entendimento acima a norma do § 2º do art. 15 da Lei 5.474/68, que cuida de executividade da duplicata não aceita e não devolvida pelo devedor, isto é, ausente o documento físico, autorizando sua cobrança judicial pelo processo executivo quando esta haja sido protestada mediante indicação do credor, esteja acompanhada de documento hábil comprobatório da entrega e recebimento da mercadoria e o sacado não tenha recusado o aceite pelos motivos constantes dos arts. 7º e 8º da Lei.

(...)

7. O protesto de duplicata virtual por indicação apoiada em apresentação do boleto, das notas fiscais referentes às mercadorias comercializadas e dos comprovantes de entrega e recebimento das mercadorias devidamente assinados não descuida das garantias devidas ao sacado e ao sacador.

8. Embargos de divergência conhecidos e desprovidos.

STJ. 2ª Seção. EREsp 1024691/PR, Rel. Min. Raul Araújo, julgado em 22/08/2012.

Assim, segundo decidiu o STJ, as duplicatas virtuais emitidas e recebidas por meio magnético ou de gravação eletrônica podem ser protestadas por mera indicação, de modo que a exibição do título não é imprescindível para o ajuizamento da execução, conforme previsto no art. 8º, parágrafo único, da Lei nº 9.492/97.

Os boletos de cobrança bancária vinculados ao título virtual, devidamente acompanhados dos instrumentos de protesto por indicação e dos comprovantes de entrega da mercadoria ou da prestação dos serviços, suprem a ausência física do título cambiário eletrônico e constituem, em princípio, títulos executivos extrajudiciais.

REGULAMENTAÇÃO DA LEI 13.775/2018

Como vimos acima, a jurisprudência do STJ já admitia a duplicata sob a forma escritural (chamada de "duplicata virtual" ou "eletrônica").

No entanto, como ainda havia resistência por parte de alguns doutrinadores e Tribunais, fez bem o legislador ao disciplinar o tema, fixando a possibilidade expressa dessa prática.

Vejamos agora um resumo dos principais pontos tratados pela Lei nº 13.775/2018:

Duplicata sob a forma escritural

Conforme já mencionado, a Lei nº 13.775/2018 opta por não utilizar o nome "duplicata virtual", falando, portanto, em duplicata sob a forma escritural.

Assim, a Lei nº 13.775/2018 dispõe sobre a emissão de duplicata sob a forma escritural.

Autorização expressa para duplicata sob a forma escritural

A Lei inicia enunciando, em seu art. 2º, que:

A duplicata (Lei nº 5.474/68) pode ser emitida sob a forma escritural, para circulação como efeito comercial, devendo observar as regras da Lei nº 13.775/2018.

Assim, não há mais dúvidas de que a "duplicata virtual" é admitida pelo Direito brasileiro.

Entidades que irão exercer a atividade de escrituração

A Lei prevê que a atividade de escrituração de duplicatas escriturais será feita por entidades que irão se especializar nisso. No entanto, tais entidades somente poderão prestar esse serviço após serem autorizadas "por órgão ou entidade da administração federal direta ou indireta a exercer a atividade de escrituração de duplicatas" (art. 3º, § 1º).

Essas entidades, muito provavelmente, serão instituições financeiras.

A Lei não diz qual será esse órgão ou entidade da administração federal, no entanto, muito provavelmente, será o Banco Central ou o Conselho Monetário Nacional.

Tais entidades deverão manter um sistema eletrônico de escrituração onde serão feitos os lançamentos das emissões de duplicata sob a forma escritural.

EMPRESARIAL

Emissão

Como dito acima, a emissão de duplicata sob a forma escritural deve ser feita mediante lançamento em sistema eletrônico de escrituração gerido por uma das entidades que exerçam a atividade de escrituração de duplicatas escriturais.

Apresentação

A apresentação da duplicata escritural será efetuada por meio eletrônico, observados os prazos determinados pelo órgão ou entidade da administração federal que regulamentar a Lei nº 13.775/2018 (provavelmente o BACEN ou o CMN).

Enquanto não houver prazo fixado na regulamentação, este será de 2 dias úteis contados de sua emissão.

Recusa

O devedor poderá, por meio eletrônico, recusar, no prazo, nas condições e pelos motivos previstos nos arts. 7º e 8º da Lei nº 5.474/68 (Lei das Duplicatas), a duplicata escritural apresentada ou, no mesmo prazo acrescido de sua metade, aceitá-la.

Veja o que dizem os arts. 7º e 8º da Lei das Duplicatas:

> § Art. 7º A duplicata, quando não for à vista, deverá ser devolvida pelo comprador ao apresentante dentro do prazo de 10 (dez) dias, contado da data de sua apresentação, devidamente assinada ou acompanhada de declaração, por escrito, contendo as razões da falta do aceite.
>
> § 1º Havendo expressa concordância da instituição financeira cobradora, o sacado poderá reter a duplicata em seu poder até a data do vencimento, desde que comunique, por escrito, à apresentante o aceite e a retenção.

§ 2º – A comunicação de que trata o parágrafo anterior substituirá, quando necessário, no ato do protesto ou na execução judicial, a duplicata a que se refere.

§ Art. 8º O comprador só poderá deixar de aceitar a duplicata por motivo de:

I – avaria ou não recebimento das mercadorias, quando não expedidas ou não entregues por sua conta e risco;

II – vícios, defeitos e diferenças na qualidade ou na quantidade das mercadorias, devidamente comprovados;

III – divergência nos prazos ou nos preços ajustados.

Protesto

Um dos requisitos da duplicata tradicional (chamada de "cartular" ou "não escritural") é que ela deverá conter "a praça de pagamento" (art. 2º, § 1º, VI, da Lei nº 5.474/68).

Essa informação é importante porque o protesto da duplicata deverá ser tirado na praça de pagamento constante do título (art. 13, § 3º da Lei nº 5.474/68).

<u>E no caso das duplicatas virtuais?</u>

A Lei nº 13.775/2018 diz que:

Para fins de protesto, a praça de pagamento das duplicatas escriturais deverá coincidir com o domicílio do devedor, ou seja, a praça de pagamento é o domicílio do devedor.

<u>O que é o domicílio do devedor?</u>

O domicílio das demais pessoas jurídicas é o lugar onde funcionarem as respectivas diretorias e administrações, ou onde elegerem domicílio especial no seu estatuto ou atos constitutivos (art. 75, caput, do Código Civil).

Se a pessoa jurídica tiver diversos estabelecimentos em lugares diferentes, cada um deles será considerado domicílio para os atos nele praticados (art. 75, § 1º, do CC).

<u>Exceção:</u>

As partes podem combinar, de forma expressa, que o protesto será tirado em outro local que não é o domicílio do devedor segundo as regras fixadas no art. 75 do Código Civil. Para isso, no entanto, é necessário que fique demonstrada a concordância inequívoca do devedor.

Essa exceção é prevista no art. 12, § 3º da Lei nº 13.775/2018 e no art. 327 do Código Civil:

Art. 327. Efetuar-se-á o pagamento no domicílio do devedor, salvo se as partes convencionarem diversamente, ou se o contrário resultar da lei, da natureza da obrigação ou das circunstâncias.

<u>Resumindo:</u>

- protesto da duplicata escritural deve ser tirado na praça de pagamento.
- em regra, a praça de pagamento das duplicatas escriturais é o domicílio do devedor.
- assim, em regra, o protesto da duplicata escritural deve ser realizado no domicílio do devedor.
- as partes poderão convencionar (combinar) de modo diverso. No entanto, isso deve ser feito de forma expressa e desde que se demonstre a concordância inequívoca do devedor.

Central Nacional de RTD

A Lei nº 13.775/2018 prevê que deverá ser criada uma "Central Nacional de Registro de Títulos e Documentos".

Esta Central será, então, autorizada a fazer a escrituração de duplicadas.

No caso de escrituração de duplicata feita pela Central Nacional de Registro de Títulos e Documentos, a referida escrituração será de responsabilidade do oficial de registro do domicílio do emissor da duplicata.

Se o oficial de registro ainda não estiver integrado ao sistema central (ex: algum Município do interior), a competência para a escrituração será transferida para o oficial de registro da Capital do Estado.

O valor total dos emolumentos cobrados pela Central Nacional de Registro de Títulos e Documentos para a prática de escrituração de duplicatas será fixado pelos Estados e pelo Distrito Federal, observado o valor máximo de R$ 1,00 (um real) por duplicata.

Aspectos do título que deverão ser, obrigatoriamente, escriturados

Como vimos acima, a emissão de duplicata sob a forma escritural será feita mediante lançamento em sistema eletrônico de escrituração gerido por entidade autorizada.

O art. 4º da Lei nº 13.775/2018 diz então que, neste sistema eletrônico, deverá haver a escrituração, no mínimo, dos seguintes aspectos:

I – apresentação, aceite, devolução e formalização da prova do pagamento;

II – controle e transferência da titularidade;

III – prática de atos cambiais sob a forma escritural, tais como endosso e aval;

IV – inclusão de indicações, informações ou de declarações referentes à operação com base na qual a duplicata foi emitida ou ao próprio título; e

V – inclusão de informações a respeito de ônus e gravames constituídos sobre as duplicatas.

Responsabilidade pelas comunicações dos atos

As comunicações dos atos da duplicata ao devedor e aos demais interessados deverão ser realizadas pelo gestor do sistema eletrônico de escrituração.

A forma e os procedimentos que deverão ser observados para a realização dessas comunicações serão definidos em regulamento a ser editado pelo Poder Público.

A comprovação da entrega e do recebimento das mercadorias ou a comprovação da prestação dos serviços deverão ser feitas também em meio eletrônico

O sistema eletrônico de escrituração deverá ter e mecanismos que permitam ao sacador e ao sacado comprovarem, por quaisquer meios de prova admitidos em direito, a entrega e o recebimento das mercadorias ou a prestação do serviço, devendo a apresentação das provas ser efetuada em meio eletrônico.

Endossantes e avalistas

Os endossantes e avalistas indicados pelo apresentante ou credor como garantidores do cumprimento da obrigação constarão como tal dos extratos.

Liquidação do pagamento é prova de pagamento

Constituirá prova de pagamento, total ou parcial, da duplicata emitida sob a forma escritural a liquidação do pagamento em favor do legítimo credor, utilizando-se qualquer meio de pagamento existente no âmbito do Sistema de Pagamentos Brasileiro.

A prova de pagamento deverá ser informada no sistema eletrônico de escrituração com referência expressa à duplicata amortizada ou liquidada.

Extrato do registro eletrônico da duplicata

Os gestores dos sistemas eletrônicos de escrituração ou os depositários centrais, na hipótese de a duplicata emitida sob a forma escritural ter sido depositada, expedirão, a pedido de qualquer solicitante, extrato do registro eletrônico da duplicata.

O extrato de que trata o caput deste artigo pode ser emitido em forma eletrônica, observados requisitos de segurança que garantam a autenticidade do documento.

Conteúdo do extrato

Deverão constar do extrato expedido, no mínimo:

I – a data da emissão e as informações referentes ao sistema eletrônico de escrituração no âmbito do qual a duplicata foi emitida;

II – os elementos necessários à identificação da duplicata (art. 2º da Lei nº 5.474/68);

III – a cláusula de inegociabilidade; e

IV – as informações acerca dos ônus e gravames.

Cópia dos extratos

O sistema eletrônico de escrituração deverá manter em seus arquivos cópia eletrônica dos extratos emitidos.

Informação sobre inadimplementos

Será gratuita a qualquer solicitante a informação, prestada por meio da rede mundial de computadores, de inadimplementos registrados em relação a determinado devedor.

Título executivo

A duplicata emitida sob a forma escritural e o extrato são títulos executivos extrajudiciais, devendo-se observar, para sua cobrança judicial, o disposto no art. 15 da Lei nº 5.474/68.

Esse art. 15 traz as regras para o processo de cobrança da duplicata.

Vale ressaltar, mais uma vez, que, neste ponto, a lei positiva aquilo que já era admitido pela jurisprudência do STJ:

> (...) 1. A jurisprudência desta Corte é assente no sentido de ser possível o ajuizamento de execução de duplicata virtual, desde que devidamente acompanhada dos instrumentos de protesto por indicação e dos comprovantes de entrega da mercadoria e da prestação do serviço. (...)
>
> STJ. 3ª Turma. AgRg no REsp 1559824/MG, Rel. Min. Ricardo Villas Bôas Cueva, julgado em 03/12/2015.

Lançamentos no sistema eletrônico equivalem ao livro de duplicatas

Os lançamentos no sistema eletrônico de escrituração substituem o Livro de Registro de Duplicatas, previsto no art. 19 da Lei nº 5.474/68.

Nulas cláusulas que proíbam as duplicatas sob a forma cartular ou escritural

São nulas de pleno direito as cláusulas contratuais que vedam, limitam ou oneram, de forma direta ou indireta, a emissão ou a circulação de duplicatas emitidas sob a forma cartular ou escritural (art. 10 da Lei nº 13.775/2018).

Regulamentação

O Governo Federal irá definir um o órgão ou entidade da administração pública federal para autorizar o funcionamento das entidades responsáveis pela escrituração de duplicatas escriturais.

Este órgão ou entidade irá também regulamentar a Lei nº 13.775/2018.

Sanções para o descumprimento

Em caso de descumprimento da Lei nº 13.775/2018 ou de sua regulamentação, serão aplicáveis as disposições da Lei nº 13.506/2017 (Lei que trata sobre o processo administrativo sancionador nas esferas de atuação do Banco Central do Brasil e da Comissão de Valores Mobiliários).

O responsável pelas sanções será o órgão ou entidade da administração federal que ficar responsável pela regulamentação das escriturações.

Aplicação subsidiária da Lei nº 5.474/68

As duplicatas escriturais são regidas pela Lei nº 13.775/2018, mas devem ser aplicadas, de forma subsidiária, as disposições da Lei nº 5.474/68.

ALTERAÇÕES NA LEI DO PROTESTO

A Lei nº 9.492/97 regulamenta o protesto de títulos.

A Lei nº 13.775/2018 promoveu duas alterações nesta Lei.

A primeira delas foi a inserção do § 2º ao art. 8º da Lei:

§

> Art. 8º Os títulos e documentos de dívida serão recepcionados, distribuídos e entregues na mesma data aos Tabelionatos de Protesto, obedecidos os critérios de quantidade e qualidade.
>
> (...)
>
> § 2º Os títulos e documentos de dívida mantidos sob a forma escritural nos sistemas eletrônicos de escrituração ou nos depósitos centralizados de que trata a Lei nº 12.810, de 15 de maio de 2013, poderão ser recepcionados para protesto por extrato, desde que atestado por seu emitente, sob as penas da lei, que as informações conferem com o que consta na origem.

A segunda foi o acréscimo do art. 41-A com a seguinte redação:

§

> Art. 41-A. Os tabeliães de protesto manterão, em âmbito nacional, uma central nacional de serviços eletrônicos compartilhados que prestará, ao menos, os seguintes serviços:
>
> I – escrituração e emissão de duplicata sob a forma escritural, observado o disposto na legislação específica, inclusive quanto ao requisito de autorização prévia para o exercício da atividade de escrituração pelo órgão supervisor e aos demais requisitos previstos na regulamentação por ele editada;
>
> II – recepção e distribuição de títulos e documentos de dívida para protesto, desde que escriturais;
>
> III – consulta gratuita quanto a devedores inadimplentes e aos protestos realizados, aos dados desses protestos e dos tabelionatos aos quais foram distribuídos, ainda que os respectivos títulos e documentos de dívida não sejam escriturais;
>
> IV – confirmação da autenticidade dos instrumentos de protesto em meio eletrônico; e
>
> V – anuência eletrônica para o cancelamento de protestos.

§ 1º A partir da implementação da central de que trata o caput deste artigo, os tabelionatos de protesto disponibilizarão ao poder público, por meio eletrônico e sem ônus, o acesso às informações constantes dos seus bancos de dados.

§ 2º É obrigatória a adesão imediata de todos os tabeliães de protesto do País ou responsáveis pelo expediente à central nacional de serviços eletrônicos compartilhados de que trata o caput deste artigo, sob pena de responsabilização disciplinar nos termos do inciso I do caput do art. 31 da Lei nº 8.935, de 18 de novembro de 1994.

Vigência

A Lei nº 132.775/2018 foi publicada em 21/12/2018 e entra em vigor no dia 20/04/2019 (120 dias depois de sua publicação oficial).

7. DIREITO ECONÔMICO

A RETENÇÃO DE MERCADORIA IMPORTADA ATÉ O PAGAMENTO DOS DIREITOS ANTIDUMPING NÃO VIOLA O ENUNCIADO DA SÚMULA 323 DO STF

Dumping

"O dumping consiste na conduta dos agentes econômicos que vendem os seus produtos fora do país abaixo do custo de produção e também por preço inferior aos cobrados no país de origem." (MASSO, Fabiano Del. *Direito Econômico esquematizado*. São Paulo: Método, 2ª ed., p. 283).

Nas palavras da Min. Regina Helena Costa:

> "O termo dumping origina-se do verbo *to dump*, que significa jogar, desfazer, esvaziar-se. Consiste na prática de medidas com o fim de possibilitar que mercadorias ou produtos possam ser oferecidos em um mercado estrangeiro a preço inferior ao vigente no mercado interno."

Trata-se, portanto, de uma prática comercial predatória, por meio da qual uma empresa exporta seus produtos por preços inferiores ao custo com o objetivo de fazer com que as indústrias do país importador não consigam competir e, assim, quebrem. Durante um tempo, a empresa exportadora fica suportando o prejuízo de vender suas mercadorias abaixo do custo. No entanto, depois de não ter mais concorrentes no mercado (já que eles faliram por não acompanharem os preços), a empresa que praticou o dumping aumenta absurdamente os preços de seus produtos, considerando que o público consumidor não terá mais opções de outras empresas.

É uma forma, portanto, de eliminar a concorrência.

Direitos antidumping

O dumping é condenado pelos organismos de comércio internacional, como a Organização Mundial do Comércio (OMC), que possui medidas de combate a essa prática.

O artigo VI do GATT 47 (Acordo Geral sobre Tarifas Aduaneiras e Comércio) prevê que os países deverão disciplinar medidas para se proteger do *dumping*. São os chamados direitos antidumping e de compensação.

No Brasil, foi editada a Lei nº 9.019/95, que dispõe sobre a aplicação em nosso país dos direitos previstos no Acordo Antidumping e no Acordo de Subsídios e Direitos Compensatórios. Esta Lei prevê que o Governo brasileiro, ao perceber que determinada mercadoria está entrando em nosso país com o objetivo de fazer *dumping*, deverá exigir, para que haja o desembaraço aduaneiro, o pagamento de um valor que corresponda ao percentual da margem de dumping que está sendo praticado ou dos incentivos que o Governo estrangeiro está dando para aquele exportador.

Assim, a Secretaria de Comércio Exterior (SECEX) investiga possíveis dumpings e, se constatar que está ocorrendo, instaura um processo administrativo e calcula o quanto de "desconto" artificial a empresa estrangeira está fornecendo. Veja o texto da Lei:

> § Art. 5º Compete à SECEX, mediante processo administrativo, apurar a margem de dumping ou o montante de subsídio, a existência de dano e a relação causal entre esses.

Depois disso, a Câmara de Comércio Exterior (CAMEX) se reúne e pode decidir que o Brasil irá cobrar essa diferença para que a mercadoria entre em nosso país. Com isso, a CAMEX garante que o preço praticado seja justo, evitando que a indústria nacional quebre e que, em médio ou longo prazo, o próprio consumidor brasileiro seja prejudicado. Confira:

> § Art. 6º Compete à CAMEX fixar os direitos provisórios ou definitivos, bem como decidir sobre a suspensão da exigibilidade dos direitos provisórios, a que se refere o art. 3º desta Lei.
>
> Parágrafo único. O ato de imposição de direitos antidumping ou Compensatórios, provisórios ou definitivos, deverá indicar o prazo de vigência, o produto atingido, o valor da obrigação, o país de origem ou de exportação, as razões pelas quais a decisão foi tomada, e, quando couber, o nome dos exportadores.

Esse valor que é exigido como direito antidumping é autorizado pelo art. 1º da Lei nº 9.019/95 e é fixado pela CAMEX por meio de Resoluções.

Veja o que diz o art. 1º da Lei nº 9.019/95 em suas partes mais importantes:

> § Art. 1º Os direitos antidumping e os direitos compensatórios, provisórios ou definitivos, (...) serão aplicados mediante a cobrança de importância, em moeda corrente do País, que corresponderá a percentual da margem de dumping ou do montante de subsídios, apurados em processo administrativo, (...) suficientes para sanar dano ou ameaça de dano à indústria doméstica.

Segundo o parágrafo único do art. 1º, "os direitos antidumping e os direitos compensatórios serão cobrados independentemente de quaisquer obrigações de natureza tributária relativas à importação dos produtos afetados." Assim, o importador pagará o imposto de importação, o imposto sobre produtos industrializados (se for o caso) e mais os direitos *antidumping*.

Em outras palavras, os direitos antidumping consistem em um valor a mais (fora os tributos) que terá que ser pago pelo importador em virtude de estar trazendo para o país uma mercadoria que está sendo vendida pela empresa no exterior abaixo do preço de custo.

Se os direitos antidumping não forem pagos, o importador ficará impedido de realizar o desembaraço aduaneiro e retirar as mercadorias?

SIM, isso mesmo. É o que preconiza o art. 7º da Lei nº 9.019/95:

> § Art. 7º O cumprimento das obrigações resultantes da aplicação dos direitos antidumping e dos direitos compensatórios, sejam definitivos ou provisórios, será condição para a introdução no comércio do País de produtos objeto de dumping ou subsídio.

Feitos os devidos esclarecimentos, imagine a seguinte situação hipotética:

A empresa "XXX" importou produtos químicos da China.

Ocorre que o Governo brasileiro aplicou direito antidumping para esses produtos importados da China. Isso significa que a empresa, além dos tributos decorrentes da importação, terá que pagar os direitos antidumping.

Como as mercadorias já estavam no Brasil, elas ficaram retidas pela Receita Federal, que não concluiu o desembaraço aduaneiro.

Diante disso, a empresa impetrou mandado de segurança pedindo a liberação das mercadorias sob o argumento de que esta retenção representaria "sanção política", o que é vedado pela Súmula 323 do STF:

Súmula 323-STF: É inadmissível a apreensão de mercadorias como meio coercitivo para pagamento de tributos.

Vamos relembrar o que são sanções políticas (cobrança do tributo por vias oblíquas)?

A Fazenda Pública deverá cobrar os tributos em débito mediante os meios judiciais (execução fiscal) ou extrajudiciais (lançamento tributário, protesto de CDA) legalmente previstos. O Fisco possui, portanto, instrumentos legais para satisfazer seus créditos.

Justamente por isso, a Administração Pública não pode proceder à cobrança do tributo por meios indiretos, impedindo, cerceando ou dificultando a atividade econômica desenvolvida pelo contribuinte devedor. Quando isso ocorre, a jurisprudência afirma que o Poder Público aplicou "sanções políticas", ou seja, formas "enviesadas de constranger o contribuinte, por vias oblíquas, ao recolhimento do crédito tributário" (STF ADI 173). Exs.: apreensão de mercadorias, não liberação de documentos, interdição de estabelecimentos.

A cobrança do tributo por vias oblíquas (sanções políticas) é rechaçada por quatro súmulas do STF e STJ:

§ Súmula 70-STF: É inadmissível a interdição de estabelecimento como meio coercitivo para cobrança de tributo.

Súmula 323-STF: É inadmissível a apreensão de mercadorias como meio coercitivo para pagamento de tributos.

Súmula 547-STF: Não é lícito à autoridade proibir que o contribuinte em débito adquira estampilhas, despache mercadorias nas alfândegas e exerça suas atividades profissionais.

Súmula 127-STJ: É ilegal condicionar a renovação da licença de veículo ao pagamento de multa, da qual o infrator não foi notificado.

Desse modo, a orientação jurisprudencial do STF e do STJ é a de que o Estado não pode adotar sanções políticas, que se caracterizam pela utilização de meios de coerção indireta que impeçam ou dificultem o exercício da atividade econômica, para constranger o contribuinte ao pagamento de tributos em atraso, estando o ente público vinculado ao procedimento de execução fiscal para a cobrança de seus créditos, no qual é assegurado ao devedor o devido processo legal.

Voltando ao caso concreto? O pedido da empresa poderá ser aceito? Houve violação à Súmula 323 do STF?

NÃO.

A retenção de mercadoria importada até o pagamento dos direitos antidumping não viola o enunciado da Súmula 323 do STF.

STJ. 1ª Turma. REsp 1.728.921-SC, Rel. Min. Regina Helena Costa, julgado em 16/10/2018 (Info 636).

O pagamento dos direitos antidumping representa condição para a importação dos produtos.

Logo, a não liberação da mercadoria em caso de não pagamento dos direitos de antidumping não representa sanção política e não viola a súmula 323 do STF. Isso porque, neste caso, não há apreensão das mercadorias, mas tão somente a sua retenção enquanto se aguarda o desembaraço aduaneiro.

A retenção das mercadorias trazidas para o Brasil e a exigência de recolhimento dos tributos e multa é um procedimento que integra a operação de importação.

Assim, a quitação dos direitos antidumping é requisito para a perfectibilização do processo de importação, sem o qual não pode ser autorizado o despacho aduaneiro.

Não houve, portanto, no presente caso, apreensão de mercadorias por parte da autoridade alfandegária. O que ocorreu foi a recusa de se fazer o desembaraço aduaneiro dos produtos advindos da República Popular da China pela falta de pagamento dos direitos antidumping.

Não há como liberar pura e simplesmente as mercadorias sem qualquer garantia.

TRF4

Fique muito atenta(o) se você estuda para o concurso de Juiz Federal do TRF4. Isso porque esse tema é constantemente apreciado por aquele Tribunal.

Direito Ambiental

1. RESPONSABILIDADE CIVIL POR DEGRAÇÃO AMBIENTAL

1.1. INVERSÃO DO ÔNUS DA PROVA

Súmula 618-STJ: A inversão do ônus da prova aplica-se às ações de degradação ambiental.

STJ. Corte Especial. Aprovada em 24/10/2018, DJe 30/10/2018.

Imagine a seguinte situação hipotética:

A empresa "XXX", após vencer a licitação, construiu uma usina hidrelétrica no rio Paranapanema, que faz a divisa dos Estados de São Paulo e Paraná.

João é pescador artesanal e vivia da pesca que realizava no rio Paranapanema.

Ocorre que, segundo alega João, após a construção da usina, houve uma grande redução na quantidade de peixes existentes no rio, em especial "pintados", "jaú" e "dourados".

Diante deste fato, João ajuizou ação de indenização contra a empresa sustentando que a construção da usina causou degradação ambiental com terríveis impactos no ecossistema.

Na ação, o autor pediu a inversão do ônus da prova mediante a aplicação, por analogia, da regra do art. 6º, VIII, do Código de Defesa do Consumidor:

§ Art. 6º São direitos básicos do consumidor:

(...)

VIII – a facilitação da defesa de seus direitos, inclusive com a inversão do ônus da prova, a seu favor, no processo civil, quando, a critério do juiz, for verossímil a alegação ou quando for ele hipossuficiente, segundo as regras ordinárias de experiências;

É possível a inversão do ônus da prova nas ações em que se pede a reparação econômica pelos danos causados ao meio ambiente?

SIM. A inversão do ônus da prova aplica-se às ações de degradação ambiental.

Princípio da precaução

Uma das razões que justifica essa inversão do ônus da prova é o princípio da precaução.

Por meio do princípio da precaução, entende-se que o meio ambiente deve ter em seu favor o benefício da dúvida no caso de incerteza.

Em outras palavras, se existe uma desconfiança, um risco de que determinada atividade pode gerar um dano ambiental ao meio ambiente e à saúde humana, deve-se considerar que esta atividade acarreta sim este dano.

Logo, é a empresa-ré (empresa poluidora) quem tem o ônus de provar que a atividade econômica por ela desempenhada não gerou o dano ambiental que foi alegado pelo autor na ação de reparação. Nesse sentido:

> O princípio da precaução pressupõe a inversão do ônus probatório, competindo a quem supostamente promoveu o dano ambiental comprovar que não o causou ou que a substância lançada ao meio ambiente não lhe é potencialmente lesiva.
>
> STJ. 2ª Turma. REsp 1.060.753/SP, Rel. Min. Eliana Calmon, julgado em 01/12/2009.

Qual é a consequência prática disso?

> O autor precisará provar apenas que existe um nexo de causalidade provável entre a atividade exercida e a degradação ambiental. Sendo isso provado, fica transferido para a concessionária o encargo (ônus) de provar que sua conduta não ensejou riscos ou danos para o meio ambiente.
>
> STJ. 3ª Turma. AgInt no AREsp 1311669/SC, Rel. Min. Ricardo Villas Bôas Cueva, julgado em 03/12/2018.

> Aquele que cria ou assume o risco de danos ambientais tem o dever de reparar os danos causados e, em tal contexto, transfere-se a ele todo o encargo de provar que sua conduta não foi lesiva.
>
> STJ. 1ª Turma. REsp 1.049.822/RS, Rel. Min. Francisco Falcão, julgado em 23/04/2009.

Seja o poluidor ente público ou empresa privada

Vale ressaltar que essa inversão do ônus da prova ocorre tanto nos casos em que o degradador é uma pessoa jurídica de direito público como também nas hipóteses em que se trata de pessoa jurídica de direito privado. Assim já decidiu o STJ:

> A responsabilidade civil pelo dano ambiental, qualquer que seja a qualificação jurídica do degradador, público ou privado, é de natureza objetiva, solidária e ilimitada, sendo regida pelos princípios poluidor-pagador, da reparação *in integrum*, da prioridade da reparação *in natura* e do *favor debilis*, este último a legitimar uma série de técnicas de facilitação do acesso à justiça, entre as quais se inclui a inversão do ônus da prova em favor da vítima ambiental.
>
> STJ. 2ª Turma. REsp 1.454.281/MG, Rel. Min. Herman Benjamin, DJe 9/9/2016.

> Os princípios poluidor-pagador, reparação *in integrum* e prioridade da reparação *in natura* e do favor *debilis* são, por si sós, razões suficientes para legitimar a inversão do ônus da prova em favor da vítima ambiental.
>
> STJ. 2ª Turma. AgInt no AREsp 620.488/PR, Rel. Min. Og Fernandes, julgado em 04/09/2018.

Seja em ACP, seja em ação individual

Importante também destacar que essa inversão do ônus da prova pode ocorrer tanto em ação civil pública como em ação individual, desde que relacionada com degradação ambiental.

A inversão é cabível mesmo que o autor da ação seja o MP

A inversão do ônus da prova deve ser também admitida em caso de ação civil pública proposta pelo Ministério Público pedindo a recomposição e/ou a reparação decorrente de degradação ambiental. Isso porque, por mais que o Ministério Público não possa ser considerado hipossuficiente, ele atua em juízo como substituto processual e a vítima (substituída) é toda a sociedade que, em se tratando de dano ambiental, é considerada hipossuficiente do ponto de vista de conseguir produzir as provas.

STJ. 2ª Turma. REsp 1235467/RS, Rel. Min. Herman Benjamin, julgado em 20/08/2013.

Previsão do princípio da precaução

O princípio da precaução tem origem na "Carta Mundial da Natureza", de 1982, cujo princípio nº 11, "b", estabeleceu a necessidade de os Estados controlarem as atividades potencialmente danosas ao meio ambiente, ainda que seus efeitos não fossem completamente conhecidos.

Esse princípio foi posteriormente incluído na Declaração do Rio de Janeiro sobre Meio Ambiente e Desenvolvimento (Eco-92). Além desses documentos, o princípio da precaução está contido, implicitamente, no art. 225, § 1º, IV e V, da CF/88:

§

Art. 225 (...)

§ 1º – Para assegurar a efetividade desse direito, incumbe ao Poder Público:

(...)

IV – exigir, na forma da lei, para instalação de obra ou atividade potencialmente causadora de significativa degradação do meio ambiente, estudo prévio de impacto ambiental, a que se dará publicidade;

V – controlar a produção, a comercialização e o emprego de técnicas, métodos e substâncias que comportem risco para a vida, a qualidade de vida e o meio ambiente;

Regra de instrução

A inversão do ônus da prova de que trata o art. 6º, VIII, do CDC é REGRA DE INSTRUÇÃO, devendo a decisão judicial que determiná-la ser proferida preferencialmente na fase de saneamento do processo ou, pelo menos, assegurar à parte a quem não incumbia inicialmente o encargo a reabertura de oportunidade para manifestar-se nos autos.

STJ. 2ª Seção. EREsp 422.778-SP, Rel. para o acórdão Min. Maria Isabel Gallotti, julgados em 29/2/2012.

1.2. INAPLICABILIDADE DA TEORIA DO FATO CONSUMADO

Súmula 613-STJ: Não se admite a aplicação da teoria do fato consumado em tema de Direito Ambiental.

STJ. 1ª Seção. Aprovada em 09/05/2018, DJe 14/05/2018.

O que é a teoria do fato consumado?

Segundo a teoria do fato consumado, as situações jurídicas consolidadas pelo decurso do tempo, amparadas por decisão judicial, não devem ser desconstituídas, em razão do princípio da segurança jurídica e da estabilidade das relações sociais (STJ. REsp 709.934/RJ).

Assim, de acordo com essa posição, se uma decisão judicial autorizou determinada situação jurídica e, após muitos anos, constatou-se que tal solução não era acertada, ainda assim não deve ser desconstituída, para que não haja insegurança jurídica.

Em suma, trata-se de uma espécie de convalidação da situação pelo decurso de longo prazo.

A teoria do fato consumado não se aplica para violações ao meio ambiente

Ex: João construiu uma casa em uma área de proteção ambiental (APA), com a autorização do Município.

Muitos anos mais tarde, o Ministério Público ajuizou ação civil pública requerendo a demolição da construção e a recomposição da vegetação do local.

João não poderá invocar a teoria do fato consumado. Se fosse aceita essa teoria, isso significaria que se estaria admitindo a perpetuação do direito de poluir, degradar o meio ambiente.

Nesse sentido: STJ. 2ª Turma. AgInt no REsp 1355428/MS, Rel. Min. Francisco Falcão, julgado em 12/12/2017.

Esse é também o entendimento do STF: RE 609748 AgR, Rel. Min. Luiz Fux, Primeira Turma, julgado em 23/08/2011.

Haverá a demolição mesmo que a construção irregular tenha sido feita com autorização dos órgãos ambientais?

SIM. Constatado que houve edificação irregular em área de preservação permanente, o fato de ter sido concedido licenciamento ambiental, por si só, não afasta a responsabilidade pela reparação do dano causado ao meio ambiente, mormente quando reconhecida a ilegalidade do aludido ato administrativo (STJ. 2ª Turma. AgInt nos EDcl no AREsp 359.140/MS, Rel. Min. Assusete Magalhães, julgado em 07/12/2017).

A licença, espécie de ato administrativo autorizativo, está submetida ao regime jurídico administrativo. Isso significa que se esta licença foi irregular, deve ser declarada a sua nulidade, o que significa, por sua vez, que não poderão ser produzidos efeitos válidos nem se poderá aceitar que haja a consolidação de qualquer direito adquirido. Vale dizer, declarada a sua nulidade, a situação fática deve retornar ao estado *ex ante*, sem prejuízo de eventual reparação civil do lesado caso presentes os pressupostos necessários para tal. Essa circunstância se torna ainda mais acentuada tendo em vista o bem jurídico tutelado no caso em tela, que é o meio ambiente, e a obrigação assumida pelo Estado brasileiro em diversos compromissos internacionais de garantir o uso sustentável dos recursos naturais em favor das presentes e futuras gerações (STJ. 2ª Turma. REsp 1362456/MS, Rel. Min. Mauro Campbell Marques, DJe de 28/06/2013).

O STJ possui precedentes negando a aplicação da teoria mesmo em casos envolvendo residências familiares localizadas em área de proteção ambiental

> (...) 1. Os impetrantes buscam o reconhecimento da ilegalidade no procedimento de desocupação perpetrado pelo Secretário de Administração de Parques do Distrito Federal, objetivando que a autoridade coatora abstenha-se de praticar qualquer ato tendente a remover os moradores do Parque das Copaíbas.
>
> (...)
>
> 6. Não prospera também a alegação de aplicação da teoria do fato consumado, em razão de os moradores já ocuparem a área, com tolerância do Estado por anos, uma vez que tratando-se de construção irregular em Área de Proteção Ambiental-APA, a situação não se consolida no tempo. Isso porque, a aceitação da teoria equivaleria a perpetuar o suposto direito de poluir, de degradar, indo de encontro ao postulado do meio ambiente equilibrado, bem de uso comum do povo essencial à qualidade sadia de vida. (...)
>
> STJ. 1ª Turma. AgRg no RMS 28.220/DF, Rel. Min. Napoleão Nunes Maia Filho, julgado em 18/04/2017.

1.3. OBRIGAÇÕES AMBIENTAIS SÃO PROPTER REM (SÚMULA 623-STJ)

Súmula 623-STJ: As obrigações ambientais possuem natureza propter rem, sendo admissível cobrá-las do proprietário ou possuidor atual e/ou dos anteriores, à escolha do credor.

STJ. 1ª Seção. Aprovada em 12/12/2018, DJe 17/12/2018.

Imagine a seguinte situação hipotética:

João possuía uma fazenda e parte dela, estava em área de preservação permanente.

Em 2015, João fez um desmatamento em sua propriedade e parte das árvores derrubadas estavam na área de preservação permanente.

Vale ressaltar que isso foi feito sem qualquer autorização das autoridades ambientais.

Em 2016, João vendeu o imóvel a Pedro.

Em 2017, foi constado o desmatamento ilegal.

Diante disso, o Ministério Público ajuizou ação civil pública pedindo que Pedro seja condenado a fazer a recomposição florestal.

Pedro demonstrou, por meio de fotos e perícia que, quando ele comprou a fazenda, a situação já estava daquele jeito e o desmatamento já havia sido realizado. Com isso, ele ficará desobrigado de reparar os danos ambientais?

NÃO.

As obrigações ambientais (ex: obrigação de reparar os danos ambientais) são *propter rem*.

Isso significa que as obrigações ambientais aderem ao título de domínio ou posse e se transferem ao atual proprietário ou possuidor, ainda que eles não tenham sido os responsáveis pela degradação ambiental.

Vale ressaltar também que não interessa discutir a boa ou má-fé do adquirente, considerando que não se está no âmbito da responsabilidade subjetiva, baseada em culpa.

Aplica-se também para multas

Em 2016, a empresa "X" comprou um hotel da empresa "Y".

Em 2017, houve uma fiscalização do IBAMA no local e se constatou que uma lagoa foi aterrada irregularmente, causando degradação ambiental.

A empresa "X" demonstrou que esse aterro foi realizado em 2013, ou seja, antes que ela tivesse adquirido o imóvel.

Mesmo assim, a empresa "X" poderá ser autuada e receber uma multa por infração ambiental.

Nesse sentido:

> (...) Independentemente de não se poder constatar quem foi o autor do dano ambiental, sua reparação adere à propriedade como obrigatio propter rem, o que legitima o IBAMA a responsabilizar o atual proprietário pela conduta dos anteriores, no esteio da jurisprudência desta Corte. (...)
>
> STJ. 1ª Turma. AgInt no AREsp 268.217/PE, Rel. Min. Gurgel de Faria, julgado em 30/11/2017.

Escolha do credor

Vale ressaltar que o mais comum é que a obrigação ambiental seja exigida do possuidor ou proprietário atual em virtude da facilidade de localização e maior efetividade em caso de execução. No entanto, existe uma solidariedade entre o atual e os anteriores, de forma que o credor pode escolher aqueles que serão acionados.

1.4. CUMULAÇÃO DA OBRIGAÇÃO DE FAZER/NÃO FAZER COM INDENIZAÇÃO (SÚMULA 629-STJ)

Súmula 629-STJ: Quanto ao dano ambiental, é admitida a condenação do réu à obrigação de fazer ou à de não fazer cumulada com a de indenizar.

STJ. 1ª Seção. Aprovada em 12/12/2018, DJe 17/12/2018.

Imagine que determinada empresa causou grave dano ambiental. O Ministério Público (ou outro legitimado) poderá ajuizar ação civil pública pedindo que essa empresa seja condenada a recompor o meio ambiente (obrigação de fazer)?

SIM, sem nenhuma dúvida.

Além disso, é possível que, na ACP, seja pedida a condenação da empresa ao pagamento de danos morais em favor da coletividade (obrigação de indenizar)? Em outras palavras, em caso de dano ambiental, é cabível a cumulação da obrigação de fazer (ou não fazer) com a obrigação de indenizar?

SIM. É perfeitamente possível que o poluidor seja condenado, cumulativamente, a recompor o meio ambiente e a pagar indenização pelos danos causados. Isso porque vigora, em nosso sistema jurídico, o princípio da reparação integral do dano ambiental, de modo que o infrator deverá ser responsabilizado por todos os efeitos decorrentes da conduta lesiva, permitindo-se que haja a cumulação de obrigações de fazer, de não fazer e de indenizar.

Lei nº 7.347/85 (Lei da ACP)

O art. 3º da Lei nº 7.347/85 afirma que a ACP "poderá ter por objeto a condenação em dinheiro ou o cumprimento de obrigação de fazer ou não fazer".

Para o STJ, essa conjunção "ou" – contida no citado artigo, tem um sentido de adição (soma), não representando uma alternativa excludente. Em outras palavras, será possível a condenação em dinheiro e também ao cumprimento de obrigação de fazer/não fazer.

Veja precedente nesse sentido:

(...) Segundo a jurisprudência do STJ, a logicidade hermenêutica do art. 3º da Lei 7.347/1985 permite a cumulação das condenações em obrigações de fazer ou não fazer e indenização pecuniária em sede de ação civil pública, a fim de possibilitar a concreta e cabal reparação do dano ambiental pretérito, já consumado. Microssistema de tutela coletiva. (...)

STJ. 2ª Turma. REsp 1269494/MG, Rel. Min. Eliana Calmon, julgado em 24/09/2013.

Importante esclarecer que não há "bis in idem" neste caso, considerando que as condenações possuem finalidades e naturezas diferentes.

Vale ressaltar, por fim, que, apesar dessa possibilidade existir em tese, a condenação, no caso concreto, e o seu eventual valor dependerão da situação:

O Superior Tribunal de Justiça tem entendimento consolidado segundo o qual é possível a cumulação de obrigações de fazer, de não fazer e de indenizar nos casos de lesão ao meio ambiente, contudo, a necessidade do cumprimento de obrigação de pagar quantia deve ser aferida em cada situação analisada.

STJ. 1ª Turma. AgInt no REsp 1538727/SC, Rel. Min. Regina Helena Costa, julgado em 07/08/2018.

2. CÓDIGO FLORESTAL

2.1. ANÁLISE DA CONSTITUCIONALIDADE DO NOVO CÓDIGO FLORESTAL

NOÇÕES INTRODUTÓRIAS

Código Florestal

A Lei nº 12.651/2012, que dispõe sobre a proteção da vegetação nativa, ficou conhecida como sendo o novo Código Florestal.

Foram ajuizadas cinco ações discutindo a constitucionalidade desta lei: uma ADC e quatro ADIs.

O STF realizou o julgamento conjunto dessas ações.

Resultado

O STF decidiu:

1. declarar a inconstitucionalidade das expressões "gestão de resíduos" e "instalações necessárias à realização de competições esportivas estaduais, nacionais ou internacionais", contidas no art. 3º, VIII, b, do novo Código Florestal;
2. dar interpretação conforme a Constituição ao art. 3º, VIII e IX, de modo a se condicionar a intervenção excepcional em APP, por interesse social ou utilidade pública, à inexistência de alternativa técnica e/ou locacional à atividade proposta;
3. dar interpretação conforme a Constituição ao art. 3º, XVII e ao art. 4º, IV, para fixar a interpretação de que os entornos das nascentes e dos olhos d´água intermitentes configuram área de preservação permanente;
4. declarar a inconstitucionalidade das expressões "demarcadas" e "tituladas", contidas no art. 3º, parágrafo único;
5. dar interpretação conforme a Constituição ao art. 48, § 2º, para permitir compensação apenas entre áreas com identidade ecológica;
6. dar interpretação conforme a Constituição ao art. 59, §§ 4º e 5º, de modo a afastar, no decurso da execução dos termos de compromissos subscritos nos programas de regularização ambiental, o risco de decadência ou prescrição, seja dos ilícitos ambientais praticados antes de 22.7.2008, seja das sanções deles decorrentes, aplicando-se extensivamente o disposto no § 1º do art. 60 da Lei 12.651/2012, segundo o qual "a prescrição ficará interrompida durante o período de suspensão da pretensão punitiva";
7. que todos os demais dispositivos do novo Código Florestal são constitucionais.

ANÁLISE DOS DISPOSITIVOS DECLARADOS INCONSTITUCIONAIS

1) são inconstitucionais as expressões "gestão de resíduos" e "instalações necessárias à realização de competições esportivas estaduais, nacionais ou internacionais", contidas no art. 3º, VIII, b, do Código Florestal

Veja o que diz a Lei:

§

> Art. 3º Para os efeitos desta Lei, entende-se por:
>
> (...)
>
> VIII – utilidade pública:
>
> b) as obras de infraestrutura destinadas às concessões e aos serviços públicos de transporte, sistema viário, inclusive aquele necessário aos parcelamentos de solo urbano aprovados pelos Municípios, saneamento, gestão de resíduos, energia, telecomunicações,

AMBIENTAL

radiodifusão, instalações necessárias à realização de competições esportivas estaduais, nacionais ou internacionais, bem como mineração, exceto, neste último caso, a extração de areia, argila, saibro e cascalho;

Esse conceito de "utilidade pública" é utilizado em diversas partes da Lei nº 12.651/2012 com a finalidade de excetuar a proteção às áreas de preservação permanente e de uso restrito. Veja, por exemplo:

§ Art. 8º A intervenção ou a supressão de vegetação nativa em Área de Preservação Permanente somente ocorrerá nas hipóteses de utilidade pública, de interesse social ou de baixo impacto ambiental previstas nesta Lei.

§ 1º A supressão de vegetação nativa protetora de nascentes, dunas e restingas somente poderá ser autorizada em caso de utilidade pública.

§ Art. 11. Em áreas de inclinação entre 25º e 45º, serão permitidos o manejo florestal sustentável e o exercício de atividades agrossilvipastoris, bem como a manutenção da infraestrutura física associada ao desenvolvimento das atividades, observadas boas práticas agronômicas, sendo vedada a conversão de novas áreas, excetuadas as hipóteses de utilidade pública e interesse social.

Assim, em casos de utilidade pública seria possível a "mitigação" da proteção ambiental.

Ocorre que o STF, concordando com os argumentos de um dos autores da ADI (PSOL), entendeu que não se pode aceitar que um Estado, "ao qual é imposta constitucionalmente a defesa e preservação do meio ambiente, conceba a gestão de resíduos (construção de aterros sanitários) e o lazer como hipóteses de intervenção e supressão de vegetação em áreas de preservação permanente e em áreas de uso restrito".

Em outras palavras, não se mostra compatível com o art. 225 da CF/88 autorizar-se a relativização da proteção da vegetação nativa protetora de nascentes, por exemplo, para "gestão de resíduos" ou para a realização de competições esportivas.

2) deve-se dar interpretação conforme a Constituição ao art. 3º, VIII e IX, da Lei, de modo a se condicionar a intervenção excepcional em APP, por interesse social ou utilidade pública, à inexistência de alternativa técnica e/ou locacional à atividade proposta.

Veja o que diz a Lei:

§ Art. 3º Para os efeitos desta Lei, entende-se por:

(...)

VIII – utilidade pública:

a) as atividades de segurança nacional e proteção sanitária;

b) as obras de infraestrutura destinadas às concessões e aos serviços públicos de transporte, sistema viário, inclusive aquele necessário aos parcelamentos de solo urbano aprovados pelos Municípios, saneamento, gestão de resíduos, energia, telecomunicações, radiodifusão, instalações necessárias à realização de competições esportivas estaduais, nacionais ou internacionais, bem como mineração, exceto, neste último caso, a extração de areia, argila, saibro e cascalho;

c) atividades e obras de defesa civil;

d) atividades que comprovadamente proporcionem melhorias na proteção das funções ambientais referidas no inciso II deste artigo;

e) outras atividades similares devidamente caracterizadas e motivadas em procedimento administrativo próprio, quando inexistir alternativa técnica e locacional ao empreendimento proposto, definidas em ato do Chefe do Poder Executivo federal;

IX – interesse social:

a) as atividades imprescindíveis à proteção da integridade da vegetação nativa, tais como prevenção, combate e controle do fogo, controle da erosão, erradicação de invasoras e proteção de plantios com espécies nativas;

b) a exploração agroflorestal sustentável praticada na pequena propriedade ou posse rural familiar ou por povos e comunidades tradicionais, desde que não descaracterize a cobertura vegetal existente e não prejudique a função ambiental da área;

c) a implantação de infraestrutura pública destinada a esportes, lazer e atividades educacionais e culturais ao ar livre em áreas urbanas e rurais consolidadas, observadas as condições estabelecidas nesta Lei;

d) a regularização fundiária de assentamentos humanos ocupados predominantemente por população de baixa renda em áreas urbanas consolidadas, observadas as condições estabelecidas na Lei nº 11.977, de 7 de julho de 2009;

e) implantação de instalações necessárias à captação e condução de água e de efluentes tratados para projetos cujos recursos hídricos são partes integrantes e essenciais da atividade;

f) as atividades de pesquisa e extração de areia, argila, saibro e cascalho, outorgadas pela autoridade competente;

g) outras atividades similares devidamente caracterizadas e motivadas em procedimento administrativo próprio, quando inexistir alternativa técnica e locacional à atividade proposta, definidas em ato do Chefe do Poder Executivo federal;

Conforme já explicado no item anterior, em casos de utilidade pública ou interesse social, seria possível a "mitigação" da proteção ambiental, como no exemplo do art. 8º:

§ Art. 8º A intervenção ou a supressão de vegetação nativa em Área de Preservação Permanente somente ocorrerá nas hipóteses de utilidade pública, de interesse social ou de baixo impacto ambiental previstas nesta Lei.

§ 1º A supressão de vegetação nativa protetora de nascentes, dunas e restingas somente poderá ser autorizada em caso de utilidade pública.

A intervenção em áreas de preservação permanente deve ser excepcional, a fim de evitar o comprometimento das funções ecológicas de tais áreas.

Diante disso, o STF afirmou que essa previsão do art. 3º, VIII e IX, é constitucional, mas que a interpretação a ser dada é a de que somente pode haver intervenção em área de proteção permanente (APP) em casos excepcionais e desde que comprovada a inexistência de alternativa técnica e/ou locacional à atividade proposta.

3) deve-se dar interpretação conforme a Constituição ao art. 3º, XVII e ao art. 4º, IV, para fixar a interpretação de que os entornos das nascentes e dos olhos d´água intermitentes configuram área de preservação permanente.

Veja o que diz a Lei:

§ Art. 3º Para os efeitos desta Lei, entende-se por:

(...)

> XVII – nascente: afloramento natural do lençol freático que apresenta perenidade e dá início a um curso d'água;

§

> Art. 4º Considera-se Área de Preservação Permanente, em zonas rurais ou urbanas, para os efeitos desta Lei:
>
> (...)
>
> IV – as áreas no entorno das nascentes e dos olhos d'água perenes, qualquer que seja sua situação topográfica, no raio mínimo de 50 (cinquenta) metros;

A definição de nascente envolve perenidade (característica do que é perene = duradouro). Ocorre que o STF afirmou que não se pode negar proteção também aos entornos das nascentes e dos olhos d´água intermitentes.

Assim, a interpretação deve ser a de que os entornos das nascentes e dos olhos d´água, mesmo que intermitentes, também configuram área de preservação permanente.

4) são inconstitucionais as expressões "demarcadas" e "tituladas", contidas no art. 3º, parágrafo único.

Veja o que diz a Lei:

§

> Art. 3º Para os efeitos desta Lei, entende-se por:
>
> (...)
>
> V – pequena propriedade ou posse rural familiar: aquela explorada mediante o trabalho pessoal do agricultor familiar e empreendedor familiar rural, incluindo os assentamentos e projetos de reforma agrária, e que atenda ao disposto no art. 3º da Lei nº 11.326, de 24 de julho de 2006;
>
> (...)
>
> Parágrafo único. Para os fins desta Lei, estende-se o tratamento dispensado aos imóveis a que se refere o inciso V deste artigo às propriedades e posses rurais com até 4 (quatro) módulos fiscais que desenvolvam atividades agrossilvipastoris, bem como às terras indígenas demarcadas e às demais áreas tituladas de povos e comunidades tradicionais que façam uso coletivo do seu território.

O Código Florestal, em diversos dispositivos, estabelece um tratamento diferenciado para a "pequena propriedade ou posse rural familiar". Esse art. 3º, parágrafo único, confere o mesmo tratamento diferenciado às terras indígenas demarcadas e demais áreas tituladas de povos e comunidades tradicionais.

O STF declarou a inconstitucionalidade das expressões "demarcadas" e "tituladas", de forma que tais terras e áreas poderão receber o tratamento diferenciado mesmo sem demarcação e titulação. Isso porque a titulação do território das comunidades tradicionais e dos povos indígenas representa uma mera "formalidade", de caráter declaratório (e não constitutivo). Em outras palavras, mesmo sem demarcação ou titulação, tais territórios já existem e devem receber tratamento diferenciado independentemente dessas formalidades.

A exclusão dessas palavras foi, portanto, para beneficiar os povos indígenas e as comunidades tradicionais.

5) deve-se dar interpretação conforme a Constituição ao art. 48, § 2º, para permitir compensação apenas entre áreas com identidade ecológica.

Veja o que diz a Lei:

§ Art. 48. A CRA pode ser transferida, onerosa ou gratuitamente, a pessoa física ou a pessoa jurídica de direito público ou privado, mediante termo assinado pelo titular da CRA e pelo adquirente.

(...)

§ 2º A CRA só pode ser utilizada para compensar Reserva Legal de imóvel rural situado no mesmo bioma da área à qual o título está vinculado.

CRA é a sigla para Cota de Reserva Ambiental.

A compensação da Reserva Legal é um mecanismo previsto no Código Florestal segundo o qual o proprietário ou possuidor que não estiver cumprindo os percentuais de Reserva Legal em sua propriedade poderá regularizar a situação adquirindo (comprando) CRAs.

Quem tem uma propriedade que cumpre os percentuais de Reserva Legal e possui vegetação excedente ("a mais" do que exige a lei) pode emitir CRA e quem tem déficit de Reserva Legal pode compensá-lo comprando CRA. Nesse sentido: http://www.oeco.org.br/colunas/colunistas-convidados/decisao-do-stf-sobre-o-novo-codigo-florestal-enfraquece-a-cota-de-reserva-ambiental/.

O novo Código Florestal adotou o critério do bioma para fins de compensação da Reserva Legal. Assim, o § 2º do art. 48 previu que a CRA pode ser utilizada para compensar Reserva Legal de imóvel situado no mesmo bioma da área à qual o título está vinculado. Em outras palavras, o proprietário que quiser adquirir CRA deverá comprar de imóveis rurais situados no "mesmo bioma".

O STF entendeu que a aquisição de uma área no mesmo bioma é insuficiente como mecanismo de compensação. Isso porque pode acontecer de, dentro de um mesmo bioma, existir uma alta heterogeneidade de formações vegetais. Assim, pela redação legal, o proprietário poderia, dentro de um mesmo bioma, "compensar" áreas com formações vegetais completamente diferentes, já que, como dito, existe essa grande heterogeneidade.

Desse modo, o STF acolheu os argumentos técnicos no sentido de que as compensações devem ser realizadas somente em áreas ecologicamente equivalentes, considerando-se não apenas o mesmo bioma, mas também as diferenças de composição de espécies e estrutura dos ecossistemas que ocorrem dentro de cada bioma.

Em outras palavras, não basta que a área seja do mesmo bioma, é necessário também que haja identidade ecológica entre elas.

6) deve-se dar interpretação conforme a Constituição ao art. 59, §§ 4º e 5º, de modo a afastar, no decurso da execução dos termos de compromissos subscritos nos programas de regularização ambiental, o risco de decadência ou prescrição, seja dos ilícitos ambientais praticados antes de 22.7.2008, seja das sanções deles decorrentes, aplicando-se extensivamente o disposto no § 1º do art. 60 da Lei 12.651/2012, segundo o qual "a prescrição ficará interrompida durante o período de suspensão da pretensão punitiva".

O art. 59, § 4º e 5º conferiu uma espécie de anistia aos proprietários que cometeram ilícitos ambientais relacionados com a supressão irregular de vegetação em Áreas de Preservação Permanente, de Reserva Legal e de uso restrito, desde que cumpridos alguns requisitos. Confira:

§ Art. 59. A União, os Estados e o Distrito Federal deverão, no prazo de 1 (um) ano, contado a partir da data da publicação desta Lei, prorrogável por uma única vez, por igual período, por ato do Chefe do Poder Executivo, implantar Programas de Regularização Ambiental – PRAs de posses e propriedades rurais, com o objetivo de adequá-las aos termos deste Capítulo.

(...)

§ 4º No período entre a publicação desta Lei e a implantação do PRA em cada Estado e no Distrito Federal, bem como após a adesão do interessado ao PRA e enquanto estiver sendo

AMBIENTAL

cumprido o termo de compromisso, o proprietário ou possuidor não poderá ser autuado por infrações cometidas antes de 22 de julho de 2008, relativas à supressão irregular de vegetação em Áreas de Preservação Permanente, de Reserva Legal e de uso restrito.

§ 5° A partir da assinatura do termo de compromisso, serão suspensas as sanções decorrentes das infrações mencionadas no § 4° deste artigo e, cumpridas as obrigações estabelecidas no PRA ou no termo de compromisso para a regularização ambiental das exigências desta Lei, nos prazos e condições neles estabelecidos, as multas referidas neste artigo serão consideradas como convertidas em serviços de preservação, melhoria e recuperação da qualidade do meio ambiente, regularizando o uso de áreas rurais consolidadas conforme definido no PRA.

22 de julho de 2008 foi a data da edição do Decreto n° 6.514/2008, que regulamentou a Lei n° 9.605/98 (lei que trata sobre sanções penais e administrativas relacionadas com o meio ambiente).

O STF afirmou que esses dispositivos são válidos, mas que se deve evitar a prescrição e a decadência. Assim, deve-se dar interpretação conforme a Constituição ao art. 59, §§ 4° e 5°, de modo que, durante a execução dos termos de compromissos subscritos nos programas de regularização ambiental, não corra o prazo de decadência ou prescrição.

Aplica-se aqui a mesma solução prevista no § 1° do art. 60 da Lei n° 12.651/2012:

§

Art. 60. A assinatura de termo de compromisso para regularização de imóvel ou posse rural perante o órgão ambiental competente, mencionado no art. 59, suspenderá a punibilidade dos crimes previstos nos arts. 38, 39 e 48 da Lei n° 9.605, de 12 de fevereiro de 1998, enquanto o termo estiver sendo cumprido.

§ 1° A prescrição ficará interrompida durante o período de suspensão da pretensão punitiva.

§ 2° Extingue-se a punibilidade com a efetiva regularização prevista nesta Lei.

ARGUMENTOS INVOCADOS PELO STF PARA A DECLARAÇÃO DE CONSTITUCIONALIDADE DOS DEMAIS DISPOSITIVOS

Meio ambiente como direito e dever

O art. 225 da Constituição Federal estabelece que "todos têm direito ao meio ambiente ecologicamente equilibrado, bem de uso comum do povo e essencial à sadia qualidade de vida, impondo-se ao Poder Público e à coletividade o dever de defendê-lo e preservá-lo para as presentes e futuras gerações".

Sob essa perspectiva, o meio ambiente assume função dúplice no microssistema jurídico, na medida em que representa simultaneamente um direito e um dever dos cidadãos, os quais se posicionam, paralelamente, também de forma simultânea, como credores e como devedores da obrigação de proteção respectiva.

Homem é parte indissociável do meio ambiente

O homem é parte indissociável do meio ambiente. Por intermédio das interações genéticas biologicamente evolutivas que se sucederam nos últimos milhares de anos, o meio ambiente produziu a espécie humana, cuja vida depende dos recursos nele contidos. Nesse ponto, nem os mais significativos avanços tecnológicos permitirão ao homem, em algum momento futuro, dissociar-se do meio ambiente, na medida em que a atividade humana inventiva e transformadora depende da matéria nele contida, sob todas as suas formas.

Homem é produto (e não proprietário) do meio ambiente

A capacidade de os indivíduos desestabilizarem o equilíbrio do conjunto de recursos naturais que lhes fornece a própria existência tem gerado legítimas preocupações, as quais se intensificaram no último século. Afinal, recursos naturais são escassos; determinados danos são irreversíveis ou extremamente agressivos à natureza; alterações climáticas tornaram-se problema real; e a poluição se alastra pelos grandes centros, entre outras evidências empíricas da crise ambiental. Portanto, o foco no crescimento econômico sem a devida preocupação ecológica consiste em ameaça presente e futura para o progresso das nações e até mesmo para a sobrevivência da espécie humana.

O homem apenas progride como ser biológico e como coletividade quando se percebe como produto – e não proprietário – do meio ambiente.

Políticas ambientais devem estar em harmonia com o mercado de trabalho e com o desenvolvimento social

Por outro lado, as políticas públicas ambientais devem conciliar-se com outros valores democraticamente eleitos pelos legisladores, como o mercado de trabalho, o desenvolvimento social, o atendimento às necessidades básicas de consumo dos cidadãos etc.

Dessa forma, não é adequado desqualificar determinada regra legal como contrária ao comando constitucional de defesa do meio ambiente (art. 225), ou mesmo sob o genérico e subjetivo rótulo de "retrocesso ambiental", ignorando as diversas nuances que permeiam o processo decisório do legislador, democraticamente investido da função de apaziguar interesses conflitantes por meio de regras gerais e objetivas.

Não se deve desprezar que a mesma Constituição que protege o meio ambiente também afirma que o Estado brasileiro deve garantir a livre iniciativa (arts. 1º, IV, e 170) e o desenvolvimento nacional (art. 3º, II), erradicar a pobreza e a marginalização, e reduzir as desigualdades sociais e regionais (arts. 3º, III, e 170, VII), proteger a propriedade (arts. 5º, "caput" e XXII, e 170, II), buscar o pleno emprego (arts. 170, VIII, e 6º) e a defender o consumidor (arts. 5º, XXXII, e 170, V).

A proteção ambiental deve conviver com a tutela do desenvolvimento

O desenho institucional das políticas públicas ambientais suscita, assim, o duelo valorativo entre a proteção ambiental e a tutela do desenvolvimento, tendo como centro de gravidade o bem comum e a pessoa humana, num cenário de escassez. Portanto, o desenvolvimento econômico e a preservação do meio ambiente não são políticas intrinsecamente antagônicas.

Proteção ambiental não significa ausência completa de impacto do homem na natureza

Nessa medida, a preservação dos recursos naturais para as gerações futuras não pode significar a ausência completa de impacto do homem na natureza, consideradas as carências materiais da geração atual e também a necessidade de gerar desenvolvimento econômico suficiente para assegurar uma travessia confortável para os nossos descendentes.

O suposto conflito entre meio ambiente e desenvolvimento econômico é tão somente aparente, envolvendo diversas nuances, em especial a justiça intergeracional, demandando escolhas trágicas a serem realizadas pelas instâncias democráticas (Parlamento e chefia do Poder Executivo), não podendo ser decidido apenas com base na convicção de juízes, por mais bem-intencionados que sejam.

Princípio da vedação ao retrocesso não está acima do princípio democrático

Por fim, o STF ressaltou que o princípio da vedação ao retrocesso não se sobrepõe ao princípio democrático, no afã de transferir ao Judiciário funções inerentes aos Poderes Legislativo e Executivo, e nem justifica afastar arranjos legais mais eficientes para o desenvolvimento sustentável do país como um todo.

2.2. ÁREAS DE PRESERVAÇÃO PERMANENTE

É INCONSTITUCIONAL LEI ESTADUAL QUE PREVÊ A SUPRESSÃO DE VEGETAL EM APP PARA A REALIZAÇÃO DE ATIVIDADES EXCLUSIVAMENTE DE LAZER

De quem é a competência para legislar sobre meio ambiente?

A competência para legislar sobre o meio ambiente é concorrente, nos termos do art. 24, VI e VIII, da CF/88:

§ Art. 24. Compete à União, aos Estados e ao Distrito Federal legislar concorrentemente sobre:

(...)

VI – florestas, caça, pesca, fauna, conservação da natureza, defesa do solo e dos recursos naturais, proteção do meio ambiente e controle da poluição;

(...)

VIII – responsabilidade por dano ao meio ambiente, ao consumidor, a bens e direitos de valor artístico, estético, histórico, turístico e paisagístico;

A doutrina afirma que, em relação à competência legislativa concorrente, a CF/88 criou um "condomínio legislativo" entre os entes federativos.

A competência da União será para estabelecer normas gerais sobre os assuntos do art. 24. Ex: o Congresso Nacional editou o Código Florestal com normas gerais sobre a proteção das florestas.

A competência da União para legislar sobre normas gerais não exclui a competência suplementar dos Estados. Isso significa que os Estados-membros podem complementar a legislação federal editada pela União. Obviamente, as normas estaduais não podem contrariar as normas gerais elaboradas pela União.

Se a União ainda não tiver editado as normas gerais sobre esse assunto, os Estados exercerão a competência legislativa plena para atender às suas peculiaridades. Em outras palavras, não havendo normas gerais da União, o Estado-membro fica livre para legislar a respeito daquele tema. Vale ressaltar, no entanto, que se a União vier a editar posteriormente as normas gerais, a lei estadual terá sua eficácia suspensa naquilo que for contrário à legislação da União.

Feita esta revisão, imagine a seguinte situação:

O Estado do Tocantins editou a Lei nº 1.939/2008 prevendo situações excepcionais nas quais seria possível a supressão de vegetação em Áreas de Preservação Permanente (APP).

Esta Lei previu, como uma das hipóteses, que seria possível a realização de "pequenas construções com área máxima de 190 metros quadrados, utilizadas exclusivamente para lazer" (art. 3º, III, "l").

Desse modo, o legislador estadual tocantinense permitiu a construção de casas de veraneio, sítios, xácaras etc. em APPs, desde que fossem menores que 190m².

A Procuradoria Geral da República ingressou com uma ADI contra este dispositivo afirmando que ele "confere proteção deficitária" às áreas de preservação permanente do Estado.

A PGR argumentou que esse trecho foi incluído na lei "com o objetivo específico de beneficiar proprietários de chácaras às margens do Lago da Usina Hidroelétrica Lajeado" e, ao fazê-lo, o estado extrapolou sua competência legislativa.

O STF acolheu o argumento da PGR? Essa previsão viola a CF/88?

SIM. O STF reconheceu a existência de inconstitucionalidades formal e material.

Inconstitucionalidade formal

A CF/88 previu, como uma das matérias de competência concorrente, a gestão do meio ambiente, especialmente no que se refere a "florestas, caça, pesca, fauna, conservação da natureza, defesa do solo e dos recursos naturais, proteção do meio ambiente e controle da poluição" (art. 24, VI).

A União, no exercício dessa competência legislativa concorrente em matéria ambiental, editou o Código Florestal (Lei nº 12.651/2012).

Este ato normativo "estabelece normas gerais sobre a proteção da vegetação, Áreas de Preservação Permanente e as Áreas de Reserva Legal; a exploração florestal, o suprimento de matéria-prima florestal, o controle da origem dos produtos florestais e o controle e prevenção dos incêndios florestais, e prevê instrumentos econômicos e financeiros para o alcance de seus objetivos" (art. 1º-A).

O Código Florestal define, em seu art. 3º, III, o que vem a ser uma Área de Preservação Permanente:

> § Art. 3º (...)
>
> II – Área de Preservação Permanente – APP: área protegida, coberta ou não por vegetação nativa, com a função ambiental de preservar os recursos hídricos, a paisagem, a estabilidade geológica e a biodiversidade, facilitar o fluxo gênico de fauna e flora, proteger o solo e assegurar o bem-estar das populações humanas;

Ao se ler os dispositivos do Código Florestal que tratam sobre áreas de preservação permanente, constata-se que não se permite a instalação em APP de qualquer tipo de edificação com finalidade meramente recreativa, tal como fez a lei de Tocantins.

Percebe-se, portanto, que o legislador estadual previu uma regra que vai de encontro (afronta) à proteção fixada pelo legislador federal.

Em outras palavras, a disciplina protetiva determinada pelo Código Florestal em relação às APPs acaba sendo essencialmente escamoteada pela norma estadual, editada com o suposto intento de suplementar a legislação federal.

Paulo Affonso Leme Machado alerta que "não se pode suplementar um texto legal para descumpri-lo ou para deturpar sua intenção, isto é, para desviar da mens legis ambiental federal" (*Direito Ambiental Brasileiro*. 24ª ed., p. 146).

Assim, a lei estadual afronta o art. 24, § 2º, da CF/88.

Inconstitucionalidade material

Esta previsão da lei estadual possui também uma inconstitucionalidade material porque viola o art. 225, caput e § 1º, III, da CF/88:

> § Art. 225. Todos têm direito ao meio ambiente ecologicamente equilibrado, bem de uso comum do povo e essencial à sadia qualidade de vida, impondo-se ao Poder Público e à coletividade o dever de defendê-lo e preservá – lo para as presentes e futuras gerações.
>
> (...)
>
> § 1º Para assegurar a efetividade desse direito, incumbe ao Poder Público:
>
> (...)
>
> III – definir, em todas as unidades da Federação, espaços territoriais e seus componentes a serem especialmente protegidos, sendo a alteração e a supressão permitidas somente através de lei, vedada qualquer utilização que comprometa a integridade dos atributos que justifiquem sua proteção;

Neste caso concreto, é necessário fazer uma ponderação de valores entre o direito à propriedade e a proteção ao meio ambiente.

A Lei Estadual 1.939/2008, ao permitir a proprietários de imóveis às margens de cursos d'água a construção de casas de veraneio, pretendeu melhorar-lhes a qualidade de vida, proporcionando-lhes o aumento do espaço útil destinado à fruição do lazer, algo relevante para a saúde física e mental da população em geral, e, em última análise, parte integrante da construção da cidadania.

Descrito no rol dos direitos fundamentais, o lazer está presente em vários dispositivos da CF/88 (art. 7º, IV, art. 217, § 3º, e art. 227, caput), sendo relevante para a construção da cidadania e um dos fundamentos da República Federativa do Brasil.

A despeito, entretanto, da salutar preocupação com o lazer, a previsão da lei tocantinense, ao permitir a supressão de vegetação nativa em APPs, vulnerou o direito ao meio ambiente ecologicamente equilibrado (art. 225, CF), tendo em vista que não passa por um teste mínimo de proporcionalidade.

O lazer estimulado pelo dispositivo privilegia um restrito grupo de beneficiários – os proprietários de imóveis localizados às margens de cursos d'água – e, por outro lado, prejudica a coletividade, que arcará com as consequências negativas provenientes da intervenção humana no meio ambiente.

Vale ressaltar que os proprietários dispõem de todo o restante do imóvel para promover atividades relacionadas ao bem-estar, fazendo-se dispensável, portanto, que as construções sejam erigidas nas APPs. Nada impede, por exemplo, que essas casas sejam construídas fora das áreas especialmente protegidas, que constituem tão somente uma fração da propriedade.

Em suma:

É inconstitucional lei estadual prevendo que é possível a supressão de vegetal em Área de Preservação Permanente (APP) para a realização de "pequenas construções com área máxima de 190 metros quadrados, utilizadas exclusivamente para lazer".

Essa lei possui vícios de inconstitucionalidade formal e material.

Há inconstitucionalidade formal porque o Código Florestal (lei federal que prevê as normas gerais sobre o tema, nos termos do art. 24, § 1º, da CF/88) não permite a instalação em APP de qualquer tipo de edificação com finalidade meramente recreativa.

Existe também inconstitucionalidade material porque houve um excesso e abuso da lei estadual ao relativizar a proteção constitucional ao meio ambiente ecologicamente equilibrado, cujo titular é a coletividade, em face do direito de lazer individual.

STF. Plenário. ADI 4988, Rel. Min. Alexandre de Moraes, julgado em 19/09/2018 (Info 916).

3. EXTINÇÃO DE UNIDADES DE CONSERVAÇÃO POR MEDIDA PROVISÓRIA

Unidades de conservação

Unidade de conservação é...

- um espaço territorial (incluindo os recursos ambientais ali presentes, como as águas),
- espaço esse que possui características naturais relevantes
- e que é legalmente instituído pelo Poder Público (demarcado com limites físicos)
- com o objetivo de que seja conservado

- passando, portanto, a ser administrado com base em regime especial
- aplicando-se garantias adequadas de proteção.

As unidades de conservação são regidas pela Lei nº 9.985/2000.

Criação e ampliação

A criação ou a ampliação das unidades de conservação pode ser feita por meio de LEI ou DECRETO do chefe do Poder Executivo federal, estadual ou municipal.

Extinção ou redução

A extinção ou redução de uma unidade de conservação somente pode ser feita por meio de LEI ESPECÍFICA.

Atenção: mesmo que a unidade de conservação tenha sido criada por decreto, ela só poderá ser suprimida mediante lei. Essa determinação consta no art. 225, § 1º, III, da CF/88:

> §
>
> Art. 225. (...)
>
> § 1º Para assegurar a efetividade desse direito, incumbe ao Poder Público:
>
> (...)
>
> III – definir, em todas as unidades da Federação, espaços territoriais e seus componentes a serem especialmente protegidos, sendo a alteração e a supressão permitidas somente através de lei, vedada qualquer utilização que comprometa a integridade dos atributos que justifiquem sua proteção;

No mesmo sentido é o art. 22, § 7º da Lei nº 9.985/2000:

> §
>
> Art. 22 (...)
>
> § 7º A desafetação ou redução dos limites de uma unidade de conservação só pode ser feita mediante lei específica.

Mas o art. 225, § 1º, III, da CF/88 fala em espaços territoriais especialmente protegidos... isso abrange as unidades de conservação?

SIM. As unidades de conservação são uma das espécies de espaços territoriais especialmente protegidos. Podemos citar outros dois exemplos:

- Áreas de Preservação Permanente (APP);
- Áreas de Reserva Legal.

Feitas estas considerações, imagine a seguinte situação concreta:

A MP 558/2012 (posteriormente convertida na Lei nº 12.678/2012) reduziu os limites territoriais (ou seja, o tamanho) de algumas unidades de conservação. As unidades foram reduzidas a fim de que no local que sobrou fossem construídas usinas hidrelétricas.

A Procuradoria-Geral da República ajuizou ADI contra esta MP alegando:

1. que o art. 225, § 1º, III, da CF/88 exige que a redução nos limites da unidade de conservação seja feita por meio de lei em sentido formal;
2. não havia urgência que justificasse a edição de uma medida provisória no presente caso.

O STF concordou com a ADI proposta?

SIM. O STF julgou procedente a ADI para, sem pronunciamento de nulidade, declarar a inconstitucionalidade da MP 558/2012, convertida na Lei nº 12.678/2012.

MP pode ser utilizada para ampliar, mas não para reduzir espaços de proteção ambiental

A jurisprudência do STF aceita o uso de medidas provisórias para ampliar espaços de proteção ambiental, mas nunca para reduzi-los.

Assim, é possível a edição de medidas provisórias tratando sobre matéria ambiental, mas sempre veiculando normas favoráveis ao meio ambiente.

Normas que signifiquem diminuição da proteção ao meio ambiente equilibrado só podem ser editadas por meio de lei formal, com amplo debate parlamentar e participação da sociedade civil e dos órgão e instituições de proteção ambiental, como forma de assegurar o direito de todos ao meio ambiente ecologicamente equilibrado. A adoção de medida provisória nessas hipóteses possui evidente potencial de causar prejuízos irreversíveis ao meio ambiente na eventualidade de não ser convertida em lei.

Dessa forma, é inconstitucional a edição de MP que importe em diminuição da proteção ao meio ambiente equilibrado, especialmente em se tratando de diminuição ou supressão de unidades de conservação, com consequências potencialmente danosas e graves ao ecossistema protegido.

A proteção ao meio ambiente é um limite material implícito à edição de medida provisória, ainda que não conste expressamente do elenco das limitações previstas no art. 62, § 1º, da CF/88.

Art. 225, § 1º, III, da CF/88 exige lei em sentido formal

Ao se interpretar o art. 225, § 1º, III, da CF/88, chega-se à conclusão de que a alteração ou supressão de espaços territoriais especialmente protegidos haverá de ser feita por lei formal, com possibilidade de abrir-se amplo debate parlamentar, com participação da sociedade civil e dos órgãos e instituições de proteção ao meio ambiente. Essa é a finalidade do dispositivo constitucional, que assegura o direito de todos ao meio ambiente ecologicamente equilibrado.

Apesar de medida provisória ter força de lei, em caso de diminuição do regime jurídico protetivo do meio ambiente deve ser observado o princípio da reserva legal.

Ausência de urgência

O art. 62 da CF/88 prevê que o Presidente da República somente poderá editar medidas provisórias em caso de relevância e urgência. A definição do que seja relevante e urgente para fins de edição de medidas provisórias consiste, em regra, em um juízo político (escolha política/discricionária) de competência do Presidente da República, controlado pelo Congresso Nacional. Desse modo, salvo em caso de notório abuso, o Poder Judiciário não deve se imiscuir na análise dos requisitos da MP.

No caso concreto, o STF entendeu que era uma dessas situações excepcionais e que não ficou demonstrado, de forma satisfatória, a presença da relevância e urgência na edição da MP 558/2012.

À época da edição da medida provisória, os empreendimentos hidrelétricos que justificariam a desafetação das áreas protegidas ainda dependiam de licenciamentos ambientais, nos quais deveriam ser analisados os impactos e avaliada a conveniência e escolha dos sítios a serem efetivamente alagados. Assim, não havia urgência em se editar o ato.

Proibição de retrocesso

Além dos aspectos formais acima explicados, esta MP também é inconstitucional sob o prisma material.

A norma impugnada contrariou o princípio da proibição de retrocesso socioambiental. Isso porque as alterações legislativas atingiram o núcleo essencial do direito fundamental ao meio ambiente ecologicamente equilibrado (art. 225 da CF/88).

A aplicação do princípio da proibição do retrocesso socioambiental não pode engessar a ação legislativa e administrativa, sendo forçoso admitir certa margem de discricionariedade às autoridades públicas em matéria ambiental. Contudo, no caso concreto houve a indevida alteração de reservas florestais com gravosa diminuição da proteção de ecossistemas, à revelia do devido processo legislativo, por ato discricionário do Poder Executivo, e em prejuízo da proteção ambiental de parques nacionais.

Em suma:

É inconstitucional a redução ou a supressão de espaços territoriais especialmente protegidos, como é o caso das unidades de conservação, por meio de medida provisória. Isso viola o art. 225, § 1º, III, da CF/88.

Assim, a redução ou supressão de unidade de conservação somente é permitida mediante lei em sentido formal.

A medida provisória possui força de lei, mas o art. 225, § 1º, III, da CF/88 exige lei em sentido estrito.

STF. Plenário. ADI 4717/DF, Rel. Min. Cármen Lúcia, julgado em 5/4/2018 (Info 896).

Por que o STF julgou procedente a ADI, mas sem pronunciamento de nulidade?

Porque os efeitos da MP, convertida em lei, já se concretizaram. Com a redução do tamanho das unidades de conservação, foram instaladas usinas no local, empreendimentos que já estão em funcionamento.

Assim, houve um alagamento irreversível das áreas desafetadas e a execução dos empreendimentos hidrelétricos já não permite a invalidação dos efeitos produzidos, dada a impossibilidade material de reversão ao *status quo ante*.

O STF considerou, portanto, que havia uma situação de fato irreversível e que não se poderia determinar a retirada dessas usinas de lá.

Ficou, então, assentado que, daqui para a frente (ou seja, a partir desse julgamento), quaisquer outras medidas no sentido de desafetação ou diminuição de áreas de proteção ambiental haverão de cumprir o que a Constituição exige.

Dessa forma, é como se o STF tivesse dito o seguinte: neste caso concreto, não iremos anular os efeitos produzidos pela MP porque se tornaram irreversíveis. No entanto, fica assentado que é inconstitucional a edição de futuras medidas provisórias que reduzam a proteção ao meio ambiente.

4. COMPETÊNCIA

4.1. VIOLA A CF/88 LEI MUNICIPAL QUE PROÍBE O TRANSPORTE DE ANIMAIS VIVOS NO MUNICÍPIO

Lei municipal sobre transporte de animais

O Município de Santos (SP) editou a LC 966/2018,que alterou o "Código de Posturas" da cidade. Dentre as mudanças implementadas, a lei proibiu o transporte de cargas vivas nas áreas urbanas e de expansão urbana do município em gaiolas ou veículos. Veja:

§ Art. 290. É proibido o trânsito de veículos, sejam eles motorizados ou não, transportando cargas vivas nas áreas urbanas e de expansão urbana do Município.

Parágrafo único. Excetuam-se do disposto no caput os seguintes animais:

I – domésticos;

II – de uso terapêutico em projetos educativos e medicinais;

III – à serviço das forças policiais;

IV – que passarão por tratamento médico em clínicas e hospitais veterinários;

V – utilizados em atividades esportivas;

VI – destinados à preservação ambiental.

ADPF

A Confederação Nacional da Agricultura e Pecuária do Brasil (CNA) ajuizou ADPF contra esta previsão afirmando que ela inviabilizaria a atividade de exportação da produção pecuária dos produtores rurais brasileiros por meio do Porto de Santos, além de ferir os princípios constitucionais da livre concorrência e da livre iniciativa.

Primeira pergunta: por que foi ajuizada APDF (e não ADI)?

Porque não cabe ADI no STF contra lei municipal. Só cabe contra lei ou ato normativo federal ou estadual/distrital. É o prevê o art. 102, I, da CF/88:

§ Art. 102. Compete ao Supremo Tribunal Federal, precipuamente, a guarda da Constituição, cabendo-lhe:

I – processar e julgar, originariamente:

a) a ação direta de inconstitucionalidade de lei ou ato normativo federal ou estadual e a ação declaratória de constitucionalidade de lei ou ato normativo federal;

Logo, não cabendo ADI, somente resta a propositura de ADPF, conforme autoriza a Lei nº 9.882/99:

§ Art. 1º A arguição prevista no § 1º do art. 102 da Constituição Federal será proposta perante o Supremo Tribunal Federal, e terá por objeto evitar ou reparar lesão a preceito fundamental, resultante de ato do Poder Público.

Parágrafo único. Caberá também arguição de descumprimento de preceito fundamental:

I – quando for relevante o fundamento da controvérsia constitucional sobre lei ou ato normativo federal, estadual ou municipal, incluídos os anteriores à Constituição;

O são os chamados "preceitos fundamentais"?

Não existe um dispositivo da Constituição ou uma lei que defina quais seriam esses preceitos fundamentais. Diante disso, entende-se que cabe ao STF, no caso concreto, dizer se aquele dispositivo invocado pelo autor pode ou não ser enquadrado como preceito fundamental.

Preceitos fundamentais implícitos

Dentre os preceitos fundamentais, não se inclui apenas aqueles dispositivos expressos, mas também as prescrições implícitas, desde que consideradas fundamentais.

Exemplos de preceito fundamental

Na ADPF 405 MC/RJ, a Min. Rosa Weber afirmou que poderiam ser considerados preceitos fundamentais:

- a separação e independência entre os Poderes;

- o princípio da igualdade;
- o princípio federativo;
- a garantia de continuidade dos serviços públicos;
- os princípios e regras do sistema orçamentário (art. 167, VI e X, da CF/88)
- o regime de repartição de receitas tributárias (arts. 34, V e 158, III e IV; 159, §§ 3º e 4º; e 160 da CF/88;
- a garantia de pagamentos devidos pela Fazenda Pública em ordem cronológica de apresentação de precatórios (art. 100 da CF/88).

Voltando ao caso concreto. Qual preceito fundamental a autora alegou ter sido violado?

O pacto federativo, uma vez que teria sido violada a competência da União para legislar sobre o tema. A repartição de competências é uma decorrência direta e uma característica fundamental do Estado federado (Federação).

Logo, cabe ADPF.

E quanto ao mérito: essa lei municipal afronta a Constituição Federal?

SIM.

O objetivo do legislador municipal ao promulgar a lei impugnada foi o de obstar o transporte de carga viva para embarque e desembarque no porto de Santos, o que afeta diretamente a atividade comercial dos produtores agropecuários.

O STF entendeu que o Município, ao instituir essa proibição, adentrou no espaço de competência da União.

A União possui uma série de leis e decretos que regulamentam o transporte de animais vivos, estabelecendo requisitos e restrições.

O Município, ao inviabilizar o transporte de gado vivo na área urbana e de expansão urbana de seu território, transgrediu a competência da União, que já estabeleceu, à exaustão, diretrizes para a política agropecuária, o que inclui o transporte de animais vivos e sua fiscalização.

Sob a justificativa de criar mecanismo legislativo de proteção aos animais, o legislador municipal impôs restrição desproporcional ao direito dos empresários do agronegócio de realizarem a sua atividade.

Esta desproporcionalidade fica evidente quando se verifica que a legislação federal já prevê uma série de instrumentos para garantir, de um lado, a qualidade dos produtos destinados ao consumo pela população e, de outro, a existência digna e a ausência de sofrimento dos animais, tanto no transporte quanto no seu abate.

Em suma:

Viola a Constituição Federal lei municipal que proíbe o trânsito de veículos, sejam eles motorizados ou não, transportando cargas vivas nas áreas urbanas e de expansão urbana do Município.

Essa lei municipal invade a competência da União.

O Município, ao inviabilizar o transporte de gado vivo na área urbana e de expansão urbana de seu território, transgrediu a competência da União, que já estabeleceu, à exaustão, diretrizes para a política agropecuária, o que inclui o transporte de animais vivos e sua fiscalização.

Além disso, sob a justificativa de criar mecanismo legislativo de proteção aos animais, o legislador municipal impôs restrição desproporcional.

Esta desproporcionalidade fica evidente quando se verifica que a legislação federal já prevê uma série de instrumentos para garantir, de um lado, a qualidade dos produtos destinados ao consumo pela população e, de outro, a existência digna e a ausência de sofrimento dos animais, tanto no transporte quanto no seu abate.

STF. Plenário. ADPF 514 e ADPF 516 MC-REF/SP, Rel. Min. Edson Fachin, julgados em 11/10/2018 (Info 919).

4.2. É INCONSTITUCIONAL LEI ESTADUAL QUE EXIGE PRÉVIA AUTORIZAÇÃO DA ALE PARA QUE OS ÓRGÃOS DO SISNAMA POSSAM CELEBRAR INSTRUMENTOS DE COOPERAÇÃO NO ESTADO

SISNAMA

A Lei nº 6.938/81 dispõe sobre a Política Nacional do Meio Ambiente, ou seja, é uma lei federal que estabelece as normas gerais para a preservação, melhoria e recuperação do meio ambiente.

Essa Lei constituiu o chamado Sistema Nacional do Meio Ambiente (SISNAMA).

O SISNAMA é o conjunto de órgãos e entidades da União, dos Estados, do Distrito Federal e dos Municípios que são responsáveis pelo planejamento, coordenação, fiscalização e execução da Política Nacional do Meio Ambiente, a fim de garantir proteção e melhoria da qualidade ambiental.

Estrutura do SISNAMA

ESTRUTURA DO SISNAMA	
ÓRGÃOS	FUNÇÕES
SUPERIOR	O órgão superior do SISNAMA é o Conselho de Governo. Tem a função de assessorar o Presidente da República na formulação da política nacional e nas diretrizes governamentais para o meio ambiente e os recursos ambientais.
CONSULTIVO E DELIBERATIVO	É o Conselho Nacional do Meio Ambiente (CONAMA). Tem a finalidade de assessorar, estudar e propor ao Conselho de Governo, diretrizes de políticas governamentais para o meio ambiente e os recursos naturais e deliberar, no âmbito de sua competência, sobre normas e padrões compatíveis com o meio ambiente ecologicamente equilibrado e essencial à sadia qualidade de vida. Antes da prova, importante ler as competências do CONAMA que estão listadas no art. 8º da Lei nº 6.938/81.
CENTRAL	É a Secretaria do Meio Ambiente da Presidência da República. Tem a finalidade de planejar, coordenar, supervisionar e controlar, como órgão federal, a política nacional e as diretrizes governamentais fixadas para o meio ambiente.

ESTRUTURA DO SISNAMA	
ÓRGÃOS	FUNÇÕES
EXECUTORES	São dois os órgãos executores do SISNAMA • o Instituto Brasileiro do Meio Ambiente e dos Recursos Naturais Renováveis – IBAMA; e • o Instituto Chico Mendes de Conservação da Biodiversidade (ICMBio). Possuem a finalidade de executar e fazer executar a política e as diretrizes governamentais fixadas para o meio ambiente. IBAMA x ICMBio: • ICMBio: tem por finalidade a execução da política nacional das unidades de conservação; • IBAMA: tem por finalidade a execução dos demais aspectos da política nacional do meio ambiente, com exceção das unidades de conservação.
SECCIONAIS	São os órgãos ou entidades ESTADUAIS responsáveis pela execução de programas, projetos e pelo controle e fiscalização de atividades capazes de provocar a degradação ambiental. Os Estados, na esfera de suas competências e nas áreas de sua jurisdição, elaborarão normas supletivas e complementares e padrões relacionados com o meio ambiente, observados os que forem estabelecidos pelo CONAMA.
LOCAIS	São os órgãos ou entidades MUNICIPAIS, responsáveis pelo controle e fiscalização dessas atividades, nas suas respectivas jurisdições. Os Municípios, observadas as normas e os padrões federais e estaduais, também poderão elaborar as normas supletivas e complementares relacionadas com o meio ambiente.

Obs: os órgãos e entidades que constituem o SISNAMA não são considerados como instrumentos da Política Nacional do Meio Ambiente (art. 9º da Lei nº 6.938/81).

Lei do Estado de Roraima

O Estado de Roraima editou a LC 149/2009, cujos arts. 26 e 28 previam o seguinte:

§ Art. 26. Fica estabelecido que todo e qualquer Termo de Cooperação e/ou similares entre os órgãos componentes do Sistema Nacional de Meio Ambiente – SISNAMA, no Estado de Roraima, deverão ser previamente aprovados pela Assembleia Legislativa – ALE/RR.

(...)

§ Art. 28. É vedada à FEMACT a transferência responsabilidades ou atribuições de sua competência para qualquer outro órgão ambiental, do SISNAMA, ressalvado, quando autorizado pelo Legislativo Estadual, mediante Lei específica.

Parágrafo único. Ficam revogados quaisquer instrumentos de cooperação firmados pela FEMACT, que sejam alcançados pela norma do caput deste artigo.

ADI

O Governador do Estado ajuizou ADI contra esses dispositivos afirmando que eles violam o princípio constitucional da separação de Poderes, uma vez que tratam de matéria relativa a atos de gestão do Poder Executivo, os quais não podem, portanto, depender da concordância de outro Poder.

O STF concordou com o pedido? A ADI foi julgada procedente? Tais dispositivos são inconstitucionais?

SIM.

Submissão dos instrumentos de cooperação à aprovação da ALE

O art. 26 da Lei estadual submete ao Poder Legislativo estadual (Assembleia Legislativa) a aprovação dos instrumentos de cooperação firmados entre os órgãos componentes do SISNAMA no Estado de Roraima.

A composição do SINAMA – que conta com a participação de órgãos e instituições de todos os entes da federação – é um consectário lógico do estabelecimento, pela Constituição, da competência comum das entidades da federação para proteger o meio ambiente e combater a poluição em qualquer de suas formas, bem assim para preservar as florestas, a fauna e a flora (art. 23, VI e VII, da CF/88).

Pelo fato de abranger órgãos e entidades de todos os entes federativos, é imprescindível que as ações voltadas à proteção do meio ambiente se concretizem mediante a celebração de termos de cooperação ou ajustes similares entre eles.

A Lei Complementar Estadual 149/2009, ao submeter à Assembleia Legislativa local a aprovação prévia desses instrumentos de cooperação firmados entre os órgãos componentes do SISNAMA e o Estado de Roraima, viola o princípio constitucional da separação de poderes, pois permite a ingerência do Legislativo sobre o Executivo em matéria de proteção ambiental, tema de índole claramente administrativa, por envolver a execução de política pública.

Nesse sentido:

> (...) Este Supremo Tribunal, por meio de reiteradas decisões, firmou o entendimento de que as normas que subordinam a celebração de convênios em geral, por órgãos do Executivo, à autorização prévia das Casas Legislativas Estaduais ou Municipais, ferem o princípio da independência dos Poderes, além de transgredir os limites do controle externo previsto na Constituição Federal. (...)
>
> STF. Plenário. ADI 770, Rel. Min. Ellen Gracie, julgado em 01/07/2002.

Proibição de que a FEMACT transfira atribuições a outro órgão ambiental sem autorização da ALE

FEMACT era a fundação instituída pelo Estado de Roraima para a proteção do meio ambiente. Atualmente, ela foi sucedida pela FEMARH.

O art. 28 da LC impugnada proibia que a FEMACT transferisse responsabilidades ou atribuições para qualquer outro órgão do SISNAMA, salvo se autorizada pelo Legislativo.

O parágrafo único deste artigo revogou os instrumentos de cooperação firmados pela FEMACT que não tenham sido autorizados pela Assembleia Legislativa.

O STF considerou inconstitucional essa previsão.

Ora, a transferência de responsabilidades ou atribuições da FEMACT, órgão componente do SISNAMA, envolve, também, assunto de competência privativa do Executivo, por estar relacionada com o federalismo cooperativo, que é baseado justamente na colaboração e o apoio mútuo no desempenho de políticas públicas de interesse geral. Por isso mesmo tal cooperação, de caráter eminentemente operacional, não pode ficar condicionada à aprovação do Legislativo.

O Poder Legislativo poderá sempre, no exercício de sua competência constitucional, exercer a fiscalização dos atos praticados sob o pálio dos acordos celebrados pelo Executivo, inclusive com o auxílio do Tribunal de Contas local. O que se mostra inconstitucional, contudo, é a imposição de autorização prévia da Assembleia para que tais acordos sejam celebrados.

Em suma:

É inconstitucional, por violar o princípio da separação dos poderes, lei estadual que exige autorização prévia do Poder Legislativo estadual (Assembleia Legislativa) para que sejam firmados instrumentos de cooperação pelos órgãos componentes do Sistema Nacional do Meio Ambiente – SISNAMA.

Também é inconstitucional lei estadual que afirme que Fundação estadual de proteção do meio ambiente só poderá transferir responsabilidades ou atribuições para outros órgãos componentes do SISNAMA se houver aprovação prévia da Assembleia Legislativa.

STF. Plenário. ADI 4348/RR, Rel. Min. Ricardo Lewandowski, julgado em 10/10/2018 (Info 919).

4.3. LEI ESTADUAL TRATANDO SOBRE ORGANISMOS GENETICAMENTE MODIFICADOS

A competência para legislar sobre as atividades que envolvam organismos geneticamente modificados (OGM) é concorrente (art. 24, V, VIII e XII, da CF/88).

No âmbito das competências concorrentes, cabe à União estabelecer normas gerais e aos Estados-membros editar leis para suplementar essas normas gerais (art. 24, §§ 1º e 2º).

Determinado Estado-membro editou lei estabelecendo que toda e qualquer atividade relacionada com os OGMs naquele Estado deveria observar "estritamente à legislação federal específica".

O STF entendeu que essa lei estadual é inconstitucional porque significou uma verdadeira "renúncia" ao exercício da competência legislativa concorrente prevista no art. 24, V, VIII e XII, da CF/88. Em outras palavras, o Estado abriu mão de sua competência suplementar prevista no art. 24, § 2º da CF/88.

Essa norma estadual remissiva fragiliza a estrutura federativa descentralizada, e consagra o monopólio da União, sem atentar para nuances locais.

STF. Plenário. ADI 2303/RS, Rel. Min. Marco Aurélio, julgado em 5/9/2018 (Info 914).

Veja comentários em Direito Constitucional.

5. APREENSÃO DE VEÍCULO UTILIZADO NO CARREGAMENTO DE MADEIRA SEM AUTORIZAÇÃO

Infração ambiental e apreensão dos produtos e instrumentos utilizados

A Lei nº 9.605/98 trata sobre as sanções penais e administrativas derivadas de condutas e atividades lesivas ao meio ambiente.

O art. 25 prevê a apreensão dos produtos e instrumentos utilizados em caso de infração administrativa ou crime ambiental:

§ Art. 25. Verificada a infração, serão apreendidos seus produtos e instrumentos, lavrando-se os respectivos autos.

O que acontece com os animais e com os produtos da infração ambiental?

- Animais: serão prioritariamente libertados em seu habitat ou, sendo tal medida inviável ou não recomendável por questões sanitárias, entregues a jardins zoológicos, fundações ou entidades assemelhadas, para guarda e cuidados sob a responsabilidade de técnicos habilitados. Até que os animais sejam entregues às instituições mencionadas, o órgão autuante zelará para que eles sejam mantidos em condições adequadas de acondicionamento e transporte que garantam o seu bem-estar físico.
- Produtos perecíveis ou madeiras: serão avaliados e doados a instituições científicas, hospitalares, penais e outras com fins beneficentes.
- Produtos e subprodutos da fauna não perecíveis: serão destruídos ou doados a instituições científicas, culturais ou educacionais.

O que acontece com os instrumentos utilizados na infração ambiental?

A regra para isso está prevista no § 5º do art. 25:

§

> Art. 25 (...)
>
> § 5º Os instrumentos utilizados na prática da infração serão vendidos, garantida a sua descaracterização por meio da reciclagem.

Decreto nº 3.179/99

A fim de regulamentar esse perdimento, o Presidente da República editou o Decreto nº 3.179/99.

Veja o que estabeleceu o art. 2º, § 6º, VIII do Decreto:

§

> Art. 2º As infrações administrativas são punidas com as seguintes sanções:
>
> (...)
>
> IV – apreensão dos animais, produtos e subprodutos da fauna e flora, instrumentos, petrechos, equipamentos ou veículos de qualquer natureza utilizados na infração;
>
> V – destruição ou inutilização do produto;
>
> (...)

§

> § 6º A apreensão, destruição ou inutilização, referidas nos incisos IV e V do caput deste artigo, obedecerão ao seguinte:
>
> (...)
>
> VIII – os veículos e as embarcações utilizados na prática da infração, apreendidos pela autoridade competente, somente serão liberados mediante o pagamento da multa, oferecimento de defesa ou impugnação, podendo ser os bens confiados a fiel depositário na forma dos arts. 1.265 a 1.282 da Lei nº 3.071, de 1916, até implementação dos termos antes mencionados, a critério da autoridade competente;

O STJ analisou a legalidade desse dispositivo. O que decidiu o Tribunal?

O art. 2º, § 6º, VIII, primeira parte (pagamento de multa), do Decreto: constitui verdadeira inovação no ordenamento jurídico, destituída de qualquer base legal. Isso porque o art. 25, § 4º da Lei não prevê a possibilidade de liberação dos veículos e embarcações mediante multa. O art. 25, § 4º da Lei afirma simplesmente que "os instrumentos utilizados na prática da infração serão vendidos".

Assim, o art. 2º, § 6º, VIII, do Decreto nº 3.179/99 (redação original), quando permite a liberação de veículos e embarcações mediante pagamento de multa, não é compatível com o que dispõe o art. 25, § 4º, da Lei nº 9.605/98.

Entretanto, não há ilegalidade quando o referido dispositivo regulamentar admite a instituição do depositário fiel na figura do proprietário do bem apreendido por ocasião de infração nos casos em que é apresentada defesa administrativa – anote-se que não se está defendendo a simplória liberação do veículo, mas a devolução com a instituição de depósito (e os consectários legais que daí advêm), observado, entretanto, que a liberação só poderá ocorrer caso o veículo ou a embarcação estejam regulares na forma das legislações de regência (Código de Trânsito Brasileiro, p. ex.).

STJ. 1ª Seção. REsp 1.133.965-BA, Rel. Min. Mauro Campbell Marques, julgado em 25/04/2018 (recurso repetitivo) (Info 625).

Revogação do Decreto

Vale ressaltar que o presente tema perdeu quase toda a importância tendo em vista que o Decreto 3.179/99 foi, posteriormente, alterado pelo Decreto nº 5.523/2005 e depois revogado pelo Decreto nº 6.514/2008.

Assim, desde 2005 esta regra questionada não mais existe.

Direito Processual Civil

1. COMPETÊNCIA

1.1. COMPETÊNCIA PARA AÇÃO PROPOSTA POR EX-EMPREGADO PARA CONTINUAR NO PLANO DE SAÚDE DE AUTOGESTÃO QUE ERA OFERECIDO PELA EMPRESA

Plano de saúde de autogestão

Planos de saúde de autogestão (também chamados de planos fechados de saúde) são criados por órgãos, entidades ou empresas para beneficiar um grupo restrito de filiados com a prestação de serviços de saúde.

Tais planos são mantidos por instituições sem fins lucrativos e administrados paritariamente, de forma que no seu conselho deliberativo ou de administração há representantes do órgão ou empresa instituidora e também dos associados ou usuários.

O objetivo desses planos fechados é baratear para os usuários o custo dos serviços de saúde, tendo em vista que não visam ao lucro.

Exemplo: CASSI (Caixa de Assistência dos Funcionários do Banco do Brasil).

Segundo a Resolução Normativa 137, da ANS, de 14/11/2006, a operadora de autogestão é...

> (...) a pessoa jurídica de direito público ou privado que, diretamente ou por intermédio de entidade pública ou privada patrocinadora, instituidora ou mantenedora, administra plano coletivo de assistência à saúde destinado exclusivamente a pessoas (e seus dependentes) a ela ligadas por vínculo jurídico ou estatutário, ou aos participantes (e seus dependentes) de associações, fundações, sindicatos e entidades de classes, nos termos dos incisos I, II e III e § 2º, do art. 2º.

A principal característica das entidades de autogestão que operam planos de saúde é constituir-se em um sistema fechado sem a finalidade lucrativa, ou seja, os planos por elas administrados não são oferecidos ao mercado de consumo em geral, mas apenas a grupos restritos. É por isso que não se aplicam, nesses contratos, o Código de Defesa do Consumidor.

A ANS, ao regulamentar as entidades de autogestão no âmbito do sistema de Saúde Suplementar, enumerou três tipos:

a. a autogestão empresarial (ou da própria empresa);

b. a autogestão instituída ou patrocinada (há as figuras do instituidor, mantenedor e patrocinador);

c. as autogestões associativas ou fundacionais de categorias profissionais.

Imagine agora a seguinte situação hipotética:

João era empregado do Banco do Brasil e possuía plano de saúde coletivo oferecido aos funcionários da instituição.

Vale ressaltar que se tratava de plano de saúde de autogestão.

No ano de 2010, João foi demitido sem justa causa e pediu para continuar no plano de saúde com as mesmas condições de cobertura assistencial que gozava, pagando as mensalidades.

O plano de saúde recusou o pedido.

Diante disso, João ingressou com ação requerendo a permanência no plano de saúde com base no art. 30 da Lei nº 9.656/98 (Lei que trata sobre os planos de saúde):

> § Art. 30. Ao consumidor que contribuir para produtos de que tratam o inciso I e o § 1º do art. 1º desta Lei, em decorrência de vínculo empregatício, no caso de rescisão ou exoneração do contrato de trabalho sem justa causa, é assegurado o direito de manter sua condição de beneficiário, nas mesmas condições de cobertura assistencial de que gozava quando da vigência do contrato de trabalho, desde que assuma o seu pagamento integral.

Surgiu, no entanto, uma dúvida sobre a competência. De quem será a competência para julgar a presente ação: Justiça comum estadual ou Justiça do Trabalho?

Justiça Estadual.

Compete à Justiça Comum Estadual o exame e o julgamento de feito que discute direitos de ex-empregado aposentado ou demitido sem justa causa de permanecer em plano de saúde coletivo oferecido pela própria empresa empregadora aos trabalhadores ativos, na modalidade de autogestão.

STJ. 3ª Turma. REsp 1.695.986-SP, Rel. Min. Ricardo Villas Bôas Cueva, julgado em 27/02/2018 (Info 620).

Compete à Justiça Comum Estadual o julgamento de demanda com natureza predominantemente civil entre ex-empregado aposentado ou demitido sem justa causa e operadoras de plano de saúde na modalidade autogestão vinculadas ao empregador.

STJ. 2ª Seção. CC 157.664-SP, Rel. Min. Nancy Andrighi, julgado em 23/05/2018 (Info 627).

A relação jurídica mantida entre o usuário do plano de saúde e a entidade de autogestão empresarial não é apenas uma derivação da relação de emprego.

O próprio art. 458, § 2º, IV, da CLT, incluído pela Lei nº 10.243/2001, é expresso em dispor que a assistência médica, hospitalar e odontológica concedida pelo empregador, seja diretamente ou mediante seguro-saúde, não será considerada como salário. Isso porque o plano de saúde fornecido pela empresa empregadora, mesmo a título gratuito, não possui natureza retributiva, não constituindo salário-utilidade (salário in natura), sobretudo por não ser contraprestação ao trabalho.

Ao contrário, referida vantagem apenas possui natureza preventiva e assistencial, sendo uma alternativa às graves deficiências do Sistema Único de Saúde (SUS), obrigação do Estado.

Ademais, as entidades de autogestão são enquadradas como operadoras de planos de saúde, de modo que são reguladas e fiscalizadas pela ANS.

Desse modo, em virtude da autonomia jurídica, as ações originadas de controvérsias entre usuário de plano de saúde coletivo e entidade de autogestão (empresarial, instituída ou associativa) não se adequam ao ramo do Direito do Trabalho, tampouco podem ser inseridas em "outras controvérsias decorrentes da relação de trabalho" (art. 114, IX, da Constituição Federal), sendo, pois, predominante o caráter civil da relação entre os litigantes, mesmo porque, como visto, a assistência médica não integra o contrato de trabalho.

Assim, as ações que discutem abusividade de mensalidades, cobertura de tratamento médico, deficiência de prestação de serviços suplementares de saúde propostas pelos usuários contra as operadoras de plano de saúde, incluídas as autogestões, são de competência da Justiça comum estadual.

Com maior razão, por já ter sido encerrado o seu contrato de trabalho, a pretensão do ex-empregado de manutenção no plano de assistência à saúde fornecido pela ex-empregadora não pode ser vista como simples relação de trabalho.

Dessa forma, conclui-se que a Justiça competente para o exame e julgamento de ação fundada nos arts. 30 e 31 da Lei nº 9.656/98, que discute direitos de ex-empregado aposentado ou demitido sem justa causa de permanecer em plano de saúde coletivo oferecido pela própria empresa empregadora aos trabalhadores ativos, na modalidade de autogestão, é a Justiça Comum estadual, visto que a causa de pedir e o pedido se originam de relação autônoma nascida com a operadora de plano de saúde, a qual possui natureza eminentemente civil, envolvendo tão somente, de maneira indireta, os aspectos da relação de trabalho.

1.2. COMPLEMENTAÇÃO DE PENSÃO PROPOSTA POR PENSIONISTA DAS ANTIGAS FERROVIAS DO ESTADO DE SÃO PAULO

Imagine a seguinte situação:

Maria é viúva de João.

João é ex-funcionário da extinta Estrada de Ferro Sorocabana – EFS, que foi sucedida pela Ferrovia Paulista S.A. e que depois foi sucedida pela Rede Ferroviária Federal S.A.

Estrada de Ferro Sorocaba – > Ferrovia Paulista – > Rede Ferroviária Federal.

A Rede Ferroviária Federal era uma sociedade de economia mista que integrava a Administração Indireta da União, sendo vinculada funcionalmente ao Ministério dos Transportes.

A RFFSA tinha como objetivo promover e gerir os interesses da União no setor de transportes ferroviários. Na prática, ela realizava o transporte ferroviário no Brasil.

O Governo Federal decidiu que os serviços de transporte ferroviário de carga deveriam ser "privatizados" e a RFFSA foi incluída no Programa Nacional de Desestatização.

Entre 1996 e 1998, foram realizadas diversas licitações nas quais a União foi transferindo à iniciativa privada, por meio de concessões, a exploração do sistema ferroviário no país.

A Rede Ferroviária Federal foi sucedida pela União, menos no que tange ao aspecto trabalhista, uma vez que os empregados ativos da RFFSA foram absorvidos pela VALEC (uma empresa pública federal).

Ações propostas pelos participantes do plano de previdência da REFER

Os antigos funcionários da Rede Ferroviária Federal (e das empresas que foram incorporadas por ela) possuem direito a um plano de previdência complementar privada fechado.

Se algum participante deste plano de previdência não concorda com o indeferimento de um benefício ou com os valores da aposentadoria concedida, ele poderá ajuizar uma ação questionando isso.

Ex: Maria, pensionista de João (ex-funcionário da Rede Ferroviária Federal), ajuizou ação contra a União visando o pagamento de diferenças de complementação de pensão. Em outras palavras, ela afirmou que o valor que recebia a título de pensão por morte seria incorreto e que ela deveria receber uma quantia maior.

De quem é a competência para julgar esta ação: Justiça do Trabalho ou Justiça Comum?

Justiça Comum.

Compete à Justiça Comum (e não à Justiça do Trabalho) julgar as ações propostas por ferroviários pensionistas e aposentados das antigas ferrovias do Estado de São Paulo, que foram absorvidas pela Ferrovia Paulista S/A, sucedida pela extinta Rede Ferroviária Federal, com vistas à complementação de suas pensões e aposentadorias em face da União.

O STF entendeu que esta é uma causa oriunda de uma relação estatutária. Assim, não há relação de trabalho que justifique a competência da Justiça laboral.

STF. 1ª Turma. Rcl 24990 AgR/SP, rel. orig. Min. Marco Aurélio, red. p/ o acórdão Min. Roberto Barroso, julgado em 20/3/2018 (Info 895).

1.3. COMPETÊNCIA DA JUSTIÇA COMUM PARA JULGAR INCIDÊNCIA DE CONTRIBUIÇÃO PREVIDENCIÁRIA RELACIONADA COM COMPLEMENTAÇÃO DE PROVENTOS

Imagine a seguinte situação:

João foi admitido como empregado da Fepasa, uma antiga sociedade de economia mista integrante do Governo de São Paulo.

Por força do contrato de trabalho, os empregados dessa empresa estatal tinham direito à aposentadoria suplementar ao valor pago pelo INSS no momento em que o trabalhador viesse a se aposentar.

Segundo o contrato, esta complementação seria feita por meio de plano de previdência privada fechado, administrado por uma Fundação (entidade de previdência privada) ligada à empresa.

Obs: "complementação de proventos" ou "complementação de aposentadoria" é a quantia paga pela entidade de previdência privada como aposentadoria à pessoa que participa da previdência complementar.

Nova contribuição previdenciária sobre a complementação de proventos

João se aposentou e estava recebendo normalmente a sua aposentadoria complementar.

Ocorre que, em 2003, o Estado de São Paulo editou uma lei complementar instituindo a contribuição para o custeio do regime previdenciário local, com base na alteração trazida na Constituição Federal pela Emenda Constitucional 41/2003.

Com isso, a administração paulista passou a descontar 11% do valor da complementação da aposentadoria dos ex-empregados da Fepasa, os quais, por sua vez, questionaram a cobrança na Justiça do Trabalho.

Na reclamação trabalhista, João e os demais ex-funcionários pediam a não incidência da contribuição social.

Surgiram, no entanto, questionamentos a respeito dessa competência. A competência para julgar esta causa é realmente da Justiça do Trabalho?

NÃO.

> **Compete à justiça comum (e não à Justiça do Trabalho) o julgamento de conflito de interesses a envolver a incidência de contribuição previdenciária, considerada a complementação de proventos.**
>
> STF. Plenário. RE 594435/SP, Rel. Min. Marco Aurélio, julgado em 24/5/2018 (Info 903).

A discussão em tela tem natureza tributária, o que atrai a competência da Justiça comum, uma vez que no caso não se discutem verbas de natureza trabalhista, mas a incidência de contribuição social (espécie de tributo).

Dessa forma, tais ações discutem se é válido ou não o poder do Estado de tributar a complementação de aposentadoria.

João e os demais antigos empregados da sociedade de economia mista passaram a receber menos proventos, no entanto, isso não foi por conta do contrato de trabalho, mas sim pela incidência do tributo, cabendo, portanto, à justiça comum estadual a solução do conflito.

2. HONORÁRIOS ADVOCATÍCIOS E PERICIAIS

2.1. Os honorários advocatícios contratuais não se incluem nas despesas processuais do art. 82, § 2º, do CPC/2015

Imagine a seguinte situação hipotética:

João ingressou com execução de título extrajudicial contra Pedro.

Depois de citado, Pedro procurou um escritório de advocacia e contratou um advogado (Dr. Bruno) para fazer a sua defesa, combinando de pagar a ele honorários contratuais no valor de R$ 5 mil.

Bruno preparou embargos à execução e deu entrada na defesa.

O juiz acolheu os embargos à execução e declarou a dívida extinta, condenando o exequente ao pagamento das custas processuais e honorários advocatícios, fixados estes em 20% sobre o valor da causa estipulado na execução.

Pedro recorreu contra a sentença pedindo que o valor dos honorários contratuais também fosse incluído na condenação. Em outras palavras, pediu que o sucumbente também fosse condenado a pagar os honorários contratuais.

Segundo Pedro argumentou, o valor de R$ 5 mil referentes aos honorários advocatícios contratuais faz parte do conceito de "despesas processuais" de que trata os arts. 82, § 2º, e 85 do CPC/2015 (art. 20 do CPC/1973):

§ Art. 82 (...)

§ 2º A sentença condenará o vencido a pagar ao vencedor as despesas que antecipou.

§ Art. 85. A sentença condenará o vencido a pagar honorários ao advogado do vencedor.

A tese de Pedro é aceita pela jurisprudência? O sucumbente deve arcar também com os honorários contratuais que foram pagos pela parte vencedora?

NÃO. Vamos entender com calma.

Espécies de honorários advocatícios

Os honorários advocatícios dividem-se em:

a. Contratuais (convencionados): ajustados entre a parte e o advogado por meio de um contrato. Ex: a União ajuizou ação de desapropriação contra Ricardo. Este procura, então, um advogado e faz com ele um contrato para que o causídico prepare sua defesa e acompanhe a demanda. Ricardo combina de pagar R$ 20 mil reais para Dr. Rui (seu advogado).

b. Sucumbenciais: são arbitrados pelo juiz e pagos, em regra, pela parte vencida na demanda ao advogado da parte vencedora, na forma do art. 85 do CPC/2015 (art. 20 do CPC/1973). Ex: Ricardo foi a parte vencedora na ação de desapropriação e, a União, a parte vencida. A sentença que condenou a União a pagar a indenização a Ricardo também deve determinar que a União pague os honorários ao advogado de Ricardo.

Quando o dispositivo legal fala que o vencido deverá pagar as despesas que o vencedor antecipou, de que despesas ele está tratando?

São as chamadas "despesas processuais". Trata-se de expressão genérica, que abrange três espécies:

a. custas: taxa paga como forma de contraprestação pelo serviço jurisdicional que é prestado pelo Estado-juiz;

b. emolumentos: taxa paga pelo usuário do serviço como contraprestação pelos atos praticados pela serventia ("cartório") não estatizada (as serventias não estatizadas não são remuneradas pelos cofres públicos, mas sim pelas partes);

c. despesas em sentido estrito: valor pago para remunerar profissionais que são convocados pela Justiça para auxiliar nas atividades inerentes à prestação jurisdicional. Exs: honorários do perito, despesas com o transporte do Oficial de justiça prestado por terceiros (ex: empresa de ônibus, táxi etc.).

Fundamento

O fundamento para a condenação do vencido ao pagamento dessas despesas está em evitar que o vencedor seja compelido a arcar com os gastos de um processo para cuja formação não deu causa.

Em poucas palavras: aquele que vence não deve sofrer prejuízo por causa do processo.

Tal fundamento está umbilicalmente ligado ao princípio da sucumbência.

Gastos endoprocessuais

A jurisprudência interpreta que tais despesas se limitam aos gastos endoprocessuais, ou seja, aqueles necessários à formação, desenvolvimento e extinção do processo.

Os gastos extraprocessuais – aqueles realizados fora do processo –, ainda que assumidos em razão dele, não se incluem dentre aquelas despesas às quais faz alusão o art. 82, § 2º, do CPC/2015 (art. 20 do CPC/1973), motivo pelo qual nelas não estão contidos os honorários contratuais, convencionados entre o advogado e o seu cliente, mesmo quando este vence a demanda.

Em suma:

> **Os honorários advocatícios contratuais não se incluem nas despesas processuais do art. 82, § 2º, do CPC/2015 (art. 20 do CPC/1973).**
>
> STJ. 3ª Turma. REsp 1.571.818-MG, Rel. Min. Nancy Andrighi, julgado em 09/10/2018 (Info 636).

2.2. STJ NÃO PODE FIXAR DIRETAMENTE HONORÁRIOS QUE HAVIAM SIDO ESTIPULADOS ERRONEAMENTE COM BASE NO CPC/1973

Imagine a seguinte situação hipotética:

João propôs ação ordinária contra Pedro em 20/04/2015, ou seja, antes do novo CPC, que entrou em vigor no dia 18/03/2016.

O juiz proferiu sentença acolhendo parcialmente os pedidos de João.

Vale ressaltar que a referida sentença foi prolatada em 30/05/2017, isto é, já na vigência do CPC/2015.

O magistrado, na parte da sentença referente aos honorários advocatícios, utilizou os artigos do CPC/1973 (vigente no momento da propositura da ação).

Agiu corretamente o juiz quanto aos honorários? O magistrado, ao condenar o sucumbente em honorários advocatícios, deveria ter utilizado realmente as normas do CPC/1973 (vigente no momento da propositura da ação) ou as regras do CPC/2015 (em vigor quando a sentença foi prolatada)?

NÃO. Não agiu corretamente o juiz neste caso. O magistrado deveria ter utilizado as regras do CPC/2015, considerando que ele estava em vigor no momento da decisão.

Segundo decidiu o STJ:

> **Se a sentença foi prolatada a partir do dia 18/03/2016, deverão ser aplicadas as regras do CPC/2015 a respeito dos honorários advocatícios ainda que a ação tenha sido ajuizada antes do novo Código. Isso porque os honorários advocatícios nascem contemporaneamente à sentença e não preexistem à propositura da demanda.**
>
> **A sentença é o marco para delimitação do regime jurídico aplicável à fixação de honorários advocatícios, revelando-se incorreto seu arbitramento, com fundamento no CPC/1973, posteriormente à 18/03/2016 (data da entrada em vigor da novel legislação).**
>
> STJ. 1ª Turma. REsp 1.647.246-PE, Rel. Min. Napoleão Nunes Maia Filho, Rel. Acd. Min. Regina Helena Costa, julgado em 21/11/2017 (Info 617).
>
> STJ. 2ª Turma. REsp 1.636.124-AL, Rel. Min. Herman Benjamin, julgado em 6/12/2016 (Info 602).

Voltando ao nosso exemplo:

João (que venceu parcialmente em 1ª instância) recorreu ao TJ pedindo:

a. a procedência integral dos pedidos que ele havia formulado na Inicial;

b. que os honorários sejam recalculados com base no CPC/2015.

O TJ deu parcial provimento à apelação reconhecendo a totalidade dos pedidos formulados pelo autor, mas fixando os honorários advocatícios com fundamento no art. 20, § 4º, do CPC/1973.

Contra este acórdão, a parte interpôs recurso especial.

O STJ, ao julgar o recurso especial, poderá, ele próprio, fixar os honorários advocatícios com base no CPC/2015?

NÃO.

> **Configura supressão de grau de jurisdição o arbitramento no STJ de honorários de sucumbência com base no CPC/2015, na hipótese em que as instâncias ordinárias utilizaram equivocadamente o CPC/1973 para a sua fixação.**
>
> STJ. 1ª Turma. REsp 1.647.246-PE, Rel. Min. Napoleão Nunes Maia Filho, Rel. Acd. Min. Regina Helena Costa, julgado em 21/11/2017 (Info 617).

E o que acontece neste caso?

O STJ deverá dar provimento ao recurso especial e reformar o acórdão recorrido (que arbitrou, indevidamente, os honorários advocatícios de sucumbência com fundamento no CPC/1973) e, ao fazer isso, determinar o retorno dos autos ao TJ para que esta Corte faça um novo julgamento da apelação e analise os honorários advocatícios de sucumbência com base no CPC/2015.

Assim, impõe-se o retorno dos autos à instância ordinária para que reexamine a questão submetida ao seu crivo, com a observância dos novos parâmetros estabelecidos pelo CPC/2015, não sendo possível a fixação dos honorários diretamente pelo STJ, sob pena de supressão de instância.

2.3. EXECUÇÃO DE HONORÁRIOS SUCUMBENCIAIS E FRACIONAMENTO

Imagine a seguinte situação hipotética:

30 pessoas, em litisconsórcio ativo facultativo, propuseram uma ação ordinária contra determinada autarquia estadual.

Desse modo, 30 pessoas que poderiam litigar individualmente contra a ré, decidiram se unir e contratar um só advogado para propor a ação conjuntamente.

A ação foi julgada procedente, condenando a entidade a pagar "XX" reais ao grupo de 30 pessoas.

Na mesma sentença, a autarquia foi condenada a pagar R$ 600 mil reais de honorários advocatícios sucumbenciais ao advogado dos autores que trabalhou no processo.

O advogado dos autores, quando for cobrar seus honorários advocatícios, terá que executar o valor total (R$ 600 mil) ou poderá dividir a cobrança de acordo com a fração que cabia a cada um dos clientes (ex: eram 30 autores na ação; logo, ele poderá ingressar com 30 execuções cobrando R$ 20 mil em cada)?

O STF está dividido sobre o tema:

1ª Turma: SIM	2ª Turma: NÃO
É válido o fracionamento dos honorários advocatícios em litisconsórcio simples facultativo, **por se tratar de cumulação de ações com o mesmo pedido.** STF. 1ª Turma. RE 913536/RS, Rel. Min. Marco Aurélio, red. p/ o ac. Min. Roberto Barroso, julgado em 24/6/2018 (Info 908).	**Não é possível fracionar o crédito de honorários advocatícios em litisconsórcio ativo facultativo simples em execução contra a Fazenda Pública por frustrar o regime do precatório.** STF. 2ª Turma. RE 949383 AgR/RS, Rel. Min. Cármen Lúcia, julgado em 17/5/2016 (Info 826).
Dessa forma, o advogado poderá ingressar com 30 execuções cobrando R$ 20 mil em cada. Isso, para ele, será mais vantajoso no caso concreto porque, se ele cobrasse o valor total, teria que entrar na fila dos precatórios (art. 100, caput, da CF/88). Como o valor de cada crédito agora é de R$ 20 mil, ele poderá receber a quantia por requisição de pequeno valor (art. 100, § 3º, da CF/88), de modo muito mais rápido. A 1ª Turma afirmou que o sistema processual possibilita a concentração das demandas por meio de ações conjuntas como uma forma de se buscar a eficiência da jurisdição. Logo, seria totalmente contraproducente (prejudicial) exigir que a execução dessas demandas ficasse vinculada ao todo, proibindo a execução facultativa e individualizada das partes substituídas no processo original. Isso levaria ao enfraquecimento do movimento de coletivização das demandas de massa e provavelmente geraria proliferação de processos, pois nada impediria que os advogados fracionassem os litisconsórcios facultativos para depois executarem os honorários de forma proporcional ao valor principal de cada cliente. Inviabilizar o recebimento proporcional e individualizado de honorários advocatícios em litisconsórcio simples facultativo afeta a racionalização do sistema judicial, uma vez que haverá, inevitavelmente, a proliferação de demandas individuais, medida que se encontra na contramão da tendência de eficiência na prestação jurisdicional.	A 2ª Turma do STF afirmou que, na situação dos autos, a parte recorrente pretendia promover a execução dos honorários advocatícios, não apenas de forma autônoma do débito principal, mas também de forma fracionada, levando-se em conta o número de litisconsortes ativos. No entanto, como a verba honorária pertence a um mesmo titular, seu pagamento de forma fracionada, por requisição de pequeno valor (RPV), encontra óbice no art. 100, § 8º, da CF/88. Em acréscimo, o Ministro Teori Zavascki afirmou que a existência de litisconsórcio facultativo não pode ser utilizada para justificar a legitimidade do fracionamento da execução dos honorários advocatícios sucumbenciais se a condenação à verba honorária no título executivo for global, ou seja, se buscar remunerar o trabalho em conjunto prestado aos litisconsortes. O fato de o valor da condenação previsto no título executivo judicial (sentença) abranger, na realidade, diversos créditos, de titularidade de diferentes litisconsortes, não tem o condão de transformar a verba honorária em múltiplos créditos devidos a um mesmo advogado, de modo a justificar sua execução de forma fracionada. Em outras palavras, o fato de terem sido vários autores e de cada um deles ter direito a uma parte na condenação não faz com que o valor dos honorários também possa ser dividido. Isso porque o titular do crédito de honorários é um só. Além disso, os honorários advocatícios gozam de autonomia em relação ao crédito principal, e com ele não se confunde.

2.4. MESMO QUE O DISPOSITIVO DA SENTENÇA MENCIONE APENAS A CONDENAÇÃO EM CUSTAS PROCESSUAIS, É POSSÍVEL INCLUIR A COBRANÇA DOS HONORÁRIOS PERICIAIS

Imagine a seguinte situação hipotética:

João ajuizou ação de indenização contra Pedro.

Durante a instrução, foi realizada uma perícia.

Ao final, o juiz julgou o pedido procedente.

No dispositivo da sentença constou expressamente que Pedro ficava obrigado a pagar:

a. R$ 100 mil de indenização;

b. honorários advocatícios de 10% sobre o valor da condenação;

c. custas processuais.

João iniciou o cumprimento de sentença e cobrou de Pedro também o valor dos honorários do perito que o autor teve que pagar durante a fase de conhecimento.

Pedro defendeu-se alegando que a sentença em nenhum momento o condenou a pagar os honorários do perito. A condenação ficou limitada ao valor principal, mais as custas processuais e honorários advocatícios.

Segundo alegou o executado, os honorários periciais estão dentro do conceito de "despesas processuais", o que não se confunde com "custas processuais". Como o juiz mencionou apenas custas, não se pode cobrar as despesas processuais (ex: honorários do perito).

Quem tem razão: João (credor) ou Pedro (devedor)?

João (credor). É possível sim incluir os honorários periciais caso a sentença tenha falado apenas em custas judiciais. O STJ pacificou o tema em embargos de divergência:

> **É adequada a inclusão dos honorários periciais em conta de liquidação mesmo quando o dispositivo de sentença com trânsito em julgado condena o vencido, genericamente, ao pagamento de custas processuais.**
>
> STJ. Corte Especial. EREsp 1.519.445-RJ, Rel. Min. Og Fernandes, Rel. Acd. Min. Nancy Andrighi, julgado em 19/09/2018 (Info 635).

Custas X despesas processuais

Realmente, custas e despesas processuais não são expressões sinônimas. Existe diferença entre elas.

Despesas processuais são todos os gastos necessários que têm que ser realizados pelos participantes no processo para que este se instaure, desenvolva e chegue ao final.

Assim, a expressão "despesas processuais" é gênero, abrangendo três espécies:

a. custas: taxa paga como forma de contraprestação pelo serviço jurisdicional que é prestado pelo Estado-juiz;

b. emolumentos: taxa paga pelo usuário do serviço como contraprestação pelos atos praticados pela serventia ("cartório") não estatizada (as serventias não estatizadas não são remuneradas pelos cofres públicos, mas sim pelas partes);

c. despesas em sentido estrito: valor pago para remunerar profissionais que são convocados pela Justiça para auxiliar nas atividades inerentes à prestação jurisdicional. Exs: honorários do perito, despesas com o transporte do Oficial de justiça prestado por terceiros (ex: empresa de ônibus, táxi etc.).

Contudo, o STJ afirma que a interpretação a ser dada tem que superar o apego ao formalismo.

O processo deve dar a quem tem direito tudo aquilo e precisamente aquilo a que tem direito.

Se a parte ganhou a causa, ou seja, teve seu pedido julgado procedente, ela não pode ser obrigada a arcar com as custas ou despesas de um processo para cuja formação não deu causa.

Aquele que vence não deve sofrer prejuízo por causa do processo.

Assim, surpreender o vencedor da demanda com a obrigação de arcar com os honorários periciais apenas e tão somente porque a sentença condenava o vencido ao pagamento de "custas", e não "despesas", representa medida contrária ao princípio da sucumbência e até mesmo à própria noção da máxima eficiência da tutela jurisdicional justa.

3. OUTROS TEMAS

3.1. GRATUIDADE DA JUSTIÇA

Garantia de assistência jurídica integral e gratuita

A CF/88 prevê a garantia da assistência jurídica integral e gratuita em seu art. 5º, LXXIV: "o Estado prestará assistência jurídica integral e gratuita aos que comprovarem insuficiência de recursos".

Esse dispositivo constitucional consagra duas garantias:

I – Assistência jurídica integral e gratuita	II – Gratuidade da justiça (Assistência Judiciária Gratuita – AJG).
Fornecimento pelo Estado de orientação e defesa jurídica, de forma integral e gratuita, a ser prestada pela Defensoria Pública, em todos os graus, aos necessitados (art. 134 da CF). Regulada pela Lei Complementar 80/94.	Isenção das despesas que forem necessárias para que a pessoa necessitada possa defender seus interesses em um processo judicial. Era regulada pela Lei nº 1.060/50, mas o CPC/2015 passou a tratar sobre o tema, revogando quase toda essa lei.

Quem tem direito à gratuidade da justiça?

Tem direito à gratuidade da justiça a pessoa natural ou jurídica, brasileira ou estrangeira, com insuficiência de recursos para pagar as custas, as despesas processuais e os honorários advocatícios (art. 98 do CPC/2015).

Quem está abrangido por ela?

- pessoas físicas (brasileiras ou estrangeiras);
- pessoas jurídicas (brasileiras ou estrangeiras).

O estrangeiro residente no Brasil tem direito à gratuidade da justiça?

SIM. O estrangeiro residente no Brasil possui direito à gratuidade da justiça. Isso é previsto no CPC/2015 e também já era garantido na Lei nº 1.060/50.

E o estrangeiro NÃO RESIDENTE no Brasil?

Lei 1.060/50	CPC/2015
Não tinha direito. Só poderia ser deferida a gratuidade da justiça para estrangeiros residentes no Brasil.	Possui o direito. Atualmente, pode ser deferida a gratuidade da justiça para estrangeiros residentes ou não-residentes no Brasil.
Art. 2º Gozarão dos benefícios desta Lei os nacionais ou estrangeiros residentes no país, que necessitarem recorrer à Justiça penal, civil, militar ou do trabalho. (Revogado pela Lei 13.105/2015)	Art. 98. A pessoa natural ou jurídica, brasileira ou estrangeira, com insuficiência de recursos para pagar as custas, as despesas processuais e os honorários advocatícios tem direito à gratuidade da justiça, na forma da lei.

A gratuidade da justiça passou a poder ser concedida a estrangeiro não residente no Brasil após a entrada em vigor do CPC/2015.

STJ. Corte Especial. Pet 9.815-DF, Rel. Min. Luis Felipe Salomão, julgado em 29/11/2017 (Info 622).

E se o pedido de gratuidade foi negado pelo estrangeiro não residente na época do art. 2º da Lei nº 1.060/50 e o processo perdurou durante o CPC/2015? Exemplo:

Em 2015, antes do novo CPC, Juan, nacional da Colômbia, residente em Bogotá, propôs ação no Brasil e requereu a concessão dos benefícios da gratuidade da justiça.

O pedido foi negado pelo fato de ele não ser residente no Brasil, conforme exigia o art. 2º da Lei nº 1.060/50.

Juan não se conformou e recorreu contra a decisão.

Antes que o TJ julgasse o recurso, entrou em vigor o CPC/2015.

O TJ poderá aplicar a nova regra do art. 98 e conceder a gratuidade da justiça?

SIM. Isso porque se trata de norma de direito processual, portanto, a sua incidência é imediata, aplicando-se aos processos em curso, consoante dispõe o artigo 14 do CPC/2015:

> (...) 1. O artigo 2º da Lei 1.060/50 fora revogado pelo Novo Código de Processo Civil, cuja matéria passou a ser disciplinada no artigo 98 do CPC/2015 (...)
>
> 1.1. Trata-se de norma de direito processual, portanto, a sua incidência é imediata, aplicando-se aos processos em curso, consoante dispõe o artigo 14 do CPC/2015.
>
> 2. Em que pese à época da apreciação da matéria pelo Tribunal de piso, a legislação em vigor não prever a possibilidade de concessão da assistência judiciária ao estrangeiro residente no exterior, com a vigência das novas regras processuais passou-se a admitir tal hipótese.
>
> 2.1. O caput do artigo 98 do Código de Processo Civil vigente ampliou o rol dos sujeitos que podem ser beneficiados pela concessão da assistência judiciária, em relação ao disposto no revogado artigo 2º da Lei 1.060/50. Portanto, não há qualquer impeditivo legal à pessoa estrangeira residente no exterior de postular a assistência judiciária gratuita e ter deu pedido apreciado pelo juízo. (...)
>
> STJ. 4ª Turma. REsp 1225854/RS, Rel. Min. Marco Buzzi, julgado em 25/10/2016.

Assim, negado o pedido de gratuidade de justiça, com base no art. 2º da Lei nº 1.060/50, vigente à época, o estrangeiro não residente no Brasil pode voltar a formulá-lo, já sob a vigência do atual CPC.

3.2. NÃO HÁ MOTIVO PARA SER CITADA A SOCIEDADE EMPRESÁRIA SE TODOS OS SÓCIOS FAZEM PARTE DO PROCESSO COMO PARTE

Imagine a seguinte situação hipotética:

João, Pedro e Tiago eram sócios em uma sociedade empresária chamada JPT Ltda.

João ajuizou ação de cobrança contra os sócios Pedro e Tiago pedindo o pagamento de valores auferidos pela sociedade JPT e que não teriam sido repassados a ele.

O juiz julgou o pedido procedente e condenou os réus a pagarem R$ 500 mil em favor do autor.

Os réus recorreram alegando a ilegitimidade passiva. Afirmaram que somente a sociedade empresária é responsável e devedora primitiva da obrigação de distribuir lucros e dividendos auferidos.

Pediu, portanto, a nulidade do processo.

O STJ concordou com a tese do réu?

NÃO.

Embora o autor não tenha requerido a dissolução parcial da sociedade, é certo que ao formular pedido de cobrança de distribuição de lucros e dividendos, ele pretende promover a dissolução da sociedade e a apuração de haveres.

Apuração de haveres é o procedimento por meio do qual se calcula o valor devido ao sócio que deixa a sociedade (art. 1.031 do CC e art. 599, III, do CPC/2015)

Se todos os sócios já integram a lide, os interesses da sociedade empresária estão representados

De acordo com a sistemática prevista pelo CPC/2015, na hipótese de dissolução parcial da com apuração de haveres a sociedade não precisa ser citada se todos os seus sócios o forem. Veja:

§

> Art. 601. Os sócios e a sociedade serão citados para, no prazo de 15 (quinze) dias, concordar com o pedido ou apresentar contestação.
>
> Parágrafo único. A sociedade não será citada se todos os seus sócios o forem, mas ficará sujeita aos efeitos da decisão e à coisa julgada.

Ora, se não é necessária a citação da sociedade para dissolução parcial com apuração de haveres, não haveria motivo para reconhecer o litisconsórcio passivo na hipótese de simples cobrança de valores quando todos os sócios foram citados, como ocorre no presente caso.

Como a sociedade fica sujeita aos efeitos da decisão que tem apenas as partes como sócios, não haveria razão para anular o feito, sem qualquer prejuízo à sociedade.

Nelson Nery Júnior e Rosa Maria de Andrade Nery destacam que o parágrafo único do art. 601 do CPC/2015 segue orientação do STJ segundo a qual não existe litisconsórcio passivo necessário entre a sociedade e os sócios, pois se todos os sócios fazem parte do polo passivo, consideram-se representados os interesses da sociedade (*Comentários ao código de processo civil*. São Paulo: RT, 2015, p. 1.421).

Realmente, mesmo antes do CPC/2015, o STJ assim já decidia:

> Na ação de dissolução parcial de sociedade limitada, é desnecessária a citação da pessoa jurídica se todos os que participam do quadro social integram a lide.
>
> STJ. 4ª Turma. REsp 1.121.530/RN, Rel. Min. Marco Buzzi, julgado em 13/9/2011.

Logo, não há que se falar em ilegitimidade passiva ou necessidade de litisconsórcio passivo necessário, tendo em conta que, nos termos do art. 601, parágrafo único, do CPC, se todos os sócios já integram a lide, os interesses da sociedade empresária estão representados.

Princípio da instrumentalidade das formas

Além do mais, o princípio processual da instrumentalidade das formas, sintetizado pelo brocardo *pas de nullité sans grief* e positivado nos arts. 282 e 283, do CPC/2015, impede a anulação de atos inquinados de invalidade quando deles não tenham decorrido prejuízos concretos.

Não se deve declarar a nulidade do processo pois, conforme já explicado, a sociedade empresária fica sujeita aos efeitos da decisão se os sócios fazem parte da lide. Assim, não haveria razão para anular o feito, considerando a ausência de qualquer prejuízo à sociedade.

Em suma:

> **Na ação de cobrança, é desnecessária a citação da sociedade empresária se todos os que participam do quadro social integram a lide.**
>
> STJ. 3ª Turma. REsp 1.731.464-SP, Rel. Min. Moura Ribeiro, julgado em 25/09/2018 (Info 635).

3.3. CAUÇÃO DO ART. 83 DO CPC/2015

Cautio pro Expensis

O CPC prevê que se o autor da ação judicial reside no exterior ou se muda para fora do país durante a tramitação do processo, ele precisará prestar uma caução que seja suficiente para pagar as custas processuais e honorários advocatícios caso ele perca a ação.

Essa caução não será necessária se o autor possuir bens imóveis no Brasil que possam servir para o pagamento de tais despesas.

Veja o que diz a lei:

> § Art. 83. O autor, brasileiro ou estrangeiro, que residir fora do Brasil ou deixar de residir no país ao longo da tramitação de processo prestará caução suficiente ao pagamento das custas e dos honorários de advogado da parte contrária nas ações que propuser, se não tiver no Brasil bens imóveis que lhes assegurem o pagamento.

Essa caução é conhecida pelo nome em latim "cautio pro Expensis" (caução para as despesas).

Requisitos:

Para que a caução seja exigível, são necessários dois pressupostos objetivos e cumulativos:

a. o autor da ação não residir no Brasil ou deixar de residir na pendência da demanda; e

b. não ter o autor da ação bens imóveis no Brasil que assegurem o pagamento das custas e honorários de advogado da parte contrária em caso de sucumbência.

Natureza. A caução de que trata esse dispositivo possui natureza cautelar?

NÃO. Não se trata de medida cautelar. Trata-se de uma providência relacionada com as despesas processuais, tanto que o CPC/2015 a posiciona na seção "Das Despesas, dos Honorários Advocatícios e das Multas".

Logo, para a sua incidência, não se exige a presença do *fumus boni iuris* ou do *periculum in mora*, mas sim a configuração dos requisitos objetivos acima listados.

Fiança processual

O STJ já afirmou, certa vez, que se trata de uma espécie de fiança processual (EREsp 179.147/SP, Rel. Min. Humberto Gomes de Barros, julgado em 1º/8/2000).

Qual é a consequência caso não seja prestada a caução?

O juiz deverá extinguir o processo sem resolução de mérito.

Hipóteses legais de dispensa da caução

O próprio CPC já prevê situações em que a referida caução poderá ser dispensada:

> §
>
> Art. 83 (...)
>
> § 1º Não se exigirá a caução de que trata o caput:
>
> I – quando houver dispensa prevista em acordo ou tratado internacional de que o Brasil faz parte;
>
> II – na execução fundada em título extrajudicial e no cumprimento de sentença;
>
> III – na reconvenção.

Nota-se que o legislador não conferiu qualquer margem de discricionariedade ao magistrado para que dispense a prestação da caução com base em critérios subjetivos – como, por exemplo, a plausibilidade do direito em que se funda a ação – porque não se trata de faculdade, mas de imposição legal.

As hipóteses de dispensa são objetivas.

Dispensa da caução quando isso representar obstáculo de acesso à jurisdição

As hipóteses de dispensa da caução estão previstas no dispositivo do CPC acima transcrito.

A doutrina, no entanto, afirma que, além desses casos, é possível que o juiz dispense a caução, excepcionalmente, desde que fique demonstrado, com provas, que a sua exigência irá obstaculizar o acesso à jurisdição. O STJ também já decidiu nesse mesmo sentido:

> (...) 4. Segundo a doutrina especializada, a despeito de estar inserta no livro referente aos procedimentos cautelares, a caução às custas e honorários não ostenta natureza cautelar. O tema relaciona-se, de fato, com as despesas processuais. Logo, para a sua incidência não se exige a presença do fumus boni iuris ou do periculum in mora, mas, sim, a configuração dos requisitos objetivos que elenca.
>
> 5. Não se exclui a possibilidade de, excepcionalmente, e diante das peculiaridades de determinado caso concreto, dispensar-se a caução quando se conclua categoricamente a existência de hipótese de efetivo obstáculo ao acesso à jurisdição. (...)
>
> STJ. 3ª Turma. REsp 1479051/RJ, Rel. Min. Ricardo Villas Bôas Cueva, julgado em 26/05/2015.

Veja o que diz a doutrina sobre o tema:

> "Não há nenhuma inconstitucionalidade a priori na exigência constante do art. 83, CPC. A imposição de *cautio pro expensis* está em consonância com o art. 5º, XXXV e LIV, CF – não viola o direito fundamental ao processo justo e à tutela jurisdicional adequada e efetiva dos direitos. Todavia, sempre que se verificar, em concreto, que a necessidade de caução às despesas processuais ao demandante estrangeiro obsta a instauração do processo ou o seu prosseguimento, violando o seu direito fundamental de acesso à justiça, é de ser dispensada a caução, por inconstitucional." (MARINONI, Luiz Guilherme; AREHART, Sérgio Cruz; MITIDIERO, Daniel. *Novo Código de Processo Civil comentado*. São Paulo: RT, 2015, p. 172).

Sociedade estrangeira devidamente representada no Brasil

O STJ decidiu que a sociedade estrangeira que propuser ação judicial não precisará prestar caução se ela estiver devidamente representada no Brasil. Em outras palavras, é desnecessário o depósito de caução em caso de ação proposta por empresa estrangeira com representação no Brasil:

Não é necessária a prestação de caução para o ajuizamento de ação por sociedade empresarial estrangeira devidamente representada no Brasil.

STJ. 3ª Turma. REsp 1.584.441-SP, Rel. Min. Moura Ribeiro, julgado em 21/08/2018 (Info 632).

Ex: MSC Mediterranean Shipping Company S.A., empresa estrangeira, ajuizou, na justiça brasileira, uma ação de cobrança. O STJ afirmou que não se deveria exigir caução para a propositura da demanda, considerando que a autora, apesar de estrangeira, possuía uma agência de representação no Brasil (a MSC Mediterranean do Brasil Ltda.).

Em primeiro lugar, deve-se chamar atenção para o fato de que, segundo o art. 21, I e parágrafo único, do CPC/2015: considera-se domiciliada no Brasil a pessoa jurídica estrangeira que tiver agência, filial ou sucursal aqui em nosso país. Logo, seria possível dizer que a empresa estrangeira com representação no Brasil seria domiciliada aqui.

Além disso, deve-se ressaltar outro ponto:

O objetivo principal do legislador, ao instituir essa caução do art. 83, foi o de evitar que se a empresa estrangeira perdesse a ação proposta, não houvesse condições de exigir dela o pagamento dos encargos decorrentes da sucumbência.

Ocorre que não há motivos para se ter esse receio se a empresa estrangeira tem representação no Brasil. Isso porque, caso ela não pague os encargos, será possível demandá-la em nosso país, conforme autoriza o art. 75, X, do CPC/2015 e a Súmula 363 do STF:

§ Art. 75. Serão representados em juízo, ativa e passivamente:

X – a pessoa jurídica estrangeira, pelo gerente, representante ou administrador de sua filial, agência ou sucursal aberta ou instalada no Brasil;

Súmula 363-STF: A pessoa jurídica de direito privado pode ser demandada no domicílio da agência, ou estabelecimento, em que se praticou o ato.

Assim, a MSC Mediterranean deve ser considerada uma sociedade empresarial domiciliada no Brasil e a sua agência representante, a MSC Mediterranean do Brasil, poderá responder diretamente, caso seja vencida na demanda, por eventuais encargos decorrentes de sucumbência.

3.4. EMENDA À INICIAL PARA A SUBSTITUIÇÃO DE EXECUTADO PELO SEU ESPÓLIO, EM EXECUÇÃO AJUIZADA EM FACE DE DEVEDOR FALECIDO ANTES DO AJUIZAMENTO DA AÇÃO

Imagine a seguinte situação hipotética:

Em 04/04/2018, o Banco ajuizou execução de título extrajudicial (nota promissória) contra João.

A tentativa de citação do executado, todavia, foi infrutífera, tendo em vista que João havia falecido em 04/03/2018, ou seja, um mês antes.

Diante da notícia de falecimento do devedor, o juiz determinou a suspensão do processo de execução a fim de que o autor promovesse a habilitação dos sucessores. A decisão do magistrado foi baseada no art. 313, I, do CPC/2015:

§ Art. 313. Suspende-se o processo:

I – pela morte ou pela perda da capacidade processual de qualquer das partes, de seu representante legal ou de seu procurador;

(...)

§ 1º Na hipótese do inciso I, o juiz suspenderá o processo, nos termos do art. 689.

§ Art. 689. Proceder-se-á à habilitação nos autos do processo principal, na instância em que estiver, suspendendo-se, a partir de então, o processo.

Recurso do Banco

O Banco não concordou com a decisão do juiz e recorreu dizendo o seguinte: como o devedor já tinha morrido antes mesmo da citação, em vez de suspender o processo, a providência mais correta é permitir que eu faça a emenda da petição inicial a fim de substituir o executado falecido pelo seu espólio.

O STJ concordou com o argumento do Banco?

SIM.

Não há que se falar em habilitação, sucessão ou substituição processual

Na situação concreta, o procedimento correto não é a habilitação, sucessão ou substituição processual, pois tais institutos jurídicos somente são aplicáveis quando há o falecimento da parte. No entanto, somente podemos falar em falecimento da parte, se o evento morte ocorre no curso do processo, ou seja, após a citação.

É o que se depreende dos arts. 110 e 687 do CPC/2015:

§ Art. 110. Ocorrendo a morte de qualquer das partes, dar-se-á a sucessão pelo seu espólio ou pelos seus sucessores, observado o disposto no art. 313, §§ 1º e 2º.

§ Art. 687. A habilitação ocorre quando, por falecimento de qualquer das partes, os interessados houverem de suceder-lhe no processo.

O correto enquadramento jurídico é de ilegitimidade passiva

Se a ação é ajuizada contra um indivíduo que já estava morto, temos aqui um caso de ilegitimidade passiva. Logo, a providência correta a ser adotada pelo magistrado é de oportunizar ao autor da ação a possibilidade de emendar a petição inicial para regularizar o polo passivo, até mesmo porque se o indivíduo já está morto, não haverá possibilidade de ocorrer citação válida.

Desse modo, nesta situação, o aditamento da petição inicial pode ocorrer inclusive mesmo sem aquiescência (concordância) do réu, conforme autoriza o art. 329, I do CPC/2015:

§ Art. 329. O autor poderá:

I – até a citação, aditar ou alterar o pedido ou a causa de pedir, independentemente de consentimento do réu;

Assim, deverá ser permitido que o autor emende a petição inicial para que o espólio seja o sujeito passivo da relação jurídico-processual.

Importante recordar que o espólio responde pelas dívidas do falecido, nos termos do art. 796 do CPC/2015:

§ Art. 796. O espólio responde pelas dívidas do falecido, mas, feita a partilha, cada herdeiro responde por elas dentro das forças da herança e na proporção da parte que lhe coube.

A quem caberá a representação judicial do espólio?

Depende:

- se já houver sido ajuizada a ação de inventário e já houver inventariante compromissado: a representação judicial do espólio será de responsabilidade do inventariante;
- por outro lado, caso ainda não tenha sido ajuizada a ação de inventário ou, mesmo que proposta, ainda não haja inventariante devidamente compromissado: a representação judicial do espólio será de responsabilidade do administrador provisório.

Em suma:

Se a ação é proposta contra indivíduo que já estava morto, o juiz não deverá determinar a habilitação, a sucessão ou a substituição processual. De igual modo, o processo não deve ser suspenso para habilitação de sucessores. Isso porque tais institutos são aplicáveis apenas para as hipóteses em que há o falecimento da parte no curso do processo judicial.

O correto enquadramento jurídico desta situação é de ilegitimidade passiva, devendo ser facultado ao autor, diante da ausência de ato citatório válido, emendar a petição inicial para regularizar o polo passivo, dirigindo a sua pretensão ao espólio.

STJ. 3ª Turma. REsp 1.559.791-PB, Rel. Min. Nancy Andrighi, julgado em 28/08/2018 (Info 632).

3.5. ÍNDICES DE JUROS E CORREÇÃO MONETÁRIA APLICADOS PARA CONDENAÇÕES CONTRA A FAZENDA PÚBLICA

Juros e correção monetária em caso de condenações impostas à Fazenda Pública

Imagine que determinado indivíduo ingressa com uma ação judicial pedindo que a Fazenda Pública seja condenada a pagar quantia em dinheiro.

Ex1: servidor público propõe ação judicial pedindo a condenação da União ao pagamento de gratificação funcional de forma retroativa desde a data em que foi publicada determinada lei.

Ex2: segurado fez requerimento administrativo ao INSS pedindo aposentadoria por invalidez; como o pedido foi indeferido, o segurado ingressa com ação judicial pleiteando que o INSS conceda o benefício e que pague os valores de forma retroativa à data do requerimento administrativo.

Levará alguns meses ou anos até que a ação chegue ao fim. Dessa forma, como há essa demora em o processo terminar, a legislação prevê que o órgão judicial, ao condenar a Fazenda Pública, deverá determinar que ela pague a quantia principal acrescida de juros e correção monetária.

Assim, em nosso primeiro exemplo, o juiz irá determinar que a União pague as gratificações atrasadas acrescidas de juros e correção monetária. No segundo exemplo, o magistrado condenará o INSS a pagar as prestações pretéritas da aposentadoria mais juros e correção monetária.

Quais os índices de juros e correção monetária que a Lei prevê para esses casos?

O tema é tratado no art. 1ºF da Lei nº 9.494/97:

> § Art. 1º-F. Nas condenações impostas à Fazenda Pública, independentemente de sua natureza e para fins de atualização monetária, remuneração do capital e compensação da mora, haverá a incidência uma única vez, até o efetivo pagamento, dos índices oficiais de remuneração básica e juros aplicados à caderneta de poupança. (Redação dada pela Lei nº 11.960/2009)

Desse modo, de acordo com esse dispositivo, <u>deveriam</u> ser adotados os seguintes parâmetros:

- correção monetária: índice oficial de remuneração básica da caderneta de poupança (este índice é chamado de TR – Taxa Referencial);
- juros de mora: juros simples no mesmo percentual que é pago na poupança (0,5% ao mês / 6% ao ano).

Assim, de acordo com o texto da Lei, quando a Fazenda Pública estivesse em débito (atraso), a correção monetária e os juros de mora deveriam adotar os índices e percentuais aplicáveis às cadernetas de poupança.

Esse art. 1ºF da Lei nº 9.494/97 é constitucional? O que decidiu o STF a respeito?

Débitos relacionados oriundos de relação jurídico-tributária

Pela redação do art. 1ºF, a correção monetária e os juros de mora dos débitos da Fazenda Pública deveriam sempre adotar os índices e percentuais aplicáveis às cadernetas de poupança, independentemente da natureza do débito. Isso significa dizer que, pela lei, não importava se a dívida fosse relacionada com servidor público (natureza administrativa), com segurado do INSS (natureza previdenciária) ou com contribuinte de tributos (natureza tributária). Os índices seriam sempre esses, independentemente da origem da dívida. Isso estava claro por meio da expressão "independentemente de sua natureza" prevista no art. 1ºF.

O STF, contudo, entendeu que essa previsão é inconstitucional.

Para o Supremo, se as dívidas da Fazenda Pública são relacionadas com débitos de natureza tributária, deverão ser aplicados os mesmos juros de mora que são exigidos pelo Poder Público quando ele está cobrando os créditos tributários.

Vamos explicar melhor.

Se o contribuinte não paga um imposto federal, o Fisco irá cobrar dele exigindo, além da quantia principal, juros e correção monetária calculados com base em um índice chamado SELIC (Sistema Especial de Liquidação e Custódia).

Logo, se o contribuinte pagou um imposto federal que era indevido, ele tem direito de receber de volta a quantia paga também acrescida de juros e correção monetária calculados com base na SELIC.

Em suma, em ações de indébito tributário, a Fazenda Pública deverá pagar suas dívidas segundo o mesmo índice de juros que utiliza para receber os créditos tributários (atualmente, a SELIC). Isso se justifica em razão do princípio da equidade (isonomia).

Não seria isonômico a Fazenda Pública cobrar os créditos tributários utilizando a SELIC e no momento em que tivesse que pagar alguma quantia ao contribuinte utilizasse os índices da caderneta de poupança (que são bem menores que a SELIC).

O STF assim decidiu, fixando a seguinte tese:

O art. 1º-F da Lei nº 9.494/97, com a redação dada pela Lei nº 11.960/2009, na parte em que disciplina os juros moratórios aplicáveis a condenações da Fazenda Pública, é inconstitucional ao incidir sobre débitos oriundos de relação jurídico-tributária, aos quais devem ser aplicados os mesmos juros de mora pelos quais a Fazenda Pública remunera seu crédito tributário, em respeito ao princípio constitucional da isonomia (art. 5º, da CF/88).

STF. Plenário. RE 870947/SE, Rel. Min. Luiz Fux, julgado em 20/9/2017 (repercussão geral) (Info 878).

Uma observação de ordem prática: esta decisão, por enquanto, encontra-se suspensa por ordem do Ministro Relator até que o STF julgue os embargos de declaração opostos pedindo a modulação dos efeitos.

PROCESSO CIVIL

Vale ressaltar que, na tese acima exposta, fala-se apenas em juros de mora. Veja: "aos quais devem ser aplicados os mesmos juros de mora pelos quais a Fazenda Pública remunera seu crédito tributário". Apesar disso, ela abrange juros e correção monetária. Explico.

O índice de juros para débitos tributários é a SELIC. Ocorre que a SELIC é um tipo de índice de juros moratórios que já abrange juros e correção monetária. Como assim? No cálculo da SELIC (em sua "fórmula matemática"), além de um percentual a título de juros moratórios, já é embutida a taxa de inflação estimada para o período (correção monetária). Em outras palavras, a SELIC é uma espécie de índice que engloba juros e correção monetária.

Logo, a SELIC já irá substituir os dois índices do art. 1º-F da Lei nº 9.494/97, ou seja, tanto o índice de juros como de correção monetária.

E com relação aos débitos de natureza não-tributária, quais os índices que devem ser aplicados? O art. 1º-F é constitucional?

O art. 1º-F trata sobre juros e também sobre correção monetária. São institutos distintos.

Quanto à CORREÇÃO MONETÁRIA, o STF afirmou que a previsão do art. 1ºF é inconstitucional.

A correção monetária é simplesmente uma forma de manter o poder de compra da moeda. Se uma pessoa tem R$ 100 mil hoje, não significa que daqui a dois anos esses R$ 100 mil conseguirão comprar as mesmas coisas. O normal é que não, em virtude da inflação. Logo, a correção monetária tem por objetivo fazer com que o valor de compra da moeda seja "atualizado".

O art. 1º-F afirma que a correção monetária deve ser feita pelo índice oficial da poupança (que é chamado de TR – Taxa Referencial). Ocorre que isso não consegue evitar a perda de poder aquisitivo da moeda.

Esse índice (TR) é fixado *ex ante*, ou seja, previamente, a partir de critérios técnicos não relacionados com a inflação considerada no período. Em outras palavras, a TR é calculada antes de a inflação ocorrer. Assim, a remuneração da caderneta de poupança – diferentemente de qualquer outro índice oficial de inflação – é sempre prefixada. Essa circunstância deixa claro que existe uma desvinculação entre a remuneração da poupança e a evolução dos preços da economia, isto é, a TR não capta a variação da inflação.

A inflação é um fenômeno tipicamente econômico-monetário e, portanto, mostra-se insuscetível de captação apriorística (*ex ante*). Não dá para se ter certeza do quanto será a inflação e estabelecer um índice antes que ela ocorra.

Por essa razão, diz-se que todo índice definido *ex ante* é incapaz de refletir a real flutuação de preços apurada no período em referência. É o caso da TR (poupança).

Dessa maneira, como este índice não consegue manter o valor real da condenação, ele afronta à própria decisão judicial, tendo em vista que o valor real do crédito previsto na condenação judicial não será o valor que o credor irá receber efetivamente. Este valor terá sido corroído pela inflação.

A finalidade da correção monetária consiste em deixar a parte na mesma situação econômica que se encontrava antes. Nesse sentido, o direito à correção monetária é um reflexo imediato da proteção da propriedade.

A título de curiosidade, veja como a TR é um índice completamente injusto e que não garante o poder de compra:

Imaginemos que, em maio de 2009, a pessoa possuía um crédito de R$ 100 mil para receber da União.

Se aplicarmos a TR, em dezembro de 2014 esse crédito estará em R$ 103.572,42 (cento e três mil, quinhentos e setenta e dois reais e quarenta e dois centavos). É óbvio que nesses 5 anos o valor da inflação foi superior a isso, ou seja, mesmo com a correção monetária, a pessoa perdeu poder de compra.

Se aplicarmos o IPCA-E como índice de correção monetária neste mesmo período, esse crédito será equivalente a R$ 137.913,29 (cento e trinta e sete mil, novecentos e treze reais e vinte e nove centavos). Perceba que a diferença supera 30%.

Em suma, a taxa básica de remuneração da poupança não mede, de forma adequada, a inflação acumulada do período e, portanto, não pode servir de parâmetro para a correção monetária.

O STF assim decidiu, fixando a seguinte tese:

> **O art. 1º-F da Lei nº 9.494/97, com a redação dada pela Lei nº 11.960/2009, na parte em que disciplina a atualização monetária das condenações impostas à Fazenda Pública segundo a remuneração oficial da caderneta de poupança, revela-se inconstitucional ao impor restrição desproporcional ao direito de propriedade (art. 5º, XXII, da CF/88), uma vez que não se qualifica como medida adequada a capturar a variação de preços da economia, sendo inidônea a promover os fins a que se destina.**
>
> STF. Plenário. RE 870947/SE, Rel. Min. Luiz Fux, julgado em 20/9/2017 (repercussão geral) (Info 878).

Quanto aos JUROS DE MORA relacionados com dívidas não-tributárias, o STF afirmou que o índice previsto no art. 1º-F é válido (constitucional).

O STF entendeu que não há qualquer inconstitucionalidade no fato de a lei ter previsto que os juros moratórios das dívidas não-tributárias seriam equivalentes aos da caderneta de poupança.

Assim, no caso de juros moratórios quanto a débitos não-tributários da Fazenda Pública, continua sendo aplicado o art. 1º-F.

É o que acontece, por exemplo, quando a Fazenda Pública é condenada a pagar benefícios previdenciários ou verbas a servidores públicos. Em tais situações, os juros moratórios serão os da poupança.

O STF assim decidiu, fixando a seguinte tese:

> **Quanto às condenações oriundas de relação jurídica não-tributária, a fixação dos juros moratórios segundo o índice de remuneração da caderneta de poupança é constitucional, permanecendo hígido, nesta extensão, o disposto no art. 1º-F da Lei nº 9.494/97, com a redação dada pela Lei nº 11.960/2009.**
>
> STF. Plenário. RE 870947/SE, Rel. Min. Luiz Fux, julgado em 20/9/2017 (repercussão geral) (Info 878).

Resumindo:

JUROS DE MORA E CORREÇÃO MONETÁRIA ENVOLVENDO CONDENAÇÕES DA FAZENDA PÚBLICA	
DÉBITOS DE NATUREZA TRIBUTÁRIA	DÉBITOS DE NATUREZA NÃO-TRIBUTÁRIA
O que previa o art. 1º-F da Lei nº 9.494/97? • Correção monetária: índice oficial de remuneração básica da poupança (TR); • Juros de mora: juros no mesmo percentual que é pago na poupança (0,5% a.m. / 6% a.a.).	***O que previa o art. 1º-F da Lei nº 9.494/97?*** • Correção monetária: índice oficial de remuneração básica da poupança (TR); • Juros de mora: juros no mesmo percentual que é pago na poupança (0,5% a.m. / 6% a.a.).

PROCESSO CIVIL

JUROS DE MORA E CORREÇÃO MONETÁRIA ENVOLVENDO CONDENAÇÕES DA FAZENDA PÚBLICA	
DÉBITOS DE NATUREZA TRIBUTÁRIA	DÉBITOS DE NATUREZA NÃO-TRIBUTÁRIA
O que decidiu o STF? Essa previsão é inconstitucional. Tanto os índices de juros como de correção monetária previstos no art. 1º-F são inconstitucionais.	***O que decidiu o STF?*** • Quanto à correção monetária: o art. 1º-F é inconstitucional. O índice da poupança não consegue capturar a variação de preços da economia, não sendo capaz de fazer a correta atualização monetária. Logo, há uma violação do direito à propriedade. • Quanto aos juros de mora: o art. 1º-F é constitucional.

A decisão do STF acima explicada traz os parâmetros gerais sobre as condenações envolvendo a Fazenda Pública e declara que a TR é inconstitucional. No entanto, vários temas não foram enfrentados pelo STF, razão pela qual o STJ teve que se debruçar sobre o tema.

O trabalho do STJ foi o de esmiuçar quais os índices de correção monetária e taxas de juros deveriam ser aplicados em cada um dos assuntos. Ex: condenação envolvendo servidores públicos, desapropriação, matéria tributária etc. Isso porque o STF afirmou que a TR é inconstitucional, mas não forneceu mais detalhes sobre quais os índices deveriam substitui-la, apontando, em um trecho do voto do Min. Luiz Fux (RE 870947/SE), que seria o SELIC e o IPCA-E, mas sem que isso tenha constado expressamente na ementa.

Vejamos o que foi decidido.

CORREÇÃO MONETÁRIA

O que decidiu o STF:

O art. 1º-F da Lei nº 9.494/94 (com redação dada pela Lei nº 11.960/2009) prevê a TR (Taxa Referencial) como índice de correção monetária nas condenações judiciais proferidas contra a Fazenda Pública. Ocorre que a TR não preserva o patrimônio do credor da Fazenda Pública, razão pela qual é um índice inconstitucional (viola o direito de propriedade).

O que fez, então, o STJ:

Concordou com o STF e afirmou o seguinte: como a TR é inconstitucional, ela não poderá ser utilizada para nenhuma* condenação envolvendo a Fazenda Pública, não importando a matéria discutida (previdenciário, tributário, administrativo, servidores públicos etc.). Veja a tese fixada pelo Tribunal:

O art. 1º-F da Lei nº 9.494/1997 (com redação dada pela Lei nº 11.960/2009), para fins de correção monetária, não é aplicável nas condenações judiciais impostas à Fazenda Pública, independentemente de sua natureza.

STJ. 1ª Seção. REsp 1.495.146-MG, Rel. Min. Mauro Campbell Marques, julgado em 22/02/2018 (recurso repetitivo) (Info 620).

* Cuidado. O STJ decidiu que o índice de correção monetária aplicável sobre as contas do FGTS continua sendo a TR e que isso é válido (STJ. 1ª Seção. REsp 1.614.874-SC, Min. Benedito Gonçalves, jugado em 11/04/2018).

JUROS DE MORA

O que decidiu o STF:

- Regra: o índice de juros de mora previsto no art. 1º-F da Lei nº 9.494/97 (com redação dada pela Lei nº 11.960/2009). Assim, em regra, desde a edição da Lei nº 11.960/2009, em toda condenação envolvendo a Fazenda Pública deverá ser aplicado o índice oficial de remuneração da caderneta de poupança.

- Exceção: em caso de condenações contra a Fazenda Pública envolvendo matéria tributária (ex: indébito tributário), não deverá ser aplicado o art. 1º-F. Esse índice é inconstitucional em assuntos tributários porque viola o princípio da isonomia. Se a Fazenda Pública for condenada a pagar ao particular algum valor relacionado com matéria tributária, os juros aplicados devem ser os mesmos que o Fisco utiliza para cobrar os contribuintes. Ex: a União cobra os contribuintes utilizando a SELIC; logo, se ela for condenada a pagar algum valor tributário, também deverá ser aplicada a SELIC (e não o art. 1º-F).

O que fez, então, o STJ:

Seguiu o mesmo entendimento e fixou a seguinte tese:

O art. 1º-F da Lei nº 9.494/1997 (com redação dada pela Lei nº 11.960/2009), na parte em que estabelece a incidência de juros de mora nos débitos da Fazenda Pública com base no índice oficial de remuneração da caderneta de poupança, aplica-se às condenações impostas à Fazenda Pública, excepcionadas as condenações oriundas de relação jurídico-tributária.

STJ. 1ª Seção. REsp 1.495.146-MG, Rel. Min. Mauro Campbell Marques, julgado em 22/02/2018 (recurso repetitivo) (Info 620).

Fixadas as duas premissas acima, vejamos agora como o STJ decidiu em cada uma das matérias específicas.

CONDENAÇÕES JUDICIAIS DE NATUREZA ADMINISTRATIVA EM GERAL

O que são?

Quando o STJ fala em "condenações judiciais de natureza administrativa em geral", ele está se referindo às "ações condenatórias em geral". Ex: sentença em ação de responsabilidade civil do Estado; sentença em ação de cobrança contra o Estado por enriquecimento sem causa.

São as condenações em geral, que não se enquadram em nenhuma das outras hipóteses.

Juros de mora

Como não é matéria tributária, pode ser aplicado o art. 1º-F da Lei nº 9.494/1997 (com redação dada pela Lei nº 11.960/2009). Assim pode ser aplicado o índice oficial de juros da caderneta de poupança. Ocorre que essa determinação legal somente foi instituída a partir da Lei nº 11.960/2009. Desse modo, para os períodos anteriores a esse diploma, deverão ser aplicados os índices de juros previstos nas respectivas leis existentes.

Vou fazer um resumo aqui (não precisa decorar esta tabela):

JUROS DE MORA NAS CONDENAÇÕES JUDICIAIS DE NATUREZA ADMINISTRATIVA EM GERAL		
PERÍODOS	**ENCARGOS**	**FUNDAMENTO**
Até dezembro/2002	0,5% ao mês (juros simples)	Arts. 1.062, 1.063 e 1.064 do CC/1916. Art. 1.062. A taxa dos juros moratórios, quando não convencionada (art. 1.262), será de 6% (seis por cento) ao ano.
De janeiro/2003 a junho/2009	SELIC	Art. 406 do CC/2002: Art. 406. Quando os juros moratórios não forem convencionados, ou o forem sem taxa estipulada, ou quando provierem de determinação da lei, serão fixados segundo a taxa que estiver em vigor para a mora do pagamento de impostos devidos à Fazenda Nacional.
A partir de julho/2009	Índices oficiais da poupança	Lei 11.960/2009, que alterou o art. 1º-F da Lei 9.494/97.

Correção monetária

Não pode ser aplicado o art. 1º-F da Lei nº 9.494/1997 (com redação dada pela Lei nº 11.960/2009).

Assim, não pode ser aplicada a TR em nenhum período.

Considerando que a TR é inconstitucional, qual índice deve ser utilizado então?

Aqui nós temos uma sucessão de índices no tempo. Estes índices foram todos organizados no Manual de Cálculos da Justiça Federal. O STJ afirmou que os índices ali previstos estão corretos. Não é necessário que você saiba os detalhes sobre isso.

O Manual de Cálculos da Justiça Federal é utilizado para nortear os Juízes, servidores e partes na elaboração dos cálculos de condenações judiciais envolvendo a Fazenda Pública federal. Nele constam os índices de juros e correção monetária que espelham o entendimento do STJ sobre o tema.

O referido Manual é aprovado por meio de Resolução do Conselho da Justiça Federal, que é composto por Ministros do STJ e Desembargadores dos Tribunais Regionais Federais.

O Manual encontra-se disponível neste endereço: https://www2.jf.jus.br/phpdoc/sicom/sicomIndex.php

Conclusões:

Esta tabela pode ser cobrada nas provas, em especial na fase de sentença:

CONDENAÇÕES JUDICIAIS DE NATUREZA ADMINISTRATIVA EM GERAL	
PERÍODOS	**ENCARGOS**
Até dezembro/2002	Juros de mora: 0,5% ao mês. Correção monetária: de acordo com o Manual de Cálculos da JF.

CONDENAÇÕES JUDICIAIS DE NATUREZA ADMINISTRATIVA EM GERAL	
PERÍODOS	ENCARGOS
Depois do CC/2002 e antes da Lei 11.960/2009	Aplica-se apenas a taxa SELIC, vedada a cumulação com qualquer outro índice (isso porque a SELIC inclui juros e correção).
Depois da vigência da Lei 11.960/2009	Juros de mora: índice de remuneração da caderneta de poupança. Correção monetária: IPCA-E

A tese ficou assim redigida (a tese também pode ser exigida nas provas):

As condenações judiciais de natureza administrativa em geral sujeitam-se aos seguintes encargos:

a) até dezembro/2002: juros de mora de 0,5% ao mês; correção monetária de acordo com os índices previstos no Manual de Cálculos da Justiça Federal, com destaque para a incidência do IPCA-E a partir de janeiro/2001;

b) no período posterior à vigência do CC/2002 e anterior à vigência da Lei nº 11.960/2009: juros de mora correspondentes à taxa Selic, vedada a cumulação com qualquer outro índice;

c) no período posterior à vigência da Lei nº 11.960/2009: juros de mora segundo o índice de remuneração da caderneta de poupança; correção monetária com base no IPCA-E.

STJ. 1ª Seção. REsp 1.495.146-MG, Rel. Min. Mauro Campbell Marques, julgado em 22/02/2018 (recurso repetitivo) (Info 620).

CONDENAÇÕES JUDICIAIS REFERENTES A SERVIDORES E EMPREGADOS PÚBLICOS

Acima, vimos as condenações em geral da Fazenda Pública (ex: indenização por danos morais). No caso de condenações referentes a servidores e empregados públicos, existem algumas regras específicas.

Imagine que determinado servidor público ingressa com ação judicial cobrando determinada gratificação que ele entende devida. Vamos ver abaixo quais os índices de juros e correção monetária que o magistrado deverá aplicar em caso de condenação.

Veja a tabela abaixo, que pode ser cobrada nas provas, em especial na fase de sentença:

CONDENAÇÕES RELACIONADAS COM VERBAS DE SERVIDORES E EMPREGADOS PÚBLICOS	
PERÍODOS	ENCARGOS
Até julho/2001	Juros de mora: 1% ao mês (capitalização simples). Correção monetária: de acordo com o Manual de Cálculos da JF.
De agosto/2001 a junho/2009	Juros de mora: 0,5% ao mês. Correção monetária: IPCA-E.
A partir de julho/2009	Juros de mora: índice de remuneração da caderneta de poupança. Correção monetária: IPCA-E

A tese ficou assim redigida:

As condenações judiciais referentes a servidores e empregados públicos sujeitam-se aos seguintes encargos:

a) até julho/2001: juros de mora: 1% ao mês (capitalização simples); correção monetária: índices previstos no Manual de Cálculos da Justiça Federal, com destaque para a incidência do IPCA-E a partir de janeiro/2001;

b) agosto/2001 a junho/2009: juros de mora: 0,5% ao mês; correção monetária: IPCA-E;

c) a partir de julho/2009: juros de mora: remuneração oficial da caderneta de poupança; correção monetária: IPCA-E.

STJ. 1ª Seção. REsp 1.495.146-MG, Rel. Min. Mauro Campbell Marques, julgado em 22/02/2018 (recurso repetitivo) (Info 620).

CONDENAÇÕES JUDICIAIS REFERENTES A DESAPROPRIAÇÕES

Correção monetária

Aplicam-se os índices previstos no Manual de Cálculos da Justiça Federal.

Juros de mora

Os juros de mora decorrem da demora no pagamento.

Em relação aos juros de mora, a tabela a seguir, extraída do Manual de Cálculos da Justiça Federal, demonstra os índices incidentes de acordo com o período respectivo (não precisa memorizar):

JUROS DE MORA NA DESAPROPRIAÇÃO		
PERÍODOS	ENCARGOS	FUNDAMENTO
Até dezembro/ 2009	0,5% ao mês (capitalização simples)	Art. 15-B do DL 3.365/41 Art. 15-B. Nas ações a que se refere o art. 15-A, os juros moratórios destinam-se a recompor a perda decorrente do atraso no efetivo pagamento da indenização fixada na decisão final de mérito, e somente serão devidos à razão de até seis por cento ao ano, a partir de 1º de janeiro do exercício seguinte àquele em que o pagamento deveria ser feito, nos termos do art. 100 da Constituição.
De janeiro/2010 a abril/2009	0,5% ao mês (capitalização simples)	Art. 97, § 16, do ADCT (incluído pela EC 62/2009), combinado com a Lei 8.177/91 § 16. A partir da promulgação desta Emenda Constitucional, a atualização de valores de requisitórios, até o efetivo pagamento, independentemente de sua natureza, será feita pelo índice oficial de remuneração básica da caderneta de poupança, e, para fins de compensação da mora, incidirão juros simples no mesmo percentual de juros incidentes sobre a caderneta de poupança, ficando excluída a incidência de juros compensatórios.

JUROS DE MORA NA DESAPROPRIAÇÃO		
PERÍODOS	ENCARGOS	FUNDAMENTO
A partir de julho/2009	O mesmo percentual de juros incidentes sobre a caderneta de poupança, capitalizados de forma simples, correspondentes a: – 0,5% ao mês, caso a taxa SELIC ao ano seja superior a 8,5%; • 70% da taxa SELIC ao ano, mensalizada, nos demais casos.	Art. 97, § 16, do ADCT (incluído pela EC 62/2009), combinado com o art. 12 da Lei 8.177/91, com alterações da MP 567/2012 convertida na Lei 12.703/2012: Art. 12. Em cada período de rendimento, os depósitos de poupança serão remunerados: I – como remuneração básica, por taxa correspondente à acumulação das TRD, no período transcorrido entre o dia do último crédito de rendimento, inclusive, e o dia do crédito de rendimento, exclusive; II – como remuneração adicional, por juros de: **a.** 0,5% (cinco décimos por cento) ao mês, enquanto a meta da taxa Selic ao ano, definida pelo Banco Central do Brasil, for superior a 8,5% (oito inteiros e cinco décimos por cento); ou **b.** 70% (setenta por cento) da meta da taxa Selic ao ano, definida pelo Banco Central do Brasil, mensalizada, vigente na data de início do período de rendimento, nos demais casos.

Juros compensatórios

O juiz pode autorizar que, antes de a ação de desapropriação chegar ao fim, o Poder Público já assuma a posse do bem desapropriado. A isso se chama de imissão provisória na posse.

Ocorre que, se o valor da indenização fixada na sentença for maior do que a quantia oferecida pelo Poder Público, isso significa que o proprietário do bem estava certo ao questionar esse valor e que ele foi "injustamente" retirado prematuramente da posse de seu bem. Digo "injustamente" porque o valor oferecido era menor realmente do que o preço devido.

Assim, a legislação, como forma de *compensar* essa perda antecipada do bem, prevê que o expropriante deverá pagar juros *compensatórios* ao expropriado.

Desse modo, os juros compensatórios na desapropriação são aqueles fixados com o objetivo de compensar o proprietário em razão da ocorrência de imissão provisória na posse.

No que concerne aos juros compensatórios, os índices previstos são os seguintes (não decorar):

JUROS COMPENSATÓRIOS NA DESAPROPRIAÇÃO		
PERÍODOS	ENCARGOS	FUNDAMENTO
Até 10/06/1997	1% ao mês (capitalização simples)	Súmula 618 STF: Na desapropriação, direta ou indireta, a taxa dos juros compensatórios é de 12% (doze por cento) ao ano. Súmula 110-TFR: Os juros compensatórios, na desapropriação, são calculados à taxa de 12% (doze por cento) ao ano.

PROCESSO CIVIL

JUROS COMPENSATÓRIOS NA DESAPROPRIAÇÃO		
PERÍODOS	**ENCARGOS**	**FUNDAMENTO**
De 11/06/1997 a 13/09/2001	0,5% ao mês (capitalização simples)	Art. 15-B do DL 3.365/41 Art. 15-B. Nas ações a que se refere o art. 15-A, os juros moratórios destinam-se a recompor a perda decorrente do atraso no efetivo pagamento da indenização fixada na decisão final de mérito, e somente serão devidos à razão de até seis por cento ao ano, a partir de 1º de janeiro do exercício seguinte àquele em que o pagamento deveria ser feito, nos termos do art. 100 da Constituição.
A partir de 14/09/2001	1% ao mês (capitalização simples)	STF ADI 2.332/DF; STJ REsp 1.111.829/SP Súmula 408-STJ: Nas ações de desapropriação, os juros compensatórios incidentes após a Medida Provisória nº 1.577, de 11/6/1997, devem ser fixados em 6% ao ano até 13/09/2001, e, a partir de então, em 12% ao ano, na forma da súmula nº 618 do Supremo Tribunal Federal.

Como se verifica, no âmbito das condenações judiciais referentes a desapropriações diretas e indiretas, existem regras específicas no que concerne aos juros moratórios e compensatórios, razão pela qual não se justifica a incidência do art. 1º-F da Lei Nº 9.494/97 (com redação dada pela Lei Nº 11.960/2009), nem para compensação da mora (juros de mora) nem para remuneração do capital (juros compensatórios).

Conclusão:

Esta tabela pode ser cobrada nas provas, em especial na fase de sentença:

CONDENAÇÕES JUDICIAIS ENVOLVENDO DESAPROPRIAÇÃO	
ENCARGOS	**ÍNDICES**
Correção monetária	Índices previstos no Manual de Cálculos da Justiça Federal.
Juros de mora	**a.** até dezembro/2009: 0,5% (capitalização simples); **b.** janeiro/2010 a abril/2012: 0,5% (capitalização simples); **c.** a partir de maio/2012: juros da caderneta de poupança, capitalizados de forma simples, correspondentes a: **c.1.** 0,5% ao mês, caso a taxa SELIC ao ano seja superior a 8,5%; **c.2.** 70% da taxa SELIC ao ano, mensalizada, nos demais casos.
Juros compensatórios	**a.** até 10/06/1997: 1% (capitalização simples) **b.** 11/06/1997 a 13/09/2001: 0,5% (capitalização simples); **c.** a partir de 14/09/2001: 1% (capitalização simples).

A tese ficou assim redigida:

No tocante às condenações judiciais referentes a desapropriações diretas e indiretas, relativamente à correção monetária, incidem, em síntese, os índices previstos no Manual de Cálculos da Justiça Federal, com destaque para a incidência do IPCA-E a partir de janeiro de 2001.

Em relação aos juros de mora, de acordo com o Manual de Cálculos da Justiça Federal, aplicam-se os seguintes índices:

a) até dezembro/2009: 0,5% (capitalização simples), nos termos do art. 15-B do Decreto-Lei nº 3.365/1941;

b) janeiro/2010 a abril/2012: 0,5% (capitalização simples), nos termos do art. 97, § 16, do ADCT (incluído pela EC nº 62/2009), combinado com a Lei nº 8.177/1991;

c) a partir de maio/2012: o mesmo percentual de juros incidentes sobre a caderneta de poupança, capitalizados de forma simples, correspondentes a:

i) 0,5% ao mês, caso a taxa SELIC ao ano seja superior a 8,5%;

ii) 70% da taxa SELIC ao ano, mensalizada, nos demais casos, nos termos do art. 97, § 16, do ADCT (incluído pela EC nº 62/2009), combinado com a Lei nº 8.177/1991, com alterações da MP nº 567/2012 convertida na Lei nº 12.703/2012.

No que concerne aos juros compensatórios, os índices previstos são os seguintes:

a) até 10/06/1997: 1% (capitalização simples), nos termos da Súmula nº 618/STF e Súmula nº 110 do extinto TFR;

b) 11/06/1997 a 13/09/2001: 0,5% (capitalização simples), nos termos do art. 15-A, do Decreto-Lei nº 3.365/41, introduzido pela MP nº 1.577/97 e suas sucessivas reedições;

c) a partir de 14/09/2001: 1% (capitalização simples), nos termos da ADI 2.332/DF, REsp 1.111.829/SP e Súmula nº 408/STJ.

STJ. 1ª Seção. REsp 1.495.146-MG, Rel. Min. Mauro Campbell Marques, julgado em 22/02/2018 (recurso repetitivo) (Info 620).

PROCESSO CIVIL

CONDENAÇÕES JUDICIAIS DE NATUREZA PREVIDENCIÁRIA

Como já mencionado, o art. 1º-F da Lei 9.494/97, para fins de correção monetária, não é aplicável nas condenações impostas à Fazenda Pública, independentemente de sua natureza, o que impede, evidentemente, a sua utilização para fins de atualização monetária de condenações de natureza previdenciária, impondo-se a adoção dos seguintes critérios:

Correção monetária:

- Antes da Lei nº 11.430/2006: devem ser aplicados os índices previstos no Manual de Cálculos da JF.
- Depois da Lei nº 11.430/2006: INPC.

A Lei nº 11.430/2006 incluiu o art. 41-A na Lei nº 8.213/91 com a seguinte redação:

§ Art. 41-A. O valor dos benefícios em manutenção será reajustado, anualmente, na mesma data do reajuste do salário mínimo, *pro rata*, de acordo com suas respectivas datas de início ou do último reajustamento, com base no Índice Nacional de Preços ao Consumidor – INPC, apurado pela Fundação Instituto Brasileiro de Geografia e Estatística – IBGE. (Incluído pela Lei nº 11.430/2006)

Observação importante: se for benefício assistencial (BPC, também chamado de LOAS), neste caso, aplica-se o IPCA-E, conforme decidiu o STF no RE 870947/SE.

Portanto, não confunda:

- Benefício previdenciário: INPC.
- Benefício assistencial: IPCA-E.

Juros de mora

- Antes da Lei nº 11.960/2009: 1% ao mês, sujeitos à capitalização simples (art. 3º do DL 2.322/87).
- Depois da Lei nº 11.960/2009: juros da poupança (art. 1º-F da Lei 9.494/97, com a redação dada pela Lei nº 11.960/2009).

Conclusão:

Veja a tabela abaixo, que pode ser cobrada nas provas, em especial na fase de sentença:

CONDENAÇÕES RELACIONADAS COM VERBAS DE NATUREZA PREVIDENCIÁRIA	
PERÍODOS	ENCARGOS
Até a vigência da Lei 11.430/2006	Juros de mora: 1% ao mês. Correção monetária: de acordo com o Manual de Cálculos da JF.
Depois da Lei 11.430/2006 e antes da Lei 11.960/2009	Juros de mora: 1% ao mês. Correção monetária: INPC.
Período posterior à Lei 11.960/2009	Juros de mora: índice de remuneração da caderneta de poupança. Correção monetária: INPC.

Atualmente, portanto, as condenações da Fazenda Pública envolvendo verbas previdenciárias devem obedecer aos seguintes encargos:

- Juros de mora: índice da poupança.
- Correção monetária: INPC.

A tese ficou assim redigida:

As condenações impostas à Fazenda Pública de natureza previdenciária sujeitam-se à incidência do INPC, para fins de correção monetária, no que se refere ao período posterior à vigência da Lei nº 11.430/2006, que incluiu o art. 41-A na Lei nº 8.213/91.

Quanto aos juros de mora, no período posterior à vigência da Lei nº 11.960/2009, incidem segundo a remuneração oficial da caderneta de poupança.

STJ. 1ª Seção. REsp 1.495.146-MG, Rel. Min. Mauro Campbell Marques, julgado em 22/02/2018 (recurso repetitivo) (Info 620).

CONDENAÇÕES JUDICIAIS NA REPETIÇÃO DE INDÉBITOS TRIBUTÁRIOS

Em relação às condenações judiciais de natureza tributária, é ilegítima a aplicação do art. 1º-F da Lei nº 9.494/97, com redação dada pela Lei nº 11.960/2009, tanto em relação à correção monetária quanto aos juros de mora.

Diante da inconstitucionalidade do art. 1º-F, quais serão os índices de correção monetária e juros a serem aplicados?

Em ações de indébito tributário, a Fazenda Pública deverá pagar suas dívidas segundo o mesmo índice de juros que utiliza para receber os créditos tributários. Isso se justifica em razão do princípio da isonomia.

Não seria isonômico a Fazenda Pública cobrar os créditos tributários utilizando um índice e no momento em que tivesse que pagar alguma quantia ao contribuinte utilizasse outros índices menores, como os da poupança.

Em suma:

- Correção monetária e juros de mora: são os mesmos utilizados pelo Fisco para a cobrança de tributo pago em atraso.
- Se o ente tributante adotar a taxa SELIC para cobrança de seus tributos (ex: União): neste caso, será adotada também a SELIC para a repetição de indébitos tributários. Como a SELIC já engloba juros e correção monetária, com a sua incidência fica vedada a cumulação com quaisquer outros índices.
- Se o ente tributante não tiver uma lei definindo a taxa de juros a ser aplicada na cobrança de tributos: nesta hipótese, os juros de mora são calculados à taxa de 1% ao mês.

A tese ficou assim redigida:

A correção monetária e a taxa de juros de mora incidentes na repetição de indébitos tributários devem corresponder às utilizadas na cobrança de tributo pago em atraso.

Não havendo disposição legal específica, os juros de mora são calculados à taxa de 1% ao mês (art. 161, § 1º, do CTN).

Observada a regra isonômica e havendo previsão na legislação da entidade tributante, é legítima a utilização da taxa Selic, sendo vedada sua cumulação com quaisquer outros índices.

STJ. 1ª Seção. REsp 1.495.146-MG, Rel. Min. Mauro Campbell Marques, julgado em 22/02/2018 (recurso repetitivo) (Info 620).

QUADRO-RESUMO DA SITUAÇÃO ATUAL:

JUROS E CORREÇÃO MONETÁRIA EM CONDENAÇÕES DA FAZENDA PÚBLICA	
MATÉRIA	**ÍNDICES ATUAIS**
Condenações judiciais em geral (ex: danos morais)	• Juros de mora: poupança. • Correção monetária: IPCA-E
Verbas de servidores e empregados públicos	• Juros de mora: poupança. • Correção monetária: IPCA-E

PROCESSO CIVIL

JUROS E CORREÇÃO MONETÁRIA EM CONDENAÇÕES DA FAZENDA PÚBLICA	
MATÉRIA	**ÍNDICES ATUAIS**
Desapropriação	• Juros de mora: poupança, capitalizados de forma simples, correspondentes a: **a.** 0,5% ao mês, caso a taxa SELIC ao ano seja superior a 8,5%; **b.** 70% da taxa SELIC ao ano, mensalizada, nos demais casos. • Juros compensatórios: 1% (capitalização simples) • Correção monetária: Manual de Cálculos da JF
Benefícios previdenciários	• Juros de mora: poupança. • Correção monetária: INPC.
Benefícios assistenciais	• Juros de mora: poupança. • Correção monetária: IPCA-E.
Indébitos tributários	• Se o ente tributante adotar a taxa SELIC para cobrança de seus tributos (ex: União): neste caso, será adotada também a SELIC para a repetição de indébitos tributários. Como a SELIC já engloba juros e correção monetária, com a sua incidência fica vedada a cumulação com quaisquer outros índices. • Se o ente tributante adotar outro índice diferente da SELIC: este mesmo índice deverá ser utilizado quando esta Fazenda for condenada em matéria tributária. • Se o ente tributante não tiver uma lei definindo a taxa de juros a ser aplicada na cobrança de tributos: nesta hipótese os juros de mora são calculados à taxa de 1% ao mês.

Obs: foram opostos embargos de declaração contra o acórdão do STF no RE 870947/SE. O Ministro Relator Luiz Fux concedeu efeito suspensivo para que, enquanto os embargos não sejam julgados, a decisão fique sem produzir efeitos. A previsão é a de que os embargos sejam julgados no dia 20/03/2019 e que haja a modulação dos efeitos.

3.6. ESGOTAMENTO DAS INSTÂNCIAS PARA ALEGAR VIOLAÇÃO À DECISÃO DO STF QUE DECIDIU PELA CONSTITUCIONALIDADE DO ART. 71, § 1º, DA LEI 8.666/93

ADC 16

A inadimplência do contratado com relação aos encargos trabalhistas, fiscais e comerciais não transfere para a Administração Pública a responsabilidade por seu pagamento. Essa é a regra expressa no art. 71, § 1º, da Lei nº 8.666/93:

> § Art. 71. O contratado é responsável pelos encargos trabalhistas, previdenciários, fiscais e comerciais resultantes da execução do contrato.
>
> § 1º A inadimplência do contratado, com referência aos encargos trabalhistas, fiscais e comerciais não transfere à Administração Pública a responsabilidade por seu pagamento,

nem poderá onerar o objeto do contrato ou restringir a regularização e o uso das obras e edificações, inclusive perante o Registro de Imóveis. (Redação dada pela Lei nº 9.032/95)

Esse dispositivo foi declarado constitucional pelo STF no julgamento da ADC 16:

> (...) É constitucional a norma inscrita no art. 71, § 1º, da Lei federal nº 8.666, de 26 de junho de 1993, com a redação dada pela Lei nº 9.032, de 1995.
>
> STF. Plenário. ADC 16, Rel. Min. Cezar Peluso, julgado em 24/11/2010.

RE 760931

Como o STF declarou que o art. 71, § 1º da Lei nº 8.666/93 é constitucional, a Justiça do Trabalho não poderia deixar de aplicar esse dispositivo. No entanto, a intenção era continuar condenando o Poder Público. Diante disso, o TST criou a seguinte interpretação do art. 71, § 1º:

- Em regra, a inadimplência do contratado, com referência aos encargos trabalhistas, fiscais e comerciais não transfere à Administração Pública a responsabilidade por seu pagamento (art. 71, § 1º, da Lei nº 8.666/93).
- Exceção: a Administração Pública terá responsabilidade subsidiária se ficar demonstrada a sua culpa "in vigilando", ou seja, somente será responsabilidade se ficar comprovado que o Poder Público deixou de fiscalizar se a empresa estava cumprindo pontualmente suas obrigações trabalhistas, fiscais e comerciais.

O STF não concordou com o posicionamento do TST e editou a seguinte tese em repercussão geral, reafirmando que deveria ser aplicado o art. 71, § 1º da Lei nº 8.666/93:

> O inadimplemento dos encargos trabalhistas dos empregados do contratado não transfere automaticamente ao Poder Público contratante a responsabilidade pelo seu pagamento, seja em caráter solidário ou subsidiário, nos termos do art. 71, § 1º, da Lei nº 8.666/93.
>
> STF. Plenário. RE 760931/DF, rel. orig. Min. Rosa Weber, red. p/ o ac. Min. Luiz Fux, julgado em 26/4/2017 (repercussão geral) (Info 862).

Imagine que o STF decide no julgamento de uma ADI que determinada lei é constitucional ou inconstitucional. Caso outro órgão jurisdicional decida de forma diferente, é possível que o interessado proponha reclamação no STF contra essa decisão?

SIM. Isso porque as decisões do STF proferidas em controle abstrato de constitucionalidade (ADI, ADC, ADPF) produzem eficácia contra todos (*erga omnes*) e efeito vinculante. Além disso, há previsão expressa no CPC/2015:

> § Art. 988. Caberá reclamação da parte interessada ou do Ministério Público para:
>
> (...)
>
> III – garantir a observância de enunciado de súmula vinculante e de decisão do Supremo Tribunal Federal em controle concentrado de constitucionalidade;

Suponha agora que o STF decide no julgamento de um recurso extraordinário envolvendo "A" e "B" que determinada lei é constitucional ou inconstitucional. Caso outro órgão jurisdicional, em um processo relativo a "C" e "D", decida de forma diferente, é possível que o interessado proponha reclamação no STF contra essa decisão?

NÃO. Isso porque as decisões do STF proferidas em controle difuso de constitucionalidade, como no caso do recurso extraordinário, produzem efeitos apenas para as partes envolvidas no processo (eficácia *inter partes*).

E se a decisão do STF que julgou constitucional a lei tiver sido proferida em recurso extraordinário submetido à sistemática da repercussão geral, neste caso ela terá eficácia vinculante? É cabível reclamação caso uma decisão de outro órgão jurisdicional tenha descumprido decisão proferida pelo STF em repercussão geral?

Antes do CPC/2015 a jurisprudência do STF era firme no sentido do não cabimento de reclamação com fundamento em recurso extraordinário julgado segundo a sistemática da repercussão geral, uma vez que essa decisão não tinha efeito vinculante (STF. 1ª Turma. Rcl 21314 AgR, Rel. Min. Edson Fachin, julgado em 29/09/2015).

Com o novo CPC existe previsão expressa de reclamação, exigindo, no entanto, que, antes, a parte esgote as instâncias ordinárias. Veja:

> §
>
> Art. 988 (...)
>
> § 5º É inadmissível a reclamação:
>
> (...)
>
> II – proposta para garantir a observância de acórdão de recurso extraordinário com repercussão geral reconhecida ou de acórdão proferido em julgamento de recursos extraordinário ou especial repetitivos, quando não esgotadas as instâncias ordinárias.

Veja, portanto, que no caso de repercussão geral tem uma diferença: é necessário que, antes da reclamação, a parte interessada esgote todos os recursos previstos nas instâncias ordinárias.

- Descumpriu decisão do STF proferida em ADI, ADC, ADPF: cabe reclamação mesmo que a decisão "rebelde" seja de 1ª instância. Não se exige o esgotamento de instâncias.
- Descumpriu decisão do STF proferida em recurso extraordinário sob a sistemática da repercussão geral: cabe reclamação, mas exige-se o esgotamento das instâncias ordinárias (art. 988, § 5º, II, do CPC/2015).

Imagine agora a seguinte situação:

O Juiz do Trabalho profere sentença condenando o Estado-membro a pagar encargos trabalhistas de um empregado terceirizado que prestava serviços ao Poder Público. Em outras palavras, o magistrado transferiu ao Poder Público contratante a responsabilidade pelos encargos trabalhistas dos empregados da empresa contratada pelo Estado.

A Fazenda Pública propôs reclamação ao STF contra esta sentença alegando que ela violou a decisão da Corte na ADC 16.

O STF conheceu da reclamação?

NÃO. A decisão do STF no RE 760931 substituiu a eficácia vinculante da tese firmada na ADC 16. Isso significa dizer que a partir de 02/05/2017 (data da publicação da ata do julgamento do RE 760931) é inviável propor reclamação com fundamento em afronta ao julgado da ADC 16.

Em outras palavras, depois do RE 760931, o Poder Público não pode mais ajuizar reclamação alegando violação à ADC 16.

STF. 1ª Turma. Rcl 27789 AgR/BA, Rel. Min. Roberto Barroso, julgado em 17/10/2017 (Info 882).

STF. 1ª Turma. Rcl 28623 AgR/BA, Rel. Min. Roberto Barroso, julgado em 12/12/2017 (Info 888).

O que isso significa, na prática?

Agora, a Fazenda Pública terá que esgotar as instâncias ordinárias para ajuizar reclamação. Isso porque, como vimos, reclamação contra decisão em recurso extraordinário exige esgotamento das instâncias ordinárias, ao contrário de reclamação contra decisão em ADC.

Perceba, portanto, que para o STF foi um ótimo negócio ter "substituído" a eficácia da decisão da ADC pela decisão no RE, considerando que o Poder Público terá que interpor uma série de recursos para poder ajuizar a reclamação, diminuindo o número de novos processos no Supremo.

3.7. A DECISÃO JUDICIAL HOMOLOGATÓRIA DE ACORDO ENTRE AS PARTES É IMPUGNÁVEL POR MEIO DE AÇÃO ANULATÓRIA

Imagine a seguinte situação hipotética:

João propôs ação contra Pedro.

No curso do processo, eles decidem firmar um acordo, ou seja, celebram uma transação.

O juiz homologa a transação e extingue o processo, nos termos do art. 269, III, do CPC/1973 (art. 487, III, "b", do CPC/2015):

> § Art. 269. Haverá resolução de mérito:
>
> (...)
>
> III – quando as partes transigirem;

> § Art. 487. Haverá resolução de mérito quando o juiz:
>
> (...)
>
> III – homologar:
>
> (...)
>
> b) a transação;

Posteriormente, o autor entende que foi enganado pelo réu e deseja "desfazer" a transação pactuada. Qual o instrumento jurídico deverá ser manejado pelo autor?

Ação anulatória, conforme prevê o art. 486 do CPC/1973 (art. 966, § 4°, do CPC/2015):

> § Art. 486. Os atos judiciais, que não dependem de sentença, ou em que esta for meramente homologatória, podem ser rescindidos, como os atos jurídicos em geral, nos termos da lei civil.

> § Art. 966 (...)
>
> § 4° Os atos de disposição de direitos, praticados pelas partes ou por outros participantes do processo e homologados pelo juízo, bem como os atos homologatórios praticados no curso da execução, estão sujeitos à anulação, nos termos da lei.

Não cabe ação rescisória com base no art. 485, VIII, do CPC/1973?

NÃO. Veja o que dizia o art. 485, VIII, do CPC/1973:

> § Art. 485. A sentença de mérito, transitada em julgado, pode ser rescindida quando:
>
> (...)
>
> VIII – houver fundamento para invalidar confissão, desistência ou transação, em que se baseou a sentença;

A sentença meramente homologatória de transação não está incluída na hipótese do art. 485, VIII, do CPC/1973, o qual se endereça à desconstituição de decisão de mérito cujas conclusões se baseiam em transação. Ou seja, a rescisória prevista no aludido inciso VIII é aplicável apenas ao caso em que a transação tenha servido de fundamento para a sentença de mérito, a influir no conteúdo do comando judicial. Se o juiz não resolveu o mérito da causa, mas foram as próprias partes que o fizeram mediante autocomposição do litígio, como no caso, a ação anulatória, prevista no art. 486 do CPC/1973, é a sede própria para a discussão a respeito dos vícios na transação homologada judicialmente.

Nesse mesmo sentido é a posição do STJ:

> Se a transação celebrada entre as partes foi objeto de homologação judicial por sentença, os efeitos deste negócio jurídico podem ser afastados mediante a propositura de ação anulatória, nos termos do art. 486 do CPC 1973.
>
> Se a sentença limita-se a homologar a transação efetuada, não tratando sobre o conteúdo da pactuação, a forma de desconstituí-la é por meio da ação anulatória.
>
> STJ. 4ª Turma. AgRg no REsp 1314900-CE, Rel. Min. Luis Felipe Salomão, julgado em 18/12/2012 (Info 513).

Se a parte propôs ação rescisória, é possível que o Tribunal receba esta demanda como ação anulatória, aplicando aí o princípio da fungibilidade?

NÃO. O princípio da fungibilidade é inaplicável ao presente caso. Isso porque a sua aplicação se restringe aos recursos em sentido estrito, não abrangendo as ações judiciais, ressalvadas apenas as hipóteses dos interditos possessórios.

O que fez o CPC/2015?

O CPC/2015 pôs fim de vez a essa dúvida. Isso porque o novo CPC não trouxe uma hipótese de rescisória semelhante à que havia no art. 485, VIII, do CPC/1973. Em outras palavras, não existe, no novo CPC, um dispositivo parecido com o art. 485, VIII, do CPC/1973.

Logo, na égide do CPC/2015, não há mais qualquer discussão: a decisão judicial que homologar acordo entre as partes, sem qualquer dúvida, somente pode ser impugnada mediante ação anulatória.

Em suma:

A decisão judicial homologatória de acordo entre as partes é impugnável por meio de ação anulatória (art. 966, § 4º, do CPC/2015; art. 486 do CPC/1973).

Não cabe ação rescisória neste caso.

Se a parte propôs ação rescisória, não é possível que o Tribunal receba esta demanda como ação anulatória aplicando o princípio da fungibilidade. Isso porque só se aplica o princípio da fungibilidade para recursos (e ação anulatória e a ação rescisória não são recursos).

STF. Plenário. AR 2440 AgR/DF, Rel. Min. Ricardo Lewandowski, julgado em 19/9/2018 (Info 916).

3.8. TÉCNICA DE AMPLIAÇÃO DO COLEGIADO

Técnica de julgamento do art. 942 do CPC/2015

O resultado do julgamento da apelação pode ser unânime (quando todos os Desembargadores concordam) ou por maioria (quando no mínimo um Desembargador discorda dos demais).

Se o resultado se der por maioria, o CPC prevê uma nova "chance" de a parte que "perdeu" a apelação reverter o resultado. Como assim?

Se o resultado da apelação for não unânime, o julgamento terá prosseguimento em uma nova sessão, que será marcada e que contará com a presença de novos Desembargadores que serão convocados, em número suficiente para garantir a possibilidade de inversão do resultado inicial.

Ex: o resultado da apelação foi 2x1; 2 Desembargadores votaram pelo provimento da apelação (em favor de João) e um Desembargador votou pela manutenção da sentença (em favor de Pedro); significa dizer que deverá ser designada uma nova sessão e para essa nova sessão serão convocados dois novos Desembargadores que também irão emitir votos; neste nosso exemplo, foram convocados 2 porque a convocação dos novos julgadores deverá ser em número suficiente para garantir a possibilidade de inversão do resultado inicial (se os dois novos Desembargadores votarem com a minoria, o placar se inverte para 3x2).

Veja a previsão legal:

§ Art. 942. Quando o resultado da apelação for não unânime, o julgamento terá prosseguimento em sessão a ser designada com a presença de outros julgadores, que serão convocados nos termos previamente definidos no regimento interno, em número suficiente para garantir a possibilidade de inversão do resultado inicial, assegurado às partes e a eventuais terceiros o direito de sustentar oralmente suas razões perante os novos julgadores.

A previsão deste art. 942 é chamada de "técnica de complementação de julgamento não unânime" ou "técnica de ampliação do colegiado".

Vamos verificar outras informações sobre esta técnica.

Prosseguimento na mesma sessão

Sendo possível, o prosseguimento do julgamento pode ocorrer na mesma sessão, colhendo-se os votos de outros julgadores que porventura componham o órgão colegiado (§ 1º do art. 942).

Juízo de retratação

Os julgadores que já tiverem votado poderão rever seus votos por ocasião do prosseguimento do julgamento (§ 2º do art. 942).

Ex: o resultado da apelação foi 2x1; dois Desembargadores votaram pelo provimento da apelação (em favor de João); por outro lado, um Desembargador (Des. Raimundo) votou pelo improvimento da apelação (contra João); designou-se, então, um novo dia para prosseguimento do julgamento ampliado, tendo sido convocados dois Desembargadores de uma outra Câmara Cível do Tribunal (Desembargadores Cláudio e Paulo); logo no início, antes que Cláudio e Paulo votassem, o Des. Raimundo pediu a palavra e disse: olha, melhor refletindo nesses dias, eu gostaria de evoluir meu entendimento e irei acompanhar a maioria votando pelo provimento da apelação.

Mesmo que isso ocorra, ou seja, que alguém mude de opinião, ainda assim deverão ser colhidos os votos dos Desembargadores convocados. Nesse sentido:

§ Enunciado 599-FFPC: A revisão do voto, após a ampliação do colegiado, não afasta a aplicação da técnica de julgamento do art. 942.

Esse art. 942 é uma espécie de recurso?

NÃO. Trata-se de uma "técnica de complementação de julgamento nas decisões colegiadas não unânimes de segunda instância".

A parte que "perdeu" a apelação precisa pedir a aplicação do art. 942?

NÃO. Essa técnica de julgamento é obrigatória e aplicável de ofício, automaticamente, pelo Tribunal. A parte não precisa requerer a sua aplicação.

A técnica é aplicada antes da conclusão do julgamento

Como não se trata de recurso, a aplicação da técnica ocorre em momento anterior à conclusão do julgamento, ou seja, não há proclamação do resultado, nem lavratura de acórdão parcial, antes de a causa ser devidamente apreciada pelo colegiado ampliado.

Tanto isso é verdade que, conforme já explicado, sendo possível, o prosseguimento do julgamento pode ocorrer na mesma sessão, colhendo-se os votos de outros julgadores que porventura componham o órgão colegiado (§ 1º do art. 942). No entanto, mesmo que ocorra em outro dia, considera-se que houve um só julgamento. Não se encerrou um para começar o outro ampliado.

Como ocorre a continuidade do julgamento na hipótese em que houve uma parte unânime e outra não unânime? Ex: no julgamento de uma apelação contra sentença que havia negado integralmente a indenização, a Câmara Cível entendeu de forma unânime (3x0) que houve danos materiais e por maioria (2x1) que não ocorreram danos morais. Foram então convocados dois Desembargadores para a continuidade do julgamento ampliado (art. 742). Esses dois novos Desembargadores que chegaram poderão votar também sobre a parte unânime (danos materiais) ou ficarão restritos ao capítulo não unânime (danos morais)?

Poderão analisar de forma ampla, ou seja, tanto a parte unânime como não unânime. Foi o que decidiu o STJ:

> **O colegiado formado com a convocação dos novos julgadores (art. 942 do CPC/2015) poderá analisar de forma ampla todo o conteúdo das razões recursais, não se limitando à matéria sobre a qual houve originalmente divergência.**
>
> STJ. 3ª Turma. REsp 1.771.815-SP, Rel. Min. Ricardo Villas Bôas Cueva, julgado em 13/11/2018 (Info 638).

Esse é também o entendimento de Alexandre de Freitas Câmara:

> "(...) Uma vez ampliado o colegiado, todos os cinco magistrados que o integram votam em todas as questões a serem conhecidas no julgamento da apelação. A atuação dos dois novos integrantes da turma julgadora não é limitada à matéria objeto da divergência (afinal, não se está aqui diante dos velhos embargos infringentes, estes sim limitados à matéria objeto da divergência). Devem eles, inclusive, pronunciar-se sobre matérias que já estavam votadas de forma unânime. Assim, por exemplo, se o colegiado (formado por três juízes havia, por unanimidade, conhecido da apelação, e por maioria lhe dava provimento, os dois novos integrantes do colegiado devem se manifestar também sobre a admissibilidade do recurso. E nem se diga que essa questão já estaria superada, preclusa, pois a lei é expressa em estabelecer que os votos podem ser modificados até a proclamação do resultado (CPC, art. 941, § 1º), o que permite afirmar, com absoluta segurança, que o julgamento ainda não se havia encerrado. E pode acontecer de os magistrados que compunham a turma julgadora original, depois da manifestação dos novos integrantes do colegiado, convencerem-se de que seus votos originariamente apresentados estavam equivocados, sendo-lhes expressamente autorizado que modifiquem seus votos (art. 942, § 2º)." (A ampliação do colegiado em julgamentos não unânimes. *Revista de Processo*. vol. 282. ano 43. p. 251-266. São Paulo: RT, agosto 2018)

A técnica do art. 942 do CPC vale apenas para a apelação?

NÃO. Além da apelação, a técnica de julgamento prevista no art. 942 aplica-se também para o julgamento não unânime proferido em:

a. ação rescisória, quando o resultado for a rescisão da sentença, devendo, nesse caso, seu prosseguimento ocorrer em órgão de maior composição previsto no regimento interno;

b. agravo de instrumento, quando houver reforma da decisão que julgar parcialmente o mérito.

Embargos infringentes

Os embargos infringentes eram uma espécie de recurso previsto no CPC/1973.

Os embargos infringentes só cabiam para questionar acórdão. Não bastava, contudo, que fosse acórdão. Era necessário que ele fosse NÃO UNÂNIME, ou seja, acórdão em que houve voto vencido.

A finalidade dos embargos infringentes era a de renovar a discussão para fazer prevalecer as razões do voto vencido.

Segundo o art. 530 do CPC/1973, cabiam embargos infringentes em duas hipóteses:

1. contra acórdão não unânime (por maioria) que reformasse, em grau de apelação, a sentença de mérito.

2. contra acórdão não unânime (por maioria) que julgasse procedente a ação rescisória.

O CPC/2015 acabou com a existência dos embargos infringentes, mas criou essa "técnica de julgamento" do art. 942, que possui algumas semelhanças com os embargos infringentes, mas que não se trata de recurso.

Nesse sentido:

"(...) Esse mecanismo, conquanto não tenha natureza recursal, faz lembrar os embargos infringentes. Por não ser recurso, no entanto, não depende de interposição, constituindo apenas uma fase do julgamento da apelação, do agravo de instrumento contra decisão de mérito e da ação rescisória, não unânime."

(GONÇALVES, Marcus Vinicius Rios. Direito Processual Civil Esquematizado. 7. ed. São Paulo: Saraiva, 2016. p. 885).

Assim como ocorria com os embargos infringentes, para a aplicação da técnica de julgamento do art. 942 do CPC exige-se que a sentença tenha sido reformada?

NÃO. A técnica do julgamento ampliado vale também para sentença mantida por decisão não unânime.

A técnica de ampliação do julgamento prevista no CPC/2015 possui objetivo semelhante ao que possuíam os embargos infringentes do CPC/1973, que não mais subsistem, qual seja a viabilidade de maior grau de correção e justiça nas decisões judiciais, com julgamentos mais completamente instruídos e os mais proficientemente discutidos, de uma maneira mais econômica e célere.

Contudo, diferentemente dos embargos infringentes do CPC/1973 – que limitava, no caso da apelação, a incidência do recurso aos julgamentos que resultassem em reforma da sentença de mérito –, a técnica de julgamento prevista no CPC/2015 deverá ser utilizada quando o resultado da apelação for não unânime, independentemente de ser julgamento que reforma ou mantém a sentença impugnada.

A forma de julgamento prevista no art. 942 do CPC de 2015 não se configura como espécie recursal nova, porquanto seu emprego será automático e obrigatório, conforme indicado pela expressão "o julgamento terá prosseguimento", no caput do dispositivo, faltando-lhe, assim, a voluntariedade e por não haver previsão legal para sua existência (taxatividade).

STJ. 4ª Turma. REsp 1733820/SC, Rel. Min. Luis Felipe Salomão, julgado em 02/10/2018.

IMPORTANTE. Situações nas quais não se aplicará a técnica de julgamento do art. 942

Não se aplica a técnica de julgamento do art. 942 do CPC ao julgamento:

I – do incidente de assunção de competência e ao de resolução de demandas repetitivas;

II – da remessa necessária;

III – não unânime proferido, nos tribunais, pelo plenário ou pela corte especial.

A técnica de julgamento do art. 942 é aplicada no caso de rescisão apenas parcial do julgado rescindendo?

SIM. Enunciado 63 – Jornada CJF: A técnica de que trata o art. 942, § 3º, I, do CPC aplica-se à hipótese de rescisão parcial do julgado.

A técnica de julgamento do art. 942 é aplicada no julgamento de apelação em processo de mandado de segurança?

SIM. Enunciado 62 – Jornada CJF: Aplica-se a técnica prevista no art. 942 do CPC no julgamento de recurso de apelação interposto em mandado de segurança.

A técnica de julgamento do art. 942 é aplicada nos Juizados Especiais?

NÃO. É a posição da doutrina majoritária:

> Enunciado 552-FPPC: Não se aplica a técnica de ampliação do colegiado em caso de julgamento não unânime no âmbito dos Juizados Especiais.

4. RECURSOS E AÇÕES AUTÔNOMAS DE IMPUGNAÇÃO

4.1. NÃO SE CONTA EM DOBRO O PRAZO PARA RECORRER, QUANDO SÓ UM DOS LITISCONSORTES HAJA SUCUMBIDO

BENEFÍCIO DO PRAZO EM DOBRO

Em que consiste o chamado benefício do prazo em dobro?

Quando houver litisconsórcio, seja ele ativo (dois ou mais autores) ou passivo (dois ou mais réus), caso os litisconsortes tenham advogados diferentes, de escritórios diferentes, os seus prazos serão contados em dobro. É o que determina o art. 229 do CPC/2015:

> § Art. 229. Os litisconsortes que tiverem diferentes procuradores, de escritórios de advocacia distintos, terão prazos contados em dobro para todas as suas manifestações, em qualquer juízo ou tribunal, independentemente de requerimento.

Chamo a atenção para essas partes acima grifadas porque elas são cobradas em provas objetivas. Veja:

(PGE/AP 2018 FCC) Os litisconsortes que tiverem diferentes procuradores, de escritórios de advocacia distintos, terão prazos contados em dobro para todas as suas manifestações, em qualquer juízo ou tribunal, desde que requeiram o benefício tempestivamente. (errado)

Por que existe esse benefício?

Essa regra justifica-se pela dificuldade maior que os advogados dos litisconsortes encontram em cumprir os prazos processuais e, principalmente, em consultar os autos do processo (STJ AgRg no Ag 963.283/MG). Em outras palavras, havendo mais de uma parte e, sendo estas representadas por advogados diferentes, fica mais difícil para os advogados prepararem as peças processuais, já que eles não poderão, em tese, retirar os autos do cartório, considerando que a outra parte pode também querer vê-los.

Se os advogados dos litisconsortes forem diferentes, mas pertencerem ao mesmo escritório de advocacia, ainda assim eles terão direito ao prazo em dobro?

NÃO. O art. 229 do CPC exige, expressamente, para a concessão do prazo em dobro, que os advogados sejam de escritórios diferentes. Assim, se os litisconsortes tiverem advogados diferentes, mas estes fizerem parte do mesmo escritório, o prazo será simples (não em dobro). Trata-se de uma novidade do CPC/2015.

Persiste o prazo em dobro mesmo na hipótese de os litisconsortes serem marido e mulher?

SIM, considerando que a Lei não faz qualquer ressalva quanto a isso, exigindo apenas que tenham diferentes procuradores (STJ REsp 973.465-SP).

Esse prazo em dobro vale apenas na 1ª instância?

NÃO. O benefício abrange também as instâncias recursais.

Imagine que são dois réus em litisconsórcio (João e Pedro), representados por advogados diferentes, de escritórios distintos. Ocorre que apenas um deles (João) apresentou defesa, sendo Pedro revel. João continuará tendo prazo em dobro para as demais manifestações nos autos?

NÃO. Cessa a contagem do prazo em dobro se, havendo apenas 2 réus, é oferecida defesa por apenas um deles (art. 229, § 1º do CPC 2015).

O benefício do prazo em dobro para os litisconsortes vale para processos eletrônicos?

NÃO. O § 2º do art. 229 do CPC/2015 determina, expressamente, que não se aplica o prazo em dobro para litisconsortes diferentes se o processo for em autos eletrônicos. Trata-se de novidade do CPC/2015:

> O art. 229 do CPC de 2015, aprimorando a norma disposta no artigo 191 do código revogado, determina que, apenas nos processos físicos, os litisconsortes que tiverem diferentes procuradores, de escritórios de advocacia distintos, terão prazos contados em dobro para todas as suas manifestações, em qualquer juízo ou tribunal, independentemente de requerimento.
>
> STJ. 4ª Turma. REsp 1693784/DF, Rel. Min. Luis Felipe Salomão, julgado em 28/11/2017.

COMO FICA O PRAZO RECURSAL SE APENAS UM DOS LITISCONSORTES SUCUMBE

Imagine a seguinte situação hipotética

João ajuizou ação contra Pedro e Tiago.

Vale ressaltar que Pedro e Tiago possuíam advogados distintos, de escritórios de advocacia diferentes.

Importante também esclarecer que os autos eram físicos (processo físico).

Durante a tramitação, o juiz reconheceu que Pedro e Tiago tinham prazo em dobro, nos termos do art. 229 do CPC/2015.

Na sentença, o juiz julgou o pedido procedente quanto a Pedro, condenando-o a pagar determinada quantia ao autor. Por outro lado, o magistrado julgado a demanda improcedente quanto a Tiago.

Desse modo, dos dois litisconsortes passivos, apenas um foi sucumbente.

Tiago, obviamente, ficou satisfeito e não recorreu.

Pedro interpôs apelação. Ocorre que o advogado de Pedro já estava acostumado a ter prazo em dobro e, por isso, imaginou que o prazo da apelação seria também em dobro (ou seja, 30 dias = 15 + 15). Diante disso, o recurso foi interposto no 20º dia do prazo.

Agiu corretamente o advogado de Pedro? Esta apelação será conhecida? Continua existindo prazo em dobro quando apenas um dos litisconsortes sucumbe?

NÃO.

> **É inaplicável a contagem do prazo recursal em dobro quando apenas um dos litisconsortes com procuradores distintos sucumbe.**
>
> STJ. 3ª Turma. REsp 1.709.562-RS, Rel. Min. Nancy Andrighi, julgado em 16/10/2018 (Info 636).

Nesse sentido existe, inclusive, uma súmula do STF, cujo entendimento continua válido com o CPC/2015:

Súmula 641-STF: Não se conta em dobro o prazo para recorrer, quando só um dos litisconsortes haja sucumbido.

É o que também ensina André Roque:

"Para que exista direito ao prazo em dobro, há que se observarem dois requisitos cumulativos: existência de litisconsórcio e de prazo comum para os litisconsortes praticarem o ato processual.

(...) Por esse motivo, se na sentença, por exemplo, apenas um dos litisconsortes sucumbir, o prazo será contado de forma simples para a apelação, nos termos da Súmula nº 641 do STF". (ROQUE, André. et al. *Teoria Geral do Processo: Comentários ao CPC de 2015*. Parte Geral. São Paulo: Forense, 2015. p. 709).

A norma que prevê o prazo em dobro existe para garantir a paridade de armas no processo, considerando a inevitável dificuldade de acesso aos autos físicos para o pleno exercício do direito de defesa, quando existe mais de um litisconsorte com diferentes escritórios de advocacia.

Se apenas um dos litisconsortes é prejudicado e tem interesse de recorrer, não há motivo para se garantir o prazo em dobro.

4.2. AGRAVO DE INSTRUMENTO

O ROL DO ART. 1.015 DO CPC/2015 É DE TAXATIVIDADE MITIGADA

Imagine a seguinte situação hipotética:

A sociedade empresária "Aqua Modas" celebrou contrato com a empresa "Terra Confecções".

No pacto, havia a previsão de uma cláusula de eleição de foro:

"8.1. Fica eleito o foro da cidade de São Paulo/SP em detrimento de qualquer outro, por mais privilegiado que seja, para dirimir quaisquer dúvidas ou controvérsias oriundas do presente instrumento."

Houve uma divergência entre os contratantes e a empresa "Terra" ajuizou ação de rescisão contratual contra a "Aqua" na comarca de Porto Alegre (RS), sede da autora.

Arguição de incompetência

A empresa "Aqua" contestou a ação e arguiu a incompetência relativa do foro de Porto Alegre (incompetência territorial) argumentando que a referida cláusula de eleição de foro é válida e não tem nada de abusiva.

Vale lembrar que, com o CPC/2015, a incompetência relativa não é mais alegada por meio de "exceção de incompetência", mas sim como um mero tópico da contestação:

§ Art. 64. A incompetência, absoluta ou relativa, será alegada como questão preliminar de contestação.

Decisão interlocutória examinando a competência

O juiz deferiu o pedido da empresa "Aqua", por entender que a cláusula de eleição de foro é válida.

Com isso, o magistrado determinou a remessa dos autos para o juízo de São Paulo (SP).

Contra esta decisão, a autora "Terra" interpôs agravo de instrumento.

O Tribunal de Justiça não conheceu do recurso afirmando que as hipóteses de cabimento do agravo de instrumento estão previstas taxativamente (exaustivamente) no art. 1.015 do CPC/2015 e que neste rol não existe a previsão de agravo de instrumento contra a decisão relacionada com definição de competência.

Veja a lista do art. 1.015 do CPC/2015:

§ Art. 1.015. Cabe agravo de instrumento contra as decisões interlocutórias que versarem sobre:

I – tutelas provisórias;

II – mérito do processo;

III – rejeição da alegação de convenção de arbitragem;

IV – incidente de desconsideração da personalidade jurídica;

V – rejeição do pedido de gratuidade da justiça ou acolhimento do pedido de sua revogação;

VI – exibição ou posse de documento ou coisa;

VII – exclusão de litisconsorte;

VIII – rejeição do pedido de limitação do litisconsórcio;

IX – admissão ou inadmissão de intervenção de terceiros;

X – concessão, modificação ou revogação do efeito suspensivo aos embargos à execução;

XI – redistribuição do ônus da prova nos termos do art. 373, § 1º;

XII – (VETADO);

XIII – outros casos expressamente referidos em lei.

§ Parágrafo único. Também caberá agravo de instrumento contra decisões interlocutórias proferidas na fase de liquidação de sentença ou de cumprimento de sentença, no processo de execução e no processo de inventário.

Cabe agravo de instrumento neste caso? Na vigência do CPC/2015 cabe agravo de instrumento contra a decisão que examina competência ou se trata de decisão irrecorrível de imediato?

Essa questão já foi pacificada, conforme veremos mais à frente.

No entanto, durante mais de dois anos houve um intenso debate na doutrina e jurisprudência sobre o tema, tendo surgido duas correntes principais:

1ª) Não cabe agravo de instrumento. Vários Tribunais de Justiça adotaram a tese de que o rol do art. 1.015 do CPC seria, realmente, exaustivo. Logo, a decisão interlocutória que examinasse competência seria irrecorrível de imediato porque esta hipótese não foi prevista expressamente no art. 1.015.

2ª) Cabe agravo de instrumento. Nomes de peso na doutrina e precedentes judiciais sustentaram que, apesar de o rol do art. 1.015 do CPC ser taxativo, seria cabível agravo de instrumento contra a decisão interlocutória que examinasse competência. A fundamentação para isso variava um pouco de acordo com o doutrinador ou julgado.

Enfim, havia uma dúvida razoável acerca da existência de recurso cabível.

Imagine agora a seguinte situação que decorreu desta dúvida:

O juiz reconheceu, por meio de decisão interlocutória, que era incompetente e remeteu o processo para outra comarca.

O autor da ação, que havia proposto a demanda naquele juízo, foi prejudicado pela decisão interlocutória do juiz que reconheceu a incompetência.

O advogado do autor, a fim de decidir como iria defender processualmente os interesses de seu cliente, estudou o que fazer pela doutrina, pesquisou a jurisprudência e verificou que havia a polêmica acima exposta.

A partir das pesquisas que fez, ele entendeu que a 1ª corrente seria majoritária, ou seja, ele avaliou que a decisão seria realmente irrecorrível, já que não constava no art. 1.015 do CPC.

Diante disse cenário, ele pensou: ora, se não cabe agravo e nenhum outro recurso, ou seja, se a decisão é irrecorrível, o único instrumento que me resta para defender os interesses do meu cliente é impetrar um mandado de segurança, conforme autoriza o art. 5º, II, da Lei nº 12.016/2009:

§ Art. 5º Não se concederá mandado de segurança quando se tratar:

(...)

II – de decisão judicial da qual caiba recurso com efeito suspensivo;

No mesmo sentido:

Súmula 267-STF: Não cabe mandado de segurança contra ato judicial passível de recurso ou correição.

Pergunta: é possível aceitar o mandado de segurança neste caso?

SIM. O mandado de segurança é uma ação constitucional voltada para a proteção de direito líquido e certo contra ato abusivo ou ilegal de autoridade pública ou de agente de pessoa jurídica no exercício de atribuições do Poder Público (art. 5º, LXIX, da CF/88).

Assim, como regra, o mandado de segurança não pode ser utilizado como sucedâneo recursal (ou seja, como substituto de recurso).

Exceções. A doutrina e a jurisprudência admitem o manejo do mandado de segurança contra atos judiciais, excepcionalmente, nas seguintes hipóteses:

a. contra decisão judicial teratológica;

b. contra decisão judicial contra a qual não caiba recurso;

c. para imprimir efeito suspensivo a recurso desprovido de tal efeito; e

d. quando impetrado por terceiro prejudicado por decisão judicial.

No caso em tela, conforme já explicado, havia dúvida razoável acerca da existência de recurso cabível.

Assim, diante da existência de dúvida razoável sobre o cabimento de agravo de instrumento, o STJ entendeu que foi justificada a conduta da parte que impetrou mandado de segurança contra o ato judicial que afastou a competência.

Em suma:

Com a entrada em vigor do CPC/2015, e antes da decisão do STJ no REsp 1704520/MT, havia dúvida razoável na doutrina e na jurisprudência sobre o cabimento ou não de agravo de instrumento contra a decisão interlocutória que examinava competência.

Diante disso, era possível a impetração de mandado de segurança contra decisão interlocutória que examina competência.

Vale ressaltar, contudo, que essa possibilidade de impetração de MS deixou de existir com a publicação do REsp 1704520/MT (DJe 19/12/2018).

STJ. 4ª Turma. RMS 58.578-SP, Rel. Min. Raul Araújo, julgado em 18/10/2018 (Info 636).

Essa dúvida não existe mais, considerando que o STJ pacificou o tema em recurso especial repetitivo. Diante disso, indaga-se: cabe ou não agravo de instrumento neste caso? Na vigência do CPC/2015, cabe agravo de instrumento contra a decisão que examina competência?

Cabe agravo de instrumento. Prevaleceu no STJ o seguinte entendimento:

É cabível a interposição de agravo de instrumento contra decisão relacionada à definição de competência, a despeito de não previsto expressamente no rol do art. 1.015 do CPC/2015.

Apesar de não previsto expressamente no rol do art. 1.015 do CPC/2015, a decisão interlocutória que acolhe ou rejeita a alegação de incompetência desafia recurso de agravo de instrumento.

Vamos entender com calma os motivos.

Correntes de interpretação

Veja novamente o caput do art. 1.015 do CPC/2015:

> § Art. 1.015. Cabe agravo de instrumento contra as decisões interlocutórias que versarem sobre:
>
> (...)

Surgiram três principais correntes de interpretação a respeito do rol previsto neste artigo:

PROCESSO CIVIL

Correntes de interpretação sobre o rol do art. 1.015 do CPC/2015		
1. o rol é absolutamente taxativo (deve ser interpretado restritivamente)	2. o rol é taxativo, mas admite interpretação extensiva ou analogia	3. o rol é exemplificativo
Houve uma opção consciente do legislador pela enumeração taxativa das hipóteses. Não se pode ampliar o rol do art. 1.015, sob pena, inclusive, de comprometer todo o sistema preclusivo eleito pelo CPC/2015.	Os incisos do art. 1.015 não podem ser interpretados de forma literal. Os incisos devem ser interpretados de forma extensiva para admitir situações parecidas.	O rol é exemplificativo, de modo que a recorribilidade da decisão interlocutória deve ser imediata, ainda que a situação não conste no art. 1.015 do CPC.
Fernando Gajardoni, Luiz Dellore, André Roque, Zulmar Oliveira Jr.	Fredie Didier Jr., Leonardo da Cunha, Teresa Arruda Alvim, Cássio Scarpinella.	William Santos Ferreira e José Rogério Cruz e Tucci.

Critério adotado pelo legislador foi insuficiente

A maioria da doutrina se posicionou no sentido de que o legislador foi infeliz ao tentar criar um rol exaustivo das hipóteses de cabimento do agravo de instrumento na fase de conhecimento. Isso porque o rol do art. 1.015 do CPC, como aprovado e em vigor, é insuficiente, pois deixa de abarcar uma série de questões urgentes e que demandariam reexame imediato pelo Tribunal.

O sistema precisa que exista uma via processual sempre aberta para que tais questões urgentes sejam desde logo reexaminadas, considerando que se a sua apreciação for adiada (diferida), isso poderá causar prejuízo às partes e até mesmo a inutilidade de que o tema seja apreciado no futuro. Em outras palavras, existem questões que não podem esperar e que não estão no rol do art. 1.015 do CPC.

A experiência mostra que o mandado de segurança, que era muito utilizado na vigência do CPC/1939 como sucedâneo recursal e que foi paulatinamente reduzido pelo CPC/1973, não é o meio processual mais adequado para se rediscutir a decisão interlocutória.

Legislador não consegue prever, com rol fechado, todas as hipóteses possíveis

O objetivo do legislador ao criar o rol do art. 1.015 foi o de prever ali situações urgentes, ou seja, que não poderiam aguardar para que fossem decididas em eventual recurso de apelação.

Ocorre que o estudo da história do direito demonstra que um rol taxativo não consegue prever todas as hipóteses possíveis e, situações que têm a mesma razão de existir acabam ficando de fora, gerando inúmeros problemas.

O que se percebe em vários países do mundo é que se adota o critério da urgência para a recorribilidade das decisões interlocutórias. Assim, em países como EUA, França, Alemanha, Argentina, com algumas variações, em regra, não se admite recurso contra decisões interlocutórias, salvo quando a espera da decisão final puder causar dano irreparável às partes.

Se uma decisão interlocutória precisa ser enfrentada imediatamente, sob pena de a sua espera gerar dano irreparável às partes, deve-se permitir o recurso imediato contra esta decisão, considerando que isso atende o direito à tutela jurisdicional e de efetivo acesso à justiça (princípio da inafastabilidade da jurisdição).

Dois exemplos de situações urgentes não contempladas no art. 1.015 e que, se examinadas apenas no recurso de apelação, gerarão prejuízo irreparável às partes:

- decisão que decide sobre competência: não é razoável que o processo tramite perante um juízo incompetente por um longo período e, somente por ocasião do julgamento da apelação, seja reconhecida a incompetência e determinado o retorno ao juízo competente.
- decisão que indefere o pedido de segredo de justiça: se o juiz indefere o pedido de segredo de justiça e a parte prejudicada não pode recorrer de imediato, significa que não mais adiantará nada rediscutir o assunto na apelação, considerando que todos os detalhes da intimidade do jurisdicionado já foram expostos pela publicidade.

Diante dessa inadequação, qual das três correntes acima expostas foi adotada pelo STJ?

Nenhuma. O STJ entendeu que nenhuma das três correntes acima expostas soluciona adequadamente a situação, senão vejamos:

A 1ª corrente (taxatividade com interpretação restritiva) é incapaz de tutelar adequadamente todas as questões. Isso porque, como vimos, existem decisões interlocutórias que, se não forem reexaminadas imediatamente pelo Tribunal, poderão causar sérios prejuízos às partes.

A 2ª corrente (interpretação extensiva ou analógica) também deve ser afastada. Isso porque não há parâmetro minimamente seguro e isonômico quanto aos limites que deverão ser observados na interpretação de cada conceito, texto ou palavra. Além disso, o uso dessas técnicas hermenêuticas não será suficiente para abarcar todas as situações em que a questão deverá ser reexaminada de imediato. Um exemplo é a decisão que indefere o segredo de justiça. Não há nenhum outro inciso do art. 1.015 no qual se possa aplicar essa hipótese por analogia.

Por fim, a 3ª corrente (meramente exemplificativo) não pode ser adotada porque ignora absolutamente a vontade do legislador que tentou, de algum modo, limitar o cabimento do agravo de instrumento.

Qual foi, então, o critério adotado pelo STJ?

O STJ construiu a ideia de que o rol do art. 1.015 do CPC/2015 é de taxatividade mitigada.

O que significa isso?

Em regra, somente cabe agravo de instrumento nas hipóteses listadas no art. 1.015 do CPC/2015.

Excepcionalmente, é possível a interposição de agravo de instrumento fora da lista do art. 1.015, desde que preenchido um requisito objetivo: a urgência.

O que é urgência?

Urgência, para os fins de cabimento de agravo de instrumento, significa que a decisão interlocutória proferida trouxe, para a parte, uma situação na qual ela não pode aguardar para rediscutir futuramente no recurso de apelação.

Assim, a urgência decorre da inutilidade do julgamento da questão no recurso de apelação.

Em outras palavras, aquilo que foi definido na decisão interlocutória deverá ser examinado pelo Tribunal imediatamente porque se for esperar para rediscutir na apelação, o tempo de espera tornará a decisão inútil para a parte. Ela não terá mais nenhum (ou pouquíssimo) proveito.

Por que esse nome "taxatividade mitigada"?

Foi uma expressão cunhada pela Min. Nancy Andrighi.

O objetivo da Ministra foi o de dizer o seguinte: o objetivo do legislador foi o de prever um rol taxativo e isso deve ser, na medida do possível, respeitado. No entanto, trata-se de uma taxatividade mitigada (suavizada, abrandada, relativizada) por uma "cláusula adicional de cabimento".

Que cláusula (norma, preceito) é essa? Deve-se também admitir o cabimento do recurso em caso de urgência.

E por que se deve colocar essa "cláusula adicional de cabimento"? Por que se deve adicionar essa regra extra de cabimento? Porque, se houvesse uma taxatividade absoluta, isso significaria um desrespeito às normas fundamentais do próprio CPC e geraria grave prejuízo às partes ou ao próprio processo.

Logo, tem-se uma taxatividade mitigada pelo requisito da urgência.

Tese fixada pelo STJ:

Como o tema foi apreciado pela Corte Especial em sede de recurso repetitivo, o STJ fixou a seguinte tese:

> **O rol do art. 1.015 do CPC é de taxatividade mitigada, por isso admite a interposição de agravo de instrumento quando verificada a urgência decorrente da inutilidade do julgamento da questão no recurso de apelação.**
>
> STJ. Corte Especial. REsp 1704520/MT, Rel. Min. Nancy Andrighi, julgado em 05/12/2018.

Vale ressaltar, mais uma vez, que não é necessário recorrer à analogia ou intepretação extensiva.

O agravo de instrumento será cabível:

1. nos casos previstos expressamente no art. 1.105 do CPC (aqui a urgência foi presumida pelo legislador);
2. mesmo que a situação esteja fora da lista do art. 1.015, desde que verificada a urgência decorrente da inutilidade do julgamento da questão no recurso de apelação (o Tribunal irá analisar se existe urgência ou não para admitir o conhecimento do agravo).

Como fica a questão da preclusão?

Se o juiz profere uma decisão interlocutória que se enquadra em um dos incisos do art. 1.015 do CPC, a parte prejudicada poderia interpor agravo de instrumento. Imagine que ela o faz. Isso significa que houve preclusão e ela não poderá mais rediscutir essa decisão em sede de apelação.

Por outro lado, se o juiz profere uma decisão interlocutória que não se amolda em um dos incisos do art. 1.015, o CPC afirma que, neste caso, como a parte não pode recorrer de imediato, ela não deverá sofrer os efeitos da preclusão. Isso significa que a parte poderá impugnar essa decisão ao interpor apelação.

É isso que estabelece o art. 1.009, § 1º do CPC:

> § Art. 1.009 (...)
>
> § 1º As questões resolvidas na fase de conhecimento, se a decisão a seu respeito não comportar agravo de instrumento, não são cobertas pela preclusão e devem ser suscitadas em preliminar de apelação, eventualmente interposta contra a decisão final, ou nas contrarrazões.

Assim, pelo art. 1.009, § 1º, haverá preclusão para a parte se preenchidos dois requisitos cumulativos:

- a decisão interlocutória está expressamente prevista no art. 1.015 do CPC; e
- apesar disso, a parte não a impugnou por meio de agravo de instrumento.

Ex: juiz profere decisão interlocutória excluindo um litisconsorte passivo. Essa decisão se enquadra no inciso VII do art. 1.015. Imaginemos que o autor decida não interpor o agravo de instrumento. Significa dizer que houve preclusão e que ele não mais poderá questionar essa exclusão quando for interpor apelação.

Com essa decisão do STJ, existem decisões interlocutórias que poderão, em tese, ser impugnadas por agravo de instrumento mesmo sem estarem previstas no art. 1.015 do CPC. Como fica a preclusão em tais casos se a parte decidir não interpor agravo de instrumento? Ex: o réu suscita a incompetência do juízo; o magistrado rejeita; pelo critério da taxatividade mitigada, a parte poderia interpor agravo de instrumento mesmo em isso estar previsto no art. 1.015 do CPC; imaginemos, contudo, que a parte não ingressa com o agravo; ela poderá questionar essa decisão na apelação ou terá havido preclusão?

A parte poderá questionar essa decisão ao interpor apelação.

Não terá havido preclusão.

Se o juiz profere uma decisão interlocutória e o conteúdo desta decisão não está expressamente previsto no rol do art. 1.015 do CPC, a parte não tem o ônus de ingressar com agravo de instrumento.

Mesmo que a decisão interlocutória proferida gere, em tese, uma situação de urgência, ainda assim será uma opção da parte ingressar com o agravo de instrumento ou aguardar para impugnar essa decisão.

Imagine que o juiz profira uma decisão interlocutória cujo conteúdo não está previsto expressamente no art. 1.015. A parte entende que há urgência e ingressa com agravo de instrumento. O Tribunal, contudo, considera que não existe urgência e não conhece do recurso. Neste caso, terá havido preclusão ou a parte ainda poderá questionar essa decisão na apelação?

A parte poderá questionar essa decisão ao interpor apelação.

Não terá havido preclusão.

O cabimento do agravo de instrumento na hipótese excepcional de "urgência" está sujeito a um duplo juízo de conformidade:

- um, da parte, que interporá o recurso com a demonstração de seu cabimento excepcional;
- outro, do Tribunal, que analisará se existe ou não essa urgência para fins de admitir o agravo de instrumento fora das hipóteses do art. 1.015.

Se a parte não interpuser o agravo ou se ingressar, mas o Tribunal entender que não há urgência (e não conhecer do recurso), isso significa que não houve preclusão e a parte poderá questionar a decisão futuramente na apelação.

Modulação dos efeitos

Como havia muita polêmica sobre o tema, o STJ, para fins de garantir a segurança jurídica, decidiu modular os efeitos da decisão.

Desse modo, a tese jurídica fixada e acima explicada somente se aplicará às decisões interlocutórias proferidas após a publicação do REsp 1704520/MT, o que ocorreu no DJe 19/12/2018.

É POSSÍVEL INTERPOR AGRAVO DE INSTRUMENTO CONTRA DECISÃO QUE NÃO CONCEDE EFEITO SUSPENSIVO AOS EMBARGOS À EXECUÇÃO

Imagine a seguinte situação hipotética:

"FN" ingressou com execução contra "JY".

O devedor apresentou embargos à execução.

Para que o devedor apresente embargos à execução, é necessária garantia do juízo?

Execução "comum": NÃO	Execução fiscal: SIM
O executado, independentemente de penhora, depósito ou caução, poderá se opor à execução por meio de embargos (art. 914 do CPC/2015).	Não são admissíveis embargos do executado antes de garantida a execução (art. 16, § 1º, da Lei nº 6.830/80 – Lei de Execução Fiscal).

Os embargos à execução possuem efeito suspensivo? Se o devedor apresenta esta espécie de defesa, a execução deverá ficar paralisada até que os embargos sejam julgados?

- Regra: os embargos à execução não possuem efeito suspensivo. Em outras palavras, a oposição de embargos à execução não suspende automaticamente os atos executivos.
- Exceção: o juiz poderá atribuir efeito suspensivo aos embargos desde que cumpridos três requisitos cumulativos:

1. deve haver pedido expresso do embargante (executado);
2. devem estar presentes os requisitos para a concessão da tutela provisória; e
3. a execução precisa estar garantida por penhora, depósito ou caução suficientes.

Veja o texto do CPC/2015:

> §
>
> Art. 919. Os embargos à execução não terão efeito suspensivo.
>
> § 1º O juiz poderá, a requerimento do embargante, atribuir efeito suspensivo aos embargos quando verificados os requisitos para a concessão da tutela provisória e desde que a execução já esteja garantida por penhora, depósito ou caução suficientes.

Desse modo, pode-se afirmar que os embargos à execução não têm efeito suspensivo *ope legis* (por força de lei – efeito suspensivo próprio), mas possuem efeito suspensivo *ope iudicis* (efeito suspensivo impróprio), ou seja, por decisão do magistrado, segundo a análise do caso concreto.

E como é o efeito suspensivo nos embargos à execução fiscal?

Na Lei de Execução Fiscal (Lei nº 6.830/80) não há nenhum dispositivo tratando de forma específica sobre os efeitos dos embargos à execução.

Diante disso, o STJ afirma que deverão ser aplicadas as mesmas regras do CPC referentes à execução "comum" (STJ. 1ª Seção. REsp 1.272.827-PE, Rel. Min. Mauro Campbell Marques, julgado em 22/5/2013). Em outras palavras, o art. 919 do CPC/2015 vale também para a execução fiscal.

Voltando ao nosso exemplo:

O devedor apresentou embargos à execução e requereu a atribuição de efeito suspensivo.

O juiz rejeitou o pedido de efeito suspensivo afirmando que não estavam presentes os requisitos do art. 919, § 1º, do CPC/2015.

Inconformado com a decisão, o executado interpôs agravo de instrumento.

O Tribunal de 2ª instância não conheceu do recurso afirmando que as hipóteses de cabimento do agravo de instrumento estão previstas taxativamente (exaustivamente) no art. 1.015 do CPC/2015 e que neste rol não existe a previsão de agravo de instrumento contra a decisão que nega efeito suspensivo aos embargos à execução.

O Tribunal afirmou que o inciso X do art. 1.015 é muito claro ao dizer que cabe agravo de instrumento contra a decisão que CONCEDE, MODIFICA ou REVOGA efeito suspensivo, não mencionando a hipótese em que o juiz NÃO CONCEDE (rejeita) o efeito suspensivo.

Veja a lista do art. 1.015 do CPC/2015:

§ Art. 1.015. Cabe agravo de instrumento contra as decisões interlocutórias que versarem sobre:

I – tutelas provisórias;

II – mérito do processo;

III – rejeição da alegação de convenção de arbitragem;

IV – incidente de desconsideração da personalidade jurídica;

V – rejeição do pedido de gratuidade da justiça ou acolhimento do pedido de sua revogação;

VI – exibição ou posse de documento ou coisa;

VII – exclusão de litisconsorte;

VIII – rejeição do pedido de limitação do litisconsórcio;

IX – admissão ou inadmissão de intervenção de terceiros;

X – concessão, modificação ou revogação do efeito suspensivo aos embargos à execução;

XI – redistribuição do ônus da prova nos termos do art. 373, § 1º;

XII – (VETADO);

XIII – outros casos expressamente referidos em lei.

Parágrafo único. Também caberá agravo de instrumento contra decisões interlocutórias proferidas na fase de liquidação de sentença ou de cumprimento de sentença, no processo de execução e no processo de inventário.

PROCESSO CIVIL

O executado (embargante/agravante) tem razão? É possível interpor agravo de instrumento contra decisão que não concede efeito suspensivo aos embargos à execução?

SIM.

> **É admissível a interposição de agravo de instrumento contra decisão que não concede efeito suspensivo aos embargos à execução.**
>
> STJ. 2ª Turma. REsp 1.694.667-PR, Rel. Min. Herman Benjamin, julgado em 05/12/2017 (Info 617).

O AGRAVO DE INSTRUMENTO NÃO PODE SER UTILIZADO COMO MEIO DE IMPUGNAÇÃO DE TODA E QUALQUER DECISÃO INTERLOCUTÓRIA PROFERIDA NO PROCESSO DE EXECUÇÃO

Imagine a seguinte situação hipotética:

No curso do processo de execução movido por João contra a União, o juiz federal proferiu decisão na qual determinou o envio dos autos ao contador judicial para elaboração de cálculos. Nesta decisão, o magistrado determinou que o contador utilizasse os índices de juros e correção monetária previstos no "Manual de Cálculos da Justiça Federal" para fins de atualização do valor devido.

A União entende que os índices estabelecidos no Manual de Cálculos lhe são desfavoráveis e, por isso, interpôs agravo de instrumento contra a decisão.

A recorrente fundamentou o cabimento do agravo de instrumento no parágrafo único do art. 1.015 do CPC/2015:

> § Art. 1.015 (...)
>
> Parágrafo único. Também caberá agravo de instrumento contra decisões interlocutórias proferidas na fase de liquidação de sentença ou de cumprimento de sentença, no processo de execução e no processo de inventário.

Houve discussão sobre o cabimento ou não do agravo de instrumento nesta hipótese e a questão chegou até o STJ.

Cabe agravo de instrumento neste caso?

NÃO.

A fim de otimizar o Código de Processo Civil, o parágrafo único do art. 1.015 deve ser interpretado restritivamente. Assim, não se deve admitir o agravo de instrumento como meio de impugnação de toda e qualquer decisão interlocutória proferida no processo de execução. Se isso for admitido irá prejudicar a celeridade que se espera do trâmite processual.

Se a cada decisão proferida pelo juiz na execução for possível um agravo de instrumento para o Tribunal de 2ª instância, haverá uma drástica diminuição na efetividade do processo.

Segundo entendeu o Min. Herman Benjamin, não há motivo para se admitir o agravo de instrumento contra esta decisão considerando que, como consignado na Exposição de Motivos do CPC, "todas as decisões anteriores à sentença podem ser impugnadas na Apelação". Assim sendo, para o Ministro, o novo diploma processual postergou o momento de sua impugnação.

Em suma:

> **Não cabe agravo de instrumento contra decisão do juiz que determina a elaboração dos cálculos judiciais e estabelece os parâmetros de sua realização.**
>
> STJ. 2ª Turma. REsp 1.700.305-PB, Rel. Min. Herman Benjamin, julgado em 25/09/2018 (Info 638).

É CABÍVEL A INTERPOSIÇÃO DE AGRAVO DE INSTRUMENTO CONTRA TODAS AS DECISÕES INTERLOCUTÓRIAS EM PROCESSO FALIMENTAR E RECUPERACIONAL

> **É cabível a interposição de agravo de instrumento contra decisões interlocutórias em processo falimentar e recuperacional, ainda que não haja previsão específica de recurso na Lei nº 11.101/2005 (LREF).**
>
> **Fundamento: interpretação extensiva do art. 1.015, parágrafo único, do CPC/2015.**
>
> STJ. 4ª Turma. REsp 1.722.866-MT, Rel. Min. Luis Felipe Salomão, julgado em 25/09/2018 (Info 635).

Veja comentários em Direito Empresarial.

4.3. RECURSO EXTRAORDINÁRIO

O RECURSO EXTRAORDINÁRIO PRESSUPÕE A EXISTÊNCIA DE CAUSA, DECIDIDA EM ÚNICA OU ÚLTIMA INSTÂNCIA POR ÓRGÃO DO PODER JUDICIÁRIO, NO EXERCÍCIO DE FUNÇÃO JURISDICIONAL

Imagine a seguinte situação hipotética:

João era Desembargador do Trabalho aposentado.

O TST instaurou processo administrativo disciplinar contra ele.

Ao final, o TST determinou a cassação da aposentadoria de João.

Contra esta decisão, João interpôs recurso extraordinário para o STF.

Esse recurso extraordinário terá êxito?

NÃO. O recurso extraordinário não deverá ser conhecido.

Ao tratar sobre o recurso extraordinário, a CF/88 prevê em seu art. 102, III:

§ Art. 102. Compete ao Supremo Tribunal Federal, precipuamente, a guarda da Constituição, cabendo-lhe:

(...)

III – julgar, mediante recurso extraordinário, as causas decididas em única ou última instância, quando a decisão recorrida:

a) contrariar dispositivo desta Constituição;

b) declarar a inconstitucionalidade de tratado ou lei federal;

c) julgar válida lei ou ato de governo local contestado em face desta Constituição.

d) julgar válida lei local contestada em face de lei federal.

O vocábulo "causa" referido no inciso III do art. 102 da CF/88 só abrange processos judiciais, razão pela qual é incabível a interposição de recursos extraordinários contra acórdãos proferidos pelos Tribunais em processos administrativos, inclusive aqueles de natureza disciplinar instaurados contra magistrados.

No mesmo sentido:

O recurso extraordinário, para revelar-se processualmente cabível, pressupõe, dentre outros requisitos, a existência de "causa", que tenha sido decidida, em única ou última instância (CF, art. 102, III), por órgão do Poder Judiciário, no exercício da atividade jurisdicional.

A decisão emanada de órgão judiciário, proferida em sede materialmente administrativa, de que haja resultado a imposição de sanção disciplinar, não se expõe à possibilidade de direta impugnação mediante recurso extraordinário, pelo fato de o procedimento disciplinar – em cujo âmbito o Poder Judiciário desempenha função de índole correcional – não se qualificar como "causa", eis que deliberações adotadas na esfera meramente administrativa não se revelam impregnadas de caráter jurisdicional.

STF. 2ª Turma. AI 316458 AgR, Rel. Min. Celso de Mello, julgado em 19/03/2002.

Em suma:

Não cabe recurso extraordinário contra decisão do TST que julga processo administrativo disciplinar instaurado contra magistrado trabalhista.

Compete ao STF julgar, mediante recurso extraordinário, as "causas" decididas em única ou última instância (art. 102, III, da CF/88).

O vocábulo "causa" referido no inciso III do art. 102 da CF/88 só abrange processos judiciais, razão pela qual é incabível a interposição de recursos extraordinários contra acórdãos proferidos pelos Tribunais em processos administrativos, inclusive aqueles de natureza disciplinar instaurados contra magistrados.

STF. 2ª Turma. ARE 958311/SP, rel. org. Min. Teori Zavaski, red.p/ac. Min. Gilmar Mendes, julgado em 27/02/2018 (Info 892).

4.4. NECESSIDADE DE IMPUGNAÇÃO ESPECÍFICA DE TODOS OS FUNDAMENTOS DA DECISÃO PROFERIDA PELO TRIBUNAL DE ORIGEM QUE INADMITE O RECURSO ESPECIAL

Interposição de REsp e juízo de admissibilidade

A parte que deseja interpor um Recurso Especial (REsp) deve protocolizar este recurso no juízo *a quo* (recorrido) e não diretamente no *juízo ad quem* (STJ).

Ex: TRF1 profere acórdão, por unanimidade, em apelação, afirmando que Gilson, servidor público federal, não possui determinado direito previsto na Lei nº 8.112/90. Nessa hipótese, ele poderá interpor recurso especial contra essa decisão, a ser julgado pelo STJ, com base no art. 105, III, "a", da CF/88.

O REsp deverá ser protocolizado no próprio TRF1. A recorrida (no caso, a União) será intimada para apresentar suas contrarrazões. Após, o Presidente do Tribunal (ou Vice-Presidente, a depender do regimento interno), em decisão monocrática, irá fazer um juízo de admissibilidade do recurso.

Se o juízo de admissibilidade for POSITIVO	Se o juízo de admissibilidade for NEGATIVO
Significa que o Presidente (ou Vice) do Tribunal entendeu que os pressupostos do REsp estavam preenchidos e, então, remeterá o recurso para o STJ.	Significa que o Presidente (ou Vice) do Tribunal entendeu que algum pressuposto do REsp não estava presente e, então, não admitirá o recurso.
Contra esta decisão, não cabe recurso, considerando que o STJ ainda irá reexaminar novamente esta admissibilidade.	Contra esta decisão, a parte prejudicada poderá interpor recurso.

O que a parte pode fazer caso o Presidente (ou Vice) do Tribunal não admita o REsp? Qual é o recurso cabível contra essa decisão?

CPC/1973	CPC/2015
Agravo nos próprios autos, previsto no art. 544. Também chamado de "agravo em recurso especial" (no caso do REsp) ou "agravo em recurso extraordinário" (no caso do RE).	**1.** Se a inadmissão do Presidente do Tribunal de origem foi com base no inciso I do art. 1.030 do CPC/2015: cabe agravo interno, que será julgado pelo próprio Tribunal de origem. **2.** Se a inadmissão foi com fundamento no inciso V do art. 1.030: cabe "agravo em recurso especial e extraordinário", recurso previsto no art. 1.042 do CPC/2015.

O que o STJ decidiu sobre esse agravo do art. 544 do CPC/1973:

O recorrente, que interpuser "agravo em recurso especial" (art. 544 do CPC/1973), deverá impugnar especificamente TODOS os fundamentos constantes da decisão de inadmissibilidade do recurso especial:

Na vigência do CPC/1973, era possível afirmar o seguinte:

- Em regra, o recorrente podia escolher quais os fundamentos da decisão recorrida que pretendia que fosse reformada, de acordo com o princípio da dialeticidade. Assim, em regra, era possível eleger os fundamentos que serão objeto do recurso. Isso estava previsto no art. 514, II c/c art. 505 do CPC/1973.

- Exceção: no caso do agravo interposto contra decisão denegatória de admissibilidade do recurso especial, era necessário que o recorrente atacasse todos os fundamentos da decisão agravada. Essa exceção estava prevista no art. 544, § 4º, I, do CPC/1973:

> §
>
> Art. 544 (...)
>
> § 4º No Supremo Tribunal Federal e no Superior Tribunal de Justiça, o julgamento do agravo obedecerá ao disposto no respectivo regimento interno, podendo o relator:
>
> I – não conhecer do agravo manifestamente inadmissível ou que não tenha atacado especificamente os fundamentos da decisão agravada;

Para o STJ, essa expressão "especificamente" significa TODOS os fundamentos da decisão agravada.

O regimento interno do STJ tem disposição que confirma essa ideia:

> §
>
> Art. 253. O agravo interposto de decisão que não admitiu o recurso especial obedecerá, no Tribunal de origem, às normas da legislação processual vigente.
>
> Parágrafo único. Distribuído o agravo e ouvido, se necessário, o Ministério Público no prazo de cinco dias, o relator poderá:
>
> I – não conhecer do agravo inadmissível, prejudicado ou daquele que não tenha impugnado especificamente todos os fundamentos da decisão recorrida;

A interpretação literal e pragmática da norma regimental permite afirmar que todos os fundamentos utilizados pelo Tribunal de origem para inadmitir o recurso especial, independentemente de eventual caráter autônomo, deverão ser impugnados, sob pena de não conhecimento do agravo em recurso especial.

A decisão que não admite o recurso especial não é formada por capítulos autônomos. Nela existe um único dispositivo (ela é incindível). Logo, todos os fundamentos que a embasam devem ser atacados.

Aplica-se aqui, por analogia, a Súmula 182 do STJ:

> Súmula 182-STJ: É inviável o agravo do art. 545 do CPC (*1973*) que deixa de atacar especificamente os fundamentos da decisão agravada.

Ex: a decisão do Presidente do TJ não admitiu o Resp com base em dois fundamentos:

- violação do art. 535 do CPC/1973; e
- incidência da Súmula nº 7-STJ.

Se a parte agravante impugnar apenas um desses fundamentos, o agravo não será conhecido.

Em suma:

> **A decisão de inadmissibilidade do recurso especial não é formada por capítulos autônomos, mas por um único dispositivo, o que exige sua impugnação total.**
>
> STJ. Corte Especial. EAREsp 831.326-SP, Rel. Min. João Otávio de Noronha, Rel. Acd. Min. Luis Felipe Salomão, julgado em 19/09/2018 (Info 638).

PROCESSO CIVIL

O julgado acima foi baseado no CPC/1973. O entendimento exposto permanece com o CPC/2015?

SIM. Existem vários precedentes já na vigência do CPC/2015 aplicando o mesmo entendimento, com base no art. 933, do CPC vigente e também no Regimento Interno do STJ. Nesse sentido:

> Incumbe ao agravante infirmar, especificamente, todos os fundamentos da decisão que inadmitiu o Recurso Especial, demonstrando o seu desacerto, de modo a justificar o processamento do apelo nobre, sob pena de não ser conhecido o Agravo (art. 932, III, do CPC vigente).
>
> STJ. 2ª Turma. AgInt no AREsp 1122084/RS, Rel. Min. Assusete Magalhães, julgado em 05/12/2017.

> Nos termos da 182 da Súmula desta Corte, é manifestamente inadmissível o agravo em recurso especial que não impugna, especificamente, todos os fundamentos da decisão confrontada.
>
> STJ. 6ª Turma. AgRg no AREsp 915.415/ES, Rel. Min. Nefi Cordeiro, julgado em 05/09/2017.

Cuidado com a parte final do art. 1.042 do CPC/2015

O art. 1.042 do CPC/2015 veda o cabimento do agravo contra decisão do Tribunal *a quo* que inadmitir o recurso especial, com base na aplicação do entendimento consagrado no julgamento de recurso repetitivo:

> § Art. 1.042. Cabe agravo contra decisão do presidente ou do vice-presidente do tribunal recorrido que inadmitir recurso extraordinário ou recurso especial, salvo quando fundada na aplicação de entendimento firmado em regime de repercussão geral ou em julgamento de recursos repetitivos.

Neste caso, conforme expus no quadro comparativo no início da explicação, será cabível apenas agravo interno para o Tribunal de origem, nos termos do art. 1.030, § 2º, do CPC/2015:

> § Art. 1.030. Recebida a petição do recurso pela secretaria do tribunal, o recorrido será intimado para apresentar contrarrazões no prazo de 15 (quinze) dias, findo o qual os autos serão conclusos ao presidente ou ao vice-presidente do tribunal recorrido, que deverá:
>
> I – negar seguimento:
>
> a) a recurso extraordinário que discuta questão constitucional à qual o Supremo Tribunal Federal não tenha reconhecido a existência de repercussão geral ou a recurso extraordinário interposto contra acórdão que esteja em conformidade com entendimento do Supremo Tribunal Federal exarado no regime de repercussão geral;
>
> b) a recurso extraordinário ou a recurso especial interposto contra acórdão que esteja em conformidade com entendimento do Supremo Tribunal Federal ou do Superior Tribunal de Justiça, respectivamente, exarado no regime de julgamento de recursos repetitivos;
>
> (...)
>
> III – sobrestar o recurso que versar sobre controvérsia de caráter repetitivo ainda não decidida pelo Supremo Tribunal Federal ou pelo Superior Tribunal de Justiça, conforme se trate de matéria constitucional ou infraconstitucional;
>
> (...)
>
> § 2º Da decisão proferida com fundamento nos incisos I e III caberá agravo interno, nos termos do art. 1.021.

4.5. Multa do § 2º do art. 557 do CPC/1973 (§ 4º do art. 1.021 do CPC/2015) e Fazenda Pública

Vamos analisar um julgamento que trata da multa do § 2º do art. 557 do CPC 1973 (§ 4º do art. 1.021 do CPC 2015). Para isso, no entanto, vejamos as seguintes etapas até chegarmos à decisão que aplica a multa.

Imagine a seguinte situação hipotética:

1) A União ajuizou ação contra determinada empresa e requereu uma tutela provisória de urgência.

2) Após ouvir a ré, o juiz proferiu uma decisão interlocutória denegando a tutela provisória.

3) A parte prejudicada (União) interpôs agravo de instrumento.

4) No Tribunal, o agravo de instrumento foi distribuído imediatamente, sendo sorteado um Desembargador Relator (art. 527 do CPC 1973 / art. 1.019 do CPC 2015).

5) O Desembargador Relator poderá, de forma monocrática, considerar o recurso inadmissível. Veja:

CPC/1973	CPC/2015
Art. 527. Recebido o agravo de instrumento no tribunal, e distribuído incontinenti, o relator: I – negar-lhe-á seguimento, liminarmente, nos casos do art. 557; (...) Art. 557. O relator negará seguimento a recurso manifestamente inadmissível, improcedente, prejudicado ou em confronto com súmula ou com jurisprudência dominante do respectivo tribunal, do Supremo Tribunal Federal, ou de Tribunal Superior.	Art. 932. Incumbe ao relator: III – não conhecer de recurso inadmissível, prejudicado ou que não tenha impugnado especificamente os fundamentos da decisão recorrida; IV – negar provimento a recurso que for contrário a: a. súmula do Supremo Tribunal Federal, do Superior Tribunal de Justiça ou do próprio tribunal; b. acórdão proferido pelo Supremo Tribunal Federal ou pelo Superior Tribunal de Justiça em julgamento de recursos repetitivos; c. entendimento firmado em incidente de resolução de demandas repetitivas ou de assunção de competência; (...) Parágrafo único. Antes de considerar inadmissível o recurso, o relator concederá o prazo de 5 (cinco) dias ao recorrente para que seja sanado vício ou complementada a documentação exigível.

6) E se a parte não concordar com essa decisão monocrática do Relator, o que ela poderá fazer?

A parte poderá, neste caso, interpor um agravo interno para o órgão colegiado do Tribunal questionando a decisão monocrática do Relator.

7) Qual é o prazo desse agravo interno?

- CPC/1973: 5 dias (art. 557, § 2º).
- CPC/2015: 15 dias (art. 1.021, § 2º).

8) Imaginemos que o Relator negou seguimento ao agravo de instrumento e a União interpôs um agravo interno manifestamente infundado ("abusivo") contra a decisão que negou seguimento ao agravo de instrumento.

Se o órgão colegiado do Tribunal considerar que o agravo interno (antigamente chamado de "agravo regimental") interposto é manifestamente inadmissível ou infundado, ele aplicará ao recorrente duas sanções:

8.1) condenará o agravante a pagar ao agravado uma MULTA;

8.2) condicionará o DEPÓSITO do valor da multa em juízo para que futuros recursos sejam recebidos.

9) Qual é o valor dessa multa?

- CPC/1973: entre 1% e 10% do valor corrigido da causa;
- CPC/2015: entre 1% e 5% do valor atualizado da causa.

10) Para a aplicação da multa, exige-se que a decisão do Tribunal tenha sido unânime?

- CPC/1973: NÃO. Não era necessário.
- CPC/2015: SIM. A aplicação da multa prevista no art. 1.021, § 4º, do novo CPC exige votação unânime.

11) A MULTA prevista para o agravante que interpuser recurso manifestamente inadmissível ou improcedente aplica-se também para a Fazenda Pública? A sanção explicada no item "8.1" acima aplica-se também ao Poder Público?

SIM. Tanto no CPC/1973 como no CPC/2015.

12) A legislação prevê uma segunda punição, qual seja, exige o DEPÓSITO do valor da multa em juízo para que futuros recursos sejam recebidos. Essa sanção explicada no item "8.2" acima aplica-se também para a Fazenda Pública?

- CPC/1973: SIM. O CPC/1973 não falava expressamente sobre a Fazenda Pública ao tratar dessa sanção. Diante disso, o STJ entendia que, havendo condenação do Poder Público ao pagamento da multa prevista no art. 557, § 2º, do CPC/1973, a interposição de qualquer outro recurso ficava condicionada ao depósito prévio do respectivo valor. Nesse sentido: STJ. 2ª Turma. AgRg no AREsp 553.788-DF, Rel. Min. Assusete Magalhães, julgado em 16/10/2014 (Info 551).

O STF também decidiu assim:

> **É requisito de admissibilidade para interposição de recurso extraordinário o recolhimento de multa imposta ao recorrente no Tribunal "a quo", com base no art. 557, § 2º, do CPC/1973, exigência que se impõe inclusive à Fazenda Pública.**
>
> STF. 2ª Turma. ARE 931830 AgR/PB, Rel. Min. Dias Toffoli, julgado em 21/8/2018 (Info 912).

- CPC/2015: NÃO. O § 5º do art. 1.021 do CPC/2015 afirma expressamente que não se exige da Fazenda Pública o depósito prévio do valor da multa, podendo este pagamento ser feito ao final:

§ Art. 1.021 (...)

§ 4º Quando o agravo interno for declarado manifestamente inadmissível ou improcedente em votação unânime, o órgão colegiado, em decisão fundamentada, condenará o agravante a pagar ao agravado multa fixada entre um e cinco por cento do valor atualizado da causa.

§ 5º A interposição de qualquer outro recurso está condicionada ao depósito prévio do valor da multa prevista no § 4º, à exceção da Fazenda Pública e do beneficiário de gratuidade da justiça, que farão o pagamento ao final.

Resumindo:

Se o Poder Público for condenado ao pagamento da multa do § 2º do art. 557 do CPC/1973 (§ 4º do art. 1.021 do CPC/2015), a interposição de outros recursos ficará condicionada ao depósito prévio do respectivo valor?

CPC/1973: SIM	CPC/2015: NÃO
Havendo condenação da Fazenda Pública ao pagamento da multa prevista no art. 557, § 2º, do CPC 1973, a interposição de qualquer outro recurso fica condicionada ao depósito prévio do respectivo valor. O prévio depósito da multa também é devido pela Fazenda Pública. STJ. 2ª Turma. AgRg no AREsp 553.788-DF, Rel. Min. Assusete Magalhães, julgado em 16/10/2014 (Info 551). STF. 2ª Turma. ARE 931830 AgR/PB, Rel. Min. Dias Toffoli, julgado em 21/8/2018 (Info 912).	Veja o que diz o CPC/2015: Art. 1.021 (...) § 4º Quando o agravo interno for declarado manifestamente inadmissível ou improcedente em votação unânime, o órgão colegiado, em decisão fundamentada, condenará o agravante a pagar ao agravado multa fixada entre um e cinco por cento do valor atualizado da causa. § 5º A interposição de qualquer outro recurso está condicionada ao depósito prévio do valor da multa prevista no § 4º, à exceção da Fazenda Pública e do beneficiário de gratuidade da justiça, que farão o pagamento ao final.

4.6. EMBARGOS INFRINGENTES

DIVERGÊNCIA MANIFESTADA NOS EMBARGOS DE DECLARAÇÃO OPOSTOS AO ACÓRDÃO UNÂNIME DA APELAÇÃO QUE REFORMOU A SENTENÇA

Os embargos infringentes eram uma espécie de recurso previsto no CPC/1973.

Os embargos infringentes só cabiam para questionar acórdão. Não bastava, contudo, que fosse acórdão. Era necessário que ele fosse NÃO UNÂNIME, ou seja, acórdão em que houve voto vencido.

A finalidade dos embargos infringentes era a de renovar a discussão para fazer prevalecer as razões do voto vencido.

Segundo o art. 530 do CPC/1973, cabiam embargos infringentes em duas hipóteses:

contra acórdão não unânime (por maioria) que reformasse, em grau de apelação, a sentença de mérito.

contra acórdão não unânime (por maioria) que julgasse procedente a ação rescisória.

Prazo dos embargos infringentes: 15 dias

Quem julgava: o próprio Tribunal, segundo as regras do regimento interno.

Exemplo da hipótese 1:

"A" ajuíza ação de indenização por danos materiais contra "B". O juiz julga o pedido de "A" procedente, resolvendo o mérito. "B" interpõe apelação ao TJ. O TJ, por meio de uma Câmara Cível, composta por 3 Desembargadores, reforma a sentença do juiz, afirmando que "A" não tem direito à indenização. Dos 3 Desembargadores, 2 votaram pela reforma e 1 votou pela manutenção da sentença, ou seja, o acórdão foi não unânime. Nesse caso, "A", se não se conformar com o acórdão, terá que opor embargos infringentes.

Exemplo da hipótese 2:

"A" ajuíza ação de indenização por danos materiais contra "B". O juiz julga o pedido de "A" procedente, resolvendo o mérito. "B" interpõe apelação ao TJ que, no entanto, mantém a sentença. Ocorre o trânsito em julgado. "B" ajuíza ação rescisória e o Tribunal, por maioria, julga procedente a rescisória. Nesse caso, "A", se não se conformar com o acórdão, terá que opor embargos infringentes.

No ano de 2018, o STJ decidiu que:

Eram cabíveis embargos infringentes quando a divergência qualificada se manifestasse nos embargos de declaração opostos ao acórdão unânime da apelação que reformou a sentença.

STJ. 2ª Seção. EREsp 1.290.283-GO, Rel. Min. Marco Aurélio Bellizze, julgado em 11/04/2018 (Info 626).

Isso porque o voto proferido nos embargos de declaração passa a integrar o voto da decisão embargada.

Assim, o voto vencido proferido no julgamento dos embargos de declaração passava a integrar o acórdão da apelação, e, estando preenchidos os demais pressupostos recursais, devia-se reconhecer a possibilidade de oposição dos embargos infringentes.

ACÓRDÃO QUE, NO JULGAMENTO DE AGRAVO DE INSTRUMENTO, POR MAIORIA DE VOTO, REFORMA DECISÃO INTERLOCUTÓRIA PARA RECONHECER QUE DETERMINADO BEM É IMPENHORÁVEL

Embargos infringentes

Os embargos infringentes eram uma espécie de recurso previsto no CPC/1973.

Com o CPC/2015, essa espécie de recurso deixou de existir.

Os embargos infringentes só cabiam para questionar acórdão. Não bastava, contudo, que fosse acórdão. Era necessário que ele fosse NÃO UNÂNIME, ou seja, acórdão em que houve voto vencido.

A finalidade dos embargos infringentes era a de renovar a discussão para fazer prevalecer as razões do voto vencido.

Segundo o art. 530 do CPC/1973, cabiam embargos infringentes em duas hipóteses:

1. contra acórdão não unânime (por maioria) que reformasse, em grau de apelação, a sentença de mérito.
2. contra acórdão não unânime (por maioria) que julgasse procedente a ação rescisória.

Quem julgava: o próprio Tribunal, segundo as regras do regimento interno.

Exemplo da hipótese 1:

"A" ajuíza ação de indenização por danos materiais contra "B". O juiz julga o pedido de "A" procedente, resolvendo o mérito. "B" interpõe apelação ao TJ. O TJ, por meio de uma Câmara Cível, composta por 3 Desembargadores, reforma a sentença do juiz, afirmando que "A" não tem direito à indenização. Dos 3 Desembargadores, 2 votaram pela reforma e 1 votou pela manutenção da sentença, ou seja, o acórdão foi não unânime. Nesse caso, "A", se não se conformar com o acórdão, terá que opor embargos infringentes.

Exemplo da hipótese 2:

"A" ajuíza ação de indenização por danos materiais contra "B". O juiz julga o pedido de "A" procedente, resolvendo o mérito. "B" interpõe apelação ao TJ que, no entanto, mantém a sentença. Ocorre o trânsito em julgado. "B" ajuíza ação rescisória e o Tribunal, por maioria, julga procedente a rescisória. Nesse caso, "A", se não se conformar com o acórdão, terá que opor embargos infringentes.

Acórdão que, no julgamento de agravo de instrumento, por maioria de voto, reforma decisão interlocutória para reconhecer que determinado bem é impenhorável

O STJ decidiu que:

> **São cabíveis embargos infringentes contra acórdão que, em julgamento de agravo de instrumento, por maioria de votos, reforma decisão interlocutória para reconhecer a impenhorabilidade de bem, nos termos da Lei nº 8.009/90.**
>
> STJ. 2ª Seção. EREsp 1.131.917-MG, Rel. Min. Ricardo Villas Bôas Cueva, Rel. Acd. Min. Marco Aurélio Bellizze, julgado em 10/10/2018 (Info 637).

A decisão interlocutória que reconhece a impenhorabilidade de determinado bem de família possui natureza (conteúdo) de mérito, de modo que o acórdão que julga o agravo de instrumento contra ela pode ser equiparado a um acórdão que julga uma apelação.

Aplica-se o raciocínio que inspirou a edição da Súmula 255 do STJ: Cabem embargos infringentes contra acórdão, proferido por maioria, em agravo retido, quando se tratar de matéria de mérito.

Assim, cabia embargos infringentes contra o acórdão que, ao julgar o agravo de instrumento, reformasse, por maioria de votos, decisão interlocutória que ostentasse conteúdo meritório.

A decisão que reconhece a impenhorabilidade de determinado bem de família, no bojo de ação de responsabilidade civil, em fase de cumprimento de sentença, examina o mérito e diz que o devedor não tem o direito de expropriar aquele bem. Sobre esta decisão recairá os efeitos da coisa julgada material.

4.7. Sentença proferida com base no entendimento vigente do STF e que, após o trânsito em julgado, houve mudança de posição. Cabe rescisória?

Imagine a seguinte situação hipotética:

João era servidor público e, quando foi para a inatividade, foram incorporadas, em sua aposentadoria, as diferenças relativas à Unidade de Referência de Preços (URP), no valor de 26,05% dos seus vencimentos.

Em outras palavras, o valor da URP foi incorporado à aposentadoria de João.

Obs: não é necessário que você saiba o que é a URP.

Ocorre que o TCU não concordou com isso e determinou a retirada das diferenças da URP dos proventos pagos ao servidor.

João impetrou, então, mandado de segurança contra o ato do TCU e o STF julgou a ação procedente, determinando que o servidor tinha realmente direito à incorporação. O processo transitou em julgado.

Desse modo, ressalto mais uma vez que, quando o processo transitou em julgado, o entendimento do STF era no sentido de ser devida a incorporação.

Posteriormente, contudo, o STF mudou de posição e passou a entender que o TCU pode analisar a questão no momento do pedido de aposentadoria e pode glosar (retirar, estonar) a URP dos proventos do servidor.

Ação rescisória

Diante dessa alteração na jurisprudência do STF, a União ajuizou ação rescisória pedindo a desconstituição do acórdão transitado em julgado e que havia sido favorável a João.

A autora pretendia rescindir o julgado ao fundamento de que, algum tempo depois do trânsito em julgado, o STF mudou seu posicionamento e passou a permitir que o TCU retire a URP da aposentadoria dos servidores.

Desse modo, a União argumentou que o acórdão transitado em julgado violou literal disposição de lei e deveria ser rescindido, com base no art. 485, V, do CPC/1973:

§ Art. 485. A sentença de mérito, transitada em julgado, pode ser rescindida quando:

(...)

V – violar literal disposição de lei;

Obs: quando esta ação rescisória foi proposta ainda estava em vigor o CPC/1973.

O STF julgou procedente essa ação rescisória? O acórdão favorável a João deverá ser desconstituído?

NÃO. O STF negou seguimento à ação rescisória e determinou a manutenção do acordão atacado.

Súmula 343-STF

O STF entendeu que o presente caso se amolda perfeitamente à situação descrita na Súmula 343:

Súmula 343-STF: Não cabe ação rescisória por ofensa a literal dispositivo de lei, quando a decisão rescindenda se tiver baseado em texto legal de interpretação controvertida nos tribunais.

Afirmou o Min. Luiz Fux:

"Anoto, a propósito, que a causa de rescindibilidade em questão reclama efetiva violação à lei, de modo que, a princípio, interpretar não se confunde com violar. (...)

Ademais, para que a ação rescisória fundada no art. 485, V, do CPC seja acolhida, é necessário que a interpretação dada pelo decisum rescindendo seja de tal modo teratológica que viole o dispositivo legal ou constitucional na sua literalidade. Ao revés, se a decisão rescindenda elege uma dentre várias interpretações cabíveis, a ação rescisória não merece prosperar.

Ressalte-se, ainda, que, no recente julgamento do RE 590.809, Rel. Min. Marco Aurélio, Pleno, DJe 24/11/2014, o Plenário deste Tribunal se debruçou mais detidamente sobre a sua Súmula 343, tendo reafirmado sua validade, inclusive quando a divergência jurisprudencial e a controvérsia de entendimentos se basear na aplicação de norma constitucional."

Relevante também destacar as palavras do Min. Alexandre de Moraes:

"Em que pese a alteração posterior de jurisprudência da Corte, o caso foi julgado com base na jurisprudência da época, com trânsito em julgado, e isso já foi incorporado no patrimônio das pessoas.

(...)

Se a cada vez que houver uma alteração jurisprudencial for possível ajuizar novas rescisórias, a todo momento em que houver uma mudança será necessário julgar todos os processos novamente."

Alteração posterior de jurisprudência pelo STF não legitima o pedido rescisório

Em consonância com o instituto da *prospective overruling*, a mudança jurisprudencial deve ter eficácia *ex nunc*, porque, do contrário, surpreende quem obedecia à jurisprudência daquele momento.

Ao lado do prestígio do precedente, há o prestígio da segurança jurídica, princípio segundo o qual a jurisprudência não pode causar uma surpresa ao jurisdicionado a partir de modificação do panorama jurídico.

Prospective overruling

Prospective overruling é uma técnica segundo a qual "os tribunais, ao mudarem suas regras jurisprudenciais, podem, por razões de segurança jurídica (boa-fé e confiança legítima), aplicar a nova orientação apenas para os casos futuros" (OLIVEIRA, Rafael Carvalho Rezende de. *Curso de Direito Administrativo*. 2ª ed., São Paulo: Método, 2014, p. 103).

O CPC/2015 trouxe previsão expressa da possibilidade da modulação dos efeitos da superação (*prospective overruling*):

§ Art. 927 (...)

§ 3º Na hipótese de alteração de jurisprudência dominante do Supremo Tribunal Federal e dos tribunais superiores ou daquela oriunda de julgamento de casos repetitivos, pode haver modulação dos efeitos da alteração no interesse social e no da segurança jurídica.

Veja como o tema já foi cobrado em prova:

(Juiz Federal TRF4 2016) A distinção (*distinguishing*), a superação (*overruling*) e a superação para a frente, mediante modulação dos efeitos (*prospective overruling*), são técnicas de adequação do sistema de precedentes às alterações interpretativas da norma e às circunstâncias factuais postas sob exame dos juízes e dos tribunais. (CERTO)

Em suma:

Se a sentença foi proferida com base na jurisprudência do STF vigente à época e, posteriormente, esse entendimento foi alterado, não se pode dizer que essa decisão impugnada tenha violado literal disposição de lei.

Desse modo, não cabe ação rescisória em face de acórdão que, à época de sua prolação, estava em conformidade com a jurisprudência predominante do STF.

STF. Plenário. RE 590809/RS, Rel. Min. Marco Aurélio, julgado em 22/10/2014 (Info 764).

STF. Plenário. AR 2422/DF, Rel. Min. Luiz Fux, julgado em 25/10/2018 (Info 921).

Como dito, o julgado envolvia um caso concreto ocorrido na vigência do CPC/1973. Diante disso, indaga-se: o entendimento acima explicado permanece válido com o CPC/2015? A Súmula 343 do STF permanece aplicável?

Há divergência. Isso por conta da nova previsão de ação rescisória contida no § 15 do art. 525 do CPC/2015:

§ Art. 525. Transcorrido o prazo previsto no art. 523 sem o pagamento voluntário, inicia-se o prazo de 15 (quinze) dias para que o executado, independentemente de penhora ou nova intimação, apresente, nos próprios autos, sua impugnação.

§ 1º Na impugnação, o executado poderá alegar:

III – inexequibilidade do título ou inexigibilidade da obrigação;

(...)

§ 12. Para efeito do disposto no inciso III do § 1º deste artigo, considera-se também inexigível a obrigação reconhecida em título executivo judicial fundado em lei ou ato normativo considerado inconstitucional pelo Supremo Tribunal Federal, ou fundado em aplicação ou interpretação da lei ou do ato normativo tido pelo Supremo Tribunal Federal como incompatível com a Constituição Federal, em controle de constitucionalidade concentrado ou difuso.

(...)

§ 15. Se a decisão referida no § 12 for proferida após o trânsito em julgado da decisão exequenda, caberá ação rescisória, cujo prazo será contado do trânsito em julgado da decisão proferida pelo Supremo Tribunal Federal.

5. EXECUÇÃO

5.1. QUAL É O RECURSO CABÍVEL CONTRA O PRONUNCIAMENTO QUE JULGA A IMPUGNAÇÃO AO CUMPRIMENTO DE SENTENÇA?

Imagine a seguinte situação hipotética:

João foi condenado a pagar R$ 300 mil a Pedro.

A sentença transitou em julgado.

O que acontece agora?

Pedro terá que ingressar com uma petição em juízo requerendo o cumprimento da sentença.

O início da fase de cumprimento da sentença pode ser feito de ofício pelo juiz?

NÃO. O cumprimento da sentença que reconhece o dever de pagar quantia, provisório ou definitivo, só pode ser feito a requerimento do exequente (art. 513, § 1º do CPC/2015).

Cabe ao credor o exercício de atos para o regular cumprimento da decisão condenatória, especialmente requerer ao juízo que dê ciência ao devedor sobre o montante apurado, consoante demonstrativo discriminado e atualizado do crédito (art. 524 do CPC/2015).

Em outras palavras, o início da fase de cumprimento da sentença exige um requerimento do credor:

§ Art. 523. No caso de condenação em quantia certa, ou já fixada em liquidação, e no caso de decisão sobre parcela incontroversa, o cumprimento definitivo da sentença far-se-á a requerimento do exequente, sendo o executado intimado para pagar o débito, no prazo de 15 (quinze) dias, acrescido de custas, se houver.

Pedro requereu, então, o início do cumprimento de sentença. O que o juiz deve fazer?

O juiz deverá determinar a intimação do devedor para pagar a quantia em um prazo máximo de 15 dias.

Não ocorrendo pagamento voluntário neste prazo, o débito será acrescido de multa de 10% e, também, de honorários de advogado de 10% (art. 523, § 1º, do CPC/2015).

Esse prazo de 15 dias, previsto no art. 523 do CPC 2015 (art. 475-J do CP 1973), é contado a partir de quando?

Da intimação do devedor para pagar. Não basta que o devedor já tenha sido intimado anteriormente da sentença que o condenou. Para começar o prazo de 15 dias para pagamento, é necessária nova intimação.

Assim, a multa de 10% depende de nova intimação prévia do devedor.

A forma dessa intimação está prevista no art. 513 do CPC/2015

Na fase de cumprimento de sentença existe alguma forma de "defesa" do devedor? João poderá apresentar alguma defesa?

SIM. A defesa típica do devedor executado no cumprimento de sentença é a chamada impugnação.

Para que o devedor apresente impugnação, é indispensável a garantia do juízo, ou seja, é necessário que haja penhora, depósito ou caução?

NÃO. A impugnação independe de prévia garantia do juízo.

Qual é o prazo para a apresentação da impugnação?

15 dias.

Se for mais de um executado (litisconsórcio) e eles tiverem diferentes procuradores, de escritórios de advocacia distintos, o prazo para impugnação será em dobro, ou seja, 30 dias (art. 525, § 3º).

A partir de quando é contado o prazo para que o executado ofereça impugnação?

O prazo de 15 dias para impugnação inicia-se imediatamente após acabar o prazo de 15 dias que o executado tinha para fazer o pagamento voluntário (art. 525, caput). Não é necessária nova intimação. Acabou um prazo, começa o outro. Nesse sentido:

§ Art. 525. Transcorrido o prazo previsto no art. 523 sem o pagamento voluntário, inicia-se o prazo de 15 (quinze) dias para que o executado, independentemente de penhora ou nova intimação, apresente, nos próprios autos, sua impugnação.

Quais as matérias que poderão ser alegadas na impugnação?

O executado poderá alegar (art. 525, § 1º do CPC):

1. falta ou nulidade da citação se, na fase de conhecimento, o processo correu à revelia;
2. ilegitimidade de parte;
3. inexequibilidade do título ou inexigibilidade da obrigação;
4. penhora incorreta ou avaliação errônea;
5. excesso de execução ou cumulação indevida de execuções;
6. incompetência absoluta ou relativa do juízo da execução;

7. qualquer causa modificativa ou extintiva da obrigação, como pagamento, novação, compensação, transação ou prescrição, desde que supervenientes à sentença.

Voltando ao nosso exemplo:

Na impugnação, ele alegou nulidade da citação e que, na fase de conhecimento, o processo correu à sua revelia (art. 525, § 1º, I, do CPC/2015).

O juiz julgou procedente a impugnação e extinguiu a execução (cumprimento de sentença).

Pedro interpôs agravo de instrumento contra esta decisão do magistrado, fundamentando o recurso no art. 1.015, parágrafo único, do CPC:

> §
>
> Art. 1.015 (...)
>
> Parágrafo único. Também caberá agravo de instrumento contra decisões interlocutórias proferidas na fase de liquidação de sentença ou de cumprimento de sentença, no processo de execução e no processo de inventário.

Agiu corretamente o credor?

NÃO. O recurso cabível contra a decisão que julga a impugnação ao cumprimento de sentença é o seguinte:

1. Se na decisão que julgou a impugnação o juiz não extinguiu a execução: cabe agravo de instrumento.
2. Se na decisão que julgou a impugnação o juiz extinguiu a execução: cabe apelação.

Desse modo, se quisermos analisar por outro prisma, podemos afirmar o seguinte:

1. Se o juiz rejeita a impugnação: cabe agravo de instrumento (porque a execução irá prosseguir);
2. Se o juiz acolhe a impugnação, poderá caber agravo de instrumento ou apelação.
   2.1. Se o juiz acolhe a impugnação, mas não extingue a execução (ex: apenas reduz o valor que estava excessivo): caberá agravo de instrumento;
   2.2. Se o juiz acolhe a impugnação e extingue a execução (ex: falta de citação): caberá apelação.

No caso concreto, o juiz julgou procedente a impugnação e extinguiu o cumprimento de sentença. Logo, caberia apelação. É como decidiu o STJ:

> **O recurso cabível da decisão que acolhe impugnação ao cumprimento de sentença e extingue a execução é a apelação.**
>
> STJ. 4ª Turma. REsp 1.698.344-MG, Rel. Min. Luis Felipe Salomão, julgado em 22/05/2018 (Info 630).

Sentença

São dois os critérios utilizados para definir que um pronunciamento jurisdicional é sentença:

a. tem conteúdo equivalente a uma das situações previstas nos arts. 485 ou 489 do CPC/2015; e
b. determina o encerramento de uma das fases do processo (fase de conhecimento ou de execução).

De acordo com o § 1º do art. 203 do CPC/2015, a decisão que extingue a execução é uma sentença:

> §
>
> Art. 203. Os pronunciamentos do juiz consistirão em sentenças, decisões interlocutórias e despachos.

§ 1º Ressalvadas as disposições expressas dos procedimentos especiais, sentença é o pronunciamento por meio do qual o juiz, com fundamento nos arts. 485 e 487, põe fim à fase cognitiva do procedimento comum, bem como extingue a execução.

Agravo de instrumento

O agravo de instrumento é o recurso cabível, em primeiro grau de jurisdição, contra específicas decisões interlocutórias previstas em lei (art. 1.015 do CPC/2015).

O agravo de instrumento só cabe contra pronunciamentos decisórios que não encerram a fase cognitiva nem a fase de execução. É um conceito construído por exclusão:

- se a decisão encerra a fase cognitiva ou a execução, esse pronunciamento é uma sentença.
- caso contrário, ou seja, se a decisão não encerra a fase cognitiva ou a execução, estaremos diante de uma decisão interlocutória.

É o que preconiza o art. 203, § 2º do CPC:

§ Art. 203 (...)

§ 2º Decisão interlocutória é todo pronunciamento judicial de natureza decisória que não se enquadre no § 1º.

5.2. PRAZO PARA CUMPRIMENTO DE SENTENÇA DEVERÁ SER COMPUTADO EM DOBRO NO CASO DE LITISCONSORTES COM PROCURADORES DISTINTOS

Procedimento para execução

O procedimento para execução de quantia pode ser realizado de duas formas:

execução de quantia fundada em título executivo extrajudicial;

execução de quantia fundada em título executivo judicial (cumprimento de sentença).

Imagine a seguinte situação hipotética:

João ajuíza uma ação de cobrança contra Pedro e Ricardo.

Vale ressaltar que Pedro e Ricardo possuem advogados distintos, de escritórios de advocacia diferentes.

O juiz julgou a sentença procedente, condenando Pedro e Ricardo a pagarem R$ 1 milhão ao autor.

Houve o trânsito em julgado.

O que acontece agora?

João terá que ingressar com uma petição em juízo requerendo o cumprimento da sentença.

O início da fase de cumprimento da sentença pode ser feito de ofício pelo juiz?

NÃO. O cumprimento da sentença que reconhece o dever de pagar quantia, provisório ou definitivo, só pode ser feito a requerimento do exequente (art. 513, § 1º do CPC/2015).

Cabe ao credor o exercício de atos para o regular cumprimento da decisão condenatória, especialmente requerer ao juízo que dê ciência ao devedor sobre o montante apurado, consoante demonstrativo discriminado e atualizado do crédito (art. 524 do CPC/2015).

Em outras palavras, o início da fase de cumprimento da sentença exige um requerimento do credor:

§ Art. 523. No caso de condenação em quantia certa, ou já fixada em liquidação, e no caso de decisão sobre parcela incontroversa, o cumprimento definitivo da sentença far-se-á a

PROCESSO CIVIL

requerimento do exequente, sendo o executado intimado para pagar o débito, no prazo de 15 (quinze) dias, acrescido de custas, se houver.

A partir do requerimento do credor, o que faz o juiz?

O juiz determina a intimação do devedor para pagar a quantia em um prazo máximo de 15 dias.

O prazo de 15 dias, previsto no art. 523 do CPC/2015, é contado em dias úteis ou corridos?

Dias úteis. O tema ainda não está pacificado, mas esta é a posição majoritária:

Enunciado 89 – I Jornada CJF: Conta-se em dias úteis o prazo do caput do art. 523 do CPC.

Esse prazo de 15 dias é contado a partir de quando?

Da intimação do devedor para pagar. Não basta que o devedor já tenha sido intimado anteriormente da sentença que o condenou. Para começar o prazo de 15 dias para pagamento, é necessária nova intimação.

Assim, a multa de 10% depende de nova intimação prévia do devedor.

A forma dessa intimação está prevista no art. 513 do CPC/2015:

§

Art. 513 (...)

§ 2º O devedor será intimado para cumprir a sentença:

I – pelo Diário da Justiça, na pessoa de seu advogado constituído nos autos;

II – por carta com aviso de recebimento, quando representado pela Defensoria Pública ou quando não tiver procurador constituído nos autos, ressalvada a hipótese do inciso IV;

III – por meio eletrônico, quando, no caso do § 1º do art. 246, não tiver procurador constituído nos autos

IV – por edital, quando, citado na forma do art. 256, tiver sido revel na fase de conhecimento.

§ 3º Na hipótese do § 2º, incisos II e III, considera-se realizada a intimação quando o devedor houver mudado de endereço sem prévia comunicação ao juízo, observado o disposto no parágrafo único do art. 274.

§ 4º Se o requerimento a que alude o § 1º for formulado após 1 (um) ano do trânsito em julgado da sentença, a intimação será feita na pessoa do devedor, por meio de carta com aviso de recebimento encaminhada ao endereço constante dos autos, observado o disposto no parágrafo único do art. 274 e no § 3º deste artigo.

Se os executados forem litisconsortes com diferentes procuradores, de escritórios de advocacia distintos, este prazo de 15 dias poderá ser contado em dobro, nos termos do art. 229 do CPC/2015? Em nosso exemplo, Pedro e Ricardo terão 30 dias para pagar voluntariamente a quantia fixada na sentença?

SIM.

O prazo comum para cumprimento voluntário de sentença deverá ser computado em dobro no caso de litisconsortes com procuradores distintos, em autos físicos.

STJ. 4ª Turma. REsp 1.693.784-DF, Rel. Min. Luis Felipe Salomão, julgado em 28/11/2017 (Info 619).

O cumprimento voluntário da sentença possui natureza dúplice. Cuida-se de ato a ser praticado pela própria parte, mas a fluência do prazo para pagamento inicia-se com a intimação do advogado pela imprensa oficial, o que impõe ônus ao patrono, qual seja, o dever de comunicar o devedor do desfecho desfavorável da demanda, alertando-o das consequências jurídicas da ausência do cumprimento voluntário.

Assim, uma vez constatada a hipótese prevista no art. 229 do CPC/2015 (litisconsortes com procuradores de escritórios diferentes), o prazo comum para pagamento espontâneo deverá ser computado em dobro, ou seja, será de 30 dias úteis.

5.3. A multa de 10% prevista no art. 523, § 1º, do CPC/2015 NÃO entra no cálculo dos honorários advocatícios

O procedimento para execução de quantia pode ser realizado de duas formas:

a. execução de quantia fundada em título executivo extrajudicial;

b. execução de quantia fundada em título executivo judicial (cumprimento de sentença).

Imagine a seguinte situação hipotética:

João ajuíza uma ação de cobrança contra a empresa "XYZ".

O juiz julga a sentença procedente, condenando a empresa a pagar R$ 100 mil a João.

A empresa perdeu o prazo para a apelação, de modo que ocorreu o trânsito em julgado.

O que acontece agora?

João terá que ingressar com uma petição em juízo requerendo o cumprimento da sentença.

O início da fase de cumprimento da sentença pode ser feito de ofício pelo juiz?

NÃO. O cumprimento da sentença que reconhece o dever de pagar quantia, provisório ou definitivo, só pode ser feito a requerimento do exequente (art. 513, § 1º do CPC/2015).

Cabe ao credor o exercício de atos para o regular cumprimento da decisão condenatória, especialmente requerer ao juízo que dê ciência ao devedor sobre o montante apurado, consoante demonstrativo discriminado e atualizado do crédito (art. 524 do CPC/2015).

Em outras palavras, o início da fase de cumprimento da sentença exige um requerimento do credor:

> § Art. 523. No caso de condenação em quantia certa, ou já fixada em liquidação, e no caso de decisão sobre parcela incontroversa, o cumprimento definitivo da sentença far-se-á a requerimento do exequente, sendo o executado intimado para pagar o débito, no prazo de 15 (quinze) dias, acrescido de custas, se houver.

A partir do requerimento do credor, o que faz o juiz?

O juiz determina a intimação do devedor para pagar a quantia em um prazo máximo de 15 dias.

O prazo de 15 dias, previsto no art. 523 do CPC/2015, é contado em dias úteis ou corridos?

Dias úteis. O tema ainda não está pacificado, mas esta é a posição majoritária:

> Enunciado 89 – I Jornada CJF: Conta-se em dias úteis o prazo do caput do art. 523 do CPC.

Nesse sentido: STJ. 4ª Turma. REsp 1693784/DF, Rel. Min. Luis Felipe Salomão, julgado em 28/11/2017.

PROCESSO CIVIL

Se o devedor condenado é intimado para pagar e não efetua o pagamento no prazo de 15 dias, o que acontecerá em seguida?

1. o montante da condenação será automaticamente acrescido de multa de 10% + honorários de 10%;

2. será expedido mandado para que sejam penhorados e avaliados os bens do devedor para satisfação do crédito. Neste momento, inicia-se a execução forçada do título diante do não cumprimento espontâneo.

Se for efetuado o pagamento apenas parcial, a multa e os honorários incidirão sobre o restante que faltou (art. 523, § 2º do CPC/2015).

A multa de 10% entra no cálculo dos honorários advocatícios?

Vimos acima que, na fase de cumprimento de sentença, há pagamento de honorários advocatícios, ou seja, o devedor terá que pagar 10% de honorários advocatícios em favor do credor, nos termos do § 1º do art. 523 do CPC:

§

> Art. 523 (...)
>
> § 1º Não ocorrendo pagamento voluntário no prazo do caput, o débito será acrescido de multa de dez por cento e, também, de honorários de advogado de dez por cento.

A dúvida que surge é a seguinte:

Opção 1: esses 10% de honorários serão calculados com base apenas na quantia principal da condenação fixada na fase de conhecimento? Ex: os honorários serão de R$ 10 mil (10% de 100.000)? ou

Opção 2: esses 10% de honorários serão calculados com base na quantia principal da condenação fixada na fase de conhecimento acrescida da multa de 10% pelo não pagamento no prazo (art. 523, § 1º)? Ex: pega a condenação principal (100 mil) e aplica a multa de 10%. Como resultado, teremos R$ 110.000,00. Os honorários serão calculados com base nesse valor. Logo, os honorários seriam de 10% de 110.000 = R$ 11.000,00.

Na opção 1, a multa de 10% não integra a base de cálculo dos honorários advocatícios (dizendo de outra forma: no momento de se calcular os honorários advocatícios não se leva em consideração a multa de 10%).

Na opção 2, a multa de 10% integra a base de cálculo dos honorários advocatícios, ou seja, no momento de se calcular os honorários advocatícios, considera-se a quantia principal somada com a multa.

Qual das duas opções é a correta? A multa de 10% entra no cálculo dos honorários advocatícios?

A opção 1.

A multa de 10% prevista no art. 523, § 1º, do CPC/2015 NÃO entra no cálculo dos honorários advocatícios.

A multa de 10% do art. 523, § 1º, do CPC/2015 não integra a base de cálculo dos honorários advocatícios.

Os 10% dos honorários advocatícios deverão incidir apenas sobre o valor do débito principal.

STJ. 3ª Turma. REsp 1.757.033-DF, Rel. Min. Ricardo Villas Bôas Cueva, julgado em 09/10/2018 (Info 636).

A base de cálculo da multa e da verba honorária é o valor do crédito perseguido na execução da sentença. Ou seja, calcula-se a multa sobre o montante executado e, em seguida, procede-se da mesma forma com os honorários devidos ao advogado.

Assim, por exemplo, em caso de execução de R$ 10.000,00 (dez mil reais), será adicionado R$ 1.000,00 (mil reais) a título de multa e R$ 1.000,00 (mil reais) de honorários advocatícios.

Portanto, a base de cálculo da multa e dos honorários advocatícios é a mesma, ou seja, ambos incidem sobre o débito.

Com idêntico raciocínio, confira a seguinte lição doutrinária:

"(...) A base de cálculo sobre a qual incidem os honorários é o valor da dívida, sem a multa de dez por cento, constante do demonstrativo discriminado e atualizado do crédito, que instrui o requerimento do exequente." (DIDIER JR, Fredie; CUNHA, Leonardo Carneiro da; BRAGA, Paula Sarno; OLIVEIRA, Rafael Alexandria de. *Curso de direito processual civil*. Vol. 5. Execuçãoo. 8ª ed. Salvador: JusPodivm, 2018, p. 437)

Pagamento parcial do débito

Igual regra vale para as situações de pagamento parcial do débito, caso em que a multa e a verba honorária terão como base de cálculo o saldo remanescente da quantia executada, nos termos do § 2º do art. 523 do CPC/2015:

§

Art. 523 (...)

§ 2º Efetuado o pagamento parcial no prazo previsto no caput, a multa e os honorários previstos no § 1º incidirão sobre o restante.

(...) Ocorrido o pagamento tempestivo, porém parcial, da dívida executada, incide, à espécie, o § 2º do artigo 523 do CPC de 2015, devendo incidir a multa de dez por cento e os honorários advocatícios (no mesmo percentual) tão somente sobre o valor remanescente a ser pago por qualquer dos litisconsortes.

STJ. 4ª Turma. REsp 1.693.784/DF, Rel. Min. Luis Felipe Salomão, julgado em 28/11/2017.

5.4. MESMO QUE O CONTRATO COM A ESCOLA PARTICULAR ESTEJA APENAS NO NOME DA MÃE, O PAI TAMBÉM RESPONDERÁ SOLIDARIAMENTE PELAS DÍVIDAS

Imagine a seguinte situação hipotética:

Lucas é filho de João e Maria.

Maria matriculou Lucas em uma escola particular e, para tanto, teve que assinar um contrato de prestação de serviços educacionais, comprometendo-se as pagar as mensalidades.

O ano terminou e Maria ficou devendo o pagamento de 5 mensalidades.

A escola chamou a mãe de Lucas para renegociar o débito, tendo ela assinado um termo de confissão de dívida e, em troca, o colégio aceitou receber apenas 4 parcelas.

Ocorre que, passado o prazo, essas 4 prestações também não foram pagas, razão pela qual a escola ingressou com execução de título executivo extrajudicial contra Maria.

No curso da execução, não foram localizados bens penhoráveis da executada.

Diante disso, a escola (exequente) requereu que a execução fosse redirecionada contra João.

O juiz negou o pedido afirmando que o contrato e o termo de confissão de dívida não foram assinados por João, que nem sequer constava nesses instrumentos.

A questão chegou até o STJ. O pedido formulado pela escola (exequente) pode ser acolhido pelo STJ?

SIM.

> **A execução de título extrajudicial por inadimplemento de mensalidades escolares de filhos do casal pode ser redirecionada ao outro consorte, ainda que não esteja nominado nos instrumentos contratuais que deram origem à dívida.**
>
> STJ. 3ª Turma. REsp 1.472.316-SP, Rel. Min. Paulo de Tarso Sanseverino, julgado em 05/12/2017 (Info 618).

Legitimidade passiva ordinária para a execução

A legitimidade passiva ordinária para a execução é daquele que estiver nominado no título executivo.

Assim, em regra, somente deve figurar na execução aquele que consta no título executivo.

Vale ressaltar, no entanto, que aqueles que se obrigam, por força da lei ou do contrato, solidariamente à satisfação de determinadas obrigações, apesar de não nominados no título, possuem legitimidade passiva extraordinária para a execução.

Solidariedade do casal por dívidas contraídas para a administração do lar e para as necessidades da família

O Código Civil reconheceu a solidariedade entre os cônjuges em relação a determinadas dívidas, mesmo quando contraídas por apenas um dos consortes. É o que está disposto nos arts. 1.643 e 1.644:

§ Art. 1.643. Podem os cônjuges, independentemente de autorização um do outro:

I – comprar, ainda a crédito, as coisas necessárias à economia doméstica;

II – obter, por empréstimo, as quantias que a aquisição dessas coisas possa exigir.

§ Art. 1.644. As dívidas contraídas para os fins do artigo antecedente obrigam solidariamente ambos os cônjuges.

Nos arts. 1.643 e 1644 do Código Civil, o legislador reconheceu que, pelas obrigações contraídas para a manutenção da economia doméstica, e, assim, notadamente, em proveito da entidade familiar, o casal responderá solidariamente, podendo-se postular a excussão dos bens do legitimado ordinário e do coobrigado, extraordinariamente legitimado.

Quando o art. 1.643 estabelece que existe solidariedade entre os cônjuges quanto às dívidas contraídas para fazer frente à economia doméstica, deve-se entender isso de forma ampla. Assim, estão abrangidas na locução "economia doméstica" as obrigações assumidas para a administração do lar e para a satisfação das necessidades da família, o que inclui despesas alimentares, educacionais, culturais, de lazer, de habitação etc.

Logo, as despesas contraídas por um dos cônjuges para custear a educação do filho comum também podem ser enquadradas nos arts. 1.643, I e 1.644 do CC.

Desse modo, deve-se entender que a dívida que surge de um contrato de prestação de serviços educacionais aos filhos é uma dívida comum do casal, havendo solidariedade entre eles.

Há essa solidariedade mesmo havendo somente o nome de um dos cônjuges no contrato?

SIM. Em se tratando de dívida contraída em benefício da família e no cumprimento do dever de ambos os pais matricularem os seus filhos no ensino regular, não importa que apenas o nome de um dos cônjuges esteja no contrato ou na confissão de dívida. Isso porque, conforme já vimos, o Código Civil prevê que existe, neste caso, uma solidariedade do casal.

E se os pais estiverem separados/divorciados? Suponhamos que João não mais estivesse casado (ou nunca tivesse sido casado) com Maria, ainda assim teria legitimidade para figurar na execução?

SIM. Por força do poder familiar. Os pais, detentores do poder familiar, têm o dever de garantir o sustento e a educação dos filhos, compreendendo, aí, a manutenção do infante em ensino regular, pelo que deverão, solidariamente, responder pelas mensalidades da escola em que matriculado o filho.

A obrigação relativa à manutenção dos filhos no ensino regular é, sem dúvida alguma, de ambos os pais, o que é evidenciado pelos arts. 21, 22 e 55 do ECA:

> § Art. 21. O poder familiar será exercido, em igualdade de condições, pelo pai e pela mãe, na forma do que dispuser a legislação civil, assegurado a qualquer deles o direito de, em caso de discordância, recorrer à autoridade judiciária competente para a solução da divergência.

> § Art. 22. Aos pais incumbe o dever de sustento, guarda e educação dos filhos menores, cabendo-lhes ainda, no interesse destes, a obrigação de cumprir e fazer cumprir as determinações judiciais.
>
> Parágrafo único. A mãe e o pai, ou os responsáveis, têm direitos iguais e deveres e responsabilidades compartilhados no cuidado e na educação da criança, devendo ser resguardado o direito de transmissão familiar de suas crenças e culturas, assegurados os direitos da criança estabelecidos nesta Lei.
>
> (...)

> § Art. 55. Os pais ou responsável têm a obrigação de matricular seus filhos ou pupilos na rede regular de ensino.

No mesmo sentido é o Código Civil:

> § Art. 1.566. São deveres de ambos os cônjuges:
>
> (...)
>
> IV – sustento, guarda e educação dos filhos;

Assim, como já dito, ambos os pais têm o dever de garantir o sustento e a educação dos filhos, compreendendo, aí, também a manutenção do infante em ensino regular (art. 55 do ECA), pelo que deverão, solidariamente, responder pelas mensalidades da escola em que matriculado o filho.

Conforme pontua o Min. Paulo de Tarso Sanseverino:

> "Essa mútua responsabilidade, própria das dívidas contraídas por apenas um dos pais para o sustento do filho, não deixa de estar presente pelo fato de a dívida ter sido contraída posteriormente à separação/divórcio, pois é no poder familiar que ela encontra sua gênese."

5.5. CONTRATO ELETRÔNICO DE MÚTUO COM ASSINATURA DIGITAL É TÍTULO EXECUTIVO EXTRAJUDICIAL

Imagine a seguinte situação hipotética:

João vai até a agência bancária, conversa com o gerente e toma emprestado R$ 20 mil.

Para tomar o dinheiro emprestado, contudo, João teve que assinar um contrato de mútuo comprometendo-se a devolver o dinheiro em 6 meses, acrescido de juros e correção monetária.

Esse contrato foi assinado por João e por duas testemunhas.

Caso João não pague o empréstimo, esse contrato poderá ser executado? O contrato de mútuo constitui-se em título executivo extrajudicial?

SIM. O contrato de mútuo, desde que assinado pelo devedor e por 2 testemunhas, constitui-se em título executivo extrajudicial. É o que prevê o art. 784, III, do CPC/2015:

> § Art. 784. São títulos executivos extrajudiciais:
>
> (...)
>
> III – o documento particular assinado pelo devedor e por 2 (duas) testemunhas;

Algumas informações sobre o papel dessas 2 testemunhas?

- A assinatura das 2 testemunhas é considerada como "requisito extrínseco à substância do ato".
- Seu objetivo é o de aferir a existência e a validade do negócio jurídico. O intuito foi o de permitir que, se houvesse alguma alegação de nulidade do negócio, as testemunhas pudessem ser ouvidas para certificar a existência ou não de vício na formação do instrumento, a ocorrência e a veracidade do ato, com isenção e sem preconceitos.
- Vale ressaltar que as pessoas que assinam são "testemunhas instrumentárias", ou seja, elas apenas expressam a regularidade formal do instrumento particular, mas não precisam saber a respeito do conteúdo do negócio jurídico.
- Em razão disso, a ausência de alguma testemunha ou a sua incapacidade, por si só, não ensejam a invalidade do contrato ou do documento, mas apenas a inviabilidade do título para fins de execução, pela ausência de formalidade exigida em lei.
- Assim, em regra, não havendo a assinatura das 2 testemunhas, o contrato continua sendo válido, mas não poderá ser considerado como título executivo extrajudicial.
- Algumas vezes a parte alega algum "problema" com a assinatura da testemunha, mas não aponta nenhum vício de consentimento ou falsidade documental. Só alega algum "vício" da testemunha. Ex: a testemunha do contrato foi o advogado de uma das partes contratantes. Isso não pode, considerando que a testemunha deverá ser alguém desinteressado no contrato. No entanto, se a parte alega apenas isso, mas não questiona a validade do ajuste, este contrato continua sendo título executivo extrajudicial (STJ. 4ª Turma. REsp 1453949/SP, Rel. Min. Luis Felipe Salomão, julgado em 13/06/2017).
- Da mesma forma, ainda que não se consiga ler direito o nome das testemunhas no contrato, isso é considerado mera irregularidade e não retira a força executiva do título, salvo se houver alguma alegação de nulidade (STJ. 3ª Turma. AgRg no AREsp 609.407/RS, Rel. Min. Marco Aurélio Bellizze, julgado em 26/05/2015).

Sem a assinatura das 2 testemunhas, é possível que o contrato seja considerado título executivo extrajudicial?

- Em regra, para que o instrumento particular sirva como título executivo, é necessário que seja assinado por 2 testemunhas.
- Excepcionalmente, mesmo sem essas duas assinaturas, é possível que o contrato continue sendo título executivo se houver outras provas que comprovem a avença.

STJ. 4ª Turma. AgRg no AREsp 800.028/RS, Rel. Min. Maria Isabel Gallotti, julgado em 02/02/2016.

As testemunhas precisam presenciar as partes assinando o contrato? Todo mundo tem que assinar no mesmo momento?

NÃO.

Apenas a título de curiosidade: contrato de locação não precisa das 2 testemunhas

O contrato de locação não precisa estar assinado por 2 testemunhas para servir como título executivo extrajudicial.

STJ. 4ª Turma. AgInt no AREsp 970.755/RS, Rel. Min. Maria Isabel Gallotti, julgado em 21/03/2017.

E se esse contrato for eletrônico? Ex: Pedro celebra contrato de mútuo com uma instituição financeira; ocorre que o negócio é todo feito por meio de uma página na internet; não há papel; e a assinatura de mutuário também é digital. Esse contrato pode ser considerado título executivo extrajudicial?

SIM.

O contrato eletrônico de mútuo com assinatura digital pode ser considerado título executivo extrajudicial.

STJ. 3ª Turma. REsp 1.495.920-DF, Rel. Min. Paulo de Tarso Sanseverino, julgado em 15/05/2018 (Info 627).

Mas sendo o contrato eletrônico, como fica a exigência da assinatura de 2 testemunhas?

O contrato eletrônico, em face de suas particularidades, por regra, tendo em conta a sua celebração à distância e eletronicamente, não trará a indicação de testemunhas. Isso, contudo, não afasta a sua executividade, desde que haja outros meios de se comprovar a sua existência e validade. Um exemplo disso é o contrato eletrônico com assinatura digital certificada por autoridade certificadora.

Assim, se o contrato eletrônico tiver sido submetido a uma certificação eletrônica, utilizando-se a assinatura digital devidamente aferida por autoridade certificadora, mostra-se desnecessária a assinatura das testemunhas.

Vamos entender com calma.

Assinatura digital

Para que o contrato eletrônico possa ser considerado como título executivo, ele precisa ter sido celebrado com assinatura digital cuja autenticidade possa ser aferida.

Existe uma "lei", ou melhor dizendo, uma medida provisória que vigora com prazo indeterminado (art. 2º da EC 32/2001) e que regulamenta como deve ser essa assinatura digital.

Trata-se da MP 2.200-2/2001, que instituiu a Infraestrutura de Chaves Públicas Brasileira (ICP-Brasil). Veja o que diz a MP:

§ Art. 1º Fica instituída a Infra-Estrutura de Chaves Públicas Brasileira – ICP-Brasil, para garantir a autenticidade, a integridade e a validade jurídica de documentos em forma eletrônica, das aplicações de suporte e das aplicações habilitadas que utilizem certificados digitais, bem como a realização de transações eletrônicas seguras.

§ Art. 10. Consideram-se documentos públicos ou particulares, para todos os fins legais, os documentos eletrônicos de que trata esta Medida Provisória.

PROCESSO CIVIL

> § 1º As declarações constantes dos documentos em forma eletrônica produzidos com a utilização de processo de certificação disponibilizado pela ICP-Brasil presumem-se verdadeiros em relação aos signatários (...)

No Brasil, a infraestrutura de chaves públicas é de responsabilidade de uma autarquia federal, o ITI – Instituto Nacional de Tecnologia da Informação, ligado à Presidência da República.

Assim, para que o contrato possa ser considerado um documento em forma eletrônica (contrato eletrônico), ele deve ter a sua validade jurídica atestada por meio da assinatura digital, na forma da MP 2.200-2/2001.

Chave pública

Segundo o glossário da ICP-Brasil, assinatura digital é o "código anexado ou logicamente associado a uma mensagem eletrônica que permite de forma única e exclusiva a comprovação da autoria de um determinado conjunto de dados (um arquivo, um e-mail ou uma transação). A assinatura digital comprova que a pessoa criou ou concorda com um documento assinado digitalmente, como a assinatura de próprio punho comprova a autoria de um documento escrito. A verificação da origem do dado é feita com a chave pública do remetente."

Desse modo, a verificação da autenticidade da assinatura digital é realizada mediante um sistema denominado "chave pública".

A chave pública adota um padrão de criptografia assimétrico por meio do qual o usuário assina digitalmente o documento e uma autoridade certificadora atesta (confirma) a identidade do signatário. Apenas para você entender, é como se essa autoridade certificadora fizesse o papel de um "cartório" (tabelionato de notas), mas tudo *on line* e em fração de segundos.

Autoridade Certificadora

A Autoridade Certificadora é uma entidade que emite, renova ou revoga certificados digitais.

Assinatura eletrônica é o mesmo que assinatura digital?

Não. A relação é de gênero e espécie.

A assinatura digital é uma das espécies de assinatura eletrônica.

Assinatura digital é aquela que utiliza um certificado digital, geralmente um token, que foi certificado por uma autoridade certificadora.

Exemplo de assinatura eletrônica que não é assinatura digital: o indivíduo assina o documento em um tablet ou celular que tenha tela *touchscreen*.

5.6. ANÁLISE DE HABEAS CORPUS IMPETRADO CONTRA DECISÃO DO JUIZ QUE, NA EXECUÇÃO DE TÍTULO EXTRAJUDICIAL, DETERMINOU A SUSPENSÃO DO PASSAPORTE E DA CNH DO EXECUTADO

Imagine a seguinte situação adaptada:

A Escola Integral Ltda. ingressou com execução de título extrajudicial (duplicata) contra João cobrando uma dívida de R$ 20 mil, referente ao contrato de prestação de serviços educacionais.

O executado foi citado para pagar a dívida no prazo de 3 dias, contado da citação (art. 829 do CPC).

O devedor, contudo, não efetuou o pagamento.

Diante disso, o juiz, a requerimento da exequente, determinou a suspensão do passaporte e da carteira nacional de habilitação (CNH) do executado.

O pedido da exequente foi nos seguintes termos:

ESCOLA INTEGRAL LTDA EPP, já devidamente qualificada, por sua advogada que esta subscreve, nos autos da AÇÃO DE EXECUÇÃO que move em face de JOÃO DA SILVA SAURO, vem, à presença de Vossa Excelência, requerer a suspensão da CNH e passaporte do executado até que a devedor pague a dívida, objeto da presente ação, com base no art. 139, IV do CPC, *in verbis*:

Art. 139. O juiz dirigirá o processo conforme as disposições deste Código, incumbindo-lhe:

(...)

IV – determinar todas as medidas indutivas, coercitivas, mandamentais ou sub-rogatórias necessárias para assegurar o cumprimento de ordem judicial, inclusive nas ações que tenham por objeto prestação pecuniária;

Nestes termos, pede e espera deferimento.

O juiz assim deferiu a medida requerida:

Vistos.

Defiro o pedido de fls. 104/105, oficiando-se ao Detran e à Policia Federal.

Intime-se.

O executado impetrou habeas corpus contra esta decisão afirmando que ela seria ilegal e que violaria a sua liberdade de locomoção.

A questão chegou até o STJ. Agiu corretamente o juiz? A decisão foi mantida?

NÃO.

Caberia habeas corpus neste caso?

Em regra, não.

Em regra, não se admite a utilização de habeas corpus como substituto de recurso próprio, ou seja, se cabia um recurso para impugnar a decisão, não se pode aceitar que a parte prejudicada impetre um HC.

Exceção: se, no caso concreto, a decisão impugnada for flagrantemente ilegal, gerando prejuízo à liberdade do paciente, o Tribunal deverá conceder o habeas corpus de ofício.

Nesse sentido:

O habeas corpus não pode ser utilizado como substitutivo de recurso próprio, a fim de que não se desvirtue a finalidade dessa garantia constitucional, com a exceção de quando a ilegalidade apontada é flagrante, hipótese em que se concede a ordem de ofício.

STJ. 5ª Turma. HC 445.402/SP, Rel. Min. Reynaldo Soares da Fonseca, DJe 01/06/2018.

No caso concreto, o STJ entendeu que a parte não deveria ter ingressado com habeas corpus considerando que havia um recurso cabível contra o ato (agravo de instrumento). No entanto, apesar disso, os Ministros consideraram que a decisão era manifestamente ilegal e, por isso, o habeas corpus deveria ser concedido de ofício.

Em tese, a apreensão de PASSAPORTE representa um cerceamento à liberdade de locomoção? Cabe habeas corpus neste caso?

SIM.

O remédio constitucional do habeas corpus é via processual adequada para que se avalie constrangimento ilegal no acautelamento de passaporte de investigados ou condenados penalmente.

STJ. 6ª Turma. HC 411.485/SP, Rel. Min. Sebastião Reis Júnior, julgado em 21/11/2017.

O acautelamento de passaporte é medida que limita a liberdade de locomoção, razão pela qual pode, no caso concreto, significar constrangimento ilegal e arbitrário, sendo o habeas corpus via processual adequada para essa análise. Isso vale não apenas para decisões criminais como também cíveis.

STJ. 4ª Turma. RHC 97.876-SP, Rel. Min. Luis Felipe Salomão, julgado em 05/06/2018 (Info 631).

Assim, é possível, em tese, a concessão de habeas corpus de ofício para a liberação de passaporte apreendido.

Em tese, a apreensão de CNH representa um cerceamento à liberdade de locomoção? Cabe habeas corpus neste caso?

NÃO.

A suspensão da Carteira Nacional de Habilitação (CNH) não configura ameaça ao direito de ir e vir do titular. Isso porque mesmo com a decretação da medida, o sujeito continua com a liberdade de ir e vir, para todo e qualquer lugar, desde que não o faça como condutor do veículo.

A suspensão da Carteira Nacional de Habilitação não configura dano ou risco potencial direto e imediato à liberdade de locomoção do paciente, devendo a questão ser, pois, enfrentada pelas vias recursais próprias.

Logo, não cabe habeas corpus contra decisão que determina a apreensão de CNH.

STJ. 3ª Turma. RHC 99.606/SP, Rel. Min. Nancy Andrighi, julgado em 13/11/2018.

STJ. 4ª Turma. RHC 97.876-SP, Rel. Min. Luis Felipe Salomão, julgado em 05/06/2018 (Info 631).

STJ. 5ª Turma. HC 383.225/MG, Rel. Min. Jorge Mussi, julgado em 04/05/2017.

Efetividade do processo e princípio do resultado na execução

O inciso IV do art. 139 do CPC/2015 representou uma importante novidade do Código e que teve por objetivo dar mais efetividade ao processo. Vamos ler outra vez o dispositivo:

§ Art. 139. O juiz dirigirá o processo conforme as disposições deste Código, incumbindo-lhe:

(...)

IV – determinar todas as medidas indutivas, coercitivas, mandamentais ou sub-rogatórias necessárias para assegurar o cumprimento de ordem judicial, inclusive nas ações que tenham por objeto prestação pecuniária;

No caso do processo de execução, a adoção de medidas indutivas, coercitivas, mandamentais ou sub-rogatórias apresenta-se como um importante instrumento para permitir a satisfação da obrigação que está sendo cobrada (obrigação exequenda). Com isso, podemos dizer que esse dispositivo homenageia (prestigia) o "princípio do resultado na execução".

Veja alguns enunciados doutrinários a respeito deste inciso:

Enunciado 48 da ENFAM. O art. 139, IV, do CPC/2015 traduz um poder geral de efetivação, permitindo a aplicação de medidas atípicas para garantir o cumprimento de qualquer ordem judicial, inclusive no âmbito do cumprimento de sentença e no processo de execução baseado em títulos extrajudiciais.

Enunciado 12 do FPPC. A aplicação das medidas atípicas sub-rogatórias e coercitivas é cabível em qualquer obrigação no cumprimento de sentença ou execução de título executivo extrajudicial. Essas medidas, contudo, serão aplicadas de forma subsidiária às medidas tipificadas, com observação do contraditório, ainda que diferido, e por meio de decisão à luz do art. 489, § 1º, I e II.

Enunciado 396 do FPPC. As medidas do inciso IV do art. 139 podem ser determinadas de ofício, observado o art. 8º.

Atipicidade das medidas executivas

Esse dispositivo representa a adoção, pelo CPC, de um modelo de atipicidade das medidas executivas. O que isso quer dizer? As medidas que o juiz pode determinar para a execução dos comandos judiciais não precisam estar expressamente previstas na lei, podendo o magistrado impor outras medidas que não estão listadas no Código.

Ditames constitucionais devem ser respeitados

A busca pela efetividade jurisdicional, apesar de ser incentivada, não pode, contudo, permitir que sejam tomadas medidas judiciais que afrontem os ditames constitucionais.

Assim, somente será permitida a implementação de medidas executivas atípicas:

- que sejam "não discricionárias" (isto é, as medidas tomadas não podem ser autoritárias) e
- que restrinjam de forma razoável (proporcional) os direitos individuais.

O fato de o legislador estabelecer que o juiz poderá determinar "todas" as medidas indutivas, coercitivas, mandamentais ou sub-rogatórias, não pode significar uma autorização ilimitada (um "cheque em branco") para que o magistrado determine medidas capazes de alcançar a liberdade pessoal do devedor, de forma desarrazoada.

Desse modo, considerando que a redação do art. 139, IV é muito ampla, deve haver um filtro baseado na verificação da proporcionalidade da medida escolhida. Não sendo a medida adequada, necessária e proporcional, ela será considerada contrária à ordem jurídica.

Medida foi desproporcional e não razoável

No caso concreto acima exposto, o STJ considerou que deveria conceder a ordem no habeas corpus e determinar a restituição do PASSAPORTE ao executado. Isso porque se entendeu que a medida coercitiva imposta foi ilegal e arbitrária, uma vez que restringiu o direito fundamental de ir e vir de forma desproporcional e não razoável.

Ainda que o CPC/2015 tenha admitido a imposição de medidas coercitivas atípicas, não se pode perder de vista que no topo do ordenamento jurídico está a Constituição Federal, que protege de maneira especial o direito de ir e vir, em seu art. 5º, XV.

Logo, quanto ao passaporte, o STJ entendeu que a decisão foi ilegal e determinou a restituição.

No que tange à CNH, o STJ não conheceu do habeas corpus, tendo em vista que a retenção deste documento não gera restrição à liberdade de locomoção. É possível que a retenção de CNH por parte do juiz na execução também seja considerada ilegal, especialmente em se tratando de devedor que trabalha dirigindo. No entanto, para isso, é necessário que a parte prejudicada impugne a decisão por meio dos recursos próprios.

Violação à liberdade de locomoção

Nas palavras do Min. Luis Felipe Salomão:

"(...) entendo que a decisão judicial que, no âmbito de ação de cobrança de duplicata, determina a suspensão do passaporte do devedor e, diretamente, impede o desloca-

PROCESSO CIVIL

mento do atingido, viola os princípios constitucionais da liberdade de locomoção e da legalidade, independentemente da extensão desse impedimento.

Na verdade, segundo penso, considerando-se que a medida executiva significa restrição de direito fundamental de caráter constitucional, sua viabilidade condiciona-se à previsão legal específica, tal qual se verifica em âmbito penal, firme, ademais, no que dispõe o inciso XV do artigo 5º da Constituição Federal, segundo o qual 'é livre a locomoção no território nacional em tempo de paz, podendo qualquer pessoa, nos termos da lei, nele entrar, permanecer ou dele sair com seus bens'."

Outros vícios: falta de fundamentação e desrespeito ao contraditório

Além disso, no caso concreto, não foi observado o contraditório e a decisão judicial não foi minimamente fundamentada, apesar de ter imposto grave restrição de direito ao executado.

A decisão limitou-se a deferir o pedido feito pelo exequente de suspensão do PASSAPORTE, sem preocupar-se com a demonstração de sua necessidade e utilidade.

Para que haja a imposição de medida executiva de retenção de documentos, é necessária decisão fundamentada e respeito ao contraditório

Os autores que defendem a possibilidade de apreensão de documentos para garantir a satisfação do crédito exequendo reconhecem que para que o julgador se utilize de meios executivos atípicos, a decisão proferida deverá ser:

- fundamentada e
- sujeita ao contraditório.

Na fundamentação da decisão, o magistrado deverá demonstrar que está adotando essa medida excepcional em razão da ineficácia dos meios executivos típicos. Se não fizer isso, o juiz estará, na verdade, aplicando uma verdadeira sanção processual, o que não foi o objetivo do Código. Nesse sentido: NEVES, Daniel Amorim Assumpção. *Medidas executivas atípicas na execução de obrigação de pagar quantia certa: art. 139, IV, do novo CPC*. Revista de Processo, v. 42, nº 265, mar. 2017, p. 13.

Assim, a utilização de medidas não previstas na lei (medidas executivas atípicas) somente deve acontecer quando aquelas já previstas se mostrarem ineficientes e/ou o devedor se valer de artifícios para não realizar a prestação devida.

Para que o julgador se utilize de meios executivos atípicos, a decisão deve ser fundamentada e sujeita ao contraditório, demonstrando-se a excepcionalidade da medida adotada em razão da ineficácia dos meios executivos típicos, sob pena de configurar-se como sanção processual.

STJ. 4ª Turma. RHC 97.876-SP, Rel. Min. Luis Felipe Salomão, julgado em 05/06/2018 (Info 631).

Em suma:

Revela-se ilegal e arbitrária a medida coercitiva de suspensão do passaporte proferida no bojo de execução por título extrajudicial (duplicata de prestação de serviço), por restringir direito fundamental de ir e vir de forma desproporcional e não razoável. Não tendo sido demonstrado o esgotamento dos meios tradicionais de satisfação, a medida não se comprova necessária.

STJ. 4ª Turma. RHC 97.876-SP, Rel. Min. Luis Felipe Salomão, julgado em 05/06/2018 (Info 631).

A decisão acima explicada significa que o STJ NÃO admite a retenção de passaporte como medida executiva atípica do art. 139, IV, do CPC? Sempre que essa medida for imposta, o STJ irá declarar a decisão ilegal?

NÃO. Não se pode generalizar. A decisão acima explicada levou em consideração as circunstâncias do caso concreto, não se podendo afirmar que o STJ tenha essa posição de forma geral.

O juiz poderá eventualmente decretar a retenção do passaporte do executado desde que:

- seja obedecido o contraditório e
- a decisão proferida seja fundamentada e adequada, demonstrando-se a proporcionalidade dessa medida para o caso concreto.

O que consubstancia coação à liberdade de locomoção, ilegal e abusiva, é a decisão judicial de apreensão de passaporte como forma de coerção para o adimplemento de dívida civil representada em título executivo extrajudicial, tendo em vista a evidente falta de proporcionalidade e razoabilidade entre o direito submetido (liberdade de locomoção) e aquele que se pretende favorecer (adimplemento de dívida civil), diante das circunstâncias fáticas do caso em julgamento.

Vale ressaltar que o tema ainda é polêmico e que, em outro julgado, também de 2018, em uma situação muito parecida, a 3ª Turma do STJ manteve decisão que determinou a retenção do passaporte do devedor:

(...)

6. O processo civil moderno é informado pelo princípio da instrumentalidade das formas, sendo o processo considerado um meio para a realização de direitos que deve ser capaz de entregar às partes resultados idênticos aos que decorreriam do cumprimento natural e espontâneo das normas jurídicas.

7. O CPC/15 emprestou novas cores ao princípio da instrumentalidade, ao prever o direito das partes de obterem, em prazo razoável, a resolução integral do litígio, inclusive com a atividade satisfativa, o que foi instrumentalizado por meio dos princípios da boa-fé processual e da cooperação (arts. 4º, 5º e 6º do CPC), que também atuam na tutela executiva.

8. O princípio da boa-fé processual impõe aos envolvidos na relação jurídica processual deveres de conduta, relacionados à noção de ordem pública e à de função social de qualquer bem ou atividade jurídica.

9. O princípio da cooperação é desdobramento do princípio da boa-fé processual, que consagrou a superação do modelo adversarial vigente no modelo do anterior CPC, impondo aos litigantes e ao juiz a busca da solução integral, harmônica, pacífica e que melhor atenda aos interesses dos litigantes.

10. Uma das materializações expressas do dever de cooperação está no art. 805, parágrafo único, do CPC/15, a exigir do executado que alegue violação ao princípio da menor onerosidade a proposta de meio executivo menos gravoso e mais eficaz à satisfação do direito do exequente.

11. O juiz também tem atribuições ativas para a concretização da razoável duração do processo, a entrega do direito executado àquela parte cuja titularidade é reconhecida no título executivo e a garantia do devido processo legal para exequente e o executado, pois deve resolver de forma plena o conflito de interesses.

12. Pode o magistrado, assim, em vista do princípio da atipicidade dos meios executivos, adotar medidas coercitivas indiretas para induzir o executado a, de forma voluntária, ainda que não espontânea, cumprir com o direito que lhe é exigido.

13. Não se deve confundir a natureza jurídica das medidas de coerção psicológica, que são apenas medidas executivas indiretas, com sanções civis de natureza material, essas sim capazes de ofender a garantia da patrimonialidade da execução por configurarem punições ao não pagamento da dívida.

14. Como forma de resolução plena do conflito de interesses e do resguardo do devido processo legal, cabe ao juiz, antes de adotar medidas atípicas, oferecer a oportunidade de contraditório prévio ao executado, justificando, na sequência, se for o caso, a eleição da medida adotada de acordo com os princípios da proporcionalidade e da razoabilidade.

15. Na hipótese em exame, embora ausente o contraditório prévio e a fundamentação para a adoção da medida impugnada, nem o impetrante nem o paciente cumpriram com o dever que lhes cabia de indicar meios executivos menos onerosos e mais eficazes para a satisfação do direito executado, atraindo, assim, a consequência prevista no art. 805, parágrafo único, do CPC/15, de manutenção da medida questionada, ressalvada alteração posterior.

16. Recurso em habeas corpus desprovido.

STJ. 3ª Turma. RHC 99.606/SP, Rel. Min. Nancy Andrighi, julgado em 13/11/2018.

5.7. Constitucionalidade do art. 741 do CPC/1973 (art. 525, § 1º, III e §§ 12 e 14; e art. 535, § 5º do CPC/2015)

MP 2.102-27/2001 e o parágrafo único do art. 741 do CPC 1973

O art. 10 da Medida Provisória nº 2.102-27/2001 acrescentou um parágrafo único ao art. 741 do CPC 1973 com a seguinte redação:

§ Art. 741 (...)

Parágrafo único. Para efeito do disposto no inciso II do caput deste artigo, considera-se também inexigível o título judicial fundado em lei ou ato normativo declarados inconstitucionais pelo Supremo Tribunal Federal, ou fundado em aplicação ou interpretação da lei ou ato normativo tidas pelo Supremo Tribunal Federal como incompatíveis com a Constituição Federal.

O CPC 2015 trouxe regra semelhante?

SIM. Veja:

§ Art. 525. (...)

§ 1º Na impugnação, o executado poderá alegar:

(...)

III – inexequibilidade do título ou inexigibilidade da obrigação;

(...)

§ 12. Para efeito do disposto no inciso III do § 1º deste artigo, considera-se também inexigível a obrigação reconhecida em título executivo judicial fundado em lei ou ato normativo considerado inconstitucional pelo Supremo Tribunal Federal, ou fundado em aplicação ou interpretação da lei ou do ato normativo tido pelo Supremo Tribunal Federal como incompatível com a Constituição Federal, em controle de constitucionalidade concentrado ou difuso.

(...)

§ 14. A decisão do Supremo Tribunal Federal referida no § 12 deve ser anterior ao trânsito em julgado da decisão exequenda.

§ Art. 535. A Fazenda Pública será intimada na pessoa de seu representante judicial, por carga, remessa ou meio eletrônico, para, querendo, no prazo de 30 (trinta) dias e nos próprios autos, impugnar a execução, podendo arguir:

(...)

III – inexequibilidade do título ou inexigibilidade da obrigação;

(...)

§ 5º Para efeito do disposto no inciso III do caput deste artigo, considera-se também inexigível a obrigação reconhecida em título executivo judicial fundado em lei ou ato normativo considerado inconstitucional pelo Supremo Tribunal Federal, ou fundado em aplicação ou interpretação da lei ou do ato normativo tido pelo Supremo Tribunal Federal como incompatível com a Constituição Federal, em controle de constitucionalidade concentrado ou difuso.

Foi proposta ADI contra o parágrafo único do art. 741 do CPC 1973 sob o argumento de que ele violaria o instituto da coisa julgada, protegido pelo art. 5º, XXXVI, da CF/88. Essa tese foi aceita pelo STF? Esse dispositivo é inconstitucional?

NÃO.

São constitucionais o parágrafo único do art. 741 do CPC 1973, bem como os correspondentes dispositivos do CPC 2015 (art. 525, § 1º, III e §§ 12 e 14; e art. 535, § 5º).

Tais dispositivos buscam harmonizar a garantia da coisa julgada com o primado da Constituição e agregam ao sistema processual brasileiro um mecanismo com eficácia rescisória de certas sentenças inconstitucionais, com hipóteses semelhantes às da ação rescisória (art. 485, V, do CPC 1973; art. 966, V, do CPC 2015).

STF. Plenário. ADI 2418/DF, Rel. Min. Teori Zavascki, julgado em 4/5/2016 (Info 824).

Coisa julgada tem limites impostos pelo legislador

O instituto da coisa julgada, embora tenha proteção constitucional, deve ser conformado (regulamentado) pelo legislador ordinário, a quem é dada a faculdade de estabelecer limites objetivos e subjetivos. Em outras palavras, a coisa julgada não é um instituto absoluto. Assim, a lei pode indicar situações em que o instituto deve ceder lugar a postulados, princípios ou bens de mesma hierarquia e que também são protegidos pela Constituição.

Vícios da sentença que autorizam a inexigibilidade/inexequibilidade

Segundo o STF, para que se possa reconhecer a inexigibilidade/inexequibilidade do título executivo, é necessário que a sentença tenha incorrido em algum dos seguintes vícios:

a. sentença que aplicou uma lei que havia sido declarada inconstitucional pelo STF;

b. sentença que aplicou a lei para uma situação considerada inconstitucional (STF afirmou que a lei é constitucional, mas que não poderia ser aplicada para determinada situação, sob pena de, aí sim, ser inconstitucional);

c. sentença que aplicou a lei com um sentido (uma interpretação) inconstitucional (STF conferiu interpretação conforme para determinada lei e a sentença contrariou esta interpretação dada);

d. sentença que decidiu que determinada lei é inconstitucional, mas o STF já a havia declarado constitucional.

Para que se possa reconhecer a inexigibilidade/inexequibilidade do título executivo, é necessário que o pronunciamento do STF sobre a questão seja anterior ao título executivo?

SIM. Para a aplicação do art. 741, parágrafo único, do CPC/1973 (ou dos correspondentes dispositivos do novo CPC), é indispensável que a sentença exequenda (título executivo) tenha a questão constitucional em sentido contrário ao pronunciamento do STF. Em outras palavras, a decisão do STF precisa ter sido proferida antes do título executivo.

Tais dispositivos somente podem ser aplicados quando o órgão julgador, mesmo já havendo decisão do STF sobre o tema, decide em sentido contrário ao que o Supremo tinha decidido.

A sentença já deve ter nascido contrária ao entendimento do STF. O vício na sentença deve ser um "defeito genético", ou seja, já nasceu com ela (nesse sentido: Fredie Didier, Leonardo Cunha, Luiz Guilherme Marinoni).

Ex: em 2012, o STF decidiu que a lei X é inconstitucional; em 2013, o juiz julga a causa aplicando a lei X; mesmo se esta decisão transitar em julgado, o título executivo será inexigível porque aplicou lei já considerada inconstitucional pelo STF.

Essa exigência passou a ser prevista de forma expressa no art. 525, § 14 do CPC 2015:

§ § 14. A decisão do Supremo Tribunal Federal referida no § 12 deve ser anterior ao trânsito em julgado da decisão exequenda.

E se a sentença transitou em julgado aplicando a lei X e somente depois de algum tempo o STF declarou que essa lei é inconstitucional? O que acontece neste caso?

O CPC/2015 inovou e previu, expressamente, que, se a decisão do STF declarando inconstitucional a norma foi superveniente (posterior) ao trânsito em julgado da sentença exequenda, caberá ação rescisória, com prazo contado do trânsito em julgado da decisão proferida pelo STF. Veja:

§ Art. 525 (...)

§ 15. Se a decisão referida no § 12 for proferida após o trânsito em julgado da decisão exequenda, caberá ação rescisória, cujo prazo será contado do trânsito em julgado da decisão proferida pelo Supremo Tribunal Federal.

Reafirmação da jurisprudência

O STF, agora em recurso extraordinário submetido à sistemática da repercussão geral, reafirmou o entendimento acima exposto. Veja a tese que foi definida:

São constitucionais o parágrafo único do art. 741 e o § 1º do art. 475-L do CPC/1973, bem como os correspondentes dispositivos do CPC/2015 (art. 525, § 1º, III e §§ 12 e 14; e art. 535, § 5º).

São dispositivos que, buscando harmonizar a garantia da coisa julgada com o primado da Constituição, vieram agregar ao sistema processual brasileiro um mecanismo com eficácia rescisória de sentenças revestidas de vício de inconstitucionalidade qualificado, assim caracterizado nas hipóteses em que:

a) a sentença exequenda (*"sentença que está sendo executada"*) esteja fundada em uma norma reconhecidamente inconstitucional, seja por aplicar norma inconstitucional, seja por aplicar norma em situação ou com um sentido inconstitucionais; ou

b) a sentença exequenda tenha deixado de aplicar norma reconhecidamente constitucional; e

c) desde que, em qualquer dos casos, o reconhecimento dessa constitucionalidade ou a inconstitucionalidade tenha decorrido de julgamento do Supremo Tribunal Federal (STF) realizado em data anterior ao trânsito em julgado da sentença exequenda.

STF. Plenário. RE 611503/SP, rel. orig. Min. Teori Zavascki, red. p/ o ac. Min. Edson Fachin, julgado em 20/9/2018 (repercussão geral) (Info 916).

5.8. ALIENAÇÃO JUDICIAL DOS BENS PENHORADOS

POSSIBILIDADE DE REQUERER A ALIENAÇÃO EM LEILÃO JUDICIAL EM VEZ DE FAZER A ALIENAÇÃO POR INICIATIVA PARTICULAR

O que acontece com o bem penhorado?

Se o bem penhorado for dinheiro, ele é transferido ao credor, quitando-se a obrigação.

Se o bem penhorado for coisa diferente de dinheiro, ele poderá ser:

a. adjudicado;

b. alienado;

c. concedido em usufruto ao exequente.

Expropriação

Quando acontece uma dessas três situações acima, dizemos que houve a "expropriação", conforme previsto no art. 825 do CPC/2015:

> § Art. 825. A expropriação consiste em:
>
> I – adjudicação;
>
> II – alienação;
>
> III – apropriação de frutos e rendimentos de empresa ou de estabelecimentos e de outros bens.

Obs: esses incisos estão organizados segundo uma preferência legal. Em outras palavras, se houver interessados em adjudicar (inciso I), não será necessário fazer a alienação. Se não ocorrer a adjudicação, deve-se tentar a alienação (inciso II) antes da apropriação de frutos (inciso III).

Adjudicação (inciso I)

A adjudicação ocorre quando a propriedade do bem penhorado (móvel ou imóvel) é transferida para o exequente (ou para um terceiro legitimado a adjudicar), como forma de pagamento da dívida que está sendo cobrada em juízo.

O instituto encontra-se previsto no art. 876 do CPC/2015, cujo *caput* estabelece:

> § Art. 876. É lícito ao exequente, oferecendo preço não inferior ao da avaliação, requerer que lhe sejam adjudicados os bens penhorados.

O *caput* do art. 876 fala apenas no exequente, mas o § 5º prevê outros legitimados que também podem adjudicar. Veja:

> § § 5º Idêntico direito pode ser exercido por aqueles indicados no art. 889, incisos II a VIII, pelos credores concorrentes que hajam penhorado o mesmo bem, pelo cônjuge, pelo companheiro, pelos descendentes ou pelos ascendentes do executado.

PROCESSO CIVIL

Alienação (inciso II)

Segundo o art. 879 do CPC 2015, existem duas espécies de alienação do bem:

a. por iniciativa particular: ocorre quando o próprio exequente (ou algum corretor ou leiloeiro público credenciado) tenta conseguir um comprador para o imóvel, seguindo determinadas regras impostas pela lei.

b. leilão judicial (eletrônico ou presencial): é a oferta do bem penhorado aos interessados em adquiri-lo em um evento organizado pelo Estado-juiz.

Observação importante:

No CPC 2015, o que é chamado atualmente de "leilão judicial" era conhecido como "hasta pública" (expressão do CPC 1973). Assim, no CPC 1973 existiam duas formas de hasta pública (art. 686, IV):

a. praça, quando a coisa a ser alienada era bem imóvel;

b. leilão, quando a coisa a ser alienada era bem móvel.

O CPC 2015 não repete tais palavras e não mais faz essa distinção. Agora, fala-se em leilão judicial tanto para bens móveis como imóveis.

Apropriação de frutos e rendimentos de empresa ou de estabelecimentos e de outros bens (antigo "usufruto de bem móvel ou imóvel") (inciso III)

No CPC 1973, isso era tratado como sendo "usufruto de bem móvel ou imóvel", expressão que era criticada pela doutrina e que, por isso, foi substituída no novo Código. Compare:

CPC 1973	CPC 2015
Art. 716. O juiz pode conceder ao exequente o usufruto de móvel ou imóvel, quando o reputar menos gravoso ao executado e eficiente para o recebimento do crédito.	Art. 867. O juiz pode ordenar a penhora de frutos e rendimentos de coisa móvel ou imóvel quando a considerar mais eficiente para o recebimento do crédito e menos gravosa ao executado.

Ex: foi penhorado um apartamento do executado, que se encontra alugado a um terceiro; pode o juiz determinar que o exequente fique recebendo o valor dos aluguéis até que o débito da execução seja totalmente pago.

Feita esta breve revisão, imagine a seguinte situação hipotética:

João (credor) ingressou com cumprimento de sentença contra Pedro (devedor).

Pedro não pagou voluntariamente o débito e o juiz determinou a penhora de um apartamento que está em seu nome.

O magistrado determinou a intimação de João para que se manifestasse sobre seu interesse na adjudicação do bem penhorado e, caso não o tivesse, informasse as providências necessárias para que efetuasse, por conta própria, a alienação particular dos bens, na forma do art. 879, I, do CPC/2015 (art. 647, II, do CPC/1973).

João respondeu dizendo que não tinha interesse na adjudicação e que também não desejava fazer a alienação particular do bem. Diante disso, requereu a alienação judicial do apartamento em hasta pública, na forma do art. 879, II, do CPC/2015 (art. 647, III, do CPC/1973).

O juiz indeferiu o pedido afirmando que, não ocorrendo a adjudicação, é obrigatório que o credor-exequente tente fazer a alienação do bem penhorado por iniciativa particular. Somente se não tiver êxito é que poderia ser feita a alienação judicial (antiga hasta pública).

O credor recorreu contra a decisão alegando que a alienação por iniciativa particular é uma faculdade do credor-exequente, sendo descabida sua imposição pelo juiz.

Agiu corretamente o juiz?

NÃO.

Analisando o texto do CPC, conclui-se que, não havendo interesse do exequente na adjudicação do bem penhorado, abre-se a possibilidade de que a alienação do bem constrito seja feita por iniciativa do próprio credor (alienação por iniciativa particular).

Realmente existe uma ordem de preferência nas formas de expropriação previstas no CPC. Vale ressaltar, contudo, que esta ordem de preferência não é absoluta. Assim, é possível que o credor escolha forma de expropriação fora da ordem listada no CPC, de acordo com as particularidades relacionadas ao bem ou ao próprio credor. Isso porque a execução deve ser realizada no interesse do exequente, conforme preconiza o art. 797 do CPC/2015 (art. 612 do CPC/1973).

Em suma:

Se a parte exequente manifestar desinteresse na adjudicação e na alienação particular do imóvel penhorado, ela poderá, desde logo, requerer sua alienação em leilão judicial (antiga alienação em hasta pública). Isso porque o CPC confere ao credor a faculdade de se valer da alienação por iniciativa particular, mas não impede que o credor opte, desde logo, pela alienação judicial (alienação em hasta pública).

STJ. 1ª Turma. REsp 1.312.509-RN, Rel. Min. Sérgio Kukina, julgado em 07/12/2017 (Info 617).

5.9. OS VALORES RECEBIDOS PELO BENEFICIÁRIO COMO INDENIZAÇÃO DO SEGURO DE VIDA SÃO IMPENHORÁVEIS, MAS ATÉ O LIMITE DE 40 SALÁRIOS MÍNIMOS

Imagine a seguinte situação hipotética:

João fez um seguro de vida. Assim, todos os meses ele pagava determinada quantia à seguradora (o chamado "prêmio") e, em caso de sua morte, a seguradora pagaria uma indenização no valor de R$ 100 mil em favor de sua esposa Maria (beneficiária).

João faleceu e a seguradora depositou os R$ 100 mil na conta corrente de Maria.

Ocorre que Maria era ré em um processo de execução e o juiz determinou a penhora *on line* dos R$ 100 mil.

A executada pediu a liberação da quantia alegando que a verba seria impenhorável, nos termos do art. 833, VI, do CPC/2015:

§ Art. 833. São impenhoráveis:

(...)

VI – o seguro de vida;

O que a doutrina entende a respeito desse dispositivo?

1ª corrente: o que se quer dizer com esse dispositivo é que, falecendo o segurado, a indenização paga ao beneficiário do seguro não poderá ser penhorada, nem para garantir dívidas do segurado, nem para as dívidas do beneficiário (CÂMARA, Alexandre de Freitas. *Lições de Direito Processual Civil*. São Paulo: Atlas. 2012, 21ª ed, vol. 2, p. 314).

Se quem estiver sendo executado for o segurado, o exequente não poderá penhorar os valores do seguro de vida porque esta quantia não pertence ao segurado, sendo uma estipulação em favor de terceiro (beneficiário). É o que prevê o art. 794 do Código Civil:

> § Art. 794. No seguro de vida ou de acidentes pessoais para o caso de morte, o capital estipulado não está sujeito às dívidas do segurado, nem se considera herança para todos os efeitos de direito.

Logo, a quantia recebida em razão do contrato de seguro de vida é impenhorável.

2ª corrente: argumenta que a regra da impenhorabilidade incide apenas enquanto o seguro de vida for uma expectativa do direito. Depois que o valor fosse pago, não haveria mais a impenhorabilidade. É a lição de Pontes de Miranda.

Qual das posições foi acolhida pelo STJ?

Nenhuma das duas. O STJ adotou uma posição intermediária e afirmou que os valores deixados a título de seguro de vida são impenhoráveis, mas até o limite de 40 salários mínimos, aplicando-se por analogia o art. 833, X, do CPC/2015:

> § Art. 833. São impenhoráveis:
>
> (...)
>
> X – a quantia depositada em caderneta de poupança, até o limite de 40 (quarenta) salários-mínimos;

Caráter alimentar

O direito do beneficiário do seguro de vida deve prevalecer sobre o direito do credor, de modo a preservar o mínimo necessário à sua sobrevivência. Isso porque a finalidade do seguro de vida é proporcionar um rendimento a alguém, não o deixando à míngua de recursos. Assim, essa quantia é impenhorável e isso ocorre em virtude do caráter alimentar do benefício.

Necessidade de pagamento dos credores

Vale ressaltar, contudo, que também se deve garantir a efetividade do pagamento dos credores.

As verbas alimentares são consideradas impenhoráveis a fim de garantir a sobrevivência digna do devedor. No entanto, essas verbas alimentares não podem ser muito altas considerando que o objetivo da impenhorabilidade não é o de fazer com que o devedor tenha um padrão de vida acima das suas condições, às custas do devedor.

Assim, esse valor de 40 salários mínimos corresponde ao critério que o próprio legislador estabeleceu como sendo o montante que considera razoável e suficiente para assegurar uma vida digna.

A quantia que exceder esses 40 salários mínimos poderá ser utilizada para saldar os débitos dos credores do beneficiário do seguro.

Essa analogia pode ser feita porque a natureza alimentar da indenização recebida com o seguro de vida se assemelha às verbas salariais do art. 833, IV, do CPC/2015, que destaca serem impenhoráveis “as quantias recebidas por liberalidade de terceiro e destinadas ao sustento do devedor e de sua família”.

Em suma:

> **A impenhorabilidade dos valores recebidos pelo beneficiário do seguro de vida limita-se ao montante de 40 (quarenta) salários mínimos, por aplicação analógica do art. 833, X, do CPC/2015, cabendo a constrição judicial da quantia que a exceder.**
>
> STJ. 3ª Turma. REsp 1.361.354-RS, Rel. Min. Ricardo Villas Bôas Cueva, julgado em 22/05/2018 (Info 628).

Em nosso exemplo, considerando que 40 salários mínimos equivalem a R$ 35.200,00, esse montante seria impenhorável e, por outro lado, o credor poderia ficar com R$ 64.800,00.

Provas objetivas

Cuidado com as assertivas em caso de provas objetivas. As duas afirmações abaixo, caso apareçam na sua prova, estarão corretas:

- É impenhorável o seguro de vida;
- Segundo o STJ, a impenhorabilidade dos valores recebidos pelo beneficiário do seguro de vida limita-se ao montante de 40 (quarenta) salários mínimos.

5.10. REQUISITOS PARA A IMPENHORABILIDADE DA PEQUENA PROPRIEDADE RURAL

Imagine a seguinte situação hipotética:

O filho de João resolveu fazer faculdade na capital.

Para custear as despesas, João tomou um empréstimo bancário e, como garantia do pagamento, assinou nota promissória no valor de R$ 20 mil.

O devedor não efetuou o pagamento na data do vencimento, razão pela qual o banco ingressou com execução de título extrajudicial, tendo sido penhorada uma chácara (imóvel rural) que está em nome de João.

O executado alegou que o imóvel em questão é impenhorável, considerando que se trata de pequena propriedade rural onde pratica agricultura juntamente com a mulher e os filhos.

Invocou, para tanto, o art. 5º, XXVI, da CF/88 e o art. 833, VIII, do CPC, que estabelecem:

§ CF88. Art. 5º (...)

XXVI – a pequena propriedade rural, assim definida em lei, desde que trabalhada pela família, não será objeto de penhora para pagamento de débitos decorrentes de sua atividade produtiva, dispondo a lei sobre os meios de financiar o seu desenvolvimento;

§ CPC/Art. 833. São impenhoráveis:

VIII – a pequena propriedade rural, assim definida em lei, desde que trabalhada pela família;

Teses do exequente

O banco refutou a tese de João apresentando dois argumentos:

1. a dívida foi contraída para interesses particulares (e não para promover a atividade produtiva desenvolvida no imóvel). Logo, como o débito não tem relação com o imóvel, não gera a sua impenhorabilidade;
2. João e a sua família não moram na chácara que foi penhorada. Eles residem em uma casa alugada, que fica na vila a alguns minutos do imóvel rural. Dessa forma, incidiria a hipótese do art. 4º, § 2º, da Lei nº 8.009/90:

§ Art. 4º (...)

§ 2º Quando a residência familiar constituir-se em imóvel rural, a impenhorabilidade restringir-se-á à sede de moradia, com os respectivos bens móveis, e, nos casos do art. 5º, inciso XXVI, da Constituição, à área limitada como pequena propriedade rural.

A primeira tese do exequente foi aceita pelo STJ?

NÃO.

A pequena propriedade rural é impenhorável (art. 5º, XXVI, da CF/88 e o art. 833, VIII, do CPC) mesmo que a dívida executada não seja oriunda da atividade produtiva do imóvel.

STJ. 3ª Turma. REsp 1.591.298-RJ, Rel. Min. Marco Aurélio Bellizze, julgado em 14/11/2017 (Info 616).

Mas o art. 5º, XXVI, da CF/88 fala que "a pequena propriedade rural, assim definida em lei, desde que trabalhada pela família, não será objeto de penhora para pagamento de débitos decorrentes de sua atividade produtiva (...)". Essa parte grifada não exige que os débitos sejam relacionados com as atividades desenvolvidas no imóvel rural?

NÃO. O STJ afirma que essa interpretação literal não pode ser feita, já que isso:

- não garantiria a máxima efetividade que deve ser dada ao mandamento constitucional;
- conferiria proteção deficiente ao direito fundamental tutelado.

A correta interpretação do dispositivo é, portanto, a seguinte: a CF/88 não permite a penhora da pequena propriedade rural mesmo que o devedor tenha dado o imóvel em garantia de dívidas contraídas para assegurar a sua atividade produtiva. Logo, com mais razão, esse imóvel também é impenhorável com relação a débitos de outra natureza, ou seja, não necessariamente relacionados com a atividade produtiva da propriedade rural.

Essa interpretação do art. 5º, XXVI, da CF/88 foi adotada pelo legislador infraconstitucional, tanto que o CPC/1973 e o CPC/2015 não exigem, para conferir a impenhorabilidade, que os débitos sejam oriundos da atividade produtiva do imóvel.

Conclui-se, portanto, que, nos termos dos arts. 5º, XXVII, c/c o art. 649, VIII, do CPC/1973 (art. 833, VIII, do CPC/2015), a proteção da impenhorabilidade da pequena propriedade rural trabalhada pela entidade familiar, como direito fundamental que é, não se restringe às dividas relacionadas à atividade produtiva.

A segunda tese do exequente foi aceita pelo STJ?

Também NÃO.

A pequena propriedade rural é impenhorável, nos termos do art. 5º, XXVI, da CF/88 e do art. 833, VIII, do CPC, mesmo que o imóvel não sirva de moradia ao executado e à sua família.

STJ. 3ª Turma. REsp 1.591.298-RJ, Rel. Min. Marco Aurélio Bellizze, julgado em 14/11/2017 (Info 616).

Impenhorabilidade do art. 833, VIII, do CPC não é o mesmo que a impenhorabilidade do bem de família rural

Tanto a impenhorabilidade do art. 833, VIII, do CPC como a impenhorabilidade do bem de família rural estão relacionadas com o princípio da dignidade da pessoa humana, garantindo-se ao executado a preservação de um patrimônio mínimo, do qual lhe seja possível extrair condições dignas de subsistência.

Apesar disso, são institutos diferentes com fundamentos diferentes:

- impenhorabilidade do art. 833, VIII, do CPC: tem por objetivo assegurar o direito, também fundamental, de acesso aos meios geradores de renda, no caso, o imóvel rural, de onde a família do trabalhador rural, por meio do labor agrícola, obtém seu sustento;
- impenhorabilidade do bem de família rural: destina-se a garantir o direito fundamental à moradia.

O art. 4º, § 2º, da Lei nº 8.009/90 trata sobre bem de família rural (e não sobre a impenhorabilidade da pequena propriedade rural).

Requisitos

Desse modo, para que o imóvel rural seja impenhorável, nos termos do art. 5º, XXVI, da CF/88 e do art. 833, VIII, do CPC, é necessário que cumpra apenas dois requisitos cumulativos:

1. seja enquadrado como pequena propriedade rural, nos termos definidos pela lei; e
2. seja trabalhado pela família.

5.11. PACTO DE IMPENHORABILIDADE NÃO PODE SER OPOSTO A TERCEIROS

Imagine a seguinte situação hipotética:

João foi condenado a pagar R$ 20 mil em favor de Pedro.

O credor iniciou o cumprimento de sentença e o juiz determinou a penhora de um título patrimonial que João possui no "Iate Clube do Rio de Janeiro", avaliado em R$ 15 mil.

O devedor impugnou o cumprimento de sentença alegando que esse título é impenhorável, conforme prevê o art. 4º, § 1º, do Estatuto Social do Iate Clube:

> § Art. 4º O patrimônio social do Clube é representado por 3.000 (três mil) títulos patrimoniais pertencentes aos Sócios Proprietários e aos Postulantes a Sócios Proprietários, 70% (setenta por cento) dos quais, no mínimo, devem ser brasileiros.
>
> § 1º O título patrimonial é individual, nominativo, impenhorável, privativo de pessoas físicas, susceptível de compra e venda, transmissível, mas sua posse não importa, de per si, na outorga da qualidade de Sócio Proprietário ou de Postulante a Sócio Proprietário ao adquirente ou herdeiro, que só terão essas atribuições se aprovados pela Comissão Mista, observadas as condições regimentais.

Assim, o executado argumentou que este título é impenhorável, nos termos do art. 833, I, do CPC/2015:

> § Art. 833. São impenhoráveis:
>
> I – os bens inalienáveis e os declarados, por ato voluntário, não sujeitos à execução;

A tese do executado foi aceita pelo STJ?

NÃO.

> **O pacto de impenhorabilidade de título patrimonial contido explicitamente em estatuto social de clube desportivo não pode ser oposto contra exequente/credor não sócio.**
>
> STJ. 3ª Turma. REsp 1.475.745-RJ, Rel. Min. Ricardo Villas Bôas Cueva, julgado em 24/04/2018 (Info 625).

A parte final do art. 833, I, do CPC/2015 realmente prevê que atos voluntários declarem a impenhorabilidade de determinados bens, afastando-os de eventual execução. Permite-se, assim, a celebração do pacto de impenhorabilidade.

No entanto, esse pacto de impenhorabilidade fica limitado às partes que o convencionaram, não podendo envolver terceiros que não anuíram.

Se assim não fosse, particulares poderiam celebrar convenções de impenhorabilidade com o intuito de prejudicar a satisfação do crédito de terceiros.

"Trata-se de impenhorabilidade relativa, porque o ajuste não envolve pessoas alheias ao pacto." (ASSIS, Araken. *Manual da Execução*. São Paulo: RT, 2015, p. 267).

Assim, o pacto de impenhorabilidade de título patrimonial, contido explicitamente em estatuto social do clube desportivo (art. 4°, § 1°), não pode ser oposto contra o exequente (não sócio). Isso porque as decisões tomadas pela associação somente vinculam os seus respectivos sócios e associados, além de não haver previsão legal para se reconhecer a eficácia erga omnes de tais deliberações do clube.

5.12. Análise da impenhorabilidade prevista no art. 649, IV do CPC/1973 (art. 833, IV, do CPC/2015)

Impenhorabilidade dos vencimentos (verbas salariais) do devedor

NÃO. O art. 649 do CPC/1973 (art. 833 do CPC/2015) estabelece um rol de bens que não podem ser objeto de penhora. Dentre eles, veja o que diz o inciso IV:

CPC/1973	CPC/2015
Art. 649. São absolutamente impenhoráveis: (...) IV – os vencimentos, subsídios, soldos, salários, remunerações, proventos de aposentadoria, pensões, pecúlios e montepios; as quantias recebidas por liberalidade de terceiro e destinadas ao sustento do devedor e sua família, os ganhos de trabalhador autônomo e os honorários de profissional liberal, (...)	Art. 833. São impenhoráveis: (...) IV – os vencimentos, os subsídios, os soldos, os salários, as remunerações, os proventos de aposentadoria, as pensões, os pecúlios e os montepios, bem como as quantias recebidas por liberalidade de terceiro e destinadas ao sustento do devedor e de sua família, os ganhos de trabalhador autônomo e os honorários de profissional liberal, ressalvado o § 2°;

Exceção explícita a essa impenhorabilidade: pensão alimentícia

O § 2° do art. 649 do CPC/1973 trouxe uma exceção expressa à impenhorabilidade.

O § 2° disse que era possível a penhora dos vencimentos (verba salarial) do devedor para pagamento de prestação alimentícia:

§

Art. 649 (...)

§ 2° O disposto no inciso IV do caput deste artigo não se aplica no caso de penhora para pagamento de prestação alimentícia.

O CPC/2015 ampliou as exceções e afirmou que é possível a penhora dos vencimentos (verba salarial) do devedor:

a) para pagamento de prestação alimentícia (qualquer que seja a sua origem, ou seja, pode ser pensão alimentícia decorrente de poder familiar, de parentesco ou mesmo derivada de um ato ilícito).

Ex: Pedro atropelou Júlia e foi condenado a pagar à vítima prestação alimentícia pelo período em que ela ficar sem trabalhar. O salário de Pedro poderá ser penhorado para pagar essa dívida, sem que ele possa invocar a regra da impenhorabilidade.

b) sobre o montante que exceder 50 salários-mínimos.

Ex: João tem uma conta bancária onde recebe sua remuneração. Como ele gasta pouco, vai guardando o que sobra de seu salário nesta conta. Atualmente, lá tem depositada a quantia equivalente a 70 salários-mínimos. Neste caso, se João sofrer uma execução, será possível penhorar 20 salários-mínimos de sua conta.

Veja como é mais abrangente a redação do art. 833, § 2º do CPC/2015:

§

> Art. 833 (...)
>
> § 2º O disposto nos incisos IV e X do caput não se aplica à hipótese de penhora para pagamento de prestação alimentícia, independentemente de sua origem, bem como às importâncias excedentes a 50 (cinquenta) salários-mínimos mensais, devendo a constrição observar o disposto no art. 528, § 8º, e no art. 529, § 3º.

Discussão quanto à possibilidade de serem aceitas mais exceções que aquela prevista no § 2º do art. 649

Na vigência do CPC/1973, a jurisprudência enfrentou uma interessante discussão: seria possível admitir outras exceções à regra da impenhorabilidade além daquela prevista no § 2º do art. 649? Dizendo de outro modo: seria permitida a penhora das verbas salariais do devedor para outras situações além da prestação alimentícia?

A resposta é SIM.

O STJ definiu, em embargos de divergência, que é possível a penhora das verbas salariais do devedor para pagamento de outras dívidas, além da prestação alimentícia, desde que essa penhora preserve um valor que seja suficiente para o devedor e sua família continuarem vivendo com dignidade.

As palavras do Tribunal foram as seguintes:

> **A regra geral de impenhorabilidade dos vencimentos do devedor, além da exceção explícita prevista no § 2º do art. 649, IV, do CPC/1973, também pode ser excepcionada quando preservado percentual capaz de manter a dignidade do devedor e de sua família.**
>
> STJ. Corte Especial. EREsp 1.582.475-MG, Rel. Min. Benedito Gonçalves, julgado em 03/10/2018 (Info 635).

Exemplo

Flávio recebe salário de R$ 30 mil por mês.

Ricardo ajuizou execução contra Flávio.

O juiz determinou a penhora de 30% do salário de Flávio, todos os meses, até que a dívida que está sendo executada seja paga.

O STJ entendeu que essa penhora é válida e que não viola o art. 649, IV, do CPC/1973.

Nesse sentido:

PROCESSO CIVIL

A regra geral da impenhorabilidade dos valores depositados na conta bancária em que o executado recebe a sua remuneração, situação abarcada pelo art. 649, IV, do CPC/73, pode ser excepcionada quando o montante do bloqueio se revele razoável em relação à remuneração por ele percebida, não afrontando a dignidade ou a subsistência do devedor e de sua família.

STJ. 3ª Turma. REsp 1514931/DF, Rel. Min. Paulo de Tarso Sanseverino, julgado em 25/10/2016.

Assim, podemos dizer o seguinte:

- Regra: os salários, vencimentos, proventos de aposentadoria etc. são, como regra geral, impenhoráveis.
- Exceção explícita: dívidas de prestação alimentícia (§ 2º do art. 649 do CPC/1973).
- Exceção implícita: é permitida a penhora para outras dívidas, desde que a quantia bloqueada se revele razoável em relação à remuneração por recebida pelo executado, não afrontando a dignidade ou a subsistência do devedor e de sua família.

Credor também tem direito à tutela jurisdicional efetiva

A interpretação do preceito legal deve ser feita a partir da Constituição da República, que veda a supressão injustificada de qualquer direito fundamental.

A impenhorabilidade de salários, vencimentos, proventos etc. tem por fundamento a proteção à dignidade do devedor, com a manutenção do mínimo existencial e de um padrão de vida digno em favor de si e de seus dependentes.

Por outro lado, o credor tem direito ao recebimento de tutela jurisdicional capaz de dar efetividade, na medida do possível e do proporcional, a seus direitos materiais.

Executado tem que agir com boa-fé

O processo civil em geral, nele incluída a execução civil, é orientado pela boa-fé que deve reger o comportamento dos sujeitos processuais. Embora o executado tenha o direito de não sofrer atos executivos que importem violação à sua dignidade e à de sua família, não lhe é permitido abusar dessa diretriz com o fim de impedir injustificadamente a efetivação do direito material do exequente.

"Caso se afirmasse que os vencimentos do devedor, nestes autos, são 100% impenhoráveis, estar-se-ia chancelando o comportamento de qualquer pessoa que, sendo servidor público, assalariado ou aposentado, ainda que fosse muito bem remunerada, gastasse todas as suas rendas e deixasse de pagar todas as suas dívidas, sem qualquer justificativa." (Min. Benedito Gonçalves).

Impenhorabilidade total e absoluta das verbas salariais é desproporcional

Só se revela necessária, adequada, proporcional e justificada a impenhorabilidade daquela parte do patrimônio do devedor que seja efetivamente necessária à manutenção de sua dignidade e da de seus dependentes.

Assim, a regra geral da impenhorabilidade de salários, vencimentos, proventos etc. (art. 649, IV, do CPC/73) (art. 833, IV, do CPC/2015), pode ser excepcionada quando for preservado percentual de tais verbas capaz de dar guarida à dignidade do devedor e de sua família.

CPC/2015

Vale ressaltar que o precedente acima foi proferido tomando-se como base o CPC/1973. Penso, contudo, que é perfeitamente possível aplicar o mesmo entendimento para o art. 833, IV, do CPC/2015, até mesmo porque a redação do § 2º do art. 833 é mais abrangente, conforme já vimos.

5.13. POSSIBILIDADE DE O JUÍZO DA EXECUÇÃO CÍVEL DETERMINAR PENHORA NO ROSTO DOS AUTOS DE CRÉDITO DA EXECUÇÃO TRABALHISTA CASO O RECLAMANTE TENHA FALECIDO

Processo 1 (execução cível na qual João era credor e Pedro devedor)

João da Silva ajuizou execução, na Justiça Estadual (comum), contra Pedro Moreira cobrando R$ 15 mil.

Tentou-se a penhora de bens do devedor, mas não se encontrou nada.

No curso da execução, Pedro Moreira faleceu.

O exequente requereu a habilitação dos sucessores do falecido, nos termos do art. 687 do CPC:

> § Art. 687. A habilitação ocorre quando, por falecimento de qualquer das partes, os interessados houverem de suceder-lhe no processo.

> § Art. 688. A habilitação pode ser requerida:
>
> I – pela parte, em relação aos sucessores do falecido;
>
> (...)

Processo 2 (execução trabalhista)

Paralelamente ao processo 1, estava tramitando um outro processo.

A situação deste segundo processo era a seguinte:

Pedro Moreira foi demitido, sem justa causa, da empresa Zeus.

Como a empresa não pagou corretamente suas verbas rescisórias, ele ingressou com reclamação trabalhista contra a empregadora.

O juiz trabalhista condenou a empresa a pagar R$ 20 mil em favor de Pedro.

Iniciou-se a execução trabalhista.

Ocorre que, no curso do processo, Pedro Moreira faleceu.

Diante disso, os sucessores do falecido requereram sua habilitação no processo, nos termos do art. 688, II:

> § Art. 688. A habilitação pode ser requerida:
>
> (...)
>
> II – pelos sucessores do falecido, em relação à parte.

O juiz trabalhista, por meio de uma penhora *on line*, havia conseguido penhorar R$ 50 mil que estavam depositados na conta da empresa executada.

O dinheiro ficou à disposição do juízo trabalhista, mas ele ainda não foi transferido para os herdeiros de Pedro.

Penhora no rosto dos autos*

João da Silva, não sei como, soube que há essa execução trabalhista que havia sido proposta por Pedro contra a Zeus. Soube também que foi penhorado esse dinheiro e que a quantia se encontra à disposição do juízo trabalhista, mas que ainda não foi transferida para os herdeiros.

Com essa informação, João da Silva pediu ao juiz da execução cível que penhore, no rosto dos autos da execução trabalhista, R$ 15 mil dos R$ 50 mil que a Justiça do Trabalho conseguiu penhorar.

PROCESSO CIVIL

O juiz da execução cível autorizou a penhora e comunicou a decisão ao juiz da execução trabalhista.

Os herdeiros de Pedro recorreram contra esta decisão do juiz da execução cível alegando que os valores que o juiz da execução cível penhorou no rosto do processo trabalhista são verbas salariais e que, portanto, são impenhoráveis, nos termos do art. 833, IV, do CPC/2015:

> § Art. 833. São impenhoráveis:
>
> (...)
>
> IV – os vencimentos, os subsídios, os soldos, os salários, as remunerações, os proventos de aposentadoria, as pensões, os pecúlios e os montepios, bem como as quantias recebidas por liberalidade de terceiro e destinadas ao sustento do devedor e de sua família, os ganhos de trabalhador autônomo e os honorários de profissional liberal, ressalvado o § 2º;

A questão chegou até o STJ. A decisão do juiz da execução cível foi mantida? É possível essa penhora por ele determinada?

SIM.

O STJ afirmou que a decisão do juiz da execução cível foi proferida com base em uma medida cautelar de tutela provisória com o objetivo de preservar os valores a fim de que a análise do crédito seja posteriormente feita no inventário, quando, então, se poderá discutir se a quantia é impenhorável ou não.

Assim, o dinheiro arrecadado deverá ser levado para partilha no juízo do inventário e ali deverá ser feita a análise da qualidade do crédito e dos valores percebidos a título de herança.

No juízo do inventário, o magistrado deverá sopesar o direito dos herdeiros de receberem as verbas trabalhistas como herança e o direito do credor do falecido de ver seu crédito satisfeito.

Em suma:

> **É possível a penhora, determinada por juízo da execução cível, no rosto dos autos de execução trabalhista de reclamante falecido, devendo a análise da qualidade do crédito e sua eventual impenhorabilidade ser feita pelo juízo do inventário.**
>
> STJ. 3ª Turma. REsp 1.678.209-PR, Rel. Min. Paulo de Tarso Sanseverino, julgado em 02/10/2018 (Info 634).

**** O que é a penhora no rosto dos autos?***

A penhora no rosto dos autos é aquela que recai sobre um eventual direito do executado que ainda está sendo discutido em outro processo judicial.

Em outras palavras, o executado do processo 1 está pleiteando um crédito no processo 2.

Logo, o juiz do processo 1 pode determinar a penhora no rosto dos autos deste crédito do processo 2.

Ex: Antônio está executando Ricardo no processo 1. Ocorre que Ricardo está pleiteando um crédito contra Maria em um outro feito (processo 2). O juiz poderá determinar a penhora no rosto dos autos do crédito pleiteado no processo 2.

A penhora no rosto dos autos é disciplinada pelo art. 860 do CPC:

> § Art. 860. Quando o direito estiver sendo pleiteado em juízo, a penhora que recair sobre ele será averbada, com destaque, nos autos pertinentes ao direito e na ação correspondente à penhora, a fim de que esta seja efetivada nos bens que forem adjudicados ou que vierem a caber ao executado.

Segundo Daniel Assumpção Neves, "essa espécie de penhora se presta a dar ciência ao juízo da demanda em que se discute o direito, evitando-se a entrega do produto de alienação de bem penhorado diretamente ao vencedor da ação, considerando-se que esse crédito já está penhorado em outra demanda judicial." (*Novo CPC comentado*. Salvador: Juspodivm, 2017, p. 1366).

Essa expressão "no rosto dos autos" era mencionada expressamente pelo art. 674 do CPC/1973, mas não foi repetida pelo art. 860 do CPC/2015. Apesar disso, essa nomenclatura continua a ser utilizada pela doutrina e jurisprudência.

5.14. INCIDEM JUROS DA MORA ENTRE A DATA DA REALIZAÇÃO DOS CÁLCULOS E A DA REQUISIÇÃO OU DO PRECATÓRIO

Imagine a seguinte situação hipotética:

João ajuizou ação de cobrança contra a Fazenda Pública.

Foi prolatada sentença condenando o Poder Público a pagar R$ 300 mil.

Essa sentença transitou em julgado em 04/04/2016.

Em 10/04/2016, o credor pediu ao juiz, nos termos do art. 534 do CPC, o cumprimento de sentença, apresentando o cálculo da dívida atualizada.

Segundo entende o STF, a partir do momento em que forem apresentados os cálculos, começa a incidir juros da mora contra a Fazenda Pública:

> **Incidem os juros da mora no período compreendido entre a data da realização dos cálculos e a da requisição de pequeno valor (RPV) ou do precatório.**
>
> STF. Plenário. RE 579431/RS, Rel. Min. Marco Aurélio, julgado em 19/4/2017 (repercussão geral) (Info 861).
>
> STJ. Corte Especial. EREsp 1.150.549-RS, Rel. Min. Og Fernandes, julgado em 29/11/2017 (Info 617).

O que acontece a agora?

A Fazenda Pública poderá impugnar ou não o cumprimento de sentença.

Suponhamos que o Poder Público não impugnou. Neste caso, deverá ser expedido, por intermédio do Presidente do Tribunal, precatório em favor do exequente. Confira o que diz o art. 535, § 3º do CPC:

§

§ 3º Não impugnada a execução ou rejeitadas as arguições da executada:

I – expedir-se-á, por intermédio do presidente do tribunal competente, precatório em favor do exequente, observando-se o disposto na Constituição Federal;

II – por ordem do juiz, dirigida à autoridade na pessoa de quem o ente público foi citado para o processo, o pagamento de obrigação de pequeno valor será realizado no prazo de 2 (dois) meses contado da entrega da requisição, mediante depósito na agência de banco oficial mais próxima da residência do exequente.

Neste caso, o juízo da execução elabora o precatório e o encaminha ao Presidente do Tribunal. Este, por sua vez, irá expedir o precatório, ou seja, repassá-lo ao ente devedor para que seja incluído no orçamento.

Ex: se a execução era contra a União, o juiz federal responsável pela execução irá elaborar o precatório e encaminhá-lo ao Presidente do TRF; este irá expedir o precatório determinando que a União inclua no orçamento para pagamento.

Suponhamos que, em nosso exemplo, a Fazenda Pública concordou com os cálculos do credor. Diante disso, o juiz encaminhou ao Presidente do Tribunal que expediu, em 30/05/2016, o precatório em favor de João.

Assim, deverá haver a incidência dos juros da mora referente ao período de 10/04/2016 (data da realização dos cálculos) e a data do precatório.

Existe um prazo para que o ente pague o precatório?

SIM. Os pagamentos requisitados até 01/07 de cada ano deverão ser pagos até o final do exercício do ano seguinte. Isso está previsto no § 5º do art. 100 da CF/88:

> § 5º É obrigatória a inclusão, no orçamento das entidades de direito público, de verba necessária ao pagamento de seus débitos, oriundos de sentenças transitadas em julgado, constantes de precatórios judiciários apresentados até 1º de julho, fazendo-se o pagamento até o final do exercício seguinte, quando terão seus valores atualizados monetariamente.

Em nosso exemplo: o precatório foi apresentado pelo Presidente do Tribunal em 30/05/2016; logo, ele deverá ser pago pelo Poder Público até o dia 31/12/2017 (último dia do ano seguinte).

Abrindo um parêntese: se o precatório tiver valor muito alto (valor superior a 15% do montante dos demais precatórios apresentados até o dia 01/07 do respectivo ano), então, neste caso, deverá ser pago 15% do valor deste precatório até o dia 31/12 do ano seguinte e o restante em parcelas iguais nos 5 anos subsequentes, acrescidas de juros de mora e correção monetária. A CF/88 permite também que o credor faça um acordo com o Poder Público (§ 20 do art. 100 da CF/88, incluído pela EC 94/2016).

Período de suspensão dos juros moratórios

Entre o dia 01/07 de um ano até o dia 31/12 do ano seguinte (em nosso exemplo: de 01/07/2016 até 31/12/2017), não haverá incidência de juros de mora porque o STF entende que esse foi o prazo normal que a CF/88 deu para o Poder Público pagar seus precatórios, não havendo razão para que a Fazenda Pública tenha que pagar juros referentes a esse interregno.

Existe, inclusive, uma súmula vinculante sobre o tema:

> SV 17-STF: Durante o período previsto no parágrafo 1º (obs: atual § 5º) do artigo 100 da Constituição, não incidem juros de mora sobre os precatórios que nele sejam pagos.

Obs: neste período, não há incidência de juros moratórios, mas deverá ser paga correção monetária, conforme prevê a parte final do § 5º do art. 100.

E se passar o dia 31/12 e o ente devedor não efetuar o pagamento do precatório, neste caso, voltará a incidir juros de mora? Em nosso exemplo, se passar o dia 31/12/2017, começa novamente a incidir juros moratórios?

SIM. Isso porque terá se esgotado o prazo dado pela Constituição para que o ente devedor pague o precatório. Logo, o ente encontra-se em mora. Assim, por exemplo, se o precatório foi inscrito até o dia 01/07/2016, este precatório deverá ser pago até o dia 31/12/2017. Se o pagamento for realizado neste período, não haverá incidência de juros de mora porque não houve inadimplemento por parte da Fazenda Pública. No entanto, se passar o dia 31/12/2017 sem pagamento, haverá a incidência de juros moratórios, que serão computados a partir de 01/01/2018 até a data em que ocorrer a quitação do precatório.

Confira as palavras do Min. Edson Fachin:

"A não incidência de juros de mora nesse período ocorre justamente porque nele não existe mora, em decorrência de norma constitucional, e isso se mantém independentemente de quando ocorrer o pagamento do precatório.

No caso de o pagamento ocorrer após o prazo estabelecido pela Constituição, haverá a incidência de juros de mora, mas só no período em que houver mora, ou seja, depois do prazo estabelecido para o pagamento." (Voto na Rcl 15906 AgR, Rel. Min. Edson Fachin, Primeira Turma, julgado em 18/08/2015)

Obs: como estes juros moratórios não estavam previstos no precatório, considerando que se presumia que ele seria pago na data fixada pela CF/88 (até o dia 31/12), para que o credor receba o valor dos juros, será necessária a expedição de um precatório complementar. Depois que o precatório está expedido, não se pode acrescentar novos valores a ele.

Voltando ao nosso exemplo:

- Sentença transitada em julgado: 04/04/2016.
- Início dos juros moratórios: 10/04/2016 (data da realização dos cálculos).
- Dia em que o precatório foi apresentado para pagamento: 30/05/2016.
- Suspensão dos juros moratórios: 01/07/2016 (SV 17-STF).
- Prazo máximo para a Fazenda Pública pagar: 31/12/2017 (§ 5º do art. 100 da CF/88).
- Se a Fazenda não pagar até o prazo máximo: voltam a correr os juros moratórios a partir de 01/01/2018.

Repare, portanto, que o entendimento do STF definido no RE 579431/RS não invalida a SV 17 porque o que foi decidido neste recurso é um período anterior ao de que trata a súmula.

Observação final complementar

O que foi explicado acima é suficiente para fins de concurso. Irei, contudo, agora fazer uma observação complementar a respeito da súmula vinculante 17.

A SV 17 foi editada em 29/10/2009 e continua sendo atualmente aplicada pelo STF. Nesse sentido: RE 577465 AgR-ED-ED-EDv-AgR, Rel. Min. Rosa Weber, Tribunal Pleno, julgado em 23/09/2016.

Contudo, tem crescido entre os Ministros a ideia de que esta súmula foi superada pelo § 12 do art. 100 da CF/88, acrescentado pela EC 62, de 10/12/2009, ou seja, posteriormente à edição do enunciado. Para muitos Ministros, o § 12 determina a incidência de juros moratórios independentemente do período. Confira a redação do dispositivo:

§ 12. A partir da promulgação desta Emenda Constitucional, a atualização de valores de requisitórios, após sua expedição, até o efetivo pagamento, independentemente de sua natureza, será feita pelo índice oficial de remuneração básica da caderneta de poupança, e, para fins de compensação da mora, incidirão juros simples no mesmo percentual de juros incidentes sobre a caderneta de poupança, ficando excluída a incidência de juros compensatórios. (Incluído pela Emenda Constitucional nº 62, de 2009).

Em provas de concurso, a SV 17 continua válida, devendo ser assinalada como correta. Somente se manifeste sobre esta crítica ao enunciado caso você seja expressamente indagado acerca disso, como no caso de uma prova oral, por exemplo.

PROCESSO CIVIL

5.15. ESTADOS-MEMBROS PODEM FIXAR VALOR REFERENCIAL INFERIOR AO DO ART. 87 DO ADCT

Regime de precatórios

Se a Fazenda Pública Federal, Estadual, Distrital ou Municipal for condenada, por sentença judicial transitada em julgado, a pagar determinada quantia a alguém, este pagamento será feito sob um regime especial chamado de "precatório" (art. 100 da CF/88).

No *caput* do art. 100 da CF/88 consta a regra geral dos precatórios, ou seja, os pagamentos devidos pela Fazenda Pública em decorrência de condenação judicial devem ser realizados na ordem cronológica de apresentação dos precatórios. Existe, então, uma espécie de "fila" para pagamento dos precatórios:

> § Art. 100. Os pagamentos devidos pelas Fazendas Públicas Federal, Estaduais, Distrital e Municipais, em virtude de sentença judiciária, far-se-ão exclusivamente na ordem cronológica de apresentação dos precatórios e à conta dos créditos respectivos, proibida a designação de casos ou de pessoas nas dotações orçamentárias e nos créditos adicionais abertos para este fim. (Redação dada pela EC 62/09)

Exceção ao regime de precatórios

O § 3º do art. 100 da CF/88 prevê uma exceção ao regime de precatórios. Este parágrafo estabelece que, se a condenação imposta à Fazenda Pública for de "pequeno valor", o pagamento será realizado sem a necessidade de expedição de precatório:

> § § 3º O disposto no caput deste artigo relativamente à expedição de precatórios não se aplica aos pagamentos de obrigações definidas em leis como de pequeno valor que as Fazendas referidas devam fazer em virtude de sentença judicial transitada em julgado.

Quanto é "pequeno valor" para os fins do § 3º do art. 100?

Este quantum poderá ser estabelecido por cada ente federado (União, Estado, DF, Município) por meio de leis específicas, conforme prevê o § 4º do art. 100:

> § § 4º Para os fins do disposto no § 3º, poderão ser fixados, por leis próprias, valores distintos às entidades de direito público, segundo as diferentes capacidades econômicas, sendo o mínimo igual ao valor do maior benefício do regime geral de previdência social.

União

Para as condenações envolvendo a União, pequeno valor equivale a 60 salários mínimos (art. 17, § 1º, da Lei nº 10.259/2001).

Em 2018, levando-se em consideração o salário-mínimo de R$ 954,00, isso significa que, nas dívidas em que a União for condenada até R$ 57.240,00 (60 x 954), a parte beneficiária não precisará ter que entrar na fila dos precatórios, recebendo a quantia por meio de requisição de pequeno valor (RPV), um procedimento muito mais simples e célere.

E se o ente federado não editar a lei prevendo o quantum do "pequeno valor"?

Nesse caso, segundo o art. 87 do ADCT da CF/88, para os entes que não editarem suas leis, serão adotados, como "pequeno valor" os seguintes montantes:

I – 40 salários mínimos para Estados e para o Distrito Federal;

II – 30 salários mínimos para Municípios.

RPV

Nas hipóteses de "pequeno valor", o pagamento é feito por meio de requisição de pequeno valor (RPV), que se trata de uma ordem expedida pela autoridade judicial à autoridade da Fazenda Pública responsável para pagamento da quantia devida.

Imagine agora a seguinte situação concreta:

Rondônia editou lei estadual (Lei nº 1.788/2007) prevendo que, naquele Estado, as obrigações consideradas como de pequeno valor seriam aquelas de até 10 salários-mínimos. Em outras palavras, a lei afirmou que "pequeno valor", para fins de RPV no Estado de Rondônia, seria até 10 salários-mínimos.

Veja o *caput* do art. 1º da Lei estadual nº 1.788/2007:

> § Art. 1º Para fins previstos no artigo 100, § 3º da Constituição Federal e artigo 87 do Ato das Disposições Constitucionais Transitórias, será considerado de pequeno valor, no âmbito do Estado de Rondônia, o crédito decorrente de sentença judicial transitada em julgado, cujo montante, devidamente atualizado, não exceda o valor correspondente a 10 (dez) salários mínimos ao tempo em que for requisitado judicialmente.

Essa lei foi "boa" ou "ruim" para os credores (exequentes) do Estado?

"Ruim". A Lei Estadual 1.788/2007 reduziu de 40 para 10 salários-mínimos o crédito decorrente de sentença judicial transitada em julgado a ser pago por meio de RPV.

Se não houvesse a Lei nº 1.788/2007, a quantia considerada "pequeno valor" seria 40 salários-mínimos, conforme previsto no art. 87 do ADCT da CF/88.

Antes da Lei, se a pessoa tivesse um crédito em relação ao Estado de Rondônia de até 40 salários-mínimos, não precisaria receber por meio de precatório. Com a Lei, esse limite caiu para 10 salários-mínimos. Isso significa que ficou mais "difícil" (restrito) receber por RPV. Em outras palavras, mais pessoas passaram a ter que se submeter ao regime de precatórios (que é horrível).

Essa previsão da Lei estadual nº 1.788/2007 é válida?

SIM.

> **Os Estados-membros podem editar leis reduzindo a quantia considerada como de pequeno valor, para fins de RPV, prevista no art. 87 do ADCT da CF/88.**
>
> STF. Plenário. ADI 4332/RO, Rel. Min. Alexandre de Moraes, julgado em 7/2/2018 (Info 890).

A norma do art. 87 do ADCT tem caráter transitório e ela própria afirma que somente tem eficácia enquanto o Estado-membro não editar sua lei regulamentando o tema:

> § Art. 87. Para efeito do que dispõem o § 3º do art. 100 da Constituição Federal e o art. 78 deste Ato das Disposições Constitucionais Transitórias serão considerados de pequeno valor, até que se dê a publicação oficial das respectivas leis definidoras pelos entes da Federação, observado o disposto no § 4º do art. 100 da Constituição Federal, os débitos ou obrigações consignados em precatório judiciário, que tenham valor igual ou inferior a:
>
> I – quarenta salários-mínimos, perante a Fazenda dos Estados e do Distrito Federal;
>
> II – trinta salários-mínimos, perante a Fazenda dos Municípios.

Desse modo, o legislador estadual tem sim liberdade para fixar valor inferior aos 40 salários-mínimos para o pagamento por meio de RPV, de acordo com a sua realidade orçamentária regional.

E o Estado pode fixar qualquer valor? Ex: o Estado de São Paulo pode fixar 5 salários-mínimos como sendo pequeno valor para fins de RPV? Isso seria possível?

NÃO. Os Estados/DF e Municípios, ao editarem as suas leis definindo o que seja "pequeno valor", deverão ter como critério a sua capacidade econômica, respeitado o princípio da proporcionalidade.

A fixação de 5 salários-mínimos como sendo pequeno valor para um Estado rico como São Paulo seria uma ofensa ao princípio da proporcionalidade.

No caso concreto, entendeu-se que Rondônia atendeu o princípio da proporcionalidade ao reduzir esse teto para 10 salários-mínimos considerando que é um dos Estados que menos arrecada na Federação, com um Índice de Desenvolvimento Humano (IDH) de 0,69.

Vale ressaltar que nenhum ente pode fixar como pequeno valor quantia inferior ao valor do maior benefício do regime geral da previdência social ("teto do INSS"):

> §
>
> Art. 100 (...)
>
> § 4º Para os fins do disposto no § 3º, poderão ser fixados, por leis próprias, valores distintos às entidades de direito público, segundo as diferentes capacidades econômicas, sendo o mínimo igual ao valor do maior benefício do regime geral de previdência social.

Em 2018, o "teto do INSS" foi fixado em R$ 5.645,80.

Uma última pergunta: os Estados/DF e Municípios podem editar leis fixando quantias superiores aos limites do art. 87 do ADCT? Ex: São Paulo pode editar uma lei dizendo que "pequeno valor" naquele Estado, para fins de RPV, corresponde a 60 salários-mínimos?

SIM. Os Estados/DF e Municípios podem fixar limites inferiores ou superiores àqueles que estão previstos no art. 87 do ADCT. Na prática, contudo, será muito difícil que um Estado amplie o limite do art. 87 porque, em tese, ele prejudica suas finanças considerando que terá mais débitos a serem pagos por RPV.

6. EXECUÇÃO FISCAL

NOÇÕES GERAIS SOBRE A EXECUÇÃO FISCAL

Execução fiscal

Execução fiscal é...

- a ação judicial proposta pela Fazenda Pública (União, Estados, DF, Municípios e suas respectivas autarquias e fundações)
- para cobrar do devedor
- créditos (tributários ou não tributários)
- que estão inscritos em dívida ativa.

Regramento

A execução fiscal é regida pela Lei nº 6.830/80 (LEF) e, subsidiariamente, pelo CPC.

O procedimento da execução fiscal é especial e bem mais célere que o da execução "comum".

O que é prescrição intercorrente?

Prescrição intercorrente é aquela que ocorre durante o processo judicial, em virtude da demora em se prolatar uma decisão, pondo fim à causa.

"A prescrição intercorrente ocorre no curso do processo e em razão da conduta do autor que, ao não prosseguir com o andamento regular ao feito, se queda inerte, deixando de atuar para que a demanda caminhe em direção ao fim colimado." (Min. Luis Felipe Salomão).

Fundamento

A prescrição intercorrente existe em nome da segurança jurídica e tem por objetivo evitar a eternização dos conflitos. Além disso, é um instrumento de racionalidade e economicidade para o Estado, considerando que evita a perenização de demandas que estão fadadas ao insucesso, acarretando apenas gastos desnecessários ao erário.

Prescrição intercorrente na execução fiscal x prescrição do crédito tributário

A Lei nº 6.830/80 regulamenta, em seu art. 40, a prescrição intercorrente no curso da execução fiscal.

Importante esclarecer que não estou falando aqui da prescrição do crédito tributário, ou seja, da prescrição da pretensão do Fisco para ajuizar a execução fiscal.

A prescrição tributária (prescrição do crédito tributário) é regida pelo art. 170 do CTN:

§ Art. 174. A ação para a cobrança do crédito tributário prescreve em cinco anos, contados da data da sua constituição definitiva.

Prescrição ordinária	Prescrição intercorrente da LEF
Consiste na perda do direito de a Fazenda Pública ajuizar a execução fiscal contra o contribuinte cobrando o crédito tributário.	Consiste na extinção da execução fiscal pelo fato de o devedor não ter sido localizado ou de não terem sido encontrados bens sobre os quais possa recair a penhora.
Ocorre antes do ajuizamento da execução fiscal.	Ocorre durante a tramitação da execução fiscal.
O Fisco ficará impedido de ajuizar ação cobrando a dívida tributária.	O processo é extinto e o Fisco ficará impedido de ajuizar nova ação cobrando a dívida.
Abrange apenas créditos tributários.	Pode englobar créditos tributários ou não tributários.
A prescrição ordinária é interrompida: • Antes da LC 118/2005: pela citação válida do devedor (por carta, oficial de justiça ou edital). • Depois da LC 118/2005: pelo despacho do juiz que ordenar a citação na execução fiscal.	A prescrição intercorrente é interrompida: **a.** pela efetiva constrição patrimonial de algum bem que possa servir para o pagamento do crédito; e **b.** pela efetiva citação do devedor.
Prevista no art. 174 do CTN.	Disciplinada no art. 40, § 4º da LEF.

Redação do art. 40 da LEF

Antes de prosseguirmos na análise do tema, leia a redação do art. 40 da LEF:

§ Art. 40. O Juiz suspenderá o curso da execução, enquanto não for localizado o devedor ou encontrados bens sobre os quais possa recair a penhora, e, nesses casos, não correrá o prazo de prescrição.

§ 1º Suspenso o curso da execução, será aberta vista dos autos ao representante judicial da Fazenda Pública.

§ 2º Decorrido o prazo máximo de 1 (um) ano, sem que seja localizado o devedor ou encontrados bens penhoráveis, o Juiz ordenará o arquivamento dos autos.

§ 3º Encontrados que sejam, a qualquer tempo, o devedor ou os bens, serão desarquivados os autos para prosseguimento da execução.

§ 4º Se da decisão que ordenar o arquivamento tiver decorrido o prazo prescricional, o juiz, depois de ouvida a Fazenda Pública, poderá, de ofício, reconhecer a prescrição intercorrente e decretá-la de imediato. (Incluído pela Lei nº 11.051/2004)

§ 5º A manifestação prévia da Fazenda Pública prevista no § 4º deste artigo será dispensada no caso de cobranças judiciais cujo valor seja inferior ao mínimo fixado por ato do Ministro de Estado da Fazenda. (Incluído pela Lei nº 11.960/2009)

O espírito da Lei de Execuções Fiscais, em seu art. 40, é o de que nenhuma execução fiscal já ajuizada poderá permanecer eternamente nos escaninhos do Poder Judiciário ou da Procuradoria encarregada da execução das respectivas dívidas fiscais.

Nessa lógica, com o intuito de acabar com as execuções fiscais com pouca ou nenhuma probabilidade de êxito, estabeleceu-se então um prazo para que fossem localizados o devedor ou encontrados bens sobre os quais pudessem recair a penhora.

Obs: alguns autores e julgados denominam o art. 40 da LEF de "suspensão-crise".

Constitucionalidade

Existe uma discussão sobre a constitucionalidade do § 4º do art. 40 da LEF. Os que alegam a sua inconstitucionalidade afirmam que ele tratou sobre prescrição de crédito tributário e que isso somente poderia ser regulamentado por meio de lei complementar, nos termos do art. 146, III, "b", da CF/88:

§

Art. 146. Cabe à lei complementar:

(...)

III – estabelecer normas gerais em matéria de legislação tributária, especialmente sobre:

(...)

b) obrigação, lançamento, crédito, prescrição e decadência tributários;

Esse tema será definido quando o STF julgar o RE 636562/SC, cuja repercussão geral já foi reconhecida, estando aguardando para deliberação do mérito.

Por enquanto, prevalece que o dispositivo é constitucional e aplicável.

ETAPAS PARA SE ANALISAR O ART. 40 DA LEF

1) Petição inicial

A execução fiscal começa com a petição inicial proposta pela Fazenda Pública, que é uma peça processual muito simples, normalmente de uma ou duas páginas, indicando apenas:

I – o Juiz a quem é dirigida;

II – o pedido; e

III – o requerimento para a citação.

A petição inicial deverá ser instruída com a Certidão da Dívida Ativa (CDA), que dela fará parte integrante, como se estivesse transcrita. A petição inicial e a CDA poderão constituir um único documento, preparado inclusive por processo eletrônico.

2) Despacho do juiz

Se a petição estiver em ordem, o juiz irá proferir um "despacho" deferindo a inicial e determinado que o executado seja citado.

3) Citação do devedor

Existe uma ordem de prioridades na citação do executado na execução fiscal.

Inicialmente, deve-se tentar a citação pelo correio.

Se não for possível, deve-se buscar a citação por Oficial de Justiça.

Caso esta também reste infrutífera, realiza-se a citação por edital. Nesse sentido:

> Súmula 414-STJ: A citação por edital na execução fiscal é cabível quando frustradas as demais modalidades.

Vale ressaltar, no entanto, que não é necessário o exaurimento de todos os meios para que o Oficial de Justiça tente localizar o paradeiro do executado para se admitir a citação por edital. O meirinho procura o devedor em seu domicílio fiscal e, se não o encontrar, a citação por edital é possível.

A prescrição ordinária é interrompida:

- Antes da LC 118/2005:
  - se o crédito era tributário: a prescrição só se interrompia com a citação válida do devedor (por carta, oficial de justiça ou edital) (com base na redação antiga do art. 174, I, do CTN).
  - se o crédito era de outra natureza (não tributário): pelo despacho do juiz que ordenar a citação na execução fiscal (com base no art. 8º, § 2º, da LEF).
- Depois da LC 118/2005: tanto no caso de crédito tributário como "não tributário", a prescrição ordinária é interrompida pelo despacho do juiz que ordenar a citação na execução fiscal. Isso porque a redação do art. 174, I, do CTN foi alterada pela LC 118/2005.

4) Opções do executado:

Depois de citado, o executado terá um prazo de 5 dias para adotar uma das seguintes opções:

1º) pagar a dívida cobrada;

2º) garantir a execução;

3º) não pagar nem garantir.

5) Executado não pagou nem garantiu a execução

Se o executado não pagar nem garantir a execução, o juiz determinará a penhora de bens.

Penhora é o ato pelo qual são apreendidos bens do devedor que serão utilizados para satisfazer o crédito executado.

6) Suspensão da execução

O caput do art. 40 afirma que o juiz deverá suspender a execução fiscal se:

a. o devedor não foi localizado; ou

PROCESSO CIVIL

b. o devedor foi localizado, mas não foram encontrados bens sobre os quais possa recair a penhora.

Enquanto o processo estiver suspenso, não corre o prazo prescricional:

§ Art. 40. O Juiz suspenderá o curso da execução, enquanto não for localizado o devedor ou encontrados bens sobre os quais possa recair a penhora, e, nesses casos, não correrá o prazo de prescrição.

Obs1: registre-se que o art. 40, caput, da LEF não dá qualquer opção ao Juiz diante da constatação de que não foram encontrados o devedor ou bens penhoráveis. O texto fala claramente que o Juiz "suspenderá" o curso da execução.

Obs2: é possível que sejam encontrados bens em nome do devedor, mas que estes sejam impenhoráveis (ex: bem de família, bem danificado, bem de valor irrisório etc). Assim, para que se aplique o art. 40 não se exige a inexistência absoluta de bens. Exige-se que:

a. não tenha sido encontrado nenhum bem; ou

b. que o(s) bem(ens) encontrado(s) não possa(m) ser penhorado(s).

7) Vista dos autos à Fazenda Pública

Depois que o juiz suspender a execução fiscal, ele deverá dar vista dos autos ao representante judicial da Fazenda Pública (§ 1º do art. 40) com o objetivo de que o Fisco seja intimado, ou seja, fique ciente desta decisão e, eventualmente, possa recorrer.

8) Aguardar 1 ano com o processo suspenso e sem correr prescrição

No mesmo dia em que a Fazenda Pública tiver vista dos autos já começa a correr automaticamente o prazo de 1 ano. Essa foi uma das teses definidas pelo STJ:

> **O prazo de 1 (um) ano de suspensão do processo e do respectivo prazo prescricional previsto no art. 40, §§ 1º e 2º da Lei nº 6.830/80 (LEF) tem início automaticamente na data da ciência da Fazenda Pública a respeito da não localização do devedor ou da inexistência de bens penhoráveis no endereço fornecido, havendo, sem prejuízo dessa contagem automática, o dever de o magistrado declarar ter ocorrido a suspensão da execução.**
>
> STJ. 1ª Seção. REsp 1.340.553-RS, Rel. Min. Mauro Campbell Marques, julgado em 12/09/2018 (recurso repetitivo) (Info 635).

Obs1: depois que a Fazenda for intimada da localização do devedor ou da inexistência de bens penhoráveis, o magistrado deverá proferir um despacho declarando que ocorreu a suspensão da prescrição nos termos do § 1º do art. 40 da LEF.

Obs2: vale ressaltar que o processo já está suspenso automaticamente desde o dia da intimação da Fazenda Pública. Assim, não é esse despacho do juiz que suspende o processo. A suspensão ocorre, por força de lei, no dia da intimação. O despacho do juiz declarando ter ocorrido a suspensão da execução ocorre apenas para melhor organização e controle do processo.

Exemplo:

- no dia 02/02, a Fazenda Pública é intimada de que não foram encontrados bens.
- em 04/04, o juiz declara que ocorreu a suspensão da execução.
- o prazo de 1 ano já teve início no dia 02/02; esse despacho do dia 04/04 é apenas uma formalidade e tem conteúdo declaratório.

Esse entendimento está em harmonia com o teor da Súmula nº 314 do STJ: "Em execução fiscal, não localizados bens penhoráveis, suspende-se o processo por um ano, findo o qual se inicia o prazo da prescrição quinquenal intercorrente".

Obs3: repito que, neste prazo de 1 ano de suspensão do processo, o prazo prescricional também fica suspenso, ou seja, ainda não está correndo.

9) Fazenda Pública vai em busca de localizar o devedor ou encontrar bens penhoráveis

Neste período de 1 ano, a Fazenda Pública tem o ônus de tentar localizar o devedor (se isso ainda não foi feito) ou de localizar bens penhoráveis.

Ela fará pesquisa nos bancos de dados governamentais, nos cartórios, nas redes sociais e onde mais puder.

- Se a Fazenda Pública encontrar: ela informa ao juiz e o processo que estava suspenso volta a tramitar;
- Se a Fazenda Pública não encontrar no prazo de 1 ano: o processo será arquivado e começa a correr o prazo de prescrição intercorrente.

10) Passou o prazo de 1 ano = arquivamento automático dos autos

Veja o que diz o § 2º do art. 40:

> §
>
> Art. 40 (...)
>
> § 2º Decorrido o prazo máximo de 1 (um) ano, sem que seja localizado o devedor ou encontrados bens penhoráveis, o Juiz ordenará o arquivamento dos autos.

Assim, após o prazo de 1 ano, se a Fazenda Pública não trouxer nenhuma informação que seja eficaz para a retomada da execução, haverá o arquivamento dos autos, sem baixa na distribuição.

O processo ficará em um arquivo, mas sem que seja excluído da tramitação no sistema informatizado, ou seja, sem baixa na distribuição.

O § 2º diz o seguinte: "o Juiz ordenará o arquivamento dos autos". Desse modo, pela literalidade do dispositivo, seria necessário que o juiz proferisse um comando (despacho ou decisão) determinando o arquivamento dos autos.

O STJ, contudo, disse que isso não é necessário. O prazo é *ex lege* e seu fluxo é automático.

Assim, passado o prazo de 1 ano, os autos serão arquivados automaticamente.

Veja as palavras do Min. Relator Mauro Campbell:

> "A compreensão de que o prazo de suspensão do art. 40, da LEF somente tem início mediante peticionamento da Fazenda Pública ou determinação expressa do Juiz configura grave equívoco interpretativo responsável pelos inúmeros feitos executivos paralisados no Poder Judiciário ou Procuradorias, prolongando indevidamente o início da contagem do prazo da prescrição intercorrente. Essa interpretação equivocada já foi rechaçada no *leading case* que originou a Súmula nº 314/STJ (EREsp 97.328/PR).
>
> Desse modo, havendo ou não petição da Fazenda Pública e havendo ou não decisão judicial nesse sentido (essas decisões e despachos de suspensão e arquivamento são meramente declaratórios, não alterando os marcos prescricionais), inicia-se automaticamente o prazo prescricional de 5 (cinco) anos durante o qual o processo deveria estar arquivado sem baixa na distribuição."

11) Passou o prazo de 1 ano = arquivamento automático dos autos = início automático da contagem do prazo prescricional

Com o arquivamento dos autos, inicia-se automaticamente o prazo da prescrição intercorrente.

Qual é esse prazo prescricional?

Depende da natureza do crédito exequendo (crédito que está sendo executado). Isso porque na execução fiscal podem ser cobrados "créditos tributários" ou "créditos não tributários".

- Se estiver sendo executado um crédito tributário, o prazo prescricional será de 5 anos, conforme prevê o art. 174 do CTN;
- Se estiver sendo executado um crédito não tributário, terá que ser analisado qual é o prazo prescricional previsto na legislação correspondente.

Exemplo:

- no dia 02/02/2019, a Fazenda Pública é intimada de que não foram encontrados bens.
- em 04/04/2019, o juiz declara que ocorreu a suspensão da execução.
- o prazo de 1 ano já teve início no dia 02/02/2019.
- em 02/02/2020 termina o prazo de 1 ano e, automaticamente, inicia-se a contagem do prazo prescricional.

Veja a tese fixada pelo STJ:

Havendo ou não petição da Fazenda Pública e havendo ou não pronunciamento judicial nesse sentido, findo o prazo de 1 (um) ano de suspensão, inicia-se automaticamente o prazo prescricional aplicável (de acordo com a natureza do crédito exequendo) (...)

STJ. 1ª Seção. REsp 1.340.553-RS, Rel. Min. Mauro Campbell Marques, julgado em 12/09/2018 (recurso repetitivo) (Info 635).

Repare, portanto, que o legislador previu duas etapas com dois prazos diferentes:

1ª etapa: suspensão do curso da execução e suspensão do prazo prescricional	2ª etapa: arquivamento dos autos e contagem do prazo prescricional
Duração: 1 ano	Duração: o prazo prescricional previsto na lei. • 5 anos (no caso de créditos tributários). • créditos de outra natureza: depende da lei.
Termo inicial: data em que a Fazenda é intimada da falta de localização de devedores ou bens penhoráveis (art. 40, caput). Termo final: termina automaticamente depois de 1 ano da intimação (art. 40, §§ 1º e 2º).	Termo inicial: tem início com o fim da primeira parte, ou seja, a segunda parte começa com o fim do prazo de 1 ano da intimação da Fazenda. Termo final: termina automaticamente depois de expirado o prazo prescricional próprio do crédito fiscal em cobrança.
Durante essa primeira parte, a execução fiscal fica suspensa com vista dos autos aberta ao representante judicial da Fazenda Pública.	Nessa segunda parte, a execução fiscal fica arquivada no Poder Judiciário, sem baixa na distribuição.
O fluxo do prazo é automático.	O fluxo do prazo também é automático.

Desse modo, na prática, se a Fazenda Pública estiver executando um crédito tributário haverá um prazo de 6 anos contados para que a Fazenda Pública encontre o devedor ou os referidos bens. Esse prazo começa automaticamente na data da ciência da Fazenda Pública a respeito da não localização do devedor ou da inexistência de bens penhoráveis no endereço fornecido.

12) Interrupção do prazo prescricional

Durante o curso do prazo prescricional, a Fazenda Pública deve continuar tentando localizar o devedor ou bens penhoráveis e, se tiver êxito, informa isso ao Juiz e a prescrição pode ser interrompida e a execução retomada.

Assim, existem duas causas interruptivas da prescrição:

a. a efetiva constrição patrimonial de algum bem que possa servir para o pagamento do crédito; e

b. a efetiva citação (ainda que por edital).

Essas duas hipóteses estão previstas expressamente no § 3º do art. 40:

§

Art. 40 (...)

§ 3º Encontrados que sejam, a qualquer tempo, o devedor ou os bens, serão desarquivados os autos para prosseguimento da execução.

Mera petição da Fazenda Pública não interrompe a prescrição

Vale ressaltar, contudo, que a palavra "encontrados" deve ser interpretada à luz do princípio da eficiência. Isso significa que somente haverá a interrupção da prescrição se o devedor ou bem forem encontrados efetivamente pelo Poder Judiciário.

Assim, imaginemos que a Fazenda Pública descobre um possível endereço ou bem penhorável e peticiona ao juízo repassando essas informações e requerendo a citação ou a penhora.

Essa petição, por si só, não satisfaz o requisito do art. 40, § 3º, da LEF, ou seja, a mera petição da Fazenda Pública não interrompe a prescrição. Para todos os efeitos, o devedor ou os bens ainda não foram encontrados (trata-se de mera indicação). É preciso que a providência requerida ao Poder Judiciário seja frutífera, ou seja, que resulte em efetiva citação ou penhora (constrição patrimonial).

A providência deve ser requerida antes de terminar o prazo prescricional, ainda que seja efetivada depois

Se a Fazenda Pública peticionou trazendo informações sobre o devedor ou sobre bens penhoráveis antes de esgotado o prazo prescricional e este requerimento foi frutífero/eficiente (conseguiu-se a efetiva citação ou a efetiva constrição patrimonial), considera-se que houve a interrupção da prescrição, mesmo que a providência requerida ao Poder Judiciário tenha ocorrido fora do prazo de 6 anos.

Nas palavras do STJ:

"A providência requerida ao Poder Judiciário deve resultar em efetiva citação ou penhora constrição patrimonial (isto é: ser frutífera/eficiente), ainda que estas ocorram fora do prazo de 6 (seis) anos."

Se a petição da Fazenda foi protocolizada após o prazo de 6 anos não haverá interrupção

Vale ressaltar que não é possível interromper a prescrição intercorrente fora do prazo de 6 anos. Isso por conta de um motivo muito simples: não se interrompe aquilo que já acabou. Se

PROCESSO CIVIL

o prazo prescricional já foi todo ultrapassado, ele já acabou e a petição apresentada não tem o condão de reabri-lo.

Mesmo que a penhora seja depois desconstituída, houve a interrupção

Conforme decidiu o STJ, tendo ocorrido a efetiva constrição patrimonial, houve a interrupção, mesmo que, posteriormente, essa penhora seja desconstituída.

Assim, não importa, para fins de interrupção, que a penhora (constrição patrimonial) perdure, que o bem penhorado (constrito) seja efetivamente levado a leilão e que o leilão seja positivo.

Cumprido o requisito, a prescrição intercorrente se interrompe na data em que protocolada a petição que requereu a providência frutífera.

Se a providência requerida for infrutífera

Se a providência requerida for infrutífera, decreta-se a prescrição, salvo se o Poder Judiciário excepcionalmente reconhecer a sua culpa. Neste caso, aplica-se o raciocínio da Súmula 106-STJ, o que deve ser averiguado de forma casuística, já que depende de pressupostos fáticos:

Súmula 106-STJ: Proposta a ação no prazo fixado para o seu exercício, a demora na citação, por motivos inerentes ao mecanismo da justiça, não justifica o acolhimento da arguição de prescrição ou decadência.

Veja a tese fixada pelo STJ sobre este ponto:

A efetiva constrição patrimonial e a efetiva citação (ainda que por edital) são aptas a interromper o curso da prescrição intercorrente, não bastando para tal o mero peticionamento em juízo, requerendo, v.g., a feitura da penhora sobre ativos financeiros ou sobre outros bens.

Os requerimentos feitos pelo exequente, dentro da soma do prazo máximo de 1 (um) ano de suspensão mais o prazo de prescrição aplicável (de acordo com a natureza do crédito exequendo) deverão ser processados, ainda que para além da soma desses dois prazos, pois, citados (ainda que por edital) os devedores e penhorados os bens, a qualquer tempo – mesmo depois de escoados os referidos prazos –, considera-se interrompida a prescrição intercorrente, retroativamente, na data do protocolo da petição que requereu a providência frutífera.

STJ. 1ª Seção. REsp 1.340.553-RS, Rel. Min. Mauro Campbell Marques, julgado em 12/09/2018 (recurso repetitivo) (Info 635).

13) Após o transcurso do prazo prescricional: oitiva da Fazenda e reconhecimento de ofício da prescrição

Passado o prazo prescricional sem que tenha havido a sua interrupção, o juiz deve intimar a Fazenda Pública. Após a oitiva, o magistrado poderá, de ofício, decretar a prescrição, extinguindo o processo.

Essa é a redação do § 4º do art. 40:

§

Art. 40 (...)

§ 4º Se da decisão que ordenar o arquivamento tiver decorrido o prazo prescricional, o juiz, depois de ouvida a Fazenda Pública, poderá, de ofício, reconhecer a prescrição intercorrente e decretá-la de imediato. (Incluído pela Lei nº 11.051/2004)

§ 5º A manifestação prévia da Fazenda Pública prevista no § 4º deste artigo será dispensada no caso de cobranças judiciais cujo valor seja inferior ao mínimo fixado por ato do Ministro de Estado da Fazenda. (Incluído pela Lei nº 11.960/2009)

Confira agora a síntese das etapas 10, 11 e 13 acima explicadas:

Havendo ou não petição da Fazenda Pública e havendo ou não pronunciamento judicial nesse sentido, findo o prazo de 1 (um) ano de suspensão, inicia-se automaticamente o prazo prescricional aplicável (de acordo com a natureza do crédito exequendo), durante o qual o processo deveria estar arquivado sem baixa na distribuição, na forma do art. 40, §§ 2º, 3º e 4º da Lei nº 6.830/1980 – LEF, findo o qual o Juiz, depois de ouvida a Fazenda Pública, poderá, de ofício, reconhecer a prescrição intercorrente e decretá-la de imediato.

STJ. 1ª Seção. REsp 1.340.553-RS, Rel. Min. Mauro Campbell Marques, julgado em 12/09/2018 (recurso repetitivo) (Info 635).

14) E se o juiz decretar a prescrição sem antes ter intimado a Fazenda Pública?

O art. 40, § 4º determina que, antes de o juiz decretar a prescrição intercorrente, ele deverá intimar a Fazenda Pública.

No entanto, eventual descumprimento dessa regra deverá ser analisado à luz do princípio da instrumentalidade das formas, previsto no art. 277 do CPC:

§ Art. 277. Quando a lei prescrever determinada forma, o juiz considerará válido o ato se, realizado de outro modo, lhe alcançar a finalidade.

Sendo assim, se ao final do referido prazo de 6 anos, contados da falta de localização de devedores ou bens penhoráveis, a Fazenda Pública for intimada do decurso do prazo prescricional, sem ter sido intimada nas etapas anteriores, terá, nesse momento e dentro do prazo para se manifestar (que pode ser inclusive em sede de apelação), a oportunidade de providenciar a localização do devedor ou dos bens e apontar a ocorrência no passado de qualquer causa interruptiva ou suspensiva da prescrição. Esse entendimento é o que está conforme o comando contido no art. 40, § 3º, da LEF.

Por outro lado, caso a Fazenda Pública não faça uso dessa prerrogativa, deve ser reconhecida a prescrição intercorrente.

O mesmo raciocínio é aplicável caso se entenda que a ausência de intimação das etapas anteriores tem enquadramento nos arts. 280 e 281 do CPC. Isto porque o princípio da instrumentalidade das formas recomenda que a Fazenda Pública, em sua primeira oportunidade de falar nos autos (art. 278 do CPC), ao alegar a nulidade pela falta de intimação, demonstre o prejuízo que sofreu, e isso somente é possível se houver efetivamente localizado o devedor ou os bens penhoráveis, ou tenha ocorrido qualquer causa interruptiva ou suspensiva da prescrição.

Em suma, o STJ entende que somente deverá ser decretada a nulidade pela ausência de intimação se a Fazenda Pública, ao vir nos autos alegar essa nulidade, demonstrar a ocorrência de prejuízo.

Veja a tese fixada sobre este ponto:

A Fazenda Pública, em sua primeira oportunidade de falar nos autos (art. 278 do CPC/2015), ao alegar nulidade pela falta de qualquer intimação dentro do procedimento do art. 40 da LEF, deverá demonstrar o prejuízo que sofreu. Assim, a Fazenda deverá demonstrar que havia uma causa interruptiva ou suspensiva da prescrição que ela poderia ter alegado.

Exceção. Existe uma situação na qual a Fazenda Pública não precisará demonstrar prejuízo: se ela não foi intimada da falta de localização de devedores ou bens penhoráveis (art. 40, *caput*). Isso porque o prazo de 1 ano somente começa a ser contado na data em que a Fazenda Pública é intimada. Logo, esta é uma situação de prejuízo presumido.

STJ. 1ª Seção. REsp 1.340.553-RS, Rel. Min. Mauro Campbell Marques, julgado em 12/09/2018 (recurso repetitivo) (Info 635).

15) Sentença do juiz decretando a prescrição

Transcorrido o período prescricional e constatada a falta de efetividade do exequente, será reconhecida a prescrição. Esse transcurso do prazo é automático.

Vale ressaltar, no entanto, que o magistrado, ao reconhecer a prescrição intercorrente, deverá fundamentar o ato judicial por meio da delimitação dos marcos legais que foram aplicados na contagem do respectivo prazo, inclusive quanto ao período em que a execução ficou suspensa.

Com isso, restará a possibilidade de o exequente, intimado da decisão que reconheceu a prescrição intercorrente, utilizar-se dos meios recursais cabíveis para questionar a contagem dos marcos legais indicados na decisão judicial e demonstrar eventual equívoco do ato judicial impugnado.

A tese foi fixada nos seguintes termos:

O magistrado, ao reconhecer a prescrição intercorrente, deverá fundamentar o ato judicial por meio da delimitação dos marcos legais que foram aplicados na contagem do respectivo prazo, inclusive quanto ao período em que a execução ficou suspensa.

STJ. 1ª Seção. REsp 1.340.553-RS, Rel. Min. Mauro Campbell Marques, julgado em 12/09/2018 (recurso repetitivo) (Info 635).

7. MANDADO DE SEGURANÇA

7.1. REQUISITOS DA TEORIA DA ENCAMPAÇÃO (SÚMULA 628-STJ)

Súmula 628-STJ: A teoria da encampação é aplicada no mandado de segurança quando presentes, cumulativamente, os seguintes requisitos:

a) existência de vínculo hierárquico entre a autoridade que prestou informações e a que ordenou a prática do ato impugnado;

b) manifestação a respeito do mérito nas informações prestadas; e

c) ausência de modificação de competência estabelecida na Constituição Federal.

STJ. 1ª Seção. Aprovada em 12/12/2018, DJe 17/12/2018.

Autoridade coatora

O mandado de segurança é impetrado contra o ato de uma autoridade coatora.

Nesse sentido, veja o que diz o art. 5º, LXIX, da CF/88:

> § LXIX – conceder-se-á mandado de segurança para proteger direito líquido e certo, não amparado por habeas corpus ou habeas data, quando o responsável pela ilegalidade ou abuso de poder for autoridade pública ou agente de pessoa jurídica no exercício de atribuições do Poder Público;

No mesmo sentido é a redação da Lei do Mandado de Segurança (Lei nº 12.016/2009):

> § Art. 1º Conceder-se-á mandado de segurança para proteger direito líquido e certo, não amparado por habeas corpus ou habeas data, sempre que, ilegalmente ou com abuso de poder, qualquer pessoa física ou jurídica sofrer violação ou houver justo receio de sofrê-la por parte de autoridade, seja de que categoria for e sejam quais forem as funções que exerça.

§ 1º Equiparam-se às autoridades, para os efeitos desta Lei, os representantes ou órgãos de partidos políticos e os administradores de entidades autárquicas, bem como os dirigentes de pessoas jurídicas ou as pessoas naturais no exercício de atribuições do poder público, somente no que disser respeito a essas atribuições.

E quem é a autoridade coatora, no caso concreto?

Considera-se autoridade coatora:

- a pessoa que praticou o ato impugnado; ou
- a pessoa da qual emanou a ordem para a sua prática (pessoa que mandou o ato ser praticado).

Petição inicial

Na petição inicial do MS deverá ser expressamente indicada quem é a autoridade coatora:

§ Art. 6º A petição inicial, que deverá preencher os requisitos estabelecidos pela lei processual, será apresentada em 2 (duas) vias com os documentos que instruírem a primeira reproduzidos na segunda e indicará, além da autoridade coatora, a pessoa jurídica que esta integra, à qual se acha vinculada ou da qual exerce atribuições.

Indicação errada da autoridade coatora

A Administração Pública é cheia de meandros, setores, gerências, departamentos e outros subdivisões, de forma que nem sempre é uma tarefa fácil identificar, com exatidão, quem foi o responsável pela ordem.

Diante disso, na prática, verificava-se que o indivíduo impetrava o mandado de segurança indicando, por exemplo, como autoridade coatora, o diretor de determinado departamento da Secretaria de Estado.

Nas informações do mandado de segurança, este diretor vinha dizendo que a indicação da autoridade foi errada, considerando que o responsável pelo ato seria o subdiretor. Ao final, a autoridade pedia que o mandado de segurança fosse extinto sem resolução do mérito por ilegitimidade passiva.

Teoria da encampação

Situações como a acima expostas, não se revelam razoáveis, tendo em vista que o mandado de segurança é um remédio constitucional idealizado para a garantia de direitos, não podendo seu acesso ser inviabilizado por dificuldades burocráticas de se identificar o verdadeiro autor do ato impugnado na Administração Pública.

Diante desse cenário, há muitos anos, a doutrina e a jurisprudência idealizaram a chamada "teoria da encampação", por meio da qual se busca relativizar esse "erro" na indicação da autoridade coatora, desde que cumpridos determinados requisitos.

Primeiros precedentes

Essa teoria da encampação não se encontra expressamente regulamentada em lei.

Dessa forma, o STJ construiu três requisitos para que ela seja aceita.

Um dos primeiros precedentes do STJ a discorrer, de forma sistematizada, sobre tais requisitos foi em 2008, no RMS 12.779/DF (o STJ já havia tratado sobre a teoria, mas sem organizá-la em requisitos no MS 10.484/DF, do ano 2005).

No RMS 12.779/DF, a situação concreta foi a seguinte:

Determinada Fundação Educacional e Cultural impetrou mandado de segurança indicando como autoridade coatora o Ministro de Estado da Previdência Social.

Como o MS era contra Ministro de Estado, ele foi ajuizado no STJ (art. 105, I, "b", da CF/88).

A impetrante alegou que seu "Certificado de Entidade Beneficente de Assistência Social" (CEBAS) foi indevidamente cancelado e, com isso, a Fundação ficou sem poder gozar dos benefícios da imunidade tributária.

O Ministro da Previdência Social apresentou as informações no mandado de segurança dizendo que:

- o documento cancelando o CEBAS foi assinado pelo Chefe da Seção de Orientação da Arrecadação Previdenciária (e não por ele, Ministro). Logo, a impetrante teria indicado a autoridade errada.
- caso não se concorde com isso, a segurança não deve ser concedida porque esse cancelamento observou a lei e a impetrante não tem direito realmente ao CEBAS.

Requisitos

O STJ, ao apreciar este caso acima relatado (RMS 12.779/DF), afirmou que são três os requisitos para aplicação da teoria da encampação no mandado de segurança:

a. existência de vínculo hierárquico entre a autoridade que prestou informações e a que ordenou a prática do ato impugnado;

b. manifestação a respeito do mérito nas informações prestadas; e

c. ausência de modificação de competência estabelecida na Constituição Federal.

a) vínculo hierárquico entre as autoridades

No caso concreto, o Ministro da Previdência alegou que quem praticou o ato foi o Chefe de Arrecadação Previdenciária. Está certo. No entanto, esse Chefe de Arrecadação está subordinado hierarquicamente ao Ministro, de forma que o primeiro requisito da teoria da encampação está preenchido.

b) defesa do mérito do ato

O segundo requisito para a aplicação da teoria é que a autoridade que foi indicada no MS e que apresentou as informações tenha se manifestado a respeito do mérito do ato impugnado.

Esse requisito também foi preenchido, considerando que o Ministro afirmou, expressamente, que o ato praticado foi legal e que a impetrante não teria direito.

c) ausência de modificação de competência

Esse terceiro requisito significa o seguinte:

A autoridade indicada no MS foi "A". No entanto, a autoridade que praticou o ato realmente foi "B".

Se o mandado de segurança tivesse sido impetrado contra a autoridade correta (ou seja, contra "B"), esta ação estaria tramitando perante o mesmo juiz ou Tribunal que está agora? O mandado de segurança proposto contra "A" é julgado pelo mesmo juízo que julgaria o mandado de segurança impetrado contra "B"? Se a resposta for sim para essas perguntas, o terceiro requisito está preenchido.

Por outro lado, se a Constituição Federal prever que o mandado de segurança impetrado contra a autoridade "A" é julgado pelo Tribunal e que o mandado de segurança contra a autoridade "B" é de competência da 1ª instância, neste caso, não será possível aplicar a teoria da encampação. Isso porque, na prática, estaria havendo uma burla às regras de competência. A parte autora poderia, de forma maliciosa, indicar autoridade errada para escolher outro juízo que não fosse o natural.

No caso concreto acima explicado (RMS 12.779/DF), este terceiro requisito não foi preenchido e, por isso, a teoria da encampação não pode ser aplicada.

O mandado de segurança contra o Ministro da Previdência era de competência do STJ. Por outro lado, o mandado de segurança contra o Chefe de Arrecadação Previdenciária deveria ter sido impetrado perante um juiz federal de 1ª instância (art. 109, VIII, da CF/88).

Logo, se fosse admitida a teoria da encampação, teríamos uma modificação da competência que é prevista na Constituição Federal.

Veja trecho da ementa:

> (...) 1. São três os requisitos para aplicação da teoria da encampação no mandado de segurança: existência de vínculo hierárquico entre a autoridade que prestou informações e a que ordenou a prática do ato impugnado; ausência de modificação de competência estabelecida na Constituição Federal; e manifestação a respeito do mérito nas informações prestadas. Precedente da Primeira Seção: MS 10.484/DF, Rel. Min. José Delgado.
>
> 2. O ato coator apontado foi exarado pelo Chefe da Seção de Orientação da Arrecadação Previdenciária, da Delegacia da Receita Previdenciária de Niterói/RJ, vinculada à Secretaria da Receita Previdenciária do Ministério da Previdência Social.
>
> 3. O conhecimento do writ esbarra na alteração de competência estabelecida pela Carta da República. (...)
>
> STJ. 1ª Seção. MS 12.779/DF, Rel. Min. Castro Meira, julgado em 13/02/2008.

E se houver modificação de competência prevista na Constituição Estadual?

As Constituições Estaduais também trazem regras de competência para mandado de segurança.

Como exemplo, em geral, as Cartas estaduais preveem que os mandados de segurança impetrados contra Governador e Secretários de Estado são de competência do Tribunal de Justiça.

É possível adotar a teoria da encampação mesmo que haja uma modificação de competência estabelecida em Constituição Estadual?

Não. Apesar de a letra "c" da Súmula falar apenas em Constituição Federal, podemos encontrar inúmeros julgados do STJ afirmando que a teoria da encampação também não se aplica se isso implicar em mudança das regras de competência definidas na Constituição Estadual. Ex: o autor impetrou, no TJ, mandado de segurança contra o Secretário de Estado de Educação; ocorre que o ato foi praticado por um diretor de departamento pedagógico (que é julgado em 1ª instância); logo, mesmo que o Secretário defenda o ato nas informações do MS, ainda assim o processo deverá ser extinto sem resolução do mérito.

Nesse sentido:

> (...) Revela-se incabível falar em aplicação da teoria da encampação, uma vez que a indevida presença do Secretário da Fazenda no polo passivo do Mandado de Segurança modificaria a regra de competência jurisdicional disciplinada pela Constituição do Estado. (...)
>
> STJ. 1ª Turma. AgInt no RMS 56.103/MG, Rel. Min. Regina Helena Costa, julgado em 23/08/2018.

Emenda da inicial ou correção de ofício

Outra situação importante e que deve ser destacada aqui é que, algumas vezes, o órgão julgador já percebe, no momento da propositura, que a indicação da autoridade coatora foi incorreta.

Nestes casos, o órgão julgador (juiz ou Relator) deverá determinar a emenda da inicial ou, se o erro for escusável, fazer a correção de ofício, desde que isso não implique modificação de competência.

Ex: candidato aprovado dentro do número de vagas para o concurso de professor estadual impetra mandado de segurança contra o Secretário de Educação pedindo a nomeação. Ocorre que não é o Secretário quem nomeia, mas sim o Governador do Estado. O Relator deverá determinar que o autor emende a Inicial para corrigir a autoridade coatora. Vale ressaltar que isso é possível porque, em regra, o MS impetrado tanto contra o Governador como contra o Secretário é julgado pelo TJ.

Veja precedente do STJ nesse sentido:

(...) O Superior Tribunal de Justiça tem entendimento de que "considerando a finalidade precípua do mandado de segurança que é a proteção de direito líquido e certo, que se mostre configurado de plano, bem como da garantia individual perante o Estado, sua finalidade assume vital importância, o que significa dizer que as questões de forma não devem, em princípio, inviabilizar a questão de fundo gravitante sobre ato abusivo da autoridade. Consequentemente, o Juiz, ao deparar-se, em sede de mandado de segurança, com a errônea indicação da autoridade coatora, deve determinar a emenda da inicial ou, na hipótese de erro escusável, corrigi-lo de ofício, e não extinguir o processo sem julgamento do mérito" (REsp 865.391/BA, Rel. Ministro Luiz Fux, Primeira Turma, DJe 7/8/2008.

2. Recurso Ordinário provido.

STJ. 2ª Turma. RMS 55.062/MG, Rel. Min. Herman Benjamin, julgado em 03/04/2018.

Veja o que estabelecem os arts. 338 e 339 do CPC/2015:

§ Art. 338. Alegando o réu, na contestação, ser parte ilegítima ou não ser o responsável pelo prejuízo invocado, o juiz facultará ao autor, em 15 (quinze) dias, a alteração da petição inicial para substituição do réu.

Parágrafo único. Realizada a substituição, o autor reembolsará as despesas e pagará os honorários ao procurador do réu excluído, que serão fixados entre três e cinco por cento do valor da causa ou, sendo este irrisório, nos termos do art. 85, § 8º.

§ Art. 339. Quando alegar sua ilegitimidade, incumbe ao réu indicar o sujeito passivo da relação jurídica discutida sempre que tiver conhecimento, sob pena de arcar com as despesas processuais e de indenizar o autor pelos prejuízos decorrentes da falta de indicação.

§ 1º O autor, ao aceitar a indicação, procederá, no prazo de 15 (quinze) dias, à alteração da petição inicial para a substituição do réu, observando-se, ainda, o parágrafo único do art. 338.

§ 2º No prazo de 15 (quinze) dias, o autor pode optar por alterar a petição inicial para incluir, como litisconsorte passivo, o sujeito indicado pelo réu.

Leonardo da Cunha defende que esses dispositivos também devem ser aplicados para o processo de mandado de segurança, "permitindo que se corrija a autoridade coatora ou, até mesmo, a pessoa jurídica da qual ela faz parte. Assim, se a parte impetrou mandado de segurança, por exemplo, contra o Governador do Estado, mas a autoridade impetrada seria o Secretário de Estado, é possível corrigir. De igual modo, se impetrou contra o Governador do Estado, mas deveria ter indicado, como autoridade, o diretor de determinada autarquia, poderá haver a correção tanto da autoridade como da pessoa jurídica de cujos quadros faça parte." (CUNHA, Leonardo Carneiro da. *A Fazenda Pública em juízo*. São Paulo: Forense, 2016, p. 534).

Com a mesma conclusão:

Enunciado 511-FPPC: A técnica processual prevista nos arts. 338 e 339 pode ser usada, no que couber, para possibilitar a correção da autoridade coatora, bem como da pessoa jurídica, no processo de mandado de segurança.

7.2. É DESNECESSÁRIA A OITIVA DO MP SE O TRIBUNAL JÁ TIVER JURISPRUDÊNCIA CONSOLIDADA SOBRE O TEMA DISCUTIDO

Imagine a seguinte situação hipotética:

João impetrou mandado de segurança no STJ, tendo sido julgado improcedente.

O ponto polêmico, contudo, foi que o STJ julgou o mandado de segurança sem ouvir previamente o Ministério Público. Em outras palavras, não foi dada vista dos autos ao MPF para emissão de parecer.

O argumento do Ministro Relator foi o de que o pedido formulado no mandado de segurança era manifestamente contrário à jurisprudência do Tribunal. Logo, não haveria sequer necessidade de colher a manifestação do Parquet.

O Ministério Público recorreu ao STF contra a decisão do STJ afirmando que a oitiva do MP no processo de mandado de segurança é indispensável, conforme prevê o art. 12 da Lei nº 12.016/2009:

§ Art. 12. Findo o prazo a que se refere o inciso I do caput do art. 7º desta Lei, o juiz ouvirá o representante do Ministério Público, que opinará, dentro do prazo improrrogável de 10 (dez) dias.

Parágrafo único. Com ou sem o parecer do Ministério Público, os autos serão conclusos ao juiz, para a decisão, a qual deverá ser necessariamente proferida em 30 (trinta) dias.

O STF concordou com a decisão do STJ? Era possível a dispensa da oitiva do MP neste caso?

SIM.

Em regra, é indispensável a intimação do Ministério Público para opinar nos processos de mandado de segurança, conforme previsto no art. 12 da Lei nº 12.016/2009.

No entanto, a oitiva do Ministério Público é desnecessária quando se tratar de controvérsia acerca da qual o tribunal já tenha firmado jurisprudência.

Assim, não há qualquer vício na ausência de remessa dos autos ao Parquet que enseje nulidade processual se já houver posicionamento sólido do Tribunal. Nesses casos, é legítima a apreciação de pronto pelo relator.

STF. 2ª Turma. RMS 32.482/DF, rel. orig. Min. Teori Zavaski, red. p/ o ac. Min. Edson Fachin, julgado em 21/8/2018 (Info 912).

7.3. NÃO CABE MS PARA DECLARAR LEI OU ATO NORMATIVO INCONSTITUCIONAL

O mandado de segurança não é o instrumento processual adequado para o controle abstrato de constitucionalidade de leis e atos normativos.

STF. 2ª Turma. RMS 32.482/DF, rel. orig. Min. Teori Zavaski, red. p/ o ac. Min. Edson Fachin, julgado em 21/8/2018 (Info 912).

No mesmo sentido:

O mandado de segurança não se qualifica como sucedâneo da ação direta de inconstitucionalidade, não podendo ser utilizado, em consequência, como instrumento de controle abstrato da validade constitucional das leis e dos atos normativos em geral.

STF. Plenário. MS 28554 AgR, Rel. Min. Celso de Mello, julgado em 10/04/2014.

O STJ possui um recurso repetitivo com a mesma conclusão:

É incabível mandado de segurança que tem como pedido autônomo a declaração de inconstitucionalidade de norma, por se caracterizar mandado de segurança contra lei em tese.

(Tema 430 – Resp 1.119.872/RJ, Rel. Ministro Benedito Gonçalves, Primeira Seção, julgado pelo rito do art. 543-C do CPC, DJe 20/10/2010).

Súmula 266-STF: Não cabe mandado de segurança contra lei em tese.

Vale ressaltar, no entanto, que é possível a declaração incidental de inconstitucionalidade em MS:

É possível a declaração incidental de inconstitucionalidade, em mandado de segurança, de quaisquer leis ou atos normativos do Poder Público, desde que a controvérsia constitucional não figure como pedido, mas sim como causa de pedir, fundamento ou simples questão prejudicial, indispensável à resolução do litígio principal.

STJ. 2ª Turma. RMS 31.707-MT, Rel. Min. Diva Malerbi (Desembargadora convocada do TRF da 3ª Região), julgado em 13/11/2012.

"O mandado de segurança como qualquer outra demanda presta-se à declaração incidental de inconstitucionalidade pela via difusa, vedando-se, tão-somente, a sua utilização contra lei em tese ou quando a causa de pedir for abstrata, divorciada de qualquer elemento fático e concreto que justifique a impetração." (STJ RMS 31.707-MT).

Desse modo, não confunda:

Não cabe mandado de segurança que tem como pedido autônomo a declaração de inconstitucionalidade de norma. O mandado de segurança não é o instrumento processual adequado para o controle abstrato de constitucionalidade de leis e atos normativos.	É possível a declaração incidental de inconstitucionalidade, em mandado de segurança, de quaisquer leis ou atos normativos do Poder Público, desde que a controvérsia constitucional não figure como pedido, mas sim como causa de pedir, fundamento ou simples questão prejudicial, indispensável à resolução do litígio principal.
Exemplo 1: determinado Estado-membro editou uma lei aumentando as alíquotas de ICMS. A empresa "X" pode impetrar um MS pedindo que essa lei seja declarada inconstitucional? NÃO. Nesse caso, o MS seria utilizado para atacar uma lei em tese, ou seja, uma lei ou norma considerada de forma abstrata e não aplicada a um caso concreto.	Exemplo 2: determinado Estado-membro editou uma lei aumentando as alíquotas de ICMS. A empresa "X" foi autuada pelo Fisco estadual com base nessa lei. A empresa pode impetrar um MS pedindo que o auto de infração seja anulado e utilizando como argumento a inconstitucionalidade da lei? SIM. Nessa segunda hipótese, o objeto do MS é a anulação do auto de infração e a causa de pedir é a inconstitucionalidade da lei. O juízo poderá conceder a segurança anulando o auto de infração e declarando, incidentalmente, ou seja, apenas para aquele caso concreto, a inconstitucionalidade da lei.

7.4. MS NO STJ ENVOLVENDO ANISTIA POLÍTICA E INCIDÊNCIA DE JUROS E CORREÇÃO MONETÁRIA

Imagine a seguinte situação hipotética:

João foi vítima de perseguição política praticada pelo governo federal durante a época da ditadura militar instalada no Brasil em 1964. Ele era cabo da Aeronáutica e, por ser considerado "subversivo" pelo regime militar, foi expulso das Forças Armadas.

Anistia política e reparação de natureza econômica

A fim de reparar política e economicamente situações como a que foi relatada acima e que atingiram milhares de indivíduos na época da ditadura militar, a CF/88 previu, no art. 8º do ADCT, que a União poderá conceder anistia política a pessoas que foram prejudicadas por perseguições decorrentes de motivação política no período de 18/09/1946 até a data de promulgação da Constituição.

Há previsão também de que o anistiado receba uma reparação de natureza econômica, a ser paga pela União, em alguns casos nos quais fique demonstrado que ele sofreu prejuízos em sua atividade laboral.

Voltando ao exemplo:

Em 1998, João requereu a anistia política e seus efeitos.

Em 2004, a anistia foi concedida pela Portaria 84/2004 do Ministério da Justiça.

Desde então, o anistiado recebe reparação econômica mensal, permanente e continuada, de R$ 3.000,00.

Ocorre que o Governo ainda não lhe pagou os valores atrasados relativos ao período que vai de 1998 a 2004, o que totaliza cerca de R$ 200.000,00.

Três meses depois, João impetrou mandado de segurança contra o Ministro da Defesa afirmando que já se passou o prazo de 60 dias previsto na Lei sem que ele tenha recebido a quantia atrasada. Diante disso, pugna pelo cumprimento integral da portaria e, consequentemente, o pagamento dos valores pretéritos.

Cabe mandado de segurança neste caso?

SIM.

Configurado o direito líquido e certo do anistiado, ele poderá impetrar mandado de segurança, considerando que o pedido e a causa de pedir desta ação é o cumprimento integral da Portaria, que consiste em uma obrigação de fazer.

É claro que o cumprimento efetivo da Portaria irá provocar efeitos patrimoniais em favor do autor, mas o pedido do MS é que ele seja reconhecido de forma efetiva como anistiado político. O pagamento dos valores é mera consequência disso. Nesse sentido: STF. 1ª Turma. RMS 26.899/DF, Min. Rel. Cármen Lúcia, DJe de 6/8/10.

Diferentemente de uma ação de cobrança que é proposta para o pagamento de valores atrasados, no caso em tela temos um mandado de segurança impetrado para que seja cumprida norma editada pela própria Administração (Portaria do Ministro da Justiça).

Logo, não incide, no caso, a proibição contida nas súmulas 269 e 271 do STF:

> Súmula 271-STF: Concessão de mandado de segurança não produz efeitos patrimoniais, em relação a período pretérito, os quais devem ser reclamados administrativamente ou pela via judicial própria.

Súmula 269-STF: O mandado de segurança não é substitutivo de ação de cobrança.

Segurança foi concedida

O STJ julgou procedente o mandado de segurança impetrado por João. O dispositivo do acórdão ficou assim redigido:

"Ante o exposto, concede-se a segurança, para determinar à Autoridade Impetrada o cumprimento integral da Portaria 2.173, de 9 de dezembro de 2003, do Ministro de Estado da Justiça, que concedeu a condição de anistiado político ao autor, devendo haver, portanto, o pagamento dos efeitos retroativos advindos desse reconhecimento, nos termos da Lei nº 10.559/2002."

Fase executiva do MS

João ingressou, então, com cumprimento de sentença pedindo o pagamento dos valores reconhecidos no MS. Até aí, tudo bem. Sem qualquer polêmica. O "problema" foi que João pediu o pagamento não apenas da dívida principal, mas também dos juros de mora e correção monetária.

A União impugnou o cumprimento de sentença alegando que o acordão (título executivo judicial) não previu o pagamento de juros de mora e correção monetária. Logo, não é possível a sua cobrança agora na fase executiva.

O autor (exequente) refutou a impugnação da União argumentando o seguinte: os juros e correção monetária são pedidos implícitos.

O que decidiu o STJ? Deve haver o pagamento dos juros e correção monetária nesta fase executiva?

NÃO.

Três cenários possíveis

Nos casos de execução (cumprimento de sentença) de decisão que concedeu a segurança em pedidos de anistia é possível vislumbrar três situações:

1) a decisão judicial (título exequendo) expressamente determina a incidência de juros e correção monetária sobre o valor nominal da portaria de anistia: nessa hipótese, revela-se legítima a inclusão de juros e correção monetária no montante executado.

Só se pode afastar o pagamento dos juros e correção monetária se a União conseguir desconstituir esse título executivo por meio de ação rescisória.

2) a decisão judicial (título exequendo) expressamente afasta a incidência de juros e correção monetária: essa hipótese é óbvia. Será ilegítima a inclusão de juros e correção monetária no montante executado. Isso porque a execução não pode extrapolar os limites do título exequendo, sob pena de afronta à coisa julgada.

3) a despeito de pedido expresso do impetrante, o título exequendo ficou omisso sobre a incidência de juros e correção monetária: nessa hipótese, também não será possível a inclusão de juros e correção monetária na fase executiva.

Pedido implícito não é igual à condenação implícita

Realmente, os juros de mora e a correção monetárias são considerados como pedidos implícitos. Isso está previsto no art. 491 do CPC/2015:

§ Art. 491. Na ação relativa à obrigação de pagar quantia, ainda que formulado pedido genérico, a decisão definirá desde logo a extensão da obrigação, o índice de correção monetária, a taxa de juros, o termo inicial de ambos e a periodicidade da capitalização dos juros, se for o caso, salvo quando:

I – não for possível determinar, de modo definitivo, o montante devido;

II – a apuração do valor devido depender da produção de prova de realização demorada ou excessivamente dispendiosa, assim reconhecida na sentença.

Em suma, o pedido implícito compõe o mérito da questão controvertida, razão pela qual cabe à decisão defini-lo, independentemente de constar expressamente da postulação.

Contudo, não se pode confundir pedido implícito com condenação implícita. Com base na doutrina de Araken de Assis, Fredie Didier menciona que: "não se permite a condenação implícita: o magistrado deve examinar expressamente o pedido implícito" (Curso de direito processual civil: introdução ao direito processual civil, parte geral e processo de conhecimento. 19ª ed., Salvador: JusPodivm, 2017. p. 666).

Exemplificando: é certo que os honorários de advogado constituem pedido implícito, por força do art. 322, § 1º, do CPC/2015. Assim, podem ser fixados na decisão, independentemente de pedido expresso. Entretanto, permanecendo omissa a decisão (ainda que os honorários tenham sido objeto da postulação) e ocorrendo o trânsito em julgado, não é possível a inclusão dessa verba na fase executiva, havendo a necessidade de ajuizamento de ação autônoma para fins de definição e cobrança dos honorários (art. 85, § 18, do CPC/2015).

Cumpre esclarecer que sobre o ponto omisso na decisão transitada em julgado, no que concerne ao pedido, não se opera a preclusão ou eficácia preclusiva. Assim, é possível que a postulação ocorra em nova demanda.

Em suma:

Nos casos de anistia política, em sede de mandado de segurança, só é possível a inclusão de juros de mora e correção monetária na fase executiva quando houver decisão expressa nesse sentido.

STJ. 1ª Seção. ExeMS 18.782-DF, Rel. Min. Mauro Campbell Marques, julgado em 12/09/2018 (Info 634).

Decisão do STF

Cerca de um mês antes deste julgado do STJ, o STF havia decidido em sentido aparentemente oposto. Veja:

(...) 2. Havendo condenação da instância inferior ao pagamento de juros de mora e correção monetária, uma vez mantido o acórdão recorrido, também está reconhecido o direito ao percebimento de tais valores, ainda que a respeito do tema não se tenha pronunciado expressamente o STF.

3. Os juros de mora e a correção monetária constituem consectários legais da condenação, de modo que incidem independentemente de expresso pronunciamento judicial.

4. Embargos de declaração acolhidos apenas para esclarecer que os valores retroativos previstos nas portarias de anistia deverão ser acrescidos de juros moratórios e de correção monetária.

STF. Plenário. RE 553710 ED, Rel. Min. Dias Toffoli, julgado em 01/08/2018.

O STJ, no entanto, disse que esse julgado do STF não estava em sentido contrário ao seu, considerando que o Supremo teria analisado a questão sob o ponto de vista da fase cognitiva e o STJ na fase de execução:

"Não se desconhece que o Supremo Tribunal Federal, ao apreciar os Embargos de Declaração no RE 553.710/DF, em 1º de agosto de 2018, estabeleceu que "os valores retroa-

PROCESSO CIVIL

tivos previstos nas portarias de anistia deverão ser acrescidos de juros moratórios e de correção monetária".

Contudo, essa decisão refere-se a feito julgado na fase de conhecimento (recurso ordinário interposto em face de acórdão deste Tribunal proferido em sede de mandado de segurança), cujos efeitos não podem ser ampliados aos feitos que já se encontram na fase executiva, sob pena de manifesta afronta à coisa julgada."

7.5. LEI Nº 13.676, DE 11 DE JUNHO DE 2018 (SUSTENTAÇÃO ORAL EM MANDADO DE SEGURANÇA)

A Lei nº 13.676/2018 alterou a Lei nº 12.016/2009, para permitir a defesa oral do pedido de liminar na sessão de julgamento do mandado de segurança.

Vamos entender com calma o que mudou.

MS pode ser de competência da 1ª instância ou de competência originária dos Tribunais

A competência para julgar o mandado de segurança pode ser do juízo de 1º grau ou de um Tribunal.

Ex: o MS impetrado contra ato de Superintendente Regional da Receita Federal é julgado pelo Juiz Federal de 1ª instância.

Ex2: o MS impetrado contra ato de Juiz Federal é de competência do TRF (art. 108, I, "c", da CF/88).

Ex3: o MS impetrado contra ato de Ministro de Estado é de competência do STJ (art. 105, I, "b", da CF/88).

Ex4: o MS impetrado contra ato do TCU é de competência do STF (art. 102, I, "d", da CF/88).

Vale ressaltar que as Constituições Estaduais podem estabelecer a competência do Tribunal de Justiça para julgar originariamente mandados de segurança impetrados contra autoridades estaduais. Ex: a Constituição do Estado do Amazonas afirma que compete ao TJ/AM julgar mandado de segurança contra Secretários de Estado.

Sustentação oral

O art. 973 do CPC/2015, de forma mais organizada que a codificação anterior, prevê as hipóteses nas quais é admitida sustentação oral nos Tribunais. Veja:

§ Art. 937. Na sessão de julgamento, depois da exposição da causa pelo relator, o presidente dará a palavra, sucessivamente, ao recorrente, ao recorrido e, nos casos de sua intervenção, ao membro do Ministério Público, pelo prazo improrrogável de 15 (quinze) minutos para cada um, a fim de sustentarem suas razões, nas seguintes hipóteses, nos termos da parte final do caput do art. 1.021:

I – no recurso de apelação;

II – no recurso ordinário;

III – no recurso especial;

IV – no recurso extraordinário;

V – nos embargos de divergência;

VI – na ação rescisória, no mandado de segurança e na reclamação;

VII – (VETADO);

VIII – no agravo de instrumento interposto contra decisões interlocutórias que versem sobre tutelas provisórias de urgência ou da evidência;

IX – em outras hipóteses previstas em lei ou no regimento interno do tribunal.

(...)

§ 3º Nos processos de competência originária previstos no inciso VI, caberá sustentação oral no agravo interno interposto contra decisão de relator que o extinga.

Quando o Tribunal vai julgar o MÉRITO do mandado de segurança é possível que o advogado faça sustentação oral? Em outras palavras, é cabível a sustentação oral na sessão de julgamento do MÉRITO do mandado de segurança?

SIM. Os Tribunais sempre admitiram a sustentação oral na sessão de julgamento do mérito do mandado de segurança. A redação do art. 16 da Lei nº 12.016/2009 sempre foi muito clara ao permitir isso. Confira:

§ Art. 16. Nos casos de competência originária dos tribunais, caberá ao relator a instrução do processo, sendo assegurada a defesa oral na sessão do julgamento. (Redação originária, ou seja, antes da Lei nº 13.676/2018)

O art. 937, VI, do CPC/2015 somente veio reforçar essa possibilidade de sustentação oral.

Apreciação da liminar

A questão quanto ao mérito, portanto, sempre foi muito tranquila.

Ocorre que, antes do julgamento do mérito do MS, é comum haver alguma decisão relacionada com a liminar.

O pedido de liminar no MS pode ser decidido monocraticamente pelo Relator ou pelo próprio colegiado. Vejamos.

Imagine que é impetrado um mandado de segurança de competência originária de um Tribunal. Ex: é impetrado um MS no TJ contra ato do Governador do Estado (atenção: MS contra Governador não é julgado pelo STJ; a competência será determinada pela Constituição Estadual e, em regra, as Cartas estaduais preveem que se trata de uma competência do TJ).

No Tribunal, será sorteado um Relator para esse MS.

O Relator do processo no Tribunal pode conceder ou negar o pedido liminar monocraticamente. Em alguns casos mais relevantes ou polêmicos, contudo, o Relator poderá optar por levar a decisão sobre a liminar para a apreciação do colegiado.

OPÇÃO 1

O Relator concede ou nega monocraticamente o pedido liminar

Se o Relator conceder ou negar monocraticamente o pedido liminar, a parte prejudicada poderá interpor agravo interno para o colegiado.

Ex: foi impetrado um MS no TJ contra o Governador do Estado; suponhamos que a competência para julgar MS contra esse Governador é da Corte Especial do TJ; chegando o MS no TJ foi sorteado um Desembargador para ser o Relator; este Desembargador, monocraticamente, nega a medida liminar. O impetrante interpõe agravo interno contra esta decisão para a Corte Especial do TJ.

O Relator do agravo leva o processo para ser julgado pela Corte Especial.

O advogado do impetrante pede para fazer a sustentação oral.

Isso é possível? Existe a previsão na lei de sustentação oral no julgamento do agravo interno contra decisão do Relator que tenha concedido ou negado a liminar?

- Antes da Lei nº 13.676/2018: NÃO. A jurisprudência entendia que não havia previsão legal.

PROCESSO CIVIL

- Depois da Lei nº 13.676/2018: SIM. A Lei nº 13.676/2018 foi alterada para prever isso. Compare:

Lei nº 12.016/2009 (Lei do MS)	
Redação originária	**Redação dada pela Lei 13.676/2018**
Art. 16. Nos casos de competência originária dos tribunais, caberá ao relator a instrução do processo, sendo assegurada a defesa oral na sessão do julgamento.	Art. 16. Nos casos de competência originária dos tribunais, caberá ao relator a instrução do processo, sendo assegurada a defesa oral na sessão do julgamento do mérito ou do pedido liminar.

A jurisprudência interpretava o art. 16 da Lei nº 12.016/2009 restritivamente e dizia que a "defesa oral" (sustentação oral) mencionada no dispositivo referia-se apenas ao julgamento de mérito (e não à liminar).

OPÇÃO 2

O Relator leva para o colegiado o pedido de liminar

Ex: foi impetrado um MS no TJ contra o Governador do Estado.

Chegando o MS no TJ foi sorteado um Desembargador para ser o Relator.

Este Desembargador entende que o caso é muito relevante e resolve não decidir monocraticamente, levando o julgamento para o colegiado apreciar.

Se o colegiado está reunido apenas para decidir o pedido de liminar no mandado de segurança, neste caso, as partes poderão fazer sustentação oral antes que os julgadores profiram os votos?

- Antes da Lei nº 13.676/2018: NÃO. A jurisprudência entendia que não havia previsão legal.
- Depois da Lei nº 13.676/2018: SIM. A Lei nº 13.676/2018 foi alterada para prever isso. Compare:

Lei nº 12.016/2009 (Lei do MS)	
Redação originária	**Redação dada pela Lei 13.676/2018**
Art. 16. Nos casos de competência originária dos tribunais, caberá ao relator a instrução do processo, sendo assegurada a defesa oral na sessão do julgamento.	Art. 16. Nos casos de competência originária dos tribunais, caberá ao relator a instrução do processo, sendo assegurada a defesa oral na sessão do julgamento do mérito ou do pedido liminar.

O STF possuía, inclusive, julgados que não era possível. Veja:

> Não cabe sustentação oral no julgamento que aprecia o pedido de liminar formulado em mandado de segurança.
>
> STF. Plenário. MS 34127 MC/DF, MS 34128 MC/DF, Rel. orig. Min. Roberto Barroso, red. p/ o acórdão Min. Teori Zavascki, julgados em 14/4/2016 (Info 821).

Desse modo, agora sempre caberá sustentação oral no julgamento do processo de mandado de segurança no Tribunal, seja na sessão para julgar o mérito do MS, seja na sessão designada para julgar o pedido liminar.

Resumindo

É cabível sustentação oral em MS de competência originária dos tribunais?	
Antes da Lei 13.676/2018	Depois da Lei 13.676/2018 (atualmente)
• No julgamento do pedido de liminar: NÃO • No julgamento do mérito: SIM	• No julgamento do pedido de liminar: SIM • No julgamento do mérito: SIM

8. PROCESSO COLETIVO

8.1. INQUÉRITO CIVIL

O art. 9º-A da Resolução 23/2007, incluído pela Resolução 126/2015, é constitucional

Resolução 126/2015-CNMP

A Resolução 23/2007-CNMP disciplina, no âmbito do Ministério Público, a instauração e tramitação do inquérito civil.

A Resolução 126/2015-CNMP acrescentou o art. 9º-A à Resolução 23/2007 e determinou que, se após instaurar o inquérito civil ou o procedimento preparatório, o membro do Ministério Público concluir que a atribuição para conduzir esse inquérito ou procedimento é de outro Promotor de Justiça/Procurador da República, então, neste caso, ele deverá, antes de declinar para o colega, submeter essa decisão ao referendo do "órgão de revisão competente", no prazo de 3 dias. Veja a íntegra do dispositivo inserido:

§ Art. 9º-A Após a instauração do inquérito civil ou do procedimento preparatório, quando o membro que o preside concluir ser atribuição de outro Ministério Público, este deverá submeter sua decisão ao referendo do órgão de revisão competente, no prazo de 3 (três) dias.

Qual é esse "órgão de revisão competente"?

No caso do MPE: é o Conselho Superior do Ministério Público estadual (art. 30 da Lei nº 8.625/93).

No caso do MPF: é a Câmara de Coordenação e Revisão (art. 171, IV, da LC 75/93).

ADI

A Associação Nacional dos Membros do Ministério Público (Conamp) ajuizou ADI contra a Resolução 126/2015-CNMP alegando que esse art. 9º-A viola a independência funcional do membro do Ministério Público.

O pedido foi acolhido pelo STF? Há violação ao princípio da independência funcional?

NÃO.

O art. 9º-A da Resolução 23/2007, incluído pela Resolução 126/2015, é constitucional.

Tratando-se de divergência interna entre órgãos do MP, cumpre ao próprio Ministério Público decidir quem terá a atribuição para conduzir a investigação.

O CNMP possui atribuição constitucional para fazer o controle da atuação administrativa do MP (art. 130-A, da CF/88). O STF entendeu que essa Resolução se insere no campo da estruturação administrativa da instituição. Não viola, portanto, o princípio da independência funcional e da unidade, insculpidos no § 1º do art. 127 da CF/88.

Além disso, o STF entendeu que não compete ao Poder Judiciário envolver-se na gestão interna do MP, cabendo, no caso, um juízo de autocontenção.

STF. Plenário. ADI 5434/DF, rel. Min. Alexandre de Moraes, red. p/ o ac. Min. Edson Fachin, julgado em 26/4/2018 (Info 899).

8.2. ASSOCIAÇÃO DE DEFESA DO CONSUMIDOR NÃO TEM LEGITIMIDADE PARA AJUIZAR ACP DISCUTINDO DPVAT

Em que consiste o DPVAT?

O DPVAT é um seguro obrigatório contra danos pessoais causados por veículos automotores de via terrestre, ou por sua carga, a pessoas, transportadas ou não.

Em outras palavras, qualquer pessoa que sofrer danos pessoais causados por um veículo automotor, ou por sua carga, em via terrestre, tem direito a receber a indenização do DPVAT. Isso abrange os motoristas, os passageiros, os pedestres ou, em caso de morte, os seus respectivos herdeiros.

Ex.: dois carros colidem e, em decorrência da batida, acertam também um pedestre que passava no local. No carro 1, havia apenas o motorista. No carro 2, havia o motorista e mais um passageiro. Os dois motoristas morreram. O passageiro do carro 2 e o pedestre ficaram inválidos. Os herdeiros dos motoristas receberão indenização de DPVAT no valor correspondente à morte. O passageiro do carro 2 e o pedestre receberão indenização de DPVAT por invalidez.

Para receber indenização, não importa quem foi o culpado. Ainda que o carro 2 tenha sido o culpado, os herdeiros dos motoristas, o passageiro e o pedestre sobreviventes receberão a indenização normalmente.

O DPVAT não paga indenização por prejuízos decorrentes de danos patrimoniais, somente danos pessoais.

Quem custeia as indenizações pagas pelo DPVAT?

Os proprietários de veículos automotores. Trata-se de um seguro obrigatório. Assim, sempre que o proprietário do veículo paga o IPVA, está pagando também, na mesma guia, um valor cobrado a título de DPVAT.

O STJ afirma que a natureza jurídica do DPVAT é a de um contrato legal, de cunho social.

O DPVAT é regulamentado pela Lei nº 6.194/74.

Qual é o valor da indenização de DPVAT prevista na Lei?

- no caso de morte: R$ 13.500,00 (por vítima)
- no caso de invalidez permanente: até R$ 13.500,00 (por vítima)
- no caso de despesas de assistência médica e suplementares: até R$ 2.700,00 como reembolso a cada vítima.

Quem são os beneficiários do seguro DPVAT? Quem tem direito de receber a indenização?

- no caso de morte: metade será paga ao cônjuge do falecido, desde que eles não fossem separados judicialmente, e o restante aos herdeiros da vítima, obedecida a ordem da vocação hereditária. Não havendo cônjuge nem herdeiros, serão beneficiários os que provarem que a morte da vítima os privou dos meios necessários à subsistência.

- no caso de invalidez permanente: a própria vítima.
- no caso de despesas de assistência médica e suplementares: a própria vítima.

Isso está previsto no art. 4º, *caput* e § 3º da Lei nº 6.194/74 (Lei do DPVAT).

Caso a pessoa beneficiária do DPVAT não receba a indenização ou não concorde com o valor pago pela seguradora, ela poderá buscar auxílio do Poder Judiciário?

Sim. A pessoa poderá ajuizar uma ação de cobrança contra a seguradora objetivando a indenização decorrente de DPVAT.

Feitos estes esclarecimentos, imagine a seguinte situação hipotética:

Uma associação chamada "Movimento das donas de casa e consumidores de Minas Gerais" ajuizou ação civil pública contra a "Sul América Seguros" alegando que esta seguradora, quando vai pagar as indenizações do DPVAT, não tem adotado os critérios corretos para o cálculo dos valores, de forma que tem pagado menos do que os beneficiários teriam direito.

A seguradora alegou que a autora seria parte ilegítima para a causa. Isso porque o estatuto desta associação prevê que a sua finalidade é a defesa dos consumidores e a relação jurídica dos beneficiários com as seguradoras do DPVAT não é de consumo. Logo, o pedido formulado pela associação não teria relação com a sua finalidade estatutária.

A tese da seguradora foi aceita pelo STJ?

SIM.

> ***Uma associação que tenha fins específicos de proteção ao consumidor não possui legitimidade para o ajuizamento de ação civil pública com a finalidade de tutelar interesses coletivos de beneficiários do seguro DPVAT.***

STJ. 2ª Seção. REsp 1.091.756-MG, Rel. Min. Marco Buzzi, Rel. Acd. Min. Marco Aurélio Bellizze, julgado em 13/12/2017 (Info 618).

DPVAT não é uma relação de consumo

O seguro DPVAT não é baseado em uma relação jurídica contratual. Trata-se de um seguro obrigatório por força de lei, que tem por objetivo mitigar os danos advindos da circulação de veículos automotores.

Em se tratando de obrigação imposta por lei, não há, por conseguinte, qualquer acordo de vontade e, principalmente, voluntariedade entre o proprietário do veículo e as seguradoras componentes do consórcio do seguro DPVAT, o que, por si, evidencia que não se trata de contrato.

A estipulação da indenização securitária em favor da vítima do acidente, assim como as específicas hipóteses de cabimento (morte, invalidez permanente, total e parcial, e por despesas de assistência médica e suplementares) decorrem exclusivamente de imposição legal, e, como tal, não comportam qualquer temperamento das partes envolvidas.

Nesse contexto, não há, por parte das seguradoras integrantes do consórcio do seguro DPVAT, responsáveis por realizarem o pagamento, qualquer ingerência nas regras relativas à indenização securitária.

Ao contrário do que ocorre no caso de seguro facultativo (esta, sim, sujeita ao CDC), a atuação das seguradoras integrantes do consórcio do seguro DPVAT não é concorrencial nem se destina à obtenção de lucro, na medida em que a respectiva arrecadação possui destinação legal específica.

Tampouco seria possível falar em vulnerabilidade, na acepção técnico-jurídica, das vítimas de acidente de trânsito – e muito menos do proprietário do veículo a quem é imposto o pagamento do "prêmio" do seguro DPVAT – perante as seguradoras, as quais não possuem qualquer margem discricionária para efetivação do pagamento da indenização securitária, sempre que presentes os requisitos estabelecidos na lei.

Em suma, não há relação de consumo entre as vítimas do acidente ou beneficiárias e as seguradoras do DPVAT, não se aplicando as normas protetivas do Código de Defesa do Consumidor. Nesse sentido: STJ. 3ª Turma. REsp 1.635.398-PR, Rel. Min. Marco Aurélio Bellizze, julgado em 17/10/2017 (Info 614).

Associação tem por finalidade a defesa do consumidor

Como não há, no caso, uma relação de consumo, não se mostra correto aceitar que uma associação que tem fins específicos de proteção ao consumidor possa ter legitimidade para propor uma ação civil pública fazendo pedido relacionado com o tema.

O requisito da "pertinência temática" constitui um dos critérios para verificação da chamada "representatividade adequada" do grupo lesado, traduzindo-se na necessidade de que haja uma relação de congruência entre as finalidades institucionais da associação (expressamente enumeradas no estatuto social) e o conteúdo da pretensão.

No presente caso é muito clara a ausência de pertinência temática considerando que as finalidades institucionais da associação (defesa do consumidor) não estão relacionadas com o seguro DPVAT (que não tem natureza consumerista).

8.3. LEGITIMIDADE DO MINISTÉRIO PÚBLICO

Defesa dos direitos difusos, coletivos e individuais homogêneos dos consumidores

Súmula 601-STJ: O Ministério Público tem legitimidade ativa para atuar na defesa de direitos difusos, coletivos e individuais homogêneos dos consumidores, ainda que decorrentes da prestação de serviço público.

STJ. Corte Especial. Aprovada em 07/02/2018, DJe 14/02/2018.

Legitimidade do Ministério Público para a ACP

O Ministério Público está legitimado a promover ação civil pública para a defesa de direitos difusos, coletivos e individuais homogêneos. No entanto, o MP somente terá representatividade adequada para propor a ACP se os direitos/interesses discutidos na ação estiverem relacionados com as suas atribuições constitucionais, que são previstas no art. 127 da CF:

§ Art. 127. O Ministério Público é instituição permanente, essencial à função jurisdicional do Estado, incumbindo-lhe a defesa da ordem jurídica, do regime democrático e dos interesses sociais e individuais indisponíveis.

Desse modo, indaga-se: o MP possui legitimidade para ajuizar ACP na defesa de qualquer direito difuso, coletivo ou individual homogêneo?

O entendimento *majoritário* está exposto a seguir:

Direitos DIFUSOS	Direitos COLETIVOS (*stricto sensu*)	Direitos INDIVIDUAIS HOMOGÊNEOS
SIM O MP está sempre legitimado a defender qualquer direito difuso. (o MP sempre possui representatividade adequada).	SIM O MP está sempre legitimado a defender qualquer direito coletivo. (o MP sempre possui representatividade adequada).	1. Se esses direitos forem indisponíveis: SIM (ex: saúde de um menor) 2. Se esses direitos forem disponíveis: DEPENDE O MP só terá legitimidade para ACP envolvendo direitos individuais homogêneos disponíveis se estes forem de interesse social (se houver relevância social).

Quatro conclusões importantes:

1. Se o direito for difuso ou coletivo (stricto sensu), o MP sempre terá legitimidade para propor ACP (há posições em sentido contrário, mas é o que prevalece).
2. Se o direito individual homogêneo for indisponível (ex: saúde de um menor carente), o MP sempre terá legitimidade para propor ACP.
3. Se o direito individual homogêneo for disponível, o MP pode agir desde que haja relevância social.

   Ex1: defesa dos interesses de mutuários do Sistema Financeiro de Habitação.

   Ex2: defesa de trabalhadores rurais na busca de seus direitos previdenciários.
4. O Ministério Público possui legitimidade para a defesa de direito individual indisponível mesmo quando a ação vise à tutela de pessoa individualmente considerada (tutela do direito indisponível relativo a uma única pessoa).

   Ex: MP ajuíza ACP para que o Estado forneça uma prótese auditiva a um menor carente portador de deficiência.

Assim, o MP sempre terá legitimidade quando os direitos envolvidos:

- revestirem-se de interesse social; ou
- caracterizarem-se como individuais indisponíveis.

Exemplos de direitos individuais homogêneos dotados de relevância social (Ministério Público pode propor ACP nesses casos):

1. MP pode questionar edital de concurso público para diversas categorias profissionais de determinada Prefeitura, em que se previa que a pontuação adotada privilegiaria candidatos que já integrariam o quadro da Administração Pública municipal (STF RE 216443);
2. na defesa de mutuários do Sistema Financeiro de Habitação (STF AI 637853 AgR);
3. em caso de loteamentos irregulares ou clandestinos, inclusive para que haja pagamento de indenização aos adquirentes (REsp 743678);
4. o Ministério Público tem legitimidade para figurar no polo ativo de ACP destinada à defesa de direitos de natureza previdenciária (STF AgRg no AI 516.419/PR);

PROCESSO CIVIL

5. o Ministério Público tem legitimidade para propor ACP com o objetivo de anular Termo de Acordo de Regime Especial – TARE firmado entre o Distrito Federal e empresas beneficiárias de redução fiscal. O referido acordo, ao beneficiar uma empresa privada e garantir-lhe o regime especial de apuração do ICMS, poderia, em tese, implicar lesão ao patrimônio público, fato que legitima a atuação do parquet na defesa do erário e da higidez da arrecadação tributária (STF RE 576155/DF);

6. o MP tem legitimação para, por meio de ACP, pretender que o Poder Público forneça medicação de uso contínuo, de alto custo, não disponibilizada pelo SUS, mas indispensável e comprovadamente necessária e eficiente para a sobrevivência de um único cidadão desprovido de recursos financeiros;

7. defesa do direito dos consumidores de não serem incluídos indevidamente nos cadastros de inadimplentes (REsp 1.148.179-MG).

Exemplos de direitos individuais homogêneos destituídos de relevância social (Ministério Público NÃO pode propor ACP nesses casos):

1. o MP não pode ajuizar ACP para veicular pretensões que envolvam tributos (impostos, taxas etc.), contribuições previdenciárias, o Fundo de Garantia do Tempo de Serviço – FGTS ou outros fundos de natureza institucional cujos beneficiários podem ser individualmente determinados (art. 1º, parágrafo único, da LACP). Ex: o MP não pode propor ACP questionando a cobrança excessiva de uma determinada taxa, ainda que envolva um expressivo número de contribuintes;

2. "O Ministério Público não tem legitimidade ativa para propor ação civil pública na qual busca a suposta defesa de um pequeno grupo de pessoas – no caso, dos associados de um clube, numa óptica predominantemente individual." (STJ REsp 1109335/SE);

3. o MP não pode buscar a defesa de condôminos de edifício de apartamentos contra o síndico, objetivando o ressarcimento de parcelas de financiamento pagas para reformas afinal não efetivadas.

E no caso de direitos dos consumidores? O Ministério Público poderá defender em juízo direitos individuais homogêneos dos consumidores?

SIM. O Ministério Público possui legitimidade para promover ação civil pública para tutelar não apenas direitos difusos ou coletivos de consumidores, mas também direitos individuais homogêneos.

Trata-se de legitimação que decorre, de forma genérica, dos arts. 127 e 129, III da CF/88 e, de modo específico, do art. 82, I do CDC:

§ Art. 82. Para os fins do art. 81, parágrafo único, são legitimados concorrentemente:

I – o Ministério Público;

(...)

§ Art. 81. (...)

Parágrafo único. A defesa coletiva será exercida quando se tratar de:

(...)

III – interesses ou direitos individuais homogêneos, assim entendidos os decorrentes de origem comum.

Vimos acima que o Ministério Público somente tem legitimidade para defender direitos individuais homogêneos caso estes sejam indisponíveis ou tenham relevância social. E no caso dos direitos individuais homogêneos relacionados com direitos dos consumidores?

Prevalece o entendimento de que "a proteção coletiva dos consumidores constitui não apenas interesse individual do próprio lesado, mas interesse da sociedade como um todo. Realmente, é a própria Constituição que estabelece que a defesa dos consumidores é princípio fundamental da atividade econômica (CF, art. 170, V), razão pela qual deve ser promovida, inclusive pelo Estado, em forma obrigatória (CF, art. 5º, XXXII). Não se trata, obviamente, da proteção individual, pessoal, particular, deste ou daquele consumidor lesado, mas da proteção coletiva, considerada em sua dimensão comunitária e impessoal.

Compreendida a cláusula constitucional dos interesses sociais (art. 127) nessa dimensão, não será difícil concluir que nela pode ser inserida a legitimação do Ministério Público para a defesa de 'direitos individuais homogêneos' dos consumidores, o que dá base de legitimidade ao art. 82, I da Lei nº 8.078/90 (...)" (voto do falecido Min. Teori Zavascki no REsp 417.804/PR, DJ 16/05/2005).

"A tutela efetiva de consumidores possui relevância social que emana da própria Constituição Federal (arts. 5º, XXXII, e 170, V)." (STJ. 3ª Turma. REsp 1254428/MG, Rel. Min. João Otávio de Noronha, julgado em 02/06/2016).

Assim, "o Ministério Público ostenta legitimidade ativa para a propositura de Ação Civil Pública objetivando resguardar direitos individuais homogêneos dos consumidores." (STJ. 2ª Turma. AgInt no REsp 1569566/MT, Rel. Min. Herman Benjamin, julgado em 07/03/2017).

Os direitos dos consumidores muitas vezes são disponíveis (ex: direitos patrimoniais). Mesmo assim, o Ministério Público terá legitimidade para a ação civil pública em tais casos? O MP tem legitimidade para a defesa de direitos individuais homogêneos de consumidores mesmo que estes sejam direitos disponíveis?

SIM. O Ministério Público tem legitimidade ativa para a propositura de ação civil pública destinada à defesa de direitos individuais homogêneos de consumidores, ainda que disponíveis, pois se está diante de legitimação voltada à promoção de valores e objetivos definidos pelo próprio Estado (STJ. 3ª Turma. REsp 1254428/MG, Rel. Min. João Otávio de Noronha, julgado em 02/06/2016).

A relação de consumo pode se dar com o Poder Público. Em outras palavras, o Estado presta serviços públicos a uma infinidade de consumidores. Neste caso, o Ministério Público possui legitimidade para a defesa em juízo dos direitos individuais homogêneos desses consumidores?

SIM. Com mais razão ainda. O Ministério Público possui legitimidade para promover ação civil pública para tutelar não apenas direitos difusos ou coletivos de consumidores, mas também direitos individuais homogêneos, inclusive quando decorrentes da prestação de serviços públicos (STJ. 1ª Turma. REsp 929.792/SP, Rel. Min. Napoleão Nunes Maia Filho, julgado em 18/02/2016).

Ex: ação civil pública proposta pelo Ministério Público contra o Município e contra a empresa concessionária do serviço público de transporte de passageiros questionando o reajuste da tarifa de ônibus, que teria sido abusivo, violando os direitos individuais homogêneos dos consumidores.

A explicação da súmula já acabou. Vamos agora relembrar o que são direitos difusos, coletivos e individuais homogêneos

<u>Gênero</u>: os direitos ou interesses coletivos (*lato sensu*) são o gênero.

Eles são chamados de direitos ou interesses transindividuais, metaindividuais ou supraindividuais.

PROCESSO CIVIL

Espécies: esses direitos coletivos (em sentido amplo) são divididos em três espécies:

DIFUSOS	COLETIVOS (em sentido estrito)	INDIVIDUAIS HOMOGÊNEOS
Ex: direito ao meio ambiente ecologicamente equilibrado.	Ex: reajuste abusivo das mensalidades escolares.	Ex: determinado lote de um remédio causou lesão a alguns consumidores.
São classificados como direitos ESSENCIALMENTE COLETIVOS.	São classificados como direitos ESSENCIALMENTE COLETIVOS.	São classificados como direitos ACIDENTALMENTE COLETIVOS *(isso porque são direitos individuais, mas tratados como se fossem coletivos).*
São transindividuais (há uma transindividualidade real ou material).	São transindividuais (há uma transindividualidade real ou material).	Há uma transindividualidade ARTIFICIAL, formal ou relativa (são direitos individuais que, no entanto, recebem tratamento legal de direitos transindividuais).
Têm natureza INDIVISÍVEL. Tais direitos pertencem a todos de forma simultânea e indistinta. O resultado será o mesmo para todos os titulares.	Têm natureza INDIVISÍVEL. O resultado será o mesmo para aqueles que fizerem parte do grupo, categoria ou classe de pessoas.	Têm natureza DIVISÍVEL. O resultado da demanda pode ser diferente para os diversos titulares (ex: o valor da indenização pode variar).
Os titulares são pessoas: • indeterminadas e • indetermináveis. Não se tem como determinar (dizer de maneira específica) quem são os titulares desses direitos. Isso porque são direitos que não pertencem a apenas uma pessoa, mas sim à coletividade. Caracterizam-se, portanto, pela indeterminabilidade ABSOLUTA.	Os titulares são pessoas: • indeterminadas, • mas determináveis. Os titulares são, a princípio, indeterminados, mas é possível que eles sejam identificados. Os titulares fazem parte de um grupo, categoria ou classe de pessoas. Caracterizam-se, portanto, pela indeterminabilidade RELATIVA.	Os titulares são pessoas: • determinadas; ou • determináveis. Caracterizam-se, portanto, pela DETERMINABILIDADE.
Os titulares desses direitos NÃO possuem relação jurídica entre si. Os titulares são ligados por CIRCUNSTÂNCIAS DE FATO. Os titulares se encontram em uma situação de fato comum.	EXISTE uma relação jurídica base entre os titulares. Os titulares são ligados entre si ou com a parte contrária em virtude de uma RELAÇÃO JURÍDICA BASE.	Os titulares não são ligados entre si, mas seus interesses decorrem de uma ORIGEM COMUM.

DIFUSOS	COLETIVOS (em sentido estrito)	INDIVIDUAIS HOMOGÊNEOS
Outros exemplos: patrimônio histórico; moralidade administrativa; publicidade enganosa divulgada pela TV.	Outros exemplos: interesses ligados aos membros de um mesmo sindicato ou partido; integrantes de um mesmo conselho profissional (ex: OAB). O MP tem legitimidade para promover ACP cujo fundamento seja a ilegalidade de reajuste de mensalidades escolares (Súmula 643-STF).	Outros exemplos: Ex: pílula de farinha como anticoncepcional: só tem direito a mulher que comprovar que tomou o remédio daquele lote.

Obs.: a definição legal dos direitos e interesses difusos, coletivos e individuais homogêneos é fornecida pelo art. 81, parágrafo único do CDC.

LEGITIMIDADE DO MP PARA PLEITEAR TRATAMENTO MÉDICO OU ENTREGA DE MEDICAMENTOS

O Ministério Público pode ajuizar ação civil pública pedindo tratamento de saúde ou a entrega de medicamento em favor da coletividade?

SIM. O Ministério Público tem legitimidade para propor ações civis públicas envolvendo direitos difusos, coletivos ou individuais homogêneos, conforme prevê o art. 129, III, da CF/88:

§ Art. 129. São funções institucionais do Ministério Público:

(...)

III – promover o inquérito civil e a ação civil pública, para a proteção do patrimônio público e social, do meio ambiente e de outros interesses difusos e coletivos;

Mas o MP pode ajuizar uma ação pedindo tratamento de saúde ou entrega de medicamento em favor de uma só pessoa?

SIM.

Direitos individuais indisponíveis

O Ministério Público possui legitimidade para a defesa de direitos individuais indisponíveis, conforme previsão expressa no art. 127 da CF/88 e no art. 1º da Lei nº 8.625/93:

§ Art. 127. O Ministério Público é instituição permanente, essencial à função jurisdicional do Estado, incumbindo-lhe a defesa da ordem jurídica, do regime democrático e dos interesses sociais e individuais indisponíveis.

Art. 1º O Ministério Público é instituição permanente, essencial à função jurisdicional do Estado, incumbindo-lhe a defesa da ordem jurídica, do regime democrático e dos interesses sociais e individuais indisponíveis.

O pedido para tratamento médico ou para a entrega de medicamento em favor de uma pessoa é uma demanda que envolve direito individual INDISPONÍVEL?

SIM. O direito à saúde é um direito indisponível. Isso porque está relacionado com o próprio direito à vida.

PROCESSO CIVIL

O direito à saúde foi previsto pela Constituição Federal de 1988 como direito fundamental do cidadão, corolário do direito à vida, bem maior do ser humano.

A propósito do tema, o STF, ao interpretar os arts. 5º, caput, e 196 da CF/88, consagrou o direito à saúde como consequência indissociável do direito à vida, assegurado a todas as pessoas (STF. 2ª Turma. ARE 685.230 AgR/MS, Rel. Min. Celso de Mello, DJe de 25/03/2013).

Nesse contexto, conclui-se o caráter indisponível do direito à saúde, por estar diretamente associado ao direito à vida.

Assim, o Ministério Público detém legitimidade ad causam para pleitear tratamento de saúde ou fornecimento de medicamento a beneficiários individualizados, por força do disposto no art. 1º da Lei 8.625/93, que incumbiu ao Parquet a defesa dos direitos individuais indisponíveis.

O MP, nestes casos, não estaria "pegando o lugar" da advocacia privada e da Defensoria Pública?

NÃO. Conforme já decidiu o STF:

> (...) A Constituição do Brasil, em seu artigo 127, confere expressamente ao Ministério Público poderes para agir em defesa de interesses sociais e individuais indisponíveis, como no caso de garantir o fornecimento de medicamentos a hipossuficiente.
>
> 2. Não há que se falar em usurpação de competência da defensoria pública ou da advocacia privada. (...)
>
> STF. 2ª Turma. RE 554088 AgR, Rel. Min. Eros Grau, julgado em 03/06/2008.

Em suma:

> **O Ministério Público é parte legítima para pleitear tratamento médico ou entrega de medicamentos nas demandas de saúde propostas contra os entes federativos, mesmo quando se tratar de feitos contendo beneficiários individualizados, porque se refere a direitos individuais indisponíveis, na forma do art. 1º da Lei nº 8.625/93 (Lei Orgânica Nacional do Ministério Público).**
>
> STJ. 1ª Seção. REsp 1.682.836-SP, Rel. Min. Og Fernandes, julgado em 25/04/2018 (recurso repetitivo) (Info 624).

> **O Ministério Público é parte legítima para ajuizamento de ação civil pública que vise o fornecimento de remédios a portadores de certa doença.**
>
> STF. Plenário. RE 605533/MG, Rel. Min. Marco Aurélio, julgado em 15/8/2018 (repercussão geral) (Info 911).

Assim, o MP possui legitimidade para propor ação judicial pedindo o fornecimento de medicamento ou tratamento médico, seja para uma coletividade (direitos individuais homogêneos), seja em favor de uma só pessoa (direito individual indisponível).

Esse tema é sempre muito cobrado em provas:

(MP/BA 2015) O Ministério Público tem legitimidade para propor Ação Civil Pública em favor de uma única pessoa a fim de garantir-lhe o fornecimento de medicamento de alto custo. (CERTO)

Recomendo a leitura dos seguintes trechos da ementa do julgado do STJ:

> (...)
>
> 2. A discussão, neste feito, passa ao largo de qualquer consideração acerca da legitimidade ministerial para propor demandas, quando se tratar de direitos difusos, coletivos ou individuais homogêneos, até porque inexiste qualquer dúvida da sua legitimidade,

nesse particular, seja por parte da legislação aplicável à espécie, seja por parte da jurisprudência. De outra parte, a discussão também não se refere à legitimidade de o Ministério Público postular em favor de interesses de menores, incapazes e de idosos em situação de vulnerabilidade. É que, em tais hipóteses, a legitimidade do órgão ministerial decorre da lei, em especial dos seguintes estatutos jurídicos: arts. 201, VIII, da Lei nº 8.069/1990 e 74, II e III, da Lei 10.741/2003.

3. A fronteira para se discernir a legitimidade do órgão ministerial diz respeito à disponibilidade, ou não, dos direitos individuais vindicados. É que, tratando-se de direitos individuais disponíveis e uma vez não havendo uma lei específica autorizando, de forma excepcional, a atuação do Ministério Público (como no caso da Lei nº 8.560/1992), não se pode falar em legitimidade de sua atuação.

Todavia, se se tratar de direitos ou interesses indisponíveis, a legitimidade ministerial já decorreria da redação do próprio art. 1º da Lei nº 8.625/1993 (Lei Orgânica Nacional do Ministério Público).

4. Com efeito, a disciplina do direito à saúde encontra na jurisprudência pátria a correspondência com o próprio direito à vida, de forma que a característica da indisponibilidade do direito já decorreria dessa premissa firmada.

5. Assim, inexiste violação dos dispositivos dos arts. 1º, V, e 21 da Lei nº 7.347/1985, bem como do art. 6º do CPC/1973, uma vez que a atuação do Ministério Público, em demandas de saúde, assim como nas relativas à dignidade da pessoa humana, tem assento na indisponibilidade do direito individual, com fundamento no art. 1º da Lei nº 8.625/1993 (Lei Orgânica Nacional do Ministério Público).

6. Tese jurídica firmada: O Ministério Público é parte legítima para pleitear tratamento médico ou entrega de medicamentos nas demandas de saúde propostas contra os entes federativos, mesmo quando se tratar de feitos contendo beneficiários individualizados, porque se refere a direitos individuais indisponíveis, na forma do art. 1º da Lei nº 8.625/1993 (Lei Orgânica Nacional do Ministério Público). (...)

(REsp 1682836/SP, Rel. Ministro OG FERNANDES, PRIMEIRA SEÇÃO, julgado em 25/04/2018, DJe 30/04/2018)

O Ministério Público pode ajuizar ACP para anular aposentadoria que lesão ao erário

Imagine a seguinte situação hipotética:

O Promotor de Justiça foi informado de que determinado servidor público se aposentou mesmo sem ter completado todo o tempo de contribuição necessário.

Além disso, no cálculo de sua aposentadoria, foram incluídas vantagens e gratificações indevidas, cujo valor superou, inclusive, o teto constitucional.

Diante disso, ajuizou ação civil pública contra o Estado-membro e contra o referido servidor requerendo a anulação do ato de concessão da aposentadoria.

O Ministério Público possui legitimidade para propor esta ação?

Claro.

Previsão constitucional

O Ministério Público possui legitimidade para a tutela coletiva destinada à proteção do patrimônio público. Essa legitimidade encontra amparo em diversos dispositivos da Constituição Federal, valendo destacar os seguintes:

§ Art. 127. O Ministério Público é instituição permanente, essencial à função jurisdicional do Estado, incumbindo-lhe a defesa da ordem jurídica, do regime democrático e dos interesses sociais e individuais indisponíveis.

§ Art. 129. São funções institucionais do Ministério Público:

(...)

II – zelar pelo efetivo respeito dos Poderes Públicos e dos serviços de relevância pública aos direitos assegurados nesta Constituição, promovendo as medidas necessárias a sua garantia;

III – promover o inquérito civil e a ação civil pública, para a proteção do patrimônio público e social, do meio ambiente e de outros interesses difusos e coletivos;

(...)

IX – exercer outras funções que lhe forem conferidas, desde que compatíveis com sua finalidade, sendo-lhe vedada a representação judicial e a consultoria jurídica de entidades públicas.

Patrimônio público é interesse transindividual

A Constituição reserva ao MP ampla atribuição no campo da tutela do patrimônio público, que é um interesse de cunho inegavelmente transindividual.

O combate em juízo à dilapidação ilegal do erário configura atividade de defesa da ordem jurídica, dos interesses sociais e do patrimônio público, funções institucionais atribuídas ao Ministério Público pela Constituição. Entendimento contrário não apenas afronta a textual previsão da Carta Magna, mas também fragiliza o sistema de controle da Administração Pública.

Legitimidade do MP não exclui a do ente público

Obviamente, a atuação judicial do MP não limita o ente público prejudicado, que também poderá ingressar com as ações judiciais objetivando a proteção do patrimônio público. Isso, aliás, está expressamente ressalvado no § 1º do art. 129 da CF/88:

§ Art. 129 (...)

§ 1º A legitimação do Ministério Público para as ações civis previstas neste artigo não impede a de terceiros, nas mesmas hipóteses, segundo o disposto nesta Constituição e na lei.

Substituto processual

Ao ajuizar ação coletiva para a tutela do erário, o Ministério Público não age como representante da entidade pública, e sim como substituto processual de uma coletividade indeterminada, qual seja, a sociedade como um todo. Isso porque a sociedade é titular do direito à boa administração do patrimônio público.

O MP é titular do direito à boa administração do patrimônio público, da mesma forma que qualquer cidadão pode ajuizar ação popular com o mesmo objetivo (art. 5º, LXXIII, da CF/88).

Em suma:

O Ministério Público tem legitimidade para ajuizar ação civil pública que vise anular ato administrativo de aposentadoria que importe em lesão ao patrimônio público.

STF. Plenário. RE 409356/RO, Rel. Min. Luiz Fux, julgado em 25/10/2018 (repercussão geral) (Info 921).

8.4. LEGITIMIDADE DO MUNICÍPIO PARA DEFESA DOS CONSUMIDORES

Imagine a seguinte situação adaptada:

O Município de Brusque (SC) ajuizou ação civil pública contra o HSBC Bank Brasil S.A. alegando que seria ilegal uma tarifa bancária denominada "renovação de cadastro" que estava sendo cobrada das contas bancárias.

O banco contestou a demanda alegando, entre outros argumentos, que o Município não tem legitimidade *ad causam* para ajuizar ação civil pública em defesa de direitos consumeristas questionando a cobrança de uma tarifa bancária.

O que decidiu o STJ? O Município tem legitimidade?

SIM.

Município tem legitimidade ad causam para ajuizar ação civil pública em defesa de direitos consumeristas questionando a cobrança de tarifas bancárias.

STJ. 3ª Turma. REsp 1.509.586-SC, Rel. Min. Nancy Andrighi, julgado em 15/05/2018 (Info 626).

A legitimidade extraordinária dos entes políticos

Os entes federativos ou políticos, enquanto gestores da coisa pública e do bem comum, são, em tese, os maiores interessados na defesa dos interesses metaindividuais, considerando que o Estado "tem por fim o bem comum de um povo situado em um determinado território" (DALLARI, Dalmo de Abreu. *Elementos da teoria geral do estado*. São Paulo: Saraiva, 1999, p. 100).

Assim, na defesa do bem comum do povo, cabe aos órgãos públicos promover a tutela dos interesses da população.

Trata-se, em verdade, de dever-poder, o que impõe aos entes políticos o dever de agir na defesa de interesses metaindividuais.

Ademais, a legitimação dos entes políticos para a defesa de interesses metaindividuais é justificada pela qualidade de sua estrutura, capaz de conferir maior probabilidade de êxito na implementação da tutela coletiva.

Pertinência temática e representatividade adequada dos entes políticos

No caso de ação civil pública proposta por ente político, a pertinência temática ou representatividade adequada são presumidas. Isso porque não há dúvidas de que os entes políticos possuem, dentre suas finalidades institucionais, a defesa coletiva dos consumidores. Trata-se, inclusive, de um comando constitucional:

§ Art. 5º (...)

XXXII – o Estado promoverá, na forma da lei, a defesa do consumidor;

Aliás, no que se refere especificamente à defesa de interesses individuais homogêneos dos consumidores, o Município é o ente político que terá maior contato com as eventuais lesões cometidas contra esses interesses, pois, "por certo, será no Município que esses fatos ensejadores da ação civil pública se farão sentir com maior intensidade [...] em face da proximidade, da imediatidade entre ele e seus munícipes" (LEONEL, Ricardo de Barros. *Manual do Processo Coletivo*. 3ª ed. São Paulo: Revista dos Tribunais, 2013, p. 165).

8.5. É POSSÍVEL QUE AS ASSOCIAÇÕES PRIVADAS FAÇAM TRANSAÇÃO EM AÇÃO CIVIL PÚBLICA

Existe previsão legal de que as associações autoras de ações civis públicas possam fazer transação nessas ações?

NÃO. A Lei nº 7.347/85 (Lei da Ação Civil Pública) prevê que os órgãos públicos podem fazer acordos nas ações civis públicas em curso, não mencionando as associações privadas. Confira:

> §
> Art. 5º (...)
>
> § 6º Os órgãos públicos legitimados poderão tomar dos interessados compromisso de ajustamento de sua conduta às exigências legais, mediante cominações, que terá eficácia de título executivo extrajudicial.

Mesmo sem previsão legal as associações privadas podem transacionar em ações civis públicas

O STF afirmou que, mesmo sem previsão normativa expressa, as associações privadas também podem fazer acordos nas ações coletivas.

Assim, a ausência de disposição normativa expressa no que concerne a associações privadas não afasta a viabilidade do acordo. Isso porque a existência de previsão explícita unicamente quanto aos entes públicos diz respeito ao fato de que somente podem fazer o que a lei determina, ao passo que aos entes privados é dado fazer tudo que a lei não proíbe.

Para o Min. Ricardo Lewandoswki, "não faria sentido prever um modelo que autoriza a justiciabilidade privada de direitos e, simultaneamente, deixar de conferir aos entes privados as mais comezinhas faculdades processuais, tais como a de firmar acordos."

Resumindo:

> **A associação privada autora de uma ação civil pública pode fazer transação com o réu e pedir a extinção do processo, nos termos do art. 487, III, "b", do CPC.**
>
> STF. Plenário. ADPF 165/DF, Rel. Min. Ricardo Lewandowski, julgado em 1º/3/2018 (Info 892).

8.6. A SÚMULA 345 DO STJ CONTINUA VÁLIDA MESMO COM O ART. 85, § 7º, DO CPC/2015

Imagine a seguinte situação hipotética:

A associação dos servidores públicos federais do Ministério da Saúde ajuizou ação coletiva contra a União pedindo que fosse reconhecida e paga determinada gratificação devida à classe.

A ação foi julgada procedente condenando, de forma genérica, a União a pagar a referida gratificação em favor dos servidores do Ministério da Saúde. Houve trânsito em julgado.

João é servidor público federal do Ministério da Saúde e filiado à referida associação.

Diante disso, ele propôs execução individual cobrando o pagamento das verbas relacionadas com a aludida gratificação.

A União não apresentou embargos à execução, ou seja, não se opôs ao pagamento dos valores a João.

Além do montante principal, a União terá que pagar honorários advocatícios?

SIM.

Mas a União não embargou... mesmo assim, ela terá que pagar?

SIM. Esse é o entendimento consolidado do STJ. Confira:

Súmula 345-STJ: São devidos honorários advocatícios pela Fazenda Pública nas execuções individuais de sentença proferida em ações coletivas, ainda que não embargadas.

Mas e a regra do art. 1º-D da Lei nº 9.494/97...?

O art. 1º-D da Lei nº 9.494/97 preconiza o seguinte:

§ Art. 1º-D. Não serão devidos honorários advocatícios pela Fazenda Pública nas execuções não embargadas.

Por que não se aplica a regra do art. 1º-D da Lei nº 9.494/97 para o exemplo acima dado? O art. 1º-D da Lei nº 9.494/97 não está em confronto com a Súmula 345-STJ?

O STJ entende que a execução INDIVIDUAL destinada à satisfação do direito reconhecido em sentença condenatória genérica, proferida em ação civil COLETIVA, não é uma "execução comum". Isso porque essa execução individual possui uma elevada carga cognitiva, considerando que nela:

- além de ser realizada a individualização e a liquidação do valor devido (definição do quantum debeatur);
- irá ser decidido se o exequente é ou não o titular do direito material reconhecido na ação coletiva.

Em outras palavras, trata-se de uma execução na qual se irá discutir se o exequente é ou não titular do crédito, algo que não se debate em uma execução "comum", "tradicional".

Veja o que explicava o Min. Teori Zavascki:

"(...) a despeito de ser conhecida como um processo executivo, a ação em que se busca a satisfação individual do direito declarado em sentença de ação civil coletiva não é propriamente uma ação de execução típica. As sentenças proferidas no âmbito das ações coletivas para tutela de direitos individuais homogêneos, por força de expressa disposição do Código de Defesa do Consumidor (Lei nº 8.078/1990, art. 95), são condenatórias genéricas. Nelas não se especifica o valor da condenação nem a identidade dos titulares do direito subjetivo. A carga condenatória, por isso mesmo, é mais limitada do que a que decorre das demais sentenças condenatórias. Sobressai nelas a carga de declaração do dever de indenizar, transferindo-se para a ação de cumprimento a carga cognitiva relacionada com o direito individual de receber a indenização. Assim, a ação de cumprimento não se limita, como nas execuções comuns, à efetivação do pagamento. Nelas se promove, além da individualização e liquidação do valor devido, se for o caso, o juízo sobre a titularidade do exequente em relação ao direito material, para somente então se passar aos atos propriamente executivos." (trecho de seu voto no STJ AgRg no REsp. 489348/PR, DJ 01/09/2003).

Súmula 345-STJ e art. 1º-D da Lei 9.494/97 convivem, cada um disciplinando uma situação diferente

Desse modo, é preciso distinguir as duas situações:

- Súmula 345-STJ: aplica-se para as execuções individuais de sentença proferida em ações coletivas. Nelas serão devidos honorários advocatícios pela Fazenda Pública, ainda que esta não tenha apresentado embargos à execução;
- Art. 1º-D da Lei nº 9.494/97: destina-se às execuções típicas do Código de Processo Civil, não se aplicando à peculiar execução da sentença proferida em ação civil coletiva (STJ. 1ª Seção. EREsp 475.566/PR, Rel. Min. Teori Albino Zavascki, DJ 13/09/2004).

Art. 85, § 7º, do CPC/2015

A polêmica a respeito da validade ou não da Súmula 345-STJ foi reacendida com o CPC/2015. Isso porque ele trouxe, de forma genérica, a seguinte regra:

> §
>
> Art. 85. (...)
>
> § 7º Não serão devidos honorários no cumprimento de sentença contra a Fazenda Pública que enseje expedição de precatório, desde que não tenha sido impugnada.

Em outras palavras, o § 7º disse que se a Fazenda Pública, devedora, não apresentou impugnação ao cumprimento de sentença, ela não deverá ser condenada a pagar honorários advocatícios.

Diante disso, a doutrina afirmou que a Súmula 345 do STJ teria sido superada. Nesse sentido: Leonardo da Cunha.

O STJ acolheu a posição da doutrina? A Súmula 345 do STJ perdeu validade com a entrada em vigor do § 7º do art. 85 do CPC/2015?

NÃO. O STJ entende que a súmula continua válida mesmo após o CPC/2015. Confira:

> **O art. 85, § 7º, do CPC/2015 não afasta a aplicação do entendimento consolidado na Súmula 345 do STJ, de modo que são devidos honorários advocatícios nos procedimentos individuais de cumprimento de sentença decorrente de ação coletiva, ainda que não impugnados e promovidos em litisconsórcio.**
>
> STJ. Corte Especial. REsp 1.648.238-RS, Rel. Min. Gurgel de Faria, julgado em 20/06/2018 (recurso repetitivo) (Info 628).

Para o STJ, não houve mudança no ordenamento jurídico, uma vez que o art. 85, § 7º, do CPC/2015 reproduz basicamente o teor normativo contido no art. 1º-D da Lei 9.494/97, dispositivo que foi analisado quando da edição da súmula.

Conforme já explicado, o procedimento de cumprimento individual de sentença coletiva não pode receber o mesmo tratamento pertinente a um procedimento de cumprimento comum, uma vez que traz consigo a discussão de uma nova relação jurídica.

A sentença coletiva gera um título judicial genérico, no qual não estão definidas a certeza e a liquidez do direito de cada titular do crédito a ser executado, atributos que somente poderiam ser identificados e dimensionados mediante a propositura de execuções individuais, nas quais seriam expostas as peculiaridades de cada demandante, o que implica complexidade diferenciada no processo executório, a qual persiste mesmo que não tenham sido ajuizados embargos à execução.

Veja alguns trechos do voto do Min. Gurgel de Faria:

> "(...) nessas decisões coletivas – lato sensu – não se especifica o quantum devido nem a identidade dos titulares do direito subjetivo, sendo elas mais limitadas do que as que decorrem das demais sentenças condenatórias típicas. Assim, transfere-se para a fase de cumprimento a obrigação cognitiva relacionada com o direito individual de receber o que findou reconhecido no título judicial proferido na ação ordinária.
>
> Em face disso, a execução desse título judicial pressupõe cognição exauriente, cuja resolução se deve dar com estrita observância dos postulados da ampla defesa e do contraditório, a despeito do nome dado ao procedimento, que induz a indevida compreensão de se estar diante de mera fase de cumprimento, de cognição limitada.
>
> (...)

> Tem-se, pois, que a contratação de advogado é indispensável, uma vez que, conforme já demonstrado, também é necessária a identificação da titularidade do direito do exequente em relação ao direito pleiteado, promovendo-se a liquidação do valor a ser pago e a individualização do crédito, o que torna induvidoso o conteúdo cognitivo exauriente dessa específica fase de cumprimento. A imperiosa presença do causídico revela, por consequência, o direito à sua devida remuneração."

Apenas para que você entenda melhor (não é tecnicamente correto afirmar isso na prova): na execução individual (cumprimento individual) de sentença proferida em ação coletiva, o advogado do exequente (credor) terá mais "trabalho" do que em uma execução comum (cumprimento comum). Isso porque ele terá que demonstrar que seu cliente tem direito ao crédito que foi discutido no processo de conhecimento. Assim, como essa comprovação terá que ser obrigatoriamente feita, são devidos honorários advocatícios mesmo que a Fazenda Pública não apresente impugnação a esse cumprimento de sentença.

9. PROCEDIMENTOS ESPECIAIS

9.1. CONVERSÃO DA AÇÃO REINTEGRATÓRIA EM INDENIZATÓRIA

Imagine a seguinte situação hipotética:

Em 1990, invasores de baixa renda ocuparam um terreno enorme de João.

O proprietário ingressou com ação de reintegração de posse, tendo sido deferida liminar em 1991.

Ocorre que o mandado não foi cumprido em virtude inicialmente da propositura de inúmeros incidentes processuais e, em seguida, pela ausência de força policial para a sua efetivação.

Diante da demora para resolver o imbróglio, o Município e o Estado construíram uma infraestrutura no local para permitir a moradia dos invasores, fazendo ruas e construindo instalações para órgãos públicos atenderem a população.

O juiz constatou, então, que já não era mais possível devolver a posse do terreno ao proprietário em virtude de a situação das famílias estar consolidada. Por conta disso, ele decidiu converter, de ofício, a ação reintegratória em indenizatória (desapropriação indireta), determinando a emenda da inicial, a fim de promover a citação do Município e do Estado para apresentar contestação e, em consequência, incluí-los no polo passivo da demanda.

Agiu corretamente o magistrado?

SIM.

A ação possessória pode ser convertida em indenizatória (desapropriação indireta) – ainda que ausente pedido explícito nesse sentido – a fim de assegurar tutela alternativa equivalente ao particular, quando a invasão coletiva consolidada inviabilizar o cumprimento do mandado reintegratório pelo município.

STJ. 1ª Turma. REsp 1.442.440-AC, Rel. Min. Gurgel de Faria, julgado em 07/12/2017 (Info 619).

O STJ já se manifestou no sentido da possibilidade de conversão da ação possessória em indenizatória, em respeito aos princípios da celeridade e economia processuais, a fim de assegurar ao particular a obtenção de resultado prático correspondente à restituição do bem, quando situação fática consolidada no curso da ação exigir a devida proteção jurisdicional, com fulcro nos arts. 461, § 1º, do CPC/1973 (art. 499 do CPC/2015):

> § Art. 499. A obrigação somente será convertida em perdas e danos se o autor o requerer ou se impossível a tutela específica ou a obtenção de tutela pelo resultado prático equivalente.

Ultra petita ou extra petita

A conversão operada no caso não configura julgamento *ultra petita* ou *extra petita*, ainda que não haja pedido explícito nesse sentido, diante da impossibilidade de devolução da posse ao autor, sendo descabido o ajuizamento de outra ação quando uma parte do imóvel já foi afetada ao domínio público, mediante apossamento administrativo, sendo a outra restante ocupada de forma precária por inúmeras famílias de baixa renda com a intervenção do Município, que implantou toda a infraestrutura básica no local, tornando-se a área bairro urbano.

Princípio da congruência

Não há se falar em violação ao princípio da congruência, devendo ser aplicada à espécie a teoria da substanciação, segundo a qual apenas os fatos vinculam o julgador, que poderá atribuir-lhes a qualificação jurídica que entender adequada ao acolhimento ou à rejeição do pedido, como fulcro nos brocardos *iura novit curia* e *mihi factum dabo tibi ius* e no art. 462 do CPC/1973 (art. 493 do CPC/2015):

> § Art. 493. Se, depois da propositura da ação, algum fato constitutivo, modificativo ou extintivo do direito influir no julgamento do mérito, caberá ao juiz tomá-lo em consideração, de ofício ou a requerimento da parte, no momento de proferir a decisão.
>
> Parágrafo único. Se constatar de ofício o fato novo, o juiz ouvirá as partes sobre ele antes de decidir.

Desapropriação indireta

O caso se amolda ao art. 1.228, §§ 4º e 5º, do CC, que trata da desapropriação judicial, chamada também por alguns doutrinadores de desapropriação por posse-trabalho ou de desapropriação judicial indireta, cujo instituto autoriza o magistrado, sem intervenção prévia de outros Poderes, a declarar a perda do imóvel reivindicado pelo particular em favor de considerável número de pessoas que, na posse ininterrupta de extensa área, por mais de cinco anos, houverem realizado obras e serviços de interesse social e econômico relevante. Confira:

> § Art. 1.228. (...)
>
> § 4º O proprietário também pode ser privado da coisa se o imóvel reivindicado consistir em extensa área, na posse ininterrupta e de boa-fé, por mais de cinco anos, de considerável número de pessoas, e estas nela houverem realizado, em conjunto ou separadamente, obras e serviços considerados pelo juiz de interesse social e econômico relevante.
>
> § 5º No caso do parágrafo antecedente, o juiz fixará a justa indenização devida ao proprietário; pago o preço, valerá a sentença como título para o registro do imóvel em nome dos possuidores.

Os conceitos abertos existentes no art. 1.228 do CC/2002 propiciam ao magistrado uma margem considerável de discricionariedade ao analisar os requisitos para a aplicação do referido instituto.

Participação do Município e do Estado no caso

Vale ressaltar que, em regra, o STJ entende que o simples fato de o Estado e o Município terem feito obras de infraestrutura no local não significa que eles passam a ter responsabilidade pela invasão ou que esta conduta configure desapropriação indireta. Nesse sentido:

"(...) inexiste desapossamento por parte do ente público ao realizar obras de infraestrutura em imóvel cuja invasão já se consolidara, pois a simples invasão de propriedade urbana por terceiros, mesmo sem ser repelida pelo Poder Público, não constitui desapropriação indireta" (STJ. 2ª Turma. AgRg no REsp 1.367.002/MG, Rel. Min. Mauro Campbell Marques, julgado em 20/06/2013).

No entanto, no caso concreto, a situação é um pouco diferente. Isso porque ficou comprovado que os danos causados ao proprietário do imóvel decorreram de atos omissivos e comissivos da administração pública, tendo em conta que deixou de fornecer a força policial necessária para o cumprimento do mandado reintegratório, ainda na fase inicial da invasão, permanecendo omissa quanto ao surgimento de novas habitações irregulares, além de ter realizado obras de infraestrutura no local, com o objetivo de garantir a função social da propriedade, circunstâncias que ocasionaram o desenvolvimento urbano da área e a desapropriação direta de parte do bem.

Assim, o Município e o Estado são sujeitos passivos legítimos da indenização prevista no art. 1.228, § 5º, do CC/2002, visto que os possuidores, por serem hipossuficientes, não podem arcar com o ressarcimento dos prejuízos sofridos pelo proprietário do imóvel. Nesse sentido, confira:

Enunciado 308 da Jornada de Direito Civil do CJF: A justa indenização devida ao proprietário em caso de desapropriação judicial (art. 1.228, § 5º) somente deverá ser suportada pela Administração Pública no contexto das políticas públicas de reforma urbana ou agrária, em se tratando de possuidores de baixa renda e desde que tenha havido intervenção daquela nos termos da lei processual. Não sendo os possuidores de baixa renda, aplica-se a orientação do Enunciado 84 da I Jornada de Direito Civil.

Enunciado 84 da Jornada de Direito Civil do CJF: A defesa fundada no direito de aquisição com base no interesse social (art. 1.228, §§ 4º e 5º, do novo Código Civil) deve ser arguida pelos réus da ação reivindicatória, eles próprios responsáveis pelo pagamento da indenização.

9.2. AINDA EXISTE A AÇÃO AUTÔNOMA DE EXIBIÇÃO DE DOCUMENTOS OU COISAS NO CPC/2015

Imagine a seguinte situação hipotética:

João teve seu nome inscrito no cadastro de inadimplentes por indicação do Banco "X", que informou ao SERASA que ele estaria devendo determinada quantia à instituição financeira.

Quando soube da inscrição, João solicitou do banco, extrajudicialmente, acesso ao contrato que gerou o suposto débito.

A instituição financeira, contudo, não apresentou o contrato.

Diante disso, João propôs "ação autônoma de exibição de documentos" em face do Banco. Na demanda, o autor pediu a exibição do suposto contrato que originou a dívida.

Sentença

A sentença extinguiu o processo, sem julgamento do mérito, por carência de ação, pela falta de interesse-adequação.

O juiz entendeu que, com a entrada em vigor do novo CPC, a exibição de documentos ou coisas passou a ser prevista expressamente apenas em caráter incidental, no curso do processo em andamento, nos termos dos arts. 396 a 404 do CPC/2015.

Agiu corretamente o juiz? O CPC/2015 acabou com a ação autônoma de exibição de documentos ou coisas? Agora a única espécie que existe é a ação incidente de exibição de documentos ou coisas?

NÃO. O CPC/2015 não acabou com a ação autônoma de exibição de documentos ou coisas.

Conforme explica a doutrina:

"Existem situações de fato nas quais o autor necessita ter contato com determinado documento ou coisa que não está em seu poder, para saber qual é o seu exato conteúdo ou estado e, assim, avaliar se é ou não o caso da utilização de uma medida judicial. Para viabilizar esse contato do autor a lei lhe permite a utilização da via processual denominada exibição de documento, que pode seguir o procedimento previsto para a tutela cautelar requerida em caráter antecedente ou o procedimento previsto nos art. 396 e seguintes, do CPC, variando se o pedido é feito em face da própria parte ou em face de terceiro. Há ainda, em tese, a possibilidade do autor pleitear a exibição mediante ação que siga o procedimento comum, embora possa obter a mesma eficácia com a utilização dos outros ritos, que são mais simples e por isso, mais indicados." (OLIVEIRA NETO, Olavo de; *Curso de direito processual civil*. Volume 2: tutela de conhecimento. São Paulo: Editora Verbatim, 2016, p. 262).

"A exibição de coisa ou documento contra a parte adversária poderá ocorrer por ação autônoma. Seria uma ação probatória autônoma, nos termos em que autorizada pelos arts. 381-383, CPC). (DIDIER JR. Fredie; BRAGA, Paula Sarno; OLIVEIRA, Rafael Alexandria de. *Curso de direito processual civil: teoria da prova, direito probatório, ações probatórias, decisão, precedente, coisa julgada e antecipação dos efeitos da tutela*. 12ª ed., Salvador: JusPodivm, 2016. p. 258).

Essa foi também a conclusão exposta na II Jornada de Direito Processual Civil do STJ/CJF, ocasião em que foram aprovados os seguintes enunciados:

§ Enunciado 119: É admissível o ajuizamento de ação de exibição de documentos, de forma autônoma, inclusive pelo procedimento comum do CPC (art. 318 e seguintes).

§ Enunciado 129: É admitida a exibição de documentos como objeto de produção antecipada de prova, nos termos do art. 381 do CPC.

Voltando ao caso concreto:

O autor ingressou com o pedido de exibição por meio de ação autônoma em razão da negativação de seu nome em órgão de proteção ao crédito.

Afirma que desconhece a dívida, e necessita do teor do contrato que deu origem ao débito para tomar as providências cabíveis. Tal providência, a teor dos enunciados da II Jornada de Processo Civil e da doutrina autorizada, pode ser buscada por meio de ação autônoma, não havendo de se falar em falta de adequação ou interesse.

Apresentado o documento (suposto contrato) o autor definirá se ajuizará ou não ação de conhecimento. Trata-se, portanto, de ação autônoma de exibição, sendo medida adequada para o objetivo buscado.

Em suma:

Admite-se o ajuizamento de ação autônoma para a exibição de documento, com base nos arts. 381 e 396 e seguintes do CPC, ou até mesmo pelo procedimento comum, previsto nos arts. 318 e seguintes do CPC.

STJ. 4ª Turma. REsp 1.774.987-SP, Rel. Min. Maria Isabel Gallotti, julgado em 08/11/2018 (Info 637).

Veja o teor dos arts. 381 e 396 do CPC/2015:

§ Art. 381. A produção antecipada da prova será admitida nos casos em que:

I – haja fundado receio de que venha a tornar-se impossível ou muito difícil a verificação de certos fatos na pendência da ação;

II – a prova a ser produzida seja suscetível de viabilizar a autocomposição ou outro meio adequado de solução de conflito;

III – o prévio conhecimento dos fatos possa justificar ou evitar o ajuizamento de ação.

§ 1º O arrolamento de bens observará o disposto nesta Seção quando tiver por finalidade apenas a realização de documentação e não a prática de atos de apreensão.

§ 2º A produção antecipada da prova é da competência do juízo do foro onde esta deva ser produzida ou do foro de domicílio do réu.

§ 3º A produção antecipada da prova não previne a competência do juízo para a ação que venha a ser proposta.

§ 4º O juízo estadual tem competência para produção antecipada de prova requerida em face da União, de entidade autárquica ou de empresa pública federal se, na localidade, não houver vara federal.

§ 5º Aplica-se o disposto nesta Seção àquele que pretender justificar a existência de algum fato ou relação jurídica para simples documento e sem caráter contencioso, que exporá, em petição circunstanciada, a sua intenção.

§ Art. 396. O juiz pode ordenar que a parte exiba documento ou coisa que se encontre em seu poder.

§ Art. 318. Aplica-se a todas as causas o procedimento comum, salvo disposição em contrário deste Código ou de lei.

9.3. NÃO É CABÍVEL A RECONVENÇÃO APRESENTADA EM EMBARGOS DE TERCEIRO, SOB A ÉGIDE DO CPC/1973

Reconvenção

O réu de uma demanda poderá oferecer contestação, "expondo as razões de fato e de direito com que impugna o pedido do autor e especificando as provas que pretende produzir" (art. 336 do CPC/2015).

No entanto, uma outra opção disponível para o réu é a de apresentar reconvenção contra o autor.

Assim, podemos dizer que a reconvenção é...

- uma espécie de resposta do réu
- no qual ele (réu originário/reconvinte) irá demandar contra o autor originário (reconvindo)

PROCESSO CIVIL

- ou seja, ele irá formular uma pretensão própria contra o autor originário
- pretensão esta que deve ser conexa com a ação principal ou com o fundamento da defesa.

A reconvenção é, portanto, um contra-ataque do réu. Trata-se de uma demanda (ação) proposta pelo réu contra o autor, no prazo de resposta, aproveitando-se do mesmo processo em que o réu está sendo demandado.

Pressupostos da reconvenção

Para que seja possível a reconvenção, é necessário o preenchimento de três pressupostos processuais:

1. Conexão: a pretensão formulada pelo réu/reconvinte deverá ser conexa com a ação principal ou com o fundamento da defesa (art. 343 do CPC/2015);
2. Competência: o pedido formulado pelo réu/reconvinte precisa ser de competência do juízo que está julgando a ação originária. Se aquilo que o réu/reconvinte pretende for de competência de outro juízo, não cabe reconvenção.
3. Identidade procedimental: o procedimento previsto para o pedido formulado na reconvenção deve ser o mesmo da ação originária. Isso porque a ação principal e a reconvenção seguirão conjuntamente no mesmo procedimento. Logo, os ritos não podem ser diferentes.

A reconvenção deve ser proposta em petição separada da contestação?

- CPC/1973: previa que a contestação e a reconvenção deveriam ser oferecidas simultaneamente, mas em peças autônomas (art. 299). Em outras palavras, deveria ser feita uma petição para a contestação e outra para a reconvenção.
- CPC/2015: prevê que a reconvenção é apresentada na mesma peça que a contestação (art. 343). A reconvenção é um "tópico" da contestação.

Atenção: como a reconvenção é uma demanda (uma ação) proposta pelo réu contra o autor, no pedido de reconvenção deverá constar o valor da causa. É o que diz o art. 292 do CPC/2015: "O valor da causa constará da petição inicial ou da reconvenção (...)". Chamo atenção para esse fato porque tem sido cobrado reiteradamente nas provas:

(Juiz de Direito TJ-CE 2018 CESPE) Com base no CPC, é correto afirmar que o valor da causa é um requisito legal da petição inicial, mas não da reconvenção. (ERRADO)

(PGE/PE 2018 CESPE) O réu apresentou pedido reconvencional, mas não indicou o correspondente valor da causa. Nessa situação hipotética, o juiz deverá determinar

a. a abertura de prazo para a réplica, pois o valor da causa não é necessário na reconvenção.
b. o desentranhamento da reconvenção e o seguimento do processo, considerando apenas a contestação.
c. C a abertura de prazo para a réplica, pois não cabe ao juiz, de ofício, corrigir valor da causa ou sua ausência.
d. a emenda da contestação, sob pena de não conhecimento do pedido reconvencional em particular, sem prejuízo da defesa apresentada contra o pedido do autor na mesma peça.
e. a emenda da contestação, sob pena de revelia, ônus aplicável se, após oportunizada a correção pelo juiz, o réu persistir na omissão.

Letra D

Embargos de terceiro

Os embargos de terceiro são...

- uma ação de conhecimento
- com rito especial,
- por meio da qual uma pessoa objetiva livrar um bem do qual tenha posse (como senhor/proprietário ou possuidor),
- bem este que está sofrendo ou na iminência de sofrer
- uma constrição judicial (exs: penhora, arresto, sequestro etc.)

(Juiz TRF3 2015 banca própria) Os embargos de terceiro permitem a qualquer pessoa estranha ao processo discutir a titularidade dos direitos disputados pelas partes. (CERTO)

Feita esta breve revisão, imagine agora a seguinte situação hipotética:

João e Maria, casados, possuem uma conta bancária conjunta, na qual estão depositados R$ 100 mil.

Pedro ajuizou execução unicamente contra João cobrando-lhe o valor de R$ 70 mil.

O juiz da execução ordenou a penhora *on line*, sendo bloqueados R$ 70 mil da referida conta bancária.

Maria apresentou embargos de terceiro pedindo o desbloqueio, afirmando que esse dinheiro pertencia a ela.

Pedro, ao ser citado a respeito dos embargos, formulou reconvenção contra Maria afirmando que ela também é devedora e que, por isso, deveria responder pelo débito.

Vale ressaltar que essa reconvenção foi proposta em 2014, ou seja, na época em que vigorava o CPC/1973.

Indaga-se: na vigência do CPC/1973, era possível a apresentação de reconvenção em embargos de terceiro?

NÃO.

Não é cabível a reconvenção apresentada em embargos de terceiro, sob a égide do Código de Processo Civil de 1973.

STJ. 3ª Turma. REsp 1.578.848-RS, Rel. Min. Ricardo Villas Bôas Cueva, julgado em 19/06/2018 (Info 628).

O art. 1.053 do CPC/1973 dizia o seguinte: "Os embargos poderão ser contestados no prazo de 10 (dez) dias, findo o qual proceder-se-á de acordo com o disposto no art. 803".

Já o art. 803 afirmava que:

§ Art. 803. Não sendo contestado o pedido, presumir-se-ão aceitos pelo requerido, como verdadeiros, os fatos alegados pelo requerente (arts. 285 e 319); caso em que o juiz decidirá dentro em 5 (cinco) dias.

Parágrafo único. Se o requerido contestar no prazo legal, o juiz designará audiência de instrução e julgamento, havendo prova a ser nela produzida.

Logo, segundo o CPC/1973, após a fase de contestação, os embargos de terceiro não seguiam o rito ordinário. Seguiam um rito especial, previsto no art. 803 e seguintes.

Diante disso, o STJ concluía que não cabia reconvenção nos embargos de terceiro porque não haveria previsão para essa forma de defesa no rito especial do art. 803.

Veja o que dizia Nelson Nery ao comentar o tema na vigência do CPC/1973:

"Reconvenção. Não se admite nos embargos de terceiro por incompatibilidade procedimental, já que estes têm rito especial e aquela, normalmente, rito ordinário". (NERY JUNIOR, Nelson. *Código de processo civil comentado*. 14ª ed. São Paulo: RT, 2014)

E sob a égide do CPC/2015? Na vigência do CPC/2015, é possível a apresentação de reconvenção em embargos de terceiro?

Não há, ainda, uma resposta definitiva sobre o tema, mas existe a possibilidade de que sim. Explico.

O CPC/2015 prevê os embargos de terceiro nos arts. 674 a 681.

§ Art. 674. Quem, não sendo parte no processo, sofrer constrição ou ameaça de constrição sobre bens que possua ou sobre os quais tenha direito incompatível com o ato constritivo, poderá requerer seu desfazimento ou sua inibição por meio de embargos de terceiro.

§ 1º Os embargos podem ser de terceiro proprietário, inclusive fiduciário, ou possuidor.

§ 2º Considera-se terceiro, para ajuizamento dos embargos:

I – o cônjuge ou companheiro, quando defende a posse de bens próprios ou de sua meação, ressalvado o disposto no art. 843;

II – o adquirente de bens cuja constrição decorreu de decisão que declara a ineficácia da alienação realizada em fraude à execução;

III – quem sofre constrição judicial de seus bens por força de desconsideração da personalidade jurídica, de cujo incidente não fez parte;

IV – o credor com garantia real para obstar expropriação judicial do objeto de direito real de garantia, caso não tenha sido intimado, nos termos legais dos atos expropriatórios respectivos.

Assim, podemos identificar dois "indícios" de que será possível a reconvenção nos embargos de terceiro no CPC/2015:

1º) O novo CPC prevê que a reconvenção é apresentada na mesma peça que a contestação. Veja:

§ Art. 343. Na contestação, é lícito ao réu propor reconvenção para manifestar pretensão própria, conexa com a ação principal ou com o fundamento da defesa.

(...)

§ 6º O réu pode propor reconvenção independentemente de oferecer contestação.

Logo, não haveria sentido em se restringir esse instrumento processual para o embargado.

2º) depois da contestação, os embargos de terceiro seguem o rito comum, de forma que não se trata mais de um rito "especial":

§ Art. 679. Os embargos poderão ser contestados no prazo de 15 (quinze) dias, findo o qual se seguirá o procedimento comum.

Sendo rito comum, não há razão para não se admitir a reconvenção.

Trata-se, contudo, ainda, de tema em aberto, não havendo certeza.

Veja o que o Min. Ricardo Villas Bôas Cueva afirmou em seu voto:

(...) anote-se que o Código de Processo Civil de 2015, alterando profundamente a sistemática anterior, passou a prever, além da possibilidade de reconvenção e contestação em peça única (artigo 343), a adoção do procedimento comum após a fase de contestação nos embargos de terceiro (artigo 679), o que certamente reascenderá a discussão em torno do cabimento da reconvenção nas demandas ajuizadas sob a égide do novo diploma."

9.4. AÇÃO DE CONSIGNAÇÃO EM PAGAMENTO

SE FICAR COMPROVADA A INSUFICIÊNCIA DO DEPÓSITO, A AÇÃO DEVE SER JULGADA IMPROCEDENTE

Pagamento em consignação

Se alguém está devendo uma quantia em dinheiro ou tem a obrigação de entregar uma coisa para o credor, a forma "normal" de fazer isso é por meio do pagamento.

No entanto, algumas vezes, o devedor, mesmo querendo, não consegue pagar. Isso acontece, por exemplo, quando o devedor não pode ou não quer receber. Também ocorre quando o devedor não tem certeza para quem deve pagar.

Em tais situações, o ordenamento jurídico prevê que o devedor deverá fazer o pagamento em consignação.

Esse tema é tratado tanto no Código Civil (arts. 334 a 345) como no CPC (arts. 539 a 549).

Hipóteses

Segundo o art. 335 do CC, o pagamento em consignação ocorre nas seguintes situações:

I – se o credor não puder, ou, sem justa causa, recusar receber o pagamento, ou dar quitação na devida forma;

II – se o credor não for, nem mandar receber a coisa no lugar, tempo e condição devidos;

III – se o credor for incapaz de receber, for desconhecido, declarado ausente, ou residir em lugar incerto ou de acesso perigoso ou difícil;

IV – se ocorrer dúvida sobre quem deva legitimamente receber o objeto do pagamento;

V – se pender litígio sobre o objeto do pagamento.

Obs: existem outras hipóteses de pagamento em consignação previstas em outras leis, como, por exemplo, no art. 164 do CTN.

Espécies

A consignação em pagamento pode ser:

a) EXTRAJUDICIAL:

É aquela que é feita diretamente pelo devedor, sem propor uma ação judicial para isso.

Só cabe consignação extrajudicial em caso de dívida de dinheiro.

Está prevista nos §§ 1º a 4º do art. 539 do CPC.

Como funciona:

- O devedor, ou o terceiro que quer pagar a dívida, vai até um banco situado no lugar do pagamento e deposita a quantia devida.
- Em seguida, o banco notifica o credor, por via postal, de que foi feito este depósito e concede um prazo de 10 dias para ele se manifestar.
- Se o credor não se pronunciar no prazo, deve-se considerar que o devedor ficou liberado da obrigação.
- A quantia fica no banco à disposição do credor, que poderá sacá-la.

PROCESSO CIVIL

- Por outro lado, o credor poderá, por escrito, recusar-se a receber o depósito, hipótese na qual o devedor deverá propor, em 1 mês, ação de consignação, instruindo a inicial com a prova do depósito e da recusa.
- Não proposta a referida ação no prazo de 1 mês, torna-se sem efeito o depósito.

"O prazo de um mês para o ingresso da ação de consignação em pagamento serve tão somente para que o devedor não sofra os efeitos da mora, de maneira que, transcorrido esse prazo, a propositura da demanda continua possível, desde que o devedor realize a consignação do valor principal acrescido dos juros e devidas correções, que contarão da data de vencimento da obrigação583. Segundo o art. 539, § 3º, do Novo CPC, após o decurso do prazo legal, o depósito extrajudicial perderá os seus efeitos, o que dá a entender que o autor "devedor" deverá realizar um novo depósito." (NEVES, Daniel Amorim Assumpção. *Manual de Direito Processual Civil.* Salvador: Juspodivm, 2017, p. 1.496).

Vale ressaltar que a consignação em estabelecimento bancário (consignação extrajudicial) é uma faculdade do autor, ou seja, ele pode decidir propor diretamente a ação judicial de consignação, não precisando ingressar primeiro com a consignação extrajudicial.

b) JUDICIAL

Realizado por meio da propositura de ação de consignação em pagamento.

Vamos estudar abaixo a ação de consignação em pagamento.

Legitimidade

Ativa. A ação de consignação em pagamento pode ser proposta:

a. pelo devedor; ou
b. por terceiro.

Passiva. A ação de consignação em pagamento será proposta contra:

a. o CREDOR (se ele for certo). Veja o que diz o art. 542, II, do CPC:

> § Art. 542. Na petição inicial, o autor requererá:
> II – a citação do réu para levantar o depósito ou oferecer contestação.

b. contra os POSSÍVEIS CREDORES, em litisconsórcio passivo (se houver mais de uma pessoa que possa ser credora e o devedor não tiver certeza para quem deverá pagar). Está previsto no art. 547 do CPC:

> § Art. 547. Se ocorrer dúvida sobre quem deva legitimamente receber o pagamento, o autor requererá o depósito e a citação dos possíveis titulares do crédito para provarem o seu direito.

Objeto

Vimos acima que a consignação extrajudicial somente pode envolver dinheiro (dívidas de valor).

A ação de consignação, por outro lado, pode envolver:

a. dinheiro (obrigação de pagar quantia certa);
b. coisa diversa de dinheiro.

Citação e posturas do réu

O réu (credor), depois de ser citado, poderá adotar três posturas:

a. oferecer contestação;

b. requerer o levantamento do valor ou da coisa depositada;

c. não fazer nada (ser revel).

Contestação

Na contestação, o réu poderá alegar que:

I – não houve recusa ou mora em receber a quantia ou a coisa devida;

II – foi justa a recusa;

III – o depósito não se efetuou no prazo ou no lugar do pagamento;

IV – o depósito não é integral. Neste caso, a alegação somente será admissível se o réu indicar o montante que entende devido.

Sentença

Se o juiz julgar procedente a ação consignatória:

§ Art. 546. Julgado procedente o pedido, o juiz declarará extinta a obrigação e condenará o réu ao pagamento de custas e honorários advocatícios.

Parágrafo único. Proceder-se-á do mesmo modo se o credor receber e der quitação.

Se o autor depositou a quantia, mas o réu contestou dizendo que o depósito não foi de tudo que seria devido (o depósito não foi integral). O que acontece neste caso?

O autor terá a oportunidade de complementar o depósito:

§ Art. 545. Alegada a insuficiência do depósito, é lícito ao autor completá-lo, em 10 (dez) dias, salvo se corresponder a prestação cujo inadimplemento acarrete a rescisão do contrato.

Ex: o autor depositou R$ 80 mil; o réu contestou dizendo que a dívida é de R$ 100 mil.

Levantamento da quantia depositada

Mesmo que o autor decida não complementar o valor, o réu já poderá sacar a quantia depositada e o processo continuará para discutir se a dívida é realmente só de R$ 80 ou se é de R$ 100 mil.

§ Art. 545 (...)

§ 1º No caso do caput, poderá o réu levantar, desde logo, a quantia ou a coisa depositada, com a consequente liberação parcial do autor, prosseguindo o processo quanto à parcela controvertida.

Juiz irá proferir sentença

Se o juiz entender que realmente aquilo que o réu falou na contestação estava certo e que o valor oferecido pelo autor foi abaixo da dívida, neste caso, o magistrado irá proferir sentença dizendo o montante devido. Ex: o juiz irá proferir sentença afirmando que a dívida é realmente de R$ 100 mil e que, como o réu já sacou os R$ 80 mil depositados, o autor ainda deve R$ 20 mil. Essa sentença vale como título executivo e o réu (credor) poderá executá-la. É o que prevê o § 2º do art. 545 do CPC:

§ Art. 545 (...)

§ 2º A sentença que concluir pela insuficiência do depósito determinará, sempre que possível, o montante devido e valerá como título executivo, facultado ao credor promover-lhe o cumprimento nos mesmos autos, após liquidação, se necessária.

Por isso, a doutrina afirma que a ação consignatória possui natureza dúplice.

Se o autor da ação não depositou o valor integral da dívida, a sentença do juiz será de improcedência ou de procedência parcial? A insuficiência do depósito na ação de consignação conduz à prolação de improcedência ou à prolação de sentença parcialmente procedente (porque houve extinção parcial da obrigação até o montante da importância consignada)?

Isso tem grande importância prática. Veja:

- se o juiz julga improcedente, significa que o autor deverá pagar os ônus da sucumbência;
- se o juiz julga parcialmente procedente, a sucumbência será recíproca, ou seja, deverá ser dividida entre autor e réu.

Ademais, em regra, o depósito faz cessar para o devedor os efeitos da mora, inclusive a fluência de juros de mora, salvo se a demanda for julgada improcedente.

Desse modo, sendo julgada improcedente em razão da insuficiência do depósito, são restaurados os efeitos da mora, inclusive no que diz respeito à parcela consignada. O autor terá que pagar os juros e correção monetária do período em que o processo ficou tramitando.

Mas e aí, qual é a resposta? A insuficiência do depósito na ação de consignação conduz à improcedência do pedido ou à procedência parcial?

IMPROCEDÊNCIA do pedido.

Se ficar comprovada a insuficiência do depósito, a ação deve ser julgada improcedente e o ônus da sucumbência deverá ser inteiramente imputado ao autor.

Por quê?

Ora, se o autor deposita um valor insuficiente, ou seja, uma quantia que não paga a integralidade da dívida, isso significa que o credor estava correto ao se recusar em receber o pagamento. Isso porque ninguém pode ser obrigado a receber menos do que aquilo que foi combinado. Veja o que diz o Código Civil:

§ Art. 314. Ainda que a obrigação tenha por objeto prestação divisível *(ex: dinheiro)*, não pode o credor ser obrigado a receber, nem o devedor a pagar, por partes, se assim não se ajustou.

Assim, se o contrato previa o pagamento de R$ 100 mil no dia 02/02, o credor não pode ser obrigado a receber R$ 80 mil no dia 02/02, com a promessa de que o restante seria pago em outra data. Se o credor se recusa a receber os R$ 80 mil, esta recusa é por uma "justa causa".

A consignação em pagamento tem por objetivo exonerar o devedor de sua obrigação, mediante o depósito da quantia ou da coisa devida. No entanto, essa ação somente poderá ter força de pagamento se o pagamento for feito de forma correta quanto ao objeto e modo (deve pagar tudo e do modo certo). É isso que prevê o art. 336 do Código Civil:

§ Art. 336. Para que a consignação tenha força de pagamento, será mister concorram, em relação às pessoas, ao objeto, modo e tempo, todos os requisitos sem os quais não é válido o pagamento.

Em suma:

Em ação consignatória, a insuficiência do depósito realizado pelo devedor conduz ao julgamento de improcedência do pedido, pois o pagamento parcial da dívida não extingue o vínculo obrigacional.

STJ. 2ª Seção. REsp 1.108.058-DF, Rel. Min. Lázaro Guimarães (Desembargador Convocado do TRF da 5ª Região), Rel. Acd. Min. Maria Isabel Gallotti, julgado em 10/10/2018 (recurso repetitivo) (Info 636).

LEGITIMIDADE DO BANCO DE AJUIZAR AÇÃO DE CONSIGNAÇÃO EM PAGAMENTO PARA PAGAR DÍVIDA QUE FOI GERADA CONTRA CLIENTE EM VIRTUDE DE FALHA BANCÁRIA

Imagine a seguinte situação hipotética:

Edith tinha uma conta-corrente no HSBC.

Determinado dia, Maria Aparecida foi até uma agência bancária do HSBC e tentou descontar um cheque que teria sido supostamente emitido por Edith, no valor de R$ 10 mil.

O banco recusou o pagamento por falta de fundos.

Vale ressaltar que o cheque supostamente emitido por Edith tinha como favorecido o nome de Pedro Carvalho.

Maria Aparecida tentou descontar o título no HSBC, mas, por uma falha bancária, ele não foi pago sob a alegação de que estaria sem fundos.

Maria Aparecida havia recebido esse cheque por meio de endosso translativo feito pelo favorecido (Pedro Carvalho).

Segundo apurou o banco, esse talonário de cheque em nome de Edith teria sido desviado durante o transporte do material feito do depósito até o banco. Isso permitiu que os cheques chegassem nas mãos de eventuais falsários.

Em outras palavras, houve uma falha no serviço bancário.

Maria Aparecida não quis nem saber e levou o cheque a protesto.

Ação de consignação em pagamento cumulada com cancelamento de protesto

Diante desse cenário, o banco ajuizou ação de consignação em pagamento em face de Maria Aparecida pedindo que ela receba os R$ 10 mil e que o protesto seja cancelado.

O juízo de 1ª instância indeferiu a petição inicial afirmando que o banco não teria legitimidade ativa para a causa, considerando que seria terceiro desinteressado.

Agiu corretamente o juiz?

NÃO.

A instituição financeira possui legitimidade para ajuizar ação de consignação em pagamento visando quitar débito de cliente decorrente de título de crédito protestado por falha no serviço bancário.

STJ. 4ª Turma. REsp 1.318.747-SP, Rel. Min. Luis Felipe Salomão, julgado em 04/10/2018 (Info 636).

O procedimento da consignação em pagamento existe para atender as peculiaridades do direito material.

PROCESSO CIVIL

As regras processuais disciplinam apenas o iter (caminho) procedimental para que seja possível o autor efetuar o pagamento e, assim, conseguir a eficácia liberatória especial.

Com exceção das obrigações infungíveis ou personalíssimas, nas quais somente o devedor pode cumprir a obrigação, o direito admite que um terceiro venha a pagar a dívida, não se vislumbrando prejuízo algum para o credor que recebe o pagamento de pessoa diversa do devedor, desde que seu interesse seja atendido. Isso porque existe um interesse social de que as obrigações sejam adimplidas, se não diretamente pelo devedor, por outra pessoa.

Não se pode afirmar que o banco não tenha interesse jurídico na demanda. Isso porque ele possui o dever legal de não causar e prevenir danos à consumidora (art. 6º, VI, do CDC), especialmente se o problema foi causado por uma falha bancária.

Ademais, o art. 305 do CC é expresso em admitir que o terceiro não interessado possa pagar a dívida em seu próprio nome, apenas ressalvando que não se sub-roga nos direitos do credor:

> § Art. 305. O terceiro não interessado, que paga a dívida em seu próprio nome, tem direito a reembolsar-se do que pagar; mas não se sub-roga nos direitos do credor.

O credor só pode recusar o pagamento de terceiro não interessado em três hipóteses:

a. caso exista no contrato expressa declaração proibitiva ao cumprimento da obrigação por terceiro;

b. na hipótese de tal cumprimento poder lhe causar prejuízo; e

c. na situação em que a obrigação, por sua natureza, somente possa ser cumprida pelo devedor.

9.5. AÇÃO DE EXIGIR CONTAS

É CABÍVEL AÇÃO DE PRESTAÇÃO DE CONTAS PROPOSTA CONTRA EMPRESA ADMINISTRADORA DE CONSÓRCIO CASO A EMPRESA QUE PROMOVEU AS VENDAS NÃO TENHA CONCORDADO COM OS NÚMEROS APRESENTADOS

Em direito civil/empresarial, o que é um consórcio?

O consórcio ocorre quando um grupo de pessoas (físicas ou jurídicas) se reúne com o objetivo de comprar um determinado tipo de bem (móvel ou imóvel) ou adquirir um serviço. O exemplo mais comum é o consórcio para compra de veículos, mas existem para diversas outras espécies de bens, inclusive para imóveis.

Cada pessoa que faz parte do consórcio pagará parcelas mensais e, todos os meses, haverá a possibilidade de um ou mais integrantes do consórcio serem contemplados.

A contemplação pode acontecer de duas formas: por meio de sorte ou pelo maior lance.

Sorteio é a escolha de um dos participantes que será beneficiado por meio da sorte (este sorteio é normalmente feito pela Loteria Federal).

O lance consiste na possibilidade de os participantes do consórcio oferecerem um valor para serem logo contemplados. É uma espécie de "leilão" para ser logo contemplado. Ex: o consórcio é de R$ 100 mil e a pessoa dá um lance de R$ 50 mil, ou seja, ela aceita pagar R$ 50 mil de suas parcelas adiantado em troca de ser logo contemplada. Aquele que oferece o maior lance no mês será contemplado.

Quando a pessoa é contemplada, ela recebe um crédito no valor do bem objeto do consórcio. Isso é chamado de "carta de crédito".

Ex: João aderiu ao consórcio de um carro da marca XX, modelo YY, no valor de R$ 100 mil. Isso significa que, durante um determinado período (48, 60, 90 meses etc.), ele pagará uma prestação mensal e todos os meses um ou mais participantes do consórcio serão sorteados ou poderão dar lances. Caso a pessoa seja sorteada ou seu lance seja o maior, ela receberá o crédito de R$ 100 mil e poderá, com ele, comprar aquele carro ou outro bem daquele mesmo segmento de sua cota (outro veículo de modelo diferente).

Os consórcios são indicados para pessoas que querem comprar determinado bem, mas não precisam dele de imediato e têm certa dificuldade de economizar. Assim, sabendo que possui aquela prestação mensal, a pessoa fica obrigada a poupar e, um dia, será contemplada, seja por sorteio, seja por decidir dar um lance.

Para a maioria dos economistas, o consórcio não é um bom negócio, salvo se a pessoa for contemplada logo no início ou se, como já dito, ela não tiver disciplina para economizar sozinha.

Uma curiosidade: o consórcio é um tipo de compra/investimento que foi criado no Brasil, tendo surgido na década de 60, por iniciativa de um grupo de funcionários do Banco do Brasil que se reuniu para comprar carros por meio dessa "poupança coletiva".

Legislação

O sistema de consórcios é atualmente regido pela Lei nº 11.795/2008, sendo essa atividade regulada pelo Banco Central, que edita circulares para disciplinar o tema. A atual é a Circular 3.432/2009.

O que é uma administradora de consórcio?

A administradora de consórcio é uma pessoa jurídica que é responsável pela formação e administração de grupos de consórcio. Em outras palavras, é ela quem organiza o consórcio.

Imagine a seguinte situação hipotética (com adaptações):

Rodobens administradora de consórcios Ltda. e Promocasa promotora de vendas Ltda. celebraram um contrato, por meio do qual a Rodobens organizaria o consórcio e a Promocasa ficaria responsável por oferecer e comercializar as quotas consorciais aos consumidores.

Vale ressaltar que, depois que o consumidor firmava o contrato, ele deveria efetuar os pagamentos das prestações diretamente para a Rodobens.

A Promocasa teria, todos os meses, direito a um percentual das parcelas pagas pelos consorciados.

Depois de alguns anos, o contrato chegou ao fim.

A Promocasa, analisando o balanço, entendeu que a Rodobens não havia repassado todos os valores corretos que ela teria direito e que havia, ainda, um saldo a receber.

No entanto, a Promocasa não dispunha de todos os dados dos clientes, considerando que essa informação ficava com a outra empresa. Logo, a Promocasa não tinha o valor exato deste eventual saldo.

Diante disso, a Promocasa ajuizou ação de prestação de contas (ação de exigir contas) contra a Rodobens com o objetivo de apurar eventual saldo credor decorrente do contrato mantido entre elas, uma vez que a ré teria deixado de apresentar os valores recebidos em razão de quotas consorciais comercializadas pela autora.

Em contestação, a ré alegou que o contrato firmado não transferiu à Rodobens a administração de bens ou interesses da Promocasa, mas sim a administração de valores dos consumidores que adquiriram as quotas consorciais.

Desse modo, a administradora não teria a obrigação de prestar contas à sua parceira, cuja atuação era estritamente de intermediação, remunerada por comissão.

Além disso, afirmou que apresentou uma planilha com todos os cálculos e que, portanto, a autora não teria interesse de agir.

O que o STJ decidiu? É cabível ação de exigir contas neste caso?

SIM.

É cabível a propositura de ação de prestação de contas para apuração de eventual saldo, e sua posterior execução, decorrente de contrato relacional firmado entre administradora de consórcios e empresa responsável pela oferta das quotas consorciais a consumidores.

STJ. 3ª Turma. REsp 1.676.623-SP, Rel. Min. Marco Aurélio Bellizze, julgado em 23/10/2018 (Info 636).

Vamos entender os motivos.

Ação de exigir contas (ação de prestação de contas)

No CPC 1973, havia a previsão de um procedimento especial chamado de "ação de prestação de contas".

O CPC 2015 alterou o nome para "ação de exigir contas" (art. 550).

Administração de interesses de terceiros

Para saber se é cabível ou não ação de prestação de contas (ação de exigir contas), é necessário analisar a relação jurídica de direito material envolvida e identificar se ela consiste ou não em administração de interesses de terceiros.

A ação de exigir contas (ação de prestação de contas) tem por objetivo fazer com que alguém que está administrando em nome de outra pessoa demonstre o resultado dessa administração.

Assim, na ação de prestação de contas (ação de exigir contas), é fundamental a existência, entre autor e réu, de relação jurídica de direito material em que um deles administre bens, direitos ou interesses alheios. Sem essa relação, inexiste o dever de prestar contas.

Encargo de administrar traz consigo o dever de prestar contas

Ao aceitar o encargo de administrar interesses jurídicos de terceiros, nasce também, por decorrência lógica, o dever de prestar ao titular do direito todas as informações necessárias a respeito da administração, especialmente aquelas que se referem a pagamentos e recebimentos realizados em seu nome e que demonstram o efetivo resultado da administração realizada.

Contrato de agência

Ao se analisar o ajuste celebrado entre a Rodobens e a Promocasa, percebe-se que se trata de relação contratual que configura típico contrato de agência, previsto no art. 710 do CC:

§ Art. 710. Pelo contrato de agência, uma pessoa assume, em caráter não eventual e sem vínculos de dependência, a obrigação de promover, à conta de outra, mediante retribuição, a realização de certos negócios, em zona determinada, caracterizando-se a distribuição quando o agente tiver à sua disposição a coisa a ser negociada.

No contrato de agência, tanto uma parte como a outra possuem o dever de prestar contas, conforme afirmou o STJ:

O vínculo contratual colaborativo originado do contrato de agência importa na administração recíproca de interesses das partes contratantes, viabilizando a utilização da ação da prestação de contas e impondo a cada uma das partes o dever de prestar contas a outra.

STJ. 3ª Turma. REsp 1.676.623-SP, Rel. Min. Marco Aurélio Bellizze, julgado em 23/10/2018 (Info 636).

Mesmo a ré tendo apresentado extrajudicialmente os cálculos, ainda assim a autora teria interesse de agir para propor a ação de exigir contas?

SIM.

O procedimento da ação de exigir contas é composto de duas fases: na primeira, discute-se se o réu tem ou não o dever de prestar as contas. Se ficar constatado que ele tem este dever, inicia-se a segunda fase, que é a apresentação das contas em si e a discussão sobre elas.

"É preciso notar, porém, que não se está diante de dois processos distintos, tramitando simultaneamente nos mesmos autos. O processo, em verdade, é único, embora dividido em duas fases distintas. Há, pois, o ajuizamento de uma única demanda, contendo um único mérito. A análise deste, porém, é dividida em dois momentos: o primeiro, dedicado à verificação da existência do direito de exigir a prestação de contas, o segundo, dirigido à verificação das contas e do saldo eventualmente existente." (CÂMARA, Alexandre Freitas. Lições de Direito Processual Civil. São Paulo: Atlas, 21ª ed., 2014, p. 391).

Desse modo, se a empresa, extrajudicialmente, prestou contas, mas a outra sociedade empresária não concordou com os valores, ela tem sim interesse de ingressar com a ação e que pode resultar, ao final, na constatação de que existe saldo remanescente. Como decidiu o STJ:

A apresentação extrajudicial e voluntária das contas não prejudica o interesse processual da promotora de vendas, na hipótese de não serem elas recebidas como boas.

STJ. 3ª Turma. REsp 1.676.623-SP, Rel. Min. Marco Aurélio Bellizze, julgado em 23/10/2018 (Info 636).

9.6. ARROLAMENTO SUMÁRIO

Inventário

Inventário é o procedimento, judicial ou extrajudicial, por meio do qual são arrecadados, descritos, avaliados e liquidados os bens e outros direitos que pertenciam à pessoa morta, e, após serem pagas as dívidas do falecido, o eventual saldo positivo será distribuído entre os seus sucessores (partilha).

Espécies de inventário

- Inventário judicial: é um processo judicial.
- Inventário extrajudicial: é o inventário realizado por meio de escritura pública. Somente pode ser feito se não houver testamento e se todos os interessados forem capazes e houver consenso entre eles quanto à divisão dos bens.

Inventário judicial:

Se o inventário for judicial, poderá ser realizado de três formas:

a. inventário comum;

b. arrolamento sumário (arts. 659 do CPC/2015);

c. arrolamento comum (art. 664 do CPC/2015).

O arrolamento sumário e o arrolamento comum são considerados como "formas simplificadas" de inventário.

Quando ocorre o arrolamento sumário?

Ocorre em três hipóteses:

a. quando todos os herdeiros forem maiores e capazes e estiverem de acordo quanto à partilha;
b. quando houver interessado incapaz, desde que concordem todas as partes e o Ministério Público;
c. quando houver herdeiro único.

É possível o arrolamento sumário mesmo que o valor da herança seja elevado?

SIM. Não importa o valor do patrimônio transmitido.

Apresentação da partilha

No arrolamento sumário, são os próprios herdeiros que apresentam ao juiz a partilha, inclusive a quitação de tributos.

Há intervenção do Ministério Público?

No arrolamento sumário, em regra, não ocorre a intervenção do Ministério Público, porque não há interesse socialmente relevante nem direitos individuais indisponíveis.

Exceção: se houver interessado incapaz, o arrolamento sumário somente poderá ser realizado com a concordância do Ministério Público (art. 665 do CPC/2015).

Jurisdição voluntária

Como não há conflito de interesses no arrolamento sumário, a doutrina classifica esse procedimento como sendo de jurisdição voluntária.

Petição de inventário por meio de arrolamento sumário

Na petição inicial do inventário, os herdeiros irão:

1) requerer ao juiz a nomeação do inventariante.

Três observações quanto a isso:

a. o nome do inventariante já vem indicado pelos próprios herdeiros na inicial.
b. não há necessidade de aplicação da ordem legal do art. 617 do CPC/2015 (primeiro o cônjuge, depois o herdeiro que estiver na posse dos bens etc.).
c. o inventariante não precisa prestar compromisso.

2) declarar os títulos dos herdeiros e os bens do espólio.

3) atribuir valor aos bens do espólio, para fins de partilha.

Tributos que devem ser "analisados" em uma sucessão causa mortis

A sucessão causa mortis, independentemente do procedimento processual adotado, abrange:

1. os tributos relativos aos bens do espólio e às suas rendas (esses tributos compõem o passivo patrimonial deixado pelo de cujus – suas "dívidas"); e
2. constitui fato gerador dos tributos incidentes sobre a transmissão do patrimônio propriamente dita, dentre eles o ITCM.

ITCMD (ou ITCM) é a sigla de Imposto sobre a transmissão causa mortis e doação.

Trata-se de um imposto de competência dos Estados e do DF, previsto no art. 155, I, da CF/88.

O fato gerador do ITCMD é...

- a transmissão,
- por causa mortis (herança ou legado) ou

- por doação,
- de quaisquer bens ou direitos.

A prova de quitação dos tributos relacionados com a transmissão patrimonial aos sucessores (item 2 acima) é condição necessária prévia para a entrega dos formais de partilha ou da carta de adjudicação?

CPC/1973: SIM	CPC/2015: NÃO
O CPC/1973, em seu art. 1.031, em conformidade com o art. 192 do CTN, exigia: • a prova de quitação dos tributos relativos aos bens do espólio e às suas rendas como condição para a homologação da partilha e • o pagamento de todos os tributos devidos, aí incluído o ITCMD, para o encerramento do processo, com a expedição e a entrega dos formais de partilha.	O CPC/2015, em seu art. 659, § 2º, trouxe uma significativa mudança normativa no tocante ao procedimento de arrolamento sumário ao deixar de condicionar a entrega dos formais de partilha ou da carta de adjudicação à prévia quitação dos tributos concernentes à transmissão patrimonial aos sucessores.

No arrolamento sumário não se condiciona a entrega dos formais de partilha ou da carta de adjudicação à prévia quitação dos tributos concernentes à transmissão patrimonial aos sucessores.

STJ. 1ª Turma. REsp 1.704.359-DF, Rel. Min. Gurgel de Faria, julgado em 28/08/2018 (Info 634).

Veja o dispositivo do CPC/2015:

§

Art. 659. (...)

§ 2º Transitada em julgado a sentença de homologação de partilha ou de adjudicação, será lavrado o formal de partilha ou elaborada a carta de adjudicação e, em seguida, serão expedidos os alvarás referentes aos bens e às rendas por ele abrangidos, intimando-se o fisco para lançamento administrativo do imposto de transmissão e de outros tributos porventura incidentes, conforme dispuser a legislação tributária, nos termos do § 2º do art. 662.

De acordo com o CPC/2015, no caso de arrolamento sumário, a partilha amigável será homologada de plano pelo juiz e, transitada em julgado a sentença, serão expedidos os alvarás referentes aos bens e rendas por ele abrangidos. Somente após, será o Fisco intimado para lançamento administrativo do imposto de transmissão e de outros tributos porventura incidentes.

Assim, verifica-se que a homologação da partilha amigável pelo juiz, no procedimento de arrolamento sumário, não se condiciona à prova da quitação dos tributos relativos aos bens do espólio e às suas rendas.

A homologação da partilha no procedimento do arrolamento sumário não pressupõe o atendimento das obrigações tributárias principais e tampouco acessórias relativas ao imposto sobre transmissão *causa mortis*.

STJ. 2ª Turma. REsp 1.751.332-DF, Rel. Min. Mauro Campbell Marques, julgado em 25/09/2018 (Info 636).

Isso significa que no arrolamento sumário é possível homologar a partilha mesmo sem a quitação dos tributos relativos aos bens do espólio e às suas rendas?

NÃO. Não é isso.

O novo CPC apenas desvinculou o encerramento do processo de arrolamento sumário à quitação dos tributos gerados com a transmissão propriamente dita, permitindo que, com o trânsito em julgado da sentença homologatória da partilha, sejam expedidos desde logo os respectivos formais ou a carta de adjudicação.

Contudo, essa inovação normativa do § 2º do art. 659 do CPC/2015 em nada altera a condição estabelecida no art. 192 do CTN, de modo que, no arrolamento sumário, o magistrado deve exigir a comprovação de quitação dos tributos relativos aos bens do espólio e às suas rendas para homologar a partilha e, na sequência, com o trânsito em julgado, expedir os títulos de transferência de domínio e encerrar o processo, independentemente do pagamento do imposto de transmissão.

Assim, para que haja a homologação da partilha, mesmo no caso de arrolamento sumário, continua sendo indispensável que haja a prévia quitação dos tributos relativos aos bens do espólio e às suas rendas.

Essa exigência, como já dito, tem como fundamento o art. 192 do CTN, que continua em vigor e deve ser interpretado em conjunto com o art. 659, § 2º do CPC:

> § Art. 192. Nenhuma sentença de julgamento de partilha ou adjudicação será proferida sem prova da quitação de todos os tributos relativos aos bens do espólio, ou às suas rendas.

Desse modo, segundo o que dispõe o art. 192 do CTN, a comprovação da quitação dos tributos referentes aos bens do espólio e às suas rendas é condição *sine qua non* (indispensável) para que o magistrado proceda a homologação da partilha.

9.7. TRIBUNAL DE JUSTIÇA NÃO PODE EDITAR PROVIMENTO FIXANDO PRAZO PARA A PROPOSITURA DA AÇÃO DE RESTAURAÇÃO DE AUTOS

Desaparecimento de um "processo"

É possível que os autos de um processo sumam.

Ex: o advogado faz carga de um processo, deixa em seu carro enquanto almoça e o veículo é furtado.

Ex2: o MP faz carga de um processo, deixa em sua sala e há um alagamento, destruindo os autos.

Nesses casos, será necessário recuperar tudo aquilo ou pelo menos a maior parte do que havia nesses autos. O CPC prevê que isso deverá ser feito por meio de um procedimento chamado "restauração de autos".

Conceito e características

A restauração de autos é...

- uma ação incidental,
- de procedimento especial e contencioso,
- que tem por objetivo recompor (recuperar)
- as peças e documentos
- que estavam em um "processo" (aqui no sentido de "autos") que desapareceu
- e, além disso, destina-se também a responsabilizar o causador do desaparecimento.

Previsão

A restauração de autos está disciplinada nos arts. 712 a 718 do CPC.

Responsabilização do causador do desaparecimento

Quem houver dado causa ao desaparecimento dos autos responderá pelas custas da restauração e pelos honorários de advogado, sem prejuízo da responsabilidade civil ou penal em que incorrer.

Quem tem legitimidade para dar início ao procedimento de restauração?

Verificado o desaparecimento dos autos (físicos ou eletrônicos), qualquer das partes ou o Ministério Público poderá ingressar com ação de restauração.

Vale ressaltar que o juiz pode, de ofício, ou seja, mesmo sem requerimento, determinar a restauração. Trata-se de exceção ao princípio da inércia da jurisdição.

É o que diz o art. 712 do CPC:

§ Art. 712. Verificado o desaparecimento dos autos, eletrônicos ou não, pode o juiz, de ofício, qualquer das partes ou o Ministério Público, se for o caso, promover-lhes a restauração.

Vale ressaltar que se houver "autos suplementares" (uma espécie de autos de "reserva"), não será necessária a restauração e o processo prosseguirá nos autos suplementares. Obs: na prática, isso é raríssimo.

Petição inicial

Na petição inicial, o autor da ação declarará o estado do processo ao tempo do desaparecimento dos autos, oferecendo:

I – certidões dos atos constantes do protocolo de audiências do cartório por onde haja corrido o processo;

II – cópia das peças que tenha em seu poder;

III – qualquer outro documento que facilite a restauração.

Obs: no polo passivo desta ação deverão estar presentes "todos os sujeitos que participam do processo como parte e que não estejam no polo ativo da ação de restauração de autos" (NEVES, Daniel Amorim Assumpção. *Novo CPC comentado*. Salvador: Juspodivm, 2017, p. 1132).

Contestação

A parte contrária será citada para contestar o pedido no prazo de 5 dias, cabendo-lhe exibir as cópias, as contrafés e as reproduções dos atos e dos documentos que estiverem em seu poder.

Se a parte concordar com a restauração, será lavrado um auto que, assinado pelas partes e homologado pelo juiz, suprirá o processo desaparecido.

Se a parte não contestar ou se a concordância for parcial, observar-se-á o procedimento comum.

Audiência

Se a perda dos autos tiver ocorrido depois da produção das provas em audiência, o juiz, se necessário, mandará repeti-las.

Serão reinquiridas as mesmas testemunhas que, em caso de impossibilidade, poderão ser substituídas de ofício ou a requerimento.

Não havendo certidão ou cópia do laudo, será feita nova perícia, sempre que possível pelo mesmo perito.

Não havendo certidão de documentos, esses serão reconstituídos mediante cópias ou, na falta dessas, pelos meios ordinários de prova.

Os serventuários e os auxiliares da justiça não podem eximir-se de depor como testemunhas a respeito de atos que tenham praticado ou assistido.

Se o juiz houver proferido sentença da qual ele próprio ou o escrivão possua cópia, esta será juntada aos autos e terá a mesma autoridade da original.

Sentença

Julgada a restauração, seguirá o processo os seus termos.

E se os autos aparecerem?

Aparecendo os autos originais, neles se prosseguirá, sendo-lhes apensados os autos da restauração.

Prazo para ajuizamento da ação

O CPC não estabeleceu um prazo para a propositura da ação de restauração de autos.

Diante disso, a Corregedoria do TJ/MA editou um provimento fixando o termo final para o seu ajuizamento, sob pena de a parte perder o direito à restauração dos autos e ser obrigada a propor novamente a ação principal.

A situação concreta foi a seguinte:

Houve um incêndio no fórum de Poção de Pedras (MA) e os autos queimaram.

Todos os processos foram suspensos e a Corregedoria do TJ/MA editou um provimento fixando um prazo para que as partes requeressem as restaurações dos autores que foram destruídos.

O provimento previa, ainda, que, "transcorridos os prazos fixados, as partes somente poderão pleitear seus direitos através de nova ação".

O objetivo da Corregedoria foi o de evitar que os processos cujos autos foram queimados ficassem indefinidamente suspensos.

O argumento do órgão correicional foi o de que essa previsão seria uma mera norma de procedimento e que, portanto, poderia ser tratada por intermédio de provimento.

O STJ, contudo, não concordou e afirmou que o TJ não poderia ter editado essa norma.

O que a Corregedoria do TJ fez foi criar um verdadeiro prazo decadencial para o ajuizamento da ação de restauração, de forma que ela impôs um limite ao exercício do direito pela parte e, consequentemente, à prestação da atividade jurisdicional pelo Estado. Logo, não se pode dizer que se trata de mera regra de procedimento.

Normas puramente procedimentais não podem adentrar aspectos típicos do processo, como competência, prazos, recursos ou provas. Normas de procedimento são regras que versam sobre questões internas do órgão jurisdicional (*interna corporis*), de simples organização judiciária, a exemplo da autuação, distribuição e protocolo, custas processuais, lavratura de certidões, informações estatísticas, etc.

Além disso, o STJ considerou que esse provimento violou a garantia do devido processo legal, na sua vertente substancial, considerando que não é razoável que o silêncio do legislador possa ser interpretado em prejuízo da parte que não deu causa ao desaparecimento dos autos.

Assim, ao estabelecer prazo para a propositura da ação de restauração de autos com a apresentação dos documentos necessários, o TJ/MA editou uma verdadeira norma sobre processo civil (norma processual), cuja competência legislativa foi atribuída privativamente à União (art. 22, I, CF/88). Conclui-se, portanto, que houve ofensa ao devido processo legal.

Em suma:

Tribunal de Justiça não tem competência para, por meio de provimento da respectiva Corregedoria, estabelecer prazo para a propositura de ação de restauração de autos.

STJ. 3ª Turma. REsp 1.722.633-MA, Rel. Min. Nancy Andrighi, julgado em 07/08/2018 (Info 630).

10. JUIZADOS ESPECIAIS

AÇÃO PROPOSTA POR ASSOCIAÇÃO DE MORADORES COBRANDO TAXA DE MANUTENÇÃO DO LOTEAMENTO

Imagine a seguinte situação hipotética:

"Jardim Primavera" é um loteamento urbano "fechado". Explicando melhor, os vizinhos das ruas próximas se reuniram e fizeram uma associação de moradores. Essa associação instituiu uma "taxa de manutenção" do loteamento que é paga todos os meses pelos moradores. Com o dinheiro arrecadado, eles fizeram cancelas nas ruas, contrataram seguranças particulares e, aquilo que era um conjunto residencial, transformou-se em uma espécie de "loteamento urbano fechado" de casas sem, contudo, terem sido cumpridos os requisitos legais.

João é um dos vizinhos, mas ele não aceitou participar da associação nem quer pagar as taxas.

Diante disso, a associação dos moradores ajuizou ação de cobrança contra João pedindo que ele seja condenado a pagar as taxas relativas à manutenção deste loteamento.

A ação foi proposta no 9º Juizado Especial Cível da Capital.

Em contestação, o réu alegou que a associação de moradores não detém legitimidade ativa para propor ação perante o Juizado Especial, por não se enquadrar em nenhuma das hipóteses do art. 8º da Lei nº 9.099/95. Argumentou que as "taxas" criadas pela associação não possuem natureza de "taxa condominial", de forma que isso não pode ser cobrado no Juizado Especial.

Quanto ao mérito, João afirmou que a cobrança é indevida considerando que ele não é filiado a esta associação.

Pergunta inicial: o Juizado Especial Cível detém competência para julgar ação proposta por associação de moradores visando à cobrança de taxas de manutenção de loteamento?

SIM.

Os Juizados Especiais Estaduais são regidos pela Lei nº 9.099/95.

O art. 3º trata sobre a competência dos Juizados. Repare o inciso II:

§ Art. 3º O Juizado Especial Cível tem competência para conciliação, processo e julgamento das causas cíveis de menor complexidade, assim consideradas:

(...)

II – as enumeradas no art. 275, inciso II, do Código de Processo Civil;

(...)

Inciso II

O inciso II do art. 3º da Lei prevê que compete ao Juizado Especial Cível julgar as causas "enumeradas no art. 275, inciso II, do Código de Processo Civil".

PROCESSO CIVIL

Quando fala em Código de Processo Civil, ele está se referindo ao CPC/1973, considerando que a Lei nº 9.099/95 é anterior ao CPC/2015.

Desse modo, o art. 3º, II, da Lei nº 9.099/95 falou o seguinte: os Juizados Especiais são competentes para julgar todas as causas elencadas no art. 275, II, do CPC/1973. Vejamos quais são elas:

> § Art. 275. Observar-se-á o procedimento sumário:
>
> (...)
>
> II – nas causas, qualquer que seja o valor
>
> a) de arrendamento rural e de parceria agrícola;
>
> b) de cobrança ao condômino de quaisquer quantias devidas ao condomínio;
>
> c) de ressarcimento por danos em prédio urbano ou rústico;
>
> d) de ressarcimento por danos causados em acidente de veículo de via terrestre;
>
> e) de cobrança de seguro, relativamente aos danos causados em acidente de veículo, ressalvados os casos de processo de execução;
>
> f) de cobrança de honorários dos profissionais liberais, ressalvado o disposto em legislação especial;
>
> g) que versem sobre revogação de doação;
>
> h) nos demais casos previstos em lei.

Vale ressaltar que, mesmo o CPC/1973 tendo sido revogado, essa relação prevista no art. 275, II, do CPC/1973 (Lei nº 5.869/73) ainda é utilizada para definir a competência dos Juizados Especiais. Isso por força do art. 1.063 do CPC/2015, que diz o seguinte:

> § Art. 1.063. Até a edição de lei específica, os juizados especiais cíveis previstos na Lei nº 9.099, de 26 de setembro de 1995, continuam competentes para o processamento e julgamento das causas previstas no art. 275, inciso II, da Lei nº 5.869, de 11 de janeiro de 1973.

Assim, o condomínio possui legitimidade para ajuizar ação de cobrança de débitos condominiais no Juizado Especial, sendo de competência do Juizado julgar esta demanda, com base no art. 3º, II, da Lei nº 9.099/95 c/c o art. 275, II, "b", do CPC/1973.

Mas, no caso concreto, não se trata de condomínio (e sim de associação de moradores). Da mesma forma, não se trata de taxa condominial...

O STJ falou o seguinte: realmente, são situações diferentes, porém, apresentam muita semelhança, de forma que se pode aplicar o mesmo raciocínio jurídico para fins de fixação da competência.

A contribuição cobrada pela associação tem por objetivo o custeio das despesas e serviços relacionados à administração das áreas comuns, exatamente como ocorre em relação às despesas ordinárias e extraordinárias do condomínio edilício. Ademais, a cobrança dessa contribuição, em regra, segue a mesma lógica inerente ao rateio das despesas condominiais.

Dessa maneira, sendo nítida a similaridade fática existente entre a cobrança de cotas condominiais e taxas de manutenção pedidas por associações de proprietários e/ou moradores de loteamentos fechados, não se vislumbra motivo razoável para impedir que as referidas associações proponham a ação de cobrança no âmbito dos Juizados Especiais.

Os Juizados Especiais devem ser responsáveis pelo julgamento das causas mais simples, que podem ser solucionadas de maneira mais célere e efetiva, sem as amarras formais que impregnam o processo civil tradicional.

Última pergunta: quanto ao mérito, essa associação de moradores terá êxito?

NÃO. O STJ possui o entendimento consolidado no sentido de que:

> **As taxas de manutenção criadas por associações de moradores não obrigam os não associados ou que a elas não anuíram.**
>
> STJ. 2ª Seção. REsp 1.280.871-SP e REsp 1.439.163-SP, Rel. Min. Ricardo Villas Bôas Cueva, Rel. para acórdão Min. Marco Buzzi, julgados em 11/3/2015 (recurso repetitivo) (Info 562)

LEI 13.728/2018: NOVO ART. 12-A DA LEI 9.099/95, QUE ESTABELECE A CONTAGEM DOS PRAZOS EM DIAS ÚTEIS NOS JUIZADOS ESPECIAIS

A Lei nº 13.728/2018 altera a Lei nº 9.099/95 para dizer que nos Juizados Especiais a contagem dos prazos também deverá ser em dias úteis.

Vamos entender um pouco mais sobre o tema.

CPC/2015 e contagem dos prazos em dias úteis

Os prazos podem ser fixados em minutos, em horas, em dias, em meses e em anos. O mais comum é que eles sejam fixados em dias.

Uma das novidades do CPC/2015 foi a previsão de que se um prazo for fixado em "dias" (ex: 15 dias para apresentar contestação), a contagem deste prazo deverá considerar apenas os dias ÚTEIS. Essa regra foi estabelecida no art. 219 do CPC/2015:

§ Art. 219. Na contagem de prazo em dias, estabelecido por lei ou pelo juiz, computar-se-ão somente os dias úteis.

Exemplo:

João ajuizou ação de cobrança contra Pedro.

O juiz julgou o pedido procedente.

Pedro tem o prazo de 15 dias para apresentar apelação (art. 1.003, § 5º c/c art. 1.009).

Imaginemos que o advogado de Pedro foi intimado da sentença no dia 06/11/2018 (terça-feira) por meio de carga dos autos (art. 231, VIII). Esse é o "dia do começo do prazo":

§ Art. 231. Salvo disposição em sentido diverso, considera-se dia do começo do prazo:

(...)

VIII – o dia da carga, quando a intimação se der por meio da retirada dos autos, em carga, do cartório ou da secretaria.

No, entanto, o dia do início da CONTAGEM do prazo é somente no dia seguinte, conforme prevê o art. 224:

§ Art. 224. Salvo disposição em contrário, os prazos serão contados excluindo o dia do começo e incluindo o dia do vencimento.

Isso significa que a CONTAGEM do prazo de Pedro inicia-se no dia 07/11/2018.

Vamos contar os prazos para Pedro:

NOVEMBRO/2018						
Segunda	**Terça**	**Quarta**	**Quinta**	**Sexta**	**Sábado**	**Domingo**
			01	02	03	04
05	06 Dia do começo do prazo	07 Dia 1 (início contagem)	08 Dia 2	09 Dia 3	10 Não conta (dia não útil)	11 Não conta (dia não útil)
12 Dia 4	13 Dia 5	14 Dia 6	15 Não conta (feriado)	16 Dia 7	17 Não conta (dia não útil)	18 Não conta (dia não útil)
19 Dia 8	20 Dia 9	21 Dia 10	22 Dia 11	23 Dia 12	24 Não conta (dia não útil)	25 Não conta (dia não útil)
26 Dia 13	27 Dia 14	28 Dia 15 (termo final)	29 Perdeu o prazo	30 Perdeu mesmo		

Assim, quando o advogado vai calcular o prazo de 15 dias que ele tem para recorrer, ele não inclui nessa contagem os sábados, domingos e feriados.

Foi novidade porque no CPC passado (1973) os prazos eram contados de forma contínua e incluíam sábados, domingos e feriados. Se o exemplo acima tivesse ocorrido no CPC/1973, por exemplo, o termo final do prazo seria o dia 21/11.

Apenas prazos processuais são contados em dias úteis

Vale ressaltar que a contagem em dias úteis somente vale para prazos processuais.

Se o prazo for de natureza "material" (envolver o próprio direito material), a contagem será em dias corridos, ou seja, de forma ininterrupta, incluindo sábados, domingos, feriados e recesso. Ex: o prazo de 120 dias para a impetração de mandado de segurança que, segundo a jurisprudência, trata-se de prazo decadencial (envolve o próprio direito material).

Nem sempre é fácil distinguir o que é prazo processual de prazo material. Ex: o prazo do art. 523 do CPC é considerado processual e, portanto, deverá ser contado em dias úteis (STJ. 4ª Turma. REsp 1.693.784-DF, Rel. Min. Luis Felipe Salomão, julgado em 28/11/2017).

E se o prazo for fixado em horas, meses ou anos?

Não se aplica a regra dos dias úteis. Assim, por exemplo, se um prazo for fixado em meses, ele será contado em meses.

A contagem do prazo em dias úteis aplica-se para os processos trabalhistas (Justiça do Trabalho)?

SIM. O art. 775 da CLT foi recentemente alterado pela "Lei da Reforma Trabalhista" para prever isso expressamente:

§ Art. 775. Os prazos estabelecidos neste Título serão contados em dias úteis, com exclusão do dia do começo e inclusão do dia do vencimento. (Redação dada pela Lei nº 13.467/ 2017)

A regra do art. 219 do CPC aplica-se também para o procedimento dos Juizados Especiais? Perguntando de outro modo: a contagem do prazo em dias úteis aplica-se para os Juizados Especiais?

Havia uma celeuma sobre este ponto.

Existiam duas posições:

A contagem do prazo em dias úteis aplica-se para os Juizados Especiais?	
1ª corrente: NÃO	2ª corrente: SIM
Os Juizados Especiais são orientados pela celeridade e o estabelecimento dos prazos em dias úteis contraria esse princípio. Nem todos os dispositivos do CPC aplicam-se ao procedimento dos Juizados. Logo, essa seria uma regra que não deveria ter aplicação.	As leis que regem os Juizados Especiais não preveem forma de contagem dos prazos processuais. Logo, diante desta lacuna, deve-se aplicar a lei geral que rege o processo civil no Brasil, qual seja, o CPC/2015 (art. 1.046, § 2º).
Enunciado 165 do Fonaje (Fórum Nacional dos Juizados Especiais): Nos Juizados Especiais Cíveis, todos os prazos serão contados de forma contínua. Era uma posição adotada por muitos Juizados Especiais Estaduais.	Enunciado 175 do Fonajef (Fórum Nacional dos Juizados Especiais Federais): Por falta de previsão legal específica nas leis que tratam dos juizados especiais, aplica-se, nestes, a previsão da contagem dos prazos em dias úteis (CPC/2015, art. 219). Enunciado 19: O prazo em dias úteis previsto no art. 219 do CPC aplica-se também aos procedimentos regidos pelas Leis nº 9.099/1995, 10.259/2001 e 12.153/2009.

Essa tabela acima perdeu a importância porque o legislador definiu o tema.

A Lei nº 13.728/2018 inseriu um novo artigo na Lei nº 9.099/95 prevendo expressamente a contagem do prazo em dias úteis. Veja o dispositivo acrescentado:

Art. 12-A. Na contagem de prazo em dias, estabelecido por lei ou pelo juiz, para a prática de qualquer ato processual, inclusive para a interposição de recursos, computar-se-ão somente os dias úteis.

O art. 12-A foi inserido na Lei nº 9.099/95, que rege os Juizados Especiais Cíveis e Criminais da Justiça Estadual. Ocorre que existem também os Juizados Especiais Federais e os Juizados da Fazenda Pública. Diante disso, indaga-se: essa regra vale também para os procedimentos regidos por esses outros Juizados?

SIM. Deixa eu explicar com calma.

Quando falamos em "sistema dos Juizados Especiais", podemos identificar a existência de três microssistemas, cada um deles destinado a julgar determinados tipos de causas, possuindo regras específicas de procedimento. Veja:

PROCESSO CIVIL

1. Juizados Especiais Cíveis e Criminais estaduais Compete ao Juizado Especial Criminal processar e julgar infrações penais de menor potencial ofensivo que sejam de competência da Justiça Estadual. Compete ao Juizado Especial Cível processar e julgar causas cíveis de menor complexidade que sejam de competência da Justiça Estadual. Ficam excluídas deste microssistema as causas cíveis de interesse da Fazenda Pública.	Lei nº 9.099/95
2. Juizados Especiais Cíveis e Criminais no âmbito da Justiça Federal. Compete ao Juizado Especial Federal Criminal processar e julgar as infrações de menor potencial ofensivo que sejam de competência da Justiça Federal. Compete ao Juizado Especial Federal Cível processar e julgar causas de competência da Justiça Federal até o valor de 60 salários mínimos, bem como executar as suas sentenças. Neste microssistema, é permitida a participação da União, autarquias, fundações e empresas públicas federais, desde que na condição de rés.	Lei nº 10.259/2001
3. Juizados Especiais da Fazenda Pública no âmbito dos Estados, do Distrito Federal, dos Territórios e dos Municípios. Compete ao Juizado Especial da Fazenda Pública processar e julgar as causas cíveis de interesse dos Estados, do Distrito Federal, dos Territórios e dos Municípios, até o valor de 60 salários mínimos. Neste microssistema, são julgadas as causas de até 60 salários mínimos, de competência da Justiça Estadual, e que tenham como réus os Estados, o Distrito Federal, os Territórios e os Municípios, bem como autarquias, fundações e empresas públicas a eles vinculadas.	Lei nº 12.153/2009

Desse modo, cada um dos três "Juizados" possui uma lei própria. No entanto, é importante ressaltar que o legislador optou por eleger a Lei nº 9.099/95 como uma espécie de lei geral dos Juizados e tratou na Lei nº 10.259/2001 e na Lei nº 12.153/2009 somente sobre aquilo que ele queria que fosse diferente.

Assim, para os Juizados Especiais Federais e para os Juizados Especiais da Fazenda Pública devem ser aplicadas todas as regras da Lei nº 9.099/95, salvo aquilo que for tratado de forma diferente nas leis específicas.

Confira o que eu disse na Lei:

§ Lei nº 10.259/2001

Art. 1º São instituídos os Juizados Especiais Cíveis e Criminais da Justiça Federal, aos quais se aplica, no que não conflitar com esta Lei, o disposto na Lei nº 9.099, de 26 de setembro de 1995.

§ Lei nº 12.153/2009

Art. 27. Aplica-se subsidiariamente o disposto nas Leis nºs 5.869, de 11 de janeiro de 1973 – Código de Processo Civil, 9.099, de 26 de setembro de 1995, e 10.259, de 12 de julho de 2001.

As Leis nº 10.259/2001 e 12.153/2009 não tratam sobre a forma de contagem dos prazos processuais, de modo que, sem qualquer dúvida, deve ser aplicada a regra do art. 12-A da Lei nº 9.099/95, inserido pela Lei nº 13.728/2018.

Assim, em qualquer procedimento dos Juizados Especiais, sejam eles Estaduais, Federais ou da Fazenda Pública, os prazos são contados em dias úteis.

O prazo em dias úteis abrange aqueles que já são fixados pelo próprio juiz? Ex: juiz profere despacho determinando que a parte apresente um documento em 5 dias. Esse prazo será em dias úteis ou corridos?

Dias úteis. Os prazos fixados pelo juiz deverão também, obrigatoriamente, ser contados em dias úteis. Essa é a redação literal do art. 12-A.

Os prazos dos processos criminais são contados em dias úteis?

NÃO. Os prazos no processo penal são contados em dias corridos (não em dias úteis). Isso porque existe regra específica no Código de Processo Penal determinando que todos os prazos serão contínuos, não se interrompendo por férias, domingo ou dia feriado (art. 798 do CPP):

> § Art. 798. Todos os prazos correrão em cartório e serão contínuos e peremptórios, não se interrompendo por férias, domingo ou dia feriado.

O STJ e o STF já se posicionaram nesse sentido: STF. 1ª Turma. ARE 1057146 AgR, Rel. Min. Roberto Barroso, julgado em 22/09/2017; STJ. 6ª Turma. AgRg no AREsp 840.620/SP, Rel. Min. Rogerio Schietti Cruz, julgado em 21/11/2017.

Fernando Gajardoni me alertou, com acerto, que o art. 12-A está inserido no Capítulo II da Lei nº 9.099/95, capítulo que trata especificamente sobre os Juizados Especiais CÍVEIS. Assim, ao contrário do que eu pensei inicialmente, no caso de infrações de menor potencial ofensivo, de rito sumaríssimo, os prazos continuam sendo contados em dias corridos (contínuos), tendo em vista que Capítulo III da Lei nº 9.099/95 não existe regra especial de contagem dos prazos, devendo ser aplicado o art. 798 do CPP.

Vigência

A Lei nº 13.728/2018, que inseriu o art. 12-A, não possui *vacatio legis* e, portanto, entrou em vigor na data de sua publicação (01/11/2018).

O art. 12-A da Lei nº 9.099/95 aplica-se aos processos em curso?

SIM. O prazo em dias úteis do art. 12-A deverá ser aplicado mesmo para processos que começaram antes da Lei nº 13.728/2018.

Contudo, se o prazo já estava correndo antes de 01/11/2018, data em que entrou em vigor a Lei nº 13.728/2018, ele continuará até o seu fim sendo contado em dias corridos.

Explicando melhor.

A Lei nº 13.728/2018, que inseriu o art. 12-A à Lei nº 9.099/95, é uma norma de caráter processual.

As normas processuais têm aplicação imediata aos processos em curso (art. 1.046 do CPC 2015).

Aplicação imediata, contudo, não se confunde com aplicação retroativa. Em outras palavras, a lei processual aplica-se imediatamente aos processos em curso, mas não retroage para alcançar prazos processuais que já haviam se iniciado antes de sua vigência.

Para fixar melhor tal distinção, recorre-se à "teoria dos atos processuais isolados". Segundo esta teoria, cada ato processual deve ser considerado separadamente dos demais para o fim de se determinar qual a lei que o rege. Assim, a lei que disciplina o ato processual é aquela em vigor no momento em que ele é praticado, ou seja, a entrada em vigor de nova lei processual não altera os atos processuais que já foram praticados.

Se o prazo já havia sido iniciado antes de 01/11/2018, a mudança processual não pode ter caráter retroativo para alterar o prazo que já havia sido estipulado segundo a lei vigente ao tempo de sua prática (*tempus regit actum*).

Resumindo:

- Se o prazo iniciou-se antes do dia 01/11/2018 (ex: a contagem do prazo iniciou-se em 31/10/2018): esse prazo continuará sendo contado em dias corridos).
- Se o prazo iniciou-se a partir do dia 01/11/2018: esse prazo já será contado em dias úteis (mesmo que o processo tenha iniciado antes da Lei nº 13.728/2018).

Direito Penal

1. PRINCÍPIO DA INSIGNIFICÂNCIA

ORIGEM

Quem primeiro tratou sobre o princípio da insignificância no direito penal foi Claus Roxin, em 1964.

Esse princípio busca raízes no brocardo civil *minimis non curat praetor* (algo como "o pretor – magistrado à época – não cuida de coisas sem importância).

TERMINOLOGIA

Também é chamado de "princípio da bagatela" ou "infração bagatelar própria".

PREVISÃO LEGAL

O princípio da insignificância não tem previsão legal no direito brasileiro.

Trata-se de uma criação da doutrina e da jurisprudência.

NATUREZA JURÍDICA

Para a posição majoritária, o princípio da insignificância é uma causa supralegal de exclusão da tipicidade material.

TIPICIDADE MATERIAL

A tipicidade penal divide-se em:

Tipicidade formal (ou legal): é a adequação (conformidade) entre a conduta praticada pelo agente e a conduta descrita abstratamente na lei penal incriminadora.

Tipicidade material (ou substancial): é a lesão ou perigo de lesão ao bem jurídico protegido pelo tipo penal.

Verificar se há tipicidade formal significa examinar se a conduta praticada pelo agente amolda-se ao que está previsto como crime na lei penal.

Verificar se há tipicidade material consiste em examinar se essa conduta praticada pelo agente e prevista como crime produziu efetivamente lesão ou perigo de lesão ao bem jurídico protegido pelo tipo penal.

Primeiro se verifica se a conduta praticada pelo agente se enquadra em algum crime descrito pela lei penal.

Se não se amoldar, o fato é formalmente atípico.

Se houver essa correspondência, o fato é formalmente típico.

Sendo formalmente típico, é analisado se a conduta produziu lesão ou perigo de lesão ao bem jurídico que este tipo penal protege.

Se houver lesão ou perigo de lesão, o fato é também materialmente típico.

Se não houver lesão ou perigo de lesão, o fato é, então, materialmente atípico.

PRINCÍPIO DA INSIGNIFICÂNCIA E TIPICIDADE MATERIAL

Se o fato for penalmente insignificante, significa que não lesou nem causou perigo de lesão ao bem jurídico. Logo, aplica-se o princípio da insignificância e o réu é absolvido por atipicidade material, com fundamento no art. 386, III do CPP.

O princípio da insignificância atua, então, como um instrumento de interpretação restritiva do tipo penal.

EXEMPLO DE APLICAÇÃO DO PRINCÍPIO DA INSIGNIFICÂNCIA

João, réu primário, sem maus antecedentes, subtrai para si um pacote de biscoitos do supermercado, avaliado em 8 reais. A conduta do agente amolda-se perfeitamente ao tipo previsto no art. 155 do CP. Ocorre que houve inexpressiva lesão ao patrimônio do supermercado.

APLICA-SE NÃO APENAS PARA INFRAÇÕES DE MENOR POTENCIAL OFENSIVO

O princípio da insignificância somente pode ser aplicado para as infrações de menor potencial ofensivo?

NÃO. Uma coisa não tem nada a ver com a outra. O princípio da insignificância pode, em tese, ser aplicado para delitos de menor, médio ou alto potencial ofensivo, a depender da situação em concreto e do crime a que se refere.

CRITÉRIO NÃO É APENAS PATRIMONIAL

O princípio da insignificância é baseado apenas no valor patrimonial do bem?

NÃO. Além do valor econômico, existem outros fatores que devem ser analisados e que podem servir para IMPEDIR a aplicação do princípio. Veja:

Valor sentimental do bem. Ex: furto de uma bijuteria de baixo valor econômico, mas que pertenceu a importante familiar falecido da vítima.

Condição econômica da vítima. Ex: furto de bicicleta velha de uma vítima muito pobre que a utilizava como único meio de transporte (STJ. 6ª Turma. HC 217.666/MT, Rel. Min. Rogerio Schietti Cruz, julgado em 26/11/2013).

Condições pessoais do agente. Ex: o STF já decidiu que, se a conduta criminosa é praticada por policial militar, ela é revestida de maior reprovabilidade, de modo que isso poderá ser levado em consideração para negar a aplicação do princípio da insignificância (HC 108884/RS, rel. Min. Rosa Weber, 12/6/2012).

Circunstâncias do delito. Ex.1: furto mediante ingresso sub-reptício na residência da vítima, com violação da privacidade e tranquilidade pessoal desta. Ex.2: estelionato praticado por meio de saques irregulares de contas do FGTS. A referida conduta é dotada de acentuado grau de desa-

provação pelo fato de ter sido praticada mediante fraude contra programa social do governo que beneficia inúmeros trabalhadores (STF. 1ª Turma. HC 110845/GO, julgado em 10/4/2012). Ex.3: o modus operandi da prática delitiva – em que o denunciado quebrou o vidro da janela e a grade do estabelecimento da vítima – demonstra um maior grau de sofisticação da conduta a impedir o princípio (STJ. 6ª Turma. AgRg nos EDcl no REsp 1377345/MG, julgado em 03/12/2013, DJe 13/12/2013).

Consequências do delito. Ex.: furto de bicicleta que era o único meio de locomoção da vítima. Ex.2: não se aplica o princípio da insignificância ao delito de receptação qualificada no qual foi encontrado, na farmácia do réu, exposto à venda, medicamento que deveria ser destinado ao fundo municipal de saúde. Isso porque as consequências do delito atingirão inúmeros pacientes que precisavam do medicamento (STF. 2ª Turma. HC 105963/PE, julgado em 24/4/2012).

REQUISITOS OBJETIVOS (VETORES) PARA A APLICAÇÃO DO PRINCÍPIO:

O Min. Celso de Mello (HC 84.412-0/SP) idealizou quatro requisitos objetivos para a aplicação do princípio da insignificância, sendo eles adotados pela jurisprudência do STF e do STJ.

Segundo a jurisprudência, somente se aplica o princípio da insignificância se estiverem presentes os seguintes requisitos cumulativos:

- mínima ofensividade da conduta;
- nenhuma periculosidade social da ação;
- reduzido grau de reprovabilidade do comportamento; e
- inexpressividade da lesão jurídica provocada.

Qual é a diferença entre cada um desses requisitos?

Não sei. Acho que ninguém sabe ao certo. Os julgados que mencionam esses requisitos não explicam o que seja cada um deles, até porque alguns parecem se confundir. A doutrina critica esses critérios. Paulo Queiroz, por exemplo, afirma que esses requisitos são claramente tautológicos e apenas dizem a mesma coisa com palavras diferentes, argumentando em círculo (*Curso de Direito Penal*. Salvador: Juspodivm, 2014, p. 89).

Desse modo, não se preocupe em diferenciá-los, mas é importante ter uma noção dos quatro para fins de concurso.

PRINCÍPIO DA INSIGNIFICÂNCIA E OUTRAS AÇÕES PENAIS

É possível aplicar o princípio da insignificância em favor de um réu reincidente ou que já responda a outros inquéritos ou ações penais?

A aplicação do princípio da insignificância envolve um juízo amplo ("conglobante"), que vai além da simples aferição do resultado material da conduta, abrangendo também a reincidência ou contumácia do agente, elementos que, embora não determinantes, devem ser considerados.

A reincidência não impede, por si só, que o juiz da causa reconheça a insignificância penal da conduta, à luz dos elementos do caso concreto.

Na hipótese de o juiz da causa considerar penal ou socialmente indesejável a aplicação do princípio da insignificância por furto, em situações em que tal enquadramento seja cogitável, eventual sanção privativa de liberdade deverá ser fixada, como regra geral, em regime inicial aberto, paralisando-se a incidência do art. 33, § 2º, "c", do CP no caso concreto, com base no princípio da proporcionalidade.

STF. Plenário. HC 123108, Rel. Min. Roberto Barroso, julgado em 03/08/2015 (Info 793).

A aferição da insignificância da conduta como requisito negativo da tipicidade, em crimes contra o patrimônio, envolve um juízo amplo, que vai além da simples aferição do resultado material da conduta, abrangendo também a reincidência ou contumácia do agente, elementos que, embora não determinantes, devem ser considerados.

Busca-se, desse modo, evitar que ações típicas de pequena significação passem a ser consideradas penalmente lícitas e imunes a qualquer espécie de repressão estatal, perdendo-se de vista as relevantes consequências jurídicas e sociais desse fato decorrentes.

A aplicação do princípio da insignificância não depende apenas da magnitude do resultado da conduta. Essa ideia se reforça pelo fato de já haver previsão na legislação penal da possibilidade de mensuração da gravidade da ação, o que, embora sem excluir a tipicidade da conduta, pode desembocar em significativo abrandamento da pena ou até mesmo na mitigação da persecução penal.

STF. 1ª Turma. HC 137217, Rel. Min. Marco Aurélio, Rel. p/ Acórdão Min. Alexandre de Moraes, julgado em 28/08/2018.

Caso concreto julgado pelo STF:

João foi denunciado por tentar furtar do galinheiro da vítima um galo, quatro galinhas caipiras, uma galinha garnizé e três quilos de feijão, bens avaliados em pouco mais de cem reais.

Nas instâncias inferiores, o princípio da insignificância foi negado pelo fato de o réu já responder a outra ação penal por furto.

O STF, contudo, decidiu conceder o benefício e absolver o acusado afirmando o seguinte:

Em regra, a habitualidade delitiva específica (ou seja, o fato de o réu já responder a outra ação penal pelo mesmo delito) é um parâmetro (critério) que afasta o princípio da insignificância mesmo em se tratando de bem de reduzido valor.

Excepcionalmente, no entanto, as peculiaridades do caso concreto podem justificar o afastamento dessa regra e a aplicação do princípio, com base na ideia da proporcionalidade.

É o caso, por exemplo, do furto de um galo, quatro galinhas caipiras, uma galinha garnizé e três quilos de feijão, bens avaliados em pouco mais de cem reais. O valor dos bens é inexpressivo e não houve emprego de violência. Enfim, é caso de mínima ofensividade, ausência de periculosidade social, reduzido grau de reprovabilidade e inexpressividade da lesão jurídica.

Mesmo que conste em desfavor do réu outra ação penal instaurada por igual conduta, ainda em trâmite, a hipótese é de típico crime famélico.

A excepcionalidade também se justifica por se tratar de hipossuficiente. Não é razoável que o Direito Penal e todo o aparelho do Estado-polícia e do Estado-juiz movimente-se no sentido de atribuir relevância a estas situações.

STF. 2ª Turma. HC 141440 AgR/MG, Rel. Min. Dias Toffoli, julgado em 14/8/2018 (Info 911).

Ressalte-se, mais uma vez, que não há uma regra geral e absoluta para a aplicação do princípio da insignificância em favor de reincidentes ou réus que já possuam outras ações penais. No Info 910, por exemplo, foi noticiado um julgado no qual o STF negou a aplicação do referido princípio tendo como principal fundamento a circunstância de o réu ser reincidente.

Reconheceu a insignificância econômica do bem, mas, como era reincidente, concedeu apenas restritiva de direitos

Caso concreto julgado pelo STF:

Antônio foi denunciado por tentar furtar quatro frascos de xampu de um supermercado, bens avaliados em R$ 31,20.

O réu foi condenado pelo art. 155 c/c art. 14, II, do CP a uma pena de 8 meses de reclusão. Foi aplicado o regime inicial semiaberto e negada a substituição por pena restritiva de direitos.

A defesa impetrou habeas corpus pedindo a absolvição do condenado com base na aplicação do princípio da insignificância.

O "problema" é que Antônio é reincidente (já possuía uma condenação anterior por furto).

Primeira pergunta: por que o juiz negou a substituição da pena privativa de liberdade por restritiva de direitos?

Porque o réu era reincidente em furto, nos termos do art. 44, II, do CP:

> § Art. 44. As penas restritivas de direitos são autônomas e substituem as privativas de liberdade, quando:
>
> (...)
>
> II – o réu não for reincidente em crime doloso;

Segunda pergunta: o STF concordou com o pedido da defesa e absolveu o réu com base no princípio da insignificância?

NÃO. A 1ª Turma do STF adotou uma posição "intermediária". Como o réu era reincidente em crimes patrimoniais, o STF decidiu que não se poderia aplicar o princípio da insignificância para absolver o agente.

No entanto, apesar disso, o STF concedeu habeas corpus de ofício para que a pena privativa de liberdade imposta ao condenado seja substituída por restritiva de direitos, com base no art. 44, § 3º do CP:

> § § 3º Se o condenado for reincidente, o juiz poderá aplicar a substituição, desde que, em face de condenação anterior, a medida seja socialmente recomendável e a reincidência não se tenha operado em virtude da prática do mesmo crime.

Desse modo, o principio da insignificância pode ser utilizado em alguns casos para não absolver o agente, mas conceder a ele benefício penal, como por exemplo, a substituição da pena privativa de liberdade por restritiva de direitos, mesmo havendo óbice legal. Situação parecida já havia sido reconhecida pelo STF no julgamento do HC 123533. Veja:

> (...) Por maioria, foram também acolhidas as seguintes teses:
>
> (i) a reincidência não impede, por si só, que o juiz da causa reconheça a insignificância penal da conduta, à luz dos elementos do caso concreto; e
>
> (ii) na hipótese de o juiz da causa considerar penal ou socialmente indesejável a aplicação do princípio da insignificância por furto, em situações em que tal enquadramento seja cogitável, eventual sanção privativa de liberdade deverá ser fixada, como regra geral, em regime inicial aberto, paralisando-se a incidência do art. 33, § 2º, c, do CP no caso concreto, com base no princípio da proporcionalidade. (...)
>
> STF. Plenário. HC 123533, Rel. Min. Roberto Barroso, julgado em 03/08/2015.

PENAL

O Min. Alexandre de Moraes afirmou que, em pequenas comunidades, a substituição da pena privativa de liberdade por medida restritiva de direito, a permitir que as pessoas vejam onde está sendo cumprida, tem valor simbólico e pedagógico maior do que a fixação do regime semiaberto ou aberto.

STF. 1ª Turma. HC 137217/MG, Rel. Min. Marco Aurélio, red. p/ ac. Min. Alexandre de Moraes, julgado em 28/8/2018 (Info 913).

PRINCÍPIO DA INSIGNIFICÂNCIA E FURTO QUALIFICADO

É possível aplicar o princípio da insignificância em caso de furto qualificado?

Como regra, a aplicação do princípio da insignificância tem sido rechaçada nas hipóteses de furto qualificado, tendo em vista que tal circunstância denota, em tese, maior ofensividade e reprovabilidade da conduta.

Deve-se, todavia, considerar as circunstâncias peculiares de cada caso concreto, de maneira a verificar se, diante do quadro completo do delito, a conduta do agente representa maior reprovabilidade a desautorizar a aplicação do princípio da insignificância.

STJ. 5ª Turma. AgRg no AREsp 785.755/MT, Rel. Min. Reynaldo Soares da Fonseca, julgado em 22/11/2016.

Ex1: réu, em conjunto com outra pessoa, furtou dois sabonetes líquidos avaliados em R$ 40. O STF negou o princípio da insignificância em razão de ele ter praticado o crime em concurso de agentes, o que caracteriza furto qualificado, nos termos do art. 155, § 4º, IV, do CP (HC 123.533/SP).

Ex2: réu furtou 15 bombons caseiros avaliados em R$ 30. O STF negou o princípio da insignificância em razão de ele ter praticado o crime com rompimento de obstáculo e mediante escalada, o que caracteriza furto qualificado, nos termos do art. 155, § 4º, I e II, do CP (HC 123.734/MG).

PRINCIPAIS ARGUMENTOS DO STF AO JULGAR OS HC 123108/MG, HC 123533/SP E HC 123734/MG:

- Ao analisar se deverá ser aplicado ou não o princípio da insignificância, é preciso que o Poder Judiciário avalie as consequências jurídicas e sociais que irão decorrer desse fato.
- Negar a tipicidade a condutas como essa acima exposta significaria afirmar que, do ponto de vista penal, essa conduta seria lícita, o que não é verdade.
- Vale ressaltar que a vítima, em tese, poderia pleitear uma indenização do agente pelos prejuízos que sofreu. No entanto, isso, na prática, seria inviável (seria um possibilidade meramente formal), já que dificilmente alguém entraria com ação judicial pleiteando um valor tão baixo diante dos custos e do trabalho que essa pessoa teria.
- Sendo assim, se o agente não for punido na esfera penal, ele ficará sem punição alguma, considerando que, como já dito, a parte lesada raramente ingressa com ação de indenização contra o autor do fato.
- A inação do Estado em punir o infrator que comete crimes considerados insignificantes poderia estimular que a vítima fizesse justiça privada ("justiça com as próprias mãos"). Assim, a pretexto de favorecer o agente, a imunização de sua conduta pelo Estado o deixaria exposto a uma situação com repercussões imprevisíveis e mais graves.
- Desse modo, o julgador, ao analisar a insignificância como requisito negativo da tipicidade, especialmente em se tratando de crimes contra o patrimônio, deve fazer um juízo (uma avaliação) muito mais abrangente, não podendo ficar restrito a apenas examinar o resultado da conduta do agente.

- O julgador deverá investigar o desvalor da ação criminosa em seu sentido amplo, traduzido pela ausência de periculosidade social, pela mínima ofensividade e pela ausência de reprovabilidade, de modo a impedir que a vontade do legislador que editou o crime seja desvirtuada.
- O legislador previu algumas situações em que ele próprio considerou serem de menor importância (ex: art. 155, § 2º do CP). Para que se considere o fato insignificante a ponto de se conduzir à atipicidade da conduta, é necessário ir além da irrelevância penal prevista em lei.

REQUISITO SUBJETIVO PARA A APLICAÇÃO DO PRINCÍPIO

O STJ construiu a tese de que, para a aplicação do princípio da insignificância, além do aspecto objetivo, deve estar presente também o requisito subjetivo.

Para o requisito subjetivo estar presente, o réu não poderá ser um criminoso habitual.

Caso o agente responda por outros inquéritos policiais, ações penais ou tenha contra si condenações criminais, ele não pode ser beneficiado com a aplicação do princípio da insignificância por lhe faltar o requisito subjetivo. Nesse sentido: HC 260.375/SP, Rel. Min. Moura Ribeiro, Quinta Turma, julgado em 17/09/2013.

Para a aplicação do princípio da insignificância aos crimes de descaminho, devem ser preenchidos dois requisitos:

a) objetivo: o valor dos tributos não pagos deve ser inferior a 20 mil reais;

b) subjetivo: o agente não pode se tratar de criminoso habitual.

Assim, a reiterada omissão no pagamento do tributo devido nas importações de mercadorias de procedência estrangeira impede a incidência do princípio da insignificância em caso de persecução penal por crime de descaminho (art. 334 do CP), ainda que o valor do tributo suprimido não ultrapasse o limite previsto para o não ajuizamento de execuções fiscais pela Fazenda Nacional.

STJ. 6ª Turma. RHC 31.612-PB, Rel. Min. Rogerio Schietti Cruz, julgado em 20/5/2014 (Info 541).

PENAL

PRINCÍPIO DA INSIGNIFICÂNCIA E ATOS INFRACIONAIS

É possível a aplicação do princípio da insignificância para atos infracionais?

SIM. Trata-se de posição pacífica no STF e STJ.

Como regra, o Estado é obrigado a aplicar as medidas previstas no ECA, considerando que elas possuem caráter educativo, preventivo e protetor. No entanto, excepcionalmente, diante de peculiaridades do caso concreto, é possível que o Estado deixe de aplicar essas medidas quando for verificado que o ato infracional praticado é insignificante (princípio da insignificância).

Não é razoável que o direito penal (ou infracional) e todo o aparelho do Estado-polícia e do Estado-juiz se movimentem no sentido de atribuir relevância típica a situações insignificantes.

Conclusão: o princípio da insignificância é aplicável aos atos infracionais, desde que verificados os requisitos necessários para a configuração do delito de bagatela (STF HC 112400/RS).

Princípio da insignificância e trânsito em julgado

O princípio da insignificância pode ser reconhecido mesmo após o trânsito em julgado da sentença condenatória?

SIM. HC 95570, Relator Min. Dias Toffoli, 1ª Turma, julgado em 01/06/2010.

Princípio da insignificância e prisão em flagrante

Situação que é muito comum na prática e que gera enorme polêmica: a autoridade policial pode deixar de lavrar a prisão em flagrante sob o argumento de que a conduta praticada é formalmente típica, mas se revela penalmente insignificante (atipicidade material)?

1ª corrente: SIM. O princípio da insignificância, como vimos, afasta a tipicidade material. Logo, se o fato é atípico, a autoridade policial pode deixar de lavrar o flagrante. Nesse sentido: Cleber Masson (*Direito Penal esquematizado*. Vol. 1. São Paulo: Método, 2014, p. 37).

2ª corrente: NÃO. A avaliação sobre a presença ou não do princípio da insignificância, no caso concreto, deve ser feita pelo Poder Judiciário (e não pela autoridade policial). É a posição da doutrina tradicional.

Não existe, ainda, uma posição consolidada sobre o tema na jurisprudência, razão pela qual, em concursos públicos, o tema somente deve ser explorado em provas discursivas ou práticas, quando deverá ser explicada a discussão acima.

Na prática, o Delegado de Polícia deverá ter extrema cautela ao aplicar o princípio em caso de prisão em flagrante, somente decidindo não lavrar o auto em situações nas quais esteja patente a insignificância. Mesmo assim, é recomendável que seja instaurado um procedimento formal, certificando-se tudo o ocorreu, sendo, então, encaminhando ao Ministério Público a documentação pertinente.

Em situações nas quais haja dúvida, uma providência salutar é acionar o plantão do Ministério Público, colhendo a opinião do Parquet, devendo ser certificado nos autos esse contato.

Princípio da insignificância e infração bagatelar imprópria

Não se pode confundir o princípio da insignificância com a chamada "infração bagatelar imprópria".

Infração bagatelar imprópria é aquela que nasce relevante para o Direito penal, mas depois se verifica que a aplicação de qualquer pena no caso concreto apresenta-se totalmente desnecessária (GOMES, Luiz Flávio; Antonio Garcia-Pablos de Molina. *Direito Penal* Vol. 2, São Paulo: RT, 2009, p.305).

Em outras palavras, o fato é típico, tanto do ponto de vista formal como material. No entanto, em um momento posterior à sua prática, percebe-se que não é necessária a aplicação da pena. Logo, a reprimenda não deve ser imposta, deve ser relevada (assim como ocorre nos casos de perdão judicial).

Segundo LFG, a infração bagatelar imprópria possui um fundamento legal no direito brasileiro. Trata-se do art. 59 do CP que prevê que o juiz deverá aplicar a pena "*conforme seja necessário e suficiente para reprovação e prevenção do crime*".

Dessa forma, se a pena não for mais necessária, ela não deverá ser imposta (princípio da desnecessidade da pena conjugado com o princípio da irrelevância penal do fato).

Ainda de acordo com LFG, no direito legislado já contamos com vários exemplos de infração bagatelar imprópria:

No crime de peculato culposo, a reparação dos danos antes da sentença irrecorrível extingue a punibilidade. Assim, havendo a reparação, a infração torna-se bagatelar (em sentido impróprio) e a pena desnecessária. No princípio havia desvalor da ação e do resultado. Mas depois, em razão da reparação dos danos (circunstância post-factum), torna-se desnecessária a pena.

Pagamento do tributo nos crimes tributários;

Colaboradores da justiça (delator etc.) quando o juiz deixa de aplicar a pena.

Infração bagatelar própria = princípio da insignificância	Infração bagatelar imprópria = princípio da irrelevância penal do fato
A situação já nasce atípica. O fato é atípico por atipicidade material.	A situação nasce penalmente relevante. O fato é típico do ponto vista formal e material. Em virtude de circunstâncias envolvendo o fato e o seu autor, constata-se que a pena se tornou desnecessária.
O agente não deveria nem mesmo ser processado já que o fato é atípico.	O agente tem que ser processado (a ação penal deve ser iniciada) e somente após a análise das peculiaridades do caso concreto, o juiz poderia reconhecer a desnecessidade da pena.
Não tem previsão legal no direito brasileiro.	Está previsto no art. 59 do CP.

1.1. CRIMES NOS QUAIS A JURISPRUDÊNCIA RECONHECE A APLICAÇÃO DO PRINCÍPIO

1) Furto

Algumas observações importantes sobre a insignificância no crime de furto:

No caso do furto, o princípio da insignificância não pode ter como parâmetro apenas o valor da *res furtiva* (coisa subtraída), devendo ser analisadas as circunstâncias do fato e o reflexo da conduta do agente no âmbito da sociedade, para então se decidir sobre seu efetivo enquadramento na hipótese de crime de bagatela.

Se o valor do bem é acima de 10% do salário mínimo vigente na época, o STJ tem negado a aplicação do princípio da insignificância (STJ. 6ª Turma. AgRg no REsp 1558547/MG, Rel. Min. Maria Thereza de Assis Moura, julgado em 19/11/2015). Abaixo desse valor, deverão ser analisados os aspectos do caso concreto.

Não se aplica o princípio da insignificância se o crime de furto é praticado mediante ingresso sub-reptício na residência da vítima, com violação da privacidade e tranquilidade pessoal desta (STF HC 106045).

A circunstância de o crime de furto ter sido perpetrado durante o repouso noturno denota maior reprovabilidade, o que afasta o reconhecimento da atipicidade material da conduta pela aplicação do princípio da insignificância (STJ. 6ª Turma. AgRg no AREsp 463.487/MT, Rel. Min. Sebastião Reis Júnior, julgado em 01/04/2014).

Não se aplica o princípio no caso de furto de água potável mediante ligação clandestina (REsp 984.723-RS).

Em regra, a jurisprudência NÃO aplica o princípio da insignificância no caso do agente que furta coisas para trocá-las por droga (STJ. 6ª Turma. HC 211.177/SP, julgado em 03/12/2013).

O fato de o réu ter restituído os bens furtados à vítima não serve como justificativa, por si só, para aplicar o princípio da insignificância, especialmente se o valor do objeto tem expressividade econômica (STJ. 6ª Turma. HC 213.943/MT, julgado em 05/12/2013).

Furto qualificado:

Em regra, NÃO se aplica o princípio da insignificância para o furto qualificado. Confira:

Art. 155, § 4°, I do CP (furto com rompimento de obstáculo): o rompimento de obstáculo para a prática do crime de furto denota a maior reprovabilidade da conduta do agente e afasta, por conseguinte, a incidência do princípio da insignificância (STJ. 6ª Turma. AgRg no AREsp 746.011/MT, Rel. Min. Rogerio Schietti Cruz, julgado em 05/11/2015).

Art. 155, § 4°, II do CP (furto com abuso de confiança): em determinado caso concreto, foi negada a aplicação do princípio para o réu que tentou furtar 5 rolos de fio cobre da empresa na qual era funcionário, avaliados em R$ 36,00, uma vez que a reprovabilidade se mostrou acentuada já que ele era funcionário da loja, de forma que traiu a confiança de seus empregadores (STJ. 6ª Turma. HC 216.826/RS, julgado em 26/11/2013).

Art. 155, § 4°, II do CP (furto mediante escalada): o STJ entende que há uma maior reprovabilidade do comportamento do réu (STJ. 5ª Turma. AgRg no REsp 1438176/MG, julgado em 18/06/2014).

É firme nesta Corte o entendimento segundo o qual a prática do delito de furto qualificado por escalada, destreza, rompimento de obstáculo ou concurso de agentes indica a reprovabilidade do comportamento do réu, sendo inaplicável o princípio da insignificância. (STJ. 6ª Turma. AgRg no REsp 1432283/MG, Rel. Min. Maria Thereza de Assis Moura, julgado em 10/06/2014).

Qual é a diferença entre o furto insignificante e o furto de pequeno valor?

O delito do art. 155 do CP prevê a figura do furto privilegiado ou mínimo no § 2°, com a seguinte redação:

§

> Art. 155 (...)
>
> § 2° Se o criminoso é primário, e é de pequeno valor a coisa furtada, o juiz pode substituir a pena de reclusão pela de detenção, diminuí-la de um a dois terços, ou aplicar somente a pena de multa.

Ao se referir ao pequeno valor da coisa furtada, esse dispositivo prevê uma causa de redução de pena (critério de fixação da pena), e não uma hipótese de exclusão da tipicidade.

A jurisprudência afirma que "pequeno valor", para os fins do § 2° do art. 155, ocorre quando a coisa subtraída não ultrapassa a importância de um salário mínimo.

Desse modo, se a coisa subtraída é inferior a um salário mínimo, esta conduta poderá receber dois tipos de valoração pelo julgador:

a. O juiz poderá considerar o fato penalmente insignificante e absolver o réu por atipicidade material. Isso ocorre quando o bem subtraído é muito inferior a um salário mínimo, sendo o valor ínfimo.

b. O juiz poderá considerar que o fato não é insignificante, mas como a coisa furtada é de pequeno valor, condenar o réu, mas aplicar os benefícios do § 2° do art. 155 do CP. Isso ocorre quando a coisa subtraída é inferior a um salário mínimo, mas não é ínfima, chegando perto do valor do salário mínimo.

Pela análise dos julgados, percebe-se que, se o bem for igual ou superior a 25% (1/4) do valor do salário mínimo, o STF e o STJ negam a aplicação do princípio afirmando que o valor não é insignificante. Trata-se, contudo, de uma diferenciação que, na prática, acaba sendo muito subjetiva, variando de acordo com o caso concreto. O importante é que você saiba que, para a jurisprudência, pequeno valor e valor insignificante não são sinônimos.

Pequeno valor do bem subtraído (art. 155, § 2º)	*Valor insignificante do bem subtraído*
Até um salário mínimo	Não há um parâmetro objetivo, mas, por óbvio, deve ser menor que um salário mínimo.
Se a coisa furtada é de pequeno valor e o condenado é primário, o juiz pode substituir a pena de reclusão pela de detenção, diminuí-la de 1/3 a 2/3, ou aplicar somente a pena de multa.	Se o valor da coisa furtada é insignificante, o juiz irá absolver o réu por falta de tipicidade material.
Ex: furto de um relógio que custa 500 reais.	Ex: furto de um relógio que custa 90 reais.

2) Crimes contra a ordem tributária

O princípio da insignificância pode ser aplicado no caso de crimes tributários?

SIM. É plenamente possível que incida o princípio da insignificância tanto nos crimes contra a ordem tributária previstos na Lei nº 8.137/90 como também no caso do descaminho (art. 334 do CP).

Existe algum limite máximo de valor para que possa ser aplicado o princípio da insignificância nos crimes tributários?

SIM. A jurisprudência criou a tese de que nos crimes tributários, para decidir se incide ou não o princípio da insignificância, será necessário analisar, no caso concreto, o valor dos tributos que deixaram de ser pagos.

E qual é, então, o valor máximo considerado insignificante no caso de crimes tributários?

Tradicionalmente, esse valor era de 10 mil reais.

Assim, se o montante do tributo que deixou de ser pago era igual ou inferior a 10 mil reais, não havia crime tributário, aplicando-se o princípio da insignificância.

Qual era o parâmetro para se chegar a esse valor?

Esse valor foi fixado pela jurisprudência tendo como base o art. 20 da Lei nº 10.522/2002, que determina o arquivamento das execuções fiscais cujo valor consolidado for igual ou inferior a R$ 10.000,00. Em outros termos, a Lei determina que, até o valor de 10 mil reais, os débitos inscritos como Dívida Ativa da União não serão executados.

Segundo a jurisprudência, não há sentido lógico permitir que alguém seja processado criminalmente pela falta de recolhimento de um tributo que nem sequer será cobrado no âmbito administrativo-tributário.

Nesse caso, o direito penal deixaria de ser a *ultima ratio*.

Esse valor de 10 mil reais permanece ainda hoje?

NÃO. Recentemente, foi publicada a Portaria MF nº 75, de 29/03/2012, na qual o Ministro da Fazenda determinou, em seu art. 1º, inciso II, "*o não ajuizamento de execuções fiscais de débitos com a Fazenda Nacional, cujo valor consolidado seja igual ou inferior a R$ 20.000,00 (vinte mil reais).*"

Desse modo, o Poder Executivo "atualizou" o valor previsto no art. 20 da Lei nº 10.522/2002 e passou a dizer que não mais deveriam ser executadas as dívidas de até 20 mil reais.

Em outras palavras, a Portaria MF 75/2012 "aumentou" o valor considerado insignificante para fins de execução fiscal. Agora, abaixo de 20 mil reais, não interessa à Fazenda Nacional executar (antes esse valor era 10 mil reais).

Diante desse aumento produzido pela Portaria, começou a ser defendida a tese de que o novo parâmetro para análise da insignificância penal nos crimes tributários passou de 10 mil reais (de acordo com o art. 20 da Lei nº 10.522/2002) para 20 mil reais (com base na Portaria MF 75).

A jurisprudência acolheu essa tese?

STF: SIM, de imediato.

Para o STF, o fato de as Portarias 75 e 130/2012 do Ministério da Fazenda terem aumentado o patamar de 10 mil reais para 20 mil reais produz efeitos penais.

Logo, o novo valor máximo para fins de aplicação do princípio da insignificância nos crimes tributários passou a ser de 20 mil reais.

Precedentes:

STF. 1ª Turma. HC 137595 AgR, Rel. Min. Roberto Barroso, julgado em 07/05/2018.

STF. 2ª Turma. HC 155347/PR, Rel. Min. Dias Tóffoli, julgado em 17/4/2018 (Info 898).

STJ: relutou durante anos para aceitar a tese.

O STJ, durante anos, ficou decidindo que o valor de 20 mil reais, estabelecido pela Portaria MF nº 75/12 como limite mínimo para a execução de débitos contra a União, não poderia ser considerado para efeitos penais (não deveria ser utilizado como novo patamar de insignificância).

O Tribunal apontava dois argumentos principais:

a. a opção da autoridade fazendária sobre o que deve ou não ser objeto de execução fiscal não pode ter a força de subordinar o exercício da jurisdição penal;

b. não é possível majorar o parâmetro previsto no art. 20 da Lei nº 10.522/2002 por meio de uma portaria do Ministro da Fazenda. A portaria emanada do Poder Executivo não possui força normativa passível de revogar ou modificar lei em sentido estrito.

Em suma, para o STJ, o valor máximo para aplicação do princípio da insignificância no caso de crimes contra a ordem tributária (incluindo o descaminho) continuava sendo de 10 mil reais.

Nesse sentido:

AgRg no AREsp 331.852/PR, julgado em 11/02/2014.

AgRg no AREsp 303.906/RS, julgado em 06/02/2014.

O STJ finalmente curvou-se ao entendimento do STF

O STJ, vendo que as suas decisões estavam sendo reformadas pelo STF, decidiu alinhar-se à posição do Supremo e passou a também entender que o limite para a aplicação do princípio da insignificância nos crimes tributários e no descaminho subiu realmente para R$ 20 mil.

O tema foi decidido sob a sistemática do recurso repetitivo e fixou-se a seguinte tese:

Incide o princípio da insignificância aos crimes tributários federais e de descaminho quando o débito tributário verificado não ultrapassar o limite de R$ 20.000,00 (vinte mil reais), a teor do disposto no art. 20 da Lei nº 10.522/2002, com as atualizações efetivadas pelas Portarias nº 75 e 130, ambas do Ministério da Fazenda.

STJ. 3ª Seção. REsp 1.688.878-SP, Rel. Min. Sebastião Reis Júnior, julgado em 28/02/2018 (recurso repetitivo) (Info 622).

Em suma, qual é o valor máximo considerado insignificante no caso de crimes tributários e descaminho?

Tanto para o STF como o STJ: 20 mil reais (conforme as Portarias 75 e 132/2012 do MF).

Observação: a 1ª Turma do STF possui alguns julgados afastando esse critério de um valor fixo de insignificância baseado no piso mínimo da execução fiscal. Entende-se que são instâncias independentes e que, por essa razão, o critério administrativo do Fisco não pode influenciar na esfera penal. Essa é a posição, principalmente, dos Ministros Marco Aurélio e Alexandre de Moraes. Nesse sentido:

> (...) Descabe, em Direito, confundir institutos, vocábulos e expressões. O que previsto na Lei nº 10.522/2002 e em portaria do Ministério da Fazenda não alcança a persecução criminal a cargo do Ministério Público.
>
> STF. 1ª Turma. HC 128063, Rel. Min. Marco Aurélio, julgado em 10/04/2018.

Tais julgados não refletem a posição majoritária, mas é importante você saber da sua existência e eventualmente mencioná-la em provas de concurso.

Esse valor deve ser calculado quando? No momento da sentença, ele deve ser atualizado com juros e correção monetária para saber se passa do teto de R$ 20 mil?

NÃO. Para se verificar a insignificância da conduta, deve-se levar em consideração o valor do crédito tributário apurado originalmente no procedimento de lançamento.

Assim, os juros, a correção monetária e eventuais multas de ofício que incidem sobre o crédito tributário quando ele é cobrado em execução fiscal não devem ser considerados para fins de cálculo do princípio da insignificância.

Em outras palavras, o valor a ser considerado para fins de aplicação do princípio da insignificância é aquele fixado no momento da consumação do crime e não aquele posteriormente alcançado com a inclusão de juros e multa por ocasião da inscrição desse crédito na dívida ativa.

STJ. 5ª Turma. RHC 74.756/PR, Rel. Min. Ribeiro Dantas, julgado em 13/12/2016.

É possível aplicar o novo limite (de 20 mil reais) mesmo que o fato tenha ocorrido antes da Portaria 75/2012?

SIM. O limite imposto por essa portaria (20 mil reais) pode ser aplicado de forma retroativa para fatos anteriores à sua edição considerando que se trata de norma mais benéfica (STF. 2ª Turma. HC 122213, Rel. Min. Ricardo Lewandowski, julgado em 27/05/2014).

Esse valor é considerado insignificante tanto no caso de crimes envolvendo tributos federais, como também estaduais e municipais?

NÃO. Esse parâmetro vale, a princípio, apenas para os crimes que se relacionam a tributos federais, considerando que é baseado no art. 20 da Lei nº 10.522/2002, que trata dos tributos federais. Assim, esse é o valor que a União considera insignificante.

Para fins de crimes de sonegação fiscal que envolvam tributos estaduais ou municipais, deve ser analisado se há lei estadual ou municipal dispensando a execução fiscal no caso de tributos abaixo de determinado valor. Esse será o parâmetro para a insignificância. Veja como decidiu o STJ:

> "(...) 4. Para a aplicação do referido entendimento aos tributos que não sejam da competência da União, seria necessária a existência de lei estadual no mesmo sentido, até porque à arrecadação da Fazenda Nacional não se equipara a das Fazendas estaduais. Precedentes e doutrina.
>
> 5. Inviável a aplicação do referido entendimento ao caso em análise, no qual o paciente foi denunciado por, em tese, suprimir o valor de R$ 819,00 (oitocentos e dezenove reais)

de Imposto sobre a Circulação de Mercadorias e Serviços (ICMS), de competência dos estados, de acordo com o art. 155, II, da Constituição Federal.

6. Um dos requisitos indispensáveis à aplicação do princípio da insignificância é a inexpressividade da lesão jurídica provocada, que pode se alterar de acordo com o sujeito passivo, situação que reforça a impossibilidade de se aplicar referido entendimento de forma indiscriminada à sonegação dos tributos de competência dos diversos entes federativos da União. (...)

STJ. 6ª Turma. HC 165003/SP, Rel. Min. Sebastião Reis Júnior, julgado em 20/03/2014 (Info 540).

3) Descaminho

O descaminho é também considerado um crime contra a ordem tributária, apesar de estar previsto no art. 334 do Código Penal e não na Lei nº 8.137/90.

Desse modo, aplica-se o princípio da insignificância ao crime de descaminho, valendo as mesmas explicações acima mencionadas quanto ao valor que pode ser considerado insignificante.

Vale ressaltar, no entanto, que, para a aplicação do princípio da insignificância aos crimes de descaminho, o STJ afirma que devem ser preenchidos dois requisitos:

- objetivo: valor inferior a 10 mil (STJ) ou 20 mil (STF);
- subjetivo: o agente não pode se tratar de criminoso habitual.

Agente que reiteradamente comete descaminho poderá ser beneficiado com o princípio da insignificância?

- Regra: NÃO. Em regra, não se aplica o princípio da insignificância para o agente que praticou descaminho se ficar demonstrada a sua reiteração criminosa (criminoso habitual).
- Exceção: o julgador poderá aplicar o referido princípio se, analisando as peculiaridades do caso concreto, entender que a medida é socialmente recomendável.

A reiteração criminosa inviabiliza a aplicação do princípio da insignificância nos crimes de descaminho, ressalvada a possibilidade de, no caso concreto, as instâncias ordinárias verificarem que a medida é socialmente recomendável.

STJ. 3ª Seção. EREsp 1.217.514-RS, Rel. Min. Reynaldo Soares da Fonseca, julgado em 9/12/2015 (Info 575).

Importante: no cálculo do valor do crédito tributário (que deve ser inferior a 10/20 mil reais), não se leva em consideração os valores correspondentes às contribuições do PIS e da COFINS, já que tais tributos não incidem sobre bens estrangeiros que tenham sido objeto de pena de perdimento, conforme dicção do art. 2º, III da Lei nº 10.865/04 (STJ. 5ª Turma. AgRg no REsp 1351919/SC, Rel. Min. Moura Ribeiro, julgado em 03/10/2013).

Também não devem ser incluídos os valores de juros e multa: "(...) O valor a ser considerado para fins de aplicação do princípio da insignificância é aquele fixado no momento da consumação do crime, vale dizer, da constituição definitiva do crédito tributário, e não aquele posteriormente alcançado com a inclusão de juros e multa por ocasião da inscrição desse crédito na dívida ativa." (STJ. 6ª Turma. REsp 1306425/RS, Rel. Min. Maria Thereza De Assis Moura, julgado em 10/06/2014).

4) Apropriação indébita previdenciária

É possível a aplicação do princípio da insignificância ao delito de apropriação indébita previdenciária ou de sonegação de contribuição previdenciária, nos mesmos moldes em que é aplicado ao crime de descaminho.

A Lei nº 11.457/07 considerou como dívida ativa da União também os débitos decorrentes das contribuições previdenciárias, conferindo-lhes tratamento semelhante ao que é dado aos créditos tributários. Dessa forma, não há porque fazer distinção, na esfera penal, entre os crimes de descaminho, de apropriação indébita ou de sonegação de contribuição previdenciária. Nesse sentido: STJ. 5ª Turma. AgRg no REsp 1348074/SP, Rel. Min. Moura Ribeiro, julgado em 19/08/2014.

5) Crimes ambientais

Admite-se o princípio da insignificância no caso de crimes ambientais, devendo, no entanto, ser feita uma análise rigorosa, considerando que o bem jurídico protegido é de natureza difusa e protegido constitucionalmente. Veja:

> (...) Predomina nesta Corte entendimento no sentido da possibilidade de aplicação do princípio da insignificância aos crimes ambientais, devendo ser analisadas as circunstâncias específicas do caso concreto para se verificar a atipicidade da conduta em exame. (...)
>
> (STJ. 5º Turma. AgRg no AREsp 654.321/SC, Rel. Min. Reynaldo Soares da Fonseca, julgado em 09/06/2015)

> (...) Não obstante seja possível a aplicação do princípio da insignificância aos tipos penais que tutelam a proteção do meio ambiente, a depender do grau de reprovabilidade, relevância da periculosidade social e ofensividade da conduta cometida pelo agente, tal aferição deve ser realizada com cautela, dada a fundamentalidade do direito ao meio ambiente ecologicamente equilibrado, inerente às presentes e futuras gerações (princípio da equidade intergeracional).
>
> (...) Em se tratando de crime ambiental, em que não se tutela o patrimônio, no sentido financeiro da palavra, mas o meio ambiente ecologicamente equilibrado, um dos direitos fundamentais da pessoa humana, para concluir no sentido da ausência de tipicidade material da conduta, tais requisitos devem se apresentar ainda mais latentes. (...)
>
> (STJ. 6ª Turma. HC 238.344/PA, Rel. Min. Sebastião Reis Júnior, julgado em 15/08/2013)

No STF também são encontrados precedentes aplicando o princípio, *v.g.*, HC 112563/SC, julgado em 21/08/2012.

Apesar disso, alguns doutrinadores (especialmente autores de Direito Ambiental) criticam a aplicação do princípio da insignificância aos crimes ambientais.

6) "Flanelinha" e exercício da profissão sem registro no órgão competente

Segundo o art. 1º da Lei nº 6.242/75, o exercício da profissão de guardador e lavador autônomo de veículos automotores ("flanelinha") depende de registro na Delegacia Regional do Trabalho competente.

Diante disso, caso a pessoa exerça a profissão de "flanelinha" sem estar registrado na Superintendência Regional do Trabalho, ela poderá ser denunciada pela prática da contravenção prevista no art. 47 da Lei de Contravenções Penais?

NÃO. O STF entende que se aplica, à hipótese, o princípio da insignificância, devendo ser reconhecida a atipicidade material do comportamento do agente. Há mínima ofensividade e reduzida reprovabilidade da conduta e a falta de registro no órgão competente não atinge, de forma significativa, o bem jurídico penalmente protegido. Se há algum ilícito, este não é penal, mas apenas de caráter administrativo.

STF. 2ª Turma. HC 115046/MG, Rel. Min. Ricardo Lewandowski, julgado em 19/3/2013 (Info 699).

O STJ afirma que o exercício, sem o preenchimento dos requisitos previstos em lei, da profissão de guardador e lavador autônomo de veículos automotores (flanelinha) não configura a contravenção penal prevista no art. 47 do Decreto-Lei 3.688/1941 (exercício ilegal de profissão ou atividade).

STJ. 5ª Turma. RHC 36.280-MG, Rel. Min. Laurita Vaz, julgado em 18/2/2014 (Info 536).

1.2. CRIMES NOS QUAIS A JURISPRUDÊNCIA REJEITA A APLICAÇÃO DO PRINCÍPIO

1) Lesão corporal

Em um julgado recente, o STJ negou aplicação ao princípio da insignificância em um caso envolvendo lesões corporais em ambiente familiar. Afirmou-se que a violência física é incompatível com os vetores da insignificância (STJ. 5ª Turma. AgRg no AREsp 19.042/DF, Rel. Min. Marco Aurélio Bellizze, julgado em 14/02/2012).

2) Roubo

Não se aplica ao crime de roubo porque se trata de delito complexo que envolve patrimônio, grave ameaça e a integridade física e psicológica da vítima, havendo, portanto, interesse estatal na sua repressão (STF RHC 111433) (STJ AgRg no AREsp 348.330/SP, julgado em 19/11/2013).

3) Tráfico de drogas

Não se aplica ao tráfico de drogas, visto se tratar de crime de perigo abstrato ou presumido, sendo, portanto, irrelevante a quantidade de droga apreendida (STJ. 5ª Turma. HC 240.258/SP, Rel. Min. Laurita Vaz, julgado em 06/08/2013).

4) Moeda falsa

Ainda que seja apenas uma nota e de pequeno valor, não se aplica o princípio por tratar-se de delito contra a fé pública, havendo interesse estatal na sua repressão.

O bem violado é a fé pública, a qual é um bem intangível e que corresponde à confiança que a população deposita em sua moeda, não se tratando, assim, da simples análise do valor material por ela representado.

Nesse sentido: STJ. 6ª Turma. AgRg no AREsp 558.790/SP, Rel. Min. Sebastião Reis Júnior, julgado em 15/10/2015.

5) Outros crimes envolvendo a fé pública

Não se aplica o princípio da insignificância para crimes contra a fé pública, como é o caso do delito de falsificação de documento público (STF. 2ª Turma. HC 117638, Rel. Min. Gilmar Mendes, julgado em 11/03/2014).

6) Contrabando

Em regra, é inaplicável o princípio da insignificância ao crime de contrabando, uma vez que o bem juridicamente tutelado vai além do mero valor pecuniário do imposto elidido, alcançando também o interesse estatal de impedir a entrada e a comercialização de produtos proibidos em território nacional. Trata-se, assim, de um delito pluriofensivo.

STJ. 5ª Turma. AgRg no REsp 1744739/RS, Rel. Min. Joel Ilan Paciornik, julgado em 02/10/2018.

STJ. 6ª Turma. AgRg no REsp 1717048/RS, Rel. Min. Nefi Cordeiro, julgado em 11/09/2018.

STF. 1ª Turma. HC 133958 AgR, Rel. Min. Luiz Fux, julgado em 06/09/2016.

Vale ressaltar, no entanto, que o STJ possui alguns precedentes admitindo, de forma excepcional, a aplicação deste princípio para o caso de contrabando de pequena quantidade de medicamento para uso próprio:

A importação de pequena quantidade de medicamento destinada a uso próprio denota a mínima ofensividade da conduta do agente, a ausência de periculosidade social da ação, o reduzidíssimo grau de reprovabilidade do comportamento e a inexpressividade da lesão jurídica provocada, tudo a autorizar a excepcional aplicação do princípio da insignificância.

STJ. 5ª Turma. EDcl no AgRg no REsp 1708371/PR, Rel. Min. Joel Ilan Paciornik, julgado em 24/04/2018.

7) Estelionato contra o INSS (estelionato previdenciário)

A jurisprudência NÃO aplica o princípio sob o argumento de que esse tipo de conduta contribui negativamente com o déficit da Previdência. Defende-se que, não obstante ser ínfimo o valor obtido com o estelionato praticado, se a prática de tal crime se tornar comum, sem qualquer repressão penal da conduta, certamente se agravará a situação da Previdência, responsável pelos pagamentos das aposentadorias e dos demais benefícios dos trabalhadores brasileiros. Daí porque se conclui que é elevado o grau de reprovabilidade da conduta praticada. Desse modo, o princípio da insignificância não pode ser aplicado para abrigar conduta cuja lesividade transcende o âmbito individual e abala a esfera coletiva (STF. 1ª Turma. HC 111918, Rel. Min. Dias Toffoli, julgado em 29/05/2012). É também o entendimento do STJ: AgRg no AREsp 627.891/RN, Rel. Min. Jorge Mussi, Quinta Turma, julgado em 17/11/2015.

8) Estelionato envolvendo FGTS

O STF já decidiu que não deve ser aplicado o princípio da insignificância em caso de estelionato envolvendo o FGTS porque a conduta do agente é dotada de acentuado grau de reprovabilidade, "na medida em que a fraude foi perpetrada contra programa social do governo que beneficia inúmeros trabalhadores". Essa circunstância, aliada à expressividade financeira do valor auferido pela paciente à época dos fatos, inibe a aplicabilidade do postulado da insignificância ao caso concreto (HC 110845, Relator Min. Dias Toffoli, 1ª Turma, julgado em 10/04/2012).

9) Estelionato envolvendo o seguro-desemprego

Não se aplica o princípio da insignificância para estelionato envolvendo o seguro-desemprego considerando que se trata de bem protegido a partir do interesse público (HC 108674, Relator Min. Marco Aurélio, 1ª Turma, julgado em 28/08/2012).

10) Violação de direito autoral

Segundo o STJ, não se aplica o princípio da insignificância ao crime de violação de direito autoral (§ 2º do art. 184 do CP). Em que pese a aceitação popular à pirataria de CDs e DVDs, com certa tolerância das autoridades públicas em relação à tal prática, a conduta, que causa sérios prejuízos à indústria fonográfica brasileira, aos comerciantes legalmente instituídos e ao Fisco, não escapa à sanção penal, mostrando-se formal e materialmente típica (AgRg no REsp 1380149/RS, Rel. Min. Og Fernandes, Sexta Turma, julgado em 27/08/2013).

11) Posse ou porte de arma ou munição

O STJ possui posição consolidada no sentido de que o princípio da insignificância não é aplicável aos crimes de posse e de porte de arma de fogo, por se tratarem de crimes de perigo abstrato, sendo irrelevante inquirir a quantidade de munição apreendida (STJ. 5ª Turma. HC 338.153/RS, Rel. Min. Ribeiro Dantas, julgado em 03/05/2016).

O entendimento acima exposto configura a regra geral. No entanto, o STF, em alguns casos concretos, tem reconhecido o princípio da insignificância para o crime de porte ilegal de munição. Confira:

(...) I – Recorrente que guardava no interior de sua residência uma munição de uso permitido, calibre 22. II – Conduta formalmente típica, nos termos do art. 12 da Lei 10.826/2003. III – Inexistência de potencialidade lesiva da munição apreendida, desacompanhada de arma de fogo. Atipicidade material dos fatos. (...)

STF. 2ª Turma. RHC 143449, Rel. Min. Ricardo Lewandowski, julgado em 26/09/2017.

No mesmo sentido:

É atípica a conduta daquele que porta, na forma de pingente, munição desacompanhada de arma.

STF. 2ª Turma. HC 133984/MG, Rel. Min. Cármen Lúcia, julgado em 17/5/2016 (Info 826).

12) Delitos praticados em violência doméstica

Não se aplica o princípio da insignificância aos delitos praticados em situação de violência doméstica.

Os delitos praticados com violência contra a mulher, devido à expressiva ofensividade, periculosidade social, reprovabilidade do comportamento e lesão jurídica causada, perdem a característica da bagatela e devem submeter-se ao direito penal.

O STJ e o STF não admitem a aplicação dos princípios da insignificância e da bagatela imprópria aos crimes e contravenções praticados com violência ou grave ameaça contra a mulher, no âmbito das relações domésticas, dada a relevância penal da conduta.

Vale ressaltar que o fato de o casal ter se reconciliado não significa atipicidade material da conduta ou desnecessidade de pena.

STJ. 5ª Turma. HC 333.195/MS, Rel. Min. Ribeiro Dantas, julgado em 12/04/2016.

STJ. 6ª Turma. AgRg no HC 318.849/MS, Rel. Min. Sebastião Reis Júnior, julgado em 27/10/2015.

STF. 2ª Turma. RHC 133043/MT, Rel. Min. Cármen Lúcia, julgado em 10/5/2016 (Info 825).

13) Crimes militares

Trata-se de tema extremamente polêmico, mas a posição majoritária é no sentido de que não se aplica o princípio da insignificância aos crimes militares, sob pena de afronta à autoridade, hierarquia e disciplina, bens jurídicos cuja preservação é importante para o regular funcionamento das instituições militares. Nesse sentido: STF. 2ª Turma. HC 118255, Rel. Min. Ricardo Lewandowski, julgado em 19/11/2013.

O caso mais comum e que é provável que seja cobrado em sua prova é o crime de posse de substância entorpecente em lugar sujeito à administração militar (art. 290 do CPM). O Plenário do STF já assentou a inaplicabilidade do princípio da insignificância à posse de quantidade reduzida de substância entorpecente em lugar sujeito à administração militar (art. 290 do CPM) (STF. 2ª Turma. ARE 856183 AgR, Rel. Min. Dias Toffoli, julgado em 30/06/2015).

1.3. CRIMES NOS QUAIS EXISTE DIVERGÊNCIA NA JURISPRUDÊNCIA

1) Crimes cometidos por Prefeitos

STF: possibilidade

Ex-prefeito condenado pela prática do crime previsto no art. 1º, II do Decreto-Lei 201/1967, por ter utilizado máquinas e caminhões de propriedade da Prefeitura para efetuar terraplanagem no terreno de sua residência. 3. Aplicação do princípio da insignificância. Possibilidade. (...) (HC 104286, Rel. Min. Gilmar Mendes, 2ª Turma, julgado em 03/05/2011)

STJ: não pode ser aplicado

Não é possível a aplicação do princípio da insignificância a prefeito, em razão mesmo da própria condição que ostenta, devendo pautar sua conduta, à frente da municipalidade, pela ética e pela moral, não havendo espaço para quaisquer desvios de conduta. (...) (HC 148.765/SP, Rel. Min. Maria Thereza De Assis Moura, 6ª Turma, julgado em 11/05/2010)

Obs: esse tema não deveria ser cobrado em uma prova objetiva, mas se for exigido, penso que a melhor resposta é no sentido de NÃO ser possível a aplicação do princípio.

2) Porte de droga para consumo pessoal

Se a pessoa for encontrada com alguns poucos gramas de droga para consumo próprio, é possível aplicar o princípio da insignificância?

- STJ: não é possível aplicar o princípio da insignificância

A jurisprudência de ambas as turmas do STJ firmou entendimento de que o crime de posse de drogas para consumo pessoal (art. 28 da Lei nº 11.343/06) é de perigo presumido ou abstrato e a pequena quantidade de droga faz parte da própria essência do delito em questão, não lhe sendo aplicável o princípio da insignificância (STJ. 6ª Turma. RHC 35.920-DF, Rel. Min. Rogerio Schietti Cruz, julgado em 20/5/2014. Info 541).

- STF: possui precedentes admitindo a insignificância. Nesse sentido: HC 110475, Rel. Min. Dias Toffoli, julgado em 14/02/2012.

Interessante você estudar também a questão da importação de sementes de maconha e a posição da jurisprudência a respeito.

Vale ressaltar que o STF irá examinar a possibilidade de descriminalizar a conduta do art. 28 da Lei de Drogas, ou seja, considerar que não é crime. Vamos aguardar e qualquer novidade você será avisado no site.

3) Crimes contra a Administração Pública

No STJ prevalece que não se aplica, em regra, o princípio da insignificância aos crimes contra a Administração Pública, ainda que o valor da lesão possa ser considerado ínfimo, uma vez que a norma visa resguardar não apenas o aspecto patrimonial, mas, principalmente, a moral administrativa. Nesse sentido:

Súmula 599-STJ: O princípio da insignificância é inaplicável aos crimes contra a administração pública.

STJ. Corte Especial. Aprovada em 20/11/2017.

Há, contudo, uma **exceção**: admite-se o princípio da insignificância ao crime de descaminho (art. 334 do CP), que, topograficamente, está inserido no Título XI do Código Penal, que trata sobre os crimes contra a administração pública. Segundo o STJ, "a insignificância nos crimes de descaminho tem colorido próprio, diante das disposições trazidas na Lei nº 10.522/2002", o que não ocorre com outros delitos, como o peculato etc. (AgRg no REsp 1346879/SC, Rel. Min. Marco Aurélio Bellizze, julgado em 26/11/2013).

No STF, há julgados admitindo a aplicação do princípio mesmo em outras hipóteses além do descaminho, como foi o caso do HC 107370, Rel. Min. Gilmar Mendes, julgado em 26/04/2011 e do HC 112388, Rel. p/ Acórdão Min. Cezar Peluso, julgado em 21/08/2012. Segundo o entendimento que prevalece no STF, a prática de crime contra a Administração Pública, por si só, não inviabiliza a aplicação do princípio da insignificância, devendo haver uma análise do caso concreto para se examinar se incide ou não o referido postulado.

4) Manter rádio comunitária clandestina

A conduta de manter rádio comunitária clandestina pode configurar, em tese, o delito previsto no art. 183 da Lei nº 9.472/97 ou o crime do art. 70 da Lei nº 4.117/62:

§ Lei nº 9.472/97

Art. 183. Desenvolver clandestinamente atividades de telecomunicação:

Pena – detenção de dois a quatro anos, aumentada da metade se houver dano a terceiro, e multa de R$ 10.000,00 (dez mil reais).

§ Lei nº 4.117/62

Art. 70. Constitui crime punível com a pena de detenção de 1 (um) a 2 (dois) anos, aumentada da metade se houver dano a terceiro, a instalação ou utilização de telecomunicações, sem observância do disposto nesta Lei e nos regulamentos.

Qual é a diferença entre os dois delitos?

O crime do art. 183 da Lei nº 9.472/97 somente ocorre quando houver habitualidade. Se esta estiver ausente, ou seja, quando o acusado vier a instalar ou se utilizar de telecomunicações clandestinamente, mas apenas uma vez ou de modo não rotineiro, a conduta fica subsumida no art. 70 da Lei 4.117/62, pois não haverá aí um meio ou estilo de vida, um comportamento reiterado ao longo do tempo, que seria punido de modo mais severo pelo art. 183 da Lei nº 9.472/97 (STF. HC 93870/SP, rel. Min. Joaquim Barbosa, 20.4.2010).

Art. 70 da Lei nº 4.117/62	Art. 183 da Lei nº 9.472/97
Não exige habitualidade.	Exige habitualidade.

Seja um crime ou outro, é possível aplicar o princípio da insignificância para a conduta de manter rádio comunitária clandestina?

A jurisprudência do STJ é firme no sentido de que NÃO se aplica o princípio da insignificância:

(...) A instalação de estação de radiodifusão clandestina é delito formal, de perigo abstrato, bastante, por si só, para comprometer a segurança e a regularidade do sistema de telecomunicações do país.

Desse modo, inviável a aplicação do princípio da insignificância, ainda que se trate de serviço de baixa potência. (...)

STJ. 6ª Turma. AgRg no AREsp 740.434/BA, Rel. Min. Antonio Saldanha Palheiro, julgado em 14/02/2017.

STF: em regra, também nega a aplicação do princípio. No entanto, possui alguns precedentes admitindo, em casos excepcionais, o reconhecimento do postulado desde que a rádio clandestina opere em baixa frequência, em localidades afastadas dos grandes centros e em situações nas quais ficou demonstrada a inexistência de lesividade:

(...) O exame pericial elaborado pela ANATEL, que demonstrou que a suposta operação de rádio clandestina seria de baixa potência, não comprovou a sua efetiva interferência nos serviços de comunicação devidamente autorizados, o que demonstra a ausência de potencialidade lesiva ao bem jurídico tutelado pelo tipo penal incriminador. 2. A constatação da fiscalização de que a programação da rádio "era basicamente constituída de conteúdo evangélico" (fl. 9 do anexo 3) permite concluir a ausência de periculosidade social da ação e o reduzido grau de reprovabilidade da conduta do paciente, o que abre margem para a observância do postulado da insignificância, já que preenchidos os seus vetores. (...)

STF. 1ª Turma. HC 122507, Rel. Min. Dias Toffoli, julgado em 19/08/2014.

(...) Rádio comunitária que era operada no KM 180 da BR 230 (Rodovia Transamazônica), comunidade de Santo Antônio do Matupi, Município de Manicoré/AM, distante, aproximadamente, 332 km de Manaus/AM, o que demonstra ser remota a possibilidade de que pudesse causar algum prejuízo para outros meios de comunicação.

IV – Segundo a decisão que rejeitou a denúncia, o transmissor utilizado pela emissora operava com potência de 20 watts e o funcionamento de tal transmissor não tinha aptidão para causar problemas ou interferências prejudiciais em serviços de emergência. (...)

STF. 2ª Turma. RHC 118014, Rel. Min. Ricardo Lewandowski, julgado em 06/08/2013.

Caso concreto julgado pelo STF

João era proprietário de uma rádio comunitária instalada na zona rural de Bandiaçu, no distrito de Conceição do Coité (BA).

O MPF denunciou o agente pela prática do crime do art. 183 da Lei nº 9.472/97.

A 2ª Turma do STF, contudo, por unanimidade, aplicou ao caso o princípio da insignificância, levando em conta o fato de o alcance da emissora ser de apenas 500 metros e de não ter sido detectada interferência em outros canais de comunicação.

Na situação em tela a Agência Nacional de Telecomunicações (ANATEL), em laudo técnico, reconheceu que, se a alegada interferência se confirmasse, atingiria canais que não estão sequer outorgados a operar na pequena área de cobertura da rádio comunitária.

Diante disso, é possível reconhecer a atipicidade material da conduta ante a incidência na hipótese do princípio da insignificância. Afinal, o bem jurídico tutelado pela norma (segurança dos meios de comunicação) permaneceu incólume, sem sofrer qualquer espécie de lesão nem ameaça de lesão a merecer intervenção do Direito Penal. Nesse sentido, não foi demonstrada lesividade concreta, mas apenas potencial. Assim, a matéria deve ser resolvida na esfera administrativa (multa, apreensão dos equipamentos etc.).

Salientou, por fim, a importância das rádios comunitárias como prestadoras de serviço público e a aparente boa-fé do paciente.

STF. 2ª Turma. HC 138134/BA, Rel. Min. Ricardo Lewandowski, julgado em 7/2/2017 (Info 853).

Resumindo:

É possível aplicar o princípio da insignificância para a conduta de manter rádio comunitária clandestina?

STJ: NÃO. Nesse sentido: STJ. 6ª Turma. AgRg no AREsp 740.434/BA, Rel. Min. Antonio Saldanha Palheiro, julgado em 14/02/2017.

STF: SIM, é possível, em situações excepcionais, o reconhecimento do princípio da insignificância desde que a rádio clandestina opere em baixa frequência, em localidades afastadas dos grandes centros e em situações nas quais ficou demonstrada a inexistência de lesividade.

STF. 2ª Turma. HC 138134/BA, Rel. Min. Ricardo Lewandowski, julgado em 7/2/2017 (Info 853).

5) Crime previsto no art. 34 da Lei 9.605/98

Imagine a seguinte situação adaptada:

João foi encontrado pescando camarões pelo método de arrasto motorizado no período de defeso. Esse método não é permitido no período de defeso.

Em seu barco foram localizados 7kg de camarão-rosa.

Diante desse fato, João foi denunciado pela suposta prática do delito previsto no art. 34, caput e parágrafo único, II, da Lei nº 9.605/98 (Lei de Crimes Ambientais):

§ Art. 34. Pescar em período no qual a pesca seja proibida ou em lugares interditados por órgão competente:

Pena – detenção de um ano a três anos ou multa, ou ambas as penas cumulativamente.

Parágrafo único. Incorre nas mesmas penas quem:

II – pesca quantidades superiores às permitidas, ou mediante a utilização de aparelhos, petrechos, técnicas e métodos não permitidos;

A defesa invocou a aplicação do princípio da insignificância e o caso chegou até o STF. Indaga-se: o Supremo admitiu a incidência da insignificância neste caso concreto?

NÃO. O STF decidiu que:

> **O princípio da bagatela não se aplica ao crime previsto no art. 34, caput c/c parágrafo único, II, da Lei 9.605/98.**
>
> STF. 1ª Turma. HC 122560/SC, Rel. Min. Marco Aurélio, julgado em 8/5/2018 (Info 901).

A jurisprudência aplica o princípio da insignificância para o crime de pesca ilegal?

Essa resposta envolve três afirmações:

1) A jurisprudência entende que, em tese, é possível aplicar o princípio da insignificância para crimes ambientais.

2) Na prática, a esmagadora maioria dos julgados do STF e STJ nega a incidência do princípio da insignificância para o delito do art. 34 da Lei nº 9.605/98:

(...) Esta Corte entende ser possível a aplicação do princípio da insignificância aos delitos ambientais, quando demonstrada a ínfima ofensividade ao bem ambiental tutelado (AgRg no REsp 1558312/ES, Rel. Ministro FELIX FISCHER, Quinta Turma, julgado em 02/02/2016).

Na espécie, contudo, é significativo o desvalor da conduta, a impossibilitar o reconhecimento da atipicidade material da ação ou a sua irrelevância penal, ante o fato de o recorrente ter sido surpreendido com considerável quantidade de pescado em período no qual, sabidamente, é proibida a pesca, demonstrando a relevância do dano causado e o risco criado à estabilidade do meio ambiente pela prática notadamente ilícita. (...)

STJ. 5ª Turma. RHC 59.507/RS, Rel. Min. Reynaldo Soares da Fonseca, julgado em 04/05/2017.

(...) Não é insignificante a conduta de pescar em época proibida, e com petrechos proibidos para pesca (tarrafa, além de varas de pescar), ainda que pequena a quantidade de peixes apreendidos. (...)

STJ. 6ª Turma. REsp 1685927/RJ, Rel. Min. Nefi Cordeiro, julgado em 12/09/2017.

Caso concreto: não aplicado à atividade de pesca em período de defeso, em que apreendidos 5 varas com molinete, 1 tarrafa e 250g de peixe robalo.

3) Apesar de não ser comum, a jurisprudência já reconheceu a aplicação do princípio da insignificância para o delito do art. 34. Veja:

> Não se configura o crime previsto no art. 34 da Lei nº 9.605/98 na hipótese em há a devolução do único peixe – ainda vivo – ao rio em que foi pescado.
>
> STJ. 6ª Turma. REsp 1.409.051-SC, Rel. Min. Nefi Cordeiro, julgado em 20/4/2017 (Info 602).

Se a pessoa é flagrada sem nenhum peixe, mas portando consigo equipamentos de pesca, em um local onde esta atividade é proibida, ela poderá ser absolvida do delito do art. 34 da Lei de Crimes com base no princípio da insignificância?

A 2ª Turma do STF possui decisões conflitantes sobre o tema:

- SIM. Inq 3788/DF, Rel. Min. Cármen Lúcia, julgado em 1º/3/2016 (Info 816).
- NÃO. RHC 125566/PR e HC 127926/SC, Rel. Min. Dias Toffoli, julgados em 26/10/2016 (Info 845).

2. TEMAS DA PARTE GERAL

2.1. CONTINUIDADE DELITIVA

CONCEITO DE CRIME CONTINUADO

Ocorre crime continuado quando o agente:

- por meio de duas ou mais condutas
- pratica dois ou mais crimes da mesma espécie
- e, analisando as condições de tempo, local, modo de execução e outras,
- pode-se constatar que os demais crimes devem ser entendidos como mera continuação do primeiro.

O crime continuado é uma ficção jurídica, inspirada em motivos de política criminal, idealizada com o objetivo de ajudar o réu. Ao invés de ele ser condenado pelos vários crimes, receberá a pena de somente um deles, com a incidência de um aumento previsto na lei.

EXEMPLO

Carlos era caixa de uma lanchonete e estava devendo R$ 500,00 a um agiota. Ele decide, então, tirar o dinheiro do caixa para pagar sua dívida. Ocorre que, se ele retirasse toda a quantia de uma só vez, o seu chefe iria perceber. Carlos resolve, portanto, subtrair R$ 50,00 por dia. Assim, após dez dias ele consegue retirar os R$ 500,00.

Desse modo, Carlos, por meio de dez condutas, praticou dez furtos. Analisando as condições de tempo, local, modo de execução, pode-se constatar que os outros nove furtos devem ser entendidos como mera continuação do primeiro, considerando que sua intenção era furtar o valor total de R$ 500,00.

Ao invés de Carlos ser condenado por dez furtos, receberá somente a pena de um furto, com a incidência de um aumento de 1/6 a 2/3.

PREVISÃO LEGAL

§ Art. 71. Quando o agente, mediante mais de uma ação ou omissão, pratica dois ou mais crimes da mesma espécie e, pelas condições de tempo, lugar, maneira de execução e outras semelhantes, devem os subsequentes ser havidos como continuação do primeiro, aplica-se-lhe a pena de um só dos crimes, se idênticas, ou a mais grave, se diversas, aumentada, em qualquer caso, de um sexto a dois terços.

NATUREZA JURÍDICA

Existem três teorias que foram desenvolvidas para tentar explicar a natureza jurídica da continuidade delitiva.

Teoria da unidade real: afirma que todas as condutas praticadas que, por si sós, já se constituiriam em infrações penais, são um único crime. Segundo essa teoria, para todos os efeitos, Carlos praticou apenas um único furto.

Teoria da ficção jurídica: sustenta que cada uma das condutas praticadas constitui-se em uma infração penal diferente. No entanto, por ficção jurídica, esses diversos crimes são considerados, pela lei, como crime único. Segundo essa teoria, Carlos praticou dez furtos, entretanto, considera-se, ficticiamente, para fins de pena, que ele cometeu apenas um.

Teoria mista: defende que, se houver crime continuado, surge um terceiro crime, resultado do próprio concurso. Segundo essa teoria, Carlos praticou uma nova categoria de crime, chamada de furto por continuidade delitiva.

O Brasil adotou a teoria da ficção jurídica.

REQUISITOS

Para o reconhecimento do crime continuado, são necessários quatro requisitos:

- pluralidade de condutas (prática de duas ou mais condutas subsequentes e autônomas);
- pluralidade de crimes da mesma espécie (prática de dois ou mais crimes iguais);
- condições semelhantes de tempo, lugar, maneira de execução, entre outras;
- unidade de desígnio.

1) Pluralidade de condutas

O agente deve praticar duas ou mais condutas, ou seja, mais de uma ação ou omissão.

2) Pluralidade de crimes da mesma espécie

O agente deve praticar dois ou mais crimes da mesma espécie.

Segundo o STJ e o STF, quando o CP fala em crimes da mesma espécie, ele exige que sejam crimes previstos no mesmo tipo penal, protegendo igual bem jurídico.

Desse modo, para que seja reconhecida a continuidade delitiva, é necessário que o agente pratique dois ou mais crimes idênticos (ex.: quatro furtos simples consumados e um tentado).

Se a pessoa comete um furto e depois um roubo, não há continuidade delitiva.

Se a pessoa pratica um roubo simples e, em seguida, um latrocínio, igualmente, não haverá crime continuado.

Para que haja continuidade, repita-se, é indispensável que os crimes sejam previstos no mesmo dispositivo legal e protejam o mesmo bem jurídico.

Nesse sentido:

Não há continuidade delitiva entre os crimes de roubo e extorsão, ainda que praticados em conjunto. Isso porque, os referidos crimes, apesar de serem da mesma natureza, são de espécies diversas.

STJ. 5ª Turma. HC 435.792/SP, Rel. Min. Ribeiro Dantas, julgado em 24/05/2018.

STF. 1ª Turma. HC 114667/SP, rel. org. Min. Marco Aurélio, red. p/ o ac. Min. Roberto Barroso, julgado em 24/4/2018 (Info 899).

Importante. Também não se reconhece continuidade delitiva entre roubo e latrocínio:

Não há como reconhecer a continuidade delitiva entre os crimes de roubo e o de latrocínio porquanto são delitos de espécies diversas, já que tutelam bens jurídicos diferentes.

STJ. 5ª Turma. AgInt no AREsp 908.786/PB, Rel. Min. Felix Fischer, julgado em 06/12/2016.

3) Condições semelhantes de tempo, lugar, maneira de execução, entre outras

A doutrina afirma que deve haver uma conexão de tempo, de lugar e de execução entre os crimes para que se caracterize o crime continuado.

3.1) Conexão de tempo (conexão temporal):

Significa dizer que, para que haja continuidade delitiva, não pode ter se passado um longo período de tempo entre um crime e outro.

Para os crimes patrimoniais, a jurisprudência afirma que entre o primeiro e o último delito não pode ter se passado mais que 30 dias. Se houve período superior a 30 dias, não se aplica mais o crime continuado, havendo, neste caso, concurso material.

Vale ressaltar que, em alguns outros delitos, como nos crimes contra a ordem tributária, a jurisprudência admite que esse prazo seja maior.

3.2) Conexão de lugar (conexão espacial):

Para que haja continuidade delitiva, os crimes devem ter sido praticados em semelhantes condições de lugar.

Segundo a jurisprudência, semelhantes condições de lugar significa que os delitos devem ser praticados dentro da mesma cidade, ou, no máximo, em cidades contíguas.

3.3. Conexão quanto à maneira de execução (conexão modal):

Para que haja continuidade delitiva, os crimes devem ter sido praticados com o mesmo *modus operandi*, ou seja, com a mesma maneira de execução (mesmos comparsas, mesmos instrumentos etc.).

4) Unidade de desígnio

Esse quarto requisito não está previsto expressamente no art. 71 do CP. Por isso, alguns doutrinadores afirmam que ele não é necessário. Sobre o tema, surgiram duas teorias:

4.1) Teoria objetiva pura (puramente objetiva)

Segundo esta teoria, os requisitos para a continuidade delitiva são apenas objetivos e estão expressamente elencados no art. 71 do CP. Daí o nome: puramente objetiva.

Não é necessário que se discuta se a intenção do agente era ou não praticar todos os crimes em continuidade delitiva.

No exemplo que demos acima, não interessa discutir se o objetivo de Carlos era praticar um único furto de R$ 500,00 dividido em várias vezes ou se sua intenção era ficar subtraindo o dinheiro da padaria por tempo indeterminado.

Essa teoria é minoritária e ultrapassada.

4.2) Teoria objetivo-subjetiva (também chamada de teoria mista)

De acordo com esta teoria, os requisitos para a continuidade delitiva são de natureza tanto *objetiva* como *subjetiva*. Daí o nome da teoria: objetivo-subjetiva.

Os requisitos objetivos estão previstos no art. 71 (mesmas condições de tempo, lugar e forma de execução).

O requisito subjetivo, por sua vez, é a unidade de desígnio, ou seja, o liame volitivo entre os delitos, a demonstrar que os atos criminosos se apresentam entrelaçados (a conduta posterior deve constituir um desdobramento da anterior).

Conforme explica Nucci:

> "Somente deveria ter direito ao reconhecimento desse benefício legal o agente criminoso que demonstrasse ao juiz o seu intuito único, o seu propósito global, vale dizer, evidenciasse que, desde o princípio, ou pelo menos durante o *iter criminis*, tinha o propósito de cometer um crime único, embora por partes. Assim, o balconista de uma loja que, pretendendo subtrair R$ 1.000,00 do seu patrão, comete vários e contínuos pequenos furtos até atingir a almejada quantia. Completamente diferente seria a situação daquele ladrão que comete furtos variados, sem qualquer rumo ou planejamento, nem tampouco objetivo único." (NUCCI, Guilherme de Souza. *Código Penal Comentado*. 6ª ed., São Paulo: RT, 2006, p. 405).

Essa é a teoria adotada pelo STJ e STF:

> (...) O Superior Tribunal de Justiça firmou compreensão no sentido de que para caracterizar a continuidade delitiva é necessária a demonstração da unidade de desígnios, ou seja, o liame volitivo que liga uma conduta a outra, não bastando, portanto, o preenchimento dos requisitos objetivos (mesmas condições de tempo, espaço e modus operandi).
>
> 2. No caso, observa-se que o Tribunal *a quo*, ao aplicar a regra do art. 71 do Código Penal, adotou a teoria puramente objetiva, deixando de valorar os aspectos subjetivos. (...)
>
> (REsp 421.246/SP, Rel. Min. Og Fernandes, Sexta Turma, julgado em 15/12/2009)

2.2. PRESCRIÇÃO

INTERPRETAÇÃO DO ART. 112 DO CP

Conceito de prescrição

Prescrição é a perda do direito do Estado de punir (pretensão punitiva) ou de executar uma punição já imposta (pretensão executória) em razão de não ter agido (inércia) nos prazos previstos em lei.

Espécies

Existem duas espécies de prescrição:

I – Prescrição da pretensão punitiva, que pode ser:

I.a) prescrição da pretensão punitiva propriamente dita;

I.b) prescrição superveniente ou intercorrente;

I.c) prescrição retroativa;

II – Prescrição da pretensão executória.

Prescrição da pretensão executória (prescrição da condenação)

Ocorre quando o Estado perde o seu poder-dever de executar uma sanção penal já definitivamente imposta pelo Poder Judiciário em razão de não ter agido nos prazos previstos em lei.

Cálculo da prescrição executória no caso de pena privativa de liberdade

A prescrição da pretensão executória da pena privativa de liberdade é calculada com base na pena concreta, fixada na sentença ou no acórdão que já transitou em julgado e, portanto, não pode mais ser alterada.

Termo inicial

Como vimos, o Estado tem um prazo máximo para fazer com que o réu condenado inicie o cumprimento da pena. Caso não o faça, ocorre a prescrição executória.

A pergunta é: a partir de que dia começa a correr esse prazo que o Estado tem para fazer com que o condenado inicie o cumprimento da pena? Dito de outra forma: qual é o termo inicial do prazo da prescrição da pretensão executória?

A resposta encontra-se no art. 112, I do CP:

§ Termo inicial da prescrição após a sentença condenatória irrecorrível

§ Art. 112. No caso do art. 110 deste Código *[que trata da prescrição executória]*, a prescrição começa a correr:

I – do dia em que transita em julgado a sentença condenatória, para a acusação, ou a que revoga a suspensão condicional da pena ou o livramento condicional;

Desse modo, segundo o art. 112, I do CP, o termo inicial da prescrição executória é a data do trânsito em julgado da sentença condenatória para a acusação.

E se o MP não recorre, mas a defesa apresenta recurso?

Nesse caso, a sentença condenatória transitou em julgado para a acusação. Logo, segundo a redação do art. 112, I do CP, inicia-se a contagem do prazo de prescrição executória mesmo ainda estando pendente a apreciação do recurso interposto pela defesa.

Veja o seguinte exemplo hipotético

João foi condenado a 4 anos de reclusão pelo Tribunal de Justiça.

O Ministério Público concorda com o acórdão e não recorre, razão pela qual ocorre trânsito em julgado para a acusação no dia 18/02/2010.

O advogado do réu apresenta recurso extraordinário, de forma que, para a defesa, não houve trânsito em julgado.

Qual é o prazo de prescrição executória quando o réu é condenado a 4 anos?

A prescrição ocorre em 8 anos (art. 109, IV, do CP). Em outras palavras, se o réu for condenado a 4 anos, o Estado tem o poder-dever de fazer com que esse condenado inicie o cumprimento da pena em até 8 anos. Se passar desse prazo, o Estado perde o poder de executar a sanção e o condenado não mais terá que cumprir a pena imposta.

Em nosso exemplo, quando se iniciou a contagem do prazo de prescrição executória (levando-se em consideração a regra do art. 112, I do CP)?

No dia 18/02/2010, data em que a sentença transitou em julgado para a acusação. Isso significa que o Estado tinha um prazo de 8 anos para fazer com que o réu iniciasse o cumprimento da pena.

Se o réu não começou a cumprir a pena até 18/02/2018, aconteceu a prescrição.

Essa é a regra que está presente no art. 112, I do CP.

Crítica à regra do art. 112, I do CP

A CF/88 prevê que ninguém poderá ser considerado culpado até que haja o trânsito em jugado da sentença penal condenatória (art. 5º, LVII). Por força desse princípio, durante os anos de 2009 até 2016 prevaleceu no STF o entendimento de que não existia no Brasil a execução provisória (antecipada) da pena.

Assim, de 2009 até 2016 o STF entendia que, enquanto não tivesse havido trânsito em julgado para a acusação e para a defesa, o réu não poderia ser obrigado a iniciar o cumprimento da pena.

Se ainda estava pendente de julgamento qualquer recurso da defesa, o condenado não podia iniciar o cumprimento da pena porque ainda era presumivelmente inocente.

Isso perdurou, como já dito, de 2009 (STF. Plenário. HC 84078, julgado em 05/02/2009) até 2016, quando o STF mudou sua jurisprudência no HC 126292/SP, Rel. Min. Teori Zavascki, julgado em 17/2/2016.

Desse modo, perceba a seguinte situação estranha que o art. 112, I, ocasionava (entre 2009 a 2016):

- se o réu fosse condenado, a defesa recorresse e o MP não, esse condenado não podia iniciar o cumprimento da pena enquanto estivesse pendente o recurso;
- apesar disso, pela redação literal do art. 112, I, do CP, já começava a correr o prazo da prescrição executória.

Diante desse paradoxo que podia ser ocasionado pela regra do art. 112, I, do CP, alguns doutrinadores e membros do Ministério Público idealizaram a seguinte tese:

O início do prazo da prescrição executória devia ser o momento em que ocorre o trânsito em julgado para ambas as partes, ou seja, tanto para a acusação como para a defesa.

Não se pode dizer que o prazo prescricional começa com o trânsito em julgado apenas para a acusação, uma vez que, se a defesa recorreu, o Estado não pode dar início à execução da pena, já que ainda não haveria uma condenação definitiva.

Se há recurso da defesa, o Estado não inicia o cumprimento da pena não por desinteresse dele, mas sim porque há uma vedação de ordem constitucional decorrente do princípio da presunção de inocência. Ora, se não há desídia do Estado, não se pode falar em prescrição.

Desse modo, foi uma tese que surgiu para desconsiderar a interpretação literal do art. 112, I, do CP.

Essa tese que desconsidera a regra do art. 112, I, do CP foi aceita pela jurisprudência?

- STJ: NÃO. Para o STJ, conforme determina o art. 112, I do CP, o termo inicial da prescrição da pretensão executória é a data do trânsito em julgado da sentença condenatória para a acusação, ainda que a defesa tenha recorrido e que se esteja aguardando o julgamento desse recurso. Nesse sentido: STJ. 6ª Turma. AgRg no RHC 74.996/PB, Rel. Min. Nefi Cordeiro, julgado em 12/09/2017.

O argumento de que se deveria aguardar o trânsito em julgado para ambas as partes não tem previsão legal e contraria o texto do Código Penal.

Além disso, não se pode querer "corrigir" a redação do art. 112, I, do CP invocando-se o art. 5º, LVII da CF/88, porque, nesse caso, se estaria utilizando um dispositivo da Constituição Federal para respaldar uma "interpretação" totalmente desfavorável ao réu e contra expressa disposição legal.

Exigir o trânsito em julgado para ambas as partes como termo inicial da contagem do lapso da prescrição da pretensão executória, ao contrário do texto expresso da lei, seria inaugurar novo marco interruptivo da prescrição não previsto no rol taxativo do art. 117 do CP, situação que também afrontaria o princípio da reserva legal.

Assim, somente com a devida alteração legislativa é que seria possível modificar o termo inicial da prescrição da pretensão executória, e não por meio de "adequação hermenêutica".

- Precedente da 1ª Turma do STF: SIM.

A 1ª Turma do STF acolhe a tese acima explicada e entende que o art. 112, I, do CP deve ser interpretado sistematicamente à luz da jurisprudência que prevaleceu no STF de 2009 a 2016, segundo a qual só era possível a execução da decisão condenatória depois do trânsito em julgado.

Assim, se não era possível a execução provisória da pena, não era razoável considerar que o curso da prescrição da pretensão punitiva já começou a correr pelo simples fato de a acusação não ter recorrido. Ora, não é possível prescrever aquilo que não pode ser executado.

Veja ementa nesse sentido:

> (...) 2. A partir do julgamento pelo Plenário desta Corte do HC nº 84.078, deixou-se de se admitir a execução provisória da pena, na pendência do RE.
>
> 3. O princípio da presunção de inocência ou da não-culpabilidade, tal como interpretado pelo STF, deve repercutir no marco inicial da contagem da prescrição da pretensão executória, originariamente regulado pelo art. 112, I do Código Penal.
>
> 4. Como consequência das premissas estabelecidas, o início da contagem do prazo de prescrição somente se dá quando a pretensão executória pode ser exercida. (...)
>
> STF. 1ª Turma. HC 107710 AgR, Rel. Min. Roberto Barroso, julgado em 09/06/2015.

Em suma:

Se o Ministério Público não recorreu contra a sentença condenatória, tendo havido apenas recurso da defesa, qual deverá ser o termo inicial da prescrição da pretensão executiva? O início do prazo da prescrição executória deve ser o momento em que ocorre o trânsito em julgado para o MP? Ou o início do prazo deverá ser o instante em que se dá o trânsito em julgado para ambas as partes, ou seja, tanto para a acusação como para a defesa?

- **Posicionamento pacífico do STJ: o termo inicial da prescrição da pretensão executória é a data do trânsito em julgado da sentença condenatória para a acusação, ainda que a defesa tenha recorrido e que se esteja aguardando o julgamento desse recurso. Aplica-se a interpretação literal do art. 112, I, do CP, considerando que ela é mais benéfica ao condenado.**
- **Entendimento da 1ª Turma do STF: o início da contagem do prazo de prescrição somente se dá quando a pretensão executória pode ser exercida. Se o Estado não pode executar a pena, não se pode dizer que o prazo prescricional já está correndo. Assim, mesmo que tenha havido trânsito em julgado para a acusação, se o Estado ainda não pode executar a pena (ex: está pendente uma apelação da defesa), não teve ainda início a contagem do prazo para a prescrição executória. É preciso fazer uma interpretação sistemática do art. 112, I, do CP.**

STF. 1ª Turma. RE 696533/SC, Rel. Min. Luiz Fux, red. p/ o ac. Min. Roberto Barroso, julgado em 6/2/2018 (Info 890).

CARTÓRIO QUE NÃO CERTIFICOU O DIA DO RECEBIMENTO DA SENTENÇA

Imagine a seguinte situação hipotética:

João foi denunciado pela prática de crime, tendo a denúncia sido recebida em 28/09/2010.

Em 25/09/2014, o juiz assinou sentença condenado o réu a uma pena de 1 ano de detenção.

Em 26/09/2014, houve uma movimentação no sistema processual disponível na internet dizendo o seguinte: "Mandado Expeça-sentença".

Em 30/09/2014, o réu foi pessoalmente intimado da sentença condenatória e, neste mesmo dia, houve a sua publicação no Diário de Justiça.

Vale ressaltar que o Ministério Público também foi intimado e não interpôs qualquer recurso.

O réu peticionou, então, ao juiz pedindo que ele reconheça a existência de prescrição.

Houve prescrição neste caso?

SIM, conforme prevista no art. 110, § 1º do CP:

> § 1º A prescrição, depois da sentença condenatória com trânsito em julgado para a acusação ou depois de improvido seu recurso, regula-se pela pena aplicada, não podendo, em nenhuma hipótese, ter por termo inicial data anterior à da denúncia ou queixa.

Vamos entender com calma.

Qual é o prazo de prescrição no caso?

Como o réu foi condenado a uma pena de 1 ano e houve trânsito em julgado para a acusação, o prazo de prescrição neste caso é de 4 anos, nos termos do art. 109, V, do CP:

> Art. 109. A prescrição, antes de transitar em julgado a sentença final, salvo o disposto no § 1º do art. 110 deste Código, regula-se pelo máximo da pena privativa de liberdade cominada ao crime, verificando-se:
>
> (...)
>
> V – em quatro anos, se o máximo da pena é igual a um ano ou, sendo superior, não excede a dois;

Quais são as causas que interrompem o prazo prescricional?

O art. 117 do CP traz os momentos em que o prazo da prescrição é interrompido.

Interrupção do prazo significa que ele é zerado e recomeça a ser contado a partir daquela data.

> Art. 117. O curso da prescrição interrompe-se:
>
> I – pelo recebimento da denúncia ou da queixa;
>
> II – pela pronúncia;
>
> III – pela decisão confirmatória da pronúncia;
>
> IV – pela publicação da sentença ou acórdão condenatórios recorríveis;
>
> V – pelo início ou continuação do cumprimento da pena;
>
> VI – pela reincidência.

No presente caso, verifica-se a existência de dois marcos interruptivos da prescrição: o recebimento da denúncia e, depois, a publicação da sentença.

Desse modo, deve-se verificar se, entre o recebimento da denúncia (28/09/2010) e a publicação da sentença, passaram-se mais de 4 anos.

O que significa "publicação da sentença" para os fins do art. 117, IV, do CP? Quando a sentença é considerada publicada? No dia em que ela é divulgada na imprensa oficial?

NÃO. O Código de Processo Penal prevê quando a sentença é publicada:

> § Art. 389. A sentença será publicada em mão do escrivão, que lavrará nos autos o respectivo termo, registrando-a em livro especialmente destinado a esse fim.

"Em mão do escrivão": o que significa isso?

"Em mão do escrivão" significa quando a sentença sai do gabinete do juiz e é entregue ao escrivão ou diretor de secretaria, sendo isso consignado nos autos por termo e registrado em um livro especial. Normalmente, é o mesmo dia em que a sentença é assinada ou um dia depois no máximo a depender do volume de trabalho no cartório.

Publicação da sentença não se confunde com intimação da sentença:

- Publicação: a publicação é o ato de tornar pública a decisão, e daí em diante, imutável por seu próprio prolator. Isso ocorre quando a sentença é entregue "em mão do escrivão", ou seja, quando é assinada pelo juiz e entregue na Secretaria da Vara para os procedimentos cabíveis. Nesse momento, a sentença é pública. A publicidade da sentença se mostra como requisito indispensável à própria existência do ato. Trata-se de um autêntico ato processual.
- Intimação: a intimação é o ato de formalmente dar ciência, de maneira específica às partes acerca do julgado.

Tese da defesa

A defesa alegou que não existe, nos autos, uma informação dizendo expressamente quando ocorreu a publicação da sentença, ou seja, quando ela foi entregue "em mão do escrivão".

Logo, essa omissão do cartório em certificar o dia da entrega da sentença não pode prejudicar o réu, devendo-se considerar que a sentença foi publicada no mesmo dia da intimação.

Em outras palavras, a defesa afirmou o seguinte: eu sei que publicação é diferente de intimação. No entanto, como não há data de publicação certificada nos autos, a única solução é considerar que isso aconteceu no dia da intimação.

Assim, entre a data do recebimento da denúncia (28/09/2010) e a data da publicação da sentença (30/09/2014) passaram-se mais de 4 anos. Logo, houve prescrição.

Resposta do Ministério Público

O Ministério Público não concordou com o pedido da defesa e argumentou que o dia em que houve o lançamento de movimentação dos autos na internet pode ser considerado como data em que os autos foram entregues em mão para o escrivão.

Logo, pode-se considerar o dia 26/09/2014 como sendo a data de publicação da sentença.

Assim, entre a data do recebimento da denúncia (28/09/2010) e a data da movimentação dos autos na internet (26/09/2014) não se passaram mais de 4 anos. Logo, não houve prescrição.

A questão chegou ao STJ. Qual das duas teses foi acolhida: a da defesa ou do MP?

A tese da DEFESA.

PENAL

Havendo dúvida resultante da omissão cartorária em certificar a data de recebimento da sentença conforme o art. 389 do CPP, não se pode presumir a data de publicação com o mero lançamento de movimentação dos autos na internet, a fim de se verificar a ocorrência de prescrição da pretensão punitiva.

STJ. 6ª Turma. HC 408.736-ES, Rel. Min. Maria Thereza de Assis Moura, julgado em 06/02/2018 (Info 619).

A publicação da sentença é ato complexo que somente se aperfeiçoa com a realização de três providências cartorárias:

1. o recebimento da sentença pelo escrivão;
2. a lavratura nos autos do respectivo termo; e
3. o registro em livro especialmente destinado para esse fim.

É isso que está previsto no art. 389 do CPP. Leia novamente:

§ Art. 389. A sentença será publicada em mão do escrivão, que lavrará nos autos o respectivo termo, registrando-a em livro especialmente destinado a esse fim.

No caso concreto, as formalidades não foram adequadamente cumpridas. Isso porque não houve lavratura do termo nem registro em livro especial.

O que existe é, apenas e tão somente, o lançamento do andamento processual "Mandado Expeça-sentença", registrado junto ao sistema eletrônico de gerenciamento de processos (eJUD) do Tribunal.

Para o STJ, esse registro na internet não pode ser caracterizado como ato processual. Trata-se apenas de uma facilidade oferecida aos jurisdicionados para que possam acompanhar com maior comodidade o andamento dos feitos judiciais.

Assim, o simples registro de movimentação dos autos físicos na internet possui um cunho meramente informativo (não vinculativo) e que não gera qualquer efeito legal.

Como via de consequência, sob a ótica do direito penal, esse registro na internet não possui o condão de interromper o lapso prescricional, na forma do art. 117, IV, do CP.

Portanto, em havendo dúvida resultante da omissão do cartório em certificar a data de recebimento da sentença, deve-se considerar como data de publicação o primeiro ato que demonstrou, de maneira incontestável, a ciência da sentença pelas partes (e não a data do mero lançamento de movimentação dos autos na internet).

Assim, não tendo sido cumpridos os requisitos elencados no art. 389 do CPP, não se pode considerar que a prescrição tenha sido interrompida.

2.3. PENAS RESTRITIVAS DE DIREITO

Penas restritivas de direitos

O Código Penal prevê que, em determinadas situações, a pessoa condenada a uma pena privativa de liberdade pode ter esta reprimenda substituída por uma ou duas penas restritivas de direito.

Quais são os requisitos cumulativos para a conversão da pena privativa de liberdade em penas restritivas de direitos?

Estão previstos no art. 44 do Código Penal e podem ser assim esquematizados:

1º requisito (objetivo): Natureza do crime e quantum da pena	*2º requisito (subjetivo):* Não ser reincidente em crime doloso	*3º requisito (subjetivo):* A substituição seja indicada e suficiente
a. Crime doloso: • igual ou inferior a 4 anos; • sem violência ou grave ameaça a pessoa. **b.** Crime culposo: qualquer que seja a pena aplicada.	*Regra*: não ser reincidente em crime doloso *Exceção*: § 3º Se o condenado for reincidente, o juiz poderá aplicar a substituição, desde que, em face de condenação anterior, a medida seja socialmente recomendável e a reincidência não se tenha operado em virtude da prática do mesmo crime.	A culpabilidade, os antecedentes, a conduta social e a personalidade do condenado, bem como os motivos e as circunstâncias indicarem que essa substituição seja suficiente (Princípio da suficiência da resposta alternativa ao delito).

Se a pessoa for condenada a...	A pena privativa de liberdade aplicada poderá ser substituída por
Pena igual ou inferior a 1 ano de prisão	**a.** Multa OU **b.** 1 pena restritiva de direito
Pena superior a 1 ano (até 4 anos) de prisão	**a.** 1 pena restritiva de direito + multa OU **b.** 2 penas restritivas de direito.

Quais são as penas restritivas de direitos?

As penas restritivas de direitos são:

I – prestação pecuniária;

II – perda de bens e valores;

III – limitação de fim de semana;

IV – prestação de serviço à comunidade ou a entidades públicas;

V – interdição temporária de direitos;

VI – limitação de fim de semana.

Imagine agora a seguinte situação hipotética:

João foi condenado a pena de 3 anos de reclusão pela prática do crime de falsidade ideológica (art. 299 do CP).

Na sentença, o juiz substituiu a pena privativa de liberdade por duas restritivas de direitos:

a. prestação de serviços à comunidade;

b. prestação pecuniária no valor total de R$ 100 mil, montante a ser pago parceladamente em 36 prestações mensais.

Arresto

O Ministério Público afirmou que o prazo para cumprimento da prestação pecuniária é muito longo (36 meses) e que haveria o risco de o condenado não pagar. Diante disso, o Parquet pediu ao juiz que decretasse o arresto dos bens do sentenciado, ou seja, eles ficariam indisponíveis para venda.

O pedido do Ministério Público deverá ser deferido?

NÃO.

Descumprimento da pena restritiva de direitos gera a reconversão em privativa de liberdade

O § 4º do art. 44 do CP prevê que, se a pena restritiva de direitos for injustificadamente descumprida, o juiz deverá (re)convertê-la em pena privativa de liberdade:

> §
>
> Art. 44 (...)
>
> § 4º A pena restritiva de direitos converte-se em privativa de liberdade quando ocorrer o descumprimento injustificado da restrição imposta. No cálculo da pena privativa de liberdade a executar será deduzido o tempo cumprido da pena restritiva de direitos, respeitado o saldo mínimo de trinta dias de detenção ou reclusão.

Desse modo, a legislação previu uma consequência específica para o caso de descumprimento da pena restritiva de direitos. Isso significa que, se o réu não pagar a prestação pecuniária, a medida a ser adotada pelo juiz não é a alienação dos bens do condenado para pagamento da dívida, mas sim o "retorno" da pena privativa de liberdade.

Logo, não faz sentido decretar o arresto dos bens do condenado considerando que, mesmo que ele descumpra a prestação pecuniária (espécie de pena restritiva de direitos), não haverá uma execução (cobrança judicial) da quantia. O que terá que ser feito é a conversão dessa pena restritiva de direitos em privativa de liberdade.

Em suma:

> **Em caso de descumprimento injustificado da pena restritiva de direitos (ex: prestação pecuniária), o CP prevê, como consequência, a reconversão da pena restritiva de direitos em privativa de liberdade. Logo, o juiz não deve decretar o arresto dos bens do condenado como forma de cumprimento forçado da pena substitutiva. A possibilidade de reconversão da pena já é a medida que, por força normativa, atribui coercividade à pena restritiva de direitos.**
>
> STJ. 6ª Turma. REsp 1.699.665-PR, Rel. Min. Maria Thereza de Assis Moura, julgado em 07/08/2018 (Info 631).

2.4. EXECUÇÃO DA PENA DE MULTA

Sanção penal

Sanção penal é a resposta dada pelo Estado à pessoa que praticou uma infração penal.

Existem duas espécies de sanção penal:

1. Pena.
2. Medida de segurança.

Espécies de pena

As penas podem ser de três subespécies:

1.1. Penas privativas de liberdade;

1.2. Penas restritivas de direito;

1.3. Multa.

Espécies de medidas de segurança

As medidas de segurança, por sua vez, podem ser:

2.1. Detentiva

2.2. Restritiva

Multa

Multa é uma espécie de pena por meio da qual o condenado fica obrigado a pagar uma quantia em dinheiro que será revertida em favor do Fundo Penitenciário.

Pagamento da multa

A pena de multa é fixada na própria sentença condenatória.

Depois que a sentença transitar em julgado, o condenado terá um prazo máximo de 10 dias para pagar a multa imposta (art. 50 do CP).

O Código prevê a possibilidade de o condenado requerer o parcelamento da multa em prestações mensais, iguais e sucessivas, podendo o juiz autorizar, desde que as circunstâncias justifiquem (ex: réu muito pobre, multa elevadíssima etc.).

O parcelamento deverá ser feito antes de esgotado o prazo de 10 dias.

O Juiz, antes de decidir, poderá determinar diligências para verificar a real situação econômica do condenado e, ouvido o Ministério Público, fixará o número de prestações (art. 169, § 1º da LEP).

Se o condenado for impontual ou se melhorar de situação econômica, o Juiz, de ofício ou a requerimento do Ministério Público, poderá revogar o benefício (art. 169, § 2º da LEP).

O que acontece caso o condenado não pague nem parcele a multa no prazo de 10 dias?

- Antes da Lei nº 9.268/96: se o condenado, deliberadamente, deixasse de pagar a pena de multa, ela deveria ser convertida em pena de detenção. Em outras palavras, a multa era transformada em pena privativa de liberdade.
- Atualmente: a Lei nº 9.268/96 alterou o art. 51 do CP e previu que, se a multa não for paga, ela será considerada dívida de valor e deverá ser exigida por meio de execução (não se permite mais a conversão da pena de multa em detenção).

PENAL

Antes da Lei 9.268/96	Depois da Lei 9.268/96 (ATUALMENTE)
Art. 51. A multa converte-se em pena de detenção, quando o condenado solvente deixa de paga-lá ou frustra a sua execução.	Art. 51. Transitada em julgado a sentença condenatória, a multa será considerada dívida de valor, aplicando-se-lhes as normas da legislação relativa à dívida ativa da Fazenda Pública, inclusive no que concerne às causas interruptivas e suspensivas da prescrição.

Multa permaneceu com caráter penal

Importante esclarecer que, mesmo com essa mudança feita pela Lei nº 9.268/96, a multa continua tendo caráter de sanção criminal, ou seja, permanece sendo uma pena, por força do art. 5º, XLVI, "c", da CF/88:

§ Art. 5º (...)

XLVI – a lei regulará a individualização da pena e adotará, entre outras, as seguintes:

c) multa;

Assim, a única coisa que a Lei nº 9.268/96 fez foi mudar a forma de cobrança da multa não paga: antes, ela virava pena de detenção; agora, deve ser cobrada por meio de execução.

Quem executa a pena de multa?

STJ: Fazenda Pública	**STF:** Prioritariamente: o Ministério Público. Subsidiariamente: a Fazenda Pública
O STJ sempre sustentou que, como se trata de dívida de valor, a pena de multa deveria ser executada pela Fazenda Pública por meio de execução fiscal que tramita na vara de execuções fiscais. O rito a ser aplicado seria o da Lei nº 6.830/80. A execução da pena de multa ocorreria como se estivesse sendo cobrada uma multa tributária. Não se aplica a Lei nº 7.210/84 (LEP). Esse era o entendimento pacífico do STJ, tanto que foi editada uma súmula nesse sentido. Súmula 521-STJ: A legitimidade para a execução fiscal de multa pendente de pagamento imposta em sentença condenatória é exclusiva da Procuradoria da Fazenda Pública.	A Lei nº 9.268/96, ao considerar a multa penal como dívida de valor, não retirou dela o caráter de sanção criminal. Diante de tal constatação, não há como retirar do MP a competência para a execução da multa penal, considerado o teor do art. 129 da CF/88, segundo o qual é função institucional do MP promover privativamente a ação penal pública, na forma da lei. Promover a ação penal significa conduzi-la ao longo do processo de conhecimento e de execução, ou seja, buscar a condenação e, uma vez obtida esta, executá-la. Caso contrário, haveria uma interrupção na função do titular da ação penal. Ademais, o art. 164 da LEP é expresso ao reconhecer essa competência do MP. Esse dispositivo não foi revogado expressamente pela Lei nº 9.268/96. Vale ressaltar, entretanto, que, se o titular da ação penal, mesmo intimado, não propuser a execução da multa no prazo de 90 dias, o juiz da execução criminal deverá dar ciência do feito ao órgão competente da Fazenda Pública (federal ou estadual, conforme o caso) para a respectiva cobrança na própria vara de execução fiscal, com a observância do rito da Lei 6.830/80.
Quem executa: Fazenda Pública. Juízo: vara de execuções fiscais. Legislação: Lei nº 6.830/80.	Quem executa: • Prioritariamente: o Ministério Público, na vara de execução penal, aplicando-se a LEP. • Caso o MP se mantenha inerte por mais de 90 dias após ser devidamente intimado: a Fazenda Pública irá executar, na vara de execuções fiscais, aplicando-se a Lei nº 6.830/80.

Foi o que decidiu o STF:

O Ministério Público possui legitimidade para propor a cobrança de multa decorrente de sentença penal condenatória transitada em julgado, com a possibilidade subsidiária de cobrança pela Fazenda Pública.

STF. Plenário. ADI 3150/DF, Rel. para acórdão Min. Roberto Barroso, julgado em 12 e 13/12/2018 (Info 927).

STF. Plenário. AP 470/MG, Rel. Min. Roberto Barroso, julgado em 12 e 13/12/2018 (Info 927).

Exemplo:

João foi sentenciado por roubo e o juiz de direito (Justiça Estadual) o condenou a 4 anos de reclusão e mais 10 dias-multa no valor de meio salário mínimo cada.

Depois do trânsito em julgado, o condenado foi intimado para pagar a pena de multa no prazo de 10 dias, mas não o fez.

Diante disso, o escrivão da vara irá fazer uma certidão na qual constarão as informações sobre a condenação e o valor da multa.

- Para o STJ, o magistrado deveria remeter a certidão para a Procuradoria Geral do Estado e um dos Procuradores do Estado iria ajuizar, em nome do Estado, uma execução fiscal que tramitaria na vara de execuções fiscais (não era na vara de execuções penais).
- Agora, com a decisão do STF, o magistrado deverá intimar o Ministério Público e o Parquet irá propor a execução da multa na vara de execução penal. Caso o MP, devidamente intimado, não proponha a execução da multa no prazo de 90 dias, o juiz da execução criminal deverá dar ciência do feito ao órgão competente da Fazenda Pública (federal ou estadual, conforme o caso) para a respectiva cobrança na própria vara de execução fiscal, com a observância do rito da Lei 6.830/80.

Obs: se João tivesse sido condenado pela Justiça Federal, quem iria ingressar com a execução seria prioritariamente o MPF e, apenas subsidiariamente, a União, por intermédio da Procuradoria da Fazenda Nacional (PFN).

O que acontece com o entendimento do STJ manifestado na Súmula 521?

Fica superado e a súmula será cancelada. Isso porque a decisão do STF foi proferida em ação direta de inconstitucionalidade, possuindo, portanto, eficácia *erga omnes* e efeito vinculante (art. 102, § 2º, da CF/88).

PENAL

2.5. REGIME INICIAL

IMPOSIÇÃO DO REGIME SEMIABERTO PARA RÉU REINCIDENTE, CONDENADO A 1 ANO E 4 MESES DE RECLUSÃO PELO FURTO DE UMA GARRAFA DE LICOR

Fixação do regime inicial

O juiz, ao prolatar a sentença condenatória, deverá fixar o regime no qual o condenado iniciará o cumprimento da pena privativa de liberdade. A isso se dá o nome de fixação do regime inicial.

Os critérios para essa fixação estão previstos no art. 33 do Código Penal.

O que o juiz deve observar na fixação do regime inicial?

O juiz, quando vai fixar o regime inicial do cumprimento da pena privativa de liberdade, deve observar quatro fatores:

1. o tipo de pena aplicada: se reclusão ou detenção;
2. o quantum da pena definitiva;
3. se o condenado é reincidente ou não;
4. as circunstâncias judiciais (art. 59 do CP).

Vamos organizar a aplicação desses quatro fatores:

<table>
<tr><td rowspan="3">RECLUSÃO
O regime inicial pode ser:</td><td>FECHADO: se a pena é superior a 8 anos.</td></tr>
<tr><td>SEMIABERTO: se a pena foi maior que 4 e menor ou igual a 8 anos.
Se o condenado for reincidente, o regime inicial,
• para esse quantum de pena, é o fechado.</td></tr>
<tr><td>ABERTO: se a pena foi de até 4 anos.
Se o condenado for reincidente, o regime inicial,
• para esse quantum de pena, será o semiaberto ou o fechado.
O que irá definir isso vão ser as circunstâncias judiciais:
• se desfavoráveis, vai para o fechado;
• se favoráveis, vai para o semiaberto.
Súmula 269-STJ: É admissível a adoção do regime prisional semiaberto aos reincidentes condenados a pena igual ou inferior a quatro anos se favoráveis as circunstâncias judiciais.</td></tr>
</table>

<table>
<tr><td rowspan="3">DETENÇÃO
O regime inicial pode ser:</td><td>FECHADO: nunca</td></tr>
<tr><td>SEMIABERTO: se a pena foi maior que 4 anos.</td></tr>
<tr><td>ABERTO: se a pena foi de até 4 anos.
Se o condenado for reincidente, o regime inicial é o semiaberto.</td></tr>
</table>

Imagine agora a seguinte situação hipotética:

João, reincidente, foi condenado a uma pena de 1 ano e 4 meses de reclusão, em regime inicial fechado, pela prática do crime de furto simples (art. 155, caput, do CP).

A defesa postulou a aplicação do regime aberto com base no princípio da insignificância, considerado o objeto furtado ter sido apenas uma garrafa de licor.

O que o STF decidiu?

O STF decidiu impor o regime semiaberto.

Entendeu-se que, de um lado, o regime fechado deve ser afastado. Por outro, não se pode conferir o regime aberto para um condenado reincidente, uma vez que isso poderia se tornar um incentivo à criminalidade, ainda mais em cidades menores, onde o furto é, via de regra, perpetrado no mesmo estabelecimento.

A reincidência delitiva do paciente, que praticou o quinto furto em pequeno município, eleva a gravidade subjetiva de sua conduta.

STF. 1ª Turma. HC 136385/SC, Rel. Min. Marco Aurélio, red. p/ ac. Min. Alexandre de Moraes, julgado em 7/8/2018 (Info 910).

3. CRIMES CONTRA O PATRIMÔNIO

3.1. FURTO

SISTEMA DE VIGILÂNCIA EM ESTABELECIMENTO COMERCIAL NÃO CONSTITUI ÓBICE PARA A CONSUMAÇÃO DO FURTO

Se o agente praticou uma conduta que é descrita na lei como crime, mas o meio que ele escolheu para praticar o delito é ineficaz, ele deverá responder pelo delito? Ex.: João, pretendendo matar Pedro, pega uma arma que viu na gaveta e efetua disparos contra a vítima; o que João não sabia é que a arma tinha balas de festim, razão pela qual Pedro não morreu. O agente responderá por tentativa de homicídio?

Se o agente praticou uma conduta que é descrita na lei como crime, mas o objeto material (a pessoa ou a coisa sobre a qual recai a conduta) é inexistente, ele deverá responder pelo delito? Ex.: João pretende matar Pedro; ele avista seu inimigo deitado no sofá e, pensando que este estivesse dormindo, dispara diversos tiros nele; o que João não sabia é que Pedro havia morrido 15 minutos antes, de parada cardíaca; João atirou, portanto, em um cadáver, em um corpo sem vida. Logo, não foram os tiros que mataram Pedro. O agente responderá por tentativa de homicídio?

Para discutir as perguntas acima, os estudiosos do Direito Penal desenvolveram algumas teorias tratando sobre o "crime impossível". Vejamos:

1) TEORIA SUBJETIVA. Os que defendem a teoria subjetiva afirmam que não importa se o meio ou o objeto são absoluta ou relativamente ineficazes ou impróprios. Para que haja crime, basta que a pessoa tenha agido com vontade de praticar a infração penal. Tendo o agente agido com vontade, configura-se a tentativa de crime mesmo que o meio seja ineficaz ou o objeto seja impróprio. É chamada de subjetiva porque, para essa teoria, o que importa é o elemento subjetivo. Assim, o agente é punido pela sua intenção delituosa, mesmo que, no caso concreto, não tenha colocado nenhum bem em situação de perigo.

2) TEORIAS OBJETIVAS. Os que defendem essa teoria afirmam que não se pode analisar apenas o elemento subjetivo para saber se houve crime. É indispensável examinar se está presente o elemento objetivo. Diz-se que há elemento objetivo quando a tentativa tinha possibilidade de gerar perigo de lesão para o bem jurídico. Se a tentativa não gera perigo de lesão, ela é inidônea. A inidoneidade pode ser:

a. absoluta (aquela conduta jamais conseguiria fazer com que o crime se consumasse); ou

b. relativa (a conduta poderia ter consumado o delito, o que somente não ocorreu em razão de circunstâncias estranhas à vontade do agente).

A teoria objetiva se subdivide em:

2.1) OBJETIVA PURA: para esta corrente, não haverá crime se a tentativa for inidônea (não importa se inidoneidade absoluta ou relativa). Enfim, em caso de inidoneidade, não interessa saber se ela é absoluta ou relativa, não haverá crime.

2.2) OBJETIVA TEMPERADA: esta segunda corrente faz a seguinte distinção:

Se os meios ou objetos forem relativamente inidôneos, haverá crime tentado.

Se os meios ou objetos forem absolutamente inidôneos, haverá crime impossível.

Qual foi a teoria adotada pelo Brasil?

A teoria OBJETIVA TEMPERADA. Veja o que diz o art. 17 do CP:

PENAL

§ Art. 17. Não se pune a tentativa quando, por ineficácia absoluta do meio ou por absoluta impropriedade do objeto, é impossível consumar-se o crime.

Ineficácia absoluta do meio

Ocorre quando o meio empregado jamais poderia levar à consumação do crime. Trata-se de um meio absolutamente ineficaz para aquele crime. Ex1: uma pessoa diz que vai fazer uma feitiçaria para que a outra morra. Não há crime de ameaça por absoluta ineficácia do meio. É crime impossível. Ex.2: tentar fazer uso de documento falso com uma falsificação muito grosseira.

Impropriedade absoluta do objeto

A palavra objeto, aqui, significa a pessoa ou coisa sobre a qual recai a conduta criminosa. Diz-se que há impropriedade absoluta do objeto quando ele não existe antes do início da execução ou lhe falta alguma qualidade imprescindível para configurar-se a infração. Ex.1: João quer matar Pedro, razão pela qual invade seu quarto e, pensando que a vítima está dormindo, nela desfere três tiros. Ocorre que Pedro não estava dormindo, mas sim morto, vítima de um ataque cardíaco. Dessa forma, João atirou em um morto. Logo, trata-se de crime impossível, porque o objeto era absolutamente inidôneo. Ex.2: a mulher, acreditando equivocadamente que está grávida, toma medicamento abortivo.

Ineficácia ou impropriedade relativas = crime tentado

Como no Brasil adotamos a teoria objetiva temperada, se a ineficácia do meio ou a impropriedade do objeto forem relativas, haverá crime tentado.

Qual é a natureza jurídica do crime impossível?

Trata-se de excludente de tipicidade. Nesse sentido: (Juiz Federal TRF1 2013 CESPE) O crime impossível constitui causa de exclusão da tipicidade (CERTO).

Imagine agora a seguinte situação hipotética:

João ingressa em um supermercado e, na seção de eletrônicos, subtrai para si um celular que estava na prateleira. Ele não percebeu, contudo, que acima deste setor havia uma câmera por meio da qual o segurança do estabelecimento monitorava os consumidores, tendo este percebido a conduta de João.

Quando estava na saída do supermercado com o celular no bolso, João foi parado pelo segurança do estabelecimento, que lhe deu voz de prisão e chamou a PM, que o levou até a Delegacia de Polícia. João foi denunciado pela prática de tentativa de furto. A defesa alegou a tese do crime impossível por ineficácia absoluta do meio: como existia uma câmera acima da prateleira, não haveria nenhuma chance de o réu conseguir furtar o objeto sem ser visto. O cometimento do crime seria impossível porque o meio por ele escolhido (furtar um celular que era vigiado por uma câmera) foi absolutamente ineficaz.

A tese da defesa é aceita pela jurisprudência? O simples fato de o estabelecimento contar com sistema de segurança ou vigilância eletrônica (câmera) já é suficiente para caracterizar o crime impossível?

NÃO. A existência de sistema de segurança ou de vigilância eletrônica não torna impossível, por si só, o crime de furto cometido no interior de estabelecimento comercial.

No caso de furto praticado no interior de estabelecimento comercial (supermercado, p. ex.) equipado com câmeras e segurança, a jurisprudência entende que, embora esses mecanismos de vigilância tenham por objetivo evitar a ocorrência de furtos, sua eficiência apenas MINIMIZA as perdas dos comerciantes, visto que não impedem, de modo absoluto (por completo), a ocorrência de furtos nestes locais.

Existem muitas variáveis que podem fazer com que, mesmo havendo o equipamento, ainda assim o agente tenha êxito na conduta. Exs.: o equipamento pode falhar, o vigilante pode estar desatento e não ter visto a câmera no momento da subtração, o agente pode sair rapidamente da loja sem que haja tempo de ser parado etc.

É certo que, na maioria dos casos, o agente não conseguirá consumar a subtração do produto por causa das câmeras; no entanto, sempre haverá o risco de que, mesmo com todos esses cuidados, o crime aconteça.

Desse modo, concluindo: na hipótese aqui analisada, não podemos falar em ABSOLUTA ineficácia do meio. O que se tem, no caso, é a inidoneidade RELATIVA do meio. Em outras palavras, o meio escolhido pelo agente é relativamente ineficaz, visto que existe sim uma possibilidade (ainda que pequena) de o delito se consumar.

Sendo assim, se a ineficácia do meio deu-se apenas de forma relativa, não é possível o reconhecimento do instituto do crime impossível, previsto no art. 17 do CP.

Resumindo:

> **A existência de sistema de vigilância em estabelecimento comercial não constitui óbice para a tipificação do crime de furto.**
>
> STF. 1ª Turma. HC 111278/MG, rel. orig. Min. Marco Aurélio, red. p/ o ac. Min. Luiz Roberto Barroso, julgado em 10/4/2018 (Info 897).

Essa é a posição sumulada do STJ:

> **Súmula 567-STJ: Sistema de vigilância realizado por monitoramento eletrônico ou por existência de segurança no interior de estabelecimento comercial, por si só, não torna impossível a configuração do crime de furto.**

PENAL

FURTO DE "COFRINHO" CONTENDO R$ 4,80 DE UMA INSTITUIÇÃO DE COMBATE AO CÂNCER, MEDIANTE INDUZIMENTO DE FILHO DE 9 ANOS

Imagine a seguinte situação baseada no caso concreto, mas com adaptações:

Vânia estava com seu filho de 9 anos na Associação dos Voluntários de Combate ao Câncer, uma associação civil sem fins lucrativos.

Vânia viu um "cofrinho" de moedas em cima da mesa.

Ela, então, falou para o seu filho pegar o "cofrinho" sem que ninguém visse e o colocasse na sua bolsa.

O filho fez isso.

O fato, contudo, foi presenciado pela voluntária que trabalha na associação.

Assim, quando Vânia e o filho estavam saindo foram abordadas pela diretora da associação.

O caso foi levado à autoridade policial e Vânia denunciada por furto.

Em sua defesa ela invocou o princípio da insignificância considerando que dentro do "cofrinho" havia apenas R$ 4,80 (quatro reais e oitenta centavos).

O STJ acolheu a tese da defesa?

NÃO.

Não se aplica o princípio da insignificância ao furto de bem de inexpressivo valor pecuniário de associação sem fins lucrativos com o induzimento de filho menor a participar do ato.

STJ. 6ª Turma. RHC 93.472-MS, Rel. Min. Maria Thereza de Assis Moura, julgado em 15/03/2018 (Info 622).

Requisitos objetivos para aplicação do princípio

O Min. Celso de Mello (HC 84.412-0/SP) idealizou quatro requisitos objetivos para a aplicação do princípio da insignificância, sendo eles adotados pela jurisprudência do STF e do STJ.

Segundo a jurisprudência, somente se aplica o princípio da insignificância se estiverem presentes os seguintes requisitos cumulativos:

a. mínima ofensividade da conduta;

b. nenhuma periculosidade social da ação;

c. reduzido grau de reprovabilidade do comportamento; e

d. inexpressividade da lesão jurídica provocada.

O STJ entendeu que, no caso concreto, não se podia falar em mínima ofensividade nem havia reduzido grau de reprovabilidade do comportamento. Isso porque para conseguir a subtração do bem, a ré induziu que seu próprio filho fosse pegar o objeto. Além disso, o crime foi praticado contra uma instituição sem fins lucrativos que dá amparo a crianças com câncer. Ainda que irrelevante a lesão pecuniária provocada, porque inexpressivo o valor do bem, a repulsa social do comportamento é evidente.

Deve-se reconhecer, portanto, presente tipicidade conglobante do comportamento em tela.

O PAGAMENTO DO DÉBITO ORIUNDO DE FURTO DE ENERGIA ELÉTRICA ANTES DO OFERECIMENTO DA DENÚNCIA É CAUSA DE EXTINÇÃO DA PUNIBILIDADE?

Imagine a seguinte situação hipotética:

João foi preso em flagrante e denunciado em razão da prática do crime de furto de energia elétrica (art. 155, § 3º do Código Penal):

> § Art. 155 (...)
>
> § 3º – Equipara-se à coisa móvel a energia elétrica ou qualquer outra que tenha valor econômico.

Antes do recebimento da denúncia, João pagou toda a dívida cobrada pela concessionária de energia elétrica referente aos meses em que houve "gato". Em razão disso, a defesa pediu a extinção da punibilidade, com base no art. 9º da Lei nº 10.684/2003. Será que esse pedido de João será acolhido? Vamos entender com calma.

Pagamento integral do débito e extinção da punibilidade

O pagamento integral do débito fiscal realizado pelo réu é causa de extinção de sua punibilidade, conforme previu a Lei nº 10.684/2003:

> § Art. 9º É suspensa a pretensão punitiva do Estado, referente aos crimes previstos nos arts. 1º e 2º da Lei nº 8.137, de 27 de dezembro de 1990, e nos arts. 168-A e 337-A do Decreto-Lei nº 2.848, de 7 de dezembro de 1940 – Código Penal, durante o período em que a pessoa jurídica relacionada com o agente dos aludidos crimes estiver incluída no regime de parcelamento.

(...)

§ 2º Extingue-se a punibilidade dos crimes referidos neste artigo quando a pessoa jurídica relacionada com o agente efetuar o pagamento integral dos débitos oriundos de tributos e contribuições sociais, inclusive acessórios.

Lei nº 12.382/2011

Em 2011, foi editada a Lei nº 12.382, que alterou o art. 83 da Lei nº 9.430/96 e passou a dispor sobre os efeitos do parcelamento e do pagamento dos créditos tributários no processo penal. Veja o que diz a Lei:

§ Art. 83. A representação fiscal para fins penais relativa aos crimes contra a ordem tributária previstos nos arts. 1º e 2º da Lei nº 8.137, de 27 de dezembro de 1990, e aos crimes contra a Previdência Social, previstos nos arts. 168-A e 337-A do Decreto-Lei nº 2.848, de 7 de dezembro de 1940 (Código Penal), será encaminhada ao Ministério Público depois de proferida a decisão final, na esfera administrativa, sobre a exigência fiscal do crédito tributário correspondente. *(Redação dada pela Lei nº 12.350/2010)*

(...)

§ 2º É suspensa a pretensão punitiva do Estado referente aos crimes previstos no caput, durante o período em que a pessoa física ou a pessoa jurídica relacionada com o agente dos aludidos crimes estiver incluída no parcelamento, desde que o pedido de parcelamento tenha sido formalizado antes do recebimento da denúncia criminal. *(Incluído pela Lei 12.382/2011)*

§ 3º A prescrição criminal não corre durante o período de suspensão da pretensão punitiva. *(Incluído pela Lei 12.382/2011)*

§ 4º Extingue-se a punibilidade dos crimes referidos no caput quando a pessoa física ou a pessoa jurídica relacionada com o agente efetuar o pagamento integral dos débitos oriundos de tributos, inclusive acessórios, que tiverem sido objeto de concessão de parcelamento. *(Incluído pela Lei 12.382/2011)*

Estelionato previdenciário não está previsto nas Leis nº 9.430/96 e 10.684/2003:

O art. 9º da Lei nº 10.684/2003 e o art. 83 da Lei nº 9.430/96 mencionam os crimes aos quais são aplicadas suas regras:

- arts. 1º e 2º da Lei nº 8.137/90;
- art. 168-A do CP (apropriação indébita previdenciária);
- Art. 337-A do CP (sonegação de contribuição previdenciária).

Repare, portanto, que o furto de energia elétrica (art. 155, § 3º do CP) não está listado nessas duas leis.

Mesmo sem o furto de energia elétrica estar previsto, é possível aplicar essas regras por analogia em favor do réu? O pagamento do débito oriundo de furto de energia elétrica (art. 155, § 3º do CP) antes do oferecimento da denúncia é causa de extinção da punibilidade, nos termos do art. 9º da Lei nº 10.684/2003?

6ª Turma do STJ: SIM

O valor fixado como contraprestação de serviços públicos essenciais como a energia elétrica e a água, conquanto não seja tributo, possui natureza jurídica de preço público, aplicando-se, por analogia, as causas extintivas da punibilidade previstas para os crimes tributários.

STJ. 6ª Turma. AgRg no AREsp 796.250/RJ, Rel. Min. Nefi Cordeiro, julgado em 26/09/2017.

5ª Turma do STJ: NÃO

O furto de energia elétrica não pode receber o mesmo tratamento dado ao inadimplemento tributário, de modo que o pagamento do débito antes do recebimento da denúncia não configura causa extintiva de punibilidade, mas causa de redução de pena relativa ao arrependimento posterior (art. 16 do CP). Isso porque nos crimes contra a ordem tributária, o legislador (Leis nº 9.249/1995 e nº 10.684/2003), ao consagrar a possibilidade da extinção da punibilidade pelo pagamento do débito, adota política que visa a garantir a higidez do patrimônio público, somente. A sanção penal é invocada pela norma tributária como forma de fortalecer a ideia de cumprimento da obrigação fiscal.

Já nos crimes patrimoniais, como o furto de energia elétrica, existe previsão legal específica de causa de diminuição da pena para os casos de pagamento da "dívida" antes do recebimento da denúncia. Em tais hipóteses, o Código Penal, em seu art. 16, prevê o instituto do arrependimento posterior, que em nada afeta a pretensão punitiva, apenas constitui causa de diminuição da pena.

Outrossim, a jurisprudência se consolidou no sentido de que a natureza jurídica da remuneração pela prestação de serviço público, no caso de fornecimento de energia elétrica, prestado por concessionária, é de tarifa ou preço público, não possuindo caráter tributário. Não há como se atribuir o efeito pretendido aos diversos institutos legais, considerando que o disposto no art. 34 da Lei nº 9.249/1995 e no art. 9º da Lei nº 10.684/2003 fazem referência expressa e, por isso, taxativa, aos tributos e contribuições sociais, não dizendo respeito às tarifas ou preços públicos.

STJ. 5ª Turma. HC 412.208-SP, Rel. Min. Felix Fischer, julgado em 20/03/2018 (Info 622).

3.2. ROUBO

ABOLITIO CRIMINIS PROMOVIDA PELA LEI 13.654/2018 NO ROUBO

Lei nº 13.654/2018

A Lei nº 13.654/2018, publicada no dia 24/04/2018, alterou os crimes de furto e roubo previstos no Código Penal.

Uma das mudanças promovidas foi no roubo circunstanciado por emprego de arma.

O art. 157 do Código Penal tipifica o crime de roubo nos seguintes termos:

> § Art. 157. Subtrair coisa móvel alheia, para si ou para outrem, mediante grave ameaça ou violência a pessoa, ou depois de havê-la, por qualquer meio, reduzido à impossibilidade de resistência:
>
> Pena – reclusão, de 4 (quatro) a 10 (dez) anos, e multa.

O § 2º do art. 157, por sua vez, prevê causas de aumento de pena para o roubo.

Desse modo, se ocorre alguma dessas hipóteses, tem-se o chamado "roubo circunstanciado" (também conhecido como "roubo agravado" ou "roubo majorado").

Inciso I do § 2º do art. 157

O art. 157, § 2º, I, previa o seguinte:

> § Art. 157 (...)
>
> § 2º A pena aumenta-se de um terço até metade:

I – se a violência ou ameaça é exercida com emprego de arma;

O aumento se justificava por "haver maior risco à integridade física e à vida do ofendido e de outras pessoas e pela facilitação na execução do crime" (MASSON, Cleber. Código Penal comentado. São Paulo: Método, 2014, p. 644).

O que podia ser considerado "arma" para os fins do art. 157, § 2º, I, do CP?

A jurisprudência possuía uma interpretação ampla sobre o tema.

Assim, poderiam ser incluídos no conceito de arma:

- a arma de fogo;
- a arma branca (considerada arma imprópria), como faca, facão, canivete;
- e quaisquer outros "artefatos" capazes de causar dano à integridade física do ser humano ou de coisas, como por exemplo uma garrafa de vidro quebrada, um garfo, um espeto de churrasco, uma chave de fenda etc.

O que fez a Lei nº 13.654/2018?

Revogou o inciso I do § 2º do art. 157 do CP.

Isso significa que houve abolitio criminis para o emprego de arma de fogo?

NÃO. A Lei nº 13.654/2018 acrescentou um novo parágrafo ao art. 157 prevendo duas novas hipóteses de roubo circunstanciado, com pena maior. Veja:

§ Art. 157 (...)

§ 2º-A A pena aumenta-se de 2/3 (dois terços):

I – se a violência ou ameaça é exercida com emprego de arma de fogo;

II – se há destruição ou rompimento de obstáculo mediante o emprego de explosivo ou de artefato análogo que cause perigo comum.

Repare de novo no inciso I acima.

O roubo com emprego de arma de fogo deixou de ser previsto no inciso I do § 2º, mas continua a ser punido agora no inciso I do § 2º-A.

Desse modo, quanto à arma de fogo não houve *abolitio criminis*, mas sim continuidade normativo-típica.

O princípio da continuidade normativa ocorre "quando uma norma penal é revogada, mas a mesma conduta continua sendo crime no tipo penal revogador, ou seja, a infração penal continua tipificada em outro dispositivo, ainda que topologicamente ou normativamente diverso do originário." (Min. Gilson Dipp, em voto proferido no HC 204.416/SP).

Logo, para as pessoas que foram condenadas por roubo com emprego de arma de fogo antes da Lei nº 13.654/2018, nada muda.

E quanto ao roubo com emprego de arma branca?

Como vimos, o roubo "com emprego de arma" deixou de ser uma hipótese de roubo circunstanciado no art. 157, § 2º.

O roubo com emprego de arma de fogo continua sendo punido como roubo circunstanciado no art. 157, § 2º-A, inciso I:

§ Art. 157 (...)

§ 2º-A A pena aumenta-se de 2/3 (dois terços):

PENAL

I – se a violência ou ameaça é exercida com emprego de arma de fogo;

Ocorre que o roubo com o emprego de arma "branca" não é mais punido como roubo circunstanciado. Trata-se, em princípio, de roubo em seu tipo fundamental (art. 157, caput).

Assim, a Lei nº 13.654/2018 deixou de punir com mais rigor o agente que pratica o roubo com arma branca. Pode-se, portanto, dizer que a Lei nº 13.654/2018, neste ponto, é mais benéfica. Isso significa que ela, neste tema, irá retroagir para atingir todos os roubos praticados mediante arma branca.

Exemplo: em 2017, João, usando um canivete, ameaçou a vítima, subtraindo dela o telefone celular. O juiz, na 1ª fase da dosimetria, fixou a pena-base em 4 anos. Não havia agravantes ou atenuantes (2ª fase). Na 3ª fase (causas de aumento ou de diminuição), o magistrado aumentou a pena em 1/3 pelo fato de o crime ter sido cometido com emprego de arma branca (canivete), nos termos do art. 157, § 2º, I, do CP. 1/3 de 4 anos é igual a 1 ano e 4 meses. Logo, João foi condenado a uma pena final de 5 anos e 4 meses (pena-base mais 1/3). O processo transitou em julgado e João está cumprindo pena. A defesa de João pode pedir ao juízo das execuções penais (Súmula 611-STF) que aplique a Lei nº 13.654/2018 e que a sua pena seja diminuída em 1 ano e 4 meses em virtude do fato de o emprego de arma branca na prática do roubo ter deixado de ser causa de aumento de pena.

Tabelas comparativas

ROUBO MEDIANTE EMPREGO DE ARMA	
Antes da Lei 13.654/2018	**Depois da Lei 13.654/2018 (atualmente)**
Tanto a arma de fogo como a arma branca eram causas de aumento de pena.	Apenas o emprego de arma de fogo é causa de aumento de pena. O emprego de arma branca não é causa de aumento de pena.
O emprego de arma (seja de fogo, seja branca) era punido com um aumento de 1/3 a 1/2 da pena.	O emprego de arma de fogo é punido com um aumento de 2/3 da pena.

ROUBO MEDIANTE EMPREGO DE ARMA		
	Antes da Lei 13.654/2018	**Atualmente**
Arma de FOGO	Era causa de aumento de pena A pena aumentava de 1/3 a 1/2.	Continua sendo causa de aumento de pena. Mas agora a pena aumenta 2/3.
Arma BRANCA	Era causa de aumento de pena. A pena aumentava de 1/3 a 1/2.	Deixou de ser causa de aumento de pena. A Lei 13.654/2018 é mais benéfica e irá retroagir neste ponto.

Inconstitucionalidade formal

O inciso I do § 2º do art. 157 do Código Penal foi revogado pelo art. 4º da Lei nº 13.654/2018:

§ Art. 4º Revoga-se o inciso I do § 2º do art. 157 do Decreto-Lei nº 2.848, de 7 dezembro de 1940 (Código Penal).

Os Ministérios Públicos de vários Estados estão alegando que este art. 4º da Lei nº 13.654/2018 seria formalmente inconstitucional.

O Parquet argumenta que o referido art. 4º teria sido retirado pelos Senadores na Comissão de Constituição, Justiça e Cidadania e posteriormente teria sido reinserido no projeto pela Coordenação de Redação Legislativa (CORELE), formada por servidores que prestam apoio ao processo legislativo, mas sem que esta reinserção tenha sido previamente aprovada pelos parlamentares.

Assim, teria havido um descumprimento do processo legislativo com a aprovação de um artigo inserido indevidamente no projeto.

Existem, inclusive, alguns Ministérios Públicos que têm recomendado aos Promotores de Justiça que, ao oferecerem denúncia, suscitem a declaração incidental da inconstitucionalidade do art. 4º da Lei nº 13.654/2018 com o objetivo de que o emprego de arma branca continue sendo considerado como majorante do crime de roubo.

Nesse sentido é a manifestação do MP/SP, MP/PE, MP/MS, MP/GO, entre outros.

Em posição contrária, alguns Defensores Públicos têm defendido que o processo legislativo correu sem qualquer vício e que o referido art. 4º foi inserido pelos próprios parlamentares, tendo sido regularmente votado e aprovado. Sobre o tema, confira: https://www.conjur.com.br/2018-mai-08/constitucionalidade-formal-lei-136542018

Decisão do STJ

Ainda não temos qualquer decisão do STF a respeito do assunto.

O STJ, por sua vez, sem enfrentar essa discussão sobre eventual inconstitucionalidade formal, já vem aplicando a revogação promovida pela Lei nº 13.654/2018 e declarando que houve abolitio criminis no que tange à majorante pelo emprego de arma branca.

Nesse sentido:

> (...) 5. Extrai-se dos autos, ainda, que o delito foi praticado com emprego de arma branca, situação não mais abrangida pela majorante do roubo, cujo dispositivo de regência foi recentemente modificado pela Lei nº 13.654/2018, que revogou o inciso I do § 2º do art. 157 do Código Penal.
>
> 6. Diante da abolitio criminis promovida pela lei mencionada e tendo em vista o disposto no art. 5º, XL, da Constituição Federal, de rigor a aplicação da novatio legis in mellius, excluindo-se a causa de aumento do cálculo dosimétrico.
>
> 7. Recurso provido para reconhecer a forma consumada do delito de roubo, com a concessão de ordem de habeas corpus de ofício para readequação da pena.
>
> STJ. 5ª Turma. REsp 1519860/RJ, Rel. Min. Jorge Mussi, julgado em 17/05/2018.

O Min. Relator Jorge Mussi assim se manifestou:

> "(...) Por outro lado, a pena aplicada ao ora agravado está a reclamar novo ajuste.
>
> Isto porque sobreveio à decisão agravada a promulgação da Lei nº 13.654, de 23 de abril de 2018, que modificou o Código Penal nos dispositivos referentes aos crimes de furto e roubo. Essa alteração legislativa suprimiu a previsão contida no inciso I do § 2º, do art. 157, que apresentava hipótese de causa especial de aumento de pena relativa ao emprego de arma.
>
> (...)
>
> A atual previsão contida no art. 157, § 2º-A, inciso I, do Código Penal, incluído pela Lei nº 13.654/2018, limita a possibilidade de aumento de pena à hipótese de a violência ser cometida mediante emprego de arma de fogo (...)
>
> Portanto, não se está diante de continuidade normativa, mas de abolitio criminis, na hipótese de o delito ser praticado com emprego de artefato diverso de arma de fogo.

Conforme se extrai dos autos, o réu realizou a subtração fazendo uso de arma branca – faca. Diante desse fato, forçosa a concessão, de ofício, de ordem de habeas corpus, aplicando-se a lei nova, mais benéfica ao acusado, em consonância com o art. 5, XL, da Constituição Federal, afastando-se o aumento de 1/3 aplicado na terceira fase do cálculo da pena."

Em suma:

O emprego de arma branca deixou de ser majorante do crime de roubo com a modificação operada pela Lei nº 13.654/2018, que revogou o inciso I do § 2º do art. 157 do Código Penal.

Diante disso, constata-se que houve abolitio criminis, devendo a Lei nº 13.654/2018 ser aplicada retroativamente para excluir a referida causa de aumento da pena imposta aos réus condenados por roubo majorado pelo emprego de arma branca.

Trata-se da aplicação da *novatio legis in mellius* prevista no art. 5º, XL, da CF/88.

STJ. 5ª Turma. REsp 1519860/RJ, Rel. Min. Jorge Mussi, julgado em 17/05/2018 (Info 626).

STJ. 6ª Turma. AgRg no AREsp 1.249.427/SP, Rel. Min. Maria Thereza de Assis Moura, julgado em 19/06/2018.

3.3. LEI 13.654/2018: FURTO E ROUBO ENVOLVENDO EXPLOSÃO DE CAIXAS ELETRÔNICOS

Uma das novidades legislativas mais importantes do 1º semestre de 2018 foi a Lei nº 13.654, que alterou:

- os crimes de furto e roubo previstos no Código Penal;
- a Lei nº 7.102/83, para obrigar instituições que disponibilizem caixas eletrônicos a instalar equipamentos que inutilizem cédulas de moeda corrente.

Vamos entender o que foi alterado.

1) FURTO QUALIFICADO PELO EMPREGO DE EXPLOSIVO OU DE ARTEFATO ANÁLOGO QUE CAUSE PERIGO COMUM

O crime de furto encontra-se tipificado no art. 155 do CP, que tinha seis parágrafos.

Vejamos o que dispõe cada um deles:

- Caput: furto simples.
- § 1º: causa de aumento de pena para os casos em que o furto é praticado durante o repouso noturno.
- § 2º: causa de diminuição de pena, chamada pela doutrina de "furto privilegiado".
- § 3º: a energia elétrica ou qualquer outra que tenha valor econômico é equiparada à coisa móvel.
- § 4º: hipóteses de "furto qualificado".
- § 5º: qualificadora para as hipóteses em que a subtração for de veículo automotor que venha a ser transportado para outro Estado ou para o exterior.
- § 6º: qualificadora para furto de semoventes domesticáveis de produção.

A Lei nº 13.654/2018 acrescentou o § 4º-A ao art. 155 do Código Penal prevendo uma nova QUALIFICADORA para o crime de furto. Veja a redação do parágrafo inserido:

§ 4º-A A pena é de reclusão de 4 (quatro) a 10 (dez) anos e multa, se houver emprego de explosivo ou de artefato análogo que cause perigo comum.

Objetivo

O objetivo declarado desse novo parágrafo foi o de punir com mais rigor os furtos realizados em caixas eletrônicos localizados em agências bancárias ou em estabelecimentos comerciais (ex: drogarias, postos de gasolina etc.).

Isso porque tem sido cada vez mais comum que grupos criminosos, durante a noite, explodam caixas eletrônicos para dali retirar o dinheiro depositado.

Dessa forma, o objetivo da lei foi o de, em tese, punir mais severamente o réu.

Antes da Lei nº 13.654/2018, o agente respondia por qual delito?

O entendimento que prevalecia era o de que o agente respondia por furto qualificado pelo rompimento de obstáculo à subtração da coisa, nos termos do art. 155, § 4º do CP em concurso formal impróprio com o crime de explosão majorada (art. 251, § 2º do CP):

§ Art. 155 (...)

§ 4º – A pena é de reclusão de dois a oito anos, e multa, se o crime é cometido:

I – com destruição ou rompimento de obstáculo à subtração da coisa;

§ Art. 251. Expor a perigo a vida, a integridade física ou o patrimônio de outrem, mediante explosão, arremesso ou simples colocação de engenho de dinamite ou de substância de efeitos análogos:

Pena – reclusão, de três a seis anos, e multa.

(...)

§ 2º – As penas aumentam-se de um terço, se ocorre qualquer das hipóteses previstas no § 1º, I, do artigo anterior, ou é visada ou atingida qualquer das coisas enumeradas no nº II do mesmo parágrafo.

A maioria dos Tribunais de Justiça e o STJ acolhiam a tese do concurso. Veja:

(...) Quanto ao crime de explosão (art. 251 do Código Penal): Não há falar em Princípio da Consunção: O crime de explosão majorada pela finalidade de obtenção de vantagem pecuniária previsto no art. 251, § 2º do CP não pode ser absorvido pelo crime menos grave (de furto, art. 155,§ 4º, I e IV do CP). o crime de explosão tem apenação inicial de três anos, além de haver causa de aumento de 1/3 em seu § 2º, enquanto que a do furto qualificado inicia-se em dois anos. Se a explosão de que se vale o furtador para arrombar o caixa eletrônico "expõe a perigo" a qualquer dos bens jurídicos mencionados no tipo penal, tem-se um delito autônomo, de perigo concreto. Não merece prosperar o pleito do afastamento da causa de aumento de pena prevista no parágrafo 1º do art. 155 do Código Penal. A prática do crime durante o repouso noturno tem maior probabilidade de êxito diante da menor vigilância, tornando a res mais vulnerável, admitindo-se o delito tanto na forma simples, quanto na qualificada. Precedentes. Melhor sorte não socorre a Defesa quanto ao afastamento da causa de aumento do parágrafo 2º do art. 251 do Código Penal. Não há dúvidas quanto a incidência da questionada causa de aumento haja vista que em conformidade com o art. 251 do Código Penal as penas devem ser majoradas em um terço quando presentes alguma das hipóteses do § 1º, inciso I, do artigo 250 do Estatuto Repressivo, o que efetivamente ocorreu no caso dos autos, eis que o delito foi

PENAL

praticado contra edifício destinado ao uso público, qual seja, uma bancária (artigo 250, § 1º, II, "b", do Código Penal)". (...)

TJRJ. 0021718-13.2015.8.19.0070 – APELAÇÃO, Des(a). GIZELDA LEITÃO TEIXEIRA – Julgamento: 30/01/2018 – QUARTA CÂMARA CRIMINAL

(...) 3. Demonstrado que a conduta delituosa expôs, de forma concreta, o patrimônio de outrem decorrente do grande potencial destruidor da explosão, notadamente porque o banco encontra-se situado em edifício destinado ao uso público, ensejando a adequação típica ao crime previsto no art. 251 do CP, incabível a incidência do princípio da consunção.

4. Infrações que atingem bens jurídicos distintos, enquanto o delito de furto viola o patrimônio da instituição financeira, o crime de explosão ofende a incolumidade pública. (...)

STJ. 6ª Turma. REsp 1647539/SP, Rel. Min. Nefi Cordeiro, julgado em 21/11/2017.

Desse modo, perceba o contrassenso: o objetivo do legislador ao criar o novo § 4º-A foi o de aumentar a pena dos agentes que praticam furto mediante explosão de caixas eletrônicos. No entanto, o que a Lei fez foi tornar mais branda a situação dos réus. Vamos comparar:

Antes da Lei 13.654/2018	Depois da Lei 13.654/2018
O agente respondia pelo art. 155, § 4º, I c/c o art. 251, § 2º do CP. Pena mínima: 6 anos.	O agente responde apenas pelo art. 155, § 4º-A do CP. Pena mínima: 4 anos.

Com a previsão específica do art. 155, § 4º-A não se pode mais falar em concurso porque seria *bis in idem*. Logo, por mais absurdo que pareça, a Lei 13.654/2018 melhorou a situação penal dos indivíduos que praticam ou que praticaram furto a bancos mediante explosão dos caixas eletrônicos.

Vale ressaltar, inclusive, que os réus que, antes da Lei nº 13.654/2018, foram condenados por furto qualificado (art. 155, § 4º, I) em concurso formal com explosão majorada (art. 251, § 2º) poderão pedir a redução da pena imposta, nos termos do art. 2º, parágrafo único do CP:

§ Art. 2º – Ninguém pode ser punido por fato que lei posterior deixa de considerar crime, cessando em virtude dela a execução e os efeitos penais da sentença condenatória.

Parágrafo único – A lei posterior, que de qualquer modo favorecer o agente, aplica-se aos fatos anteriores, ainda que decididos por sentença condenatória transitada em julgado.

O que é explosivo?

Explosivo é a substância ou artefato que possa produzir uma explosão, detonação, propulsão ou efeito pirotécnico.

Para ser considerado artefato explosivo, é necessário que ele seja capaz de gerar alguma destruição. Nesse sentido: STJ. 6ª Turma. REsp 1627028/SP, Rel. Min. Maria Thereza de Assis Moura, julgado em 21/02/2017 (Info 599).

Se o agente, durante a noite, explode o caixa eletrônico para furtar o numerário, ele também responderá pela causa de aumento do repouso noturno (art. 155, § 1º)? É possível aplicar o art. 155, § 4º-A e mais a causa de aumento do art. 155, § 1º?

SIM. É legítima a incidência da causa de aumento de pena por crime cometido durante o repouso noturno (art. 155, § 1º) no caso de furto praticado na forma qualificada (art. 155, § 4º ou § 4º-A do CP).

Não existe nenhuma incompatibilidade entre a majorante prevista no § 1º e as qualificadoras do § 4º ou do § 4º-A. São circunstâncias diversas, que incidem em momentos diferentes da aplicação da pena.

Assim, é possível que o agente seja condenado por furto qualificado e, na terceira fase da dosimetria, o juiz aumente a pena em 1/3 se a subtração ocorreu durante o repouso noturno.

A posição topográfica do § 1º (vem antes dos §§ 4º e 4º-A) não é fator que impede a sua aplicação para as situações de furto qualificado.

STF. 2ª Turma. HC 130952/MG, Rel. Min. Dias Toffoli, julgado em 13/12/2016 (Info 851).

STJ. 6ª Turma. HC 306.450-SP, Rel. Min. Maria Thereza de Assis Moura, julgado em 4/12/2014 (Info 554).

2) FURTO QUALIFICADO EM CASO DE SUBTRAÇÃO DE SUBSTÂNCIAS EXPLOSIVAS

A Lei nº 13.654/2018 acrescentou também o § 7º ao art. 155 do Código Penal prevendo outra QUALIFICADORA para o crime de furto. Veja a redação do parágrafo inserido:

> **§ 7º A pena é de reclusão de 4 (quatro) a 10 (dez) anos e multa, se a subtração for de substâncias explosivas ou de acessórios que, conjunta ou isoladamente, possibilitem sua fabricação, montagem ou emprego.**

Substância explosiva "é aquela capaz de provocar detonação, estrondo, em razão da decomposição química associada ao violento deslocamento de gases." (MASSON, Cleber. Código Penal comentado. São Paulo: Método, 2014, p. 685).

Aqui o agente é punido por furtar uma substância explosiva ou acessório que, conjunta ou isoladamente, possibilite sua fabricação, montagem ou emprego. Ex: sujeito que furta uma banana de dinamite do quartel do Exército.

3) MUDANÇA NO ROUBO CIRCUNSTANCIADO POR EMPREGO DE ARMA

Roubo circunstanciado

O art. 157 do Código Penal tipifica o crime de roubo:

> § Art. 157. Subtrair coisa móvel alheia, para si ou para outrem, mediante grave ameaça ou violência a pessoa, ou depois de havê-la, por qualquer meio, reduzido à impossibilidade de resistência:
>
> Pena – reclusão, de 4 (quatro) a 10 (dez) anos, e multa.

O § 2º do art. 157, por sua vez, prevê causas de aumento de pena para o roubo.

Desse modo, se ocorre alguma dessas hipóteses, tem-se o chamado "roubo circunstanciado" (também conhecido como "roubo agravado" ou "roubo majorado").

Inciso I do § 2º do art. 157

O art. 157, § 2º, I, previa o seguinte:

> § Art. 157 (...)
>
> § 2º A pena aumenta-se de um terço até metade:
>
> I – se a violência ou ameaça é exercida com emprego de arma;

O aumento se justificava por "haver maior risco à integridade física e à vida do ofendido e de outras pessoas e pela facilitação na execução do crime" (MASSON, Cleber. *ob. cit.*, p. 644).

PENAL

O que podia ser considerado "arma" para os fins do art. 157, § 2º, I, do CP?

A jurisprudência possuía uma interpretação ampla sobre o tema.

Assim, poderiam ser incluídos no conceito de arma:

- a arma de fogo;
- a arma branca (considerada arma imprópria), como faca, facão, canivete;
- e quaisquer outros "artefatos" capazes de causar dano à integridade física do ser humano ou de coisas, como por exemplo uma garrafa de vidro quebrada, um garfo, um espeto de churrasco, uma chave de fenda etc.

O que fez a Lei nº 13.654/2018?

Revogou o inciso I do § 2º do art. 157 do CP.

Isso significa que houve abolitio criminis para o emprego de arma DE FOGO?

NÃO. A Lei nº 13.654/2018 acrescentou um novo parágrafo ao art. 157 prevendo duas novas hipóteses de roubo circunstanciado, com pena maior. Veja:

> §
>
> Art. 157 (...)
>
> § 2º-A A pena aumenta-se de 2/3 (dois terços):
>
> I – se a violência ou ameaça é exercida com emprego de arma de fogo;
>
> II – se há destruição ou rompimento de obstáculo mediante o emprego de explosivo ou de artefato análogo que cause perigo comum.

Repare de novo no inciso I acima.

O roubo com emprego de arma de fogo deixou de ser previsto no inciso I do § 2º, mas continua a ser punido agora no inciso I do § 2º-A.

Desse modo, quanto à arma de fogo não houve *abolitio criminis*, mas sim continuidade normativo-típica.

O princípio da continuidade normativa ocorre "quando uma norma penal é revogada, mas a mesma conduta continua sendo crime no tipo penal revogador, ou seja, a infração penal continua tipificada em outro dispositivo, ainda que topologicamente ou normativamente diverso do originário." (Min. Gilson Dipp, em voto proferido no HC 204.416/SP).

Logo, para as pessoas que foram condenadas por roubo com emprego de arma de fogo antes da Lei nº 13.654/2018, nada muda.

E quanto ao emprego de arma branca no roubo, houve abolitio criminis?

SIM.

Como vimos, o roubo "com emprego de arma" deixou de ser uma hipótese de roubo circunstanciado no art. 157, § 2º.

O roubo com emprego de arma de fogo continua sendo punido como roubo circunstanciado no art. 157, § 2º-A, inciso I:

> §
>
> Art. 157 (...)
>
> § 2º-A A pena aumenta-se de 2/3 (dois terços):
>
> I – se a violência ou ameaça é exercida com emprego de arma de fogo;

Ocorre que o roubo com o emprego de arma "branca" não é mais punido como roubo circunstanciado. Trata-se, em princípio, de roubo em seu tipo fundamental (art. 157, caput).

Assim, a Lei nº 13.654/2018 deixou de punir com mais rigor o agente que pratica o roubo com arma branca. Pode-se, portanto, dizer que a Lei nº 13.654/2018, neste ponto, é mais benéfica. Isso significa que ela, neste tema, irá retroagir para atingir todos os roubos praticados mediante arma branca.

Exemplo: em 2017, João, usando um canivete, ameaçou a vítima, subtraindo dela o telefone celular. O juiz, na 1ª fase da dosimetria, fixou a pena-base em 4 anos. Não havia agravantes ou atenuantes (2ª fase). Na 3ª fase (causas de aumento ou de diminuição), o magistrado aumentou a pena em 1/3 pelo fato de o crime ter sido cometido com emprego de arma branca (canivete), nos termos do art. 157, § 2º, I, do CP. 1/3 de 4 anos é igual a 1 ano e 4 meses. Logo, João foi condenado a uma pena final de 5 anos e 4 meses (pena-base mais 1/3). O processo transitou em julgado e João está cumprindo pena. A defesa de João pode pedir ao juízo das execuções penais (Súmula 611-STF) que aplique a Lei nº 13.654/2018 e que a sua pena seja diminuída em 1 ano e 4 meses em virtude do fato de que o emprego de arma branca na prática do roubo ter deixado de ser causa de aumento de pena.

Tabelas comparativas

ROUBO MEDIANTE EMPREGO DE ARMA	
Antes da Lei 13.654/2018	**Depois da Lei 13.654/2018 (atualmente)**
Tanto a arma de fogo como a arma branca eram causas de aumento de pena.	Apenas o emprego de arma de fogo é causa de aumento de pena. O emprego de arma branca não é causa de aumento de pena.
O emprego de arma (seja de fogo, seja branca) era punido com um aumento de 1/3 a 1/2 da pena.	O emprego de arma de fogo é punido com um aumento de 2/3 da pena.

ROUBO MEDIANTE EMPREGO DE ARMA		
	Antes da Lei 13.654/2018	**Atualmente**
Arma de FOGO	Era causa de aumento de pena A pena aumentava de 1/3 a 1/2.	Continua sendo causa de aumento de pena. Mas agora a pena aumenta 2/3.
Arma BRANCA	Era causa de aumento de pena. A pena aumentava de 1/3 a 1/2.	Deixou de ser causa de aumento de pena. A Lei 13.654/2018 é mais benéfica e irá retroagir neste ponto.

Discrepância em relação à extorsão

O roubo e a extorsão são figuras penais muito parecidas e, portanto, sempre mereceram do legislador um tratamento muito semelhante. A pena básica dos dois crimes é, inclusive, a mesma: de 4 a 10 anos.

Com a mudança promovida pela Lei nº 13.654/2018, existe agora uma grande diferença entre esses dois delitos no que tange ao emprego de arma:

Emprego de arma branca	Emprego de arma de fogo
Roubo simples Extorsão majorada (aumento de 1/3 a 1/2)	Roubo majorado (aumento de 2/3) Extorsão majorada (aumento de 1/3 a 1/2)

Inconstitucionalidade formal

O inciso I do § 2º do art. 157 do Código Penal foi revogado pelo art. 4º da Lei nº 13.654/2018:

§ Art. 4º Revoga-se o inciso I do § 2º do art. 157 do Decreto-Lei nº 2.848, de 7 dezembro de 1940 (Código Penal).

Os Ministérios Públicos de vários Estados estão alegando que este art. 4º da Lei nº 13.654/2018 seria formalmente inconstitucional.

O Parquet argumenta que o referido art. 4º teria sido retirado pelos Senadores na Comissão de Constituição, Justiça e Cidadania e posteriormente teria sido reinserido no projeto pela Coordenação de Redação Legislativa (CORELE), formada por servidores que prestam apoio ao processo legislativo, mas sem que esta reinserção tenha sido previamente aprovada pelos parlamentares.

Assim, teria havido um descumprimento do processo legislativo com a aprovação de um artigo inserido indevidamente no projeto.

Existem, inclusive, alguns Ministérios Públicos que têm recomendado aos Promotores de Justiça que, ao oferecem denúncia, suscitem a declaração incidental da inconstitucionalidade do art. 4º da Lei nº 13.654/2018 com o objetivo de que o emprego de arma branca continue sendo considerado como majorante do crime de roubo.

Nesse sentido é a manifestação do MP/SP, MP/PE, MP/MS, MP/GO, entre outros.

Em posição contrária, alguns Defensores Públicos têm defendido que o processo legislativo correu sem qualquer vício e que o referido art. 4º foi inserido pelos próprios parlamentares, tendo sido regularmente votado e aprovado. Sobre o tema, confira: https://www.conjur.com.br/2018-mai-08/constitucionalidade-formal-lei-136542018

Decisão do STJ

Ainda não temos qualquer decisão do STF a respeito do assunto.

O STJ, por sua vez, sem enfrentar essa discussão sobre eventual inconstitucionalidade formal, já vem aplicando a revogação promovida pela Lei nº 13.654/2018 e declarando que houve abolitio criminis no que tange à majorante pelo emprego de arma branca.

Nesse sentido:

(...) 5. Extrai-se dos autos, ainda, que o delito foi praticado com emprego de arma branca, situação não mais abrangida pela majorante do roubo, cujo dispositivo de regência foi recentemente modificado pela Lei nº 13.654/2018, que revogou o inciso I do § 2º do art. 157 do Código Penal.

6. Diante da abolitio criminis promovida pela lei mencionada e tendo em vista o disposto no art. 5º, XL, da Constituição Federal, de rigor a aplicação da novatio legis in mellius, excluindo-se a causa de aumento do cálculo dosimétrico.

7. Recurso provido para reconhecer a forma consumada do delito de roubo, com a concessão de ordem de habeas corpus de ofício para readequação da pena.

(REsp 1519860/RJ, Rel. Ministro JORGE MUSSI, QUINTA TURMA, julgado em 17/05/2018, DJe 25/05/2018)

O Min. Relator Jorge Mussi assim se manifestou:

"(...) Por outro lado, a pena aplicada ao ora agravado está a reclamar novo ajuste.

Isto porque sobreveio à decisão agravada a promulgação da Lei nº 13.654, de 23 de abril de 2018, que modificou o Código Penal nos dispositivos referentes aos crimes de furto e roubo. Essa alteração legislativa suprimiu a previsão contida no inciso I do § 2º, do art. 157, que apresentava hipótese de causa especial de aumento de pena relativa ao emprego de arma.

(...)

A atual previsão contida no art. 157, § 2º-A, inciso I, do Código Penal, incluído pela Lei nº 13.654/2018, limita a possibilidade de aumento de pena à hipótese de a violência ser cometida mediante emprego de arma de fogo (...)

Portanto, não se está diante de continuidade normativa, mas de abolitio criminis, na hipótese de o delito ser praticado com emprego de artefato diverso de arma de fogo.

Conforme se extrai dos autos, o réu realizou a subtração fazendo uso de arma branca – faca. Diante desse fato, forçosa a concessão, de ofício, de ordem de habeas corpus, aplicando-se a lei nova, mais benéfica ao acusado, em consonância com o art. 5, XL, da Constituição Federal, afastando-se o aumento de 1/3 aplicado na terceira fase do cálculo da pena."

Como fica a dosimetria da pena em caso de roubo com emprego de arma de fogo (art. 157, § 2º-A, I) em caso de também incidir alguma majorante do § 2º do art. 157?

Imagine a seguinte situação: João e Pedro, com o emprego de arma de fogo, subtraem os pertences da vítima. Vale ressaltar que os dois combinaram juntos e que nenhum deles pode ser considerado líder.

A conduta dos agentes amolda-se tanto na majorante do inciso II do § 2º como na causa de aumento do inciso I do § 2º-A do art. 157:

> Art. 157 (...)
>
> § 2º – A pena aumenta-se de um terço até metade:
>
> II – se há o concurso de duas ou mais pessoas;
>
> (...)
>
> § 2º-A A pena aumenta-se de 2/3 (dois terços):
>
> I – se a violência ou ameaça é exercida com emprego de arma de fogo;

O que fazer?

O tema é tratado no art. 68, parágrafo único, do CP:

> Art. 68 (...)
>
> Parágrafo único. No concurso de causas de aumento ou de diminuição previstas na parte especial, pode o juiz limitar-se a um só aumento ou a uma só diminuição, prevalecendo, todavia, a causa que mais aumente ou diminua.

Diante disso, o magistrado terá duas opções:

1ª) Aumentar a pena em 2/3 com fundamento no inciso I do § 2º-A do art. 157 e utilizar a circunstância do inciso II do § 2º (concurso de pessoas) como circunstância judicial desfavorável (art. 59 do CP). Obs: se o concurso de pessoas fosse previsto como agravante (arts. 61 e 62), então, assim deveria ser considerado.

2ª) Aplicar as duas causas de aumento de pena. Neste caso, o segundo aumento irá incidir sobre a pena já aumentada pela primeira causa. Ex: o juiz fixa a pena-base em 4 anos; depois aumenta 1/3 por força do inciso I do § 2º, chegando a uma pena de 5 anos e 4 meses; sobre esse resultado, aumenta mais 2/3, totalizando 8 anos, 10 meses e 20 dias.

Essa faculdade judicial de escolher uma das duas opções acima é criticada por vários doutrinadores, mas já foi acolhida pelo STF:

> (...) 4. Na espécie, o paciente teve sua pena majorada duas vezes ante a incidência concomitante dos incisos I e II do art. 226 do Código Penal, uma vez que, além de ser padastro da criança abusada sexualmente, consumou o crime mediante concurso de agentes. Inexistência de arbitrariedade ou excesso que justifique a intervenção corretiva do Supremo Tribunal Federal. 5. É que art. 68, parágrafo único, do Código Penal, estabelece, sob o ângulo literal, apenas uma possibilidade (e não um dever) de o magistrado, na hipótese de concurso de causas de aumento de pena previstas na parte especial, limitar-se a um só aumento, sendo certo que é válida a incidência concomitante das majorantes, sobretudo nas hipóteses em que sua previsão é desde já arbitrada em patamar fixo pelo legislador, como ocorre com o art. 226, I e II, do CP, que não comporta margem para a extensão judicial do quantum exasperado. (...)
>
> STF. 1ª Turma. HC 110960, Rel. Min. Luiz Fux, julgado em 19/08/2014.

4) ROUBO CIRCUNSTANCIADO EM CASO DE SUBTRAÇÃO DE SUBSTÂNCIAS EXPLOSIVAS OU DE ACESSÓRIOS

Conforme já explicado, o § 2º do art. 157 prevê causas de aumento de pena para o roubo.

Desse modo, se ocorre alguma dessas hipóteses, tem-se o chamado "roubo circunstanciado" (também conhecido como "roubo agravado" ou "roubo majorado").

A Lei nº 13.654/2018 acrescentou uma nova hipótese de roubo majorado no inciso VI. Veja:

> Art. 157 (...)
>
> § 2º A pena aumenta-se de um terço até metade:
>
> (...)
>
> **VI – se a subtração for de substâncias explosivas ou de acessórios que, conjunta ou isoladamente, possibilitem sua fabricação, montagem ou emprego.**

O agente, mediante violência ou grave ameaça, subtrai substância explosiva ou acessório que, conjunta ou isoladamente, possibilite a sua fabricação, montagem ou emprego. Ex: sujeito que, mediante violência ou grave ameaça, subtrai uma banana de dinamite do quartel do Exército.

5) ROUBO CIRCUNSTANCIADO COM DESTRUIÇÃO OU ROMPIMENTO DE OBSTÁCULO MEDIANTE EXPLOSIVO OU ARTEFATO ANÁLOGO

A Lei nº 13.654/2018 acrescentou um novo parágrafo ao art. 157 prevendo duas novas hipóteses de roubo circunstanciado, com pena maior. Veja:

> **Art. 157 (...)**
>
> **§ 2º-A A pena aumenta-se de 2/3 (dois terços):**
>
> **I – se a violência ou ameaça é exercida com emprego de arma de fogo;**
>
> **II – se há destruição ou rompimento de obstáculo mediante o emprego de explosivo ou de artefato análogo que cause perigo comum.**

Inciso I

O inciso I já foi analisado acima. O destaque para o inciso I é, repetindo, o fato de que agora, para haver roubo circunstanciado pelo emprego de arma, é necessário que seja arma de fogo.

Arma branca, arma imprópria não é mais suficiente para caracterizar causa de aumento de pena no roubo.

Inciso II

O inciso II traz uma hipótese nova.

Para que se caracterize esta causa de aumento de pena é necessário o preenchimento de dois requisitos:

a. o roubo resultou em destruição ou rompimento de obstáculo;

b. essa destruição ou rompimento foi causado pelo fato de o agente ter utilizado explosivo ou artefato análogo que cause perigo comum.

Concomitância das situações dos incisos I e II

Vale ressaltar que, como o § 2º-A do art. 157, por se tratar de roubo, exige obrigatoriamente violência ou grave ameaça à pessoa, na grande maioria dos casos essa violência ou grave ameaça será feita mediante emprego de arma de fogo. Isso porque não é crível imaginar que uma organização criminosa que irá utilizar explosivos para abrir um caixa eletrônico cometa o roubo sem utilizar arma de fogo. Assim, o emprego da arma de fogo já seria suficiente para aumentar a pena em 2/3, sendo "desnecessário" o inciso II para os fins do § 2º-A do art. 157.

Vou dar um exemplo sobre o que estou tentando dizer: João e seus comparsas entram em uma drogaria e, portando arma de fogo, rendem os funcionários e clientes e os trancam em uma sala. Com a utilização de uma dinamite, explodem o caixa eletrônico para dali subtrair o dinheiro.

Neste exemplo, os agentes já responderiam pelo roubo com pena aumentada em 2/3 pelo simples fato de empregarem arma de fogo (inciso I do § 2º-A do art. 157 do CP).

Diante disso, a circunstância narrada no inciso II (destruição ou rompimento de obstáculo mediante o emprego de explosivo ou de artefato análogo que cause perigo comum) será utilizada como agravante, nos termos do art. 61, II, "d", do CP:

§ Art. 61. São circunstâncias que sempre agravam a pena, quando não constituem ou qualificam o crime:

(...)

II – ter o agente cometido o crime:

(...)

d) com emprego de veneno, fogo, explosivo, tortura ou outro meio insidioso ou cruel, ou de que podia resultar perigo comum;

6) NOVA REDAÇÃO DO ROUBO QUE RESULTA LESÃO CORPORAL GRAVE OU MORTE

A Lei nº 13.654/2018 alterou a redação do § 3º do art. 157 do Código Penal.

Duas mudanças foram verificadas:

1. melhorou a redação dividindo os dois tipos penais em incisos diferentes.

2. aumentou a pena do roubo com resultado lesão corporal grave. Antes era de 7 a 15 anos. Agora é de 7 a 18 anos.

Confira:

Antes da Lei 13.654/2018	Depois da Lei 13.654/2018 (atualmente)
Art. 157 (...) § 3º Se da violência resulta lesão corporal grave, a pena é de reclusão, de sete a quinze anos, além da multa; se resulta morte, a reclusão é de vinte a trinta anos, sem prejuízo da multa.	Art. 157 (...) § 3º Se da violência resulta: I – lesão corporal grave, a pena é de reclusão de 7 (sete) a 18 (dezoito) anos, e multa; II – morte, a pena é de reclusão de 20 (vinte) a 30 (trinta) anos, e multa.

Neste ponto, a Lei nº 13.654/2018 é mais gravosa e, portanto, irretroativa.

7) MODIFICAÇÕES NA LEI 7.102/83

A Lei nº 7.102/83 institui normas de segurança para os estabelecimentos financeiros. Em outras palavras, esta Lei prevê quais equipamentos de segurança as instituições financeiras devem possuir a fim de garantir a incolumidade dos clientes, dos funcionários e do dinheiro ali depositado. Ex: câmeras de segurança, porta giratória, cabine blindada etc.

Vale ressaltar que esta Lei nº 7.102/83 não tem nada de Direito Penal. Ela é uma lei que traz normas de poder de polícia administrativa a serem cumpridas pelos bancos e, indiretamente, normas de proteção ao consumidor.

O que fez a Lei nº 13.644/2018?

Acrescentou um novo artigo a essa Lei prevendo um reforço para a segurança a fim de evitar os assaltos que têm ocorrido mediante explosão dos caixas eletrônicos. Veja o dispositivo que foi inserido:

Art. 2º-A As instituições financeiras e demais instituições autorizadas a funcionar pelo Banco Central do Brasil, que colocarem à disposição do público caixas eletrônicos, são obrigadas a instalar equipamentos que inutilizem as cédulas de moeda corrente depositadas no interior das máquinas em caso de arrombamento, movimento brusco ou alta temperatura.

§

§ 1º Para cumprimento do disposto no caput deste artigo, as instituições financeiras poderão utilizar-se de qualquer tipo de tecnologia existente para inutilizar as cédulas de moeda corrente depositadas no interior dos seus caixas eletrônicos, tais como:

I – tinta especial colorida;

II – pó químico;

III – ácidos insolventes;

IV – pirotecnia, desde que não coloque em perigo os usuários e funcionários que utilizam os caixas eletrônicos;

V – qualquer outra substância, desde que não coloque em perigo os usuários dos caixas eletrônicos.

§ 2º Será obrigatória a instalação de placa de alerta, que deverá ser afixada de forma visível no caixa eletrônico, bem como na entrada da instituição bancária que possua caixa eletrônico em seu interior, informando a existência do referido dispositivo e seu funcionamento.

§ 3º O descumprimento do disposto acima sujeitará as instituições financeiras infratoras às penalidades previstas no art. 7º desta Lei. *Obs: advertência, multa ou interdição do estabelecimento.*

§ 4º As exigências previstas neste artigo poderão ser implantadas pelas instituições financeiras de maneira gradativa, atingindo-se, no mínimo, os seguintes percentuais, a partir da entrada em vigor desta Lei:

I – nos municípios com até 50.000 (cinquenta mil) habitantes, 50% (cinquenta por cento) em nove meses e os outros 50% (cinquenta por cento) em dezoito meses;

II – nos municípios com mais de 50.000 (cinquenta mil) até 500.000 (quinhentos mil) habitantes, 100% (cem por cento) em até vinte e quatro meses;

III – nos municípios com mais de 500.000 (quinhentos mil) habitantes, 100% (cem por cento) em até trinta e seis meses.

8) ATRIBUIÇÃO E COMPETÊNCIA PARA OS CRIMES DE FURTO E ROUBO ENVOLVENDO EXPLOSÃO DE CAIXAS ELETRÔNICOS

De quem é a atribuição para investigar os crimes de furto e roubo envolvendo a explosão de caixas eletrônicos?

- Regra: Polícia Civil.
- Exceção 1: será da Polícia Federal, se o caixa eletrônico for da Caixa Econômica.
- Exceção 2: será da Polícia Federal se houver indícios de que o furto, roubo ou dano praticado contra a instituição financeira tiver praticado por associação criminosa que atue em mais de um Estado da Federação, havendo, portanto, repercussão interestadual que exija repressão uniforme.

Essa exceção 2 está prevista no art. 1º, VI, da Lei nº 10.446/2002:

§ Art. 1º Na forma do inciso I do § 1º do art. 144 da Constituição, quando houver repercussão interestadual ou internacional que exija repressão uniforme, poderá o Departamento de Polícia Federal do Ministério da Justiça, sem prejuízo da responsabilidade dos órgãos de segurança pública arrolados no art. 144 da Constituição Federal, em especial das Polícias Militares e Civis dos Estados, proceder à investigação, dentre outras, das seguintes infrações penais:

(...)

VI – furto, roubo ou dano contra instituições financeiras, incluindo agências bancárias ou caixas eletrônicos, quando houver indícios da atuação de associação criminosa em mais de um Estado da Federação. (Incluído pela Lei nº 13.124/2015)

De quem é a competência para julgar os crimes de furto e roubo envolvendo a explosão de caixas eletrônicos?

- Regra: Justiça Estadual.
- Exceção: será da Justiça Federal se o caixa eletrônico for da Caixa Econômica, considerando que se trata de empresa pública federal (art. 109, IV, da CF/88).

Obs1: se for um caixa eletrônico do Banco do Brasil (sociedade de economia mista federal), a competência é da Justiça Estadual.

Obs2: o simples fato de a Polícia Federal ter sido chamada para investigar os crimes (exceção 2) explicada acima, não desloca a competência para a Justiça Federal. Ex: Polícia Federal investigou roubos que ocorreram contra caixas eletrônicos do Itaú e do Bradesco em diversos Estados do país pela mesma organização criminosa. Apenas a investigação de tais delitos é que será na esfera federal. Assim, a Polícia Federal realiza o inquérito policial e depois o remete para o Juiz de Direito e o Promotor de Justiça que irão dar início e prosseguimento no processo penal.

VIGÊNCIA

A Lei nº 13.654/2018 não possui *vacatio legis*, de forma que entrou em vigor em 24/04/2018, dia de sua publicação.

4. CRIMES CONTRA A DIGNIDADE SEXUAL

4.1. Somente ocorre o delito do art. 229 do CP se houver exploração sexual, ou seja, violação à dignidade sexual

NOÇÕES GERAIS SOBRE O CRIME DO ART. 229 DO CP ("CASA DE PROSTITUIÇÃO")

Art. 229. Manter, por conta própria ou de terceiro, estabelecimento em que ocorra exploração sexual, haja, ou não, intuito de lucro ou mediação direta do proprietário ou gerente:

Pena – reclusão, de dois a cinco anos, e multa.

Obs: caput com redação dada pela Lei nº 12.015/2009.

Em que consiste o crime:

O agente...

- mantém (ou seja, faz funcionar)
- um estabelecimento (exs: bar, restaurante, motel, casa etc.)
- onde ocorre,
- com seu consentimento,
- exploração sexual.

O crime se configura mesmo que:

- o proprietário ou gerente não tenha intuito de lucro (ex: ele pode fazer isso apenas por prazer sexual);
- o proprietário ou gerente não faça a intermediação direta para a ocorrência da exploração sexual (ou seja, mesmo que ele não promova diretamente a exploração sexual, bastando que consinta que ela ocorra no estabelecimento).

Crime habitual

O tipo penal fala em "manter", o que dá ideia de habitualidade, ou seja, não basta ele ter feito essa uma só vez. Ex: agente que promove uma festa em sua casa, em um só dia, onde ocorre exploração sexual. Tal conduta não configura o crime do art. 229 por falta de habitualidade.

Bem jurídico tutelado

Dignidade sexual.

A posição tradicional afirma que o bem jurídico seria a moralidade pública, no entanto, não é este o entendimento da doutrina mais moderna acerca do tema.

Sujeito ativo

Trata-se de crime comum.

Pode ser praticado por qualquer pessoa.

"Qualquer pessoa pode praticar o delito, não apenas o proprietário, mas também o locador e gerente do estabelecimento (desde que, obviamente, cientes da destinação que é dada ao local)" (CUNHA, Rogério Sanches. *Direito Penal.* Parte Especial. Salvador: Juspodivm, 2016, p. 497).

Sujeito passivo

A doutrina tradicional afirma que o sujeito passivo seria a coletividade. Seria, portanto, um crime vago.

No entanto, para a posição mais moderna, como o bem jurídico tutelado não é a moral pública, mas sim a dignidade sexual, o sujeito passivo seria a pessoa explorada sexualmente. Esse é a opinião, por exemplo, da Min. Maria Thereza de Assis Moura:

(...) o bem jurídico tutelado não é a moral pública mas sim a dignidade sexual como, aliás, o é em todos os crimes constantes do Título VI da Parte Especial do Código Penal, dentre os quais, o do artigo 229. E o sujeito passivo do delito não é a sociedade mas sim a pessoa explorada, vítima da exploração sexual." (REsp 1.683.375-SP).

Elemento subjetivo

É o dolo.

Não admite modalidade culposa.

Prevalece que não se exige especial fim de agir (elemento subjetivo especial).

Conforme já explicado, não se exige também finalidade lucrativa. O crime pode se consumar tenha ou não o agente intuito de lucro.

Consumação

Como já dito, trata-se de crime habitual. Isso significa que é necessária a repetição de atos a ponto de caracterizar, no caso concreto, que o agente está mantendo um estabelecimento para exploração sexual.

É classificado como crime formal. Isso porque não exige, para a sua consumação, que tenha havido algum resultado naturalístico.

Trata-se de crime permanente, de forma que, a qualquer momento, pode ocorrer a prisão em flagrante do responsável.

Tentativa

Prevalece que não é possível. Isso porque, para a doutrina majoritária, os crimes habituais, em regra, não admitem tentativa considerando que, para se chegar à consumação, é necessário que o agente pratique, de forma reiterada e habitual, a conduta descrita no tipo. Ou o agente comete a série de condutas e consuma a infração, ou o fato por ele levado a efeito é atípico.

Alvará de funcionamento

O fato de o proprietário ter obtido da prefeitura uma autorização (alvará) de funcionamento não serve para isentar o crime. Este alvará foi conseguido para o exercício de uma atividade lícita (ex: servir como restaurante etc.) e depois a sua utilização foi desvirtuada.

Não se aplica o princípio da adequação social

É cada vez mais comum observarmos estabelecimentos destinamos à exploração sexual. Tais locais são, inclusive, divulgados na mídia e nas redes sociais, havendo uma tolerância dos Poder Público para essas atividades.

PENAL

Apesar disso, o STJ entende que a conduta continua sendo crime e que não é possível aplicar o "princípio da adequação social" para absolver o acusado:

> Eventual tolerância de parte da sociedade e de algumas autoridades públicas não implica a atipicidade material da conduta de manter estabelecimento em que ocorra exploração sexual, delito tipificado no artigo 229 do Código Penal.
>
> STJ. 5ª Turma. HC 238.688/RJ, Rel. Min. Felix Fischer, julgado em 06/08/2015.

Segredo de justiça

O processo criminal que apura este delito, assim como ocorre com todos crimes contra a dignidade sexual, correrá em segredo de justiça (art. 234-B do CP).

Sabe-se que, atualmente, uma grande parte dos motéis é utilizada, no Brasil, para encontros sexuais rápidos. Assim, não raro, os michês ou as prostitutas combinam, com seus clientes, de realizar seus programas sexuais em motéis. Diante disso, indaga-se: o proprietário ou gerente do motel responde por este delito?

Prevalece que não. Isso porque a finalidade do motel não é servir para um local onde ocorra exploração sexual. Ainda que, atualmente, na prática, isso ocorra com frequência, o motel é um, por natureza, um local para alugar quartos de curtíssima temporada.

Vale ressaltar que pode ocorrer exploração sexual também em hotéis, inclusive, hotéis tradicionais, de forma que não se pode dizer que tais lugares sejam destinados à exploração sexual.

Uma pergunta correlata com o tema acima: prostituição é crime no Brasil?

NÃO. O ato de se prostituir não é crime no Brasil. O que configura delito é explorar a prostituição dos outros.

CASO CONCRETO JULGADO PELO STJ

O Ministério Público ofereceu denúncia contra o réu narrando, com algumas adaptações, os seguintes fatos:

João era proprietário de um bar e restaurante denominado "Tesouro".

O agente, pretendendo aumentar a clientela e auferir maiores lucros, convidou mulheres de cidades próximas para se prostituírem no local. Para tanto, acertou com elas que forneceria hospedagem e alimentação em troca da realização de programas sexuais com clientes do estabelecimento.

Conforme ficou combinado, quando os clientes chegassem ao local as garotas os convenceriam a pagar bebidas, que eram vendidas por doses e em valores superiores ao de mercado.

Em seguida, essas mulheres acertariam com os clientes a realização de programa sexual num dos quartos do local, mediante o pagamento de valor ao dono do estabelecimento.

Ao fim, a mulher ficaria com o valor correspondente ao programa enquanto o denunciado ganharia com a venda das bebidas e com o aluguel dos quartos.

Diante desses fatos, o Ministério Público ofereceu denúncia contra João pela prática do crime previsto no art. 229 do CP:

> § Art. 229. Manter, por conta própria ou de terceiro, estabelecimento em que ocorra exploração sexual, haja, ou não, intuito de lucro ou mediação direta do proprietário ou gerente:
>
> Pena – reclusão, de dois a cinco anos, e multa.

A questão chegou até o STJ. Houve crime?

A 6ª Turma do STJ entendeu que NÃO.

Vamos entender com calma os argumentos invocados.

Lei 12.015/2009

A Lei nº 12.015/2009 alterou a redação do art. 229 do CP. Compare:

Antes	ATUALMENTE
Art. 229. Manter, por conta própria ou de terceiro, casa de prostituição ou lugar destinado a encontros para fim libidinoso, haja, ou não, intuito de lucro ou mediação direta do proprietário ou gerente:	Art. 229. Manter, por conta própria ou de terceiro, estabelecimento em que ocorra exploração sexual, haja, ou não, intuito de lucro ou mediação direta do proprietário ou gerente:

Mesmo após as alterações legislativas introduzidas pela Lei nº 12.015/2009, a conduta consistente em manter "casa de prostituição" continua sendo crime tipificado no art. 229 do Código Penal. Todavia, com a novel legislação, passou-se a exigir a "exploração sexual" como elemento normativo do tipo, de modo que a conduta consistente em manter casa para fins libidinosos, por si só, não mais caracteriza crime, sendo necessário, para a configuração do delito, que haja exploração sexual.

A finalidade específica e exclusiva do local deve ser a exploração sexual

A doutrina e a jurisprudência entendem que, para a configuração do crime do art. 229 do CP, é necessário que fique demonstrada que a finalidade exclusiva e específica do local era a exploração sexual:

"7.2 Finalidade específica do local: exploração sexual. Por outro lado, é fundamental que se identifique com clareza e precisão a finalidade do local, isto é, do prostíbulo ou bordel, ou, se preferirem, a nova terminologia, "estabelecimento em que ocorra exploração sexual". Essa finalidade deve, necessariamente, ser exclusiva e específica, isto é, deve tratar-se de local de encontros para a prática de libidinagem ou comércio da satisfação carnal, em outras palavras, para o exercício da prostituição ou, na linguagem do atual texto legal, de exploração sexual." (BITENCOURT, Cezar Roberto. *Código penal comentado*. 7ª ed., São Paulo: Saraiva, 2012).

Confira-se o seguinte precedente do STJ:

Em relação ao delito previsto no art. 229 do Código Penal, com a redação vigente à data dos fatos, a jurisprudência desta Corte Superior é firme em assinalar que a figura típica somente se configura quando demonstrado que o estabelecimento é voltado exclusivamente para a prática de atos libidinosos mediante pagamento.

STJ. 6ª Turma. AgRg no REsp 1424233/SP, Rel. Min. Rogerio Schietti Cruz, julgado em 03/08/2017.

Desse modo, com a edição da Lei nº 12.015/2009, para que o delito se configure, passou a ser exigido que a finalidade específica e exclusiva do estabelecimento seja a prática de "exploração sexual".

Tolhimento à liberdade da pessoa

Neste precedente, a 6ª Turma do STJ entendeu que, para a configuração do delito é necessário o tolhimento à liberdade da pessoa. Isso porque agora o tipo penal do art. 229 do CP fala em "exploração sexual".

Segundo entendeu a 6ª Turma, somente ocorre exploração sexual, para os fins do art. 229 do CP, quando houve uma violação à dignidade sexual, um cerceamento à liberdade das pessoas que ali exercem a mercancia carnal.

Punir a conduta de manter um local onde as pessoas possam se prostituir com segurança gera mais riscos e perigos

Conforme já explicado, o Brasil não pune a prostituição em si.

Assim, não se deve impedir que pessoas maiores de idade disponham de um lugar para o exercício voluntário dessa atividade sexual. A única exigência é que as pessoas que estão se prostituindo não estejam sendo "exploradas".

Proibir esses locais onde a pessoa possa se prostituir com segurança, em última análise, significa lançar tais pessoas às mais diversas situações de risco e vulnerabilidade, expondo-as aos perigos da rua.

Como explica Nucci:

> "(...) torna-se necessário lembrar que a prostituição não é crime, razão pela qual deveria haver um lugar onde ela fosse desenvolvida sem qualquer obstáculo. Entretanto, o legislador brasileiro, embora não criminalize a prostituição, pretende punir quem, de alguma forma, a favorece. Não consegue visualizar que a marginalização da pessoa prostituída somente traz maiores dramas. Sem o abrigo legal, a pessoa prostituída cai na clandestinidade e é justamente nesse momento que surgem os aproveitadores. É evidente haver casas de prostituição de todos os moldes possíveis, com fachadas inocentes, mas onde a autêntica exploração sexual pode acontecer. Afinal, a pessoa prostituída vive na obscuridade, pois o Estado não pode puni-la, mas quer acertar contas com outras pessoas, as fornecedoras de qualquer auxílio à prostituição. É evidente ser necessária a punição do rufião, agressor e controlador da pessoa prostituída, atuando com violência ou grave ameaça. No entanto, se alguém mantém lugar para o exercício da prostituição, protegendo e abrigando a pessoa prostituída, menor mal causa à sociedade. Retirar-se-ia da via pública a prostituição, passando-a a abrigos controlados e fiscalizados pelo Estado. Em nossa visão, exploração sexual é expressão ligada a tirar proveito de alguém, em detrimento desta pessoa, valendo-se, primordialmente de fraude ou ardil. Não se pode confundi-la com violência sexual, nem com satisfação sexual. (...)" (NUCCI, Guilherme de Souza. *Código penal comentado*. 14ª ed., Rio de Janeiro: Forense, 2014)

Em suma:

Mesmo após as alterações legislativas introduzidas pela Lei nº 12.015/2009, a conduta consistente em manter Casa de Prostituição segue sendo crime tipificado no art. 229 do Código Penal. Todavia, com a novel legislação, passou-se a exigir a "exploração sexual" como elemento normativo do tipo, de modo que a conduta consistente em manter casa para fins libidinosos, por si só, não mais caracteriza crime, sendo necessário, para a configuração do delito, que haja exploração sexual, assim entendida como a violação à liberdade das pessoas que ali exercem a mercancia carnal.

Não se tratando de estabelecimento voltado exclusivamente para a prática de mercancia sexual, tampouco havendo notícia de envolvimento de menores de idade, nem comprovação de que o réu tirava proveito, auferindo lucros da atividade sexual alheia mediante

ameaça, coerção, violência ou qualquer outra forma de violação ou tolhimento à liberdade das pessoas, não há falar em fato típico a ser punido na seara penal. Não se trata do crime do art. 229 do CP.

STJ. 6ª Turma. REsp 1683375/SP, Rel. Min. Maria Thereza de Assis Moura, julgado em 14/08/2018.

Tema polêmico

Vale ressaltar que o tema ainda é polêmico, existindo julgados em sentido contrário.

4.2. AÇÃO PENAL

A ação penal nos crimes sexuais deve ser analisada em três momentos históricos. Acompanhe:

AÇÃO PENAL NOS CRIMES SEXUAIS	
Redação originária do CP	Regra: ação penal privada. Exceções: **a.** se a vítima ou seus pais não tivessem dinheiro para o processo: ação pública condicionada à representação. **b.** se o crime era cometido com abuso do poder familiar, ou da qualidade de padrasto, tutor ou curador: ação pública incondicionada. **c.** se da violência resultasse lesão grave ou morte da vítima: ação pública incondicionada. **d.** se o crime de estupro fosse praticado mediante o emprego de violência real: ação pública incondicionada.
Redação da Lei 12.015/09	Regra: ação penal pública condicionada à representação. Exceções: **a.** Vítima menor de 18 anos: incondicionada. **b.** Vítima vulnerável: incondicionada. **c.** Se foi praticado mediante violência real: incondicionada (Súm. 608-STF). **d.** Se resultou lesão corporal grave ou morte: polêmica, mas prevalecia que deveria ser aplicado o mesmo raciocínio da Súmula 608-STF.
Redação da Lei 13.718/18 (quadro atual)	Ação pública incondicionada (sempre). Todos os crimes contra a dignidade sexual são de ação pública incondicionada. Não há exceções!

Veja a nova redação do art. 225 do CP:

§ Art. 225. Nos crimes definidos nos Capítulos I e II deste Título, procede-se mediante ação penal pública incondicionada. (Redação dada pela Lei nº 13.718/2018).

O art. 225 do CP fala apenas nos Capítulos I e II do Título VI. E os crimes previstos nos demais Capítulos deste Título? Qual será a ação penal neste caso?

Também será ação pública incondicionada. Isso por força do art. 100 do CP (Art. 100 – A ação penal é pública, salvo quando a lei expressamente a declara privativa do ofendido.).

Assim, repito: todos os crimes contra a dignidade sexual são de ação pública incondicionada.

Súmula 608-STF

Em 1984, o STF editou uma súmula afirmando que, se o estupro fosse praticado mediante violência real, a ação penal seria pública incondicionada. Confira:

Súmula 608-STF: No crime de estupro, praticado mediante violência real, a ação penal é pública incondicionada.

Com a edição da Lei nº 12.015/2009, a maioria da doutrina defendeu a ideia de que esta súmula teria sido superada. Isso porque, como vimos, com a Lei nº 12.015/2009, a regra geral no estupro passou a ser a ação pública condicionada. Ao tratar sobre as exceções nas quais o crime seria de ação pública incondicionada, o parágrafo único do art. 225 não falou em estupro com violência real. Logo, para os autores, teria havido uma omissão voluntária do legislador.

O STF, contudo, não acatou esta tese. Para o STF, mesmo após a Lei nº 12.015/2009, o estupro praticado mediante violência real continuou a ser de ação pública incondicionada:

A Súmula 608 do STF permanece válida mesmo após o advento da Lei nº 12.015/2009.

Assim, em caso de estupro praticado mediante violência real, a ação penal é pública incondicionada.

STF. 1ª Turma. HC 125360/RJ, rel. Min. Marco Aurélio, red. p/ o ac. Min. Alexandre de Moraes, julgado em 27/2/2018 (Info 892).

Vale ressaltar que é dispensável a ocorrência de lesões corporais para a caracterização da violência real nos crimes de estupro. Em outras palavras, mesmo que a violência praticada pelo agressor não deixe marcas, não gere lesões corporais na vítima, ainda assim a ação será pública incondicionada:

Nos termos da Súmula 608 do STF, no crime de estupro praticado mediante violência real, a ação é pública incondicionada.

O entendimento dessa súmula pode ser aplicado independentemente da existência da ocorrência de lesões corporais nas vítimas de estupro. A violência real se caracteriza não apenas nas situações em que se verificam lesões corporais, mas sempre que é empregada força física contra a vítima, cerceando-lhe a liberdade de agir segundo a sua vontade.

STF. 2ª Turma. RHC 117978, Rel. Min. Dias Toffoli, julgado em 05/06/2018 (Info 905).

A Lei nº 13.718/2018 retira qualquer dúvida que ainda poderia existir e, portanto, o enunciado da súmula 608 do STF continua válido, apesar de ser atualmente óbvio/inútil considerando que todos os crimes contra a dignidade sexual são de ação pública incondicionada.

Por que a ação penal nos crimes sexuais (que são delitos graves e abomináveis) eram, em regra, de ação penal pública condicionada à representação?

Para evitar o *strepitus judicii* do processo e a revitimização.

Strepitus judicii

Em uma tradução literal do latim, *strepitus judicii* significa o barulho, o ruído, o escândalo decorrente do julgamento.

Quando uma mulher é vítima de um estupro, por exemplo, o fato de se instaurar um inquérito policial e, posteriormente, uma ação penal gera uma exposição do seu caso na comunidade. Isso porque, por mais que o processo corra em sigilo (art. 234-B do CP), é normal que a notícia acerca da existência da ação penal se torne conhecida de outras pessoas, gerando um sentimento de vergonha na vítima.

Além disso, infelizmente, algumas teses defensivas ainda hoje procuram transferir ou dividir a responsabilidade pelos crimes sexuais para a vítima. Submeter a vítima a ouvir ou ler tal espécie de argumentação implica, sem dúvidas, mais sofrimento.

Revitimização

A vítima de um crime, especialmente em delitos sexuais ou violentos, todas as vezes em que for inquirida sobre os fatos, ela é, de alguma forma, submetida a um novo trauma, um novo sofrimento ao ter que relatar um episódio triste e difícil de sua vida para pessoas estranhas, normalmente em um ambiente formal e frio. Desse modo, a cada depoimento, a vítima sofre uma violência psíquica.

Assim, revitimização consiste nesse sofrimento continuado ou repetido da vítima ao ter que relembrar esses fatos.

Alguns autores afirmam que a revitimização é uma forma de "violência institucional" cometida pelo Estado contra a vítima.

> "A revitimização no atendimento às mulheres em situação de violência, por vezes, tem sido associada à repetição do relato de violência para profissionais em diferentes contextos o que pode gerar um processo de traumatização secundária na medida em que, a cada relato, a vivência da violência é reeditada.
>
> Além da revitimização decorrente do excesso de depoimentos, revitimizar também pode estar associado a atitudes e comportamentos, tais como: paternalizar; infantilizar; culpabilizar; generalizar histórias individuais; reforçar a vitimização; envolver-se em excesso; distanciar-se em excesso; não respeitar o tempo da mulher; transmitir falsas expectativas. A prevenção da revitimização requer o atendimento humanizado e integral, no qual a fala da mulher é valorizada e respeitada." (Diretrizes gerais e protocolos de atendimento. Programa "Mulher, viver sem violência". Brasil: Governo Federal. Secretaria Especial de Políticas para mulheres. 2015).

Por essas duas razões, o legislador entendia que, sendo a vítima maior de idade e pessoa não vulnerável, ela é quem deveria decidir se desejaria ou não deflagrar a instauração do processo, ponderando seu desejo de justiça com as agruras que ainda teria que enfrentar.

O certo é que o legislador fez uma opção e acabou com a ação penal condicionada nos crimes sexuais. São todos eles agora delitos de ação pública incondicionada. Obviamente que, na prática, a vítima ainda continuará tendo certa autonomia. Isso porque a maioria desses delitos ocorrem às escondidas, sem testemunhas, cabendo a decisão à vítima se irá levar tal fato ao conhecimento das autoridades.

Vigência

A Lei nº 13.718/2018 entrou em vigor na data de sua publicação (25/09/2018). Como se trata de lei penal mais gravosa (*novatio legis in pejus*), ela é irretroativa, não alcançando fatos praticados antes da sua vigência.

Essa regra de irretroatividade vale, inclusive, para as ações penais. Assim, por exemplo, se, em 24/09/2018, o agente cometeu contra uma mulher maior de 18 anos um assédio sexual (art. 216-A do CP), a ação penal continua sendo pública condicionada à representação.

PENAL

4.3. LEI 13.718/2018: IMPORTANTES MUDANÇAS NOS CRIMES SEXUAIS

A Lei nº 13.718/2018 trouxe seis importantes mudanças nos crimes contra a dignidade sexual. Vamos entender o que mudou.

I – INSERÇÃO DE NOVO CRIME: IMPORTUNAÇÃO SEXUAL

A Lei nº 13.718/2018 acrescentou um novo delito no art. 215-A do Código Penal, chamado de "importunação sexual":

> **Importunação sexual**
>
> **Art. 215-A. Praticar contra alguém e sem a sua anuência ato libidinoso com o objetivo de satisfazer a própria lascívia ou a de terceiro:**
>
> **Pena – reclusão, de 1 (um) a 5 (cinco) anos, se o ato não constitui crime mais grave.**

Em que consiste o delito:

- O agente (que pode ser homem ou mulher)
- pratica contra a vítima (que também pode ser homem ou mulher)
- ato libidinoso
- com o objetivo de satisfazer a própria lascívia
- ou a lascívia de terceiro.

Ato libidinoso

Ato libidinoso é todo ato de cunho sexual capaz de gerar no sujeito a satisfação de seus desejos sexuais.

Exs: penetração do pênis na vagina (chamada de conjunção carnal), penetração anal, sexo oral, masturbação, toques íntimos etc.

Lascívia

Lascívia é o prazer sexual, o prazer carnal, a luxúria.

Obs: luxúria não tem nada a ver com luxo, mas sim com sexo.

Exemplo 1:

Dentro de um ônibus, determinado homem faz automasturbação e ejacula nas costas de uma passageira que está sentada à sua frente.

Esta conduta abominável, lamentavelmente, tem ocorrido com certa frequência.

O fato não podia ser enquadrado como estupro (art. 213 do CP), considerando que não houve violência ou grave ameaça:

> § Art. 213. Constranger alguém, mediante violência ou grave ameaça, a ter conjunção carnal ou a praticar ou permitir que com ele se pratique outro ato libidinoso:
>
> Pena – reclusão, de 6 (seis) a 10 (dez) anos.

Também não podia ser classificado como violação sexual mediante fraude (art. 215 do CP), tendo em vista que o ato libidinoso não foi praticado com a vítima:

> § Violação sexual mediante fraude
>
> Art. 215. Ter conjunção carnal ou praticar outro ato libidinoso com alguém, mediante fraude ou outro meio que impeça ou dificulte a livre manifestação de vontade da vítima:
>
> Pena – reclusão, de 2 (dois) a 6 (seis) anos.

Diante disso, essa conduta era "punida" como contravenção penal:

> § Art. 61. Importunar alguém, em lugar público ou acessível ao público, de modo ofensivo ao pudor:
>
> Pena – multa, de duzentos mil réis a dois contos de réis.

Agora, com a Lei nº 13.718/2018, este fato é tipificado como importunação sexual, delito do art. 215-A do CP.

Vale ressaltar que a Lei nº 13.718/2018 REVOGOU a contravenção penal do art. 61 do DL 3.688/41.

Exemplo 2:

O art. 215-A do CP também serve para punir a conduta do *frotteurismo*.

O *frotteurismo* consiste em "tocar e esfregar-se em uma pessoa sem seu consentimento. O comportamento geralmente ocorre em locais com grande concentração de pessoas, dos quais o indivíduo pode escapar mais facilmente de uma detenção (por ex., calçadas movimentadas ou veículos de transporte coletivo). Ele esfrega seus genitais contra as coxas e nádegas ou acaricia com as mãos a genitália ou os seios da vítima. Ao fazê-lo, o indivíduo geralmente fantasia um relacionamento exclusivo e carinhos com a vítima." (http://www.psiquiatriageral.com.br/dsm4/sexual4.htm. Acesso em 29/09/2018).

No frotteurismo não há violência ou grave ameaça, razão pela qual não se enquadra como estupro (art. 213 do CP), mas sim o delito do art. 215-A do CP.

"Se o ato não constitui crime mais grave"

Há uma subsidiariedade expressa no preceito secundário do art. 215-A do CP. Isso significa que, se a conduta praticada puder se enquadrar em um delito mais grave, não será o crime do art. 215-A do CP.

Ex: se o agente "praticar contra alguém e sem a sua anuência ato libidinoso com o objetivo de satisfazer a própria lascívia", mas utilizando-se de violência ou grave ameaça, poderá configurar o crime do art. 213 do CP (mais grave e mais específico).

Bem jurídico protegido

É a liberdade sexual.

Sujeito ativo

Crime comum.
Pode ser praticado por qualquer pessoa (homem ou mulher).

Sujeito passivo

Pode ser praticado contra qualquer pessoa (homem ou mulher).

Assim, o art. 215-A do CP é crime bicomum.

Se a vítima for pessoa menor de 14 anos

Neste caso, a conduta poderá configurar o crime do art. 218-A do CP:

> § Satisfação de lascívia mediante presença de criança ou adolescente
>
> Art. 218-A. Praticar, na presença de alguém menor de 14 (catorze) anos, ou induzi-lo a presenciar, conjunção carnal ou outro ato libidinoso, a fim de satisfazer lascívia própria ou de outrem:
>
> Pena – reclusão, de 2 (dois) a 4 (quatro) anos

A depender de peculiaridades do caso concreto, o fato pode até mesmo ser enquadrado como estupro de vulnerável. Veja esta situação analisada pelo STJ (com adaptações):

O homem convenceu uma criança de 10 anos a ir até o motel com ele.

Chegando lá, o agente pediu que a garota ficasse nua na sua frente, tendo sido atendido.

O simples fato de ver a menina nua já satisfez o sujeito que, após alguns minutos olhando a criança, determinou que ela vestisse novamente as roupas.

Foram, então, embora do local sem que o agente tenha tocado na garota.

A criança acabou contando o que se passou a seus pais e o sujeito foi denunciado pelo Ministério Público pela prática de estupro de vulnerável.

O STJ manteve a imputação:

A conduta de contemplar lascivamente, sem contato físico, mediante pagamento, menor de 14 anos desnuda em motel pode permitir a deflagração da ação penal para a apuração do delito de estupro de vulnerável.

STJ. 5ª Turma. RHC 70.976-MS, Rel. Min. Joel Ilan Paciornik, julgado em 2/8/2016 (Info 587).

O sujeito passivo precisa ser uma pessoa específica

Conforme explica com muita propriedade Rogério Sanches:

"O tipo exige que o ato libidinoso seja praticado contra alguém, ou seja, pressupõe uma pessoa específica a quem deve se dirigir o ato de autossatisfação. Assim é não só porque o crime está no capítulo relativo à liberdade sexual, da qual apenas indivíduos podem ser titulares, mas também porque somente desta forma se evita confusão com o crime de ato obsceno. Com efeito, responde por importunação sexual quem, por exemplo, se masturba em frente a alguém porque aquela pessoa lhe desperta um impulso sexual; mas responde por ato obsceno quem se masturba em uma praça pública sem visar a alguém específico, apenas para ultrajar ou chocar os frequentadores do local." (Lei 13.718/18: Introduz modificações nos crimes contra a dignidade sexual. Disponível em: http://meusitejuridico.com.br/2018/09/25/lei-13-71818-introduz-modificacoes-nos--crimes-contra-dignidade-sexual/. Acesso em 02/10/2018).

Elemento subjetivo

O crime é punido a título de dolo.

Exige-se um elemento subjetivo específico (vulgo "dolo específico"): o agente deve ter praticado a conduta "com o objetivo de satisfazer a própria lascívia ou a de terceiro".

Não admite modalidade culposa.

Importunação sexual x Ato obsceno

Existe um outro crime (ato obsceno) que, no caso concreto, poderia ser confundido com a importunação sexual. Vamos comparar os dois crimes:

IMPORTUNAÇÃO SEXUAL	ATO OBSCENO
Art. 215-A. Praticar contra alguém e sem a sua anuência ato libidinoso com o objetivo de satisfazer a própria lascívia ou a de terceiro: Pena – reclusão, de 1 (um) a 5 (cinco) anos, se o ato não constitui crime mais grave.	Art. 233. Praticar ato obsceno em lugar público, ou aberto ou exposto ao público: Pena – detenção, de três meses a um ano, ou multa.

IMPORTUNAÇÃO SEXUAL	ATO OBSCENO
O sujeito passivo é determinado (uma pessoa determinada ou um grupo de pessoas determinado).	Sujeito passivo é a coletividade (crime vago).
Exige-se um elemento subjetivo especial. O agente pratica a conduta "com o objetivo de satisfazer a própria lascívia ou a de terceiro".	O elemento subjetivo é o dolo, não se exigindo do sujeito nenhuma finalidade específica.
A conduta não precisa ter sido praticada em lugar público, ou aberto ou exposto a público. Ex: pode ser praticado no interior de uma casa.	Para que o crime se configure, é indispensável que o ato obsceno tenha sido praticado em lugar público, ou aberto ou exposto ao público.
Para que o crime se configure, é indispensável que o ato libidinoso tenha sido praticado contra alguém que não concordou com isso. A análise da anuência ou não da pessoa atingida é fundamental.	Não importa se houve ou não anuência das pessoas que estavam presentes. Se o ato obsceno foi praticado em lugar público, ou aberto ou exposto ao público, haverá o crime.
Infração de médio potencial ofensivo.	Infração de menor potencial ofensivo.

Tentativa

Na teoria, é possível. Isso porque se trata de crime plurissubsistente.

Crime plurissubsistente é aquele no qual a execução pode ser fracionada em vários atos.

Ação penal

Trata-se de crime de ação pública INCONDICIONADA.

A partir da Lei nº 13.718/2018, todos os crimes contra a dignidade sexual são crimes de ação pública incondicionada (art. 225 do CP).

Infração de médio potencial ofensivo

A importunação sexual possui pena de 1 a 5 anos de reclusão. Logo, classifica-se como infração de médio potencial ofensivo. Isso significa que é possível a concessão de suspensão condicional do processo (art. 89 da Lei nº 9.099/95).

Não se trata de crime hediondo

Dos delitos contra a dignidade sexual, apenas o estupro (art. 213, caput e §§ 1º e 2º), o estupro de vulnerável (art. 217-A, caput e §§ 1º, 2º, 3º e 4º) e o favorecimento da prostituição ou de outra forma de exploração sexual de criança ou adolescente ou de vulnerável (art. 218-B, caput, e §§ 1º e 2º) são crimes hediondos.

Revogação do art. 61 da Lei de Contravenções Penais

A Lei nº 13.718/2018, além de inserir o crime do art. 215-A ao CP, também revogou o art. 61 do DL 3.688/41 (contravenção penal que era chamada de importunação ofensiva ao pudor). Compare:

PENAL

IMPORTUNAÇÃO OFENSIVA AO PUDOR	IMPORTUNAÇÃO SEXUAL
Lei de Contravenções Penais (DL 3.688/41) Art. 61. Importunar alguem, em lugar público ou acessivel ao público, de modo ofensivo ao pudor: Pena – multa, de duzentos mil réis a dois contos de réis.	Código Penal Art. 215-A. Praticar contra alguém e sem a sua anuência ato libidinoso com o objetivo de satisfazer a própria lascívia ou a de terceiro: Pena – reclusão, de 1 (um) a 5 (cinco) anos, se o ato não constitui crime mais grave.
Era uma contravenção penal.	Trata-se de crime.
Revogada pela Lei nº 13.718/2018.	Incluído pela Lei nº 13.718/2018.

Pergunta: houve *abolitio criminis*? Os indivíduos que estavam respondendo ou já haviam sido condenados por importunação ofensiva ao pudor foram beneficiados com a Lei nº 13.718/2018 e poderão pedir o reconhecimento de *abolito criminis*?

NÃO. A conduta descrita no art. 61 do DL 3.688/41 passou a ser prevista no art. 215-A do Código Penal, ainda que com outra redação mais abrangente.

Desse modo, não houve houve *abolitio criminis*, mas sim continuidade normativo-típica.

O princípio da continuidade normativa ocorre “quando uma norma penal é revogada, mas a mesma conduta continua sendo crime no tipo penal revogador, ou seja, a infração penal continua tipificada em outro dispositivo, ainda que topologicamente ou normativamente diverso do originário.” (Min. Gilson Dipp, em voto proferido no HC 204.416/SP).

Logo, para as pessoas que estavam respondendo ou haviam sido condenadas pelo art. 61 do DL 3.688/41 antes da Lei nº 13.654/2018, nada muda.

Os indivíduos que ejacularam nas vítimas ou que praticaram frotteurismo antes do dia 25/09/2018 poderão responder pelo crime do art. 215-A do CP?

NÃO. Somente podem responder pelo art. 215-A do CP aqueles que praticaram a conduta a partir do dia 25/09/2018 (se foi no dia 25/09/2018, já incide o art. 215-A).

Como a Lei nº 13.718/2018 incluiu uma nova infração penal (art. 215-A do CP) mais grave que a contravenção penal do art. 61, ela representa *novatio legis in pejus* (lei penal mais grave), não podendo retroagir para alcançar situações pretéritas (art. 5º, XL, da CF/88).

II – NOVO CRIME: DIVULGAÇÃO DE CENA DE ESTUPRO OU DE CENA DE ESTUPRO DE VULNERÁVEL, DE CENA DE SEXO OU DE PORNOGRAFIA

A Lei nº 13.718/2018 acrescentou um novo delito no art. 218-C do Código Penal:

Divulgação de cena de estupro ou de cena de estupro de vulnerável, de cena de sexo ou de pornografia

Art. 218-C. Oferecer, trocar, disponibilizar, transmitir, vender ou expor à venda, distribuir, publicar ou divulgar, por qualquer meio – inclusive por meio de comunicação de massa ou sistema de informática ou telemática –, fotografia, vídeo ou outro registro audiovisual que contenha cena de estupro ou de estupro de vulnerável ou que faça apologia ou induza a sua prática, ou, sem o consentimento da vítima, cena de sexo, nudez ou pornografia:

Pena – reclusão, de 1 (um) a 5 (cinco) anos, se o fato não constitui crime mais grave.

Em que consiste o crime:

O tipo penal do art. 218-C traz duas situações diferentes que reputo importante separá-las:

<u>1ª parte</u>

O agente...

- oferece, disponibiliza ou divulga
- de qualquer forma (gratuitamente ou não)
- por qualquer meio (digital ou não)
- pela internet ou fora dela
- fotografia, vídeo ou qualquer registro audiovisual
- que contenha cena de estupro (art. 213 do CP)
- ou cena de estupro de vulnerável envolvendo as pessoas do § 1º do art. 217-A
- ou cena que faça apologia ("propaganda") ou induza a sua prática.

<u>2ª parte</u>

O agente...

- oferece, disponibiliza ou divulga
- de qualquer forma (gratuitamente ou não)
- por qualquer meio (digital ou não)
- pela internet ou fora dela
- fotografia, vídeo ou qualquer registro audiovisual
- que contenha cena de sexo, nudez ou pornografia
- sem que a(s) pessoa(s) que está(ão) aparecendo na fotografia ou vídeo tenha(m) autorizado a sua publicação.

Diferença entre a 1ª e a 2ª partes do tipo penal

1ª parte do art. 218-C	2ª parte do art. 218-C
O agente divulga uma fotografia ou vídeo que contém uma cena de estupro (relação sexual sem consentimento) ou uma cena que faça apologia ou induza a prática de estupro.	Aqui não tem nada a ver com estupro. O agente divulga uma fotografia ou vídeo que contém uma cena de sexo (consensual), nudez ou pornografia. A divulgação é feita sem o consentimento da pessoa que aparece na fotografia ou vídeo.
Ex: agente divulga na *deep web* vídeo no qual um homem mantém relação sexual com uma mulher que, por estar completamente embriagada, não tinha o necessário discernimento para a prática do ato nem podia oferecer resistência.	Ex: Isabela e Ricardo são namorados e costumam filmar alguns atos sexuais que praticam. Isabela termina o relacionamento e Ricardo, como forma de vingança, divulga os vídeos em um site pornográfico na internet.

Pessoas que recebem a fotografia ou vídeo cometem o crime?

Imagine que João envia, em um grupo do whatsapp o vídeo de sua ex-namorada nua como forma de vingança pelo fato de ela ter terminado o relacionamento. Os demais integrantes do grupo, que receberam a mídia e salvaram em seus celulares para ficarem olhando depois, praticam o crime?

NÃO. Esta conduta de receber a fotografia/vídeo e salvá-lo não se amolda em nenhum dos núcleos do tipo que são os seguintes: "oferecer, trocar, disponibilizar, transmitir, vender ou expor à venda, distribuir, publicar ou divulgar".

Vale ressaltar, no entanto, que se um dos membros do grupo incentivou que o ex-namorado enviasse as fotos/vídeos, ele poderá responder pelo crime na qualidade de partícipe.

Forma como o agente obteve a fotografia ou vídeo

Para a configuração do art. 218-C do CP não interessa a forma como o agente obteve a fotografia ou vídeo. Haverá o delito tanto no caso em que o agente recebeu a mídia da própria vítima (ex: mulher enviou ao seu então namorado uma fotografia sua despida) como também na hipótese em que o sujeito a obteve clandestinamente (ex: invadiu o computador da vítima e dali extraiu o vídeo).

Vale ressaltar, no entanto, que se o agente obteve a mídia invadindo um dispositivo informático e depois repassou as fotografias/vídeos, neste caso ele responderá por dois delitos em concurso material (art. 154-A e art. 218-C do CP).

"Se o ato não constitui crime mais grave"

Há uma subsidiariedade expressa no preceito secundário do art. 218-C do CP. Isso significa que, se a conduta praticada puder se enquadrar em um delito mais grave, não será o crime do art. 218-C do CP.

Bem jurídico protegido

É a liberdade sexual.

Sujeito ativo

Crime comum.

Pode ser praticado por qualquer pessoa (homem ou mulher).

O agente que divulgou o vídeo não precisa ter sido o mesmo indivíduo que participou ou filmou o ato. Se for a mesma pessoa, poderá haver concurso de crimes.

Ex: imagine que o indivíduo praticou o estupro e filmou o ato. Em seguida, ele divulgou o vídeo na *deep web*. Neste caso, ele terá praticado dois delitos em concurso material: estupro e o crime do art. 218-C do CP.

Sujeito passivo

A vítima deste crime é a pessoa que aparece na fotografia ou no vídeo.

O delito pode ser praticado contra qualquer pessoa (homem ou mulher).

Assim, o art. 218-C do CP é crime bicomum.

Muito cuidado! Se a vítima for pessoa menor de 18 anos, o delito será o do art. 241 ou o do art. 241-A do ECA:

§

> Art. 241. Vender ou expor à venda fotografia, vídeo ou outro registro que contenha cena de sexo explícito ou pornográfica envolvendo criança ou adolescente:
>
> Pena – reclusão, de 4 (quatro) a 8 (oito) anos, e multa.

§ Art. 241-A. Oferecer, trocar, disponibilizar, transmitir, distribuir, publicar ou divulgar por qualquer meio, inclusive por meio de sistema de informática ou telemático, fotografia, vídeo ou outro registro que contenha cena de sexo explícito ou pornográfica envolvendo criança ou adolescente:

Pena – reclusão, de 3 (três) a 6 (seis) anos, e multa.

Diferença entre o art. 218-C do CP e os arts. 241 e 241-A do ECA

- Se a cena de sexo explícito ou pornográfica envolver criança ou adolescente: a situação se enquadrará nos arts. 241 e 241-A do ECA.
- Se a cena de sexo explícito ou pornográfica envolver adulto: o crime será o do art. 218-C do CP.

Desse modo, quando o art. 218-C fala em fotografia ou vídeo que contenha cena "de estupro de vulnerável", o que ele está se referindo é à situação prevista no § 1º do art. 217-A do CP:

§ Art. 217-A. Ter conjunção carnal ou praticar outro ato libidinoso com menor de 14 (catorze) anos:

Pena – reclusão, de 8 (oito) a 15 (quinze) anos.

§ 1º Incorre na mesma pena quem pratica as ações descritas no caput com alguém que, por enfermidade ou deficiência mental, não tem o necessário discernimento para a prática do ato, ou que, por qualquer outra causa, não pode oferecer resistência.

Explicando melhor. O estupro de vulnerável consiste na prática de conjunção carnal ou ato libidinoso contra:

a. menor de 14 anos;

b. pessoa que, por enfermidade ou deficiência mental, não tem o necessário discernimento para a prática do ato sexual;

c. pessoa que, por qualquer outra causa, não pode oferecer resistência.

- Se a cena envolve vulnerável que seja criança ou adolescente, a situação se enquadrará nos arts. 241 e 241-A do ECA.
- Se a cena envolve vulnerável que não seja criança ou adolescente, o crime será o do art. 218-C do CP.

Elemento subjetivo

O crime é punido a título de dolo.

Não se exige qualquer elemento subjetivo específico.
Não admite modalidade culposa.

Intenção do agente pode servir para majorar o crime

Se a intenção do agente ao praticar o crime era a de se vingar da vítima ou humilhá-la, haverá um aumento de pena de 1/3 a 2/3 (§ 1º do art. 218-C do CP).

Tipo misto alternativo:

Trata-se de tipo misto alternativo, ou seja, o legislador descreveu várias condutas (verbos), porém, se o sujeito praticar mais de um verbo, no mesmo contexto fático e contra o mesmo objeto material, responderá por um único crime, não havendo concurso de crimes nesse caso.

Consumação

Ocorre no momento em que o agente pratica qualquer dos verbos ali descritos, ou seja, oferece, troca, disponibiliza, transmite, vende, expõe à venda, distribui, publica ou divulga.

Trata-se de crime material.

Tentativa

Na teoria, é possível. Isso porque se trata de crime plurissubsistente.

Crime plurissubsistente é aquele no qual a execução pode ser fracionada em vários atos.

Ação penal

Trata-se de crime de ação pública INCONDICIONADA.

A partir da Lei nº 13.718/2018, todos os crimes contra a dignidade sexual são crimes de ação pública incondicionada (art. 225 do CP).

Infração de médio potencial ofensivo

O crime do art. 218-C possui pena de 1 a 5 anos de reclusão. Logo, classifica-se como infração de médio potencial ofensivo. Isso significa que é possível a concessão de suspensão condicional do processo (art. 89 da Lei nº 9.099/95).

Não se trata de crime hediondo

Dos delitos contra a dignidade sexual, apenas o estupro (art. 213, caput e §§ 1º e 2º), o estupro de vulnerável (art. 217-A, caput e §§ 1º, 2º, 3º e 4º) e o favorecimento da prostituição ou de outra forma de exploração sexual de criança ou adolescente ou de vulnerável (art. 218-B, caput, e §§ 1º e 2º) são crimes hediondos.

Lei penal mais grave

Somente podem responder pelo art. 218-C do CP aqueles que praticaram a conduta a partir do dia 25/09/2018 por se tratar de lei penal mais grave e, portanto, irretroativa.

Aumento de pena

§ 1º A pena é aumentada de 1/3 (um terço) a 2/3 (dois terços) se o crime é praticado por agente que mantém ou tenha mantido relação íntima de afeto com a vítima ou com o fim de vingança ou humilhação.

"Revenge porn" (pornografia de vingança/revanche)

Esse § 1º pune uma prática que, infelizmente, ocorre com frequência e que é chamada de "porn reveng". A "revenge porn" consiste na conduta do ex-namorado ou ex-marido que, inconformado com o término da relação, divulga, como forma de punir a sua ex-parceira, fotografias ou imagens nas quais ela aparece nua ou em cenas de sexo.

Obviamente, a "revenge porn" também pode ser praticada pela ex-namorada ou ex-esposa contra o seu ex-parceiro, apesar de não ser o mais comum.

Antes da Lei nº 13.718/2018 não havia um tipo penal específico que punisse a "revenge porn", restando à vítima buscar uma indenização cível.

Duas situações autônomas

Repare que o § 1º acima traz duas causas de aumento de pena.

São situações alternativas, ou seja, basta que ocorra uma ou outra.

Causas de aumento de pena do § 1º do art. 218-C do CP	
1. Se o agente que praticou o crime mantém ou tinha mantido relação íntima de afeto com a vítima.	**2. Se o agente praticou o crime com o objetivo de se vingar da vítima ou de humilhá-la.**
Esta primeira situação é objetiva no sentido de que não envolve a intenção do agente. Se o sujeito mantém ou manteve relação íntima de afeto com a vítima, ele já receberá o aumento da pena mesmo que não haja provas que revelem qual foi a sua intenção ao divulgar o vídeo ou a fotografia. Agiu bem o legislador ao prever assim porque evita uma difícil discussão sobre a intenção do agente. Ex: ex-namorado que divulga fotografias eróticas de sua ex-namorada.	Esta segunda situação é subjetiva, aqui entendida como algo que envolve a intenção do agente. Na prática, esta segunda hipótese servirá para punir os casos de sujeitos que não mantinham relação íntima de afeto com a vítima. Ex: Pedro trabalha com Lúcia na mesma empresa. Ambos disputaram uma promoção. Pedro divulga na lista de e-mail do trabalho fotografias de Lúcia nua como forma de vingança por ter perdido a promoção para ela.

Exclusão de ilicitude

§ 2º Não há crime quando o agente pratica as condutas descritas no caput deste artigo em publicação de natureza jornalística, científica, cultural ou acadêmica com a adoção de recurso que impossibilite a identificação da vítima, ressalvada sua prévia autorização, caso seja maior de 18 (dezoito) anos.

O § 2º traz duas situações. Não haverá o crime se:

- o agente divulga a fotografia ou o vídeo em publicação de natureza jornalística, científica, cultural ou acadêmica sem identificar a vítima;
- o agente divulga a fotografia ou o vídeo em publicação de natureza jornalística, científica, cultural ou acadêmica identificando a vítima, desde que ela seja maior de 18 anos e tenha dado autorização para isso.

Em nenhuma hipótese será permitida a identificação da vítima se ela for menor de 18 anos, sendo nulo seu consentimento ou de seus representantes legais.

III – ALTERAÇÃO NO CRIME DE ESTUPRO DE VULNERÁVEL

Uma outra alteração promovida pela Lei nº 13.718/2018 foi no crime de estupro de vulnerável.

O estupro de vulnerável é previsto no art. 217-A ao Código Penal:

§

Estupro de vulnerável

Art. 217-A. Ter conjunção carnal ou praticar outro ato libidinoso com menor de 14 (catorze) anos:

Pena – reclusão, de 8 (oito) a 15 (quinze) anos.

§ 1º Incorre na mesma pena quem pratica as ações descritas no caput com alguém que, por enfermidade ou deficiência mental, não tem o necessário discernimento para a prática do ato, ou que, por qualquer outra causa, não pode oferecer resistência.

§ 2º (VETADO)

§ 3º Se da conduta resulta lesão corporal de natureza grave:

Pena – reclusão, de 10 (dez) a 20 (vinte) anos.

§ 4º Se da conduta resulta morte:

Pena – reclusão, de 12 (doze) a 30 (trinta) anos.

Esse tipo proíbe, portanto, manter relação sexual (conjunção carnal ou outros atos libidinosos) com pessoa que é vulnerável. Vale ressaltar que será caracterizado o crime mesmo que não tenha havido violência ou grave ameaça.

Quem é vulnerável para os fins do art. 217-A do CP?

1. Pessoa menor de 14 anos;
2. Pessoa que, por apresentar alguma enfermidade ou deficiência mental, não tem o necessário discernimento para a prática do ato;
3. Pessoa que, por qualquer causa, não pode oferecer resistência. Ex: em estado de coma.

Toda pessoa com enfermidade ou deficiência mental será considerada vulnerável, para os fins do art. 217-A do CP?

NÃO. Pela leitura do § 1º do art. 217-A do CP, pode-se concluir que a pessoa com enfermidade ou deficiência mental somente será considerada vulnerável para fins de estupro de vulnerável se ela não tiver "o necessário discernimento para a prática do ato".

Se o agente praticar conjunção carnal (penetração vaginal) ou outro ato libidinoso (ex: coito anal) com uma pessoa vulnerável, haverá o crime do art. 217-A do CP mesmo que a vítima consinta (concorde) com o ato sexual?

Esse tema foi exaustivamente discutido no que tange às pessoas menores de 14 anos. Suponhamos, por exemplo, que Beatriz (13 anos de idade) pratica sexo com Rodolfo (seu namorado de 18 anos). Neste caso, ele terá cometido o crime de estupro de vulnerável mesmo que essa relação sexual tenha sido consentida? Imagine que Rodolfo seja o segundo namorado da moça e que ela já tenha tido relações sexuais com seu primeiro namorado. Mesmo assim Rodolfo terá praticado o crime?
A resposta é sim.

O STJ apreciou o tema e, a fim de que não houvesse mais dúvidas quanto a isso, editou um enunciado nos seguintes termos:

Súmula 593-STJ: O crime de estupro de vulnerável se configura com a conjunção carnal ou prática de ato libidinoso com menor de 14 anos, sendo irrelevante eventual consentimento da vítima para a prática do ato, sua experiência sexual anterior ou existência de relacionamento amoroso com o agente.

O Congresso Nacional decidiu incorporar na legislação esse entendimento e acrescentou o § 5º ao art. 217-A do CP repetindo, em parte, a conclusão da súmula:

Art. 217-A. (...)

§ 5º As penas previstas no caput e nos §§ 1º, 3º e 4º deste artigo aplicam-se independentemente do consentimento da vítima ou do fato de ela ter mantido relações sexuais anteriormente ao crime. (Inserido pela Lei nº 13.718/2018)

Consentimento e pessoas com deficiência

Se você observar a Súmula 593 do STJ verá que ela tratou apenas de uma das hipóteses de pessoa vulnerável, qual seja, a pessoa menor de 14 anos.

O novo § 5º, por sua vez, levou o entendimento exposto na súmula para as outras duas situações de vulnerabilidade previstas no § 1º do art. 217-A:

- Pessoa que, por enfermidade ou deficiência mental, não tem o necessário discernimento para a prática do ato;
- Pessoa que, por qualquer causa, não pode oferecer resistência.

Deve-se ter muito cuidado com a aplicação deste § 5º para as pessoas com deficiência. Isso porque em regra, a pessoa com deficiência possui os mesmos direitos de que dispõe uma pessoa sem deficiência. Nesse sentido é o art. 4º da Lei nº 13.146/2015 (Estatuto da Pessoa com deficiência):

> § Art. 4º Toda pessoa com deficiência tem direito à igualdade de oportunidades com as demais pessoas e não sofrerá nenhuma espécie de discriminação.

Isso significa que, em regra, a pessoa com deficiência pode fazer livremente suas escolhas diárias bem como decidir autonomamente sobre os destinos de sua vida, tendo, inclusive, liberdade sexual, conforme prevê expressamente o art. 6º, II, da Lei nº 13.146/2015:

> § Art. 6º A deficiência não afeta a plena capacidade civil da pessoa, inclusive para:
>
> (...)
>
> II – exercer direitos sexuais e reprodutivos;

Logo, o simples fato de ter havido sexo consensual com pessoa com deficiência não gera o crime de estupro de vulnerável. É necessário que a pessoa com deficiência seja vulnerável, ou seja, que ela não tenha o necessário discernimento para a prática do ato.

Assim, a interpretação do § 5º do art. 217-A, no caso de pessoas com deficiência, deve ser a seguinte: a pena prevista no § 1º do art. 217-A aplica-se independentemente do consentimento da vítima ou do fato de ela ter mantido relações sexuais anteriormente ao crime se a pessoa com deficiência não puder dar um consentimento válido em virtude de não ter o necessário discernimento para a prática do ato.

Por outro lado, se a pessoa com deficiência tiver discernimento para a prática do ato, seu consentimento será sim válido e irá excluir o crime do art. 217-A do CP, considerando que, neste caso, a pessoa com deficiência não será vulnerável.

IV – NOVA CAUSA DE AUMENTO DE PENA PARA OS ESTUPROS COLETIVO E CORRETIVO (ART. 226 DO CP)

O art. 226 do Código Penal traz algumas causas de aumento de pena para os crimes sexuais.

A Lei nº 13.718/2018 acrescenta uma nova causa de aumento de pena punindo com mais rigor o estupro "coletivo" e o estupro "corretivo".

Veja o inciso IV que foi inserido pela Lei nº 13.718/2018:

> § Art. 226. A pena é aumentada:
>
> I – de quarta parte, se o crime é cometido com o concurso de 2 (duas) ou mais pessoas;

PENAL

II – de metade, se o agente é ascendente, padrasto ou madrasta, tio, irmão, cônjuge, companheiro, tutor, curador, preceptor ou empregador da vítima ou por qualquer outro título tiver autoridade sobre ela;

III – (Revogado pela Lei nº 11.106, de 2005)

IV – de 1/3 (um terço) a 2/3 (dois terços), se o crime é praticado:

Estupro coletivo

a) mediante concurso de 2 (dois) ou mais agentes;

Estupro corretivo

b) para controlar o comportamento social ou sexual da vítima.

(Inciso IV inserido pela Lei nº 13.718/2018)

O estupro coletivo (inciso IV, "a") é cometido necessariamente com o concurso de 2 pessoas. Como compatibilizá-lo com o inciso I do art. 226? Quando se aplica um ou o outro?

- Inciso IV, "a": aplicado apenas para os casos de estupro (arts. 213 e 217-A do CP). Isso porque o nomen iuris da causa de aumento fala em "estupro coletivo" e "estupro corretivo".
- Inciso I: aplicado para os casos demais crimes contra a dignidade sexual.

Em que consiste esse estupro corretivo?

Rogério Sanches explica com maestria o tema:

"Já a majorante do estupro corretivo abrange, em regra, crimes contra mulheres lésbicas, bissexuais e transexuais, no qual o abusador quer "corrigir" a orientação sexual ou o gênero da vítima. A violação tem requintes de crueldade e é motivada por ódio e preconceito, justificando a nova causa de aumento. A violência é usada como um castigo pela negação da mulher à masculinidade do homem. Uma espécie doentia de 'cura' por meio do ato sexual à força. A característica desta forma criminosa é a pregação do agressor ao violentar a vítima.

Os meios de comunicação indicam casos em que os agressores chegam a incitar a "penetração corretiva" em grupos das redes sociais e sites na internet (o que, isoladamente, pode caracterizar o crime do art. 218-C – apologia ou induzimento à prática do estupro – caso sejam veiculados fotografias ou registros audiovisuais)." (Lei 13.718/18: Introduz modificações nos crimes contra a dignidade sexual. Disponível em: http://meusitejuridico.com.br/2018/09/25/lei-13-71818-introduz-modificacoes-nos-crimes--contra-dignidade-sexual/. Acesso em 02/10/2018).

Infelizmente são cada vez mais comuns esses abomináveis casos havendo relatos de lésbicas que foram estupradas por homens que diziam agora você "vai aprender a gostar de homem" ou "agora você vira mulher de verdade" (https://universa.uol.com.br/noticias/redacao/2017/11/02/vai-virar-mulher-de-verdade-estupro-corretivo-vitimiza--mulheres-lesbicas.htm)

V – NOVAS CAUSAS DE AUMENTO DE PENA PARA OS CRIMES CONTRA A DIGNIDADE SEXUAL (ART. 234-A DO CP)

O art. 234-A do Código Penal traz duas causas de aumento de pena para os crimes contra a dignidade sexual. Tais hipóteses foram alteradas pela Lei nº 13.718/2018:

Antes da Lei nº 13.718/2018	Depois da Lei nº 13.718/2018 (atualmente)
Art. 234-A. Nos crimes previstos neste Título (*crimes contra a dignidade sexual*) a pena é aumentada: (...) III – de metade, se do crime resultar gravidez; e IV – de um sexto até a metade, se o agente transmite à vitima doença sexualmente transmissível de que sabe ou deveria saber ser portador.	Art. 234-A. Nos crimes previstos neste Título (*crimes contra a dignidade sexual*) a pena é aumentada: (...) III – de metade a 2/3 (dois terços), se do crime resulta gravidez; IV – de 1/3 (um terço) a 2/3 (dois terços), se o agente transmite à vítima doença sexualmente transmissível de que sabe ou deveria saber ser portador, ou se a vítima é idosa ou pessoa com deficiência.

Vítima pessoa com deficiência e estupro de vulnerável

Uma das hipóteses de estupro de vulnerável ocorre quando a conjunção carnal ou ato libidinoso diverso é praticado com pessoa que, "por enfermidade ou deficiência mental, não tem o necessário discernimento para a prática do ato" (art. 217-A, § 1º do CP).

Desse modo, uma das vítimas do estupro de vulnerável é a pessoa com deficiência que não tenha discernimento.

Em tais casos, penso que não deve ser aplicada essa nova causa de aumento de pena do art. 234-A, IV, do CP. Isso porque haveria aí um *bis in idem* considerando que, com outras palavras, o fato de a vítima ser pessoa com deficiência é uma das elementares do tipo do art. 217-A, § 1º do CP.

VI – AÇÃO PENAL NOS CRIMES CONTRA A DIGNIDADE SEXUAL

A ação penal nos crimes sexuais deve ser analisada em três momentos históricos. Acompanhe:

AÇÃO PENAL NOS CRIMES SEXUAIS	
Redação originária do CP	Regra: ação penal privada. Exceções: **a.** se a vítima ou seus pais não tivessem dinheiro para o processo: ação pública condicionada à representação. **b.** se o crime era cometido com abuso do poder familiar, ou da qualidade de padrasto, tutor ou curador: ação pública incondicionada. **c.** se da violência resultasse lesão grave ou morte da vítima: ação pública incondicionada. **d.** se o crime de estupro fosse praticado mediante o emprego de violência real: ação pública incondicionada.
Redação da Lei 12.015/09	Regra: ação penal pública condicionada à representação. Exceções: **a.** Vítima menor de 18 anos: incondicionada. **b.** Vítima vulnerável: incondicionada. **c.** Se foi praticado mediante violência real: incondicionada (Súm. 608-STF). **d.** Se resultou lesão corporal grave ou morte: polêmica, mas prevalecia que deveria ser aplicado o mesmo raciocínio da Súmula 608-STF.

PENAL

AÇÃO PENAL NOS CRIMES SEXUAIS	
Redação da Lei 13.718/18 (quadro atual)	Ação pública incondicionada (sempre). Todos os crimes contra a dignidade sexual são de ação pública incondicionada. Não há exceções!

Veja a nova redação do art. 225 do CP:

§ Art. 225. Nos crimes definidos nos Capítulos I e II deste Título, procede-se mediante ação penal pública incondicionada. (Redação dada pela Lei nº 13.718/2018).

O art. 225 do CP fala apenas nos Capítulos I e II do Título VI. E os crimes previstos nos demais Capítulos deste Título? Qual será a ação penal neste caso?

Também será ação pública incondicionada. Isso por força do art. 100 do CP (Art. 100 – A ação penal é pública, salvo quando a lei expressamente a declara privativa do ofendido.).

Assim, repito: todos os crimes contra a dignidade sexual são de ação pública incondicionada.

Súmula 608-STF

Em 1984, o STF editou uma súmula afirmando que, se o estupro fosse praticado mediante violência real, a ação penal seria pública incondicionada. Confira:

Súmula 608-STF: No crime de estupro, praticado mediante violência real, a ação penal é pública incondicionada.

Com a edição da Lei nº 12.015/2009, a maioria da doutrina defendeu a ideia de que esta súmula teria sido superada. Isso porque, como vimos, com a Lei nº 12.015/2009, a regra geral no estupro passou a ser a ação pública condicionada. Ao tratar sobre as exceções nas quais o crime seria de ação pública incondicionada, o parágrafo único do art. 225 não falou em estupro com violência real. Logo, para os autores, teria havido uma omissão voluntária do legislador.

O STF, contudo, não acatou esta tese. Para o STF, mesmo após a Lei nº 12.015/2009, o estupro praticado mediante violência real continuou a ser de ação pública incondicionada:

A Súmula 608 do STF permanece válida mesmo após o advento da Lei nº 12.015/2009.

Assim, em caso de estupro praticado mediante violência real, a ação penal é pública incondicionada.

STF. 1ª Turma. HC 125360/RJ, rel. Min. Marco Aurélio, red. p/ o ac. Min. Alexandre de Moraes, julgado em 27/2/2018 (Info 892).

A Lei nº 13.718/2018 retira qualquer dúvida que ainda poderia existir e, portanto, o enunciado da súmula 608 do STF continua válido, apesar de ser atualmente óbvio/inútil considerando que todos os crimes contra a dignidade sexual são de ação pública incondicionada.

Por que a ação penal nos crimes sexuais (que são delitos graves e abomináveis) eram, em regra, de ação penal pública condicionada à representação?

Para evitar o *strepitus judicii* do processo e a revitimização.

Strepitus judicii

Em uma tradução literal do latim, *strepitus judicii* significa o barulho, o ruído, o escândalo decorrente do julgamento.

Quando uma mulher é vítima de um estupro, por exemplo, o fato de se instaurar um inquérito policial e, posteriormente, uma ação penal gera uma exposição do seu caso na comunidade. Isso porque, por mais que o processo corra em sigilo (art. 234-B do CP), é normal que a notícia acerca da existência da ação penal se torne conhecida de outras pessoas, gerando um sentimento de vergonha na vítima.

Além disso, infelizmente, algumas teses defensivas ainda hoje procuram transferir ou dividir a responsabilidade pelos crimes sexuais para a vítima. Submeter a vítima a ouvir ou ler tal espécie de argumentação implica, sem dúvidas, mais sofrimento.

Revitimização

A vítima de um crime, especialmente em delitos sexuais ou violentos, todas as vezes em que for inquirida sobre os fatos, ela é, de alguma forma, submetida a um novo trauma, um novo sofrimento ao ter que relatar um episódio triste e difícil de sua vida para pessoas estranhas, normalmente em um ambiente formal e frio. Desse modo, a cada depoimento, a vítima sofre uma violência psíquica.

Assim, revitimização consiste nesse sofrimento continuado ou repetido da vítima ao ter que relembrar esses fatos.

Alguns autores afirmam que a revitimização é uma forma de "violência institucional" cometida pelo Estado contra a vítima.

> "A revitimização no atendimento às mulheres em situação de violência, por vezes, tem sido associada à repetição do relato de violência para profissionais em diferentes contextos o que pode gerar um processo de traumatização secundária na medida em que, a cada relato, a vivência da violência é reeditada.
>
> Além da revitimização decorrente do excesso de depoimentos, revitimizar também pode estar associado a atitudes e comportamentos, tais como: paternalizar; infantilizar; culpabilizar; generalizar histórias individuais; reforçar a vitimização; envolver-se em excesso; distanciar-se em excesso; não respeitar o tempo da mulher; transmitir falsas expectativas. A prevenção da revitimização requer o atendimento humanizado e integral, no qual a fala da mulher é valorizada e respeitada." (Diretrizes gerais e protocolos de atendimento. Programa "Mulher, viver sem violência". Brasil: Governo Federal. Secretaria Especial de Políticas para mulheres. 2015).

Por essas duas razões, o legislador entendia que, sendo a vítima maior de idade e pessoa não vulnerável, ela é quem deveria decidir se desejaria ou não deflagrar a instauração do processo, ponderando seu desejo de justiça com as agruras que ainda teria que enfrentar.

O certo é que o legislador fez uma opção e acabou com a ação penal condicionada nos crimes sexuais. São todos eles agora delitos de ação pública incondicionada. Obviamente que, na prática, a vítima ainda continuará tendo certa autonomia. Isso porque a maioria desses delitos ocorrem às escondidas, sem testemunhas, cabendo a decisão à vítima se irá levar tal fato ao conhecimento das autoridades.

Vigência

A Lei nº 13.718/2018 entrou em vigor na data de sua publicação (25/09/2018). Como se trata de lei penal mais gravosa (*novatio legis in pejus*), ela é irretroativa, não alcançando fatos praticados antes da sua vigência.

Essa regra de irretroatividade vale, inclusive, para as ações penais. Assim, por exemplo, se, em 24/09/2018, o agente cometeu contra uma mulher maior de 18 anos um assédio sexual (art. 216-A do CP), a ação penal continua sendo pública condicionada à representação.

4.4. LEI 13.772/2018: CRIME DE REGISTRO NÃO AUTORIZADO DA INTIMIDADE SEXUAL

A Lei nº 17.772/2018 acrescentou um novo crime ao Código Penal, com a seguinte redação:

> **CAPÍTULO I-A**
>
> **DA EXPOSIÇÃO DA INTIMIDADE SEXUAL**
>
> **Registro não autorizado da intimidade sexual**
>
> **Art. 216-B. Produzir, fotografar, filmar ou registrar, por qualquer meio, conteúdo com cena de nudez ou ato sexual ou libidinoso de caráter íntimo e privado sem autorização dos participantes:**
>
> **Pena – detenção, de 6 (seis) meses a 1 (um) ano, e multa.**

Em que consiste o crime

O agente

- produz (cria, financia)
- ou registra (fotografa, filma, grava etc.)
- cena de nudez
- ou ato sexual ou libidinoso
- de caráter íntimo e privado
- sem autorização dos participantes.

Preenche uma lacuna

Conforme explica o grande penalista Rogério Saches ao comentar o novo crime:

"O tipo preenche a lacuna que existia em relação à punição da conduta de indivíduos que registravam a prática de atos sexuais entre terceiros. Foi grande a repercussão quando, em janeiro de 2018, um casal alugou um apartamento para passar alguns dias no litoral de São Paulo e, depois de se instalar, percebeu uma pequena luz atrás de um espelho que guarnecia o quarto. O inusitado sinal faz com que um deles vistoriasse o espelho e, espantado, descobrisse que ali havia uma câmera instalada. O equipamento foi imediatamente desligado e, logo em seguida, o casal recebeu uma ligação do proprietário do imóvel, que indagou se havia ocorrido algum problema, o que indicava que as imagens estavam sendo transmitidas em tempo real.

Embora se tratasse de conduta violadora da intimidade e que inequivocamente dava ensejo a indenização por danos morais, o ato – não tão incomum – de quem instalava um equipamento de gravação nas dependências de um imóvel para captar imagens íntimas sem o consentimento dos ocupantes não se subsumia a nenhum tipo penal. A partir de agora, é classificado como crime contra a dignidade sexual." (Disponível em https://meusitejuridico.editorajuspodivm.com.br/2018/12/20/breves-comentarios-leis-13-76918-prisao-domiciliar-13-77118-feminicidio-e-13-77218-registro-nao-autorizado-de-nudez-ou-ato-sexual/)

Bem jurídico protegido

A intimidade sexual da vítima.

Sujeitos

Tanto o sujeito ativo como o sujeito passivo podem ser qualquer pessoa.

Trata-se, portanto, de crime bicomum.

Elemento subjetivo

É o dolo. Não se exige especial fim de agir.

Não admite modalidade culposa.

Caráter íntimo e privado

A cena registrada deve ter sido praticado em caráter íntimo e privado.

Se o agente filma um casal mantendo relações sexuais em uma praça, por exemplo, não configura o crime.

Sem autorização dos participantes

Se há autorização, o fato é atípico, salvo em se tratando de crime ou adolescente, situação na qual configura o crime do art. 240 do ECA.

Vale ressaltar que, para não ser crime a autorização deve ter sido dada por todos os participantes. Se faltar a autorização de um dos participantes do ato, haverá crime. Imagine que Rodrigo irá manter relações sexuais com uma garota que conheceu na festa. Ele autoriza que seu irmão Ricardo, escondido, filme a cena. Ocorre que a garota não autorizou o registro. Obviamente, haverá o crime.

Tentativa

Na teoria, é possível. Isso porque se trata de crime plurissubsistente.

Crime plurissubsistente é aquele no qual a execução pode ser fracionada em vários atos.

Princípio da especialidade

Rogério Sanches explica que, se o agente faz o registro indevido e posteriormente divulga a cena, deve responder pelos crimes dos arts. 216-B e 218-C em concurso material:

§ Art. 218-C. Oferecer, trocar, disponibilizar, transmitir, vender ou expor à venda, distribuir, publicar ou divulgar, por qualquer meio – inclusive por meio de comunicação de massa ou sistema de informática ou telemática –, fotografia, vídeo ou outro registro audiovisual que contenha cena de estupro ou de estupro de vulnerável ou que faça apologia ou induza a sua prática, ou, sem o consentimento da vítima, cena de sexo, nudez ou pornografia:

Pena – reclusão, de 1 (um) a 5 (cinco) anos, se o fato não constitui crime mais grave.

Ação penal

Trata-se de crime de ação pública INCONDICIONADA.

Infração de menor potencial ofensivo

Trata-se de infração de menor potencial ofensiva, de forma que o rito é sumaríssimo (Lei nº 9.099/95), cabendo transação penal e suspensão condicional do processo.

Figura equiparada

Parágrafo único. Na mesma pena incorre quem realiza montagem em fotografia, vídeo, áudio ou qualquer outro registro com o fim de incluir pessoa em cena de nudez ou ato sexual ou libidinoso de caráter íntimo.

PENAL

Em que consiste o crime

No caput, a cena registrada é verdadeira.

Neste parágrafo único, por outro lado, a fotografia, vídeo ou áudio não é verdadeiro. Foi feita uma montagem, ou seja, foram acrescentados elementos que não ocorreram na realidade.

Ex: o agente pega imagem de uma modelo nua e, por meio do programa de computador Adobe Photoshop troca o rosto da modelo pelo da vítima.

Sujeitos

Tanto o sujeito ativo como o sujeito passivo podem ser qualquer pessoa.

Trata-se, portanto, de crime bicomum.

Elemento subjetivo

É o dolo. Não se exige especial fim de agir. Não se exige o agente tenha feito isso para se vingar da vítima ou alguma outra motivação especial.

Não admite modalidade culposa.

Intuito de brincadeira

O crime se consuma ainda que o agente tenha feito a montagem com o intuito apenas de diversão, ou seja, com a intenção de "brincar" com a vítima.

Vigência

A Lei nº 13.772/2018 entrou em vigor na data de sua publicação (20/12/2018).

Por ser uma lei mais gravosa, ela não se aplica para fatos ocorridos antes de sua vigência.

Assim, os fatos praticados antes de 20/12/2018 não poderão ser punidos com base no art. 216-B do CP.

5. CRIMES CONTRA A ADMINISTRAÇÃO PÚBLICA

5.1. CONTRABANDO / DESCAMINHO

COMPETÊNCIA DA JUSTIÇA FEDERAL

Compete à Justiça Federal a condução do inquérito que investiga o cometimento do delito previsto no art. 334, § 1º, IV, do Código Penal, na hipótese de venda de mercadoria estrangeira, permitida pela ANVISA, desacompanhada de nota fiscal e sem comprovação de pagamento de imposto de importação.

STJ. Plenário. CC 159.680-MG, Rel. Min. Reynaldo Soares da Fonseca, julgado em 08/08/2018 (Info 631).

Compete à Justiça Federal o julgamento dos crimes de contrabando e de descaminho, ainda que inexistentes indícios de transnacionalidade na conduta.

STJ. 3ª Seção. CC 160.748-SP, Rel. Min. Sebastião Reis Júnior, julgado em 26/09/2018 (Info 635).

Veja comentários em Direito Processual Penal.

ORGANIZAÇÕES SOCIAIS

O que são as organizações sociais?

São pessoas jurídicas de direito privado, sem fins lucrativos, prestadoras de atividades de interesse público e que, por terem preenchido determinados requisitos previstos na Lei nº 9.637/98, recebem a qualificação (título, selo) de "organização social".

A pessoa jurídica, depois de obter esse título de "organização social", poderá celebrar com o Poder Público um instrumento chamado de "contrato de gestão" por meio do qual receberá incentivos públicos para continuar realizando suas atividades.

As regras relacionadas com as organizações sociais estão previstas na Lei nº 9.637/98. Veja o que diz o art. 1º:

> § Art. 1º O Poder Executivo poderá qualificar como organizações sociais pessoas jurídicas de direito privado, sem fins lucrativos, cujas atividades sejam dirigidas ao ensino, à pesquisa científica, ao desenvolvimento tecnológico, à proteção e preservação do meio ambiente, à cultura e à saúde, atendidos aos requisitos previstos nesta Lei.

Quem concede a qualificação de OS?

O Ministro do Planejamento em conjunto com o Ministro da área na qual atua a pessoa jurídica que pretende a qualificação de OS. Ex: se essa pessoa jurídica desempenha funções na área de educação, quem concederá será o Ministro da Educação em conjunto com o Ministro do Planejamento.

O que é o contrato de gestão?

Contrato de gestão é o instrumento firmado entre o Poder Público e a entidade qualificada como organização social, com o objetivo de que, a partir daí, seja formada uma parceria entre eles para fomento e execução das atividades que uma OS faz (ensino, pesquisa científica etc.).

No contrato de gestão serão listadas as atribuições, responsabilidades e obrigações do Poder Público e da organização social.

O contrato de gestão deve ser submetido ao Ministro de Estado da área correspondente à atividade fomentada. Ex: se a OS desenvolve atividades de saúde, quem aprovará o contrato será o Ministro da Saúde.

Obs.1: apesar de a lei dizer que esse ajuste é um "contrato", a doutrina critica a nomenclatura e afirma que, na verdade, o melhor seria chamá-lo de convênio, termo de colaboração ou termo de fomento. Isso porque no contrato existem interesses opostos e, nessa relação da OS com o Poder Público, os objetivos são os mesmos, são convergentes.

Obs.2: os responsáveis pela fiscalização do contrato de gestão, ao tomarem conhecimento de qualquer irregularidade ou ilegalidade na utilização de recursos ou bens de origem pública por organização social, deverão comunicar o Tribunal de Contas da União, sob pena de responsabilidade solidária.

As organizações sociais que celebrarem contrato de gestão com o Poder Público passam a ser consideradas entidades da Administração Pública?

NÃO. Mesmo tendo celebrado contrato de gestão, continuam sendo entidades paraestatais (não estatais).

As organizações sociais que celebrarem contrato de gestão com o Poder Público podem ser consideradas delegatárias de serviços públicos?

NÃO. As organizações sociais exercem, em nome próprio, serviços públicos, mas não são consideradas delegatárias, tendo em vista que não recebem uma concessão ou permissão de serviço do Poder Público.

Os setores de saúde, educação, cultura, desporto e lazer, ciência e tecnologia e meio ambiente são classificados como serviços públicos sociais. Segundo a CF/88, tais serviços devem ser desempenhados não apenas pelo Estado, como também pela sociedade (são "deveres do Estado e da Sociedade"). Assim, é permitida a atuação, por direito próprio, dos particulares, sem que para tanto seja necessária a delegação pelo Poder Público. Não se aplica, portanto, o art. 175, "caput", da CF/88 às atividades desenvolvidas pelas organizações sociais.

Quais são os incentivos que uma OS recebe do Poder Público?

As organizações sociais poderão receber os seguintes incentivos para cumprir o contrato de gestão:

a. Recursos orçamentários: podem receber "dinheiro público";

b. Cessão de bens públicos, mediante permissão de uso, dispensada licitação: podem receber, sem licitação, bens públicos para serem usados em suas atividades;

c. Cessão especial de servidor, com ônus para o órgão de origem do servidor cedido: servidores públicos podem ser colocados à disposição das organizações sociais para lá trabalharem, continuando recebendo sua remuneração dos cofres públicos;

d. Contratadas sem licitação: as organizações sociais podem ser contratadas, com dispensa de licitação, para prestarem serviço a órgãos e entidades da Administração Pública, recebendo por isso (art. 24, XXIV, da Lei nº 8.666/93). Desse modo, quando a Administração contratar serviços a serem prestados pelas organizações sociais, está dispensada de realizar licitação, desde que aquela atividade esteja prevista no contrato de gestão.

CONCEITO DE FUNCIONÁRIO PÚBLICO PARA EFEITOS PENAIS

O Código Penal prevê diversos crimes que são praticados por "funcionários públicos" contra a Administração em geral (arts. 312 a 326).

Repare que o CP utilizou a nomenclatura "funcionário público" e não "servidor público" ou "agente público", expressões que são atualmente preferidas pelo Direito Administrativo.

A fim de que não houvesse muita dúvida sobre o que é funcionário público, o Código Penal resolveu conceituar essa expressão no art. 327. No caput, há o conceito padrão de funcionário público e, no § 1º, o chamado "funcionário público por equiparação":

§

> Funcionário público
>
> Art. 327. Considera-se funcionário público, para os efeitos penais, quem, embora transitoriamente ou sem remuneração, exerce cargo, emprego ou função pública.
>
> § 1º Equipara-se a funcionário público quem exerce cargo, emprego ou função em entidade paraestatal, e quem trabalha para empresa prestadora de serviço contratada ou conveniada para a execução de atividade típica da Administração Pública.
>
> (...)

Imagine agora a seguinte situação hipotética:

O "Instituto de Solidariedade" é uma organização social que celebrou contrato de gestão com a Administração Pública do Distrito Federal.

João é diretor do Instituto de Solidariedade.

A referida organização social recebeu R$ 300 mil do Governo do DF para prestar serviços de assistência social a pessoas carentes.

Ocorre que João desviou parte dessa quantia em proveito próprio.

Diante disso, o Ministério Público denunciou o agente pela prática de peculato-desvio, delito tipificado no art. 312 do CP:

> § Art. 312. Apropriar-se o funcionário público de dinheiro, valor ou qualquer outro bem móvel, público ou particular, de que tem a posse em razão do cargo, ou desviá-lo, em proveito próprio ou alheio:
>
> Pena – reclusão, de dois a doze anos, e multa.

Segundo o Parquet, João deveria ser considerado funcionário público por equiparação, nos termos do art. 327, § 1º do CP.

A defesa do réu refutou essa afirmação e alegou que João não poderia ser enquadrado no art. 327, § 1º, porque ele era diretor em um instituto que possui natureza jurídica de "organização social" e as organizações sociais não fazem parte da Administração Pública nem podem ser consideradas entidades paraestatais.

Para a defesa, o conceito de entidade paraestatal deve ser interpretado conforme o art. 84, § 1º, da Lei nº 8.666/93, o qual não inclui as organizações sociais:

> § Art. 84. Considera-se servidor público, para os fins desta Lei, aquele que exerce, mesmo que transitoriamente ou sem remuneração, cargo, função ou emprego público.
>
> § 1º Equipara-se a servidor público, para os fins desta Lei, quem exerce cargo, emprego ou função em entidade paraestatal, assim consideradas, além das fundações, empresas públicas e sociedades de economia mista, as demais entidades sob controle, direto ou indireto, do Poder Público.
>
> (...)

Qual das duas argumentações foi acolhida pelo STF? João pode ser considerado funcionário público por equiparação, nos termos do art. 327, § 1º do CP?

SIM. O STF acolheu a tese do MP.

Organizações sociais que celebram contratos de gestão são consideradas entidades paraestatais

O STF, adotando lição da Prof. Maria Sylvia Zanella Di Pietro, entendeu que as organizações sociais que celebram contratos de gestão devem ser consideradas "entidades paraestatais":

> "(...) Exatamente por atuarem ao lado do Estado e terem com ele algum tipo de vínculo jurídico, recebem a denominação de entidades paraestatais; nessa expressão podem ser incluídas todas as entidades integrantes do chamado terceiro setor, o que abrange as declaradas de utilidade pública, as que recebem certificado de fins filantrópicos, os serviços sociais autônomos (como Sesi, Sesc, Senai), os entes de apoio, as organizações sociais e as organizações de sociedade civil de interesse público." (DI PIETRO, Maria Sylvia Zanella. Direito Administrativo. 27ª ed. Atlas: São Paulo, 2014. p. 566-567).

Luiz Régis Prado posiciona-se no mesmo sentido:

> "Entidades paraestatais são pessoas jurídicas de direito privado, instituídas por lei, 'para realização de atividades, obras, serviços de interesse coletivo, sob normas e controle do Estado'. Inserem-se como modalidades de entidades paraestatais as empresas públicas,

as sociedades de economia mista, os serviços sociais autônomos e modernamente o que se denomina 'terceiro setor' (entes da sociedade civil de fins públicos e não lucrativos)." (PRADO, Luiz Régis. Comentários ao código penal: jurisprudência. Conexões lógicas com os vários ramos do direito. 11.ª ed. São Paulo: Revista dos Tribunais, 2017. p. 863).

Mas e o art. 84, § 1º, da Lei nº 8.666/93...?

Não importa para nada aqui.

O art. 84, § 1º, da Lei nº 8.666/93 tem influência, ou seja, repercute no âmbito administrativo, mas não constitui parâmetro interpretativo para os crimes definidos no Código Penal.

Para os crimes funcionais, o Código Penal traz uma regra específica no art. 327.

Vale ressaltar que o legislador fez questão de fornecer, no Código Penal, um conceito mais amplo do que o utilizado no Direito Administrativo.

Assim, o conceito de funcionário público previsto no art. 327 do Código Penal não se confunde com as definições próprias do direito administrativo.

O caput do dispositivo, que serve como referencial interpretativo dos parágrafos, estabelece que o conceito de funcionário público agasalhado pelo estatuto é "para os efeitos penais". Além disso, o título é mais abrangente do que o geralmente adotado no âmbito do direito administrativo, pois abarca funções temporárias e não remuneradas.

Trata-se, portanto, de um conceito instrumental concebido pelo legislador unicamente para fins de aplicação da lei penal.

A figura equiparada do § 1º é ainda mais ampla. Considera-se funcionário público, para fins penais, quem exerce cargo, emprego ou função em entidade parestatal. Recebe igualmente essa qualificação "quem trabalha para empresa prestadora de serviço contratada ou conveniada para a execução de atividade típica da Administração Pública". Os requisitos não são cumulativos, e sim, disjuntivos. Isso quer dizer que a acusação não precisa comprovar que a entidade paraestatal executa atividade típica da Administração Pública.

Em suma:

O diretor de organização social pode ser considerado funcionário público por equiparação para fins penais (art. 327, § 1º do CP). Isso porque as organizações sociais que celebram contratos de gestão com o Poder Público devem ser consideradas "entidades paraestatais", nos termos do art. 327, § 1º do CP.

STF. 1ª Turma. HC 138484/DF, Rel. Min. Marco Aurélio, julgado em 11/9/2018 (Info 915).

O art. 327, § 1º, é exemplo de norma penal em branco?

NÃO. O art. 327, tanto no caput como no § 1º, não pode ser considerado como norma penal em branco. Não é necessário buscar seu complemento em outro ato normativo.

Na verdade, o art. 327 do CP é uma norma interpretativa.

(Delegado SP Vunesp 2018) Prescreve o art. 327 do CP: "considera-se funcionário público, para os efeitos penais, quem, embora transitoriamente ou sem remuneração, exerce cargo, emprego ou função pública."

Tal norma traduz exemplo de interpretação

a. científica.

b. autêntica.

c. extensiva.

d. doutrinária.

e. analógica.

Resposta: letra B

VAMOS AGORA REVISAR

São considerados "funcionários públicos" para fins penais:

Diretor de organização social

O diretor de organização social pode ser considerado funcionário público por equiparação para fins penais (art. 327, § 1º do CP). As organizações sociais que celebram contratos de gestão com o Poder Público são consideradas "entidades paraestatais".

STF. 1ª Turma. HC 138484/DF, Rel. Min. Marco Aurélio, julgado em 11/9/2018 (Info 915).

Administrador de Loteria

Administrador de Loteria é equiparado a funcionário público para fins penais porque a Loteria executa atividade típica da Administração Pública que lhe foi delegada por regime de permissão.

STJ. 5ª Turma. AREsp 679.651/RJ, Rel. Min. Joel Ilan Paciornik, julgado em 11/09/2018.

Advogados dativos

O advogado que, por força de convênio celebrado com o Poder Público, atua de forma remunerada em defesa dos hipossuficientes agraciados com o benefício da assistência judiciária gratuita, enquadra-se no conceito de funcionário público para fins penais. Sendo equiparado a funcionário público, é possível que responda por corrupção passiva (art. 317 do CP).

STJ. 5ª Turma. HC 264.459-SP, Rel. Min. Reynaldo Soares da Fonseca, julgado em 10/3/2016 (Info 579).

Médico de hospital particular credenciado/conveniado ao SUS (após a Lei 9.983/2000)

Depois da Lei nº 9.983/2000, que alterou o § 1º do art. 327 do CP, o médico credenciado ao SUS pode ser equiparado a funcionário público para efeitos penais.

Vale ressaltar, no entanto, que a Lei nº 9.983/2000 não pode retroceder alcançar situações praticadas antes de sua vigência.

STJ. 5ª Turma. AgRg no REsp 1101423/RS, Rel. Min. Marco Aurélio Bellizze, julgado em 06/11/2012.

Estagiário de órgão ou entidade públicos

Estagiário de órgão público que, valendo-se das prerrogativas de sua função, apropria-se de valores subtraídos do programa bolsa-família subsume-se perfeitamente ao tipo penal descrito no art. 312, § 1º, do Código Penal (peculato-furto), porquanto estagiário de empresa pública ou de entidades congêneres se equipara, para fins penais, a servidor ou funcionário público, em decorrência do disposto no art. 327, § 1º, do Código Penal.

STJ. 6ª Turma. REsp 1303748/AC, Rel. Min. Sebastião Reis Júnior, julgado em 25/06/2012.

Cuidado. Depositário judicial NÃO é considerado funcionário público

Depositário judicial não é funcionário público para fins penais, porque não ocupa cargo público, mas a ele é atribuído um munus, pelo juízo, em razão do fato de que determinados bens ficam sob sua guarda e zelo.

STJ. 6ª Turma. HC 402.949-SP, Rel. Min. Maria Thereza de Assis Moura, julgado em 13/03/2018 (Info 623).

Veja a explicação abaixo.

5.3. DEPOSITÁRIO JUDICIAL QUE VENDE OS BENS NÃO PRATICA PECULATO

Imagine a seguinte situação hipotética:

A Fazenda Pública estadual ingressou com execução fiscal contra a empresa JC Calçados.

Foram penhorados 200 pares de sapatos, avaliados em R$ 10 mil.

O juiz da execução determinou que João (sócio da empresa) deveria ficar como depositário judicial desses sapatos.

Alguns meses depois o juiz expediu mandado de constatação e reavaliação dos bens (sapatos).

O oficial de justiça certificou ser inviável o cumprimento da determinação judicial porque o estabelecimento comercial encontrava-se fechado.

Houve, então, determinação judicial para que João apresentasse os bens penhorados ou o dinheiro correspondente. Ele informou que os havia vendido.

Interrogado no inquérito policial, João declarou que vendeu os pares de calçados porque ele necessitava de dinheiro para pagar seus funcionários.

Diante disso, o Ministério Público denunciou João pela prática do crime de peculato (art. 312 do CP):

> § Art. 312. Apropriar-se o funcionário público de dinheiro, valor ou qualquer outro bem móvel, público ou particular, de que tem a posse em razão do cargo, ou desviá-lo, em proveito próprio ou alheio:
>
> Pena – reclusão, de dois a doze anos, e multa.

Segundo o MP, João, na condição de depositário judicial, é um "auxiliar do juízo" (art. 149 do CPC/2015), devendo, portanto, ser considerado como funcionário público para os fins penais, nos termos do art. 327 do CP:

> § Art. 327. Considera-se funcionário público, para os efeitos penais, quem, embora transitoriamente ou sem remuneração, exerce cargo, emprego ou função pública.

A tese do MP foi acolhida pelo STJ?

NÃO.

> **O depositário judicial que vende os bens sob sua guarda não comete o crime de peculato.**
>
> STJ. 6ª Turma. HC 402.949-SP, Rel. Min. Maria Thereza de Assis Moura, julgado em 13/03/2018 (Info 623).

Comete peculato o funcionário público que se apropria de bem móvel de que tem a posse em razão do cargo.

A definição legal de cargo público é fornecida pela Lei nº 8.112/90:

> § Art. 3º Cargo público é o conjunto de atribuições e responsabilidades previstas na estrutura organizacional que devem ser cometidas a um servidor.

Cargo, segundo Nucci, "é o posto criado por lei na estrutura hierárquica da Administração Pública, com denominação e padrão de vencimentos próprios, ocupado por servidor com vínculo estatutário (ex.: cargo de delegado de polícia, de oficial de justiça, de auditor da receita etc.)". (*Código penal comentado*. 13ª ed., São Paulo: RTJ, 2013, p. 1.203).

O depositário judicial não ocupa cargo criado por lei, não recebe vencimento nem tem vínculo estatutário.

Trata-se de uma pessoa que, embora tenha que exercer uma função no interesse público do processo judicial, é estranha aos quadros da justiça e, pois, sem ocupar qualquer cargo público, exerce um encargo por designação do juiz (*munus público*).

Não ocupa, de igual modo, emprego público nem função pública. É, na verdade, um auxiliar do juízo que fica com o encargo de cuidar de bem litigioso.

Desse modo, a conduta não se enquadra na figura típica do art. 312 do CP, porque não há funcionário público, para fins penais, nos termos do art. 327 do CP, em razão da ausência da ocupação de cargo público.

Observação

Vale ressaltar que o STJ decidiu apenas que a conduta do depositário judicial que vende os bens sob sua guarda não comete o crime de peculato, pois não é funcionário público e não ocupa cargo público. No entanto, a depender das peculiaridades do caso concreto, a conduta pode configurar, em tese, os tipos penais dos arts. 168, § 1º, II, 171 ou 179 do Código Penal:

§ Apropriação indébita

Art. 168. Apropriar-se de coisa alheia móvel, de que tem a posse ou a detenção:

Pena – reclusão, de um a quatro anos, e multa.

Aumento de pena

§ 1º – A pena é aumentada de um terço, quando o agente recebeu a coisa:

(...)

II – na qualidade de tutor, curador, síndico, liquidatário, inventariante, testamenteiro ou depositário judicial;

§ Estelionato

Art. 171. Obter, para si ou para outrem, vantagem ilícita, em prejuízo alheio, induzindo ou mantendo alguém em erro, mediante artifício, ardil, ou qualquer outro meio fraudulento:

Pena – reclusão, de um a cinco anos, e multa, de quinhentos mil réis a dez contos de réis.

§ Fraude à execução

Art. 179. Fraudar execução, alienando, desviando, destruindo ou danificando bens, ou simulando dívidas:

Pena – detenção, de seis meses a dois anos, ou multa.

Responsabilização civil do depositário

No âmbito cível, o depositário infiel poderá ser responsabilidade pelas perdas e danos que causou. No entanto, este ressarcimento deverá ser feito em processo autônomo, não podendo ocorrer dentro da própria execução fiscal onde o depósito foi originalmente decretado. Nesse sentido:

(...) O depositário judicial possui o dever de guarda e conservação dos bens penhorados, arrestados ou arrecadados, caso não cumpra com diligência o seu mister, responde pelos prejuízos advindos do seu dolo ou culpa. Contudo, a legislação não possibilita que o

PENAL

depositário seja responsabilizado na própria Ação de Execução Fiscal e, muito menos, que seja deferida a penhora eletrônica dos seus ativos financeiros, via BACENJUD. (...)

STJ. 2ª Turma. REsp 1581272/SP, Rel. Min. Herman Benjamin, julgado em 05/04/2016.

5.4. CORRUPÇÃO PASSIVA NÃO EXIGE A COMPROVAÇÃO DE QUE A VANTAGEM INDEVIDA ESTEJA VINCULADA À PRÁTICA DE "ATO DE OFÍCIO" POR PARTE DO FUNCIONÁRIO PÚBLICO

Imagine a seguinte situação hipotética:

Gilberto era funcionário da "Avitation Ltda.", uma empresa privada concessionária do uso de área destinada a carga e descarga de aeronaves no Aeroporto Internacional de São Paulo.

Gilberto trabalhava no local controlando as cargas que vinham nas aeronaves.

Housseim, fugindo das autoridades do Líbano, fugiu daquele país em um avião de carga e chegou no Aeroporto de São Paulo.

Ele foi encontrado por Gilberto, tendo oferecido ao brasileiro R$ 1 mil para que ele o ajudasse a ingressar no país, sem ser visto pela Polícia Federal.

Gilberto aceitou a proposta, mas foi flagrado pelas câmeras do aeroporto e preso pela Polícia Federal.

O Ministério Público Federal denunciou Gilberto pela prática de corrupção passiva, delito tipificado no art. 312 do Código Penal e Housseim pela prática de corrupção ativa (art. 333 do CP):

§ Art. 317. Solicitar ou receber, para si ou para outrem, direta ou indiretamente, ainda que fora da função ou antes de assumi-la, mas em razão dela, vantagem indevida, ou aceitar promessa de tal vantagem:

Pena – reclusão, de 2 (dois) a 12 (doze) anos, e multa.

§ Art. 333. Oferecer ou prometer vantagem indevida a funcionário público, para determiná-lo a praticar, omitir ou retardar ato de ofício:

Pena – reclusão, de 2 (dois) a 12 (doze) anos, e multa.

Parágrafo único – A pena é aumentada de um terço, se, em razão da vantagem ou promessa, o funcionário retarda ou omite ato de ofício, ou o pratica infringindo dever funcional.

O juiz absolveu os réus sob o argumento de que Gilberto não detinha competência para permitir a entrada de estrangeiro, circunstância que excluiria os crimes.

O magistrado afirmou que controlar a entrada dos estrangeiros no Brasil não era um "ato de ofício" de Gilberto e, portanto, faltou um elemento objetivo dos tipos acima descritos.

A questão chegou até o STJ. O concordou com o entendimento do magistrado?

NÃO, com relação a Gilberto.

SIM, no que tange à Husseim.

Vamos entender com calma.

Corrupção passiva não exige que o ato que o agente prometeu praticar esteja dentro de suas competências formais

Ao se ler o art. 317 do CP percebe-se que o agente deve ter solicitado ou recebido a vantagem "em razão" da sua função. Isso não significa, contudo, que o ato que ele prometeu praticar deve estar dentro das competências formais do agente.

Assim, para a configuração do delito de corrupção passiva exige-se apenas que haja um nexo causal entre a oferta (ou promessa) de vantagem indevida e a função pública exercida. Em outras palavras, o agente recebeu "em razão" da função que ele exerce. No entanto, não é necessário que o ato esperado pelo agente esteja dentro das competências formais do agente. Nesse sentido foi o voto da Ministra do STF Rosa Weber no Inq 4506, julgado em 17/04/2018.

Exigência de "ato de ofício" aparece apenas para o crime de corrupção ativa

No crime de corrupção ativa, exige-se a prática de "ato de ofício". Veja:

§ Corrupção ativa

Art. 333. Oferecer ou prometer vantagem indevida a funcionário público, para determiná-lo a praticar, omitir ou retardar ato de ofício:

Pena – reclusão, de 2 (dois) a 12 (doze) anos, e multa.

Assim, a expressão "ato de ofício" aparece apenas no caput do art. 333 do CP, como um elemento normativo do tipo de corrupção ativa, e não no caput do art. 317 do CP, como um elemento normativo do tipo de corrupção passiva.

Ao contrário, no que se refere a corrupção passiva, a expressão "ato de ofício" figura apenas na majorante do art. 317, § 1º, do CP e na modalidade privilegiada do § 2º do mesmo dispositivo, o que reforça a ideia de que o caput do art. 317 do CP não exige ato de ofício:

§ Art. 317 (...)

§ 1º – A pena é aumentada de um terço, se, em consequência da vantagem ou promessa, o funcionário retarda ou deixa de praticar qualquer ato de ofício ou o pratica infringindo dever funcional.

§ 2º – Se o funcionário pratica, deixa de praticar ou retarda ato de ofício, com infração de dever funcional, cedendo a pedido ou influência de outrem:

Pena – detenção, de três meses a um ano, ou multa.

Não foi atecnia do legislador, mas sim opção legislativa

No caso de crime de corrupção passiva (art. 317 do CP), o legislador não praticou uma atecnia, ou falou menos do que desejava.

Houve, na verdade, uma nítida opção legislativa direcionada a ampliar a abrangência da incriminação por corrupção passiva, quando comparada ao tipo de corrupção ativa, a fim de potencializar a proteção ao aspecto moral do bem jurídico protegido (a probidade da Administração Pública).

Princípios da proporcionalidade e da isonomia

Se, na corrupção passiva, fosse exigido que o ato prometido pelo funcionário público fosse um "ato de ofício", haveria uma afronta aos princípios da proporcionalidade e da isonomia. Afinal, como bem pontuou o Min. Luís Roberto Barroso por ocasião do julgamento do Inq 4.506/DF, exigir nexo de causalidade entre a vantagem e ato de ofício de funcionário público levaria à absurda consequência de admitir, por um lado, a punição de condutas menos gravosas ao bem jurídico, enquanto se nega, por outro, sanção criminal a manifestações muito mais graves da violação à probidade pública: "o guarda de trânsito que pede dinheiro para deixar de aplicar uma multa seria punível, mas o senador que vende favores no exercício do seu mandato passaria impune".

Expressão "em razão dela" não exige que o ato tenha relação com a competência funcional do agente

O crime de corrupção passiva consuma-se ainda que a solicitação ou recebimento de vantagem indevida, ou a aceitação da promessa de tal vantagem, esteja relacionada com atos que for-

PENAL

malmente não se inserem nas atribuições do funcionário público, mas que, em razão da função pública, materialmente implicam alguma forma de facilitação da prática da conduta almejada.

Foi o caso de Gilberto que recebeu a vantagem indevida para facilitar a entrada do estrangeiro em razão da função que desempenhava, apesar disso não estar dentro das suas competências formais (não era um "ato de ofício").

Em outros termos:

"Para a aptidão de imputação de corrupção passiva, não é necessária a descrição de um específico ato de ofício, bastando uma vinculação causal entre as vantagens indevidas e as atribuições do funcionário público, passando este a atuar não mais em prol do interesse público, mas em favor de seus interesses pessoais" (STF. 1ª Turma. Inq 4.506, Rel. p/acórdão Min. Roberto Barroso, publicado em 04/09/2018).

Conclusões

1ª) não tem razão o Ministério Público quando pleiteia a condenação de Housseim, pois o tipo penal a ele imputado, de fato, exige que a vantagem indevida seja oferecida ou prometida para determinar que funcionário público pratique, omita ou retarde ato de ofício, isto é, que está dentro de suas atribuições funcionais formais.

Como Gilberto não tinha competência para realizar controle imigratório no Aeroporto Internacional de São Paulo/SP, Housseim não ofereceu nem prometeu vantagem indevida a funcionário público para que ele praticasse "ato de ofício".

2ª) tem razão o Ministério Público quando pleiteia a condenação de Gilberto. Isso porque:

O crime de corrupção passiva consuma-se ainda que a solicitação ou recebimento de vantagem indevida, ou a aceitação da promessa de tal vantagem, esteja relacionada com atos que formalmente não se inserem nas atribuições do funcionário público, mas que, em razão da função pública, materialmente implicam alguma forma de facilitação da prática da conduta almejada.

STJ. 6ª Turma. REsp 1.745.410-SP, Rel. Min. Sebastião Reis Júnior, Rel. Acd. Min. Laurita Vaz, julgado em 02/10/2018 (Info 635).

Mas... para condenar por corrupção passiva não se exige que também se condene pela corrupção ativa?

NÃO.

Prevalece o entendimento de que, via de regra, os crimes de corrupção passiva e ativa, por estarem previstos em tipos penais distintos e autônomos, são independentes, de modo que a comprovação de um deles não pressupõe a do outro.

STJ. 5ª Turma. RHC 52.465-PE, Rel. Min. Jorge Mussi, julgado em 23/10/2014 (Info 551)

Veja como o tema já foi cobrado em prova:

- (Promotor MP/SC 2014) É possível, segundo entendimento doutrinário predominante, a ocorrência do crime de corrupção ativa sem que existe simultaneamente o cometimento de corrupção passiva, pois são condutas independentes. (certo)
- (DPE/MS 2012) Não há possibilidade de ocorrer corrupção ativa sem a correspondente corrupção passiva. (errado)

5.5. PAGAMENTO INTEGRAL DO IMPOSTO SONEGADO EXTINGUE APENAS A PUNIBILIDADE DA SONEGAÇÃO FISCAL, MAS NÃO INFLUENCIA NO DELITO DE CORRUPÇÃO ATIVA

Imagine a seguinte situação hipotética:

João, sócio de uma empresa, ofereceu e pagou vantagem pecuniária (propina) ao fiscal de tributos para que pudesse recolher um valor menor de imposto do que era realmente devido.

Assim, em vez de pagar R$ 400 mil de imposto, João pagou apenas R$ 100 mil. Para fazer isso, João prestou declaração falsa e o fiscal, mesmo sabendo que era inverídica, aceitou como se fosse verdadeira.

Esse fato foi descoberto pela Administração Tributária que, após apurar os tributos realmente devidos, encaminhou notícia crime ao Ministério Público.

Em tese, quais foram os crimes praticados por João?

Corrupção ativa (art. 333 do CP) e sonegação fiscal (art. 1º, I, da Lei nº 8.137/90):

> § Código Penal
>
> Art. 333. Oferecer ou prometer vantagem indevida a funcionário público, para determiná-lo a praticar, omitir ou retardar ato de ofício:
>
> Pena – reclusão, de 2 (dois) a 12 (doze) anos, e multa.
>
> Parágrafo único – A pena é aumentada de um terço, se, em razão da vantagem ou promessa, o funcionário retarda ou omite ato de ofício, ou o pratica infringindo dever funcional.

> § Lei nº 8.137/90
>
> Art. 1º Constitui crime contra a ordem tributária suprimir ou reduzir tributo, ou contribuição social e qualquer acessório, mediante as seguintes condutas:
>
> I – omitir informação, ou prestar declaração falsa às autoridades fazendárias;

Pagamento do tributo devido

Antes que a denúncia fosse oferecida pelo Ministério Público, João correu e pagou a diferença do imposto devido, ou seja, os R$ 300 mil (400-100) mais multa, juros e correção monetária.

O pagamento do tributo gera algum efeito penal com relação ao delito de sonegação fiscal?

SIM.

O pagamento integral do débito fiscal realizado pelo agente é causa de extinção de sua punibilidade, conforme prevê a Lei nº 10.684/2003:

> § Art. 9º É suspensa a pretensão punitiva do Estado, referente aos crimes previstos nos arts. 1º e 2º da Lei nº 8.137, de 27 de dezembro de 1990, e nos arts. 168-A e 337-A do Decreto-Lei nº 2.848, de 7 de dezembro de 1940 – Código Penal, durante o período em que a pessoa jurídica relacionada com o agente dos aludidos crimes estiver incluída no regime de parcelamento.
>
> (...)
>
> § 2º Extingue-se a punibilidade dos crimes referidos neste artigo quando a pessoa jurídica relacionada com o agente efetuar o pagamento integral dos débitos oriundos de tributos e contribuições sociais, inclusive acessórios.

No mesmo sentido, assim previa o art. 34 da Lei nº 9.249/95.

PENAL

O pagamento do tributo gera também a extinção da punibilidade com relação ao crime de corrupção ativa?

NÃO.

O art. 9º da Lei nº 10.684/2003 menciona os crimes aos quais são aplicadas suas regras:

- arts. 1º e 2º da Lei nº 8.137/90;
- art. 168-A do CP (apropriação indébita previdenciária);
- Art. 337-A do CP (sonegação de contribuição previdenciária).

Repare, portanto, que a corrupção ativa (art. 333 do CP) não está listado nessas duas leis. Isso porque o objetivo do legislador, ao fixar essa extinção de punibilidade pelo pagamento, é o de arrecadar.

Os crimes tributários (delitos fiscais) são utilizados pelo Estado como uma forma de cobrança. Trata-se de um modo de estimular que o sonegador pague o tributo devido, sob a "ameaça" do processo criminal.

Mesmo sem a corrupção ativa estar prevista, não é possível aplicar essa regra por analogia em favor do réu?

NÃO.

São delitos totalmente distintos, com bem jurídicos tutelados igualmente diversos.

A extinção da punibilidade dos crimes de cunho fiscal, pelo pagamento do tributo é justificado porque assim se estará protegendo a ordem tributária e garantindo a efetividade da arrecadação estatal. Em outras palavras, o Fisco vai receber aquilo que lhe devem.

Por outro lado, no crime de corrupção ativa, o bem jurídico tutelado é o normal funcionamento e o prestígio da Administração Pública. Nesse sentido, oferecer a funcionário público vantagem ilícita para que cobre menos tributo é, em tese, conduta de maior reprovabilidade e não merece, por isso mesmo, benefício de extinção da punibilidade.

Aceitar a extinção da punibilidade para a corrupção ativa subverteria a ordem da administração pública e estimularia o mesmo comportamento de outros agentes públicos.

O mero pagamento do tributo devido não tem a força de apagar a agressão feita à Administração Pública com o crime de corrupção ativa.

Em suma:

O pagamento da diferença do imposto devido, antes do recebimento da denúncia, não extingue a punibilidade pelo crime de corrupção ativa atrelado ao de sonegação fiscal.

STJ. 6ª Turma. RHC 95.557-GO, Rel. Min. Maria Thereza de Assis Moura, julgado em 21/06/2018 (Info 631).

5.6. PRATICA CORRUPÇÃO PASSIVA O DEPUTADO QUE CONCEDE APOIO POLÍTICO À PERMANÊNCIA DE DIRETOR DA PETROBRÁS EM TROCA DO RECEBIMENTO DE PROPINA

A situação concreta foi a seguinte:

O Deputado Federal Nelson Meurer (PP/PR) integrava a cúpula do Partido Progressista (PP).

Como importante figura partidária, ele exercia pressão política junto à Presidência da República a fim de que Paulo Roberto Costa fosse mantido como Diretor de Abastecimento da Petrobrás.

Como "contraprestação" por esse apoio, o Deputado recebia dinheiro do referido Diretor, quantia essa oriunda de contratos ilegais celebrados pela Petrobrás.

Essa prática foi revelada pelo próprio Paulo Roberto Costa em declaração prestada no bojo de acordo de colaboração premiada.

O Deputado foi denunciado pela prática de corrupção passiva (art. 317 do CP) e também por lavagem de dinheiro (art. 1º da Lei nº 9.613/98).

O que o STF decidiu?

O STF condenou o réu pela prática dos delitos.

O delito de lavagem de dinheiro, será apreciado no tópico abaixo.

E quanto ao crime de corrupção passiva, o que decidiu o STF?

O STF entendeu que a conduta descrita se enquadra no crime de corrupção passiva (art. 317 do CP):

§ Art. 317. Solicitar ou receber, para si ou para outrem, direta ou indiretamente, ainda que fora da função ou antes de assumi-la, mas em razão dela, vantagem indevida, ou aceitar promessa de tal vantagem:

Pena – reclusão, de 2 (dois) a 12 (doze) anos, e multa.

O regime presidencialista brasileiro confere aos parlamentares um poder que vai além da elaboração e votação de lei e outros atos normativos. Os parlamentares possuem intensa participação nas decisões de governo, inclusive por meio da indicação de cargos no Poder Executivo. Essa dinâmica é própria do sistema presidencialista brasileiro, que exige uma coalizão para viabilizar a governabilidade. Trata-se do chamado "presidencialismo de coalizão".

Não se pode esquecer, contudo, que a Constituição Federal atribui ao Congresso Nacional competência para fiscalizar e controlar os atos do Poder Executivo, incluídos os da Administração Indireta (art. 49, X, da CF/88).

Vale lembrar, inclusive, que o Congresso Nacional possui poderes próprios de autoridade judicial quando instituídas comissões parlamentares de inquérito para apuração de fatos determinados (art. 58, § 3º).

Ademais, para evitar conflitos de interesses, os Deputados e Senadores são proibidos de:

a. firmar ou manter contrato com pessoa jurídica de direito público, autarquia, empresa pública, sociedade de economia mista ou empresa concessionária de serviço público, salvo quando o contrato obedecer a cláusulas uniformes; e

b. aceitar ou exercer cargo, função ou emprego remunerado, inclusive os de que sejam demissíveis "ad nutum", nas entidades constantes da alínea anterior.

Isso demonstra que os parlamentares devem manter independência em relação ao Poder Executivo para o exercício de suas atribuições.

Nesse contexto, se um parlamentar recebe vantagens indevidas em troca de sustentação política a um diretor da Petrobrás, isso significa evidente omissão em sua função de fiscalizar a lisura dos atos do Poder Executivo.

O exercício ilegítimo da atividade parlamentar, mesmo num governo de coalizão, é apto a caracterizar o crime de corrupção passiva.

PENAL

Esse tipo penal tutela a moralidade administrativa e tem por finalidade coibir e reprimir a mercancia da função pública, cujo exercício deve ser pautado exclusivamente pelo interesse público.

O STF afastou o argumento da defesa de que se estaria "criminalizando a atividade político-partidária". Não é nada disso. A atividade política continua sendo permitida, sendo lícito que partidos políticos apoiem determinada pessoa para os cargos de destaque do governo (exs: ministérios, diretorias etc.). O que se está punindo, neste caso, são atos que transbordaram os limites do exercício legítimo do mandato, ou seja, puniu-se um Deputado que recebia propina para dar sustentação política a um Diretor de estatal.

Provas

No caso concreto, o réu foi delatado por Paulo Roberto Costa.

No entanto, o STF afirmou que não estava condenando o réu apenas com base nas declarações do colaborador. Isso porque tais declarações, de forma isolada, não servem para fundamentar um decreto condenatório (art. 4º, § 16, da Lei nº 12.850/2013).

O STF afirmou que os fatos retratados encontram consistente suporte em outros elementos de prova (cruzamento de dados de companhias aéreas; afastamento de sigilo bancário; perícias em sistemas de contabilidade de pagamentos de propina; depoimentos de testemunhas; e quebra e disponibilização de dados telefônicos), produzidos sob o crivo do contraditório.

Esse conjunto de provas atesta e reforça a veracidade das declarações prestadas no âmbito de colaboração premiada e autoriza a sua utilização como fundamento à resolução do mérito da causa penal.

Lavagem de dinheiro

O Deputado também foi denunciado pela prática de lavagem de dinheiro (art. 1º da Lei nº 9.613/98).

Inicialmente, o STF afirmou que o réu não cometeu o crime quando recebeu o pagamento das propinas em espécie (em "dinheiro vivo"). O mero recebimento de valores em dinheiro não tipifica o delito de lavagem, seja quando recebido pelo próprio agente público, seja quando recebido por interposta pessoa.

Por outro lado, o STF entendeu que o Deputado praticou a lavagem pelo fato de ter recebido a propina em depósitos bancários fracionados, em valores que não atingem os limites estabelecidos pelas autoridades monetárias à comunicação compulsória dessas operações. Ex: suponhamos que, na época, a autoridade bancária dizia que todo depósito acima de R$ 20 mil deveria ser comunicado ao COAF; diante disso, o Deputado recebia depósitos periódicos de R$ 19 mil para burlar essa regra. Para o STF, isso configura o crime de lavagem. Trata-se de uma forma de ocultação da origem e da localização da vantagem pecuniária recebida pela prática do crime anterior.

Além disso, a apresentação de informações falsas em declarações de ajuste anual de imposto de renda foi uma forma de tentar dar um ar de licitude a patrimônio oriundo de práticas delituosas.

Efeitos da condenação

Em relação aos efeitos da condenação, o STF condenou o réu a pagar danos materiais, mas negou pedido do Ministério Público para condená-lo em danos morais coletivos.

Processo

STF. 2ª Turma. AP 996/DF, Rel. Min. Edson Fachin, julgado em 29/5/2018 (Info 904).

6. OUTROS CRIMES DO CÓDIGO PENAL

6.1. HOMICÍDIO

MOTIVO TORPE E FEMINICÍDIO: INEXISTÊNCIA DE BIS IN IDEM

O que é feminicídio?

Feminicídio é o homicídio doloso praticado contra a mulher por "razões da condição de sexo feminino", ou seja, desprezando, menosprezando, desconsiderando a dignidade da vítima enquanto mulher, como se as pessoas do sexo feminino tivessem menos direitos do que as do sexo masculino.

O Código Penal prevê o feminicídio como uma qualificadora do crime de homicídio. Confira:

§

> Homicídio simples
>
> Art. 121. Matar alguem:
>
> Pena – reclusão, de seis a vinte anos.
>
> (...)
>
> § 2º Se o homicídio é cometido:
>
> Feminicídio
>
> VI – contra a mulher por razões da condição de sexo feminino.
>
> (...)
>
> Pena – reclusão, de doze a trinta anos.

O feminicídio foi incluído no Código Penal pela Lei nº 13.104/2015.

Feminicídio X femicídio

Existe diferença entre feminicídio e femicídio?

- Femicídio significa praticar homicídio contra mulher (matar mulher);
- Feminicídio significa praticar homicídio contra mulher por "razões da condição de sexo feminino" (por razões de gênero).

O art. 121, § 2º, VI, do CP, trata sobre FEMINICÍDIO, ou seja, pune mais gravemente aquele que mata mulher por "razões da condição de sexo feminino" (por razões de gênero). Não basta a vítima ser mulher.

Como era a punição do feminicídio antes da Lei nº 13.104/2015?

Antes da Lei nº 13.104/2015, não havia nenhuma punição especial pelo fato de o homicídio ser praticado contra a mulher por razões da condição de sexo feminino. Em outras palavras, o feminicídio era punido, de forma genérica, como sendo homicídio (art. 121 do CP).

A depender do caso concreto, o feminicídio (mesmo sem ter ainda este nome) poderia ser enquadrado como sendo homicídio qualificado por motivo torpe (inciso I do § 2º do art. 121) ou fútil (inciso II) ou, ainda, em virtude de dificuldade da vítima de se defender (inciso IV). No entanto, o certo é que não existia a previsão de uma pena maior para o fato de o crime ser cometido contra a mulher por razões de gênero.

A Lei nº 13.104/2015 veio alterar esse panorama e previu, expressamente, que o feminicídio, deve agora ser punido como homicídio qualificado.

PENAL

Sujeito ativo

O feminicídio pode ser praticado por qualquer pessoa (trata-se de crime comum).

O sujeito ativo do feminicídio normalmente é um homem, mas também pode ser mulher.

Sujeito passivo

Obrigatoriamente deve ser uma pessoa do sexo feminino (criança, adulta, idosa, desde que do sexo feminino).

- Mulher que mata sua companheira homoafetiva: pode haver feminicídio se o crime foi por razões da condição de sexo feminino.
- Homem que mata seu companheiro homoafetivo: não haverá feminicídio porque a vítima deve ser do sexo feminino. Esse fato continua sendo, obviamente, homicídio.

Razões de condição de sexo feminino

O que são "razões de condição de sexo feminino"?

O legislador previu, no § 2º-A do art. 121, uma norma penal interpretativa, ou seja, um dispositivo para esclarecer o significado dessa expressão.

> § 2º-A Considera-se que há "razões de condição de sexo feminino" quando o crime envolve:
>
> I – violência doméstica e familiar;
>
> II – menosprezo ou discriminação à condição de mulher.

Tentado ou consumado

O feminicídio pode ser tentado ou consumado.

Tipo subjetivo

O feminicídio pode ser praticado com dolo direto ou eventual.

Natureza da qualificadora

Para o STJ, a qualificadora do feminicídio é de natureza OBJETIVA.

A justificativa apresentada para isso está no fato de que tal qualificadora "incide nos crimes praticados contra a mulher por razão do seu gênero feminino e/ou sempre que o crime estiver atrelado à violência doméstica e familiar propriamente dita, assim o *animus* do agente não é objeto de análise." (Min. Felix Fischer, no REsp 1.707.113/MG, julgado em 29/11/2017).

É possível que o agente seja condenado pelas qualificadoras do motivo torpe e também pelo feminicídio? É possível a incidência das duas qualificadoras em um caso concreto?

SIM.

> **Não caracteriza bis in idem o reconhecimento das qualificadoras de motivo torpe e de feminicídio no crime de homicídio praticado contra mulher em situação de violência doméstica e familiar.**
>
> STJ. 6ª Turma. HC 433.898-RS, Rel. Min. Nefi Cordeiro, julgado em 24/04/2018 (Info 625).

Isso se dá porque o feminicídio é uma qualificadora de ordem objetiva – vai incidir sempre que o crime estiver atrelado à violência doméstica e familiar propriamente dita enquanto que a torpeza é de cunho subjetivo, ou seja, continuará adstrita aos motivos (razões) que levaram um indivíduo a praticar o delito.

Exemplo concreto:

"No dia 12 de março de 2017, por volta de 01h40min, no endereço XXX, o denunciado FULANO DE TAL, com intenção de matar (*animus necandi*), tentou disparar uma arma de fogo contra sua companheira XXX, após agredi-la com socos que lhe causaram as lesões descritas no laudo de fls. 22/23.

Assim agindo, o acusado deu início à execução de um crime de homicídio que não se consumou por circunstâncias alheias à sua vontade, eis que a munição não foi deflagrada, tendo a vítima corrido do local e encontrado abrigo antes que o réu pudesse alvejá-la.

O acusado agiu por motivo torpe, eis que tentou matar a vítima em razão de infundado ciúme, após a vítima ter atendido a uma ligação telefônica de um amigo.

O delito foi praticado contra mulher, em contexto de violência doméstica e familiar (feminicídio), pois o denunciado e a vítima mantinham um relacionamento de muitos anos."

LEI 13.771/2018: ALTERA AS MAJORANTES DO FEMINICÍDIO

A Lei nº 13.771/2018 alterou três causas de aumento de pena do feminicídio (art. 121, § 7º do Código Penal).

Vejamos o que mudou.

Causas de aumento de pena

O § 7º do art. 121 do CP prevê causas de aumento de pena exclusivas para o feminicídio.

A Lei nº 13.771/2018 altera essas causas de aumento de pena.

Vamos comparar:

Antes da Lei 13.771/2018	ATUALMENTE
Art. 121 (...) § 7º A pena do feminicídio é aumentada de 1/3 (um terço) até a metade se o crime for praticado:	Art. 121 (...) § 7º A pena do feminicídio é aumentada de 1/3 (um terço) até a metade se o crime for praticado:
I – durante a gestação ou nos 3 (três) meses posteriores ao parto;	Não foi alterado. Continua a mesma redação.
II – contra pessoa menor de 14 (quatorze) anos, maior de 60 (sessenta) anos ou com deficiência;	II – contra pessoa menor de 14 (catorze) anos, maior de 60 (sessenta) anos, com deficiência ou portadora de doenças degenerativas que acarretem condição limitante ou de vulnerabilidade física ou mental;
III – na presença de descendente ou de ascendente da vítima.	III – na presença física ou virtual de descendente ou de ascendente da vítima;
Não havia inciso IV.	IV – em descumprimento das medidas protetivas de urgência previstas nos incisos I, II e III do caput do art. 22 da Lei nº 11.340, de 7 de agosto de 2006.

Mudança no inciso II:

Foi acrescentada a seguinte hipótese:

A pena imposta ao feminicídio será aumentada de 1/3 a 1/2 se, no momento do crime, a mulher (vítima) era portadora de doenças degenerativas que acarretem condição limitante ou de vulnerabilidade física ou mental. Como exemplo, podemos citar a esclerose lateral amiotrófica. A vítima, nesse caso, apresenta uma fragilidade (debilidade) maior, de forma que a conduta do agente se revela com alto grau de covardia.

Mudança no inciso III:

A pena imposta ao feminicídio será aumentada se o delito foi praticado na presença (física ou virtual) de descendente ou de ascendente da vítima.

Aqui a razão do aumento está no intenso sofrimento que o autor provocou aos descendentes ou ascendentes da vítima que presenciaram o crime, fato que irá gerar graves transtornos psicológicos.

Semanticamente, quando se fala que foi praticado "na presença de alguém", isso não significa, necessariamente, que a pessoa que presenciou estava fisicamente no local.

Assim, particularmente, entendo que, mesmo antes da alteração, já poderia ser aplicada a causa de aumento mesmo que não houvesse presença física do ascendente ou descendente, ou seja, essa presença poderia ser "virtual".

A fim de evitar polêmicas, o legislador resolveu deixar isso expresso.

Desse modo, poderá haver a causa de aumento de pena do inciso III do § 7º do art. 121 do CP mesmo que o ascendente ou descendente não esteja fisicamente no mesmo ambiente onde ocorre o homicídio. É o caso, por exemplo, em que o filho da vítima presencia, por meio de *webcam*, o agente matar sua mãe; ele terá presenciado o crime, mesmo sem estar fisicamente no local do homicídio.

Apenas para relembrar:

- Ascendente: é o pai, mãe, avô, avó, bisavô, bisavó e assim por diante.
- Descendente: é o filho(a), neto(a), bisneto(a) etc.

Atenção: não haverá a causa de aumento se o crime é praticado na presença de colateral (ex: irmão, tio) ou na presença do cônjuge da vítima.

Inserção do inciso IV:

Vamos entender melhor esse inciso com um exemplo:

Carla decidiu se separar de Pedro. Este, contudo, continuou a procurá-la insistentemente e a fazer ameaças caso ela não reatasse o relacionamento.

Diante disso, Carla procurou a Delegacia pedindo que fossem tomadas providências.

A autoridade policial lavrou o boletim de ocorrência e enviou um expediente ao juiz com o pedido de Carla para que Pedro não se aproximasse mais dela (art. 12, III, da Lei nº 11.340/2006).

O juiz deferiu o pedido da ofendida e determinou, como medidas protetivas de urgência, que Pedro mantivesse distância mínima de 500 metros de Maria e não tentasse nenhum contato com ela por qualquer meio de comunicação, conforme autoriza o art. 22, III, "a" e "b", da Lei nº 11.340/2006:

> § Art. 22. Constatada a prática de violência doméstica e familiar contra a mulher, nos termos desta Lei, o juiz poderá aplicar, de imediato, ao agressor, em conjunto ou separadamente, as seguintes medidas protetivas de urgência, entre outras:
>
> (...)
>
> III – proibição de determinadas condutas, entre as quais:

a) aproximação da ofendida, de seus familiares e das testemunhas, fixando o limite mínimo de distância entre estes e o agressor;

b) contato com a ofendida, seus familiares e testemunhas por qualquer meio de comunicação;

(...)

Na decisão, o magistrado consignou ainda que, em caso de descumprimento de quaisquer das medidas impostas, seria aplicada ao requerido multa diária de R$ 100, conforme previsto no § 4º, do art. 22 da Lei nº 11.340/2006.

Quais as consequências caso o indivíduo descumpra as medidas protetivas de urgência?

- é possível a execução da multa imposta;
- é possível a decretação de sua prisão preventiva (art. 313, III, do CPP);
- o agente responderá pelo crime do art. 24-A da Lei Maria da Penha:

§ Art. 24-A. Descumprir decisão judicial que defere medidas protetivas de urgência previstas nesta Lei:

Pena – detenção, de 3 (três) meses a 2 (dois) anos.

Continuando em nosso exemplo:

Pedro foi regularmente intimado. Apesar disso, uma semana depois procurou Carla em sua casa pedindo para que ela retomasse o relacionamento. Como ela não aceitou, Pedro a matou com uma faca.

Neste caso, Pedro responderá por feminicídio e incidirá a causa de aumento de pena prevista no art. 121, § 7º, IV, do CP.

Pergunta: responderá também pelo art. 24-A do CP?

NÃO. Isso porque o delito do art. 24-A do CP é absorvido pela conduta mais grave, qual seja, a prática do art. 121, § 7º, IV, do CP.

Fazer incidir o art. 24-A da Lei nº 11.340/2006 e também pelo inciso IV do § 7º do art. 121 do CP representaria punir duas vezes o agente pelo mesmo fato (*bis in idem*), o que é vedado.

Vigência

A Lei nº 13.771/2018 entrou em vigor na data de sua publicação (20/12/2018).

Por ser uma lei mais gravosa, ela não se aplica para fatos ocorridos antes de sua vigência.

O SIMPLES FATO DO CONDUTOR DO VEÍCULO ESTAR EMBRIAGADO NÃO GERA A PRESUNÇÃO DE QUE TENHA HAVIDO DOLO EVENTUAL

Imagine a seguinte situação hipotética:

João, dirigindo embriagado, bateu na traseira de outro veículo, causando a morte do outro condutor.

O Ministério Público denunciou o sujeito por homicídio doloso (art. 121 do CP), sob a alegação de que agiu com dolo eventual de matar.

Procedimento do Tribunal do Júri

Quando a pessoa é denunciada por crime doloso contra a vida, ela responde a um processo penal que é regido por um procedimento especial próprio do Tribunal do Júri (arts. 406 a 497 do CPP).

Procedimento bifásico do Tribunal do Júri

O procedimento do Tribunal do Júri é chamado de bifásico (ou escalonado) porque se divide em duas etapas:

1. Fase do sumário da culpa (iudicium accusationis): é a fase de acusação e instrução preliminar (formação da culpa). Inicia-se com o oferecimento da denúncia (ou queixa) e termina com a preclusão da sentença de pronúncia.
2. Fase de julgamento (iudicium causae).

Sentença que encerra o sumário da culpa

Ao final da 1ª fase do procedimento do júri (sumário da culpa), o juiz irá proferir uma sentença, que poderá ser de quatro modos:

Pronúncia	Impronúncia	Absolvição sumária	Desclassificação
O réu será pronunciado quando o juiz se convencer de que existem prova da materialidade do fato e indícios suficientes de autoria ou de participação. O juiz, ao pronunciar, deverá utilizar linguagem sóbria e comedida, a fim de não exercer nenhuma influência nos jurados. Deve evitar adjetivos ou outras palavras de censura contra o réu, sob pena de ser nula por excesso de linguagem ("eloquência acusatória").	O réu será impronunciado quando o juiz não se convencer: • da materialidade do fato; • da existência de indícios suficientes de autoria ou de participação. Ex.: a única testemunha que havia reconhecido o réu no IP não foi ouvida em juízo.	O réu será absolvido, desde logo, quando estiver provado (a): • a inexistência do fato; • que o réu não é autor ou partícipe do fato; • que o fato não constitui crime; • que existe uma causa de isenção de pena ou de exclusão do crime. Ex.: todas as testemunhas ouvidas afirmaram que o réu não foi o autor dos disparos.	Ocorre quando o juiz se convencer de que o fato narrado não é um crime doloso contra a vida, mas sim um outro delito, devendo, então, remeter o processo para o juízo competente. Ex.: juiz entende que não houve homicídio doloso, mas sim latrocínio.
Recurso cabível: RESE.	Recurso cabível: APELAÇÃO.	Recurso cabível: APELAÇÃO.	Recurso cabível: RESE.

Voltando ao nosso exemplo:

O juiz, ao fim da 1ª fase do procedimento do júri, pronunciou o acusado por homicídio doloso, designando dia para julgamento do réu pelo Plenário popular.

Diante disso, o réu interpôs recurso em sentido estrito argumentando que a embriaguez ao volante não é suficiente para configurar o dolo eventual. Requereu a desclassificação do fato típico imputado para o crime de homicídio tipo culposo, previsto no art. 302 do Código de Trânsito Brasileiro.

A primeira pergunta que surge é a seguinte: a embriaguez ao volante, por si só, já justifica considerar a existência de dolo eventual?

NÃO.

A embriaguez do agente condutor do automóvel, por si só, não pode servir de premissa bastante para a afirmação do dolo eventual em acidente de trânsito com resultado morte.

STJ. 6ª Turma. REsp 1.689.173-SC, Rel. Min. Rogério Schietti Cruz, julgado em 21/11/2017 (Info 623).

O que isso quer dizer? Nem todo mundo que, dirigindo embriagado, causar a morte de outra pessoa, terá que responder por homicídio doloso (dolo eventual). Não há uma correlação obrigatória, automática, entre embriaguez ao volante e dolo eventual.

A embriaguez ao volante é uma circunstância negativa que deve ser levada em consideração no momento de se analisar se o réu agiu ou não com dolo eventual. No entanto, não se pode estabelecer como premissa que qualquer sempre haverá dolo eventual nesse caso.

Desse modo, não existe uma presunção de que o condutor que mata alguém no trânsito praticou o crime com dolo eventual.

Embriaguez ao volante + outros elementos = dolo eventual

Para que fique configurado o dolo eventual, além da embriaguez ao volante é necessário que haja outros elementos nos autos de que o condutor estivesse dirigindo de forma a assumir o risco de provocar acidente sem se importar com eventual resultado fatal de seu comportamento.

Ex1: condutor, além de embriagado, dirigia o automóvel em velocidade muito acima do permitido.

Ex2: condutor, além de embriagado, dirigia o automóvel, propositalmente, em zigue-zague na pista ou fazendo sucessivas ultrapassagens perigosas.

Ex3: condutor do automóvel, além de embriagado, dirigia desrespeitando sinal vermelho.

Ex4: condutor do automóvel, além de embriagado, "jogou" o veículo contra pedestres para assustá-los ou passou por outros automóveis "tirando fino" e freando logo em seguida.

Ex5: recentemente, o STF decidiu que configura dolo eventual o caso do condutor embriagado que entrou na contramão e atingiu uma motocicleta, causando a morte da vítima:

> Verifica-se a existência de dolo eventual no ato de dirigir veículo automotor sob a influência de álcool, além de fazê-lo na contramão. Esse é, portanto, um caso específico que evidencia a diferença entre a culpa consciente e o dolo eventual. O condutor assumiu o risco ou, no mínimo, não se preocupou com o risco de, eventualmente, causar lesões ou mesmo a morte de outrem.
>
> STF. 1ª Turma. HC 124687/MS, rel. Min. Marco Aurélio, red. p/ o ac. Min. Roberto Barroso, julgado em 29/5/2018 (Info 904).

Enfim, além da embriaguez, deve haver um *plus*, isto é, uma circunstância a mais que caracterize o dolo eventual.

Segunda pergunta: o juiz, no fim da 1ª fase do procedimento, pode desclassificar a conduta do réu que dirigia o carro embriagado para homicídio culposo ou isso seria uma forma de usurpar do Júri a competência para decidir o tema (art. 5º, XXXVIII, "d", da CF/88)? Chegando um caso de homicídio causado por condutor embriagado, o juiz deverá obrigatoriamente pronunciar o réu para que o Tribunal do Júri decida se houve dolo eventual ou culpa consciente?

O juiz pode desclassificar sim. Ele não é obrigado a remeter para o Plenário do Júri e isso não viola o art. 5º, XXXVIII, "d", da CF/88. Conforme decidiu o STJ:

Na primeira fase do Tribunal do Júri, ao juiz togado cabe apreciar a existência de dolo eventual ou culpa consciente do condutor do veículo que, após a ingestão de bebida alcoólica, ocasiona acidente de trânsito com resultado morte.

STJ. 6ª Turma. REsp 1.689.173-SC, Rel. Min. Rogério Schietti Cruz, julgado em 21/11/2017 (Info 623).

A primeira etapa do procedimento bifásico do Tribunal do Júri tem o objetivo principal de avaliar a suficiência ou não de razões (justa causa) para levar o acusado ao seu juízo natural.

O juízo da acusação (*iudicium accusationis*) funciona, assim, como um filtro pelo qual somente passam as acusações fundadas, viáveis, plausíveis e idôneas a serem objeto de decisão pelo juízo da causa (*iudicium causae*).

Não é uma tarefa fácil distinguir, na prática, o que seja dolo eventual ou culpa consciente, especialmente em homicídios causados na direção de automóvel. Isso porque é sempre muito difícil ter certeza sobre o elemento anímico que move a conduta do agente.

Se essa dificuldade existe para o julgador togado, "que emite juízos técnicos apoiados em séculos de estudos das ciências penais, o que se pode esperar de um julgamento realizado por pessoas que não possuem esse saber e que julgam a partir de suas íntimas convicções, sem explicitação dos fundamentos e razões que definem seus julgamentos?"

Se o legislador criou um procedimento bifásico para o julgamento dos crimes dolosos contra a vida, em que a primeira fase se encerra com uma avaliação técnica, empreendida por um juiz togado, o qual se socorre da dogmática penal e da prova dos autos, e mediante devida fundamentação, não se pode, então, desprezar esse "filtro de proteção para o acusado" e submetê-lo ao julgamento popular sem que se façam presentes as condições necessárias e suficientes para tanto.

DIRIGIR ALCOOLIZADO NA CONTRAMÃO: RECONHECIMENTO DE DOLO EVENTUAL

A situação concreta, com adaptações, foi a seguinte:

João, na direção de veículo automotor, entrou na contramão e atingiu uma motocicleta, causando a morte do condutor.

Não foi feito teste de etilômetro ("bafômetro") em João, mas as testemunhas afirmaram que ele exalava hálito etílico e que estava cambaleante.

João foi pronunciado e condenado a 6 anos de reclusão em regime inicial semiaberto por homicídio doloso simples (dolo eventual).

O condenado impetrou sucessivos habeas corpus até que a questão chegou ao STF.

No writ, João pede a desclassificação do delito para homicídio culposo na condução de veículo automotor, crime previsto no art. 302 do CTB.

O pedido foi acolhido pelo STF?

NÃO. O STF entende que, em casos de homicídio causado por motorista embriagado, se o Tribunal do Júri entender que houve dolo eventual, não cabe ao Supremo alterar esta tipificação, sendo uma decisão legítima do júri popular.

Verifica-se a existência de dolo eventual no ato de dirigir veículo automotor sob a influência de álcool, além de fazê-lo na contramão. Esse é, portanto, um caso específico que evidencia a diferença entre a culpa consciente e o dolo eventual. O condutor assumiu o risco ou, no

mínimo, não se preocupou com o risco de, eventualmente, causar lesões ou mesmo a morte de outrem.

STF. 1ª Turma. HC 124687/MS, rel. Min. Marco Aurélio, red. p/ o ac. Min. Roberto Barroso, julgado em 29/5/2018 (Info 904).

Vale ressaltar, no entanto, que o simples fato do condutor do veículo estar embriagado não gera a presunção de que tenha havido dolo eventual:

§ A embriaguez do agente condutor do automóvel, por si só, não pode servir de premissa bastante para a afirmação do dolo eventual em acidente de trânsito com resultado morte.

STJ. 6ª Turma. REsp 1.689.173-SC, Rel. Min. Rogério Schietti Cruz, julgado em 21/11/2017 (Info 623).

6.2. INJÚRIA

ESPOSA TEM LEGITIMIDADE PARA PROPOR QUEIXA-CRIME CONTRA AUTOR DE POSTAGEM QUE SUGERE RELAÇÃO EXTRACONJUGAL DO MARIDO

Imagine a seguinte situação:

O Senador Roberto Coelho Rocha publicou a seguinte mensagem em sua conta no Twitter:

"Não entendo o motivo dos constantes ataques que me fazem os pedetistas, Lupi e Weverton. Logo eu que sempre torci pela felicidade do casal."

Quem é "Lupi" e "Weverton" mencionados na mensagem? A quem ele estava se referindo?

"Lupi" é o político Carlos Lupi, Presidente do PDT.

Por outro lado, "Weverton" é Weverton Rocha, Deputado Federal.

Queixa-crime

Sámya, esposa de Weverton, sentiu-se ofendida com a mensagem e ajuizou, no STF, queixa-crime em desfavor de Senador Roberto Coelho Rocha afirmando que ele praticou, contra ela, injúria:

§ Art. 140. Injuriar alguém, ofendendo-lhe a dignidade ou o decoro:

Pena – detenção, de um a seis meses, ou multa.

Na queixa-crime proposta, Sámya alegou que o querelado (Roberto) possuía o nítido intuito de atingir a honra e a reputação de seu marido e também a sua enquanto esposa. Isso porque o querelado insinuou que Weverton teria relacionamento amoroso com Lupi, "em total desrespeito aos votos conjugais mantidos com a peticionária".

A querelante afirmou que a expressão "casal", utilizada por Roberto, atingiu a honra de toda a família de Weverton e que ofendeu o relacionamento que ele mantém com ela (sua esposa).

O STF ainda não julgou o mérito desta ação penal privada. No entanto, o Tribunal teve que analisar se a querelante possuía ou não legitimidade para propor a queixa-crime. O que decidiu o STF? A mulher tem legitimidade neste caso?

SIM.

A esposa tem legitimidade para propor queixa-crime contra autor de mensagem que insinua que o seu marido tem uma relação extraconjugal com outro homem.

Se alguém alega que um indivíduo casado mantém relação homossexual extraconjugal com outro homem, a esposa deste indivíduo tem legitimidade para ajuizar queixa-crime por injúria, alegando que também é ofendida.

STF. 1ª Turma. Pet 7417 AgR/DF, Rel. Min. Luiz Fux, red. p/ o ac. Min. Marco Aurélio, julgado em 9/10/2018 (Info 919).

O STF entendeu que, em tese, a afirmação feita pelo Senador no Twitter pode sim configurar injúria não apenas contra o Deputado Federal, mas também contra a honra de sua mulher. Isso porque, indiretamente, o autor da mensagem afirma que ela está sendo traída. Logo, ela possui legitimidade ativa para propor a ação penal privada.

Homem que é chamado de corno é vítima de injúria

Vale ressaltar que Nelson Hungria, há muitos anos, escreveu em suas obras que configura injúria chamar um homem de "corno". Neste caso, a conduta supostamente desonrosa (traição) é praticada pela mulher deste homem. Mesmo assim, o traído possui legitimidade ativa para propor a queixa-crime.

Esse mesmo raciocínio deve ser empregado no caso da querelante Sàmya que se sentiu ofendida em decorrência da alegada traição.

"Se se reconhece, desde a década de 1960, que, quando se imputa um fato desonroso à mulher, mas chamando o marido de corno, isso ofende a honra subjetiva dele, por que o inverso não seria verdadeiro?" (Ministro Alexandre de Moraes).

Não é uma questão de substituição processual

Importante esclarecer que a mulher não está substituindo o Deputado Federal ao propor a ação penal. Ela está ajuizando em nome próprio porque ela se sentiu ofendida pela insinuação de que seu marido formaria um casal com outra pessoa.

A imputação por injúria ocorre quando a pessoa se sente ofendida em sua honra subjetiva, ou seja, o que os ofendidos pensam de si.

Se ela tem razão ou não ao se sentir ofendida é uma questão de mérito a ser decidida na ação penal. Negar a legitimidade para propor a queixa-crime seria impedir que se possa discutir os limites da honra subjetiva.

6.3. APROPRIAÇÃO INDÉBITA PREVIDENCIÁRIA E A LEI Nº 13.606/2018

A Lei nº 13.606/2018 acrescentou o § 4º ao art. 168-A do CP. Veja a redação:

§

Art. 168-A. (...)

§ 3º É facultado ao juiz deixar de aplicar a pena ou aplicar somente a de multa se o agente for primário e de bons antecedentes, desde que:

I – tenha promovido, após o início da ação fiscal e antes de oferecida a denúncia, o pagamento da contribuição social previdenciária, inclusive acessórios; ou

II – o valor das contribuições devidas, inclusive acessórios, seja igual ou inferior àquele estabelecido pela previdência social, administrativamente, como sendo o mínimo para o ajuizamento de suas execuções fiscais.

§ 4º A faculdade prevista no § 3º deste artigo não se aplica aos casos de parcelamento de contribuições cujo valor, inclusive dos acessórios, seja superior àquele estabelecido, administrativamente, como sendo o mínimo para o ajuizamento de suas execuções fiscais.

Desse modo, em caso de parcelamento de contribuições previdenciárias cujo valor seja superior ao estabelecido administrativamente como sendo o mínimo para ajuizamento de suas execuções fiscais, será vedado ao juiz deixar de aplicar a pena ou aplicar somente a pena de multa, mesmo se o agente for primário e de bons antecedentes.

Confira o que ensina Rogério Sanches:

> "A Lei 13.606/18 acrescentou a este artigo o § 4º, que trata de limitação semelhante àquela que pode ser extraída do § 3º, inciso II. Na nova disposição, é o valor das contribuições parceladas – incluindo os acessórios – que, se superior àquele estabelecido, administrativamente, como sendo o mínimo para o ajuizamento de execuções fiscais, impede o perdão judicial e a aplicação apenas de multa" (CUNHA, Rogério Sanches. Manual de Direito Penal. 10ª ed., Salvador: Juspodivm, 2018, p. 369).

No âmbito federal, se a dívida for de até 20 mil reais, não haverá o ajuizamento da execução fiscal. É o que determinam as Portarias MF 75 e 130/2012, do Ministério da Fazenda, que preveem "o não ajuizamento de execuções fiscais de débitos com a Fazenda Nacional, cujo valor consolidado seja igual ou inferior a R$ 20.000,00 (vinte mil reais)." Portanto, acima desse valor, em âmbito federal, não é facultado ao juiz deixar de aplicar a pena ou aplicar somente a de multa, nos termos dos § 3º e 4º do art. 168-A do CP.

6.4. DESACATO

Previsão do desacato no direito brasileiro

O Código Penal prevê o crime de desacato no art. 331:

> § Art. 331. Desacatar funcionário público no exercício da função ou em razão dela:
>
> Pena – detenção, de seis meses a dois anos, ou multa.

Código Penal Militar

O Código Penal Militar tipifica o desacato em três artigos:

- Art. 298: pune o desacato cometido por militar contra outro militar de hierarquia superior;
- Art. 299: pune o desacato cometido por qualquer pessoa contra militar no exercício de função de natureza militar ou em razão dela;
- Art. 300: pune o desacato cometido contra funcionário civil no exercício de função ou em razão dela, em lugar sujeito à administração militar.

Algumas características desse delito

- Desacatar significa "menosprezar a função pública exercida por determinada pessoa. Em outras palavras, ofende-se o funcionário público com a finalidade de humilhar a dignidade e o prestígio da atividade administrativa." (MASSON, Cleber. Direito Penal esquematizado. 4ª ed., São Paulo: Método, 2014, p. 748).
- O delito de desacato, quer conforme tipificado na legislação penal comum, quer na militar, tem por sujeito passivo secundário o funcionário público (civil ou militar), figurando o Estado como sujeito passivo principal.
- O bem jurídico tutelado é a Administração Pública, levando-se em conta seu interesse patrimonial e moral. A vítima primária deste delito é o Estado. O servidor ofendido é apenas o sujeito passivo secundário. A tutela penal está no interesse em se assegurar o normal funcionamento do Estado, protegendo-se o prestígio do exercício da função pública.

- O destinatário da proteção legal é mais a função pública do que a pessoa (civil ou militar). Portanto, para a configuração do crime, não é necessário que o funcionário público se sinta ofendido, sendo indispensável que o menoscabo tenha alvo certo, de forma que a vítima deve ouvir a palavra injuriosa ou sofrer diretamente o ato.
- É essencial para a configuração do delito que o funcionário público esteja no exercício da função, ou, estando fora, que a ofensa seja empregada em razão dela. Deve, pois, haver o chamado nexo funcional. A crítica ou a censura sem excessos, por sua vez, não constituem desacato, ainda que veementes.

Convenção Americana de Direitos Humanos

O Brasil é signatário da Convenção Americana de Direitos Humanos, que ficou conhecida como "Pacto de São José da Costa Rica". Neste tratado internacional, promulgado pelo Decreto nº 678/92, foi previsto como um dos direitos ali consagrados a liberdade de expressão. Confira:

§

> Artigo 13. Liberdade de pensamento e de expressão
>
> 1. Toda pessoa tem direito à liberdade de pensamento e de expressão. Esse direito compreende a liberdade de buscar, receber e difundir informações e ideias de toda natureza, sem consideração de fronteiras, verbalmente ou por escrito, ou em forma impressa ou artística, ou por qualquer outro processo de sua escolha.
>
> 2. O exercício do direito previsto no inciso precedente não pode estar sujeito a censura prévia, mas a responsabilidades ulteriores, que devem ser expressamente fixadas pela lei e ser necessárias para assegurar:
>
> a. o respeito aos direitos ou à reputação das demais pessoas; ou
>
> b. a proteção da segurança nacional, da ordem pública, ou da saúde ou da moral públicas.
>
> 3. Não se pode restringir o direito de expressão por vias ou meios indiretos, tais como o abuso de controles oficiais ou particulares de papel de imprensa, de frequências radioelétricas ou de equipamentos e aparelhos usados na difusão de informação, nem por quaisquer outros meios destinados a obstar a comunicação e a circulação de ideias e opiniões.
>
> 4. A lei pode submeter os espetáculos públicos a censura prévia, com o objetivo exclusivo de regular o acesso a eles, para proteção moral da infância e da adolescência, sem prejuízo do disposto no inciso 2.
>
> 5. A lei deve proibir toda propaganda a favor da guerra, bem como toda apologia ao ódio nacional, racial ou religioso que constitua incitação à discriminação, à hostilidade, ao crime ou à violência.

Comissão Interamericana de Direitos Humanos

Há muitos anos, a Comissão Interamericana de Direitos Humanos (CIDH) vem decidindo que a criminalização do desacato contraria o artigo 13 do Pacto de San José da Costa Rica.

Em 1995, a Comissão afirmou que as leis de desacato se prestam ao abuso, como meio para silenciar ideias e opiniões consideradas incômodas pelo *establishment*, bem assim proporcionam maior nível de proteção aos agentes do Estado do que aos particulares, em contravenção aos princípios democrático e igualitário (CIDH, Relatório sobre a compatibilidade entre as leis de desacato e a Convenção Americana sobre Direitos Humanos, OEA/Ser. L/V/II.88, doc. 9 rev., 17 de fevereiro de 1995, 197-212).

Em 2000, a CIDH aprovou a Declaração de Princípios sobre Liberdade de Expressão, onde reafirmou sua posição sobre a invalidade da tipificação do desacato:

"11. Os funcionários públicos estão sujeitos a um maior controle por parte da sociedade. As leis que punem a manifestação ofensiva dirigida a funcionários públicos, geralmente conhecidas como 'leis de desacato', atentam contra a liberdade de expressão e o direito à informação."

Em suma, para a CIDH, as leis de desacato restringem indiretamente a liberdade de expressão, porque carregam consigo a ameaça do cárcere ou multas para aqueles que insultem ou ofendam um funcionário público. Por essa razão, este tipo penal (desacato) é inválido, por contrariar o artigo 13 da Convenção Americana de Direitos Humanos.

O STJ acolhe esta tese? O desacato deixou de ser crime no ordenamento jurídico brasileiro por força do Pacto de San Jose da Costa Rica?

NÃO. O STJ, apreciando um caso envolvendo o art. 331 do Código Penal, decidiu que:

Desacatar funcionário público no exercício da função ou em razão dela continua a ser crime, conforme previsto no art. 331 do Código Penal.

STJ. 3ª Seção. HC 379.269-MS, Rel. Min. Reynaldo Soares da Fonseca, Rel. para acórdão Min. Antônio Saldanha Palheiro, julgado em 24/5/2017 (Info 607).

Desacato não viola a liberdade de expressão

A figura penal do desacato não prejudica a liberdade de expressão, pois não impede o cidadão de se manifestar, "desde que o faça com civilidade e educação".

A responsabilização penal por desacato existe para inibir excessos e constitui uma salvaguarda para os agentes públicos, expostos a todo tipo de ofensa no exercício de suas funções.

Descriminalizar o desacato não traria benefícios porque o fato constituiria injúria

A exclusão do desacato como tipo penal não traria benefício concreto para o julgamento dos casos de ofensas dirigidas a agentes públicos. Isso porque, com o fim do crime de desacato, as ofensas a agentes públicos passariam a ser tratadas pelos tribunais como injúria (art. 140 do CP), crime para o qual a lei já prevê um acréscimo de 1/3 da pena quando a vítima é servidor público (art. 141, II).

PENAL

Corte IDH admite que excessos na liberdade de expressão sejam punidos

Apesar de a posição da Comissão Interamericana de Direitos Humanos ser contrária à criminalização do desacato, a Corte Interamericana de Direitos Humanos, órgão que efetivamente julga os casos envolvendo indivíduos e estados, já deixou claro em mais de um julgamento que o Direito Penal pode punir as condutas que representem excessos no exercício da liberdade de expressão.

Assim, o Poder Judiciário brasileiro deve continuar a repudiar reações arbitrárias eventualmente adotadas por agentes públicos, punindo pelo crime de abuso de autoridade quem, no exercício de sua função, reagir de modo autoritário a críticas e opiniões que não constituam excesso intolerável do direito de livre manifestação do pensamento.

E o STF?

O STF, ao julgar uma situação envolvendo civil acusado de desacato contra militar (art. 299 do CPM), também entendeu no mesmo sentido do STJ e decidiu que:

O crime de desacato é compatível com a Constituição Federal e com o Pacto de São José da Costa Rica.

A figura penal do desacato não tolhe o direito à liberdade de expressão, não retirando da cidadania o direito à livre manifestação, desde que exercida nos limites de marcos civilizatórios bem definidos, punindo-se os excessos.

STF. 2ª Turma. HC 141949/DF, Rel. Min. Gilmar Mendes, julgado em 13/3/2018 (Info 894).

Natureza do Pacto de São José da Costa Rica

Os tratados de direitos humanos podem ser:

a. equivalentes às emendas constitucionais, se aprovados após a EC 45/2004 e conforme os requisitos do § 3º do art. 5º da CF/88; ou

b. supralegais, se aprovados antes da EC 45/2004 e sem os requisitos do § 3º do art. 5º da CF/88.

De toda forma, estando acima das normas infraconstitucionais, são também paradigma de controle da produção normativa.

O Pacto de São José da Costa Rica possui, portanto, status supralegal, estando hierarquicamente acima das leis, mas abaixo da Constituição Federal.

Desacato não é incompatível com o Pacto de São José da Costa Rica

Ao se ler o Pacto de São José da Costa Rica não se identifica uma incompatibilidade do crime de desacato em relação a esse tratado.

Assim, o tratado não revogou a norma penal, tendo havido a recepção do crime de desacato pela regra supralegal (Pacto de São José).

O texto do Pacto dispõe que o exercício do direito à liberdade de pensamento e de expressão, embora não sujeito a censura prévia, deve assumir responsabilidades ulteriores, expressamente fixadas em lei, para assegurar o respeito aos direitos ou à reputação das demais pessoas.

Portanto, o Pacto impõe sim limites à liberdade de expressão, não tendo havido descriminalização do crime de desacato ou "abolitio criminis".

A forma como a liberdade de expressão foi tratada no Pacto de São José é parecida com a disciplina dada pela Constituição Federal ao tema, sendo que esse direito não possui caráter absoluto.

Vale ressaltar que a Constituição, ao tutelar a honra, a intimidade e a dignidade da pessoa humana, também recepcionou o crime de desacato na forma como prevista em nossa legislação penal.

Direito à liberdade de expressão não é absoluto

O direito à liberdade de expressão deve harmonizar-se com os demais direitos envolvidos, não eliminá-los. Incide o princípio da concordância prática, pelo qual o intérprete deve buscar a conciliação entre normas constitucionais.

O exercício abusivo das liberdades públicas não se coaduna com o Estado democrático. A ninguém é lícito usar sua liberdade de expressão para ofender a honra alheia.

O desacato constitui importante instrumento de preservação da lisura da função pública e, indiretamente, da dignidade de quem a exerce.

Não se pode despojar a pessoa de um dos mais delicados valores constitucionais, a dignidade da pessoa humana, em razão do "status" de funcionário público (civil ou militar).

O fato de o indivíduo ter se investido em uma função pública não significa que ele tenha renunciado à sua honra e à sua dignidade.

Corte Interamericana de Direitos Humanos

Vale ressaltar que a Corte Interamericana de Direitos Humanos, órgão responsável pelo julgamento de situações concretas de abusos e violações de direitos humanos, tem, reiteradamente, decidido contrariamente ao entendimento da Comissão de Direitos Humanos, estabelecendo que o direito penal pode sim punir condutas excessivas no exercício da liberdade de expressão.

Desacato não tolhe a liberdade de expressão

A figura penal do desacato não tolhe o direito à liberdade de expressão, não retirando da cidadania o direito à livre manifestação, desde que exercida nos limites de marcos civilizatórios bem definidos, punindo-se os excessos.

A Constituição impõe à Administração a observância dos princípios da legalidade, impessoalidade, moralidade, publicidade e eficiência, podendo-se dessumir daí a compatibilidade entre a defesa da honra e intimidade do funcionário público e a liberdade de expressão.

Não se aplica a teoria da adequação social

Não se pode aplicar ao caso o princípio da adequação social.

O princípio da adequação social, desenvolvido por Hanz Welzel, afasta a tipicidade dos comportamentos que são aceitos e considerados adequados ao convívio social. De acordo com o referido princípio, os costumes aceitos por toda a sociedade afastam a tipicidade material de determinados fatos que, embora possam se subsumir a algum tipo penal, não caracterizam crime justamente por estarem de acordo com a ordem social em um determinado momento histórico.

Havendo lei, ainda que deficitária, punindo o abuso de autoridade, pode-se afirmar que a criminalização do desacato se mostra ainda compatível com o Estado democrático.

6.5. DESCAMINHO

O delito de descaminho está previsto no art. 334 do Código Penal com a seguinte redação:

§ Art. 334. Iludir, no todo ou em parte, o pagamento de direito ou imposto devido pela entrada, pela saída ou pelo consumo de mercadoria:

Pena – reclusão, de 1 (um) a 4 (quatro) anos.

O descaminho é crime tributário material? Para o ajuizamento da ação penal é necessária a constituição definitiva do crédito tributário? Aplica-se a Súmula Vinculante 24 ao descaminho?

NÃO. Tanto o STJ como o STF entendem que o descaminho é crime tributário FORMAL. Logo, para que seja proposta ação penal por descaminho não é necessária a prévia constituição definitiva do crédito tributário.

Não se aplica a Súmula Vinculante 24 do STF:

Súmula vinculante 24-STF: Não se tipifica crime material contra a ordem tributária, previsto no artigo 1º, incisos I a IV, da Lei nº 8.137/90, antes do lançamento definitivo do tributo.

O crime se consuma com a simples conduta de iludir o Estado quanto ao pagamento dos tributos devidos quando da importação ou exportação de mercadorias.

STJ. 6ª Turma. REsp 1.343.463-BA, Rel. para acórdão Min. Rogerio Schietti Cruz, julgado em 20/3/2014 (Info 548).

STF. 2ª Turma. HC 122325, Rel. Min. Gilmar Mendes, julgado em 27/05/2014.

É dispensada a existência de procedimento administrativo fiscal com a posterior constituição do crédito tributário para a configuração do crime de descaminho (art. 334 do CP), tendo em conta sua natureza formal.

STF. 1ª Turma. HC 121798/BA, Rel. Min. Marco Aurélio, julgado em 29/5/2018 (Info 904).

6.6. PETRECHOS PARA FALSIFICAÇÃO DE MOEDA

Petrechos para falsificação de moeda

O art. 291 prevê o crime de "petrechos para falsificação de moeda". Confira:

Art. 291. Fabricar, adquirir, fornecer, a título oneroso ou gratuito, possuir ou guardar maquinismo, aparelho, instrumento ou qualquer objeto especialmente destinado à falsificação de moeda:

Pena – reclusão, de dois a seis anos, e multa.

Punição de atos preparatórios

As condutas previstas no art. 291 poderiam ser consideradas como atos preparatórios do crime de moeda falsa, delito tipificado no art. 289 do CP:

§ Art. 289. Falsificar, fabricando-a ou alterando-a, moeda metálica ou papel-moeda de curso legal no país ou no estrangeiro:

Pena – reclusão, de três a doze anos, e multa.

Ocorre que, em regra, atos preparatórios não são punidos criminalmente.

Diante disso, o legislador resolveu punir esses atos preparatórios da moeda falsa como um crime autônomo e, por isso, criou essa figura típica do art. 291.

O objetivo, portanto, foi o de evitar que o agente chegue a iniciar a execução do crime de moeda falsa, motivo pelo qual Cleber Masson afirma que o art. 291 é um autêntico "crime obstáculo" (*Direito Penal.* São Paulo: Método, 2018, p. 467).

Especialmente destinado é diferente de exclusivamente destinado

O tipo penal fala em maquinismo, aparelho ou instrumento "especialmente destinado à falsificação de moeda".

A doutrina e a jurisprudência ensinam que essa expressão não exige que o maquinismo, o aparelho ou o instrumento encontrado seja, exclusivamente, voltado para a falsificação de moeda. Em outras palavras, o aparelho que for encontrado serve para outras finalidades e também pode servir para a falsificação de moeda. É o caso de uma impressora. Não se pode dizer que se trata de uma máquina que sirva exclusivamente para falsificar papel-moeda, mas ela pode sim servir para caracterizar este delito caso fique comprovado que o agente a tinha para essa especial destinação.

Como explica Nucci:

> "O termo especialmente, usado na parte final do tipo, é o maquinismo, aparelho, instrumento ou objeto que tem por finalidade principal falsificar moeda. Pode até ser utilizado para outros fins, embora se concentre na contrafação de moeda.
>
> Bento de Faria, corretamente, demonstra que muitos aparelhos podem servir para outros fins, como prensas, metais etc., razão pela qual a destinação de tudo isso é subjetiva,

dependendo da meta do agente. Se ele utilizar máquinas para cunhar moedas configura o delito. (...)" (NUCCI, Guilherme de Souza. Curso de Direito Penal. Parte especial: arts. 213 a 361 do Código Penal. Rio de Janeiro: Forense, 2017, p. 356)

O STJ decidiu no mesmo sentido ao manter a condenação pelo art. 291 do CP contra determinados réus que foram encontrados com uma grande quantidade de computadores e impressoras "normais", mas que pelas circunstâncias do caso concreto indicaram que estavam sendo utilizadas para a falsificação de moeda:

O art. 291 do Código Penal tipifica, entre outras condutas, a posse ou guarda de maquinismo, aparelho, instrumento ou qualquer objeto especialmente destinado à falsificação de moeda.

A expressão "especialmente destinado" não diz respeito a uma característica intrínseca ou inerente do objeto. Se assim fosse, só o maquinário exclusivamente voltado para a fabricação ou falsificação de moedas consubstanciaria o crime, o que implicaria a absoluta inviabilidade de sua consumação (crime impossível), pois nem mesmo o maquinário e insumos utilizados pela Casa de Moeda são direcionados exclusivamente para a fabricação de moeda.

A dicção legal está relacionada ao uso que o agente pretende dar ao objeto, ou seja, a consumação depende da análise do elemento subjetivo do tipo (dolo), de modo que, se o agente detém a posse de impressora, ainda que manufaturada visando ao uso doméstico, mas com o propósito de a utilizar precipuamente para contrafação de moeda, incorre no referido crime.

STJ. 6ª Turma. REsp 1758958/SP, Rel. Min. Sebastião Reis Júnior, julgado em 11/09/2018 (Info 633).

Responsabilidade penal caso o agente falsifique a moeda

Se o agente que possui o aparelho destinado à falsificação da moeda o utiliza e efetivamente cria uma cédula falsa, ele responderá pelo crime do art. 291 em concurso com o delito de moeda falsa (art. 289 do CP)?

Conforme explica Cleber Masson (ob. cit., p. 470), existem duas posições sobre o tema:

1ª corrente: SIM. O agente deve ser responsabilizado pelo crime de pretrechos para falsificação de moeda (art. 291) em concurso material com o delito de moeda falsa (art. 289 do CP). É a posição do próprio Masson e do Rogério Greco. Trata-se da corrente majoritária.

2ª corrente: NÃO. Incide o princípio da consunção, resultando na absorção do crime-meio (art. 291) pelo crime-fim, que é o de moeda falsa (art. 289). Foi defendida por Nelson Hungria.

Competência

A competência para processar e julgar este delito é da Justiça Federal porque foi violado um serviço de interesse federal (art. 109, IV, da CF/88), controlado pelo Banco Central, que é uma autarquia federal.

7. CRIMES CONTRA O SISTEMA FINANCEIRO NACIONAL

7.1. VENDA PREMIADA (COMPRA PREMIADA)

O que é um consórcio?

O consórcio ocorre quando um grupo de pessoas (físicas ou jurídicas) se reúne com o objetivo de comprar um determinado tipo de bem (móvel ou imóvel) ou adquirir um serviço. O exemplo mais comum é o consórcio para compra de veículos, mas existem para diversas outras espécies de bens, inclusive para imóveis.

Cada pessoa que faz parte do consórcio pagará parcelas mensais e, todos os meses, haverá a possibilidade de um ou mais integrantes do consórcio serem contemplados.

A contemplação pode acontecer de duas formas: por meio de sorte ou pelo maior lance.

O sistema de consórcios é regido pela Lei nº 11.795/2008.

Esta Lei exige que o consórcio seja promovido (organizado) por uma administradora de consórcios.

A administradora de consórcio é, portanto, a pessoa jurídica responsável pela formação e administração de grupos de consórcio.

A atividade de consórcio é regulada pelo Banco Central, que edita circulares para disciplinar o tema. A atual é a Circular 3.432/2009.

Vale ressaltar, inclusive, que a administradora de consórcio somente pode funcionar se for autorizada pelo Banco Central.

Imagine agora a seguinte situação hipotética:

João, proprietário de uma empresa que vende eletrodomésticos e motocicletas, ofereceu para Laura o seguinte negócio: ela entraria para um grupo de pessoas que todos os meses paga R$ 200,00; a cada mês uma pessoa desse grupo é sorteada; o sorteado ganha então uma motocicleta Honda NX Bros 150 e não precisa mais pagar nada; por outro lado, a pessoa, enquanto não for sorteada, fica obrigada a continuar pagando as prestações mensais.

Laura aceitou a proposta e ficou pagando todos os meses o valor ajustado.

Qual é o nome desta operação realizada?

Esta operação foi realizada em diversas cidades do interior do Brasil e ficou conhecida como "venda premiada" ou "compra premiada".

A Secretaria de Acompanhamento Econômico do Ministério da Fazenda, em seu site, alertou a população a respeito desta prática:

> A "Venda Premiada", ou outra denominação adotada, consiste em operações em que empresas atraem consumidores, com a promessa de adquirir um bem móvel, como motocicletas, com a formação de grupos de participantes que pagariam parcelas mensais e concorrem em sorteios pelo bem objeto do contrato. Quando sorteado, o contemplado ficaria exonerado da obrigação de pagar as demais parcelas e outro consumidor seria inserido no grupo. Essas operações não apresentam viabilidade financeira e a exigência de substituição da pessoa contemplada por outro consumidor caracteriza a fraude conhecida como "Pirâmide". (SEAE alerta população sobre captação irregular de poupança popular. Disponível em: http://www.seae.fazenda.gov.br/noticias/copy6_of_seaeconclui-analise-sobre-acs-no-varejo-de-bens-duraveis.)

Simulação de consórcio

Trata-se, na verdade, da simulação de um consórcio. As empresas envolvidas nestas operações exigiam que os clientes pagassem parcelas mensais e prometiam a realização de sorteios mensais dos bens objeto desse negócio (ex: motos). Quem era sorteado, recebia a moto e deixava de pagar a dívida e outro consumidor era inserido no grupo.

Essa sistemática configura a chamada "pirâmide financeira", que é proibida e considerada crime.

Vale ressaltar que há uma pirâmide financeira porque não existe um patrimônio garantidor por parte das empresas e o dinheiro que é utilizado para comprar os bens (exs: as motos) depende sempre da entrada de novos consumidores. Em determinado momento essa entrada de novos consumidor acaba ou diminuiu e falta dinheiro para comprar os bens para aquelas pessoas que já estão pagando as mensalidades há algum tempo.

Qual foi o crime praticado por João? Qual é o crime cometido pelo indivíduo que organiza essa "venda premiada"?

Esta conduta configura o delito do art. 16 da Lei nº 7.492/86 (crime contra o sistema financeiro):

> § Art. 16. Fazer operar, sem a devida autorização, ou com autorização obtida mediante declaração (Vetado) falsa, instituição financeira, inclusive de distribuição de valores mobiliários ou de câmbio:
>
> Pena – Reclusão, de 1 (um) a 4 (quatro) anos, e multa.

O que é uma instituição financeira?

A definição do que seja instituição financeira, para os fins do crime do art. 16, é encontrada no art. 1º da Lei nº 7.492/86.

Neste art. 1º temos duas espécies de instituição financeira:

1. Instituição financeira em sentido próprio (prevista no caput do art. 1º);
2. Instituição financeira por equiparação (definida no parágrafo único do art. 1º).

Podemos assim resumir o tema:

<table>
<tr><td rowspan="2">Instituição financeira em SENTIDO PRÓPRIO é a pessoa jurídica que realiza...</td><td>I – a captação, intermediação ou aplicação de recursos financeiros de terceiros;</td></tr>
<tr><td>II – a custódia, emissão, distribuição, negociação, intermediação ou administração de valores mobiliários.</td></tr>
<tr><td rowspan="2">Instituição financeira POR EQUIPARAÇÃO é...</td><td>I – a pessoa jurídica que capte ou administre seguros, câmbio, consórcio, capitalização ou qualquer tipo de poupança, ou recursos de terceiros; e</td></tr>
<tr><td>II – a pessoa natural que exerça quaisquer das atividades próprias de instituição financeira, ainda que de forma eventual.</td></tr>
</table>

Consórcio

Quem desempenha a atividade de "consórcio" é equiparado à instituição financeira. Justamente por isso, o STF entende que a pessoa que faz funcionar consórcio sem autorização legal pratica o delito do art. 16:

> De acordo com os artigos 1º, parágrafo único e inciso I, e 16 da Lei nº 7.492, de 16 de junho de 1986, consubstanciam crimes contra o Sistema Financeiro Nacional a formação e o funcionamento de consórcio à margem de balizamento legal, de instrução do Banco Central do Brasil. (...)
>
> STF. 1ª Turma. RHC 84182, Rel. Min. Marco Aurélio, julgado em 24/08/2004.

Compra premiada é uma simulação de consórcio

A compra premiada possui uma diferença em relação ao consórcio "puro" ("real", "tradicional"): no consórcio puro a pessoa, mesmo sendo contemplada, continua pagando as prestações mensais até o fim do contrato. Na compra premiada, a pessoa sorteada fica desobrigada de pagar as demais parcelas.

No entanto, mesmo não se caracterizando como um consórcio puro, a compra premiada é um simulacro de consórcio, considerando que capta e administra recurso de terceiros. Logo, esta conduta se enquadra no tipo penal previsto do art. 16 da Lei nº 7492/86.

Logo, o agente que faz a "compra premiada" faz uma espécie de simulação de consórcio. Ocorre que quem faz consórcio é equiparado à instituição financeira. Consequentemente, quem faz "compra premiada", faz operar, sem autorização, uma instituição financeira.

Nesse sentido:

> (...) 3. O Paciente, sócio administrador da sociedade FS MOTOS LTDA ME supostamente ofereceu e organizou grupos de consórcios, disfarçado na modalidade 'Compra Premiada', sem autorização do Banco Central do Brasil. Em suma, pessoas organizadas em grupo, pelo denunciado, pagavam parcelas mensais para a aquisição de um bem determinado. Tais fatos subsumem-se, em tese, ao tipo penal previsto no art. 16, caput, da Lei nº 7.492/86 (...)
>
> STJ. 5ª Turma. HC 261.150/PE, Rel. Min. Laurita Vaz, DJe 10/04/2014.

O fato de o indivíduo contemplado não precisar mais arcar com prestações demonstra apenas o alto risco do negócio, diante da possibilidade de não se conseguir o ingresso de outra pessoa para sustentar a viabilidade de aquisição dos bens. Ademais, ainda que não haja identidade perfeita entre a venda premiada e o consórcio, é evidente de que não se trata de venda comum, na medida que a pessoa jurídica capta recursos de terceiros, podendo, portanto, ser considerada instituição financeira a teor do parágrafo único do art. 1º da Lei nº 7.492/86.

Para que uma instituição financeira seja criada e funcione é necessária autorização?

SIM. Uma instituição financeira é uma atividade econômica que, se conduzida de forma inadequada, pode gerar gravíssimos prejuízos a terceiros e à economia do país. Como exemplo, basta recordar os inúmeros problemas que ocorreram em razão da liquidação dos Bancos Econômico, Nacional e Bamerindus, na década de 90. Além disso, se não houver uma intensa fiscalização, a atividade bancária pode servir como instrumento para a prática de delitos, como a lavagem de dinheiro e a evasão de divisas.

Por essas razões, a Lei nº 4.595/64 afirma que as instituições financeiras somente poderão funcionar no País com a prévia autorização do Banco Central. Se forem estrangeiras, será necessário ainda um decreto do Poder Executivo (art. 18).

De quem é a competência para julgar o crime do art. 16 da Lei nº 7.492/86?

Justiça Federal. Compete à Justiça Federal julgar os crimes contra o sistema financeiro nacional previstos na Lei nº 7.492/86.

Com efeito, a CF/88 prevê, em seu art. 109, VI:

> § Art. 109. Aos juízes federais compete processar e julgar:
>
> VI – os crimes contra a organização do trabalho e, nos casos determinados por lei, contra o sistema financeiro e a ordem econômico-financeira;

O inciso VI afirma que os crimes contra o sistema financeiro e contra a ordem econômico-financeira somente serão de competência da Justiça Federal nos casos determinados por lei.

Em outras palavras, nem todos os crimes contra o sistema financeiro e contra a ordem econômico-financeira serão de competência da Justiça Federal, mas apenas nas hipóteses em que lei assim determinar.

Os crimes contra o sistema financeiro estão previstos na Lei nº 7.492/86 e são julgados pela Justiça Federal por expressa previsão legal. Isso porque o art. 26 da Lei nº 7.492/86 estabelece:

§ Art. 26. A ação penal, nos crimes previstos nesta lei, será promovida pelo Ministério Público Federal, perante a Justiça Federal.

Logo, o crime do art. 16 da Lei nº 7.492/86 é de competência da Justiça Federal.

Em suma:

A simulação de consórcio por meio de venda premiada, operada sem autorização do Banco Central do Brasil, configura crime contra o sistema financeiro, tipificado pelo art. 16 da Lei nº 7.492/86, o que atrai a competência da Justiça Federal.

STJ. 3ª Seção. CC 160.077-PA, Rel. Min. Joel Ilan Paciornik, julgado em 10/10/2018 (Info 637).

7.2. DÓLAR-CABO

Em que consiste o dólar-cabo?

Existe muita gente que possui dinheiro de origem ilícita e, como uma forma de proteger estas quantias ou de gastar "tranquilamente" este numerário, decide mandar tais valores para fora do país.

Ocorre que, como são quantias obtidas ilegalmente, a pessoa não poderá mandar este dinheiro por meio das instituições autorizadas pelo Banco Central, já que ficaria provado que ela possui mais recursos do que declarou ao imposto de renda.

Tais pessoas procuram, então, formas de remeter os recursos para o exterior por meios não oficiais.

Um desses meios é chamado de "dólar-cabo". Existem algumas variações, porém o tipo mais comum de dólar-cabo consiste no seguinte: o corrupto procura um doleiro no Brasil e entrega a este determinada quantia em moeda nacional (ex: pouco mais de 3 milhões de reais) pedindo que este envie para outro país (ex: Miami/EUA). O doleiro entra em contato com um parceiro seu no exterior (outro "doleiro") e este abre uma conta ou uma empresa em nome do corrupto ou de um "laranja" e lá deposita o equivalente em dólar (ex: 1 milhão de dólares). Vale ressaltar que estes doleiros não estavam autorizados a fazer esta transação e nem a comunicaram ao Banco Central.

Mendroni, com muito mais elegância, explica o tema nos seguintes termos:

"Exemplificando: A, residente no Brasil, quer depositar o equivalente a US$ 100 mil em sua conta em um banco em Nova York. Contacta o doleiro brasileiro, que aciona o intermediador residente nos EUA. Este providencia o depósito dos US$ 100 mil, de lá mesmo dos EUA, na conta de A. Em compensação, aquele intermediador norte-americano conhece um residente nos EUA que quer depositar os mesmos US$ 100 mil (convertidos em reais) no Brasil. Então o doleiro brasileiro providencia o depósito do valor, em reais, equivalente aos US$ 100 mil depositados em Nova York, na conta designada pelo intermediador norte-americano. O dinheiro não viajou. Não houve transferência do dinheiro Brasil aos EUA e nem dos EUA para o Brasil, operou um sistema de compensações, onde os depósitos ocorreram dentro dos EUA e dentro do Brasil, pelos valores equivalentes, conforme as orientações dos clientes. Trata-se de sistema que impossibilita ou dificulta

PENAL

> o rastreamento dos depósitos, pela própria razão da inexistência de transferências por parte do interessado." (MENDRONI, Marcelo Batlouni. *Crime de Lavagem de Dinheiro*. 3ª ed., São Paulo: Atlas, 2015, p. 207).

Em suma, dólar-cabo consiste na prática de negociar dólar no mercado paralelo para depósito em instituição no exterior (www.bcb.gov.br/glossario).

Se a pessoa fosse fazer a remessa de forma correta, deveria procurar uma instituição autorizada e o envio das quantias seria realizado mediante transferência bancária.

A prática de dólar-cabo é crime?

SIM. A prática de dólar-cabo configura o crime de evasão de dividas, previsto no art. 22, parágrafo único, 1ª parte, da Lei nº 7.492/86 (Lei dos Crimes contra o Sistema Financeiro):

> § Art. 22. Efetuar operação de câmbio não autorizada, com o fim de promover evasão de divisas do País:
>
> Pena – Reclusão, de 2 (dois) a 6 (seis) anos, e multa.
>
> Parágrafo único. Incorre na mesma pena quem, a qualquer título, promove, sem autorização legal, a saída de moeda ou divisa para o exterior, ou nele mantiver depósitos não declarados à repartição federal competente.

E o dólar-cabo invertido?

Como o próprio nome sugere, trata-se da operação que faz o caminho inverso do dólar-cabo tradicional.

Assim, o "dólar-cabo invertido" (também chamado de "dólar-cabo inverso") consiste em efetuar operação de câmbio não autorizada com o fim de promover a internalização de capital estrangeiro.

Nas palavras do Min. Gilmar Mendes:

> "O dólar-cabo se caracteriza por uma operação de câmbio informal, na qual a parte entrega valores ao 'doleiro' no Brasil e recebe o correspondente em outro país. No dólar-cabo invertido, a parte entrega valores ao doleiro no exterior e recebe reais no Brasil."

Funciona, em regra, assim: o indivíduo possui dinheiro ilícito no exterior. Ele deseja trazer essa quantia para o Brasil a fim de gastar aqui. No entanto, como o dinheiro tem origem ilícita, ele não pode fazer essa movimentação pelos canais oficiais. Diante disso, ele aciona um doleiro no exterior e fala o seguinte: eu tenho 1 milhão de dólares aí e quero enviar para o Brasil. O doleiro recebe a quantia lá e aciona seu parceiro de negócios no Brasil dizendo o seguinte: recebi aqui 1 milhão de dólares do indivíduo "X". Você pode entregar para ele aí no Brasil o equivalente a esse dinheiro em reais (ex: pouco mais de 3 poucos milhões de reais). É como se os doleiros funcionassem como um "sistema bancário" paralelo (não oficial).

Em geral, o dólar-cabo invertido é utilizado para trazer de volta ao Brasil uma quantia que foi mandada para o exterior por meio do dólar-cabo "tradicional".

No caso concreto apreciado, havia dinheiro da organização criminosa no Paraguai e no Uruguai. Antônio (doleiro) recebia esse dinheiro em dólares no exterior e determinava que seu comparsa, em Porto Alegre, entregasse o equivalente em reais para os membros da organização criminosa no Brasil.

As operações totalizaram aproximadamente 5 milhões de dólares, de 2011 a 2014.

Vimos acima que o dólar-cabo "tradicional" configura o crime do art. 22 da Lei nº 7.492/86. E o dólar-cabo invertido? É possível enquadrar estar conduta no mesmo tipo penal?

NÃO. A conduta não se amolda a esse tipo penal. Veja o que disse o Min. Gilmar Mendes:

> "A operação de dólar-cabo invertido, que consistiria em efetuar operação de câmbio não autorizada com o fim de promover a internalização de capital estrangeiro, não se enquadra na evasão de divisas, na forma do caput do art. 22.
>
> Além disso, não há que se cogitar de seu enquadramento no tipo do parágrafo único do art. 22, uma vez que não podemos presumir que a internalização decorra de valores depositados no exterior e não declarados à autoridade financeira no Brasil.
>
> Ainda, cabe lembrar que, o crime de "manter depósitos não declarados" no exterior só se perfectibiliza se o dinheiro estivesse depositado no exterior na virada do ano e não fosse declarado ao Banco Central no ano seguinte, e nada disso consta do decreto de prisão."

Vale ressaltar, no entanto, que, a depender do caso concreto, esta conduta pode configurar lavagem de dinheiro (art. 1º da Lei nº 9.613/98).

8. CRIMES CONTRA A ORDEM TRIBUTÁRIA

PARA FAZER A PROVA DA CONSTITUIÇÃO DEFINITIVA DO CRÉDITO TRIBUTÁRIO NÃO SE EXIGE A JUNTADA INTEGRAL DO PAF

Lei 8.137/90

A Lei nº 8.137/90, em seus arts. 1º e 3º, define crimes contra a ordem tributária.

O art. 1º prevê o delito de sonegação fiscal, que é um crime tributário MATERIAL (com exceção do inciso V, que é formal). Veja a redação do dispositivo:

> § Art. 1º Constitui crime contra a ordem tributária suprimir ou reduzir tributo, ou contribuição social e qualquer acessório, mediante as seguintes condutas:
>
> I – omitir informação, ou prestar declaração falsa às autoridades fazendárias;
>
> II – fraudar a fiscalização tributária, inserindo elementos inexatos, ou omitindo operação de qualquer natureza, em documento ou livro exigido pela lei fiscal;
>
> III – falsificar ou alterar nota fiscal, fatura, duplicata, nota de venda, ou qualquer outro documento relativo à operação tributável;
>
> IV – elaborar, distribuir, fornecer, emitir ou utilizar documento que saiba ou deva saber falso ou inexato;
>
> V – negar ou deixar de fornecer, quando obrigatório, nota fiscal ou documento equivalente, relativa a venda de mercadoria ou prestação de serviço, efetivamente realizada, ou fornecê-la em desacordo com a legislação.
>
> Pena – reclusão de 2 (dois) a 5 (cinco) anos, e multa.

Quando se consuma o crime tributário material?

O crime tributário material somente se consuma quando houver a constituição definitiva do crédito tributário, nos termos da SV 24:

> Súmula vinculante 24: Não se tipifica crime material contra a ordem tributária, previsto no artigo 1º, incisos I a IV, da Lei nº 8.137/90, antes do lançamento definitivo do tributo.

PENAL

Constituição do crédito tributário

O crédito tributário é constituído (nasce) com um ato do Fisco chamado de "lançamento".

O lançamento é o ato por meio do qual o Auditor Fiscal constata que ocorreu um fato gerador de tributo. Ele, então, identifica quem é o sujeito passivo (contribuinte), calcula o quanto do tributo é devido (aplicando a alíquota sobre a base de cálculo) e inclui também a multa (se for o caso).

Somente depois que é feito o lançamento, podemos dizer que existe "crédito tributário", ou seja, um crédito que o Fisco possui em relação a um devedor (contribuinte).

Ocorre que algumas vezes, depois de haver o lançamento, o contribuinte autuado não concorda com esse ato e faz uma impugnação administrativa, ou seja, questiona esse ato alegando que ele não foi correto (ex: não havia fato gerador, a alíquota estava errada, a base de cálculo não era aquela etc.).

Enquanto essa impugnação administrativa não for julgada, não se pode dizer que houve a constituição DEFINITIVA do crédito tributário.

Assim, no caso de crimes tributários, enquanto o crédito tributário estiver sendo impugnado administrativamente, diz-se que ainda não houve constituição definitiva do crédito tributário, de modo que não é permitido o ajuizamento de ação penal, até mesmo porque não se sabe se esse crédito vai ser mantido ou não pelo Fisco. Pode acontecer de o órgão recursal do Fisco entender que as razões invocadas pelo contribuinte são pertinentes e que não há crédito tributário. Logo, seria temerário ajuizar ação penal por conta de um crédito que ainda não está definitivamente constituído na esfera administrativa.

Procedimento Administrativo Fiscal (PAF)

A constituição definitiva do crédito tributário ocorre no bojo de um processo administrativo, que é mais conhecido como Procedimento Administrativo Fiscal (PAF).

Nele constam todos os documentos e manifestações que levaram o Fisco a fazer esse lançamento e constituir o crédito tributário.

Ao apresentar a denúncia imputando ao réu um crime material contra a ordem tributária, o Ministério Público precisa fazer prova de que houve a constituição definitiva do crédito tributário?

SIM. É necessária a comprovação da constituição definitiva do crédito tributário a fim de que se possa atender a exigência contida na SV 24.

Assim, na denúncia, o MP deverá indicar o número do auto de infração, cuja inscrição definitiva em dívida ativa constituiu o crédito tributário.

Ao apresentar a denúncia imputando ao réu um crime material contra a ordem tributária, o Ministério Público precisa juntar a integralidade do Procedimento Administrativo Fiscal?

NÃO.

Mas e se o réu quiser impugnar esse lançamento? Se ele quiser dizer que o lançamento não deveria ter ocorrido, que não havia fato gerador, que a alíquota foi errada etc.?

Os documentos tributários e a correção ou não do lançamento já foram analisados no procedimento administrativo fiscal. Se o réu ainda deseja questioná-los judicialmente, apontando alguma irregularidade ou equívoco no procedimento tributário, deverá fazê-lo por meio de ação judicial própria (ação anulatória, mandado de segurança etc.), não podendo questionar a constituição definitiva do crédito tributário na esfera criminal.

Assim, não se revela necessária a juntada dos documentos tributários, mas apenas a comprovação da constituição definitiva do crédito tributário. Eventual questionamento da constituição do tributário não pode ser feito no juízo criminal, cabendo ao réu se valer dos meios próprios para tanto.

Nesse sentido:

> (...) 2. É descabida a discussão sobre a nulidade ou não do procedimento administrativo fiscal em processo criminal. A alegação da existência de vícios no referido procedimento deve ser manejada na esfera adequada para o exercício da pretensão anulatória do crédito tributário, e não no âmbito da Justiça Criminal. (...)
>
> STJ. 5ª Turma. AgRg no AREsp 469.137/RS, Rel. Min. Reynaldo Soares da Fonseca, julgado em 05/12/2017.

Dizendo isso de forma bem clara: a constituição definitiva do crédito tributário não pode ser anulada, desfeita, desconstituída no processo penal.

Em suma:

O crime tributário material somente se consuma quando houver a constituição definitiva do crédito tributário, nos termos da SV 24.

Para o início da ação penal, basta a prova da constituição definitiva do crédito tributário, não sendo necessária a juntada integral do Procedimento Administrativo Fiscal (PAF) correspondente.

Se o réu deseja questionar a validade do crédito fiscal, deve fazer isso por meio da ação própria, no Juízo cível. É descabida a discussão sobre a nulidade ou não do Procedimento Administrativo Fiscal no processo criminal.

Caso a defesa entenda que a documentação apresentada pelo Parquet é insuficiente e queira esmiuçar a dívida, pode apresentar cópia do referido PAF ou dizer que está tendo obstáculos administrativos de conseguir os autos.

Se houver qualquer obstáculo administrativo para o acesso ao procedimento administrativo fiscal respectivo, a parte pode sugerir ao Juiz sua atuação até mesmo de ofício, desde que aponte qualquer prejuízo à defesa que possa interferir na formação do livre convencimento do julgador.

STJ. 5ª Turma. RHC 94.288-RJ, Rel. Min. Reynaldo Soares da Fonseca, julgado em 22/05/2018 (Info 627).

O PRAZO DA PRESCRIÇÃO DA PRETENSÃO PUNITIVA FICA SUSPENSO DURANTE O PARCELAMENTO DO DÉBITO TRIBUTÁRIO

Imagine a seguinte situação:

Após procedimento administrativo fiscal, ficou comprovado que João praticou apropriação indébita previdenciária (art. 168-A, § 1º, I do CP) e sonegação de contribuição previdenciária (art. 337-A, III do CP).

Diante disso, o devedor, com medo do processo penal, decidiu aderir a um parcelamento do débito fiscal, ou seja, ele foi até a Receita Federal e pediu para pagar parceladamente a quantia devida.

Esse parcelamento terá influência na esfera penal?

SIM.

- Quando o agente ingressa no regime de parcelamento dos débitos tributários: fica suspensa a pretensão punitiva penal do Estado.

PENAL

- Caso o agente pague integralmente os débitos: haverá extinção da punibilidade.

Isso está previsto no art. 9º da Lei nº 10.684/2003. Veja:

> §
>
> Lei nº 10.684/2003
>
> Art. 9º É suspensa a pretensão punitiva do Estado, referente aos crimes previstos nos arts. 1º e 2º da Lei nº 8.137, de 27 de dezembro de 1990, e nos arts. 168-A e 337-A do Decreto-Lei nº 2.848, de 7 de dezembro de 1940 – Código Penal, durante o período em que a pessoa jurídica relacionada com o agente dos aludidos crimes estiver incluída no regime de parcelamento.
>
> (...)
>
> § 2º Extingue-se a punibilidade dos crimes referidos neste artigo quando a pessoa jurídica relacionada com o agente efetuar o pagamento integral dos débitos oriundos de tributos e contribuições sociais, inclusive acessórios.

Também é a redação do art. 83 da Lei nº 9.430/96, com redação dada pela Lei nº 12.382/2011:

> §
>
> Art. 83. A representação fiscal para fins penais relativa aos crimes contra a ordem tributária previstos nos arts. 1º e 2º da Lei nº 8.137, de 27 de dezembro de 1990, e aos crimes contra a Previdência Social, previstos nos arts. 168-A e 337-A do Decreto-Lei nº 2.848, de 7 de dezembro de 1940 (Código Penal), será encaminhada ao Ministério Público depois de proferida a decisão final, na esfera administrativa, sobre a exigência fiscal do crédito tributário correspondente. *(Redação dada pela Lei nº 12.350/2010)*
>
> (...)
>
> § 2º É suspensa a pretensão punitiva do Estado referente aos crimes previstos no caput, durante o período em que a pessoa física ou a pessoa jurídica relacionada com o agente dos aludidos crimes estiver incluída no parcelamento, desde que o pedido de parcelamento tenha sido formalizado antes do recebimento da denúncia criminal. *(Incluído pela Lei 12.382/2011)*
>
> (...)
>
> § 4º Extingue-se a punibilidade dos crimes referidos no caput quando a pessoa física ou a pessoa jurídica relacionada com o agente efetuar o pagamento integral dos débitos oriundos de tributos, inclusive acessórios, que tiverem sido objeto de concessão de parcelamento. *(Incluído pela Lei 12.382/2011)*

Durante o parcelamento, o que ocorre com o prazo prescricional?

Também fica suspenso.

> **O prazo prescricional não corre enquanto estiverem sendo cumpridas as condições do parcelamento do débito fiscal.**
>
> STF. 2ª Turma. ARE 1037087 AgR/SP, Rel. Min. Dias Toffoli, julgado em 14/8/2018 (Info 911).

Vimos que o parcelamento da dívida tributária acarreta a suspensão do processo penal. Em outras palavras, o Estado não pode julgar criminalmente este réu enquanto ele estiver no parcelamento tributário.

Ora, como está suspensa a pretensão punitiva durante o período do parcelamento do débito, também deve ficar suspenso o prazo prescricional. Se o Estado está impedido legalmente de julgar e punir o indivíduo, não se pode dizer que o Estado está inerte. A prescrição é um instituto relacionado com a inércia do titular.

Além disso, permitir que a prescrição siga seu curso normal durante o período de adesão voluntária do contribuinte ao programa de recuperação fiscal serviria como estratégia do réu para alcançar a impunidade.

Por essas razões, o legislador estabeleceu expressamente a suspensão da prescrição nestes casos. Veja:

§ Lei nº 10.684/2003

Art. 9º É suspensa a pretensão punitiva do Estado, referente aos crimes previstos nos arts. 1º e 2º da Lei nº 8.137, de 27 de dezembro de 1990, e nos arts. 168-A e 337-A do Decreto-Lei nº 2.848, de 7 de dezembro de 1940 – Código Penal, durante o período em que a pessoa jurídica relacionada com o agente dos aludidos crimes estiver incluída no regime de parcelamento.

§ 1º A prescrição criminal não corre durante o período de suspensão da pretensão punitiva.

(...)

§ Lei nº 9.430/96

Art. 83. (...)

§ 3º A prescrição criminal não corre durante o período de suspensão da pretensão punitiva. *(Incluído pela Lei 12.382/2011)*

A CONDUTA DE NÃO RECOLHER ICMS EM OPERAÇÕES PRÓPRIAS OU EM SUBSTITUIÇÃO TRIBUTÁRIA ENQUADRA-SE NO TIPO PREVISTO NO ART. 2º, II, DA LEI Nº 8.137/90 (APROPRIAÇÃO INDÉBITA TRIBUTÁRIA)

Imagine a seguinte situação hipotética:

João é sócio-gerente de uma loja de confecções.

Ele vendeu diversas roupas e, no preço, embutiu os custos que ele teria com o ICMS.

Em outras palavras, ele realizou operações que configuram fato gerador de ICMS.

O agente entregou a Guia de Informação e Apuração do ICMS (chamada de GIA) ao Fisco Estadual, mas não recolheu o tributo devido.

Sobre o tema, vale lembrar a Súmula 436 do STJ: A entrega de declaração pelo contribuinte reconhecendo débito fiscal constitui o crédito tributário, dispensada qualquer outra providência por parte do fisco.

Diante da ausência de pagamento, João foi cobrado pelo Fisco.

Além disso, o Ministério Público denunciou o agente pela prática do crime previsto no art. 2º, II, da Lei nº 8.137/90.

A Lei nº 8.137/90 define os crimes contra a ordem tributária, econômica e contra as relações de consumo. Os arts. 1º e 2º da Lei trazem os crimes praticados por particulares contra a ordem tributária.

O art. 2º, II, da Lei nº 8.137/90 é conhecido pela doutrina e jurisprudência como "apropriação indébita tributária". Veja:

§ Art. 1º Constitui crime contra a ordem tributária suprimir ou reduzir tributo, ou contribuição social e qualquer acessório, mediante as seguintes condutas:

(...)

PENAL

§ Art. 2º Constitui crime da mesma natureza:

(...)

II – deixar de recolher, no prazo legal, valor de tributo ou de contribuição social, descontado ou cobrado, na qualidade de sujeito passivo de obrigação e que deveria recolher aos cofres públicos;

(...)

Pena – reclusão de 2 (dois) a 5 (cinco) anos, e multa.

Tese da defesa

A defesa argumentou que, no caso concreto, as operações que geraram o ICMS eram operações próprias, ou seja, operações nas quais o sujeito passivo era o próprio agente (não era caso de substituição tributária).

Para a defesa, o art. 2º, II, da Lei nº 8.137/90 somente deveria ser aplicado para os casos de responsabilidade tributária por substituição (substituição tributária).

Nos casos em que não há o repasse de ICMS recolhido em operações próprias, não haveria crime, mas sim mero inadimplemento fiscal.

Em suma, a defesa alegou que o comerciante que vende mercadorias com ICMS embutido no preço e, posteriormente, não realiza o pagamento do tributo, não deixa de repassar ao Fisco valor cobrado ou descontado de terceiro, mas simplesmente torna-se inadimplente de obrigação tributária própria.

A tese da defesa foi acolhida pelo STJ?

NÃO. Antes de enfrentarmos a questão, vamos fazer uma breve revisão sobre este delito.

Bem jurídico

O bem jurídico protegido é a ordem tributária, ou seja, o interesse do Estado na arrecadação dos tributos. Alguns autores falam que o bem jurídico é o erário.

Apropriação indébita

O art. 2º, II, da Lei nº 8.137/90 é uma forma especial de apropriação indébita.

É muito semelhante também com o delito de apropriação indébita previdenciária (art. 168-A do CP), sendo a principal diferença a seguinte:

Art. 168-A do CP	Art. 2º, II, da Lei nº 8.137/90
O agente deixa de repassar contribuições previdenciárias recolhidas dos contribuintes.	O agente deixa de repassar quaisquer outros tributos (que não contribuições previdenciárias) recolhidas dos contribuintes.

Sujeito ativo

O sujeito ativo do crime é aquele que ostenta a qualidade de sujeito passivo da obrigação tributária, conforme claramente descrito pelo art. 2º, II, da Lei nº 8.137/90: "deixar de recolher (...) na qualidade de sujeito passivo da obrigação".

Um ponto interessante é que a lei, quando aponta o sujeito ativo do crime como sendo o passivo da obrigação tributária, o faz de maneira geral, isto é, não distingue o sujeito passivo direto do indireto da obrigação tributária.

Logo, nada impede que o sujeito ativo deste crime possa ser:

- o contribuinte (sujeito passivo direto da obrigação tributária); ou
- o responsável tributário (sujeito passivo indireto da obrigação tributária).

Assim, o termo "sujeito passivo de obrigação", previsto no tipo penal, abrange o contribuinte e o responsável (substituição tributária).

Crime comum

Doutrinariamente, é classificado como crime comum, considerando que não se exige qualidade especial do sujeito ativo (pode ser qualquer pessoa que tinha responsabilidade pelo recolhimento e não o fez dolosamente).

Sujeito passivo

Será a União, o Estado-membro ou o Município tributante.

Tipo objetivo

Algumas vezes a legislação estabelece que a pessoa tem, como obrigação tributária acessória, que recolher o tributo ou a contribuição social devida por outra e depois repassar esse valor ao ente tributante.

Ex1: o empregador, ao efetuar o pagamento do salário do empregado, deverá reter uma parcela desse rendimento e repassar tal valor à Receita Federal.

Se a pessoa fizer o desconto e não recolher, no prazo legal, o valor do tributo ou da contribuição social para o Fisco, haverá a prática desse crime.

Ex2: Rubens, sócio-gerente de uma sociedade comercial, deixou de recolher, de forma consciente, no prazo legal, o ICMS, referente aos meses de março e abril de 2002, escriturado nos livros fiscais e declarado à administração fazendária. Nessa situação, Rubens praticou, em tese, crime contra a ordem tributária (AGU CESPE 2003).

Elemento subjetivo

O delito exige, para sua configuração, que a conduta seja dolosa, consistente na consciência (ainda que potencial) de não recolher o valor do tributo.

Vale ressaltar que a motivação não possui importância no campo da tipicidade, ou seja, é dispensável a existência de elemento subjetivo especial. Nesse sentido: STJ. 6ª Turma. AgRg no Resp 1.477.691/DF, Rel. Ministro Nefi Cordeiro, DJe 28/10/2016.

Não se exige clandestinidade

O fato de o agente registrar, apurar e declarar em guia própria ou em livros fiscais o imposto devido não tem o condão de elidir (fazer desaparecer) o crime. Isso porque, para a configuração deste delito, não se exige clandestinidade (não se exige que seja feito às escondidas).

O tipo penal criminaliza a mera conduta de dever o imposto? Trata-se de criminalização do mero inadimplemento?

NÃO. A conduta reprovável criminalizada por este tipo penal não é "dever imposto", e sim cobrá-lo de terceiro sem repassá-lo ao Fisco, apropriando-se do valor.

Por essa razão, o STF entende que os crimes contra a ordem tributária são compatíveis com a Constituição Federal e não representam prisão por dívida (art. 5º, LXVII, da CF/88):

PENAL

Os crimes previstos na Lei nº 8.137/90 não violam o disposto no art. 5º, LXVII, da Constituição.

STF. Plenário. ARE 999425 RG, Rel. Min. Ricardo Lewandowski, julgado em 02/03/2017 (repercussão geral).

O agente tinha a obrigação tributária de recolher o tributo ou contribuição

A redação do tipo penal fala em deixar de recolher o "valor de tributo ou de contribuição social, descontado ou cobrado".

Isso significa que nem todo sujeito passivo de obrigação tributária que deixa de recolher tributo ou contribuição social responde pelo crime do art. 2º, II, da Lei nº 8.137/90, mas somente aqueles que "descontam" ou "cobram" o tributo ou contribuição.

Sentido das palavras "descontado" e "cobrado"

O tipo penal fala que configura o crime deixar de recolher valor de tributo ou de contribuição social, "descontado ou cobrado, na qualidade de sujeito passivo de obrigação e que deveria recolher aos cofres públicos".

Conforme explica o Min. Rogerio Schietti Cruz, as palavras "descontado" e "cobrado" não estão empregadas aqui no sentido tributário.

No Direito Tributário, o sujeito passivo nunca irá "cobrar" o tributo, sendo esta uma atividade do Fisco. O máximo que o sujeito passivo pode fazer é a retenção do tributo para, posteriormente, recolher ao Fisco, como ocorre na substituição tributária.

De igual forma, o sujeito passivo não "desconta" tributos. Tecnicamente, para o Direito Tributário, descontar significa dar desconto, ou seja, conferir abatimento nos casos em que há o pagamento antecipado do crédito tributário (art. 158, parágrafo único, do CTN).

Diante disso, devemos interpretar tais expressões para fins penais. Nessa linha de raciocínio, tem-se o seguinte:

- Descontado: está relacionado com a responsabilidade tributária por substituição. Assim, descontado é o valor recolhido pelo responsável tributário em uma relação jurídica obrigacional tributária cuja responsabilidade se dá por substituição.
- Cobrado: possui semelhante significado ao das palavras "receber", "embolsar" ou "coletar". Está, portanto, relacionado com os tributos indiretos, cuja incidência acarretará o aumento do valor do produto a ser suportado pelo contribuinte de fato. Logo, se o valor do ICMS naquela venda era R$ 200,00, o vendedor (contribuinte de direito) irá repassar esse custo ao comprador (contribuinte de fato). Assim, o vendedor irá "cobrar" do comprador esse valor e, se deixar de pagar (recolher) esse valor para o Fisco, pode cometer o delito em tela.

Veja as palavras do Min. Rogerio Schietti Cruz:

"A título de exemplo, menciono o ICMS. O produtor, ao iniciar a cadeia de consumo, recolhe o imposto sobre operações próprias e é reembolsado desse valor com a transferência do encargo para o atacadista que, por sua vez, o transfere para o varejista e que, por fim, repassa para o consumidor final. Veja-se que nessa hipótese, mesmo no caso do ICMS incidente sobre operações próprias, o produtor "cobra" (é reembolsado pela retenção) do próximo adquirente do produto na cadeia de produção, até que o consumidor final, após sucessivas transferências de encargo, suporte o ônus de pagar o valor correspondente ao ICMS, que será acrescido ao valor final do produto. Não há, portanto, "descontos" em nenhuma circunstância." (HC 399.109-SC).

Voltando ao caso concreto: a tese da defesa de João foi acolhida pelo STJ?

NÃO. A conduta de não recolher ICMS enquadra-se no tipo previsto no art. 2º, II, da Lei nº 8.137/90, seja em caso de "operações próprias", seja em caso de "substituição tributária". Isso porque ambas as situações estão abrangidas pelas expressões "descontado" e "cobrado":

- "descontado": refere-se aos casos de tributos diretos em que há a responsabilidade por substituição tributária, ou seja, relaciona-se com as hipóteses em que o responsável pela retenção na fonte não paga o tributo ao Fisco.
- "cobrado": refere-se aos tributos indiretos, mesmo aqueles realizados em operações próprias, visto que o contribuinte de direito, ao reter o valor do imposto ou contribuição devidos, repassa o encargo para o adquirente do produto. No caso do ICMS (que é um tributo indireto), o encargo com o pagamento deste imposto é transferido (repassado) em cada uma das operações para o adquirente e, no final, quem vai arcar economicamente com o valor do imposto é o consumidor final. Ex: distribuidora "A" vende para o atacadista "B"; neste preço já estará embutido o custo com o ICMS; "B" revende a mercadoria para a loja "C"; neste preço também já estará embutido o custo com o ICMS, ou seja, "B" já repassou o custo para "C"; a loja "C", por sua vez, irá vender para o consumidor final e, no preço comercializado, estará também o custo do ICMS. Assim, no fim das contas, quem vai pagar, de fato, é o consumidor.

Por essa razão, o STJ considera que a conduta de não recolher ICMS configura o crime do art. 2º, II, mesmo em caso de "operações próprias". Isso porque o vendedor "cobra" do consumidor o valor do ICMS. Se não repassa ao Fisco, significa que ele apropriou o tributo "cobrado".

Resumindo:

A conduta de não recolher ICMS em operações próprias ou em substituição tributária enquadra-se formalmente no tipo previsto no art. 2º, II, da Lei nº 8.137/90 (apropriação indébita tributária), desde que comprovado o dolo.

O não repasse do ICMS recolhido pelo sujeito passivo da obrigação tributária, em qualquer hipótese, enquadra-se (formalmente) no tipo previsto art. 2º, II, da Lei nº 8.137/90, desde que comprovado o dolo.

Em outras palavras, o tipo do art. 2º, II, da Lei nº 8.137/90 não fica restrito apenas às hipóteses em que há substituição tributária.

STJ. 3ª Seção. HC 399.109-SC, Rel. Min. Rogerio Schietti Cruz, julgado em 22/08/2018 (Info 633).

Conforme explica o Min. Reynaldo Soares da Fonseca:

> "(...) o que se criminaliza é o fato de o contribuinte se apropriar do dinheiro relativo ao imposto, devidamente recebido de terceiro, quer porque descontou do substituído tributário quer porque cobrou do consumidor, não repassando aos cofres públicos.
>
> (...)
>
> (...) tendo o consumidor arcado com o imposto, tem-se que o valor foi dele cobrado sem que tenha sido devidamente repassado aos cofres públicos, havendo, assim, sua indevida apropriação.
>
> Portanto, não há se falar em atipicidade penal nos casos em que o imposto foi previamente descontado ou cobrado do consumidor final, na composição dos valores do produto."

9. LEI MARIA DA PENHA (LEI 11.340/2006)

9.1. DESCUMPRIMENTO DE MEDIDA PROTETIVA, PRISÃO PREVENTIVA E CONTRAVENÇÃO PENAL

Imagine a seguinte situação hipotética:

João, por ciúmes, torceu o braço e puxou o cabelo de sua esposa Laura.

Como tais condutas não geraram lesões corporais, entende-se que João praticou vias de fato contra a vítima.

Vias de fato é uma contravenção penal tipificada no art. 21 do DL 3.688/41:

> § Art. 21. Praticar vias de fato contra alguem:
>
> Pena – prisão simples, de quinze dias a três meses, ou multa, de cem mil réis a um conto de réis, se o fato não constitui crime.

A juíza deferiu algumas medidas protetivas de urgência, dentre elas que João mantivesse distância mínima de 500 metros de Laura e não tentasse nenhum contato com ela por qualquer meio de comunicação (art. 22, III, "a" e "b").

Passadas duas semanas, João descumpriu a medida protetiva e foi até a casa de Laura.

A mulher informou este fato à juíza, que decretou a prisão preventiva de João, com base no art. 313, III, do CPP:

> § Art. 313. Nos termos do art. 312 deste Código, será admitida a decretação da prisão preventiva:
>
> (...)
>
> III – se o crime envolver violência doméstica e familiar contra a mulher, criança, adolescente, idoso, enfermo ou pessoa com deficiência, para garantir a execução das medidas protetivas de urgência;

Agiu corretamente a magistrada?

NÃO.

Se você reparar novamente na redação do inciso III do art. 313 do CPP, ele fala em CRIME, ou seja, será admitida a decretação da prisão preventiva "se o crime envolver violência doméstica e familiar contra a mulher".

No caso concreto, o agente não praticou crime, mas sim contravenção penal.

Como se trata de norma que permite a prisão do agente, não se pode conferir a este dispositivo uma interpretação extensiva que se afaste da interpretação literal.

Assim, por mais condenável que tenha sido o ato praticado pelo agente contra a sua esposa e, por mais que seja reprovável o fato de ele descumprir a medida protetiva, o certo é que não há previsão legal que autorize a prisão preventiva contra autor de uma contravenção penal.

Decretar a prisão preventiva nesta hipótese representa ofensa ao princípio da legalidade estrita.

Em suma:

A prática de contravenção penal, no âmbito de violência doméstica, não é motivo idôneo para justificar a prisão preventiva do réu.

STJ. 6ª Turma. HC 437.535-SP, Rel. Min. Maria Thereza de Assis Moura, Rel. Acd. Min. Rogerio Schietti Cruz, julgado em 26/06/2018 (Info 632).

Art. 24-A, inserido pela Lei 13.641/2018

A Lei nº 13.641/2018 acrescentou o crime do art. 24-A na Lei Maria da Penha com a seguinte redação:

Do Crime de Descumprimento de Medidas Protetivas de Urgência Descumprimento de Medidas Protetivas de Urgência

§ Art. 24-A. Descumprir decisão judicial que defere medidas protetivas de urgência previstas nesta Lei:

Pena – detenção, de 3 (três) meses a 2 (dois) anos.

§ 1º A configuração do crime independe da competência civil ou criminal do juiz que deferiu as medidas.

§ 2º Na hipótese de prisão em flagrante, apenas a autoridade judicial poderá conceder fiança.

§ 3º O disposto neste artigo não exclui a aplicação de outras sanções cabíveis.

Diante disso, indaga-se: no caso acima retratado, seria possível a decretação da prisão preventiva por força do cometimento deste crime do art. 24-A?

Os fatos ocorreram antes da Lei nº 13.641/2018, que acrescentou o crime do art. 24-A. Por isso, essa possibilidade não foi discutida pelo STJ.

Não sei lhe dizer como o STJ decidiria o tema atualmente. Isso porque como a pena do art. 24-A é menor que 4 anos, não cabe a preventiva com base no art. 313, I, do CPP.

Assim, a questão passaria pela interpretação do art. 313, III.

Quando o inciso III fala em crime que envolve violência doméstica ele está se referindo apenas aos crimes cometidos com violência doméstica (interpretação restritiva) ou ele poderia abranger também um crime previsto na Lei de Violência Doméstica (art. 24-A), mesmo que não tenha havido qualquer violência. Ex: o homem descumpriu a medida procurando a ex-mulher com flores para se desculpar.

Penso que a solução passará por esse debate.

9.2. Comentários ao novo tipo penal do art. 24-A da Lei Maria da Penha

A Lei nº 13.641/2018 alterou a Lei Maria da Penha e tornou crime a conduta do autor da violência que descumpre as medidas protetivas de urgência impostas pelo juiz.

Vamos entender melhor o tema com um exemplo:

Maria decidiu se separar de João. Este, contudo, continuou a procurá-la insistentemente e a fazer ameaças caso ela não reatasse o relacionamento.

Diante disso, Maria procurou a Delegacia pedindo que fossem tomadas providências.

A autoridade policial lavrou o boletim de ocorrência e enviou um expediente ao juiz com o pedido de Maria para que João não se aproximasse mais dela (art. 12, III, da Lei nº 11.340/2006).

O juiz deferiu o pedido da ofendida e determinou, como medidas protetivas de urgência, que João mantivesse distância mínima de 500 metros de Maria e não tentasse nenhum contato com ela por qualquer meio de comunicação (art. 22, III, “a” e “b”).

Na decisão, o magistrado consignou ainda que, em caso de descumprimento de quaisquer das medidas impostas, seria aplicada ao requerido multa diária de R$ 100, conforme previsto no § 4º, do art. 22 da Lei nº 11.340/2006.

João foi regularmente intimado. Apesar disso, uma semana depois procurou Maria em seu local de trabalho, fazendo novas ameaças.

Quais consequências poderão ser impostas a João pelo descumprimento da medida protetiva?

- a execução da multa imposta; e
- a decretação de sua prisão preventiva (art. 313, III, do CPP).

João também poderia ser processado criminalmente? A conduta de descumprir medida protetiva de urgência configura crime?

A questão tem que ser analisada antes e depois da Lei nº 13.641/2018.

ANTES da Lei nº 13.641/2018: NÃO

Antes da alteração legislativa, o STJ entendia que:

O descumprimento de medida protetiva de urgência prevista na Lei Maria da Penha (art. 22 da Lei 11.340/2006) não configurava infração penal.

Neste caso, o agente não poderia responder nem mesmo por crime de desobediência (art. 330 do CP)?

Também não. Nesse sentido:

STJ. 5ª Turma. REsp 1.374.653-MG, Rel. Min. Sebastião Reis Júnior, j. em 11/3/2014 (Info 538).

STJ. 6ª Turma. RHC 41.970-MG, Rel. Min. Laurita Vaz, j. em 7/8/2014 (Info 544).

Por quê?

O STJ entende que não há crime de desobediência quando a pessoa desatende a ordem e existe alguma lei prevendo uma sanção civil, administrativa ou processual penal para esse descumprimento sem ressalvar que poderá haver também a sanção criminal.

Explicando melhor:

- Regra: se na Lei houver previsão de sanção civil ou administrativa para o caso de descumprimento da ordem dada, não se configura o crime de desobediência.
- Exceção: haverá delito de desobediência se na Lei, além da sanção civil ou administrativa, expressamente constar uma ressalva de que não se exclui a sanção penal.

Ex.1: Marcelo foi parado em uma blitz. O agente de trânsito determinou que ele apresentasse a habilitação e o documento do veículo, tendo Marcelo se recusado a fazê-lo. Marcelo não cometeu crime de desobediência porque o art. 238 do Código de Trânsito já prevê punições administrativas para essa conduta (infração gravíssima, multa e apreensão do veículo), sem ressalvar a possibilidade de aplicação de sanção penal.

Ex.2: Gutemberg foi intimado para testemunhar em uma ação penal, tendo, no entanto, sem justificativa, deixado de comparecer ao ato processual. Gutemberg cometeu o crime de desobediência. O CPP determina que o juiz poderá aplicar multa e condená-lo a pagar as custas da diligência, sem prejuízo do processo penal por crime de desobediência (art. 219). Assim, a Lei (no caso, o CPP) prevê punições civis, ressalvando, no entanto, que elas poderão ser aplicadas juntamente com a condenação criminal.

Ex.3: Cleôncio foi intimado para testemunhar em uma ação de indenização por danos morais, tendo, no entanto, sem justificativa, deixado de comparecer ao ato processual. Cleôncio não cometeu o crime de desobediência. O CPC prevê que a testemunha faltosa será conduzida coercitivamente e condenada a pagar as despesas do adiamento do ato (art. 455, § 5º). Contudo, a Lei (no caso, o CPC) não prevê a possibilidade de tais sanções cíveis serem aplicadas juntamente com a punição pelo crime de desobediência.

E no caso da Lei Maria da Penha?

A Lei nº 11.340/2006 previa que o descumprimento da medida protetiva gerava consequências cíveis (multa) e processuais penais (prisão cautelar), mas não ressalvava a possibilidade de o agente responder também criminalmente. Logo, seguindo o raciocínio acima, não se podia condenar o agente por crime de desobediência.

Nesse sentido:

§ (...) 1. O Superior Tribunal de Justiça firmou o entendimento de que para a caracterização do crime de desobediência não é suficiente o simples descumprimento de decisão judicial, sendo necessário que não exista previsão de sanção específica.

2. A Lei nº 11.340/06 determina que, havendo descumprimento das medidas protetivas de urgência, é possível a requisição de força policial, a imposição de multas, entre outras sanções, não havendo ressalva expressa no sentido da aplicação cumulativa do art. 330 do Código Penal.

3. Ademais, há previsão no art. 313, III, do Código de Processo Penal, quanto à admissão da prisão preventiva para garantir a execução de medidas protetivas de urgência nas hipóteses em que o delito envolver violência doméstica.

4. Em respeito ao princípio da intervenção mínima, não há que se falar em tipicidade da conduta atribuída ao recorrido, na linha dos precedentes deste Sodalício. (...)

STJ. 5ª Turma. AgRg no REsp 1528271/DF, Rel. Min. Jorge Mussi, julgado em 13/10/2015.

DEPOIS da Lei nº 13.641/2018: SIM

A Lei nº 13.641/2018 alterou a Lei Maria da Penha e passou a prever como crime a conduta do agente que descumprir medida protetiva imposta.

O agente que descumprir a medida protetiva responderá por crime de desobediência (art. 330)?

NÃO. A Lei nº 13.641/2018 incluiu um novo crime, um tipo penal específico para essa conduta. Veja:

Do Crime de Descumprimento de Medidas Protetivas de Urgência

Descumprimento de Medidas Protetivas de Urgência

Art. 24-A. Descumprir decisão judicial que defere medidas protetivas de urgência previstas nesta Lei:

Pena – detenção, de 3 (três) meses a 2 (dois) anos.

Assim, temos o seguinte cenário:

A conduta de descumprir medida protetiva de urgência prevista na Lei Maria da Penha configura crime?	
Antes da Lei nº 13.641/2018: NÃO	**Depois da Lei nº 13.641/2018 (atualmente): SIM**
Antes da alteração, o STJ entendia que o descumprimento de medida protetiva de urgência prevista na Lei Maria da Penha (art. 22 da Lei 11.340/2006) não configurava infração penal. O agente não respondia nem mesmo por crime de desobediência (art. 330 do CP).	Foi inserido novo tipo penal na Lei Maria da Penha prevendo como crime essa conduta: Art. 24-A. Descumprir decisão judicial que defere medidas protetivas de urgência previstas nesta Lei: Pena – detenção, de 3 (três) meses a 2 (dois) anos.

Vejamos algumas características sobre o crime do art. 24-A da Lei Maria da Penha:

Art. 24-A. Descumprir decisão judicial que defere medidas protetivas de urgência previstas nesta Lei:

Pena – detenção, de 3 (três) meses a 2 (dois) anos.

Sujeito ativo

Comete este delito a pessoa que descumpre a medida protetiva de urgência imposta com base na Lei Maria da Penha.

Homem ou mulher

Aqui cabe uma interessante observação: ao contrário do que muitos imaginam, o autor da violência doméstica não precisa ser necessariamente um homem. Assim, existem casos de violência doméstica praticados por mulheres. Ex: filha contra mãe (STJ HC 277.561/AL).

A exigência é de que a vítima seja mulher, mas o agressor pode ser homem ou mulher.

Isso significa que o sujeito ativo do crime do art. 24-A da Lei Maria da Penha pode ser homem ou mulher. É o caso, por exemplo, da nora que agride a sogra. Se o juiz impuser que a nora não se aproxime da sogra e a nora descumprir essa ordem, responderá prelo crime do art. 24-A.

Partícipes

O indivíduo poderá responder por este delito, na qualidade de partícipe, mesmo sem ser o autor da violência doméstica.

Ex: o juiz determina que João mantenha distância mínima de 500 metros de Maria (sua ex-esposa) e não tente nenhum contato com ela por qualquer meio de comunicação (art. 22, III, "a" e "b"). O irmão de João, mesmo sabendo dessa proibição, envia para Maria, pelo seu número do whatsapp, um áudio do agressor no qual ele tenta a reconciliação com a vítima.

Sujeito passivo

O sujeito passivo é o Estado. A vítima mediata ou secundária é o juiz que expediu a ordem.

Muita atenção porque a vítima do crime do art. 24-A não é a vítima da violência doméstica.

Tipo objetivo

Descumprir: consiste em desobedecer, ou seja, não atender, não cumprir a decisão judicial.

Ação ou omissão: vale ressaltar que esse crime poderá ser praticado mediante conduta comissiva (ex: aproximar-se da vítima mesmo havendo uma proibição) ou omissiva (ex: não pagar os alimentos provisórios fixados pelo juiz como medida protetiva).

Decisão judicial: deve-se entender em sentido amplo, abrangendo tanto decisões interlocutórias como eventualmente uma sentença ou acórdão no qual seja fixada a medida protetiva. A decisão pode ser de 1ª instância ou de Tribunal (colegiada ou monocrática).

Medidas protetivas de urgência previstas na Lei Maria da Penha:

As medidas protetivas de urgência estão previstas nos arts. 22 a 24 da Lei nº 11.340/2006.

Esse rol é exemplificativo e o juiz poderá aplicar outras medidas não expressamente listadas na Lei Maria da Penha.

Vale ressaltar, no entanto, que o crime do art. 24-A somente se verifica se o agente descumprir uma medida protetiva prevista na Lei nº 11.340/2006. Se o sujeito descumprir medida protetiva atípica, ou seja, não prevista expressamente na Lei Maria da Penha, não haverá o crime do art. 24-A.

Reserva de jurisdição

Importante esclarecer que apenas o juiz (ou Tribunal) pode impor as medidas protetivas de urgência. A autoridade policial ou o membro do Ministério Público não gozam dessa possibilidade.

Desobediência

O art. 24-A é um tipo especial de desobediência (art. 330 do CP).

Tipo subjetivo

O crime é punido a título de dolo.

O dolo, no caso, consiste na vontade livre e consciente de descumprir decisão judicial que defere medida protetiva de urgência baseada na Lei Maria da Penha.

Obviamente, para que haja o crime, é indispensável que o agente saiba da existência da decisão judicial deferindo a medida protetiva.

Não há crime se o sujeito age com culpa. Ex: vai a uma festa de aniversário de amigos em comum e ali encontra a ex-mulher sendo que havia uma ordem de não aproximação.

Inexigibilidade de conduta diversa

Uma das medidas protetivas de urgência previstas na Lei é a "prestação de alimentos provisionais ou provisórios" à mulher (art. 22, V).

Se o agente não cumpre essa medida em virtude de impossibilidade econômica, não poderá ser punido pelo crime do art. 24-A, considerando que se trata de hipótese de inexigibilidade de conduta diversa, que consiste em causa excludente de culpabilidade.

Consumação

A medida protetiva pode consistir em uma ordem para que o agente faça alguma coisa ou para que não faça (não adote determinado comportamento).

Desse modo, o crime se consuma no momento em que o agente faz a conduta proibida na decisão judicial (ex: entra em contato com a ex-mulher, mesmo isso tendo sido proibido) ou,

PENAL

então, no instante em que termina o prazo que havia sido fixado para que o sujeito adotasse determinado comportamento (ex: juiz fixou o prazo de 24h para que o agressor deixasse a casa; após isso, sem cumprimento, o crime já terá se consumado).

Não se exige violência ou grave ameaça

O crime do art. 24-A pode se consumar mesmo que o sujeito ativo não tenha agido com violência ou grave ameaça. Ex: o juiz determinou que João, acusado de violência doméstica, não se aproxime menos que 500m da ex-mulher. O autor do fato, arrependido, procura a vítima chorando e com um buquê de rosas. Ele terá cometido o crime do art. 24-A.

Se houver violência ou grave ameaça, o agente poderá responder pelo delito do art. 24-A em concurso com outros delitos. Ex: se, o agente, que estava proibido de se aproximar da ex-mulher, procura-a e a ameaça de morte, ele responderá pelo delito do art. 24-A da Lei nº 11.340/2006 em concurso com o art. 147 do Código Penal.

Tentativa

Em tese, é possível na modalidade comissiva. Ex: o ex-marido, mesmo estando proibido de entrar em contato com a ex-mulher, envia-lhe uma carta, que é interceptada pela sogra.

Ação penal

A ação penal é pública incondicionada.

Habeas corpus

Cabe habeas corpus para apurar eventual ilegalidade na fixação de medida protetiva de urgência (STJ. 5ª Turma. HC 298.499-AL, Rel. Min. Reynaldo Soares da Fonseca, julgado em 1º/12/2015). Esse entendimento ganha força agora com a inclusão do art. 24-A à Lei Maria da Penha.

Único crime da Lei 11.340/2006

Ao contrário do que muitos pensam, a Lei Maria da Penha não previa crimes. Este diploma traz uma série de disposições processuais e também de direito civil.

O art. 24-A, agora inserido, é o único delito tipificado na Lei nº 11.340/2006.

§ 1º A configuração do crime independe da competência civil ou criminal do juiz que deferiu as medidas.

As medidas protetivas de urgência da Lei nº 11.340/2006 não são exclusivas do processo penal. Isso significa que podem ser aplicadas em processos cíveis, independentemente da existência de inquérito policial ou processo criminal contra o suposto agressor.

A Lei Maria da Penha foi editada com o objetivo de ampliar os mecanismos jurídicos e estatais de proteção da mulher vítima de violência doméstica.

A referida Lei não se preocupa apenas com o viés da punição penal do agressor, sendo voltada também para a prevenção da violência, fornecendo, para tanto, instrumentos de natureza civil e administrativa.

Desse modo, para que a Lei consiga atender seus propósitos de prevenção, é possível que sejam determinadas medidas judiciais de natureza não criminal, mesmo porque a resposta penal estatal só é desencadeada depois que, concretamente, o ilícito penal é cometido, muitas vezes com consequências irreversíveis, como no caso de homicídio ou de lesões corporais graves ou gravíssimas.

Vale ressaltar que a definição de violência doméstica presente na Lei engloba situações que nem constituem crime, como o caso de "sofrimento psicológico", "dano moral", "diminuição da autoestima", "manipulação" etc. Assim, fica ainda mais claro que a Lei não tem objetivos exclusivamente penais.

Foi isso que decidiu o STJ:

§ (...) 1. As medidas protetivas previstas na Lei nº 11.340/2006, observados os requisitos específicos para a concessão de cada uma, podem ser pleiteadas de forma autônoma para fins de cessação ou de acautelamento de violência doméstica contra a mulher, independentemente da existência, presente ou potencial, de processo-crime ou ação principal contra o suposto agressor.

2. Nessa hipótese, as medidas de urgência pleiteadas terão natureza de cautelar cível satisfativa, não se exigindo instrumentalidade a outro processo cível ou criminal, haja vista que não se busca necessariamente garantir a eficácia prática da tutela principal. "O fim das medidas protetivas é proteger direitos fundamentais, evitando a continuidade da violência e das situações que a favorecem. Não são, necessariamente, preparatórias de qualquer ação judicial. Não visam processos, mas pessoas" (DIAS. Maria Berenice. A Lei Maria da Penha na justiça. 3 ed. São Paulo: Editora Revista dos Tribunais, 2012). (...)

STJ. 4ª Turma. REsp 1419421/GO, Rel. Min. Luis Felipe Salomão, julgado em 11/02/2014.

Confirmando essa natureza e a fim de que não houvesse dúvidas quanto à tipificação, o legislador previu expressamente que também haverá o crime do art. 24-A se o sujeito descumprir medida protetiva imposta em processo cível.

§ 2º Na hipótese de prisão em flagrante, apenas a autoridade judicial poderá conceder fiança.

Fiança é...

- uma caução em dinheiro ou outros bens (garantia real)
- prestada em favor do indiciado ou réu
- para que ele possa responder o inquérito ou o processo em liberdade
- devendo cumprir determinadas obrigações processuais
- sob pena de a fiança ser considerada quebrada
- e ele ser preso cautelarmente.

A fiança pode ser fixada isoladamente ou em conjunto com outras medidas cautelares previstas no art. 319 do CPP, a fim de que seja evitada a prisão preventiva.

A fiança pode ser concedida:

- Durante o inquérito policial;
- No curso do processo criminal, enquanto não tiver transitado em julgado a sentença condenatória (art. 334).

Como regra geral, quem concede a fiança?

A fiança poderá ser concedida pelo(a):

Delegado de Polícia	Autoridade judiciária
• Em até 24 horas após a prisão em flagrante. • Desde que a pena máxima prevista seja de até 4 anos.	• A qualquer momento (durante o IP ou no curso do processo), mesmo que não se trate de prisão em flagrante. • Não importa a pena prevista.

PENAL

Assim, em regra, se a pessoa for presa em flagrante e o crime tiver pena máxima de 4 anos, o próprio Delegado poderá arbitrar fiança e o flagranteado será solto. Vale mencionar que não importa se o crime é punido com detenção ou reclusão. Tanto faz. Sendo a pena de até 4 anos, a autoridade policial tem legitimidade para arbitrar a fiança.

Por outro lado, se o crime tiver pena superior a 4 anos, o flagranteado deverá requerer a concessão da fiança ao juiz, que decidirá o pedido em até 48 horas.

Essa regra encontra-se prevista no art. 322 do CPP:

> § Art. 322. A autoridade policial somente poderá conceder fiança nos casos de infração cuja pena privativa de liberdade máxima não seja superior a 4 (quatro) anos.
>
> Parágrafo único. Nos demais casos, a fiança será requerida ao juiz, que decidirá em 48 (quarenta e oito) horas.

Exceção

A Lei nº 13.641/2018, ao incluir esse § 2º, criou uma exceção à regra do art. 322 do CPP. Isso porque o § 2º proíbe que o Delegado de Polícia conceda fiança para o crime do art. 24-A a despeito desse delito ter pena máxima de 2 anos.

A situação, então, passa a ser a seguinte:

Delegado de Polícia pode conceder fiança?

Sim, desde que para crimes cuja pena máxima prevista seja de até 4 anos.

Exceção: o crime do art. 24-A da Lei Maria da Penha tem pena máxima de 2 anos, mas não admite fiança concedida pela autoridade policial.

§ 3º O disposto neste artigo não exclui a aplicação de outras sanções cabíveis.

Como vimos, o descumprimento de medida protetiva pode ensejar:

- a execução da multa eventualmente imposta; e
- a decretação da prisão preventiva do autor.

O que este § 3º explicita é que tais consequências continuam acontecendo mesmo agora com a existência de um tipo penal específico para essa conduta.

QUESTÕES FINAIS

Aplica-se a Lei nº 9.099/95 para o crime do art. 24-A da Lei Maria da Penha?

A pena máxima do art. 24-A não ultrapassa dois anos, razão pela qual se trata de infração de menor potencial ofensivo (art. 61 da Lei nº 9.099/95). Diante disso, indaga-se: é possível a da transação penal, da suspensão condicional do processo e dos demais benefícios da Lei nº 9.099/95 para o autor do crime do art. 24-A da Lei nº 11.340/2006?

O tema certamente gerará polêmica.

Particularmente, penso que deveria ser possível a aplicação das medidas despenalizadoras para o sujeito que praticar o crime do art. 24-A.

Devemos relembrar que o réu que pratica violência doméstica ou familiar contra mulher não pode ser beneficiado com transação penal ou com suspensão condicional do processo. Isso porque a suspensão condicional do processo e a transação penal estão previstas na Lei nº 9.099/95 e a Lei Maria da Penha expressamente proíbe que se aplique a Lei nº 9.099/95 para os crimes praticados com violência doméstica e familiar contra a mulher. Veja:

§ Art. 41. Aos crimes praticados com violência doméstica e familiar contra a mulher, independentemente da pena prevista, não se aplica a Lei 9.099, de 26 de setembro de 1995.

Ocorre que o art. 24-A pode ser praticado sem violência contra a mulher. Desse modo, não vislumbro óbice à aplicação da Lei nº 9.099/95 para os autores deste delito.

Apesar disso, penso que essa posição não há de prevalecer.

A jurisprudência é extremamente refratária à aplicação de qualquer medida despenalizadora em se tratando de delitos que envolvam violência doméstica. Nesse sentido, cito, a título de exemplo, as súmulas 536, 542 e 588, todas do STJ:

Súmula 536-STJ: A suspensão condicional do processo e a transação penal não se aplicam na hipótese de delitos sujeitos ao rito da Lei Maria da Penha.

Súmula 542-STJ: A ação penal relativa ao crime de lesão corporal resultante de violência doméstica contra a mulher é pública incondicionada.

Súmula 588-STJ: A prática de crime ou contravenção penal contra a mulher com violência ou grave ameaça no ambiente doméstico impossibilita a substituição da pena privativa de liberdade por restritiva de direitos.

A exegese relativa ao art. 24-A deve seguir a mesma linha.

Vale ressaltar, ainda, que a intenção do legislador, ainda que não expressa, parece ter sido a de não considerar o crime do art. 24-A como sendo infração de menor potencial ofensivo e de exclui-la do âmbito de incidência da Lei nº 9.099/95. Digo isso por conta do § 2º do art. 24-A, que preconiza o seguinte:

§ § 2º Na hipótese de prisão em flagrante, apenas a autoridade judicial poderá conceder fiança.

Desse modo, implicitamente o legislador afirmou que é possível a prisão em flagrante no caso do crime do art. 24-A. Além disso, esse mesmo permitiu que o juiz exija fiança do sujeito que praticou o novo delito da Lei Maria da Penha. Assim, o § 2º do art. 24-A claramente determina que não se aplica o art. 69, parágrafo único, da Lei nº 9.099/95, que diz:

§ Art. 69 (...)

Parágrafo único. Ao autor do fato que, após a lavratura do termo, for imediatamente encaminhado ao juizado ou assumir o compromisso de a ele comparecer, não se imporá prisão em flagrante, nem se exigirá fiança. Em caso de violência doméstica, o juiz poderá determinar, como medida de cautela, seu afastamento do lar, domicílio ou local de convivência com a vítima.

Em suma, penso que a interpretação que irá ser acolhida pelos Tribunais é no sentido de que o delito do art. 24-A da Lei Maria da Penha não se sujeita às disposições da Lei nº 9.099/95 e, portanto, podemos extrair algumas eventuais conclusões:

- admite-se a prisão em flagrante pela prática do crime do art. 24-A da Lei nº 11.340/2006;
- deverá ser instaurado inquérito policial para apurar essa infração (não sendo suficiente termo circunstanciado);
- é possível que seja exigida fiança para a liberdade do flagranteado.

PENAL

Novatio legis in pejus

Vale ressaltar que a Lei nº 13.641/2018 é uma lei posterior mais gravosa. Isso porque, como vimos, antes da sua edição, entendia-se que a conduta de descumprir medida protetiva de urgência não era considerada crime.

Assim, se o agente descumpriu a medida protetiva até o dia 03/04/2018, ele não cometeu delito. No entanto, se esse descumprimento ocorreu no dia 04/04/2018 ou em data posterior, o sujeito incide no crime tipificado no art. 24-A da Lei Maria da Penha.

9.3. FIXAÇÃO DO VALOR MÍNIMO PARA REPARAÇÃO DOS DANOS PREVISTA NO ART. 387, IV, DO CPP

A sentença penal condenatória, depois de transitada em julgado, produz diversos efeitos.

Um dos efeitos é que a condenação gera a obrigação do réu de reparar o dano causado:

> § Código Penal
>
> Art. 91. São efeitos da condenação:
>
> I – tornar certa a obrigação de indenizar o dano causado pelo crime;

A sentença condenatória, inclusive, constitui-se em título executivo judicial:

> § Código de Processo Civil
>
> Art. 515. São títulos executivos judiciais, cujo cumprimento dar-se-á de acordo com os artigos previstos neste Título:
>
> VI – a sentença penal condenatória transitada em julgado;

Assim, a vítima (ou seus sucessores), de posse da sentença que condenou o réu, após o seu trânsito em julgado, dispõe de um título que poderá ser executado no juízo cível para cobrar o ressarcimento pelos prejuízos sofridos em decorrência do crime.

Art. 387, IV, do CPP

O art. 387, IV, do CPP prevê que o juiz, ao condenar o réu, já estabeleça na sentença um valor mínimo que o condenado estará obrigado a pagar a título de reparação dos danos causados. Veja:

> § Art. 387. O juiz, ao proferir sentença condenatória:
>
> IV – fixará valor mínimo para reparação dos danos causados pela infração, considerando os prejuízos sofridos pelo ofendido; (Redação dada pela Lei nº 11.719/2008)

Desse modo, se o magistrado, na própria sentença, já fixar um valor certo para a reparação dos danos, não será necessário que a vítima ainda promova a liquidação, bastando que execute este valor caso não seja pago voluntariamente pelo condenado.

Veja o parágrafo único do art. 63 do CPP, que explicita essa possibilidade:

> § Art. 63. Transitada em julgado a sentença condenatória, poderão promover-lhe a execução, no juízo cível, para o efeito da reparação do dano, o ofendido, seu representante legal ou seus herdeiros.
>
> Parágrafo único. Transitada em julgado a sentença condenatória, a execução poderá ser efetuada pelo valor fixado nos termos do inciso IV do caput do art. 387 deste Código sem prejuízo da liquidação para a apuração do dano efetivamente sofrido. (Incluído pela Lei nº 11.719/2008).

O STJ analisou a aplicação do art. 387, IV, do CPP nas sentenças proferidas em casos de violência contra a mulher praticados no âmbito doméstico e familiar. Vejamos as principais conclusões:

O art. 387, IV, do CPP trata apenas de prejuízos materiais ou ele também poderá ser utilizado para danos morais? O juiz, na sentença criminal, poderá condenar o réu a pagar indenização à vítima por danos morais?

SIM. O art. 387, IV, do CPP abrange tanto danos materiais como morais. Nesse sentido:

> O juiz, ao proferir sentença penal condenatória, no momento de fixar o valor mínimo para a reparação dos danos causados pela infração (art. 387, IV, do CPP), pode, sentindo-se apto diante de um caso concreto, quantificar, ao menos o mínimo, o valor do dano moral sofrido pela vítima, desde que fundamente essa opção.
>
> STJ. 6ª Turma. REsp 1.585.684-DF, Rel. Min. Maria Thereza de Assis Moura, julgado em 9/8/2016 (Info 588).

Isso porque o art. 387, IV, não limita a indenização apenas aos danos materiais e a legislação penal deve sempre priorizar o ressarcimento da vítima em relação a todos os prejuízos sofridos.

Para que seja fixado o valor da reparação, deverá haver pedido expresso e formal do MP ou do ofendido?

SIM. Para que seja fixado, na sentença, o valor mínimo para reparação dos danos causados à vítima (art. 387, IV, do CPP), é necessário que haja pedido expresso e formal, feito pelo *parquet* ou pelo ofendido, a fim de que seja oportunizado ao réu o contraditório e sob pena de violação ao princípio da ampla defesa (STJ. 6ª Turma. AgRg no REsp 1688389/MS, Rel. Min. Sebastião Reis Júnior, julgado em 22/03/2018).

É necessário que o MP ou o ofendido, ao fazer o pedido, apontem o valor líquido e certo pretendido?

NÃO. Não é necessário que o Ministério Público ou a vítima quantifique o valor mínimo que pretende ver fixado. Basta que seja pedida a fixação de valor mínimo a título de reparação do dano causado pelo crime, sem necessidade de mencionar uma quantia líquida e certa.

Assim, por exemplo, basta que o MP diga: juiz, fixe a quantia mínima de que trata o art. 387, IV, do CPP. Não é necessário que diga: Excelência, fixe R$ 20 mil a título de valor mínimo para reparação dos danos causados pela infração.

Para a fixação do valor da reparação, é necessária a produção de provas dos prejuízos sofridos?

DANOS MATERIAIS: SIM.

Em caso de danos materiais, o juiz somente poderá fixar a indenização se existirem provas nos autos que demonstrem os prejuízos sofridos pela vítima em decorrência do crime. Dessa feita, é importante que o Ministério Público ou eventual assistente de acusação junte comprovantes dos danos causados pela infração para que o magistrado disponha de elementos para a fixação de que trata o art. 387, IV do CPP. Vale ressaltar, ainda, que o réu tem direito de se manifestar sobre esses documentos juntados e contraditar o valor pleiteado como indenização. Nesse sentido:

> A fixação da reparação civil mínima também não dispensa a participação do réu, sob pena de frontal violação ao seu direito de contraditório e ampla defesa, na medida em que o autor da infração faz jus à manifestação sobre a pretensão indenizatória, que, se procedente, pesará em seu desfavor. (...)
>
> STJ. 5ª Turma. REsp 1236070/RS, Rel. Min. Marco Aurélio Bellizze, julgado em 27/03/2012.

DANOS MORAIS: NÃO.

Nos casos de violência contra a mulher praticados no âmbito doméstico e familiar, é possível a fixação de valor mínimo indenizatório a título de dano moral independentemente de instrução probatória.

A humilhação e a dor que geram dano moral decorrem, inequivocamente, da situação de quem é vítima de uma agressão verbal, física ou psicológica, na condição de mulher.

Assim, não há razoabilidade em se exigir instrução probatória para comprovar o dano psíquico, o grau de humilhação, a diminuição da autoestima da vítima. Isso porque a própria conduta criminosa empregada pelo agressor já está imbuída de desonra, descrédito e menosprezo ao valor da mulher como pessoa e à sua própria dignidade.

A única prova que se exige é a de que houve o crime porque, uma vez demonstrada a agressão à mulher, os danos psíquicos dela resultantes são evidentes e nem têm mesmo como ser demonstrados.

O dano moral é, portanto, considerado como *in re ipsa*.

Resumindo:

Nos casos de violência contra a mulher praticados no âmbito doméstico e familiar, é possível a fixação de valor mínimo indenizatório a título de dano moral, desde que haja pedido expresso da acusação ou da parte ofendida, ainda que não especificada a quantia, e independentemente de instrução probatória.

STJ. 3ª Seção. REsp 1.643.051-MS, Rel. Min. Rogerio Schietti Cruz, julgado em 28/02/2018 (Info 621).

10. LEI DE DROGAS (LEI 11.343/2006)

10.1. ATIPICIDADE DA IMPORTAÇÃO DE PEQUENA QUANTIDADE DE SEMENTES DE MACONHA

Imagine a seguinte situação hipotética:

João, por meio de um site da internet, importou da Holanda para o Brasil 26 frutos aquênios, popularmente conhecidos como "sementes" de maconha (*cannabis sativa linneu*).

Quando as sementes chegaram ao Brasil, via postal, o pacote foi inspecionado pelo setor de Alfândega da Receita Federal no aeroporto, que descobriu seu conteúdo por meio da máquina de raio-X e avisou a Polícia Federal.

Diante disso, João foi denunciado pelo MPF pela prática de tráfico transnacional de drogas (art. 33 c/c art. 40, I, ambos da Lei nº 11.343/2006).

O Procurador da República argumentou que, pela grande quantidade de sementes encomendadas e pela própria palavra do denunciado, restou demonstrado que ele pretendia iniciar uma plantação de *cannabis sativa* (maconha) em seu quintal.

Houve crime, neste caso?

A questão é polêmica, mas prevalece que não.

Vamos entender com calma.

O que é considerado "droga" para fins penais?

O parágrafo único do art. 1º da Lei nº 11.343/2006 prevê que, para uma substância ser considerada como "droga", é necessário que possa causar dependência, sendo isso definido em uma lista a ser elencada em lei ou ato do Poder Executivo federal. Veja:

> § Art. 1º (...) Parágrafo único. Para fins desta Lei, consideram-se como drogas as substâncias ou os produtos capazes de causar dependência, assim especificados em lei ou relacionados em listas atualizadas periodicamente pelo Poder Executivo da União.

O art. 66 da mesma Lei complementa esta regra:

> § Art. 66. Para fins do disposto no parágrafo único do art. 1º desta Lei, até que seja atualizada a terminologia da lista mencionada no preceito, denominam-se drogas substâncias entorpecentes, psicotrópicas, precursoras e outras sob controle especial, da Portaria SVS/MS nº 344, de 12 de maio de 1998.

Assim, o conceito é técnico-jurídico e só será considerada droga o que a lei (em sentido amplo) assim reconhecer como tal. Mesmo que determinada substância cause dependência física ou psíquica, se ela não estiver prevista no rol das substâncias legalmente proibidas, ela não será tratada como droga para fins de incidência da Lei nº 11.343/2006 (ex: álcool).

Este rol existe? Onde ele está previsto?

O rol das substâncias que são consideradas como "droga", para fins penais, continua previsto na Portaria SVS/MS nº 344/1998, considerando que ainda não foi editada uma nova lista.

Perceba, portanto, que estamos diante de uma norma penal em branco heterogênea (em sentido estrito ou heteróloga). Isso porque o complemento do que é considerado droga é fornecido por um ato normativo elaborado por órgão diverso daquele que editou a Lei. A Lei nº 11.343/2006 foi editada pelo Congresso Nacional e o seu complemento é dado por uma portaria, editada pela ANVISA, autarquia ligada ao Poder Executivo.

Tetrahidrocanabinol (THC)

Tetrahidrocanabinol, também conhecido como THC, é uma substância psicoativa encontrada na planta *Cannabis Sativa*, mais popularmente conhecida como maconha.

A quantidade de THC na maconha pode variar de acordo com uma série de fatores, como o tipo de solo, a estação do ano, a época em que foi colhida, o tempo de colheita e consumo etc.

A THC é prevista expressamente como droga na Portaria SVS/MS nº 344/1998, da ANVISA.

Sementes de maconha não têm THC

Os frutos aquênios da *cannabis sativa linneu* não apresentam na sua composição o THC.

A planta da *cannabis sativa linneu* está prevista na lista "E" da Portaria SVS/MS 344/1998.

Ocorre que essa Portaria prevê apenas a planta como sendo droga (e não a sua semente).

Assim, a semente de maconha não pode ser considerada droga.

O § 1º do art. 33 da LD prevê que também é crime a importação de "matéria-prima" ou "insumo" destinado à preparação de drogas. A semente de maconha poderia ser considerada como "matéria-prima" ou "insumo" destinado à preparação de drogas?

Também não.

A semente de maconha não pode ser considerada matéria-prima ou insumo destinado à preparação de drogas. Isso porque ela não é um "ingrediente" para a confecção de drogas. Não se faz droga misturando a semente de maconha com qualquer coisa. Dito de outro modo: não se

PENAL

prepara droga com semente de maconha. Isso porque a semente de maconha não tem substância psicoativa (ela não tem nada em sua composição que atue no sistema nervoso central gerando euforia, mudança de humor, prazer etc.).

Em seu voto, o Ministro Gilmar Mendes assentou:

> "Na doutrina, afirma-se que a matéria-prima, conforme Vicente Greco Filho e João Daniel Rassi, é a substância de que podem ser extraídos ou produzidos os entorpecentes que causem dependência física ou psíquica (GRECO FILHO, Vicente; RASSI, João Daniel. Lei de drogas anotada. 3ª edição. São Paulo: Saraiva, 2009. p. 99). Ou seja, a matéria-prima ou insumo devem ter condições e qualidades químicas para, mediante transformação ou adição, por exemplo, produzirem a droga ilícita, o que não é o caso das sementes da planta Cannabis sativa, que não possuem a substância psicoativa (THC)".

Desse modo, a semente da *cannabis sativa* não é, em si, droga (não está listada na Portaria) e também não pode ser considerada matéria-prima ou insumo destinado à preparação de droga ilícita.

Mas é possível que o indivíduo plante a semente de maconha e que daí nasça a planta da cannabis sativa linneu... A planta tem THC (substância psicoativa proibida)...

É verdade. Pode ser que o indivíduo germine a semente, que isso vire uma muda, que ele cultive a muda e que se torne a planta da maconha.

No entanto, a mera importação da semente não é crime algum porque configuraria, no máximo, mero ato preparatório da figura típica prevista no § 1º do art. 28 da Lei nº 11.343/2006:

> § Art. 28. Quem adquirir, guardar, tiver em depósito, transportar ou trouxer consigo, para consumo pessoal, drogas sem autorização ou em desacordo com determinação legal ou regulamentar será submetido às seguintes penas:
>
> I – advertência sobre os efeitos das drogas;
>
> II – prestação de serviços à comunidade;
>
> III – medida educativa de comparecimento a programa ou curso educativo.
>
> § 1º Às mesmas medidas submete-se quem, para seu consumo pessoal, semeia, cultiva ou colhe plantas destinadas à preparação de pequena quantidade de substância ou produto capaz de causar dependência física ou psíquica.
>
> (...)

Nem chega a ser, portanto, ato executório do § 1º do art. 28 porque o agente não iniciou a semeadura ou o cultivo.

A importação das sementes não poderia configurar a tentativa da prática do crime do art. 28, § 1º da Lei nº 11.343/2006?

Particularmente, penso que não. Isso porque, como já dito, o agente não iniciou nenhuma conduta executória dos verbos previstos no tipo penal (semear, cultivar ou colher).

No entanto, ainda que se considere que se iniciou a execução e que ele não se consumou por circunstâncias alheias à vontade do agente, não há razão para a instauração de processo penal.

O preceito secundário do art. 28 da LD prevê como sanções penais:

I – advertência sobre os efeitos das drogas;

II – prestação de serviços à comunidade;

III – medida educativa de comparecimento a programa ou curso educativo.

Logo, como não é prevista pena privativa de liberdade para esta conduta, é inviável a aplicação da regra da tentativa do art. 14, II, do CP.

A conduta pode ser punida como contrabando (art. 334-A do CP)?

Existe divergência, mas prevalece que não.

O contrabando consiste na importação de mercadoria proibida (art. 334-A do CP).

A importação de sementes desprovidas de inscrição no Registro Nacional de Cultivares é proibida pelo art. 34 da Lei nº 10.711/2003:

§ Art. 34. Somente poderão ser importadas sementes ou mudas de cultivares inscritas no Registro Nacional de Cultivares.

A semente de *cannabis sativa* não consta da lista do Registro Nacional de Cultivares (RNC), não podendo, portanto, ser importada, salvo para tratamentos de saúde (Portaria RDC/ANVISA nº 66/2016).

No entanto, há vários julgados que defendem que não se deve condenar o réu porque não há, neste caso, lesão ao bem jurídico tutelado pela norma prevista no art. 334-A do Código Penal. Isso porque, dada a pequena quantidade e a natureza das sementes, considera-se que não há ofensa aos bens jurídicos protegidos pelo delito de contrabando (proteção da saúde, da moralidade administrativa e da ordem pública). Esse é o entendimento que prevalece, por exemplo, no TRF3: HC 67576 – 0010869-41.2016.4.03.0000, Rel. Juiz Convocado Ricardo Nascimento, julgado em 26/07/2016.

Por outro lado, existem julgados afirmando que é contrabando, mas que deveria ser aplicado, no presente caso, excepcionalmente, o princípio da insignificância.

Como o Ministério Público Federal, o STJ e o STF enxergam o tema?

Posição do MPF

A 2ª Câmara de Coordenação e Revisão do Ministério Público Federal possui o entendimento de que:

- a importação de pequena quantidade de sementes de maconha não configura o crime do art. 33, § 1º nem o delito do art. 28, § 1º, ambos da Lei nº 11.343/2006;
- esta conduta, em tese, amolda-se ao crime de contrabando (art. 334-A do CP);
- a importação de pequena quantidade de sementes de maconha para o plantio destinado ao consumo próprio induz à mínima ofensividade da conduta, à ausência de periculosidade da ação e o ínfimo grau de reprovabilidade do comportamento, razões que comportam a aplicação do princípio da insignificância à hipótese.
- assim, a conduta é tipificada como contrabando, mas deve-se aplicar o princípio da insignificância, razão pela qual é correta a decisão do Procurador da República que não denuncia o indiciado nestes casos.

Foi o que decidiu a 2ª CCR, em 09/11/2018, no processo nº 0001111-51.2018.4.03.6181, Relatora Subprocuradora Geral da República Luiza Cristina Fonseca Frischeisen.

No mesmo sentido é o entendimento do Conselho Institucional do Ministério Público Federal – CIMPF: a importação de sementes de maconha pela via postal, em pequenas quantidades, não deve gerar denúncia, ante a configuração da prática do delito descrito no art. 334-A, do CP, e, neste, a incidência do princípio da insignificância (procedimentos 0008476-98.2014.4.03.6181 e 0002458-64.2015.4.03.6104).

STJ

O STJ está dividido, por enquanto:

A importação de pequenas quantidade de sementes de maconha configura tráfico de drogas?	
5ª Turma: SIM	6ª Turma: NÃO
A importação clandestina de sementes de *cannabis sativa linneu* (maconha) configura o tipo penal descrito no art. 33, § 1º, I, da Lei nº 11.343/2006. Não é possível aplicar o princípio da insignificância. STJ. 5ª Turma. REsp 1723739/SP, Rel. Min. Jorge Mussi, julgado em 23/10/2018.	Tratando-se de pequena quantidade de sementes e inexistindo expressa previsão normativa que criminaliza, entre as condutas do art. 28 da Lei de Drogas, a importação de pequena quantidade de matéria prima ou insumo destinado à preparação de droga para consumo pessoal, forçoso reconhecer a atipicidade do fato. STJ. 6ª Turma. AgRg no AgInt no REsp 1616707/CE, Rel. Min. Antonio Saldanha Palheiro, julgado em 26/06/2018.

STF

Temos uma decisão recente da 2ª Turma do STF afirmando que não há crime (os Ministros divergem sobre o fundamento):

Não configura crime a importação de pequena quantidade de sementes de maconha.

STF. 2ª Turma. HC 144161/SP, Rel. Min. Gilmar Mendes, julgado em 11/9/2018 (Info 915).

Habeas corpus. 2. Importação de sementes de maconha. 3. Sementes não possuem a substância psicoativa (THC). 4. 26 (vinte e seis) sementes: reduzida quantidade de substâncias apreendidas. 5. Ausência de justa causa para autorizar a persecução penal. 6. Denúncia rejeitada. 7. Ordem concedida para determinar a manutenção da decisão do Juízo de primeiro grau.

(HC 144161, Relator(a): Min. GILMAR MENDES, Segunda Turma, julgado em 11/09/2018, PROCESSO ELETRÔNICO DJe-268 DIVULG 13-12-2018 PUBLIC 14-12-2018)

Existem alguns julgados da 1ª Turma do STF que dão a entender que este órgão julgador seria contrário à tese da atipicidade. Veja:

Ementa: AGRAVO REGIMENTAL NO HABEAS CORPUS. EXECUÇÃO PENAL. CRIME DE IMPORTAÇÃO DE MATÉRIA-PRIMA DESTINADA À PREPARAÇÃO DE DROGAS. ARTIGO 33, § 1º, I, DA LEI Nº 11.343/06. HABEAS CORPUS SUBSTITUTIVO DE RECURSO EXTRAORDINÁRIO. INADMISSIBILIDADE. COMPETÊNCIA DO SUPREMO TRIBUNAL FEDERAL PARA JULGAR HABEAS CORPUS: CRFB/88, ART. 102, I, 'D' E 'I'. HIPÓTESE QUE NÃO SE AMOLDA AO ROL TAXATIVO DE COMPETÊNCIA DESTA SUPREMA CORTE. PRETENSÃO DE TRANCAMENTO DA AÇÃO PENAL. IMPORTAÇÃO DE SEMENTES DE MACONHA. ALEGADA ATIPICIDADE DA CONDUTA. PRINCÍPIO DA INSIGNIFICÂNCIA. REVOLVIMENTO DO CONJUNTO FÁTICO-PROBATÓRIO. INADMISSIBILIDADE NA VIA ELEITA. AGRAVO REGIMENTAL DESPROVIDO. 1. Inexiste excepcionalidade que permita a concessão da ordem de ofício ante a ausência de teratologia, flagrante ilegalidade ou abuso de poder na decisão da Corte Superior que determinou o prosseguimento da ação penal por entender estarem presentes prova da materialidade e indícios suficientes de autoria. 2. In casu, o paciente foi denunciado como incurso no artigo 33, § 1º, I, c/c artigo 40, I, da Lei 11.343/06, em razão da apreensão de 16 (dezesseis) sementes de maconha em uma encomenda a ele destinada. 3. A competência originária do Supremo Tribunal Federal para conhecer e julgar habeas corpus está definida, exaustivamente, no artigo 102, inciso I, alíneas "d" e "i", da Constituição da República, sendo certo que o paciente não está arrolado em qualquer das hipóteses sujeitas à jurisdição desta Corte. 4. O habeas corpus é ação inadequada para a valoração e exame minucioso do acervo fático probatório engendrado nos autos. 5. O trancamento da ação penal é medida excepcional, cabível apenas nas hipóteses de manifesta atipicidade da conduta, de causa extintiva de punibilidade e de ausência de indícios suficientes de autoria a materialidade delitiva. 6. A reiteração dos argumentos trazidos pelo agravante na petição inicial da impetração é insuscetível de modificar a decisão agravada. Precedentes: HC 136.071-AgR, Segunda Turma, Rel. Min. Ricardo Lewandowski, DJe de 09/05/2017; HC 122.904-AgR, Primeira Turma Rel. Min. Edson Fachin, DJe de 17/05/2016; RHC 124.487-AgR, Primeira Turma, Rel. Min. Roberto Barroso, DJe de 01/07/2015. 7. Agravo regimental desprovido.

(HC 147459 AgR, Relator(a): Min. LUIZ FUX, Primeira Turma, julgado em 01/12/2017, PROCESSO ELETRÔNICO DJe-289 DIVULG 14-12-2017 PUBLIC 15-12-2017)

Ocorre que em tais julgados da 1ª Turma não foi analisado o mérito do habeas corpus porque se entendeu que ele era substitutivo de recurso e, portanto, não poderia sequer ser conhecido.

Logo, não se pode afirmar que a posição da 1ª Turma do STF seja a de que tal conduta configura crime.

A tendência é que o tema seja pacificado em 2019 e que o STF reafirme que não há crime.

10.2. A condenação pelo art. 28 da Lei 11.343/2006 (porte de droga para uso próprio) NÃO configura reincidência

Reincidência

A definição de reincidência, para o Direito Penal, é encontrada a partir da conjugação do art. 63 do CP com o art. 7º da Lei de Contravenções Penais.

Com base nesses dois dispositivos, podemos encontrar as hipóteses em que alguém é considerado reincidente para o Direito Penal (inspirado no quadro contido no livro de CUNHA, Rogério Sanches. *Manual de Direito Penal*. Salvador: Juspodivm, 2013, p. 401):

Se a pessoa é condenada definitivamente por	*E depois da condenação definitiva pratica novo(a)*	*Qual será a consequência?*
CRIME (no Brasil ou exterior)	CRIME	REINCIDÊNCIA
CRIME (no Brasil ou exterior)	CONTRAVENÇÃO (no Brasil)	REINCIDÊNCIA
CONTRAVENÇÃO (no Brasil)	CONTRAVENÇÃO (no Brasil)	REINCIDÊNCIA
CONTRAVENÇÃO (no Brasil)	CRIME	NÃO HÁ reincidência. Foi uma falha da lei. Mas gera maus antecedentes
CONTRAVENÇÃO (no estrangeiro)	CRIME ou CONTRAVENÇÃO	NÃO HÁ reincidência Contravenção no estrangeiro não serve aqui.

PENAL

A reincidência é uma agravante da pena

Se o réu for reincidente, sofrerá diversos efeitos negativos no processo penal.

O principal deles é que, no momento da dosimetria da pena em relação ao segundo delito, a reincidência será considerada como uma agravante genérica (art. 61, I, do CP), fazendo com que a pena imposta seja maior do que seria devida caso ele fosse primário.

§ Art. 61. São circunstâncias que sempre agravam a pena, quando não constituem ou qualificam o crime:

I – a reincidência;

Porte de droga para consumo pessoal

A Lei nº 11.343/2006 prevê o crime de posse/porte de droga para consumo pessoal nos seguintes termos:

§ Art. 28. Quem adquirir, guardar, tiver em depósito, transportar ou trouxer consigo, para consumo pessoal, drogas sem autorização ou em desacordo com determinação legal ou regulamentar será submetido às seguintes penas:

I – advertência sobre os efeitos das drogas;

II – prestação de serviços à comunidade;

III – medida educativa de comparecimento a programa ou curso educativo.

Tese de que o art. 28 não seria crime

Assim que a Lei de Drogas foi editada, Luis Flávio Gomes defendeu a tese de que o porte/posse de droga para consumo pessoal havia deixado de ser crime. Em outras palavras, LFG sustentou que o art. 28 não traria a definição de crime, já que ele não prevê pena privativa de liberdade nem multa. Logo, estaria "fora" do conceito de crime trazido pela Lei de Introdução ao Código Penal (DL 3.914/1941):

§ Art. 1º Considera-se crime a infração penal que a lei comina pena de reclusão ou de detenção, quer isoladamente, quer alternativa ou cumulativamente com a pena de multa; contravenção, a infração penal a que a lei comina, isoladamente, pena de prisão simples ou de multa, ou ambas, alternativa ou cumulativamente.

O STF aceitou essa tese?

NÃO. O STF decidiu que o art. 28 da Lei de Drogas, mesmo sem prever pena privativa de liberdade, continua definindo conduta criminosa. Assim, não houve uma descriminalização da conduta (abolitio criminis), mas sim uma despenalização. A despenalização ocorre quando o legislador prevê sanções alternativas para o crime que não sejam penas privativas de liberdade.

Confira a ementa do julgado no STF:

§ (...) 1. O art. 1º da LICP – que se limita a estabelecer um critério que permite distinguir quando se está diante de um crime ou de uma contravenção – não obsta a que lei ordinária superveniente adote outros critérios gerais de distinção, ou estabeleça para determinado crime – como o fez o art. 28 da L. 11.343/06 – pena diversa da privação ou restrição da liberdade, a qual constitui somente uma das opções constitucionais passíveis de adoção pela lei incriminadora (CF/88, art. 5º, XLVI e XLVII).

2. Não se pode, na interpretação da L. 11.343/06, partir de um pressuposto desapreço do legislador pelo "rigor técnico", que o teria levado inadvertidamente a incluir as infrações

relativas ao usuário de drogas em um capítulo denominado "Dos Crimes e das Penas", só a ele referentes. (L. 11.343/06, Título III, Capítulo III, arts. 27/30).

(...)

4. Soma-se a tudo a previsão, como regra geral, ao processo de infrações atribuídas ao usuário de drogas, do rito estabelecido para os crimes de menor potencial ofensivo, possibilitando até mesmo a proposta de aplicação imediata da pena de que trata o art. 76 da L. 9.099/95 (art. 48, §§ 1º e 5º), bem como a disciplina da prescrição segundo as regras do art. 107 e seguintes do C. Penal (L. 11.343, art. 30).

6. Ocorrência, pois, de "despenalização", entendida como exclusão, para o tipo, das penas privativas de liberdade.

7. Questão de ordem resolvida no sentido de que a L. 11.343/06 não implicou abolitio criminis (C.Penal, art. 107). (...)

STF. 1ª Turma. RE 430105 QO, Rel. Min. Sepúlveda Pertence, julgado em 13/02/2007.

Assim, não há dúvidas de que o art. 28 da Lei de Drogas possui natureza jurídica de CRIME.

Se um indivíduo é condenado, com trânsito em julgado, pelo delito de porte de drogas para consumo próprio (art. 28 da Lei nº 11.343/2006) e depois pratica outro delito, ele será considerado reincidente na dosimetria desse segundo crime?

NÃO. A condenação por porte de drogas para consumo próprio (art. 28 da Lei nº 11.343/2006) NÃO gera reincidência.

Mas você não acabou de dizer que o art. 28 da LD é crime...?

Sim. O art. 28 da LD é crime. No entanto, para o STJ, mesmo sendo crime, não gera reincidência.

Por quê?

O STJ apresenta a seguinte linha de argumentação:

- a condenação anterior por contravenção penal não gera reincidência, ou seja, um indivíduo condenado por contravenção penal, se praticar em seguida um crime, quando for julgado, não se aplicará a ele a agravante da reincidência. Isso porque o art. 63 do Código Penal é expresso ao se referir à pratica de novo crime ao dispor:

> § Art. 63. Verifica-se a reincidência quando o agente comete novo crime, depois de transitar em julgado a sentença que, no País ou no estrangeiro, o tenha condenado por crime anterior. (*veja que o agente tem que ter sido condenado por crime anterior*)

- em outras palavras, como vimos na tabela acima, se a pessoa é condenada definitivamente por CONTRAVENÇÃO e, depois desta condenação, pratica um CRIME, ao ser julgada por esta segunda infração não sofrerá os efeitos da reincidência. Se a primeira infração praticada foi uma contravenção, não há reincidência.
- a contravenção é punida com prisão simples e/ou multa (art. 5º, do DL 3688/41).
- o art. 28 da LD é punido apenas com "advertência sobre os efeitos das drogas", "prestação de serviços à comunidade" e "medida educativa de comparecimento a programa ou curso educativo". Em nenhuma hipótese, a prática do crime do art. 28 da LD poderá gerar condenação que leve à prisão.
- desse modo, comparando a pena das contravenções penais com a do crime do art. 28 da LD, chega-se à conclusão de que as penas previstas para as contravenções são mais gravosas (mais duras) do que as sanções cominadas para o art. 28 da LD.

- diante disso, se as sanções do art. 28 da LD são menos graves que as das contravenções, não se mostra proporcional considerar que o art. 28 da LD gera reincidência se a contravenção penal não tem esse efeito negativo.
- em suma:
- o crime do art. 28 da LD tem sanções menos graves que uma contravenção;
- a contravenção não gera reincidência;
- logo, é desproporcional que o crime do art. 28 da LD (sendo menos grave que a contravenção) gere reincidência.

Discussão sobre a constitucionalidade do art. 28 da LD

O STJ utilizou, ainda, um outro argumento: ele afirmou que a constitucionalidade do art. 28 da Lei de Drogas será decidida em breve pelo STF no RE 635.659 e que existem alguns Ministros do Supremo que já se manifestaram dizendo que este tipo penal seria inconstitucional por violar a intimidade e a vida privada.

É o caso do Relator do RE, Ministro Gilmar Mendes, que votou pela descriminalização do porte de drogas para consumo próprio, consignando que "a criminalização da posse de drogas para uso pessoal é inconstitucional, por atingir, em grau máximo e desnecessariamente, o direito ao livre desenvolvimento da personalidade, em suas várias manifestações, de forma, portanto, claramente desproporcional."

Assim, como existe esse questionamento acerca da proporcionalidade do direito penal para o controle do consumo de drogas, não deve o art. 28 da Lei nº 11.343/2006 constituir causa geradora de reincidência.

Resumindo:

O porte de droga para consumo próprio, previsto no art. 28 da Lei nº 11.343/2006, possui natureza jurídica de crime.

O porte de droga para consumo próprio foi somente despenalizado pela Lei nº 11.343/2006, mas não descriminalizado.

Obs: despenalizar é a medida que tem por objetivo afastar a pena como tradicionalmente conhecemos, em especial a privativa de liberdade. Descriminalizar significa deixar de considerar uma conduta como crime.

Mesmo sendo crime, o STJ entende que a condenação anterior pelo art. 28 da Lei nº 11.343/2006 (porte de droga para uso próprio) NÃO configura reincidência.

Argumento principal: se a contravenção penal, que é punível com pena de prisão simples, não configura reincidência, mostra-se desproporcional utilizar o art. 28 da LD para fins de reincidência, considerando que este delito é punido apenas com "advertência", "prestação de serviços à comunidade" e "medida educativa", ou, seja, sanções menos graves e nas quais não há qualquer possibilidade de conversão em pena privativa de liberdade pelo descumprimento.

Há de se considerar, ainda, que a própria constitucionalidade do art. 28 da LD está sendo fortemente questionada.

STJ. 5ª Turma. HC 453.437/SP, Rel. Min. Reynaldo Soares da Fonseca, julgado em 04/10/2018.

STJ. 6ª Turma. REsp 1672654/SP, Rel. Min. Maria Thereza de Assis Moura, julgado em 21/08/2018 (Info 632).

10.3. SÚMULA 607-STJ

Súmula 607-STJ: A majorante do tráfico transnacional de drogas (art. 40, I, da Lei nº 11.343/2006) configura-se com a prova da destinação internacional das drogas, ainda que não consumada a transposição de fronteiras.

STJ. 3ª Seção. Aprovada em 11/04/2018, DJe 17/04/2018.

Imagine a seguinte situação hipotética:

João foi preso em flagrante delito, no Aeroporto Internacional de Guarulhos/SP, na fila do *check in* do voo da companhia aérea South African, com destino a Johannesburg/África do Sul, levando consigo cerca de 2kg de cocaína amarrada em seu corpo.

O agente foi denunciado pela prática de tráfico transnacional de drogas (art. 33 da Lei nº 11.343/2006), com a incidência da causa de aumento prevista no art. 40, I:

§ Art. 40. As penas previstas nos arts. 33 a 37 desta Lei são aumentadas de um sexto a dois terços, se:

I – a natureza, a procedência da substância ou do produto apreendido e as circunstâncias do fato evidenciarem a transnacionalidade do delito;

A defesa alegou que o agente não chegou a atravessar a fronteira de nenhum país, de forma que não houve transnacionalidade. Logo, não deveria incidir a causa de aumento do inciso I. Essa tese é aceita pela jurisprudência? Para incidir essa causa de aumento, é necessário que o agente atravesse a fronteira?

NÃO.

Para a incidência da causa especial de aumento de pena prevista no inciso I do art. 40 da Lei de Drogas, é irrelevante que haja a efetiva transposição das fronteiras nacionais, sendo suficiente, para a configuração da transnacionalidade do delito, que haja a comprovação de que a substância tinha como destino/origem localidade em outro País.

STJ. 6ª Turma. AgRg no AREsp 377.808/MS, Rel. Min. Rogerio Schietti Cruz, julgado em 12/09/2017.

A incidência da majorante, que tem como objetivo apenar com maior severidade a atuação do traficante direcionada para além das fronteiras do País, não exige o transporte efetivo para o exterior, basta que se identifique a intenção.

STF. 2ª Turma. HC 127221, Rel. Min. Teori Zavascki, julgado em 25/08/2015.

Esse entendimento pacificado do STJ e STF foi agora sumulado.

Vale mencionar uma súmula relacionada que adota o mesmo raciocínio:

Súmula 587-STJ: Para a incidência da majorante prevista no artigo 40, V, da Lei 11.343/06, é desnecessária a efetiva transposição de fronteiras entre estados da federação, sendo suficiente a demonstração inequívoca da intenção de realizar o tráfico interestadual.

Súmula 528-STJ

A explicação da Súmula 607 do STJ acabou. No entanto, se você ainda tiver um tempo, vamos relembrar um tema conexo, qual seja, a súmula 528 do STJ.

Súmula 528-STJ: Compete ao juiz federal do local da apreensão da droga remetida do exterior pela via postal processar e julgar o crime de tráfico internacional.

Vamos explicar a súmula 528 com o seguinte exemplo:

Pablo, que mora na Espanha, enviou de lá, por correio, uma caixa contendo droga. O destinatário da encomenda seria alguém que mora em Londrina (PR) e que encomendou pela internet o entorpecente. Ocorre que, ao chegar no Brasil, em um voo que veio de Madrid e pousou em São Paulo, a caixa foi levada para inspeção no posto da Receita Federal e lá se descobriu, por meio da máquina de raio X, a existência da droga.

Qual foi o delito em tese praticado pela pessoa que seria destinatária da droga (que encomendou o entorpecente)?

Tráfico transnacional de drogas (art. 33 c/c art. 40, I, da Lei nº 11.343/2006). Essa pessoa, em tese, importou a droga.

A competência para julgar será da Justiça Estadual ou Federal?

Será da Justiça Federal, nos termos do art. 109, V, da CF/88 e art. 70 da Lei nº 11.343/2006:

> § Art. 109. Aos juízes federais compete processar e julgar:
>
> V – os crimes previstos em tratado ou convenção internacional, quando, iniciada a execução no País, o resultado tenha ou devesse ter ocorrido no estrangeiro, ou reciprocamente;
>
> (...)

> § Art. 70. O processo e o julgamento dos crimes previstos nos arts. 33 a 37 desta Lei, se caracterizado ilícito transnacional, são da competência da Justiça Federal.

A competência será da Justiça Federal de São Paulo ou de Londrina?

Será da Justiça Federal de São Paulo (local da apreensão). Na hipótese em que drogas enviadas via postal do exterior tenham sido apreendidas na alfândega, competirá ao juízo federal do local da apreensão da substância processar e julgar o crime de tráfico de drogas, ainda que a correspondência seja endereçada a pessoa não identificada residente em outra localidade.

Por que?

O CPP prevê que a competência é definida pelo local em que o crime se consumar:

> § Art. 70. A competência será, de regra, determinada pelo lugar em que se consumar a infração, ou, no caso de tentativa, pelo lugar em que for praticado o último ato de execução.

A conduta prevista no art. 33, caput, da Lei nº 11.343/2006 constitui delito formal, multinuclear, sendo que, para sua consumação, basta a execução de qualquer das condutas previstas no dispositivo legal.

No caso em tela, a pessoa que encomendou a droga praticou o verbo "importar", que significa "fazer vir de outro país, estado ou município; trazer para dentro." Logo, pode-se afirmar que o delito se consumou no instante em que o produto importado tocou o território nacional, entrada essa consubstanciada na apreensão da droga.

Vale ressaltar que, para que ocorra a consumação do delito de tráfico transnacional de drogas, é desnecessário que a correspondência chegue ao destinatário final. Se chegar, haverá mero exaurimento da conduta. Também não importa, para fins de consumação e competência, se a pessoa que encomendou a droga já foi identificada ou não pela polícia. A consumação (importação) ocorreu quando a encomenda entrou no território nacional.

Dessa forma, o delito se consumou em São Paulo, local de entrada da mercadoria, sendo esse o juízo competente, nos termos do art. 70 do CPP.

10.4. NÃO INCIDE A CAUSA DE AUMENTO DE PENA DO ART. 40, III, DA LD SE O CRIME FOI PRATICADO EM DIA E HORÁRIO NO QUAL A ESCOLA ESTAVA FECHADA

Tráfico cometido nas dependências ou imediações de estabelecimentos de ensino

O art. 40, III, da Lei nº 11.343/2006 prevê uma causa de aumento de pena para o caso de o tráfico de drogas ser cometido nas dependências ou imediações de estabelecimentos de ensino:

> § Art. 40. As penas previstas nos arts. 33 a 37 desta Lei são aumentadas de um sexto a dois terços, se:
>
> (...)
>
> III – a infração tiver sido cometida nas dependências ou imediações de estabelecimentos prisionais, de ensino ou hospitalares, de sedes de entidades estudantis, sociais, culturais, recreativas, esportivas, ou beneficentes, de locais de trabalho coletivo, de recintos onde se realizem espetáculos ou diversões de qualquer natureza, de serviços de tratamento de dependentes de drogas ou de reinserção social, de unidades militares ou policiais ou em transportes públicos;

Qual é a razão da existência dessa causa de aumento de pena?

A aplicação da causa de aumento de pena prevista no artigo 40, III, da Lei nº 11.343/2006, tem como objetivo punir com mais rigor a comercialização de drogas em determinados locais onde se verifique uma maior aglomeração de pessoas, de modo a facilitar a disseminação da mercancia, tais como escolas, hospitais, teatros, unidades de tratamento de dependentes, entre outros (STF. 1ª Turma. HC 118676, Rel. Min. Luiz Fux, julgado em 11/03/2014).

Essa é a lição da doutrina:

> "a justificativa para a existência desta majorante diz respeito à enorme facilidade de disseminação do consumo de drogas nesses locais em virtude da maior concentração de pessoas, o que acaba por representar maior risco à saúde pública." (LIMA, Renato Brasileiro de. *Legislação Criminal Especial Comentada*. 4ª ed. Salvador: Juspodivm, 2016, p. 793)

Vamos agora verificar duas situações enfrentadas pela jurisprudência:

Situação 1:

Ricardo é preso vendendo droga em um beco que fica a 240m da escola pública do bairro.

O Ministério Público denuncia Ricardo pela prática de tráfico de drogas (art. 33 da Lei nº 11.343/2006) com a causa de aumento de pena prevista no art. 40, III, considerando que a infração foi cometida nas imediações de uma escola.

A defesa questionou a incidência da causa especial de aumento de pena do art. 40, III, alegando que não houve comprovação de que o réu se utilizou daquele local com maior concentração de pessoas para potencializar a disseminação da droga. Além disso, a venda não foi feita para nenhum aluno, funcionário ou frequentador da escola.

A tese da defesa foi acolhida na situação 1?

NÃO.

> **A prática do delito de tráfico de drogas nas proximidades de estabelecimentos de ensino (art. 40, III, da Lei 11.343/06) enseja a aplicação da majorante, sendo desnecessária a prova de que o ilícito visava atingir os frequentadores desse local.**
>
> STJ. 6ª Turma. AgRg no REsp 1558551/MG, Rel. Min. Nefi Cordeiro, julgado em 12/09/2017.

PENAL

Para a incidência da majorante prevista no art. 40, inciso III, da Lei nº 11.343/2006 é desnecessária a efetiva comprovação de que a mercancia tinha por objetivo atingir os estudantes, sendo suficiente que a prática ilícita tenha ocorrido em locais próximos, ou seja, nas imediações de tais estabelecimentos, diante da exposição de pessoas ao risco inerente à atividade criminosa da narcotraficância.

STJ. 6ª Turma. HC 359.088/SP. Maria Thereza de Assis Moura, julgado em 04/10/2016.

Justamente por essa razão, o STJ entende que esta causa de aumento de pena tem natureza objetiva, de forma que não importa a intenção do agente:

Em relação à causa de aumento do art. 40, inciso III, da Lei de Drogas, cumpre destacar que a respectiva majorante tem caráter objetivo, prescindindo da análise da intenção do acusado em comercializar drogas com alunos das instituições de ensino.

STJ. 5ª Turma. HC 359.467/SP, Rel. Min. Reynaldo Soares da Fonseca, julgado em 18/08/2016.

Situação 2:

João, viciado em droga, liga para Pedro, traficante, pedindo para comprar cocaína.

Eles combinam de se encontrar no domingo, às 2h da madrugada, em frente à escola pública existente no bairro.

No momento em que o traficante está entregando o entorpecente, aparece a viatura da polícia e efetua a prisão em flagrante do agente.

O Ministério Público denuncia Pedro pela prática de tráfico de drogas (art. 33 da Lei nº 11.343/2006) com a causa de aumento de pena prevista no art. 40, III, considerando que a infração foi cometida nas imediações de uma escola.

A defesa questionou a incidência da causa especial de aumento de pena do art. 40, III, alegando que a mera proximidade da escola não basta para configurar a referida majorante, mesmo porque, pelo dia e horário do crime, o estabelecimento de ensino encontrava-se fechado.

A questão chegou até o STJ. Afinal de contas, neste caso concreto, deve incidir ou não a causa de aumento de pena do art. 40, III?

NÃO.

Não incide a causa de aumento de pena prevista no art. 40, inciso III, da Lei nº 11.343/2006, se a prática de narcotraficância ocorrer em dia e horário em que não facilite a prática criminosa e a disseminação de drogas em área de maior aglomeração de pessoas.

STJ. 6ª Turma. REsp 1.719.792-MG, Rel. Min. Maria Thereza de Assis Moura, julgado em 13/03/2018 (Info 622).

No caso concreto, o crime foi praticado durante a madrugada, em um domingo, ou seja, em horário em que obviamente a escola não estava em funcionamento. Assim, a proximidade da escola foi um elemento meramente circunstancial, sem qualquer relação real e efetiva com a traficância realizada pelo acusado.

Ainda que se trate de majorante de cunho precipuamente objetivo – ou seja, não é necessário demonstrar que o acusado pretendesse atingir as pessoas (notadamente alunos) do estabelecimento de ensino, mas apenas beneficiar-se de sua proximidade – também não se pode, por outro lado, esquecer de uma interpretação teleológica da norma em tela. Ora, o aumento de pena imposto àquele que trafica nas dependências ou imediações de estabelecimento de ensino justifica-se nos benefícios advindos ao agente com a mercancia nas proximidades de tal estabelecimento, diante da maior circulação de pessoas e da possibilidade de se atingir os frequentadores do local.

Essa conclusão não retira o caráter objetivo da majorante, pois continua sendo desnecessária a demonstração de que o acusado tivesse o dolo de atingir aquele público específico. Mas é preciso que o cometimento do tráfico naquele local (ou seja, nas proximidades da escola) represente um proveito ilícito maior ao agente, maximizando o risco exposto àqueles que frequentam a escola (alunos, pais, professores, funcionários etc).

Resumindo. Causa de aumento de pena do inciso III do art. 40 da LD:

- INCIDE mesmo que o tráfico não tivesse como objetivo atingir os frequentadores da escola. Isso porque esta majorante tem caráter objetivo, dispensando a análise da intenção do acusado em comercializar drogas com alunos ou frequentadores das instituições de ensino;
- NÃO INCIDE se a prática de narcotraficância ocorrer em dia e horário em que a escola esteja fechada, de forma que não facilite a prática criminosa e a disseminação de drogas em área de maior aglomeração de pessoas.

10.5. DECISÃO QUE RECONHECE DETRAÇÃO PENAL ANALÓGICA VIRTUAL NÃO SERVE PARA FINS DE REINCIDÊNCIA

Imagine a seguinte situação hipotética:

Em 2010, João foi preso em flagrante com uma pequena porção de droga.

O flagrante foi lavrado como sendo tráfico de drogas (art. 33 da Lei nº 11.343/2006).

João foi denunciado e permaneceu preso durante todo o processo, que durou 6 meses.

Ao fim do processo, o juiz proferiu sentença desclassificando o delito de tráfico para o crime de porte de substância entorpecente para consumo próprio (art. 28 da Lei nº 11.343/2006):

> § Art. 28. Quem adquirir, guardar, tiver em depósito, transportar ou trouxer consigo, para consumo pessoal, drogas sem autorização ou em desacordo com determinação legal ou regulamentar será submetido às seguintes penas:
>
> I – advertência sobre os efeitos das drogas;
>
> II – prestação de serviços à comunidade;
>
> III – medida educativa de comparecimento a programa ou curso educativo.

Na própria sentença, o magistrado declarou a extinção da punibilidade do réu alegando que o art. 28 não prevê pena privativa de liberdade e que o condenado já ficou 6 meses preso. Logo, na visão do juiz, o réu não tem mais nada a cumprir. Veja o trecho final da sentença:

"Julgo parcialmente procedente a denúncia para desclassificar, em relação ao réu JOÃO DA SILVA SAURO, qualificado nos autos, a imputação do art. 33, caput, da Lei nº 11.343/2006 para o art. 28 da mesma lei. (...)

Tendo em vista que o acusado ficou preso processualmente durante 6 meses, julgo extinta a punibilidade, aplicando-se a detração penal analógica virtual, pois qualquer pena que seria aplicável ao caso em tela estaria fatalmente cumprida, nem havendo justa causa ou interesse processual para o prosseguimento do feito."

Não houve recurso do MP ou da defesa e este primeiro processo transitou em julgado.

Detração penal analógica virtual

Veja que o juiz utiliza uma interessante nomenclatura: detração penal analógica virtual. O que é isso?

PENAL

Detração: a detração penal ocorre quando o juiz desconta da pena ou da medida de segurança aplicada ao réu o tempo que ele ficou preso antes do trânsito em julgado (prisão provisória ou administrativa) ou o tempo em que ficou internado em hospital de custódia (medida de segurança).

Analógica: o juiz afirmou que a detração que ele estava fazendo era "analógica" porque o art. 28 não prevê pena privativa de liberdade. Logo, o magistrado utilizou-se da analogia para descontar o tempo que o réu ficou preso preventivamente mesmo o art. 28 não cominando pena de prisão. Em outras palavras, o juiz utilizou-se da analogia para descontar uma situação que não estava prevista na lei (abater o tempo em que o réu ficou preso mesmo o art. 28 não prevendo pena de prisão).

Virtual: além disso, a detração foi virtual porque o juiz descontou o tempo que o réu ficou preso cautelarmente mesmo sem condenar o acusado. É como se ele dissesse o seguinte: eu nem vou condená-lo pelo art. 28 porque já reconheço que não há interesse processual nisso.

Segundo fato

Em 2012, João é preso novamente com uma quantidade maior de droga em um local conhecido como boca-de-fumo.

Ele foi denunciado e, ao final, condenado pela prática de tráfico de drogas (art. 33 da Lei nº 11.343/2006).

Na sentença, o magistrado considerou que João seria reincidente pelo fato de ter cometido o primeiro crime (aquele de 2010) que expliquei acima.

Por conta dessa reincidência, o juiz deixou de aplicar o benefício do art. 33, § 4º, da Lei de Drogas (tráfico privilegiado):

§

> Art. 33 (...)
>
> § 4º Nos delitos definidos no caput e no § 1º deste artigo, as penas poderão ser reduzidas de um sexto a dois terços, vedada a conversão em penas restritivas de direitos, desde que o agente seja primário, de bons antecedentes, não se dedique às atividades criminosas nem integre organização criminosa.

A defesa recorreu alegando que a sentença proferida no primeiro processo e que extinguiu a punibilidade por levar em conta o tempo de prisão provisória do acusado não teria o condão de gerar a reincidência para o segundo processo. Em outras palavras, a defesa argumentou que a sentença do primeiro processo não foi condenatória, mas sim extintiva da punibilidade.

O Tribunal de Justiça não concordou com o recurso da defesa. Segundo o TJ, o juiz do primeiro processo extinguiu a punibilidade pelo cumprimento da pena. A extinção da punibilidade pelo cumprimento da pena não afasta os efeitos secundários da sanção penal. Logo, se a pessoa praticar um novo delito, será considerada reincidente por força da primeira condenação.

A defesa não se conformou com a decisão do TJ e conseguiu levar o caso até o STJ.

O que decidiu o STJ? Foi acolhida a tese da defesa?

SIM. O STJ decidiu que:

> **Não se pode reconhecer a reincidência com base em único processo anterior em desfavor do réu, no qual – após desclassificar o delito de tráfico para porte de substância entorpecente para consumo próprio – o juízo extinguiu a punibilidade por considerar que o tempo da prisão provisória seria mais que suficiente para compensar eventual condenação.**
>
> STJ. 6ª Turma. HC 390.038-SP, Rel. Min. Rogerio Schietti Cruz, julgado em 06/02/2018 (Info 619).

Ao contrário do que afirmou o TJ, a decisão do juiz no primeiro processo não foi uma decisão extintiva da punibilidade pelo cumprimento da pena.

No primeiro processo o juiz proferiu uma decisão extinguindo a punibilidade alegando que houve o "exaurimento do direito de exercício da pretensão punitiva". É como se o juiz tivesse dito: não se pode mais punir o réu porque a prisão cautelar a que ele ficou submetido já foi desproporcional e, em razão disso, houve o esgotamento da pretensão punitiva.

Assim, não se pode dizer que a sentença do primeiro processo tenha natureza condenatória considerando que ela apenas reconheceu, ainda que implicitamente, que houve desproporção na adoção de medida acautelatória constritiva.

Réu ficou sem direito à transação penal no primeiro processo

Vale ressaltar, por fim, que poderia ter sido permitida a realização de transação penal em favor do réu no primeiro processo. Isso só não foi concedido porque o juiz reconheceu uma solução mais favorável ao acusado, em razão de ele ter ficado preso preventivamente durante longo tempo, fazendo com que o juiz optasse pela extinção da punibilidade. Assim, se o réu tivesse celebrado transação penal, ele não seria considerado reincidente neste segundo processo, considerando que a transação penal não gera maus antecedentes nem reincidência.

Desse modo, um segundo argumento que "reforça" a tese da defesa está no fato de que o réu teria direito à transação penal, situação na qual não haveria dúvidas sobre a inexistência de reincidência.

Atenção:

Após este julgado, o STJ passou a entender, de forma ampla, que a condenação pelo art. 28 da LD NÃO gera reincidência em nenhuma hipótese. Veja:

O porte de droga para consumo próprio, previsto no art. 28 da Lei nº 11.343/2006, possui natureza jurídica de crime.

O porte de droga para consumo próprio foi somente despenalizado pela Lei nº 11.343/2006, mas não descriminalizado.

Obs: despenalizar é a medida que tem por objetivo afastar a pena como tradicionalmente conhecemos, em especial a privativa de liberdade. Descriminalizar significa deixar de considerar uma conduta como crime.

Mesmo sendo crime, o STJ entende que a condenação anterior pelo art. 28 da Lei nº 11.343/2006 (porte de droga para uso próprio) NÃO configura reincidência.

Argumento principal: se a contravenção penal, que é punível com pena de prisão simples, não configura reincidência, mostra-se desproporcional utilizar o art. 28 da LD para fins de reincidência considerando que este delito é punida apenas com "advertência", "prestação de serviços à comunidade" e "medida educativa", ou, seja, sanções menos graves e nas quais não há qualquer possibilidade de conversão em pena privativa de liberdade pelo descumprimento.

Há de se considerar, ainda, que a própria constitucionalidade do art. 28 da LD está sendo fortemente questionada.

STJ. 5ª Turma. HC 453.437/SP, Rel. Min. Reynaldo Soares da Fonseca, julgado em 04/10/2018.

STJ. 6ª Turma. REsp 1672654/SP, Rel. Min. Maria Thereza de Assis Moura, julgado em 21/08/2018.

11. OUTROS TEMAS DA LEGISLAÇÃO EXTRAVAGANTE

11.1. CRIMES ELEITORAIS

PARA CONFIGURAR A CALÚNIA ELEITORAL É NECESSÁRIA A COMPROVAÇÃO DA LESIVIDADE DA CONDUTA E, SE O SUPOSTO ATINGIDO AFIRMA NÃO TER SE OFENDIDO, NÃO HÁ PROVA DA MATERIALIDADE

Imagine a seguinte situação hipotética:

De acordo com os autos, em outubro de 2010, o comitê de campanha do PDT foi arrombado e, na ocasião, foram furtados do local dois computadores.

Em entrevista concedida a um jornal após o fato, Ronaldo Lessa (PDT-AL), então candidato ao cargo de Governador de Alagoas, teria afirmado que o maior suspeito do crime era o governo, referindo-se, de acordo com a denúncia, ao então Governador e candidato a reeleição, Teotônio Vilela Filho.

Diante disso, o Ministério Público denunciou Ronaldo Lessa, imputando-lhe a prática do crime de calúnia eleitoral, delito tipificado no art. 324 c/c art. 327, III, do Código Eleitoral:

> § Art. 324. Caluniar alguém, na propaganda eleitoral, ou visando fins de propaganda, imputando-lhe falsamente fato definido como crime:
>
> Pena – detenção de seis meses a dois anos, e pagamento de 10 a 40 dias-multa.

> § Art. 327. As penas cominadas nos artigos 324, 325 e 326, aumentam-se de um terço, se qualquer dos crimes é cometido:
>
> (...)
>
> III – na presença de várias pessoas, ou por meio que facilite a divulgação da ofensa.

Por que a denúncia foi oferecida pelo Ministério Público (e não pelo suposto ofendido)?

Porque os crimes eleitorais (inclusive os delitos eleitorais contra a honra) são de ação penal pública incondicionada, conforme prevê o art. 355 do Código Eleitoral, sendo desnecessária representação do ofendido para que o Ministério Público ofereça a denúncia. Veja a redação legal:

> § Art. 355. As infrações penais definidas neste Código são de ação pública.

O réu foi condenado ou absolvido pelo Plenário do STF?

Absolvido.

O Plenário do STF absolveu o Deputado da acusação de calúnia eleitoral.

Ademais, o depoimento da vítima – sujeito passivo direto dos crimes contra a honra – assume papel de relevância, porquanto é o titular do bem jurídico protegido pela norma criminalizadora. No caso, a suposta vítima pronunciou-se nos autos expressando que tudo não passou de querela, inerente ao calor do debate eleitoral, e que seus efeitos se exauriram naquele contexto, sem sofrer qualquer ofensa a sua honra pessoal. Consectariamente, não há prova segura da materialidade da conduta.

Suposto ofendido não se sentiu ofendido

O Ministro Relator Luiz Fux afirmou que o suposto ofendido, Teotônio Vilela Filho, na qualidade de assistente da acusação, juntou petição aos autos pedindo a absolvição de Lessa alegando que "as afirmações do réu não lhe foram pessoalmente ofensivas".

A suposta vítima afirmou que o episódio "não passou de querela, inerente ao calor da campanha; que seus efeitos se exauriram naquele contexto, sem que tenha soçobrado ofensa alguma à sua honra pessoal".

Ausência de lesividade da conduta

Para configurar o delito de calúnia, é necessária a comprovação da lesividade da conduta.

Como o suposto atingido afirma não ter se ofendido com as declarações, não há prova da materialidade da conduta delituosa.

Além disso, o réu, cujo comitê fora invadido, teria dito suspeitar do governo, mas de forma genérica, sem imputar especificamente a conduta a Teotônio Vilela Filho.

A maior parte da gravação da entrevista é inaudível, ou seja, não dá para entender o que o réu falou. O único trecho audível da gravação da entrevista contraria a versão que foi publicada pelo jornal.

"O simples fato de o acusado ter se referido, na parte audível da entrevista gravada, ao 'governo' como maior suspeito, não permite deduzir que a imputação do fato criminoso foi feita, especificamente, ao então governador do estado, Teotônio Vilela", afirmou o Ministro Dias Toffoli.

A prova da lesividade da conduta há de ser aferida no curso da ação penal, perquirindo-se, sob o crivo do contraditório e da ampla defesa, a configuração ou não da materialidade delitiva, acima de dúvida razoável.

Em suma:

O comitê de campanha do candidato Ronaldo foi arrombado e de lá furtados dois computadores.

Em entrevista concedida a um jornal, Ronaldo teria afirmado que o maior suspeito do crime era o governo.

Em razão das declarações, o Ministério Público eleitoral ofereceu denúncia contra Ronaldo pela prática de calúnia eleitoral (art. 324 do CE), figurando como suposta vítima Teotônio, Governador e candidato à reeleição.

O réu se defendeu alegando que apenas emitiu opinião sobre o ocorrido e que não citou o nome do Governador.

Vale ressaltar que Teotônio (suposta vítima) afirmou que não se sentiu pessoalmente ofendido.

Diante disso, o STF absolveu o réu afirmando que, para configurar o delito de calúnia, é necessária a comprovação da lesividade da conduta e que, como o suposto atingido afirma não ter se ofendido com as declarações, não há prova da materialidade da conduta delituosa.

STF. Plenário. AP 929 ED-2º julg-EI/AL, Rel. Min. Luiz Fux, julgado em 17/10/2018 (Info 920).

CANDIDATO QUE OMITE, NA PRESTAÇÃO DE CONTAS, RECURSOS UTILIZADOS EM SUA CAMPANHA ELEITORAL

Imagine a seguinte situação:

Paulo era candidato a Deputado Federal.

A sociedade empresária Eucatex, que tem Paulo como um dos sócios, pagou R$ 168 mil a uma empresa de comunicação visual para que esta confeccionasse materiais gráficos para a campanha de Paulo.

Paulo não declarou essas despesas em sua prestação de contas apresentada à Justiça Eleitoral.

Qual foi o crime cometido por Paulo?

Falsidade ideológica para fins eleitorais, delito previsto no art. 350 do Código Eleitoral:

> § Art. 350. Omitir, em documento público ou particular, declaração que dele devia constar, ou nele inserir ou fazer inserir declaração falsa ou diversa da que devia ser escrita, para fins eleitorais:
>
> Pena – reclusão até cinco anos e pagamento de 5 a 15 dias-multa, se o documento é público, e reclusão até três anos e pagamento de 3 a 10 dias-multa se o documento é particular.

Uma das alegações da defesa foi a de que o material não declarado (material gráfico de campanha) não foi recolhido e que, portanto, não haveria materialidade delitiva. Essa tese foi acolhida pelo STF?

NÃO. O delito de falsidade ideológica é crime formal. Não exige, portanto, o recolhimento do material não declarado.

Em suma:

> **Candidato que omite, na prestação de contas apresentada à Justiça Eleitoral, recursos utilizados em sua campanha eleitoral, pratica o crime do art. 350 do Código Eleitoral.**
>
> **Vale ressaltar que o delito de falsidade ideológica é crime formal. Não exige, portanto, o recolhimento do material não declarado.**
>
> STF. 1ª Turma. AP 968/SP, Rel. Min. Luiz Fux, julgado em 22/5/2018 (Info 903).

11.2. RACISMO

NOÇÕES GERAIS SOBRE O CRIME DE RACISMO (ART. 20 DA LEI 7.716/89)

> **Art. 20. Praticar, induzir ou incitar a discriminação ou preconceito de raça, cor, etnia, religião ou procedência nacional.**
>
> **Pena: reclusão de um a três anos e multa.**

Em que consiste o crime

Podemos imaginar duas condutas principais:

1. O agente pratica algum ato de discriminação.
2. O agente não pratica ele próprio a discriminação, mas induz (cria a ideia) ou incita (reforça a ideia já existente) que alguém passe a ter preconceito ou pratique atos de discriminação.

Preconceito

É o pensamento que existe em determinados indivíduos no sentido de que certas pessoas ou grupos sociais são inferiores, nocivos, prejudiciais.

> "O preconceito é subjetivo, interior, está no intelecto da pessoa, configura um pré-julgamento negativo com relação a outro indivíduo ou grupo." (LAURIA, Mariano Paganini. *Leis Penais Especiais* comentadas artigo por artigo. Salvador: Juspodivm, 2018, p. 534).

Discriminação

É a exteriorização do preconceito por meio da prática de atos materiais.

Bem jurídico que este crime protege

A igualdade que deve existir entre todas as pessoas.

Em razão dessa igualdade, devem ser proibidos discriminações ou preconceitos.

Raça

O conceito de "raça" é amplo e não está limitado a uma definição biológica.

Em outras palavras, o conceito de raça não exige que as pessoas possuam as mesmas características genéticas, tais como cor do cabelo, dos olhos e da pele (LAURIA, Mariano Paganini. *ob. cit.*, p. 534).

"A divisão dos seres humanos em raças resulta de um processo de conteúdo meramente político-social." (Min. Maurílio Correia no HC 82424, julgado pelo STF em 17/09/2003).

Assim, por exemplo, os judeus são uma raça, mesmo que os indivíduos que componham essa coletividade possuam características genéticas distintas entre si.

Cor

É a cor que a pessoa possui. É tonalidade, a pigmentação da pele.

Etnia

São os grupos humanos que apresentam aspectos comuns, tais como língua, religião e maneiras de agir. Trata-se do "conceito mais adotado e recomendado pela sociologia hodiernamente para designar o que antes era entendido por 'raça'". (LAURIA, Mariano Paganini. *ob. cit.*, p. 507).

Exemplos: índios, árabes, judeus, quilombolas.

Religião

"Religião pode ser conceituada como conjunto de crenças relacionadas ao divino e sagrado, permeada por uma série de rituais e códigos morais derivados de tais convicções. Não se inclui o ateísmo (ausência de crença religiosa), prevalecendo o entendimento de que este é justamente a negação da crença na existência de uma divindade superior, motivo pelo qual não poderia ser equiparado à religião, constituindo-se em espécie de doutrina filosófica. A discriminação por ateísmo seria, assim, fato atípico." (LAURIA, Mariano Paganini. *ob. cit.*, p. 508).

Racismo x proselitismo religioso

Determinado padre escreveu um livro, voltado ao público da Igreja Católica, no qual ele faz críticas ao espiritismo e a religiões de matriz africana, como a umbanda e o candomblé.

O Ministério Público da Bahia ofereceu denúncia contra ele pela prática do art. 20, § 2º, da Lei nº 7.716/89 (Lei do racismo).

No caso concreto, o STF entendeu que não houve o crime.

A CF/88 garante o direito à liberdade religiosa. Um dos aspectos da liberdade religiosa é o direito que o indivíduo possui de não apenas escolher qual religião irá seguir, mas também o de fazer proselitismo religioso.

Proselitismo religioso significa empreender esforços para convencer outras pessoas a também se converterem à sua religião.

Desse modo, a prática do proselitismo, ainda que feita por meio de comparações entre as religiões (dizendo que uma é melhor que a outra), não configura, por si só, crime de racismo.

Só haverá racismo se o discurso dessa religião supostamente superior for de dominação, opressão, restrição de direitos ou violação da dignidade humana das pessoas integrantes dos demais grupos. Por outro lado, se essa religião supostamente superior pregar que tem o dever de ajudar os "inferiores" para que estes alcancem um nível mais alto de bem-estar e de salvação espiritual, neste caso não haverá conduta criminosa.

Na situação concreta, o STF entendeu que o réu apenas fez comparações entre as religiões, procurando demonstrar que a sua deveria prevalecer e que não houve tentativa de subjugar os adeptos do espiritismo.

Pregar um discurso de que as religiões são desiguais e de que uma é inferior à outra não configura, por si, o elemento típico do art. 20 da Lei nº 7.716/89. Para haver o crime, seria indispensável que tivesse ficado demonstrado o especial fim de supressão ou redução da dignidade do diferente, elemento que confere sentido à discriminação que atua como verbo núcleo do tipo.

STF. 1ª Turma. RHC 134682/BA, Rel. Min. Edson Fachin, julgado em 29/11/2016 (Info 849).

Vale ressaltar, no entanto, que o próprio STF, em outro caso concreto, já considerou que a incitação de ódio público feita por líder religioso contra outras religiões pode configurar o crime de racismo. Assim, é possível, a depender do caso concreto, que um líder religioso seja condenado pelo crime de racismo (art. 20, § 2º, da Lei nº 7.716/89) por ter proferido discursos de ódio público contra outras denominações religiosas e seus seguidores: STF. 2ª Turma. RHC 146303/RJ, rel. Min. Edson Fachin, red. p/ o ac. Min. Dias Toffoli, julgado em 6/3/2018 (Info 893).

A análise depende, portanto, da conduta no caso concreto.

Procedência nacional

É o lugar de onde a pessoa veio, ou seja, o lugar onde ela nasceu ou morava.

Interessante ressaltar que, segundo a doutrina, este conceito abrange tanto os estrangeiros (ex: venezuelanos, haitianos) como também os nacionais que se deslocam dentro do país (exs: nortistas, nordestinos, sulistas etc.).

Orientação sexual

Não foi prevista no art. 20 da Lei nº 7.716/89.

Assim, proferir manifestação de natureza discriminatória em relação aos homossexuais NÃO configura o crime do art. 20 da Lei nº 7.716/89, sendo conduta atípica (STF. 1ª Turma. Inq 3590/DF, Rel. Min. Marco Aurélio, julgado em 12/8/2014).

Desse modo, devemos afirmar que o rol de elementos de preconceito e discriminação do art. 20 é taxativo.

Pessoa com deficiência

Se a discriminação for praticada contra pessoa com deficiência, o crime é o do art. 88 da Lei nº 13.146/2015:

§ Art. 88. Praticar, induzir ou incitar discriminação de pessoa em razão de sua deficiência:

Pena – reclusão, de 1 (um) a 3 (três) anos, e multa.

§ 1º Aumenta-se a pena em 1/3 (um terço) se a vítima encontrar-se sob cuidado e responsabilidade do agente.

§ 2º Se qualquer dos crimes previstos no caput deste artigo é cometido por intermédio de meios de comunicação social ou de publicação de qualquer natureza:

Pena – reclusão, de 2 (dois) a 5 (cinco) anos, e multa.

§ 3º Na hipótese do § 2º deste artigo, o juiz poderá determinar, ouvido o Ministério Público ou a pedido deste, ainda antes do inquérito policial, sob pena de desobediência:

I – recolhimento ou busca e apreensão dos exemplares do material discriminatório;

II – interdição das respectivas mensagens ou páginas de informação na internet.

§ 4º Na hipótese do § 2º deste artigo, constitui efeito da condenação, após o trânsito em julgado da decisão, a destruição do material apreendido.

Idoso

Existe um tipo específico que trata sobre a discriminação contra idosos na Lei nº 10.741/2003:

§ Art. 96. Discriminar pessoa idosa, impedindo ou dificultando seu acesso a operações bancárias, aos meios de transporte, ao direito de contratar ou por qualquer outro meio ou instrumento necessário ao exercício da cidadania, por motivo de idade:

Pena – reclusão de 6 (seis) meses a 1 (um) ano e multa.

§ 1º Na mesma pena incorre quem desdenhar, humilhar, menosprezar ou discriminar pessoa idosa, por qualquer motivo.

§ 2º A pena será aumentada de 1/3 (um terço) se a vítima se encontrar sob os cuidados ou responsabilidade do agente.

PENAL

Sujeito ativo

Qualquer pessoa pode cometer. O delito do art. 20 da Lei nº 7.716/89 é crime comum.

Sujeito passivo

A vítima é a pessoa ou o grupo de pessoas discriminadas.

Elemento subjetivo

O crime é punido apenas a título de dolo (não há modalidade culposa).

Vale ressaltar, no entanto, que, além do dolo, exige-se também o elemento subjetivo específico consistente na vontade de discriminar a vítima.

Consumação

Trata-se de crime formal, ou seja, não se exige, para a consumação, a produção de qualquer resultado naturalístico.

Ex: o indivíduo grava vídeo no *Youtube* dizendo que todos os católicos devem ser xingados e discriminados. Mesmo que ninguém atenda essa convocação, o crime estará consumado.

Suspensão condicional do processo

O art. 20 da Lei nº 7.716/89 admite a suspensão condicional do processo.

Racismo x injúria racial

Injúria racial (art. 140, § 3º do CP) (alguns autores chamam de racismo impróprio)	**Racismo (art. 20 da Lei 7.716/89)**
Art. 140. Injuriar alguém, ofendendo-lhe a dignidade ou o decoro: (...) § 3º Se a injúria consiste na utilização de elementos referentes a raça, cor, etnia, religião, origem ou a condição de pessoa idosa ou portadora de deficiência: Pena – reclusão de um a três anos e multa.	Art. 20. Praticar, induzir ou incitar a discriminação ou preconceito de raça, cor, etnia, religião ou procedência nacional. Pena: reclusão de um a três anos e multa.
O agente ofende, insulta, ou seja, xinga alguém utilizando elementos relacionados com a sua raça, cor, etnia, religião, origem ou a condição de pessoa idosa ou portadora de deficiência. A ofensa é praticada contra uma pessoa determinada ou um grupo determinado de indivíduos (exs: cinco amigos negros, árabes etc.).	O agente pratica algum ato discriminatório que faz com que a vítima fique privada de algum direito em virtude de sua raça, cor, etnia, religião ou procedência nacional. Há um ato de segregação. Também pode ser caracterizado mediante uma ofensa verbal (sem um ato de segregação), desde que a ofensa seja dirigida a todos os integrantes de certa raça, cor, etnia, religião etc.
A intenção do agente é atacar a honra subjetiva de uma pessoa ou de um grupo determinado de pessoas, utilizando os elementos já mencionados.	A intenção é segregar a pessoa ou um grupo de pessoas por conta de um dos elementos já mencionados.
Ex: "seu macaco". Ex: "vocês 5 são um bando de terroristas".	Ex: nesta festa não pode entrar negros. Ex: todos os judeus são ladrões.
O agente visa a atingir uma pessoa determinada ou determinável.	O agente visa a atingir um número indeterminado de pessoas (todos que compõem aquela coletividade).
O bem jurídico tutelado é a honra subjetiva.	O bem jurídico tutelado é a igualdade.
Trata-se de crime de ação penal pública condicionada à representação da vítima (art. 145, parágrafo único, do CP).	Trata-se de crime de ação penal pública incondicionada.
Há polêmica se seria ou não um crime inafiançável e imprescritível, ou seja, se está incluído no art. 5º, XLII, da CF/88. Existe uma decisão do STJ reconhecendo a imprescritibilidade: STJ. 6ª Turma. AgRg no Aresp 686965/DF, j. 18/08/2015.	Não há dúvidas de que se trata de crime inafiançável e imprescritível, nos termos do art. 5º, XLII: "a prática do racismo constitui crime inafiançável e imprescritível, sujeito à pena de reclusão, nos termos da lei;"

§ 1º Fabricar, comercializar, distribuir ou veicular símbolos, emblemas, ornamentos, distintivos ou propaganda que utilizem a cruz suástica ou gamada, para fins de divulgação do nazismo.

Pena: reclusão de dois a cinco anos e multa.

É chamado de apologia ao nazismo.

Mais uma vez, recorro ao excelente estudo produzido por Mariano Pagnini Lauria, que faz mais uma lúcida observação sobre o tema:

"Para a configuração do crime em lição, é necessário que tais objetos sejam utilizados para fins de divulgação do nazismo (aqui há necessidade do elemento subjetivo específico). Logo, nos casos em que restar ausente tal elemento subjetivo específico (finalidade de divulgação do nazismo), como em objetos e artefatos de colecionadores, historiadores, museus e exposições (desde que, repita-se, tais materiais não sejam utilizados ainda que veladamente para propaganda do nazismo), a conduta será atípica." (*ob. cit.*, p. 541).

Repare que a pena do § 1º é mais grave que a do caput e, por isso, não cabe suspensão condicional do processo.

§ 2º Se qualquer dos crimes previstos no caput é cometido por intermédio dos meios de comunicação social ou publicação de qualquer natureza:

Pena: reclusão de dois a cinco anos e multa.

Qualificadora

Trata-se de uma qualificadora para as condutas descritas no caput.

Meios de comunicação social

Exemplos: TV, rádio, internet etc.

Assim, o racismo praticado por meio da rede mundial de computadores, infelizmente tão comum hoje em dia, é punido com a pena do § 2º do art. 20.

Publicação de qualquer natureza

Exemplos: revistas, jornais, livros etc.

§ 3º No caso do parágrafo anterior, o juiz poderá determinar, ouvido o Ministério Público ou a pedido deste, ainda antes do inquérito policial, sob pena de desobediência:

I – o recolhimento imediato ou a busca e apreensão dos exemplares do material respectivo;

II – a cessação das respectivas transmissões radiofônicas, televisivas, eletrônicas ou da publicação por qualquer meio;

III – a interdição das respectivas mensagens ou páginas de informação na rede mundial de computadores.

Este § 3º prevê a decretação de medidas cautelares com o objetivo de cessar a prática delituosa.

Constitui efeito da condenação, após o trânsito em julgado da decisão, a destruição do material apreendido (§ 4º do art. 20).

PENAL

Veja como o tema é cobrado em provas:

(Delegado PC/PR 2013) No caso de incitação ou induzimento ao preconceito racial praticado através da rede mundial de computadores, poderá o juiz determinar a interdição da mensagem ou página de informação. (CERTO)

Palestra proferida por Bolsonaro com críticas aos quilombolas e estrangeiros

A situação concreta, segundo a denúncia oferecida pela PGR, foi a seguinte:

No dia 03 de abril de 2017, em palestra realizada no Clube Hebraica do Rio de Janeiro, o então Deputado Federal Jair Bolsonaro teria se manifestado de modo negativo e discriminatório sobre quilombolas, indígenas, refugiados, mulheres e LGBT's.

De acordo com a PGR, o então Deputado teria proferido, dentre outras, as seguintes frases que caracterizariam o que a doutrina denomina de discurso de ódio (*hate speech*):

- "Eu tenho 5 filhos. Foram 4 homens, a quinta eu dei uma fraquejada e veio uma mulher".
- "Aqui apenas são as reservas indígenas no Brasil. Onde tem uma reserva indígena, tem uma riqueza embaixo dela. Temos que mudar isso daí. Mas nós não temos, hoje em dia, mais autonomia para mudar isso daí. Entregou-se tanto a nossa nação que chegamos a esse ponto, mas dá pra mudar nosso país. Isso aqui é só reserva indígena, tá faltando quilombolas, que é outra brincadeira. Eu fui em um quilombola em El Dourado Paulista. Olha, o afrodescendente mais leve lá pesava sete arrobas. Não fazem nada! Eu acho que nem para procriador eles servem mais. Mais de um bilhão de reais por ano gastado com eles. Recebem cesta básica e mais material em implementos agrícolas. Você vai em El Dourado Paulista, você compra arame farpado, você compra enxada, pá, picareta por metade do preço vendido em outra cidade vizinha. Por que? Porque eles revendem tudo baratinho lá. Não querem nada com nada."
- "Nós não temos 12 milhões de desempregados, nós temos 40 milhões, porque eles consideram quem recebe bolsa-família como empregado. Só aí, só aí nós temos praticamente 1/4 da população brasileira vivendo às custas de quem trabalha. Alguém já viu um japonês pedindo esmola por aí? Porque é uma raça que tem vergonha na cara. Não é igual essa raça que tá aí embaixo ou como uma minoria tá ruminando aqui do lado."
- "Se eu chegar lá, não vai ter dinheiro pra ONG, esses inúteis vão ter que trabalhar. (...) Não vai ter um centímetro demarcado pra reserva indígena ou pra quilombola."
- "Se um idiota num debate comigo, caso esteja lá, falar sobre misoginia, homofobia, racismo, baitolismo, eu não vou responder sobre isso."
- "Tá pra ser transformado em lei o novo Código de Imigração. Tomem conhecimento. Qualquer estrangeiro ou até um monte de estrangeiro (...) Se alguém quiser pegar um navio e encher de haitiano, de angolano, de chinês, japonês, seja lá o que for. Japonês não vem pra cá não, tá. E jogar no porto aqui, dez mil aqui. O pessoal, ele fala, 'eu sou refugiado', passa a ter direito a abrir conta em Banco do Brasil e Caixa Econômica, com menos diligências do que qualquer um de nós brasileiros. Passa a ter direito a Sistema Único de Saúde gratuito (...)"
- "O que que a Venezuela tá fazendo? Tá enchendo as suas ambulâncias e carros com pessoal idoso ou doença de alta complexidade e desovando nos hotéis, nos hospitais e postos de saúde de Roraima. E o que o governo brasileiro faz? Não faz nada. Tem que fazer alguma coisa. Se aceita, vamos criar campos de refugiados. Se aceita... Se não aceita, devolve. O Brasil não pode se transformar na casa da mãe Joana. Não pode a decisão de um governo acolher todo mundo de forma indiscriminada. Não tem problema vir pra cá quem quer que seja, mas tem que ter um motivo e um levantamento da vida pregressa dessas pessoas."

Denúncia

Em 12 de abril de 2018, a Procuradora-Geral da República ofereceu denúncia, no STF, contra Jair Bolsonaro afirmando que ele, ao proferir tais palavras, praticou racismo, conduta tipificada no art. 20, caput da Lei nº 7.716/89, considerando que, "em seu discurso tratou os quilombolas como seres inferiores, igualando-os a mercadoria (discriminação) e ainda reputou-os inúteis, preguiçosos (preconceito) e também incitou a discriminação em relação aos estrangeiros, estimulando os presentes no Clube Hebraica, um público de cerca de trezentas pessoas, além de outras pessoas que tiveram acesso a vídeos divulgados do evento, a pensarem e agirem de igual forma (induzimento e/ou incitação)".

Veja a redação do tipo penal imputado:

> § Art. 20. Praticar, induzir ou incitar a discriminação ou preconceito de raça, cor, etnia, religião ou procedência nacional.
>
> Pena: reclusão de um a três anos e multa.

A denúncia oferecida contra Jair Bolsonaro foi recebida pelo STF?

NÃO. A 1ª Turma do STF, por maioria (3x2), rejeitou a denúncia apresentada contra Bolsonaro.

O colegiado entendeu que não ficou configurado o conteúdo discriminatório das declarações do acusado.

As palavras por ele proferidas estão dentro da liberdade de expressão prevista no art. 5º, IV, da CF/88, além de também estarem cobertas pela imunidade parlamentar (art. 53 da CF/88).

Não houve finalidade de repressão, dominação, supressão ou eliminação

O discurso proferido pelo acusado em relação a comunidades quilombolas traz demonstrações de diferenciação e até de superioridade em relação a esses povos. No entanto, as palavras proferidas são desprovidas da finalidade de repressão, dominação, supressão ou eliminação.

Assim, por não se investirem de caráter discriminatório, são incapazes de caracterizar o crime previsto no art. 20, caput, da Lei nº 7.716/89.

Contexto de demarcação e aproveitamento econômico das terras

O pronunciamento do parlamentar está vinculado ao contexto de demarcação e proveito econômico das terras e configuram manifestação política que não extrapola os limites da liberdade de expressão.

O parlamentar manifestou interesse em extinguir ou diminuir as reservas indígenas e as terras dos quilombolas, mas isso não pode ser confundido com a supressão e eliminação dessas minorias.

Ademais, o emprego, no discurso, do termo "arroba" não consiste em ato de desumanização dos quilombolas, no sentido de comparação a animais. Para o Min. Marco Aurélio (Relator), foi uma forma de expressão – de toda infeliz –, utilizada com o objetivo de dizer que o indivíduo estava "acima do peso considerado normal".

Não houve incitação a comportamento xenofóbico

Xenofobia é a profunda aversão a pessoas ou coisas estrangeiras (xenos é uma palavra grega que significa "estranho").

O comportamento xenofóbico, a depender do caso concreto, pode configurar crime se resultar em discriminação ou preconceito. Nesse sentido, veja o que diz o art. 1º da Lei nº 7.716/89:

> § Art. 1º Serão punidos, na forma desta Lei, os crimes resultantes de discriminação ou preconceito de raça, cor, etnia, religião ou procedência nacional.

PENAL

O art. 20 da Lei nº 7.716/89 prevê que é crime praticar, induzir ou incitar a discriminação ou preconceito de procedência nacional.

Trata-se de delito de perigo abstrato. Isso significa que, para configurar o crime, não se exige que, por causa do discursivo xenofóbico, alguém tenha efetivamente praticado atos discriminatórios. Basta induzir ou incitar e já configura o delito.

No entanto, em caso de discursos, como o do réu, é necessário se analisar teleologicamente as palavras proferidas, ou seja, deve-se examinar a finalidade do agente.

No caso, as afirmações do denunciado ficaram no âmbito da crítica à política de imigração adotada pelo Governo Federal e não revelam conteúdo discriminatório ou passível de incitar pensamentos e condutas xenofóbicas pelo público ouvinte.

O próprio acusado diz não fazer distinção quanto à origem estrangeira do imigrante.

A crítica também se insere na liberdade de manifestação de pensamento, insuscetível, portanto, de configurar crime.

Vinculação das palavras ao exercício do mandato

O STF afirmou que as manifestações de Bolsonaro estavam relacionadas com a sua função de parlamentar. Inclusive, o convite para a palestra se deu em razão do exercício do cargo de Deputado Federal ocupado pelo acusado, a fim de proceder à exposição de visão geopolítica e econômica do País.

Assim, havia uma vinculação das manifestações apresentadas na palestra com os pronunciamentos do parlamentar na Câmara dos Deputados.

Comprovado o nexo de causalidade entre o que veiculado e o mandato, tem-se a imunidade parlamentar.

As declarações, ainda que dadas fora das dependências do Congresso Nacional e, eventualmente, sujeitas a censura moral, quando retratam o exercício do cargo eletivo, a atuação do congressista, estão cobertas pela imunidade parlamentar e implicam na exclusão da tipicidade.

Em suma:

O então Deputado Federal Jair Bolsonaro proferiu palestra no auditório de determinado clube e ali fez críticas e comentários negativos a respeito dos quilombolas e também de povos estrangeiros.

No trecho mais questionado de sua palestra, ele afirmou: "Eu fui em um quilombola em El Dourado Paulista. Olha, o afrodescendente mais leve lá pesava sete arrobas. Não fazem nada! Eu acho que nem para procriador eles servem mais. Mais de um bilhão de reais por ano gastado com eles. Recebem cesta básica e mais material em implementos agrícolas. Você vai em El Dourado Paulista, você compra arame farpado, você compra enxada, pá, picareta por metade do preço vendido em outra cidade vizinha. Por que? Porque eles revendem tudo baratinho lá. Não querem nada com nada."

O STF entendeu que a conduta de Bolsonaro não configurou o crime de racismo (art. 20 da Lei nº 7.716/89).

As palavras por ele proferidas estão dentro da liberdade de expressão prevista no art. 5º, IV, da CF/88, além de também estarem cobertas pela imunidade parlamentar (art. 53 da CF/88).

O objetivo de seu discurso não foi o de repressão, dominação, supressão ou eliminação dos quilombolas ou dos estrangeiros.

O pronunciamento do parlamentar estava vinculado ao contexto de demarcação e proveito econômico das terras e configuram manifestação política que não extrapola os limites da liberdade de expressão.

Além disso, as manifestações de Bolsonaro estavam relacionadas com a sua função de parlamentar. Inclusive, o convite para a palestra se deu em razão do exercício do cargo de Deputado Federal a fim de dar a sua visão geopolítica e econômica do País.

Assim, havia uma vinculação das manifestações apresentadas na palestra com os pronunciamentos do parlamentar na Câmara dos Deputados, de sorte que incide a imunidade parlamentar.

STF. 1ª Turma. Inq 4694/DF, Rel. Min. Marco Aurélio, julgado em 11/9/2018 (Info 915).

A INCITAÇÃO DE ÓDIO PÚBLICO FEITA POR LÍDER RELIGIOSO CONTRA OUTRAS RELIGIÕES PODE CONFIGURAR O CRIME DE RACISMO

A situação concreta, com adaptações, foi a seguinte:

Tiago, pastor de uma determinada igreja evangélica, publicou, em seu blog, vídeos e posts de conteúdo religioso nos quais ofendeu líderes e seguidores de outras crenças religiosas diversas da sua (católica, judaica, espírita, islâmica, umbandista etc.), pregando inclusive o fim de algumas delas e imputando fatos ofensivos aos seus devotos e sacerdotes.

O pastor afirmou, por exemplo, que os seguidores dessas outras crenças "sofrem" e "padecem", sendo "estuprados", "violentados" e "destruídos" por seguirem "caminhos de podridão".

Utilizou expressões como "religião assassina", "líderes assassinos", "prostituta católica", "prostituta espiritual" e "pilantragem".

Tiago vinculou, ainda, de forma pejorativa, tais religiões à adoração ao diabo.

Diante disso, ele foi denunciado e condenado pela prática do crime previsto no art. 20, § 2º, da Lei nº 7.716/89:

§

> Art. 20. Praticar, induzir ou incitar a discriminação ou preconceito de raça, cor, etnia, religião ou procedência nacional.
>
> Pena: reclusão de um a três anos e multa.
>
> (...)
>
> § 2º Se qualquer dos crimes previstos no caput é cometido por intermédio dos meios de comunicação social ou publicação de qualquer natureza:
>
> Pena: reclusão de dois a cinco anos e multa.

A defesa de Tiago interpôs uma série de recursos até que o caso chegou ao STF. No Supremo, alegou a atipicidade da conduta. Segundo a defesa, a condenação ideológica de outras crenças é inerente à prática religiosa, e se trataria de exercício de uma garantia constitucionalmente assegurada.

A tese da defesa foi acolhida pelo STF?

NÃO. O STF manteve a condenação e afirmou que:

A incitação ao ódio público contra quaisquer denominações religiosas e seus seguidores não está protegida pela cláusula constitucional que assegura a liberdade de expressão.

STF. 2ª Turma. RHC 146303/RJ, rel. Min. Edson Fachin, red. p/ o ac. Min. Dias Toffoli, julgado em 6/3/2018 (Info 893).

Conforme explicou o Min. Dias Toffoli, o Brasil, social e historicamente, orgulha-se de ser um país de tolerância religiosa, valor que faz parte da construção de nosso estado democrático de direito.

De acordo com o Ministro, existem diversos trechos no discurso do condenado que alimentam o ódio e a intolerância. Assim, se o Estado não exercer seu papel de pacificar a sociedade, vai se chegar a uma guerra de religiões. "Ao invés de sermos instrumento de pacificação, vamos aprofundar o que acontece no mundo", afirmou o Ministro.

O preâmbulo da Constituição Federal fala na construção de uma sociedade fraterna, pluralista e sem preconceitos, fundada na harmonia social. A ação do condenado atua, portanto, contra um importante valor escolhido como fundamento da República Federativa do Brasil, que é a solidariedade.

A despeito da importância conferida à liberdade de expressão, o próprio texto constitucional determina que sejam respeitados determinados limites. O art. 220, § 1º, da Constituição diz que nenhuma lei conterá dispositivo que possa constituir embaraço à liberdade de informação jornalística em qualquer veículo de comunicação social, observados determinados incisos do art. 5º, onde estão contidas as limitações.

O direto de pensar, falar e escrever sem censuras ou restrições é o mais precioso privilégio dos cidadãos, mas esse direito não é absoluto e sofre limitações de natureza ética e jurídica.

Os abusos, quando praticados, legitimam a atuação estatual. "Se assim não fosse, caluniar, injuriar, difamar ou fazer apologia de fatos criminosos não seriam suscetíveis de punições", explicou o Min. Celso de Mello.

O abuso no exercício da liberdade de expressão não pode ser tolerado. Assim, a incitação ao ódio público não está protegida nem amparada pela cláusula constitucional que assegura liberdade de expressão.

Caso Ellwanger

Os Ministros relembraram ainda o célebre julgamento do "caso Ellwanger" (HC 82424), em setembro de 2003, quando o STF manteve a condenação imposta ao escritor gaúcho Siegfried Ellwanger por crime de racismo contra os judeus. Veja trechos da ementa:

> (...) 1. Escrever, editar, divulgar e comerciar livros "fazendo apologia de idéias preconceituosas e discriminatórias" contra a comunidade judaica (Lei 7716/89, artigo 20, na redação dada pela Lei 8081/90) constitui crime de racismo sujeito às cláusulas de inafiançabilidade e imprescritibilidade (CF, artigo 5º, XLII).
>
> (...)
>
> 6. Adesão do Brasil a tratados e acordos multilaterais, que energicamente repudiam quaisquer discriminações raciais, aí compreendidas as distinções entre os homens por restrições ou preferências oriundas de raça, cor, credo, descendência ou origem nacional ou étnica, inspiradas na pretensa superioridade de um povo sobre outro, de que são exemplos a xenofobia, "negrofobia", "islamafobia" e o anti-semitismo.
>
> (...) 13. Liberdade de expressão. Garantia constitucional que não se tem como absoluta. Limites morais e jurídicos. O direito à livre expressão não pode abrigar, em sua abrangência, manifestações de conteúdo imoral que implicam ilicitude penal.

14. As liberdades públicas não são incondicionais, por isso devem ser exercidas de maneira harmônica, observados os limites definidos na própria Constituição Federal (CF, artigo 5º, § 2º, primeira parte). O preceito fundamental de liberdade de expressão não consagra o "direito à incitação ao racismo", dado que um direito individual não pode constituir-se em salvaguarda de condutas ilícitas, como sucede com os delitos contra a honra. Prevalência dos princípios da dignidade da pessoa humana e da igualdade jurídica. (...)

STF. Plenário. HC 82424, Relator p/ Acórdão Min. Maurício Corrêa, julgado em 17/09/2003.

Hate speech (discurso de ódio)

O tema acima exposto está ligado ao que a doutrina chama de *hate speech* (discurso de ódio).

Discurso de ódio (*hate speech*) são "manifestações de pensamento que ofendam, ameacem ou insultem determinado grupo de pessoas com base na raça, cor, religião, nacionalidade, orientação sexual, ancestralidade, deficiência ou outras características próprias. (...) No direito norte-americano, prevalece o entendimento de que até o discurso de ódio (*hate speech*) inclui-se no âmbito de proteção da liberdade de expressão." (BERNARDES, Juliano Taveira; FERREIRA, Olavo Augusto Vianna Alves. *Direito Constitucional*. Tomo II. 7ª ed. Salvador: Juspodivm, 2017, p. 128).

No Brasil, ao contrário dos EUA, prevalece que o *hate speech* não é protegido pela ordem constitucional. Isso porque o direito à liberdade de expressão não é absoluto, podendo a pessoa que proferiu o discurso de ódio ser punida, inclusive criminalmente, em caso de abuso.

Esse tem sido, por exemplo, o entendimento das bancas examinadoras:

(PGE-RS FUNDATEC 2015) Ao tratar do alcance da liberdade de expressão em relação ao chamado "discurso do ódio" ("hate speech"), o STF sustentou que o direito à liberdade de expressão é um direito relativo, objeto de ponderação, à luz dos princípios da dignidade humana, proporcionalidade e razoabilidade, não podendo acolher a incitação ao ódio racial ou religioso. (certo)

Situação deve ser analisada com base no caso concreto

Assim, podemos concluir que é possível a condenação de um líder religioso pelo crime de racismo (art. 20, § 2º, da Lei nº 7.716/81) em caso de discursos de ódio público contra outras denominações religiosas e seus seguidores.

Vale ressaltar, no entanto, que essa condenação dependerá do caso concreto, ou seja, das palavras que foram proferidas e da intenção do líder religioso de suprimir ou reduzir a dignidade daquele que é diferente de si. Desse modo, não é qualquer crítica de um líder religioso a outras religiões que configurará o crime de racismo.

Nesse sentido, recentemente o STF absolveu um líder religioso dessa imputação por falta de dolo. Relembre:

Determinado padre escreveu um livro, voltado ao público da Igreja Católica, no qual ele faz críticas ao espiritismo e a religiões de matriz africana, como a umbanda e o candomblé.

O Ministério Público da Bahia ofereceu denúncia contra ele pela prática do art. 20, § 2º da Lei nº 7.716/89 (Lei do racismo).

No caso concreto, o STF entendeu que não houve o crime.

A CF/88 garante o direito à liberdade religiosa. Um dos aspectos da liberdade religiosa é o direito que o indivíduo possui de não apenas escolher qual religião irá seguir, mas também o de fazer proselitismo religioso.

Proselitismo religioso significa empreender esforços para convencer outras pessoas a também se converterem à sua religião.

Desse modo, a prática do proselitismo, ainda que feita por meio de comparações entre as religiões (dizendo que uma é melhor que a outra) não configura, por si só, crime de racismo.

Só haverá racismo se o discurso dessa religião supostamente superior for de dominação, opressão, restrição de direitos ou violação da dignidade humana das pessoas integrantes dos demais grupos. Por outro lado, se essa religião supostamente superior pregar que tem o dever de ajudar os "inferiores" para que estes alcancem um nível mais alto de bem-estar e de salvação espiritual e, neste caso não haverá conduta criminosa.

Na situação concreta, o STF entendeu que o réu apenas fez comparações entre as religiões, procurando demonstrar que a sua deveria prevalecer e que não houve tentativa de subjugar os adeptos do espiritismo.

Pregar um discurso de que as religiões são desiguais e de que uma é inferior à outra não configura, por si, o elemento típico do art. 20 da Lei nº 7.716/89. Para haver o crime, seria indispensável que tivesse ficado demonstrado o especial fim de supressão ou redução da dignidade do diferente, elemento que confere sentido à discriminação que atua como verbo núcleo do tipo.

STF. 1ª Turma. RHC 134682/BA, Rel. Min. Edson Fachin, julgado em 29/11/2016 (Info 849).

Desse modo, em concursos públicos deve-se ficar atento para a redação do enunciado.

11.3. LEI GERAL DE TELECOMUNICAÇÕES

Súmula 606-STJ: Não se aplica o princípio da insignificância a casos de transmissão clandestina de sinal de internet via radiofrequência, que caracteriza o fato típico previsto no art. 183 da Lei nº 9.472/1997.

STJ. 3ª Seção. Aprovada em 11/04/2018, DJe 17/04/2018.

Imagine a seguinte situação hipotética:

Os fiscais da Agência Nacional de Telecomunicações (ANATEL) constataram que João mantinha um provedor de internet, via rádio, no qual os clientes pagavam a ele mensalmente e recebiam em suas casas o sinal da internet.

Ocorre que João não tinha autorização da ANATEL para exploração desse serviço.

Foi, então, lavrado auto de infração e encaminhada notícia do fato ao MPF.

O Procurador da República denunciou João pela prática do delito do art. 183 da Lei nº 9.472/97:

§ Art. 183. Desenvolver clandestinamente atividades de telecomunicação:

Pena – detenção de dois a quatro anos, aumentada da metade se houver dano a terceiro, e multa de R$ 10.000,00 (dez mil reais).

Segundo a tese do MPF, o provedor de acesso à Internet via radiofrequência (internet via rádio) desenvolve dois serviços:

- um serviço de telecomunicações (Serviço de Comunicação Multimídia); e
- um Serviço de Valor Adicionado (Serviço de Conexão à Internet).

Dessa forma, a chamada "internet via rádio" pode ser considerada também um serviço de telecomunicação.

A jurisprudência acolhe a tese do MPF? A conduta de transmitir sinal de internet, via rádio, como se fosse um provedor de internet, sem autorização da ANATEL, configura algum crime? Amolda-se ao art. 183 da Lei nº 9.472/97?

SIM. É pacífico no STJ que a transmissão clandestina de sinal de internet, via radiofrequência, sem autorização da ANATEL, caracteriza, em tese, o delito previsto no art. 183 da Lei nº 9.472/97.

Não há se falar em atipicidade do delito pela previsão de que se trata de serviço de valor adicionado, uma vez que referida característica não exclui sua natureza de efetivo serviço de telecomunicação.

STJ. 5ª Turma. AgRg no AREsp 1077499/SP, Rel. Min. Reynaldo Soares da Fonseca, julgado em 26/09/2017.

STJ. 6ª Turma. AgRg no AREsp 971.115/PA, Rel. Min. Antonio Saldanha Palheiro, julgado em 27/04/2017.

E no STF?

Apesar de existir um recente julgado em sentido contrário (STF. 1ª Turma. HC 127978, Rel. Min. Marco Aurélio, julgado em 24/10/2017. Info 883), o entendimento que prevalece no STF é o mesmo do STJ. Veja:

> O desenvolvimento clandestino de atividade de transmissão de sinal de internet, via rádio, comunicação multimídia, sem a autorização do órgão regulador, caracteriza, por si só, o tipo descrito no artigo 183 da Lei nº 9.472/97, pois se trata de crime formal, inexigindo, destarte, a necessidade de comprovação de efetivo prejuízo.
>
> STF. 1ª Turma. HC 152118 AgR, Rel. Min. Luiz Fux, julgado em 07/05/2018.

Em sua defesa, João invocou o princípio da insignificância, considerando que seu provedor operava com a potência de 0,5 Watts, que é muito baixa. Tal alegação é aceita pela jurisprudência majoritária?

NÃO. Não é possível a aplicação do princípio da insignificância no crime do art. 183 da Lei nº 9.472/97. Isso porque a instalação de estação clandestina de radiofrequência, sem autorização, já é, por si, suficiente para comprometer a segurança, a regularidade e a operabilidade do sistema de telecomunicações do país, não podendo, portanto, ser vista como uma lesão inexpressiva.

Diante do entendimento pacificado, o STJ editou a Súmula 606.

Essa é também a posição do STF: 1ª Turma. HC 118400/RO, Rel. Min. Marco Aurélio, julgado em 04/10/2016 (Info 842).

O acusado argumentou também que não deveria ser condenado, considerando que não ficou provado que ele causou prejuízo, seja para os clientes, seja para os serviços de telecomunicações. Essa alegação é acolhida pelos Tribunais?

NÃO. O delito do art. 183 da Lei nº 9.427/97 é crime de perigo abstrato. Isso significa que, para a sua consumação, basta que alguém desenvolva de forma clandestina as atividades de telecomunicações, sem necessidade de demonstrar prejuízo concreto para o sistema de telecomunicações (STJ. 5ª Turma. AgRg no REsp 1560335/MG, Rel. Min. Reynaldo Soares da Fonseca, julgado em 21/06/2016).

Confira julgado que sintetiza esses entendimentos:

> (...) 1. Este Superior Tribunal de Justiça pacificou sua jurisprudência no sentido de que a transmissão de sinal de internet via rádio sem autorização da ANATEL caracteriza o fato típico previsto no artigo 183 da Lei nº 9.472/97, ainda que se trate de serviço de valor adicionado de que cuida o artigo 61, § 1º, da mesma lei.

2. É também pacífica a jurisprudência desta Corte no sentido de que a instalação de estação de radiodifusão clandestina é delito de natureza formal de perigo abstrato que, por si só, é suficiente para comprometer a segurança, a regularidade e a operabilidade do sistema de telecomunicações do país, não tendo aplicação o princípio da insignificância mesmo que se trate de serviço de baixa potência. (...)

STJ. 6ª Turma. AgRg no REsp 1566462/SC, Rel. Min. Maria Thereza de Assis Moura, julgado em 15/03/2016.

11.4. O ART. 305 DO CÓDIGO DE TRÂNSITO É CONSTITUCIONAL E NÃO VIOLA O PRINCÍPIO DA NÃO AUTOINCRIMINAÇÃO

Evasão do local do acidente para evitar responsabilidade penal ou civil

O Código de Trânsito Brasileiro (CTB) prevê o seguinte delito em seu art. 305:

> **Art. 305. Afastar-se o condutor do veículo do local do acidente, para fugir à responsabilidade penal ou civil que lhe possa ser atribuída:**
>
> **Penas – detenção, de seis meses a um ano, ou multa.**

Em que consiste o crime

O agente se envolve em um acidente de trânsito e foge do local para não ser identificado e não ter que responder a um processo criminal ou uma ação de indenização.

"(...) o condutor, uma vez verificado o acidente, simplesmente abandona o local, não aguardando a realização das providências de identificação dos veículos, dos condutores, e demais anotações, a cargo da autoridade de trânsito, e mesmo dos outros envolvidos." (RIZZARDO, Arnaldo. *Comentários ao Código de Trânsito brasileiro.* 9ª ed., São Paulo: RT, 2013, p. 627).

Bem jurídico tutelado

De forma imediata, o crime protege a administração da justiça, que fica prejudicada pela fuga do agente do local do evento, uma vez que tal atitude impede sua identificação e a consequente apuração do ilícito, para fins de se promover a responsabilização cível ou penal de quem, eventualmente, provocar um acidente de trânsito, dolosa ou culposamente.

De forma mediata, tutela o direito da vítima à reparação do dano.

Elemento subjetivo

É o dolo.

Vale ressaltar que se exige especial fim de agir (dolo específico), considerando que o agente deve ter saído do local "para fugir à responsabilidade penal ou civil que lhe possa ser atribuída".

Não admite modalidade culposa.

Consumação

É crime material. Assim, o delito se consuma quando o agente consegue se afastar (evadir-se, fugir) do local do acidente.

Se ele tenta fugir, mas é impedido pela vítima, por populares ou pela polícia, por exemplo, haverá tentativa.

Outras informações

- a ação penal é pública incondicionada;
- trata-se de infração de menor potencial ofensiva, de forma que o rito é sumaríssimo (Lei nº 9.099/95), cabendo transação penal e suspensão condicional do processo.

Discussão quanto à constitucionalidade deste crime

Os Tribunais de Justiça dos Estados de São Paulo, Minas Gerais, Santa Catarina e Rio Grande do Sul possuíam entendimento no sentido de que este crime do art. 305 do CTB seria inconstitucional ou, pelo menos, inconvencional. Isso porque ele violaria o direito à não autoincriminação.

O direito à não autoincriminação é uma decorrência da ampla defesa, prevista no art. 5º, LV e LXIII.

Além disso, o Pacto de San José da Costa Rica (Convenção Americana de Direitos Humanos), que vige em nosso ordenamento jurídico com caráter supralegal, estabelece em seu artigo 8º, inciso II, alínea "g", que "toda pessoa tem direito de não ser obrigada a depor contra si mesma, nem a declarar-se culpada".

Essa discussão chegou finalmente ao STF. O que decidiu o STF? O art. 305 do CTB é constitucional ou não?

O art. 305 do CTB é constitucional.

O STF, em repercussão geral, fixou a seguinte tese:

A regra que prevê o crime do art. 305 do Código de Trânsito Brasileiro (CTB) é constitucional, posto não infirmar o princípio da não incriminação, garantido o direito ao silêncio e ressalvadas as hipóteses de exclusão da tipicidade e da antijuridicidade.

STF. Plenário. RE 971.959/RS, Rel. Min. Luiz Fux, julgado em 14/11/2018 (repercussão geral) (Info 923).

Vou fazer um breve resumo dos argumentos invocados.

Flexibilização do princípio da vedação à autoincriminação

De fato, a CF/88 prevê, como uma decorrência da ampla defesa, o direito à não autoincriminação (*nemo tenetur se detegere*).

De igual modo, o Pacto de San José da Costa Rica também assegura esse direito aos acusados.

No entanto, para o STF, é "admissível a flexibilização do princípio da vedação à autoincriminação proporcionada pela opção do legislador de criminalizar a conduta de fugir do local do acidente".

O legislador, ao exigir que o agente envolvido no acidente continue no local do fato até que sejam feitos os procedimentos de identificação das pessoas e do sinistro, "não afeta o núcleo irredutível" do direito fundamental à não autoincriminação.

O direito à não autoincriminação preconiza que jamais se pode obrigar o investigado ou réu a agir ativamente na produção de prova contra si próprio. Ocorre que o tipo penal do art. 305 do CTB apenas obriga a permanência do agente no local para garantir a identificação dos envolvidos no sinistro e o devido registro da ocorrência pela autoridade competente. Assim, ele não viola o núcleo da garantia de não autoincriminação.

PENAL

Obriga-se o condutor a permanecer no local, mas não a "assumir a culpa" (continua "garantido o direito ao silêncio")

O art. 305 do CTB exige que o agente permaneça no local do acidente e se identifique perante a autoridade de trânsito. Mas o tipo penal não obriga que o condutor assuma eventual responsabilidade cível ou penal. Se ele permanecer no local e negar que tenha culpa, não incide o crime do art. 305 do CTB.

Vale ressaltar, inclusive, que o condutor, após sua identificação pela autoridade de trânsito, pode optar por permanecer em silêncio quanto à dinâmica do acidente e não prestar nenhum esclarecimento sobre como ocorreu o sinistro. Em suma, depois de se identificar, pode exercer seu direito ao silêncio, que não significará confissão nem poderá ser interpretado em prejuízo da defesa (art. 186, parágrafo único, do CPP).

Princípio da proporcionalidade

Eventual declaração de inconstitucionalidade da conduta tipificada no art. 305 do CTB, em nome de uma leitura absoluta e irrestrita do princípio da vedação à autoincriminação, caracterizaria afronta ao princípio constitucional da proporcionalidade em sua dimensão que proíbe a proteção deficiente.

Desse modo, o princípio que veda a não autoincriminação pode ser relativizado pelo legislador, considerando que, segundo a teoria geral dos direitos fundamentais, havendo conflito entre dois princípios, é necessário um juízo de ponderação. Assim ocorre, por exemplo, com os postulados da proibição de excesso e da vedação à proteção insuficiente.

Fragilização da tutela penal

A criação de empecilhos à responsabilização penal do condutor que foge do local do acidente fragiliza a tutela penal do Estado e deixa descoberto o bem jurídico que o referido crime deveria proteger. Além disso, indiretamente, deixa sem proteção direitos fundamentais que um trânsito seguro busca preservar, dentre eles o direito à vida.

Negar a vontade do Parlamento

Descriminalizar o crime de fuga significaria efetivamente negar a vontade do Parlamento.

Essa conduta é criminalizada porque a Constituição promete, em nome do povo, uma sociedade justa e solidária, o que não poderia ser garantido caso afastada a juridicidade de uma conduta de quem abandona o local do acidente para fugir à responsabilidade penal e civil.

Convenção de Trânsito de Viena

Importante mencionar que existe uma norma de direito internacional que abona (avaliza) essa opção feita pelo legislador no art. 305 do CTB. Trata-se da Convenção de Trânsito de Viena, promulgada pelo Decreto 86.714/1981.

Esta Convenção prevê que o condutor e demais envolvidos em caso de acidente devem comunicar a sua identidade, caso isso seja exigido (artigo 31).

Precedente do STF na análise do art. 307 do CP

Vale ressaltar que o STF já tem um precedente análogo. Isso porque o STF reconheceu que o art. 307 do CP é constitucional e não viola o princípio que veda a autoincriminação.

Relembre o que diz o art. 307 do CP:

§ Falsa identidade

Art. 307. Atribuir-se ou atribuir a terceiro falsa identidade para obter vantagem, em proveito próprio ou alheio, ou para causar dano a outrem:

Pena – detenção, de três meses a um ano, ou multa, se o fato não constitui elemento de crime mais grave.

O STF entende que há crime quando o agente, para não se incriminar, atribui a si uma identidade que não é sua. Essa questão já foi, inclusive, analisada pelo Pleno do STF em regime de repercussão geral:

O princípio constitucional da autodefesa (art. 5º, inciso LXIII, da CF/88) não alcança aquele que atribui falsa identidade perante autoridade policial com o intento de ocultar maus antecedentes, sendo, portanto, típica a conduta praticada pelo agente (art. 307 do CP).

STF. Plenário. RE 640139 RG, Rel. Min. Dias Toffoli, julgado em 22/09/2011.

No mesmo sentido:

Súmula 522-STJ: A conduta de atribuir-se falsa identidade perante autoridade policial é típica, ainda que em situação de alegada autodefesa.

A persecução penal admite a relativização dos direitos na hipótese de justificável tensão entre o dever do poder público de promover uma repressão eficaz às condutas puníveis e as esferas de liberdade ou intimidade daquele que se encontre na posição de suspeito ou acusado.

Nesse âmbito, o direito à não autoincriminação se insere no mesmo conjunto de direitos subjetivos e garantias do cidadão brasileiro, de que são exemplos os direitos à intimidade, à privacidade e à honra. Essa relativização é admissível, embora mediante a observância dos parâmetros constitucionais pertinentes à harmonização de princípios eventualmente colidentes.

Diante desse quadro, trata-se de garantia que não pode ser interpretada como o direito do suspeito, acusado ou réu a não participar da produção de medidas probatórias. A referida flexibilização possibilita que se efetivem, em maior medida, outros princípios fundamentais com os quais aquele colide no plano concreto, sem que isso acarrete qualquer violação à dignidade da pessoa humana.

Mesmo no caso de condutas ativas do acusado/investigado têm sido admitidas flexibilizações

O direito do investigado de não realizar condutas ativas que importem na introdução de informações ao processo também comporta níveis de flexibilização, muito embora a regra geral seja a da sua vedação.

A jurisprudência do STF, historicamente, adotava uma postura restrita quanto à admissibilidade das intervenções corporais. Contudo, na linha do que se visualiza no cenário internacional, o STF, gradativamente, iniciou uma caminhada em sentido oposto.

Um precedente exemplificativo desse processo é a Rcl 2.040/DF, na qual se decidiu que a autoridade jurisdicional poderia autorizar a realização de exame de DNA em material colhido de gestante mesmo sem sua autorização, tendo em vista o objetivo de investigar possível crime de estupro.

O direito comparado à luz da legislação e da jurisprudência dos principais países da Europa Continental admite a intervenção corporal coercitiva, desde que autorizada judicialmente, restrita à cooperação passiva do sujeito investigado ou acusado e sem ofensa à dignidade humana.

Se o agente fugiu com medo de eventuais agressões ou para cuidar de um ferimento sofrido, não haverá crime ("hipóteses de exclusão da tipicidade e da antijuridicidade")

Vale ressaltar, por fim, que o abandono do local do acidente pode ser legitimado em caso de eventual risco de agressões que o condutor possa vir a sofrer por parte dos populares presentes ou ainda caso ele esteja ferido e precise se deslocar imediatamente em busca de atendimento médico.

Para o Min. Lewandowski, nos casos concretos em que houver perigo de vida do causador do evento caso permaneça no local do acidente, o juiz poderá aferir a exclusão da antijuridicidade da conduta, tal como a legítima defesa ou o estado de necessidade.

Já para o Min. Alexandre de Moraes, essas situações realmente não configuram crime, mas por outra razão: atipicidade. Segundo o Ministro, esses casos representam condutas atípicas, uma etapa anterior à excludente de ilicitude, porque o tipo penal exige que o condutor do veículo se afaste do local do crime "para fugir à responsabilidade penal ou civil". Havendo necessidade de o agente evadir-se pelas circunstâncias apresentadas, não ocorre dolo específico do tipo.

Votos vencidos

Ficaram vencidos os Ministros Gilmar Mendes, Marco Aurélio, Celso de Mello e Dias Toffoli, que entendiam que o tipo penal do art. 305 do CTB viola o princípio da não autoincriminação.

11.5. CRIMES DA LEI DE LICITAÇÕES

CRIME DO ART. 89 DA LEI DE LICITAÇÕES

A Lei de Licitação (Lei nº 8.666/93) prevê alguns tipos penais.

O art. 89 tipifica como crime a dispensa ou inexigibilidade indevida de licitação. Veja:

> § Art. 89. Dispensar ou inexigir licitação fora das hipóteses previstas em lei, ou deixar de observar as formalidades pertinentes à dispensa ou à inexigibilidade:
>
> Pena – detenção, de 3 (três) a 5 (cinco) anos, e multa.
>
> Parágrafo único. Na mesma pena incorre aquele que, tendo comprovadamente concorrido para a consumação da ilegalidade, beneficiou-se da dispensa ou inexigibilidade ilegal, para celebrar contrato com o Poder Público.

Regra: obrigatoriedade de licitação

Como regra, a CF/88 impõe que a Administração Pública somente pode contratar obras, serviços, compras e alienações se realizar uma licitação prévia para escolher o contratante (art. 37, XXI).

Exceção: contratação direta nos casos especificados na legislação

O inciso XXI afirma que a lei poderá especificar casos em que os contratos administrativos poderão ser celebrados sem esta prévia licitação. A isso, a doutrina denomina "contratação direta".

Em outras palavras: a regra na Administração Pública é a contratação precedida de licitação. Contudo, a legislação poderá prever casos excepcionais em que será possível a contratação direta sem licitação.

Contratação direta

A Lei de Licitações e Contratos prevê três grupos de situações em que a contratação ocorrerá sem licitação prévia. Trata-se das chamadas licitações dispensadas, dispensáveis e inexigíveis. Vejamos o quadro comparativo abaixo:

Dispensada	Dispensável	Inexigível
Art. 17	Art. 24	Art. 25
Rol taxativo	Rol taxativo	Rol exemplificativo
A lei *determina* a não realização da licitação, obrigando a contratação direta.	A lei *autoriza* a não realização da licitação. Mesmo sendo dispensável, a Administração pode decidir realizar a licitação (discricionariedade).	Como a licitação é uma disputa, é indispensável que haja pluralidade de objetos e pluralidade de ofertantes para que ela possa ocorrer. Assim, a lei prevê alguns casos em que a inexigibilidade se verifica porque há impossibilidade jurídica de competição.
Ex.: quando a Administração Pública possui uma dívida com o particular e, em vez de pagá-la em espécie, transfere a ele um bem público desafetado, como forma de quitação do débito. A isso chamamos de dação em pagamento (art. 17, I, "a").	Ex.: contratação direta nos casos de guerra ou grave perturbação da ordem.	Ex.: contratação de artista consagrado pela crítica especializada ou pela opinião pública para fazer o *show* do aniversário da cidade.

Procedimento de justificação

Mesmo nas hipóteses em que a legislação permite a contratação direta, é necessário que o administrador público observe algumas formalidades e instaure um processo administrativo de justificação.

Crime do Art. 89

Tipo objetivo

O crime do art. 89 da Lei nº 8.666/93 ocorre se o administrador público...

- dispensar a licitação fora das hipóteses previstas em lei;
- inexigir (deixar de exigir) licitação fora das hipóteses previstas em lei; ou
- deixar de observar as formalidades pertinentes à dispensa ou à inexigibilidade (as formalidades estão previstas especialmente no art. 26 da Lei).

Desse modo, haverá o crime tanto na hipótese em que a licitação é dispensada mesmo sem lei autorizando ou determinando a dispensa, como na situação em que a lei até autoriza ou determina, mas o administrador não observa os requisitos formais para tanto.

Norma penal em branco

Como as hipóteses de dispensa e inexigibilidade estão previstas na Lei nº 8.666/93, este tipo penal é taxado como:

- norma penal em branco (porque depende de complemento normativo);
- imprópria, em sentido amplo ou homogênea (o complemento normativo emana do legislador);

- do subtipo homovitelínea ou homológa (o complemento emana da mesma instância legislativa).

Tipo subjetivo

Para a configuração da tipicidade subjetiva do crime previsto no art. 89 da Lei 8.666/93, exige-se o especial fim de agir, consistente na intenção específica de lesar o erário ou obter vantagem indevida. Esse entendimento é pacífico na jurisprudência do STF e STJ:

> Para a caracterização da conduta tipificada no art. 89 da Lei 8.666/1993, é indispensável a demonstração, já na fase de recebimento da denúncia, do elemento subjetivo consistente na intenção de causar dano ao erário ou obter vantagem indevida.
>
> STF. 2ª Turma. Inq 3965, Rel. Min. Teori Zavascki, julgado em 22/11/2016.

O delito em questão exige, além do dolo genérico (representado pela vontade consciente de dispensar ou inexigir licitação com descumprimento das formalidades), a presença do especial fim de agir, que consiste no dolo específico de causar dano ao erário ou de gerar o enriquecimento ilícito dos agentes envolvidos na empreitada criminosa.

- Dolo genérico: vontade de dispensar ou inexigir licitação com descumprimento das formalidades;
- Especial fim de agir ("dolo específico"): intenção de causar dano ao erário ou de gerar o enriquecimento ilícito dos agentes envolvidos na empreitada criminosa.

Só há o crime do art. 89 se houver o dolo genérico mais o especial fim de agir.

Exige-se descumprimento de formalidades mais violação aos princípios da administração pública

O tipo penal previsto no art. 89 não criminaliza o mero fato de o administrador público ter descumprido formalidades. Para que haja o crime é necessário que, além do descumprimento das formalidades, também se verifique que ocorreu, no caso concreto, a violação de princípios cardeais (fundamentais) da administração pública.

Se houve apenas irregularidades pontuais relacionadas com a burocracia estatal, isso não deve, por si só, gerar a criminalização da conduta.

Assim, para que ocorra o crime é necessária uma ofensa ao bem jurídico tutelado, que é o procedimento licitatório. Sem isso, não há tipicidade material.

STF. 1ª Turma. Inq 3962/DF, Rel. Min Rosa Weber, julgado em 20/2/2018 (Info 891).

Decisão amparada em pareceres técnicos e jurídicos

Não haverá crime se a decisão do administrador de deixar de instaurar licitação para a contratação de determinado serviço foi amparada por argumentos previstos em pareceres (técnicos e jurídicos) que atenderam aos requisitos legais, fornecendo justificativas plausíveis sobre a escolha do executante e do preço cobrado.

Exceção a essa regra seria o caso de haver provas de que o administrador estaria em conluio com os pareceristas, com o objetivo de fraudar o procedimento de contratação direta.

Ausentes essas provas, não há crime por falta de conduta dolosa do gestor público.

STF. 1ª Turma. Inq 3962/DF, Rel. Min Rosa Weber, julgado em 20/2/2018 (Info 891).

Caso semelhante julgado pelo STF:

O objetivo do art. 89 não é punir o administrador público despreparado, inábil, mas sim o desonesto, que tinha a intenção de causar dano ao erário ou obter vantagem indevida. Por essa razão, é necessário sempre analisar se a conduta do agente foi apenas um ilícito civil e administrativo ou se chegou a configurar realmente crime.

Deverão ser analisados três critérios para se verificar se o ilícito administrativo configurou também o crime do art. 89:

1º) existência ou não de parecer jurídico autorizando a dispensa ou a inexigibilidade. A existência de parecer jurídico é um indicativo da ausência de dolo do agente, salvo se houver circunstâncias que demonstrem o contrário.

2º) a denúncia deverá indicar a existência de especial finalidade do agente de lesar o erário ou de promover enriquecimento ilícito.

3º) a denúncia deverá descrever o vínculo subjetivo entre os agentes.

STF. 1ª Turma. Inq 3674/RJ, Rel. Min. Luiz Fux, julgado em 7/3/2017 (Info 856).

SECRETÁRIO DE ESTADO QUE COMPRA, SEM LICITAÇÃO, LIVROS DIDÁTICOS ESCOLHIDOS POR EQUIPE TÉCNICA, DE FORNECEDOR EXCLUSIVO, SEM SOBREPREÇO

A situação concreta foi a seguinte:

No ano de 2004, a atual Deputada Federal Professora Dorinha (DEM-TO) era Secretária de Educação do Estado de Tocantins.

Neste período, ela fez a compra direta, ou seja, sem licitação, de livros didáticos para as escolas públicas afirmando que se estava diante de uma hipótese de inexigibilidade (art. 25 da Lei nº 8.666/93).

O Ministério Público entendeu que não foram observados os procedimentos da Lei nº 8.666/93 para se decretar a inexigibilidade de licitação, entre os quais a pesquisa de preços de mercado.

Diante disso, em 2014, a Deputada Federal foi denunciada, no STF, pela prática do crime previsto no art. 89 da Lei nº 8.666/93.

Um parêntese: em 2014, vigorava ainda o entendimento amplo do STF acerca do foro por prerrogativa de função, de forma que, mesmo que o crime tivesse sido cometido fora do exercício do mandato, o Deputado Federal teria direito ao foro por prerrogativa de função enquanto estivesse no cargo.

Condenação pela 1ª Turma do STF

Em 2016, a Deputada foi julgada pela 1ª Turma do STF, tendo sido condenada a 5 anos e 4 meses de detenção.

O placar foi: 3x2.

Votaram pela condenação os ministros Marco Aurélio (relator), Edson Fachin e Luís Roberto Barroso.

Os ministros Luiz Fux (revisor) e Rosa Weber votaram pela absolvição.

Fora os embargos de declaração, a Deputada condenada poderia interpor algum recurso contra essa decisão?

SIM. Como houve dois Ministros que votaram pela absolvição, a Deputada condenada poderia interpor embargos infringentes para ser julgado pelo Plenário do STF. Sobre o tema, veja:

Cabem embargos infringentes para o Plenário do STF contra decisão condenatória proferida em sede de ação penal de competência originária das Turmas do STF.

O requisito de cabimento desse recurso é a existência de dois votos minoritários absolutórios em sentido próprio.

STF. Plenário. AP 863 EI-AgR/SP, Rel. Min. Edson Fachin, julgado em 18 e 19/4/2018; HC 152707/DF, Rel. Min. Dias Toffoli, julgado em 18 e 19/4/2018 (Info 898).

Vale ressaltar que esses embargos infringentes contra decisões do STF não são regulados pelo CPP, mas sim pelo art. 333 do Regimento Interno do STF.

Obs: se você quiser relembrar as características desse recurso, veja a explicação feita no Info 898.

Voltando ao caso concreto:

A Deputada Professora Dorinha apresentou embargos infringentes para o Plenário pedindo a reforma da decisão da 1ª Turma e a sua consequente absolvição.

Em agosto de 2018, o Plenário do STF julgou o recurso e absolveu a Deputada por entender que não restou configurada a prática de crime.

Vamos entender as razões jurídicas.

A Deputada estava respondendo ao processo penal acusada da prática do art. 89 da Lei nº 8.666/93, que tipifica como crime a dispensa ou inexigibilidade indevida de licitação. Veja:

§ Art. 89. Dispensar ou inexigir licitação fora das hipóteses previstas em lei, ou deixar de observar as formalidades pertinentes à dispensa ou à inexigibilidade:

Pena – detenção, de 3 (três) a 5 (cinco) anos, e multa.

Parágrafo único. Na mesma pena incorre aquele que, tendo comprovadamente concorrido para a consumação da ilegalidade, beneficiou-se da dispensa ou inexigibilidade ilegal, para celebrar contrato com o Poder Público.

Administrador inábil ≠ administrador ímprobo

Para a responsabilização penal do administrador público com base no art. 89 da Lei de Licitações (norma penal em branco), cumpre analisar se foram violados os pressupostos de dispensa ou inexigibilidade de licitação previstos nos arts. 24 e 25 da Lei, bem como se houve vontade livre e consciente de violar a competição e de produzir resultado lesivo ao patrimônio público.

Tal compreensão busca distinguir o administrador probo que, sem má-fé, agindo com culpa, aplica equivocadamente a norma de dispensa ou inexigibilidade de licitação, daquele que afasta a concorrência de forma deliberada, sabendo-a imperiosa, com finalidade ilícita.

Acusada não interferiu na escolha dos livros

Segundo observou o Min. Relator dos embargos, a acusada não interferiu na escolha dos livros que foram adquiridos, tendo eles sido selecionados por uma equipe técnica formada por pedagogos. Não há também qualquer prova de que a ré tenha manifestado preferência por qualquer uma das obras, editoras ou distribuidoras específicas.

Não há qualquer vínculo entre a Deputada e os sócios das empresas contratadas nem qualquer indício de acerto prévio entre eles.

Ademais, a escolha dos livros ideais para alcançar os objetivos do programa governamental em questão é matéria circunscrita ao mérito do ato administrativo. Desse modo, a seleção do melhor material didático não está vinculada a critérios estritamente objetivos sobre os quais o Poder Judiciário possa exercer controle jurisdicional.

Formalidades foram atendidas

As etapas necessárias para a declaração de inexigibilidade de licitação por inviabilidade de competição foram cumpridas conforme exige a lei e não ficou demonstrado o "dolo específico" da acusada para favorecer empresas e lesar o Estado, o que afasta o enquadramento da conduta como crime.

Carta de exclusividade

A empresa que foi contratada apresentou, na época, uma "carta de exclusividade" na qual informa haver uma divisão regional de atuação entre os concorrentes e que, naquela localidade, somente ela poderia comercializar os livros.

Isso justifica a inexigência de licitação com base no art. 25, I, da Lei nº 8.666/93:

§ Art. 25. É inexigível a licitação quando houver inviabilidade de competição, em especial:

I – para aquisição de materiais, equipamentos, ou gêneros que só possam ser fornecidos por produtor, empresa ou representante comercial exclusivo, vedada a preferência de marca, devendo a comprovação de exclusividade ser feita através de atestado fornecido pelo órgão de registro do comércio do local em que se realizaria a licitação ou a obra ou o serviço, pelo Sindicato, Federação ou Confederação Patronal, ou, ainda, pelas entidades equivalentes;

Vale ressaltar que essa prática ("carta de exclusividade") é reconhecida como lícita pelo Tribunal de Contas da União desde que emitida por entidade idônea vinculada ao setor de mercado respectivo. No caso concreto, a carta de exclusividade foi emitida pela Câmara Brasileira do Livro.

Compatibilidade dos preços

Outro ponto ressaltado é que os preços contratados são compatíveis com aqueles praticados no mercado, não havendo provas de que tenha havido sobrepreço (superfaturamento).

Faltou dolo

Assim, no caso concreto, o STF entendeu que não restou demonstrado o "dolo específico" (elemento subjetivo especial) na conduta da ré. Em outras palavras, não ficou provado que ela agiu com o intuito de beneficiar as empresas contratadas nem que tenha agido com o objetivo de lesar o erário.

Em suma:

Não comete o crime do art. 89 da Lei nº 8.666/93 Secretária de Educação que faz contratação direta, com base em inexigibilidade de licitação (art. 25, I), de livros didáticos para a rede pública de ensino, livros esses que foram escolhidos por equipe técnica formada por pedagogos, sem a sua interferência. Vale ressaltar que havia comprovação, por meio de carta de exclusividade emitida por entidade do setor, de que a empresa contratada era a única fornecedora dos livros na região.

Além disso, não houve demonstração de sobrepreço.

Diante dessas circunstâncias, o STF absolveu a ré por ausência de "dolo específico" (elemento subjetivo especial).

STF. Plenário. AP 946/DF, Rel. Min. Ricardo Lewandowski, julgado em 30/8/2018 (Info 913).

11.6. LEI DOS CRIMES AMBIENTAIS

ASSINATURA DE TAC NÃO IMPEDE PROCESSO PENAL

Imagine a seguinte situação hipotética:

João é proprietário da Fazenda Riacho Doce, que está inserida dentro de uma Área de Proteção Ambiental.

Segundo apurou o órgão ambiental, João, por meio de seus prepostos, suprimiu vegetação mediante corte de árvores para a instalação de uma tubulação hidráulica, destinada a atender sua propriedade.

Após ser autuado, João celebrou termo de ajustamento com o órgão ambiental, comprometendo-se a recuperar as áreas degradadas.

O Ministério Público ofereceu denúncia contra João, imputando-lhe a prática de crime ambiental.

Em sua defesa, o réu alegou ausência de justa causa, considerando que cumpriu integralmente as obrigações ajustadas, razão pela qual pediu a rejeição da denúncia.

O pedido do réu deve ser aceito?

NÃO.

A celebração de termo de ajustamento de conduta é incapaz de impedir a persecução penal.

Isso porque vigora em nosso ordenamento jurídico o princípio da independência das instâncias penal e administrativa.

Assim, essa circunstância, ou seja, o fato de ele ter assinado e cumprido o TAC, irá apenas influenciar na dosimetria da pena, que será diminuída em virtude disso, caso ele seja condenado.

No mesmo sentido:

> "(...) mostra-se irrelevante o fato de o recorrente haver celebrado termo de ajustamento de conduta, (...) razão pela qual o Parquet, dispondo de elementos mínimos para oferecer a denúncia, pode fazê-lo, ainda que as condutas tenham sido objeto de acordo extrajudicial" (STJ. 5ª Turma. RHC 41.003/PI, Dje 03/02/2014).

Em suma:

> **A assinatura do termo de ajustamento de conduta com órgão ambiental não impede a instauração de ação penal.**
>
> STJ. Corte Especial. APn 888-DF, Rel. Min. Nancy Andrighi, julgado em 02/05/2018 (Info 625).

DELITO DO ART. 54 É CRIME FORMAL

A Lei de Crimes Ambientais (Lei nº 9.605/98) prevê o seguinte delito:

> § Art. 54. Causar poluição de qualquer natureza em níveis tais que resultem ou possam resultar em danos à saúde humana, ou que provoquem a mortandade de animais ou a destruição significativa da flora:
>
> Pena – reclusão, de um a quatro anos, e multa.

Em que consiste o delito:

O agente causa poluição que...

- resulta em danos à saúde humana (crime de dano);

- pode resultar danos à saúde humana (crime de perigo);
- provoca mortandade de animais (crime de dano);
- provoca a destruição significativa da flora (crime de dano).

Para que se configure esse delito, é necessária a realização de perícia?

NÃO.

O delito previsto na primeira parte do artigo 54 da Lei nº 9.605/1998 possui natureza formal, sendo suficiente a potencialidade de dano à saúde humana para configuração da conduta delitiva, não se exigindo, portanto, a realização de perícia.

STJ. 3ª Seção. EREsp 1417279/SC, Rel. Min. Joel Ilan Paciornik, julgado em 11/04/2018 (Info 624).

11.7. A prática do delito de tortura-castigo (vingativa ou intimidatória), previsto no art. 1º, II, da Lei nº 9.455/97, é crime próprio

Tortura

Os crimes de tortura são definidos pela Lei nº 9.455/97.

Na verdade, como se trata de conduta extremamente repugnante, a própria Constituição Federal proibiu expressamente a prática da tortura:

§

Art. 5º (...)

III – ninguém será submetido a tortura nem a tratamento desumano ou degradante;

(...)

XLIII – a lei considerará crimes inafiançáveis e insuscetíveis de graça ou anistia a prática da tortura, o tráfico ilícito de entorpecentes e drogas afins, o terrorismo e os definidos como crimes hediondos, por eles respondendo os mandantes, os executores e os que, podendo evitá-los, se omitirem;

Assim, a doutrina afirma que a CF/88 trouxe um "mandado de criminalização", ou seja, uma determinação para que o legislador puna a prática de tortura.

Fechando esse sistema normativo, existe também a Lei nº 12.847/2013, que institui o "Sistema Nacional de Prevenção e Combate à Tortura". Ela não prevê crimes, mas sim medidas com o objetivo de fortalecer a prevenção e o combate à tortura.

Tortura para obter confissão ("tortura probatória, inquisitorial, institucional, política ou persecutória")

Art. 1º Constitui crime de tortura:

I – constranger alguém com emprego de violência ou grave ameaça, causando-lhe sofrimento físico ou mental:

a) com o fim de obter informação, declaração ou confissão da vítima ou de terceira pessoa;

Pena – reclusão, de dois a oito anos.

Sujeito ativo

Todas as figuras previstas no inciso I do art. 1º são crimes comuns, ou seja, podem ser praticados por qualquer pessoa.

Atenção para isso: ao contrário do que ocorre nos outros países, no Brasil, mesmo o particular, ou seja, quem não é funcionário público, também pode praticar crime de tortura. As Convenções internacionais preveem, inclusive, a tortura como crime próprio. Isso, contudo, não interfere no Brasil:

> O art. 1º da Lei nº 9.455/1997, ao tipificar o crime de tortura como crime comum, não ofendeu o que já determinava o art. 1º da Convenção da ONU Contra a Tortura e Outros Tratamentos ou Penas Cruéis, Desumanos ou Degradantes, de 1984, em face da própria ressalva contida no texto ratificado pelo Brasil.
>
> STJ. 5ª Turma. REsp 1.299.787/PR, Min. Laurita Vaz, DJe 3/2/2014.

Exemplos

- policial que bate em suspeito até que ele confesse o crime;
- patrão que, ameaçando ordenar que o segurança da empresa agrida o empregado, o faz admitir que ele desviou dinheiro do caixa;
- credor que, com uma arma na cabeça do devedor, obriga que ele assine um termo de confissão de dívida;

Tortura para que terceira pessoa confesse

Ex: o agente tortura o filho para que o pai confesse o crime.

Consumação

O crime se consuma com o sofrimento (físico ou mental) causado pelo emprego da violência ou da grave ameaça.

Não importa, para fins de consumação, que o agente tenha conseguido seu objetivo. Assim, mesmo que a vítima não dê a informação, declaração ou confissão exigida, o crime já estará consumado.

A tentativa é possível, considerando que se trata de crime plurissubistente.

Elemento subjetivo

É o dolo com o especial fim de agir (com o fim de obter informação, declaração ou confissão da vítima ou de terceira pessoa).

Prova ilícita

A prova obtida mediante tortura será considerada ilícita e, em regra, deverá ser desentranhada dos autos.

Nesse sentido: art. 5º (...) LVI – são inadmissíveis, no processo, as provas obtidas por meios ilícitos.

Vale relembrar também o art. 157 do CPP:

> § Art. 157. São inadmissíveis, devendo ser desentranhadas do processo, as provas ilícitas, assim entendidas as obtidas em violação a normas constitucionais ou legais.
>
> § 1º São também inadmissíveis as provas derivadas das ilícitas, salvo quando não evidenciado o nexo de causalidade entre umas e outras, ou quando as derivadas puderem ser obtidas por uma fonte independente das primeiras.
>
> § 2º Considera-se fonte independente aquela que por si só, seguindo os trâmites típicos e de praxe, próprios da investigação ou instrução criminal, seria capaz de conduzir ao fato objeto da prova.

§ 3º Preclusa a decisão de desentranhamento da prova declarada inadmissível, esta será inutilizada por decisão judicial, facultado às partes acompanhar o incidente.

Tortura para a prática de crime ("tortura-crime")

> **Art. 1º Constitui crime de tortura:**
>
> **I – constranger alguém com emprego de violência ou grave ameaça, causando-lhe sofrimento físico ou mental:**
>
> **b) para provocar ação ou omissão de natureza criminosa;**
>
> **Pena – reclusão, de dois a oito anos.**

<u>Exemplo</u>

João tortura Pedro para que ele fraude uma licitação.

<u>Natureza criminosa</u>

O agente tortura a vítima para o cometimento de crime ("natureza criminosa").

Não se enquadra neste dispositivo o agente que tortura a vítima para que ela pratique contravenção penal. Nesse sentido:

(Delegado PC/MS 2017 FAPEMS) O funcionário público que constrange fisicamente o estagiário a praticar contravenção penal poderá ser responsabilizado pelo crime de tortura do art. 1º da Lei nº 9.455/1997. (errado)

<u>Responsabilidade do torturador</u>

O torturador responderá pela tortura-crime (art. 1º, I, "b") em concurso material com o crime que obrigou o torturado a praticar. O torturador é autor mediato do crime que for praticado pelo torturado.

<u>Ausência de responsabilidade do torturado</u>

O torturado irá responder penalmente pela ação ou omissão criminosa que praticou?

Não. O torturado agiu mediante coação moral irresistível e, por isso, deverá ser absolvido com base em uma excludente de culpabilidade (art. 22 do CP).

Tortura em razão de discriminação ("tortura discriminatória")

> **Art. 1º Constitui crime de tortura:**
>
> **I – constranger alguém com emprego de violência ou grave ameaça, causando-lhe sofrimento físico ou mental:**
>
> **c) em razão de discriminação racial ou religiosa;**
>
> **Pena – reclusão, de dois a oito anos.**

<u>Motivo do agente é apenas a discriminação</u>

"Ao contrário do que ocorre nos dispositivos anteriores, neste, o agente não tortura a vítima esperando dela alguma conduta (positiva ou negativa). Tortura apenas por preconceito à sua raça ou religião." (CUNHA, Rogério Sanches; PINTO, Ronaldo Batista. *Leis Penais Especiais*. Salvador: Juspodivm, 2018, p. 1096).

Orientação sexual

Agente que tortura homem por este ser homossexual pratica este crime?

Não. O tipo fala apenas em discriminação racial ou religiosa. Assim, não é possível ampliar a interpretação para alcançar também a discriminação decorrente da orientação sexual. Seria uma analogia *in malam partem*, ou seja, para prejudicar o agente, o que não é admitido no direito penal.

Veja como o tema já foi cobrado em provas:

- (Delegado PC/SE 2018 CESPE) Situação hipotética: Um cidadão penalmente imputável, com emprego de extrema violência, submeteu pessoa homossexual a intenso sofrimento físico e mental, motivado, unicamente, por discriminação à orientação sexual da vítima. Assertiva: Nessa situação, é incabível o enquadramento da conduta do autor no crime de tortura em razão da discriminação que motivou a violência. (Correto)
- (Juiz TJ/MG 2018) Nos termos da Lei nº 9.455/97, constitui crime de tortura constranger alguém com emprego de violência ou grave ameaça, causando-lhe sofrimento físico ou mental, em razão de discriminação racial, sexual ou religiosa. (Errado)

Tortura-castigo, vingativa ou intimidatória

Art. 1º Constitui crime de tortura:

II – submeter alguém, sob sua guarda, poder ou autoridade, com emprego de violência ou grave ameaça, a intenso sofrimento físico ou mental, como forma de aplicar castigo pessoal ou medida de caráter preventivo.

Pena – reclusão, de dois a oito anos.

Sujeito ativo:

Trata-se de crime próprio.

Somente pode ser agente ativo do crime de tortura-castigo (art. 1º, II, da Lei nº 9.455/97) aquele que detiver outra pessoa sob sua guarda, poder ou autoridade (crime próprio).

STJ. 6ª Turma. REsp 1.738.264-DF, Rel. Min. Sebastião Reis Júnior, julgado em 23/08/2018 (Info 633).

Há um vínculo preexistente, de natureza pública, entre o agente ativo e o agente passivo do crime. Logo, o delito até pode ser perpetrado por um particular, mas ele deve ocupar posição de garante (obrigação de cuidado, proteção ou vigilância), seja em virtude da lei ou de outra relação jurídica.

Intenso sofrimento

Veja que o legislador estabeleceu uma diferenciação:

- inciso I: exige apenas sofrimento (físico ou mental);
- inciso II: exige intenso sofrimento (físico ou mental).

Castigo pessoal ou medida de caráter preventivo

O agente pratica a tortura como forma de aplicar castigo pessoal ou medida de caráter preventivo.

Assim, este tipo penal exige um elemento subjetivo especial ("dolo específico"), que é a vontade de aplicar castigo pessoal ou medida de caráter preventivo, também conhecido como *animus corrigendi*.

Art. 136 do CP x Tortura-castigo

Cuidado para não confundir a conduta do crime de "tortura-castigo" com a de um delito de "maus-tratos", previsto no art. 136 do CP:

> § Art. 136. Expor a perigo a vida ou a saúde de pessoa sob sua autoridade, guarda ou vigilância, para fim de educação, ensino, tratamento ou custódia, quer privando-a de alimentação ou cuidados indispensáveis, quer sujeitando-a a trabalho excessivo ou inadequado, quer abusando de meios de correção ou disciplina:
>
> Pena – detenção, de dois meses a um ano, ou multa.

Figura equiparada

§ 1º Na mesma pena *(2 a 8 anos)* incorre quem submete pessoa presa ou sujeita a medida de segurança a sofrimento físico ou mental, por intermédio da prática de ato não previsto em lei ou não resultante de medida legal.

Sujeitos do crime

- Sujeito ativo: pode ser qualquer pessoa.
- Sujeito passivo: exige-se uma qualidade especial (deve ser uma pessoa que está presa ou sujeita a medida de segurança).

Pessoa presa

O tipo abrange a prisão penal ou civil (devedor de pensão alimentícia)

Se for penal, pode ser provisória ou definitiva.

Conduta omissiva ("tortura imprópria" ou "tortura anômala")

§ 2º Aquele que se omite em face dessas condutas, quando tinha o dever de evitá-las ou apurá-las, incorre na pena de detenção de um a quatro anos.

Omissão

- Se o agente tinha o dever de evitar a tortura: neste caso, tem-se a omissão imprópria (crime comissivo por omissão).
- Se o agente tinha o dever de apurar a tortura: trata-se de omissão própria (crime omissivo puro).

Omissão imprópria

A omissão imprópria é aquela relacionada com a figura do "garante" (garantidor).

Se o agente era garantidor da vítima, ele tinha o dever de evitar a tortura.

Exemplo: a mãe tem ciência que seu marido tortura o filho dela, mas nada faz para impedir a conduta.

(Delegado de Polícia PF 2018 CESPE) Cinco guardas municipais em serviço foram desacatados por dois menores. Após breve perseguição, um dos menores evadiu-se, mas o outro foi apreendido. Dois dos guardas conduziram o menor apreendido para um local isolado, imobilizaram-no, espancaram-no e ameaçaram-no, além de submetê-lo a choques elétricos. Os outros três guardas deram cobertura. Nessa situação, os cinco guardas municipais responderão pelo crime de tortura, incorrendo todos nas mesmas penas. (certo)

Omissão própria

O agente soube da tortura, mas não determinou a sua apuração.

Ex: Delegado de Polícia é informado que um dos agentes que trabalha com ele praticou tortura no último plantão contra um suspeito. Apesar disso, ele se omite e não toma nenhuma conduta.

Não é crime hediondo

Importante ressaltar que este § 2º não é considerado crime hediondo ou equiparado. Isso porque se entende que não há a "prática de tortura" (que exige "ação"). O que o § 2º prevê é uma omissão.

Veja como o tema já foi cobrado em prova:

(MP/RS 2017 banca própria) Do art. 1º, da Lei nº 9.455/97, que incrimina a tortura, extraem-se, as espécies delitivas doutrinariamente designadas tortura-prova, tortura-crime, tortura-discriminação, tortura-castigo, tortura-própria e tortura omissão, equiparadas aos crimes hediondos, previstas na modalidade dolosa e com apenamento carcerário para cumprimento inicial em regime fechado. (Errado)

Formas qualificadas

§ 3º Se resulta lesão corporal de natureza grave ou gravíssima, a pena é de reclusão de quatro a dez anos; se resulta morte, a reclusão é de oito a dezesseis anos.

Preterdoloso

Prevalece que o § 3º é uma forma preterdolosa do crime de tortura.

Isso significa que somente se aplica o § 3º se a lesão corporal ou morte decorreu de culpa do agente.

Se o agente tinha a intenção de praticar tortura e de matar a vítima, ele deverá responder por tortura em concurso formal com homicídio.

Aplica-se apenas ao caput

Prevalece que estas formas qualificadas somente se aplicam ao caput do art. 1º.

Assim, essas qualificadoras não podem ser aplicadas para as espécies de tortura tratadas nos §§ 1º e 2º.

Causas de aumento de pena

4º Aumenta-se a pena de um sexto até um terço:

I – se o crime é cometido por agente público;

II – se o crime é cometido contra criança, gestante, portador de deficiência, adolescente ou maior de 60 (sessenta) anos;

III – se o crime é cometido mediante sequestro.

Agente público

A doutrina afirma que se deve utilizar o conceito do art. 327 do CP (funcionário público).

Assim, para fins penais, agente público = funcionário público do art. 327 do CP.

Aplicação deste inciso II em conjunto com a agravante do art. 61, II, "f", do CP

No caso de crime de tortura perpetrado contra criança em que há prevalência de relações domésticas e de coabitação, não configura bis in idem a aplicação conjunta da causa de aumento de pena prevista no art. 1º, § 4º, II, da Lei nº 9.455/1997 (Lei de Tortura) e da agravante genérica estatuída no art. 61, II, "f", do Código Penal.

STJ. 6ª Turma. HC 362634-RJ, Rel. Min. Maria Thereza de Assis Moura, julgado em 16/8/2016 (Info 589).

A majorante prevista no art. 1º, § 4º, II, da Lei nº 9.455/97 busca punir de forma mais rígida o autor de crime que demonstrou maior covardia porque cometeu o crime se favorecendo da menor capacidade de resistência da vítima (que é uma criança). Há, pois, um nexo lógico entre a conduta desenvolvida e o estado de fragilidade da vítima.

Por outro lado, a agravante prevista no art. 61, II, "f" do Código Penal pune com maior rigor o agente pelo fato de ele ter demonstrado maior insensibilidade moral, já que violou o dever de apoio mútuo que deve existir entre parentes e pessoas ligadas por liames domésticos, de coabitação ou hospitalidade.

Desse modo, esses dispositivos tratam de circunstâncias e objetivos distintos, razão pela qual não há que falar na ocorrência de bis in idem.

Efeito extrapenal

§ 5º A condenação acarretará a perda do cargo, função ou emprego público e a interdição para seu exercício pelo dobro do prazo da pena aplicada.

Dobro

Veja como o tema foi cobrado em prova:

(Delegado PC/GO 2018 UEG) Na hipótese de um servidor público ser condenado pelo crime de tortura qualificada pelo resultado morte a uma pena de doze anos de reclusão, referida condenação acarretará a perda do cargo, função ou emprego público e a interdição para seu exercício por

a. cinco anos;

b. dez anos;

c. doze anos;

d. vinte e quatro anos;

e. trinta e seis anos.

Letra D

Art. 92, I, do CP

O art. 92, I, do CP prevê, como efeito extrapenal específico da condenação, o seguinte:

§ Art. 92. São também efeitos da condenação:

I – a perda de cargo, função pública ou mandato eletivo:

a) quando aplicada pena privativa de liberdade por tempo igual ou superior a um ano, nos crimes praticados com abuso de poder ou violação de dever para com a Administração Pública;

b) quando for aplicada pena privativa de liberdade por tempo superior a 4 (quatro) anos nos demais casos.

PENAL

Os efeitos previstos no art. 92, I, do CP são automáticos? Em outras palavras, sempre que houver condenação e forem aplicadas as penas previstas nas alíneas "a" e "b", haverá a perda do cargo?

NÃO. Para que esse efeito da condenação seja aplicado, é indispensável que a decisão condenatória motive concretamente a necessidade da perda do cargo, emprego, função ou mandato eletivo.

O parágrafo único do art. 92 expressamente afirma isso:

§ Art. 92 (...) Parágrafo único. Os efeitos de que trata este artigo não são automáticos, devendo ser motivadamente declarados na sentença.

Na lei de tortura, esse efeito é automático

O STJ entende que, na Lei de Tortura, esse efeito da perda do cargo é automático:

(...) A perda do cargo, função ou emprego público é efeito automático da condenação pela prática do crime de tortura, não sendo necessária fundamentação concreta para a sua aplicação. Precedentes. (...)

STJ. 6ª Turma. AgRg no Ag 1388953/SP, Rel. Min. Maria Thereza de Assis Moura, julgado em 20/06/2013.

- Art. 92, I, do CP: o efeito não é automático (exige-se decisão motivando);
- Art. 1º, § 5º da Lei de Tortura: o efeito é automático (não precisa fundamentar).

§ 6º O crime de tortura é inafiançável e insuscetível de graça ou anistia.

Esse § 6º apenas atende à determinação constitucional:

§ Art. 5º (...)

XLIII – a lei considerará crimes inafiançáveis e insuscetíveis de graça ou anistia a prática da tortura, o tráfico ilícito de entorpecentes e drogas afins, o terrorismo e os definidos como crimes hediondos, por eles respondendo os mandantes, os executores e os que, podendo evitá-los, se omitirem;

Vale ressaltar que é possível a concessão de liberdade provisória sem fiança para os acusados de tortura:

§ 7º O condenado por crime previsto nesta Lei, salvo a hipótese do § 2º, iniciará o cumprimento da pena em regime fechado.

Art. 2º O disposto nesta Lei aplica-se ainda quando o crime não tenha sido cometido em território nacional, sendo a vítima brasileira ou encontrando-se o agente em local sob jurisdição brasileira.

Assim, aplica-se a lei brasileira mesmo que o crime de tortura tenha sido praticado no exterior, desde que:

- a vítima seja brasileira (princípio da personalidade passiva); ou
- o agente esteja em local sujeito à jurisdição brasileira (princípio do domicílio).

Trata-se de hipótese de extraterritorialidade incondicionada (não se exige nenhuma condição específica).

Competência

A competência para processar e julgar o crime de tortura, em regra, é da Justiça Estadual.

- Se a tortura for praticada por um agente público federal, no exercício de sua função, a competência será da Justiça Federal (art. 109, IV, da CF/88).
- Se a tortura for praticada por policial militar, a competência será da Justiça Militar estadual.
- Se a tortura for praticada por militar das Forças Armadas, a competência será da Justiça Militar federal.

11.8. LAVAGEM DE DINHEIRO

A situação concreta foi a seguinte:

O Deputado Federal Nelson Meurer (PP/PR) integrava a cúpula do Partido Progressista (PP).

Como importante figura partidária, ele exercia pressão política junto à Presidência da República a fim de que Paulo Roberto Costa fosse mantido como Diretor de Abastecimento da Petrobrás.

Como "contraprestação" por esse apoio, o Deputado recebia dinheiro do referido Diretor, quantia essa oriunda de contratos ilegais celebrados pela Petrobrás.

Essa prática foi revelada pelo próprio Paulo Roberto Costa em declaração prestada no bojo de acordo de colaboração premiada.

O Deputado foi denunciado pela prática de corrupção passiva (art. 317 do CP) e também por lavagem de dinheiro (art. 1º da Lei nº 9.613/98).

O que o STF decidiu?

O STF condenou o réu pela prática dos delitos.

Quanto ao crime de corrupção passiva, a conduta já foi analisada em item anterior.

O crime de lavagem de dinheiro é tipificado nos seguintes termos:

> § Art. 1º Ocultar ou dissimular a natureza, origem, localização, disposição, movimentação ou propriedade de bens, direitos ou valores provenientes, direta ou indiretamente, de infração penal.
>
> Pena: reclusão, de 3 (três) a 10 (dez) anos, e multa.

O Ministério Público apontava uma série de condutas que configurariam o crime de lavagem de dinheiro.

Inicialmente, o STF afirmou que o réu não cometeu o crime quando recebeu o pagamento das propinas em espécie (em "dinheiro vivo").

> **O mero recebimento de valores em dinheiro não tipifica o delito de lavagem, seja quando recebido pelo próprio agente público, seja quando recebido por interposta pessoa.**
>
> STF. 2ª Turma. AP 996/DF, Rel. Min. Edson Fachin, julgado em 29/5/2018 (Info 904).

Assim, se uma pessoa recebe propina em dinheiro, isso não significa, necessariamente, a prática de lavagem de dinheiro.

Por outro lado, o STF entendeu que:

O agente praticou a lavagem pelo fato de ter recebido a propina em depósitos bancários fracionados, em valores que não atingem os limites estabelecidos pelas autoridades monetárias à comunicação compulsória dessas operações.

STF. 2ª Turma. AP 996/DF, Rel. Min. Edson Fachin, julgado em 29/5/2018 (Info 904).

Ex: suponhamos que, na época, a autoridade bancária dizia que todo depósito acima de R$ 20 mil deveria ser comunicado ao COAF; diante disso, o Deputado recebia depósitos periódicos de R$ 19 mil para burlar essa regra. Para o STF, isso configura o crime de lavagem. Trata-se de uma forma de ocultação da origem e da localização da vantagem pecuniária recebida pela prática do crime anterior.

Além disso, a apresentação de informações falsas em declarações de ajuste anual de imposto de renda foi uma forma de tentar dar um ar de licitude a patrimônio oriundo de práticas delituosas.

Direito Processual Penal

1. COMPETÊNCIA

1.1. JUSTIÇA FEDERAL X JUSTIÇA ESTADUAL

CRIME COMETIDO NO EXTERIOR E CUJA EXTRADIÇÃO TENHA SIDO NEGADA: COMPETÊNCIA DA JUSTIÇA FEDERAL

Imagine a seguinte situação adaptada:

João, brasileiro nato, morava em Portugal.

Lá, ele participou, juntamente com outras pessoas, de um esquema criminoso que falsificava documentos de identidade portuguesas a fim de posterior uso para ingressar no Canadá e nos EUA.

A organização criminosa foi descoberta e João fugiu para o Brasil (Belo Horizonte/MG).

Portugal formulou pedido de extradição, mas este foi negado em razão de João ser brasileiro nato (art. 5º, LI, da CF/88):

§ Art. 5º (...)

LI – nenhum brasileiro será extraditado, salvo o naturalizado, em caso de crime comum, praticado antes da naturalização, ou de comprovado envolvimento em tráfico ilícito de entorpecentes e drogas afins, na forma da lei.

João ficará isento de responsabilidade penal?

NÃO. João irá responder, aqui no Brasil, pelos crimes que praticou em Portugal. Isso com fundamento no art. 7º, II, "b" e § 2º do CP:

§ Art. 7º Ficam sujeitos à lei brasileira, embora cometidos no estrangeiro:

(...)

II – os crimes:

(...)

b) praticados por brasileiro;

c) praticados em aeronaves ou embarcações brasileiras, mercantes ou de propriedade privada, quando em território estrangeiro e aí não sejam julgados.

(...)

§ 2º – Nos casos do inciso II, a aplicação da lei brasileira depende do concurso das seguintes condições:

a) entrar o agente no território nacional;

b) ser o fato punível também no país em que foi praticado;

c) estar o crime incluído entre aqueles pelos quais a lei brasileira autoriza a extradição;

d) não ter sido o agente absolvido no estrangeiro ou não ter aí cumprido a pena;

e) não ter sido o agente perdoado no estrangeiro ou, por outro motivo, não estar extinta a punibilidade, segundo a lei mais favorável.

Além disso, existe uma previsão específica no Tratado de Extradição firmado entre o Governo da República Federativa do Brasil e o Governo da República Portuguesa (incorporado no ordenamento brasileiro pelo Decreto nº 1.325/94). Este Tratado prevê que se não for possível a extradição do indivíduo pelo fato de ele ser nacional do Estado requerido, então, neste caso, o infrator deverá ser julgado pelo juízo competente do país, em conformidade com a sua lei, pelos fatos que fundamentaram o pedido de extradição.

Em outras palavras, o Tratado diz o seguinte: se o Brasil não puder extraditar para Portugal o indivíduo que cometeu o crime lá em virtude de ele ser brasileiro nato, então, neste caso, a Justiça brasileira deverá julgá-lo.

De quem é a competência para julgar este delito aqui no Brasil: da Justiça Estadual ou Justiça Federal?

Justiça FEDERAL.

Segundo dispõem os arts. 21, I, e 84, VII e VIII, da CF/88, compete à União manter relações com Estados estrangeiros e cumprir os tratados firmados:

§ Art. 21. Compete à União:

I – manter relações com Estados estrangeiros e participar de organizações internacionais;

§ Art. 84. Compete privativamente ao Presidente da República:

(...)

VII – manter relações com Estados estrangeiros e acreditar seus representantes diplomáticos;

VIII – celebrar tratados, convenções e atos internacionais, sujeitos a referendo do Congresso Nacional.

Desse modo, a União possui compromissos internacionais com a apuração criminal (*persecutio criminis*) em caso de delitos praticados por brasileiro no exterior e no qual este infrator esteja agora no Brasil e não possa ser extraditado, devendo responder em nosso país pelo crime cometido lá fora.

Há, portanto, interesse da União, que justifica a competência da Justiça Federal, nos termos do art. 109, IV, da CF/88:

§ Art. 109. Aos juízes federais compete processar e julgar:

(...)

IV – os crimes políticos e as infrações penais praticadas em detrimento de bens, serviços ou interesse da União ou de suas entidades autárquicas ou empresas públicas, excluídas as contravenções e ressalvada a competência da Justiça Militar e da Justiça Eleitoral;

Em suma:

Compete à Justiça Federal o processamento e o julgamento da ação penal que versa sobre crime praticado no exterior, o qual tenha sido transferido para a jurisdição brasileira, por negativa de extradição, aplicável o art. 109, IV, da CF/88.

STJ. 3ª Seção. CC 154.656-MG, Rel. Min. Ribeiro Dantas, julgado em 25/04/2018 (Info 625).

Vale fazer uma advertência. O STF já decidiu que o fato de o delito ter sido cometido por brasileiro no exterior, por si só, não atrai a competência da Justiça Federal:

> O cometimento de crime por brasileiro no exterior, por si só, não atrai a competência da Justiça Federal, sendo neutra, para tal fim, a prática de atos preparatórios no território nacional.
>
> STF. 1ª Turma. HC 105461/SP, Rel. Min. Marco Aurélio, julgado em 29/3/2016 (Info 819).

JUSTIÇA FEDERAL É COMPETENTE PARA JULGAR DELITO DECORRENTE DA VENDA DE CIGARRO IMPORTADO

Imagine a seguinte situação hipotética:

João é camelô em Belo Horizonte e na sua barraca foram encontrados diversos pacotes de cigarro, da marca "Fume Bien", disponíveis para venda.

Os cigarros "Fume Bien" são oriundos do Paraguai e fazem muito sucesso no Brasil em razão de seu preço ser bem mais barato que os nacionais. São normalmente vendidos, clandestinamente, no mercado informal.

Os cigarros da marca "Fume Bien" são aprovados pela ANVISA e, portanto, podem ser importados e comercializados no Brasil, desde que cumpridas as obrigações tributárias.

Vale ressaltar, no entanto, que João não possuía nota fiscal dos cigarros apreendidos em sua posse.

João confessou que adquiriu os cigarros de Pedro, um rapaz que também mora em Belo Horizonte e fornece mercadorias para os camelôs.

Qual foi o crime, em tese, praticado por João?

Descaminho, na figura equiparada prevista no art. 334, § 1º, IV, do CP (descaminho por assimilação):

> Art. 334. Iludir, no todo ou em parte, o pagamento de direito ou imposto devido pela entrada, pela saída ou pelo consumo de mercadoria.
>
> Pena – reclusão, de 1 (um) a 4 (quatro) anos.
>
> § 1º Incorre na mesma pena quem:
>
> (...)
>
> IV – adquire, recebe ou oculta, em proveito próprio ou alheio, no exercício de atividade comercial ou industrial, mercadoria de procedência estrangeira, desacompanhada de documentação legal ou acompanhada de documentos que sabe serem falsos.

Em que consiste o crime de descaminho?

"Iludir" = "frustrar". Esse é o sentido utilizado pelo tipo penal. Assim, iludir o pagamento do imposto significa "frustrar o pagamento do imposto".

PROCESSO PENAL

O crime pode ocorrer em duas situações:

- quando a pessoa traz para o Brasil (importa) uma mercadoria permitida, mas, ao fazê-lo, engana as autoridades e com isso não paga (ilude) o imposto devido; ou
- quando a pessoa manda para fora do Brasil (exporta) uma mercadoria permitida, mas, ao fazê-lo, engana as autoridades e com isso não paga (ilude) o imposto devido.

Obs: quando o tipo fala em imposto ou direito devido pelo "consumo de mercadoria", ele está se referindo ao Imposto sobre Produtos Industrializados. O IPI também é conhecido, por razões históricas, como "imposto sobre o consumo". Um dos fatos geradores do IPI é o desembaraço aduaneiro de produtos industrializados de procedência estrangeira (art. 46, I, do CTN).

Algumas características do descaminho:

- Impostos que o tipo penal visa proteger: imposto de importação (II), imposto de exportação (IE) e imposto sobre produtos industrializados (IPI).
- Sujeito passivo: o Estado (mais especificamente a União, considerando que os impostos devidos nas operações de importação e exportação são federais).
- Elemento subjetivo: dolo (não admite forma culposa).
- Consumação: trata-se de crime formal. Para que seja proposta ação penal por descaminho, não é necessária a prévia constituição definitiva do crédito tributário. Não se aplica a SV 24 (Não se tipifica crime material contra a ordem tributária, previsto no artigo 1º, incisos I a IV, da Lei nº 8.137/90, antes do lançamento definitivo do tributo).
- A competência para julgar o delito é da Justiça Federal, considerando que é praticado em detrimento de interesse da União na arrecadação dos impostos.
- Em termos territoriais, a competência será da seção judiciária onde os bens foram apreendidos, não importando o local por onde entraram no país (no caso de importação) ou de onde seguiriam para o exterior (na hipótese de exportação). Tal entendimento está cristalizado em enunciado do STJ:

Súmula 151-STJ: A competência para o processo e julgamento por crime de contrabando ou descaminho define-se pela prevenção do Juízo Federal do lugar da apreensão dos bens.

Figuras equiparadas

O § 1º do art. 334 prevê condutas equiparadas a descaminho. Em outras palavras, são situações nas quais o agente não é punido por ter importado ou exportado mercadoria iludindo o pagamento de imposto, mas sim por ter praticado uma conduta relacionada com a prática de descaminho.

As figuras previstas no § 1º do art. 334 do CP são chamadas de "descaminho por assimilação".

Art. 334, § 1º, IV

Trata-se de uma forma específica de receptação (art. 180 do CP).

Se a pessoa aceita adquirir, receber ou ocultar, no exercício de atividade comercial ou industrial, uma mercadoria de procedência estrangeira sem os documentos que atestam que ela foi introduzida regularmente ou com documentos falsos, essa pessoa está fomentando o crime de descaminho.

Este inciso pune a pessoa que pratica atividade comercial ou industrial envolvendo mercadoria de procedência estrangeira, que foi trazida para o Brasil de forma clandestina (sem que as autoridades soubessem) ou fraudulenta (enganando as autoridades).

Voltando ao nosso exemplo: o inciso IV do § 1º do art. 334 fala em "exercício de atividade comercial". João pode ser acusado deste delito mesmo tendo apenas uma barraca de camelô? Isso é considerado atividade comercial?

SIM. Veja o que diz o § 2º do art. 334 do CP:

> §
>
> Art. 334 (...)
>
> § 2º Equipara-se às atividades comerciais, para os efeitos deste artigo, qualquer forma de comércio irregular ou clandestino de mercadorias estrangeiras, inclusive o exercido em residências.

Assim, não há dúvida de que a mercadoria é estrangeira, que João exercia atividade comercial (ainda que na informalidade) quando foi encontrada em sua posse e que não apresentou a nota fiscal correspondente à sua aquisição.

Por que João não responde pelo caput do art. 334 do CP?

Porque, no caso concreto, não ficou demonstrado nenhum indício de que ele tenha, de alguma maneira, participado da importação dos cigarros.

Ele responderia pelo caput se tivesse importado os cigarros ou, de alguma forma, concorrido para esta importação (ex: fornecido dinheiro para que alguém trouxesse os cigarros do Paraguai).

Por que João não responde por contrabando?

Antes de responder, é necessário relembrar as principais diferenças entre contrabando e descaminho:

CONTRABANDO	DESCAMINHO
Tipificado no art. 334-A do CP.	Tipificado no art. 334 do CP.
Consiste em "importar ou exportar mercadoria proibida".	Consiste em "iludir, no todo ou em parte, o pagamento de direito ou imposto devido pela entrada, pela saída ou pelo consumo de mercadoria"
Corresponde à conduta de importar ou exportar mercadoria PROIBIDA. Obs: essa proibição pode ser absoluta ou relativa.	Corresponde à entrada ou à saída de produtos PERMITIDOS, todavia elidindo o pagamento do imposto devido. É a fraude utilizada para iludir o pagamento de impostos relacionados com a importação ou exportação de produtos.
NÃO é uma espécie de crime tributário.	É uma espécie de crime tributário.
Bem jurídico: a moralidade administrativa, a saúde e a segurança pública. O bem juridicamente tutelado vai além do mero valor pecuniário do imposto elidido, alcançando também o interesse estatal de impedir a entrada e a comercialização de produtos proibidos em território nacional.	Bem jurídico protegido: interesse do Estado na arrecadação dos tributos. Além disso, alguns autores apontam que este crime também protege o controle estatal das importações e das exportações.

CONTRABANDO	DESCAMINHO
É INAPLICÁVEL o princípio da insignificância. Exceção: contrabando de pequena quantidade de medicamento para uso próprio (STJ EDcl no AgRg no REsp 1708371/PR).	APLICA-SE o princípio da insignificância se o valor do tributo cujo pagamento foi iludido não superar R$ 20 mil (posição majoritária).
NÃO admite suspensão condicional do processo (a pena é de 2 a 5 anos).	Admite suspensão condicional do processo (a pena é de 1 a 4 anos).

João não praticou contrabando porque a comercialização do cigarro da marca "Fume Bien" é permitida no Brasil. Logo, não se trata de mercadoria proibida. No entanto, para que essa venda ocorresse, seria necessário que o comerciante recolhesse os tributos devidos. Como não o fez, responde por descaminho por equiparação.

Ressalte-se que, se os cigarros da marca "Fume Bien" fossem de importação proibida no Brasil (não fossem aprovados pela ANVISA), aí a conduta de João configuraria contrabando.

De quem será a competência para processar e julgar este delito?

Justiça Federal.

Compete à Justiça Federal processar e julgar a conduta de expor à venda cigarros de importação permitida pela ANVISA, sem nota fiscal e sem comprovação de pagamento de imposto de importação.

Como o descaminho tutela prioritariamente interesses da União, é de se reconhecer a competência da Justiça Federal para conduzir o inquérito policial e, eventualmente, caso seja oferecida denúncia, julgar a ação penal, aplicando-se o disposto no enunciado 151 do STJ:

Súmula 151-STJ: A competência para o processo e julgamento por crime de contrabando ou descaminho define-se pela prevenção do Juízo Federal do lugar da apreensão dos bens.

Compete à Justiça Federal a condução do inquérito que investiga o cometimento do delito previsto no art. 334, § 1º, IV, do Código Penal, na hipótese de venda de mercadoria estrangeira, permitida pela ANVISA, desacompanhada de nota fiscal e sem comprovação de pagamento de imposto de importação.

STJ. Plenário. CC 159.680-MG, Rel. Min. Reynaldo Soares da Fonseca, julgado em 08/08/2018 (Info 631).

Tese declinatória invocada por João

A defesa de João, a fim de afastar a competência da Justiça Federal, alegou que não houve transnacionalidade na conduta do agente.

João argumentou que a mercadoria apreendida já havia sido internalizada e que ele não concorreu de qualquer forma, direta ou indireta, para a efetiva importação desses cigarros.

Ele explicou que comprou os cigarros em Belo Horizonte (MG) e os revendia apenas nesta cidade, de sorte que a sua conduta não envolvia mais de um país, sendo apenas um comércio interno.

Logo, não havendo transnacionalidade da conduta, a competência para julgar os fatos seria da Justiça Estadual (e não da Justiça Federal).

Essa tese de João é aceita pelo STJ? Para que o descaminho seja de competência da Justiça Federal, é necessária a comprovação da transnacionalidade da conduta?

NÃO.

> **Compete à Justiça Federal o julgamento dos crimes de contrabando e de descaminho, ainda que inexistentes indícios de transnacionalidade na conduta.**
>
> STJ. 3ª Seção. CC 160.748-SP, Rel. Min. Sebastião Reis Júnior, julgado em 26/09/2018 (Info 635).

O simples fato do produto mantido em depósito ter origem estrangeira é suficiente, por si só, para atrair a competência da Justiça Federal.

Os crimes de contrabando e de descaminho tutelam prioritariamente interesse da União porque a ela compete privativamente definir os produtos que não podem ingressar no país, além de exercer a fiscalização aduaneira e de fronteira (arts. 21, XXII e 22, VIII, da CF/88).

Além disso, os impostos exigidos para a entrada de mercadorias no país são tributos de competência da União.

Última pergunta: no caso concreto, seria possível aplicar o princípio da insignificância?

SIM. O STJ e a 2ª Turma do STF admitem a aplicação do princípio da insignificância para o descaminho se o valor do tributo cujo pagamento foi iludido não superar R$ 20 mil.

Logo, na prática, nos casos concretos envolvendo camelô, geralmente é aplicado o princípio da insignificância, tendo em vista que normalmente não se ultrapassa essa quantia.

COMPETE À JUSTIÇA FEDERAL JULGAR OS CRIMES DE VIOLAÇÃO DE DIREITO AUTORAL E CONTRA A LEI DE SOFTWARE RELACIONADOS COM O CARD SHARING

Imagine a seguinte situação hipotética:

João é líder de uma organização criminosa que "vende" clandestinamente sinal de TV por assinatura.

O *modus operandi* da organização criminosa é o seguinte: João assina uma conta de TV paga (ex: NET). Após a assinatura, ele irá receber um receptor com um cartão dentro. Neste cartão constam os dados necessários para que ele possa assistir todos os canais do plano contratado. Ocorre que João liga esse aparelho em um computador que lê os dados do cartão e os repassa para os seus "clientes", que poderão também assistir à TV por assinatura em suas casas como se tivessem um cartão original.

Em palavras mais simples, é como se um só cartão de assinante "abrisse" o sinal para outros receptores que estão ligados a ele por meio da internet.

Os "clientes" (receptores) de quem está compartilhando os dados do cartão podem estar em qualquer parte do Brasil ou do mundo, bastando que estejam ligados pela internet, que tenham um aparelho receptor (Azamerica, Azbox, Cinebox, DUOSAT) e uma antena apontada para ele.

Essa atividade é chamada de "card sharing", também conhecida como CS. Em uma tradução literal, significaria algo como "compartilhamento de cartão".

Na internet são encontrados inúmeros sites que oferecem esse tipo de serviço.

Vale ressaltar que os dados desses cartões são criptografados e que há uma "quebra" das chaves criptográficas, muitas vezes feita pela internet por especialistas que estão em outras partes do mundo.

No caso de João, a "quebra" das chaves criptográficas dos cartões é feita por *crackers* situados na Ásia e Leste Europeu, que enviam, via internet, a João os dados desbloqueados e que são repassados aos clientes.

A prática do "card sharing" é considerada crime?

Prevalece que sim. Ainda não temos julgados dos Tribunais Superiores definindo com segurança qual a tipificação legal para esta conduta, no entanto, prevalece que há sim crime.

Qual é o delito praticado?

Existe divergência sobre qual (ou quais) seria (seriam) o(s) delito(s).

Alguns falam que os agentes que executam o "card sharing" praticariam:

- Violação de direito autoral (art. 184 do CP):

§ Art. 184. Violar direitos de autor e os que lhe são conexos:

Pena – detenção, de 3 (três) meses a 1 (um) ano, ou multa.

- Crime da Lei de Software (Lei nº 9.609/98):

§ Art. 12. Violar direitos de autor de programa de computador:

Pena – Detenção de seis meses a dois anos ou multa.

§ 1º Se a violação consistir na reprodução, por qualquer meio, de programa de computador, no todo ou em parte, para fins de comércio, sem autorização expressa do autor ou de quem o represente:

Pena – Reclusão de um a quatro anos e multa.

§ 2º Na mesma pena do parágrafo anterior incorre quem vende, expõe à venda, introduz no País, adquire, oculta ou tem em depósito, para fins de comércio, original ou cópia de programa de computador, produzido com violação de direito autoral.

§ 3º Nos crimes previstos neste artigo, somente se procede mediante queixa, salvo:

I – quando praticados em prejuízo de entidade de direito público, autarquia, empresa pública, sociedade de economia mista ou fundação instituída pelo poder público;

II – quando, em decorrência de ato delituoso, resultar sonegação fiscal, perda de arrecadação tributária ou prática de quaisquer dos crimes contra a ordem tributária ou contra as relações de consumo.

§ 4º No caso do inciso II do parágrafo anterior, a exigibilidade do tributo, ou contribuição social e qualquer acessório, processar-se-á independentemente de representação.

Existem julgados do STJ afirmando que haveria o crime de furto:

§ Art. 155. Subtrair, para si ou para outrem, coisa alheia móvel:

Pena – reclusão, de um a quatro anos, e multa.

(...)

§ 3º – Equipara-se à coisa móvel a energia elétrica ou qualquer outra que tenha valor econômico.

Nesse sentido:

(...) o sinal de TV a cabo pode ser equiparado à energia elétrica para fins de incidência do artigo 155, § 3º, do Código Penal. (...)

STJ. 5ª Turma. RHC 30.847/RJ, Rel. Min. Jorge Mussi, julgado em 20/08/2013.

Vale ressaltar, no entanto, que os casos analisados pelo STJ não envolviam "card sharing". A captação irregular foi feita por outros meios.

O STF, contudo, decidiu em sentido contrário, sustentando que a conduta não poderia ser enquadrada como furto:

> O sinal de TV a cabo não é energia, e assim, não pode ser objeto material do delito previsto no art. 155, § 3º, do Código Penal. Daí a impossibilidade de se equiparar o desvio de sinal de TV a cabo ao delito descrito no referido dispositivo. Ademais, na esfera penal não se admite a aplicação da analogia para suprir lacunas, de modo a se criar penalidade não mencionada na lei (analogia in malam partem), sob pena de violação ao princípio constitucional da estrita legalidade. Precedentes. Ordem concedida.
>
> STF. 2ª Turma. HC 97261, Rel. Min. Joaquim Barbosa, julgado em 12/04/2011.

Por fim, em um caso no qual o agente montou uma espécie de TV clandestina na qual transmitia ilegalmente a programação de outras televisões e também uma programação própria, o STJ entendeu que a conduta se amoldava mais ao art. 183 da Lei nº 9.472/99:

> (...) O contexto fático trazido nos autos não tem o condão de gerar dúvida razoável acerca de eventual subsunção da conduta praticada ao tipo penal furto de sinal de TV a cabo. De fato, a suscitante fazia verdadeira transmissão televisiva por meio de canais da TV aberta na SKY, o que denota, em princípio, o desenvolvimento clandestino de atividade de telecomunicações, ainda que por meio do sinal da SKY.
>
> Dessarte, observa-se que o dolo da recorrente não era de subtrair o sinal, mas sim de transmitir, razão pela qual, na via eleita, não vislumbro a possibilidade de desclassificação do delito, o que inviabiliza a discussão acerca da competência. (...)
>
> STJ. 3ª Seção. AgRg no CC 128.801/RJ, Rel. Min. Leopoldo de Arruda Raposo (Des. Conv. do TJ/PE), julgado em 13/05/2015.

Interessante, ainda, mencionar que a Lei que regulamenta as TVs a cabo (Lei nº 8.977/95) traz um curioso dispositivo afirmando que essa conduta é crime, mas sem especificar qual seria. Confira:

> § Art. 35. Constitui ilícito penal a interceptação ou a recepção não autorizada dos sinais de TV a Cabo.

Voltando ao nosso exemplo:

De quem será a competência para apurar os eventuais crimes cometidos por João?

De quem é a competência para julgar os delitos praticados por organização criminosa responsável pelo compartilhamento ilícito de sinal de TV por assinatura, via satélite ou cabo, por meio de serviços de "card sharing" (compartilhamento de cartão através de interceptação e retransmissão em tempo real de chaves criptográficas obtidas de forma fraudulenta)? Justiça Estadual ou Justiça Federal?

Justiça Federal.

> **Compete à Justiça Federal processar e julgar os crimes de violação de direito autoral e contra a lei de software decorrentes do compartilhamento ilícito de sinal de TV por assinatura, via satélite ou cabo, por meio de serviços de card sharing.**
>
> STJ. 3ª Seção. CC 150.629-SP, Rel. Min. Nefi Cordeiro, julgado em 22/02/2018 (Info 620).

No "card sharing" há uma quebra da criptografia do cartão a fim de poder transmitir seus dados a outras pessoas.

Desse modo, existe uma corrente que defende que há, nesta conduta, a prática dos crimes de violação de direito autoral (art. 184 do CP) e contra a lei de software (art. 12 da Lei nº 9.609/98).

Inciso V do art. 109 da CF/88

A competência para apurar esses crimes será da Justiça Federal com fundamento no art. 109, V, da CF/88:

> § Art. 109. Aos juízes federais compete processar e julgar:
>
> V – os crimes previstos em tratado ou convenção internacional, quando, iniciada a execução no País, o resultado tenha ou devesse ter ocorrido no estrangeiro, ou reciprocamente;

Para que o delito seja de competência da Justiça Federal com base neste inciso são necessários três requisitos:

a. Previsão do fato como crime no Brasil;

b. Compromisso de combater este crime assumido pelo Brasil em tratado ou convenção internacional; e

c. Relação de internacionalidade.

A relação de internacionalidade ocorre quando:

- iniciada a execução do crime no Brasil, o resultado tenha ou devesse ter ocorrido no estrangeiro;
- iniciada a execução do crime no estrangeiro, o resultado tenha ou devesse ter ocorrido no Brasil.

a) Previsão do fato como crime no Brasil

A conduta de compartilhar, de forma ilícita, sinal de TV por assinatura por meio de serviços de "card sharing" configura os crimes de violação de direito autoral e contra a lei de software.

b) Compromisso de combater este crime assumido pelo Brasil em tratado ou convenção internacional

O Brasil é signatário da Convenção de Berna, integrada ao ordenamento jurídico nacional através do Decreto nº 75.699/75, e reiterada na Organização Mundial do Comércio – OMC por acordos como o TRIPS (*Trade-Related Aspects of Intellectual Property Rights*) – Acordo sobre Aspectos dos Direitos de Propriedade Intelectual Relacionados ao Comércio (AADPIC), incorporado pelo Decreto nº 1355/94, com a previsão dos princípios de proteção aos direitos dos criadores.

Diversos outros tratados e convenções multilaterais foram assinados pelo Brasil, fixando garantias aos patrimônios autorais e culturais.

c) Relação de internacionalidade

O terceiro requisito constitucional é de tratar-se de crime à distância, com parcela do crime no Brasil e outra parcela do *iter criminis* fora do país.

Este requisito também está presente.

No "card sharing" as chaves criptográficas são quebradas por intermédio de especialistas situados em outras partes do mundo.

Verifica-se, nesse contexto, que tais crimes ultrapassam as fronteiras nacionais.

Vale ressaltar, ainda, que os aparelhos decodificadores utilizados para a transmissão do sinal de TV são fabricados na China ou na Coréia e não possuem selo indicativo de licença do órgão fiscalizatório ou agência reguladora.

Com efeito, a simples instalação e utilização desses equipamentos, sem a devida autorização da ANATEL, por si só, caracteriza conduta capaz de representar efetivo comprometimento a serviço público relacionado à atividade tecnológica, o que evidencia o interesse jurídico da referida Agência, justificando, também por este motivo, a competência da Justiça Federal, nos termos do art. 109, I, da CF.

COMPETE À JUSTIÇA FEDERAL CONCEDER MEDIDA PROTETIVA EM FAVOR DE MULHER AMEAÇADA POR EX-NAMORADO QUE MORA NOS EUA E FAZ AS AMEAÇAS POR MEIO DO FACEBOOK

Imagine a seguinte situação hipotética:

Gabriela foi fazer intercâmbio na cidade de Pembroke Pines, na Flórida (EUA).

Lá conheceu Jack, um rapaz de 22 anos, com quem começou a ter um relacionamento amoroso.

Ocorre que Jack era muito ciumento e possessivo e começou a agredir fisicamente Gabriela por crises de ciúme.

Com medo de que o rapaz pudesse acabar ceifando-lhe a vida, Gabriela retornou à São Paulo, onde fica sua casa.

Mesmo voltando ao Brasil, a agonia de Gabriela não teve fim. Isso porque Jack ficou enviando e-mails e mensagens no Facebook ameaçando a moça e dizendo que ele iria até o Brasil matá-la.

Diante disso, Gabriela procurou a Delegacia da Mulher, que registrou a notícia do crime.

A Delegada preparou também um pedido para a concessão de medidas protetivas em favor de Gabriela. No entanto, a Juíza de Direito da Vara de Violência Doméstica (Justiça Estadual) declinou da competência em favor da Justiça Federal argumentando que, por se tratar de crime à distância, a competência para apurar o delito seria da Justiça Federal, de sorte que a competência para deferir as medidas protetivas também seria da Justiça Federal.

Agiu corretamente a Juíza?

SIM.

> **Compete à Justiça Federal apreciar o pedido de medida protetiva de urgência decorrente de crime de ameaça contra a mulher cometido por meio de rede social de grande alcance, quando iniciado no estrangeiro e o seu resultado ocorrer no Brasil.**
>
> STJ. 3ª Seção. CC 150.712-SP, Rel. Min. Joel Ilan Paciornik, julgado em 10/10/2018 (Info 636).

Segundo o art. 109, V, da Constituição Federal:

> § Art. 109. Aos juízes federais compete processar e julgar:
>
> (...)
>
> V – os crimes previstos em tratado ou convenção internacional, quando, iniciada a execução no País, o resultado tenha ou devesse ter ocorrido no estrangeiro, ou reciprocamente;

Encontrando-se o suposto autor das ameaças em território estrangeiro, uma vez que não se tem notícia do seu ingresso no país, temos um possível crime à distância, tendo em vista que as ameaças foram praticadas nos EUA, mas a suposta vítima teria tomado conhecimento do seu teor no Brasil.

O crime de ameaça contra mulheres é previsto em tratado ou convenção internacional?

Não. A ameaça contra mulheres não é, propriamente, crime previsto em tratado ou convenção internacional. Isso porque, embora o Brasil seja signatário de acordos internacionais que asseguram os direitos das mulheres – a exemplo da Convenção Interamericana para Prevenir, Punir

PROCESSO PENAL

e Erradicar a Violência Contra a Mulher (Convenção de Belém do Pará, 1994) e Convenção sobre a Eliminação de Todas as Formas de Discriminação contra a Mulher (CEDAW, 1979), promulgada pelo Decreto nº 84.460/1984 – tais convenções não descrevem tipos penais (não preveem crimes, mas apenas medidas de proteção).

Assim, essas convenções apenas apresentam conceitos e recomendações sobre a erradicação de qualquer forma de discriminação e violência contra as mulheres.

Entretanto, o STF, ao analisar os crimes de pedofilia na Internet, já decidiu entendendo que o crime não precisa estar previsto em tratado ou convenção internacional. Basta que o Brasil tenha se comprometido a combater essa prática descrita no tratado ou convenção internacional. Veja:

> (...) 1. À luz do preconizado no art. 109, V, da CF, a competência para processamento e julgamento de crime será da Justiça Federal quando preenchidos 03 (três) requisitos essenciais e cumulativos, quais sejam, que: a) o fato esteja previsto como crime no Brasil e no estrangeiro; b) o Brasil seja signatário de convenção ou tratado internacional por meio do qual assume o compromisso de reprimir criminalmente aquela espécie delitiva; e c) a conduta tenha ao menos se iniciado no Brasil e o resultado tenha ocorrido, ou devesse ter ocorrido no exterior, ou reciprocamente. (...)
>
> STF. Plenário. RE 628624, Relator p/ Acórdão Min. Edson Fachin, julgado em 29/10/2015.

Desse modo, à luz do entendimento firmado pelo STF, embora as Convenções Internacionais firmadas pelo Brasil não tipifiquem ameaças à mulher, a Lei Maria da Penha, que prevê medidas protetivas, veio concretizar o dever assumido pelo Estado Brasileiro de proteção à mulher.

Ademais, no caso concreto, é evidente a internacionalidade das ameaças que tiveram início nos EUA e, segundo relatado, tais ameaças foram feitas para a suposta vítima e seus amigos, por meio da rede social de grande alcance, qual seja, pelo Facebook.

Logo, a competência é, de fato, da Justiça Federal de 1ª instância.

COMPETE À JUSTIÇA ESTADUAL A EXECUÇÃO DE MEDIDA DE SEGURANÇA IMPOSTA A MILITAR LICENCIADO

> **Compete à Justiça Estadual a execução de medida de segurança imposta a militar licenciado.**
>
> STJ. 3ª Seção. CC 149.442-RJ, Rel. Min. Joel Ilan Paciornik, julgado em 09/05/2018 (Info 626).

Veja comentários em Direito Processual Penal Militar.

1.2. RESTRIÇÃO DO FORO POR PRERROGATIVA DE FUNÇÃO E SUAS CONSEQUÊNCIAS (AP 937/DF)

NOÇÕES GERAIS

Como podemos conceituar foro por prerrogativa de função?

Trata-se de uma prerrogativa prevista pela Constituição, segundo a qual as pessoas ocupantes de alguns cargos ou funções somente serão processadas e julgadas criminalmente (não engloba processos cíveis) por determinados Tribunais (TJ, TRF, STJ, STF).

Razão de existência

O foro por prerrogativa de função existe porque se entende que, em virtude de determinadas pessoas ocuparem cargos ou funções importantes e de destaque, somente podem ter um julgamento imparcial e livre de pressões se forem julgadas por órgãos colegiados que componham a cúpula do Poder Judiciário.

Ex: um Desembargador, caso pratique um delito, não deve ser julgado por um juiz singular, nem pelo Tribunal do qual faz parte, mas sim pelo STJ, órgão de cúpula do Poder Judiciário e, em tese, mais adequado para, no caso concreto, exercer a atividade com maior imparcialidade.

Ex2: caso um Senador da República cometa um crime, ele será julgado pelo STF.

Foro por prerrogativa de função é o mesmo que foro privilegiado?

Tecnicamente, não.

Tourinho Filho explica que o foro por prerrogativa de função é estabelecido em razão do cargo ou função desempenhada pelo indivíduo. Trata-se, portanto, de uma garantia inerente à função. Ex: foro privativo dos Deputados Federais no STF. Já o chamado "foro privilegiado" é aquele previsto não por causa do cargo ou da função, mas sim como uma espécie de homenagem, deferência, privilégio à pessoa. Ex: foro privilegiado para condes e barões.

Todavia, o próprio STF utiliza em seus julgamentos a expressão "foro privilegiado" como sendo sinônimo de "foro por prerrogativa de função".

Por essa razão, também utilizarei aqui indistintamente as terminologias como sendo equivalentes.

Onde estão previstas as regras sobre o foro por prerrogativa de função?

- Regra: somente a Constituição Federal pode prever casos de foro por prerrogativa de função. Exs: art. 102, I, "b" e "c"; art. 105, I, "a".

- Exceção: o art. 125, caput e § 1º, da CF/88 autorizam que as Constituições Estaduais prevejam hipóteses de foro por prerrogativa de função nos Tribunais de Justiça, ou seja, situações nas quais determinadas autoridades serão julgadas originariamente pelo TJ:

§

> Art. 125. Os Estados organizarão sua Justiça, observados os princípios estabelecidos nesta Constituição.
>
> § 1º A competência dos tribunais será definida na Constituição do Estado, sendo a lei de organização judiciária de iniciativa do Tribunal de Justiça.

Vale ressaltar, no entanto, que a previsão da Constituição Estadual somente será válida se respeitar o princípio da simetria com a Constituição Federal. Isso significa que a autoridade estadual que "receber" o foro por prerrogativa na Constituição Estadual deve ser equivalente a uma autoridade federal que tenha foro por prerrogativa de função na Constituição Federal.

Ex1: a Constituição Estadual poderá prever que o Vice-Governador será julgado pelo TJ. Isso porque a autoridade "equivalente", em âmbito federal (Vice-Presidente da República), possui foro por prerrogativa de função no STF (art. 102, I, "b", da CF/88). Logo, foi respeitado o princípio da simetria.

Ex2: a Constituição Estadual não pode prever foro por prerrogativa de função para os Delegados de Polícia, considerando que não há previsão semelhante para os Delegados Federais na Constituição Federal (STF ADI 2587).

Hipóteses de foro por prerrogativa de função previstas na CF/88:

AUTORIDADE	FORO COMPETENTE
Presidente e Vice-Presidente da República	STF
Deputados Federais e Senadores	
Ministros do STF	
Procurador-Geral da República	
Ministros de Estado	
Advogado-Geral da União	
Comandantes da Marinha, Exército e Aeronáutica	
Ministros do STJ, STM, TST, TSE	
Ministros do TCU	
Chefes de missão diplomática de caráter permanente	
Governadores	STJ
Desembargadores (TJ, TRF, TRT)	
Membros dos TRE	
Conselheiros dos Tribunais de Contas	
Membros do MPU que oficiem perante tribunais	
Juízes Federais, Juízes Militares e Juízes do Trabalho	TRF ou TRE
Membros do MPU que atuam na 1ª instância	
Juízes de Direito	TJ
Promotores e Procuradores de Justiça	
Prefeitos	TJ, TRF ou TRE

Exemplos de autoridades que dependem da Constituição Estadual (algumas Constituições preveem que a competência para julgar os crimes por elas praticados é do Tribunal de Justiça):

- Vice-governadores;
- Vereadores.

Se a Constituição estadual não trouxer nenhuma regra, tais autoridades serão julgadas em 1ª instância.

DECISÃO DO STF RESTRINGINDO O FORO POR PRERROGATIVA DE FUNÇÃO

Foro prerrogativa de função extremamente ampliado

Conforme explica o Min. Luís Roberto Barroso, a CF/88 prevê que um conjunto amplíssimo de agentes públicos responda por crimes comuns perante tribunais.

Estima-se que cerca de 37 mil autoridades detenham a prerrogativa no país.

Não há, no Direito Comparado, nenhuma democracia consolidada que consagre a prerrogativa de foro com abrangência comparável à brasileira.

No Reino Unido, na Alemanha, nos Estados Unidos e no Canadá nem existe foro privilegiado. Entre os países que adotam, a maioria o institui para um rol reduzido de autoridades. Na Itália, por exemplo, a prerrogativa de foro se aplica somente ao Presidente da República.

Em Portugal, são três as autoridades que detêm foro privilegiado: o Presidente da República, o Presidente da Assembleia da República e o Primeiro-Ministro.

Disfuncionalidade do foro privilegiado

Este modelo amplo de foro por prerrogativa de função tradicionalmente acarreta duas consequências graves e indesejáveis para a justiça e para o STF:

1ª) Afasta o Tribunal do seu verdadeiro papel, que é o de Suprema Corte, e não o de tribunal criminal de primeiro grau. Tribunais superiores, como o STF, foram concebidos para serem tribunais de teses jurídicas, e não para o julgamento de fatos e provas. Como regra, o juízo de primeiro grau tem melhores condições para conduzir a instrução processual, tanto por estar mais próximo dos fatos e das provas, quanto por ser mais bem aparelhado para processar tais demandas com a devida celeridade, conduzindo ordinariamente a realização de interrogatórios, depoimentos, produção de provas periciais etc.

2ª) Contribui para a ineficiência do sistema de justiça criminal. O STF não tem sido capaz de julgar de maneira adequada e com a devida celeridade os casos abarcados pela prerrogativa. O foro especial, na sua extensão atual, contribui para o congestionamento dos tribunais e para tornar ainda mais morosa a tramitação dos processos e mais raros os julgamentos e as condenações.

Foro privativo no STF e ausência de duplo grau de jurisdição

Vale ressaltar, ainda, que as autoridades com foro por prerrogativa de função no STF ficam sujeitas a julgamento por uma única instância, de forma que não gozam de duplo grau de jurisdição.

Esse modelo vai de encontro com tratados internacionais sobre direitos humanos de que o Brasil é signatário. Tanto a Convenção Americana de Direitos Humanos quanto o Pacto Internacional de Direitos Civis e Políticos asseguram o "direito de recorrer da sentença para juiz ou tribunal superior". Isso não ocorre com quem tem foro privilegiado no STF. Após o julgamento pela Corte, não há recurso para outro Tribunal.

Quando inicia e quando termina o foro por prerrogativa de função dos Deputados Federais e Senadores?

O direito ao foro por prerrogativa de função inicia-se com a diplomação do Deputado Federal ou Senador e somente se encerra com o término do mandato.

Assim, pelo entendimento que era tradicionalmente adotado pelo STF, se determinado indivíduo estivesse respondendo a uma ação penal em 1ª instância, caso ele fosse eleito Deputado Federal, no mesmo dia da sua diplomação cessaria a competência do juízo de 1ª instância e o processo criminal deveria ser remetido ao STF para ali ser julgado.

Vale ressaltar que a diplomação é o ato pelo qual a Justiça Eleitoral atesta quem são os candidatos eleitos e os respectivos suplentes. A diplomação é normalmente marcada para dezembro e a posse somente ocorre alguns dias depois, em janeiro.

Questão de ordem na AP 937

Diante desse cenário, o Min. Luís Roberto Barroso, antes do julgamento de uma ação penal que tramitava no Supremo, suscitou, em uma questão de ordem, duas propostas.

Em outras palavras, o Ministro disse o seguinte: antes de discutirmos este processo, gostaria de propor que o Plenário do STF analisasse duas questões que envolvem foro por prerrogativa de função. A análise desses dois temas irá influenciar este e os demais processos que tratam sobre foro privilegiado.

Primeiro tema

O Min. Barroso propôs a seguinte reflexão:

Vamos mudar a interpretação que até hoje era dada ao art. 102, I, "b", da CF/88 e passar a entender que o foro por prerrogativa de função dos Deputados Federais e Senadores deve se aplicar apenas a crimes cometidos durante o exercício do cargo e desde que relacionados com a função desempenhada?

Segundo tema

O Ministro também propôs uma segunda discussão:

Vamos definir um determinado momento processual (ex: fim da instrução) a partir do qual mesmo que o réu perca o foro privilegiado no STF (exs: renunciou, não se reelegeu etc), ainda assim ele continuará sendo julgado pelo Supremo?

O que os Ministros do STF decidiram? Eles concordaram com as duas proposições feitas pelo Min. Barroso?

SIM (AP 937 QO). Vamos entender resumidamente os argumentos acolhidos pelo STF.

SENTIDO E ALCANCE DO FORO POR PRERROGATIVA DE FUNÇÃO

Razão que justificou a existência do foro privilegiado

Na origem, a prerrogativa de foro tinha como fundamento a necessidade de assegurar a independência de órgãos e o livre exercício de cargos constitucionalmente relevantes.

Entendia-se que a atribuição da competência originária para o julgamento dos ocupantes de tais cargos a tribunais de maior hierarquia evitaria ou reduziria a utilização política do processo penal contra titulares de mandato eletivo ou altas autoridades, em prejuízo do desempenho de suas funções.

Assim, o foro privilegiado foi pensado para ser um instrumento destinado a garantir o livre exercício de certas funções públicas, e não para acobertar a pessoa ocupante do cargo. Por essa razão, não faz sentido estendê-lo aos crimes cometidos antes da investidura nesse cargo e aos que, cometidos após a investidura, sejam estranhos ao exercício de suas funções.

Se o foro por prerrogativa de função for amplo e envolver qualquer crime (ex: um acidente de trânsito), ele se torna um privilégio pessoal que não está relacionado com a proteção do cargo.

Normas que estabeleçam exceções ao princípio da igualdade devem ser interpretadas restritivamente

A existência do foro por prerrogativa de função representa uma exceção ao princípio republicano e ao princípio da igualdade. Tais princípios, contudo, gozam de preferência axiológica em relação às demais disposições constitucionais. Daí a necessidade de que normas constitucionais que excepcionem esses princípios – como aquelas que introduzem o foro por prerrogativa de função – sejam interpretadas sempre de forma restritiva.

Redução teleológica

O foro especial está previsto em diversas disposições da Carta de 1988.

O art. 102, I, "b" e "c", por exemplo, estabelece a competência do STF para "processar e julgar, originariamente, (...) nas infrações penais comuns, o Presidente da República, o Vice-Presidente, os membros do Congresso Nacional, seus próprios Ministros e o Procurador-Geral da República", bem como "os Ministros de Estado e os Comandantes Militares, os membros dos Tribunais Superiores, os membros do Tribunal de Contas da União e os chefes de missão diplomática de caráter permanente".

O art. 53, § 1º determina que "Os Deputados e Senadores, desde a expedição do diploma, serão submetidos a julgamento perante o Supremo Tribunal Federal".

Embora se viesse interpretando tais dispositivos de forma literal, ou seja, no sentido de que o foro privilegiado abrangeria todos os crimes comuns, é possível e desejável atribuir ao texto normativo uma acepção mais restritiva, com base na teleologia do instituto e nos demais elementos de interpretação constitucional.

Trata-se da chamada "redução teleológica" (Karl Larenz) ou, de forma mais geral, da aplicação da técnica da "dissociação" (Riccardo Guastini), que consiste em reduzir o campo de aplicação de uma disposição normativa a somente uma ou algumas das situações de fato previstas por ela segundo uma interpretação literal, que se dá para adequá-la à finalidade da norma. Nessa operação, o intérprete identifica uma lacuna oculta (ou axiológica) e a corrige mediante a inclusão de uma exceção não explícita no enunciado normativo, mas extraída de sua própria teleologia. Como resultado, a norma passa a se aplicar apenas a parte dos fatos por ela regulados.

A extração de "cláusulas de exceção" implícitas serve, assim, para concretizar o fim e o sentido da norma e do sistema normativo em geral.

Outros exemplos em que se aplicou a técnica da "redução teleológica":

Ex1: o art. 102, I, "a", da CF/88 prevê que compete ao STF processar e julgar "a ação direta de inconstitucionalidade de lei ou ato normativo federal ou estadual". Embora o dispositivo não traga qualquer restrição temporal, o STF consagrou entendimento de que não cabe ADI contra lei anterior à Constituição de 1988 porque, ocorrendo incompatibilidade entre ato normativo infraconstitucional e a Constituição superveniente, fica ele revogado (não recepção).

Ex2: o art. 102, I, "f" prevê que compete ao STF julgar "as causas e os conflitos entre a União e os Estados". O Supremo entendeu que essa competência não abarca todo e qualquer conflito entre entes federados, mas apenas aqueles capazes de afetar o pacto federativo.

Ex3: o art. 102, I, "r" prevê que compete ao STF julgar "as ações contra o Conselho Nacional de Justiça". Em uma intepretação literal, essa competência abrangeria toda e qualquer ação contra o CNJ, sem exclusão. No entanto, segundo a jurisprudência do Tribunal, somente estão sujeitas a julgamento perante o STF o mandado de segurança, o mandado de injunção, o habeas data e o habeas corpus, pois somente nessas situações o CNJ terá legitimidade passiva *ad causam*. E mais: ainda quando se trate de MS, o Supremo só reconhece sua competência quando a ação se voltar contra ato positivo do CNJ.

Ex4: o art. 102, I, "n" prevê que compete ao STF julgar a "ação em que todos os membros da magistratura sejam direta ou indiretamente interessados, e aquela em que mais da metade dos membros do tribunal de origem estejam impedidos ou sejam direta ou indiretamente interessados". Em relação à primeira parte do dispositivo, o STF entende que a competência só se aplica quando a matéria versada na causa diz respeito a interesse privativo da magistratura, não envolvendo interesses comuns a outros servidores. Em relação à segunda parte do preceito, entende-se que o impedimento e a suspeição que autorizam o julgamento de ação originária pelo STF pressupõem a manifestação expressa dos membros do Tribunal competente, em princípio, para o julgamento da causa.

Em todos esses casos (e em muitos outros), entendeu-se possível a redução teleológica do escopo das competências originárias do STF pela via interpretativa.

Conclusão quanto à primeira proposição:

As normas da Constituição de 1988 que estabelecem as hipóteses de foro por prerrogativa de função devem ser interpretadas restritivamente, aplicando-se apenas aos crimes que tenham sido praticados durante o exercício do cargo e em razão dele.

Assim, por exemplo, se o crime foi praticado antes de o indivíduo ser diplomado como Deputado Federal, não se justifica a competência do STF, devendo ele ser julgado pela 1ª instância, mesmo ocupando o cargo de parlamentar federal.

Além disso, mesmo que o crime tenha sido cometido após a investidura no mandato, se o delito não apresentar relação direta com as funções exercidas, também não haverá foro privilegiado.

Foi fixada, portanto, a seguinte tese:

O foro por prerrogativa de função aplica-se apenas aos crimes cometidos durante o exercício do cargo e relacionados às funções desempenhadas.

STF. Plenário. AP 937 QO/RJ, Rel. Min. Roberto Barroso, julgado em 03/05/2018.

CRIMES COMETIDOS POR DEPUTADO FEDERAL OU SENADOR	
Situação	**Competência**
Crime cometido antes da diplomação como Deputado ou Senador.	Juízo de 1ª instância
Crime cometido depois da diplomação (durante o exercício do cargo), mas o delito não tem relação com as funções desempenhadas. Ex: embriaguez ao volante.	Juízo de 1ª instância
Crime cometido depois da diplomação (durante o exercício do cargo) e o delito está relacionado com as funções desempenhadas. Ex: corrupção passiva.	STF

MOMENTO DA FIXAÇÃO DEFINITIVA DA COMPETÊNCIA DO STF

Se o parlamentar federal (Deputado Federal ou Senador) está respondendo a uma ação penal no STF e, antes de ser julgado, ele deixe de ocupar o cargo (exs: renunciou, não se reelegeu etc), cessa o foro por prerrogativa de função e o processo deverá ser remetido para julgamento em 1ª instância?

O STF decidiu estabelecer uma regra para situações como essa:

- Se o réu deixou de ocupar o cargo antes de a instrução terminar: cessa a competência do STF e o processo deve ser remetido para a 1ª instância.
- Se o réu deixou de ocupar o cargo depois de a instrução se encerrar: o STF permanece sendo competente para julgar a ação penal.

Assim, o STF estabeleceu um marco temporal a partir do qual a competência para processar e julgar ações penais – seja do STF ou de qualquer outro órgão jurisdicional – não será mais afetada em razão de o agente deixar o cargo que ocupava, qualquer que seja o motivo (exs: renúncia, não reeleição, eleição para cargo diverso).

Por que foi necessário estabelecer este limite temporal?

Porque era comum haver um constante deslocamento da competência das ações penais de competência originária do STF (um verdadeiro "sobe-e-desce" processual).

Não foram raros os casos em que o réu procurou se eleger a fim de mudar o órgão jurisdicional competente, passando do primeiro grau para o STF. De outro lado, alguns deixaram de se candidatar à reeleição, com o objetivo inverso, qual seja, passar a competência do STF para o juízo de 1ª instância, ganhando tempo com isso. E houve também os que renunciaram quando o julgamento estava próximo de ser pautado no STF.

Isso gerava, muitas vezes, o retardamento dos inquéritos e ações penais, com evidente prejuízo para a eficácia, a racionalidade e a credibilidade do sistema penal. Houve, inclusive, casos de prescrição em razão dessas mudanças.

Quando se considera encerrada a instrução, para os fins acima explicados?

Considera-se encerrada a instrução processual com a publicação do despacho de intimação para apresentação de alegações finais.

Nesse momento, fica prorrogada a competência do juízo para julgar a ação penal mesmo que ocorra alguma mudança no cargo ocupado pelo réu.

Desse modo, mesmo que o agente público venha a ocupar outro cargo ou deixe o cargo que ocupava, qualquer que seja o motivo, isso não acarretará modificação de competência.

Ex: Pedro, Deputado Federal, respondia ação penal no STF; foi publicado despacho intimando o MP para apresentação de alegações finais; uma semana depois, o réu foi diplomado Prefeito; mesmo Pedro tendo deixado de ser Deputado Federal, o STF continuará sendo competente para julgar o processo criminal contra ele.

Por que se escolheu esse critério do encerramento da instrução?

Por três razões:

1ª) Trata-se de um marco temporal objetivo, de fácil aferição, e que deixa pouca margem de manipulação para os investigados e réus e afasta a discricionariedade da decisão dos tribunais de declínio de competência;

2ª) Este critério privilegia o princípio da identidade física do juiz, ao valorizar o contato do magistrado julgador com as provas produzidas na ação penal;

3ª) Já existia precedente do STF adotando este marco temporal.

Tese fixada quanto à segunda proposição:

Após o final da instrução processual, com a publicação do despacho de intimação para apresentação de alegações finais, a competência para processar e julgar ações penais não será mais afetada em razão de o agente público vir a ocupar outro cargo ou deixar o cargo que ocupava, qualquer que seja o motivo.

STF. Plenário. AP 937 QO/RJ, Rel. Min. Roberto Barroso, julgado em 03/05/2018.

Assim, se o Deputado Federal ou Senador estiver respondendo a um processo criminal no STF e chegar ao fim o seu mandato, cessa a competência do STF para julgar esta ação penal, salvo se a instrução processual já estiver concluída, hipótese na qual haverá a perpetuação da competência e o STF deverá julgar o réu mesmo ele não sendo mais um parlamentar federal.

Essas duas conclusões definidas na questão de ordem podem ser aplicadas a partir de quando?

Já estão sendo aplicadas.

O STF decidiu que essa nova linha interpretativa deve se aplicar imediatamente aos processos em curso, ou seja, já vale a partir da data do julgamento da questão de ordem (03/05/2018).

Vale ressaltar, no entanto, que todos os atos praticados e decisões proferidas pelo STF e pelos demais juízos antes da questão de ordem, com base na jurisprudência anterior, devem ser considerados válidos.

ALGUMAS OBSERVAÇÕES

Investigações criminais envolvendo Deputados Federais e Senadores ANTES da AP 937 QO

Antes da decisão da AP 937 QO, as investigações envolvendo Deputado Federal ou Senador somente poderiam ser iniciadas após autorização formal do STF.

Assim, por exemplo, se a autoridade policial ou o membro do Ministério Público tivesse conhecimento de indícios de crime envolvendo Deputado Federal ou Senador, o Delegado e o membro do MP não poderiam iniciar uma investigação contra o parlamentar federal.

O que eles deveriam fazer: remeter esses indícios à Procuradoria Geral da República para que esta fizesse requerimento pedindo a autorização para a instauração de investigação criminal envolvendo essa autoridade. Essa investigação era chamada de inquérito criminal (não era inquérito "policial") e deveria tramitar no STF, sob a supervisão judicial de um Ministro-Relator que iria autorizar as diligências que se fizessem necessárias.

Em suma, o que eu quero dizer: a autoridade policial e o MP não podiam investigar eventuais crimes cometidos por Deputados Federais e Senadores, salvo se houvesse uma prévia autorização do STF.

Investigações criminais envolvendo Deputados Federais e Senadores DEPOIS da AP 937 QO

Situação	Atribuição para investigar
Se o crime foi praticado antes da diplomação. Se o crime foi praticado depois da diplomação (durante o exercício do cargo), mas o delito não tem relação com as funções desempenhadas. Ex: homicídio culposo no trânsito.	Polícia (Civil ou Federal) ou MP. Não há necessidade de autorização do STF Medidas cautelares são deferidas pelo juízo de 1ª instância (ex: quebra de sigilo)
Se o crime foi praticado depois da diplomação (durante o exercício do cargo) e o delito está relacionado com as funções desempenhadas. Ex: corrupção passiva.	Polícia Federal e Procuradoria Geral da República, com supervisão judicial do STF. Há necessidade de autorização do STF para o início das investigações.

O entendimento que restringe o foro por prerrogativa de função vale para outras hipóteses de foro privilegiado ou apenas para os Deputados Federais e Senadores?

Vale para outros casos de foro por prerrogativa de função. Foi o que decidiu o próprio STF no julgamento do Inq 4703 QO/DF, Rel. Min. Luiz Fux, julgado em 12/06/2018, no qual afirmou que o entendimento vale também para Ministros de Estado.

STJ DECIDIU TAMBÉM RESTRINGIR O FORO POR PRERROGATIVA DE FUNÇÃO NO CASO DAS AUTORIDADES QUE SÃO JULGADAS NAQUELE TRIBUNAL

A Corte Especial do STJ, seguindo o mesmo raciocínio do STF, limitou a amplitude do art. 105, I, "a", da CF/88 e decidiu que:

O foro por prerrogativa de função no caso de Governadores e Conselheiros de Tribunais de Contas dos Estados deve ficar restrito aos fatos ocorridos durante o exercício do cargo e em razão deste.

Assim, o STJ é competente para julgar os crimes praticados pelos Governadores e pelos Conselheiros de Tribunais de Contas somente se estes delitos tiverem sido praticados durante o exercício do cargo e em razão deste.

STJ. Corte Especial. APn 857/DF, Rel. para acórdão Min. João Otávio de Noronha, julgado em 20/06/2018.

STJ. Corte Especial. APn 866/DF, Rel. Min. Luis Felipe Salomão, julgado em 20/06/2018.

O STJ disse o seguinte:

- O STF, ao analisar o art. 102, I, da CF/88 decidiu restringir o foro por prerrogativa de função para Deputados Federais e Senadores. Em seguida, restringiu também para Ministros de Estado. A partir dessa restrição, tais autoridades somente poderão ter foro no STF em caso de crimes cometidos durante o exercício do cargo e relacionados às funções desempenhadas.
- Diante dessa decisão do STF, eu (STJ) também irei restringir o foro por prerrogativa de função para as autoridades que estão listadas no art. 105, I, "a", da CF/88, aplicando o mesmo raciocínio.
- O fato de a regra de competência estar prevista no texto constitucional (art. 105 da CF/88) não pode representar óbice à análise, por este STJ, de sua própria competência, sob pena de se inviabilizar, nos casos como o dos autos, o exercício deste poder-dever básico de todo órgão julgador, impedindo o imprescindível exame deste importante pressuposto de admissibilidade do provimento jurisdicional. Em palavras mais simples, a restrição da competência do art. 105 da CF/88 passa por uma nova intepretação do texto constitucional. A função precípua de interpretação à Constituição Federal é do STF. No entanto, eu (STJ), assim como todo e qualquer magistrado, também tenho a prerrogativa de interpretar as normas jurídicas, inclusive a Constituição da República.
- Além disso, todo juiz é competente para analisar a sua própria competência ("kompetenz-kompetenz"), de forma que eu (STJ) posso interpretar o art. 105 da CF/88 para dizer se sou ou não competente para julgar determinada autoridade, podendo, assim, adotar a mesma restrição construída pelo STF.
- O foro especial no âmbito penal é prerrogativa destinada a assegurar a independência e o livre exercício de determinados cargos e funções de especial importância, isto é, não se trata de privilégio pessoal. O princípio republicano é condição essencial de existência do Estado de Direito e impõe a supressão dos privilégios, devendo ser afastados da interpretação constitucional os princípios e regras contrários à igualdade.
- O art. 105, I, "a", CF/88 consubstancia exceção à regra geral de competência, de modo que, partindo-se do pressuposto de que a Constituição é una, sem regras contraditórias, deve ser realizada a interpretação restritiva das exceções, com base na análise sistemática e teleológica da norma.
- As mesmas razões fundamentais (a mesma ratio decidendi) que levaram o STF, ao interpretar o art. 102, I, "b" e "c", da CF/88, a restringir as hipóteses de foro por prerrogativa de função devem ser também aplicadas ao art. 105, I, "a".
- Assim, é de se conferir ao art. 105, I, "a", da CF/88, o mesmo sentido e alcance atribuído pelo STF ao art. 102, I, "b" e "c", restringindo-se, desse modo, as hipóteses de foro por prerrogativa de função perante o STJ àquelas em que o crime for praticado em razão e durante o exercício do cargo ou função.

As hipóteses de foro por prerrogativa de função perante o STJ restringem-se àquelas em que o crime for praticado em razão e durante o exercício do cargo ou função.

STJ. Corte Especial. AgRg na APn 866-DF, Rel. Min. Luis Felipe Salomão, julgado em 20/06/2018 (Info 630).

DECISÃO QUE RESTRINGE O FORO POR PRERROGATIVA DE FUNÇÃO NÃO SE APLICA PARA DESEMBARGADORES

O art. 105, I, "a", da CF/88 prevê que os Desembargadores dos Tribunais de Justiça são julgados criminalmente pelo STJ. O entendimento acima exposto (que restringiu o foro para crimes relacionados com o cargo) é aplicado também para os Desembargadores dos Tribunais de Justiça? Se um Desembargador praticar crime que não esteja relacionado com o exercício de suas funções (ex: lesão corporal contra a esposa), ele será julgado pelo juízo de 1ª instância?

NÃO.

Os Desembargadores dos Tribunais de Justiça continuam sendo julgados pelo STJ mesmo que o crime não esteja relacionado com as suas funções.

Assim, o STJ continua sendo competente para julgar quaisquer crimes imputados a Desembargadores, não apenas os que tenham relação com o exercício do cargo.

STJ. APn 878/DF QO, Rel. Min. Benedito Gonçalves, julgado em 21/11/2018.

É uma espécie de "exceção" ao entendimento do STJ que restringe o foro por prerrogativa de função.

O STJ entendeu que haveria um risco à imparcialidade caso o juiz de 1º instância julgasse um Desembargador (autoridade que, sob o aspecto administrativo, está em uma posição hierarquicamente superior ao juiz).

Veja as palavras do Min. Relator Benedito Gonçalves:

"É que, em se tratando de acusado e de julgador, ambos, membros da Magistratura nacional, pode-se afirmar que a prerrogativa de foro não se justifica apenas para que o acusado pudesse exercer suas atividades funcionais de forma livre e independente, pois é preciso também que o julgador possa reunir as condições necessárias ao desempenho de suas atividades judicantes de forma imparcial.

Esta necessidade (de que o julgador possa reunir as condições necessárias ao desempenho de suas atividades judicantes de forma imparcial) não se revela como um privilégio do julgador ou do acusado, mas como uma condição para que se realize justiça criminal. Ser julgado por juiz com duvidosa condição de se posicionar de forma imparcial, afinal, violaria a pretensão de realização de justiça criminal de forma isonômica e republicana.

A partir desta forma de colocação do problema, pode-se argumentar que, caso Desembargadores, acusados da prática de qualquer crime (com ou sem relação com o cargo de Desembargador) viessem a ser julgados por juiz de primeiro grau vinculado ao Tribunal ao qual ambos pertencem, se criaria, em alguma medida, um embaraço ao juiz de carreira."

O caso concreto enfrentado pelo STJ envolvia um Desembargador do Tribunal de Justiça do Estado do Paraná que estava sendo acusado de ter, supostamente, praticado lesão corporal contra a mãe e a irmã.

Este Desembargador deve ser julgado pelo STJ (e não pelo Juiz de Direito de 1ª instância).

O Min. João Otávio de Noronha acompanhou o Relator argumentando que:

> "Por mais que acredite na lisura dos juízes brasileiros, seria muito constrangedor para esse juiz em determinada situação votar ou condenar um superior hierárquico, que votou ou votará nele para uma promoção. Sem considerar outras hipóteses. Eu não daria essa carta em branco. Não assinaria um cheque em branco para os juízes nessa hipótese. Eu prefiro a cautela. Não quero ver juiz perseguido nem promovido por favores concedidos que pode gerar até a impunidade. Minha preocupação é sobretudo a impunidade, vamos ver Estado em que a pressão no juiz é muito grande. Juiz que tem vínculo com investigado não pode julgar. É uma blindagem que se faz à independência da magistratura. O juiz que está subordinado a um investigado não deve julgá-lo."

No mesmo sentido foi o voto do Min. Herman Benjamin:

> "Para um juiz, a carreira é o fundamento da sua existência profissional. E não vejo como um juiz possa julgar o corregedor do seu Tribunal. O foro existe para o réu e em favor da sociedade. É garantia implícita."

Votos vencidos

Ficaram vencidos os Ministros Luis Felipe Salomão, Mauro Campbell Marques e Maria Thereza de Assis Moura, que defendiam a tese de que os Desembargadores devem receber o mesmo tratamento que as demais autoridades e que se o delito não estiver relacionado com as funções, eles deveriam ser julgados em 1ª instância.

O caso analisado pelo STJ envolvia um Desembargador do Tribunal de Justiça. Esse entendimento deverá ser aplicado também para os membros dos TRFs ("Desembargadores Federais), para os membros dos TRTs ("Desembargadores Federais do Trabalho") e para os membros dos TREs? Essas autoridades também serão julgadas pelo STJ mesmo que o crime tenha sido praticado fora do exercício do cargo e mesmo que o delito não esteja relacionado com as funções desempenhadas?

Essa questão não foi solucionada ainda de forma expressa pelo STJ. Isso porque alguns Ministros afirmaram que estavam mantendo o foro porque entendiam que não era prudente um juiz julgar o processo criminal de um Desembargador ao qual está vinculado hierarquicamente. Logo, para esses Ministros, um dos argumentos principais para se manter a competência do STJ nesses casos está no fato de que o Juiz não teria a imparcialidade necessária para julgar um Desembargador que pertence ao mesmo Tribunal que ele (e que é seu superior).

Ocorre que, se um membro do TRT ("Desembargador Federal do Trabalho") praticar um crime, ele não seria julgado por um Juiz do Trabalho, mas sim por um Juiz de Direito ou por um Juiz Federal. Isso porque o Juiz do Trabalho não tem jurisdição criminal. O "Desembargador Federal do Trabalho" não tem qualquer ingerência sobre o Juiz de Direito ou sobre o Juiz Federal, considerando que fazem parte de Tribunais diferentes. Desse modo, esse argumento do STJ não se aplicaria neste caso e, em tese, não haveria qualquer empecilho de o "Desembargador Federal do Trabalho" ser julgado em 1ª instância.

O Min. João Otávio de Noronha, em trecho de seu voto, deu a entender que poderia, em tese, adotar essa distinção:

> "A questão envolvendo o Judiciário tem que ser caso a caso. Não há problema nenhum de um juiz do Trabalho, por exemplo, ser julgado por um juiz de primeiro grau. Mas há problema um juiz de primeiro grau julgar um desembargador que o promoveu ou que reforma suas decisões".

Por outro lado, alguns Ministros demonstraram certo incômodo de se criar uma regra de foro para os Desembargadores dos Tribunais de Justiça e outra para os "Desembargadores Federais do Trabalho".

Assim, é preciso aguardar para se ter certeza do caminho que será adotado pelo STJ.

Por enquanto, posso apontar as seguintes conclusões e dúvidas:

- REGRA: as autoridades listadas no art. 105, I, "a", da CF/88 somente são julgadas pelo STJ em caso de crimes cometidos durante o exercício do cargo e relacionados às funções desempenhadas. Ex: membro do Tribunal de Contas pratica violência doméstica contra a sua esposa. Será julgado pelo Juiz de Direito de 1ª instância.
- EXCEÇÃO: os Desembargadores dos Tribunais de Justiça são julgados pelo STJ mesmo que o crime não esteja relacionado com as suas funções. Ex: Desembargador pratica violência doméstica contra sua esposa. Será julgado pelo STJ (e não pelo juiz de 1ª instância).

DÚVIDAS:

1. Essa mesma exceção poderá ser aplicada para os membros dos TRFs ("Desembargadores Federais), para os membros dos TRTs ("Desembargadores Federais do Trabalho") e para os membros dos TREs?
2. Essa mesma exceção poderá ser aplicada para os membros dos TRFs ("Desembargadores Federais), para os membros do Ministério Público da União que oficiem perante tribunais (e que estão listados no art. 105, I, "a", da CF/88)?
3. Se o crime praticado pelo Desembargador do Tribunal de Justiça for um "crime federal" (delito de competência da Justiça Federal), ele poderia ser julgado pelo Juiz Federal de 1ª instância, considerando que eles não mantêm qualquer vinculação entre si, já que não fazem parte do mesmo Tribunal?

A PRERROGATIVA DE FORO DE MEMBRO DO MINISTÉRIO PÚBLICO É PRESERVADA QUANDO A POSSÍVEL PARTICIPAÇÃO DESTE EM CONDUTA CRIMINOSA É COMUNICADA COM CELERIDADE AO PGJ

Imagine a seguinte situação hipotética:

A polícia civil estava realizando uma investigação para apurar o desaparecimento (possível homicídio) de um frentista de posto de gasolina, crime que teria sido supostamente praticado por policiais militares.

O juiz de Direito, a requerimento do Delegado, determinou a interceptação telefônica de diversos números, dentre eles um número fixo que pertencia a um comércio que teria relação com o crime.

Determinado dia, o advogado dos policiais suspeitos ligou, deste telefone fixo, para João (Promotor de Justiça). Nesta conversa, João orientou o advogado sobre como deveria ser a defesa dos policiais.

Vale ressaltar que a referida ligação ocorreu em 17 de novembro. Em 20 de novembro o Delegado responsável pelo caso comunicou o fato ao Juízo, o qual remeteu as provas ao Procurador-Geral de Justiça no dia 24.

CNMP

Esses elementos informativos ("provas") foram encaminhados ao CNMP, que instaurou um procedimento disciplinar contra João e determinou a sua aposentadoria compulsória.

MS

João impetrou mandado de segurança no STF (art. 102, I, "r", da CF/88) alegando que:

- a competência para julgar crimes praticados por Promotor de Justiça é do Tribunal de Justiça (art. 96, III, da CF/88);
- quando no curso de investigação, houver indício da prática de infração penal por parte de membro do Ministério Público, a autoridade policial, civil ou militar remeterá, imediatamente, sob pena de responsabilidade, os respectivos autos ao Procurador-Geral de Justiça, a quem competirá dar prosseguimento à apuração (art. 41, parágrafo único, da Lei nº 8.625/93);
- logo, as "provas" colhidas contra ele foram ilícitas. Isso porque a partir do momento em que se detectou o suposto envolvimento de um Promotor de Justiça (autoridade com foro por prerrogativa de função), o Delegado de Polícia deveria ter encerrado imediatamente as interceptações e remetido os autos à esfera competente (PGJ e TJ). No caso, o Delegado ainda permaneceu com a investigação mais alguns dias até tomar essa providência;
- como o CNMP baseou-se nessas "provas" ilícitas, a decisão do Conselho deve ser anulada.

O STF concordou com os argumentos veiculados no MS?

NÃO.

O impetrante (na época, Promotor de Justiça) não era o alvo da medida de interceptação telefônica.

Sua conversa foi gravada por acaso quando uma pessoa que utilizava o telefone interceptado fez uma ligação para ele.

Trata-se, portanto, de encontro fortuito de provas, também chamada de serendipidade ou crime achado.

Serendipidade

A serendipidade consiste na descoberta fortuita de delitos que não são objeto da investigação.

A serendipidade (tradução literal da palavra inglesa *serendipity*), também é conhecida como "descoberta casual" ou "encontro fortuito".

Para Luiz Flávio Gomes, "serendipidade é o ato de fazer descobertas relevantes ao acaso, em forma de aparentes coincidências. De acordo com o dicionário Houaiss, a palavra vem do inglês serendipity: descobrir coisas por acaso." (http://lfg.jusbrasil.com.br/noticias/2586994/artigos-do-prof-lfg-interceptacao-telefonica-serendipidade-e-aceita-pelo-stj).

Obs: apesar de ser a hipótese mais comum, a serendipidade não se dá apenas no caso de interceptação telefônica. Assim, é possível que ocorra a descoberta fortuita de crimes durante a execução de outras medidas de investigação, como, por exemplo, durante a quebra de sigilo bancário ou fiscal. Nesse sentido, confira o seguinte julgado:

> A Polícia Federal instaurou inquérito policial para apurar o suposto delito de fraude contra licitação (art. 90 da Lei nº 8.666/90) praticado por João e outros.
>
> A requerimento da autoridade policial e do MPF, o juiz decretou uma série de medidas cautelares, dentre elas a quebra do sigilo bancário e fiscal.
>
> Durante o cumprimento dessas medidas, a Polícia detectou a existência de indícios de que João teria praticado também o delito de peculato (art. 312 do CP).
>
> As provas do peculato são lícitas.
>
> O fato de elementos indiciários acerca da prática de crime surgirem no decorrer da execução de medida de quebra de sigilo bancário e fiscal determinada para apuração de outros crimes não impede, por si só, que os dados colhidos sejam utilizados para a averiguação da suposta prática daquele delito.

Com efeito, pode ocorrer o que se chama de fenômeno da serendipidade, que consiste na descoberta fortuita de delitos que não são objeto da investigação.

STJ. 6ª Turma. HC 282.096-SP, Rel. Min. Sebastião Reis Júnior, julgado em 24/4/2014 (Info 539).

Veja como o tema já foi cobrado em provas:

(TJ/MG 2018) A serendipidade tem sido admitida em julgamentos recentes do Superior Tribunal de Justiça envolvendo provas obtidas mediante interceptação telefônica judicialmente autorizada, não gerando irregularidade do inquérito policial, tampouco ilegalidade na ação penal. (CERTO)

Aprofundando

Alguns autores fazem a seguinte distinção:

a. Serendipidade objetiva: ocorre quando, no curso da medida, surgirem indícios da prática de outro crime que não estava sendo investigado.

b. Serendipidade subjetiva: ocorre quando, no curso da medida, surgirem indícios do envolvimento criminoso de outra pessoa que inicialmente não estava sendo investigada. Ex: durante a interceptação telefônica instaurada para investigar João, descobre-se que um de seus comparsas é Pedro (Deputado Federal).

Nesse sentido: MASSON, Cleber; MARÇAL, Vinicius. *Crime organizado.* São Paulo: Método, 2017, p. 274.

Há ainda uma outra classificação que fala que a serendipidade pode ser dividida em "graus":

a. Serendipidade de primeiro grau: é o encontro fortuito de provas quando houver conexão ou continência com o fato que se apurava.

b. Serendipidade de segundo grau: é o encontro fortuito de provas quando não houver conexão ou continência com o fato que se apurava.

João também alegou que esse envio dos autos demorou para ocorrer... essa afirmação foi acolhida pelo STF?

NÃO. O STF entendeu que os autos foram prontamente encaminhados para a autoridade competente, tão logo se verificaram indicativos concretos da participação do impetrante na prática do ilícito.

Ao contrário do alegado, o STF afirmou que houve celeridade na comunicação à autoridade competente do possível envolvimento do Promotor.

Salvo nas investigações que demandam ações imediatas, como por exemplo o caso de uma organização criminosa que está para realizar um roubo a banco, ou no de um sequestro em andamento, raramente as interceptações são acompanhadas em tempo real pela autoridade policial, pois são muitos os terminais interceptados ao mesmo tempo e poucos os policiais disponíveis nos postos de escuta.

Desse modo, o mais comum é que sejam feitos dois, três dias de interceptações, para só então serem ouvidos os áudios com as interceptações.

No caso concreto, os autos foram encaminhados em poucos dias para as autoridades competentes, de forma que não houve demora excessiva.

Em suma:

Se uma pessoa sem foro por prerrogativa está sendo interceptada por decisão do juiz de 1ª instância e ela liga para uma autoridade com foro (ex: Promotor de Justiça), a gravação

desta conversa não é ilícita. Isso porque se trata de encontro fortuito de provas (encontro fortuito de crimes), também chamado de serendipidade ou crime achado.

Se, após essa ligação, o Delegado ainda demora três dias para comunicar o fato às autoridades competentes para apurar a conduta do Promotor, este tempo não é considerado excessivo, tendo em vista a dinâmica que envolve as interceptações telefônicas.

Assim, o STF decidiu que a prerrogativa de foro de membro do Ministério Público é preservada quando a possível participação deste em conduta criminosa é comunicada com celeridade ao Procurador-Geral de Justiça.

Tais gravações, por serem lícitas, podem servir como fundamento para que o CNMP aplique sanção de aposentadoria compulsória a este Promotor.

STF. 1ª Turma. MS 34751/CE, Rel. Min. Marco Aurélio, julgado em 14/8/2018 (Info 911).

Alguns de vocês podem estar se perguntando: mas o foro por prerrogativa de função não acabou?

NÃO. Nada disso. O STF restringiu a interpretação que deve ser dada ao foro por prerrogativa de função e decidiu que:

O foro por prerrogativa de função aplica-se apenas aos crimes cometidos durante o exercício do cargo e relacionados às funções desempenhadas.

STF. Plenário. AP 937 QO/RJ, Rel. Min. Roberto Barroso, julgado em 03/05/2018 (Info 900).

Esse julgado do STF, contudo, não interfere em nada no que foi decidido no MS 34751/CE. Isso por dois motivos:

1. O STF ainda não decidiu se esse entendimento da AP 937 QO/RJ se aplicará também a membros do Ministério Público e da Magistratura. Há quem defenda que não. Portanto, é preciso aguardar uma posição expressa.
2. Mesmo que o entendimento se aplique, quem deve dizer se o crime está ou não relacionado com as funções desempenhadas é o Tribunal competente. Assim, em nosso exemplo, quem teria competência para dizer se o crime praticado pelo Promotor estava relacionado com as suas funções era o Tribunal de Justiça. Logo, a autoridade de 1ª instância continua tendo o dever de remeter os autos ao Tribunal e este é quem decidirá se mantém ou não o foro por prerrogativa de função no caso concreto.

1.3. REGRAS PARA A APLICAÇÃO DA DECISÃO DO STF NA AP 937 QO/RJ AOS PROCESSOS EM CURSO NO SUPREMO

DECISÃO DO STF RESTRINGINDO O FORO POR PRERROGATIVA DE FUNÇÃO E ESTABELECENDO MARCO PARA PRORROGAÇÃO DA COMPETÊNCIA

Como podemos conceituar foro por prerrogativa de função?

Trata-se de uma prerrogativa prevista pela Constituição, segundo a qual as pessoas ocupantes de alguns cargos ou funções somente serão processadas e julgadas criminalmente (não engloba processos cíveis) por determinados Tribunais (TJ, TRF, STJ, STF).

Razão de existência

O foro por prerrogativa de função existe porque se entende que, em virtude de determinadas pessoas ocuparem cargos ou funções importantes e de destaque, somente podem ter um julgamento imparcial e livre de pressões se forem julgadas por órgãos colegiados que componham a cúpula do Poder Judiciário.

Ex: um Desembargador, caso pratique um delito, não deve ser julgado por um juiz singular, nem pelo Tribunal do qual faz parte, mas sim pelo STJ, órgão de cúpula do Poder Judiciário e, em tese, mais adequado para, no caso concreto, exercer a atividade com maior imparcialidade.

Ex2: caso um Senador da República cometa um crime, ele será julgado pelo STF.

Dois problemas graves que havia em relação ao foro por prerrogativa de função

1) Número excessivo de autoridades com foro por prerrogativa de função e sua aplicação para todo e qualquer crime

A CF/88 prevê um conjunto muito amplo de agentes públicos com foro privativo.

Além disso, pela interpretação que até então vigorava, todo e qualquer crime praticado pela autoridade deveria ser, obrigatoriamente, julgado pelo Tribunal, ou seja, mesmo que o delito tivesse sido praticado antes da diplomação e mesmo que essa infração não tivesse nenhuma relação com o cargo ocupado.

Esse grande volume de processos criminais no STF fazia com que a Corte não tivesse condições de julgá-los em tempo razoável, gerando morosidade, prescrições e, consequentemente, impunidade.

2) Muitas autoridades com foro por prerrogativa de função, durante o curso do processo, deixavam o cargo ou mudavam de função, fazendo com que houvesse constantes alterações de competência

Ex: o Senador estava respondendo processo criminal no STF; quando estava próximo do julgamento, este parlamentar renunciava ao cargo, fazendo com que o feito fosse remetido para a 1ª instância, acarretando mais demora e, quem sabe, a prescrição.

Ex2: o Deputado Federal estava respondendo processo criminal no STF; quando estava próximo do julgamento, este parlamentar era eleito e diplomado Governador; com isso, o processo teria que ser remetido ao STJ (Tribunal competente para julgar Governadores), fazendo com que houvesse demora.

Enfim, esses dois exemplos não foram únicos. Na verdade, não foram raros os casos em que o réu procurou se eleger a fim de mudar o órgão jurisdicional competente, passando do primeiro grau para o STF. De outro lado, alguns deixaram de se candidatar à reeleição, com o objetivo inverso, qual seja, passar a competência do STF para o juízo de 1ª instância, ganhando tempo com isso. E houve também os que renunciaram quando o julgamento estava próximo de ser pautado no STF. Isso gerava, muitas vezes, o retardamento dos inquéritos e ações penais, com evidente prejuízo para a eficácia, a racionalidade e a credibilidade do sistema penal. Houve, inclusive, casos de prescrição em razão dessas mudanças.

Propostas para corrigir essas disfunções

Diante disso, o STF, em maio de 2018, no julgamento de uma questão de ordem na AP 937, decidiu alterar esse panorama e fixar duas teses interpretativas para corrigir essas disfunções.

1ª tese: restringir o foro por prerrogativa de função para os crimes cometidos durante o exercício do mandato e que tenham relação com ele

O art. 53, § 1º e o art. 102, I, "b", da CF/88 preveem que, em caso de crimes comuns, os Deputados Federais e os Senadores serão julgados pelo STF.

Ocorre que o Supremo conferiu uma interpretação restritiva a esses dispositivos e construiu a seguinte tese:

O foro por prerrogativa de função aplica-se apenas aos crimes cometidos durante o exercício do cargo e relacionados às funções desempenhadas.

STF. Plenário. AP 937 QO/RJ, Rel. Min. Roberto Barroso, julgado em 03/05/2018 (Info 900).

Em outras palavras, os Deputados Federais e Senadores somente serão julgados pelo STF se o crime tiver sido praticado durante o exercício do mandato de parlamentar federal e se estiver relacionado com essa função.

Vale ressaltar que essa decisão restringindo o foro por prerrogativa de função é aplicada também para outras hipóteses de foro privilegiado (e não apenas para os Deputados Federais e Senadores).

O STJ, por exemplo, decidiu que:

Como regra, as hipóteses de foro por prerrogativa de função perante o STJ restringem-se àquelas em que o crime for praticado em razão e durante o exercício do cargo ou função.

Exceção: os Desembargadores continuam sendo julgados pelo STJ mesmo que o crime não esteja relacionado com as suas funções.

STJ. Corte Especial. AgRg na APn 866-DF, Rel. Min. Luis Felipe Salomão, julgado em 20/06/2018 (Info 630).

STJ. APn 878/DF QO, Rel. Min. Benedito Gonçalves, julgado em 21/11/2018.

2ª tese: definir um determinado momento processual (fim da instrução) a partir do qual mesmo que o réu perca o foro privilegiado, ainda assim ele continuará sendo julgado pelo Tribunal

Se a autoridade (ex: Deputado Federal) está respondendo a uma ação penal no STF e, antes de ser julgado, ele deixa de ocupar o cargo (exs: renunciou, não se reelegeu etc), cessa o foro por prerrogativa de função e o processo deverá ser remetido para julgamento em 1ª instância?

Na discussão desta 2ª tese, o STF decidiu estabelecer uma regra para situações como essa:

- Se o réu deixou de ocupar o cargo antes de a instrução terminar: cessa a competência do STF e o processo deve ser remetido para a 1ª instância.
- Se o réu deixou de ocupar o cargo depois de a instrução se encerrar: o STF permanece sendo competente para julgar a ação penal.

Assim, o STF estabeleceu um marco temporal a partir do qual a competência para processar e julgar ações penais – seja do STF ou de qualquer outro órgão jurisdicional – não será mais afetada em razão de o agente deixar o cargo que ocupava, qualquer que seja o motivo (exs: renúncia, não reeleição, eleição para cargo diverso).

Quando se considera encerrada a instrução, para os fins acima explicados?

Considera-se encerrada a instrução processual com a publicação do despacho de intimação para apresentação de alegações finais.

Nesse momento, fica prorrogada a competência do juízo para julgar a ação penal mesmo que ocorra alguma mudança no cargo ocupado pelo réu.

Desse modo, mesmo que o agente público venha a ocupar outro cargo ou deixe o cargo que ocupava, qualquer que seja o motivo, isso não acarretará modificação de competência.

Ex: Pedro, Deputado Federal, respondia ação penal no STF; foi publicado despacho intimando o MP para apresentação de alegações finais; uma semana depois, o réu foi diplomado Prefeito; mesmo Pedro tendo deixado de ser Deputado Federal, o STF continuará sendo competente para julgar o processo criminal contra ele.

A tese fixada foi a seguinte:

> Após o final da instrução processual, com a publicação do despacho de intimação para apresentação de alegações finais, a competência para processar e julgar ações penais não será mais afetada em razão de o agente público vir a ocupar outro cargo ou deixar o cargo que ocupava, qualquer que seja o motivo.
>
> STF. Plenário. AP 937 QO/RJ, Rel. Min. Roberto Barroso, julgado em 03/05/2018.

Assim, se o Deputado Federal ou Senador estiver respondendo a um processo criminal no STF e chegar ao fim o seu mandato, cessa a competência do STF para julgar esta ação penal, salvo se a instrução processual já estiver concluída, hipótese na qual haverá a perpetuação da competência e o STF deverá julgar o réu mesmo ele não sendo mais um parlamentar federal.

Essas duas teses foram definidas na sessão de julgamento do dia 03/05/2018. Ocorre que havia centenas de inquéritos e processos criminais tramitando no STF envolvendo autoridades com foro por prerrogativa de função. Daí surgiu a dúvida: essas duas teses já se aplicam imediatamente para esses processos?

SIM. O STF decidiu que essas duas teses interpretativas deveriam ser aplicadas imediatamente aos inquéritos e processos em curso.

O que significou isso, na prática?

A assessoria dos Ministros fez o levantamento de todos os inquéritos e processos envolvendo autoridades e que estavam tramitando no Tribunal. Em seguida, foram analisados se os crimes imputados às autoridades estavam ou não relacionados com as suas funções.

- Se o processo estivesse relacionado com as funções e a autoridade ainda estivesse no cargo: o feito permanecia no STF para ser julgado pelo Tribunal. Ex: processo envolvendo um Senador que teria recebido vantagem indevida para votar de acordo com os interesses de um grupo econômico. Isso porque, neste caso, a situação se amolda à tese 1 fixada pelo STF.

- Se o processo não estivesse relacionado com as funções ou a autoridade não mais estivesse no cargo: neste caso, o feito foi remetido para ser julgado pelo juízo de 1ª instância. Ex: processo envolvendo um Senador que teria recebido vantagem indevida na época em que era prefeito. Essa situação não se amolda à tese 1 porque o crime não está relaciona com as funções de Senador. Logo, não existe aqui foro por prerrogativa de função, devendo o réu ser julgado em 1ª instância.

Imagine agora uma situação que envolve as duas teses:

Auxiliadora é Deputada Federal e estava respondendo a um processo criminal no STF pela prática de dispensa indevida de licitação (art. 89 da Lei nº 8.666/93).

O suposto delito foi praticado antes de Auxiliadora ser Deputada, quando ela ainda era Secretária Estadual de Educação. Assim, o processo criminal só começou a tramitar no STF depois que ela foi eleita e diplomada Deputada Federal.

Segundo a tese 1, o processo criminal de Auxiliadora deveria ser remetido para ser julgado em 1ª instância. Isso porque o delito supostamente praticado não tem relação com a sua função de Deputada Federal. Relembre o que diz a tese 1:

> O foro por prerrogativa de função aplica-se apenas aos crimes cometidos durante o exercício do cargo e relacionados às funções desempenhadas.
>
> STF. Plenário. AP 937 QO/RJ, Rel. Min. Roberto Barroso, julgado em 03/05/2018 (Info 900).

Qual seria, então, a solução aqui? Remeter o processo de Auxiliadora para a 1ª instância.

Ocorre que havia uma peculiaridade neste caso: o Ministério Público e a defesa já haviam apresentado alegações finais, ou seja, já tinha se encerrado a instrução processual.

De acordo com a tese 2, se a instrução processual já acabou o processo continua no STF para ser julgado lá, mesmo que o réu deixe de ser "autoridade". Relembre a tese 2:

> Após o final da instrução processual, com a publicação do despacho de intimação para apresentação de alegações finais, a competência para processar e julgar ações penais não será mais afetada em razão de o agente público vir a ocupar outro cargo ou deixar o cargo que ocupava, qualquer que seja o motivo.
>
> STF. Plenário. AP 937 QO/RJ, Rel. Min. Roberto Barroso, julgado em 03/05/2018.

Em outras palavras, no caso do processo de Auxiliadora, pela tese 1, ele deveria ser remetido para o juiz. No entanto, de acordo com a tese 2, ele deveria ficar no STF.

O que prevaleceu?

A tese 2.

Podemos definir o tema da seguinte maneira:

- **Com a decisão proferida pelo STF, em 03/05/2018, na AP 937 QO/RJ, todos os inquéritos e processos criminais que estavam tramitando no Supremo envolvendo crimes não relacionados com o cargo ou com a função desempenhada pela autoridade, foram remetidos para serem julgados em 1ª instância. Isso porque o STF definiu, como 1ª tese, que "o foro por prerrogativa de função aplica-se apenas aos crimes cometidos durante o exercício do cargo e relacionados às funções desempenhadas".**
- **O entendimento acima não se aplica caso a instrução já tenha se encerrado. Em outras palavras, se a instrução processual já havia terminado, mantém-se a competência do STF para o julgamento de detentores de foro por prerrogativa de função, ainda que o processo apure um crime que não está relacionado com o cargo ou com a função desempenhada. Isso porque o STF definiu, como 2ª tese, que "após o final da instrução processual, com a publicação do despacho de intimação para apresentação de alegações finais, a competência para processar e julgar ações penais não será mais afetada em razão de o agente público vir a ocupar outro cargo ou deixar o cargo que ocupava, qualquer que seja o motivo."**

STF. 1ª Turma. AP 962/DF, Rel. Min. Marco Aurélio, red. p/ o ac. Min. Roberto Barroso, julgado em 16/10/2018 (Info 920).

1.4. BUSCA E APREENSÃO ORDENADA CONTRA MARIDO DA SENADORA, MAS CUJO CUMPRIMENTO OCORREU NO IMÓVEL FUNCIONAL ONDE AMBOS RESIDEM

A situação concreta, com adaptações, foi a seguinte:

Paulo Bernardo, político e ex-Ministro de Estado, atualmente sem mandato e cargo público, era investigado pela Polícia Federal em uma operação denominada "Custo Brasil".

O juiz de 1º instância determinou, contra ele, medida de busca e apreensão.

Ocorre que Paulo Bernardo residia com a sua esposa, a Senadora Gleisi Hoffmann, em um imóvel funcional em Brasília, cedido pelo Senado Federal.

Desse modo, a busca e apreensão foi realizada neste imóvel funcional.

Reclamação

O Senado Federal não gostou da diligência. Isso porque, na visão desta Casa, ao se determinar busca e apreensão em um imóvel funcional de uma Senadora, o que se está fazendo é, indiretamente, investigar a Senadora. Ocorre que medidas judiciais de investigação contra Senadora por fatos praticados durante o mandato é uma competência privativa do STF.

Diante disso, a Mesa do Senado ajuizou no STF uma Reclamação para anular a decisão da Justiça Federal que determinou busca e apreensão no apartamento funcional da Senadora.

Para o órgão, houve usurpação da competência do STF devido à previsão constitucional do foro por prerrogativa de função. Desse modo, a busca e apreensão deveria ser previamente autorizada pelo Supremo em virtude de Gleisi ser Senadora, pois é "indissociável a titularidade dos documentos, objetos e bens a serem apreendidos no domicílio de uma sociedade conjugal".

De acordo com a Mesa, o mandado emitido pelo Juiz Federal teria sido "completamente genérico, não permitindo ao órgão de execução efetivamente separar o que fosse de propriedade da senadora daquilo que efetivamente se referisse ao seu esposo, se é que isso seria possível".

O STF concordou com a reclamação proposta?

SIM. A 2ª Turma do STF julgou procedente a reclamação para invalidar a ordem de busca e apreensão e determinar a inutilização e o desentranhamento dos autos de todas as provas obtidas por meio da referida diligência, ordenada por juiz de 1ª grau no imóvel funcional.

STF. 2ª Turma. Rcl 24473/DF, Rel. Min. Dias Toffoli, julgado em 26/6/2018 (Info 908).

Vamos entender com calma.

Legitimidade da Mesa do Senado para a reclamação

A reclamação foi ajuizada na defesa da prerrogativa de foro, perante o STF, da Senadora da República Gleisi Helena Hoffman, que teria sido violada pelo juízo reclamado ao direcionar à parlamentar, de forma indireta, a medida de busca e apreensão, realizada nas dependências do apartamento funcional por ela ocupado.

Nos termos do art. 48, II, do Regimento Interno do Senado Federal, compete a seu presidente, membro nato da Mesa do Senado, "velar pelo respeito às prerrogativas do Senado e às imunidades dos Senadores".

Encontra-se presente, portanto, a pertinência temática entre o objeto da reclamação e a atuação da Mesa do Senado Federal na qualidade de ente despersonalizado, o que lhe outorga a capacidade de ser parte ativa nesta ação.

Corroborando essa conclusão, a própria Constituição Federal outorgou à Mesa do Senado Federal legitimidade para propor ADI e ADC (art. 103, II, da CF/88), vale dizer, reconheceu-lhe expressamente a capacidade de ser parte em juízo.

Competência para decretar busca e apreensão

Em estrita observância ao princípio do juiz natural, somente o juiz constitucionalmente competente pode validamente ordenar uma medida de busca e apreensão domiciliar.

Nos termos do art. 102, I, b, da Constituição Federal, compete ao STF processar e julgar originariamente, nas infrações penais comuns, os membros do Congresso Nacional.

Assim, as medidas judiciais de investigação contra Senadora por fatos praticados durante o mandato somente podem ser decretadas pelo STF.

Prerrogativa é do membro (e não do imóvel)

Vale ressaltar que a prerrogativa de foro junto ao Supremo Tribunal Federal, por óbvio, se relaciona ao membro do parlamento, e não à titularidade de um imóvel.

Do contrário, ainda que se tratasse de imóvel funcional do Congresso não habitado por parlamentar, estar-se-ia a interditar, de forma desarrazoada, uma diligência de busca e apreensão por ordem judicial não emanada do Supremo Tribunal Federal.

Dessa feita, no caso de investigação de um crime de homicídio praticado por uma secretária do lar de um parlamentar federal, por exemplo, o juiz de primeiro grau, em tese, poderia validamente ordenar a realização de busca em seu domicílio funcional, no intuito de apreender a arma empregada no crime.

Essa hipótese seria uma diligência perfeitamente individualizada, estanque e, portanto, incomunicável ao parlamentar ali domiciliado, razão por que, em princípio, não importaria em investigação reflexa sobre

o titular de prerrogativa de foro.

Não faria sentido, nesse caso, afetar-se a competência para autorizar essa diligência ao STF.

Desse modo, seria possível que o juízo diverso do STF decretasse a medida de busca e apreensão desde que houvesse absoluta incomunicabilidade do resultado da diligência com o titular de prerrogativa de foro, ou seja, desde que fosse possível separar, com muita clareza, a investigação do parlamentar.

Essa não era, todavia, a hipótese dos autos.

Mandado judicial era vago

O juiz tentou delimitar a diligência de busca e apreensão ao investigado Paulo Bernardo. Contudo, isso se mostrou impossível diante da vagueza de seu objeto. Isso porque o que estavam sendo buscados eram documentos, computadores, celulares, mídias, sendo impossível delimitar-se, de antemão, o que seria de titularidade da Senadora da República e o que pertenceria ao investigado Paulo Bernardo.

Não é válida a ideia de, posteriormente, separar o que era da Senadora

A alegação de que, após a apreensão, proceder-se-ia, em primeiro grau, a uma triagem do material arrecadado, para selecionar e apartar elementos de convicção relativos à Senadora da República, não se sustenta, por implicar, por via reflexa, inequívoca e vedada investigação de detentor de prerrogativa de foro e manifesta usurpação da competência do Supremo Tribunal Federal.

Somente o Supremo Tribunal Federal, nessas circunstâncias, tem competência para ordenar busca e apreensão domiciliar que traduza, mesmo que potencialmente, investigação de parlamentar federal, bem como para selecionar os elementos de convicção que a ela interessem ou não.

A legalidade da ordem de busca e apreensão deve necessariamente ser aferida antes de seu cumprimento, pois, do contrário, poder-se-ia incorrer em legitimação de decisão manifestamente ilegal, com base no resultado da diligência.

Não se pode invocar a teoria do juízo aparente

Diante da manifesta e consciente assunção, por parte da Procuradoria da República em São Paulo e do juízo reclamado, do risco concreto de apreensão de elementos de convicção relacionados a detentor de prerrogativa de foro, não cabe, repito, argumentar-se com descoberta fortuita de provas nem com a teoria do juízo aparente.

Nessas circunstâncias, a realização de diligência por juízo sem competência constitucional é nula.

Com efeito, na hipótese de usurpação, ainda que indireta, da competência do Supremo Tribunal Federal para supervisionar investigações criminais, a consequência deve ser a nulidade dos atos eventualmente praticados na persecução penal.

Em suma:

A maioria dos Ministros entendeu que foi usurpada a competência do STF, prevista no art. 102, I, "b", da CF/88, para processar e julgar, originariamente, nas infrações penais comuns, os membros do Congresso Nacional.

O STF entendeu que a ordem judicial expedida foi ampla e vaga, sem prévia individualização dos bens que seriam de titularidade da parlamentar federal e daqueles pertencentes ao não detentor de prerrogativa de foro.

Assim, reconheceu-se que as provas obtidas na busca e apreensão foram ilícitas (art. 5º, LVI, da CF/88), assim como as outras diretamente dela derivadas.

STF. 2ª Turma. Rcl 24473/DF, Rel. Min. Dias Toffoli, julgado em 26/6/2018 (Info 908).

Importante destacar aqui alguns trechos da ementa:

> (...) 6. Por estrita observância ao princípio do juiz natural (CF, art. 5º, LIII), somente o juiz constitucionalmente competente pode validamente ordenar uma medida de busca e apreensão domiciliar.
>
> 7. A prerrogativa de foro junto ao Supremo Tribunal Federal, por óbvio, não se relaciona à titularidade do imóvel, mas sim ao parlamentar federal.
>
> 8. A tentativa do juízo reclamado de delimitar, em sua decisão, a diligência a bens e documentos do investigado não detentor de prerrogativa de foro, de partida, mostrou-se infrutífera, diante da própria vagueza de seu objeto.
>
> 9. A extrema amplitude da ordem de busca, que compreendia indiscriminadamente valores, documentos, computadores e mídias de armazenamento de dados, impossibilitou a delimitação prévia do que pertenceria à Senadora da República e ao investigado, não detentor de prerrogativa de foro.
>
> 10. A alegação de que, após a apreensão, proceder-se-ia, em primeiro grau, a uma triagem do material arrecadado, para selecionar e apartar elementos de convicção relativos à Senadora da República, não se sustenta, por implicar, por via reflexa, inequívoca e vedada investigação de detentor de prerrogativa de foro e, por via de consequência, usurpação da competência do Supremo Tribunal Federal.
>
> 11. Somente o Supremo Tribunal Federal, nessas circunstâncias, tem competência para ordenar busca e apreensão domiciliar que traduza, ainda que reflexamente, investigação de parlamentar federal, bem como para selecionar os elementos de convicção que a ela interessem ou não.
>
> 12. A legalidade da ordem de busca e apreensão deve necessariamente ser aferida antes de seu cumprimento, pois, do contrário, poder-se-ia incorrer em legitimação de decisão manifestamente ilegal, com base no resultado da diligência.
>
> 13. Diante da manifesta e consciente assunção, por parte da Procuradoria da República em São Paulo e do juízo reclamado, do risco concreto de apreensão de elementos de convicção relacionados a detentor de prerrogativa de foro, não cabe argumentar-se com descoberta fortuita de provas nem com a teoria do juízo aparente.
>
> 14. Nessas circunstâncias, a precipitação da diligência por juízo sem competência constitucional maculou-a, insanavelmente, de nulidade.

15. Na hipótese de usurpação da competência do Supremo Tribunal Federal para supervisionar investigações criminais, ainda que de forma indireta, a consequência deve ser a nulidade dos atos eventualmente praticados na persecução penal. Precedentes.

16. Ainda que a decisão impugnada tenha sido proferida em inquérito desmembrado por determinação do Supremo Tribunal Federal, a diligência ordenada, em razão da busca indiscriminada de elementos de convicção que, em tese, poderiam incriminar parlamentar federal, se traduziu em indevida investigação desse, realizada por juízo incompetente.

17. O reconhecimento, portanto, da imprestabilidade do resultado da busca realizada no apartamento funcional da Senadora da República para fins probatórios, como também de eventuais elementos probatórios diretamente derivados (fruits of the poisonous tree), é medida que se impõe.

18. Nos termos do art. 5º, LVI, da Constituição Federal, "são inadmissíveis, no processo, as provas obtidas por meios ilícitos".

19. Por sua vez, o art. 157 do Código de Processo Penal, ordena o desentranhamento dos autos e a inutilização das provas ilícitas, "assim entendidas as obtidas em violação a normas constitucionais ou legais", a fim de não interferir, subjetivamente, no convencimento do juiz.

20. Reclamação julgada procedente, para o fim de invalidar a ordem de busca no domicílio funcional do titular de prerrogativa de foro e, por consequência óbvia, reconhecer a ilicitude das provas ali obtidas, bem como de eventuais elementos probatórios outros delas derivados.

21. Determinado o desentranhamento dos respectivos autos de apreensão e dos relatórios de análise de material apreendido, com sua consequente inutilização, bem como a inutilização de cópias e espelhamentos de documentos, computadores e demais dispositivos eletrônicos, e a restituição de todos os bens apreendidos no citado local, caso já não tenha ocorrido.

22. Determinada, ainda, a inutilização de todas as provas derivadas daquelas obtidas na busca, que deverão ser desentranhadas dos autos e, se for o caso, restituídas a quem de direito.

STF. 2ª Turma. Rcl 24473, Rel. Min. Dias Toffoli, julgado em 26/06/2018.

1.5. COMPETÊNCIA PARA JULGAR CAIXA 2 CONEXO COM CORRUPÇÃO PASSIVA E LAVAGEM DE DINHEIRO

Imagine a situação hipotética:

João praticou as seguintes condutas:

a. recebeu R$ 500 mil de propina de uma empresa para praticar atos ilícitos como agente público;

b. recebeu R$ 300 mil de doações eleitorais, por meio de caixa 2, durante sua campanha para Governador;

c. ocultou a origem dos R$ 500 mil de propina simulando ganhos com a venda de gado.

Em tese, quais foram os delitos praticados por João?

a. corrupção passiva (art. 317 do CP);

b. falsidade ideológica (art. 350 do Código Eleitoral);

c. lavagem de dinheiro (art. 1º da Lei nº 9.613/98).

Vale ressaltar que todos os crimes praticados são conexos.

Diante disso, como ficará a competência para julgar estes delitos? Qual será a Justiça competente?

Justiça eleitoral. Competirá à Justiça Eleitoral julgar todos os delitos.

No concurso entre a jurisdição penal comum e a especial (como a eleitoral), prevalecerá esta na hipótese de conexão entre um delito eleitoral e uma infração penal comum.

O fundamento para isso está no art. 35, II, do Código Eleitoral e no art. 78, IV, do CPP:

§ Art. 35. Compete aos juízes: (leia-se: juízes eleitorais)

II – processar e julgar os crimes eleitorais e os comuns que lhe forem conexos, ressalvada a competência originária do Tribunal Superior e dos Tribunais Regionais;

§ Art. 78. Na determinação da competência por conexão ou continência, serão observadas as seguintes regras:

(...)

IV – no concurso entre a jurisdição comum e a especial, prevalecerá esta.

Em suma:

A doação eleitoral por meio de "caixa 2" é uma conduta que configura crime eleitoral de falsidade ideológica (art. 350 do Código Eleitoral).

A competência para processar e julgar este delito é da Justiça Eleitoral.

A existência de crimes conexos de competência da Justiça Comum, como corrupção passiva e lavagem de capitais, não afasta a competência da Justiça Eleitoral, por força do art. 35, II, do CE e do art. 78, IV, do CPP.

STF. 2ª Turma. PET 7319/DF, Rel. Min. Edson Fachin, julgado em 27/3/2018 (Info 895).

2. PRISÃO E OUTRAS MEDIDAS CAUTELARES

2.1. DECISÃO PROFERIDA EM AUDIÊNCIA DE CUSTÓDIA RECONHECENDO A ATIPICIDADE DO FATO NÃO FAZ COISA JULGADA

Audiência de custódia

Audiência de custódia consiste...

- no direito que a pessoa presa possui
- de ser conduzida (levada),
- sem demora (CNJ adotou o máximo de 24h),
- à presença de uma autoridade judicial (magistrado)
- que irá analisar se os direitos fundamentais dessa pessoa foram respeitados (ex.: se não houve tortura)
- se a prisão em flagrante foi legal ou se deve ser relaxada (art. 310, I, do CPP)
- e se a prisão cautelar (antes do trânsito em julgado) deve ser decretada (art. 310, II) ou se o preso poderá receber a liberdade provisória (art. 310, III) ou medida cautelar diversa da prisão (art. 319).

Previsão

A audiência de custódia é prevista na Convenção Americana de Direitos Humanos (CADH), que ficou conhecida como "Pacto de San Jose da Costa Rica", promulgada no Brasil pelo Decreto 678/92.

Veja o que diz o artigo 7º, item 5, da Convenção:

> § Artigo 7º Direito à liberdade pessoal
>
> (...)
>
> 5. Toda pessoa presa, detida ou retida deve ser conduzida, sem demora, à presença de um juiz ou outra autoridade autorizada por lei a exercer funções judiciais (...)

Segundo entende o STF, os tratados internacionais de direitos humanos dos quais o Brasil foi signatário incorporam-se em nosso ordenamento jurídico com *status* de norma jurídica supralegal (RE 349.703/RS, DJe de 5/6/2009).

Desse modo, na visão do STF, a Convenção Americana de Direitos Humanos é norma jurídica no Brasil hierarquicamente acima de qualquer lei ordinária ou complementar, só estando abaixo, portanto, das normas constitucionais.

Obs.: na época em que a CADH foi aprovada no Brasil, ainda não havia a previsão do § 3º do art. 5º da CF/88.

Nomenclatura

O termo "audiência de custódia", apesar de ter sido consagrado no Brasil, não é utilizado expressamente pela CADH, sendo essa nomenclatura uma criação doutrinária.

Durante os debates no STF a respeito da ADI 5240/SP, o Min. Luiz Fux defendeu que essa audiência passe a se chamar "audiência de apresentação". Desse modo, deve-se tomar cuidado com essa expressão caso seja cobrada em uma prova.

Regulamentação

Apesar de existir um projeto de lei tramitando no Congresso Nacional (PLS nº 554/2011), o certo é que a audiência de custódia ainda não foi regulamentada por lei no Brasil. Isso significa que não existe uma lei estabelecendo o procedimento a ser adotado para a realização dessa audiência.

Diante desse cenário, e a fim de dar concretude à previsão da CADH, o CNJ, no fim de 2015, aprovou a Resolução 213/2015, que dispõe sobre a apresentação de toda pessoa presa à autoridade judicial no prazo de 24 horas.

Qual é a amplitude da expressão "sem demora" prevista na CADH? Em até quanto tempo a pessoa presa deverá ser levada para a audiência de custódia?

Não existe uma previsão específica de tempo na CADH. A doutrina majoritária defende, contudo, que esse prazo deve ser de 24 horas, aplicando-se, subsidiariamente, a regra do § 1º do art. 306 do CPP. Esse foi o prazo adotado pelo CNJ na Resolução 213/2015.

Assim, de acordo com a Resolução 213/2015 do CNJ, toda pessoa presa em flagrante delito, independentemente da motivação ou natureza do ato, será obrigatoriamente apresentada, em até 24 horas da comunicação do flagrante, à autoridade judicial competente, e ouvida sobre as circunstâncias em que se realizou sua prisão ou apreensão.

Quem participa da audiência

A audiência de custódia será realizada na presença do Ministério Público e da Defensoria Pública, caso a pessoa detida não possua defensor constituído.

É vedada a presença dos agentes policiais responsáveis pela prisão ou pela investigação durante a audiência de custódia.

Se a pessoa presa em flagrante delito constituir advogado até o término da lavratura do auto de prisão em flagrante, o Delegado de polícia deverá notificá-lo, pelos meios mais comuns, tais como correio eletrônico, telefone ou mensagem de texto, para que compareça à audiência de custódia.

O que o juiz deverá perguntar e fazer durante a audiência:

Na audiência de custódia, a autoridade judicial entrevistará a pessoa presa em flagrante, devendo:

1. esclarecer o que é a audiência de custódia, ressaltando as questões a serem analisadas pela autoridade judicial;
2. assegurar que a pessoa presa não esteja algemada, salvo em casos de resistência e de fundado receio de fuga ou de perigo à integridade física própria ou alheia, devendo a excepcionalidade ser justificada por escrito;
3. dar ciência sobre seu direito de permanecer em silêncio;
4. questionar se lhe foi dada ciência e efetiva oportunidade de exercício dos direitos constitucionais inerentes à sua condição, particularmente o direito de consultar-se com advogado ou defensor público, o de ser atendido por médico e o de comunicar-se com seus familiares;
5. indagar sobre as circunstâncias de sua prisão ou apreensão;
6. perguntar sobre o tratamento recebido em todos os locais por onde passou antes da apresentação à audiência, questionando sobre a ocorrência de tortura e maus tratos e adotando as providências cabíveis;
7. verificar se houve a realização de exame de corpo de delito, determinando sua realização nos casos em que:
   a. não tiver sido realizado;
   b. os registros se mostrarem insuficientes;
   c. a alegação de tortura e maus tratos referir-se a momento posterior ao exame realizado;
   d. o exame tiver sido realizado na presença de agente policial;
8. abster-se de formular perguntas com finalidade de produzir prova para a investigação ou ação penal relativas aos fatos objeto do auto de prisão em flagrante;
9. adotar as providências a seu cargo para sanar possíveis irregularidades;
10. averiguar, por perguntas e visualmente, hipóteses de gravidez, existência de filhos ou dependentes sob cuidados da pessoa presa em flagrante delito, histórico de doença grave, incluídos os transtornos mentais e a dependência química, para analisar o cabimento de encaminhamento assistencial e da concessão da liberdade provisória, sem ou com a imposição de medida cautelar.

Perguntas do MP e depois da defesa

Após o juiz ouvir a pessoa presa, deverá conceder a palavra ao Ministério Público e depois à defesa técnica, para que estes façam reperguntas compatíveis com a natureza do ato, devendo indeferir as perguntas relativas ao mérito dos fatos que possam constituir eventual imputação.

Decisão do juiz

Principais providências que o juiz determinar após concluir a oitiva do flagranteado:

1. determinar o relaxamento da prisão em flagrante (caso entenda que a prisão foi ilegal);
2. conceder liberdade provisória (com ou sem medida cautelar diversa da prisão);

3. decretar a prisão preventiva, caso estejam presentes os pressupostos do art. 312 do CPP;

4. decretar outras medidas necessárias à preservação de direitos da pessoa presa.

Termo de audiência será apensado ao IP ou processo penal

O termo da audiência de custódia será apensado ao inquérito ou à ação penal.

Feita esta revisão sobre o tema, imagine a seguinte situação hipotética:

João foi preso em flagrante, durante o fim de semana, pela suposta prática de um crime.

Ele foi levado até o juiz plantonista para a realização de audiência de custódia.

O magistrado de plantão decidiu pelo relaxamento da prisão por entender que a conduta praticada pelo flagranteado seria atípica.

Qual recurso o MP poderia interpor contra essa decisão?

RESE, nos termos do art. 581, V, do CPP:

> § Art. 581. Caberá recurso, no sentido estrito, da decisão, despacho ou sentença:
>
> (...)
>
> V – que conceder, negar, arbitrar, cassar ou julgar inidônea a fiança, indeferir requerimento de prisão preventiva ou revogá-la, conceder liberdade provisória ou relaxar a prisão em flagrante;

O Ministério Público, contudo, não interpôs qualquer recurso.

Denúncia

Três meses após a audiência de custódia, o Ministério Público ofereceu denúncia contra João pela conduta praticada e que ensejou a sua prisão em flagrante três meses atrás.

A denúncia foi recebida.

Diante disso, a defesa de João impetrou habeas corpus com o objetivo de trancar a ação penal. Sustentou que o juiz, ao final da audiência de custódia, reconheceu a atipicidade da conduta e que essa decisão não foi impugnada mediante recurso. Logo, teria havido coisa julgada que estaria sendo violada pela decisão de recebimento da denúncia.

O pedido da defesa foi acolhido pelo STF? O habeas corpus foi concedido?

NÃO. A ordem foi denegada (o pedido do HC foi julgado improcedente).

Juízo preliminar sobre a legitimidade da prisão

Na audiência de custódia é feito apenas um juízo preliminar acerca da legitimidade da prisão em flagrante, analisando se é caso de eventual relaxamento, decretação da prisão preventiva ou concessão de liberdade provisória.

Assim, a decisão proferida na audiência de custódia não é uma decisão de mérito para efeito de coisa julgada.

Atipicidade era apenas fundamento para o relaxamento da prisão

A atipicidade da conduta apontada pelo juiz plantonista, em sede de audiência de custódia, foi utilizada apenas como fundamento para o relaxamento da prisão. Entretanto, esse magistrado plantonista não possuía competência para determinar o arquivamento dos autos, já que sua atuação estava limitada à análise da regularidade da prisão.

A atuação do Poder Judiciário nesta fase se justifica unicamente para proteger direitos e garantias do custodiado. Qualquer consideração feita sobre eventual tipicidade da conduta não produz efeito de coisa julgada, não havendo prolação de sentença.

STJ

Esse é também o entendimento do STJ:

> A decisão proferida durante a audiência de custódia, ao relaxar a prisão em flagrante da recorrente, independentemente dos motivos que determinaram a concessão da liberdade, não vincula o titular da ação penal, e, portanto, não obsta o posterior oferecimento de denúncia, sob pena de negativa de vigência ao art. 24 do Código de Processo Penal.
>
> STJ. 5ª Turma. RHC 85.970/SP, Rel. Min. Felix Fischer, julgado em 10/04/2018.

> A decisão do Juiz Plantonista que concede liberdade à recorrente, embora assentada no reconhecimento da insignificância, não impede a persecução penal, porquanto os motivos de fato e de direito apresentados não fazem coisa julgada, sob pena de negativa de vigência ao art. 24 do CPP.
>
> STJ. 5ª Turma. RHC 59.000/SP, Rel. Min. Felix Fischer, julgado em 19/09/2017.

Vale ressaltar que a presente hipótese não se confunde com o arquivamento de inquérito policial. Se fosse uma decisão determinando o arquivamento do IP baseado na atipicidade dos fatos, aí sim seria vedada a reabertura das investigações e o oferecimento de denúncia por estes mesmos fatos.

Em suma:

A decisão que, na audiência de custódia, determina o relaxamento da prisão em flagrante sob o argumento de que a conduta praticada é atípica não faz coisa julgada.

Assim, esta decisão não vincula o titular da ação penal, que poderá oferecer acusação contra o indivíduo narrando os mesmos fatos e o juiz poderá receber essa denúncia.

STF. 1ª Turma. HC 157.306/SP, Rel. Min. Luiz Fux, julgado em 25/9/2018 (Info 917).

2.2. DESCUMPRIMENTO DE MEDIDA PROTETIVA, PRISÃO PREVENTIVA E CONTRAVENÇÃO PENAL

A prática de contravenção penal, no âmbito de violência doméstica, não é motivo idôneo para justificar a prisão preventiva do réu.

O inciso III do art. 313 do CPP prevê que será admitida a decretação da prisão preventiva "se o CRIME envolver violência doméstica e familiar contra a mulher, criança, adolescente, idoso, enfermo ou pessoa com deficiência, para garantir a execução das medidas protetivas de urgência".

Assim, a redação do inciso III do art. 313 do CPP fala em CRIME (não abarcando contravenção penal). Logo, não há previsão legal que autorize a prisão preventiva contra o autor de uma contravenção penal. Decretar a prisão preventiva, nesta hipótese, representa ofensa ao princípio da legalidade estrita.

STJ. 6ª Turma. HC 437.535-SP, Rel. Min. Maria Thereza de Assis Moura, Rel. Acd. Min. Rogerio Schietti Cruz, julgado em 26/06/2018 (Info 632).

Veja comentários em Direito Penal.

2.3. PRISÃO DOMICILIAR PARA GESTANTES, PUÉRPERAS, MÃES DE CRIANÇAS E MÃES DE PESSOAS COM DEFICIÊNCIA

PRISÃO DOMICILIAR

Prisão domiciliar do CPP x Prisão domiciliar da LEP

O tema "prisão domiciliar" é tratado tanto no CPP como na LEP, tratando-se, contudo, de institutos diferentes, conforme se passa a demonstrar:

PRISÃO DOMICILIAR DO CPP	PRISÃO DOMICILIAR DA LEP
Arts. 317 e 318 do CPP.	Art. 117 da LEP.
O CPP, ao tratar da prisão domiciliar, está se referindo à possibilidade de o réu, em vez de ficar em prisão preventiva, permanecer recolhido em sua residência.	A LEP, ao tratar da prisão domiciliar, está se referindo à possibilidade de a pessoa já condenada cumprir a sua pena privativa de liberdade na própria residência.
Trata-se de uma medida cautelar por meio da qual o réu, em vez de ficar preso na unidade prisional, permanece recolhido em sua própria residência. Continua tendo natureza de prisão, mas uma prisão "em casa".	Trata-se, portanto, da execução penal (cumprimento da pena) na própria residência.
Hipóteses (importante): O juiz poderá substituir a prisão preventiva pela domiciliar quando o agente for: I – maior de 80 anos; II – extremamente debilitado por motivo de doença grave; III – imprescindível aos cuidados especiais de pessoa menor de 6 anos de idade ou com deficiência; IV – gestante; V – mulher com filho de até 12 (doze) anos de idade incompletos; VI – homem, caso seja o único responsável pelos cuidados do filho de até 12 (doze) anos de idade incompletos. *Obs.: os magistrados, membros do MP, da Defensoria e da advocacia têm direito à prisão cautelar em sala de Estado-Maior. Caso não exista, devem ficar em prisão domiciliar.*	Hipóteses (importante): O preso que estiver cumprindo pena no regime aberto poderá ficar em prisão domiciliar quando se tratar de condenado(a): I – maior de 70 anos; II – acometido de doença grave; III – com filho menor ou deficiente físico ou mental; IV – gestante.
O juiz pode determinar que a pessoa fique usando uma monitoração eletrônica.	O juiz pode determinar que a pessoa fique usando uma monitoração eletrônica.

Estatuto da Primeira Infância

A Lei nº 13.257/2016 prevê a formulação e implementação de políticas públicas voltadas para as crianças que estão na "primeira infância".

A Lei nº 13.257/2016 promoveu alterações no Código de Processo Penal, em especial no regime de prisão domiciliar.

Prisão domiciliar do CPP

Como vimos no quadro acima, o CPP, ao tratar da prisão domiciliar, prevê a possibilidade de o réu, em vez de ficar em prisão preventiva, permanecer recolhido em sua residência. Trata-se de uma medida cautelar que substitui a prisão preventiva pelo recolhimento da pessoa em sua residência.

§ Art. 317. A prisão domiciliar consiste no recolhimento do indiciado ou acusado em sua residência, só podendo dela ausentar-se com autorização judicial.

As hipóteses em que a prisão domiciliar é permitida estão elencadas no art. 318 do CPP. A Lei nº 13.257/2016 promoveu importantíssimas alterações neste rol. Veja:

Inciso IV – prisão domiciliar para GESTANTE independente do tempo de gestação e de sua situação de saúde

CPP	
ANTES DA LEI 13.257/2016	ATUALMENTE
Art. 318. Poderá o juiz substituir a prisão preventiva pela domiciliar quando o agente for: (...) IV – gestante a partir do 7º (sétimo) mês de gravidez ou sendo esta de alto risco.	Art. 318. Poderá o juiz substituir a prisão preventiva pela domiciliar quando o agente for: (...) IV – gestante;

Desse modo, agora basta que a investigada ou ré esteja grávida para ter direito à prisão domiciliar. Não mais se exige tempo mínimo de gravidez nem que haja risco à saúde da mulher ou do feto.

Inciso V – prisão domiciliar para MULHER que tenha filho menor de 12 anos

A Lei nº 13.257/2016 acrescentou o inciso V ao art. 318 com a seguinte redação:

§ Art. 318. Poderá o juiz substituir a prisão preventiva pela domiciliar quando o agente for:

(...)

V – mulher com filho de até 12 (doze) anos de idade incompletos;

Esta hipótese não existia e foi incluída pela Lei nº 13.257/2016.

Inciso VI – prisão domiciliar para HOMEM que seja o único responsável pelos cuidados do filho menor de 12 anos

A Lei nº 13.257/2016 acrescentou o inciso VI ao art. 318 com a seguinte redação:

§ Art. 318. Poderá o juiz substituir a prisão preventiva pela domiciliar quando o agente for:

(...)

VI – homem, caso seja o único responsável pelos cuidados do filho de até 12 (doze) anos de idade incompletos.

Esta hipótese também não existia e foi incluída pela Lei nº 13.257/2016.

Se uma mulher grávida estivesse em prisão preventiva, o juiz, obrigatoriamente, deveria conceder a ela prisão domiciliar com base no art. 318, IV, do CPP? As hipóteses de prisão domiciliar previstas nos incisos IV e V do art. 318 do CPP eram consideradas obrigatórias ou facultativas?

A maioria da doutrina e os julgados do STJ afirmavam que não.

O entendimento que prevalecia era o de que a substituição da prisão cautelar pela domiciliar não era automática e o juiz deveria analisar, em cada caso concreto, se a prisão domiciliar seria suficiente.

Nesse sentido:

STJ. 5ª Turma. HC 381.655/AC, Rel. Min. Ribeiro Dantas, julgado em 09/05/2017.

STJ. 6ª Turma. RHC 81.300/SP, Rel. Min. Nefi Cordeiro, julgado em 06/04/2017.

Habeas corpus coletivo

Assim, apesar da previsão do art. 318, IV e V, do CPP, muitas mulheres, mesmo estando grávidas ou com filhos menores de 12 anos, permaneciam recolhidas nas unidades prisionais cumprindo prisão preventiva.

Em poucos casos, os juízes concediam a prisão domiciliar.

Diante desta realidade, advogados de um movimento chamado "Coletivo de Advogados em Direitos Humanos" (CADHu) impetraram habeas corpus coletivo no STF pedindo que a Corte reconhecesse, de forma ampla e geral, que as presas grávidas ou com filhos menores de 12 anos possuem direito à prisão domiciliar.

Após a impetração, a DPU interveio neste habeas corpus.

HABEAS CORPUS COLETIVO

É cabível a impetração de habeas corpus coletivo?

SIM.

A ação coletiva é um dos únicos instrumentos capazes de garantir o acesso à justiça dos grupos mais vulneráveis socioeconomicamente. Nesse sentido, o STF tem admitido com maior amplitude a utilização da ADPF e do mandado de injunção coletivo.

O habeas corpus, por sua vez, se presta a salvaguardar a liberdade. Assim, se o bem jurídico ofendido é o direito de ir e vir, quer pessoal, quer de um grupo determinado de pessoas, o instrumento processual para resgatá-lo é o habeas corpus, individual ou coletivo.

Para o STF, apesar de não haver uma previsão expressa no ordenamento jurídico, existem dois dispositivos legais que, indiretamente, revelam a possibilidade de habeas corpus coletivo. Trata-se do art. 654, § 2º e do art. 580, ambos do CPP.

O art. 654, § 2º estabelece que compete aos juízes e tribunais expedir ordem de habeas corpus de ofício. O art. 580 do CPP, por sua vez, permite que a ordem concedida em determinado habeas corpus seja estendida para todos que se encontram na mesma situação.

Assim, conclui-se que os juízes ou Tribunais podem estender para todos que se encontrem na mesma situação a ordem de habeas corpus concedida individualmente em favor de uma pessoa.

Pode-se aplicar, por analogia, a regra do mandado de segurança coletivo

A CF/88 prevê que o mandado de segurança é cabível quando não for o caso de habeas corpus (art. 5º, LXIX). Existe, portanto, uma equivalência entre esses dois remédios constitucionais.

A Constituição prevê a existência do mandado de segurança coletivo (art. 5º, LXX). Por dedução, pode-se reconhecer a possibilidade do habeas corpus coletivo.

Mas o pedido formulado neste habeas corpus coletivo poderia ser obtido, por exemplo, com uma ADPF...

É verdade. O pedido formulado no presente habeas corpus coletivo até poderia, em tese, ser conseguido com uma decisão em ADPF.

No entanto, o rol de legitimados da ADPF é mais restrito.

Assim, a existência de outras ferramentas disponíveis para suscitar a defesa coletiva de direitos não deve obstar o conhecimento desta ação.

Como o acesso à justiça, sobretudo de mulheres presas e pobres, é muito difícil em virtude de sua notória deficiência, o Poder Judiciário não pode negar que os vários segmentos da sociedade civil façam a sua defesa com os mecanismos que dispõem.

Refutou o argumento de que as beneficiárias são indeterminadas

Um dos argumentos contrários à impetração do habeas corpus coletivo era o de que ele beneficiaria um universo de mulheres indeterminadas ou indetermináveis.

Esse argumento foi refutado pelo STF em virtude do fato de que os autores da ação apresentaram listas contendo nomes e demais dados de inúmeras mulheres presas preventivamente e que se encontram nesta situação (grávidas ou com filhos de até 12 anos).

Desse modo, fica superada a alegação de que as pacientes (beneficiárias do HC) seriam indeterminadas ou indetermináveis.

Em face dessa listagem, ainda que provisória, de mulheres presas, submetidas a um sistemático descaso pelo Estado responsável por sua custódia, não se está mais diante de um grupo de pessoas indeterminadas e indetermináveis, mas em face de uma situação em que é possível discernir direitos individuais homogêneos (art. 81, parágrafo único, III, do CDC).

Vale ressaltar, por fim, que o fato de a ordem do HC, se concedida, ser estendida a outras mulheres em idêntica situação não representa novidade, ao contrário, constitui uma das consequências normais do HC, conforme se viu no art. 580 do CPP.

Experiência da Corte Suprema argentina

O Ministro Ricardo Lewandowski citou processo julgado pela Corte Suprema argentina que, em caso envolvendo pessoas presas em situação insalubre, reconheceu o cabimento de habeas corpus coletivo ("caso Verbitsky").

Naquele país, assim como no Brasil, inexiste previsão constitucional expressa de habeas corpus coletivo, mas essa omissão legislativa não impediu o conhecimento desse tipo de writ pela Corte da nação vizinha. No julgamento em questão, o habeas corpus coletivo foi considerado, pela maioria dos membros do Supremo Tribunal, como sendo o remédio mais compatível com a natureza dos direitos a serem tutelados, os quais, tal como na presente hipótese, diziam respeito ao direito de pessoas presas em condições insalubres.

E por que o STF é competente para julgar este HC coletivo?

Porque muitas das decisões que não concederam a prisão domiciliar para as gestantes e mães de filhos de até 12 anos foram proferidas pelo STJ e a competência para julgar habeas corpus contra acórdãos do STJ é do STF, nos termos do art. 102, I, "i", da CF/88:

§ Art. 102. Compete ao Supremo Tribunal Federal, precipuamente, a guarda da Constituição, cabendo-lhe:

I – processar e julgar, originariamente:

(...)

i) o habeas corpus, quando o coator for Tribunal Superior ou quando o coator ou o paciente for autoridade ou funcionário cujos atos estejam sujeitos diretamente à jurisdição do Supremo Tribunal Federal, ou se trate de crime sujeito à mesma jurisdição em uma única instância;

Além disso, era fundamental uma decisão de âmbito nacional do STF para garantir maior isonomia às partes envolvidas, para permitir que lesões a direitos potenciais ou atuais sejam sanadas com mais celeridade e para descongestionar o acervo de processos em trâmite no país.

Essas razões, somadas ao reconhecimento do estado de coisas inconstitucional do sistema prisional, bem assim à existência de decisões dissonantes sobre o alcance da redação do art. 318, IV e V, do CPP, impõem o reconhecimento da competência do STF para o julgamento do writ, sobretudo tendo em conta a relevância constitucional da matéria.

Quem é legitimado para impetrar habeas corpus coletivo?

Diante da inexistência de regramento legal, o STF entendeu que se deve aplicar, por analogia, o art. 12 da Lei nº 13.300/2016, que trata sobre os legitimados para propor mandado de injunção coletivo.

Assim, possuem legitimidade para impetrar habeas corpus coletivo:

1. o Ministério Público;
2. o partido político com representação no Congresso Nacional;
3. a organização sindical, entidade de classe ou associação legalmente constituída e em funcionamento há pelo menos 1 (um) ano;
4. a Defensoria Pública.

Posicionamento em sentido contrário do STJ

Vale ressaltar que, apesar de já ter admitido no passado, o entendimento atual do STJ era no sentido da impossibilidade de habeas corpus coletivo. Nesse sentido: STJ. 5ª Turma. AgRg no RHC 41.675/SP, Rel. Min. Ribeiro Dantas, julgado em 05/10/2017.

Vejamos como o STJ vai se portar depois desta decisão do STF. Para fins de concurso, deve-se adotar o entendimento do STF de que é cabível habeas corpus coletivo.

MÉRITO DA IMPETRAÇÃO

Grave deficiência estrutural no sistema carcerário

Como é do conhecimento de todos, o sistema prisional brasileiro vive uma grande crise. São observados inúmeros problemas, como a superlotação e a falta de condições mínimas de saúde e de higiene.

O STF, inclusive, já reconheceu que o sistema penitenciário brasileiro vive um "Estado de Coisas Inconstitucional", com uma violação generalizada de direitos fundamentais dos presos. As penas privativas de liberdade aplicadas nos presídios acabam sendo penas cruéis e desumanas.

A ausência de medidas legislativas, administrativas e orçamentárias eficazes representa uma verdadeira "falha estrutural" que gera ofensa aos direitos dos presos, além da perpetuação e do agravamento da situação. Nesse sentido: STF. Plenário. ADPF 347 MC/DF, Rel. Min. Marco Aurélio, julgado em 9/9/2015 (Info 798).

Diante disso, as mulheres grávidas e as mulheres mães de crianças que se encontram presas estão sujeitas a situações degradantes na prisão, em especial privadas de cuidados médicos pré-natal e pós-parto. Além disso, os seus filhos menores estão em situação de abandono em virtude da falta de berçários e creches.

"Cultura do encarceramento"

Na opinião do Min. Ricardo Lewandowski, existe, atualmente, uma "cultura do encarceramento" vigente no Poder Judiciário, a qual se revela pela imposição exagerada de prisões provisórias a mulheres pobres e vulneráveis. Isso decorre em virtude de um "proceder mecânico, automatizado, de certos magistrados, assoberbados pelo excesso de trabalho" e também por conta de uma "interpretação acrítica, matizada por um ultrapassado viés punitivista da legislação penal e processual penal, cujo resultado leva a situações que ferem a dignidade humana de gestantes e mães submetidas a uma situação carcerária degradante, com evidentes prejuízos para as respectivas crianças".

O Brasil não tem conseguido garantir sequer o bem-estar de gestantes e mães que estão soltas

Vale ressaltar que o Brasil não tem sido capaz de garantir cuidados relativos à maternidade nem mesmo às mulheres que não estão em situação prisional. Nesse sentido, deve-se relembrar o conhecido "caso Alyne Pimentel".

"Em 14 de novembro de 2002, Alyne da Silva Pimentel Teixeira estava no sexto mês de gestação e buscou assistência na rede pública em Belford Roxo, no estado do Rio de Janeiro. Alyne era negra, tinha 28 anos de idade, era casada e mãe de uma filha de cinco anos. Com náusea e fortes dores abdominais, buscou assistência médica, recebeu analgésicos e foi liberada para voltar a sua casa.

Não tendo melhorado, retornou ao hospital, quando então foi constatada a morte do feto. Após horas de espera, Alyne foi submetida a cirurgia para retirada dos restos da placenta. O quadro se agravou e foi indicada sua transferência para hospital em outro município, mas sua remoção foi feita com grande atraso.

No segundo hospital, a jovem ainda ficou aguardando por várias horas no corredor, por falta de leito na emergência, e acabou falecendo em 16 de novembro de 2002, em decorrência de hemorragia digestiva resultante do parto do feto morto.

O caso foi apresentado à Convenção para a Eliminação de Todas as Formas de Discriminação contra as Mulheres (Cedaw), órgão ligado à ONU, pela mãe de Alyne, Maria de Lourdes da Silva Pimentel.

Em 2011, o Cedaw responsabilizou o Estado brasileiro por não cumprir seu papel de prestar o atendimento médico adequado desde o início das complicações na gravidez de Alyne. Para o órgão, a assistência à saúde uterina e ao ciclo reprodutivo é um direito básico da mulher e a falta dessa assistência consiste em discriminação, por tratar-se de questão exclusiva da saúde e da integridade física feminina." (https://www12.senado.leg.br/noticias/materias/2013/11/14/entenda-o-caso-alyne).

Este caso representou a primeira denúncia sobre mortalidade materna acolhida pelo Comitê para a Eliminação de todas as Formas de Discriminação contra a Mulher, incumbido de monitorar o cumprimento pelos Estados-parte da Convenção relativa aos Direitos das Mulheres, adotada pelas Nações Unidas em 1979 tratando-se da única condenação do Estado brasileiro proveniente de um órgão do Sistema Universal de Direitos Humanos (ALBUQUERQUE, Aline S. de Oliveira; BARROS, Julia Schirmer. Caso Alyne Pimentel: uma análise à luz da abordagem baseada em direitos humanos. Revista do Instituto Brasileiro de Direitos Humanos, Fortaleza, nº 12, jul. 2016, p. 11).

Legislação prevê direitos às mulheres presas que não estão sendo assegurados

Tanto a Constituição Federal como a Lei de Execução Penal preveem uma série de direitos às mulheres presas:

§ Constituição Federal

Art. 5º (...)

II – ninguém será obrigado a fazer ou deixar de fazer alguma coisa senão em virtude de lei;

XLI – a lei punirá qualquer discriminação atentatória dos direitos e liberdades fundamentais;

XLV – nenhuma pena passará da pessoa do condenado, podendo a obrigação de reparar o dano e a decretação do perdimento de bens ser, nos termos da lei, estendidas aos sucessores e contra eles executadas, até o limite do valor do patrimônio transferido;

XLVIII – a pena será cumprida em estabelecimentos distintos, de acordo com a natureza do delito, a idade e o sexo do apenado;

XLIX – é assegurado aos presos o respeito à integridade física e moral;

L – às presidiárias serão asseguradas condições para que possam permanecer com seus filhos durante o período de amamentação;

§ Lei de Execução Penal

Art. 14 (...)

§ 3º Será assegurado acompanhamento médico à mulher, principalmente no pré-natal e no pós-parto, extensivo ao recém-nascido.

§ Art. 83 (...)

§ 2º Os estabelecimentos penais destinados a mulheres serão dotados de berçário, onde as condenadas possam cuidar de seus filhos, inclusive amamentá-los, no mínimo, até 6 (seis) meses de idade.

§ Art. 89. Além dos requisitos referidos no art. 88, a penitenciária de mulheres será dotada de seção para gestante e parturiente e de creche para abrigar crianças maiores de 6 (seis) meses e menores de 7 (sete) anos, com a finalidade de assistir a criança desamparada cuja responsável estiver presa.

Apesar disso, passados tantos anos da sua edição, nem a Constituição nem a LEP vêm sendo respeitadas pelas autoridades responsáveis pelo sistema prisional.

Documentos internacionais que asseguram direitos às pessoas sob custódia do Estado

Vale ressaltar, ainda, que o Brasil é signatário de inúmeros documentos internacionais que salvaguardam os direitos dos indivíduos colocados sob a custódia do Estado, tais como:

- a Declaração Universal dos Direitos Humanos;
- o Pacto Internacional de Direitos Civis e Políticos;
- a Convenção Americana de Direitos Humanos;
- os Princípios e Boas Práticas para a Proteção de Pessoas Privadas de Liberdade nas Américas;
- a Convenção das Nações Unidas contra Tortura e Outros Tratamentos ou Penas Cruéis, Desumanos ou Degradantes;
- as Regras Mínimas para o Tratamento de Prisioneiros (Regras de Mandela); e
- as Regras das Nações Unidas para o Tratamento de Mulheres Presas e Medidas Não Privativas de Liberdade para Mulheres Infratoras (Regras de Bangkok).

Direitos dos filhos também são desrespeitados

Os cuidados que devem ser dispensados à mulher presa direcionam-se não apenas a ela, mas também aos seus filhos, que sofrem injustamente as consequências da prisão da mãe, em flagrante contrariedade ao art. 227 da CF/88:

> § Art. 227. É dever da família, da sociedade e do Estado assegurar à criança, ao adolescente e ao jovem, com absoluta prioridade, o direito à vida, à saúde, à alimentação, à educação, ao lazer, à profissionalização, à cultura, à dignidade, ao respeito, à liberdade e à convivência familiar e comunitária, além de colocá-los a salvo de toda forma de negligência, discriminação, exploração, violência, crueldade e opressão.

Conforme já vimos acima, a CF/88, em seu art. 5º, XLV, prevê o princípio da intranscendência, segundo o qual "nenhuma pena passará da pessoa do condenado". No caso das mulheres presas, a privação de liberdade e suas nefastas consequências estão sendo estendidas às crianças que levam no ventre e àquelas que geraram.

São evidentes e óbvios os impactos perniciosos da prisão da mulher, e da posterior separação de seus filhos, no bem-estar físico e psíquico das crianças.

Parâmetros para a aplicação dos incisos IV e V do art. 318 do CPP

Conforme já explicado, os incisos IV e V do art. 318 do CPP foram recentemente alterados pela Lei nº 13.257/2016. Veja a redação atual:

> § Art. 318. Poderá o juiz substituir a prisão preventiva pela domiciliar quando o agente for:
>
> (...)
>
> IV – gestante;
>
> V – mulher com filho de até 12 (doze) anos de idade incompletos;

Qual deve ser o critério para a substituição de que tratam esses incisos? Trata-se de hipótese obrigatória ou facultativa?

A 2ª Turma do STF fixou os seguintes parâmetros:

REGRA:

Em regra, deve ser concedida prisão domiciliar para todas as mulheres presas que sejam

- gestantes
- puérperas (que deram à luz há pouco tempo)
- mães de crianças (isto é, mães de menores até 12 anos incompletos) ou
- mães de pessoas com deficiência.

EXCEÇÕES:

Não deve ser autorizada a prisão domiciliar se:

1. a mulher tiver praticado crime mediante violência ou grave ameaça;
2. a mulher tiver praticado crime contra seus descendentes (filhos e/ou netos);
3. em outras situações excepcionalíssimas, as quais deverão ser devidamente fundamentadas pelos juízes que denegarem o benefício.

Obs: o raciocínio acima explicado vale também para adolescentes que tenham praticado atos infracionais.

Ressalta-se que houve superação do entendimento até então dominante da doutrina e no STJ que explicamos acima (HC 381.655/AC e RHC 81.300/SP).

E se a mulher for reincidente?

Quando a detida for tecnicamente reincidente, o juiz deverá decidir de acordo com as circunstâncias do caso concreto, mas sempre tendo por norte os princípios e as regras acima enunciadas, observando, ademais, a diretriz de excepcionalidade da prisão.

Em outras palavras, a regra e as exceções acima explicadas também valem para a reincidente. O simples fato de a mulher ser reincidente não faz com que ela perca o direito à prisão domiciliar.

Outras medidas cautelares

Se o juiz entender que a prisão domiciliar se mostra inviável ou inadequada em determinadas situações, poderá substituí-la por medidas alternativas arroladas no art. 319 do CPP.

Como saber se a mulher presa possui a guarda efetiva do(a) filho(a)?

Deve-se dar credibilidade à palavra da mãe. Assim, em regra, basta a palavra da mãe.

Excepcionalmente, em caso de dúvida, o juiz poderá requisitar a elaboração de laudo social. A prisão domiciliar já deverá ser imediatamente implementada enquanto se aguarda a elaboração do laudo.

Caso se constate a suspensão ou destituição do poder familiar por outros motivos que não a prisão, a mulher não terá direito à prisão domiciliar com base no art. 318, IV e V, do CPP.

Audiências de custódia

Os juízes, durante a realização das audiências de custódia, já deverão adotar as diretrizes acima explicadas, concedendo, em regra, a prisão domiciliar.

Concessão de ofício

Embora a provocação por meio de advogado não seja vedada para o cumprimento desta decisão, ela é dispensável, pois o que se almeja é, justamente, suprir falhas estruturais de acesso à Justiça da população presa. Cabe ao Judiciário adotar postura ativa ao dar pleno cumprimento a esta ordem judicial.

Em outras palavras, os juízes e Tribunais deverão, de ofício, conceder a prisão domiciliar às mulheres que se enquadrem nos incisos IV e V do art. 318 do CPP.

Cabe reclamação caso algum juiz ou Tribunal descumpra essa decisão do STF no HC coletivo?

NÃO. O STF, com o objetivo de se proteger do grande número de reclamações que receberia, afirmou expressamente que, "nas hipóteses de descumprimento da presente decisão, a ferramenta a ser utilizada é o recurso, e não a reclamação".

Essa informação é muito importante, tanto na prática, como nas provas de concurso público.

Resumo:

O STF reconheceu a existência de inúmeras mulheres grávidas e mães de crianças que estavam cumprindo prisão preventiva em situação degradante, privadas de cuidados médicos pré-natais e pós-parto. Além disso, não havia berçários e creches para seus filhos.

Também se reconheceu a existência, no Poder Judiciário, de uma "cultura do encarceramento", que significa a imposição exagerada e irrazoável de prisões provisórias a mulheres pobres e vulneráveis, em decorrência de excessos na interpretação e aplicação da lei penal e processual penal, mesmo diante da existência de outras soluções, de caráter humanitário, abrigadas no ordenamento jurídico vigente.

A Corte admitiu que o Estado brasileiro não tem condições de garantir cuidados mínimos relativos à maternidade, até mesmo às mulheres que não estão em situação prisional.

Diversos documentos internacionais preveem que devem ser adotadas alternativas penais ao encarceramento, principalmente para as hipóteses em que ainda não haja decisão condenatória transitada em julgado. É o caso, por exemplo, das Regras de Bangkok.

Os cuidados com a mulher presa não se direcionam apenas a ela, mas igualmente aos seus filhos, os quais sofrem injustamente as consequências da prisão, em flagrante contrariedade ao art. 227 da Constituição, cujo teor determina que se dê prioridade absoluta à concretização dos direitos das crianças e adolescentes.

Diante da existência desse quadro, deve-se dar estrito cumprimento do Estatuto da Primeira Infância (Lei 13.257/2016), em especial da nova redação por ele conferida ao art. 318, IV e V, do CPP, que prevê:

Art. 318. Poderá o juiz substituir a prisão preventiva pela domiciliar quando o agente for:

IV – gestante;

V – mulher com filho de até 12 (doze) anos de idade incompletos;

Os critérios para a substituição de que tratam esses incisos devem ser os seguintes:

REGRA. Em regra, deve ser concedida prisão domiciliar para todas as mulheres presas que sejam

– gestantes

– puérperas (que deu à luz há pouco tempo)

– mães de crianças (isto é, mães de menores até 12 anos incompletos) ou

– mães de pessoas com deficiência.

EXCEÇÕES:

Não deve ser autorizada a prisão domiciliar se:

1) a mulher tiver praticado crime mediante violência ou grave ameaça;

2) a mulher tiver praticado crime contra seus descendentes (filhos e/ou netos);

3) em outras situações excepcionalíssimas, as quais deverão ser devidamente fundamentadas pelos juízes que denegarem o benefício.

Obs1: o raciocínio acima explicado vale também para adolescentes que tenham praticado atos infracionais.

Obs2: a regra e as exceções acima explicadas também valem para a reincidente. O simples fato de que a mulher ser reincidente não faz com que ela perca o direito à prisão domiciliar.

STF. 2ª Turma. HC 143641/SP. Rel. Min. Ricardo Lewandowski, julgado em 20/2/2018 (Info 891).

CUSTOS VULNERABILIS

Como vimos acima, a DPU estava patrocinando, como impetrante, um habeas corpus coletivo no STF pedindo que a Corte reconhecesse, de forma ampla e geral, que as presas grávidas ou com filhos menores de 12 anos possuem direito à prisão domiciliar.

Várias Defensorias Públicas estaduais pediram para intervir no caso na condição de *custos vulnerabilis*.

Em que consiste o custos vulnerabilis?

Custos vulnerabilis significa "guardiã dos vulneráveis".

Enquanto o Ministério Público atua como *custos legis* (fiscal ou guardião da ordem jurídica), a Defensoria Pública possui a função de *custos vulnerabilis*.

Assim, segundo a tese da Instituição, em todo e qualquer processo onde se discuta interesses dos vulneráveis seria possível a intervenção da Defensoria Pública, independentemente de haver ou não advogado particular constituído.

Quando a Defensoria Pública atua como custos vulnerabilis, a sua participação processual ocorre não como representante da parte em juízo, mas sim como protetor dos interesses dos necessitados em geral.

No âmbito das execuções penais, a Defensoria Pública argumenta que, desde 2010, existe previsão expressa na Lei nº 7.210/84 autorizando a intervenção da Instituição como *custos vulnerabilis*:

> § Art. 81-A. A Defensoria Pública velará pela regular execução da pena e da medida de segurança, oficiando, no processo executivo e nos incidentes da execução, para a defesa dos necessitados em todos os graus e instâncias, de forma individual e coletiva. (Incluído pela Lei nº 12.313/2010).

No âmbito cível, especificamente no caso das ações possessórias, o art. 554, § 1º do CPC é exemplo de intervenção *custos vulnerabilis*:

> § Art. 554. (...)
>
> § 1º No caso de ação possessória em que figure no polo passivo grande número de pessoas, serão feitas a citação pessoal dos ocupantes que forem encontrados no local e a citação por edital dos demais, determinando-se, ainda, a intimação do Ministério Público e, se envolver pessoas em situação de hipossuficiência econômica, da Defensoria Pública.

Vale ressaltar que as duas previsões acima são exemplificativas, admitindo-se a intervenção defensoral como *custos vulnerabilis* em outras hipóteses. A Defensoria Pública defende, inclusive, que essa intervenção pode ocorrer mesmo em casos nos quais não há vulnerabilidade econômica, mas sim vulnerabilidade social, técnica, informacional, jurídica. É o caso, por exemplo, dos consumidores, das crianças e adolescentes, dos idosos, dos indígenas etc. Veja o que diz o ECA:

> § Art. 141. É garantido o acesso de toda criança ou adolescente à Defensoria Pública, ao Ministério Público e ao Poder Judiciário, por qualquer de seus órgãos.

Assim, nos casos de outras espécies de vulnerabilidades, não importa se estamos tratando de pessoas economicamente necessitadas. As outras formas de vulnerabilidades já justificariam a intervenção do órgão na causa.

Como é a atuação do custos vulnerabilis?

A intervenção defensorial *custos vulnerabilis* tem o objetivo de trazer para os autos argumentos, documentos e outras informações que reflitam o ponto de vista das pessoas vulneráveis, permitindo que o juiz ou tribunal tenha mais subsídios para decidir a causa. É uma atuação da Defensoria Pública para que a voz dos vulneráveis seja amplificada.

O custos vulnerabilis é o mesmo que amicus curiae?

Ainda não há muito escrito sobre o tema, no entanto, a tese institucional da Defensoria Pública é a de que não.

Vejamos as principais diferenças:

Amicus curiae	*Custos vulnerabilis*
Pode intervir como *amicus curiae* qualquer pessoa natural ou jurídica, órgão ou entidade especializada, com representatividade adequada.	Somente a Defensoria Pública pode intervir como *custos vulnerabilis*.
Em regra, admite-se a intervenção do *amicus curiae* em qualquer tipo de processo, desde que: **a.** a causa tenha relevância; e **b.** a pessoa tenha capacidade de oferecer contribuição ao processo.	Admite-se a intervenção do custos vulnerabilis em qualquer processo no qual estejam sendo discutidos interesses de vulneráveis.
Em regra, o *amicus curiae* não pode recorrer. Exceção 1: o *amicus curiae* pode opor embargos de declaração em qualquer processo que intervir (art. 138, § 1º do CPC/2015). Exceção 2: o *amicus curiae* pode recorrer da decisão que julgar o incidente de resolução de demandas repetitivas (art. 138, § 3º do CPC/2015).	O *custos vulnerabilis* pode interpor qualquer espécie de recurso.

Em sentido semelhante, apontando outros aspectos: ROCHA, Jorge Bheron. A Defensoria como custös vulnerabilis e a advocacia privada. Disponível em https://www.conjur.com.br/2017-mai-23/tribuna-defensoria-defensoria-custos-vulnerabilis-advocacia-privada

No HC 143641/SP (HC coletivo em favor das mulheres presas), várias Defensorias Públicas ingressaram com pedidos para intervir como custos vulnerabilis. Subsidiariamente, pediram a intervenção como amicus curiae. O que o STF decidiu?

O Ministro Relator Ricardo Lewandowski, monocraticamente, admitiu a intervenção das Defensorias Públicas na qualidade de *amicus curiae*.

No despacho, o Ministro não enfrentou a temática acerca do *custos vulnerabilis*, tendo simplesmente admitido a intervenção de todos os postulantes como *amici curiae* (plural de *amicus curiae*). Veja:

> "Defiro o ingresso, como *amici curiae*, do Instituto Brasileiro de Ciências Criminais (IBCCRIM), o Instituto Terra Trabalho e Cidadania (ITTC) e a Pastoral Carcerária Nacional, bem como de todas as Defensorias Estaduais que vierem a requerer sua admissão nos autos. Anote-se."

2.4. LEI 13.769/2018

A Lei nº 13.769/2018 positivou no CPP o entendimento manifestado pelo STF no julgamento acima explicado (HC 143641).

A principal diferença foi que o legislador não incluiu a exceção número 3.

Além disso, na exceção 2 não falou em descendentes, mas sim em filho ou dependente.

Veja o art. 318-A incluído pela Lei nº 13.769/2018 no CPP:

Art. 318-A. A prisão preventiva imposta à mulher gestante ou que for mãe ou responsável por crianças ou pessoas com deficiência será substituída por prisão domiciliar, desde que:

I – não tenha cometido crime com violência ou grave ameaça a pessoa;

II – não tenha cometido o crime contra seu filho ou dependente.

Assim, imagine que Maria, mãe de uma criança de 5 anos, é presa em flagrante por tráfico de drogas.

A exceção 3 ainda é possível? O juiz poderá deixar de aplicar a prisão domiciliar em outras situações excepcionalíssimas?

Aqui temos o ponto mais polêmico da novidade legislativa. Teria sido um silêncio eloquente do legislador com o objetivo de superar, neste ponto, o entendimento do STF sobre o tema ou representaria uma simples omissão?

Particularmente, penso que a terceira exceção continua existindo. Isso porque ela foi fixada pelo STF não por conta da interpretação da lei, mas sim com base em uma verdadeira construção (criação) jurisprudencial. As três exceções não eram previstas em nenhum lugar. Logo, parece-me que o fato de o legislador não ter encampado expressamente essa terceira exceção não significa que ela não exista.

O legislador não tem condições de prever todas as hipóteses excepcionais, sendo justificável que o magistrado, diante de um caso concreto, identifique que a concessão da prisão domiciliar ameaçará a garantia da ordem pública/econômica, a conveniência da instrução criminal ou que irá colocar em risco a aplicação da lei penal.

Contudo, como já dito, trata-se de tema que gerará debates e certamente haverá posições em sentido contrário.

Juiz poderá aplicar outras medidas cautelares em conjunto com a prisão domiciliar

O art. 319 prevê uma lista de medidas cautelares que podem ser impostas ao réu.

O legislador disse que o juiz, ao conceder a prisão domiciliar, poderá fixar, de forma cumulativa, alguma dessas medidas cautelares do art. 319. É o que prevê o novo art. 318-B, inserido pela Lei nº 13.769/2018:

§ Art. 318-B. A substituição de que tratam os arts. 318 e 318-A poderá ser efetuada sem prejuízo da aplicação concomitante das medidas alternativas previstas no art. 319 deste Código.

Ex: juiz pode determinar que a mulher permaneça em prisão domiciliar e, além disso, também tenha que pagar uma fiança (art. 319, VIII, do CPP).

Obs: veja que art. 318-B não se aplica apenas para os casos de prisão domiciliar envolvendo mulheres gestantes ou com filhos, abrangendo também as demais hipóteses de prisão domiciliar do art. 318.

Juiz não deverá aplicar a prisão domiciliar se for o caso de liberdade provisória

Apesar de ser óbvio, é importante registrar que, se o juiz entender que é possível a concessão da liberdade provisória, neste caso, não deverá manter a mulher em prisão domiciliar. Isso porque a liberdade provisória, ainda que com a aplicação das medidas cautelares do art. 319 do CPP, é medida mais benéfica que a prisão domiciliar.

Ex: mulher gestante é presa em flagrante; juiz, em vez de determinar a prisão domiciliar, entende que é possível a concessão de liberdade provisória cumulada com comparecimento periódico em juízo (art. 320 c/c 319, I, do CPP).

Qual é o conceito de "criança"?

A pergunta aqui pode parecer óbvia, mas não o é.

No ordenamento jurídico brasileiro, o conceito de criança é definido pelo art. 2º do ECA, sendo a pessoa com até 12 anos incompletos:

> § Art. 2º Considera-se criança, para os efeitos desta Lei, a pessoa até doze anos de idade incompletos, e adolescente aquela entre doze e dezoito anos de idade.

Penso que esse é o entendimento mais correto, até porque o art. 318-A deve ser interpretado em conjunto com o art. 318, IV, do CPP, que diz o seguinte:

> § Art. 318. Poderá o juiz substituir a prisão preventiva pela domiciliar quando o agente for:
>
> (...)
>
> V – mulher com filho de até 12 (doze) anos de idade incompletos;

No entanto, é possível que surja uma interessante tese defensiva, qual seja, a da aplicação do conceito de criança adotado pela comunidade internacional. Explico melhor.

A Convenção sobre os Direitos da Criança é um tratado internacional assinado pelo Brasil e promulgado por meio do Decreto nº 99.710/90. Este tratado traz um conceito mais elástico de que criança afirmando que é a pessoa menor de 18 anos:

> § Artigo 1
>
> Para efeitos da presente Convenção considera-se como criança todo ser humano com menos de dezoito anos de idade, a não ser que, em conformidade com a lei aplicável à criança, a maioridade seja alcançada antes.

Assim, se fosse adotado o conceito da Convenção, uma mulher presa que tenha um filho de 15 anos, por exemplo, teria direito à prisão domiciliar, com base no art. 318-A, que fala apenas em criança:

> § Art. 318-A. A prisão preventiva imposta à mulher gestante ou que for mãe ou responsável por crianças ou pessoas com deficiência será substituída por prisão domiciliar, desde que:
>
> (...)

Reitero, contudo, que não se trata da melhor intepretação.

Comprovação

- A comprovação da gravidez é realizada por meio de exame, sendo razoável a sua dispensa em casos notórios.
- A comprovação da filiação é feita pela certidão de nascimento ou pela cédula de identidade da criança.
- A comprovação da condição de pessoa com deficiência é feita por laudo/atestado médico ou por outro documento idôneo (ex: sentença de curatela).

Deficiência

Vale ressaltar que a deficiência poderá ser física ou mental.

Responsável

O art. 318-A fala que deverá ser concedida a prisão domiciliar para a mulher que for "responsável" por crianças ou pessoas com deficiência.

A expressão "responsável" é ampla e abrange, portanto, não apenas casos de guarda, tutela ou curatela, mas também outras hipóteses nas quais a mulher seja a única que cuidava da criança ou da pessoa com deficiência. Ex: a mulher presa era a única parente próxima de sua irmã, pessoa com deficiência, sendo a custodiada a responsável por todos os cuidados.

Guarda efetiva

A lei não exige que a mulher tenha a guarda efetiva da criança.

Assim, em tese, mesmo que o pai possua a guarda unilateral da criança, ainda assim, pelo texto do artigo, haveria direito à prisão domiciliar. Veremos como os Tribunais irão interpretar essa questão e se exigirão a guarda efetiva como condição para a concessão da medida.

Algo, contudo, me parece certo: se ficar constatada a suspensão ou destituição do poder familiar por outros motivos que não a prisão, a mulher não terá direito à prisão domiciliar com base no art. 318-A do CPP.

E se a mulher for reincidente, mesmo assim ela terá direito à prisão domiciliar?

A regra e as exceções acima explicadas também valem para a reincidente.

Desse modo, o simples fato de a mulher ser reincidente não faz com que ela perca o direito à prisão domiciliar.

O Delegado pode, após lavrar o flagrante, já determinar a prisão domiciliar da mulher gestante ou mãe de criança ou de filho com deficiência? A autoridade policial pode determinar a aplicação do art. 318-A do CPP?

NÃO. A substituição de prisão preventiva por prisão domiciliar é uma competência exclusiva da autoridade judiciária, conforme prevê expressamente o caput do art. 318 do CPP.

Assim, caso o Delegado lavre o auto de prisão em flagrante de uma mulher grávida, ele deverá mantê-la presa (em uma acomodação condigna) e encaminhar o auto de prisão em flagrante à autoridade policial ressaltando que se trata de flagranteada gestante a fim de que o magistrado delibere acerca da prisão domiciliar.

ALTERAÇÕES NA PROGRESSÃO DE REGIME

A Lei nº 13.769/2018 também trouxe novas regras sobre execução de pena envolvendo:

- gestante ou
- mulher que for mãe ou responsável por crianças ou pessoas com deficiência.

Regimes de cumprimento de pena

Existem três regimes de cumprimento de pena:

a. Fechado: a pena é cumprida na Penitenciária.

b. Semiaberto: a pena é cumprida em colônia agrícola, industrial ou estabelecimento similar.

c. Aberto: a pena é cumprida na Casa do Albergado.

Progressão de regime

No Brasil, adota-se o sistema progressivo (ou inglês), ainda que de maneira não pura.

Assim, de acordo com o Código Penal e com a Lei de Execução Penal, as penas privativas de liberdade deverão ser executadas (cumpridas) em forma progressiva, com a transferência do apenado de regime mais gravoso para menos gravoso tão logo ele preencha os requisitos legais.

Requisitos para a progressão de regime

Os requisitos para que a pessoa tenha direito à progressão de regime estão previstos na Lei nº 7.210/84 (Lei de Execução Penal – LEP) e também no Código Penal.

Veja abaixo um resumo:

Requisitos para a progressão do regime FECHADO para o SEMIABERTO:

Requisito OBJETIVO	*Crimes comuns*: cumprimento de 1/6 da pena aplicada. *Crimes hediondos ou equiparados* (se cometidos após a Lei 11.464/07): • Cumprimento de 2/5 da pena se for primário. • Cumprimento de 3/5 da pena se for reincidente.
Requisito SUBJETIVO	Bom comportamento carcerário durante a execução (mérito).
Requisito FORMAL	Oitiva prévia do MP e do defensor do apenado (§ 1ºA do art. 112 da LEP).

Requisitos para a progressão do regime SEMIABERTO para o ABERTO:

Requisito OBJETIVO	*Crimes comuns*: cumprimento de 1/6 da pena RESTANTE. *Crimes hediondos ou equiparados* (se cometidos após a Lei 11.464/07): • Cumprimento de 2/5 da pena se for primário. • Cumprimento de 3/5 da pena se for reincidente.
Requisito SUBJETIVO	Bom comportamento carcerário durante a execução (mérito).
Requisito FORMAL	Oitiva prévia do MP e do defensor do apenado (§ 1ºA do art. 112 da LEP).
Requisitos ESPECÍFICOS do regime aberto	Além dos requisitos acima expostos, o reeducando deve: **a.** Aceitar o programa do regime aberto (art. 115 da LEP) e as condições especiais impostas pelo Juiz (art. 116 da LEP); **b.** Estar trabalhando ou comprovar a possibilidade de trabalhar imediatamente quando for para o regime aberto (inciso I do art. 114); **c.** Apresentar, pelos seus antecedentes ou pelo resultado dos exames a que foi submetido, fundados indícios de que irá ajustar-se, com autodisciplina e senso de responsabilidade, ao novo regime (inciso II do art. 114).

Requisito OBJETIVO adicional no caso de condenados por crime contra a Administração Pública:

No caso de crime contra a Administração Pública, para que haja a progressão será necessária ainda:

- a reparação do dano causado; ou

- a devolução do produto do ilícito praticado, com os acréscimos legais.

Isso está previsto no § 4º do art. 33 do Código Penal:

> § 4º O condenado por crime contra a administração pública terá a progressão de regime do cumprimento da pena condicionada à reparação do dano que causou, ou à devolução do produto do ilícito praticado, com os acréscimos legais.

Requisitos para a progressão de regime no caso de mulher gestante ou que for mãe ou responsável por crianças ou pessoas com deficiência:

A Lei nº 13.769/2018 criou, no § 3º do art. 112 da LEP requisitos diferenciados (mais brandos) para condenadas:

- gestantes; ou
- que sejam mães ou responsáveis por crianças ou pessoas com deficiência.

Veja a redação do § 3º do art. 112 da LEP, inserido pela Lei nº 13.769/2018:

Art. 112 (...)

§ 3º No caso de mulher gestante ou que for mãe ou responsável por crianças ou pessoas com deficiência, os requisitos para progressão de regime são, cumulativamente:

I – não ter cometido crime com violência ou grave ameaça a pessoa;

II – não ter cometido o crime contra seu filho ou dependente;

III – ter cumprido ao menos 1/8 (um oitavo) da pena no regime anterior;

IV – ser primária e ter bom comportamento carcerário, comprovado pelo diretor do estabelecimento;

V – não ter integrado organização criminosa.

A LEP denomina esse § 3º do art. 112 de "progressão especial".

Novo crime doloso ou falta grave

Como se vê, o novo § 3º do art. 112 traz um benefício para a condenada gestante ou que for mãe ou responsável por crianças ou pessoas com deficiência.

O § 4º, contudo, faz uma ressalva e prevê que, se a mulher for:

- condenada por novo crime doloso; ou
- praticar falta grave

... ela perderá o direito de se beneficiar com os requisitos diferenciados do § 3º.

Veja a redação do § 4º do art. 112 da LEP, inserido pela Lei nº 13.769/2018:

Art. 112 (...)

§ 4º O cometimento de novo crime doloso ou falta grave implicará a revogação do benefício previsto no § 3º deste artigo.

Assim, em caso de cometimento de novo crime doloso ou prática de falta grave isso implicará:

- na regressão de regime (art. 118, I, da LEP); e
- na impossibilidade de se beneficiar dos requisitos favorecidos do § 3º.

E se a mulher gestante ou mãe/responsável por crianças ou pessoas com deficiência estiver cumprindo pena por crime hediondo? Também se aplica o novo § 3º do art. 112 da LEP para mulheres condenadas por crime hediondo?

SIM. A Lei nº 13.769/2018 alterou expressamente a Lei nº 8.072/90 para dizer que também no caso de crimes hediondos, devem ser aplicados os requisitos abrandados do § 3º do art. 112 da LEP. Veja:

Antes da Lei nº 13.769/2018	ATUALMENTE
Art. 2º (...) § 2º A progressão de regime, no caso dos condenados aos crimes previstos neste artigo, dar-se-á após o cumprimento de 2/5 (dois quintos) da pena, se o apenado for primário, e de 3/5 (três quintos), se reincidente.	Art. 2º (...) § 2º A progressão de regime, no caso dos condenados pelos crimes previstos neste artigo, dar-se-á após o cumprimento de 2/5 (dois quintos) da pena, se o apenado for primário, e de 3/5 (três quintos), se reincidente, observado o disposto nos §§ 3º e 4º do art. 112 da Lei nº 7.210, de 11 de julho de 1984 (Lei de Execução Penal).

Panorama atual dos requisitos objetivos

REQUISITO OBJETIVO		
Crimes "COMUNS"	Crimes HEDIONDOS ou equiparados	Gestante ou que for mãe ou responsável por crianças ou pessoas com deficiência
1/6	2/5 da pena, se for primário. 3/5 da pena, se for reincidente.	1/8 (atendidos os §§ 3º e 4º do art. 112 da LEP)

O requisito objetivo está previsto no art. 112 da LEP e no art. 2º da Lei nº 8.072/90 (Lei dos Crimes Hediondos).

Acompanhamento da execução da pena dessas mulheres

A Lei nº 13.769/2018 acrescentou o inciso VII ao art. 72 da LEP para dizer que o Departamento Penitenciário Nacional deverá:

§ VII – acompanhar a execução da pena das mulheres beneficiadas pela progressão especial de que trata o § 3º do art. 112 desta Lei, monitorando sua integração social e a ocorrência de reincidência, específica ou não, mediante a realização de avaliações periódicas e de estatísticas criminais.

Na verdade, quem irá realizar esse acompanhamento é o Departamento Penitenciário local (ou órgão similar) e encaminhar ao Departamento Penitenciário Nacional os resultados obtidos.

Os resultados obtidos por meio do monitoramento e das avaliações periódicas serão utilizados para avaliar eventual desnecessidade do regime fechado de cumprimento de pena para essas mulheres nos casos de crimes cometidos sem violência ou grave ameaça.

Vigência

A Lei nº 13.769/2018 entrou em vigor na data de sua publicação (20/12/2018), de forma que já poderá ser aplicada para as condenadas que estejam cumprindo pena ainda que por crimes cometidos antes da vigência da Lei.

2.5. PRISÃO DOMICILIAR HUMANITÁRIA

A hipótese do art. 318, II, do CPP é chamada de prisão domiciliar humanitária.

Em um caso concreto, o STF entendeu que deveria conceder prisão humanitária ao réu tendo em vista o alto risco de saúde, a grande possibilidade de desenvolver infecções no cárcere e a impossibilidade de tratamento médico adequado na unidade prisional ou em estabelecimento hospitalar – tudo demostrado satisfatoriamente no laudo pericial. Considerou-se que a concessão da medida era necessária para preservar a integridade física e moral do paciente, em respeito à dignidade da pessoa humana (art. 1º, III, da CF).

STF. 2ª Turma. HC 153961/DF, Rel. Min. Dias Toffoli, julgado em 27/3/2018 (Info 895).

2.6. FUNDAMENTAÇÃO DA PRISÃO PREVENTIVA

DEVE SER CONCEDIDA A LIBERDADE AO INVESTIGADO SE O RISCO À ORDEM PÚBLICA OU À APLICAÇÃO DA LEI PENAL PUDER SER MITIGADO POR MEDIDAS CAUTELARES MENOS GRAVOSAS DO QUE A PRISÃO

Imagine a seguinte situação adaptada:

No Rio de Janeiro havia uma organização criminosa comandada pelo ex-Governador do Estado e que foi responsável por desvios milionários dos cofres públicos do Governo.

Por meio de colaborações premiadas, o MPF descobriu que grande parte da propina desviada pela organização criminosa instalada na administração pública foi remetida para o exterior, principalmente por meio de doleiros.

Antônio era um desses doleiros.

Em maio de 2018, o Juiz Federal decretou a sua prisão preventiva, após representação do Ministério Público Federal, para garantir da ordem pública e por conveniência da instrução criminal.

Irresignada, a defesa impetrou habeas corpus no Tribunal Regional Federal da 2ª Região postulando, em síntese, a concessão de liberdade provisória.

O TRF negou o pedido.

A defesa impetrou, então, habeas corpus contra a decisão no STJ.

No STJ, o Ministro Relator negou o pedido de liminar formulado.

Diante disso, a defesa impetrou habeas corpus no STF contra essa decisão monocrática do Ministro do STJ.

Pergunta: cabe habeas corpus para o STF contra decisão do Ministro do STJ que nega o pedido da defesa formulado em habeas corpus impetrado naquele Tribunal? Em outras palavras, a defesa impetra HC no STJ e o Ministro Relator nega a liminar; a defesa já pode impetrar novo HC contra essa decisão, agora para o STF?

EM REGRA, não. Existe até um enunciado afirmando isso:

> Súmula 691-STF: Não compete ao Supremo Tribunal Federal conhecer de habeas corpus impetrado contra decisão do Relator que, em habeas corpus requerido a Tribunal Superior, indefere a liminar.

Não cabe porque não se exauriu a apreciação do tema no STJ.

Desse modo, em regra, esse habeas corpus não será conhecido com fundamento na falta de exaurimento da jurisdição do STJ e por inobservância ao princípio da colegialidade.

PROCESSO PENAL

O exaurimento da instância antecedente é, como regra, pressuposto para ensejar a competência do STF.

EXCEÇÃO:

A Súmula 691 pode ser afastada, contudo, em casos excepcionais, quando a decisão atacada se mostrar teratológica, flagrantemente ilegal, abusiva ou manifestamente contrária à jurisprudência do STF.

Voltando ao exemplo:

No caso concreto, o STF entendeu que a decisão do Juiz Federal era flagrantemente ilegal e que, por isso, deveria ser conhecido o habeas corpus e concedida a ordem.

Argumentos do STF para conceder o HC:

- **O art. 312 do CPP exige a prova da existência do crime. O decreto prisional, no entanto, descreve, de forma genérica e imprecisa, a conduta do paciente e não deixa claro, em nenhum momento, os delitos a ele imputáveis e que justificariam a prisão preventiva.**
- **A liberdade de um indivíduo suspeito da prática de infração penal somente pode sofrer restrições se houver decisão judicial devidamente fundamentada, amparada em fatos concretos, e não apenas em hipóteses ou conjecturas, na gravidade do crime ou em razão de seu caráter hediondo.**
- **O juiz pode dispor de outras medidas cautelares de natureza pessoal, diversas da prisão, e deve escolher aquela mais ajustada às peculiaridades da espécie, de modo a tutelar o meio social, mas também dar, mesmo que cautelarmente, resposta justa e proporcional ao mal supostamente causado pelo acusado.**
- **No caso concreto, entendeu-se que o perigo que a liberdade do paciente representa à ordem pública ou à aplicação da lei penal pode ser mitigado por medidas cautelares menos gravosas do que a prisão.**
- **Além disso, os fatos imputados ao paciente ocorreram há alguns anos (2011 a 2014), não havendo razão para, agora, ser decretada a prisão preventiva.**

STF. 2ª Turma. HC 157.604/RJ, Rel. Min. Gilmar Mendes, julgado em 4/9/2018 (Info 914).

Diante disso, o STF concedeu o habeas corpus ao paciente determinando a substituição da sua prisão preventiva pelas seguintes medidas cautelares diversas da prisão, na forma do art. 319 do CPP:

a. comparecimento periódico em juízo, no prazo e nas condições fixadas pelo magistrado, para informar e justificar atividades (inciso I);

b. proibição de manter contato com os demais investigados, por qualquer meio (inciso III);

c. proibição de deixar o País sem autorização do juízo, devendo entregar seu(s) passaporte(s) em até 48 horas (inciso IV e art. 320).

LIBERDADE PROVISÓRIA PARA PRESO EM FLAGRANTE COM PEQUENA QUANTIDADE DE MACONHA

Imagine a seguinte situação hipotética:

João foi preso em flagrante com 887,89 gramas de maconha e R$ 1.730,00.

A autoridade policial lavrou o flagrante como tráfico de drogas (art. 33 da Lei nº 11.343/2006).

O juiz homologou o flagrante e decretou a prisão preventiva do investigado.

A questão chegou até o STF por meio de habeas corpus impetrado pela defesa pedindo a liberdade do paciente. O que decidiu o Tribunal?

Houve um empate na votação. 2 Ministros votaram em favor da liberdade do paciente (Ministros Roberto Barroso e Rosa Weber) e outros 2 Ministros votaram por denegar a ordem (Ministros Marco Aurélio e Alexandre de Moraes).

A Turma é composta por 5 membros, mas o Ministro Luiz Fux estava ausente.

O que acontece se há empate no julgamento de um habeas corpus?

Em caso de empate, prevalece o pedido formulado em favor do paciente.

Seria possível considerar o voto do Presidente da Turma como "voto de qualidade", ou seja, o voto do Presidente "valer por dois"? Ex: havia 4 Ministros na Turma; 2 votaram por negar o pedido do impetrante (incluindo o Presidente); 2 votaram por conceder a ordem em favor do paciente; como o Presidente votou por negar, essa decisão deverá prevalecer?

NÃO. Conforme explica o Min. Celso de Mello:

> "Tratando-se de matéria penal, o empate somente pode beneficiar aquele que sofre a persecução estatal, de tal modo que, em não havendo maioria em sentido contrário, o empate importará, necessariamente, em respeito à presunção constitucional de inocência (CF, art. 5º, LVII) (...) em rejeição da denúncia, ou, então, em absolvição, ou, na hipótese de "habeas corpus", em concessão do próprio "writ" constitucional.
>
> (...)
>
> A norma regimental que confere ao Presidente do Plenário ou ao Presidente de cada uma das Turmas o voto de qualidade não pode nem deve incidir na hipótese de empate que eventualmente se registre em julgamentos penais, como sucede na espécie.
>
> E a razão é simples: mera norma de índole regimental jamais poderá prevalecer, em situação de antinomia, sobre o texto normativo da Constituição..." (voto no Inq 3670/RR).

Resultado

Assim, a 1ª Turma, diante de empate na votação, concedeu a ordem de habeas corpus para que seja concedida a liberdade em favor do paciente.

O Min. Roberto Barroso considerou genéricas as razões da segregação cautelar do réu, que é primário. Além disso, reconheceu como de pouca nocividade a substância entorpecente apreendida (maconha). Reputou que a prisão de jovens pelo tráfico de pequena quantidade de maconha é mais gravosa do que a eventual permanência em liberdade, pois serão fatalmente cooptados ou contaminados por uma criminalidade mais grave ao ingressarem no ambiente carcerário.

STF. 1ª Turma. HC 140379/RJ, Rel. Min. Marco Aurélio, red. p/ o ac. Min. Roberto Barroso, julgado em 23/10/2018 (Info 921).

2.7. MEDIDAS CAUTELARES

NÃO EXISTE RAZÃO PARA RETER O PASSAPORTE DE AGENTE DIPLOMÁTICO QUE RESPONDE A PROCESSO PENAL NO BRASIL SE ELE GOZA DE IMUNIDADE DE EXECUÇÃO

Princípio da territorialidade

O art. 5º, caput, do Código Penal prevê o seguinte:

§ Art. 5º Aplica-se a lei brasileira, sem prejuízo de convenções, tratados e regras de direito internacional, ao crime cometido no território nacional.

Esse dispositivo consagra o chamado princípio da territorialidade, segundo o qual a lei brasileira aplica-se para os crimes cometidos no território nacional.

Ocorre que o Brasil não adotou o princípio da territorialidade de maneira absoluta. Isso porque há exceções. Assim, dizemos que o nosso país adotou o princípio da territorialidade temperada ou mitigada.

Imunidades diplomáticas

Conforme se vê pelo art. 5º, é possível que as convenções, tratados e regras de direito internacional prevejam exceções ao princípio da territorialidade, ou seja, tais documentos podem estabelecer situações nas quais, mesmo o crime tendo sido cometido no Brasil, não se aplicará a lei brasileira.

Como exemplo dessa exceção temos o caso das imunidades diplomáticas.

O Brasil assinou um tratado internacional assegurando imunidade de jurisdição penal aos diplomatas, agentes diplomáticos e funcionários das organizações internacionais. Trata-se da Convenção de Viena sobre Relações Diplomáticas (aprovada pelo Decreto Legislativo 103/64, e promulgada pelo Decreto nº 56.435/65), cujo artigo 31 prevê:

§ Artigo 31

1. O agente diplomático gozará de imunidade de jurisdição penal do Estado acreditado. Gozará também da imunidade de jurisdição civil e administrativa, a não ser que se trate de:

(...)

4. A imunidade de jurisdição de um agente diplomático no Estado acreditado não o isenta da jurisdição do Estado acreditante.

Imunidade de jurisdição e imunidade de execução

No âmbito penal, a imunidade diplomática pode ser dividida em duas espécies:

a. imunidade de jurisdição cognitiva: impede que o agente diplomático seja julgado pelo crime que cometeu no Brasil;

b. imunidade de execução penal: impede que o Brasil execute a sanção penal que o agente diplomático recebeu.

Apesar da redação do item 1 do artigo 31 da Convenção de Viena, entende-se que a imunidade diplomática abrange tanto a imunidade de jurisdição como a imunidade de execução.

O agente diplomático pode renunciar à imunidade?

NÃO. O destinatário da imunidade não pode renunciá-la. Isso porque ela é conferida em razão do cargo (e não da pessoa).

Por outro lado, o Estado de origem do agente diplomático (chamado de Estado acreditante) poderá renunciar a imunidade dos seus agentes diplomáticos, conforme prevê o artigo 32, 1 e 2, do Decreto nº 56.435/1965:

§ Artigo 32

1. O Estado acreditante pode renunciar à imunidade de jurisdição dos seus agentes diplomáticos e das pessoas que gozam de imunidade nos termos do artigo 37.

2. A renúncia será sempre expressa.

3. Se um agente diplomático ou uma pessoa que goza de imunidade de jurisdição nos termos do artigo 37 inicia uma ação judicial, não lhe será permitido invocar a imunidade de jurisdição no tocante a uma reconvenção ligada à ação principal.

4. A renúncia à imunidade de jurisdição no tocante às ações civis ou administrativas não implica renúncia a imunidade quanto as medidas de execução da sentença, para as quais nova renúncia é necessária.

Desse modo, o agente diplomático não responderá, no Brasil, pelo crime que cometer aqui, salvo se o Estado que ele representa (Estado acreditante) renunciar à imunidade.

Imagine a seguinte situação hipotética:

Juan é agente diplomático da Espanha, trabalhando em Brasília.

Determinado dia, Juan praticou um homicídio aqui no Brasil.

O Ministério de Assuntos Exteriores e de Cooperação espanhol remeteu uma Nota Verbal ao Ministério de Relações Exteriores indicando a renúncia da imunidade de jurisdição do agente diplomático (Juan). No entanto, a Espanha fez menção expressa ao fato de que esta renúncia não representaria de nenhuma maneira renúncia à imunidade de execução, nos termos estabelecidos pela referida Convenção.

Em outras palavras, a Espanha afirmou o seguinte: o agente diplomático pode ser julgado pelo Poder Judiciário brasileiro (houve renúncia à imunidade de jurisdição), mas ele não irá cumprir eventual pena no Brasil (eu não renuncio à imunidade de execução).

O réu pode ser processado no Brasil e eventualmente condenado, mas a execução da pena se dará apenas pela Espanha.

Diante dessa autorização, Juan foi denunciado pelo Ministério Público e responde a ação penal aqui no Brasil.

O magistrado impôs ao réu a medida cautelar prevista no art. 319, IV, do CPP, proibindo-o de sair do Brasil sem autorização judicial, determinando a retenção de seu passaporte. O juiz fundamentou a sua decisão no perigo de fuga, o que representaria risco à aplicação da lei penal.

Agiu corretamente o juiz?

NÃO. Embora a jurisdição brasileira seja competente para o processo de conhecimento, não será aqui que o réu irá cumprir eventual pena, caso seja condenado (persiste a imunidade de execução). Logo, não se mostra necessária e adequada a imposição de medida cautelar de proibição de se ausentar do país considerando que esta providência tem por objetivo garantir a aplicação da lei penal. Ocorre que a lei penal não será executada no Brasil.

Em suma:

A cautelar fixada de proibição para que agente diplomático acusado de homicídio se ausente do país sem autorização judicial não é adequada na hipótese em que o Estado de origem do réu tenha renunciado à imunidade de jurisdição cognitiva, mas mantenha a competência para o cumprimento de eventual pena criminal a ele imposta.

STJ. 6ª Turma. RHC 87.825-ES, Rel. Min. Nefi Cordeiro, julgado em 05/12/2017 (Info 618).

Possibilidade de juiz afastar vereador da função que ocupa

É possível que o Juiz de primeiro grau, fundamentadamente, imponha a parlamentares municipais as medidas cautelares de afastamento de suas funções legislativas sem necessidade de remessa à Casa respectiva para deliberação.

STJ. 5ª Turma. RHC 88.804-RN, Rel. Min. Reynaldo Soares da Fonseca, julgado em 07/11/2017 (Info 617).

Veja comentários em Direito Constitucional.

3. PROVAS

3.1. INCONSTITUCIONALIDADE DA CONDUÇÃO COERCITIVA PARA INTERROGATÓRIO

Operações policiais

Nos últimos anos temos visto diversas "operações" da Polícia Federal nas quais há ordens judiciais de condução coercitiva de investigados para que sejam interrogados.

A Polícia está investigando uma série de pessoas, normalmente uma organização criminosa. Em geral, essa primeira etapa da investigação ocorre de forma oculta, sigilosa e muitas vezes envolve interceptação telefônica.

Depois de um tempo investigando, a autoridade policial entende que chegou o momento de deflagrar a operação. Assim, o Delegado, sozinho ou em conjunto com o membro do Ministério Público, formula representações pedindo uma série de medidas judiciais, como, por exemplo, busca e apreensão, prisão temporária e/ou prisão preventiva.

Em outras palavras, a fase oculta da investigação passa para uma fase ostensiva, em um momento conhecido como "deflagração" – no qual são executadas, simultaneamente, as medidas probatórias e cautelares que não podem ser escondidas dos investigados, como buscas e apreensões, prisões e interrogatórios.

O objetivo da autoridade policial é que todas essas medidas sejam cumpridas em um só dia, com o objetivo de surpreender os investigados evitando que destruam "provas" e combinem entre si uma mesma versão dos fatos.

Diante disso, são feitos esses pedidos ao Juiz, que analisa e defere (ou não) as medidas.

Se deferidas, em um dia, nas primeiras horas do dia (por volta de 6h) diversos policiais cumprem, ao mesmo tempo, os diversos mandados de busca e apreensão nas casas/escritórios dos investigados e também os eventuais mandados de prisão.

Segundo a avaliação de alguns Delegados, existem três possíveis medidas cerceadoras de liberdade que podem ser pedidas contra os investigados:

- prisão preventiva: se os pressupostos do art. 312 do CPP estão preenchidos;
- prisão temporária: normalmente requerida quando a situação do investigado não se amolda ao art. 312 do CPP, mas a sua custódia é considerada imprescindível para as investigações (art. 1º, I, da Lei nº 7.960/89);
- condução coercitiva: quando até havia motivos para se pedir a prisão do investigado/réu, mas existe uma outra medida cautelar menos gravosa que pode ser decretada e que já cumpre a finalidade pretendida, qual seja, a mera condução coercitiva para interrogatório.

Condução coercitiva do investigado/réu para interrogatório

A condução coercitiva para interrogatório é, portanto, a ordem judicial, materializada em um mandado, por meio do qual a polícia fica autorizada a levar o investigado, compulsoriamente, para a Delegacia (ou outro lugar escolhido) a fim de que ali ele seja interrogado, no dia e horário escolhidos pela autoridade policial.

Em geral, o objetivo idealizado para a condução coercitiva é que o órgão de investigação criminal atue com o "fator surpresa", fazendo com que o investigado preste suas declarações no interrogatório sem ter tido muito tempo para refletir naquilo que irá responder e sem ter tido a oportunidade de conversar com os outros investigados ou ainda de conhecer quais os outros elementos informativos que a polícia já dispõe contra ele.

Por isso, normalmente, o mandado de condução coercitiva é cumprido logo no início do dia, por volta das 6h, ao mesmo tempo em relação a todos os investigados naquela operação. A polícia chega à residência do investigado, explica o mandado, pede que ele se vista e já segue com ele imediatamente para a Delegacia, onde já há um Delegado esperando para conduzir o interrogatório.

Vale ressaltar que, na condução coercitiva, o investigado é obrigado a comparecer à Delegacia, mas lá poderá permanecer em silêncio e não responder a qualquer das perguntas formuladas.

Importante destacar também que o investigado, durante o interrogatório, poderá se fazer acompanhar por advogado ou Defensor Público.

O caso mais famoso de condução coercitiva ocorreu com o ex-Presidente Lula. O Juiz Federal Sérgio Moro, a requerimento da Polícia Federal, deferiu a condução coercitiva de Lula, que foi efetivada em 04/03/2016, tendo o ex-Presidente sido levado para prestar interrogatório em uma sala no aeroporto de Congonhas.

Confira a explicação de Vladimir Aras para a condução coercitiva:

"A condução coercitiva autônoma – que não depende de prévia intimação da pessoa conduzida – pode ser decretada pelo juiz criminal competente, quando não cabível a prisão preventiva (arts. 312 e 313 do CPP), ou quando desnecessária ou excessiva a prisão temporária, sempre que for indispensável reter por algumas horas o suspeito, a vítima ou uma testemunha, para obter elementos probatórios fundamentais para a elucidação da autoria e/ou da materialidade do fato tido como ilícito.

Assim, quando inadequadas ou desproporcionais a prisão preventiva ou a temporária, nada obsta que a autoridade judiciária mande expedir mandados de condução coercitiva, que devem ser cumpridos por agentes policiais sem qualquer exposição pública do conduzido, para que prestem declarações à Polícia ou ao Ministério Público, imediatamente após a condução do declarante ao local do depoimento. Tal medida deve ser executada no mesmo dia da deflagração de operações policiais complexas, as chamadas megaoperações.

Em regra, para viabilizar a condução coercitiva será necessário demonstrar que estão presentes os requisitos para a decretação da prisão temporária, mas sem a limitação do rol fechado (*numerus clausus*) do art. 1º da Lei 7.960/89. A medida de condução debaixo de vara justifica-se em virtude da necessidade de acautelar a coleta probatória durante a deflagração de uma determinada operação policial ou permitir a conclusão de uma certa investigação criminal urgente.

Diante das circunstâncias do caso concreto, a prisão temporária pode ser substituída por outra medida menos gravosa, a partir do poder geral de cautela do Poder Judiciário, previsto no art. 798 do CPC e aplicável ao processo penal com base no art. 3º do CPP. Tal medida cautelar extranumerária ao rol do art. 319 do CPP reduz a coerção do Estado sobre o indivíduo, limitando-a ao tempo estritamente necessário para a preservação probatória, durante a fase executiva da persecução policial.

De fato, a condução coercitiva dos suspeitos sempre será mais branda que a prisão temporária; a medida restringe de modo mais suave a liberdade pessoal, somente enquanto as providências urgentes de produção de provas (cumprimento de mandados de buscas, por exemplo) estiverem em curso.

Se o legislador permite a prisão temporária por (até) 5 dias, prorrogáveis por mais 5 dias nos crimes comuns, a condução coercitiva resolve-se em um dia ou menos que isto, em algumas horas, mediante a retenção do suspeito e sua apresentação à autoridade policial para interrogatório sob custódia, enquanto as buscas têm lugar. Ou seja, a condução sob vara deve durar apenas o tempo necessário à instrução preliminar de urgência, não devendo persistir por prazo igual superior a 24 horas, caso em que se trasveste em temporária.

Sendo menos prolongada que as prisões cautelares, a condução coercitiva guarda ainda as mesmas vantagens que a custódia temporária, pois permite que a Polícia interrogue todos os envolvidos no mesmo momento, visando a evitar, pela surpresa, as versões "combinadas" ou que um suspeito oriente as declarações de uma testemunha ou a pressione, na fase da apuração preliminar, ou que documentos ou ativos sejam suprimidos, destruídos ou desviados." (ARAS, Vladimir. *Debaixo de vara: a condução coercitiva como cautelar pessoal autônoma*. Disponível em: https://vladimiraras.blog/2013/07/16/a--conducao-coercitiva-como-cautelar-pessoal-autonoma/>; acesso em 27 ago. 2018.

Quais os argumentos jurídicos que fundamentariam a possibilidade de decretação da condução coercitiva?

Os partidários da condução coercitiva sustentam a ideia de que se trata de uma restrição temporária da liberdade e que corresponde a uma medida bem menos gravosa que a prisão.

Além disso, defendem que, se o juiz pode decretar a prisão (medida mais grave), significa que ele poderia também decretar a condução coercitiva (medida menos drástica).

Trata-se de uma medida deferida pelo juiz com base em seu poder geral de cautela.

Como fundamento legal que respaldaria a condução coercitiva, alguns magistrados invocavam também o art. 260 do CPP:

§ Art. 260. Se o acusado não atender à intimação para o interrogatório, reconhecimento ou qualquer outro ato que, sem ele, não possa ser realizado, a autoridade poderá mandar conduzi-lo à sua presença.

Parágrafo único. O mandado conterá, além da ordem de condução, os requisitos mencionados no art. 352, no que lhe for aplicável.

O raciocínio era o seguinte: a autoridade policial convida, na hora, o investigado a acompanhá-lo até a Delegacia para interrogatório. Caso o investigado se recuse a ir, estaria configurada a hipótese do art. 260 do CPP, podendo ser efetivada a condução coercitiva.

Confira o que disse o Min. Gilmar Mendes sobre o tema:

"o art. 260 do CPP – conjugado ao poder do juiz de decretar medidas cautelares pessoais – vem sendo utilizado para fundamentar a condução coercitiva de investigados para interrogatório, especialmente durante a investigação policial, no bojo de engenhosa construção que passou a fazer parte do procedimento padrão das investigações policiais dos últimos anos."

ADPF

Em 11/04/2016, o Partido dos Trabalhadores (PT) ingressou com uma ADPF no Supremo alegando que as decisões que estão sendo decretadas em todo o Brasil deferindo condução coercitiva violam diversos direitos e garantias constitucionais.

Diante disso, o autor sustentou que o art. 260 do CPP não foi recepcionado pela Constituição Federal 1988.

Medida cautelar

Em 29/03/2017, o Min. Gilmar Mendes, relator da ADPF, deferiu medida liminar para vedar a condução coercitiva de investigados para interrogatório, sob pena de responsabilidade disciplinar, civil e penal do agente ou da autoridade e de ilicitude das provas obtidas, sem prejuízo da responsabilidade civil do Estado. Desse modo, a partir desse dia, esta prática ficou proibida.

Decisão do colegiado

Nos dias 13 e 14/6/2018, o Plenário do STF se reuniu e confirmou a liminar, julgando procedente a ADPF.

Vamos entender os argumentos invocados e quais deles foram acolhidos pelo STF.

Direito à não autoincriminação

O direito à não autoincriminação consiste na prerrogativa do investigado ou acusado a negar-se a produzir provas contra si mesmo, e a não ter a negativa interpretada contra si.

O direito ao silêncio é um dos aspectos, talvez o mais conhecido, do direito à não autoincriminação.

O direito ao silêncio consiste na prerrogativa, ou seja, no direito que o investigado possui de se recusar a depor em investigações ou ações penais contra si movimentadas. Esse silêncio não poderá ser interpretado como se este investigado estivesse admitindo a responsabilidade pelo fato.

O direito ao silêncio foi previsto pela CF/88 nos seguintes termos:

> § Art. 5º (...)
>
> LXIII – o preso será informado de seus direitos, entre os quais o de permanecer calado (...)

Antes da CF/88, não existia o direito ao silêncio no ordenamento jurídico brasileiro. Ao contrário, o CPP previa que o silêncio do acusado seria interpretado em seu desfavor. Era a redação originária do art. 186.

Vale ressaltar que, além da CF/88, o direito ao silêncio foi consagrado também em tratados de direitos humanos dos quais o Brasil é signatário. Nesse sentido:

- Pacto Internacional sobre Direitos Civis e Políticos;
- Pacto de San José da Costa Rica.

No plano legal, desde a Lei nº 10.792/2003, o direito ao silêncio foi incorporado ao CPP.

Atualmente, tanto o direito ao silêncio quanto a respectiva advertência são previstos na legislação e aplicáveis tanto à ação penal quanto ao interrogatório policial, tanto ao preso quanto ao solto (art. 6º, V, e art. 186 do CPP).

Se o acusado for citado ou intimado pessoalmente para qualquer ato e deixar de comparecer sem motivo justificado, a solução dada pelo CPP é a de que o processo deverá seguir curso sem a sua presença (art. 367, com redação dada pela Lei nº 9.271/96).

Importante chamar a atenção para o fato de que até o Código de Processo Civil introduziu o direito da parte de não produzir prova contra si própria (art. 379).

A condução coercitiva viola o direito à não autoincriminação?

Para o Min. Relator Gilmar Mendes, não (alguns outros Ministros consideram que sim). Isso porque o conduzido, ao chegar na Delegacia, é informado de que possui direito ao silêncio.

A autoridade policial interrogante faz a advertência ao investigado de que ele pode permanecer em silêncio se assim desejar.

O conduzido também goza do direito de se fazer acompanhar por seu advogado (art. 7º, XXI, do Estatuto da Advocacia).

Assim, só há potencial autoincriminação se o interrogado optar por falar, mesmo após advertido do direito ao silêncio.

Nessas condições, haverá uma opção suficientemente informada.

Vale ressaltar que o direito ao silêncio, como o próprio nome indica, é um direito (e não um dever).

A palavra do acusado pode ser essencial à defesa. A versão do imputado pode elucidar os fatos e dissipar suspeitas. Não raro, é a partir do interrogatório que se descobre que o investigado é, em verdade, a vítima.

Não por acaso, a legislação consagra o direito do réu de manifestar-se pessoalmente sobre as suspeitas que contra ele pairam.

Cabe à defesa decidir por falar ou calar.

Submeter o investigado a interrogatório não é, por si só, uma violação ao direito à não autoincriminação.

Desse modo, a condução coercitiva não gera violação ao direito à não autoincriminação.

Direito ao tempo necessário à preparação da defesa

O investigado ou acusado da prática de uma infração penal deve ter direito ao tempo necessário à preparação da sua defesa.

O direito ao tempo necessário à preparação da defesa é uma decorrência das garantias constitucionais do devido processo legal e à ampla defesa (art. 5º, LIV e LV, da CF/88).

Além disso, tal direito está expressamente consagrado em tratados de direitos humanos dos quais o país é signatário:

§ Pacto Internacional sobre Direitos Civis e Políticos (Decreto nº 592/92):

Artigo 14 (...)

3. Toda pessoa acusada de um delito terá direito, em plena igualmente, a, pelo menos, as seguintes garantias:

(...)

b) De dispor do tempo e dos meios necessários à preparação de sua defesa e a comunicar-se com defensor de sua escolha;

§ Pacto de San José da Costa Rica (Decreto nº 678/92):

Artigo 8 (...)

2. Toda pessoa acusada de delito tem direito a que se presuma sua inocência enquanto não se comprove legalmente sua culpa. Durante o processo, toda pessoa tem direito, em plena igualdade, às seguintes garantias mínimas:

(...)

c. concessão ao acusado do tempo e dos meios adequados para a preparação de sua defesa;

No curso da ação penal, o direito ao tempo necessário à preparação da defesa é conferido com generosidade pela legislação processual em vigor. Tanto isso é verdade que o interrogatório é a última providência da instrução. Essa ordem deve ser respeitada em todas as ações penais, mesmo em procedimentos especiais cuja regência preveja em contrário (STF. Plenário. HC 127900, Rel. Min. Dias Toffoli, julgado em 3/3/2016).

Assim, o processo penal assegura o tempo necessário para que o réu se prepare para o seu interrogatório.

A condução coercitiva viola o direito ao tempo necessário à preparação da defesa?

NÃO. Na investigação, não há uma acusação formada. O investigado não tem o ônus de preparar defesa, na medida em que não está enfrentando uma acusação.

Durante o inquérito, o investigado até pode intervir nas investigações, dando sua versão dos fatos, oferecendo razões etc. Mas essa intervenção não equivale a uma defesa. Não há ampla defesa no inquérito policial. Logo, não há que se falar em prazo de preparação para o inquérito policial.

Pelo contrário, no curso da investigação, a regra é que o interrogatório seja realizado tão logo quanto o possível.

O CPP afirma que a autoridade policial deverá ouvir o suspeito "logo que tiver conhecimento da infração" (art. 6º, V).

Se houver prisão em flagrante, o interrogatório faz parte do auto respectivo (art. 304 do CPP). Ou seja, será tomado poucas horas após a captura.

De um modo geral, o investigado preso é interrogado logo após a prisão.

A prontidão na realização do interrogatório é compatível com os direitos da defesa e com os objetivos da investigação criminal.

Frequentemente, o tempo é essencial para o sucesso das apurações. A conjugação da inquirição de testemunhas, vítimas e suspeitos com a colheita de outras provas é vital para que os fatos sejam revelados.

Por conta da necessária velocidade das apurações, de um modo geral, regras de delimitação de tempo e de lugar dos atos processuais não se aplicam ao inquérito policial.

Não há sequer direito subjetivo ao interrogatório policial. O Ministério Público pode denunciar pessoa que em momento algum foi tratada como suspeita pela autoridade policial.

O desconforto do investigado com o momento do interrogatório é eficazmente contrabalanceado pelo direito ao silêncio e pelo direito a apresentar razões por intermédio de advogado (art. 7º, XXI, do Estatuto da OAB).

Dessa forma, a condução coercitiva não se traduz em violação, ainda que potencial, ao direito ao prazo necessário para preparação da defesa.

Direito ao devido processo legal

Na ação alegava-se que a condução coercitiva afrontaria o direito ao devido processo legal (art. 5º, LIV, CF/88). Isso porque a condução coercitiva não estaria prevista expressamente no CPP e seria decretada com base em um poder geral de cautela do juiz. Ocorre que, para o autor da ADPF, o processo penal não admite poder geral de cautela e o magistrado somente poderia decretar medidas processuais típicas, ou seja, expressamente previstas na lei.

O STF afirmou o seguinte: a possibilidade de o juiz conceder ou não medidas cautelares atípicas no processo penal é um tema controvertido e este Tribunal não irá, neste momento, definir uma posição sobre o tema. Assim, o STF não irá dizer, agora, se existe ou não poder geral de cautela do juiz no processo penal. Obs: durante os debates, o Min. Celso de Mello afirmou que, diante do postulado constitucional da legalidade estrita em matéria processual penal, inexiste, no processo penal, o poder geral de cautela dos juízes.

A condução coercitiva não é uma medida completamente atípica. Isso porque o art. 260 do CPP admite a condução coercitiva, muito embora mencione a prévia intimação. Ou seja, há base legal para restringir a liberdade do imputado, forçando-o a comparecer ao ato processual. Existe previsão legal de condução coercitiva. O problema estaria na inobservância do rito legal, considerando que os juízes têm decretado a condução coercitiva mesmo sem o investigado manifestar qualquer recusa.

Desse modo, a questão aqui não envolve discutir se seria possível a concessão de medidas cautelares atípicas, mas sim a possibilidade de se afastar o rito legal previsto para a sua produção (art. 260 do CPP).

Assim, não se pode falar que a condução coercitiva viole o devido processo legal por se tratar de medida cautelar atípica.

Direito à imparcialidade, à paridade de armas e à ampla defesa

Na ADPF argumentava-se também que a atuação do magistrado que determina a condução coercitiva, em fase de investigação representaria uma iniciativa probatória indevida.

Além disso, seria uma atuação que desequilibraria acusação e defesa, intervindo no princípio da paridade de armas, decorrência da ampla defesa e do contraditório (art. 5º, LV, CF/88).

Por fim, seria medida que impediria o exercício do direito efetivo de defesa pelo imputado.

O STF também não concordou com este argumento e afirmou que a condução coercitiva não viola o direito à imparcialidade, à paridade de armas e à ampla defesa.

Na fase de investigação, o juiz atua como garantidor de liberdades. É do sistema constitucional que algumas medidas sejam requeridas a um magistrado mesmo antes da instauração da relação processual. Várias dessas medidas são expressamente mencionadas na Constituição Federal, como, por exemplo, busca domiciliar (art. 5º, XI), interceptação telefônica (art. 5º, XII), prisão (art. 5º, LXI).

A imparcialidade não é violada pela atuação do juiz. Pelo contrário, é a imparcialidade do magistrado que garante a liberdade contra intromissões indevidas.

Ao deferir uma medida interventiva, o juiz está aplicando a lei. Não há nisso violação ao equilíbrio das partes na relação processual.

Dessa forma, o argumento da violação à imparcialidade e da paridade de armas não se sustenta.

A Constituição de 1988 (art. 5º, LV) ampliou o direito de defesa, assegurando aos litigantes, em processo judicial ou administrativo, e aos acusados em geral, o contraditório e a ampla defesa, com os meios e recursos a ela inerentes.

No curso do inquérito policial, na medida em que não se tem ainda processo contraditório em sentido estrito, o direito à ampla defesa é assegurado, essencialmente, pelo direito à assistência de advogado (art. 5º, LXIII, CF). Esse direito aumenta de dimensão no curso da ação penal, no qual a assistência do advogado é obrigatória (art. 261 do CPP).

Convém registrar que uma alteração na Lei, ocorrida em 2016, passou a prever como direito do advogado "assistir a seus clientes investigados durante a apuração de infrações, sob pena de nulidade absoluta do respectivo interrogatório ou depoimento" – art. 7º, XXI, da Lei 8.906/94, introduzido pela Lei nº 13.245/2016.

O direito à ampla defesa, no que aplicável ao interrogatório, é garantido pelo direito à assistência do advogado, associado ao direito ao silêncio.

A condução coercitiva não afasta esse direito.

Direito à liberdade de locomoção

O STF entendeu que a condução coercitiva viola a liberdade de locomoção.

A Constituição Federal consagra o direito à liberdade de locomoção de forma genérica, ao enunciar o direito à liberdade (art. 5º, caput), a ser restringido apenas sob observância do devido processo legal (art. 5º, LIV), e, de forma específica, ao estabelecer regras estritas sobre a prisão (art. 5º, LXI, LXV, LXVI, LXVII). A Carta também enfatiza a liberdade de locomoção ao consagrar a ação especial de habeas corpus como remédio contra restrições e ameaças ilegais (art. 5º, LXVIII).

A condução coercitiva representa uma supressão absoluta, ainda que temporária, da liberdade de locomoção. O investigado ou réu é capturado e levado sob custódia ao local da inquirição. Há uma clara interferência na liberdade de locomoção, ainda que por um período breve.

Presunção de não culpabilidade

O princípio da presunção de não culpabilidade (art. 5º, LVII, da CF) assegura às pessoas ainda não condenadas o direito de não serem tratadas como culpadas.

A condução coercitiva consiste em capturar o investigado ou acusado e levá-lo sob custódia policial à presença da autoridade para ser submetido a interrogatório.

A restrição temporária da liberdade mediante condução sob custódia por forças policiais em vias públicas não é o tratamento que se deve dar a uma pessoa inocente.

Na condução coercitiva o investigado conduzido é claramente tratado como culpado.

Logo, a condução coercitiva viola o princípio da não culpabilidade (ou da presunção de inocência), previsto no art. 5º, LVII, da CF/88.

Dignidade da pessoa humana

A dignidade da pessoa humana (art. 1º, III, da CF/88), prevista entre os princípios fundamentais do estado democrático de direito, orienta seus efeitos a todo o sistema normativo, constituindo, inclusive, princípio de aplicação subsidiária às garantias constitucionais atinentes aos processos judiciais.

Para o Min. Gilmar Mendes, o investigado ou réu é conduzido coercitivamente como uma forma de demonstração de sua submissão à força do Estado acusador. Não há finalidade instrutória clara, na medida em que o arguido não é obrigado a declarar, ou mesmo a se fazer presente ao interrogatório. Desse modo, a condução coercitiva desrespeita a dignidade da pessoa humana.

Validade das restrições: o direito de ausência ao interrogatório

Restrições à liberdade de locomoção e o tratamento pontual de investigados como culpados são aceitáveis, desde que proporcionais.

A liberdade de locomoção não é um direito absoluto. Pode ser restringido, inclusive por atos administrativos. Assim, por exemplo, o controle de trânsito fronteiriço, o controle de entrada em imóveis públicos de uso especial, a interdição de prédios privados em caso de descumprimento de obrigações de segurança, a interdição de vias públicas para obras, o semáforo e o pedágio.

A não culpabilidade tampouco é um direito absoluto. O ordenamento jurídico dispõe de uma infinidade de medidas que, infelizmente, representam tratamento desfavorável ao investigado ou ao acusado. Exemplos: prisão processual, medidas cautelares diversas da prisão, medidas assecuratórias, medidas investigativas invasivas etc.

Importa definir se a interferência representada pela condução coercitiva é, ou não, legítima.

A condução coercitiva no inquérito tem uma finalidade lícita – acelerar as investigações.

No entanto, poderia perfeitamente ser substituída por medidas menos gravosas. Por exemplo, em vez de conduzido, o investigado poderia ser simplesmente intimado a comparecer de pronto à repartição pública, caso tenha interesse em ser interrogado. Talvez o ato processual pudesse ser marcado no próprio dia, na medida em que o CPP não prevê anterioridade mínima para intimações. Na melhor das hipóteses para a defesa, aplicar-se-ia o prazo mínimo de 48 horas previsto no art. 218, § 2º, do CPC/2015, por analogia. Parece seguro afirmar que, na maior parte das investigações, esse prazo seria satisfatório ao interesse da agilidade das apurações.

Desse modo, o STF concluiu que a condução coercitiva para interrogatório é incompatível com a CF/88. A expressão "para o interrogatório", prevista no art. 260 do CPP, não foi recepcionada pela Constituição.

A condução coercitiva para o interrogatório é uma medida ilegítima, tenha havido ou não prévia intimação

Vale ressaltar que a condução coercitiva é ilegítima mesmo que o investigado tenha sido previamente intimado para comparecer à Delegacia para interrogatório e tenha se recusado. Assim, mesmo que seja obedecida rigorosamente a cautela do art. 260, ainda assim a condução coercitiva para interrogatório será indevida. Isso porque a CF/88 e os tratados internacionais, ao preverem o direito do investigado ao silêncio, asseguram também a ele, como decorrência, o direito de ausência ao interrogatório.

Ora, se o investigado não é obrigado a falar no interrogatório, ele também não pode ser obrigado a comparecer ao interrogatório.

Pode-se dizer, portanto, que existe um direito de ausência do investigado ao interrogatório.

O direito de ausência, por sua vez, afasta a possibilidade de condução coercitiva.

Condução coercitiva pode ser adotada para outras hipóteses

Para que a condução coercitiva seja legítima, ela deve destinar-se à prática de um ato ao qual a pessoa tem o dever de comparecer, ou, ao menos, que possa ser legitimamente obrigada a comparecer.

Exemplo 1: condução coercitiva quando houver dúvida sobre a identidade civil do investigado.

Em sentido semelhante, a condução coercitiva "quando houver dúvida sobre a identidade civil" do imputado seria uma possibilidade, na medida em que essa é uma hipótese que autoriza mesmo a medida mais gravosa – prisão preventiva, na forma do art. 313, parágrafo único, do CPP:

> §
>
> Art. 313 (...)
>
> Parágrafo único. Também será admitida a prisão preventiva quando houver dúvida sobre a identidade civil da pessoa ou quando esta não fornecer elementos suficientes para esclarecê-la, devendo o preso ser colocado imediatamente em liberdade após a identificação, salvo se outra hipótese recomendar a manutenção da medida.

Exemplo 2: condução coercitiva para fazer a qualificação do investigado (1ª fase do interrogatório).

Mesmo que não paire dúvida sobre a identidade, pode-se cogitar da condução coercitiva para a qualificação do acusado, correspondente à primeira parte do interrogatório, relativa à pessoa do acusado – art. 187, § 1º, e art. 185, § 10, do CPP. Nesse ponto, o acusado não tem direito ao silêncio. A qualificação foi inserida legalmente como fase do interrogatório, na forma do art. 187 do CPP. Logo, sob tal aspecto, a realização da qualificação poderia justificar a condução coercitiva.

Fato é que as informações sobre a pessoa do acusado chegam aos autos por diversas vias. Antecedentes, por exemplo, podem ser obtidas consultas ao rol dos culpados e ao sistema processual. Assim, dificilmente a qualificação será relevante ao processo a ponto de permitir a adoção de uma medida consideravelmente radical, como a condução coercitiva.

De qualquer forma, nas hipóteses estreitas em que a qualificação se afigura imprescindível, o juiz pode, de forma devidamente fundamentada, ordenar a condução coercitiva do investigado ou acusado, como um ato que não possa ser realizado sem sua presença, na forma do art. 260 do CPP.

Para a 2ª parte do interrogatório (o interrogatório sobre os fatos – art. 187, § 2º do CPP) não se admite a condução coercitiva.

Prisão não pode ser utilizada para interrogatório

Como vimos acima, um dos argumentos dos partidários da condução coercitiva está no fato de que ela seria uma medida menos gravosa que a prisão temporária e que a prisão preventiva. Isso é verdade. A condução coercitiva é um *minus* em relação à prisão preventiva por conveniência da instrução criminal ou em relação à prisão temporária. A condução coercitiva é, de fato, menos gravosa.

A questão, entretanto, é que realizar o interrogatório não é uma finalidade legítima para a prisão preventiva ou temporária.

A consagração do direito ao silêncio impede a prisão preventiva/temporária para interrogatório, na medida em que o imputado não é obrigado a falar.

Por isso, a condução coercitiva para interrogatório representa uma restrição da liberdade de locomoção e da presunção de não culpabilidade, para obrigar a presença em um ato ao qual o investigado não é obrigado a comparecer. Daí sua incompatibilidade com a Constituição Federal.

Em suma:

O CPP, ao tratar sobre a condução coercitiva, prevê o seguinte:

Art. 260. Se o acusado não atender à intimação para o interrogatório, reconhecimento ou qualquer outro ato que, sem ele, não possa ser realizado, a autoridade poderá mandar conduzi-lo à sua presença.

O STF declarou que a expressão "para o interrogatório" prevista no art. 260 do CPP não foi recepcionada pela Constituição Federal.

Assim, não se pode fazer a condução coercitiva do investigado ou réu com o objetivo de submetê-lo ao interrogatório sobre os fatos.

STF. Plenário. ADPF 395/DF e ADPF 444/DF, Rel. Min. Gilmar Mendes, julgados em 13 e 14/6/2018 (Info 906).

Sanções

Caso seja determinada a condução coercitiva de investigados ou de réus para interrogatório, tal conduta poderá ensejar:

a. a responsabilidade disciplinar, civil e penal do agente ou da autoridade que determinou;

b. a ilicitude das provas obtidas;

c. a responsabilidade civil do Estado.

Modulação dos efeitos

O STF afirmou que o entendimento acima não desconstitui (não invalida) os interrogatórios que foram realizados até a data do julgamento, ainda que os interrogados tenham sido coercitivamente conduzidos para o referido ato processual.

Condução coercitiva de investigados e réus

Importante esclarecer que o julgado acima tratou apenas da condução coercitiva de investigados e réus à presença da autoridade policial ou judicial para serem interrogados.

Assim, não foi analisada a condução de outras pessoas como testemunhas, ou mesmo de investigados ou réus para atos diversos do interrogatório, como o reconhecimento de pessoas ou coisas. Isso significa que, a princípio essas outras espécies de condução coercitiva continuam sendo permitidas.

3.2. INTERROGATÓRIO COMO ÚLTIMO ATO DA INSTRUÇÃO

Momento do interrogatório

Antes de 2008, o interrogatório era o primeiro ato da instrução. O indivíduo era citado para ser interrogado (prevalecia a ideia de que o interrogatório era um "meio de prova"). Depois do interrogatório eram realizados os demais atos de instrução.

Com a edição da Lei nº 11.719/2008, o CPP foi alterado e **o interrogatório passou a ser o último ato da instrução probatória**. Isso reforçou a ideia de que o interrogatório possui natureza jurídica de **meio de defesa**.

Leis especiais

Como vimos, o CPP inicialmente previa o interrogatório como primeiro ato do processo e depois isso foi alterado por uma lei de 2008. Ocorre que essa Lei alterou formalmente apenas o CPP. Isso significa que algumas outras leis especiais extravagantes continuaram prevendo que o interrogatório seria realizado no início da instrução probatória. Veja:

a) Lei de Drogas (Lei nº 11.343/2006)

> § Art. 57. Na audiência de instrução e julgamento, após o interrogatório do acusado e a inquirição das testemunhas, será dada a palavra, sucessivamente, ao representante do Ministério Público e ao defensor do acusado, para sustentação oral, pelo prazo de 20 (vinte) minutos para cada um, prorrogável por mais 10 (dez), a critério do juiz.
>
> Parágrafo único. Após proceder ao interrogatório, o juiz indagará das partes se restou algum fato para ser esclarecido, formulando as perguntas correspondentes se o entender pertinente e relevante.

b) CPPM:

> § Art. 302. O acusado será qualificado e interrogado num só ato, no lugar, dia e hora designados pelo juiz, após o recebimento da denúncia; e, se presente à instrução criminal ou prêso, antes de ouvidas as testemunhas.

c) Procedimentos originários dos tribunais (Lei nº 8.038/90):

> § Art. 7º Recebida a denúncia ou a queixa, o relator designará dia e hora para o interrogatório, mandando citar o acusado ou querelado e intimar o órgão do Ministério Público, bem como o querelante ou o assistente, se for o caso.

d) Procedimento especial da Lei de Licitações (Lei 8.666/93):

§ Art. 104. Recebida a denúncia e citado o réu, terá este o prazo de 10 (dez) dias para apresentação de defesa escrita, contado da data do seu interrogatório, podendo juntar documentos, arrolar as testemunhas que tiver, em número não superior a 5 (cinco), e indicar as demais provas que pretenda produzir.

O que é mais favorável ao réu: ser interrogado antes ou depois da oitiva das testemunhas?

Depois. Isso porque, após o acusado ouvir o relato trazido pelas testemunhas, poderá decidir a versão dos fatos que irá apresentar. Se, por exemplo, avaliar que nenhuma testemunha o apontou como o autor do crime, poderá sustentar a negativa de autoria ou optar pelo direito ao silêncio. Ao contrário, se entender que as testemunhas foram sólidas em incriminá-lo, terá como opção viável confessar e obter a atenuação da pena.

Dessa feita, a regra do art. 400 do CPP é mais favorável ao réu do que a previsão das leis especiais acima listadas e que estabelecem o interrogatório como primeiro ato do processo.

Diante dessa constatação, e pelo fato de a Lei nº 11.719/2008 ser posterior a essas leis, surgiu uma corrente na doutrina defendendo que a previsão do interrogatório como primeiro ato nas leis extravagantes (Lei de Drogas, CPPM, Lei nº Lei nº 8.038/90, Lei de Licitações) foi também derrogada (ainda que não expressamente). Logo, o interrogatório deveria ser considerado como o último ato da audiência de instrução em todo e qualquer processo penal. Essa tese foi acolhida pela jurisprudência?

SIM.

A exigência de realização do interrogatório ao final da instrução criminal, conforme o art. 400 do CPP é aplicável:

- aos processos penais militares;
- aos processos penais eleitorais e
- a todos os procedimentos penais regidos por legislação especial (ex: lei de drogas).

STF. Plenário. HC 127900/AM, Rel. Min. Dias Toffoli, julgado em 3/3/2016 (Info 816).

O STJ acompanhou a posição do STF:

(...) 1. O Supremo Tribunal Federal, no julgamento do HC nº 127.900/AM, deu nova conformidade à norma contida no art. 400 do CPP (com redação dada pela Lei nº 11.719/08), à luz do sistema constitucional acusatório e dos princípios do contraditório e da ampla defesa. O interrogatório passa a ser sempre o último ato da instrução, mesmo nos procedimentos regidos por lei especial, caindo por terra a solução de antinomias com arrimo no princípio da especialidade.

Ressalvou-se, contudo, a incidência da nova compreensão aos processos nos quais a instrução não tenha se encerrado até a publicação da ata daquele julgamento (10.03.2016). In casu, o paciente foi sentenciado em 3.8.2015, afastando-se, pois, qualquer pretensão anulatória. (...)

STJ. 6ª Turma. HC 403550/SP, Rel. Min. Maria Thereza de Assis Moura, julgado em 15/08/2017.

O STF, mais uma vez, reafirmou esse entendimento e decidiu que:

Nos processos criminais que tramitam perante o STF e o STJ, cujo procedimento é regido pela Lei nº 8.038/90, o interrogatório também é o último ato de instrução.

PROCESSO PENAL

Apesar de não ter havido uma alteração específica do art. 7º da Lei 8.038/90, com base no CPP, entende-se que o interrogatório é um ato de defesa, mais bem exercido depois de toda a instrução, porque há possibilidade do contraditório mais amplo.

Assim, primeiro devem ser ouvidas todas as testemunhas arroladas pela acusação e pela defesa para só então ser realizado o interrogatório.

STF. 1ª Turma. AP 1027/DF, Rel. Min. Marco Aurélio, red. p/ o ac. Min. Luís Roberto Barroso, julgado em 2/10/2018 (Info 918).

3.3. INDEFERIMENTO DE TODAS AS TESTEMUNHAS DA DEFESA SOB O ARGUMENTO DE QUE SERIAM PROTELATÓRIAS: CONSTRANGIMENTO ILEGAL

Imagine a seguinte situação hipotética:

Antônio era réu em um processo criminal.

Ao apresentar resposta à acusação, o réu arrolou testemunhas de seu interesse, em obediência ao disposto no art. 396-A do CPP:

§ Art. 396-A. Na resposta, o acusado poderá arguir preliminares e alegar tudo o que interesse à sua defesa, oferecer documentos e justificações, especificar as provas pretendidas e arrolar testemunhas, qualificando-as e requerendo sua intimação, quando necessário.

O juiz proferiu despacho determinando a intimação da defesa para que explicitasse as razões para a oitiva de cada uma das testemunhas arroladas.

A defesa apresentou petição afirmando que a determinação do magistrado não tem previsão legal e que, em razão disso, não apresentaria qualquer justificativa. Ao fim, reiterou o pedido para intimação das testemunhas de defesa para comparecerem em audiência.

O juiz, fundamentando sua decisão no § 1º do art. 400 do CPP, indeferiu a oitiva das testemunhas:

§ Art. 400 (...)

§ 1º As provas serão produzidas numa só audiência, podendo o juiz indeferir as consideradas irrelevantes, impertinentes ou protelatórias.

O magistrado argumentou que as pessoas arroladas não têm qualquer vinculação com os fatos criminosos imputados ao réu, o que leva a crer que o pedido para oitiva dessas testemunhas é um ato meramente procrastinatório, com o único objetivo de retardar o processo com diligências desnecessárias.

Diante disso, a defesa impetrou sucessivos habeas corpus, até que a questão chegou ao STF.

O que decidiu o Supremo? Agiu corretamente o juiz?

NÃO.

O direito à prova é expressão de uma inderrogável prerrogativa jurídica, que não pode ser, arbitrariamente, negada ao réu.

O princípio do livre convencimento motivado autoriza que o juiz indefira as provas consideradas irrelevantes, impertinentes ou protelatórias (art. 400, § 1º do CPP).

Todavia, no caso concreto, não se trata do indeferimento de uma ou duas testemunhas, mas de todas elas, o que se afigura inadmissível em um Estado Democrático de Direito, em que a ampla defesa é garantia constitucional de todos os acusados (art. 5º, LV, da CF/88).

O STF entendeu que a decisão do juiz extrapolou os limites do razoável, especialmente se levado em consideração que a medida extrema foi tomada no estágio inicial do processo (resposta à acusação) e a motivação para tanto foi baseada na impressão pessoal do magistrado de que o requerimento seria protelatório, já que as testemunhas não teriam, em tese, vinculação com os fatos criminosos imputados ao réu.

STF. 2ª Turma. HC 155363/RJ, Rel. Min. Dias Toffoli, julgado em 8/5/2018 (Info 901).

3.4. "DENÚNCIA ANÔNIMA", QUEBRA DE SIGILO E RENOVAÇÃO DAS INTERCEPTAÇÕES

O que é a chamada "denúncia anônima"?

Denúncia anônima ocorre quando alguém, sem se identificar, relata para as autoridades (ex: Delegado de Polícia, MP etc.) que determinada pessoa praticou um crime. É o caso, por exemplo, dos serviços conhecidos como "disk-denúncia" ou, então, dos aplicativos de celular por meio dos quais se "denuncia" a ocorrência de delitos.

O termo "denúncia anônima" não é tecnicamente correto porque em processo penal denúncia é o nome dado para a peça inaugural da ação penal proposta pelo Ministério Público. Assim, a doutrina prefere falar em "delação apócrifa", "notícia anônima" ou "*notitia criminis* inqualificada".

É possível decretar medida de busca e apreensão com base unicamente em "denúncia anônima"?

NÃO. A medida de busca e apreensão representa uma restrição ao direito à intimidade. Logo, para ser decretada, é necessário que haja indícios mais robustos que uma simples notícia anônima.

É possível decretar interceptação telefônica com base unicamente em "denúncia anônima"?

NÃO. A Lei nº 9.296/96 (Lei de Interceptação Telefônica) estabelece:

§ Art. 2º Não será admitida a interceptação de comunicações telefônicas quando ocorrer qualquer das seguintes hipóteses:

II – a prova puder ser feita por outros meios disponíveis;

Desse modo, a doutrina defende que a interceptação telefônica deverá ser considerada a ***ultima ratio***, ou seja, trata-se de **prova subsidiária**.

Tendo como fundamento esse dispositivo legal, a jurisprudência pacífica do STF e do STJ entende que é ilegal que a interceptação telefônica seja determinada apenas com base em "denúncia anônima". Veja:

(...) 4. A jurisprudência desta Corte tem prestigiado a utilização de notícia anônima como elemento desencadeador de procedimentos preliminares de averiguação, repelindo-a, contudo, como fundamento propulsor à imediata instauração de inquérito policial ou à autorização de medida de interceptação telefônica.

5. Com efeito, uma forma de ponderar e tornar harmônicos valores constitucionais de tamanha envergadura, a saber, a proteção contra o anonimato e a supremacia do interesse e segurança pública, é admitir a denúncia anônima em tema de persecução penal, desde que com reservas, ou seja, tomadas medidas efetivas e prévias pelos órgãos de investigação no sentido de se colherem elementos e informações que confirmem a plausibilidade das acusações.

6. Na versão dos autos, algumas pessoas – não se sabe quantas ou quais – compareceram perante investigadores de uma Delegacia de Polícia e, pedindo para que seus nomes não fossem identificados, passaram a narrar o suposto envolvimento de alguém em crime

PROCESSO PENAL

de lavagem de dinheiro. Sem indicarem, sequer, o nome do delatado, os noticiantes limitaram-se a apontar o número de um celular.

7. A partir daí, sem qualquer outra diligência, autorizou-se a interceptação da linha telefônica.

8. Desse modo, a medida restritiva do direito fundamental à inviolabilidade das comunicações telefônicas encontra-se maculada de nulidade absoluta desde a sua origem, visto que partiu unicamente de notícia anônima.

9. A Lei nº 9.296/96, em consonância com a Constituição Federal, é precisa ao admitir a interceptação telefônica, por decisão judicial, nas hipóteses em que houver indícios razoáveis de autoria criminosa. Singela delação não pode gerar, só por si, a quebra do sigilo das comunicações. Adoção da medida mais gravosa sem suficiente juízo de necessidade. (...)

STJ. 6ª Turma. HC 204.778/SP, Rel. Min. Og Fernandes, julgado em 04/10/2012.

Logo, se a autoridade policial ou o Ministério Público recebe uma "denúncia anônima" ("delação apócrifa") contra determinada pessoa, não é possível que seja requerida, de imediato, a interceptação telefônica do suspeito. Isso seria uma grave interferência na esfera privada da pessoa, sem que houvesse justificativa idônea para isso.

É possível a propositura de ação penal com base unicamente em "denúncia anônima"?

NÃO. A propositura de ação penal exige indícios de autoria e prova de materialidade. Logo, não é possível oferecimento de denúncia com base apenas em "denúncia anônima".

É possível instaurar investigação criminal (inquérito policial, investigação pelo MP etc.) com base em "denúncia anônima"?

SIM, mas a jurisprudência afirma que, antes, a autoridade deverá realizar uma investigação prévia para confirmar se a "denúncia anônima" possui um mínimo de plausibilidade. Veja o que diz Renato Brasileiro:

"Diante de uma denúncia anônima, deve a autoridade policial, antes de instaurar o inquérito policial, verificar a procedência e veracidade das informações por ela veiculadas. Recomenda-se, pois, que a autoridade policial, antes de proceder à instauração formal do inquérito policial, realize uma investigação preliminar a fim de constatar a plausibilidade da denúncia anônima. Afigura-se impossível a instauração de procedimento criminal baseado única e exclusivamente em denúncia anônima, haja vista a vedação constitucional do anonimato e a necessidade de haver parâmetros próprios à responsabilidade, nos campos cível e penal." (LIMA, Renato Brasileiro de. *Manual de Processo Penal*. Salvador: Juspodivm, 2015, p. 129).

Confira julgado recente que espelha este entendimento:

(...) As autoridades públicas não podem iniciar qualquer medida de persecução (penal ou disciplinar), apoiando-se, unicamente, para tal fim, em peças apócrifas ou em escritos anônimos. É por essa razão que o escrito anônimo não autoriza, desde que isoladamente considerado, a imediata instauração de "persecutio criminis".

- Nada impede que o Poder Público, provocado por delação anônima ("disque-denúncia", p. ex.), adote medidas informais destinadas a apurar, previamente, em averiguação sumária, "com prudência e discrição", a possível ocorrência de eventual situação de ilicitude penal, desde que o faça com o objetivo de conferir a verossimilhança dos fatos nela denunciados, em ordem a promover, então, em caso positivo, a formal instauração da "persecutio criminis", mantendo-se, assim, completa desvinculação desse procedimento estatal em relação às peças apócrifas.

- Diligências prévias, promovidas por agentes policiais, reveladoras da preocupação da Polícia Judiciária em observar, com cautela e discrição, notadamente em matéria de produção probatória, as diretrizes jurisprudenciais estabelecidas, em tema de delação anônima, pelo STF e pelo STJ. (...)

STF. 2ª Turma. RHC 117988, Relator p/ Acórdão Min. Celso de Mello, julgado em 16/12/2014.

Segundo o STF, não é possível desprezar a utilidade da "denúncia anônima". Isso porque em um mundo no qual o crime torna-se cada vez mais complexo e organizado, é natural que a pessoa comum tenha receio de se expor ao comunicar a ocorrência de delito. Daí a admissibilidade de notícias crimes anônimas.

Procedimento a ser adotado pela autoridade policial em caso de "denúncia anônima":

1. Realizar investigações preliminares para confirmar a credibilidade da "denúncia";
2. Sendo confirmado que a "denúncia anônima" possui credibilidade (aparência mínima de procedência), instaura-se inquérito policial (IP) ou procedimento de investigação criminal conduzida pelo Ministério Público (PIC);
3. Instaurado o IP ou o PIC, a autoridade policial ou o MP deverá buscar outros meios de prova que não a interceptação telefônica (como visto, esta é a ultima ratio). Se houver indícios concretos contra os investigados, mas a interceptação se revelar imprescindível para provar o crime, poderá ser requerida a quebra do sigilo telefônico ao magistrado.

Renovação da interceptação telefônica

A Lei nº 9.296/96, ao tratar sobre a decisão que decreta a interceptação telefônica, estabelece o seguinte:

§ Art. 5º A decisão será fundamentada, sob pena de nulidade, indicando também a forma de execução da diligência, que não poderá exceder o prazo de quinze dias, renovável por igual tempo uma vez comprovada a indispensabilidade do meio de prova.

É possível a prorrogação da interceptação por mais de uma vez?

SIM, é plenamente possível. A jurisprudência do STF e do STJ consolidou o entendimento segundo o qual as interceptações telefônicas podem ser prorrogadas, desde que devidamente fundamentadas pelo juízo competente em relação à necessidade do prosseguimento das investigações, especialmente quando o caso for complexo e a prova indispensável.

Entende-se que a redação deste art. 5º foi mal elaborada e que, quando fala em "renovável por igual tempo" não está limitando a possibilidade de renovações sucessivas, mas tão somente dizendo que as renovações não poderão exceder, cada uma delas, o prazo de 15 dias.

De igual modo, a expressão "uma vez", presente no dispositivo legal, deve ser entendida como sinônima de "desde que", não significando que a renovação da interceptação somente ocorre "1 (uma) vez".

Nesse sentido, confira recentes julgados:

RECURSO ORDINÁRIO EM "HABEAS CORPUS" – ALEGADA FALTA DE FUNDAMENTAÇÃO DO ATO DECISÓRIO QUE DETERMINOU A INTERCEPTAÇÃO TELEFÔNICA – INOCORRÊNCIA – DECISÃO QUE SE VALEU DA TÉCNICA DE MOTIVAÇÃO "PER RELATIONEM" – LEGITIMIDADE CONSTITUCIONAL DESSA TÉCNICA DE FUNDAMENTAÇÃO – SUCESSSIVAS PRORROGAÇÕES DA INTERCEPTAÇÃO TELEFÔNICA – POSSIBILIDADE – PERÍODO NÃO SUPERIOR A 15 (QUINZE) DIAS EM CADA RENOVAÇÃO – PRECEDENTES – PARECER DA PROCURADORIA-GERAL DA REPÚBLICA PELO NÃO PROVIMENTO DO RECURSO – RECURSO DE AGRAVO IMPROVIDO.

STF. 2ª Turma. RHC 117825 AgR, Rel. Min. Celso de Mello, julgado em 08/03/2016.

O Superior Tribunal de Justiça tem entendimento de que a interceptação telefônica não pode exceder 15 dias. Contudo, pode ser renovada por igual período, não havendo restrição legal ao número de vezes para tal renovação, se comprovada a sua necessidade.

STJ. 5ª Turma. RHC 47.954/SP, Rel. Min. Ribeiro Dantas, julgado em 01/12/2016.

Não há mais dúvida de que o disposto no art. 5º da Lei nº 9.296/1996 não limita a prorrogação da interceptação telefônica a um único período, podendo haver sucessivas renovações, e de que o prazo de 15 dias ali previsto começa a correr da data em que a escuta é efetivamente iniciada, e não do despacho judicial.

STJ. 6ª Turma. RHC 72.706/MT, Rel. Min. Sebastião Reis Júnior, julgado em 06/10/2016.

Resumindo:

Segundo a jurisprudência do STJ e do STF, não há ilegalidade em iniciar investigações preliminares com base em "denúncia anônima" a fim de se verificar a plausibilidade das alegações contidas no documento apócrifo.

No caso concreto, a Polícia, com base em diligências preliminares para atestar a veracidade dessas "denúncias" e também lastreada em informações recebidas pelo Ministério da Justiça e pela CGU, requereu ao juízo a decretação da interceptação telefônica do investigado.

O STF entendeu que a decisão do magistrado foi correta considerando que a decretação da interceptação telefônica não foi feita com base unicamente na "denúncia anônima" e sim após a realização de diligências investigativas e também com base nas informações recebidas dos órgãos públicos de fiscalização.

A Lei nº 9.296/96 prevê que a interceptação telefônica "não poderá exceder o prazo de quinze dias, renovável por igual tempo uma vez comprovada a indispensabilidade do meio de prova." (art. 5º).

A interceptação telefônica não pode exceder 15 dias. Contudo, pode ser renovada por igual período, não havendo restrição legal ao número de vezes para tal renovação, se comprovada a sua necessidade.

STF. 2ª Turma. RHC 132115/PR, Rel. Min. Dias Tóffoli, julgado em 6/2/2018 (Info 890).

3.5. ACESSO ÀS CONVERSAS DO WHATSAPP PELA AUTORIDADE POLICIAL E (IN)VALIDADE DA PROVA

DELEGADO QUE ACESSA CONVERSAS DO WHATSAPP DO FLAGRANTEADO SEM PRÉVIA AUTORIZAÇÃO JUDICIAL

Imagine a seguinte situação hipotética:

João foi preso em flagrante pela prática de tráfico de drogas.

A polícia apreendeu seu telefone celular.

Como não havia senha no aparelho, o Delegado abriu o aplicativo Whatsapp e verificou as conversas de João. As mensagens comprovaram que ele realmente negociava drogas e, o pior, que havia praticado diversos outros crimes, dentre eles ameaça e homicídio.

Tais mensagens foram transcritas pelo escrivão e juntadas ao inquérito policial em forma de certidão.

A autoridade fundamentou tais diligências no art. 6º, II, III e VII, do CPP:

§ Art. 6º Logo que tiver conhecimento da prática da infração penal, a autoridade policial deverá:

II – apreender os objetos que tiverem relação com o fato, após liberados pelos peritos criminais;

III – colher todas as provas que servirem para o esclarecimento do fato e suas circunstâncias;

(...)

VII – determinar, se for caso, que se proceda a exame de corpo de delito e a quaisquer outras perícias;

Posteriormente, tais elementos informativos serviram de base para que o Ministério Público oferecesse denúncia contra João pela prática de uma série de crimes.

Tese da defesa

A defesa, contudo, alegou que tais elementos informativos são nulos. Segundo argumentou o advogado do réu, após a apreensão do celular, sem qualquer autorização, a polícia teria que ter requerido ao juízo autorização para consultar o conteúdo do aparelho. Diante disso, requereu que as "provas" colhidas fossem declaradas nulas e desentranhadas do processo.

A tese da defesa foi aceita pelo STJ? É necessária prévia autorização judicial para que a autoridade policial possa ter acesso ao Whatsapp da pessoa que foi presa em flagrante delito?

SIM.

Na ocorrência de autuação de crime em flagrante, ainda que seja dispensável ordem judicial para a apreensão de telefone celular, as mensagens armazenadas no aparelho estão protegidas pelo sigilo telefônico, que compreende igualmente a transmissão, recepção ou emissão de símbolos, caracteres, sinais, escritos, imagens, sons ou informações de qualquer natureza, por meio de telefonia fixa ou móvel ou, ainda, por meio de sistemas de informática e telemática.

STJ. 5ª Turma. RHC 67.379-RN, Rel. Min. Ribeiro Dantas, julgado em 20/10/2016 (Info 593).

Sem prévia autorização judicial, são nulas as provas obtidas pela polícia por meio da extração de dados e de conversas registradas no Whatsapp presentes no celular do suposto autor de fato delituoso, ainda que o aparelho tenha sido apreendido no momento da prisão em flagrante.

STJ. 6ª Turma. RHC 51.531-RO, Rel. Min. Nefi Cordeiro, julgado em 19/4/2016 (Info 583).

DELEGADO QUE ACESSA CONVERSAS DO WHATSAPP DA VÍTIMA MORTA COM AUTORIZAÇÃO DA ESPOSA DO FALECIDO

Imagine agora outra situação:

João matou Pedro, crime que não foi presenciado por ninguém.

A polícia começou a investigar o caso e a esposa de Pedro entregou ao Delegado o telefone celular do marido falecido.

A autoridade policial abriu o Whatsapp e percebeu que Pedro manteve uma ríspida conversa com João e que eles combinaram de se encontrar no local onde a vítima foi encontrada morta.

A partir dessa conversa, a polícia conseguiu desvendar o crime e chegar a outros elementos informativos que comprovaram que João foi o autor do homicídio.

João foi denunciado e impetrou habeas corpus alegando que o acesso do Delegado de Polícia às conversas no Whatsapp da vítima foi ilegal, considerando que realizada sem prévia autorização judicial.

Pediu, ainda, que a nulidade dessa prova fosse estendida para as demais provas obtidas a partir dela, por força da teoria dos frutos da árvore envenenada (*fruits of the poisonous tree*), de acordo com o que prevê o art. 5º, LVI, da Constituição Federal.

O STJ acolheu o pedido da defesa?

NÃO.

> **Não há ilegalidade na perícia de aparelho de telefonia celular pela polícia, sem prévia autorização judicial, na hipótese em que seu proprietário – a vítima – foi morto, tendo o referido telefone sido entregue à autoridade policial por sua esposa.**
>
> STJ. 6ª Turma. RHC 86.076-MT, Rel. Min. Sebastião Reis Júnior, Rel. Acd. Min. Rogerio Schietti Cruz, julgado em 19/10/2017 (Info 617).

Acesso ao celular do investigado X acesso ao celular da vítima

Os precedentes do STJ que reconheceram a ilegalidade da prova envolviam acesso às conversas do Whatsapp no celular do investigado. Aqui, a leitura das conversas ocorreu no celular da vítima, tendo o aparelho sido entregue voluntariamente pela esposa do falecido.

Assim, no segundo caso, não há prova ilícita, considerando que não houve uma violação à intimidade do investigado, titular de garantias no processo penal.

Na segunda situação, o detentor do direito ao sigilo estava morto. Não havia mais sigilo algum a proteger o titular daquele direito e a sua esposa, totalmente interessada no esclarecimento dos fatos, entregou o celular à Polícia com o objetivo de elucidar os fatos.

Logo, neste segundo caso, não havia necessidade de uma ordem judicial porque, no processo penal, o que se protege são os interesses do acusado. Seria irrazoável e impróprio proteger-se a intimidade de quem foi vítima do homicídio, sendo que a finalidade da investigação é esclarecer o homicídio e punir aquele que, teoricamente, foi o responsável pela morte.

ACESSO AO WHATSAPP DE APARELHO CELULAR COLETADO EM BUSCA E APREENSÃO

Imagine a seguinte situação:

Augusto estava sendo investigado pela suposta prática de tráfico de drogas.

O juiz decretou medida de busca e apreensão na casa de Augusto, autorizando que fossem apreendidos "instrumentos utilizados na prática de crime ou destinados a fim delituoso; objetos necessários à prova de infração, além de permitir a colheita de outros elementos de convicção."

Durante as diligências, foram encontras drogas, balanças de precisão e dois celulares, tendo tudo isso sido apreendido.

Augusto, que estava no local, foi preso em flagrante.

A autoridade policial acessou o Whatsapp dos aparelhos celulares e descobriu inúmeras conversas de Augusto negociando drogas e determinando a morte de inimigos.

A defesa impetrou habeas corpus alegando que o Delegado somente poderia ter acessado o Whatsapp de Augusto com uma nova autorização judicial, razão pela qual essa prova seria ilícita.

A tese da defesa foi acolhida pelo STJ?

NÃO.

Se o telefone celular foi apreendido em busca e apreensão determinada por decisão judicial, não há óbice para que a autoridade policial acesse o conteúdo armazenado no aparelho, inclusive as conversas do Whatsapp.

Para a análise e a utilização desses dados armazenados no celular não é necessária nova autorização judicial.

A ordem de busca e apreensão determinada já é suficiente para permitir o acesso aos dados dos aparelhos celulares apreendidos.

STJ. 5ª Turma. RHC 77.232/SC, Rel. Min. Felix Fischer, julgado em 03/10/2017.

É ILEGAL A DECISÃO JUDICIAL QUE AUTORIZA A APREENSÃO DO CELULAR DO SUSPEITO E O ESPELHAMENTO, PARA MONITORAMENTO, DAS CONVERSAS DO WHATSAPP VIA WHATSAPP WEB

O caso concreto foi o seguinte:

O Delegado de Polícia conseguiu autorização judicial para apreender o celular do suspeito e fazer o espelhamento das mensagens recebidas e enviadas no Whatsapp.

O espelhamento das mensagens do WhatsApp ocorre no site da própria empresa, denominado "WhatsApp Web". Neste site é gerado um tipo específico de código de barras, conhecido como Código QR, o qual só pode ser lido pelo celular do usuário que pretende usufruir do serviço.

Daí a necessidade de apreensão, ainda que por breve período de tempo, do aparelho telefônico que se pretende monitorar.

STJ

O STJ considerou que essa decisão judicial foi ilegal.

Tanto no aplicativo, quanto no navegador, é possível, com total liberdade, o envio de novas mensagens e a exclusão de mensagens antigas (registradas antes do emparelhamento) ou recentes (registradas após), tenham elas sido enviadas pelo usuário, tenham elas sido recebidas de algum contato.

Eventual exclusão de mensagem enviada (na opção "Apagar somente para Mim") ou de mensagem recebida (em qualquer caso) não deixa absolutamente nenhum vestígio, seja no aplicativo, seja no computador emparelhado, e, por conseguinte, não pode jamais ser recuperada para efeitos de prova em processo penal, tendo em vista que a própria empresa disponibilizadora do serviço, em razão da tecnologia de encriptação ponta-a-ponta, não armazena em nenhum servidor o conteúdo das conversas dos usuários.

Assim, não há segurança de que as conversas que foram travadas depois da apreensão foram, de fato, mantidas pelo suspeito, tendo em vista que pela internet elas também poderiam ser realizadas.

Não é possível equiparar a situação à interceptação telefônica

O STJ entendeu que não era possível autorizar essa apreensão, por analogia, como se fosse uma interceptação telefônica (art. 1º, da Lei nº 9.296/96).

Primeiro: ao contrário da interceptação telefônica, no âmbito da qual o investigador de polícia atua como mero observador de conversas empreendidas por terceiros, no espelhamento via WhatsApp Web o investigador de polícia tem a concreta possibilidade de atuar como participante tanto das conversas que vêm a ser realizadas quanto das conversas que já estão registradas no aparelho celular, haja vista ter o poder, conferido pela própria plataforma online, de interagir nos diálogos mediante envio de novas mensagens a qualquer contato presente no celular e exclusão, com total liberdade, e sem deixar vestígios, de qualquer mensagem passada, presente ou, se for o caso, futura.

O fato de eventual exclusão de mensagens enviadas (na modalidade "Apagar para mim") ou recebidas (em qualquer caso) não deixar absolutamente nenhum vestígio nem para o usuário nem para o destinatário, e o fato de tais mensagens excluídas, em razão da criptografia end-to-end, não ficarem armazenadas em nenhum servidor, constituem fundamentos suficientes para a conclusão de que a admissão de tal meio de obtenção de prova implicaria indevida presunção absoluta da legitimidade dos atos dos investigadores, dado que exigir contraposição idônea por parte do investigado seria equivalente a demandar-lhe produção de prova diabólica.

Segundo: ao contrário da interceptação telefônica, que tem como objeto a escuta de conversas realizadas apenas depois da autorização judicial (ex nunc), o espelhamento via Código QR viabiliza ao investigador de polícia acesso amplo e irrestrito a toda e qualquer comunicação realizada antes da mencionada autorização, operando efeitos retroativos (ex tunc).

Terceiro: ao contrário da interceptação telefônica, que é operacionalizada sem a necessidade simultânea de busca pessoal ou domiciliar para apreensão de aparelho telefônico, o espelhamento via Código QR depende da abordagem do indivíduo ou do vasculhamento de sua residência, com apreensão de seu aparelho telefônico por breve período de tempo e posterior devolução desacompanhada de qualquer menção, por parte da Autoridade Policial, à realização da medida constritiva, ou mesmo, porventura – embora não haja nos autos notícia de que isso tenha ocorrido no caso concreto –, acompanhada de afirmação falsa de que nada foi feito.

Em suma:

É nula a decisão judicial que autoriza o espelhamento do WhatsApp via Código QR, bem como das provas e dos atos que dela diretamente dependam ou sejam consequência, ressalvadas eventuais fontes independentes.

STJ. 6ª Turma. RHC 99.735/SC, Rel. Min. Laurita Vaz, julgado em 27/11/2018.

3.6. POSSIBILIDADE DE UTILIZAR OS DADOS DA RECEITA FEDERAL PARA INSTRUIR PROCESSO PENAL

Imagine a seguinte situação adaptada:

Samuel era sócio administrador de uma empresa.

A Receita Federal instaurou procedimento fiscal contra a sociedade empresária sob a suspeita de que estaria havendo sonegação de tributos.

No curso do procedimento, a Receita, sem autorização judicial, requisitou diretamente do banco os extratos bancários da empresa.

A Receita fundamentou sua requisição no art. 6º da LC nº 105/2001:

§ Art. 6º As autoridades e os agentes fiscais tributários da União, dos Estados, do Distrito Federal e dos Municípios somente poderão examinar documentos, livros e registros de instituições financeiras, inclusive os referentes a contas de depósitos e aplicações financeiras, quando houver processo administrativo instaurado ou procedimento fiscal em curso e tais exames sejam considerados indispensáveis pela autoridade administrativa competente.

De posse dos extratos, o Fisco constatou que realmente houve sonegação de tributos e, por conta disso, autuou a pessoa jurídica e fez a constituição definitiva do crédito tributário.

Ação penal

A Receita Federal encaminhou cópia integral do processo administrativo-fiscal, inclusive dos extratos bancários, e o MPF, com base nesses elementos informativos ("provas emprestadas"), denunciou Samuel como incurso no art. 1º, I, da Lei nº 8.137/90.

Alegação de prova ilícita

Ao se defender, Samuel sustentou a ilicitude da "prova" colhida (extratos bancários), alegando que teria havido uma quebra de sigilo bancário sem autorização judicial. Desse modo, essa "prova" não poderia ser utilizada no processo penal.

A tese do réu é aceita pela jurisprudência do STF? É necessária prévia autorização judicial para que a Receita Federal compartilhe com o Ministério Público dados bancários do contribuinte que ela obteve mediante requisição direta dos bancos?

NÃO.

Os dados do contribuinte que a Receita Federal obteve das instituições bancárias mediante requisição direta (sem intervenção do Poder Judiciário, com base nos arts. 5º e 6º da LC 105/2001), podem ser compartilhados, também sem autorização judicial, com o Ministério Público, para serem utilizados como prova emprestada no processo penal. Isso porque o STF decidiu que são constitucionais os arts. 5º e 6º da LC 105/2001, que permitem o acesso direto da Receita Federal à movimentação financeira dos contribuintes (RE 601314/SP, Rel. Min. Edson Fachin, julgado em 24/2/2016. Info 815). Este entendimento do STF deve ser estendido também para a esfera criminal.

É lícito o compartilhamento promovido pela Receita Federal dos dados bancários por ela obtidos a partir de permissivo legal, com a Polícia e com o Ministério Público, ao término do procedimento administrativo fiscal, quando verificada a prática, em tese, de infração penal.

STF. 1ª Turma. RE 1043002 AgR, Rel. Min. Roberto Barroso, julgado em 01/12/2017.

STF. 2ª Turma. RHC 121429/SP, Rel. Min. Dias Toffoli, julgado em 19/4/2016 (Info 822).

STJ. 5ª Turma. AgRg no REsp 1.601.127-SP, Rel. Min. Ribeiro Dantas, Rel. Acd. Min. Felix Fischer, julgado em 20/09/2018 (Info 634).

STJ. 6ª Turma. HC 422.473-SP, Rel. Min. Sebastião Reis Júnior, julgado em 20/03/2018 (Info 623).

Obrigação legal de fazer a notícia crime

O envio dos dados sigilosos pela Receita Federal à Polícia ou ao Ministério Público, após a conclusão do processo administrativo e constituição definitiva de crédito tributário, decorre da obrigação legal que os órgãos de fiscalização tributária possuem de comunicar às autoridades competentes a existência de possível ilícito cometido. Nesse sentido, veja o que diz o art. 83 da Lei nº 9.430/96:

§ Art. 83. A representação fiscal para fins penais relativa aos crimes contra a ordem tributária previstos nos arts. 1º e 2º da Lei nº 8.137, de 27 de dezembro de 1990, e aos crimes contra a Previdência Social, previstos nos arts. 168-A e 337-A do Decreto-Lei nº 2.848, de 7 de dezembro de 1940 (Código Penal), será encaminhada ao Ministério Público depois de proferida a decisão final, na esfera administrativa, sobre a exigência fiscal do crédito tributário correspondente.

Vale ressaltar que a própria LC 105/2001 prevê que, diante da possível prática de crime, essa comunicação não configura violação do dever de sigilo:

> § Art. 1º As instituições financeiras conservarão sigilo em suas operações ativas e passivas e serviços prestados.
>
> (...)
>
> § 3º Não constitui violação do dever de sigilo:
>
> (...)
>
> IV – a comunicação, às autoridades competentes, da prática de ilícitos penais ou administrativos, abrangendo o fornecimento de informações sobre operações que envolvam recursos provenientes de qualquer prática criminosa;

Assim, não constitui ofensa ao princípio da reserva de jurisdição o uso pelo Ministério Público, para fins penais, sem autorização judicial, de dados bancários legitimamente obtidos pela Receita Federal (art. 6º da LC 105/2001) e compartilhados no cumprimento de seu dever legal, por ocasião do esgotamento da via administrativa fiscalizatória e constatação de possível prática de crime tributário.

3.7. POSSIBILIDADE DE ACORDO DE COLABORAÇÃO PREMIADA SER CELEBRADO POR DELEGADO DE POLÍCIA

CONCEITO E NATUREZA JURÍDICA

- Colaboração premiada é um instituto previsto na legislação por meio do qual...
- um investigado ou acusado da prática de infração penal
- decide confessar a prática do delito
- e, além disso, aceita colaborar com a investigação ou com o processo
- fornecendo informações que irão ajudar,
- de forma efetiva,
- na obtenção de provas contra os demais autores dos delitos e contra a organização criminosa,
- na prevenção de novos crimes,
- na recuperação do produto ou proveito dos crimes ou
- na localização da vítima com integridade física preservada,
- recebendo o colaborador, em contrapartida, determinados benefícios penais (ex: redução de sua pena).

A colaboração premiada possui natureza jurídica de "meio de obtenção de prova" (art. 3º, I, da Lei nº 12.850/2013). Chamo atenção para esse fato: a colaboração premiada não é um meio de prova propriamente dito. A colaboração premiada não prova nada (ela não é uma prova). A colaboração premiada é um meio, uma técnica, um instrumento para se obter as provas.

> "Enquanto os meios de prova são aptos a servir, diretamente, ao convencimento do juiz sobre a veracidade ou não de uma afirmação fática (p. ex., o depoimento de uma testemunha, ou o teor de uma escritura pública), os meios de obtenção de provas (p. ex.: uma busca e apreensão) são instrumentos para a colheita de elementos ou fontes de provas, estes sim, aptos a convencer o julgador (p. ex.: um extrato bancário [documento] encontrado em uma busca e apreensão domiciliar). Ou seja, enquanto o meio de prova se presta ao convencimento direto do julgador, os meios de obtenção de provas

somente indiretamente, e dependendo do resultado de sua realização, poderão servir à reconstrução da história dos fatos" (BADARÓ, Gustavo. *Processo Penal*. Rio de Janeiro. Campus: Elsevier. 2012, p. 270).

PREVISÃO NORMATIVA

Podemos encontrar algumas previsões embrionárias de colaboração premiada em diversos dispositivos legais esparsos. Confira a relação:

- Código Penal (arts. 15, 16, 65, III, 159, § 4º);
- Crimes contra o Sistema Financeiro – Lei 7.492/86 (art. 25, § 2º);
- Crimes contra a Ordem Tributária – Lei 8.137/90 (art. 16, parágrafo único);
- Lei dos Crimes Hediondos – Lei 8.072/90 (art. 8º, parágrafo único);
- Convenção de Palermo – Decreto 5.015/2004 (art. 26);
- Lei de Lavagem de Dinheiro – Lei 9.613/98 (art. 1º, § 5º);
- Lei de Proteção às Testemunhas – Lei 9.807/99 (arts. 13 a 15);
- Lei de Drogas – Lei 11.343/2006 (art. 41);
- Lei Antitruste – Lei 12.529/2011 (art. 87, parágrafo único).

O instituto, no entanto, foi tratado com maior riqueza de detalhes pela Lei nº 12.850/2013 (Lei do Crime Organizado), em seus arts. 4º a 7º. Este é, atualmente, o diploma que rege, de forma geral, a colaboração premiada em nosso país, razão pela qual a explicação abaixo será feita com base nesta Lei.

NOMENCLATURA

Normalmente, encontramos na doutrina e jurisprudência, a terminologia "delação premiada".

A Lei 12.850/2013, no entanto, utilizou a expressão "colaboração premiada". *Existe alguma diferença?*

SIM. A nomenclatura "colaboração premiada" é mais ampla, devendo ser considerada como um gênero, do qual uma das suas espécies é a delação premiada.

A delação premiada ocorre quando o investigado ou acusado *colabora* com as autoridades *delatando* os comparsas, ou seja, apontando as outras pessoas que também praticaram as infrações penais.

Desse modo, como já dito, a delação é uma forma de exercer a colaboração premiada. Existem, contudo, outras espécies, conforme será visto mais a frente.

COLABORAÇÃO PREMIADA	DELAÇÃO PREMIADA
É um mecanismo previsto na legislação por meio do qual o investigado ou acusado de uma infração penal colabora, efetiva e voluntariamente, com a investigação e com o processo, recebendo, em contrapartida, benefícios penais. Uma das formas de colaboração premiada é a delação dos coautores ou partícipes.	É uma espécie do gênero "colaboração premiada". Ocorre quando o investigado ou acusado decide colaborar com as autoridades delatando os comparsas, ou seja, apontando as outras pessoas que também praticaram as infrações penais.

Exemplo de colaboração premiada que não é delação premiada: o autor confessa a prática do crime e não delata nenhum comparsa. No entanto, ele fornece todas as informações necessárias para que as autoridades recuperem o dinheiro desviado com o esquema criminoso e que se encontrava em contas bancárias no exterior.

Assim, toda delação premiada é uma forma de colaboração premiada, mas nem sempre a colaboração premiada será feita por meio de uma delação premiada.

CRÍTICAS E IMPORTÂNCIA

A delação premiada é criticada por alguns doutrinadores. O argumento é o de que, por meio deste expediente, o Estado estaria incentivando uma conduta antiética por parte do delator, qual seja, a traição. Afirma-se, ainda, que a colaboração premiada seria uma forma de o Poder Público barganhar com os criminosos, postura que não seria adequada.

A posição majoritária, contudo, é aquela que defende que, em uma ponderação de interesses, a delação premiada é medida indispensável ao combate da criminalidade organizada, sendo, portanto, legítima, já que não viola nenhum direito ou garantia fundamental. Veja a opinião de Nucci:

> "(...) parece-nos que a delação premiada é um mal necessário, pois o bem maior a ser tutelado é o Estado Democrático de Direito. Não é preciso ressaltar que o crime organizado tem ampla penetração nas entranhas estatais e possui condições de desestabilizar qualquer democracia, sem que se possa combatê-lo, com eficiência, desprezando-se a colaboração daqueles que conhecem o esquema e dispõem-se a denunciar co-autores e partícipes. No universo de seres humanos de bem, sem dúvida, a traição é desventurada, mas não cremos que se possa dizer o mesmo ao transferirmos nossa análise para o âmbito do crime, por si só, desregrado, avesso à legalidade, contrário ao monopólio estatal de resolução de conflitos, regido por *leis* esdrúxulas e extremamente severas, totalmente distante dos valores regentes dos direitos humanos fundamentais." (NUCCI, Guilherme de Souza. *Manual de Processo Penal e execução penal*. São Paulo: RT, 2008, p. 418).

Ademais, se o Estado não pudesse contar (e incentivar) a delação por parte dos comparsas, dificilmente seria possível desmantelar organizações criminosas poderosas, com estrutura hierarquizada de poder, nas quais o chefe da ORCRIM raramente pratica os atos criminosos pessoalmente, valendo-se sempre de interpostas pessoas e ordens reservadas. Se um integrante da organização for preso e o Poder Público não tiver autorização para incentivar a delação dos demais membros, o grupo criminoso estará sempre se renovando, além do que somente serão punidos os componentes de baixo escalão do crime organizado.

A história revela que o instituto da delação premiada foi imprescindível para que a Itália conseguisse punir alguns integrantes do grupo mafioso siciliano conhecido como "Cosa Nostra" na chamada "Operação Mãos Limpas". Um dos mafiosos, Tommaso Buscetta, após ser preso, celebrou acordo com o *Procuratore Della Repubblica* Giovanni Falcone, aceitando delatar seus comparsas e revelar toda a estrutura e os planos da organização criminosa.

FORMAS DE COLABORAÇÃO PREMIADA (RESULTADOS QUE DEVEM SER ALCANÇADOS)

A Lei 12.850/2013 prevê, em seu art. 4º, cinco formas por meio das quais o investigado/réu poderá colaborar com a investigação e com o processo.

Assim, para ter direito aos benefícios decorrentes da colaboração, o indivíduo deverá fornecer informações efetivas com as quais as autoridades consigam pelo menos um dos seguintes resultados:

1. Identificar os demais coautores e partícipes da organização criminosa e as infrações penais por eles praticadas.

2. Revelar a estrutura hierárquica e a divisão de tarefas da organização criminosa.
3. Prevenir as infrações penais decorrentes das atividades da organização criminosa.
4. Recuperar total ou parcialmente o produto ou o proveito das infrações penais praticadas pela organização criminosa.
5. Localizar o paradeiro da vítima com a sua integridade física preservada.

Obs: reitero que basta que um desses cinco objetivos seja atingido para que o colaborador tenha direito ao benefício.

COLABORAÇÃO VOLUNTÁRIA E EFETIVA

A colaboração deve ser *voluntária*, ou seja, o colaborador não pode ter sido coagido.

Vale ressaltar que a colaboração é considerada voluntária mesmo que a proposta não tenha partido do investigado/acusado. Isso porque não se exige que a colaboração seja espontânea, ou seja, que tenha partido do colaborador a ideia, a iniciativa. Basta que seja voluntária (que ele aceite livremente). Assim, se a polícia ou o MP propõem o acordo e este é aceito livremente pelo colaborador, esta colaboração é tida como voluntária.

A colaboração deve ser *efetiva*, isto é, somente será concedido o benefício se, com as informações fornecidas pelo colaborador, for obtido um dos resultados previstos nos incisos do art. 4º da Lei.

Não se exige que o colaborador demonstre arrependimento. Sendo uma colaboração voluntária e efetiva, a concessão do benefício é devida ainda que o investigado/acusado não tenha sentimentos altruístas.

MOMENTO

A colaboração premiada e a concessão dos benefícios dela decorrentes podem ocorrer em três momentos:

1. Na fase de investigação criminal (inquérito policial ou investigação conduzida pelo MP);
2. Durante o curso do processo penal (ainda que já em instância recursal);
3. Após o trânsito em julgado da sentença penal condenatória.

BENEFÍCIOS

Poderão ser concedidos ao colaborador os seguintes benefícios (prêmios):

1. Não oferecimento da denúncia

Se o acordo de colaboração for firmado ainda na fase de investigação, sendo ele homologado pelo juiz, o Ministério Público poderá deixar de oferecer a denúncia contra o colaborador. Trata-se de uma exceção ao princípio da obrigatoriedade, segundo o qual, havendo justa causa, o MP é obrigado a oferecer a denúncia.

Para que o MP deixe de oferecer a denúncia contra o colaborador é necessário o preenchimento dos seguintes requisitos:

A colaboração deve ser efetiva e voluntária;

O colaborador não pode ser o líder da organização criminosa;

O colaborador deve ter sido o primeiro a prestar efetiva colaboração.

2. Perdão judicial

Se a colaboração prestada for muito relevante, o Ministério Público ou o Delegado de Polícia poderão se manifestar pedindo que o juiz conceda perdão judicial ao colaborador, o que acarreta a extinção da punibilidade (art. 107, IX, do CP). Veja a redação do art. 4º, § 2º da Lei nº 12.850/2013:

§ § 2º Considerando a relevância da colaboração prestada, o Ministério Público, a qualquer tempo, e o delegado de polícia, nos autos do inquérito policial, com a manifestação do Ministério Público, poderão requerer ou representar ao juiz pela concessão de perdão judicial ao colaborador, ainda que esse benefício não tenha sido previsto na proposta inicial, aplicando-se, no que couber, o art. 28 do Decreto-Lei nº 3.689, de 3 de outubro de 1941 (Código de Processo Penal).

3) Redução da pena

Outro benefício previsto ao colaborador é a redução da pena que lhe for imposta.

Se a colaboração ocorrer antes da sentença, ou seja, se a pessoa decidir colaborar antes de ser julgada: sua pena poderá ser reduzida em até 2/3.

Se a colaboração ocorrer após a sentença, ou seja, se a pessoa decidir colaborar apenas depois de ser condenada: sua pena poderá ser reduzida em até metade (1/2).

4) Substituição da pena privativa de liberdade por restritiva de direitos

O juiz poderá substituir a pena privativa de liberdade do colaborador por pena restritiva de direitos mesmo que não estejam presentes os requisitos do art. 44 do CP.

5) Progressão de regime

Para que ocorra a progressão de regime, o réu deverá ter cumprido determinado tempo de pena. A isso chamamos de requisito objetivo da progressão.

Para crimes comuns: o requisito objetivo consiste no cumprimento de 1/6 da pena aplicada.

Para crimes hediondos ou equiparados, o requisito objetivo representa o cumprimento de:

- 2/5 da pena se for primário.
- 3/5 da pena se for reincidente.

Se o réu já estiver condenado e cumprindo pena e decidir colaborar, ele poderá receber como "prêmio" a progressão de regime ainda que não tenha atingido o requisito objetivo (§ 5º do art. 4º).

O STF entende que, caso a colaboração seja efetiva e produza os resultados almejados, o colaborador tem direito subjetivo à aplicação das sanções premiais estabelecidas no acordo, inclusive de natureza patrimonial (HC 127483/PR).

CRITÉRIOS UTILIZADOS PARA A ESCOLHA DO BENEFÍCIO

A Lei aponta os seguintes critérios para que o juiz escolha quais benefícios serão aplicados ao colaborador (§ 1º do art. 4º):

Personalidade do colaborador;

Natureza, circunstâncias, gravidade e repercussão social do fato criminoso;

Eficácia da colaboração.

DIREITOS DO COLABORADOR

O art. 5º da Lei 12.850/2013 prevê os seguintes direitos ao colaborador:

I – usufruir das medidas de proteção previstas na legislação específica (Lei nº 9.807/99);

II – ter nome, qualificação, imagem e demais informações pessoais preservados;

III – ser conduzido, em juízo, separadamente dos demais coautores e partícipes;

IV – participar das audiências sem contato visual com os outros acusados;

V – não ter sua identidade revelada pelos meios de comunicação, nem ser fotografado ou filmado, sem sua prévia autorização por escrito;

VI – cumprir pena em estabelecimento penal diverso dos demais corréus ou condenados.

NEGOCIAÇÃO DO ACORDO

O investigado (ou acusado), assistido por advogado, negocia o acordo de colaboração premiada com o Delegado de Polícia ou com o Ministério Público.

O juiz não participará, em hipótese alguma, das negociações realizadas entre as partes para a formalização do acordo de colaboração (§ 6º do art. 4º).

Caso o magistrado interagisse nas negociações, haveria uma grave violação do sistema acusatório e um seríssimo risco de contaminação da sua imparcialidade, considerando que as informações enunciadas pelo eventual colaborador iriam incutir no julgador preconcepções sobre o próprio delator e seus comparsas. Se as negociações não culminassem com um acordo, a opinião do julgador a respeito do investigado/denunciado já estaria construída em seu psicológico considerando que teria ouvido confissões sobre os fatos criminosos.

Ademais, a simples presença do juiz da causa na tentativa de acordo poderia exercer uma indevida coerção velada para que o investigado/acusado aceitasse eventual proposta, o que contraria a natureza do instituto já que a colaboração deve ser voluntária.

A colaboração é um meio de obtenção de prova cuja iniciativa não se submete à reserva de jurisdição (não exige autorização judicial), diferentemente do que ocorre nas interceptações telefônicas ou na quebra de sigilo bancário ou fiscal.

Nesse sentido, as tratativas e a celebração da avença são mantidas exclusivamente entre o Ministério Público e o pretenso colaborador.

O Poder Judiciário é convocado ao final dos atos negociais apenas para aferir os requisitos legais de existência e validade, com a indispensável homologação.

STF. Plenário. Pet 7074/DF, Rel. Min. Edson Fachin, julgado em 21, 22, 28 e 29/6/2017 (Info 870).

Caso as negociações tenham êxito, as declarações do colaborador serão registradas (em meio escrito ou audiovisual) e será elaborado um termo de acordo de colaboração premiada, a ser assinado por todas as partes e, então, remetido ao juiz para homologação.

DELEGADO DE POLÍCIA PODE NEGOCIAR A ASSINATURA DO ACORDO SEM O MINISTÉRIO PÚBLICO

O Delegado de Polícia pode negociar e assinar acordo de colaboração premiada com o colaborador (assistido por seu defensor), enviando depois esse termo para ser homologado pelo juiz? A autoridade policial tem legitimidade para celebrar o acordo de colaboração premiada?

Vamos dividir o estudo do tema em três partes:

1) O que diz a Lei: SIM

A Lei nº 12.850/2013 afirma que, se for feito durante o inquérito policial, o acordo de colaboração premiada pode ser celebrado entre o Delegado de Polícia e o investigado, ou seja, a autoridade policial tem legitimidade para celebrar acordo de colaboração premiada, bastando que haja uma manifestação (parecer) do MP. Veja:

§ Art. 4º (...)

§ 2º Considerando a relevância da colaboração prestada, o Ministério Público, a qualquer tempo, e o delegado de polícia, nos autos do inquérito policial, com a manifestação do

PROCESSO PENAL

Ministério Público, poderão requerer ou representar ao juiz pela concessão de perdão judicial ao colaborador, ainda que esse benefício não tenha sido previsto na proposta inicial, aplicando-se, no que couber, o art. 28 do Decreto-Lei nº 3.689, de 3 de outubro de 1941 (Código de Processo Penal).

(...)

§ 6º O juiz não participará das negociações realizadas entre as partes para a formalização do acordo de colaboração, que ocorrerá entre o delegado de polícia, o investigado e o defensor, com a manifestação do Ministério Público, ou, conforme o caso, entre o Ministério Público e o investigado ou acusado e seu defensor.

2) O que queria o PGR: NÃO

Em 2016, o Procurador-Geral da República ingressou com uma ADI contra esses dispositivos.

Para o PGR, os trechos acima destacados da lei, ao atribuírem a Delegados de Polícia legitimidade para negociar acordos de colaboração premiada e propor diretamente ao juiz concessão de perdão judicial a investigado ou réu colaborador, violariam os princípios do devido processo legal e da moralidade.

Ofenderiam também a titularidade da ação penal pública conferida ao Ministério Público pela Constituição (art. 129, I), a exclusividade do exercício de funções do Ministério Público por membros legalmente investidos na carreira (art. 129, § 2º, primeira parte) e a função constitucional da polícia como órgão de segurança pública (art. 144, os §§ 1º e 4º).

3) O que decidiu o STF: SIM

O Delegado de Polícia pode formalizar acordos de colaboração premiada, na fase de inquérito policial, respeitadas as prerrogativas do Ministério Público, o qual deverá se manifestar, sem caráter vinculante, previamente à decisão judicial.

STF. Plenário. ADI 5508/DF, Rel. Min. Marco Aurélio, julgado em 20/6/2018 (Info 907).

O STF considerou que são constitucionais os trechos dos §§ 2º e 6º do art. 4º da Lei nº 12.850/2013 que preveem a possibilidade de o Delegado de Polícia celebrar acordo de colaboração premiada.

A ADI proposta pelo PGR foi julgada improcedente.

§ 2º

O § 2º do art. 4º da Lei nº 12.850/2013 confere ao Delegado de Polícia, exclusivamente no curso do inquérito policial, a faculdade de representar ao juiz, ouvido o Ministério Público, pela concessão de perdão judicial ao colaborador, ainda que esse benefício não haja sido previsto na proposta inicial.

Trata-se de nova hipótese de perdão judicial.

"O perdão judicial é instituto que possibilita ao juiz deixar de impor sanção diante da existência de determinadas circunstâncias expressamente previstas em lei. É a gradação máxima de redução da pena a resultar na extinção da punibilidade, nos termos do art. 107, IX, do Código Penal."

O Min. Marco Aurélio entendeu que a possibilidade de o Delegado propor ao juiz o perdão judicial não é um assunto que esteja diretamente relacionado com o modelo acusatório. Não há, portanto, ofensa ao art. 129, I, da Constituição Federal. Essa possibilidade está sim relacionada com o "direito de punir do Estado". Embora o Ministério Público seja o titular da ação penal de iniciativa pública, ele não é o titular do direito de punir. O direito de punir é uma manifestação do Poder Judiciário.

A representação pelo perdão judicial, feita pelo Delegado de Polícia, por conta da colaboração premiada, não impede que o MP ofereça denúncia contra o investigado. Ocorre que, uma vez comprovada a eficácia do acordo, o juiz irá extinguir a punibilidade do delator.

§ 6º

Esse § 6º não afasta a participação do Ministério Público no acordo de colaboração premiada, ainda que ocorrido entre o Delegado de Polícia, o investigado e o defensor, não se podendo cogitar da afronta à titularidade da ação penal.

A legitimidade da autoridade policial para realizar as tratativas de colaboração premiada desburocratiza o instituto, sem importar ofensa a regras atinentes ao Estado Democrático de Direito, uma vez que o acordo ainda será submetido à apreciação do Ministério Público e à homologação pelo Poder Judiciário.

Definir os benefícios que serão propostos não afeta a titularidade da ação penal

Definir quais benefícios serão propostos não se confunde com a propositura ou não da ação penal.

Assim, "o argumento segundo o qual é privativa do Ministério Público a legitimidade para oferecer e negociar acordos de colaboração premiada, considerada a titularidade exclusiva da ação penal pública, não encontra amparo constitucional." (Min. Marco Aurélio).

Não se pode centralizar no Ministério Público todos os papéis do sistema de persecução criminal, atuando o Órgão como investigador – obtenção do material destinado a provar determinado fato –, acusador – titular da ação penal – e julgador – estabelecendo penas, regimes e multas a vincularem o Juízo –, em desequilíbrio da balança da igualdade de armas.

Controle externo

Há previsão específica da manifestação do Ministério Público em todos os acordos entabulados no âmbito da polícia judiciária, garantindo-se, com isso, o devido controle externo da atividade policial já ocorrida e, se for o caso, adoção de providências e objeções.

Supremacia do interesse público

A supremacia do interesse público conduz a que o debate constitucional não seja pautado por interesses corporativos, mas por argumentos normativos acerca do desempenho das instituições no combate à criminalidade. A atuação conjunta, a cooperação entre órgãos de investigação e de persecução penal, é de relevância maior.

COMPETÊNCIA PARA HOMOLOGAÇÃO DO ACORDO DE COLABORAÇÃO PREMIADA SE O DELATADO TIVER FORO POR PRERROGATIVA DE FUNÇÃO

Imagine a seguinte situação hipotética:

Luiz e mais outras pessoas foram presas preventivamente por ordem do juiz da 6ª vara criminal, investigados por crimes contra a administração pública.

Luiz negociou com o Promotor de Justiça e firmou acordo de colaboração premiada, tendo mencionado em suas declarações que os valores desviados dos cofres públicos seriam destinados ao Governador do Estado.

O juiz da 6ª vara homologou o acordo de colaboração premiada.

Após o acordo, as declarações do colaborador foram enviadas para o STJ, que instaurou inquérito para apurar a conduta do Governador.

Quando soube do fato, o Governador do Estado peticionou ao STJ alegando que houve violação à competência deste Tribunal Superior. Isso porque, conforme prevê o art. 105, I, "a", da CF/88, compete ao STJ processar e julgar os Governadores.

O reclamante afirmou que, diante da menção feita à pessoa do Governador, os autos deveriam ter sido encaminhados ao STJ antes do acordo de colaboração ser assinado.

Assim, alegou que a negociação do acordo não poderia ter sido feita pelo Promotor de Justiça e que a homologação não poderia ter sido realizada pelo juiz de 1º grau.

Ao final, o reclamante requereu que fosse reconhecida a usurpação de competência e, consequentemente, declarada a nulidade de todos os atos praticados.

O STJ concordou com os argumentos do Governador?

NÃO. O STJ rejeitou a reclamação e decidiu que:

> A homologação de acordo de colaboração premiada por juiz de 1º grau de jurisdição, que mencione autoridade com prerrogativa de foro no STJ, não traduz em usurpação de competência deste Tribunal Superior.
>
> STJ. Corte Especial. Rcl 31.629-PR, Rel. Min. Nancy Andrighi, julgado em 20/09/2017 (Info 612).

Habeas corpus

A defesa do Governador impetrou habeas corpus contra esta decisão do STJ.

No writ, a defesa alegou que o colaborador narra supostos crimes que teriam sido praticados pelo Governador. Logo, o acordo de colaboração deveria ter sido conduzido pela Procuradoria-Geral da República e submetido à homologação do STJ. Como isso não foi feito, tendo tramitado tudo em 1ª instância, houve violação do art. 105, I, "a", da CF/88.

O STF concordou com o habeas corpus?

SIM. A 2ª Turma do STF concedeu a ordem de habeas corpus para determinar o trancamento do inquérito instaurado perante o STJ em desfavor do Governador.

Este inquérito que tramitava no STJ foi instaurado com base nos depoimentos de Luiz (colaborador) colhidos em sede de colaboração premiada celebrada com o Ministério Público estadual e homologada pelo juiz de 1ª instância.

Para o STF, houve usurpação de atribuição da Procuradoria-Geral da República e de competência do STJ, o que teria acarretado a nulidade das provas que derivaram, ou seja, das provas que surgiram a partir das declarações do colaborador.

Se o delator ou o delatado for autoridade com foro por prerrogativa de função, a competência para homologar é do respectivo tribunal

Segundo o art. 4º, § 7º da Lei nº 12.850/2013, o acordo de colaboração premiada deve ser remetido ao juiz para homologação, o qual deverá verificar sua regularidade, legalidade e voluntariedade. Muito embora a lei fale apenas em "juiz", é possível que a homologação da colaboração premiada seja da competência de tribunal, nos casos em que o delator ou os delatados possuem foro por prerrogativa de função.

Com efeito, o colaborador admite seus próprios delitos e delata outros crimes. Assim, quanto à prerrogativa de função, será competente o juízo mais graduado, observadas as prerrogativas de função do delator e dos delatados. Ex: se um Prefeito (julgado pelo TJ) faz um acordo de colaboração premiada e delata um Deputado Federal que teria praticado crimes no exercício de seu cargo e em função dele, a competência para homologar este acordo é do STF (art. 102, I, "b").

Interpretação do STJ não foi correta

No caso concreto, o investigado celebrou acordo de colaboração com o Ministério Público estadual, o qual foi homologado pelo juiz.

O colaborador imputou delitos ao Governador.

Para corroborar suas declarações, o colaborador apresentou documentos que supostamente comprovariam a propina ao Governador. A despeito de terem sido imputados delitos ao Governador, a colaboração não foi realizada pela Procuradoria-Geral da República, tampouco foi submetida à homologação pelo STJ.

Mesmo diante desse cenário, o STJ decidiu "validar" essa situação.

Para o STJ, os indícios contra a autoridade (Governador) só surgiram com o depoimento do colaborador. Logo, o acordo poderia ter sido homologado pelo juízo de 1ª instância e, a partir daí, a investigação deveria tramitar no STJ. Assim, teria sido correto homologar o acordo e, em seguida, remeter os autos ao STJ.

O STF, contudo, não concordou com essa interpretação do STJ. Para o Supremo, se a delação do colaborador mencionar autoridade com prerrogativa de foro, este acordo deve ser celebrado pelo Ministério Público que atua no Tribunal, com homologação pelo Tribunal competente.

Repetindo:

Imagine que um indivíduo que não tem foro por prerrogativa de função queira fazer um acordo de colaboração premiada. Ele diz o seguinte: quero delatar o Governador, ou seja, desejo revelar crimes que o Governador atual cometeu no exercício do cargo e que estejam com ele relacionados. Esse acordo pode ser homologado pelo juízo de 1ª instância?

- O STJ decidiu que sim. O acordo pode ser celebrado pelo Ministério Público de 1ª instância e homologado pelo juízo de 1ª instância. Após a homologação, remete-se a investigação para o Tribunal competente (no caso, o STJ, por força do art. 105, I, "a").
- Para o STF: NÃO. Se a delação do colaborador mencionar autoridade com prerrogativa de foro (ex: Governador), este acordo deve ser celebrado pelo Ministério Público respectivo (PGR), com homologação pelo Tribunal competente (STJ).

Obs: como a decisão do STJ foi reformada pelo STF, não precisa você "guardar" o que o STJ decidiu. Isso porque o STJ irá se curvar diante do entendimento do STF. Basta entender e memorizar o que o STF concluiu porque é o que prevaleceu.

Se a delação do colaborador mencionar fatos criminosos que teriam sido praticados por autoridade (ex: Governador) e que teriam que ser julgados por foro privativo (ex: STJ), este acordo de colaboração deverá, obrigatoriamente, ser celebrado pelo Ministério Público respectivo (PGR), com homologação pelo Tribunal competente (STJ).

Assim, se os fatos delatados tiverem que ser julgados originariamente por um Tribunal (foro por prerrogativa de função), o próprio acordo de colaboração premiada deverá ser homologado por este respectivo Tribunal, mesmo que o delator não tenha foro privilegiado.

A delação de autoridade com prerrogativa de foro atrai a competência do Tribunal competente para a respectiva homologação e, em consequência, do órgão do Ministério Público que atua perante a Corte.

Se o delator ou se o delatado tiver foro por prerrogativa de função, a homologação da colaboração premiada será de competência do respectivo Tribunal.

STF. 2ª Turma. HC 151605/PR, Rel. Min. Gilmar Mendes, julgado em 20/3/2018 (Info 895).

Como vimos acima, após a instauração do inquérito no STJ, a defesa do Governador impugnou a utilização das declarações do colaborador. Pergunta: delatado possui legitimidade para impugnar o acordo de colaboração premiada?

- Em regra, não. O STF entende que o delatado não tem legitimidade para impugnar o acordo de colaboração premiada, por se tratar de negócio jurídico personalíssimo.

O delatado vai exercer seu contraditório e ampla defesa, ou seja, irá ter a oportunidade de se defender das imputações na ação penal que for ajuizada contra ele. O que ele não pode é buscar anular o acordo de colaboração premiada. Essa é a regra geral. Nesse sentido:

> (...) Por se tratar de negócio jurídico personalíssimo, o acordo de colaboração premiada não pode ser impugnado por coautores ou partícipes do colaborador na organização criminosa e nas infrações penais por ela praticadas, ainda que venham a ser expressamente nominados no respectivo instrumento no "relato da colaboração e seus possíveis resultados" (art. 6º, I, da Lei nº 12.850/13).
>
> 7. De todo modo, nos procedimentos em que figurarem como imputados, os coautores ou partícipes delatados – no exercício do contraditório – poderão confrontar, em juízo, as declarações do colaborador e as provas por ele indicadas, bem como impugnar, a qualquer tempo, as medidas restritivas de direitos fundamentais eventualmente adotadas em seu desfavor. (...)
>
> STF. Plenário. HC 127483, Rel. Min. Dias Toffoli, julgado em 27/08/2015.

- Exceção: É possível que o delatado faça impugnação se o acordo violou as regras constitucionais de prerrogativa de foro. Assim, ainda que seja negada ao delatado a possibilidade de impugnar o acordo, esse entendimento não se aplica em caso de homologação sem respeito à prerrogativa de foro.

Em caso de homologação de acordo sem observância das regras de competência, o que se tem é uma hipótese de ineficácia do acordo em relação à autoridade delatada (em nosso exemplo, o Governador). Desse modo, os atos de colaboração premiada decorrentes do acordo não são eficazes para ele porque foi homologado com usurpação de competência do STJ.

Por essa razão, as provas devem ser excluídas do inquérito. Tento em vista que a instauração se deu com base exclusivamente nos atos de colaboração, o inquérito deve ser trancado.

Em regra, o delatado não tem legitimidade para impugnar o acordo de colaboração premiada. Assim, em regra, a pessoa que foi delatada não poderá impetrar um habeas corpus alegando que esse acordo possui algum vício. Isso porque se trata de negócio jurídico personalíssimo.

Esse entendimento, contudo, não se aplica em caso de homologação sem respeito à prerrogativa de foro.

Desse modo, é possível que o delatado questione o acordo se a impugnação estiver relacionada com as regras constitucionais de prerrogativa de foro. Em outras palavras, se o delatado for uma autoridade com foro por prerrogativa de função e, apesar disso, o acordo tiver sido homologado em 1ª instância, será permitido que ele impugne essa homologação alegando usurpação de competência.

STF. 2ª Turma. HC 151605/PR, Rel. Min. Gilmar Mendes, julgado em 20/3/2018 (Info 895).

3.8. NÃO HÁ ÓBICE AO COMPARTILHAMENTO DE DELAÇÃO PREMIADA, DESDE QUE HAJA DELIMITAÇÃO DOS FATOS

Imagine a seguinte situação hipotética:

Ricardo Saud, ex-executivo do Grupo J&F, celebrou, com o Ministério Público Federal, um termo de colaboração premiada.

Como a colaboração delatava a prática de crimes que, em tese, teriam sido praticados por autoridades com foro no STF, foi o próprio Supremo quem fez a homologação deste acordo.

Pedido de compartilhamento

O Ministério Público de Santa Catarina pediu compartilhamento de trecho da colaboração premiada de Ricardo Saud para apuração de eventual ato de improbidade administrativa que teria sido praticado pelo Governador do Estado.

Ocorre que havia dois "problemas":

1. Como este trecho da delação não envolvia autoridades com foro privativo no Supremo, o STF já tinha declinado a competência e remetido as declarações de Saud para o STJ.
2. No acordo de colaboração premiada, já ficaram estabelecidas as sanções a que Saud estaria sujeito. Assim, se ele fosse denunciado também por improbidade, estaria recebendo uma punição não prevista no acordo.

Primeira questão: o STF tem competência para analisar esse pedido?

SIM.

Ainda que remetido a outros órgãos do Poder Judiciário para apuração dos fatos delatados, o juízo que homologou o acordo de colaboração premiada continua sendo competente para analisar os pedidos de compartilhamento dos termos de depoimentos prestados no âmbito da colaboração.

STF. 2ª Turma. PET 7065/DF, Rel. Min. Edson Fachin, julgado em 30/10/2018 (Info 922).

Segunda questão: é possível o compartilhamento?

SIM. É admissível o compartilhamento dos termos de declaração do colaborador premiado para serem utilizados, como prova emprestada, a fim de subsidiar apurações em outras esferas.

Assim, havendo delimitação dos fatos, não há nada que impeça o compartilhamento dos depoimentos com o Ministério Público estadual a fim de que o órgão possa investigar a prática de eventual ato de improbidade administrativa por parte de agente público.

Vale ressaltar, contudo, que o compartilhamento dos termos de depoimentos prestados no âmbito de colaboração premiada deve respeitar as balizas do acordo homologado em juízo.

Em outras palavras, o pedido de compartilhamento deve respeitar os termos do acordo.

Provas não podem ser utilizadas contra o colaborador

Assim, as provas obtidas com o acordo de colaboração premiada podem ser compartilhadas com outros órgãos e autoridades públicas nacionais e até estrangeiras. Tais provas podem ser utilizadas por tais autoridades para fins cíveis, fiscais, administrativos e até mesmo criminais.

No entanto, tais provas NÃO podem ser utilizadas contra os próprios colaboradores para produzir punições além daquelas pactuadas no acordo.

Em outras palavras, no acordo de colaboração premiada, o colaborador confessou a prática de ilícitos e apresentou provas contra outras pessoas que também participaram dos fatos. No próprio acordo já ficaram acertadas as sanções a que ele irá se submeter.

Se uma outra autoridade (ex: MP/SC) pede para utilizar tais provas, isso pode ser autorizado, mas tais elementos fornecidos não poderão ser utilizados contra o colaborador.

Esta ressalva deve ser expressamente comunicada ao destinatário da prova, com a informação de que se trata de uma limitação intrínseca e subjetiva de validade do uso da prova, nos termos da Nota Técnica nº 01/2017, da 5ª Câmara de Coordenação e Revisão do MPF.

Por que funciona assim?

O colaborador aceitou produzir provas contra si mesmo porque isso ficou combinado segundo os termos do acordo de colaboração premiada celebrado com o Estado. Em outras palavras, o colaborador concordou em confessar porque foi feito um acordo de que ele somente seria punido de acordo com aquilo que foi combinado.

Assim, a utilização de tais elementos probatórios, produzidos pelo próprio colaborador, em seu prejuízo, de modo distinto do firmado com a acusação e homologado pelo Judiciário, é prática abusiva, que viola o direito à não autoincriminação.

É possível o compartilhamento, para outros órgãos e autoridades públicas, das provas obtidas no acordo de colaboração premiada, desde que sejam respeitados os limites estabelecidos no acordo em relação aos aderentes.

Assim, por exemplo, se um indivíduo celebra acordo de colaboração premiada com o MP aceitando fornecer provas contra si, estas provas somente poderão ser utilizadas para as sanções que foram ajustadas no acordo.

STF. 2ª Turma. PET 7065/DF, Rel. Min. Edson Fachin, julgado em 30/10/2018 (Info 922).

3.9. INTERCEPTAÇÃO TELEFÔNICA

É INCONSTITUCIONAL RESOLUÇÃO DO CNJ QUE PROÍBE O JUIZ DE PRORROGAR A INTERCEPTAÇÃO TELEFÔNICA DURANTE O PLANTÃO JUDICIÁRIO OU DURANTE O RECESSO DO FIM DE ANO

Resolução 59/2008-CNJ

O CNJ editou, em 2008, a Resolução 59, que disciplina e uniformiza o procedimento de interceptação de comunicações telefônicas e de sistemas de informática e telemática nos órgãos jurisdicionais do Poder Judiciário.

Vou fazer abaixo um resumo do que prevê essa Resolução. Se você estuda para concursos do Magistratura, acho muito importante ler. Se não, pule esta parte e vá direto para o que decidiu o STF.

Sobre o que trata a Resolução

A Resolução 59/2008 estabelece as rotinas em caso de interceptação de comunicações telefônicas, de sistemas de informática e telemática.

Envelope lacrado

Os pedidos de interceptação de comunicação telefônica, telemática ou de informática devem ser encaminhados ao protocolo em envelope lacrado contendo o pedido e documentos necessários.

Na parte exterior do envelope a que se refere o artigo anterior será colada folha de rosto contendo somente as seguintes informações:

I – "medida cautelar sigilosa";

II – delegacia de origem ou órgão do Ministério Público;

III – comarca de origem da medida.

É vedada a indicação do nome do requerido, da natureza da medida ou qualquer outra anotação na folha de rosto.

Outro envelope menor, também lacrado, contendo em seu interior apenas o número e o ano do procedimento investigatório ou do inquérito policial, deverá ser anexado ao envelope lacrado.

O Distribuidor e o Plantão Judiciário não poderão receber os envelopes que não estejam devidamente lacrados.

Rotina de recebimento dos envelopes pela serventia

Feita a distribuição por meio do sistema informatizado local, a medida cautelar sigilosa será remetida ao Juízo competente, imediatamente, sem violação do lacre do envelope.

Recebido o envelope lacrado pela serventia do Juízo competente, somente o Escrivão ou o responsável pela autuação do expediente e registro dos atos processuais, previamente autorizado pelo Magistrado, poderá abrir o envelope e fazer conclusão para apreciação do pedido.

Deferimento da medida cautelar de interceptação

IMPORTANTE. Na decisão que deferir a medida, o juiz deverá mencionar expressamente:

I – a autoridade requerente;

II – o relatório circunstanciado da autoridade requerente;

III – os indícios razoáveis da autoria ou participação em infração criminal apenada com reclusão;

IV – as diligências preparatórias realizadas, com destaque para os trabalhos mínimos de campo, com exceção de casos urgentes, devidamente justificados, em que as medidas iniciais de investigação sejam inviáveis;

V – os motivos pelos quais não seria possível obter a prova por outros meios disponíveis;

VI – os números dos telefones ou o nome de usuário, e-mail ou outro identificador no caso de interceptação de dados;

VII – o prazo da interceptação, consoante o disposto no art. 5º da Lei 9.296/1996;

VIII – a imediata indicação dos titulares dos referidos números ou, excepcionalmente, no prazo de 48 (quarenta e oito) horas;

IX – a expressa vedação de interceptação de outros números não discriminados na decisão;

X – os nomes de autoridades policiais e de membros do Ministério Público responsáveis pela investigação, que terão acesso às informações;

XI – os nomes dos servidores do cartório ou da secretaria, bem assim, se for o caso, de peritos, tradutores e demais técnicos responsáveis pela tramitação da medida e expedição dos respectivos ofícios, no Poder

Judiciário, na Polícia Judiciária e no Ministério Público, podendo reportar-se à portaria do juízo que discipline a rotina cartorária.

A decisão judicial será sempre escrita e fundamentada.

Fica vedada a utilização de dados ou informações que não tenham sido legitimamente gravados ou transcritos.

Obrigações das operadoras de telefonia

Recebido o ofício da autoridade judicial, a operadora de telefonia deverá confirmar com o Juízo os números cuja efetivação fora deferida e a data em que efetivada a interceptação, para fins do controle judicial do prazo.

Semestralmente, as operadoras indicarão em ofício a ser enviado à Corregedoria Nacional de Justiça os nomes das pessoas, com a indicação dos respectivos registros funcionais, que, por força de suas atribuições, têm conhecimento de medidas de interceptações telefônicas deferidas, bem como os dos responsáveis pela operacionalização das medidas, arquivando-se referido ofício em pasta própria na Corregedoria Nacional.

Pedidos de prorrogação de prazo

A formulação de eventual pedido de prorrogação de prazo pela autoridade competente deverá observar os estritos termos e limites temporais fixados no art. 5º da Lei nº 9.296/96, apresentando-se, também, os áudios (CD/DVD) com o inteiro teor das comunicações interceptadas, as transcrições integrais das conversas relevantes à apreciação do pedido de prorrogação e o relatório circunstanciado das investigações com seu resultado, de modo a comprovar a indispensabilidade da prorrogação da medida excepcional.

Comprovada a indispensabilidade da prorrogação, o magistrado deverá proferir nova decisão, sempre escrita e fundamentada, observando o disposto no art. 5º da Lei nº 9.296/96.

Sempre que possível, os áudios, as transcrições das conversas relevantes à apreciação do pedido de prorrogação e os relatórios serão gravados de forma sigilosa, encriptados com chaves de conhecimento do Magistrado condutor do processo criminal.

Transporte de autos para fora do Poder Judiciário

O transporte dos autos para fora das unidades do Poder Judiciário deverá atender à seguinte rotina:

I – serão os autos acondicionados em envelopes duplos;

II – no envelope externo não constará nenhuma indicação do caráter sigiloso ou do teor do documento, exceto a tipificação do delito;

III – no envelope interno serão apostos o nome do destinatário e a indicação de sigilo ou segredo de justiça, de modo a serem identificados logo que removido o envelope externo;

IV – o envelope interno será fechado, lacrado e expedido mediante recibo, que indicará, necessariamente, remetente, destinatário e número ou outro indicativo do documento; e

V – o transporte e a entrega de processo sigiloso ou em segredo de justiça serão efetuados preferencialmente por agente público autorizado.

Obrigação de sigilo e responsabilidade dos agentes públicos

No recebimento, movimentação e guarda de feitos e documentos sigilosos, as unidades do Poder Judiciário deverão tomar as medidas para que o acesso atenda às cautelas de segurança, sendo os servidores responsáveis pelos seus atos na forma da lei.

No caso de violação de sigilo de que trata esta Resolução, o magistrado responsável pelo deferimento da medida determinará a imediata apuração dos fatos.

Informação a terceiros ou à imprensa

Não será permitido ao Magistrado e ao servidor fornecer quaisquer informações, direta ou indiretamente, a terceiros ou a órgão de comunicação social, de elementos sigilosos contidos em processos ou inquéritos regulamentados por esta Resolução, ou que tramitem em segredo de Justiça, sob pena de responsabilização nos termos da legislação pertinente.

Prestação de informações sigilosas às corregedorias-gerais

Mensalmente, os Juízos investidos de competência criminal informarão, por via eletrônica, em caráter sigiloso, a quantidade de interceptações em andamento, bem como de pedidos de prorrogação de intercepção deferidos.

ADI contra a Resolução e decisão do STF

Foi proposta uma ADI contra esta Resolução.

O STF entendeu que a Resolução 59/2008 é constitucional, com exceção do § 1º do art. 13. Este dispositivo proibia que o juiz prorrogasse a interceptação telefônica durante o plantão judiciário ou durante o recesso do fim de ano, salvo em situações excepcionais. Veja:

§

Art. 13. (...)

§ 1º Não será admitido pedido de prorrogação de prazo de medida cautelar de interceptação de comunicação telefônica, telemática ou de informática durante o plantão judiciário, ressalvada a hipótese de risco iminente e grave à integridade ou à vida de terceiros, bem como durante o Plantão de Recesso previsto artigo 62 da Lei nº 5.010/66.

Quanto aos dispositivos em geral: a Resolução é constitucional

O CNJ, ao editar a Resolução 59/2008, não ultrapassou os limites de sua atuação, tendo apenas disciplinado as obrigações que incumbem aos agentes do Poder Judiciário nas rotinas e trâmites cartoriais de pedidos de interceptação telefônica.

O CNJ é órgão interno de controle administrativo, financeiro e disciplinar da magistratura, possuindo natureza meramente administrativa. No âmbito de sua competência normativa, é possível que ele regule as rotinas cartorárias do Poder Judiciário, desde que isso não implique estender, para além da reserva legal, as hipóteses legalmente autorizadas de interceptação das comunicações. Por outro lado, o CNJ não pode criar obrigações que se estendam a órgãos estranhos ao Poder Judiciário.

A Resolução 59/2008 respeita esses limites, com exceção do § 1º do art. 13. Neste dispositivo, o CNJ adentrou em seara que não poderia.

Em relação ao § 1º do art. 13 da Resolução 59/2008, o CNJ extrapolou sua competência normativa, adentrando em seara que lhe é imprópria. Essa previsão violou:

a) a competência dos Estados para editar suas leis de organização judiciária (art. 125, § 1º, da CF/88);

b) a competência legislativa na União para a edição de normas processuais (art. 22, I);

c) a norma constante do art. 5º, XXXV, da CF, no que respeita à inafastabilidade da jurisdição.

STF. Plenário. ADI 4145/DF, Rel. Min. Edson Fachin, red. p/ o ac. Min. Alexandre de Moraes, julgado em 26/4/2018 (Info 899).

PROCESSO PENAL

Resolução 36/2009-CNMP

O CNMP editou, em 2009, a Resolução 36, que disciplina o pedido e a utilização das interceptações telefônicas, no âmbito do Ministério Público, nos termos da Lei nº 9.296/96.

Vou fazer abaixo um resumo do que prevê essa Resolução. Se você estuda para concursos do Ministério Público, acho muito importante ler. Se não, pule esta parte e vá direto para o que decidiu o STF.

Observância obrigatória pelos membros do MP

O membro do MP, ao requerer a interceptação de comunicação telefônica, telemática ou de informática e, ao acompanhar o procedimento de interceptação feito pela autoridade policial, deverá observar o que dispõe a Resolução 36/2009. É o que prevê o art. 1º da Resolução.

Envelope lacrado

O MP deverá encaminhar, em envelope lacrado, o pedido de interceptação ao setor de distribuição processual do Judiciário.

Requisitos mínimos do requerimento

O pedido pelo membro do MP deverá conter, no mínimo:

I – a fundamentação e a documentação necessária;

II – a indicação dos números dos telefones a serem interceptados, e/ou o nome do usuário, a identificação do e-mail, se possível, no caso de quebra de sigilo de informática e de telemática, ou, ainda, outro elemento identificador no caso de interceptação de dados;

III – o prazo necessário da interceptação requerida;

IV – a indicação dos titulares dos referidos números;

V – os nomes dos membros do Ministério Público, também responsáveis pela investigação criminal, e dos servidores que terão acesso às informações.

É possível pedido verbal?

SIM. O membro do Ministério Público poderá, excepcionalmente, formular o pedido de interceptação verbalmente, desde que presentes os requisitos acima, que deverá ser reduzido a termo.

Concessionárias de serviço público

O membro do Ministério Público poderá requisitar os serviços e os técnicos especializados às concessionárias de serviço público, nos termos do art. 129, incisos VI, VIII e IX, da Constituição Federal.

Pedido de prorrogação

O membro do Ministério Público, ao formular pedido de prorrogação do prazo, deverá apresentar os áudios (CD/DVD) com o inteiro teor das comunicações interceptadas, indicando neles os trechos das conversas relevantes à apreciação do pedido de prorrogação e o relatório circunstanciado das investigações que está a proceder, com o seu resultado.

Se o pedido foi formulado por autoridade policial

O membro do Ministério Público deverá acompanhar o procedimento de interceptação telefônica feito em inquérito policial quando, necessariamente, deverá ser cientificado, nos termos do art. 6º da Lei nº 9.296/96, devendo manifestar-se, expressamente, sobre a legalidade do pedido.

Nos inquéritos policiais, em que houver quebra de sigilo de comunicações deferida na forma da lei, necessariamente, o membro do Ministério Público deverá manter o controle sobre o prazo para sua conclusão, devendo, esgotado o prazo legal do inquérito policial, requisitar da autoridade policial responsável a remessa imediata dos autos ao juízo competente.

Movimentação dos autos

No recebimento, movimentação, guarda dos autos e documentos sigilosos, quando recebidos em carga, mediante recibo, o membro do Ministério Público deverá tomar as medidas cabíveis para que o acesso aos dados atenda às cautelas necessárias à segurança das informações e ao sigilo legal.

E se houver violação do sigilo?

Havendo violação do sigilo, o Ministério Público deverá requisitar as medidas destinadas à sua apuração, e, caso o fato tenha ocorrido no âmbito do Ministério Público, comunicará à respectiva Corregedoria-Geral e ao Procurador-Geral.

Informação a terceiros ou à imprensa

É proibido que o membro do Ministério Público ou qualquer servidor forneça direta ou indiretamente, a terceiros ou a órgãos de comunicação social, elementos contidos em processos ou investigações criminais, tais como gravações, transcrições e respectivas diligências, que tenham o caráter sigiloso, sob pena de responsabilização.

Necessidade sempre de autorização judicial

É proibido que o membro do Ministério Público ou qualquer servidor da Instituição realize interceptações de comunicações telefônicas, de informática ou telemática, ou quebre o segredo da Justiça, sem autorização judicial ou com objetivos não autorizados em lei, sob pena de responsabilidade criminal.

Após ser cumprida a medida

Cumprida a medida, o membro do Ministério Público encaminhará ao Juiz o resultado da interceptação, acompanhado de relatório circunstanciado, que deverá conter o resumo das diligências e procedimentos adotados, com as medidas judiciais consequentes a este meio de prova.

O membro do MP deverá requerer ao Juiz a inutilização da gravação que não interessar à prova.

Comunicação à Corregedoria

O membro do Ministério Público deverá comunicar, mensalmente, à Corregedoria-Geral, preferencialmente, em caráter sigiloso, a quantidade de interceptações em andamento, bem como aquelas iniciadas e findas no período, além do número de linhas telefônicas interceptadas e de investigados que tiveram seus sigilos telefônico, telemático ou informático quebrados.

ADI contra a Resolução e decisão do STF

Foi proposta uma ADI contra esta Resolução, mas o STF julgou improcedente o pedido e decidiu que:

É constitucional a Resolução 36/2009 do CNMP, que dispõe sobre o pedido e a utilização de interceptações telefônicas, no âmbito do Ministério Público, nos termos da Lei nº 9.296/96.

A norma foi editada no exercício das atribuições previstas diretamente no art. 130-A, § 2º, I e II, da CF/88.

A Resolução apenas regulamentou questões administrativas e disciplinares relacionadas ao procedimento de interceptação telefônica, sem adentrar em matéria de direito penal, processual ou relativa a nulidades.

Não foram criados novos "requisitos formais de validade" das interceptações. Tanto isso é verdade que a inobservância dos preceitos contidos na resolução não constitui causa de nulidade, mas sim motivo para a instauração de procedimento administrativo disciplinar contra o agente público infrator, pois consistem em regras ligadas aos deveres funcionais de sigilo na atuação ministerial.

A independência funcional do MP foi preservada. A resolução não impõe uma linha de atuação ministerial, apenas promove a padronização formal mínima dos ritos adotados nos procedimentos relacionados a interceptações telefônicas, em consonância com as regras previstas na Lei nº 9.296/96.

STF. Plenário. ADI 4263/DF, Rel. Min. Roberto Barroso, julgado em 25/4/2018 (Info 899).

4. TRIBUNAL DO JÚRI

4.1. VALIDADE DAS ALEGAÇÕES FINAIS FEITAS NOS DEBATES ORAIS E AUSÊNCIA DE INOVAÇÃO DOS FATOS NO PLENÁRIO

Imagine a seguinte situação adaptada:

João foi condenado pelo Plenário do Tribunal do Júri.

Ele alegou que houve nulidade do processo por dois motivos:

1. antes da sentença de pronúncia, o advogado que assistia o réu não teria apresentado alegações finais;
2. teria havido inovação da tese acusatória durante a sessão de julgamento em plenário.

O STF concordou com o habeas corpus impetrado?

NÃO.

O primeiro argumento não prospera, considerando que, antes da sentença de pronúncia, houve debates orais tendo a defesa do réu pugnado pela impronúncia. Dessa forma, houve "alegações finais" orais.

A segunda alegação também é improcedente tendo em vista que o STF entendeu que houve correlação entre o que foi arguido pelo Promotor no plenário e a sentença de pronúncia. Em outras palavras, o MP pediu a condenação do réu justamente pelos fatos que constavam na pronúncia.

STF. 1ª Turma. HC 129.263/RS, Rel. Min. Marco Aurélio, julgado em 15/5/2018 (Info 902).

4.2. É POSSÍVEL A PRONÚNCIA DO ACUSADO BASEADA EXCLUSIVAMENTE EM ELEMENTOS INFORMATIVOS OBTIDOS NA FASE INQUISITORIAL?

Procedimento do Tribunal do Júri

Quando a pessoa pratica um crime doloso contra a vida, ela responde a um processo penal que é regido por um procedimento especial próprio do Tribunal do Júri (arts. 406 a 497 do CPP).

Procedimento bifásico do Tribunal do Júri

O procedimento do Tribunal do Júri é chamado de bifásico (ou escalonado) porque se divide em duas etapas:

1. Fase do sumário da culpa (iudicium accusationis): é a fase de acusação e instrução preliminar (formação da culpa). Inicia-se com o oferecimento da denúncia (ou queixa) e termina com a preclusão da sentença de pronúncia.
2. Fase de julgamento (iudicium causae).

Sentença que encerra o sumário da culpa

Ao final da 1ª fase do procedimento do júri (sumário da culpa), o juiz irá proferir uma sentença, que poderá ser de quatro modos:

Pronúncia	Impronúncia	Absolvição sumária	Desclassificação
O réu será pronunciado quando o juiz se convencer de que existem prova da materialidade do fato e indícios suficientes de autoria ou de participação.	O réu será impronunciado quando o juiz não se convencer: • da materialidade do fato; • da existência de indícios suficientes de autoria ou de participação. Ex.: a única testemunha que havia reconhecido o réu no IP não foi ouvida em juízo.	O réu será absolvido, desde logo, quando estiver provado (a): • a inexistência do fato; • que o réu não é autor ou partícipe do fato; • que o fato não constitui crime; • que existe uma causa de isenção de pena ou de exclusão do crime. Ex.: todas as testemunhas ouvidas afirmaram que o réu não foi o autor dos disparos.	Ocorre quando o juiz se convencer de que o fato narrado não é um crime doloso contra a vida, mas sim um outro delito, devendo, então, remeter o processo para o juízo competente. Ex.: juiz entende que não houve homicídio doloso, mas sim latrocínio.
Recurso cabível: RESE.	Recurso cabível: APELAÇÃO.	Recurso cabível: APELAÇÃO.	Recurso cabível: RESE.

Pronúncia

A pronúncia é prevista no art. 413 do CPP.

Veja o que dizem o caput e o § 1º:

§ Art. 413. O juiz, fundamentadamente, pronunciará o acusado, se convencido da materialidade do fato e da existência de indícios suficientes de autoria ou de participação.

§ 1º A fundamentação da pronúncia limitar-se-á à indicação da materialidade do fato e da existência de indícios suficientes de autoria ou de participação, devendo o juiz declarar o dispositivo legal em que julgar incurso o acusado e especificar as circunstâncias qualificadoras e as causas de aumento de pena.

(...)

Indaga-se: é possível a pronúncia do acusado baseada apenas em elementos informativos obtidos na fase inquisitorial?

O tema é polêmico e há decisões em ambos os sentidos:

É possível a pronúncia do acusado baseada exclusivamente em elementos informativos obtidos na fase inquisitorial?	
NÃO	**SIM**
O principal fundamento seria o art. 155 do CPP: Art. 155. O juiz formará sua convicção pela livre apreciação da prova produzida em contraditório judicial, não podendo fundamentar sua decisão exclusivamente nos elementos informativos colhidos na investigação, ressalvadas as provas cautelares, não repetíveis e antecipadas. A decisão de pronúncia é um mero juízo de admissibilidade da acusação, não sendo exigido, neste momento processual, prova incontroversa (bastam indícios suficientes de autoria e certeza da materialidade). Muito embora a análise aprofundada seja feita somente pelo Júri, não se pode admitir, em um Estado Democrático de Direito, a pronúncia sem qualquer lastro probatório colhido sob o contraditório judicial, fundada exclusivamente em elementos informativos obtidos na fase inquisitorial.	É possível admitir a pronúncia do acusado com base em indícios derivados do inquérito policial, sem que isso represente afronta ao art. 155. Embora a vedação imposta no art. 155 (decisão fundada exclusivamente em elementos informativos colhidos na investigação) se aplique a qualquer procedimento penal, inclusive dos do Júri, não se pode perder de vista que o objetivo da decisão de pronúncia não é o de condenar, mas apenas o de encerrar o juízo de admissibilidade da acusação (*iudicium accusationis*). Na pronúncia opera o princípio *in dubio pro societate*, porque é a favor da sociedade que se resolvem as dúvidas quanto à prova, pelo Juízo natural da causa. Constitui a pronúncia, portanto, juízo fundado de suspeita, que apenas e tão somente admite a acusação. Não profere juízo de certeza, necessário para a condenação, motivo pelo qual a vedação expressa do art. 155 do CPP não se aplica à referida decisão.
STJ. 5ª Turma. AgRg no REsp 1.740.921-GO, Rel. Min. Ribeiro Dantas, julgado em 06/11/2018. STJ. 6ª Turma. HC 341.072/RS, Rel. Min. Maria Thereza de Assis Moura, julgado em 19/4/2016.	STJ. 5ª Turma. HC 435.977/RS, Rel. Min. Felix Fischer, julgado em 15/05/2018. STJ. 6ª Turma. REsp 1458386/PA, Rel. Min. Rogerio Schietti Cruz, julgado em 04/10/2018.

No STJ, prevalece a segunda posição, ou seja, é possível admitir a pronúncia do acusado com base em indícios derivados do inquérito policial, sem que isso represente afronta ao art. 155 do CPP.

4.3. JURADO QUE FALA "É UM CRIME" DURANTE A SESSÃO DE JULGAMENTO VIOLA O DEVER DE INCOMUNICABILIDADE, ACARRETANDO A NULIDADE ABSOLUTA DA CONDENAÇÃO

Procedimento do Tribunal do Júri

Quando a pessoa pratica um crime doloso contra a vida, ela responde a um processo penal que é regido por um procedimento especial próprio do Tribunal do Júri (arts. 406 a 497 do CPP).

O procedimento do Tribunal do Júri é chamado de bifásico (ou escalonado) porque se divide em duas etapas.

1ª fase: sumário da culpa (iudicium accusationis / juízo da acusação)

É a fase de acusação e instrução preliminar (formação da culpa).

Inicia-se com o oferecimento da denúncia (ou queixa).

Ao final da 1ª fase do procedimento do júri, o juiz irá proferir uma sentença, que poderá ser de quatro modos:

Pronúncia	Impronúncia	Absolvição sumária	Desclassificação
O réu será pronunciado quando o juiz se convencer de que existem prova da materialidade do fato e indícios suficientes de autoria ou de participação.	O réu será impronunciado quando o juiz não se convencer: • da materialidade do fato; • da existência de indícios suficientes de autoria ou de participação. Ex.: a única testemunha que havia reconhecido o réu no IP não foi ouvida em juízo.	O réu será absolvido desde logo quando estiver provado (a): • a inexistência do fato; • que o réu não é autor ou partícipe do fato; • que o fato não constitui crime; • que existe uma causa de isenção de pena ou de exclusão do crime. Ex.: todas as testemunhas ouvidas afirmaram que o réu não foi o autor dos disparos.	Ocorre quando o juiz se convencer de que o fato narrado não é um crime doloso contra a vida, mas sim um outro delito, devendo, então, remeter o processo para o juízo competente. Ex.: juiz entende que não houve homicídio doloso, mas sim latrocínio.
Recurso cabível: RESE.	Recurso cabível: APELAÇÃO.	Recurso cabível: APELAÇÃO.	Recurso cabível: RESE.

Fase de julgamento (iudicium causae / juízo da causa)

Se o acusado foi pronunciado pelo juiz e esta decisão não foi modificada pelas instâncias superiores (houve a preclusão da decisão de pronúncia), significa que agora o réu será julgado pelos jurados em sessão plenária do júri.

Antes do julgamento propriamente dito, será necessário que o juiz presidente do Tribunal do Júri tome algumas medidas para preparar a sessão.

Assim, nesta 2ª fase do procedimento do júri, haverá a preparação para o julgamento, a organização do júri e a realização da sessão de julgamento.

Sessão de julgamento

Vamos pular as etapas preparatórias e já ir direto para a sessão de julgamento.

A sessão de julgamento é o dia marcado pelo juiz no qual o réu será julgado.

Esse julgamento ocorre geralmente em um auditório ou plenário, considerando que envolve a participação de muitas pessoas (réu, juiz, membro do MP, advogados, defensores, jurados, plateia etc.).

Sorteio dos jurados

No dia da sessão de julgamento, o juiz faz o sorteio de 7 jurados que irão compor o Conselho de Sentença, ou seja, eles é quem irão julgar o réu.

Esses 7 jurados são escolhidos a partir de uma lista de 25 jurados que foram previamente selecionados, isto é, no dia do julgamento haverá uma relação de 25 jurados e, destes, serão escolhidos 7.

Repetindo: Conselho de Sentença são os 7 jurados sorteados que irão julgar o caso.

Incomunicabilidade dos jurados

Ao contrário de outros países, como nos EUA, aqui no Brasil os jurados sorteados não podem conversar entre si nem podem manifestar sua opinião sobre o processo, ou seja, não podem dar nenhuma "pista" se irão votar a favor ou contra o réu. Isso está previsto expressamente no § 1º do art. 466 do CPP:

§

Art. 466 (...)

§ 1º O juiz presidente também advertirá os jurados de que, uma vez sorteados, não poderão comunicar-se entre si e com outrem, nem manifestar sua opinião sobre o processo, sob pena de exclusão do Conselho e multa, na forma do § 2º do art. 436 deste Código.

§ 2º A incomunicabilidade será certificada nos autos pelo oficial de justiça.

Essa vedação existe para assegurar a imparcialidade dos jurados e para evitar que um possa influenciar o outro. Além disso, a CF/88 determina que a votação dos jurados no Tribunal do Júri deve ser sigilosa (art. 5º, XXXVIII). Se o jurado pudesse se manifestar, isso poderia acabar revelando qual foi o seu voto.

Por isso, o juiz deverá fazer a seguinte advertência aos jurados:

"Devo adverti-los de que, uma vez sorteados, não poderão comunicar-se entre si ou com outras pessoas, nem manifestarem sua opinião sobre o processo.

Caso descumpram essa determinação serão multados no valor de 1 a 10 salários mínimos e poderão responder a processo criminal por prevaricação."

Qual é a consequência processual em caso de quebra da incomunicabilidade dos jurados?

- Se a sessão do júri ainda está ocorrendo: o juiz deverá dissolver o Conselho de Sentença e marcar uma nova data para o júri.
- Se essa quebra da incomunicabilidade só é descoberta ou reconhecida após o júri terminar: neste caso, haverá a nulidade do julgamento. Ex: o jurado fez um comentário durante a sessão, mas o juiz entendeu que não foi uma opinião sobre o processo; o Tribunal, ao julgar o recurso, discordou e considerou que o jurado adiantou seu voto ao proferir aquela frase; logo, o Tribunal deverá anular o Júri.

Conforme explica Gustavo Badaró:

(...) A finalidade da incomunicabilidade é garantir a ausência de interferência de um jurado na formação da convicção de outro jurado, bem como a influência de terceiros em relação aos jurados.

Diferente do previsto no CPP, a quebra da incomunicabilidade não implica apenas exclusão do jurado do conselho de sentença, mas a dissolução do conselho de sentença, se for constatada durante o julgamento, ou a nulidade absoluta do julgamento, caso somente seja constatada depois de encerrada a sessão." (*Processo penal*. Rio de Janeiro: Campus, 2012, p. 498/499)

Solicitação de esclarecimentos pelos jurados

Vale ressaltar que é possível que os jurados, durante a sessão de julgamento, peçam esclarecimentos (tirem dúvidas), devendo o Juiz Presidente controlar como o jurado irá fazer a pergunta evitando que ele empregue expressões que possam indicar a sua opinião quanto ao mérito da causa (STJ. 5ª Turma. AgRg no AREsp 568.650/DF, Rel. Min. Jorge Mussi, julgado em 24/04/2018).

Para haver quebra da incomunicabilidade, é necessária manifestação sobre o processo

Os jurados não precisam ficar totalmente em silêncio. O que a norma proíbe é que o jurado revele opinião sobre o processo, ou seja, indique preferência pela defesa ou acusação. Nesse sentido:

> Não há quebra de incomunicabilidade quando o jurado eventualmente se comunica com outro membro do Conselho de Sentença, sem exteriorizar opinião acerca da causa, provas ou o mérito da imputação.
>
> STJ. 5ª Turma. REsp 1222356/PR, Rel. Min. Reynaldo Soares da Fonseca, julgado em 10/05/2016.

> Não ocorre quebra de incomunicabilidade quando o jurado se comunica ou conversa, ainda que durante a sessão, mesmo com os demais membros do Conselho de Sentença, desde que o assunto não seja a causa, as provas ou o mérito da imputação.
>
> STJ. 6ª Turma. REsp 1440787/ES, Rel. Min. Maria Thereza de Assis Moura, julgado em 07/08/2014.

Feita esta breve revisão sobre o tema, imagine a seguinte situação hipotética:

João foi denunciado e pronunciado pela prática de homicídio doloso.

Nos debates no Plenário do Tribunal do Júri, o Promotor de Justiça estava em pé na frente dos jurados apresentando seus argumentos.

Em determinado momento, o Promotor fez uma pergunta retórica para os jurados.

Pergunta retórica é aquela na qual a pessoa que pergunta não quer obter uma resposta do seu interlocutor. O objetivo é apenas fazer com que a outra pessoa reflita (pense) sobre aquele assunto.

O membro do MP falou o seguinte: "aí, então, senhores jurados, eu pergunto a Vossas Excelências: qual foi a conduta que o réu aqui presente praticou?"

Uma das juradas acabou "soltando" a seguinte resposta: "é um crime".

O juiz presidente do Júri imediatamente a advertiu dizendo: por favor, a senhora não pode se manifestar.

O advogado, contudo, na mesma hora requereu ao magistrado que consignasse este fato na ata de julgamento.

O juiz decidiu que não houve quebra da incomunicabilidade e seguiu com o julgamento.

O réu foi condenado e a defesa recorreu alegando, entre outros argumentos, que houve nulidade do julgamento por quebra da incomunicabilidade dos jurados.

A tese da defesa foi acolhida pelo STJ? Houve quebra da incomunicabilidade?

SIM. O STJ, ao analisar o caso, entendeu que houve quebra da incomunicabilidade dos jurados e que, diante disso, o juiz deveria ter dissolvido o conselho de sentença e imposto multa à jurada que cometeu a falta.

Em suma:

> **Deve ser declarado nulo o júri em que membro do conselho de sentença afirma a existência de crime em plena fala da acusação.**
>
> STJ. 6ª Turma. HC 436.241-SP, Rel. Min. Maria Thereza de Assis Moura, julgado em 19/06/2018 (Info 630).

4.4. SUSTENTAÇÃO ORAL EM TEMPO REDUZIDO

O caso concreto foi o seguinte:

Na sessão plenária do Tribunal do Júri, na fase de sustentações orais, o Ministério Público falou durante 1h pedindo a condenação do réu.

Em seguida, o advogado constituído fez a sustentação oral, defendendo o réu por apenas 9 minutos.

Submetido à votação dos jurados, o acusado foi condenado.

Depois do Júri, outro advogado assumiu o caso e impetrou *habeas corpus* em favor do condenado alegando nulidade do julgamento por ausência de defesa técnica efetiva.

Alegou que o causídico constituído à época não solicitou a leitura de peças dos autos que favorecessem a tese da defesa e não desempenhou fielmente a defesa do paciente em plenário, tendo em vista que a sua sustentação oral durou apenas 9 minutos, tempo esse que se mostra exíguo, irrisório e ineficaz.

Em um caso semelhante a esse, o STJ declarou a nulidade do julgamento?
NÃO.

Diante das peculiaridades do Tribunal do Júri, o fato de ter havido sustentação oral em plenário por tempo reduzido não caracteriza, necessariamente, a deficiência de defesa técnica.

STJ. 6ª Turma. HC 365.008-PB, Rel. Min. Sebastião Reis Júnior, Rel. Acd. Min. Rogerio Schietti Cruz, julgado em 17/04/2018 (Info 627).

O tema é pacífico?

NÃO. Existe decisão reconhecendo a ocorrência de nulidade pelo simples fato de a sustentação oral ter sido feita em poucos minutos: STJ. 6ª Turma. HC 234.758-SP, Rel. Min. Sebastião Reis Júnior, julgado em 19/6/2012.

No entanto, entendo que a posição majoritária é no sentido que isso não conduz, obrigatoriamente, à nulidade, conforme decidido no HC 365.008-PB:

> (...) embora seja realmente estranho que um advogado, durante a plenária do Tribunal do Júri, faça uso da palavra por apenas onze minutos, isso pode, de acordo com as peculiaridades que sabemos haver no Tribunal do Júri, decorrer de uma percepção ou de uma sinalização de que a providência máxima a ser alcançada independerá de esforço maior. Ainda é possível ser o defensor dotado de um poder de síntese muito grande ou, até mesmo, sinalizar essa postura uma conformidade entre as partes, visto que houve um pedido inicial de homicídio qualificado e o próprio Ministério Público retirou da acusação a qualificadora. (...)
>
> STJ. 6ª Turma. HC 288.978/SP, Rel. Min. Sebastião Reis Júnior, Rel. para o acórdão Min. Rogerio Schietti, julgado em 15/3/2018.

> (...) 1. Segundo a legislação penal em vigor, é imprescindível quando se trata de alegação de nulidade de ato processual a demonstração do prejuízo sofrido, em consonância com o princípio pas de nullité sans grief, consagrado pelo legislador no art. 563 do CPP.
>
> 2. Conforme informação prestada pelo Tribunal de origem, o recorrente não esteve indefeso durante a sessão de julgamento, apenas porque o defensor foi sucinto, objetivo, pugnando pela absolvição do acusado, pelo argumento da tese de negativa de autoria. Prejuízo para defesa não demonstrado. (...)
>
> STJ. 5ª Turma. RHC 480.001/SP, Rel. Min. Ribeiro Dantas, DJe 23/6/2017.

4.5. SOBERANIA RELATIVA DO JÚRI E REFORMATIO IN PEJUS

Imagine a seguinte situação hipotética:

Em 2007, João, na época com 20 anos de idade, matou dolosamente uma outra pessoa.

Em 21/07/2010, após processo penal, João foi pronunciado por homicídio doloso.

Em 2012, ele foi julgado pelo Tribunal do Júri, tendo sido condenado a uma pena 12 anos de reclusão.

O Ministério Público se conformou com a sentença.

A defesa, por outro lado, interpôs apelação.

O Tribunal de Justiça deu provimento à apelação e anulou o julgamento, determinando a realização de um novo júri.

O juiz designou o novo júri para o dia 19/12/2018.

Em 11/12/2018, o STF analisou habeas corpus impetrado pela defesa de João no qual se pedia a nulidade de todo o processo.

O STF indeferiu o pedido, mas concedeu, de ofício, habeas corpus impetrado em favor do réu para reconhecer que houve prescrição, decretando a extinção da punibilidade.

Vamos entender o motivo.

O novo júri de João foi designado para 19/12/2018, mas acabou não se realizando em virtude da decisão do STF. Pergunta: se João tivesse sido levado a julgamento, ele poderia ser condenado a mais de 12 anos de reclusão?

NÃO. Como o acórdão do TJ que anulou o júri foi proferido em um recurso exclusivo da defesa, não seria possível, no novo júri a ser realizado, que houvesse a exasperação (aumento) da pena imposta no primeiro julgamento.

Se fosse possível aumentar a pena do réu no novo júri, haveria violação ao princípio da *ne reformatio in pejus INDIRETA*.

Em que consiste o princípio da ne reformatio in pejus INDIRETA?

Significa que, anulada a primeira sentença em virtude de recurso exclusivo da defesa, a situação do réu não pode ser prejudicada na segunda sentença.

Dessa feita, se apenas o réu recorreu contra a sentença que o condenou e o Tribunal decidiu anular a sentença, determinando que outra seja prolatada, esta nova sentença, se também for condenatória, não pode ter uma pena superior à que foi aplicada na primeira.

Exemplo: Cláudio foi condenado a 5 anos de reclusão. Ele recorre, então, ao Tribunal alegando que a sentença prolatada foi proferida por juiz impedido. O Tribunal reconhece que houve nulidade e determina que nova sentença seja prolatada, desta vez por outro magistrado. Uma segunda sentença, então, é proferida. Caso esta seja também condenatória, a pena aplicada não poderá ser superior a 5 anos porque senão a situação do réu teria piorado por conta de um recurso que ele mesmo interpôs.

Ne reformatio in pejus indireta e Tribunal do Júri

A Constituição Federal afirma que, no Tribunal do Júri, o veredicto dos jurados é soberano (art. 5º, XXXVIII, "c", da CF/88).

Sabendo disso, imagine a seguinte situação:

Gustavo foi condenado pelos jurados por homicídio simples e o juiz togado aplicou-lhe a pena de 8 anos de reclusão.

O MP não apelou. Gustavo, por sua vez, recorreu ao Tribunal alegando que a decisão dos jurados foi manifestamente contrária à prova dos autos (art. 593, III, "d", do CPP).

O Tribunal concordou com Gustavo, cassou a decisão dos jurados e determinou que outro Júri fosse realizado.

Ressalte-se que, em virtude da soberania dos veredictos, o Tribunal não poderia absolver Gustavo.

Se o Tribunal, julgando uma apelação do Júri, constata que a decisão dos jurados é manifestamente contrária à prova dos autos, o máximo que ele pode fazer é determinar que um novo Júri seja realizado. Neste segundo julgamento, mesmo que os jurados decidam condenar novamente Gustavo, este não poderá recorrer alegando mais uma vez que a decisão foi contrária à prova dos autos (art. 593, § 3°, parte final do CPP).

O que é polêmico vem agora:

Como o Tribunal concordou com Gustavo, um novo Júri vai ser realizado (obrigatoriamente, outros jurados deverão ser convocados – art. 449, I, do CPP). Neste novo Júri que vai julgar Gustavo, os jurados poderão condená-lo por homicídio qualificado ou isso seria reformatio in pejus indireta?

Se eu responder que os jurados não podem, estarei "violando" a soberania dos veredictos.

Se eu responder que os jurados podem, estarei permitindo a *reformatio in pejus* indireta.

Como conciliar isso? Qual é o entendimento do STJ e STF?

Os jurados, no segundo julgamento, realmente podem reconhecer novas qualificadoras que não haviam sido observadas na primeira decisão.

Ex: no primeiro julgamento, Gustavo foi condenado por homicídio simples. No segundo, poderá ser condenado por homicídio qualificado.

No entanto, mesmo que os jurados, no segundo julgamento, condenem o réu por uma nova qualificadora que não havia sido reconhecida no primeiro julgamento, ainda assim a pena fixada pelo juiz-presidente não pode ser superior à pena estabelecida no primeiro julgado.

Ex: no primeiro julgamento, Gustavo foi condenado por homicídio simples e o juiz fixou 8 anos de reclusão.

No segundo julgamento, os jurados o condenaram por homicídio qualificado (poderiam fazer isso por causa da soberania dos veredictos).

No entanto, mesmo tendo sido reconhecida uma qualificadora, o juiz-presidente não pode aplicar uma pena superior a 8 anos, que foi a sanção determinada na primeira sentença.

A soberania relativa do veredito do conselho de sentença não enseja o agravamento da pena com base em novo julgamento pelo tribunal do júri em consequência de recurso exclusivo da defesa.

Esta é a posição adotada pelo STF e STJ:

> (...) Condenação do réu, por homicídio qualificado, à pena de 12 (doze) anos de reclusão, em regime integralmente fechado, no terceiro julgamento. Aplicação de pena mais grave. Inadmissibilidade. Reformatio *in pejus indireta*. Caracterização. Reconhecimento de outros fatos ou circunstâncias não ventilados no julgamento anterior. Irrelevância. Violação consequente do justo processo da lei (*due process of law*), nas cláusulas do contraditório e da ampla defesa. Proibição compatível com a regra constitucional da soberania relativa dos veredictos. HC concedido para restabelecer a pena menor. Ofensa ao art. 5°, incs. LIV, LV e LVII, da CF. Inteligência dos arts. 617 e 626 do CPP. Anulados o

julgamento pelo tribunal do júri e a correspondente sentença condenatória, transitada em julgado para a acusação, não pode o acusado, na renovação do julgamento, vir a ser condenado a pena maior do que a imposta na sentença anulada, ainda que com base em circunstância não ventilada no julgamento anterior.

STF. 2ª Turma. HC 89544, Rel. Min. Cezar Peluso, julgado em 14/04/2009.

(...) 1. Está pacificado na jurisprudência o entendimento de que, havendo novo julgamento provocado por anulação do processo em recurso exclusivo da defesa, a sentença não pode ser mais gravosa ao réu.

2. Não há sacrifício da soberania dos vereditos quando se impede que um segundo ou terceiro julgamento agrave a situação do réu, uma vez que cabe ao Presidente do Tribunal do Júri a competência exclusiva de fixar o quantum da pena, e, nesse particular, está vinculado à regra proibitiva de julgamento in pejus.

3. Na hipótese, o paciente foi submetido a três julgamentos pelo Tribunal do Júri por ocorrência de nulidades nos dois primeiros. A primeira apelação foi interposta apenas pela defesa, e, ao final do terceiro julgamento, a pena imposta ao paciente foi maior do que a primeira. Reformatio in pejus indireta configurada, pois, em recurso exclusivo da defesa, a situação do réu não pode ser agravada.

4. Habeas corpus não conhecido. Ordem concedida, de ofício, para limitar o quantum da pena ao arbitrado por ocasião do primeiro julgamento.

STJ. 6ª Turma. HC 139.621/RS, Rel. Min. Rogerio Schietti Cruz, julgado em 24/05/2016.

(...) Nos termos da jurisprudência desta Corte Superior e do Supremo Tribunal Federal o entendimento segundo o qual o direito ao duplo grau de jurisdição prevalece sobre o princípio da soberania dos vereditos, prevista no art. 5º, XXXVIII, "c", da Constituição Federal, pelo que importa em inegável reformatio in pejus indireta o agravamento da pena resultante de novo julgamento realizado em face de recurso exclusivo da defesa. Precedentes do STJ e do STF. (...)

STJ. 6ª Turma. HC 149.025/SP, Rel. Min. Nefi Cordeiro, julgado em 30/06/2015.

Chamo atenção para o fato de que somente podemos falar em reformatio in pejus se o recurso foi exclusivo da defesa. Se o MP também recorreu para aumentar a pena, será possível que a reprimenda do novo júri seja maior que a do primeiro. Nesse sentido:

(Juiz Federal TRF2 2017) Réu é pronunciado por homicídio qualificado e, após regular julgamento perante o tribunal de júri, no âmbito da Justiça Federal, é condenado e tem a sua pena fixada em 15 anos de reclusão, em regime fechado. A defesa apela sustentando que o veredicto é manifestamente contrário à prova dos autos. O Ministério Público apela requerendo o aumento da pena. Assinale a opção correta:

a. Diante do sistema de júri federal, é cabível ao TRF prover o recurso, reexaminar a prova e, entendendo que ela é insuficiente, absolver o réu.

b. Se o TRF der provimento ao recurso da defesa, deverá determinar a realização de novo julgamento pelo júri, sendo que o novo júri não pode levar à majoração da pena aplicada no primeiro julgamento, em razão da vedação da reformatio in pejus indireta.

c. Se o tribunal ad quem der provimento apenas ao recurso do Ministério Público, deverá determinar a realização de novo julgamento pelo júri, não sendo possível ao TRF diretamente majorar a pena, pois o princípio da soberania dos veredictos é aplicável ao júri federal.

d. Se o TRF considerar que a condenação do réu encontra respaldo na prova dos autos, mas que a pena aplicada é excessiva, não poderá reduzir a pena, se tal pedido não foi formulado nas apelações interpostas.

e. Se o TRF der provimento ao recurso da defesa, deverá determinar a realização de novo julgamento pelo júri, no qual será possível a majoração da pena aplicada ao réu no primeiro julgamento, não havendo que se falar em reformatio in pejus.

Letra E

Voltando ao caso concreto de João:

No primeiro júri, João foi condenado à pena de 12 anos de reclusão.

Se a pena é de 12 anos, ela prescreve em 16 anos, conforme o art. 109, II do CP:

> § Art. 109. A prescrição, antes de transitar em julgado a sentença final, salvo o disposto no § 1º do art. 110 deste Código, regula-se pelo máximo da pena privativa de liberdade cominada ao crime, verificando-se:
>
> (...)
>
> II – em dezesseis anos, se o máximo da pena é superior a oito anos e não excede a doze;

Ocorre que João tinha 20 anos na data do crime. Logo, o prazo prescricional é reduzido pela metade, nos termos do art. 115 do CP:

> § Art. 115. São reduzidos de metade os prazos de prescrição quando o criminoso era, ao tempo do crime, menor de 21 (vinte e um) anos, ou, na data da sentença, maior de 70 (setenta) anos.

Isso significa que, em vez de prescrever em 16, o prazo prescricional era de 8 anos.

O STF analisou o habeas corpus impetrado em favor de João no dia 11/12/2018.

Assim, constata-se que houve o transcurso do prazo prescricional de 8 anos entre a data da pronúncia (21/07/2010) e a data em que o STF analisou o HC (11/12/2018). Logo, o STF reconheceu que já havia passado o prazo prescricional e que de nada adiantaria deixar acontecer o júri designado para 19/12/2018.

Em suma:

Se a condenação proferida pelo júri foi anulada pelo Tribunal em recurso exclusivo da defesa, isso significa que deverá ser realizado um novo júri, mas, em caso de nova condenação, a pena imposta neste segundo julgamento não poderá ser superior àquela fixada na sentença do primeiro júri.

Em outras palavras, se apenas o réu recorreu contra a sentença que o condenou e o Tribunal decidiu anular a sentença, determinando que outra seja prolatada, esta nova sentença, se também for condenatória, não pode ter uma pena superior à que foi aplicada na primeira. Isso é chamado de princípio da *ne reformatio in pejus* indireta, que tem aplicação também no Tribunal do Júri.

A soberania do veredicto dos jurados (art. 5º, XXXVIII, "c", da CF/88) não autoriza a reformatio *in pejus* indireta.

STF. 2ª Turma. HC 165376/SP, Rel. Min. Cármen Lúcia, julgado em 11/12/2018 (Info 927).

4.6. CONDENAÇÃO PELO TRIBUNAL DO JÚRI E EXECUÇÃO PROVISÓRIA DA PENA

EXECUÇÃO PROVISÓRIA DA PENA

Condenação definitiva e execução da pena

Se um indivíduo é condenado por um crime e contra esta decisão não cabe mais nenhum recurso, dizemos que a decisão transitou em julgado. Logo, a condenação é definitiva.

Se o indivíduo é condenado definitivamente a uma pena e passa a cumprir essa pena, dizemos que está havendo a execução da pena.

Condenação provisória

Se um indivíduo é condenado por um crime e contra esta decisão ainda cabem recursos, dizemos que a decisão não transitou em julgado. Logo, a condenação é provisória.

Imagine que um indivíduo está condenado, mas ainda falta julgar algum recurso que ele interpôs.

Se esse indivíduo inicia o cumprimento da pena imposta, dizemos que está havendo aí uma execução provisória da pena. Isso porque a condenação ainda é provisória.

Execução provisória da pena

Desse modo, execução provisória da pena significa o réu cumprir a pena imposta na decisão condenatória mesmo sendo ainda uma decisão provisória (ainda sujeita a recursos).

Execução provisória da pena é, portanto, o início do cumprimento da pena imposta, mesmo que a decisão condenatória ainda não tenha transitado em julgado.

Argumento contrário à execução provisória da pena

O principal argumento daqueles que são contrários à execução provisória da pena é a alegação de que ela violaria o princípio da presunção de inocência, previsto no art. 5º, LVII, da CF/88 e que diz:

> §
> Art. 5º (...)
> LVII – ninguém será considerado culpado até o trânsito em julgado de sentença penal condenatória;

Situação 1. Imagine agora a seguinte situação hipotética:

João foi condenado a uma pena de 8 anos de reclusão, tendo sido a ele assegurado na sentença o direito de recorrer em liberdade.

O réu interpôs apelação, mas o Tribunal de Justiça manteve a condenação.

Contra esse acórdão, João interpôs, simultaneamente, recurso especial e extraordinário.

João, que passou todo o processo em liberdade, deverá aguardar o julgamento dos recursos especial e extraordinário preso? É possível executar provisoriamente a condenação enquanto se aguarda o julgamento dos recursos especial e extraordinário? É possível que o réu condenado em 2ª instância seja obrigado a iniciar o cumprimento da pena mesmo sem ter havido ainda o trânsito em julgado?

SIM. Conforme entendimento atual do STF, é possível iniciar a execução da pena se o réu condenado somente está esperando o julgamento dos recursos especial e extraordinário. Isso porque tais recursos não gozam de efeito suspensivo. Nesse sentido:

> A execução provisória de acórdão penal condenatório proferido em grau de apelação, ainda que sujeito a recurso especial ou extraordinário, não compromete o princípio constitucional da presunção de inocência.
>
> STF. Plenário. HC 126292/SP, Rel. Min. Teori Zavascki, julgado em 17/02/2016 (Info 814).

PROCESSO PENAL

A execução provisória de acórdão penal condenatório proferido em grau de apelação, ainda que sujeito a recurso especial ou extraordinário, não ofende o princípio constitucional da presunção de inocência (art. 5º, LVII, da CF/88) e não viola o texto do art. 283 do CPP.

STF. Plenário. ADC 43 e 44 MC/DF, rel. orig. Min. Marco Aurélio, red. p/ o ac. Min. Edson Fachin, julgados em 05/10/2016 (Info 842).

Em regime de repercussão geral, fica reafirmada a jurisprudência do Supremo Tribunal Federal no sentido de que a execução provisória de acórdão penal condenatório proferido em grau recursal, ainda que sujeito a recurso especial ou extraordinário, não compromete o princípio constitucional da presunção de inocência afirmado pelo artigo 5º, inciso LVII, da Constituição Federal.

STF. Plenário virtual. ARE 964246 RG, Rel. Min. Teori Zavascki, julgado em 10/11/2016 (repercussão geral).

EXECUÇÃO PROVISÓRIA DA PENA E CONDENAÇÃO PELO TRIBUNAL DO JÚRI

Situação 2. Imagine a seguinte situação hipotética:

Pedro foi denunciado, pronunciado e levado a julgamento pelo Tribunal do Júri em virtude da prática de homicídio qualificado.

João foi condenado pelos jurados.

O juiz fixou a pena em 12 anos de reclusão, em regime inicial fechado.

Vale ressaltar que Pedro permaneceu solto durante toda a instrução.

A defesa interpôs apelação para o Tribunal de Justiça pedindo a anulação do veredicto dos jurados.

O Ministério Público requereu que fosse decretada a prisão imediata do réu para a execução provisória da sentença. Em outras palavras, o MP pediu para que o réu permanecesse preso enquanto não se julga a apelação.

A defesa refutou esse pedido do MP dizendo que ele era absurdo. Isso porque a apelação criminal possui efeito suspensivo.

Se um recurso tem efeito suspensivo, isso significa que a sua interposição impede a eficácia/ aplicabilidade da decisão recorrida. Em outras palavras, a decisão recorrida não produzirá efeitos (não poderá ser executada) enquanto o recurso não for julgado.

O pedido do MP deve ser acolhido? Em caso de condenação pelo Tribunal do Júri, é possível a execução provisória da pena mesmo antes de o Tribunal julgar a apelação interposta pela defesa?

O cenário atual é o seguinte:

1ª corrente: SIM

É possível a execução da condenação pelo Juiz Presidente do Tribunal do Júri, independentemente do julgamento da apelação ou de qualquer outro recurso, em face do princípio da soberania dos veredictos.

Assim, nas condenações pelo Tribunal do Júri não é necessário aguardar julgamento de recurso em segundo grau de jurisdição para a execução da pena.

STF. 1ª Turma. HC 140449/RJ, rel. orig. Min. Marco Aurélio, red. p/ o ac. Min. Roberto Barroso, julgado em 6/11/2018 (Info 922).

STF. 1ª Turma. HC 118770 ED, Redator do acórdão Min. Roberto Barroso, julgado em 04/06/2018.

Para a primeira corrente, essa possibilidade está alinhada com a lógica do precedente firmado pelo STF no ARE 964.246, já que, também no caso de decisão do Júri, o Tribunal, mesmo em apelação, não poderá reapreciar os fatos e provas, na medida em que a responsabilidade penal do réu já foi assentada soberanamente pelo Tribunal Popular.

A Constituição Federal prevê a competência do Tribunal do Júri para o julgamento de crimes dolosos contra a vida (art. 5º, XXXVIII, "d"), ressaltando, ademais, a soberania dos veredictos (art. 5º, XXXVIII, "c"). Isso significa que os tribunais não podem substituir a decisão proferida pelo júri popular, podendo, no máximo, determinar a realização de novo júri.

Em outras palavras, entende-se que a condenação no júri abalaria fortemente a presunção de inocência, ficando autorizado o imediato início da execução penal, logo após a leitura da sentença.

Por outro lado, o Ministro Roberto Barroso asseverou que, se houver fortes indícios de nulidade ou de que a condenação foi, de fato, manifestamente contrária à prova dos autos, o Tribunal poderá suspender a execução da decisão até o julgamento do recurso. Ou seja, enquanto não desfeita a condenação pelo júri, prevalece a decisão soberana do júri.

Obs: vale ressaltar que não se pode nem mesmo dizer que essa seja a posição da 1ª Turma do STF porque o Min. Marco Aurélio votou em sentido contrário e os Ministros Rosa Weber e Luiz Fux negaram o habeas corpus, mas por fundamentos diferentes.

2ª corrente: NÃO

Não é possível a execução provisória da pena em face de decisão do júri, sem que haja o exaurimento em grau recursal das instâncias ordinárias, sob pena de macular o princípio constitucional da presunção de inocência.

A execução provisória da pena somente é admitida se o recurso pendente de julgamento não tiver efeito suspensivo.

STF. 2ª Turma. HC 136223, Rel. Min. Dias Toffoli, Segunda Turma, julgado em 25/04/2017

STJ. 5ª Turma. HC 438.088, Rel. Min. Reynaldo Soares da Fonseca, julgado em 24/05/2018.

STJ. Presidente Min. Laurita Vaz, em decisão monocrática no HC 458.249, julgado em 12/07/2018.

Para a segunda corrente, o Plenário do Supremo Tribunal Federal, ao julgar o ARE 964.246, entendeu que o início da execução da pena condenatória após a confirmação da sentença em segundo grau não ofende o princípio constitucional da presunção de inocência, sendo permitida a prisão, entretanto, apenas após o esgotamento das instâncias ordinárias.

Logo, não há o esgotamento da jurisdição nas instâncias ordinárias antes do julgamento da apelação pelo Tribunal de 2ª instância.

Além disso, entende-se que, mesmo na esfera do Júri, o Tribunal em sede de apelação, nas hipóteses do art. 593, III, do CPP, pode: reconhecer eventual nulidade posterior à pronúncia; proclamar que a decisão soberana é manifestamente contrária às provas dos autos; retificar a sentença do juiz-presidente, quando for contrária à lei ou divergir das respostas dos jurados aos quesitos; e pode, ainda, corrigir eventual equívoco no procedimento de individualização da pena.

Assim, em que pese não seja possível a modificação da decisão dos jurados, como absolver o réu ou reconhecer/afastar qualificadora, por exemplo, em razão da soberania do veredicto, é certo que esse controle revisional pode ter repercussão direta no que foi decidido em primeiro grau, seja submetendo o réu a novo julgamento, seja alterando aspectos da sentença que são da competência do juiz-presidente.

Por fim, considera-se que a soberania dos veredictos não é absoluta e convive em harmonia com o sistema recursal desenhado pelo CPP. Em outras palavras, o fato de o tribunal, no julgamento de apelação contra decisão do Tribunal do Júri, não estar legitimado a efetuar o juízo rescisório, em nada influencia nem tampouco implica na execução imediata da sentença condenatória, pois permanece intacta a sua competência para efetuar o juízo rescindente e determinar, se for o caso, um novo julgamento.

Qual é a posição que devo adotar em concursos?

Em uma prova de concurso, você deve expor que existe divergência entre a jurisprudência dos Tribunais Superiores. Penso, contudo, que a segunda corrente é majoritária e que a primeira é mais uma posição isolada do Min. Roberto Barroso.

De qualquer modo, o cenário atual é o seguinte:

É possível executar provisoriamente a condenação pelo Tribunal do Júri após a leitura da sentença sem que ofenda o princípio constitucional da presunção de inocência?

SIM. Precedentes da 1ª Turma do STF.

NÃO. Posição da 2ª Turma do STF e 5ª Turma do STJ.

5. TEMAS DIVERSOS

5.1. ARQUIVAMENTO, DE OFÍCIO, DE INQUÉRITO

A situação concreta foi a seguinte:

Em março de 2017, a Procuradoria Geral da República requereu ao STF a abertura de inquérito para apurar suposto crime que teria sido praticado, em 2010, pelo Deputado Federal Rodrigo Garcia.

Em abril de 2017, o pedido foi autorizado e o Ministro Relator do inquérito, no STF, determinou que a Polícia Federal fizesse, em 30 dias, as diligências de investigação que foram requeridas pelo Ministério Público.

Em julho de 2017, a PGR afirma que parte das diligências foram feitas, mas pede a prorrogação do prazo para que novas investigações sejam realizadas.

O Ministro Relator deferiu o pedido de prorrogação do prazo, com base no art. 230-C, § 1º, do Regimento Interno do STF, que diz o seguinte:

§

Art. 230 (...)

§ 1º O Relator poderá deferir a prorrogação do prazo sob requerimento fundamentado da autoridade policial ou do Procurador-Geral da República, que deverão indicar as diligências que faltam ser concluídas.

Diante disso, o Ministro concedeu mais 60 dias para que a PF concluísse as investigações que faltavam.

Em novembro de 2017, a PGR fez novo pedido de prorrogação do prazo para as investigações e o Ministro concedeu mais 60 dias.

Em março de 2018, a PGR fez novo pedido de prorrogação do prazo para as investigações e o Ministro concedeu mais 60 dias.

Em junho de 2018, a PGR pediu que os autos fossem remetidos à 1ª instância. Isso porque o STF, em decisão proferida em maio de 2018, restringiu o foro por prerrogativa de funções dizendo o seguinte:

O foro por prerrogativa de função aplica-se apenas aos crimes cometidos durante o exercício do cargo e relacionados às funções desempenhadas.

STF. Plenário. AP 937 QO/RJ, Rel. Min. Roberto Barroso, julgado em 03/05/2018 (Info 900).

Desse modo, a PGR argumentou que o delito investigado teria sido praticado pelo Deputado Federal antes do exercício do cargo. Logo, não seria da competência do STF julgá-lo.

Em outras palavras, a PGR disse o seguinte: agora que houve essa restrição do foro privativo, não será mais o STF que irá julgar originariamente este delito. Isso significa que também não há mais motivo para o inquérito ficar tramitando no STF, razão pela qual ele deve ser enviado para a 1ª instância, onde um Promotor de Justiça e um Juiz de 1ª instância irão atuar.

O que decidiu o Supremo neste caso? O Tribunal acolheu a declinação de competência?

NÃO. O STF afirmou o seguinte: a PGR está certa quando diz que agora há uma restrição do foro por prerrogativa de função. De fato, agora o STF somente julga, originariamente, os crimes cometidos pelos Deputados Federais e Senadores se tiverem sido praticados durante o exercício do cargo e se estiverem relacionados com as funções desempenhadas. Foi o que restou decidido na AP 937 QO/RJ.

Então, em princípio, o normal seria deferir o pedido da PGR e declinar a competência para a 1ª instância.

Ocorre, contudo, que aqui temos uma peculiaridade: essa investigação já foi prorrogada mais de uma vez e até o presente momento não foi colhido nenhum indício que aponte que o crime possa realmente ter sido cometido.

No caso, após mais de um ano de investigação, não há nenhuma perspectiva de obtenção de prova suficiente da existência do fato criminoso. A investigação apura a notícia de que o Deputado, em 2010, teria recebido dinheiro em um hotel na zona sul de São Paulo. Sucede que o inquérito sequer conseguiu localizar este suposto hotel onde o pagamento teria sido feito.

Assim, a declinação da competência em investigação fadada ao insucesso representaria apenas protelar o inevitável, violados o direito à duração razoável do processo e a dignidade da pessoa humana.

O que se percebe é que não há indícios de crime e as investigações, por mais que tenham sido prorrogadas, não conseguiram ter qualquer êxito.

Assim, para o Ministro Relator, a declinação de competência para a 1ª instância a fim de que lá sejam continuadas as investigações seria uma medida "fadada ao insucesso" e "representaria apenas protelar o inevitável".

Diante disso, o STF decidiu, de ofício (ou seja, sem requerimento), arquivar o inquérito, com base no art. 231, § 4º, "e", do RISTF:

§

Art. 231 (...)

§ 4º O Relator tem competência para determinar o arquivamento, quando o requerer o Procurador-Geral da República ou quando verificar:

(...)

e) ausência de indícios mínimos de autoria ou materialidade, nos casos em que forem descumpridos os prazos para a instrução do inquérito ou para oferecimento de denúncia.

A pendência de investigação, por prazo irrazoável, sem amparo em suspeita contundente, ofende o direito à razoável duração do processo (art. 5º, LXXVIII, da CF/88) e a dignidade da pessoa humana (art. 1º, III, da CF/88).

Dessa forma, a 2ª Turma do STF negou o pedido de remessa do inquérito à 1ª instância e, de ofício, determinou seu arquivamento.

Vale ressaltar que, mesmo depois do arquivamento, a autoridade policial poderá fazer novas diligências se surgirem novas provas (art. 18 do CPP).

Resumindo:

O STF pode, de ofício, arquivar inquérito quando verificar que, mesmo após terem sido feitas diligências de investigação e terem sido descumpridos os prazos para a instrução do inquérito, não foram reunidos indícios mínimos de autoria ou materialidade.

STF. 2ª Turma. Inq 4420/DF, Rel. Min. Gilmar Mendes, julgado em 21/8/2018 (Info 912).

Essa decisão ofende o sistema acusatório e o art. 129, I, da CF, que confere ao Ministério Público a titularidade da ação penal pública? Ao se arquivar, de ofício, um inquérito policial, viola-se a atribuição conferida pela CF/88 ao Ministério Público de decidir se oferece ou não a denúncia?

NÃO.

"Nessas hipóteses excepcionais, não obstante nosso sistema acusatório consagrar constitucionalmente a titularidade privativa da ação penal ao Ministério Público (CF, art. 129, I), a quem compete decidir pelo oferecimento da denúncia ou solicitação de arquivamento do inquérito ou peças de informação, é dever do Poder Judiciário exercer sua "atividade de supervisão judicial" (STF, Pet. 3825/MT, rel. Min. GILMAR MENDES), fazendo cessar toda e qualquer ilegal coação por parte do Estado-acusador, quando o Parquet insiste em manter procedimento investigatório mesmo ausentes indícios de autoria e materialidade das infrações penais imputadas (...)

A manutenção da investigação criminal sem justa causa, ainda que em fase de inquérito, constitui injusto e grave constrangimento aos investigados (...)" (INQ 4.429, Rel. Min. Alexandre de Moraes, DJe 13/06/2018).

A decisão que determina o arquivamento de ofício viola o art. 28 do CPP?

NÃO. O art. 28 do CPP não é óbice ao arquivamento de inquérito, de ofício, pelo magistrado.

Nesse sentido, veja a decisão monocrática do Ministro Luís Roberto Barroso, assim ementada:

(...) 1. A mera instauração de um Inquérito pode trazer algum tipo de constrangimento às pessoas com foro por prerrogativa de função. Por outro lado, os órgãos de persecução criminal devem ter a possibilidade de realizar as investigações quando verificado um mínimo de elementos indiciários, como é o caso das informações obtidas por meio de acordos de colaboração premiada. Ponderados esses dois interesses, somente se deve afastar de antemão um notícia-crime quando complemente desprovida de plausibilidade.

2. No entanto, isso não significa que os agentes públicos devam suportar indefinidamente o ônus de figurar como objeto de investigação, de modo que a persecução criminal deve observar prazo razoável para sua conclusão.

3. No caso dos autos, encerrado o prazo para conclusão das investigações, e suas sucessivas prorrogações, o Ministério Público, ciente de que deveria apresentar manifestação conclusiva, limitou-se a requerer a remessa dos autos ao Juízo que considera competente. Isso significa dizer que entende não haver nos autos elementos suficientes ao oferecimento da denúncia, sendo o caso, portanto, de arquivamento do inquérito.

4. O art. 28 do Código de Processo Penal se limita a impedir que, pedido o arquivamento pelo Ministério Público e confirmado este entendimento no âmbito do próprio Ministério Público, possa o juiz se negar a deferi-lo. No entanto, não obriga o Juiz a só proceder ao arquivamento quando este for expressamente requerido pelo Ministério Público, seja

porque cabe ao juiz o controle de legalidade do procedimento de investigação; seja porque o Judiciário, no exercício de suas funções típicas, não se submete à autoridade de quem esteja sob sua jurisdição

5. Inquérito arquivado sem prejuízo de que possa ser reaberto no juízo próprio, no caso de surgimento de novas provas.

STF. Decisão monocrática. INQ 4.442, Rel. Min. Roberto Barroso, Dje 12/06/2018.

Transitoriedade do inquérito

Apesar de não ter sido mencionada expressamente, os julgados acima reforçam a ideia de que uma das características do inquérito é a de que se trata de um procedimento temporário. Conforme explica Renato Brasileiro:

"(...) diante da inserção do direito à razoável duração do processo na Constituição Federal (art. 5º, LXXVIII), já não há mais dúvidas de que um inquérito policial não pode ter seu prazo de conclusão prorrogado indefinidamente. As diligências devem ser realizadas pela autoridade policial enquanto houver necessidade. Evidentemente, em situações mais complexas, envolvendo vários acusados, é lógico que o prazo para a conclusão das investigações deverá ser sucessivamente prorrogado. Porém, uma vez verificada a impossibilidade de colheita de elementos que autorizem o oferecimento de denúncia, deve o Promotor de Justiça requerer o arquivamento dos autos." (Manual de Processo Penal. 4ª ed., Salvador: Juspodivm, 2016, p. 140-141).

Essa possibilidade de arquivamento de ofício existe apenas para o STF? Um magistrado de 1ª instância poderá promover, de ofício, o arquivamento do inquérito policial?

No julgamento do Inq 4420/DF não houve uma resposta expressa a pergunta.

O STJ, contudo, possui precedentes em sentido contrário:

(...) 1. Esta Corte possui entendimento jurisprudencial no sentido de que compete ao Ministério Público, na condição de dominus litis, promover a ação penal pública, avaliando se as provas obtidas na fase pré-processual são suficientes para sua propositura, por ser ele o detentor do jus persequendi. Portanto, não cabe ao magistrado assumir o papel constitucionalmente assegurado ao órgão de acusação e, de ofício, determinar o arquivamento do inquérito policial. (...)

STJ. 5ª Turma. AgRg no REsp 1284335/MG, Rel. Min. Moura Ribeiro, julgado em 01/04/2014.

EM OUTRO CASO PARECIDO COM O ACIMA EXPLICADO, O STF DETERMINOU O RETORNO DOS AUTOS AO MP A FIM DE QUE APRESENTE OS INDÍCIOS CONTRA O INVESTIGADO

A situação concreta foi a seguinte:

Em maio de 2016, a Procuradoria Geral da República requereu ao STF a abertura de inquérito para apurar os crimes de corrupção passiva (art. 317 do CP) e de lavagem de dinheiro (art. 1º, V, da Lei nº 9.613/98) que teriam sido praticados por Aécio Neves.

A corrupção passiva consistiria no recebimento de vantagem indevida por empresas contratadas pela FURNAS (sociedade de economia mista federal). Os recursos ilícitos teriam sido "lavados" por meio de pessoas jurídicas ligadas à irmã do parlamentar, bem como pelo envio a contas no exterior, utilizando o serviço de doleiros.

O STF autorizou o pedido e o Ministro Relator do inquérito determinou que a Polícia Federal fizesse as diligências de investigação que foram requeridas pelo Ministério Público.

O Delegado de Polícia Federal concluiu as investigações, opinando, no relatório policial, pelo arquivamento do inquérito sob a alegação de que não foram reunidas provas da existência dos delitos.

O Ministro Relator deu vista dos autos à Procuradoria-Geral da República para manifestação.

Em junho de 2018, a PGR apresentou a seguinte manifestação:

- disse que depois do relatório policial surgiram novos indícios contra o investigado, que justificariam a continuidade das investigações. Esses indícios seriam informações bancárias estrangeiras que indicam a remessa de valores para o exterior e que tais quantias teriam sido supostamente recebidas pelo parlamentar em esquema de propinas. Essas informações, obtidas por meio de acordo de cooperação jurídica internacional, somente teriam se tornado acessíveis em momento posterior à recomendação de arquivamento do inquérito feita pela autoridade policial.
- a PGR, portanto, pediu a continuidade das investigações, mas que isso fosse feito em 1ª instância. Isso porque o STF, em decisão proferida em maio de 2018, restringiu o foro por prerrogativa de funções dizendo o seguinte:

> O foro por prerrogativa de função aplica-se apenas aos crimes cometidos durante o exercício do cargo e relacionados às funções desempenhadas.
>
> STF. Plenário. AP 937 QO/RJ, Rel. Min. Roberto Barroso, julgado em 03/05/2018 (Info 900).

Desse modo, a PGR argumentou que os delitos investigados teriam sido praticados por Aécio Neves em uma época na qual ele não era parlamentar federal. Logo, não seria da competência do STF julgá-lo.

Em outras palavras, a PGR disse o seguinte: agora que houve essa restrição do foro privativo, não será mais o STF que irá julgar originariamente estes delitos. Isso significa que também não há mais motivo para o inquérito ficar tramitando no STF, razão pela qual ele deve ser enviado para a 1ª instância, onde um Procurador da República e um Juiz Federal de 1ª instância irão atuar.

O que decidiu o Supremo neste caso? Como os Ministros se manifestaram?

O caso foi analisado pela 2ª Turma do STF. Veja como cada Ministro se pronunciou sobre o pedido:

- Ministros Edson Fachin e Celso de Mello: concordaram com o pedido da PGR e votaram pela remessa dos autos à 1ª instância.
- Ministros Gilmar Mendes (Relator) e Dias Toffoli: discordaram do pedido da PGR e se manifestaram pelo arquivamento, de ofício, do inquérito.

É possível, em tese, o arquivamento, de ofício, do inquérito, pelo STF?

SIM. Existem precedentes no sentido de que o STF pode, de ofício, arquivar inquérito quando verificar que, mesmo após terem sido feitas diligências de investigação e terem sido descumpridos os prazos para a instrução do inquérito, não foram reunidos indícios mínimos de autoria ou materialidade.

STF. 2ª Turma. Inq 4420/DF, Rel. Min. Gilmar Mendes, julgado em 21/8/2018 (Info 912).

- Ministro Ricardo Lewandowski proferiu um voto intermediário.

O Ministro Lewandowski entendeu que não se deveria arquivar imediatamente o inquérito nem determinar a remessa dos autos à 1ª instância. Ele votou no sentido de que deveria ser determinado o retorno dos autos à Procuradoria Geral da República para que ela conclua as diligências de caráter instrutório, ainda pendentes de execução, no prazo de 60 dias, sob pena de arquivamento do inquérito, na forma do art. 231, § 4º, e, do RISTF, e sem prejuízo do art. 18 do CPP.

Diante da existência desta divergência, prevaleceu a solução dada pelo Min. Lewandowski, considerando que a sua posição foi considerada como "voto médio", ou seja, aquele que ficou entre as duas correntes antagônicas.

Assim, se entendeu que é necessário, ao menos, colher-se a posição conclusiva do Ministério Público acerca do que se contém nos autos, apontando concretamente os novos elementos de prova a serem considerados.

De posse de manifestação mais objetiva da PGR, com provas suficientes para eventual continuidade das investigações, o STF poderá avaliar se é mesmo o caso de arquivamento ou se a investigação deve prosseguir e em que condições.

STF. 2ª Turma. Inq 4244/DF, Rel. Min. Gilmar Mendes, red. p/ o ac. Min. Ricardo Lewandowski, julgado em 20/11/2018 (Info 924).

5.2. Comentários à Lei 13.642/2018: nova atribuição da PF para investigar crimes que difundem conteúdo misógino pela internet

ATRIBUIÇÕES DA POLÍCIA FEDERAL

A Polícia Federal investiga apenas crimes de competência da Justiça Federal?

NÃO. Em regra, a Polícia Federal é responsável pela investigação dos crimes que são de competência da Justiça Federal. Isso porque uma das principais funções da PF é exercer, com exclusividade, as funções de polícia judiciária da União. No entanto, a Polícia Federal investiga também outros delitos que não são de competência da Justiça Federal.

As atribuições da Polícia Federal estão previstas inicialmente no art. 144 da CF/88:

> §
>
> Art. 144 (...)
>
> § 1º A polícia federal, instituída por lei como órgão permanente, organizado e mantido pela União e estruturado em carreira, destina-se a:
>
> I – apurar infrações penais contra a ordem política e social ou em detrimento de bens, serviços e interesses da União ou de suas entidades autárquicas e empresas públicas, assim como outras infrações cuja prática tenha repercussão interestadual ou internacional e exija repressão uniforme, segundo se dispuser em lei;
>
> II – prevenir e reprimir o tráfico ilícito de entorpecentes e drogas afins, o contrabando e o descaminho, sem prejuízo da ação fazendária e de outros órgãos públicos nas respectivas áreas de competência;
>
> III – exercer as funções de polícia marítima, aeroportuária e de fronteiras;
>
> IV – exercer, com exclusividade, as funções de polícia judiciária da União.

INCISO I DO § 1º DO ART. 144 DA CF/88

Se você observar a redação do inciso I do § 1º do art. 144 acima transcrito verá que ela é bem ampla, especialmente na sua parte final.

Crimes que tenham repercussão interestadual ou internacional

Desse modo, a Polícia Federal tem atribuição para investigar crimes que tenham repercussão interestadual ou internacional e exijam repressão uniforme.

Que crimes são esses?

A CF/88 afirma que a relação desses crimes deverá ser prevista em lei.

Que lei é esta?

A Lei nº 10.446/2002, cuja ementa é a seguinte:

> § Dispõe sobre infrações penais de repercussão interestadual ou internacional que exigem repressão uniforme, para os fins do disposto no inciso I do § 1º do art. 144 da Constituição.

LEI 10.446/2002

A Lei nº 10.446/2002, em seu art. 1º, traz uma lista de crimes que foram escolhidos pelo legislador e que podem ser investigados pela Polícia Federal.

No caso dos delitos previstos neste art. 1º, não importa se eles serão ou não julgados pela Justiça Federal. A atribuição para investigá-los poderá ser da Polícia Federal independentemente disso.

Assim, quando houver repercussão interestadual ou internacional que exija repressão uniforme, a Polícia Federal poderá investigar as seguintes infrações penais:

> § I – sequestro e cárcere privado (art. 148, do CP) e extorsão mediante sequestro (art. 159), se:
>
> – o agente foi impelido por motivação política ou
>
> – quando o crime foi praticado em razão da função pública exercida pela vítima.
>
> II – formação de cartel (incisos I, a, II, III e VII do art. 4º da Lei nº 8.137/90);
>
> III – crimes em que haja violação a direitos humanos que o Brasil se comprometeu a reprimir em tratados internacionais;
>
> IV – furto, roubo ou receptação de cargas, inclusive bens e valores, transportadas em operação interestadual ou internacional, quando houver indícios da atuação de quadrilha ou bando em mais de um Estado da Federação;
>
> V – falsificação, corrupção, adulteração ou alteração de produto destinado a fins terapêuticos ou medicinais e venda, inclusive pela internet, depósito ou distribuição do produto falsificado, corrompido, adulterado ou alterado (art. 273 do CP);
>
> VI – furto, roubo ou dano contra instituições financeiras, incluindo agências bancárias ou caixas eletrônicos, quando houver indícios da atuação de associação criminosa em mais de um Estado da Federação.

Obs: a Polícia Federal irá investigá-los sem prejuízo da responsabilidade das Polícias Militares e Civis dos Estados, ou seja, tais órgãos de segurança pública também poderão contribuir com as investigações.

Fora essa lista, a Polícia Federal poderá investigar outros crimes?

SIM. A lista do art. 1º da Lei nº 10.446/2002 é exemplificativa.

Assim, o Departamento de Polícia Federal poderá investigar outras infrações penais que não estejam nesta lista, desde que:

- tal providência seja autorizada ou determinada pelo Ministro de Estado da Justiça;
- a infração tenha repercussão interestadual ou internacional e exija repressão uniforme.

Essa autorização mais genérica está prevista no parágrafo único do art. 1º da Lei nº 10.446/2002.

O que fez a Lei nº 13.642/2018?

Acrescentou mais um inciso ao art. 1º da Lei nº 10.446/2002 prevendo novas hipóteses de crimes que poderão ser investigados pela Polícia Federal. Confira:

§ Art. 1º Na forma do inciso I do § 1º do art. 144 da Constituição, quando houver repercussão interestadual ou internacional que exija repressão uniforme, poderá o Departamento de Polícia Federal do Ministério da Justiça, sem prejuízo da responsabilidade dos órgãos de segurança pública arrolados no art. 144 da Constituição Federal, em especial das Polícias Militares e Civis dos Estados, proceder à investigação, dentre outras, das seguintes infrações penais:

(...)

VII – quaisquer crimes praticados por meio da rede mundial de computadores que difundam conteúdo misógino, definidos como aqueles que propagam o ódio ou a aversão às mulheres.

Desse modo, a partir de agora existe previsão expressa de que a Polícia Federal poderá investigar os crimes praticados pela internet que envolvam a divulgação de mensagens, imagens, sons, vídeos ou quaisquer outros conteúdos misóginos desde que haja repercussão interestadual ou internacional que exija repressão uniforme.

Conteúdo misógino é aquele que propaga o ódio ou a aversão às mulheres.

Obs: esses crimes do art. 1º, VII acima referidos continuam sendo, em regra, de competência da Justiça ESTADUAL. Apenas a INVESTIGAÇÃO de tais delitos é que passou para a esfera federal. Assim, a Polícia Federal realiza o inquérito policial e depois o remete para o Promotor de Justiça e Juiz de Direito que irão dar início e prosseguimento no processo penal.

5.3. INVESTIGAÇÃO DEFENSIVA

A investigação de crimes no Brasil é uma atividade exclusiva dos órgãos públicos (polícia, Ministério Público, Tribunais de Contas etc.)?

NÃO. Não existe uma determinação de que somente o Poder Público possa apurar crimes.

A imprensa, os órgãos sindicais, a OAB, as organizações não governamentais e até mesmo a defesa do investigado também podem investigar infrações penais.

Qualquer pessoa (física ou jurídica) pode investigar delitos, até mesmo porque a segurança pública é "responsabilidade de todos" (art. 144, caput, da CF/88).

Obviamente que a investigação realizada por particulares não goza dos atributos inerentes aos atos estatais, como a imperatividade, nem da mesma força probante, devendo ser analisada com extremo critério, não sendo suficiente, por si só, para a edição de um decreto condenatório (art. 155 do CPP). Contudo, isso não permite concluir que tais elementos colhidos em uma investigação particular sejam ilícitos ou ilegítimos, salvo se violarem a lei ou a Constituição.

Investigação criminal defensiva

Com base no que foi explicado acima, a doutrina defende que é plenamente possível que ocorra a chamada "investigação criminal defensiva".

A investigação criminal defensiva pode ser conceituada como a possibilidade de o investigado, acusado ou mesmo condenado realizar diligências a fim de conseguir elementos informativos ("provas") de que não houve crime ou de que ele não foi o seu autor.

Renato Brasileiro aponta alguns objetivos da investigação criminal defensiva:

"a) comprovação do álibi ou de ouras razões demonstrativas da inocência do imputado;

b) desresponsabilização do imputado em virtude da ação de terceiros;

c) exploração de fatos que revelam a ocorrência de causas excludentes de ilicitude ou de culpabilidade;

PROCESSO PENAL

d) eliminação de possíveis erros de raciocínio a quem possam induzir determinados fatos;

e) revelação da vulnerabilidade técnica ou material de determinadas diligências realizadas na investigação pública;

f) exame do local e a reconstituição do crime para demonstrar a impropriedade das teses acusatórias;

g) identificação e localização de possíveis peritos e testemunhas." (*Manual de Processo Penal*. Salvador: Juspodivm, 2015, p. 188).

Apesar de ser mais comum durante a fase do inquérito policial, nada impede que a investigação criminal defensiva ocorra também na fase judicial e mesmo após a sentença penal condenatória considerando a possibilidade de revisão criminal.

Obviamente, a investigação criminal defensiva deverá respeitar a lei e a Constituição, não podendo ser adotadas diligências que violem a ordem jurídica ou direitos fundamentais. Ex: não é possível a realização de uma interceptação telefônica.

O projeto do novo Código de Processo Penal (Projeto de Lei nº 156/2009) prevê, expressamente, o instituto da "investigação criminal defensiva".

Provimento da OAB

No dia 11/12/2018, o Conselho Federal da OAB aprovou o Provimento 188/2018 que "regulamenta o exercício da prerrogativa profissional do advogado de realização de diligências investigatórias para instrução em procedimentos administrativos e judiciais."

Veja abaixo os principais pontos:

Investigação defensiva

Compreende-se por investigação defensiva o complexo de atividades de natureza investigatória desenvolvido pelo advogado, com ou sem assistência de consultor técnico ou outros profissionais legalmente habilitados, em qualquer fase da persecução penal, procedimento ou grau de jurisdição, visando à obtenção de elementos de prova destinados à constituição de acervo probatório lícito, para a tutela de direitos de seu constituinte.

Momento:

A investigação defensiva pode ser desenvolvida:

- na etapa da investigação preliminar;
- no decorrer da instrução processual em juízo;
- na fase recursal em qualquer grau;
- durante a execução penal
- e, ainda, como medida preparatória para a propositura da revisão criminal ou em seu decorrer.

Os resultados obtidos com a investigação defensiva podem ser utilizadas em:

I – pedido de instauração ou trancamento de inquérito;

II – rejeição ou recebimento de denúncia ou queixa;

III – resposta a acusação;

IV – pedido de medidas cautelares;

V – defesa em ação penal pública ou privada;

VI – razões de recurso;

VII – revisão criminal;

VIII – habeas corpus;

IX – proposta de acordo de colaboração premiada;

X – proposta de acordo de leniência;

XI – outras medidas destinadas a assegurar os direitos individuais em procedimentos de natureza criminal.

Obs: a atividade de investigação defensiva do advogado inclui a realização de diligências investigatórias visando à obtenção de elementos destinados à produção de prova para o oferecimento de queixa, principal ou subsidiária.

Atividades que podem ser desenvolvidas pelo advogado na investigação

O advogado, na condução da investigação defensiva, poderá promover diretamente todas as diligências investigatórias necessárias ao esclarecimento do fato, em especial a colheita de depoimentos, pesquisa e obtenção de dados e informações disponíveis em órgãos públicos ou privados, determinar a elaboração de laudos e exames periciais, e realizar reconstituições, ressalvadas as hipóteses de reserva de jurisdição.

Colaboradores

Na realização da investigação defensiva, o advogado poderá valer-se de colaboradores, como detetives particulares, peritos, técnicos e auxiliares de trabalhos de campo.

Sigilo

Durante a realização da investigação, o advogado deve preservar o sigilo das informações colhidas, a dignidade, privacidade, intimidade e demais direitos e garantias individuais das pessoas envolvidas.

Ausência de dever de informar o Delegado ou outras autoridades

O advogado e outros profissionais que prestarem assistência na investigação não têm o dever de informar à autoridade competente os fatos investigados.

Eventual comunicação e publicidade do resultado da investigação exigirão expressa autorização do constituinte.

Exercício profissional

As atividades de investigação defensiva conduzidas por advogado são consideradas como ato legítimo de exercício profissional, não podendo receber qualquer tipo de censura ou impedimento pelas autoridades.

5.4. PRINCÍPIO DO IN DUBIO PRO SOCIETATE

Em que consiste o princípio do in dubio pro societate?

O princípio do *in dubio pro societates* significa que, na dúvida, havendo indícios mínimos da autoria, deve-se dar prosseguimento à ação penal, ainda que não se tenha certeza de que o réu foi o autor do suposto delito.

Em uma tradução literal, seria algo como "na dúvida, em favor da sociedade".

O princípio do *in dubio pro societate* contrapõe-se ao princípio do *in dubio pro reo* ("na dúvida, em favor do réu").

O princípio do in dubio pro societate continua vigorando no ordenamento jurídico brasileiro?

A doutrina mais moderna critica a existência desse princípio afirmando que ele é contrário às garantias conferidas ao réu. Apesar disso, a jurisprudência continua aplicando esse princípio em duas fases:

1) No momento do recebimento da denúncia:

A propositura da ação penal exige tão somente a presença de indícios mínimos de autoria. A certeza, a toda evidência, somente será comprovada ou afastada após a instrução probatória, prevalecendo, na fase de oferecimento da denúncia o princípio do *in dubio pro societate.*

STJ. 5ª Turma. RHC 93.363/SP, Rel. Min. Felix Fischer, julgado em 24/05/2018.

No momento da denúncia, prevalece o princípio do in dubio pro societate.

STF. 1ª Turma. Inq 4506/DF, rel. Min. Marco Aurélio, red. p/ o ac. Min. Roberto Barroso, julgado em 17/04/2018 (Info 898).

2) Na decisão de pronúncia no procedimento do Tribunal do Júri:

A pronúncia do réu para o julgamento pelo Tribunal do Júri não exige a existência de prova cabal da autoria do delito, sendo suficiente, nessa fase processual, a mera existência de indícios da autoria, devendo estar comprovada, apenas, a materialidade do crime, uma vez que vigora o princípio *in dubio pro societate.*

STJ. 5ª Turma. AgRg no AREsp 1193119/BA, Rel. Min. Jorge Mussi, julgado em 05/06/2018.

Na sentença de pronúncia deve prevalecer o princípio *in dubio pro societate*, não existindo nesse ato qualquer ofensa ao princípio da presunção de inocência, porquanto tem por objetivo a garantia da competência constitucional do Tribunal do Júri.

STF. 2ª Turma. ARE 986566 AgR, Rel. Min. Ricardo Lewandowski, julgado em 21/08/2017.

E na análise da autoria e materialidade durante prolação da sentença (sem ser Tribunal do Júri), adota-se aqui também o princípio do in dubio pro societate?

NÃO. Nesta fase adota-se o princípio do *in dubio pro reo.* A insuficiência de provas conduz à absolvição, nos termos do art. 386, VII, do CPP.

5.5. NOMEAÇÃO JUDICIAL DE NÚCLEO DE PRÁTICA JURÍDICA E DISPENSA DE PROCURAÇÃO

O que são os Núcleos de Prática Jurídica?

O Núcleo de Prática Jurídica, também chamado de "escritório modelo", é um espaço mantido pelas faculdades de direito no qual os alunos, geralmente finalistas do curso, sob a supervisão de um Professor que é advogado, oferecem assistência jurídica gratuita às pessoas economicamente carentes.

O Núcleo funciona, portanto, como uma prática jurídica real, matéria curricular obrigatória dos cursos de Direito.

Esta atividade tem duplo objetivo:

a. finalidade pedagógica: considerando que os alunos irão aplicar, na prática, os conhecimentos teóricos que receberam ao longo do curso, atuando como se fossem advogados, sempre com a supervisão e sob a responsabilidade de um Professor advogado;

b. finalidade social: contribuindo com a sociedade carente ao oferecer assistência jurídica gratuita.

Guardadas as devidas proporções, apenas para que você entenda o sentido geral, os núcleos de prática jurídica prestam um serviço assemelhado ao da Defensoria Pública. Vale ressaltar, contudo, que o modelo oferecido pela Defensoria Pública é o ideal para o assistido porque se trata de um serviço mais organizado, estruturado e com garantias institucionais que os núcleos infelizmente não possuem.

Apenas a título de curiosidade, veja o que diz a Portaria nº 1.886/94-MEC, que trata, entre outros temas, sobre os núcleos de prática jurídica:

§ Art. 10. O estágio de prática jurídica, supervisionado pela instituição de ensino superior, será obrigatório e integrante do currículo pleno, em um total de 300 horas de atividades práticas simuladas e reais desenvolvidas pelo aluno sob controle e orientação do núcleo correspondente.

§ 1º O núcleo de prática jurídica, coordenado por professores do curso, disporá instalações adequadas para treinamento das atividades de advocacia, magistratura, Ministério Público, demais profissões jurídicas e para atendimento ao público.

§ 2º As atividades de prática jurídica poderão ser complementadas mediante convênios com a Defensoria Pública outras entidades públicas judiciárias empresariais, comunitárias e sindicais que possibilitem a participação dos alunos na prestação de serviços jurídicos e em assistência jurídica, ou em juizados especiais que venham a ser instalados em dependência da própria instituição de ensino superior.

§ Art. 11. As atividades do estágio supervisionado serão exclusivamente práticas, incluindo redação de peças processuais e profissionais, rotinas processuais, assistência e atuação em audiências e sessões, vistas a órgãos judiciários, prestação de serviços jurídicos e técnicas de negociações coletivas, arbitragens e conciliação, sob o controle, orientação e avaliação do núcleo de prática jurídica.

Como funcionam, na prática?

A pessoa carente que precisa de uma assistência jurídica procura o Núcleo; é atendida por um acadêmico (estagiário) que, supervisionado pelo Professor, identifica o caso e a providência jurídica. Se for necessário, o acadêmico recolhe cópias dos documentos fornecidos pelo assistido e prepara uma peça judicial que será assinada pelo Professor advogado.

Imagine agora a seguinte situação:

João recebeu, em sua casa, a citação de uma denúncia criminal que foi oferecida contra ele pelo Ministério Público, imputando-lhe a prática do crime de furto.

O denunciado procura o Núcleo de Prática Jurídica.

O acadêmico atende João e prepara a sua resposta à acusação (art. 396 do CPP).

O Professor revisa e corrige a peça de defesa, assina e protocoliza.

O Promotor de Justiça alega que a resposta à acusação apresentada não pode ser conhecida considerando que João não outorgou procuração para o Professor advogado. Pede que a defesa seja intimada para apresentar o instrumento do mandato.

O Professor refuta a alegação do MP afirmando que, assim como ocorre com a Defensoria Pública (art. 128, XI, da LC 80/94), não se exige procuração para que o Núcleo de Prática Jurídica atue em favor do réu.

A alegação do MP está correta? Exige-se que a parte outorgue procuração para que o Núcleo de Prática Jurídica atue em favor do réu no processo criminal?

SIM. Em regra, o advogado integrante do Núcleo de Prática Jurídica não está dispensado de apresentar procuração, por ausência de previsão legal.

Neste ponto, não há equiparação com a Defensoria Pública.

A Defensoria Pública, por força de lei expressa, pode atuar na defesa de seus assistidos mesmo sem procuração.

No caso dos Núcleos de Prática Jurídica, embora prestem relevantes serviços, não existe previsão legal semelhante. Por essa razão, seus poderes de representação em juízo dependem necessariamente de procuração.

O Núcleo de Prática Jurídica, por não se tratar de entidade de direito público, precisa apresentar instrumento de mandato para comprovar que o réu hipossuficiente escolheu seu defensor, em consonância com o princípio da confiança.

É possível que a procuração seja outorgada para o Núcleo de Prática Jurídica? Ex: em vez de outorgar a Procuração para o Professor advogado, João poderia conferir o mandato para o Núcleo de Prática Jurídica?

NÃO. A procuração não pode ser outorgada para o Núcleo de Prática Jurídica.

O Núcleo de Prática Jurídica não possui capacidade para receber nomeação ou mandato. É necessário que, na procuração, seja especificado o advogado a quem são atribuídos os poderes de representação (STJ. 6ª Turma. AgRg no AREsp 11.931/DF, Rel. Min. Sebastião Reis Júnior, DJe 19/03/2013).

E se fosse uma nomeação judicial, haveria necessidade de procuração? Ex: o juiz nomeou o advogado Rui Salgado, Professor do Núcleo de Prática Jurídica, para fazer a defesa do réu no plenário do Tribunal do Júri. Além desta nomeação, será necessário que o réu outorgue uma procuração?

NÃO.

> **A nomeação judicial de Núcleo de Prática Jurídica para patrocinar a defesa de réu dispensa a juntada de procuração.**
>
> **Isso porque, neste caso, não há uma atuação provocada pelo assistido, mas sim o exercício de um *munus público* por determinação judicial.**
>
> STJ. 3ª Seção. EAREsp 798.496-DF, Rel. Min. Nefi Cordeiro, julgado em 11/04/2018 (Info 624).

Além disso, não se mostra razoável a exigência de procuração porque na maioria das vezes, em caso de nomeação judicial, não há um contato prévio do advogado com o acusado. A exigência de procuração acarretaria gravosos prejuízos à defesa da população necessitada, inviabilizando o acesso à Justiça.

Em suma:

O advogado integrante de Núcleo de Prática Jurídica, para representar os interesses do réu no processo penal, precisará de:

- procuração outorgada pelo réu; ou
- ato de nomeação judicial.

O advogado integrante de Núcleo de Prática Jurídica, no que tange aos poderes de representação em juízo, não está dispensado de apresentar procuração ou ato de nomeação apud acta, haja vista que somente é equiparado à Defensoria Pública quanto à intimação pessoal dos atos processuais.

STJ. 5ª Turma. AgRg no AREsp 1199054/DF, Rel. Min. Joel Ilan Paciornik, julgado em 07/06/2018.

5.6. EMPATE NO JULGAMENTO DE AÇÃO PENAL

Se, durante o julgamento de uma ação penal no STF, o julgamento ficar empatado, o que acontecerá?

Deverá prevalecer a decisão mais favorável ao acusado.

Seria possível o Presidente do Plenário (ou Presidente da Turma) proferir voto de desempate?

NÃO. Conforme explica o Min. Celso de Mello:

"Tratando-se de matéria penal, o empate somente pode beneficiar aquele que sofre a persecução estatal, de tal modo que, em não havendo maioria em sentido contrário, o empate importará, necessariamente, em respeito à presunção constitucional de inocência (CF, art. 5º, LVII) (...) em rejeição da denúncia, ou, então, em absolvição, ou, na hipótese de "habeas corpus", em concessão do próprio "writ" constitucional.

(...)

A norma regimental que confere ao Presidente do Plenário ou ao Presidente de cada uma das Turmas o voto de qualidade não pode nem deve incidir na hipótese de empate que eventualmente se registre em julgamentos penais, como sucede na espécie.

E a razão é simples: mera norma de índole regimental jamais poderá prevalecer, em situação de antinomia, sobre o texto normativo da Constituição..." (voto no Inq 3670/RR).

Esse entendimento acima vale também para o julgamento de embargos de declaração opostos contra o acórdão que julgou a ação penal?

SIM. Imagine a seguinte situação hipotética:

João, Deputado Federal, foi condenado pelo voto da maioria dos Ministros do STF em julgamento originário de ação penal.

Contra este acórdão, João opôs embargos de declaração alegando que houve erro material na dosimetria da pena e que, por conta disso, sua reprimenda deveria ser diminuída.

Houve empate no julgamento desses embargos de declaração. Neste caso, deve-se aplicar a solução mais favorável ao réu, aceitando-se a tese de que houve erro material e de que a sua pena deve ser reduzida.

Em suma:

Verificado empate no julgamento de ação penal, deve prevalecer a decisão mais favorável ao réu.

Esse mesmo entendimento deve ser aplicado em caso de empate no julgamento dos embargos de declaração opostos contra o acórdão que julgou a ação penal. Terminando o julgamento dos embargos empatado, aplica-se a decisão mais favorável ao réu.

STF. Plenário. AP 565 ED-ED/RO, Rel. Min. Cármen Lúcia, red. p/ o ac. Min. Dias Toffoli, julgado em 14/12/2017 (Info 888).

PROCESSO PENAL

5.7. HAVENDO DUAS SENTENÇAS CONDENATÓRIAS ENVOLVENDO FATOS IDÊNTICOS, QUAL DELAS DEVERÁ PREVALECER?

Imagine a seguinte situação hipotética:

João foi denunciado pela prática do crime de roubo, tendo sido condenado a 7 anos de reclusão. Isso foi em março/2015. Como não houve recurso, a sentença transitou em julgado. Imaginemos que este foi o processo 111/2015.

Ocorre que, por um equívoco, em outubro/2015, João foi denunciado novamente pelos mesmos fatos.

O processo tramitou à sua revelia, tendo ele sido condenado, neste segundo processo, a uma pena de 5 anos de reclusão. Houve o trânsito em julgado. Suponhamos que este foi o processo 222/2015.

Em suma, João foi denunciado e condenado duas vezes em razão do mesmo fato delituoso.

A absurda situação foi descoberta e o Ministério Público pugnou pela anulação do segundo processo (processo 222/2015) considerando que, quando a sentença foi prolatada, já havia coisa julgada em relação ao primeiro feito (processo 111/2015).

Assim, a segunda sentença seria nula de pleno direito em virtude da ofensa à coisa julgada.

A tese do Ministério Público foi acolhida pelo STJ? Havendo duas sentenças condenatórias envolvendo fatos idênticos, deverá ser anulada a segunda delas?

Não. A tese do MP não foi acolhida. Havendo duas sentenças condenatórias envolvendo fatos idênticos, a segunda delas não será necessariamente aquela a ser anulada.

Diante do trânsito em julgado de duas sentenças condenatórias contra o mesmo réu, por fatos idênticos, deve prevalecer o critério mais favorável em detrimento do critério temporal (de precedência). Isso em homenagem aos princípios do *favor rei* e *favor libertatis*.

Em suma:

Diante do trânsito em julgado de duas sentenças condenatórias contra o mesmo condenado, por fatos idênticos, deve prevalecer a condenação mais favorável ao réu.

Não importa qual processo tenha iniciado antes ou em qual deles tenha ocorrido primeiro o trânsito em julgado. O que irá prevalecer é a condenação que foi mais favorável ao réu.

STJ. 6ª Turma. HC 281.101-SP, Rel. Min. Sebastião Reis Júnior, julgado em 03/10/2017 (Info 616).

E se essa duplicidade de condenações tivesse sido descoberta antes do trânsito em julgado? Ex: tramitam duas ações penais contra o acusado referentes aos mesmos fatos; nas duas, o réu foi condenado, mas ainda não houve trânsito em julgado. O que fazer nesta situação?

O STJ possui precedente dizendo que deverá prevalecer a primeira ação penal ajuizada, sendo anulada a ação penal ajuizada por último. Nesse sentido:

(...) 2. No caso, observa-se que a mesma conduta de tráfico e associação para o tráfico de drogas foi imputada ao ora recorrente em duas ações penais que tramitaram perante o mesmo juízo, donde se infere a ocorrência dupla condenação pelo mesmo fato.

3. Embora o Código de Processo Penal seja silente, a litispendência se observa a partir do ajuizamento da ação, devendo, portanto, ser anulada a condenação decorrente da ação penal ajuizada por último. (...)

STJ. 6ª Turma. RHC 36.812/SP, Rel. Min. Sebastião Reis Júnior, julgado em 14/11/2017.

O que o STF pensa a respeito?

NÃO. Existe um precedente antigo da 1ª Turma do STF em sentido contrário, ou seja, sustentando que, em caso de dupla sentença transitada em julgado, deverá ser anulada a segunda, prevalecendo a primeira. Isso porque o segundo processo nasceu de forma indevida considerando que já existia o primeiro. Logo, a instauração do segundo processo violou a litispendência (se o primeiro feito ainda estava em curso) ou a coisa julgada (se o primeiro processo já havia encerrado). Confira a ementa:

Os institutos da litispendência e da coisa julgada direcionam à insubsistência do segundo processo e da segunda sentença proferida, sendo imprópria a prevalência do que seja mais favorável ao acusado.

STF. 1ª Turma. HC 101131, Rel. Min. Luiz Fux, Rel p/ Acórdão Min. Marco Aurélio, julgado em 25/10/2011.

Em provas de concurso deve-se ficar atento para a redação do enunciado (se este fala em "segundo o entendimento do STJ..."). Por ser mais recente, é provável que seja exigido o julgado do STJ.

5.8. O ACUSADO QUE RESPONDE A OUTRO PROCESSO NÃO TEM DIREITO À SUSPENSÃO CONDICIONAL DO PROCESSO

Conceito

Suspensão condicional do processo é:

um instituto despenalizador

oferecido pelo MP ou querelante ao acusado

que tenha sido denunciado por crime cuja pena mínima seja igual ou inferior a 1 ano

e que não esteja sendo processado ou não tenha sido condenado por outro crime,

desde que presentes os demais requisitos que autorizariam a suspensão condicional da pena (art. 77 do Código Penal).

Previsão legal

A suspensão condicional do processo está prevista no art. 89 da Lei nº 9.099/95. No entanto, vale ressaltar que não se aplica apenas aos processos do juizado especial (infrações de menor potencial ofensivo), mas sim em todos aqueles cuja pena mínima seja igual ou inferior a 1 ano, podendo, portanto, a pena máxima ser superior a 2 anos.

Requisitos

Para que seja possível a proposta de suspensão condicional do processo é necessário o preenchimento dos seguintes requisitos:

1. o réu deve estar sendo acusado por crime cuja pena mínima é igual ou inferior a 1 ano;
2. o réu não pode estar sendo processado ou ter sido condenado por outro crime;
3. devem estar presentes os demais requisitos que autorizam a suspensão condicional da pena, previstos no art. 77 do Código Penal.

Trata-se da redação do art. 89 da Lei nº 9.099/95:

§ Art. 89. Nos crimes em que a pena mínima cominada for igual ou inferior a um ano, abrangidas ou não por esta Lei, o Ministério Público, ao oferecer a denúncia, poderá propor a suspensão do processo, por dois a quatro anos, desde que o acusado não esteja sendo processado ou não tenha sido condenado por outro crime, presentes os demais requisitos que autorizariam a suspensão condicional da pena (art. 77 do Código Penal).

Como vimos acima, se o réu estiver sendo processado por outro crime (mesmo ainda sem condenação) já não terá direito ao benefício da suspensão condicional.

Indaga-se: essa proibição é inconstitucional pelo princípio da presunção de inocência (art. 5º, LVII, da CF/88)?

NÃO.

> **É constitucional a norma do art. 89 da Lei nº 9.099/95, que estabelece os requisitos para a concessão do benefício da suspensão condicional do processo, entre eles o de não responder o acusado por outros delitos.**
>
> STF. 1ª Turma. AP 968/SP, Rel. Min. Luiz Fux, julgado em 22/5/2018 (Info 903).
>
> STF. 2ª Turma. RHC 133945 AgR, Rel. Min. Gilmar Mendes, julgado em 21/06/2016.

Trata-se de benefício despenalizador que prestigia aquele indivíduo que não responde a nenhum outro processo, não havendo, nesta vedação, por si só, uma violação ao princípio da presunção de inocência (art. 5º, LVII, da CF/88).

6. NULIDADES

6.1. NÃO É PERMITIDO O INGRESSO NA RESIDÊNCIA DO INDIVÍDUO PELO SIMPLES FATO DE HAVER DENÚNCIAS ANÔNIMAS E ELE TER FUGIDO DA POLÍCIA

Imagine a seguinte situação hipotética:

Os policiais se deslocaram para o bairro Bom Jesus para verificar "denúncias anônimas", recebidas pelo "disque denúncia", de que estaria sendo praticado tráfico de drogas.

Ao chegarem no local, viram que João correu quando avistou a polícia.

Os policiais perseguiram João e entraram na casa para onde ele correu.

Ao revistarem a residência, encontraram 132 pedras de crack, 84 papelotes de cocaína e ainda 26 trouxinhas de maconha.

João foi preso em flagrante pela prática de tráfico de drogas (art. 33 da Lei nº 11.343/2006).

O Ministério Público ofereceu denúncia na qual sustentou que a prisão foi legal considerando que o crime de tráfico de drogas é permanente quando praticado nas modalidades "ter em depósito" e "guardar". Dessa forma, João estava em flagrante delito sendo permitido o ingresso na residência sem autorização, conforme previsto no art. 5º, XI, da CF/88.

No presente caso acima narrado, o ingresso dos policiais na casa foi legal?

NÃO. Vamos entender com calma.

Inviolabilidade de domicílio

A CF/88 prevê, em seu art. 5º, a seguinte garantia:

> § XI – a casa é asilo inviolável do indivíduo, ninguém nela podendo penetrar sem consentimento do morador, salvo em caso de flagrante delito ou desastre, ou para prestar socorro, ou, durante o dia, por determinação judicial;

Entendendo o inciso XI:

Só se pode entrar na casa de alguém sem o consentimento do morador nas seguintes hipóteses:

Durante o DIA	Durante a NOITE
• Em caso de flagrante delito; • Em caso de desastre; • Para prestar socorro; • Para cumprir determinação judicial (ex: busca e apreensão; cumprimento de prisão preventiva).	• Em caso de flagrante delito; • Em caso de desastre; • Para prestar socorro.

Assim, guarde isso: não se pode invadir a casa de alguém durante a noite para cumprir ordem judicial.

O que é considerado "dia"?

Não há uma unanimidade.

Há os que defendem o critério físico-astronômico, ou seja, dia é o período de tempo que fica entre o crepúsculo e a aurora.

Outros sustentam um critério cronológico: dia vai das 6h às 18h.

Existem, ainda, os que sustentam aplicar o parâmetro previsto no CPC, que fala que os atos processuais serão realizados em dias úteis, das 6 (seis) às 20 (vinte) horas.

O mais seguro é só cumprir a determinação judicial após as 6h e até as 18h.

O que se entender por "casa"?

O conceito é amplo e abrange:

a. a casa, incluindo toda a sua estrutura, como o quintal, a garagem, o porão, a quadra etc.

b. os compartimentos de natureza profissional, desde que fechado o acesso ao público em geral, como escritórios, gabinetes, consultórios etc.

c. os aposentos de habitação coletiva, ainda que de ocupação temporária, como quartos de hotel, motel, pensão, pousada etc.

Veículo é considerado casa?

Em regra não. Assim, o veículo, em regra, pode ser examinado mesmo sem mandado judicial.

Exceção: quando o veículo é utilizado para a habitação do indivíduo, como ocorre com *trailers*, cabines de caminhão, barcos etc.

Flagrante delito

Vimos acima que, havendo flagrante delito, é possível ingressar na casa mesmo sem consentimento do morador, seja de dia ou de noite.

Um exemplo comum no cotidiano é o caso do tráfico de drogas. Diversos verbos do art. 33 da Lei nº 11.343/2006 fazem com que este delito seja permanente:

§ Art. 33. Importar, exportar, remeter, preparar, produzir, fabricar, adquirir, vender, expor à venda, oferecer, ter em depósito, transportar, trazer consigo, guardar, prescrever, ministrar, entregar a consumo ou fornecer drogas, ainda que gratuitamente, sem autorização ou em desacordo com determinação legal ou regulamentar:

PROCESSO PENAL

Assim, se a casa do traficante funciona como boca-de-fumo, onde ele armazena e vende drogas, a todo momento estará ocorrendo o crime, considerando que ele está praticando os verbos "ter em depósito" e "guardar".

Diante disso, havendo suspeitas de que existe droga em determinada casa, será possível que os policiais invadam a residência mesmo sem ordem judicial e ainda que contra o consentimento do morador?

SIM. No entanto, no caso concreto, devem existir fundadas razões que indiquem que ali está sendo cometido um crime (flagrante delito). Essas razões que motivaram a invasão forçada deverão ser posteriormente expostas pela autoridade, sob pena de ela responder nos âmbitos disciplinar, civil e penal. Além disso, os atos praticados poderão ser anulados.

O STF possui uma tese fixada sobre o tema:

A entrada forçada em domicílio sem mandado judicial só é lícita, mesmo em período noturno, quando amparada em fundadas razões, devidamente justificadas "a posteriori", que indiquem que dentro da casa ocorre situação de flagrante delito, sob pena de responsabilidade disciplinar, civil e penal do agente ou da autoridade, e de nulidade dos atos praticados.

STF. Plenário. RE 603616/RO, Rel. Min. Gilmar Mendes, julgado em 4 e 5/11/2015 (repercussão geral) (Info 806).

Voltando ao nosso exemplo:

O STJ, ao analisar um caso semelhante ao que foi narrado como exemplo, entendeu que o ingresso na residência de João foi ilegal.

Em que pese eventual boa-fé dos policiais militares, não havia elementos objetivos, seguros e racionais, que justificassem a invasão de domicílio.

Os policiais procederam à abordagem de João tão somente com base em denúncias anônimas recebidas por meio de canal telefônico. Não havia, contudo, referência a prévia investigação policial para verificar a possível veracidade das informações recebidas. Também não se tratava de averiguação de denúncia robusta e atual acerca da ocorrência de tráfico naquele local.

Ainda, o fato de haverem avistado o investigado João empreender fuga não poderia, de igual forma, justificar a invasão da residência considerando que os policiais não viram se ele estava na posse de substância entorpecente, tendo havido a perseguição pelo simples fato de ele ter corrido.

Dessa forma, como decorrência da Doutrina dos Frutos da Árvore Envenenada (ou venenosa, visto que decorre da *fruits of the poisonous tree doctrine*, de origem norte-americana), consagrada no art. 5º, LVI, da CF/88, é nula a prova derivada de conduta ilícita – no caso, a apreensão da droga após a invasão desautorizada do domicílio do réu.

Resumindo:

A existência de denúncias anônimas somada à fuga do acusado, por si sós, não configuram fundadas razões a autorizar o ingresso policial no domicílio do acusado sem o seu consentimento ou determinação judicial.

STJ. 6ª Turma. RHC 83.501-SP, Rel. Min. Nefi Cordeiro, julgado em 06/03/2018 (Info 623).

6.2. O SIMPLES FATO DE O JUIZ SER "DURO" NO INTERROGATÓRIO NÃO IMPLICA QUEBRA DA IMPARCIALIDADE

No caso concreto, a juíza, durante o interrogatório no plenário do júri, agiu com extrema firmeza, sendo até um pouco rude com o réu.

O STJ entendeu, contudo, que isso não é motivo para imputar à magistrada a pecha da falta de imparcialidade.

O juiz não é mero espectador do julgamento e tem, não só o direito, mas o dever (art. 497 do CPP) de conduzi-lo e, ao interrogar a ré, não há notícia de que tenha tratado de alguma prova ou emitido qualquer opinião sobre elementos colhidos na instrução ou na própria sessão do Júri, isto sim, causa plausível de quebra da parcialidade.

A quebra da imparcialidade tem de estar atrelada a alguma conduta do magistrado que possa desequilibrar a balança do contraditório, ou seja, favorecer, para qualquer dos lados, a atuação das partes.

Em suma:

A condução do interrogatório do réu de forma firme e até um tanto rude durante o júri não importa, necessariamente, em quebra da imparcialidade do magistrado e em influência negativa nos jurados.

STJ. 6ª Turma. HC 410.161-PR, Rel. Min. Maria Thereza de Assis Moura, julgado em 17/04/2018 (Info 625).

Tema correlato:

A utilização de termos mais fortes e expressivos na sentença penal condenatória – como "bandido travestido de empresário" e "delinquente de colarinho branco" – não configura, por si só, situação apta a comprovar a ocorrência de quebra da imparcialidade do magistrado.

STJ. 5ª Turma. REsp 1.315.619-RJ, Rel. Min. Campos Marques (Desembargador convocado do TJ-PR), julgado em 15/8/2013 (Info 530).

6.3. É NULA A SENTENÇA PROFERIDA DE FORMA ORAL E DEGRAVADA PARCIALMENTE SEM O REGISTRO DAS RAZÕES DE DECIDIR

Imagine a seguinte situação hipotética:

João foi denunciado pela prática de furto.

Foi realizada audiência de instrução e julgamento na qual foram ouvidas as testemunhas e realizado o interrogatório.

Depois das oitivas, o Promotor de Justiça e o advogado ofereceram alegações finais orais.

Vale ressaltar que todos os atos da audiência foram gravados em meio audiovisual.

Em seguida, o juiz proferiu a sentença, na própria audiência.

Até aí, tudo bem. O CPP, inclusive, prefere que seja assim:

§ Art. 403. Não havendo requerimento de diligências, ou sendo indeferido, serão oferecidas alegações finais orais por 20 (vinte) minutos, respectivamente, pela acusação e pela defesa, prorrogáveis por mais 10 (dez), proferindo o juiz, a seguir, sentença.

(...)

§ 3º O juiz poderá, considerada a complexidade do caso ou o número de acusados, conceder às partes o prazo de 5 (cinco) dias sucessivamente para a apresentação de memoriais. Nesse caso, terá o prazo de 10 (dez) dias para proferir a sentença.

§ Art. 405. Do ocorrido em audiência será lavrado termo em livro próprio, assinado pelo juiz e pelas partes, contendo breve resumo dos fatos relevantes nela ocorridos.

§ 1º Sempre que possível, o registro dos depoimentos do investigado, indiciado, ofendido e testemunhas será feito pelos meios ou recursos de gravação magnética, estenotipia, digital ou técnica similar, inclusive audiovisual, destinada a obter maior fidelidade das informações.

§ 2º No caso de registro por meio audiovisual, será encaminhado às partes cópia do registro original, sem necessidade de transcrição.

O "problema" foi que o magistrado resolveu também proferir a sentença oralmente.

Assim, o juiz, falando ao microfone e sendo filmado, analisou as provas produzidas e concluiu pela condenação do réu.

Na ata da audiência, o juiz transcreveu apenas a dosimetria da pena e o dispositivo.

Essa sentença é válida?

NÃO.

É nula a sentença proferida de forma oral e degravada parcialmente sem o registro das razões de decidir.

STJ. 6ª Turma. HC 470.034-SC, Rel. Min. Laurita Vaz, julgado em 09/10/2018 (Info 638).

O art. 405 do Código de Processo Penal possibilita o registro dos termos da audiência de instrução em meio audiovisual. Tal regra, que foi inserida no CPP pela Lei nº 11.719/2008, tem dois objetivos:

1. abreviar o tempo de realização do ato, considerando que não será necessário reduzir a termo todos os depoimentos (o que consumia MUITO tempo);
2. possibilitar o registro fiel da íntegra do ato, com imagem e som, em vez da simples escrita, permitindo ver as expressões não verbais das testemunhas, vítima e réu.

O art. 405 do CPP não autoriza, contudo, que a sentença seja proferida oralmente, sem ser escrita.

Assim, ainda persiste a exigência de que a sentença seja reduzida a termo (assuma forma escrita), nos termos do art. 388 do CPP:

§ Art. 388. A sentença poderá ser datilografada e neste caso o juiz a rubricará em todas as folhas.

A busca da celeridade na prestação jurisdicional não dispensa a forma escrita da sentença. No caso concreto, ainda que parte da sentença tenha sido escrita (dosimetria e dispositivo), houve nulidade porque não foram transcritas as razões de decidir.

Nesse sentido:

Nas alterações promovidas pela Lei nº 11.719/2008, não se estabeleceu a possibilidade de se dispensar a transcrição de sentença penal registrada por meio audiovisual (ex vi, do título XII do CPP).

Ao contrário, manteve-se o art. 388 do CPP, que prevê a possibilidade da sentença "ser datilografada", admitindo-se, na atualidade, a utilização de outros meios tecnológicos similares, como por exemplo o computador, para o seu registro escrito. Daí a inaplicabilidade do disposto no art. 405, §§ 1º e 2º, do CPP – que permite a dispensa de transcrição de depoimentos – à sentença penal.

STJ. 5ª Turma. HC 336.112/SC, Rel. Min. Ribeiro Dantas, julgado em 24/10/2017.

Uma pergunta correlata: as oitivas das testemunhas, vítima e réu e as alegações finais do MP e da defesa, se forem feitas oralmente, precisam ser transcritas? Há necessidade de degravação?

NÃO.

Não há necessidade de degravação no caso de depoimentos colhidos por gravação audiovisual, cabendo ao interessado promovê-la, a suas expensas e com sua estrutura, se assim o desejar, ficando vedado requerer ou determinar tal providência ao Juízo de primeiro grau.

STJ. 5ª Turma. HC 339.357/RS, Rel. Min. Jorge Mussi, julgado em 08/03/2016.

O registro audiovisual de depoimentos colhidos em audiência dispensa sua degravação, salvo comprovada demonstração de sua necessidade.

STJ. 6ª Turma. RMS 36.625/MT, Rel. Min. Rogerio Schietti Cruz, julgado em 30/06/2016.

6.4. INTIMAÇÃO EM NOME DO ADVOGADO QUE JÁ ESTAVA MORTO

Imagine a seguinte situação hipotética:

João é réu em um processo criminal.

Ele possui dois advogados que fazem a sua defesa no processo: Dr. Fábio Costa e Dr. Marcelo Santos.

Vale ressaltar que os advogados foram constituídos pelo próprio réu e que ambos figuram na procuração.

O Tribunal de Justiça intimou a defesa para a sessão de julgamento do recurso em sentido estrito.

Essa intimação foi pelo diário oficial, tendo na publicação constado apenas o nome do Dr. Fábio Costa e do réu (não constou o nome do Dr. Marcelo Santos).

Ocorre que o Dr. Fábio Costa já havia falecido dois meses antes e, por isso, a defesa não se fez presente no julgamento do RESE.

Diante disso, o Dr. Marcelo Santos impetrou habeas corpus em favor de João afirmando que houve cerceamento de defesa e que, portanto, o julgamento do RESE foi nulo.

O STJ e o STF concordaram com o pedido da defesa?

NÃO.

Em primeiro lugar, deve-se lembrar que havendo patrono constituído – como no caso –, a intimação se dá pelo Diário da Justiça, conforme prevê o § 1º do art. 370 do CPP:

§ Art. 370 (...)

§ 1º A intimação do defensor constituído, do advogado do querelante e do assistente far-se-á por publicação no órgão incumbido da publicidade dos atos judiciais da comarca, incluindo, sob pena de nulidade, o nome do acusado.

A jurisprudência entende que, estando o réu representado por mais de um advogado, basta que a intimação seja realizada em nome de um deles para a validade dos atos processuais, salvo quando há pedido expresso no sentido de que as publicações sejam realizadas exclusivamente em nome de determinado patrono ou de todos os procuradores, o que não ocorreu.

Recapitulando:

- Regra: se houver mais de um advogado constituído, basta a intimação de qualquer deles.
- Exceção: a parte pode pedir para que as intimações saiam no nome de um advogado específico (dentre aqueles que figuram na procuração) ou pode pedir para que nas intimações constem os nomes de todos eles.

Esse é o entendimento pacífico do STJ:

(...) Segundo entendimento desta Corte, estando o réu representado por mais de um advogado, basta, em regra, que a intimação seja realizada em nome de um deles para a validade dos atos processuais, salvo quando houver requerimento expresso para que as publicações sejam feitas de forma diversa, o que não ocorreu na espécie (...)

STJ. 5ª Turma. HC 270.534/SC, Rel. Min. Ribeiro Dantas, julgado em 07/03/2017.

O STF entendeu que não houve prejuízo ao réu nem, consequentemente, incidência de nulidade insuperável. Isso porque havia outro advogado constituído, o qual seguiu interpondo recursos e atuando no processo.

Vale ressaltar, ainda, que a defesa não informou ao Tribunal sobre o falecimento do advogado intimado, incidindo, então, no art. 565 do CPP, que veda a arguição de nulidade à parte que tenha lhe dado causa:

§ Art. 565. Nenhuma das partes poderá argüir nulidade a que haja dado causa, ou para que tenha concorrido, ou referente a formalidade cuja observância só à parte contrária interesse.

Resumindo:

Não há nulidade se o réu possui mais de um advogado constituído nos autos e a intimação para a sessão de julgamento ocorre em nome de apenas um dos causídicos que, no entanto, já havia falecido, mas cuja morte não tinha sido comunicada ao Tribunal.

Vale ressaltar que, neste caso, não havia pedido da defesa para que todos os advogados fossem intimados ou para que constasse o nome de um causídico em específico nas publicações.

STF. 1ª Turma. HC 138097/SP, Rel. Min. Marco Aurélio, red. p/ o ac. Min. Roberto Barroso, julgado em 23/10/2018 (Info 921).

Uma última pergunta: e se no processo estivesse atuando apenas um advogado, no caso, o que faleceu?

Neste caso, não há dúvidas de que a intimação seria nula, mesmo que o Tribunal não tivesse sido informado sobre o falecimento:

(...) a intimação do julgamento da apelação em nome do advogado falecido do réu, único causídico constituído nos autos, configura cerceamento de defesa apto a ensejar a nulidade absoluta, já que impossibilitou a interposição de recurso pela defesa. (...)

STJ. 5ª Turma. HC 307.461/CE, Rel. Min. Joel Ilan Paciornik, julgado em 14/08/2018.

(...) a intimação de acórdão publicada em nome de advogado já falecido é inválida, ainda que não tenha o interessado informado a morte do causídico em juízo. (...)

STJ. 6ª Turma. HC 301.274/CE, Rel. Min. Antonio Saldanha Palheiro, julgado em 23/10/2018.

6.5. PROMOTOR QUE PASSA A ATUAR NO PROCESSO DECORRENTE DE DESMEMBRAMENTO PODE ALTERAR DENÚNCIA ANTERIORMENTE OFERECIDA

Imagine a seguinte situação adaptada:

Paulo foi investigado na denominada "Operação Caixa de Pandora".

Ao final das investigações, a Procuradoria-Geral da República ofereceu denúncia contra Paulo e outros 36 acusados.

Um dos acusados (Domingos) era Conselheiro do Tribunal de Contas do DF. Em virtude disso, a denúncia contra todos os réus foi oferecida perante o Superior Tribunal de Justiça (art. 105, I, "a", da CF/88).

O STJ desmembrou os feitos e manteve consigo apenas a denúncia contra Domingos, determinando que o processo de todos os demais (inclusive Paulo) fosse para o Tribunal de Justiça do Distrito Federal.

Por que para o TJDFT? Porque três dos acusados (Aylton, Benedito e Roney) eram Deputados Distritais e eles são julgados pelo TJDFT (segundo previsão da Lei Orgânica do DF).

Chegando no TJDFT, o Desembargador relator deu vista ao Ministério Público e o Procurador-Geral de Justiça do MPDFT ratificou a denúncia do MPF.

O TJDFT, no entanto, também optou por desmembrar o feito e manteve consigo apenas a denúncia contra os três Deputados Distritais (Aylton, Benedito e Roney), determinando que o processo de todos os demais (inclusive Paulo) fosse para a Justiça Estadual de 1ª instância.

Chegando na 1ª instância, foi sorteado um juízo ("vara") na distribuição.

O juiz da vara sorteada deu vista ao Ministério Público.

O Promotor de Justiça, em vez ratificar a denúncia oferecida pela PGR lá no STJ, optou por apresentar 17 denúncias em substituição à denúncia original do MPF, além de incluir 3 novos corréus na acusação.

Alegação de nulidade do desmembramento

A defesa de Paulo suscitou a nulidade do desmembramento da denúncia original.

Afirmou que o Promotor de Justiça não poderia ter feito a cisão de uma denúncia única, inicialmente, oferecida pelo Ministério Público Federal e, posteriormente, ratificada pela Procuradoria-Geral de Justiça.

O chefe do Ministério Público do DF (Procurador-Geral de Justiça), ao ratificar a denúncia perante o TJDFT, reconheceu que se tratava de denúncia válida. Assim, sustentou que a denúncia só tem uma oportunidade para ser oferecida. Não pode ser retificada, alterada ou reelaborada em desconformidade com a lei e em clara violação ao contraditório e ao devido processo legal, como se fosse uma peça processual disponível, de interesse exclusivo do órgão acusatório.

O STF concordou com a defesa? Houve nulidade neste caso?

NÃO.

O STF afirmou que é possível o aditamento da denúncia a qualquer tempo antes da sentença final, garantidos o devido processo legal, a ampla defesa e o contraditório, especialmente quando a inicial ainda não tenha sido sequer recebida originariamente pelo juízo competente, como ocorreu no caso concreto.

O princípio da independência funcional está diretamente atrelado à atividade finalística desenvolvida pelos membros do Ministério Público, gravitando em torno das garantias:

a. de uma atuação livre no plano técnico-jurídico, isto é, sem qualquer subordinação a eventuais recomendações exaradas pelos órgãos superiores da instituição; e

b. de não poderem ser responsabilizados pelos atos praticados no estrito exercício de suas funções.

Consoante o postulado do promotor natural, a definição do membro do Ministério Público competente para oficiar em determinado caso deve observar as regras previamente estabelecidas pela instituição para distribuição de atribuições no foro de atuação, proibindo-se a interferência hierárquica indevida da chefia do órgão por meio de eventuais designações especiais.

Nessa medida, a proteção efetiva e substancial ao princípio do promotor natural impede que o superior hierárquico designe o promotor competente, bem como imponha a orientação técnica a ser observada.

Assim, o membro do Ministério Público ostenta plena liberdade funcional não apenas na avaliação inicial que faz, ao final da fase de investigação, no intuito de aferir a existência de justa causa para o oferecimento da peça acusatória; como, também, no exame que realiza, ao final da instrução processual, quanto à comprovação dos indícios de autoria originariamente cogitados.

O membro do MP possui total liberdade na formação de seu convencimento (*opinio delicti*). Assim, a sua atuação não pode ser restringida ou ficar vinculada às conclusões jurídicas que o outro membro do MP chegou, mesmo que este atue em uma instância superior. Em outras palavras, o Promotor de Justiça que passou a ter atribuição para atuar no caso não está vinculado às conclusões do Procurador-Geral de Justiça que estava anteriormente funcionando no processo.

Desse modo, é irrelevante que outros membros do Ministério Público com atribuição para atuar em instância superior, em virtude da análise dos mesmos fatos, tenham, anteriormente, oferecido denúncia de diferente teor em face do réu, uma vez que, conforme ficou reconhecido pelo STJ e pelo TJDFT, a competência para o processo criminal era da 1ª instância, de forma que o promotor natural do caso era o Promotor de Justiça que atua na 1ª instância.

Portanto, o fato de o promotor natural – aquele com atribuição para atuar na 1ª instância – não se encontrar tecnicamente subordinado e apresentar entendimento jurídico diverso, afasta qualquer alegação de nulidade decorrente de alteração do teor da peça acusatória oferecida contra o réu Paulo.

Em suma:

PGR ofereceu denúncia contra o réu perante o STJ. Este Tribunal declinou a competência para o TJ. Em virtude disso, o PGJ ratificou a denúncia. Ocorre que o TJ declinou a competência para o juízo de 1ª instância.

O Promotor de Justiça que atua na 1ª instância decidiu não ratificar a peça acusatória, oferecendo nova denúncia incluindo, inclusive, novos réus.

Não há qualquer nulidade neste caso.

É possível o aditamento da denúncia a qualquer tempo antes da sentença final, garantidos o devido processo legal, a ampla defesa e o contraditório, especialmente quando a inicial ainda não tenha sido sequer recebida originariamente pelo juízo competente, como ocorreu no caso concreto.

O membro do MP possui total liberdade na formação de seu convencimento (*opinio delicti*). Assim, a sua atuação não pode ser restringida ou ficar vinculada às conclusões jurídicas que o outro membro do MP chegou, mesmo que este atue em uma instância superior. Em outras palavras, o Promotor de Justiça que passou a ter atribuição para atuar no caso não

está vinculado às conclusões do Procurador-Geral de Justiça que estava anteriormente funcionando no processo.

STF. 1ª Turma. HC 137637/DF, Rel. Min. Luiz Fux, julgado em 6/3/2018 (Info 893).

7. RECURSOS

7.1. TEMPESTIVIDADE DO RECURSO INTERPOSTO ANTES DA DECISÃO RECORRIDA TER SIDO PUBLICADA

Tempestividade

Para que um recurso seja conhecido, é indispensável que ele preencha requisitos intrínsecos e extrínsecos. Um dos requisitos extrínsecos de todo e qualquer recurso é a tempestividade.

Tempestividade significa que o recurso deve ser interposto dentro do prazo fixado em lei.

Todo recurso tem um prazo e, se a parte o interpõe após este prazo, o recurso não será conhecido por intempestividade.

Imagine o seguinte exemplo hipotético:

João foi condenado a 8 anos de reclusão.

A defesa interpôs apelação, tendo o TJ mantido a sentença.

Contra o acórdão, foi manejado recurso especial ao STJ.

A 6ª Turma do STJ negou provimento ao recurso especial.

Antes de o acórdão do REsp ser publicado no Diário de Justiça, o advogado de João foi até o STJ, leu a decisão, preparou embargos de declaração e deu entrada no recurso.

Os embargos de declaração opostos são tempestivos?

SIM.

Não é extemporâneo recurso interposto antes da publicação do acórdão.

Sob o ângulo da oportunidade, a publicação do acórdão impugnado é elemento neutro, podendo a parte, ciente da decisão proferida, protocolar o recurso.

STF. 1ª Turma. HC 113826, Rel. Min. Marco Aurélio, julgado em 10/4/2018 (Info 897).

Admite-se a interposição de embargos declaratórios oferecidos antes da publicação do acórdão embargado e dentro do prazo recursal.

Se a parte tomar conhecimento do teor do acórdão antes de sua publicação e entender haver omissão, contradição ou obscuridade, pode embargar imediatamente. Não há nada que impeça isso.

Não se pode dizer que o recurso é prematuro porque o prazo começa a correr da data de intimação da parte, e a presença do advogado, a manifestar conhecimento do acórdão, supre a intimação.

Assim, se a parte se sentir preparada para recorrer antecipadamente, pode fazê-lo.

Recurso intempestivo é aquele interposto após o decurso do prazo.

STF. Plenário. AI 703269 AgR-ED-ED-EDv-ED/MG, Rel. Min. Luiz Fux, julgado em 5/3/2015 (Info 776).

Novo CPC

O CPC/2015 reforça essa conclusão do STF ao trazer a seguinte regra:

§ Art. 218 (...)

§ 4º Será considerado tempestivo o ato praticado antes do termo inicial do prazo.

7.2. MP NÃO TEM DIREITO A PRAZO EM DOBRO NO PROCESSO PENAL

Poderes do Relator

Quando um recurso ou uma ação originária chega ao Tribunal, é sorteado um magistrado para exercer a função de Relator deste processo.

O Relator examina o recurso antes dos demais magistrados e elabora um relatório e um voto que serão levados ao colegiado para que os demais juízes (em sentido amplo) decidam se concordam ou não com as conclusões do Relator.

Ocorre que, antes mesmo de elaborar o voto, o Relator tem poderes para, sozinho, ou seja, de forma monocrática, tomar uma série de medidas e decisões.

O Relator poderá, por exemplo, monocraticamente, não conhecer do recurso que seja inadmissível, prejudicado ou que não tenha impugnado especificamente os fundamentos da decisão recorrida.

Os poderes do Ministro Relator no STJ estão descritos no art. 34 do RISTJ e os do STF no art. 21 do RISTF.

Qual é o recurso que a parte prejudicada poderá interpor contra a decisão do Ministro Relator do STF ou STJ que, monocraticamente, decide de forma contrária aos seus interesses no processo de natureza criminal?

Agravo regimental.

Qual é o prazo deste agravo em processos de natureza criminal?

Com a entrada em vigor do CPC/2015, surgiu a seguinte dúvida/divergência:

1ª corrente: 15 dias	2ª corrente: 5 dias
Aplica-se o art. 1.070 do CPC/2015: Art. 1.021. Contra decisão proferida pelo relator caberá agravo interno para o respectivo órgão colegiado, observadas, quanto ao processamento, as regras do regimento interno do tribunal. (...) Art. 1.070. É de 15 (quinze) dias o prazo para a interposição de qualquer agravo, previsto em lei ou em regimento interno de tribunal, contra decisão de relator ou outra decisão unipessoal proferida em tribunal.	O art. 1.070 do novo CPC não se aplica aos processos de natureza criminal (ações originárias ou recursos) que tramitam no STF e STJ. Isso porque existe previsão específica no art. 39 da Lei nº 8.038/90, que não foi derrogado: Art. 39. Da decisão do Presidente do Tribunal, de Seção, de Turma ou de Relator que causar gravame à parte, caberá agravo para o órgão especial, Seção ou Turma, conforme o caso, no prazo de cinco dias.

O STF e o STJ adotaram a 2ª corrente, ou seja, o prazo do agravo regimental nos processos de natureza criminal que tramitam nestes Tribunais continua sendo de 5 dias.

O CPC/2015 previu que os prazos devem ser contados somente em dias úteis (art. 219). Esta regra vale também para o agravo regimental nos processos criminais? O prazo de 5 dias do agravo deverá ser contado em dias úteis?

NÃO. Não se aplica o art. 219 do CPC/2015 (que prevê a contagem dos prazos em dias úteis) considerando que existe regra específica no processo penal determinando que todos os prazos serão contínuos, não se interrompendo por férias, domingo ou dia feriado (art. 798 do CPP).

Isso significa que:

O agravo interposto contra decisão monocrática do Ministro Relator no STF e STJ, em recursos ou ações originárias que versem sobre matéria penal ou processual penal NÃO obedece às regras no novo CPC. Isso significa que:

- o prazo deste agravo é de 5 dias, nos termos do art. 39 da Lei nº 8.038/90 (não se aplicando o art. 1.070 do CPC/2015);
- este prazo é contado em dias corridos, conforme prevê o art. 798 do CPP (não se aplicando a regra da contagem em dias úteis do art. 219 do CPC/2015).

STF. Decisão monocrática. HC 134554 Rcon, Rel. Min. Celso de Mello, julgado em 10/06/2016 (Info 830).

STJ. 3ª Seção. AgRg na Rcl 30.714/PB, Rel. Min. Reynaldo Soares da Fonseca, julgado em 27/04/2016.

No processo PENAL, o MP e a Defensoria Pública possuem algum benefício de prazo?

- MP: NÃO. Em matéria penal, o Ministério Público não goza da prerrogativa da contagem dos prazos recursais em dobro. STJ. 3ª Seção. AgRg no EREsp 1.187.916-SP, Rel. Min. Regina Helena Costa, julgado em 27/11/2013 (Info 533).
- Defensoria Pública: SIM. Também em matéria penal, são contados em dobro todos os prazos da Defensoria Pública (STJ. AgRg no AgRg no HC 146.823, julgado em 03/09/2013).

No processo CIVIL, o MP e a Defensoria Pública possuem algum benefício de prazo?

Contam-se em dobro todos os seus prazos (arts. 180 e 186 do CPC/2015).

O MP E A DEFENSORIA PÚBLICA POSSUEM PRAZO EM DOBRO?	
Processo PENAL	Processo CIVIL
MP: NÃO Defensoria: SIM	MP e Defensoria: SIM

Resumindo:

O prazo para interposição de agravo regimental no STF, em processos criminais, é de 5 dias corridos (não são dias úteis, como no CPC).

O MP e a Defensoria Pública possuem prazo em dobro para interpor esse agravo?

- **MP: NÃO. Em matéria penal, o Ministério Público não goza da prerrogativa da contagem dos prazos recursais em dobro. Logo, o prazo para interposição de agravo pelo Estado-acusador em processo criminal é de 5 dias.**

- **Defensoria Pública: SIM. Mesmo em matéria penal, são contados em dobro todos os prazos da Defensoria Pública. Logo, o prazo para a Defensoria Pública interpor agravo regimental é de 10 dias.**

STF. 1ª Turma. HC 120275/PR, Rel. Min. Marco Aurélio, julgado em 15/5/2018 (Info 902).

7.3. SUSTENTAÇÃO ORAL DO MP PODE DISCORDAR DO PARECER OFERECIDO POR OUTRO MEMBRO DO PARQUET

Imagine a seguinte situação adaptada:

João foi condenado em 1ª instância.

A defesa interpôs apelação.

O Ministério Público foi intimado e apresentou contrarrazões pedindo o desprovimento do recurso defensivo e a manutenção da sentença.

Chegando o processo no Tribunal, o Ministério Público foi novamente intimado para apresentar parecer como *custos legis*.

O membro do MP que atua no Tribunal apresentou parecer escrito concordando com a defesa e pedindo o provimento do recurso.

No dia da sessão de julgamento, o membro que atua no Tribunal foi chamado a se manifestar novamente como *custos legis* e ratificou oralmente o parecer escrito que havia sido juntado no processo.

Ocorreu, no entanto, algo inusitado: outro membro do MP (o mesmo que havia apresentado contrarrazões) fez sustentação oral na qual pediu o desprovimento do recurso e a manutenção da sentença condenatória.

O Tribunal decidiu pelo desprovimento do recurso e manteve a condenação.

A defesa impetrou, então, habeas corpus alegando que houve nulidade porque a sustentação oral do MP divergiu da opinião que já havia sido manifestada pelo órgão em parecer escrito que foi ratificado.

O STF concordou com a tese da defesa?

NÃO. O STF entendeu que não houve nulidade.

A sustentação oral do representante do Ministério Público que diverge do parecer juntado ao processo, com posterior ratificação, não viola a ampla defesa.

STF. 1ª Turma. HC 140780/DF, Rel. Min. Marco Aurélio, julgado em 30/10/2018 (Info 922).

O papel do Ministério Público como custos legis não se confunde com o de órgão acusador, podendo opinar pela absolvição do réu, por exemplo, ainda que o recurso tenha sido da defesa. De igual forma, o membro do MP que atua no caso não está vinculado ao parecer proferido, gozando de independência funcional.

7.4. NÃO CABIMENTO DE MS PARA ATRIBUIR EFEITO SUSPENSIVO A RECURSO CRIMINAL

Súmula 604-STJ: O mandado de segurança não se presta para atribuir efeito suspensivo a recurso criminal interposto pelo Ministério Público.

STJ. 3ª Seção. Aprovada em 28/2/2018, DJe 5/3/2018.

Efeito devolutivo

Significa dizer que, quando o recurso é interposto, a análise da questão discutida é "devolvida" para a apreciação do Poder Judiciário, que irá proferir um novo julgamento, mantendo ou não a decisão anterior.

Todo recurso possui efeito devolutivo.

Efeito suspensivo

Se um recurso tem efeito suspensivo, isso significa que a sua interposição impede a eficácia/aplicabilidade da decisão recorrida.

Em outras palavras, a decisão recorrida não produzirá efeitos (não poderá ser executada) enquanto o recurso não for julgado.

Nas palavras de Renato Brasileiro, o efeito suspensivo "consiste na impossibilidade de a decisão impugnada produzir seus efeitos regulares enquanto não houver a apreciação do recurso interposto." (LIMA, Renato Brasileiro de. *Manual de Processo Penal*. 3ª ed. Salvador: JusPodivm, 2015, p. 1664).

Exemplo de recurso com efeito suspensivo

Apelação contra a sentença condenatória.

Exemplos de recursos sem efeito suspensivo

Recurso em sentido estrito (em regra).

Agravo em execução (art. 197 da LEP), salvo no caso de decisão que determina a desinternação ou liberação de quem cumpre medida de segurança.

Imagine agora a seguinte situação hipotética:

João encontra-se em presídio federal. Terminou o prazo para a sua permanência e a consequência natural disso é que ele retornaria para o presídio estadual.

O Ministério Público requereu a renovação de sua permanência na unidade prisional federal.

O juiz, contudo, negou o pedido e determinou o encaminhamento de João ao presídio estadual.

Contra essa decisão, o Ministério Público interpôs agravo em execução ao Tribunal de Justiça.

O agravo em execução é um recurso que possui efeito meramente devolutivo, ou seja, não goza de efeito suspensivo. Isso significa que a decisão determinando o retorno de João ao presídio estadual já poderia produzir efeitos.

Diante desse cenário, o Ministério Público, além de interpor o agravo em execução, impetrou também um mandado de segurança no próprio TJ, distribuído por dependência para o Desembargador Relator do agravo em execução, pedindo a concessão de efeito suspensivo para o recurso interposto.

Em outras palavras, o Ministério Público afirmou: eu sei que o agravo em execução não possui efeito suspensivo *ope legis* (por força de lei), portanto, estou pedindo nesse mandado de segurança, que seja atribuído efeito suspensivo *ope iudicis* (efeito suspensivo impróprio), ou seja, por decisão do magistrado, segundo a análise do caso concreto considerando que a transferência do preso poderia gerar dano irreparável ou de difícil reparação à sociedade.

Esse mandado de segurança poderá ser concedido? É possível a impetração de mandado de segurança nesses casos?

NÃO. O mandado de segurança não se presta para atribuir efeito suspensivo a recurso criminal interposto pelo Ministério Público.

Se a lei não confere efeito suspensivo para aquele recurso, não se pode dizer que a parte tenha direito líquido e certo de obtê-lo. Logo, se não existe direito líquido e certo, não é caso de concessão de mandado de segurança. Nesse sentido:

A jurisprudência do Superior Tribunal de Justiça é firme no sentido do descabimento de mandado de segurança para conferir efeito suspensivo a recurso em sentido estrito interposto à decisão que concede liberdade provisória, por ausência de amparo legal e por tal manejo refugir ao escopo precípuo da ação mandamental.

STJ. 6ª Turma. AgRg no HC 384.863/SP, Rel. Min. Sebastião Reis Júnior, julgado em 05/10/2017.

Outro argumento invocado pela jurisprudência para não admitir o MS nesses casos é o de que, "por observância ao princípio constitucional do devido processo legal, não pode o Parquet buscar restringir o direito do acusado além dos limites conferidos pela legislação de regência" (Min. Felix Fischer).

Exemplo comum no qual o MP tenta o MS e a jurisprudência rechaça:

O juiz defere a liberdade provisória em favor do réu e o MP interpõe recurso em sentido estrito contra essa decisão (art. 581, V, do CPP). Ocorre que esse recurso não tem efeito suspensivo. Logo, mesmo ainda estando pendente o RESE, o réu já será colocado em liberdade (a decisão concessiva de liberdade já será imediatamente executada). Tentando evitar isso, o MP impetra mandado de segurança pedindo a concessão de efeito suspensivo. Esse pedido, contudo, não terá êxito. Isso porque a jurisprudência entende que não é cabível a impetração de mandado de segurança para fins de conferir efeito suspensivo a recurso em sentido estrito interposto contra decisão que defere a liberdade provisória.

Por que a súmula fala apenas em "Ministério Público" (e não inclui a defesa do réu)?

Porque, no caso do réu, o instrumento cabível não seria o mandado de segurança, mas sim o habeas corpus para evitar a execução provisória de uma decisão que lhe é desfavorável.

Já que não cabe mandado de segurança, qual seria o instrumento cabível a ser manejado pelo MP?

O Ministério Público poderia propor uma medida cautelar para tentar obter efeito suspensivo do recurso. É o que ocorre, por exemplo, no caso dos recursos especial e extraordinário.

7.5. CASO DE EMENDATIO LIBELLI EM 2ª INSTÂNCIA

Imagine a seguinte situação hipotética:

João foi denunciado pelo crime de gestão fraudulenta (art. 4º, caput, da Lei nº 7.492/86), tendo sido condenado a uma pena de 4 anos de reclusão:

§ Art. 4º Gerir fraudulentamente instituição financeira:

Pena – Reclusão, de 3 (três) a 12 (doze) anos, e multa.

O Ministério Público Federal não recorreu da decisão.

A defesa, por outro lado, interpôs recurso ao TRF pedindo unicamente a absolvição do réu.

Julgamento pelo TRF

O TRF, no recurso exclusivo da defesa, entendeu que estavam provadas a autoria e materialidade, mas que a classificação jurídica dos fatos melhor se amoldava aos arts. 16 e 22, parágrafo único, da Lei nº 7.492/86:

§ Art. 16. Fazer operar, sem a devida autorização, ou com autorização obtida mediante declaração (Vetado) falsa, instituição financeira, inclusive de distribuição de valores mobiliários ou de câmbio:

Pena – Reclusão, de 1 (um) a 4 (quatro) anos, e multa.

§ Art. 22. Efetuar operação de câmbio não autorizada, com o fim de promover evasão de divisas do País:

Pena – Reclusão, de 2 (dois) a 6 (seis) anos, e multa.

Parágrafo único. Incorre na mesma pena quem, a qualquer título, promove, sem autorização legal, a saída de moeda ou divisa para o exterior, ou nele mantiver depósitos não declarados à repartição federal competente.

Em outras palavras, o Tribunal reclassificou a tipificação.

Apesar disso, o TRF manteve a pena em 4 anos de reclusão.

A defesa recorreu contra a decisão do TRF alegando que não pediu a reclassificação da imputação, mas sim a absolvição. Assim, argumenta que teria havido reformatio in pejus. A tese da defesa foi acolhida pelo STJ e STF?

NÃO.

Princípio da correlação ou congruência

O princípio da correlação ou da congruência significa que a sentença não poderá condenar o acusado por fatos não narrados na denúncia ou queixa, sob pena de incorrer em decisão ultra ou extra petita, sendo isso causa de nulidade absoluta.

Reclassificação jurídica não ofende o princípio da congruência

No processo penal, o acusado se defende dos fatos que lhe são atribuídos na denúncia ou queixa, e não da capitulação legal. Assim, não há violação ao princípio da correlação se o magistrado, na sentença, sem modificar a descrição fática, aplicar uma tipificação legal diferente daquela requerida pela acusação. Nesse caso, ocorre a *emendatio libelli* (art. 383 do CPP):

§ Art. 383. O juiz, sem modificar a descrição do fato contida na denúncia ou queixa, poderá atribuir-lhe definição jurídica diversa, ainda que, em consequência, tenha de aplicar pena mais grave.

Emendatio libelli

A emendatio libelli ocorre quando o juiz, ao condenar ou pronunciar o réu, altera a definição jurídica (a capitulação do tipo penal) do fato narrado na peça acusatória, sem, no entanto, acrescentar qualquer circunstância ou elementar que já não esteja descrita na denúncia ou queixa.

É possível a emendatio libelli em 2º grau de jurisdição?

SIM. É possível que o tribunal, no julgamento de um recurso contra a sentença, faça *emendatio libelli*, desde que não ocorra reformatio in pejus. Nesse sentido:

(...) Nos termos do art. 383, do Código de Processo Penal, *emendatio libelli* consiste na atribuição de definição jurídica diversa ao arcabouço fático descrito na inicial acusatória, ainda que isso implique agravamento da situação jurídica do réu, mantendo-se, contudo, intocada a correlação fática entre acusação e sentença, afinal, o réu defende-se dos fatos no processo penal. O momento adequado à realização da *emendatio libelli* pelo órgão jurisdicional é o momento de proferir sentença, haja vista que o Parquet é o titular da ação penal, a quem se atribui o poder-dever da capitulação jurídica do fato imputado.

PROCESSO PENAL

Como corolário da devolutividade recursal vertical ampla, inerente à apelação, desde que a matéria tenha sido devolvida em extensão, plenamente possível ao Tribunal realizar *emendatio libelli* para a correta aplicação da hipótese de incidência, desde que dentro da matéria devolvida e não implique reformatio in pejus, caso haja recurso exclusivo da defesa. (...)

STJ. 5ª Turma. HC 427.965/SP, Rel. Min. Ribeiro Dantas, julgado em 13/03/2018.

Em suma:

O réu foi condenado a 4 anos de reclusão pela prática do crime previsto no art. 4º, caput, da Lei nº 7.492/86.

O Tribunal, em recurso exclusivo da defesa, reclassificou a conduta para os art. 16 e 22, parágrafo único, da Lei nº 7.492/86, mantendo, contudo, a pena em 4 anos de reclusão.

Não há qualquer nulidade no acórdão do Tribunal.

Houve, no presente caso, *emendatio libelli*.

É possível a realização de *emendatio libelli* em segunda instância no julgamento de recurso exclusivo da defesa, desde que não gere *reformatio in pejus*, nos termos do art. 617 do CPP.

Como a pena foi mantida pelo Tribunal, não houve prejuízo ao réu.

STF. 2ª Turma. HC 134.872/PR, Rel. Min. Dias Tóffoli, julgado em 27/3/2018 (Info 895).

Cuidado para não confundir com a mutatio

A *mutatio libelli* ocorre quando, no curso da instrução processual, surge prova de alguma elementar ou circunstância que não havia sido narrada expressamente na denúncia ou queixa. Está prevista no art. 384 do CPP.

Não é possível a realização de mutatio libelli em segunda instância, porque se o Tribunal, em grau de recurso, apreciasse um fato não valorado pelo juiz, haveria supressão de instância.

Nesse sentido é a Súmula 453-STF: Não se aplicam à segunda instância o art. 384 e parágrafo único do Código de Processo Penal, que possibilitam dar nova definição jurídica ao fato delituoso, em virtude de circunstância elementar não contida, explícita ou implicitamente, na denúncia ou queixa.

7.6. INEXISTÊNCIA DE REFORMATIO IN PEJUS NA MANUTENÇÃO DA CONDENAÇÃO, MAS COM BASE EM FUNDAMENTOS DIVERSOS DA SENTENÇA

Em recurso exclusivo da defesa, o Tribunal não pode complementar a sentença para acrescentar fatos que possam repercutir negativamente no âmbito da dosimetria da pena (STF. 1ª Turma. HC 101380, Rel. Min. Luiz Fux, julgado em 04/10/2011). Se o Tribunal fizesse isso, haveria a chamada *reformatio in pejus*.

Vale ressaltar, no entanto, que não caracteriza "reformatio in pejus" a decisão de tribunal de justiça que, ao julgar recurso de apelação exclusivo da defesa, mantém a reprimenda aplicada pelo magistrado de primeiro grau, porém com fundamentos diversos daqueles adotados na sentença.

Exemplo 1:

O réu foi condenado em 1ª instância e apelou para o TJ. O MP não recorreu.

No recurso, a defesa questionou os parâmetros utilizados na dosimetria da pena.

O TJ manteve a condenação e a pena imposta, no entanto, o Desembargador falou que um dos aspectos não deveria ser considerado como "conduta social" (como fez o juiz), sendo mais adequado classificar essa circunstância como "personalidade" do agente.

Desse modo, o Tribunal manteve a reprimenda fixada, mas com fundamento diferente do que foi adotado na sentença, o que não configura *reformatio in pejus*.

STF. 1ª Turma. RHC 119149/RS, Rel. Min. Dias Toffoli, julgado em 10/2/2015 (Info 774).

Exemplo 2:

Elton foi condenado pela prática de roubo majorado.

Na 1ª fase da dosimetria, o juiz fixou a pena-base em 6 anos e 6 meses.

Para o magistrado, existem três circunstâncias judiciais que devem ser valoradas negativamente:

- a culpabilidade
- os antecedentes criminais e
- as consequências do delito.

O MP não recorreu.

A defesa, por seu turno, interpôs apelação alegando, dentre outros argumentos, que a dosimetria feita pelo juiz foi errada.

O Tribunal de Justiça concordou em parte com a defesa e disse o seguinte:

- culpabilidade: o juiz acertou e deve realmente ser valorada negativamente.
- antecedentes: o juiz errou. Isso porque ele não poderia ter considerado como maus antecedentes uma condenação que ainda não transitou em jugado. Logo, essa consideração negativa deverá ser excluída.
- consequências do delito: o juiz acertou e deve ser mantida.

O Tribunal considerou também que as circunstâncias do crime, apesar de o juiz não ter dito nada, deveriam ser reputadas negativas.

Desse modo, o Tribunal falou o seguinte: olha, eu vou retirar os antecedentes como uma circunstância negativa. Em compensação, eu estou incluindo uma nova como negativa, qual seja, as consequências do crime.

Diante disso, como continuam três circunstâncias negativas, mantenho a pena-base em 6 anos e 6 meses de reclusão.

O Tribunal poderia ter feito isso?

SIM.

Não viola o princípio da proibição da reformatio in pejus a reavaliação das circunstâncias judiciais em recurso de apelação penal, no âmbito do efeito devolutivo, desde que essa não incorra em aumento de pena.

Não há falar em reformatio in pejus se os motivos expendidos pelo julgador em sede de apelação exclusiva da defesa não representaram advento de situação mais gravosa para o réu.

STF. 1ª Turma. HC 126457/PA, Rel. orig. Min. Marco Aurélio, red. p/ o ac. Min. Alexandre de Moraes, julgado em 6/11/2018 (Info 922).

Esse é também o entendimento do STJ:

> (...) 5. Embora não seja admissível que o Tribunal a quo agregue novos dados em recurso exclusivo da defesa, visto que tal prática implicaria violação do princípio da ne reformatio in pejus, é lícito às instâncias ordinárias proceder à análise da legalidade dos fundamentos da decisão de primeiro grau para conferir melhor compreensão da quaestio iuris objeto da sentença impugnada no recurso, respeitada a extensão cognitiva da sentença impugnada e os limites quantitativo e qualitativos da pena imposta. (...)
>
> STJ. 5ª Turma. HC 330.170/RS, Rel. Min. Ribeiro Dantas, julgado em 20/09/2016.

7.7. EMBARGOS INFRINGENTES CONTRA DECISÕES DO STF

EMBARGOS INFRINGENTES NO CPC

Estamos aqui tratando de processo penal. Por isso, não confunda o que for dito com o processo civil.

O CPC/1973 previa um recurso também chamado de embargos infringentes (art. 530). Ocorre que o CPC/2015 acabou com a existência dos embargos infringentes no processo civil.

EMBARGOS INFRINGENTES NO CPP

Previsão

O CPP prevê a possibilidade de interposição de embargos infringentes contra acórdãos do TJ e do TRF. Veja:

> § Art. 609. (...)
>
> Parágrafo único. Quando não for unânime a decisão de segunda instância, desfavorável ao réu, admitem-se embargos infringentes e de nulidade, que poderão ser opostos dentro de 10 (dez) dias, a contar da publicação de acórdão, na forma do art. 613. Se o desacordo for parcial, os embargos serão restritos à matéria objeto de divergência.

Em que consistem os embargos infringentes no CPP?

No CPP, os embargos infringentes são:

- um recurso exclusivo da defesa,
- interposto contra acórdãos do TJ ou TRF
- que tenham julgado apelação, RESE ou agravo em execução
- sendo o resultado do julgamento contrário ao réu e
- proferido por maioria de votos
- sendo a divergência entre os Desembargadores quanto ao mérito da ação penal.

Não cabem embargos infringentes no TJ ou TRF contra decisões proferidas no julgamento de:

- habeas corpus;
- revisão criminal.

Também não cabem embargos infringentes em ações de competência originária do TJ ou TRF (foro por prerrogativa de função)

Ex.: Deputado Estadual é denunciado e processado pelo TJ por crime praticado no exercício do mandato e com ele relacionado. Se esse parlamentar for condenado por maioria de votos, a defesa NÃO terá direito de interpor embargos infringentes. Não existe previsão para isso no CPP.

Divergência parcial

Se o desacordo for parcial, os embargos serão restritos à matéria objeto de divergência.

Embargos infringentes x embargos de nulidade

O art. 609 prevê dois recursos: embargos infringentes e embargos de nulidade.

Os dois são praticamente idênticos, havendo uma única diferença:

Embargos infringentes	Embargos de nulidade
São cabíveis quando a divergência no acórdão for sobre matéria de mérito.	São cabíveis quando a divergência no acórdão for sobre matéria de nulidade processual.

Prazo dos embargos infringentes no CPP

10 dias.

Embargos infringentes contra decisões do STJ

Como vimos acima, o CPP somente prevê os embargos infringentes contra decisão de segunda instância proferida contra o réu (art. 609, parágrafo único): TJ e TRF. Logo, interpretando esse dispositivo, a doutrina e a jurisprudência afirmam que não cabem embargos infringentes contra decisões do STJ.

Vale ressaltar também que o Regimento Interno do STJ não trata sobre embargos infringentes.

EMBARGOS INFRINGENTES CONTRA DECISÕES DO STF

Cabem embargos infringentes no STF?

Vimos acima que o CPP somente admite os embargos infringentes no caso de acórdãos do TJ e do TRF que julguem, por maioria, apelação, RESE ou agravo em execução.

Existe algum texto normativo que preveja embargos infringentes no STF?

SIM. O Regimento Interno do STF afirma que são cabíveis embargos infringentes contra decisão do Plenário do STF que tiver julgado procedente a ação penal se houve, no mínimo, 4 votos divergentes (art. 333, inciso I e parágrafo único). Veja:

§ Art. 333. Cabem embargos infringentes à decisão não unânime do Plenário ou da Turma:

I – que julgar procedente a ação penal;

II – que julgar improcedente a revisão criminal;

III – que julgar a ação rescisória;

IV – que julgar a representação de inconstitucionalidade;

V – que, em recurso criminal ordinário, for desfavorável ao acusado.

Parágrafo único. O cabimento dos embargos, em decisão do Plenário, depende da existência, no mínimo, de quatro votos divergentes (...)

Em outras palavras, se o Plenário do STF condenou algum réu e houve pelo menos 4 Ministros que votaram a favor dele, o Regimento Interno afirma que serão cabíveis embargos infringentes.

Mas os recursos não devem ser previstos em lei? É válido que os embargos infringentes sejam previstos apenas no Regimento Interno do STF?

SIM. Isso porque o regimento interno do STF possui força de lei. Explico.

PROCESSO PENAL

O regimento interno do STF foi editado em 1980, período em que estava em vigor a Constituição Federal de 1967 (ou CF/69 para alguns).

A Constituição da época previa que o STF tinha o poder para regular, por meio de seu Regimento, matéria processual de sua competência. Em outras palavras, a Constituição permitia que o STF legislasse sobre direito processual relacionado com suas competências. Desse modo, o Regimento interno do STF, quando foi elaborado, possuía força de lei, conferida pela Carta Magna então em vigor.

No momento em que a CF/88 foi editada, o Regimento Interno do STF foi recepcionado como lei ordinária.

Logo, o art. 333, I, do regimento interno do STF, que prevê os embargos infringentes, possui força, valor, eficácia e autoridade de lei.

Vale ressaltar que, no julgamento do Mensalão, o STF entendeu que os embargos infringentes continuam existindo no Regimento Interno, que não foi revogado:

> São cabíveis embargos infringentes contra decisão do STF que tiver condenado o réu em processo de competência originária daquela Corte, desde que tenha havido, no mínimo, quatro votos divergentes.
>
> Os embargos infringentes do STF estão previstos no art. 331, I, do RISTF, que foi recepcionado pela CF/88 com força de lei ordinária e não foi revogado pela Lei nº 8.038/90.
>
> STF. Plenário. AP 470 AgR – vigésimo quinto/MG, rel. orig. Min. Joaquim Barbosa, red. p/ o acórdão Min. Teori Zavascki; AP 470 AgR – vigésimo sexto/MG, rel. orig. Min. Joaquim Barbosa, red. p/ o acórdão Min. Roberto Barroso; AP 470 AgR – vigésimo sétimo/MG, rel. Min. Joaquim Barbosa, julgados em 18/9/2013 (Info 720).

Assim, o art. 333, I do RISTF, que prevê a existência dos embargos infringentes no STF, continua em vigor.

Prazo:

O prazo para os embargos infringentes no STF é de 15 dias.

EMBARGOS INFRINGENTES E DECISÃO DE TURMA DO STF

Se você observar novamente a redação do parágrafo único do art. 333 do Regimento Interno irá verificar que ele fala que cabem embargos infringentes contra decisão do Plenário do STF e se houve, no mínimo, quatro votos divergentes.

E se a decisão for de Turma do STF? Imagine que o réu foi condenado, por maioria de votos, pela 1ª Turma do STF. Seria possível, em tal situação, que ele interpusesse embargos infringentes a serem julgados pelo Plenário?

SIM. É cabível a interposição de embargos infringentes contra decisão proferida em sede de ação penal de competência originária das Turmas do STF.

Qual é o "problema"?

O parágrafo único do art. 333 do RI/STF afirma que cabem embargos infringentes se houve, no mínimo, 4 votos divergentes. Em outras palavras, para ser possível esse recurso, a decisão condenatória deve ter sido tomada por maioria e, no mínimo, quatro Ministros devem ter ficado vencidos. Assim, como são 11 Ministros no Plenário do STF, para caber embargos infringentes, a decisão deve ter sido 7x4, 6x5 ou 6x4 (neste último caso, se um Ministro não votou).

O "problema" a que eu me referi é que a Turma, no STF, é composta por apenas 5 Ministros. Logo, é impossível que 4 Ministros fiquem vencidos. Em uma Turma do STF, se a decisão for por maioria, os resultados possíveis são 4x1 ou 3x2. Isso significa que, no máximo, 2 Ministros podem ficar vencidos na Turma.

Diante dessa situação, qual foi a interpretação construída pelo STF?

O STF construiu a seguinte solução, com base na analogia e nos princípios gerais do direito: deve ser admitida a interposição de embargos infringentes contra decisão condenatória proferida em sede de ação penal de competência originária das Turmas do STF.

Como o quórum da Turma é reduzido, o requisito de cabimento desse recurso é a existência de apenas 2 votos minoritários.

Assim, cabem embargos infringentes contra decisão proferida por Turma do STF se 2 Ministros votaram para absolver o condenado.

Em suma:

Cabem embargos infringentes para o Plenário do STF contra decisão condenatória proferida em sede de ação penal de competência originária das Turmas do STF.

O requisito de cabimento desse recurso é a existência de dois votos minoritários absolutórios em sentido próprio.

STF. Plenário. AP 863 EI-AgR/SP, Rel. Min. Edson Fachin, julgado em 18 e 19/4/2018; HC 152707/DF, Rel. Min. Dias Toffoli, julgado em 18 e 19/4/2018 (Info 898).

O que é voto absolutório em sentido próprio?

Significa que o Ministro deve ter expressado juízo de improcedência da pretensão executória.

Se o Ministro votou, por exemplo, para que seja reconhecida uma nulidade processual ou a prescrição da pretensão punitiva, por mais que isso seja favorável ao réu, não é considerado como voto absolutório.

Por que o STF fez toda essa "construção"? Por que o parágrafo único do art. 333 do RI/STF só prevê embargos infringentes contra decisões do Plenário do STF?

Porque na época em que o Regimento Interno foi editado, somente o Plenário do STF julgava ações penais originárias. Naquela época, não era permitido que Turma do STF julgasse ação penal originariamente. Logo, não havia motivo para o parágrafo único do art. 333 do Regimento Interno falar em embargos infringentes contra decisões proferidas por Turma.

DECISÃO CONDENATÓRIA DA TURMA COM QUÓRUM INCOMPLETO E EMBARGOS INFRINGENTES

Regra geral

Como regra geral, podemos afirmar que cabem embargos infringentes para o Plenário do STF contra decisão condenatória proferida em sede de ação penal de competência originária das Turmas do STF, desde que 2 Ministros tenham votado pela absolvição. Neste caso, o placar terá sido 3 x 2, ou seja, 3 Ministros votaram para condenar e 2 votaram para absolver.

Julgamento da Turma com quórum incompleto

Entendida a regra geral acima, veja agora uma situação peculiar:

A 2ª Turma do STF condenou o Deputado Ronaldo Lessa (PDT-AL) pela prática de crime.

Conforme já explicado, as Turmas do STF são compostas por 5 Ministros.

Ocorre que um Ministro estava ausente e, por isso, Ronaldo Lessa foi julgado por apenas 4 Ministros.

3 Ministros votaram para condená-lo e 1 votou pela sua absolvição.

Pela regra geral acima explicada, o condenado não teria direito aos embargos infringentes. Isso porque não houve 2 votos pela sua absolvição.

A defesa do réu, no entanto, não se conformou e alegou que se tratava de uma situação injusta, considerando que ele foi prejudicado em razão do quórum incompleto durante o julgamento do caso pela Turma. Argumentou que se o outro Ministro estivesse presente, ele poderia também ter votado pela absolvição e, assim, ele teria direito aos embargos infringentes.

Logo, como ele não deu causa à ausência do Ministro, teria direito aos embargos infringentes mesmo tendo havido apenas 1 voto pela absolvição.

A tese acima exposta foi acolhida pelo STF? Se a Turma, ao condenar o réu, estiver com quórum incompleto, será possível aceitar o cabimento dos embargos infringentes mesmo que tenha havido apenas 1 voto absolutório?

SIM.

A solução aqui passa pela aplicação da chamada técnica das distinções, conhecida como *distinguishing*, que permite distinguir as circunstâncias particulares de um caso concreto para o efeito de não subordiná-lo aos precedentes, mantendo-se, contudo, firme a jurisprudência já consolidada.

Em palavras mais simples, significa dizer: a regra geral é esta que foi exposta no precedente, no entanto, existem peculiaridades no caso concreto que permitem que seja feita uma distinção e uma não aplicação do precedente que, no entanto, continua válido.

Assim, o caso concreto impõe *distinguishing* (distinção), a permitir os embargos infringentes mesmo com apenas 1 voto absolutório em sentido próprio. Essa distinção pode ser feita porque o quórum na sessão estava incompleto.

A Turma contava com 4 ministros e a exigência de 2 votos conduziria a um empate (2x2), de forma que o empate levaria à absolvição do acusado.

Dessa maneira, excepcionalmente, o Tribunal admitiu os embargos infringentes mesmo tendo havido apenas 1 voto absolutório no julgamento da Turma. Isso porque o réu não pode ser prejudicado pela ausência do quórum completo.

Em suma:

Em regra, cabem embargos infringentes para o Plenário do STF contra decisão condenatória proferida pelas Turmas do STF, desde que 2 Ministros tenham votado pela absolvição. Neste caso, o placar terá sido 3 x 2, ou seja, 3 Ministros votaram para condenar e 2 votaram para absolver.

Excepcionalmente, se a Turma, ao condenar o réu, estiver com quórum incompleto, será possível aceitar o cabimento dos embargos infringentes mesmo que tenha havido apenas 1 voto absolutório. Isso porque o réu não pode ser prejudicado pela ausência do quórum completo.

STF. Plenário. AP 929 ED-2º julg-EI/AL, Rel. Min. Luiz Fux, julgado em 17/10/2018 (Info 920).

8. *HABEAS CORPUS*, REVISÃO CRIMINAL E RECLAMAÇÃO

8.1. CABIMENTO DE *HABEAS CORPUS* PARA QUESTIONAR A IMPOSIÇÃO DE MEDIDAS CAUTELARES DIVERSAS DA PRISÃO

Medidas cautelares diversas da prisão

A prisão preventiva é uma espécie de "prisão cautelar".

A prisão cautelar, por sua vez, é uma das espécies de "medida cautelar".

Assim, além da prisão, existem outras espécies de medidas cautelares.

As medidas cautelares são providências urgentes que devem ser decretadas na fase pré-processual ou durante o processo penal com o objetivo de assegurar a apuração do fato delituoso, a instrução processual, a aplicação da sanção penal, a proteção da ordem pública ou o ressarcimento do dano causado pelo delito.

Como já disse, a prisão processual é uma espécie de medida cautelar. As demais medidas cautelares diversas da prisão estão elencadas no art. 319 do CPP:

> § Art. 319. São medidas cautelares diversas da prisão:
>
> I – comparecimento periódico em juízo, no prazo e nas condições fixadas pelo juiz, para informar e justificar atividades;
>
> II – proibição de acesso ou frequência a determinados lugares quando, por circunstâncias relacionadas ao fato, deva o indiciado ou acusado permanecer distante desses locais para evitar o risco de novas infrações;
>
> III – proibição de manter contato com pessoa determinada quando, por circunstâncias relacionadas ao fato, deva o indiciado ou acusado dela permanecer distante;
>
> IV – proibição de ausentar-se da Comarca quando a permanência seja conveniente ou necessária para a investigação ou instrução;
>
> V – recolhimento domiciliar no período noturno e nos dias de folga quando o investigado ou acusado tenha residência e trabalho fixos;
>
> VI – suspensão do exercício de função pública ou de atividade de natureza econômica ou financeira quando houver justo receio de sua utilização para a prática de infrações penais;
>
> VII – internação provisória do acusado nas hipóteses de crimes praticados com violência ou grave ameaça, quando os peritos concluírem ser inimputável ou semi-imputável (art. 26 do Código Penal) e houver risco de reiteração;
>
> VIII – fiança, nas infrações que a admitem, para assegurar o comparecimento a atos do processo, evitar a obstrução do seu andamento ou em caso de resistência injustificada à ordem judicial;
>
> IX – monitoração eletrônica.

Imagine agora a seguinte situação hipotética:

João é suspeito de ter praticado crimes contra a Administração Pública.

O juiz, a requerimento do Ministério Público, determina que João deverá:

1. comparecer mensalmente à Secretaria da Vara para informar e justificar suas atividades;
2. ficar afastado do cargo público que ocupa.

Dessa forma, o magistrado impôs ao investigado duas medidas cautelares diversas da prisão.

É possível que João impetre habeas corpus para questionar a imposição dessas medidas cautelares? O investigado/réu poderá se valer do habeas corpus para impugnar decisão que lhe impõe medidas cautelares diversas da prisão?

SIM.

O habeas corpus pode ser empregado para impugnar medidas cautelares de natureza criminal diversas da prisão.

STF. 2ª Turma. HC 147426/AP e HC 147303/AP, Rel. Min. Gilmar Mendes, julgados em 18/12/2017 (Info 888).

O habeas corpus deve ser admitido para impugnar medidas criminais que, embora diversas da prisão, afetem interesses não patrimoniais importantes da pessoa física.

Se, por um lado, essas medidas são menos gravosas do que a prisão, por outro, são também onerosas ao investigado/réu. Além disso, se essas medidas forem descumpridas, podem ser convertidas em prisão processual, de forma que existe o risco à liberdade de locomoção.

Caso fechada a porta do "habeas corpus", restaria o mandado de segurança. Nos processos em primeira instância, talvez fosse suficiente para conferir proteção judicial recursal efetiva ao alvo da medida cautelar. No entanto, naqueles de competência originária de tribunal, confundem-se, na mesma instância, as competências para decretá-la e para analisar a respectiva ação de impugnação. Isso, na prática, esvazia a possibilidade de impugná-la em tempo hábil.

Podem ser encontrados alguns precedentes do STJ no mesmo sentido:

"Conquanto o afastamento do cargo público não afete diretamente a liberdade de locomoção do indivíduo, o certo é que com o advento da Lei 12.403/2011 tal medida pode ser imposta como alternativa à prisão preventiva do acusado, sendo que o seu descumprimento pode ensejar a decretação da custódia cautelar" (HC-262.103/AP, Rel. Min. Jorge Mussi, Quinta Turma, DJe de 15/9/2014).

8.2. RELATOR PODE DETERMINAR, DE FORMA DISCRICIONÁRIA, QUE HC SEJA JULGADO PELO PLENÁRIO DO STF (E NÃO PELA TURMA)

O STF é formado por quais órgãos?

- Plenário (composto pelos 11 Ministros);
- 1ª e 2ª Turmas (com 5 Ministros, cada);
- Presidente do STF (que também é considerado um órgão);

De quem é a competência para julgar habeas corpus impetrado contra decisão do STJ?

De uma das Turmas do STF (art. 9º, I, "a", RISTF).

Imagine agora a seguinte situação:

O réu impetra um habeas corpus contra decisão do STJ.

O habeas corpus é distribuído para um Relator no STF.

Em regra, este Relator deveria levar o HC para ser julgado pela Turma.

O Relator decide, no entanto, levar o HC para ser julgado pelo Plenário do STF.

Isso é possível? O Ministro Relator do HC no STF, em vez de submetê-lo à Turma, pode levá-lo para ser julgado pelo Plenário?

SIM. Essa possibilidade encontra-se prevista no art. 6º, II, "c" e no art. 21, XI, do Regimento Interno do Supremo Tribunal Federal (RI/STF):

§ Art. 6º Também compete ao Plenário:

(...)

II – julgar:

c) os habeas corpus remetidos ao seu julgamento pelo Relator;

§ Art. 21. São atribuições do Relator:

(...)

XI – remeter habeas corpus ou recurso de habeas corpus ao julgamento do Plenário;

Para fazer isso, o Relator precisa fundamentar essa remessa? É necessário que o Relator apresente uma justificativa para que o caso seja levado ao Plenário?

NÃO. Segundo decidiu o STF:

> **É possível a remessa de *habeas corpus* ao Plenário do STF, pelo relator, de forma discricionária, com fundamento no art. 6º, II, "c" e no art. 21, XI, do RI/STF.**
>
> STF. Plenário. HC 143333/PR, Rel. Min. Edson Fachin, julgado em 11 e 12/4/2018 (Info 897).

Importante destacar que a decisão do Relator que remete o habeas corpus para ser julgado pelo Plenário é irrecorrível, nos termos do art. 305 do RI/STF.

Previsão no RI/STF, que tem força de lei

Essa possibilidade discricionária está prevista, como vimos, no art. 21, XI, do RI/STF, que não exige a apresentação de qualquer justificativa.

Vale ressaltar que a Constituição Federal atribui aos Tribunais a elaboração de seus regimentos internos (art. 96, I, "a") e estes são "normas de idêntica categoria que as leis".

Assim, em caso de conflito da lei com o regimento interno, esta aparente antinomia não se resolve mediante o critério da categoria normativa ou da hierarquia, mas sim pelo critério da substância regulada

(ADI 1.105 MC, DJU de 24/04/2001).

Veja o Texto Constitucional:

§ Art. 96. Compete privativamente:

I – aos tribunais:

a) eleger seus órgãos diretivos e elaborar seus regimentos internos, com observância das normas de processo e das garantias processuais das partes, dispondo sobre a competência e o funcionamento dos respectivos órgãos jurisdicionais e administrativos;

Princípio do juízo natural

O STF afirmou que essa afetação ao Plenário não viola o princípio do juízo natural considerando que o Plenário do STF é que seria, em tese, o órgão naturalmente competente para julgar todas as causas da Corte, havendo essa divisão em Turmas apenas para se conseguir manter uma funcionalidade.

Como ressalta o Min. Fachin:

"O STF encontra, em sua composição Plenária, a unidade sinérgica à qual incumbe, por excelência, a guarda da Constituição e o exercício integral de sua competência. Embora, regimentalmente, sejam admitidas e legítimas diversas atuações fracionárias e unipessoais, é no colegiado maior que a missão constitucional da Corte resta exercitada em sua inteireza."

Ficaram vencidos

Vencidos, no ponto, os Ministros Ricardo Lewandowski e Marco Aurélio, os quais ressaltaram a necessidade de que o deslocamento de processos ao Plenário se dê motivadamente, na forma do art. 93, IX, da Constituição Federal.

8.3. É POSSÍVEL A IMPETRAÇÃO DE HABEAS CORPUS COLETIVO

O STF admitiu a possibilidade de habeas corpus coletivo.

O habeas corpus se presta a salvaguardar a liberdade. Assim, se o bem jurídico ofendido é o direito de ir e vir, quer pessoal, quer de um grupo determinado de pessoas, o instrumento processual para resgatá-lo é o habeas corpus, individual ou coletivo.

A ideia de admitir a existência de habeas corpus coletivo está de acordo com a tradição jurídica nacional de conferir a maior amplitude possível ao remédio heroico (doutrina brasileira do habeas corpus).

Apesar de não haver uma previsão expressa no ordenamento jurídico, existem dois dispositivos legais que, indiretamente, revelam a possibilidade de habeas corpus coletivo. Trata-se do art. 654, § 2º e do art. 580, ambos do CPP.

O art. 654, § 2º estabelece que compete aos juízes e tribunais expedir ordem de habeas corpus de ofício. O art. 580 do CPP, por sua vez, permite que a ordem concedida em determinado habeas corpus seja estendida para todos que se encontram na mesma situação.

Assim, conclui-se que os juízes ou Tribunais podem estender para todos que se encontrem na mesma situação a ordem de habeas corpus concedida individualmente em favor de uma pessoa.

Existem mais de 100 milhões de processos no Poder Judiciário, a cargo de pouco mais de 16 mil juízes, exigindo do STF que prestigie remédios processuais de natureza coletiva com o objetivo de emprestar a máxima eficácia ao mandamento constitucional da razoável duração do processo e ao princípio universal da efetividade da prestação jurisdicional.

Diante da inexistência de regramento legal, o STF entendeu que se deve aplicar, por analogia, o art. 12 da Lei nº 13.300/2016, que trata sobre os legitimados para propor mandado de injunção coletivo.

Assim, possuem legitimidade para impetrar habeas corpus coletivo:

1) o Ministério Público;

2) o partido político com representação no Congresso Nacional;

3) a organização sindical, entidade de classe ou associação legalmente constituída e em funcionamento há pelo menos 1 (um) ano;

4) a Defensoria Pública.

STF. 2ª Turma. HC 143641/SP. Rel. Min. Ricardo Lewandowski, julgado em 20/2/2018 (Info 891).

8.4. EM REGRA, NÃO CABE HABEAS CORPUS CONTRA DECISÃO TRANSITADA EM JULGADO

É cabível habeas corpus contra decisão judicial transitada em julgado?

1ª) SIM. Foi o que decidiu a 2ª Turma no RHC 146327/RS, Rel. Min. Gilmar Mendes, julgado em 27/2/2018 (Info 892).

2ª) NÃO. É a posição majoritária no STF e no STJ. Vale ressaltar que se houver alguma ilegalidade flagrante, o Tribunal poderá conceder a ordem de ofício. Nesse sentido:

> A orientação jurisprudencial do Supremo Tribunal Federal é no sentido de que o habeas corpus não se revela instrumento idôneo para impugnar decreto condenatório transitado em julgado.
>
> STF. 1ª Turma. HC 143445 AgR, Rel. Min. Roberto Barroso, julgado em 05/02/2018.

> Os autos noticiam o trânsito em julgado da condenação imposta ao paciente, sendo certo que o habeas corpus não pode ser utilizado como sucedâneo de revisão criminal.
>
> STF. 2ª Turma. HC 148631 AgR, Rel. Min. Dias Toffoli, julgado em 01/12/2017.

> O Supremo Tribunal Federal e o Superior Tribunal de Justiça não têm admitido o habeas corpus como sucedâneo do meio processual adequado, seja o recurso ou a revisão criminal, salvo em situações excepcionais, quando manifesta a ilegalidade ou sendo teratológica a decisão apontada como coatora.
>
> STJ. 5ª Turma. HC 418.896/MA, Rel. Min. Ribeiro Dantas, julgado em 06/02/2018.

> O manejo de habeas corpus após o trânsito em julgado da condenação, visando reconhecer eventual ilegalidade na dosimetria da pena, questão não suscitada em momento algum pela defesa, durante a tramitação do processo penal, importa em indevida supressão de instância e de manejo do writ de modo indevido, com feições de revisão criminal.
>
> STJ. 6ª Turma. AgRg no HC 420.097/ES, Rel. Min. Maria Thereza de Assis Moura, julgado em 07/11/2017.

8.5. A SUPERVENIÊNCIA DA SENTENÇA CONDENATÓRIA FAZ COM QUE O HABEAS CORPUS IMPETRADO ANTERIORMENTE FIQUE PREJUDICADO

Imagine a seguinte situação hipotética:

João estava preso preventivamente e impetrou habeas corpus contra esta prisão.

Antes que o writ fosse julgado, o juiz condenou o paciente a 8 anos de reclusão, mantendo a prisão cautelar na sentença.

Diante disso, indaga-se: o habeas corpus que havia sido impetrado anteriormente fica prejudicado? A superveniência da sentença condenatória faz com que o habeas corpus que estava aguardando ser julgado fique prejudicado?

Havia divergência entre as duas Turmas do STF.

A 1ª Turma respondia que SIM (haveria prejuízo).

A 2ª Turma, por outro lado, entendia que NÃO.

O Plenário do STF apreciou o tema e decidiu que o habeas corpus fica prejudicado:

A superveniência de sentença condenatória que mantém a prisão preventiva prejudica a análise do habeas corpus que havia sido impetrado contra o título originário da custódia.

Se, após o habeas corpus ser impetrado contra a prisão preventiva, o juiz ou Tribunal prolata sentença/acórdão condenatório e mantém a prisão anteriormente decretada, haverá uma alteração do título prisional e, portanto, o habeas corpus impetrado contra prisão antes do julgamento não deverá ser conhecido.

STF. Plenário. HC 143333/PR, Rel. Min. Edson Fachin, julgado em 11 e 12/4/2018 (Info 897).

A superveniência da sentença produz uma realidade processual de maior amplitude em relação à considerada no momento da formalização da impetração.

A sentença impõe uma alteração do campo argumentativo, exigindo-se que o exame das questões articuladas pelo impetrante opere-se à luz de um espectro processual não coincidente com o inicialmente impugnado.

Decisão apertada

Vale ressaltar que ficaram vencidos os ministros Dias Toffoli, Ricardo Lewandowski, Gilmar Mendes, Marco Aurélio e Celso de Mello, que entendiam que o habeas corpus deve ser conhecido em tais casos. Assim, a decisão acima foi alcançada por apertada maioria. Diante disso, não é possível afirmar, com certeza, que a 2ª Turma irá obedecer este entendimento em casos futuros.

Possibilidade de concessão de HC de ofício

O tema acima tem importância teórica, mas pouca relevância prática. Isso porque o fato de o Tribunal reconhecer que o habeas corpus não deve ser conhecido, não impede que seja concedida a ordem de ofício. Em outras palavras, o Tribunal reconhece que o writ impetrado está prejudicado (não deve ser conhecido) e, apesar disso, pode determinar, de ofício, a liberdade do paciente se verificar que existe ilegalidade flagrante ou teratologia.

8.6. NÃO CABE RECURSO CONTRA A DECISÃO DO MINISTRO RELATOR QUE, MOTIVADAMENTE, DEFERE OU INDEFERE LIMINAR EM HC

Imagine a seguinte situação hipotética:

João encontra-se preso preventivamente por decisão do STJ.

O seu advogado impetra, no STF, habeas corpus contra essa decisão.

O Ministro Relator no STF, monocraticamente, concede a medida liminar e determina a soltura do paciente.

O Procurador-Geral da República interpõe agravo regimental contra esta decisão pedindo que a Turma do STF reveja a soltura e determine novamente a prisão do paciente.

Esse agravo regimental terá êxito?

NÃO.

Não se admite agravo regimental contra decisão do Ministro Relator que, motivadamente, defere ou indefere liminar em habeas corpus.

STF. 2ª Turma. HC 157.604/RJ, Rel. Min. Gilmar Mendes, julgado em 4/9/2018 (Info 914).

Nesse mesmo sentido:

> Não se revelam suscetíveis de conhecimento, por inadmissíveis, quaisquer recursos, inclusive embargos de declaração, deduzidos contra decisão do Relator que, motivadamente, defere ou indefere pedido de medida liminar formulado em sede de habeas corpus originariamente impetrado perante o Supremo Tribunal Federal.
>
> STF. 2ª Turma. HC 112860 ED-MC, Rel. Min. Celso de Mello, julgado em 28/08/2012.

É a posição também do STJ:

> Não cabe agravo regimental contra a decisão do relator que, em habeas corpus, defere ou indefere, de forma fundamentada, o pedido de liminar.
>
> STJ. 5ª Turma. AgRg no HC 445.206/GO, Rel. Min. Reynaldo Soares da Fonseca, julgado em 15/05/2018.
>
> STJ. 6ª Turma. AgRg no HC 463.728/SP, Rel. Min. Nefi Cordeiro, julgado em 02/10/2018.

9. EXECUÇÃO PENAL

9.1. STF MANTÉM SEU ENTENDIMENTO DE QUE É POSSÍVEL A EXECUÇÃO PROVISÓRIA DA PENA

EXECUÇÃO PROVISÓRIA DA PENA

Imagine a seguinte situação hipotética:

João foi condenado a uma pena de 8 anos de reclusão, tendo sido a ele assegurado na sentença o direito de recorrer em liberdade.

O réu interpôs apelação, mas o Tribunal de Justiça manteve a condenação.

Contra esse acórdão, João interpôs, simultaneamente, recurso especial e extraordinário.

João, que passou todo o processo em liberdade, deverá aguardar o julgamento dos recursos especial e extraordinário preso? É possível executar provisoriamente a condenação enquanto se aguarda o julgamento dos recursos especial e extraordinário? É possível que o réu condenado em 2ª instância seja obrigado a iniciar o cumprimento da pena mesmo sem ter havido ainda o trânsito em julgado?

1ª) Posição ANTERIOR do STF: NÃO

STF. Plenário. HC 84078, Rel. Min. Eros Grau, julgado em 05/02/2009.

2ª) Posição ATUAL do STF: SIM

> **A execução provisória de acórdão penal condenatório proferido em grau de apelação, ainda que sujeito a recurso especial ou extraordinário, não compromete o princípio constitucional da presunção de inocência.**
>
> STF. Plenário. HC 126292/SP, Rel. Min. Teori Zavascki, julgado em 17/02/2016 (Info 814).

PROCESSO PENAL

A execução provisória de acórdão penal condenatório proferido em grau de apelação, ainda que sujeito a recurso especial ou extraordinário, não ofende o princípio constitucional da presunção de inocência (art. 5º, LVII, da CF/88) e não viola o texto do art. 283 do CPP.

STF. Plenário. ADC 43 e 44 MC/DF, rel. orig. Min. Marco Aurélio, red. p/ o ac. Min. Edson Fachin, julgados em 05/10/2016 (Info 842).

Em regime de repercussão geral, fica reafirmada a jurisprudência do Supremo Tribunal Federal no sentido de que a execução provisória de acórdão penal condenatório proferido em grau recursal, ainda que sujeito a recurso especial ou extraordinário, não compromete o princípio constitucional da presunção de inocência afirmado pelo artigo 5º, inciso LVII, da Constituição Federal.

STF. Plenário virtual. ARE 964246 RG, Rel. Min. Teori Zavascki, julgado em 10/11/2016 (repercussão geral).

Desse modo, desde fevereiro de 2016, a posição que prevalece no STF é a de que é possível a execução provisória da pena se resta apenas o julgamento de recursos especial e/ou extraordinário.

SITUAÇÃO DO EX-PRESIDENTE LULA

O ex-Presidente Lula foi condenado em 1ª instância pelo juízo da 13ª Vara Federal de Curitiba.

Contra esta decisão, o réu interpôs apelação para o Tribunal Regional Federal da 4ª Região.

O TRF4 manteve a condenação e ainda aumentou a pena que havia sido imposta.

A defesa opôs, então, embargos de declaração para o próprio TRF.

Após o TRF julgar os embargos de declaração, Lula ainda poderia, em tese, interpor recursos especial e extraordinário.

Qual o problema, no entanto, neste caso?

Pelo entendimento do STF acima exposto, Lula teria que aguardar o julgamento desses recursos preso. Em outras palavras, a partir do momento em que o TRF rejeitasse os embargos e mantivesse a condenação, Lula já seria preso, mesmo que ainda recorresse ao STJ e STF. Seria iniciada a execução provisória da pena.

Sabendo disso, o que fez a defesa de Lula?

Impetrou habeas corpus no STJ contra o TRF4.

No writ, a defesa disse o seguinte: o TRF está prestes a julgar os embargos de declaração e após isso, o paciente corre o risco de ser preso caso o TRF adote a tese da execução provisória da pena. A defesa vem, portanto, pedir para que o TRF seja impedido de aplicar a execução provisória da pena e que o paciente somente seja preso se a condenação for mantida após todos os recursos.

O que o STJ decidiu?

O STJ negou o habeas corpus afirmando: se o TRF, após rejeitar os embargos de declaração, determinar a execução provisória da pena, tal decisão será correta. Isso porque o entendimento atual é o de que é permitida a execução provisória da pena.

Contra a decisão do STJ, a defesa impetrou novo HC, agora para o STF, pedindo que a Corte revisse seu entendimento e voltasse a proibir a execução provisória da pena. O STF concordou com o pedido de Lula?

NÃO. O Plenário do STF, por maioria, denegou a ordem em habeas corpus no qual se pleiteava a vedação do início da execução provisória da pena.

O STF afirmou que não houve qualquer ilegalidade, abusividade ou teratologia na decisão do STJ, considerando que ela espelhou o entendimento majoritário do Supremo.

O Min. Edson Fachin afirmou que não se deveria fazer, no presente caso, uma revisão do tema.

Ficaram vencidos os Ministros Gilmar Mendes, Dias Toffoli, Ricardo Lewandowski, Marco Aurélio e Celso de Mello.

Em suma:

O STF, ao julgar habeas corpus impetrado pelo ex-Presidente Lula, decidiu manter o seu entendimento e reafirmar que é possível a execução provisória de acórdão penal condenatório proferido em grau recursal, ainda que sujeito a recurso especial ou extraordinário. A execução provisória da pena não ofende o princípio constitucional da presunção de inocência (art. 5º, LVII, da CF/88).

STF. Plenário. HC 152752/PR, Rel. Min. Edson Fachin, julgado em 4/4/2018 (Info 896).

9.2. SÚMULA 715 DO STF CONTINUA SENDO VÁLIDA

Imagine a seguinte situação hipotética:

João foi condenado por uma série de crimes (nenhum deles hediondo).

A pena por todos os crimes (pena unificada) ficou em 90 anos de reclusão.

Em outras palavras, somando-se todos os crimes pelos quais ele foi condenado, chegou-se a 90 anos.

João ficará 90 anos preso?

NÃO. O Código Penal prevê que o condenado não poderá cumprir, em regra, mais que 30 anos de pena privativa de liberdade. Veja:

> § Art. 75. O tempo de cumprimento das penas privativas de liberdade não pode ser superior a 30 (trinta) anos.
>
> § 1º Quando o agente for condenado a penas privativas de liberdade cuja soma seja superior a 30 (trinta) anos, devem elas ser unificadas para atender ao limite máximo deste artigo.
>
> § 2º Sobrevindo condenação por fato posterior ao início do cumprimento da pena, far-se-á nova unificação, desprezando-se, para esse fim, o período de pena já cumprido.

Voltando ao nosso exemplo: ainda que João não tenha direito à progressão de regime (por não preencher os requisitos subjetivos), quando completar 30 anos de cárcere, terá havido a extinção da pena e ele deixará a unidade prisional.

Qual é a razão de existência do art. 75 do CP?

Se não existisse um limite de cumprimento de pena, ou seja, se não existisse o art. 75 do CP, haveria, na prática, a possibilidade de prisão de caráter perpétuo, o que é vedado pela CF/88 (art.

5º, XLVII). Isso porque qualquer condenação muito alta (80, 90, 100 anos etc.) significaria que o indivíduo passaria, obrigatoriamente, o restante de toda a sua vida no cárcere.

Progressão de regime

Até aqui, tudo bem. A dúvida surge com relação à progressão de regime.

Qual é o requisito objetivo para que o apenado possa ter direito à progressão de regime?

Se estiver condenado por crime comum (não hediondo): cumprimento de 1/6 da pena (art. 112 da LEP).

Esse cumprimento de 1/6 da pena será computado considerando-se o limite máximo previsto no art. 75 do CP (30 anos) ou a pena total aplicada (em nosso exemplo, 90 anos)? João terá direito de progredir depois de cumprir 5 anos (1/6 de 30) ou após cumprir 15 anos (1/6 de 90)?

A progressão de regime deverá considerar o total da pena aplicada (e não o limite do art. 75 do CP).

Assim, em nosso exemplo, João terá direito de progredir após 15 anos de cumprimento de pena em regime fechado.

Esse é o entendimento sumulado do STF:

Súmula 715-STF: A pena unificada para atender ao limite de trinta anos de cumprimento, determinado pelo art. 75 do Código Penal, não é considerada para a concessão de outros benefícios, como o livramento condicional ou regime mais favorável de execução.

No julgado noticiado no Informativo 896, o STF reafirmou a validade da Súmula 715, apesar de dois Ministros (Marco Aurélio e Luiz Fux) terem votado no sentido de que ela deveria ser cancelada.

STF. 1ª Turma. HC 112182, Rel. Min. Marco Aurélio, Relator p/ Acórdão Min. Roberto Barroso, julgado em 03/04/2018 (Info 896).

9.3. UNIFICAÇÃO DAS PENAS NÃO É CONSIDERADO COMO SENDO A DATA-BASE PARA A CONCESSÃO DE NOVOS BENEFÍCIOS DA EXECUÇÃO PENAL

Situação hipotética 1:

Em 04/04/2010, João praticou o crime A.

Em 05/05/2011, João praticou o crime B.

Em 2012, João foi condenado a 6 anos pelo crime A, tendo recebido o regime inicial semiaberto.

Não houve recurso, tendo ocorrido o trânsito em julgado em 06/06/2012, iniciando-se a execução penal.

Em 2013, João, após cumprir 1/6 da pena, foi para o regime aberto.

Ocorre que, em 2014, sobreveio a condenação pelo crime B, tendo ele recebido a pena de 2 anos.

Houve trânsito em julgado em 07/07/2014.

Diante disso, o juiz unificou as duas penas: 4 anos que faltavam para cumprir a pena do crime A + 2 anos do crime B.

João já estava no regime aberto, mas, como a pena unificada somou 6 anos, ele teve que regredir para o regime semiaberto.

A data-base para a concessão dos benefícios da execução penal (ex: progressão) era 06/06/2012 (trânsito em julgado do crime A). Indaga-se: com a unificação das penas, essa data-base foi alterada? A data-base passou a ser o dia do trânsito em julgado do crime B?

NÃO. A unificação das penas não altera a data-base para a concessão de novos benefícios da execução penal. Isso porque a LEP não prevê essa alteração, devendo ser considerado todo o tempo que o apenado já cumpriu de pena, ou seja, todo o tempo em que ele já ficou preso.

> **A alteração da data-base para concessão de novos benefícios executórios, em razão da unificação das penas, não encontra respaldo legal.**
>
> STJ. 3ª Seção. REsp 1.557.461-SC, Rel. Min. Rogerio Schietti Cruz, julgado em 22/02/2018 (Info 621).

Assim, no exemplo acima, ao se calcular o prazo para que João obtenha nova progressão de regime, deverá ser levado em consideração todo o período em que ele está preso, ou seja, desde 06/06/2012. Assim, ele irá cumprir o requisito objetivo ao completar 1/6 da pena unificada contado desde 06/06/2012.

Situação hipotética 2:

Em 04/04/2010, Pedro praticou o crime A.

Em 2012, Pedro foi condenado a 6 anos pelo crime A, tendo recebido o regime inicial semiaberto.

Não houve recurso, tendo ocorrido o trânsito em julgado em 06/06/2012, iniciando-se a execução penal.

Em 2013, Pedro, após cumprir 1/6 da pena, foi para o regime aberto.

Em 05/05/2014, Pedro praticou o crime B.

O processo pelo segundo delito (crime B) ainda está tramitando. Mesmo assim, isso irá interferir na execução penal relativa ao crime A. Haverá a regressão do sentenciado, na forma do art. 118, I, da Lei nº 7.210/84:

§ Art. 118. A execução da pena privativa de liberdade ficará sujeita à forma regressiva, com a transferência para qualquer dos regimes mais rigorosos, quando o condenado:

I – praticar fato definido como crime doloso ou falta grave;

Vale ressaltar que, para que haja a regressão com fundamento neste art. 118, I, da LEP não é necessário o trânsito em julgado quanto ao novo crime cometido, bastando a sua prática. Este é o entendimento pacífico do STF e do STJ.

Súmula 526-STJ: O reconhecimento de falta grave decorrente do cometimento de fato definido como crime doloso no cumprimento da pena prescinde do trânsito em julgado de sentença penal condenatória no processo penal instaurado para apuração do fato.

Desse modo, imagine que, em 07/07/2014, mesmo antes de haver condenação pelo crime B, o juiz já determinou que Pedro sofra a regressão de regime.

Vale ressaltar que, com o cometimento do novo crime, há prática de falta grave, o que significa a interrupção do prazo para a progressão de regime, nos termos da súmula 534 do STJ:

Súmula 534-STJ: A prática de falta grave interrompe a contagem do prazo para a progressão de regime de cumprimento de pena, o qual se reinicia a partir do cometimento dessa infração.

Em 08/08/2015, Pedro é condenado pelo crime B a uma pena de 4 anos, havendo trânsito em julgado.

A data-base para a nova progressão em favor de Pedro era 05/05/2014 (data do cometimento da falta grave). Indaga-se: com a unificação das penas, essa data-base foi alterada? A data-base passou a ser o dia do trânsito em julgado do crime B (08/08/2015)?

NÃO. A unificação das penas não altera a data-base para a concessão de novos benefícios da execução penal. A LEP não prevê essa alteração.

A alteração da data-base para concessão de novos benefícios executórios, em razão da unificação das penas, não encontra respaldo legal.

STJ. 3ª Seção. REsp 1.557.461-SC, Rel. Min. Rogerio Schietti Cruz, julgado em 22/02/2018 (Info 621).

O período de cumprimento de pena desde a última prisão ou desde a última infração disciplinar não pode ser desconsiderado, seja por delito ocorrido antes do início da execução da pena, seja por crime praticado depois e já apontado como falta grave.

Assim, no exemplo acima, ao se calcular o prazo para que Pedro obtenha nova progressão de regime, deverá ser levado em consideração todo o período em que ele está preso desde a prática da falta grave (07/07/2014 – data em que houve a interrupção por força de lei). Assim, ele irá cumprir o requisito objetivo ao completar 1/6 da pena unificada contado desde 07/07/2014.

A unificação das penas não gera nova alteração na data-base, seja o novo crime anterior ou posterior ao início da execução da pena

Se o crime foi anterior ao início da execução (situação 1), a superveniência do trânsito em julgado da condenação enseja apenas a adequação da pena e o ajuste do regime, observando-se a detração e a remição, ou seja, o apenado não perde o tempo de pena cumprido. O tempo de pena efetivamente cumprido deve ser levado em consideração para a concessão de benefícios da execução, não havendo se falar, portanto, em novo marco interruptivo.

O delito praticado antes do início da execução da pena não constitui parâmetro idôneo de avaliação do mérito do apenado, porquanto evento anterior ao início do resgate das reprimendas impostas não desmerece hodiernamente o comportamento do sentenciado. As condenações por fatos pretéritos não se prestam a macular a avaliação do comportamento do sentenciado.

De igual forma, se o crime foi praticado após o início da execução (situação 2), a superveniência do trânsito em julgado da condenação também só pode ensejar a adequação da pena e o ajuste do regime. Isso porque a prática de crime durante a execução da pena é considerada falta grave, o que acarreta a regressão de regime de cumprimento da pena e a interrupção do prazo para obtenção dos benefícios da execução, fixando-se, nesse momento, a nova data-base. A superveniência do trânsito em julgado não pode ser novo marco interruptivo, sob pena de um mesmo fato repercutir duas vezes sobre a execução, sem que haja justificativa plausível, em evidente excesso de execução.

Assim, caso o crime cometido no curso da execução tenha sido registrado como infração disciplinar, seus efeitos já repercutiram no bojo do cumprimento da pena, pois, segundo a jurisprudência consolidada do STJ, a prática de falta grave interrompe a data-base para concessão de novos benefícios executórios, à exceção do livramento condicional, da comutação de penas e do indulto. Portanto, a superveniência do trânsito em julgado da sentença condenatória não poderia servir de parâmetro para análise do mérito do apenado, sob pena de flagrante *bis in idem*.

Havendo nova condenação, há unificação das penas, mas sem alteração da data-base para os novos benefícios

Se o reeducando está cumprindo pena e surge uma nova condenação, haverá a soma ou unificação das penas. É o que prevê o art. 111, parágrafo único da LEP:

> § Art. 111 (...)
>
> Parágrafo único. Sobrevindo condenação no curso da execução, somar-se-á a pena ao restante da que está sendo cumprida, para determinação do regime.

Não existe, contudo, previsão legal de que o simples fato de ter havido a unificação das penas signifique que deverá haver alteração da data-base para novos benefícios. Não existe determinação legal nesse sentido. Assim, haverá a unificação, mas sem nova interrupção do tempo necessário para a obtenção de progressão de regime, por exemplo.

9.4. JUIZ TEM A FACULDADE DE REQUISITAR O EXAME CRIMINOLÓGICO E UTILIZÁ-LO COMO FUNDAMENTO DA DECISÃO QUE JULGA O PEDIDO DE PROGRESSÃO

Imagine a seguinte situação hipotética:

João cumpre pena em regime fechado.

A defesa de João ingressou com requerimento de progressão para o regime semiaberto.

O juiz da execução penal afirmou que, antes de decidir sobre o pedido, entendia necessária a realização de exame criminológico. Confira trecho de seu despacho:

"Quanto ao requisito subjetivo, a hipótese autoriza a realização de exame criminológico (social, psicológico e psiquiátrico) para avaliar a personalidade do reeducando, sua periculosidade, eventual arrependimento e a possibilidade de voltar a cometer crimes graves (homicídio)".

Reclamação

A defesa ingressou com reclamação no STF alegando que a decisão do magistrado viola a SV 26:

> Súmula vinculante 26: Para efeito de progressão de regime de cumprimento de pena, por crime hediondo ou equiparado, praticado antes de 29 de marco de 2007, o juiz da execução, ante a inconstitucionalidade do artigo 2º, parágrafo 1º da Lei 8.072/90, aplicará o artigo 112 da Lei de Execuções Penais, na redação original, sem prejuízo de avaliar se o condenado preenche ou não os requisitos objetivos e subjetivos do benefício podendo determinar para tal fim, de modo fundamentado, a realização de exame criminológico.

Na reclamação, a defesa alega que o juiz, como praxe, solicita a realização do exame criminológico antes de examinar os requerimentos de progressão de regime dos presos condenados por crimes graves.

Além disso, ele sempre utiliza, nos diversos casos, texto semelhante para fundamentar a necessidade do exame, o que fere o princípio da individualização da pena.

Desse modo, para a defesa, o juiz, ao agir assim, ofende a SV 26.

O STF concordou com os argumentos da defesa?

NÃO. Vamos com calma.

O que é exame criminológico?

Trata-se de um exame

- feito no condenado
- por um profissional
- com o objetivo de verificar
- se este apenado tem aptidão física e psíquica para progredir de regime.

A doutrina afirma que se trata de um exame de cunho biopsicossocial do criminoso a fim de formar um diagnóstico de sua personalidade e, assim, obter um prognóstico criminal.

Desse modo, tem por objetivo detalhar a personalidade do delinquente, sua imputabilidade ou não, o teor de sua periculosidade, a sensibilidade à pena e a probabilidade de sua correção (PENTEADO FILHO, Nestor Sampaio. *Manual esquemático de criminologia*. 2ª ed., São Paulo: Saraiva, 2012).

A partir disso, o exame criminológico fornece subsídios para o magistrado decidir se deve ou não conceder a progressão de regime.

O exame criminológico ainda hoje existe?

SIM. O art. 112 da Lei de Execuções Penais, em sua redação original, exigia, como condição para a progressão de regime e concessão de livramento condicional, que o condenado se submetesse a exame criminológico. Em outras palavras, o exame criminológico era obrigatório.

A Lei nº 10.792/2003 alterou esse art. 112 e deixou de exigir a submissão do reeducando ao referido exame criminológico. No entanto, o exame criminológico ainda poderá ser realizado se o juiz, de forma fundamentada e excepcional, entender que a perícia é absolutamente necessária para a formação de seu convencimento.

Em suma, a Lei nº 10.792/2003 não dispensou, mas apenas tornou facultativa a realização do exame criminológico, que ainda poderá ser feito para a aferição da personalidade e do grau de periculosidade do sentenciado. Nesse sentido, o STJ editou um enunciado com esta conclusão:

Súmula 439-STJ: Admite-se o exame criminológico pelas peculiaridades do caso, desde que em decisão motivada.

Há também uma súmula do STF que indica a possibilidade da realização do exame criminológico:

Súmula vinculante 26: Para efeito de progressão de regime de cumprimento de pena, por crime hediondo ou equiparado, praticado antes de 29 de marco de 2007, o juiz da execução, ante a inconstitucionalidade do artigo 2º, parágrafo 1º da Lei 8.072/90, aplicará o artigo 112 da Lei de Execuções Penais, na redação original, sem prejuízo de avaliar se o condenado preenche ou não os requisitos objetivos e subjetivos do benefício podendo determinar para tal fim, de modo fundamentado, a realização de exame criminológico.

Assim, é possível que o juiz negue a progressão de regime com base no exame criminológico:

Mesmo que inexigível, uma vez realizado o exame criminológico, nada obsta sua utilização pelo magistrado como fundamento válido para o indeferimento do pedido de progressão de regime.

STJ. 6ª Turma. AgRg no HC 451.804/MS, Rel. Min. Nefi Cordeiro, julgado em 18/09/2018.

O exame criminológico apresentou prognóstico de ressocialização favorável ao apenado. É certo que o magistrado não está adstrito às conclusões do Laudo de Exame Criminológico, contudo é um elemento seguro à análise do requisito subjetivo.

STJ. 5ª Turma. AgRg no HC 465.773/SP, Rel. Min. Ribeiro Dantas, julgado em 18/10/2018.

Voltando ao caso concreto

O STF considerou que a decisão reclamada está em consonância com a jurisprudência.

Isso porque o STF entende que o juiz da execução criminal tem a faculdade de requisitar o exame criminológico e utilizá-lo como fundamento da decisão que julga o pedido de progressão.

Utilização de textos semelhantes é prática normal

O STF afirmou, ainda, que a utilização de textos semelhantes em despachos e decisões proferidas em procedimentos idênticos não viola o princípio da individualização da pena nem gera nulidade por falta de fundamentação quando o conteúdo tratar de especificidades do caso concreto sob análise.

Em suma:

Nada impede que o magistrado das execuções criminais, facultativamente, requisite o exame criminológico e o utilize como fundamento da decisão que julga o pedido de progressão.

STF. 2ª Turma. Rcl 27616 AgR/SP, Rel. Min. Ricardo Lewandowski, julgado em 9/10/2018 (Info 919).

9.5. A INEXISTÊNCIA DE ESTABELECIMENTO PENAL ADEQUADO AO REGIME PRISIONAL NÃO AUTORIZA A CONCESSÃO IMEDIATA DO BENEFÍCIO DA PRISÃO DOMICILIAR

Regimes de cumprimento de pena:

Pela Lei (Código Penal e Lei nº 7.210/84), existem três regimes de cumprimento de pena que seguem às seguintes regras:

Fechado	Semiaberto	Aberto
A pena é cumprida na Penitenciária. Obs.: apesar de, na prática, isso ser desvirtuado, a chamada Cadeia Pública destina-se apenas ao recolhimento de presos provisórios (art. 102 da LEP), considerando que as pessoas presas provisoriamente devem ficar separadas das que já tiverem sido definitivamente condenadas (art. 300 do CPP).	A pena é cumprida em colônia agrícola, industrial ou estabelecimento similar (art. 33, § 1º, "b", CP).	A pena é cumprida na Casa do Albergado ou estabelecimento adequado (art. 33, § 1º, "c", CP). A Casa do Albergado deverá estar localizada em centro urbano, separada dos demais estabelecimentos prisionais, e caracteriza-se pela ausência de obstáculos físicos contra a fuga. Isso porque o regime aberto baseia-se na autodisciplina e senso de responsabilidade.

Fechado	Semiaberto	Aberto
O condenado fica sujeito a trabalho, dentro da própria Penitenciária, no período diurno, e a isolamento durante o repouso noturno.	O condenado fica sujeito a trabalho, dentro da colônia, durante o período diurno. À noite, fica recolhido na cela.	Durante o dia, o condenado trabalha, frequenta cursos ou realiza outras atividades autorizadas, fora do estabelecimento e sem vigilância. Durante o período noturno e nos dias de folga, permanece recolhido na Casa do Albergado.

Na prática, contudo, é muito comum que não existam colônias agrícolas e industriais e casas de albergado, unidades prisionais previstas na Lei como sendo as adequadas para o cumprimento da pena nos regimes semiaberto e aberto.

Imagine agora a seguinte situação hipotética:

João foi condenado à pena de 5 anos de reclusão, tendo o juiz fixado o regime semiaberto.

Ocorre que, no momento de cumprir a pena, verificou-se que não havia no local estabelecimento destinado ao regime semiaberto que atendesse todos os requisitos da LEP.

João poderá cumprir a pena no regime fechado enquanto não há vagas no semiaberto?

NÃO.

A falta de estabelecimento penal adequado não autoriza a manutenção do condenado em regime prisional mais gravoso.

STF. Plenário. RE 641.320/RS, Rel. Min. Gilmar Mendes, julgado em 11/5/2016 (repercussão geral) (Info 825).

A manutenção do condenado em regime mais gravoso do que é devido caracteriza-se como "excesso de execução", havendo, no caso, violação ao direito do apenado.

Vale ressaltar que não é possível "relativizar" esse direito do condenado com base em argumentos ligados à manutenção da segurança pública. A proteção à integridade da pessoa e ao seu patrimônio contra agressões injustas está na raiz da própria ideia de Estado Constitucional. A execução de penas corporais em nome da segurança pública só se justifica se for feita com observância da estrita legalidade. Permitir que o Estado execute a pena de forma excessiva é negar não só o princípio da legalidade, mas a própria dignidade humana dos condenados (art. 1º, III, da CF/88). Por mais grave que seja o crime, a condenação não retira a humanidade da pessoa condenada. Ainda que privados de liberdade e dos direitos políticos, os condenados não se tornam simples objetos de direito (art. 5º, XLIX, da CF/88).

Diante disso, o juiz deverá conceder, imediatamente, a prisão domiciliar em favor de João?

Também NÃO. A concessão da prisão domiciliar não é a primeira opção nestes casos.

O juiz deverá tentar resolver a situação por meio de outras providências antes de conceder a prisão domiciliar.

O que fazer em caso de déficit (falta) de vagas no estabelecimento adequado?

Havendo "déficit" de vagas, deve ser determinada:

1) a saída antecipada de sentenciado no regime com falta de vagas;

2) a liberdade eletronicamente monitorada ao sentenciado que sai antecipadamente ou é posto em prisão domiciliar por falta de vagas;

3) o cumprimento de penas restritivas de direito e/ou estudo ao sentenciado que progrida ao regime aberto.

STF. Plenário. RE 641320/RS, Rel. Min. Gilmar Mendes, julgado em 11/5/2016 (repercussão geral) (Info 825).

Objetivo das medidas acima é o de que surjam novas vagas nos regimes semiaberto e aberto

As vagas nos regimes semiaberto e aberto não são inexistentes, são insuficientes.

Assim, de um modo geral, a falta de vagas decorre do fato de que já há um sentenciado ocupando o lugar.

Dessa forma, o STF determinou, como alternativa para resolver o problema, antecipar a saída de sentenciados que já estão no regime semiaberto ou aberto, abrindo vaga para aquele que acaba de progredir.

Exemplo de como essas medidas fazem surgir vaga no regime semiaberto:

João estava cumprindo pena no regime fechado e progrediu para o regime semiaberto.

Ocorre que não há vagas na unidade prisional destinada ao regime semiaberto.

João não poderá continuar cumprindo pena no fechado porque haveria excesso de execução.

Nestes casos, o que aconteceria normalmente é que João seria colocado em prisão domiciliar. No entanto, o STF afirmou que essa alternativa (prisão domiciliar) não deve ser a primeira opção para o caso.

Diante disso, o STF entendeu que o juiz das execuções penais deverá antecipar a saída de um detento que já estava no regime semiaberto (ex: Francisco), fazendo com que surja a vaga para João.

Imaginemos, por exemplo, que Francisco estava cumprindo pena no regime semiaberto e só teria direito de ir para o regime aberto em 2020. No entanto, para dar lugar a João, Francisco receberá o benefício da "saída antecipada" e ficará em liberdade eletronicamente monitorada, ou seja, ficará livre para trabalhar e estudar, recolhendo-se em casa nos dias de folgas, sendo sempre monitorado com tornozeleira eletrônica.

Com isso, surgirá mais uma vaga no regime semiaberto e esta será ocupada por João.

E se a ausência de vaga for no regime aberto? Ex: Pedro progrediu para o regime aberto, mas não há vagas, o que fazer?

Neste caso, o Juiz deverá conceder a um preso que está no regime aberto a possibilidade de cumprir o restante da pena não mais no regime aberto (pena privativa de liberdade), mas sim por meio de pena restritiva de direitos e/ou estudo.

Ex: Tiago, que estava no regime aberto, só acabaria de cumprir sua pena em 2020. No entanto, para dar lugar a Pedro, o Juiz oferece a ele a oportunidade de sair do regime aberto e cumprir penas restritivas de direito e/ou estudo. Com isso, surgirá nova vaga no aberto.

Assim, se não há estabelecimentos adequados ao regime aberto, a melhor alternativa não é a prisão domiciliar, mas a substituição da pena privativa de liberdade que resta a cumprir por penas restritivas de direito e/ou estudo.

Benefícios devem ser concedidos aos detentos que estão mais próximos de progredir ou de acabar a pena

Vale ressaltar que os apenados que serão beneficiados com a saída antecipada ou com as penas alternativas deverão ser escolhidos com base em critérios isonômicos.

Assim, tais benefícios deverão ser deferidos aos sentenciados que satisfaçam os requisitos subjetivos (bom comportamento) e que estejam mais próximos de satisfazer o requisito objetivo, ou seja, aqueles que estão mais próximos de progredir ou de encerrar a pena.

Para isso, o STF determinou que o CNJ faça um "Cadastro Nacional de Presos", com as informações sobre a execução penal de cada um deles. Isso permitirá verificar os apenados com expectativa de progredir ou de encerrar a pena no menor tempo e, em consequência, organizar a fila de saída com observação da igualdade.

Por que o STF afirma que a prisão domiciliar não pode ser a primeira opção, devendo-se adotar as medidas acima propostas?

Segundo o STF, a prisão domiciliar apresenta vários inconvenientes, que irei aqui resumir:

1º) Para ter esse benefício, cabe ao condenado providenciar uma casa, na qual vai ser acolhido. Nem sempre ele tem meios para manter essa residência. Nem sempre tem uma família que o acolha.

2º) O recolhimento domiciliar puro e simples, em tempo integral, gera dificuldades de caráter econômico e social. O sentenciado passa a necessitar de terceiros para satisfazer todas as suas necessidades – comida, vestuário, lazer. De certa forma, há uma transferência da punição para a família, que terá que fazer todas as atividades externas do sentenciado. Surge a necessidade de constante comunicação com os órgãos de execução da pena, para controlar saídas indispensáveis – atendimento médico, manutenção da casa etc.

3º) Existe uma dificuldade grande de fiscalização se o apenado está realmente cumprindo a restrição imposta.

4º) A prisão domiciliar pura e simples não garante a ressocialização porque é extremamente difícil para o apenado conseguir um emprego no qual ele trabalhe apenas em casa.

Teses que foram firmadas pelo STF em repercussão geral no RE 641.320/RS:

a) A falta de estabelecimento penal adequado não autoriza a manutenção do condenado em regime prisional mais gravoso;

b) Os juízes da execução penal podem avaliar os estabelecimentos destinados aos regimes semiaberto e aberto para qualificação como adequados a tais regimes. São aceitáveis estabelecimentos que não se qualifiquem como "colônia agrícola, industrial" (regime semiaberto) ou "casa de albergado ou estabelecimento adequado" (regime aberto) (art. 33, § 1º, "b" e "c", do CP). No entanto, não deverá haver alojamento conjunto de presos dos regimes semiaberto e aberto com presos do regime fechado.

c) Havendo déficit de vagas, deverá determinar-se:

(i) a saída antecipada de sentenciado no regime com falta de vagas;

(ii) a liberdade eletronicamente monitorada ao sentenciado que sai antecipadamente ou é posto em prisão domiciliar por falta de vagas;

(iii) o cumprimento de penas restritivas de direito e/ou estudo ao sentenciado que progride ao regime aberto.

d) Até que sejam estruturadas as medidas alternativas propostas, poderá ser deferida a prisão domiciliar ao sentenciado.

STF. Plenário. RE 641320/RS, Rel. Min. Gilmar Mendes, julgado em 11/5/2016 (repercussão geral) (Info 825).

O STF editou uma súmula vinculante a respeito do tema:

Súmula vinculante 56: A falta de estabelecimento penal adequado não autoriza a manutenção do condenado em regime prisional mais gravoso, devendo-se observar, nessa hipótese, os parâmetros fixados no RE 641.320/RS.

STJ

O STJ acompanhou o entendimento e fixou a seguinte tese:

A inexistência de estabelecimento penal adequado ao regime prisional determinado para o cumprimento da pena não autoriza a concessão imediata do benefício da prisão domiciliar, porquanto, nos termos da Súmula Vinculante nº 56, é imprescindível que a adoção de tal medida seja precedida das providências estabelecidas no julgamento do RE 641.320/RS, quais sejam:

i) saída antecipada de outro sentenciado no regime com falta de vagas, abrindo-se, assim, vagas para os reeducandos que acabaram de progredir;

ii) a liberdade eletronicamente monitorada ao sentenciado que sai antecipadamente ou é posto em prisão domiciliar por falta de vagas; e

iii) cumprimento de penas restritivas de direitos e/ou estudo aos sentenciados em regime aberto.

STJ. 3ª Seção. REsp 1.710.674-MG, Rel. Min. Reynaldo Soares da Fonseca, julgado em 22/08/2018 (recurso repetitivo) (Info 632).

9.6. REMIÇÃO PELO TRABALHO ANTES DO INÍCIO DA EXECUÇÃO DA PENA

Previsão legal da remição

O art. 126 da Lei de Execuções Penais (Lei nº 7.210/84) estabelece:

§ Art. 126. O condenado que cumpre a pena em regime fechado ou semiaberto poderá remir, por trabalho ou por estudo, parte do tempo de execução da pena.

O art. 126 da LEP trata, portanto, da remição (ato de remir).

O que é a remição?

Remição é...

- o direito que possui o condenado ou a pessoa presa cautelarmente
- de reduzir o tempo de cumprimento da pena
- mediante o abatimento
- de 1 dia de pena a cada 12 horas de estudo ou
- de 1 dia de pena a cada 3 dias de trabalho.

É uma forma de estimular e premiar o condenado para que ocupe seu tempo com uma atividade produtiva (trabalho ou estudo), servindo, ainda, como forma de ressocialização e de preparação do apenado para que, quando termine de cumprir sua pena, possa ter menos dificuldades de ingressar no mercado de trabalho.

O tempo remido será considerado como pena cumprida, para todos os efeitos (art. 128).

Obs: a remição de que trata a LEP é com "ç" (remição). Remissão (com "ss") significa outra coisa, qual seja, perdão, renúncia etc., sendo muito utilizada no direito civil (direito das obrigações) para indicar o perdão do débito.

Remição pelo TRABALHO	Remição pelo ESTUDO
A cada 3 dias de trabalho, diminui 1 dia de pena. *Obs.: somente poderão ser considerados, para fins de remição, os dias em que o condenado cumprir a jornada normal de trabalho, que não pode ser inferior a 6h nem superior a 8h (art. 33).*	A cada 12 horas de estudo, diminui 1 dia de pena. *Obs.: as 12 horas de estudo deverão ser divididas em, no mínimo, 3 dias.*
Somente é aplicada se o condenado cumpre pena em regime fechado ou semiaberto. Obs.: não se aplica se o condenado estiver cumprindo pena no regime aberto ou se estiver em livramento condicional.	Pode ser aplicada ao condenado que cumpra pena em regime fechado, semiaberto, ***aberto*** ou, ainda, que esteja em ***livramento condicional***. Atenção: perceba a diferença em relação à remição pelo trabalho.

É possível a remição para condenados que cumprem pena em regime aberto?

- Remição pelo trabalho: NÃO.
- Remição pelo estudo: SIM.

Outras regras importantes sobre a remição:

- As atividades de estudo poderão ser desenvolvidas de forma presencial ou por metodologia de ensino à distância e deverão ser certificadas pelas autoridades educacionais competentes dos cursos frequentados (§ 2º do art. 126).
- É possível que o condenado cumule a remição pelo trabalho e pelo estudo, desde que as horas diárias de trabalho e de estudo sejam compatíveis (§ 3º do art. 126).
- O preso impossibilitado, por acidente, de prosseguir no trabalho ou nos estudos, continuará a beneficiar-se com a remição (§ 4º do art. 126).
- O tempo a remir em função das horas de estudo será acrescido de 1/3 (um terço) caso o condenado consiga concluir o ensino fundamental, médio ou superior durante o cumprimento da pena (§ 5º do art. 126).
- A remição pode ser aplicada para a pessoa presa cautelarmente (§ 7º do art. 126). Assim, se o indivíduo está preso preventivamente e decide trabalhar, esse tempo será abatido de sua pena caso venha a ser condenado no futuro.
- A remição será declarada pelo juiz da execução, ouvidos o Ministério Público e a defesa (§ 8º do art. 126).

Situação 1. Imagine a seguinte situação hipotética:

Em 2015, João ficou preso durante 3 meses pela prática do crime "A".

Durante esse período, João trabalhou todos os dias na unidade prisional.

Em 2016, João foi absolvido do delito "A".

Em 2017, João praticou o crime "B", tendo sido condenado a 6 anos de reclusão.

Iniciou-se a execução penal quanto ao crime "B".

João não poderá ser beneficiado pelo instituto da remição quanto a este período em que ele trabalhou ao estar preso em 2015. Isso porque o STJ não admite a remição por trabalho executado em momento anterior à prática do delito referente à pena a ser remida:

> (...) No presente caso, verifica-se que o período trabalhado pelo paciente, e sobre o qual se pretende a remição da pena (28/6/2012 a 8/5/2013), é anterior à data do cometimento do crime de tráfico (9/7/2013), cuja pena está sendo executada, razão pela qual não é possível a remição pretendida, tal qual ocorre com a detração, sob pena de criação de um crédito em favor do paciente contra a Justiça Criminal. (...)
>
> STJ. 5ª Turma. HC 377.703/SP, Rel. Min. Felix Fischer, DJe 10/08/2017.

Situação 2. Imagine agora uma outra situação:

Em 2015, João praticou o crime "A", respondendo o processo em liberdade.

Em 2016, João cometeu o crime "B" e, por conta deste segundo delito, ficou preso durante 3 meses.

Durante esse período, João trabalhou todos os dias na unidade prisional.

Em 2017, João foi absolvido do delito "B".

Em 2018, João foi condenado pela prática do crime "A", recebendo 6 anos de reclusão.

Iniciou-se a execução penal quanto ao crime "A".

Neste segundo exemplo, João poderá aproveitar o tempo que ficou preso quanto ao crime "B" para ser beneficiado com a remição relativa ao período. Isso porque o trabalho em questão foi realizado em momento posterior (2016) à prática do delito cuja condenação se executa (crime "A" praticado em 2015).

Desse modo, ainda que o trabalho tenha sido realizado antes do início da execução penal, será possível a remição da pena porque o delito que está sendo agora executado foi praticado antes do trabalho exercido:

> **É possível a remição do tempo de trabalho realizado antes do início da execução da pena, desde que em data posterior à prática do delito.**
>
> STJ. 6ª Turma. HC 420.257-RS, Rel. Min. Nefi Cordeiro, julgado em 19/04/2018 (Info 625).

Não interessa, portanto, se o trabalho foi realizado antes ou depois do início da execução penal (início do cumprimento da pena).

O que interessa analisar é se o trabalho foi realizado antes ou depois do cometimento do crime no qual se quer aproveitar a remição.

- Se o trabalho foi realizado ANTES do crime: não será possível a remição na execução penal deste delito.
- Se o trabalho foi realizado APÓS o crime: será sim possível a remição na execução penal deste delito.

Para facilitar o entendimento. Por que não se admite a remição se o trabalho foi realizado antes do crime?

Porque a jurisprudência entende que se isso fosse possível, haveria um estímulo à criminalidade. Seria como se o réu fizesse uma "poupança" de dias a serem remidos a fim de que ele pudesse utilizar, no futuro, nos crimes que ainda viesse a cometer. Seria como dar ao réu uma "carta branca" para cometer outro crime já que ele teria esse "crédito" para descontar de uma futura condenação.

Mesmo raciocínio do caso da detração

O entendimento acima explicado é o mesmo que é adotado para o caso da detração.

É possível que haja a detração em processos criminais distintos?

1) Se a prisão cautelar foi ANTERIOR ao crime pelo qual a pessoa foi condenada: NÃO

2) Se a prisão cautelar foi POSTERIOR ao crime pelo qual a pessoa foi condenada: SIM

É cabível a aplicação do benefício da detração penal, previsto no art. 42 do CP, em processos distintos, desde que o delito pelo qual o sentenciado cumpre pena tenha sido cometido antes da segregação cautelar, evitando a criação de um crédito de pena.

STJ. 5ª Turma. HC 178.894-RS, Rel. Min. Laurita Vaz, julgado em 13/11/2012.

O que fazer com esse tempo que o indivíduo ficou preso indevidamente e que não poderá ser utilizado para detração e/ou remição?

A pessoa poderá ajuizar ação de indenização contra o Estado, nos termos do art. 5º, LXXV, da CF/88, aplicável analogicamente: *o Estado indenizará o condenado por erro judiciário, assim como o que ficar preso além do tempo fixado na sentença.*

9.7. NÃO É POSSÍVEL A REMIÇÃO FICTA DA PENA

Noções gerais sobre a remição

Veja tópico anterior.

Remição ficta ou automática

O trabalho e o estudo são direitos do preso, conforme prevê o art. 41, II e VI, da Lei nº 7.210/84 (Lei de Execução Penal). Na verdade, o trabalho possui uma natureza híbrida considerando que, além de ser um direito, é também um dever do apenado (art. 31).

Além disso, conforme vimos acima, o trabalho e o estudo são muito interessantes para o apenado considerando que ele poderá diminuir o tempo de cumprimento da pena por meio do instituto da remição.

Ocorre que, na prática, a maioria das unidades prisionais não oferece oportunidades para que o preso trabalhe ou estude.

Diante desse cenário, surgiu a seguinte tese: o Estado deve oferecer aos presos oportunidades de trabalho e estudo. Com isso, o apenado pode se ressocializar e ter direito à remição. Nos presídios onde isso não é oferecido, pode-se dizer que o Poder Público está sendo omisso em seu dever. Ocorre que os presos não podem ser prejudicados pela omissão do Estado. Logo, se a unidade prisional não oferece condições de trabalho ou estudo para os presos, deve-se considerar, de forma ficta, que estes presos estão trabalhando e, portanto, deve-se conceder a eles a remição mesmo sem o efetivo trabalho. Assim, a defesa pede que os presos sejam beneficiados com a remição da pena, na proporção de 3 dias encarcerados por 1, até o efetivo oferecimento de trabalho ou de estudo.

Essa tese ficou conhecida como "remição ficta" ou "remição automática".

A remição ficta é aceita pelos Tribunais Superiores?

NÃO.

Não se admite a remição ficta da pena.

Embora o Estado tenha o dever de prover trabalho aos internos que desejem laborar, reconhecer a remição ficta da pena, nesse caso, faria com que todas as pessoas do sistema

prisional obtivessem o benefício, fato que causaria substancial mudança na política pública do sistema carcerário, além de invadir a esfera do Poder Executivo.

O instituto da remição exige, necessariamente, a prática de atividade laboral ou educacional. Trata-se de reconhecimento pelo Estado do direito à diminuição da pena em virtude de trabalho efetuado pelo detento. Não sendo realizado trabalho, estudo ou leitura, não há que se falar em direito à remição.

STF. 1ª Turma. HC 124520/RO, rel. Min. Marco Aurélio, red. p/ ac. Min. Roberto Barroso, julgado em 29/5/2018 (Info 904).

STJ. 5ª Turma. HC 421.425/MG, Rel. Min. Felix Fischer, julgado em 27/02/2018.

STJ. 6ª Turma. HC 425.155/MG, Rel. Min. Nefi Cordeiro, julgado em 06/03/2018.

Esse é o entendimento tanto do STF como do STJ:

(...) 1. O benefício da remição da pena pelo trabalho ou pelo estudo, consoante se denota do art. 126 da LEP, pressupõe que os reeducandos demonstrem a efetiva dedicação a trabalho ou estudo, com finalidade, portanto, produtiva ou educativa, dada a sua finalidade ressocializadora.

2. A suposta omissão estatal em propiciar ao apenado padrões mínimos previstos no ordenamento jurídico não pode ser utilizada como causa a ensejar a concessão ficta de um benefício que depende de um real envolvimento da pessoa do apenado em seu progresso educativo e ressocializador. (...)

STJ. 6ª Turma. AgRg no HC 434.636/MG, Rel. Min. Nefi Cordeiro, julgado em 22/05/2018.

Outra acepção de remição ficta

Alguns advogados e Defensores Públicos defendem outra possibilidade de remição ficta. Ela ocorreria quando a unidade prisional apresentar condições insalubres, superlotação etc. Assim, se o presídio estiver em tais condições, o preso teria também direito à remição ficta como forma de compensar essa violação aos seus direitos.

Esta tese também não é acolhida pelo STF e STJ.

Em caso de condições insalubres, os presos possuem direito de serem indenizados pecuniariamente pelo Estado, mas não terão direito à remição ficta. Foi o que decidiu o STF no 580252/MS:

Considerando que é dever do Estado, imposto pelo sistema normativo, manter em seus presídios os padrões mínimos de humanidade previstos no ordenamento jurídico, é de sua responsabilidade, nos termos do art. 37, § 6°, da Constituição, a obrigação de ressarcir os danos, inclusive morais, comprovadamente causados aos detentos em decorrência da falta ou insuficiência das condições legais de encarceramento.

STF. Plenário. RE 580252/MS, rel. orig. Min. Teori Zavascki, red. p/ o ac. Min. Gilmar Mendes, julgado em 16/2/2017 (repercussão geral) (Info 854).

Durante os debates do julgamento, o Min. Roberto Barroso propôs que a indenização não fosse em dinheiro, mas sim por meio de remição da pena. Dessa forma, em vez de receber uma reparação pecuniária, os presos que sofrem danos morais por cumprirem pena em presídios com condições degradantes teriam direito ao "abatimento" de dias da pena (remição ficta).

Assim, pela proposta do Ministro Barroso, os danos morais causados a presos por superlotação ou condições degradantes deveriam ser reparados, preferencialmente, pela remição de parte do tempo da pena – à razão de um dia de remição para cada 3 a 7 dias cumpridos sob essas condições adversas, a critério do juiz da Vara de Execuções Penais competente. Barroso argumentou que, com a solução, ganha o preso, que reduz o tempo de prisão, e ganha o Estado, que se desobriga de despender recursos com indenizações, dinheiro que pode ser, inclusive, usado na melhoria do sistema.

O voto do Min. Barroso foi acompanhado apenas pelos Ministros Luiz Fux e Celso de Mello, ficando, portanto, vencido.

A maioria dos Ministros do STF decidiu que a indenização deve ser mesmo em pecúnia.

9.8. LIVRAMENTO CONDICIONAL E SÚMULA 617 DO STF

Súmula 617-STJ: A ausência de suspensão ou revogação do livramento condicional antes do término do período de prova enseja a extinção da punibilidade pelo integral cumprimento da pena.

STJ. 3ª Seção. Aprovada em 26/09/2018, DJe 01/10/2018.

O que é livramento condicional?

Livramento condicional é...

- um benefício da execução penal
- concedido ao condenado preso,
- consistindo no direito de ele ficar em liberdade,
- mesmo antes de ter terminado a sua pena,
- assumindo o compromisso de cumprir algumas condições,
- desde que preencha os requisitos previstos na lei.

O indivíduo que está no gozo do livramento condicional desfruta de uma liberdade antecipada, condicional e precária. Entenda:

- antecipada: porque o condenado é solto antes de ter cumprido integralmente a pena.
- condicional: uma vez que, durante o período restante da pena (chamado de período de prova), ele terá que cumprir certas condições fixadas na decisão que conceder o benefício.
- precária: tendo em vista que o benefício poderá ser revogado (e ele retornar à prisão) caso descumpra as condições impostas.

(MASSON, Cleber. *Direito Penal esquematizado*. 8. ed., São Paulo: Saraiva, 2014, p. 808).

Previsão legal

As regras sobre o livramento condicional estão elencadas nos arts. 83 a 90 do CP e arts. 131 a 146 da LEP.

Requisitos

Para que o condenado tenha direito ao livramento condicional, deverá atender aos seguintes requisitos:

Requisitos OBJETIVOS	O condenado deve ter: 1. sido sentenciado a uma pena privativa de liberdade igual ou superior a 2 anos; 2. reparado o dano causado com o crime, salvo se for impossível fazê-lo; 3. cumprido parte da pena, quantidade que irá variar conforme ele seja reincidente ou não: • condenado não reincidente em crime doloso e com bons antecedentes: basta cumprir mais de 1/3 (um terço) da pena. É chamado de livramento condicional SIMPLES; • condenado reincidente em crime doloso: deve cumprir mais de 1/2 (metade) da pena para ter direito ao benefício. É o livramento condicional QUALIFICADO; • condenado por crime hediondo ou equiparado, se não for reincidente específico em crimes dessa natureza: deve cumprir mais de 2/3 (dois terços) da pena. É o livramento condicional ESPECÍFICO; • condenado por crime hediondo ou equiparado, se for reincidente específico em crimes dessa natureza: não terá direito a livramento condicional.
Requisitos SUBJETIVOS	O condenado deve ter: 1. bom comportamento carcerário, a ser comprovado pelo diretor da unidade prisional; 2. bom desempenho no trabalho que lhe foi atribuído; 3. aptidão para prover a própria subsistência mediante trabalho honesto; 4. para o condenado por crime doloso, cometido com violência ou grave ameaça à pessoa, a concessão do livramento ficará também subordinada à constatação de condições pessoais que façam presumir que o liberado não voltará a delinquir.

Obs: a falta grave não interrompe o prazo para obtenção do livramento condicional (Súmula 441-STJ).

Competência para deferir

A concessão do livramento competirá ao juiz da execução da pena que o condenado estiver cumprindo.

Antes de decidir, o magistrado deverá:

- requerer um parecer do diretor do estabelecimento sobre o comportamento carcerário do apenado;
- ouvir o Ministério Público e a defesa.

O ato do juiz que concede ou nega o livramento condicional é uma sentença, que deverá ser sempre motivada.

O juiz tem que ouvir o Conselho Penitenciário?

NÃO. Não se exige a prévia oitiva do Conselho Penitenciário para fins de concessão do livramento condicional, segundo a nova redação do art. 112 da LEP dada pela Lei nº 10.792/2003.

STJ. 5ª Turma. HC 350.902/SP, Rel. Min. Ribeiro Dantas, julgado em 21/06/2016.

Legitimidade para instaurar o procedimento

O livramento condicional poderá ser concedido mediante:

- requerimento do sentenciado;
- requerimento o cônjuge ou de parente em linha reta do sentenciado;
- proposta do diretor do estabelecimento penal; ou
- por iniciativa do Conselho Penitenciário.

Obs: apesar de não estar previsto na lei, entende-se que o juiz pode conceder de ofício.

Condições

O juiz, ao conceder o livramento condicional, irá impor ao condenado algumas condições, ou seja, obrigações que ele terá que cumprir.

Existem algumas condições que são obrigatórias, ou seja, a própria lei diz que todo condenado deverá cumprir (art. 132, § 1º da LEP).

Por outro lado, há determinadas condições que são facultativas, isto é, são obrigações que o magistrado poderá ou não impor ao condenado, a depender do caso concreto (art. 132, § 2º da LEP).

> O livramento condicional consiste na última etapa da execução da pena, visando à ressocialização do apenado, quando ele é colocado em liberdade mediante o cumprimento de determinadas condições previstas nos arts. 83, do Código Penal e 132, § 1º, da Lei de Execução Penal, algumas obrigatórias, outras facultativas.
>
> STJ. 5ª Turma. HC 235.480/SP, Rel. Min. Gilson Dipp, julgado em 26/06/2012.

Vejamos quais são essas condições:

CONDIÇÕES DO LIVRAMENTO CONDICIONAL	
OBRIGATÓRIAS	**FACULTATIVAS**
Serão sempre impostas ao liberado condicional as seguintes obrigações: **a.** obter ocupação lícita, dentro de prazo razoável se for apto para o trabalho; **b.** comunicar periodicamente ao Juiz sua ocupação; **c.** não mudar do território da comarca do Juízo da execução, sem prévia autorização.	Poderão ainda ser impostas ao liberado condicional, entre outras obrigações, as seguintes: **a.** não mudar de residência sem comunicação ao Juiz e à autoridade incumbida da observação cautelar e de proteção; **b.** recolher-se à habitação em hora fixada; **c.** não frequentar determinados lugares.
As condições obrigatórias são apenas essas, que estão previstas taxativamente no art. 132, § 1º da LEP.	As condições facultativas estão previstas em um rol exemplificado no art. 132, § 2º da LEP. Isso significa que o juiz poderá estabelecer outras, desde que razoáveis. São chamadas por alguns autores de "condições judiciais" (art. 85 do CP). Ex: juiz pode determinar que o condenado frequente tratamento para viciados em droga.

Cerimônia do livramento condicional

O livramento condicional é concedido em uma "cerimônia" (uma espécie de audiência admonitória) realizada no próprio estabelecimento onde o condenado está preso.

Apesar de não se verificar isso na prática, é importante que você conheça o art. 137 da LEP para fins de concurso:

§ Art. 137. A cerimônia do livramento condicional será realizada solenemente no dia marcado pelo Presidente do Conselho Penitenciário, no estabelecimento onde está sendo cumprida a pena, observando-se o seguinte:

I – a sentença será lida ao liberando, na presença dos demais condenados, pelo Presidente do Conselho Penitenciário ou membro por ele designado, ou, na falta, pelo Juiz;

II – a autoridade administrativa chamará a atenção do liberando para as condições impostas na sentença de livramento;

III – o liberando declarará se aceita as condições.

§ 1º De tudo em livro próprio, será lavrado termo subscrito por quem presidir a cerimônia e pelo liberando, ou alguém a seu rogo, se não souber ou não puder escrever.

§ 2º Cópia desse termo deverá ser remetida ao Juiz da execução.

Quanto tempo dura o livramento condicional?

O livramento condicional perdura durante o tempo que restante da pena.

Ex: João foi condenado a uma pena de 6 anos de reclusão. Após cumprir 2 anos e 1 dia de pena (ou seja, mais de 1/3), ele requereu e foi concedido o benefício. Este livramento condicional irá durar pouco menos de 4 anos, isto é, o período que falta para ele terminar a pena.

Conforme já explicado, no período do livramento condicional, o condenado ficará em uma época de "teste" no qual se irá analisar se ele cumpre as condições impostas e se ele não pratica nenhum ato que configure motivo para revogar o benefício.

Assim, o tempo em que o apenado está em livramento condicional é chamado de "período de prova".

O benefício poderá ser revogado (e ele retornar à prisão) caso descumpra as condições impostas. Se isso acontecer, significa que ele terá falhado na "prova".

Revogação do livramento

A lei prevê situações que, se acontecerem, o livramento condicional deverá ser obrigatoriamente revogado (causas de revogação obrigatória – art. 86 do CP).

Há também outros casos que se ocorrerem, o juiz pode avaliar a situação concreta e decidir se irá revogar o benefício ou se dará uma chance para o apenado de continuar no livramento condicional (causas de revogação facultativa – art. 87 do CP).

A revogação será decretada:

- a requerimento do Ministério Público;
- mediante representação do Conselho Penitenciário; ou
- de ofício, pelo Juiz.

O condenado deverá ser ouvido previamente.

Causas de revogação OBRIGATÓRIA

1) Se o agente for condenado definitivamente à pena privativa de liberdade por crime cometido durante a vigência do benefício.

- Situação muito grave; o apenado recebeu uma chance, ou seja, ficou em liberdade antes de terminar a pena e, apesar disso, praticou um crime durante o período de prova.
- O condenado irá "perder" esse tempo em que ficou no livramento condicional, ou seja, o tempo em que ele ficou em liberdade não será computado (descontado) na pena a cumprir. Ex: ele recebeu livramento condicional quando ainda faltavam 4 anos de pena; depois de 2 anos no livramento condicional, ele praticou e foi condenado por novo crime; esses 2 anos serão desconsiderados; ele voltará para a prisão e terá que cumprir os 4 anos que ainda faltavam mais a nova pena fixada;
- Não será permitido novo livramento para o crime revogado. Pode ser concedido, no entanto, para a nova condenação (quando ele completar os requisitos);
- O novo livramento não permite soma da pena do crime anterior (assim, se o novo crime for menor que 2 anos, não caberá livramento nem para o segundo crime).

2) Se o agente for condenado definitivamente à pena privativa de liberdade por crime anterior à vigência do benefício.

- Computa-se, na pena a cumprir, o tempo de liberdade. Ex: ele recebeu livramento condicional quando ainda faltavam 4 anos de pena; depois de 2 anos no livramento condicional, veio a condenação transitada em julgado por crime praticado antes do benefício; esses 2 anos que ele ficou cumprindo corretamente o livramento condicional serão "aproveitados" e poderão ser descontados da pena que ainda falta ele cumprir; assim, este apenas voltará para a prisão e terá que cumprir apenas 2 anos da primeira condenação e mais a nova pena fixada;
- Será permitido novo livramento, inclusive para o crime revogado;
- Cabe a soma das penas.

Veja o que dizem os arts. 141 e 142 da LEP e o art. 87 do CP:

§ Art. 141. Se a revogação for motivada por infração penal anterior à vigência do livramento, computar-se-á como tempo de cumprimento da pena o período de prova, sendo permitida, para a concessão de novo livramento, a soma do tempo das 2 (duas) penas.

§ Art. 142. No caso de revogação por outro motivo, não se computará na pena o tempo em que esteve solto o liberado, e tampouco se concederá, em relação à mesma pena, novo livramento.

§ Art. 88. Revogado o livramento, não poderá ser novamente concedido, e, salvo quando a revogação resulta de condenação por outro crime anterior àquele benefício, não se desconta na pena o tempo em que esteve solto o condenado.

Causas de revogação FACULTATIVA

1. Se o liberado deixar de cumprir qualquer das obrigações constantes da sentença;
2. Se o liberado for condenado definitivamente por crime ou contravenção e não receber pena privativa de liberdade. Ex: recebeu pena restritiva de direitos.

Obs: se o juiz decidir manter o livramento condicional, na hipótese da revogação facultativa, ele deverá advertir o liberado ou agravar as condições que já tinham sido impostas (art. 140, parágrafo único da LEP).

Suspensão do livramento condicional

No caso da prática de crime ou contravenção penal, a legislação exige, como condição para a revogação, que haja sentença judicial transitada em julgado.

Ocorre que o trânsito em julgado e uma condenação criminal pode demorar anos para acontecer.

Diante disso, em tais casos, o juiz deve determinar a suspensão cautelar do livramento condicional enquanto se aguarda a decisão final do processo criminal.

Assim, se o indivíduo que estava em liberdade condicional praticar uma infração penal durante o período de prova, não se poderá revogar imediatamente o benefício, mas o juiz deverá suspender o livramento, mandando o condenado de volta para a prisão enquanto se aguarda o desfecho do processo penal. É o que prevê o art. 145 da LEP:

> § Art. 145. Praticada pelo liberado outra infração penal, o Juiz poderá ordenar a sua prisão, ouvidos o Conselho Penitenciário e o Ministério Público, suspendendo o curso do livramento condicional, cuja revogação, entretanto, ficará dependendo da decisão final.

Fique atenta(o) para o fato de que a suspensão cautelar do livramento só pode ocorrer para o caso de cometimento de outra infração penal. Assim, não é o descumprimento de toda e qualquer condição que gera a possibilidade de suspensão do livramento.

Se ocorrer alguma causa de revogação do livramento condicional durante o período de prova, o juiz somente poderá revogar ou suspender o benefício antes do término do cumprimento da pena

Imagine a seguinte situação hipotética:

Pedro cumpria pena por extorsão.

O juiz concedeu livramento condicional a Pedro no dia 05/05/2012.

O período de prova terminaria dia 10/07/2017, quando se encerraria o tempo que falta para cumprimento da pena.

No dia 05/05/2017, ou seja, três anos depois do início do livramento, Pedro praticou um roubo.

Ocorre que o juiz da execução não foi informado imediatamente sobre o fato e, por isso, não determinou a suspensão do livramento condicional.

Em 05/07/2017, o Ministério Público ofereceu denúncia contra Pedro pelo cometimento do roubo e pediu para que o juízo da execução penal fosse informado sobre a ocorrência deste novo delito.

Em 15/07/2017 o juiz da execução penal foi comunicado de que o condenado Pedro praticou outro crime durante o livramento condicional e está respondendo ao processo penal.

O juiz da execução, ao receber essa comunicação, poderá revogar o livramento condicional, determinando que Pedro volte a cumprir a pena, descontado o período em que ficou gozando do benefício?

NÃO. Isso porque já se encerrou o período de prova sem que tenha havido suspensão ou revogação do livramento. Logo, se essas providências não foram tomadas durante o período de prova, não podem ser feitas agora, depois que já se encerrou o prazo do livramento condicional.

Mas o novo crime foi praticado durante o período de prova, ou seja, enquanto o condenado ainda cumpria o livramento condicional... Como a nova infração penal foi cometida durante o livramento condicional (antes de o benefício acabar), não seria possível considerar que, com a prática do novo crime, houve a prorrogação automática do período de prova, nos termos do art. 89 do CP?

NÃO. O art. 89 do CP prevê o seguinte:

§ Art. 89. O juiz não poderá declarar extinta a pena, enquanto não passar em julgado a sentença em processo a que responde o liberado, por crime cometido na vigência do livramento.

O art. 89 do CP traz a possibilidade de ser prorrogado o prazo do livramento em caso de crime cometido durante o gozo do benefício. Contudo, essa prorrogação do período de prova não pode ser automática.

Assim, ocorrendo novo delito durante o período de prova do livramento condicional, é necessária a suspensão cautelar do benefício, sob pena de ser declarada extinta a pena após o término do prazo do livramento.

O que o juiz da execução deve fazer, então?

Como não houve decisão determinado a suspensão ou revogação do período de prova durante o prazo do livramento condicional, somente resta agora ao juiz proferir sentença declarando a extinção da punibilidade pelo integral cumprimento da pena (em relação ao crime de extorsão).

Pedro irá continuar respondendo pelo delito de roubo, mas a pena pelo crime de extorsão já foi cumprida.

Essa é a interpretação que é dada pelo STJ ao art. 90 do CP:

§ Art. 90. Se até o seu término o livramento não é revogado, considera-se extinta a pena privativa de liberdade.

"Expirado o prazo do livramento condicional sem a sua suspensão ou prorrogação (art. 90 do CP), a pena é automaticamente extinta" (STJ. 5ª Turma. HC 279.405/SP, Rel. Min. Felix Fischer, DJe 27/11/2014).

Conclusões:

- se o réu cometeu crime durante a vigência do livramento condicional, não haverá a suspensão, prorrogação ou revogação automática do benefício;
- em caso de prática de crime durante o período de prova, o juiz deverá determinar: 1) a suspensão do livramento condicional (caso o processo criminal pelo segundo delito ainda não tenha se encerrado) ou a sua revogação (caso já tenha sentença condenatória transitada em julgado);
- se o juiz suspender nem revogar expressamente o livramento condicional durante o período de prova, não poderá mais fazê-lo depois que esgotado esse prazo;
- se o período de prova transcorrer sem decisão formal do juiz suspendendo ou revogando o livramento, considera-se que houve o cumprimento integral da pena, não havendo outra solução a não ser reconhecer a extinção da punibilidade;
- logo, a ausência de suspensão ou revogação do livramento condicional antes do término do período de prova enseja a extinção da punibilidade pelo integral cumprimento da pena;
- decorrido o período de prova do livramento condicional sem que seja proferido uma decisão formal e expressa de suspensão ou revogação do benefício, a pena deve ser extinta, nos termos do art. 90 do CP.

Veja como o tema já foi cobrado em prova:

(Delegado PC/MA 2018 CESPE) Um sentenciado foi beneficiado com o livramento condicional, cujo término do período de prova estava previsto para 25/5/2016. Porém, no dia 29/2/2016, ele praticou novo delito, pelo qual veio a ser condenado por sentença transitada em julgado. Apesar disso, o juízo da execução penal não procedeu à suspensão cautelar do benefício, tendo praticado tal ato somente no dia 11/9/2016. Com relação a essa situação hipotética e a aspectos a ela correlatos, julgue os seguintes itens.

I – O fato de não ter sido oportunamente suspenso o benefício é irrelevante, pois o livramento deve ser revogado pelo juiz da execução quando sobrevém condenação irrecorrível à pena de prisão.

II – Competiria ao juízo da execução penal determinar a suspensão do livramento condicional, cautelarmente, para revogá-lo depois, se fosse o caso.

III – Julgar-se-ia extinta a pena relativa ao primeiro delito se, relativamente ao segundo, cometido na vigência do livramento condicional, o réu fosse absolvido no segundo grau de jurisdição.

IV – A revogação do benefício seria facultativa se a nova condenação, referente ao crime cometido no período de prova, fosse de pena distinta da privativa de liberdade.

Estão certos apenas os itens

a. I e II.

b. I e III.

c. II e IV.

d. I, III e IV.

e. II, III e IV.

Letra C

(DPE/AP 2018 FCC) O livramento condicional pode ser revogado se, após expirado o período de prova, sobrevier informação de que o sentenciado descumpriu alguma condição imposta durante seu cumprimento. (errado)

Posição do STF

Vale ressaltar que o STF possui o mesmo entendimento que é manifestado na súmula:

(...) À luz do disposto no art. 86, I, do Código Penal e no art. 145 da Lei das Execuções Penais, se, durante o cumprimento do benefício, o liberado cometer outra infração penal, o juiz poderá ordenar a sua prisão, suspendendo o curso do livramento condicional, cuja revogação, entretanto, aguardará a conclusão do novo processo instaurado.

3. A suspensão do livramento condicional não é automática. Pelo contrário, deve ser expressa, por decisão fundamentada, para se aguardar a apuração da nova infração penal cometida durante o período de prova, e, então, se o caso, revogar o benefício. Precedente.

4. Decorrido o prazo do período de prova sem ter havido a suspensão cautelar do benefício, tampouco sua revogação, extingue-se a pena privativa de liberdade. Precedentes.

5. Ordem concedida, para reconhecer a extinção da pena privativa de liberdade imposta ao paciente quanto ao primeiro crime cometido.

STF. 1ª Turma. HC 119938, Rel. Min. Rosa Weber, julgado em 03/06/2014.

9.9. IMPOSSIBILIDADE DE TRANSFERÊNCIA DO APENADO PARA OUTRO ESTADO DA FEDERAÇÃO SOB A ALEGAÇÃO DE QUE ESTARIA RECEBENDO TRATAMENTO PRIVILEGIADO

A situação concreta foi a seguinte:

Sérgio Cabral, ex-Governador do Rio de Janeiro, estava preso em um presídio na capital fluminense.

O Juízo da 13ª Vara Federal de Curitiba e o Juízo da 7ª Vara Federal do Rio de Janeiro, em decisão conjunta, determinaram a transferência de Cabral para uma unidade prisional de Curitiba (PR), sob o argumento de que o réu estaria gozando de regalias indevidas no presídio do Rio de Janeiro.

A defesa de Cabral impetrou habeas corpus contra esta decisão.

No writ, o impetrante alegou que as supostas regalias não ocorreram e que o paciente deveria permanecer preso na unidade prisional do Rio de Janeiro a fim de ficar próximo de seus familiares.

O habeas corpus impetrado foi acolhido pelo STF?

SIM. O STF decidiu que:

> **É inviável a remoção de apenado para outro Estado com fundamento em suposto tratamento privilegiado. Apenas razões excepcionalíssimas e devidamente fundamentadas poderiam legitimar essa medida.**
>
> STF. 2ª Turma. HC 152.720/DF, Rel. Min. Gilmar Mendes, julgado em 10/4/2018 (Info 897).

Violação ao devido processo legal

Antes de ter sido determinada a remoção do apenado, ele deveria ter sido ouvido, não havendo razões para se negar o contraditório prévio neste caso considerando que a transferência não era urgente. Houve, portanto, violação do art. 282, § 3º do CPP:

§

> Art. 282 (...)
>
> § 3º Ressalvados os casos de urgência ou de perigo de ineficácia da medida, o juiz, ao receber o pedido de medida cautelar, determinará a intimação da parte contrária, acompanhada de cópia do requerimento e das peças necessárias, permanecendo os autos em juízo.

Além disso, a decisão judicial foi tomada sem que tenha sido sequer instaurado procedimento disciplinar para apurar o comportamento carcerário do réu.

Desse modo, para o STF, não houve respeito ao devido processo legal e a garantia do contraditório, previstos no art. 5º, LIV e LV, da CF/88.

Uso de algemas

O Min. Gilmar Mendes ressaltou em seu voto que Sérgio Cabral foi exibido às câmeras de televisão algemado por pés e mãos, durante o transporte, a despeito de sua aparente passividade, o que teria violado a Súmula Vinculante 11.

O uso infundado de algemas é causa de "nulidade da prisão ou do ato processual a que se refere", nos termos do enunciado sumular. Ou seja, tal irregularidade seria suficiente para invalidar a transferência.

Assistência da família ao preso

Vale ressaltar que é permanência do custodiado no Estado onde residem seus familiares está de acordo com a Constituição Federal, que assegura ao preso o direito à assistência da família:

§

> Art. 5º (...)
>
> LXIII – o preso será informado de seus direitos, entre os quais o de permanecer calado, sendo-lhe assegurada a assistência da família e de advogado;

No mesmo sentido é a Lei de Execuções Penais:

§ Art. 103. Cada comarca terá, pelo menos 1 (uma) cadeia pública a fim de resguardar o interesse da Administração da Justiça Criminal e a permanência do preso em local próximo ao seu meio social e familiar.

Assim, apenas razões excepcionalíssimas e devidamente fundamentadas autorizariam uma transferência para outra unidade da federação.

Precedentes do STJ

O STJ também entende que "a transferência para distante localidade, com afastamento do preso de sua família, exige especial motivação." (STJ. 6ª Turma. RHC 93.825/RS, Rel. Min. Nefi Cordeiro, julgado em 17/04/2018).

9.10. PESSOA QUE HAVIA RECEBIDO MEDIDA DE SEGURANÇA, MAS QUE TEVE EXTINTA A PUNIBILIDADE POR PRESCRIÇÃO NÃO PODE PERMANECER INTERNADA NO HOSPITAL DE CUSTÓDIA

Espécies de sanção penal

Sanção penal é a resposta dada pelo Estado à pessoa que praticou uma infração penal.

Existem duas espécies de sanção penal:

a. pena;

b. medida de segurança.

Medida de segurança

"Medida de segurança é a modalidade de sanção penal com finalidade exclusivamente preventiva, e de caráter terapêutico, destinada a tratar inimputáveis e semi-imputáveis portadores de periculosidade, com o escopo de evitar a prática de futuras infrações penais." (MASSON, Cleber. *Direito Penal esquematizado*. São Paulo: Método, 2012, p. 815).

Assim, a medida de segurança é aplicável para o indivíduo que praticou uma conduta típica e ilícita, mas, no tempo do fato, ele era totalmente incapaz (inimputável) ou parcialmente capaz (semi-imputável) de entender o caráter ilícito de sua conduta e de se autodeterminar segundo tal entendimento. Em razão disso, em vez de receber uma pena, ele estará sujeito a receber uma medida de segurança (AVENA, Norberto. *Execução penal esquematizado*. São Paulo: Método, p. 363).

Qual é o procedimento necessário para se constatar a necessidade ou não de aplicação da medida de segurança?

Se houver séria dúvida sobre a integridade mental do acusado, o juiz determina a instauração de um incidente de insanidade mental.

O réu será submetido a um exame médico-legal que irá diagnosticar se ele, ao tempo da ação ou da omissão criminosa, tinha capacidade de entender o caráter ilícito do fato ou de determinar-se de acordo com esse entendimento.

Quais as conclusões que o juiz pode chegar com o incidente de insanidade?

Após o incidente e com base nas conclusões do médico perito, o juiz poderá concluir que o réu é...

- imputável: nesse caso, ele será julgado normalmente e poderá ser condenado a uma pena;
- inimputável: se ficar provado que o agente é inimputável, ou seja, que por doença mental ou desenvolvimento mental incompleto ou retardado, ele era, ao tempo da ação ou da omissão, inteiramente incapaz de entender o caráter ilícito do fato ou de determinar-se de acordo com

esse entendimento, ele ficará isento de pena (art. 26 do CP) e poderá ou não receber uma medida de segurança, a depender de existirem ou não provas de que praticou fato típico e ilícito;

- semi-imputável: se ficar provado que, em virtude de perturbação de saúde mental ou por desenvolvimento mental incompleto ou retardado, o agente não era inteiramente capaz de entender o caráter ilícito do fato ou de determinar-se de acordo com esse entendimento, ele poderá:

1. ser condenado, mas sua pena será reduzida de 1/3 a 2/3, nos termos do parágrafo único do art. 26 do CP; ou
2. receber medida de segurança, se ficar comprovado que necessita de especial tratamento curativo (art. 98 do CP).

Espécies de medida de segurança

Existem duas espécies de medida de segurança (art. 96 do CP):

DETENTIVA (INTERNAÇÃO)	RESTRITIVA (TRATAMENTO AMBULATORIAL)
Consiste na internação do agente em um hospital de custódia e tratamento psiquiátrico. Obs.: se não houver hospital de custódia, a internação deverá ocorrer em outro estabelecimento adequado.	Consiste na determinação de que o agente se sujeite a tratamento ambulatorial.
É chamada de detentiva porque representa uma forma de privação da liberdade do agente.	O agente permanece livre, mas tem uma restrição em seu direito, qual seja, a obrigação de se submeter a tratamento ambulatorial.

Critério para escolha da internação ou tratamento ambulatorial

O caput do art. 97 do CP determinou o seguinte critério para guiar o juiz no momento de fixar a medida de segurança cabível:

- Se o agente praticou fato punido com RECLUSÃO, ele receberá, obrigatoriamente, a medida de internação.
- Por outro lado, se o agente praticou fato punido com DETENÇÃO, o juiz, com base na periculosidade do agente, poderá submetê-lo à medida de internação ou tratamento ambulatorial.

Obs: esse critério é alvo de críticas da doutrina e da jurisprudência e você encontrará julgados abrandando o rigor e concedendo tratamento ambulatorial para pessoas que praticaram fatos punidos com reclusão. No entanto, em provas, o mais comum é ser cobrada a redação do art. 97 do CP.

Prazo de duração da medida de segurança

O Código Penal afirma que a medida de segurança será aplicada por tempo indeterminado e que deverá ser mantida enquanto o indivíduo for considerado perigoso:

§

> Art. 97 (...)
>
> § 1º A internação, ou tratamento ambulatorial, será por tempo indeterminado, perdurando enquanto não for averiguada, mediante perícia médica, a cessação de periculosidade. O prazo mínimo deverá ser de 1 (um) a 3 (três) anos.

Desse modo, pela redação literal do CP, a medida de segurança poderia durar por toda a vida do individuo já que, enquanto não ficasse provado que cessou a periculosidade, ele ainda teria que permanecer internado ou em tratamento ambulatorial.

Essa leitura do § 1º do art. 97 do CP é compatível com a CF/88? O prazo de cumprimento da medida de segurança é ilimitado?

NÃO. O prazo de cumprimento da medida de segurança não pode ser ilimitado. Isso porque, conforme vimos acima, a medida de segurança é uma espécie de sanção penal e a CF/88 afirmou expressamente que, em nosso ordenamento jurídico não pode haver "penas de caráter perpétuo" (art. 5º, XLVII). Quando a Constituição fala em "penas de caráter perpétuo", deve-se interpretar a expressão em sentido amplo, ou seja, são proibidas sanções penais de caráter perpétuo, incluindo, assim, tanto as penas como as medidas de segurança.

Desse modo, atualmente, tanto o STJ como o STF afirmam que existe sim prazo máximo de duração das medidas de segurança porque estas possuem caráter punitivo.

A pergunta que surge, então, é a seguinte: qual é o prazo máximo de duração das medidas de segurança?

Posição do STF: 30 anos	**Posição do STJ:** máximo da pena abstratamente cominada ao delito praticado
O STF possui julgados afirmando que a medida de segurança deverá obedecer a um prazo máximo de 30 anos, fazendo uma analogia ao art. 75 do CP, e considerando que a CF/88 veda as penas de caráter perpétuo. Art. 75. O tempo de cumprimento das penas privativas de liberdade não pode ser superior a 30 (trinta) anos. (...) Esta Corte já firmou entendimento no sentido de que o prazo máximo de duração da medida de segurança é o previsto no art. 75 do CP, ou seja, trinta anos. (...) STF. 1ª Turma. HC 107432, Rel. Min. Ricardo Lewandowski, julgado em 24/05/2011.	Súmula 527-STJ: O tempo de duração da medida de segurança não deve ultrapassar o limite máximo da pena abstratamente cominada ao delito praticado. Ex: João, inimputável, pratica fato previsto como furto simples (art. 155, caput, do CP); o juiz aplica a ele medida de segurança de internação; após 4 anos cumprindo medida de segurança, o magistrado deverá determinar a desinternação de João, considerando que foi atingido o máximo da pena abstratamente cominada para o furto ("reclusão, de um a quatro anos, e multa"). A conclusão do STJ é baseada nos princípios da isonomia e proporcionalidade (proibição de excesso). Não se pode tratar de forma mais gravosa o infrator inimputável quando comparado ao imputável. Ora, se o imputável somente poderia ficar cumprindo a pena até o máximo previsto na lei para aquele tipo penal, é justo que essa mesma regra seja aplicada àquele que recebeu medida de segurança.

Veja como esse assunto já foi cobrado em prova:

(Juiz TJ/SP 2014) A medida de segurança deve perdurar enquanto não cessada a periculosidade do agente, não sendo cabível, na espécie, a limitação do período máximo de trinta anos, prevista no art. 75 do Código Penal. (ERRADO)

Feita esta breve revisão, imagine a seguinte situação hipotética:

João foi denunciado pela prática de homicídio.

No curso do processo foi constatado que João era inimputável e, em razão disso, o juiz proferiu sentença de absolvição imprópria, aplicando-lhe medida de segurança de internação.

A defesa recorreu contra a sentença para o Tribunal de Justiça.

Apesar disso, João, por força de decisão cautelar proferida pelo juiz na sentença, já iniciou o cumprimento da medida de segurança no hospital de custódia e tratamento psiquiátrico (HCTP) enquanto aguarda o julgamento da apelação.

Dois anos depois, o TJ julga a apelação e reconhece que houve a prescrição da pretensão punitiva, declarando a extinção da punibilidade.

Mesmo com a extinção da sentença, João continuou internado no hospital de custódia sob o argumento de que se trata de pessoa perigosa. Houve, portanto, uma espécie de interdição civil.

Essa decisão de manter João no hospital de custódia foi acertada?

NÃO.

O hospital de custódia é um estabelecimento destinado àqueles que cumprem medida de segurança, resposta penal oferecida às pessoas que apresentam diagnóstico psiquiátrico e tenham praticado crime.

Vale ressaltar, inclusive, que a Lei de Execuções Penais (Lei nº 7.210/84), em seu Título IV, inclui os hospitais de custódia no rol dos "estabelecimentos penais".

Extinta a punibilidade em decorrência do reconhecimento da prescrição, como foi o caso, não há que falar em aplicação de pena nem de medida de segurança. A manutenção do paciente em HCTP significaria que ele estaria cumprindo medida de segurança mesmo tendo sido extinta a punibilidade.

Parecer médico

Vale ressaltar, ainda, que constava dos autos um parecer psiquiátrico afirmando que não há qualquer indicação médica para a internação do paciente em hospital psiquiátrico, visto que "não há possibilidade de 'cura' para seus traços de personalidade disfuncionais".

Pessoa com deficiência

O paciente do habeas corpus pode ser considerado como pessoa com deficiência mental.

De acordo com a Convenção Internacional dos Direitos das Pessoas com Deficiência (CDPD), internalizada em nosso ordenamento como texto constitucional (Decreto Legislativo 186/2008 e Decreto 6.949/2009), as pessoas com impedimentos de longo prazo de natureza física, mental, intelectual e sensorial são consideradas deficientes e merecem a "plena e efetiva participação e inclusão na sociedade" (art. 3º).

Assim, a pessoa com deficiência deve merecer inclusão social, sendo isso um princípio de status constitucional.

Lei nº 10.216/2001

A Lei nº 10.216/2001 dispõe sobre a "proteção e os direitos das pessoas portadoras de transtornos mentais".

Esta Lei determina que as internações terão caráter excepcional, conforme prevê o seu art. 4º:

§ Art. 4º A internação, em qualquer de suas modalidades, só será indicada quando os recursos extra-hospitalares se mostrarem insuficientes.

§ 1º O tratamento visará, como finalidade permanente, a reinserção social do paciente em seu meio.

§ 2º O tratamento em regime de internação será estruturado de forma a oferecer assistência integral à pessoa portadora de transtornos mentais, incluindo serviços médicos, de assistência social, psicológicos, ocupacionais, de lazer, e outros.

§ 3º É vedada a internação de pacientes portadores de transtornos mentais em instituições com características asilares, ou seja, aquelas desprovidas dos recursos mencionados no § 2º e que não assegurem aos pacientes os direitos enumerados no parágrafo único do art. 2º.

Desse modo, a manutenção do paciente em um hospital de custódia, ou seja, em um estabelecimento prisional, mesmo a sua punibilidade tendo sido extinta, viola também a Lei nº 10.216/2001, sendo certo que o hospital de custódia não atende aos requisitos do art. 4º e do parágrafo único do art. 2º desta Lei.

Internação é inconstitucional

Assim, o STF concluiu que a manutenção do paciente no HCTP é inconstitucional, porque restringe uma garantia fundamental (a liberdade) pela via da interdição civil de quem teve a punibilidade extinta e possui laudo psiquiátrico favorável à desinternação.

Em suma:

É inconstitucional a manutenção em Hospital de Custódia e Tratamento Psiquiátrico – estabelecimento penal – de pessoa com diagnóstico de doença psíquica que teve extinta a punibilidade. Essa situação configura uma privação de liberdade sem pena.

STF. 2ª Turma. HC 151523, Rel. Min. Edson Fachin, julgado em 27/11/2018 (Info 925).

Direito Penal e Processual Penal Militar

1. COMPETÊNCIA

1.1. CIVIL QUE FURTA ARMA DE SOLDADO DA AERONÁUTICA DENTRO DE ESTABELECIMENTO MILITAR: CRIME MILITAR

Imagine a seguinte situação hipotética:

João conseguiu entrar no Parque de Material Aeronáutico de São Paulo e dali subtraiu uma pistola Taurus 9mm, pertencente à Força Aérea Brasileira e que estava na posse de um soldado, que se distraiu.

Qual foi o crime praticado por João e de quem é a competência para julgá-lo?

João praticou o crime de furto qualificado (art. 240, § 5º, do CPM), devendo ser julgado pela Justiça Militar.

Competências da Justiça Militar

Compete à Justiça Militar processar e julgar os crimes militares, assim definidos em lei (art. 124 da CF/88).

A lei que prevê os crimes militares é o Código Penal Militar (Decreto-Lei 1.001/1969).

- No art. 9º do CPM são conceituados os crimes militares em tempo de paz.
- No art. 10 do CPM são definidos os crimes militares em tempo de guerra.

Assim, para verificar se o fato pode ser considerado crime militar, sendo, portanto, de competência da Justiça Militar, é preciso que ele se amolde em uma das hipóteses previstas nos arts. 9º e 10 do CPM.

Art. 9º, III, a, do CPM

No caso concreto, está configurado o crime militar, nos termos do art. 9º, III, "a", do CPM:

> § Art. 9º Consideram-se crimes militares, em tempo de paz:
>
> (...)
>
> III – os crimes praticados por militar da reserva, ou reformado, ou por civil, contra as instituições militares, considerando-se como tais não só os compreendidos no inciso I, como os do inciso II, nos seguintes casos:

a) contra o patrimônio sob a administração militar, ou contra a ordem administrativa militar;

Compete à Justiça Militar processar e julgar o crime de furto, praticado por civil, de patrimônio que, sob administração militar, encontra-se nas dependências desta.

STJ. 3ª Seção. CC 145.721-SP, Rel. Min. Joel Ilan Paciornik, julgado em 22/02/2018 (Info 621).

1.2. CONFIGURAÇÃO DE CRIME MILITAR E LICENCIAMENTO

Imagine a seguinte situação hipotética:

João, soldado, desacatou seu superior hierárquico.

Foi denunciado pela prática do crime de desacato, previsto no art. 298 do CPM:

§

> Desacato a superior
>
> Art. 298. Desacatar superior, ofendendo-lhe a dignidade ou o decoro, ou procurando deprimir-lhe a autoridade:
>
> Pena – reclusão, até quatro anos, se o fato não constitui crime mais grave.

João estava respondendo o processo na Justiça Militar quando foi, então, licenciado.

Diante disso, a defesa suscitou a incompetência da Justiça castrense para julgá-lo, considerando que ele não mais seria militar.

A tese da defesa é acolhida pela jurisprudência?

NÃO.

Se o crime foi praticado pelo réu quando ele ainda era militar, é irrelevante, para fins de competência, o fato de ele ter posteriormente perdido o vínculo com a corporação.

A competência da Justiça Militar é fixada considerando a situação do agente no momento em que o crime é cometido.

Em suma:

Na configuração de crime militar observa-se a data do evento delituoso, considerado neutro o fato de o autor estar licenciado.

STF. 1ª Turma. HC 132847/MS, Rel. Min. Marco Aurélio, julgado em 26/6/2018 (Info 908).

Esse é o entendimento tranquilo do STF:

> (...) Não prospera a alegação do impetrante de incompetência da Justiça Militar para processar e julgar o paciente pelo delito previsto no art. 290 do Código Penal Militar (posse de entorpecente em lugar sujeito à administração militar). Isso porque no momento do delito ele ostentava a condição de militar, sendo irrelevante que, posteriormente, tenha se licenciado. (...)
>
> STF. 2ª Turma. HC 137025, Rel. Min. Ricardo Lewandowski, julgado em 11/10/2016.

> (...) o fato de o paciente não mais integrar as fileiras das Forças Armadas não tem qualquer relevância sobre o prosseguimento da ação penal pelo delito tipicamente militar de abandono do posto, visto que ele, no tempo do crime, era soldado da ativa. Com efeito, essa pretensão, se levada a cabo, acarretaria uma nova modalidade, não prevista em

lei, de extinção de punibilidade pela prática de crime tipicamente próprio pela perda superveniente da condição de militar, o que não é aceitável. (...)

STF. 2ª Turma. HC 130793, Rel. Min. Dias Toffoli, julgado em 02/08/2016.

A legislação processual penal militar só exige a condição de militar (mediante reinclusão) como requisito de procedibilidade da ação penal em se tratando de delito de deserção (art. 457, §§ 2º e 3º, do CPPM), o que não é o caso.

1.3. COMPETE À JUSTIÇA ESTADUAL A EXECUÇÃO DE MEDIDA DE SEGURANÇA IMPOSTA A MILITAR LICENCIADO

Imagine a seguinte situação hipotética:

João, Marinheiro, foi denunciado, perante a Justiça Militar, como incurso no art. 259 do Código Penal Militar (dano simples).

No curso do processo, foi requerida a instauração de incidente de insanidade mental.

O laudo formulado no referido incidente apontou que o réu não tinha plena capacidade de compreender o caráter ilícito de suas ações, em razão de estar em quadro de reação aguda ao estresse.

Diante disso, tanto a defesa quanto a acusação requereram a absolvição do réu, pedido que foi acolhido, determinando-se a extinção do feito sem o julgamento do réu, com aplicação de medida de segurança consistente em tratamento ambulatorial mensal pelo prazo mínimo de 1 ano.

Logo em seguida, o réu foi licenciado do serviço ativo da Marinha.

Em razão disso, o Promotor Militar requereu a declinação de competência para a execução da medida de segurança para a Justiça Estadual.

Acatando o parecer ministerial, o Juiz Auditor declinou da competência em favor da Justiça Estadual.

O Juiz de Direito não concordou com a declinação e entendeu que a competência seria da Justiça Federal comum, remetendo para lá o processo.

O Juiz Federal, por sua vez, também entendeu que não era competente para a causa e, em virtude disso, suscitou o conflito de competência a ser dirimido pelo STJ (art. 105, I, "d", da CF/88).

Afinal de contas, de quem é a competência para acompanhar a execução dessa medida de segurança?

Justiça ESTADUAL.

Compete à Justiça Estadual a execução de medida de segurança imposta a militar licenciado.

STJ. 3ª Seção. CC 149.442-RJ, Rel. Min. Joel Ilan Paciornik, julgado em 09/05/2018 (Info 626).

Por quê?

João já foi licenciado da Marinha, não fazendo mais parte do serviço ativo daquela corporação. Em outras palavras, ele é atualmente um civil.

Veja o que diz o art. 62 do Código Penal Militar:

§ Art. 62. O civil cumpre a pena aplicada pela Justiça Militar, em estabelecimento prisional civil, ficando ele sujeito ao regime conforme a legislação penal comum, de cujos benefícios e concessões, também, poderá gozar.

Assim, constatado que não há mais vínculo com a Justiça Militar, como no presente caso, a sanção estabelecida pela Justiça Militar deve ser executada pela Justiça Estadual. No mesmo sentido:

Compete à Justiça Comum a execução da pena imposta pela Justiça Castrense, quando o condenado foi excluído da Corporação Militar.

STJ. 3ª Seção. CC 109.355/RJ, Rel. Min. Maria Thereza de Assis Moura, julgado em 27/04/2011.

Mas a argumentação acima fala em "pena" e João recebeu, na verdade, uma "medida de segurança"...

Não tem problema. O raciocínio é o mesmo.

A execução da medida de segurança será realizada em estabelecimento estadual, considerando que não existem estabelecimentos penais federais próprios para essa finalidade.

Logo, aplica-se a Súmula 192 do STJ:

Súmula 192-STJ: Compete ao juízo das execuções penais do Estado a execução das penas impostas a sentenciados pela Justiça Federal, Militar ou Eleitoral, quando recolhidos a estabelecimentos sujeitos à administração estadual.

2. DESACATO

O crime de desacato é compatível com a Constituição Federal e com o Pacto de São José da Costa Rica.

A figura penal do desacato não tolhe o direito à liberdade de expressão, não retirando da cidadania o direito à livre manifestação, desde que exercida nos limites de marcos civilizatórios bem definidos, punindo-se os excessos.

STF. 2ª Turma. HC 141949/DF, Rel. Min. Gilmar Mendes, julgado em 13/3/2018 (Info 894).

Desacatar funcionário público no exercício da função ou em razão dela continua a ser crime.

STJ. 3ª Seção. HC 379.269-MS, Rel. Min. Reynaldo Soares da Fonseca, Rel. para acórdão Min. Antônio Saldanha Palheiro, julgado em 24/5/2017 (Info 607).

Veja comentários em Direito Penal.

3. É POSSÍVEL APLICAR A AGRAVANTE DO ART. 70, II, "L" DO CPM AO CRIME DE CONCUSSÃO (ART. 305)

Imagine a seguinte situação hipotética:

João, policial militar, estava fazendo uma blitz de rotina quando parou o veículo de Pedro.

Ao revistar o carro, João encontrou droga no automóvel.

Diante disso, João exigiu R$ 500 de Pedro para liberá-lo.

O fato foi descoberto e o militar foi denunciado pela prática do crime de concussão (art. 305 do CPM). Além disso, o Ministério Público pediu a incidência da causa de aumento de pena prevista no art. 70, II, "l". Veja os dispositivos imputados:

§ Art. 305. Exigir, para si ou para outrem, direta ou indiretamente, ainda que fora da função ou antes de assumi-la, mas em razão dela, vantagem indevida:

Pena – reclusão, de dois a oito anos.

§ Art. 70. São circunstâncias que sempre agravam a pena, quando não integrantes ou qualificativas do crime:

(...)

II – ter o agente cometido o crime:

(...)

l) estando de serviço;

A defesa do réu alegou, dentre outros argumentos, que a agravante do art. 70, II, "l", não pode ser imputada para o crime de concussão considerando que este delito sempre é praticado "em serviço". Em outras palavras, o cometimento da concussão durante o exercício da atividade seria algo inerente ao próprio tipo penal, ou seja, seria algo lógico e sempre necessário. Dessa forma, seria inaplicável a agravante prevista no art. 70, II, "l", do Código Penal Militar (estando em serviço), sob pena de *bis in idem*.

O STJ acolhe essa tese defensiva? Há bis in idem neste caso?

NÃO.

Concussão

O delito de concussão, definido tanto no Código Penal Militar (art. 305) quanto no Código Penal (art. 316), com idêntica redação, consiste em um crime "impropriamente militar".

O referido delito configura-se mediante a conduta do agente (militar ou assemelhado, nos termos do art. 21 do CPM) que exige, direta ou indiretamente, na função ou antes de assumi-la, mas em razão dela, vantagem indevida.

Dessa descrição, é possível listar a existência de ao menos três elementos centrais que constituem a conduta criminosa:

a. exigência feita pelo agente (direta ou indiretamente);

b. conduta intimidatória (em razão da função exercida ou a exercer pelo agente) e

c. o objetivo de obter vantagem indevida.

Mesmo não estando em serviço, o agente pode praticar concussão

Pela leitura do art. 305 do CPM, constata-se que o agente "estar em serviço" não é uma elementar do crime. Dito de outra forma: para que se configure o delito de concussão, não é necessário que o agente esteja em serviço. Mesmo não estando em serviço, o agente pode praticar este crime.

O legislador, ao descrever a conduta, explicita que o crime se caracteriza ainda que o agente esteja fora da função ou até antes de assumi-la. Assim, o crime pode se configurar mesmo que a exigência seja feita por agente que ainda não tenha, por questões circunstanciais, a atribuição de praticar o ato que ensejou a intimidação da vítima.

Art. 70, II, "l" exige que o agente esteja em "serviço de escala"

A agravante genérica prevista no art. 70, II, "l", do CPM ("estando de serviço") diz respeito ao efetivo desempenho das atividades relacionadas com a função policial militar, assim como daquelas atividades ligadas ao cumprimento de ordens emanadas de autoridade competente ou de disposições regulamentares características da rotina militar. Há, na ideia referente à expressão contida no art. 70, II, "l", do CPM, um caráter dinâmico, específico e prático, que é percebido pelo comportamento exteriorizado do agente por meio da realização de atos concretos inerentes às suas atribuições em um dado momento.

A expressão “em serviço”, que também não deve ser confundida com situação de expediente regulamentar, insere-se na hipótese de militar submetido à designação de tarefas não compreendidas dentro do expediente normal, mas prestadas em escala especial.

Em suma:

A aplicação da agravante genérica prevista no art. 70, II, “l”, do Código Penal Militar não configura *bis in idem* pelo crime de concussão, quando praticados por militar em serviço.

Não existe óbice para que, nos crimes de concussão, quando praticados em serviço, seja aplicada a agravante genérica prevista no art. 70, II, “l”, do CPM (“estando de serviço”), isto é, não há ocorrência de *bis in idem*, porquanto a ideia de exigir vantagem indevida em virtude da função não tem correlação com o fato de o militar estar em serviço (em escala especial).

STJ. 3ª Seção. EREsp 1.417.380-RJ, Rel. Min. Rogerio Schietti Cruz, julgado em 08/08/2018 (Info 631).

Direito Tributário

1. IMUNIDADE TRIBUTÁRIA

1.1. AS CAIXAS DE ASSISTÊNCIA DE ADVOGADOS GOZAM DE IMUNIDADE TRIBUTÁRIA RECÍPROCA

IMUNIDADE TRIBUTÁRIA RECÍPROCA

Imunidade tributária

Imunidade tributária consiste na determinação feita pela Constituição Federal de que certas atividades, rendas, bens ou pessoas não poderão sofrer a incidência de tributos.

Trata-se de uma dispensa constitucional de tributo.

A imunidade é uma limitação ao poder de tributar, sendo sempre prevista na própria CF.

Imunidade tributária recíproca

A CF/88, em seu art. 150, VI, "a", prevê a chamada imunidade tributária recíproca. Isso significa que a União, os Estados, o Distrito Federal e os Municípios não podem cobrar impostos sobre o patrimônio, a renda ou os serviços, uns dos outros. Vejamos a redação do dispositivo constitucional:

> § Art. 150. Sem prejuízo de outras garantias asseguradas ao contribuinte, é vedado à União, aos Estados, ao Distrito Federal e aos Municípios:
>
> (...)
>
> VI – instituir impostos sobre:
>
> a) patrimônio, renda ou serviços, uns dos outros;

Essa imunidade funciona como um instrumento de preservação e calibração do pacto federativo, impedindo que os impostos sejam utilizados como instrumento de pressão indireta de um ente sobre outro (Min. Joaquim Barbosa). Ex.: se os Municípios tomassem decisões administrativas que desagradassem o Governo Estadual, este poderia, em tese, aumentar os impostos que incidiriam sobre o Poder Público municipal.

Sabbag menciona que essa imunidade tem como fundamento, ainda, o postulado da isonomia dos entes constitucionais. Ora, pelo fato de todos os entes estarem em pé de igualdade, não havendo hierarquia, nenhum deles pode estar sujeito ao poder de tributar do outro (*Manual de Direito Tributário*.5. ed., São Paulo: Saraiva, p. 254).

A imunidade tributária recíproca possui status de cláusula pétrea, porque ela é um instrumento de proteção da forma federativa (art. 60, § 4º, I, da CF/88).

Imunidade subjetiva

Essa imunidade é classificada como subjetiva ou pessoal, considerando que é outorgada em função da condição pessoal da União, dos Estados, DF e Municípios. Em outras palavras, é imunidade subjetiva porque incide para beneficiar uma pessoa.

O contrário da imunidade subjetiva é a imunidade objetiva, que incide sobre bens. É o caso, por exemplo, da imunidade sobre livros, jornais, periódicos e o papel destinado à sua impressão (art. 150, VI, "d", da CF).

Autarquias e fundações

As autarquias e fundações mantidas pelo Poder Público também gozam da imunidade tributária recíproca no que se refere ao patrimônio, à renda e aos serviços, vinculados a suas finalidades essenciais ou às delas decorrentes. Isso está previsto expressamente no § 2º do art. 150 da CF/88:

§ § 2º – A vedação do inciso VI, "a", é extensiva às autarquias e às fundações instituídas e mantidas pelo Poder Público, no que se refere ao patrimônio, à renda e aos serviços, vinculados a suas finalidades essenciais ou às delas decorrentes.

Empresas públicas e sociedades de economia mista

Embora a CF/88 reconheça a imunidade recíproca apenas às pessoas políticas (Administração direta), autarquias e fundações, a jurisprudência estende o benefício também às empresas públicas e às sociedades de economia mista, desde que prestadoras de serviço público.

Assim, as empresas públicas e sociedades de economia mista que desempenham serviços públicos também desfrutam da referida imunidade.

Por outro lado, se a empresa pública ou sociedade de economia mista explorar atividade econômica, não irá gozar do benefício, porque a ela deve ser aplicado o mesmo regime jurídico da iniciativa privada (art. 173, § 1º, II, da CF/88).

Correios e Imunidade tributária recíproca

O exemplo mais comum de empresa pública que goza de imunidade recíproca é a Empresa Brasileira de Correios e Telégrafos – ECT. Isso porque os Correios são entendidos como uma empresa prestadora de serviço público obrigatório e exclusivo do Estado e não como exploradora de atividade econômica, embora também ofereçam serviços dessa natureza.

Concessionária de serviço público e Imunidade tributária

As empresas concessionárias de serviço público NÃO gozam de imunidade tributária recíproca, considerando que são empresas privadas que desempenham tais atividades em busca do lucro.

ORDEM DOS ADVOGADOS DO BRASIL (OAB)

Conselhos de Fiscalização Profissional

Os Conselhos de Fiscalização Profissional (exs: CREA, CRM, COREN, CRO, CRC etc.) são classificados juridicamente como "autarquias federais".

A OAB também é considerada uma autarquia federal?

NÃO. Em 2006, ao julgar a ADI 3026/DF, proposta contra o Estatuto da Advocacia (Lei nº 8.904/94), o STF afirmou expressamente que a OAB:

- Não é uma entidade da Administração indireta da União;
- Não é uma autarquia federal;
- Não pode ser tida como congênere dos demais órgãos de fiscalização profissional, ou seja, não pode ser considerada como um mero conselho profissional. Isso porque a OAB, além das finalidades corporativas (relacionadas com os advogados), possui também finalidades institucionais (ex: defender a Constituição, a ordem jurídica do Estado democrático de direito, os direitos humanos etc.).

Assim, o STF, naquele julgado, decidiu que a OAB seria um "serviço público independente", categoria ímpar no elenco das personalidades jurídicas existentes no direito brasileiro. Veja os principais trechos da ementa do acórdão:

(...) 2. Não procede a alegação de que a OAB sujeita-se aos ditames impostos à Administração Pública Direta e Indireta.

3. A OAB não é uma entidade da Administração Indireta da União. A Ordem é um serviço público independente, categoria ímpar no elenco das personalidades jurídicas existentes no direito brasileiro.

4. A OAB não está incluída na categoria na qual se inserem essas que se tem referido como "autarquias especiais" para pretender-se afirmar equivocada independência das hoje chamadas "agências".

5. Por não consubstanciar uma entidade da Administração Indireta, a OAB não está sujeita a controle da Administração, nem a qualquer das suas partes está vinculada. Essa não-vinculação é formal e materialmente necessária.

6. A OAB ocupa-se de atividades atinentes aos advogados, que exercem função constitucionalmente privilegiada, na medida em que são indispensáveis à administração da Justiça [artigo 133 da CB/88]. É entidade cuja finalidade é afeita a atribuições, interesses e seleção de advogados. Não há ordem de relação ou dependência entre a OAB e qualquer órgão público.

7. A Ordem dos Advogados do Brasil, cujas características são autonomia e independência, não pode ser tida como congênere dos demais órgãos de fiscalização profissional. A OAB não está voltada exclusivamente a finalidades corporativas. Possui finalidade institucional. (...)

STF. Plenário. ADI 3026, Rel. Min. Eros Grau, julgado em 08/06/2006.

Principais distinções entre a OAB e os demais Conselhos Profissionais:

CONSELHOS PROFISSIONAIS EM GERAL	OAB
São autarquias.	Não é uma autarquia. Não é uma entidade da Administração Indireta. Não se sujeita a controle hierárquico ou ministerial da Administração Pública, nem a qualquer das suas partes está vinculada.
São dotados de poder de polícia e poder arrecadador.	É dotada de poder de polícia e poder arrecadador.

CONSELHOS PROFISSIONAIS EM GERAL	OAB
Exercem uma atividade tipicamente pública, qual seja, a fiscalização do exercício profissional.	É mais que um mero conselho profissional. Além das finalidades corporativas (relacionadas com os advogados), possui também finalidades institucionais (ex: defender a Constituição, a ordem jurídica do Estado democrático de direito, os direitos humanos etc.).
As demandas que os envolvam são de competência da Justiça Federal (art. 109, I, da CF/88) (Súmula 66 do STJ).	Compete à justiça federal processar e julgar ações em que a OAB, quer mediante o conselho federal, quer seccional, figure na relação processual (STF. RE 595332/PR, julgado em 31/8/2016).
Por serem autarquias federais, os Conselhos Profissionais têm o dever de prestar contas ao Tribunal de Contas da União (art. 71, II, CF/88).	Há polêmica, mas prevalece, por enquanto, que não está sujeita à prestação de contas ao TCU.
Quando vão fazer a contratação de seu pessoal é imprescindível a realização de concurso público. STF. 1ª Turma. MS 28469, Rel. Min. Luiz Fux, julgado em 09/06/2015.	A OAB, quando vai contratar seus empregados, não precisa realizar concurso público (STF ADI 3026).
Só podem demitir seus servidores após prévia instauração de processo administrativo (arts. 41 da CF/88 e 19 do ADCT. STF. 2ª Turma. RE 838648 AgR, Rel. Min. Dias Toffoli, julgado em 07/04/2015.	Pode demitir seus funcionários sem a instauração de processo administrativo.
Não podem propor ações de controle concentrado de constitucionalidade porque não estão no rol do art. 103 da CF/88, que é taxativo.	O Conselho Federal da OAB é legitimado para propor ADI, ADC e ADPF (art. 103, VII, da CF/88).
Podem ajuizar ação civil pública porque são autarquias (art. 5º da Lei nº 7.347/85. STJ. 2ª Turma. REsp 1388792/SE, Rel. Min. Herman Benjamin, julgado em 06/05/2014.	Pode ajuizar ações civis públicas, nos termos do art. 54, XIV da Lei nº 8.906/94.
Gozam de imunidade tributária recíproca.	Mesmo sem serem autarquias, gozam de imunidade tributária recíproca.

OAB E IMUNIDADE TRIBUTÁRIA

A OAB goza de imunidade tributária recíproca, mesmo não sendo uma autarquia?

SIM. É pacífico o entendimento de que a OAB goza de imunidade tributária recíproca (art. 150, VI, "a", da CF/88). Isso porque ela desempenha atividade própria de Estado.

A imunidade tributária gozada pela Ordem dos Advogados do Brasil é da espécie recíproca (art. 150, VI, "a" da CF/88), na medida em que a OAB desempenha atividade própria de Estado (defesa da Constituição, da ordem jurídica do Estado democrático de direito, dos direitos humanos, da justiça social, bem como a seleção e controle disciplinar dos advogados).

STF. Plenário. RE 259976 AgR, Rel. Min. Joaquim Barbosa, julgado em 23/03/2010.

STF. Plenário. RE 405267, Rel. Min. Edson Fachin, julgado em 06/09/2018.

Órgãos da OAB

A OAB possui, em sua estrutura interna, alguns "órgãos" (obs: a palavra "´órgãos" é utilizada pelo art. 45 da Lei nº 8.906/94).

São órgãos da OAB:

I – o Conselho Federal;

II – os Conselhos Seccionais;

III – as Subseções;

IV – as Caixas de Assistência dos Advogados.

Caixas de Assistência dos Advogados

A Caixa de Assistência dos Advogados é...

- um "órgão" integrante da estrutura da OAB
- mas que possui personalidade jurídica própria (a OAB é uma pessoa jurídica e, a Caixa, outra)
- e a sua finalidade principal é prestar assistência aos advogados inscritos no respectivo no Conselho Seccional (art. 62 da Lei nº 8.906/94).

Exemplo

A OAB/AM (Conselho Seccional) é uma pessoa jurídica.

Vinculada à OAB/AM existe um "órgão" chamado "Caixa de Assistência dos Advogados do Amazonas" (CAAAM). A CAAAM é uma pessoa jurídica distinta da OAB/AM.

Serviços sociais para os advogados

A Caixa de Assistência, como já dito, é o "órgão" da OAB responsável por oferecer serviços sociais aos advogados, estagiários inscritos no Conselho e seus dependentes.

Quais serviços? Alguns exemplos de serviços oferecidos por algumas Caixas: plano de saúde, convênios com lojas e restaurantes, realização de eventos para os advogados, livrarias com preços reduzidos para os advogados etc.

As Caixas de Assistência dos Advogados também gozam de imunidade tributária recíproca?

SIM.

As Caixas de Assistência de Advogados encontram-se tuteladas pela imunidade recíproca prevista no art. 150, VI, "a", da Constituição Federal.

STF. Plenário. RE 405267/MG, Rel. Min. Edson Fachin, julgado em 6/9/2018 (Info 914).

Conforme já explicado, a OAB possui finalidades institucionais e corporativas:

- finalidades institucionais: defender a Constituição, a ordem jurídica do Estado democrático de direito, os direitos humanos etc.;
- finalidades corporativas: defender os interesses da classe dos advogados. Uma parte dessas finalidades corporativas é desempenhada pelas Caixas de Assistência.

Para o STF, ambas as atividades devem receber o mesmo tratamento de direito público.

Logo, entende-se que as Caixas de Assistências dos Advogados prestam serviço público delegado e possuem status jurídico de ente público. Vale ressaltar, ainda, que elas não exploram atividades econômicas em sentido estrito com intuito lucrativo.

Diante disso, as Caixas de Assistência dos Advogados devem gozar da imunidade recíproca prevista no art. 150, VI, "a", do Texto Constitucional, tendo em vista a impossibilidade de se conceder tratamento tributário diferenciado a órgãos da OAB, de acordo com as finalidades que lhe são atribuídas por lei.

1.2. Os imóveis vinculados ao Programa de Arrendamento Residencial (PAR) estão sujeitos à imunidade tributária recíproca

PROGRAMA DE ARRENDAMENTO RESIDENCIAL (PAR)

Lei nº 10.188/2001

O Governo Federal, por meio da Lei nº 10.188/2001, lançou um programa habitacional chamado de "Programa de Arrendamento Residencial" (PAR), com o objetivo de conferir moradia para a população de baixa renda, sob a forma de arrendamento residencial com opção de compra.

A gestão do Programa cabe ao Ministério das Cidades e sua operacionalização à Caixa Econômica Federal (CEF).

Como a União não poderia gerir esse programa por meio de sua Administração Direta, ela outorgou essa tarefa à CEF, braço instrumental do programa. Vale ressaltar, no entanto, que não há exploração de atividade econômica, mas sim a prestação de serviço público, uma vez que se trata de atividade constitucionalmente atribuída à União e cuja operacionalização foi delegada, por lei, a empresa pública federal, visando à consecução de direito fundamental.

A Caixa Econômica Federal fica responsável tanto pela aquisição como pela construção dos imóveis, que são arrendados por pessoas de baixa renda que pagam prestações mensais e têm, ao final do contrato, a opção de comprar o imóvel.

Vale ressaltar, no entanto, que os recursos do PAR são mantidos por um fundo custeado pela União.

O Anexo da Portaria 493/2007 do Ministério das Cidades, na redação da Portaria 258/2008, estabelece que o PAR destina-se à população cuja renda familiar mensal não ultrapasse a R$ 2.200,00 (dois mil e duzentos reais), nos municípios do Rio de Janeiro e de São Paulo, e R$ 2.000,00 (dois mil reais), nos demais municípios, não podendo o proponente ser "proprietário ou promitente comprador de imóvel residencial no município onde pretenda residir ou detentor de financiamento habitacional em qualquer localidade do país".

Fundo (FAR)

A Lei nº 10.188/2001 determinou que a CEF deveria criar um fundo financeiro privado com o objetivo de separar o patrimônio e os valores que seriam utilizados para a realização do Programa (art. 2º).

A CEF administra esse fundo, mas os bens e valores que o integram não compõem o patrimônio da CEF. São bens e valores vinculados à execução do programa. É isso o que determina o art. 2º, § 3º da Lei nº 10.188/2001:

§

> Art. 2º (...)
>
> § 3º Os bens e direitos integrantes do patrimônio do fundo a que se refere o caput, em especial os bens imóveis mantidos sob a propriedade fiduciária da CEF, bem como seus

frutos e rendimentos, não se comunicam com o patrimônio desta, observadas, quanto a tais bens e direitos, as seguintes restrições:

I – não integram o ativo da CEF;

II – não respondem direta ou indiretamente por qualquer obrigação da CEF;

III – não compõem a lista de bens e direitos da CEF, para efeito de liquidação judicial ou extrajudicial;

IV – não podem ser dados em garantia de débito de operação da CEF;

V – não são passíveis de execução por quaisquer credores da CEF, por mais privilegiados que possam ser;

VI – não podem ser constituídos quaisquer ônus reais sobre os imóveis.

A União participa, com recursos, para a formação deste fundo?

SIM. O patrimônio desse fundo é constituído:

I – pelos bens e direitos adquiridos pela CEF no âmbito do PAR;

II – pelos recursos advindos da integralização de cotas.

A Lei nº 10.188/2001 prevê que a União ficará responsável pela integralização de cotas para o fundo. Essa integralização pode ser em moeda corrente, em títulos públicos etc. (art. 2º-A).

Assim, a União possui relevante participação financeira na manutenção do fundo, cujo patrimônio é utilizado para a consecução do PAR.

O fundo é, na realidade, composto por recursos oriundos da União e afetados, por lei federal, à realização do PAR, cujo saldo positivo, ao fim, será integralmente revertido ao ente federal.

A Caixa Econômica Federal (CEF), normalmente, ou seja, em suas atividades normais não relacionadas com o PAR, goza de imunidade tributária recíproca?

NÃO. Isso porque a CEF é uma empresa pública que explora atividade econômica. Logo, ela não se enquadra no art. 150, VI, "a", da CF/88.

Assim, se a CEF tem um imóvel onde funciona uma agência bancária, por exemplo, ela deve pagar IPTU com relação a esse prédio.

Feitas estas considerações, imagine a seguinte situação hipotética:

A CEF adquiriu um imóvel para utilizá-lo no "Programa de Arrendamento Residencial" (PAR).

O Município de São Vicente (SP) exigiu que a CEF pagasse IPTU em relação a esse imóvel.

A CEF explicou que o referido imóvel pertence ao Programa de Arrendamento Residencial (PAR) e, portanto, é de propriedade da União, sendo abrangido pela imunidade tributária recíproca (art. 150, VI, "a", da CF/88).

Em outras palavras, este bem imóvel está mantido sob a propriedade fiduciária da Caixa Econômica Federal, mas não se comunica com o patrimônio desta empresa pública. Isso porque este bem integra o Programa de Arrendamento Residencial – PAR, criado e mantido pela União, nos termos da Lei nº 10.188/2001.

O Município não concordou com o argumento e afirmou que a CEF, como empresa pública exploradora de atividade econômica, deve pagar os impostos, não gozando de imunidade tributária recíproca.

Existe imunidade tributária em relação a esse imóvel? Os imóveis vinculados ao Programa de Arrendamento Residencial (PAR) estão sujeitos ao regime de imunidade tributária recíproca (art. 150, VI, "a", da CF/88)?

SIM.

> **Os bens e direitos que integram o patrimônio do fundo vinculado ao Programa de Arrendamento Residencial (PAR), criado pela Lei nº 10.188/2001, beneficiam-se da imunidade tributária prevista no art. 150, VI, "a", da Constituição Federal.**
>
> STF. Plenário. RE 928902/SP, Rel. Min. Alexandre de Moraes, julgado em 17/10/2018 (repercussão geral) (Info 920).

O STF entendeu que os fatores subjetivo e finalístico que justificam a imunidade estão presentes no presente caso.

O reconhecimento da imunidade na presente situação não implica qualquer consequência prejudicial ao equilíbrio econômico.

A imunidade aqui irá auxiliar a União a efetivar um dos mais importantes direitos sociais, qual seja, o direito à moraria, previsto no art. 6º da CF/88, ajudando a cumprir um dos objetivos fundamentais da República: erradicar a pobreza e a marginalização e reduzir as desigualdades sociais e regionais (art. 3º, III, da CF/88).

Vale ressaltar que o reconhecimento da imunidade recíproca na hipótese não trará um desequilíbrio na concorrência.

CEF é mera administradora do programa

A Caixa Econômica Federal é empresa pública que, em essência, explora atividade econômica. Todavia, não restam dúvidas de que o patrimônio afetado à execução do Programa de Arrendamento Residencial (PAR) é mantido por um fundo cujo patrimônio não se confunde com o da CEF, sendo formado por recursos da União e voltado à prestação de serviço público e para concretude das normas constitucionais anteriormente descritas.

A CEF é apenas a administradora do Fundo de Arrendamento Residencial (FAR), constituído de patrimônio único e exclusivo da União Federal e somente administrado e operacionalizado pela empresa para fins de consecução do programa. A CEF não teve aumento patrimonial nem se beneficiou do programa. Não houve confusão patrimonial, e o serviço não concorreu com o mercado privado.

Prestação de serviço público pela CEF

O PAR não representa exploração de atividade econômica pela CEF, mas sim prestação de serviço público, uma vez que se trata de atividade constitucionalmente atribuída à União, cuja operacionalização foi delegada, por lei, a empresa pública federal, visando à consecução de direito fundamental.

Eventual saldo positivo é, ao final, revertido em favor da União

Ainda que os beneficiários do PAR façam o pagamento de contraprestação pelo uso e eventual aquisição das moradias arrendadas, o art. 2º, § 3º, da Lei nº 10.188/2001 determina que, deduzidas as despesas de administração, as receitas provenientes das operações de arrendamento e das aplicações de recursos destinados ao programa sejam utilizadas para amortização das operações de crédito contratadas com o FGTS, conforme autorizado pelo art. 2º, II, da Lei nº 10.188/2001. Não há, dessa forma, objetivo de aumento patrimonial da União ou da CEF.

O art. 3º, § 4º, da Lei nº 10.188/2001 impõe, ademais, que o saldo positivo existente ao final do PAR seja integralmente revertido à União.

Assim, não só o programa é financiado essencialmente por recursos da União, como também terá, ao seu final, seu saldo positivo integralmente revertido em benefício dela.

Tais imóveis não pertencem definitivamente à CEF

A CEF exerce, sob o patrimônio integrante do FAR, mera propriedade fiduciária, devendo administrar esse patrimônio segundo a finalidade para a qual ele foi constituído e apenas durante certo tempo.

Desse modo, a propriedade fiduciária exercida pela CEF sobre os bens e direitos do fundo traduz-se, na verdade, em mera administração desse patrimônio com a finalidade de aplicá-lo na execução do PAR, nos limites definidos pela Lei nº 10.188/2001 e pelos regulamentos expedidos pelo Ministério das Cidades.

Em resumo:

1. O Programa de Arrendamento Residencial configura prestação de serviço público operacionalizado pela Caixa Econômica Federal sem finalidade lucrativa; e
2. O fundo afetado à consecução do PAR é constituído por recursos da União, a quem reverterá o correspondente resíduo positivo, se for o caso.

Essas circunstâncias demonstram que a imunidade tributária recíproca deve abranger os bens e direitos integrantes do Fundo de Arrendamento Residencial (FAR), em consonância com a jurisprudência do STF que impõe um requisito indispensável para a aplicação da imunidade recíproca: a blindagem deferida pela Constituição somente incide sobre o patrimônio, a renda ou os serviços não afetados à exploração de atividade econômica.

Não confundir com o RE 594015

A imunidade recíproca, prevista no art. 150, VI, "a", da Constituição Federal, não se estende a empresa privada arrendatária de imóvel público, quando seja ela exploradora de atividade econômica com fins lucrativos. Nessa hipótese é constitucional a cobrança do IPTU pelo Município.

STF. Plenário. RE 594015/DF, Rel. Min. Marco Aurélio, julgado em 6/4/2017 (repercussão geral) (Info 860).

No julgamento do RE 594015, o STF Corte fixou a tese de que a imunidade recíproca não se estende a empresa privada arrendatária de imóvel público quando esta explorar atividade econômica com fins lucrativos.

Esse precedente não se aplica à presente hipótese porque, com relação ao PAR, a concessão da imunidade não irá gerar qualquer consequência prejudicial ao equilíbrio econômico ou à livre iniciativa. Isso porque não há atividade comercial sendo desenvolvida no âmbito do PAR.

1.3. O MAQUINÁRIO PARA IMPRESSÃO DE LIVROS NÃO GOZA DE IMUNIDADE TRIBUTÁRIA

Imunidade tributária

Imunidade tributária consiste na determinação feita pela Constituição Federal de que certas atividades, rendas, bens ou pessoas não poderão sofrer a incidência de tributos.

Trata-se de uma dispensa constitucional de tributo.

A imunidade é uma limitação ao poder de tributar, sendo sempre prevista na própria CF.

As normas de imunidade tributária constantes da Constituição objetivam proteger valores políticos, morais, culturais e sociais essenciais e não permitem que os entes tributem certas pessoas, bens, serviços ou situações ligadas a esses valores.

Imunidade do art. 150, VI, "d", da CF/88

O art. 150, VI, "d", da CF/88 prevê que os "livros, jornais, periódicos e o papel destinado a sua impressão" gozam de imunidade tributária quanto aos impostos:

> § Art. 150. Sem prejuízo de outras garantias asseguradas ao contribuinte, é vedado à União, aos Estados, ao Distrito Federal e aos Municípios:
>
> VI – instituir impostos sobre:
>
> a) livros, jornais, periódicos e o papel destinado a sua impressão.

Vamos estudar um pouco mais sobre esta previsão:

Nomenclatura

É chamada pela doutrina de imunidade tributária "cultural" ou "de imprensa".

Razão de sua existência

Esta imunidade foi prevista pelo legislador constituinte como uma forma de fomentar a difusão da cultura, do ensino e da liberdade de expressão, evitando que tais manifestações fossem impedidas ou dificultadas por força do pagamento de impostos.

Histórico desta imunidade

O Min. Dias Toffoli, em rico voto no RE 330817/RJ, aponta as razões históricas que motivaram a previsão desta imunidade.

No período histórico conhecido como Estado Novo (1937 a 1945), o Governo cobrava elevado imposto dos jornais que divulgavam ideias contrárias ao regime quando estes importavam papeis. Por outro lado, concediam benefícios fiscais aos jornais partidários do Governo. Era uma forma de censura indireta.

A Constituição Federal de 1946, com o intuito de acabar com este controle estatal da imprensa, conferiu imunidade tributária ao "papel" e, além disso, com o objetivo de estimular a produção editorial, também estendeu esta imunidade para os livros.

A Constituição Federal de 1967 manteve a imunidade, prevendo que era vedado criar imposto sobre "o livro, os jornais e os periódicos, assim como o papel destinado à sua impressão" (art. 20, III, d).

A Constituição Federal de 1969 (para alguns, apenas uma Emenda Constitucional à CF/67) manteve a imunidade, com pequena alteração em seu texto.

Imunidade objetiva

As alíneas "a", "b" e "c" do inciso VI do art. 150 da CF/88 tratam de imunidade subjetiva.

A imunidade desta letra "d" (imunidade cultural) é classificada como objetiva (ou real). Isso porque recai apenas sobre bens (livros, jornais, periódicos e o papel) e não se refere a impostos pessoais.

> "A aplicação da imunidade independe da pessoa que os produza ou que os comercialize; ou seja, não importa se se está diante de uma editora, uma livraria, uma banca de jornal, um fabricante de papel, um vendedor de livros, do autor ou de uma gráfica, pois o que importa à imunidade é o objeto e não a pessoa." (Min. Dias Toffoli).

Exemplos dessa imunidade

Quando o livro sai da gráfica, não paga IPI; quando é vendido pela livraria, não paga ICMS; quando é importado, não paga Imposto de Importação.

Estão fora da imunidade cultural

Pelo fato da imunidade cultural não ser subjetiva, a gráfica, a livraria e o importador pagarão IR por conta da renda que obtiverem. Isso porque as pessoas (sujeitos) que trabalham com livros, jornais, periódicos etc. não gozam de imunidade.

De igual forma, não é qualquer bem que goza da imunidade, mas tão-somente os livros, jornais, periódicos e o papel destinado a sua impressão. Assim, por exemplo, a imunidade não abrange:

- os carros da editora/jornal (deverão pagar IPVA);
- os imóveis da editora/jornal (deverão pagar IPTU).

O conteúdo do jornal, da revista ou do periódico influencia no reconhecimento da imunidade? O Fisco pode cobrar o imposto se a revista não tiver "conteúdo cultural"?

NÃO. Não importa o conteúdo do livro, jornal ou periódico. Assim, um livro sobre piadas, um álbum de figurinhas ou uma revista pornográfica gozam da mesma imunidade que um compêndio sobre Medicina ou História.

Em suma, todo livro, revista ou periódico é imune, considerando que a CF/88 não estabeleceu esta distinção, não podendo ela ser feita pelo intérprete (STF RE 221.239/SP).

Imunidade incondicionada

A norma constitucional que prevê a imunidade cultural é dotada de eficácia plena e aplicabilidade imediata, não precisando de lei para regulamentá-la. Por essa razão, é classificada como uma imunidade incondicionada (não depende do preenchimento de nenhuma condição prevista em lei, bastando ser livro, jornal, periódico ou o papel destinado à sua impressão).

Conceito de livros

O conceito de livro deve ser utilizado em sentido amplo. Assim, incluem-se aqui os manuais técnicos e as apostilas (STF RE 183.403/SP).

Livros veiculados em formato digital (e-books) estão abrangidos pela imunidade?

SIM. A imunidade de que trata o art. 150, VI, "d" da CF/88 alcança o livro digital ("e-book"). O STF, apreciando o tema sob a sistemática da repercussão geral, fixou a seguinte tese:

> A imunidade tributária constante do art. 150, VI, "d", da Constituição Federal (CF), aplica-se ao livro eletrônico ("e-book"), inclusive aos suportes exclusivamente utilizados para fixá-lo.
>
> STF. Plenário. RE 330817/RJ, Rel. Min. Dias Toffoli, julgado em 8/3/2017 (repercussão geral) (Info 856).

Os "e-readers", ou seja, aparelhos eletrônicos utilizados exclusivamente para ler livros digitais também gozam da imunidade tributária? Ex: um Kindle (Amazon), Lev (Saraiva), Kobo (Livraria Cultura) também estariam protegidos pela imunidade tributária?

SIM.

Imagine que o livro digital está contido dentro de um CD-Rom, sendo assim vendido para o público. Esse CD-Rom gozará de imunidade tributária?

SIM.

A imunidade tributária alcança também o audiolivro ("áudio book")?

SIM.

Componentes eletrônicos que compõem o material didático. Imagine a seguinte situação: determinada editora comercializa fascículos (uma espécie de apostila) nas quais ensina como montar computadores. O consumidor que compra esses fascículos recebe também, dentro deles, pequenos componentes eletrônicos para que ele possa aplicar, na prática, aquilo que está lendo na apostila. Quando a editora vai adquirir esses componentes eletrônicos para colocar nos fascículos, tais bens serão também imunes?

SIM. A parte impressa (fascículos) e o material demonstrativo (componentes eletrônicos) formam um conjunto com o qual se ensina como montar as placas de computadores.

O STF apreciou o caso sob a sistemática da repercussão geral e fixou a seguinte tese:

> A imunidade da alínea "d" do inciso VI do art. 150 da CF/88 alcança componentes eletrônicos destinados, exclusivamente, a integrar unidade didática com fascículos.
>
> STF. Plenário. RE 595676/RJ, Rel. Min. Marco Aurélio, julgado em 8/3/2017 (repercussão geral) (Info 856).

Jornais

Os jornais gozam de imunidade, mesmo que contenham publicidade em seu corpo (anúncios, classificados etc.), considerando que isso constitui fonte de renda necessária para continuar a difusão da cultura (Ricardo Alexandre).

Contudo, algumas vezes, junto com o jornal vêm alguns folhetos separados contendo publicidade de supermercados, lojas etc. Tais encartes publicitários não são parte integrante (indissociável) do jornal e não se destinam à difusão da cultura (possuem finalidade apenas comercial), razão pela qual NÃO gozam de imunidade (RE 213.094/ES).

Papel

O papel utilizado para a impressão de livros, jornais e periódicos também é imune.

Não importa o tipo e a qualidade do papel. Basta que ele seja utilizado para a produção de livros, jornais e periódicos.

Filmes e papeis fotográficos

A imunidade pode abranger filmes e papeis fotográficos:

> Súmula 657-STF: A imunidade prevista no art. 150, VI, "d", da Constituição Federal abrange os filmes e papeis fotográficos necessários à publicação de jornais e periódicos.

Chapas de impressão: NÃO são imunes

A imunidade tributária prevista no art. 150, VI, "d," da CF/88 deve ser interpretada finalisticamente à promoção da cultura e restritivamente no tocante ao objeto, na medida em que alcança somente os insumos assimiláveis ao papel.

STF. 1ª Turma. ARE 930133 AgR-ED, Rel. Min. Edson Fachin, julgado em 23/09/2016.

Listas telefônicas: são imunes

A edição de listas telefônicas goza de imunidade tributária prevista no art. 150, VI, "d", da CF/88.

A imunidade tributária prevista em prol de livros, jornais, periódicos e o papel destinado a sua impressão, ostenta caráter objetivo e amplo, alcançando publicações veiculadoras de informações genéricas ou específicas, ainda que desprovidas de caráter noticioso, discursivo, literário, poético ou filosófico.

STF. 1ª Turma. RE 794285 AgR, Rel. Min. Luiz Fux, julgado em 24/05/2016.

Papel para propaganda: não é imune

Os veículos de comunicação de natureza propagandística de índole eminentemente comercial e o papel utilizado na confecção da propaganda não estão abrangidos pela imunidade definida no art. 150, VI, "d", da CF/88, uma vez que não atendem aos conceitos constitucionais de livro, jornal ou periódico contidos nessa norma.

STF. 2ª Turma. ARE 807093 ED/MG, Rel. Min. Ricardo Lewandowski, julgado em 05/08/2014.

Serviços de distribuição de livros, jornais e periódicos: NÃO são imunes

A jurisprudência do Supremo Tribunal Federal é firme no sentido de que a distribuição de periódicos, revistas, publicações, jornais e livros não está abrangida pela imunidade tributária da alínea "d" do inciso VI do art. 150 da CF/88.

STF. 2ª Turma. RE 630462 AgR, Rel. Min. Ayres Britto, julgado em 07/02/2012.

Serviços de composição gráfica: NÃO são imunes

Segundo o STF, as prestadoras de serviços de composição gráfica, que realizam serviços por encomenda de empresas jornalísticas ou editoras de livros não estão abrangidas pela imunidade tributária prevista no art. 150, VI, d, da CF.

As empresas que fazem composição gráfica para editoras, jornais etc. são meras prestadoras de serviço e, por isso, a elas não se aplica a imunidade tributária.

STF. 2ª Turma. RE 434826 AgR/MG, rel. orig. Min. Cezar Peluso, red. p/ o acórdão Min. Celso de Mello, julgado em 19/11/2013 (Info 729).

O maquinário para impressão de livros goza de imunidade tributária?

NÃO.

A imunidade tributária prevista no art. 150, VI, "d", da Constituição Federal, não abarca o maquinário utilizado no processo de produção de livros, jornais e periódicos.

A imunidade tributária visa à garantia e efetivação da livre manifestação do pensamento, da cultura e da produção cultural, científica e artística. Assim, é extensível a qualquer material assimilável a papel utilizado no processo de impressão e à própria tinta especial para jornal, mas não é aplicável aos equipamentos do parque gráfico, que não são assimiláveis ao papel de impressão, por não guardarem relação direta com a finalidade constitucional do art. 150, VI, "d", da CF/88.

STF. 1ª Turma. ARE 1100204/SP, rel. orig. Min. Marco Aurélio, red. p/ o ac. Min. Alexandre de Moraes, julgado em 29/5/2018 (Info 904).

TRIBUTÁRIO

1.4. MESMO QUE A ENTIDADE REMETENTE DOS VALORES PARA O EXTERIOR SEJA IMUNE, AINDA ASSIM TERÁ QUE PAGAR O IRRF DO ART. 11 DO DL 401/1968

Imagine a seguinte situação hipotética:

"Viva Bem" é uma entidade beneficente de assistência social.

Esta entidade comprou, a prazo, de uma empresa da Alemanha, uma máquina para ser utilidade em suas finalidades essenciais.

A empresa vendedora cobrou juros, como normalmente ocorre nas operações comerciais a prazo.

Assim, todos os meses a entidade tem que remeter ao exterior o valor da prestação, bem como dos juros.

Todas as vezes em que a entidade vai remeter os valores para o vendedor no exterior, a instituição bancária, por determinação da Receita Federal, exige a retenção do imposto de renda na fonte por parte da "Viva Bem". Em outras palavras, o banco faz a emissão de um DARF (Documento de Arrecadação de Receitas Federais) para que a "Viva Bem" pague o IRRF (Imposto de Renda Retido na Fonte).

Essa exigência de que a entidade faça o pagamento do IRRF está prevista no art. 703 do RIR/99 prevista no art. 761 do RIR/2018 (Decreto nº 9.580/2018) e no art. 11 do Decreto-Lei nº 401/1968:

> § Art. 11. Está sujeito ao desconto do imposto de renda na fonte o valor dos juros remetidos para o exterior devidos em razão da compra de bens a prazo, ainda quando o beneficiário do rendimento for o próprio vendedor.
>
> Parágrafo único. Para os efeitos deste artigo consideram-se fato gerador do tributo a remessa para o exterior e contribuinte o remetente.

A "Viva Bem" ingressou, então, com ação declaratória alegando que, na qualidade de entidade beneficente de assistência social, goza de imunidade tributária, nos termos do art. 150, VI, "c", da CF/88, motivo pelo qual não lhe pode ser exigido o recolhimento de IRRF relativamente à remessa de valores para o exterior.

O pedido da entidade encontrou guarida no STJ?

NÃO. O STJ entendeu que a entidade tinha sim o dever de fazer a retenção do imposto de renda. Vamos entender com calma.

Como vimos acima, o art. 11 do DL 401/1968 prevê a incidência do imposto de renda sobre a remessa de juros ao exterior na compra de bens a prazo. A pergunta que surge é a seguinte: quem é o contribuinte deste imposto?

O beneficiário dos valores residente no exterior.

Como o fato gerador do imposto sobre a renda é a aquisição de disponibilidade econômica ou jurídica de renda e de proventos de qualquer natureza (art. 43 do CTN), o contribuinte em tal hipótese é o beneficiário residente no exterior, por ser aquele que possui relação pessoal e direta com o fato gerador (art. 121, parágrafo único, I, do CTN); afinal, é ele quem teve um acréscimo patrimonial.

Nesse sentido é o caput do art. 45 do CTN:

> § Art. 45. Contribuinte do imposto é o titular da disponibilidade a que se refere o artigo 43, sem prejuízo de atribuir a lei essa condição ao possuidor, a qualquer título, dos bens produtores de renda ou dos proventos tributáveis.

Mas o parágrafo único do art. 11 do DL 401/1968 fala que o contribuinte do imposto é o remetente...

Segundo o STJ, houve um erro de técnica legislativa na redação deste art. 11, parágrafo único. Isso porque não se pode considerar como contribuinte do imposto de renda alguém que não está auferindo a renda, tendo apenas e tão somente remetido valores para o exterior.

O comprador de mercadoria do exterior, que remete as quantias referentes aos juros, pelo pagamento a prazo, à empresa estrangeira vendedora, certamente não pratica o fato gerador do Imposto de Renda, porquanto não adquire qualquer disponibilidade econômica ou jurídica de renda ou de proventos de qualquer natureza.

Assim, essa previsão de que o remetente é contribuinte do imposto de renda viola o art. 45 do CTN (que possui status de lei complementar).

Nas palavras do Min. Herman Benjamin:

> "A utilização do conceito contribuinte para caracterizar o remetente dos juros constitui erro de técnica legislativa, passível de correção interpretativa, na medida em que lei ordinária não poderia modificar conceito estabelecido no CTN."

E o remetente, qual é a sua natureza jurídica?

O remetente dos juros é sujeito passivo responsável por substituição, enquadrando-se nos conceitos previstos nos arts. 121, parágrafo único, II, e 128 do CTN:

> § Art. 121. Sujeito passivo da obrigação principal é a pessoa obrigada ao pagamento de tributo ou penalidade pecuniária.
>
> Parágrafo único. O sujeito passivo da obrigação principal diz-se:
>
> II – responsável, quando, sem revestir a condição de contribuinte, sua obrigação decorra de disposição expressa de lei.

> § Art. 128. Sem prejuízo do disposto neste capítulo, a lei pode atribuir de modo expresso a responsabilidade pelo crédito tributário a terceira pessoa, vinculada ao fato gerador da respectiva obrigação, excluindo a responsabilidade do contribuinte ou atribuindo-a a este em caráter supletivo do cumprimento total ou parcial da referida obrigação.

O próprio parágrafo único do art. 45 do CTN também permite essa figura do responsável tributário:

> § Art. 45. Contribuinte do imposto é o titular da disponibilidade a que se refere o artigo 43, sem prejuízo de atribuir a lei essa condição ao possuidor, a qualquer título, dos bens produtores de renda ou dos proventos tributáveis.
>
> Parágrafo único. A lei pode atribuir à fonte pagadora da renda ou dos proventos tributáveis a condição de responsável pelo imposto cuja retenção e recolhimento lhe caibam.

Desse modo, a entidade beneficente que comprou o bem e que está remetendo os juros para o exterior é considerada como "responsável por substituição" pelo recolhimento exigido pelo art. 11 do Decreto-Lei 401/1968.

A imunidade tributária abrange a responsabilidade por substituição? A entidade imune está dispensada de fazer o recolhimento do imposto como responsável tributária?

NÃO. "A imunidade tributária não afeta, tão-somente por si, a relação de responsabilidade tributária ou de substituição e não exonera o responsável tributário ou o substituto" (STF. 2ª Turma. RE 202.987, Rel. Min. Joaquim Barbosa, DJe de 25/9/2009).

Assim, em nosso exemplo, a imunidade não exclui a obrigação do responsável tributário (entidade remetente) de reter na fonte o tributo devido pelo denominado "contribuinte de direito" (a empresa que está recebendo os valores no exterior).

Se a entidade imune ficasse dispensada de reter o imposto de renda sobre os valores remetidos ao exterior, na prática, quem seria beneficiada com a imunidade seria a empresa estrangeira, considerando que é ela que ostenta a figura de contribuinte.

Em suma:

O art. 11 do Decreto-Lei nº 401/1968 prevê que "está sujeito ao desconto do imposto de renda na fonte o valor dos juros remetidos para o exterior devidos em razão da compra de bens a prazo."

TRIBUTÁRIO

A imunidade tributária de entidade beneficente de assistência social não a exonera do dever de, na condição de responsável por substituição, reter o imposto de renda sobre juros remetidos ao exterior na compra de bens a prazo, na forma do art. 11 do Decreto-Lei nº 401/1968.

Ex: entidade beneficente de assistência social adquire, a prazo, uma máquina de uma empresa do exterior; ao remeter os valores para essa empresa, deverá reter, na fonte, o imposto de renda sobre os juros.

STJ. 2ª Turma. REsp 1.480.918-RS, Rel. Min. Mauro Campbell Marques, Rel. Acd. Min. Herman Benjamin, julgado em 19/09/2017 (Info 618).

1.5. APRESENTAÇÃO ANUAL DE RELATÓRIO DAS ATIVIDADES EXERCIDAS PELA ENTIDADE BENEFICENTE NÃO ERA REQUISITO PARA O GOZO DA IMUNIDADE TRIBUTÁRIA

Onde estão previstas as hipóteses de imunidade tributária?

A imunidade tributária deverá ser sempre prevista na Constituição Federal.

As hipóteses mais conhecidas estão listadas no art. 150, VI, da CF/88.

Existem, contudo, inúmeras outras imunidades previstas ao longo do texto constitucional. Veja alguns exemplos:

- Art. 5º, XXXIV, "a" e "b", LXXIII, LXXIV, LXXVI e LXXVII: imunidade que incide sobre "taxas".
- Art. 149, § 2º, I: imunidade referente a "contribuições sociais" e CIDE.
- Art. 195, § 7º: imunidade incidente sobre "contribuições sociais".

Imunidade para entidades beneficentes de assistência social

A Constituição Federal conferiu imunidade para as entidades beneficentes de assistência social afirmando que elas estão dispensadas de pagar contribuições para a seguridade social. Veja:

§ Art. 195 (...)

§ 7º – São isentas de contribuição para a seguridade social as entidades beneficentes de assistência social que atendam às exigências estabelecidas em lei.

Obs: apesar de a redação do parágrafo falar em "isentas", a doutrina afirma que se trata, efetivamente, de uma hipótese de imunidade. Não é um caso de "isenção".

O § 7º do art. 195 da CF/88 traz dois requisitos para o gozo desta imunidade:

1) que se trate de pessoa jurídica que desempenhe atividades beneficentes de assistência social.

Obs: a assistência social é tratada no art. 203 da CF/88. O STF, contudo, confere um sentido mais amplo ao e afirma que os objetivos da assistência social elencados nos incisos do art. 203 podem ser conseguidos também por meio de serviços de saúde e educação. Assim, se a entidade prestar serviços de saúde ou educação também poderá, em tese, ser classificada como de "assistência social".

2) que esta entidade atenda a parâmetros previstos na lei.

A lei a que se refere o § 7º é lei complementar ou ordinária?

COMPLEMENTAR. Esse assunto era extremamente polêmico na doutrina e na jurisprudência, mas o STF apreciou o tema sob a sistemática da repercussão geral e fixou a seguinte tese:

Os requisitos para o gozo de imunidade hão de estar previstos em lei complementar.

STF. Plenário. RE 566622, Rel. Min. Marco Aurélio, julgado em 23/02/2017 (repercussão geral) (Info 855).

As imunidades tributárias são classificadas juridicamente como "limitações constitucionais ao poder de tributar" e a CF/88 exige que este tema seja tratado por meio de lei complementar. Confira:

§ Art. 146. Cabe à lei complementar:

(...)

II – regular as limitações constitucionais ao poder de tributar;

Isso gera alguma confusão porque aprendemos, logo no início da faculdade, que, quando a Constituição Federal fala apenas em "lei", sem especificar mais nada, ela está se referindo à lei ordinária. Ex: art. 5º, XXXII ("o Estado promoverá, na forma da lei, a defesa do consumidor"). Trata-se do Código de Defesa do Consumidor, uma lei ordinária (Lei nº 8.078/90).

Também aprendemos que a Constituição, quando quer exigir lei complementar, o faz expressamente. Ex: art. 18, § 2º ("Os Territórios Federais integram a União, e sua criação, transformação em Estado ou reintegração ao Estado de origem serão reguladas em lei complementar.").

O § 7º do art. 195, contudo, deve ser interpretado em conjunto com o art. 146, II. Assim, a Constituição exigiu sim lei complementar, mas não diretamente no § 7º do art. 195 e sim na previsão geral do art. 146, II.

Além disso, o STF afirmou que a imunidade de contribuições sociais serve não apenas a propósitos fiscais, mas também para a realização dos objetivos fundamentais da República, como a construção de uma sociedade solidária e voltada para a erradicação da pobreza. Logo, esta espécie de imunidade não pode ficar à mercê da vontade transitória de governos. As regras para gozar dessa imunidade devem ser respeitadas por todos os governos, não sendo, portanto, correto que o regime jurídico das entidades beneficentes fique sujeito a flutuações legislativas constantes, muitas vezes influenciadas pela vontade de arrecadar. Assim, um tema tão sensível como esse não pode ser tratado por lei ordinário ou medida provisória.

Assim, diante da relevância das imunidades de contribuições sociais para a concretização de uma política de Estado voltada à promoção do mínimo existencial, deve incidir nesse caso a reserva legal qualificada prevista no art. 146, II, da CF/88 (lei complementar).

Existe alguma lei que preveja os requisitos que deverão ser atendidos pela entidade para gozar da imunidade de que trata o § 7º do art. 195 da CF/88?

SIM. Os requisitos legais exigidos na parte final do § 7º, enquanto não editada nova lei complementar sobre a matéria, são somente aqueles previstos no art. 14 do CTN.

Assim, para gozarem da imunidade, as entidades devem obedecer às seguintes condições:

a. não distribuírem qualquer parcela de seu patrimônio ou de suas rendas, a qualquer título;

b. aplicarem integralmente, no País, os seus recursos na manutenção dos seus objetivos institucionais;

c. manterem escrituração de suas receitas e despesas em livros revestidos de formalidades capazes de assegurar sua exatidão.

Mas o CTN (Lei nº 5.172/66) é uma lei ordinária ou complementar?

O CTN foi editado em 1966 como sendo uma lei ordinária. No entanto, ele foi "recepcionado com força de lei complementar pela Constituição Federal de 1967, e mantido tal status com o advento da Constituição Federal de 1988, visto que, tanto esta quanto aquela Magna Carta reservavam

TRIBUTÁRIO

à lei complementar a veiculação das normas gerais em matéria tributária, a regulação das limitações ao poder de tributar e as disposições sobre conflitos de competência." (ALEXANDRE, Ricardo. Direito Tributário. Salvador: Juspodivm, 2017, p. 249).

Em suma, atualmente, o CTN possui status de lei complementar e, portanto, atende o requisito do art. 146, II, da CF/88.

Observação:

Este entendimento do acima explicado (RE 566622) vale também para a imunidade prevista no art. 150, VI, "c", da CF/88:

§ Art. 150. Sem prejuízo de outras garantias asseguradas ao contribuinte, é vedado à União, aos Estados, ao Distrito Federal e aos Municípios:

VI – instituir impostos sobre:

(...)

c) patrimônio, renda ou serviços dos partidos políticos, inclusive suas fundações, das entidades sindicais dos trabalhadores, das instituições de educação e de assistência social, sem fins lucrativos, atendidos os requisitos da lei;

Assim, a lei de que trata o art. 150, VI, "c", da CF/88 é uma lei complementar (atualmente, é o art. 14 do CTN).

Art. 55 da Lei nº 8.212/91

O art. 55 da Lei nº 8.212/91 previa requisitos para que as entidades beneficentes de assistência social pudessem gozar da imunidade tributária do § 7º do art. 195 da CF/88.

A segunda parte do inciso V do art. 55 exigia, como requisito para a imunidade, que a entidade beneficente apresentasse, anualmente, relatório circunstanciado de suas atividades.

Vale ressaltar que, posteriormente, esse art. 55 foi revogado pela Lei nº 12.101/2009.

A pergunta que se faz, no entanto, é a seguinte: essa exigência presente na segunda parte do inciso V do art. 55 podia ser considerada como uma exigência válida para que as entidades beneficentes gozassem de imunidade tributária? A apresentação anual de relatório circunstanciado de atividades era uma exigência válida para que as entidades beneficentes pudessem gozar da imunidade tributária?

NÃO. Como já explicado, os requisitos para o gozo de imunidade hão de estar previstos em lei complementar. A segunda parte do art. 55, V, da Lei nº 8.212/91 extrapolou os requisitos estabelecidos no art. 14 do CTN. Logo, essa apresentação de relatório das atividades, por não estar prevista em lei complementar, não pode ser considerada como uma exigência válida para que a entidade goze da imunidade tributária.

Essa exigência de que as entidades apresentassem esse relatório de atividades pode, no máximo, ser considerada como uma obrigação tributária acessória, mas não pode ser reputada como exigência para gozo da imunidade tributária porque não estava prevista em lei complementar.

Em suma:

A apresentação anual de relatório circunstanciado das atividades exercidas por entidades beneficentes de assistência social ao INSS, prevista na segunda parte do art. 55 da Lei nº 8.212/91, não configurava requisito legal válido para a fruição da imunidade tributária prevista no art. 195, § 7º, da CF/88.

A segunda parte do inciso V do art. 55 da Lei nº 8.212/1991 não era requisito legal para a fruição da imunidade, mas sim uma mera obrigação acessória com o fim de permitir a

fiscalização do cumprimento da obrigação principal de aplicação integral dos recursos da entidade beneficente nos objetivos institucionais (art. 14, II, do CTN).

STJ. 1ª Turma. REsp 1.345.462-RJ, Rel. Min. Gurgel de Faria, julgado em 07/12/2017 (Info 619).

Vale ressaltar, mais uma vez, que o art. 55 da Lei nº 8.212/91 foi revogado pela Lei nº 12.101/2009.

1.6. NATUREZA DECLARATÓRIA DO CERTIFICADO DE ENTIDADE BENEFICENTE DE ASSISTÊNCIA SOCIAL (CEBAS)

Súmula 612-STJ: O certificado de entidade beneficente de assistência social (CEBAS), no prazo de sua validade, possui natureza declaratória para fins tributários, retroagindo seus efeitos à data em que demonstrado o cumprimento dos requisitos estabelecidos por lei complementar para a fruição da imunidade.

STJ. 1ª Seção. Aprovada em 09/05/2018, DJe 14/05/2018.

Imunidade tributária

Imunidade tributária consiste na determinação feita pela Constituição Federal de que certas atividades, rendas, bens ou pessoas não poderão sofrer a incidência de tributos.

Trata-se de uma dispensa constitucional de tributo.

A imunidade é uma limitação ao poder de tributar, sendo sempre prevista na própria CF.

As normas de imunidade tributária constantes da Constituição objetivam proteger valores políticos, morais, culturais e sociais essenciais e não permitem que os entes tributem certas pessoas, bens, serviços ou situações ligadas a esses valores.

Onde estão previstas as hipóteses de imunidade tributária?

Como já dito, a imunidade tributária deverá ser sempre prevista na Constituição Federal.

As hipóteses mais conhecidas estão listadas no art. 150, VI, da CF/88.

Existem, contudo, inúmeras outras imunidades previstas ao longo do texto constitucional. Veja alguns exemplos:

- Art. 5º, XXXIV, "a" e "b", LXXIII, LXXIV, LXXVI e LXXVII: imunidade que incide sobre "taxas".
- Art. 149, § 2º, I: imunidade referente a "contribuições sociais" e CIDE.
- Art. 195, § 7º: imunidade incidente sobre "contribuições sociais".

Imunidade para entidades beneficentes de assistência social

A Constituição Federal conferiu imunidade para as entidades beneficentes de assistência social afirmando que elas estão dispensadas de pagar contribuições para a seguridade social. Veja:

§ Art. 195 (...)

§ 7º – São isentas de contribuição para a seguridade social as entidades beneficentes de assistência social que atendam às exigências estabelecidas em lei.

Obs: apesar de a redação do parágrafo falar em "isentas", a doutrina afirma que se trata, efetivamente, de uma hipótese de imunidade. Não é um caso de "isenção".

O § 7º do art. 195 da CF/88 traz dois requisitos para o gozo desta imunidade:

1) que se trate de pessoa jurídica que desempenhe atividades beneficentes de assistência social.

Obs: a assistência social é tratada no art. 203 da CF/88. O STF, contudo, confere um sentido mais amplo e afirma que os objetivos da assistência social elencados nos incisos do art. 203 podem ser conseguidos também por meio de serviços de saúde e educação. Assim, se a entidade prestar serviços de saúde ou educação, também poderá, em tese, ser classificada como de "assistência social".

2) que esta entidade atenda a parâmetros previstos na lei.

A lei a que se refere o § 7º é lei complementar ou ordinária?

Lei complementar. Essa foi a conclusão do STF:

> Os requisitos para o gozo de imunidade hão de estar previstos em lei complementar.
>
> STF. Plenário. RE 566622, Rel. Min. Marco Aurélio, julgado em 23/02/2017 (repercussão geral) (Info 855).

As imunidades tributárias são classificadas juridicamente como "limitações constitucionais ao poder de tributar" e a CF/88 exige que este tema seja tratado por meio de lei complementar. Confira:

> § Art. 146. Cabe à lei complementar:
>
> (...)
>
> II – regular as limitações constitucionais ao poder de tributar;

Isso gera alguma confusão porque aprendemos, logo no início da faculdade, que, quando a Constituição Federal fala apenas em "lei", sem especificar mais nada, ela está se referindo à lei ordinária. Ex: art. 5º, XXXII ("o Estado promoverá, na forma da lei, a defesa do consumidor"). Trata-se do Código de Defesa do Consumidor, uma lei ordinária (Lei nº 8.078/90).

Também aprendemos que a Constituição, quando quer exigir lei complementar, o faz expressamente. Ex: art. 18, § 2º ("Os Territórios Federais integram a União, e sua criação, transformação em Estado ou reintegração ao Estado de origem serão reguladas em lei complementar.").

O § 7º do art. 195, contudo, deve ser interpretado em conjunto com o art. 146, II. Assim, a Constituição exigiu sim lei complementar, mas não diretamente no § 7º do art. 195 e sim na previsão geral do art. 146, II.

Além disso, o STF afirmou que a imunidade de contribuições sociais serve não apenas a propósitos fiscais, mas também para a realização dos objetivos fundamentais da República, como a construção de uma sociedade solidária e voltada para a erradicação da pobreza. Logo, esta espécie de imunidade não pode ficar à mercê da vontade transitória de governos. As regras para gozar dessa imunidade devem ser respeitadas por todos os governos, não sendo, portanto, correto que o regime jurídico das entidades beneficentes fique sujeito a flutuações legislativas constantes, muitas vezes influenciadas pela vontade de arrecadar. Assim, um tema tão sensível como esse não pode ser tratado por lei ordinária ou medida provisória.

Assim, diante da relevância das imunidades de contribuições sociais para a concretização de uma política de Estado voltada à promoção do mínimo existencial, deve incidir nesse caso a reserva legal qualificada prevista no art. 146, II, da CF/88 (lei complementar).

Existe alguma lei que preveja os requisitos que deverão ser atendidos pela entidade para gozar da imunidade de que trata o § 7º do art. 195 da CF/88?

SIM. Os requisitos legais exigidos na parte final do § 7º, enquanto não editada nova lei complementar sobre a matéria, são somente aqueles previstos no art. 14 do CTN.

Assim, para gozarem da imunidade, as entidades devem obedecer às seguintes condições:

a. não distribuírem qualquer parcela de seu patrimônio ou de suas rendas, a qualquer título;

b. aplicarem integralmente, no País, os seus recursos na manutenção dos seus objetivos institucionais;

c. manterem escrituração de suas receitas e despesas em livros revestidos de formalidades capazes de assegurar sua exatidão.

Mas o CTN (Lei nº 5.172/66) é uma lei ordinária ou complementar?

O CTN foi editado em 1966 como sendo uma lei ordinária. No entanto, ele foi "recepcionado com força de lei complementar pela Constituição Federal de 1967, e mantido tal status com o advento da Constituição Federal de 1988, visto que, tanto esta quanto aquela Magna Carta reservavam à lei complementar a veiculação das normas gerais em matéria tributária, a regulação das limitações ao poder de tributar e as disposições sobre conflitos de competência." (ALEXANDRE, Ricardo. Direito Tributário. Salvador: Juspodivm, 2017, p. 249).

Em suma, atualmente, o CTN possui status de lei complementar e, portanto, atende o requisito do art. 146, II, da CF/88.

Observação:

Este entendimento acima explicado (RE 566622) vale também para a imunidade prevista no art. 150, VI, "c", da CF/88:

§ Art. 150. Sem prejuízo de outras garantias asseguradas ao contribuinte, é vedado à União, aos Estados, ao Distrito Federal e aos Municípios:

VI – instituir impostos sobre:

(...)

c) patrimônio, renda ou serviços dos partidos políticos, inclusive suas fundações, das entidades sindicais dos trabalhadores, das instituições de educação e de assistência social, sem fins lucrativos, atendidos os requisitos da lei;

Assim, a lei de que trata o art. 150, VI, "c", da CF/88 é uma lei complementar (atualmente, é o art. 14 do CTN).

Certificado de entidade beneficente de assistência social (CEBAS)

O CEBAS é um certificado concedido pelo Governo Federal, por intermédio dos Ministérios da Educação, do Desenvolvimento Social e Agrário e da Saúde, às pessoas jurídicas de direito privado, sem fins lucrativos, reconhecidas como entidades beneficentes de assistência social que prestem serviços nas áreas de educação, assistência social ou saúde.

Têm direito ao CEBAS as pessoas jurídicas de direito privado, sem fins lucrativos, reconhecidas como entidades beneficentes de assistência social e que prestem serviços nas áreas de assistência social, saúde ou educação e que atendam às regras previstas na Lei nº 12.101/2009.

Efeito ex tunc do CEBAS

O certificado que reconhece a entidade como filantrópica, de utilidade pública, tem efeito *ex tunc*, por se tratar de ato declaratório.

Assim, as entidades beneficentes possuem direito à imunidade desde quando preencheram os requisitos previstos na lei complementar (e não desde a data em que foi conferido o CEBAS).

Ex: se o CEBAS só foi concedido em março de 2018, mas desde agosto de 2017 a entidade já havia preenchido os requisitos previstos na lei, a imunidade deve ser reconhecida desde agosto de 2017. Isso porque, como já dito, o CEBAS tem natureza declaratória (e não constitutiva).

O STJ possui precedentes afirmando, inclusive, que o fato de a entidade "não possuir o Certificado de Entidade Beneficente de Assistência Social (CEBAS), não é suficiente a impedir o reconhecimento da imunidade tributária no caso concreto pois, a teor da jurisprudência desta Corte, referido certificado trata-se de ato declaratório." (STJ. 1ª Turma. REsp 1517801 SC, Rel. Min. Benedito Gonçalves, julgado em 17/09/2015).

No mesmo sentido:

Se a instituição de assistência social conseguiu, por meio de uma perícia contábil, provar que atende os requisitos do art. 150, VI, "c", da CF/88 e do art. 14, do CTN, ela terá direito à imunidade tributária, mesmo que não apresente certificado de entidade de assistência social, documento emitido pelo Ministério do Desenvolvimento Social e Combate à Fome.

Não é possível condicionar a concessão de imunidade tributária prevista para as instituições de educação e de assistência social sem fins lucrativos à apresentação de certificado de entidade de assistência social na hipótese em que prova pericial tenha demonstrado o preenchimento dos requisitos para a incidência da norma imunizante.

STJ. 1ª Turma. AgRg no AREsp 187.172-DF, Rel. Min. Napoleão Nunes Maia Filho, julgado em 18/2/2014 (Info 535).

2. TEMAS DIVERSOS

2.1. NOTIFICAÇÃO DO AUTO DE INFRAÇÃO, FIM DO PRAZO DECADENCIAL E INÍCIO DO LAPSO PRESCRICIONAL

Súmula 622-STJ: A notificação do auto de infração faz cessar a contagem da decadência para a constituição do crédito tributário; exaurida a instância administrativa com o decurso do prazo para a impugnação ou com a notificação de seu julgamento definitivo e esgotado o prazo concedido pela Administração para o pagamento voluntário, inicia-se o prazo prescricional para a cobrança judicial.

STJ. 1ª Seção. Aprovada em 12/12/2018, DJe 17/12/2018.

Fato gerador e obrigação tributária

O contribuinte realiza o fato gerador do tributo (exs.: adquire renda, faz uma doação, chega no dia 01/01 sendo proprietário de um bem imóvel etc.).

Quando o contribuinte realiza o fato gerador, torna-se sujeito passivo de uma obrigação tributária principal, ou seja, passa a ter a obrigação de pagar o tributo.

Constituição do crédito tributário

Diante dessa situação, o Fisco irá praticar um ato chamado de "lançamento tributário".

O lançamento é, portanto, o ato por meio do qual o Auditor Fiscal constata que ocorreu um fato gerador de tributo. Ele, então, identifica quem é o sujeito passivo (contribuinte), calcula o quanto do tributo é devido (aplicando a alíquota sobre a base de cálculo) e inclui também a multa (se for o caso).

O crédito tributário é constituído (nasce) com um ato do Fisco chamado de "lançamento".

O lançamento confere exigibilidade à obrigação tributária.

Com o lançamento, a obrigação tributária transforma-se em crédito tributário.

Só depois que a obrigação tributária se transforme em crédito tributário é que ela se torna líquida e exigível e poderá ser executada.

O Fisco possui, no entanto, um prazo para efetuar o lançamento. Se não fizer no prazo, haverá decadência.

Decadência

A decadência é, portanto, a perda do direito que o Fisco possui de fazer o lançamento em virtude de essa providência não ter sido feita no prazo de 5 anos.

A decadência está prevista no art. 173 do CTN:

> § Art. 173. O direito de a Fazenda Pública constituir o crédito tributário extingue-se após 5 (cinco) anos, contados:
>
> I – do primeiro dia do exercício seguinte àquele em que o lançamento poderia ter sido efetuado;
>
> II – da data em que se tornar definitiva a decisão que houver anulado, por vício formal, o lançamento anteriormente efetuado.
>
> Parágrafo único. O direito a que se refere este artigo extingue-se definitivamente com o decurso do prazo nele previsto, contado da data em que tenha sido iniciada a constituição do crédito tributário pela notificação, ao sujeito passivo, de qualquer medida preparatória indispensável ao lançamento.

Auto de infração

Auto de infração, normalmente conhecido pela sigla "AI", é um procedimento administrativo realizado pelo Fisco caso constate alguma infração à legislação tributária. Trata-se de uma forma de lançamento de ofício.

Notificação do auto de infração

Imagine que a empresa "X" deixou de pagar um tributo federal, que venceu em setembro/2000.

Vale ressaltar que esse tributo era sujeito a lançamento de ofício. Isso significa que a Receita Federal tinha 5 anos para fazer esse lançamento, iniciando-se o prazo em 1º de janeiro de 2001, conforme prevê o art. 173 do CTN:

> § Art. 173. O direito de a Fazenda Pública constituir o crédito tributário extingue-se após 5 (cinco) anos, contados:
>
> I – do primeiro dia do exercício seguinte àquele em que o lançamento poderia ter sido efetuado;

Em outras palavras, em 01/01/2001 iniciou o prazo decadencial para que a Fazenda Pública fizesse o lançamento do tributo. Esse prazo se encerraria em 01/01/2006. Assim, se o Fisco não fizesse o lançamento até essa data (01/01/2006), haveria a decadência, que é uma causa de extinção do crédito tributário (art. 156, V, do CTN).

Suponhamos, contudo, que o Fisco lavrou o auto de infração em 05/12/2005.

No entanto, o Fisco terá ainda que notificar a empresa contribuinte sobre esse auto de infração.

Notificação do lançamento

Após o Fisco realizar o lançamento, ele precisa comunicar que fez isso ao sujeito passivo para que este possa pagar o tributo ou impugná-lo, caso não concorde com o que está sendo cobrado.

"É a notificação que confere efeitos ao lançamento realizado, pois antes daquela não se conta prazo para pagamento ou impugnação." (ALEXANDRE, Ricardo. *Direito tributário esquematizado*. 10ª ed., São Paulo: Método, 2016, p. 377).

Voltando ao nosso exemplo

Imaginemos que a notificação do auto de infração ocorreu em 10/12/2005. Repare que, por pouco, o Fisco não ultrapassa o prazo de 5 anos para lançar. Se ele tivesse ultrapassado, teria havido a decadência.

A notificação do contribuinte perfectibiliza a constituição definitiva do crédito tributário.

Com a notificação da empresa contribuinte sobre o auto de infração, termina a contagem da decadência, ou seja, o Fisco cumpriu o seu poder-dever de lançar.

Essa é a primeira parte da Súmula 622:

"A notificação do auto de infração faz cessar a contagem da decadência para a constituição do crédito tributário; (...)"

Possibilidade de impugnação administrativa

O sujeito passivo, depois de receber a notificação do auto de infração, terá um prazo (normalmente de 30 dias), ao final do qual poderá adotar uma de três opções:

a. pagar;

b. fazer a impugnação administrativa;

c. ficar inerte.

Assim, o contribuinte receberá a notificação do auto de infração, que terá um texto mais ou menos assim:

"Fica o autuado intimado do conteúdo deste auto de infração para efetuar o pagamento ou apresentar impugnação, no prazo de 30 dias, na forma da Lei XXX".

Pagamento

Se o contribuinte pagou, fica extinto o crédito tributário (art. 156, I, do CTN).

Impugnação

Se o contribuinte impugnou, esta impugnação será julgada em âmbito administrativo.

- Se a impugnação for julgada procedente (contribuinte tem razão): o lançamento que foi realizado será desconstituído (ex: contribuinte não praticou o fato gerador) ou alterado (ex: Fisco calculou o valor errado).
- Se a impugnação for julgada improcedente (contribuinte não tem razão) e não couber mais recurso (houve o julgamento definitivo na esfera administrativa): neste caso, a Administração Tributária deverá notificar o contribuinte sobre a decisão.

No âmbito federal, depois que o contribuinte é notificado de que "perdeu" por decisão definitiva, ele ainda terá um prazo de 30 dias concedido pela Administração para pagamento voluntário. Isso está previsto no art. 43 c/c art. 21 do Decreto 70.235/72:

§ Art. 43. A decisão definitiva contrária ao sujeito passivo será cumprida no prazo para cobrança amigável fixado no artigo 21, aplicando-se, no caso de descumprimento, o disposto no § 3º do mesmo artigo.

§ Art. 21. Não sendo cumprida nem impugnada a exigência, a autoridade preparadora declarará a revelia, permanecendo o processo no órgão preparador, pelo prazo de trinta dias, para cobrança amigável.

(...)

§ 3º Esgotado o prazo de cobrança amigável sem que tenha sido pago o crédito tributário, o órgão preparador declarará o sujeito passivo devedor remisso e encaminhará o processo à autoridade competente para promover a cobrança executiva.

Assim, com a notificação do contribuinte de que houve o julgamento definitivo e esgotado o prazo concedido pela Administração para o pagamento voluntário (30 dias), só resta agora ao Fisco executar judicialmente o crédito. Começa, então, o prazo prescricional para a Fazenda ajuizar a execução fiscal.

Inércia

Passado o prazo de 30 dias sem que o contribuinte tenha pagado nem impugnado: começa o prazo prescricional para o Fisco ajuizar a execução fiscal.

Assim, esgotado o prazo para impugnar ou pagar, inicia-se o prazo prescricional para a cobrança judicial do crédito tributário.

Segunda parte da súmula

A segunda parte da súmula trata, portanto, do caso em que a impugnação é julgada improcedente ou da hipótese na qual o contribuinte fica inerte. Veja:

(...) exaurida a instância administrativa com o decurso do prazo para a impugnação ou com a notificação de seu julgamento definitivo e esgotado o prazo concedido pela Administração para o pagamento voluntário, inicia-se o prazo prescricional para a cobrança judicial.

2.2. PRAZO PRESCRICIONAL E TRIBUTO DECLARADO INCONSTITUCIONAL

O caso concreto julgado pelo STF foi o seguinte:

Em 2004, o STF decidiu que determinada contribuição tributária era inconstitucional (RE 408830/ES, DJ de 4/6/2004). Não houve modulação dos efeitos.

Um contribuinte ajuizou ação pedindo a repetição do indébito, ou seja, a restituição dos valores que havia pago a título desta contribuição.

O debate envolve o prazo prescricional para essa pretensão.

No momento em que o contribuinte ajuizou a ação de repetição, o entendimento do STJ era no sentido de que o prazo prescricional tinha início a partir da data da declaração de inconstitucionalidade da exação pelo STF no controle concentrado, ou de resolução do Senado Federal, no controle difuso.

Com base nesse entendimento, o contribuinte estava dentro do prazo prescricional.

Ocorre que, durante o curso da ação (antes que ela fosse definitivamente julgada), o STJ promoveu uma revisão abrupta de sua jurisprudência para considerar que, nos tributos sujeitos a lançamento por homologação, o transcurso do prazo prescricional ocorre a partir do recolhimento indevido, independentemente da data da decisão do STF ou da Resolução do SF (REsp 435835/SC).

Com a aplicação do novo entendimento do STJ, o contribuinte – que já estava com a sua ação em curso – teria seu pedido rejeitado por força da prescrição.

O STF, contudo, não concordou com a aplicação imediata do novo entendimento do STJ aos processos em curso.

Para o Supremo, isso representa retroação da regra de contagem do prazo prescricional às pretensões já ajuizadas, em afronta ao princípio da segurança jurídica e aos postulados da lealdade, da boa-fé e da confiança legítima, sobre os quais se assenta o próprio Estado Democrático de Direito.

A modificação na jurisprudência em matéria de prescrição não pode retroagir para considerar prescrita pretensão que não o era à época do ajuizamento da ação, em respeito ao posicionamento anteriormente consolidado.

Toda inflexão jurisprudencial que importe restrição a direitos dos cidadãos deve observar certa regra de transição para produção de seus efeitos, levando em consideração os comportamentos então tidos como legítimos, porquanto praticados em conformidade com a orientação prevalecente, em homenagem aos valores e princípios constitucionais.

STF. 2ª Turma. ARE 951533/ES, Rel. Min. Gilmar Mendes, red. p/ o ac. acórdão o Min. Dias Toffoli, julgado em 12/6/2018 (Info 906).

2.3. PARCELAMENTO TRIBUTÁRIO

OS REQUISITOS PARA O PARCELAMENTO DEVEM SER FIXADOS EM LEI ESPECÍFICA E ATOS INFRALEGAIS NÃO PODERÃO IMPOR CONDIÇÕES NÃO PREVISTAS NESTA LEI

Constituição do crédito tributário

O crédito tributário é constituído (nasce) com um ato do Fisco chamado de "lançamento".

O lançamento é o ato por meio do qual o Auditor Fiscal constata que ocorreu um fato gerador de tributo. Ele, então, identifica quem é o sujeito passivo (contribuinte), calcula o quanto do tributo é devido (aplicando a alíquota sobre a base de cálculo) e inclui também a multa (se for o caso).

Somente depois que é feito o lançamento podemos dizer que existe "crédito tributário", ou seja, um crédito que o Fisco possui em relação a um devedor (contribuinte).

Depois de o crédito tributário ser constituído, ainda assim poderá haver algum "problema" com ele?

SIM. Existem três opções para o crédito tributário constituído. Assim, ele poderá ser:

a. inscrito em dívida ativa e cobrado do devedor mediante execução fiscal;

b. suspenso (art. 151 do CTN);

c. extinto (art. 156 do CTN).

Suspensão do crédito tributário

As hipóteses de suspensão do crédito tributário estão elencadas no CTN. Uma das situações que gera a suspensão do crédito tributário é o parcelamento da dívida (inciso VI).

§ Art. 151. Suspendem a exigibilidade do crédito tributário:

I – moratória;

II – o depósito do seu montante integral;

III – as reclamações e os recursos, nos termos das leis reguladoras do processo tributário administrativo;

IV – a concessão de medida liminar em mandado de segurança.

V – a concessão de medida liminar ou de tutela antecipada, em outras espécies de ação judicial;

VI – o parcelamento.

Parágrafo único. O disposto neste artigo não dispensa o cumprimento das obrigações assessórias dependentes da obrigação principal cujo crédito seja suspenso, ou dela consequentes.

Obs: os incisos V e VI foram acrescentados pela LC 104/2001.

Ideia geral sobre o parcelamento

O parcelamento tributário consiste na oportunidade oferecida pelo Fisco para que o devedor tributário possa pagar a sua dívida em prestações. Trata-se de uma decisão de política arrecadatória do ente. Ele pensa o seguinte: as pessoas estão sem condições de pagar à vista; é melhor eu aceitar receber parceladamente do que nunca conseguir a quitação.

Hipótese de suspensão da exigibilidade do crédito tributário

O parcelamento é uma forma de suspensão do crédito tributário, ou seja, enquanto o parcelamento estiver ativo (vigente), o Fisco não poderá dar início nem continuar a execução fiscal contra o devedor.

- Se o devedor descumprir as condições do parcelamento, este será revogado e o crédito tributário poderá ser cobrado.
- Se o devedor cumprir integralmente as condições do parcelamento pagando toda a dívida, haverá a extinção do crédito tributário.

Exigência de lei

O art. 155-A do CTN prevê que "o parcelamento será concedido na forma e condição estabelecidas em lei específica".

Essa lei específica deve ser editada por cada ente da Federação. Assim, por exemplo, a União deve editar uma lei para tratar sobre os débitos tributários federais, o Estado de São Paulo uma para dispor sobre o parcelamento dos tributos estaduais, o Município de Vitória (ES) para os tributos municipais e assim por diante.

Cada ente político deve editar a sua própria lei, devendo, obviamente, respeitar as normas gerais que são previstas no CTN.

Essa lei deverá estabelecer as regras do parcelamento

Vale ressaltar que a lei de que trata o caput do art. 155-A deverá estabelecer os requisitos para que o contribuinte possa aderir ao parcelamento, prevendo ainda o número máximo de parcelas em que a dívida pode ser dividida e os prazos para pagamento.

O art. 153 do CTN, que é aplicado subsidiariamente ao parcelamento, prevê que a lei deverá estabelecer os seguintes requisitos:

a. o prazo de duração do benefício;

b. as condições de concessão;

c. os tributos a que se aplica;

d. o número de prestações e seus vencimentos;

e. as garantias que devem ser fornecidas pelo beneficiado.

Feita esta breve revisão, imagine a seguinte situação hipotética:

A União editou a Lei nº 10.522/2002 permitindo o parcelamento de tributos federais.

A Procuradoria da Fazenda Nacional e a Receita Federal editaram uma portaria com o objetivo de regulamentar o parcelamento previsto nesta Lei.

Trata-se da Portaria Conjunta PGFN/RFB nº 15/2009.

Até aí, tudo bem. O problema foi que essa portaria previu que somente poderia ser concedido o parcelamento simplificado para o pagamento dos débitos cujo valor fosse igual ou inferior a R$ 1.000.000,00 (um milhão de reais).

A empresa PITONGA S/A possuía um débito de 2 milhões e queria aderir ao parcelamento, tendo isso sido negado com base na Portaria.

Diante disso, ela impetrou mandado de segurança alegando que a exigência da Portaria seria ilegal.

A questão chegou, por meio de recurso, até o STJ. O pedido da empresa foi acolhido pelo Tribunal?

SIM.

As condições para a concessão de parcelamento tributário devem estrita observância ao princípio da legalidade. Logo, não é possível que atos infralegais imponham condições não previstas na lei de regência do benefício.

STJ. 1ª Turma. REsp 1.739.641-RS, Rel. Min. Gurgel de Faria, julgado em 21/06/2018 (Info 629).

Os arts. 11 e 13 da Lei nº 10.522/2002 até delegaram algumas atribuições para o Ministro da Fazenda, como, por exemplo, a fixação do valor da parcela mínima e a apresentação de garantias. No entanto, não houve delegação da lei para que atos infralegais estipulassem limite financeiro máximo do crédito tributário para a sua inclusão no parcelamento.

Desse modo, a referida Portaria incidiu em vício de legalidade ao estipular condições não previstas na lei de regência do parcelamento.

PARCELAMENTO DE DÉBITOS CONSIDERADOS ISOLADAMENTE (ART. 1º, § 2º, DA LEI 11.941/2009)

Imagine a seguinte situação hipotética:

A empresa "XX" é devedora de débitos tributários que estão materializados na certidão de dívida ativa (CDA) de nº 90.1.08.000655-37.

O valor total dessa CDA é de R$ 500 mil.

A empresa pediu a sua adesão ao REFIS III requerendo o parcelamento apenas de R$ 100 mil.

O pedido de parcelamento foi feito com fundamento na Lei nº 11.941/2009 (REFIS III).

A Lei nº 11.941/2009 trata sobre o parcelamento de débitos tributários no âmbito federal.

Assim, as pessoas que tinham débitos tributários com a União, suas autarquias e fundações poderiam solicitar o pagamento parcelado da dívida em até 180 meses, desde que obedecidos os demais requisitos e condições legais (art. 1º).

O fundamento para esse pedido da empresa foi o § 2º do art. 1º da Lei nº 11.941/2009:

§

Art. 1º (...)

§ 2º Para os fins do disposto no caput deste artigo, poderão ser pagas ou parceladas as dívidas vencidas até 30 de novembro de 2008, de pessoas físicas ou jurídicas, consolidadas pelo sujeito passivo, com exigibilidade suspensa ou não, inscritas ou não em dívida ativa, consideradas isoladamente, mesmo em fase de execução fiscal já ajuizada, ou que tenham sido objeto de parcelamento anterior, não integralmente quitado, ainda que cancelado por falta de pagamento, assim considerados:

I – os débitos inscritos em Dívida Ativa da União, no âmbito da Procuradoria-Geral da Fazenda Nacional;

II – os débitos relativos ao aproveitamento indevido de crédito de IPI referido no caput deste artigo;

III – os débitos decorrentes das contribuições sociais previstas nas alíneas a, b e c do parágrafo único do art. 11 da Lei no 8.212, de 24 de julho de 1991, das contribuições instituídas a título de substituição e das contribuições devidas a terceiros, assim entendidas outras entidades e fundos, administrados pela Secretaria da Receita Federal do Brasil; e

IV – os demais débitos administrados pela Secretaria da Receita Federal do Brasil.

É possível o parcelamento de apenas uma parte dos débitos que estão em uma só CDA?

A resposta para essa pergunta divide-se em duas partes:

- o contribuinte pode optar pelo parcelamento de apenas parte dos débitos, ainda que relativos a uma mesma Certidão da Dívida Ativa, desde que escolha algumas competências (por inteiro), deixando outras competências de fora. Ex: o contribuinte está devendo 10 meses do imposto X (que é apurado mensalmente). Ele poderá parcelar 6 competências ("meses"), não incluindo as 4 restantes.
- o contribuinte, contudo, não pode parcelar apenas um percentual ou uma fração de um débito isolado, ou seja, um percentual ou uma fração de uma competência. Ex: 50% de um mês do imposto.

Assim, não é possível que o parcelamento gere um fracionamento da competência ou do período de apuração.

A interpretação que o STJ deu para o art. 1º, § 2º da a Lei nº 11.941/2009 foi a seguinte: é possível que o contribuinte escolha "débitos" que pretende ver parcelados, dentre os diversos que eventualmente possua, sejam eles inscritos em dívida ativa ou não. Dessa forma, se, por exemplo, um tributo é apurado mensalmente, gerando um débito a cada mês ou competência, é certo que poderá o contribuinte eleger algumas competências (= débitos) para parcelamento, deixando outras de fora. O que não pode, porque a lei a tanto não o autoriza, é pretender parcelar "percentual" ou "fração" de um débito isolado, como, por exemplo, 50% desta ou daquela competência/débito.

Em outras palavras, permite-se o parcelamento referente a uma ou mais competências, ou um ou mais períodos de apuração, sendo, no entanto, proibido o parcelamento de uma fração de competência ou período de apuração.

Resumindo:

O contribuinte pode optar pelo parcelamento de débitos considerados isoladamente, nos termos do art. 1º, § 2º, da Lei nº 11.941/2009, ainda que relativos a uma mesma Certidão da Dívida Ativa, não sendo possível o parcelamento de uma fração de competência ou período de apuração.

STJ. 1ª Turma. REsp 1.382.317-PR, Rel. Min. Benedito Gonçalves, julgado em 21/11/2017 (Info 617).

TRIBUTÁRIO

2.4. REPETIÇÃO DE INDÉBITO

Súmula 625-STJ: O pedido administrativo de compensação ou de restituição não interrompe o prazo prescricional para a ação de repetição de indébito tributário de que trata o art. 168 do CTN nem o da execução de título judicial contra a Fazenda Pública.

STJ. 1ª Seção. Aprovada em 12/12/2018, DJe 17/12/2018.

Repetição de indébito

Ação de repetição de indébito (ou ação de restituição de indébito) é a ação na qual o requerente pleiteia a devolução de determinada quantia que pagou indevidamente.

A ação de repetição de indébito, ao contrário do que muitos pensam, não é restrita ao direito tributário. Assim, por exemplo, se um consumidor é cobrado pelo fornecedor e paga um valor que não era devido, poderá ingressar com ação de repetição de indébito para pleitear valor igual ao dobro do que pagou em excesso, acrescido de correção monetária e juros legais, salvo hipótese de engano justificável (art. 42, parágrafo único do CDC).

No âmbito tributário, o contribuinte que pagar tributo indevido (exs: pagou duas vezes, pagou imposto que era inconstitucional, houve erro na alíquota etc.) terá direito à repetição de indébito, ou seja, poderá ajuizar ação cobrando a devolução daquilo que foi pago.

As hipóteses em que o contribuinte terá direito à repetição de indébito, no âmbito tributário, estão previstas no art. 165 do CTN:

§ Art. 165. O sujeito passivo tem direito, independentemente de prévio protesto, à restituição total ou parcial do tributo, seja qual for a modalidade do seu pagamento, ressalvado o disposto no § 4° do artigo 162, nos seguintes casos:

I – cobrança ou pagamento espontâneo de tributo indevido ou maior que o devido em face da legislação tributária aplicável, ou da natureza ou circunstâncias materiais do fato gerador efetivamente ocorrido;

II – erro na edificação do sujeito passivo, na determinação da alíquota aplicável, no cálculo do montante do débito ou na elaboração ou conferência de qualquer documento relativo ao pagamento;

III – reforma, anulação, revogação ou rescisão de decisão condenatória.

O mencionado art. 165 afirma que o sujeito passivo tem direito à restituição, independentemente de prévio protesto (isto é, mesmo que na hora de pagar não tenha "reclamado" do tributo indevido ou tenha feito qualquer ressalva; não interessa o estado de espírito do sujeito passivo no momento do pagamento, ou seja, se sabia ou não que o pagamento era indevido). Pagou indevidamente, tem direito de receber de volta a fim de evitar o enriquecimento sem causa da outra parte (no caso, o Fisco).

Qual é o prazo prescricional para a ação de repetição de indébito tributário?

5 anos. O CTN prevê o prazo prescricional de 5 anos para que o contribuinte ajuíze a ação de repetição de indébito tributário pedindo a restituição das quantias que pagou indevidamente:

§ Art. 168. O direito de pleitear a restituição extingue-se com o decurso do prazo de 5 (cinco) anos, contados:

I – nas hipótese dos incisos I e II do artigo 165, da data da extinção do crédito tributário;

II – na hipótese do inciso III do artigo 165, da data em que se tornar definitiva a decisão administrativa ou passar em julgado a decisão judicial que tenha reformado, anulado, revogado ou rescindido a decisão condenatória.

Pedido administrativo de compensação não interrompe o prazo

Imagine a seguinte situação:

Em 2010, João pagou R$ 900,00 a título de IPTU de sua casa. Ocorre que, logo depois, ficou reconhecido que João pagou um valor maior do que era o devido segundo a legislação tributária. Em outras palavras, João pagou R$ 900,00, no entanto, o correto seria ele pagar apenas R$ 400,00.

Isso significa que João (sujeito passivo) tem direito à repetição de indébito, ou seja, tem direito à restituição parcial do tributo pago.

O art. 168 do CTN afirma que João tem um prazo de 5 anos para ingressar com ação exigindo isso.

João estava cheio de problemas e esqueceu de fazer o pedido.

Em 2015, pouco antes de completar 5 anos, João descobre que está devendo R$ 450,00 de taxa de lixo (tributo municipal). Ele lembra, então, que tem aquele "crédito" de R$ 500,00 do IPTU de 2010 que pagou a mais.

Diante disso, ele requer, ao Fisco municipal, a compensação do crédito com o débito.

Vou abrir um parêntese para relembrar o que é a compensação no direito tributário: ocorre quando o contribuinte possui um crédito a receber do Fisco, podendo ser feito o encontro de contas do valor que o sujeito passivo tem que pagar com a quantia que tem a receber da Administração. Trata-se de causa de extinção da obrigação tributária (art. 156, II do CTN).

O Fisco, contudo, em 2016, dá a resposta, negando o pedido do contribuinte.

O que isso significa?

Que houve a prescrição da pretensão para o ajuizamento da ação de repetição de indébito tributário de que trata o art. 168 do CTN.

Isso porque o STJ entende que o "pedido administrativo de compensação" não interrompe o prazo prescricional de 5 anos que o contribuinte tem para ajuizar a ação de repetição de indébito tributário.

Pedido administrativo de restituição também não interrompe o prazo

A mesma situação ocorre nos casos de pedido administrativo de restituição.

No exemplo acima, suponhamos que João não tivesse esse débito de taxa de lixo.

Assim, em 2015, pouco antes de completar 5 anos, ele lembra que tinha esse "crédito" do IPTU de 2010 pago a mais.

Diante disso, formula um pedido administrativo de restituição.

Em 2015, o Fisco nega a restituição pleiteada. Isso significa que o prazo prescricional continuou correndo e que não foi interrompido com o requerimento administrativo.

João não poderá mais entrar com a ação de repetição de indébito de que trata o art. 168 do CTN.

Por que não há a interrupção?

O STJ entende que, em se tratando de créditos e débitos tributários, as hipóteses de interrupção de prescrição são apenas aquelas listadas no parágrafo único do art. 174 do CTN.

O pedido administrativo de compensação e o pedido administrativo de restituição não foram previstos neste rol. Logo, não têm o condão de interromper a prescrição. Veja a redação legal:

§ Art. 174. A ação para a cobrança do crédito tributário prescreve em cinco anos, contados da data da sua constituição definitiva.

Parágrafo único. A prescrição se interrompe:

I – pelo despacho do juiz que ordenar a citação em execução fiscal;

II – pelo protesto judicial;

III – por qualquer ato judicial que constitua em mora o devedor;

IV – por qualquer ato inequívoco ainda que extrajudicial, que importe em reconhecimento do débito pelo devedor.

Logo, por ausência de previsão legal, não se pode admitir que a formalização de pedido de restituição/compensação interrompa o prazo prescricional.

João ainda tem alguma possibilidade de resguardar seu direito?

SIM. Em tese, ele poderá, ainda, ajuizar ação anulatória buscando desconstituir a decisão administrativa que negou o seu pedido. Esta ação é disciplinada pelo art. 169 do CTN:

> § Art. 169. Prescreve em dois anos a ação anulatória da decisão administrativa que denegar a restituição.
>
> Parágrafo único. O prazo de prescrição é interrompido pelo início da ação judicial, recomeçando o seu curso, por metade, a partir da data da intimação validamente feita ao representante judicial da Fazenda Pública interessada.

Nesse sentido:

> O contribuinte que formula pleito de compensação na via administrativa dispõe de dois anos, a contar da ciência da resposta que o denega, para ingressar em juízo com a respectiva pretensão anulatória, nos termos do art. 169 do CTN.
>
> STJ. 1ª Turma. REsp 1180878/RS, Rel. Min. Sérgio Kukina, julgado em 06/02/2018.

Assim, não se deve confundir o prazo prescricional do art. 168 do CTN, que versa sobre o direito que o contribuinte possui de pleitear a restituição (repetição/compensação) diretamente na via judicial, daquela contemplada no art. 169, que cuida do prazo extintivo de ação anulatória, na qual o contribuinte se insurge contra decisão administrativa do Fisco.

A Súmula 625 versa apenas do prazo prescricional do art. 168 do CTN, não tratando sobre a ação anulatória do art. 169.

O que quer dizer a parte final da súmula: "nem o da execução de título judicial contra a Fazenda Pública"?

É o caso, por exemplo, em que o contribuinte teve reconhecido seu direito à restituição tributária por meio de decisão judicial transitada em julgado.

Ex: a empresa "X" pagou determinado tributo; posteriormente ingressou com ação judicial pedindo o reconhecimento de que ela não estava obrigada a pagar e que a exigência do Fisco foi indevida; o juízo acolhe o pedido da contribuinte e há o trânsito em julgado; com o trânsito em julgado tem início o prazo para a ação de repetição do indébito; se a empresa optar por pedir a restituição na via administrativa ou formular pedido administrativo de compensação, deverá estar ciente de que esses pedidos não irão interromper o prazo que ela possui para executar o título judicial contra a Fazenda Pública.

É sobre isso que fala a parte final da súmula.

Veja precedente do STJ no mesmo sentido:

> (...) a ação de repetição do indébito tributário foi ajuizada após o transcurso do prazo de cinco anos, cujo termo inicial coincide com a data do trânsito em julgado da ação mandamental que reconheceu a inexigibilidade do imposto cobrado, de modo que configurada a prescrição.
>
> II – O pedido administrativo de compensação constitui meio inidôneo para interromper a fluência da prescrição para ajuizamento da respectiva ação de repetição. (...)
>
> STJ. 1ª Turma. AgRg no REsp 1.276.022/RS, Rel. Min. Regina Helena Costa, julgado em 19/5/2015.

2.5. POSSIBILIDADE DE COMPENSAÇÃO DOS CRÉDITOS DE AITP COM DÉBITOS DE TRIBUTOS FEDERAIS

Lei 9.430/96

A Lei nº 9.430/96 dispõe sobre a legislação tributária federal.

O art. 74 da Lei permite que o sujeito passivo (contribuinte) utilize créditos tributários reconhecidos judicialmente para compensar débitos tributários.

Para que haja essa compensação, no entanto, é indispensável que tanto os créditos como os débitos sejam de tributos administrados pela Receita Federal.

Ex: uma empresa tem R$ 100 mil em créditos de IPI e tem R$ 80 mil de débitos de Imposto de Importação. Tanto o IPI como o Imposto de Importação são tributos administrados pela Receita Federal. Isso significa que essa empresa poderá compensar esses débitos com os créditos.

Veja a redação do dispositivo:

> § Art. 74. O sujeito passivo que apurar crédito, inclusive os judiciais com trânsito em julgado, relativo a tributo ou contribuição administrado pela Secretaria da Receita Federal, passível de restituição ou de ressarcimento, poderá utilizá-lo na compensação de débitos próprios relativos a quaisquer tributos e contribuições administrados por aquele Órgão.

Adicional de Indenização dos Trabalhadores Portuários (AITP)

A Lei nº 8.630/93 era a antiga Lei dos Portos e que foi revogada pela Lei nº 12.815/2013.

A Lei nº 8.630/93 previa um valor que era pago aos trabalhadores portuários, sendo chamado de Adicional de Indenização dos Trabalhadores Portuários (AITP).

O AITP era uma espécie de tributo* cobrado em caso de operações de embarque e desembarque de mercadorias importadas ou exportadas por navegação de longo curso e seu valor era revertido em favor dos trabalhadores portuários.

Esse adicional existiu durante os anos de 1994 a 1997.

* Segundo a posição majoritária, o AITP seria uma contribuição de intervenção no domínio econômica, com fulcro no art. 149 da CF/88.

Compensação envolvendo AITP

Uma determinada empresa queria utilizar créditos de AITP que ela possuía para quitar débitos relacionados com tributos federais.

A Fazenda Nacional não aceitou o pedido afirmando que não se poderia incluir o AITP na compensação autorizada pelo art. 74 da Lei nº 9.430/96. Isso porque a lei previa que a gestão dos recursos do AITP era de competência do Banco do Brasil (art. 65). Logo, não se tratava de tributo administrado pela Secretaria da Receita Federal.

A questão chegou até o STJ. O que decidiu o Tribunal? É possível a referida compensação?

SIM. A compensação é possível porque se deve considerar a AITP como um tributo administrado pela Receita Federal.

Administrar tributos não se restringe apenas à arrecadação dos recursos, estando também relacionado com a fiscalização e a cobrança.

Embora a destinação do produto de arrecadação do AITP não fosse a mesma destinação de outros tributos arrecadados pela SRF, visto que a atribuição de gestor dos recursos foi delegada ao Banco do Brasil (responsável pela gestão do Fundo de Indenização do Trabalhador Portuário

Avulso), a Secretaria da Receita Federal continuava responsável por fiscalizar o recolhimento do AITP, conforme previam os §§ 1º e 4º do art. 65 da Lei nº 9.430/96:

§

> Art. 65 (...)
>
> § 1º Dentro do prazo previsto neste artigo, os operadores portuários deverão apresentar à Receita Federal o comprovante do recolhimento do AITP.
>
> (...)
>
> 4º Os órgãos da Receita Federal não darão seguimento a despachos de mercadorias importadas ou exportadas, sem comprovação do pagamento do AITP.

Logo, é possível considerar que o AITP também era administrado pela Secretaria da Receita Federal, de forma a autorizar que os créditos relativos a esse tributo, reconhecidos judicialmente, sejam compensados com outros débitos tributários federais.

Em suma:

Os créditos tributários provenientes do Adicional de Indenização do Trabalhador Portuário Avulso – AITP, reconhecidos judicialmente, podem ser compensados com outros débitos tributários federais administrados pela Secretaria da Receita Federal, nos termos do art. 74 da Lei nº 9.430/96.

STJ. 1ª Turma. REsp 1.738.282-ES, Rel. Min. Gurgel de Faria, Rel. Acd. Min. Napoleão Nunes Maia Filho, julgado em 21/06/2018 (Info 631).

2.6. IMPOSSIBILIDADE DE SANÇÕES POLÍTICAS

Imagine a seguinte situação hipotética:

A sociedade empresária Cenco Comércio Ltda. possui débitos de ICMS inscritos em dívida ativa.

Por força desses débitos, a Secretaria de Fazenda do Estado de Sergipe alterou a situação cadastral da empresa para "inapta".

Como consequência por estar classificada como "inapta", a empresa passou a receber um tratamento tributário diferenciado por parte do Estado, com obrigações tributárias mais rigorosas e regras mais difíceis para a utilização da sistemática da substituição tributária.

Essa conduta do Estado-membro foi lícita?

NÃO.

Cobrança do tributo por vias oblíquas (sanções políticas)

A Fazenda Pública deverá cobrar os tributos em débito mediante os meios judiciais (execução fiscal) ou extrajudiciais (lançamento tributário, protesto de CDA) legalmente previstos. O Fisco possui, portanto, instrumentos legais para satisfazer seus créditos.

Justamente por isso, a Administração Pública não pode proceder à cobrança do tributo por meios indiretos, impedindo, cerceando ou dificultando a atividade econômica desenvolvida pelo contribuinte devedor. Quando isso ocorre, a jurisprudência afirma que o Poder Público aplicou "sanções políticas", ou seja, formas "enviesadas de constranger o contribuinte, por vias oblíquas, ao recolhimento do crédito tributário" (STF ADI 173). Exs.: apreensão de mercadorias, não liberação de documentos, interdição de estabelecimentos.

A cobrança do tributo por vias oblíquas (sanções políticas) é rechaçada por quatro súmulas do STF e STJ:

Súmula 70-STF: É inadmissível a interdição de estabelecimento como meio coercitivo para cobrança de tributo.

Súmula 323-STF: É inadmissível a apreensão de mercadorias como meio coercitivo para pagamento de tributos.

Súmula 547-STF: Não é lícito à autoridade proibir que o contribuinte em débito adquira estampilhas, despache mercadorias nas alfândegas e exerça suas atividades profissionais.

Súmula 127-STJ: É ilegal condicionar a renovação da licença de veículo ao pagamento de multa, da qual o infrator não foi notificado.

Desse modo, a orientação jurisprudencial do STF e do STJ é a de que o Estado não pode adotar sanções políticas, que se caracterizam pela utilização de meios de coerção indireta que impeçam ou dificultem o exercício da atividade econômica, para constranger o contribuinte ao pagamento de tributos em atraso, estando o ente público vinculado ao procedimento de execução fiscal para a cobrança de seus créditos, no qual é assegurado ao devedor o devido processo legal.

No caso concreto, ficou evidente que a inscrição da empresa no rol de contribuintes considerados inaptos pelo fisco do Estado de Sergipe configura um meio de coerção indireta para cobrança dos débitos inscritos na dívida ativa, pois implica tratamento tributário diferenciado que dificulta o exercício da atividade econômica, sendo assim clara a sanção política, não admitida pela Constituição Federal.

Em suma:

O Estado não pode adotar sanções políticas para constranger o contribuinte ao pagamento de tributos em atraso.

STJ. 1ª Turma. RMS 53.989-SE, Rel. Min. Gurgel de Faria, julgado em 17/04/2018 (Info 626).

3. IMPOSTO DE RENDA

3.1. VALOR RECEBIDO PELO JOGADOR A TÍTULO DE "DIREITO DE ARENA" SUJEITA-SE AO IRPF

Direito de arena

A Lei nº 9.615/98 prevê normas gerais sobre desporto.

Essa norma é conhecida como "Lei Pelé", em virtude de o anteprojeto dela ter sido elaborado na época em que o ex-jogador Pelé era Ministro do Esporte.

O art. 42 desta Lei estabelece o seguinte:

§ Art. 42. Pertence às entidades de prática desportiva o direito de arena, consistente na prerrogativa exclusiva de negociar, autorizar ou proibir a captação, a fixação, a emissão, a transmissão, a retransmissão ou a reprodução de imagens, por qualquer meio ou processo, de espetáculo desportivo de que participem. (Redação dada pela Lei nº 12.395/2011).

Arena

O direito de arena é como se fosse o "pagamento" pelo fato de as emissoras de comunicação estarem mostrando a imagem do "time" (entidade desportiva) e dos jogadores na "arena" disputando a competição.

TRIBUTÁRIO

Assim, por exemplo, para a TV Globo poder transmitir os jogos do Campeonato Brasileiro, ela tem que pagar o direito de arena aos clubes de futebol.

Vimos no caput do art. 42 que o direito de arena pertence às entidades de prática desportiva. Mas e os jogadores?

As entidades desportivas têm que repassar 5% da receita do direito de arena para os sindicatos de atletas profissionais, e estes distribuirão, em partes iguais, aos atletas profissionais participantes do espetáculo, como parcela de natureza civil (art. 42, § 1º).

Obs: esse percentual poderá ser alterado por meio de convenção coletiva.

Exceção ao direito de imagem

"O direito de imagem é amplo e pertence por inteiro ao seu titular. Abre-se, no entanto, uma exceção para o atleta que participa de um espetáculo, reservando-se um percentual maior para a remuneração das entidades esportivas, que afinal são as que organizam, investem e remuneram para garantir o êxito do empreendimento." (Min. Ruy Rosado de Aguiar, no REsp 46.420/SP).

Os atletas profissionais devem pagar imposto de renda com relação ao valor que recebem a título de direito de arena?

SIM.

A remuneração percebida pelos atletas profissionais a título de direito de arena sujeita-se à incidência do Imposto sobre a Renda de Pessoa Física – IRPF.

STJ. 1ª Turma. REsp 1.679.649-SP, Rel. Min. Regina Helena Costa, julgado em 17/05/2018 (Info 626).

Acréscimo patrimonial

O direito de arena é um rendimento extra que o esportista participante do espetáculo desportivo recebe, possuindo, portanto, nítido conteúdo de acréscimo patrimonial.

Vale ressaltar que somente fará jus à parcela relativa ao direito de arena o esportista profissional que mantiver relação laboral com a entidade de prática desportiva, formalizada em contrato de trabalho. Desse modo, conclui-se que a verba em questão retribui e decorre da própria existência do contrato de trabalho, remunerando e acrescendo os ganhos do atleta em contrapartida pela autorização dada para o uso da sua imagem.

Não se trata de verba de caráter indenizatório

Não se pode dizer que o direito de arena possui caráter indenizatório. Isso porque não há dano ou lesão passível de reparação econômica.

A rigor, o atleta profissional é pago, antecipadamente, mediante repasse do valor do direito de arena, em retribuição a uma prestação consistente na cessão dos seus elementos audiovisuais, indefinidamente vinculados a determinado espetáculo esportivo, cuja exibição pode, ou não, protrair-se no tempo.

O esportista profissional, portanto, é remunerado, previamente, para abdicar da exclusividade do exercício de um direito disponível, nos termos pactuados.

3.2. CRÉDITO PRESUMIDO DE ICMS NÃO INTEGRA A BASE DE CÁLCULO DO IRPJ E DA CSLL

IRPJ

IRPJ é a sigla para Imposto de Renda de Pessoa Jurídica.

A base de cálculo do IRPJ é o montante, real, arbitrado ou presumido, da renda ou dos proventos tributáveis (art. 44 do CTN).

Em outras palavras, a base de cálculo do IRPJ é o lucro (real, presumido ou arbitrado) correspondente ao período de apuração.

CSLL

CSLL é a sigla para Contribuição Social sobre o Lucro Líquido.

Segundo a Lei que rege a CSLL, a base de cálculo dessa contribuição "é o valor do resultado do exercício, antes da provisão para o imposto de renda" (art. 2º da Lei nº 7.689/88).

Desse modo, a base de cálculo da CSLL também é o lucro, mas apurado antes da provisão para o IRPJ.

Crédito presumido de ICMS

Trata-se de um incentivo concedido pela legislação por meio do que se concede um crédito ao contribuinte para que ele pague menos ICMS.

Assim, se a empresa contribuinte cumprir determinados requisitos previstos na legislação, ela poderá ter direito a esse "crédito", pagando menos ICMS.

Desse modo, pode-se concluir que a concessão de crédito presumido de ICMS possui natureza jurídica de incentivo fiscal.

O crédito presumido de ICMS, por representar, indiretamente, um lucro para a pessoa jurídica, deverá ser incluído na base de cálculo do IRPJ e da CSLL?

NÃO.

> **Crédito presumido de ICMS não integra a base de cálculo do IRPJ e da CSLL.**
>
> STJ. 1ª Seção. EREsp 1.517.492-PR, Rel. Min. Og Fernandes, Rel. Acd. Min. Regina Helena Costa, julgado em 08/11/2017 (Info 618).

A Constituição Federal possui diversos dispositivos que preveem medidas de incentivo fiscal com o objetivo de reduzir desigualdades regionais, alavancar o desenvolvimento social e econômico do país, inclusive mediante desoneração ou diminuição da carga tributária.

A outorga de crédito presumido de ICMS insere-se nesse contexto, devendo ser instituída por legislação local específica do ente federativo tributante.

Não se pode considerar o crédito presumido como lucro da empresa, para fins de tributação do IRPJ e da CSLL, sob pena de admitirmos a possibilidade de a União retirar, por via oblíqua, o incentivo fiscal que o Estado-membro, no exercício de sua competência tributária, outorgou. Essa interpretação faria com que houvesse o esvaziamento ou a redução do incentivo fiscal que foi legitimamente outorgado pelo Estado-membro. Isso porque se, por um lado, a empresa pagaria menos ICMS, por outro, teria que pagar mais IRPJ e CSLL.

O art. 155, § 2º, XII, "g", da CF/88, atribuiu aos Estados-membros e ao Distrito Federal a competência para instituir o ICMS – e, por consequência, outorgar isenções, benefícios e incentivos fiscais, atendidos os pressupostos de lei complementar:

Art. 155. Compete aos Estados e ao Distrito Federal instituir impostos sobre:

(...)

II – operações relativas à circulação de mercadorias e sobre prestações de serviços de transporte interestadual e intermunicipal e de comunicação, ainda que as operações e as prestações se iniciem no exterior;

(...)

§ 2º O imposto previsto no inciso II atenderá ao seguinte:

(...)

XII – cabe à lei complementar:

(...)

g) regular a forma como, mediante deliberação dos Estados e do Distrito Federal, isenções, incentivos e benefícios fiscais serão concedidos e revogados.

A concessão de incentivo por Estado-membro, observados os requisitos legais, configura, portanto, instrumento legítimo de política fiscal para materialização dessa autonomia consagrada pelo modelo federativo. Nesse caminho, a tributação pela União de valores correspondentes a incentivo fiscal estimula competição indireta com o Estado-membro, em desapreço à cooperação e à igualdade, pedras de toque da Federação.

Por fim, cumpre registrar, dada à semelhança com o presente caso, que o STF, ao julgar, em regime de repercussão geral, o RE nº 574.706/PR, assentou a inconstitucionalidade da inclusão do ICMS na base de cálculo do PIS e da COFINS. Entendeu o Plenário da Corte que o valor de ICMS não se incorpora ao patrimônio do contribuinte, constituindo mero ingresso de caixa, cujo destino final são os cofres públicos.

O Imposto sobre Circulação de Mercadorias e Serviços (ICMS) não compõe a base de cálculo para a incidência da contribuição para o PIS e da COFINS.

STF. Plenário. RE 574706/PR, Rel. Min. Cármen Lúcia, julgado em 15/3/2017 (repercussão geral) (Info 857).

3.3. A PARCELA DECORRENTE DO INCC INTEGRA A RECEITA BRUTA DA IMOBILIÁRIA QUE VENDEU O IMÓVEL PARA FINS DE IRPJ

IRPJ

IRPJ é a sigla para Imposto de Renda de Pessoa Jurídica.

A base de cálculo do IRPJ é o montante, real, arbitrado ou presumido, da renda ou dos proventos tributáveis (art. 44 do CTN).

Em outras palavras, a base de cálculo do IRPJ é o lucro (real, presumido ou arbitrado) correspondente ao período de apuração.

Formas de tributação das pessoas jurídicas

Assim, existem três formas de tributação das pessoas jurídicas:

a. Lucro real.

b. Lucro presumido.

c. Lucro arbitrado.

Obs: é possível também que a pessoa jurídica seja optante do SIMPLES, caso em que terá uma tributação diferenciada.

Empresas de venda de bem imóvel e IRPJ

A Lei nº 8.981/95 determinava que as pessoas jurídicas que se dedicam à compra e venda, ao loteamento, à incorporação ou à construção de imóveis e à execução de obras da construção civil deveriam pagar imposto de renda com base no lucro real (art. 36, IV).

A Lei nº 9.718/98 revogou esse art. 36 e disse que essas empresas (que se dedicam à atividade imobiliária) podem escolher pagar o imposto de renda com base no lucro presumido.

Base de cálculo no caso de tributação pelo lucro presumido

No regime de tributação pelo lucro presumido, a base de cálculo do IRPJ é apurada com base na soma da receita bruta e do valor de todas as demais receitas e dos ganhos de capital.

E o que é essa receita bruta falada aí em cima? No momento de se calcular o imposto de renda a ser pago pelas empresas imobiliárias, o que é considerado receita bruta?

O montante efetivamente recebido pela venda das unidades imobiliárias.

Assim, as pessoas jurídicas que explorem atividades imobiliárias deverão considerar como receita bruta o montante efetivamente recebido, relativo às unidades imobiliárias vendidas (art. 30 da Lei nº 8.981/95).

É o que também determina o art. 15, caput e § 4º da Lei nº 9.249/95:

> § Art. 15. A base de cálculo do imposto, em cada mês, será determinada mediante a aplicação do percentual de 8% (oito por cento) sobre a receita bruta auferida mensalmente (...)
>
> (...)
>
> § 4º O percentual de que trata este artigo também será aplicado sobre a receita financeira da pessoa jurídica que explore atividades imobiliárias relativas a loteamento de terrenos, incorporação imobiliária, construção de prédios destinados à venda, bem como a venda de imóveis construídos ou adquiridos para a revenda, quando decorrente da comercialização de imóveis e for apurada por meio de índices ou coeficientes previstos em contrato.

O que é o INCC?

INCC é a sigla para "Índice Nacional de Construção Civil".

Trata-se de um índice que é utilizado para fazer a correção do valor do imóvel objeto de financiamento enquanto a obra está em execução.

Foi criado e é atualizado pela Fundação Getúlio Vargas.

Todos os meses é publicado o INCC e ele demonstra as mudanças que ocorreram nos preços dos materiais de construção e da mão de obra no setor imobiliário.

Assim, por exemplo, se os preços desses bens e serviços aumentaram no mês, o INCC será um percentual alto; se o aumento foi pequeno, o percentual também será pequeno.

Como dito acima, o INCC é o índice utilizado para corrigir o valor que falta para o adquirente pagar enquanto o imóvel está sendo construído.

Ex: João fez um contrato de promessa de compra e venda para adquirir um apartamento na planta; o preço do apartamento é de R$ 300 mil; João paga R$ 200 mil de entrada e financia os R$ 100 mil diretamente com a construtora, pagando parcelas todos os meses; o saldo devedor será corrigido pelo percentual do INCC; imagine que, no 1º mês, o INCC foi de 0,30%; significa que o saldo devedor, que era de R$ 100 mil, passará para R$ 100.300,00.

Dessa forma, a construtora irá "ganhar" todos os meses esse valor do INCC.

Pergunta: esse valor que a construtora recebe todos os meses decorrentes do INCC entra no cálculo da receita bruta da venda do imóvel para fins de pagamento do IRPJ no lucro presumido? No momento de se definir a base de cálculo do IRPJ (lucro presumido) da imobiliária, será considerado apenas o preço original do imóvel (em nosso exemplo, só R$ 300 mil) ou o preço original mais o acréscimo do INCC?

SIM. Considera-se o preço original mais as parcelas do INCC:

> **A parcela decorrente do INCC integra a receita bruta decorrente da venda do bem imóvel, sendo possível o seu acréscimo à base de cálculo do lucro presumido para fins de incidência do imposto de renda.**
>
> STJ. 1ª Turma. REsp 1.298.441-GO, Rel. Min. Gurgel de Faria, julgado em 04/09/2018 (Info 633).

O INCC, conforme foi explicado, demonstra a variação do próprio custo de construção do bem imóvel vendido pela construtora. Logo, podemos dizer que as parcelas do INCC compõem o próprio preço do bem. Trata-se de uma quantia efetivamente recebida pela venda da unidade imobiliária, ainda que de forma parcelada. Logo, deve integrar a receita bruta da pessoa jurídica, para fins de IRPJ (lucro presumido) como previsto no art. 25, I, da Lei nº 9.430/96, combinado com o art. 12, I, do DL 1.598/77, que assim estabelecem:

§ Art. 25. O lucro presumido será o montante determinado pela soma das seguintes parcelas:

I – o valor resultante da aplicação dos percentuais de que trata o art. 15 da Lei nº 9.249, de 26 de dezembro de 1995 *(8%)*, sobre a receita bruta definida pela art. 12 do Decreto-Lei nº 1.598, de 26 de dezembro de 1977, auferida no período de apuração de que trata o art. 1º, deduzida das devoluções e vendas canceladas e dos descontos incondicionais concedidos; e

(...)

§ Art. 12. A receita bruta compreende:

I – o produto da venda de bens nas operações de conta própria;

Assim, a parcela decorrente do INCC não pode ser classificada como receita financeira, submetida à tributação em separado, mas sim como parcela integrante da receita bruta decorrente da venda do bem imóvel, sendo possível o seu acréscimo à base de cálculo do lucro presumido para fins de incidência do imposto de renda.

Como vimos acima, o conceito de receita bruta imobiliária dado pelo art. 30 da Lei nº 8.981/95 é abrangente. Veja novamente:

§ Art. 30. As pessoas jurídicas que explorem atividades imobiliárias relativa a loteamento de terrenos, incorporação imobiliária, construção de prédios destinados à venda, bem como a venda de imóveis construídos ou adquiridos para revenda, deverão considerar como receita bruta o montante efetivamente recebido, relativo às unidades imobiliárias vendidas.

Receita bruta das imobiliárias = montante efetivamente recebido. Ora, o INCC é efetivamente recebido. Logo, deve ser considerado receita bruta.

3.4. ISENÇÃO DO IMPOSTO DE RENDA DO ART. 6º, XIV, DA LEI 7.713/88

Súmula 627-STJ: O contribuinte faz jus à concessão ou à manutenção da isenção do imposto de renda, não se lhe exigindo a demonstração da contemporaneidade dos sintomas da doença nem da recidiva da enfermidade.

STJ. 1ª Seção. Aprovada em 12/12/2018, DJe 17/12/2018.

Isenção de imposto de renda sobre os proventos da aposentadoria para doentes graves

O imposto de renda é regido pela Lei nº 7.713/88. Esta Lei prevê que as pessoas portadoras de neoplasia maligna ou outras doenças graves e, que estejam na inatividade, não pagarão imposto de renda sobre os rendimentos recebidos a título de aposentadoria, pensão ou reforma (art. 6º, XIV).

Em palavras mais simples: pessoas portadoras de doenças elencadas pela legislação não pagarão imposto de renda sobre os rendimentos que receberem a título de aposentadoria, pensão ou reforma.

Para ter direito à isenção do imposto de renda é necessária a cumulação de dois requisitos pelo contribuinte:

a. receber proventos de aposentadoria, pensão ou reforma; e

b. estar acometido de uma das doenças arroladas no dispositivo legal.

Veja a previsão legal:

§ Art. 6º Ficam isentos do imposto de renda os seguintes rendimentos percebidos por pessoas físicas:

XIV – os proventos de aposentadoria ou reforma motivada por acidente em serviço e os percebidos pelos portadores de moléstia profissional, tuberculose ativa, alienação mental, esclerose múltipla, neoplasia maligna, cegueira, hanseníase, paralisia irreversível e incapacitante, cardiopatia grave, doença de Parkinson, espondiloartrose anquilosante, nefropatia grave, hepatopatia grave, estados avançados da doença de Paget (osteíte deformante), contaminação por radiação, síndrome da imunodeficiência adquirida, com base em conclusão da medicina especializada, mesmo que a doença tenha sido contraída depois da aposentadoria ou reforma;

Imagine agora a seguinte situação hipotética:

João, aposentado, estava apresentando problemas de saúde e foi internado em um hospital particular.

Fez diversos exames nos quais ficou constatado que ele está com neoplasia maligna (câncer).

Diante disso, ele requereu isenção do imposto de renda sobre os valores que ele recebe a título de aposentadoria. Para tanto, ele juntou todos os laudos dos exames que realizou, assim como uma declaração do médico do hospital.

A Receita Federal, contudo, indeferiu o pedido alegando que, para ter direito à isenção, seria indispensável a apresentação de um laudo médico oficial.

Inconformado, João ingressou com ação judicial pedindo o reconhecimento de seu direito à isenção com base nos inúmeros laudos médicos particulares que examinaram a sua situação e que atestaram a existência da moléstia.

O juiz poderá acolher o pedido de João? O magistrado pode reconhecer o direito à isenção do Imposto de Renda de que trata o art. 6º, XIV, da Lei nº 7.713/88 apenas com base em documentos médicos particulares (sem um laudo médico oficial)?

SIM. A comprovação da moléstia grave para fins de isenção de imposto de renda não precisa ser comprovada mediante laudo médico OFICIAL podendo o magistrado valer-se de outras provas produzidas.

Súmula 598-STJ: É desnecessária a apresentação de laudo médico oficial para o reconhecimento judicial da isenção do Imposto de Renda, desde que o magistrado entenda suficientemente demonstrada a doença grave por outros meios de prova.

Voltando ao exemplo de João: suponhamos que ele fez quimioterapia e outros tratamentos e ficou aparentemente curado, não apresentando mais qualquer sintoma do câncer. Também não há qualquer sinal de recidiva, ou seja, de reaparecimento da doença. Mesmo assim, João terá direito à isenção do imposto?

SIM. Mesmo que a lesão tenha sido aparentemente curada e que o paciente não apresente sinais de recidiva, o STJ entende que é devida a isenção do imposto de renda em favor dos inativos portadores de moléstia grave. Isso porque o objetivo da isenção é diminuir o sacrifício do aposentado, aliviando os encargos financeiros que ele ainda terá para fazer acompanhamento médico e continuar tomando as medicações ministradas.

O portador de uma doença grave, como aquelas listadas no art. 6º, XIV, da Lei nº 7.713/88, mesmo aparentemente curado e assintomático, nunca mais poderá deixar de fazer acompanhamento médico periódico, tendo, muitas vezes, que tomar medicações para o resto da vida. Além disso, há cuidados adicionais com a saúde. Desse modo, as razões protetivas que justificaram a edição da norma ainda permanecem.

Em suma:

O contribuinte tem direito à concessão ou direito de manter (se já havia sido concedido) a isenção do imposto de renda de que trata o art. 6º, XIV, da Lei nº 7.713/88 mesmo que atualmente (contemporaneamente) ele não esteja mais apresentando sintomas da doença nem sinais de recidiva (volta da enfermidade).

3.5. GANHO DE CAPITAL OBTIDO COM A VENDA DE IMÓVEL RESIDENCIAL É ISENTO DE IR SE ELE FOR UTILIZADO PARA PAGAMENTO DE OUTRO IMÓVEL RESIDENCIAL

Art. 39 da Lei nº 11.196/2005

O art. 39 da Lei nº 11.196/2005 prevê uma hipótese de isenção de imposto de renda:

§ Art. 39. Fica isento do imposto de renda o ganho auferido por pessoa física residente no País na venda de imóveis residenciais, desde que o alienante, no prazo de 180 (cento e oitenta) dias contado da celebração do contrato, aplique o produto da venda na aquisição de imóveis residenciais localizados no País.

Ex: João comprou seu apartamento por R$ 3 milhões; dois anos depois, vendeu este imóvel por R$ 4 milhões, tendo "lucrado" R$ 1 milhão com o negócio. Diz-se que seu ganho de capital foi de R$ 1 milhão. Em princípio, João teria que pagar imposto de renda sobre esse ganho de capital. Ocorre que o art. 39 acima transcrito garante uma isenção do imposto caso ele utilize este valor recebido para adquirir outro imóvel residencial.

Feitos estes esclarecimentos, imagine a seguinte situação hipotética:

Em janeiro de 2016, Pedro comprou uma casa por R$ 3 milhões.

Em julho de 2017, Pedro vendeu a casa por R$ 4 milhões. Dessa forma, ele teve um ganho de capital de R$ 1 milhão (4-3).

Em agosto de 2017, Pedro utilizou R$ 400 mil (ou seja, parte do produto obtido com a venda) para quitar o financiamento habitacional de um apartamento que estava pagando parceladamente há 5 anos.

Pedro, na declaração de imposto de renda, informou que os R$ 400 mil que recebeu de ganho de capital com a venda da casa seriam isentos do IR. Diante disso, recolheu o imposto de renda apenas sobre R$ 600 mil, isto é, sobre o montante não utilizado para quitar o financiamento.

A Receita Federal, contudo, não concordou e afirmou que, para ter direito à isenção do IR, Pedro deveria ter utilizado todo o dinheiro (R$ 1 milhão) para a compra do imóvel residencial (apartamento). Além disso, a compra do imóvel residencial deveria ter sido posterior à data do ganho de capital. No caso de Pedro, foi o contrário, pois primeiro ele já estava pagando o apartamento e depois teve o ganho de capital com a venda da casa, utilizando o dinheiro para terminar de pagar o financiamento.

O Fisco sustentou que existe expressa vedação à pretensão de Pedro no art. 2º, § 11, I, da Instrução Normativa-SRF nº 599/2005, que regulamentou a isenção legal. Veja o texto da IN 599/2005:

§

> Art. 2º Fica isento do imposto de renda o ganho auferido por pessoa física residente no País na venda de imóveis residenciais, desde que o alienante, no prazo de 180 (cento e oitenta) dias contado da celebração do contrato, aplique o produto da venda na aquisição, em seu nome, de imóveis residenciais localizados no País.
>
> (...)
>
> § 11. O disposto neste artigo não se aplica, dentre outros:
>
> I – à hipótese de venda de imóvel residencial com o objetivo de quitar, total ou parcialmente, débito remanescente de aquisição a prazo ou à prestação de imóvel residencial já possuído pelo alienante;

Afinal, Pedro tem direito à isenção neste caso?

SIM.

Da leitura do art. 39 da Lei nº 11.196/2005, podem ser extraídos os requisitos necessários para a concessão da isenção:

a. tratar-se de pessoa física residente no País;

b. alienação de imóveis residenciais situados em território nacional; e

c. aplicação do produto da venda no prazo de 180 dias na aquisição de outro imóvel residencial no País

O STJ entende que o art. 2º, § 11, I, da Instrução Normativa-SRF nº 599/2005 é ilegal e que a isenção do art. 39 da Lei nº 11.196/2005 se aplica mesmo que o dinheiro obtido seja utilizado para pagar as prestações de um imóvel residencial que o contribuinte já possuía e que estava quitando parceladamente. Nesse sentido:

A isenção do Imposto de Renda sobre o ganho de capital nas operações de alienação de imóvel prevista no art. 39, da Lei nº 11.196/2005 se aplica à hipótese de venda de imóvel residencial com o objetivo de quitar, total ou parcialmente, débito remanescente de aquisição a prazo ou à prestação de imóvel residencial já possuído pelo alienante.

STJ. 2ª Turma. REsp 1469478/SC, Rel. Min. Herman Benjamin, Rel. p/ Acórdão Ministro Mauro Campbell Marques, julgado em 25/10/2016 (Info 594).

A isenção prevista no art. 39, § 2º, da Lei nº 11.196/2005, alcança as hipóteses nas quais o produto da venda de imóvel por pessoa física seja destinado, total ou parcialmente, à quitação ou amortização de financiamento de outro imóvel residencial que o alienante já possui.

STJ. 1ª Turma. REsp 1.668.268-SP, Rel. Min. Regina Helena Costa, julgado em 13/03/2018 (Info 622).

A restrição imposta pela instrução normativa da Receita Federal torna a aplicação do art. 39 da Lei nº 11.196/2005 quase que impossível. A grande maioria das aquisições imobiliárias das pessoas físicas é feita mediante contratos de financiamento de longo prazo (até trinta anos). Isso porque o mais comum é que as pessoas não tenham liquidez para adquirir um imóvel à vista.

Além disso, pessoa física geralmente adquire o "segundo imóvel" ainda "na planta" (em construção), o que dificulta a alienação anterior do "primeiro imóvel", já que é necessário ter onde morar. A regra então é que a aquisição do "segundo imóvel" se dê antes da alienação do "primeiro imóvel".

Sendo assim, a finalidade do art. 39 da Lei nº 11.196/2005 é mais bem alcançada quando se permite que o produto da venda do imóvel residencial anterior seja empregado, dentro do prazo de 180 (cento e oitenta dias), na aquisição de outro imóvel residencial, compreendendo dentro deste conceito de aquisição também a quitação do débito remanescente do imóvel já adquirido ou de parcelas do financiamento em curso firmado anteriormente.

Ademais, se você observar a redação do art. 39, verá que ele exige apenas a aplicação do "produto da venda na aquisição de imóveis residenciais localizados no País". Não existe uma exigência do momento em que deve ocorrer esta aquisição. Não há qualquer registro na Lei de que as aquisições de que ela fala sejam somente aquelas cujos contratos ocorreram depois da venda do primeiro imóvel residencial.

Em outras palavras, a Lei nº 11.196/2005 não faz qualquer exigência cronológica quanto à aquisição do imóvel residencial nem exclui da isenção a quitação ou amortização de financiamento, desde que seja respeitado o prazo de 180 dias e seja recolhido o IR sobre o valor não utilizado na aquisição.

Aliás, a lei nem poderia dizer isso, pois, como já descrevemos, destoaria da realidade do mercado imobiliário para pessoas físicas que se faz com contratos a prazo, financiamentos, e o início da aquisição do segundo imóvel antes mesmo da realização da venda do primeiro.

Desse modo, conforme já explicado, o art. 2º, § 11, inciso I, da Instrução Normativa SRF nº 599/2005, ao restringir a fruição do incentivo fiscal com exigência de requisito não previsto em lei, afronta o art. 39, § 2º, da Lei nº 11.196/2005, padecendo, portanto, de ilegalidade.

4. OUTROS IMPOSTOS FEDERAIS

4.1. NÃO DEVE INCIDIR IPI SOBRE A VENDA DE PRODUTOS, NA HIPÓTESE DE ROUBO OU FURTO DA MERCADORIA ANTES DA SUA ENTREGA AO COMPRADOR

IPI

IPI é a sigla para Imposto sobre Produtos Industrializados.

Trata-se de um tributo federal e que incide sobre a produção e a circulação de produtos industrializados.

O IPI foi instituído por meio da Lei nº 4.502/64.

Fato gerador do IPI

Segundo o art. 46 do CTN, o IPI possui três fatos geradores:

I – o desembaraço aduaneiro do produto industrializado, quando de procedência estrangeira;

II – a saída do produto industrializado do estabelecimento industrial ou equiparado a industrial;

III – a arrematação do produto industrializado, quando apreendido ou abandonado e levado a leilão.

Imagine agora a seguinte situação hipotética:

A "Souza Cruz", indústria de tabaco, produziu 2 mil cigarros e os vendeu para o distribuidor "BB".

O caminhão saiu da fábrica levando os cigarros que seriam entregues na distribuidora.

Ocorre que o veículo foi abordado por assaltantes armados que roubaram toda a carga.

Apesar disso, a Receita Federal fez o lançamento tributário cobrando o IPI referente aos 2 mil cigarros produzidos.

A empresa ingressou, então, com ação ordinária pedindo a anulação do lançamento e, consequentemente, do crédito tributário ao argumento de que não houve o fato gerador.

O pedido da indústria é acolhido pela jurisprudência do STJ?

SIM.

Na hipótese em que ocorrer roubo/furto da mercadoria após a sua saída do estabelecimento do fabricante não se configura o evento ensejador de incidência do IPI.

Não deve incidir IPI sobre a venda de produtos, na hipótese de roubo ou furto da mercadoria, antes da entrega ao comprador. Isso porque, neste caso, como não foi concluída a operação mercantil, não ficou configurado o fato gerador.

STJ. 1ª Seção. EREsp 734.403-RS, Rel. Min. Napoleão Nunes Maia Filho, julgado em 14/11/2018 (Info 638).

Se ocorre o roubo ou furto da mercadoria após a sua saída do estabelecimento do fabricante, a operação mercantil não se concretiza, não havendo proveito econômico para o fabricante sobre o qual deve incidir o tributo. Logo, não se configura o fato gerador do IPI.

Assim, só cabe o IPI se o produto industrializado sai do estabelecimento do fabricante e se há a sua entrega ao adquirente, com a transferência da propriedade do bem. Nesse momento, a operação passa a ser dotada de relevância econômica capaz de merecer tributação.

(...) 4. O fato gerador do IPI não é a saída do produto do estabelecimento industrial ou a ele equiparado. Esse é apenas o momento temporal da hipótese de incidência, cujo aspecto material consiste na realização de operações que transfiram a propriedade ou posse de produtos industrializados.

5. Não se pode confundir o momento temporal do fato gerador com o próprio fato gerador, que consiste na realização de operações que transfiram a propriedade ou posse de produtos industrializados.

6. A antecipação do elemento temporal criada por ficção legal não torna definitiva a ocorrência do fato gerador, que é presumida e pode ser contraposta em caso de furto, roubo, perecimento da coisa ou desistência do comprador.

7. A obrigação tributária nascida com a saída do produto do estabelecimento industrial para entrega futura ao comprador, portanto, com tradição diferida no tempo, está sujeita a condição resolutória, não sendo definitiva nos termos dos arts. 116, II, e 117 do CTN. Não

há razão para tratar, de forma diferenciada, a desistência do comprador e o furto ou o roubo da mercadoria, dado que em todos eles a realização do negócio jurídico base foi frustrada.

(...)

10. O furto de mercadorias antes da entrega ao comprador faz desaparecer a grandeza econômica sobre a qual deve incidir o tributo. Em outras palavras, não se concretizando o negócio jurídico, por furto ou roubo da mercadoria negociada, já não se avista o elemento signo de capacidade contributiva, de modo que o ônus tributário será absorvido não pela riqueza advinda da própria operação tributada, mas pelo patrimônio e por rendas outras do contribuinte que não se relacionam especificamente com o negócio jurídico que deu causa à tributação, em clara ofensa ao princípio do não confisco. (...)

STJ. 2ª Turma. REsp 1203236/RJ, Rel. Min. Herman Benjamin, julgado em 21/06/2012.

4.2. SELO PARA CONTROLE DE RECOLHIMENTO DE IPI NÃO PODE SER COBRADO DO CONTRIBUINTE

IPI

IPI é a sigla para Imposto sobre Produtos Industrializados.

Trata-se de um tributo federal e que incide sobre a produção e a circulação de produtos industrializados.

O IPI foi instituído por meio da Lei nº 4.502/64.

Fato gerador do IPI

Segundo o art. 46 do CTN, o IPI possui três fatos geradores:

I – o desembaraço aduaneiro do produto industrializado, quando de procedência estrangeira;

II – a saída do produto industrializado do estabelecimento industrial ou equiparado a industrial;

III – a arrematação do produto industrializado, quando apreendido ou abandonado e levado a leilão.

Selo de controle de IPI

Para realizar a fiscalização e cobrança do IPI incidente sobre determinados produtos, o Fisco federal utiliza-se de uma interessante sistemática: para a mercadoria ser comercializada, exige-se que nela esteja colado um "selo" produzido pela Casa da Moeda com determinada numeração.

Como a mercadoria só pode ser vendida com o selo e, como este é fornecido pelo Governo, é possível controlar quantos produtos são vendidos e, assim, fazer a cobrança exata do tributo.

Comercialização de "bebidas quentes"

Um dos setores que é controlado por meio do selo de IPI é o das "bebidas quentes" (cachaça, uísque etc).

Assim, quando uma fabricante de cachaça retira seu produto da indústria, ela já deverá ter afixado na garrafa o selo do IPI, conforme mostra a imagem a seguir:

Se o valor do IPI é de 50 centavos por cachaça e a empresa encomendou 100 mil selos de IPI, o Fisco já terá a quantia exata do tributo a ser pago (no caso, 50 mil reais).

Custo do selo

O problema é que esse selo, como já dito, é produzido na Casa da Moeda, em papel especial, razão pela qual tem um custo. No caso das bebidas quentes, segundo reportagem do jornal Valor Econômico, o selo custaria cerca de 3 centavos a unidade. Em grandes quantidades, representa um custo a mais significativo.

De quem é a responsabilidade pelo custo dos selos?

Do Fisco federal (União). Esse custo não pode ser repassado ao contribuinte do IPI.

Mas não foi por falta de tentativa de Governo...

O Governo federal exigia que as empresas pagassem pelo selo, utilizando como fundamento o art. 3º do Decreto-Lei nº 1.437/75, que dispõe:

> § Art. 3º O Ministro da Fazenda poderá determinar seja feito, mediante ressarcimento de custo e demais encargos, em relação aos produtos que indicar e pelos critérios que estabelecer, o fornecimento do selo especial a que se refere o artigo 46 da Lei número 4.502, de 30 de novembro de 1964, com os parágrafos que lhe foram acrescidos pela alteração 12ª do artigo 2º do Decreto-lei nº 34, de 18 de novembro de 1966.

Ocorre que o STF julgou que esse art. 3º do Decreto-Lei nº 1.437/75 é incompatível com a CF/88, por violar o princípio da legalidade tributária (art. 150, I, da CF/88), bem como por vulnerar o art. 25, I, do ADCT:

> § Art. 150. Sem prejuízo de outras garantias asseguradas ao contribuinte, é vedado à União, aos Estados, ao Distrito Federal e aos Municípios:
>
> I – exigir ou aumentar tributo sem lei que o estabeleça;

> § Art. 25. Ficam revogados, a partir de cento e oitenta dias da promulgação da Constituição, sujeito este prazo a prorrogação por lei, todos os dispositivos legais que atribuam ou deleguem a órgão do Poder Executivo competência assinalada pela Constituição ao Congresso Nacional, especialmente no que tange a:
>
> I – ação normativa;

Ora, somente por meio de lei em sentido formal seria possível exigir das empresas o pagamento pelo selo. O referido dispositivo impõe o ressarcimento pelo selo mediante ato do Ministro da Fazenda. Tal delegação foi revogada pelo art. 25, I, do ADCT da CF/88 e, atualmente, viola o princípio da legalidade.

Vale ressaltar, em reforço, que a gratuidade do selo é prevista expressamente no art. 46, § 1º da Lei nº 4.502/64:

> Art. 46. O regulamento poderá determinar, ou autorizar que o Ministério da Fazenda, pelo seu órgão competente, determine a rotulagem, marcação ou numeração, pelos importadores, arrematantes, comerciantes ou repartições fazendárias, de produtos estrangeiros cujo contrôle entenda necessário, bem como prescrever, para estabelecimentos produtores e comerciantes de determinados produtos nacionais, sistema diferente de rotulagem, etiquetagem obrigatoriedade de numeração ou aplicação de sêlo especial que possibilite o seu contrôle quantitativo.
>
> § 1º O sêlo especial de que trata êste artigo será de emissão oficial e sua distribuição aos contribuintes será feita gratuitamente, mediante as cautelas e formalidades que o regulamento estabelecer.

Taxa de poder de polícia

Como o selo do IPI é uma pré-condição para a circulação dos produtos, não se pode falar que o pagamento por ele seja uma espécie de "preço público". Isso porque não existe voluntariedade. As empresas são obrigadas a ter o selo. No preço público, existe o elemento da voluntariedade, ou seja, o usuário pode ou não se valer daquele serviço público. Já no caso do selo, repita-se, não existe essa opção.

Ademais, o selo do IPI não gera nenhum proveito ao contribuinte, razão pela qual o seu fornecimento não pode ser considerado serviço público.

O pagamento pelo selo mais se aproximaria, portanto, ao pagamento de uma "taxa" de poder de polícia (art. 77 do CTN), estando, portanto, submetida aos princípios tributários, dentre eles o da legalidade.

Em suma:

É incompatível com a CF/88 o art. 3º do Decreto-Lei 1.437/75, que autorizava que o Fisco exigisse do contribuinte o ressarcimento pelo custo dos selos do IPI.

Assim, o selo para controle de recolhimento de IPI não pode ser cobrado do contribuinte, sob pena de violação ao princípio da legalidade tributária (art. 150, I, da CF/88).

Nas palavras do Tribunal:

"Ante o princípio da legalidade estrita, surge inconstitucional o artigo 3º do Decreto-Lei nº 1.437/75 no que transferida a agente do Estado – Ministro da Fazenda – a definição do ressarcimento de custo e demais encargos relativos ao selo especial previsto, sob o ângulo da gratuidade, no artigo 46 da Lei nº 4.502/64."

STF. Plenário. RE 662113/PR, Rel. Min. Marco Aurélio, julgado em 12/2/2014 (Info 735).

O STJ, apreciando o tema sob a sistemática dos recursos repetitivos, chegou à mesma conclusão, fixando a seguinte tese:

É inexigível o ressarcimento de custos e demais encargos pelo fornecimento de selos de controle de IPI, instituído pelo DL 1.437/1975, que, embora denominado ressarcimento prévio, é tributo da espécie Taxa de Poder de Polícia, de modo que há vício de forma na instituição desse tributo por norma infralegal, excluídos os fatos geradores ocorridos após a vigência da Lei nº 12.995/2014.

STJ. 1ª Seção. REsp 1.405.244-SP, Rel. Min. Napoleão Nunes Maia Filho, julgado em 08/08/2018 (recurso repetitivo) (Info 637).

Por ter informações muito interessantes, recomendo a leitura dos seguintes trechos da ementa do julgado:

§ (...) 1. A obrigação tributária acessória tem por escopo facilitar a fiscalização e permitir a cobrança do tributo, sem que represente a própria prestação pecuniária devida ao Ente Público.

2. Ao impor a determinados sujeitos passivos o dever de afixar selos especiais em seus produtos, o Ente Tributante atua nos moldes do art. 113, § 2º do CTN, pois se trata de obrigação de fazer, no interesse exclusivo do Fisco.

3. Por outro lado, não pode ser considerada acessória a obrigação de pagar pelo fornecimento dos selos especiais utilizados para tal controle, haja vista a tipificação dessa cobrança como taxa, a teor do art. 77, caput do CTN.

4. De fato, a diferença fundamental entre obrigação tributária principal e obrigação tributária acessória é a natureza da prestação devida ao Estado. Enquanto aquela (principal) consubstancia entrega de dinheiro, esta (acessória) tem natureza prestacional (fazer, não fazer ou tolerar). 5. Embora ao Fisco seja dado impor ao sujeito passivo certas obrigações acessórias por meio da legislação tributária – expressão que compreende não só as leis, mas, também, os tratados e as convenções internacionais, os decretos e as normas complementares que versem, no todo ou em parte, sobre tributos e relações jurídicas a eles pertinentes –, o mesmo não ocorre no âmbito das taxas, que devem obediência à regra da estrita legalidade tributária, nos termos do art. 97, IV do CTN.

6. O art. 3º do Decreto 1.437/1995, ao impor verdadeira taxa relativa à aquisição de selos de controle do IPI, incide em vício formal; a exação continua sendo tributo, a despeito de ser intitulada de ressarcimento prévio.

7. Conclui-se que, no entorno dos selos especiais de controle do IPI, o dever de afixá-los tem natureza de obrigação acessória, enquanto o dever de adquiri-los tem natureza de obrigação principal.

8. A partir de um prisma didático, convém classificar como Taxas do Poder de Polícia aquelas que têm origem, ensejo e justificativa no vigiar e punir, ou seja, na fiscalização, que é interesse eminentemente estatal, reservando a categoria das taxas de serviço para aquelas que se desenvolvem em função do interesse do usuário, ante a compreensão de que esse interesse é relevante para definir a atividade como serviço.

9. Na espécie, os valores exigidos à guisa de ressarcimento originam-se do exercício de poderes fiscalizatórios por parte da Administração Tributária, que impõe a aquisição dos selos como mecanismo para se assegurar do recolhimento do IPI, configurando-se a cobrança como tributo da espécie Taxa de Poder de Polícia.

10. Pontua-se que a questão ora discutida somente se refere à inexigibilidade do ressarcimento do custo do selo de controle do IPI enquanto perdurou a previsão em norma infralegal (art. 3º do DL 1.437/1995), não alcançando, todavia, os fatos geradores ocorridos após a vigência da Lei 12.995/2014, instituindo taxa pela utilização de selo de controle previsto no art. 46 da Lei 4.502/1964. (...)

STJ. 1ª Seção. REsp 1405244/SP, Rel. Min. Napoleão Nunes Maia Filho, julgado em 08/08/2018.

4.3. CESSIONÁRIO DE CRÉDITO-PRÊMIO DE IPI NÃO PODE SUCEDER O CEDENTE EM EXECUÇÃO CONTRA A UNIÃO

Crédito-prêmio de IPI

Crédito-prêmio de Imposto de Produtos Industrializados (IPI) foi um incentivo fiscal instituído pela União, em 1969, em favor das empresas exportadoras. O objetivo era estimular as exportações.

A empresa que exportasse produtos manufaturados teria, como "prêmio", ou seja, como presente, recompensa, direito a créditos que poderiam ser utilizados para quitar tributos. Veja a redação do art. 1º do Decreto-Lei nº 491/69:

> § Art. 1º As empresas fabricantes e exportadoras de produtos manufaturados gozarão, a título estimulo fiscal, créditos tributários sobre suas vendas para o exterior, como ressarcimento de tributos pagos internamente.

O crédito-prêmio deixou de vigorar em 05/10/1990, por força do disposto no § 1º do art. 41 do ADCT da CF/88 (STF. Plenário. RE 561485, Rel. Min. Ricardo Lewandowski, julgado em 13/08/2009).

Imagine agora a seguinte situação hipotética:

A sociedade empresária "A1 Ltda." ajuizou ação ordinária contra a União pedindo para que fosse reconhecido que ela (autora) tinha direito ao crédito-prêmio de IPI.

O juiz julgou procedente o pedido e declarou que a autora tinha direito ao crédito-prêmio por operações de exportação realizadas pela empresa entre 27/10/1989 e 05/10/90.

Essa sentença transitou em julgado.

A empresa "A1 Ltda" iniciou a execução deste título executivo.

Logo após, a "A1 Ltda", por meio de escritura pública, cedeu esses créditos tributários (crédito-prêmio de IPI) para a empresa "B2 Ltda".

Diante disso, a "B2 Ltda" veio aos autos da execução e pediu a sucessão processual, ou seja, explicou que houve a cessão do crédito e pediu para entrar no lugar da empresa "A1" no polo ativo da execução. Em outras palavras, sai a empresa "A1" como exequente e entra a "B2" (cessionária do crédito).

A empresa "A1" concordou com o pedido, que foi baseado no art. 778, § 1º, III, do CPC/2015:

> § Art. 778. (...)
>
> § 1º Podem promover a execução forçada ou nela prosseguir, em sucessão ao exequente originário:
>
> (...)
>
> III – o cessionário, quando o direito resultante do título executivo lhe for transferido por ato entre vivos;
>
> (...)
>
> § 2º A sucessão prevista no § 1º independe de consentimento do executado.

O juiz, com base na jurisprudência do STJ, deverá acolher o pedido de sucessão?

NÃO.

Não é possível a sucessão processual em razão de cessão de crédito de título judicial, referente a crédito-prêmio de IPI, com a finalidade de oportunizar a compensação tributária pela cessionária.

STJ. 1ª Seção. EREsp 1.390.228-RS, Rel. Min. Gurgel de Faria, julgado em 26/09/2018 (Info 636).

Em regra, é possível a sucessão processual, na fase de execução, no caso de cessão de créditos de precatórios, com base no art. 778, § 1º, III, do CPC.

O STJ entende, contudo, que essa permissão não pode ser estendida para o caso de cessão de crédito-prêmio de IPI. Isso porque, conforme vimos acima, o crédito-prêmio tinha natureza de incentivo fiscal e possuía como único objetivo favorecer a exportação de mercadorias por seu titular originário (exportador).

Autorizar a sucessão processual neste caso seria aceitar que as empresas envolvidas fizessem uma manobra jurídica com o fim de burlar a legislação tributária tanto referente ao estímulo fiscal quanto à compensação tributária.

Assim, o crédito-prêmio somente pode ser utilizado pela empresa que obteve a decisão judicial e não por terceiro que adquiriu esse crédito.

Não há previsão legal autorizando a utilização de créditos de terceiros para quitação de débitos da agravante. Pelo contrário, o art. 74 da Lei nº 9.430/96 expressamente menciona que os créditos apurados perante a Secretaria da Receita Federal poderão ser utilizados na compensação de débitos próprios (e não de terceiros).

4.4. PROGRESSIVIDADE DAS ALÍQUOTAS DO ITR

ITR

ITR é a sigla para Imposto sobre a Propriedade Territorial Rural.

Trata-se de um imposto federal previsto no art. 153, VI, da CF/88, nos arts. 29 a 31 do CTN e na Lei nº 9.393/96. Veja o texto da CF/88:

§ Art. 153. Compete à União instituir impostos sobre:

VI – propriedade territorial rural;

Características

- Imposto com finalidade extrafiscal.
- Imposto direto.
- Sujeito a lançamento por homologação.
- Deve respeitar os princípios da legalidade, da noventena e da anterioridade.

Fato gerador

Segundo a redação do art. 29 do CTN, o ITR tem como fato gerador:

- a propriedade
- o domínio útil ou
- a posse
- de um bem imóvel por natureza (como definido na lei civil)
- e que esteja localizado fora da zona urbana* do Município.

Como se define o que seja imóvel rural?

O conceito de imóvel rural é dado por exclusão. O CTN, em seu art. 32, §§ 1º e 2º, explica em que consiste o imóvel urbano para fins de incidência do IPTU. Se o imóvel não se enquadrar em tais critérios, será considerado rural.

* Assim, em regra, o ITR incide apenas sobre imóveis rurais. Se o imóvel for urbano, o imposto devido é o IPTU.

Por que se falou "em regra"? Existe alguma exceção? Existe hipótese em que o ITR incidirá sobre imóvel localizado em zona urbana?

SIM. Segundo o STJ, incide o ITR (e não o IPTU) sobre imóveis comprovadamente utilizados para exploração extrativa, vegetal, agrícola, pecuária ou agroindustrial, ainda que localizados em áreas consideradas urbanas pela legislação municipal. Nesse sentido:

> Não incide IPTU, mas ITR, sobre imóvel localizado na área urbana do Município, desde que comprovadamente utilizado em exploração extrativa, vegetal, agrícola, pecuária ou agroindustrial.
>
> STJ. 1ª Seção. REsp 1112646/SP, Rel. Min. Herman Benjamin, julgado em 26/08/2009.

O fundamento para essa decisão do STJ está no art. 15 do DL 57/66:

> § Art. 15. O disposto no art. 32 da Lei nº 5.172, de 25 de outubro de 1966 *(artigo do CTN que fala sobre o fato gerador do IPTU)*, não abrange o imóvel de que, comprovadamente, seja utilizado em exploração extrativa vegetal, agrícola, pecuária ou agroindustrial, incidindo assim, sobre o mesmo, o ITR e demais tributos com o mesmo cobrados.

Se o imóvel rural está tomado pelo "Movimento Sem-Terra" (MST), o proprietário continua obrigado a pagar ITR?

NÃO. Se o proprietário não detém o domínio ou a posse do imóvel pelo fato de este ter sido invadido pelos "Sem-Terra", não há fato gerador do ITR (STJ. 1ª Turma. AgRg no REsp 1346328/PR, Rel. Min. Napoleão Nunes Maia Filho, julgado em 15/12/2016).

Sujeito passivo

O contribuinte do ITR é...

- o proprietário do imóvel
- o titular de seu domínio útil ou
- o seu possuidor a qualquer título.

O domicílio tributário do contribuinte do ITR é o município de localização do imóvel, vedada a eleição de qualquer outro (art. 4º, parágrafo único, da Lei nº 9.393/96).

Responsável tributário

É responsável tributário pelo pagamento do ITR o sucessor, a qualquer título, nos termos dos arts. 128 a 133 do CTN.

Obrigação propter rem

O ITR, assim como o IPTU, constitui-se em obrigação *propter rem*. Isso significa que o sucessor do imóvel, a qualquer título, também deverá responder pelo pagamento do tributo.

Se o imóvel tiver mais que um proprietário

Se o imóvel pertence a dois ou mais proprietários, em condomínio, é legítimo exigir o pagamento do ITR, em sua totalidade, de todos ou de qualquer deles, reservando-se ao que pagou a faculdade de ressarcir-se dos demais devedores, na forma do art. 283 do Código Civil.

STJ. 1ª Turma. REsp 1232344/PA, Rel. Min. Teori Albino Zavascki, julgado em 17/11/2011.

Existe, aqui, uma solidariedade, nos termos do art. 124, I, do CTN:

> § Art. 124. São solidariamente obrigadas:
>
> I – as pessoas que tenham interesse comum na situação que constitua o fato gerador da obrigação principal;

Base de cálculo

A base do cálculo do ITR é o valor fundiário que, nos termos da Lei nº 9.393/96, consiste no valor da terra nua.

Segundo o art. 10, § 1º, da Lei nº 9.393/96, para fins de apuração do ITR deverá ser considerado o valor do imóvel, excluídos os valores relativos a:

a. construções, instalações e benfeitorias;

b. culturas permanentes e temporárias;

c. pastagens cultivadas e melhoradas;

d. florestas plantadas;

Assim, como já dito, a base de cálculo é o valor da terra nua tributável, não importando construções, plantações etc.

Esse valor da terra nua deve ser calculado com base no preço de mercado das terras, apurado em 1º de janeiro do ano de ocorrência do fato gerador.

Área tributável

Quando vai ser calculado o valor do ITR, é necessário considerar a área tributável do imóvel, ou seja, a área total que será considerada para fins de incidência do imposto. Isso porque determinadas áreas do imóvel podem ser excluídas do cálculo do valor fundiário.

Segundo o art. 10, § 1º, II, da Lei nº 9.393/96, a área tributável é igual à área total do imóvel, excluídas as áreas:

a. de preservação permanente e de reserva legal, previstas no Código Florestal;

b. de interesse ecológico para a proteção dos ecossistemas, assim declaradas mediante ato do órgão competente, federal ou estadual, e que ampliem as restrições de uso previstas na letra "a";

c. comprovadamente imprestáveis para qualquer exploração agrícola, pecuária, granjeira, aquícola ou florestal, declaradas de interesse ecológico mediante ato do órgão competente, federal ou estadual;

d. sob regime de servidão florestal ou ambiental;

e. sob regime de servidão ambiental;

f. cobertas por florestas nativas, primárias ou secundárias em estágio médio ou avançado de regeneração;

g. alagadas para fins de constituição de reservatório de usinas hidrelétricas autorizada pelo poder público.

Assim, o art. 10, § 1º, II, da Lei nº 9.393/96 prevê que as áreas apontadas nas letras acima listadas são partes do imóvel que estão isentas do pagamento de ITR.

Para que área de RESERVA LEGAL seja excluída da base de cálculo do ITR, é necessário que o proprietário faça a averbação disso no registro de imóveis?

SIM. O STJ entende que somente é possível assegurar a isenção do ITR nesses casos se a área da reserva legal já estiver averbada no registro do imóvel.

A isenção de ITR prevista no art. 10, § 1º, II, "a", da Lei nº 9.393/96 depende de prévia averbação da área de reserva legal no registro do imóvel.

STJ. 1ª Turma. AgRg no REsp 1.243.685-PR, Rel. Min. Benedito Gonçalves, julgado em 5/12/2013 (Info 533).

Veja o texto legal:

§

Art. 10. (...)

§ 1º Para os efeitos de apuração do ITR, considerar-se-á:

(...)

II – área tributável, a área total do imóvel, menos as áreas:

a) de preservação permanente e de reserva legal, previstas na Lei nº 4.771, de 15 de setembro de 1965, com a redação dada pela Lei nº 7.803, de 18 de julho de 1989;

Para que área de PRESERVAÇÃO PERMANENTE seja excluída da base de cálculo do ITR é necessário que o proprietário faça a averbação disso no registro de imóveis?

NÃO. As áreas de preservação permanente são instituídas por lei, sendo, por isso, desnecessário que se faça averbação no registro de imóveis.

(...) 1. Quando do julgamento do EREsp 1027051/SC (Rel. Min. Benedito Gonçalves, Primeira Seção, DJe 21.10.2013), restou pacificado que, "diferentemente do que ocorre com as áreas de preservação permanente, as quais são instituídas por disposição legal, a caracterização da área de reserva legal exige seu prévio registro junto ao Poder Público".

2. Dessa forma, quanto à área de reserva legal, é imprescindível que haja averbação junto à matrícula do imóvel, para haver isenção tributária. Quanto às áreas de preservação permanente, no entanto, como são instituídas por disposição legal, não há nenhum condicionamento para que ocorra a isenção do ITR. (...)

STJ. 2ª Turma. AgRg nos EDcl no REsp 1342161/SC, Rel. Min. Mauro Campbell Marques, julgado em 04/02/2014.

Não confunda:

- área de reserva legal: é necessária a averbação no registro de imóveis ou inscrição no CAR para que haja isenção do ITR;
- área de preservação permanente: não é necessária a averbação no registro de imóveis ou inscrição no CAR para que haja isenção do ITR.

Alíquotas

A menor alíquota do ITR é de 0,03% e a maior é de 20%.

As alíquotas do ITR devem ser progressivas, com o objetivo de desestimular a manutenção de propriedades improdutivas, nos termos do art. 153, § 4º, da CF/88:

§

Art. 153. Compete à União instituir impostos sobre:

VI – propriedade territorial rural;

(...)

§ 4º O imposto previsto no inciso VI do caput:

I – será progressivo e terá suas alíquotas fixadas de forma a desestimular a manutenção de propriedades improdutivas; (Incluído pela Emenda Constitucional nº 42/2003)

Progressividade é uma técnica de tributação que tem como objetivo fazer com que os tributos atendam à capacidade contributiva.

Na prática, a progressividade funciona da seguinte forma: a lei prevê alíquotas variadas para o imposto e o aumento dessas alíquotas ocorre na medida em que se aumenta a base de cálculo.

Assim, na progressividade, quanto maior a base de cálculo, maior será a alíquota.

O exemplo comum citado pela doutrina é o do imposto de renda, que é progressivo.

No IR, quanto maior for a renda (BC), maior será o percentual (alíquota) do imposto. Quanto mais a pessoa ganha, maior será a alíquota que irá incidir sobre seus rendimentos.

Progressividade do ITR

A Lei nº 9.393/96 estabeleceu que a progressividade do ITR deveria levar em consideração dois critérios, a serem apreciados conjuntamente:

1. o grau de utilização da terra (quanto mais improdutiva, maiores as alíquotas); e
2. a área da propriedade rural (quanto maior a área, maiores as alíquotas).

Ocorre que o art. 153, § 4º, I, da CF/88 previu apenas o critério da produtividade, não falando nada sobre a possibilidade de o ITR ser progressivo também em função da área do imóvel.

Diante disso, surgiu uma corrente defendendo que a Lei nº 9.393/96, ao estabelecer a progressividade em razão da área do imóvel, seria inconstitucional por violar o art. 153, § 4º, I, da CF/88.

Essa tese foi acolhida pelo STF? A Lei nº 9.393/96 violou a CF/88 ao prever alíquotas progressivas em função do grau de utilização da propriedade e também em razão da área do imóvel?

NÃO. O STF não concordou com a tese e decidiu que:

É constitucional a progressividade das alíquotas do ITR previstas na Lei nº 9.393/96 e que leva em consideração, de maneira conjugada, o grau de utilização (GU) e a área do imóvel.

Essa progressividade é compatível com o art. 153, § 4º, I, da CF/88, seja na sua redação atual, seja na redação originária, ou seja, antes da EC 42/2003.

Mesmo no período anterior à EC 42/2003, era possível a instituição da progressividade em relação às alíquotas do ITR.

STF. 1ª Turma. RE 1038357 AgR/ SP, Rel. Min Dias Tóffoli, julgado em 6/2/2018 (Info 890).

A Lei nº 9.393/96 estabeleceu que a progressividade das alíquotas do ITR deveria levar em consideração não só o grau de utilização da terra (GU), como também a área do imóvel, tendo em vista que tais critérios não são isolados, mas sim conjugados. Assim, quanto maior for o território rural e menor o seu aproveitamento, maior será a alíquota de ITR. Essa sistemática potencializa a função extrafiscal do ITR e desestimula a manutenção de propriedade improdutiva.

Progressividade do ITR era permitida mesmo antes da EC 42/2003

Vale ressaltar que a redação do art. 153, § 4º, I, da CF/88 foi dada pela EC 42/2003. Compare:

Redação originária	Redação dada pela EC 42/2003
Art. 153 (...) § 4º O imposto previsto no inciso VI terá suas alíquotas fixadas de forma a desestimular a manutenção de propriedades improdutivas e não incidirá sobre pequenas glebas rurais, definidas em lei, quando as explore, só ou com sua família, o proprietário que não possua outro imóvel.	Art. 153 (...) § 4º O imposto previsto no inciso VI do caput: I – será progressivo e terá suas alíquotas fixadas de forma a desestimular a manutenção de propriedades improdutivas; (Incluído pela Emenda Constitucional nº 42/2003)

O STF registrou que, mesmo antes da EC 42/2003, já era possível que a Lei instituísse alíquotas progressivas do ITR, razão pela qual a Lei nº 9.393/96 nasceu compatível com o texto constitucional. Nesse sentido:

(...) I – Nos termos do art. 145, § 1º, da CF, todos os impostos, independentemente de seu caráter real ou pessoal, devem guardar relação com a capacidade contributiva do sujeito passivo e, tratando-se de impostos diretos, será legítima a adoção de alíquotas progressivas.

II – Constitucionalidade da previsão de sistema progressivo de alíquotas para o imposto sobre a propriedade territorial rural mesmo antes da EC 42/2003. (...)

STF. 2ª Turma. RE 720945 AgR, Rel. Min. Ricardo Lewandowski, julgado em 09/09/2014.

Mas o ITR é um imposto real... mesmo assim ele pode ser progressivo? Mesmo não sendo um imposto pessoal, o ITR pode ser progressivo?

SIM. Para o STF, é irrelevante se um imposto é real ou pessoal para fins de verificar se ele pode ou não se sujeitar à técnica da progressividade. O § 1º do art. 145 da CF/88 não proíbe que os impostos reais sejam progressivos. Nesse sentido: STF. Plenário. RE 562045/RS, rel. orig. Min. Ricardo Lewandowski, red. p/ o acórdão Min. Cármen Lúcia, julgado em 6/2/2013 (Info 694).

Imunidade das pequenas glebas rurais

O art. 153, § 4º, II, da CF/88 prevê uma imunidade tributária específica relacionada com o ITR:

§ Art. 153 (...)

§ 4º O imposto previsto no inciso VI do caput:

II – não incidirá sobre pequenas glebas rurais, definidas em lei, quando as explore o proprietário que não possua outro imóvel;

Alguns autores afirmam que a lei a que se refere o art. 153, § 4º, II, deveria ser uma lei complementar já que se trata de limitação ao poder de tributar (art. 146, II, da CF/88).

Apesar disso, esse dispositivo foi regulamentado pela Lei nº 9.393/96, cujo art. 2º previu:

§ Art. 2º Nos termos do art. 153, § 4º, in fine, da Constituição, o imposto não incide sobre pequenas glebas rurais, quando as explore, só ou com sua família, o proprietário que não possua outro imóvel.

Parágrafo único. Para os efeitos deste artigo, pequenas glebas rurais são os imóveis com área igual ou inferior a:

I – 100 ha, se localizado em município compreendido na Amazônia Ocidental ou no Pantanal mato-grossense e sul-mato-grossense;

II – 50 ha, se localizado em município compreendido no Polígono das Secas ou na Amazônia Oriental;

III – 30 ha, se localizado em qualquer outro município.

No art. 3º, a Lei nº 9.393/96 criou hipóteses de isenção do ITR:

§ Art. 3º São isentos do imposto:

I – o imóvel rural compreendido em programa oficial de reforma agrária, caracterizado pelas autoridades competentes como assentamento, que, cumulativamente, atenda aos seguintes requisitos:

a) seja explorado por associação ou cooperativa de produção;

b) a fração ideal por família assentada não ultrapasse os limites estabelecidos no artigo anterior;

c) o assentado não possua outro imóvel.

II – o conjunto de imóveis rurais de um mesmo proprietário, cuja área total observe os limites fixados no parágrafo único do artigo anterior, desde que, cumulativamente, o proprietário:

a) o explore só ou com sua família, admitida ajuda eventual de terceiros;

b) não possua imóvel urbano.

Delegação da fiscalização e cobrança do ITR para os Municípios

Já vimos que o ITR é um imposto federal.

A CF/88 previu, contudo, uma interessante possibilidade.

Segundo o art. 153, § 4º, III, da CF/88, se o Município quiser, poderá combinar com a União que ele (Município) ficará responsável pela fiscalização e cobrança do ITR sobre os imóveis localizados em seu território.

Assim, por exemplo, o Município de Maués (AM) poderá optar por fiscalizar e cobrar o ITR dos imóveis rurais localizados em sua circunscrição territorial. Veja:

§ Art. 153 (...)

§ 4º O imposto previsto no inciso VI do caput:

III – será fiscalizado e cobrado pelos Municípios que assim optarem, na forma da lei, desde que não implique redução do imposto ou qualquer outra forma de renúncia fiscal.

Qual é a vantagem para o Município de assumir esse encargo?

Caso o Município faça a opção de fiscalizar e cobrar o ITR, ele receberá toda a arrecadação desse imposto relativamente aos imóveis rurais situados em seu território.

Se ele não fizer essa opção, a fiscalização e cobrança ficarão a cargo da União e o Município receberá 50% do produto da arrecadação do ITR relativa aos imóveis rurais situados em seu território.

É o que prevê o art. 158, II, da CF/88:

§ Art. 158. Pertencem aos Municípios:

(...)

II – cinquenta por cento do produto da arrecadação do imposto da União sobre a propriedade territorial rural, relativamente aos imóveis neles situados, cabendo a totalidade na hipótese da opção a que se refere o art. 153, § 4º, III;

5. ICMS

5.1. RESTITUIÇÃO DA DIFERENÇA DO ICMS PAGO A MAIS NO REGIME DE SUBSTITUIÇÃO TRIBUTÁRIA PARA FRENTE SE A BASE DE CÁLCULO EFETIVA FOR INFERIOR À PRESUMIDA

ICMS

O ICMS é um imposto *estadual* previsto no art. 155, II, da CF e na LC 87/96:

§ Art. 155. Compete aos Estados e ao Distrito Federal instituir impostos sobre:

II – operações relativas à circulação de mercadorias e sobre prestações de serviços de transporte interestadual e intermunicipal e de comunicação, ainda que as operações e as prestações se iniciem no exterior;

Principais características do imposto:

- *plurifásico*: incide sobre o valor agregado, obedecendo-se ao princípio da não-cumulatividade;
- *real*: as condições da pessoa são irrelevantes;
- *proporcional*: não é progressivo;
- *fiscal*: tem como função principal a arrecadação.

Fatos geradores

Eduardo Sabbag afirma que, resumidamente, o ICMS pode ter os seguintes fatos geradores (*Manual de Direito Tributário*. 4. ed., São Paulo: Saraiva, 2012, p. 1061):

- circulação de mercadorias;
- prestação de serviços de transporte intermunicipal;
- prestação de serviços de transporte interestadual;
- prestação de serviços de comunicação.

Regra da não cumulatividade

O art. 155, § 2º, I, da CF/88 determina que o ICMS "será não-cumulativo, compensando-se o que for devido em cada operação relativa à circulação de mercadorias ou prestação de serviços com o montante cobrado nas anteriores pelo mesmo ou outro Estado ou pelo Distrito Federal".

Ricardo Alexandre explica a regra da não cumulatividade:

"A cada aquisição tributada de mercadoria, o adquirente registra como crédito o valor incidente na operação. Tal valor é um "direito" do contribuinte ("ICMS a recuperar"), que pode ser abatido do montante incidente nas operações subsequentes.

A cada alienação tributada de produto, o alienante registra como débito o valor incidente na operação. Tal valor é uma obrigação do contribuinte, consistente no dever de recolher o valor devido aos cofres públicos estaduais (ou distritais) ou compensá-los com os créditos obtidos nas operações anteriores (trata-se do "ICMS a recolher").

Periodicamente, faz-se uma comparação entre os débitos e créditos. Caso os débitos sejam superiores aos créditos, o contribuinte deve recolher a diferença aos cofres públicos. Caso os créditos sejam maiores, a diferença pode ser compensada posteriormente ou mesmo, cumpridos determinados requisitos, ser objeto de ressarcimento." (*Direito Tributário esquematizado*. São Paulo: Método, 2012, p. 580).

Substituição tributária para a frente (progressiva)

A substituição tributária progressiva, também chamada de substituição tributária para a frente ou subsequente, é uma técnica de arrecadação de alguns impostos, em especial o ICMS.

Na substituição tributária para a frente, a lei prevê que o tributo deverá ser recolhido antes mesmo que ocorra o fato gerador.

Desse modo, primeiro há o recolhimento do imposto e, em um momento posterior, ocorre o fato gerador.

Diz-se, então, que o fato gerador é presumido porque haverá o pagamento do tributo sem se ter certeza de que ele irá acontecer.

Previsão

A substituição tributária progressiva é prevista na própria CF/88:

> § Art. 150 (...) § 7º A lei poderá atribuir a sujeito passivo de obrigação tributária a condição de responsável pelo pagamento de imposto ou contribuição, cujo fato gerador deva ocorrer posteriormente, assegurada a imediata e preferencial restituição da quantia paga, caso não se realize o fato gerador presumido. (Incluído pela EC 3/93)

Vale ressaltar que, mesmo antes da EC 3/93, que incluiu esta previsão na CF/88, os Estados já adotavam a técnica da substituição tributária progressiva e o STF considerava legítima. Assim, mesmo antes da EC 3/93 era possível a substituição tributária para a frente.

Exemplo

"A" é uma refinaria de combustíveis que vende gasolina para os distribuidores ("B"). Os distribuidores revendem para os postos de gasolina ("C") que, por fim, vendem ao consumidor final ("D").

Para o Estado é mais fácil cobrar de "A" todo o tributo que irá incidir sobre a cadeia produtiva.

Assim, "A" pagará o imposto por ele devido como contribuinte e também os impostos que irão incidir sobre as vendas futuras (nesse caso, pagará como substituto tributário/responsável tributário).

(ALEXANDRE, Ricardo. *Direito tributário esquematizado*. 10ª ed. São Paulo: Método, 2016, p. 317-319).

Veja como fica a cadeia de vendas e a incidência do imposto:

Refinaria vende para distribuidores (refinaria paga o tributo como contribuinte e também já paga, como responsável tributário, o imposto relacionado com as vendas futuras).

Distribuidores vendem para postos de gasolina (distribuidores não irão mais recolher o imposto, uma vez que este já foi pago pela refinaria, como substituto tributário).

Postos de gasolina vendem para os consumidores (postos não pagarão o imposto, uma vez que este já foi pago pela refinaria, como substituto).

Assim, todo o tributo é pago de uma só vez pela refinaria ("A"), sendo o imposto calculado sobre o valor pelo qual se presume que a mercadoria será vendida ao consumidor (ALEXANDRE, Ricardo, p. 319).

E se o fato gerador presumido não ocorrer? Ex: a refinaria pagou o imposto relacionado com as vendas futuras na qualidade de responsável tributário; suponhamos, no entanto, que houve um

acidente no distribuidor e ele perdeu toda a gasolina que revenderia; logo, o FG que se presumiu que ocorreria não aconteceu, apesar de o imposto já ter sido pago. O que fazer neste caso?

A CF/88 determina expressamente que, se o fato gerador presumido não se realizar, a Administração Pública deverá restituir a quantia paga, de forma imediata e preferencial (art. 150, § 7º).

E se o fato gerador presumido ocorrer, mas com um valor diverso do que foi presumido e calculado? Ex: a refinaria pagou o imposto relacionado com as vendas futuras na qualidade de responsável tributário; suponhamos que o imposto foi calculado presumindo que o distribuidor venderia o combustível por R$ 1,00 o litro, mas, na realidade, diante de uma crise no mercado, ele só conseguiu vender por R$ 0,70; logo, a base de cálculo do imposto (valor da mercadoria efetivamente vendida) foi inferior àquela que havia sido presumida; diante disso, na prática, pagou-se um valor de imposto maior do que o que seria realmente devido. O que fazer neste caso? Haverá direito à restituição do valor pago a mais de imposto?

SIM. O STF decidiu que:

> É devida a restituição da diferença do Imposto sobre Circulação de Mercadorias e Serviços (ICMS) pago a mais, no regime de substituição tributária para a frente, se a base de cálculo efetiva da operação for inferior à presumida.
>
> STF. Plenário. ADI 2675/PE, Rel. Min. Ricardo Lewandowski e ADI 2777/SP, red. p/ o ac. Min. Ricardo Lewandowski, julgados em 19/10/2016 (Info 844).
>
> STF. Plenário. RE 593849/MG, Rel. Min. Edson Fachin, julgados em 19/10/2016 (repercussão geral) (Info 844).

A substituição tributária, prevista no art. 150, § 7º, da CF/88, tem como fundamento o princípio da praticidade. Por meio desta técnica, o Estado consegue comodidade, economicidade e eficiência na execução administrativa das leis tributárias. No entanto, a praticidade tributária encontra freio nos princípios da igualdade, capacidade contributiva e vedação do confisco, bem como na arquitetura de neutralidade fiscal do ICMS.

Desse modo, é papel do Poder Judiciário tutelar situações que extrapolem o limite da razoabilidade, como é o caso em tela, no qual o contribuinte paga um valor maior do que efetivamente devido, tendo, portanto, direito de ser restituído.

Para o Min. Edson Fachin, a tributação não pode se transformar em uma ficção jurídica, em uma presunção absoluta (*juris et de jure*) na qual o fato gerador presumido assuma um caráter definitivo e sejam desprezadas as variações decorrentes do processo econômico.

Não permitir a restituição nestes casos representaria injustiça fiscal inaceitável em um Estado Democrático de Direito, fundado em legítimas expectativas emanadas de uma relação de confiança e justeza entre Fisco e contribuinte. Desse modo, a restituição do excesso atende ao princípio que veda o enriquecimento sem causa, haja vista a não ocorrência da materialidade presumida do tributo.

E o STJ?

O STJ passou a acompanhar o STF:

> **Em adequação ao entendimento do Supremo Tribunal Federal, é devida a restituição da diferença do Imposto sobre Circulação de Mercadorias e Serviços – ICMS pago a mais no regime de substituição tributária para frente se a base de cálculo efetiva da operação for inferior à presumida.**
>
> STJ. 1ª Turma. REsp 687.113-RS, Rel. Min. Napoleão Nunes Maia Filho, por unanimidade, julgado em 05/04/2018 (Info 623).

5.2. RESPONSABILIDADE PELO PAGAMENTO DA DIFERENÇA DE ALÍQUOTA CASO TENHA HAVIDO TREDESTINAÇÃO DA MERCADORIA

Imagine a seguinte situação hipotética:

A COOPERSUCAR, situada em São Paulo (SP), vendeu álcool hidratado para a empresa "C2".

Pelo contrato, a mercadoria teria como destino a cidade de Salvador (BA).

Também de acordo com o contrato, a venda seria com cláusula FOB (*Free on Board*). Isso significa que a obrigação da vendedora (COOPERSUCAR) era apenas a de entregar a mercadoria para a transportadora escolhida e contratada pela empresa compradora. Neste momento, ocorre a tradição e encerra-se a responsabilidade contratual da vendedora. A partir daí todas as despesas e riscos correm por conta da compradora.

Recolhimento do ICMS e alíquotas aplicáveis

A COOPERSUCAR estava vendendo mercadoria. Logo, tinha que pagar ICMS (um dos fatos geradores do ICMS é a circulação de mercadorias).

O ICMS possui alíquotas diferentes caso a venda seja para dentro do Estado ou se for para um comprador situado em Estado diferente do vendedor.

No primeiro caso, o vendedor terá que pagar, ao Estado de origem, a alíquota interna.

Na segunda hipótese, o vendedor paga, ao Estado de origem, a alíquota interestadual e o comprador paga, ao Estado de destino, a diferença entre a alíquota interna do Estado destinatário e a alíquota interestadual. Isso está previsto no art. 155, § 2º, VII e VIII, da CF/88:

§

> Art. 155 (...)
>
> § 2º O imposto previsto no inciso II atenderá ao seguinte:
>
> (...)
>
> VII – nas operações e prestações que destinem bens e serviços a consumidor final, contribuinte ou não do imposto, localizado em outro Estado, adotar-se-á a alíquota interestadual e caberá ao Estado de localização do destinatário o imposto correspondente à diferença entre a alíquota interna do Estado destinatário e a alíquota interestadual;
>
> VIII – a responsabilidade pelo recolhimento do imposto correspondente à diferença entre a alíquota interna e a interestadual de que trata o inciso VII será atribuída:
>
> a) ao destinatário, quando este for contribuinte do imposto;
>
> b) ao remetente, quando o destinatário não for contribuinte do imposto;

Em nosso exemplo, como a venda era para outro Estado, a empresa vendedora foi obrigada a recolher a alíquota interestadual do ICMS, que era de 7%.

Se a COOPERSUCAR tivesse vendido para dentro do Estado de São Paulo, ela teria que recolher a alíquota interna de ICMS, que era de 25%.

Mercadoria não foi entregue em Salvador (BA)

A COOPERSUCAR entregou a mercadoria para a transportadora contratada pela empresa "C2". Apesar disso, não consta que a carga tenha sido entregue em Salvador (BA). Com isso, na prática, não houve comercialização interestadual, tendo a mercadoria permanecido no Estado de São Paulo.

Diante disso, o Fisco paulista autuou a COPERSUCAR dizendo o seguinte: você pagou alíquota interestadual de 7% considerando que informou que a venda era para outro Estado; no entanto, isso não aconteceu; logo, terá que pagar a diferença da alíquota interna (25% – 7% = 18%) mais multa e juros.

Argumentos da empresa vendedora

A empresa vendedora argumentou que:

- vendeu as mercadorias à empresa C2, que constava como habilitada em todos os cadastros públicos;
- a empresa C2 ficou responsável pelo transporte (cláusula FOB);
- adotou todas as cautelas antes de fechar a operação (recebeu pedido de compra, pagamento antecipado e identificado, ordens de carregamento etc);
- emitiu a nota fiscal tendo como destinatária empresa situada em outro Estado;
- não poderia seguir a carga durante seu transporte até o destino final;
- por tudo isso, não poderia ser punida pela constatação posterior de que a empresa compradora não era idônea e possivelmente desviou a carga para outro destino, com a participação da transportadora.

Os argumentos da empresa vendedora foram acolhidos pelo STJ?

SIM.

A empresa vendedora de boa-fé que evidencie a regularidade da operação interestadual realizada com cláusula FOB (*Free on Board*) não pode ser objetivamente responsabilizada pelo pagamento do diferencial de alíquota de ICMS em razão de a mercadoria não ter chegado ao destino declarado na nota fiscal.

STJ. 1ª Seção. EREsp 1.657.359-SP, Rel. Min. Gurgel de Faria, julgado em 14/03/2018 (Info 622).

A empresa vendedora adotou as cautelas de praxe e emitiu a nota fiscal com o destino correto, de forma que agiu de boa-fé, não podendo ser responsabilizada objetivamente pelo pagamento do diferencial de alíquota de ICMS em razão de a mercadoria não ter chegado ao destino declarado. Vale ressaltar que a vendedora não tinha obrigação de fiscalizar o itinerário da carga.

O CTN determina que as convenções particulares não vinculam o Fisco no que tange à responsabilidade pelo pagamento dos tributos (art. 123 do CTN). Apesar disso, deve-se levar em consideração que o negócio jurídico foi realizado com a cláusula FOB, de sorte que a responsabilidade do frete ficou a cargo do comprador, não se podendo obrigar o vendedor de boa-fé a perseguir o itinerário da mercadoria, considerando que essa tarefa é privativa do poder de polícia exercido pela autoridade fiscal e, por isso, indelegável.

Importante esclarecer que, a despeito da regularidade da documentação, o Fisco pode tentar comprovar que a empresa vendedora intencionalmente participou de eventual fraude para burlar a fiscalização, concorrendo para a tredestinação da mercadoria (mediante simulação da operação, por exemplo). Neste caso, sendo feita essa prova, a empresa vendedora poderá ser responsabilizada pelo pagamento dos tributos que deixaram de ser oportunamente recolhidos.

A responsabilidade por infração (art. 136 do CTN) não alcança o vendedor de boa-fé, pois sua configuração exige que o Fisco identifique o agente ou responsável pela tredestinação, não sendo possível atribuir sujeição passiva por mera presunção, competindo à autoridade fiscal, de acordo com os arts. 116 e 142 do CTN, espelhar o princípio da realidade no ato de lançamento, expondo os motivos determinantes que a levaram à identificação do fato gerador e o respectivo responsável tributário.

As grandes empresas vendedoras, como as indústrias, realizam uma grande quantidade de operações interestaduais, com inúmeros compradores sediados em diversas unidades da Federação, de modo que não se mostra razoável atribuir às empresas vendedoras um novo ônus tributário relacionado com a efetiva entrega das mercadorias nos destinos informados pelos compradores, especialmente quando o negócio é feito com a cláusula FOB, em que o frete se dá por conta e risco do comprador. Pensar de maneira diferente, para reconhecer a responsabilidade objetiva das empresas vendedoras de boa-fé, representa, na prática, impor mais um ônus financeiro a esse empresário, que injustamente passará a ser garantidor da Administração para cobrir prejuízos na realidade provocados por infrações cometidas por outras empresas.

5.3. NÃO INCIDÊNCIA DE ICMS SOBRE OPERAÇÕES FINANCEIRAS REALIZADAS NO MERCADO DE CURTO PRAZO DA CCEE

Câmara de Comercialização de Energia Elétrica (CCEE)

A Câmara de Comercialização de Energia Elétrica (CCEE) é uma pessoa jurídica de direito privado, sem fins lucrativos, e que tem por objetivo viabilizar e gerenciar a comercialização de energia elétrica.

Sua criação foi autorizada pela Lei nº 10.848/2004 e se materializou com a edição do Decreto nº 5.177/2004.

Seu funcionamento é regulado e fiscalizado pela ANEEL.

A CCEE tem a natureza jurídica de uma associação civil, sendo composta pelos agentes que fazem a geração, distribuição e comercialização de energia elétrica.

Mercado Cativo

É a forma tradicional de "compra" da energia elétrica.

O consumidor adquire e recebe a energia elétrica que é fornecida exclusivamente pela Distribuidora local, com o preço e as demais condições de fornecimento reguladas pela ANEEL. Não existe negociação. O consumidor paga a "tarifa de energia" definida pela ANEEL e só irá receber energia da Distribuidora que atua naquela cidade e que está "conectada" à unidade consumidora (casa, empresa, loja etc.).

Mercado Livre de Energia

O Mercado Livre de Energia é uma permissão dada pela Lei segundo a qual "vendedores" e "compradores" podem negociar energia elétrica livremente entre si, respeitada a regulamentação do setor.

Assim, a lei permitiu que determinados consumidores passassem a contratar o seu fornecimento de energia elétrica diretamente com Geradores e Comercializadores, independentemente de sua localização geográfica.

A maioria das indústrias do país "compra" sua energia elétrica do Mercado Livre de Energia.

Vale ressaltar que as transações de compra e venda de energia do Mercado Livre são registradas e contabilizadas pela CCEE.

Essas contratações podem ser feitas por um período de curto ou longo prazo.

Quais são as vantagens da empresa comprar energia no Mercado Livre?

Em geral, ela pagará um preço menor (em virtude da possibilidade, em tese, de negociação).

Ela poderá prever de forma mais exata os seus custos porque existe a possibilidade de ser estabelecido um preço fixo para a energia comprada.

Qualquer um pode passar a comprar energia no Mercado Livre?

NÃO. É necessário o preenchimento de alguns requisitos. Ex: consumidores especiais (aqueles que possuem demanda igual ou superior a 0,5 MW) podem comprar no Mercado Livre.

Consumidores cativos e livres

Por conta disso, diz-se que existem dois tipos de consumidores:

- Consumidores cativos: são aqueles que recebem a energia diretamente de distribuidora, sem margem de negociação ou escolha. Correspondem aos consumidores "comuns", ou seja, as residências e os empreendimentos de pequeno e médio portes.
- Consumidores livres: são aqueles que possuem condições e passam a adquirir a energia do Mercado Livre.

Os consumidores livres devem pagar ICMS sobre a chamada tarifa de energia?

SIM. O ICMS pode ter os seguintes fatos geradores:

- Circulação de mercadorias;
- Prestação de serviços de transporte intermunicipal;
- Prestação de serviços de transporte interestadual;
- Prestação de serviços de comunicação.

A energia elétrica é considerada "mercadoria", havendo, portanto, o pagamento de ICMS.

Em verdade, a própria CF/88 catalogou a energia elétrica como mercadoria para fins de ICMS (art. 155, § 2º, X, "b" e § 3º).

Incide o ICMS mesmo no caso do Mercado Livre?

Em regra, sim.

Incide ICMS sobre as operações financeiras realizadas no Mercado de Curto Prazo da Câmara de Comercialização de Energia Elétrica (CCEE)?

NÃO.

Não incide ICMS sobre as operações financeiras realizadas no Mercado de Curto Prazo da Câmara de Comercialização de Energia Elétrica (CCEE).

STJ. 1ª Turma. REsp 1.615.790-MG, Rel. Min. Gurgel de Faria, julgado em 20/02/2018 (Info 623).

Mercado de Curto Prazo da CCEE

As operações do Mercado de Curto Prazo da CCEE envolvem as sobras e os déficits de energia elétrica que foi contratada bilateralmente entre os consumidores livres e os agentes de produção e/ou comercialização, tendo a CCEE o papel de intermediar, de forma multilateral, os consumidores credores e devedores, realizando a liquidação financeiras dessas posições, utilizando como parâmetro o Preço de Liquidação de Diferenças (PLD) por ela apurado.

Em outras palavras, imagine que uma empresa havia contratado comprar X de energia no Mercado Livre. Ocorre que ela precisou de mais energia do que havia contratado. Diante disso, ela poderá pedir da CCEE para adquirir as sobras de contratos realizados por outros consumidores no Mercado de Curto Prazo.

Seria bis in idem

O STJ entende que as operações financeiras acertadas no Mercado de Curto Prazo da CCEE estão fora do campo de incidência do ICMS sobre o serviço de fornecimento de energia elétrica. Isso porque as operações realizadas no Mercado de Curto Prazo não se caracterizam propriamente como "contratos de compra e venda de energia elétrica", mas sim como uma "cessão de direitos entre consumidores", intermediadas pela CCEE, para a utilização de energia elétrica adquirida no Mercado Livre, mediante a celebração de contratos bilaterais, e cujo valor total já sofreu a tributação do imposto estadual, o que permite inclusive concluir que nova tributação dessas sobras implicaria indevido *bis in idem*.

Exemplo: a empresa "A" adquiriu 1 MW de energia elétrica no Mercado Livre. Ocorre que ela só utilizou 0,7 MW. Ela irá ceder os 0,3 MW restantes e a empresa "B", que precisa disso porque seu consumo foi maior do que o previsto, vai no Mercado de Curto Prazo e adquire esses 0,3 MW. Nessa operação não será preciso pagar ICMS. Isso porque a empresa "A", quando adquiriu 1 MW, já pagou o ICMS e agora ela está apenas cedendo parte dessa energia para a empresa "B".

Assim, tais operações não decorrem propriamente de contratos de compra e venda de energia elétrica, mas sim de cessões de direitos entre consumidores, intermediadas pela CCEE, para a utilização de energia elétrica adquirida no mercado livre cujo valor total já sofreu a tributação do ICMS.

Consumidores que atuam no Mercado de Curto Prazo não são agentes do setor elétrico

O fato de os consumidores poderem operar no Mercado de Curto Prazo, como credores ou devedores em relação ao volume originalmente contratado, não os transforma em agentes do setor elétrico aptos a realizar alguma das tarefas imprescindíveis ao processo de circulação física e jurídica dessa riqueza, relativas à sua geração, transmissão ou distribuição, de tal modo que nenhum deles, consumidor credor ou devedor junto ao CCEE, podem proceder a saída dessa "mercadoria" de seus estabelecimentos, o que afasta a configuração do fato gerador do imposto nos termos do art. 2º e 12 da LC 87/96.

O que se quer dizer: o consumidor que está cedendo seu excesso de energia adquirida não está vendendo efetivamente considerando que essa energia não sai do seu estabelecimento. Ela está apenas cedendo o crédito que ela tinha e que não vai mais utilizar.

TRIBUTÁRIO

5.4. É POSSÍVEL A DESCARACTERIZAÇÃO DO LEASING SE O PRAZO DE VIGÊNCIA DO ARRENDAMENTO NÃO RESPEITAR A VIGÊNCIA MÍNIMA

Fatos geradores do ICMS

O ICMS pode ter os seguintes fatos geradores:

- Circulação de mercadorias;
- Prestação de serviços de transporte intermunicipal;

- Prestação de serviços de transporte interestadual;
- Prestação de serviços de comunicação.

Vale ressaltar que incide o ICMS mesmo que "as operações e as prestações se iniciem no exterior" (art. 155, II, da CF/88). Nesse caso, a doutrina chama de "ICMS importação".

Assim, haverá cobrança de ICMS importação nos casos de mercadoria importada do exterior ou nas hipóteses de serviço prestado no exterior. Ex: uma empresa que fabrica roupas deverá pagar ICMS se comprou da China uma máquina têxtil para utilizar em sua linha de produção.

O que é o leasing?

O arrendamento mercantil (também chamado de *leasing*) é uma espécie de contrato de locação no qual o locatário tem a possibilidade de, ao final do prazo do ajuste, comprar o bem, pagando uma quantia chamada de valor residual garantido (VRG).

O arrendamento mercantil, segundo definição do parágrafo único do art. 1º da Lei nº 6.099/74, constitui "negócio jurídico realizado entre pessoa jurídica, na qualidade de arrendadora, e pessoa física ou jurídica, na qualidade de arrendatária, e que tenha por objeto o arrendamento de bens adquiridos pela arrendadora, segundo especificações da arrendatária e para uso próprio desta."

A Lei nº 6.099/74 dispõe sobre o tratamento tributário das operações de arrendamento mercantil.

Opções do arrendatário:

Ao final do *leasing*, o arrendatário terá três opções:

- renovar a locação, prorrogando o contrato;
- não renovar a locação, encerrando o contrato;
- pagar o valor residual e, com isso, comprar o bem alugado.

Exemplo:

"A" faz um contrato de *leasing* com a empresa "B" para arrendamento de um veículo 0km pelo prazo de cinco anos. Logo, "A" pagará todos os meses um valor a título de aluguel e poderá usar o carro. A principal diferença para uma locação comum é que "A", ao final do prazo do contrato, poderá pagar o valor residual e ficar definitivamente com o automóvel.

Obs.: é comum, na prática, que o contrato já estabeleça que o valor residual será diluído nas prestações do aluguel. Assim, o contrato prevê que o arrendatário já declara que deseja comprar o bem e, todos os meses, junto ao valor do aluguel, ocorre também o pagamento do valor residual de forma parcelada. Como dito, isso é extremamente frequente, especialmente no caso de *leasing* financeiro. No entanto, nem sempre isso ocorre.

O STJ considera legítima essa prática?

SIM. Trata-se de entendimento sumulado do STJ:

Súmula 293: A cobrança antecipada do valor residual garantido (VRG) não descaracteriza o contrato de arrendamento mercantil.

Modalidades de leasing

Existem três espécies de *leasing:*

Leasing **FINANCEIRO**	*Leasing* **OPERACIONAL**	*Leasing* **DE RETORNO (Lease back)**
Previsto no art. 5º da Resolução 2.309/96-BACEN	Previsto no art. 6º da Resolução 2.309/96-BACEN	Sem previsão na Resolução 2.309-BACEN
É a forma típica e clássica do *leasing*. Ocorre quando uma pessoa jurídica (arrendadora) compra o bem solicitado por uma pessoa física ou jurídica (arrendatária) para, então, alugá-lo à arrendatária.	Ocorre quando a arrendadora já é proprietária do bem e o aluga ao arrendatário, comprometendo-se também a prestar assistência técnica em relação ao maquinário.	Ocorre quando determinada pessoa, precisando se capitalizar, aliena seu bem à empresa de *leasing*, que arrenda de volta o bem ao antigo proprietário a fim de que ele continue utilizando a coisa. Em outras palavras, a pessoa vende seu bem e celebra um contrato de arrendamento com o comprador, continuando na posse direta.
Ex.: determinada empresa (arrendatária) quer utilizar uma nova máquina em sua linha de produção, mas não tem recursos suficientes para realizar a aquisição. Por esse motivo, celebra contrato de *leasing* financeiro com um Banco (arrendador), que compra o bem e o arrenda para que a empresa utilize o maquinário.	Ex.: a *Boeing Capital Corporation*® (arrendadora) celebra contrato de arrendamento para alugar cinco aeronaves à GOL® (arrendatária) a fim de que esta utilize os aviões em seus voos. A arrendadora também ficará responsável pela manutenção dos aviões.	Ex.: em 2001, a Varig®, a fim de se recapitalizar, vendeu algumas aeronaves à *Boeing*® e os alugou de volta por meio de um contrato de *lease back*. O nome completo desse negócio jurídico, em inglês, é *sale and lease back* (venda e arrendamento de volta).
Normalmente, a intenção da arrendatária é, ao final do contrato, exercer seu direito de compra do bem.	Normalmente, a intenção da arrendatária é, ao final do contrato, NÃO exercer seu direito de compra do bem.	Em geral, é utilizado como uma forma de obtenção de capital de giro.

O que é o leasing internacional (arrendamento mercantil internacional)?

Ocorre quando uma empresa situada no Brasil celebra contrato de leasing com um arrendador para trazer ao país um bem fabricado no exterior.

Há incidência de ICMS no caso de leasing internacional?

O STF definiu que:

REGRA: NÃO. Em regra, não incide o ICMS importação na operação de arrendamento mercantil internacional, uma vez que no leasing não há, necessariamente, a transferência de titularidade do bem. Em outras palavras, pode haver ou não a compra. Assim, não incide o imposto se existe a possibilidade de o bem ser restituído ao proprietário e o arrendatário não efetuar a opção de compra.

EXCEÇÃO: incidirá ICMS importação se ficar demonstrado que houve a antecipação da opção de compra. Isso ocorre quando não existe a possibilidade de o bem ser restituído ao proprietário, seja por circunstâncias naturais (físicas), seja porque se trata de insumo.

STF. Plenário. RE 540829/SP, red. p/ o acórdão Min. Luiz Fux, julgado em 11/9/2014 (repercussão geral) (Info 758).

STF. Plenário. RE 226899/SP, rel. orig. Min. Ellen Gracie, red. p/ o acórdão Min. Cármen Lúcia, julgado em 1º/10/2014 (Info 761).

Assim, pode-se dizer que, em regra, o ICMS não incide sobre as operações de arrendamento mercantil de coisas móveis. Isso porque, para a ocorrência do fato gerador do ICMS, é necessária a efetiva circulação da mercadoria, com a necessária transferência da sua titularidade. No leasing não ocorre a transferência da titularidade.

Exceção: haverá incidência de ICMS no *leasing* caso a sua natureza fique descaracterizada. Assim, se a operação de leasing ficar descaracterizada, mostra-se legítima a cobrança do ICMS por parte do Fisco estadual.

Quando o contrato de leasing fica descaracterizado?

O STJ possui julgados dizendo que o contrato de arrendamento mercantil (*leasing*) somente poderá ser descaracterizado caso ocorra uma das situações jurídicas previstas nos seguintes artigos da Lei nº 6.099/74:

- Art. 2º;
- Art. 9º;
- Art. 11, § 1º;
- Art. 14;
- Art. 23.

Hipótese do art. 23

Para a presente explicação somente interessa a situação descrita no art. 23:

> § Art. 23. Fica o Conselho Monetário Nacional autorizado a:
>
> a) expedir normas que visem a estabelecer mecanismos reguladores das atividades previstas nesta Lei, inclusive excluir modalidades de operações do tratamento nela previsto e limitar ou proibir sua prática por determinadas categorias de pessoas físicas ou jurídicas;
>
> (...)

Assim, o Conselho Monetário Nacional possui autorização para expedir normas regulamentadoras acerca da atividade de arrendamento mercantil, sendo possível, inclusive, a exclusão ou limitação de modalidades de operação.

Prazos mínimos de vigência do leasing

Nesse contexto, com base no conteúdo da sessão do Conselho Monetário Nacional de 28/08/1996, o Banco Central do Brasil publicou a Resolução nº 2.309/96, que previu, no art. 8º de seu anexo, que os contratos de arrendamento mercantil deveriam obedecer prazos mínimos de vigência, estipulados de acordo com a vida útil do bem arrendado:

> § Art. 8º Os contratos devem estabelecer os seguintes prazos mínimos de arrendamento:
>
> I – para o arrendamento mercantil financeiro:
>
> a) 2 (dois) anos, compreendidos entre a data de entrega dos bens à arrendatária, consubstanciada em termo de aceitação e recebimento dos bens, e a data de vencimento da última contraprestação, quando se tratar de arrendamento de bens com vida útil igual ou inferior a 5 (cinco) anos;

b) 3 (três) anos, observada a definição do prazo constante da alínea anterior, para o arrendamento de outros bens;

Em outras palavras, a Resolução disse o seguinte: se o bem arrendado tiver vida útil superior a 5 anos, o contrato de leasing deverá ter vigência de, no mínimo, 3 anos.

Se o bem tiver vida útil superior a 5 anos e o contrato de leasing deste bem tiver vigência menor que 3 anos, terá sido descumprida a Resolução e, consequentemente, estará descaracterizado o contrato de leasing. Deixa de ser leasing por descumprir a regulamentação sobre o tema.

Caso concreto:

Determinada empresa celebrou contrato de arrendamento mercantil tendo como objeto uma "pá-carregadeira" (espécie de trator).

Uma pá-carregadeira possui vida útil bem superior a 5 anos.

Apesar disso, o contrato celebrado pela empresa previa que o arrendamento mercantil teria duração de 24 meses (2 anos).

Diante disso, o Fisco estadual entendeu que estava descaracterizado o leasing e cobrou o ICMS.

O STJ considerou que a postura do Fisco foi legítima:

É possível a descaracterização do contrato de arrendamento mercantil (leasing) se o prazo de vigência do acordo celebrado não respeitar a vigência mínima estabelecida de acordo com a vida útil do bem arrendado.

Nos termos do art. 8º do anexo da Resolução nº 2.309/96 e art. 23 da Lei nº 6.099/74, o prazo mínimo de vigência do contrato de arrendamento mercantil financeiro é de (i) dois anos, quando se tratar de bem com vida útil igual ou inferior a cinco anos, e (ii) de três anos, se o bem arrendado tiver vida útil superior a cinco anos.

Caso concreto: o bem arrendado (pá-escavadeira) possui vida útil superior a cinco anos. Apesar disso, o ajuste previa o arrendamento pelo prazo de apenas dois anos. Logo, foi desrespeitada a Resolução, ficando descaracterizado o contrato de arrendamento mercantil.

Ficando descaracterizado o leasing, é possível cobrar ICMS sobre esta operação.

STJ. 2ª Turma. REsp 1.569.840-MT, Rel. Min. Francisco Falcão, julgado em 16/08/2018 (Info 632).

5.5. É INCONSTITUCIONAL NORMA DE CONSTITUIÇÃO ESTADUAL QUE CONFIRA COMPETÊNCIA AO TCE PARA HOMOLOGAR OS CÁLCULOS DAS COTAS DO ICMS

O ICMS é um imposto de competência estadual. Apesar disso, a CF/88 determina que o Estado deverá repassar 25% da receita do ICMS aos Municípios. Esse repasse será realizado após cálculos que são feitos para definir o valor da cota-parte que caberá a cada Município, segundo critérios definidos pelo art. 158, parágrafo único da CF/88 e pela lei estadual.

A Constituição do Estado do Amapá previu que seria competência do TCE homologar os cálculos das cotas do ICMS devidas aos Municípios.

Este dispositivo é inconstitucional.

Sujeitar o ato de repasse de recursos públicos à homologação do TCE representa ofensa ao princípio da separação e da independência dos Poderes.

STF. Plenário. ADI 825/AP, Rel. Min. Alexandre de Moraes, julgado em 25/10/2018 (Info 921).

Veja comentários em Direito Constitucional.

6. IMPOSTOS MUNICIPAIS

6.1. TERMO INICIAL DO PRAZO PRESCRICIONAL EM CASO DE IPTU

Imagine a seguinte situação hipotética:

João é proprietário de um imóvel urbano (uma casa).

Logo, ele é contribuinte de IPTU.

O IPTU é um imposto sujeito a lançamento de ofício.

O lançamento de ofício (ou direto) é aquele no qual o Fisco, sem a ajuda do contribuinte, calcula o valor do imposto devido e cobra do sujeito passivo. A Administração tributária já possui, de antemão, os elementos informativos para realizar a constituição do crédito tributário, não dependendo de nenhuma providência do contribuinte para isso.

Em outras palavras, o próprio Fisco, sozinho, já calcula quanto o contribuinte deverá pagar e apenas o avisa: pague este valor de imposto até o dia XX.

Notificação do lançamento

Após o Fisco realizar o lançamento, ele precisa comunicar que fez isso ao sujeito passivo para que este possa pagar o tributo ou impugná-lo, caso não concorde com o que está sendo cobrado.

"É a notificação que confere efeitos ao lançamento realizado, pois antes daquela não se conta prazo para pagamento ou impugnação." (ALEXANDRE, Ricardo. Direito tributário esquematizado. 10ª ed., São Paulo: Método, 2016, p. 377).

Forma de notificação do contribuinte

O CTN não prevê a forma como o contribuinte deverá ser notificado de que houve o lançamento de ofício e de que ele deverá pagar o tributo. Diante dessa lacuna, a jurisprudência entende que a legislação que rege cada tributo poderá disciplinar o meio idôneo para essa notificação.

No caso do IPTU, por exemplo, a maioria das leis municipais prevê que a notificação ocorre mediante o envio de uma correspondência ao sujeito passivo. Esse procedimento é considerado legítimo:

Súmula 397-STJ: O contribuinte do IPTU é notificado do lançamento pelo envio do carnê ao seu endereço.

Alguns Municípios, no início do ano, divulgam um calendário informando os proprietários dos imóveis urbanos que deverão efetuar o pagamento do IPTU em determinada data. Este modo de notificação é válido?

SIM. O envio do carnê é apenas uma modalidade, que não exclui outras eventualmente mais convenientes para a Administração, como é o caso da divulgação de um calendário de pagamento, com instruções para os contribuintes fazerem o pagamento.

Qual é a principal função da notificação do contribuinte do IPTU?

A notificação do contribuinte para o recolhimento do IPTU perfectibiliza a constituição definitiva do crédito tributário.

Em outras palavras, com a notificação do contribuinte para o recolhimento da exação (pagamento do tributo) ocorre a constituição definitiva do crédito tributário.

João recebeu o carnê de pagamento

Em 10/01/2012, João recebeu, por correio, o carnê do IPTU relativo a este imóvel.

Neste momento, João foi notificado de que o Fisco municipal fez o lançamento do imposto.

Dia de vencimento

No carnê do IPTU, havia duas opções de pagamento para o contribuinte:

- à vista (com desconto de 15%), que deveria ser pago até 05/02/2012; ou
- parceladamente, em 10 parcelas, sendo que a última era para o dia 05/11/2012.

Vale ressaltar que esse parcelamento é oferecido ao contribuinte sem que ele tenha pedido. Não houve requerimento. Já chegou no carnê essa possibilidade para todos. Por essa razão, é chamado pela jurisprudência de "parcelamento de ofício", ou seja, por iniciativa da própria Administração Tributária.

Se o contribuinte não pagar, o que o Fisco deverá fazer?

Deverá ajuizar uma execução fiscal cobrando o crédito tributário.

Existe um prazo para que o Fisco ajuíze essa execução fiscal?

SIM. Ele possui o prazo prescricional de 5 anos. Passado esse prazo, ocorre a prescrição, nos termos do art. 174 do CTN:

> § Art. 174. A ação para a cobrança do crédito tributário prescreve em cinco anos, contados da data da sua constituição definitiva.

Consideremos que João não pagou o IPTU.

Quando iniciou a contagem do prazo prescricional para que o Fisco ajuíze a execução cobrando o imposto não pago?

Esse prazo se iniciou em 06/02/2012 (um dia após a data estipulada para pagamento da cota única).

O STJ definiu a seguinte tese:

> **O termo inicial do prazo prescricional da cobrança judicial do Imposto Predial e Territorial Urbano – IPTU – inicia-se no dia seguinte à data estipulada para o vencimento da exação.**
>
> STJ. 1ª Seção. REsp 1.658.517-PA, Rel. Min. Napoleão Nunes Maia Filho, julgado em 14/11/2018 (recurso repetitivo) (Info 638).

TRIBUTÁRIO

No caso, por se tratar de lançamento de ofício, o prazo prescricional de cinco anos para que a Fazenda Pública realize a cobrança judicial de seu crédito tributário começa a fluir somente após o vencimento do prazo estabelecido pela lei local para o vencimento da exação (pagamento voluntário pelo contribuinte). Isso porque, embora o crédito já esteja constituído com o recebimento do carnê pelo contribuinte, a Fazenda ainda não pode executar considerando que a lei deu ao contribuinte um prazo para pagamento voluntário.

Ex: João recebeu o carnê dia 10/01/2012; já está constituído o crédito tributário; ocorre que o Fisco ainda não pode executar o crédito; isso porque a data de vencimento do IPTU (conforme legislação local) é dia 05/02/2012; logo, antes de esgotado esse prazo para pagamento voluntário, não começou a ser contado o prazo prescricional.

A pretensão executória surge, portanto, somente a partir do dia seguinte ao vencimento estabelecido no carnê encaminhado ao endereço do contribuinte ou da data de vencimento fixada em lei local e amplamente divulgada através de calendário de pagamento.

Releitura do art. 174 do CTN pelo STJ

O art. 174 do CTN estabelece o seguinte:

§ Art. 174. A ação para a cobrança do crédito tributário prescreve em cinco anos, contados da data da sua constituição definitiva.

Para o STJ, a constituição definitiva do IPTU ocorre com a notificação do contribuinte para pagamento.

Desse modo, se fossemos utilizar a redação literal do art. 174, o prazo prescricional teria início na data da notificação do sujeito passivo (constituição definitiva). Ex: no dia em que ele recebeu o carnê de pagamento ou na data em que foi divulgado o calendário de pagamentos.

Ocorre que o STJ fez uma releitura dessa parte final do dispositivo e decidiu que o prazo prescricional deverá ser contado a partir do dia seguinte à data estipulada como vencimento do imposto.

O STJ decidiu assim porque, antes de passar a data do vencimento do tributo, o Fisco ainda não poderá executar o contribuinte, que ainda nem pode ser considerado devedor.

Até o último dia estabelecido para o vencimento, é assegurado ao contribuinte realizar o recolhimento voluntário, sem qualquer outro ônus, por meio das agências bancárias autorizadas ou até mesmo pela internet, ficando em mora tão somente a partir do dia seguinte.

Desse modo, tem-se que a pretensão executória da Fazenda Pública (*actio nata*) somente surge no dia seguinte à data estipulada para o vencimento do tributo.

Assim, o STJ "corrige" a parte final do art. 174, que deve ser lido da seguinte forma: a ação para a cobrança do crédito tributário decorrente de IPTU prescreve em cinco anos, contados do dia seguinte à data estipulada para o vencimento da exação.

Alerta. Em concursos, se for cobrada a redação literal do art. 174 em provas objetivas, essa alternativa está correta. No entanto, se for falado em "entendimento do STJ", deve-se adotar a redação da tese acima exposta.

Como os Municípios geralmente oferecem esse parcelamento, no caso do IPTU teremos duas datas de vencimento: a do pagamento à vista e a do pagamento parcelado. Qual delas deverá ser considerada? Quando se inicia a contagem do prazo prescricional para que o Fisco ajuíze a execução cobrando o imposto não pago? Em nosso exemplo, esse prazo se iniciou em 06/02/2012 (um dia após a data estipulada para pagamento da cota única) ou o se iniciou em 06/11/2012 (um dia depois de terminado o prazo para pagamento parcelado)?

O Fisco defendeu a tese de que, durante o prazo oferecido para parcelamento, não estaria correndo a prescrição.

Segundo argumentou o Fisco, o parcelamento é uma forma de suspensão do crédito tributário, ou seja, enquanto o parcelamento estiver ativo (vigente), o Fisco não poderá dar início à execução fiscal contra o devedor. Logo, não pode estar sendo contado o prazo prescricional.

O Município disse que deveria ser aplicado o inciso I ou o inciso VI do art. 151 do CTN:

§ Art. 151. Suspendem a exigibilidade do crédito tributário:

I – moratória;

(...)

VI – o parcelamento.

A tese do Fisco foi acolhida pelo STJ?

NÃO. O STJ definiu a tese de que o parcelamento de ofício da dívida tributária não configura causa interruptiva da contagem da prescrição.

O "parcelamento de ofício" não tem o condão de suspender o prazo prescricional para a cobrança do IPTU, estendendo-o por mais dez meses além do vencimento da parcela única ou da primeira cota.

A moratória é a dilação do prazo para pagamento por convenção das partes.

Dessa forma, a moratória pressupõe um acordo entre credor e devedor, estabelecendo datas diferentes das previstas originalmente em lei para pagamento do tributo.

Além disso, pressupõe a edição de uma lei para tratar da situação.

O parcelamento é uma hipótese de moratória e, por isso, também está submetida à reserva legal (art. 97, VI do CTN).

A liberalidade do Fisco em conceder ao contribuinte a opção de pagamento à vista (cota única) ou parcelado (10 cotas), independente de sua anuência prévia, não configura as hipóteses de suspensão do crédito tributário previstas no art. 151, I e VI do CTN (moratória ou parcelamento), tampouco causa de interrupção da prescrição, a qual exige o reconhecimento da dívida por parte do contribuinte (art. 174, parágrafo único, IV do CTN).

Com efeito, não houve adesão a qualquer hipótese de parcelamento por parte do contribuinte ou reconhecimento de débito. Na verdade, o contribuinte do IPTU manteve-se inerte e sua inércia não pode ser interpretada como adesão automática à moratória ou parcelamento, passível de suspender a exigibilidade do crédito tributário.

O contribuinte não pode ser despido da autonomia de sua vontade, em decorrência de uma opção unilateral do Estado, que resolve lhe conceder a opção de efetuar o pagamento em cotas parceladas.

Se a Fazenda Pública municipal entende que é mais conveniente oferecer opções parceladas para pagamento do IPTU, ao tempo em que oferta ao contribuinte a possibilidade de quitação em cota única, com descontos que variam de 10 a 15% do crédito tributário constituído, o faz dentro de uma política fiscal, por mera liberalidade, o que não induz a conclusão de que houve moratória ou parcelamento.

Em suma:

O parcelamento de ofício da dívida tributária não configura causa interruptiva da contagem da prescrição, uma vez que o contribuinte não anuiu.

STJ. 1ª Seção. REsp 1.658.517-PA, Rel. Min. Napoleão Nunes Maia Filho, julgado em 14/11/2018 (recurso repetitivo) (Info 638).

6.2. INCIDÊNCIA DO IPTU NA ÁREA URBANIZÁVEL OU DE EXPANSÃO URBANA

Súmula 626-STJ: A incidência do IPTU sobre imóvel situado em área considerada pela lei local como urbanizável ou de expansão urbana não está condicionada à existência dos melhoramentos elencados no art. 32, § 1º, do CTN.

STJ. 1ª Seção. Aprovada em 12/12/2018, DJe 17/12/2018.

IPTU

IPTU significa imposto sobre propriedade territorial urbana de bens imóveis, sendo tributo de competência dos Municípios.

O IPTU está previsto no art. 156, I, da CF/88:

> § Art. 156. Compete aos Municípios instituir impostos sobre:
>
> I – propriedade predial e territorial urbana;

Normas que regem o IPTU

- CF/88 (arts. 156, I, e § 1º; art. 182, § 4º, II);
- CTN (arts. 32 a 34);
- Estatuto da Cidade – Lei federal nº 10.257/2001 (art. 7º);
- Lei municipal que institua o imposto (verificar a lei local).

Características

Trata-se de um imposto:

- Real: incide sobre uma coisa (propriedade imobiliária urbana);
- Direto: o próprio contribuinte é quem suporta o encargo financeiro da tributação (não há repercussão econômica);
- Fiscal: a função precípua deste imposto é a arrecadação (imposto fiscal). Vale ressaltar, no entanto, que, em alguns casos, ele poderá assumir também um caráter extrafiscal (forma de estimular o cumprimento da função social da propriedade);
- Progressivo: pode ser progressivo no tempo caso a propriedade não esteja cumprindo sua função social (art. 182, § 4º), além de poder ser progressivo em razão do valor do imóvel (art. 156, § 1º, I);
- Complexivo: significa que seu fato gerador é um só ao longo de todo o ano.

Fato gerador

O fato gerador do IPTU é a...	• propriedade • domínio útil • posse	• de bem imóvel • por natureza ou • por acessão física • localizado na zona urbana

IPTU x ITR

O IPTU incide sobre imóveis urbanos.

O ITR recai sobre imóveis rurais.

Assim, em regra, o ITR incide apenas sobre imóveis rurais. Se o imóvel for urbano, o imposto devido é o IPTU.

O conceito de imóvel rural é dado por exclusão. O CTN, em seu art. 32, §§ 1º e 2º, explica em que consiste o imóvel urbano para fins de incidência do IPTU. Se o imóvel não se enquadrar em tais critérios, será considerado rural.

Por que se falou "em regra"? Existe alguma exceção? Existe hipótese em que o ITR incidirá sobre imóvel localizado em zona urbana?

SIM. Segundo o STJ, incide o ITR (e não o IPTU) sobre imóveis comprovadamente utilizados para exploração extrativa, vegetal, agrícola, pecuária ou agroindustrial, ainda que localizados em áreas consideradas urbanas pela legislação municipal. Nesse sentido:

> Não incide IPTU, mas ITR, sobre imóvel localizado na área urbana do Município, desde que comprovadamente utilizado em exploração extrativa, vegetal, agrícola, pecuária ou agroindustrial.
>
> STJ. 1ª Seção. REsp 1112646/SP, Rel. Min. Herman Benjamin, julgado em 26/08/2009.

O fundamento para essa decisão do STJ está no art. 15 do DL 57/66:

> Art. 15. O disposto no art. 32 da Lei nº 5.172, de 25 de outubro de 1966(artigo do CTN que fala sobre o fato gerador do IPTU), não abrange o imóvel de que, comprovadamente, seja utilizado em exploração extrativa vegetal, agrícola, pecuária ou agroindustrial, incidindo assim, sobre o mesmo, o ITR e demais tributos com o mesmo cobrados.

O que é um imóvel urbano, para fins de incidência do IPTU?

Imóvel urbano, para fins de incidência de IPTU, é aquele localizado na zona urbana.

O CTN, nos §§ 1º e 2º do art. 32, traz os critérios para essa definição. Ele diz, basicamente, o seguinte:

- A Lei municipal irá definir o que é a zona urbana daquele respectivo Município.
- No entanto, a lei municipal só poderá incluir, como sendo zona urbana, as áreas da cidade que tiverem, no mínimo, dois dos seguintes "melhoramentos" construídos ou mantidos pelo Poder Público:
  - **a.** meio-fio ou calçamento, com canalização de águas pluviais;
  - **b.** abastecimento de água;
  - **c.** sistema de esgotos sanitários;
  - **d.** rede de iluminação pública, com ou sem posteamento para distribuição domiciliar;
  - **e.** escola primária ou posto de saúde a uma distância máxima de 3 (três) quilômetros do imóvel considerado.
- Repetindo: para que o Município preveja, na lei, que determinado bairro, comunidade, loteamento etc., está incluído na "zona urbana", é necessário que nesse local existam dois ou mais dos melhoramentos acima listados e que estão exigidos no § 1º do art. 32 do CTN.
- A lei municipal poderá prever, no entanto, um outro conceito, qual seja, o de área "urbanizável ou de expansão urbana".
- Segundo o § 2º do art. 32 do CTN, áreas urbanizáveis (ou de expansão urbana) são aquelas que abrangem loteamentos aprovados pelos órgãos competentes e que são destinados à habitação, à indústria ou ao comércio, mas que não se enquadram na definição do § 1º do art.

32. Para você entender melhor, é como se fossem áreas para onde a "cidade" está crescendo (expandindo) e que, por estar no início da expansão, ainda não há tantos melhoramentos feitos pelo Poder Público. Apesar disso, já pode cobrar IPTU, até para ter recursos para conseguir fazer os referidos melhoramentos.

IPTU Recai sobre imóveis localizados na: ZONA URBANA A zona urbana é definida por lei municipal.	Para ser zona urbana, a região da cidade deve ter, no mínimo, 2 dos melhoramentos previstos no § 1º do art. 32 do CTN.	Área urbanizável ou de expansão urbana: é uma área que, mesmo sem ter os 2 melhoramentos, pode ser incluída na esfera de tributação do IPTU.	Área urbanizável ou de expansão urbana: loteamentos aprovados pelos órgãos competentes e que são destinados à habitação, à indústria ou ao comércio.

Desse modo, o IPTU incide sobre:	
1. Imóveis localizados na zona urbana	2. Imóveis localizados na área urbanizável ou de expansão urbana
Locais onde possuem, no mínimo, 2 dos melhoramentos do § 1º do art. 32 do CTN. Art. 32 (...) § 1º Para os efeitos deste imposto, entende-se como zona urbana a definida em lei municipal; observado o requisito mínimo da existência de melhoramentos indicados em pelo menos 2 (dois) dos incisos seguintes, construídos ou mantidos pelo Poder Público: I – meio-fio ou calçamento, com canalização de águas pluviais; II – abastecimento de água; III – sistema de esgotos sanitários; IV – rede de iluminação pública, com ou sem posteamento para distribuição domiciliar; V – escola primária ou posto de saúde a uma distância máxima de 3 (três) quilômetros do imóvel considerado.	São loteamentos aprovados pelos órgãos competentes e destinados à habitação, à indústria ou ao comércio. Não possuem os 2 dos melhoramentos do § 1º, mas mesmo assim irão ser objeto de IPTU, desde que previstas na lei municipal. Isso porque são áreas que o CTN autorizou que a lei municipal considerasse como urbanas, apesar de não terem os melhoramentos. Art. 32 (...) § 2º A lei municipal pode considerar urbanas as áreas urbanizáveis, ou de expansão urbana, constantes de loteamentos aprovados pelos órgãos competentes, destinados à habitação, à indústria ou ao comércio, mesmo que localizados fora das zonas definidas nos termos do parágrafo anterior.

Assim, o que diz a súmula:

Pode incidir IPTU sobre imóvel situado em área urbanizável ou de expansão urbana mesmo que ainda não existam os melhoramentos previstos no art. 32, § 1º do CTN.

O exemplo típico são os sítios de recreio:

É legal a cobrança do IPTU dos sítios de recreio, localizados em zona de expansão urbana definida por legislação municipal, mesmo que não contenha os melhoramentos previstos no art. 31, § 1º, do CTN.

STJ. 2ª Turma. AgRg no REsp 783.794/SP, Rel. Min. Mauro Campbell Marques, julgado em 15/12/2009.

6.3. ILEGITIMIDADE DO LOCATÁRIO PARA DISCUTIR O IPTU COM O MUNICÍPIO

Súmula 614-STJ: O locatário não possui legitimidade ativa para discutir a relação jurídico-tributária de IPTU e de taxas referentes ao imóvel alugado nem para repetir indébito desses tributos.

STJ. 1ª Seção. Aprovada em 09/05/2018, DJe 14/05/2018.

IPTU

O IPTU (Imposto sobre propriedade predial e territorial urbana) é um tributo de competência dos Municípios, estando previsto no art. 156, I da CF/88:

> § Art. 156. Compete aos Municípios instituir impostos sobre:
>
> I – propriedade predial e territorial urbana;

O fato gerador do IPTU é a propriedade, o domínio útil ou a posse de bem imóvel localizado na zona urbana do Município.

O locatário não possui legitimidade ativa para discutir a relação jurídico-tributária de IPTU e de taxas referentes ao imóvel alugado (1ª parte da súmula)

Imagine a seguinte situação hipotética:

João (proprietário) alugou seu imóvel para Pedro (inquilino).

No contrato, havia uma cláusula prevendo que a obrigação pelo pagamento do IPTU do imóvel competia a Pedro (locatário).

Houve um aumento do valor do IPTU por meio de decreto do Prefeito.

Diante disso, Pedro ajuizou ação contra o Município alegando que este aumento violou o princípio da legalidade tributária e pedindo a volta do antigo valor.

Esta ação terá êxito?

NÃO. Pedro não tem legitimidade ativa para a causa, uma vez que ele não é o proprietário do imóvel.

O locatário não possui legitimidade ativa para discutir a relação jurídico-tributária de IPTU e de taxas referentes ao imóvel alugado (1ª parte da súmula).

O locatário não possui legitimidade ativa para pedir a repetição de indébito do IPTU e das taxas referentes ao imóvel alugado (2ª parte da súmula)

Exemplo: a empresa JM Ltda. é locatária de um imóvel. Pelo contrato, a obrigação de pagar o IPTU é dela.

Durante três anos, a JM Ltda. pagou ao Município o IPTU.

Ocorre que a lei municipal que fundamentava a cobrança do imposto foi declarada inconstitucional pelo Tribunal de Justiça.

Com base nisso, a JM Ltda. ajuizou ação ordinária contra o Município pedindo a restituição dos valores indevidamente recolhidos a título de IPTU nos anos de 2012, 2013 e 2014 em virtude da inconstitucionalidade da lei.

Esta ação não será conhecida, considerando que a JM Ltda. é mera locatária.

O locatário não possui legitimidade ativa para pedir a repetição de indébito do IPTU e das taxas referentes ao imóvel alugado (2ª parte da súmula)

Mas, nos dois casos, o contrato de locação diz que a responsabilidade pelo pagamento do IPTU e das taxas é do locatário... O locatário é quem está pagando os tributos...

Isso não importa. O Fisco não tem nada a ver com isso, ele não participou desse ajuste. Um contrato entre particulares não tem a força de interferir na relação jurídico-tributária com o Fisco. É o que prevê o art. 123 do CTN:

§ Art. 123. Salvo disposições de lei em contrário, as convenções particulares, relativas à responsabilidade pelo pagamento de tributos, não podem ser opostas à Fazenda Pública, para modificar a definição legal do sujeito passivo das obrigações tributárias correspondentes.

Em outras palavras, não se pode invocar contra o ente público o contrato firmado entre locador e locatário, sendo o proprietário do imóvel o sujeito passivo da obrigação tributária.

Correta interpretação do art. 34 do CTN

O art. 34 do CTN prevê quem são os contribuintes do IPTU:

§ Art. 34. Contribuinte do imposto é o proprietário do imóvel, o titular do seu domínio útil, ou o seu possuidor a qualquer título.

Diante disso, alguns leitores podem estar pensando: o locatário detém a posse do imóvel. Logo, ele também poderia ser considerado contribuinte do IPTU. Sendo contribuinte do imposto, teria legitimidade para ajuizar ações questionando esse tributo.

Essa interpretação, contudo, não é acolhida pela jurisprudência.

O STJ, ao interpretar o art. 34 do CTN, afirma que a posse tributária é a que exterioriza o domínio, não aquela exercida pelo locatário ou pelo comodatário.

Assim, o possuidor até pode ser considerado contribuinte do IPTU, mas, para isso, é necessário que ele seja um possuidor que tenha *animus domini*.

Desse modo, contribuinte do IPTU, na visão do STJ, é:

- o proprietário do imóvel;
- o titular do domínio útil do imóvel; ou
- o possuidor do imóvel, a qualquer título, desde que tenha animus domini.

Posse *animus domini* (com ânimo de dono) é aquela posse demonstrada por quem se considera o dono do imóvel. É a posse que gera direito à usucapião. Mesmo que o contrato de locação dure 20 anos e que o locatário permaneça todo esse tempo no imóvel, ele não terá direito de adquiri-lo por usucapião. Isso porque a sua posse não tem *animus domini*, ou seja, ele sabe que não é o proprietário do imóvel e que só está na posse em virtude do contrato.

Logo, a súmula 614 do STJ não é incompatível com o art. 34 do CTN.

Seria possível que o locatário pedisse a repetição de indébito do IPTU com base no art. 166 do CTN, alegando que foi ele quem sofreu o encargo econômico do tributo?

NÃO. O art. 166 do CTN prevê o seguinte:

§ Art. 166. A restituição de tributos que comportem, por sua natureza, transferência do respectivo encargo financeiro somente será feita a quem prove haver assumido o referido encargo, ou, no caso de tê-lo transferido a terceiro, estar por este expressamente autorizado a recebê-la.

Ocorre que este art. 166 do CTN é aplicado apenas para tributos indiretos, não sendo regra válida para os tributos diretos, como é o caso do IPTU e das taxas que incidem sobre o imóvel. Nesse sentido:

> O Superior Tribunal de Justiça possui entendimento de que o art. 166 do CTN não tem aplicabilidade aos tributos diretos, como via de regra, são o IPTU e as taxas incidentes sobre o imóvel, vez que referidas exações não podem ser enquadradas no rol de tributos que comportem, por sua natureza, transferência do referido encargo.
>
> STJ. 1ª Turma. AgRg no AgRg no REsp 1294961/RJ, Rel. Min. Regina Helena Costa, julgado em 12/04/2016.

Taxas referentes ao imóvel

Ex: taxa de lixo (SV 19).

6.4. INCIDE ISS SOBRE SERVIÇO DE PROTEÇÃO AO CRÉDITO OFERECIDO POR SINDICATO OU CDL AOS SEUS ASSOCIADOS?

ISSQN

O ISSQN significa Imposto Sobre Serviços de Qualquer Natureza.

Algumas vezes, você encontrará apenas a sigla ISS. É a mesma coisa.

Trata-se de um tributo de competência dos Municípios.

Em âmbito nacional, o ISSQN é disciplinado pela LC 116/2003, que estabelece suas normas gerais. Vale ressaltar, no entanto, que cada Município, para cobrar este imposto, precisa editar uma lei ordinária municipal tratando sobre o assunto. Esta lei local, obviamente, não pode contrariar a LC 116/2003 e nem prever serviços que não estejam expressos na lei federal.

Fato gerador

O ISSQN incide sobre a prestação dos serviços listados no anexo da LC 116/2003.

Confira o texto constitucional:

> § Art. 156. Compete aos Municípios instituir impostos sobre:
>
> III – serviços de qualquer natureza, não compreendidos no art. 155, II, definidos em lei complementar.
>
> (...)
>
> § 3º Em relação ao imposto previsto no inciso III do caput deste artigo, cabe à lei complementar:
>
> I – fixar as suas alíquotas máximas e mínimas;
>
> II – excluir da sua incidência exportações de serviços para o exterior;
>
> III – regular a forma e as condições como isenções, incentivos e benefícios fiscais serão concedidos e revogados.

Veja agora o que diz o art. 1º da LC 116/2003:

> § Art. 1º O Imposto Sobre Serviços de Qualquer Natureza, de competência dos Municípios e do Distrito Federal, tem como fato gerador a prestação de serviços constantes da lista anexa, ainda que esses não se constituam como atividade preponderante do prestador.

Exemplos: quando o médico atende o paciente em uma consulta, ele presta um serviço, sendo isso fato gerador do ISSQN; quando o cabeleireiro faz uma escova progressiva na cliente, ele também presta um serviço e deverá pagar ISSQN.

Todos os serviços que estão sujeitos ao pagamento de ISSQN encontram-se previstos na lista anexa à LC 116/2003. Se não estiver nesta lista, não é fato gerador deste imposto. Vale ressaltar que esta lista é taxativa (exaustiva).

Imagine agora a seguinte situação hipotética:

O Sindicato dos Comerciantes de Santos oferece aos lojistas da cidade, mediante pagamento, serviços de proteção ao crédito.

Funciona assim: o comerciante/lojista pode pedir à entidade sindical informações sobre a situação creditícia dos clientes que tenham anteriormente comprado mercadorias de seus associados. Além disso, o sindicato faz também a cobrança dos consumidores que estão devendo os lojistas, enviando cartas, telefonando etc. Em contrapartida, os associados pagam um valor para o sindicato.

O Município entendeu que esse serviço é fato gerador de ISS e exigiu da entidade sindical o pagamento do imposto.

O sindicato questionou a cobrança alegando que não tem objetivo de lucro e que os valores recebidos são apenas para ressarcir as despesas.

Incide ou não ISS neste caso? Incide ISS sobre serviço de consulta a cadastros de proteção ao crédito prestado por sindicato ou por câmara de dirigentes lojistas, entidades sem fins lucrativos, em favor de seus associados?

O STJ está dividido:

1ª Turma: SIM

> **O Imposto Sobre Serviços de Qualquer Natureza – ISSQN – incide sobre os serviços de proteção ao crédito, ainda que prestados por entidade sindical a seus associados.**
>
> STJ. 1ª Turma. AREsp 654.401-SP, Rel. Min. Gurgel de Faria, julgado em 04/10/2018 (Info 638).

2ª Turma: NÃO

> **A Câmara de Dirigentes Lojistas é uma associação cujos serviços destinam-se a atender seus próprios sócios, os diretores de lojas, sem objetivo de lucro, mas visando a realização de seus objetivos, tal como previsto em seu estatuto.**
>
> **Assim, como o CDL realiza suas atividades sem fins lucrativos não está sujeito à incidência do ISS.**
>
> STJ. 2ª Turma. REsp 1338554/RS, Rel. Min. Humberto Martins, julgado em 07/05/2015.

7. CONTRIBUIÇÕES

7.1. A CSLL É CONSTITUCIONAL

CSLL

Contribuição Social sobre o Lucro Líquido (CSLL) é um tributo federal instituído pela Lei nº 7.689/88.

A Lei nº 7.689/88 foi fruto da MP 22/88.

Veja o que diz o art. 1º da Lei:

> § Art. 1º Fica instituída contribuição social sobre o lucro das pessoas jurídicas, destinada ao financiamento da seguridade social.

Fundamento constitucional

> § Art. 195. A seguridade social será financiada por toda a sociedade, de forma direta e indireta, nos termos da lei, mediante recursos provenientes dos orçamentos da União, dos Estados, do Distrito Federal e dos Municípios, e das seguintes contribuições sociais:
>
> I – do empregador, da empresa e da entidade a ela equiparada na forma da lei, incidentes sobre:
>
> (...)
>
> c) o lucro;

Características principais

- Tributo de competência da União;
- É tributo pessoal, direto, proporcional, complexivo e com finalidade fiscal;
- Fato gerador: é o lucro das pessoas jurídicas (por isso, é assemelhado ao imposto de renda);
- Base de cálculo: é o valor do resultado do exercício ("lucro líquido"), antes da provisão para o imposto de renda;
- Contribuintes: pessoas jurídicas domiciliadas no País e as que lhes são equiparadas pela legislação tributária.
- Lançamento: lançamento por homologação;
- Destinação: a arrecadação da CSLL é destinada ao financiamento da seguridade social;
- Aplicam-se à CSLL, no que couber, as disposições da legislação do imposto de renda referentes à administração, ao lançamento, à consulta, à cobrança, às penalidades, às garantias e ao processo administrativo.

Tão logo foi instituída a CSLL, iniciou-se uma discussão a respeito de sua constitucionalidade. Vários argumentos eram invocados, dentre eles, o de que tal contribuição somente poderia ter sido instituída por meio de lei complementar. Pergunta: o que decidiu o STF? A CSLL é constitucional?

SIM. O STF, ainda em 1992, decidiu que a CSLL é constitucional.

O Tribunal, contudo, fez uma ressalva e afirmou que o art. 8º da Lei nº 7.689/88 era inconstitucional. Isso porque a Lei nº 7.689/88 entrou em vigor em 16/12/1988 e o art. 8º dizia que seria possível cobrar o CSLL já no ano de 1989 com base no que a pessoa jurídica lucrou em 1988:

> § Art. 8º A contribuição social será devida a partir do resultado apurado no período-base a ser encerrado em 31 de dezembro de 1988.

Assim, esse art. 8º violou o princípio da irretroatividade, contido no art. 150, III, "a", da CF/88, "que proíbe que a lei que institui tributo tenha, como fato gerador deste, fato ocorrido antes do início da vigência dela"

(STF. Plenário. RE 146733, Rel. Min. Moreira Alves, julgado em 29/06/1992).

Em 2007, o STF, em sede de ADI, confirmou a constitucionalidade da CSLL: STF. Plenário. ADI 15, Rel. Min. Sepúlveda Pertence, julgado em 14/06/2007.

Lei nº 7.856/89

Em 25/09/1989, o Presidente da República publicou a MP 86/1989 (posteriormente convertida na Lei nº 7.856/89) prevendo que a partir do exercício financeiro de 1990, correspondente ao período-base de 1989, a alíquota da CSLL deveria passar para 10%.

O STF afirmou que essa alteração foi constitucional porque respeitou os 90 dias exigidos pelo art. 195, § 6º, da CF/88 (princípio da anterioridade nonagesimal ou anterioridade mitigada):

> §
>
> Art. 195 (...)
>
> § 6º As contribuições sociais de que trata este artigo só poderão ser exigidas após decorridos noventa dias da data da publicação da lei que as houver instituído ou modificado, não se lhes aplicando o disposto no art. 150, III, "b".

Isso porque entre 22/09/1989 até 01/01/1990 passaram-se mais que 90 dias. Veja:

> Tratando-se de lei de conversão da Medida Provisória nº 86, de 25 de setembro de 1989, da data da edição desta é que flui o prazo de noventa dias previsto no art. 195, § 6º, da CF, o qual, no caso, teve por termo final o dia 24 de dezembro do mesmo ano, possibilitando o cálculo do tributo, pela nova alíquota, sobre o lucro da recorrente, apurado no balanço do próprio exercício de 1989.
>
> STF. Plenário. RE 197790, Rel. Min. Ilmar Galvão, julgado em 19/02/1997.

Lei nº 7.988/89

Outra discussão envolvendo a CSLL foi decorrente da Lei nº 7.988/89.

O art. 1º, II, da Lei nº 7.988/89 ampliou a base de cálculo da CSLL.

O problema foi que a Lei nº 7.988/89 entrou em vigor em 29/12/1989 e disse que esse aumento já levaria em consideração o período-base de 1989.

O STF, então, decidiu que isso era inconstitucional porque violava a anterioridade nonagesimal anterioridade mitigada) consagrada no art. 195, § 6º, da CF/88.

Nesse sentido: STF. Plenário. RE 183119, Rel. Min. Ilmar Galvão, julgado em 20/11/1996.

Reafirmação desses entendimentos

Em 2018, o STF reafirmou os entendimentos acima explicados:

> **É constitucional a Contribuição Social Sobre o Lucro Líquido (CSLL), instituída pela Lei nº 7.689/88, sendo também constitucionais as majorações de alíquotas efetivadas pela Lei nº 7.856/89, por obedecerem à anterioridade nonagesimal.**
>
> **Por sua vez, a ampliação da base de cálculo, conforme o art. 1º, II, da Lei nº 7.988/89, a fim de se compatibilizar com a anterioridade nonagesimal, só pode ser efetivada a partir do ano base de 1990.**
>
> STF. Plenário. RE 211446 ED-ED/GO, Rel. Min. Luiz Fux, julgado em 20/9/2018 (Info 916).

7.2. O VALOR PAGO A TÍTULO DE ICMS NÃO DEVE SER INCLUÍDO NA BASE DE CÁLCULO DO PIS/PASEP E COFINS

Os chamados PIS e COFINS são duas diferentes "contribuições de seguridade social", instituídas pela União. Atualmente, o PIS é chamado de PIS/PASEP.

PIS/PASEP

O sentido histórico dessas duas siglas é o seguinte:

- PIS: Programa de Integração Social.
- PASEP: Programa de Formação do Patrimônio do Servidor Público.

O PIS e o PASEP foram criados separadamente, mas desde 1976 foram unificados e passaram a ser denominados de PIS/PASEP.

Segundo a Lei nº 10.637/2002, a contribuição para o PIS/Pasep incide sobre o total das receitas auferidas no mês pela pessoa jurídica, independentemente de sua denominação ou classificação contábil.

COFINS

Significa Contribuição para o Financiamento da Seguridade Social.

A COFINS (Contribuição para Financiamento da Seguridade Social) é uma espécie de tributo instituída pela Lei Complementar 70/91, nos termos do art. 195, I, "b", da CF/88.

A COFINS incide sobre o total das receitas auferidas no mês pela pessoa jurídica, independentemente de sua denominação ou classificação contábil (art. 1º da Lei nº 10.833/2003).

Imagine a seguinte situação hipotética:

A empresa "XX" (vendedora de mercadorias) é contribuinte de PIS/COFINS.

Com as mercadorias vendidas em maio, o total das receitas auferidas pela empresa no mês foi R$ 100 mil.

O fisco cobrou o PIS/PASEP e COFINS com base nesse valor (alíquota x 100 mil = tributo devido).

A empresa não concordou e afirmou que dos R$ 100 mil que ela recebeu, ficou apenas com R$ 75 mil, considerando que R$ 25 mil foram repassados ao Estado-membro a título de pagamento de ICMS.

Em suma, para a empresa, a quantia paga a título de ICMS não pode ser incluída na base de cálculo do PIS/PASEP e COFINS.

A tese da empresa foi acolhida pelo STF?

SIM. O ICMS não deve ser incluído na base de cálculo do PIS e da COFINS.

O Imposto sobre Circulação de Mercadorias e Serviços (ICMS) não compõe a base de cálculo para a incidência da contribuição para o PIS e a COFINS.

STF. Plenário. RE 574706/PR, Rel. Min. Cármen Lúcia, julgado em 15/3/2017 (repercussão geral) (Info 857).

A inclusão do ICMS na base de cálculo das referidas contribuições sociais leva ao inaceitável entendimento de que os sujeitos passivos desses tributos faturariam ICMS, o que não ocorre.

O ICMS apenas circula pela contabilidade da empresa, ou seja, tais valores entram no caixa (em razão do preço total pago pelo consumidor), mas não pertencem ao sujeito passivo, já que ele irá repassar ao Fisco. Em outras palavras, o montante de ICMS não se incorpora ao patrimônio do contribuinte porque tais valores são destinados aos cofres públicos dos Estados-Membros ou do DF.

Dessa forma, a parcela correspondente ao ICMS pago não tem natureza de faturamento (nem mesmo de receita), mas de simples ingresso de caixa. Por essa razão, não pode compor a base de cálculo da contribuição para o PIS ou a COFINS.

Qual a posição do STJ sobre o tema?

O STJ possuía entendimento consolidado em sentido contrário, mas, diante da decisão do STF em repercussão geral, teve que se curvar à posição do Supremo. Assim, o STJ decidiu que:

> **Em adequação ao entendimento do Supremo Tribunal Federal, o ICMS não compõe a base de cálculo para a incidência do PIS e da COFINS.**
>
> STJ. 1ª Turma. REsp 1.100.739-DF, Rel. Min. Sérgio Kukina, julgado em 27/02/2018 (Info 621).

Concursos

Penso que a explicação acima seja suficiente para a grande maioria dos concursos (Juiz, MP, Defensoria, Procuradoria etc.). No entanto, se você estuda para concursos fiscais, é importante ler o acórdão na íntegra para se aprofundar no tema.

7.3. É ILEGAL A DISCIPLINA DE CREDITAMENTO PREVISTA NAS INSTRUÇÕES NORMATIVAS DA SRF 247/2002 E 404/2004

Creditamento de PIS e COFINS

A legislação autoriza que, ao pagar o PIS e a COFINS, a pessoa jurídica possa "descontar" alguns créditos que ela vai adquirindo nas hipóteses previstas no art. 3º da Lei nº 10.637/2002 e art. 3º da Lei nº 10.833/2003. Veja:

Lei nº 10.637/2002 (PIS/PASEP)

§ Art. 3º Do valor apurado na forma do art. 2º *(valor da contribuição para o PIS/PASEP)* a pessoa jurídica poderá descontar créditos calculados em relação a:

I – bens adquiridos para revenda, exceto em relação às mercadorias e aos produtos referidos:

a) no inciso III do § 3º do art. 1º desta Lei; e

b) nos §§ 1º e 1º-A do art. 2º desta Lei;

II – bens e serviços, utilizados como insumo na prestação de serviços e na produção ou fabricação de bens ou produtos destinados à venda, inclusive combustíveis e lubrificantes, exceto em relação ao pagamento de que trata o art. 2º da Lei nº 10.485, de 3 de julho de 2002, devido pelo fabricante ou importador, ao concessionário, pela intermediação ou entrega dos veículos classificados nas posições 87.03 e 87.04 da TIPI;

(...)

Lei nº 10.833/2003 (COFINS)

§ Art. 3º Do valor apurado na forma do art. 2º *(valor da COFINS)* a pessoa jurídica poderá descontar créditos calculados em relação a:

I – bens adquiridos para revenda, exceto em relação às mercadorias e aos produtos referidos:

a) no inciso III do § 3º do art. 1º desta Lei; e

b) nos §§ 1º e 1º-A do art. 2º desta Lei;

II – bens e serviços, utilizados como insumo na prestação de serviços e na produção ou fabricação de bens ou produtos destinados à venda, inclusive combustíveis e lubrificantes, exceto em relação ao pagamento de que trata o art. 2º da Lei nº 10.485, de 3 de julho de

2002, devido pelo fabricante ou importador, ao concessionário, pela intermediação ou entrega dos veículos classificados nas posições 87.03 e 87.04 da Tipi;

(...)

Desse modo, a legislação autoriza que a pessoa jurídica abata do valor que irá pagar de PIS e COFINS algumas despesas que ela realizou com determinadas atividades consideradas essenciais para a sua atividade empresarial. Isso é chamado de "direito de creditamento de PIS e COFINS".

Uma dessas despesas que podem ser abatidas são os bens e serviços "utilizados como insumo".

Instruções normativas da SRF 247/2002 e 404/2004

A Receita Federal editou as Instruções Normativas 247/2002 e 404/2004 tratando sobre a Contribuição para o PIS/Pasep e a Contribuição para o Financiamento da Seguridade Social (Cofins).

Tais instruções deram uma definição muito restritiva para o que seja insumo.

STJ entendeu ilegal a definição de insumo das instruções normativas

A definição restritiva de insumo dada pela IN 247/2002 e pela IN 404/2004 violou o art. 3º, II, da Lei nº 10.637/2002 e do art. 3º, II, da Lei nº 10.833/2003, que contêm rol exemplificativo.

A conceituação de insumo prevista nas referidas leis está atrelada ao critério da essencialidade para a atividade econômica da empresa, de modo que devem ser considerados todos os bens e serviços que sejam pertinentes ou que viabilizem o processo produtivo, de forma que, se retirados, impossibilitariam ou, ao menos, diminuiriam o resultado final do produto.

Em resumo, a adequada compreensão de insumo, para efeito do creditamento relativo às contribuições usualmente denominadas PIS/COFINS, deve compreender todas as despesas diretas e indiretas do contribuinte, abrangendo, portanto, as que se referem à totalidade dos insumos, não sendo possível, no nível da produção, separar o que é essencial (por ser físico, por exemplo), do que seria acidental, em termos de produto final. Talvez acidentais sejam apenas certas circunstâncias do modo de ser dos seres, tais como a sua cor, o tamanho, a quantidade ou o peso das coisas, mas a essencialidade, quando se trata de produtos, possivelmente será tudo o que participa da sua formação.

Deste modo, a definição restritiva proposta pelas Instruções Normativas ns. 247/2002 e 404/2004, da Secretaria da Receita Federal – SRF, efetivamente não se concilia e mesmo afronta e desrespeita o comando contido no art. 3º, II, da Lei nº 10.637/2002 e no art. 3º, II, da Lei nº 10.833/2003, que explicitam rol exemplificativo.

TRIBUTÁRIO

A tese definida pelo STJ foi a seguinte:

É ilegal a disciplina de creditamento prevista nas Instruções Normativas da SRF ns. 247/2002 e 404/2004, porquanto compromete a eficácia do sistema de não-cumulatividade da contribuição ao PIS e da COFINS, tal como definido nas Leis ns. 10.637/2002 e 10.833/2003 e o conceito de insumo deve ser aferido à luz dos critérios de essencialidade ou relevância, ou seja, considerando-se a imprescindibilidade ou a importância de terminado item – bem ou serviço – para o desenvolvimento da atividade econômica desempenhada pelo Contribuinte.

STJ. 1ª Seção. REsp 1.221.170-PR, Rel. Min. Napoleão Nunes Maia Filho, julgado em 22/02/2018 (recurso repetitivo) (Info 624).

7.4. É LEGÍTIMA A MAJORAÇÃO DE ALÍQUOTA DO FINSOCIAL DEVIDO POR EMPRESA EXCLUSIVAMENTE PRESTADORA DE SERVIÇOS

FINSOCIAL

O FINSOCIAL era um tributo incidente sobre o faturamento das empresas. Segundo o STF, possuía natureza jurídica de imposto de competência residual da União.

O FINSOCIAL foi criado e era disciplinado pelo DL 1.940/82, tendo esta contribuição sido extinta pela LC 70/91, que instituiu a Cofins.

Dessa forma, o julgado ora comentado somente interessa às empresas que foram autuadas neste período e que estavam discutindo judicialmente a cobrança do tributo.

Lei nº 7.689/89

Em 1989, foi editada a Lei nº 7.738/89 que, em seu art. 28, aumentou a alíquota do FINSOCIAL. Veja:

> § Art. 28. Observado o disposto no art. 195, § 6º, da Constituição, as empresas públicas ou privadas, que realizam exclusivamente venda de serviços, calcularão a contribuição para o FINSOCIAL à alíquota de meio por cento sobre a receita bruta.

A empresa Sanoli – Indústria e Comércio de Alimentação Ltda. ajuizou ação ordinária contra a União com o objetivo de se eximir do pagamento do FINSOCIAL, ao argumento de que o tributo não teria sido recepcionado pela CF/88. Já que o FINSOCIAL não teria sido recepcionado pela CF/88, como consequência, o art. 28 da Lei nº 7.689/89 também seria inconstitucional.

Vale ressaltar que a empresa Sanoli reconheceu que o seu objeto social era a prestação de serviços.

O pedido da empresa foi acolhido pela jurisprudência do STF?

NÃO. O STF entendeu que o FINSOCIAL, antes de ser extinto pela LC 70/91, havia sido recepcionado pela CF/88 com a natureza jurídica de contribuição social, conforme o art. 195, I, CF/88.

Logo, não era necessária lei complementar para majorar as alíquotas, bastando lei ordinária.

Desse modo, o art. 28 da Lei nº 7.689/89 foi declarado constitucional pelo STF porque o FINSOCIAL se tratava de contribuição social que poderia ser disciplinada por lei ordinária.

Além disso, o STF reconheceu que esse art. 28 estava em harmonia com o art. 56 do ADCT da CF/88:

> § Art. 56. Até que a lei disponha sobre o art. 195, I, a arrecadação decorrente de, no mínimo, cinco dos seis décimos percentuais correspondentes à alíquota da contribuição de que trata o Decreto-Lei nº 1.940, de 25 de maio de 1982, alterada pelo Decreto-Lei nº 2.049, de 1º de agosto de 1983, pelo Decreto nº 91.236, de 8 de maio de 1985, e pela Lei nº 7.611, de 8 de julho de 1987, passa a integrar a receita da seguridade social, ressalvados, exclusivamente no exercício de 1988, os compromissos assumidos com programas e projetos em andamento.

Vale ressaltar que o STF, no julgamento do RE 187436, afirmou que:

- o FINSOCIAL não era mais devido no caso de empresas comerciais (compra e venda de mercadorias);
- por outro lado, o pagamento dessa Contribuição continuava sendo legítima em se tratando de empresas prestadoras de serviço.

Veja trecho da ementa do julgado:

"(...) As prestadoras de serviços, tais como as demais empresas, apenas estão compelidas a recolher o FINSOCIAL à base de meio por cento (...)"

STF. Plenário. RE 187436, Rel. Min. Marco Aurélio, julgado em 25/06/1997.

Desse modo, quanto às prestadoras de serviços, o Supremo declarou a constitucionalidade do art. 28 da Lei 7.738/89, sendo também constitucionais, em consequência, as majorações de alíquotas previstas em leis posteriores.

O STF reafirmou este entendimento no julgado divulgado neste Informativo 902 (RE 193924 ED-EDv/DF).

A empresa Sanoli se apresentou como prestadora de serviço quando ajuizou a ação ordinária e só nos embargos de declaração mudou a afirmação e sustentou ser uma empresa de natureza comercial.

O STF entendeu que, como a empresa se apresentou, no curso do processo, como prestadora de serviços, discutir, nesse momento processual – em embargos de divergência –, se sua natureza jurídica é outra seria inviável.

Assim, se uma empresa se autoqualifica como prestadora de serviços, a ela deverá ser aplicada a majoração de alíquota estabelecida para o cálculo da contribuição ao FINSOCIAL.

STF. Plenário. RE 193924 ED-EDv/DF, rel. Min. Edson Fachin, red. p/ o ac. Min. Alexandre de Moraes, julgado em 16/5/2018 (Info 902).

7.5. CONSTITUCIONALIDADE DA CONTRIBUIÇÃO ADICIONAL DE 2,5% SOBRE A FOLHA DE SALÁRIOS PARA AS INSTITUIÇÕES FINANCEIRAS (LEI 7.787/89)

Contribuição previdenciária

A contribuição previdenciária é uma espécie de tributo cujo montante arrecadado é destinado ao pagamento dos benefícios do RGPS (aposentadoria, auxílio-doença, pensão por morte etc.).

Existem duas espécies de contribuição previdenciária:

1ª) Paga pelo trabalhador e demais segurados do RGPS (art. 195, II);

2ª) Paga pelo empregador, empresa ou entidade equiparada (art. 195, I).

EC 20/98

Vale ressaltar que a redação atual do inciso I do art. 195 da CF/88 foi dada pela EC 20/98. Veja:

§ Art. 195. A seguridade social será financiada por toda a sociedade, de forma direta e indireta, nos termos da lei, mediante recursos provenientes dos orçamentos da União, dos Estados, do Distrito Federal e dos Municípios, e das seguintes contribuições sociais:

I – do empregador, da empresa e da entidade a ela equiparada na forma da lei, incidentes sobre:

a) a folha de salários e demais rendimentos do trabalho pagos ou creditados, a qualquer título, à pessoa física que lhe preste serviço, mesmo sem vínculo empregatício; (Incluído pela EC 20/98);

b) a receita ou o faturamento; (Incluído pela EC 20/98)

c) o lucro; (Incluído pela EC 20/98)

Lei nº 8.212/91

A Lei nº 8.212/91 trata sobre o custeio da Previdência Social e, no seu art. 22, regulamenta o art. 195, I, da CF/88:

> Art. 22. A contribuição a cargo da empresa, destinada à Seguridade Social, além do disposto no art. 23, é de:
>
> I – vinte por cento sobre o total das remunerações pagas, devidas ou creditadas a qualquer título, durante o mês, aos segurados empregados e trabalhadores avulsos que lhe prestem serviços, destinadas a retribuir o trabalho, qualquer que seja a sua forma, inclusive as gorjetas, os ganhos habituais sob a forma de utilidades e os adiantamentos decorrentes de reajuste salarial, quer pelos serviços efetivamente prestados, quer pelo tempo à disposição do empregador ou tomador de serviços, nos termos da lei ou do contrato ou, ainda, de convenção ou acordo coletivo de trabalho ou sentença normativa.

Valor adicional para o caso de instituições financeiras

Ocorre que a Lei nº 8.212/91 decidiu cobrar das instituições financeiras, além da contribuição de 20% prevista no art. 22, I, um "extra", um adicional de mais 2,5% incidente sobre a folha de salários, na forma do § 1º do art. 22, cuja redação é a seguinte:

> Art. 22 (...) § 1º No caso de bancos comerciais, bancos de investimentos, bancos de desenvolvimento, caixas econômicas, sociedades de crédito, financiamento e investimento, sociedades de crédito imobiliário, sociedades corretoras, distribuidoras de títulos e valores mobiliários, empresas de arrendamento mercantil, cooperativas de crédito, empresas de seguros privados e de capitalização, agentes autônomos de seguros privados e de crédito e entidades de previdência privada abertas e fechadas, além das contribuições referidas neste artigo e no art. 23, é devida a contribuição adicional de dois vírgula cinco por cento sobre a base de cálculo definida nos incisos I e III deste artigo.

Tese das instituições financeiras

As instituições financeiras questionaram a constitucionalidade do § 1º do art. 22 da Lei nº 8.212/91, afirmando que ele teria instituído uma nova contribuição previdenciária sem previsão no art. 195 da CF/88.

Além disso, sustentavam que a alíquota seria desarrazoada e ofenderia os princípios da isonomia, da capacidade contributiva e da equidade de forma de participação e custeio.

O STF concordou com a tese? O § 1º do art. 22 da Lei nº 8.212/91 é inconstitucional?

NÃO.

> É constitucional a previsão legal de diferenciação de alíquotas em relação às contribuições previdenciárias incidentes sobre a folha de salário de instituições financeiras ou de entidade a elas legalmente equiparáveis, após a edição da Emenda Constitucional 20/1998.
>
> STF. Plenário. RE 598572/SP, Rel. Min. Edson Fachin, julgado em 30/3/2016 (repercussão geral) (Info 819).

Segundo entendeu o STF, não houve a instituição de nova modalidade de contribuição, mas apenas de majoração de alíquota. Em outras palavras, o § 1º do art. 22 não criou uma nova contribuição ou fonte de custeio para a Previdência. Ele apenas previu uma alíquota diferenciada para as instituições financeiras. Logo, não há qualquer inconstitucionalidade sob o ponto de vista formal.

As instituições financeiras possuem maior capacidade produtiva, de forma que não há qualquer inconstitucionalidade na exigência de uma alíquota maior para que estas entidades contribuam para a manutenção do sistema de seguridade social. Dessa forma, não houve violação ao princípio da igualdade nem aos seus dois subprincípios: o da capacidade contributiva e o da equidade para manutenção do sistema de seguridade social.

Vale ressaltar que esta cobrança diferenciada foi autorizada expressamente no § 9º do art. 195 da CF/88 (que foi acrescentado no texto constitucional pela EC 20/98):

> §
>
> Art. 195 (...)
>
> § 9º As contribuições sociais previstas no inciso I do caput deste artigo poderão ter alíquotas ou bases de cálculo diferenciadas, em razão da atividade econômica, da utilização intensiva de mão-de obra, do porte da empresa ou da condição estrutural do mercado de trabalho.

Lei nº 7.787/89

Vimos acima que esta alíquota adicional de 2,5% foi prevista no § 1º do art. 22 da Lei nº 8.212/91.

Ocorre que, mesmo antes do § 1º do art. 22 da Lei nº 8.212/91, esta alíquota adicional já era prevista no § 2º do art. 3º da Lei nº 7.787/89.

Em outras palavras, a Lei nº 7.787/89, mesmo antes da Lei nº 8.212/91, já havia determinado que as instituições financeiras deveriam pagar um adicional de 2,5% sobre a folha de salários.

Conforme vimos, os bancos perderam a disputa judicial para questionar o § 1º do art. 22 da Lei nº 8.212/91. O STF julgou que essa previsão é constitucional e que foi editada de acordo com a EC 20/98 (STF. Plenário. RE 598572/SP, Rel. Min. Edson Fachin, julgado em 30/3/2016).

Já que haviam perdido a ação questionando o valor atualmente, as instituições financeiras resolveram impugnar a cobrança relativa ao período anterior à EC 20/98.

Alegaram que, antes da EC 20/98, não era possível o legislador estabelecer alíquotas diferenciadas para determinados contribuintes. Isso, na visão dos bancos, não teria autorização constitucional, o que só passou a existir com a EC 20/98.

Essa segunda tese dos bancos foi aceita pelo STF?

Também não.

O STF entendeu que o disposto na EC 20/98 se limitou a explicitar a autorização para que o legislador fixasse alíquotas diferenciadas, sem inovar no mundo jurídico. Em outras palavras, antes mesmo da emenda, já era permitida a fixação do adicional com base na capacidade contributiva e na equidade no custeio da seguridade. Portanto, em momento anterior à promulgação da citada emenda, já se colocava em prática o conceito de diversidade da base de financiamento da seguridade pública, cujo fundamento é a ideia de equidade, com base no princípio da solidariedade.

Logo, não houve aplicação retroativa da EC 20/98 nem "constitucionalização superveniente" do dispositivo legal atacado, já que ele não era inconstitucional antes da promulgação da EC 20/1998.

Observou que não cabe ao Judiciário, salvo em situações excepcionais, julgar se o legislador agiu acertada ou equivocadamente ao optar por determinada solução normativa.

Em suma:

É constitucional a contribuição adicional de 2,5% (dois e meio por cento) sobre a folha de salários instituída para as instituições financeiras e assemelhadas pelo art. 3º, § 2º, da Lei nº 7.787/89, ainda que considerado o período anterior à EC 20/98.

STF. Plenário. RE 599309/SP, Rel. Min. Ricardo Lewandowski, julgado em 6/6/2018 (repercussão geral) (Info 905).

7.6. INSTITUIÇÕES FINANCEIRAS E MAJORAÇÃO DE ALÍQUOTA DA COFINS

Lei nº 10.684/2003

O art. 18 da Lei nº 10.684/2003 aumentou de 3% para 4% a alíquota da COFINS para instituições financeiras.

Os bancos ingressaram com ações judiciais questionando a alteração, sob o argumento de que houve afronta ao art. 150, II, da CF/88, que impede a União, os Estados e os municípios de instituirem tratamento desigual entre contribuintes que se encontrem em situação equivalente:

> § Art. 150. Sem prejuízo de outras garantias asseguradas ao contribuinte, é vedado à União, aos Estados, ao Distrito Federal e aos Municípios:
>
> (...)
>
> II – instituir tratamento desigual entre contribuintes que se encontrem em situação equivalente, proibida qualquer distinção em razão de ocupação profissional ou função por eles exercida, independentemente da denominação jurídica dos rendimentos, títulos ou direitos;

Em outras palavras, como esse aumento da alíquota atingiu apenas as instituições financeiras, elas argumentaram que houve violação ao princípio da igualdade ou isonomia tributária (art. 150, II, da CF/88). Assim, a majoração promovida pela Lei nº 10.684/2003 seria inconstitucional.

O STF concordou com a tese exposta?

NÃO.

A alíquota diferenciada não viola o princípio constitucional da isonomia nem o da capacidade contributiva.

Desde a edição da EC 20/98, o art. 195, § 9º, do texto constitucional autoriza, expressamente, em relação às contribuições sociais previstas no art. 195, I, a adoção de alíquotas ou de bases de cálculo diferenciadas em razão, entre outros critérios, da atividade econômica desenvolvida pelo contribuinte:

> § Art. 195 (...)
>
> § 9º As contribuições sociais previstas no inciso I do caput deste artigo poderão ter alíquotas ou bases de cálculo diferenciadas, em razão da atividade econômica, da utilização intensiva de mão-de obra, do porte da empresa ou da condição estrutural do mercado de trabalho.

No âmbito tributário, a Constituição autoriza a adoção de medidas discriminativas. O objetivo disso é privilegiar ou onerar determinadas categorias, incentivar ou desestimular determinados comportamentos, ou, ainda, incrementar o desenvolvimento de certas regiões do País. A Constituição cria mecanismos para a promoção da igualdade em sentido material, portanto.

A imposição de alíquotas diferenciadas em razão da atividade econômica pode estar fundada nas funções fiscais ou extrafiscais da exação.

Se fundada na função fiscal, a distinção deve corresponder à capacidade contributiva; se embasada na extrafiscal, deve respeitar a proporcionalidade, a razoabilidade, bem como o postulado da vedação do excesso.

Em todo caso, a norma de desequiparação e o seu critério de discrímen (a atividade econômica) devem respeitar o conteúdo jurídico do princípio da igualdade.

O tratamento constante do art. 18 da Lei nº 10.684/2003 não viola o princípio da isonomia nem o da capacidade contributiva.

O próprio texto constitucional permite que o faturamento ou a receita sejam utilizados como um sinal de presunção de riqueza. Ambas as expressões são aptas, portanto, para receber tributação.

O art. 18 da Lei nº 10.684/2003 não pode ser considerado inconstitucional sob o argumento de que outro segmento econômico poderia ter maior capacidade contributiva em comparação com o setor financeiro. Embora o outro segmento também deva ter maior colaboração para o custeio da seguridade social, é imprescindível igualmente lembrar que a imposição de alíquotas diferenciadas (art. 195, § 9º) deve ser sopesada não apenas com a função fiscal da exação, mas também com suas finalidades extrafiscais constitucionalmente amparadas.

Além disso, o Poder Judiciário não pode, a pretexto de conceder tratamento em conformidade com o princípio da capacidade contributiva, excluir determinada pessoa jurídica, por razões meramente individuais, do âmbito de aplicação da alíquota majorada da COFINS prevista no dispositivo impugnado, sob pena de conceder privilégio odioso.

Por fim, tomando por base a função fiscal da COFINS, é proporcional e razoável que os contribuintes que exercem atividade econômica reveladora de grande capacidade contributiva contribuam mais para o custeio da seguridade social.

Em suma:

É constitucional a majoração diferenciada de alíquotas em relação às contribuições sociais incidentes sobre o faturamento ou a receita de instituições financeiras ou de entidades a elas legalmente equiparáveis.

STF. Plenário. RE 656089/MG, Rel. Min. Dias Toffoli, julgado em 6/6/2018 (repercussão geral) (Info 905).

7.7. PIS E ALTERAÇÃO DA BASE DE CÁLCULO PARA INSTITUIÇÃO FINANCEIRA

O art. 72, V, do ADCT

O art. 72, V, do ADCT prevê o seguinte:

§ Art. 72. Integram o Fundo Social de Emergência:

(...)

III – a parcela do produto da arrecadação resultante da elevação da alíquota da contribuição social sobre o lucro dos contribuintes a que se refere o § 1º do Art. 22 da Lei nº 8.212, de 24 de julho de 1991, a qual, nos exercícios financeiros de 1994 e 1995, bem assim no período de 1º de janeiro de 1996 a 30 de junho de 1997, passa a ser de trinta por cento, sujeita a alteração por lei ordinária, mantidas as demais normas da Lei nº 7.689, de 15 de dezembro de 1988;

(...)

V – a parcela do produto da arrecadação da contribuição de que trata a Lei Complementar nº 7, de 7 de setembro de 1970, devida pelas pessoas jurídicas a que se refere o inciso III deste artigo, a qual será calculada, nos exercícios financeiros de 1994 a 1995, bem assim nos períodos de 1º de janeiro de 1996 a 30 de junho de 1997 e de 1º de julho de 1997 a 31 de dezembro de 1999, mediante a aplicação da alíquota de setenta e cinco centésimos por cento, sujeita a alteração por lei ordinária posterior, sobre a receita bruta operacional, como definida na legislação do imposto sobre renda e proventos de qualquer natureza. (Redação dada pela EC nº 17/97)

Histórico

Esse inciso V do art. 72 foi incluído no ADCT pela Emenda Constitucional de Revisão nº 1, de 1994.

A ECR 1/1994 previu a cobrança do PIS, devido pelas instituições financeiras e equiparadas, com vigência restrita nos exercícios financeiros de 1994 e 1995, calculada mediante a aplicação da alíquota diferenciada de 0,75% sobre a receita bruta operacional.

Com a EC 10/1996 (de 4/3/1996), a cobrança da exação foi novamente instituída, mas com aplicação entre 1º de janeiro de 1996 a 30 de junho de 1997, mantida a alíquota, a qual passou a ser alterada por lei ordinária.

Posteriormente, a EC 17/1997 (de 22.11.1997) reinstituiu a contribuição, com incidência entre 1º de julho de 1997 a 31 de dezembro de 1999, preservadas as demais características da norma anterior.

LC 7/70

A contribuição de que trata a LC 7/70 é o Programa de Integração Social (PIS).

O que fez esse inciso V do art. 72?

A Emenda Constitucional de Revisão nº 1, de 1994, ao inserir o art. 72 no ADCT, elevou a alíquota do PIS de instituições financeiras e alterou a base de cálculo, que passou a ser a receita bruta operacional.

A mudança foi introduzida pela ECR nº 1/94 apenas para os exercícios financeiros de 1994 e 1995, e posteriormente estendida pelas Emendas Constitucionais nº 10/1996 e 17/1997 até o ano de 1999.

Em outras palavras, esse inciso V do art. 72 aumentou a base de cálculo e a alíquota do PIS cobrado de instituições financeiras entre os anos de 1994 a 1999.

Ações judiciais

Diversas instituições financeiras e equiparadas (ex: corretora de câmbio) ajuizaram ações judiciais questionando a constitucionalidade dessa cobrança.

Diversos pontos foram questionados. No entanto, o aspecto principal impugnado é que as instituições financeiras pediam que a incidência da contribuição se desse apenas sobre a receita de prestação de serviços, rendas de tarifas bancárias e outras receitas operacionais, e não sobre as receitas de intermediação financeira – exatamente as que são as principais atividades das instituições financeiras, como operações de crédito, de arrendamento mercantil, resultados de operações com títulos de valores mobiliários, câmbio, aplicações compulsórias, venda e transferência de ativos financeiros.

O que o STF decidiu sobre o tema?

São constitucionais a alíquota e a base de cálculo da contribuição ao Programa de Integração Social (PIS), previstas no art. 72, V, do Ato das Disposições Constitucionais Transitórias (ADCT), destinada à composição do Fundo Social de Emergência (FSE), nas redações da

Emenda Constitucional Revisional 1/1994 e das Emendas Constitucionais 10/1996 e 17/1997, observados os princípios da anterioridade nonagesimal e da irretroatividade tributária.

STF. Plenário. RE 578846/SP, Rel. Min. Dias Toffoli, julgado em 6/6/2018 (repercussão geral) (Info 905).

De início, o STF afirmou que deve ser aplicado o princípio da anterioridade nonagesimal à modificação, ainda que por emenda constitucional, de alíquota de contribuição. Em outras palavras, quando essa modificação entrou em vigor, foi necessário aguardar 90 dias para que ela produzisse efeitos.

Para o STF, as ECs 10/1996 e 17/1997 violaram os princípios da irretroatividade e da anterioridade nonagesimal. Não se trata de meras prorrogações de emendas anteriores, uma vez que houve a efetiva inovação do ordenamento jurídico nas reinstituições da contribuição ao PIS prevista no inciso V do art. 72 do ADCT, inclusive com aplicação retroativa.

Desse modo, o tributo não pode ser cobrado em relação a fatos geradores ocorridos antes do início da vigência de cada uma dessas emendas, respectivamente, nem antes de decorridos 90 dias de suas publicações.

Em seguida, foi analisada a alegação de inconstitucionalidade da MP 517/1994 (e suas reedições), convertida na Lei nº 9.701/98, por suposta violação ao art. 73 do ADCT, segundo o qual o Fundo Social de Emergência não pode ser regulado por medida provisória:

§ Art. 73. Na regulação do Fundo Social de Emergência não poderá ser utilizado o instrumento previsto no inciso V do art. 59 da Constituição.

Para o colegiado, o ato impugnado não regulou o fundo, nem modificou o conceito de receita bruta operacional mencionado no art. 72, V, do ADCT. Ao contrário, apenas dispôs sobre deduções e exclusões da base de cálculo da contribuição ao PIS, sem introduzir um novo conceito de receita.

Ademais, consignou ser válida a fixação de alíquota maior para as instituições financeiras e equiparadas, ausente violação ao princípio da isonomia.

O STF já firmou entendimento de que não viola o princípio da isonomia o estabelecimento de alíquotas e de bases de cálculo diferenciadas para essas pessoas jurídicas, em período anterior ou posterior à introdução do § 9º do art. 195 pela EC 20/98 (RE 235.036-5; e RE nº 598.572).

É válida a adoção de alíquota majorada para contribuintes que se encontrem em situações diversas, para fins de custeio da seguridade social. As pessoas jurídicas enquadradas no conceito de instituições financeiras auferem vultoso faturamento ou volumosa receita.

No mais, quanto à base de cálculo da contribuição, a ECR 1/1994 e suas sucessoras, no art. 72, V, do ADCT, cuidaram de estabelecer qual a base de cálculo da contribuição ao PIS – a receita bruta operacional conforme definida na legislação do imposto sobre a renda e proventos de qualquer natureza (IR). Para o STF, essa regulamentação infraconstitucional poderia ter sido feita validamente por medida provisória.

Por fim, o Tribunal decidiu que, no que tange às instituições financeiras e congêneres, a base de cálculo do PIS abrange:

a. as receitas da intermediação financeira, tais como as decorrentes de operações de câmbio e com títulos e valores mobiliários; e também

b. outras receitas operacionais, categoria em que se enquadram as receitas decorrentes da prestação de serviços e as advindas de tarifas bancárias.

7.8. COBRANÇA DO PASEP DAS EMPRESAS ESTATAIS E DO PIS DAS EMPRESAS PRIVADAS

PIS

PIS é a sigla para Programa de Integração Social, destinado a promover a integração do empregado na vida e no desenvolvimento das empresas.

Trata-se de uma contribuição social instituída pela LC 7/70 e cobrada pela União.

PASEP

PASEP é a sigla para Programa de Formação do Patrimônio do Servidor Público.

Também é uma contribuição social federal, instituída pela LC 8/70.

Empresas privadas: PIS / empresas estatais: PASEP

O art. 12 da LC 7/70 afirmou que os órgãos e entidades da Administração Pública (direta ou indireta), inclusive empresas públicas e sociedades de economia mista, não deveriam pagar PIS.

Por outro lado, o art. 3º da LC 8/70 determinou que as autarquias, fundações, empresas públicas e sociedades de economia mista deveriam pagar a contribuição para o PASEP.

Ocorre que a contribuição para o PIS é menor do que a contribuição para o PASEP.

Empresas estatais exploradoras de atividade econômica questionaram a diferenciação

As empresas públicas e as sociedades de economia mista exploradoras de atividade econômica começaram a questionar juridicamente essa diferença de tratamento.

Foi o caso, por exemplo, dos bancos estatais. Muitos deles têm natureza jurídica de empresa pública ou de sociedade de economia mista.

Nesse sentido, o agora extinto Banestado (Banco do Estado do Paraná) ajuizou mandado de segurança pedindo para pagar a mesma alíquota que era exigida quanto ao PIS, deixando de pagar a alíquota do PASEP.

Na época, o Banestado alegou que era uma empresa pública exploradora de atividade econômica e, nessa condição, deve receber o mesmo tratamento que é destinado a empresas privadas. Isso por força do art. 173, § 1º, II, da CF/88:

> § Art. 173. Ressalvados os casos previstos nesta Constituição, a exploração direta de atividade econômica pelo Estado só será permitida quando necessária aos imperativos da segurança nacional ou a relevante interesse coletivo, conforme definidos em lei.
>
> § 1º A lei estabelecerá o estatuto jurídico da empresa pública, da sociedade de economia mista e de suas subsidiárias que explorem atividade econômica de produção ou comercialização de bens ou de prestação de serviços, dispondo sobre:
>
> (...)
>
> II – a sujeição ao regime jurídico próprio das empresas privadas, inclusive quanto aos direitos e obrigações civis, comerciais, trabalhistas e tributários;

Desse modo, para o Banestado, esta situação ofende o art. 173, § 1º, II, da CF/88, que determina a equivalência de tratamento tributário entre as empresas privadas e as sociedades de economia mista, empresas públicas e suas respectivas subsidiárias exploradoras de atividade econômica.

A tese do Banestado foi acolhida pelo STF?

NÃO.

Não ofende o art. 173, § 1º, II, da Constituição Federal a escolha legislativa de reputar não equivalente a situação das empresas privadas com relação às sociedades de economia mista, às empresas públicas e suas respectivas subsidiárias exploradoras de atividade econômica, para fins de submissão ao regime tributário das contribuições para o Programa de Integração Social (PIS) e para o Programa de Formação do Patrimônio do Servidor Público (PASEP), à luz dos princípios da igualdade tributária e da seletividade no financiamento da Seguridade Social.

STF. Plenário. RE 577494/PR, Rel. Min. Edson Fachin, julgado em 13/12/2018 (repercussão geral) (Info 927).

A CF/88, ao conferir tratamento isonômico entre as empresas estatais exploradoras de atividade econômica e as empresas privadas, fez isso com o objetivo de proteger as empresas privadas, evitando que elas sofressem com uma concorrência desleal de empresas estatais.

Em outras palavras, o objetivo foi o de evitar que o "Estado-empresário" tivesse privilégios em relação aos particulares (STF ADI 1522).

Assim, nada impede que existam algumas diferenças de tratamento, desde que não se instituam privilégios em favor das empresas estatais.

Em suma, é válida a cobrança da contribuição para o PASEP das estatais, ao passo que as demais empresas privadas recolhem para o PIS, tributo patrimonialmente menos gravoso.

Não há inconstitucionalidade nessa diferenciação que justifique a apontada ofensa ao art. 173, § 1º, II, da CF/88, de modo que é legítima a escolha legislativa de reputar como não equivalente a situação das empresas privadas num cotejo com as estatais.

Observação final

O PIS e o PASEP foram criados separadamente, mas desde 1976 foram unificados e passaram a ser denominados de PIS/PASEP (art. 1º da LC 26/75).

7.9. NÃO DEVE HAVER MODULAÇÃO DE EFEITOS NA DECISÃO QUE DECLAROU QUE A CONTRIBUIÇÃO SOCIAL DO EMPREGADOR RURAL SOBRE A RECEITA BRUTA É CONSTITUCIONAL

Decisão do STF no RE 718874

O Plenário do STF, nos dias 29 e 30/3/2017, julgou o recurso extraordinário 718874, submetido à sistemática da repercussão geral, e fixou a seguinte tese:

É constitucional formal e materialmente a contribuição social do empregador rural pessoa física, instituída pela Lei nº 10.256/2001, incidente sobre a receita bruta obtida com a comercialização de sua produção.

STF. Plenário. RE 718874/RS, Rel. Orig. Min. Edson Fachin, red. p/ o ac. Min. Alexandre de Moraes, julgado em 29 e 30/3/2017 (repercussão geral) (Info 859).

Se você quiser relembrar os argumentos jurídicos que levaram à tese, peço que leia o Info 859 do STF.

Embargos de declaração

A decisão proferida pelo STF em março de 2017 produziu grandes impactos para os produtores rurais.

Diante disso, foram opostos 8 embargos de declaração, com efeitos modificativos, sob o argumento de que a decisão do STF no RE 718874/RS (março/2017) contrariaria outra decisão do próprio STF no RE 363852 (2010), quando o Supremo desobrigou o empregador rural de recolher ao Funrural sobre a receita bruta de sua comercialização.

Além disso, os produtores também alegaram que, em 12/09/2017, ou seja, após a decisão do STF no RE 718874/RS, o Senado Federal teria editado a Resolução 15/2017 suspendendo a execução dos dispositivos legais que garantiam a cobrança do Funrural, declarados inconstitucionais por decisão definitiva do STF no julgamento do RE 363852.

Veja o que disse o art. 1º da Resolução:

§ Art. 1º É suspensa, nos termos do art. 52, inciso X, da Constituição Federal, a execução do inciso VII do art. 12 da Lei nº 8.212, de 24 de julho de 1991, e a execução do art. 1º da Lei nº 8.540, de 22 de dezembro de 1992, que deu nova redação ao art. 12, inciso V, ao art. 25, incisos I e II, e ao art. 30, inciso IV, da Lei nº 8.212, de 24 de julho de 1991, todos com a redação atualizada até a Lei nº 9.528, de 10 de dezembro de 1997, declarados inconstitucionais por decisão definitiva proferida pelo Supremo Tribunal Federal nos autos do Recurso Extraordinário nº 363.852.

Os produtores pediram então, nos embargos de declaração, que a cobrança da contribuição ao fundo fosse suspensa.

Em caso negativo, pediram, subsidiariamente, a modulação de efeitos da decisão que considerou a cobrança constitucional, para definir a partir de quando deverá ser cobrada.

O STF acolheu os embargos de declaração?

NÃO. O STF rejeitou os embargos de declaração apresentados contra a decisão proferida no RE 718874, que reconheceu a constitucionalidade da cobrança da contribuição ao Fundo de Assistência ao Trabalhador Rural (Funrural) pelos empregadores rurais pessoas físicas.

A maioria dos Ministros concluiu não ter havido qualquer omissão, contradição ou obscuridade no julgamento questionado.

De acordo com o relator, Ministro Alexandre de Moraes, não houve, no julgamento do RE 718874, declaração de inconstitucionalidade da Lei nº 10.256/2001 ou alteração de jurisprudência que ensejasse a modulação dos efeitos.

"Uma eventual modulação feriria de forma absurda a boa-fé e segurança jurídica daqueles que há 17 anos vem contribuindo e cumprindo a lei", disse o Ministro Alexandre de Moraes.

Para o ministro, o que se pretende nos embargos é um novo julgamento do mérito.

No julgamento questionado (RE 718874), o STF analisou e afastou a aplicação do RE 363852 por entender que ele analisou o tema sob a ótica da legislação anterior sobre a matéria, e não da Lei que foi questionada no RE 718874.

A respeito do pedido de aplicação da Resolução 15/2017 do Senado Federal, o Ministro destacou que a norma não se refere à decisão proferida no RE 718874.

O art. 52, X, da Constituição Federal, só permite a suspensão de norma por parte do Senado quando esta for declarada inconstitucional pelo Supremo. No caso do RE 718874 foi o contrário, ou seja, o STF decidiu que a Lei nº 10.256/2001 é constitucional.

Na Resolução 15/2017, do Senado Federal, não se fala na Lei nº 10.256/2001.

Em suma:

O Plenário do STF decidiu que:

É constitucional formal e materialmente a contribuição social do empregador rural pessoa física, instituída pela Lei nº 10.256/2001, incidente sobre a receita bruta obtida com a comer-

cialização de sua produção (RE 718874/RS, red. p/ o ac. Min. Alexandre de Moraes, julgado em 29 e 30/3/2017. Repercussão geral. Info 859).

O STF rejeitou os embargos de declaração opostos contra esta decisão e declarou que o entendimento deve ser mantido mesmo após a edição da Resolução 15/2017 do Senado Federal. Além disso, o STF entendeu que não deveria haver modulação dos efeitos da decisão.

STF. Plenário. RE 718874 ED-primeiros a oitavos/RS, Rel. Min. Alexandre de Moraes, julgado em 23/5/2018 (Info 903).

8. DIREITO FINANCEIRO

É INCONSTITUCIONAL NORMA ESTADUAL QUE DESTINA RECURSOS DO FUNDO DE PARTICIPAÇÃO DOS ESTADOS PARA UM DETERMINADO FUNDO DE DESENVOLVIMENTO ECONÔMICO

Fundo de Participação dos Estados (FPE)

O Imposto de Renda (IR) e o Imposto sobre Produtos Industrializados (IPI) são dois tributos federais.

Apesar disso, o legislador constituinte determinou que parte da arrecadação desses dois impostos deveria ser repassada aos Estados a fim de auxiliar na manutenção desses entes.

Assim, um percentual dos valores arrecadados com o IR e com o IPI deverão ser repassados ao Fundo de Participação dos Estados (FPE). Isso está previsto no art. 159, I, "a", da CF/88:

§ Art. 159. A União entregará:

I – do produto da arrecadação dos impostos sobre renda e proventos de qualquer natureza e sobre produtos industrializados, 49% (quarenta e nove por cento), na seguinte forma:

a) vinte e um inteiros e cinco décimos por cento ao Fundo de Participação dos Estados e do Distrito Federal;

Obs: o Fundo de Participação dos Estados é um instrumento contábil utilizado para facilitar o repasse, permitindo uma melhor organização dos valores para que depois eles sejam repartidos entre os Estados. Para fins didáticos, você pode imaginar o FPE como sendo uma conta bancária onde o dinheiro é depositado para depois ser dividido entre os Estados, segundo critérios previstos na legislação.

Feito este esclarecimento prévio, vamos ao caso concreto:

A Constituição do Estado do Rio de Janeiro criou um "Fundo de Desenvolvimento Econômico", direcionado ao apoio e estímulo a projetos de investimentos industriais prioritários no Estado. Até aí, tudo bem.

O problema foi que a CE previu que, no mínimo, 10% dos recursos recebidos pelo Rio de Janeiro e provenientes do Fundo de Participação dos Estados (art. 159, I, "a", da CF/88) deveriam ser destinados para esse Fundo de Desenvolvimento Econômico.

Em outras palavras, existem recursos que o Estado recebe como transferências obrigatórias da União. A CE disse que parte desses recursos tem destino certo: irão para um Fundo de Desenvolvimento Econômico.

Essa previsão da CE é válida? É compatível com a CF/88?

NÃO. O STF entendeu que essa previsão viola o princípio da não-afetação dos impostos, previsto no art. 167, IV, da CF/88:

§ Art. 167. São vedados:

(...)

IV – a vinculação de receita de impostos a órgão, fundo ou despesa, ressalvadas a repartição do produto da arrecadação dos impostos a que se referem os arts. 158 e 159, a destinação de recursos para as ações e serviços públicos de saúde, para manutenção e desenvolvimento do ensino e para realização de atividades da administração tributária, como determinado, respectivamente, pelos arts. 198, § 2º, 212 e 37, XXII, e a prestação de garantias às operações de crédito por antecipação de receita, previstas no art. 165, § 8º, bem como o disposto no § 4º deste artigo;

Obs: alguns autores criticam a nomenclatura "princípio", afirmando que se trata, na verdade, de uma "regra". No entanto, é mais comum ainda encontrarmos nos livros a menção feita a "princípio".

Razão de ser

Leandro Paulsen explica que "a razão dessa vedação é resguardar a iniciativa do Poder Executivo, que, do contrário, poderia ficar absolutamente amarrado a destinações previamente estabelecidas por lei e, com isso, inviabilizado de apresentar proposta orçamentária apta à realização do programa de governo aprovado nas urnas" (*Curso de Direito Tributário completo.* 8ª ed., São Paulo: Saraiva, 2017, p. 154).

Em outras palavras, os impostos devem servir para custear o programa do governante eleito. Se a arrecadação dos impostos ficar vinculada a despesas específicas, o governo eleito não terá liberdade para definir as suas prioridades.

Só se refere a impostos

A vedação do art. 167, IV, da CF "diz respeito apenas a impostos, porque esta espécie tributária é vocacionada a angariar receitas para as despesas públicas em geral. As demais espécies tributárias têm a sua receita necessariamente afetada, mas não a qualquer órgão ou despesa, e sim ao que deu suporte a sua instituição. A contribuição de melhoria será afetada ao custeio da obra; a taxa, à manutenção do serviço ou atividade de polícia; a contribuição especial, à finalidade para a qual foi instituída; o empréstimo compulsório, também à finalidade que autorizou sua cobrança." (*idem*, p. 154).

Exceções

O princípio da não-afetação (ou não vinculação) preconiza que é proibida a vinculação da receita de impostos a órgão, fundo ou despesa.

Esse princípio (ou regra), contudo, não é absoluto e a própria Constituição Federal prevê exceções.

Vale ressaltar que as exceções elencadas no inciso IV do art. 167 são taxativas (*numerus clausus*), não admitindo outras hipóteses de vinculação.

Exceções ao princípio:

- Repartição constitucional dos impostos;
- Destinação de recursos para a saúde;
- Destinação de recursos para o desenvolvimento do ensino;
- Destinação de recursos para a atividade de administração tributária;
- Prestação de garantias para: i) operações de crédito por antecipação de receita; ii) a União (garantia e contragarantia); e iii) pagamento de débitos para com esta.

Voltando ao caso concreto:

O STF entendeu que a norma da CE/RJ afronta o inciso IV do art. 167 da CF/88, uma vez que se trata de "verba carimbada", com destinação vinculada, que não poderia ter finalidade alterada por meio da legislação estadual.

Em suma:

São inconstitucionais as normas que estabelecem vinculação de parcelas das receitas tributárias a órgãos, fundos ou despesas, por desrespeitarem a vedação contida no art. 167, IV, da Constituição Federal.

Caso concreto: STF julgou inconstitucional o art. 226, § 1º da Constituição do Estado do Rio de Janeiro, que criou o Fundo de Desenvolvimento Econômico e a ele destinou recursos provenientes do Fundo de Participação dos Estados.

STF. Plenário. ADI 553/RJ, Rel. Min. Cármen Lúcia, julgado em 13/6/2018 (Info 906).

LC 164/2018: ALTERA O ART. 23 DA LEI DE RESPONSABILIDADE FISCAL

Lei de Responsabilidade Fiscal (LRF)

A Lei Complementar nº 101/2000 estabelece normas de finanças públicas voltadas para a responsabilidade na gestão fiscal. Ela é popularmente conhecida como "Lei de Responsabilidade Fiscal".

Limites de gastos com pessoal

A LRF estabelece valores máximos que a União, os Estados/DF e os Municípios poderão gastar com despesas de pessoal (despesas com servidores públicos).

A Lei prevê esses limites por força de uma determinação contida no art. 169 da CF/88:

§ Art. 169. A despesa com pessoal ativo e inativo da União, dos Estados, do Distrito Federal e dos Municípios não poderá exceder os limites estabelecidos em lei complementar.

Quais são os limites previstos na LRF?

Tais limites estão fixados nos arts. 19 e 20 da LRF e podem ser assim resumidos:

UNIÃO	ESTADOS/DF	MUNICÍPIOS
Limite máximo de gastos: 50% da receita corrente líquida	Limite máximo de gastos: 60% da receita corrente líquida	Limite máximo de gastos: 60% da receita corrente líquida
Desse total de 50%, cada "Poder" só pode gastar até os seguintes limites: Executivo: 40,9% Legislativo (e TCU): 2,5% Judiciário: 6% MPU: 0,6%	Desse total de 60%, cada "Poder" só pode gastar até os seguintes limites: Executivo: 49% Legislativo (e TCE): 3% Judiciário: 6% MPE: 2%	Desse total de 60%, cada "Poder" só pode gastar até os seguintes limites: Executivo: 54% Legislativo (e TCM): 6% Judiciário: não tem aqui. MP: não tem aqui.

Veja que, para cada ente, há duas espécies de limites de gastos:

1. Limite máximo (limite total). Ex: no caso dos Municípios, o limite total é de 60% da RCL;

TRIBUTÁRIO

2. Limites individualizados para o Executivo, Legislativo etc. Exs: no caso dos Municípios, os limites individualizados são 54% para o Executivo ("Prefeitura") e 6% para o Legislativo ("Câmara Municipal").

Sanções

A Lei de Responsabilidade Fiscal prevê, em seu art. 23, caput e § 3º, que, se esses limites forem ultrapassados, os entes poderão sofrer determinadas sanções:

> § Art. 23. Se a despesa total com pessoal, do Poder ou órgão referido no art. 20, ultrapassar os limites definidos no mesmo artigo, sem prejuízo das medidas previstas no art. 22, o percentual excedente terá de ser eliminado nos dois quadrimestres seguintes, sendo pelo menos um terço no primeiro, adotando-se, entre outras, as providências previstas nos §§ 3º e 4º do art. 169 da Constituição.
>
> (...)
>
> § 3º Não alcançada a redução no prazo estabelecido, e enquanto perdurar o excesso, o ente não poderá:
>
> I – receber transferências voluntárias;
>
> II – obter garantia, direta ou indireta, de outro ente;
>
> III – contratar operações de crédito, ressalvadas as destinadas ao refinanciamento da dívida mobiliária e as que visem à redução das despesas com pessoal.

O que fez a LC 164/2018?

Acrescentou duas exceções à regra da punição, ou seja, duas hipóteses nas quais o Município, mesmo tendo descumprido o limite de gastos com pessoal, não receberá tais sanções.

Essas duas situações foram previstas no novo § 5º do art. 23:

> § Art. 23 (...)
>
> § 5º As restrições *(leia-se: sanções)* previstas no § 3º deste artigo não se aplicam ao Município em caso de queda de receita real superior a 10% (dez por cento), em comparação ao correspondente quadrimestre do exercício financeiro anterior, devido a:
>
> I – diminuição das transferências recebidas do Fundo de Participação dos Municípios decorrente de concessão de isenções tributárias pela União; e
>
> II – diminuição das receitas recebidas de royalties e participações especiais.

A LC 164/2018 também inseriu o § 6º prevendo o seguinte:

> § § 6º O disposto no § 5º deste artigo só se aplica caso a despesa total com pessoal do quadrimestre vigente não ultrapasse o limite percentual previsto no art. 19 desta Lei Complementar, considerada, para este cálculo, a receita corrente líquida do quadrimestre correspondente do ano anterior atualizada monetariamente.

Relembrando o que diz o art. 19, mencionado neste § 6º:

> § Art. 19. Para os fins do disposto no caput do art. 169 da Constituição, a despesa total com pessoal, em cada período de apuração e em cada ente da Federação, não poderá exceder os percentuais da receita corrente líquida, a seguir discriminados:
>
> I – União: 50% (cinquenta por cento);
>
> II – Estados: 60% (sessenta por cento);
>
> III – Municípios: 60% (sessenta por cento).

Resumindo:

Para que o Município fique livre das sanções administrativas aplicadas em caso de excesso nas despesas com pessoas, será necessário cumprir as seguintes condições cumulativas:

1) o Município deve ter tido, no quadrimestre, queda de receita real superior a 10%, em comparação com o correspondente quadrimestre do exercício anterior;

2) a referida queda de receita tenha decorrido:

a) de isenções fiscais concedidas pela União que levem à diminuição das transferências do Fundo de Participação dos Municípios (FPM) ou

b) da diminuição das receitas recebidas de royalties e participações especiais;

3) a despesa total com pessoal do Município (somando-se a da "Prefeitura"/Poder Executivo com a da "Câmara de Vereadores"/Legislativo), verificada no quadrimestre, não tenha ultrapassado o limite geral de 60% da Receita Corrente Líquida.

Tem uma informação importante a ser ressaltada mais uma vez porque talvez ainda não tenha ficado muito clara:

Somente serão beneficiados com esse novo § 5º do art. 23 os Municípios que respeitaram o limite máximo de 60%, mas que descumpriram um dos dois limites individualizados (ou o limite da "Prefeitura" ou o limite da "Câmara") em razão da queda real de arrecadação superior a 10%.

Ex: o Município X gastou 60% da RCL com pessoal, sendo que foram gastos 55% para o Executivo (Prefeitura) e 5% para o Legislativo (Câmara). Esse Município ultrapassou o limite individualizado da Prefeitura (que era de 54%), mas não superou o limite máximo (que é de 60%). Logo, em tese, a ele se aplica o § 5º do art. 23.

Ex2: o Município X gastou 61% da RCL com pessoal. Não importa que isso tenha ocorrido por queda de arrecadação. A ele não se aplica o § 5º do art. 23 porque não foi respeitado o art. 19 da Lei de Responsabilidade Fiscal, conforme exige o § 6º do art. 23.

Observações finais:

- A LC 164/2018 não flexibiliza (não dilata/não aumenta) o limite máximo previsto para despesas com pessoal dos Municípios (continua tendo que respeitar ao 60% da RCL);
- Assim, os Municípios que ultrapassarem o limite da despesa total com pessoal (60% da RCL), continuarão sofrendo as sanções previstas na LRF;
- Os municípios que romperem limites individuais de despesa com pessoal (Prefeitura ou Câmara) em razão de AUMENTOS de gastos continuam sujeitos às sanções da LRF. Ex: Município decidiu contratar mais funcionários. Isso porque o § 5º somente isenta das sanções se o desrespeito do limite individualizado decorreu de queda da receita oriunda do FPM ou dos royalties.

Vigência e eficácia

A LC 164/2018 entro em vigor na data de sua publicação (19/12/2018) e produz efeitos de 2019 em diante.

Fonte

Para entender melhor o tema, recomendo a leitura do substancioso estudo elaborado pelos Consultores de Orçamento e Fiscalização Financeira da Câmara dos Deputados Eugênio Greggianin e Graciano Rocha Mendes.

Disponível em:

http://www2.camara.leg.br/camaranoticias/anexos/566586_nota_tecnica_plp_270.pdf

Direito Previdenciário

1. AUXÍLIO-DOENÇA

Segurado não precisa estar incapacitado para todo e qualquer trabalho para ter direito ao auxílio-doença

Em que consiste o benefício

Auxílio-doença é...

- um benefício previdenciário
- pago, mensalmente, pelo INSS
- ao segurado do regime geral da previdência social (RGPS)
- que ficar incapacitado
- de exercer o seu trabalho ou a sua atividade habitual
- por mais de 15 dias consecutivos.

Assim, para que seja concedido o auxílio-doença é necessário que o segurado, após cumprida a carência, seja considerado incapaz temporariamente para o exercício de sua atividade laboral habitual.

Esse benefício encontra-se previsto nos arts. 59 a 63 da Lei nº 8.213/1991.

Perícia

Deve ser realizada uma perícia para se aferir a capacidade do segurado de exercer a sua função habitual.

A análise se restringirá em verificar se a doença ou lesão compromete (ou não) sua aptidão para desenvolver suas atividades laborais habituais.

Incapacidade não precisa ser para qualquer trabalho

Para a concessão de auxílio-doença não se exige comprovação de que o segurado esteja completamente incapaz para o exercício de qualquer trabalho, requisito este que só é necessário para a concessão de aposentadoria por invalidez.

Para a concessão do auxílio-doença, exige-se a incapacidade para exercício da atividade laboral habitual do segurado.

Exemplo:

João trabalhava como estivador (atividade braçal).

João está com enfermidade na coluna que o impede de exercer atividades físicas pesadas. Apesar disso, ele poderia, em tese, desempenhar atividades intelectuais.

Desse modo, João não está completamente incapaz para o exercício de qualquer trabalho (ele está incapacitado apenas para atividades físicas pesadas).

Mesmo assim, João terá direito ao auxílio-doença considerando que ele se encontra incapacitado para o exercício de sua atividade laboral habitual.

Reabilitação

Em situações assim, em que o segurado apresenta incapacidade para o exercício de sua atividade habitual, mas permanece com capacidade laboral para o desempenho de outras atividades, o trabalhador terá direito à concessão do benefício de auxílio-doença até ser reabilitado para o exercício de outra atividade compatível com a limitação laboral diagnosticada.

Em suma:

Não encontra previsão legal a exigência de comprovação de que o segurado esteja completamente incapaz para o exercício de qualquer trabalho para concessão do benefício de auxílio-doença.

STJ. 1ª Turma. REsp 1.474.476-SP, Rel. Min. Napoleão Nunes Maia Filho, julgado em 05/04/2018 (Info 623).

2. PENSÃO POR MORTE

BENEFICIÁRIOS

Em um regime de previdência, seja o regime geral (administrado pelo INSS), seja o regime próprio (destinado aos servidores públicos), quando falamos em "beneficiários da previdência", essa expressão abrange duas espécies: segurados e dependentes.

Segurados	Dependentes
São pessoas que, em razão de exercerem um trabalho, emprego ou cargo, ficam vinculadas diretamente ao Regime de Previdência.	São as pessoas que recebem uma proteção previdenciária pelo fato de terem uma relação com o segurado.
Estão vinculados diretamente ao Regime de Previdência.	Estão vinculados de forma reflexa, em razão da relação que possuem com o segurado.
Ex: o servidor público federal, em virtude do cargo por ele desempenhado, vincula-se ao regime próprio de previdência dos servidores federais.	Ex: a esposa do servidor público federal é beneficiária do regime previdenciário próprio na qualidade de dependente.

DEPENDENTES

O que são os dependentes para fins previdenciários?

Os dependentes são pessoas que, embora não contribuindo para a seguridade social, podem vir a receber benefícios previdenciários, em virtude de terem uma relação de afeto (cônjuge/companheiro) ou parentesco com o segurado.

Quais os benefícios que os dependentes receberão?

Quem define isso é a lei. Em geral, todos os regimes de previdência preveem a pensão por morte como um benefício que os dependentes recebem quando ocorre o falecimento do segurado.

É o segurado quem escolhe quem são seus dependentes para fins previdenciários?

NÃO. A relação dos dependentes é definida pela legislação previdenciária. Assim, não é o segurado quem os indica. É a própria lei quem já prevê taxativamente quem tem direito de ser considerado dependente (art. 16 da Lei nº 8.213/91).

Os dependentes precisam se cadastrar no INSS?

Somente no momento em que forem receber o benefício. Antes de terem direito ao benefício, os dependentes do segurado não se inscrevem na autarquia previdenciária.

Classes de dependentes:

A Lei divide os dependentes em três classes:

1ª CLASSE	**a.** Cônjuge **b.** Companheiro (hétero ou homoafetivo) **c.** Filho menor de 21 anos, desde que não tenha sido emancipado; **d.** Filho inválido (não importa a idade); **e.** Filho com deficiência intelectual ou mental ou deficiência grave (não importa a idade).	Para que recebam os benefícios previdenciários, os membros da 1ª classe NÃO precisam provar que eram dependentes economicamente do segurado (a dependência econômica é presumida pela lei).
2ª CLASSE	Pais do segurado.	Para que recebam os benefícios previdenciários, os membros da 2ª e 3ª classes PRECISAM provar que eram dependentes economicamente do segurado.
3ª CLASSE	**a.** Irmão menor de 21 anos, desde que não tenha sido emancipado; **b.** Irmão inválido (não importa a idade); **c.** Irmão com deficiência intelectual ou mental ou deficiência grave (não importa a idade).	

GUARDA

Concessão da guarda para pessoa diversa dos pais

A legislação prevê algumas hipóteses em que a criança ou o adolescente pode ser colocado sob a guarda de uma pessoa que não seja nem seu pai nem sua mãe.

A concessão da guarda é uma das formas de colocação do menor em família substituta, sendo concedida quando os pais não apresentarem condições de exercer, com plenitude, seus deveres inerentes ao poder familiar, seja por motivos temporários ou permanentes.

A concessão da guarda para terceiros implica, necessariamente, a perda do poder familiar pelos pais?

NÃO. A concessão da guarda, diferentemente da tutela, "não implica em destituição do poder familiar, mas sim, transfere a terceiros componentes de uma família substituta provisória a obrigação de cuidar da manutenção da integridade física e psíquica da criança e do adolescente." (ROSSATO, Luciano Alves; LÉPORE, Paulo Eduardo; CUNHA, Rogério Sanches. *Estatuto da Criança e do Adolescente*. Comentado artigo por artigo. 6. ed. São Paulo: RT, 2014, p. 187).

Hipóteses

Existem três hipóteses em que a guarda poderá ser deferida a outras pessoas que não sejam os pais da criança ou adolescente:

a. quando tramitar processo judicial para que a criança ou adolescente seja adotado ou tutelado, situação em que poderá ser colocado, liminar ou incidentalmente, sob a guarda do adotante ou tutor (art. 33, § 1º do ECA). Nesse caso, a guarda destina-se a regularizar juridicamente a situação de quem já está, na prática, cuidando do menor. O ECA fala que a guarda "destina-se a regularizar a posse de fato";

b. quando essa transferência da guarda for necessária para atender a situações peculiares ou para suprir a falta eventual dos pais ou responsável (art. 33, § 2º do ECA). Ex: pais irão fazer uma longa viagem para o exterior, ficando a criança no Brasil;

c. quando o juiz verificar que nem o pai nem a mãe estão cumprindo adequadamente o dever de guarda do filho, situação em que deferirá a guarda à pessoa que revele compatibilidade com a natureza da medida, considerados, de preferência, o grau de parentesco e as relações de afinidade e afetividade (art. 1.584, § 5º do CC).

Responsabilidades do guardião

A pessoa que recebe a guarda, chamada de "guardião" (ou "detentor da guarda"), tem a obrigação de prestar assistência material, moral e educacional à criança ou adolescente.

O guardião, no exercício de suas responsabilidades inerentes à guarda, tem o direito de fazer prevalecer suas decisões em relação ao menor, podendo, para isso, opor-se em relação a terceiros, inclusive aos próprios pais da criança ou adolescente (art. 33, *caput*, do ECA).

GUARDA E EFEITOS PREVIDENCIÁRIOS

A criança ou adolescente que está sob guarda é considerada dependente do guardião?

Para responder a esta pergunta é necessário fazer um histórico da legislação.

Lei 8.069/90

Em 1990, foi editado o Estatuto da Criança e do Adolescente (Lei nº 8.069/90) prevendo que sim. Veja o que estabelece o § 3º do art. 33 do ECA:

> § 3º A guarda confere à criança ou adolescente a condição de dependente, para todos os fins e efeitos de direito, inclusive previdenciários.

Redação original da Lei 8.213/91

Em 1991, foi publicada a Lei nº 8.213/91, que trata sobre os Planos de Benefícios do Regime Geral de Previdência Social (RGPS). Essa Lei elencou, em seu art. 16, quem seriam as pessoas consideradas dependentes dos segurados. O § 2º do art. 16 previu que o menor que estivesse sob guarda judicial deveria ser equiparado a filho e, portanto, considerado como dependente do segurado.

Em outras palavras, a redação original da Lei nº 8.213/91 dizia que o menor sob guarda era considerado dependente previdenciário do guardião.

MP 1.523/96 e Lei 9.528/97

Em 1996, foi editada a MP 1.523/96, que alterou a redação do § 2º do art. 16 da Lei nº 8.213/91 e excluiu o menor sob guarda do rol de dependentes.

A justificativa dada para esta alteração foi a de que estavam ocorrendo muitas fraudes. O avô(ó), já aposentado, obtinha a guarda de seu neto(a) apenas para, no futuro, deixar para ele(a) pensão por morte, quando falecesse. A criança continuava morando com seus pais e esta guarda era obtida apenas para fins previdenciários. Dessa forma, a intenção do Governo foi a de acabar com os efeitos previdenciários da guarda.

A referida MP foi, posteriormente, convertida na Lei nº 9.528/97.

ECA não foi alterado, o que gerou polêmica

Ocorre que o legislador alterou a Lei nº 8.213/91, mas não modificou o § 3º do art. 33 do ECA.

Assim, os advogados continuaram defendendo a tese de que o menor sob guarda permanece com direitos previdenciários por força do ECA.

O INSS, por sua vez, argumentava que o art. 33, § 3º do ECA foi derrogado implicitamente pela Lei nº 9.528/97. Segundo a autarquia, a Lei nº 8.213/91, com redação dada pela Lei nº 9.528/97, é lei posterior e mais especial do que o ECA. Assim, no conflito entre a atual redação do art. 16 da Lei nº 8.213/91 e o art. 33, § 3º da Lei nº 8.069/90 deveria prevalecer o primeiro diploma, ante a natureza específica da norma previdenciária.

A jurisprudência oscilava, ora em um sentido, ora em outro. A questão, no entanto, foi agora pacificada pela Corte Especial do STJ.

A criança ou adolescente que está sob guarda é considerada dependente do guardião? A guarda confere direitos previdenciários à criança ou adolescente? Se o guardião falecer, a criança ou adolescente que estava sob sua guarda poderá ter direito à pensão por morte?

SIM.

Ao menor sob guarda deve ser assegurado o direito ao benefício da pensão por morte mesmo se o falecimento se deu após a modificação legislativa promovida pela Lei nº 9.528/97 na Lei nº 8.213/91.

O art. 33, § 3º do ECA deve prevalecer sobre a modificação legislativa promovida na lei geral da Previdência Social, em homenagem ao princípio da proteção integral e preferência da criança e do adolescente (art. 227 da CF/88).

STJ. Corte Especial. EREsp 1141788/RS, Min. Rel. João Otávio de Noronha, julgado em 07/12/2016.

O ECA não é uma simples lei, uma vez que representa política pública de proteção à criança e ao adolescente, verdadeiro cumprimento do mandamento previsto no art. 227 da CF/88.

Não é dado ao intérprete atribuir à norma jurídica conteúdo que atente contra a dignidade da pessoa humana e, consequentemente, contra o princípio de proteção integral e preferencial a crianças e adolescentes, já que esses postulados são a base do Estado Democrático de Direito e devem orientar a interpretação de todo o ordenamento jurídico.

Desse modo, embora a lei previdenciária seja norma específica da previdência social, não menos certo é que a criança e adolescente contam com proteção de norma específica que confere ao menor sob guarda a condição de dependente para todos os efeitos, inclusive previdenciários. Logo, prevalece a previsão do ECA trazida pelo art. 33, § 3º, mesmo sendo anterior à lei previdenciária.

Este entendimento vale também para o Regime Próprio de Previdência Social?

SIM.

> **O menor sob guarda tem direito à concessão do benefício de pensão por morte do seu mantenedor, comprovada sua dependência econômica, nos termos do art. 33, § 3º do Estatuto da Criança e do Adolescente, ainda que o óbito do instituidor da pensão seja posterior à vigência da Medida Provisória 1.523/96, reeditada e convertida na Lei nº 9.528/97. Funda-se essa conclusão na qualidade de lei especial do Estatuto da Criança e do Adolescente (8.069/90), frente à legislação previdenciária.**
>
> STJ. 1ª Seção. REsp 1.411.258-RS, Rel. Min. Napoleão Nunes Maia Filho, julgado em 11/10/2017 (recurso repetitivo) (Info 619).

Veja outros precedentes no mesmo sentido:

(...) 1. O menor sob guarda judicial de servidor público do qual dependa economicamente no momento do falecimento do responsável tem direito à pensão temporária de que trata o art. 217, II, b, da Lei 8.112/90.

2. O art. 5º da Lei 9.717/98 deve ser interpretado em conformidade com o princípio constitucional da proteção integral à criança e ao adolescente (CF, art. 227), como consectário do princípio fundamental da dignidade humana e base do Estado Democrático de Direito, bem assim com o Estatuto da Criança e do Adolescente (Lei 8.069/90, art. 33, § 3º). (...)

STJ. Corte Especial. MS 20.589/DF, Rel. Min. Raul Araújo, julgado em 03/06/2015.

(...) 1. Caso em que se discute a possibilidade de assegurar benefício de pensão por morte a menor sob guarda judicial, em face da prevalência do disposto no artigo 33, § 3º, do Estatuto da Criança e do Adolescente – ECA, sobre norma previdenciária de natureza específica.

2. Os direitos fundamentais da criança e do adolescente têm seu campo de incidência amparado pelo status de prioridade absoluta, requerendo, assim, uma hermenêutica própria comprometida com as regras protetivas estabelecidas na Constituição Federal e no Estatuto da Criança e do Adolescente.

3. A Lei 8.069/90 representa política pública de proteção à criança e ao adolescente, verdadeiro cumprimento da ordem constitucional, haja vista o artigo 227 da Constituição Federal de 1988 dispor que é dever do Estado assegurar com absoluta prioridade à criança e ao adolescente o direito à vida, à saúde, à alimentação, à educação, ao lazer, à profissionalização, à cultura, à dignidade, ao respeito, à liberdade e à convivência familiar e comunitária, além de colocá – los a salvo de toda forma de negligência, discriminação, exploração, violência, crueldade e opressão.

4. Não é dado ao intérprete atribuir à norma jurídica conteúdo que atente contra a dignidade da pessoa humana e, consequentemente, contra o princípio de proteção integral e preferencial a crianças e adolescentes, já que esses postulados são a base do Estado Democrático de Direito e devem orientar a interpretação de todo o ordenamento jurídico.

5. Embora a lei complementar estadual previdenciária do Estado de Mato Grosso seja lei específica da previdência social, não menos certo é que a criança e adolescente tem norma específica, o Estatuto da Criança e do Adolescente que confere ao menor sob guarda a condição de dependente para todos os efeitos, inclusive previdenciários (art. 33, § 3º,

Lei nº 8.069/90), norma que representa a política de proteção ao menor, embasada na Constituição Federal que estabelece o dever do poder público e da sociedade na proteção da criança e do adolescente (art. 227, caput, e § 3º, inciso II). (...)

STJ. 1ª Seção. RMS 36.034/MT, Rel. Min. Benedito Gonçalves, julgado em 26/02/2014.

Exemplo:

João, avô de Beatriz, de 10 anos, tem a guarda de sua neta, concedida judicialmente.

Vale ressaltar que João é servidor público do Estado do Mato Grosso.

O Estatuto dos Servidores Públicos do Estado de Mato Grosso, editado em 2004, traz, em seu art. 245, a relação das pessoas que podem ser consideradas dependentes dos servidores.

O art. 245 não incluiu no rol de dependentes para fins previdenciários o menor sob guarda.

João morreu. Beatriz terá direito à pensão por morte.

Se ocorrer o óbito do segurado de regime previdenciário que seja detentor da guarda judicial de criança ou adolescente, será assegurado o benefício da pensão por morte ao menor sob guarda, ainda que este não tenha sido incluído no rol de dependentes previsto na lei previdenciária aplicável.

3. TEMAS DIVERSOS

3.1. AUXÍLIO-RECLUSÃO

Se o segurado estava desempregado no momento da prisão, ele é considerado de baixa renda, independentemente do último salário de contribuição

Em que consiste o auxílio-reclusão?

- O auxílio-reclusão é um benefício previdenciário
- pago aos dependentes do segurado que for preso
- desde que ele (segurado) tenha baixa renda
- não receba remuneração da empresa durante a prisão
- nem esteja em gozo de auxílio-doença, de aposentadoria ou de abono de permanência.

Atenção:

Se o segurado preso estiver recebendo auxílio-acidente, pensão por morte ou salário-maternidade, ainda assim seus dependentes poderão ter direito ao auxílio-reclusão. Isso porque a lei, por uma falha, não proibiu o pagamento nesses casos.

Beneficiários:

Chamo atenção novamente para o fato de que o auxílio-reclusão é um benefício pago aos dependentes do segurado preso. Quem recebe o dinheiro são os dependentes (mulher, filhos menores etc.) e não o preso.

Para receber o auxílio-reclusão, os dependentes do segurado precisam ter baixa renda?

NÃO. Trata-se de mais uma "pegadinha". Segundo o art. 201, IV, da CF/88, para que seja pago o auxílio-reclusão, quem deve ter baixa renda é o segurado preso, não importando a renda dos dependentes. Isso não tem lógica, sendo muito criticado pela doutrina porque o benefício não é pago ao preso, mas sim aos seus dependentes. Eles é que deveriam ser pobres. Apesar disso, foi dessa forma que o legislador constituinte tratou do tema e o STF afirmou que é assim mesmo:

(...) O Supremo Tribunal Federal, no julgamento do RE 387.265/SC, sob o regime da repercussão geral, consolidou entendimento no sentido de que a renda a ser considerada para a concessão do auxílio-reclusão é a do segurado de baixa renda, e não a dos seus dependentes. (...)

(STF. 2ª Turma. RE 580391 AgR, Rel. Min. Teori Zavascki, julgado em 27/08/2013)

Não se confunda:

- Quem recebe o benefício: os dependentes do segurado.
- Quem precisa ter baixa renda para o benefício ser pago: o segurado preso.

Qual valor é considerado baixa renda para fins de pagamento do auxílio-reclusão?

A EC 20/98, que alterou o art. 201, IV, da CF/88 previu que, até que a lei discipline o auxílio-reclusão, esse benefício será concedido apenas àqueles que tenham renda bruta mensal igual ou inferior a R$ 360,00, valor esse que deverá ser corrigido pelos mesmos índices aplicados aos benefícios do regime geral de previdência social (art. 13 da Emenda).

Em outras palavras, a EC determinou que a lei estabelecesse um critério para definir o que é "baixa renda". Enquanto a lei não fizer isso, o Governo deverá atualizar todos os anos o valor, que começou em R$ 360,00.

Até hoje, essa lei não existe. Logo, todos os anos é publicada uma Portaria, assinada pelo Ministro da Fazenda, atualizando o valor.

Para o ano de 2018, o valor foi atualizado para R$ 1.319,18 (Portaria MF nº 15, de 16 de janeiro de 2018). Assim, o auxílio-reclusão somente será pago se o último salário de contribuição do segurado antes de ser preso era igual ou inferior a essa quantia.

Até aqui, tudo bem. Vamos agora dificultar um pouco:

Esse teto atualizado todos os anos é absoluto ou pode ser relativizado? Se o valor do salário de contribuição superar um pouco esse limite, mesmo assim poderá ser concedido o benefício? Ex: João foi preso em 2018 e, nesta data, seu salário de contribuição era de R$ 1.330,00; seus familiares podem receber o auxílio-reclusão?

SIM. O STJ recentemente decidiu que é possível a concessão de auxílio-reclusão aos dependentes do segurado que recebia salário de contribuição pouco superior ao limite estabelecido como critério de baixa renda pela legislação da época de seu encarceramento.

Assim, é possível a concessão do auxílio-reclusão quando o caso concreto revelar a necessidade de proteção social, permitindo ao julgador a flexibilização do critério econômico para deferimento do benefício pleiteado, ainda que o salário de contribuição do segurado supere o valor legalmente fixado como critério de baixa renda no momento de sua reclusão.

Com bem assentado pelo Ministro Relator, "a análise de questões previdenciárias requer do Magistrado uma compreensão mais ampla, ancorada nas raízes axiológicas dos direitos fundamentais, a fim de que a aplicação da norma alcance a proteção social almejada."

(STJ. 2ª Tuma. REsp 1.479.564-SP, Rel. Min. Napoleão Nunes Maia Filho, julgado em 6/11/2014. Info 552).

Se o segurado, no momento em que foi preso, estava desempregado, a Portaria determina que será considerado como critério para "baixa renda" o seu último salário de contribuição (referente ao último trabalho). Ex: João foi preso em 2018, momento em que estava desempregado; seu último salário de contribuição era de R$ 3.000,00; pela Portaria, mesmo João estando desempregado, não poderia ser considerado de baixa renda e seus familiares não teriam direito

ao benefício. O STJ concordou com essa previsão da Portaria? Esse critério do último salário de contribuição para o segurado preso desempregado é válido?

NÃO. Na análise de concessão do auxílio-reclusão, o fato de o recluso que mantenha a condição de segurado pelo RGPS estar desempregado ou sem renda no momento em que foi preso demonstra que ele tinha "baixa renda", independentemente do valor do último salário de contribuição.

O critério econômico da renda deve ser aferido no momento da reclusão, pois é nele que os dependentes sofrem o baque da perda do provedor. Se, nesse instante, o segurado estava desempregado, presume-se que se encontrava em baixa renda, sendo, portanto, devido o benefício a seus dependentes.

Os requisitos para a concessão do benefício devem ser verificados no momento do recolhimento à prisão, em observância ao princípio *tempus regit actum*.

O tema foi apreciado pelo STJ em sede de recurso repetitivo, tendo sido fixada a seguinte tese:

> **Para a concessão de auxílio-reclusão (art. 80 da Lei nº 8.213/91), o critério de aferição de renda do segurado que não exerce atividade laboral remunerada no momento do recolhimento à prisão é a ausência de renda, e não o último salário de contribuição.**
>
> STJ. 1ª Seção. REsp 1.485.417-MS, Rel. Min. Herman Benjamin, julgado em 22/11/2017 (recurso repetitivo) (Info 618).

3.2. AUXÍLIO-ACIDENTE

O SEGURADO ESPECIAL TEM DIREITO AO AUXÍLIO-ACIDENTE SEM PRECISAR COMPROVAR O RECOLHIMENTO DE CONTRIBUIÇÃO COMO SEGURADO FACULTATIVO

O que é o auxílio-acidente?

- É um benefício previdenciário pago ao segurado que
- sofreu um acidente de qualquer natureza (não precisa ser acidente do trabalho),
- ficou com sequelas e,
- por conta disso,
- continua laborando,
- mas ficou com a capacidade de trabalho reduzida para a atividade que habitualmente exercia.

Veja o conceito previsto na Lei nº 8.213/91:

> § Art. 86. O auxílio-acidente será concedido, como indenização, ao segurado quando, após consolidação das lesões decorrentes de acidente de qualquer natureza, resultarem sequelas que impliquem redução da capacidade para o trabalho que habitualmente exercia. (Redação dada pela Lei nº 9.528/97)

O auxílio-acidente é um valor a mais, pago pela Previdência Social, como forma de indenizar o segurado pelas sequelas que ele passou a apresentar em decorrência do acidente sofrido. A pessoa em gozo de auxílio-acidente continua recebendo, portanto, o seu salário.

Assim, ao contrário da aposentadoria por invalidez ou do auxílio-doença, o auxílio-acidente não substitui a remuneração do segurado, sendo ao contrário um *plus*, um valor extra.

Segurado especial

O segurado especial é a única espécie de segurado que é definida pela própria CF/88:

§ Art. 195 (...) § 8º O produtor, o parceiro, o meeiro e o arrendatário rurais e o pescador artesanal, bem como os respectivos cônjuges, que exerçam suas atividades em regime de economia familiar, sem empregados permanentes, contribuirão para a seguridade social mediante a aplicação de uma alíquota sobre o resultado da comercialização da produção e farão jus aos benefícios nos termos da lei. (Redação dada pela EC 20/98)

O legislador infraconstitucional denominou o segurado previsto no § 8º do art. 195 da CF/88 de "segurado especial" e regulamentou este dispositivo trazendo uma definição mais detalhada do que seja esta espécie de segurado. Isso se encontra no art. 12, VII, da Lei nº 8.212/91 (art. 11. VII, da Lei nº 8.213/91).

Resumo das características principais do segurado especial:

Atividades desempenhadas:

O segurado especial pode ser de quatro espécies:

1. Produtor rural que explore atividade agropecuária em área de até 4 módulos fiscais;
2. Produtor rural que explore atividade de seringueiro ou extrativista vegetal (não importa o tamanho da área);
3. Pessoa que trabalhe como pescador artesanal ou assemelhado, sendo a pesca a sua profissão habitual ou principal meio de vida;
4. Cônjuge, companheiro, filho (ou equiparado) maior de 16 anos de idade, de uma das pessoas listadas nos números 1 a 3 acima e que, comprovadamente, trabalhe com o grupo familiar respectivo.

Produtor rural pode ou não ser o dono da terra: o segurado especial que for produtor rural pode ser proprietário da terra trabalhada ou então usufrutuário, possuidor, assentado, parceiro ou meeiro outorgados, comodatário ou arrendatário rurais.

Imóvel rural: para ser segurado especial, a pessoa deverá residir em imóvel rural ou próximo a ele.

Economia familiar: o segurado especial deve exercer suas atividades individualmente ou em regime de economia familiar.

Entende-se como regime de economia familiar a atividade em que o trabalho dos membros da família é indispensável à própria subsistência e ao desenvolvimento socioeconômico do núcleo familiar e é exercido em condições de mútua dependência e colaboração, sem a utilização de empregados permanentes (art. 9º, § 5º, do RPS).

Sem empregados permanentes: o segurado especial não pode ter empregados permanentes (mas pode ter o auxílio eventual de terceiros).

Como regra, se a pessoa, mesmo atendendo às características acima expostas, possuir outra fonte de rendimento, ela não poderá ser enquadrada como segurado especial. Essa regra (e as exceções) estão previstas no § 9º do art. 11, da Lei nº 8.213/91 (art. 9º, § 8º, do Decreto nº 3.048/99).

Auxílio-acidente e segurado especial

A redação original do art. 39 da Lei nº 8.213/91 previa o seguinte:

§ Art. 39. Para os segurados especiais, referidos no inciso VII do art. 11 desta Lei, fica garantida a concessão:

I – de aposentadoria por idade ou por invalidez, de auxílio-doença, de auxílio-reclusão ou de pensão, no valor de 1 (um) salário mínimo, desde que comprove o exercício de atividade rural, ainda que de forma descontínua, no período, imediatamente anterior ao requerimento do benefício, igual ao número de meses correspondentes à carência do benefício requerido; ou

II – dos benefícios especificados nesta Lei, observados os critérios e a forma de cálculo estabelecidos, desde que contribuam facultativamente para a Previdência Social, na forma estipulada no Plano de Custeio da Seguridade Social.

Conclusões decorrentes desse art. 39:

- O segurado especial tem direito à aposentadoria por idade, aposentadoria por invalidez, auxílio-doença, auxílio-reclusão e pensão por morte no valor de 1 salário-mínimo. Fundamento: inciso I.
- Viram que o inciso I fala que todos os benefícios do segurado especial serão sempre no valor de 1 salário-mínimo. O inciso II, contudo, abre a possibilidade de o segurado especial ter benefícios previdenciários com renda mensal superior a 1 salário-mínimo. No entanto, para isso, é necessário que o segurado especial pague contribuições como segurado facultativo. Neste caso, ele poderá ter direito, inclusive, à aposentadoria por tempo de contribuição, o que não é previsto no inciso I.

Até aqui, tudo bem. Sem polêmica.

A dúvida que havia era a seguinte: o inciso I não menciona o auxílio-acidente. Diante disso, havia uma interpretação restritiva defendendo que o segurado especial não tinha direito ao auxílio--acidente, a não ser que decidisse fazer recolhimentos como segurado facultativo.

Essa tese restritiva foi acolhida pelo STJ? Para ter direito ao auxílio-acidente era necessário que o segurado especial pagasse contribuição previdenciária como segurado facultativo?

NÃO. O STJ decidiu que o segurado especial não precisa comprovar o recolhimento de contribuição como segurado facultativo para ter direito ao auxílio-acidente.

Realmente o inciso I do art. 39 da Lei nº 8.213/91 não mencionava o auxílio-acidente. No entanto, os segurados tinham direito a esse benefício com base no § 1º do art. 18 da mesma Lei. Veja a redação original deste dispositivo:

§

Art. 18 (...)

§ 1º Só poderão beneficiar-se do auxílio-acidente e das disposições especiais relativas a acidente do trabalho os segurados e respectivos dependentes mencionados nos incisos I, VI e VII do art. 11 desta lei, bem como os presidiários que exerçam atividade remunerada.

Obs1: o inciso VII do art. 11 fala sobre o segurado especial.

Obs2: a redação atual do § 1º do art. 18 é a seguinte:

§

Art. 18 (...)

§ 1º Somente poderão beneficiar-se do auxílio-acidente os segurados incluídos nos incisos I, II, VI e VII do art. 11 desta Lei. (Redação dada pela Lei Complementar nº 150/2015)

Dessa forma, desde o § 1º do art. 18 da Lei nº 8.213/91 assegurou o auxílio-acidente ao segurado especial desde a sua redação originária. Esse direito era assegurado, não com base no art. 39, I, mas sim com fundamento no art. 18, § 1º.

Havendo aparente colisão entre dois dispositivos, deve prevalecer a interpretação que seja mais favorável ao segurado, em face do caráter social do direito previdenciário e da observância do princípio *in dubio pro misero* (Resp 412.351/RS, Rel. Min. Laurita Vaz, Quinta Turma, DJ 17/11/2003).

Lei nº 12.873/2013

O que expliquei acima e que espero que você tenha entendido foi que: o segurado especial, desde a edição da Lei nº 8.213/91, sempre teve direito ao auxílio-acidente, sem precisar pagar contribuição como segurado facultativo.

Vale ressaltar, no entanto, que, como havia resistência em reconhecer esse direito por conta da má-redação do inciso I do art. 39, o legislador resolveu deixar a situação mais clara. Diante disso, foi editada a Lei nº 12.873/2013, que alterou o inciso I do art. 39 para fazer constar ali, expressamente, que o segurado especial tem sim direito ao auxílio-acidente.

Assim, a redação atual do inciso I do art. 39 é a seguinte:

> § Art. 39. Para os segurados especiais, referidos no inciso VII do art. 11 desta Lei, fica garantida a concessão:
>
> (...)
>
> I – de aposentadoria por idade ou por invalidez, de auxílio-doença, de auxílio-reclusão ou de pensão, no valor de 1 (um) salário mínimo, e de auxílio-acidente, conforme disposto no art. 86, desde que comprove o exercício de atividade rural, ainda que de forma descontínua, no período, imediatamente anterior ao requerimento do benefício, igual ao número de meses correspondentes à carência do benefício requerido; ou (Redação dada pela Lei nº 12.873/2013)

Ressalto, no entanto, mais uma vez, que a Lei nº 12.873/2013 apenas deixou claro esse direito do segurado especial. Ele já existia, contudo, mesmo antes da alteração legislativa. O tema foi objeto de recurso especial submetido à sistemática dos recursos repetitivos. Veja a tese fixada pelo STJ:

O segurado especial, cujo acidente ou moléstia é anterior à vigência da Lei nº 12.873/2013, que alterou a redação do inciso I do artigo 39 da Lei nº 8.213/1991, não precisa comprovar o recolhimento de contribuição como segurado facultativo para ter direito ao auxílio-acidente.

STJ. 1ª Seção. REsp 1.361.410-RS, Rel. Min. Benedito Gonçalves, julgado em 08/11/2017 (recurso repetitivo) (Info 619).

Pelo que foi explicado, a tese fixada poderia ser mais clara se afirmasse o seguinte:

O segurado especial, seja antes ou depois da Lei nº 12.873/2013, tem direito ao auxílio-acidente sem precisar comprovar o recolhimento de contribuição como segurado facultativo.

3.3. O acréscimo de 25% do art. 45 da Lei 8.213/91 pode ser estendido para todas as espécies de aposentadoria pagas pelo INSS

Aposentadoria por invalidez

A aposentadoria por invalidez é um benefício previdenciário pago ao segurado que for considerado incapaz, de forma permanente, para o exercício de trabalho que lhe garanta a subsistência. Encontra-se previsto no art. 42 da Lei nº 8.213/91:

> § Art. 42. A aposentadoria por invalidez, uma vez cumprida, quando for o caso, a carência exigida, será devida ao segurado que, estando ou não em gozo de auxílio-doença, for considerado incapaz e insusceptível de reabilitação para o exercício de atividade que lhe garanta a subsistência, e ser-lhe-á paga enquanto permanecer nesta condição.

Adicional de 25% para aposentado que necessite de assistência permanente de terceiros

O art. 45 da Lei nº 8.213/91 prevê o seguinte adicional:

> § Art. 45. O valor da aposentadoria por invalidez do segurado que necessitar da assistência permanente de outra pessoa será acrescido de 25% (vinte e cinco por cento).

Ex.: João trabalhava na iniciativa privada e, portanto, contribuía para o RGPS, administrado pelo INSS. Após vários anos, João foi acometido de uma doença que o deixou incapacitado total e permanentemente para o trabalho. Diante disso, ele foi aposentado por invalidez. O INSS calculou o valor do benefício com base nas contribuições de João e constatou que ele teria direito a uma aposentadoria de R$ 1.000,00 por mês. Ocorre que na perícia médica ficou provado que João ficou em estado vegetativo, de forma que precisará da assistência permanente de outra pessoa para realizar suas atividades diárias. Logo, sobre o valor calculado deverá ser acrescido um adicional de 25%. Assim, João receberá R$ 1.250,00 de aposentadoria.

Nomenclaturas

Em provas de concurso você pode encontrar algumas terminologias utilizadas para denominar esse art. 45 da Lei nº 8.213/91:

- auxílio-acompanhante;
- adicional de grande invalidez;
- aposentadoria valetudinária (terminologia cunhada por Hermes Arrais Alencar).

Repare que o art. 45 acima fala que o adicional será devido no caso de aposentadoria por invalidez. No entanto, indaga-se: se a pessoa foi aposentada por tempo de serviço ou tempo de contribuição e algum tempo depois torna-se inválida, precisando do auxílio permanente de terceiros, ela poderá requerer, por analogia, o mencionado adicional? Ex.: Pedro aposentou-se por tempo de serviço/contribuição em 2012. Ficou em casa aposentado, sem trabalhar de forma remunerada. Em 2015, durante um passeio de carro, sofre acidente e perde as duas pernas; ele poderá requerer o aumento de 25% do valor recebido a título de aposentadoria, aplicando-se o art. 45 por analogia?

SIM

Comprovadas a invalidez e a necessidade de assistência permanente de terceiro, é devido o acréscimo de 25% (vinte e cinco por cento), previsto no art. 45 da Lei nº 8.213/91, a todos os aposentados pelo RGPS, independentemente da modalidade de aposentadoria.

Apesar de o art. 45 da Lei nº 8.213/91 falar apenas em "aposentadoria por invalidez", o STJ entendeu que se pode estender esse adicional para todas as demais espécies de aposentadoria (especial, por idade, tempo de contribuição).

STJ. 1ª Seção. REsp 1.648.305-RS, Rel. Min. Assusete Magalhães, Rel. Acd. Min. Regina Helena Costa, julgado em 22/08/2018 (recurso repetitivo) (Info 634).

Dignidade da pessoa humana, tratamento isonômico e garantia dos direitos sociais

Sob o prisma da dignidade da pessoa humana (art. 1º, III, da CF/88), do tratamento isonômico (art. 5º, caput) e da garantia dos direitos sociais (art. 6º), tanto o aposentado por invalidez, quanto o aposentado por idade, tempo de contribuição ou especial, são segurados que podem, igualmente, encontrar-se na condição de inválidos, a ponto de necessitar da assistência permanente de terceiro.

Convenção Internacional de Nova Iorque

O Brasil é signatário da Convenção Internacional de Nova Iorque sobre os Direitos das Pessoas com Deficiência, de 2007, admitida com status de emenda constitucional, promulgada pelo Decreto nº 6.949/2009, que, em seu art. 1º, ostenta o propósito de "(...) promover, proteger e assegurar o exercício pleno e equitativo de todos os direitos humanos e liberdades fundamentais por todas as pessoas com deficiência e promover o respeito pela sua dignidade inerente", garantindo, ainda, em seus arts. 5º e 28, tratamento isonômico e proteção da pessoa com deficiência, inclusive na seara previdenciária.

Proteção do risco social

Ao instituir a possibilidade de acréscimo pecuniário de 25% sobre o valor do benefício, o legislador ordinário teve como objetivo a proteção do risco social, garantindo que o segurado que passe a necessitar de auxílio de terceiros não tenha um impacto financeiro sobre o valor de seus proventos com a contratação dessa assistência permanente.

Os segurados que recebem aposentadoria por tempo de contribuição, por idade ou especial que fiquem acometidos de limitações físicas e/ou mentais encontram-se em situação de risco social da mesma maneira que o aposentado por invalidez. Logo, não seria correto que eles tivessem que custear as despesas extras com a contratação de terceiro sem qualquer amparo estatal. Se não fosse o pagamento desse auxílio, o dinheiro para isso seria retirado de outras necessidades básicas, como alimentação e moradia, e, em última análise, do chamado "mínimo existencial", um dos principais efeitos da aplicação do princípio da dignidade da pessoa humana.

Necessidade permanente de terceiro não precisa ter surgido no início da aposentadoria

O art. 45 da Lei nº 8.213/91 não exige que a necessidade de assistência permanente de outra pessoa tenha surgido logo no início da aposentadoria. Logo, é possível se interpretar que essa necessidade pode surgir posteriormente.

Desse modo, em caso de invalidez superveniente do segurado aposentado com fundamento em outro fato gerador, o indivíduo se tornará pessoa com deficiência, devendo ser, igualmente, contemplado com o adicional do referido artigo caso seja imprescindível o auxílio de outra pessoa.

Natureza assistencial

O auxílio-acompanhante do art. 45 tem natureza assistencial. Não é um benefício previdenciário.

Sendo um benefício de natureza assistencial, ele não tem nem precisa ter fonte de custeio específica.

Logo, é possível que seja estendido para as demais modalidades de aposentadoria mesmo sem fonte de custeio específica.

Os benefícios assistenciais são garantidos pelo Estado, independentemente de contribuição para a seguridade social, conforme prevê o caput do art. 203 da CF/88:

§ Art. 203. A assistência social será prestada a quem dela necessitar, independentemente de contribuição à seguridade social, e tem por objetivos:

(...)

Esse já era o entendimento do STJ?

NÃO. Houve um *overruling*, ou seja, a superação de um entendimento jurisprudencial anterior da Corte. Antes deste julgamento, o STJ entendia que deveria ser aplicada a literalidade do art. 45 e que o adicional deveria ficar restrito à aposentadoria por invalidez (por exemplo: REsp 1643043/RS). Portanto, atualize seus livros e materiais de estudo.

E o STF?

O STF possuía alguns precedentes de Turma dizendo que essa discussão não envolvia ofensa direta à Constituição Federal e, portanto, não caberia recurso extraordinário. Nesse sentido: STF. 2ª Turma. ARE 872458 AgR, Rel. Min. Cármen Lúcia, julgado em 12/05/2015.

Contudo, diante da enorme repercussão desta decisão do STJ, penso que é muito provável que o STF admita eventual recurso extraordinário do INSS e lá defina essa questão.

Por enquanto, contudo, vale o entendimento do STJ, que foi, inclusive, proferido sob a sistemática dos recursos repetitivos.

O que é novidade foi explicado acima. No entanto, vamos aproveitar a oportunidade para aprender um pouco mais sobre esses 25%.

RPS

O Regulamento da Previdência Social (Decreto nº 3.048/99) prevê algumas situações nas quais o próprio INSS, administrativamente, já reconhece que o segurado terá direito ao adicional de 25%. Veja essa relação:

1. Cegueira total.
2. Perda de nove dedos das mãos ou superior a esta.
3. Paralisia dos dois membros superiores ou inferiores.
4. Perda dos membros inferiores, acima dos pés, quando a prótese for impossível.
5. Perda de uma das mãos e de dois pés, ainda que a prótese seja possível.
6. Perda de um membro superior e outro inferior, quando a prótese for impossível.
7. Alteração das faculdades mentais com grave perturbação da vida orgânica e social.
8. Doença que exija permanência contínua no leito.
9. Incapacidade permanente para as atividades da vida diária.

Lista exemplificativa

Vale ressaltar que a lista acima é exemplificativa. Isso significa que poderá ser concedido o adicional em outras situações que não estejam aí descritas. Essa lista é apenas para facilitar o enquadramento, não para excluir outras hipóteses. Sempre que o segurado necessitar da assistência permanente de outra pessoa, o valor de sua aposentadoria será acrescido de 25%.

Pode receber acima do teto da Previdência

O Regime Geral de Previdência Social possui um teto, ou seja, um valor máximo dos benefícios que são pagos pelo INSS. Em 2018, o "teto do INSS" é de R$ 5.645,80, sendo esse valor reajustado todos os anos.

Estou explicando isso para dizer que o art. 45 da Lei nº 8.213/91 é uma exceção ao teto do INSS.

Em outras palavras, com o acréscimo de 25%, a renda mensal inicial do segurado pode ultrapassar o teto da Previdência.

Ex: João se aposentou em 2018; ele sempre pagou o máximo da contribuição previdenciária; ao se fazer o cálculo da sua RMI, chegou-se ao valor de R$ 5.645,80 (teto do INSS); ocorre que João necessita do auxílio de terceiros; isso significa que, em relação a esse valor, deverá ser acrescido 25%; logo, João irá receber, no total, R$ 7.057,25, acima, portanto, do teto da Previdência.

Repetindo: o acréscimo de 25% será devido ainda que o valor pago ao segurado supere o teto legal do RGPS.

Não se incorpora à pensão por morte

Quando o segurado morre, ele "deixa" para seus dependentes um outro benefício previdenciário, chamado "pensão por morte". Em outras palavras, com a morte, a aposentadoria deixa de existir e os dependentes, desde que cumpridos os requisitos legais, passam a receber a pensão por morte.

Esse adicional de 25% não se "transmite" para a pensão por morte.

Dito de outra forma, com a morte do segurado aposentado, o acréscimo de 25% deixa de ser pago, não integrando o valor da pensão por morte.

A razão disso está no fato de que esses 25% a mais foram pensados pelo legislador como uma forma de pagar o enfermeiro, "cuidador" etc. do segurado aposentado que necessita auxílio de terceiros. Se o segurado já faleceu, essa ajuda de terceiros não será mais necessária.

Não se exige a comprovação de que o aposentado está pagando um "cuidador"

Vale ressaltar que, para o recebimento dos 25% a mais na aposentadoria, a Lei não exige que o aposentado comprove que paga alguém para cuidar dele, um enfermeiro, cuidador etc.

3.4. SEGURADO QUE TENHA DESEMPENHADO SERVIÇO RURÍCOLA ANTES DA LEI Nº 8.213/91

O § 2º do art. 55 da Lei nº 8.213/91 estabelece o seguinte:

> § 2º O tempo de serviço do segurado trabalhador rural, anterior à data de início de vigência desta Lei, será computado independentemente do recolhimento das contribuições a ele correspondentes, exceto para efeito de carência, conforme dispuser o Regulamento.

O art. 55, § 2º, da Lei nº 8.213/91, que dispensa o pagamento de contribuições previdenciárias para fins de comprovação do tempo de serviço rural anterior à vigência da Lei nº 8.213/91, estende-se ao caso em que o beneficiário pretende utilizar o tempo de serviço para contagem recíproca no regime estatutário, ou está restrito ao regime geral de previdência?

Exemplo: João foi trabalhador rural de 1980 a 1990. Nesse período ele não recolheu contribuições previdenciárias para o regime geral de previdência social (RGPS). Em 1995, João foi aprovado em um concurso público e passou a ocupar cargo público, passando a ficar vinculado ao regime próprio de previdência social (RPPS).

João poderá usar o tempo de serviço em que trabalhou como rural para somar com o tempo de contribuição no regime próprio de previdência social? Ele poderá "aproveitar" esse tempo de serviço rural quando for se aposentar como servidor público?

O segurado que tenha provado o desempenho de serviço rurícola em período anterior à vigência da Lei nº 8.213/91 terá direito de obter uma certidão do INSS para ser averbada nos seus assentamentos do órgão público onde exerce suas funções.

Verificado o tempo rural, não pode o INSS abster-se de expedir a certidão de tempo de serviço.

Uma coisa é ter direito à certidão, a qual, simplesmente, atesta a ocorrência de um fato (o segurado trabalhou como rural antes da Lei nº 8.213/91). Outra coisa, inteiramente diversa, é se esse tempo rural poderá ser utilizado para fins da aposentadoria no RPPS.

O STJ decidiu que somente terá direito de computar esse tempo rural para contagem recíproca no regime estatutário se o segurado recolher as contribuições previdenciárias relativas ao período em que trabalhou como rural e que não haviam sido pagas. Isso por força do art. 96, IV, da Lei nº 8.213/91:

> Art. 96. O tempo de contribuição ou de serviço de que trata esta Seção será contado de acordo com a legislação pertinente, observadas as normas seguintes:
>
> (...)
>
> IV – o tempo de serviço anterior ou posterior à obrigatoriedade de filiação à Previdência Social só será contado mediante indenização da contribuição correspondente ao período respectivo, com acréscimo de juros moratórios de zero vírgula cinco por cento ao mês, capitalizados anualmente, e multa de dez por cento.

Assim, para a contagem recíproca mediante a junção do período prestado na administração pública com a atividade rural exercida sem pagamento de contribuição antes da Lei nº 8.213/91, faz-se necessária a indenização do período rural exercido anteriormente à Lei nº 8.213/91.

Em outras palavras, nas hipóteses em que o segurado busca computar tempo de serviço prestado como trabalhador rural para fins de contagem recíproca, faz-se necessário o recolhimento das contribuições previdenciárias pertinentes que se buscam averbar.

A tese fixada pelo STJ foi a seguinte:

> **O segurado que tenha provado o desempenho de serviço rurícola em período anterior à vigência da Lei nº 8.213/91, embora faça jus à expedição de certidão nesse sentido para mera averbação nos seus assentamentos, somente tem direito ao cômputo do aludido tempo rural, no respectivo órgão público empregador, para contagem recíproca no regime estatutário se, com a certidão de tempo de serviço rural, acostar o comprovante de pagamento das respectivas contribuições previdenciárias, na forma da indenização calculada conforme o dispositivo do art. 96, IV, da Lei nº 8.213/91.**
>
> STJ. 1ª Seção. REsp 1.682.678-SP, Rel. Min. Og Fernandes, julgado em 25/04/2018 (recurso repetitivo) (Info 624).

4. PREVIDÊNCIA PRIVADA

4.1. NÃO É POSSÍVEL INCLUIR NA APOSENTADORIA JÁ CONCEDIDA AS HORAS EXTRAORDINÁRIAS INCORPORADAS POR DECISÃO DA JUSTIÇA TRABALHISTA À REMUNERAÇÃO DO PARTICIPANTE

Entidades de previdência privada

Existem duas espécies de entidade de previdência privada (entidade de previdência complementar): as entidades de previdência privada abertas e as fechadas.

ABERTAS (EAPC)	FECHADAS (EFPC)
As entidades abertas são empresas privadas constituídas sob a forma de sociedade anônima, que oferecem planos de previdência privada que podem ser contratados por qualquer pessoa física ou jurídica. As entidades abertas normalmente fazem parte do mesmo grupo econômico de um banco ou seguradora. Exs: Bradesco Vida e Previdência S.A., Itaú Vida e Previdência S.A., Mapfre Previdência S.A., Porto Seguro Vida e Previdência S/A., Sul América Seguros de Pessoas e Previdência S.A.	As entidades fechadas são pessoas jurídicas, organizadas sob a forma de fundação ou sociedade civil, mantidas por grandes empresas ou grupos de empresa, para oferecer planos de previdência privada aos seus funcionários. Essas entidades são conhecidas como "fundos de pensão". Os planos não podem ser comercializados para quem não é funcionário daquela empresa. Ex: Previbosch (dos funcionários da empresa Bosch).
Possuem finalidade de lucro.	Não possuem fins lucrativos.
São geridas (administradas) pelos diretores e administradores da sociedade anônima.	A gestão é compartilhada entre os representantes dos participantes e assistidos e os representantes dos patrocinadores.

"Entidades patrocinadoras" (patrocinador)

Patrocinador (ou entidade patrocinadora) é a empresa ou grupo de empresas que oferece plano de previdência privada fechada aos seus funcionários. Funciona da seguinte forma: os empregados pagam uma parte da mensalidade e o patrocinador arca com a outra.

Obs: existem alguns entes públicos que também oferecem plano de previdência privada aos servidores. Neste caso, este ente público é que será o patrocinador.

A entidade patrocinadora oferece o plano de previdência privada por meio de uma entidade fechada de previdência privada. Enfim, só existe entidade patrocinadora no caso de plano fechado de previdência privada.

Os benefícios mais comuns que são oferecidos pela previdência complementar fechada são os seguintes: aposentadoria por tempo de contribuição, aposentadoria por invalidez e pensão por morte.

Participante

Participante é a pessoa física que adere ao plano de previdência complementar oferecido por uma entidade fechada de previdência complementar (EFPC). O participante, para poder aderir a esse plano, tem que estar vinculado à entidade patrocinadora (ex: ser funcionário do patrocinador).

O valor das contribuições vertidas pelo participante para a entidade de previdência é descontado de seu salário no momento do pagamento.

Reserva de poupança (ou de benefício)

Reserva de poupança é o total das contribuições efetuadas pelo participante para o plano. Sobre este valor, mensalmente, incide correção monetária.

Complementação de aposentadoria

É a quantia paga pela entidade de previdência privada como aposentadoria à pessoa que contratou a previdência complementar. É como se chama a aposentadoria paga pela previdência privada.

O julgado analisado refere-se aos planos de previdência privada fechada.

Imagine a seguinte situação hipotética:

A Fundação Banrisul de Seguridade Social é uma entidade fechada de previdência complementar, instituída em 1963, pelo Banco do Estado do Rio Grande do Sul S/A, com o objetivo de complementar os benefícios concedidos pela Previdência Social aos seus empregados.

João era funcionário do Banco do Estado do Rio Grande do Sul (sociedade de economia mista) e, nesta condição, era participante do plano de previdência complementar oferecido para os funcionários da empresa (era participante do plano de previdência do Banrisul).

Personagens

Fundação Banrisul: entidade fechada de previdência privada.

Banco Banrisul: patrocinador.

João: participante.

Voltando ao caso

O regulamento do plano de previdência previa que o valor da "complementação de aposentadoria" deveria ser calculado a partir da média aritmética simples dos salários de participação do associado. Em outras palavras, o valor da aposentadoria deveria ser calculado com base no salário que o indivíduo recebia e que também servia como parâmetro para as contribuições pagas pelo empregado.

Assim, suponhamos que o empregado recebia R$ 5 mil de salário. Todos os meses era descontado 10% para a previdência fechada. A sua aposentadoria deveria ser calculada com base no salário recebido.

Aposentadoria de João

Após muitos anos trabalhando no Banco, João completou o tempo necessário e pediu o pagamento da complementação de aposentadoria.

A Fundação Banrisul calculou o benefício com base nos salários recebidos por João e passou a pagar a complementação de aposentadoria.

Reclamação trabalhista

O que você ainda não sabe é que João, logo após se aposentar, ingressou com uma reclamação trabalhista contra o Banco alegando que trabalhava todos os dias fazendo horas extras e que, apesar disso, a empresa não lhe pagava o respectivo valor.

A Justiça do Trabalho julgou a ação procedente e reconheceu o direito do autor à percepção de diferenças salariais por causa do não pagamento de trabalho extraordinário realizado de forma habitual.

A sentença transitou em julgado e João recebeu as respectivas verbas trabalhistas.

Ação revisional de complementação de aposentadoria e cobrança de diferenças

João propôs, então, uma segunda ação.

Ele ajuizou, na Justiça Estadual, contra a Fundação Banrisul, uma ação revisional de complementação de aposentadoria e cobrança de diferenças.

Na ação revisional, João alegou que seu salário foi "aumentado" na Justiça e que essa diferença deverá produzir efeitos também na aposentadoria paga pela entidade fechada. Assim, pediu para que o juiz determinasse a revisão da complementação de aposentadoria em virtude da inclusão das diferenças salariais obtidas por força de decisão judicial.

Esse é, portanto, o tema jurídico que foi debatido neste julgado: as horas extras habituais incorporadas ao salário do participante de plano de previdência privada por decisão da Justiça do Trabalho produzem efeito para fins de recálculo da aposentadoria já concedida? É possível incluir, nos cálculos dos proventos de complementação de aposentadoria pagos por entidade fechada de previdência privada, as horas extraordinárias habituais incorporadas por decisão da Justiça trabalhista à remuneração do participante de plano de previdência complementar? A complementação de aposentadoria poderá ser recalculada neste caso?

NÃO.

Se o benefício de complementação de aposentadoria já tiver sido concedido, não será possível a inclusão dos reflexos das verbas remuneratórias (horas extras) reconhecidas pela Justiça do Trabalho nos cálculos da renda mensal inicial dos benefícios de complementação de aposentadoria.

Vamos entender com calma os argumentos.

Regime jurídico da previdência privada complementar

A previdência complementar privada está prevista na própria Constituição Federal, em seu art. 202:

§ Art. 202. O regime de previdência privada, de caráter complementar e organizado de forma autônoma em relação ao regime geral de previdência social, será facultativo,

PREVIDENCIÁRIO

> baseado na constituição de reservas que garantam o benefício contratado, e regulado por lei complementar.

A lei mencionada pelo art. 202 é a LC 109/2001.

Autonomia da relação previdenciária com a relação trabalhista

É importante esclarecer que o texto constitucional diz expressamente que a relação de trabalho (mantida entre empregado e empregador) não se confunde com a relação de previdência privada (estabelecida entre os participantes/beneficiários e as entidades de previdência privada). São relações jurídicas distintas: Veja:

> Art. 202 (...)
>
> § 2º As contribuições do empregador, os benefícios e as condições contratuais previstas nos estatutos, regulamentos e planos de benefícios das entidades de previdência privada não integram o contrato de trabalho dos participantes, assim como, à exceção dos benefícios concedidos, não integram a remuneração dos participantes, nos termos da lei.

Essa autonomia produz inúmeros reflexos. Um exemplo disso está na competência para julgar as ações.

- Ação proposta pelo empregado contra a empresa (ex: ação proposta contra João contra o banco): competência da Justiça do Trabalho, considerando que se trata de uma relação trabalhista;
- Ação proposta pelo participante contra a entidade de previdência fechada (ex: ação proposta por João contra a Fundação Banrisul): justiça comum estadual, tendo em vista que não se trata de uma relação trabalhista.

Nesse sentido:

> A competência para o processamento de ações ajuizadas contra entidades privadas de previdência complementar é da Justiça comum, dada a autonomia do Direito Previdenciário em relação ao Direito do Trabalho. Inteligência do art. 202, § 2º, da Constituição Federal a excepcionar, na análise desse tipo de matéria, a norma do art. 114, inciso IX, da Magna Carta.
>
> Desse modo, compete à Justiça COMUM ESTADUAL (e não à Justiça do Trabalho) julgar demandas que envolvam a complementação de aposentadoria por entidades de previdência privada.
>
> STF. Plenário. RE 586453/SE, rel. orig. Min. Ellen Gracie, red. p/ o acórdão Min. Dias Toffoli, julgado em 20/2/2013 (repercussão geral) (Info 695).

Regulamento do plano

A relação jurídica entre o participante e a entidade fechada de previdência privada é uma relação de direito privado. Trata-se de uma relação de caráter civilista, baseada em um contrato.

O plano de previdência privada possui um "regulamento" onde são estipulados os benefícios, os pressupostos para a sua concessão, a forma de aporte de recursos, a aplicação do patrimônio, os requisitos de elegibilidade e outros aspectos que formam o conjunto de direitos e obrigações entre as partes (entidade de previdência privada, patrocinadores, participantes e beneficiários).

Vale ressaltar que, apesar de ter um caráter privado, os planos de benefícios instituídos pelas entidades fechadas de previdência privada estão sujeitos a um rígido regramento estatal previsto na LC 109/2001.

Regime de capitalização

As entidades de previdência privada adotam o chamado regime de capitalização. Nesse sentido, veja o que preconiza o art. 18, § 1º da LC 109/2001:

> Art. 18. O plano de custeio, com periodicidade mínima anual, estabelecerá o nível de contribuição necessário à constituição das reservas garantidoras de benefícios, fundos, provisões e à cobertura das demais despesas, em conformidade com os critérios fixados pelo órgão regulador e fiscalizador.
>
> § 1º O regime financeiro de capitalização é obrigatório para os benefícios de pagamento em prestações que sejam programadas e continuadas.
>
> (...)

Esse regime financeiro pressupõe a constituição de reservas que garantam o benefício contratado, mediante o prévio recolhimento das contribuições vertidas pelo participante e pelo patrocinador, bem como os rendimentos auferidos com os investimentos realizados.

Pelo regime de capitalização, o benefício de previdência complementar será decorrente do montante de contribuições efetuadas e do resultado de investimentos, não podendo haver, portanto, o pagamento de valores não previstos no plano de benefícios, sob pena de comprometimento das reservas financeiras acumuladas (desequilíbrio econômico-atuarial do fundo), a prejudicar os demais participantes, que terão que custear os prejuízos daí advindos.

Assim, ao contrário do regime financeiro de caixa ou de repartição simples – em que as contribuições dos trabalhadores ativos ajudam a financiar os benefícios que estão em gozo, como ocorre no RGPS –, o regime de capitalização, adotado na previdência complementar, tem como princípio a impossibilidade de haver benefício sem prévio custeio. Dessa forma, para cada plano de benefícios, deve-se formar uma reserva matemática que, de acordo os cálculos atuariais, possibilitará o pagamento dos benefícios contratados.

O que isso significa? Que se deve ter muita cautela com mudanças posteriores não previstas nos benefícios concedidos, considerando que irão produzir repercussões no plano que não estavam programadas na reserva matemática, gerando um desequilíbrio atuarial dos planos.

Com efeito, diante da exigência legal de se adotar o regime de capitalização e da necessidade de manter o equilíbrio atuarial do plano de benefícios, a interpretação que se dá ao contrato de previdência complementar deve visar à preservação desse equilíbrio, tendo sempre em conta os interesses da coletividade dos participantes do plano.

Prejuízo ao fundo e aos demais participantes

Assim, a inclusão desses valores no cálculo dos proventos de complementação de aposentadoria posteriormente à concessão do benefício, sem prévio suporte financeiro, além de desrespeitar o comando legal do art. 18, §§ 1º a 3º, da LC 109/2001, acarretará prejuízo ao fundo, podendo resultar em desequilíbrio do plano de benefícios, o que representa uma ameaça à preservação da segurança econômica e financeira atuarial para a coletividade dos participantes e a possível necessidade de recomposição das reservas, nos moldes previstos no art. 21 da LC:

> § Art. 21. O resultado deficitário nos planos ou nas entidades fechadas será equacionado por patrocinadores, participantes e assistidos, na proporção existente entre as suas contribuições, sem prejuízo de ação regressiva contra dirigentes ou terceiros que deram causa a dano ou prejuízo à entidade de previdência complementar.

Nenhum ato ilícito foi praticado pela entidade de previdência

Vale ressaltar que o presente julgamento trata das hipóteses em que a verba em questão (horas extras) não foi paga enquanto vigente o contrato de trabalho, tendo sido reconhecida a exis-

PREVIDENCIÁRIO

tência de jornada extraordinária em ação autônoma, da qual a entidade de previdência privada não participou, quando o participante já se encontrava em fruição do benefício suplementar.

Logo, o valor respectivo não se refletiu nas contribuições vertidas pelo participante, tampouco pela patrocinadora. Em outras palavras, nem o participante nem a patrocinadora pagaram contribuições previdenciárias com base nesse valor que surgiu somente agora.

Importante destacar, ainda, que, nesta situação que foi discutida, não se imputa à entidade de previdência privada qualquer ilícito ou violação do regulamento do plano por ocasião da concessão inicial do benefício. Quer dizer: o benefício foi corretamente concedido segundo os salários da época.

E se o Judiciário condenasse a empresa patrocinadora a recolher retroativamente as contribuições previdenciárias com base nas horas extras e determinasse que o participante também pagasse essa diferença? Nesse caso, seria possível determinar à entidade de previdência o pagamento da aposentadoria maior?

O STJ entendeu que não. Segundo explicou o Min. Relator Antonio Carlos Ferreira, tal providência não se concilia com a expressa exigência legal do prévio custeio (art. 18, §§ 1º, 2º e 3º, da LC 109/2001), resultando processo excessivamente oneroso para o fundo e para a coletividade dos participantes.

Isso porque seria necessária a efetiva recomposição atuarial do plano, para possibilitar a inclusão dessas verbas no benefício, com a indispensável formação da reserva matemática (reserva de benefícios a conceder), exigida pela lei.

Não se afigura suficiente para essa recomposição que o recurso financeiro ingresse no fundo, com o aporte de valor atualizado das contribuições, que deveriam ter sido feitas pelo participante e pelo patrocinador, por meio de simples cálculo aritmético.

De fato, a recomposição das reservas do plano demanda mais que um mero encontro de contas, exigindo a elaboração de complexos cálculos atuariais baseados em análises probabilísticas que devem retroagir ao momento em que cada aporte deixou de acontecer e na forma em que deveria ter ocorrido, impondo um recálculo individualizado em face de um plano mutualista.

Além disso, como se sabe, tramitam no Judiciário múltiplas ações individuais com pedidos semelhantes, impondo cada uma delas sucessivos equacionamentos localizados, com todas as dificuldades mencionadas e correspondentes custos operacionais, em prejuízo de toda a coletividade dos participantes, ameaçando a segurança econômica e financeira do fundo, dando a ideia de precariedade aos benefícios concedidos.

Vale ressaltar, por fim, que a empregadora (patrocinadora), que deixou de reconhecer o trabalho extraordinário realizado no momento oportuno e, consequentemente, deu causa à falta do aporte necessário para o incremento do benefício, nem sequer faz parte da lide em que se pleiteia a revisão do benefício, não sendo possível, dessa forma, determinar, nessas ações, que ela, e não a coletividade dos participantes, assuma esse encargo.

Mas o participante ficará, então, no prejuízo?

NÃO. A justa reparação pelo eventual prejuízo que o participante do plano de previdência complementar tiver sofrido em decorrência de ato ilícito de responsabilidade da patrocinadora, que implicou em benefício de complementação de aposentadoria menor do que aquele que lhe seria devido, deve ser buscada na via processual adequada, ou seja, em ação movida contra o ex-empregador.

Assim, em nosso exemplo, João deverá ajuizar ação, na Justiça do Trabalho, contra o Banco dizendo: além da diferença de salário pelo acréscimo das horas extras, eu quero também que a instituição financeira seja condenada a me indenizar pelo fato de eu ter recebido uma aposentadoria menor do que teria direito.

Modulação dos efeitos

O STJ decidiu, portanto, que as entidades de previdência não podem ser condenadas a incluir as verbas remuneratórias (horas extras) reconhecidas pela Justiça do Trabalho nos cálculos da renda mensal inicial dos benefícios de complementação de aposentadoria.

O participante prejudicado deverá cobrar esse prejuízo da empresa empregadora (patrocinadora) na Justiça do Trabalho.

Ocorre que essa questão demorou muitos anos para ser decidida. Nesse período, muitas ações que foram ajuizadas na Justiça comum contra as entidades de previdência ficaram sobrestadas (suspensas) esperando a definição do STJ.

Além disso, em inúmeros casos o prazo que os participantes tinham para ajuizar ação contra a empresa empregadora já passou, tendo ocorrido a prescrição.

Diante disso, o STJ decidiu modular os efeitos dessa decisão acima explicada e afirmou o seguinte:

No caso das ações ajuizadas contra as entidades de previdência na Justiça comum até a data do presente julgamento (08/08/2018), admite-se a inclusão dos reflexos de verbas remuneratórias (horas extras), reconhecidas pela Justiça do Trabalho, nos cálculos da renda mensal inicial dos benefícios de complementação de aposentadoria, desde que:

1. isso esteja previsto no regulamento do plano (de forma expressa ou implícita) e
2. haja a recomposição prévia e integral das reservas matemáticas com o aporte de valor a ser apurado por estudo técnico atuarial em cada caso, ou seja, o participante pague retroativamente as diferenças das contribuições previdenciárias que a ele cabia com base no valor maior do salário.

Teses fixadas:

a) A concessão do benefício de previdência complementar tem como pressuposto a prévia formação de reserva matemática, de forma a evitar o desequilíbrio atuarial dos planos. Em tais condições, quando já concedido o benefício de complementação de aposentadoria por entidade fechada de previdência privada, é inviável a inclusão dos reflexos das verbas remuneratórias (horas extras) reconhecidas pela Justiça do Trabalho nos cálculos da renda mensal inicial dos benefícios de complementação de aposentadoria.

b) Os eventuais prejuízos causados ao participante ou ao assistido que não puderam contribuir ao fundo na época apropriada ante o ato ilícito do empregador poderão ser reparados por meio de ação judicial a ser proposta contra a empresa ex-empregadora na Justiça do Trabalho.

c) Modulação dos efeitos da decisão (art. 927, § 3º, do CPC/2005): nas demandas ajuizadas na Justiça comum até a data do presente julgamento – se ainda for útil ao participante ou assistido, conforme as peculiaridades da causa –, admite-se a inclusão dos reflexos de verbas remuneratórias (horas extras), reconhecidas pela Justiça do Trabalho, nos cálculos da renda mensal inicial dos benefícios de complementação de aposentadoria, condicionada à previsão regulamentar (expressa ou implícita) e à recomposição prévia e integral das reservas matemáticas com o aporte de valor a ser apurado por estudo técnico atuarial em cada caso.

d) Nas reclamações trabalhistas em que o ex-empregador tiver sido condenado a recompor a reserva matemática, e sendo inviável a revisão da renda mensal inicial da aposentadoria complementar, os valores correspondentes a tal recomposição devem ser entregues ao

participante ou assistido a título de reparação, evitando-se, igualmente, o enriquecimento sem causa da entidade fechada de previdência complementar.

STJ. 2ª Seção. REsp 1.312.736-RS, Rel. Min. Antonio Carlos Ferreira, julgado em 08/08/2018 (recurso repetitivo) (Info 630).

4.2. TR NÃO PODE SER UTILIZADA COMO ÍNDICE DE CORREÇÃO MONETÁRIA DOS BENEFÍCIOS DA PREVIDÊNCIA PRIVADA A PARTIR DE 05/09/1996

Previdência complementar

Previdência complementar é um plano de benefícios feito pela pessoa que deseja receber, no futuro, aposentadoria paga por uma entidade privada de previdência.

A pessoa paga todos os meses uma prestação e este valor é aplicado por uma pessoa jurídica, que é a entidade gestora do plano (ex: Bradesco Previdência).

É chamada de "complementar" porque normalmente é feita por alguém que já trabalha na iniciativa privada ou como servidor público e, portanto, já teria direito à aposentadoria pelo INSS ou pelo regime próprio. Apesar disso, ela resolve fazer a previdência privada como forma de "complementar" a renda no momento da aposentadoria.

O plano de previdência complementar é prestado por uma pessoa jurídica chamada de "entidade de previdência complementar" (entidade de previdência privada).

Entidades de previdência privada

Existem duas espécies de entidade de previdência privada (entidade de previdência complementar): as entidades de previdência privada abertas e as fechadas.

ABERTAS (EAPC)	FECHADAS (EFPC)
As entidades abertas são empresas privadas constituídas sob a forma de sociedade anônima, que oferecem planos de previdência privada que podem ser contratados por qualquer pessoa física ou jurídica. As entidades abertas normalmente fazem parte do mesmo grupo econômico de um banco ou seguradora. Exs: Bradesco Vida e Previdência S.A., Itaú Vida e Previdência S.A., Mapfre Previdência S.A., Porto Seguro Vida e Previdência S/A., Sul América Seguros de Pessoas e Previdência S.A.	As entidades fechadas são pessoas jurídicas, organizadas sob a forma de fundação ou sociedade civil, mantidas por grandes empresas ou grupos de empresa, para oferecer planos de previdência privada aos seus funcionários. Essas entidades são conhecidas como "fundos de pensão". Os planos não podem ser comercializados para quem não é funcionário daquela empresa. Ex: Previbosch (dos funcionários da empresa Bosch).
Possuem finalidade de lucro.	Não possuem fins lucrativos.
São geridas (administradas) pelos diretores e administradores da sociedade anônima.	A gestão é compartilhada entre os representantes dos participantes e assistidos e os representantes dos patrocinadores.

Imagine agora a seguinte situação hipotética:

João contratou um plano de previdência privada aberta, em 1981.

O regulamento previa que, após 25 anos de contribuição, ele teria direito à aposentadoria complementar no valor "X" (plano de benefício definido).

João começou a receber a aposentadoria, no entanto, não concordou com o valor da correção monetária que estava sendo aplicado pelo plano.

O plano utilizou a Taxa Referencial (TR) como índice de correção monetária e o aposentado afirmou que a aplicação deste índice seria ilegal porque não refletiria a perda do poder aquisitivo da moeda.

O que o STJ entende sobre o tema?

O STJ entendeu que a Taxa Referencial (TR) não pode ser utilizada como fator de correção monetária dos benefícios da previdência privada aberta, a partir de 5/9/1996.

Por quê?

Vamos fazer um rápido histórico sobre o tema.

Salário-mínimo

De início, os planos antigos de previdência privada utilizavam o salário-mínimo como fator de atualização monetária dos benefícios que eram oferecidos.

Ocorre que, se muitas obrigações estão vinculadas ao salário mínimo, isso gera o aumento da inflação. Isso porque todas as vezes em que há um reajuste do salário mínimo, todas essas obrigações sobem junto e o preço dos produtos e serviços também sobe. Logo, aumenta a inflação e reduz o poder de compra da pessoa que ganha o salário mínimo.

ORTN

Assim, em 1977, o governo federal, preocupado em desindexar a economia baseada no salário mínimo e frear a inflação crescente da época, editou a Lei nº 6.435/77.

Esta Lei substituiu o salário-mínimo pela ORTN como índice de correção monetária:

> § Art. 22. Os valores monetários das contribuições e dos benefícios serão atualizados segundo índice de variação do valor nominal atualizado das Obrigações Reajustáveis do Tesouro Nacional – ORTN (...)
>
> Parágrafo único. Admitir-se-á cláusula de correção monetária diversa da de ORTN, desde que baseada em índices e condições aprovadas pelo órgão normativo do Sistema Nacional de Seguros Privados.

Essa mudança de índice da Lei nº 6.435/77 aplicou-se imediatamente para os contratos em curso?

SIM. A jurisprudência entende que a lei que modifica o regime monetário (ex: correção monetária) possui natureza institucional e estatutária, o que justifica a sua incidência imediata, inclusive em contratos em curso de execução:

> (...) Segundo reiterada jurisprudência do Supremo Tribunal Federal, as normas que tratam do regime monetário – inclusive, portanto, as de correção monetária –, têm natureza institucional e estatutária, insuscetíveis de disposição por ato de vontade, razão pela qual sua incidência é imediata, alcançando as situações jurídicas em curso de formação ou de execução. É irrelevante, para esse efeito, que a cláusula estatutária esteja reproduzida em ato negocial (contrato), eis que essa não é circunstância juridicamente apta a modificar a sua natureza. (...)
>
> STF. RE 212609, Relator p/ Acórdão Min. Teori Zavascki, julgado em 29/04/2015.

PREVIDENCIÁRIO

(...) não há direito adquirido à indexação do benefício de previdência privada complementar ao salário mínimo, devendo a norma de ordem pública que a vedou (Lei 6.435/77) ser aplicada à relação contratual, sem retroação, de imediato. (...)

STJ. 4ª Turma. REsp 883.911/RS, Rel. Min. Luis Felipe Salomão, julgado em 02/06/2011.

Desse modo, é de se concluir que, mesmo que houvesse previsão no contrato, o reajuste dos benefícios da previdência complementar não poderia mais se fundar na variação do salário mínimo desde a edição da Lei nº 6.435/77, situação que foi reforçada com a CF/88, que proibiu expressamente a vinculação:

§ Art. 7º (...)

IV – salário mínimo, fixado em lei, nacionalmente unificado, capaz de atender a suas necessidades vitais básicas e às de sua família com moradia, alimentação, educação, saúde, lazer, vestuário, higiene, transporte e previdência social, com reajustes periódicos que lhe preservem o poder aquisitivo, sendo vedada sua vinculação para qualquer fim;

Atos normativos do CNSP

Depois da Lei nº 6.435/77, foram editados, vários atos normativos pelo Conselho Nacional de Seguros Privados (CNSP) e pela Superintendência de Seguros Privados (SUSEP) disciplinando, ao longo dos anos, os indexadores idôneos para atualizar as contribuições e os benefícios previdenciários suplementares, sobretudo para as entidades abertas de previdência privada.

Índices adotados ao longo do período: ORTN, OTN, IPC, BTN, TR e, por fim, um "índice geral de preços de ampla publicidade".

TR

A Taxa Referencial (TR) é um índice muito criticado. Isso porque ele não consegue evitar a perda de poder aquisitivo da moeda.

Esse índice (TR) é fixado ex ante, ou seja, previamente, a partir de critérios técnicos não relacionados com a inflação considerada no período. Em outras palavras, a TR é calculada antes de a inflação ocorrer. Assim, a remuneração da caderneta de poupança – diferentemente de qualquer outro índice oficial de inflação – é sempre prefixada. Essa circunstância deixa claro que existe uma desvinculação entre a remuneração da poupança e a evolução dos preços da economia, isto é, a TR não capta a variação da inflação.

Por essa razão, diz-se que todo índice definido *ex ante* é incapaz de refletir a real flutuação de preços apurada no período em referência. É o caso da TR.

Esses foram os motivos que levaram o STF a declarar a TR inconstitucional como índice de correção monetária nas condenações impostas à Fazenda Pública: RE 870.947/SE, Rel. Min. Luiz Fux, DJe 20/11/2017.

Vale ressalta que o STJ possui a seguinte súmula:

Súmula 295-STJ: A Taxa Referencial (TR) é indexador válido para contratos posteriores à Lei nº 8.177/91, desde que pactuada.

Contudo, nos precedentes que deram origem a esta súmula, verifica-se que a TR não era utilizada isoladamente, mas sim em conjunto com juros bancários ou remuneratórios (a exemplo da caderneta de poupança, dos contratos imobiliários e das cédulas de crédito). Desse modo, não se pode encarar essa súmula como uma permissão para a TR ser utilizada nos contratos de previdência complementar.

TR não pode ser utilizada, sozinha, para corrigir um benefício alimentar

Se a complementação de aposentadoria (aposentadoria paga pelo plano de previdência complementar) for corrigida pela TR, isso acarretará enormes prejuízos ao assistido, que perderá gradualmente o seu poder aquisitivo com a corrosão da moeda, dando azo ao desequilíbrio contratual.

Vale ressaltar que a complementação de aposentadoria é um benefício periódico de caráter alimentar.

Circular SUSEP 11/1996

É por isso que, após a edição da Circular/SUSEP nº 11/1996, a TR não pode mais subsistir como índice de atualização dos valores oriundos dos contratos de previdência privada aberta.

Esta Circular, de 05/09/1996, estabeleceu em seu art. 1º, que a correção monetária dos benefícios da previdência privada aberta deveria adotar ser feita com base em um "índice geral de preços de ampla publicidade" e estabeleceu algumas opções: INPC/IBGE, IPCA/IBGE, IGPM/FGV, IGP-DI/FGV, IPC/FGV e IPC/FIPE.

Repactuação

Assim, a partir da Circular/SUSEP nº 11/1996, ou seja, a partir de 5/9/1996, as entidades de previdência deveriam fazer uma repactuação, substituindo a TR por um Índice Geral de Preços de Ampla Publicidade, segundo as opções acima expostas.

E se a entidade não fez essa repactuação?

Aplica-se o IPCA.

O IPCA foi o índice escolhido pelo Governo para o caso de ausência de repactuação (art. 1º, parágrafo único, do Anexo I da Circular/SUSEP nº 255/2004).

Resumindo:

A Taxa Referencial (TR) não pode ser utilizada como fator de correção monetária dos benefícios da previdência privada aberta, a partir de 5/9/1996, devendo o indexador ser substituído por um Índice Geral de Preços de Ampla Publicidade, que será o IPCA, na ausência de repactuação.

STJ. 2ª Seção. EAREsp 280.389-RS, Rel. Min. Ricardo Villas Bôas Cueva, julgado em 26/09/2018 (Info 635).

4.3. EM AÇÃO DE REVISÃO DE BENEFÍCIO DE PREVIDÊNCIA PRIVADA, O PATROCINADOR NÃO POSSUI LEGITIMIDADE PASSIVA PARA FIGURAR EM LITISCONSÓRCIO COM A ENTIDADE PREVIDENCIÁRIA

Imagine a seguinte situação:

A Fundação dos Economiários Federais (FUNCEF) é uma entidade fechada de previdência complementar instituída com o objetivo de oferecer plano de previdência complementar aos funcionários da Caixa Econômica Federal (CEF).

Maria era funcionária da CEF e se aposentou, passando a receber complementação de aposentadoria da FUNCEF.

Alguns anos depois, Maria ajuizou ação de revisão de benefício de previdência complementar contra a FUNCEF e a CEF, em litisconsórcio, pedindo que elas fossem condenadas a reajustar o benefício de previdência complementar por ela percebido. O argumento foi o de que a remuneração do emprego que ela exercia (gerente geral) foi reajustada para os empregados em atividade e que esse aumento deveria também ser revertido em seus proventos.

Personagens

Fundação dos Economiários Federais (FUNCEF): entidade fechada de previdência privada.

Caixa Econômica Federal (CEF): patrocinadora.

Maria: participante.

A Caixa Econômica é parte legítima para figurar nesta ação? O patrocinador é parte legítima para figurar em ação judicial na qual o participante pede a revisão do benefício que ele recebe do plano de previdência complementar? Em ação de revisão de benefício de previdência privada, o patrocinador possui legitimidade passiva para figurar em litisconsórcio com a entidade previdenciária?

NÃO. O patrocinador não possui legitimidade passiva para figurar no polo passivo de litígio proposto por participante no qual se discuta assuntos estritamente ligados ao plano de previdência, como, por exemplo, a concessão e a revisão de benefício. Esta ação deverá ser proposta apenas contra a entidade fechada de previdência complementar.

Autonomia da relação previdenciária com a relação trabalhista

Há total autonomia entre o contrato de trabalho celebrado pelo empregado com o empregador em relação ao contrato de previdência privada estipulado entre o participante e a entidade de previdência privada instituída pelo patrocinador, sendo vínculos submetidos à normatização e aos princípios específicos.

A relação trabalhista de emprego que a autora mantinha com a patrocinadora não se confunde com a relação também contratual de previdência complementar. São vínculos contratuais autônomos, que não se comunicam.

Personalidades jurídicas autônomas

No Brasil, a entidade de previdência complementar, ao contrário de outros modelos (v.g., americano), em que o fundo pode ser gerido pelo próprio patrocinador, é necessariamente administrado por pessoa jurídica distinta e que não se confunde com o patrocinador.

Assim, o empregador (patrocinador) é uma pessoa jurídica distinta da entidade de previdência complementar que tem personalidade jurídica e patrimônios próprios.

Logo, não há que se cogitar em formação de litisconsórcio passivo.

Atos ilícitos praticados pelo empregador (patrocinador)

Vale ressaltar que o julgado acima não tratou das hipóteses em que o participante está questionando algum ato ilícito que tenha sido praticado pelo empregador (patrocinador).

Foram analisadas apenas as ações que envolvam assuntos ligados estritamente ao plano previdenciário.

Teses fixadas pelo STJ:

O patrocinador não possui legitimidade passiva para litígios que envolvam participante/assistido e entidade fechada de previdência complementar, ligados estritamente ao plano previdenciário, como a concessão e a revisão de benefício ou o resgate da reserva de poupança, em virtude de sua personalidade jurídica autônoma.

Obs: não se incluem, no âmbito da matéria afetada, as causas originadas de eventual ato ilícito, contratual ou extracontratual, praticado pelo patrocinador. Em outras palavras, a tese acima definida não engloba a discussão quanto a atos ilícitos cometidos pelo patrocinador.

STJ. 1ª Turma. REsp 1.370.191-RJ, Rel. Min. Luis Felipe Salomão, julgado em 13/06/2018 (recurso repetitivo) (Info 630).

Obs: reserva de poupança (ou de benefício) é o total das contribuições efetuadas pelo participante para o plano. Ação de resgate da reserva de poupança é aquela na qual o participante pede a devolução do valor que ele pagou para o plano de previdência complementar.

4.4. COMPANHEIRA E EX-ESPOSA RECEBENDO A PENSÃO

Entidades de previdência privada

Existem duas espécies de entidade de previdência privada (entidade de previdência complementar): as entidades de previdência privada abertas e as fechadas.

ABERTAS (EAPC)	FECHADAS (EFPC)
As entidades abertas são empresas privadas constituídas sob a forma de sociedade anônima, que oferecem planos de previdência privada que podem ser contratados por qualquer pessoa física ou jurídica. As entidades abertas normalmente fazem parte do mesmo grupo econômico de um banco ou seguradora. Exs: Bradesco Vida e Previdência S.A., Itaú Vida e Previdência S.A., Mapfre Previdência S.A., Porto Seguro Vida e Previdência S/A., Sul América Seguros de Pessoas e Previdência S.A.	As entidades fechadas são pessoas jurídicas, organizadas sob a forma de fundação ou sociedade civil, mantidas por grandes empresas ou grupos de empresa, para oferecer planos de previdência privada aos seus funcionários. Essas entidades são conhecidas como "fundos de pensão". Os planos não podem ser comercializados para quem não é funcionário daquela empresa. Ex: Previbosch (dos funcionários da empresa Bosch).
Possuem finalidade de lucro.	Não possuem fins lucrativos.
São geridas (administradas) pelos diretores e administradores da sociedade anônima.	A gestão é compartilhada entre os representantes dos participantes e assistidos e os representantes dos patrocinadores.

O julgado analisado refere-se a um plano de previdência privada fechada.

Imagine a seguinte situação hipotética:

João foi casado com Maria.

João era funcionário da Petrobrás e, nesta condição, era participante do plano de previdência complementar PETROS oferecido para os funcionários da Petrobrás.

No momento em que João aderiu ao plano, ele indicou sua então esposa Maria como sendo beneficiária.

Depois de se divorciar de Maria, passou a viver em união estável com Isabela.

Muitos anos se passaram e João morreu.

PREVIDENCIÁRIO

Como João era empregado celetista, ele era também segurado obrigatório do regime geral de previdência social (RGPS, administrado pelo INSS).

Isabela requereu a pensão por morte do INSS em razão de ser dependente de João, tendo o benefício sido concedido. Ela também requereu da PETROS o pagamento da pensão por morte referente a este plano. Obs: como se trata de um plano de previdência complementar, os benefícios oferecidos são chamados de suplementação (ou seja, como se fosse um complemento do benefício que já é pago pela previdência geral). Assim, o benefício oferecido é denominado de "suplementação de pensão por morte".

A PETROS indeferiu o pedido sob o argumento de que o *de cujus* indicou Maria como beneficiária do plano. Logo, somente ela deveria receber a pensão por morte.

Agiu corretamente o plano de previdência?

NÃO.

A pensão por morte complementar consiste na renda a ser paga ao beneficiário indicado no plano previdenciário em decorrência do óbito do participante ocorrido durante o período de cobertura, depois de cumprida a carência.

A princípio, a indicação de beneficiário é livre. Todavia, não pode ser arbitrária, dada a finalidade social do contrato previdenciário. Com efeito, a Previdência Complementar e a Previdência Social, apesar de serem autônomas entre si, pois possuem regimes distintos e normas intrínsecas, acabam por interagir reciprocamente, de modo que uma tende a influenciar a outra. Assim, é de rigor a harmonização do sistema previdenciário como um todo.

É por isso que nos planos das entidades fechadas de previdência privada é comum estabelecer os dependentes econômicos ou os da previdência oficial como beneficiários do participante, pois ele, ao aderir ao fundo previdenciário, geralmente possui a intenção de manter o padrão de vida que desfruta na atividade ou de amparar a própria família, os parentes ou as pessoas que lhe são mais afeitas, de modo a não deixá-los desprotegidos economicamente quando de seu óbito.

Desse modo, o ato do participante de indicar quem será o beneficiário funciona como uma forma de facilitar a comprovação de quem deverá receber o benefício previdenciário suplementar na ocorrência de sua morte. Contudo, essa indicação não é absoluta, sendo possível incluir outro dependente econômico direto no rol de beneficiários mesmo depois da morte do participante.

Assim, por exemplo, se estiver plenamente comprovado que o participante vivia em união estável e que, mesmo assim, a sua companheira não foi incluída como beneficiária no plano, é possível fazer essa inclusão depois da morte do participante.

No caso concreto, o participante, quando aderiu ao plano, indicou quem era a sua esposa como sendo a beneficiária da previdência privada. Posteriormente, divorciou-se e vivia em união estável com outra mulher quando veio a óbito.

A união estável é reconhecida constitucionalmente como entidade familiar.

Assim, dada a finalidade assistencial da suplementação de pensão por morte, não pode haver o favorecimento do cônjuge separado em detrimento da companheira do participante.

Nesse cenário, promover a inclusão da companheira, ao lado da ex-esposa, no rol de beneficiários da previdência privada, mesmo no caso de omissão do participante quando da inscrição no plano, aperfeiçoará o regime complementar fechado, à semelhança do que já acontece na previdência social e nas previdências do servidor público e do militar nos casos de pensão por morte. De fato, em tais situações, é recomendável o rateio igualitário do benefício entre o ex-cônjuge e o companheiro do instituidor da pensão, visto que não há ordem de preferência entre eles.

Em suma:

É possível a inclusão de companheiro como beneficiário de suplementação de pensão por morte quando existente, no plano de previdência privada fechada, apenas a indicação de ex-cônjuge do participante.

STJ. 3ª Turma. REsp 1.715.485-RN, Rel. Min. Ricardo Villas Bôas Cueva, julgado em 27/02/2018 (Info 620).

4.5. DESLIGAMENTO DE PARTICIPANTE E FIM DO DIREITO AO RATEIO DO SUPERÁVIT

"Entidades patrocinadoras" (patrocinador)

Patrocinador (ou entidade patrocinadora) é a empresa ou grupo de empresas que oferece plano de previdência privada fechada aos seus funcionários. Funciona da seguinte forma: os empregados pagam uma parte da mensalidade e o patrocinador arca com a outra.

Obs: existem alguns entes públicos que também oferecem plano de previdência privada aos servidores. Neste caso, este ente público é que será o patrocinador.

A entidade patrocinadora oferece o plano de previdência privada por meio de uma entidade fechada de previdência privada. Enfim, só existe entidade patrocinadora no caso de plano fechado de previdência privada.

Os benefícios mais comuns que são oferecidos pela previdência complementar fechada são os seguintes: aposentadoria por tempo de contribuição, aposentadoria por invalidez e pensão por morte.

Participante

Participante é a pessoa física que adere ao plano de previdência complementar oferecido por uma entidade fechada de previdência complementar (EFPC). O participante, para poder aderir a esse plano, tem que estar vinculado à entidade patrocinadora (ex: ser funcionário do patrocinador).

O valor das contribuições vertidas pelo participante para a entidade de previdência é descontado de seu salário no momento do pagamento.

Imagine a seguinte situação hipotética:

João era funcionário do Banco do Estado do Amazonas (sociedade de economia mista) e, nesta condição, era participante do plano de previdência complementar oferecido para os funcionários da empresa.

João foi demitido do banco em 2001. Ao ser demitido, João tinha a opção de permanecer no plano submetendo-se ao regime do benefício diferido ou ao do autopatrocínio, conforme prevê o art. 14, I e IV, da LC 109/2001:

> § Art. 14. Os planos de benefícios deverão prever os seguintes institutos, observadas as normas estabelecidas pelo órgão regulador e fiscalizador:
>
> I – benefício proporcional diferido, em razão da cessação do vínculo empregatício com o patrocinador ou associativo com o instituidor antes da aquisição do direito ao benefício pleno, a ser concedido quando cumpridos os requisitos de elegibilidade;
>
> (...)
>
> IV – faculdade de o participante manter o valor de sua contribuição e a do patrocinador, no caso de perda parcial ou total da remuneração recebida, para assegurar a percepção dos benefícios nos níveis correspondentes àquela remuneração ou em outros definidos em normas regulamentares.

Apesar dessa possibilidade legal de permanecer no plano de previdência, João optou por se desligar, efetuando o resgate das respectivas contribuições. Isso porque caso uma pessoa que seja filiada a um plano de previdência privada decida se desligar, ela terá o direito de resgatar (receber de volta) as parcelas que pagou.

Em 2003, houve a liquidação extrajudicial do plano de previdência em virtude da retirada do patrocinador.

A possibilidade de retirada do patrocinador está prevista no art. 25 da LC 109/2001:

§ Art. 25. O órgão regulador e fiscalizador poderá autorizar a extinção de plano de benefícios ou a retirada de patrocínio, ficando os patrocinadores e instituidores obrigados ao cumprimento da totalidade dos compromissos assumidos com a entidade relativamente aos direitos dos participantes, assistidos e obrigações legais, até a data da retirada ou extinção do plano.

Como o plano de previdência seria extinto, uma das medidas foi pagar todas as contas e fazer o rateio dos valores que sobraram.

Assim, elaborou-se uma lista dos participantes aos quais seria destinado, em rateio, o excedente do ativo.

Nessa lista, não constou o nome de João.

Diante disso, ele ajuizou ação pedindo que também participasse desse rateio e recebesse o excedente do ativo.

O pedido de João foi julgado procedente? Ele tem direito de participar do rateio?

NÃO.

O desligamento de participante de plano de previdência complementar faz cessar o direito ao rateio de eventual superávit de ativos apurados em posterior liquidação extrajudicial da entidade.

STJ. 3ª Turma. REsp 1.441.411-AM, Rel. Min. Paulo de Tarso Sanseverino, julgado em 10/04/2018 (Info 624).

A condição de participante de um plano de previdência complementar traz consigo ônus e bônus.

Exemplo de bônus é o rateio de superávit.

Exemplo de ônus é ter de contribuir para a satisfação de eventual déficit da entidade de previdência.

No caso concreto, o plano de previdência era superavitário e, portanto, os participantes tiveram direito de participar do rateio.

Por outro lado, se o plano de previdência tivesse sido deficitário, ou seja, se tivesse dívidas para pagar, estas seriam pagas pelos participantes. Os ex-participantes não seriam chamados a arcar com isso. É o que prevê o art. 21 da LC 109/2001.

O que se quer dizer com isso é que o resgate das contribuições faz cessar o vínculo do participante com a entidade de previdência. Assim, os ex-participantes, depois que saem do plano, não irão mais participar nem dos "prejuízos" nem dos "lucros". Eles não terão mais ônus nem bônus.

Ora, se os ex-participantes não são chamados a arcar com o déficit da entidade, também não podem se beneficiar de eventual superávit, pois isso equivaleria ao que se diz, em linguagem popular, desfrutar do "melhor dos dois mundos".

4.6. INTERVENÇÃO DA PREVIC EM EFPC PODE SER PRORROGADA MAIS DE UMA VEZ

Entidades de previdência privada

Existem duas espécies de entidade de previdência privada (entidade de previdência complementar): as entidades de previdência privada abertas e as fechadas.

ABERTAS (EAPC)	FECHADAS (EFPC)
As entidades abertas são empresas privadas constituídas sob a forma de sociedade anônima, que oferecem planos de previdência privada que podem ser contratados por qualquer pessoa física ou jurídica. As entidades abertas normalmente fazem parte do mesmo grupo econômico de um banco ou seguradora. Exs: Bradesco Vida e Previdência S.A., Itaú Vida e Previdência S.A., Mapfre Previdência S.A., Porto Seguro Vida e Previdência S/A., Sul América Seguros de Pessoas e Previdência S.A.	As entidades fechadas são pessoas jurídicas, organizadas sob a forma de fundação ou sociedade civil, mantidas por grandes empresas ou grupos de empresa, para oferecer planos de previdência privada aos seus funcionários. Essas entidades são conhecidas como "fundos de pensão". Os planos não podem ser comercializados para quem não é funcionário daquela empresa. Ex: Previbosch (dos funcionários da empresa Bosch).
Possuem finalidade de lucro.	Não possuem fins lucrativos.
São geridas (administradas) pelos diretores e administradores da sociedade anônima.	A gestão é compartilhada entre os representantes dos participantes e assistidos e os representantes dos patrocinadores.

Superintendência Nacional de Previdência Complementar (PREVIC)

A Superintendência Nacional de Previdência Complementar (PREVIC) é uma autarquia federal, de natureza especial, e que tem como principal função fiscalizar as atividades desempenhadas pelas entidades fechadas de previdência complementar.

A PREVIC foi criada e é regida pela Lei nº 12.154/2009.

Intervenção na EFPC

As entidades de previdência complementar gerenciam o dinheiro de muitas pessoas que buscam, após anos de contribuição, conseguirem se aposentar quando estiverem em idade mais avançada, época na qual já não mais poderão trabalhar com o mesmo vigor.

Trata-se, portanto, de uma atividade de enorme responsabilidade e de grande interesse público.

Diante disso, o Poder Público exerce uma intensa fiscalização sobre tais entidades a fim de que os recursos sejam gerenciados com responsabilidade.

Nesse cenário, a LC 109/2001, que dispõe sobre o Regime de Previdência Complementar, prevê a possibilidade de intervenção estatal na entidade de previdência complementar que não estiver desempenhando corretamente suas atividades, de modo a indicar que há um comprometimento da solvabilidade.

No art. 44 são listadas as hipóteses em que essa intervenção é autorizada:

§ Art. 44. Para resguardar os direitos dos participantes e assistidos poderá ser decretada a intervenção na entidade de previdência complementar, desde que se verifique, isolada ou cumulativamente:

PREVIDENCIÁRIO

I – irregularidade ou insuficiência na constituição das reservas técnicas, provisões e fundos, ou na sua cobertura por ativos garantidores;

II – aplicação dos recursos das reservas técnicas, provisões e fundos de forma inadequada ou em desacordo com as normas expedidas pelos órgãos competentes;

III – descumprimento de disposições estatutárias ou de obrigações previstas nos regulamentos dos planos de benefícios, convênios de adesão ou contratos dos planos coletivos de que trata o inciso II do art. 26 desta Lei Complementar;

IV – situação econômico-financeira insuficiente à preservação da liquidez e solvência de cada um dos planos de benefícios e da entidade no conjunto de suas atividades;

V – situação atuarial desequilibrada;

VI – outras anormalidades definidas em regulamento.

Desse modo, pode-se dizer que a intervenção e a liquidação extrajudicial das entidades de previdência fechadas são medidas de interferência estatal decretadas com o intuito de velar pelos interesses de participantes e assistidos dos planos de benefícios, já que a entidade encontra-se em graves irregularidades e desequilíbrio patrimonial, com déficit financeiro de difícil equacionamento.

Assim, tais regimes excepcionais de administração visam impedir o encerramento precoce das atividades do ente de previdência privada, de modo a manter a higidez do sistema previdenciário complementar, não apenas evitando prejuízos aos beneficiários, mas também prevenindo danos sistêmicos aptos a afetar a credibilidade do setor perante a sociedade e os atores econômicos.

Regramento da intervenção

A intervenção nas entidades de previdência privada é regida pelos arts. 44 a 46 da LC 109/2001.

Subsidiariamente, podem ser aplicadas as regras da intervenção e liquidação extrajudicial das instituições financeiras previstas na Lei nº 6.024/1974. É o que prevê o art. 62 da LC 109/2001:

> § Art. 62. Aplicam-se à intervenção e à liquidação das entidades de previdência complementar, no que couber, os dispositivos da legislação sobre a intervenção e liquidação extrajudicial das instituições financeiras, cabendo ao órgão regulador e fiscalizador as funções atribuídas ao Banco Central do Brasil.

Quem decreta a intervenção nas entidades fechadas de previdência privada?

A Superintendência Nacional de Previdência Complementar (PREVIC). É isso que preconiza o art. 2º, VI, da Lei nº 12.154/2009:

> § Art. 2º Compete à Previc:
>
> (...)
>
> VI – decretar intervenção e liquidação extrajudicial das entidades fechadas de previdência complementar, bem como nomear interventor ou liquidante, nos termos da lei;

Quais os resultados possíveis da intervenção?

Ao final da intervenção, poderão surgir dois cenários:

1. Conclui-se que é possível o saneamento das disfunções encontradas e, neste caso, é aprovado um plano de recuperação para a entidade;
2. Constata-se que o funcionamento da entidade não é mais viável e, nesta hipótese, será decretada a sua liquidação extrajudicial.

Nesse sentido, veja o que diz o art. 46 da LC 109/2001:

> § Art. 46. A intervenção cessará quando aprovado o plano de recuperação da entidade pelo órgão competente ou se decretada a sua liquidação extrajudicial.

Qual é o prazo que irá durar essa intervenção?

Aqui temos a seguinte polêmica:

- O art. 45 da LC 109/2001 diz que a intervenção deverá durar pelo tempo necessário ao saneamento da entidade (não limitando o prazo nem a possibilidade de prorrogação):

> § Art. 45. A intervenção será decretada pelo prazo necessário ao exame da situação da entidade e encaminhamento de plano destinado à sua recuperação.
>
> (...)

- O art. 4º da Lei nº 6.024/74, por sua vez, prevê que o prazo de intervenção nas instituições financeiras deverá ser de, no máximo, 6 meses, prorrogável uma só vez, por mais 6 meses:

> § Art. 4º O período da intervenção não excederá a seis (6) meses o qual, por decisão do Banco Central do Brasil, poderá ser prorrogado uma única vez, até o máximo de outros seis (6) meses.

Qual das duas regras deverá ser aplicada para a intervenção em entidades fechadas de previdência privada? Imaginemos que a PREVIC decretou a intervenção de uma entidade fechada e fixou o prazo de 6 meses para a sua conclusão. Chegando ao fim, este prazo foi prorrogado. É possível nova prorrogação?

SIM. Em caso de intervenção em entidade fechada de previdência privada não se aplica a limitação estabelecida pelo art. 4º da Lei nº 6.024/74. Não se aplica esse art. 4º porque existe uma regra específica na LC 109/2001 dizendo, de forma ampla, que "a intervenção será decretada pelo prazo necessário".

O Conselho de Gestão da Previdência Complementar (CGPC) regulamentou a matéria na Resolução MPS/CGPC nº 24/2007, que preconiza:

> § Art. 8º Na decretação do regime especial de intervenção será estabelecido prazo de duração de até 180 (cento e oitenta) dias, prorrogável, excepcionalmente, a critério da Secretaria de Previdência Complementar, pelo prazo que esta estabelecer.

Em suma:

> **A intervenção da Superintendência Nacional de Previdência Complementar (PREVIC) nas entidades fechadas de previdência privada deve perdurar pelo tempo necessário ao saneamento da entidade, podendo o prazo inicial de duração ser prorrogado mais de uma vez.**
>
> STJ. 3ª Turma. REsp 1.734.410-SP, Rel. Min. Ricardo Villas Bôas Cueva, julgado em 14/08/2018 (Info 631).

Prorrogação deve ser sempre excepcional

Vimos acima que não há um limite de prorrogações para a intervenção nas entidades fechadas de previdência privada. Contudo, mesmo sendo possíveis sucessivas prorrogações segundo as particularidades do caso, é preciso atentar para o fato de que a prorrogação da intervenção deve ser sempre excepcional, ou seja, não deve violar a razoabilidade, já que não existe intervenção permanente, sendo totalmente desaconselhada uma intervenção de longa duração.

MP 871/2019

Atenção! A MP 871, de 18 de janeiro de 2019, promoveu importantes mudanças na legislação previdenciária. Ao estudar para as provas, verifique se esta MP foi convertida em lei e não deixe de conferir as alterações por ela produzidas, inclusive em entendimentos do STJ.

Direito Internacional

1. EXTRADIÇÃO

SE A VÍTIMA DO SEQUESTRO NÃO FOI ENCONTRADA, O PRAZO PRESCRICIONAL NÃO COMEÇOU A CORRER

Extradição

A extradição ocorre quando o Estado entrega a outro país um indivíduo que cometeu um crime que é punido segundo as leis daquele país (e também do Brasil), a fim de que lá ele seja processado ou cumpra a pena por esse ilícito.

Ex: um cidadão dos EUA lá comete um homicídio e foge para o Brasil. Os EUA requerem a extradição desse indivíduo e, se for deferida pelo Brasil, ele é mandado de volta ao território estadunidense.

Veja o que diz a Lei nº 13.445/2017 (Lei de Migração):

> § Art. 81. A extradição é a medida de cooperação internacional entre o Estado brasileiro e outro Estado pela qual se concede ou solicita a entrega de pessoa sobre quem recaia condenação criminal definitiva ou para fins de instrução de processo penal em curso.
>
> § 1º A extradição será requerida por via diplomática ou pelas autoridades centrais designadas para esse fim.
>
> § 2º A extradição e sua rotina de comunicação serão realizadas pelo órgão competente do Poder Executivo em coordenação com as autoridades judiciárias e policiais competentes.

Quem decide o pedido de extradição?

O pedido de extradição é decidido pelo STF, conforme prevê o art. 102, I, "g", da CF/88.

Imagine agora a seguinte situação hipotética:

Gonzales, cidadão argentino, foi condenado na Argentina pelo fato de ter sequestrado opositores do regime militar no ano de 1983, época em que era oficial das Forças Armadas.

As vítimas dos crimes nunca foram encontradas.

Ocorre que o réu está morando no Brasil, razão pela qual o Governo da Argentina requereu a sua extradição para lá.

A defesa alegou que os delitos supostamente praticados estão prescritos, o que impede a extradição por faltar o requisito da dupla punibilidade, previsto art. 82, VI, da Lei de Migração:

§ Art. 82. Não se concederá a extradição quando:

VI – a punibilidade estiver extinta pela prescrição, segundo a lei brasileira ou a do Estado requerente;

O Governo da Argentina, contudo, havia levantado dois argumentos para afastar a prescrição:

1º) os delitos praticados por Gonzales seriam imprescritíveis em virtude de serem previstos pela legislação da Argentina como de crimes de "lesa-humanidade" (também chamados de crimes contra a humanidade);

2º) o crime de sequestro é permanente e a prescrição ainda não teria começado a correr.

A 1ª tese do Estado requerente foi acolhida pelo STF?

NÃO.

Em que consistem os crimes de lesa-humanidade?

A definição dos crimes de lesa-humanidade, também chamados de crimes contra a humanidade, pode ser encontrada no Estatuto de Roma, promulgado por força do Decreto 4.388/2002:

§ Artigo 7º

Crimes contra a Humanidade

1. Para os efeitos do presente Estatuto, entende-se por "crime contra a humanidade", qualquer um dos atos seguintes, quando cometido no quadro de um ataque, generalizado ou sistemático, contra qualquer população civil, havendo conhecimento desse ataque:

a) Homicídio;

b) Extermínio;

c) Escravidão;

d) Deportação ou transferência forçada de uma população;

e) Prisão ou outra forma de privação da liberdade física grave, em violação das normas fundamentais de direito internacional;

f) Tortura;

g) Agressão sexual, escravatura sexual, prostituição forçada, gravidez forçada, esterilização forçada ou qualquer outra forma de violência no campo sexual de gravidade comparável;

h) Perseguição de um grupo ou coletividade que possa ser identificado, por motivos políticos, raciais, nacionais, étnicos, culturais, religiosos ou de gênero, tal como definido no parágrafo 3º, ou em função de outros critérios universalmente reconhecidos como inaceitáveis no direito internacional, relacionados com qualquer ato referido neste parágrafo ou com qualquer crime da competência do Tribunal;

i) Desaparecimento forçado de pessoas;

j) Crime de apartheid;

k) Outros atos desumanos de caráter semelhante, que causem intencionalmente grande sofrimento, ou afetem gravemente a integridade física ou a saúde física ou mental.

Crimes de lesa-humanidade e imprescritibilidade

Assim, como visto acima, o direito costumeiro internacional define como crimes de lesa-humanidade condutas como desaparecimentos forçados, execuções sumárias de pessoas ("execuções extrajudiciais"), tortura e outros delitos cometidos no contexto de ataque sistemático ou generalizado à população civil.

Os delitos de lesa-humanidade devem ser submetidos à jurisdição universal e declarados imprescritíveis, conforme prevê a Convenção sobre a Imprescritibilidade dos Crimes de Guerra e dos Crimes contra a Humanidade, adotada pela Resolução 2391 da ONU.

Por força desta Resolução, nos termos de seu artigo 3º, os Estados Membros obrigam-se a adotar todas as medidas internas, de ordem legislativa ou outra, que sejam necessárias a fim de permitir a extradição.

Esta Resolução 2391 não foi ratificada pelo Estado brasileiro. Apesar disso, a Corte Interamericana de Direitos Humanos já decidiu, em diversas oportunidades, que os Estados integrantes do sistema interamericano de direitos humanos (dentre eles, o Brasil) deverão reconhecer a imprescritibilidade dos crimes de lesa-humanidade e punir os suspeitos de sua prática. Nesse sentido: Caso Barrios Altos versus Peru, mérito, sentença de 14 de março de 2001, par. 41; Caso La Cantuta, mérito, sentença de 29 de novembro de 2006, par. 152; e Caso Do Massacre de Las Dos Erres, sentença de 24 de novembro de 2009, par. 129.

Crimes de lesa-humanidade não são imprescritíveis no Brasil

O fato de o Estado requerente ter qualificado os delitos imputados ao extraditando como de lesa-humanidade não torna tais crimes imprescritíveis no Brasil. São duas as razões para se chegar a esta conclusão:

1) o Brasil não subscreveu a Convenção sobre a Imprescritibilidade dos Crimes de Guerra e dos Crimes contra a Humanidade, nem aderiu a ela. Isso significa que a cláusula de imprescritibilidade penal que resulta dessa Convenção das Nações Unidas não se aplica, não obriga nem vincula, juridicamente, o Brasil, quer em sua esfera doméstica, quer no plano internacional.

Não se pode querer aplicar, no plano doméstico, uma convenção internacional de que o Brasil nem sequer é parte, invocando-a como fonte de direito penal, o que se mostra incompatível com a CF/88.

2) apenas a lei interna (lei brasileira) pode dispor sobre prescritibilidade ou imprescritibilidade de crimes no Brasil. Sendo o tema prescrição relacionado com o direito penal, deve-se concluir que ele está submetido ao princípio constitucional da reserva absoluta de lei formal, exigindo lei em sentido formal.

Em matéria penal, prevalece, sempre, o postulado da reserva constitucional de lei em sentido formal.

O Brasil não é, portanto, signatário de tratado internacional que determine a imprescritibilidade de crimes contra a humanidade. No entanto, ainda que houvesse norma de direito internacional de caráter cogente que estabelecesse a imprescritibilidade dos crimes contra a humanidade, tal norma não encontraria aplicabilidade em nosso país. Isso porque, para que aqui pudesse valer, seria necessário que houvesse uma lei interna em sentido formal.

Não se aplica ao Brasil a imprescritibilidade dos crimes de lesa-humanidade

Vale ressaltar ainda que o Estatuto de Roma não se aplica ao caso em análise porque os delitos teriam sido praticados pelo extraditando em 1973 e este tratado é posterior a isso, havendo, portanto, proibição de sua incidência com base no art. 5º, XV, da CF/88, segundo o qual "a lei penal não retroagirá, salvo para beneficiar o réu".

Assim, não importa qual o status jurídico que se atribua ao Estatuto de Roma (norma supralegal ou norma constitucional), o certo é que ele nunca poderia retroceder para prejudicar o réu.

Não se aplica o art. 27 da Convenção de Viena sobre Direito dos Tratados

O art. 27 da Convenção de Viena sobre Direito dos Tratados (Decreto 7.030/2009) prevê o seguinte:

> § Artigo 27
>
> Direito Interno e Observância de Tratados
>
> Uma parte não pode invocar as disposições de seu direito interno para justificar o inadimplemento de um tratado. (...)

O Brasil, ao negar a extradição com base no fato de o delito estar prescrito segundo a lei brasileira, violou o art. 27 da Convenção de Viena sobre Direito dos Tratados?

NÃO. O próprio Tratado de Extradição Brasil-Argentina proíbe a concessão da extradição "quando a ação ou a pena já estiver prescrita, segundo as leis do Estado requerente ou requerido" (art. III, c).

Desse modo, o Brasil não está descumprindo o tratado com base em uma lei interna. Ao contrário, ele está aplicando fielmente o tratado ao exigir o requisito da dupla tipicidade.

Em suma:

> **O fato de o Estado requerente ter qualificado os delitos imputados ao extraditando como de lesa-humanidade não torna tais crimes imprescritíveis no Brasil. Isso porque:**
>
> **1) o Brasil não subscreveu a Convenção sobre a Imprescritibilidade dos Crimes de Guerra e dos Crimes contra a Humanidade, nem aderiu a ela;**
>
> **2) apenas a lei interna pode dispor sobre prescritibilidade ou imprescritibilidade de crimes no Brasil.**
>
> STF. Plenário. Ext 1362/DF, rel. Min. Edson Fachin, red. p/ o ac. Min. Teori Zavascki, julgado em 9/11/2016 (Info 846).
>
> STF. 1ª Turma. Ext 1270/DF, Rel. orig. Min. Marco Aurélio, red. p/ o ac. Min. Roberto Barroso, julgado em 12/12/2017 (Info 888).

A 2ª tese do Estado requerente foi acolhida pelo STF?

SIM. Com relação ao crime de sequestro, é possível considerar que se trata de crime ainda em curso, uma vez que as vítimas de Gonzales continuam desaparecidas.

> **O crime de sequestro, por ser permanente, não prescreve enquanto não for encontrada a pessoa ou o corpo.**
>
> STF. 1ª Turma. Ext 1270/DF, Rel. orig. Min. Marco Aurélio, red. p/ o ac. Min. Roberto Barroso, julgado em 12/12/2017 (Info 888).

CABE PEDIDO DE EXTENSÃO DA EXTRADIÇÃO CASO SE DESCUBRA OUTRO DELITO QUE TENHA SIDO PRATICADO PELO EXTRADITANDO ANTES DA EXTRADIÇÃO E QUE NÃO TENHA SIDO MENCIONADO NO PEDIDO ORIGINAL

Imagine a seguinte situação hipotética:

Alfred, cidadão alemão, morava em Frankfurt.

Em 2012, Alfred praticou o crime de sonegação fiscal.

Em 2014, as autoridades alemãs descobriram o delito e Alfred, com medo de ser preso, fugiu para o Brasil, passando a morar em Porto Alegre.

O Governo da Alemanha descobriu seu paradeiro e pediu ao Brasil a extradição de Alfred.

Em março de 2015, o STF deferiu o pedido de extradição e Alfred seguiu para a Alemanha em junho do mesmo ano.

Chegando lá, foi julgado pelo Tribunal de Frankfurt, tendo sido condenado e, inclusive, já cumpre pena.

Descoberta de novo crime

Ocorre que, em 2017, ou seja, após o deferimento da extradição e a retirada do extraditando do território nacional, as autoridades alemãs descobriram que Alfred havia praticado outro crime de sonegação fiscal no ano de 2013.

Diante disso, o Governo da Alemanha formulou pedido de extensão para ampliar a quantidade de delitos pelos quais ele poderia ser julgado naquele país.

Em outras palavras, o Governo da Alemanha afirmou o seguinte: Brasil, em 2015, você autorizou a extradição de Alfred para ele ser julgado por sonegação fiscal cometida em 2012 (crime 1). Ocorre que, posteriormente, descobrirmos que ele também praticou sonegação fiscal no ano de 2013. Com a revelação deste novo delito, eu quero ampliar a autorização que você havia dado para poder julgá-lo também pela infração cometida em 2013 (crime 2).

Por que foi necessário que a Alemanha fizesse esse pedido de extensão? Alfred, nacional alemão, já estava lá... Era só a Alemanha julgá-lo sem pedir nada ao Brasil...

Não é bem assim que funciona.

Se o extraditando havia cometido outros crimes antes do pedido de extradição, em regra, ele não poderá responder por tais delitos se não constaram expressamente no pedido de extradição.

A isso se dá o nome de "princípio da especialidade".

Conforme explica a Min. Rosa Weber:

> "A extradição é concedida sempre tendo presente determinados crimes que constituíram o seu objeto. Pelo princípio da especialidade, não pode o Extraditado no País Requerente ser processado por fato diverso daquele que motivou a extradição.
>
> Não obstante, esta Corte tem admitido a apresentação de pedidos de extensão em extradições, condicionando o seu deferimento ao devido processo legal."
>
> (STF. 1ª Turma. Ext 1139 Extn, Rel. Min. Rosa Weber, julgado em 18/12/2012).

Ex: a Alemanha pediu a extradição narrando o crime 1; o Brasil autorizou a extradição analisando o crime 1; logo, em regra, o réu somente poderá responder por este delito; como o crime 2 tinha sido praticado antes do pedido de extradição, o governo alemão deveria ter mencionado expressamente não apenas o crime 1, como também o 2.

Havendo uma situação assim, o Estado que pediu a extradição deverá formular ao Estado que concedeu a medida um pedido de extensão da autorização da extradição para que o réu seja julgado pelo crime 2. Isso é chamado de "extradição supletiva".

Segundo entende o STF, o pedido de extradição supletiva ou suplementar não viola o princípio da especialidade, sendo juridicamente possível (STF. Ext 1.052 extensão – Reino dos Países Baixos, DJe 5/12/2008).

Regras de direito internacional

Assim, esse pedido de extensão do Estado alemão foi formulado para que sejam cumpridas as regras de direito internacional sobre extradição.

Quando o Estado autoriza a extradição, ele precisa saber exatamente por quais crimes a pessoa responderá no Estado de destino. Isso porque o Estado poderá recusar a extradição se o delito pelo qual o acusado irá responder não for também previsto como crime no Estado de origem (requisito da dupla tipicidade).

Dessa forma, não se pode omitir no pedido de extradição a existência de crimes que serão apurados no Estado requerente a respeito do mesmo réu porque isso seria uma forma de burlar a inteira análise do pedido pelo Estado requerido.

E se o crime for posterior ao pedido de extradição?

Neste caso, não há necessidade de nenhuma solicitação ou providência adicional junto ao país que autorizou a extradição.

Ex: imagine que Alfred, após ser extraditado para a Alemanha, matou um colega de cela na penitenciária. Poderá responder normalmente por esse crime na Justiça alemã, sem necessidade de qualquer autorização do Brasil. A necessidade da "extradição supletiva" é apenas para os fatos anteriores ao pedido de extradição e que não constaram neste requerimento.

Onde está previsto o princípio da especialidade?

Normalmente, este princípio está expressamente consignado nos tratados de extradição envolvendo os países. Além disso, encontra-se também previsto no art. 96, I, da Lei de Migração:

§ Art. 96. Não será efetivada a entrega do extraditando sem que o Estado requerente assuma o compromisso de:

I – não submeter o extraditando a prisão ou processo por fato anterior ao pedido de extradição;

Resumindo:

O estrangeiro que estava no Brasil e foi extraditado para outro país somente pode ser julgado ou cumprir pena no estrangeiro pelo crime contido no pedido de extradição.

Se o extraditando havia cometido outro crime antes do pedido de extradição, não poderá, em regra, responder por tais delitos, se não constou expressamente no pedido de extradição. A isso se dá o nome de "princípio da especialidade".

Ex.: a Alemanha pediu ao Brasil a extradição do alemão mencionando o crime 1; logo, em regra, o réu somente poderá responder por este delito; se havia um crime 2, praticado antes do pedido de extradição, o governo brasileiro deveria ter mencionado expressamente não apenas o crime 1, como também o 2.

Para que o réu responda pelo crime 2, o governo alemão deverá formular ao Estado estrangeiro um pedido de extensão da autorização da extradição. Isso é chamado de "extradição supletiva".

No caso concreto, o STF autorizou o pedido de extensão.

É possível o pedido de extensão ou de ampliação nas hipóteses em que já deferida a extradição, desde que observadas as formalidades em respeito ao direito do súdito estrangeiro (dupla tipicidade, dupla punibilidade e demais requisitos).

STF. 1ª Turma. Ext 1363 Extn/DF, Rel. Min. Alexandre de Moraes, julgado em 4/12/2018 (Info 926).

Duas observações finais:

- o pedido de extensão é possível mesmo que o processo de extradição já esteja arquivado no STF.
- a decisão do STF é autorizativa, cabendo ao Presidente da República determinar a extensão da extradição.

2. HOMOLOGAÇÃO DE SENTENÇA ESTRANGEIRA E CONCESSÃO DE EXEQUATUR

2.1. PARA QUE A SENTENÇA ESTRANGEIRA SEJA HOMOLOGADA NO BRASIL É NECESSÁRIO QUE ELA ESTEJA EFICAZ NO PAÍS DE ORIGEM

A decisão proferida pelo Poder Judiciário de um país produz efeitos em outro Estado soberano?

A princípio não, porque uma das manifestações da soberania é o fato do Poder Judiciário do próprio país ser o responsável pela resolução dos seus conflitos de interesses.

Assim, a princípio, uma decisão proferida pela Justiça dos EUA ou de Portugal, por exemplo, não tem força obrigatória no Brasil, considerando que, por sermos um país soberano, a função de dizer o direito é atribuída ao Poder Judiciário brasileiro.

Pode ser necessário, no entanto, que uma decisão no exterior tenha que ter eficácia no Brasil. Como proceder para que isso ocorra?

Em regra, para que uma decisão proferida pelo Poder Judiciário de outro país possa ser executada no Brasil, é necessário que passe por um processo de "reconhecimento" ou "ratificação" feito pela Justiça brasileira. A isso chamamos de homologação de sentença estrangeira.

Veja o que diz o CPC/2015 sobre o tema:

> § Art. 961. A decisão estrangeira somente terá eficácia no Brasil após a homologação de sentença estrangeira ou a concessão do exequatur às cartas rogatórias, salvo disposição em sentido contrário de lei ou tratado.

Assim, a lei ou tratado internacional poderá facilitar ou dispensar a homologação de sentença estrangeira ou a concessão do exequatur. Ex: a sentença estrangeira de divórcio consensual produz efeitos no Brasil, independentemente de homologação pelo STJ (§ 5º do art. 961 do CPC/2015).

Segundo a doutrina:

> "O processo de homologação de sentença estrangeira visa aferir a possibilidade de decisões estrangeiras produzirem efeitos dentro da ordem jurídica nacional" (MARINONI, Luiz Guilherme; MITIDIERO, Daniel. *Código de Processo Civil comentado artigo por artigo*. São Paulo: RT, 2008, p. 489).

> "Uma vez homologada, a sentença poderá produzir os mesmos efeitos de uma sentença nacional" (PORTELA, Paulo. *Direito internacional público e privado*. Salvador: Juspodivm, 2010, p. 562).

Como é feita a homologação de sentença estrangeira?

- Em regra, a homologação de decisão estrangeira será requerida pela parte interessada por meio de ação de homologação de decisão estrangeira.
- Exceção: o Brasil poderá firmar tratado internacional dispensando a propositura desta ação.

§ CPC/2015

Art. 960. A homologação de decisão estrangeira será requerida por ação de homologação de decisão estrangeira, salvo disposição especial em sentido contrário prevista em tratado.

No Brasil, quem é o órgão competente para análise e homologação de sentenças estrangeiras?

O Superior Tribunal de Justiça (art. 105, I, "i", da CF/88).

Onde estão previstas as regras para a homologação de sentenças estrangeiras?

- em tratados internacionais firmados pelo Brasil;
- nos arts. 960 a 965 do CPC/2015; e
- nos arts. 216-A a 216-X do Regimento Interno do STJ.

Vale ressaltar que o RISTJ somente se aplica em caráter supletivo e naquilo que for compatível com a legislação federal.

Algumas observações sobre o tema:

- Para que a decisão estrangeira seja homologada no Brasil, é preciso que ela seja definitiva (§ 1º do art. 961 do CPC/2015);
- Uma decisão que no estrangeiro não é considerada judicial, ou seja, uma decisão que no estrangeiro não foi proferida pelo Poder Judiciário no exercício de sua função típica, pode, mesmo assim, ser homologada no Brasil se aqui, em nosso país, ela for considerada decisão judicial. É o que prevê o § 1º do art. 961 do CPC 2015: "É passível de homologação (...) a decisão não judicial que, pela lei brasileira, teria natureza jurisdicional.";
- A decisão estrangeira poderá ser homologada parcialmente (§ 2º do art. 961);
- A autoridade judiciária brasileira poderá deferir pedidos de urgência e realizar atos de execução provisória no processo de homologação de decisão estrangeira (§ 3º do art. 961).
- Haverá homologação de decisão estrangeira para fins de execução fiscal quando prevista em tratado ou em promessa de reciprocidade apresentada à autoridade brasileira (§ 4º do art. 961).

A sentença estrangeira de divórcio consensual, para produzir efeitos no Brasil, precisa de homologação pelo STJ?

NÃO. A sentença estrangeira de divórcio consensual produz efeitos no Brasil, independentemente de homologação pelo STJ (§ 5º do art. 961 do CPC 2015).

No caso de sentença estrangeira de divórcio consensual, o próprio juiz possui competência para examinar a validade da decisão, em caráter principal ou incidental, quando essa questão for suscitada em processo de sua competência (§ 6º do art. 961).

Peculiaridades envolvendo decisão estrangeira concessiva de medida de urgência

- É passível de execução a decisão estrangeira concessiva de medida de urgência (art. 962).
- A execução no Brasil de decisão interlocutória estrangeira concessiva de medida de urgência é feita por meio de carta rogatória.
- A medida de urgência concedida sem audiência do réu poderá ser executada, desde que garantido o contraditório em momento posterior.
- O juízo sobre a urgência da medida compete exclusivamente à autoridade jurisdicional prolatora da decisão estrangeira. Em outras palavras, não cabe à autoridade jurisdicional brasileira reavaliar a presença ou não da urgência.

- Vimos acima que em alguns casos pode ser dispensada a homologação para que a sentença estrangeira produza efeitos no Brasil. Nesta situação, a decisão concessiva de medida de urgência dependerá, para produzir efeitos, de ter sua validade expressamente reconhecida pelo juiz competente para dar-lhe cumprimento, dispensada a homologação pelo STJ.

Quais são os requisitos indispensáveis à homologação da decisão estrangeira?

Segundo o art. 963 do CPC/2015, para que a decisão estrangeira seja homologada, é necessário que:

I – tenha sido proferida no exterior por autoridade competente;

II – as partes tenham sido citadas ou que tenha havido legalmente a revelia;

III – seja eficaz no país em que foi proferida;

IV – não ofenda a coisa julgada brasileira;

V – esteja acompanhada de tradução oficial, salvo disposição que a dispense prevista em tratado;

VI – não contenha manifesta ofensa à ordem pública.

Para que a sentença estrangeira seja homologada no Brasil, é necessário que ela tenha transitado em julgado no exterior? O trânsito em julgado é um requisito para a homologação da sentença estrangeira?

NÃO mais.

Segundo o art. 216-D, III, do RISTJ, para que a sentença estrangeira possa ser homologada no Brasil exige-se que ela tenha transitado em julgado. Veja:

> § Art. 216-D. A decisão estrangeira deverá:
>
> (...)
>
> III – ter transitado em julgado.
>
> (Incluído pela Emenda Regimental 18/ 2014)

Ocorre que o STJ decidiu que esse inciso III do art. 216-D do RISTJ foi tacitamente revogado pelo CPC/2015. Isso porque o novo CPC previu os requisitos para a homologação da sentença estrangeira e, em vez de exigir o trânsito em julgado, afirmou que basta que a sentença estrangeira seja eficaz no país de origem. Confira:

> § Art. 963. Constituem requisitos indispensáveis à homologação da decisão:
>
> (...)
>
> III – ser eficaz no país em que foi proferida;

Desse modo, conforme entendeu o STJ, o CPC/2015, ao exigir que a sentença estrangeira seja apenas "eficaz" no país em que foi proferida, teria deixado de exigir o trânsito em julgado.

Essa é a posição também de parcela significativa da doutrina:

> "4. Decisão eficaz, mas sem que necessariamente tenha transitado em julgado. O inciso III contempla importante inovação do CPC/2015 na matéria. É necessário que a decisão estrangeira, para ser homologada, seja eficaz, ou seja, suscetível de produzir efeitos no país de origem. Não precisa, contudo, já ter transitado em julgado, superando longa tradição do direito brasileiro sobre o tema. Fica afastada, portanto, a aplicação do art. 216-D, III, do Regimento Interno do STJ e da Súmula 420 do STF, que exigem que a decisão estrangeira tivesse transitado em julgado. A alteração é significativa, pois basta que o provimento seja eficaz no país de origem para que possa ser homologado no Brasil, o que

abre margem, em tese, para a homologação de decisões estrangeiras objeto de recurso no país de origem sem efeito suspensivo." (GAJARDONI, Fernando da Fonseca; DELLORE, Luiz; ROQUE, André Vasconcelos; OLIVEIRA JR., Zulmar. *Execução e recursos: comentários ao CPC de 2015*. São Paulo: Método, 2017. p. 754).

Se este entendimento prevalecer realmente no STJ, fica superada a Súmula 420 do STF:

Súmula 420-STF: Não se homologa sentença proferida no estrangeiro sem prova do trânsito em julgado.

Em suma:

Com a entrada em vigor do CPC/2015, tornou-se necessário que a sentença estrangeira esteja eficaz no país de origem para sua homologação no Brasil.

O art. 963, III, do CPC/2015, não mais exige que a decisão judicial que se pretende homologar tenha transitado em julgado, mas apenas que ela seja eficaz em seu país de origem, tendo sido tacitamente revogado o art. 216-D, III, do RISTJ.

STJ. Corte Especial. SEC 14.812-EX, Rel. Min. Nancy Andrighi, julgado em 16/05/2018 (Info 626).

2.2. A AUSÊNCIA DE JURISDIÇÃO BRASILEIRA CONDUZ NECESSARIAMENTE À FALTA DE INTERESSE PROCESSUAL NA HOMOLOGAÇÃO DE PROVIMENTO ESTRANGEIRO

Imagine a seguinte situação hipotética:

Juan, cidadão equatoriano, ajuizou, no Equador, ação de indenização contra Chevron Corporation, empresa norte-americana.

A justiça equatoriana condenou a empresa a pagar indenização em favor do autor.

Juan ingressou, então, com pedido de homologação desta sentença estrangeira no Brasil.

Vale ressaltar que Juan não tem domicílio no Estado brasileiro.

Esta sentença estrangeira deverá ser homologada no Brasil? O que decidiu o STJ?

NÃO.

De acordo com o "princípio da efetividade", todo pedido de homologação de sentença alienígena, por apresentar elementos transfronteiriços, exige que haja algum ponto de conexão entre o exercício da jurisdição pelo Estado brasileiro e o caso concreto a ele submetido.

Neste caso concreto, a sentença não envolve partes brasileiras ou domiciliadas no país, tampouco a lide originária se refere a fatos ocorridos no Brasil, nem a sentença homologanda impôs qualquer obrigação a ser cumprida em território nacional.

Deste modo, a ausência de jurisdição brasileira conduz necessariamente à falta de interesse processual do requerente. Isso porque o interesse de agir se encontra vinculado à necessidade e à adequação da prestação jurisdicional, ou seja, quando a tutela tiver a potencialidade de trazer ao autor alguma utilidade, que não lhe seria outorgada sem a intervenção estatal, assim também quando for apta a satisfazer concretamente sua pretensão.

Aplicando tais conceitos ao procedimento homologatório, a doutrina afirma que o interesse de agir estará presente sempre que "o provimento postulado seja apto e adequado a produzir algum resultado útil ao autor, proporcionando-lhe determinada vantagem em sua esfera subjetiva de direitos. É sempre bom lembrar que, em virtude da autonomia de que goza o juízo delibatório, essa utilidade deve ser valorada à luz do procedimento pedido ao juiz no processo de homologação, não no processo estrangeiro já encerrado" (ABBUD, André de Albuquerque Cavalcanti. *Homologação de sentenças arbitrais estrangeiras*. São Paulo: Atlas, 2008, p. 108).

Em suma:

A ausência de jurisdição brasileira conduz necessariamente à falta de interesse processual na homologação de provimento estrangeiro.

STJ. Corte Especial. SEC 8.542-EX, Rel. Min. Luis Felipe Salomão, julgado em 29/11/2017 (Info 621).

2.3. NÃO CABE RENÚNCIA EM PROCESSO DE HOMOLOGAÇÃO DE SENTENÇA ESTRANGEIRA

Imagine a seguinte situação hipotética:

Juan, cidadão equatoriano, ajuizou, no Equador, ação de indenização contra Chevron Corporation, empresa norte-americana.

A justiça equatoriana condenou a empresa a pagar indenização em favor do autor.

Juan ingressou, então, com pedido de homologação desta sentença estrangeira no Brasil.

Antes que o pedido fosse julgado pelo STJ, Juan apresentou petição requerendo a renúncia da homologação da sentença estrangeira.

Vale ressaltar que a Chevron já havia sido citada e apresentado contestação.

O Ministro Relator intimou a Chevron para que se manifestasse sobre o pedido de Juan e a requerida afirmou que não cabia renúncia no presente caso e que ela era contrária ao requerimento, desejando que a homologação fosse apreciada pelo STJ.

O pedido de renúncia formulado por Juan deve ser acolhido?

NÃO.

É inadmissível a renúncia em sede de homologação de provimento estrangeiro.

STJ. Corte Especial. SEC 8.542-EX, Rel. Min. Luis Felipe Salomão, julgado em 29/11/2017 (Info 621).

A homologação consiste em "ato formal de órgão nacional a que se subordina a aquisição de eficácia pela sentença estrangeira" (MORAES, Guilherme Peña de. *Homologação de sentença estrangeira à luz da jurisprudência do STF*. Rio de Janeiro: Lumen Juris, 2002, p. 15).

A homologação é, portanto, apenas um pressuposto de eficácia da decisão alienígena (estrangeira) no território nacional. Homologa-se a decisão estrangeira a fim de permitir a sua posterior execução. Desse modo, a homologação de sentença estrangeira tem caráter meramente processual, sem correlação direta com o direito material veiculado na ação original.

A renúncia, ao contrário da desistência, implica a impossibilidade de repropositura da ação, uma vez que a parte dispõe (abdica) do próprio direito material em que se funda a ação.

Desse modo, não se pode renunciar no procedimento de homologação de sentença estrangeira porque não se está discutindo a existência do direito material.

E Juan poderia pedir a desistência do processo de homologação da sentença estrangeira?

SIM. Seria, em tese, possível a desistência do processo homologatório. Vale ressaltar, no entanto, que, como a requerida já havia sido citada, para que houvesse a desistência era necessária a sua concordância. É o que prevê o art. 485, § 4º do CPC/2015:

§ Art. 485 (...)

§ 4º Oferecida a contestação, o autor não poderá, sem o consentimento do réu, desistir da ação.

Por que o réu deve consentir com o pedido de desistência da ação?

Porque o réu que apresentou contestação, assim como o autor, também tem direito a uma sentença de mérito. Na contestação, o réu formula pedido(s) e, portanto, tem o direito de ver esse(s) pedido(s) apreciado(s) pelo juízo.

O conceito de tutela jurisdicional deve levar em consideração não apenas o ponto de vista do autor, que movimentou a máquina judiciária, mas também o do réu, que quando contesta a ação, está buscando essa tutela, só que em sentido contrário àquele que busca o autor.

Assim, o processo não pode ser entendido simplesmente como um modo de exercício de direitos do autor, mas como um instrumento do Estado para o exercício de uma função sua, qual seja, a jurisdição.

A discordância do réu quanto à desistência da ação deve ser fundamentada:

Se o réu não quiser concordar com a desistência, deverá apresentar ao juízo um motivo justificável, sob pena de sua conduta ser considerada como abuso de direito.

Desse modo, se a recusa do réu em aceitar a desistência for infundada (sem um motivo razoável), o juiz poderá suprir a sua concordância e homologar a desistência.

Vamos relembrar: o autor, depois de ter proposta a ação, pode desistir?

- Se o réu não tiver apresentado defesa: o autor pode desistir normalmente.
- Se o réu tiver apresentado defesa: o autor só pode desistir com o consentimento do réu (§ 4º do art. 485).
- Se já houver sentença: o autor não pode desistir, nem mesmo com o consentimento do réu (STJ).

3. HIPOTECA NAVAL

É RECONHECIDA A EFICÁCIA, NO BRASIL, DE HIPOTECA DE NAVIO REGISTRADA NO PAÍS DE NACIONALIDADE DA EMBARCAÇÃO

Imagine a seguinte situação hipotética:

O Banco BTG ajuizou execução de título extrajudicial contra a empresa OSX.

Na execução foi penhorado um navio de propriedade da executada e que está atracado no Brasil.

Ocorre que, um ano antes desta execução, o navio já havia sido hipotecado na Libéria, em favor da empresa Nordic.

Vale ressaltar que este navio é de nacionalidade liberiana e esta hipoteca encontra-se registrada na Libéria.

A Nordic interveio na execução requerendo seu direito de preferência (prelação) hipotecária em caso de alienação. Em outras palavras, ela afirmou o seguinte: se o navio for alienado, primeiro eu terei que ser paga e somente o que sobrar poderá ser destinado ao exequente.

O exequente insurgiu-se contra o pedido alegando que essa hipoteca não seria eficaz no Brasil.

O debate jurídico, portanto, é o seguinte: essa hipoteca tem eficácia aqui no Brasil?

SIM. Deve ser reconhecida a eficácia, no Brasil, de hipoteca de navio registrada no país de nacionalidade da embarcação.

Vamos entender as razões do julgado.

O navio é um bem móvel. Mesmo assim ele está sujeito à hipoteca?

SIM. As grandes embarcações e aeronaves, embora efetivamente sejam bens móveis pelo critério físico, no plano jurídico, em vista de sua importância econômica e com o objetivo de conferir maior segurança jurídica, estão sujeitas à hipoteca.

Regulamentação

A hipoteca de navios se encontra disciplinada pelo art. 278 do Decreto nº 18.871/1929, que promulga a Convenção de Direito Internacional Privado de Havana (Código Bustamante), e pelos arts. 12 a 14 da Lei nº 7.652/88, que dispõem sobre o registro de propriedade marítima.

Hipoteca marítima tem efeitos extraterritoriais

A Convenção de Direito Internacional Privado de Havana (Código Bustamante) estabelece que a hipoteca marítima e os privilégios e garantias de caráter real, constituídos de acordo com a lei do pavilhão (lei da bandeira do navio), têm efeitos extraterritoriais, até nos países cuja legislação não conheça ou não regule essa hipoteca ou esses privilégios.

De igual modo, o art. 1º da Convenção de Bruxelas para a Unificação de Certas Regras Relativas aos Princípios e Hipotecas Marítimas (Decreto nº 351/1935) prevê que as hipotecas sobre navios regularmente estabelecidas e registradas serão consideradas válidas e acatadas em todos os outros países contratantes.

Essa hipoteca marítima deveria ter sido registrada também no Brasil?

NÃO. Não cabe o registro, no Brasil, da hipoteca da embarcação de bandeira de outro país, pertencente à sociedade empresária estrangeira.

Com efeito, na leitura da Lei nº 7.652/88 (que dispõe sobre o registro de propriedade marítima) e dos demais diplomas internos, nota-se um claro cuidado do legislador em não estabelecer disposição que confronte com as convenções internacionais a que o Estado aderiu, respeitando-se a soberania dos países em que estão registrados os navios e respectivas hipotecas, de modo a fornecer segurança jurídica aos proprietários e detentores de direitos sobre embarcações.

O registro hipotecário é ato de soberania do Estado da nacionalidade da embarcação, estando sob sua jurisdição as respectivas questões administrativas.

Negar eficácia à hipoteca marítima internacional violas as convenções internacionais

Desse modo, diante de tudo que foi exposto, conclui-se que negar eficácia à hipoteca seria desrespeitar diversas convenções internacionais, gerando insegurança jurídica, com possíveis restrições e aumento de custo para o afretamento de embarcações utilizadas no Brasil.

Em suma:

A hipoteca de navio registrada no país de nacionalidade da embarcação tem eficácia extraterritorial, alcançando o âmbito interno nacional.

STJ. 4ª Turma. REsp 1.705.222-SP, Rel. Min. Luis Felipe Salomão, julgado em 16/11/2017 (Info 618).

2.4. POSSIBILIDADE DE CONCESSÃO DE EXEQUATUR POR DECISÃO MONOCRÁTICA DO MINISTRO DO STJ

Imagine a seguinte situação:

Germano tem domicílio em São Paulo (SP).

A empresa OLP, com sede na Inglaterra, ingressou com ação de cobrança contra Germano, na Justiça inglesa.

A Justiça da Inglaterra expediu uma carta rogatória para ser cumprida no Brasil com o objetivo de fazer a citação de Germano para responder a ação.

Como esta determinação judicial da Justiça inglesa é cumprida no Brasil? Exige-se alguma providência?

SIM. É necessário um exequatur.

Execução de carta rogatória

Carta rogatória é um instrumento de cooperação jurídica internacional por meio do qual uma autoridade judiciária de um Estado estrangeiro solicita que o Poder Judiciário de outro país pratique determinado ato processual em seu território. Ex: um juiz de Berlim (Alemanha) expede uma carta rogatória para que seja ouvida uma testemunha residente em Manaus (Brasil). Neste caso, ela é chamada de carta rogatória passiva (a ser cumprida no Brasil). Se o juiz brasileiro é quem tivesse expedido a carta rogatória, seria denominada de ativa.

A carta rogatória passiva, em regra, antes de ser cumprida no Brasil, precisa receber um *exequatur*, que é exarado pelo STJ (art. 105, I, *i*, da CF/88):

§ Art. 105. Compete ao Superior Tribunal de Justiça:

I – processar e julgar, originariamente:

i) a homologação de sentenças estrangeiras e a concessão de exequatur às cartas rogatórias;

Por meio do *exequatur*, o STJ verifica se o ato processual solicitado pela autoridade judiciária estrangeira é compatível com o ordenamento brasileiro. Caso seja, o Tribunal concede o *exequatur*, que significa "cumpra-se".

Desse modo, após o *exequatur* concedido pelo STJ à carta rogatória, esta irá ser cumprida por um juiz federal.

Voltando ao nosso caso concreto:

Chegando o pedido no STJ, foi sorteado um Ministro Relator. Este, de forma monocrática, concedeu o exequatur da carta rogatória e determinou a citação de Germano.

Germano não concordou e interpôs, para a Corte Especial, agravo interno contra esta decisão.

No agravo, o interessado alegou que houve *error in procedendo*, uma vez que o exequatur não poderia ter sido decidido monocraticamente pelo Ministro Relator.

A Corte Especial afirmou que o Relator poderia ter decidido monocraticamente e manteve a concessão do exequatur.

Contra esta decisão da Corte Especial, Germano interpôs recurso extraordinário.

O STF manteve a decisão?

SIM.

É possível a concessão de *exequatur* de carta rogatória, para fins de citação, por meio de decisão monocrática de relator no STJ, posteriormente confirmada na Corte Especial, em homenagem aos princípios da cooperação e da celeridade processual.

STF. 2ª Turma. RE 634595, Rel. Min. Dias Toffoli, julgado em 3/4/2018 (Info 896).

É possível a concessão de exequatur por decisão monocrática se o objeto é apenas a citação do interessado

A carta rogatória em questão tinha como objeto tão somente permitir a citação do interessado para conhecimento dos termos da ação que tramita na justiça de outro país, dando-lhe oportunidade de oferecer defesa. O ato, portanto, é desprovido de qualquer caráter executivo.

O STJ, com fundamento no art. 216-T de seu Regimento Interno, vem concedendo, por meio de decisões monocráticas, *exequatur* a cartas rogatórias destinadas à citação em território brasileiro das partes interessadas para que tomem conhecimento de ações que tramitam na Justiça rogante, facultando-lhes, consequentemente, a apresentação de defesa.

O STF entendeu que não há qualquer ilegalidade ou inconstitucionalidade nesta prática.

Não houve ofensa à soberania nacional, à dignidade da pessoa humana ou à ordem pública

O STJ, ao examinar se deve ou não conceder exequatur, exerce apenas um juízo delibatório, limitando-se à análise dos requisitos formais previstos na LINDB, no CPC e no Regimento Interno do STJ.

Assim, o STJ não faz o exame do mérito do ato processual, salvo se houver ofensa à soberania nacional, à dignidade da pessoa humana ou à ordem pública, o que não ocorreu no caso.

Argumento de que houve ofensa ao princípio da colegialidade ficou superado

O fato de a referida carta rogatória ter sido apreciada por decisão singular do Ministro Relator não torna o ato nulo porque ele foi referendado, no julgamento do agravo, pela Corte Especial do STJ, em observância ao princípio da colegialidade.

O STF entende que eventual violação do princípio da colegialidade fica superada a partir do momento em que a parte interessada apresenta agravo interno e o colegiado confirma a decisão monocrática. Isso porque o colegiado ratifica e substitui a decisão unipessoal.

Deve-se evitar formalidades desnecessárias

Deve-se evitar formalidades desnecessárias que impeçam o seu cumprimento, em atenção aos princípios da celeridade e da razoável duração do processo. A prestação jurisdicional deve se adequar à atual conjuntura, visando a uma maior cooperação entre os sistemas jurídicos internacionais e a uma maior efetividade das medidas judiciais.

Direito do Trabalho e Processual do Trabalho

1. TEMAS DIVERSOS

É GARANTIDA A ESTABILIDADE À EMPREGADA GESTANTE MESMO QUE NO MOMENTO EM QUE ELA TENHA SIDO DEMITIDA PELO EMPREGADOR ELE NÃO SOUBESSE DE SUA GRAVIDEZ

A incidência da estabilidade prevista no art. 10, II, do Ato das Disposições Constitucionais Transitórias (ADCT) somente exige a anterioridade da gravidez à dispensa sem justa causa.

Art. 10. (...) II – fica vedada a dispensa arbitrária ou sem justa causa: (...) da empregada gestante, desde a confirmação da gravidez até cinco meses após o parto.

O único requisito exigido é de natureza biológica. Exige-se apenas a comprovação de que a gravidez ocorreu antes da dispensa arbitrária, não sendo necessários quaisquer outros requisitos, como o prévio conhecimento do empregador ou da própria gestante.

Assim, é possível assegurar a estabilidade à gestante mesmo que, no momento em que ela tenha sido demitida pelo empregador, ele não soubesse de sua gravidez.

STF. Plenário. RE 629053/SP, Rel. Min. Marco Aurélio, red. p/ ac. Min. Alexandre de Moraes, julgado em 10/10/2018 (repercussão geral) (Info 919).

Veja comentários em Direito Constitucional.

É CONSTITUCIONAL A LEI QUE EXTINGUIU A CONTRIBUIÇÃO SINDICAL OBRIGATÓRIA

São compatíveis com a Constituição Federal os dispositivos da Lei nº 13.467/2017 (Reforma Trabalhista) que extinguiram a obrigatoriedade da contribuição sindical e condicionaram o seu pagamento à prévia e expressa autorização dos filiados.

No âmbito formal, o STF entendeu que a Lei nº 13.467/2017 não contempla normas gerais de direito tributário (art. 146, III, "a", da CF/88). Assim, não era necessária a edição de lei complementar para tratar sobre matéria relativa a contribuições.

Também não se aplica ao caso a exigência de lei específica prevista no art. 150, § 6º, da CF/88, pois a norma impugnada não disciplinou nenhum dos benefícios fiscais nele mencionados, quais sejam, subsídio ou isenção, redução de base de cálculo, concessão de crédito presumido, anistia ou remissão.

Sob o ângulo material, o STF afirmou que a Constituição assegura a livre associação profissional ou sindical, de modo que ninguém é obrigado a filiar-se ou a manter-se filiado a sindicato (art. 8º, V, da CF/88). O princípio constitucional da liberdade sindical garante tanto ao trabalhador quanto ao empregador a liberdade de se associar a uma organização sindical, passando a contribuir voluntariamente com essa representação.

Não há nenhum comando na CF/88 determinando que a contribuição sindical é compulsória.

Não se pode admitir que o texto constitucional, de um lado, consagre a liberdade de associação, sindicalização e expressão (art. 5º, IV e XVII, e art. 8º) e, de outro, imponha uma contribuição compulsória a todos os integrantes das categorias econômicas e profissionais.

STF. Plenário. ADI 5794/DF, Rel. Min. Edson Fachin, red. p/ o ac. Min. Luiz Fux, julgado em 29/6/2018 (Info 908).

Veja comentários em Direito Constitucional.

É possível o ajuizamento de reclamação trabalhista mesmo que não se tenha tentado acordo na Comissão de Conciliação Prévia

Comissão de conciliação prévia

A Lei nº 9.958/2000 inseriu os arts. 625-A a 625-H na CLT a fim de tratar sobre a Comissão de Conciliação Prévia (CCP).

A Lei falou o seguinte: as empresas e os sindicatos poderão instituir comissões compostas por representantes dos empregados e dos empregadores, com a atribuição de tentar conciliar os conflitos individuais do trabalho.

Aceita a conciliação, será lavrado termo assinado pelo empregado, pelo empregador ou seu preposto e pelos membros da Comissão, fornecendo-se cópia às partes (art. 625-E). O termo de conciliação é título executivo extrajudicial e terá eficácia liberatória geral, exceto quanto às parcelas expressamente ressalvada (parágrafo único do art. 625-E).

Até aí, tudo bem. Trata-se de uma medida salutar visando a estimular a resolução extrajudicial dos conflitos.

O ponto polêmico, contudo, foi o art. 625-D, cuja redação é a seguinte:

§ Art. 625-D. Qualquer demanda de natureza trabalhista será submetida à Comissão de Conciliação Prévia se, na localidade da prestação de serviços, houver sido instituída a Comissão no âmbito da empresa ou do sindicato da categoria. (Incluído pela Lei nº 9.958/2000)

A interpretação literal deste dispositivo nos traria à seguinte conclusão: se houvesse Comissão de Conciliação Prévia instituída na localidade onde os serviços foram prestados, o trabalhador, antes de ajuizar a reclamação trabalhista, obrigatoriamente teria que submeter a demanda à referida Comissão. Em outras palavras, ele só poderia acionar o Poder Judiciário se antes tentasse a conciliação extrajudicial.

ADI

Diante disso, alguns partidos políticos ajuizaram ações diretas de inconstitucionalidade contra a Lei nº 9.958/2000 afirmando, dentre outros argumentos, que o art. 625-D da CLT afronta o princípio constitucional da inafastabilidade da jurisdição, segundo o qual "a lei não excluirá da apreciação do Poder Judiciário lesão ou ameaça a direito" (art. 5º, XXXV, da CF/88).

Liminar concedida em 2009

Em 13/05/2009, o STF concedeu medida liminar para dar interpretação conforme a Constituição Federal ao art. 625-D da CLT afirmando que este dispositivo garante uma escolha para o empregado, que pode tentar primeiramente a conciliação ou ingressar diretamente com a reclamação trabalhista na Justiça do Trabalho.

Assim, o STF decidiu que demandas trabalhistas podem ser submetidas ao Poder Judiciário antes que tenham sido analisadas por uma comissão de conciliação prévia:

(...) A Constituição Federal em vigor, ao contrário da pretérita, é exaustiva quanto às situações jurídicas passíveis de ensejar, antes do ingresso em juízo, o esgotamento da fase administrativa, alcançando, na jurisdição cível-trabalhista, apenas o dissídio coletivo.

STF. Plenário. ADI 2139 MC, Rel. Min. Octavio Gallotti, Relator p/ Acórdão: Min. Marco Aurélio, julgado em 13/05/2009.

Julgamento definitivo em 2018

Em 2018, o STF confirmou a medida cautelar e julgou parcialmente procedente os pedidos formulados em três ações diretas de inconstitucionalidade para dar interpretação conforme à Constituição ao art. 625-D, §§ 1º a 4º, da CLT.

Segundo o STF, o art. 625-D da CLT deve ser interpretado assim:

A Comissão de Conciliação Prévia constitui meio legítimo, mas não obrigatório, de solução de conflitos. Isso significa que é permitido que o empregado ingresse diretamente com a reclamação na Justiça do Trabalho, mesmo que não tenha buscado previamente a Comissão de Conciliação Prévia. Deve ser resguardado o acesso à Justiça para os que venham a ajuizar demandas diretamente na Justiça do Trabalho.

STF. Plenário. ADI 2139/DF, ADI 2160/DF e ADI 2237/DF, Rel. Min. Cármen Lúcia, julgados em 1º/8/2018 (Info 909).

O inciso XXXV do art. 5º da Constituição Federal prevê que:

§ Art. 5º (...)

XXXV – a lei não excluirá da apreciação do Poder Judiciário lesão ou ameaça a direito;

Diante dessa previsão, deve ser considerada inconstitucional a fixação de exigência para que a pessoa ingresse com ação judicial se essa exigência for desproporcional, procrastinatória ou inviabilizadora do próprio direito de acesso ao Judiciário. Esse era o caso da interpretação que exigia a prévia busca da CCP para o ajuizamento da reclamação trabalhista.

Vale ressaltar que a CF/88 estabelece restrições de acesso ao Poder Judiciário. Ex: art. 217, § 1º:

§ Art. 217 (...)

§ 1º O Poder Judiciário só admitirá ações relativas à disciplina e às competições desportivas após esgotarem-se as instâncias da justiça desportiva, regulada em lei.

Não cabe à legislação infraconstitucional expandir esse rol de exceções ao direito de acesso ao Judiciário.

Assim, contraria a CF/88 a interpretação do art. 625-D e parágrafos que reconheça a submissão da pretensão à Comissão de Conciliação Prévia como requisito para ajuizamento de reclamação trabalhista.

Essa compreensão, contudo, não exclui a idoneidade do subsistema de autocomposição da CCP, que é muito importante para buscar a pacificação social. A legitimidade do referido meio alternativo de resolução de conflitos baseia-se na consensualidade, relevante instrumento de acesso à ordem jurídica justa.

Eficácia liberatória geral

O art. 625-E da CLT também estava sendo impugnado nas ADIs e possui a seguinte redação:

> § Art. 625-E. Aceita a conciliação, será lavrado termo assinado pelo empregado, pelo empregador ou seu proposto e pelos membros da Comissão, fornecendo-se cópia às partes.
>
> Parágrafo único. O termo de conciliação é título executivo extrajudicial e terá eficácia liberatória geral, exceto quanto às parcelas expressamente ressalvadas. (Incluído pela Lei nº 9.958/2000)

O STF conferiu interpretação sistemática ao art. 625-E, parágrafo único, da CLT, para dizer que a expressão "eficácia liberatória geral" somente se refere àquilo que foi objeto da conciliação. Em outras palavras, somente diz respeito aos valores que foram discutidos na Comissão de Conciliação Prévia. Isso não significa que haverá uma quitação geral e indiscriminada de verbas trabalhistas abrangendo parcelas que não foram objeto de debate na CCP.

Impossibilidade de citação por edital no procedimento sumaríssimo

O art. 852-B foi inserido na CLT pela Lei nº 9.957/2000.

Veja o que diz o inciso II:

> § Art. 852-B. Nas reclamações enquadradas no procedimento sumaríssimo:
>
> (...)
>
> II – não se fará citação por edital, incumbindo ao autor a correta indicação do nome e endereço do reclamado; (Incluído pela Lei nº 9.957/2000)

Esse dispositivo também foi questionado na ADI, mas o STF decidiu que a previsão é constitucional, rejeitando a ação neste ponto.

O legislador, ao proibir a citação por edital no procedimento sumaríssimo, teve por objetivo conferir celeridade e efetividade a este rito.

A isonomia constitucional não impõe tratamento linear e rígido a todos os que demandam a atuação do Poder Judiciário. A admissão da citação editalícia no rito sumaríssimo representaria desigualdade material. Essa prática tenderia a alinhar os ritos sumaríssimo e ordinário em detrimento dos princípios da primazia da realidade e da razoabilidade.

Portanto, caso não se encontre o jurisdicionado, haverá a transformação do procedimento em ordinário.

Constitucionalidade do § 18 do art. 20 e dos arts. 29-A e 29-B da Lei nº 8.036/90

FGTS

FGTS é a sigla para Fundo de Garantia por Tempo de Serviço.

O FGTS foi criado pela Lei nº 5.107/66 com o objetivo de proteger o trabalhador demitido sem justa causa.

Atualmente, o FGTS é regido pela Lei nº 8.036/90.

O FGTS nada mais é do que uma conta bancária aberta em nome do trabalhador e vinculada a ele no momento em que celebra seu primeiro contrato de trabalho.

Nessa conta bancária, o empregador deposita todos os meses o valor equivalente a 8% do salário pago ao empregado, acrescido de juros e atualização monetária (conhecidos pela sigla "JAM").

Assim, vai sendo formado um fundo de reserva financeira para o trabalhador, ou seja, uma espécie de "poupança", que é utilizada pelo obreiro quando fica desempregado sem justa causa ou quando precisa para alguma finalidade relevante, assim considerada pela lei.

Se o empregado for demitido sem justa causa, o empregador é obrigado a depositar, na conta vinculada do trabalhador, uma indenização compensatória de 40% do montante de todos os depósitos realizados na conta vinculada durante a vigência do contrato de trabalho, atualizados monetariamente e acrescidos dos respectivos juros (art. 18, § 1º da Lei nº 8.036/90).

O trabalhador que possui conta do FGTS vinculada a seu nome é chamado de trabalhador participante do Fundo de Garantia do Tempo de Serviço.

O FGTS possui natureza jurídica de direito social do trabalhador, sendo considerado, portanto, fruto civil do trabalho (STJ. 3ª Turma. REsp 848.660/RS, Rel. Min. Paulo de Tarso Sanseverino, DJe 13/05/2011).

MP 1.951-33/2000 (atual MP 2.197-43)

O FGTS é regido pela Lei nº 8.036/90.

Em 2000, foi editada a MP 1.951-33, que introduziu o § 18 ao art. 20 e os arts. 29-A e 29-B na Lei nº 8.036/90, além de outros dispositivos que não interessam para a explicação.

A MP foi posteriormente substituída pela MP 2.197-43.

A MP 2.197-43 passou a ter prazo de vigência indeterminado, com base no art. 2º da EC 32/2001 e, por não ter sido revogada por nenhuma lei, vigora até hoje:

> § Art. 2º As medidas provisórias editadas em data anterior à da publicação desta emenda continuam em vigor até que medida provisória ulterior as revogue explicitamente ou até deliberação definitiva do Congresso Nacional.

Vejamos os dispositivos inseridos pela MP 1.951-33/2000 (atual MP 2.197-43):

> § Art. 20 (...)
>
> § 18. É indispensável o comparecimento pessoal do titular da conta vinculada para o pagamento da retirada nas hipóteses previstas nos incisos I, II, III, VIII, IX e X deste artigo, salvo em caso de grave moléstia comprovada por perícia médica, quando será paga a procurador especialmente constituído para esse fim.

> § Art. 29-A. Quaisquer créditos relativos à correção dos saldos das contas vinculadas do FGTS serão liquidados mediante lançamento pelo agente operador na respectiva conta do trabalhador.

> § Art. 29-B. Não será cabível medida liminar em mandado de segurança, no procedimento cautelar ou em quaisquer outras ações de natureza cautelar ou preventiva, nem a tutela antecipada prevista nos arts. 273 e 461 do Código de Processo Civil que impliquem saque ou movimentação da conta vinculada do trabalhador no FGTS.

ADIs

A Confederação Nacional dos Trabalhadores Metalúrgicos (CNTM), o PT e a OAB ajuizaram três ações diretas de inconstitucionalidade contra esses dispositivos.

A CNTM argumentou que a exigência de comparecimento pessoal restringe o direito dos sindicatos e associações de representar seus filiados judicial e extrajudicialmente. Em outras palavras, a Confederação alegou que os sindicatos e associações poderiam representam o trabalhador para tratar dos assuntos relacionados com o FGTS.

Já a OAB e o PT aduziram que a norma seria inconstitucional, pois, entre outros pontos, não levou em consideração os critérios de relevância e urgência para edição de medidas provisórias (inconstitucionalidade formal).

O pedido dos autores das ADIs foi acolhido? Esses três dispositivos acima transcritos são inconstitucionais?

NÃO. O STF julgou improcedentes as ADIs e declarou a constitucionalidade dos dispositivos.

Não há inconstitucionalidade formal

O art. 62 da CF/88 prevê que o Presidente da República somente poderá editar medidas provisórias em caso de relevância e urgência.

Em regra, não cabe ao Poder Judiciário verificar os requisitos da MP porque configuram conceitos jurídicos indeterminados que estão situados dentro da discricionariedade política do Poder Executivo.

Somente em caráter excepcional é possível o controle jurisdicional destes requisitos, quando existir abuso de poder ou a ausência destes pressupostos for evidente.

O STF entendeu que não houve abuso no presente caso, uma vez que a matéria tratada possui evidente relevância e havia considerável urgência na edição da medida, por meio da qual se buscou reduzir os inúmeros casos de fraude envolvendo saques de valores depositados nas contas de FGTS dos trabalhadores brasileiros.

Art. 20, § 18

O art. 20, § 18 prevê que é indispensável o comparecimento pessoal do titular da conta vinculada do FGTS para a realização de levantamento de valores, em determinadas hipóteses, salvo em caso de grave moléstia comprovada por perícia médica, quando será paga a procurador especialmente constituído para esse fim.

O STF reputou que essa exigência é legítima.

Trata-se, tão somente, de condição procedimental para pagamento, a qual não eliminou nenhuma das hipóteses de saque anteriormente previstas, nem vedou a possibilidade de os sindicatos ou os advogados atuarem na defesa e representação dos seus filiados ou clientes.

A exigência em questão é uma obrigação personalíssima que resguarda o direito do titular da conta vinculada, além de evitar fraudes e a malversação dos valores depositados, por parte de terceiros. Preservados, assim, o direito de representação e o direito adquirido dos trabalhadores.

Art. 29-A

Em relação à impugnação do art. 29-A, o STF considerou válida a explicitação de que os valores suscetíveis de correção do FGTS devem ser lançados na conta vinculada do trabalhador. Essa norma garante a devida correção monetária do FGTS por meio de lançamento na própria conta vinculada, como ocorre nos depósitos do valor principal. Além disso, essa medida evita que ocorram saques de parcelas acessórias fora das hipóteses que a lei autoriza.

Art. 29-B

O art. 29-B trata sobre direito processual. Os autores da ADI afirmaram que esse dispositivo seria, portanto, inconstitucional, já que MP não pode dispor sobre direito processual.

Por fim, quanto ao art. 29-B, o STF afastou a apontada inconstitucionalidade formal da medida provisória na parte em que dispôs sobre o não cabimento de medida liminar, cautelar ou tutela antecipada que impliquem saque ou movimentação da conta vinculada do trabalhador no FGTS.

Isso porque a vedação de medidas provisórias sobre matéria processual somente se aplica àquelas editadas posteriormente à Emenda Constitucional 32/2001. Portanto, ao tempo da edição, as disposições normativas impugnadas obedeceram aos parâmetros constitucionais vigentes.

Em suma:

> **O § 18 do art. 20 e os arts. 29-A e 29-B da Lei nº 8.036/90, introduzidos pela MP 1.951-33/2000 (atual MP 2.197-43), são constitucionais.**
>
> STF. Plenário. ADI 2382, ADI 2425 e ADI 2479, Rel. Min. Ricardo Lewandowski, red. p/ o ac. Min. Edson Fachin, julgados em 14/3/2018 (Info 894).

COMPETE À JUSTIÇA ESTADUAL (E NÃO À JUSTIÇA DO TRABALHO) AUTORIZAR TRABALHO ARTÍSTICO DE CRIANÇAS E ADOLESCENTES

> **Compete à Justiça Comum Estadual (juízo da infância e juventude) apreciar os pedidos de alvará visando a participação de crianças e adolescentes em representações artísticas.**
>
> **Não se trata de competência da Justiça do Trabalho.**
>
> **O art. 114, I e IX, da CF/88 não abrange os casos de pedido de autorização para participação de crianças e adolescentes em eventos artísticos, considerando que não há, no caso, conflito atinente a relação de trabalho.**
>
> STF. Plenário. ADI 5326/DF, Rel. Min. Marco Aurélio, julgado em 27/9/2018 (Info 917).

Veja comentários em ECA.

2. TERCEIRIZAÇÃO

Terceirização

"Ocorre a terceirização quando uma empresa, em vez de executar serviços diretamente com seus empregados, contrata outra empresa para que esta os realize, com o seu pessoal sob a sua responsabilidade. O empregado é contratado pela empresa intermediadora (empregadora), mas presta serviços em outro local (empresa tomadora)." (CORREIA, Henrique. *Direito do Trabalho para concursos de analista do TRT, TST e MPU*. Salvador: Juspodivm, 2018, p. 360).

Desse modo, terceirizar significa transferir uma ou mais atividades da empresa para que sejam realizados por outra empresa.

Pessoas envolvidas

Na terceirização, há três pessoas envolvidas na relação jurídica:

a. trabalhador terceirizado;

b. empresa prestadora de serviços a terceiros; e

c. empresa contratante.

Regulamentação

Até 2017, não havia uma regulamentação muito clara em lei tratando sobre a terceirização.

Diante disso, o TST editou a Súmula nº 331 do TST estabelecendo requisitos para que a terceirização fosse considerada legítima.

Em 2017, o Congresso Nacional editou duas leis tratando sobre terceirização:

- Lei nº 13.429/2017: alterou dispositivos da Lei nº 6.019/74 (lei do trabalho temporário) e dispôs sobre as relações de trabalho na empresa de prestação de serviços a terceiros.
- Lei nº 13.467/2017: a chamada Reforma Trabalhista e que também tratou sobre alguns pontos de terceirização.

Posição tradicional do TST

Como disse acima, antes de 2017, não havia uma lei que dispusesse de forma detalhada a respeito da terceirização.

Assim, o TST editou uma súmula na qual afirmou que as empresas poderiam fazer a terceirização apenas de suas atividades-meio, mas não de atividades-fim (excepcionalmente, as empresas poderiam fazer a terceirização de atividades-fim, desde que fosse para trabalho temporário).

Ex: uma escola particular poderia terceirizar o serviço de vigilância armada. Logo, a escola poderia contratar uma empresa para fornecer vigilantes que iriam cuidar da segurança do colégio. Tais vigilantes iriam trabalhar na escola, mas não seriam funcionários dela e sim da empresa prestadora do serviço (intermediadora).

Isso estava previsto nos itens I e III da Súmula 331 do TST. Veja:

> Súmula 331-TST: CONTRATO DE PRESTAÇÃO DE SERVIÇOS. LEGALIDADE
>
> I – A contratação de trabalhadores por empresa interposta é ilegal, formando-se o vínculo diretamente com o tomador dos serviços, salvo no caso de trabalho temporário (Lei nº 6.019, de 03.01.1974).
>
> II – A contratação irregular de trabalhador, mediante empresa interposta, não gera vínculo de emprego com os órgãos da Administração Pública direta, indireta ou fundacional (art. 37, II, da CF/1988).
>
> III – Não forma vínculo de emprego com o tomador a contratação de serviços de vigilância (Lei nº 7.102, de 20.06.1983) e de conservação e limpeza, bem como a de serviços especializados ligados à atividade-meio do tomador, desde que inexistente a pessoalidade e a subordinação direta.
>
> IV – O inadimplemento das obrigações trabalhistas, por parte do empregador, implica a responsabilidade subsidiária do tomador dos serviços quanto àquelas obrigações, desde que haja participado da relação processual e conste também do título executivo judicial.
>
> V – Os entes integrantes da Administração Pública direta e indireta respondem subsidiariamente, nas mesmas condições do item IV, caso evidenciada a sua conduta culposa no cumprimento das obrigações da Lei nº 8.666, de 21.06.1993, especialmente na fiscalização do cumprimento das obrigações contratuais e legais da prestadora de serviço como empregadora. A aludida responsabilidade não decorre de mero inadimplemento das obrigações trabalhistas assumidas pela empresa regularmente contratada.
>
> VI – A responsabilidade subsidiária do tomador de serviços abrange todas as verbas decorrentes da condenação referentes ao período da prestação laboral.

Repetindo: a Súmula 331-TST proibia a terceirização dos serviços principais da empresa (atividade-fim). Ex: uma escola não poderia terceirizar a contratação dos professores. Como a atividade-fim da escola é o ensino, os professores obrigatoriamente tinham que ser empregados do colégio.

Lei nº 13.429/2017

Em março de 2017, foi editada a Lei nº 13.429/2017, com o objetivo de regulamentar o trabalho temporário e a terceirização.

"A Lei nº 13.429/2017 não restringiu os serviços passíveis de terceirização apenas à atividade-meio da empresa, o que levou à interpretação de que havia sido autorizada a terceirização nas atividades-fim das empresas, inclusive pelos debates dos parlamentares que antecederam a votação do projeto. Apesar da ampla possibilidade de terceirização, a legislação era omissa quanto à possibilidade de terceirização da atividade-fim e gerava insegurança jurídica, pois a imprecisão da norma em admitir (ou não) a terceirização em atividade-fim levava à discussão sobre sua permissão ou não no ordenamento jurídico." (CORREIA, Henrique. *Direito do Trabalho para concursos de analista do TRT, TST e MPU*. Salvador: Juspodivm, 2018, p. 360).

Lei nº 13.467/2017

Em julho de 2017, foi editada a Lei nº 13.467/2017, a chamada Reforma Trabalhista, que também tratou sobre alguns pontos da terceirização que ainda precisavam ser esclarecidos.

A Lei nº 13.467/2017 foi expressa ao dizer que a terceirização abrange quaisquer atividades da empresa contratante, inclusive sua atividade principal (atividade-fim).

Desse modo, não há mais qualquer dúvida de que com essa Lei passou a ser permitida a terceirização de atividades-fim da empresa, de forma que a Lei teve como objetivo superar o entendimento jurisprudencial da Súmula 331 do TST.

E antes das Leis nº 13.429/2017 e 13.467/2017, realmente era proibida a terceirização de atividades-fim da empresa? Antes dessas Leis, o entendimento exposto na Súmula 331-TST era válido?

NÃO. Mesmo antes das Leis nº 13.429/2017 e 13.467/2017, já era permitida a terceirização de atividades-fim da empresa. A Súmula 331 do TST era inconstitucional.

Foi o que decidiu o STF:

> **É lícita a terceirização ou qualquer outra forma de divisão do trabalho entre pessoas jurídicas distintas, independentemente do objeto social das empresas envolvidas, mantida a responsabilidade subsidiária da empresa contratante.**
>
> STF. Plenário. ADPF 324/DF, Rel. Min. Roberto Barroso, julgado em 29 e 30/8/2018 (Info 913).
>
> STF. Plenário. RE 958252/MG, Rel. Min. Luiz Fux, julgado em 29 e 30/8/2018 (repercussão geral) (Info 913).

Direito do Trabalho passa por transformações

O Ministro Roberto Barroso advertiu que, no contexto atual, é inevitável que o Direito do Trabalho passe, nos países de economia aberta, por transformações.

CF/88 não proíbe a terceirização

Além disso, a Constituição Federal não impõe a adoção de um modelo de produção específico, não impede o desenvolvimento de estratégias de produção flexíveis, tampouco veda a terceirização.

A terceirização não fragiliza a mobilização sindical dos trabalhadores. Ademais, as leis trabalhistas são de obrigatória observância pela empresa envolvida na cadeia de valor, tutelando-se os interesses dos empregados.

O entendimento tradicional do TST (espelhado na Súmula 331) não estabelece critérios e condições claras e objetivas que permitam a celebração de terceirização com segurança, de modo a dificultar, na prática, a sua contratação.

Distinção entre atividade-fim e atividade-meio está superada

Conforme explicou o Min. Luiz Fux:

A dicotomia entre "atividade-fim" e "atividade-meio" é imprecisa, artificial e ignora a dinâmica da economia moderna, caracterizada pela especialização e divisão de tarefas com vistas à maior eficiência possível. Frequentemente, o produto ou serviço final comercializado por uma entidade comercial é fabricado ou prestado por agente distinto, sendo também comum a mutação constante do objeto social das empresas para atender a necessidades da sociedade, como revelam as mais valiosas empresas do mundo.

A doutrina no campo econômico é uníssona no sentido de que as "Firmas mudaram o escopo de suas atividades, tipicamente reconcentrando em seus negócios principais e terceirizando muitas das atividades que previamente consideravam como centrais" (ROBERTS, John. The Modern Firm: Organizational Design for Performance and Growth. Oxford: Oxford University Press, 2007).

Terceirização traz benefícios aos trabalhadores

A terceirização resulta em inegáveis benefícios aos trabalhadores, como a redução do desemprego, crescimento econômico e aumento de salários, a favorecer a concretização de mandamentos constitucionais, como a erradicação da pobreza e da marginalização e a redução das desigualdades sociais e regionais, sem prejuízo da busca do pleno emprego.

Terceirização, por si só, não traz prejuízos aos trabalhadores

A terceirização, por si só, não enseja precarização do trabalho, violação da dignidade do trabalhador ou desrespeito a direitos previdenciários. Terceirizar não significa, necessariamente, reduzir custos. É o exercício abusivo de sua contratação que pode produzir tais violações.

Para evitar o exercício abusivo, os princípios que amparam a constitucionalidade da terceirização devem ser compatibilizados com as normas constitucionais de tutela do trabalhador, cabendo à contratante observar certas formalidades.

Terceirização é amparada na livre iniciativa e livre concorrência

A terceirização das atividades-meio ou das atividades-fim de uma empresa tem amparo nos princípios constitucionais da livre iniciativa e da livre concorrência, que asseguram aos agentes econômicos a liberdade de formular estratégias negociais indutoras de maior eficiência econômica e competitividade.

Em suma:

O STF decidiu que, mesmo antes das mencionadas Leis, já era LÍCITA a terceirização de toda e qualquer atividade, meio ou fim, de forma que não se configura relação de emprego entre a contratante e o empregado da contratada. Porém, na terceirização, compete à contratante verificar a idoneidade e a capacidade econômica da terceirizada e responder subsidiariamente pelo descumprimento das normas trabalhistas, bem como por obrigações previdenciárias.

Responsabilidade subsidiária da tomadora dos serviços

A empresa contratante (tomadora dos serviços) não é considerada a empregadora do trabalhador terceirizado. Em outras palavras, não existe vínculo empregatício entre a empresa contratante e o trabalhador terceirizado.

O vínculo do trabalhador terceirizado é com a empresa prestadora de serviços a terceiros

O que acontece, no entanto, se o trabalhador terceirizado não for pago pela empresa prestadora dos serviços? Neste caso, a empresa contratante poderá, de alguma forma, ser chamada a responder?

SIM. Se a empresa prestadora de serviços não pagar os trabalhadores, a empresa contratante (tomadora dos serviços) poderá ser condenada a quitar os encargos trabalhistas.

Vale ressaltar que essa responsabilidade da empresa contratante é SUBSIDIÁRIA (não é solidária!).

Esse era o entendimento do TST (item IV da Súmula 331) e foi também a solução adotada pelo legislador:

§ Lei nº 6.019/74

Art. 5º-A. Contratante é a pessoa física ou jurídica que celebra contrato com empresa de prestação de serviços relacionados a quaisquer de suas atividades, inclusive sua atividade principal. (Redação dada pela Lei nº 13.467, de 2017)

(...)

§ 5º A empresa contratante é subsidiariamente responsável pelas obrigações trabalhistas referentes ao período em que ocorrer a prestação de serviços, e o recolhimento das contribuições previdenciárias observará o disposto no art. 31 da Lei nº 8.212, de 24 de julho de 1991. (Incluído pela Lei nº 13.429/2017)

O STF confirmou que essa responsabilidade subsidiária é constitucional e deve ser mantida.

Assim, a empresa contratante (tomadora dos serviços) pode ser responabilizada subsidiariamente pelas obrigações trabalhistas não adimplidas pela empresa prestadora de serviços.

Além disso, possui responsabilidade pelo recolhimento das contribuições previdenciárias devidas por esta.

Vale ressaltar, no entanto, que, para isso, é indispensável que a empresa contratante tenha participado do processo judicial.

Desse modo, o entendimento exposto nos itens IV e VI da Súmula 331 do TST continua válido porque agora foi incorporado pelas Leis nº 13.429/2017 e 13.467/2017.

Processos transitados em julgado não são afetados

Vale ressaltar que o entendimento do TST de que não era permitida, como regra, a terceirização de atividades-fim (itens I e III da Súmula 331) existe há muitos anos e vários processos foram julgados com base nele.

Por essa razão, a decisão proferida pelo STF dizendo que essa parte da Súmula 331 do TST é inconstitucional não afeta os processos em relação aos quais tenha havido coisa julgada.

Em outras palavras, se algum processo trabalhista aplicando esses itens da súmula 331 do TST já transitou em julgado, não será possível a sua alteração agora com base no julgado do STF.

Enunciado 331

Conforme já explicado, o enunciado 331 do TST (na parte que proíbe a terceirização de atividades-fim) foi considerado inconstitucional por violar os princípios da livre iniciativa e da liberdade contratual.

Terceirização na Administração Pública

Os julgados do STF acima comentados não trataram especificamente sobre a terceirização no âmbito da Administração Pública. A discussão era direcionada para a iniciativa privada.

Desse modo, o STF ainda terá que definir, de forma mais precisa, os limites da terceirização no serviço público, tendo em vista que, no âmbito da Administração Pública, a regra é no sentido de que as contratações deverão ocorrer por meio de concurso público (art. 37, II, da CF/88).

Sobre o tema, vale destacar que o Presidente da República recentemente editou o Decreto nº 9.507/2018, que dispõe sobre a execução indireta, mediante contratação, de serviços da administração pública federal (terceirização na administração pública federal).

Esse Decreto prevê que não serão objeto de execução indireta na administração pública federal direta, autárquica e fundacional, os serviços:

I – que envolvam a tomada de decisão ou posicionamento institucional nas áreas de planejamento, coordenação, supervisão e controle;

II – que sejam considerados estratégicos para o órgão ou a entidade, cuja terceirização possa colocar em risco o controle de processos e de conhecimentos e tecnologias;

III – que estejam relacionados ao poder de polícia, de regulação, de outorga de serviços públicos e de aplicação de sanção; e

IV – que sejam inerentes às categorias funcionais abrangidas pelo plano de cargos do órgão ou da entidade, exceto disposição legal em contrário ou quando se tratar de cargo extinto, total ou parcialmente, no âmbito do quadro geral de pessoal.

Assim, em tese, tirando essas hipóteses, seria permitida a terceirização de todas as demais atividades.

O STF, contudo, conforme já dito, será chamado a fixar limites mais claros considerando a regra do concurso público.

3. DEPÓSITO PRÉVIO E AÇÃO RESCISÓRIA

Existe ação rescisória no processo trabalhista?

SIM. A ação rescisória no processo trabalhista é disciplinada pelo art. 836 da CLT.

Ocorre que a CLT dedica apenas um artigo para o tema, razão pela qual deve-se aplicar, supletivamente, as regras da ação rescisória previstas nos arts. 966 a 975 do CPC/2015.

É o que determina a Instrução Normativa 39/2016 do TST:

§ Art. 1º Aplica-se o Código de Processo Civil, subsidiária e supletivamente, ao Processo do Trabalho, em caso de omissão e desde que haja compatibilidade com as normas e princípios do Direito Processual do Trabalho, na forma dos arts. 769 e 889 da CLT e do art. 15 da Lei nº 13.105, de 17.03.2015.

(...)

§ Art. 3º Sem prejuízo de outros, aplicam-se ao Processo do Trabalho, em face de omissão e compatibilidade, os preceitos do Código de Processo Civil que regulam os seguintes temas:

(...)

XXVI – arts. 966 a 975 (ação rescisória);

Depósito prévio

O art. 968, II, do CPC determina que o autor da ação rescisória deverá realizar um depósito no valor de 5% do valor da causa. Essa quantia se converterá em multa e será revertida em favor da parte contrária caso a ação rescisória, por unanimidade de votos, seja:

a. declarada inadmissível; ou

b. julgada improcedente.

§ Art. 968. A petição inicial será elaborada com observância dos requisitos essenciais do art. 319, devendo o autor:

(...)

II – depositar a importância de cinco por cento sobre o valor da causa, que se converterá em multa caso a ação seja, por unanimidade de votos, declarada inadmissível ou improcedente.

A previsão tem por objetivo evitar que a pessoa ingresse com a ação rescisória apenas para tumultuar, mesmo sem ter nenhuma razão, praticando, assim, um abuso de direito.

Existe depósito prévio também na ação rescisória proposta no processo do trabalho?

SIM. O art. 836 da CLT exige expressamente o depósito prévio para a propositura da ação rescisória. Vale ressaltar, no entanto, que, no processo trabalhista, o percentual é bem mais alto: 20% do valor da causa. Confira:

§ Art. 836. É vedado aos órgãos da Justiça do Trabalho conhecer de questões já decididas, excetuados os casos expressamente previstos neste Título e a ação rescisória (...) sujeita ao depósito prévio de 20% (vinte por cento) do valor da causa, salvo prova de miserabilidade jurídica do autor. (Redação dada pela Lei nº 11.495/2007)

Vale ressaltar que este depósito prévio foi inserido no art. 836 da CLT pela Lei nº 11.495/2007.

Isenção do depósito prévio

Conforme explica Élisson Miessa (*Processo do Trabalho*. Salvador: Juspodivm, 2018, p. 1449), estão isentos do depósito prévio:

1. aquele que provar sua miserabilidade jurídica (CLT, art. 836);
2. a União, os estados, o Distrito Federal, os municípios e suas respectivas autarquias e fundações de direito público (CPC/2015, art. 968, § 1º);
3. o Ministério Público (CPC/2015, art. 968, § 1º);
4. a Defensoria Pública (CPC/2015, art. 968, § 1º);
5. o INSS (art. 8º, § 1º, Lei nº 8.620/93 e Súmula 175 do STJ);
6. a massa falida (art. 6º da IN 31/2007 do TST).

ADI

A Confederação Nacional do Comércio (CNC) ajuizou no STF uma ADI contra a Lei 11.495/2007, que obriga o depósito prévio de 20% do valor da causa para o ajuizamento de ação rescisória na Justiça do Trabalho.

Para a autora, essa norma afrontaria o amplo acesso ao Poder Judiciário (art. 5º, XXXV, da CF/88) e a garantia da plenitude da defesa (art. 5º, LV).

O que o STF decidiu? A exigência do depósito prévio é constitucional ou não?

Trata-se de previsão compatível com a CF/88. O STF decidiu que:

> **É constitucional a fixação de depósito prévio como condição de procedibilidade de ação rescisória.**
>
> STF. Plenário. ADI 3995/DF, Rel. Min. Roberto Barroso, julgado em 13/12/2018 (Info 927).

O depósito de 20% do valor da causa para ajuizamento da ação rescisória é razoável e visa desestimular ações temerárias.

Conforme explicou o Min. Roberto Barroso, o caso não é de acesso à justiça, mas de "reacesso à justiça", porque diz respeito a quem já litigou em todos os níveis, perdeu a demanda por decisão transitada em julgado "e quer, uma vez mais, mobilizar o aparato judiciário". Assim, o Ministro considerou que o depósito de 20% é bastante razoável para "desestimular ações temerárias".

Bibliografia

ALEXANDRE, Ricardo. *Direito tributário esquematizado*. 10ª ed., São Paulo: Método, 2016.

AMADO, Frederico. *Direito e processo previdenciário sistematizado*. Salvador: Juspodivm, 2015.

ARAÚJO, Fábio Caldas de. *Usucapião*. São Paulo: Malheiros, 2013.

ASSIS, Jorge Cesar de. *Comentários ao Código Penal Militar: comentários, doutrina, jurisprudência dos tribunais militares e tribunais superiores e jurisprudência em tempo de guerra*. 8ª ed., Curitiba: Juruá, 2014.

ASSUMPÇÃO, Márcio Calil de. *Ação de busca e apreensão: alienação fiduciária*. 2ª ed., São Paulo: Atlas. 2003.

BADARÓ, Gustavo. *Correlação entre acusação e sentença*. 3. ed. São Paulo: RT, 2013.

BALTAZAR JUNIOR, José Paulo. *Crimes Federais*. 10ª ed., São Paulo: Saraiva, 2015.

BANDEIRA DE MELLO, Celso Antônio. *Curso de Direito Administrativo*. 20ª ed., São Paulo: Malheiros, 2006.

BERNARDES, Juliano Taveira; FERREIRA, Olavo Augusto Vianna Alves. *Direito Constitucional*. Tomo I. 3ª ed. Salvador: Juspodivm, 2013.

BESSA, Leonardo Roscoe. *Manual de Direito do Consumidor* 3ª ed., São Paulo: RT, 2011.

BITENCOURT, Cezar Roberto. *Tratado de Direito Penal*. Parte Geral. São Paulo: Saraiva, 7ª ed., 2002.

CAHALI, Yussef Said. Prescrição e decadência. São Paulo: RT, 2008.

CAHALI, Francisco José; HIRONAKA, Giselda Maria Fernandes Novaes. *Direito das Sucessões*. 5ª ed. São Paulo: RT, 2014.

CAMPINHO, Sérgio. *Falência e Recuperação de Empresa*. 3ª ed., Rio de Janeiro: Renovar, 2008.

CARMONA, Carlos Alberto. Arbitragem e Processo: um comentário à Lei nº 9.307/96. São Paulo: Atlas, 3ª ed., 2009.

CARVALHO, Edson Ferreira de. *Manual didático de direito agrário*. Curitiba: Juruá, 2010.

CARVALHO, Kildare Gonçalves. *Direito Constitucional*. 15ª ed. Belo Horizonte: Del Rey.

CARVALHO FILHO, José dos Santos. *Manual de direito administrativo*. Rio de Janeiro: Lumen Juris, 2010.

CASTELLAR, João Carlos. *Insider Trading e os novos crimes corporativos*. Rio de Janeiro: Lúmen Júris, 2008.

CAVALIERI FILHO, Sérgio. *Programa de Responsabilidade Civil*. São Paulo: Atlas, 2010.

CERVINI, Raúl; GOMES, Luiz Flávio. *Interceptação telefônica*. São Paulo: RT, 1997.

COELHO, Fábio Ulhoa. Curso de Direito Comercial. V. 1, 13ª ed., São Paulo: Saraiva, 2009.

________. *Curso de direito comercial*. Vol. 2. São Paulo: Saraiva, 2011.

COELHO, José Fernando Lutz. *Contratos Agrários: uma visão neo-agrarista*. Curitiba: Juruá, 2006.

CRETELLA NETO, José. *Teoria Geral das Organizações Internacionais*. São Paulo: Saraiva, 2007.

CUNHA, Leonardo Carneiro da. *A Fazenda Pública em juízo*. São Paulo: Dialética, 2010.

CUNHA, Rogério Sanches. *Manual de Direito Penal*. Salvador: Juspodivm, 2013.

DELGADO, José Augusto. *Comentários ao Novo Código Civil – Das Várias Espécies de Contrato*. Do Seguro. TEIXEIRA, Sálvio de Figueiredo. (Coord.). Volume XI. Tomo I. Rio de Janeiro: Forense. 2004.

DELLORE, Luiz. Comentários ao art. 85 do CPC. *Teoria geral do processo: comentários ao CPC de 2015 – Parte Geral*. São Paulo: Método, 2015.

DELLORE, Luiz. *Estudos sobre coisa julgada e controle de constitucionalidade*. Rio de Janeiro: Forense, 2013.

DIAS, Maria Berenice. *Manual de Direito das Famílias*. 6ª ed. São Paulo: RT, 2010.

DIDIER JR., Fredie. *Curso de Direito Processual civil*. Vol. 1. 15ª ed., Salvador: Juspodivm, 2013.

DIDIER JR., Fredie; BRAGA, Paulo Sarno; OLIVEIRA, Rafael. *Curso de Direito Processual Civil*. Vol. 2. Salvador: Juspodivm, 2013.

DIDIER JR., Fredie; CUNHA, Leonardo Carneiro da. Curso de Direito Processual Civil. Vol. 3., 13ª ed., Salvador: Juspodivm, 2016.

DIDIER JR., Fredie; CUNHA, Leonardo Carneiro da; BRAGA, Paula Sarno; OLIVEIRA, Rafael Alexandria de. *Curso de Direito Processual Civil*. Execução. Vol. 5. Salvador: Juspodivm, 2013.

DIDIER JÚNIOR, Fredie; MOUTA, José Henrique; MAZZEI, Rodrigo (Coords.). Tutela jurisdicional coletiva: 2ª série. Salvador: Juspodivm, 2012.

DONIZETTI, Elpídio. Curso Didático de Direito Processual Civil. 10ª ed. Rio de Janeiro: Lumen Juris, 2008.

FARIAS, Cristiano Chaves de; FIGUEIREDO, Luciano; EHRHARDT JÚNIOR, Marcos; DIAS, Wagner Inácio Freitas. *Código Civil para concursos*. Salvador: Juspodivm, 2013.

FERRAZ, Octávio Luiz Motta Ferraz. *Responsabilidade civil da atividade médica no código de defesa do consumidor*. Rio de Janeiro: Elsevier, 2009.

FIGUEIRA JÚNIOR, Joel Dias. *Ação de busca e apreensão em propriedade fiduciária*. São Paulo: RT, 2005.

GOMES, Luiz Flávio; CUNHA, Rogério Sanches (Coord.). *Legislação Criminal Especial*. São Paulo: RT, 2009.

GOMES, Orlando. *Obrigações*. 16ª ed. Rio de Janeiro: Forense, 2005.

GONÇALVES, Carlos Roberto. Responsabilidade civil. São Paulo: Saraiva, 2015.

LIMA, Renato Brasileiro de. *Curso de Processo Penal*. Niterói: Impetus, 2013.

__________. Legislação Criminal Especial Comentada. Niterói: Impetus, 2013.

LÔBO, Paulo. *Direito Civil: Sucessões*. São Paulo: Saraiva, 2014.

MADALENO, Rolf. *Curso de Direito de Família*. 4ª ed., Rio de Janeiro: Forense, 2011.

__________. A concorrência sucessória e o trânsito processual: a culpa mortuária., In: *Revista brasileira de direito de família*, v. 7, nº 29, p. 144-151, abr./maio 2005.

MARINELA, Fernanda. *Direito Administrativo*. Niterói: Impetus, 2013.

MASSON, Cleber. *Direito Penal esquematizado*. Vol. 1. 3ª ed., São Paulo: Método, 2011.

__________. *Direito Penal*. Vol. 2. Parte Especial. 10ª ed., São Paulo: Método, 2017.

__________. *Direito Penal esquematizado*. Vol. 3. São Paulo: Método, 2011.

__________. Código Penal comentado. São Paulo: Método, 2013.

MASSON, Nathalia. *Manual de Direito Constitucional*. 3ª ed., Salvador: Juspodivm, 2015.

MATTOS, Mauro Roberto Gomes de. *O Limite da Improbidade Administrativa*. Rio de Janeiro: Forense, 2010.

MEDINA, José Miguel Garcia; ARAÚJO, Fábio Caldas de. *Código Civil comentado*. São Paulo: RT, 2014.

MELO, José Eduardo. PAULSEN, Leandro. *Impostos Federais, Estaduais e Municipais*. 5ª. ed., 2ª tir., Porto Alegre: Editora Livraria do Advogado, 2010.

MELLO, Celso Antônio Bandeira. *Elementos de Direito Administrativo*. São Paulo: RT, 1981.

MIRABETE, Júlio Fabbrini; FABBRINI, Renato N. *Manual de direito penal*. Parte Geral. 24ª ed. São Paulo: Atlas, 2007.

NERY JUNIOR, Nelson; ANDRADE NERY, Rosa Maria. *Código de Processo Civil Comentado e legislação extravagante*. 12. ed. São Paulo: RT, 2012.

NEVES, Daniel Amorim Assumpção. Novo CPC comentado. Salvador: Juspodivm, 2016.

NEVES, Daniel Amorim Assumpção. *Manual de Direito Processual Civil*. 3ª ed., São Paulo: Método, 2011.

NUCCI, Guilherme de Souza. *Código Penal Comentado*. São Paulo: RT, 2003.

__________. *Manual de Processo Penal e execução penal*. São Paulo: RT, 2006.

__________. *Leis Penais e Processuais Penais Comentadas*. São Paulo: RT, 2010.

______. *Tribunal do Júri*. 6ª ed., Rio de Janeiro: Forense, 2015.

OLIVEIRA, Eugênio Pacelli de; FISCHER, Douglas. *Comentários ao Código de Processo Penal e sua jurisprudência*. São Paulo: Atlas, 2012.

OLIVEIRA, Eugênio Pacelli de. *Curso de Processo Penal*. 15ª ed., São Paulo: Atlas, 2011.

OLIVEIRA, Vallisney de Souza. *Nulidade da sentença e o princípio da congruência*. São Paulo: Saraiva, 2004, p. 270.

PORTELA, Paulo Henrique Gonçalves. *Direito internacional público e privado*. Salvador: Juspodivm, 2010.

RAMOS, Helena Maria Bezerra. Contrato de arrendamento rural. 2ª ed. Curitiba: Juruá, 2013, p. 97.

REQUIÃO, Rubens. *Curso de Direito Comercial*. 27 ed.: Saraiva, São Paulo, v. 2, 2010.

RIGOLIN, Ivan Barbosa. *Comentários ao Regime Único dos Servidores Públicos Civis*. 7ª ed., São Paulo: Saraiva, 2012.

RIZZARDO, Arnaldo. *Direito de Família*. 9ª ed. Rio de Janeiro: Forense, 2014.

ROSENVALD, Nelson; FARIAS, Cristiano Chaves de. *Curso de Direito Civil*. Contratos. Vol. 4, Salvador: Juspodivm, 2012.

SABBAG, Eduardo. *Manual de Direito Tributário*. 8ª ed., São Paulo: Saraiva, 2016.

SANT'ANNA, Gilson Carlos. *Resumo sobre o ISS*. Disponível em: <http://www.anoreg.org.br>. Acesso em: 04 março 2011.

RAMOS, André Luiz Santa Cruz. *Direito Empresarial esquematizado*. 6ª ed., São Paulo: Método, 2016.

______. Falência e Recuperação de Empresas. 3ª ed., Salvador: Juspodivm, 2012.

RAMOS, André Luiz Santa Cruz; GUTERRES, Thiago Martins. *Lei Antitruste*. Salvador: Juspodivm, 2015.

SILVA FRANCO, Alberto. *Código Penal e sua interpretação jurisprudencial – Parte Geral*. v. I, t. I, São Paulo: RT, 1997.

TARTUCE, Flávio; NEVES, Daniel Amorim Assumpção. *Manual de Direito do Consumidor*. 2ª ed., São Paulo: Método, 2013.

TARTUCE, Flávio. *Direito Civil*. Volume único. São Paulo: Método, 2011.

______. *Direito Civil*. Vol. 3. Teoria Geral dos Contratos e Contratos em Espécie. 6ª ed., São Paulo: Método, 2011.

TOMAZETTE, Marlon. *Curso de Direito Empresarial*. São Paulo: Atlas, 2017.

TORRES, Ronny Charles Lopes de. *Lei de Licitações Públicas comentadas*. 6ª ed., Salvador: Juspodivm, 2014.